Medienrecht

Textbuch Deutsches Recht

Medienrecht

Vorschriftensammlung

Stand: März 2018

Zusammengestellt und herausgegeben von

Prof. Dr. Frank Fechner

TU Ilmenau

und

Rechtsassessor Johannes C. Mayer

M.P.A. Wissenschaftsmanagement
Deutsche Universität für Verwaltungswissenschaften Speyer

14., neu bearbeitete und erweiterte Auflage

C.F. Müller

CFM

Bibliografische Informationen der Deutschen Nationalbibliothek
Die Deutsche Nationalbibliothek verzeichnet diese Publikation in der Deutschen Nationalbibliografie; detaillierte bibliografische Daten sind im Internet über http://dnb.d-nb.de abrufbar.

ISBN 978-3-8114-4642-7

E-Mail: kundenservice@cfmueller.de
Telefon: +49 89 2183 7923
Telefax: +49 89 2183 7620

www.cfmueller.de
www.cfmueller-campus.de

Satz: Textservice Zink, Schwarzach
Druck: CPI Clausen & Bosse, Leck

Vorwort

Das anhaltende Interesse an der Textsammlung „Medienrecht“ hat schon nach kurzer Zeit eine Neuauflage erforderlich gemacht. Ermöglicht wurde hierdurch eine umfassende Aktualisierung aufgrund zahlreicher Gesetzesänderungen. Eingefügt wurden insbesondere das Netzwerkdurchsetzungsgesetz, das neue Vertrauensdienstegesetz, das das Gesetz über die Rahmenbedingungen für elektronische Signaturen ablöst und die Novelle des Bundeskriminalamtsgesetzes. Diese Neuauflage berücksichtigt die auf mehrere Gesetze bezogenen Auswirkungen des Gesetzes zur Einführung der elektronischen Akte in der Justiz. Bereits in der Vorauflage integriert wurde die Datenschutz-Grundverordnung, die ab 25. Mai 2018 gelten und erhebliche Auswirkungen auf das nationale Datenschutzrecht haben wird. Sollten sich weitere Gesetzesänderungen ergeben, werden diese unter folgendem Link zugänglich gemacht: www.cfmueller.de/reihen/Textbuch-Deutsches-Recht (dort auf Textsammlung Medienrecht/Produktservice).

In dieser Textsammlung sind die für das Studium und die Praxis wichtigsten medienrechtlichen Gesetze zusammengestellt. Sie entspricht dem Wunsch der Studierenden nach einer übergreifenden Vorschriftensammlung für die Einführungsvorlesung bis hin zu den Vertiefungsrichtungen im Medienrecht. Berücksichtigt wurden die Grundlagen des Medienrechts im Grundgesetz und im Europarecht, die klassischen Gebiete des Medienrechts wie Presserecht und Rundfunkrecht, wie auch die speziellen Gebiete insbesondere des Multimediarechts. Für den internationalen Bereich findet das vorliegende Buch eine Ergänzung in der von *Fink/Schwartmann/Cole/Keber* zusammengestellten und in dieser Reihe erschienenen Vorschriftensammlung „Europäisches und Internationales Medienrecht“.

Die Normen des Medienrechts spielen nicht nur in der universitären Ausbildung von Juristen und in den Medienstudiengängen eine wichtige Rolle, in zunehmendem Maße befassen sich auch andere Bildungsträger mit medienrechtlichen Themen, deren Studierende sich eine Orientierung im „Normendschungel“ des Medienrechts wünschen. Doch auch erfahrenen Medienrechtspraktikern in Presseunternehmen oder Rundfunksendern und Medienrechtsanwälten soll diese Sammlung die tägliche Arbeit erleichtern.

Um die Bearbeitung landesrechtlich geprägter Fragestellungen des Medienrechts zu vereinfachen, wurde aus den unterschiedlichen Landespressegesetzen ein Musterpressegesetz erstellt, das durch den Wortlaut der abweichenden Normen ergänzt wird. Beim Rundfunkrecht sind typische landesrechtliche Beispiele in den Anhängen zum Rundfunkstaatsvertrag zu finden.

Für wertvolle inhaltliche Hinweise danken wir den Mitarbeitern am Fachgebiet Öffentliches Recht, Frau Ass. iur. *Cordula Pelz*, Herrn Ass. iur. *Johannes Arnhold,* Herrn Ass. iur. *Michael Haueisen* und Herrn. Ass. iur. *Martin Neldner.*

Dem Verlag C.F. Müller und seinen Mitarbeitern insbesondere Herrn Ass. iur. *Christian Lenz* danken wir wieder für die hilfsbereite und zuverlässige Betreuung.

Für Verbesserungsvorschläge sind wir stets dankbar (Kontaktadressen: Frank.Fechner@tu-ilmenau.de und mayer@uni-speyer.de).

Ilmenau und Speyer, im März 2018

Frank G. Fechner
Johannes C. Mayer

Abkürzungsverzeichnis

BW	Baden-Württemberg
BY	Bayern
BE	Berlin
BB	Brandenburg
HB	Bremen
HH	Hamburg
HE	Hessen
MV	Mecklenburg-Vorpommern
ND	Niedersachsen
NW	Nordrhein-Westfalen
RP	Rheinland-Pfalz
SL	Saarland
SN	Sachsen
ST	Sachsen-Anhalt
SH	Schleswig-Holstein
TH	Thüringen

Inhaltsverzeichnis

Einführung

von Universitätsprofessor Dr. Frank Fechner,
Technische Universität Ilmenau

Das Medienrecht*) ist eine Querschnittsmaterie, deren Rechtsgrundlagen in zahlreichen Gesetzen verstreut sind. Es gibt kein „Mediengesetz“, in dem alle medienrelevanten Fragen geregelt wären. Bei der Lösung medienrechtlicher Fälle muss daher zunächst eine Einordnung der Fragestellung in das jeweilige Rechtsgebiet und eine Zuordnung zu den einzelnen Rechtsnormen erfolgen. Zu beachten ist der Vorrang der speziellen vor der allgemeinen Norm sowie des Bundesrechts vor dem Landesrecht (Art. 31 GG). Gesetzesrecht und Staatsverträge müssen sich an höherrangigen Normen messen lassen und sind auf deren Grundlage zu interpretieren. Seine Grundstrukturierung erfährt das Medienrecht durch die Verfassung.

1. Grundgesetz

Das Grundgesetz (GG → Nr. 1) enthält zunächst die klassischen Grundrechte der Medien: die Presse-, die Rundfunk- und die Filmfreiheit. Angesichts der grundsätzlichen Geltung dieser Grundrechte auch im Multimediabereich und im Hinblick auf die Konvergenz der Medien wird in der Literatur mehr und mehr von einem einheitlichen Grundrecht der „Medienfreiheit“ gesprochen. Die Medienfreiheit wird ergänzt durch die Meinungsäußerungsfreiheit (Art. 5 Abs. 1 Satz 1, 1. Var. GG) und die Freiheit, Medieninhalte zu rezipieren, die Informationsfreiheit (Art. 5 Abs. 1 Satz 1, 2 Var. GG). Die Medienfreiheit und die beiden individualrechtlichen Garantien werden unter dem Begriff „Kommunikationsfreiheiten“ zusammengefasst. Ihre Ergänzung finden sie im Zensurverbot des Art. 5 Abs. 1 Satz 3 GG. Es ist als Verbot der Vorzensur zu interpretieren. Grundrechtsdogmatisch handelt es sich nicht um ein eigenes Grundrecht, sondern hindert den Gesetzgeber, eine Zensur einzuführen und ist daher als eine sog. Schranken-Schranke zu verstehen.

Die Kommunikationsgrundrechte können beschränkt werden durch „allgemeine Gesetze“ i.S.d. Art. 5 Abs. 2 GG. Ein Gesetz ist dann ein allgemeines, wenn es nicht gegen eine bestimmte Meinung gerichtet ist oder einer bestimmten Auffassung zum Durchbruch verhelfen soll. Durch diesen qualifizierten Gesetzesvorbehalt soll sichergestellt werden, dass der Gesetzgeber nicht die Schrankenregelung dazu missbraucht, medienpolitischen Einfluss zu nehmen, sondern

* Einzelheiten und Literaturhinweise bei Frank Fechner: Medienrecht. Lehrbuch des gesamten Medienrechts unter besonderer Berücksichtigung von Presse, Rundfunk und Multimedia, 18. Auflage 2017; eine Zusammenstellung der medienrechtlichen Rechtsprechung, ders.: Entscheidungen zum Medienrecht, 3. Aufl. erscheint demnächst.

diese Grundrechte lediglich aus anderen, inhaltsneutralen Gründen beschränken kann, beispielsweise aus Gründen des Jugendschutzes.

Das Verhältnis der Medien zu „Medienopfern" ist aufgrund der „mittelbaren Drittwirkung" der Grundrechte sehr stark durch grundrechtliche Abwägungsvorgänge geprägt. Die Generalklauseln des BGB wirken dabei als „Einfallstore der Grundrechte ins Privatrecht". Ihre Grenze finden die Medienfreiheiten insbesondere im allgemeinen Persönlichkeitsrecht, das vom Bundesverfassungsgericht aus Art. 2 Abs. 1 i.V.m. Art. 1 Abs. 1 GG abgeleitet wird (BVerfGE 54, S. 148, 153). Das postmortale Persönlichkeitsrecht beruht indes lediglich auf Art. 1 Abs. 1 GG, das Unternehmenspersönlichkeitsrecht ausschließlich auf Art. 2 Abs. 1 GG.

In der Rechtsprechung der Zivilgerichte hat das Persönlichkeitsrecht mittlerweile eine eigenständige, gewohnheitsrechtlich abgesicherte Ausprägung erfahren, so dass in Klausuren in diesem Zusammenhang regelmäßig ein Eingehen auf die Drittwirkungsproblematik nicht erforderlich ist. Allerdings kann auch in rein zivilrechtlichen Fällen von Persönlichkeitsrechtsverletzungen eine Abwägung mit den Grundrechten der Medien erforderlich sein, beispielsweise bei § 823 BGB im Rahmen der Rechtswidrigkeitsprüfung. Persönlichkeitsrechtsverletzende Äußerungen in den Medien können Ausdruck der Medienfreiheit sein und dem Informationsinteresse der Allgemeinheit dienen und sind den Besonderheiten des Einzelfalls entsprechend gegen das Persönlichkeitsrecht abzuwägen.

Weitere Grundrechte können die Medienfreiheit verstärken. Dies gilt für die Kunstfreiheit des Art. 5 Abs. 3 GG sowie für die Berufsfreiheit des Art. 12 Abs. 1 GG. Demgegenüber rechtfertigt Art. 6 Abs. 1 GG i.V.m. dem Persönlichkeitsrecht von Kindern und Jugendlichen Einschränkungen der Medienfreiheit durch die gesetzlichen Bestimmungen des Jugendschutzes.

Im Anschluss an das Grundgesetz finden sich einzelne exemplarische Normen der Landesverfassungen mit medienrechtlicher Relevanz (LVerf→ Nr. 1a). Sie erweitern die medienrechtlichen Garantien des Grundgesetzes zum Teil erheblich, soweit sie das Multimediarecht ausdrücklich in den Anwendungsbereich der Medienfreiheit einbeziehen und damit insoweit die Diskussion um die verfassungsrechtliche Verankerung der Onlinepresse obsolet machen. Weitere, das Grundgesetz an Detailreichtum übertreffende Regelungen, beziehen sich beispielsweise auf den Grundversorgungsauftrag des öffentlich-rechtlichen Rundfunks oder die Pluralität der Aufsichtsgremien.

2. Europarecht

In zunehmendem Maße ist das Medienrecht durch europäische Rechtsvorschriften geprägt. Maßgeblich sind die medienbezogenen europäischen Richtlinien. Zu nennen sind insbesondere die unmittelbar wirkende Datenschutz-Grundverordnung (→ Nr. 7) sowie verschiedene, von den Mitgliedstaaten in nationales Recht umzusetzende Richtlinien wie die Richtlinie über audiovisuelle Mediendienste (AVMD → Nr. 20), die Richtlinien zum Urheberrecht, die Fernkommunikationsrichtlinie und die Signaturrichtlinie. Die grundlegenden Strukturen ergeben sich aus dem Vertrag über die Arbeitsweise der Europäischen Union (AEUV → Nr. 2) und aus der Charta der Grundrechte der Europäischen Union (Charta → Nr. 3). Enthalten sind dort insbesondere die Grundfreiheiten (Warenverkehr, Dienstleistungen, Personenfreizügigkeit, Kapital- und Zahlungsverkehr), auf die sich alle Medienmitarbeiter unmittelbar berufen können. In der Diskussion um die beihilferechtliche Zulässigkeit der deutschen Rundfunkbeiträge wird immer wieder das EU-Protokoll über den öffentlich-rechtlichen Rundfunk in den Mitgliedstaaten zitiert, das daher unter Nr. 20a mit aufgeführt wird. Die Europäische Menschenrechtskonvention (EMRK → Nr. 4) ist kein EU-Recht, sondern ein geographisch weiterreichender völkerrechtlicher Vertrag, der für Deutschland Verbindlichkeit hat.

3. Urheberrecht

Ein weiteres eigenständiges Rechtsgebiet mit grundlegender Bedeutung für die Medien ist das Urheberrecht. Es schützt den Urheber in den Beziehungen zu seinem Werk und wirkt sich daher gegen eine unzulässige Vereinnahmung seiner Werke durch die Medien aus, schützt damit jedoch auch die Interessen von Medienschaffenden an ihren Produkten. Das Urheberrechtsgesetz (UrhG → Nr. 8) definiert in § 2 den Kreis der geschützten Werke. Darüber hinaus werden durch das UrhG die „Leistungsschutzrechte“ der ausübenden Künstler wie der Interpreten von musikalischen Werken, der Tonträgerhersteller, Filmhersteller u.a. normiert (§§ 70 ff. UrhG).

Das Urheberrecht schützt die wirtschaftlich relevanten Verwertungsrechte sowie die Urheberpersönlichkeitsrechte gleichermaßen (§ 11 UrhG, „monistische Theorie“). Dem Urheber stehen körperliche Verwertungsrechte in Form des Vervielfältigungsrechts (§ 16 UrhG), des Verbreitungsrechts (§ 17) und des Ausstellungsrechts (§ 18 UrhG) zu, sowie die unkörperlichen Verwertungsrechte beispielsweise zur Aufführung, zur Sendung und zur Wiedergabe des Werks durch Bild- oder Tonträger (§§ 19, 20, 21 UrhG). Das „Recht der öffentlichen Zugänglichmachung“ des § 19a UrhG umfasst die Befugnis des Urhebers, darüber zu entscheiden, ob sein Werk im Internet zugänglich gemacht wird oder nicht. Das Urheberpersönlichkeitsrecht beinhaltet insbesondere das Recht, über die Veröffentlichung eines Werks zu entscheiden (§ 12 UrhG), das Recht auf Anerkennung der Urheberschaft (§ 13 UrhG) sowie das Recht, Entstellungen des Werks zu verhindern (§ 14 UrhG). Das Urheberrechtsgesetz kennt über die zivilrechtlichen Ansprüche auf Unterlassung und Schadensersatz (§ 97 UrhG) hinaus Straftatbestände, die eine Verletzung von Urheberrechten sanktionieren (§§ 106 ff. UrhG). Dies spielt nicht zuletzt im Hinblick auf den Kopierschutz im Multimediabereich eine Rolle. Von hoher praktischer Bedeutung zur Durchsetzung des Urheberrechts ist das Verwertungsgesellschaftengesetz, das zum 2016 das frühere Urheberrechtswahrnehmungsgesetz abgelöst hat (VGG → Nr. 9). 2017 wurden im UrhG die Ausnahmeregelungen für Bildung und Wissenschaft neu gefasst.

Das in der Praxis wichtige Recht der Bildberichterstattung ist im Kunsturhebergesetz (KunstUrhG oder KUG → Nr. 10) geregelt. Eine Verstärkung des Persönlichkeitsrechts hat sich durch die Rechtsprechung des Europäischen Gerichtshofs für Menschenrechte (EGMR) ergeben, die im „abgestuften Schutzkonzept" des BGH ins nationale Recht inkorporiert wurde. Eine Ausnahme vom Erfordernis der Einwilligung kommt in Betracht, wenn die Berichterstattung ein Ereignis von zeitgeschichtlicher Bedeutung betrifft und das Informationsinteresse der Öffentlichkeit gegenüber dem Interesse des Abgebildeten an dem Schutz seiner Privatsphäre überwiegt. Eine solche Abwägung ist in jedem Einzelfall erforderlich und auch bei „Prominenten" nicht entbehrlich. Weitere Ausnahmen, in denen auch ohne Einwilligung abgebildet werden darf, finden sich in § 23 Abs. 1 Nr. 2-4 KUG.

4. Wettbewerbsrecht

Wie andere Teilnehmer am Wirtschaftsleben, haben auch die Medienunternehmen die Wettbewerbsregeln des Gesetzes gegen den unlauteren Wettbewerb (UWG → Nr. 12) zu beachten. Der Generalklausel des § 3 UWG zufolge sind unlautere Wettbewerbshandlungen unzulässig. Einige geschäftliche Handlungen gegenüber Verbrauchern sind im Anhang zu § 3 Abs. 3 UWG aufgelistet, die ohne weitere Prüfung der Umstände des Einzelfalls unlauter sind (sog. „schwarze Liste", abgedruckt nach § 20 UWG). Unlauter handelt gem. § 3a UWG, wer einer gesetzlichen Vorschrift zuwiderhandelt, die auch dazu bestimmt ist, im Interesse der Marktteilnehmer das Marktverhalten zu regeln, und wenn der Verstoß geeignet ist, die Interessen von Verbrauchern, sonstigen Marktteilnehmern oder Mitbewerbern spürbar zu beeinträchtigen („Rechtsbruch"). Unlauter handelt, wer die in § 4 aufgezählten Mitbewerberrechte verletzt. Darüber hinaus werden aggressive geschäftliche Handlungen in § 4a UWG für unlauter erklärt. Unlauter können zudem irreführende geschäftliche Handlungen sein (§ 5 UWG), irreführende Formen der vergleichenden Werbung (§ 6 UWG) sowie die belästigende Werbung, beispielsweise mittels Telefon, Fax oder Mail, wenn der Adressat nicht zuvor eingewilligt hat (§ 7 Abs. 2 UWG).

5. Strafrecht

Alle Medienmitarbeiter haben ihre Tätigkeit so auszuüben, dass sie keine Strafnormen (insbesondere des Strafgesetzbuchs, StGB → 14) verletzen. Die Medienfreiheit rechtfertigt insbesondere nicht die Begehung von Straftaten bei der Informationsbeschaffung. Hierzu zählen auch die Verbote, das nicht öffentlich gesprochene Wort aufzuzeichnen (§ 201 StGB) oder Bildaufnahmen aus dem höchstpersönlichen Lebensbereich anzufertigen (§ 201a StGB). Medienrechtlich bedeutungsvoll kann auch das Stalking (§ 238 StGB) sein. Zu unterscheiden sind Presseinhaltsdelikte sowie die Strafnormen, die innerhalb wie außerhalb der Medien Anwendung finden. Presseinhaltsdelikte sind Straftaten, deren Tatbestand durch Veröffentlichung in der Presse erfüllt wird. Typisch hierfür sind die Strafschärfungen innerhalb der §§ 186 und 187 StGB, die bei einer pressemäßigen Veröffentlichung von üblen Nachreden und Verleumdungen anwendbar sein können. Die Beleidigungstatbestände der §§ 185 ff. StGB haben über § 823 Abs. 2 BGB auch im Medienzivilrecht Bedeutung, nicht zuletzt der Rechtfertigungsgrund der Wahrnehmung berechtigter Interessen in § 193 StGB. Auf diese Weise können persönlichkeitsrechtsbeeinträchtigende Medienberichte gerechtfertigt sein, wenn an der Berichterstattung ein erhebliches öffentliches Informationsinteresse besteht und wenn die journalistische Sorgfaltspflicht eingehalten wurde. Dazu gehört insbesondere, dass dem in seinem Persönlichkeitsrecht Betroffenen Gelegenheit zur Stellungnahme gegeben wurde. In solchen Fällen kann es angesichts des Zeitdrucks, unter dem die Medien stehen, zulässig sein, über einen Missstand zu berichten, wenn dieser von den Medienmitarbeitern noch nicht bewiesen werden kann. Die dem StGB in Auszügen nachfolgende Strafprozessordnung (StPO → Nr. 15) enthält neben verschiedenen Medienprivilegien bei der Strafverfolgung das den Informantenschutz ergänzende Zeugnisverweigerungsrecht von Journalisten (§ 53 Abs. 1 Nr. 5 StPO).

6. Datenschutz

Der Datenschutz wird künftig vollumfänglich von der Datenschutz-Grundverordnung (EU-DSGVO → Nr. 7) geprägt, die ab 25. Mai 2018 anwendbar ist. Als Verordnung ist sie direkt und unmittelbar in allen Mitgliedstaaten anwendbar und bedarf keiner Umsetzung durch das nationale Recht. Sie hat insbesondere den Schutz natürlicher Personen bei der Verarbeitung personenbezogener Daten zum Ziel und regelt ausführlich die Grundsätze für die Verarbeitung personenbezogener Daten sowie die Rechte der Betroffenen. Das Bundesdatenschutzgesetz (→ Nr. 7a) kann lediglich die Vorgaben der Datenschutzgrundverordnung ins nationale Recht hin ausgestalten. Dort finden sich beispielweise ergänzende Vorschriften für die Videoüberwachung öffentlich zugänglicher Räume (§ 4 BDSG). Die Auswirkungen der Datenschutzgrundverordnung im Einzelnen sind noch offen, so dass diesbezüglich mit Gerichtsentscheidungen zu rechnen ist und es sich um ein grundsätzlich klausurträchtiges Thema handelt.

7. Jugendschutz

Weitere, von den Medien zu beachtende Normen sind die Jugendschutzbestimmungen. Sie sind in zwei unterschiedlichen Regelungskomplexen aufgeteilt. Die „Trägermedien" sind im Jugendschutzgesetz (JuSchG → Nr. 17) geregelt, die „Telemedien" im Jugendmedienschutz-Staatsvertrag (JMStV → Nr. 16). Grundlegend ist die Unterscheidung zwischen schwer jugendgefährdenden Inhalten, die überhaupt nicht verbreitet werden dürfen und entwicklungsbeeinträchtigenden Angeboten, deren Kenntnisnahme durch Kinder oder Jugendliche mittels zeitlicher oder technischer Vorkehrungen zu verhindern ist. Der 19. Rundfunkänderungsstaatsvertrag hat den Fokus auf einem umfassenden

Niveau des Jugendschutzes im Bereich Telemedien, Rundfunk sowie der klassischen Medien. Es wurden u.a. die Regelungen zur Aufsicht und Kennzeichnungspflicht sowie zur Zusammenarbeit der Kommission für Jugendmedienschutz hinsichtlich der Aufgaben von Trägern der Freiwilligen Selbstkontrolle neu gefasst.

8. Auskunftsansprüche

Auskunftsansprüche von Medienmitarbeitern gegenüber staatlichen Stellen, insbesondere Behörden, ergeben sich aus den medienrechtlichen Spezialgesetzen, dem Pressegesetz (§ 4 PresseG → Nr. 19) sowie dem Rundfunkstaatsvertrag (§§ 9a, 55 Abs. 3 RStV). Auskunftsansprüche können sich zudem aus dem Informationsfreiheitsgesetz (Gesetz zur Regelung des Zugangs zu Informationen des Bundes, IFG → Nr. 18) ergeben. Das Informationsfreiheitsgesetz ist zwar kein spezifisch für die Medien geschaffenes Gesetz, kann jedoch auch von Journalisten genutzt werden. Es räumt Informationsansprüche unabhängig von einer eigenen Betroffenheit ein. Die Ansprüche aus dem IFG gehen über die Ansprüche aus den Landespressegesetzen hinaus, nicht nur, weil es sich um Bundesrecht handelt, das auch gegenüber Bundesbehörden Anwendung findet, sondern auch, weil über die reine Auskunftserteilung hinaus grundsätzlich nach Wahl des Antragstellers Akteneinsicht oder andere Formen des Informationszugangs verlangt werden können. Hinzuweisen ist auf Ausnahmebestimmungen, die insbesondere Geheimhaltungsinteressen und Persönlichkeitsrechte berücksichtigen. Mittlerweile haben auch fast alle Bundesländer Informationsfreiheitsgesetze erlassen. Eine Übersicht über die dem Informationsfreiheitsgesetz entsprechenden Gesetze der verschiedenen Bundesländer findet sich im Anhang zum IFG. Ergänzend sind das Verbraucherinformationsgesetz und das Umweltinformationsgesetz zu erwähnen (VIG → Nr. 18a, UIG → Nr. 18b).

9. Presserecht

Das Presserecht ist in den Landespressegesetzen ausgestaltet. Die meisten Gesetze entsprechen sich in den Grundzügen. Unterschiede bestehen u.a. hinsichtlich der Zählung der Paragrafen. Aus diesem Grund werden in dieser Textsammlung die gemeinsamen Regelungen in einem Musterpressegesetz zusammengefasst, dem die abweichenden Sondervorschriften der einzelnen Bundesländer synoptisch angefügt sind (PresseG → Nr. 19).

Wichtigstes Recht der Presse in den Landespressegesetzen ist der Auskunftsanspruch. Er richtet sich gegen Behörden und ist lediglich im Ausnahmefall durch überwiegende Interessen, wie Geheimhaltung und Datenschutz, beschränkt. Die übrigen Rechte der Presse – wie Gründungsfreiheit, Redaktionsgeheimnis und Tendenzschutz – ergeben sich aus Art. 5 Abs. 1 Satz 1, 1. Var. GG direkt. Wichtige Pflichten der Presse sind die journalistische Sorgfaltspflicht, die Impressumspflicht sowie die Pflicht zur Kennzeichnung entgeltlicher Veröffentlichungen, die in den Landespressegesetzen geregelt sind.

10. Rundfunkrecht

Das Rundfunkrecht ist ebenfalls landesrechtlich geprägt, in erster Linie durch zwischen den Bundesländern abgeschlossene Staatsverträge (→ Nr. 21 ff.). Diese greifen die Grundstrukturierung auf, die das Bundesverfassungsgericht aus der Rundfunkfreiheit des Art. 5 Abs. 1 Satz 2, 2. Var. GG abgeleitet hat. Danach hat der Rundfunk in erster Linie der freien individuellen und öffentlichen Meinungsbildung zu dienen. Aus diesem Grund hat der Gesetzgeber die Freiheit des Rundfunks vor staatlicher Beherrschung und Einflussnahme sicherzustellen und zugleich durch Rechtsregeln zu gewährleisten, dass die Vielfalt der Meinungen im Rundfunk zum Ausdruck kommen kann. In der dualen Rundfunkordnung, in der der Bestand und die Entwicklung der öffentlich-rechtlichen Sender neben den privaten Sendern garantiert sind, kommt den Rundfunkanstalten die Aufgabe zu, die Grundversorgung der Bevölkerung sicherzustellen. Grundversorgung bedeutet, dass im Prinzip dafür Sorge getragen sein muss, dass für die Gesamtheit der Bevölkerung Programme angeboten werden, die umfassend und in der vollen Breite des klassischen Rundfunkauftrags informieren und dass Meinungsvielfalt in der verfassungsrechtlich gebotenen Weise gesichert ist. Den Begriff der Grundversorgung hat das Bundesverfassungsgericht durch den Begriff des Funktionsauftrags ersetzt. Der öffentlich-rechtliche Rundfunk hat seiner Funktion im demokratischen Staat gerecht zu werden, weshalb das BVerfG bezüglich der Rundfunkanstalten die Rundfunkfreiheit auch als eine „dienende Freiheit“ bezeichnet. Die Funktionsfähigkeit des öffentlich-rechtlichen Rundfunks setzt seine bedarfsgerechte Finanzierung voraus. Um eine Vereinnahmung des öffentlich-rechtlichen Rundfunks durch den Staat auszuschließen, wird die Meinungspluralität durch die Rundfunkräte in den Rundfunkanstalten sichergestellt, wie dies in den Landesrundfunkgesetzen vorgesehen ist. Der Gesetzgeber hat dieses binnenplurale Modell mit dem außenpluralistischen Modell kombiniert, in dem die öffentlich-rechtlichen Rundfunkanstalten außerhalb des Grundversorgungsbereichs im Wettbewerb mit den Privatsendern stehen.

Der wichtigste zwischen allen Bundesländern abgeschlossene Staatsvertrag im Rundfunkbereich ist der Rundfunkstaatsvertrag (RSTV → Nr. 21). Er enthält die allgemeinen Regelungen, um eine gewisse Einheitlichkeit des Rundfunkrechts zwischen den Bundesländern sicherzustellen. Der Rundfunkstaatsvertrag erfährt regelmäßig Aktualisierungen durch Rundfunkänderungsstaatsverträge. Die umfangreichen Änderungen des Rundfunkrechts durch den 19. Rundfunkänderungsstaatsvertrag insbes. hinsichtlich des Jugendschutzes wurden in den Nummern 21-25 berücksichtigt. Neben dem 20. Rundfunkänderungsstaatsvertrag wurde bereits der 21. Rundfunkänderungsstaatsvertrag mit eingebunden, in kursiver Schrift, da die Zustimmung durch die Landtage noch aussteht.

Die Finanzierung des öffentlich-rechtlichen Rundfunks erfolgt nicht mehr wie früher durch eine gerätebezogene Rundfunkgebühr sondern seit 2013 durch einen Rundfunkbeitrag, der als Haushalts- und Betriebsstättenabgabe ausgestaltet ist. Damit soll eine Finanzierung aus Steuermitteln vermieden werden, was zu einer unzulässigen programminhaltlichen Beeinflussung der Anstalten führen könnte. Die Einzelheiten dieser verfassungsrechtlich nicht unumstrittenen Konstruktion finden sich im Rundfunkbeitragsstaatsvertrag (RBeitrStV → Nr. 22). Das Verfahren zur Festlegung des Rundfunkbeitrags, bei dem zwischen der Bedarfsanmeldung der Rundfunkanstalten und der Festsetzung der Höhe des Rundfunkbeitrags eine unabhängige Kommission, die Kommission zur Überprüfung und Ermittlung des Finanzbedarfs der Rundfunkanstalten, kurz KEF, zwischengeschaltet ist, findet sich, wie auch der Finanzausgleich zwischen den Rundfunkanstalten, im Rundfunkfinanzierungsstaatsvertrag (RFinStV → Nr. 23).

Seine Ausgestaltung erfährt der Rundfunkstaatsvertrag in den Landesrundfunkgesetzen, die den öffentlich-rechtlichen Rundfunk betreffen bzw. in einigen Bundesländern in einem Staatsvertrag, sofern mehrere Bundesländer an einer öffentlich-rechtlichen Sendeanstalt beteiligt sind (z.B. SWR-Staatsvertrag, MDR-Staatsvertrag). Die Organe einer öffentlich-rechtlichen Rundfunkanstalt sind anhand exemplarischer Normen aus dem Landesrecht veranschaulicht (→ Anhang II zum RStV, Nr. 21). Hinzu treten die Landesmediengesetze, die den privaten Rundfunk regeln. Privater Rundfunk bedarf der Zulassung. Sie wird bei Vorliegen der Zulassungsvoraussetzungen von der zuständigen Landesmedienanstalt erteilt, die auch die Einhaltung der Programmgrundsätze überprüft und ggf. die Einstellung der Veranstaltung anordnet und dem Träger der technischen Übertragungseinrichtung die Verbreitung untersagt. Bei bundesweit verbreiteten Programmen ist die Kommission für Zulassung und Aufsicht (ZAK) zuständig (§ 36 Abs. 2 RStV). Abgedruckt sind exemplarisch landesrechtliche Regelungen zur Zulassung von Privatsendern (→ Anhang I zum RStV, Nr. 21).

Inhaltlich sind vor allem die Vorgaben hinsichtlich der Werbung bedeutungsvoll, die Einschränkung von Exklusivrechten (Kurzberichterstattungsrecht: § 5 RStV) sowie die Vorgabe, bestimmte Großereignisse zumindest auch im Free-TV ausstrahlen zu müssen (§ 4 RStV). Im Wahlkampf sind die Besonderheiten für Wahlwerbung zu beachten (§ 42 Abs. 2 RStV, wie auch das Verbot politischer Werbung in § 7 Abs. 9 RStV). Hinsichtlich der Dauer von Wahlwerbespots ist das Prinzip der abgestuften Chancengleichheit zu beachten, das sich aus § 5 PartG ergibt, der als Fußnote zu Art. 21GG abgedruckt ist.

Die Besonderheiten der großen Sendeanstalten ARD und ZDF sind in den jeweiligen Staatsverträgen enthalten (→ Nr. 24, 25).

11. Buch

Die grundrechtlich gewährleistete Pressefreiheit bezieht sich nicht lediglich auf die periodische Presse sondern auch auf andere Druckwerke, insbesondere Bücher. Für das Recht der Bücher ist neben dem Urheberrechtsgesetz (UrhG → Nr. 8) vor allem das Verlagsgesetz (VerlG → Nr. 26) bedeutungsvoll. Das Verlagsgesetz bestimmt die Rechte und Pflichten im Verhältnis des Verlegers zum Autor. Es handelt sich um dispositives Recht, d.h. es kann von den Vertragsparteien durch abweichende Vereinbarungen abbedungen werden.

Das Buchpreisbindungsgesetz (BuchPrG → Nr. 27) hat das frühere System privatrechtlicher Vereinbarungen zwischen Verlegern und Buchhändlern aufgrund der Unklarheiten über ihre europarechtliche Zulässigkeit auf eine gesetzliche Grundlage gestellt. Sinn des Gesetzes ist es, ein möglichst breites Buchangebot durch Quersubventionierung weniger populärer Titel durch Bestseller zu ermöglichen und die Existenz vieler Buchhandlungen sicherzustellen. Mittlerweile wurden E-Books ausdrücklich in den Regelungsbereich des Gesetzes einbezogen.

Bibliotheksrechtlich relevant sind das Gesetz über die Deutsche Nationalbibliothek mit Pflichtablieferungsverordnung und die im Entstehen begriffenen Landesbibliotheksgesetze (→ Nr. 27a-c).

12. Filmrecht

Das Filmrecht ist dem Presserecht näher als dem Rundfunkrecht, da hier die Meinungspluralität nicht durch öffentlich-rechtliche Anstalten gewährleistet werden muss. Von praktischer Relevanz ist die Filmförderung, die hinsichtlich der Bundesfilmförderung im Filmförderungsgesetz (FFG → Nr. 28) geregelt ist, das zum Januar 2017 in Neufassung in Kraft getreten ist.

13. Multimediarecht

Das Multimediarecht ist auf der Basis des klassischen Medienrechts gewachsen, mittlerweile indessen durch eine Fülle eigenständiger Rechtsvorschriften geprägt. Das Internet ist mitnichten ein „rechtsfreier Raum", wie dies vor allem früher behauptet wurde und von Nutzern ab und an irrig angenommen wird; lediglich hinsichtlich der grenzüberschreitenden Internetangebote sind Defizite des internationalen Rechts zu verzeichnen, die sich auch auf die Durchsetzung des Rechts im Inland auswirken können.

a) Telemedien

Die Aufteilung der Gesetzgebungskompetenzen im Multimediarecht ist unübersichtlich. Während der Bund sich u.a. auf die ausschließliche Gesetzgebungskompetenz für das Postwesen und die Telekommunikation in Art. 73 Abs. 1 Nr. 7 GG und auf die konkurrierende Zuständigkeit für das Recht der Wirtschaft in Art. 74 Abs. 1 Nr. 11 GG stützt, berufen sich die Bundesländer, da dem Bund vom Grundgesetz keine ausdrückliche Kompetenz zur Regelung der Medien eingeräumt wird, auf ihre Länderzuständigkeit aus Art. 70 GG. Dieser Kompetenzstreit bedingte eine erste Phase, in der keine Regelungen getroffen wurden, was eine große wirtschaftliche Unsicherheit mit sich brachte. Ein erster, als unglücklich empfundener Kompromiss wurde 2007 durch die jetzige Aufteilung ersetzt. Der Bund regelt im Telemediengesetz (TMG → Nr. 30) alle elektronischen Informations- und Kommunikationsdienste, soweit sie nicht als

Telekommunikationsdienste und nicht als Rundfunk einzuordnen sind. Soweit Telemedien Relevanz für die Meinungsbildung haben, sind zusätzlich zu den allgemeinen bundesrechtlichen Regelungen im TMG landesrechtliche Vorschriften zu beachten. Diese wurden zwischen den Bundesländern abgestimmt und in den Rundfunkstaatsvertrag integriert. Bereits die offizielle Bezeichnung „Staatsvertrag für Rundfunk und Telemedien" zeigt den auf Telemedien erweiterten Anwendungsbereich dieses Staatsvertrags (§§ 54 ff. RStV → Nr. 21).

Telemedien sind zulassungs- und anmeldefrei (§ 4 TMG). Vor allem für die Praxis sind die Informationspflichten der §§ 5 f. TMG bedeutungsvoll, die durch § 55 Abs. 2 RStV für journalistisch-redaktionell gestaltete Angebote ergänzt werden. Diensteanbieter sind für eigene Informationen, die sie zur Nutzung bereithalten, uneingeschränkt nach den allgemeinen Gesetzen verantwortlich (§ 7 TMG). Die Verantwortlichkeit bezieht sich auch auf fremde Inhalte, wenn der Diensteanbieter sie sich „zu eigen gemacht" hat. Das ist immer dann der Fall, wenn ein fremder Inhalt nicht deutlich als solcher gekennzeichnet ist. Die Verantwortlichkeit für eigene Inhalte bezieht sich auf alle Gesetze, aus denen sich eine Haftung ergeben kann, insbesondere des Straf- und des Zivilrechts wie auch die Normen des Urheberrechts und des Jugendschutzes. Demgegenüber sind Zugangsvermittler, die fremde Informationen lediglich weiterleiten oder die den Zugang zu ihnen vermitteln, grundsätzlich nicht für fremde Informationen verantwortlich (§ 8 TMG). Diese Haftungsprivilegierungen gelten allerdings nur dann, wenn der Anbieter keine Kenntnis von der Rechtswidrigkeit fremder Inhalte hatte. Ab Kenntniserlangung trifft den Anbieter die Pflicht, die Informationen unverzüglich zu entfernen oder den Zugang zu ihnen zu sperren, sofern dies möglich und zumutbar ist. Entsprechendes gilt für die Zwischenspeicherung zur beschleunigten Übermittlung von Informationen (§ 9 TMG) und für fremde Informationen, die Diensteanbieter für Dritte speichern (§ 10 TMG). Die genannten Normen, die sich auf die Verantwortlichkeit von Telemedienanbietern beziehen, sind keine eigenständigen Haftungsnormen, vielmehr haben sie eine Filterfunktion. Angesichts der faktischen Unkontrollierbarkeit der Informationsmengen wollte der Gesetzgeber eine weitergehende Haftung ausschließen. Allerdings greifen die Ausschlusstatbestände nicht für Unterlassungsansprüche, die ja naturgemäß in die Zukunft gerichtet sind. Bei der Störerhaftung, die beispielsweise auch ein Internet-Auktionshaus trifft, das nicht selbst als Täter oder Teilnehmer haftet, bestehen – soweit zumutbar – nicht nur Unterlassungsansprüche sondern auch in die Zukunft gerichtete Prüfpflichten, damit es nicht zu neuerlichen Rechtsverletzungen kommt.

Das Netzwerkdurchsetzungsgesetz (NetzDG → Nr. 29a) ist ab 1. Oktober 2017 in Kraft getreten, mit Wirkung zum 1.1.2018. Ziel des Gesetzes ist es, Netzwerkanbieter ab einer bestimmten Nutzerzahl dazu zu verpflichten, bestimmte rechtswidrige Inhalte zu löschen. Als „rechtswidrige Inhalte" werden allerdings vom Gesetz nur Beiträge in sozialen Netzwerken angesehen, die ganz bestimmte strafrechtliche Tatbestände erfüllen. Aufgrund der hohen Bußgelder besteht die Gefahr des „Overblocking". Da zudem Betroffene keine ausreichende Möglichkeit haben, zu Unrecht gelöschte Beiträge wieder einstellen zu lassen, ist die Vereinbarkeit des Gesetzes mit der Meinungsfreiheit noch offen, zumal auch in kompetenzieller Hinsicht Zweifel an der Verfassungsmäßigkeit des Gesetzes bestehen.

b) Telekommunikation

Das Telemediengesetz und der Rundfunkstaatsvertrag beziehen sich auf die Inhalte der Multimediaangebote. Der technische Vorgang der Telekommunikation wird demgegenüber durch das Telekommunikationsgesetz (TKG → Nr. 29) geregelt. Ziel des TKG ist es, durch Regulierung im Bereich der Telekommunikation den Wettbewerb und leistungsfähige Telekommunikationsinfrastrukturen zu fördern und flächendeckende und ausreichende Dienstleistungen zu gewährleisten. Um dieses Ziel zu erreichen, sieht das TKG ein Marktregulierungsverfahren vor, das auf der Grundlage einer Marktdefinition und einer Marktanalyse (§§ 10, 11 TKG) Zugangsregulierungen (§§ 16 ff. TKG), Entgeltregulierungen (§§ 27 ff. TKG) und eine Missbrauchsaufsicht (§ 42 f. TKG) ermöglicht. Solche Regulierungen sind allerdings nur dann und insoweit anwendbar, als wirksamer Wettbewerb wegen des früheren Monopolisten noch nicht besteht. Schließlich erfolgt durch die Bundesnetzagentur eine Frequenzzuteilung (§§ 52 ff. TKG).

Das IT-Sicherheitsgesetz sieht umfangreiche Anpassungen der technischen und organisatorischen Vorkehrungen im Bereich Telemedien und Telekommunikation zum Schutz von personenbezogenen Daten, Störungen oder Manipulationen vor. Dies zeigt sich vor allem an der Neufassung der §§ 109, 109a TKG zu technischen Schutzmaßnahmen und zur Daten- und Informationssicherheit.

c) Elektronische Signatur

Um Sicherheit hinsichtlich des Ausstellers einer rechtsverbindlichen Erklärung im Internet und der Unverfälschtheit einer solchen Erklärung zu garantieren, bietet der Gesetzgeber im Vertrauensdienstegesetz (VDG) (→ Nr. 31) die Möglichkeit an, eine elektronische Signatur zu benutzen. Es handelt sich um ein technisches Verfahren, dem bei Beachtung bestimmter Vorgaben hinsichtlich der technischen Sicherheit eine erhöhte Rechtswirkung zugemessen wird. Das Vertrauensdienstegesetz ersetzt das bisherige Signaturgesetz und dient der Umsetzung der Vorgaben der Elektronische- Transaktionen- Verordnung oder eIDAS (=electronic IDentification, Authentication and trust Services)-Verordnung. Als Aufsichtsstellen wurden die Bundesnetzagentur und das Bundesamt für Sicherheit in der Informationstechnik festgelegt (§ 2 VDG) sowie die Anforderungen an private oder öffentliche Zertifizierungsstellen. Diese enthält technische Anforderungen an fortgeschrittene elektronischen Signaturen und qualifizierte Zertifikate für elektronische Signaturen. Das Vertrauensdienstegesetz regelt die neuen Anforderungen an qualifizierte Zertifikate für elektronische Signaturen und Siegel in der Verbindung mit der EU-Verordnung. Die

Rechtswirkungen qualifizierter elektronischer Signaturen (§§ 9 ff., 17 VDG) zeigen sich in ihrer Gleichstellung mit der Schriftform in § 126 Abs. 3 BGB. Das De-Mail-Gesetz (→ Nr. 31a) zielt in eine ähnlich Richtung, indem es die Möglichkeit einer höheren Rechtsverbindlichkeit für E-Mails durch besonders akkreditierte Diensteanbieter vorsieht, um so eine gewisse Annäherung an rechtsverbindliche Dokumente in üblicher Schriftform zu erreichen. Hierdurch soll insbesondere die Zustellung amtlicher Schriftstücke erleichtert werden. In der Praxis werden diese Möglichkeiten bislang nur wenig genutzt.

Das Gesetz zur Förderung des elektronischen Rechtsverkehrs mit Gerichten sieht eine Vielzahl von Anwendungsfeldern für elektronische Dokumente mit Beweiskraft vor. Diese wirken sich vor allem auf die Zivilprozessordnung aus. Hervorzuheben ist die Nutzungspflicht der elektronischen Form für bestimmte Schriftsätze, Anträge und Erklärungen durch Rechtsanwälte und Behörden vor Gericht (§ 130d ZPO, der erst ab dem 1.1. 2022 gelten wird) sowie ein elektronisches Register für Schutzschriften (Schutzschriftenregister, § 945a ZPO).

d) Vertragsschluss im Internet

Bei Vertragsschlüssen im Internet sind nicht nur die Rechtswirkungen von elektronischen Signaturen zu beachten, sondern vor allem die Vorschriften für sogenannte Fernkommunikationsmittel, die in den §§ 312b ff. BGB (→ Nr. 5, Nr. 32) enthalten sind. Besondere Informationspflichten zum Schutz des Verbrauchers gelten dann, wenn ein Vertrag ohne persönlichen Kontakt ausschließlich über solche Fernkommunikationsmittel abgeschlossen wird. Darüber hinaus steht den Verbrauchern ein besonderes Widerrufs- und Rückgaberecht zu. Weitere medienrechtlich relevante Vorschriften des Privatrechts enthalten die Nr. 5 (BGB) und die Nr. 6 (EGBGB). (Eine Zusammenfassung der für den Vertragsschluss im Internet relevanten Normen findet sich unter → Nr. 32). Eine umfassende Anpassung und Verdeutlichung der Informationspflichten und Informationsmöglichkeiten zu Gunsten der Verbraucher im elektronischen Rechtsverkehr wurde durch das Gesetz zur Umsetzung der Verbraucherrechterichtlinie und zur Änderung des Gesetzes zur Regelung der Wohnungsvermittlung vorgenommen. Dieses enthält im Anhang zum EGBGB auch neue Musterformulare für Widerrufsbelehrungen und umfangreiche Detailinformationen für die Verbraucher.

e) Zivilrechtliche Gegenansprüche

Gegen Medienberichte stehen den Betroffenen eine Reihe zivilrechtlicher Gegenansprüche zur Verfügung. Da diese teilweise nicht direkt im BGB verankert sind, wurden im Anhang (→ Nr. 33) die wichtigsten Gegenansprüche mit ihren Anspruchsgrundlagen zusammengestellt. Teilweise lassen sich die Anspruchsvoraussetzungen den Normen nicht direkt entnehmen. So ist für einen Unterlassungsanspruch, der zur Abwehr künftiger Verletzungen dient, neben der Beeinträchtigung des Persönlichkeitsrechts durch einen bevorstehenden Eingriff eine

Erstbegehungsgefahr oder Wiederholungsgefahr darzulegen. Der lediglich im Medienrecht vorkommende Gegendarstellungsanspruch, der es dem Betroffenen ermöglicht, seine Sicht der Dinge darzustellen, muss in den Normen des jeweils einschlägigen Rechtsgebiets gesucht werden, etwa in § 10 PresseG (→ Nr. 19; MusterPG), für den Rundfunk in den Landesmedien– und Landesrundfunkgesetzen sowie für Telemedienangebote in § 56 RStV (→ Nr. 21), wohingegen das TMG keinen Gegendarstellungsanspruch enthält. Hier lassen sich die Tatbestandsvoraussetzungen leicht aus der jeweils einschlägigen Norm ableiten. Durchweg wird das Vorliegen einer Tatsachenbehauptung in der Erstmitteilung gefordert, was der Fall ist, wenn der Wahrheitsgehalt der Aussage in einem gerichtlichen Verfahren durch Beweisaufnahme prinzipiell festgestellt werden könnte (ohne das ein solcher Beweis im konkreten Falle auch erbracht werden müsste). Auf die Richtigkeit der Tatsachenbehauptung kommt es nicht an, ebenso wenig wie auf den Wahrheitsgehalt der Gegendarstellung, die aber vom Umfang her angemessen sein muss, d.h. den Umfang des beanstandeten Medienberichts nicht überschreiten darf. Vorliegen muss zudem ein berechtigtes Interesse an der Gegendarstellung. Die übrigen, formalen Voraussetzungen, lassen sich der jeweiligen Norm entnehmen. Der Berichtigungsanspruch kann ebenfalls nur gegen eine Tatsachenbehauptung gerichtet werden. Allerdings muss diese nachweislich unrichtig sein, da bei diesem Anspruch der Journalist bzw. das Medienunternehmen selbst eine fehlerhafte Berichterstattung einräumen müssen. Aus diesem Grund ist zudem eine fortwirkende Beeinträchtigung der Persönlichkeit des Betroffenen nachzuweisen, wie auch die Berichtigung geeignetes Mittel zur Beseitigung der Persönlichkeitsbeeinträchtigung sein muss. Werden durch Medienberichte materielle Schäden, d.h. in Geld messbare Schäden verursacht, so ist wie auch sonst im Zivilrecht § 823 BGB (Abs. 1, allgemeines Persönlichkeitsrecht als „sonstiges Recht“ bzw. bei Verletzung eines Schutzgesetzes wie dem KUG oder den Ehrschutzdelikten des StGB Abs. 2) die richtige Anspruchsgrundlage. Demgegenüber ist der Geldentschädigungsanspruch nicht im Gesetz geregelt und erst später durch die Rechtsprechung entwickelt worden. Er dient dazu, Genugtuung für immaterielle Schäden zu gewährleisten und soll auch Präventionswirkung entfalten. Da es sich hier um einen subsidiären Anspruch handelt, ist das Vorliegen einer schweren Persönlichkeitsrechtsverletzung Voraussetzung. Hinzukommen muss ein schuldhaftes Handeln des Verletzers. Schließlich darf dem Geschädigten keine anderweitige zumutbare Ausgleichsmöglichkeit zur Verfügung stehen.

f) Domainrecht

An dem Spezialgebiet des Domainrechts lässt sich die Komplexität der im Medienrecht möglicherweise zur Anwendung kommenden Rechtsgrundlagen besonders gut verdeutlichen. Wird ein Eigenname von einem Unbefugten als Domain verwendet, so kann sich der Berechtigte auf das Namensrecht des § 12 BGB (→ Nr. 5, Nr. 33) berufen. Handelt es sich um eine Marke, so ist § 14 Abs. 1 MarkenG (→ Nr. 11, Nr. 33) zu prüfen. Geht es um den Schutz einer geschäftlichen Bezeichnung, so ist § 15 Abs. 1 MarkenG einschlägig (Zusammenfassung der Normen zum Domainrecht → Nr. 33).

Die hier lediglich überblicksartig skizzierte Fülle medienrechtlich relevanter Normen darf nicht vergessen lassen, dass im Medienrecht der Rechtsprechung insbesondere der Obergerichte besondere Bedeutung zukommt. Die nachfolgenden Normen sind die Grundlage für die Anwendung medienrechtlicher Kenntnisse.

Ilmenau, im März 2018 *Frank Fechner*

I. Übergeordnete Rechtsvorschriften

Grundgesetz für die Bundesrepublik Deutschland

vom 23. Mai 1949 (BGBl. S. 1),
zuletzt geändert durch Gesetz vom 13. Juli 2017 (BGBl. I S. 2347)

– Auszug –

INHALTSVERZEICHNIS[1]

I. Grundrechte (Art. 1-19)

Art. 1 [Menschenwürde]. (1) [1]Die Würde des Menschen ist unantastbar. [2]Sie zu achten und zu schützen ist Verpflichtung aller staatlichen Gewalt.

(2) Das Deutsche Volk bekennt sich darum zu unverletzlichen und unveräußerlichen Menschenrechten als Grundlage jeder menschlichen Gemeinschaft, des Friedens und der Gerechtigkeit in der Welt.

(3) Die nachfolgenden Grundrechte binden Gesetzgebung, vollziehende Gewalt und Rechtsprechung als unmittelbar geltendes Recht.

[Allgemeines Persönlichkeitsrecht gemäß Art. 2 Abs. 1 i.V.m Art. 1 Abs. 1 GG[2]**]**

Art. 2 [Freie Entfaltung der Persönlichkeit, Recht auf Leben und körperliche Unversehrtheit, Freiheit der Person]. (1) Jeder hat das Recht auf die freie Entfaltung seiner Persönlichkeit, soweit er nicht die Rechte anderer ver-

1 Das Inhaltsverzeichnis bezieht sich auf den vorliegenden Auszug aus dem GG. In Klammern sind die aus dem entsprechenden Teil des GG entnommenen Artikel aufgeführt.

2 Dieses Grundrecht und seine Ausprägungen wurden durch das Bundesverfassungsgericht entwickelt. Es wird nicht explizit im Grundgesetz genannt. Es spielt eine wichtige Rolle bei den zivilrechtlichen Abwehransprüchen (insbesondere in Verbindung mit den §§ 823 ff., 1004 analog sowie §§ 812 ff. BGB; → **Nr. 5, Nr. 32**).

letzt und nicht gegen die verfassungsmäßige Ordnung oder das Sittengesetz verstößt.

(2) [1]Jeder hat das Recht auf Leben und körperliche Unversehrtheit. [2]Die Freiheit der Person ist unverletzlich. [3]In diese Rechte darf nur aufgrund eines Gesetzes eingegriffen werden.

Art. 3 [Gleichheit]. (1) Alle Menschen sind vor dem Gesetz gleich.

(2) [1]Männer und Frauen sind gleichberechtigt. [2]Der Staat fördert die tatsächliche Durchsetzung der Gleichberechtigung von Frauen und Männern und wirkt auf die Beseitigung bestehender Nachteile hin.

(3) [1]Niemand darf wegen seines Geschlechtes, seiner Abstammung, seiner Rasse, seiner Sprache, seiner Heimat und Herkunft, seines Glaubens, seiner religiösen oder politischen Anschauungen benachteiligt oder bevorzugt werden. [2]Niemand darf wegen seiner Behinderung benachteiligt werden.

Art. 4 [Freiheit des Glaubens, des Gewissens und des Bekenntnisses, Kriegsdienstverweigerung]. (1) Die Freiheit des Glaubens, des Gewissens und die Freiheit des religiösen und weltanschaulichen Bekenntnisses sind unverletzlich.

(2) Die ungestörte Religionsausübung wird gewährleistet.

(3) [1]Niemand darf gegen sein Gewissen zum Kriegsdienst mit der Waffe gezwungen werden. [2]Das Nähere regelt ein Bundesgesetz.

Art. 5 [Kommunikationsfreiheiten, Medienfreiheit, Kunst- und Wissenschaftsfreiheit]. (1) [1]Jeder hat das Recht, seine Meinung in Wort, Schrift und Bild frei zu äußern und zu verbreiten und sich aus allgemein zugänglichen Quellen ungehindert zu unterrichten. [2]Die Pressefreiheit und die Freiheit der Berichterstattung durch Rundfunk und Film werden gewährleistet. [3]Eine Zensur findet nicht statt.

(2) Diese Rechte finden ihre Schranken in den Vorschriften der allgemeinen Gesetze, den gesetzlichen Bestimmungen zum Schutze der Jugend und in dem Recht der persönlichen Ehre.

(3) [1]Kunst und Wissenschaft, Forschung und Lehre sind frei. [2]Die Freiheit der Lehre entbindet nicht von der Treue zur Verfassung.

Art. 6 [Ehe, Familie]. (1) Ehe und Familie stehen unter dem besonderen Schutze der staatlichen Ordnung.

(2) [1]Pflege und Erziehung der Kinder sind das natürliche Recht der Eltern und die zuvörderst ihnen obliegende Pflicht. [2]Über ihre Betätigung wacht die staatliche Gemeinschaft.

(3) Gegen den Willen der Erziehungsberechtigten dürfen Kinder nur aufgrund eines Gesetzes von der Familie getrennt werden, wenn die Erziehungsberechtigten versagen oder wenn die Kinder aus anderen Gründen zu verwahrlosen drohen.

(4) Jede Mutter hat Anspruch auf den Schutz und die Fürsorge der Gemeinschaft.

(5) Den unehelichen Kindern sind durch die Gesetzgebung die gleichen Bedingungen für ihre leibliche und seelische Entwicklung und ihre Stellung in der Gesellschaft zu schaffen wie den ehelichen Kindern.

Art. 8 [Versammlungsfreiheit]. (1) Alle Deutschen haben das Recht, sich ohne Anmeldung oder Erlaubnis friedlich und ohne Waffen zu versammeln.

(2) Für Versammlungen unter freiem Himmel kann dieses Recht durch Gesetz oder aufgrund eines Gesetzes beschränkt werden.

Art. 9 [Vereinigungsfreiheit]. (1) Alle Deutschen haben das Recht, Vereine und Gesellschaften zu bilden.

(2) Vereinigungen, deren Zwecke oder deren Tätigkeit den Strafgesetzen zuwiderlaufen oder die sich gegen die verfassungsmäßige Ordnung oder gegen den Gedanken der Völkerverständigung richten, sind verboten.

(3) [1]Das Recht, zur Wahrung und Förderung der Arbeits- und Wirtschaftsbedingungen Vereinigungen zu bilden, ist für jedermann und für alle Berufe gewährleistet. [2]Abreden, die dieses Recht einschränken oder zu behindern suchen, sind nichtig, hierauf gerichtete Maßnahmen sind rechtswidrig. [3]Maßnahmen nach den Art. n 12a, 35 Abs. 2 und 3, Art. 87a Abs. 4 und Art. 91 dürfen sich nicht gegen Arbeitskämpfe richten, die zur Wahrung und Förderung der Arbeits- und Wirtschaftsbedingungen von Vereinigungen im Sinne des Satzes 1 geführt werden.

Art. 10 [Telekommunikationsgeheimnis]. (1) Das Briefgeheimnis sowie das Post- und Fernmeldegeheimnis sind unverletzlich.

(2) [1]Beschränkungen dürfen nur aufgrund eines Gesetzes angeordnet werden. [2]Dient die Beschränkung dem Schutze der freiheitlichen demokratischen Grundordnung oder des Bestandes oder der Sicherung des Bundes oder eines Landes, so kann das Gesetz bestimmen, dass sie dem Betroffenen nicht mitgeteilt wird und dass an die Stelle des Rechtsweges die Nachprüfung durch von der Volksvertretung bestellte Organe und Hilfsorgane tritt.

Art. 12 [Berufsfreiheit]. (1) [1]Alle Deutschen haben das Recht, Beruf, Arbeitsplatz und Ausbildungsstätte frei zu wählen. [2]Die Berufsausübung kann durch Gesetz oder aufgrund eines Gesetzes geregelt werden.

(2) Niemand darf zu einer bestimmten Arbeit gezwungen werden, außer im Rahmen einer herkömmlichen allgemeinen, für alle gleichen öffentlichen Dienstleistungspflicht.

(3) Zwangsarbeit ist nur bei einer gerichtlich angeordneten Freiheitsentziehung zulässig.

Art. 13 [Unverletzlichkeit der Wohnung]. (1) Die Wohnung ist unverletzlich.

(2) Durchsuchungen dürfen nur durch den Richter, bei Gefahr im Verzuge auch durch die in den Gesetzen vorgesehenen anderen Organe angeordnet und nur in der dort vorgeschriebenen Form durchgeführt werden.

(3) [1]Begründen bestimmte Tatsachen den Verdacht, dass jemand eine durch Gesetz einzeln bestimmte besonders schwere Straftat begangen hat, so dürfen zur Verfolgung der Tat aufgrund richterlicher Anordnung technische Mittel zur akustischen Überwachung von Wohnungen, in denen der Beschuldigte sich vermutlich aufhält, eingesetzt werden, wenn die Erforschung des Sachverhalts auf andere Weise unverhältnismäßig erschwert oder aussichtslos wäre. [2]Die Maßnahme ist zu befristen. [3]Die Anordnung erfolgt durch einen mit drei Richtern besetzten Spruchkörper. [4]Bei Gefahr im Verzuge kann sie auch durch einen einzelnen Richter getroffen werden.

(4) [1]Zur Abwehr dringender Gefahren für die öffentliche Sicherheit, insbesondere einer gemeinen Gefahr oder einer Lebensgefahr, dürfen technische Mittel zur Überwachung von Wohnungen nur aufgrund richterlicher Anordnung eingesetzt werden. [2]Bei Gefahr im Verzuge kann die Maßnahme auch durch eine andere gesetzlich bestimmte Stelle angeordnet werden; eine richterliche Entscheidung ist unverzüglich nachzuholen.

(5) [1]Sind technische Mittel ausschließlich zum Schutze der bei einem Einsatz in Wohnungen tätigen Personen vorgesehen, kann die Maßnahme durch eine gesetzlich bestimmte Stelle angeordnet werden. [2]Eine anderweitige Verwertung der hierbei erlangten Erkenntnisse ist nur zum Zwecke der Strafverfolgung oder der Gefahrenabwehr und nur zulässig, wenn zuvor die Rechtmäßigkeit der Maßnahme richterlich festgestellt ist; bei Gefahr im Verzuge ist die richterliche Entscheidung unverzüglich nachzuholen.

(6) [1]Die Bundesregierung unterrichtet den Bundestag jährlich über den nach Absatz 3 sowie über den im Zuständigkeitsbereich des Bundes nach Absatz 4 und, soweit richterlich überprüfungsbedürftig, nach Absatz 5 erfolgten Einsatz technischer Mittel. [2]Ein vom Bundestag gewähltes Gremium übt auf der Grundlage dieses Berichts die parlamentarische Kontrolle aus. [3]Die Länder gewährleisten eine gleichwertige parlamentarische Kontrolle.

(7) Eingriffe und Beschränkungen dürfen im Übrigen nur zur Abwehr einer gemeinen Gefahr oder einer Lebensgefahr für einzelne Personen, aufgrund eines Gesetzes auch zur Verhütung dringender Gefahren für die öffentliche Sicherheit und Ordnung, insbesondere zur Behebung der Raumnot, zur Bekämpfung von Seuchengefahr oder zum Schutze gefährdeter Jugendlicher vorgenommen werden.

Art. 14 [Eigentumsfreiheit]. (1) [1]Das Eigentum und das Erbrecht[3] werden gewährleistet. [2]Inhalt und Schranken werden durch die Gesetze bestimmt.

---

3 Geschützt ist auch das geistige Eigentum, insbesondere das **Urheberrecht** (UrhG → **Nr. 8**).

(2) [1]Eigentum verpflichtet. [2]Sein Gebrauch soll zugleich dem Wohle der Allgemeinheit dienen.

(3) [1]Eine Enteignung ist nur zum Wohle der Allgemeinheit zulässig. [2]Sie darf nur durch Gesetz oder aufgrund eines Gesetzes erfolgen, das Art und Ausmaß der Entschädigung regelt. [3]Die Entschädigung ist unter gerechter Abwägung der Interessen der Allgemeinheit und der Beteiligten zu bestimmen. [4]Wegen der Höhe der Entschädigung steht im Streitfalle der Rechtsweg vor den ordentlichen Gerichten offen.

Art. 19 [Grundrechtseinschränkungen, Rechtsweggarantie]. (1) [1]Soweit nach diesem Grundgesetz ein Grundrecht durch Gesetz oder aufgrund eines Gesetzes eingeschränkt werden kann, muss das Gesetz allgemein und nicht nur für den Einzelfall gelten. [2]Außerdem muss das Gesetz das Grundrecht unter Angabe des Artikels nennen.

(2) In keinem Falle darf ein Grundrecht in seinem Wesensgehalt angetastet werden.

(3) Die Grundrechte gelten auch für inländische juristische Personen, soweit sie ihrem Wesen nach auf diese anwendbar sind.

(4) [1]Wird jemand durch die öffentliche Gewalt in seinen Rechten verletzt, so steht ihm der Rechtsweg offen. [2]Soweit eine andere Zuständigkeit nicht begründet ist, ist der ordentliche Rechtsweg gegeben. [3]Art. 10 Abs. 2 Satz 2 bleibt unberührt.

II. Der Bund und die Länder (Art. 20-32)

Art. 20 [Staatsprinzipien; Widerstandsrecht]. (1) Die Bundesrepublik Deutschland ist ein demokratischer und sozialer Bundesstaat.

(2) [1]Alle Staatsgewalt geht vom Volke aus. [2]Sie wird vom Volke in Wahlen und Abstimmungen und durch besondere Organe der Gesetzgebung, der vollziehenden Gewalt und der Rechtsprechung ausgeübt.

(3) Die Gesetzgebung ist an die verfassungsmäßige Ordnung, die vollziehende Gewalt und die Rechtsprechung sind an Gesetz und Recht gebunden.

(4) Gegen jeden, der es unternimmt, diese Ordnung zu beseitigen, haben alle Deutschen das Recht zum Widerstand, wenn andere Abhilfe nicht möglich ist.

Art. 21 GG[4] [Parteien]. (1) [1]Die Parteien wirken bei der politischen Willensbildung des Volkes mit. [2]Ihre Gründung ist frei. [3]Ihre innere Ordnung muß de-

---

4 In diesem Zusammenhang ist **§ 5 Parteiengesetz** (Gesetz über die politischen Parteien vom 31. Januar 1994, BGBl. I S. 149, zuletzt geändert durch Gesetz vom 18. Juli 2017, BGBl. I S. 2730) zu beachten. Er hat folgenden Wortlaut:

§ 5 Gleichbehandlung. (1) Wenn ein Träger öffentlicher Gewalt den Parteien Einrichtungen zur Verfügung stellt oder andere öffentliche Leistungen gewährt, sollen

mokratischen Grundsätzen entsprechen. [4]Sie müssen über die Herkunft und Verwendung ihrer Mittel sowie über ihr Vermögen öffentlich Rechenschaft geben.

(2) Parteien, die nach ihren Zielen oder nach dem Verhalten ihrer Anhänger darauf ausgehen, die freiheitliche demokratische Grundordnung zu beeinträchtigen oder zu beseitigen oder den Bestand der Bundesrepublik Deutschland zu gefährden, sind verfassungswidrig.

(3) [1]Parteien, die nach ihren Zielen oder dem Verhalten ihrer Anhänger darauf ausgerichtet sind, die freiheitliche demokratische Grundordnung zu beeinträchtigen oder zu beseitigen oder den Bestand der Bundesrepublik Deutschland zu gefährden, sind von staatlicher Finanzierung ausgeschlossen. [2]Wird der Ausschluss festgestellt, so entfällt auch eine steuerliche Begünstigung dieser Parteien und von Zuwendungen an diese Parteien.

(4) Über die Frage der Verfassungswidrigkeit nach Absatz 2 sowie über den Ausschluss von staatlicher Finanzierung nach Absatz 3 entscheidet das Bundesverfassungsgericht.

(5) Das Nähere regeln Bundesgesetze.

Art. 23 [Verwirklichung der Europäischen Union; Beteiligung des Bundesrates, der Bundesregierung]. (1) [1]Zur Verwirklichung eines vereinten Europas wirkt die Bundesrepublik Deutschland bei der Entwicklung der Europäischen Union mit, die demokratischen, rechtsstaatlichen, sozialen und föderativen Grundsätzen und dem Grundsatz der Subsidiarität verpflichtet ist und einen diesem Grundgesetz im Wesentlichen vergleichbaren Grundrechtsschutz gewährleistet. [2]Der Bund kann hierzu durch Gesetz mit Zustimmung des Bundesrates Hoheitsrechte übertragen. [3]Für die Begründung der Europäischen Union sowie für Änderungen ihrer vertraglichen Grundlagen und vergleichbare Regelungen, durch die dieses Grundgesetz seinem Inhalt nach geändert oder ergänzt wird oder solche Änderungen oder Ergänzungen ermöglicht werden, gilt Artikel 79 Abs. 2 und 3.

---

alle Parteien gleichbehandelt werden. Der Umfang der Gewährung kann nach der Bedeutung der Parteien bis zu dem für die Erreichung ihres Zweckes erforderlichen Mindestmaß abgestuft werden. Die Bedeutung der Parteien bemisst sich insbesondere auch nach den Ergebnissen vorausgegangener Wahlen zu Volksvertretungen. Für eine Partei, die im Bundestag in Fraktionsstärke vertreten ist, muss der Umfang der Gewährung mindestens halb so groß wie für jede andere Partei sein.

(2) Für die Gewährung öffentlicher Leistungen in Zusammenhang mit einer Wahl gilt Absatz 1 während der Dauer des Wahlkampfes nur für Parteien, die Wahlvorschläge eingereicht haben.

(3) Öffentliche Leistungen nach Absatz 1 können an bestimmte sachliche, von allen Parteien zu erfüllende Voraussetzungen gebunden werden.

(4) Der Vierte Abschnitt bleibt unberührt.

(2) [1]In Angelegenheiten der Europäischen Union wirken der Bundestag und durch den Bundesrat die Länder mit. [2]Die Bundesregierung hat den Bundestag und den Bundesrat umfassend und zum frühestmöglichen Zeitpunkt zu unterrichten.

(3) [1]Die Bundesregierung gibt dem Bundestag Gelegenheit zur Stellungnahme vor ihrer Mitwirkung an Rechtsetzungsakten der Europäischen Union. Die Bundesregierung berücksichtigt die Stellungnahmen des Bundestages bei den Verhandlungen. [2]Das Nähere regelt ein Gesetz.

(4) Der Bundesrat ist an der Willensbildung des Bundes zu beteiligen, soweit er an einer entsprechenden innerstaatlichen Maßnahme mitzuwirken hätte oder soweit die Länder innerstaatlich zuständig wären.

(5) [1]Soweit in einem Bereich ausschließlicher Zuständigkeiten des Bundes Interessen der Länder berührt sind oder soweit im Übrigen der Bund das Recht zur Gesetzgebung hat, berücksichtigt die Bundesregierung die Stellungnahme des Bundesrates. [2]Wenn im Schwerpunkt Gesetzgebungsbefugnisse der Länder, die Einrichtung ihrer Behörden oder ihre Verwaltungsverfahren betroffen sind, ist bei der Willensbildung des Bundes insoweit die Auffassung des Bundesrates maßgeblich zu berücksichtigen; dabei ist die gesamtstaatliche Verantwortung des Bundes zu wahren. [3]In Angelegenheiten, die zu Ausgabenerhöhungen oder Einnahmeminderungen für den Bund führen können, ist die Zustimmung der Bundesregierung erforderlich.

(6) [1]Wenn im Schwerpunkt ausschließliche Gesetzgebungsbefugnisse der Länder auf den Gebieten der schulischen Bildung, der Kultur oder des Rundfunks betroffen sind, wird die Wahrnehmung der Rechte, die der Bundesrepublik Deutschland als Mitgliedstaat der Europäischen Union zustehen, vom Bund auf einen vom Bundesrat benannten Vertreter der Länder übertragen. [2]Die Wahrnehmung der Rechte erfolgt unter Beteiligung und in Abstimmung mit der Bundesregierung; dabei ist die gesamtstaatliche Verantwortung des Bundes zu wahren.

(7) Das Nähere zu den Absätzen 4 bis 6 regelt ein Gesetz, das der Zustimmung des Bundesrates bedarf

Art. 25 [Völkerrecht Bestandteil des Bundesrechtes]. [1]Die allgemeinen Regeln des Völkerrechtes sind Bestandteil des Bundesrechtes. [2]Sie gehen den Gesetzen vor und erzeugen Rechte und Pflichten unmittelbar für die Bewohner des Bundesgebietes.

Art. 30 [Funktionen der Länder]. Die Ausübung der staatlichen Befugnisse und die Erfüllung der staatlichen Aufgaben ist Sache der Länder, soweit dieses Grundgesetz keine andere Regelung trifft oder zulässt.

Art. 32 [Auswärtige Beziehungen]. (1) Die Pflege der Beziehungen zu auswärtigen Staaten ist Sache des Bundes.

(2) Vor dem Abschlusse eines Vertrages, der die besonderen Verhältnisse eines Landes berührt, ist das Land rechtzeitig zu hören.

(3) Soweit die Länder für die Gesetzgebung zuständig sind, können sie mit Zustimmung der Bundesregierung mit auswärtigen Staaten Verträge abschließen.

III. Der Bundestag (Art. 46)

Art. 46 [Indemnität und Immunität der Abgeordneten]. (1) [1]Ein Abgeordneter darf zu keiner Zeit wegen seiner Abstimmung oder wegen einer Äußerung, die er im Bundestage oder in einem seiner Ausschüsse getan hat, gerichtlich oder dienstlich verfolgt oder sonst außerhalb des Bundestages zur Verantwortung gezogen werden. [2]Dies gilt nicht für verleumderische Beleidigungen.

(2) Wegen einer mit Strafe bedrohten Handlung darf ein Abgeordneter nur mit Genehmigung des Bundestages zur Verantwortung gezogen oder verhaftet werden, es sei denn, dass er bei Begehung der Tat oder im Laufe des folgenden Tages festgenommen wird.

(3) Die Genehmigung des Bundestages ist ferner bei jeder anderen Beschränkung der persönlichen Freiheit eines Abgeordneten oder zur Einleitung eines Verfahrens gegen einen Abgeordneten gemäß Art. 18 erforderlich.

(4) Jedes Strafverfahren und jedes Verfahren gemäß Art. 18 gegen einen Abgeordneten, jede Haft und jede sonstige Beschränkung seiner persönlichen Freiheit sind auf Verlangen des Bundestages auszusetzen.

VII. Die Gesetzgebung des Bundes (Art. 70-79)

Art. 70 [Gesetzgebung des Bundes und der Länder]. (1) Die Länder haben das Recht der Gesetzgebung, soweit dieses Grundgesetz nicht dem Bunde Gesetzgebungsbefugnisse verleiht.

(2) Die Abgrenzung der Zuständigkeit zwischen Bund und Ländern bemisst sich nach den Vorschriften dieses Grundgesetzes über die ausschließliche und die konkurrierende Gesetzgebung.

Art. 71 [Ausschließliche Gesetzgebung]. Im Bereiche der ausschließlichen Gesetzgebung des Bundes haben die Länder die Befugnis zur Gesetzgebung nur, wenn und soweit sie hierzu in einem Bundesgesetze ausdrücklich ermächtigt werden.

Art. 72 [Konkurrierende Gesetzgebung]. (1) Im Bereich der konkurrierenden Gesetzgebung haben die Länder die Befugnis zur Gesetzgebung, solange und soweit der Bund von seiner Gesetzgebungszuständigkeit nicht durch Gesetz Gebrauch gemacht hat.

(2) Auf den Gebieten des Artikels 74 Abs. 1 Nr. 4, 7, 11, 13, 15, 19a, 20, 22, 25 und 26 hat der Bund das Gesetzgebungsrecht, wenn und soweit die Herstellung gleichwertiger Lebensverhältnisse im Bundesgebiet oder die Wahrung der Rechts- oder Wirtschaftseinheit im gesamtstaatlichen Interesse eine bundesgesetzliche Regelung erforderlich macht.

(3) [1]Hat der Bund von seiner Gesetzgebungszuständigkeit Gebrauch gemacht, können die Länder durch Gesetz hiervon abweichende Regelungen treffen über:

1. das Jagdwesen (ohne das Recht der Jagdscheine);
2. den Naturschutz und die Landschaftspflege (ohne die allgemeinen Grundsätze des Naturschutzes, das Recht des Artenschutzes oder des Meeresnaturschutzes);
3. die Bodenverteilung;
4. die Raumordnung;
5. den Wasserhaushalt (ohne stoff- oder anlagenbezogene Regelungen);
6. die Hochschulzulassung und die Hochschulabschlüsse.

[2]Bundesgesetze auf diesen Gebieten treten frühestens sechs Monate nach ihrer Verkündung in Kraft, soweit nicht mit Zustimmung des Bundesrates anderes bestimmt ist. [3]Auf den Gebieten des Satzes 1 geht im Verhältnis von Bundes- und Landesrecht das jeweils spätere Gesetz vor.

(4) Durch Bundesgesetz kann bestimmt werden, dass eine bundesgesetzliche Regelung, für die eine Erforderlichkeit im Sinne des Absatzes 2 nicht mehr besteht, durch Landesrecht ersetzt werden kann.

Art. 73 [Gegenstände der ausschließlichen Gesetzgebungskompetenz].

(1) Der Bund hat die ausschließliche Gesetzgebung über:

1. die auswärtigen Angelegenheiten sowie die Verteidigung einschließlich des Schutzes der Zivilbevölkerung; […]
7. das Postwesen und die Telekommunikation; […]
9. den gewerblichen Rechtsschutz, das Urheberrecht und das Verlagsrecht; […]

Art. 74 [Gegenstände der konkurrierenden Gesetzgebungskompetenz].

(1) Die konkurrierende Gesetzgebung erstreckt sich auf folgende Gebiete:

1. das bürgerliche Recht, das Strafrecht, die Gerichtsverfassung, das gerichtliche Verfahren (ohne das Recht des Untersuchungshaftvollzugs), die Rechtsanwaltschaft, das Notariat und die Rechtsberatung; […]
3. das Vereinsrecht; […]
7. die öffentliche Fürsorge (ohne das Heimrecht); […]
11. das Recht der Wirtschaft (Bergbau, Industrie, Energiewirtschaft, Handwerk, Gewerbe, Handel, Bank- und Börsenwesen, privatrechtliches Versicherungswesen) ohne das Recht des Ladenschlusses, der Gaststätten, der Spielhallen, der Schaustellung von Personen, der Messen, der Ausstellungen und der Märkte; […]
16. die Verhütung des Missbrauchs wirtschaftlicher Machtstellung; […]

Art. 79 [Änderung des Grundgesetzes, „Ewigkeitsgarantie"]. (1) [1]Das Grundgesetz kann nur durch ein Gesetz geändert werden, das den Wortlaut des Grundgesetzes ausdrücklich ändert oder ergänzt. [2]Bei völkerrechtlichen Verträgen, die eine Friedensregelung, die Vorbereitung einer Friedensregelung oder den Abbau einer besatzungsrechtlichen Ordnung zum Gegenstand haben oder der Verteidigung der Bundesrepublik zu dienen bestimmt sind, genügt zur Klarstellung, dass die Bestimmungen des Grundgesetzes dem Abschluss und dem Inkraftsetzen der Verträge nicht entgegenstehen, eine Ergänzung des Wortlautes des Grundgesetzes, die sich auf diese Klarstellung beschränkt.

(2) Ein solches Gesetz bedarf der Zustimmung von zwei Dritteln der Mitglieder des Bundestages und zwei Dritteln der Stimmen des Bundesrates.

(3) Eine Änderung dieses Grundgesetzes, durch welche die Gliederung des Bundes in Länder, die grundsätzliche Mitwirkung der Länder bei der Gesetzgebung oder die in den Artikeln 1 und 20 niedergelegten Grundsätze berührt werden, ist unzulässig.

VIII. Die Ausführung des Bundesgesetze und die Bundesverwaltung (Art. 86, 87)

Art. 86 [Bundeseigene Verwaltung]. [1]Führt der Bund die Gesetze durch bundeseigene Verwaltung oder durch bundesunmittelbare Körperschaften oder Anstalten des öffentlichen Rechtes aus, so erlässt die Bundesregierung, soweit nicht das Gesetz Besonderes vorschreibt, die allgemeinen Verwaltungsvorschriften. [2]Sie regelt, soweit das Gesetz nichts anderes bestimmt, die Einrichtung der Behörden.

Art. 87f [Postwesen und Telekommunikation]. (1) Nach Maßgabe eines Bundesgesetzes, das der Zustimmung des Bundesrates bedarf, gewährleistet der Bund im Bereich des Postwesens und der Telekommunikation flächendeckend angemessene und ausreichende Dienstleistungen.

(2) [1]Dienstleistungen im Sinne des Absatzes 1 werden als privatwirtschaftliche Tätigkeiten durch die aus dem Sondervermögen Deutsche Bundespost hervorgegangenen Unternehmen und durch andere private Anbieter erbracht. [2]Hoheitsaufgaben im Bereich des Postwesens und der Telekommunikation werden in bundeseigener Verwaltung ausgeführt.

(3) Unbeschadet des Absatzes 2 Satz 2 führt der Bund in der Rechtsform einer bundesunmittelbaren Anstalt des öffentlichen Rechts einzelne Aufgaben in bezug auf die aus dem Sondervermögen Deutsche Bundespost hervorgegangenen Unternehmen nach Maßgabe eines Bundesgesetzes aus.

Art. 91c [Informationstechnische Systeme]. (1) Bund und Länder können bei der Planung, der Errichtung und dem Betrieb der für ihre Aufgabenerfüllung benötigten informationstechnischen Systeme zusammenwirken.

(2) [1]Bund und Länder können auf Grund von Vereinbarungen die für die Kommunikation zwischen ihren informationstechnischen Systemen notwendigen Standards und Sicherheitsanforderungen festlegen. [2]Vereinbarungen über die Grundlagen der Zusammenarbeit nach Satz 1 können für einzelne nach Inhalt und Ausmaß bestimmte Aufgaben vorsehen, dass nähere Regelungen bei Zustimmung einer in der Vereinbarung zu bestimmenden qualifizierten Mehrheit für Bund und Länder in Kraft treten. [3]Sie bedürfen der Zustimmung des Bundestages und der Volksvertretungen der beteiligten Länder; das Recht zur Kündigung dieser Vereinbarungen kann nicht ausgeschlossen werden. [4]Die Vereinbarungen regeln auch die Kostentragung.

(3) Die Länder können darüber hinaus den gemeinschaftlichen Betrieb informationstechnischer Systeme sowie die Errichtung von dazu bestimmten Einrichtungen vereinbaren.

(4) [1]Der Bund errichtet zur Verbindung der informationstechnischen Netze des Bundes und der Länder ein Verbindungsnetz. [2]Das Nähere zur Errichtung und zum Betrieb des Verbindungsnetzes regelt ein Bundesgesetz mit Zustimmung des Bundesrates.

(5) Der übergreifende informationstechnische Zugang zu den Verwaltungsleistungen von Bund und Ländern wird durch Bundesgesetz mit Zustimmung des Bundesrates geregelt.

IX. Die Rechtsprechung (Art. 93)

Art. 93 [Zuständigkeit des Bundesverfassungsgerichts]. (1) Das Bundesverfassungsgericht entscheidet: […]

4a. über Verfassungsbeschwerden, die von jedermann mit der Behauptung erhoben werden können, durch die öffentliche Gewalt in einem seiner Grundrechte oder in einem seiner in Art. 20 Abs. 4, 33, 38, 101, 103 und 104 enthaltenen Rechte verletzt zu sein;

Vorbemerkungen zu den Auszügen aus den Landesverfassungen

In diesem Teil finden sich einige exemplarische Artikel der Landesverfassungen mit medienrechtlicher Relevanz. In vielen Fällen erweitern die Landesverfassungen den grundrechtlichen Schutz der Medien oder gestalten diesen näher aus. Einige Landesverfassungen verweisen lediglich auf die Geltung der Grundrechte des GG und die dort enthaltenen medienrechtlichen Vorgaben bzw. geben diese mit nur leicht verändertem Inhalt wieder. Von dem Abdruck dieser Vorschriften wurde abgesehen.

Auszüge aus den Landesverfassungen

I. Bayern (BayVerf)

Auszug aus der **Verfassung des Freistaates Bayern**
vom 15. Dezember 1998 (GVBl. S. 991)
zuletzt geändert durch Gesetz vom 11. November 2013 (GVBl. S. 642)

Art. 110 [Recht der freien Meinungsäußerung] (1) [1]Jeder Bewohner Bayerns hat das Recht, seine Meinung durch Wort, Schrift, Druck, Bild oder in sonstiger Weise frei zu äußern. [2]An diesem Recht darf ihn kein Arbeits- und Anstellungsvertrag hindern und niemand darf ihn benachteiligen, wenn er von diesem Recht Gebrauch macht.

(2) Die Bekämpfung von Schmutz und Schund ist Aufgabe des Staates und der Gemeinden.

Art. 111a [Freiheit des Rundfunks] (1) [1]Die Freiheit des Rundfunks wird gewährleistet. [2]Der Rundfunk dient der Information durch wahrheitsgemäße, umfassende und unparteiische Berichterstattung sowie durch die Verbreitung von Meinungen. [3]Er trägt zur Bildung und Unterhaltung bei. [4]Der Rundfunk hat die freiheitliche demokratische Grundordnung, die Menschenwürde, religiöse und weltanschauliche Überzeugungen zu achten. [5]Die Verherrlichung von Gewalt sowie Darbietungen, die das allgemeine Sittlichkeitsgefühl grob verletzen, sind unzulässig. [6]Meinungsfreiheit, Sachlichkeit, gegenseitige Achtung, Schutz vor Verunglimpfung sowie die Ausgewogenheit des Gesamtprogramms sind zu gewährleisten.

(2) [1]Rundfunk wird in öffentlicher Verantwortung und in öffentlich-rechtlicher Trägerschaft betrieben. [2]An der Kontrolle des Rundfunks sind die in Betracht kommenden bedeutsamen politischen, weltanschaulichen und gesellschaftlichen Gruppen angemessen zu beteiligen. [3]Der Anteil der von der Staatsregierung, dem Landtag und dem Senat in die Kontrollorgane entsandten

Vertreter darf ein Drittel nicht übersteigen. [5]Die weltanschaulichen und gesellschaftlichen Gruppen wählen oder berufen ihre Vertreter selbst.

(3) Das Nähere regelt ein Gesetz.

II. Brandenburg (BrandVerf)

Auszug aus der **Verfassung des Landes Brandenburg**
vom 20. August 1992 (GVBl. I S. 298),
zuletzt geändert durch Gesetz vom 18. März 2015 (GVBl. I Nr. 6)

Art. 19 [Meinungs- und Medienfreiheit]. (1) [1]Jeder hat das Recht, Informationen und Meinungen in jeder Form frei zu verbreiten und sich aus allgemein zugänglichen oder anderen, rechtmäßig erschließbaren Quellen zu unterrichten. [2]Die Geltung dieser Rechte in Dienst- und Arbeitsverhältnissen darf nur aufgrund eines Gesetzes eingeschränkt werden.

(2) [1]Die Freiheit der Presse, des Rundfunks, des Films und anderer Massenmedien ist gewährleistet. [2]Das Gesetz hat durch Verfahrensregelungen sicherzustellen, daß die Vielfalt der in der Gesellschaft vorhandenen Meinungen in Presse und Rundfunk zum Ausdruck kommt.

(3) [1]Gesetzliche Einschränkungen zum Schutze der Kinder und Jugendlichen sowie der Ehre und anderer wichtiger Rechtsgüter sind zulässig. [2]Kriegspropaganda und öffentliche, die Menschenwürde verletzende Diskriminierungen sind verboten.

(4) [1]Hörfunk und Fernsehen haben die Aufgabe, durch das Angebot einer Vielfalt von Programmen zur öffentlichen Meinungsbildung beizutragen. [2]Neben den öffentlich-rechtlichen Anstalten sind private Sender aufgrund eines Gesetzes zuzulassen. [3]Dabei ist ein Höchstmaß an Meinungsvielfalt zu gewährleisten.

(5) Rechtmäßige journalistische Tätigkeit darf durch Zeugnispflicht, Beschlagnahme und Durchsuchung nicht behindert werden.

(6) Eine Zensur findet nicht statt.

III. Bremen (BremVerf)

Auszug aus der **Landesverfassung der Freien Hansestadt Bremen**
vom 21. Oktober 1947 (Brem.GBl. S. 251),
zuletzt geändert durch Gesetz vom 20. Dezember 2016 (Brem.GBl. S. 904)

Art. 15 [Freie Meinungsäußerung, Zensurverbot, Postgeheimnis, Informationsfreiheit]. (1) [1]Jeder hat das Recht, im Rahmen der verfassungsmäßigen Grundrechte seine Meinung frei und öffentlich durch Wort, Schrift, Druck, Bild oder in sonstiger Weise zu äußern. [2]Diese Freiheit darf auch durch ein Dienstverhältnis nicht beschränkt werden. [3]Niemandem darf ein Nachteil widerfahren, wenn er von diesem Recht Gebrauch macht.

(2) Eine Zensur ist unstatthaft.

(3) Wer gesetzliche Bestimmungen zum Schutze der Jugend verletzt, kann sich nicht auf das Recht der freien Meinungsäußerung berufen.

(4) [1]Das Postgeheimnis ist unverletzlich. [2]Eine Ausnahme ist nur in einem Strafverfahren, in den vom Gesetz vorgeschriebenen Fällen und Formen und auf Grund einer richterlichen Anordnung zulässig. [3]Bei Gefahr im Verzuge können auch die Staatsanwaltschaft und ihre Hilfsbeamten eine Beschlagnahme von Postsachen anordnen.

(5) Das Recht, sich über die Meinung anderer zu unterrichten, insbesondere durch den Bezug von Druckerzeugnissen und durch den Rundfunk, darf nicht eingeschränkt werden.

IV. Hessen (HessVerf)

Auszug aus der **Verfassung des Landes Hessen**
vom 1. Dezember 1946
(GVBl. I S. 229, ber. GVBl. 1947 S. 106 u. GVBl. 1948 S. 68),
zuletzt geändert durch Gesetz vom 29. April 2011 (GVBl. I S. 182)

Art. 13 [Informationsfreiheit]. Jedermann hat das Recht, sich auf allen Gebieten des Wissens und der Erfahrung sowie über die Meinung anderer durch den Bezug von Druck-Erzeugnissen, das Abhören von Rundfunksendern oder auf sonstige Weise frei zu unterrichten.

V. Rheinland-Pfalz (RhpfVerf)

Auszug aus der **Verfassung für Rheinland-Pfalz** vom 18. Mai 1947 (VOBl. S. 209), zuletzt geändert durch Gesetz vom 8. Mai 2015 (GVBl. S. 35)

Art. 4a [Schutz personenbezogener Daten]. (1) [1]Jeder Mensch hat das Recht, über die Erhebung und weitere Verarbeitung seiner personenbezogenen Daten selbst zu bestimmen. [2]Jeder Mensch hat das Recht auf Auskunft über ihn betreffende Daten und auf Einsicht in amtliche Unterlagen, soweit diese solche Daten enthalten.

(2) Diese Rechte dürfen nur durch Gesetz oder aufgrund eines Gesetzes eingeschränkt werden, soweit überwiegende Interessen der Allgemeinheit es erfordern.

Art. 10 [Freie Meinungsäußerung; Informationsfreiheit; Medienfreiheit; Zensurverbot]. (1) [1]Jedermann hat das Recht, seine Meinung in Wort, Schrift und Bild frei zu äußern und zu verbreiten und sich aus allgemein zugänglichen Quellen ungehindert zu unterrichten. [2]Niemand darf ihn deshalb benachteiligen. [3]Die Pressefreiheit und die Freiheit der Berichterstattung durch Rundfunk und Film werden gewährleistet. [4]Eine Zensur findet nicht statt.

(2) Diese Rechte finden ihre Schranken in den Vorschriften der allgemeinen Gesetze, den gesetzlichen Bestimmungen zum Schutze der Jugend und in dem Recht der persönlichen Ehre.

VI. Sachsen (SaVerf)

Auszug aus der **Verfassung des Freistaates Sachsen**
vom 27. Mai 1992 (SächsGVBl. S. 243),
zuletzt geändert durch Gesetz vom 11. Juli 2013 (SächsGVBl. S. 502)

Art. 20 [Meinungs- und Medienfreiheit]. (1) [1]Jede Person hat das Recht, ihre Meinung in Wort, Schrift und Bild frei zu äußern und zu verbreiten und sich aus allgemein zugänglichen Quellen ungehindert zu unterrichten. [2]Die Pressefreiheit und die Freiheit der Berichterstattung durch Rundfunk und Film werden gewährleistet. [3]Eine Zensur findet nicht statt.

(2) Unbeschadet des Rechtes, Rundfunk in privater Trägerschaft zu betreiben, werden Bestand und Entwicklung des öffentlich-rechtlichen Rundfunks gewährleistet.

(3) Diese Rechte finden ihre Schranken in den Vorschriften der allgemeinen Gesetze, den gesetzlichen Bestimmungen zum Schutz der Jugend und in dem Recht der persönlichen Ehre.

VII. Thüringen (ThürVerf)

Auszug aus der **Verfassung des Freistaats Thüringen**
vom 25. Oktober 1993 (GVBl. S. 625),
zuletzt geändert durch Gesetz vom 11. Oktober 2004 (GVBl. S. 745)

Art. 11 [Meinungs- und Medienfreiheit]. (1) Jeder hat das Recht, seine Meinung frei zu äußern und zu verbreiten sowie sich aus allgemein zugänglichen Quellen ungehindert zu unterrichten.

(2) [1]Die Freiheit der Presse, des Rundfunks, des Fernsehens, des Films und der anderen Medien wird gewährleistet. [2]Zensur ist nicht zulässig.

(3) Diese Rechte finden ihre Schranken in den Vorschriften der allgemeinen Gesetze, den gesetzlichen Bestimmungen zum Schutz der Kinder und Jugendlichen und in dem Recht der persönlichen Ehre.

Art. 12 [Rundfunkversorgung]. (1) Das Land gewährleistet die Grundversorgung durch öffentlich-rechtlichen Rundfunk und sorgt für die Ausgewogenheit der Verbreitungsmöglichkeiten zwischen privaten und öffentlich-rechtlichen Veranstaltern.

(2) In den Aufsichtsgremien der öffentlich-rechtlichen Rundfunkanstalten und in den vergleichbaren Aufsichtsgremien über den privaten Rundfunk sind die politischen, weltanschaulichen und gesellschaftlichen Gruppen nach Maßgabe der Gesetze zu beteiligen.

VIII. Mecklenburg-Vorpommern (MVVerf)

Auszug aus der **Verfassung des Landes Mecklenburg-Vorpommern**
vom 23. Mai 1993 (GVOBl. M-V S. 372),
zuletzt geändert durch Gesetz vom 14. Juli 2016 (GVOBl. M-V S. 573)

Art. 6 [Datenschutz, Informationsrechte]. (1) [1]Jeder hat das Recht auf Schutz seiner personenbezogenen Daten. [2]Dieses Recht findet seine Grenzen in den Rechten Dritter und in den überwiegenden Interessen der Allgemeinheit.

(2) Jeder hat das Recht auf Auskunft über ihn betreffende Daten, soweit nicht Bundesrecht, rechtlich geschützte Interessen Dritter oder überwiegende Interessen der Allgemeinheit entgegenstehen.

(3) Jeder hat das Recht auf Zugang zu Informationen über die Umwelt, die bei der öffentlichen Verwaltung vorhanden sind.

(4) Das Nähere regelt das Gesetz.

IX. Sachsen-Anhalt (LSAVerf)

Auszug aus der **Verfassung des Landes Sachsen-Anhalt**
vom 16. Juli 1992 (GVBl. LSA S. 600),
zuletzt geändert durch Gesetz vom 5. Dezember 2014 (GVBl. LSA S. 434)

Art. 6 [Datenschutz, Umweltdaten]. (1) [1]Jeder hat das Recht auf Schutz seiner personenbezogenen Daten. [2]In dieses Recht darf nur durch oder auf Grund eines Gesetzes eingegriffen werden. [3]Dabei sind insbesondere Inhalt, Zweck und Ausmaß der Erhebung, Verarbeitung und Nutzung der personenbezogenen Daten zu bestimmen und das Recht auf Auskunft, Löschung und Berichtigung näher zu regeln.

(2) [1]Jeder hat das Recht auf Auskunft über die Vorhaben und Daten im Verfügungsbereich der öffentlichen Gewalt, welche die natürliche Umwelt in seinem Lebensraum betreffen, soweit nicht Bundesrecht, rechtlich geschützte Interessen Dritter oder das Wohl der Allgemeinheit entgegenstehen. [2]Das Nähere regeln die Gesetze

Vertrag über die Arbeitsweise der Europäischen Union

in der Fassung der Bekanntmachung vom 9. Mai 2008 (ABl. C 115/47), zuletzt geändert durch Art. 2 des Vertrags von Lissabon vom 13.12.2007 (ABl. C 306/1, ber. ABl. 2008 C 111/56 u. ABl. 2009 C 290/1) einschließlich der Berichtigung der authentischen deutschen Fassung des Vertrages von Lissabon vom 9. März 2010 (BGBl. 2010 II S. 151), hier in der konsolidierten Fassung (ABl. C 83/47 vom 30. März 2010), zuletzt geändert durch Art. 2 ÄndBeschl. 2012/419/EU vom 11. Juli 2012 (ABl. Nr. L 204/131)[1]

– Auszug –[2]

Art. 15 [Grundsatz der Offenheit]. (1) Um eine verantwortungsvolle Verwaltung zu fördern und die Beteiligung der Zivilgesellschaft sicherzustellen, handeln die Organe, Einrichtungen und sonstigen Stellen der Union unter weitestgehender Beachtung des Grundsatzes der Offenheit.

(2) Das Europäische Parlament tagt öffentlich; dies gilt auch für den Rat, wenn er über Entwürfe zu Gesetzgebungsakten berät oder abstimmt.

(3) [1] Jeder Unionsbürger sowie jede natürliche oder juristische Person mit Wohnsitz oder satzungsgemäßem Sitz in einem Mitgliedstaat hat das Recht auf Zugang zu Dokumenten der Organe, Einrichtungen und sonstigen Stellen der Union, unabhängig von der Form der für diese Dokumente verwendeten Träger, vorbehaltlich der Grundsätze und Bedingungen, die nach diesem Absatz festzulegen sind.

[2] Die allgemeinen Grundsätze und die aufgrund öffentlicher oder privater Interessen geltenden Einschränkungen für die Ausübung dieses Rechts auf Zugang zu Dokumenten werden vom Europäischen Parlament und vom Rat durch Verordnungen gemäß dem ordentlichen Gesetzgebungsverfahren festgelegt.

[3] Die Organe, Einrichtungen und sonstigen Stellen gewährleisten die Transparenz ihrer Tätigkeit und legen im Einklang mit den in Unterabsatz 2 genannten Verordnungen in ihrer Geschäftsordnung Sonderbestimmungen hinsichtlich des Zugangs zu ihren Dokumenten fest.

---

1 Dieser Teil enthält einen Auszug aus dem Vertrag über die Arbeitsweise der Europäischen Union (AEUV), der im Rahmen des Reformvertrages von Lissabon an die Stelle des Vertrages zur Gründung der Europäischen Gemeinschaft getreten ist. Der Vertrag von Lissabon trat zum 1. Dezember 2009 in Kraft.

2 Die Absatznummerierung ist in der Originalfassung nicht besonders konsistent bzw. benutzerfreundlich. Daher wurden zusätzliche Absätze nach dem Muster der ebenfalls bei C.F. Müller erschienen Textsammlung Staats- und Verwaltungsrecht Bundesrepublik Deutschland eingefügt.

[4] Dieser Absatz gilt für den Gerichtshof der Europäischen Union, die Europäische Zentralbank und die Europäische Investitionsbank nur dann, wenn sie Verwaltungsaufgaben wahrnehmen.

[5] Das Europäische Parlament und der Rat sorgen dafür, dass die Dokumente, die die Gesetzgebungsverfahren betreffen, nach Maßgabe der in Unterabsatz 2 genannten Verordnungen öffentlich zugänglich gemacht werden.

Art. 18 [Diskriminierungsverbot]. [1] Unbeschadet besonderer Bestimmungen der Verträge ist in ihrem Anwendungsbereich jede Diskriminierung aus Gründen der Staatsangehörigkeit verboten.

[2] Das Europäische Parlament und der Rat können gemäß dem ordentlichen Gesetzgebungsverfahren Regelungen für das Verbot solcher Diskriminierung treffen.

Art. 28 [Zollunion; Warenverkehrsfreiheit]. (1) Die Union umfasst eine Zollunion, die sich auf den gesamten Warenaustausch erstreckt; sie umfasst das Verbot, zwischen den Mitgliedstaaten Ein- und Ausfuhrzölle und Abgaben gleicher Wirkung zu erheben, sowie die Einführung eines Gemeinsamen Zolltarifs gegenüber dritten Ländern.

(2) Artikel 30 und Kapitel 3 dieses Titels gelten für die aus den Mitgliedstaaten stammenden Waren sowie für diejenigen Waren aus dritten Ländern, die sich in den Mitgliedstaaten im freien Verkehr befinden.

Art. 34 [Verbot mengenmäßiger Einfuhrbeschränkungen]. Mengenmäßige Einfuhrbeschränkungen sowie alle Maßnahmen gleicher Wirkung sind zwischen den Mitgliedstaaten verboten.

Art. 35 [Verbot mengenmäßiger Ausfuhrbeschränkungen]. Mengenmäßige Ausfuhrbeschränkungen sowie alle Maßnahmen gleicher Wirkung sind zwischen den Mitgliedstaaten verboten.

Art. 36 [Ausnahmen wegen öffentlicher Interessen]. [1]Die Bestimmungen der Artikel 34 und 35 stehen Einfuhr-, Ausfuhr- und Durchfuhrverboten oder -beschränkungen nicht entgegen, die aus Gründen der öffentlichen Sittlichkeit, Ordnung und Sicherheit, zum Schutze der Gesundheit und des Lebens von Menschen, Tieren oder Pflanzen, des nationalen Kulturguts von künstlerischem, geschichtlichem oder archäologischem Wert oder des gewerblichen und kommerziellen Eigentums gerechtfertigt sind. [2]Diese Verbote oder Beschränkungen dürfen jedoch weder ein Mittel zur willkürlichen Diskriminierung noch eine verschleierte Beschränkung des Handels zwischen den Mitgliedstaaten darstellen.

Art. 45 [Freizügigkeit der Arbeitnehmer]. (1) Innerhalb der Union ist die Freizügigkeit der Arbeitnehmer gewährleistet.

(2) Sie umfasst die Abschaffung jeder auf der Staatsangehörigkeit beruhenden unterschiedlichen Behandlung der Arbeitnehmer der Mitgliedstaaten in Bezug auf Beschäftigung, Entlohnung und sonstige Arbeitsbedingungen.

(3) Sie gibt – vorbehaltlich der aus Gründen der öffentlichen Ordnung, Sicherheit und Gesundheit gerechtfertigten Beschränkungen – den Arbeitnehmern das Recht,

a) sich um tatsächlich angebotene Stellen zu bewerben;
b) sich zu diesem Zweck im Hoheitsgebiet der Mitgliedstaaten frei zu bewegen;
c) sich in einem Mitgliedstaat aufzuhalten, um dort nach den für die Arbeitnehmer dieses Staates geltenden Rechts- und Verwaltungsvorschriften eine Beschäftigung auszuüben;
d) nach Beendigung einer Beschäftigung im Hoheitsgebiet eines Mitgliedstaats unter Bedingungen zu verbleiben, welche die Kommission durch Verordnungen festlegt.

(4) Dieser Artikel findet keine Anwendung auf die Beschäftigung in der öffentlichen Verwaltung.

Art. 49 [Niederlassungsfreiheit]. [1] [1]Die Beschränkungen der freien Niederlassung von Staatsangehörigen eines Mitgliedstaats im Hoheitsgebiet eines anderen Mitgliedstaats sind nach Maßgabe der folgenden Bestimmungen verboten. [2]Das Gleiche gilt für Beschränkungen der Gründung von Agenturen, Zweigniederlassungen oder Tochtergesellschaften durch Angehörige eines Mitgliedstaats, die im Hoheitsgebiet eines Mitgliedstaats ansässig sind.

[2] Vorbehaltlich des Kapitels über den Kapitalverkehr umfasst die Niederlassungsfreiheit die Aufnahme und Ausübung selbstständiger Erwerbstätigkeiten sowie die Gründung und Leitung von Unternehmen, insbesondere von Gesellschaften im Sinne des Artikels 54 Absatz 2, nach den Bestimmungen des Aufnahmestaats für seine eigenen Angehörigen.

Art. 56 [Dienstleistungsfreiheit]. [1] Die Beschränkungen des freien Dienstleistungsverkehrs innerhalb der Union für Angehörige der Mitgliedstaaten, die in einem anderen Mitgliedstaat als demjenigen des Leistungsempfängers ansässig sind, sind nach Maßgabe der folgenden Bestimmungen verboten.

[2] Das Europäische Parlament und der Rat können gemäß dem ordentlichen Gesetzgebungsverfahren beschließen, dass dieses Kapitel auch auf Erbringer von Dienstleistungen Anwendung findet, welche die Staatsangehörigkeit eines dritten Landes besitzen und innerhalb der Union ansässig sind.

Art. 57 [Definition der Dienstleistungen]. [1] Dienstleistungen im Sinne der Verträge sind Leistungen, die in der Regel gegen Entgelt erbracht werden, soweit sie nicht den Vorschriften über den freien Waren- und Kapitalverkehr und über die Freizügigkeit der Personen unterliegen.

[2] Als Dienstleistungen gelten insbesondere:

a) gewerbliche Tätigkeiten,
b) kaufmännische Tätigkeiten,
c) handwerkliche Tätigkeiten,
d) freiberufliche Tätigkeiten.

[3] Unbeschadet des Kapitels über die Niederlassungsfreiheit kann der Leistende zwecks Erbringung seiner Leistungen seine Tätigkeit vorübergehend in dem Mitgliedstaat ausüben, in dem die Leistung erbracht wird, und zwar unter den Voraussetzungen, welche dieser Mitgliedstaat für seine eigenen Angehörigen vorschreibt.

Art. 101 [Verbot wettbewerbshindernder Vereinbarungen oder Beschlüsse].

(1) Mit dem Binnenmarkt unvereinbar und verboten sind alle Vereinbarungen zwischen Unternehmen, Beschlüsse von Unternehmensvereinigungen und aufeinander abgestimmte Verhaltensweisen, welche den Handel zwischen Mitgliedstaaten zu beeinträchtigen geeignet sind und eine Verhinderung, Einschränkung oder Verfälschung des Wettbewerbs innerhalb des Binnenmarktes bezwecken oder bewirken, insbesondere

a) die unmittelbare oder mittelbare Festsetzung der An- oder Verkaufspreise oder sonstiger Geschäftsbedingungen;
b) die Einschränkung oder Kontrolle der Erzeugung, des Absatzes, der technischen Entwicklung oder der Investitionen;
c) die Aufteilung der Märkte oder Versorgungsquellen;
d) die Anwendung unterschiedlicher Bedingungen bei gleichwertigen Leistungen gegenüber Handelspartnern, wodurch diese im Wettbewerb benachteiligt werden;
e) die an den Abschluss von Verträgen geknüpfte Bedingung, dass die Vertragspartner zusätzliche Leistungen annehmen, die weder sachlich noch nach Handelsbrauch in Beziehung zum Vertragsgegenstand stehen.

(2) Die nach diesem Artikel verbotenen Vereinbarungen oder Beschlüsse sind nichtig.

(3) Die Bestimmungen des Absatzes 1 können für nicht anwendbar erklärt werden auf

– Vereinbarungen oder Gruppen von Vereinbarungen zwischen Unternehmen,
– Beschlüsse oder Gruppen von Beschlüssen von Unternehmensvereinigungen,
– aufeinander abgestimmte Verhaltensweisen oder Gruppen von solchen,

die unter angemessener Beteiligung der Verbraucher an dem entstehenden Gewinn zur Verbesserung der Warenerzeugung oder -verteilung oder zur Förderung des technischen oder wirtschaftlichen Fortschritts beitragen, ohne dass den beteiligten Unternehmen

a) Beschränkungen auferlegt werden, die für die Verwirklichung dieser Ziele nicht unerlässlich sind, oder
b) Möglichkeiten eröffnet werden, für einen wesentlichen Teil der betreffenden Waren den Wettbewerb auszuschalten.

Art. 102 [Missbrauch einer den Markt beherrschenden Stellung]. [1] Mit dem Binnenmarkt unvereinbar und verboten ist die missbräuchliche Ausnutzung einer beherrschenden Stellung auf dem Binnenmarkt oder auf einem wesentlichen Teil desselben durch ein oder mehrere Unternehmen, soweit dies dazu führen kann, den Handel zwischen Mitgliedstaaten zu beeinträchtigen.

[2] Dieser Missbrauch kann insbesondere in Folgendem bestehen:
a) der unmittelbaren oder mittelbaren Erzwingung von unangemessenen Einkaufs- oder Verkaufspreisen oder sonstigen Geschäftsbedingungen;
b) der Einschränkung der Erzeugung, des Absatzes oder der technischen Entwicklung zum Schaden der Verbraucher;
c) der Anwendung unterschiedlicher Bedingungen bei gleichwertigen Leistungen gegenüber Handelspartnern, wodurch diese im Wettbewerb benachteiligt werden;
d) der an den Abschluss von Verträgen geknüpften Bedingung, dass die Vertragspartner zusätzliche Leistungen annehmen, die weder sachlich noch nach Handelsbrauch in Beziehung zum Vertragsgegenstand stehen.

Art. 103 [Erlass von Verordnungen und Richtlinien]. (1) Die zweckdienlichen Verordnungen oder Richtlinien zur Verwirklichung der in den Artikeln 101 und 102 niedergelegten Grundsätze werden vom Rat auf Vorschlag der Kommission und nach Anhörung des Europäischen Parlaments beschlossen.

(2) Die in Absatz 1 vorgesehenen Vorschriften bezwecken insbesondere:
a) die Beachtung der in Artikel 101 Absatz 1 und Artikel 102 genannten Verbote durch die Einführung von Geldbußen und Zwangsgeldern zu gewährleisten;
b) die Einzelheiten der Anwendung des Artikels 101 Absatz 3 festzulegen; dabei ist dem Erfordernis einer wirksamen Überwachung bei möglichst einfacher Verwaltungskontrolle Rechnung zu tragen;
c) gegebenenfalls den Anwendungsbereich der Artikel 101 und 102 für die einzelnen Wirtschaftszweige näher zu bestimmen;
d) die Aufgaben der Kommission und des Gerichtshofes der Europäischen Union bei der Anwendung der in diesem Absatz vorgesehenen Vorschriften gegeneinander abzugrenzen;
e) das Verhältnis zwischen den innerstaatlichen Rechtsvorschriften einerseits und den in diesem Abschnitt enthaltenen oder aufgrund dieses Artikels getroffenen Bestimmungen andererseits festzulegen.

Art. 104 [Entscheidung über Zulässigkeit wettbewerbsrechtlicher Vereinbarungen]. Bis zum Inkrafttreten der gemäß Artikel 103 erlassenen Vorschriften entscheiden die Behörden der Mitgliedstaaten im Einklang mit ihren eigenen Rechtsvorschriften und den Bestimmungen der Artikel 101, insbesondere Absatz 3, und 102 über die Zulässigkeit von Vereinbarungen, Beschlüssen und aufeinander abgestimmten Verhaltensweisen sowie über die missbräuchliche Ausnutzung einer beherrschenden Stellung auf dem Binnenmarkt.

Art. 105 [Verfahren bei Zuwiderhandlungen]. (1) [1]Unbeschadet des Artikels 104 achtet die Kommission auf die Verwirklichung der in den Artikeln 101 und 102 niedergelegten Grundsätze. [2]Sie untersucht auf Antrag eines Mitgliedstaates oder von Amts wegen in Verbindung mit den zuständigen Behörden der Mitgliedstaaten, die ihr Amtshilfe zu leisten haben, die Fälle, in denen Zuwiderhandlungen gegen diese Grundsätze vermutet werden. [3]Stellt sie eine Zuwiderhandlung fest, so schlägt sie geeignete Mittel vor, um diese abzustellen.

(2) [1]Wird die Zuwiderhandlung nicht abgestellt, so trifft die Kommission in einem mit Gründen versehenen Beschluss die Feststellung, dass eine derartige Zuwiderhandlung vorliegt. [2]Sie kann den Beschluss veröffentlichen und die Mitgliedstaaten ermächtigen, die erforderlichen Abhilfemaßnahmen zu treffen, deren Bedingungen und Einzelheiten sie festlegt.

(3) Die Kommission kann Verordnungen zu den Gruppen von Vereinbarungen erlassen, zu denen der Rat nach Artikel 103 Absatz 2 Buchstabe b eine Verordnung oder Richtlinie erlassen hat.

Art. 106 [Öffentliche und monopolartige Unternehmen]. (1) Die Mitgliedstaaten werden in Bezug auf öffentliche Unternehmen und auf Unternehmen, denen sie besondere oder ausschließliche Rechte gewähren, keine den Verträgen und insbesondere den Artikeln 18 und 101 bis 109 widersprechende Maßnahmen treffen oder beibehalten.

(2) [1]Für Unternehmen, die mit Dienstleistungen von allgemeinem wirtschaftlichem Interesse betraut sind oder den Charakter eines Finanzmonopols haben, gelten die Vorschriften der Verträge, insbesondere die Wettbewerbsregeln, soweit die Anwendung dieser Vorschriften nicht die Erfüllung der ihnen übertragenen besonderen Aufgabe rechtlich oder tatsächlich verhindert. [2]Die Entwicklung des Handelsverkehrs darf nicht in einem Ausmaß beeinträchtigt werden, das dem Interesse der Union zuwiderläuft.

(3) Die Kommission achtet auf die Anwendung dieses Artikels und richtet erforderlichenfalls geeignete Richtlinien oder Beschlüsse an die Mitgliedstaaten.

Art. 107 [Verbot staatlicher Beihilfen; Ausnahmen]. (1) Soweit in den Verträgen nicht etwas anderes bestimmt ist, sind staatliche oder aus staatlichen Mitteln gewährte Beihilfen gleich welcher Art, die durch die Begünstigung bestimmter Unternehmen oder Produktionszweige den Wettbewerb verfälschen oder zu verfälschen drohen, mit dem Binnenmarkt unvereinbar, soweit sie den Handel zwischen Mitgliedstaaten beeinträchtigen.

(2) [1]Mit dem Binnenmarkt vereinbar sind:

a) Beihilfen sozialer Art an einzelne Verbraucher, wenn sie ohne Diskriminierung nach der Herkunft der Waren gewährt werden;
b) Beihilfen zur Beseitigung von Schäden, die durch Naturkatastrophen oder sonstige außergewöhnliche Ereignisse entstanden sind;
c) Beihilfen für die Wirtschaft bestimmter, durch die Teilung Deutschlands betroffener Gebiete der Bundesrepublik Deutschland, soweit sie zum Ausgleich der durch die Teilung verursachten wirtschaftlichen Nachteile erforderlich sind.

[2]Der Rat kann fünf Jahre nach dem Inkrafttreten des Vertrags von Lissabon auf Vorschlag der Kommission einen Beschluss erlassen, mit dem dieser Buchstabe aufgehoben wird.

(3) Als mit dem Binnenmarkt vereinbar können angesehen werden:

a) Beihilfen zur Förderung der wirtschaftlichen Entwicklung von Gebieten, in denen die Lebenshaltung außergewöhnlich niedrig ist oder eine erhebliche Unterbeschäftigung herrscht, sowie der im Artikel 349 genannten Gebiete unter Berücksichtigung ihrer strukturellen, wirtschaftlichen und sozialen Lage;
b) Beihilfen zur Förderung wichtiger Vorhaben von gemeinsamem europäischem Interesse oder zur Behebung einer beträchtlichen Störung im Wirtschaftsleben eines Mitgliedstaats;
c) Beihilfen zur Förderung der Entwicklung gewisser Wirtschaftszweige oder Wirtschaftsgebiete, soweit sie die Handelsbedingungen nicht in einer Weise verändern, die dem gemeinsamen Interesse zuwiderläuft;
d) Beihilfen zur Förderung der Kultur und der Erhaltung des kulturellen Erbes, soweit sie die Handels- und Wettbewerbsbedingungen in der Union nicht in einem Maß beeinträchtigen, das dem gemeinsamen Interesse zuwiderläuft;[3]
e) sonstige Arten von Beihilfen, die der Rat durch einen Beschluss auf Vorschlag der Kommission bestimmt.

Art. 108 [Maßnahmen bei unstatthaften Beihilfen; Notifizierungspflicht].

(1) [1]Die Kommission überprüft fortlaufend in Zusammenarbeit mit den Mitgliedstaaten die in diesen bestehenden Beihilferegelungen. [2]Sie schlägt ihnen die zweckdienlichen Maßnahmen vor, welche die fortschreitende Entwicklung und das Funktionieren des Binnenmarktes erfordern.

(2) [1] Stellt die Kommission fest, nachdem sie den Beteiligten eine Frist zur Äußerung gesetzt hat, dass eine von einem Staat oder aus staatlichen Mitteln gewährte Beihilfe mit dem Binnenmarkt nach Artikel 107 unvereinbar ist oder dass sie missbräuchlich angewandt wird, so beschließt sie, dass der betreffende Staat sie binnen einer von ihr bestimmten Frist aufzuheben oder umzugestalten hat.

---

3 Filmförderung u. Finanzierung des öffentlich-rechtlichen Rundfunks sind an den Vorgaben des **europäischen Wettbewerbsrechts** (Art. 101 ff. AEUV und vor allem Art. 107 ff. AEUV) zu messen. Zur Filmförderung: Aktuelle **Mitteilung der Kommission über staatliche Beihilfen für Filme und andere audiovisuelle Werke (Filmmitteilung**; 2013/C 332/01), ABl. 2013/ C 332), die die bisherige**Mitteilung der Kommission zu bestimmten Rechtsfragen im Zusammenhang mit Kinofilmen und anderen audiovisuellen Werken** (ABl. 2002 C 43/6 ff.) ersetzt. Zum öffentlich-rechtlichen Rundfunk: **Protokoll C. Nr. 9 zum Vertrag zur Gründung der Europäischen Gemeinschaft über den öffentlich-rechtlichen Rundfunk in den Mitgliedstaaten** (Schlussakte des Vertrages von Amsterdam vom 2. Oktober 1997; BGBl. II 1998, S. 438). Ebenso auch **Protokoll Nr. 27 zum Vertrag über eine Verfassung für Europa (Nr. 2a)**. Diese Protokolle betonen die Zulässigkeit der Finanzierung des öffentlich-rechtlichen Rundfunks durch die Mitgliedstaaten, die dem öffentlichen Auftrag, wie er von den Mitgliedstaaten den Anstalten übertragen, festgelegt und ausgestaltet wird, entsprechen muss. Auch dessen Bedeutung für die demokratischen, sozialen und kulturellen Bedürfnisse sowie den Pluralismus in den Medien wird genannt. Zur beihilfenrechtlichen Zulässigkeit vgl. **Mitteilung der Kommission über die Anwendung der Vorschriften über staatliche Beihilfen auf den öffentlich-rechtlichen Rundfunk** (ABl. 2009 C 320/5 ff.).

[2] Kommt der betreffende Staat diesem Beschluss innerhalb der festgesetzten Frist nicht nach, so kann die Kommission oder jeder betroffene Staat in Abweichung von den Artikeln 258 und 259 den Gerichtshof der Europäischen Union unmittelbar anrufen.

[3] [1]Der Rat kann einstimmig auf Antrag eines Mitgliedstaats beschließen, dass eine von diesem Staat gewährte oder geplante Beihilfe in Abweichung von Artikel 107 oder von den nach Artikel 109 erlassenen Verordnungen als mit dem Binnenmarkt vereinbar gilt, wenn außergewöhnliche Umstände einen solchen Beschluss rechtfertigen. [2]Hat die Kommission bezüglich dieser Beihilfe das in Unterabsatz 1 dieses Absatzes vorgesehene Verfahren bereits eingeleitet, so bewirkt der Antrag des betreffenden Staates an den Rat die Aussetzung dieses Verfahrens, bis der Rat sich geäußert hat.

[4] Äußert sich der Rat nicht binnen drei Monaten nach Antragstellung, so beschließt die Kommission.

(3) [1]Die Kommission wird von jeder beabsichtigten Einführung oder Umgestaltung von Beihilfen so rechtzeitig unterrichtet, dass sie sich dazu äußern kann. [2]Ist sie der Auffassung, dass ein derartiges Vorhaben nach Artikel 107 mit dem Binnenmarkt unvereinbar ist, so leitet sie unverzüglich das in Absatz 2 vorgesehene Verfahren ein. [3]Der betreffende Mitgliedstaat darf die beabsichtigte Maßnahme nicht durchführen, bevor die Kommission einen abschließenden Beschluss erlassen hat.

(4) Die Kommission kann Verordnungen zu den Arten von staatlichen Beihilfen erlassen, für die der Rat nach Artikel 109 festgelegt hat, dass sie von dem Verfahren nach Absatz 3 ausgenommen werden können.

Art. 109 [Erlass von Durchführungsverordnungen]. Der Rat kann auf Vorschlag der Kommission und nach Anhörung des Europäischen Parlaments alle zweckdienlichen Durchführungsverordnungen zu den Artikeln 107 und 108 erlassen und insbesondere die Bedingungen für die Anwendung des Artikels 108 Absatz 3 sowie diejenigen Arten von Beihilfen festlegen, die von diesem Verfahren ausgenommen sind.

Art. 114 [Rechtsangleichung im Binnenmarkt]. (1) [1]Soweit in den Verträgen nichts anderes bestimmt ist, gilt für die Verwirklichung der Ziele des Artikels 26 die nachstehende Regelung. [2]Das Europäische Parlament und der Rat erlassen gemäß dem ordentlichen Gesetzgebungsverfahren und nach Anhörung des Wirtschafts- und Sozialausschusses die Maßnahmen zur Angleichung der Rechts- und Verwaltungsvorschriften der Mitgliedstaaten, welche die Errichtung und das Funktionieren des Binnenmarkts zum Gegenstand haben.

(2) Absatz 1 gilt nicht für die Bestimmungen über die Steuern, die Bestimmungen über die Freizügigkeit und die Bestimmungen über die Rechte und Interessen der Arbeitnehmer.

(3) [1]Die Kommission geht in ihren Vorschlägen nach Absatz 1 in den Bereichen Gesundheit, Sicherheit, Umweltschutz und Verbraucherschutz von einem

hohen Schutzniveau aus und berücksichtigt dabei insbesondere alle auf wissenschaftliche Ergebnisse gestützten neuen Entwicklungen. [2]Im Rahmen ihrer jeweiligen Befugnisse streben das Europäische Parlament und der Rat dieses Ziel ebenfalls an.

(4) Hält es ein Mitgliedstaat nach dem Erlass einer Harmonisierungsmaßnahme durch das Europäische Parlament und den Rat beziehungsweise durch den Rat oder die Kommission für erforderlich, einzelstaatliche Bestimmungen beizubehalten, die durch wichtige Erfordernisse im Sinne des Artikels 36 oder in Bezug auf den Schutz der Arbeitsumwelt oder den Umweltschutz gerechtfertigt sind, so teilt er diese Bestimmungen sowie die Gründe für ihre Beibehaltung der Kommission mit.

(5) Unbeschadet des Absatzes 4 teilt ferner ein Mitgliedstaat, der es nach dem Erlass einer Harmonisierungsmaßnahme durch das Europäische Parlament und den Rat beziehungsweise durch den Rat oder die Kommission für erforderlich hält, auf neue wissenschaftliche Erkenntnisse gestützte einzelstaatliche Bestimmungen zum Schutz der Umwelt oder der Arbeitsumwelt aufgrund eines spezifischen Problems für diesen Mitgliedstaat, das sich nach dem Erlass der Harmonisierungsmaßnahme ergibt, einzuführen, die in Aussicht genommenen Bestimmungen sowie die Gründe für ihre Einführung der Kommission mit.

(6) [1] Die Kommission beschließt binnen sechs Monaten nach den Mitteilungen nach den Absätzen 4 und 5, die betreffenden einzelstaatlichen Bestimmungen zu billigen oder abzulehnen, nachdem sie geprüft hat, ob sie ein Mittel zur willkürlichen Diskriminierung und eine verschleierte Beschränkung des Handels zwischen den Mitgliedstaaten darstellen und ob sie das Funktionieren des Binnenmarkts behindern.

[2] Erlässt die Kommission innerhalb dieses Zeitraums keinen Beschluss, so gelten die in den Absätzen 4 und 5 genannten einzelstaatlichen Bestimmungen als gebilligt.

[3] Die Kommission kann, sofern dies aufgrund des schwierigen Sachverhalts gerechtfertigt ist und keine Gefahr für die menschliche Gesundheit besteht, dem betreffenden Mitgliedstaat mitteilen, dass der in diesem Absatz genannte Zeitraum gegebenenfalls um einen weiteren Zeitraum von bis zu sechs Monaten verlängert wird.

(7) Wird es einem Mitgliedstaat nach Absatz 6 gestattet, von der Harmonisierungsmaßnahme abweichende einzelstaatliche Bestimmungen beizubehalten oder einzuführen, so prüft die Kommission unverzüglich, ob sie eine Anpassung dieser Maßnahme vorschlägt.

(8) Wirft ein Mitgliedstaat in einem Bereich, der zuvor bereits Gegenstand von Harmonisierungsmaßnahmen war, ein spezielles Gesundheitsproblem auf, so teilt er dies der Kommission mit, die dann umgehend prüft, ob sie dem Rat entsprechende Maßnahmen vorschlägt.

(9) In Abweichung von dem Verfahren der Artikel 258 und 259 kann die Kommission oder ein Mitgliedstaat den Gerichtshof der Europäischen Union unmittelbar anrufen, wenn die Kommission oder der Staat der Auffassung ist, dass ein anderer Mitgliedstaat die in diesem Artikel vorgesehenen Befugnisse missbraucht.

(10) Die vorgenannten Harmonisierungsmaßnahmen sind in geeigneten Fällen mit einer Schutzklausel verbunden, welche die Mitgliedstaaten ermächtigt, aus einem oder mehreren der in Artikel 36 genannten nichtwirtschaftlichen Gründe vorläufige Maßnahmen zu treffen, die einem Kontrollverfahren der Union unterliegen

Art. 167 [Kompetenz der Gemeinschaft im Kulturbereich]. (1) Die Union leistet einen Beitrag zur Entfaltung der Kulturen der Mitgliedstaaten unter Wahrung ihrer nationalen und regionalen Vielfalt sowie gleichzeitiger Hervorhebung des gemeinsamen kulturellen Erbes.

(2) Die Union fördert durch ihre Tätigkeit die Zusammenarbeit zwischen den Mitgliedstaaten und unterstützt und ergänzt erforderlichenfalls deren Tätigkeit in folgenden Bereichen:
- Verbesserung der Kenntnis und Verbreitung der Kultur und Geschichte der europäischen Völker,
- Erhaltung und Schutz des kulturellen Erbes von europäischer Bedeutung,
- nichtkommerzieller Kulturaustausch,
- künstlerisches und literarisches Schaffen, einschließlich im audiovisuellen Bereich.

(3) Die Union und die Mitgliedstaaten fördern die Zusammenarbeit mit dritten Ländern und den für den Kulturbereich zuständigen internationalen Organisationen, insbesondere mit dem Europarat.

(4) Die Union trägt bei ihrer Tätigkeit aufgrund anderer Bestimmungen der Verträge den kulturellen Aspekten Rechnung, insbesondere zur Wahrung und Förderung der Vielfalt ihrer Kulturen.

(5) Als Beitrag zur Verwirklichung der Ziele dieses Artikels
- erlassen das Europäische Parlament und der Rat gemäß dem ordentlichen Gesetzgebungsverfahren und nach Anhörung des Ausschusses der Regionen Fördermaßnahmen unter Ausschluss jeglicher Harmonisierung der Rechts- und Verwaltungsvorschriften der Mitgliedstaaten.
- erlässt der Rat auf Vorschlag der Kommission Empfehlungen.

Charta der Grundrechte der Europäischen Union

vom 12. Dezember 2007
(ABl. 2007/C 303/1 ff.),
zuletzt angepasst durch Bekanntmachung vom 26. Oktober 2012
(ABl. 2012/C 326/391 ff.)[1]

– Auszug –

Art. 1 Würde des Menschen. [1]Die Würde des Menschen ist unantastbar. [2]Sie ist zu achten und zu schützen.

Art. 2 Recht auf Leben. (1) Jeder Mensch hat das Recht auf Leben.

(2) Niemand darf zur Todesstrafe verurteilt oder hingerichtet werden.

Art. 3 Recht auf Unversehrtheit. (1) Jeder Mensch hat das Recht auf körperliche und geistige Unversehrtheit.

(2) Im Rahmen der Medizin und der Biologie muss insbesondere Folgendes beachtet werden:

a) die freie Einwilligung des Betroffenen nach vorheriger Aufklärung entsprechend den gesetzlich festgelegten Einzelheiten,
b) das Verbot eugenischer Praktiken, insbesondere derjenigen, welche die Selektion von Menschen zum Ziel haben,
c) das Verbot, den menschlichen Körper und Teile davon als solche zur Erzielung von Gewinnen zu nutzen,
d) das Verbot des reproduktiven Klonens von Menschen.

Art. 7 Achtung des Privat- und Familienlebens. Jede Person hat das Recht auf Achtung ihres Privat- und Familienlebens, ihrer Wohnung sowie ihrer Kommunikation.

Art. 8 Schutz personenbezogener Daten. (1) Jede Person hat das Recht auf Schutz der sie betreffenden personenbezogenen Daten.

(2) [1]Diese Daten dürfen nur nach Treu und Glauben für festgelegte Zwecke und mit Einwilligung der betroffenen Person oder auf einer sonstigen gesetzlich geregelten legitimen Grundlage verarbeitet werden. [2]Jede Person hat das Recht, Auskunft über die sie betreffenden erhobenen Daten zu erhalten und die Berichtigung der Daten zu erwirken.

---

1 Die Charta war ursprünglich als Teil einer Europäischen Verfassung vorgesehen. Der Vertrag von Lissabon (Art. 6 Abs. 1) verlieh den Bestimmungen der Charta Rechtsverbindlichkeit. Die aktuelle konsolidierte Fassung kann auf den Seiten des Rechtsinformationssystems für EU-Recht „EUR-Lex“ abgerufen werden.

(3) Die Einhaltung dieser Vorschriften wird von einer unabhängigen Stelle überwacht.

Art. 9 Recht, eine Ehe einzugehen und eine Familie zu gründen. Das Recht, eine Ehe einzugehen, und das Recht, eine Familie zu gründen, werden nach den einzelstaatlichen Gesetzen gewährleistet, welche die Ausübung dieser Rechte regeln.

Art. 10 Gedanken-, Gewissens- und Religionsfreiheit. (1) [1]Jede Person hat das Recht auf Gedanken-, Gewissens- und Religionsfreiheit. [2]Dieses Recht umfasst die Freiheit, die Religion oder Weltanschauung zu wechseln, und die Freiheit, seine Religion oder Weltanschauung einzeln oder gemeinsam mit anderen öffentlich oder privat durch Gottesdienst, Unterricht, Bräuche und Riten zu bekennen.

(2) Das Recht auf Wehrdienstverweigerung aus Gewissensgründen wird nach den einzelstaatlichen Gesetzen anerkannt, welche die Ausübung dieses Rechts regeln.

Art. 11 Freiheit der Meinungsäußerung und Informationsfreiheit.

(1) [1]Jede Person hat das Recht auf freie Meinungsäußerung. [2]Dieses Recht schließt die Meinungsfreiheit und die Freiheit ein, Informationen und Ideen ohne behördliche Eingriffe und ohne Rücksicht auf Staatsgrenzen zu empfangen und weiterzugeben.

(2) Die Freiheit der Medien und ihre Pluralität werden geachtet.

Art. 12 Versammlungs- und Vereinigungsfreiheit. (1) Jede Person hat das Recht, sich insbesondere im politischen, gewerkschaftlichen und zivilgesellschaftlichen Bereich auf allen Ebenen frei und friedlich mit anderen zu versammeln und frei mit anderen zusammenzuschließen, was das Recht jeder Person umfasst, zum Schutz ihrer Interessen Gewerkschaften zu gründen und Gewerkschaften beizutreten.

(2) Politische Parteien auf der Ebene der Union tragen dazu bei, den politischen Willen der Unionsbürgerinnen und Unionsbürger zum Ausdruck zu bringen.

Art. 13 Freiheit der Kunst und der Wissenschaft. [1]Kunst und Forschung sind frei. [2]Die akademische Freiheit wird geachtet.

Art. 15 Berufsfreiheit und Recht zu arbeiten. (1) Jede Person hat das Recht, zu arbeiten und einen frei gewählten oder angenommenen Beruf auszuüben.

(2) Alle Unionsbürgerinnen und Unionsbürger haben die Freiheit, in jedem Mitgliedstaat Arbeit zu suchen, zu arbeiten, sich niederzulassen oder Dienstleistungen zu erbringen.

(3) Die Staatsangehörigen dritter Länder, die im Hoheitsgebiet der Mitgliedstaaten arbeiten dürfen, haben Anspruch auf Arbeitsbedingungen, die denen der Unionsbürgerinnen und Unionsbürger entsprechen.

Art. 16 Unternehmerische Freiheit. Die unternehmerische Freiheit wird nach dem Unionsrecht und den einzelstaatlichen Rechtsvorschriften und Gepflogenheiten anerkannt.

Art. 17 Eigentumsrecht. (1) [1]Jede Person hat das Recht, ihr rechtmäßig erworbenes Eigentum zu besitzen, zu nutzen, darüber zu verfügen und es zu vererben. [2]Niemandem darf sein Eigentum entzogen werden, es sei denn aus Gründen des öffentlichen Interesses in den Fällen und unter den Bedingungen, die in einem Gesetz vorgesehen sind, sowie gegen eine rechtzeitige angemessene Entschädigung für den Verlust des Eigentums. [3]Die Nutzung des Eigentums kann gesetzlich geregelt werden, soweit dies für das Wohl der Allgemeinheit erforderlich ist.

(2) Geistiges Eigentum wird geschützt.

Art. 24 Rechte des Kindes. (1) [1]Kinder haben Anspruch auf den Schutz und die Fürsorge, die für ihr Wohlergehen notwendig sind. [2]Sie können ihre Meinung frei äußern. [3]Ihre Meinung wird in den Angelegenheiten, die sie betreffen, in einer ihrem Alter und ihrem Reifegrad entsprechenden Weise berücksichtigt.

(2) Bei allen Kinder betreffenden Maßnahmen öffentlicher Stellen oder privater Einrichtungen muss das Wohl des Kindes eine vorrangige Erwägung sein.

(3) Jedes Kind hat Anspruch auf regelmäßige persönliche Beziehungen und direkte Kontakte zu beiden Elternteilen, es sei denn, dies steht seinem Wohl entgegen.

Art. 42 Recht auf Zugang zu Dokumenten. Die Unionsbürgerinnen und Unionsbürger sowie jede natürliche oder juristische Person mit Wohnsitz oder satzungsmäßigem Sitz in einem Mitgliedstaat haben das Recht auf Zugang zu den Dokumenten der Organe, Einrichtungen und sonstigen Stellen der Union, unabhängig von der Form der für diese Dokumente verwendeten Träger.

Art. 45 Freizügigkeit und Aufenthaltsfreiheit. (1) Die Unionsbürgerinnen und Unionsbürger haben das Recht, sich im Hoheitsgebiet der Mitgliedstaaten frei zu bewegen und aufzuhalten.

(2) Staatsangehörigen von Drittländern, die sich rechtmäßig im Hoheitsgebiet eines Mitgliedstaats aufhalten, kann nach Maßgabe der Verfassung Freizügigkeit und Aufenthaltsfreiheit gewährt werden.

Art. 52 Tragweite und Auslegung der Rechte und Grundsätze. (1) [1]Jede Einschränkung der Ausübung der in dieser Charta anerkannten Rechte und Freiheiten muss gesetzlich vorgesehen sein und den Wesensgehalt dieser Rechte und Freiheiten achten. [2]Unter Wahrung des Grundsatzes der Verhältnismäßigkeit dürfen Einschränkungen nur vorgenommen werden, wenn sie erforderlich sind und den von der Union anerkannten dem Gemeinwohl dienenden Zielsetzungen oder den Erfordernissen des Schutzes der Rechte und Freiheiten anderer tatsächlich entsprechen.

(2) Die Ausübung der durch diese Charta anerkannten Rechte, die in den Verträgen geregelt sind, erfolgt im Rahmen der in den Verträgen festgelegten Bedingungen und Grenzen.

(3) [1]Soweit diese Charta Rechte enthält, die den durch die Europäische Konvention zum Schutz der Menschenrechte und Grundfreiheiten garantierten Rechten entsprechen, haben sie die gleiche Bedeutung und Tragweite, wie sie ihnen in der genannten Konvention verliehen wird. [2]Diese Bestimmung steht dem nicht entgegen, dass das Recht der Union einen weiter gehenden Schutz gewährt.

(4) Soweit in dieser Charta Grundrechte anerkannt werden, wie sie sich aus den gemeinsamen Verfassungsüberlieferungen der Mitgliedstaaten ergeben, werden sie im Einklang mit diesen Überlieferungen ausgelegt.

(5) [1]Die Bestimmungen dieser Charta, in denen Grundsätze festgelegt sind, können durch Akte der Gesetzgebung und der Ausführung der Organe, Einrichtungen und sonstigen Stellen der Union sowie durch Akte der Mitgliedstaaten zur Durchführung des Rechts der Union in Ausübung ihrer jeweiligen Zuständigkeiten umgesetzt werden. [2]Sie können vor Gericht nur bei der Auslegung dieser Akte und bei Entscheidungen über deren Rechtmäßigkeit herangezogen werden.

(6) Den einzelstaatlichen Rechtsvorschriften und Gepflogenheiten ist, wie es in dieser Charta bestimmt ist, in vollem Umfang Rechnung zu tragen.

(7) Die Erläuterungen, die als Anleitung für die Auslegung dieser Charta verfasst wurden, sind von den Gerichten der Union und der Mitgliedstaaten gebührend zu berücksichtigen.

Konvention zum Schutze der Menschenrechte und Grundfreiheiten

in der Fassung der Bekanntmachung vom 22. Oktober 2012 (BGBl. II S. 1198)[1], zuletzt geändert durch Protokoll Nr. 15 zur EMRK vom 24. Juni 2013 (BGBl. II S. 1034)

– Auszug –

Art. 1 Verpflichtung zur Achtung der Menschenrechte. Die Hohen Vertragsparteien sichern allen ihrer Hoheitsgewalt unterstehenden Personen die in Abschnitt I bestimmten Rechte und Freiheiten zu.

Art. 2 Recht auf Leben. (1) [1]Das Recht jedes Menschen auf Leben wird gesetzlich geschützt. [2]Niemand darf absichtlich getötet werden, außer durch Vollstreckung eines Todesurteils, das ein Gericht wegen eines Verbrechens verhängt hat, für das die Todesstrafe gesetzlich vorgesehen ist.

(2) Eine Tötung wird nicht als Verletzung dieses Artikels betrachtet, wenn sie durch eine Gewaltanwendung verursacht wird, die unbedingt erforderlich ist, um
a) jemanden gegen rechtswidrige Gewalt zu verteidigen;
b) jemanden rechtmäßig festzunehmen oder jemanden, dem die Freiheit rechtmäßig entzogen ist, an der Flucht zu hindern;
c) einen Aufruhr oder Aufstand rechtmäßig niederzuschlagen.

Art. 6 Recht auf ein faires Verfahren. (1) [1]Jede Person hat ein Recht darauf, dass über Streitigkeiten in Bezug auf ihre zivilrechtlichen Ansprüche und Verpflichtungen oder über eine gegen sie erhobene strafrechtliche Anklage von einem unabhängigen und unparteiischen, auf Gesetz beruhenden Gericht in einem fairen Verfahren, öffentlich und innerhalb angemessener Frist verhandelt wird. [2]Das Urteil muss öffentlich verkündet werden; Presse und Öffentlichkeit können jedoch während des ganzen oder eines Teiles des Verfahrens ausgeschlossen werden, wenn dies im Interesse der Moral, der öffentlichen Ordnung oder der nationalen Sicherheit in einer demokratischen Gesellschaft liegt, wenn die Interessen von Jugendlichen oder der Schutz des Privatlebens der Prozessparteien es verlangen oder – soweit das Gericht es für unbedingt erforderlich hält – wenn unter besonderen Umständen eine öffentliche Verhandlung die Interessen der Rechtspflege beeinträchtigen würde.

(2) Jede Person, die einer Straftat angeklagt ist, gilt bis zum gesetzlichen Beweis ihrer Schuld als unschuldig.

---

1 Die EU ist der EMRK bisher nicht beigetreten (vergl. indessen Artikel 6 Abs. 2 EUV in der Fassung des Reformvertrages von Lissabon).

(3) Jede angeklagte Person hat mindestens folgende Rechte:

a) innerhalb möglichst kurzer Frist in einer ihr verständlichen Sprache in allen Einzelheiten über Art und den Grund der gegen sie erhobenen Beschuldigung unterrichtet zu werden;

b) ausreichende Zeit und Gelegenheit zur Vorbereitung ihrer Verteidigung zu haben;

c) sich selbst zu verteidigen, sich durch einen Verteidiger ihrer Wahl verteidigen zu lassen oder, falls ihr die Mittel zur Bezahlung fehlen, unentgeltlich den Beistand eines Verteidigers zu erhalten, wenn dies im Interesse der Rechtspflege erforderlich ist;

d) Fragen an Belastungszeugen zu stellen oder stellen zu lassen und die Ladung und Vernehmung von Entlastungszeugen unter denselben Bedingungen zu erwirken, wie sie für Belastungszeugen gelten;

e) unentgeltliche Unterstützung durch einen Dolmetscher zu erhalten, wenn sie die Verhandlungssprache des Gerichts nicht versteht oder spricht.

Art. 8 Recht auf Achtung des Privat- und Familienlebens. (1) Jede Person hat das Recht auf Achtung ihres Privat- und Familienlebens, ihrer Wohnung und ihrer Korrespondenz.

(2) Eine Behörde darf in die Ausübung dieses Rechts nur eingreifen, soweit der Eingriff gesetzlich vorgesehen und in einer demokratischen Gesellschaft notwendig ist für die nationale oder öffentliche Sicherheit, für das wirtschaftliche Wohl des Landes, zur Aufrechterhaltung der Ordnung, zur Verhütung von Straftaten, zum Schutz der Gesundheit oder der Moral oder zum Schutz der Rechte und Freiheiten anderer.

Art. 9 Gedanken-, Gewissens- und Religionsfreiheit. (1) Jede Person hat das Recht auf Gedanken-, Gewissens- und Religionsfreiheit; dieses Recht umfasst die Freiheit, seine Religion oder Weltanschauung zu wechseln und die Freiheit, seine Religion oder Weltanschauung einzeln oder gemeinsam mit anderen öffentlich oder privat durch Gottesdienst, Unterricht oder Praktizieren von Bräuchen und Riten zu bekennen.

(2) Die Freiheit, seine Religion oder Weltanschauung zu bekennen, darf nur Einschränkungen unterworfen werden, die gesetzlich vorgesehen und in einer demokratischen Gesellschaft notwendig sind für die öffentliche Sicherheit, zum Schutz der öffentlichen Ordnung, Gesundheit oder Moral oder zum Schutz der Rechte und Freiheiten anderer.

Art. 10 Freiheit der Meinungsäußerung. (1) [1]Jede Person hat das Recht auf freie Meinungsäußerung. [2]Dieses Recht schließt die Meinungsfreiheit und die Freiheit ein, Informationen und Ideen ohne behördliche Eingriffe und ohne Rücksicht auf Staatsgrenzen zu empfangen und weiterzugeben. [3]Dieser Artikel hindert die Staaten nicht, für Hörfunk-, Fernseh- oder Kinounternehmen eine Genehmigung vorzuschreiben.

(2) Die Ausübung dieser Freiheiten ist mit Pflichten und Verantwortung verbunden; sie kann daher Formvorschriften, Bedingungen, Einschränkungen oder Strafdrohungen unterworfen werden, die gesetzlich vorgesehen und in einer demokratischen Gesellschaft notwendig sind für die nationale Sicherheit, die territoriale Unversehrtheit oder die öffentliche Sicherheit, zur Aufrechterhaltung der Ordnung oder zur Verhütung von Straftaten, zum Schutz der Gesundheit oder der Moral, zum Schutz des guten Rufes oder der Rechte anderer, zur Verhinderung der Verbreitung vertraulicher Informationen oder zur Wahrung der Autorität und der Unparteilichkeit der Rechtsprechung.

Art. 11 Versammlungs- und Vereinigungsfreiheit. (1) Jede Person hat das Recht, sich frei und friedlich mit anderen zu versammeln und sich frei mit anderen zusammenzuschließen; dazu gehört auch das Recht, zum Schutz seiner Interessen Gewerkschaften zu gründen und Gewerkschaften beizutreten.

(2) [1]Die Ausübung dieser Rechte darf nur Einschränkungen unterworfen werden, die gesetzlich vorgesehen und in einer demokratischen Gesellschaft notwendig sind für die nationale oder öffentliche Sicherheit, zur Aufrechterhaltung der Ordnung oder zur Verhütung von Straftaten, zum Schutz der Gesundheit oder der Moral oder zum Schutz der Rechte und Freiheiten anderer. [2]Dieser Artikel steht rechtmäßigen Einschränkungen der Ausübung dieser Rechte für Angehörige der Streitkräfte, der Polizei oder der Staatsverwaltung nicht entgegen.

Art. 13 Recht auf wirksame Beschwerde. Jede Person, die in ihren in dieser Konvention anerkannten Rechten oder Freiheiten verletzt worden ist, hat das Recht, bei einer innerstaatlichen Instanz eine wirksame Beschwerde zu erheben, auch wenn die Verletzung von Personen begangen worden ist, die in amtlicher Eigenschaft gehandelt haben.

Art. 14 Diskriminierungsverbot. Der Genuss der in dieser Konvention anerkannten Rechte und Freiheiten ist ohne Diskriminierung insbesondere wegen des Geschlechts, der Rasse, der Hautfarbe, der Sprache, der Religion, der politischen oder sonstigen Anschauung, der nationalen oder sozialen Herkunft, der Zugehörigkeit zu einer nationalen Minderheit, des Vermögens, der Geburt oder eines sonstigen Status zu gewährleisten.

Bürgerliches Gesetzbuch
Einzelne Normen

in der Fassung der Bekanntmachung vom 2. Januar 2002
(BGBl. I S. 42, 2909 und BGBl. 2003 I S. 738),
zuletzt geändert durch Gesetz vom 20. Juli 2017 (BGBl. I S. 2787)

– Auszug –

INHALTSVERZEICHNIS[1]

---

1 Das Inhaltsverzeichnis bezieht sich auf den vorliegenden Auszug aus dem BGB.

Buch 1
Allgemeiner Teil

Abschnitt 1
Personen

Titel 1
Natürliche Personen, Verbraucher, Unternehmer

§ 12 Namensrecht. [1]Wird das Recht zum Gebrauch eines Namens dem Berechtigten von einem anderen bestritten oder wird das Interesse des Berechtigten dadurch verletzt, dass ein anderer unbefugt den gleichen Namen gebraucht, so kann der Berechtigte von dem anderen Beseitigung der Beeinträchtigung verlangen. [2]Sind weitere Beeinträchtigungen zu besorgen, so kann er auf Unterlassung klagen.

§ 13 Verbraucher. Verbraucher ist jede natürliche Person, die ein Rechtsgeschäft zu Zwecken abschließt, die überwiegend weder ihrer gewerblichen noch ihrer selbstständigen beruflichen Tätigkeit zugerechnet werden können.

§ 14 Unternehmer. (1) Unternehmer ist eine natürliche oder juristische Person oder eine rechtsfähige Personengesellschaft, die bei Abschluss eines Rechtsgeschäfts in Ausübung ihrer gewerblichen oder selbstständigen beruflichen Tätigkeit handelt.

(2) Eine rechtsfähige Personengesellschaft ist eine Personengesellschaft, die mit der Fähigkeit ausgestattet ist, Rechte zu erwerben und Verbindlichkeiten einzugehen.

Abschnitt 3
Rechtsgeschäfte

Titel 2
Willenserklärung

§ 119 Anfechtbarkeit wegen Irrtums. (1) Wer bei der Abgabe einer Willenserklärung über deren Inhalt im Irrtum war oder eine Erklärung dieses Inhalts überhaupt nicht abgeben wollte, kann die Erklärung anfechten, wenn anzunehmen ist, dass er sie bei Kenntnis der Sachlage und bei verständiger Würdigung des Falles nicht abgegeben haben würde.

(2) Als Irrtum über den Inhalt der Erklärung gilt auch der Irrtum über solche Eigenschaften der Person oder der Sache, die im Verkehr als wesentlich angesehen werden.

§ 120 Anfechtbarkeit wegen falscher Übermittlung. Eine Willenserklärung, welche durch die zur Übermittelung verwendete Person oder Einrichtung unrichtig übermittelt worden ist, kann unter der gleichen Voraussetzung angefochten werden wie nach § 119 eine irrtümlich abgegebene Willenserklärung.

§ 121 Anfechtungsfrist. (1) [1]Die Anfechtung muss in den Fällen der §§ 119, 120 ohne schuldhaftes Zögern (unverzüglich) erfolgen, nachdem der Anfechtungsberechtigte von dem Anfechtungsgrund Kenntnis erlangt hat. [2]Die einem Abwesenden gegenüber erfolgte Anfechtung gilt als rechtzeitig erfolgt, wenn die Anfechtungserklärung unverzüglich abgesendet worden ist.

(2) Die Anfechtung ist ausgeschlossen, wenn seit der Abgabe der Willenserklärung zehn Jahre verstrichen sind.

§ 122 Schadensersatzpflicht des Anfechtenden. (1) Ist eine Willenserklärung nach § 118 nichtig oder aufgrund der §§ 119, 120 angefochten, so hat der Erklärende, wenn die Erklärung einem anderen gegenüber abzugeben war, diesem, andernfalls jedem Dritten den Schaden zu ersetzen, den der andere oder der Dritte dadurch erleidet, dass er auf die Gültigkeit der Erklärung vertraut, jedoch nicht über den Betrag des Interesses hinaus, welches der andere oder der Dritte an der Gültigkeit der Erklärung hat.

(2) Die Schadensersatzpflicht tritt nicht ein, wenn der Beschädigte den Grund der Nichtigkeit oder der Anfechtbarkeit kannte oder infolge von Fahrlässigkeit nicht kannte (kennen musste).

§ 123 Anfechtbarkeit wegen Täuschung oder Drohung. (1) Wer zur Abgabe einer Willenserklärung durch arglistige Täuschung oder widerrechtlich durch Drohung bestimmt worden ist, kann die Erklärung anfechten.

(2) [1]Hat ein Dritter die Täuschung verübt, so ist eine Erklärung, die einem anderen gegenüber abzugeben war, nur dann anfechtbar, wenn dieser die Täuschung kannte oder kennen musste. [2]Soweit ein anderer als derjenige, welchem gegenüber die Erklärung abzugeben war, aus der Erklärung unmittelbar ein Recht erworben hat, ist die Erklärung ihm gegenüber anfechtbar, wenn er die Täuschung kannte oder kennen musste.

§ 124 Anfechtungsfrist. (1) Die Anfechtung einer nach § 123 anfechtbaren Willenserklärung kann nur binnen Jahresfrist erfolgen.

(2) [1]Die Frist beginnt im Falle der arglistigen Täuschung mit dem Zeitpunkt, in welchem der Anfechtungsberechtigte die Täuschung entdeckt, im Falle der Drohung mit dem Zeitpunkt, in welchem die Zwangslage aufhört. [2]Auf den Lauf der Frist finden die für die Verjährung geltenden Vorschriften der §§ 206, 210 und 211 entsprechende Anwendung.

(3) Die Anfechtung ist ausgeschlossen, wenn seit der Abgabe der Willenserklärung zehn Jahre verstrichen sind.

§ 125 Nichtigkeit wegen Formmangels. [1]Ein Rechtsgeschäft, welches der durch Gesetz vorgeschriebenen Form ermangelt, ist nichtig. [2]Der Mangel der durch Rechtsgeschäft bestimmten Form hat im Zweifel gleichfalls Nichtigkeit zur Folge.

§ 126 Schriftform. (1) Ist durch Gesetz schriftliche Form vorgeschrieben, so muss die Urkunde von dem Aussteller eigenhändig durch Namensunterschrift oder mittels notariell beglaubigten Handzeichens unterzeichnet werden.

(2) [1]Bei einem Vertrag muss die Unterzeichnung der Parteien auf derselben Urkunde erfolgen. [2]Werden über den Vertrag mehrere gleichlautende Urkunden aufgenommen, so genügt es, wenn jede Partei die für die andere Partei bestimmte Urkunde unterzeichnet.

(3) Die schriftliche Form kann durch die elektronische Form ersetzt werden, wenn sich nicht aus dem Gesetz ein anderes ergibt.

(4) Die schriftliche Form wird durch die notarielle Beurkundung ersetzt.

§ 126a Elektronische Form. (1) Soll die gesetzlich vorgeschriebene schriftliche Form durch die elektronische Form ersetzt werden, so muss der Aussteller der Erklärung dieser seinen Namen hinzufügen und das elektronische Dokument mit einer qualifizierten elektronischen Signatur versehen.

(2) Bei einem Vertrag müssen die Parteien jeweils ein gleich lautendes Dokument in der in Absatz 1 bezeichneten Weise elektronisch signieren.

§ 126b Textform [1]Ist durch Gesetz Textform vorgeschrieben, so muss eine lesbare Erklärung, in der die Person des Erklärenden genannt ist, auf einem dauerhaften Datenträger abgegeben werden. 2Ein dauerhafter Datenträger ist jedes Medium, das

1. es dem Empfänger ermöglicht, eine auf dem Datenträger befindliche, an ihn persönlich gerichtete Erklärung so aufzubewahren oder zu speichern, dass sie ihm während eines für ihren Zweck angemessenen Zeitraums zugänglich ist, und
2. geeignet ist, die Erklärung unverändert wiederzugeben.

§ 127 Vereinbarte Form. (1) Die Vorschriften des § 126, des § 126a oder des § 126b gelten im Zweifel auch für die durch Rechtsgeschäft bestimmte Form.

(2) [1]Zur Wahrung der durch Rechtsgeschäft bestimmten schriftlichen Form genügt, soweit nicht ein anderer Wille anzunehmen ist, die telekommunikative Übermittlung und bei einem Vertrag der Briefwechsel. [2]Wird eine solche Form gewählt, so kann nachträglich eine dem § 126 entsprechende Beurkundung verlangt werden.

(3) [1]Zur Wahrung der durch Rechtsgeschäft bestimmten elektronischen Form genügt, soweit nicht ein anderer Wille anzunehmen ist, auch eine andere als in § 126a bestimmte elektronische Signatur und bei einem Vertrag der Aus-

tausch von Angebots- und Annahmeerklärung, die jeweils mit einer elektronischen Signatur versehen sind. [2]Wird eine solche Form gewählt, so kann nachträglich eine dem § 126a entsprechende elektronische Signierung oder, wenn diese einer der Parteien nicht möglich ist, eine dem § 126 entsprechende Beurkundung verlangt werden.

§ 128 Notarielle Beurkundung. Ist durch Gesetz notarielle Beurkundung eines Vertrags vorgeschrieben, so genügt es, wenn zunächst der Antrag und sodann die Annahme des Antrags von einem Notar beurkundet wird.

§ 129 Öffentliche Beglaubigung. (1) [1]Ist durch Gesetz für eine Erklärung öffentliche Beglaubigung vorgeschrieben, so muss die Erklärung schriftlich abgefasst und die Unterschrift des Erklärenden von einem Notar beglaubigt werden. [2]Wird die Erklärung von dem Aussteller mittels Handzeichens unterzeichnet, so ist die im § 126 Abs. 1 vorgeschriebene Beglaubigung des Handzeichens erforderlich und genügend.

(2) Die öffentliche Beglaubigung wird durch die notarielle Beurkundung der Erklärung ersetzt.

§ 130 Wirksamwerden der Willenserklärung gegenüber Abwesenden. (1) [1]Eine Willenserklärung, die einem anderen gegenüber abzugeben ist, wird, wenn sie in dessen Abwesenheit abgegeben wird, in dem Zeitpunkt wirksam, in welchem sie ihm zugeht. [2]Sie wird nicht wirksam, wenn dem Anderen vorher oder gleichzeitig ein Widerruf zugeht.

(2) Auf die Wirksamkeit der Willenserklärung ist es ohne Einfluss, wenn der Erklärende nach der Abgabe stirbt oder geschäftsunfähig wird.

(3) Diese Vorschriften finden auch dann Anwendung, wenn die Willenserklärung einer Behörde gegenüber abzugeben ist.

§ 131 Wirksamwerden gegenüber nicht voll Geschäftsfähigen. (1) Wird die Willenserklärung einem Geschäftsunfähigen gegenüber abgegeben, so wird sie nicht wirksam, bevor sie dem gesetzlichen Vertreter zugeht.

(2) [1]Das Gleiche gilt, wenn die Willenserklärung einer in der Geschäftsfähigkeit beschränkten Person gegenüber abgegeben wird. [2]Bringt die Erklärung jedoch der in der Geschäftsfähigkeit beschränkten Person lediglich einen rechtlichen Vorteil oder hat der gesetzliche Vertreter seine Einwilligung erteilt, so wird die Erklärung in dem Zeitpunkte wirksam, in welchem sie ihr zugeht.

§ 133 Auslegung einer Willenserklärung. Bei der Auslegung einer Willenserklärung ist der wirkliche Wille zu erforschen und nicht an dem buchstäblichen Sinne des Ausdrucks zu haften.

§ 138 Sittenwidriges Rechtsgeschäft; Wucher. (1) Ein Rechtsgeschäft, das gegen die guten Sitten verstößt, ist nichtig.

(2) Nichtig ist insbesondere ein Rechtsgeschäft, durch das jemand unter Ausbeutung der Zwangslage, der Unerfahrenheit, des Mangels an Urteilsvermögen oder der erheblichen Willensschwäche eines anderen sich oder einem Dritten für eine Leistung Vermögensvorteile versprechen oder gewähren lässt, die in einem auffälligen Missverhältnis zu der Leistung stehen.

§ 142 Wirkung der Anfechtung. (1) Wird ein anfechtbares Rechtsgeschäft angefochten, so ist es als von Anfang an nichtig anzusehen.

(2) Wer die Anfechtbarkeit kannte oder kennen musste, wird, wenn die Anfechtung erfolgt, so behandelt, wie wenn er die Nichtigkeit des Rechtsgeschäfts gekannt hätte oder hätte kennen müssen.

§ 143 Anfechtungserklärung. (1) Die Anfechtung erfolgt durch Erklärung gegenüber dem Anfechtungsgegner.

(2) Anfechtungsgegner ist bei einem Vertrag der andere Teil, im Falle des § 123 Abs. 2 Satz 2 derjenige, welcher aus dem Vertrag unmittelbar ein Recht erworben hat.

(3) [1]Bei einem einseitigen Rechtsgeschäft, das einem anderen gegenüber vorzunehmen war, ist der andere der Anfechtungsgegner. [2]Das Gleiche gilt bei einem Rechtsgeschäft, das einem anderen oder einer Behörde gegenüber vorzunehmen war, auch dann, wenn das Rechtsgeschäft der Behörde gegenüber vorgenommen worden ist.

(4) [1]Bei einem einseitigen Rechtsgeschäft anderer Art ist Anfechtungsgegner jeder, der aufgrund des Rechtsgeschäfts unmittelbar einen rechtlichen Vorteil erlangt hat. [2]Die Anfechtung kann jedoch, wenn die Willenserklärung einer Behörde gegenüber abzugeben war, durch Erklärung gegenüber der Behörde erfolgen; die Behörde soll die Anfechtung demjenigen mitteilen, welcher durch das Rechtsgeschäft unmittelbar betroffen worden ist.

§ 144 Bestätigung des anfechtbaren Rechtsgeschäfts. (1) Die Anfechtung ist ausgeschlossen, wenn das anfechtbare Rechtsgeschäft von dem Anfechtungsberechtigten bestätigt wird.

(2) Die Bestätigung bedarf nicht der für das Rechtsgeschäft bestimmten Form.

Abschnitt 3

Rechtsgeschäfte

Titel 3

Vertrag

§ 145 Bindung an den Antrag. Wer einem anderen die Schließung eines Vertrags anträgt, ist an den Antrag gebunden, es sei denn, dass er die Gebundenheit ausgeschlossen hat.

§ 146 Erlöschen des Antrags. Der Antrag erlischt, wenn er dem Antragenden gegenüber abgelehnt oder wenn er nicht diesem gegenüber nach den §§ 147 bis 149 rechtzeitig angenommen wird.

§ 147 Annahmefrist. (1) [1]Der einem Anwesenden gemachte Antrag kann nur sofort angenommen werden. [2]Dies gilt auch von einem mittels Fernsprechers oder einer sonstigen technischen Einrichtung von Person zu Person gemachten Antrag.

(2) Der einem Abwesenden gemachte Antrag kann nur bis zu dem Zeitpunkt angenommen werden, in welchem der Antragende den Eingang der Antwort unter regelmäßigen Umständen erwarten darf.

§ 148 Bestimmung einer Annahmefrist. Hat der Antragende für die Annahme des Antrags eine Frist bestimmt, so kann die Annahme nur innerhalb der Frist erfolgen.

§ 149 Verspätet zugegangene Annahmeerklärung. [1]Ist eine dem Antragenden verspätet zugegangene Annahmeerklärung dergestalt abgesendet worden, dass sie bei regelmäßiger Beförderung ihm rechtzeitig zugegangen sein würde, und musste der Antragende dies erkennen, so hat er die Verspätung dem Annehmenden unverzüglich nach dem Empfang der Erklärung anzuzeigen, sofern es nicht schon vorher geschehen ist. [2]Verzögert er die Absendung der Anzeige, so gilt die Annahme als nicht verspätet.

§ 150 Verspätete und abändernde Annahme. (1) Die verspätete Annahme eines Antrags gilt als neuer Antrag.

(2) Eine Annahme unter Erweiterungen, Einschränkungen oder sonstigen Änderungen gilt als Ablehnung verbunden mit einem neuen Antrag.

§ 151 Annahme ohne Erklärung gegenüber dem Antragenden. [1]Der Vertrag kommt durch die Annahme des Antrags zu Stande, ohne dass die Annahme dem Antragenden gegenüber erklärt zu werden braucht, wenn eine solche Erklärung nach der Verkehrssitte nicht zu erwarten ist oder der Antragende auf sie verzichtet hat. [2]Der Zeitpunkt, in welchem der Antrag erlischt, bestimmt sich nach dem aus dem Antrag oder den Umständen zu entnehmenden Willen des Antragenden.

§ 154 Offener Einigungsmangel; fehlende Beurkundung. (1) [1]Solange nicht die Parteien sich über alle Punkte eines Vertrags geeinigt haben, über die nach der Erklärung auch nur einer Partei eine Vereinbarung getroffen werden soll, ist im Zweifel der Vertrag nicht geschlossen. [2]Die Verständigung über einzelne Punkte ist auch dann nicht bindend, wenn eine Aufzeichnung stattgefunden hat.

(2) Ist eine Beurkundung des beabsichtigten Vertrags verabredet worden, so ist im Zweifel der Vertrag nicht geschlossen, bis die Beurkundung erfolgt ist.

§ 155 Versteckter Einigungsmangel. Haben sich die Parteien bei einem Vertrag, den sie als geschlossen ansehen, über einen Punkt, über den eine Vereinbarung getroffen werden sollte, in Wirklichkeit nicht geeinigt, so gilt das Vereinbarte, sofern anzunehmen ist, dass der Vertrag auch ohne eine Bestimmung über diesen Punkt geschlossen sein würde.

§ 156 Vertragsschluss bei Versteigerung. [1]Bei einer Versteigerung kommt der Vertrag erst durch den Zuschlag zu Stande. [2]Ein Gebot erlischt, wenn ein Übergebot abgegeben oder die Versteigerung ohne Erteilung des Zuschlags geschlossen wird.

§ 157 Auslegung von Verträgen. Verträge sind so auszulegen, wie Treu und Glauben mit Rücksicht auf die Verkehrssitte es erfordern.

Buch 2

Recht der Schuldverhältnisse

Abschnitt 1

Inhalt der Schuldverhältnisse

Titel 1

Verpflichtung zur Leistung

§ 241 Pflichten aus dem Schuldverhältnis. (1) [1]Kraft des Schuldverhältnisses ist der Gläubiger berechtigt, von dem Schuldner eine Leistung zu fordern. [2]Die Leistung kann auch in einem Unterlassen bestehen.

(2) Das Schuldverhältnis kann nach seinem Inhalt jeden Teil zur Rücksicht auf die Rechte, Rechtsgüter und Interessen des anderen Teils verpflichten.

§ 241a Unbestellte Leistungen. (1) Durch die Lieferung beweglicher Sachen, die nicht auf Grund von Zwangsvollstreckungsmaßnahmen oder anderen gerichtlichen Maßnahmen verkauft werden (Waren), oder durch die Erbringung sonstiger Leistungen durch einen Unternehmer an den Verbraucher wird ein Anspruch gegen den Verbraucher nicht begründet, wenn der Verbraucher die Waren oder sonstigen Leistungen nicht bestellt hat.

(2) Gesetzliche Ansprüche sind nicht ausgeschlossen, wenn die Leistung nicht für den Empfänger bestimmt war oder in der irrigen Vorstellung einer Bestellung erfolgte und der Empfänger dies erkannt hat oder bei Anwendung der im Verkehr erforderlichen Sorgfalt hätte erkennen können.

(3) [1]Von den Regelungen dieser Vorschrift darf nicht zum Nachteil des Verbrauchers abgewichen werden. [2]Die Regelungen finden auch Anwendung, wenn sie durch anderweitige Gestaltungen umgangen werden.

§ 242 Leistung nach Treu und Glauben. Der Schuldner ist verpflichtet, die Leistung so zu bewirken, wie Treu und Glauben mit Rücksicht auf die Verkehrssitte es erfordern.

§ 249 Art und Umfang des Schadensersatzes. (1) Wer zum Schadensersatz verpflichtet ist, hat den Zustand herzustellen, der bestehen würde, wenn der zum Ersatz verpflichtende Umstand nicht eingetreten wäre.

(2) [1]Ist wegen Verletzung einer Person oder wegen Beschädigung einer Sache Schadensersatz zu leisten, so kann der Gläubiger statt der Herstellung den dazu erforderlichen Geldbetrag verlangen. [2]Bei der Beschädigung einer Sache schließt der nach Satz 1 erforderliche Geldbetrag die Umsatzsteuer nur mit ein, wenn und soweit sie tatsächlich angefallen ist.

§ 250 Schadensersatz in Geld nach Fristsetzung. [1]Der Gläubiger kann dem Ersatzpflichtigen zur Herstellung eine angemessene Frist mit der Erklärung bestimmen, dass er die Herstellung nach dem Ablauf der Frist ablehne. [2]Nach dem Ablauf der Frist kann der Gläubiger den Ersatz in Geld verlangen, wenn nicht die Herstellung rechtzeitig erfolgt; der Anspruch auf die Herstellung ist ausgeschlossen.

§ 251 Schadensersatz in Geld ohne Fristsetzung. (1) Soweit die Herstellung nicht möglich oder zur Entschädigung des Gläubigers nicht genügend ist, hat der Ersatzpflichtige den Gläubiger in Geld zu entschädigen.

(2) [1]Der Ersatzpflichtige kann den Gläubiger in Geld entschädigen, wenn die Herstellung nur mit unverhältnismäßigen Aufwendungen möglich ist. [2]Die aus der Heilbehandlung eines verletzten Tieres entstandenen Aufwendungen sind nicht bereits dann unverhältnismäßig, wenn sie dessen Wert erheblich übersteigen.

§ 252 Entgangener Gewinn. [1]Der zu ersetzende Schaden umfasst auch den entgangenen Gewinn. [2]Als entgangen gilt der Gewinn, welcher nach dem gewöhnlichen Lauf der Dinge oder nach den besonderen Umständen, insbesondere nach den getroffenen Anstalten und Vorkehrungen, mit Wahrscheinlichkeit erwartet werden konnte.

§ 253 Immaterieller Schaden. (1) Wegen eines Schadens, der nicht Vermögensschaden ist, kann Entschädigung in Geld nur in den durch das Gesetz bestimmten Fällen gefordert werden.

(2) Ist wegen einer Verletzung des Körpers, der Gesundheit, der Freiheit oder der sexuellen Selbstbestimmung Schadensersatz zu leisten, kann auch wegen des Schadens, der nicht Vermögensschaden ist, eine billige Entschädigung in Geld gefordert werden.

§ 254 Mitverschulden. (1) Hat bei der Entstehung des Schadens ein Verschulden des Beschädigten mitgewirkt, so hängt die Verpflichtung zum Ersatz sowie der Umfang des zu leistenden Ersatzes von den Umständen, insbesondere davon ab, inwieweit der Schaden vorwiegend von dem einen oder dem anderen Teil verursacht worden ist.

(2) [1]Dies gilt auch dann, wenn sich das Verschulden des Beschädigten darauf beschränkt, dass er unterlassen hat, den Schuldner auf die Gefahr eines ungewöhnlich hohen Schadens aufmerksam zu machen, die der Schuldner weder kannte noch kennen musste, oder dass er unterlassen hat, den Schaden abzuwenden oder zu mindern. [2]Die Vorschrift des § 278 findet entsprechende Anwendung.

§ 275 Ausschluss der Leistungspflicht. (1) Der Anspruch auf Leistung ist ausgeschlossen, soweit diese für den Schuldner oder für jedermann unmöglich ist.

(2) [1]Der Schuldner kann die Leistung verweigern, soweit diese einen Aufwand erfordert, der unter Beachtung des Inhalts des Schuldverhältnisses und der Gebote von Treu und Glauben in einem groben Missverhältnis zu dem Leistungsinteresse des Gläubigers steht. [2]Bei der Bestimmung der dem Schuldner zuzumutenden Anstrengungen ist auch zu berücksichtigen, ob der Schuldner das Leistungshindernis zu vertreten hat.

(3) Der Schuldner kann die Leistung ferner verweigern, wenn er die Leistung persönlich zu erbringen hat und sie ihm unter Abwägung des seiner Leistung entgegenstehenden Hindernisses mit dem Leistungsinteresse des Gläubigers nicht zugemutet werden kann.

(4) Die Rechte des Gläubigers bestimmen sich nach den §§ 280, 283 bis 285, 311a und 326.

§ 276 Verantwortlichkeit des Schuldners. (1) [1]Der Schuldner hat Vorsatz und Fahrlässigkeit zu vertreten, wenn eine strengere oder mildere Haftung weder bestimmt noch aus dem sonstigen Inhalt des Schuldverhältnisses, insbesondere aus der Übernahme einer Garantie oder eines Beschaffungsrisikos zu entnehmen ist. [2]Die Vorschriften der §§ 827 und 828 finden entsprechende Anwendung.

(2) Fahrlässig handelt, wer die im Verkehr erforderliche Sorgfalt außer Acht lässt.

(3) Die Haftung wegen Vorsatzes kann dem Schuldner nicht im Voraus erlassen werden.

§ 277 Sorgfalt in eigenen Angelegenheiten. Wer nur für diejenige Sorgfalt einzustehen hat, welche er in eigenen Angelegenheiten anzuwenden pflegt, ist von der Haftung wegen grober Fahrlässigkeit nicht befreit.

§ 278 Verantwortlichkeit des Schuldners für Dritte. [1]Der Schuldner hat ein Verschulden seines gesetzlichen Vertreters und der Personen, deren er sich zur Erfüllung seiner Verbindlichkeit bedient, in gleichem Umfang zu vertreten wie eigenes Verschulden. [2]Die Vorschrift des § 276 Abs. 3 findet keine Anwendung.

§ 280 Schadensersatz wegen Pflichtverletzung. (1) [1]Verletzt der Schuldner eine Pflicht aus dem Schuldverhältnis, so kann der Gläubiger Ersatz des hierdurch entstehenden Schadens verlangen. [2]Dies gilt nicht, wenn der Schuldner die Pflichtverletzung nicht zu vertreten hat.

(2) Schadensersatz wegen Verzögerung der Leistung kann der Gläubiger nur unter der zusätzlichen Voraussetzung des § 286 verlangen.

(3) Schadensersatz statt der Leistung kann der Gläubiger nur unter den zusätzlichen Voraussetzungen des § 281, des § 282 oder des § 283 verlangen.

§ 281 Schadensersatz statt der Leistung wegen nicht oder nicht wie geschuldet erbrachter Leistung. (1) [1]Soweit der Schuldner die fällige Leistung nicht oder nicht wie geschuldet erbringt, kann der Gläubiger unter den Voraussetzungen des § 280 Abs. 1 Schadensersatz statt der Leistung verlangen, wenn er dem Schuldner erfolglos eine angemessene Frist zur Leistung oder Nacherfüllung bestimmt hat. [2]Hat der Schuldner eine Teilleistung bewirkt, so kann der Gläubiger Schadensersatz statt der ganzen Leistung nur verlangen, wenn er an der Teilleistung kein Interesse hat. [3]Hat der Schuldner die Leistung nicht wie geschuldet bewirkt, so kann der Gläubiger Schadensersatz statt der ganzen Leistung nicht verlangen, wenn die Pflichtverletzung unerheblich ist.

(2) Die Fristsetzung ist entbehrlich, wenn der Schuldner die Leistung ernsthaft und endgültig verweigert oder wenn besondere Umstände vorliegen, die unter Abwägung der beiderseitigen Interessen die sofortige Geltendmachung des Schadensersatzanspruchs rechtfertigen.

(3) Kommt nach der Art der Pflichtverletzung eine Fristsetzung nicht in Betracht, so tritt an deren Stelle eine Abmahnung.

(4) Der Anspruch auf die Leistung ist ausgeschlossen, sobald der Gläubiger statt der Leistung Schadensersatz verlangt hat.

(5) Verlangt der Gläubiger Schadensersatz statt der ganzen Leistung, so ist der Schuldner zur Rückforderung des Geleisteten nach den §§ 346 bis 348 berechtigt.

§ 282 Schadensersatz statt der Leistung wegen Verletzung einer Pflicht nach § 241 Abs. 2. Verletzt der Schuldner eine Pflicht nach § 241 Abs. 2, kann der Gläubiger unter den Voraussetzungen des § 280 Abs. 1 Schadensersatz statt der Leistung verlangen, wenn ihm die Leistung durch den Schuldner nicht mehr zuzumuten ist.

§ 283 Schadensersatz statt der Leistung bei Ausschluss der Leistungspflicht. [1]Braucht der Schuldner nach § 275 Abs. 1 bis 3 nicht zu leisten, kann der Gläubiger unter den Voraussetzungen des § 280 Abs. 1 Schadensersatz statt der Leistung verlangen. [2]§ 281 Abs. 1 Satz 2 und 3 und Abs. 5 findet entsprechende Anwendung.

§ 284 Ersatz vergeblicher Aufwendungen. Anstelle des Schadensersatzes statt der Leistung kann der Gläubiger Ersatz der Aufwendungen verlangen, die er im Vertrauen auf den Erhalt der Leistung gemacht hat und billigerweise machen durfte, es sei denn, deren Zweck wäre auch ohne die Pflichtverletzung des Schuldners nicht erreicht worden.

§ 285 Herausgabe des Ersatzes. (1) Erlangt der Schuldner infolge des Umstands, auf Grund dessen er die Leistung nach § 275 Abs. 1 bis 3 nicht zu erbringen braucht, für den geschuldeten Gegenstand einen Ersatz oder einen Ersatzanspruch, so kann der Gläubiger Herausgabe des als Ersatz Empfangenen oder Abtretung des Ersatzanspruchs verlangen.

(2) Kann der Gläubiger statt der Leistung Schadensersatz verlangen, so mindert sich dieser, wenn er von dem in Absatz 1 bestimmten Recht Gebrauch macht, um den Wert des erlangten Ersatzes oder Ersatzanspruchs.

§ 286 Verzug des Schuldners. (1) [1]Leistet der Schuldner auf eine Mahnung des Gläubigers nicht, die nach dem Eintritt der Fälligkeit erfolgt, so kommt er durch die Mahnung in Verzug. [2]Der Mahnung stehen die Erhebung der Klage auf die Leistung sowie die Zustellung eines Mahnbescheids im Mahnverfahren gleich.

(2) Der Mahnung bedarf es nicht, wenn
1. für die Leistung eine Zeit nach dem Kalender bestimmt ist,
2. der Leistung ein Ereignis vorauszugehen hat und eine angemessene Zeit für die Leistung in der Weise bestimmt ist, dass sie sich von dem Ereignis an nach dem Kalender berechnen lässt,
3. der Schuldner die Leistung ernsthaft und endgültig verweigert,
4. aus besonderen Gründen unter Abwägung der beiderseitigen Interessen der sofortige Eintritt des Verzugs gerechtfertigt ist.

(3) [1]Der Schuldner einer Entgeltforderung kommt spätestens in Verzug, wenn er nicht innerhalb von 30 Tagen nach Fälligkeit und Zugang einer Rechnung oder gleichwertigen Zahlungsaufstellung leistet; dies gilt gegenüber einem Schuldner, der Verbraucher ist, nur, wenn auf diese Folgen in der Rechnung oder Zahlungsaufstellung besonders hingewiesen worden ist. [2]Wenn der

Zeitpunkt des Zugangs der Rechnung oder Zahlungsaufstellung unsicher ist, kommt der Schuldner, der nicht Verbraucher ist, spätestens 30 Tage nach Fälligkeit und Empfang der Gegenleistung in Verzug.

(4) Der Schuldner kommt nicht in Verzug, solange die Leistung infolge eines Umstands unterbleibt, den er nicht zu vertreten hat.

(5) Für eine von den Absätzen 1 bis 3 abweichende Vereinbarung über den Eintritt des Verzugs gilt § 271a Absatz 1 bis 5 entsprechend.

§ 287 Verantwortlichkeit während des Verzugs. [1]Der Schuldner hat während des Verzugs jede Fahrlässigkeit zu vertreten. [2]Er haftet wegen der Leistung auch für Zufall, es sei denn, dass der Schaden auch bei rechtzeitiger Leistung eingetreten sein würde.

§ 288 Verzugszinsen und sonstiger Verzugsschaden. (1) [1]Eine Geldschuld ist während des Verzugs zu verzinsen. [2]Der Verzugszinssatz beträgt für das Jahr fünf Prozentpunkte über dem Basiszinssatz.

(2) Bei Rechtsgeschäften, an denen ein Verbraucher nicht beteiligt ist, beträgt der Zinssatz für Entgeltforderungen neun Prozentpunkte über dem Basiszinssatz.

(3) Der Gläubiger kann aus einem anderen Rechtsgrund höhere Zinsen verlangen.

(4) Die Geltendmachung eines weiteren Schadens ist nicht ausgeschlossen.

(5) [1]Der Gläubiger einer Entgeltforderung hat bei Verzug des Schuldners, wenn dieser kein Verbraucher ist, außerdem einen Anspruch auf Zahlung einer Pauschale in Höhe von 40 Euro. [2]Dies gilt auch, wenn es sich bei der Entgeltforderung um eine Abschlagszahlung oder sonstige Ratenzahlung handelt. [3]Die Pauschale nach Satz 1 ist auf einen geschuldeten Schadensersatz anzurechnen, soweit der Schaden in Kosten der Rechtsverfolgung begründet ist.

(6) [1]Eine im Voraus getroffene Vereinbarung, die den Anspruch des Gläubigers einer Entgeltforderung auf Verzugszinsen ausschließt, ist unwirksam. [2]Gleiches gilt für eine Vereinbarung, die diesen Anspruch beschränkt oder den Anspruch des Gläubigers einer Entgeltforderung auf die Pauschale nach Absatz 5 oder auf Ersatz des Schadens, der in Kosten der Rechtsverfolgung begründet ist, ausschließt oder beschränkt, wenn sie im Hinblick auf die Belange des Gläubigers grob unbillig ist. [3]Eine Vereinbarung über den Ausschluss der Pauschale nach Absatz 5 oder des Ersatzes des Schadens, der in Kosten der Rechtsverfolgung begründet ist, ist im Zweifel als grob unbillig anzusehen. [4]Die Sätze 1 bis 3 sind nicht anzuwenden, wenn sich der Anspruch gegen einen Verbraucher richtet.

§ 289 Zinseszinsverbot. [1]Von Zinsen sind Verzugszinsen nicht zu entrichten. [2]Das Recht des Gläubigers auf Ersatz des durch den Verzug entstehenden Schadens bleibt unberührt.

§ 290 Verzinsung des Wertersatzes. [1]Ist der Schuldner zum Ersatz des Wertes eines Gegenstands verpflichtet, der während des Verzugs untergegangen ist oder aus einem während des Verzugs eingetretenen Grund nicht herausgegeben werden kann, so kann der Gläubiger Zinsen des zu ersetzenden Betrags von dem Zeitpunkt an verlangen, welcher der Bestimmung des Wertes zugrunde gelegt wird. [2]Das Gleiche gilt, wenn der Schuldner zum Ersatz der Minderung des Wertes eines während des Verzugs verschlechterten Gegenstands verpflichtet ist.

§ 291 Prozesszinsen. [1]Eine Geldschuld hat der Schuldner von dem Eintritt der Rechtshängigkeit an zu verzinsen, auch wenn er nicht im Verzug ist; wird die Schuld erst später fällig, so ist sie von der Fälligkeit an zu verzinsen. [2]Die Vorschriften des § 288 Abs. 1 Satz 2, Abs. 2, Abs. 3 und des § 289 Satz 1 finden entsprechende Anwendung.

§ 292 Haftung bei Herausgabepflicht. (1) Hat der Schuldner einen bestimmten Gegenstand herauszugeben, so bestimmt sich von dem Eintritt der Rechtshängigkeit an der Anspruch des Gläubigers auf Schadensersatz wegen Verschlechterung, Untergangs oder einer aus einem anderen Grunde eintretenden Unmöglichkeit der Herausgabe nach den Vorschriften, welche für das Verhältnis zwischen dem Eigentümer und dem Besitzer von dem Eintritt der Rechtshängigkeit des Eigentumsanspruchs an gelten, soweit nicht aus dem Schuldverhältnis oder dem Verzug des Schuldners sich zugunsten des Gläubigers ein anderes ergibt.

(2) Das Gleiche gilt von dem Anspruch des Gläubigers auf Herausgabe oder Vergütung von Nutzungen und von dem Anspruch des Schuldners auf Ersatz von Verwendungen.

Abschnitt 2

Gestaltung rechtsgeschäftlicher Schuldverhältnisse durch Allgemeine Geschäftsbedingungen

§ 305 Einbeziehung Allgemeiner Geschäftsbedingungen in den Vertrag.

(1) [1]Allgemeine Geschäftsbedingungen sind alle für eine Vielzahl von Verträgen vorformulierten Vertragsbedingungen, die eine Vertragspartei (Verwender) der anderen Vertragspartei bei Abschluss eines Vertrags stellt. [2]Gleichgültig ist, ob die Bestimmungen einen äußerlich gesonderten Bestandteil des Vertrags bilden oder in die Vertragsurkunde selbst aufgenommen werden, welchen Umfang sie haben, in welcher Schriftart sie verfasst sind und welche Form der Vertrag hat. [3]Allgemeine Geschäftsbedingungen liegen nicht vor, soweit die Vertragsbedingungen zwischen den Vertragsparteien im Einzelnen ausgehandelt sind.

(2) Allgemeine Geschäftsbedingungen werden nur dann Bestandteil eines Vertrags, wenn der Verwender bei Vertragsschluss

1. die andere Vertragspartei ausdrücklich oder, wenn ein ausdrücklicher Hinweis wegen der Art des Vertragsschlusses nur unter unverhältnismäßigen Schwierigkeiten möglich ist, durch deutlich sichtbaren Aushang am Orte des Vertragsschlusses auf sie hinweist und
2. der anderen Vertragspartei die Möglichkeit verschafft, in zumutbarer Weise, die auch eine für den Verwender erkennbare körperliche Behinderung der anderen Vertragspartei angemessen berücksichtigt, von ihrem Inhalt Kenntnis zu nehmen,

und wenn die andere Vertragspartei mit ihrer Geltung einverstanden ist.

(3) Die Vertragsparteien können für eine bestimmte Art von Rechtsgeschäften die Geltung bestimmter Allgemeiner Geschäftsbedingungen unter Beachtung der in Absatz 2 bezeichneten Erfordernisse im Voraus vereinbaren.

§ 305a Einbeziehung in besonderen Fällen. Auch ohne Einhaltung der in § 305 Abs. 2 Nr. 1 und 2 bezeichneten Erfordernisse werden einbezogen, wenn die andere Vertragspartei mit ihrer Geltung einverstanden ist,
1. die mit Genehmigung der zuständigen Verkehrsbehörde oder aufgrund von internationalen Übereinkommen erlassenen Tarife und Ausführungsbestimmungen der Eisenbahnen und die nach Maßgabe des Personenbeförderungsgesetzes genehmigten Beförderungsbedingungen der Straßenbahnen, Obusse und Kraftfahrzeuge im Linienverkehr in den Beförderungsvertrag,
2. die im Amtsblatt der Bundesnetzagentur für Elektrizität, Gas, Telekommunikation, Post und Eisenbahnen veröffentlichten und in den Geschäftsstellen des Verwenders bereitgehaltenen Allgemeinen Geschäftsbedingungen
   a) in Beförderungsverträge, die außerhalb von Geschäftsräumen durch den Einwurf von Postsendungen in Briefkästen abgeschlossen werden,
   b) in Verträge über Telekommunikations-, Informations- und andere Dienstleistungen, die unmittelbar durch Einsatz von Fernkommunikationsmitteln und während der Erbringung einer Telekommunikationsdienstleistung in einem Mal erbracht werden, wenn die Allgemeinen Geschäftsbedingungen der anderen Vertragspartei nur unter unverhältnismäßigen Schwierigkeiten vor dem Vertragsschluss zugänglich gemacht werden können.

Abschnitt 3

Schuldverhältnisse aus Verträgen

Titel 1

Begründung, Inhalt und Beendigung

Untertitel 2

Besondere Vertriebsformen

§ 312a Allgemeine Pflichten und Grundsätze bei Verbraucherverträgen; Grenzen der Vereinbarung von Entgelten. (1) Ruft der Unternehmer oder eine Person, die in seinem Namen oder Auftrag handelt, den Verbraucher an, um mit diesem einen Vertrag zu schließen, hat der Anrufer zu Beginn des Gesprächs seine Identität und gegebenenfalls die Identität der Person, für die er anruft, sowie den geschäftlichen Zweck des Anrufs offenzulegen.

(2) [1]Der Unternehmer ist verpflichtet, den Verbraucher nach Maßgabe des Artikels 246 des Einführungsgesetzes zum Bürgerlichen Gesetzbuche zu informieren. [2]Der Unternehmer kann von dem Verbraucher Fracht-, Liefer- oder Versandkosten und sonstige Kosten nur verlangen, soweit er den Verbraucher über diese Kosten entsprechend den Anforderungen aus Artikel 246 Absatz 1 Nummer 3 des Einführungsgesetzes zum Bürgerlichen Gesetzbuche informiert hat. [3]Die Sätze 1 und 2 sind weder auf außerhalb von Geschäftsräumen geschlossene Verträge noch auf Fernabsatzverträge noch auf Verträge über Finanzdienstleistungen anzuwenden.

(3) [1]Eine Vereinbarung, die auf eine über das vereinbarte Entgelt für die Hauptleistung hinausgehende Zahlung des Verbrauchers gerichtet ist, kann ein Unternehmer mit einem Verbraucher nur ausdrücklich treffen. [2]Schließen der Unternehmer und der Verbraucher einen Vertrag im elektronischen Geschäftsverkehr, wird eine solche Vereinbarung nur Vertragsbestandteil, wenn der Unternehmer die Vereinbarung nicht durch eine Voreinstellung herbeiführt.

(4) Eine Vereinbarung, durch die ein Verbraucher verpflichtet wird, ein Entgelt dafür zu zahlen, dass er für die Erfüllung seiner vertraglichen Pflichten ein bestimmtes Zahlungsmittel nutzt, ist unwirksam, wenn

1. für den Verbraucher keine gängige und zumutbare unentgeltliche Zahlungsmöglichkeit besteht oder
2. das vereinbarte Entgelt über die Kosten hinausgeht, die dem Unternehmer durch die Nutzung des Zahlungsmittels entstehen.

(5) [1]Eine Vereinbarung, durch die ein Verbraucher verpflichtet wird, ein Entgelt dafür zu zahlen, dass der Verbraucher den Unternehmer wegen Fragen oder Erklärungen zu einem zwischen ihnen geschlossenen Vertrag über eine Rufnummer anruft, die der Unternehmer für solche Zwecke bereithält, ist unwirksam, wenn das vereinbarte Entgelt das Entgelt für die bloße Nutzung des Telekommunikationsdienstes übersteigt. [2]Ist eine Vereinbarung nach Satz 1

unwirksam, ist der Verbraucher auch gegenüber dem Anbieter des Telekommunikationsdienstes nicht verpflichtet, ein Entgelt für den Anruf zu zahlen. [3]Der Anbieter des Telekommunikationsdienstes ist berechtigt, das Entgelt für die bloße Nutzung des Telekommunikationsdienstes von dem Unternehmer zu verlangen, der die unwirksame Vereinbarung mit dem Verbraucher geschlossen hat.

(6) Ist eine Vereinbarung nach den Absätzen 3 bis 5 nicht Vertragsbestandteil geworden oder ist sie unwirksam, bleibt der Vertrag im Übrigen wirksam.

§ 312b Außerhalb von Geschäftsräumen geschlossene Verträge.

(1) [1]Außerhalb von Geschäftsräumen geschlossene Verträge sind Verträge,

1. die bei gleichzeitiger körperlicher Anwesenheit des Verbrauchers und des Unternehmers an einem Ort geschlossen werden, der kein Geschäftsraum des Unternehmers ist,
2. für die der Verbraucher unter den in Nummer 1 genannten Umständen ein Angebot abgegeben hat,
3. die in den Geschäftsräumen des Unternehmers oder durch Fernkommunikationsmittel geschlossen werden, bei denen der Verbraucher jedoch unmittelbar zuvor außerhalb der Geschäftsräume des Unternehmers bei gleichzeitiger körperlicher Anwesenheit des Verbrauchers und des Unternehmers persönlich und individuell angesprochen wurde, oder
4. die auf einem Ausflug geschlossen werden, der von dem Unternehmer oder mit seiner Hilfe organisiert wurde, um beim Verbraucher für den Verkauf von Waren oder die Erbringung von Dienstleistungen zu werben und mit ihm entsprechende Verträge abzuschließen.

[2]Dem Unternehmer stehen Personen gleich, die in seinem Namen oder Auftrag handeln.

(2) [1]Geschäftsräume im Sinne des Absatzes 1 sind unbewegliche Gewerberäume, in denen der Unternehmer seine Tätigkeit dauerhaft ausübt, und bewegliche Gewerberäume, in denen der Unternehmer seine Tätigkeit für gewöhnlich ausübt. [2]Gewerberäume, in denen die Person, die im Namen oder Auftrag des Unternehmers handelt, ihre Tätigkeit dauerhaft oder für gewöhnlich ausübt, stehen Räumen des Unternehmers gleich.

§ 312c Fernabsatzverträge[2]. (1) Fernabsatzverträge sind Verträge, bei denen der Unternehmer oder eine in seinem Namen oder Auftrag handelnde Person und der Verbraucher für die Vertragsverhandlungen und den Vertragsschluss ausschließlich Fernkommunikationsmittel verwenden, es sei denn, dass der Vertragsschluss nicht im Rahmen eines für den Fernabsatz organisierten Vertriebs- oder Dienstleistungssystems erfolgt.

---

2 Für die im Rahmen dieser Vertragstypen bedeutsamen Informationspflichten vgl. auch §§ 312 b ff. und Art. 246 f. EGBG (**Nr. 6 EGBGB**) mit den dort aufgeführten Anlagen.

(2) Fernkommunikationsmittel im Sinne dieses Gesetzes sind alle Kommunikationsmittel, die zur Anbahnung oder zum Abschluss eines Vertrags eingesetzt werden können, ohne dass die Vertragsparteien gleichzeitig körperlich anwesend sind, wie Briefe, Kataloge, Telefonanrufe, Telekopien, E-Mails, über den Mobilfunkdienst versendete Nachrichten (SMS) sowie Rundfunk und Telemedien.

§ 312d Informationspflichten. (1) [1]Bei außerhalb von Geschäftsräumen geschlossenen Verträgen und bei Fernabsatzverträgen ist der Unternehmer verpflichtet, den Verbraucher nach Maßgabe des Artikels 246a des Einführungsgesetzes zum Bürgerlichen Gesetzbuche zu informieren. [2]Die in Erfüllung dieser Pflicht gemachten Angaben des Unternehmers werden Inhalt des Vertrags, es sei denn, die Vertragsparteien haben ausdrücklich etwas anderes vereinbart.

(2) Bei außerhalb von Geschäftsräumen geschlossenen Verträgen und bei Fernabsatzverträgen über Finanzdienstleistungen ist der Unternehmer abweichend von Absatz 1 verpflichtet, den Verbraucher nach Maßgabe des Artikels 246b des Einführungsgesetzes zum Bürgerlichen Gesetzbuche zu informieren.

§ 312e Verletzung von Informationspflichten über Kosten. Der Unternehmer kann von dem Verbraucher Fracht-, Liefer- oder Versandkosten und sonstige Kosten nur verlangen, soweit er den Verbraucher über diese Kosten entsprechend den Anforderungen aus § 312d Absatz 1 in Verbindung mit Artikel 246a § 1 Absatz 1 Satz 1 Nummer 4 des Einführungsgesetzes zum Bürgerlichen Gesetzbuche informiert hat.

§ 312f Abschriften und Bestätigungen. (1) [1]Bei außerhalb von Geschäftsräumen geschlossenen Verträgen ist der Unternehmer verpflichtet, dem Verbraucher alsbald auf Papier zur Verfügung zu stellen

1. eine Abschrift eines Vertragsdokuments, das von den Vertragsschließenden so unterzeichnet wurde, dass ihre Identität erkennbar ist, oder
2. eine Bestätigung des Vertrags, in der der Vertragsinhalt wiedergegeben ist.

[2]Wenn der Verbraucher zustimmt, kann für die Abschrift oder die Bestätigung des Vertrags auch ein anderer dauerhafter Datenträger verwendet werden. [3]Die Bestätigung nach Satz 1 muss die in Artikel 246a des Einführungsgesetzes zum Bürgerlichen Gesetzbuche genannten Angaben nur enthalten, wenn der Unternehmer dem Verbraucher diese Informationen nicht bereits vor Vertragsschluss in Erfüllung seiner Informationspflichten nach § 312d Absatz 1 auf einem dauerhaften Datenträger zur Verfügung gestellt hat.

(2) [1]Bei Fernabsatzverträgen ist der Unternehmer verpflichtet, dem Verbraucher eine Bestätigung des Vertrags, in der der Vertragsinhalt wiedergegeben ist, innerhalb einer angemessenen Frist nach Vertragsschluss, spätestens jedoch bei der Lieferung der Ware oder bevor mit der Ausführung der Dienstleistung begonnen wird, auf einem dauerhaften Datenträger zur Verfügung zu stellen. [2]Die Bestätigung nach Satz 1 muss die in Artikel 246a des Einführungsgesetzes zum Bürgerlichen Gesetzbuche genannten Angaben enthalten, es sei denn, der Un-

ternehmer hat dem Verbraucher diese Informationen bereits vor Vertragsschluss in Erfüllung seiner Informationspflichten nach § 312d Absatz 1 auf einem dauerhaften Datenträger zur Verfügung gestellt.

(3) Bei Verträgen über die Lieferung von nicht auf einem körperlichen Datenträger befindlichen Daten, die in digitaler Form hergestellt und bereitgestellt werden (digitale Inhalte), ist auf der Abschrift oder in der Bestätigung des Vertrags nach den Absätzen 1 und 2 gegebenenfalls auch festzuhalten, dass der Verbraucher vor Ausführung des Vertrags

1. ausdrücklich zugestimmt hat, dass der Unternehmer mit der Ausführung des Vertrags vor Ablauf der Widerrufsfrist beginnt, und
2. seine Kenntnis davon bestätigt hat, dass er durch seine Zustimmung mit Beginn der Ausführung des Vertrags sein Widerrufsrecht verliert.

(4) Diese Vorschrift ist nicht anwendbar auf Verträge über Finanzdienstleistungen.

§ 312g Widerrufsrecht. (1) Dem Verbraucher steht bei außerhalb von Geschäftsräumen geschlossenen Verträgen und bei Fernabsatzverträgen ein Widerrufsrecht gemäß § 355 zu.

(2) Das Widerrufsrecht besteht, soweit die Parteien nichts anderes vereinbart haben, nicht bei folgenden Verträgen:

1. Verträge zur Lieferung von Waren, die nicht vorgefertigt sind und für deren Herstellung eine individuelle Auswahl oder Bestimmung durch den Verbraucher maßgeblich ist oder die eindeutig auf die persönlichen Bedürfnisse des Verbrauchers zugeschnitten sind,
2. Verträge zur Lieferung von Waren, die schnell verderben können oder deren Verfallsdatum schnell überschritten würde,
3. Verträge zur Lieferung versiegelter Waren, die aus Gründen des Gesundheitsschutzes oder der Hygiene nicht zur Rückgabe geeignet sind, wenn ihre Versiegelung nach der Lieferung entfernt wurde,
4. Verträge zur Lieferung von Waren, wenn diese nach der Lieferung auf Grund ihrer Beschaffenheit untrennbar mit anderen Gütern vermischt wurden,
5. Verträge zur Lieferung alkoholischer Getränke, deren Preis bei Vertragsschluss vereinbart wurde, die aber frühestens 30 Tage nach Vertragsschluss geliefert werden können und deren aktueller Wert von Schwankungen auf dem Markt abhängt, auf die der Unternehmer keinen Einfluss hat,
6. Verträge zur Lieferung von Ton- oder Videoaufnahmen oder Computersoftware in einer versiegelten Packung, wenn die Versiegelung nach der Lieferung entfernt wurde,
7. Verträge zur Lieferung von Zeitungen, Zeitschriften oder Illustrierten mit Ausnahme von Abonnement-Verträgen,
8. Verträge zur Lieferung von Waren oder zur Erbringung von Dienstleistungen, einschließlich Finanzdienstleistungen, deren Preis von Schwankungen auf dem Finanzmarkt abhängt, auf die der Unternehmer keinen Einfluss hat und die innerhalb der Widerrufsfrist auftreten können, insbesondere Dienst-

leistungen im Zusammenhang mit Aktien, mit Anteilen an offenen Investmentvermögen im Sinne von § 1 Absatz 4 des Kapitalanlagegesetzbuchs und mit anderen handelbaren Wertpapieren, Devisen, Derivaten oder Geldmarktinstrumenten,

9. Verträge zur Erbringung von Dienstleistungen in den Bereichen Beherbergung zu anderen Zwecken als zu Wohnzwecken, Beförderung von Waren, Kraftfahrzeugvermietung, Lieferung von Speisen und Getränken sowie zur Erbringung weiterer Dienstleistungen im Zusammenhang mit Freizeitbetätigungen, wenn der Vertrag für die Erbringung einen spezifischen Termin oder Zeitraum vorsieht,
10. Verträge, die im Rahmen einer Vermarktungsform geschlossen werden, bei der der Unternehmer Verbrauchern, die persönlich anwesend sind oder denen diese Möglichkeit gewährt wird, Waren oder Dienstleistungen anbietet, und zwar in einem vom Versteigerer durchgeführten, auf konkurrierenden Geboten basierenden transparenten Verfahren, bei dem der Bieter, der den Zuschlag erhalten hat, zum Erwerb der Waren oder Dienstleistungen verpflichtet ist (öffentlich zugängliche Versteigerung),
11. Verträge, bei denen der Verbraucher den Unternehmer ausdrücklich aufgefordert hat, ihn aufzusuchen, um dringende Reparatur- oder Instandhaltungsarbeiten vorzunehmen; dies gilt nicht hinsichtlich weiterer bei dem Besuch erbrachter Dienstleistungen, die der Verbraucher nicht ausdrücklich verlangt hat, oder hinsichtlich solcher bei dem Besuch gelieferter Waren, die bei der Instandhaltung oder Reparatur nicht unbedingt als Ersatzteile benötigt werden,
12. Verträge zur Erbringung von Wett- und Lotteriedienstleistungen, es sei denn, dass der Verbraucher seine Vertragserklärung telefonisch abgegeben hat oder der Vertrag außerhalb von Geschäftsräumen geschlossen wurde, und
13. notariell beurkundete Verträge; dies gilt für Fernabsatzverträge über Finanzdienstleistungen nur, wenn der Notar bestätigt, dass die Rechte des Verbrauchers aus § 312d Absatz 2 gewahrt sind.

(3) Das Widerrufsrecht besteht ferner nicht bei Verträgen, bei denen dem Verbraucher bereits auf Grund der §§ 495, 506 bis 513 ein Widerrufsrecht nach § 355 zusteht, und nicht bei außerhalb von Geschäftsräumen geschlossenen Verträgen, bei denen dem Verbraucher bereits nach § 305 Absatz 1 bis 6 des Kapitalanlagegesetzbuchs ein Widerrufsrecht zusteht.

§ 312h Kündigung und Vollmacht zur Kündigung. Wird zwischen einem Unternehmer und einem Verbraucher nach diesem Untertitel ein Dauerschuldverhältnis begründet, das ein zwischen dem Verbraucher und einem anderen Unternehmer bestehendes Dauerschuldverhältnis ersetzen soll, und wird anlässlich der Begründung des Dauerschuldverhältnisses von dem Verbraucher

1. die Kündigung des bestehenden Dauerschuldverhältnisses erklärt und der Unternehmer oder ein von ihm beauftragter Dritter zur Übermittlung der

Kündigung an den bisherigen Vertragspartner des Verbrauchers beauftragt oder
2. der Unternehmer oder ein von ihm beauftragter Dritter zur Erklärung der Kündigung gegenüber dem bisherigen Vertragspartner des Verbrauchers bevollmächtigt,

bedarf die Kündigung des Verbrauchers oder die Vollmacht zur Kündigung der Textform.

§ 312i Allgemeine Pflichten im elektronischen Geschäftsverkehr.

(1) [1]Bedient sich ein Unternehmer zum Zwecke des Abschlusses eines Vertrags über die Lieferung von Waren oder über die Erbringung von Dienstleistungen der Telemedien (Vertrag im elektronischen Geschäftsverkehr), hat er dem Kunden
1. angemessene, wirksame und zugängliche technische Mittel zur Verfügung zu stellen, mit deren Hilfe der Kunde Eingabefehler vor Abgabe seiner Bestellung erkennen und berichtigen kann,
2. die in Artikel 246c des Einführungsgesetzes zum Bürgerlichen Gesetzbuche bestimmten Informationen rechtzeitig vor Abgabe von dessen Bestellung klar und verständlich mitzuteilen,
3. den Zugang von dessen Bestellung unverzüglich auf elektronischem Wege zu bestätigen und
4. die Möglichkeit zu verschaffen, die Vertragsbestimmungen einschließlich der Allgemeinen Geschäftsbedingungen bei Vertragsschluss abzurufen und in wiedergabefähiger Form zu speichern.

[2]Bestellung und Empfangsbestätigung im Sinne von Satz 1 Nummer 3 gelten als zugegangen, wenn die Parteien, für die sie bestimmt sind, sie unter gewöhnlichen Umständen abrufen können.

(2) Absatz 1 Satz 1 Nummer 1 bis 3 ist nicht anzuwenden, wenn der Vertrag ausschließlich durch individuelle Kommunikation geschlossen wird. Absatz 1 Satz 1 Nummer 1 bis 3 und Satz 2 ist nicht anzuwenden, wenn zwischen Vertragsparteien, die nicht Verbraucher sind, etwas anderes vereinbart wird.

(3) Weitergehende Informationspflichten auf Grund anderer Vorschriften bleiben unberührt.

§ 312j Besondere Pflichten im elektronischen Geschäftsverkehr gegenüber Verbrauchern. (1) Auf Webseiten für den elektronischen Geschäftsverkehr mit Verbrauchern hat der Unternehmer zusätzlich zu den Angaben nach § 312i Absatz 1 spätestens bei Beginn des Bestellvorgangs klar und deutlich anzugeben, ob Lieferbeschränkungen bestehen und welche Zahlungsmittel akzeptiert werden.

(2) Bei einem Verbrauchervertrag im elektronischen Geschäftsverkehr, der eine entgeltliche Leistung des Unternehmers zum Gegenstand hat, muss der Unternehmer dem Verbraucher die Informationen gemäß Artikel 246a § 1 Absatz 1 Satz 1 Nummer 1, 4, 5, 11 und 12 des Einführungsgesetzes zum Bürger-

lichen Gesetzbuche, unmittelbar bevor der Verbraucher seine Bestellung abgibt, klar und verständlich in hervorgehobener Weise zur Verfügung stellen.

(3) [1]Der Unternehmer hat die Bestellsituation bei einem Vertrag nach Absatz 2 so zu gestalten, dass der Verbraucher mit seiner Bestellung ausdrücklich bestätigt, dass er sich zu einer Zahlung verpflichtet. [2]Erfolgt die Bestellung über eine Schaltfläche, ist die Pflicht des Unternehmers aus Satz 1 nur erfüllt, wenn diese Schaltfläche gut lesbar mit nichts anderem als den Wörtern „zahlungspflichtig bestellen" oder mit einer entsprechenden eindeutigen Formulierung beschriftet ist.

(4) Ein Vertrag nach Absatz 2 kommt nur zustande, wenn der Unternehmer seine Pflicht aus Absatz 3 erfüllt.

(5) [1]Die Absätze 2 bis 4 sind nicht anzuwenden, wenn der Vertrag ausschließlich durch individuelle Kommunikation geschlossen wird. [2]Die Pflichten aus den Absätzen 1 und 2 gelten weder für Webseiten, die Finanzdienstleistungen betreffen, noch für Verträge über Finanzdienstleistungen.

Abschnitt 3

Schuldverhältnisse aus Verträgen

Titel 5

Rücktritt; Widerrufsrecht bei Verbraucherverträgen[3]

§ 355 Widerrufsrecht bei Verbraucherverträgen. (1) [1]Wird einem Verbraucher durch Gesetz ein Widerrufsrecht nach dieser Vorschrift eingeräumt, so sind der Verbraucher und der Unternehmer an ihre auf den Abschluss des Vertrags gerichteten Willenserklärungen nicht mehr gebunden, wenn der Verbraucher seine Willenserklärung fristgerecht widerrufen hat. [2]Der Widerruf erfolgt durch Erklärung gegenüber dem Unternehmer. [3]Aus der Erklärung muss der Entschluss des Verbrauchers zum Widerruf des Vertrags eindeutig hervorgehen. Der Widerruf muss keine Begründung enthalten. [3]Zur Fristwahrung genügt die rechtzeitige Absendung des Widerrufs.

(2) Die Widerrufsfrist beträgt 14 Tage. Sie beginnt mit Vertragsschluss, soweit nichts anderes bestimmt ist.

(3) [1]Im Falle des Widerrufs sind die empfangenen Leistungen unverzüglich zurückzugewähren. [2]Bestimmt das Gesetz eine Höchstfrist für die Rückgewähr, so beginnt diese für den Unternehmer mit dem Zugang und für den Verbraucher mit der Abgabe der Widerrufserklärung. [3]Ein Verbraucher wahrt diese Frist

---

3 Art. 246 EGBGB ist in **Nr. 6 EGBGB** mit den zuvor in der BGB-InfoV enthaltenen Musterbelehrungen abgedruckt.

durch die rechtzeitige Absendung der Waren. [4]Der Unternehmer trägt bei Widerruf die Gefahr der Rücksendung der Waren.

§ 356 Widerrufsrecht bei außerhalb von Geschäftsräumen geschlossenen Verträgen und Fernabsatzverträgen. (1) [1]Der Unternehmer kann dem Verbraucher die Möglichkeit einräumen, das Muster-Widerrufsformular nach Anlage 2 zu Artikel 246a § 1 Absatz 2 Satz 1 Nummer 1 des Einführungsgesetzes zum Bürgerlichen Gesetzbuche oder eine andere eindeutige Widerrufserklärung auf der Webseite des Unternehmers auszufüllen und zu übermitteln. [2]Macht der Verbraucher von dieser Möglichkeit Gebrauch, muss der Unternehmer dem Verbraucher den Zugang des Widerrufs unverzüglich auf einem dauerhaften Datenträger bestätigen.

(2) Die Widerrufsfrist beginnt

1. bei einem Verbrauchsgüterkauf,
   a) der nicht unter die Buchstaben b bis d fällt, sobald der Verbraucher oder ein von ihm benannter Dritter, der nicht Frachtführer ist, die Waren erhalten hat,
   b) bei dem der Verbraucher mehrere Waren im Rahmen einer einheitlichen Bestellung bestellt hat und die Waren getrennt geliefert werden, sobald der Verbraucher oder ein von ihm benannter Dritter, der nicht Frachtführer ist, die letzte Ware erhalten hat,
   c) bei dem die Ware in mehreren Teilsendungen oder Stücken geliefert wird, sobald der Verbraucher oder ein vom Verbraucher benannter Dritter, der nicht Frachtführer ist, die letzte Teilsendung oder das letzte Stück erhalten hat,
   d) der auf die regelmäßige Lieferung von Waren über einen festgelegten Zeitraum gerichtet ist, sobald der Verbraucher oder ein von ihm benannter Dritter, der nicht Frachtführer ist, die erste Ware erhalten hat,
2. bei einem Vertrag, der die nicht in einem begrenzten Volumen oder in einer bestimmten Menge angebotene Lieferung von Wasser, Gas oder Strom, die Lieferung von Fernwärme oder die Lieferung von nicht auf einem körperlichen Datenträger befindlichen digitalen Inhalten zum Gegenstand hat, mit Vertragsschluss.

(3) [1]Die Widerrufsfrist beginnt nicht, bevor der Unternehmer den Verbraucher entsprechend den Anforderungen des Artikels 246a § 1 Absatz 2 Satz 1 Nummer 1 oder des Artikels 246b § 2 Absatz 1 des Einführungsgesetzes zum Bürgerlichen Gesetzbuche unterrichtet hat. [2]Das Widerrufsrecht erlischt spätestens zwölf Monate und 14 Tage nach dem in Absatz 2 oder § 355 Absatz 2 Satz 2 genannten Zeitpunkt. [3]Satz 2 ist auf Verträge über Finanzdienstleistungen nicht anwendbar.

(4) [1]Das Widerrufsrecht erlischt bei einem Vertrag zur Erbringung von Dienstleistungen auch dann, wenn der Unternehmer die Dienstleistung vollständig erbracht hat und mit der Ausführung der Dienstleistung erst begonnen hat, nachdem der Verbraucher dazu seine ausdrückliche Zustimmung gegeben

hat und gleichzeitig seine Kenntnis davon bestätigt hat, dass er sein Widerrufsrecht bei vollständiger Vertragserfüllung durch den Unternehmer verliert. [2]Bei einem außerhalb von Geschäftsräumen geschlossenen Vertrag muss die Zustimmung des Verbrauchers auf einem dauerhaften Datenträger übermittelt werden. [3]Bei einem Vertrag über die Erbringung von Finanzdienstleistungen erlischt das Widerrufsrecht abweichend von Satz 1, wenn der Vertrag von beiden Seiten auf ausdrücklichen Wunsch des Verbrauchers vollständig erfüllt ist, bevor der Verbraucher sein Widerrufsrecht ausübt.

(5) Das Widerrufsrecht erlischt bei einem Vertrag über die Lieferung von nicht auf einem körperlichen Datenträger befindlichen digitalen Inhalten auch dann, wenn der Unternehmer mit der Ausführung des Vertrags begonnen hat, nachdem der Verbraucher

1. ausdrücklich zugestimmt hat, dass der Unternehmer mit der Ausführung des Vertrags vor Ablauf der Widerrufsfrist beginnt, und
2. seine Kenntnis davon bestätigt hat, dass er durch seine Zustimmung mit Beginn der Ausführung des Vertrags sein Widerrufsrecht verliert.

§ 356b Widerrufsrecht bei Verbraucherdarlehensverträgen. (1) Die Widerrufsfrist beginnt auch nicht, bevor der Darlehensgeber dem Darlehensnehmer eine für diesen bestimmte Vertragsurkunde, den schriftlichen Antrag des Darlehensnehmers oder eine Abschrift der Vertragsurkunde oder seines Antrags zur Verfügung gestellt hat.

(2) [1]Enthält bei einem Allgemein-Verbraucherdarlehensvertrag die dem Darlehensnehmer nach Absatz 1 zur Verfügung gestellte Urkunde die Pflichtangaben nach § 492 Absatz 2 nicht, beginnt die Frist erst mit Nachholung dieser Angaben gemäß § 492 Absatz 6. [2]Enthält bei einem Immobiliar-Verbraucherdarlehensvertrag die dem Darlehensnehmernach Absatz 1 zur Verfügung gestellte Urkunde die Pflichtangaben zum Widerrufsrecht nach § 492 Absatz 2 in Verbindung mit Artikel 247 § 6 Absatz 2 des Einführungsgesetzes zum Bürgerlichen Gesetzbuche nicht, beginnt die Frist erst mit Nachholung dieser Angaben gemäß § 492 Absatz 6. [3]In den Fällen der Sätze 1 und 2 beträgt die Widerrufsfrist einen Monat. [4]Das Widerrufsrecht bei einem Immobiliar-Verbraucherdarlehensvertrag erlischt spätestens zwölf Monate und 14 Tage nach dem Vertragsschluss oder nach dem in Absatz 1 genannten Zeitpunkt, wenn dieser nach dem Vertragsschlussliegt.

(3) Die Widerrufsfrist beginnt im Falle des § 494 Absatz 7 bei einem Allgemein-Verbraucherdarlehensvertrag erst, wenn der Darlehensnehmer die dort bezeichnete Abschrift des Vertrags erhalten hat.

§ 356c Widerrufsrecht bei Ratenlieferungsverträgen. (1) Bei einem Ratenlieferungsvertrag, der weder im Fernabsatz noch außerhalb von Geschäftsräumen geschlossenen wird, beginnt die Widerrufsfrist nicht, bevor der Unternehmer den Verbraucher gemäß Artikel 246 Absatz 3 des Einführungsgesetzes zum Bürgerlichen Gesetzbuche über sein Widerrufsrecht unterrichtet hat.

(2) [1]§ 356 Absatz 1 gilt entsprechend. [2]Das Widerrufsrecht erlischt spätestens zwölf Monate und 14 Tage nach dem in § 355 Absatz 2 Satz 2 genannten Zeitpunkt.

§ 357 Rechtsfolgen des Widerrufs von außerhalb von Geschäftsräumen geschlossenen Verträgen und Fernabsatzverträgen mit Ausnahme von Verträgen über Finanzdienstleistungen. (1) Die empfangenen Leistungen sind spätestens nach 14 Tagen zurückzugewähren.

(2) [1]Der Unternehmer muss auch etwaige Zahlungen des Verbrauchers für die Lieferung zurückgewähren. [2]Dies gilt nicht, soweit dem Verbraucher zusätzliche Kosten entstanden sind, weil er sich für eine andere Art der Lieferung als die vom Unternehmer angebotene günstigste Standardlieferung entschieden hat.

(3) [1]Für die Rückzahlung muss der Unternehmer dasselbe Zahlungsmittel verwenden, das der Verbraucher bei der Zahlung verwendet hat. [2]Satz 1 gilt nicht, wenn ausdrücklich etwas anderes vereinbart worden ist und dem Verbraucher dadurch keine Kosten entstehen.

(4) [1]Bei einem Verbrauchsgüterkauf kann der Unternehmer die Rückzahlung verweigern, bis er die Waren zurückerhalten hat oder der Verbraucher den Nachweis erbracht hat, dass er die Waren abgesandt hat. [2]Dies gilt nicht, wenn der Unternehmer angeboten hat, die Waren abzuholen.

(5) Der Verbraucher ist nicht verpflichtet, die empfangenen Waren zurückzusenden, wenn der Unternehmer angeboten hat, die Waren abzuholen.

(6) [1]Der Verbraucher trägt die unmittelbaren Kosten der Rücksendung der Waren, wenn der Unternehmer den Verbraucher nach Artikel 246a § 1 Absatz 2 Satz 1 Nummer 2 des Einführungsgesetzes zum Bürgerlichen Gesetzbuche von dieser Pflicht unterrichtet hat. [2]Satz 1 gilt nicht, wenn der Unternehmer sich bereit erklärt hat, diese Kosten zu tragen. [3]Bei außerhalb von Geschäftsräumen geschlossenen Verträgen, bei denen die Waren zum Zeitpunkt des Vertragsschlusses zur Wohnung des Verbrauchers geliefert worden sind, ist der Unternehmer verpflichtet, die Waren auf eigene Kosten abzuholen, wenn die Waren so beschaffen sind, dass sie nicht per Post zurückgesandt werden können.

(7) Der Verbraucher hat Wertersatz für einen Wertverlust der Ware zu leisten, wenn

1. der Wertverlust auf einen Umgang mit den Waren zurückzuführen ist, der zur Prüfung der Beschaffenheit, der Eigenschaften und der Funktionsweise der Waren nicht notwendig war, und
2. der Unternehmer den Verbraucher nach Artikel 246a § 1 Absatz 2 Satz 1 Nummer 1 des Einführungsgesetzes zum Bürgerlichen Gesetzbuche über sein Widerrufsrecht unterrichtet hat.

(8) [1]Widerruft der Verbraucher einen Vertrag über die Erbringung von Dienstleistungen oder über die Lieferung von Wasser, Gas oder Strom in nicht bestimmten Mengen oder nicht begrenztem Volumen oder über die Lieferung von Fernwärme, so schuldet der Verbraucher dem Unternehmer Wertersatz

für die bis zum Widerruf erbrachte Leistung, wenn der Verbraucher von dem Unternehmer ausdrücklich verlangt hat, dass dieser mit der Leistung vor Ablauf der Widerrufsfrist beginnt. [2]Der Anspruch aus Satz 1 besteht nur, wenn der Unternehmer den Verbraucher nach Artikel 246a § 1 Absatz 2 Satz 1 Nummer 1 und 3 des Einführungsgesetzes zum Bürgerlichen Gesetzbuche ordnungsgemäß informiert hat. [3]Bei außerhalb von Geschäftsräumen geschlossenen Verträgen besteht der Anspruch nach Satz 1 nur dann, wenn der Verbraucher sein Verlangen nach Satz 1 auf einem dauerhaften Datenträger übermittelt hat. [3]Bei der Berechnung des Wertersatzes ist der vereinbarte Gesamtpreis zu Grunde zu legen. [4]Ist der vereinbarte Gesamtpreis unverhältnismäßig hoch, ist der Wertersatz auf der Grundlage des Marktwerts der erbrachten Leistung zu berechnen.

(9) Widerruft der Verbraucher einen Vertrag über die Lieferung von nicht auf einem körperlichen Datenträger befindlichen digitalen Inhalten, so hat er keinen Wertersatz zu leisten.

§ 357a Rechtsfolgen des Widerrufs von Verträgen über Finanzdienstleistungen. (1) Die empfangenen Leistungen sind spätestens nach 30 Tagen zurückzugewähren.

(2) [1]Im Falle des Widerrufs von außerhalb von Geschäftsräumen geschlossenen Verträgen oder Fernabsatzverträgen über Finanzdienstleistungen ist der Verbraucher zur Zahlung von Wertersatz für die vom Unternehmer bis zum Widerruf erbrachte Dienstleistung verpflichtet, wenn er
1. vor Abgabe seiner Vertragserklärung auf diese Rechtsfolge hingewiesen worden ist und
2. ausdrücklich zugestimmt hat, dass der Unternehmer vor Ende der Widerrufsfrist mit der Ausführung der Dienstleistung beginnt.

[2]Im Falle des Widerrufs von Verträgen über eine entgeltliche Finanzierungshilfe, die von der Ausnahme des § 506 Absatz 4 erfasst sind, gilt auch § 357 Absatz 5 bis 8 entsprechend. [3]Ist Gegenstand des Vertrags über die entgeltliche Finanzierungshilfe die Lieferung von nicht auf einem körperlichen Datenträger befindlichen digitalen Inhalten, hat der Verbraucher Wertersatz für die bis zum Widerruf gelieferten digitalen Inhalte zu leisten, wenn er
1. vor Abgabe seiner Vertragserklärung auf diese Rechtsfolge hingewiesen worden ist und
2. ausdrücklich zugestimmt hat, dass der Unternehmer vor Ende der Widerrufsfrist mit der Lieferung der digitalen Inhalte beginnt.

[4]Ist im Vertrag eine Gegenleistung bestimmt, ist sie bei der Berechnung des Wertersatzes zu Grunde zu legen. [5]Ist der vereinbarte Gesamtpreis unverhältnismäßig hoch, ist der Wertersatz auf der Grundlage des Marktwerts der erbrachten Leistung zu berechnen.

(3) [1]Im Falle des Widerrufs von Verbraucherdarlehensverträgen hat der Darlehensnehmer für den Zeitraum zwischen der Auszahlung und der Rückzahlung des Darlehens den vereinbarten Sollzins zu entrichten. [2]Bei einem Immobiliar-

Verbraucherdarlehen kann nachgewiesen werden, dass der Wert des Gebrauchsvorteils niedriger war als der vereinbarte Sollzins. [3]In diesem Fall ist nur der niedrigere Betrag geschuldet. [4]Im Falle des Widerrufs von Verträgen über eine entgeltliche Finanzierungshilfe, die nicht von der Ausnahme des § 506 Absatz 4 erfasst sind, gilt auch Absatz 2 entsprechend mit der Maßgabe, dass an die Stelle der Unterrichtung über das Widerrufsrecht die Pflichtangaben nach Artikel 247 § 12 Absatz 1 in Verbindung mit § 6 Absatz 2 des Einführungsgesetzes zum Bürgerlichen Gesetzbuche, die das Widerrufsrecht betreffen, treten. [5]Darüber hinaus hat der Darlehensnehmer dem Darlehensgeber nur die Aufwendungen zu ersetzen, die der Darlehensgeber gegenüber öffentlichen Stellen erbracht hat und nicht zurückverlangen kann.

§ 357b Rechtsfolgen des Widerrufs von Teilzeit-Wohnrechteverträgen, Verträgen über ein langfristiges Urlaubsprodukt, Vermittlungsverträgen und Tauschsystemverträgen. (1) [1]Der Verbraucher hat im Falle des Widerrufs keine Kosten zu tragen. [2]Die Kosten des Vertrags, seiner Durchführung und seiner Rückabwicklung hat der Unternehmer dem Verbraucher zu erstatten. [3]Eine Vergütung für geleistete Dienste sowie für die Überlassung von Wohngebäuden zur Nutzung ist ausgeschlossen.

(2) Der Verbraucher hat für einen Wertverlust der Unterkunft im Sinne des § 481 nur Wertersatz zu leisten, soweit der Wertverlust auf einer nicht bestimmungsgemäßen Nutzung der Unterkunft beruht.

§ 357c Rechtsfolgen des Widerrufs von weder im Fernabsatz noch außerhalb von Geschäftsräumen geschlossenen Ratenlieferungsverträgen. [1]Für die Rückgewähr der empfangenen Leistungen gilt § 357 Absatz 1 bis 5 entsprechend. [2]Der Verbraucher trägt die unmittelbaren Kosten der Rücksendung der empfangenen Sachen, es sei denn, der Unternehmer hat sich bereit erklärt, diese Kosten zu tragen. [3]§ 357 Absatz 7 ist mit der Maßgabe entsprechend anzuwenden, dass an die Stelle der Unterrichtung nach Artikel 246a § 1 Absatz 2 Satz 1 Nummer 1 des Einführungsgesetzes zum Bürgerlichen Gesetzbuche die Unterrichtung nach Artikel 246 Absatz 3 des Einführungsgesetzes zum Bürgerlichen Gesetzbuche tritt.

§ 358 Mit dem widerrufenen Vertrag verbundener Vertrag. (1) Hat der Verbraucher seine auf den Abschluss eines Vertrags über die Lieferung einer Ware oder die Erbringung einer anderen Leistung durch einen Unternehmer gerichtete Willenserklärung wirksam widerrufen, so ist er auch an seine auf den Abschluss eines mit diesem Vertrag verbundenen Darlehensvertrags gerichtete Willenserklärung nicht mehr gebunden.

(2) Hat der Verbraucher seine auf den Abschluss eines Darlehensvertrags gerichtete Willenserklärung auf Grund des § 495 Absatz 1 oder des § 514 Absatz 2 Satz 1 wirksam widerrufen, so ist er auch nicht mehr an diejenige Willenserklärung gebunden, die auf den Abschluss eines mit diesem Darle-

hensvertrag verbundenen Vertrags über die Lieferung einer Ware oder die Erbringung einer anderen Leistung gerichtet ist.

(3) [1]Ein Vertrag über die Lieferung einer Ware oder über die Erbringung einer anderen Leistung und ein Darlehensvertrag nach den Absätzen 1 oder 2 sind verbunden, wenn das Darlehen ganz oder teilweise der Finanzierung des anderen Vertrags dient und beide Verträge eine wirtschaftliche Einheit bilden. [2]Eine wirtschaftliche Einheit ist insbesondere anzunehmen, wenn der Unternehmer selbst die Gegenleistung des Verbrauchers finanziert, oder im Falle der Finanzierung durch einen Dritten, wenn sich der Darlehensgeber bei der Vorbereitung oder dem Abschluss des Darlehensvertrags der Mitwirkung des Unternehmers bedient. [3]Bei einem finanzierten Erwerb eines Grundstücks oder eines grundstücksgleichen Rechts ist eine wirtschaftliche Einheit nur anzunehmen, wenn der Darlehensgeber selbst dem Verbraucher das Grundstück oder das grundstücksgleiche Recht verschafft oder wenn er über die Zurverfügungstellung von Darlehen hinaus den Erwerb des Grundstücks oder grundstücksgleichen Rechts durch Zusammenwirken mit dem Unternehmer fördert, indem er sich dessen Veräußerungsinteressen ganz oder teilweise zu Eigen macht, bei der Planung, Werbung oder Durchführung des Projekts Funktionen des Veräußerers übernimmt oder den Veräußerer einseitig begünstigt.

(4) [1]Auf die Rückabwicklung des verbundenen Vertrags sind unabhängig von der Vertriebsform § 355 Absatz 3 und, je nach Art des verbundenen Vertrags, die §§ 357 bis 357b entsprechend anzuwenden. [2]Ist der verbundene Vertrag ein Vertrag über die Lieferung von nicht auf einem körperlichen Datenträger befindlichen digitalen Inhalten und hat der Unternehmer dem Verbraucher eine Abschrift oder Bestätigung des Vertrags nach § 312f zur Verfügung gestellt, hat der Verbraucher abweichend von § 357 Absatz 9 unter den Voraussetzungen des § 356 Absatz 5 zweiter und dritter Halbsatz Wertersatz für die bis zum Widerruf gelieferten digitalen Inhalte zu leisten. [3]Ist der verbundene Vertrag ein im Fernabsatz oder außerhalb von Geschäftsräumen geschlossener Ratenlieferungsvertrag, ist neben § 355 Absatz 3 auch § 357 entsprechend anzuwenden; im Übrigen gelten für verbundene Ratenlieferungsverträge § 355 Absatz 3 und § 357c entsprechend. [4]Im Falle des Absatzes 1 sind jedoch Ansprüche auf Zahlung von Zinsen und Kosten aus der Rückabwicklung des Darlehensvertrags gegen den Verbraucher ausgeschlossen. [5]Der Darlehensgeber tritt im Verhältnis zum Verbraucher hinsichtlich der Rechtsfolgen des Widerrufs in die Rechte und Pflichten des Unternehmers aus dem verbundenen Vertrag ein, wenn das Darlehen dem Unternehmer bei Wirksamwerden des Widerrufs bereits zugeflossen ist.

(5) Die Absätze 2 und 4 sind nicht anzuwenden auf Darlehensverträge, die der Finanzierung des Erwerbs von Finanzinstrumenten dienen.

§ 359 Einwendungen bei verbundenen Verträgen. (1) [1]Der Verbraucher kann die Rückzahlung des Darlehens verweigern, soweit Einwendungen aus dem verbundenen Vertrag ihn gegenüber dem Unternehmer, mit dem er den verbundenen Vertrag geschlossen hat, zur Verweigerung seiner Leistung berechtigen würden. [2]Dies gilt nicht bei Einwendungen, die auf einer Vertragsänderung beruhen, welche zwischen diesem Unternehmer und dem Verbraucher nach Abschluss des Darlehensvertrags vereinbart wurde. [3]Kann der Verbraucher Nacherfüllung verlangen, so kann er die Rückzahlung des Darlehens erst verweigern, wenn die Nacherfüllung fehlgeschlagen ist.

(2) Absatz 1 ist nicht anzuwenden auf Darlehensverträge, die der Finanzierung des Erwerbs von Finanzinstrumenten dienen, oder wenn das finanzierte Entgelt weniger als 200 Euro beträgt.

§ 360 Zusammenhängende Verträge (1) [1]Hat der Verbraucher seine auf den Abschluss eines Vertrags gerichtete Willenserklärung wirksam widerrufen und liegen die Voraussetzungen für einen verbundenen Vertrag nicht vor, so ist er auch an seine auf den Abschluss eines damit zusammenhängenden Vertrags gerichtete Willenserklärung nicht mehr gebunden. [2]Auf die Rückabwicklung des zusammenhängenden Vertrags ist § 358 Absatz 4 Satz 1 bis 3 entsprechend anzuwenden. [3]Widerruft der Verbraucher einen Teilzeit-Wohnrechtevertrag oder einen Vertrag über ein langfristiges Urlaubsprodukt, hat er auch für den zusammenhängenden Vertrag keine Kosten zu tragen; § 357b Absatz 1 Satz 2 und 3 gilt entsprechend.

(2) [1]Ein zusammenhängender Vertrag liegt vor, wenn er einen Bezug zu dem widerrufenen Vertrag aufweist und eine Leistung betrifft, die von dem Unternehmer des widerrufenen Vertrags oder einem Dritten auf der Grundlage einer Vereinbarung zwischen dem Dritten und dem Unternehmer des widerrufenen Vertrags erbracht wird. [2]Ein Darlehensvertrag ist auch dann ein zusammenhängender Vertrag, wenn das Darlehen, das ein Unternehmer einem Verbraucher gewährt, ausschließlich der Finanzierung des widerrufenen Vertrags dient und die Leistung des Unternehmers aus dem widerrufenen Vertrag in dem Darlehensvertrag genau angegeben ist.

Abschnitt 8

Einzelne Schuldverhältnisse

Titel 1

Kauf, Tausch

§ 433 Vertragstypische Pflichten beim Kaufvertrag. (1) [1]Durch den Kaufvertrag wird der Verkäufer einer Sache verpflichtet, dem Käufer die Sache zu übergeben und das Eigentum an der Sache zu verschaffen. [2]Der Verkäufer hat dem Käufer die Sache frei von Sach- und Rechtsmängeln zu verschaffen.

(2) Der Käufer ist verpflichtet, dem Verkäufer den vereinbarten Kaufpreis zu zahlen und die gekaufte Sache abzunehmen.

§ 434 Sachmangel. (1) [1]Die Sache ist frei von Sachmängeln, wenn sie bei Gefahrübergang die vereinbarte Beschaffenheit hat. [2]Soweit die Beschaffenheit nicht vereinbart ist, ist die Sache frei von Sachmängeln,

1. wenn sie sich für die nach dem Vertrag vorausgesetzte Verwendung eignet, sonst
2. wenn sie sich für die gewöhnliche Verwendung eignet und eine Beschaffenheit aufweist, die bei Sachen der gleichen Art üblich ist und die der Käufer nach der Art der Sache erwarten kann.

[3]Zu der Beschaffenheit nach Satz 2 Nr. 2 gehören auch Eigenschaften, die der Käufer nach den öffentlichen Äußerungen des Verkäufers, des Herstellers (§ 4 Abs. 1 und 2 des Produkthaftungsgesetzes) oder seines Gehilfen insbesondere in der Werbung oder bei der Kennzeichnung über bestimmte Eigenschaften der Sache erwarten kann, es sei denn, dass der Verkäufer die Äußerung nicht kannte und auch nicht kennen musste, dass sie im Zeitpunkt des Vertragsschlusses in gleichwertiger Weise berichtigt war oder dass sie die Kaufentscheidung nicht beeinflussen konnte.

(2) [1]Ein Sachmangel ist auch dann gegeben, wenn die vereinbarte Montage durch den Verkäufer oder dessen Erfüllungsgehilfen unsachgemäß durchgeführt worden ist. [2]Ein Sachmangel liegt bei einer zur Montage bestimmten Sache ferner vor, wenn die Montageanleitung mangelhaft ist, es sei denn, die Sache ist fehlerfrei montiert worden.

(3) Einem Sachmangel steht es gleich, wenn der Verkäufer eine andere Sache oder eine zu geringe Menge liefert.

§ 435 Rechtsmangel. [1]Die Sache ist frei von Rechtsmängeln, wenn Dritte in Bezug auf die Sache keine oder nur die im Kaufvertrag übernommenen Rechte gegen den Käufer geltend machen können. [2]Einem Rechtsmangel steht es gleich, wenn im Grundbuch ein Recht eingetragen ist, das nicht besteht.

§ 436 Öffentliche Lasten von Grundstücken. (1) Soweit nicht anders vereinbart, ist der Verkäufer eines Grundstücks verpflichtet, Erschließungsbeiträge und sonstige Anliegerbeiträge für die Maßnahmen zu tragen, die bis zum Tage des Vertragsschlusses bautechnisch begonnen sind, unabhängig vom Zeitpunkt des Entstehens der Beitragsschuld.

(2) Der Verkäufer eines Grundstücks haftet nicht für die Freiheit des Grundstücks von anderen öffentlichen Abgaben und von anderen öffentlichen Lasten, die zur Eintragung in das Grundbuch nicht geeignet sind.

§ 437 Rechte des Käufers bei Mängeln. Ist die Sache mangelhaft, kann der Käufer, wenn die Voraussetzungen der folgenden Vorschriften vorliegen und soweit nicht ein anderes bestimmt ist,

1. nach § 439 Nacherfüllung verlangen,
2. nach den §§ 440, 323 und 326 Abs. 5 von dem Vertrag zurücktreten oder nach § 441 den Kaufpreis mindern und
3. nach den §§ 440, 280, 281, 283 und 311a Schadensersatz oder nach § 284 Ersatz vergeblicher Aufwendungen verlangen.

§ 438 Verjährung der Mängelansprüche. (1) Die in § 437 Nr. 1 und 3 bezeichneten Ansprüche verjähren
1. in 30 Jahren, wenn der Mangel
   a) in einem dinglichen Recht eines Dritten, aufgrund dessen Herausgabe der Kaufsache verlangt werden kann, oder
   b) in einem sonstigen Recht, das im Grundbuch eingetragen ist,

   besteht,
2. in fünf Jahren
   a) bei einem Bauwerk und
   b) bei einer Sache, die entsprechend ihrer üblichen Verwendungsweise für ein Bauwerk verwendet worden ist und dessen Mangelhaftigkeit verursacht hat, und
3. im Übrigen in zwei Jahren.

(2) Die Verjährung beginnt bei Grundstücken mit der Übergabe, im Übrigen mit der Ablieferung der Sache.

(3) [1]Abweichend von Absatz 1 Nr. 2 und 3 und Absatz 2 verjähren die Ansprüche in der regelmäßigen Verjährungsfrist, wenn der Verkäufer den Mangel arglistig verschwiegen hat. [2]Im Falle des Absatzes 1 Nr. 2 tritt die Verjährung jedoch nicht vor Ablauf der dort bestimmten Frist ein.

(4) [1]Für das in § 437 bezeichnete Rücktrittsrecht gilt § 218. [2]Der Käufer kann trotz einer Unwirksamkeit des Rücktritts nach § 218 Abs. 1 die Zahlung des Kaufpreises insoweit verweigern, als er aufgrund des Rücktritts dazu berechtigt sein würde. [3]Macht er von diesem Recht Gebrauch, kann der Verkäufer vom Vertrag zurücktreten.

(5) Auf das in § 437 bezeichnete Minderungsrecht finden § 218 und Absatz 4 Satz 2 entsprechende Anwendung.

§ 439 Nacherfüllung. (1) Der Käufer kann als Nacherfüllung nach seiner Wahl die Beseitigung des Mangels oder die Lieferung einer mangelfreien Sache verlangen.

(2) Der Verkäufer hat die zum Zwecke der Nacherfüllung erforderlichen Aufwendungen, insbesondere Transport, Wege, Arbeits- und Materialkosten zu tragen.

(3) [1]Hat der Käufer die mangelhafte Sache gemäß ihrer Art und ihrem Verwendungszweck in eine andere Sache eingebaut oder an eine andere Sache angebracht, ist der Verkäufer im Rahmen der Nacherfüllung verpflichtet, dem Käufer die erforderlichen Aufwendungen für das Entfernen der mangelhaften und den Einbau oder das Anbringen der nachgebesserten oder gelieferten mangelfreien Sache zu ersetzen. [2]§ 442 Absatz 1 ist mit der Maßgabe anzuwenden, dass für die Kenntnis des Käufers an die Stelle des Vertragsschlusses der Einbau oder das Anbringen der mangelhaften Sache durch den Käufer tritt.

(4) [1]Der Verkäufer kann die vom Käufer gewählte Art der Nacherfüllung unbeschadet des § 275 Abs. 2 und 3 verweigern, wenn sie nur mit unverhältnis-

mäßigen Kosten möglich ist. [2]Dabei sind insbesondere der Wert der Sache in mangelfreiem Zustand, die Bedeutung des Mangels und die Frage zu berücksichtigen, ob auf die andere Art der Nacherfüllung ohne erhebliche Nachteile für den Käufer zurückgegriffen werden könnte. [3]Der Anspruch des Käufers beschränkt sich in diesem Fall auf die andere Art der Nacherfüllung; das Recht des Verkäufers, auch diese unter den Voraussetzungen des Satzes 1 zu verweigern, bleibt unberührt.

(5) Liefert der Verkäufer zum Zwecke der Nacherfüllung eine mangelfreie Sache, so kann er vom Käufer Rückgewähr der mangelhaften Sache nach Maßgabe der §§ 346 bis 348 verlangen.

§ 440 Besondere Bestimmungen für Rücktritt und Schadensersatz.

[1]Außer in den Fällen des § 281 Absatz 2 und des § 323 Absatz 2 bedarf es der Fristsetzung auch dann nicht, wenn der Verkäufer beide Arten der Nacherfüllung gemäß § 439 Absatz 4 verweigert oder wenn die dem Käufer zustehende Art der Nacherfüllung fehlgeschlagen oder ihm unzumutbar ist. [2]Eine Nachbesserung gilt nach dem erfolglosen zweiten Versuch als fehlgeschlagen, wenn sich nicht insbesondere aus der Art der Sache oder des Mangels oder den sonstigen Umständen etwas anderes ergibt.

§ 441 Minderung. (1) [1]Statt zurückzutreten, kann der Käufer den Kaufpreis durch Erklärung gegenüber dem Verkäufer mindern. [2]Der Ausschlussgrund des § 323 Abs. 5 Satz 2 findet keine Anwendung.

(2) Sind auf der Seite des Käufers oder auf der Seite des Verkäufers mehrere beteiligt, so kann die Minderung nur von allen oder gegen alle erklärt werden.

(3) [1]Bei der Minderung ist der Kaufpreis in dem Verhältnis herabzusetzen, in welchem zur Zeit des Vertragsschlusses der Wert der Sache in mangelfreiem Zustand zu dem wirklichen Wert gestanden haben würde. [2]Die Minderung ist, soweit erforderlich, durch Schätzung zu ermitteln.

(4) [1]Hat der Käufer mehr als den geminderten Kaufpreis gezahlt, so ist der Mehrbetrag vom Verkäufer zu erstatten. [2]§ 346 Abs. 1 und § 347 Abs. 1 finden entsprechende Anwendung.

§ 442 Kenntnis des Käufers. (1) [1]Die Rechte des Käufers wegen eines Mangels sind ausgeschlossen, wenn er bei Vertragsschluss den Mangel kennt. [2]Ist dem Käufer ein Mangel infolge grober Fahrlässigkeit unbekannt geblieben, kann der Käufer Rechte wegen dieses Mangels nur geltend machen, wenn der Verkäufer den Mangel arglistig verschwiegen oder eine Garantie für die Beschaffenheit der Sache übernommen hat.

(2) Ein im Grundbuch eingetragenes Recht hat der Verkäufer zu beseitigen, auch wenn es der Käufer kennt.

§ 443 Beschaffenheits- und Haltbarkeitsgarantie. (1) Übernimmt der Verkäufer oder ein Dritter eine Garantie für die Beschaffenheit der Sache oder dafür, dass die Sache für eine bestimmte Dauer eine bestimmte Beschaffenheit behält (Haltbarkeitsgarantie), so stehen dem Käufer im Garantiefall unbeschadet der gesetzlichen Ansprüche die Rechte aus der Garantie zu den in der Garantieerklärung und der einschlägigen Werbung angegebenen Bedingungen gegenüber demjenigen zu, der die Garantie eingeräumt hat.

(2) Soweit eine Haltbarkeitsgarantie übernommen worden ist, wird vermutet, dass ein während ihrer Geltungsdauer auftretender Sachmangel die Rechte aus der Garantie begründet.

§ 444 Haftungsausschluss. Auf eine Vereinbarung, durch welche die Rechte des Käufers wegen eines Mangels ausgeschlossen oder beschränkt werden, kann sich der Verkäufer nicht berufen, soweit er den Mangel arglistig verschwiegen oder eine Garantie für die Beschaffenheit der Sache übernommen hat.

§ 445 Haftungsbegrenzung bei öffentlichen Versteigerungen. Wird eine Sache aufgrund eines Pfandrechts in einer öffentlichen Versteigerung unter der Bezeichnung als Pfand verkauft, so stehen dem Käufer Rechte wegen eines Mangels nur zu, wenn der Verkäufer den Mangel arglistig verschwiegen oder eine Garantie für die Beschaffenheit der Sache übernommen hat.

§ 446 Gefahr- und Lastenübergang. [1]Mit der Übergabe der verkauften Sache geht die Gefahr des zufälligen Untergangs und der zufälligen Verschlechterung auf den Käufer über. [2]Von der Übergabe an gebühren dem Käufer die Nutzungen und trägt er die Lasten der Sache. [3]Der Übergabe steht es gleich, wenn der Käufer im Verzug der Annahme ist.

§ 447 Gefahrübergang beim Versendungskauf. (1) Versendet der Verkäufer auf Verlangen des Käufers die verkaufte Sache nach einem anderen Ort als dem Erfüllungsort, so geht die Gefahr auf den Käufer über, sobald der Verkäufer die Sache dem Spediteur, dem Frachtführer oder der sonst zur Ausführung der Versendung bestimmten Person oder Anstalt ausgeliefert hat.

(2) Hat der Käufer eine besondere Anweisung über die Art der Versendung erteilt und weicht der Verkäufer ohne dringenden Grund von der Anweisung ab, so ist der Verkäufer dem Käufer für den daraus entstehenden Schaden verantwortlich.

§ 448 Kosten der Übergabe und vergleichbare Kosten. (1) Der Verkäufer trägt die Kosten der Übergabe der Sache, der Käufer die Kosten der Abnahme und der Versendung der Sache nach einem anderen Ort als dem Erfüllungsort.

(2) Der Käufer eines Grundstücks trägt die Kosten der Beurkundung des Kaufvertrags und der Auflassung, der Eintragung ins Grundbuch und der zu der Eintragung erforderlichen Erklärungen.

§ 449 Eigentumsvorbehalt. (1) Hat sich der Verkäufer einer beweglichen Sache das Eigentum bis zur Zahlung des Kaufpreises vorbehalten, so ist im Zweifel anzunehmen, dass das Eigentum unter der aufschiebenden Bedingung vollständiger Zahlung des Kaufpreises übertragen wird (Eigentumsvorbehalt).

(2) Aufgrund des Eigentumsvorbehalts kann der Verkäufer die Sache nur herausverlangen, wenn er vom Vertrag zurückgetreten ist.

(3) Die Vereinbarung eines Eigentumsvorbehalts ist nichtig, soweit der Eigentumsübergang davon abhängig gemacht wird, dass der Käufer Forderungen eines Dritten, insbesondere eines mit dem Verkäufer verbundenen Unternehmens, erfüllt.

§ 450 Ausgeschlossene Käufer bei bestimmten Verkäufen. (1) Bei einem Verkauf im Wege der Zwangsvollstreckung dürfen der mit der Vornahme oder Leitung des Verkaufs Beauftragte und die von ihm zugezogenen Gehilfen einschließlich des Protokollführers den zu verkaufenden Gegenstand weder für sich persönlich oder durch einen anderen noch als Vertreter eines anderen kaufen.

(2) Absatz 1 gilt auch bei einem Verkauf außerhalb der Zwangsvollstreckung, wenn der Auftrag zu dem Verkauf aufgrund einer gesetzlichen Vorschrift erteilt worden ist, die den Auftraggeber ermächtigt, den Gegenstand für Rechnung eines anderen verkaufen zu lassen, insbesondere in den Fällen des Pfandverkaufs und des in den §§ 383 und 385 zugelassenen Verkaufs, sowie bei einem Verkauf aus einer Insolvenzmasse.

§ 451 Kauf durch ausgeschlossenen Käufer. (1) [1]Die Wirksamkeit eines dem § 450 zuwider erfolgten Kaufs und der Übertragung des gekauften Gegenstandes hängt von der Zustimmung der bei dem Verkauf als Schuldner, Eigentümer oder Gläubiger Beteiligten ab. [2]Fordert der Käufer einen Beteiligten zur Erklärung über die Genehmigung auf, so findet § 177 Abs. 2 entsprechende Anwendung.

(2) Wird infolge der Verweigerung der Genehmigung ein neuer Verkauf vorgenommen, so hat der frühere Käufer für die Kosten des neuen Verkaufs sowie für einen Mindererlös aufzukommen.

§ 452 Schiffskauf. Die Vorschriften dieses Untertitels über den Kauf von Grundstücken finden auf den Kauf von eingetragenen Schiffen und Schiffsbauwerken entsprechende Anwendung.

§ 453 Rechtskauf. (1) Die Vorschriften über den Kauf von Sachen finden auf den Kauf von Rechten und sonstigen Gegenständen entsprechende Anwendung.

(2) Der Verkäufer trägt die Kosten der Begründung und Übertragung des Rechts.

(3) Ist ein Recht verkauft, das zum Besitz einer Sache berechtigt, so ist der Verkäufer verpflichtet, dem Käufer die Sache frei von Sach- und Rechtsmängeln zu übergeben.

Abschnitt 8

Einzelne Schuldverhältnisse

Titel 8

Dienstvertrag

§ 611 Vertragstypische Pflichten beim Dienstvertrag. (1) Durch den Dienstvertrag wird derjenige, welcher Dienste zusagt, zur Leistung der versprochenen Dienste, der andere Teil zur Gewährung der vereinbarten Vergütung verpflichtet.

(2) Gegenstand des Dienstvertrags können Dienste jeder Art sein.

§ 612 Vergütung. (1) Eine Vergütung gilt als stillschweigend vereinbart, wenn die Dienstleistung den Umständen nach nur gegen eine Vergütung zu erwarten ist.

(2) Ist die Höhe der Vergütung nicht bestimmt, so ist bei dem Bestehen einer Taxe die taxmäßige Vergütung, in Ermangelung einer Taxe die übliche Vergütung als vereinbart anzusehen.

§ 612a Maßregelungsverbot. Der Arbeitgeber darf einen Arbeitnehmer bei einer Vereinbarung oder einer Maßnahme nicht benachteiligen, weil der Arbeitnehmer in zulässiger Weise seine Rechte ausübt.

§ 613 Unübertragbarkeit. [1]Der zur Dienstleistung Verpflichtete hat die Dienste im Zweifel in Person zu leisten. [2]Der Anspruch auf die Dienste ist im Zweifel nicht übertragbar.

§ 613a Rechte und Pflichten bei Betriebsübergang. (1) [1]Geht ein Betrieb oder Betriebsteil durch Rechtsgeschäft auf einen anderen Inhaber über, so tritt dieser in die Rechte und Pflichten aus den im Zeitpunkt des Übergangs bestehenden Arbeitsverhältnissen ein. [2]Sind diese Rechte und Pflichten durch Rechtsnormen eines Tarifvertrags oder durch eine Betriebsvereinbarung geregelt, so werden sie Inhalt des Arbeitsverhältnisses zwischen dem neuen Inhaber und dem Arbeitnehmer und dürfen nicht vor Ablauf eines Jahres nach dem Zeitpunkt des Übergangs zum Nachteil des Arbeitnehmers geändert werden. [3]Satz 2 gilt nicht, wenn die Rechte und Pflichten bei dem neuen Inhaber durch Rechtsnormen eines anderen Tarifvertrags oder durch eine andere Betriebsvereinbarung geregelt werden. [4]Vor Ablauf der Frist nach Satz 2 können die Rechte und Pflichten geändert werden, wenn der Tarifvertrag oder die Betriebsvereinbarung nicht mehr gilt oder bei fehlender beiderseitiger Tarifgebundenheit im Geltungsbereich eines anderen Tarifvertrags dessen Anwendung zwischen dem neuen Inhaber und dem Arbeitnehmer vereinbart wird.

(2) [1]Der bisherige Arbeitgeber haftet neben dem neuen Inhaber für Verpflichtungen nach Absatz 1, soweit sie vor dem Zeitpunkt des Übergangs ent-

standen sind und vor Ablauf von einem Jahr nach diesem Zeitpunkt fällig werden, als Gesamtschuldner. [2]Werden solche Verpflichtungen nach dem Zeitpunkt des Übergangs fällig, so haftet der bisherige Arbeitgeber für sie jedoch nur in dem Umfang, der dem im Zeitpunkt des Übergangs abgelaufenen Teil ihres Bemessungszeitraums entspricht.

(3) Absatz 2 gilt nicht, wenn eine juristische Person oder eine Personenhandelsgesellschaft durch Umwandlung erlischt.

(4) [1]Die Kündigung des Arbeitsverhältnisses eines Arbeitnehmers durch den bisherigen Arbeitgeber oder durch den neuen Inhaber wegen des Übergangs eines Betriebs oder eines Betriebsteils ist unwirksam. [2]Das Recht zur Kündigung des Arbeitsverhältnisses aus anderen Gründen bleibt unberührt.

(5) Der bisherige Arbeitgeber oder der neue Inhaber hat die von einem Übergang betroffenen Arbeitnehmer vor dem Übergang in Textform zu unterrichten über:

1. den Zeitpunkt oder den geplanten Zeitpunkt des Übergangs,
2. den Grund für den Übergang,
3. die rechtlichen, wirtschaftlichen und sozialen Folgen des Übergangs für die Arbeitnehmer und
4. die hinsichtlich der Arbeitnehmer in Aussicht genommenen Maßnahmen.

(6) [1]Der Arbeitnehmer kann dem Übergang des Arbeitsverhältnisses innerhalb eines Monats nach Zugang der Unterrichtung nach Absatz 5 schriftlich widersprechen. [2]Der Widerspruch kann gegenüber dem bisherigen Arbeitgeber oder dem neuen Inhaber erklärt werden.

§ 614 Fälligkeit der Vergütung. [1]Die Vergütung ist nach der Leistung der Dienste zu entrichten. [2]Ist die Vergütung nach Zeitabschnitten bemessen, so ist sie nach dem Ablauf der einzelnen Zeitabschnitte zu entrichten.

§ 615 Vergütung bei Annahmeverzug und bei Betriebsrisiko. [1]Kommt der Dienstberechtigte mit der Annahme der Dienste in Verzug, so kann der Verpflichtete für die infolge des Verzugs nicht geleisteten Dienste die vereinbarte Vergütung verlangen, ohne zur Nachleistung verpflichtet zu sein. [2]Er muss sich jedoch den Wert desjenigen anrechnen lassen, was er infolge des Unterbleibens der Dienstleistung erspart oder durch anderweitige Verwendung seiner Dienste erwirbt oder zu erwerben böswillig unterlässt. [3]Die Sätze 1 und 2 gelten entsprechend in den Fällen, in denen der Arbeitgeber das Risiko des Arbeitsausfalls trägt.

§ 616 Vorübergehende Verhinderung. [1]Der zur Dienstleistung Verpflichtete wird des Anspruchs auf die Vergütung nicht dadurch verlustig, dass er für eine verhältnismäßig nicht erhebliche Zeit durch einen in seiner Person liegenden Grund ohne sein Verschulden an der Dienstleistung verhindert wird. [2]Er muss sich jedoch den Betrag anrechnen lassen, welcher ihm für die Zeit der Verhinderung aus einer aufgrund gesetzlicher Verpflichtung bestehenden Kranken- oder Unfallversicherung zukommt.

§ 617 Pflicht zur Krankenfürsorge. (1) [1]Ist bei einem dauernden Dienstverhältnis, welches die Erwerbstätigkeit des Verpflichteten vollständig oder hauptsächlich in Anspruch nimmt, der Verpflichtete in die häusliche Gemeinschaft aufgenommen, so hat der Dienstberechtigte ihm im Falle der Erkrankung die erforderliche Verpflegung und ärztliche Behandlung bis zur Dauer von sechs Wochen, jedoch nicht über die Beendigung des Dienstverhältnisses hinaus, zu gewähren, sofern nicht die Erkrankung von dem Verpflichteten vorsätzlich oder durch grobe Fahrlässigkeit herbeigeführt worden ist. [2]Die Verpflegung und ärztliche Behandlung kann durch Aufnahme des Verpflichteten in eine Krankenanstalt gewährt werden. [3]Die Kosten können auf die für die Zeit der Erkrankung geschuldete Vergütung angerechnet werden. [4]Wird das Dienstverhältnis wegen der Erkrankung von dem Dienstberechtigten nach § 626 gekündigt, so bleibt die dadurch herbeigeführte Beendigung des Dienstverhältnisses außer Betracht.

(2) Die Verpflichtung des Dienstberechtigten tritt nicht ein, wenn für die Verpflegung und ärztliche Behandlung durch eine Versicherung oder durch eine Einrichtung der öffentlichen Krankenpflege Vorsorge getroffen ist.

§ 618 Pflicht zu Schutzmaßnahmen. (1) Der Dienstberechtigte hat Räume, Vorrichtungen oder Gerätschaften, die er zur Verrichtung der Dienste zu beschaffen hat, so einzurichten und zu unterhalten und Dienstleistungen, die unter seiner Anordnung oder seiner Leitung vorzunehmen sind, so zu regeln, dass der Verpflichtete gegen Gefahr für Leben und Gesundheit soweit geschützt ist, als die Natur der Dienstleistung es gestattet.

(2) Ist der Verpflichtete in die häusliche Gemeinschaft aufgenommen, so hat der Dienstberechtigte in Ansehung des Wohn- und Schlafraums, der Verpflegung sowie der Arbeits- und Erholungszeit diejenigen Einrichtungen und Anordnungen zu treffen, welche mit Rücksicht auf die Gesundheit, die Sittlichkeit und die Religion des Verpflichteten erforderlich sind.

(3) Erfüllt der Dienstberechtigte die ihm in Ansehung des Lebens und der Gesundheit des Verpflichteten obliegenden Verpflichtungen nicht, so finden auf seine Verpflichtung zum Schadensersatz die für unerlaubte Handlungen geltenden Vorschriften der §§ 842 bis 846 entsprechende Anwendung.

§ 619 Unabdingbarkeit der Fürsorgepflichten. Die dem Dienstberechtigten nach den §§ 617, 618 obliegenden Verpflichtungen können nicht im Voraus durch Vertrag aufgehoben oder beschränkt werden.

§ 619a Beweislast bei Haftung des Arbeitnehmers. Abweichend von § 280 Abs. 1 hat der Arbeitnehmer dem Arbeitgeber Ersatz für den aus der Verletzung einer Pflicht aus dem Arbeitsverhältnis entstehenden Schaden nur zu leisten, wenn er die Pflichtverletzung zu vertreten hat.

§ 620 Beendigung des Dienstverhältnisses. (1) Das Dienstverhältnis endigt mit dem Ablauf der Zeit, für die es eingegangen ist.

(2) Ist die Dauer des Dienstverhältnisses weder bestimmt noch aus der Beschaffenheit oder dem Zwecke der Dienste zu entnehmen, so kann jeder Teil das Dienstverhältnis nach Maßgabe der §§ 621 bis 623 kündigen.

(3) Für Arbeitsverträge, die auf bestimmte Zeit abgeschlossen werden, gilt das Teilzeit- und Befristungsgesetz.

§ 621 Kündigungsfristen bei Dienstverhältnissen. Bei einem Dienstverhältnis, das kein Arbeitsverhältnis im Sinne des § 622 ist, ist die Kündigung zulässig,

1. wenn die Vergütung nach Tagen bemessen ist, an jedem Tag für den Ablauf des folgenden Tages;
2. wenn die Vergütung nach Wochen bemessen ist, spätestens am ersten Werktag einer Woche für den Ablauf des folgenden Sonnabends;
3. wenn die Vergütung nach Monaten bemessen ist, spätestens am fünfzehnten eines Monats für den Schluss des Kalendermonats;
4. wenn die Vergütung nach Vierteljahren oder längeren Zeitabschnitten bemessen ist, unter Einhaltung einer Kündigungsfrist von sechs Wochen für den Schluss eines Kalendervierteljahrs;
5. wenn die Vergütung nicht nach Zeitabschnitten bemessen ist, jederzeit; bei einem die Erwerbstätigkeit des Verpflichteten vollständig oder hauptsächlich in Anspruch nehmenden Dienstverhältnis ist jedoch eine Kündigungsfrist von zwei Wochen einzuhalten.

§ 622 Kündigungsfristen bei Arbeitsverhältnissen. (1) Das Arbeitsverhältnis eines Arbeiters oder eines Angestellten (Arbeitnehmers) kann mit einer Frist von vier Wochen zum Fünfzehnten oder zum Ende eines Kalendermonats gekündigt werden.

(2) [1]Für eine Kündigung durch den Arbeitgeber beträgt die Kündigungsfrist, wenn das Arbeitsverhältnis in dem Betrieb oder Unternehmen

1. zwei Jahre bestanden hat, einen Monat zum Ende eines Kalendermonats,
2. fünf Jahre bestanden hat, zwei Monate zum Ende eines Kalendermonats,
3. acht Jahre bestanden hat, drei Monate zum Ende eines Kalendermonats,
4. zehn Jahre bestanden hat, vier Monate zum Ende eines Kalendermonats,
5. zwölf Jahre bestanden hat, fünf Monate zum Ende eines Kalendermonats,
6. 15 Jahre bestanden hat, sechs Monate zum Ende eines Kalendermonats,
7. 20 Jahre bestanden hat, sieben Monate zum Ende eines Kalendermonats.

[2]Bei der Berechnung der Beschäftigungsdauer werden Zeiten, die vor der Vollendung des 25. Lebensjahrs des Arbeitnehmers liegen, nicht berücksichtigt.

(3) Während einer vereinbarten Probezeit, längstens für die Dauer von sechs Monaten, kann das Arbeitsverhältnis mit einer Frist von zwei Wochen gekündigt werden.

(4) [1]Von den Absätzen 1 bis 3 abweichende Regelungen können durch Tarifvertrag vereinbart werden. [2]Im Geltungsbereich eines solchen Tarifvertrags gelten die abweichenden tarifvertraglichen Bestimmungen zwischen nicht tarifge-

bundenen Arbeitgebern und Arbeitnehmern, wenn ihre Anwendung zwischen ihnen vereinbart ist.

(5) [1]Einzelvertraglich kann eine kürzere als die in Absatz 1 genannte Kündigungsfrist nur vereinbart werden,
1. wenn ein Arbeitnehmer zur vorübergehenden Aushilfe eingestellt ist; dies gilt nicht, wenn das Arbeitsverhältnis über die Zeit von drei Monaten hinaus fortgesetzt wird;
2. wenn der Arbeitgeber in der Regel nicht mehr als 20 Arbeitnehmer ausschließlich der zu ihrer Berufsbildung Beschäftigten beschäftigt und die Kündigungsfrist vier Wochen nicht unterschreitet.

[2]Bei der Feststellung der Zahl der beschäftigten Arbeitnehmer sind teilzeitbeschäftigte Arbeitnehmer mit einer regelmäßigen wöchentlichen Arbeitszeit von nicht mehr als 20 Stunden mit 0,5 und nicht mehr als 30 Stunden mit 0,75 zu berücksichtigen. [3]Die einzelvertragliche Vereinbarung längerer als der in den Absätzen 1 bis 3 genannten Kündigungsfristen bleibt hiervon unberührt.

(6) Für die Kündigung des Arbeitsverhältnisses durch den Arbeitnehmer darf keine längere Frist vereinbart werden als für die Kündigung durch den Arbeitgeber.

§ 623 Schriftform der Kündigung. Die Beendigung von Arbeitsverhältnissen durch Kündigung oder Auflösungsvertrag bedürfen zu ihrer Wirksamkeit der Schriftform; die elektronische Form ist ausgeschlossen.

§ 624 Kündigungsfrist bei Verträgen über mehr als fünf Jahre. [1]Ist das Dienstverhältnis für die Lebenszeit einer Person oder für längere Zeit als fünf Jahre eingegangen, so kann es von dem Verpflichteten nach dem Ablauf von fünf Jahren gekündigt werden. [2]Die Kündigungsfrist beträgt sechs Monate.

§ 625 Stillschweigende Verlängerung. Wird das Dienstverhältnis nach dem Ablauf der Dienstzeit von dem Verpflichteten mit Wissen des anderen Teiles fortgesetzt, so gilt es als auf unbestimmte Zeit verlängert, sofern nicht der andere Teil unverzüglich widerspricht.

§ 626 Fristlose Kündigung aus wichtigem Grund. (1) Das Dienstverhältnis kann von jedem Vertragsteil aus wichtigem Grund ohne Einhaltung einer Kündigungsfrist gekündigt werden, wenn Tatsachen vorliegen, aufgrund derer dem Kündigenden unter Berücksichtigung aller Umstände des Einzelfalles und unter Abwägung der Interessen beider Vertragsteile die Fortsetzung des Dienstverhältnisses bis zum Ablauf der Kündigungsfrist oder bis zu der vereinbarten Beendigung des Dienstverhältnisses nicht zugemutet werden kann.

(2) [1]Die Kündigung kann nur innerhalb von zwei Wochen erfolgen. [2]Die Frist beginnt mit dem Zeitpunkt, in dem der Kündigungsberechtigte von den für die Kündigung maßgebenden Tatsachen Kenntnis erlangt. [3]Der Kündigende muss dem anderen Teil auf Verlangen den Kündigungsgrund unverzüglich schriftlich mitteilen.

§ 627 Fristlose Kündigung bei Vertrauensstellung. (1) Bei einem Dienstverhältnis, das kein Arbeitsverhältnis im Sinne des § 622 ist, ist die Kündigung auch ohne die in § 626 bezeichnete Voraussetzung zulässig, wenn der zur Dienstleistung Verpflichtete, ohne in einem dauernden Dienstverhältnis mit festen Bezügen zu stehen, Dienste höherer Art zu leisten hat, die aufgrund besonderen Vertrauens übertragen zu werden pflegen.

(2) [1]Der Verpflichtete darf nur in der Art kündigen, dass sich der Dienstberechtigte die Dienste anderweit beschaffen kann, es sei denn, dass ein wichtiger Grund für die unzeitige Kündigung vorliegt. [2]Kündigt er ohne solchen Grund zur Unzeit, so hat er dem Dienstberechtigten den daraus entstehenden Schaden zu ersetzen.

§ 628 Teilvergütung und Schadensersatz bei fristloser Kündigung.

(1) [1]Wird nach dem Beginn der Dienstleistung das Dienstverhältnis aufgrund des § 626 oder des § 627 gekündigt, so kann der Verpflichtete einen seinen bisherigen Leistungen entsprechenden Teil der Vergütung verlangen. [2]Kündigt er, ohne durch vertragswidriges Verhalten des anderen Teiles dazu veranlasst zu sein, oder veranlasst er durch sein vertragswidriges Verhalten die Kündigung des anderen Teiles, so steht ihm ein Anspruch auf die Vergütung insoweit nicht zu, als seine bisherigen Leistungen infolge der Kündigung für den anderen Teil kein Interesse haben. [3]Ist die Vergütung für eine spätere Zeit im Voraus entrichtet, so hat der Verpflichtete sie nach Maßgabe des § 346 oder, wenn die Kündigung wegen eines Umstands erfolgt, den er nicht zu vertreten hat, nach den Vorschriften über die Herausgabe einer ungerechtfertigten Bereicherung zurückzuerstatten.

(2) Wird die Kündigung durch vertragswidriges Verhalten des anderen Teiles veranlasst, so ist dieser zum Ersatz des durch die Aufhebung des Dienstverhältnisses entstehenden Schadens verpflichtet.

§ 629 Freizeit zur Stellungssuche. Nach der Kündigung eines dauernden Dienstverhältnisses hat der Dienstberechtigte dem Verpflichteten auf Verlangen angemessene Zeit zum Aufsuchen eines anderen Dienstverhältnisses zu gewähren.

§ 630 Pflicht zur Zeugniserteilung. [1]Bei der Beendigung eines dauernden Dienstverhältnisses kann der Verpflichtete von dem anderen Teil ein schriftliches Zeugnis über das Dienstverhältnis und dessen Dauer fordern. [2]Das Zeugnis ist auf Verlangen auf die Leistungen und die Führung im Dienst zu erstrecken. [3]Die Erteilung des Zeugnisses in elektronischer Form ist ausgeschlossen. [4]Wenn der Verpflichtete ein Arbeitnehmer ist, findet § 109 der Gewerbeordnung Anwendung.

Abschnitt 8

Einzelne Schuldverhältnisse

Titel 9

Werkvertrag und ähnliche Verträge

§ 631 Vertragstypische Pflichten beim Werkvertrag. (1) Durch den Werkvertrag wird der Unternehmer zur Herstellung des versprochenen Werkes, der Besteller zur Entrichtung der vereinbarten Vergütung verpflichtet.

(2) Gegenstand des Werkvertrags kann sowohl die Herstellung oder Veränderung einer Sache als auch ein anderer durch Arbeit oder Dienstleistung herbeizuführender Erfolg sein.

§ 632 Vergütung. (1) Eine Vergütung gilt als stillschweigend vereinbart, wenn die Herstellung des Werkes den Umständen nach nur gegen eine Vergütung zu erwarten ist.

(2) Ist die Höhe der Vergütung nicht bestimmt, so ist bei dem Bestehen einer Taxe die taxmäßige Vergütung, in Ermangelung einer Taxe die übliche Vergütung als vereinbart anzusehen.

(3) Ein Kostenanschlag ist im Zweifel nicht zu vergüten.

§ 632a Abschlagszahlungen. (1) [1]Der Unternehmer kann von dem Besteller eine Abschlagszahlung in Höhe des Wertes der von ihm erbrachten und nach dem Vertrag geschuldeten Leistungen verlangen. [2]Sind die erbrachten Leistungen nicht vertragsgemäß, kann der Besteller die Zahlung eines angemessenen Teils des Abschlags verweigern. [3]Die Beweislast für die vertragsgemäße Leistung verbleibt bis zur Abnahme beim Unternehmer. [4]§ 641 Abs. 3 gilt entsprechend. [5]Die Leistungen sind durch eine Aufstellung nachzuweisen, die eine rasche und sichere Beurteilung der Leistungen ermöglichen muss. [6]Die Sätze 1 bis 5 gelten auch für erforderliche Stoffe oder Bauteile, die angeliefert oder eigens angefertigt und bereitgestellt sind, wenn dem Besteller nach seiner Wahl Eigentum an den Stoffen oder Bauteilen übertragen oder entsprechende Sicherheit hierfür geleistet wird.

(2) Die Sicherheit nach Absatz 1 Satz 6 kann auch durch eine Garantie oder ein sonstiges Zahlungsversprechen eines im Geltungsbereich dieses Gesetzes zum Geschäftsbetrieb befugten Kreditinstituts oder Kreditversicherers geleistet werden.

§ 633 Sach- und Rechtsmangel. (1) Der Unternehmer hat dem Besteller das Werk frei von Sach- und Rechtsmängeln zu verschaffen.

(2) [1]Das Werk ist frei von Sachmängeln, wenn es die vereinbarte Beschaffenheit hat. [2]Soweit die Beschaffenheit nicht vereinbart ist, ist das Werk frei von Sachmängeln,

1. wenn es sich für die nach dem Vertrag vorausgesetzte, sonst
2. für die gewöhnliche Verwendung eignet und eine Beschaffenheit aufweist, die bei Werken der gleichen Art üblich ist und die der Besteller nach der Art des Werks erwarten kann.

[3]Einem Sachmangel steht es gleich, wenn der Unternehmer ein anderes als das bestellte Werk oder das Werk in zu geringer Menge herstellt.

(3) Das Werk ist frei von Rechtsmängeln, wenn Dritte in Bezug auf das Werk keine oder nur die im Vertrag übernommenen Rechte gegen den Besteller geltend machen können.

§ 634 Rechte des Bestellers bei Mängeln. Ist das Werk mangelhaft, kann der Besteller, wenn die Voraussetzungen der folgenden Vorschriften vorliegen und soweit nicht ein anderes bestimmt ist,
1. nach § 635 Nacherfüllung verlangen,
2. nach § 637 den Mangel selbst beseitigen und Ersatz der erforderlichen Aufwendungen verlangen,
3. nach den §§ 636, 323 und 326 Abs. 5 von dem Vertrag zurücktreten oder nach § 638 die Vergütung mindern und
4. nach den §§ 636, 280, 281, 283 und 311a Schadensersatz oder nach § 284 Ersatz vergeblicher Aufwendungen verlangen.

§ 634a Verjährung der Mängelansprüche. (1) Die in § 634 Nr. 1, 2 und 4 bezeichneten Ansprüche verjähren
1. vorbehaltlich der Nummer 2 in zwei Jahren bei einem Werk, dessen Erfolg in der Herstellung, Wartung oder Veränderung einer Sache oder in der Erbringung von Planungs- oder Überwachungsleistungen hierfür besteht,
2. in fünf Jahren bei einem Bauwerk und einem Werk, dessen Erfolg in der Erbringung von Planungs- oder Überwachungsleistungen hierfür besteht, und
3. im Übrigen in der regelmäßigen Verjährungsfrist.

(2) Die Verjährung beginnt in den Fällen des Absatzes 1 Nr. 1 und 2 mit der Abnahme.

(3) [1]Abweichend von Absatz 1 Nr. 1 und 2 und Absatz 2 verjähren die Ansprüche in der regelmäßigen Verjährungsfrist, wenn der Unternehmer den Mangel arglistig verschwiegen hat. [2]Im Fall des Absatzes 1 Nr. 2 tritt die Verjährung jedoch nicht vor Ablauf der dort bestimmten Frist ein.

(4) [1]Für das in § 634 bezeichnete Rücktrittsrecht gilt § 218. [2]Der Besteller kann trotz einer Unwirksamkeit des Rücktritts nach § 218 Abs. 1 die Zahlung der Vergütung insoweit verweigern, als er auf Grund des Rücktritts dazu berechtigt sein würde. [3]Macht er von diesem Recht Gebrauch, kann der Unternehmer vom Vertrag zurücktreten.

(5) Auf das in § 634 bezeichnete Minderungsrecht finden § 218 und Absatz 4 Satz 2 entsprechende Anwendung.

§ 635 Nacherfüllung. (1) Verlangt der Besteller Nacherfüllung, so kann der Unternehmer nach seiner Wahl den Mangel beseitigen oder ein neues Werk herstellen.

(2) Der Unternehmer hat die zum Zwecke der Nacherfüllung erforderlichen Aufwendungen, insbesondere Transport-, Wege-, Arbeits- und Materialkosten zu tragen.

(3) Der Unternehmer kann die Nacherfüllung unbeschadet des § 275 Abs. 2 und 3 verweigern, wenn sie nur mit unverhältnismäßigen Kosten möglich ist.

(4) Stellt der Unternehmer ein neues Werk her, so kann er vom Besteller Rückgewähr des mangelhaften Werks nach Maßgabe der §§ 346 bis 348 verlangen.

§ 636 Besondere Bestimmungen für Rücktritt und Schadensersatz. Außer in den Fällen des § 281 Abs. 2 und des § 323 Abs. 2 bedarf es der Fristsetzung auch dann nicht, wenn der Unternehmer die Nacherfüllung gemäß § 635 Abs. 3 verweigert oder wenn die Nacherfüllung fehlgeschlagen oder dem Besteller unzumutbar ist.

§ 637 Selbstvornahme. (1) Der Besteller kann wegen eines Mangels des Werkes nach erfolglosem Ablauf einer von ihm zur Nacherfüllung bestimmten angemessenen Frist den Mangel selbst beseitigen und Ersatz der erforderlichen Aufwendungen verlangen, wenn nicht der Unternehmer die Nacherfüllung zu Recht verweigert.

(2) [1]§ 323 Abs. 2 findet entsprechende Anwendung. [2]Der Bestimmung einer Frist bedarf es auch dann nicht, wenn die Nacherfüllung fehlgeschlagen oder dem Besteller unzumutbar ist.

(3) Der Besteller kann von dem Unternehmer für die zur Beseitigung des Mangels erforderlichen Aufwendungen Vorschuss verlangen.

§ 638 Minderung (1) [1]Statt zurückzutreten, kann der Besteller die Vergütung durch Erklärung gegenüber dem Unternehmer mindern. [2]Der Ausschlussgrund des § 323 Abs. 5 Satz 2 findet keine Anwendung.

(2) Sind auf der Seite des Bestellers oder auf der Seite des Unternehmers mehrere beteiligt, so kann die Minderung nur von allen oder gegen alle erklärt werden.

(3) [1]Bei der Minderung ist die Vergütung in dem Verhältnis herabzusetzen, in welchem zur Zeit des Vertragsschlusses der Wert des Werkes in mangelfreiem Zustand zu dem wirklichen Wert gestanden haben würde. [2]Die Minderung ist, soweit erforderlich, durch Schätzung zu ermitteln.

(4) [1]Hat der Besteller mehr als die geminderte Vergütung gezahlt, so ist der Mehrbetrag vom Unternehmer zu erstatten. [2]§ 346 Abs. 1 und § 347 Abs. 1 finden entsprechende Anwendung.

§ 639 Haftungsausschluss. Auf eine Vereinbarung, durch welche die Rechte des Bestellers wegen eines Mangels ausgeschlossen oder beschränkt werden, kann sich der Unternehmer nicht berufen, soweit er den Mangel arglistig verschwiegen oder eine Garantie für die Beschaffenheit des Werkes übernommen hat.

§ 640 Abnahme. (1) [1]Der Besteller ist verpflichtet, das vertragsmäßig hergestellte Werk abzunehmen, sofern nicht nach der Beschaffenheit des Werkes die Abnahme ausgeschlossen ist. [2]Wegen unwesentlicher Mängel kann die Abnahme nicht verweigert werden.

(2) [1]Als abgenommen gilt ein Werk auch, wenn der Unternehmer dem Besteller nach Fertigstellung des Werks eine angemessene Frist zur Abnahme gesetzt hat und der Besteller die Abnahme nicht innerhalb dieser Frist unter Angabe mindestens eines Mangels verweigert hat. [2]Ist der Besteller ein Verbraucher, so treten die Rechtsfolgen des Satzes 1 nur dann ein, wenn der Unternehmer den Besteller zusammen mit der Aufforderung zur Abnahme auf die Folgen einer nicht erklärten oder ohne Angabe von Mängeln verweigerten Abnahme hingewiesen hat; der Hinweis muss in Textform erfolgen.

(3) Nimmt der Besteller ein mangelhaftes Werk gemäß Absatz 1 Satz 1 ab, obschon er den Mangel kennt, so stehen ihm die in § 634 Nr. 1 bis 3 bezeichneten Rechte nur zu, wenn er sich seine Rechte wegen des Mangels bei der Abnahme vorbehält.

§ 641 Fälligkeit der Vergütung. (1) [1]Die Vergütung ist bei der Abnahme des Werkes zu entrichten. [2]Ist das Werk in Teilen abzunehmen und die Vergütung für die einzelnen Teile bestimmt, so ist die Vergütung für jeden Teil bei dessen Abnahme zu entrichten.

(2) [1]Die Vergütung des Unternehmers für ein Werk, dessen Herstellung der Besteller einem Dritten versprochen hat, wird spätestens fällig,

1. soweit der Besteller von dem Dritten für das versprochene Werk wegen dessen Herstellung seine Vergütung oder Teile davon erhalten hat,
2. soweit das Werk des Bestellers von dem Dritten abgenommen worden ist oder als abgenommen gilt oder
3. wenn der Unternehmer dem Besteller erfolglos eine angemessene Frist zur Auskunft über die in den Nummern 1 und 2 bezeichneten Umstände bestimmt hat.

[2]Hat der Besteller dem Dritten wegen möglicher Mängel des Werks Sicherheit geleistet, gilt Satz 1 nur, wenn der Unternehmer dem Besteller entsprechende Sicherheit leistet.

(3) Kann der Besteller die Beseitigung eines Mangels verlangen, so kann er nach der Fälligkeit die Zahlung eines angemessenen Teils der Vergütung verweigern; angemessen ist in der Regel das Doppelte der für die Beseitigung des Mangels erforderlichen Kosten.

(4) Eine in Geld festgesetzte Vergütung hat der Besteller von der Abnahme des Werkes an zu verzinsen, sofern nicht die Vergütung gestundet ist.

§ 642 Mitwirkung des Bestellers. (1) Ist bei der Herstellung des Werkes eine Handlung des Bestellers erforderlich, so kann der Unternehmer, wenn der Besteller durch das Unterlassen der Handlung in Verzug der Annahme kommt, eine angemessene Entschädigung verlangen.

(2) Die Höhe der Entschädigung bestimmt sich einerseits nach der Dauer des Verzugs und der Höhe der vereinbarten Vergütung, andererseits nach demjenigen, was der Unternehmer infolge des Verzugs an Aufwendungen erspart oder durch anderweitige Verwendung seiner Arbeitskraft erwerben kann.

§ 643 Kündigung bei unterlassener Mitwirkung. [1]Der Unternehmer ist im Falle des § 642 berechtigt, dem Besteller zur Nachholung der Handlung eine angemessene Frist mit der Erklärung zu bestimmen, dass er den Vertrag kündige, wenn die Handlung nicht bis zum Ablauf der Frist vorgenommen werde. [2]Der Vertrag gilt als aufgehoben, wenn nicht die Nachholung bis zum Ablauf der Frist erfolgt.

§ 644 Gefahrtragung. (1) [1]Der Unternehmer trägt die Gefahr bis zur Abnahme des Werkes. [2]Kommt der Besteller in Verzug der Annahme, so geht die Gefahr auf ihn über. [3]Für den zufälligen Untergang und eine zufällige Verschlechterung des von dem Besteller gelieferten Stoffes ist der Unternehmer nicht verantwortlich.

(2) Versendet der Unternehmer das Werk auf Verlangen des Bestellers nach einem anderen Ort als dem Erfüllungsort, so finden die für den Kauf geltenden Vorschriften des § 447 entsprechende Anwendung.

§ 645 Verantwortlichkeit des Bestellers. (1) [1]Ist das Werk vor der Abnahme infolge eines Mangels des von dem Besteller gelieferten Stoffes oder infolge einer von dem Besteller für die Ausführung erteilten Anweisung untergegangen, verschlechtert oder unausführbar geworden, ohne dass ein Umstand mitgewirkt hat, den der Unternehmer zu vertreten hat, so kann der Unternehmer einen der geleisteten Arbeit entsprechenden Teil der Vergütung und Ersatz der in der Vergütung nicht inbegriffenen Auslagen verlangen. [2]Das Gleiche gilt, wenn der Vertrag in Gemäßheit des § 643 aufgehoben wird.

(2) Eine weitergehende Haftung des Bestellers wegen Verschuldens bleibt unberührt.

§ 646 Vollendung statt Abnahme. Ist nach der Beschaffenheit des Werkes die Abnahme ausgeschlossen, so tritt in den Fällen des § 634a Abs. 2 und der §§ 641, 644 und 645 an die Stelle der Abnahme die Vollendung des Werkes.

§ 647 Unternehmerpfandrecht. Der Unternehmer hat für seine Forderungen aus dem Vertrag ein Pfandrecht an den von ihm hergestellten oder ausgebesserten beweglichen Sachen des Bestellers, wenn sie bei der Herstellung oder zum Zwecke der Ausbesserung in seinen Besitz gelangt sind.

§ 648 Kündigungsrecht des Bestellers. [1]Der Besteller kann bis zur Vollendung des Werkes jederzeit den Vertrag kündigen. [2]Kündigt der Besteller, so ist der Unternehmer berechtigt, die vereinbarte Vergütung zu verlangen; er muss sich jedoch dasjenige anrechnen lassen, was er infolge der Aufhebung des Vertrags an Aufwendungen erspart oder durch anderweitige Verwendung seiner Arbeitskraft erwirbt oder zu erwerben böswillig unterlässt.

[3]Es wird vermutet, dass danach dem Unternehmer 5 vom Hundert der auf den noch nicht erbrachten Teil der Werkleistung entfallenden vereinbarten Vergütung zustehen.

§ 648a Kündigung aus wichtigem Grund. (1) [1]Beide Vertragsparteien können den Vertrag aus wichtigem Grund ohne Einhaltung einer Kündigungsfrist kündigen. [2]Ein wichtiger Grund liegt vor, wenn dem kündigenden Teil unter Berücksichtigung aller Umstände des Einzelfalls und unter Abwägung der beiderseitigen Interessen die Fortsetzung des Vertragsverhältnisses bis zur Fertigstellung des Werks nicht zugemutet werden kann.

(2) Eine Teilkündigung ist möglich; sie muss sich auf einen abgrenzbaren Teil des geschuldeten Werks beziehen.

(3) § 314 Absatz 2 und 3 gilt entsprechend.

(4) [1]Nach der Kündigung kann jede Vertragspartei von der anderen verlangen, dass sie an einer gemeinsamen Feststellung des Leistungsstandes mitwirkt. [2]Verweigert eine Vertragspartei die Mitwirkung oder bleibt sie einem vereinbarten oder einem von der anderen Vertragspartei innerhalb einer angemessenen Frist bestimmten Termin zur Leistungsstandfeststellung fern, trifft sie die Beweislast für den Leistungsstand zum Zeitpunkt der Kündigung. [3]Dies gilt nicht, wenn die Vertragspartei infolge eines Umstands fernbleibt, den sie nicht zu vertreten hat und den sie der anderen Vertragspartei unverzüglich mitgeteilt hat.

(5) Kündigt eine Vertragspartei aus wichtigem Grund, ist der Unternehmer nur berechtigt, die Vergütung zu verlangen, die auf den bis zur Kündigung erbrachten Teil des Werks entfällt.

(6) Die Berechtigung, Schadensersatz zu verlangen, wird durch die Kündigung nicht ausgeschlossen.

§ 650 Kostenanschlag. (1) Ist dem Vertrag ein Kostenanschlag zugrunde gelegt worden, ohne dass der Unternehmer die Gewähr für die Richtigkeit des Anschlags übernommen hat, und ergibt sich, dass das Werk nicht ohne eine wesentliche Überschreitung des Anschlags ausführbar ist, so steht dem Unternehmer, wenn der Besteller den Vertrag aus diesem Grund kündigt, nur der im § 645 Abs. 1 bestimmte Anspruch zu.

(2) Ist eine solche Überschreitung des Anschlags zu erwarten, so hat der Unternehmer dem Besteller unverzüglich Anzeige zu machen.

§ 651 Anwendung des Kaufrechts. [1]Auf einen Vertrag, der die Lieferung herzustellender oder zu erzeugender beweglicher Sachen zum Gegenstand hat, finden die Vorschriften über den Kauf Anwendung. [2]§ 442 Abs. 1 Satz 1 findet bei diesen Verträgen auch Anwendung, wenn der Mangel auf den vom Besteller gelieferten Stoff zurückzuführen ist. [3]Soweit es sich bei den herzustellenden oder zu erzeugenden beweglichen Sachen um nicht vertretbare Sachen handelt, sind auch die §§ 642, 643, 645, 649 und 650 mit der Maßgabe anzuwenden, dass an die Stelle der Abnahme der nach den §§ 446 und 447 maßgebliche Zeitpunkt tritt.

Abschnitt 8
Einzelne Schuldverhältnisse

Titel 26
Ungerechtfertigte Bereicherung

§ 812 Herausgabeanspruch. (1) [1]Wer durch die Leistung eines anderen oder in sonstiger Weise auf dessen Kosten etwas ohne rechtlichen Grund erlangt, ist ihm zur Herausgabe verpflichtet. [2]Diese Verpflichtung besteht auch dann, wenn der rechtliche Grund später wegfällt oder der mit einer Leistung nach dem Inhalt des Rechtsgeschäfts bezweckte Erfolg nicht eintritt.

(2) Als Leistung gilt auch die durch Vertrag erfolgte Anerkennung des Bestehens oder des Nichtbestehens eines Schuldverhältnisses.

§ 813 Erfüllung trotz Einrede. (1) [1]Das zum Zwecke der Erfüllung einer Verbindlichkeit Geleistete kann auch dann zurückgefordert werden, wenn dem Anspruch eine Einrede entgegenstand, durch welche die Geltendmachung des Anspruchs dauernd ausgeschlossen wurde. [2]Die Vorschrift des § 214 Abs. 2 bleibt unberührt.

(2) Wird eine betagte Verbindlichkeit vorzeitig erfüllt, so ist die Rückforderung ausgeschlossen; die Erstattung von Zwischenzinsen kann nicht verlangt werden.

§ 814 Kenntnis der Nichtschuld. Das zum Zwecke der Erfüllung einer Verbindlichkeit Geleistete kann nicht zurückgefordert werden, wenn der Leistende gewusst hat, dass er zur Leistung nicht verpflichtet war, oder wenn die Leistung einer sittlichen Pflicht oder einer auf den Anstand zu nehmenden Rücksicht entsprach.

§ 818 Umfang des Bereicherungsanspruchs. (1) Die Verpflichtung zur Herausgabe erstreckt sich auf die gezogenen Nutzungen sowie auf dasjenige, was der Empfänger aufgrund eines erlangten Rechts oder als Ersatz für die Zerstörung, Beschädigung oder Entziehung des erlangten Gegenstands erwirbt.

(2) Ist die Herausgabe wegen der Beschaffenheit des Erlangten nicht möglich oder ist der Empfänger aus einem anderen Grunde zur Herausgabe außerstande, so hat er den Wert zu ersetzen.

(3) Die Verpflichtung zur Herausgabe oder zum Ersatz des Wertes ist ausgeschlossen, soweit der Empfänger nicht mehr bereichert ist.

(4) Von dem Eintritt der Rechtshängigkeit an haftet der Empfänger nach den allgemeinen Vorschriften.

§ 819 Verschärfte Haftung bei Kenntnis und bei Gesetzes- oder Sittenverstoß. (1) Kennt der Empfänger den Mangel des rechtlichen Grundes bei dem Empfang oder erfährt er ihn später, so ist er von dem Empfang oder der Erlangung der Kenntnis an zur Herausgabe verpflichtet, wie wenn der Anspruch auf Herausgabe zu dieser Zeit rechtshängig geworden wäre.

(2) Verstößt der Empfänger durch die Annahme der Leistung gegen ein gesetzliches Verbot oder gegen die guten Sitten, so ist er von dem Empfang der Leistung an in der gleichen Weise verpflichtet.

§ 822 Herausgabepflicht Dritter. Wendet der Empfänger das Erlangte unentgeltlich einem Dritten zu, so ist, soweit infolgedessen die Verpflichtung des Empfängers zur Herausgabe der Bereicherung ausgeschlossen ist, der Dritte zur Herausgabe verpflichtet, wie wenn er die Zuwendung von dem Gläubiger ohne rechtlichen Grund erhalten hätte.

Abschnitt 8

Einzelne Schuldverhältnisse

Titel 27

Unerlaubte Handlungen

§ 823 Schadensersatzpflicht. (1) Wer vorsätzlich oder fahrlässig das Leben, den Körper, die Gesundheit, die Freiheit, das Eigentum oder ein sonstiges Recht eines anderen widerrechtlich verletzt, ist dem Anderen zum Ersatz des daraus entstehenden Schadens verpflichtet.

(2) [1]Die gleiche Verpflichtung trifft denjenigen, welcher gegen ein den Schutz eines anderen bezweckendes Gesetz verstößt. [2]Ist nach dem Inhalt des Gesetzes ein Verstoß gegen dieses auch ohne Verschulden möglich, so tritt die Ersatzpflicht nur im Falle des Verschuldens ein.

§ 824 Kreditgefährdung. (1) Wer der Wahrheit zuwider eine Tatsache behauptet oder verbreitet, die geeignet ist, den Kredit eines anderen zu gefährden oder sonstige Nachteile für dessen Erwerb oder Fortkommen herbeizuführen, hat dem Anderen den daraus entstehenden Schaden auch dann zu ersetzen, wenn er die Unwahrheit zwar nicht kennt, aber kennen muss.

(2) Durch eine Mitteilung, deren Unwahrheit dem Mitteilenden unbekannt ist, wird dieser nicht zum Schadensersatz verpflichtet, wenn er oder der Empfänger der Mitteilung an ihr ein berechtigtes Interesse hat.

§ 826 Sittenwidrige vorsätzliche Schädigung. Wer in einer gegen die guten Sitten verstoßenden Weise einem anderen vorsätzlich Schaden zufügt, ist dem Anderen zum Ersatz des Schadens verpflichtet.

§ 827 Ausschluss und Minderung der Verantwortlichkeit. [1]Wer im Zustand der Bewusstlosigkeit oder in einem die freie Willensbestimmung ausschließenden Zustand krankhafter Störung der Geistestätigkeit einem anderen

Schaden zufügt, ist für den Schaden nicht verantwortlich. [2]Hat er sich durch geistige Getränke oder ähnliche Mittel in einen vorübergehenden Zustand dieser Art versetzt, so ist er für einen Schaden, den er in diesem Zustand widerrechtlich verursacht, in gleicher Weise verantwortlich, wie wenn ihm Fahrlässigkeit zur Last fiele; die Verantwortlichkeit tritt nicht ein, wenn er ohne Verschulden in den Zustand geraten ist.

§ 828 Minderjährige. (1) Wer nicht das siebente Lebensjahr vollendet hat, ist für einen Schaden, den er einem anderen zufügt, nicht verantwortlich.

(2) [1]Wer das siebente, aber nicht das zehnte Lebensjahr vollendet hat, ist für den Schaden, den er bei einem Unfall mit einem Kraftfahrzeug, einer Schienenbahn oder einer Schwebebahn einem anderen zufügt, nicht verantwortlich. [2]Dies gilt nicht, wenn er die Verletzung vorsätzlich herbeigeführt hat.

(3) Wer das 18. Lebensjahr noch nicht vollendet hat, ist, sofern seine Verantwortlichkeit nicht nach Absatz 1 oder 2 ausgeschlossen ist, für den Schaden, den er einem anderen zufügt, nicht verantwortlich, wenn er bei der Begehung der schädigenden Handlung nicht die zur Erkenntnis der Verantwortlichkeit erforderliche Einsicht hat.

§ 829 Ersatzpflicht aus Billigkeitsgründen. Wer in einem der in den §§ 823 bis 826 bezeichneten Fälle für einen von ihm verursachten Schaden aufgrund der §§ 827, 828 nicht verantwortlich ist, hat gleichwohl, sofern der Ersatz des Schadens nicht von einem aufsichtspflichtigen Dritten erlangt werden kann, den Schaden insoweit zu ersetzen, als die Billigkeit nach den Umständen, insbesondere nach den Verhältnissen der Beteiligten, eine Schadloshaltung erfordert und ihm nicht die Mittel entzogen werden, deren er zum angemessenen Unterhalt sowie zur Erfüllung seiner gesetzlichen Unterhaltspflichten bedarf.

§ 830 Mittäter und Beteiligte. (1) [1]Haben mehrere durch eine gemeinschaftlich begangene unerlaubte Handlung einen Schaden verursacht, so ist jeder für den Schaden verantwortlich. [2]Das Gleiche gilt, wenn sich nicht ermitteln lässt, wer von mehreren Beteiligten den Schaden durch seine Handlung verursacht hat.

(2) Anstifter und Gehilfen stehen Mittätern gleich.

§ 831 Haftung für den Verrichtungsgehilfen. (1) [1]Wer einen anderen zu einer Verrichtung bestellt, ist zum Ersatz des Schadens verpflichtet, den der andere in Ausführung der Verrichtung einem Dritten widerrechtlich zufügt. [2]Die Ersatzpflicht tritt nicht ein, wenn der Geschäftsherr bei der Auswahl der bestellten Person und, sofern er Vorrichtungen oder Gerätschaften zu beschaffen oder die Ausführung der Verrichtung zu leiten hat, bei der Beschaffung oder der Leitung die im Verkehr erforderliche Sorgfalt beobachtet oder wenn der Schaden auch bei Anwendung dieser Sorgfalt entstanden sein würde.

(2) Die gleiche Verantwortlichkeit trifft denjenigen, welcher für den Geschäftsherrn die Besorgung eines der im Absatz 1 Satz 2 bezeichneten Geschäfte durch Vertrag übernimmt.

§ 852 Herausgabeanspruch nach Eintritt der Verjährung. [1]Hat der Ersatzpflichtige durch eine unerlaubte Handlung auf Kosten des Verletzten etwas erlangt, so ist er auch nach Eintritt der Verjährung des Anspruchs auf Ersatz des aus einer unerlaubten Handlung entstandenen Schadens zur Herausgabe nach den Vorschriften über die Herausgabe einer ungerechtfertigten Bereicherung verpflichtet. [2]Dieser Anspruch verjährt in zehn Jahren von seiner Entstehung an, ohne Rücksicht auf die Entstehung in 30 Jahren von der Begehung der Verletzungshandlung oder dem sonstigen, den Schaden auslösenden Ereignis an.

Buch 3

Sachenrecht

Abschnitt 3

Eigentum

Titel 4

Ansprüche aus dem Eigentum

§ 1004 Beseitigungs- und Unterlassungsanspruch. (1) [1]Wird das Eigentum in anderer Weise als durch Entziehung oder Vorenthaltung des Besitzes beeinträchtigt, so kann der Eigentümer von dem Störer die Beseitigung der Beeinträchtigung verlangen. [2]Sind weitere Beeinträchtigungen zu besorgen, so kann der Eigentümer auf Unterlassung klagen.

(2) Der Anspruch ist ausgeschlossen, wenn der Eigentümer zur Duldung verpflichtet ist.

Vorbemerkungen zum Einführungsgesetz zum Bürgerlichen Gesetzbuch

Die bisher in der Verordnung über Informations- und Nachweispflichten (BGB-InfoV) enthaltenen § 1 (Informationspflichten bei Fernabsatzverträgen), § 3 (Kundeninformationspflichten des Unternehmers bei Verträgen im elektronischen Geschäftsverkehr), § 14 (Form der Widerrufs- und Rückgabebelehrung, Verwendung eines Musters) wurden vom Gesetzgeber mit den darauf bezogenen Musterbelehrungen aufgehoben. Daher wurde vom Abdruck der in den Vorauflagen enthaltenen Nr. 5a BGB-InfoV abgesehen. Maßgeblich sind nunmehr die §§ 355, 360 BGB, die auf Art. 246 EGBGB verweisen. Das EGBGB führt in den Anlagen 1 und 2 die bisher in der BGB-InfoV enthaltenen Muster für Widerrufsbelehrung und Rückgabebelehrung auf.

Im Anschluss an den Auszug aus dem EGBGB sind ergänzend Normen aus der Verordnung (EG) Nr. 593/2008 des Europäischen Parlaments und des Rates vom 17. Juni 2008 über das auf **vertragliche Schuldverhältnisse** anzuwendende Recht/Rom I (Anhang I) und aus der Verordnung (EG) Nr. 864/2007 des Europäischen Parlaments und des Rates vom 11. Juli 2007 über das auf **außervertragliche Schuldverhältnisse** anzuwendende Recht/Rom II (Anhang II) aufgeführt. Art. 3 EGBGB bestimmt die Anwendbarkeit dieser Normen im Bereich des Internationalen Privatrechts. Wegen Internationalität von Multimediaangeboten und des Vertragsschlusses im Internet sind diese Normen besonders bedeutsam.

Einführungsgesetz zum Bürgerlichen Gesetzbuch

in der Fassung der Bekanntmachung vom 21. September 1994
(BGBl. I S. 2494, ber. BGBl. 1997 I S. 1061),
zuletzt geändert durch Gesetz vom 20. Juli 2017 (BGBl. I S. 2787 ff.)

– Auszug –

Art. 3 Anwendungsbereich; Verhältnis zu Regelungen der Europäischen Union und zu völkerrechtlichen Vereinbarungen. [1]Soweit nicht

1. unmittelbar anwendbare Regelungen der Europäischen Union in ihrer jeweils geltenden Fassung, insbesondere
   a) die Verordnung (EG) Nr. 864/2007 des Europäischen Parlaments und des Rates vom 11. Juli 2007 über das auf außervertragliche Schuldverhältnisse anzuwendende Recht (Rom II),
   b) die Verordnung (EG) Nr. 593/2008 des Europäischen Parlaments und des Rates vom 17. Juni 2008 über das auf vertragliche Schuldverhältnisse anzuwendende Recht (Rom I),
   c) Artikel 15 der Verordnung (EG) Nr. 4/2009 des Rates vom 18. Dezember 2008 über die Zuständigkeit, das anwendbare Recht, die Anerkennung

und Vollstreckung von Entscheidungen und die Zusammenarbeit in Unterhaltssachen in Verbindung mit dem Haager Protokoll vom 23. November 2007 über das auf Unterhaltspflichten anzuwendende Recht,

d) die Verordnung (EU) Nr. 1259/2010 des Rates vom 20. Dezember 2010 zur Durchführung einer Verstärkten Zusammenarbeit im Bereich des auf die Ehescheidung und Trennung ohne Auflösung des Ehebandes anzuwendenden Rechts sowie

e) die Verordnung (EU) Nr. 650/2012 des Europäischen Parlaments und des Rates vom 4. Juli 2012 über die Zuständigkeit, das anzuwendende Recht, die Anerkennung und Vollstreckung von Entscheidungen und die Annahme und Vollstreckung öffentlicher Urkunden in Erbsachen sowie zur Einführung eines Europäischen Nachlasszeugnisses oder

2. Regelungen in völkerrechtlichen Vereinbarungen, soweit sie unmittelbar anwendbares innerstaatliches Recht geworden sind,

maßgeblich sind, bestimmt sich das anzuwendende Recht bei Sachverhalten mit einer Verbindung zu einem ausländischen Staat nach den Vorschriften dieses Kapitels (Internationales Privatrecht).

Art. 3a Sachnormverweisung; Einzelstatut. (1) Verweisungen auf Sachvorschriften beziehen sich auf die Rechtsnormen der maßgebenden Rechtsordnung unter Ausschluss derjenigen des Internationalen Privatrechts.

(2) Soweit Verweisungen im Dritten Abschnitt das Vermögen einer Person dem Recht eines Staates unterstellen, beziehen sie sich nicht auf Gegenstände, die sich nicht in diesem Staat befinden und nach dem Recht des Staates, in dem sie sich befinden, besonderen Vorschriften unterliegen.

Art. 5 Personalstatut. (1) [1]Wird auf das Recht des Staates verwiesen, dem eine Person angehört, und gehört sie mehreren Staaten an, so ist das Recht desjenigen dieser Staaten anzuwenden, mit dem die Person am engsten verbunden ist, insbesondere durch ihren gewöhnlichen Aufenthalt oder durch den Verlauf ihres Lebens. [2]Ist die Person auch Deutscher, so geht diese Rechtsstellung vor.

(2) Ist eine Person staatenlos oder kann ihre Staatsangehörigkeit nicht festgestellt werden, so ist das Recht des Staates anzuwenden, in dem sie ihren gewöhnlichen Aufenthalt oder, mangels eines solchen, ihren Aufenthalt hat.

(3) Wird auf das Recht des Staates verwiesen, in dem eine Person ihren Aufenthalt oder ihren gewöhnlichen Aufenthalt hat, und ändert eine nicht voll geschäftsfähige Person den Aufenthalt ohne den Willen des gesetzlichen Vertreters, so führt diese Änderung allein nicht zur Anwendung eines anderen Rechts.

Art. 6 Öffentliche Ordnung (ordre public). [1]Eine Rechtsnorm eines anderen Staates ist nicht anzuwenden, wenn ihre Anwendung zu einem Ergebnis führt, das mit wesentlichen Grundsätzen des deutschen Rechts offensichtlich unvereinbar ist. [2]Sie ist insbesondere nicht anzuwenden, wenn die Anwendung mit den Grundrechten unvereinbar ist.

Art. 11 Form von Rechtsgeschäften. (1) Ein Rechtsgeschäft ist formgültig, wenn es die Formerfordernisse des Rechts, das auf das seinen Gegenstand bildende Rechtsverhältnis anzuwenden ist, oder des Rechts des Staates erfüllt, in dem es vorgenommen wird.

(2) Wird ein Vertrag zwischen Personen geschlossen, die sich in verschiedenen Staaten befinden, so ist er formgültig, wenn er die Formerfordernisse des Rechts, das auf das seinen Gegenstand bildende Rechtsverhältnis anzuwenden ist, oder des Rechts eines dieser Staaten erfüllt.

(3) Wird der Vertrag durch einen Vertreter geschlossen, so ist bei Anwendung der Absätze 1 und 2 der Staat maßgebend, in dem sich der Vertreter befindet.

(4) Ein Rechtsgeschäft, durch das ein Recht an einer Sache begründet oder über ein solches Recht verfügt wird, ist nur formgültig, wenn es die Formerfordernisse des Rechts erfüllt, das auf das seinen Gegenstand bildende Rechtsverhältnis anzuwenden ist.

Art. 40 Unerlaubte Handlung. (1) [1]Ansprüche aus unerlaubter Handlung unterliegen dem Recht des Staates, in dem der Ersatzpflichtige gehandelt hat. [2]Der Verletzte kann verlangen, daß anstelle dieses Rechts das Recht des Staates angewandt wird, in dem der Erfolg eingetreten ist. [3]Das Bestimmungsrecht kann nur im ersten Rechtszug bis zum Ende des frühen ersten Termins oder dem Ende des schriftlichen Vorverfahrens ausgeübt werden.

(2) [1]Hatten der Ersatzpflichtige und der Verletzte zur Zeit des Haftungsereignisses ihren gewöhnlichen Aufenthalt in demselben Staat, so ist das Recht dieses Staates anzuwenden. [2]Handelt es sich um Gesellschaften, Vereine oder juristische Personen, so steht dem gewöhnlichen Aufenthalt der Ort gleich, an dem sich die Hauptverwaltung oder, wenn eine Niederlassung beteiligt ist, an dem sich diese befindet.

(3) Ansprüche, die dem Recht eines anderen Staates unterliegen, können nicht geltend gemacht werden, soweit sie

1. wesentlich weiter gehen als zur angemessenen Entschädigung des Verletzten erforderlich,
2. offensichtlich anderen Zwecken als einer angemessenen Entschädigung des Verletzten dienen oder
3. haftungsrechtlichen Regelungen eines für die Bundesrepublik Deutschland verbindlichen Übereinkommens widersprechen.

(4) Der Verletzte kann seinen Anspruch unmittelbar gegen einen Versicherer des Ersatzpflichtigen geltend machen, wenn das auf die unerlaubte Handlung anzuwendende Recht oder das Recht, dem der Versicherungsvertrag unterliegt, dies vorsieht.

Art. 46b Verbraucherschutz für besondere Gebiete. (1) Unterliegt ein Vertrag auf Grund einer Rechtswahl nicht dem Recht eines Mitgliedstaats der Europäischen Union oder eines anderen Vertragsstaats des Abkommens über den Europäischen Wirtschaftsraum, weist der Vertrag jedoch einen engen Zusammenhang mit dem Gebiet eines dieser Staaten auf, so sind die im Gebiet dieses Staates geltenden Bestimmungen zur Umsetzung der Verbraucherschutzrichtlinien gleichwohl anzuwenden.

(2) Ein enger Zusammenhang ist insbesondere anzunehmen, wenn der Unternehmer

1. in dem Mitgliedstaat der Europäischen Union oder einem anderen Vertragsstaat des Abkommens über den Europäischen Wirtschaftsraum, in dem der Verbraucher seinen gewöhnlichen Aufenthalt hat, eine berufliche oder gewerbliche Tätigkeit ausübt oder
2. eine solche Tätigkeit auf irgendeinem Wege auf diesen Mitgliedstaat der Europäischen Union oder einen anderen Vertragsstaat des Abkommens über den Europäischen Wirtschaftsraum oder auf mehrere Staaten, einschließlich dieses Staates, ausrichtet und der Vertrag in den Bereich dieser Tätigkeit fällt.

(3) Verbraucherschutzrichtlinien im Sinne dieser Vorschrift sind in ihrer jeweils geltenden Fassung:

1. die Richtlinie 93/13/EWG des Rates vom 5. April 1993 über missbräuchliche Klauseln in Verbraucherverträgen (ABl. L 95 vom 21. 4. 1993, S. 29);
2. die Richtlinie 97/7/EG des Europäischen Parlaments und des Rates vom 20. Mai 1997 über den Verbraucherschutz bei Vertragsabschlüssen im Fernabsatz (ABl. L 144 vom 4. 6. 1997, S. 19);
3. die Richtlinie 1999/44/EG des Europäischen Parlaments und des Rates vom 25. Mai 1999 zu bestimmten Aspekten des Verbrauchsgüterkaufs und der Garantien für Verbrauchsgüter (ABl. L 171 vom 7. 7. 1999, S. 12);
4. die Richtlinie 2002/65/EG des Europäischen Parlaments und des Rates vom 23. September 2002 über den Fernabsatz von Finanzdienstleistungen an Verbraucher und zur Änderung der Richtlinie 90/619/EWG des Rates und der Richtlinien 97/7/EG und 98/27/EG (ABl. L 271 vom 9. 10. 2002, S. 16);
5. die Richtlinie 2008/48/EG des Europäischen Parlaments und des Rates vom 23. April 2008 über Verbraucherkreditverträge und zur Aufhebung der Richtlinie 87/102/EWG des Rates (ABl. L 133 vom 22. 5. 2008, S. 66).

(4) Unterliegt ein Teilzeitnutzungsvertrag, ein Vertrag über ein langfristiges Urlaubsprodukt, ein Wiederverkaufsvertrag oder ein Tauschvertrag im Sinne von Artikel 2 Absatz 1 Buchstabe a bis d der Richtlinie 2008/122/EG des Europäischen Parlaments und des Rates vom 14. Januar 2009 über den Schutz der Verbraucher im Hinblick auf bestimmte Aspekte von Teilzeitnutzungsverträgen, Verträgen über langfristige Urlaubsprodukte sowie Wiederverkaufs- und Tauschverträgen (ABl. L 33 vom 3. 2. 2009, S. 10) nicht dem Recht eines Mitgliedstaats der Europäischen Union oder eines anderen Vertragsstaats des Abkommens über den Europäischen Wirtschaftsraum, so darf Verbrauchern der in Umsetzung dieser Richtlinie gewährte Schutz nicht vorenthalten werden, wenn

1. eine der betroffenen Immobilien im Hoheitsgebiet eines Mitgliedstaats der Europäischen Union oder eines anderen Vertragsstaats des Abkommens über den Europäischen Wirtschaftsraum belegen ist oder
2. im Falle eines Vertrags, der sich nicht unmittelbar auf eine Immobilie bezieht, der Unternehmer eine gewerbliche oder berufliche Tätigkeit in einem Mitgliedstaat der Europäischen Union oder einem anderen Vertragsstaat des Abkommens über den Europäischen Wirtschaftsraum ausübt oder diese Tätigkeit auf irgendeine Weise auf einen solchen Staat ausrichtet und der Vertrag in den Bereich dieser Tätigkeit fällt.

Art. 240 Informationspflichten für Fernabsatzverträge. *(aufgehoben)*[1]

Art. 241 Informationspflichten für Verträge im elektronischen Geschäftsverkehr. *(aufgehoben)*

Art 246 Informationspflichten beim Verbrauchervertrag. (1) Der Unternehmer ist, sofern sich diese Informationen nicht aus den Umständen ergeben, nach § 312a Absatz 2 des Bürgerlichen Gesetzbuchs verpflichtet, dem Verbraucher vor Abgabe von dessen Vertragserklärung folgende Informationen in klarer und verständlicher Weise zur Verfügung zu stellen:

1. die wesentlichen Eigenschaften der Waren oder Dienstleistungen in dem für den Datenträger und die Waren oder Dienstleistungen angemessenen Umfang,
2. seine Identität, beispielsweise seinen Handelsnamen und die Anschrift des Ortes, an dem er niedergelassen ist, sowie seine Telefonnummer,
3. den Gesamtpreis der Waren und Dienstleistungen einschließlich aller Steuern und Abgaben oder in den Fällen, in denen der Preis auf Grund der Beschaffenheit der Ware oder Dienstleistung vernünftigerweise nicht im Voraus berechnet werden kann, die Art der Preisberechnung sowie gegebenenfalls alle zusätzlichen Fracht-, Liefer- oder Versandkosten und alle sonstigen Kosten oder in den Fällen, in denen diese Kosten vernünftigerweise nicht im Voraus berechnet werden können, die Tatsache, dass solche zusätzlichen Kosten anfallen können,
4. gegebenenfalls die Zahlungs-, Liefer- und Leistungsbedingungen, den Termin, bis zu dem sich der Unternehmer verpflichtet hat, die Waren zu liefern oder die Dienstleistungen zu erbringen, sowie das Verfahren des Unternehmers zum Umgang mit Beschwerden,
5. das Bestehen eines gesetzlichen Mängelhaftungsrechts für die Waren und gegebenenfalls das Bestehen und die Bedingungen von Kundendienstleistungen und Garantien,
6. gegebenenfalls die Laufzeit des Vertrags oder die Bedingungen der Kündigung unbefristeter Verträge oder sich automatisch verlängernder Verträge,

---

1 Art. 240 f. wurde durch die letzte Änderung des EGBGB mit Wirkung vom 15.7.2016 aufgehoben.

7. gegebenenfalls die Funktionsweise digitaler Inhalte, einschließlich anwendbarer technischer Schutzmaßnahmen für solche Inhalte, und
8. gegebenenfalls, soweit wesentlich, Beschränkungen der Interoperabilität und der Kompatibilität digitaler Inhalte mit Hard- und Software, soweit diese Beschränkungen dem Unternehmer bekannt sind oder bekannt sein müssen.

(2) Absatz 1 ist nicht anzuwenden auf Verträge, die Geschäfte des täglichen Lebens zum Gegenstand haben und bei Vertragsschluss sofort erfüllt werden.

(3) Steht dem Verbraucher ein Widerrufsrecht zu, ist der Unternehmer verpflichtet, den Verbraucher in Textform über sein Widerrufsrecht zu belehren. Die Widerrufsbelehrung muss deutlich gestaltet sein und dem Verbraucher seine wesentlichen Rechte in einer dem benutzten Kommunikationsmittel angepassten Weise deutlich machen. Sie muss Folgendes enthalten:
1. einen Hinweis auf das Recht zum Widerruf,
2. einen Hinweis darauf, dass der Widerruf durch Erklärung gegenüber dem Unternehmer erfolgt und keiner Begründung bedarf,
3. den Namen und die ladungsfähige Anschrift desjenigen, gegenüber dem der Widerruf zu erklären ist, und
4. einen Hinweis auf Dauer und Beginn der Widerrufsfrist sowie darauf, dass zur Fristwahrung die rechtzeitige Absendung der Widerrufserklärung genügt.

Art 246a Informationspflichten bei außerhalb von Geschäftsräumen geschlossenen Verträgen und Fernabsatzverträgen mit Ausnahme von Verträgen über Finanzdienstleistungen.

§ 1 Informationspflichten. (1) [1]Der Unternehmer ist nach § 312d Absatz 1 des Bürgerlichen Gesetzbuchs verpflichtet, dem Verbraucher folgende Informationen zur Verfügung zu stellen:
1. die wesentlichen Eigenschaften der Waren oder Dienstleistungen in dem für das Kommunikationsmittel und für die Waren und Dienstleistungen angemessenen Umfang,
2. seine Identität, beispielsweise seinen Handelsnamen sowie die Anschrift des Ortes, an dem er niedergelassen ist, seine Telefonnummer und gegebenenfalls seine Telefaxnummer und E-Mail-Adresse sowie gegebenenfalls die Anschrift und die Identität des Unternehmers, in dessen Auftrag er handelt,
3. zusätzlich zu den Angaben gemäß Nummer 2 die Geschäftsanschrift des Unternehmers und gegebenenfalls die Anschrift des Unternehmers, in dessen Auftrag er handelt, an die sich der Verbraucher mit jeder Beschwerde wenden kann, falls diese Anschrift von der Anschrift unter Nummer 2 abweicht,
4. den Gesamtpreis der Waren oder Dienstleistungen einschließlich aller Steuern und Abgaben, oder in den Fällen, in denen der Preis auf Grund der Beschaffenheit der Waren oder Dienstleistungen vernünftigerweise nicht im Voraus berechnet werden kann, die Art der Preisberechnung sowie gegebenenfalls alle zusätzlichen Fracht-, Liefer- oder Versandkosten und alle sons-

tigen Kosten, oder in den Fällen, in denen diese Kosten vernünftigerweise nicht im Voraus berechnet werden können, die Tatsache, dass solche zusätzlichen Kosten anfallen können,

5. im Falle eines unbefristeten Vertrags oder eines Abonnement-Vertrags den Gesamtpreis; dieser umfasst die pro Abrechnungszeitraum anfallenden Gesamtkosten und, wenn für einen solchen Vertrag Festbeträge in Rechnung gestellt werden, ebenfalls die monatlichen Gesamtkosten; wenn die Gesamtkosten vernünftigerweise nicht im Voraus berechnet werden können, ist die Art der Preisberechnung anzugeben,
6. die Kosten für den Einsatz des für den Vertragsabschluss genutzten Fernkommunikationsmittels, sofern dem Verbraucher Kosten berechnet werden, die über die Kosten für die bloße Nutzung des Fernkommunikationsmittels hinausgehen,
7. die Zahlungs-, Liefer- und Leistungsbedingungen, den Termin, bis zu dem der Unternehmer die Waren liefern oder die Dienstleistung erbringen muss, und gegebenenfalls das Verfahren des Unternehmers zum Umgang mit Beschwerden,
8. das Bestehen eines gesetzlichen Mängelhaftungsrechts für die Waren,
9. gegebenenfalls das Bestehen und die Bedingungen von Kundendienst, Kundendienstleistungen und Garantien,
10. gegebenenfalls bestehende einschlägige Verhaltenskodizes gemäß Artikel 2 Buchstabe f der Richtlinie 2005/29/EG des Europäischen Parlaments und des Rates vom 11. Mai 2005 über unlautere Geschäftspraktiken im binnenmarktinternen Geschäftsverkehr zwischen Unternehmen und Verbrauchern und zur Änderung der Richtlinie 84/450/EWG des Rates, der Richtlinien 97/7/EG, 98/27/EG und 2002/65/EG des Europäischen Parlaments und des Rates sowie der Verordnung (EG) Nr. 2006/2004 des Europäischen Parlaments und des Rates (ABl. L 149 vom 11.6.2005, S. 22) und wie Exemplare davon erhalten werden können,
11. gegebenenfalls die Laufzeit des Vertrags oder die Bedingungen der Kündigung unbefristeter Verträge oder sich automatisch verlängernder Verträge,
12. gegebenenfalls die Mindestdauer der Verpflichtungen, die der Verbraucher mit dem Vertrag eingeht,
13. gegebenenfalls die Tatsache, dass der Unternehmer vom Verbraucher die Stellung einer Kaution oder die Leistung anderer finanzieller Sicherheiten verlangen kann, sowie deren Bedingungen,
14. gegebenenfalls die Funktionsweise digitaler Inhalte, einschließlich anwendbarer technischer Schutzmaßnahmen für solche Inhalte,
15. gegebenenfalls, soweit wesentlich, Beschränkungen der Interoperabilität und der Kompatibilität digitaler Inhalte mit Hard- und Software, soweit diese Beschränkungen dem Unternehmer bekannt sind oder bekannt sein müssen, und
16. gegebenenfalls, dass der Verbraucher ein außergerichtliches Beschwerde- und Rechtsbehelfsverfahren, dem der Unternehmer unterworfen ist, nutzen kann, und dessen Zugangsvoraussetzungen.

Wird der Vertrag im Rahmen einer öffentlich zugänglichen Versteigerung geschlossen, können anstelle der Angaben nach Satz 1 Nummer 2 und 3 die entsprechenden Angaben des Versteigerers zur Verfügung gestellt werden.

(2) Steht dem Verbraucher ein Widerrufsrecht nach § 312g Absatz 1 des Bürgerlichen Gesetzbuchs zu, ist der Unternehmer verpflichtet, den Verbraucher zu informieren

1. über die Bedingungen, die Fristen und das Verfahren für die Ausübung des Widerrufsrechts nach § 355 Absatz 1 des Bürgerlichen Gesetzbuchs sowie das Muster-Widerrufsformular in der Anlage 2,
2. gegebenenfalls darüber, dass der Verbraucher im Widerrufsfall die Kosten für die Rücksendung der Waren zu tragen hat, und bei Fernabsatzverträgen zusätzlich über die Kosten für die Rücksendung der Waren, wenn die Waren auf Grund ihrer Beschaffenheit nicht auf dem normalen Postweg zurückgesendet werden können, und
3. darüber, dass der Verbraucher dem Unternehmer bei einem Vertrag über die Erbringung von Dienstleistungen oder über die nicht in einem bestimmten Volumen oder in einer bestimmten Menge vereinbarte Lieferung von Wasser, Gas, Strom oder die Lieferung von Fernwärme einen angemessenen Betrag nach § 357 Absatz 8 des Bürgerlichen Gesetzbuchs für die vom Unternehmer erbrachte Leistung schuldet, wenn der Verbraucher das Widerrufsrecht ausübt, nachdem er auf Aufforderung des Unternehmers von diesem ausdrücklich den Beginn der Leistung vor Ablauf der Widerrufsfrist verlangt hat.

[2]Der Unternehmer kann diese Informationspflichten dadurch erfüllen, dass er das in der Anlage 1 vorgesehene Muster für die Widerrufsbelehrung zutreffend ausgefüllt in Textform übermittelt.

(3) Der Unternehmer hat den Verbraucher auch zu informieren, wenn

1. dem Verbraucher nach § 312g Absatz 2 Satz 1 Nummer 1, 2, 5 und 7 bis 13 des Bürgerlichen Gesetzbuchs ein Widerrufsrecht nicht zusteht, dass der Verbraucher seine Willenserklärung nicht widerrufen kann, oder
2. das Widerrufsrecht des Verbrauchers nach § 312g Absatz 2 Satz 1 Nummer 3, 4 und 6 sowie § 356 Absatz 4 und 5 des Bürgerlichen Gesetzbuchs vorzeitig erlöschen kann, über die Umstände, unter denen der Verbraucher ein zunächst bestehendes Widerrufsrecht verliert.

§ 2 Erleichterte Informationspflichten bei Reparatur- und Instandhaltungsarbeiten. (1) Hat der Verbraucher bei einem Vertrag über Reparatur- und Instandhaltungsarbeiten, der außerhalb von Geschäftsräumen geschlossen wird, bei dem die beiderseitigen Leistungen sofort erfüllt werden und die vom Verbraucher zu leistende Vergütung 200 Euro nicht übersteigt, ausdrücklich die Dienste des Unternehmers angefordert, muss der Unternehmer dem Verbraucher lediglich folgende Informationen zur Verfügung stellen:

1. die Angaben nach § 1 Absatz 1 Satz 1 Nummer 2 und
2. den Preis oder die Art der Preisberechnung zusammen mit einem Kostenvoranschlag über die Gesamtkosten.

(2) Ferner hat der Unternehmer dem Verbraucher folgende Informationen zur Verfügung zu stellen:
1. die wesentlichen Eigenschaften der Waren oder Dienstleistungen in dem für das Kommunikationsmittel und die Waren oder Dienstleistungen angemessenen Umfang,
2. gegebenenfalls die Bedingungen, die Fristen und das Verfahren für die Ausübung des Widerrufsrechts sowie das Muster-Widerrufsformular in der Anlage 2 und
3. gegebenenfalls die Information, dass der Verbraucher seine Willenserklärung nicht widerrufen kann, oder die Umstände, unter denen der Verbraucher ein zunächst bestehendes Widerrufsrecht vorzeitig verliert.

(3) Eine vom Unternehmer zur Verfügung gestellte Abschrift oder Bestätigung des Vertrags nach § 312f Absatz 1 des Bürgerlichen Gesetzbuchs muss alle nach § 1 zu erteilenden Informationen enthalten.

§ 3 Erleichterte Informationspflichten bei begrenzter Darstellungsmöglichkeit. Soll ein Fernabsatzvertrag mittels eines Fernkommunikationsmittels geschlossen werden, das nur begrenzten Raum oder begrenzte Zeit für die dem Verbraucher zu erteilenden Informationen bietet, ist der Unternehmer verpflichtet, dem Verbraucher mittels dieses Fernkommunikationsmittels zumindest folgende Informationen zur Verfügung zu stellen:
1. die wesentlichen Eigenschaften der Waren oder Dienstleistungen,
2. die Identität des Unternehmers,
3. den Gesamtpreis oder in den Fällen, in denen der Preis auf Grund der Beschaffenheit der Waren oder Dienstleistungen vernünftigerweise nicht im Voraus berechnet werden kann, die Art der Preisberechnung,
4. gegebenenfalls das Bestehen eines Widerrufsrechts und
5. gegebenenfalls die Vertragslaufzeit und die Bedingungen für die Kündigung eines Dauerschuldverhältnisses.

Die weiteren Angaben nach § 1 hat der Unternehmer dem Verbraucher in geeigneter Weise unter Beachtung von § 4 Absatz 3 zugänglich zu machen.

§ 4 Formale Anforderungen an die Erfüllung der Informationspflichten. (1) Der Unternehmer muss dem Verbraucher die Informationen nach den §§ 1 bis 3 vor Abgabe von dessen Vertragserklärung in klarer und verständlicher Weise zur Verfügung stellen.

(2) [1]Bei einem außerhalb von Geschäftsräumen geschlossenen Vertrag muss der Unternehmer die Informationen auf Papier oder, wenn der Verbraucher zustimmt, auf einem anderen dauerhaften Datenträger zur Verfügung stellen. Die Informationen müssen lesbar sein. [2]Die Person des erklärenden Unternehmers muss genannt sein. [3]Der Unternehmer kann die Informationen nach § 2 Absatz 2 in anderer Form zur Verfügung stellen, wenn sich der Verbraucher hiermit ausdrücklich einverstanden erklärt hat.

(3) [1]Bei einem Fernabsatzvertrag muss der Unternehmer dem Verbraucher die Informationen in einer den benutzten Fernkommunikationsmitteln ange-

passten Weise zur Verfügung stellen. [2]Soweit die Informationen auf einem dauerhaften Datenträger zur Verfügung gestellt werden, müssen sie lesbar sein, und die Person des erklärenden Unternehmers muss genannt sein. [3]Abweichend von Satz 1 kann der Unternehmer dem Verbraucher die in § 3 Satz 2 genannten Informationen in geeigneter Weise zugänglich machen.

Art 246b Informationspflichten bei außerhalb von Geschäftsräumen geschlossenen Verträgen und Fernabsatzverträgen über Finanzdienstleistungen.

§ 1 Informationspflichten. (1) Der Unternehmer ist nach § 312d Absatz 2 des Bürgerlichen Gesetzbuchs verpflichtet, dem Verbraucher rechtzeitig vor Abgabe von dessen Vertragserklärung klar und verständlich und unter Angabe des geschäftlichen Zwecks, bei Fernabsatzverträgen in einer dem benutzten Fernkommunikationsmittel angepassten Weise, folgende Informationen zur Verfügung zu stellen:

1. seine Identität, anzugeben ist auch das öffentliche Unternehmensregister, bei dem der Rechtsträger eingetragen ist, und die zugehörige Registernummer oder gleichwertige Kennung,
2. die Hauptgeschäftstätigkeit des Unternehmers und die für seine Zulassung zuständige Aufsichtsbehörde,
3. die Identität des Vertreters des Unternehmers in dem Mitgliedstaat, in dem der Verbraucher seinen Wohnsitz hat, wenn es einen solchen Vertreter gibt, oder die Identität einer anderen gewerblich tätigen Person als dem Anbieter, wenn der Verbraucher mit dieser Person geschäftlich zu tun hat, und die Eigenschaft, in der diese Person gegenüber dem Verbraucher tätig wird,
4. die ladungsfähige Anschrift des Unternehmers und jede andere Anschrift, die für die Geschäftsbeziehung zwischen diesem, seinem Vertreter oder einer anderen gewerblich tätigen Person nach Nummer 3 und dem Verbraucher maßgeblich ist, bei juristischen Personen, Personenvereinigungen oder Personengruppen auch den Namen des Vertretungsberechtigten,
5. die wesentlichen Merkmale der Finanzdienstleistung sowie Informationen darüber, wie der Vertrag zustande kommt,
6. den Gesamtpreis der Finanzdienstleistung einschließlich aller damit verbundenen Preisbestandteile sowie alle über den Unternehmer abgeführten Steuern oder, wenn kein genauer Preis angegeben werden kann, seine Berechnungsgrundlage, die dem Verbraucher eine Überprüfung des Preises ermöglicht,
7. gegebenenfalls zusätzlich anfallende Kosten sowie einen Hinweis auf mögliche weitere Steuern oder Kosten, die nicht über den Unternehmer abgeführt oder von ihm in Rechnung gestellt werden,
8. gegebenenfalls den Hinweis, dass sich die Finanzdienstleistung auf Finanzinstrumente bezieht, die wegen ihrer spezifischen Merkmale oder der durchzuführenden Vorgänge mit speziellen Risiken behaftet sind oder deren Preis Schwankungen auf dem Finanzmarkt unterliegt, auf die der Unternehmer

keinen Einfluss hat, und dass in der Vergangenheit erwirtschaftete Erträge kein Indikator für künftige Erträge sind,

9. eine Befristung der Gültigkeitsdauer der zur Verfügung gestellten Informationen, beispielsweise die Gültigkeitsdauer befristeter Angebote, insbesondere hinsichtlich des Preises,
10. Einzelheiten hinsichtlich der Zahlung und der Erfüllung,
11. alle spezifischen zusätzlichen Kosten, die der Verbraucher für die Benutzung des Fernkommunikationsmittels zu tragen hat, wenn solche zusätzlichen Kosten durch den Unternehmer in Rechnung gestellt werden,
12. das Bestehen oder Nichtbestehen eines Widerrufsrechts sowie die Bedingungen, Einzelheiten der Ausübung, insbesondere Name und Anschrift desjenigen, gegenüber dem der Widerruf zu erklären ist, und die Rechtsfolgen des Widerrufs einschließlich Informationen über den Betrag, den der Verbraucher im Falle des Widerrufs nach § 357a des Bürgerlichen Gesetzbuchs für die erbrachte Leistung zu zahlen hat,
13. die Mindestlaufzeit des Vertrags, wenn dieser eine dauernde oder regelmäßig wiederkehrende Leistung zum Inhalt hat,
14. die vertraglichen Kündigungsbedingungen einschließlich etwaiger Vertragsstrafen,
15. die Mitgliedstaaten der Europäischen Union, deren Recht der Unternehmer der Aufnahme von Beziehungen zum Verbraucher vor Abschluss des Vertrags zugrunde legt,
16. eine Vertragsklausel über das auf den Vertrag anwendbare Recht oder über das zuständige Gericht,
17. die Sprachen, in welchen die Vertragsbedingungen und die in dieser Vorschrift genannten Vorabinformationen mitgeteilt werden, sowie die Sprachen, in welchen sich der Unternehmer verpflichtet, mit Zustimmung des Verbrauchers die Kommunikation während der Laufzeit dieses Vertrags zu führen,
18. gegebenenfalls, dass der Verbraucher ein außergerichtliches Beschwerde- und Rechtsbehelfsverfahren, dem der Unternehmer unterworfen ist, nutzen kann, und dessen Zugangsvoraussetzungen und
19. das Bestehen eines Garantiefonds oder anderer Entschädigungsregelungen, die weder unter die Richtlinie 94/19/EG des Europäischen Parlaments und des Rates vom 30. Mai 1994 über Einlagensicherungssysteme (ABl. L 135 vom 31.5.1994, S. 5) noch unter die Richtlinie 97/9/EG des Europäischen Parlaments und des Rates vom 3. März 1997 über Systeme für die Entschädigung der Anleger (ABl. L 84 vom 26.3.1997, S. 22) fallen.

(2) [1]Bei Telefongesprächen hat der Unternehmer nur folgende Informationen zur Verfügung zu stellen:

1. die Identität der Kontaktperson des Verbrauchers und deren Verbindung zum Unternehmer,
2. die Beschreibung der Hauptmerkmale der Finanzdienstleistung,

3. den Gesamtpreis, den der Verbraucher dem Unternehmer für die Finanzdienstleistung schuldet, einschließlich aller über den Unternehmer abgeführten Steuern, oder, wenn kein genauer Preis angegeben werden kann, die Grundlage für die Berechnung des Preises, die dem Verbraucher eine Überprüfung des Preises ermöglicht,
4. mögliche weitere Steuern und Kosten, die nicht über den Unternehmer abgeführt oder von ihm in Rechnung gestellt werden, und
5. das Bestehen oder Nichtbestehen eines Widerrufsrechts sowie für den Fall, dass ein Widerrufsrecht besteht, auch die Widerrufsfrist und die Bedingungen, Einzelheiten der Ausübung und die Rechtsfolgen des Widerrufs einschließlich Informationen über den Betrag, den der Verbraucher im Falle des Widerrufs nach § 357a des Bürgerlichen Gesetzbuchs für die erbrachte Leistung zu zahlen hat.

[2]Satz 1 gilt nur, wenn der Unternehmer den Verbraucher darüber informiert hat, dass auf Wunsch weitere Informationen übermittelt werden können und welcher Art diese Informationen sind, und der Verbraucher ausdrücklich auf die Übermittlung der weiteren Informationen vor Abgabe seiner Vertragserklärung verzichtet hat.

§ 2 Weitere Informationspflichten. (1) [1]Der Unternehmer hat dem Verbraucher rechtzeitig vor Abgabe von dessen Vertragserklärung die folgenden Informationen auf einem dauerhaften Datenträger mitzuteilen:
1. die Vertragsbestimmungen einschließlich der Allgemeinen Geschäftsbedingungen und
2. die in § 1 Absatz 1 genannten Informationen.

[2]Wird der Vertrag auf Verlangen des Verbrauchers telefonisch oder unter Verwendung eines anderen Fernkommunikationsmittels geschlossen, das die Mitteilung auf einem dauerhaften Datenträger vor Vertragsschluss nicht gestattet, hat der Unternehmer dem Verbraucher abweichend von Satz 1 die Informationen unverzüglich nach Abschluss des Fernabsatzvertrags zu übermitteln.

(2) Der Verbraucher kann während der Laufzeit des Vertrags vom Unternehmer jederzeit verlangen, dass dieser ihm die Vertragsbedingungen einschließlich der Allgemeinen Geschäftsbedingungen in Papierform zur Verfügung stellt.

(3) Zur Erfüllung seiner Informationspflicht nach Absatz 1 Satz 1 Nummer 2 in Verbindung mit § 1 Absatz 1 Nummer 12 über das Bestehen eines Widerrufsrechts kann der Unternehmer dem Verbraucher das in der Anlage 3 vorgesehene Muster für die Widerrufsbelehrung bei Finanzdienstleistungsverträgen zutreffend ausgefüllt in Textform übermitteln.

Art 246c Informationspflichten bei Verträgen im elektronischen Geschäftsverkehr. Bei Verträgen im elektronischen Geschäftsverkehr muss der Unternehmer den Kunden unterrichten
1. über die einzelnen technischen Schritte, die zu einem Vertragsschluss führen,

2. darüber, ob der Vertragstext nach dem Vertragsschluss von dem Unternehmer gespeichert wird und ob er dem Kunden zugänglich ist,
3. darüber, wie er mit den nach § 312i Absatz 1 Satz 1 Nummer 1 des Bürgerlichen Gesetzbuchs zur Verfügung gestellten technischen Mitteln Eingabefehler vor Abgabe der Vertragserklärung erkennen und berichtigen kann,
4. über die für den Vertragsschluss zur Verfügung stehenden Sprachen und
5. über sämtliche einschlägigen Verhaltenskodizes, denen sich der Unternehmer unterwirft, sowie über die Möglichkeit eines elektronischen Zugangs zu diesen Regelwerken.

Anlage 1
(zu Artikel 246 § 2 Absatz 3 Satz 1)

Muster
für die Widerrufsbelehrung bei außerhalb von Geschäftsräumen geschlossenen Verträgen und bei Fernabsatzverträgen mit Ausnahme von Verträgen über Finanzdienstleistungen

Widerrufsbelehrung

Widerrufsrecht

Sie haben das Recht, binnen vierzehn Tagen ohne Angabe von Gründen diesen Vertrag zu widerrufen.

Die Widerrufsfrist beträgt vierzehn Tage ab dem Tag [1].

Um Ihr Widerrufsrecht auszuüben, müssen Sie uns um [2] mittels einer eindeutigen Erklärung (z. B. ein mit der Post versandter Brief, Telefax oder E-Mail) über Ihren Entschluss, diesen Vertrag zu widerrufen, informieren. Sie können dafür das beigefügte Muster-Widerrufsformular verwenden, das jedoch nicht vorgeschrieben ist. [3]

Zur Wahrung der Widerrufsfrist reicht es aus, dass Sie die Mitteilung über die Ausübung des Widerrufsrechts vor Ablauf der Widerrufsfrist absenden.

Folgen des Widerrufs

Wenn Sie diesen Vertrag widerrufen, haben wir Ihnen alle Zahlungen, die wir von Ihnen erhalten haben, einschließlich der Lieferkosten (mit Ausnahme der zusätzlichen Kosten, die sich daraus ergeben, dass Sie eine andere Art der Lieferung als die von uns angebotene, günstigste Standardlieferung gewählt haben), unverzüglich und spätestens binnen vierzehn Tagen ab dem Tag zurückzuzahlen, an dem die Mitteilung über Ihren Widerruf dieses Vertrags bei uns eingegangen ist. Für diese Rückzahlung verwenden wir dasselbe Zahlungsmittel, das Sie bei der ursprünglichen Transaktion eingesetzt haben, es sei denn, mit Ihnen wurde ausdrücklich etwas anderes vereinbart; in keinem Fall werden Ihnen wegen dieser Rückzahlung Entgelte berechnet.

[4]

[5]

[6]

Gestaltungshinweise:

[1] Fügen Sie einen der folgenden in Anführungszeichen gesetzten Textbausteine ein:

a) im Falle eines Dienstleistungsvertrags oder eines Vertrags über die Lieferung von Wasser, Gas oder Strom, wenn sie nicht in einem begrenzten Volumen oder in einer bestimmten Menge zum Verkauf angeboten werden, von Fernwärme oder von digitalen Inhalten, die nicht auf einem körperlichen Datenträger geliefert werden: „des Vertragsabschlusses.";

b) im Falle eines Kaufvertrags: „, an dem Sie oder ein von Ihnen benannter Dritter, der nicht der Beförderer ist, die Waren in Besitz genommen haben bzw. hat.";

c) im Falle eines Vertrags über mehrere Waren, die der Verbraucher im Rahmen einer einheitlichen Bestellung bestellt hat und die getrennt geliefert werden: „, an dem Sie oder ein von Ihnen benannter Dritter, der nicht der Beförderer ist, die letzte Ware in Besitz genommen haben bzw. hat.";

d) im Falle eines Vertrags über die Lieferung einer Ware in mehreren Teilsendungen oder Stücken: „, an dem Sie oder ein von Ihnen benannter Dritter, der nicht der Beförderer ist, die letzte Teilsendung oder das letzte Stück in Besitz genommen haben bzw. hat.";

e) im Falle eines Vertrags zur regelmäßigen Lieferung von Waren über einen festgelegten Zeitraum hinweg: „, an dem Sie oder ein von Ihnen benannter Dritter, der nicht der Beförderer ist, die erste Ware in Besitz genommen haben bzw. hat."

[2] Fügen Sie Ihren Namen, Ihre Anschrift und, soweit verfügbar, Ihre Telefonnummer, Telefaxnummer und E-Mail-Adresse ein.

[3] Wenn Sie dem Verbraucher die Wahl einräumen, die Information über seinen Widerruf des Vertrags auf Ihrer Webseite elektronisch auszufüllen und zu übermitteln, fügen Sie Folgendes ein: „Sie können das Muster-Widerrufsformular oder eine andere eindeutige Erklärung auch auf unserer Webseite [Internet-Adresse einfügen] elektronisch ausfüllen und übermitteln. Machen Sie von dieser Möglichkeit Gebrauch, so werden wir Ihnen unverzüglich (z. B. per E-Mail) eine Bestätigung über den Eingang eines solchen Widerrufs übermitteln.":

[4] Im Falle von Kaufverträgen, in denen Sie nicht angeboten haben, im Falle des Widerrufs die Waren selbst abzuholen, fügen Sie Folgendes ein: „Wir können die Rückzahlung verweigern, bis wir die Waren wieder zurückerhalten haben oder bis Sie den Nachweis erbracht haben, dass Sie die Waren zurückgesandt haben, je nachdem, welches der frühere Zeitpunkt ist."

[5] Wenn der Verbraucher Waren im Zusammenhang mit dem Vertrag erhalten hat:

a) Fügen Sie ein:
- „Wir holen die Waren ab." oder
- „Sie haben die Waren unverzüglich und in jedem Fall spätestens binnen vierzehn Tagen ab dem Tag, an dem Sie uns über den Widerruf dieses Vertrags unterrichten, an … uns oder an [hier sind gegebenenfalls der Name und die Anschrift der von Ihnen zur Entgegennahme der Waren ermächtigten Person einzufügen] zurückzusenden oder zu übergeben. Die Frist ist gewahrt, wenn Sie die Waren vor Ablauf der Frist von vierzehn Tagen absenden."

b) fügen Sie ein:
- „Wir tragen die Kosten der Rücksendung der Waren.";
- „Sie tragen die unmittelbaren Kosten der Rücksendung der Waren.";
- Wenn Sie bei einem Fernabsatzvertrag nicht anbieten, die Kosten der Rücksendung der Waren zu tragen, und die Waren aufgrund ihrer Beschaffenheit nicht normal mit der Post zurückgesandt werden können: „Sie tragen die unmittelbaren Kosten der Rücksendung der Waren in Höhe von … EUR [Betrag einfügen].",

oder, wenn die Kosten vernünftigerweise nicht im Voraus berechnet werden können: „Sie tragen die unmittelbaren Kosten der Rücksendung der Waren. Die Kosten werden auf höchstens etwa … EUR [Betrag einfügen] geschätzt.“ oder
– Wenn die Waren bei einem außerhalb von Geschäftsräumen geschlossenen Vertrag aufgrund ihrer Beschaffenheit nicht normal mit der Post zurückgesandt werden können und zum Zeitpunkt des Vertragsschlusses zur Wohnung des Verbrauchers geliefert worden sind: „Wir holen die Waren auf unsere Kosten ab.“ und

c) fügen Sie ein: „Sie müssen für einen etwaigen Wertverlust der Waren nur aufkommen, wenn dieser Wertverlust auf einen zur Prüfung der Beschaffenheit, Eigenschaften und Funktionsweise der Waren nicht notwendigen Umgang mit ihnen zurückzuführen ist.“

[6] Im Falle eines Vertrags zur Erbringung von Dienstleistungen oder der Lieferung von Wasser, Gas oder Strom, wenn sie nicht in einem begrenzten Volumen oder in einer bestimmten Menge zum Verkauf angeboten werden, oder von Fernwärme fügen Sie Folgendes ein: „Haben Sie verlangt, dass die Dienstleistungen oder Lieferung von Wasser/Gas/Strom/Fernwärme [Unzutreffendes streichen] während der Widerrufsfrist beginnen soll, so haben Sie uns einen angemessenen Betrag zu zahlen, der dem Anteil der bis zu dem Zeitpunkt, zu dem Sie uns von der Ausübung des Widerrufsrechts hinsichtlich dieses Vertrags unterrichten, bereits erbrachten Dienstleistungen im Vergleich zum Gesamtumfang der im Vertrag vorgesehenen Dienstleistungen entspricht.“

Anlage 2
(zu Artikel 246a § 1 Absatz 2 Satz 1 Nummer 1 und § 2 Absatz 2 Nummer 2)

Muster
für das Widerrufsformular

Muster-Widerrufsformular

(Wenn Sie den Vertrag widerrufen wollen, dann füllen Sie bitte dieses Formular aus und senden Sie es zurück.)

- An [hier ist der Name, die Anschrift und gegebenenfalls die Telefaxnummer und E-Mail-Adresse des Unternehmers durch den Unternehmer einzufügen]:
- Hiermit widerrufe(n) ich/wir (*) den von mir/uns (*) abgeschlossenen Vertrag über den Kauf der folgenden Waren (*)/die Erbringung der folgenden Dienstleistung (*)
- Bestellt am (*)/erhalten am (*)
- Name des/der Verbraucher(s)
- Anschrift des/der Verbraucher(s)
- Unterschrift des/der Verbraucher(s) (nur bei Mitteilung auf Papier)
- Datum
- (*) Unzutreffendes streichen.

Anlage 3
(zu Artikel 246b § 2 Absatz 3)

Muster

für die Widerrufsbelehrung bei außerhalb von Geschäftsräumen geschlossenen Verträgen und bei Fernabsatzverträgen über Finanzdienstleistungen

Widerrufsbelehrung

Widerrufsrecht

Sie können Ihre Vertragserklärung innerhalb von 14 Tagen ohne Angabe von Gründen mittels einer eindeutigen Erklärung widerrufen. Die Frist beginnt nach Erhalt dieser Belehrung auf einem dauerhaften Datenträger [1]. Zur Wahrung der Widerrufsfrist genügt die rechtzeitige Absendung des Widerrufs, wenn die Erklärung auf einem dauerhaften Datenträger (z. B. Brief, Telefax, E-Mail) erfolgt. Der Widerruf ist zu richten an: [2]

Widerrufsfolgen [3]

Im Falle eines wirksamen Widerrufs sind die beiderseits empfangenen Leistungen zurückzugewähren. [4] Sie sind zur Zahlung von Wertersatz für die bis zum Widerruf erbrachte Dienstleistung verpflichtet, wenn Sie vor Abgabe Ihrer Vertragserklärung auf diese Rechtsfolge hingewiesen wurden und ausdrücklich zugestimmt haben, dass wir vor dem Ende der Widerrufsfrist mit der Ausführung der Gegenleistung beginnen. Besteht eine Verpflichtung zur Zahlung von Wertersatz, kann dies dazu führen, dass Sie die vertraglichen Zahlungsverpflichtungen für den Zeitraum bis zum Widerruf dennoch erfüllen müssen. Ihr Widerrufsrecht erlischt vorzeitig, wenn der Vertrag von beiden Seiten auf Ihren ausdrücklichen Wunsch vollständig erfüllt ist, bevor Sie Ihr Widerrufsrecht ausgeübt haben. Verpflichtungen zur Erstattung von Zahlungen müssen innerhalb von 30 Tagen erfüllt werden. Die Frist beginnt für Sie mit der Absendung Ihrer Widerrufserklärung, für uns mit deren Empfang.

[5]

Besondere Hinweise

[6]
[7]

(Ort), (Datum), (Unterschrift des Verbrauchers) [8]

Gestaltungshinweise:

[1] Bei einem der nachstehenden Sonderfälle ist Folgendes einzufügen:

a) Bei der Erbringung von Finanzdienstleistungen außer Zahlungsdiensten: „, jedoch nicht vor Vertragsschluss und auch nicht vor Erfüllung unserer Informationspflichten gemäß Artikel 246b § 2 Absatz 1 in Verbindung mit Artikel 246b § 1 Absatz 1 EGBGB";

b) Bei Abschluss von Verträgen über die Erbringung von Zahlungsdiensten im Fernabsatz:

aa) bei Zahlungsdiensterahmenverträgen: „, jedoch nicht vor Vertragsschluss und auch nicht vor Erfüllung unserer Informationspflichten gemäß Artikel 246b § 2 Absatz 1 in Verbindung mit § 1 Absatz 1 Nummer 7 bis 12, 15 und 19 sowie Artikel 248 § 4 Absatz 1 EGBGB";

bb) bei Kleinbetragsinstrumenten im Sinne des § 675i Absatz 1 BGB: „, jedoch nicht vor Vertragsschluss und auch nicht vor Erfüllung unserer Informationspflichten gemäß Artikel 246b § 2 Absatz 1 in Verbindung mit § 1 Absatz 1 Nummer 7 bis 12, 15 und 19 sowie Artikel 248 § 11 Absatz 1 EGBGB";

cc) bei Einzelzahlungsverträgen: „, jedoch nicht vor Vertragsschluss und auch nicht vor Erfüllung unserer Informationspflichten gemäß Artikel 246b § 2 Absatz 1 in Verbindung mit § 1 Absatz 1 Nummer 7 bis 12, 15 und 19 sowie Artikel 248 § 13 Absatz 1 EGBGB".

c) Bei Abschluss von Verträgen über die Erbringung von Zahlungsdiensten außerhalb von Geschäftsräumen:

aa) bei Zahlungsdiensterahmenverträgen: „, jedoch nicht vor Vertragsschluss und auch nicht vor Erfüllung unserer Informationspflichten gemäß Artikel 246b § 2 in Verbindung mit § 1 Absatz 1 Nummer 12 sowie Artikel 248 § 4 Absatz 1 EGBGB";

bb) bei Kleinbetragsinstrumenten im Sinne des § 675i Absatz 1 BGB: „, jedoch nicht vor Vertragsschluss und auch nicht vor Erfüllung unserer Informationspflichten gemäß Artikel 246b § 2 in Verbindung mit § 1 Absatz 1 Nummer 12 sowie Artikel 248 § 11 Absatz 1 EGBGB";

cc) bei Einzelzahlungsverträgen: „, jedoch nicht vor Vertragsschluss und auch nicht vor Erfüllung unserer Informationspflichten gemäß Artikel 246b § 2 in Verbindung mit § 1 Absatz 1 Nummer 12 sowie Artikel 248 § 13 Absatz 1 EGBGB".

Wird für einen Vertrag belehrt, der unter mehrere der vorstehenden Sonderfälle fällt, sind die jeweils zutreffenden Ergänzungen zu kombinieren. Soweit zu kombinierende Ergänzungen sprachlich identisch sind, sind Wiederholungen des Wortlauts nicht erforderlich.

[2] Einsetzen: Namen/Firma und ladungsfähige Anschrift des Widerrufsadressaten.

Zusätzlich können angegeben werden: Telefaxnummer, E-Mail-Adresse und/oder, wenn der Verbraucher eine Bestätigung seiner Widerrufserklärung an den Unternehmer erhält, auch eine Internetadresse.

[3] Dieser Absatz kann entfallen, wenn die beiderseitigen Leistungen erst nach Ablauf der Widerrufsfrist erbracht werden. Dasselbe gilt, wenn eine Rückabwicklung nicht in Betracht kommt (z. B. Hereinnahme einer Bürgschaft).

[4] Bei der Vereinbarung eines Entgelts für die Duldung einer Überziehung im Sinne des § 505 BGB ist hier Folgendes einzufügen:

„Überziehen Sie Ihr Konto ohne eingeräumte Überziehungsmöglichkeit oder überschreiten Sie die Ihnen eingeräumte Überziehungsmöglichkeit, können wir von Ihnen über die Rückzahlung des Betrags der Überziehung oder Überschreitung hinaus weder

Kosten noch Zinsen verlangen, wenn wir Sie nicht ordnungsgemäß über die Bedingungen und Folgen der Überziehung oder Überschreitung (z. B. anwendbarer Sollzinssatz, Kosten) informiert haben."

[5] Bei einem Vertrag über eine entgeltliche Finanzierungshilfe, der von der Ausnahme des § 506 Absatz 4 BGB erfasst ist, gilt Folgendes:

a) Ist Vertragsgegenstand die Überlassung einer Sache mit Ausnahme der Lieferung von Wasser, Gas oder Strom, die nicht in einem begrenzten Volumen oder in einer bestimmten Menge zum Verkauf angeboten werden, sind hier die konkreten Hinweise entsprechend Gestaltungshinweis [5] Buchstabe a bis c der Anlage 1 zu Artikel 246a § 1 Absatz 2 Satz 2 EGBGB zu geben.

b) Ist Vertragsgegenstand die Erbringung einer Dienstleistung, die nicht in der Überlassung einer Sache gemäß Buchstabe a oder in einer Finanzdienstleistung besteht, oder die Lieferung von Wasser, Gas oder Strom, wenn sie nicht in einem begrenzten Volumen oder in einer bestimmten Menge zum Verkauf angeboten werden, oder die Lieferung von Fernwärme, sind hier die konkreten Hinweise entsprechend Gestaltungshinweis [6] der Anlage 1 zu Artikel 246a § 1 Absatz 2 Satz 2 EGBGB zu geben.

c) Ist Vertragsgegenstand die Lieferung von nicht auf einem körperlichen Datenträger befindlichen digitalen Inhalten, ist hier folgender Hinweis zu geben:

„Sie sind zur Zahlung von Wertersatz für die bis zum Widerruf gelieferten digitalen Inhalte verpflichtet, wenn Sie vor Abgabe Ihrer Vertragserklärung auf diese Rechtsfolge hingewiesen wurden und ausdrücklich zugestimmt haben, dass wir vor dem Ende der Widerrufsfrist mit der Lieferung der digitalen Inhalte beginnen."

[6] Der nachfolgende Hinweis für finanzierte Geschäfte kann entfallen, wenn kein verbundenes Geschäft vorliegt:

„Wenn Sie diesen Vertrag durch ein Darlehen finanzieren und ihn später widerrufen, sind Sie auch an den Darlehensvertrag nicht mehr gebunden, sofern beide Verträge eine wirtschaftliche Einheit bilden. Dies ist insbesondere dann anzunehmen, wenn wir gleichzeitig Ihr Darlehensgeber sind oder wenn sich Ihr Darlehensgeber im Hinblick auf die Finanzierung unserer Mitwirkung bedient. Wenn uns das Darlehen bei Wirksamwerden des Widerrufs oder bei der Rückgabe der Ware bereits zugeflossen ist, tritt Ihr Darlehensgeber im Verhältnis zu Ihnen hinsichtlich der Rechtsfolgen des Widerrufs oder der Rückgabe in unsere Rechte und Pflichten aus dem finanzierten Vertrag ein. Letzteres gilt nicht, wenn der vorliegende Vertrag den Erwerb von Finanzinstrumenten (z. B. von Wertpapieren, Devisen oder Derivaten) zum Gegenstand hat.
Wollen Sie eine vertragliche Bindung so weitgehend wie möglich vermeiden, machen Sie von Ihrem Widerrufsrecht Gebrauch und widerrufen Sie zudem den Darlehensvertrag, wenn Ihnen auch dafür ein Widerrufsrecht zusteht."
Bei einem finanzierten Erwerb eines Grundstücks oder eines grundstücksgleichen Rechts ist Satz 2 des vorstehenden Hinweises wie folgt zu ändern:
„Dies ist nur anzunehmen, wenn die Vertragspartner in beiden Verträgen identisch sind oder wenn der Darlehensgeber über die Zurverfügungstellung von Darlehen hinaus Ihr Grundstücksgeschäft durch Zusammenwirken mit dem Veräußerer fördert, indem er sich dessen Veräußerungsinteressen ganz oder teilweise zu eigen macht, bei der Planung, Werbung oder Durchführung des Projekts Funktionen des Veräußerers übernimmt oder den Veräußerer einseitig begünstigt."

[7] Der nachfolgende Hinweis kann entfallen, wenn kein zusammenhängender Vertrag vorliegt:

„Bei Widerruf dieses Vertrags sind Sie auch an einen mit diesem Vertrag zusammenhängenden Vertrag nicht mehr gebunden, wenn der zusammenhängende Vertrag eine

Leistung betrifft, die von uns oder einem Dritten auf der Grundlage einer Vereinbarung zwischen uns und dem Dritten erbracht wird."

[8] Ort, Datum und Unterschriftsleiste können entfallen. In diesem Fall sind diese Angaben entweder durch die Wörter „Ende der Widerrufsbelehrung" oder durch die Wörter „Ihr(e) (einsetzen: Firma des Unternehmers)" zu ersetzen.

Anlage 4
(zu Artikel 247 § 2)

Europäische Standardinformationen für Verbraucherkredite

1. Name und Kontaktangaben des Kreditgebers/Kreditvermittlers
Kreditgeber
Anschrift
Telefon*)
E-Mail*)
Fax*)
Internet-Adresse*) [Name]
[Ladungsfähige Anschrift für Kontakte des Verbrauchers]
(falls zutreffend)
Kreditvermittler
Anschrift
Telefon*)
E-Mail*)
Fax*)
Internet-Adresse*) [Name]
[Anschrift für Kontakte mit dem Verbraucher]
*) Freiwillige Angaben des Kreditgebers

In allen Fällen, in denen „falls zutreffend" angegeben ist, muss der Kreditgeber das betreffende Kästchen ausfüllen, wenn die Information für den Kreditvertrag relevant ist, oder die betreffende Information bzw. die gesamte Zeile streichen, wenn die Information für die in Frage kommende Kreditart nicht relevant ist.

Die Vermerke in eckigen Klammern dienen zur Erläuterung und sind durch die entsprechenden Angaben zu ersetzen.2.Beschreibung der wesentlichen Merkmale des Kredits
Kreditart

Gesamtkreditbetrag

Obergrenze oder Summe aller Beträge, die aufgrund des Kreditvertrags zur Verfügung gestellt wird

Bedingungen für die Inanspruchnahme

Gemeint ist, wie und wann Sie das Geld erhalten

Laufzeit des Kreditvertrags

Teilzahlungen und gegebenenfalls Reihenfolge, in der die Teilzahlungen angerechnet werdenSie müssen folgende Zahlungen leisten:

[Betrag, Anzahl und Periodizität der vom Verbraucher zu leistenden Zahlungen]

Zinsen und/oder Kosten sind wie folgt zu entrichten:

Von Ihnen zu zahlender Gesamtbetrag

Betrag des geliehenen Kapitals zuzüglich Zinsen und etwaiger Kosten im Zusammenhang mit Ihrem Kredit[Summe des Gesamtkreditbetrags und der Gesamtkosten des Kredits]

(falls zutreffend)

Der Kredit wird in Form eines Zahlungsaufschubs für eine Ware oder Dienstleistung gewährt oder ist mit der Lieferung bestimmter Waren oder der Erbringung einer Dienstleistung verbunden.

Bezeichnung der Ware oder Dienstleistung

Barzahlungspreis

(falls zutreffend)

Verlangte Sicherheiten

Beschreibung der von Ihnen im Zusammenhang mit dem Kreditvertrag zu stellenden Sicherheiten[Art der Sicherheiten]

(falls zutreffend)

Zahlungen dienen nicht der unmittelbaren Kapitaltilgung

3. Kreditkosten

Sollzinssatz oder gegebenenfalls die verschiedenen Sollzinssätze, die für den Kreditvertrag gelten[%
- gebunden oder
- veränderlich (mit dem Index oder Referenzzinssatz für den anfänglichen Sollzinssatz)
- Zeiträume]

Effektiver Jahreszins

Gesamtkosten ausgedrückt als jährlicher Prozentsatz des Gesamtkreditbetrags

Diese Angabe hilft Ihnen dabei, unterschiedliche Angebote zu vergleichen.
[% Repräsentatives Beispiel unter Angabe sämtlicher in die Berechnung des Jahreszinses einfließender Annahmen]

Ist
– der Abschluss einer Kreditversicherung
oder
– die Inanspruchnahme einer anderen mit dem Kreditvertrag zusammenhängenden Nebenleistung
zwingende Voraussetzung dafür, dass der Kredit überhaupt oder nach den vorgesehenen Vertragsbedingungen gewährt wird?
Falls der Kreditgeber die Kosten dieser Dienstleistungen nicht kennt, sind sie nicht im effektiven Jahreszins enthalten. Ja/Nein
[Falls ja, Art der Versicherung:]

Ja/Nein
[Falls ja, Art der Nebenleistung:]
Kosten im Zusammenhang mit dem Kredit
(falls zutreffend)
Die Führung eines oder mehrerer Konten ist für die Buchung der Zahlungsvorgänge und der in Anspruch genommenen Kreditbeträge erforderlich.

(falls zutreffend)
Höhe der Kosten für die Verwendung eines bestimmten Zahlungsmittels (z. B. einer Kreditkarte)
(falls zutreffend)
Sonstige Kosten im Zusammenhang mit dem Kreditvertrag
(falls zutreffend)
Bedingungen, unter denen die vorstehend genannten Kosten im Zusammenhang mit dem Kreditvertrag geändert werden können
(falls zutreffend)
Verpflichtung zur Zahlung von Notarkosten
Kosten bei Zahlungsverzug
Ausbleibende Zahlungen können schwer wiegende Folgen für Sie haben (z. B. Zwangsverkauf) und die Erlangung eines Kredits erschweren.Bei Zahlungsverzug wird Ihnen
[... (anwendbarer Zinssatz und Regelungen für seine Anpassung sowie gegebenenfalls Verzugskosten)]
berechnet.

4. Andere wichtige rechtliche Aspekte
Widerrufsrecht
Sie haben das Recht, innerhalb von 14 Kalendertagen den Kreditvertrag zu widerrufen. Ja/Nein
Vorzeitige Rückzahlung

Sie haben das Recht, den Kredit jederzeit ganz oder teilweise vorzeitig zurückzuzahlen.

(falls zutreffend)

Dem Kreditgeber steht bei vorzeitiger Rückzahlung eine Entschädigung zu [Festlegung der Entschädigung (Berechnungsmethode) gemäß § 502 BGB]

Datenbankabfrage

Der Kreditgeber muss Sie unverzüglich und unentgeltlich über das Ergebnis einer Datenbankabfrage unterrichten, wenn ein Kreditantrag aufgrund einer solchen Abfrage abgelehnt wird. Dies gilt nicht, wenn eine entsprechende Unterrichtung durch die Rechtsvorschriften der Europäischen Union untersagt ist oder den Zielen der öffentlichen Ordnung oder Sicherheit zuwiderläuft.

Recht auf einen Kreditvertragsentwurf

Sie haben das Recht, auf Verlangen unentgeltlich eine Kopie des Kreditvertragsentwurfs zu erhalten. Diese Bestimmung gilt nicht, wenn der Kreditgeber zum Zeitpunkt der Beantragung nicht zum Abschluss eines Kreditvertrags mit Ihnen bereit ist.

(falls zutreffend)

Zeitraum, während dessen der Kreditgeber an die vorvertraglichen Informationen gebunden istDiese Informationen gelten vom ... bis ...

(falls zutreffend)

5. Zusätzliche Informationen beim Fernabsatz von Finanzdienstleistungen

a) zum Kreditgeber

(falls zutreffend)

Vertreter des Kreditgebers in dem Mitgliedstaat, in dem Sie Ihren Wohnsitz haben[Name]

Anschrift

Telefon*)

E-Mail*)

Fax*)

Internet-Adresse*)[Ladungsfähige Anschrift für Kontakte des Verbrauchers]

(falls zutreffend)

Eintrag im Handelsregister[Handelsregister, in das der Kreditgeber eingetragen ist, und seine Handelsregisternummer oder eine gleichwertige in diesem Register verwendete Kennung]

(falls zutreffend)

Zuständige Aufsichtsbehörde

b) zum Kreditvertrag

(falls zutreffend)
Ausübung des Widerrufsrechts[Praktische Hinweise zur Ausübung des Widerrufsrechts, darunter Widerrufsfrist, Angabe der Anschrift, an die die Widerruferklärung zu senden ist, sowie Folgen bei Nichtausübung dieses Rechts]
(falls zutreffend)
Recht, das der Kreditgeber der Aufnahme von Beziehungen zu Ihnen vor Abschluss des Kreditvertrags zugrunde legt
(falls zutreffend)
Klauseln über das auf den Kreditvertrag anwendbare Recht und/oder das zuständige Gericht[Entsprechende Klauseln hier wiedergeben]
(falls zutreffend)
Wahl der SpracheDie Informationen und Vertragsbedingungen werden in [Angabe der Sprache] vorgelegt. Mit Ihrer Zustimmung werden wir während der Laufzeit des Kreditvertrags in [Angabe der Sprache(n)] mit Ihnen Kontakt halten.

c) zu den Rechtsmitteln

Verfügbarkeit außergerichtlicher Beschwerde- und Rechtsbehelfsverfahren und Zugang dazu[Angabe, ob der Verbraucher, der Vertragspartei eines Fernabsatzvertrags ist, Zugang zu einem außergerichtlichen Beschwerde- und Rechtsbehelfsverfahren hat, und gegebenenfalls die Voraussetzungen für diesen Zugang]

Anhang I

Rom I (Vertragliche Schuldverhältnisse)

Auszug aus der **Verordnung (EG) Nr. 593/2008**
des Europäischen Parlaments und des Rates vom 17. Juni 2008
über das auf vertragliche Schuldverhältnisse anzuwendende Recht
(Abl. 2008 L 177/6, ber. Abl. 2009 L 309/87)

Art. 1 Anwendungsbereich. (1) [1]Diese Verordnung gilt für vertragliche Schuldverhältnisse in Zivil- und Handelssachen, die eine Verbindung zum Recht verschiedener Staaten aufweisen. [2]Sie gilt insbesondere nicht für Steuer- und Zollsachen sowie verwaltungsrechtliche Angelegenheiten.

(2) Vom Anwendungsbereich dieser Verordnung ausgenommen sind:

a) der Personenstand sowie die Rechts-, Geschäfts- und Handlungsfähigkeit von natürlichen Personen, unbeschadet des Art. 13;

b) Schuldverhältnisse aus einem Familienverhältnis oder aus Verhältnissen, die nach dem auf diese Verhältnisse anzuwendenden Recht vergleichbare Wirkungen entfalten, einschließlich der Unterhaltspflichten;
c) Schuldverhältnisse aus ehelichen Güterständen, aus Güterständen aufgrund von Verhältnissen, die nach dem auf diese Verhältnisse anzuwendenden Recht mit der Ehe vergleichbare Wirkungen entfalten, und aus Testamenten und Erbrecht;
d) Verpflichtungen aus Wechseln, Schecks, Eigenwechseln und anderen handelbaren Wertpapieren, soweit die Verpflichtungen aus diesen anderen Wertpapieren aus deren Handelbarkeit entstehen;
e) Schieds- und Gerichtsstandsvereinbarungen;
f) Fragen betreffend das Gesellschaftsrecht, das Vereinsrecht und das Recht der juristischen Personen, wie die Errichtung durch Eintragung oder auf andere Weise, die Rechts- und Handlungsfähigkeit, die innere Verfassung und die Auflösung von Gesellschaften, Vereinen und juristischen Personen sowie die persönliche Haftung der Gesellschafter und der Organe für die Verbindlichkeiten einer Gesellschaft, eines Vereins oder einer juristischen Person;
g) die Frage, ob ein Vertreter die Person, für deren Rechnung er zu handeln vorgibt, Dritten gegenüber verpflichten kann, oder ob ein Organ einer Gesellschaft, eines Vereins oder einer anderen juristischen Person diese Gesellschaft, diesen Verein oder diese juristische Person gegenüber Dritten verpflichten kann;
h) die Gründung von „Trusts" sowie die dadurch geschaffenen Rechtsbeziehungen zwischen den Verfügenden, den Treuhändern und den Begünstigten;
i) Schuldverhältnisse aus Verhandlungen vor Abschluss eines Vertrags;
j) Versicherungsverträge aus von anderen Einrichtungen als den in Art. 2 der Richtlinie 2002/83/EG des Europäischen Parlaments und des Rates vom 5. November 2002 über Lebensversicherungen genannten Unternehmen durchgeführten Geschäften, deren Zweck darin besteht, den unselbstständig oder selbstständig tätigen Arbeitskräften eines Unternehmens oder einer Unternehmensgruppe oder den Angehörigen eines Berufes oder einer Berufsgruppe im Todes- oder Erlebensfall oder bei Arbeitseinstellung oder bei Minderung der Erwerbstätigkeit oder bei arbeitsbedingter Krankheit oder Arbeitsunfällen Leistungen zu gewähren.

(3) Diese Verordnung gilt unbeschadet des Art. 18 nicht für den Beweis und das Verfahren.

(4) [1]Im Sinne dieser Verordnung bezeichnet der Begriff „Mitgliedstaat" die Mitgliedstaaten, auf die diese Verordnung anwendbar ist. [2]In Art. 3 Absatz 4 und Art. 7 bezeichnet der Begriff jedoch alle Mitgliedstaaten.

Art. 2 Universelle Anwendung. Das nach dieser Verordnung bezeichnete Recht ist auch dann anzuwenden, wenn es nicht das Recht eines Mitgliedstaats ist.

Art. 3 Freie Rechtswahl. (1) [1]Der Vertrag unterliegt dem von den Parteien gewählten Recht. [2]Die Rechtswahl muss ausdrücklich erfolgen oder sich eindeutig aus den Bestimmungen des Vertrags oder aus den Umständen des Falles ergeben. [3]Die Parteien können die Rechtswahl für ihren ganzen Vertrag oder nur für einen Teil desselben treffen.

(2) [1]Die Parteien können jederzeit vereinbaren, dass der Vertrag nach einem anderen Recht zu beurteilen ist als dem, das zuvor entweder aufgrund einer früheren Rechtswahl nach diesem Artikel oder aufgrund anderer Vorschriften dieser Verordnung für ihn maßgebend war. [2]Die Formgültigkeit des Vertrags im Sinne des Art. 11 und Rechte Dritter werden durch eine nach Vertragsschluss erfolgende Änderung der Bestimmung des anzuwendenden Rechts nicht berührt.

(3) Sind alle anderen Elemente des Sachverhalts zum Zeitpunkt der Rechtswahl in einem anderen als demjenigen Staat belegen, dessen Recht gewählt wurde, so berührt die Rechtswahl der Parteien nicht die Anwendung derjenigen Bestimmungen des Rechts dieses anderen Staates, von denen nicht durch Vereinbarung abgewichen werden kann.

(4) Sind alle anderen Elemente des Sachverhalts zum Zeitpunkt der Rechtswahl in einem oder mehreren Mitgliedstaaten belegen, so berührt die Wahl des Rechts eines Drittstaats durch die Parteien nicht die Anwendung der Bestimmungen des Gemeinschaftsrechts – gegebenenfalls in der von dem Mitgliedstaat des angerufenen Gerichts umgesetzten Form –, von denen nicht durch Vereinbarung abgewichen werden kann.

(5) Auf das Zustandekommen und die Wirksamkeit der Einigung der Parteien über das anzuwendende Recht finden die Art. 10, 11 und 13 Anwendung.

Art. 4 Mangels Rechtswahl anzuwendendes Recht. (1) Soweit die Parteien keine Rechtswahl gemäß Art. 3 getroffen haben, bestimmt sich das auf den Vertrag anzuwendende Recht unbeschadet der Art. 5 bis 8 wie folgt:
a) Kaufverträge über bewegliche Sachen unterliegen dem Recht des Staates, in dem der Verkäufer seinen gewöhnlichen Aufenthalt hat.
b) Dienstleistungsverträge unterliegen dem Recht des Staates, in dem der Dienstleister seinen gewöhnlichen Aufenthalt hat.
c) Verträge, die ein dingliches Recht an unbeweglichen Sachen sowie die Miete oder Pacht unbeweglicher Sachen zum Gegenstand haben, unterliegen dem Recht des Staates, in dem die unbewegliche Sache belegen ist.
d) Ungeachtet des Buchstabens c unterliegt die Miete oder Pacht unbeweglicher Sachen für höchstens sechs aufeinander folgende Monate zum vorübergehenden privaten Gebrauch dem Recht des Staates, in dem der Vermieter oder Verpächter seinen gewöhnlichen Aufenthalt hat, sofern der Mieter oder Pächter eine natürliche Person ist und seinen gewöhnlichen Aufenthalt in demselben Staat hat.
e) Franchiseverträge unterliegen dem Recht des Staates, in dem der Franchisenehmer seinen gewöhnlichen Aufenthalt hat.

f) Vertriebsverträge unterliegen dem Recht des Staates, in dem der Vertriebshändler seinen gewöhnlichen Aufenthalt hat.
g) Verträge über den Kauf beweglicher Sachen durch Versteigerung unterliegen dem Recht des Staates, in dem die Versteigerung abgehalten wird, sofern der Ort der Versteigerung bestimmt werden kann.
h) Verträge, die innerhalb eines multilateralen Systems geschlossen werden, das die Interessen einer Vielzahl Dritter am Kauf und Verkauf von Finanzinstrumenten im Sinne von Art. 4 Absatz 1 Nummer 17 der Richtlinie 2004/39/EG nach nicht diskretionären Regeln und nach Maßgabe eines einzigen Rechts zusammenführt oder das Zusammenführen fördert, unterliegen diesem Recht.

(2) Fällt der Vertrag nicht unter Absatz 1 oder sind die Bestandteile des Vertrags durch mehr als einen der Buchstaben a bis h des Absatzes 1 abgedeckt, so unterliegt der Vertrag dem Recht des Staates, in dem die Partei, welche die für den Vertrag charakteristische Leistung zu erbringen hat, ihren gewöhnlichen Aufenthalt hat.

(3) Ergibt sich aus der Gesamtheit der Umstände, dass der Vertrag eine offensichtlich engere Verbindung zu einem anderen als dem nach Absatz 1 oder 2 bestimmten Staat aufweist, so ist das Recht dieses anderen Staates anzuwenden.

(4) Kann das anzuwendende Recht nicht nach Absatz 1 oder 2 bestimmt werden, so unterliegt der Vertrag dem Recht des Staates, zu dem er die engste Verbindung aufweist.

Art. 6 Verbraucherverträge. (1) Unbeschadet der Art. 5 und 7 unterliegt ein Vertrag, den eine natürliche Person zu einem Zweck, der nicht ihrer beruflichen oder gewerblichen Tätigkeit zugerechnet werden kann („Verbraucher"), mit einer anderen Person geschlossen hat, die in Ausübung ihrer beruflichen oder gewerblichen Tätigkeit handelt („Unternehmer"), dem Recht des Staates, in dem der Verbraucher seinen gewöhnlichen Aufenthalt hat, sofern der Unternehmer
a) seine berufliche oder gewerbliche Tätigkeit in dem Staat ausübt, in dem der Verbraucher seinen gewöhnlichen Aufenthalt hat, oder
b) eine solche Tätigkeit auf irgendeiner Weise auf diesen Staat oder auf mehrere Staaten, einschließlich dieses Staates, ausrichtet

und der Vertrag in den Bereich dieser Tätigkeit fällt.

(2) [1]Ungeachtet des Absatzes 1 können die Parteien das auf einen Vertrag, der die Anforderungen des Absatzes 1 erfüllt, anzuwendende Recht nach Art. 3 wählen. [2]Die Rechtswahl darf jedoch nicht dazu führen, dass dem Verbraucher der Schutz entzogen wird, der ihm durch diejenigen Bestimmungen gewährt wird, von denen nach dem Recht, das nach Absatz 1 mangels einer Rechtswahl anzuwenden wäre, nicht durch Vereinbarung abgewichen werden darf.

(3) Sind die Anforderungen des Absatzes 1 Buchstabe a oder b nicht erfüllt, so gelten für die Bestimmung des auf einen Vertrag zwischen einem Verbraucher und einem Unternehmer anzuwendenden Rechts die Art. 3 und 4.

(4) Die Absätze 1 und 2 gelten nicht für:

a) Verträge über die Erbringung von Dienstleistungen, wenn die dem Verbraucher geschuldeten Dienstleistungen ausschließlich in einem anderen als dem Staat erbracht werden müssen, in dem der Verbraucher seinen gewöhnlichen Aufenthalt hat;
b) Beförderungsverträge mit Ausnahme von Pauschalreiseverträgen im Sinne der Richtlinie 90/314/EWG des Rates vom 13. Juni 1990 über Pauschalreisen;
c) Verträge, die ein dingliches Recht an unbeweglichen Sachen oder die Miete oder Pacht unbeweglicher Sachen zum Gegenstand haben, mit Ausnahme der Verträge über Teilzeitnutzungsrechte an Immobilien im Sinne der Richtlinie 94/47/EG;
d) Rechte und Pflichten im Zusammenhang mit einem Finanzinstrument sowie Rechte und Pflichten, durch die die Bedingungen für die Ausgabe oder das öffentliche Angebot und öffentliche Übernahmeangebote bezüglich übertragbarer Wertpapiere und die Zeichnung oder den Rückkauf von Anteilen an Organismen für gemeinsame Anlagen in Wertpapieren festgelegt werden, sofern es sich dabei nicht um die Erbringung von Finanzdienstleistungen handelt;
e) Verträge, die innerhalb der Art von Systemen geschlossen werden, auf die Art. 4 Absatz 1 Buchstabe h Anwendung findet.

Art. 11 Form. (1) Ein Vertrag, der zwischen Personen geschlossen wird, die oder deren Vertreter sich zum Zeitpunkt des Vertragsschlusses in demselben Staat befinden, ist formgültig, wenn er die Formerfordernisse des auf ihn nach dieser Verordnung anzuwendenden materiellen Rechts oder die Formerfordernisse des Rechts des Staates, in dem er geschlossen wird, erfüllt.

(2) Ein Vertrag, der zwischen Personen geschlossen wird, die oder deren Vertreter sich zum Zeitpunkt des Vertragsschlusses in verschiedenen Staaten befinden, ist formgültig, wenn er die Formerfordernisse des auf ihn nach dieser Verordnung anzuwendenden materiellen Rechts oder die Formerfordernisse des Rechts eines der Staaten, in denen sich eine der Vertragsparteien oder ihr Vertreter zum Zeitpunkt des Vertragsschlusses befindet, oder die Formerfordernisse des Rechts des Staates, in dem eine der Vertragsparteien zu diesem Zeitpunkt ihren gewöhnlichen Aufenthalt hatte, erfüllt.

(3) Ein einseitiges Rechtsgeschäft, das sich auf einen geschlossenen oder zu schließenden Vertrag bezieht, ist formgültig, wenn es die Formerfordernisse des materiellen Rechts, das nach dieser Verordnung auf den Vertrag anzuwenden ist oder anzuwenden wäre, oder die Formerfordernisse des Rechts des Staates erfüllt, in dem dieses Rechtsgeschäft vorgenommen worden ist oder in dem die Person, die das Rechtsgeschäft vorgenommen hat, zu diesem Zeitpunkt ihren gewöhnlichen Aufenthalt hatte.

(4) [1]Die Absätze 1, 2 und 3 des vorliegenden Artikels gelten nicht für Verträge, die in den Anwendungsbereich von Art. 6 fallen. [2]Für die Form dieser

Verträge ist das Recht des Staates maßgebend, in dem der Verbraucher seinen gewöhnlichen Aufenthalt hat.

(5) Abweichend von den Absätzen 1 bis 4 unterliegen Verträge, die ein dingliches Recht an einer unbeweglichen Sache oder die Miete oder Pacht einer unbeweglichen Sache zum Gegenstand haben, den Formvorschriften des Staates, in dem die unbewegliche Sache belegen ist, sofern diese Vorschriften nach dem Recht dieses Staates

a) unabhängig davon gelten, in welchem Staat der Vertrag geschlossen wird oder welchem Recht dieser Vertrag unterliegt, und
b) von ihnen nicht durch Vereinbarung abgewichen werden darf.

Art. 12 Geltungsbereich des anzuwendenden Rechts. (1) Das nach dieser Verordnung auf einen Vertrag anzuwendende Recht ist insbesondere maßgebend für

a) seine Auslegung,
b) die Erfüllung der durch ihn begründeten Verpflichtungen,
c) die Folgen der vollständigen oder teilweisen Nichterfüllung dieser Verpflichtungen, in den Grenzen der dem angerufenen Gericht durch sein Prozessrecht eingeräumten Befugnisse, einschließlich der Schadensbemessung, soweit diese nach Rechtsnormen erfolgt,
d) die verschiedenen Arten des Erlöschens der Verpflichtungen sowie die Verjährung und die Rechtsverluste, die sich aus dem Ablauf einer Frist ergeben,
e) die Folgen der Nichtigkeit des Vertrags.

(2) In Bezug auf die Art und Weise der Erfüllung und die vom Gläubiger im Falle mangelhafter Erfüllung zu treffenden Maßnahmen ist das Recht des Staates, in dem die Erfüllung erfolgt, zu berücksichtigen.

Art. 16 Mehrfache Haftung. [1]Hat ein Gläubiger eine Forderung gegen mehrere für dieselbe Forderung haftende Schuldner und ist er von einem der Schuldner ganz oder teilweise befriedigt worden, so ist für das Recht dieses Schuldners, von den übrigen Schuldnern Ausgleich zu verlangen, das Recht maßgebend, das auf die Verpflichtung dieses Schuldners gegenüber dem Gläubiger anzuwenden ist. [2]Die übrigen Schuldner sind berechtigt, diesem Schuldner diejenigen Verteidigungsmittel entgegenzuhalten, die ihnen gegenüber dem Gläubiger zugestanden haben, soweit dies gemäß dem auf ihre Verpflichtung gegenüber dem Gläubiger anzuwendenden Recht zulässig wäre.

Anhang II

Rom II

Auszug aus der **Verordnung (EG) Nr. 864/2007 des Europäischen Parlaments und des Rates vom 11. Juli 2007 über das auf außervertragliche Schuldverhältnisse anzuwendende Recht/Rom II** (Abl. 2007/L 199/40), zuletzt bereinigt durch Abl. 2012 L 310/52)

Art. 1 Anwendungsbereich. (1) [1]Diese Verordnung gilt für außervertragliche Schuldverhältnisse in Zivil- und Handelssachen, die eine Verbindung zum Recht verschiedener Staaten aufweisen. [2]Sie gilt insbesondere nicht für Steuer- und Zollsachen, verwaltungsrechtliche Angelegenheiten oder die Haftung des Staates für Handlungen oder Unterlassungen im Rahmen der Ausübung hoheitlicher Rechte („acta iure imperii").

(2) Vom Anwendungsbereich dieser Verordnung ausgenommen sind
a) außervertragliche Schuldverhältnisse aus einem Familienverhältnis oder aus Verhältnissen, die nach dem auf diese Verhältnisse anzuwendenden Recht vergleichbare Wirkungen entfalten, einschließlich der Unterhaltspflichten;
b) außervertragliche Schuldverhältnisse aus ehelichen Güterständen, aus Güterständen aufgrund von Verhältnissen, die nach dem auf diese Verhältnisse anzuwendenden Recht mit der Ehe vergleichbare Wirkungen entfalten, und aus Testamenten und Erbrecht;
c) außervertragliche Schuldverhältnisse aus Wechseln, Schecks, Eigenwechseln und anderen handelbaren Wertpapieren, sofern die Verpflichtungen aus diesen anderen Wertpapieren aus deren Handelbarkeit entstehen;
d) außervertragliche Schuldverhältnisse, die sich aus dem Gesellschaftsrecht, dem Vereinsrecht und dem Recht der juristischen Personen ergeben, wie die Errichtung durch Eintragung oder auf andere Weise, die Rechts- und Handlungsfähigkeit, die innere Verfassung und die Auflösung von Gesellschaften, Vereinen und juristischen Personen, die persönliche Haftung der Gesellschafter und der Organe für die Verbindlichkeiten einer Gesellschaft, eines Vereins oder einer juristischen Person sowie die persönliche Haftung der Rechnungsprüfer gegenüber einer Gesellschaft oder ihren Gesellschaftern bei der Pflichtprüfung der Rechnungslegungsunterlagen;
e) außervertragliche Schuldverhältnisse aus den Beziehungen zwischen den Verfügenden, den Treuhändern und den Begünstigten eines durch Rechtsgeschäft errichteten „Trusts";
f) außervertragliche Schuldverhältnisse, die sich aus Schäden durch Kernenergie ergeben;
g) außervertragliche Schuldverhältnisse aus der Verletzung der Privatsphäre oder der Persönlichkeitsrechte, einschließlich der Verleumdung.

(3) Diese Verordnung gilt unbeschadet der Art. 21 und 22 nicht für den Beweis und das Verfahren.

(4) Im Sinne dieser Verordnung bezeichnet der Begriff „Mitgliedstaat“ jeden Mitgliedstaat mit Ausnahme Dänemarks

Art. 2 Außervertragliche Schuldverhältnisse. (1) Im Sinne dieser Verordnung umfasst der Begriff des Schadens sämtliche Folgen einer unerlaubten Handlung, einer ungerechtfertigten Bereicherung, einer Geschäftsführung ohne Auftrag („Negotiorum gestio“) oder eines Verschuldens bei Vertragsverhandlungen („Culpa in contrahendo“).

(2) Diese Verordnung gilt auch für außervertragliche Schuldverhältnisse, deren Entstehen wahrscheinlich ist.

(3) Sämtliche Bezugnahmen in dieser Verordnung auf

a) ein schadensbegründendes Ereignis gelten auch für schadensbegründende Ereignisse, deren Eintritt wahrscheinlich ist, und

b) einen Schaden gelten auch für Schäden, deren Eintritt wahrscheinlich ist.

Art. 3 Universelle Anwendung. Das nach dieser Verordnung bezeichnete Recht ist auch dann anzuwenden, wenn es nicht das Recht eines Mitgliedstaats ist.

Art. 6 Unlauterer Wettbewerb und den freien Wettbewerb einschränkendes Verhalten. (1) Auf außervertragliche Schuldverhältnisse aus unlauterem Wettbewerbsverhalten ist das Recht des Staates anzuwenden, in dessen Gebiet die Wettbewerbsbeziehungen oder die kollektiven Interessen der Verbraucher beeinträchtigt worden sind oder wahrscheinlich beeinträchtigt werden.

(2) Beeinträchtigt ein unlauteres Wettbewerbsverhalten ausschließlich die Interessen eines bestimmten Wettbewerbers, ist Art. 4 anwendbar.

(3) a) Auf außervertragliche Schuldverhältnisse aus einem den Wettbewerb einschränkenden Verhalten ist das Recht des Staates anzuwenden, dessen Markt beeinträchtigt ist oder wahrscheinlich beeinträchtigt wird.

b) Wird der Markt in mehr als einem Staat beeinträchtigt oder wahrscheinlich beeinträchtigt, so kann ein Geschädigter, der vor einem Gericht im Mitgliedstaat des Wohnsitzes des Beklagten klagt, seinen Anspruch auf das Recht des Mitgliedstaats des angerufenen Gerichts stützen, sofern der Markt in diesem Mitgliedstaat zu den Märkten gehört, die unmittelbar und wesentlich durch das den Wettbewerb einschränkende Verhalten beeinträchtigt sind, das das außervertragliche Schuldverhältnis begründet, auf welches sich der Anspruch stützt; klagt der Kläger gemäß den geltenden Regeln über die gerichtliche Zuständigkeit vor diesem Gericht gegen mehr als einen Beklagten, so kann er seinen Anspruch nur dann auf das Recht dieses Gerichts stützen, wenn das den Wettbewerb einschränkende Verhalten, auf das sich der Anspruch gegen jeden dieser Beklagten stützt, auch den Markt im Mitgliedstaat dieses Gerichts unmittelbar und wesentlich beeinträchtigt.

(4) Von dem nach diesem Artikel anzuwendenden Recht kann nicht durch eine Vereinbarung gemäß Art. 14 abgewichen werden.

Art. 8 Verletzung von Rechten des geistigen Eigentums. (1) Auf außervertragliche Schuldverhältnisse aus einer Verletzung von Rechten des geistigen Eigentums ist das Recht des Staates anzuwenden, für den der Schutz beansprucht wird.

(2) Bei außervertraglichen Schuldverhältnissen aus einer Verletzung von gemeinschaftsweit einheitlichen Rechten des geistigen Eigentums ist auf Fragen, die nicht unter den einschlägigen Rechtsakt der Gemeinschaft fallen, das Recht des Staates anzuwenden, in dem die Verletzung begangen wurde.

(3) Von dem nach diesem Artikel anzuwendenden Recht kann nicht durch eine Vereinbarung nach Art. 14 abgewichen werden.

Art. 14 Freie Rechtswahl. (1) [1]Die Parteien können das Recht wählen, dem das außervertragliche Schuldverhältnis unterliegen soll:

a) durch eine Vereinbarung nach Eintritt des schadensbegründenden Ereignisses;

oder

b) wenn alle Parteien einer kommerziellen Tätigkeit nachgehen, auch durch eine vor Eintritt des schadensbegründenden Ereignisses frei ausgehandelte Vereinbarung.

[2]Die Rechtswahl muss ausdrücklich erfolgen oder sich mit hinreichender Sicherheit aus den Umständen des Falles ergeben und lässt Rechte Dritter unberührt.

(2) Sind alle Elemente des Sachverhalts zum Zeitpunkt des Eintritts des schadensbegründenden Ereignisses in einem anderen als demjenigen Staat belegen, dessen Recht gewählt wurde, so berührt die Rechtswahl der Parteien nicht die Anwendung derjenigen Bestimmungen des Rechts dieses anderen Staates, von denen nicht durch Vereinbarung abgewichen werden kann.

(3) Sind alle Elemente des Sachverhalts zum Zeitpunkt des Eintritts des schadensbegründenden Ereignisses in einem oder mehreren Mitgliedstaaten belegen, so berührt die Wahl des Rechts eines Drittstaats durch die Parteien nicht die Anwendung – gegebenenfalls in der von dem Mitgliedstaat des angerufenen Gerichts umgesetzten Form – der Bestimmungen des Gemeinschaftsrechts, von denen nicht durch Vereinbarung abgewichen werden kann.

Art. 20 Mehrfache Haftung. Hat ein Gläubiger eine Forderung gegen mehrere für dieselbe Forderung haftende Schuldner und ist er von einem der Schuldner vollständig oder teilweise befriedigt worden, so bestimmt sich der Anspruch dieses Schuldners auf Ausgleich durch die anderen Schuldner nach dem Recht, das auf die Verpflichtung dieses Schuldners gegenüber dem Gläubiger aus dem außervertraglichen Schuldverhältnis anzuwenden ist.

Art. 21 Form. Eine einseitige Rechtshandlung, die ein außervertragliches Schuldverhältnis betrifft, ist formgültig, wenn sie die Formerfordernisse des für das betreffende außervertragliche Schuldverhältnis maßgebenden Rechts oder des Rechts des Staates, in dem sie vorgenommen wurde, erfüllt.

Verordnung (EU) 2016/679 des Europäischen Parlaments und des Rates vom 27. April 2016 zum Schutz natürlicher Personen bei der Verarbeitung personenbezogener Daten, zum freien Datenverkehr und zur Aufhebung der Richtlinie 95/46/EG (Datenschutz-Grundverordnung)

(ABl. 2016 L 119/S. 1, ber. Nr. L 314 S. 72)[1]

Kapitel I
Allgemeine Bestimmungen

Art. 1 Gegenstand und Ziele. (1) Diese Verordnung enthält Vorschriften zum Schutz natürlicher Personen bei der Verarbeitung personenbezogener Daten und zum freien Verkehr solcher Daten.

(2) Diese Verordnung schützt die Grundrechte und Grundfreiheiten natürlicher Personen und insbesondere deren Recht auf Schutz personenbezogener Daten.

(3) Der freie Verkehr personenbezogener Daten in der Union darf aus Gründen des Schutzes natürlicher Personen bei der Verarbeitung personenbezogener Daten weder eingeschränkt noch verboten werden.

Art. 2 Sachlicher Anwendungsbereich. (1) Diese Verordnung gilt für die ganz oder teilweise automatisierte Verarbeitung personenbezogener Daten sowie für die nichtautomatisierte Verarbeitung personenbezogener Daten, die in einem Dateisystem gespeichert sind oder gespeichert werden sollen.

(2) Diese Verordnung findet keine Anwendung auf die Verarbeitung personenbezogener Daten
a) im Rahmen einer Tätigkeit, die nicht in den Anwendungsbereich des Unionsrechts fällt,
b) durch die Mitgliedstaaten im Rahmen von Tätigkeiten, die in den Anwendungsbereich von Titel V Kapitel 2 EUV fallen,
c) durch natürliche Personen zur Ausübung ausschließlich persönlicher oder familiärer Tätigkeiten,

---

1 Vom Abdruck der Erwägungsgründe wird aus Gründen der besseren Lesbarkeit und Textübersicht abgesehen. Der Volltext kann auf den entsprechenden Seiten von EUR-Lex abgerufen werden.

d) durch die zuständigen Behörden zum Zwecke der Verhütung, Ermittlung, Aufdeckung oder Verfolgung von Straftaten oder der Strafvollstreckung, einschließlich des Schutzes vor und der Abwehr von Gefahren für die öffentliche Sicherheit.

(3) [1]Für die Verarbeitung personenbezogener Daten durch die Organe, Einrichtungen, Ämter und Agenturen der Union gilt die Verordnung (EG) Nr. 45/2001. [2]Die Verordnung (EG) Nr. 45/2001 und sonstige Rechtsakte der Union, die diese Verarbeitung personenbezogener Daten regeln, werden im Einklang mit Artikel 98 an die Grundsätze und Vorschriften der vorliegenden Verordnung angepasst.

(4) Die vorliegende Verordnung lässt die Anwendung der Richtlinie 2000/31/EG und speziell die Vorschriften der Artikel 12 bis 15 dieser Richtlinie zur Verantwortlichkeit der Vermittler unberührt.

Art. 3 Räumlicher Anwendungsbereich. (1) Diese Verordnung findet Anwendung auf die Verarbeitung personenbezogener Daten, soweit diese im Rahmen der Tätigkeiten einer Niederlassung eines Verantwortlichen oder eines Auftragsverarbeiters in der Union erfolgt, unabhängig davon, ob die Verarbeitung in der Union stattfindet.

(2) Diese Verordnung findet Anwendung auf die Verarbeitung personenbezogener Daten von betroffenen Personen, die sich in der Union befinden, durch einen nicht in der Union niedergelassenen Verantwortlichen oder Auftragsverarbeiter, wenn die Datenverarbeitung im Zusammenhang damit steht

a) betroffenen Personen in der Union Waren oder Dienstleistungen anzubieten, unabhängig davon, ob von diesen betroffenen Personen eine Zahlung zu leisten ist;
b) das Verhalten betroffener Personen zu beobachten, soweit ihr Verhalten in der Union erfolgt.

(3) Diese Verordnung findet Anwendung auf die Verarbeitung personenbezogener Daten durch einen nicht in der Union niedergelassenen Verantwortlichen an einem Ort, der aufgrund Völkerrechts dem Recht eines Mitgliedstaats unterliegt.

Art. 4 Begriffsbestimmungen. Im Sinne dieser Verordnung bezeichnet der Ausdruck:

1. „personenbezogene Daten" alle Informationen, die sich auf eine identifizierte oder identifizierbare natürliche Person (im Folgenden „betroffene Person") beziehen; als identifizierbar wird eine natürliche Person angesehen, die direkt oder indirekt, insbesondere mittels Zuordnung zu einer Kennung wie einem Namen, zu einer Kennnummer, zu Standortdaten, zu einer Online-Kennung oder zu einem oder mehreren besonderen Merkmalen, die Ausdruck der physischen, physiologischen, genetischen, psychischen, wirtschaftlichen, kulturellen oder sozialen Identität dieser natürlichen Person sind, identifiziert werden kann;

2. „Verarbeitung“ jeden mit oder ohne Hilfe automatisierter Verfahren ausgeführten Vorgang oder jede solche Vorgangsreihe im Zusammenhang mit personenbezogenen Daten wie das Erheben, das Erfassen, die Organisation, das Ordnen, die Speicherung, die Anpassung oder Veränderung, das Auslesen, das Abfragen, die Verwendung, die Offenlegung durch Übermittlung, Verbreitung oder eine andere Form der Bereitstellung, den Abgleich oder die Verknüpfung, die Einschränkung, das Löschen oder die Vernichtung;
3. „Einschränkung der Verarbeitung“ die Markierung gespeicherter personenbezogener Daten mit dem Ziel, ihre künftige Verarbeitung einzuschränken;
4. „Profiling“ jede Art der automatisierten Verarbeitung personenbezogener Daten, die darin besteht, dass diese personenbezogenen Daten verwendet werden, um bestimmte persönliche Aspekte, die sich auf eine natürliche Person beziehen, zu bewerten, insbesondere um Aspekte bezüglich Arbeitsleistung, wirtschaftliche Lage, Gesundheit, persönliche Vorlieben, Interessen, Zuverlässigkeit, Verhalten, Aufenthaltsort oder Ortswechsel dieser natürlichen Person zu analysieren oder vorherzusagen;
5. „Pseudonymisierung“ die Verarbeitung personenbezogener Daten in einer Weise, dass die personenbezogenen Daten ohne Hinzuziehung zusätzlicher Informationen nicht mehr einer spezifischen betroffenen Person zugeordnet werden können, sofern diese zusätzlichen Informationen gesondert aufbewahrt werden und technischen und organisatorischen Maßnahmen unterliegen, die gewährleisten, dass die personenbezogenen Daten nicht einer identifizierten oder identifizierbaren natürlichen Person zugewiesen werden;
6. „Dateisystem“ jede strukturierte Sammlung personenbezogener Daten, die nach bestimmten Kriterien zugänglich sind, unabhängig davon, ob diese Sammlung zentral, dezentral oder nach funktionalen oder geografischen Gesichtspunkten geordnet geführt wird;
7. „Verantwortlicher“ die natürliche oder juristische Person, Behörde, Einrichtung oder andere Stelle, die allein oder gemeinsam mit anderen über die Zwecke und Mittel der Verarbeitung von personenbezogenen Daten entscheidet; sind die Zwecke und Mittel dieser Verarbeitung durch das Unionsrecht oder das Recht der Mitgliedstaaten vorgegeben, so kann der Verantwortliche beziehungsweise können die bestimmten Kriterien seiner Benennung nach dem Unionsrecht oder dem Recht der Mitgliedstaaten vorgesehen werden;
8. „Auftragsverarbeiter“ eine natürliche oder juristische Person, Behörde, Einrichtung oder andere Stelle, die personenbezogene Daten im Auftrag des Verantwortlichen verarbeitet;
9. „Empfänger“ eine natürliche oder juristische Person, Behörde, Einrichtung oder andere Stelle, der personenbezogene Daten offengelegt werden, unabhängig davon, ob es sich bei ihr um einen Dritten handelt oder nicht. Behörden, die im Rahmen eines bestimmten Untersuchungsauftrags nach dem Unionsrecht oder dem Recht der Mitgliedstaaten möglicherweise personenbezogene Daten erhalten, gelten jedoch nicht als Empfänger; die Verarbeitung dieser Daten durch die genannten Behörden erfolgt im Einklang mit

den geltenden Datenschutzvorschriften gemäß den Zwecken der Verarbeitung;

10. „Dritter“ eine natürliche oder juristische Person, Behörde, Einrichtung oder andere Stelle, außer der betroffenen Person, dem Verantwortlichen, dem Auftragsverarbeiter und den Personen, die unter der unmittelbaren Verantwortung des Verantwortlichen oder des Auftragsverarbeiters befugt sind, die personenbezogenen Daten zu verarbeiten;
11. „Einwilligung“ der betroffenen Person jede freiwillig für den bestimmten Fall, in informierter Weise und unmissverständlich abgegebene Willensbekundung in Form einer Erklärung oder einer sonstigen eindeutigen bestätigenden Handlung, mit der die betroffene Person zu verstehen gibt, dass sie mit der Verarbeitung der sie betreffenden personenbezogenen Daten einverstanden ist;
12. „Verletzung des Schutzes personenbezogener Daten“ eine Verletzung der Sicherheit, die, ob unbeabsichtigt oder unrechtmäßig, zur Vernichtung, zum Verlust, zur Veränderung, oder zur unbefugten Offenlegung von beziehungsweise zum unbefugten Zugang zu personenbezogenen Daten führt, die übermittelt, gespeichert oder auf sonstige Weise verarbeitet wurden;
13. „genetische Daten“ personenbezogene Daten zu den ererbten oder erworbenen genetischen Eigenschaften einer natürlichen Person, die eindeutige Informationen über die Physiologie oder die Gesundheit dieser natürlichen Person liefern und insbesondere aus der Analyse einer biologischen Probe der betreffenden natürlichen Person gewonnen wurden;
14. „biometrische Daten“ mit speziellen technischen Verfahren gewonnene personenbezogene Daten zu den physischen, physiologischen oder verhaltenstypischen Merkmalen einer natürlichen Person, die die eindeutige Identifizierung dieser natürlichen Person ermöglichen oder bestätigen, wie Gesichtsbilder oder daktyloskopische Daten;
15. „Gesundheitsdaten“ personenbezogene Daten, die sich auf die körperliche oder geistige Gesundheit einer natürlichen Person, einschließlich der Erbringung von Gesundheitsdienstleistungen, beziehen und aus denen Informationen über deren Gesundheitszustand hervorgehen;
16. „Hauptniederlassung“
    a) im Falle eines Verantwortlichen mit Niederlassungen in mehr als einem Mitgliedstaat den Ort seiner Hauptverwaltung in der Union, es sei denn, die Entscheidungen hinsichtlich der Zwecke und Mittel der Verarbeitung personenbezogener Daten werden in einer anderen Niederlassung des Verantwortlichen in der Union getroffen und diese Niederlassung ist befugt, diese Entscheidungen umsetzen zu lassen; in diesem Fall gilt die Niederlassung, die derartige Entscheidungen trifft, als Hauptniederlassung;
    b) im Falle eines Auftragsverarbeiters mit Niederlassungen in mehr als einem Mitgliedstaat den Ort seiner Hauptverwaltung in der Union oder, sofern der Auftragsverarbeiter keine Hauptverwaltung in der Union hat, die Niederlassung des Auftragsverarbeiters in der Union, in der die Ver-

arbeitungstätigkeiten im Rahmen der Tätigkeiten einer Niederlassung eines Auftragsverarbeiters hauptsächlich stattfinden, soweit der Auftragsverarbeiter spezifischen Pflichten aus dieser Verordnung unterliegt;

17. „Vertreter“ eine in der Union niedergelassene natürliche oder juristische Person, die von dem Verantwortlichen oder Auftragsverarbeiter schriftlich gemäß Artikel 27 bestellt wurde und den Verantwortlichen oder Auftragsverarbeiter in Bezug auf die ihnen jeweils nach dieser Verordnung obliegenden Pflichten vertritt;
18. „Unternehmen“ eine natürliche und juristische Person, die eine wirtschaftliche Tätigkeit ausübt, unabhängig von ihrer Rechtsform, einschließlich Personengesellschaften oder Vereinigungen, die regelmäßig einer wirtschaftlichen Tätigkeit nachgehen;
19. „Unternehmensgruppe“ eine Gruppe, die aus einem herrschenden Unternehmen und den von diesem abhängigen Unternehmen besteht;
20. „verbindliche interne Datenschutzvorschriften“ Maßnahmen zum Schutz personenbezogener Daten, zu deren Einhaltung sich ein im Hoheitsgebiet eines Mitgliedstaats niedergelassener Verantwortlicher oder Auftragsverarbeiter verpflichtet im Hinblick auf Datenübermittlungen oder eine Kategorie von Datenübermittlungen personenbezogener Daten an einen Verantwortlichen oder Auftragsverarbeiter derselben Unternehmensgruppe oder derselben Gruppe von Unternehmen, die eine gemeinsame Wirtschaftstätigkeit ausüben, in einem oder mehreren Drittländern;
21. „Aufsichtsbehörde“ eine von einem Mitgliedstaat gemäß Artikel 51 eingerichtete unabhängige staatliche Stelle;
22. „betroffene Aufsichtsbehörde“ eine Aufsichtsbehörde, die von der Verarbeitung personenbezogener Daten betroffen ist, weil
    a) der Verantwortliche oder der Auftragsverarbeiter im Hoheitsgebiet des Mitgliedstaats dieser Aufsichtsbehörde niedergelassen ist,
    b) diese Verarbeitung erhebliche Auswirkungen auf betroffene Personen mit Wohnsitz im Mitgliedstaat dieser Aufsichtsbehörde hat oder haben kann oder
    c) eine Beschwerde bei dieser Aufsichtsbehörde eingereicht wurde;
23. „grenzüberschreitende Verarbeitung“ entweder
    a) eine Verarbeitung personenbezogener Daten, die im Rahmen der Tätigkeiten von Niederlassungen eines Verantwortlichen oder eines Auftragsverarbeiters in der Union in mehr als einem Mitgliedstaat erfolgt, wenn der Verantwortliche oder Auftragsverarbeiter in mehr als einem Mitgliedstaat niedergelassen ist, oder
    b) eine Verarbeitung personenbezogener Daten, die im Rahmen der Tätigkeiten einer einzelnen Niederlassung eines Verantwortlichen oder eines Auftragsverarbeiters in der Union erfolgt, die jedoch erhebliche Auswirkungen auf betroffene Personen in mehr als einem Mitgliedstaat hat oder haben kann;

24. „maßgeblicher und begründeter Einspruch" einen Einspruch gegen einen Beschlussentwurf im Hinblick darauf, ob ein Verstoß gegen diese Verordnung vorliegt oder ob beabsichtigte Maßnahmen gegen den Verantwortlichen oder den Auftragsverarbeiter im Einklang mit dieser Verordnung steht, wobei aus diesem Einspruch die Tragweite der Risiken klar hervorgeht, die von dem Beschlussentwurf in Bezug auf die Grundrechte und Grundfreiheiten der betroffenen Personen und gegebenenfalls den freien Verkehr personenbezogener Daten in der Union ausgehen;
25. „Dienst der Informationsgesellschaft" eine Dienstleistung im Sinne des Artikels 1 Nummer 1 Buchstabe b der Richtlinie (EU) 2015/1535 des Europäischen Parlaments und des Rates[2];
26. „internationale Organisation" eine völkerrechtliche Organisation und ihre nachgeordneten Stellen oder jede sonstige Einrichtung, die durch eine zwischen zwei oder mehr Ländern geschlossene Übereinkunft oder auf der Grundlage einer solchen Übereinkunft geschaffen wurde.

Kapitel II
Grundsätze

Art. 5 Grundsätze für die Verarbeitung personenbezogener Daten.
(1) Personenbezogene Daten müssen
a) auf rechtmäßige Weise, nach Treu und Glauben und in einer für die betroffene Person nachvollziehbaren Weise verarbeitet werden („Rechtmäßigkeit, Verarbeitung nach Treu und Glauben, Transparenz");
b) für festgelegte, eindeutige und legitime Zwecke erhoben werden und dürfen nicht in einer mit diesen Zwecken nicht zu vereinbarenden Weise weiterverarbeitet werden; eine Weiterverarbeitung für im öffentlichen Interesse liegende Archivzwecke, für wissenschaftliche oder historische Forschungszwecke oder für statistische Zwecke gilt gemäß Artikel 89 Absatz 1 nicht als unvereinbar mit den ursprünglichen Zwecken („Zweckbindung");
c) dem Zweck angemessen und erheblich sowie auf das für die Zwecke der Verarbeitung notwendige Maß beschränkt sein („Datenminimierung");
d) sachlich richtig und erforderlichenfalls auf dem neuesten Stand sein; es sind alle angemessenen Maßnahmen zu treffen, damit personenbezogene Daten, die im Hinblick auf die Zwecke ihrer Verarbeitung unrichtig sind, unverzüglich gelöscht oder berichtigt werden („Richtigkeit");
e) in einer Form gespeichert werden, die die Identifizierung der betroffenen Personen nur so lange ermöglicht, wie es für die Zwecke, für die sie verar-

2 Richtlinie (EU) 2015/1535 des Europäischen Parlaments und des Rates vom 9. September 2015 über ein Informationsverfahren auf dem Gebiet der technischen Vorschriften und der Vorschriften für die Dienste der Informationsgesellschaft (ABl. L 241 vom 17.9.2015, S. 1).

beitet werden, erforderlich ist; personenbezogene Daten dürfen länger gespeichert werden, soweit die personenbezogenen Daten vorbehaltlich der Durchführung geeigneter technischer und organisatorischer Maßnahmen, die von dieser Verordnung zum Schutz der Rechte und Freiheiten der betroffenen Person gefordert werden, ausschließlich für im öffentlichen Interesse liegende Archivzwecke oder für wissenschaftliche und historische Forschungszwecke oder für statistische Zwecke gemäß Artikel 89 Absatz 1 verarbeitet werden („Speicherbegrenzung“);
f) in einer Weise verarbeitet werden, die eine angemessene Sicherheit der personenbezogenen Daten gewährleistet, einschließlich Schutz vor unbefugter oder unrechtmäßiger Verarbeitung und vor unbeabsichtigtem Verlust, unbeabsichtigter Zerstörung oder unbeabsichtigter Schädigung durch geeignete technische und organisatorische Maßnahmen („Integrität und Vertraulichkeit“);

(2) Der Verantwortliche ist für die Einhaltung des Absatzes 1 verantwortlich und muss dessen Einhaltung nachweisen können („Rechenschaftspflicht“).

Art. 6 Rechtmäßigkeit der Verarbeitung. (1) [1]Die Verarbeitung ist nur rechtmäßig, wenn mindestens eine der nachstehenden Bedingungen erfüllt ist:
a) Die betroffene Person hat ihre Einwilligung zu der Verarbeitung der sie betreffenden personenbezogenen Daten für einen oder mehrere bestimmte Zwecke gegeben;
b) die Verarbeitung ist für die Erfüllung eines Vertrags, dessen Vertragspartei die betroffene Person ist, oder zur Durchführung vorvertraglicher Maßnahmen erforderlich, die auf Anfrage der betroffenen Person erfolgen;
c) die Verarbeitung ist zur Erfüllung einer rechtlichen Verpflichtung erforderlich, der der Verantwortliche unterliegt;
d) die Verarbeitung ist erforderlich, um lebenswichtige Interessen der betroffenen Person oder einer anderen natürlichen Person zu schützen;
e) die Verarbeitung ist für die Wahrnehmung einer Aufgabe erforderlich, die im öffentlichen Interesse liegt oder in Ausübung öffentlicher Gewalt erfolgt, die dem Verantwortlichen übertragen wurde;
f) die Verarbeitung ist zur Wahrung der berechtigten Interessen des Verantwortlichen oder eines Dritten erforderlich, sofern nicht die Interessen oder Grundrechte und Grundfreiheiten der betroffenen Person, die den Schutz personenbezogener Daten erfordern, überwiegen, insbesondere dann, wenn es sich bei der betroffenen Person um ein Kind handelt.

[2]Unterabsatz 1 Buchstabe f gilt nicht für die von Behörden in Erfüllung ihrer Aufgaben vorgenommene Verarbeitung.

(2) Die Mitgliedstaaten können spezifischere Bestimmungen zur Anpassung der Anwendung der Vorschriften dieser Verordnung in Bezug auf die Verarbeitung zur Erfüllung von Absatz 1 Buchstaben c und e beibehalten oder einführen, indem sie spezifische Anforderungen für die Verarbeitung sowie sonstige Maßnahmen präziser bestimmen, um eine rechtmäßig und nach Treu und Glau-

ben erfolgende Verarbeitung zu gewährleisten, einschließlich für andere besondere Verarbeitungssituationen gemäß Kapitel IX.

(3) [1]Die Rechtsgrundlage für die Verarbeitungen gemäß Absatz 1 Buchstaben c und e wird festgelegt durch

a) Unionsrecht oder
b) das Recht der Mitgliedstaaten, dem der Verantwortliche unterliegt.

[2]Der Zweck der Verarbeitung muss in dieser Rechtsgrundlage festgelegt oder hinsichtlich der Verarbeitung gemäß Absatz 1 Buchstabe e für die Erfüllung einer Aufgabe erforderlich sein, die im öffentlichen Interesse liegt oder in Ausübung öffentlicher Gewalt erfolgt, die dem Verantwortlichen übertragen wurde. [3]Diese Rechtsgrundlage kann spezifische Bestimmungen zur Anpassung der Anwendung der Vorschriften dieser Verordnung enthalten, unter anderem Bestimmungen darüber, welche allgemeinen Bedingungen für die Regelung der Rechtmäßigkeit der Verarbeitung durch den Verantwortlichen gelten, welche Arten von Daten verarbeitet werden, welche Personen betroffen sind, an welche Einrichtungen und für welche Zwecke die personenbezogenen Daten offengelegt werden dürfen, welcher Zweckbindung sie unterliegen, wie lange sie gespeichert werden dürfen und welche Verarbeitungsvorgänge und -verfahren angewandt werden dürfen, einschließlich Maßnahmen zur Gewährleistung einer rechtmäßig und nach Treu und Glauben erfolgenden Verarbeitung, wie solche für sonstige besondere Verarbeitungssituationen gemäß Kapitel IX. [4]Das Unionsrecht oder das Recht der Mitgliedstaaten müssen ein im öffentlichen Interesse liegendes Ziel verfolgen und in einem angemessenen Verhältnis zu dem verfolgten legitimen Zweck stehen.

(4) Beruht die Verarbeitung zu einem anderen Zweck als zu demjenigen, zu dem die personenbezogenen Daten erhoben wurden, nicht auf der Einwilligung der betroffenen Person oder auf einer Rechtsvorschrift der Union oder der Mitgliedstaaten, die in einer demokratischen Gesellschaft eine notwendige und verhältnismäßige Maßnahme zum Schutz der in Artikel 23 Absatz 1 genannten Ziele darstellt, so berücksichtigt der Verantwortliche – um festzustellen, ob die Verarbeitung zu einem anderen Zweck mit demjenigen, zu dem die personenbezogenen Daten ursprünglich erhoben wurden, vereinbar ist – unter anderem

a) jede Verbindung zwischen den Zwecken, für die die personenbezogenen Daten erhoben wurden, und den Zwecken der beabsichtigten Weiterverarbeitung,
b) den Zusammenhang, in dem die personenbezogenen Daten erhoben wurden, insbesondere hinsichtlich des Verhältnisses zwischen den betroffenen Personen und dem Verantwortlichen,
c) die Art der personenbezogenen Daten, insbesondere ob besondere Kategorien personenbezogener Daten gemäß Artikel 9 verarbeitet werden oder ob personenbezogene Daten über strafrechtliche Verurteilungen und Straftaten gemäß Artikel 10 verarbeitet werden,
d) die möglichen Folgen der beabsichtigten Weiterverarbeitung für die betroffenen Personen,

e) das Vorhandensein geeigneter Garantien, wozu Verschlüsselung oder Pseudonymisierung gehören kann.

Art. 7 Bedingungen für die Einwilligung. (1) Beruht die Verarbeitung auf einer Einwilligung, muss der Verantwortliche nachweisen können, dass die betroffene Person in die Verarbeitung ihrer personenbezogenen Daten eingewilligt hat.

(2) [1]Erfolgt die Einwilligung der betroffenen Person durch eine schriftliche Erklärung, die noch andere Sachverhalte betrifft, so muss das Ersuchen um Einwilligung in verständlicher und leicht zugänglicher Form in einer klaren und einfachen Sprache so erfolgen, dass es von den anderen Sachverhalten klar zu unterscheiden ist. [2]Teile der Erklärung sind dann nicht verbindlich, wenn sie einen Verstoß gegen diese Verordnung darstellen.

(3) [1]Die betroffene Person hat das Recht, ihre Einwilligung jederzeit zu widerrufen. [2]Durch den Widerruf der Einwilligung wird die Rechtmäßigkeit der aufgrund der Einwilligung bis zum Widerruf erfolgten Verarbeitung nicht berührt. [3]Die betroffene Person wird vor Abgabe der Einwilligung hiervon in Kenntnis gesetzt. [4]Der Widerruf der Einwilligung muss so einfach wie die Erteilung der Einwilligung sein.

(4) Bei der Beurteilung, ob die Einwilligung freiwillig erteilt wurde, muss dem Umstand in größtmöglichem Umfang Rechnung getragen werden, ob unter anderem die Erfüllung eines Vertrags, einschließlich der Erbringung einer Dienstleistung, von der Einwilligung zu einer Verarbeitung von personenbezogenen Daten abhängig ist, die für die Erfüllung des Vertrags nicht erforderlich sind.

Art. 8 Bedingungen für die Einwilligung eines Kindes in Bezug auf Dienste der Informationsgesellschaft. (1) [1]Gilt Artikel 6 Absatz 1 Buchstabe a bei einem Angebot von Diensten der Informationsgesellschaft, das einem Kind direkt gemacht wird, so ist die Verarbeitung der personenbezogenen Daten des Kindes rechtmäßig, wenn das Kind das sechzehnte Lebensjahr vollendet hat. [2]Hat das Kind noch nicht das sechzehnte Lebensjahr vollendet, so ist diese Verarbeitung nur rechtmäßig, sofern und soweit diese Einwilligung durch den Träger der elterlichen Verantwortung für das Kind oder mit dessen Zustimmung erteilt wird.

Die Mitgliedstaaten können durch Rechtsvorschriften zu diesen Zwecken eine niedrigere Altersgrenze vorsehen, die jedoch nicht unter dem vollendeten dreizehnten Lebensjahr liegen darf.

(2) Der Verantwortliche unternimmt unter Berücksichtigung der verfügbaren Technik angemessene Anstrengungen, um sich in solchen Fällen zu vergewissern, dass die Einwilligung durch den Träger der elterlichen Verantwortung für das Kind oder mit dessen Zustimmung erteilt wurde.

(3) Absatz 1 lässt das allgemeine Vertragsrecht der Mitgliedstaaten, wie etwa die Vorschriften zur Gültigkeit, zum Zustandekommen oder zu den Rechtsfolgen eines Vertrags in Bezug auf ein Kind, unberührt.

Art. 9 Verarbeitung besonderer Kategorien personenbezogener Daten.

(1) Die Verarbeitung personenbezogener Daten, aus denen die rassische und ethnische Herkunft, politische Meinungen, religiöse oder weltanschauliche Überzeugungen oder die Gewerkschaftszugehörigkeit hervorgehen, sowie die Verarbeitung von genetischen Daten, biometrischen Daten zur eindeutigen Identifizierung einer natürlichen Person, Gesundheitsdaten oder Daten zum Sexualleben oder der sexuellen Orientierung einer natürlichen Person ist untersagt.

(2) Absatz 1 gilt nicht in folgenden Fällen:

a) Die betroffene Person hat in die Verarbeitung der genannten personenbezogenen Daten für einen oder mehrere festgelegte Zwecke ausdrücklich eingewilligt, es sei denn, nach Unionsrecht oder dem Recht der Mitgliedstaaten kann das Verbot nach Absatz 1 durch die Einwilligung der betroffenen Person nicht aufgehoben werden,

b) die Verarbeitung ist erforderlich, damit der Verantwortliche oder die betroffene Person die ihm bzw. ihr aus dem Arbeitsrecht und dem Recht der sozialen Sicherheit und des Sozialschutzes erwachsenden Rechte ausüben und seinen bzw. ihren diesbezüglichen Pflichten nachkommen kann, soweit dies nach Unionsrecht oder dem Recht der Mitgliedstaaten oder einer Kollektivvereinbarung nach dem Recht der Mitgliedstaaten, das geeignete Garantien für die Grundrechte und die Interessen der betroffenen Person vorsieht, zulässig ist,

c) die Verarbeitung ist zum Schutz lebenswichtiger Interessen der betroffenen Person oder einer anderen natürlichen Person erforderlich und die betroffene Person ist aus körperlichen oder rechtlichen Gründen außerstande, ihre Einwilligung zu geben,

d) die Verarbeitung erfolgt auf der Grundlage geeigneter Garantien durch eine politisch, weltanschaulich, religiös oder gewerkschaftlich ausgerichtete Stiftung, Vereinigung oder sonstige Organisation ohne Gewinnerzielungsabsicht im Rahmen ihrer rechtmäßigen Tätigkeiten und unter der Voraussetzung, dass sich die Verarbeitung ausschließlich auf die Mitglieder oder ehemalige Mitglieder der Organisation oder auf Personen, die im Zusammenhang mit deren Tätigkeitszweck regelmäßige Kontakte mit ihr unterhalten, bezieht und die personenbezogenen Daten nicht ohne Einwilligung der betroffenen Personen nach außen offengelegt werden,

e) die Verarbeitung bezieht sich auf personenbezogene Daten, die die betroffene Person offensichtlich öffentlich gemacht hat,

f) die Verarbeitung ist zur Geltendmachung, Ausübung oder Verteidigung von Rechtsansprüchen oder bei Handlungen der Gerichte im Rahmen ihrer justiziellen Tätigkeit erforderlich,

g) die Verarbeitung ist auf der Grundlage des Unionsrechts oder des Rechts eines Mitgliedstaats, das in angemessenem Verhältnis zu dem verfolgten Ziel steht, den Wesensgehalt des Rechts auf Datenschutz wahrt und angemessene und spezifische Maßnahmen zur Wahrung der Grundrechte und Interessen der betroffenen Person vorsieht, aus Gründen eines erheblichen öffentlichen Interesses erforderlich,

h) die Verarbeitung ist für Zwecke der Gesundheitsvorsorge oder der Arbeitsmedizin, für die Beurteilung der Arbeitsfähigkeit des Beschäftigten, für die medizinische Diagnostik, die Versorgung oder Behandlung im Gesundheits- oder Sozialbereich oder für die Verwaltung von Systemen und Diensten im Gesundheits- oder Sozialbereich auf der Grundlage des Unionsrechts oder des Rechts eines Mitgliedstaats oder aufgrund eines Vertrags mit einem Angehörigen eines Gesundheitsberufs und vorbehaltlich der in Absatz 3 genannten Bedingungen und Garantien erforderlich,

i) die Verarbeitung ist aus Gründen des öffentlichen Interesses im Bereich der öffentlichen Gesundheit, wie dem Schutz vor schwerwiegenden grenzüberschreitenden Gesundheitsgefahren oder zur Gewährleistung hoher Qualitäts- und Sicherheitsstandards bei der Gesundheitsversorgung und bei Arzneimitteln und Medizinprodukten, auf der Grundlage des Unionsrechts oder des Rechts eines Mitgliedstaats, das angemessene und spezifische Maßnahmen zur Wahrung der Rechte und Freiheiten der betroffenen Person, insbesondere des Berufsgeheimnisses, vorsieht, erforderlich, oder

j) die Verarbeitung ist auf der Grundlage des Unionsrechts oder des Rechts eines Mitgliedstaats, das in angemessenem Verhältnis zu dem verfolgten Ziel steht, den Wesensgehalt des Rechts auf Datenschutz wahrt und angemessene und spezifische Maßnahmen zur Wahrung der Grundrechte und Interessen der betroffenen Person vorsieht, für im öffentlichen Interesse liegende Archivzwecke, für wissenschaftliche oder historische Forschungszwecke oder für statistische Zwecke gemäß Artikel 89 Absatz 1 erforderlich.

(3) Die in Absatz 1 genannten personenbezogenen Daten dürfen zu den in Absatz 2 Buchstabe h genannten Zwecken verarbeitet werden, wenn diese Daten von Fachpersonal oder unter dessen Verantwortung verarbeitet werden und dieses Fachpersonal nach dem Unionsrecht oder dem Recht eines Mitgliedstaats oder den Vorschriften nationaler zuständiger Stellen dem Berufsgeheimnis unterliegt, oder wenn die Verarbeitung durch eine andere Person erfolgt, die ebenfalls nach dem Unionsrecht oder dem Recht eines Mitgliedstaats oder den Vorschriften nationaler zuständiger Stellen einer Geheimhaltungspflicht unterliegt.

(4) Die Mitgliedstaaten können zusätzliche Bedingungen, einschließlich Beschränkungen, einführen oder aufrechterhalten, soweit die Verarbeitung von genetischen, biometrischen oder Gesundheitsdaten betroffen ist.

Art. 10 Verarbeitung von personenbezogenen Daten über strafrechtliche Verurteilungen und Straftaten. [1]Die Verarbeitung personenbezogener Daten über strafrechtliche Verurteilungen und Straftaten oder damit zusammenhängende Sicherungsmaßregeln aufgrund von Artikel 6 Absatz 1 darf nur unter behördlicher Aufsicht vorgenommen werden oder wenn dies nach dem Unionsrecht oder dem Recht der Mitgliedstaaten, das geeignete Garantien für die Rechte und Freiheiten der betroffenen Personen vorsieht, zulässig ist. [2]Ein umfassendes Register der strafrechtlichen Verurteilungen darf nur unter behördlicher Aufsicht geführt werden.

Art. 11 Verarbeitung, für die eine Identifizierung der betroffenen Person nicht erforderlich ist. (1) Ist für die Zwecke, für die ein Verantwortlicher personenbezogene Daten verarbeitet, die Identifizierung der betroffenen Person durch den Verantwortlichen nicht oder nicht mehr erforderlich, so ist dieser nicht verpflichtet, zur bloßen Einhaltung dieser Verordnung zusätzliche Informationen aufzubewahren, einzuholen oder zu verarbeiten, um die betroffene Person zu identifizieren.

(2) [1]Kann der Verantwortliche in Fällen gemäß Absatz 1 des vorliegenden Artikels nachweisen, dass er nicht in der Lage ist, die betroffene Person zu identifizieren, so unterrichtet er die betroffene Person hierüber, sofern möglich. [2]In diesen Fällen finden die Artikel 15 bis 20 keine Anwendung, es sei denn, die betroffene Person stellt zur Ausübung ihrer in diesen Artikeln niedergelegten Rechte zusätzliche Informationen bereit, die ihre Identifizierung ermöglichen.

Kapitel III

Rechte der betroffenen Person

Abschnitt 1

Transparenz und Modalitäten

Art. 12 Transparente Information, Kommunikation und Modalitäten für die Ausübung der Rechte der betroffenen Person. (1) [1]Der Verantwortliche trifft geeignete Maßnahmen, um der betroffenen Person alle Informationen gemäß den Artikeln 13 und 14 und alle Mitteilungen gemäß den Artikeln 15 bis 22 und Artikel 34, die sich auf die Verarbeitung beziehen, in präziser, transparenter, verständlicher und leicht zugänglicher Form in einer klaren und einfachen Sprache zu übermitteln; dies gilt insbesondere für Informationen, die sich speziell an Kinder richten. [2]Die Übermittlung der Informationen erfolgt schriftlich oder in anderer Form, gegebenenfalls auch elektronisch. [3]Falls von der betroffenen Person verlangt, kann die Information mündlich erteilt werden, sofern die Identität der betroffenen Person in anderer Form nachgewiesen wurde.

(2) [1]Der Verantwortliche erleichtert der betroffenen Person die Ausübung ihrer Rechte gemäß den Artikeln 15 bis 22. [2]In den in Artikel 11 Absatz 2 genannten Fällen darf sich der Verantwortliche nur dann weigern, aufgrund des Antrags der betroffenen Person auf Wahrnehmung ihrer Rechte gemäß den Artikeln 15 bis 22 tätig zu werden, wenn er glaubhaft macht, dass er nicht in der Lage ist, die betroffene Person zu identifizieren.

(3) [1]Der Verantwortliche stellt der betroffenen Person Informationen über die auf Antrag gemäß den Artikeln 15 bis 22 ergriffenen Maßnahmen unver-

züglich, in jedem Fall aber innerhalb eines Monats nach Eingang des Antrags zur Verfügung. [2]Diese Frist kann um weitere zwei Monate verlängert werden, wenn dies unter Berücksichtigung der Komplexität und der Anzahl von Anträgen erforderlich ist. [3]Der Verantwortliche unterrichtet die betroffene Person innerhalb eines Monats nach Eingang des Antrags über eine Fristverlängerung, zusammen mit den Gründen für die Verzögerung. [4]Stellt die betroffene Person den Antrag elektronisch, so ist sie nach Möglichkeit auf elektronischem Weg zu unterrichten, sofern sie nichts anderes angibt.

(4) Wird der Verantwortliche auf den Antrag der betroffenen Person hin nicht tätig, so unterrichtet er die betroffene Person ohne Verzögerung, spätestens aber innerhalb eines Monats nach Eingang des Antrags über die Gründe hierfür und über die Möglichkeit, bei einer Aufsichtsbehörde Beschwerde einzulegen oder einen gerichtlichen Rechtsbehelf einzulegen.

(5) [1]Informationen gemäß den Artikeln 13 und 14 sowie alle Mitteilungen und Maßnahmen gemäß den Artikeln 15 bis 22 und Artikel 34 werden unentgeltlich zur Verfügung gestellt. [2]Bei offenkundig unbegründeten oder – insbesondere im Fall von häufiger Wiederholung – exzessiven Anträgen einer betroffenen Person kann der Verantwortliche entweder

a) ein angemessenes Entgelt verlangen, bei dem die Verwaltungskosten für die Unterrichtung oder die Mitteilung oder die Durchführung der beantragten Maßnahme berücksichtigt werden, oder
b) sich weigern, aufgrund des Antrags tätig zu werden.

[3]Der Verantwortliche hat den Nachweis für den offenkundig unbegründeten oder exzessiven Charakter des Antrags zu erbringen.

(6) Hat der Verantwortliche begründete Zweifel an der Identität der natürlichen Person, die den Antrag gemäß den Artikeln 15 bis 21 stellt, so kann er unbeschadet des Artikels 11 zusätzliche Informationen anfordern, die zur Bestätigung der Identität der betroffenen Person erforderlich sind.

(7) [1]Die Informationen, die den betroffenen Personen gemäß den Artikeln 13 und 14 bereitzustellen sind, können in Kombination mit standardisierten Bildsymbolen bereitgestellt werden, um in leicht wahrnehmbarer, verständlicher und klar nachvollziehbarer Form einen aussagekräftigen Überblick über die beabsichtigte Verarbeitung zu vermitteln. [2]Werden die Bildsymbole in elektronischer Form dargestellt, müssen sie maschinenlesbar sein.

(8) Der Kommission wird die Befugnis übertragen, gemäß Artikel 92 delegierte Rechtsakte zur Bestimmung der Informationen, die durch Bildsymbole darzustellen sind, und der Verfahren für die Bereitstellung standardisierter Bildsymbole zu erlassen.

Abschnitt 2

Informationspflicht und Recht auf Auskunft zu personenbezogenen Daten

Art. 13 Informationspflicht bei Erhebung von personenbezogenen Daten bei der betroffenen Person. (1) Werden personenbezogene Daten bei der betroffenen Person erhoben, so teilt der Verantwortliche der betroffenen Person zum Zeitpunkt der Erhebung dieser Daten Folgendes mit:
a) den Namen und die Kontaktdaten des Verantwortlichen sowie gegebenenfalls seines Vertreters;
b) gegebenenfalls die Kontaktdaten des Datenschutzbeauftragten;
c) die Zwecke, für die die personenbezogenen Daten verarbeitet werden sollen, sowie die Rechtsgrundlage für die Verarbeitung;
d) wenn die Verarbeitung auf Artikel 6 Absatz 1 Buchstabe f beruht, die berechtigten Interessen, die von dem Verantwortlichen oder einem Dritten verfolgt werden;
e) gegebenenfalls die Empfänger oder Kategorien von Empfängern der personenbezogenen Daten und
f) gegebenenfalls die Absicht des Verantwortlichen, die personenbezogenen Daten an ein Drittland oder eine internationale Organisation zu übermitteln, sowie das Vorhandensein oder das Fehlen eines Angemessenheitsbeschlusses der Kommission oder im Falle von Übermittlungen gemäß Artikel 46 oder Artikel 47 oder Artikel 49 Absatz 1 Unterabsatz 2 einen Verweis auf die geeigneten oder angemessenen Garantien und die Möglichkeit, wie eine Kopie von ihnen zu erhalten ist, oder wo sie verfügbar sind.

(2) Zusätzlich zu den Informationen gemäß Absatz 1 stellt der Verantwortliche der betroffenen Person zum Zeitpunkt der Erhebung dieser Daten folgende weitere Informationen zur Verfügung, die notwendig sind, um eine faire und transparente Verarbeitung zu gewährleisten:
a) die Dauer, für die die personenbezogenen Daten gespeichert werden oder, falls dies nicht möglich ist, die Kriterien für die Festlegung dieser Dauer;
b) das Bestehen eines Rechts auf Auskunft seitens des Verantwortlichen über die betreffenden personenbezogenen Daten sowie auf Berichtigung oder Löschung oder auf Einschränkung der Verarbeitung oder eines Widerspruchsrechts gegen die Verarbeitung sowie des Rechts auf Datenübertragbarkeit;
c) wenn die Verarbeitung auf Artikel 6 Absatz 1 Buchstabe a oder Artikel 9 Absatz 2 Buchstabe a beruht, das Bestehen eines Rechts, die Einwilligung jederzeit zu widerrufen, ohne dass die Rechtmäßigkeit der aufgrund der Einwilligung bis zum Widerruf erfolgten Verarbeitung berührt wird;
d) das Bestehen eines Beschwerderechts bei einer Aufsichtsbehörde;
e) ob die Bereitstellung der personenbezogenen Daten gesetzlich oder vertraglich vorgeschrieben oder für einen Vertragsabschluss erforderlich ist, ob die

betroffene Person verpflichtet ist, die personenbezogenen Daten bereitzustellen, und welche möglichen Folgen die Nichtbereitstellung hätte und
f) das Bestehen einer automatisierten Entscheidungsfindung einschließlich Profiling gemäß Artikel 22 Absätze 1 und 4 und – zumindest in diesen Fällen – aussagekräftige Informationen über die involvierte Logik sowie die Tragweite und die angestrebten Auswirkungen einer derartigen Verarbeitung für die betroffene Person.

(3) Beabsichtigt der Verantwortliche, die personenbezogenen Daten für einen anderen Zweck weiterzuverarbeiten als den, für den die personenbezogenen Daten erhoben wurden, so stellt er der betroffenen Person vor dieser Weiterverarbeitung Informationen über diesen anderen Zweck und alle anderen maßgeblichen Informationen gemäß Absatz 2 zur Verfügung.

(4) Die Absätze 1, 2 und 3 finden keine Anwendung, wenn und soweit die betroffene Person bereits über die Informationen verfügt.

Art. 14 Informationspflicht, wenn die personenbezogenen Daten nicht bei der betroffenen Person erhoben wurden. (1) Werden personenbezogene Daten nicht bei der betroffenen Person erhoben, so teilt der Verantwortliche der betroffenen Person Folgendes mit:
a) den Namen und die Kontaktdaten des Verantwortlichen sowie gegebenenfalls seines Vertreters;
b) zusätzlich die Kontaktdaten des Datenschutzbeauftragten;
c) die Zwecke, für die die personenbezogenen Daten verarbeitet werden sollen, sowie die Rechtsgrundlage für die Verarbeitung;
d) die Kategorien personenbezogener Daten, die verarbeitet werden;
e) gegebenenfalls die Empfänger oder Kategorien von Empfängern der personenbezogenen Daten;
f) gegebenenfalls die Absicht des Verantwortlichen, die personenbezogenen Daten an einen Empfänger in einem Drittland oder einer internationalen Organisation zu übermitteln, sowie das Vorhandensein oder das Fehlen eines Angemessenheitsbeschlusses der Kommission oder im Falle von Übermittlungen gemäß Artikel 46 oder Artikel 47 oder Artikel 49 Absatz 1 Unterabsatz 2 einen Verweis auf die geeigneten oder angemessenen Garantien und die Möglichkeit, eine Kopie von ihnen zu erhalten, oder wo sie verfügbar sind.

(2) Zusätzlich zu den Informationen gemäß Absatz 1 stellt der Verantwortliche der betroffenen Person die folgenden Informationen zur Verfügung, die erforderlich sind, um der betroffenen Person gegenüber eine faire und transparente Verarbeitung zu gewährleisten:
a) die Dauer, für die die personenbezogenen Daten gespeichert werden oder, falls dies nicht möglich ist, die Kriterien für die Festlegung dieser Dauer;
b) wenn die Verarbeitung auf Artikel 6 Absatz 1 Buchstabe f beruht, die berechtigten Interessen, die von dem Verantwortlichen oder einem Dritten verfolgt werden;

c) das Bestehen eines Rechts auf Auskunft seitens des Verantwortlichen über die betreffenden personenbezogenen Daten sowie auf Berichtigung oder Löschung oder auf Einschränkung der Verarbeitung und eines Widerspruchsrechts gegen die Verarbeitung sowie des Rechts auf Datenübertragbarkeit;
d) wenn die Verarbeitung auf Artikel 6 Absatz 1 Buchstabe a oder Artikel 9 Absatz 2 Buchstabe a beruht, das Bestehen eines Rechts, die Einwilligung jederzeit zu widerrufen, ohne dass die Rechtmäßigkeit der aufgrund der Einwilligung bis zum Widerruf erfolgten Verarbeitung berührt wird;
e) das Bestehen eines Beschwerderechts bei einer Aufsichtsbehörde;
f) aus welcher Quelle die personenbezogenen Daten stammen und gegebenenfalls ob sie aus öffentlich zugänglichen Quellen stammen;
g) das Bestehen einer automatisierten Entscheidungsfindung einschließlich Profiling gemäß Artikel 22 Absätze 1 und 4 und – zumindest in diesen Fällen – aussagekräftige Informationen über die involvierte Logik sowie die Tragweite und die angestrebten Auswirkungen einer derartigen Verarbeitung für die betroffene Person.

(3) Der Verantwortliche erteilt die Informationen gemäß den Absätzen 1 und 2
a) unter Berücksichtigung der spezifischen Umstände der Verarbeitung der personenbezogenen Daten innerhalb einer angemessenen Frist nach Erlangung der personenbezogenen Daten, längstens jedoch innerhalb eines Monats,
b) falls die personenbezogenen Daten zur Kommunikation mit der betroffenen Person verwendet werden sollen, spätestens zum Zeitpunkt der ersten Mitteilung an sie, oder,
c) falls die Offenlegung an einen anderen Empfänger beabsichtigt ist, spätestens zum Zeitpunkt der ersten Offenlegung.

(4) Beabsichtigt der Verantwortliche, die personenbezogenen Daten für einen anderen Zweck weiterzuverarbeiten als den, für den die personenbezogenen Daten erlangt wurden, so stellt er der betroffenen Person vor dieser Weiterverarbeitung Informationen über diesen anderen Zweck und alle anderen maßgeblichen Informationen gemäß Absatz 2 zur Verfügung.

(5) Die Absätze 1 bis 4 finden keine Anwendung, wenn und soweit
a) die betroffene Person bereits über die Informationen verfügt,
b) die Erteilung dieser Informationen sich als unmöglich erweist oder einen unverhältnismäßigen Aufwand erfordern würde; dies gilt insbesondere für die Verarbeitung für im öffentlichen Interesse liegende Archivzwecke, für wissenschaftliche oder historische Forschungszwecke oder für statistische Zwecke vorbehaltlich der in Artikel 89 Absatz 1 genannten Bedingungen und Garantien oder soweit die in Absatz 1 des vorliegenden Artikels genannte Pflicht voraussichtlich die Verwirklichung der Ziele dieser Verarbeitung unmöglich macht oder ernsthaft beeinträchtigt. In diesen Fällen ergreift der Verantwortliche geeignete Maßnahmen zum Schutz der Rechte und Freihei-

ten sowie der berechtigten Interessen der betroffenen Person, einschließlich der Bereitstellung dieser Informationen für die Öffentlichkeit,

c) die Erlangung oder Offenlegung durch Rechtsvorschriften der Union oder der Mitgliedstaaten, denen der Verantwortliche unterliegt und die geeignete Maßnahmen zum Schutz der berechtigten Interessen der betroffenen Person vorsehen, ausdrücklich geregelt ist oder

d) die personenbezogenen Daten gemäß dem Unionsrecht oder dem Recht der Mitgliedstaaten dem Berufsgeheimnis, einschließlich einer satzungsmäßigen Geheimhaltungspflicht, unterliegen und daher vertraulich behandelt werden müssen.

Art. 15 Auskunftsrecht der betroffenen Person. (1) Die betroffene Person hat das Recht, von dem Verantwortlichen eine Bestätigung darüber zu verlangen, ob sie betreffende personenbezogene Daten verarbeitet werden; ist dies der Fall, so hat sie ein Recht auf Auskunft über diese personenbezogenen Daten und auf folgende Informationen:

a) die Verarbeitungszwecke;

b) die Kategorien personenbezogener Daten, die verarbeitet werden;

c) die Empfänger oder Kategorien von Empfängern, gegenüber denen die personenbezogenen Daten offengelegt worden sind oder noch offengelegt werden, insbesondere bei Empfängern in Drittländern oder bei internationalen Organisationen;

d) falls möglich die geplante Dauer, für die die personenbezogenen Daten gespeichert werden, oder, falls dies nicht möglich ist, die Kriterien für die Festlegung dieser Dauer;

e) das Bestehen eines Rechts auf Berichtigung oder Löschung der sie betreffenden personenbezogenen Daten oder auf Einschränkung der Verarbeitung durch den Verantwortlichen oder eines Widerspruchsrechts gegen diese Verarbeitung;

f) das Bestehen eines Beschwerderechts bei einer Aufsichtsbehörde;

g) wenn die personenbezogenen Daten nicht bei der betroffenen Person erhoben werden, alle verfügbaren Informationen über die Herkunft der Daten;

h) das Bestehen einer automatisierten Entscheidungsfindung einschließlich Profiling gemäß Artikel 22 Absätze 1 und 4 und – zumindest in diesen Fällen – aussagekräftige Informationen über die involvierte Logik sowie die Tragweite und die angestrebten Auswirkungen einer derartigen Verarbeitung für die betroffene Person.

(2) Werden personenbezogene Daten an ein Drittland oder an eine internationale Organisation übermittelt, so hat die betroffene Person das Recht, über die geeigneten Garantien gemäß Artikel 46 im Zusammenhang mit der Übermittlung unterrichtet zu werden.

(3) [1]Der Verantwortliche stellt eine Kopie der personenbezogenen Daten, die Gegenstand der Verarbeitung sind, zur Verfügung. [2]Für alle weiteren Kopien, die die betroffene Person beantragt, kann der Verantwortliche ein angemessenes Entgelt auf der Grundlage der Verwaltungskosten verlangen. [3]Stellt die be-

troffene Person den Antrag elektronisch, so sind die Informationen in einem gängigen elektronischen Format zur Verfügung zu stellen, sofern sie nichts anderes angibt.

(4) Das Recht auf Erhalt einer Kopie gemäß Absatz 1b darf die Rechte und Freiheiten anderer Personen nicht beeinträchtigen.

Abschnitt 3

Berichtigung und Löschung

Art. 16 Recht auf Berichtigung. [1]Die betroffene Person hat das Recht, von dem Verantwortlichen unverzüglich die Berichtigung sie betreffender unrichtiger personenbezogener Daten zu verlangen. [2]Unter Berücksichtigung der Zwecke der Verarbeitung hat die betroffene Person das Recht, die Vervollständigung unvollständiger personenbezogener Daten – auch mittels einer ergänzenden Erklärung – zu verlangen.

Art. 17 Recht auf Löschung („Recht auf Vergessenwerden"). (1) Die betroffene Person hat das Recht, von dem Verantwortlichen zu verlangen, dass sie betreffende personenbezogene Daten unverzüglich gelöscht werden, und der Verantwortliche ist verpflichtet, personenbezogene Daten unverzüglich zu löschen, sofern einer der folgenden Gründe zutrifft:

a) Die personenbezogenen Daten sind für die Zwecke, für die sie erhoben oder auf sonstige Weise verarbeitet wurden, nicht mehr notwendig.
b) Die betroffene Person widerruft ihre Einwilligung, auf die sich die Verarbeitung gemäß Artikel 6 Absatz 1 Buchstabe a oder Artikel 9 Absatz 2 Buchstabe a stützte, und es fehlt an einer anderweitigen Rechtsgrundlage für die Verarbeitung.
c) Die betroffene Person legt gemäß Artikel 21 Absatz 1 Widerspruch gegen die Verarbeitung ein und es liegen keine vorrangigen berechtigten Gründe für die Verarbeitung vor, oder die betroffene Person legt gemäß Artikel 21 Absatz 2 Widerspruch gegen die Verarbeitung ein.
d) Die personenbezogenen Daten wurden unrechtmäßig verarbeitet.
e) Die Löschung der personenbezogenen Daten ist zur Erfüllung einer rechtlichen Verpflichtung nach dem Unionsrecht oder dem Recht der Mitgliedstaaten erforderlich, dem der Verantwortliche unterliegt.
f) Die personenbezogenen Daten wurden in Bezug auf angebotene Dienste der Informationsgesellschaft gemäß Artikel 8 Absatz 1 erhoben.

(2) Hat der Verantwortliche die personenbezogenen Daten öffentlich gemacht und ist er gemäß Absatz 1 zu deren Löschung verpflichtet, so trifft er unter Berücksichtigung der verfügbaren Technologie und der Implementierungskosten angemessene Maßnahmen, auch technischer Art, um für die Datenverarbeitung Verantwortliche, die die personenbezogenen Daten verar-

beiten, darüber zu informieren, dass eine betroffene Person von ihnen die Löschung aller Links zu diesen personenbezogenen Daten oder von Kopien oder Replikationen dieser personenbezogenen Daten verlangt hat.

(3) Die Absätze 1 und 2 gelten nicht, soweit die Verarbeitung erforderlich ist
a) zur Ausübung des Rechts auf freie Meinungsäußerung und Information;
b) zur Erfüllung einer rechtlichen Verpflichtung, die die Verarbeitung nach dem Recht der Union oder der Mitgliedstaaten, dem der Verantwortliche unterliegt, erfordert, oder zur Wahrnehmung einer Aufgabe, die im öffentlichen Interesse liegt oder in Ausübung öffentlicher Gewalt erfolgt, die dem Verantwortlichen übertragen wurde;
c) aus Gründen des öffentlichen Interesses im Bereich der öffentlichen Gesundheit gemäß Artikel 9 Absatz 2 Buchstaben h und i sowie Artikel 9 Absatz 3;
d) für im öffentlichen Interesse liegende Archivzwecke, wissenschaftliche oder historische Forschungszwecke oder für statistische Zwecke gemäß Artikel 89 Absatz 1, soweit das in Absatz 1 genannte Recht voraussichtlich die Verwirklichung der Ziele dieser Verarbeitung unmöglich macht oder ernsthaft beeinträchtigt, oder
e) zur Geltendmachung, Ausübung oder Verteidigung von Rechtsansprüchen.

Art. 18 Recht auf Einschränkung der Verarbeitung. (1) Die betroffene Person hat das Recht, von dem Verantwortlichen die Einschränkung der Verarbeitung zu verlangen, wenn eine der folgenden Voraussetzungen gegeben ist:
a) die Richtigkeit der personenbezogenen Daten von der betroffenen Person bestritten wird, und zwar für eine Dauer, die es dem Verantwortlichen ermöglicht, die Richtigkeit der personenbezogenen Daten zu überprüfen,
b) die Verarbeitung unrechtmäßig ist und die betroffene Person die Löschung der personenbezogenen Daten ablehnt und stattdessen die Einschränkung der Nutzung der personenbezogenen Daten verlangt;
c) der Verantwortliche die personenbezogenen Daten für die Zwecke der Verarbeitung nicht länger benötigt, die betroffene Person sie jedoch zur Geltendmachung, Ausübung oder Verteidigung von Rechtsansprüchen benötigt, oder
d) die betroffene Person Widerspruch gegen die Verarbeitung gemäß Artikel 21 Absatz 1 eingelegt hat, solange noch nicht feststeht, ob die berechtigten Gründe des Verantwortlichen gegenüber denen der betroffenen Person überwiegen.

(2) Wurde die Verarbeitung gemäß Absatz 1 eingeschränkt, so dürfen diese personenbezogenen Daten – von ihrer Speicherung abgesehen – nur mit Einwilligung der betroffenen Person oder zur Geltendmachung, Ausübung oder Verteidigung von Rechtsansprüchen oder zum Schutz der Rechte einer anderen natürlichen oder juristischen Person oder aus Gründen eines wichtigen öffentlichen Interesses der Union oder eines Mitgliedstaats verarbeitet werden.

(3) Eine betroffene Person, die eine Einschränkung der Verarbeitung gemäß Absatz 1 erwirkt hat, wird von dem Verantwortlichen unterrichtet, bevor die Einschränkung aufgehoben wird.

Art. 19 Mitteilungspflicht im Zusammenhang mit der Berichtigung oder Löschung personenbezogener Daten oder der Einschränkung der Verarbeitung. [1]Der Verantwortliche teilt allen Empfängern, denen personenbezogenen Daten offengelegt wurden, jede Berichtigung oder Löschung der personenbezogenen Daten oder eine Einschränkung der Verarbeitung nach Artikel 16, Artikel 17 Absatz 1 und Artikel 18 mit, es sei denn, dies erweist sich als unmöglich oder ist mit einem unverhältnismäßigen Aufwand verbunden. [2]Der Verantwortliche unterrichtet die betroffene Person über diese Empfänger, wenn die betroffene Person dies verlangt.

Art. 20 Recht auf Datenübertragbarkeit. (1) Die betroffene Person hat das Recht, die sie betreffenden personenbezogenen Daten, die sie einem Verantwortlichen bereitgestellt hat, in einem strukturierten, gängigen und maschinenlesbaren Format zu erhalten, und sie hat das Recht, diese Daten einem anderen Verantwortlichen ohne Behinderung durch den Verantwortlichen, dem die personenbezogenen Daten bereitgestellt wurden, zu übermitteln, sofern
a) die Verarbeitung auf einer Einwilligung gemäß Artikel 6 Absatz 1 Buchstabe a oder Artikel 9 Absatz 2 Buchstabe a oder auf einem Vertrag gemäß Artikel 6 Absatz 1 Buchstabe b beruht und
b) die Verarbeitung mithilfe automatisierter Verfahren erfolgt.

(2) Bei der Ausübung ihres Rechts auf Datenübertragbarkeit gemäß Absatz 1 hat die betroffene Person das Recht, zu erwirken, dass die personenbezogenen Daten direkt von einem Verantwortlichen einem anderen Verantwortlichen übermittelt werden, soweit dies technisch machbar ist.

(3) [1]Die Ausübung des Rechts nach Absatz 1 des vorliegenden Artikels lässt Artikel 17 unberührt. [2]Dieses Recht gilt nicht für eine Verarbeitung, die für die Wahrnehmung einer Aufgabe erforderlich ist, die im öffentlichen Interesse liegt oder in Ausübung öffentlicher Gewalt erfolgt, die dem Verantwortlichen übertragen wurde.

(4) Das Recht gemäß Absatz 2 darf die Rechte und Freiheiten anderer Personen nicht beeinträchtigen.

Abschnitt 4

Widerspruchsrecht und automatisierte Entscheidungsfindung im Einzelfall

Art. 21 Widerspruchsrecht. (1) [1]Die betroffene Person hat das Recht, aus Gründen, die sich aus ihrer besonderen Situation ergeben, jederzeit gegen die Verarbeitung sie betreffender personenbezogener Daten, die aufgrund von Artikel 6 Absatz 1 Buchstaben e oder f erfolgt, Widerspruch einzulegen; dies gilt auch für ein auf diese Bestimmungen gestütztes Profiling. [2]Der Verantwortliche verarbeitet die personenbezogenen Daten nicht mehr, es sei denn, er kann zwingende schutzwürdige Gründe für die Verarbeitung nachweisen, die die Interessen, Rechte und Freiheiten der betroffenen Person überwiegen, oder die Verarbeitung dient der Geltendmachung, Ausübung oder Verteidigung von Rechtsansprüchen.

(2) Werden personenbezogene Daten verarbeitet, um Direktwerbung zu betreiben, so hat die betroffene Person das Recht, jederzeit Widerspruch gegen die Verarbeitung sie betreffender personenbezogener Daten zum Zwecke derartiger Werbung einzulegen; dies gilt auch für das Profiling, soweit es mit solcher Direktwerbung in Verbindung steht.

(3) Widerspricht die betroffene Person der Verarbeitung für Zwecke der Direktwerbung, so werden die personenbezogenen Daten nicht mehr für diese Zwecke verarbeitet.

(4) Die betroffene Person muss spätestens zum Zeitpunkt der ersten Kommunikation mit ihr ausdrücklich auf das in den Absätzen 1 und 2 genannte Recht hingewiesen werden; dieser Hinweis hat in einer verständlichen und von anderen Informationen getrennten Form zu erfolgen.

(5) Im Zusammenhang mit der Nutzung von Diensten der Informationsgesellschaft kann die betroffene Person ungeachtet der Richtlinie 2002/58/EG ihr Widerspruchsrecht mittels automatisierter Verfahren ausüben, bei denen technische Spezifikationen verwendet werden.

(6) Die betroffene Person hat das Recht, aus Gründen, die sich aus ihrer besonderen Situation ergeben, gegen die sie betreffende Verarbeitung sie betreffender personenbezogener Daten, die zu wissenschaftlichen oder historischen Forschungszwecken oder zu statistischen Zwecken gemäß Artikel 89 Absatz 1 erfolgt, Widerspruch einzulegen, es sei denn, die Verarbeitung ist zur Erfüllung einer im öffentlichen Interesse liegenden Aufgabe erforderlich.

Art. 22 Automatisierte Entscheidungen im Einzelfall einschließlich Profiling. (1) Die betroffene Person hat das Recht, nicht einer ausschließlich auf einer automatisierten Verarbeitung – einschließlich Profiling – beruhenden Entscheidung unterworfen zu werden, die ihr gegenüber rechtliche Wirkung entfaltet oder sie in ähnlicher Weise erheblich beeinträchtigt.

(2) Absatz 1 gilt nicht, wenn die Entscheidung

a) für den Abschluss oder die Erfüllung eines Vertrags zwischen der betroffenen Person und dem Verantwortlichen erforderlich ist,
b) aufgrund von Rechtsvorschriften der Union oder der Mitgliedstaaten, denen der Verantwortliche unterliegt, zulässig ist und diese Rechtsvorschriften angemessene Maßnahmen zur Wahrung der Rechte und Freiheiten sowie der berechtigten Interessen der betroffenen Person enthalten oder
c) mit ausdrücklicher Einwilligung der betroffenen Person erfolgt.

(3) In den in Absatz 2 Buchstaben a und c genannten Fällen trifft der Verantwortliche angemessene Maßnahmen, um die Rechte und Freiheiten sowie die berechtigten Interessen der betroffenen Person zu wahren, wozu mindestens das Recht auf Erwirkung des Eingreifens einer Person seitens des Verantwortlichen, auf Darlegung des eigenen Standpunkts und auf Anfechtung der Entscheidung gehört.

(4) Entscheidungen nach Absatz 2 dürfen nicht auf besonderen Kategorien personenbezogener Daten nach Artikel 9 Absatz 1 beruhen, sofern nicht Artikel 9 Absatz 2 Buchstabe a oder g gilt und angemessene Maßnahmen zum Schutz der Rechte und Freiheiten sowie der berechtigten Interessen der betroffenen Person getroffen wurden.

Abschnitt 5
Beschränkungen

Art. 23 Beschränkungen. (1) Durch Rechtsvorschriften der Union oder der Mitgliedstaaten, denen der Verantwortliche oder der Auftragsverarbeiter unterliegt, können die Pflichten und Rechte gemäß den Artikeln 12 bis 22 und Artikel 34 sowie Artikel 5, insofern dessen Bestimmungen den in den Artikeln 12 bis 22 vorgesehenen Rechten und Pflichten entsprechen, im Wege von Gesetzgebungsmaßnahmen beschränkt werden, sofern eine solche Beschränkung den Wesensgehalt der Grundrechte und Grundfreiheiten achtet und in einer demokratischen Gesellschaft eine notwendige und verhältnismäßige Maßnahme darstellt, die Folgendes sicherstellt:

a) die nationale Sicherheit;
b) die Landesverteidigung;
c) die öffentliche Sicherheit;
d) die Verhütung, Ermittlung, Aufdeckung oder Verfolgung von Straftaten oder die Strafvollstreckung, einschließlich des Schutzes vor und der Abwehr von Gefahren für die öffentliche Sicherheit;
e) den Schutz sonstiger wichtiger Ziele des allgemeinen öffentlichen Interesses der Union oder eines Mitgliedstaats, insbesondere eines wichtigen wirtschaftlichen oder finanziellen Interesses der Union oder eines Mitgliedstaats, etwa im Währungs-, Haushalts- und Steuerbereich sowie im Bereich der öffentlichen Gesundheit und der sozialen Sicherheit;

f) den Schutz der Unabhängigkeit der Justiz und den Schutz von Gerichtsverfahren;
g) die Verhütung, Aufdeckung, Ermittlung und Verfolgung von Verstößen gegen die berufsständischen Regeln reglementierter Berufe;
h) Kontroll-, Überwachungs- und Ordnungsfunktionen, die dauernd oder zeitweise mit der Ausübung öffentlicher Gewalt für die unter den Buchstaben a bis e und g genannten Zwecke verbunden sind;
i) den Schutz der betroffenen Person oder der Rechte und Freiheiten anderer Personen;
j) die Durchsetzung zivilrechtlicher Ansprüche.

(2) Jede Gesetzgebungsmaßnahme im Sinne des Absatzes 1 muss insbesondere gegebenenfalls spezifische Vorschriften enthalten zumindest in Bezug auf
a) die Zwecke der Verarbeitung oder die Verarbeitungskategorien,
b) die Kategorien personenbezogener Daten,
c) den Umfang der vorgenommenen Beschränkungen,
d) die Garantien gegen Missbrauch oder unrechtmäßigen Zugang oder unrechtmäßige Übermittlung;
e) die Angaben zu dem Verantwortlichen oder den Kategorien von Verantwortlichen,
f) die jeweiligen Speicherfristen sowie die geltenden Garantien unter Berücksichtigung von Art, Umfang und Zwecken der Verarbeitung oder der Verarbeitungskategorien,
g) die Risiken für die Rechte und Freiheiten der betroffenen Personen und
h) das Recht der betroffenen Personen auf Unterrichtung über die Beschränkung, sofern dies nicht dem Zweck der Beschränkung abträglich ist.

Kapitel IV
Verantwortlicher und Auftragsverarbeiter

Abschnitt 1
Allgemeine Pflichten

Art. 24 Verantwortung des für die Verarbeitung Verantwortlichen. (1) [1]Der Verantwortliche setzt unter Berücksichtigung der Art, des Umfangs, der Umstände und der Zwecke der Verarbeitung sowie der unterschiedlichen Eintrittswahrscheinlichkeit und Schwere der Risiken für die Rechte und Freiheiten natürlicher Personen geeignete technische und organisatorische Maßnahmen um, um sicherzustellen und den Nachweis dafür erbringen zu können, dass die Verarbeitung gemäß dieser Verordnung erfolgt. [2]Diese Maßnahmen werden erforderlichenfalls überprüft und aktualisiert.

(2) Sofern dies in einem angemessenen Verhältnis zu den Verarbeitungstätigkeiten steht, müssen die Maßnahmen gemäß Absatz 1 die Anwendung geeigneter Datenschutzvorkehrungen durch den Verantwortlichen umfassen.

(3) Die Einhaltung der genehmigten Verhaltensregeln gemäß Artikel 40 oder eines genehmigten Zertifizierungsverfahrens gemäß Artikel 42 kann als Gesichtspunkt herangezogen werden, um die Erfüllung der Pflichten des Verantwortlichen nachzuweisen.

Art. 25 Datenschutz durch Technikgestaltung und durch datenschutzfreundliche Voreinstellungen. (1) Unter Berücksichtigung des Stands der Technik, der Implementierungskosten und der Art, des Umfangs, der Umstände und der Zwecke der Verarbeitung sowie der unterschiedlichen Eintrittswahrscheinlichkeit und Schwere der mit der Verarbeitung verbundenen Risiken für die Rechte und Freiheiten natürlicher Personen trifft der Verantwortliche sowohl zum Zeitpunkt der Festlegung der Mittel für die Verarbeitung als auch zum Zeitpunkt der eigentlichen Verarbeitung geeignete technische und organisatorische Maßnahmen – wie z.B. Pseudonymisierung – trifft, die dafür ausgelegt sind, die Datenschutzgrundsätze wie etwa Datenminimierung wirksam umzusetzen und die notwendigen Garantien in die Verarbeitung aufzunehmen, um den Anforderungen dieser Verordnung zu genügen und die Rechte der betroffenen Personen zu schützen.

(2) [1]Der Verantwortliche trifft geeignete technische und organisatorische Maßnahmen, die sicherstellen, dass durch Voreinstellung grundsätzlich nur personenbezogene Daten, deren Verarbeitung für den jeweiligen bestimmten Verarbeitungszweck erforderlich ist, verarbeitet werden. [2]Diese Verpflichtung gilt für die Menge der erhobenen personenbezogenen Daten, den Umfang ihrer Verarbeitung, ihre Speicherfrist und ihre Zugänglichkeit. [3]Solche Maßnahmen müssen insbesondere sicherstellen, dass personenbezogene Daten durch Voreinstellungen nicht ohne Eingreifen der Person einer unbestimmten Zahl von natürlichen Personen zugänglich gemacht werden.

(3) Ein genehmigtes Zertifizierungsverfahren gemäß Artikel 42 kann als Faktor herangezogen werden, um die Erfüllung der in den Absätzen 1 und 2 des vorliegenden Artikels genannten Anforderungen nachzuweisen.

Art. 26 Gemeinsam für die Verarbeitung Verantwortliche. (1) [1]Legen zwei oder mehr Verantwortliche gemeinsam die Zwecke der und die Mittel zur Verarbeitung fest, so sind sie gemeinsam Verantwortliche. [2]Sie legen in einer Vereinbarung in transparenter Form fest, wer von ihnen welche Verpflichtung gemäß dieser Verordnung erfüllt, insbesondere was die Wahrnehmung der Rechte der betroffenen Person angeht, und wer welchen Informationspflichten gemäß den Artikeln 13 und 14 nachkommt, sofern und soweit die jeweiligen Aufgaben der Verantwortlichen nicht durch Rechtsvorschriften der Union oder der Mitgliedstaaten, denen die Verantwortlichen unterliegen, festgelegt sind. [3]In der Vereinbarung kann eine Anlaufstelle für die betroffenen Personen angegeben werden.

(2) [1]Die Vereinbarung gemäß Absatz 1 muss die jeweiligen tatsächlichen Funktionen und Beziehungen der gemeinsam Verantwortlichen gegenüber be-

troffenen Personen gebührend widerspiegeln. [2]Das wesentliche der Vereinbarung wird der betroffenen Person zur Verfügung gestellt.

(3) Ungeachtet der Einzelheiten der Vereinbarung gemäß Absatz 1 kann die betroffene Person ihre Rechte im Rahmen dieser Verordnung bei und gegenüber jedem einzelnen der Verantwortlichen geltend machen.

Art. 27 Vertreter von nicht in der Union niedergelassenen Verantwortlichen oder Auftragsverarbeitern. (1) In den Fällen gemäß Artikel 3 Absatz 2 benennt der Verantwortliche oder der Auftragsverarbeiter schriftlich einen Vertreter in der Union.

(2) Die Pflicht gemäß Absatz 1 des vorliegenden Artikels gilt nicht für

a) eine Verarbeitung, die gelegentlich erfolgt, nicht die umfangreiche Verarbeitung besonderer Datenkategorien im Sinne des Artikels 9 Absatz 1 oder die umfangreiche Verarbeitung von personenbezogenen Daten über strafrechtliche Verurteilungen und Straftaten im Sinne des Artikels 10 einschließt und unter Berücksichtigung der Art, der Umstände, des Umfangs und der Zwecke der Verarbeitung voraussichtlich nicht zu einem Risiko für die Rechte und Freiheiten natürlicher Personen führt, oder
b) Behörden oder öffentliche Stellen.

(3) Der Vertreter muss in einem der Mitgliedstaaten niedergelassen sein, in denen die betroffenen Personen, deren personenbezogene Daten im Zusammenhang mit den ihnen angebotenen Waren oder Dienstleistungen verarbeitet werden oder deren Verhalten beobachtet wird, sich befinden.

(4) Der Vertreter wird durch den Verantwortlichen oder den Auftragsverarbeiter beauftragt, zusätzlich zu diesem oder an seiner Stelle insbesondere für Aufsichtsbehörden und betroffene Personen bei sämtlichen Fragen im Zusammenhang mit der Verarbeitung zur Gewährleistung der Einhaltung dieser Verordnung als Anlaufstelle zu dienen.

(5) Die Benennung eines Vertreters durch den Verantwortlichen oder den Auftragsverarbeiter erfolgt unbeschadet etwaiger rechtlicher Schritte gegen den Verantwortlichen oder den Auftragsverarbeiter selbst.

Art. 28 Auftragsverarbeiter. (1) Erfolgt eine Verarbeitung im Auftrag eines Verantwortlichen, so arbeitet dieser nur mit Auftragsverarbeitern, die hinreichend Garantien dafür bieten, dass geeignete technische und organisatorische Maßnahmen so durchgeführt werden, dass die Verarbeitung im Einklang mit den Anforderungen dieser Verordnung erfolgt und den Schutz der Rechte der betroffenen Person gewährleistet.

(2) [1]Der Auftragsverarbeiter nimmt keinen weiteren Auftragsverarbeiter ohne vorherige gesonderte oder allgemeine schriftliche Genehmigung des Verantwortlichen in Anspruch. [2]Im Fall einer allgemeinen schriftlichen Genehmigung informiert der Auftragsverarbeiter den Verantwortlichen immer über jede beabsichtigte Änderung in Bezug auf die Hinzuziehung oder die Ersetzung an-

derer Auftragsverarbeiter, wodurch der Verantwortliche die Möglichkeit erhält, gegen derartige Änderungen Einspruch zu erheben.

(3) [1]Die Verarbeitung durch einen Auftragsverarbeiter erfolgt auf der Grundlage eines Vertrags oder eines anderen Rechtsinstruments nach dem Unionsrecht oder dem Recht der Mitgliedstaaten, der bzw. das den Auftragsverarbeiter in Bezug auf den Verantwortlichen bindet und in dem Gegenstand und Dauer der Verarbeitung, Art und Zweck der Verarbeitung, die Art der personenbezogenen Daten, die Kategorien betroffener Personen und die Pflichten und Rechte des Verantwortlichen festgelegt sind. [2]Dieser Vertrag bzw. dieses andere Rechtsinstrument sieht insbesondere vor, dass der Auftragsverarbeiter

a) die personenbezogenen Daten nur auf dokumentierte Weisung des Verantwortlichen – auch in Bezug auf die Übermittlung personenbezogener Daten an ein Drittland oder eine internationale Organisation – verarbeitet, sofern er nicht durch das Recht der Union oder der Mitgliedstaaten, dem der Auftragsverarbeiter unterliegt, hierzu verpflichtet ist; in einem solchen Fall teilt der Auftragsverarbeiter dem Verantwortlichen diese rechtlichen Anforderungen vor der Verarbeitung mit, sofern das betreffende Recht eine solche Mitteilung nicht wegen eines wichtigen öffentlichen Interesses verbietet;
b) gewährleistet, dass sich die zur Verarbeitung der personenbezogenen Daten befugten Personen zur Vertraulichkeit verpflichtet haben oder einer angemessenen gesetzlichen Verschwiegenheitspflicht unterliegen;
c) alle gemäß Artikel 32 erforderlichen Maßnahmen ergreift;
d) die in den Absätzen 2 und 4 genannten Bedingungen für die Inanspruchnahme der Dienste eines weiteren Auftragsverarbeiters einhält;
e) angesichts der Art der Verarbeitung den Verantwortlichen nach Möglichkeit mit geeigneten technischen und organisatorischen Maßnahmen dabei unterstützt, seiner Pflicht zur Beantwortung von Anträgen auf Wahrnehmung der in Kapitel III genannten Rechte der betroffenen Person nachzukommen;
f) unter Berücksichtigung der Art der Verarbeitung und der ihm zur Verfügung stehenden Informationen den Verantwortlichen bei der Einhaltung der in den Artikeln 32 bis 36 genannten Pflichten unterstützt;
g) nach Abschluss der Erbringung der Verarbeitungsleistungen alle personenbezogenen Daten nach Wahl des Verantwortlichen entweder löscht oder zurückgibt, sofern nicht nach dem Unionsrecht oder dem Recht der Mitgliedstaaten eine Verpflichtung zur Speicherung der personenbezogenen Daten besteht;
h) dem Verantwortlichen alle erforderlichen Informationen zum Nachweis der Einhaltung der in diesem Artikel niedergelegten Pflichten zur Verfügung stellt und Überprüfungen – einschließlich Inspektionen –, die vom Verantwortlichen oder einem anderen von diesem beauftragten Prüfer durchgeführt werden, ermöglicht und dazu beiträgt.

[3]Mit Blick auf Unterabsatz 1 Buchstabe h informiert der Auftragsverarbeiter den Verantwortlichen unverzüglich, falls er der Auffassung ist, dass eine Wei-

sung gegen diese Verordnung oder gegen andere Datenschutzbestimmungen der Union oder der Mitgliedstaaten verstößt.

(4) [1]Nimmt der Auftragsverarbeiter die Dienste eines weiteren Auftragsverarbeiters in Anspruch, um bestimmte Verarbeitungstätigkeiten im Namen des Verantwortlichen auszuführen, so werden diesem weiteren Auftragsverarbeiter im Wege eines Vertrags oder eines anderen Rechtsinstruments nach dem Unionsrecht oder dem Recht des betreffenden Mitgliedstaats dieselben Datenschutzpflichten auferlegt, die in dem Vertrag oder anderen Rechtsinstrument zwischen dem Verantwortlichen und dem Auftragsverarbeiter gemäß Absatz 3 festgelegt sind, wobei insbesondere hinreichende Garantien dafür geboten werden muss, dass die geeigneten technischen und organisatorischen Maßnahmen so durchgeführt werden, dass die Verarbeitung entsprechend den Anforderungen dieser Verordnung erfolgt. [2]Kommt der weitere Auftragsverarbeiter seinen Datenschutzpflichten nicht nach, so haftet der erste Auftragsverarbeiter gegenüber dem Verantwortlichen für die Einhaltung der Pflichten jenes anderen Auftragsverarbeiters.

(5) Die Einhaltung genehmigter Verhaltensregeln gemäß Artikel 40 oder eines genehmigten Zertifizierungsverfahrens gemäß Artikel 42 durch einen Auftragsverarbeiter kann als Faktor herangezogen werden, um hinreichende Garantien im Sinne der Absätze 1 und 4 des vorliegenden Artikels nachzuweisen.

(6) Unbeschadet eines individuellen Vertrags zwischen dem Verantwortlichen und dem Auftragsverarbeiter kann der Vertrag oder das andere Rechtsinstrument im Sinne der Absätze 3 und 4 des vorliegenden Artikels ganz oder teilweise auf den in den Absätzen 7 und 8 des vorliegenden Artikels genannten Standardvertragsklauseln beruhen, auch wenn diese Bestandteil einer dem Verantwortlichen oder dem Auftragsverarbeiter gemäß den Artikeln 42 und 43 erteilten Zertifizierung sind.

(7) Die Kommission kann im Einklang mit dem Prüfverfahren gemäß Artikel 93 Absatz 2 Standardvertragsklauseln zur Regelung der in den Absätzen 3 und 4 des vorliegenden Artikels genannten Fragen festlegen.

(8) Eine Aufsichtsbehörde kann im Einklang mit dem Kohärenzverfahren gemäß Artikel 63 Standardvertragsklauseln zur Regelung der in den Absätzen 3 und 4 des vorliegenden Artikels genannten Fragen festlegen.

(9) Der Vertrag oder das andere Rechtsinstrument im Sinne der Absätze 3 und 4 ist schriftlich abzufassen, was auch in einem elektronischen Format erfolgen kann.

(10) Unbeschadet der Artikel 82, 83 und 84 gilt ein Auftragsverarbeiter, der unter Verstoß gegen diese Verordnung die Zwecke und Mittel der Verarbeitung bestimmt, in Bezug auf diese Verarbeitung als Verantwortlicher.

Art. 29 Verarbeitung unter der Aufsicht des Verantwortlichen oder des Auftragsverarbeiters. Der Auftragsverarbeiter und jede dem Verantwortlichen oder dem Auftragsverarbeiter unterstellte Person, die Zugang zu personenbezogenen Daten hat, dürfen diese Daten ausschließlich auf Weisung des Verantwortlichen verarbeiten, es sei denn, dass sie nach dem Unionsrecht oder dem Recht der Mitgliedstaaten zur Verarbeitung verpflichtet sind.

Art. 30 Verzeichnis von Verarbeitungstätigkeiten. (1) [1]Jeder Verantwortliche und gegebenenfalls sein Vertreter führen ein Verzeichnis aller Verarbeitungstätigkeiten, die ihrer Zuständigkeit unterliegen. [2]Dieses Verzeichnis enthält sämtliche folgenden Angaben:

a) den Namen und die Kontaktdaten des Verantwortlichen und gegebenenfalls des gemeinsam mit ihm Verantwortlichen, des Vertreters des Verantwortlichen sowie eines etwaigen Datenschutzbeauftragten;
b) die Zwecke der Verarbeitung;
c) eine Beschreibung der Kategorien betroffener Personen und der Kategorien personenbezogener Daten;
d) die Kategorien von Empfängern, gegenüber denen die personenbezogenen Daten offengelegt worden sind oder noch offengelegt werden, einschließlich Empfänger in Drittländern oder internationalen Organisationen;
e) gegebenenfalls Übermittlungen von personenbezogenen Daten an ein Drittland oder an eine internationale Organisation, einschließlich der Angabe des betreffenden Drittlands oder der betreffenden internationalen Organisation, sowie bei den in Artikel 49 Absatz 1 Unterabsatz 2 genannten Datenübermittlungen die Dokumentierung geeigneter Garantien;
f) wenn möglich, die vorgesehenen Fristen für die Löschung der verschiedenen Datenkategorien;
g) wenn möglich, eine allgemeine Beschreibung der technischen und organisatorischen Maßnahmen gemäß Artikel 32 Absatz 1.

(2) Jeder Auftragsverarbeiter und gegebenenfalls sein Vertreter führen ein Verzeichnis zu allen Kategorien von im Auftrag eines Verantwortlichen durchgeführten Tätigkeiten der Verarbeitung, die Folgendes enthält:

a) den Namen und die Kontaktdaten des Auftragsverarbeiters oder der Auftragsverarbeiter und jedes Verantwortlichen, in dessen Auftrag der Auftragsverarbeiter tätig ist, sowie gegebenenfalls des Vertreters des Verantwortlichen oder des Auftragsverarbeiters und eines etwaigen Datenschutzbeauftragten;
b) die Kategorien von Verarbeitungen, die im Auftrag jedes Verantwortlichen durchgeführt werden;
c) gegebenenfalls Übermittlungen von personenbezogenen Daten an ein Drittland oder an eine internationale Organisation, einschließlich der Angabe des betreffenden Drittlands oder der betreffenden internationalen Organisation, sowie bei den in Artikel 49 Absatz 1 Unterabsatz 2 genannten Datenübermittlungen die Dokumentierung geeigneter Garantien;
d) wenn möglich, eine allgemeine Beschreibung der technischen und organisatorischen Maßnahmen gemäß Artikel 32 Absatz 1.

(3) Das in den Absätzen 1 und 2 genannte Verzeichnis ist schriftlich zu führen, was auch in einem elektronischen Format erfolgen kann.

(4) Der Verantwortliche oder der Auftragsverarbeiter sowie gegebenenfalls der Vertreter des Verantwortlichen oder des Auftragsverarbeiters stellen der Aufsichtsbehörde das Verzeichnis auf Anfrage zur Verfügung.

(5) Die in den Absätzen 1 und 2 genannten Pflichten gelten nicht für Unternehmen oder Einrichtungen, die weniger als 250 Mitarbeiter beschäftigen, es sei denn, die von ihnen vorgenommene Verarbeitung birgt ein Risiko für die Rechte und Freiheiten der betroffenen Personen, die Verarbeitung erfolgt nicht nur gelegentlich oder es erfolgt eine Verarbeitung besonderer Datenkategorien gemäß Artikel 9 Absatz 1 bzw. die Verarbeitung von personenbezogenen Daten über strafrechtliche Verurteilungen und Straftaten im Sinne des Artikels 10.

Art. 31 Zusammenarbeit mit der Aufsichtsbehörde. Der Verantwortliche und der Auftragsverarbeiter und gegebenenfalls deren Vertreter arbeiten auf Anfrage mit der Aufsichtsbehörde bei der Erfüllung ihrer Aufgaben zusammen.

Abschnitt 2
Sicherheit personenbezogener Daten

Art. 32 Sicherheit der Verarbeitung. (1) Unter Berücksichtigung des Stands der Technik, der Implementierungskosten und der Art, des Umfangs, der Umstände und der Zwecke der Verarbeitung sowie der unterschiedlichen Eintrittswahrscheinlichkeit und Schwere des Risikos für die Rechte und Freiheiten natürlicher Personen treffen der Verantwortliche und der Auftragsverarbeiter geeignete technische und organisatorische Maßnahmen, um ein dem Risiko angemessenes Schutzniveau zu gewährleisten; diese Maßnahmen schließen unter anderem Folgendes ein:

a) die Pseudonymisierung und Verschlüsselung personenbezogener Daten;
b) die Fähigkeit, die Vertraulichkeit, Integrität, Verfügbarkeit und Belastbarkeit der Systeme und Dienste im Zusammenhang mit der Verarbeitung auf Dauer sicherzustellen;
c) die Fähigkeit, die Verfügbarkeit der personenbezogenen Daten und den Zugang zu ihnen bei einem physischen oder technischen Zwischenfall rasch wiederherzustellen;
d) ein Verfahren zur regelmäßigen Überprüfung, Bewertung und Evaluierung der Wirksamkeit der technischen und organisatorischen Maßnahmen zur Gewährleistung der Sicherheit der Verarbeitung.

(2) Bei der Beurteilung des angemessenen Schutzniveaus sind insbesondere die Risiken zu berücksichtigen, die mit der Verarbeitung verbunden sind, insbesondere durch – ob unbeabsichtigt oder unrechtmäßig – Vernichtung, Verlust, Veränderung oder unbefugte Offenlegung von beziehungsweise unbefugten Zugang zu personenbezogenen Daten, die übermittelt, gespeichert oder auf andere Weise verarbeitet wurden.

(3) Die Einhaltung genehmigter Verhaltensregeln gemäß Artikel 40 oder eines genehmigten Zertifizierungsverfahrens gemäß Artikel 42 kann als Faktor herangezogen werden, um die Erfüllung der in Absatz 1 des vorliegenden Artikels genannten Anforderungen nachzuweisen.

(4) Der Verantwortliche und der Auftragsverarbeiter unternehmen Schritte, um sicherzustellen, dass ihnen unterstellte natürliche Personen, die Zugang zu personenbezogenen Daten haben, diese nur auf Anweisung des Verantwortlichen verarbeiten, es sei denn, sie sind nach dem Recht der Union oder der Mitgliedstaaten zur Verarbeitung verpflichtet.

Art. 33 Meldung von Verletzungen des Schutzes personenbezogener Daten an die Aufsichtsbehörde. (1) [1]Im Falle einer Verletzung des Schutzes personenbezogener Daten meldet der Verantwortliche unverzüglich und möglichst binnen 72 Stunden, nachdem ihm die Verletzung bekannt wurde, diese der gemäß Artikel 55 zuständigen Aufsichtsbehörde, es sei denn, dass die Verletzung des Schutzes personenbezogener Daten voraussichtlich nicht zu einem Risiko für die Rechte und Freiheiten natürlicher Personen führt. [2]Erfolgt die Meldung an die Aufsichtsbehörde nicht binnen 72 Stunden, so ist ihr eine Begründung für die Verzögerung beizufügen.

(2) Wenn dem Auftragsverarbeiter eine Verletzung des Schutzes personenbezogener Daten bekannt wird, meldet er diese dem Verantwortlichen unverzüglich.

(3) Die Meldung gemäß Absatz 1 enthält zumindest folgende Informationen:

a) eine Beschreibung der Art der Verletzung des Schutzes personenbezogener Daten, soweit möglich mit Angabe der Kategorien und der ungefähren Zahl der betroffenen Personen, der betroffenen Kategorien und der ungefähren Zahl der betroffenen personenbezogenen Datensätze;
b) den Namen und die Kontaktdaten des Datenschutzbeauftragten oder einer sonstigen Anlaufstelle für weitere Informationen;
c) eine Beschreibung der wahrscheinlichen Folgen der Verletzung des Schutzes personenbezogener Daten;
d) eine Beschreibung der von dem Verantwortlichen ergriffenen oder vorgeschlagenen Maßnahmen zur Behebung der Verletzung des Schutzes personenbezogener Daten und gegebenenfalls Maßnahmen zur Abmilderung ihrer möglichen nachteiligen Auswirkungen.

(4) Wenn und soweit die Informationen nicht zur gleichen Zeit bereitgestellt werden können, kann der Verantwortliche diese Informationen ohne unangemessene weitere Verzögerung schrittweise zur Verfügung stellen.

(5) [1]Der Verantwortliche dokumentiert Verletzungen des Schutzes personenbezogener Daten einschließlich aller im Zusammenhang mit der Verletzung des Schutzes personenbezogener Daten stehenden Fakten, von deren Auswirkungen und der ergriffenen Abhilfemaßnahmen. [2]Diese Dokumentation muss der

Aufsichtsbehörde die Überprüfung der Einhaltung der Bestimmungen dieses Artikels ermöglichen.

Art. 34 Benachrichtigung der von einer Verletzung des Schutzes personenbezogener Daten betroffenen Person. (1) Hat die Verletzung des Schutzes personenbezogener Daten voraussichtlich ein hohes Risiko für die persönlichen Rechte und Freiheiten natürlicher Personen zur Folge, so benachrichtigt der Verantwortliche die betroffene Person unverzüglich von der Verletzung.

(2) Die in Absatz 1 genannte Benachrichtigung der betroffenen Person beschreibt in klarer und einfacher Sprache die Art der Verletzung des Schutzes personenbezogener Daten und enthält zumindest die in Artikel 33 Absatz 3 Buchstaben b, c und d genannten Informationen und Maßnahmen.

(3) Die Benachrichtigung der betroffenen Person gemäß Absatz 1 ist nicht erforderlich, wenn eine der folgenden Bedingungen erfüllt ist:

a) der Verantwortliche geeignete technische und organisatorische Sicherheitsvorkehrungen getroffen hat und diese Vorkehrungen auf die von der Verletzung betroffenen personenbezogenen Daten angewandt wurden, insbesondere solche, durch die die personenbezogenen Daten für alle Personen, die nicht zum Zugang zu den personenbezogenen Daten befugt sind, unzugänglich gemacht werden, etwa durch Verschlüsselung;
b) der Verantwortliche durch nachfolgende Maßnahmen sichergestellt hat, dass das hohe Risiko für die Rechte und Freiheiten der betroffenen Personen gemäß Absatz 1 aller Wahrscheinlichkeit nach nicht mehr besteht;
c) dies mit einem unverhältnismäßigen Aufwand verbunden wäre. In diesem Fall hat stattdessen eine öffentliche Bekanntmachung oder eine ähnliche Maßnahme zu erfolgen, durch die die betroffenen Personen vergleichbar wirksam informiert werden.

(4) Wenn der Verantwortliche die betroffene Person nicht bereits über die Verletzung des Schutzes personenbezogener Daten benachrichtigt hat, kann die Aufsichtsbehörde unter Berücksichtigung der Wahrscheinlichkeit, mit der die Verletzung des Schutzes personenbezogener Daten zu einem hohen Risiko führt, von dem Verantwortlichen verlangen, dies nachzuholen, oder sie kann mit einem Beschluss feststellen, dass bestimmte der in Absatz 3 genannten Voraussetzungen erfüllt sind.

Abschnitt 3

Datenschutz-Folgenabschätzung und vorherige Konsultation

Art. 35 Datenschutz-Folgenabschätzung. (1) [1]Hat eine Form der Verarbeitung, insbesondere bei Verwendung neuer Technologien, aufgrund der Art, des Umfangs, der Umstände und der Zwecke der Verarbeitung voraussichtlich ein hohes Risiko für die Rechte und Freiheiten natürlicher Personen zur Folge, so führt der Verantwortliche vorab eine Abschätzung der Folgen der vorgesehenen Verarbeitungsvorgänge für den Schutz personenbezogener Daten durch. [2]Für die Untersuchung mehrerer ähnlicher Verarbeitungsvorgänge mit ähnlich hohen Risiken kann eine einzige Abschätzung vorgenommen werden.

(2) Der Verantwortliche holt bei der Durchführung einer Datenschutz-Folgenabschätzung den Rat des Datenschutzbeauftragten, sofern ein solcher benannt wurde, ein.

(3) Eine Datenschutz-Folgenabschätzung gemäß Absatz 1 ist insbesondere in folgenden Fällen erforderlich:

a) systematische und umfassende Bewertung persönlicher Aspekte natürlicher Personen, die sich auf automatisierte Verarbeitung einschließlich Profiling gründet und die ihrerseits als Grundlage für Entscheidungen dient, die Rechtswirkung gegenüber natürlichen Personen entfalten oder diese in ähnlich erheblicher Weise beeinträchtigen;
b) umfangreiche Verarbeitung besonderer Kategorien von personenbezogenen Daten gemäß Artikel 9 Absatz 1 oder von personenbezogenen Daten über strafrechtliche Verurteilungen und Straftaten gemäß Artikel 10 oder
c) systematische umfangreiche Überwachung öffentlich zugänglicher Bereiche.

(4) [1]Die Aufsichtsbehörde erstellt eine Liste der Verarbeitungsvorgänge, für die gemäß Absatz 1 eine Datenschutz-Folgenabschätzung durchzuführen ist, und veröffentlicht diese. [2]Die Aufsichtsbehörde übermittelt diese Listen dem in Artikel 68 genannten Ausschuss.

(5) [1]Die Aufsichtsbehörde kann des Weiteren eine Liste der Arten von Verarbeitungsvorgängen erstellen und veröffentlichen, für die keine Datenschutz-Folgenabschätzung erforderlich ist. [2]Die Aufsichtsbehörde übermittelt diese Listen dem Ausschuss.

(6) Vor Festlegung der in den Absätzen 4 und 5 genannten Listen wendet die zuständige Aufsichtsbehörde das Kohärenzverfahren gemäß Artikel 63 an, wenn solche Listen Verarbeitungstätigkeiten umfassen, die mit dem Angebot von Waren oder Dienstleistungen für betroffene Personen oder der Beobachtung des Verhaltens dieser Personen in mehreren Mitgliedstaaten im Zusammenhang stehen oder die den freien Verkehr personenbezogener Daten innerhalb der Union erheblich beeinträchtigen könnten.

(7) Die Folgenabschätzung enthält zumindest Folgendes:

a) eine systematische Beschreibung der geplanten Verarbeitungsvorgänge und der Zwecke der Verarbeitung, gegebenenfalls einschließlich der von dem Verantwortlichen verfolgten berechtigten Interessen;
b) eine Bewertung der Notwendigkeit und Verhältnismäßigkeit der Verarbeitungsvorgänge in Bezug auf den Zweck;
c) eine Bewertung der Risiken für die Rechte und Freiheiten der betroffenen Personen gemäß Absatz 1 und
d) die zur Bewältigung der Risiken geplanten Abhilfemaßnahmen, einschließlich Garantien, Sicherheitsvorkehrungen und Verfahren, durch die der Schutz personenbezogener Daten sichergestellt und der Nachweis dafür erbracht wird, dass diese Verordnung eingehalten wird, wobei den Rechten und berechtigten Interessen der betroffenen Personen und sonstiger Betroffener Rechnung getragen wird.

(8) Die Einhaltung genehmigter Verhaltensregeln gemäß Artikel 40 durch die zuständigen Verantwortlichen oder die zuständigen Auftragsverarbeiter ist bei der Beurteilung der Auswirkungen der von diesen durchgeführten Verarbeitungsvorgänge, insbesondere für die Zwecke einer Datenschutz-Folgenabschätzung, gebührend zu berücksichtigen.

(9) Der Verantwortliche holt gegebenenfalls den Standpunkt der betroffenen Personen oder ihrer Vertreter zu der beabsichtigten Verarbeitung unbeschadet des Schutzes gewerblicher oder öffentlicher Interessen oder der Sicherheit der Verarbeitungsvorgänge ein.

(10) Falls die Verarbeitung gemäß Artikel 6 Absatz 1 Buchstabe c oder e auf einer Rechtsgrundlage im Unionsrecht oder im Recht des Mitgliedstaats, dem der Verantwortliche unterliegt, beruht und falls diese Rechtsvorschriften den konkreten Verarbeitungsvorgang oder die konkreten Verarbeitungsvorgänge regeln und bereits im Rahmen der allgemeinen Folgenabschätzung im Zusammenhang mit dem Erlass dieser Rechtsgrundlage eine Datenschutz-Folgenabschätzung erfolgte, gelten die Absätze 1 bis 7 nur, wenn es nach dem Ermessen der Mitgliedstaaten erforderlich ist, vor den betreffenden Verarbeitungstätigkeiten eine solche Folgenabschätzung durchzuführen.

(11) Erforderlichenfalls führt der Verantwortliche eine Überprüfung durch, um zu bewerten, ob die Verarbeitung gemäß der Datenschutz-Folgenabschätzung durchgeführt wird; dies gilt zumindest, wenn hinsichtlich des mit den Verarbeitungsvorgängen verbundenen Risikos Änderungen eingetreten sind.

Art. 36 Vorherige Konsultation. (1) Der Verantwortliche konsultiert vor der Verarbeitung die Aufsichtsbehörde, wenn aus einer Datenschutz-Folgenabschätzung gemäß Artikel 35 hervorgeht, dass die Verarbeitung ein hohes Risiko zur Folge hätte, sofern der Verantwortliche keine Maßnahmen zur Eindämmung des Risikos trifft.

(2) [1]Falls die Aufsichtsbehörde der Auffassung ist, dass die geplante Verarbeitung gemäß Absatz 1 nicht im Einklang mit dieser Verordnung stünde, ins-

besondere weil der Verantwortliche das Risiko nicht ausreichend ermittelt oder nicht ausreichend eingedämmt hat, unterbreitet sie dem Verantwortlichen und gegebenenfalls dem Auftragsverarbeiter innerhalb eines Zeitraums von bis zu acht Wochen nach Erhalt des Ersuchens um Konsultation entsprechende schriftliche Empfehlungen und kann ihre in Artikel 58 genannten Befugnisse ausüben. [2]Diese Frist kann unter Berücksichtigung der Komplexität der geplanten Verarbeitung um sechs Wochen verlängert werden. [3]Die Aufsichtsbehörde unterrichtet den Verantwortlichen oder gegebenenfalls den Auftragsverarbeiter über eine solche Fristverlängerung innerhalb eines Monats nach Eingang des Antrags auf Konsultation zusammen mit den Gründen für die Verzögerung. [4]Diese Fristen können ausgesetzt werden, bis die Aufsichtsbehörde die für die Zwecke der Konsultation angeforderten Informationen erhalten hat.

(3) Der Verantwortliche stellt der Aufsichtsbehörde bei einer Konsultation gemäß Absatz 1 folgende Informationen zur Verfügung:
a) gegebenenfalls Angaben zu den jeweiligen Zuständigkeiten des Verantwortlichen, der gemeinsam Verantwortlichen und der an der Verarbeitung beteiligten Auftragsverarbeiter, insbesondere bei einer Verarbeitung innerhalb einer Gruppe von Unternehmen;
b) die Zwecke und die Mittel der beabsichtigten Verarbeitung;
c) die zum Schutz der Rechte und Freiheiten der betroffenen Personen gemäß dieser Verordnung vorgesehenen Maßnahmen und Garantien;
d) gegebenenfalls die Kontaktdaten des Datenschutzbeauftragten;
e) die Datenschutz-Folgenabschätzung gemäß Artikel 35 und
f) alle sonstigen von der Aufsichtsbehörde angeforderten Informationen.

(4) Die Mitgliedstaaten konsultieren die Aufsichtsbehörde bei der Ausarbeitung eines Vorschlags für von einem nationalen Parlament zu erlassende Gesetzgebungsmaßnahmen oder von auf solchen Gesetzgebungsmaßnahmen basierenden Regelungsmaßnahmen, die die Verarbeitung betreffen.

(5) Ungeachtet des Absatzes 1 können Verantwortliche durch das Recht der Mitgliedstaaten verpflichtet werden, bei der Verarbeitung zur Erfüllung einer im öffentlichen Interesse liegenden Aufgabe, einschließlich der Verarbeitung zu Zwecken der sozialen Sicherheit und der öffentlichen Gesundheit, die Aufsichtsbehörde zu konsultieren und deren vorherige Genehmigung einzuholen.

Abschnitt 4

Datenschutzbeauftragter

Art. 37 Benennung eines Datenschutzbeauftragten. (1) Der Verantwortliche und der Auftragsverarbeiter benennen auf jeden Fall einen Datenschutzbeauftragten, wenn
a) die Verarbeitung von einer Behörde oder öffentlichen Stelle durchgeführt wird, mit Ausnahme von Gerichten, die im Rahmen ihrer justiziellen Tätigkeit handeln,

b) die Kerntätigkeit des Verantwortlichen oder des Auftragsverarbeiters in der Durchführung von Verarbeitungsvorgängen besteht, welche aufgrund ihrer Art, ihres Umfangs und/oder ihrer Zwecke eine umfangreiche regelmäßige und systematische Überwachung von betroffenen Personen erforderlich machen, oder

c) die Kerntätigkeit des Verantwortlichen oder des Auftragsverarbeiters in der umfangreichen Verarbeitung besonderer Kategorien von Daten gemäß Artikel 9 oder von personenbezogenen Daten über strafrechtliche Verurteilungen und Straftaten gemäß Artikel 10 besteht.

(2) Eine Unternehmensgruppe darf einen gemeinsamen Datenschutzbeauftragten ernennen, sofern von jeder Niederlassung aus der Datenschutzbeauftragte leicht erreicht werden kann.

(3) Falls es sich bei dem Verantwortlichen oder dem Auftragsverarbeiter um eine Behörde oder öffentliche Stelle handelt, kann für mehrere solcher Behörden oder Stellen unter Berücksichtigung ihrer Organisationsstruktur und ihrer Größe ein gemeinsamer Datenschutzbeauftragter benannt werden.

(4) [1]In anderen als den in Absatz 1 genannten Fällen können der Verantwortliche oder der Auftragsverarbeiter oder Verbände und andere Vereinigungen, die Kategorien von Verantwortlichen oder Auftragsverarbeitern vertreten, einen Datenschutzbeauftragten benennen; falls dies nach dem Recht der Union oder der Mitgliedstaaten vorgeschrieben ist, müssen sie einen solchen benennen. [2]Der Datenschutzbeauftragte kann für derartige Verbände und andere Vereinigungen, die Verantwortliche oder Auftragsverarbeiter vertreten, handeln.

(5) Der Datenschutzbeauftragte wird auf der Grundlage seiner beruflichen Qualifikation und insbesondere des Fachwissens benannt, das er auf dem Gebiet des Datenschutzrechts und der Datenschutzpraxis besitzt, sowie auf der Grundlage seiner Fähigkeit zur Erfüllung der in Artikel 39 genannten Aufgaben.

(6) Der Datenschutzbeauftragte kann Beschäftigter des Verantwortlichen oder des Auftragsverarbeiters sein oder seine Aufgaben auf der Grundlage eines Dienstleistungsvertrags erfüllen.

(7) Der Verantwortliche oder der Auftragsverarbeiter veröffentlicht die Kontaktdaten des Datenschutzbeauftragten und teilt diese Daten der Aufsichtsbehörde mit.

Art. 38 Stellung des Datenschutzbeauftragten. (1) Der Verantwortliche und der Auftragsverarbeiter stellen sicher, dass der Datenschutzbeauftragte ordnungsgemäß und frühzeitig in alle mit dem Schutz personenbezogener Daten zusammenhängenden Fragen eingebunden wird.

(2) Der Verantwortliche und der Auftragsverarbeiter unterstützen den Datenschutzbeauftragten bei der Erfüllung seiner Aufgaben gemäß Artikel 39, indem sie die für die Erfüllung dieser Aufgaben erforderlichen Ressourcen und den Zugang zu personenbezogenen Daten und Verarbeitungsvorgängen sowie

die zur Erhaltung seines Fachwissens erforderlichen Ressourcen zur Verfügung stellen.

(3) [1]Der Verantwortliche und der Auftragsverarbeiter stellen sicher, dass der Datenschutzbeauftragte bei der Erfüllung seiner Aufgaben keine Anweisungen bezüglich der Ausübung dieser Aufgaben erhält. [2]Der Datenschutzbeauftragte darf von dem Verantwortlichen oder dem Auftragsverarbeiter wegen der Erfüllung seiner Aufgaben nicht abberufen oder benachteiligt werden. [3]Der Datenschutzbeauftragte berichtet unmittelbar der höchsten Managementebene des Verantwortlichen oder des Auftragsverarbeiters.

(4) Betroffene Personen können den Datenschutzbeauftragten zu allen mit der Verarbeitung ihrer personenbezogenen Daten und mit der Wahrnehmung ihrer Rechte gemäß dieser Verordnung im Zusammenhang stehenden Fragen zu Rate ziehen.

(5) Der Datenschutzbeauftragte ist nach dem Recht der Union oder der Mitgliedstaaten bei der Erfüllung seiner Aufgaben an die Wahrung der Geheimhaltung oder der Vertraulichkeit gebunden.

(6) [1]Der Datenschutzbeauftragte kann andere Aufgaben und Pflichten wahrnehmen. [2]Der Verantwortliche oder der Auftragsverarbeiter stellt sicher, dass derartige Aufgaben und Pflichten nicht zu einem Interessenkonflikt führen.

Art. 39 Aufgaben des Datenschutzbeauftragten. (1) Dem Datenschutzbeauftragten obliegen zumindest folgende Aufgaben:

a) Unterrichtung und Beratung des Verantwortlichen oder des Auftragsverarbeiters und der Beschäftigten, die Verarbeitungen durchführen, hinsichtlich ihrer Pflichten nach dieser Verordnung sowie nach sonstigen Datenschutzvorschriften der Union bzw. der Mitgliedstaaten;
b) Überwachung der Einhaltung dieser Verordnung, anderer Datenschutzvorschriften der Union bzw. der Mitgliedstaaten sowie der Strategien des Verantwortlichen oder des Auftragsverarbeiters für den Schutz personenbezogener Daten einschließlich der Zuweisung von Zuständigkeiten, der Sensibilisierung und Schulung der an den Verarbeitungsvorgängen beteiligten Mitarbeiter und der diesbezüglichen Überprüfungen;
c) Beratung – auf Anfrage – im Zusammenhang mit der Datenschutz-Folgenabschätzung und Überwachung ihrer Durchführung gemäß Artikel 35;
d) Zusammenarbeit mit der Aufsichtsbehörde;
e) Tätigkeit als Anlaufstelle für die Aufsichtsbehörde in mit der Verarbeitung zusammenhängenden Fragen, einschließlich der vorherigen Konsultation gemäß Artikel 36, und gegebenenfalls Beratung zu allen sonstigen Fragen.

(2) Der Datenschutzbeauftragte trägt bei der Erfüllung seiner Aufgaben dem mit den Verarbeitungsvorgängen verbundenen Risiko gebührend Rechnung, wobei er die Art, den Umfang, die Umstände und die Zwecke der Verarbeitung berücksichtigt.

Abschnitt 5

Verhaltensregeln und Zertifizierung

Art. 40 Verhaltensregeln. (1) Die Mitgliedstaaten, die Aufsichtsbehörden, der Ausschuss und die Kommission fördern die Ausarbeitung von Verhaltensregeln, die nach Maßgabe der Besonderheiten der einzelnen Verarbeitungsbereiche und der besonderen Bedürfnisse von Kleinstunternehmen sowie kleinen und mittleren Unternehmen zur ordnungsgemäßen Anwendung dieser Verordnung beitragen sollen.

(2) Verbände und andere Vereinigungen, die Kategorien von Verantwortlichen oder Auftragsverarbeitern vertreten, können Verhaltensregeln ausarbeiten oder ändern oder erweitern, mit denen die Anwendung dieser Verordnung beispielsweise zu dem Folgenden präzisiert wird:
a) faire und transparente Verarbeitung;
b) die berechtigten Interessen des Verantwortlichen in bestimmten Zusammenhängen;
c) Erhebung personenbezogener Daten;
d) Pseudonymisierung personenbezogener Daten;
e) Unterrichtung der Öffentlichkeit und der betroffenen Personen;
f) Ausübung der Rechte betroffener Personen;
g) Unterrichtung und Schutz von Kindern und Art und Weise, in der die Einwilligung des Trägers der elterlichen Verantwortung für das Kind einzuholen ist;
h) die Maßnahmen und Verfahren gemäß den Artikeln 24 und 25 und die Maßnahmen für die Sicherheit der Verarbeitung gemäß Artikel 32;
i) die Meldung von Verletzungen des Schutzes personenbezogener Daten an Aufsichtsbehörden und die Benachrichtigung der betroffenen Person von solchen Verletzungen des Schutzes personenbezogener Daten;
j) die Übermittlung personenbezogener Daten an Drittländer oder an internationale Organisationen oder
k) außergerichtliche Verfahren und sonstige Streitbeilegungsverfahren zur Beilegung von Streitigkeiten zwischen Verantwortlichen und betroffenen Personen im Zusammenhang mit der Verarbeitung, unbeschadet der Rechte betroffener Personen gemäß den Artikeln 77 und 79.

(3) [1]Zusätzlich zur Einhaltung durch die unter diese Verordnung fallenden Verantwortlichen oder Auftragsverarbeiter können Verhaltensregeln, die gemäß Absatz 5 des vorliegenden Artikels genehmigt wurden und gemäß Absatz 9 des vorliegenden Artikels allgemeine Gültigkeit besitzen, können auch von Verantwortlichen oder Auftragsverarbeitern, die gemäß Artikel 3 nicht unter diese Verordnung fallen, eingehalten werden, um geeignete Garantien im Rahmen der Übermittlung personenbezogener Daten an Drittländer oder internationale Organisationen nach Maßgabe des Artikels 46 Absatz 2 Buchstabe e zu bieten. [2]Diese Verantwortlichen oder Auftragsverarbeiter gehen mittels vertraglicher oder sonstiger rechtlich bindender Instrumente die verbindliche und

durchsetzbare Verpflichtung ein, die geeigneten Garantien anzuwenden, auch im Hinblick auf die Rechte der betroffenen Personen.

(4) Die Verhaltensregeln gemäß Absatz 2 des vorliegenden Artikels müssen Verfahren vorsehen, die es der in Artikel 41 Absatz 1 genannten Stelle ermöglichen, die obligatorische Überwachung der Einhaltung ihrer Bestimmungen durch die Verantwortlichen oder die Auftragsverarbeiter, die sich zur Anwendung der Verhaltensregeln verpflichten, vorzunehmen, unbeschadet der Aufgaben und Befugnisse der Aufsichtsbehörde, die nach Artikel 55 oder 56 zuständig ist.

(5) [1]Verbände und andere Vereinigungen gemäß Absatz 2 des vorliegenden Artikels, die beabsichtigen, Verhaltensregeln auszuarbeiten oder bestehende Verhaltensregeln zu ändern oder zu erweitern, legen den Entwurf der Verhaltensregeln bzw. den Entwurf zu deren Änderung oder Erweiterung der Aufsichtsbehörde vor, die nach Artikel 55 zuständig ist. [2]Die Aufsichtsbehörde gibt eine Stellungnahme darüber ab, ob der Entwurf der Verhaltensregeln bzw. der Entwurf zu deren Änderung oder Erweiterung mit dieser Verordnung vereinbar ist und genehmigt diesen Entwurf der Verhaltensregeln bzw. den Entwurf zu deren Änderung oder Erweiterung, wenn sie der Auffassung ist, dass er ausreichende geeignete Garantien bietet.

(6) Wird durch die Stellungnahme nach Absatz 5 der Entwurf der Verhaltensregeln bzw. der Entwurf zu deren Änderung oder Erweiterung genehmigt und beziehen sich die betreffenden Verhaltensregeln nicht auf Verarbeitungstätigkeiten in mehreren Mitgliedstaaten, so nimmt die Aufsichtsbehörde die Verhaltensregeln in ein Verzeichnis auf und veröffentlicht sie.

(7) Bezieht sich der Entwurf der Verhaltensregeln auf Verarbeitungstätigkeiten in mehreren Mitgliedstaaten, so legt die nach Artikel 55 zuständige Aufsichtsbehörde – bevor sie den Entwurf der Verhaltensregeln bzw. den Entwurf zu deren Änderung oder Erweiterung genehmigt – ihn nach dem Verfahren gemäß Artikel 63 dem Ausschuss vor, der zu der Frage Stellung nimmt, ob der Entwurf der Verhaltensregeln bzw. der Entwurf zu deren Änderung oder Erweiterung mit dieser Verordnung vereinbar ist oder – im Fall nach Absatz 3 dieses Artikels – geeignete Garantien vorsieht.

(8) Wird durch die Stellungnahme nach Absatz 7 bestätigt, dass der Entwurf der Verhaltensregeln bzw. der Entwurf zu deren Änderung oder Erweiterung mit dieser Verordnung vereinbar ist oder – im Fall nach Absatz 3 – geeignete Garantien vorsieht, so übermittelt der Ausschuss seine Stellungnahme der Kommission.

(9) [1]Die Kommission kann im Wege von Durchführungsrechtsakten beschließen, dass die ihr gemäß Absatz 8 übermittelten genehmigten Verhaltensregeln bzw. deren genehmigte Änderung oder Erweiterung allgemeine Gültigkeit in der Union besitzen. [2]Diese Durchführungsrechtsakte werden gemäß dem Prüfverfahren nach Artikel 93 Absatz 2 erlassen.

(10) Die Kommission trägt dafür Sorge, dass die genehmigten Verhaltensregeln, denen gemäß Absatz 9 allgemeine Gültigkeit zuerkannt wurde, in geeigneter Weise veröffentlicht werden.

(11) Der Ausschuss nimmt alle genehmigten Verhaltensregeln bzw. deren genehmigte Änderungen oder Erweiterungen in ein Register auf und veröffentlicht sie in geeigneter Weise.

Art. 41 Überwachung der genehmigten Verhaltensregeln. (1) Unbeschadet der Aufgaben und Befugnisse der zuständigen Aufsichtsbehörde gemäß den Artikeln 57 und 58 kann die Überwachung der Einhaltung von Verhaltensregeln gemäß Artikel 40 von einer Stelle durchgeführt werden, die über das geeignete Fachwissen hinsichtlich des Gegenstands der Verhaltensregeln verfügt und die von der zuständigen Aufsichtsbehörde zu diesem Zweck akkreditiert wurde.

(2) Eine Stelle gemäß Absatz 1 kann zum Zwecke der Überwachung der Einhaltung von Verhaltensregeln akkreditiert werden, wenn sie

a) ihre Unabhängigkeit und ihr Fachwissen hinsichtlich des Gegenstands der Verhaltensregeln zur Zufriedenheit der zuständigen Aufsichtsbehörde nachgewiesen hat;
b) Verfahren festgelegt hat, die es ihr ermöglichen, zu bewerten, ob Verantwortliche und Auftragsverarbeiter die Verhaltensregeln anwenden können, die Einhaltung der Verhaltensregeln durch die Verantwortlichen und Auftragsverarbeiter zu überwachen und die Anwendung der Verhaltensregeln regelmäßig zu überprüfen;
c) Verfahren und Strukturen festgelegt hat, mit denen sie Beschwerden über Verletzungen der Verhaltensregeln oder über die Art und Weise, in der die Verhaltensregeln von dem Verantwortlichen oder dem Auftragsverarbeiter angewendet werden oder wurden, nachgeht und diese Verfahren und Strukturen für betroffene Personen und die Öffentlichkeit transparent macht, und
d) zur Zufriedenheit der zuständigen Aufsichtsbehörde nachgewiesen hat, dass ihre Aufgaben und Pflichten nicht zu einem Interessenkonflikt führen.

(3) Die zuständige Aufsichtsbehörde übermittelt den Entwurf der Kriterien für die Akkreditierung einer Stelle nach Absatz 1 gemäß dem Kohärenzverfahren nach Artikel 63 an den Ausschuss.

(4) [1]Unbeschadet der Aufgaben und Befugnisse der zuständigen Aufsichtsbehörde und der Bestimmungen des Kapitels VIII ergreift eine Stelle gemäß Absatz 1 vorbehaltlich geeigneter Garantien im Falle einer Verletzung der Verhaltensregeln durch einen Verantwortlichen oder einen Auftragsverarbeiter geeignete Maßnahmen, einschließlich eines vorläufigen oder endgültigen Ausschlusses des Verantwortlichen oder Auftragsverarbeiters von den Verhaltensregeln. [2]Sie unterrichtet die zuständige Aufsichtsbehörde über solche Maßnahmen und deren Begründung.

(5) Die zuständige Aufsichtsbehörde widerruft die Akkreditierung einer Stelle gemäß Absatz 1, wenn die Voraussetzungen für ihre Akkreditierung nicht oder nicht mehr erfüllt sind oder wenn die Stelle Maßnahmen ergreift, die nicht mit dieser Verordnung vereinbar sind.

(6) Dieser Artikel gilt nicht für die Verarbeitung durch Behörden oder öffentliche Stellen.

Art. 42 Zertifizierung. (1) [1]Die Mitgliedstaaten, die Aufsichtsbehörden, der Ausschuss und die Kommission fördern insbesondere auf Unionsebene die Einführung von datenschutzspezifischen Zertifizierungsverfahren sowie von Datenschutzsiegeln und -prüfzeichen, die dazu dienen, nachzuweisen, dass diese Verordnung bei Verarbeitungsvorgängen von Verantwortlichen oder Auftragsverarbeitern eingehalten wird. [2]Den besonderen Bedürfnissen von Kleinstunternehmen sowie kleinen und mittleren Unternehmen wird Rechnung getragen.

(2) [1]Zusätzlich zur Einhaltung durch die unter diese Verordnung fallenden Verantwortlichen oder Auftragsverarbeiter können auch datenschutzspezifische Zertifizierungsverfahren, Siegel oder Prüfzeichen, die gemäß Absatz 5 des vorliegenden Artikels genehmigt worden sind, vorgesehen werden, um nachzuweisen, dass die Verantwortlichen oder Auftragsverarbeiter, die gemäß Artikel 3 nicht unter diese Verordnung fallen, im Rahmen der Übermittlung personenbezogener Daten an Drittländer oder internationale Organisationen nach Maßgabe von Artikel 46 Absatz 2 Buchstabe f geeignete Garantien bieten. [2]Diese Verantwortlichen oder Auftragsverarbeiter gehen mittels vertraglicher oder sonstiger rechtlich bindender Instrumente die verbindliche und durchsetzbare Verpflichtung ein, diese geeigneten Garantien anzuwenden, auch im Hinblick auf die Rechte der betroffenen Personen.

(3) Die Zertifizierung muss freiwillig und über ein transparentes Verfahren zugänglich sein.

(4) Eine Zertifizierung gemäß diesem Artikel mindert nicht die Verantwortung des Verantwortlichen oder des Auftragsverarbeiters für die Einhaltung dieser Verordnung und berührt nicht die Aufgaben und Befugnisse der Aufsichtsbehörden, die gemäß Artikel 55 oder 56 zuständig sind.

(5) [1]Eine Zertifizierung nach diesem Artikel wird durch die Zertifizierungsstellen nach Artikel 43 oder durch die zuständige Aufsichtsbehörde anhand der von dieser zuständigen Aufsichtsbehörde gemäß Artikel 58 Absatz 3 oder – gemäß Artikel 63 – durch den Ausschuss genehmigten Kriterien erteilt. [2]Werden die Kriterien vom Ausschuss genehmigt, kann dies zu einer gemeinsamen Zertifizierung, dem Europäischen Datenschutzsiegel, führen.

(6) Der Verantwortliche oder der Auftragsverarbeiter, der die von ihm durchgeführte Verarbeitung dem Zertifizierungsverfahren unterwirft, stellt der Zertifizierungsstelle nach Artikel 43 oder gegebenenfalls der zuständigen Aufsichtsbehörde alle für die Durchführung des Zertifizierungsverfahrens erforderlichen Informationen zur Verfügung und gewährt ihr den in diesem Zusammenhang erforderlichen Zugang zu seinen Verarbeitungstätigkeiten.

(7) [1]Die Zertifizierung wird einem Verantwortlichen oder einem Auftragsverarbeiter für eine Höchstdauer von drei Jahren erteilt und kann unter denselben Bedingungen verlängert werden, sofern die einschlägigen Voraussetzungen weiterhin erfüllt werden. [2]Die Zertifizierung wird gegebenenfalls durch die

Zertifizierungsstellen nach Artikel 43 oder durch die zuständige Aufsichtsbehörde widerrufen, wenn die Voraussetzungen für die Zertifizierung nicht oder nicht mehr erfüllt werden.

(8) Der Ausschuss nimmt alle Zertifizierungsverfahren und Datenschutzsiegel und -prüfzeichen in ein Register auf und veröffentlicht sie in geeigneter Weise.

Art. 43 Zertifizierungsstellen. (1) [1]Unbeschadet der Aufgaben und Befugnisse der zuständigen Aufsichtsbehörde gemäß den Artikeln 57 und 58 erteilen oder verlängern Zertifizierungsstellen, die über das geeignete Fachwissen hinsichtlich des Datenschutzes verfügen, nach Unterrichtung der Aufsichtsbehörde – damit diese erforderlichenfalls von ihren Befugnissen gemäß Artikel 58 Absatz 2 Buchstabe h Gebrauch machen kann – die Zertifizierung. [2]Die Mitgliedstaaten stellen sicher, dass diese Zertifizierungsstellen von einer oder beiden der folgenden Stellen akkreditiert werden:

a) der gemäß Artikel 55 oder 56 zuständigen Aufsichtsbehörde;
b) der nationalen Akkreditierungsstelle, die gemäß der Verordnung (EG) Nr. 765/2008 des Europäischen Parlaments und des Rates[3] im Einklang mit EN-ISO/IEC 17065/2012 und mit den zusätzlichen von der gemäß Artikel 55 oder 56 zuständigen Aufsichtsbehörde festgelegten Anforderungen benannt wurde.

(2) Zertifizierungsstellen nach Absatz 1 dürfen nur dann gemäß dem genannten Absatz akkreditiert werden, wenn sie

a) ihre Unabhängigkeit und ihr Fachwissen hinsichtlich des Gegenstands der Zertifizierung zur Zufriedenheit der zuständigen Aufsichtsbehörde nachgewiesen haben;
b) sich verpflichtet haben, die Kriterien nach Artikel 42 Absatz 5, die von der gemäß Artikel 55 oder 56 zuständigen Aufsichtsbehörde oder – gemäß Artikel 63 – von dem Ausschuss genehmigt wurden, einzuhalten;
c) Verfahren für die Erteilung, die regelmäßige Überprüfung und den Widerruf der Datenschutzzertifizierung sowie der Datenschutzsiegel und -prüfzeichen festgelegt haben;
d) Verfahren und Strukturen festgelegt haben, mit denen sie Beschwerden über Verletzungen der Zertifizierung oder die Art und Weise, in der die Zertifizierung von dem Verantwortlichen oder dem Auftragsverarbeiter umgesetzt wird oder wurde, nachgehen und diese Verfahren und Strukturen für betroffene Personen und die Öffentlichkeit transparent machen, und
e) zur Zufriedenheit der zuständigen Aufsichtsbehörde nachgewiesen haben, dass ihre Aufgaben und Pflichten nicht zu einem Interessenkonflikt führen.

---

3 Verordnung (EG) Nr. 765/2008 des Europäischen Parlaments und des Rates vom 9. Juli 2008 über die Vorschriften für die Akkreditierung und Marktüberwachung im Zusammenhang mit der Vermarktung von Produkten und zur Aufhebung der Verordnung (EWG) Nr. 339/93 des Rates (ABl. L 218 vom 13.8.2008, S. 30).

(3) [1]Die Akkreditierung von Zertifizierungsstellen nach den Absätzen 1 und 2 erfolgt anhand der Kriterien, die von der gemäß Artikel 55 oder 56 zuständigen Aufsichtsbehörde oder – gemäß Artikel 63 – von dem Ausschuss genehmigt wurden. [2]Im Fall einer Akkreditierung nach Absatz 1 Buchstabe b des vorliegenden Artikels ergänzen diese Anforderungen diejenigen, die in der Verordnung (EG) Nr. 765/2008 und in den technischen Vorschriften, in denen die Methoden und Verfahren der Zertifizierungsstellen beschrieben werden, vorgesehen sind.

(4) [1]Die Zertifizierungsstellen nach Absatz 1 sind unbeschadet der Verantwortung, die der Verantwortliche oder der Auftragsverarbeiter für die Einhaltung dieser Verordnung hat, für die angemessene Bewertung, die der Zertifizierung oder dem Widerruf einer Zertifizierung zugrunde liegt, verantwortlich. [2]Die Akkreditierung wird für eine Höchstdauer von fünf Jahren erteilt und kann unter denselben Bedingungen verlängert werden, sofern die Zertifizierungsstelle die Anforderungen dieses Artikels erfüllt.

(5) Die Zertifizierungsstellen nach Absatz 1 teilen den zuständigen Aufsichtsbehörden die Gründe für die Erteilung oder den Widerruf der beantragten Zertifizierung mit.

(6) [1]Die Anforderungen nach Absatz 3 des vorliegenden Artikels und die Kriterien nach Artikel 42 Absatz 5 werden von der Aufsichtsbehörde in leicht zugänglicher Form veröffentlicht. [2]Die Aufsichtsbehörden übermitteln diese Anforderungen und Kriterien auch dem Ausschuss. [3]Der Ausschuss nimmt alle Zertifizierungsverfahren und Datenschutzsiegel in ein Register auf und veröffentlicht sie in geeigneter Weise.

(7) Unbeschadet des Kapitels VIII widerruft die zuständige Aufsichtsbehörde oder die nationale Akkreditierungsstelle die Akkreditierung einer Zertifizierungsstelle nach Absatz 1, wenn die Voraussetzungen für die Akkreditierung nicht oder nicht mehr erfüllt sind oder wenn eine Zertifizierungsstelle Maßnahmen ergreift, die nicht mit dieser Verordnung vereinbar sind.

(8) Der Kommission wird die Befugnis übertragen, gemäß Artikel 92 delegierte Rechtsakte zu erlassen, um die Anforderungen festzulegen, die für die in Artikel 42 Absatz 1 genannten datenschutzspezifischen Zertifizierungsverfahren zu berücksichtigen sind.

(9) [1]Die Kommission kann Durchführungsrechtsakte erlassen, mit denen technische Standards für Zertifizierungsverfahren und Datenschutzsiegel und -prüfzeichen sowie Mechanismen zur Förderung und Anerkennung dieser Zertifizierungsverfahren und Datenschutzsiegel und -prüfzeichen festgelegt werden. [2]Diese Durchführungsrechtsakte werden gemäß dem in Artikel 93 Absatz 2 genannten Prüfverfahren erlassen.

Kapitel V

Übermittlungen personenbezogener Daten an Drittländer oder an internationale Organisationen

Art. 44 Allgemeine Grundsätze der Datenübermittlung. [1]Jedwede Übermittlung personenbezogener Daten, die bereits verarbeitet werden oder nach ihrer Übermittlung an ein Drittland oder eine internationale Organisation verarbeitet werden sollen, ist nur zulässig, wenn der Verantwortliche und der Auftragsverarbeiter die in diesem Kapitel niedergelegten Bedingungen einhalten und auch die sonstigen Bestimmungen dieser Verordnung eingehalten werden; dies gilt auch für die etwaige Weiterübermittlung personenbezogener Daten durch das betreffende Drittland oder die betreffende internationale Organisation an ein anderes Drittland oder eine andere internationale Organisation. [2]Alle Bestimmungen dieses Kapitels sind anzuwenden, um sicherzustellen, dass das durch diese Verordnung gewährleistete Schutzniveau für natürliche Personen nicht untergraben wird.

Art. 45 Datenübermittlung auf der Grundlage eines Angemessenheitsbeschlusses. (1) [1]Eine Übermittlung personenbezogener Daten an ein Drittland oder eine internationale Organisation darf vorgenommen werden, wenn die Kommission beschlossen hat, dass das betreffende Drittland, ein Gebiet oder ein oder mehrere spezifische Sektoren in diesem Drittland oder die betreffende internationale Organisation ein angemessenes Schutzniveau bietet. [2]Eine solche Datenübermittlung bedarf keiner besonderen Genehmigung.

(2) Bei der Prüfung der Angemessenheit des gebotenen Schutzniveaus berücksichtigt die Kommission insbesondere das Folgende:

a) die Rechtsstaatlichkeit, die Achtung der Menschenrechte und Grundfreiheiten, die in dem betreffenden Land bzw. bei der betreffenden internationalen Organisation geltenden einschlägigen Rechtsvorschriften sowohl allgemeiner als auch sektoraler Art – auch in Bezug auf öffentliche Sicherheit, Verteidigung, nationale Sicherheit und Strafrecht sowie Zugang der Behörden zu personenbezogenen Daten – sowie die Anwendung dieser Rechtsvorschriften, Datenschutzvorschriften, Berufsregeln und Sicherheitsvorschriften einschließlich der Vorschriften für die Weiterübermittlung personenbezogener Daten an ein anderes Drittland bzw. eine andere internationale Organisation, die Rechtsprechung sowie wirksame und durchsetzbare Rechte der betroffenen Person und wirksame verwaltungsrechtliche und gerichtliche Rechtsbehelfe für betroffene Personen, deren personenbezogene Daten übermittelt werden,
b) die Existenz und die wirksame Funktionsweise einer oder mehrerer unabhängiger Aufsichtsbehörden in dem betreffenden Drittland oder denen eine internationale Organisation untersteht und die für die Einhaltung und Durchsetzung der Datenschutzvorschriften, einschließlich angemessener Durchsetzungsbefugnisse, für die Unterstützung und Beratung der betroffenen

Personen bei der Ausübung ihrer Rechte und für die Zusammenarbeit mit den Aufsichtsbehörden der Mitgliedstaaten zuständig sind, und

c) die von dem betreffenden Drittland bzw. der betreffenden internationalen Organisation eingegangenen internationalen Verpflichtungen oder andere Verpflichtungen, die sich aus rechtsverbindlichen Übereinkünften oder Instrumenten sowie aus der Teilnahme des Drittlands oder der internationalen Organisation an multilateralen oder regionalen Systemen insbesondere in Bezug auf den Schutz personenbezogener Daten ergeben.

(3) [1]Nach der Beurteilung der Angemessenheit des Schutzniveaus kann die Kommission im Wege eines Durchführungsrechtsaktes beschließen, dass ein Drittland, ein Gebiet oder ein oder mehrere spezifische Sektoren in einem Drittland oder eine internationale Organisation ein angemessenes Schutzniveau im Sinne des Absatzes 2 des vorliegenden Artikels bieten. [2]In dem Durchführungsrechtsakt ist ein Mechanismus für eine regelmäßige Überprüfung, die mindestens alle vier Jahre erfolgt, vorzusehen, bei der allen maßgeblichen Entwicklungen in dem Drittland oder bei der internationalen Organisation Rechnung getragen wird. [3]Im Durchführungsrechtsakt werden der territoriale und der sektorale Anwendungsbereich sowie gegebenenfalls die in Absatz 2 Buchstabe b des vorliegenden Artikels genannte Aufsichtsbehörde bzw. genannten Aufsichtsbehörden angegeben. [4]Der Durchführungsrechtsakt wird gemäß dem in Artikel 93 Absatz 2 genannten Prüfverfahren erlassen.

(4) Die Kommission überwacht fortlaufend die Entwicklungen in Drittländern und bei internationalen Organisationen, die die Wirkungsweise der nach Absatz 3 des vorliegenden Artikels erlassenen Beschlüsse und der nach Artikel 25 Absatz 6 der Richtlinie 95/46/EG erlassenen Feststellungen beeinträchtigen könnten.

(5) [1]Die Kommission widerruft, ändert oder setzt die in Absatz 3 des vorliegenden Artikels genannten Beschlüsse im Wege von Durchführungsrechtsakten aus, soweit dies nötig ist und ohne rückwirkende Kraft, soweit entsprechende Informationen – insbesondere im Anschluss an die in Absatz 3 des vorliegenden Artikels genannte Überprüfung – dahingehend vorliegen, dass ein Drittland, ein Gebiet oder ein oder mehrere spezifischer Sektor in einem Drittland oder eine internationale Organisation kein angemessenes Schutzniveau im Sinne des Absatzes 2 des vorliegenden Artikels mehr gewährleistet. [2]Diese Durchführungsrechtsakte werden gemäß dem Prüfverfahren nach Artikel 93 Absatz 2 erlassen.

In hinreichend begründeten Fällen äußerster Dringlichkeit erlässt die Kommission gemäß dem in Artikel 93 Absatz 3 genannten Verfahren sofort geltende Durchführungsrechtsakte.

(6) Die Kommission nimmt Beratungen mit dem betreffenden Drittland bzw. der betreffenden internationalen Organisation auf, um Abhilfe für die Situation zu schaffen, die zu dem gemäß Absatz 5 erlassenen Beschluss geführt hat.

(7) Übermittlungen personenbezogener Daten an das betreffende Drittland, das Gebiet oder einen oder mehrere spezifische Sektoren in diesem Drittland oder an die betreffende internationale Organisation gemäß den Artikeln 46 bis 49 werden durch einen Beschluss nach Absatz 5 des vorliegenden Artikels nicht berührt.

(8) Die Kommission veröffentlicht im Amtsblatt der Europäischen Union und auf ihrer Website eine Liste aller Drittländer beziehungsweise Gebiete und spezifischen Sektoren in einem Drittland und aller internationalen Organisationen, für die sie durch Beschluss festgestellt hat, dass sie ein angemessenes Schutzniveau gewährleisten bzw. nicht mehr gewährleisten.

(9) Von der Kommission auf der Grundlage von Artikel 25 Absatz 6 der Richtlinie 95/46/EG erlassene Feststellungen bleiben so lange in Kraft, bis sie durch einen nach dem Prüfverfahren gemäß den Absätzen 3 oder 5 des vorliegenden Artikels erlassenen Beschluss der Kommission geändert, ersetzt oder aufgehoben werden.

Art. 46 Datenübermittlung vorbehaltlich geeigneter Garantien. (1) Falls kein Beschluss nach Artikel 45 Absatz 3 vorliegt, darf ein Verantwortlicher oder ein Auftragsverarbeiter personenbezogene Daten an ein Drittland oder eine internationale Organisation nur übermitteln, sofern der Verantwortliche oder der Auftragsverarbeiter geeignete Garantien vorgesehen hat und sofern den betroffenen Personen durchsetzbare Rechte und wirksame Rechtsbehelfe zur Verfügung stehen.

(2) Die in Absatz 1 genannten geeigneten Garantien können, ohne dass hierzu eine besondere Genehmigung einer Aufsichtsbehörde erforderlich wäre, bestehen in

a) einem rechtlich bindenden und durchsetzbaren Dokument zwischen den Behörden oder öffentlichen Stellen,
b) verbindlichen internen Datenschutzvorschriften gemäß Artikel 47,
c) Standarddatenschutzklauseln, die von der Kommission gemäß dem Prüfverfahren nach Artikel 93 Absatz 2 erlassen werden,
d) von einer Aufsichtsbehörde angenommenen Standarddatenschutzklauseln, die von der Kommission gemäß dem Prüfverfahren nach Artikel 93 Absatz 2 genehmigt wurden,
e) genehmigten Verhaltensregeln gemäß Artikel 40 zusammen mit rechtsverbindlichen und durchsetzbaren Verpflichtungen des Verantwortlichen oder des Auftragsverarbeiters in dem Drittland zur Anwendung der geeigneten Garantien, einschließlich in Bezug auf die Rechte der betroffenen Personen, oder
f) einem genehmigten Zertifizierungsmechanismus gemäß Artikel 42 zusammen mit rechtsverbindlichen und durchsetzbaren Verpflichtungen des Verantwortlichen oder des Auftragsverarbeiters in dem Drittland zur Anwendung der geeigneten Garantien, einschließlich in Bezug auf die Rechte der betroffenen Personen.

(3) Vorbehaltlich der Genehmigung durch die zuständige Aufsichtsbehörde können die geeigneten Garantien gemäß Absatz 1 auch insbesondere bestehen in
a) Vertragsklauseln, die zwischen dem Verantwortlichen oder dem Auftragsverarbeiter und dem Verantwortlichen, dem Auftragsverarbeiter oder dem Empfänger der personenbezogenen Daten im Drittland oder der internationalen Organisation vereinbart wurden, oder
b) Bestimmungen, die in Verwaltungsvereinbarungen zwischen Behörden oder öffentlichen Stellen aufzunehmen sind und durchsetzbare und wirksame Rechte für die betroffenen Personen einschließen.

(4) Die Aufsichtsbehörde wendet das Kohärenzverfahren nach Artikel 63 an, wenn ein Fall gemäß Absatz 3 des vorliegenden Artikels vorliegt.

(5) [1]Von einem Mitgliedstaat oder einer Aufsichtsbehörde auf der Grundlage von Artikel 26 Absatz 2 der Richtlinie 95/46/EG erteilte Genehmigungen bleiben so lange gültig, bis sie erforderlichenfalls von dieser Aufsichtsbehörde geändert, ersetzt oder aufgehoben werden. [2]Von der Kommission auf der Grundlage von Artikel 26 Absatz 4 der Richtlinie 95/46/EG erlassene Feststellungen bleiben so lange in Kraft, bis sie erforderlichenfalls mit einem nach Absatz 2 des vorliegenden Artikels erlassenen Beschluss der Kommission geändert, ersetzt oder aufgehoben werden.

Art. 47 Verbindliche interne Datenschutzvorschriften. (1) Die zuständige Aufsichtsbehörde genehmigt gemäß dem Kohärenzverfahren nach Artikel 63 verbindliche interne Datenschutzvorschriften, sofern diese
a) rechtlich bindend sind, für alle betreffenden Mitglieder der Unternehmensgruppe oder einer Gruppe von Unternehmen, die eine gemeinsame Wirtschaftstätigkeit ausüben, gelten und von diesen Mitgliedern durchgesetzt werden, und dies auch für ihre Beschäftigten gilt,
b) den betroffenen Personen ausdrücklich durchsetzbare Rechte in Bezug auf die Verarbeitung ihrer personenbezogenen Daten übertragen und
c) die in Absatz 2 festgelegten Anforderungen erfüllen.

(2) Die verbindlichen internen Datenschutzvorschriften nach Absatz 1 enthalten mindestens folgende Angaben:
a) Struktur und Kontaktdaten der Unternehmensgruppe oder Gruppe von Unternehmen, die eine gemeinsame Wirtschaftstätigkeit ausüben, und jedes ihrer Mitglieder;
b) die betreffenden Datenübermittlungen oder Reihen von Datenübermittlungen einschließlich der betreffenden Arten personenbezogener Daten, Art und Zweck der Datenverarbeitung, Art der betroffenen Personen und das betreffende Drittland beziehungsweise die betreffenden Drittländer;
c) interne und externe Rechtsverbindlichkeit der betreffenden internen Datenschutzvorschriften;
d) die Anwendung der allgemeinen Datenschutzgrundsätze, insbesondere Zweckbindung, Datenminimierung, begrenzte Speicherfristen, Datenqualität, Datenschutz durch Technikgestaltung und durch datenschutzfreundli-

che Voreinstellungen, Rechtsgrundlage für die Verarbeitung, Verarbeitung besonderer Kategorien von personenbezogenen Daten, Maßnahmen zur Sicherstellung der Datensicherheit und Anforderungen für die Weiterübermittlung an nicht an diese internen Datenschutzvorschriften gebundene Stellen;

e) die Rechte der betroffenen Personen in Bezug auf die Verarbeitung und die diesen offenstehenden Mittel zur Wahrnehmung dieser Rechte einschließlich des Rechts, nicht einer ausschließlich auf einer automatisierten Verarbeitung – einschließlich Profiling – beruhenden Entscheidung nach Artikel 22 unterworfen zu werden sowie des in Artikel 79 niedergelegten Rechts auf Beschwerde bei der zuständigen Aufsichtsbehörde beziehungsweise auf Einlegung eines Rechtsbehelfs bei den zuständigen Gerichten der Mitgliedstaaten und im Falle einer Verletzung der verbindlichen internen Datenschutzvorschriften Wiedergutmachung und gegebenenfalls Schadenersatz zu erhalten;

f) die von dem in einem Mitgliedstaat niedergelassenen Verantwortlichen oder Auftragsverarbeiter übernommene Haftung für etwaige Verstöße eines nicht in der Union niedergelassenen betreffenden Mitglieds der Unternehmensgruppe gegen die verbindlichen internen Datenschutzvorschriften; der Verantwortliche oder der Auftragsverarbeiter ist nur dann teilweise oder vollständig von dieser Haftung befreit, wenn er nachweist, dass der Umstand, durch den der Schaden eingetreten ist, dem betreffenden Mitglied nicht zur Last gelegt werden kann;

g) die Art und Weise, wie die betroffenen Personen über die Bestimmungen der Artikel 13 und 14 hinaus über die verbindlichen internen Datenschutzvorschriften und insbesondere über die unter den Buchstaben d, e und f dieses Absatzes genannten Aspekte informiert werden;

h) die Aufgaben jedes gemäß Artikel 37 benannten Datenschutzbeauftragten oder jeder anderen Person oder Einrichtung, die mit der Überwachung der Einhaltung der verbindlichen internen Datenschutzvorschriften in der Unternehmensgruppe oder Gruppe von Unternehmen, die eine gemeinsame Wirtschaftstätigkeit ausüben, sowie mit der Überwachung der Schulungsmaßnahmen und dem Umgang mit Beschwerden befasst ist;

i) die Beschwerdeverfahren;

j) die innerhalb der Unternehmensgruppe oder Gruppe von Unternehmen, die eine gemeinsame Wirtschaftstätigkeit ausüben, bestehenden Verfahren zur Überprüfung der Einhaltung der verbindlichen internen Datenschutzvorschriften. Derartige Verfahren beinhalten Datenschutzüberprüfungen und Verfahren zur Gewährleistung von Abhilfemaßnahmen zum Schutz der Rechte der betroffenen Person. Die Ergebnisse derartiger Überprüfungen sollten der in Buchstabe h genannten Person oder Einrichtung sowie dem Verwaltungsrat des herrschenden Unternehmens einer Unternehmensgruppe oder der Gruppe von Unternehmen, die eine gemeinsame Wirtschaftstätigkeit ausüben, mitgeteilt werden und sollten der zuständigen Aufsichtsbehörde auf Anfrage zur Verfügung gestellt werden;

k) die Verfahren für die Meldung und Erfassung von Änderungen der Vorschriften und ihre Meldung an die Aufsichtsbehörde;

l) die Verfahren für die Zusammenarbeit mit der Aufsichtsbehörde, die die Befolgung der Vorschriften durch sämtliche Mitglieder der Unternehmensgruppe oder Gruppe von Unternehmen, die eine gemeinsame Wirtschaftstätigkeit ausüben, gewährleisten, insbesondere durch Offenlegung der Ergebnisse von Überprüfungen der unter Buchstabe j genannten Maßnahmen gegenüber der Aufsichtsbehörde;

m) die Meldeverfahren zur Unterrichtung der zuständigen Aufsichtsbehörde über jegliche für ein Mitglied der Unternehmensgruppe oder Gruppe von Unternehmen, die eine gemeinsame Wirtschaftstätigkeit ausüben, in einem Drittland geltenden rechtlichen Bestimmungen, die sich nachteilig auf die Garantien auswirken könnten, die die verbindlichen internen Datenschutzvorschriften bieten, und

n) geeignete Datenschutzschulungen für Personal mit ständigem oder regelmäßigem Zugang zu personenbezogenen Daten.

(3) [1]Die Kommission kann das Format und die Verfahren für den Informationsaustausch über verbindliche interne Datenschutzvorschriften im Sinne des vorliegenden Artikels zwischen Verantwortlichen, Auftragsverarbeitern und Aufsichtsbehörden festlegen. [2]Diese Durchführungsrechtsakte werden gemäß dem Prüfverfahren nach Artikel 93 Absatz 2 erlassen.

Art. 48 Nach dem Unionsrecht nicht zulässige Übermittlung oder Offenlegung. Jegliches Urteil eines Gerichts eines Drittlands und jegliche Entscheidung einer Verwaltungsbehörde eines Drittlands, mit denen von einem Verantwortlichen oder einem Auftragsverarbeiter die Übermittlung oder Offenlegung personenbezogener Daten verlangt wird, dürfen unbeschadet anderer Gründe für die Übermittlung gemäß diesem Kapitel jedenfalls nur dann anerkannt oder vollstreckbar werden, wenn sie auf eine in Kraft befindliche internationale Übereinkunft wie etwa ein Rechtshilfeabkommen zwischen dem ersuchenden Drittland und der Union oder einem Mitgliedstaat gestützt sind.

Art. 49 Ausnahmen für bestimmte Fälle. (1) [1]Falls weder ein Angemessenheitsbeschluss nach Artikel 45 Absatz 3 vorliegt noch geeignete Garantien nach Artikel 46, einschließlich verbindlicher interner Datenschutzvorschriften, bestehen, ist eine Übermittlung oder eine Reihe von Übermittlungen personenbezogener Daten an ein Drittland oder an eine internationale Organisation nur unter einer der folgenden Bedingungen zulässig:

a) die betroffene Person hat in die vorgeschlagene Datenübermittlung ausdrücklich eingewilligt, nachdem sie über die für sie bestehenden möglichen Risiken derartiger Datenübermittlungen ohne Vorliegen eines Angemessenheitsbeschlusses und ohne geeignete Garantien unterrichtet wurde,

b) die Übermittlung ist für die Erfüllung eines Vertrags zwischen der betroffenen Person und dem Verantwortlichen oder zur Durchführung von vorvertraglichen Maßnahmen auf Antrag der betroffenen Person erforderlich,

c) die Übermittlung ist zum Abschluss oder zur Erfüllung eines im Interesse der betroffenen Person von dem Verantwortlichen mit einer anderen natürlichen oder juristischen Person geschlossenen Vertrags erforderlich,
d) die Übermittlung ist aus wichtigen Gründen des öffentlichen Interesses notwendig,
e) die Übermittlung ist zur Geltendmachung, Ausübung oder Verteidigung von Rechtsansprüchen erforderlich,
f) die Übermittlung ist zum Schutz lebenswichtiger Interessen der betroffenen Person oder anderer Personen erforderlich, sofern die betroffene Person aus physischen oder rechtlichen Gründen außerstande ist, ihre Einwilligung zu geben,
g) die Übermittlung erfolgt aus einem Register, das gemäß dem Recht der Union oder der Mitgliedstaaten zur Information der Öffentlichkeit bestimmt ist und entweder der gesamten Öffentlichkeit oder allen Personen, die ein berechtigtes Interesse nachweisen können, zur Einsichtnahme offensteht, aber nur soweit die im Recht der Union oder der Mitgliedstaaten festgelegten Voraussetzungen für die Einsichtnahme im Einzelfall gegeben sind.

[2]Falls die Übermittlung nicht auf eine Bestimmung der Artikel 45 oder 46 – einschließlich der verbindlichen internen Datenschutzvorschriften – gestützt werden könnte und keine der Ausnahmen für einen bestimmten Fall gemäß dem ersten Unterabsatz anwendbar ist, darf eine Übermittlung an ein Drittland oder eine internationale Organisation nur dann erfolgen, wenn die Übermittlung nicht wiederholt erfolgt, nur eine begrenzte Zahl von betroffenen Personen betrifft, für die Wahrung der zwingenden berechtigten Interessen des Verantwortlichen erforderlich ist, sofern die Interessen oder die Rechte und Freiheiten der betroffenen Person nicht überwiegen, und der Verantwortliche alle Umstände der Datenübermittlung beurteilt und auf der Grundlage dieser Beurteilung geeignete Garantien in Bezug auf den Schutz personenbezogener Daten vorgesehen hat. [3]Der Verantwortliche setzt die Aufsichtsbehörde von der Übermittlung in Kenntnis. [4]Der Verantwortliche unterrichtet die betroffene Person über die Übermittlung und seine zwingenden berechtigten Interessen; dies erfolgt zusätzlich zu den der betroffenen Person nach den Artikeln 13 und 14 mitgeteilten Informationen.

(2) [1]Datenübermittlungen gemäß Absatz 1 Unterabsatz 1 Buchstabe g dürfen nicht die Gesamtheit oder ganze Kategorien der im Register enthaltenen personenbezogenen Daten umfassen. [2]Wenn das Register der Einsichtnahme durch Personen mit berechtigtem Interesse dient, darf die Übermittlung nur auf Anfrage dieser Personen oder nur dann erfolgen, wenn diese Personen die Adressaten der Übermittlung sind.

(3) Absatz 1 Unterabsatz 1 Buchstaben a, b und c und sowie Absatz 1 Unterabsatz 2 gelten nicht für Tätigkeiten, die Behörden in Ausübung ihrer hoheitlichen Befugnisse durchführen.

(4) Das öffentliche Interesse im Sinne des Absatzes 1 Unterabsatz 1 Buchstabe d muss im Unionsrecht oder im Recht des Mitgliedstaats, dem der Verantwortliche unterliegt, anerkannt sein.

(5) [1]Liegt kein Angemessenheitsbeschluss vor, so können im Unionsrecht oder im Recht der Mitgliedstaaten aus wichtigen Gründen des öffentlichen Interesses ausdrücklich Beschränkungen der Übermittlung bestimmter Kategorien von personenbezogenen Daten an Drittländer oder internationale Organisationen vorgesehen werden. [2]Die Mitgliedstaaten teilen der Kommission derartige Bestimmungen mit.

(6) Der Verantwortliche oder der Auftragsverarbeiter erfasst die von ihm vorgenommene Beurteilung sowie die angemessenen Garantien im Sinne des Absatzes 1 Unterabsatz 2 des vorliegenden Artikels in der Dokumentation gemäß Artikel 30.

Art. 50 Internationale Zusammenarbeit zum Schutz personenbezogener Daten. In Bezug auf Drittländer und internationale Organisationen treffen die Kommission und die Aufsichtsbehörden geeignete Maßnahmen zur

a) Entwicklung von Mechanismen der internationalen Zusammenarbeit, durch die die wirksame Durchsetzung von Rechtsvorschriften zum Schutz personenbezogener Daten erleichtert wird,
b) gegenseitigen Leistung internationaler Amtshilfe bei der Durchsetzung von Rechtsvorschriften zum Schutz personenbezogener Daten, unter anderem durch Meldungen, Beschwerdeverweisungen, Amtshilfe bei Untersuchungen und Informationsaustausch, sofern geeignete Garantien für den Schutz personenbezogener Daten und anderer Grundrechte und Grundfreiheiten bestehen,
c) Einbindung maßgeblicher Interessenträger in Diskussionen und Tätigkeiten, die zum Ausbau der internationalen Zusammenarbeit bei der Durchsetzung von Rechtsvorschriften zum Schutz personenbezogener Daten dienen,
d) Förderung des Austauschs und der Dokumentation von Rechtsvorschriften und Praktiken zum Schutz personenbezogener Daten einschließlich Zuständigkeitskonflikten mit Drittländern.

Kapitel VI

Unabhängige Aufsichtsbehörden

Abschnitt 1

Unabhängigkeit

Art. 51 Aufsichtsbehörde. (1) Jeder Mitgliedstaat sieht vor, dass eine oder mehrere unabhängige Behörden für die Überwachung der Anwendung dieser Verordnung zuständig sind, damit die Grundrechte und Grundfreiheiten natürlicher Personen bei der Verarbeitung geschützt werden und der freie Verkehr personenbezogener Daten in der Union erleichtert wird (im Folgenden „Aufsichtsbehörde").

(2) [1]Jede Aufsichtsbehörde leistet einen Beitrag zur einheitlichen Anwendung dieser Verordnung in der gesamten Union. [2]Zu diesem Zweck arbeiten die Aufsichtsbehörden untereinander sowie mit der Kommission gemäß Kapitel VII zusammen.

(3) Gibt es in einem Mitgliedstaat mehr als eine Aufsichtsbehörde, so bestimmt dieser Mitgliedstaat die Aufsichtsbehörde, die diese Behörden im Ausschuss vertritt, und führt ein Verfahren ein, mit dem sichergestellt wird, dass die anderen Behörden die Regeln für das Kohärenzverfahren nach Artikel 63 einhalten.

(4) Jeder Mitgliedstaat teilt der Kommission bis spätestens 25. Mai 2018 die Rechtsvorschriften, die er aufgrund dieses Kapitels erlässt, sowie unverzüglich alle folgenden Änderungen dieser Vorschriften mit.

Art. 52 Unabhängigkeit. (1) Jede Aufsichtsbehörde handelt bei der Erfüllung ihrer Aufgaben und bei der Ausübung ihrer Befugnisse gemäß dieser Verordnung völlig unabhängig.

(2) Das Mitglied oder die Mitglieder jeder Aufsichtsbehörde unterliegen bei der Erfüllung ihrer Aufgaben und der Ausübung ihrer Befugnisse gemäß dieser Verordnung weder direkter noch indirekter Beeinflussung von außen und ersuchen weder um Weisung noch nehmen sie Weisungen entgegen.

(3) Das Mitglied oder die Mitglieder der Aufsichtsbehörde sehen von allen mit den Aufgaben ihres Amtes nicht zu vereinbarenden Handlungen ab und üben während ihrer Amtszeit keine andere mit ihrem Amt nicht zu vereinbarende entgeltliche oder unentgeltliche Tätigkeit aus.

(4) Jeder Mitgliedstaat stellt sicher, dass jede Aufsichtsbehörde mit den personellen, technischen und finanziellen Ressourcen, Räumlichkeiten und Infrastrukturen ausgestattet wird, die sie benötigt, um ihre Aufgaben und Befugnisse auch im Rahmen der Amtshilfe, Zusammenarbeit und Mitwirkung im Ausschuss effektiv wahrnehmen zu können.

(5) Jeder Mitgliedstaat stellt sicher, dass jede Aufsichtsbehörde ihr eigenes Personal auswählt und hat, das ausschließlich der Leitung des Mitglieds oder der Mitglieder der betreffenden Aufsichtsbehörde untersteht.

(6) Jeder Mitgliedstaat stellt sicher, dass jede Aufsichtsbehörde einer Finanzkontrolle unterliegt, die ihre Unabhängigkeit nicht beeinträchtigt und dass sie über eigene, öffentliche, jährliche Haushaltspläne verfügt, die Teil des gesamten Staatshaushalts oder nationalen Haushalts sein können.

Art. 53 Allgemeine Bedingungen für die Mitglieder der Aufsichtsbehörde. (1) Die Mitgliedstaaten sehen vor, dass jedes Mitglied ihrer Aufsichtsbehörden im Wege eines transparenten Verfahrens ernannt wird, und zwar

– vom Parlament,
– von der Regierung,
– vom Staatsoberhaupt oder

– von einer unabhängigen Stelle, die nach dem Recht des Mitgliedstaats mit der Ernennung betraut wird.

(2) Jedes Mitglied muss über die für die Erfüllung seiner Aufgaben und Ausübung seiner Befugnisse erforderliche Qualifikation, Erfahrung und Sachkunde insbesondere im Bereich des Schutzes personenbezogener Daten verfügen.

(3) Das Amt eines Mitglieds endet mit Ablauf der Amtszeit, mit seinem Rücktritt oder verpflichtender Versetzung in den Ruhestand gemäß dem Recht des betroffenen Mitgliedstaats.

(4) Ein Mitglied wird seines Amtes nur enthoben, wenn es eine schwere Verfehlung begangen hat oder die Voraussetzungen für die Wahrnehmung seiner Aufgaben nicht mehr erfüllt.

Art. 54 Errichtung der Aufsichtsbehörde. (1) Jeder Mitgliedstaat sieht durch Rechtsvorschriften Folgendes vor:

a) die Errichtung jeder Aufsichtsbehörde;
b) die erforderlichen Qualifikationen und sonstigen Voraussetzungen für die Ernennung zum Mitglied jeder Aufsichtsbehörde;
c) die Vorschriften und Verfahren für die Ernennung des Mitglieds oder der Mitglieder jeder Aufsichtsbehörde;
d) die Amtszeit des Mitglieds oder der Mitglieder jeder Aufsichtsbehörde von mindestens vier Jahren; dies gilt nicht für die erste Amtszeit nach dem 24. Mai 2016, die für einen Teil der Mitglieder kürzer sein kann, wenn eine zeitlich versetzte Ernennung zur Wahrung der Unabhängigkeit der Aufsichtsbehörde notwendig ist;
e) die Frage, ob und – wenn ja – wie oft das Mitglied oder die Mitglieder jeder Aufsichtsbehörde wiederernannt werden können;
f) die Bedingungen im Hinblick auf die Pflichten des Mitglieds oder der Mitglieder und der Bediensteten jeder Aufsichtsbehörde, die Verbote von Handlungen, beruflichen Tätigkeiten und Vergütungen während und nach der Amtszeit, die mit diesen Pflichten unvereinbar sind, und die Regeln für die Beendigung des Beschäftigungsverhältnisses.

(2) [1]Das Mitglied oder die Mitglieder und die Bediensteten jeder Aufsichtsbehörde sind gemäß dem Unionsrecht oder dem Recht der Mitgliedstaaten sowohl während ihrer Amts- beziehungsweise Dienstzeit als auch nach deren Beendigung verpflichtet, über alle vertraulichen Informationen, die ihnen bei der Wahrnehmung ihrer Aufgaben oder der Ausübung ihrer Befugnisse bekannt geworden sind, Verschwiegenheit zu wahren. [2]Während dieser Amts- beziehungsweise Dienstzeit gilt diese Verschwiegenheitspflicht insbesondere für die von natürlichen Personen gemeldeten Verstößen gegen diese Verordnung.

Abschnitt 2

Zuständigkeit, Aufgaben und Befugnisse

Art. 55 Zuständigkeit. (1) Jede Aufsichtsbehörde ist für die Erfüllung der Aufgaben und die Ausübung der Befugnisse, die ihr mit dieser Verordnung übertragen wurden, im Hoheitsgebiet ihres eigenen Mitgliedstaats zuständig.

(2) [1]Erfolgt die Verarbeitung durch Behörden oder private Stellen auf der Grundlage von Artikel 6 Absatz 1 Buchstabe c oder e, so ist die Aufsichtsbehörde des betroffenen Mitgliedstaats zuständig. [2]In diesem Fall findet Artikel 56 keine Anwendung.

(3) Die Aufsichtsbehörden sind nicht zuständig für die Aufsicht über die von Gerichten im Rahmen ihrer justiziellen Tätigkeit vorgenommenen Verarbeitungen.

Art. 56 Zuständigkeit der federführenden Aufsichtsbehörde. (1) Unbeschadet des Artikels 55 ist die Aufsichtsbehörde der Hauptniederlassung oder der einzigen Niederlassung des Verantwortlichen oder des Auftragsverarbeiters gemäß dem Verfahren nach Artikel 60 die zuständige federführende Aufsichtsbehörde für die von diesem Verantwortlichen oder diesem Auftragsverarbeiter durchgeführte grenzüberschreitende Verarbeitung.

(2) Abweichend von Absatz 1 ist jede Aufsichtsbehörde dafür zuständig, sich mit einer bei ihr eingereichten Beschwerde oder einem etwaigen Verstoß gegen diese Verordnung zu befassen, wenn der Gegenstand nur mit einer Niederlassung in ihrem Mitgliedstaat zusammenhängt oder betroffene Personen nur ihres Mitgliedstaats erheblich beeinträchtigt.

(3) [1]In den in Absatz 2 des vorliegenden Artikels genannten Fällen unterrichtet die Aufsichtsbehörde unverzüglich die federführende Aufsichtsbehörde über diese Angelegenheit. [2]Innerhalb einer Frist von drei Wochen nach der Unterrichtung entscheidet die federführende Aufsichtsbehörde, ob sie sich mit dem Fall gemäß dem Verfahren nach Artikel 60 befasst oder nicht, wobei sie berücksichtigt, ob der Verantwortliche oder der Auftragsverarbeiter in dem Mitgliedstaat, dessen Aufsichtsbehörde sie unterrichtet hat, eine Niederlassung hat oder nicht.

(4) [1]Entscheidet die federführende Aufsichtsbehörde, sich mit dem Fall zu befassen, so findet das Verfahren nach Artikel 60 Anwendung. [2]Die Aufsichtsbehörde, die die federführende Aufsichtsbehörde unterrichtet hat, kann dieser einen Beschlussentwurf vorlegen. [3]Die federführende Aufsichtsbehörde trägt diesem Entwurf bei der Ausarbeitung des Beschlussentwurfs nach Artikel 60 Absatz 3 weitestgehend Rechnung.

(5) Entscheidet die federführende Aufsichtsbehörde, sich mit dem Fall nicht selbst zu befassen, so befasst die Aufsichtsbehörde, die die federführende Aufsichtsbehörde unterrichtet hat, sich mit dem Fall gemäß den Artikeln 61 und 62.

(6) Die federführende Aufsichtsbehörde ist der einzige Ansprechpartner der Verantwortlichen oder der Auftragsverarbeiter für Fragen der von diesem Verantwortlichen oder diesem Auftragsverarbeiter durchgeführten grenzüberschreitenden Verarbeitung.

Art. 57 Aufgaben. (1) Unbeschadet anderer in dieser Verordnung dargelegter Aufgaben muss jede Aufsichtsbehörde in ihrem Hoheitsgebiet

a) die Anwendung dieser Verordnung überwachen und durchsetzen;
b) die Öffentlichkeit für die Risiken, Vorschriften, Garantien und Rechte im Zusammenhang mit der Verarbeitung sensibilisieren und sie darüber aufklären. Besondere Beachtung finden dabei spezifische Maßnahmen für Kinder;
c) im Einklang mit dem Recht des Mitgliedsstaats das nationale Parlament, die Regierung und andere Einrichtungen und Gremien über legislative und administrative Maßnahmen zum Schutz der Rechte und Freiheiten natürlicher Personen in Bezug auf die Verarbeitung beraten;
d) die Verantwortlichen und die Auftragsverarbeiter für die ihnen aus dieser Verordnung entstehenden Pflichten sensibilisieren;
e) auf Anfrage jeder betroffenen Person Informationen über die Ausübung ihrer Rechte aufgrund dieser Verordnung zur Verfügung stellen und gegebenenfalls zu diesem Zweck mit den Aufsichtsbehörden in anderen Mitgliedstaaten zusammenarbeiten;
f) sich mit Beschwerden einer betroffenen Person oder Beschwerden einer Stelle, einer Organisation oder eines Verbandes gemäß Artikel 80 befassen, den Gegenstand der Beschwerde in angemessenem Umfang untersuchen und den Beschwerdeführer innerhalb einer angemessenen Frist über den Fortgang und das Ergebnis der Untersuchung unterrichten, insbesondere, wenn eine weitere Untersuchung oder Koordinierung mit einer anderen Aufsichtsbehörde notwendig ist;
g) mit anderen Aufsichtsbehörden zusammenarbeiten, auch durch Informationsaustausch, und ihnen Amtshilfe leisten, um die einheitliche Anwendung und Durchsetzung dieser Verordnung zu gewährleisten;
h) Untersuchungen über die Anwendung dieser Verordnung durchführen, auch auf der Grundlage von Informationen einer anderen Aufsichtsbehörde oder einer anderen Behörde;
i) maßgebliche Entwicklungen verfolgen, soweit sie sich auf den Schutz personenbezogener Daten auswirken, insbesondere die Entwicklung der Informations- und Kommunikationstechnologie und der Geschäftspraktiken;
j) Standardvertragsklauseln im Sinne des Artikels 28 Absatz 8 und des Artikels 46 Absatz 2 Buchstabe d festlegen;
k) eine Liste der Verarbeitungsarten erstellen und führen, für die gemäß Artikel 35 Absatz 4 eine Datenschutz-Folgenabschätzung durchzuführen ist;
l) Beratung in Bezug auf die in Artikel 36 Absatz 2 genannten Verarbeitungsvorgänge leisten;
m) die Ausarbeitung von Verhaltensregeln gemäß Artikel 40 Absatz 1 fördern und zu diesen Verhaltensregeln, die ausreichende Garantien im Sinne

des Artikels 40 Absatz 5 bieten müssen, Stellungnahmen abgeben und sie billigen;

n) die Einführung von Datenschutzzertifizierungsmechanismen und von Datenschutzsiegeln und -prüfzeichen nach Artikel 42 Absatz 1 anregen und Zertifizierungskriterien nach Artikel 42 Absatz 5 billigen;

o) gegebenenfalls die nach Artikel 42 Absatz 7 erteilten Zertifizierungen regelmäßig überprüfen;

p) die Kriterien für die Akkreditierung einer Stelle für die Überwachung der Einhaltung der Verhaltensregeln gemäß Artikel 41 und einer Zertifizierungsstelle gemäß Artikel 43 abfassen und veröffentlichen;

q) die Akkreditierung einer Stelle für die Überwachung der Einhaltung der Verhaltensregeln gemäß Artikel 41 und einer Zertifizierungsstelle gemäß Artikel 43 vornehmen;

r) Vertragsklauseln und Bestimmungen im Sinne des Artikels 46 Absatz 3 genehmigen;

s) verbindliche interne Vorschriften gemäß Artikel 47 genehmigen;

t) Beiträge zur Tätigkeit des Ausschusses leisten;

u) interne Verzeichnisse über Verstöße gegen diese Verordnung und gemäß Artikel 58 Absatz 2 ergriffene Maßnahmen und

v) jede sonstige Aufgabe im Zusammenhang mit dem Schutz personenbezogener Daten erfüllen.

(2) Jede Aufsichtsbehörde erleichtert das Einreichen von in Absatz 1 Buchstabe f genannten Beschwerden durch Maßnahmen wie etwa die Bereitstellung eines Beschwerdeformulars, das auch elektronisch ausgefüllt werden kann, ohne dass andere Kommunikationsmittel ausgeschlossen werden.

(3) Die Erfüllung der Aufgaben jeder Aufsichtsbehörde ist für die betroffene Person und gegebenenfalls für den Datenschutzbeauftragten unentgeltlich.

(4) [1]Bei offenkundig unbegründeten oder – insbesondere im Fall von häufiger Wiederholung – exzessiven Anfragen kann die Aufsichtsbehörde eine angemessene Gebühr auf der Grundlage der Verwaltungskosten verlangen oder sich weigern, aufgrund der Anfrage tätig zu werden. [2]In diesem Fall trägt die Aufsichtsbehörde die Beweislast für den offenkundig unbegründeten oder exzessiven Charakter der Anfrage.

Art. 58 Befugnisse. (1) Jede Aufsichtsbehörde verfügt über sämtliche folgenden Untersuchungsbefugnisse, die es ihr gestatten,

a) den Verantwortlichen, den Auftragsverarbeiter und gegebenenfalls den Vertreter des Verantwortlichen oder des Auftragsverarbeiters anzuweisen, alle Informationen bereitzustellen, die für die Erfüllung ihrer Aufgaben erforderlich sind,

b) Untersuchungen in Form von Datenschutzüberprüfungen durchzuführen,

c) eine Überprüfung der nach Artikel 42 Absatz 7 erteilten Zertifizierungen durchzuführen,

d) den Verantwortlichen oder den Auftragsverarbeiter auf einen vermeintlichen Verstoß gegen diese Verordnung hinzuweisen,
e) von dem Verantwortlichen und dem Auftragsverarbeiter Zugang zu allen personenbezogenen Daten und Informationen, die zur Erfüllung ihrer Aufgaben notwendig sind, zu erhalten,
f) gemäß dem Verfahrensrecht der Union oder dem Verfahrensrecht des Mitgliedstaats Zugang zu den Geschäftsräumen, einschließlich aller Datenverarbeitungsanlagen und -geräte, des Verantwortlichen und des Auftragsverarbeiters zu erhalten.

(2) Jede Aufsichtsbehörde verfügt über sämtliche folgenden Abhilfebefugnisse, die es ihr gestatten,
a) einen Verantwortlichen oder einen Auftragsverarbeiter zu warnen, dass beabsichtigte Verarbeitungsvorgänge voraussichtlich gegen diese Verordnung verstoßen,
b) einen Verantwortlichen oder einen Auftragsverarbeiter zu verwarnen, wenn er mit Verarbeitungsvorgängen gegen diese Verordnung verstoßen hat,
c) den Verantwortlichen oder den Auftragsverarbeiter anzuweisen, den Anträgen der betroffenen Person auf Ausübung der ihr nach dieser Verordnung zustehenden Rechte zu entsprechen,
d) den Verantwortlichen oder den Auftragsverarbeiter anzuweisen, Verarbeitungsvorgänge gegebenenfalls auf bestimmte Weise und innerhalb eines bestimmten Zeitraums in Einklang mit dieser Verordnung zu bringen,
e) den Verantwortlichen anzuweisen, die von einer Verletzung des Schutzes personenbezogener Daten betroffenen Person entsprechend zu benachrichtigen,
f) eine vorübergehende oder endgültige Beschränkung der Verarbeitung, einschließlich eines Verbots, zu verhängen,
g) die Berichtigung oder Löschung von personenbezogenen Daten oder die Einschränkung der Verarbeitung gemäß den Artikeln 16, 17 und 18 und die Unterrichtung der Empfänger, an die diese personenbezogenen Daten gemäß Artikel 17 Absatz 2 und Artikel 19 offengelegt wurden, über solche Maßnahmen anzuordnen,
h) eine Zertifizierung zu widerrufen oder die Zertifizierungsstelle anzuweisen, eine gemäß den Artikeln 42 und 43 erteilte Zertifizierung zu widerrufen, oder die Zertifizierungsstelle anzuweisen, keine Zertifizierung zu erteilen, wenn die Voraussetzungen für die Zertifizierung nicht oder nicht mehr erfüllt werden,
i) eine Geldbuße gemäß Artikel 83 zu verhängen, zusätzlich zu oder anstelle von in diesem Absatz genannten Maßnahmen, je nach den Umständen des Einzelfalls,
j) die Aussetzung der Übermittlung von Daten an einen Empfänger in einem Drittland oder an eine internationale Organisation anzuordnen.

(3) Jede Aufsichtsbehörde verfügt über sämtliche folgenden Genehmigungsbefugnisse und beratenden Befugnisse, die es ihr gestatten,

a) gemäß dem Verfahren der vorherigen Konsultation nach Artikel 36 den Verantwortlichen zu beraten,
b) zu allen Fragen, die im Zusammenhang mit dem Schutz personenbezogener Daten stehen, von sich aus oder auf Anfrage Stellungnahmen an das nationale Parlament, die Regierung des Mitgliedstaats oder im Einklang mit dem Recht des Mitgliedstaats an sonstige Einrichtungen und Stellen sowie an die Öffentlichkeit zu richten,
c) die Verarbeitung gemäß Artikel 36 Absatz 5 zu genehmigen, falls im Recht des Mitgliedstaats eine derartige vorherige Genehmigung verlangt wird,
d) eine Stellungnahme abzugeben und Entwürfe von Verhaltensregeln gemäß Artikel 40 Absatz 5 zu billigen,
e) Zertifizierungsstellen gemäß Artikel 43 zu akkreditieren,
f) im Einklang mit Artikel 42 Absatz 5 Zertifizierungen zu erteilen und Kriterien für die Zertifizierung zu billigen,
g) Standarddatenschutzklauseln nach Artikel 28 Absatz 8 und Artikel 46 Absatz 2 Buchstabe d festzulegen,
h) Vertragsklauseln gemäß Artikel 46 Absatz 3 Buchstabe a zu genehmigen,
i) Verwaltungsvereinbarungen gemäß Artikel 46 Absatz 3 Buchstabe b zu genehmigen
j) verbindliche interne Vorschriften gemäß Artikel 47 zu genehmigen.

(4) Die Ausübung der der Aufsichtsbehörde gemäß diesem Artikel übertragenen Befugnisse erfolgt vorbehaltlich geeigneter Garantien einschließlich wirksamer gerichtlicher Rechtsbehelfe und ordnungsgemäßer Verfahren gemäß dem Unionsrecht und dem Recht des Mitgliedstaats im Einklang mit der Charta.

(5) Jeder Mitgliedstaat sieht durch Rechtsvorschriften vor, dass seine Aufsichtsbehörde befugt ist, Verstöße gegen diese Verordnung den Justizbehörden zur Kenntnis zu bringen und gegebenenfalls die Einleitung eines gerichtlichen Verfahrens zu betreiben oder sich sonst daran zu beteiligen, um die Bestimmungen dieser Verordnung durchzusetzen.

(6) [1]Jeder Mitgliedstaat kann durch Rechtsvorschriften vorsehen, dass seine Aufsichtsbehörde neben den in den Absätzen 1, 2 und 3 aufgeführten Befugnissen über zusätzliche Befugnisse verfügt. [2]Die Ausübung dieser Befugnisse darf nicht die effektive Durchführung des Kapitels VII beeinträchtigen.

Art. 59 Tätigkeitsbericht. [1]Jede Aufsichtsbehörde erstellt einen Jahresbericht über ihre Tätigkeit, der eine Liste der Arten der gemeldeten Verstöße und der Arten der getroffenen Maßnahmen nach Artikel 58 Absatz 2 enthalten kann. [2]Diese Berichte werden dem nationalen Parlament, der Regierung und anderen nach dem Recht der Mitgliedstaaten bestimmten Behörden übermittelt. [3]Sie werden der Öffentlichkeit, der Kommission und dem Ausschuss zugänglich gemacht.

Kapitel VII

Zusammenarbeit und Kohärenz

Abschnitt 1

Zusammenarbeit

Art. 60 Zusammenarbeit zwischen der federführenden Aufsichtsbehörde und den anderen betroffenen Aufsichtsbehörden. (1) [1]Die federführende Aufsichtsbehörde arbeitet mit den anderen betroffenen Aufsichtsbehörden im Einklang mit diesem Artikel zusammen und bemüht sich dabei, einen Konsens zu erzielen. [2]Die federführende Aufsichtsbehörde und die betroffenen Aufsichtsbehörden tauschen untereinander alle zweckdienlichen Informationen aus.

(2) Die federführende Aufsichtsbehörde kann jederzeit andere betroffene Aufsichtsbehörden um Amtshilfe gemäß Artikel 61 ersuchen und gemeinsame Maßnahmen gemäß Artikel 62 durchführen, insbesondere zur Durchführung von Untersuchungen oder zur Überwachung der Umsetzung einer Maßnahme in Bezug auf einen Verantwortlichen oder einen Auftragsverarbeiter, der in einem anderen Mitgliedstaat niedergelassen ist.

(3) [1]Die federführende Aufsichtsbehörde übermittelt den anderen betroffenen Aufsichtsbehörden unverzüglich die zweckdienlichen Informationen zu der Angelegenheit. [2]Sie legt den anderen betroffenen Aufsichtsbehörden unverzüglich einen Beschlussentwurf zur Stellungnahme vor und trägt deren Standpunkten gebührend Rechnung.

(4) Legt eine der anderen betroffenen Aufsichtsbehörden innerhalb von vier Wochen, nachdem sie gemäß Absatz 3 des vorliegenden Artikels konsultiert wurde, gegen diesen Beschlussentwurf einen maßgeblichen und begründeten Einspruch ein und schließt sich die federführende Aufsichtsbehörde dem maßgeblichen und begründeten Einspruch nicht an oder ist der Ansicht, dass der Einspruch nicht maßgeblich oder nicht begründet ist, so leitet die federführende Aufsichtsbehörde das Kohärenzverfahren gemäß Artikel 63 für die Angelegenheit ein.

(5) [1]Beabsichtigt die federführende Aufsichtsbehörde, sich dem maßgeblichen und begründeten Einspruch anzuschließen, so legt sie den anderen betroffenen Aufsichtsbehörden einen überarbeiteten Beschlussentwurf zur Stellungnahme vor. [2]Der überarbeitete Beschlussentwurf wird innerhalb von zwei Wochen dem Verfahren nach Absatz 4 unterzogen.

(6) Legt keine der anderen betroffenen Aufsichtsbehörden Einspruch gegen den Beschlussentwurf ein, der von der federführenden Aufsichtsbehörde innerhalb der in den Absätzen 4 und 5 festgelegten Frist vorgelegt wurde, so gelten die federführende Aufsichtsbehörde und die betroffenen Aufsichtsbehörden als mit dem Beschlussentwurf einverstanden und sind an ihn gebunden.

(7) [1]Die federführende Aufsichtsbehörde erlässt den Beschluss und teilt ihn der Hauptniederlassung oder der einzigen Niederlassung des Verantwortlichen oder gegebenenfalls des Auftragsverarbeiters mit und setzt die anderen betroffenen Aufsichtsbehörden und den Ausschuss von dem betreffenden Beschluss einschließlich einer Zusammenfassung der maßgeblichen Fakten und Gründe in Kenntnis. [2]Die Aufsichtsbehörde, bei der eine Beschwerde eingereicht worden ist, unterrichtet den Beschwerdeführer über den Beschluss.

(8) Wird eine Beschwerde abgelehnt oder abgewiesen, so erlässt die Aufsichtsbehörde, bei der die Beschwerde eingereicht wurde, abweichend von Absatz 7 den Beschluss, teilt ihn dem Beschwerdeführer mit und setzt den Verantwortlichen in Kenntnis.

(9) [1]Sind sich die federführende Aufsichtsbehörde und die betreffenden Aufsichtsbehörden darüber einig, Teile der Beschwerde abzulehnen oder abzuweisen und bezüglich anderer Teile dieser Beschwerde tätig zu werden, so wird in dieser Angelegenheit für jeden dieser Teile ein eigener Beschluss erlassen. [2]Die federführende Aufsichtsbehörde erlässt den Beschluss für den Teil, der das Tätigwerden in Bezug auf den Verantwortlichen betrifft, teilt ihn der Hauptniederlassung oder einzigen Niederlassung des Verantwortlichen oder des Auftragsverarbeiters im Hoheitsgebiet ihres Mitgliedstaats mit und setzt den Beschwerdeführer hiervon in Kenntnis, während die für den Beschwerdeführer zuständige Aufsichtsbehörde den Beschluss für den Teil erlässt, der die Ablehnung oder Abweisung dieser Beschwerde betrifft, und ihn diesem Beschwerdeführer mitteilt und den Verantwortlichen oder den Auftragsverarbeiter hiervon in Kenntnis setzt.

(10) [1]Nach der Unterrichtung über den Beschluss der federführenden Aufsichtsbehörde gemäß den Absätzen 7 und 9 ergreift der Verantwortliche oder der Auftragsverarbeiter die erforderlichen Maßnahmen, um die Verarbeitungstätigkeiten all seiner Niederlassungen in der Union mit dem Beschluss in Einklang zu bringen. [2]Der Verantwortliche oder der Auftragsverarbeiter teilt der federführenden Aufsichtsbehörde die Maßnahmen mit, die zur Einhaltung des Beschlusses ergriffen wurden; diese wiederum unterrichtet die anderen betroffenen Aufsichtsbehörden.

(11) Hat – in Ausnahmefällen – eine betroffene Aufsichtsbehörde Grund zu der Annahme, dass zum Schutz der Interessen betroffener Personen dringender Handlungsbedarf besteht, so kommt das Dringlichkeitsverfahren nach Artikel 66 zur Anwendung.

(12) Die federführende Aufsichtsbehörde und die anderen betroffenen Aufsichtsbehörden übermitteln einander die nach diesem Artikel geforderten Informationen auf elektronischem Wege unter Verwendung eines standardisierten Formats.

Art. 61 Gegenseitige Amtshilfe. (1) [1]Die Aufsichtsbehörden übermitteln einander maßgebliche Informationen und gewähren einander Amtshilfe, um diese Verordnung einheitlich durchzuführen und anzuwenden, und treffen Vorkehrungen für eine wirksame Zusammenarbeit. [2]Die Amtshilfe bezieht sich insbesondere auf Auskunftsersuchen und aufsichtsbezogene Maßnahmen, beispielsweise Ersuchen um vorherige Genehmigungen und eine vorherige Konsultation, um Vornahme von Nachprüfungen und Untersuchungen.

(2) [1]Jede Aufsichtsbehörde ergreift alle geeigneten Maßnahmen, um einem Ersuchen einer anderen Aufsichtsbehörde unverzüglich und spätestens innerhalb eines Monats nach Eingang des Ersuchens nachzukommen. [2]Dazu kann insbesondere auch die Übermittlung maßgeblicher Informationen über die Durchführung einer Untersuchung gehören.

(3) [1]Amtshilfeersuchen enthalten alle erforderlichen Informationen, einschließlich Zweck und Begründung des Ersuchens. [2]Die übermittelten Informationen werden ausschließlich für den Zweck verwendet, für den sie angefordert wurden.

(4) Die ersuchte Aufsichtsbehörde lehnt das Ersuchen nur ab, wenn

a) sie für den Gegenstand des Ersuchens oder für die Maßnahmen, die sie durchführen soll, nicht zuständig ist oder
b) ein Eingehen auf das Ersuchen gegen diese Verordnung verstoßen würde oder gegen das Unionsrecht oder das Recht der Mitgliedstaaten, dem die Aufsichtsbehörde, bei der das Ersuchen eingeht, unterliegt.

(5) [1]Die ersuchte Aufsichtsbehörde informiert die ersuchende Aufsichtsbehörde über die Ergebnisse oder gegebenenfalls über den Fortgang der Maßnahmen, die getroffen wurden, um dem Ersuchen nachzukommen. [2]Die ersuchte Aufsichtsbehörde erläutert gemäß Absatz 4 die Gründe für die Ablehnung des Ersuchens.

(6) Die ersuchten Aufsichtsbehörden übermitteln die Informationen, um die von einer anderen Aufsichtsbehörde ersucht wurde, in der Regel auf elektronischem Wege unter Verwendung eines standardisierten Formats.

(7) [1]Ersuchte Aufsichtsbehörden verlangen für Maßnahmen, die sie aufgrund eines Amtshilfeersuchens getroffen haben, keine Gebühren. [2]Die Aufsichtsbehörden können untereinander Regeln vereinbaren, um einander in Ausnahmefällen besondere aufgrund der Amtshilfe entstandene Ausgaben zu erstatten.

(8) [1]Erteilt eine ersuchte Aufsichtsbehörde nicht binnen eines Monats nach Eingang des Ersuchens einer anderen Aufsichtsbehörde die Informationen gemäß Absatz 5, so kann die ersuchende Aufsichtsbehörde eine einstweilige Maßnahme im Hoheitsgebiet ihres Mitgliedstaats gemäß Artikel 55 Absatz 1 ergreifen. [2]In diesem Fall wird von einem dringenden Handlungsbedarf gemäß Artikel 66 Absatz 1 ausgegangen, der einen im Dringlichkeitsverfahren angenommenen verbindlichen Beschluss des Ausschuss gemäß Artikel 66 Absatz 2 erforderlich macht.

(9) [1]Die Kommission kann im Wege von Durchführungsrechtsakten Form und Verfahren der Amtshilfe nach diesem Artikel und die Ausgestaltung des elektronischen Informationsaustauschs zwischen den Aufsichtsbehörden sowie

zwischen den Aufsichtsbehörden und dem Ausschuss, insbesondere das in Absatz 6 des vorliegenden Artikels genannte standardisierte Format, festlegen. [2]Diese Durchführungsrechtsakte werden gemäß dem in Artikel 93 Absatz 2 genannten Prüfverfahren erlassen.

Art. 62 Gemeinsame Maßnahmen der Aufsichtsbehörden. (1) Die Aufsichtsbehörden führen gegebenenfalls gemeinsame Maßnahmen einschließlich gemeinsamer Untersuchungen und gemeinsamer Durchsetzungsmaßnahmen durch, an denen Mitglieder oder Bedienstete der Aufsichtsbehörden anderer Mitgliedstaaten teilnehmen.

(2) [1]Verfügt der Verantwortliche oder der Auftragsverarbeiter über Niederlassungen in mehreren Mitgliedstaaten oder werden die Verarbeitungsvorgänge voraussichtlich auf eine bedeutende Zahl betroffener Personen in mehr als einem Mitgliedstaat erhebliche Auswirkungen haben, ist die Aufsichtsbehörde jedes dieser Mitgliedstaaten berechtigt, an den gemeinsamen Maßnahmen teilzunehmen. [2]Die gemäß Artikel 56 Absatz 1 oder Absatz 4 zuständige Aufsichtsbehörde lädt die Aufsichtsbehörde jedes dieser Mitgliedstaaten zur Teilnahme an den gemeinsamen Maßnahmen ein und antwortet unverzüglich auf das Ersuchen einer Aufsichtsbehörde um Teilnahme.

(3) [1]Eine Aufsichtsbehörde kann gemäß dem Recht des Mitgliedstaats und mit Genehmigung der unterstützenden Aufsichtsbehörde den an den gemeinsamen Maßnahmen beteiligten Mitgliedern oder Bediensteten der unterstützenden Aufsichtsbehörde Befugnisse einschließlich Untersuchungsbefugnisse übertragen oder, soweit dies nach dem Recht des Mitgliedstaats der einladenden Aufsichtsbehörde zulässig ist, den Mitgliedern oder Bediensteten der unterstützenden Aufsichtsbehörde gestatten, ihre Untersuchungsbefugnisse nach dem Recht des Mitgliedstaats der unterstützenden Aufsichtsbehörde auszuüben. [2]Diese Untersuchungsbefugnisse können nur unter der Leitung und in Gegenwart der Mitglieder oder Bediensteten der einladenden Aufsichtsbehörde ausgeübt werden. [3]Die Mitglieder oder Bediensteten der unterstützenden Aufsichtsbehörde unterliegen dem Recht des Mitgliedstaats der einladenden Aufsichtsbehörde.

(4) Sind gemäß Absatz 1 Bedienstete einer unterstützenden Aufsichtsbehörde in einem anderen Mitgliedstaat im Einsatz, so übernimmt der Mitgliedstaat der einladenden Aufsichtsbehörde nach Maßgabe des Rechts des Mitgliedstaats, in dessen Hoheitsgebiet der Einsatz erfolgt, die Verantwortung für ihr Handeln, einschließlich der Haftung für alle von ihnen bei ihrem Einsatz verursachten Schäden.

(5) [1]Der Mitgliedstaat, in dessen Hoheitsgebiet der Schaden verursacht wurde, ersetzt diesen Schaden so, wie er ihn ersetzen müsste, wenn seine eigenen Bediensteten ihn verursacht hätten. [2]Der Mitgliedstaat der unterstützenden Aufsichtsbehörde, deren Bedienstete im Hoheitsgebiet eines anderen Mitgliedstaats einer Person Schaden zugefügt haben, erstattet diesem anderen Mitgliedstaat den Gesamtbetrag des Schadenersatzes, den dieser an die Berechtigten geleistet hat.

(6) Unbeschadet der Ausübung seiner Rechte gegenüber Dritten und mit Ausnahme des Absatzes 5 verzichtet jeder Mitgliedstaat in dem Fall des Absatzes 1 darauf, den in Absatz 4 genannten Betrag des erlittenen Schadens anderen Mitgliedstaaten gegenüber geltend zu machen.

(7) [1]Ist eine gemeinsame Maßnahme geplant und kommt eine Aufsichtsbehörde binnen eines Monats nicht der Verpflichtung nach Absatz 2 Satz 2 des vorliegenden Artikels nach, so können die anderen Aufsichtsbehörden eine einstweilige Maßnahme im Hoheitsgebiet ihres Mitgliedstaats gemäß Artikel 55 ergreifen. [2]In diesem Fall wird von einem dringenden Handlungsbedarf gemäß Artikel 66 Absatz 1 ausgegangen, der eine im Dringlichkeitsverfahren angenommene Stellungnahme oder einen im Dringlichkeitsverfahren angenommenen verbindlichen Beschluss des Ausschusses gemäß Artikel 66 Absatz 2 erforderlich macht.

Abschnitt 2
Kohärenz

Art. 63 Kohärenzverfahren. Um zur einheitlichen Anwendung dieser Verordnung in der gesamten Union beizutragen, arbeiten die Aufsichtsbehörden im Rahmen des in diesem Abschnitt beschriebenen Kohärenzverfahrens untereinander und gegebenenfalls mit der Kommission zusammen.

Art. 64 Stellungnahme des Ausschusses. (1) [1]Der Ausschuss gibt eine Stellungnahme ab, wenn die zuständige Aufsichtsbehörde beabsichtigt, eine der nachstehenden Maßnahmen zu erlassen. [2]Zu diesem Zweck übermittelt die zuständige Aufsichtsbehörde dem Ausschuss den Entwurf des Beschlusses, wenn dieser

a) der Annahme einer Liste der Verarbeitungsvorgänge dient, die der Anforderung einer Datenschutz-Folgenabschätzung gemäß Artikel 35 Absatz 4 unterliegen,
b) eine Angelegenheit gemäß Artikel 40 Absatz 7 und damit die Frage betrifft, ob ein Entwurf von Verhaltensregeln oder eine Änderung oder Ergänzung von Verhaltensregeln mit dieser Verordnung in Einklang steht,
c) der Billigung der Kriterien für die Akkreditierung einer Stelle nach Artikel 41 Absatz 3 oder einer Zertifizierungsstelle nach Artikel 43 Absatz 3 dient,
d) der Festlegung von Standard-Datenschutzklauseln gemäß Artikel 46 Absatz 2 Buchstabe d und Artikel 28 Absatz 8 dient,
e) der Genehmigung von Vertragsklauseln gemäß Artikels 46 Absatz 3 Buchstabe a dient, oder
f) der Annahme verbindlicher interner Vorschriften im Sinne von Artikel 47 dient.

(2) Jede Aufsichtsbehörde, der Vorsitz des Ausschuss oder die Kommission können beantragen, dass eine Angelegenheit mit allgemeiner Geltung oder mit Auswirkungen in mehr als einem Mitgliedstaat vom Ausschuss geprüft wird, um eine Stellungnahme zu erhalten, insbesondere wenn eine zuständige Aufsichtsbehörde den Verpflichtungen zur Amtshilfe gemäß Artikel 61 oder zu gemeinsamen Maßnahmen gemäß Artikel 62 nicht nachkommt.

(3) [1]In den in den Absätzen 1 und 2 genannten Fällen gibt der Ausschuss eine Stellungnahme zu der Angelegenheit ab, die ihm vorgelegt wurde, sofern er nicht bereits eine Stellungnahme zu derselben Angelegenheit abgegeben hat. [2]Diese Stellungnahme wird binnen acht Wochen mit der einfachen Mehrheit der Mitglieder des Ausschusses angenommen. [3]Diese Frist kann unter Berücksichtigung der Komplexität der Angelegenheit um weitere sechs Wochen verlängert werden. [4]Was den in Absatz 1 genannten Beschlussentwurf angeht, der gemäß Absatz 5 den Mitgliedern des Ausschusses übermittelt wird, so wird angenommen, dass ein Mitglied, das innerhalb einer vom Vorsitz angegebenen angemessenen Frist keine Einwände erhoben hat, dem Beschlussentwurf zustimmt.

(4) Die Aufsichtsbehörden und die Kommission übermitteln unverzüglich dem Ausschuss auf elektronischem Wege unter Verwendung eines standardisierten Formats alle zweckdienlichen Informationen, einschließlich – je nach Fall – einer kurzen Darstellung des Sachverhalts, des Beschlussentwurfs, der Gründe, warum eine solche Maßnahme ergriffen werden muss, und der Standpunkte anderer betroffener Aufsichtsbehörden.

(5) Der Vorsitz des Ausschusses unterrichtet unverzüglich auf elektronischem Wege

a) unter Verwendung eines standardisierten Formats die Mitglieder des Ausschusses und die Kommission über alle zweckdienlichen Informationen, die ihm zugegangen sind. Soweit erforderlich stellt das Sekretariat des Ausschusses Übersetzungen der zweckdienlichen Informationen zur Verfügung und
b) je nach Fall die in den Absätzen 1 und 2 genannte Aufsichtsbehörde und die Kommission über die Stellungnahme und veröffentlicht sie.

(6) Die zuständige Aufsichtsbehörde nimmt den in Absatz 1 genannten Beschlussentwurf nicht vor Ablauf der in Absatz 3 genannten Frist an.

(7) Die in Absatz 1 genannte Aufsichtsbehörde trägt der Stellungnahme des Ausschusses weitestgehend Rechnung und teilt dessen Vorsitz binnen zwei Wochen nach Eingang der Stellungnahme auf elektronischem Wege unter Verwendung eines standardisierten Formats mit, ob sie den Beschlussentwurf beibehalten oder ändern wird; gegebenenfalls übermittelt sie den geänderten Beschlussentwurf.

(8) Teilt die betroffene Aufsichtsbehörde dem Vorsitz des Ausschusses innerhalb der Frist nach Absatz 7 des vorliegenden Artikels unter Angabe der maßgeblichen Gründe mit, dass sie beabsichtigt, der Stellungnahme des Ausschusses insgesamt oder teilweise nicht zu folgen, so gilt Artikel 65 Absatz 1.

Art. 65 Streitbeilegung durch den Ausschuss. (1) Um die ordnungsgemäße und einheitliche Anwendung dieser Verordnung in Einzelfällen sicherzustellen, erlässt der Ausschuss in den folgenden Fällen einen verbindlichen Beschluss:

a) wenn eine betroffene Aufsichtsbehörde in einem Fall nach Artikel 60 Absatz 4 einen maßgeblichen und begründeten Einspruch gegen einen Beschlussentwurf der federführenden Behörde eingelegt hat oder die federführende Behörde einen solchen Einspruch als nicht maßgeblich oder nicht begründet abgelehnt hat. Der verbindliche Beschluss betrifft alle Angelegenheiten, die Gegenstand des maßgeblichen und begründeten Einspruchs sind, insbesondere die Frage, ob ein Verstoß gegen diese Verordnung vorliegt;
b) wenn es widersprüchliche Standpunkte dazu gibt, welche der betroffenen Aufsichtsbehörden für die Hauptniederlassung zuständig ist,
c) wenn eine zuständige Aufsichtsbehörde in den in Artikel 64 Absatz 1 genannten Fällen keine Stellungnahme des Ausschusses einholt oder der Stellungnahme des Ausschusses gemäß Artikel 64 nicht folgt. In diesem Fall kann jede betroffene Aufsichtsbehörde oder die Kommission die Angelegenheit dem Ausschuss vorlegen.

(2) [1]Der in Absatz 1 genannte Beschluss wird innerhalb eines Monats nach der Befassung mit der Angelegenheit mit einer Mehrheit von zwei Dritteln der Mitglieder des Ausschusses angenommen. [2]Diese Frist kann wegen der Komplexität der Angelegenheit um einen weiteren Monat verlängert werden. [3]Der in Absatz 1 genannte Beschluss wird begründet und an die federführende Aufsichtsbehörde und alle betroffenen Aufsichtsbehörden übermittelt und ist für diese verbindlich.

(3) [1]War der Ausschuss nicht in der Lage, innerhalb der in Absatz 2 genannten Fristen einen Beschluss anzunehmen, so nimmt er seinen Beschluss innerhalb von zwei Wochen nach Ablauf des in Absatz 2 genannten zweiten Monats mit einfacher Mehrheit der Mitglieder des Ausschusses an. [2]Bei Stimmengleichheit zwischen den Mitgliedern des Ausschusses gibt die Stimme des Vorsitzes den Ausschlag.

(4) Die betroffenen Aufsichtsbehörden nehmen vor Ablauf der in den Absätzen 2 und 3 genannten Fristen keinen Beschluss über die dem Ausschuss vorgelegte Angelegenheit an.

(5) [1]Der Vorsitz des Ausschusses unterrichtet die betroffenen Aufsichtsbehörden unverzüglich über den in Absatz 1 genannten Beschluss. [2]Er setzt die Kommission hiervon in Kenntnis. [3]Der Beschluss wird unverzüglich auf der Website des Ausschusses veröffentlicht, nachdem die Aufsichtsbehörde den in Absatz 6 genannten endgültigen Beschluss mitgeteilt hat.

(6) [1]Die federführende Aufsichtsbehörde oder gegebenenfalls die Aufsichtsbehörde, bei der die Beschwerde eingereicht wurde, trifft den endgültigen Beschluss auf der Grundlage des in Absatz 1 des vorliegenden Artikels genannten Beschlusses unverzüglich und spätestens einen Monat, nachdem der Europäische Datenschutzausschuss seinen Beschluss mitgeteilt hat. [2]Die federführende Aufsichtsbehörde oder gegebenenfalls die Aufsichtsbehörde, bei der die Be-

schwerde eingereicht wurde, setzt den Ausschuss von dem Zeitpunkt, zu dem ihr endgültiger Beschluss dem Verantwortlichen oder dem Auftragsverarbeiter bzw. der betroffenen Person mitgeteilt wird, in Kenntnis. [3]Der endgültige Beschluss der betroffenen Aufsichtsbehörden wird gemäß Artikel 60 Absätze 7, 8 und 9 angenommen. [4]Im endgültigen Beschluss wird auf den in Absatz 1 genannten Beschluss verwiesen und festgelegt, dass der in Absatz 1 des vorliegenden Artikels genannte Beschluss gemäß Absatz 5 auf der Website des Ausschusses veröffentlicht wird. [5]Dem endgültigen Beschluss wird der in Absatz 1 des vorliegenden Artikels genannte Beschluss beigefügt.

Art. 66 Dringlichkeitsverfahren. (1) [1]Unter außergewöhnlichen Umständen kann eine betroffene Aufsichtsbehörde abweichend vom Kohärenzverfahren nach Artikel 63, 64 und 65 oder dem Verfahren nach Artikel 60 sofort einstweilige Maßnahmen mit festgelegter Geltungsdauer von höchstens drei Monaten treffen, die in ihrem Hoheitsgebiet rechtliche Wirkung entfalten sollen, wenn sie zu der Auffassung gelangt, dass dringender Handlungsbedarf besteht, um Rechte und Freiheiten von betroffenen Personen zu schützen. [2]Die Aufsichtsbehörde setzt die anderen betroffenen Aufsichtsbehörden, den Ausschuss und die Kommission unverzüglich von diesen Maßnahmen und den Gründen für deren Erlass in Kenntnis.

(2) Hat eine Aufsichtsbehörde eine Maßnahme nach Absatz 1 ergriffen und ist sie der Auffassung, dass dringend endgültige Maßnahmen erlassen werden müssen, kann sie unter Angabe von Gründen im Dringlichkeitsverfahren um eine Stellungnahme oder einen verbindlichen Beschluss des Ausschusses ersuchen.

(3) Jede Aufsichtsbehörde kann unter Angabe von Gründen, auch für den dringenden Handlungsbedarf, im Dringlichkeitsverfahren um eine Stellungnahme oder gegebenenfalls einen verbindlichen Beschluss des Ausschusses ersuchen, wenn eine zuständige Aufsichtsbehörde trotz dringenden Handlungsbedarfs keine geeignete Maßnahme getroffen hat, um die Rechte und Freiheiten von betroffenen Personen zu schützen.

(4) Abweichend von Artikel 64 Absatz 3 und Artikel 65 Absatz 2 wird eine Stellungnahme oder ein verbindlicher Beschluss im Dringlichkeitsverfahren nach den Absätzen 2 und 3 binnen zwei Wochen mit einfacher Mehrheit der Mitglieder des Ausschusses angenommen.

Art. 67 Informationsaustausch. Die Kommission kann Durchführungsrechtsakte von allgemeiner Tragweite zur Festlegung der Ausgestaltung des elektronischen Informationsaustauschs zwischen den Aufsichtsbehörden sowie zwischen den Aufsichtsbehörden und dem Ausschuss, insbesondere des standardisierten Formats nach Artikel 64, erlassen.

Diese Durchführungsrechtsakte werden gemäß dem Prüfverfahren nach Artikel 93 Absatz 2 erlassen.

Abschnitt 3

Europäischer Datenschutzausschuss

Art. 68 Europäischer Datenschutzausschuss. (1) Der Europäische Datenschutzausschuss (im Folgenden „Ausschuss") wird als Einrichtung der Union mit eigener Rechtspersönlichkeit eingerichtet.

(2) Der Ausschuss wird von seinem Vorsitz vertreten.

(3) Der Ausschuss besteht aus dem Leiter einer Aufsichtsbehörde jedes Mitgliedstaats und dem Europäischen Datenschutzbeauftragten oder ihren jeweiligen Vertretern.

(4) Ist in einem Mitgliedstaat mehr als eine Aufsichtsbehörde für die Überwachung der Anwendung der nach Maßgabe dieser Verordnung erlassenen Vorschriften zuständig, so wird im Einklang mit den Rechtsvorschriften dieses Mitgliedstaats ein gemeinsamer Vertreter benannt.

(5) [1]Die Kommission ist berechtigt, ohne Stimmrecht an den Tätigkeiten und Sitzungen des Ausschusses teilzunehmen. [2]Die Kommission benennt einen Vertreter. [3]Der Vorsitz des Ausschusses unterrichtet die Kommission über die Tätigkeiten des Ausschusses.

(6) In den in Artikel 65 genannten Fällen ist der Europäische Datenschutzbeauftragte nur bei Beschlüssen stimmberechtigt, die Grundsätze und Vorschriften betreffen, die für die Organe, Einrichtungen, Ämter und Agenturen der Union gelten und inhaltlich den Grundsätzen und Vorschriften dieser Verordnung entsprechen.

Art. 69 Unabhängigkeit. (1) Der Ausschuss handelt bei der Erfüllung seiner Aufgaben oder in Ausübung seiner Befugnisse gemäß den Artikeln 70 und 71 unabhängig.

(2) Unbeschadet der Ersuchen der Kommission gemäß Artikel 70 Absatz 1 Buchstabe b und Absatz 2 ersucht der Ausschuss bei der Erfüllung seiner Aufgaben oder in Ausübung seiner Befugnisse weder um Weisung noch nimmt er Weisungen entgegen.

Art. 70 Aufgaben des Ausschusses. (1) [1]Der Ausschuss stellt die einheitliche Anwendung dieser Verordnung sicher. [2]Hierzu nimmt der Ausschuss von sich aus oder gegebenenfalls auf Ersuchen der Kommission insbesondere folgende Tätigkeiten wahr:

a) Überwachung und Sicherstellung der ordnungsgemäßen Anwendung dieser Verordnung in den in den Artikeln 64 und 65 genannten Fällen unbeschadet der Aufgaben der nationalen Aufsichtsbehörden;
b) Beratung der Kommission in allen Fragen, die im Zusammenhang mit dem Schutz personenbezogener Daten in der Union stehen, einschließlich etwaiger Vorschläge zur Änderung dieser Verordnung;
c) Beratung der Kommission über das Format und die Verfahren für den Austausch von Informationen zwischen den Verantwortlichen, den Auftragsver-

arbeitern und den Aufsichtsbehörden in Bezug auf verbindliche interne Datenschutzvorschriften;

d) Bereitstellung von Leitlinien, Empfehlungen und bewährten Verfahren zu Verfahren für die Löschung gemäß Artikel 17 Absatz 2 von Links zu personenbezogenen Daten oder Kopien oder Replikationen dieser Daten aus öffentlich zugänglichen Kommunikationsdiensten;

e) Prüfung – von sich aus, auf Antrag eines seiner Mitglieder oder auf Ersuchen der Kommission – von die Anwendung dieser Verordnung betreffenden Fragen und Bereitstellung von Leitlinien, Empfehlungen und bewährten Verfahren zwecks Sicherstellung einer einheitlichen Anwendung dieser Verordnung;

f) Bereitstellung von Leitlinien, Empfehlungen und bewährten Verfahren gemäß Buchstabe e des vorliegenden Absatzes zur näheren Bestimmung der Kriterien und Bedingungen für die auf Profiling beruhenden Entscheidungen gemäß Artikel 22 Absatz 2;

g) Bereitstellung von Leitlinien, Empfehlungen und bewährten Verfahren gemäß Buchstabe e des vorliegenden Absatzes für die Feststellung von Verletzungen des Schutzes personenbezogener Daten und die Festlegung der Unverzüglichkeit im Sinne des Artikels 33 Absätze 1 und 2, und zu den spezifischen Umständen, unter denen der Verantwortliche oder der Auftragsverarbeiter die Verletzung des Schutzes personenbezogener Daten zu melden hat;

h) Bereitstellung von Leitlinien, Empfehlungen und bewährten Verfahren gemäß Buchstabe e des vorliegenden Absatzes zu den Umständen, unter denen eine Verletzung des Schutzes personenbezogener Daten voraussichtlich ein hohes Risiko für die Rechte und Freiheiten natürlicher Personen im Sinne des Artikels 34 Absatz 1 zur Folge hat;

i) Bereitstellung von Leitlinien, Empfehlungen und bewährten Verfahren gemäß Buchstabe e des vorliegenden Absatzes zur näheren Bestimmung der in Artikel 47 aufgeführten Kriterien und Anforderungen für die Übermittlungen personenbezogener Daten, die auf verbindlichen internen Datenschutzvorschriften von Verantwortlichen oder Auftragsverarbeitern beruhen, und der dort aufgeführten weiteren erforderlichen Anforderungen zum Schutz personenbezogener Daten der betroffenen Personen;

j) Bereitstellung von Leitlinien, Empfehlungen und bewährten Verfahren gemäß Buchstabe e des vorliegenden Absatzes zur näheren Bestimmung der Kriterien und Bedingungen für die Übermittlungen personenbezogener Daten gemäß Artikel 49 Absatz 1;

k) Ausarbeitung von Leitlinien für die Aufsichtsbehörden in Bezug auf die Anwendung von Maßnahmen nach Artikel 58 Absätze 1, 2 und 3 und die Festsetzung von Geldbußen gemäß Artikel 83;

l) Überprüfung der praktischen Anwendung der unter den Buchstaben e und f genannten Leitlinien, Empfehlungen und bewährten Verfahren;

m) Bereitstellung von Leitlinien, Empfehlungen und bewährten Verfahren gemäß Buchstabe e des vorliegenden Absatzes zur Festlegung gemeinsamer

Verfahren für die von natürlichen Personen vorgenommene Meldung von Verstößen gegen diese Verordnung gemäß Artikel 54 Absatz 2;

n) Förderung der Ausarbeitung von Verhaltensregeln und der Einrichtung von datenschutzspezifischen Zertifizierungsverfahren sowie Datenschutzsiegeln und -prüfzeichen gemäß den Artikeln 40 und 42;

o) Akkreditierung von Zertifizierungsstellen und deren regelmäßige Überprüfung gemäß Artikel 43 und Führung eines öffentlichen Registers der akkreditierten Einrichtungen gemäß Artikel 43 Absatz 6 und der in Drittländern niedergelassenen akkreditierten Verantwortlichen oder Auftragsverarbeiter gemäß Artikel 42 Absatz 7;

p) Präzisierung der in Artikel 43 Absatz 3 genannten Anforderungen im Hinblick auf die Akkreditierung von Zertifizierungsstellen gemäß Artikel 42;

q) Abgabe einer Stellungnahme für die Kommission zu den Zertifizierungsanforderungen gemäß Artikel 43 Absatz 8;

r) Abgabe einer Stellungnahme für die Kommission zu den Bildsymbolen gemäß Artikel 12 Absatz 7;

s) Abgabe einer Stellungnahme für die Kommission zur Beurteilung der Angemessenheit des in einem Drittland oder einer internationalen Organisation gebotenen Schutzniveaus einschließlich zur Beurteilung der Frage, ob das Drittland, das Gebiet, ein oder mehrere spezifische Sektoren in diesem Drittland oder eine internationale Organisation kein angemessenes Schutzniveau mehr gewährleistet. Zu diesem Zweck gibt die Kommission dem Ausschuss alle erforderlichen Unterlagen, darunter den Schriftwechsel mit der Regierung des Drittlands, dem Gebiet oder spezifischen Sektor oder der internationalen Organisation;

t) Abgabe von Stellungnahmen im Kohärenzverfahren gemäß Artikel 64 Absatz 1 zu Beschlussentwürfen von Aufsichtsbehörden, zu Angelegenheiten, die nach Artikel 64 Absatz 2 vorgelegt wurden und um Erlass verbindlicher Beschlüsse gemäß Artikel 65, einschließlich der in Artikel 66 genannten Fälle;

u) Förderung der Zusammenarbeit und eines wirksamen bilateralen und multilateralen Austauschs von Informationen und bewährten Verfahren zwischen den Aufsichtsbehörden;

v) Förderung von Schulungsprogrammen und Erleichterung des Personalaustausches zwischen Aufsichtsbehörden sowie gegebenenfalls mit Aufsichtsbehörden von Drittländern oder mit internationalen Organisationen;

w) Förderung des Austausches von Fachwissen und von Dokumentationen über Datenschutzvorschriften und -praxis mit Datenschutzaufsichtsbehörden in aller Welt;

x) Abgabe von Stellungnahmen zu den auf Unionsebene erarbeiteten Verhaltensregeln gemäß Artikel 40 Absatz 9 und

y) Führung eines öffentlich zugänglichen elektronischen Registers der Beschlüsse der Aufsichtsbehörden und Gerichte in Bezug auf Fragen, die im Rahmen des Kohärenzverfahrens behandelt wurden.

(2) Die Kommission kann, wenn sie den Ausschuss um Rat ersucht, unter Berücksichtigung der Dringlichkeit des Sachverhalts eine Frist angeben.

(3) Der Ausschuss leitet seine Stellungnahmen, Leitlinien, Empfehlungen und bewährten Verfahren an die Kommission und an den in Artikel 93 genannten Ausschuss weiter und veröffentlicht sie.

(4) [1]Der Ausschuss konsultiert gegebenenfalls interessierte Kreise und gibt ihnen Gelegenheit, innerhalb einer angemessenen Frist Stellung zu nehmen. [2]Unbeschadet des Artikels 76 macht der Ausschuss die Ergebnisse der Konsultation der Öffentlichkeit zugänglich.

Art. 71 Berichterstattung. (1) [1]Der Ausschuss erstellt einen Jahresbericht über den Schutz natürlicher Personen bei der Verarbeitung in der Union und gegebenenfalls in Drittländern und internationalen Organisationen. [2]Der Bericht wird veröffentlicht und dem Europäischen Parlament, dem Rat und der Kommission übermittelt.

(2) Der Jahresbericht enthält eine Überprüfung der praktischen Anwendung der in Artikel 70 Absatz 1 Buchstabe 1 genannten Leitlinien, Empfehlungen und bewährten Verfahren sowie der in Artikel 65 genannten verbindlichen Beschlüsse.

Art. 72 Verfahrensweise. (1) Sofern in dieser Verordnung nichts anderes bestimmt ist, fasst der Ausschuss seine Beschlüsse mit einfacher Mehrheit seiner Mitglieder.

(2) Der Ausschuss gibt sich mit einer Mehrheit von zwei Dritteln seiner Mitglieder eine Geschäftsordnung und legt seine Arbeitsweise fest.

Art. 73 Vorsitz. (1) Der Ausschuss wählt aus dem Kreis seiner Mitglieder mit einfacher Mehrheit einen Vorsitzenden und zwei stellvertretende Vorsitzende.

(2) Die Amtszeit des Vorsitzenden und seiner beiden Stellvertreter beträgt fünf Jahre; ihre einmalige Wiederwahl ist zulässig.

Art. 74 Aufgaben des Vorsitzes. (1) Der Vorsitz hat folgende Aufgaben:

a) Einberufung der Sitzungen des Ausschusses und Erstellung der Tagesordnungen,
b) Übermittlung der Beschlüsse des Ausschusses nach Artikel 65 an die federführende Aufsichtsbehörde und die betroffenen Aufsichtsbehörden,
c) Sicherstellung einer rechtzeitigen Ausführung der Aufgaben des Ausschusses, insbesondere der Aufgaben im Zusammenhang mit dem Kohärenzverfahren nach Artikel 63.

(2) Der Ausschuss legt die Aufteilung der Aufgaben zwischen dem Vorsitzenden und dessen Stellvertretern in seiner Geschäftsordnung fest.

Art. 75 Sekretariat. (1) Der Ausschuss wird von einem Sekretariat unterstützt, das von dem Europäischen Datenschutzbeauftragten bereitgestellt wird.

(2) Das Sekretariat führt seine Aufgaben ausschließlich auf Anweisung des Vorsitzes des Ausschusses aus.

(3) Das Personal des Europäischen Datenschutzbeauftragten, das an der Wahrnehmung der dem Ausschuss gemäß dieser Verordnung übertragenen Aufgaben beteiligt ist, unterliegt anderen Berichtspflichten als das Personal, das an der Wahrnehmung der dem Europäischen Datenschutzbeauftragten übertragenen Aufgaben beteiligt ist.

(4) Soweit angebracht, erstellen und veröffentlichen der Ausschuss und der Europäische Datenschutzbeauftragte eine Vereinbarung zur Anwendung des vorliegenden Artikels, in der die Bedingungen ihrer Zusammenarbeit festgelegt sind und die für das Personal des Europäischen Datenschutzbeauftragten gilt, das an der Wahrnehmung der dem Ausschuss gemäß dieser Verordnung übertragenen Aufgaben beteiligt ist.

(5) Das Sekretariat leistet dem Ausschuss analytische, administrative und logistische Unterstützung.

(6) Das Sekretariat ist insbesondere verantwortlich für

a) das Tagesgeschäft des Ausschusses,
b) die Kommunikation zwischen den Mitgliedern des Ausschusses, seinem Vorsitz und der Kommission,
c) die Kommunikation mit anderen Organen und mit der Öffentlichkeit,
d) den Rückgriff auf elektronische Mittel für die interne und die externe Kommunikation,
e) die Übersetzung sachdienlicher Informationen,
f) die Vor- und Nachbereitung der Sitzungen des Ausschusses,
g) die Vorbereitung, Abfassung und Veröffentlichung von Stellungnahmen, von Beschlüssen über die Beilegung von Streitigkeiten zwischen Aufsichtsbehörden und von sonstigen vom Ausschuss angenommenen Dokumenten.

Art. 76 Vertraulichkeit. (1) Die Beratungen des Ausschusses sind gemäß seiner Geschäftsordnung vertraulich, wenn der Ausschuss dies für erforderlich hält.

(2) Der Zugang zu Dokumenten, die Mitgliedern des Ausschusses, Sachverständigen und Vertretern von Dritten vorgelegt werden, wird durch die Verordnung (EG) Nr. 1049/2001 des Europäischen Parlaments und des Rates[4] geregelt.

---

4 Verordnung (EG) Nr. 1049/2001 des Europäischen Parlaments und des Rates vom 30. Mai 2001 über den Zugang der Öffentlichkeit zu Dokumenten des Europäischen Parlaments, des Rates und der Kommission (ABl. L 145 vom 31.5.2001, S. 43).

Kapitel VIII

Rechtsbehelfe, Haftung und Sanktionen

Art. 77 Recht auf Beschwerde bei einer Aufsichtsbehörde. (1) Jede betroffene Person hat unbeschadet eines anderweitigen verwaltungsrechtlichen oder gerichtlichen Rechtsbehelfs das Recht auf Beschwerde bei einer Aufsichtsbehörde, insbesondere in dem Mitgliedstaat ihres Aufenthaltsorts, ihres Arbeitsplatzes oder des Orts des mutmaßlichen Verstoßes, wenn die betroffene Person der Ansicht ist, dass die Verarbeitung der sie betreffenden personenbezogenen Daten gegen diese Verordnung verstößt.

(2) Die Aufsichtsbehörde, bei der die Beschwerde eingereicht wurde, unterrichtet den Beschwerdeführer über den Stand und die Ergebnisse der Beschwerde einschließlich der Möglichkeit eines gerichtlichen Rechtsbehelfs nach Artikel 78.

Art. 78 Recht auf wirksamen gerichtlichen Rechtsbehelf gegen eine Aufsichtsbehörde. (1) Jede natürliche oder juristische Person hat unbeschadet eines anderweitigen verwaltungsrechtlichen oder außergerichtlichen Rechtsbehelfs das Recht auf einen wirksamen gerichtlichen Rechtsbehelf gegen einen sie betreffenden rechtsverbindlichen Beschluss einer Aufsichtsbehörde.

(2) Jede betroffene Person hat unbeschadet eines anderweitigen verwaltungsrechtlichen oder außergerichtlichen Rechtbehelfs das Recht auf einen wirksamen gerichtlichen Rechtsbehelf, wenn die nach den Artikeln 55 und 56 zuständige Aufsichtsbehörde sich nicht mit einer Beschwerde befasst oder die betroffene Person nicht innerhalb von drei Monaten über den Stand oder das Ergebnis der gemäß Artikel 77 erhobenen Beschwerde in Kenntnis gesetzt hat.

(3) Für Verfahren gegen eine Aufsichtsbehörde sind die Gerichte des Mitgliedstaats zuständig, in dem die Aufsichtsbehörde ihren Sitz hat.

(4) Kommt es zu einem Verfahren gegen den Beschluss einer Aufsichtsbehörde, dem eine Stellungnahme oder ein Beschluss des Ausschusses im Rahmen des Kohärenzverfahrens vorangegangen ist, so leitet die Aufsichtsbehörde diese Stellungnahme oder diesen Beschluss dem Gericht zu.

Art. 79 Recht auf wirksamen gerichtlichen Rechtsbehelf gegen Verantwortliche oder Auftragsverarbeiter. (1) Jede betroffene Person hat unbeschadet eines verfügbaren verwaltungsrechtlichen oder außergerichtlichen Rechtsbehelfs einschließlich des Rechts auf Beschwerde bei einer Aufsichtsbehörde gemäß Artikel 77 das Recht auf einen wirksamen gerichtlichen Rechtsbehelf, wenn sie der Ansicht ist, dass die ihr aufgrund dieser Verordnung zustehenden Rechte infolge einer nicht im Einklang mit dieser Verordnung stehenden Verarbeitung ihrer personenbezogenen Daten verletzt wurden.

(2) [1]Für Klagen gegen einen Verantwortlichen oder gegen einen Auftragsverarbeiter sind die Gerichte des Mitgliedstaats zuständig, in dem der Verantwortliche oder der Auftragsverarbeiter eine Niederlassung hat. [2]Wahlweise

können solche Klagen auch bei den Gerichten des Mitgliedstaats erhoben werden, in dem die betroffene Person ihren Aufenthaltsort hat, es sei denn, es handelt sich bei dem Verantwortlichen oder dem Auftragsverarbeiter um eine Behörde eines Mitgliedstaats, die in Ausübung ihrer hoheitlichen Befugnisse tätig geworden ist.

Art. 80 Vertretung von betroffenen Personen. (1) Die betroffene Person hat das Recht, eine Einrichtung, Organisationen oder Vereinigung ohne Gewinnerzielungsabsicht, die ordnungsgemäß nach dem Recht eines Mitgliedstaats gegründet ist, deren satzungsmäßige Ziele im öffentlichem Interesse liegen und die im Bereich des Schutzes der Rechte und Freiheiten von betroffenen Personen in Bezug auf den Schutz ihrer personenbezogenen Daten tätig ist, zu beauftragen, in ihrem Namen eine Beschwerde einzureichen, in ihrem Namen die in den Artikeln 77, 78 und 79 genannten Rechte wahrzunehmen und das Recht auf Schadensersatz gemäß Artikel 82 in Anspruch zu nehmen, sofern dieses im Recht der Mitgliedstaaten vorgesehen ist.

(2) Die Mitgliedstaaten können vorsehen, dass jede der in Absatz 1 des vorliegenden Artikels genannten Einrichtungen, Organisationen oder Vereinigungen unabhängig von einem Auftrag der betroffenen Person in diesem Mitgliedstaat das Recht hat, bei der gemäß Artikel 77 zuständigen Aufsichtsbehörde eine Beschwerde einzulegen und die in den Artikeln 78 und 79 aufgeführten Rechte in Anspruch zu nehmen, wenn ihres Erachtens die Rechte einer betroffenen Person gemäß dieser Verordnung infolge einer Verarbeitung verletzt worden sind.

Art. 81 Aussetzung des Verfahrens. (1) Erhält ein zuständiges Gericht in einem Mitgliedstaat Kenntnis von einem Verfahren zu demselben Gegenstand in Bezug auf die Verarbeitung durch denselben Verantwortlichen oder Auftragsverarbeiter, das vor einem Gericht in einem anderen Mitgliedstaat anhängig ist, so nimmt es mit diesem Gericht Kontakt auf, um sich zu vergewissern, dass ein solches Verfahren existiert.

(2) Ist ein Verfahren zu demselben Gegenstand in Bezug auf die Verarbeitung durch denselben Verantwortlichen oder Auftragsverarbeiter vor einem Gericht in einem anderen Mitgliedstaat anhängig, so kann jedes später angerufene zuständige Gericht das bei ihm anhängige Verfahren aussetzen.

(3) Sind diese Verfahren in erster Instanz anhängig, so kann sich jedes später angerufene Gericht auf Antrag einer Partei auch für unzuständig erklären, wenn das zuerst angerufene Gericht für die betreffenden Klagen zuständig ist und die Verbindung der Klagen nach seinem Recht zulässig ist.

Art. 82 Haftung und Recht auf Schadenersatz. (1) Jede Person, der wegen eines Verstoßes gegen diese Verordnung ein materieller oder immaterieller Schaden entstanden ist, hat Anspruch auf Schadenersatz gegen den Verantwortlichen oder gegen den Auftragsverarbeiter.

(2) [1]Jeder an einer Verarbeitung beteiligte Verantwortliche haftet für den Schaden, der durch eine nicht dieser Verordnung entsprechende Verarbeitung verursacht wurde. [2]Ein Auftragsverarbeiter haftet für den durch eine Verarbeitung verursachten Schaden nur dann, wenn er seinen speziell den Auftragsverarbeitern auferlegten Pflichten aus dieser Verordnung nicht nachgekommen ist oder unter Nichtbeachtung der rechtmäßig erteilten Anweisungen des für die Datenverarbeitung Verantwortlichen oder gegen diese Anweisungen gehandelt hat.

(3) Der Verantwortliche oder der Auftragsverarbeiter wird von der Haftung gemäß Absatz 2 befreit, wenn er nachweist, dass er in keinerlei Hinsicht für den Umstand, durch den der Schaden eingetreten ist, verantwortlich ist.

(4) Ist mehr als ein Verantwortlicher oder mehr als ein Auftragsverarbeiter bzw. sowohl ein Verantwortlicher als auch ein Auftragsverarbeiter an derselben Verarbeitung beteiligt und sind sie gemäß den Absätzen 2 und 3 für einen durch die Verarbeitung verursachten Schaden verantwortlich, so haftet jeder Verantwortliche oder jeder Auftragsverarbeiter für den gesamten Schaden, damit ein wirksamer Schadensersatz für die betroffene Person sichergestellt ist.

(5) Hat ein Verantwortlicher oder Auftragsverarbeiter gemäß Absatz 4 vollständigen Schadenersatz für den erlittenen Schaden gezahlt, so ist dieser Verantwortliche oder Auftragsverarbeiter berechtigt, von den übrigen an derselben Verarbeitung beteiligten für die Datenverarbeitung Verantwortlichen oder Auftragsverarbeitern den Teil des Schadenersatzes zurückzufordern, der unter den in Absatz 2 festgelegten Bedingungen ihrem Anteil an der Verantwortung für den Schaden entspricht.

(6) Mit Gerichtsverfahren zur Inanspruchnahme des Rechts auf Schadenersatz sind die Gerichte zu befassen, die nach den in Artikel 79 Absatz 2 genannten Rechtsvorschriften des Mitgliedstaats zuständig sind.

Art. 83 Allgemeine Bedingungen für die Verhängung von Geldbußen. (1) Jede Aufsichtsbehörde stellt sicher, dass die Verhängung von Geldbußen gemäß diesem Artikel für Verstöße gegen diese Verordnung gemäß den Absätzen 5 und 6 in jedem Einzelfall wirksam, verhältnismäßig und abschreckend ist.

(2) [1]Geldbußen werden je nach den Umständen des Einzelfalls zusätzlich zu oder anstelle von Maßnahmen nach Artikel 58 Absatz 2 Buchstaben a bis h und i verhängt. [2]Bei der Entscheidung über die Verhängung einer Geldbuße und über deren Betrag wird in jedem Einzelfall Folgendes gebührend berücksichtigt:

a) Art, Schwere und Dauer des Verstoßes unter Berücksichtigung der Art, des Umfangs oder des Zwecks der betreffenden Verarbeitung sowie der Zahl der von der Verarbeitung betroffenen Personen und des Ausmaßes des von ihnen erlittenen Schadens;

b) Vorsätzlichkeit oder Fahrlässigkeit des Verstoßes;

c) jegliche von dem Verantwortlichen oder dem Auftragsverarbeiter getroffenen Maßnahmen zur Minderung des den betroffenen Personen entstandenen Schadens;
d) Grad der Verantwortung des Verantwortlichen oder des Auftragsverarbeiters unter Berücksichtigung der von ihnen gemäß den Artikeln 25 und 32 getroffenen technischen und organisatorischen Maßnahmen;
e) etwaige einschlägige frühere Verstöße des Verantwortlichen oder des Auftragsverarbeiters;
f) Umfang der Zusammenarbeit mit der Aufsichtsbehörde, um dem Verstoß abzuhelfen und seine möglichen nachteiligen Auswirkungen zu mindern;
g) Kategorien personenbezogener Daten, die von dem Verstoß betroffen sind;
h) Art und Weise, wie der Verstoß der Aufsichtsbehörde bekannt wurde, insbesondere ob und gegebenenfalls in welchem Umfang der Verantwortliche oder der Auftragsverarbeiter den Verstoß mitgeteilt hat;
i) Einhaltung der nach Artikel 58 Absatz 2 früher gegen den für den betreffenden Verantwortlichen oder Auftragsverarbeiter in Bezug auf denselben Gegenstand angeordneten Maßnahmen, wenn solche Maßnahmen angeordnet wurden;
j) Einhaltung von genehmigten Verhaltensregeln nach Artikel 40 oder genehmigten Zertifizierungsverfahren nach Artikel 42 und
k) jegliche anderen erschwerenden oder mildernden Umstände im jeweiligen Fall, wie unmittelbar oder mittelbar durch den Verstoß erlangte finanzielle Vorteile oder vermiedene Verluste.

(3) Verstößt ein Verantwortlicher oder ein Auftragsverarbeiter bei gleichen oder miteinander verbundenen Verarbeitungsvorgängen vorsätzlich oder fahrlässig gegen mehrere Bestimmungen dieser Verordnung, so übersteigt der Gesamtbetrag der Geldbuße nicht den Betrag für den schwerwiegendsten Verstoß.

(4) Bei Verstößen gegen die folgenden Bestimmungen werden im Einklang mit Absatz 2 Geldbußen von bis zu 10 000 000 EUR oder im Fall eines Unternehmens von bis zu 2% seines gesamten weltweit erzielten Jahresumsatzes des vorangegangenen Geschäftsjahrs verhängt, je nachdem, welcher der Beträge höher ist:
a) die Pflichten der Verantwortlichen und der Auftragsverarbeiter gemäß den Artikeln 8, 11, 25 bis 39, 42 und 43;
b) die Pflichten der Zertifizierungsstelle gemäß den Artikeln 42 und 43;
c) die Pflichten der Überwachungsstelle gemäß Artikel 41 Absatz 4.

(5) Bei Verstößen gegen die folgenden Bestimmungen werden im Einklang mit Absatz 2 Geldbußen von bis zu 20 000 000 EUR oder im Fall eines Unternehmens von bis zu 4% seines gesamten weltweit erzielten Jahresumsatzes des vorangegangenen Geschäftsjahrs verhängt, je nachdem, welcher der Beträge höher ist:
a) die Grundsätze für die Verarbeitung, einschließlich der Bedingungen für die Einwilligung, gemäß den Artikeln 5, 6, 7 und 9;
b) die Rechte der betroffenen Person gemäß den Artikeln 12 bis 22;

c) die Übermittlung personenbezogener Daten an einen Empfänger in einem Drittland oder an eine internationale Organisation gemäß den Artikeln 44 bis 49;
d) alle Pflichten gemäß den Rechtsvorschriften der Mitgliedstaaten, die im Rahmen des Kapitels IX erlassen wurden;
e) Nichtbefolgung einer Anweisung oder einer vorübergehenden oder endgültigen Beschränkung oder Aussetzung der Datenübermittlung durch die Aufsichtsbehörde gemäß Artikel 58 Absatz 2 oder Nichtgewährung des Zugangs unter Verstoß gegen Artikel 58 Absatz 1.

(6) Bei Nichtbefolgung einer Anweisung der Aufsichtsbehörde gemäß Artikel 58 Absatz 2 werden im Einklang mit Absatz 2 des vorliegenden Artikels Geldbußen von bis zu 20 000 000 EUR oder im Fall eines Unternehmens von bis zu 4% seines gesamten weltweit erzielten Jahresumsatzes des vorangegangenen Geschäftsjahrs verhängt, je nachdem, welcher der Beträge höher ist.

(7) Unbeschadet der Abhilfebefugnisse der Aufsichtsbehörden gemäß Artikel 58 Absatz 2 kann jeder Mitgliedstaat Vorschriften dafür festlegen, ob und in welchem Umfang gegen Behörden und öffentliche Stellen, die in dem betreffenden Mitgliedstaat niedergelassen sind, Geldbußen verhängt werden können.

(8) Die Ausübung der eigenen Befugnisse durch eine Aufsichtsbehörde gemäß diesem Artikel muss angemessenen Verfahrensgarantien gemäß dem Unionsrecht und dem Recht der Mitgliedstaaten, einschließlich wirksamer gerichtlicher Rechtsbehelfe und ordnungsgemäßer Verfahren, unterliegen.

(9) [1]Sieht die Rechtsordnung eines Mitgliedstaats keine Geldbußen vor, kann dieser Artikel so angewandt werden, dass die Geldbuße von der zuständigen Aufsichtsbehörde in die Wege geleitet und von den zuständigen nationalen Gerichten verhängt wird, wobei sicherzustellen ist, dass diese Rechtsbehelfe wirksam sind und die gleiche Wirkung wie die von Aufsichtsbehörden verhängten Geldbußen haben. [2]In jeden Fall müssen die verhängten Geldbußen wirksam, verhältnismäßig und abschreckend sein. [3]Die betreffenden Mitgliedstaaten teilen der Kommission bis zum 25. Mai 2018 die Rechtsvorschriften mit, die sie aufgrund dieses Absatzes erlassen, sowie unverzüglich alle späteren Änderungsgesetze oder Änderungen dieser Vorschriften.

Art. 84 Sanktionen. (1) [1]Die Mitgliedstaaten legen die Vorschriften über andere Sanktionen für Verstöße gegen diese Verordnung – insbesondere für Verstöße, die keiner Geldbuße gemäß Artikel 83 unterliegen – fest und treffen alle zu deren Anwendung erforderlichen Maßnahmen. [2]Diese Sanktionen müssen wirksam, verhältnismäßig und abschreckend sein.

(2) Jeder Mitgliedstaat teilt der Kommission bis zum 25. Mai 2018 die Rechtsvorschriften, die er aufgrund von Absatz 1 erlässt, sowie unverzüglich alle späteren Änderungen dieser Vorschriften mit.

Kapitel IX

Vorschriften für besondere Verarbeitungssituationen

Art. 85 Verarbeitung und Freiheit der Meinungsäußerung und Informationsfreiheit. (1) Die Mitgliedstaaten bringen durch Rechtsvorschriften das Recht auf den Schutz personenbezogener Daten gemäß dieser Verordnung mit dem Recht auf freie Meinungsäußerung und Informationsfreiheit, einschließlich der Verarbeitung zu journalistischen Zwecken und zu wissenschaftlichen, künstlerischen oder literarischen Zwecken, in Einklang.

(2) Für die Verarbeitung, die zu journalistischen Zwecken oder zu wissenschaftlichen, künstlerischen oder literarischen Zwecken erfolgt, sehen die Mitgliedstaaten Abweichungen oder Ausnahmen von Kapitel II (Grundsätze), Kapitel III (Rechte der betroffenen Person), Kapitel IV (Verantwortlicher und Auftragsverarbeiter), Kapitel V (Übermittlung personenbezogener Daten an Drittländer oder an internationale Organisationen), Kapitel VI (Unabhängige Aufsichtsbehörden), Kapitel VII (Zusammenarbeit und Kohärenz) und Kapitel IX (Vorschriften für besondere Verarbeitungssituationen) vor, wenn dies erforderlich ist, um das Recht auf Schutz der personenbezogenen Daten mit der Freiheit der Meinungsäußerung und der Informationsfreiheit in Einklang zu bringen.

(3) Jeder Mitgliedstaat teilt der Kommission die Rechtsvorschriften, die er aufgrund von Absatz 2 erlassen hat, sowie unverzüglich alle späteren Änderungsgesetze oder Änderungen dieser Vorschriften mit.

Art. 86 Verarbeitung und Zugang der Öffentlichkeit zu amtlichen Dokumenten. Personenbezogene Daten in amtlichen Dokumenten, die sich im Besitz einer Behörde oder einer öffentlichen Einrichtung oder einer privaten Einrichtung zur Erfüllung einer im öffentlichen Interesse liegenden Aufgabe befinden, können von der Behörde oder der Einrichtung gemäß dem Unionsrecht oder dem Recht des Mitgliedstaats, dem die Behörde oder Einrichtung unterliegt, offengelegt werden, um den Zugang der Öffentlichkeit zu amtlichen Dokumenten mit dem Recht auf Schutz personenbezogener Daten gemäß dieser Verordnung in Einklang zu bringen.

Art. 87 Verarbeitung der nationalen Kennziffer. [1]Die Mitgliedstaaten können näher bestimmen, unter welchen spezifischen Bedingungen eine nationale Kennziffer oder andere Kennzeichen von allgemeiner Bedeutung Gegenstand einer Verarbeitung sein dürfen. [2]In diesem Fall darf die nationale Kennziffer oder das andere Kennzeichen von allgemeiner Bedeutung nur unter Wahrung geeigneter Garantien für die Rechte und Freiheiten der betroffenen Person gemäß dieser Verordnung verwendet werden.

Art. 88 Datenverarbeitung im Beschäftigungskontext. (1) Die Mitgliedstaaten können durch Rechtsvorschriften oder durch Kollektivvereinbarungen spezifischere Vorschriften zur Gewährleistung des Schutzes der Rechte und

Freiheiten hinsichtlich der Verarbeitung personenbezogener Beschäftigtendaten im Beschäftigungskontext, insbesondere für Zwecke der Einstellung, der Erfüllung des Arbeitsvertrags einschließlich der Erfüllung von durch Rechtsvorschriften oder durch Kollektivvereinbarungen festgelegten Pflichten, des Managements, der Planung und der Organisation der Arbeit, der Gleichheit und Diversität am Arbeitsplatz, der Gesundheit und Sicherheit am Arbeitsplatz, des Schutzes des Eigentums der Arbeitgeber oder der Kunden sowie für Zwecke der Inanspruchnahme der mit der Beschäftigung zusammenhängenden individuellen oder kollektiven Rechte und Leistungen und für Zwecke der Beendigung des Beschäftigungsverhältnisses vorsehen.

(2) Diese Vorschriften umfassen angemessene und besondere Maßnahmen zur Wahrung der menschlichen Würde, der berechtigten Interessen und der Grundrechte der betroffenen Person, insbesondere im Hinblick auf die Transparenz der Verarbeitung, die Übermittlung personenbezogener Daten innerhalb einer Unternehmensgruppe oder einer Gruppe von Unternehmen, die eine gemeinsame Wirtschaftstätigkeit ausüben, und die Überwachungssysteme am Arbeitsplatz.

(3) Jeder Mitgliedstaat teilt der Kommission bis zum 25. Mai 2018 die Rechtsvorschriften, die er aufgrund von Absatz 1 erlässt, sowie unverzüglich alle späteren Änderungen dieser Vorschriften mit.

Art. 89 Garantien und Ausnahmen in Bezug auf die Verarbeitung zu im öffentlichen Interesse liegenden Archivzwecken, zu wissenschaftlichen oder historischen Forschungszwecken und zu statistischen Zwecken. (1) [1]Die Verarbeitung zu im öffentlichen Interesse liegenden Archivzwecken, zu wissenschaftlichen oder historischen Forschungszwecken oder zu statistischen Zwecken unterliegt geeigneten Garantien für die Rechte und Freiheiten der betroffenen Person gemäß dieser Verordnung. [2]Mit diesen Garantien wird sichergestellt, dass technische und organisatorische Maßnahmen bestehen, mit denen insbesondere die Achtung des Grundsatzes der Datenminimierung gewährleistet wird. [3]Zu diesen Maßnahmen kann die Pseudonymisierung gehören, sofern es möglich ist, diese Zwecke auf diese Weise zu erfüllen. [4]In allen Fällen, in denen diese Zwecke durch die Weiterverarbeitung, bei der die Identifizierung von betroffenen Personen nicht oder nicht mehr möglich ist, erfüllt werden können, werden diese Zwecke auf diese Weise erfüllt.

(2) Werden personenbezogene Daten zu wissenschaftlichen oder historischen Forschungszwecken oder zu statistischen Zwecken verarbeitet, können vorbehaltlich der Bedingungen und Garantien gemäß Absatz 1 des vorliegenden Artikels im Unionsrecht oder im Recht der Mitgliedstaaten insoweit Ausnahmen von den Rechten gemäß der Artikel 15, 16, 18 und 21 vorgesehen werden, als diese Rechte voraussichtlich die Verwirklichung der spezifischen Zwecke unmöglich machen oder ernsthaft beeinträchtigen und solche Ausnahmen für die Erfüllung dieser Zwecke notwendig sind.

(3) Werden personenbezogene Daten für im öffentlichen Interesse liegende Archivzwecke verarbeitet, können vorbehaltlich der Bedingungen und Garantien gemäß Absatz 1 des vorliegenden Artikels im Unionsrecht oder im Recht der Mitgliedstaaten insoweit Ausnahmen von den Rechten gemäß der Artikel 15, 16, 18, 19, 20 und 21 vorgesehen werden, als diese Rechte voraussichtlich die Verwirklichung der spezifischen Zwecke unmöglich machen oder ernsthaft beeinträchtigen und solche Ausnahmen für die Erfüllung dieser Zwecke notwendig sind.

(4) Dient die in den Absätzen 2 und 3 genannte Verarbeitung gleichzeitig einem anderen Zweck, gelten die Ausnahmen nur für die Verarbeitung zu den in diesen Absätzen genannten Zwecken.

Art. 90 Geheimhaltungspflichten. (1) [1]Die Mitgliedstaaten können die Befugnisse der Aufsichtsbehörden im Sinne des Artikels 58 Absatz 1 Buchstaben e und f gegenüber den Verantwortlichen oder den Auftragsverarbeitern, die nach Unionsrecht oder dem Recht der Mitgliedstaaten oder nach einer von den zuständigen nationalen Stellen erlassenen Verpflichtung dem Berufsgeheimnis oder einer gleichwertigen Geheimhaltungspflicht unterliegen, regeln, soweit dies notwendig und verhältnismäßig ist, um das Recht auf Schutz der personenbezogenen Daten mit der Pflicht zur Geheimhaltung in Einklang zu bringen. [2]Diese Vorschriften gelten nur in Bezug auf personenbezogene Daten, die der Verantwortliche oder der Auftragsverarbeiter bei einer Tätigkeit erlangt oder erhoben hat, die einer solchen Geheimhaltungspflicht unterliegt.

(2) Jeder Mitgliedstaat teilt der Kommission bis zum 25. Mai 2018 die Vorschriften mit, die er aufgrund von Absatz 1 erlässt, und setzt sie unverzüglich von allen weiteren Änderungen dieser Vorschriften in Kenntnis.

Art. 91 Bestehende Datenschutzvorschriften von Kirchen und religiösen Vereinigungen oder Gemeinschaften. (1) Wendet eine Kirche oder eine religiöse Vereinigung oder Gemeinschaft in einem Mitgliedstaat zum Zeitpunkt des Inkrafttretens dieser Verordnung umfassende Regeln zum Schutz natürlicher Personen bei der Verarbeitung an, so dürfen diese Regeln weiter angewandt werden, sofern sie mit dieser Verordnung in Einklang gebracht werden.

(2) Kirchen und religiöse Vereinigungen oder Gemeinschaften, die gemäß Absatz 1 umfassende Datenschutzregeln anwenden, unterliegen der Aufsicht durch eine unabhängige Aufsichtsbehörde, die spezifischer Art sein kann, sofern sie die in Kapitel VI niedergelegten Bedingungen erfüllt.

Kapitel X

Delegierte Rechtsakte und Durchführungsrechtsakte

Art. 92 Ausübung der Befugnisübertragung. (1) Die Befugnis zum Erlass delegierter Rechtsakte wird der Kommission unter den in diesem Artikel festgelegten Bedingungen übertragen.

(2) Die Befugnis zum Erlass delegierter Rechtsakte gemäß Artikel 12 Absatz 8 und Artikel 43 Absatz 8 wird der Kommission auf unbestimmte Zeit ab dem 24. Mai 2016 übertragen.

(3) [1]Die Befugnisübertragung gemäß Artikel 12 Absatz 8 und Artikel 43 Absatz 8 kann vom Europäischen Parlament oder vom Rat jederzeit widerrufen werden. [2]Der Beschluss über den Widerruf beendet die Übertragung der in diesem Beschluss angegebenen Befugnis. [3]Er wird am Tag nach seiner Veröffentlichung im Amtsblatt der Europäischen Union oder zu einem im Beschluss über den Widerruf angegebenen späteren Zeitpunkt wirksam. [4]Die Gültigkeit von delegierten Rechtsakten, die bereits in Kraft sind, wird von dem Beschluss über den Widerruf nicht berührt.

(4) Sobald die Kommission einen delegierten Rechtsakt erlässt, übermittelt sie ihn gleichzeitig dem Europäischen Parlament und dem Rat.

(5) [1]Ein delegierter Rechtsakt, der gemäß Artikel 12 Absatz 8 und Artikel 43 Absatz 8 erlassen wurde, tritt nur in Kraft, wenn weder das Europäische Parlament noch der Rat innerhalb einer Frist von drei Monaten nach Übermittlung dieses Rechtsakts an das Europäische Parlament und den Rat Einwände erhoben haben oder wenn vor Ablauf dieser Frist das Europäische Parlament und der Rat beide der Kommission mitgeteilt haben, dass sie keine Einwände erheben werden. [2]Auf Veranlassung des Europäischen Parlaments oder des Rates wird diese Frist um drei Monate verlängert.

Art. 93 Ausschussverfahren. (1) [1]Die Kommission wird von einem Ausschuss unterstützt. [2]Dieser Ausschuss ist ein Ausschuss im Sinne der Verordnung (EU) Nr. 182/2011.

(2) Wird auf diesen Absatz Bezug genommen, so gilt Artikel 5 der Verordnung (EU) Nr. 182/2011.

(3) Wird auf diesen Absatz Bezug genommen, so gilt Artikel 8 der Verordnung (EU) Nr. 182/2011 in Verbindung mit deren Artikel 5.

Kapitel XI

Schlussbestimmungen

Art. 94 Aufhebung der Richtlinie 95/46/EG. (1) Die Richtlinie 95/46/EG wird mit Wirkung vom 25. Mai 2018 aufgehoben.

(2) [1]Verweise auf die aufgehobene Richtlinie gelten als Verweise auf die vorliegende Verordnung. [2]Verweise auf die durch Artikel 29 der Richtlinie 95/46/EG eingesetzte Gruppe für den Schutz von Personen bei der Verarbeitung personenbezogener Daten gelten als Verweise auf den kraft dieser Verordnung errichteten Europäischen Datenschutzausschuss.

Art. 95 Verhältnis zur Richtlinie 2002/58/EG. Diese Verordnung erlegt natürlichen oder juristischen Personen in Bezug auf die Verarbeitung in Verbindung mit der Bereitstellung öffentlich zugänglicher elektronischer Kommunikationsdienste in öffentlichen Kommunikationsnetzen in der Union keine zusätzlichen Pflichten auf, soweit sie besonderen in der Richtlinie 2002/58/EG festgelegten Pflichten unterliegen, die dasselbe Ziel verfolgen.

Art. 96 Verhältnis zu bereits geschlossenen Übereinkünften. Internationale Übereinkünfte, die die Übermittlung personenbezogener Daten an Drittländer oder internationale Organisationen mit sich bringen, die von den Mitgliedstaaten vor dem 24. Mai 2016 abgeschlossen wurden und die im Einklang mit dem vor diesem Tag geltenden Unionsrecht stehen, bleiben in Kraft, bis sie geändert, ersetzt oder gekündigt werden.

Art. 97 Berichte der Kommission. (1) [1]Bis zum 25. Mai 2020 und danach alle vier Jahre legt die Kommission dem Europäischen Parlament und dem Rat einen Bericht über die Bewertung und Überprüfung dieser Verordnung vor. [2]Die Berichte werden öffentlich gemacht.

(2) Im Rahmen der Bewertungen und Überprüfungen nach Absatz 1 prüft die Kommission insbesondere die Anwendung und die Wirkungsweise

a) des Kapitels V über die Übermittlung personenbezogener Daten an Drittländer oder an internationale Organisationen insbesondere im Hinblick auf die gemäß Artikel 45 Absatz 3 der vorliegenden Verordnung erlassenen Beschlüsse sowie die gemäß Artikel 25 Absatz 6 der Richtlinie 95/46/EG erlassenen Feststellungen,
b) des Kapitels VII über Zusammenarbeit und Kohärenz.

(3) Für den in Absatz 1 genannten Zweck kann die Kommission Informationen von den Mitgliedstaaten und den Aufsichtsbehörden anfordern.

(4) Bei den in den Absätzen 1 und 2 genannten Bewertungen und Überprüfungen berücksichtigt die Kommission die Standpunkte und Feststellungen des Europäischen Parlaments, des Rates und anderer einschlägiger Stellen oder Quellen.

(5) Die Kommission legt erforderlichenfalls geeignete Vorschläge zur Änderung dieser Verordnung vor und berücksichtigt dabei insbesondere die Ent-

wicklungen in der Informationstechnologie und die Fortschritte in der Informationsgesellschaft.

Art. 98 Überprüfung anderer Rechtsakte der Union zum Datenschutz. [1]Die Kommission legt gegebenenfalls Gesetzgebungsvorschläge zur Änderung anderer Rechtsakte der Union zum Schutz personenbezogener Daten vor, damit ein einheitlicher und kohärenter Schutz natürlicher Personen bei der Verarbeitung sichergestellt wird. [2]Dies betrifft insbesondere die Vorschriften zum Schutz natürlicher Personen bei der Verarbeitung solcher Daten durch die Organe, Einrichtungen, Ämter und Agenturen der Union und zum freien Verkehr solcher Daten.

Art. 99 Inkrafttreten und Anwendung. (1) Diese Verordnung tritt am zwanzigsten Tag nach ihrer Veröffentlichung im Amtsblatt der Europäischen Union in Kraft.

(2) Sie gilt ab dem 25. Mai 2018.

Bundesdatenschutzgesetz

in der Neufassung durch die Bekanntmachung vom 14. Januar 2003 (BGBl. I S. 66), zuletzt geändert durch Gesetz vom 30. Oktober 2017 (BGBl. I S. 3618)[1]

– Auszug –

Erster Abschnitt

Allgemeine und gemeinsame Bestimmungen

§ 1 Zweck und Anwendungsbereich des Gesetzes. (1) Zweck dieses Gesetzes ist es, den Einzelnen davor zu schützen, dass er durch den Umgang mit seinen personenbezogenen Daten in seinem Persönlichkeitsrecht beeinträchtigt wird.

(2) Dieses Gesetz gilt für die Erhebung, Verarbeitung und Nutzung personenbezogener Daten durch
1. öffentliche Stellen des Bundes,
2. öffentliche Stellen der Länder, soweit der Datenschutz nicht durch Landesgesetz geregelt ist und soweit sie
   a) Bundesrecht ausführen oder
   b) als Organe der Rechtspflege tätig werden und es sich nicht um Verwaltungsangelegenheiten handelt,
3. nicht-öffentliche Stellen, soweit sie die Daten unter Einsatz von Datenverarbeitungsanlagen verarbeiten, nutzen oder dafür erheben oder die Daten in oder aus nicht automatisierten Dateien verarbeiten, nutzen oder dafür erheben, es sei denn, die Erhebung, Verarbeitung oder Nutzung der Daten erfolgt ausschließlich für persönliche oder familiäre Tätigkeiten.

(3) [1]Soweit andere Rechtsvorschriften des Bundes auf personenbezogene Daten einschließlich deren Veröffentlichung anzuwenden sind, gehen sie den Vorschriften dieses Gesetzes vor. [2]Die Verpflichtung zur Wahrung gesetzlicher Geheimhaltungspflichten oder von Berufs- oder besonderen Amtsgeheimnissen, die nicht auf gesetzlichen Vorschriften beruhen, bleibt unberührt.

(4) Die Vorschriften dieses Gesetzes gehen denen des Verwaltungsverfahrensgesetzes vor, soweit bei der Ermittlung des Sachverhalts personenbezogene Daten verarbeitet werden.

---

1 Für das Jahr 2018 wurde eine EU-Datenschutzgrundverordnung zur Vereinheitlichung und Stärkung des Datenschutzniveaus für die EU am 12. Februar 2016 beschlossen. Nähere Informationen und Bewertungen finden sich auf den Seiten der EU (http://www.consilium.europa.eu/de/policies/data-protection-reform/data-protection-regulation/) sowie auf den Seiten des Bundesverbandes der Datenschutzbeauftragten (https://www.bvdnet.de/eu-dsgvo.html).

(5) [1]Dieses Gesetz findet keine Anwendung, sofern eine in einem anderen Mitgliedstaat der Europäischen Union oder in einem anderen Vertragsstaat des Abkommens über den Europäischen Wirtschaftsraum belegene verantwortliche Stelle personenbezogene Daten im Inland erhebt, verarbeitet oder nutzt, es sei denn, dies erfolgt durch eine Niederlassung im Inland. [2]Dieses Gesetz findet Anwendung, sofern eine verantwortliche Stelle, die nicht in einem Mitgliedstaat der Europäischen Union oder in einem anderen Vertragsstaat des Abkommens über den Europäischen Wirtschaftsraum belegen ist, personenbezogene Daten im Inland erhebt, verarbeitet oder nutzt. [3]Soweit die verantwortliche Stelle nach diesem Gesetz zu nennen ist, sind auch Angaben über im Inland ansässige Vertreter zu machen. [4]Die Sätze 2 und 3 gelten nicht, sofern Datenträger nur zum Zweck des Transits durch das Inland eingesetzt werden. [5]§ 38 Abs. 1 Satz 1 bleibt unberührt.

§ 2 Öffentliche und nicht-öffentliche Stellen. (1) [1]Öffentliche Stellen des Bundes sind die Behörden, die Organe der Rechtspflege und andere öffentlich-rechtlich organisierte Einrichtungen des Bundes, der bundesunmittelbaren Körperschaften, Anstalten und Stiftungen des öffentlichen Rechts sowie deren Vereinigungen ungeachtet ihrer Rechtsform. [2]Als öffentliche Stellen gelten die aus dem Sondervermögen Deutsche Bundespost durch Gesetz hervorgegangenen Unternehmen, solange ihnen ein ausschließliches Recht nach dem Postgesetz zusteht.

(2) Öffentliche Stellen der Länder sind die Behörden, die Organe der Rechtspflege und andere öffentlich-rechtlich organisierte Einrichtungen eines Landes, einer Gemeinde, eines Gemeindeverbandes und sonstiger der Aufsicht des Landes unterstehender juristischer Personen des öffentlichen Rechts sowie deren Vereinigungen ungeachtet ihrer Rechtsform.

(3) [1]Vereinigungen des privaten Rechts von öffentlichen Stellen des Bundes und der Länder, die Aufgaben der öffentlichen Verwaltung wahrnehmen, gelten ungeachtet der Beteiligung nicht-öffentlicher Stellen als öffentliche Stellen des Bundes, wenn

1. sie über den Bereich eines Landes hinaus tätig werden oder
2. dem Bund die absolute Mehrheit der Anteile gehört oder die absolute Mehrheit der Stimmen zusteht.

[2]Andernfalls gelten sie als öffentliche Stellen der Länder.

(4) [1]Nicht-öffentliche Stellen sind natürliche und juristische Personen, Gesellschaften und andere Personenvereinigungen des privaten Rechts, soweit sie nicht unter die Absätze 1 bis 3 fallen. [2]Nimmt eine nicht-öffentliche Stelle hoheitliche Aufgaben der öffentlichen Verwaltung wahr, ist sie insoweit öffentliche Stelle im Sinne dieses Gesetzes.

§ 3 Weitere Begriffsbestimmungen. (1) Personenbezogene Daten sind Einzelangaben über persönliche oder sachliche Verhältnisse einer bestimmten oder bestimmbaren natürlichen Person (Betroffener).

(2) [1]Automatisierte Verarbeitung ist die Erhebung, Verarbeitung oder Nutzung personenbezogener Daten unter Einsatz von Datenverarbeitungsanlagen. [2]Eine nicht automatisierte Datei ist jede nicht automatisierte Sammlung personenbezogener Daten, die gleichartig aufgebaut ist und nach bestimmten Merkmalen zugänglich ist und ausgewertet werden kann.

(3) Erheben ist das Beschaffen von Daten über den Betroffenen.

(4) [1]Verarbeiten ist das Speichern, Verändern, Übermitteln, Sperren und Löschen personenbezogener Daten. [2]Im Einzelnen ist, ungeachtet der dabei angewendeten Verfahren:

1. Speichern das Erfassen, Aufnehmen oder Aufbewahren personenbezogener Daten auf einem Datenträger zum Zweck ihrer weiteren Verarbeitung oder Nutzung,
2. Verändern das inhaltliche Umgestalten gespeicherter personenbezogener Daten,
3. Übermitteln das Bekanntgeben gespeicherter oder durch Datenverarbeitung gewonnener personenbezogener Daten an einen Dritten in der Weise, dass
   a) die Daten an den Dritten weitergegeben werden oder
   b) der Dritte zur Einsicht oder zum Abruf bereitgehaltene Daten einsieht oder abruft,
4. Sperren das Kennzeichnen gespeicherter personenbezogener Daten, um ihre weitere Verarbeitung oder Nutzung einzuschränken,
5. Löschen das Unkenntlichmachen gespeicherter personenbezogener Daten.

(5) Nutzen ist jede Verwendung personenbezogener Daten, soweit es sich nicht um Verarbeitung handelt.

(6) Anonymisieren ist das Verändern personenbezogener Daten derart, dass die Einzelangaben über persönliche oder sachliche Verhältnisse nicht mehr oder nur mit einem unverhältnismäßig großen Aufwand an Zeit, Kosten und Arbeitskraft einer bestimmten oder bestimmbaren natürlichen Person zugeordnet werden können.

(6a) Pseudonymisieren ist das Ersetzen des Namens und anderer Identifikationsmerkmale durch ein Kennzeichen zu dem Zweck, die Bestimmung des Betroffenen auszuschließen oder wesentlich zu erschweren.

(7) Verantwortliche Stelle ist jede Person oder Stelle, die personenbezogene Daten für sich selbst erhebt, verarbeitet oder nutzt oder dies durch andere im Auftrag vornehmen lässt.

(8) [1]Empfänger ist jede Person oder Stelle, die Daten erhält. [2]Dritter ist jede Person oder Stelle außerhalb der verantwortlichen Stelle. [3]Dritte sind nicht der Betroffene sowie Personen und Stellen, die im Inland, in einem anderen Mitgliedstaat der Europäischen Union oder in einem anderen Vertragsstaat des Abkommens über den Europäischen Wirtschaftsraum personenbezogene Daten im Auftrag erheben, verarbeiten oder nutzen.

(9) Besondere Arten personenbezogener Daten sind Angaben über die rassische und ethnische Herkunft, politische Meinungen, religiöse oder philoso-

phische Überzeugungen, Gewerkschaftszugehörigkeit, Gesundheit oder Sexualleben.

(10) Mobile personenbezogene Speicher- und Verarbeitungsmedien sind Datenträger,
1. die an den Betroffenen ausgegeben werden,
2. auf denen personenbezogene Daten über die Speicherung hinaus durch die ausgebende oder eine andere Stelle automatisiert verarbeitet werden können und
3. bei denen der Betroffene diese Verarbeitung nur durch den Gebrauch des Mediums beeinflussen kann.

(11) Beschäftigte sind:
1. Arbeitnehmerinnen und Arbeitnehmer,
2. zu ihrer Berufsbildung Beschäftigte,
3. Teilnehmerinnen und Teilnehmer an Leistungen zur Teilhabe am Arbeitsleben sowie an Abklärungen der beruflichen Eignung oder Arbeitserprobung (Rehabilitandinnen und Rehabilitanden),
4. in anerkannten Werkstätten für behinderte Menschen Beschäftigte,
5. nach dem Jugendfreiwilligendienstegesetz Beschäftigte,
6. Personen, die wegen ihrer wirtschaftlichen Unselbständigkeit als arbeitnehmerähnliche Personen anzusehen sind; zu diesen gehören auch die in Heimarbeit Beschäftigten und die ihnen Gleichgestellten,
7. Bewerberinnen und Bewerber für ein Beschäftigungsverhältnis sowie Personen, deren Beschäftigungsverhältnis beendet ist,
8. Beamtinnen, Beamte, Richterinnen und Richter des Bundes, Soldatinnen und Soldaten sowie Zivildienstleistende.

§ 3a Datenvermeidung und Datensparsamkeit. [1]Die Erhebung, Verarbeitung und Nutzung personenbezogener Daten und die Auswahl und Gestaltung von Datenverarbeitungssystemen sind an dem Ziel auszurichten, so wenig personenbezogene Daten wie möglich zu erheben, zu verarbeiten oder zu nutzen. [2]Insbesondere sind personenbezogene Daten zu anonymisieren oder zu pseudonymisieren, soweit dies nach dem Verwendungszweck möglich ist und keinen im Verhältnis zu dem angestrebten Schutzzweck unverhältnismäßigen Aufwand erfordert.

§ 4 Zulässigkeit der Datenerhebung, -verarbeitung und -nutzung. (1) Die Erhebung, Verarbeitung und Nutzung personenbezogener Daten sind nur zulässig, soweit dieses Gesetz oder eine andere Rechtsvorschrift dies erlaubt oder anordnet oder der Betroffene eingewilligt hat.

(2) [1]Personenbezogene Daten sind beim Betroffenen zu erheben. [2]Ohne seine Mitwirkung dürfen sie nur erhoben werden, wenn
1. eine Rechtsvorschrift dies vorsieht oder zwingend voraussetzt oder
2. a) die zu erfüllende Verwaltungsaufgabe ihrer Art nach oder der Geschäftszweck eine Erhebung bei anderen Personen oder Stellen erforderlich macht oder

b) die Erhebung beim Betroffenen einen unverhältnismäßigen Aufwand erfordern würde

und keine Anhaltspunkte dafür bestehen, dass überwiegende schutzwürdige Interessen des Betroffenen beeinträchtigt werden.

(3) [1]Werden personenbezogene Daten beim Betroffenen erhoben, so ist er, sofern er nicht bereits auf andere Weise Kenntnis erlangt hat, von der verantwortlichen Stelle über

1. die Identität der verantwortlichen Stelle,
2. die Zweckbestimmungen der Erhebung, Verarbeitung oder Nutzung und
3. die Kategorien von Empfängern nur, soweit der Betroffene nach den Umständen des Einzelfalles nicht mit der Übermittlung an diese rechnen muss,

zu unterrichten. [2]Werden personenbezogene Daten beim Betroffenen aufgrund einer Rechtsvorschrift erhoben, die zur Auskunft verpflichtet, oder ist die Erteilung der Auskunft Voraussetzung für die Gewährung von Rechtsvorteilen, so ist der Betroffene hierauf, sonst auf die Freiwilligkeit seiner Angaben hinzuweisen. [3]Soweit nach den Umständen des Einzelfalles erforderlich oder auf Verlangen, ist er über die Rechtsvorschrift und über die Folgen der Verweigerung von Angaben aufzuklären.

§ 4a Einwilligung. (1) [1]Die Einwilligung ist nur wirksam, wenn sie auf der freien Entscheidung des Betroffenen beruht. [2]Er ist auf den vorgesehenen Zweck der Erhebung, Verarbeitung oder Nutzung sowie, soweit nach den Umständen des Einzelfalles erforderlich oder auf Verlangen, auf die Folgen der Verweigerung der Einwilligung hinzuweisen. [3]Die Einwilligung bedarf der Schriftform, soweit nicht wegen besonderer Umstände eine andere Form angemessen ist. [4]Soll die Einwilligung zusammen mit anderen Erklärungen schriftlich erteilt werden, ist sie besonders hervorzuheben.

(2) [1]Im Bereich der wissenschaftlichen Forschung liegt ein besonderer Umstand im Sinne von Absatz 1 Satz 3 auch dann vor, wenn durch die Schriftform der bestimmte Forschungszweck erheblich beeinträchtigt würde. [2]In diesem Fall sind der Hinweis nach Absatz 1 Satz 2 und die Gründe, aus denen sich die erhebliche Beeinträchtigung des bestimmten Forschungszwecks ergibt, schriftlich festzuhalten.

(3) Soweit besondere Arten personenbezogener Daten (§ 3 Abs. 9) erhoben, verarbeitet oder genutzt werden, muss sich die Einwilligung darüber hinaus ausdrücklich auf diese Daten beziehen.

§ 4d Meldepflicht. (1) Verfahren automatisierter Verarbeitungen sind vor ihrer Inbetriebnahme von nicht-öffentlichen verantwortlichen Stellen der zuständigen Aufsichtsbehörde und von öffentlichen verantwortlichen Stellen des Bundes sowie von den Post- und Telekommunikationsunternehmen der oder dem Bundesbeauftragten für den Datenschutz und die Informationsfreiheit nach Maßgabe von § 4e zu melden.

(2) Die Meldepflicht entfällt, wenn die verantwortliche Stelle einen Beauftragten für den Datenschutz bestellt hat.

(3) Die Meldepflicht entfällt ferner, wenn die verantwortliche Stelle personenbezogene Daten für eigene Zwecke erhebt, verarbeitet oder nutzt, hierbei höchstens neun Personen mit der Erhebung, Verarbeitung oder Nutzung personenbezogener Daten beschäftigt und entweder eine Einwilligung des Betroffenen vorliegt oder die Erhebung, Verarbeitung oder Nutzung für die Begründung, Durchführung oder Beendigung eines rechtsgeschäftlichen oder rechtsgeschäftsähnlichen Schuldverhältnisses mit dem Betroffenen erforderlich ist.

(4) Die Absätze 2 und 3 gelten nicht, wenn es sich um automatisierte Verarbeitungen handelt, in denen geschäftsmäßig personenbezogene Daten von der jeweiligen Stelle
1. zum Zweck der Übermittlung,
2. zum Zweck der anonymisierten Übermittlung oder
3. für Zwecke der Markt- oder Meinungsforschung

gespeichert werden.

(5) [1]Soweit automatisierte Verarbeitungen besondere Risiken für die Rechte und Freiheiten der Betroffenen aufweisen, unterliegen sie der Prüfung vor Beginn der Verarbeitung (Vorabkontrolle). [2]Eine Vorabkontrolle ist insbesondere durchzuführen, wenn
1. besondere Arten personenbezogener Daten (§ 3 Abs. 9) verarbeitet werden oder
2. die Verarbeitung personenbezogener Daten dazu bestimmt ist, die Persönlichkeit des Betroffenen zu bewerten einschließlich seiner Fähigkeiten, seiner Leistung oder seines Verhaltens,

es sei denn, dass eine gesetzliche Verpflichtung oder eine Einwilligung des Betroffenen vorliegt oder die Erhebung, Verarbeitung oder Nutzung für die Begründung, Durchführung oder Beendigung eines rechtsgeschäftlichen oder rechtsgeschäftsähnlichen Schuldverhältnisses mit dem Betroffenen erforderlich ist.

(6) [1]Zuständig für die Vorabkontrolle ist der Beauftragte für den Datenschutz. [2]Dieser nimmt die Vorabkontrolle nach Empfang der Übersicht nach § 4g Abs. 2 Satz 1 vor. [3]Er hat sich in Zweifelsfällen an die Aufsichtsbehörde oder bei den Post- und Telekommunikationsunternehmen an die Bundesbeauftragte oder den Bundesbeauftragten für den Datenschutz und die Informationsfreiheit zu wenden.

§ 4f Beauftragter für den Datenschutz. (1) [1]Öffentliche und nicht öffentliche Stellen, die personenbezogene Daten automatisiert verarbeiten, haben einen Beauftragten für den Datenschutz schriftlich zu bestellen. [2]Nicht-öffentliche Stellen sind hierzu spätestens innerhalb eines Monats nach Aufnahme ihrer Tätigkeit verpflichtet. [3]Das Gleiche gilt, wenn personenbezogene Daten auf andere Weise erhoben, verarbeitet oder genutzt werden und damit in der Regel mindestens 20 Personen beschäftigt sind. [4]Die Sätze 1 und 2 gelten nicht für die nichtöffentlichen Stellen, die in der Regel höchstens neun Personen ständig mit der automatisierten Verarbeitung personenbezogener Daten beschäftigen. [5]Soweit aufgrund der Struktur einer öffentlichen Stelle erforderlich, genügt die

Bestellung eines Beauftragten für den Datenschutz für mehrere Bereiche. [6]Soweit nicht-öffentliche Stellen automatisierte Verarbeitungen vornehmen, die einer Vorabkontrolle unterliegen, oder personenbezogene Daten geschäftsmäßig zum Zweck der Übermittlung oder der anonymisierten Übermittlung automatisiert verarbeiten, haben sie unabhängig von der Anzahl der mit der automatisierten Verarbeitung beschäftigten Personen einen Beauftragten für den Datenschutz zu bestellen.

(2) [1]Zum Beauftragten für den Datenschutz darf nur bestellt werden, wer die zur Erfüllung seiner Aufgaben erforderliche Fachkunde und Zuverlässigkeit besitzt. [2]Das Maß der erforderlichen Fachkunde bestimmt sich insbesondere nach dem Umfang der Datenverarbeitung der verantwortlichen Stelle und dem Schutzbedarf der personenbezogenen Daten, die die verantwortliche Stelle erhebt oder verwendet. [3]Zum Beauftragten für den Datenschutz kann auch eine Person außerhalb der verantwortlichen Stelle bestellt werden; die Kontrolle erstreckt sich auch auf personenbezogene Daten, die einem Berufs- oder besonderen Amtsgeheimnis, insbesondere dem Steuergeheimnis nach § 30 der Abgabenordnung, unterliegen. [4]Öffentliche Stellen können mit Zustimmung ihrer Aufsichtsbehörde einen Bediensteten aus einer anderen öffentlichen Stelle zum Beauftragten für den Datenschutz bestellen.

(3) [1]Der Beauftragte für den Datenschutz ist dem Leiter der öffentlichen oder nicht-öffentlichen Stelle unmittelbar zu unterstellen. [2]Er ist in Ausübung seiner Fachkunde auf dem Gebiet des Datenschutzes weisungsfrei. [3]Er darf wegen der Erfüllung seiner Aufgaben nicht benachteiligt werden. [4]Die Bestellung zum Beauftragten für den Datenschutz kann in entsprechender Anwendung von § 626 des Bürgerlichen Gesetzbuches, bei nicht-öffentlichen Stellen auch auf Verlangen der Aufsichtsbehörde, widerrufen werden.

(4) Der Beauftragte für den Datenschutz ist zur Verschwiegenheit über die Identität des Betroffenen sowie über Umstände, die Rückschlüsse auf den Betroffenen zulassen, verpflichtet, soweit er nicht davon durch den Betroffenen befreit wird.

(4a) [1]Soweit der Beauftragte für den Datenschutz bei seiner Tätigkeit Kenntnis von Daten erhält, für die dem Leiter oder einer bei der öffentlichen oder nichtöffentlichen Stelle beschäftigten Person aus beruflichen Gründen ein Zeugnisverweigerungsrecht zusteht, steht dieses Recht auch dem Beauftragten für den Datenschutz und dessen Hilfspersonal zu. [2]Über die Ausübung dieses Rechts entscheidet die Person, der das Zeugnisverweigerungsrecht aus beruflichen Gründen zusteht, es sei denn, dass diese Entscheidung in absehbarer Zeit nicht herbeigeführt werden kann. [3]Soweit das Zeugnisverweigerungsrecht des Beauftragten für den Datenschutz reicht, unterliegen seine Akten und andere Schriftstücke einem Beschlagnahmeverbot.

(5) [1]Die öffentlichen und nicht-öffentlichen Stellen haben den Beauftragten für den Datenschutz bei der Erfüllung seiner Aufgaben zu unterstützen und ihm insbesondere, soweit dies zur Erfüllung seiner Aufgaben erforderlich ist, Hilfspersonal sowie Räume, Einrichtungen, Geräte und Mittel zur Verfügung zu stel-

len. [2]Betroffene können sich jederzeit an den Beauftragten für den Datenschutz wenden.

§ 4g Aufgaben des Beauftragten für den Datenschutz. (1) [1]Der Beauftragte für den Datenschutz wirkt auf die Einhaltung dieses Gesetzes und anderer Vorschriften über den Datenschutz hin. [2]Zu diesem Zweck kann sich der Beauftragte für den Datenschutz in Zweifelsfällen an die für die Datenschutzkontrolle bei der verantwortlichen Stelle zuständige Behörde wenden. [3]Er kann die Beratung nach § 38 Abs. 1 Satz 2 in Anspruch nehmen. [4]Er hat insbesondere

1. die ordnungsgemäße Anwendung der Datenverarbeitungsprogramme, mit deren Hilfe personenbezogene Daten verarbeitet werden sollen, zu überwachen; zu diesem Zweck ist er über Vorhaben der automatisierten Verarbeitung personenbezogener Daten rechtzeitig zu unterrichten,
2. die bei der Verarbeitung personenbezogener Daten tätigen Personen durch geeignete Maßnahmen mit den Vorschriften dieses Gesetzes sowie anderen Vorschriften über den Datenschutz und mit den jeweiligen besonderen Erfordernissen des Datenschutzes vertraut zu machen.

(2) [1]Dem Beauftragten für den Datenschutz ist von der verantwortlichen Stelle eine Übersicht über die in § 4e Satz 1 genannten Angaben sowie über zugriffsberechtigte Personen zur Verfügung zu stellen. [2]Der Beauftragte für den Datenschutz macht die Angaben nach § 4e Satz 1 Nr. 1 bis 8 auf Antrag jedermann in geeigneter Weise verfügbar.

(2a) Soweit bei einer nichtöffentlichen Stelle keine Verpflichtung zur Bestellung eines Beauftragten für den Datenschutz besteht, hat der Leiter der nichtöffentlichen Stelle die Erfüllung der Aufgaben nach den Absätzen 1 und 2 in anderer Weise sicherzustellen.

(3) [1]Auf die in § 6 Abs. 2 Satz 4 genannten Behörden findet Absatz 2 Satz 2 keine Anwendung. [2]Absatz 1 Satz 2 findet mit der Maßgabe Anwendung, dass der behördliche Beauftragte für den Datenschutz das Benehmen mit dem Behördenleiter herstellt; bei Unstimmigkeiten zwischen dem behördlichen Beauftragten für den Datenschutz und dem Behördenleiter entscheidet die oberste Bundesbehörde.

§ 5 Datengeheimnis. [1]Den bei der Datenverarbeitung beschäftigten Personen ist untersagt, personenbezogene Daten unbefugt zu erheben, zu verarbeiten oder zu nutzen (Datengeheimnis). [2]Diese Personen sind, soweit sie bei nicht-öffentlichen Stellen beschäftigt werden, bei der Aufnahme ihrer Tätigkeit auf das Datengeheimnis zu verpflichten. [3]Das Datengeheimnis besteht auch nach Beendigung ihrer Tätigkeit fort.

§ 6 Rechte des Betroffenen. (1) Die Rechte des Betroffenen auf Auskunft (§§ 19, 34) und auf Berichtigung, Löschung oder Sperrung (§§ 20, 35) können nicht durch Rechtsgeschäft ausgeschlossen oder beschränkt werden.

(2) [1]Sind die Daten des Betroffenen automatisiert in der Weise gespeichert, dass mehrere Stellen speicherungsberechtigt sind, und ist der Betroffene nicht

in der Lage festzustellen, welche Stelle die Daten gespeichert hat, so kann er sich an jede dieser Stellen wenden. [2]Diese ist verpflichtet, das Vorbringen des Betroffenen an die Stelle, die die Daten gespeichert hat, weiterzuleiten. [3]Der Betroffene ist über die Weiterleitung und jene Stelle zu unterrichten. [4]Die in § 19 Abs. 3 genannten Stellen, die Behörden der Staatsanwaltschaft und der Polizei sowie öffentliche Stellen der Finanzverwaltung, soweit sie personenbezogene Daten in Erfüllung ihrer gesetzlichen Aufgaben im Anwendungsbereich der Abgabenordnung zur Überwachung und Prüfung speichern, können statt des Betroffenen die Bundesbeauftragte oder den Bundesbeauftragten für den Datenschutz und die Informationsfreiheit unterrichten. [5]In diesem Fall richtet sich das weitere Verfahren nach § 19 Abs. 6.

§ 6a Automatisierte Einzelentscheidung. (1) [1]Entscheidungen, die für den Betroffenen eine rechtliche Folge nach sich ziehen oder ihn erheblich beeinträchtigen, dürfen nicht ausschließlich auf eine automatisierte Verarbeitung personenbezogener Daten gestützt werden, die der Bewertung einzelner Persönlichkeitsmerkmale dienen. [2]Eine ausschließlich auf eine automatisierte Verarbeitung gestützte Entscheidung liegt insbesondere dann vor, wenn keine inhaltliche Bewertung und darauf gestützte Entscheidung durch eine natürliche Person stattgefunden hat.

(2) Dies gilt nicht, wenn

1. die Entscheidung im Rahmen des Abschlusses oder der Erfüllung eines Vertragsverhältnisses oder eines sonstigen Rechtsverhältnisses ergeht und dem Begehren des Betroffenen stattgegeben wurde oder
2. die Wahrung der berechtigten Interessen des Betroffenen durch geeignete Maßnahmen gewährleistet ist und die verantwortliche Stelle dem Betroffenen die Tatsache des Vorliegens einer Entscheidung im Sinne des Absatzes 1 mitteilt sowie auf Verlangen die wesentlichen Gründe dieser Entscheidung mitteilt und erläutert.

(3) Das Recht des Betroffenen auf Auskunft nach den §§ 19 und 34 erstreckt sich auch auf den logischen Aufbau der automatisierten Verarbeitung der ihn betreffenden Daten.

§ 6b Beobachtung öffentlich zugänglicher Räume mit optisch-elektronischen Einrichtungen. (1) [1]Die Beobachtung öffentlich zugänglicher Räume mit optisch-elektronischen Einrichtungen (Videoüberwachung) ist nur zulässig, soweit sie

1. zur Aufgabenerfüllung öffentlicher Stellen,
2. zur Wahrnehmung des Hausrechts oder
3. zur Wahrnehmung berechtigter Interessen für konkret festgelegte Zwecke

erforderlich ist und keine Anhaltspunkte bestehen, dass schutzwürdige Interessen der Betroffenen überwiegen. [2]Bei der Videoüberwachung von

1. öffentlich zugänglichen großflächigen Anlagen, wie insbesondere Sport-, Versammlungs- und Vergnügungsstätten, Einkaufszentren oder Parkplätzen, oder

2. Fahrzeugen und öffentlich zugänglichen großflächigen Einrichtungen des öffentlichen Schienen-, Schiffs- und Busverkehrs

gilt der Schutz von Leben, Gesundheit oder Freiheit von dort aufhältigen Personen als ein besonders wichtiges Interesse.

(2) Der Umstand der Beobachtung und die verantwortliche Stelle sind durch geeignete Maßnahmen erkennbar zu machen.

(3) [1]Die Verarbeitung oder Nutzung von nach Absatz 1 erhobenen Daten ist zulässig, wenn sie zum Erreichen des verfolgten Zwecks erforderlich ist und keine Anhaltspunkte bestehen, dass schutzwürdige Interessen der Betroffenen überwiegen. [2]Absatz 1 Satz 2 gilt entsprechend. [3]Für einen anderen Zweck dürfen sie nur verarbeitet oder genutzt werden, soweit dies zur Abwehr von Gefahren für die staatliche und öffentliche Sicherheit sowie zur Verfolgung von Straftaten erforderlich ist.

(4) Werden durch Videoüberwachung erhobene Daten einer bestimmten Person zugeordnet, ist diese über eine Verarbeitung oder Nutzung entsprechend den §§ 19a und 33 zu benachrichtigen.

(5) Die Daten sind unverzüglich zu löschen, wenn sie zur Erreichung des Zwecks nicht mehr erforderlich sind oder schutzwürdige Interessen der Betroffenen einer weiteren Speicherung entgegenstehen.

§ 6c Mobile personenbezogene Speicher- und Verarbeitungsmedien.
(1) Die Stelle, die ein mobiles personenbezogenes Speicher- und Verarbeitungsmedium ausgibt oder ein Verfahren zur automatisierten Verarbeitung personenbezogener Daten, das ganz oder teilweise auf einem solchen Medium abläuft, auf das Medium aufbringt, ändert oder hierzu bereithält, muss den Betroffenen

1. über ihre Identität und Anschrift,
2. in allgemein verständlicher Form über die Funktionsweise des Mediums einschließlich der Art der zu verarbeitenden personenbezogenen Daten,
3. darüber, wie er seine Rechte nach den §§ 19, 20, 34 und 35 ausüben kann, und
4. über die bei Verlust oder Zerstörung des Mediums zu treffenden Maßnahmen

unterrichten, soweit der Betroffene nicht bereits Kenntnis erlangt hat.

(2) Die nach Absatz 1 verpflichtete Stelle hat dafür Sorge zu tragen, dass die zur Wahrnehmung des Auskunftsrechts erforderlichen Geräte oder Einrichtungen in angemessenem Umfang zum unentgeltlichen Gebrauch zur Verfügung stehen.

(3) Kommunikationsvorgänge, die auf dem Medium eine Datenverarbeitung auslösen, müssen für den Betroffenen eindeutig erkennbar sein.

§ 7 Schadensersatz. [1]Fügt eine verantwortliche Stelle dem Betroffenen durch eine nach diesem Gesetz oder nach anderen Vorschriften über den Datenschutz unzulässige oder unrichtige Erhebung, Verarbeitung oder Nutzung seiner personenbezogenen Daten einen Schaden zu, ist sie oder ihr Träger dem Betroffenen zum Schadensersatz verpflichtet. [2]Die Ersatzpflicht entfällt, soweit die verantwortliche Stelle die nach den Umständen des Falles gebotene Sorgfalt beachtet hat.

§ 8 Schadensersatz bei automatisierter Datenverarbeitung durch öffentliche Stellen. (1) Fügt eine verantwortliche öffentliche Stelle dem Betroffenen durch eine nach diesem Gesetz oder nach anderen Vorschriften über den Datenschutz unzulässige oder unrichtige automatisierte Erhebung, Verarbeitung oder Nutzung seiner personenbezogenen Daten einen Schaden zu, ist ihr Träger dem Betroffenen unabhängig von einem Verschulden zum Schadensersatz verpflichtet.

(2) Bei einer schweren Verletzung des Persönlichkeitsrechts ist dem Betroffenen der Schaden, der nicht Vermögensschaden ist, angemessen in Geld zu ersetzen.

(3) [1]Die Ansprüche nach den Absätzen 1 und 2 sind insgesamt auf einen Betrag von 130 000 Euro begrenzt. [2]Ist aufgrund desselben Ereignisses an mehrere Personen Schadensersatz zu leisten, der insgesamt den Höchstbetrag von 130 000 Euro übersteigt, so verringern sich die einzelnen Schadensersatzleistungen in dem Verhältnis, in dem ihr Gesamtbetrag zu dem Höchstbetrag steht.

(4) Sind bei einer automatisierten Verarbeitung mehrere Stellen speicherungsberechtigt und ist der Geschädigte nicht in der Lage, die speichernde Stelle festzustellen, so haftet jede dieser Stellen.

(5) Hat bei der Entstehung des Schadens ein Verschulden des Betroffenen mitgewirkt, gilt § 254 des Bürgerlichen Gesetzbuchs.

(6) Auf die Verjährung finden die für unerlaubte Handlungen geltenden Verjährungsvorschriften des Bürgerlichen Gesetzbuchs entsprechende Anwendung.

§ 9 Technische und organisatorische Maßnahmen. [1]Öffentliche und nicht-öffentliche Stellen, die selbst oder im Auftrag personenbezogene Daten erheben, verarbeiten oder nutzen, haben die technischen und organisatorischen Maßnahmen zu treffen, die erforderlich sind, um die Ausführung der Vorschriften dieses Gesetzes, insbesondere die in der Anlage zu diesem Gesetz genannten Anforderungen, zu gewährleisten. [2]Erforderlich sind Maßnahmen nur, wenn ihr Aufwand in einem angemessenen Verhältnis zu dem angestrebten Schutzzweck steht.

§ 9a Datenschutzaudit. [1]Zur Verbesserung des Datenschutzes und der Datensicherheit können Anbieter von Datenverarbeitungssystemen und -programmen und datenverarbeitende Stellen ihr Datenschutzkonzept sowie ihre technischen Einrichtungen durch unabhängige und zugelassene Gutachter prüfen und bewerten lassen sowie das Ergebnis der Prüfung veröffentlichen. [2]Die näheren Anforderungen an die Prüfung und Bewertung, das Verfahren sowie die Auswahl und Zulassung der Gutachter werden durch besonderes Gesetz geregelt.

§ 10 Einrichtung automatisierter Abrufverfahren. (1) [1]Die Einrichtung eines automatisierten Verfahrens, das die Übermittlung personenbezogener Daten durch Abruf ermöglicht, ist zulässig, soweit dieses Verfahren unter Berücksichtigung der schutzwürdigen Interessen der Betroffenen und der Aufgaben oder Geschäftszwecke der beteiligten Stellen angemessen ist. [2]Die Vorschriften über die Zulässigkeit des einzelnen Abrufs bleiben unberührt.

(2) [1]Die beteiligten Stellen haben zu gewährleisten, dass die Zulässigkeit des Abrufverfahrens kontrolliert werden kann. [2]Hierzu haben sie schriftlich festzulegen:
1. Anlass und Zweck des Abrufverfahrens,
2. Dritte, an die übermittelt wird,
3. Art der zu übermittelnden Daten,
4. nach § 9 erforderliche technische und organisatorische Maßnahmen.

[3]Im öffentlichen Bereich können die erforderlichen Festlegungen auch durch die Fachaufsichtsbehörden getroffen werden.

(3) [1]Über die Einrichtung von Abrufverfahren ist in Fällen, in denen die in § 12 Abs. 1 genannten Stellen beteiligt sind, die oder der Bundesbeauftragte für den Datenschutz und die Informationsfreiheit unter Mitteilung der Festlegungen nach Absatz 2 zu unterrichten. [2]Die Einrichtung von Abrufverfahren, bei denen die in §6 Abs. 2 und in § 19 Abs. 3 genannten Stellen beteiligt sind, ist nur zulässig, wenn das für die speichernde und die abrufende Stelle jeweils zuständige Bundes- oder Landesministerium zugestimmt hat.

(4) [1]Die Verantwortung für die Zulässigkeit des einzelnen Abrufs trägt der Dritte, an den übermittelt wird. [2]Die speichernde Stelle prüft die Zulässigkeit der Abrufe nur, wenn dazu Anlass besteht. [3]Die speichernde Stelle hat zu gewährleisten, dass die Übermittlung personenbezogener Daten zumindest durch geeignete Stichprobenverfahren festgestellt und überprüft werden kann. [4]Wird ein Gesamtbestand personenbezogener Daten abgerufen oder übermittelt (Stapelverarbeitung), so bezieht sich die Gewährleistung der Feststellung und Überprüfung nur auf die Zulässigkeit des Abrufes oder der Übermittlung des Gesamtbestandes.

(5) [1]Die Absätze1 bis 4 gelten nicht für den Abruf allgemein zugänglicher Daten. [2]Allgemein zugänglich sind Daten, die jedermann, sei es ohne oder nach vorheriger Anmeldung, Zulassung oder Entrichtung eines Entgelts, nutzen kann.

§ 11 Erhebung, Verarbeitung oder Nutzung personenbezogener Daten im Auftrag. (1) [1]Werden personenbezogene Daten im Auftrag durch andere Stellen erhoben, verarbeitet oder genutzt, ist der Auftraggeber für die Einhaltung der Vorschriften dieses Gesetzes und anderer Vorschriften über den Datenschutz verantwortlich. [2]Die in den §§ 6, 7 und 8 genannten Rechte sind ihm gegenüber geltend zu machen.

(2) [1]Der Auftragnehmer ist unter besonderer Berücksichtigung der Eignung der von ihm getroffenen technischen und organisatorischen Maßnahmen sorg-

fältig auszuwählen. [2]Der Auftrag ist schriftlich zu erteilen, wobei insbesondere im Einzelnen festzulegen sind:

1. der Gegenstand und die Dauer des Auftrags,
2. der Umfang, die Art und der Zweck der vorgesehenen Erhebung, Verarbeitung oder Nutzung von Daten, die Art der Daten und der Kreis der Betroffenen,
3. die nach § 9 zu treffenden technischen und organisatorischen Maßnahmen,
4. die Berichtigung, Löschung und Sperrung von Daten,
5. die nach Absatz 4 bestehenden Pflichten des Auftragnehmers, insbesondere die von ihm vorzunehmenden Kontrollen,
6. die etwaige Berechtigung zur Begründung von Unterauftragsverhältnissen,
7. die Kontrollrechte des Auftraggebers und die entsprechenden Duldungs- und Mitwirkungspflichten des Auftragnehmers,
8. mitzuteilende Verstöße des Auftragnehmers oder der bei ihm beschäftigten Personen gegen Vorschriften zum Schutz personenbezogener Daten oder gegen die im Auftrag getroffenen Festlegungen,
9. der Umfang der Weisungsbefugnisse, die sich der Auftraggeber gegenüber dem Auftragnehmer vorbehält,
10. die Rückgabe überlassener Datenträger und die Löschung beim Auftragnehmer gespeicherter Daten nach Beendigung des Auftrags.

[3]Er kann bei öffentlichen Stellen auch durch die Fachaufsichtsbehörde erteilt werden. [4]Der Auftraggeber hat sich vor Beginn der Datenverarbeitung und sodann regelmäßig von der Einhaltung der beim Auftragnehmer getroffenen technischen und organisatorischen Maßnahmen zu überzeugen. [5]Das Ergebnis ist zu dokumentieren.

(3) [1]Der Auftragnehmer darf die Daten nur im Rahmen der Weisungen des Auftraggebers erheben, verarbeiten oder nutzen. [2]Ist er der Ansicht, dass eine Weisung des Auftraggebers gegen dieses Gesetz oder andere Vorschriften über den Datenschutz verstößt, hat er den Auftraggeber unverzüglich darauf hinzuweisen.

(4) Für den Auftragnehmer gelten neben den §§ 5, 9, 43 Abs. 1 Nr. 2, 10 und 11, Abs. 2 Nr. 1 bis 3 und Abs. 3 sowie § 44 nur die Vorschriften über die Datenschutzkontrolle oder die Aufsicht, und zwar für

1. a) öffentliche Stellen,
   b) nicht-öffentliche Stellen, bei denen der öffentlichen Hand die Mehrheit der Anteile gehört oder die Mehrheit der Stimmen zusteht und der Auftraggeber eine öffentliche Stelle ist,

   die §§ 18, 24 bis 26 oder die entsprechenden Vorschriften der Datenschutzgesetze der Länder,
2. die übrigen nicht-öffentlichen Stellen, soweit sie personenbezogene Daten im Auftrag als Dienstleistungsunternehmen geschäftsmäßig erheben, verarbeiten oder nutzen, die §§ 4f, 4g und 38.

(5) Die Absätze 1 bis 4 gelten entsprechend, wenn die Prüfung oder Wartung automatisierter Verfahren oder von Datenverarbeitungsanlagen durch andere Stellen im Auftrag vorgenommen wird und dabei ein Zugriff auf personenbezogene Daten nicht ausgeschlossen werden kann.

Datenverarbeitung der öffentlichen Stellen

§ 12 Anwendungsbereich. (1) Die Vorschriften dieses Abschnittes gelten für öffentliche Stellen des Bundes, soweit sie nicht als öffentlich-rechtliche Unternehmen am Wettbewerb teilnehmen.

(2) Soweit der Datenschutz nicht durch Landesgesetz geregelt ist, gelten die §§ 12 bis 16, 19 bis 20 auch für die öffentlichen Stellen der Länder, soweit sie
1. Bundesrecht ausführen und nicht als öffentlich-rechtliche Unternehmen am Wettbewerb teilnehmen oder
2. als Organe der Rechtspflege tätig werden und es sich nicht um Verwaltungsangelegenheiten handelt.

(3) Für Landesbeauftragte für den Datenschutz gilt § 23 Abs. 4 entsprechend.

(4) Werden personenbezogene Daten für frühere, bestehende oder zukünftige Beschäftigungsverhältnisse erhoben, verarbeitet oder genutzt, gelten § 28 Absatz 2 Nummer 2 und die §§ 32 bis 35 anstelle der §§ 13 bis 16 und 19 bis 20.

§ 13 Datenerhebung. (1) Das Erheben personenbezogener Daten ist zulässig, wenn ihre Kenntnis zur Erfüllung der Aufgaben der verantwortlichen Stelle erforderlich ist.

(1a) Werden personenbezogene Daten statt beim Betroffenen bei einer nicht-öffentlichen Stelle erhoben, so ist die Stelle auf die Rechtsvorschrift, die zur Auskunft verpflichtet, sonst auf die Freiwilligkeit ihrer Angaben hinzuweisen.

(2) Das Erheben besonderer Arten personenbezogener Daten (§ 3 Abs. 9) ist nur zulässig, soweit
1. eine Rechtsvorschrift dies vorsieht oder aus Gründen eines wichtigen öffentlichen Interesses zwingend erfordert,
2. der Betroffene nach Maßgabe des § 4a Abs. 3 eingewilligt hat,
3. dies zum Schutz lebenswichtiger Interessen des Betroffenen oder eines Dritten erforderlich ist, sofern der Betroffene aus physischen oder rechtlichen Gründen außerstande ist, seine Einwilligung zu geben,
4. es sich um Daten handelt, die der Betroffene offenkundig öffentlich gemacht hat,
5. dies zur Abwehr einer erheblichen Gefahr für die öffentliche Sicherheit erforderlich ist,
6. dies zur Abwehr erheblicher Nachteile für das Gemeinwohl oder zur Wahrung erheblicher Belange des Gemeinwohls zwingend erforderlich ist,
7. dies zum Zweck der Gesundheitsvorsorge, der medizinischen Diagnostik, der Gesundheitsversorgung oder Behandlung oder für die Verwaltung von Gesundheitsdiensten erforderlich ist und die Verarbeitung dieser Daten durch ärztliches Personal oder durch sonstige Personen erfolgt, die einer entsprechenden Geheimhaltungspflicht unterliegen,
8. dies zur Durchführung wissenschaftlicher Forschung erforderlich ist, das wissenschaftliche Interesse an der Durchführung des Forschungsvorhabens

das Interesse des Betroffenen an dem Ausschluss der Erhebung erheblich überwiegt und der Zweck der Forschung auf andere Weise nicht oder nur mit unverhältnismäßigem Aufwand erreicht werden kann oder
9. dies aus zwingenden Gründen der Verteidigung oder der Erfüllung über- oder zwischenstaatlicher Verpflichtungen einer öffentlichen Stelle des Bundes auf dem Gebiet der Krisenbewältigung oder Konfliktverhinderung oder für humanitäre Maßnahmen erforderlich ist.

§ 14 Datenspeicherung, -veränderung und -nutzung. (1) [1]Das Speichern, Verändern oder Nutzen personenbezogener Daten ist zulässig, wenn es zur Erfüllung der in der Zuständigkeit der verantwortlichen Stelle liegenden Aufgaben erforderlich ist und es für die Zwecke erfolgt, für die die Daten erhoben worden sind. [2]Ist keine Erhebung vorausgegangen, dürfen die Daten nur für die Zwecke geändert oder genutzt werden, für die sie gespeichert worden sind.

(2) Das Speichern, Verändern oder Nutzen für andere Zwecke ist nur zulässig, wenn
1. eine Rechtsvorschrift dies vorsieht oder zwingend voraussetzt,
2. der Betroffene eingewilligt hat,
3. offensichtlich ist, dass es im Interesse des Betroffenen liegt, und kein Grund zu der Annahme besteht, dass er in Kenntnis des anderen Zwecks seine Einwilligung verweigern würde,
4. Angaben des Betroffenen überprüft werden müssen, weil tatsächliche Anhaltspunkte für deren Unrichtigkeit bestehen,
5. die Daten allgemein zugänglich sind oder die verantwortliche Stelle sie veröffentlichen dürfte, es sei denn, dass das schutzwürdige Interesse des Betroffenen an dem Ausschluss der Zweckänderung offensichtlich überwiegt,
6. es zur Abwehr erheblicher Nachteile für das Gemeinwohl oder einer Gefahr für die öffentliche Sicherheit oder zur Wahrung erheblicher Belange des Gemeinwohls erforderlich ist,
7. es zur Verfolgung von Straftaten oder Ordnungswidrigkeiten, zur Vollstreckung oder zum Vollzug von Strafen oder Maßnahmen im Sinne des § 11 Abs. 1 Nr. 8 des Strafgesetzbuchs oder von Erziehungsmaßregeln oder Zuchtmitteln im Sinne des Jugendgerichtsgesetzes oder zur Vollstreckung von Bußgeldentscheidungen erforderlich ist,
8. es zur Abwehr einer schwerwiegenden Beeinträchtigung der Rechte einer anderen Person erforderlich ist oder
9. es zur Durchführung wissenschaftlicher Forschung erforderlich ist, das wissenschaftliche Interesse an der Durchführung des Forschungsvorhabens das Interesse des Betroffenen an dem Ausschluss der Zweckänderung erheblich überwiegt und der Zweck der Forschung auf andere Weise nicht oder nur mit unverhältnismäßigem Aufwand erreicht werden kann.

(3) [1]Eine Verarbeitung oder Nutzung für andere Zwecke liegt nicht vor, wenn sie der Wahrnehmung von Aufsichts- und Kontrollbefugnissen, der Rechnungsprüfung oder der Durchführung von Organisationsuntersuchungen für die verantwortliche Stelle dient. [2]Das gilt auch für die Verarbeitung oder Nutzung

zu Ausbildungs- und Prüfungszwecken durch die verantwortliche Stelle, soweit nicht überwiegende schutzwürdige Interessen des Betroffenen entgegenstehen.

(4) Personenbezogene Daten, die ausschließlich zu Zwecken der Datenschutzkontrolle, der Datensicherung oder zur Sicherstellung eines ordnungsgemäßen Betriebes einer Datenverarbeitungsanlage gespeichert werden, dürfen nur für diese Zwecke verwendet werden.

(5) [1]Das Speichern, Verändern oder Nutzen von besonderen Arten personenbezogener Daten (§ 3 Abs. 9) für andere Zwecke ist nur zulässig, wenn
1. die Voraussetzungen vorliegen, die eine Erhebung nach § 13 Abs. 2 Nr. 1 bis 6 oder 9 zulassen würden oder
2. dies zur Durchführung wissenschaftlicher Forschung erforderlich ist, das öffentliche Interesse an der Durchführung des Forschungsvorhabens das Interesse des Betroffenen an dem Ausschluss der Zweckänderung erheblich überwiegt und der Zweck der Forschung auf andere Weise nicht oder nur mit unverhältnismäßigem Aufwand erreicht werden kann.

[2]Bei der Abwägung nach Satz 1 Nr. 2 ist im Rahmen des öffentlichen Interesses das wissenschaftliche Interesse an dem Forschungsvorhaben besonders zu berücksichtigen.

(6) Die Speicherung, Veränderung oder Nutzung von besonderen Arten personenbezogener Daten (§ 3 Abs. 9) zu den in § 13 Abs. 2 Nr. 7 genannten Zwecken richtet sich nach den für die in § 13 Abs. 2 Nr. 7 genannten Personen geltenden Geheimhaltungspflichten.

§ 15 Datenübermittlung an öffentliche Stellen. (1) Die Übermittlung personenbezogener Daten an öffentliche Stellen ist zulässig, wenn
1. sie zur Erfüllung der in der Zuständigkeit der übermittelnden Stelle oder des Dritten, an den die Daten übermittelt werden, liegenden Aufgaben erforderlich ist und
2. die Voraussetzungen vorliegen, die eine Nutzung nach § 14 zulassen würden.

(2) [1]Die Verantwortung für die Zulässigkeit der Übermittlung trägt die übermittelnde Stelle. [2]Erfolgt die Übermittlung auf Ersuchen des Dritten, an den die Daten übermittelt werden, trägt dieser die Verantwortung. [3]In diesem Falle prüft die übermittelnde Stelle nur, ob das Übermittlungsersuchen im Rahmen der Aufgaben des Dritten, an den die Daten übermittelt werden, liegt, es sei denn, dass besonderer Anlass zur Prüfung der Zulässigkeit der Übermittlung besteht. [4]§ 10 Abs. 4 bleibt unberührt.

(3) [1]Der Dritte, an den die Daten übermittelt werden, darf diese für den Zweck verarbeiten oder nutzen, zu dessen Erfüllung sie ihm übermittelt werden. [2]Eine Verarbeitung oder Nutzung für andere Zwecke ist nur unter den Voraussetzungen des § 14 Abs. 2 zulässig.

(4) Für die Übermittlung personenbezogener Daten an Stellen der öffentlich-rechtlichen Religionsgesellschaften gelten die Absätze 1 bis 3 entsprechend, sofern sichergestellt ist, dass bei diesen ausreichende Datenschutzmaßnahmen getroffen werden.

(5) Sind mit personenbezogenen Daten, die nach Absatz 1 übermittelt werden dürfen, weitere personenbezogene Daten des Betroffenen oder eines Dritten so verbunden, dass eine Trennung nicht oder nur mit unvertretbarem Aufwand möglich ist, so ist die Übermittlung auch dieser Daten zulässig, soweit nicht berechtigte Interessen des Betroffenen oder eines Dritten an deren Geheimhaltung offensichtlich überwiegen; eine Nutzung dieser Daten ist unzulässig.

(6) Absatz 5 gilt entsprechend, wenn personenbezogene Daten innerhalb einer öffentlichen Stelle weitergegeben werden.

§ 16 Datenübermittlung an nicht-öffentliche Stellen. (1) Die Übermittlung personenbezogener Daten an nicht-öffentliche Stellen ist zulässig, wenn
1. sie zur Erfüllung der in der Zuständigkeit der übermittelnden Stelle liegenden Aufgaben erforderlich ist und die Voraussetzungen vorliegen, die eine Nutzung nach § 14 zulassen würden, oder
2. der Dritte, an den die Daten übermittelt werden, ein berechtigtes Interesse an der Kenntnis der zu übermittelnden Daten glaubhaft darlegt und der Betroffene kein schutzwürdiges Interesse an dem Ausschluss der Übermittlung hat. Das Übermitteln von besonderen Arten personenbezogener Daten (§ 3 Abs. 9) ist abweichend von Satz 1 Nr. 2 nur zulässig, wenn die Voraussetzungen vorliegen, die eine Nutzung nach § 14 Abs. 5 und 6 zulassen würden oder soweit dies zur Geltendmachung, Ausübung oder Verteidigung rechtlicher Ansprüche erforderlich ist.

(2) Die Verantwortung für die Zulässigkeit der Übermittlung trägt die übermittelnde Stelle.

(3) [1]In den Fällen der Übermittlung nach Absatz 1 Nr. 2 unterrichtet die übermittelnde Stelle den Betroffenen von der Übermittlung seiner Daten. [2]Dies gilt nicht, wenn damit zu rechnen ist, dass er davon auf andere Weise Kenntnis erlangt oder wenn die Unterrichtung die öffentliche Sicherheit gefährden oder sonst dem Wohle des Bundes oder eines Landes Nachteile bereiten würde.

(4) [1]Der Dritte, an den die Daten übermittelt werden, darf diese nur für den Zweck verarbeiten oder nutzen, zu dessen Erfüllung sie ihm übermittelt werden. [2]Die übermittelnde Stelle hat ihn darauf hinzuweisen. [3]Eine Verarbeitung oder Nutzung für andere Zwecke ist zulässig, wenn eine Übermittlung nach Absatz 1 zulässig wäre und die übermittelnde Stelle zugestimmt hat.

§ 19 Auskunft an den Betroffenen. (1) [1]Dem Betroffenen ist auf Antrag Auskunft zu erteilen über
1. die zu seiner Person gespeicherten Daten, auch soweit sie sich auf die Herkunft dieser Daten beziehen,
2. die Empfänger oder Kategorien von Empfängern, an die die Daten weitergegeben werden, und
3. den Zweck der Speicherung.

[2]In dem Antrag soll die Art der personenbezogenen Daten, über die Auskunft erteilt werden soll, näher bezeichnet werden. [3]Sind die personenbezogenen Da-

ten weder automatisiert noch in nicht automatisierten Dateien gespeichert, wird die Auskunft nur erteilt, soweit der Betroffene Angaben macht, die das Auffinden der Daten ermöglichen, und der für die Erteilung der Auskunft erforderliche Aufwand nicht außer Verhältnis zu dem vom Betroffenen geltend gemachten Informationsinteresse steht. [4]Die verantwortliche Stelle bestimmt das Verfahren, insbesondere die Form der Auskunftserteilung, nach pflichtgemäßem Ermessen.

(2) Absatz 1 gilt nicht für personenbezogene Daten, die nur deshalb gespeichert sind, weil sie aufgrund gesetzlicher, satzungsmäßiger oder vertraglicher Aufbewahrungsvorschriften nicht gelöscht werden dürfen, oder ausschließlich Zwecken der Datensicherung oder der Datenschutzkontrolle dienen und eine Auskunftserteilung einen unverhältnismäßigen Aufwand erfordern würde.

(3) Bezieht sich die Auskunftserteilung auf die Übermittlung personenbezogener Daten an Verfassungsschutzbehörden, den Bundesnachrichtendienst, den Militärischen Abschirmdienst und, soweit die Sicherheit des Bundes berührt wird, andere Behörden des Bundesministeriums der Verteidigung, ist sie nur mit Zustimmung dieser Stellen zulässig.

(4) Die Auskunftserteilung unterbleibt, soweit

1. die Auskunft die ordnungsgemäße Erfüllung der in der Zuständigkeit der verantwortlichen Stelle liegenden Aufgaben gefährden würde,
2. die Auskunft die öffentliche Sicherheit oder Ordnung gefährden oder sonst dem Wohle des Bundes oder eines Landes Nachteile bereiten würde oder
3. die Daten oder die Tatsache ihrer Speicherung nach einer Rechtsvorschrift oder ihrem Wesen nach, insbesondere wegen der überwiegenden berechtigten Interessen eines Dritten, geheimgehalten werden müssen

und deswegen das Interesse des Betroffenen an der Auskunftserteilung zurücktreten muss.

(5) [1]Die Ablehnung der Auskunftserteilung bedarf einer Begründung nicht, soweit durch die Mitteilung der tatsächlichen und rechtlichen Gründe, auf die die Entscheidung gestützt wird, der mit der Auskunftsverweigerung verfolgte Zweck gefährdet würde. [2]In diesem Falle ist der Betroffene darauf hinzuweisen, dass er sich an die Bundesbeauftragte oder den Bundesbeauftragten für den Datenschutz und die Informationsfreiheit wenden kann.

(6) [1]Wird dem Betroffenen keine Auskunft erteilt, so ist sie auf sein Verlangen der oder dem Bundesbeauftragten für den Datenschutz und die Informationsfreiheit zu erteilen, soweit nicht die jeweils zuständige oberste Bundesbehörde im Einzelfall feststellt, dass dadurch die Sicherheit des Bundes oder eines Landes gefährdet würde. [2]Die Mitteilung der oder des Bundesbeauftragten an den Betroffenen darf keine Rückschlüsse auf den Erkenntnisstand der verantwortlichen Stelle zulassen, sofern diese nicht einer weitergehenden Auskunft zustimmt.

(7) Die Auskunft ist unentgeltlich.

§ 19a Benachrichtigung. (1) [1]Werden Daten ohne Kenntnis des Betroffenen erhoben, so ist er von der Speicherung, der Identität der verantwortlichen Stelle sowie über die Zweckbestimmungen der Erhebung, Verarbeitung oder Nutzung zu unterrichten. [2]Der Betroffene ist auch über die Empfänger oder Kategorien von Empfängern von Daten zu unterrichten, soweit er nicht mit der Übermittlung an diese rechnen muss. [3]Sofern eine Übermittlung vorgesehen ist, hat die Unterrichtung spätestens bei der ersten Übermittlung zu erfolgen.

(2) [1]Eine Pflicht zur Benachrichtigung besteht nicht, wenn
1. der Betroffene auf andere Weise Kenntnis von der Speicherung oder der Übermittlung erlangt hat,
2. die Unterrichtung des Betroffenen einen unverhältnismäßigen Aufwand erfordert oder
3. die Speicherung oder Übermittlung der personenbezogenen Daten durch Gesetz ausdrücklich vorgesehen ist.

[2]Die verantwortliche Stelle legt schriftlich fest, unter welchen Voraussetzungen von einer Benachrichtigung nach Nummer 2 oder 3 abgesehen wird.

(3) § 19 Abs. 2 bis 4 gilt entsprechend.

§ 20 Berichtigung, Löschung und Sperrung von Daten; Widerspruchsrecht. (1) [1]Personenbezogene Daten sind zu berichtigen, wenn sie unrichtig sind. [2]Wird festgestellt, dass personenbezogene Daten, die weder automatisiert verarbeitet noch in nicht automatisierten Dateien gespeichert sind, unrichtig sind, oder wird ihre Richtigkeit von dem Betroffenen bestritten, so ist dies in geeigneter Weise festzuhalten.

(2) Personenbezogene Daten, die automatisiert verarbeitet oder in nicht automatisierten Dateien gespeichert sind, sind zu löschen, wenn
1. ihre Speicherung unzulässig ist oder
2. ihre Kenntnis für die verantwortliche Stelle zur Erfüllung der in ihrer Zuständigkeit liegenden Aufgaben nicht mehr erforderlich ist.

(3) An die Stelle einer Löschung tritt eine Sperrung, soweit
1. einer Löschung gesetzliche, satzungsmäßige oder vertragliche Aufbewahrungsfristen entgegenstehen,
2. Grund zu der Annahme besteht, dass durch eine Löschung schutzwürdige Interessen des Betroffenen beeinträchtigt würden, oder
3. eine Löschung wegen der besonderen Art der Speicherung nicht oder nur mit unverhältnismäßig hohem Aufwand möglich ist.

(4) Personenbezogene Daten, die automatisiert verarbeitet oder in nicht automatisierten Dateien gespeichert sind, sind ferner zu sperren, soweit ihre Richtigkeit vom Betroffenen bestritten wird und sich weder die Richtigkeit noch die Unrichtigkeit feststellen lässt.

(5) [1]Personenbezogene Daten dürfen nicht für eine automatisierte Verarbeitung oder Verarbeitung in nicht automatisierten Dateien erhoben, verarbeitet oder genutzt werden, soweit der Betroffene dieser bei der verantwortlichen Stelle widerspricht und eine Prüfung ergibt, dass das schutzwürdige Interesse des Betroffenen wegen seiner besonderen persönlichen Situation das Interesse

der verantwortlichen Stelle an dieser Erhebung, Verarbeitung oder Nutzung überwiegt. [2]Satz 1 gilt nicht, wenn eine Rechtsvorschrift zur Erhebung, Verarbeitung oder Nutzung verpflichtet.

(6) Personenbezogene Daten, die weder automatisiert verarbeitet noch in nicht automatisierten Dateien gespeichert sind, sind zu sperren, wenn die Behörde im Einzelfall feststellt, dass ohne die Sperrung schutzwürdige Interessen des Betroffenen beeinträchtigt würden und die Daten für die Aufgabenerfüllung der Behörde nicht mehr erforderlich sind.

(7) Gesperrte Daten dürfen ohne Einwilligung des Betroffenen nur übermittelt oder genutzt werden, wenn
1. es zu wissenschaftlichen Zwecken, zur Behebung einer bestehenden Beweisnot oder aus sonstigen im überwiegenden Interesse der verantwortlichen Stelle oder eines Dritten liegenden Gründen unerlässlich ist und
2. die Daten hierfür übermittelt oder genutzt werden dürften, wenn sie nicht gesperrt wären.

(8) Von der Berichtigung unrichtiger Daten, der Sperrung bestrittener Daten sowie der Löschung oder Sperrung wegen Unzulässigkeit der Speicherung sind die Stellen zu verständigen, denen im Rahmen einer Datenübermittlung diese Daten zur Speicherung weitergegeben wurden, wenn dies keinen unverhältnismäßigen Aufwand erfordert und schutzwürdige Interessen des Betroffenen nicht entgegenstehen.

§ 21 Anrufung der oder des Bundesbeauftragten für den Datenschutz und die Informationsfreiheit. [1]Jedermann kann sich an die Bundesbeauftragte oder den Bundesbeauftragten für den Datenschutz und die Informationsfreiheit wenden, wenn er der Ansicht ist, bei der Erhebung, Verarbeitung oder Nutzung seiner personenbezogenen Daten durch öffentliche Stellen des Bundes in seinen Rechten verletzt worden zu sein. [2]Für die Erhebung, Verarbeitung oder Nutzung von personenbezogenen Daten durch Gerichte des Bundes gilt dies nur, soweit diese in Verwaltungsangelegenheiten tätig werden.

§ 23 Rechtsstellung der oder des Bundesbeauftragten für den Datenschutz und die Informationsfreiheit. (1) [1]Das Amtsverhältnis der oder des Bundesbeauftragten für den Datenschutz und die Informationsfreiheit beginnt mit der Aushändigung der Ernennungsurkunde. [2]Es endet
1. mit Ablauf der Amtszeit,
2. mit der Entlassung.

[3]Die Bundespräsidentin oder der Bundespräsident entlässt die Bundesbeauftragte oder den Bundesbeauftragten, wenn diese oder dieser es verlangt oder auf Vorschlag der Präsidentin oder des Präsidenten des Bundestages, wenn Gründe vorliegen, die bei einer Richterin auf Lebenszeit oder einem Richter auf Lebenszeit die Entlassung aus dem Dienst rechtfertigen. [4]Im Falle der Beendigung des Amtsverhältnisses erhält die oder der Bundesbeauftragte eine von der Bundespräsidentin oder dem Bundespräsidenten vollzogene Urkunde. [5]Eine Entlassung wird mit der Aushändigung der Urkunde wirksam. [6]Endet

das Amtsverhältnis mit Ablauf der Amtszeit, ist die oder der Bundesbeauftragte verpflichtet, auf Ersuchen der Präsidentin oder des Präsidenten des Bundestages die Geschäfte bis zur Ernennung einer Nachfolgerin oder eines Nachfolgers weiterzuführen.

(2) [1]Die oder der Bundesbeauftragte darf neben ihrem oder seinem Amt kein anderes besoldetes Amt, kein Gewerbe und keinen Beruf ausüben und weder der Leitung oder dem Aufsichtsrat oder Verwaltungsrat eines auf Erwerb gerichteten Unternehmens noch einer Regierung oder einer gesetzgebenden Körperschaft des Bundes oder eines Landes angehören. [2]Sie oder er darf nicht gegen Entgelt außergerichtliche Gutachten abgeben.

(3) [1]Die oder der Bundesbeauftragte hat der Präsidentin oder dem Präsidenten des Bundestages Mitteilung über Geschenke zu machen, die sie oder er in Bezug auf das Amt erhält. [2]Die Präsidentin oder der Präsident des Bundestages entscheidet über die Verwendung der Geschenke. [3]Sie oder er kann Verfahrensvorschriften erlassen.

(4) [1]Die oder der Bundesbeauftragte ist berechtigt, über Personen, die ihr oder ihm in ihrer oder seiner Eigenschaft als Bundesbeauftragte oder Bundesbeauftragter Tatsachen anvertraut haben, sowie über diese Tatsachen selbst das Zeugnis zu verweigern. [2]Dies gilt auch für die Mitarbeiterinnen und Mitarbeiter der oder des Bundesbeauftragten mit der Maßgabe, dass über die Ausübung dieses Rechts die oder der Bundesbeauftragte entscheidet. [3]Soweit das Zeugnisverweigerungsrecht der oder des Bundesbeauftragten reicht, darf die Vorlegung oder Auslieferung von Akten oder anderen Schriftstücken von ihr oder ihm nicht gefordert werden.

(5) [1]Die oder der Bundesbeauftragte ist, auch nach Beendigung ihres oder seines Amtsverhältnisses, verpflichtet, über die ihr oder ihm amtlich bekanntgewordenen Angelegenheiten Verschwiegenheit zu bewahren. [2]Dies gilt nicht für Mitteilungen im dienstlichen Verkehr oder über Tatsachen, die offenkundig sind oder ihrer Bedeutung nach keiner Geheimhaltung bedürfen. [3]Die oder der Bundesbeauftragte entscheidet nach pflichtgemäßem Ermessen, ob und inwieweit sie oder er über solche Angelegenheiten vor Gericht oder außergerichtlich aussagt oder Erklärungen abgibt; wenn sie oder er nicht mehr im Amt ist, ist die Genehmigung der oder des amtierenden Bundesbeauftragten erforderlich. [4]Unberührt bleibt die gesetzlich begründete Pflicht, Straftaten anzuzeigen und bei Gefährdung der freiheitlichen demokratischen Grundordnung für deren Erhaltung einzutreten. [5]Für die Bundesbeauftragte oder den Bundesbeauftragten und ihre oder seine Mitarbeiterinnen und Mitarbeiter gelten die §§ 93, 97, 105 Abs. 1, § 111 Abs. 5 in Verbindung mit § 105 Abs. 1 sowie § 116 Abs. 1 der Abgabenordnung nicht. [6]Satz 5 findet keine Anwendung, soweit die Finanzbehörden die Kenntnis für die Durchführung eines Verfahrens wegen einer Steuerstraftat sowie eines damit zusammenhängenden Steuerverfahrens benötigen, an deren Verfolgung ein zwingendes öffentliches Interesse besteht, oder soweit es sich um vorsätzlich falsche Angaben der oder des Auskunftspflichtigen oder der für sie oder für ihn tätigen Personen handelt. [7]Stellt die oder der Bundesbe-

auftragte einen Datenschutzverstoß fest, ist sie oder er befugt, diesen anzuzeigen und den Betroffenen hierüber zu informieren.

(6) [1]Die oder der Bundesbeauftragte darf als Zeugin oder Zeuge aussagen, es sei denn, die Aussage würde

1. dem Wohle des Bundes oder eines deutschen Landes Nachteile bereiten, insbesondere Nachteile für die Sicherheit der Bundesrepublik Deutschland oder ihre Beziehungen zu anderen Staaten, oder
2. Grundrechte verletzen.

[2]Betrifft die Aussage laufende oder abgeschlossene Vorgänge, die dem Kernbereich exekutiver Eigenverantwortung der Bundesregierung zuzurechnen sind oder sein könnten, darf die oder der Bundesbeauftragte nur im Benehmen mit der Bundesregierung aussagen. 3§ 28 des Bundesverfassungsgerichtsgesetzes bleibt unberührt.

(7) [1]Die oder der Bundesbeauftragte erhält vom Beginn des Kalendermonats an, in dem das Amtsverhältnis beginnt, bis zum Schluss des Kalendermonats, in dem das Amtsverhältnis endet, im Falle des Absatzes 1 Satz 6 bis zum Ende des Monats, in dem die Geschäftsführung endet, Amtsbezüge in Höhe der Besoldungsgruppe B 11 sowie den Familienzuschlag entsprechend Anlage V des Bundesbesoldungsgesetzes. [2]Das Bundesreisekostengesetz und das Bundesumzugskostengesetz sind entsprechend anzuwenden· [3]Im Übrigen sind § 12 Abs. 6 sowie die §§ 13 bis 20 und 21a Abs. 5 des Bundesministergesetzes mit den Maßgaben anzuwenden, dass an die Stelle der vierjährigen Amtszeit in § 15 Abs. 1 des Bundesministergesetzes eine Amtszeit von fünf Jahren tritt. [4] Abweichend von Satz 3 in Verbindung mit den §§ 15 bis 17 und 21a Abs. 5 des Bundesministergesetzes berechnet sich das Ruhegehalt der oder des Bundesbeauftragten unter Hinzurechnung der Amtszeit als ruhegehaltsfähige Dienstzeit in entsprechender Anwendung des Beamtenversorgungsgesetzes, wenn dies günstiger ist und die oder der Bundesbeauftragte sich unmittelbar vor ihrer oder seiner Wahl zur oder zum Bundesbeauftragten als Beamtin oder Beamter oder als Richterin oder Richter mindestens in dem letzten gewöhnlich vor Erreichen der Besoldungsgruppe B 11 zu durchlaufenden Amt befunden hat.

(8) Absatz 5 Satz 5 bis 7 gilt entsprechend für die öffentlichen Stellen, die für die Kontrolle der Einhaltung der Vorschriften über den Datenschutz in den Ländern zuständig sind.

§ 26 Weitere Aufgaben der oder des Bundesbeauftragten für den Datenschutz und die Informationsfreiheit. (1) [1]Die oder der Bundesbeauftragte für den Datenschutz und die Informationsfreiheit erstattet dem Deutschen Bundestag alle zwei Jahre einen Tätigkeitsbericht. [2]Sie oder er unterrichtet den Deutschen Bundestag und die Öffentlichkeit über wesentliche Entwicklungen des Datenschutzes.

(2) [1]Auf Anforderung des Deutschen Bundestages oder der Bundesregierung hat die oder der Bundesbeauftragte Gutachten zu erstellen und Berichte zu

erstatten. [2]Auf Ersuchen des Deutschen Bundestages, des Petitionsausschusses, des Innenausschusses oder der Bundesregierung geht die oder der Bundesbeauftragte ferner Hinweisen auf Angelegenheiten und Vorgänge des Datenschutzes bei den öffentlichen Stellen des Bundes nach. [3]Die oder der Bundesbeauftragte kann sich jederzeit an den Deutschen Bundestag wenden.

(3) [1]Die oder der Bundesbeauftragte kann der Bundesregierung und den in § 12 Abs. 1 genannten Stellen des Bundes Empfehlungen zur Verbesserung des Datenschutzes geben und sie in Fragen des Datenschutzes beraten. [2]Die in § 25 Abs. 1 Nr. 1 bis 4 genannten Stellen sind durch die oder den Bundesbeauftragten zu unterrichten, wenn die Empfehlung oder Beratung sie nicht unmittelbar betrifft.

(4) [1]Die oder der Bundesbeauftragte wirkt auf die Zusammenarbeit mit den öffentlichen Stellen, die für die Kontrolle der Einhaltung der Vorschriften über den Datenschutz in den Ländern zuständig sind, sowie mit den Aufsichtsbehörden nach § 38 hin. [2]§ 38 Abs. 1 Satz 3 und 4 gilt entsprechend.

Datenverarbeitung nicht-öffentlicher Stellen und öffentlich-rechtlicher Wettbewerbsunternehmen

§ 27 Anwendungsbereich. (1) [1]Die Vorschriften dieses Abschnittes finden Anwendung, soweit personenbezogene Daten unter Einsatz von Datenverarbeitungsanlagen verarbeitet, genutzt oder dafür erhoben werden oder die Daten in oder aus nicht automatisierten Dateien verarbeitet, genutzt oder dafür erhoben werden durch

1. nicht-öffentliche Stellen,
2. a) öffentliche Stellen des Bundes, soweit sie als öffentlich-rechtliche Unternehmen am Wettbewerb teilnehmen,
   b) öffentliche Stellen der Länder, soweit sie als öffentlich-rechtliche Unternehmen am Wettbewerb teilnehmen, Bundesrecht ausführen und der Datenschutz nicht durch Landesgesetz geregelt ist.

[2]Dies gilt nicht, wenn die Erhebung, Verarbeitung oder Nutzung der Daten ausschließlich für persönliche oder familiäre Tätigkeiten erfolgt. [3]In den Fällen der Nummer 2 Buchstabe a gelten anstelle des § 38 die §§ 18, 21 und 24 bis 26.

(2) Die Vorschriften dieses Abschnittes gelten nicht für die Verarbeitung und Nutzung personenbezogener Daten außerhalb von nicht automatisierten Dateien, soweit es sich nicht um personenbezogene Daten handelt, die offensichtlich aus einer automatisierten Verarbeitung entnommen worden sind.

§ 28 Datenerhebung, -verarbeitung und -nutzung für eigene Geschäftszwecke. (1) [1]Das Erheben, Speichern, Verändern oder Übermitteln personenbezogener Daten oder ihre Nutzung als Mittel für die Erfüllung eigener Geschäftszwecke ist zulässig

1. wenn es für die Begründung, Durchführung oder Beendigung eines rechtsgeschäftlichen oder rechtsgeschäftsähnlichen Schuldverhältnisses mit dem Betroffenen erforderlich ist,
2. soweit es zur Wahrung berechtigter Interessen der verantwortlichen Stelle erforderlich ist und kein Grund zu der Annahme besteht, dass das schutzwürdige Interesse des Betroffenen an dem Ausschluss der Verarbeitung oder Nutzung überwiegt, oder
3. wenn die Daten allgemein zugänglich sind oder die verantwortliche Stelle sie veröffentlichen dürfte, es sei denn, dass das schutzwürdige Interesse des Betroffenen an dem Ausschluss der Verarbeitung oder Nutzung gegenüber dem berechtigten Interesse der verantwortlichen Stelle offensichtlich überwiegt.

[2]Bei der Erhebung personenbezogener Daten sind die Zwecke, für die die Daten verarbeitet oder genutzt werden sollen, konkret festzulegen.

(2) Die Übermittlung oder Nutzung für einen anderen Zweck ist zulässig
1. unter den Voraussetzungen des Absatzes 1 Satz 1 Nummer 2 oder Nummer 3,
2. soweit es erforderlich ist,
   a) zur Wahrung berechtigter Interessen eines Dritten oder
   b) zur Abwehr von Gefahren für die staatliche oder öffentliche Sicherheit oder zur Verfolgung von Straftaten und kein Grund zu der Annahme besteht, dass der Betroffene ein schutzwürdiges Interesse an dem Ausschluss der Übermittlung oder Nutzung hat, oder
3. wenn es im Interesse einer Forschungseinrichtung zur Durchführung wissenschaftlicher Forschung erforderlich ist, das wissenschaftliche Interesse an der Durchführung des Forschungsvorhabens das Interesse des Betroffenen an dem Ausschluss der Zweckänderung erheblich überwiegt und der Zweck der Forschung auf andere Weise nicht oder nur mit unverhältnismäßigem Aufwand erreicht werden kann.

(3) [1]Die Verarbeitung oder Nutzung personenbezogener Daten für Zwecke des Adresshandels oder der Werbung ist zulässig, soweit der Betroffene eingewilligt hat und im Falle einer nicht schriftlich erteilten Einwilligung die verantwortliche Stelle nach Absatz 3a verfährt. [2]Darüber hinaus ist die Verarbeitung oder Nutzung personenbezogener Daten zulässig, soweit es sich um listenmäßig oder sonst zusammengefasste Daten über Angehörige einer Personengruppe handelt, die sich auf die Zugehörigkeit des Betroffenen zu dieser Personengruppe, seine Berufs-, Branchen- oder Geschäftsbezeichnung, seinen Namen, Titel, akademischen Grad, seine Anschrift und sein Geburtsjahr beschränken, und die Verarbeitung oder Nutzung erforderlich ist
1. für Zwecke der Werbung für eigene Angebote der verantwortlichen Stelle, die diese Daten mit Ausnahme der Angaben zur Gruppenzugehörigkeit beim Betroffenen nach Absatz 1 Satz 1 Nummer 1 oder aus allgemein zugänglichen Adress-, Rufnummern-, Branchen oder vergleichbaren Verzeichnissen erhoben hat,
2. für Zwecke der Werbung im Hinblick auf die berufliche Tätigkeit des Betroffenen und unter seiner beruflichen Anschrift oder

3. für Zwecke der Werbung für Spenden, die nach § 10b Absatz 1 und § 34g des Einkommensteuergesetzes steuerbegünstigt sind.

[3]Für Zwecke nach Satz 2 Nummer 1 darf die verantwortliche Stelle zu den dort genannten Daten weitere Daten hinzuspeichern. [4]Zusammengefasste personenbezogene Daten nach Satz 2 dürfen auch dann für Zwecke der Werbung übermittelt werden, wenn die Übermittlung nach Maßgabe des § 34 Absatz 1a Satz 1 gespeichert wird; in diesem Fall muss die Stelle, die die Daten erstmalig erhoben hat, aus der Werbung eindeutig hervorgehen. [5]Unabhängig vom Vorliegen der Voraussetzungen des Satzes 2 dürfen personenbezogene Daten für Zwecke der Werbung für fremde Angebote genutzt werden, wenn für den Betroffenen bei der Ansprache zum Zwecke der Werbung die für die Nutzung der Daten verantwortliche Stelle eindeutig erkennbar ist. [6]Eine Verarbeitung oder Nutzung nach den Sätzen 2 bis 4 ist nur zulässig, soweit schutzwürdige Interessen des Betroffenen nicht entgegenstehen. [7]Nach den Sätzen 1, 2 und 4 übermittelte Daten dürfen nur für den Zweck verarbeitet oder genutzt werden, für den sie übermittelt worden sind.

(3a) [1]Wird die Einwilligung nach § 4a Absatz 1 Satz 3 in anderer Form als der Schriftform erteilt, hat die verantwortliche Stelle dem Betroffenen den Inhalt der Einwilligung schriftlich zu bestätigen, es sei denn, dass die Einwilligung elektronisch erklärt wird und die verantwortliche Stelle sicherstellt, dass die Einwilligung protokolliert wird und der Betroffene deren Inhalt jederzeit abrufen und die Einwilligung jederzeit mit Wirkung für die Zukunft widerrufen kann. [2]Soll die Einwilligung zusammen mit anderen Erklärungen schriftlich erteilt werden, ist sie in drucktechnisch deutlicher Gestaltung besonders hervorzuheben.

(3b) [1]Die verantwortliche Stelle darf den Abschluss eines Vertrags nicht von einer Einwilligung des Betroffenen nach Absatz 3 Satz 1 abhängig machen, wenn dem Betroffenen ein anderer Zugang zu gleichwertigen vertraglichen Leistungen ohne die Einwilligung nicht oder nicht in zumutbarer Weise möglich ist. [2]Eine unter solchen Umständen erteilte Einwilligung ist unwirksam.

(4) [1]Widerspricht der Betroffene bei der verantwortlichen Stelle der Verarbeitung oder Nutzung seiner Daten für Zwecke der Werbung oder der Markt- oder Meinungsforschung, ist eine Verarbeitung oder Nutzung für diese Zwecke unzulässig. [2]Der Betroffene ist bei der Ansprache zum Zweck der Werbung oder der Markt- oder Meinungsforschung und in den Fällen des Absatzes 1 Satz 1 Nummer 1 auch bei Begründung des rechtsgeschäftlichen oder rechtsgeschäftsähnlichen Schuldverhältnisses über die verantwortliche Stelle sowie über das Widerspruchsrecht nach Satz 1 zu unterrichten; soweit der Ansprechende personenbezogene Daten des Betroffenen nutzt, die bei einer ihm nicht bekannten Stelle gespeichert sind, hat er auch sicherzustellen, dass der Betroffene Kenntnis über die Herkunft der Daten erhalten kann. [3]Widerspricht der Betroffene bei dem Dritten, dem die Daten im Rahmen der Zwecke nach Absatz 3 übermittelt, der Verarbeitung oder Nutzung für Zwecke der Werbung oder der Markt- oder Meinungsforschung, hat dieser die Daten für diese Zwecke zu

sperren. [4]In den Fällen des Absatzes 1 Satz 1 Nummer 1 darf für den Widerspruch keine strengere Form verlangt werden als für die Begründung des rechtsgeschäftlichen oder rechtsgeschäftsähnlichen Schuldverhältnisses.

(5) [1]Der Dritte, dem die Daten übermittelt worden sind, darf diese nur für den Zweck verarbeiten oder nutzen, zu dessen Erfüllung sie ihm übermittelt werden. [2]Eine Verarbeitung oder Nutzung für andere Zwecke ist nicht-öffentlichen Stellen nur unter den Voraussetzungen der Absätze 2 und 3 und öffentlichen Stellen nur unter den Voraussetzungen des § 14 Abs. 2 erlaubt. [3]Die übermittelnde Stelle hat ihn darauf hinzuweisen.

(6) Das Erheben, Verarbeiten und Nutzen von besonderen Arten personenbezogener Daten (§ 3 Abs. 9) für eigene Geschäftszwecke ist zulässig, soweit nicht der Betroffene nach Maßgabe des § 4a Abs. 3 eingewilligt hat, wenn

1. dies zum Schutz lebenswichtiger Interessen des Betroffenen oder eines Dritten erforderlich ist, sofern der Betroffene aus physischen oder rechtlichen Gründen außerstande ist, seine Einwilligung zu geben,
2. es sich um Daten handelt, die der Betroffene offenkundig öffentlich gemacht hat,
3. dies zur Geltendmachung, Ausübung oder Verteidigung rechtlicher Ansprüche erforderlich ist und kein Grund zu der Annahme besteht, dass das schutzwürdige Interesse des Betroffenen an dem Ausschluss der Erhebung, Verarbeitung oder Nutzung überwiegt, oder
4. dies zur Durchführung wissenschaftlicher Forschung erforderlich ist, das wissenschaftliche Interesse an der Durchführung des Forschungsvorhabens das Interesse des Betroffenen an dem Ausschluss der Erhebung, Verarbeitung und Nutzung erheblich überwiegt und der Zweck der Forschung auf andere Weise nicht oder nur mit unverhältnismäßigem Aufwand erreicht werden kann.

(7) [1]Das Erheben von besonderen Arten personenbezogener Daten (§ 3 Abs. 9) ist ferner zulässig, wenn dies zum Zweck der Gesundheitsvorsorge, der medizinischen Diagnostik, der Gesundheitsversorgung oder Behandlung oder für die Verwaltung von Gesundheitsdiensten erforderlich ist und die Verarbeitung dieser Daten durch ärztliches Personal oder durch sonstige Personen erfolgt, die einer entsprechenden Geheimhaltungspflicht unterliegen. [2]Die Verarbeitung und Nutzung von Daten zu den in Satz 1 genannten Zwecken richtet sich nach den für die in Satz 1 genannten Personen geltenden Geheimhaltungspflichten. [3]Werden zu einem in Satz 1 genannten Zweck Daten über die Gesundheit von Personen durch Angehörige eines anderen als in § 203 Absatz 1 und 4 des Strafgesetzbuchs genannten Berufes, dessen Ausübung die Feststellung, Heilung oder Linderung von Krankheiten oder die Herstellung oder den Vertrieb von Hilfsmitteln mit sich bringt, erhoben, verarbeitet oder genutzt, ist dies nur unter den Voraussetzungen zulässig, unter denen ein Arzt selbst hierzu befugt wäre.

(8) [1]Für einen anderen Zweck dürfen die besonderen Arten personenbezogener Daten (§ 3 Abs. 9) nur unter den Voraussetzungen des Absatzes 6 Nr. 1

bis 4 oder des Absatzes 7 Satz 1 übermittelt oder genutzt werden. [2]Eine Übermittlung oder Nutzung ist auch zulässig, wenn dies zur Abwehr von erheblichen Gefahren für die staatliche und öffentliche Sicherheit sowie zur Verfolgung von Straftaten von erheblicher Bedeutung erforderlich ist.

(9) [1]Organisationen, die politisch, philosophisch, religiös oder gewerkschaftlich ausgerichtet sind und keinen Erwerbszweck verfolgen, dürfen besondere Arten personenbezogener Daten (§ 3 Abs. 9) erheben, verarbeiten oder nutzen, soweit dies für die Tätigkeit der Organisation erforderlich ist. [2]Dies gilt nur für personenbezogene Daten ihrer Mitglieder oder von Personen, die im Zusammenhang mit deren Tätigkeitszweck regelmäßig Kontakte mit ihr unterhalten. [3]Die Übermittlung dieser personenbezogenen Daten an Personen oder Stellen außerhalb der Organisation ist nur unter den Voraussetzungen des § 4a Abs. 3 zulässig. [4]Absatz 2 Nummer 2 Buchstabe b gilt entsprechend.

§ 28a Datenübermittlung an Auskunfteien. (1) [1]Die Übermittlung personenbezogener Daten über eine Forderung an Auskunfteien ist nur zulässig, soweit die geschuldete Leistung trotz Fälligkeit nicht erbracht worden ist, die Übermittlung zur Wahrung berechtigter Interessen der verantwortlichen Stelle oder eines Dritten erforderlich ist und

1. die Forderung durch ein rechtskräftiges oder für vorläufig vollstreckbar erklärtes Urteil festgestellt worden ist oder ein Schuldtitel nach § 794 der Zivilprozessordnung vorliegt,
2. die Forderung nach § 178 der Insolvenzordnung festgestellt und nicht vom Schuldner im Prüfungstermin bestritten worden ist,
3. der Betroffene die Forderung ausdrücklich anerkannt hat,
4. a) der Betroffene nach Eintritt der Fälligkeit der Forderung mindestens zweimal schriftlich gemahnt worden ist,
   b) zwischen der ersten Mahnung und der Übermittlung mindestens vier Wochen liegen,
   c) die verantwortliche Stelle den Betroffenen rechtzeitig vor der Übermittlung der Angaben, jedoch frühestens bei der ersten Mahnung über die bevorstehende Übermittlung unterrichtet hat und
   d) der Betroffene die Forderung nicht bestritten hat oder
5. das der Forderung zugrunde liegende Vertragsverhältnis aufgrund von Zahlungsrückständen fristlos gekündigt werden kann und die verantwortliche Stelle den Betroffenen über die bevorstehende Übermittlung unterrichtet hat.

[2]Satz 1 gilt entsprechend, wenn die verantwortliche Stelle selbst die Daten nach § 29 verwendet.

(2) [1]Zur zukünftigen Übermittlung nach § 29 Abs. 2 dürfen Kreditinstitute personenbezogene Daten über die Begründung, ordnungsgemäße Durchführung und Beendigung eines Vertragsverhältnisses betreffend ein Bankgeschäft nach § 1 Abs. 1 Satz 2 Nr. 2, 8 oder Nr. 9 des Kreditwesengesetzes an Auskunfteien übermitteln, es sei denn, dass das schutzwürdige Interesse des Betroffenen an dem Ausschluss der Übermittlung gegenüber dem Interesse der Auskunftei an der Kenntnis der Daten offensichtlich überwiegt. [2]Der Betroffene ist vor Ab-

schluss des Vertrages hierüber zu unterrichten. [3]Satz 1 gilt nicht für Giroverträge, die die Einrichtung eines Kontos ohne Überziehungsmöglichkeit zum Gegenstand haben. [4]Zur zukünftigen Übermittlung nach § 29 Abs. 2 ist die Übermittlung von Daten über Verhaltensweisen des Betroffenen, die im Rahmen eines vorvertraglichen Vertrauensverhältnisses der Herstellung von Markttransparenz dienen, an Auskunfteien auch mit Einwilligung des Betroffenen unzulässig.

(3) [1]Nachträgliche Änderungen der einer Übermittlung nach Absatz 1 oder Absatz 2 zugrunde liegenden Tatsachen hat die verantwortliche Stelle der Auskunftei innerhalb von einem Monat nach Kenntniserlangung mitzuteilen, solange die ursprünglich übermittelten Daten bei der Auskunftei gespeichert sind. [2]Die Auskunftei hat die übermittelnde Stelle über die Löschung der ursprünglich übermittelten Daten zu unterrichten.

§ 28b Scoring. Zum Zweck der Entscheidung über die Begründung, Durchführung oder Beendigung eines Vertragsverhältnisses mit dem Betroffenen darf ein Wahrscheinlichkeitswert für ein bestimmtes zukünftiges Verhalten des Betroffenen erhoben oder verwendet werden, wenn

1. die zur Berechnung des Wahrscheinlichkeitswerts genutzten Daten unter Zugrundelegung eines wissenschaftlich anerkannten mathematisch – statistischen Verfahrens nachweisbar für die Berechnung der Wahrscheinlichkeit des bestimmten Verhaltens erheblich sind,
2. im Fall der Berechnung des Wahrscheinlichkeitswerts durch eine Auskunftei die Voraussetzungen für eine Übermittlung der genutzten Daten nach § 29 und in allen anderen Fällen die Voraussetzungen einer zulässigen Nutzung der Daten nach § 28 vorliegen,
3. für die Berechnung des Wahrscheinlichkeitswerts nicht ausschließlich Anschriftendaten genutzt werden,
4. im Fall der Nutzung von Anschriftendaten der Betroffene vor Berechnung des Wahrscheinlichkeitswerts über die vorgesehene Nutzung dieser Daten unterrichtet worden ist; die Unterrichtung ist zu dokumentieren.

§ 29 Geschäftsmäßige Datenerhebung und -speicherung zum Zweck der Übermittlung. (1) [1]Das geschäftsmäßige Erheben, Speichern oder Verändern personenbezogener Daten zum Zweck der Übermittlung, insbesondere wenn dies der Werbung, der Tätigkeit von Auskunfteien oder dem Adresshandel dient, ist zulässig, wenn

1. kein Grund zu der Annahme besteht, dass der Betroffene ein schutzwürdiges Interesse an dem Ausschluss der Erhebung, Speicherung oder Veränderung hat, oder
2. die Daten aus allgemein zugänglichen Quellen entnommen werden können oder die verantwortliche Stelle sie veröffentlichen dürfte, es sei denn, dass das schutzwürdige Interesse des Betroffenen an dem Ausschluss der Erhebung, Speicherung oder Veränderung offensichtlich überwiegt.

3. die Voraussetzungen des § 28a Abs. 1 oder Abs. 2 erfüllt sind; Daten im Sinne von § 28a Abs. 2 Satz 4 dürfen nicht erhoben oder gespeichert werden.

[2]§ 28 Abs. 1 Satz 2 und Absatz 3 bis 3b ist anzuwenden.

(2) [1]Die Übermittlung im Rahmen der Zwecke nach Absatz 1 ist zulässig, wenn

1. a) der Dritte, dem die Daten übermittelt werden, ein berechtigtes Interesse an ihrer Kenntnis glaubhaft dargelegt hat oder
   b) es sich um listenmäßig oder sonst zusammengefasste Daten nach § 28 Abs. 3 Nr. 3 handelt, die für Zwecke der Werbung oder der Markt- oder Meinungsforschung übermittelt werden sollen, und
2. kein Grund zu der Annahme besteht, dass der Betroffene ein schutzwürdiges Interesse an dem Ausschluss der Übermittlung hat.

[2]§ 28 Abs. 3 Satz 2 gilt entsprechend. [3]Bei der Übermittlung nach Nummer 1 Buchstabe a sind die Gründe für das Vorliegen eines berechtigten Interesses und die Art und Weise ihrer glaubhaften Darlegung von der übermittelnden Stelle aufzuzeichnen. [4]Bei der Übermittlung im automatisierten Abrufverfahren obliegt die Aufzeichnungspflicht dem Dritten, dem die Daten übermittelt werden.

(3) [1]Die Aufnahme personenbezogener Daten in elektronische oder gedruckte Adress-, Telefon-, Branchen- oder vergleichbare Verzeichnisse hat zu unterbleiben, wenn der entgegenstehende Wille des Betroffenen aus dem zugrunde liegenden elektronischen oder gedruckten Verzeichnis oder Register ersichtlich ist. [2]Der Empfänger der Daten hat sicherzustellen, dass Kennzeichnungen aus elektronischen oder gedruckten Verzeichnissen oder Registern bei der Übernahme in Verzeichnisse oder Register übernommen werden.

(4) Für die Verarbeitung oder Nutzung der übermittelten Daten gilt § 28 Abs. 4 und 5.

(5) § 28 Abs. 6 bis 9 gilt entsprechend.

§ 30 Geschäftsmäßige Datenerhebung und -speicherung zum Zweck der Übermittlung in anonymisierter Form. (1) [1]Werden personenbezogene Daten geschäftsmäßig erhoben und gespeichert, um sie in anonymisierter Form zu übermitteln, sind die Merkmale gesondert zu speichern, mit denen Einzelangaben über persönliche oder sachliche Verhältnisse einer bestimmten oder bestimmbaren natürlichen Person zugeordnet werden können. [2]Diese Merkmale dürfen mit den Einzelangaben nur zusammengeführt werden, soweit dies für die Erfüllung des Zwecks der Speicherung oder zu wissenschaftlichen Zwecken erforderlich ist.

(2) Die Veränderung personenbezogener Daten ist zulässig, wenn

1. kein Grund zu der Annahme besteht, dass der Betroffene ein schutzwürdiges Interesse an dem Ausschluss der Veränderung hat, oder
2. die Daten aus allgemein zugänglichen Quellen entnommen werden können oder die verantwortliche Stelle sie veröffentlichen dürfte, soweit nicht das schutzwürdige Interesse des Betroffenen an dem Ausschluss der Veränderung offensichtlich überwiegt.

(3) Die personenbezogenen Daten sind zu löschen, wenn ihre Speicherung unzulässig ist.

(4) § 29 gilt nicht.

(5) § 28 Abs. 6 bis 9 gilt entsprechend.

§ 30a Geschäftsmäßige Datenerhebung und -speicherung für Zwecke der Markt- oder Meinungsforschung. (1) 1Das geschäftsmäßige Erheben, Verarbeiten oder Nutzen personenbezogener Daten für Zwecke der Markt- oder Meinungsforschung ist zulässig, wenn

1. kein Grund zu der Annahme besteht, dass der Betroffene ein schutzwürdiges Interesse an dem Ausschluss der Erhebung, Verarbeitung oder Nutzung hat, oder
2. die Daten aus allgemein zugänglichen Quellen entnommen werden können oder die verantwortliche Stelle sie veröffentlichen dürfte und das schutzwürdige Interesse des Betroffenen an dem Ausschluss der Erhebung, Verarbeitung oder Nutzung gegenüber dem Interesse der verantwortlichen Stelle nicht offensichtlich überwiegt.

[2]Besondere Arten personenbezogener Daten (§ 3 Absatz 9) dürfen nur für ein bestimmtes Forschungsvorhaben erhoben, verarbeitet oder genutzt werden.

(2) [1]Für Zwecke der Markt- oder Meinungsforschung erhobene oder gespeicherte personenbezogene Daten dürfen nur für diese Zwecke verarbeitet oder genutzt werden. [2]Daten, die nicht aus allgemein zugänglichen Quellen entnommen worden sind und die die verantwortliche Stelle auch nicht veröffentlichen darf, dürfen nur für das Forschungsvorhaben verarbeitet oder genutzt werden, für das sie erhoben worden sind. [3]Für einen anderen Zweck dürfen sie nur verarbeitet oder genutzt werden, wenn sie zuvor so anonymisiert werden, dass ein Personenbezug nicht mehr hergestellt werden kann.

(3) [1]Die personenbezogenen Daten sind zu anonymisieren, sobald dies nach dem Zweck des Forschungsvorhabens, für das die Daten erhoben worden sind, möglich ist. [2]Bis dahin sind die Merkmale gesondert zu speichern, mit denen Einzelangaben über persönliche oder sachliche Verhältnisse einer bestimmten oder bestimmbaren Person zugeordnet werden können. [3]Diese Merkmale dürfen mit den Einzelangaben nur zusammengeführt werden, soweit dies nach dem Zweck des Forschungsvorhabens erforderlich ist.

(4) § 29 gilt nicht.

(5) § 28 Absatz 4 und 6 bis 9 gilt entsprechend.

§ 32 Datenerhebung, -verarbeitung und -nutzung für Zwecke des Beschäftigungsverhältnisses. (1) [1]Personenbezogene Daten eines Beschäftigten dürfen für Zwecke des Beschäftigungsverhältnisses erhoben, verarbeitet oder genutzt werden, wenn dies für die Entscheidung über die Begründung eines Beschäftigungsverhältnisses oder nach Begründung des Beschäftigungsverhältnisses für dessen Durchführung oder Beendigung erforderlich ist. [2]Zur Aufdeckung von Straftaten dürfen personenbezogene Daten eines Beschäftigten nur dann erhoben, verarbeitet oder genutzt werden, wenn zu dokumentierende tatsächliche Anhaltspunkte den Verdacht begründen, dass der Betroffene im Beschäftigungsverhältnis eine Straftat begangen hat, die Erhebung, Verarbeitung oder Nutzung zur Aufdeckung erforderlich ist und das schutzwürdige Interesse des Beschäftigten an dem Ausschluss der Erhebung, Verarbeitung oder Nutzung nicht überwiegt, insbesondere Art und Ausmaß im Hinblick auf den Anlass nicht unverhältnismäßig sind.

(2) Absatz 1 ist auch anzuwenden, wenn personenbezogene Daten erhoben, verarbeitet oder genutzt werden, ohne dass sie automatisiert verarbeitet oder in oder aus einer nicht automatisierten Datei verarbeitet, genutzt oder für die Verarbeitung oder Nutzung in einer solchen Datei erhoben werden.

(3) Die Beteiligungsrechte der Interessenvertretungen der Beschäftigten bleiben unberührt.

§ 33 Benachrichtigung des Betroffenen. (1) [1]Werden erstmals personenbezogene Daten für eigene Zwecke ohne Kenntnis des Betroffenen gespeichert, ist der Betroffene von der Speicherung, der Art der Daten, der Zweckbestimmung der Erhebung, Verarbeitung oder Nutzung und der Identität der verantwortlichen Stelle zu benachrichtigen. [2]Werden personenbezogene Daten geschäftsmäßig zum Zweck der Übermittlung ohne Kenntnis des Betroffenen gespeichert, ist der Betroffene von der erstmaligen Übermittlung und der Art der übermittelten Daten zu benachrichtigen. [3]Der Betroffene ist in den Fällen der Sätze 1 und 2 auch über die Kategorien von Empfängern zu unterrichten, soweit er nach den Umständen des Einzelfalles nicht mit der Übermittlung an diese rechnen muss.

(2) [1]Eine Pflicht zur Benachrichtigung besteht nicht, wenn

1. der Betroffene auf andere Weise Kenntnis von der Speicherung oder der Übermittlung erlangt hat,
2. die Daten nur deshalb gespeichert sind, weil sie aufgrund gesetzlicher, satzungsmäßiger oder vertraglicher Aufbewahrungsvorschriften nicht gelöscht werden dürfen oder ausschließlich der Datensicherung oder der Datenschutzkontrolle dienen und eine Benachrichtigung einen unverhältnismäßigen Aufwand erfordern würde,
3. die Daten nach einer Rechtsvorschrift oder ihrem Wesen nach, namentlich wegen des überwiegenden rechtlichen Interesses eines Dritten, geheimgehalten werden müssen,
4. die Speicherung oder Übermittlung durch Gesetz ausdrücklich vorgesehen ist,
5. die Speicherung oder Übermittlung für Zwecke der wissenschaftlichen Forschung erforderlich ist und eine Benachrichtigung einen unverhältnismäßigen Aufwand erfordern würde,
6. die zuständige öffentliche Stelle gegenüber der verantwortlichen Stelle festgestellt hat, dass das Bekanntwerden der Daten die öffentliche Sicherheit oder Ordnung gefährden oder sonst dem Wohle des Bundes oder eines Landes Nachteile bereiten würde,

7. die Daten für eigene Zwecke gespeichert sind und
   a) aus allgemein zugänglichen Quellen entnommen sind und eine Benachrichtigung wegen der Vielzahl der betroffenen Fälle unverhältnismäßig ist, oder
   b) die Benachrichtigung die Geschäftszwecke der verantwortlichen Stelle erheblich gefährden würde, es sei denn, dass das Interesse an der Benachrichtigung die Gefährdung überwiegt, oder
8. die Daten geschäftsmäßig zum Zweck der Übermittlung gespeichert sind und
   a) aus allgemein zugänglichen Quellen entnommen sind, soweit sie sich auf diejenigen Personen beziehen, die diese Daten veröffentlicht haben, oder
   b) es sich um listenmäßig oder sonst zusammengefasste Daten handelt ((§ 29 Abs. 2 Satz 2)

   und eine Benachrichtigung wegen der Vielzahl der betroffenen Fälle unverhältnismäßig ist.
9. aus allgemein zugänglichen Quellen entnommene Daten geschäftsmäßig für Zwecke der Markt- oder Meinungsforschung gespeichert sind und eine Benachrichtigung wegen der Vielzahl der betroffenen Fälle unverhältnismäßig ist.

[2]Die verantwortliche Stelle legt schriftlich fest, unter welchen Voraussetzungen von einer Benachrichtigung nach Satz 1 Nr. 2 bis 7 abgesehen wird.

§ 34 Auskunft an den Betroffenen. (1) [1]Die verantwortliche Stelle hat dem Betroffenen auf Verlangen Auskunft zu erteilen über
1. die zu seiner Person gespeicherten Daten, auch soweit sie sich auf die Herkunft dieser Daten beziehen,
2. den Empfänger oder die Kategorien von Empfängern, an die Daten weitergegeben werden, und
3. den Zweck der Speicherung.

[2]Der Betroffene soll die Art der personenbezogenen Daten, über die Auskunft erteilt werden soll, näher bezeichnen. [3]Werden die personenbezogenen Daten geschäftsmäßig zum Zweck der Übermittlung gespeichert, ist Auskunft über die Herkunft und die Empfänger auch dann zu erteilen, wenn diese Angaben nicht gespeichert sind. [4]Die Auskunft über die Herkunft und die Empfänger kann verweigert werden, soweit das Interesse an der Wahrung des Geschäftsgeheimnisses gegenüber dem Informationsinteresse des Betroffenen überwiegt.

(1a) [1]Im Fall des § 28 Absatz 3 Satz 4 hat die übermittelnde Stelle die Herkunft der Daten und den Empfänger für die Dauer von zwei Jahren nach der Übermittlung zu speichern und dem Betroffenen auf Verlangen Auskunft über die Herkunft der Daten und den Empfänger zu erteilen. [2]Satz 1 gilt entsprechend für den Empfänger.

(2) [1]Im Fall des § 28b hat die für die Entscheidung verantwortliche Stelle dem Betroffenen auf Verlangen Auskunft zu erteilen über

1. die innerhalb der letzten sechs Monate vor dem Zugang des Auskunftsverlangens erhobenen oder erstmalig gespeicherten Wahrscheinlichkeitswerte,
2. die zur Berechnung der Wahrscheinlichkeitswerte genutzten Datenarten und
3. das Zustandekommen und die Bedeutung der Wahrscheinlichkeitswerte einzelfallbezogen und nachvollziehbar in allgemein verständlicher Form.

[2]Satz 1 gilt entsprechend, wenn die für die Entscheidung verantwortliche Stelle

1. die zur Berechnung der Wahrscheinlichkeitswerte genutzten Daten ohne Personenbezug speichert, den Personenbezug aber bei der Berechnung herstellt oder
2. bei einer anderen Stelle gespeicherte Daten nutzt.

[3]Hat eine andere als die für die Entscheidung verantwortliche Stelle

1. den Wahrscheinlichkeitswert oder
2. einen Bestandteil des Wahrscheinlichkeitswerts

berechnet, hat sie die insoweit zur Erfüllung der Auskunftsansprüche nach den Sätzen 1 und 2 erforderlichen Angaben auf Verlangen der für die Entscheidung verantwortlichen Stelle an diese zu übermitteln. [4]Im Fall des Satzes 3 Nr. 1 hat die für die Entscheidung verantwortliche Stelle den Betroffenen zur Geltendmachung seiner Auskunftsansprüche unter Angabe des Namens und der Anschrift der anderen Stelle sowie der zur Bezeichnung des Einzelfalls notwendigen Angaben unverzüglich an diese zu verweisen, soweit sie die Auskunft nicht selbst erteilt. [5]In diesem Fall hat die andere Stelle, die den Wahrscheinlichkeitswert berechnet hat, die Auskunftsansprüche nach den Sätzen 1 und 2 gegenüber dem Betroffenen unentgeltlich zu erfüllen. [6]Die Pflicht der für die Berechnung des Wahrscheinlichkeitswerts verantwortlichen Stelle nach Satz 3 entfällt, soweit die für die Entscheidung verantwortliche Stelle von ihrem Recht nach Satz 4 Gebrauch macht.

(3) [1]Eine Stelle, die geschäftsmäßig personenbezogene Daten zum Zweck der Übermittlung speichert, hat dem Betroffenen auf Verlangen Auskunft über die zu seiner Person gespeicherten Daten zu erteilen, auch wenn sie weder automatisiert verarbeitet werden noch in einer nicht automatisierten Datei gespeichert sind. [2]Dem Betroffenen ist auch Auskunft zu erteilen über Daten, die

1. gegenwärtig noch keinen Personenbezug aufweisen, bei denen ein solcher aber im Zusammenhang mit der Auskunftserteilung von der verantwortlichen Stelle hergestellt werden soll,
2. die verantwortliche Stelle nicht speichert, aber zum Zweck der Auskunftserteilung nutzt.

[3]Die Auskunft über die Herkunft und die Empfänger kann verweigert werden, soweit das Interesse an der Wahrung des Geschäftsgeheimnisses gegenüber dem Informationsinteresse des Betroffenen überwiegt.

(4) [1]Eine Stelle, die geschäftsmäßig personenbezogene Daten zum Zweck der Übermittlung erhebt, speichert oder verändert, hat dem Betroffenen auf Verlangen Auskunft zu erteilen über

1. die innerhalb der letzten zwölf Monate vor dem Zugang des Auskunftsverlangens übermittelten Wahrscheinlichkeitswerte für ein bestimmtes zukünftiges Verhalten des Betroffenen sowie die Namen und letztbekannten Anschriften der Dritten, an die die Werte übermittelt worden sind,
2. die Wahrscheinlichkeitswerte, die sich zum Zeitpunkt des Auskunftsverlangens nach den von der Stelle zur Berechnung angewandten Verfahren ergeben,
3. die zur Berechnung der Wahrscheinlichkeitswerte nach den Nummern 1 und 2 genutzten Datenarten sowie
4. das Zustandekommen und die Bedeutung der Wahrscheinlichkeitswerte einzelfallbezogen und nachvollziehbar in allgemein verständlicher Form.

[2]Satz 1 gilt entsprechend, wenn die verantwortliche Stelle

1. die zur Berechnung des Wahrscheinlichkeitswerts genutzten Daten ohne Personenbezug speichert, den Personenbezug aber bei der Berechnung herstellt oder
2. bei einer anderen Stelle gespeicherte Daten nutzt.

(5) Die nach den Absätzen 1a bis 4 zum Zweck der Auskunftserteilung an den Betroffenen gespeicherten Daten dürfen nur für diesen Zweck sowie für Zwecke der Datenschutzkontrolle verwendet werden; für andere Zwecke sind sie zu sperren.

(6) Die Auskunft ist auf Verlangen in Textform zu erteilen, soweit nicht wegen der besonderen Umstände eine andere Form der Auskunftserteilung angemessen ist.

(7) Eine Pflicht zur Auskunftserteilung besteht nicht, wenn der Betroffene nach § 33 Abs. 2 Satz 1 Nr. 2, 3 und 5 bis 7 nicht zu benachrichtigen ist.

(8) [1]Die Auskunft ist unentgeltlich. [2]Werden die personenbezogenen Daten geschäftsmäßig zum Zweck der Übermittlung gespeichert, kann der Betroffene einmal je Kalenderjahr eine unentgeltliche Auskunft in Textform verlangen. [3]Für jede weitere Auskunft kann ein Entgelt verlangt werden, wenn der Betroffene die Auskunft gegenüber Dritten zu wirtschaftlichen Zwecken nutzen kann. [4]Das Entgelt darf über die durch die Auskunftserteilung entstandenen unmittelbar zurechenbaren Kosten nicht hinausgehen. [5]Ein Entgelt kann nicht verlangt werden, wenn

1. besondere Umstände die Annahme rechtfertigen, dass Daten unrichtig oder unzulässig gespeichert werden, oder
2. die Auskunft ergibt, dass die Daten nach § 35 Abs. 1 zu berichtigen oder nach § 35 Abs. 2 Satz 2 Nr. 1 zu löschen sind.

(9) [1]Ist die Auskunftserteilung nicht unentgeltlich, ist dem Betroffenen die Möglichkeit zu geben, sich im Rahmen seines Auskunftsanspruchs persönlich Kenntnis über die ihn betreffenden Daten zu verschaffen. [2]Er ist hierauf hinzuweisen.

§ 35 Berichtigung, Löschung und Sperrung von Daten. (1) [1]Personenbezogene Daten sind zu berichtigen, wenn sie unrichtig sind. [2]Geschätzte Daten sind als solche deutlich zu kennzeichnen.

(2) [1]Personenbezogene Daten können außer in den Fällen des Absatzes 3 Nr. 1 und 2 jederzeit gelöscht werden. [2]Personenbezogene Daten sind zu löschen, wenn

1. ihre Speicherung unzulässig ist,
2. es sich um Daten über die rassische oder ethnische Herkunft, politische Meinungen, religiöse oder philosophische Überzeugungen oder die Gewerkschaftszugehörigkeit, über Gesundheit oder das Sexualleben, strafbare Handlungen oder Ordnungswidrigkeiten handelt und ihre Richtigkeit von der verantwortlichen Stelle nicht bewiesen werden kann,
3. sie für eigene Zwecke verarbeitet werden, sobald ihre Kenntnis für die Erfüllung des Zwecks der Speicherung nicht mehr erforderlich ist, oder
4. sie geschäftsmäßig zum Zweck der Übermittlung verarbeitet werden und eine Prüfung jeweils am Ende des vierten Kalenderjahres beginnend mit ihrer erstmaligen Speicherung ergibt, dass eine längerwährende Speicherung nicht erforderlich ist.

(3) An die Stelle einer Löschung tritt eine Sperrung, soweit

1. im Fall des Absatzes 2 Nr. 3 einer Löschung gesetzliche, satzungsmäßige oder vertragliche Aufbewahrungsfristen entgegenstehen,
2. Grund zu der Annahme besteht, dass durch eine Löschung schutzwürdige Interessen des Betroffenen beeinträchtigt würden, oder
3. eine Löschung wegen der besonderen Art der Speicherung nicht oder nur mit unverhältnismäßig hohem Aufwand möglich ist.

(4) Personenbezogene Daten sind ferner zu sperren, soweit ihre Richtigkeit vom Betroffenen bestritten wird und sich weder die Richtigkeit noch die Unrichtigkeit feststellen lässt.

(4a) Die Tatsache der Sperrung darf nicht übermittelt werden.

(5) [1]Personenbezogene Daten dürfen nicht für eine automatisierte Verarbeitung oder Verarbeitung in nicht automatisierten Dateien erhoben, verarbeitet oder genutzt werden, soweit der Betroffene dieser bei der verantwortlichen Stelle widerspricht und eine Prüfung ergibt, dass das schutzwürdige Interesse des Betroffenen wegen seiner besonderen persönlichen Situation das Interesse der verantwortlichen Stelle an dieser Erhebung, Verarbeitung oder Nutzung überwiegt. [2]Satz 1 gilt nicht, wenn eine Rechtsvorschrift zur Erhebung, Verarbeitung oder Nutzung verpflichtet.

(6) [1]Personenbezogene Daten, die unrichtig sind oder deren Richtigkeit bestritten wird, müssen bei der geschäftsmäßigen Datenspeicherung zum Zweck der Übermittlung außer in den Fällen des Absatzes 2 Nr. 2 nicht berichtigt, gesperrt oder gelöscht werden, wenn sie aus allgemein zugänglichen Quellen entnommen und zu Dokumentationszwecken gespeichert sind. [2]Auf Verlangen des Betroffenen ist diesen Daten für die Dauer der Speicherung seine Gegendarstellung beizufügen. [3]Die Daten dürfen nicht ohne diese Gegendarstellung übermittelt werden.

(7) Von der Berichtigung unrichtiger Daten, der Sperrung bestrittener Daten sowie der Löschung oder Sperrung wegen Unzulässigkeit der Speicherung sind

die Stellen zu verständigen, denen im Rahmen einer Datenübermittlung diese Daten zur Speicherung weitergegeben werden, wenn dies keinen unverhältnismäßigen Aufwand erfordert und schutzwürdige Interessen des Betroffenen nicht entgegenstehen.

(8) Gesperrte Daten dürfen ohne Einwilligung des Betroffenen nur übermittelt oder genutzt werden, wenn

1. es zu wissenschaftlichen Zwecken, zur Behebung einer bestehenden Beweisnot oder aus sonstigen im überwiegenden Interesse der verantwortlichen Stelle oder eines Dritten liegenden Gründen unerlässlich ist und
2. die Daten hierfür übermittelt oder genutzt werden dürften, wenn sie nicht gesperrt wären.

§ 38 Aufsichtsbehörde. (1) [1]Die Aufsichtsbehörde kontrolliert die Ausführung dieses Gesetzes sowie anderer Vorschriften über den Datenschutz, soweit diese die automatisierte Verarbeitung personenbezogener Daten oder die Verarbeitung oder Nutzung personenbezogener Daten in oder aus nicht automatisierten Dateien regeln einschließlich des Rechts der Mitgliedstaaten in den Fällen des § 1 Abs. 5. [2]Sie berät und unterstützt die Beauftragten für den Datenschutz und die verantwortlichen Stellen mit Rücksicht auf deren typische Bedürfnisse. [3]Die Aufsichtsbehörde darf die von ihr gespeicherten Daten nur für Zwecke der Aufsicht verarbeiten und nutzen; § 14 Abs. 2 Nr. 1 bis 3, 6 und 7 gilt entsprechend. [4]Insbesondere darf die Aufsichtsbehörde zum Zweck der Aufsicht Daten an andere Aufsichtsbehörden übermitteln. [5]Sie leistet den Aufsichtsbehörden anderer Mitgliedstaaten der Europäischen Union auf Ersuchen ergänzende Hilfe (Amtshilfe). [6]Stellt die Aufsichtsbehörde einen Verstoß gegen dieses Gesetz oder andere Vorschriften über den Datenschutz fest, so ist sie befugt, die Betroffenen hierüber zu unterrichten, den Verstoß bei den für die Verfolgung oder Ahndung zuständigen Stellen anzuzeigen sowie bei schwerwiegenden Verstößen die Gewerbeaufsichtsbehörde zur Durchführung gewerberechtlicher Maßnahmen zu unterrichten. [7]Sie veröffentlicht regelmäßig, spätestens alle zwei Jahre, einen Tätigkeitsbericht. [8]§ 21 Satz 1 und § 23 Abs. 5 Satz 4 bis 7 gelten entsprechend.

(2) [1]Die Aufsichtsbehörde führt ein Register der nach § 4d meldepflichtigen automatisierten Verarbeitungen mit den Angaben nach § 4e Satz 1. [2]Das Register kann von jedem eingesehen werden. [3]Das Einsichtsrecht erstreckt sich nicht auf die Angaben nach § 4e Satz 1 Nr. 9 sowie auf die Angabe der zugriffsberechtigten Personen.

(3) [1]Die der Kontrolle unterliegenden Stellen sowie die mit deren Leitung beauftragten Personen haben der Aufsichtsbehörde auf Verlangen die für die Erfüllung ihrer Aufgaben erforderlichen Auskünfte unverzüglich zu erteilen. [2]Der Auskunftspflichtige kann die Auskunft auf solche Fragen verweigern, deren Beantwortung ihn selbst oder einen der in § 383 Abs. 1 Nr. 1 bis 3 der Zivilprozessordnung bezeichneten Angehörigen der Gefahr strafgerichtlicher Verfolgung oder eines Verfahrens nach dem Gesetz über Ordnungswidrigkeiten aussetzen würde. [3]Der Auskunftspflichtige ist darauf hinzuweisen.

(4) [1]Die von der Aufsichtsbehörde mit der Kontrolle beauftragten Personen sind befugt, soweit es zur Erfüllung der der Aufsichtsbehörde übertragenen Aufgaben erforderlich ist, während der Betriebs- und Geschäftszeiten Grundstücke und Geschäftsräume der Stelle zu betreten und dort Prüfungen und Besichtigungen vorzunehmen. [2]Sie können geschäftliche Unterlagen, insbesondere die Übersicht nach § 4g Abs. 2 Satz 1 sowie die gespeicherten personenbezogenen Daten und die Datenverarbeitungsprogramme, einsehen. [3]§ 24 Abs. 6 gilt entsprechend. [4]Der Auskunftspflichtige hat diese Maßnahmen zu dulden.

(5) [1]Zur Gewährleistung der Einhaltung dieses Gesetzes und anderer Vorschriften über den Datenschutz kann die Aufsichtsbehörde Maßnahmen zur Beseitigung festgestellter Verstöße bei der Erhebung, Verarbeitung oder Nutzung personenbezogener Daten oder technischer oder organisatorischer Mängel anordnen. [2]Bei schwerwiegenden Verstößen oder Mängeln, insbesondere solchen, die mit einer besonderen Gefährdung des Persönlichkeitsrechts verbunden sind, kann sie die Erhebung, Verarbeitung oder Nutzung oder den Einsatz einzelner Verfahren untersagen, wenn die Verstöße oder Mängel entgegen der Anordnung nach Satz 1 und trotz der Verhängung eines Zwangsgeldes nicht in angemessener Zeit beseitigt werden. [3]Sie kann die Abberufung des Beauftragten für den Datenschutz verlangen, wenn er die zur Erfüllung seiner Aufgaben erforderliche Fachkunde und Zuverlässigkeit nicht besitzt.

(6) Die Landesregierungen oder die von ihnen ermächtigten Stellen bestimmen die für die Kontrolle der Durchführung des Datenschutzes im Anwendungsbereich dieses Abschnittes zuständigen Aufsichtsbehörden.

(7) Die Anwendung der Gewerbeordnung auf die den Vorschriften dieses Abschnittes unterliegenden Gewerbebetriebe bleibt unberührt.

Sondervorschriften

§ 40 Verarbeitung und Nutzung personenbezogener Daten durch Forschungseinrichtungen. (1) Für Zwecke der wissenschaftlichen Forschung erhobene oder gespeicherte personenbezogene Daten dürfen nur für Zwecke der wissenschaftlichen Forschung verarbeitet oder genutzt werden.

(2) [1]Die personenbezogenen Daten sind zu anonymisieren, sobald dies nach dem Forschungszweck möglich ist. [2]Bis dahin sind die Merkmale gesondert zu speichern, mit denen Einzelangaben über persönliche oder sachliche Verhältnisse einer bestimmten oder bestimmbaren Person zugeordnet werden können. [3]Sie dürfen mit den Einzelangaben nur zusammengeführt werden, soweit der Forschungszweck dies erfordert.

(3) Die wissenschaftliche Forschung betreibenden Stellen dürfen personenbezogene Daten nur veröffentlichen, wenn

1. der Betroffene eingewilligt hat oder
2. dies für die Darstellung von Forschungsergebnissen über Ereignisse der Zeitgeschichte unerlässlich ist.

§ 41 Erhebung, Verarbeitung und Nutzung personenbezogener Daten durch die Medien. (1) Die Länder haben in ihrer Gesetzgebung vorzusehen, dass für die Erhebung, Verarbeitung und Nutzung personenbezogener Daten von Unternehmen und Hilfsunternehmen der Presse ausschließlich zu eigenen journalistisch-redaktionellen oder literarischen Zwecken den Vorschriften der §§ 5, 9 und 38a entsprechende Regelungen einschließlich einer hierauf bezogenen Haftungsregelung entsprechend § 7 zur Anwendung kommen.

(2) Führt die journalistisch-redaktionelle Erhebung, Verarbeitung oder Nutzung personenbezogener Daten durch die Deutsche Welle zur Veröffentlichung von Gegendarstellungen des Betroffenen, so sind diese Gegendarstellungen zu den gespeicherten Daten zu nehmen und für dieselbe Zeitdauer aufzubewahren wie die Daten selbst.

(3) [1]Wird jemand durch eine Berichterstattung der Deutsche Welle in seinem Persönlichkeitsrecht beeinträchtigt, so kann er Auskunft über die der Berichterstattung zugrunde liegenden, zu seiner Person gespeicherten Daten verlangen. [2]Die Auskunft kann nach Abwägung der schutzwürdigen Interessen der Beteiligten verweigert werden, soweit

1. aus den Daten auf Personen, die bei der Vorbereitung, Herstellung oder Verbreitung von Rundfunksendungen berufsmäßig journalistisch mitwirken oder mitgewirkt haben, geschlossen werden kann,
2. aus den Daten auf die Person des Einsenders oder des Gewährsträgers von Beiträgen, Unterlagen und Mitteilungen für den redaktionellen Teil geschlossen werden kann,
3. durch die Mitteilung der recherchierten oder sonst erlangten Daten die journalistische Aufgabe der Deutschen Welle durch Ausforschung des Informationsbestandes beeinträchtigt würde.

[3]Der Betroffene kann die Berichtigung unrichtiger Daten verlangen.

(4) [1]Im Übrigen gelten für die Deutsche Welle von den Vorschriften dieses Gesetzes die §§ 5, 7, 9 und 38a. [2]Anstelle der §§ 24 bis 26 gilt § 42, auch soweit es sich um Verwaltungsangelegenheiten handelt.

§ 42 Datenschutzbeauftragter der Deutschen Welle. (1) [1]Die Deutsche Welle bestellt einen Beauftragten für den Datenschutz, der an die Stelle der oder des Bundesbeauftragten für den Datenschutz und die Informationsfreiheit tritt. [2]Die Bestellung erfolgt auf Vorschlag des Intendanten durch den Verwaltungsrat für die Dauer von vier Jahren, wobei Wiederbestellungen zulässig sind. [3]Das Amt eines Beauftragten für den Datenschutz kann neben anderen Aufgaben innerhalb der Rundfunkanstalt wahrgenommen werden.

(2) [1]Der Beauftragte für den Datenschutz kontrolliert die Einhaltung der Vorschriften dieses Gesetzes sowie anderer Vorschriften über den Datenschutz. [2]Er ist in Ausübung dieses Amtes unabhängig und nur dem Gesetz unterworfen. [3]Im Übrigen untersteht er der Dienst- und Rechtsaufsicht des Verwaltungsrates.

(3) Jedermann kann sich entsprechend § 21 Satz 1 an den Beauftragten für den Datenschutz wenden.

(4) [1]Der Beauftragte für den Datenschutz erstattet den Organen der Deutschen Welle alle zwei Jahre, erstmals zum 1. Januar 1994 einen Tätigkeitsbericht. [2]Er erstattet darüber hinaus besondere Berichte auf Beschluss eines Organes der Deutschen Welle. Die Tätigkeitsberichte übermittelt der Beauftragte auch der oder dem Bundesbeauftragten für den Datenschutz und die Informationsfreiheit.

(5) [1]Weitere Regelungen entsprechend den §§ 23 bis 26 trifft die Deutsche Welle für ihren Bereich. [2]Die §§ 4f und 4g bleiben unberührt.

§ 42a Informationspflicht bei unrechtmäßiger Kenntniserlangung von Daten. [1]Stellt eine nichtöffentliche Stelle im Sinne des § 2 Absatz 4 oder eine öffentliche Stelle nach § 27 Absatz 1 Satz 1 Nummer 2 fest, dass bei ihr gespeicherte
1. besondere Arten personenbezogener Daten (§ 3 Absatz 9),
2. personenbezogene Daten, die einem Berufsgeheimnis unterliegen,
3. personenbezogene Daten, die sich auf strafbare Handlungen oder Ordnungswidrigkeiten oder den Verdacht strafbarer Handlungen oder Ordnungswidrigkeiten beziehen, oder
4. personenbezogene Daten zu Bank- oder Kreditkartenkonten

unrechtmäßig übermittelt oder auf sonstige Weise Dritten unrechtmäßig zur Kenntnis gelangt sind, und drohen schwerwiegende Beeinträchtigungen für die Rechte oder schutzwürdigen Interessen der Betroffenen, hat sie dies nach den Sätzen 2 bis 5 unverzüglich der zuständigen Aufsichtsbehörde sowie den Betroffenen mitzuteilen. [2]Die Benachrichtigung des Betroffenen muss unverzüglich erfolgen, sobald angemessene Maßnahmen zur Sicherung der Daten ergriffen worden oder nicht unverzüglich erfolgt sind und die Strafverfolgung nicht mehr gefährdet wird. [3]Die Benachrichtigung der Betroffenen muss eine Darlegung der Art der unrechtmäßigen Kenntniserlangung und Empfehlungen für Maßnahmen zur Minderung möglicher nachteiliger Folgen enthalten. [4]Die Benachrichtigung der zuständigen Aufsichtsbehörde muss zusätzlich eine Darlegung möglicher nachteiliger Folgen der unrechtmäßigen Kenntniserlangung und der von der Stelle daraufhin ergriffenen Maßnahmen enthalten. [5]Soweit die Benachrichtigung der Betroffenen einen unverhältnismäßigen Aufwand erfordern würde, insbesondere aufgrund der Vielzahl der betroffenen Fälle, tritt an ihre Stelle die Information der Öffentlichkeit durch Anzeigen, die mindestens eine halbe Seite umfassen, in mindestens zwei bundesweit erscheinenden Tageszeitungen oder durch eine andere, in ihrer Wirksamkeit hinsichtlich der Information der Betroffenen gleich geeignete Maßnahme. [6]Eine Benachrichtigung, die der Benachrichtigungspflichtige erteilt hat, darf in einem Strafverfahren oder in einem Verfahren nach dem Gesetz über Ordnungswidrigkeiten gegen ihn oder einen in § 52 Absatz 1 der Strafprozessordnung bezeichneten Angehörigen des Benachrichtigungspflichtigen nur mit Zustimmung des Benachrichtigungspflichtigen verwendet werden.

§ 43 Bußgeldvorschriften. (1) Ordnungswidrig handelt, wer vorsätzlich oder fahrlässig

1. entgegen § 4d Abs. 1, auch in Verbindung mit § 4e Satz 2, eine Meldung nicht, nicht richtig, nicht vollständig oder nicht rechtzeitig macht,
2. entgegen § 4f Abs. 1 Satz 1 oder 2, jeweils auch in Verbindung mit Satz 3 und 6, einen Beauftragten für den Datenschutz nicht, nicht in der vorgeschriebenen Weise oder nicht rechtzeitig bestellt,

2a. entgegen § 10 Absatz 4 Satz 3 nicht gewährleistet, dass die Datenübermittlung festgestellt und überprüft werden kann,

2b. entgegen § 11 Absatz 2 Satz 2 einen Auftrag nicht richtig, nicht vollständig oder nicht in der vorgeschriebenen Weise erteilt oder entgegen § 11 Absatz 2 Satz 4 sich nicht vor Beginn der Datenverarbeitung von der Einhaltung der beim Auftragnehmer getroffenen technischen und organisatorischen Maßnahmen überzeugt,

3. entgegen § 28 Abs. 4 Satz 2 den Betroffenen nicht, nicht richtig oder nicht rechtzeitig unterrichtet oder nicht sicherstellt, dass der Betroffene Kenntnis erhalten kann,

3a. entgegen § 28 Absatz 4 Satz 4 eine strengere Form verlangt,

4. entgegen § 28 Abs. 5 Satz 2 personenbezogene Daten übermittelt oder nutzt,
5. entgegen § 29 Abs. 2 Satz 3 oder 4 die dort bezeichneten Gründe oder die Art und Weise ihrer glaubhaften Darlegung nicht aufzeichnet,
6. entgegen § 29 Abs. 3 Satz 1 personenbezogene Daten in elektronische oder gedruckte Adress-, Rufnummern-, Branchen- oder vergleichbare Verzeichnisse aufnimmt,
7. entgegen § 29 Abs. 3 Satz 2 die Übernahme von Kennzeichnungen nicht sicherstellt,
8. entgegen § 33 Abs. 1 den Betroffenen nicht, nicht richtig oder nicht vollständig benachrichtigt,
9. entgegen § 35 Abs. 6 Satz 3 Daten ohne Gegendarstellung übermittelt,
10. entgegen § 38 Abs. 3 Satz 1 oder Abs. 4 Satz 1 eine Auskunft nicht, nicht richtig, nicht vollständig oder nicht rechtzeitig erteilt oder eine Maßnahme nicht duldet oder
11. einer vollziehbaren Anordnung nach § 38 Abs. 5 Satz 1 zuwiderhandelt.

(2) Ordnungswidrig handelt, wer vorsätzlich oder fahrlässig

1. unbefugt personenbezogene Daten, die nicht allgemein zugänglich sind, erhebt oder verarbeitet,
2. unbefugt personenbezogene Daten, die nicht allgemein zugänglich sind, zum Abruf mittels automatisierten Verfahrens bereithält,
3. unbefugt personenbezogene Daten, die nicht allgemein zugänglich sind, abruft oder sich oder einem anderen aus automatisierten Verarbeitungen oder nicht automatisierten Dateien verschafft,
4. die Übermittlung von personenbezogenen Daten, die nicht allgemein zugänglich sind, durch unrichtige Angaben erschleicht,

5. entgegen § 16 Abs. 4 Satz 1, § 28 Abs. 5 Satz 1, auch in Verbindung mit § 29 Abs. 4, § 39 Abs. 1 Satz 1 oder § 40 Abs. 1, die übermittelten Daten für andere Zwecke nutzt,
5a. entgegen § 28 Absatz 3b den Abschluss eines Vertrages von der Einwilligung des Betroffenen abhängig macht,
5b. entgegen § 28 Absatz 4 Satz 1 Daten für Zwecke der Werbung oder der Markt- oder Meinungsforschung verarbeitet oder nutzt,
6. entgegen § 30 Absatz 1 Satz 2, § 30a Absatz 3 Satz 3 oder § 40 Absatz 2 Satz 3 ein dort genanntes Merkmal mit einer Einzelangabe zusammenführt oder
7. entgegen § 42a Satz 1 eine Mitteilung nicht, nicht richtig, nicht vollständig oder nicht rechtzeitig macht.

(3) [1]Die Ordnungswidrigkeit kann im Falle des Absatzes 1 mit einer Geldbuße bis zu fünfzigtausend Euro, in den Fällen des Absatzes 2 mit einer Geldbuße bis zu dreihunderttausend Euro geahndet werden. [2]Die Geldbuße soll den wirtschaftlichen Vorteil, den der Täter aus der Ordnungswidrigkeit gezogen hat, übersteigen. [3]Reichen die in Satz 1 genannten Beträge hierfür nicht aus, so können sie überschritten werden.

Gesetz über Urheberrecht und verwandte Schutzrechte

vom 9. September 1965 (BGBl. I S. 1273),
zuletzt geändert durch Gesetz vom 1. September 2017 (BGBl. I S. 3346)

INHALTSÜBERSICHT

1 § 137k wurde durch das 10. Gesetz zur Änderung des Urheberrechtsgesetzes vom 5.12.2014 (BGBl. I S. 1974) aufgehoben.

Teil 1

Urheberrecht

Abschnitt 1

Allgemeines

§ 1 Allgemeines. Die Urheber von Werken der Literatur, Wissenschaft und Kunst genießen für ihre Werke Schutz nach Maßgabe dieses Gesetzes.

Abschnitt 2

Das Werk

§ 2 Geschützte Werke. (1) Zu den geschützten Werken der Literatur, Wissenschaft und Kunst gehören insbesondere:
1. Sprachwerke, wie Schriftwerke, Reden und Computerprogramme;
2. Werke der Musik;
3. pantomimische Werke einschließlich der Werke der Tanzkunst;
4. Werke der bildenden Künste einschließlich der Werke der Baukunst und der angewandten Kunst und Entwürfe solcher Werke;
5. Lichtbildwerke einschließlich der Werke, die ähnlich wie Lichtbildwerke geschaffen werden;

1. von Bauwerken und Werken der angewandten Kunst oder
2. im Rahmen eines Arbeits- oder Dienstverhältnisses zu dem ausschließlichen Zweck, bei der Erfüllung von Verpflichtungen aus dem Arbeits- oder Dienstverhältnis benutzt zu werden.

§ 18 Ausstellungsrecht. Das Ausstellungsrecht ist das Recht, das Original oder Vervielfältigungsstücke eines unveröffentlichten Werkes der bildenden Künste oder eines unveröffentlichten Lichtbildwerkes öffentlich zur Schau zu stellen.

§ 19 Vortrags-, Aufführungs- und Vorführungsrecht. (1) Das Vortragsrecht ist das Recht, ein Sprachwerk durch persönliche Darbietung öffentlich zu Gehör zu bringen.

(2) Das Aufführungsrecht ist das Recht, ein Werk der Musik durch persönliche Darbietung öffentlich zu Gehör zu bringen oder ein Werk öffentlich bühnenmäßig darzustellen.

(3) Das Vortrags- und das Aufführungsrecht umfassen das Recht, Vorträge und Aufführungen außerhalb des Raumes, in dem die persönliche Darbietung stattfindet, durch Bildschirm, Lautsprecher oder ähnliche technische Einrichtungen öffentlich wahrnehmbar zu machen.

(4) [1]Das Vorführungsrecht ist das Recht, ein Werk der bildenden Künste, ein Lichtbildwerk, ein Filmwerk oder Darstellungen wissenschaftlicher oder technischer Art durch technische Einrichtungen öffentlich wahrnehmbar zu machen. [2]Das Vorführungsrecht umfasst nicht das Recht, die Funksendung oder öffentliche Zugänglichmachung solcher Werke öffentlich wahrnehmbar zu machen (§ 22).

§ 19a Recht der öffentlichen Zugänglichmachung. Das Recht der öffentlichen Zugänglichmachung ist das Recht, das Werk drahtgebunden oder drahtlos der Öffentlichkeit in einer Weise zugänglich zu machen, dass es Mitgliedern der Öffentlichkeit von Orten und zu Zeiten ihrer Wahl zugänglich ist.

§ 20 Senderecht. Das Senderecht ist das Recht, das Werk durch Funk, wie Ton- und Fernsehrundfunk, Satellitenrundfunk, Kabelfunk oder ähnliche technische Mittel, der Öffentlichkeit zugänglich zu machen.

§ 20a Europäische Satellitensendung. (1) Wird eine Satellitensendung innerhalb des Gebietes eines Mitgliedstaates der Europäischen Union oder Vertragsstaates des Abkommens über den Europäischen Wirtschaftsraum ausgeführt, so gilt sie ausschließlich als in diesem Mitgliedstaat oder Vertragsstaat erfolgt.

(2) [1]Wird eine Satellitensendung im Gebiet eines Staates ausgeführt, der weder Mitgliedstaat der Europäischen Union noch Vertragsstaat des Abkommens über den Europäischen Wirtschaftsraum ist und in dem für das Recht der Satellitensendung das in Kapitel II der Richtlinie 93/83/EWG des Rates vom 27. September 1993 zur Koordinierung bestimmter urheber- und leis-

tungsschutzrechtlicher Vorschriften betreffend Satellitenrundfunk und Kabelweiterverbreitung (ABl. EG Nr. L 248 S. 15) vorgesehene Schutzniveau nicht gewährleistet ist, so gilt sie als in dem Mitgliedstaat oder Vertragsstaat erfolgt,

1. in dem die Erdfunkstation liegt, von der aus die programmtragenden Signale zum Satelliten geleitet werden, oder
2. in dem das Sendeunternehmen seine Niederlassung hat, wenn die Voraussetzung nach Nummer 1 nicht gegeben ist.

[2]Das Senderecht ist im Fall der Nummer 1 gegenüber dem Betreiber der Erdfunkstation, im Fall der Nummer 2 gegenüber dem Sendeunternehmen geltend zu machen.

(3) Satellitensendung im Sinne von Absatz 1 und 2 ist die unter der Kontrolle und Verantwortung des Sendeunternehmens stattfindende Eingabe der für den öffentlichen Empfang bestimmten programmtragenden Signale in eine ununterbrochene Übertragungskette, die zum Satelliten und zurück zur Erde führt.

§ 20b Kabelweitersendung. (1) [1]Das Recht, ein gesendetes Werk im Rahmen eines zeitgleich, unverändert und vollständig weiterübertragenen Programms durch Kabelsysteme oder Mikrowellensysteme weiterzusenden (Kabelweitersendung), kann nur durch eine Verwertungsgesellschaft geltend gemacht werden. [2]Dies gilt nicht für Rechte, die ein Sendeunternehmen in Bezug auf seine Sendungen geltend macht.

(2) [1]Hat der Urheber das Recht der Kabelweitersendung einem Sendeunternehmen oder einem Tonträger- oder Filmhersteller eingeräumt, so hat das Kabelunternehmen gleichwohl dem Urheber eine angemessene Vergütung für die Kabelweitersendung zu zahlen. [2]Auf den Vergütungsanspruch kann nicht verzichtet werden. [3]Er kann im Voraus nur an eine Verwertungsgesellschaft abgetreten und nur durch eine solche geltend gemacht werden. [4]Diese Regelung steht Tarifverträgen, Betriebsvereinbarungen und gemeinsamen Vergütungsregeln von Sendeunternehmen nicht entgegen, soweit dadurch dem Urheber eine angemessene Vergütung für jede Kabelweitersendung eingeräumt wird.

§ 21 Recht der Wiedergabe durch Bild- oder Tonträger. [1]Das Recht der Wiedergabe durch Bild- oder Tonträger ist das Recht, Vorträge oder Aufführungen des Werkes mittels Bild- oder Tonträger öffentlich wahrnehmbar zu machen. [2]§ 19 Abs. 3 gilt entsprechend.

§ 22 Recht der Wiedergabe von Funksendungen und von öffentlicher Zugänglichmachung. [1]Das Recht der Wiedergabe von Funksendungen und der Wiedergabe von öffentlicher Zugänglichmachung ist das Recht, Funksendungen und auf öffentlicher Zugänglichmachung beruhende Wiedergaben des Werkes durch Bildschirm, Lautsprecher oder ähnliche technische Einrichtungen öffentlich wahrnehmbar zu machen. [2]§ 19 Abs. 3 gilt entsprechend.

§ 23 Bearbeitungen und Umgestaltungen. [1]Bearbeitungen oder andere Umgestaltungen des Werkes dürfen nur mit Einwilligung des Urhebers des bearbeiteten oder umgestalteten Werkes veröffentlicht oder verwertet werden. [2]Handelt es sich um eine Verfilmung des Werkes, um die Ausführung von Plänen und Entwürfen eines Werkes der bildenden Künste, um den Nachbau eines Werkes der Baukunst oder um die Bearbeitung oder Umgestaltung eines Datenbankwerkes, so bedarf bereits das Herstellen der Bearbeitung oder Umgestaltung der Einwilligung des Urhebers. [3]Auf ausschließlich technisch bedingte Änderungen eines Werkes nach § 60d Absatz 1, § 60e Absatz 1 sowie § 60f Absatz 2 sind die Sätze 1 und 2 nicht anzuwenden.

§ 24 Freie Benutzung. (1) Ein selbstständiges Werk, das in freier Benutzung des Werkes eines anderen geschaffen worden ist, darf ohne Zustimmung des Urhebers des benutzten Werkes veröffentlicht und verwertet werden.

(2) Absatz 1 gilt nicht für die Benutzung eines Werkes der Musik, durch welche eine Melodie erkennbar dem Werk entnommen und einem neuen Werk zugrunde gelegt wird.

Unterabschnitt 4

Sonstige Rechte des Urhebers

§ 25 Zugang zu Werkstücken. (1) Der Urheber kann vom Besitzer des Originals oder eines Vervielfältigungsstückes seines Werkes verlangen, dass er ihm das Original oder das Vervielfältigungsstück zugänglich macht, soweit dies zur Herstellung von Vervielfältigungsstücken oder Bearbeitungen des Werkes erforderlich ist und nicht berechtigte Interessen des Besitzers entgegenstehen.

(2) Der Besitzer ist nicht verpflichtet, das Original oder das Vervielfältigungsstück dem Urheber herauszugeben.

§ 26 Folgerecht. (1) [1]Wird das Original eines Werkes der bildenden Künste oder eines Lichtbildwerkes weiterveräußert und ist hieran ein Kunsthändler oder Versteigerer als Erwerber, Veräußerer oder Vermittler beteiligt, so hat der Veräußerer dem Urheber einen Anteil des Veräußerungserlöses zu entrichten. [2]Als Veräußerungserlös im Sinne des Satzes 1 gilt der Verkaufspreis ohne Steuern. [3]Ist der Veräußerer eine Privatperson, so haftet der als Erwerber oder Vermittler beteiligte Kunsthändler oder Versteigerer neben ihm als Gesamtschuldner; im Verhältnis zueinander ist der Veräußerer allein verpflichtet. [4]Die Verpflichtung nach Satz 1 entfällt, wenn der Veräußerungserlös weniger als 400 Euro beträgt.

(2) [1]Die Höhe des Anteils des Veräußerungserlöses beträgt:

1. 4 Prozent für den Teil des Veräußerungserlöses bis zu 50 000 Euro,
2. 3 Prozent für den Teil des Veräußerungserlöses von 50 000,01 bis 200 000 Euro,
3. 1 Prozent für den Teil des Veräußerungserlöses von 200 000,01 bis 350 000 Euro,

4. 0,5 Prozent für den Teil des Veräußerungserlöses von 350 000,01 bis 500 000 Euro,
5. 0,25 Prozent für den Teil des Veräußerungserlöses über 500 000 Euro.

[2]Der Gesamtbetrag der Folgerechtsvergütung aus einer Weiterveräußerung beträgt höchstens 12 500 Euro.

(3) [1]Das Folgerecht ist unveräußerlich. [2]Der Urheber kann auf seinen Anteil im Voraus nicht verzichten.

(4) Der Urheber kann von einem Kunsthändler oder Versteigerer Auskunft darüber verlangen, welche Originale von Werken des Urhebers innerhalb der letzten drei Jahre vor dem Auskunftsersuchen unter Beteiligung des Kunsthändlers oder Versteigerers weiterveräußert wurden.

(5) [1]Der Urheber kann, soweit dies zur Durchsetzung seines Anspruchs gegen den Veräußerer erforderlich ist, von dem Kunsthändler oder Versteigerer Auskunft über den Namen und die Anschrift des Veräußerers sowie über die Höhe des Veräußerungserlöses verlangen. [2]Der Kunsthändler oder Versteigerer darf die Auskunft über Namen und Anschrift des Veräußerers verweigern, wenn er dem Urheber den Anteil entrichtet.

(6) Die Ansprüche nach den Absätzen 4 und 5 können nur durch eine Verwertungsgesellschaft geltend gemacht werden.

(7) [1]Bestehen begründete Zweifel an der Richtigkeit oder Vollständigkeit einer Auskunft nach Absatz 4 oder 5, so kann die Verwertungsgesellschaft verlangen, dass nach Wahl des Auskunftspflichtigen ihr oder einem von ihm zu bestimmenden Wirtschaftsprüfer oder vereidigten Buchprüfer Einsicht in die Geschäftsbücher oder sonstige Urkunden so weit gewährt wird, wie dies zur Feststellung der Richtigkeit oder Vollständigkeit der Auskunft erforderlich ist. [2]Erweist sich die Auskunft als unrichtig oder unvollständig, so hat der Auskunftspflichtige die Kosten der Prüfung zu erstatten.

(8) Die vorstehenden Bestimmungen sind auf Werke der Baukunst und der angewandten Kunst nicht anzuwenden.

§ 27 Vergütung für Vermietung und Verleihen. (1) [1]Hat der Urheber das Vermietrecht (§ 17) an einem Bild- oder Tonträger dem Tonträger- oder Filmhersteller eingeräumt, so hat der Vermieter gleichwohl dem Urheber eine angemessene Vergütung für die Vermietung zu zahlen. [2]Auf den Vergütungsanspruch kann nicht verzichtet werden. [3]Er kann im Voraus nur an eine Verwertungsgesellschaft abgetreten werden.

(2) [1]Für das Verleihen von Originalen oder Vervielfältigungsstücken eines Werkes, deren Weiterverbreitung nach § 17 Abs. 2 zulässig ist, ist dem Urheber eine angemessene Vergütung zu zahlen, wenn die Originale oder Vervielfältigungsstücke durch eine der Öffentlichkeit zugängliche Einrichtung (Bücherei, Sammlung von Bild- oder Tonträgern oder anderer Originale oder Vervielfältigungsstücke) verliehen werden. [2]Verleihen im Sinne von Satz 1 ist die zeitlich

begrenzte, weder unmittelbar noch mittelbar Erwerbszwecken dienende Gebrauchsüberlassung; § 17 Abs. 3 Satz 2 findet entsprechende Anwendung.

(3) Die Vergütungsansprüche nach den Absätzen 1 und 2 können nur durch eine Verwertungsgesellschaft geltend gemacht werden.

Abschnitt 5

Rechtsverkehr im Urheberrecht

Unterabschnitt 1

Rechtsnachfolge in das Urheberrecht

§ 28 Vererbung des Urheberrechts. (1) Das Urheberrecht ist vererblich.

(2) [1]Der Urheber kann durch letztwillige Verfügung die Ausübung des Urheberrechts einem Testamentsvollstrecker übertragen. [2]§ 2210 des Bürgerlichen Gesetzbuchs ist nicht anzuwenden.

§ 29 Rechtsgeschäfte über das Urheberrecht. (1) Das Urheberrecht ist nicht übertragbar, es sei denn, es wird in Erfüllung einer Verfügung von Todes wegen oder an Miterben im Wege der Erbauseinandersetzung übertragen.

(2) Zulässig sind die Einräumung von Nutzungsrechten (§ 31), schuldrechtliche Einwilligungen und Vereinbarungen zu Verwertungsrechten sowie die in § 39 geregelten Rechtsgeschäfte über Urheberpersönlichkeitsrechte.

§ 30 Rechtsnachfolger des Urhebers. Der Rechtsnachfolger des Urhebers hat die dem Urheber nach diesem Gesetz zustehenden Rechte, soweit nichts anderes bestimmt ist.

Unterabschnitt 2

Nutzungsrechte

§ 31 Einräumung von Nutzungsrechten. (1) [1]Der Urheber kann einem anderen das Recht einräumen, das Werk auf einzelne oder alle Nutzungsarten zu nutzen (Nutzungsrecht). [2]Das Nutzungsrecht kann als einfaches oder ausschließliches Recht sowie räumlich, zeitlich oder inhaltlich beschränkt eingeräumt werden.

(2) Das einfache Nutzungsrecht berechtigt den Inhaber, das Werk auf die erlaubte Art zu nutzen, ohne dass eine Nutzung durch andere ausgeschlossen ist.

(3) [1]Das ausschließliche Nutzungsrecht berechtigt den Inhaber, das Werk unter Ausschluss aller anderen Personen auf die ihm erlaubte Art zu nutzen und

Nutzungsrechte einzuräumen. [2]Es kann bestimmt werden, dass die Nutzung durch den Urheber vorbehalten bleibt. [3]§ 35 bleibt unberührt.

(4) *(weggefallen)*

(5) [1]Sind bei der Einräumung eines Nutzungsrechts die Nutzungsarten nicht ausdrücklich einzeln bezeichnet, so bestimmt sich nach dem von beiden Partnern zugrunde gelegten Vertragszweck, auf welche Nutzungsarten es sich erstreckt. [2]Entsprechendes gilt für die Frage, ob ein Nutzungsrecht eingeräumt wird, ob es sich um ein einfaches oder ausschließliches Nutzungsrecht handelt, wie weit Nutzungsrecht und Verbotsrecht reichen und welchen Einschränkungen das Nutzungsrecht unterliegt.

§ 31a Verträge über unbekannte Nutzungsarten. (1) [1]Ein Vertrag, durch den der Urheber Rechte für unbekannte Nutzungsarten einräumt oder sich dazu verpflichtet, bedarf der Schriftform. [2]Der Schriftform bedarf es nicht, wenn der Urheber unentgeltlich ein einfaches Nutzungsrecht für jedermann einräumt. [3]Der Urheber kann diese Rechtseinräumung oder die Verpflichtung hierzu widerrufen. [4]Das Widerrufsrecht erlischt nach Ablauf von drei Monaten, nachdem der andere die Mitteilung über die beabsichtigte Aufnahme der neuen Art der Werknutzung an den Urheber unter der ihm zuletzt bekannten Anschrift abgesendet hat.

(2) [1]Das Widerrufsrecht entfällt, wenn sich die Parteien nach Bekanntwerden der neuen Nutzungsart auf eine Vergütung nach § 32c Abs. 1 geeinigt haben. [2]Das Widerrufsrecht entfällt auch, wenn die Parteien die Vergütung nach einer gemeinsamen Vergütungsregel vereinbart haben. [3]Es erlischt mit dem Tod des Urhebers.

(3) Sind mehrere Werke oder Werkbeiträge zu einer Gesamtheit zusammengefasst, die sich in der neuen Nutzungsart in angemessener Weise nur unter Verwendung sämtlicher Werke oder Werkbeiträge verwerten lässt, so kann der Urheber das Widerrufsrecht nicht wider Treu und Glauben ausüben.

(4) Auf die Rechte nach den Absätzen 1 bis 3 kann im Voraus nicht verzichtet werden.

§ 32 Angemessene Vergütung. (1) [1]Der Urheber hat für die Einräumung von Nutzungsrechten und die Erlaubnis zur Werknutzung Anspruch auf die vertraglich vereinbarte Vergütung. [2]Ist die Höhe der Vergütung nicht bestimmt, gilt die angemessene Vergütung als vereinbart. [3]Soweit die vereinbarte Vergütung nicht angemessen ist, kann der Urheber von seinem Vertragspartner die Einwilligung in die Änderung des Vertrages verlangen, durch die dem Urheber die angemessene Vergütung gewährt wird.

(2) [1]Eine nach einer gemeinsamen Vergütungsregel (§ 36) ermittelte Vergütung ist angemessen. [2]Im Übrigen ist die Vergütung angemessen, wenn sie im Zeitpunkt des Vertragsschlusses dem entspricht, was im Geschäftsverkehr nach Art und Umfang der eingeräumten Nutzungsmöglichkeit, insbesondere nach

Dauer und Zeitpunkt der Nutzung, unter Berücksichtigung aller Umstände üblicher- und redlicherweise zu leisten ist.

(3) [1]Auf eine Vereinbarung, die zum Nachteil des Urhebers von den Absätzen 1 und 2 abweicht, kann der Vertragspartner sich nicht berufen. [2]Die in Satz 1 bezeichneten Vorschriften finden auch Anwendung, wenn sie durch anderweitige Gestaltungen umgangen werden. [3]Der Urheber kann aber unentgeltlich ein einfaches Nutzungsrecht für jedermann einräumen.

(4) Der Urheber hat keinen Anspruch nach Absatz 1 Satz 3, soweit die Vergütung für die Nutzung seiner Werke tarifvertraglich bestimmt ist.

§ 32a Weitere Beteiligung des Urhebers. (1) [1]Hat der Urheber einem anderen ein Nutzungsrecht zu Bedingungen eingeräumt, die dazu führen, dass die vereinbarte Gegenleistung unter Berücksichtigung der gesamten Beziehungen des Urhebers zu dem anderen in einem auffälligen Missverhältnis zu den Erträgen und Vorteilen aus der Nutzung des Werkes steht, so ist der andere auf Verlangen des Urhebers verpflichtet, in eine Änderung des Vertrages einzuwilligen, durch die dem Urheber eine den Umständen nach weitere angemessene Beteiligung gewährt wird. [2]Ob die Vertragspartner die Höhe der erzielten Erträge oder Vorteile vorhergesehen haben oder hätten vorhersehen können, ist unerheblich.

(2) [1]Hat der andere das Nutzungsrecht übertragen oder weitere Nutzungsrechte eingeräumt und ergibt sich das auffällige Missverhältnis aus den Erträgnissen oder Vorteilen eines Dritten, so haftet dieser dem Urheber unmittelbar nach Maßgabe des Absatzes 1 unter Berücksichtigung der vertraglichen Beziehungen in der Lizenzkette. [2]Die Haftung des anderen entfällt.

(3) [1]Auf die Ansprüche nach den Absätzen 1 und 2 kann im Voraus nicht verzichtet werden. [2]Die Anwartschaft hierauf unterliegt nicht der Zwangsvollstreckung; eine Verfügung über die Anwartschaft ist unwirksam. [3]Der Urheber kann aber unentgeltlich ein einfaches Nutzungsrecht für jedermann einräumen.

(4) [1]Der Urheber hat keinen Anspruch nach Absatz 1, soweit die Vergütung nach einer gemeinsamen Vergütungsregel (§ 36) oder tarifvertraglich bestimmt worden ist und ausdrücklich eine weitere angemessene Beteiligung für den Fall des Absatzes 1 vorsieht. [2]§ 32 Abs. 2a ist entsprechend anzuwenden.

§ 32b Zwingende Anwendung. Die §§ 32 und 32a finden zwingend Anwendung

1. wenn auf den Nutzungsvertrag mangels einer Rechtswahl deutsches Recht anzuwenden wäre oder
2. soweit Gegenstand des Vertrages maßgebliche Nutzungshandlungen im räumlichen Geltungsbereich dieses Gesetzes sind.

§ 32c Vergütung für später bekannte Nutzungsarten. (1) [1]Der Urheber hat Anspruch auf eine gesonderte angemessene Vergütung, wenn der Vertragspartner eine neue Art der Werknutzung nach § 31a aufnimmt, die im Zeitpunkt des Vertragsschlusses vereinbart, aber noch unbekannt war. [2]§ 32 Abs. 2 und 4 gilt entsprechend. [3]Der Vertragspartner hat den Urheber über die Aufnahme der neuen Art der Werknutzung unverzüglich zu unterrichten.

(2) [1]Hat der Vertragspartner das Nutzungsrecht einem Dritten übertragen, haftet der Dritte mit der Aufnahme der neuen Art der Werknutzung für die Vergütung nach Absatz 1. [2]Die Haftung des Vertragspartners entfällt.

(3) [1]Auf die Rechte nach den Absätzen 1 und 2 kann im Voraus nicht verzichtet werden. [2]Der Urheber kann aber unentgeltlich ein einfaches Nutzungsrecht für jedermann einräumen.

§ 32d Anspruch auf Auskunft und Rechenschaft. (1) Bei entgeltlicher Einräumung oder Übertragung eines Nutzungsrechts kann der Urheber von seinem Vertragspartner einmal jährlich Auskunft und Rechenschaft über den Umfang der Werknutzung und die hieraus gezogenen Erträge und Vorteile auf Grundlage der im Rahmen eines ordnungsgemäßen Geschäftsbetriebes üblicherweise vorhandenen Informationen verlangen.

(2) Der Anspruch nach Absatz 1 ist ausgeschlossen, soweit

1. der Urheber einen lediglich nachrangigen Beitrag zu einem Werk, einem Produkt oder einer Dienstleistung erbracht hat; nachrangig ist ein Beitrag insbesondere dann, wenn er den Gesamteindruck eines Werkes oder die Beschaffenheit eines Produktes oder einer Dienstleistung wenig prägt, etwa weil er nicht zum typischen Inhalt eines Werkes, eines Produktes oder einer Dienstleistung gehört, oder
2. die Inanspruchnahme des Vertragspartners aus anderen Gründen unverhältnismäßig ist.

(3) Von den Absätzen 1 und 2 kann zum Nachteil des Urhebers nur durch eine Vereinbarung abgewichen werden, die auf einer gemeinsamen Vergütungsregel (§ 36) oder einem Tarifvertrag beruht.

§ 32e Anspruch auf Auskunft und Rechenschaft in der Lizenzkette. (1) Hat der Vertragspartner des Urhebers das Nutzungsrecht übertragen oder weitere Nutzungsrechte eingeräumt, so kann der Urheber Auskunft und Rechenschaft nach § 32d Absatz 1 und 2 auch von denjenigen Dritten verlangen,

1. die die Nutzungsvorgänge in der Lizenzkette wirtschaftlich wesentlich bestimmen oder
2. aus deren Erträgnissen oder Vorteilen sich das auffällige Missverhältnis gemäß § 32a Absatz 2 ergibt.

(2) Für die Geltendmachung der Ansprüche nach Absatz 1 genügt es, dass aufgrund nachprüfbarer Tatsachen klare Anhaltspunkte für deren Voraussetzungen vorliegen.

(3) Von den Absätzen 1 und 2 kann zum Nachteil des Urhebers nur durch eine Vereinbarung abgewichen werden, die auf einer gemeinsamen Vergütungsregel (§ 36) oder einem Tarifvertrag beruht.

§ 33 Weiterwirkung von Nutzungsrechten. [1]Ausschließliche und einfache Nutzungsrechte bleiben gegenüber später eingeräumten Nutzungsrechten wirksam. [2]Gleiches gilt, wenn der Inhaber des Rechts, der das Nutzungsrecht eingeräumt hat, wechselt oder wenn er auf sein Recht verzichtet.

§ 34 Übertragung von Nutzungsrechten. (1) [1]Ein Nutzungsrecht kann nur mit Zustimmung des Urhebers übertragen werden. [2]Der Urheber darf die Zustimmung nicht wider Treu und Glauben verweigern.

(2) Werden mit dem Nutzungsrecht an einem Sammelwerk (§ 4) Nutzungsrechte an den in das Sammelwerk aufgenommenen einzelnen Werken übertragen, so genügt die Zustimmung des Urhebers des Sammelwerkes.

(3) [1]Ein Nutzungsrecht kann ohne Zustimmung des Urhebers übertragen werden, wenn die Übertragung im Rahmen der Gesamtveräußerung eines Unternehmens oder der Veräußerung von Teilen eines Unternehmens geschieht. [2]Der Urheber kann das Nutzungsrecht zurückrufen, wenn ihm die Ausübung des Nutzungsrechts durch den Erwerber nach Treu und Glauben nicht zuzumuten ist. [3]Satz 2 findet auch dann Anwendung, wenn sich die Beteiligungsverhältnisse am Unternehmen des Inhabers des Nutzungsrechts wesentlich ändern.

(4) Der Erwerber des Nutzungsrechts haftet gesamtschuldnerisch für die Erfüllung der sich aus dem Vertrag mit dem Urheber ergebenden Verpflichtungen des Veräußerers, wenn der Urheber der Übertragung des Nutzungsrechts nicht im Einzelfall ausdrücklich zugestimmt hat.

(5) [1]Der Urheber kann auf das Rückrufsrecht und die Haftung des Erwerbers im Voraus nicht verzichten. [2]Im Übrigen können der Inhaber des Nutzungsrechts und der Urheber Abweichendes vereinbaren.

§ 35 Einräumung weiterer Nutzungsrechte. (1) [1]Der Inhaber eines ausschließlichen Nutzungsrechts kann weitere Nutzungsrechte nur mit Zustimmung des Urhebers einräumen. [2]Der Zustimmung bedarf es nicht, wenn das ausschließliche Nutzungsrecht nur zur Wahrnehmung der Belange des Urhebers eingeräumt ist.

(2) Die Bestimmungen in § 34 Abs. 1 Satz 2, Abs. 2 und Absatz 5 Satz 2 sind entsprechend anzuwenden.

§ 36 Gemeinsame Vergütungsregeln. (1) [1]Zur Bestimmung der Angemessenheit von Vergütungen nach § 32 stellen Vereinigungen von Urhebern mit Vereinigungen von Werknutzern oder einzelnen Werknutzern gemeinsame Vergütungsregeln auf. [2]Die gemeinsamen Vergütungsregeln sollen die Umstände des jeweiligen Regelungsbereichs berücksichtigen, insbesondere die Struktur und Größe der Verwerter. [3]In Tarifverträgen enthaltene Regelungen gehen gemeinsamen Vergütungsregeln vor.

(2) [1]Vereinigungen nach Absatz 1 müssen repräsentativ, unabhängig und zur Aufstellung gemeinsamer Vergütungsregeln ermächtigt sein. [2]Eine Vereinigung, die einen wesentlichen Teil der jeweiligen Urheber oderWerknutzer ver-

tritt, gilt als ermächtigt im Sinne des Satzes 1, es sei denn, die Mitglieder der Vereinigung fassen einen entgegenstehenden Beschluss.

(3) [1]Ein Verfahren zur Aufstellung gemeinsamer Vergütungsregeln vor der Schlichtungsstelle (§ 36a) findet statt, wenn die Parteien dies vereinbaren. [2]Das Verfahren findet auf schriftliches Verlangen einer Partei statt, wenn

1. die andere Partei nicht binnen drei Monaten, nachdem eine Partei schriftlich die Aufnahme von Verhandlungen verlangt hat, Verhandlungen über gemeinsame Vergütungsregeln beginnt,
2. Verhandlungen über gemeinsame Vergütungsregeln ein Jahr, nachdem schriftlich ihre Aufnahme verlangt worden ist, ohne Ergebnis bleiben oder
3. eine Partei die Verhandlungen endgültig für gescheitert erklärt hat.

(4) [1]Die Schlichtungsstelle hat allen Parteien, die sich am Verfahren beteiligt haben oder nach § 36a Absatz 4a zur Beteiligung aufgefordert worden sind, einen begründeten Einigungsvorschlag zu machen, der den Inhalt der gemeinsamen Vergütungsregeln enthält. [2]Er gilt als angenommen, wenn innerhalb von sechs Wochen nach Empfang des Vorschlages keine der in Satz 1 genannten Parteien widerspricht.

§ 36a Schlichtungsstelle. (1) Zur Aufstellung gemeinsamer Vergütungsregeln bilden Vereinigungen von Urhebern mit Vereinigungen von Werknutzern oder einzelnen Werknutzern eine Schlichtungsstelle, wenn die Parteien dies vereinbaren oder eine Partei die Durchführung des Schlichtungsverfahrens verlangt.

(2) Die Schlichtungsstelle besteht aus einer gleichen Anzahl von Beisitzern, die jeweils von einer Partei bestellt werden, und einem unparteiischen Vorsitzenden, auf dessen Person sich beide Parteien einigen sollen.

(3) [1]Wenn sich die Parteien nicht einigen, entscheidet das nach § 1062 der Zivilprozessordnung zuständige Oberlandesgericht auf Antrag einer Partei über

1. die Person des Vorsitzenden,
2. die Anzahl der Beisitzer,
3. die Voraussetzungen des Schlichtungsverfahrens in Bezug auf
   a) die Fähigkeit der Werknutzer sowie Vereinigungen von Werknutzern und Urhebern, Partei des Schlichtungsverfahrens zu sein (§ 36 Absatz 1 Satz 1 und Absatz 2),
   b) ein Verfahren vor der Schlichtungsstelle, das auf Verlangen nur einer Partei stattfindet (§ 36 Absatz 3 Satz 2).

[2]Solange der Ort des Schlichtungsverfahrens noch nicht bestimmt ist, ist für die Entscheidung das Oberlandesgericht zuständig, in dessen Bezirk der Antragsgegner seinen Sitz oder seinen gewöhnlichen Aufenthalt hat. [3]Für das Verfahren vor dem Oberlandesgericht gelten die §§ 1063 und 1065 der Zivilprozessordnung entsprechend.

(4) [1]Das Verlangen auf Durchführung des Schlichtungsverfahrens gemäß § 36 Abs. 3 Satz 2 muss einen Vorschlag über die Aufstellung gemeinsamer Vergütungsregeln enthalten. [2]Die Schlichtungsstelle stellt den Schriftsatz, mit

dem die Durchführung des Verfahrens verlangt wird, der anderen Partei mit der Aufforderung zu, sich innerhalb eines Monats schriftlich zur Sache zu äußern.

(4a) [1]Jede Partei kann binnen drei Monaten nach Kenntnis vom Schlichtungsverfahren verlangen, dass die Schlichtungsstelle andere Vereinigungen von Urhebern zur Beteiligung auffordert, wenn der Vorschlag nach Absatz 4 Satz 1 Werke oder verbundene Werke betrifft, die üblicherweise nur unter Mitwirkung von weiteren Urhebern geschaffen werden können, die von den benannten Vereinigungen vertreten werden. [2]Absatz 4 Satz 2 ist entsprechend anzuwenden. [3]Beteiligt sich die Vereinigung von Urhebern, so benennt sie und die Partei der Werknutzer je weitere Beisitzer.

(5) [1]Die Schlichtungsstelle fasst ihren Beschluss nach mündlicher Beratung mit Stimmenmehrheit. [2]Die Beschlussfassung erfolgt zunächst unter den Beisitzern; kommt eine Stimmenmehrheit nicht zustande, so nimmt der Vorsitzende nach weiterer Beratung an der erneuten Beschlussfassung teil. [3]Benennt eine Partei keine Mitglieder oder bleiben die von einer Partei genannten Mitglieder trotz rechtzeitiger Einladung der Sitzung fern, so entscheiden der Vorsitzende und die erschienenen Mitglieder nach Maßgabe der Sätze 1 und 2 allein. [4]Der Beschluss der Schlichtungsstelle ist schriftlich niederzulegen, vom Vorsitzenden zu unterschreiben und beiden Parteien zuzuleiten.

(6) [1]Die Parteien tragen ihre eigenen Kosten sowie die Kosten der von ihnen bestellten Beisitzer. [2]Die sonstigen Kosten tragen die Parteien der Urheber, die sich am Verfahren beteiligen, und die Partei der Werknutzer jeweils zur Hälfte. [3]Sie haben als Gesamtschuldner auf Anforderung des Vorsitzenden zu dessen Händen einen für die Tätigkeit der Schlichtungsstelle erforderlichen Vorschuss zu leisten.

(7) [1]Die Parteien können durch Vereinbarung die Einzelheiten des Verfahrens vor der Schlichtungsstelle regeln. [2]Die Schlichtungsstelle informiert nach Absatz 4a beteiligte Vereinigungen von Urhebern über den Gang des Verfahrens.

(8) Das Bundesministerium der Justiz und für Verbraucherschutz wird ermächtigt, durch Rechtsverordnung ohne Zustimmung des Bundesrates die weiteren Einzelheiten des Verfahrens vor der Schlichtungsstelle zu regeln sowie weitere Vorschriften über die Kosten des Verfahrens und die Entschädigung der Mitglieder der Schlichtungsstelle zu erlassen.

§ 36b Unterlassungsanspruch bei Verstoß gegen gemeinsame Vergütungsregeln. (1) [1]Wer in einem Vertrag mit einem Urheber eine Bestimmung verwendet, die zum Nachteil des Urhebers von gemeinsamen Vergütungsregeln abweicht, kann auf Unterlassung in Anspruch genommen werden, wenn und soweit er

1. als Werknutzer die gemeinsamen Vergütungsregeln selbst aufgestellt hat oder
2. Mitglied einer Vereinigung von Werknutzern ist, die die gemeinsamen Vergütungsregeln aufgestellt hat.

[2]Der Anspruch auf Unterlassung steht denjenigen Vereinigungen von Urhebern oder Werknutzern und denjenigen einzelnen Werknutzern zu, die die gemeinsamen Vergütungsregeln aufgestellt haben.

(2) Auf das Verfahren sind § 8 Absatz 4 sowie § 12 Absatz 1, 2, 4 und 5 des Gesetzes gegen den unlauteren Wettbewerb anzuwenden. Für die Bekanntmachung des Urteils gilt § 103.

§ 36c Individualvertragliche Folgen des Verstoßes gegen gemeinsame Vergütungsregeln. [1]Der Vertragspartner, der an der Aufstellung von gemeinsamen Vergütungsregeln gemäß § 36b Absatz 1 Satz 1 Nummer 1 oder 2 beteiligt war, kann sich nicht auf eine Bestimmung berufen, die zum Nachteil des Urhebers von den gemeinsamen Vergütungsregeln abweicht. [2]Der Urheber kann von seinem Vertragspartner die Einwilligung in die Änderung des Vertrages verlangen, mit der die Abweichung beseitigt wird.

§ 37 Verträge über die Einräumung von Nutzungsrechten. (1) Räumt der Urheber einem anderen ein Nutzungsrecht am Werk ein, so verbleibt ihm im Zweifel das Recht der Einwilligung zur Veröffentlichung oder Verwertung einer Bearbeitung des Werkes.

(2) Räumt der Urheber einem anderen ein Nutzungsrecht zur Vervielfältigung des Werkes ein, so verbleibt ihm im Zweifel das Recht, das Werk auf Bild- oder Tonträger zu übertragen.

(3) Räumt der Urheber einem anderen ein Nutzungsrecht zu einer öffentlichen Wiedergabe des Werkes ein, so ist dieser im Zweifel nicht berechtigt, die Wiedergabe außerhalb der Veranstaltung, für die sie bestimmt ist, durch Bildschirm, Lautsprecher oder ähnliche technische Einrichtungen öffentlich wahrnehmbar zu machen.

§ 38 Beiträge zu Sammlungen. (1) [1]Gestattet der Urheber die Aufnahme des Werkes in eine periodisch erscheinende Sammlung, so erwirbt der Verleger oder Herausgeber im Zweifel ein ausschließliches Nutzungsrecht zur Vervielfältigung, Verbreitung und öffentlichen Zugänglichmachung. [2]Jedoch darf der Urheber das Werk nach Ablauf eines Jahres seit Erscheinen anderweit vervielfältigen, verbreiten und öffentlich zugänglich machen, wenn nichts anderes vereinbart ist.

(2) Absatz 1 Satz 2 gilt auch für einen Beitrag zu einer nicht periodisch erscheinenden Sammlung, für dessen Überlassung dem Urheber kein Anspruch auf Vergütung zusteht.

(3) [1]Wird der Beitrag einer Zeitung überlassen, so erwirbt der Verleger oder Herausgeber ein einfaches Nutzungsrecht, wenn nichts anderes vereinbart ist. [2]Räumt der Urheber ein ausschließliches Nutzungsrecht ein, so ist er sogleich nach Erscheinen des Beitrags berechtigt, ihn anderweit zu vervielfältigen und zu verbreiten, wenn nichts anderes vereinbart ist.

(4) [1]Der Urheber eines wissenschaftlichen Beitrags, der im Rahmen einer mindestens zur Hälfte mit öffentlichen Mitteln geförderten Forschungstätigkeit entstanden und in einer periodisch mindestens zweimal jährlich erscheinenden Sammlung erschienen ist, hat auch dann, wenn er dem Verleger oder Herausgeber ein ausschließliches Nutzungsrecht eingeräumt hat, das Recht, den Beitrag nach Ablauf von zwölf Monaten seit der Erstveröffentlichung in der akzeptierten Manuskriptversion öffentlich zugänglich zu machen, soweit dies keinem gewerblichen Zweck dient. [2]Die Quelle der Erstveröffentlichung ist anzugeben. [3]Eine zum Nachteil des Urhebers abweichende Vereinbarung ist unwirksam.

§ 39 Änderungen des Werkes. (1) Der Inhaber eines Nutzungsrechts darf das Werk, dessen Titel oder Urheberbezeichnung (§ 10 Abs. 1) nicht ändern, wenn nichts anderes vereinbart ist.

(2) Änderungen des Werkes und seines Titels, zu denen der Urheber seine Einwilligung nach Treu und Glauben nicht versagen kann, sind zulässig.

§ 40 Verträge über künftige Werke. (1) [1]Ein Vertrag, durch den sich der Urheber zur Einräumung von Nutzungsrechten an künftigen Werken verpflichtet, die überhaupt nicht näher oder nur der Gattung nach bestimmt sind, bedarf der schriftlichen Form. [2]Er kann von beiden Vertragsteilen nach Ablauf von fünf Jahren seit dem Abschluss des Vertrages gekündigt werden. [3]Die Kündigungsfrist beträgt sechs Monate, wenn keine kürzere Frist vereinbart ist.

(2) [1]Auf das Kündigungsrecht kann im Voraus nicht verzichtet werden. [2]Andere vertragliche oder gesetzliche Kündigungsrechte bleiben unberührt.

(3) Wenn in Erfüllung des Vertrages Nutzungsrechte an künftigen Werken eingeräumt worden sind, wird mit Beendigung des Vertrages die Verfügung hinsichtlich der Werke unwirksam, die zu diesem Zeitpunkt noch nicht abgeliefert sind.

§ 40a Recht zur anderweitigen Verwertung nach zehn Jahren bei pauschaler Vergütung. (1) [1]Hat der Urheber ein ausschließliches Nutzungsrecht gegen eine pauschale Vergütung eingeräumt, ist er gleichwohl berechtigt, das Werk nach Ablauf von zehn Jahren anderweitig zu verwerten. [2]Für die verbleibende Dauer der Einräumung besteht das Nutzungsrecht des ersten Inhabers als einfaches Nutzungsrecht fort. [3]Die Frist nach Satz 1 beginnt mit der Einräumung des Nutzungsrechts oder, wenn das Werk später abgeliefert wird, mit der Ablieferung. § 38 Absatz 4 Satz 2 ist entsprechend anzuwenden.

(2) Frühestens fünf Jahre nach dem in Absatz 1 Satz 3 genannten Zeitpunkt können die Vertragspartner die Ausschließlichkeit auf die gesamte Dauer der Nutzungsrechtseinräumung erstrecken.

(3) Abweichend von Absatz 1 kann der Urheber bei Vertragsschluss ein zeitlich unbeschränktes ausschließliches Nutzungsrecht einräumen, wenn

1. er einen lediglich nachrangigen Beitrag zu einem Werk, einem Produkt oder einer Dienstleistung erbringt; nachrangig ist ein Beitrag insbesondere dann, wenn er den Gesamteindruck eines Werkes oder die Beschaffenheit eines Produktes oder einer Dienstleistung wenig prägt, etwa weil er nicht zum typischen Inhalt eines Werkes, eines Produktes oder einer Dienstleistung gehört,
2. es sich um ein Werk der Baukunst oder den Entwurf eines solchen Werkes handelt,
3. das Werk mit Zustimmung des Urhebers für eine Marke oder ein sonstiges Kennzeichen, ein Design oder ein Gemeinschaftsgeschmacksmuster bestimmt ist oder
4. das Werk nicht veröffentlicht werden soll.

(4) Von den Absätzen 1 bis 3 kann zum Nachteil des Urhebers nur durch eine Vereinbarung abgewichen werden, die auf einer gemeinsamen Vergütungsregel (§ 36) oder einem Tarifvertrag beruht.

§ 41 Rückrufsrecht wegen Nichtausübung. (1) [1]Übt der Inhaber eines ausschließlichen Nutzungsrechts das Recht nicht oder nur unzureichend aus und werden dadurch berechtigte Interessen des Urhebers erheblich verletzt, so kann dieser das Nutzungsrecht zurückrufen. [2]Dies gilt nicht, wenn die Nichtausübung oder die unzureichende Ausübung des Nutzungsrechts überwiegend auf Umständen beruht, deren Behebung dem Urheber zuzumuten ist.

(2) [1]Das Rückrufsrecht kann nicht vor Ablauf von zwei Jahren seit Einräumung oder Übertragung des Nutzungsrechts oder, wenn das Werk später abgeliefert wird, seit der Ablieferung geltend gemacht werden. [2]Bei einem Beitrag zu einer Zeitung beträgt die Frist drei Monate, bei einem Beitrag zu einer Zeitschrift, die monatlich oder in kürzeren Abständen erscheint, sechs Monate und bei einem Beitrag zu anderen Zeitschriften ein Jahr.

(3) [1]Der Rückruf kann erst erklärt werden, nachdem der Urheber dem Inhaber des Nutzungsrechts unter Ankündigung des Rückrufs eine angemessene Nachfrist zur zureichenden Ausübung des Nutzungsrechts bestimmt hat. [2]Der Bestimmung der Nachfrist bedarf es nicht, wenn die Ausübung des Nutzungsrechts seinem Inhaber unmöglich ist oder von ihm verweigert wird oder wenn durch die Gewährung einer Nachfrist überwiegende Interessen des Urhebers gefährdet würden.

(4) Von den Absätzen 1 bis 3 kann zum Nachteil des Urhebers nur durch eine Vereinbarung abgewichen werden, die auf einer gemeinsamen Vergütungsregel (§ 36) oder einem Tarifvertrag beruht. (5) Mit Wirksamwerden des Rückrufs erlischt das Nutzungsrecht.

(5) Mit Wirksamwerden des Rückrufs erlischt das Nutzungsrecht.

(6) Der Urheber hat den Betroffenen zu entschädigen, wenn und soweit es der Billigkeit entspricht.

(7) Rechte und Ansprüche der Beteiligten nach anderen gesetzlichen Vorschriften bleiben unberührt.

§ 42 Rückrufsrecht wegen gewandelter Überzeugung. (1) [1]Der Urheber kann ein Nutzungsrecht gegenüber dem Inhaber zurückrufen, wenn das Werk seiner Überzeugung nicht mehr entspricht und ihm deshalb die Verwertung des Werkes nicht mehr zugemutet werden kann. [2]Der Rechtsnachfolger des Urhebers (§ 30) kann den Rückruf nur erklären, wenn er nachweist, dass der Urheber vor seinem Tode zum Rückruf berechtigt gewesen wäre und an der Erklärung des Rückrufs gehindert war oder diese letztwillig verfügt hat.

(2) [1]Auf das Rückrufsrecht kann im Voraus nicht verzichtet werden. [2]Seine Ausübung kann nicht ausgeschlossen werden.

(3) [1]Der Urheber hat den Inhaber des Nutzungsrechts angemessen zu entschädigen. [2]Die Entschädigung muss mindestens die Aufwendungen decken, die der Inhaber des Nutzungsrechts bis zur Erklärung des Rückrufs gemacht hat; jedoch bleiben hierbei Aufwendungen, die auf bereits gezogene Nutzungen entfallen, außer Betracht. [3]Der Rückruf wird erst wirksam, wenn der Urheber die Aufwendungen ersetzt oder Sicherheit dafür geleistet hat. [4]Der Inhaber des Nutzungsrechts hat dem Urheber binnen einer Frist von drei Monaten nach Erklärung des Rückrufs die Aufwendungen mitzuteilen; kommt er dieser Pflicht nicht nach, so wird der Rückruf bereits mit Ablauf dieser Frist wirksam.

(4) Will der Urheber nach Rückruf das Werk wieder verwerten, so ist er verpflichtet, dem früheren Inhaber des Nutzungsrechts ein entsprechendes Nutzungsrecht zu angemessenen Bedingungen anzubieten.

(5) Die Bestimmungen in § 41 Abs. 5 und 7 sind entsprechend anzuwenden.

§ 42a Zwangslizenz zur Herstellung von Tonträgern. (1) [1]Ist einem Hersteller von Tonträgern ein Nutzungsrecht an einem Werk der Musik eingeräumt worden mit dem Inhalt, das Werk zu gewerblichen Zwecken auf Tonträger zu übertragen und diese zu vervielfältigen und zu verbreiten, so ist der Urheber verpflichtet, jedem anderen Hersteller von Tonträgern, der im Geltungsbereich dieses Gesetzes seine Hauptniederlassung oder seinen Wohnsitz hat, nach Erscheinen des Werkes gleichfalls ein Nutzungsrecht mit diesem Inhalt zu angemessenen Bedingungen einzuräumen; dies gilt nicht, wenn das bezeichnete Nutzungsrecht erlaubterweise von einer Verwertungsgesellschaft wahrgenommen wird oder wenn das Werk der Überzeugung des Urhebers nicht mehr entspricht, ihm deshalb die Verwertung des Werkes nicht mehr zugemutet werden kann und er ein etwa bestehendes Nutzungsrecht aus diesem Grunde zurückgerufen hat. [2]§ 63 ist entsprechend anzuwenden. [3]Der Urheber ist nicht verpflichtet, die Benutzung des Werkes zur Herstellung eines Filmes zu gestatten.

(2) Gegenüber einem Hersteller von Tonträgern, der weder seine Hauptniederlassung noch seinen Wohnsitz im Geltungsbereich dieses Gesetzes hat, besteht die Verpflichtung nach Absatz 1, soweit in dem Staat, in dem er seine Hauptniederlassung oder seinen Wohnsitz hat, den Herstellern von Tonträgern, die ihre Hauptniederlassung oder ihren Wohnsitz im Geltungsbereich dieses Gesetzes haben, nach einer Bekanntmachung des Bundesministeriums der Jus-

tiz und für Verbraucherschutz im Bundesgesetzblatt ein entsprechendes Recht gewährt wird.

(3) Das nach den vorstehenden Bestimmungen einzuräumende Nutzungsrecht wirkt nur im Geltungsbereich dieses Gesetzes und für die Ausfuhr nach Staaten, in denen das Werk keinen Schutz gegen die Übertragung auf Tonträger genießt.

(4) Hat der Urheber einem anderen das ausschließliche Nutzungsrecht eingeräumt mit dem Inhalt, das Werk zu gewerblichen Zwecken auf Tonträger zu übertragen und diese zu vervielfältigen und zu verbreiten, so gelten die vorstehenden Bestimmungen mit der Maßgabe, dass der Inhaber des ausschließlichen Nutzungsrechts zur Einräumung des in Absatz 1 bezeichneten Nutzungsrechts verpflichtet ist.

(5) Auf ein Sprachwerk, das als Text mit einem Werk der Musik verbunden ist, sind die vorstehenden Bestimmungen entsprechend anzuwenden, wenn einem Hersteller von Tonträgern ein Nutzungsrecht eingeräumt worden ist mit dem Inhalt, das Sprachwerk in Verbindung mit dem Werk der Musik auf Tonträger zu übertragen und diese zu vervielfältigen und zu verbreiten.

(6) [1]Für Klagen, durch die ein Anspruch auf Einräumung des Nutzungsrechts geltend gemacht wird, sind, sofern der Urheber oder im Fall des Absatzes 4 der Inhaber des ausschließlichen Nutzungsrechts im Geltungsbereich dieses Gesetzes keinen allgemeinen Gerichtsstand hat, die Gerichte zuständig, in deren Bezirk das Patentamt seinen Sitz hat. [2]Einstweilige Verfügungen können erlassen werden, auch wenn die in den §§ 935 und 940 der Zivilprozessordnung bezeichneten Voraussetzungen nicht zutreffen.

(7) Die vorstehenden Bestimmungen sind nicht anzuwenden, wenn das in Absatz 1 bezeichnete Nutzungsrecht lediglich zur Herstellung eines Filmes eingeräumt worden ist.

§ 43 Urheber in Arbeits- oder Dienstverhältnissen. Die Vorschriften dieses Unterabschnitts sind auch anzuwenden, wenn der Urheber das Werk in Erfüllung seiner Verpflichtungen aus einem Arbeits- oder Dienstverhältnis geschaffen hat, soweit sich aus dem Inhalt oder dem Wesen des Arbeits- oder Dienstverhältnisses nichts anderes ergibt.

§ 44 Veräußerung des Originals des Werkes. (1) Veräußert der Urheber das Original des Werkes, so räumt er damit im Zweifel dem Erwerber ein Nutzungsrecht nicht ein.

(2) Der Eigentümer des Originals eines Werkes der bildenden Künste oder eines Lichtbildwerkes ist berechtigt, das Werk öffentlich auszustellen, auch wenn es noch nicht veröffentlicht ist, es sei denn, dass der Urheber dies bei der Veräußerung des Originals ausdrücklich ausgeschlossen hat.

Abschnitt 6
Schranken des Urheberrechts

Unterabschnitt 1
Gesetzlich erlaubte Nutzungen

§ 44a Vorübergehende Vervielfältigungshandlungen. Zulässig sind vorübergehende Vervielfältigungshandlungen, die flüchtig oder begleitend sind und einen integralen und wesentlichen Teil eines technischen Verfahrens darstellen und deren alleiniger Zweck es ist,
1. eine Übertragung in einem Netz zwischen Dritten durch einen Vermittler oder
2. eine rechtmäßige Nutzung

eines Werkes oder sonstigen Schutzgegenstands zu ermöglichen, und die keine eigenständige wirtschaftliche Bedeutung haben.

§ 45 Rechtspflege und öffentliche Sicherheit. (1) Zulässig ist, einzelne Vervielfältigungsstücke von Werken zur Verwendung in Verfahren vor einem Gericht, einem Schiedsgericht oder einer Behörde herzustellen oder herstellen zu lassen.

(2) Gerichte und Behörden dürfen für Zwecke der Rechtspflege und der öffentlichen Sicherheit Bildnisse vervielfältigen oder vervielfältigen lassen.

(3) Unter den gleichen Voraussetzungen wie die Vervielfältigung ist auch die Verbreitung, öffentliche Ausstellung und öffentliche Wiedergabe der Werke zulässig.

§ 45a Behinderte Menschen. (1) Zulässig ist die nicht Erwerbszwecken dienende Vervielfältigung eines Werkes für und deren Verbreitung ausschließlich an Menschen, soweit diesen der Zugang zu dem Werk in einer bereits verfügbaren Art der sinnlichen Wahrnehmung aufgrund einer Behinderung nicht möglich oder erheblich erschwert ist, soweit es zur Ermöglichung des Zugangs erforderlich ist.

(2) [1]Für die Vervielfältigung und Verbreitung ist dem Urheber eine angemessene Vergütung zu zahlen; ausgenommen ist die Herstellung lediglich einzelner Vervielfältigungsstücke. [2]Der Anspruch kann nur durch eine Verwertungsgesellschaft geltend gemacht werden.

§ 46 Sammlungen für religiösen Gebrauch. (1) [1]Nach der Veröffentlichung zulässig ist die Vervielfältigung, Verbreitung und öffentliche Zugänglichmachung von Teilen eines Werkes, von Sprachwerken oder von Werken der Musik von geringem Umfang, von einzelnen Werken der bildenden Künste oder einzelnen Lichtbildwerken als Element einer Sammlung, die Werke einer größeren Anzahl von Urhebern vereinigt und die nach ihrer Beschaffenheit nur für den Gebrauch während religiöser Feierlichkeiten bestimmt ist. [2]In den Vervielfältigungsstücken oder bei der öffentlichen Zugänglichmachung ist deutlich anzugeben, wozu die Sammlung bestimmt ist.

(2) *(weggefallen)*

(3) [1]Mit der Vervielfältigung oder der öffentlichen Zugänglichmachung darf erst begonnen werden, wenn die Absicht, von der Berechtigung nach Absatz 1 Gebrauch zu machen, dem Urheber oder, wenn sein Wohnort oder Aufenthaltsort unbekannt ist, dem Inhaber des ausschließlichen Nutzungsrechts durch eingeschriebenen Brief mitgeteilt worden ist und seit Absendung des Briefes zwei Wochen verstrichen sind. [2]Ist auch der Wohnort oder Aufenthaltsort des Inhabers des ausschließlichen Nutzungsrechts unbekannt, so kann die Mitteilung durch Veröffentlichung im Bundesanzeiger bewirkt werden.

(4) Für die nach dieser Vorschrift zulässige Verwertung ist dem Urheber eine angemessene Vergütung zu zahlen.

(5) [1]Der Urheber kann die nach dieser Vorschrift zulässige Verwertung verbieten, wenn das Werk seiner Überzeugung nicht mehr entspricht, ihm deshalb die Verwertung des Werkes nicht mehr zugemutet werden kann und er ein etwa bestehendes Nutzungsrecht aus diesem Grunde zurückgerufen hat (§ 42). [2]Die Bestimmungen in § 136 Abs. 1 und 2 sind entsprechend anzuwenden.

§ 47 Schulfunksendungen. (1) [1]Schulen sowie Einrichtungen der Lehrerbildung und der Lehrerfortbildung dürfen einzelne Vervielfältigungsstücke von Werken, die innerhalb einer Schulfunksendung gesendet werden, durch Übertragung der Werke auf Bild- oder Tonträger herstellen. [2]Das Gleiche gilt für Heime der Jugendhilfe und die staatlichen Landesbildstellen oder vergleichbare Einrichtungen in öffentlicher Trägerschaft.

(2) [1]Die Bild- oder Tonträger dürfen nur für den Unterricht verwendet werden. [2]Sie sind spätestens am Ende des auf die Übertragung der Schulfunksendung folgenden Schuljahrs zu löschen, es sei denn, dass dem Urheber eine angemessene Vergütung gezahlt wird.

§ 48 Öffentliche Reden. (1) Zulässig ist

1. die Vervielfältigung und Verbreitung von Reden über Tagesfragen in Zeitungen, Zeitschriften sowie in anderen Druckschriften oder sonstigen Datenträgern, die im Wesentlichen den Tagesinteressen Rechnung tragen, wenn die Reden bei öffentlichen Versammlungen gehalten oder durch öffentliche Wiedergabe im Sinne von § 19a oder § 20 veröffentlicht worden sind, sowie die öffentliche Wiedergabe solcher Reden,
2. die Vervielfältigung, Verbreitung und öffentliche Wiedergabe von Reden, die bei öffentlichen Verhandlungen vor staatlichen, kommunalen oder kirchlichen Organen gehalten worden sind.

(2) Unzulässig ist jedoch die Vervielfältigung und Verbreitung der in Absatz 1 Nr. 2 bezeichneten Reden in Form einer Sammlung, die überwiegend Reden desselben Urhebers enthält.

§ 49 Zeitungsartikel und Rundfunkkommentare. (1) [1]Zulässig ist die Vervielfältigung und Verbreitung einzelner Rundfunkkommentare und einzelner Artikel sowie mit ihnen im Zusammenhang veröffentlichter Abbildungen aus Zeitungen und anderen lediglich Tagesinteressen dienenden Informationsblättern in anderen Zeitungen und Informationsblättern dieser Art sowie die öffentliche Wiedergabe solcher Kommentare, Artikel und Abbildungen, wenn sie politische, wirtschaftliche oder religiöse Tagesfragen betreffen und nicht mit einem Vorbehalt der Rechte versehen sind. [2]Für die Vervielfältigung, Verbreitung und öffentliche Wiedergabe ist dem Urheber eine angemessene Vergütung zu zahlen, es sei denn, dass es sich um eine Vervielfältigung, Verbreitung oder öffentliche Wiedergabe kurzer Auszüge aus mehreren Kommentaren oder Artikeln in Form einer Übersicht handelt. [3]Der Anspruch kann nur durch eine Verwertungsgesellschaft geltend gemacht werden.

(2) Unbeschränkt zulässig ist die Vervielfältigung, Verbreitung und öffentliche Wiedergabe von vermischten Nachrichten tatsächlichen Inhalts und von Tagesneuigkeiten, die durch Presse oder Funk veröffentlicht worden sind; ein durch andere gesetzliche Vorschriften gewährter Schutz bleibt unberührt.

§ 50 Berichterstattung über Tagesereignisse. Zur Berichterstattung über Tagesereignisse durch Funk oder durch ähnliche technische Mittel, in Zeitungen, Zeitschriften und in anderen Druckschriften oder sonstigen Datenträgern, die im Wesentlichen Tagesinteressen Rechnung tragen, sowie im Film, ist die Vervielfältigung, Verbreitung und öffentliche Wiedergabe von Werken, die im Verlauf dieser Ereignisse wahrnehmbar werden, in einem durch den Zweck gebotenen Umfang zulässig.

§ 51 Zitate. [1]Zulässig ist die Vervielfältigung, Verbreitung und öffentliche Wiedergabe eines veröffentlichten Werkes zum Zweck des Zitats, sofern die Nutzung in ihrem Umfang durch den besonderen Zweck gerechtfertigt ist. [2]Zulässig ist dies insbesondere, wenn

1. einzelne Werke nach der Veröffentlichung in ein selbstständiges wissenschaftliches Werk zur Erläuterung des Inhalts aufgenommen werden,
2. Stellen eines Werkes nach der Veröffentlichung in einem selbstständigen Sprachwerk angeführt werden,
3. einzelne Stellen eines erschienenen Werkes der Musik in einem selbstständigen Werk der Musik angeführt werden.

[2]Von der Zitierbefugnis gemäß den Sätzen 1 und 2 umfasst ist die Nutzung einer Abbildung oder sonstigen Vervielfältigung des zitierten Werkes, auch wenn diese selbst durch ein Urheberrecht oder ein verwandtes Schutzrecht geschützt ist.

§ 52 Öffentliche Wiedergabe. (1) [1]Zulässig ist die öffentliche Wiedergabe eines veröffentlichten Werkes, wenn die Wiedergabe keinem Erwerbszweck des Veranstalters dient, die Teilnehmer ohne Entgelt zugelassen werden und im Falle des Vortrags oder der Aufführung des Werkes keiner der ausübenden

Künstler (§ 73) eine besondere Vergütung erhält. [2]Für die Wiedergabe ist eine angemessene Vergütung zu zahlen. [3]Die Vergütungspflicht entfällt für Veranstaltungen der Jugendhilfe, der Sozialhilfe, der Alten- und Wohlfahrtspflege sowie der Gefangenenbetreuung, sofern sie nach ihrer sozialen oder erzieherischen Zweckbestimmung nur einem bestimmt abgegrenzten Kreis von Personen zugänglich sind. [4]Dies gilt nicht, wenn die Veranstaltung dem Erwerbszweck eines Dritten dient; in diesem Fall hat der Dritte die Vergütung zu zahlen.

(2) [1]Zulässig ist die öffentliche Wiedergabe eines erschienenen Werkes auch bei einem Gottesdienst oder einer kirchlichen Feier der Kirchen oder Religionsgemeinschaften. [2]Jedoch hat der Veranstalter dem Urheber eine angemessene Vergütung zu zahlen.

(3) Öffentliche bühnenmäßige Darstellungen, öffentliche Zugänglichmachungen und Funksendungen eines Werkes sowie öffentliche Vorführungen eines Filmwerks sind stets nur mit Einwilligung des Berechtigten zulässig.

§ 53 Vervielfältigungen zum privaten und sonstigen eigenen Gebrauch.

(1) [1]Zulässig sind einzelne Vervielfältigungen eines Werkes durch eine natürliche Person zum privaten Gebrauch auf beliebigen Trägern, sofern sie weder unmittelbar noch mittelbar Erwerbszwecken dienen, soweit nicht zur Vervielfältigung eine offensichtlich rechtswidrig hergestellte oder öffentlich zugänglich gemachte Vorlage verwendet wird. [2]Der zur Vervielfältigung Befugte darf die Vervielfältigungsstücke auch durch einen anderen herstellen lassen, sofern dies unentgeltlich geschieht oder es sich um Vervielfältigungen auf Papier oder einem ähnlichen Träger mittels beliebiger photomechanischer Verfahren oder anderer Verfahren mit ähnlicher Wirkung handelt.

(2) [1]Zulässig ist, einzelne Vervielfältigungsstücke eines Werkes herzustellen oder herstellen zu lassen

1. *(aufgehoben)*
2. zur Aufnahme in ein eigenes Archiv, wenn und soweit die Vervielfältigung zu diesem Zweck geboten ist und als Vorlage für die Vervielfältigung ein eigenes Werkstück benutzt wird,
3. zur eigenen Unterrichtung über Tagesfragen, wenn es sich um ein durch Funk gesendetes Werk handelt,
4. zum sonstigen eigenen Gebrauch,
   a) wenn es sich um kleine Teile eines erschienenen Werkes oder um einzelne Beiträge handelt, die in Zeitungen oder Zeitschriften erschienen sind,
   b) wenn es sich um ein seit mindestens zwei Jahren vergriffenes Werk handelt.

[2]Dies gilt nur, wenn zusätzlich

1. die Vervielfältigung auf Papier oder einem ähnlichen Träger mittels beliebiger photomechanischer Verfahren oder anderer Verfahren mit ähnlicher Wirkung vorgenommen wird oder
2. eine ausschließlich analoge Nutzung stattfindet.

(3) [1]Zulässig ist, Vervielfältigungsstücke von kleinen Teilen eines Werkes, von Werken von geringem Umfang oder von einzelnen Beiträgen, die in Zeitungen oder Zeitschriften erschienen oder öffentlich zugänglich gemacht worden sind, zum eigenen Gebrauch

1. zur Veranschaulichung des Unterrichts in Schulen, in nichtgewerblichen Einrichtungen der Aus- und Weiterbildung sowie in Einrichtungen der Berufsbildung in der für die Unterrichtsteilnehmer erforderlichen Anzahl oder
2. für staatliche Prüfungen und Prüfungen in Schulen, Hochschulen, in nichtgewerblichen Einrichtungen der Aus- und Weiterbildung sowie in der Berufsbildung in der erforderlichen Anzahl

herzustellen oder herstellen zu lassen, wenn und soweit die Vervielfältigung zu diesem Zweck geboten ist. [2]Die Vervielfältigung eines Werkes, das für den Unterrichtsgebrauch an Schulen bestimmt ist, ist stets nur mit Einwilligung des Berechtigten zulässig.

(4) Die Vervielfältigung

a) graphischer Aufzeichnungen von Werken der Musik,
b) eines Buches oder einer Zeitschrift, wenn es sich um eine im Wesentlichen vollständige Vervielfältigung handelt,

ist, soweit sie nicht durch Abschreiben vorgenommen wird, stets nur mit Einwilligung des Berechtigten zulässig oder unter den Voraussetzungen des Absatzes 2 Satz 1 Nr. 2 oder zum eigenen Gebrauch, wenn es sich um ein seit mindestens zwei Jahren vergriffenes Werk handelt.

(5) [1]Absatz 1, Absatz 2 Satz 1 Nr. 2 bis 4 sowie Absatz 3 Nr. 2 finden keine Anwendung auf Datenbankwerke, deren Elemente einzeln mit Hilfe elektronischer Mittel zugänglich sind. [2]Absatz 2 Satz 1 Nr. 1 sowie Absatz 3 Nr. 1 finden auf solche Datenbankwerke mit der Maßgabe Anwendung, dass der wissenschaftliche Gebrauch sowie der Gebrauch im Unterricht nicht zu gewerblichen Zwecken erfolgen.

(6) [1]Die Vervielfältigungsstücke dürfen weder verbreitet noch zu öffentlichen Wiedergaben benutzt werden. [2]Zulässig ist jedoch, rechtmäßig hergestellte Vervielfältigungsstücke von Zeitungen und vergriffenen Werken sowie solche Werkstücke zu verleihen, bei denen kleine beschädigte oder abhanden gekommene Teile durch Vervielfältigungsstücke ersetzt worden sind.

(7) Die Aufnahme öffentlicher Vorträge, Aufführungen oder Vorführungen eines Werkes auf Bild- oder Tonträger, die Ausführung von Plänen und Entwürfen zu Werken der bildenden Künste und der Nachbau eines Werkes der Baukunst sind stets nur mit Einwilligung des Berechtigten zulässig.

§ 53a Kopienversand auf Bestellung. (1) [1]Zulässig ist auf Einzelbestellung die Vervielfältigung und Übermittlung einzelner in Zeitungen und Zeitschriften erschienener Beiträge sowie kleiner Teile eines erschienenen Werkes im Wege des Post- oder Faxversands durch öffentliche Bibliotheken, sofern die Nutzung durch den Besteller nach § 53 zulässig ist. [2]Die Vervielfältigung und Übermittlung in sonstiger elektronischer Form ist ausschließlich als grafische Datei und zur Veranschaulichung des Unterrichts oder für Zwecke der wissenschaftlichen Forschung zulässig, soweit dies zur Verfolgung nicht gewerblicher Zwecke gerechtfertigt ist. [3]Die Vervielfältigung und Übermittlung in sonstiger elektronischer Form ist ferner nur dann zulässig, wenn der Zugang zu den Beiträgen oder kleinen Teilen eines Werkes den Mitgliedern der Öffentlichkeit nicht offensichtlich von Orten und zu Zeiten ihrer Wahl mittels einer vertraglichen Vereinbarung zu angemessenen Bedingungen ermöglicht wird.

(2) [1]Für die Vervielfältigung und Übermittlung ist dem Urheber eine angemessene Vergütung zu zahlen. [2]Der Anspruch kann nur durch eine Verwertungsgesellschaft geltend gemacht werden.

Unterabschnitt 2

Vergütung der nach den §§ 53, 60a bis 60 f erlaubten Verfielfältigungen

§ 54 Vergütungspflicht. (1) Lässt die Art des Werkes eine nach § 53 Absatz 1 oder 2 oder den §§ 60a bis 60f erlaubte Vervielfältigung erwarten, so hat der Urheber des Werkes gegen den Hersteller von Geräten und von Speichermedien, deren Typ allein oder in Verbindung mit anderen Geräten, Speichermedien oder Zubehör zur Vornahme solcher Vervielfältigungen benutzt wird, Anspruch auf Zahlung einer angemessenen Vergütung.

(2) Der Anspruch nach Absatz 1 entfällt, soweit nach den Umständen erwartet werden kann, dass die Geräte oder Speichermedien im Geltungsbereich dieses Gesetzes nicht zu Vervielfältigungen benutzt werden.

§ 54a Vergütungshöhe. (1) [1]Maßgebend für die Vergütungshöhe ist, in welchem Maß die Geräte und Speichermedien als Typen tatsächlich für Vervielfältigungen nach § 53 Absatz 1 oder 2 oder den §§ 60a bis 60f genutzt werden. [2]Dabei ist zu berücksichtigen, inwieweit technische Schutzmaßnahmen nach § 95a auf die betreffenden Werke angewendet werden.

(2) Die Vergütung für Geräte ist so zu gestalten, dass sie auch mit Blick auf die Vergütungspflicht für in diesen Geräten enthaltene Speichermedien oder andere, mit diesen funktionell zusammenwirkende Geräte oder Speichermedien insgesamt angemessen ist.

(3) Bei der Bestimmung der Vergütungshöhe sind die nutzungsrelevanten Eigenschaften der Geräte und Speichermedien, insbesondere die Leistungsfähigkeit von Geräten sowie die Speicherkapazität und Mehrfachbeschreibbarkeit von Speichermedien, zu berücksichtigen.

(4) Die Vergütung darf Hersteller von Geräten und Speichermedien nicht unzumutbar beeinträchtigen; sie muss in einem wirtschaftlich angemessenen Verhältnis zum Preisniveau des Geräts oder des Speichermediums stehen.

§ 54b Vergütungspflicht des Händlers oder Importeurs. (1) Neben dem Hersteller haftet als Gesamtschuldner, wer die Geräte oder Speichermedien in den Geltungsbereich dieses Gesetzes gewerblich einführt oder wiedereinführt oder wer mit ihnen handelt.

(2) [1]Einführer ist, wer die Geräte oder Speichermedien in den Geltungsbereich dieses Gesetzes verbringt oder verbringen lässt. [2]Liegt der Einfuhr ein Vertrag mit einem Gebietsfremden zugrunde, so ist Einführer nur der im Geltungsbereich dieses Gesetzes ansässige Vertragspartner, soweit er gewerblich tätig wird. [3]Wer lediglich als Spediteur oder Frachtführer oder in einer ähnlichen Stellung bei dem Verbringen der Waren tätig wird, ist nicht Einführer. [4]Wer die Gegenstände aus Drittländern in eine Freizone oder in ein Freilager nach Artikel 166 der Verordnung (EWG) Nr. 2913/92 des Rates vom 12. Oktober 1992 zur Festlegung des Zollkodex der Gemeinschaften (ABl. EG Nr. L 302 S. 1) verbringt oder verbringen lässt, ist als Einführer nur anzusehen, wenn die Gegenstände in diesem Bereich gebraucht oder wenn sie in den zollrechtlich freien Verkehr übergeführt werden.

(3) Die Vergütungspflicht des Händlers entfällt,
1. soweit ein zur Zahlung der Vergütung Verpflichteter, von dem der Händler die Geräte oder die Speichermedien bezieht, an einen Gesamtvertrag über die Vergütung gebunden ist oder
2. wenn der Händler Art und Stückzahl der bezogenen Geräte und Speichermedien und seine Bezugsquelle der nach § 54h Abs. 3 bezeichneten Empfangsstelle jeweils zum 10. Januar und 10. Juli für das vorangegangene Kalenderhalbjahr schriftlich mitteilt.

§ 54c Vergütungspflicht des Betreibers von Ablichtungsgeräten. (1) Werden Geräte der in § 54 Abs. 1 genannten Art, die im Weg der Ablichtung oder in einem Verfahren vergleichbarer Wirkung vervielfältigen, in Schulen, Hochschulen sowie Einrichtungen der Berufsbildung oder der sonstigen Aus- und Weiterbildung, Forschungseinrichtungen, öffentlichen Bibliotheken, in nicht kommerziellen Archiven oder Einrichtungen im Bereich des Films oder Tonerbes oder in nicht kommerziellen öffentlich zugänglichen Museen oder in Einrichtungen betrieben, die Geräte für die entgeltliche Herstellung von Ablichtungen bereithalten, so hat der Urheber auch gegen den Betreiber des Geräts einen Anspruch auf Zahlung einer angemessenen Vergütung.

(2) Die Höhe der von dem Betreiber insgesamt geschuldeten Vergütung bemisst sich nach der Art und dem Umfang der Nutzung des Geräts, die nach den Umständen, insbesondere nach dem Standort und der üblichen Verwendung, wahrscheinlich ist.

§ 54d Hinweispflicht. Soweit nach § 14 Abs. 2 Satz 1 Nr. 2 Satz 2 des Umsatzsteuergesetzes eine Verpflichtung zur Erteilung einer Rechnung besteht, ist in Rechnungen über die Veräußerung oder ein sonstiges Inverkehrbringen der in § 54 Abs. 1 genannten Geräte oder Speichermedien auf die auf das Gerät oder Speichermedium entfallende Urhebervergütung hinzuweisen.

§ 54e Meldepflicht. (1) Wer Geräte oder Speichermedien in den Geltungsbereich dieses Gesetzes gewerblich einführt oder wiedereinführt, ist dem Urheber gegenüber verpflichtet, Art und Stückzahl der eingeführten Gegenstände der nach § 54h Abs. 3 bezeichneten Empfangsstelle monatlich bis zum zehnten Tag nach Ablauf jedes Kalendermonats schriftlich mitzuteilen.

(2) Kommt der Meldepflichtige seiner Meldepflicht nicht, nur unvollständig oder sonst unrichtig nach, kann der doppelte Vergütungssatz verlangt werden.

§ 54f Auskunftspflicht. (1) [1]Der Urheber kann von dem nach § 54 oder § 54b zur Zahlung der Vergütung Verpflichteten Auskunft über Art und Stückzahl der im Geltungsbereich dieses Gesetzes veräußerten oder in Verkehr gebrachten Geräte und Speichermedien verlangen. [2]Die Auskunftspflicht des Händlers erstreckt sich auch auf die Benennung der Bezugsquellen; sie besteht auch im Fall des § 54b Abs. 3 Nr. 1. [3]§ 26 Abs. 7 gilt entsprechend.

(2) Der Urheber kann von dem Betreiber eines Geräts in einer Einrichtung im Sinne des § 54c Abs. 1 die für die Bemessung der Vergütung erforderliche Auskunft verlangen.

(3) Kommt der zur Zahlung der Vergütung Verpflichtete seiner Auskunftspflicht nicht, nur unvollständig oder sonst unrichtig nach, so kann der doppelte Vergütungssatz verlangt werden.

§ 54g Kontrollbesuch. [1]Soweit dies für die Bemessung der vom Betreiber nach § 54c geschuldeten Vergütung erforderlich ist, kann der Urheber verlangen, dass ihm das Betreten der Betriebs- und Geschäftsräume des Betreibers, der Geräte für die entgeltliche Herstellung von Ablichtungen bereithält, während der üblichen Betriebs- oder Geschäftszeit gestattet wird. [2]Der Kontrollbesuch muss so ausgeübt werden, dass vermeidbare Betriebsstörungen unterbleiben.

§ 54h Verwertungsgesellschaften; Handhabung der Mitteilungen. (1) Die Ansprüche nach den §§ 54 bis 54c, 54e Abs. 2, §§ 54 f und 54g können nur durch eine Verwertungsgesellschaft geltend gemacht werden.

(2) [1]Jedem Berechtigten steht ein angemessener Anteil an den nach den §§ 54 bis 54c gezahlten Vergütungen zu. [2]Soweit Werke mit technischen Maßnahmen gemäß § 95a geschützt sind, werden sie bei der Verteilung der Einnahmen nicht berücksichtigt.

(3) [1]Für Mitteilungen nach § 54b Abs. 3 und § 54e haben die Verwertungsgesellschaften dem Deutschen Patent- und Markenamt eine gemeinsame Empfangsstelle zu bezeichnen. [2]Das Deutsche Patent- und Markenamt gibt diese im Bundesanzeiger bekannt.

(4) [1]Das Deutsche Patent- und Markenamt kann Muster für die Mitteilungen nach § 54b Abs. 3 Nr. 2 und § 54e im Bundesanzeiger bekannt machen. [2]Werden Muster bekannt gemacht, sind diese zu verwenden.

(5) Die Verwertungsgesellschaften und die Empfangsstelle dürfen die gemäß § 54b Abs. 3 Nr. 2, den §§ 54e und 54f erhaltenen Angaben nur zur Geltendmachung der Ansprüche nach Absatz 1 verwenden.

Unterabschnitt 3

Weitere gesetzlich erlaubte Nutzungen

§ 55 Vervielfältigung durch Sendeunternehmen. (1) [1]Ein Sendeunternehmen, das zur Funksendung eines Werkes berechtigt ist, darf das Werk mit eigenen Mitteln auf Bild- oder Tonträger übertragen, um diese zur Funksendung über jeden seiner Sender oder Richtstrahler je einmal zu benutzen. [2]Die Bild- oder Tonträger sind spätestens einen Monat nach der ersten Funksendung des Werkes zu löschen.

(2) [1]Bild- oder Tonträger, die außergewöhnlichen dokumentarischen Wert haben, brauchen nicht gelöscht zu werden, wenn sie in ein amtliches Archiv aufgenommen werden. [2]Von der Aufnahme in das Archiv ist der Urheber unverzüglich zu benachrichtigen.

§ 55a Benutzung eines Datenbankwerkes. [1]Zulässig ist die Bearbeitung sowie die Vervielfältigung eines Datenbankwerkes durch den Eigentümer eines mit Zustimmung des Urhebers durch Veräußerung in Verkehr gebrachten Vervielfältigungsstücks des Datenbankwerkes, den in sonstiger Weise zu dessen Gebrauch Berechtigten oder denjenigen, dem ein Datenbankwerk aufgrund eines mit dem Urheber oder eines mit dessen Zustimmung mit einem Dritten geschlossenen Vertrags zugänglich gemacht wird, wenn und soweit die Bearbeitung oder Vervielfältigung für den Zugang zu den Elementen des Datenbankwerkes und für dessen übliche Benutzung erforderlich ist. [2]Wird aufgrund eines Vertrags nach Satz 1 nur ein Teil des Datenbankwerkes zugänglich gemacht, so ist nur die Bearbeitung sowie die Vervielfältigung dieses Teils zulässig. [3]Entgegenstehende vertragliche Vereinbarungen sind nichtig.

§ 56 Vervielfältigung und öffentliche Wiedergabe in Geschäftsbetrieben. (1) In Geschäftsbetrieben, in denen Geräte zur Herstellung oder zur Wiedergabe von Bild- oder Tonträgern, zum Empfang von Funksendungen oder zur elektronischen Datenverarbeitung vertrieben oder instand gesetzt werden, ist die Übertragung von Werken auf Bild-, Ton- oder Datenträger, die öffentliche Wahrnehmbarmachung von Werken mittels Bild-, Ton- oder Datenträger sowie die öffentliche Wahrnehmbarmachung von Funksendungen und öffentliche Zugänglichmachungen von Werken zulässig, soweit dies notwendig ist, um diese Geräte Kunden vorzuführen oder instand zu setzen.

(2) Nach Absatz 1 hergestellte Bild-, Ton- oder Datenträger sind unverzüglich zu löschen.

§ 57 Unwesentliches Beiwerk. Zulässig ist die Vervielfältigung, Verbreitung und öffentliche Wiedergabe von Werken, wenn sie als unwesentliches Beiwerk neben dem eigentlichen Gegenstand der Vervielfältigung, Verbreitung oder öffentlichen Wiedergabe anzusehen sind.

§ 58 Werbung für die Ausstellung und den öffentlichen Verkauf von Werken Zulässig sind die Vervielfältigung, Verbreitung und öffentliche Zugänglichmachung von öffentlich ausgestellten oder zur öffentlichen Ausstellung oder zum öffentlichen Verkauf bestimmten Werken gemäß § 2 Absatz 1 Nummer 4 bis 6 durch den Veranstalter zur Werbung, soweit dies zur Förderung der Veranstaltung erforderlich ist.

§ 59 Werke an öffentlichen Plätzen [Panoramafreiheit]. (1) [1]Zulässig ist, Werke, die sich bleibend an öffentlichen Wegen, Straßen oder Plätzen befinden, mit Mitteln der Malerei oder Graphik, durch Lichtbild oder durch Film zu vervielfältigen, zu verbreiten und öffentlich wiederzugeben. [2]Bei Bauwerken erstrecken sich diese Befugnisse nur auf die äußere Ansicht.

(2) Die Vervielfältigungen dürfen nicht an einem Bauwerk vorgenommen werden.

§ 60 Bildnisse. (1) [1]Zulässig ist die Vervielfältigung sowie die unentgeltliche und nicht zu gewerblichen Zwecken vorgenommene Verbreitung eines Bildnisses durch den Besteller des Bildnisses oder seinen Rechtsnachfolger oder bei einem auf Bestellung geschaffenen Bildnis durch den Abgebildeten oder nach dessen Tod durch seine Angehörigen oder durch einen im Auftrag einer dieser Personen handelnden Dritten. [2]Handelt es sich bei dem Bildnis um ein Werk der bildenden Künste, so ist die Verwertung nur durch Lichtbild zulässig.

(2) Angehörige im Sinne von Absatz 1 Satz 1 sind der Ehegatte oder der Lebenspartner und die Kinder oder, wenn weder ein Ehegatte oder Lebenspartner noch Kinder vorhanden sind, die Eltern.

Unterabschnitt 4

Gesetzlich erlaubte Nutzungen für Unterricht, Wissenschaft und Institutionen

§ 60a Unterricht und Lehre. (1) Zur Veranschaulichung des Unterrichts und der Lehre an Bildungseinrichtungen dürfen zu nicht kommerziellen Zwecken bis zu 15 Prozent eines veröffentlichten Werkes vervielfältigt, verbreitet, öffentlich zugänglich gemacht und in sonstiger Weise öffentlich wiedergegeben werden

1. für Lehrende und Teilnehmer der jeweiligen Veranstaltung,
2. für Lehrende und Prüfer an derselben Bildungseinrichtung sowie
3. für Dritte, soweit dies der Präsentation des Unterrichts, von Unterrichts- oder Lernergebnissen an der Bildungseinrichtung dient.

(2) Abbildungen, einzelne Beiträge aus derselben Fachzeitschrift oder wissenschaftlichen Zeitschrift, sonstige Werke geringen Umfangs und vergriffene Werke dürfen abweichend von Absatz 1 vollständig genutzt werden.

(3) Nicht nach den Absätzen 1 und 2 erlaubt sind folgende Nutzungen:
1. Vervielfältigung durch Aufnahme auf Bild- oder Tonträger und öffentliche Wiedergabe eines Werkes, während es öffentlich vorgetragen, aufgeführt oder vorgeführt wird,
2. Vervielfältigung, Verbreitung und öffentliche Wiedergabe eines Werkes, das ausschließlich für den Unterricht an Schulen geeignet, bestimmt und entsprechend gekennzeichnet ist, an Schulen sowie
3. Vervielfältigung von grafischen Aufzeichnungen von Werken der Musik, soweit sie nicht für die öffentliche Zugänglichmachung nach den Absätzen 1 oder 2 erforderlich ist.

(4) Bildungseinrichtungen sind frühkindliche Bildungseinrichtungen, Schulen, Hochschulen sowie Einrichtungen der Berufsbildung oder der sonstigen Aus- und Weiterbildung.

§ 60b Unterrichts- und Lehrmedien. (1) Hersteller von Unterrichts- und Lehrmedien dürfen für solche Sammlungen bis zu 10 Prozent eines veröffentlichten Werkes vervielfältigen, verbreiten und öffentlich zugänglich machen.

(2) § 60a Absatz 2 und 3 ist entsprechend anzuwenden.

(3) Unterrichts- und Lehrmedien im Sinne dieses Gesetzes sind Sammlungen, die Werke einer größeren Anzahl von Urhebern vereinigen und ausschließlich zur Veranschaulichung des Unterrichts und der Lehre an Bildungseinrichtungen (§ 60a) zu nicht kommerziellen Zwecken geeignet, bestimmt und entsprechend gekennzeichnet sind.

§ 60c Wissenschaftliche Forschung. (1) Zum Zweck der nicht kommerziellen wissenschaftlichen Forschung dürfen bis zu 15 Prozent eines Werkes vervielfältigt, verbreitet und öffentlich zugänglich gemacht werden
1. für einen bestimmt abgegrenzten Kreis von Personen für deren eigene wissenschaftliche Forschung sowie
2. für einzelne Dritte, soweit dies der Überprüfung der Qualität wissenschaftlicher Forschung dient.

(2) Für die eigene wissenschaftliche Forschung dürfen bis zu 75 Prozent eines Werkes vervielfältigt werden.

(3) Abbildungen, einzelne Beiträge aus derselben Fachzeitschrift oder wissenschaftlichen Zeitschrift, sonstige Werke geringen Umfangs und vergriffene Werke dürfen abweichend von den Absätzen 1 und 2 vollständig genutzt werden.

(4) Nicht nach den Absätzen 1 bis 3 erlaubt ist es, während öffentlicher Vorträge, Aufführungen oder Vorführungen eines Werkes diese auf Bild oder Tonträger aufzunehmen und später öffentlich zugänglich zu machen.

§ 60d Text und Data Mining. (1) [1]Um eine Vielzahl von Werken (Ursprungsmaterial) für die wissenschaftliche Forschung automatisiert auszuwerten, ist es zulässig,

1. das Ursprungsmaterial auch automatisiert und systematisch zu vervielfältigen, um daraus insbesondere durch Normalisierung, Strukturierung und Kategorisierung ein auszuwertendes Korpus zu erstellen, und
2. das Korpus einem bestimmt abgegrenzten Kreis von Personen für die gemeinsame wissenschaftliche Forschung sowie einzelnen Dritten zur Überprüfung der Qualität wissenschaftlicher Forschung öffentlich zugänglich zu machen.

[2]Der Nutzer darf hierbei nur nicht kommerzielle Zwecke verfolgen.

(2) [1]Werden Datenbankwerke nach Maßgabe des Absatzes 1 genutzt, so gilt dies als übliche Benutzung nach § 55a Satz 1. [2]Werden unwesentliche Teile von Datenbanken nach Maßgabe des Absatzes 1 genutzt, so gilt dies mit der normalen Auswertung der Datenbank sowie mit den berechtigten Interessen des Datenbankherstellers im Sinne von § 87b Absatz 1 Satz 2 und § 87e als vereinbar.

(3) [1]Das Korpus und die Vervielfältigungen des Ursprungsmaterials sind nach Abschluss der Forschungsarbeiten zu löschen; die öffentliche Zugänglichmachung ist zu beenden. [2]Zulässig ist es jedoch, das Korpus und die Vervielfältigungen des Ursprungsmaterials den in den §§ 60e und 60f genannten Institutionen zur dauerhaften Aufbewahrung zu übermitteln.

§ 60e Bibliotheken. (1) Öffentlich zugängliche Bibliotheken, die keine unmittelbaren oder mittelbaren kommerziellen Zwecke verfolgen (Bibliotheken), dürfen ein Werk aus ihrem Bestand oder ihrer Ausstellung für Zwecke der Zugänglichmachung, Indexierung, Katalogisierung, Erhaltung und Restaurierung vervielfältigen oder vervielfältigen lassen, auch mehrfach und mit technisch bedingten Änderungen.

(2) [1]Verbreiten dürfen Bibliotheken Vervielfältigungen eines Werkes aus ihrem Bestand an andere Bibliotheken oder an in § 60f genannte Institutionen für Zwecke der Restaurierung. [2]Verleihen dürfen sie restaurierte Werke sowie Vervielfältigungsstücke von Zeitungen, vergriffenen oder zerstörten Werken aus ihrem Bestand.

(3) Verbreiten dürfen Bibliotheken Vervielfältigungen eines in § 2 Absatz 1 Nummer 4 bis 7 genannten Werkes, sofern dies in Zusammenhang mit dessen öffentlicher Ausstellung oder zur Dokumentation des Bestandes der Bibliothek erfolgt.

(4) [1]Zugänglich machen dürfen Bibliotheken an Terminals in ihren Räumen ein Werk aus ihrem Bestand ihren Nutzern für deren Forschung oder private Studien. [2]Sie dürfen den Nutzern je Sitzung Vervielfältigungen an den Terminals von bis zu 10 Prozent eines Werkes sowie von einzelnen Abbildungen, Beiträgen aus derselben Fachzeitschrift oder wissenschaftlichen Zeitschrift, sonstigen Werken geringen Umfangs und vergriffenen Werken zu nicht kommerziellen Zwecken ermöglichen.

(5) Auf Einzelbestellung an Nutzer zu nicht kommerziellen Zwecken übermitteln dürfen Bibliotheken Vervielfältigungen von bis zu 10 Prozent eines er-

schienenen Werkes sowie einzelne Beiträge, die in Fachzeitschriften oder wissenschaftlichen Zeitschriften erschienen sind.

§ 60f Archive, Museen und Bildungseinrichtungen. (1) Für Archive, Einrichtungen im Bereich des Film- oder Tonerbes sowie öffentlich zugängliche Museen und Bildungseinrichtungen (§ 60a Absatz 4), die keine unmittelbaren oder mittelbaren kommerziellen Zwecke verfolgen, gilt § 60e mit Ausnahme des Absatzes 5 entsprechend.

(2) [1]Archive, die auch im öffentlichen Interesse tätig sind, dürfen ein Werk vervielfältigen oder vervielfältigen lassen, um es als Archivgut in ihre Bestände aufzunehmen. [2]Die abgebende Stelle hat unverzüglich die bei ihr vorhandenen Vervielfältigungen zu löschen.

§ 60g Gesetzlich erlaubte Nutzung und vertragliche Nutzungsbefugnis. (1) Auf Vereinbarungen, die erlaubte Nutzungen nach den §§ 60a bis 60f zum Nachteil der Nutzungsberechtigten beschränken oder untersagen, kann sich der Rechtsinhaber nicht berufen.

(2) Vereinbarungen, die ausschließlich die Zugänglichmachung an Terminals nach § 60e Absatz 4 und § 60f Absatz 1 oder den Versand von Vervielfältigungen auf Einzelbestellung nach § 60e Absatz 5 zum Gegenstand haben, gehen abweichend von Absatz 1 der gesetzlichen Erlaubnis vor.

§ 60h Angemessene Vergütung der gesetzlich erlaubten Nutzungen.

(1) [1]Für Nutzungen nach Maßgabe dieses Unterabschnitts hat der Urheber Anspruch auf Zahlung einer angemessenen Vergütung. [2]Vervielfältigungen sind nach den §§ 54 bis 54c zu vergüten.

(2) Folgende Nutzungen sind abweichend von Absatz 1 vergütungsfrei:
1. die öffentliche Wiedergabe für Angehörige von Bildungseinrichtungen und deren Familien nach § 60a Absatz 1 Nummer 1 und 3 sowie Absatz 2 mit Ausnahme der öffentlichen Zugänglichmachung,
2. Vervielfältigungen zum Zweck der Indexierung, Katalogisierung, Erhaltung und Restaurierung nach § 60e Absatz 1 und § 60f Absatz 1.

(3) [1]Eine pauschale Vergütung oder eine repräsentative Stichprobe der Nutzung für die nutzungsabhängige Berechnung der angemessenen Vergütung genügt. [2]Dies gilt nicht bei Nutzungen nach den §§ 60b und 60e Absatz 5.

(4) Der Anspruch auf angemessene Vergütung kann nur durch eine Verwertungsgesellschaft geltend gemacht werden.

(5) [1]Ist der Nutzer im Rahmen einer Einrichtung tätig, so ist nur sie die Vergütungsschuldnerin. [2]Für Vervielfältigungen, die gemäß Absatz 1 Satz 2 nach den §§ 54 bis 54c abgegolten werden, sind nur diese Regelungen anzuwenden.

§ 61 Verwaiste Werke. (1) Zulässig sind die Vervielfältigung und die öffentliche Zugänglichmachung verwaister Werke nach Maßgabe der Absätze 3 bis 5.

(2) Verwaiste Werke im Sinne dieses Gesetzes sind
1. Werke und sonstige Schutzgegenstände in Büchern, Fachzeitschriften, Zeitungen, Zeitschriften oder anderen Schriften,
2. Filmwerke sowie Bildträger und Bild- und Tonträger, auf denen Filmwerke aufgenommen sind, und
3. Tonträger

aus Sammlungen (Bestandsinhalte) von öffentlich zugänglichen Bibliotheken, Bildungseinrichtungen, Museen, Archiven sowie von Einrichtungen im Bereich des Film- oder Tonerbes, wenn diese Bestandsinhalte bereits veröffentlicht worden sind, deren Rechtsinhaber auch durch eine sorgfältige Suche nicht festgestellt oder ausfindig gemacht werden konnte.

(3) Gibt es mehrere Rechtsinhaber eines Bestandsinhalts, kann dieser auch dann vervielfältigt und öffentlich zugänglich gemacht werden, wenn selbst nach sorgfältiger Suche nicht alle Rechtsinhaber festgestellt oder ausfindig gemacht werden konnten, aber von den bekannten Rechtsinhabern die Erlaubnis zur Nutzung eingeholt worden ist.

(4) Bestandsinhalte, die nicht erschienen sind oder nicht gesendet wurden, dürfen durch die jeweilige in Absatz 2 genannte Institution genutzt werden, wenn die Bestandsinhalte von ihr bereits mit Erlaubnis des Rechtsinhabers der Öffentlichkeit zugänglich gemacht wurden und sofern nach Treu und Glauben anzunehmen ist, dass der Rechtsinhaber in die Nutzung nach Absatz 1 einwilligen würde.

(5) [1]Die Vervielfältigung und die öffentliche Zugänglichmachung durch die in Absatz 2 genannten Institutionen sind nur zulässig, wenn die Institutionen zur Erfüllung ihrer im Gemeinwohl liegenden Aufgaben handeln, insbesondere wenn sie Bestandsinhalte bewahren und restaurieren und den Zugang zu ihren Sammlungen eröffnen, sofern dies kulturellen und bildungspolitischen Zwecken dient. [2]Die Institutionen dürfen für den Zugang zu den genutzten verwaisten Werken ein Entgelt verlangen, das die Kosten der Digitalisierung und der öffentlichen Zugänglichmachung deckt.

§ 61a Sorgfältige Suche und Dokumentationspflichten. (1) [1]Die sorgfältige Suche nach dem Rechtsinhaber gemäß § 61 Absatz 2 ist für jeden Bestandsinhalt und für in diesem enthaltene sonstige Schutzgegenstände durchzuführen; dabei sind mindestens die in der Anlage bestimmten Quellen zu konsultieren. [2]Die sorgfältige Suche ist in dem Mitgliedstaat der Europäischen Union durchzuführen, in dem das Werk zuerst veröffentlicht wurde. [3]Wenn es Hinweise darauf gibt, dass relevante Informationen zu Rechtsinhabern in anderen Staaten gefunden werden können, sind auch verfügbare Informationsquellen in diesen anderen Staaten zu konsultieren. [4]Die nutzende Institutionen darf mit der Durchführung der sorgfältigen Suche auch einen Dritten beauftragen.

(2) Bei Filmwerken sowie bei Bildträgern und Bild- und Tonträgern, auf denen Filmwerke aufgenommen sind, ist die sorgfältige Suche in dem Mit-

gliedstaat der Europäischen Union durchzuführen, in dem der Hersteller seine Hauptniederlassung oder seinen gewöhnlichen Aufenthalt hat.

(3) Für die in § 61 Absatz 4 genannten Bestandsinhalte ist eine sorgfältige Suche in dem Mitgliedstaat der Europäischen Union durchzuführen, in dem die Institution ihren Sitz hat, die den Bestandsinhalt mit Erlaubnis des Rechtsinhabers der Öffentlichkeit zugänglich gemacht hat.

(4) [1]Die nutzende Institution dokumentiert ihre sorgfältige Suche und leitet die folgenden Informationen dem Deutschen Patent- und Markenamt zu:
1. die genaue Bezeichnung des Bestandsinhalts, der nach den Ergebnissen der sorgfältigen Suche verwaist ist,
2. die Art der Nutzung des verwaisten Werkes durch die Institution,
3. jede Änderung des Status eines genutzten verwaisten Werkes gemäß § 61b,
4. die Kontaktdaten der Institution wie Name, Anschrift sowie gegebenenfalls Telefonnummer, Faxnummer und E-Mail-Adresse.

[2]Diese Informationen werden von dem Deutschen Patent- und Markenamt unverzüglich an das Harmonisierungsamt für den Binnenmarkt (Marken, Muster, Modelle) weitergeleitet.

(5) Einer sorgfältigen Suche bedarf es nicht für Bestandsinhalte, die bereits in der Datenbank des Harmonisierungsamtes für den Binnenmarkt (Marken, Muster, Modelle) als verwaist erfasst sind.

§ 61b Beendigung der Nutzung und Vergütungspflicht der nutzenden Institution. [1]Wird ein Rechtsinhaber eines Bestandsinhalts nachträglich festgestellt oder ausfindig gemacht, hat die nutzende Institution die Nutzungshandlungen unverzüglich zu unterlassen, sobald sie hiervon Kenntnis erlangt. [2]Der Rechtsinhaber hat gegen die nutzende Institution Anspruch auf Zahlung einer angemessenen Vergütung für die erfolgte Nutzung.

§ 61c Nutzung verwaister Werke durch öffentlich-rechtliche Rundfunkanstalten. [1]Zulässig sind die Vervielfältigung und die öffentliche Zugänglichmachung von
1. Filmwerken sowie Bildträgern und Bild- und Tonträgern, auf denen Filmwerke aufgenommen sind, und
2. Tonträgern,

die vor dem 1. Januar 2003 von öffentlich-rechtlichen Rundfunkanstalten hergestellt wurden und sich in deren Sammlung befinden, unter den Voraussetzungen des § 61 Absatz 2 bis 5 auch durch öffentlich-rechtliche Rundfunkanstalten. [2]Die §§ 61a und 61b gelten entsprechend.

Unterabschnitt 6

Gemeinsame Vorschriften für gesetzlich erlaubte Nutzungen

§ 62 Änderungsverbot. (1) [1]Soweit nach den Bestimmungen dieses Abschnitts die Benutzung eines Werkes zulässig ist, dürfen Änderungen an dem Werk nicht vorgenommen werden. [2]§ 39 gilt entsprechend.

(2) Soweit der Benutzungszweck es erfordert, sind Übersetzungen und solche Änderungen des Werkes zulässig, die nur Auszüge oder Übertragungen in eine andere Tonart oder Stimmlage darstellen.

(3) Bei Werken der bildenden Künste und Lichtbildwerken sind Übertragungen des Werkes in eine andere Größe und solche Änderungen zulässig, die das für die Vervielfältigung angewendete Verfahren mit sich bringt.

(4) [1]Bei Sammlungen für den religiösen Gebrauch (§ 46), bei Nutzungen für Unterricht und Lehre (§ 60a) und bei Unterrichts- und Lehrmedien (§ 60b) sind auch solche Änderungen von Sprachwerken zulässig, die für den religiösen Gebrauch und für die Veranschaulichung des Unterrichts und der Lehre erforderlich sind. [2]Diese Änderungen bedürfen jedoch der Einwilligung des Urhebers, nach seinem Tode der Einwilligung seines Rechtsnachfolgers (§ 30), wenn dieser Angehöriger (§ 60 Abs. 2) des Urhebers ist oder das Urheberrecht aufgrund letztwilliger Verfügung des Urhebers erworben hat. [3]Die Einwilligung gilt als erteilt, wenn der Urheber oder der Rechtsnachfolger nicht innerhalb eines Monats, nachdem ihm die beabsichtigte Änderung mitgeteilt worden ist, widerspricht und er bei der Mitteilung der Änderung auf diese Rechtsfolge hingewiesen worden ist. [4]Bei Nutzungen für Unterricht und Lehre (§ 60a) sowie für Unterrichts- und Lehrmedien (§ 60b) bedarf es keiner Einwilligung, wenn die Änderungen deutlich sichtbar kenntlich gemacht werden.

§ 63 Quellenangabe. (1) [1]Wenn ein Werk oder ein Teil eines Werkes in den Fällen des § 45 Abs. 1, der §§ 45a bis 48, 50, 51, 58, 59 sowie der §§ 60a bis 60d, 61 und 61c vervielfältigt oder verbreitet wird, ist stets die Quelle deutlich anzugeben. [2]Bei der Vervielfältigung oder Verbreitung ganzer Sprachwerke oder ganzer Werke der Musik ist neben dem Urheber auch der Verlag anzugeben, in dem das Werk erschienen ist, und außerdem kenntlich zu machen, ob an dem Werk Kürzungen oder andere Änderungen vorgenommen worden sind. [3]Die Verpflichtung zur Quellenangabe entfällt, wenn die Quelle weder auf dem benutzten Werkstück oder bei der benutzten Werkwiedergabe genannt noch dem zur Vervielfältigung oder zur Verbreitung Befugten anderweit bekannt ist oder im Fall des § 60a oder des § 60b Prüfungszwecke einen Verzicht auf die Quellenangabe erfordern.

(2) [1]Soweit nach den Bestimmungen dieses Abschnitts die öffentliche Wiedergabe eines Werkes zulässig ist, ist die Quelle deutlich anzugeben, wenn und soweit die Verkehrssitte es erfordert. [2]In den Fällen der öffentlichen Wiedergabe nach den §§ 46, 48, 51, 60a bis 60d, 61 und 61c ist die Quelle

einschließlich des Namens des Urhebers stets anzugeben, es sei denn, dass dies nicht möglich ist.

(3) [1]Wird ein Artikel aus einer Zeitung oder einem anderen Informationsblatt nach § 49 Abs. 1 in einer anderen Zeitung oder in einem anderen Informationsblatt abgedruckt oder durch Funk gesendet, so ist stets außer dem Urheber, der in der benutzten Quelle bezeichnet ist, auch die Zeitung oder das Informationsblatt anzugeben, woraus der Artikel entnommen ist; ist dort eine andere Zeitung oder ein anderes Informationsblatt als Quelle angeführt, so ist diese Zeitung oder dieses Informationsblatt anzugeben. [2]Wird ein Rundfunkkommentar nach § 49 Abs. 1 in einer Zeitung oder einem anderen Informationsblatt abgedruckt oder durch Funk gesendet, so ist stets außer dem Urheber auch das Sendeunternehmen anzugeben, das den Kommentar gesendet hat.

§ 63a Gesetzliche Vergütungsansprüche. [1]Auf gesetzliche Vergütungsansprüche nach diesem Abschnitt kann der Urheber im Voraus nicht verzichten. [2]Sie können im Voraus nur an eine Verwertungsgesellschaft oder zusammen mit der Einräumung des Verlagsrechts dem Verleger abgetreten werden, wenn dieser sie durch eine Verwertungsgesellschaft wahrnehmen lässt, die Rechte von Verlegern und Urhebern gemeinsam wahrnimmt.

Abschnitt 7
Dauer des Urheberrechts

§ 64 Allgemeines. Das Urheberrecht erlischt siebzig Jahre nach dem Tode des Urhebers.

§ 65 Miturheber, Filmwerke, Musikkomposition mit Text. (1) Steht das Urheberrecht mehreren Miturhebern (§ 8) zu, so erlischt es siebzig Jahre nach dem Tode des längstlebenden Miturhebers.

(2) Bei Filmwerken und Werken, die ähnlich wie Filmwerke hergestellt werden, erlischt das Urheberrecht siebzig Jahre nach dem Tod des Längstlebenden der folgenden Personen: Hauptregisseur, Urheber des Drehbuchs, Urheber der Dialoge, Komponist der für das betreffende Filmwerk komponierten Musik.

(3) [1]Die Schutzdauer einer Musikkomposition mit Text erlischt 70 Jahre nach dem Tod des Längstlebenden der folgenden Personen: Verfasser des Textes, Komponist der Musikkomposition, sofern beide Beiträge eigens für die betreffende Musikkomposition mit Text geschaffen wurden. [2]Dies gilt unabhängig davon, ob diese Personen als Miturheber ausgewiesen sind.

§ 66 Anonyme und pseudonyme Werke. (1) [1]Bei anonymen und pseudonymen Werken erlischt das Urheberrecht siebzig Jahre nach der Veröffentlichung. [2]Es erlischt jedoch bereits siebzig Jahre nach der Schaffung des Werkes, wenn das Werk innerhalb dieser Frist nicht veröffentlicht worden ist.

(2) [1]Offenbart der Urheber seine Identität innerhalb der in Absatz 1 Satz 1 bezeichneten Frist oder lässt das vom Urheber angenommene Pseudonym keinen Zweifel an seiner Identität zu, so berechnet sich die Dauer des Urheberrechts nach den §§ 64 und 65. [2]Dasselbe gilt, wenn innerhalb der in Absatz 1 Satz 1 bezeichneten Frist der wahre Name des Urhebers zur Eintragung in das Register anonymer und pseudonymer Werke (§ 138) angemeldet wird.

(3) Zu den Handlungen nach Absatz 2 sind der Urheber, nach seinem Tode sein Rechtsnachfolger (§ 30) oder der Testamentsvollstrecker (§ 28 Abs. 2) berechtigt.

§ 67 Lieferungswerke. Bei Werken, die in inhaltlich nicht abgeschlossenen Teilen (Lieferungen) veröffentlicht werden, berechnet sich im Falle des § 66 Abs. 1 Satz 1 die Schutzfrist einer jeden Lieferung gesondert ab dem Zeitpunkt ihrer Veröffentlichung.

§ 68 *(weggefallen)*

§ 69 Berechnung der Fristen. Die Fristen dieses Abschnitts beginnen mit dem Ablauf des Kalenderjahres, in dem das für den Beginn der Frist maßgebende Ereignis eingetreten ist.

Abschnitt 8

Besondere Bestimmungen für Computerprogramme

§ 69a Gegenstand des Schutzes. (1) Computerprogramme im Sinne dieses Gesetzes sind Programme in jeder Gestalt, einschließlich des Entwurfsmaterials.

(2) [1]Der gewährte Schutz gilt für alle Ausdrucksformen eines Computerprogramms. [2]Ideen und Grundsätze, die einem Element eines Computerprogramms zugrunde liegen, einschließlich der den Schnittstellen zugrunde liegenden Ideen und Grundsätze, sind nicht geschützt.

(3) [1]Computerprogramme werden geschützt, wenn sie individuelle Werke in dem Sinne darstellen, dass sie das Ergebnis der eigenen geistigen Schöpfung ihres Urhebers sind. [2]Zur Bestimmung ihrer Schutzfähigkeit sind keine anderen Kriterien, insbesondere nicht qualitative oder ästhetische, anzuwenden.

(4) Auf Computerprogramme finden die für Sprachwerke geltenden Bestimmungen Anwendung, soweit in diesem Abschnitt nichts anderes bestimmt ist.

(5) Die Vorschriften der §§ 32d, 32e, 36 bis 36c, 40a und 95a bis 95d finden auf Computerprogramme keine Anwendung.

§ 69b Urheber in Arbeits- und Dienstverhältnissen. (1) Wird ein Computerprogramm von einem Arbeitnehmer in Wahrnehmung seiner Aufgaben oder nach den Anweisungen seines Arbeitgebers geschaffen, so ist ausschließlich der Arbeitgeber zur Ausübung aller vermögensrechtlichen Befugnisse an dem Computerprogramm berechtigt, sofern nichts anderes vereinbart ist.

(2) Absatz 1 ist auf Dienstverhältnisse entsprechend anzuwenden.

§ 69c Zustimmungsbedürftige Handlungen. Der Rechtsinhaber hat das ausschließliche Recht, folgende Handlungen vorzunehmen oder zu gestatten:

1. die dauerhafte oder vorübergehende Vervielfältigung, ganz oder teilweise, eines Computerprogramms mit jedem Mittel und in jeder Form. Soweit das Laden, Anzeigen, Ablaufen, Übertragen oder Speichern des Computerprogramms eine Vervielfältigung erfordert, bedürfen diese Handlungen der Zustimmung des Rechtsinhabers;
2. die Übersetzung, die Bearbeitung, das Arrangement und andere Umarbeitungen eines Computerprogramms sowie die Vervielfältigung der erzielten Ergebnisse. Die Rechte derjenigen, die das Programm bearbeiten, bleiben unberührt;
3. jede Form der Verbreitung des Originals eines Computerprogramms oder von Vervielfältigungsstücken, einschließlich der Vermietung. Wird ein Vervielfältigungsstück eines Computerprogramms mit Zustimmung des Rechtsinhabers im Gebiet der Europäischen Union oder eines anderen Vertragsstaates des Abkommens über den Europäischen Wirtschaftsraum im Wege der Veräußerung in Verkehr gebracht, so erschöpft sich das Verbreitungsrecht in Bezug auf dieses Vervielfältigungsstück mit Ausnahme des Vermietrechts;
4. die drahtgebundene oder drahtlose öffentliche Wiedergabe eines Computerprogramms einschließlich der öffentlichen Zugänglichmachung in der Weise, dass es Mitgliedern der Öffentlichkeit von Orten und zu Zeiten ihrer Wahl zugänglich ist.

§ 69d Ausnahmen von den zustimmungsbedürftigen Handlungen.

(1) Soweit keine besonderen vertraglichen Bestimmungen vorliegen, bedürfen die in § 69c Nr. 1 und 2 genannten Handlungen nicht der Zustimmung des Rechtsinhabers, wenn sie für eine bestimmungsgemäße Benutzung des Computerprogramms einschließlich der Fehlerberichtigung durch jeden zur Verwendung eines Vervielfältigungsstücks des Programms Berechtigten notwendig sind.

(2) Die Erstellung einer Sicherungskopie durch eine Person, die zur Benutzung des Programms berechtigt ist, darf nicht vertraglich untersagt werden, wenn sie für die Sicherung künftiger Benutzung erforderlich ist.

(3) Der zur Verwendung eines Vervielfältigungsstücks eines Programms Berechtigte kann ohne Zustimmung des Rechtsinhabers das Funktionieren dieses Programms beobachten, untersuchen oder testen, um die einem Programmelement zugrunde liegenden Ideen und Grundsätze zu ermitteln, wenn dies durch Handlungen zum Laden, Anzeigen, Ablaufen, Übertragen oder Speichern des Programms geschieht, zu denen er berechtigt ist.

§ 69e Dekompilierung. (1) Die Zustimmung des Rechtsinhabers ist nicht erforderlich, wenn die Vervielfältigung des Codes oder die Übersetzung der Codeform im Sinne des § 69c Nr. 1 und 2 unerlässlich ist, um die erforderlichen Informationen zur Herstellung der Interoperabilität eines unabhängig geschaffenen Computerprogramms mit anderen Programmen zu erhalten, sofern folgende Bedingungen erfüllt sind:

1. Die Handlungen werden von dem Lizenznehmer oder von einer anderen zur Verwendung eines Vervielfältigungsstücks des Programms berechtigten Person oder in deren Namen von einer hierzu ermächtigten Person vorgenommen;
2. die für die Herstellung der Interoperabilität notwendigen Informationen sind für die in Nummer 1 genannten Personen noch nicht ohne weiteres zugänglich gemacht;
3. die Handlungen beschränken sich auf die Teile des ursprünglichen Programms, die zur Herstellung der Interoperabilität notwendig sind.

(2) Bei Handlungen nach Absatz 1 gewonnene Informationen dürfen nicht

1. zu anderen Zwecken als zur Herstellung der Interoperabilität des unabhängig geschaffenen Programms verwendet werden,
2. an Dritte weitergegeben werden, es sei denn, dass dies für die Interoperabilität des unabhängig geschaffenen Programms notwendig ist,
3. für die Entwicklung, Herstellung oder Vermarktung eines Programms mit im Wesentlichen ähnlicher Ausdrucksform oder für irgendwelche anderen das Urheberrecht verletzenden Handlungen verwendet werden.

(3) Die Absätze 1 und 2 sind so auszulegen, dass ihre Anwendung weder die normale Auswertung des Werkes beeinträchtigt noch die berechtigten Interessen des Rechtsinhabers unzumutbar verletzt.

§ 69f Rechtsverletzungen. (1) [1]Der Rechtsinhaber kann von dem Eigentümer oder Besitzer verlangen, dass alle rechtswidrig hergestellten, verbreiteten oder zur rechtswidrigen Verbreitung bestimmten Vervielfältigungsstücke vernichtet werden. [2]§ 98 Abs. 3 und 4 ist entsprechend anzuwenden.

(2) Absatz 1 ist entsprechend auf Mittel anzuwenden, die allein dazu bestimmt sind, die unerlaubte Beseitigung oder Umgehung technischer Programmschutzmechanismen zu erleichtern.

§ 69g Anwendung sonstiger Rechtsvorschriften, Vertragsrecht. (1) Die Bestimmungen dieses Abschnitts lassen die Anwendung sonstiger Rechtsvorschriften auf Computerprogramme, insbesondere über den Schutz von Erfindungen, Topographien von Halbleitererzeugnissen, Marken und den Schutz gegen unlauteren Wettbewerb einschließlich des Schutzes von Geschäfts- und Betriebsgeheimnissen, sowie schuldrechtliche Vereinbarungen unberührt.

(2) Vertragliche Bestimmungen, die in Widerspruch zu § 69d Abs. 2 und 3 und § 69e stehen, sind nichtig.

Teil 2
Verwandte Schutzrechte

Abschnitt 1
Schutz bestimmter Ausgaben

§ 70 Wissenschaftliche Ausgaben. (1) Ausgaben urheberrechtlich nicht geschützter Werke oder Texte werden in entsprechender Anwendung der Vorschriften des Teils 1 geschützt, wenn sie das Ergebnis wissenschaftlich sichtender Tätigkeit darstellen und sich wesentlich von den bisher bekannten Ausgaben der Werke oder Texte unterscheiden.

(2) Das Recht steht dem Verfasser der Ausgabe zu.

(3) [1]Das Recht erlischt fünfundzwanzig Jahre nach dem Erscheinen der Ausgabe, jedoch bereits fünfundzwanzig Jahre nach der Herstellung, wenn die Ausgabe innerhalb dieser Frist nicht erschienen ist. [2]Die Frist ist nach § 69 zu berechnen.

§ 71 Nachgelassene Werke. (1) [1]Wer ein nicht erschienenes Werk nach Erlöschen des Urheberrechts erlaubterweise erstmals erscheinen lässt oder erstmals öffentlich wiedergibt, hat das ausschließliche Recht, das Werk zu verwerten. [2]Das Gleiche gilt für nicht erschienene Werke, die im Geltungsbereich dieses Gesetzes niemals geschützt waren, deren Urheber aber schon länger als siebzig Jahre tot ist. [3]Die §§ 5 und 10 Abs. 1 sowie die §§ 15 bis 24, 26, 27, 44a bis 63 und 88 sind sinngemäß anzuwenden.

(2) Das Recht ist übertragbar.

(3) [1]Das Recht erlischt fünfundzwanzig Jahre nach dem Erscheinen des Werkes oder, wenn seine erste öffentliche Wiedergabe früher erfolgt ist, nach dieser. [2]Die Frist ist nach § 69 zu berechnen.

Abschnitt 2
Schutz der Lichtbilder

§ 72 Lichtbilder. (1) Lichtbilder und Erzeugnisse, die ähnlich wie Lichtbilder hergestellt werden, werden in entsprechender Anwendung der für Lichtbildwerke geltenden Vorschriften des Teils 1 geschützt.

(2) Das Recht nach Absatz 1 steht dem Lichtbildner zu.

(3) [1]Das Recht nach Absatz 1 erlischt fünfzig Jahre nach dem Erscheinen des Lichtbildes oder, wenn seine erste erlaubte öffentliche Wiedergabe früher erfolgt ist, nach dieser, jedoch bereits fünfzig Jahre nach der Herstellung, wenn das Lichtbild innerhalb dieser Frist nicht erschienen oder erlaubterweise öffentlich wiedergegeben worden ist. [2]Die Frist ist nach § 69 zu berechnen.

Abschnitt 3

Schutz des ausübenden Künstlers

§ 73 Ausübender Künstler. Ausübender Künstler im Sinne dieses Gesetzes ist, wer ein Werk oder eine Ausdrucksform der Volkskunst aufführt, singt, spielt oder auf eine andere Weise darbietet oder an einer solchen Darbietung künstlerisch mitwirkt.

§ 74 Anerkennung als ausübender Künstler. (1) [1]Der ausübende Künstler hat das Recht, in Bezug auf seine Darbietung als solcher anerkannt zu werden. [2]Er kann dabei bestimmen, ob und mit welchem Namen er genannt wird.

(2) [1]Haben mehrere ausübende Künstler gemeinsam eine Darbietung erbracht und erfordert die Nennung jedes einzelnen von ihnen einen unverhältnismäßigen Aufwand, so können sie nur verlangen, als Künstlergruppe genannt zu werden. [2]Hat die Künstlergruppe einen gewählten Vertreter (Vorstand), so ist dieser gegenüber Dritten allein zur Vertretung befugt. [3]Hat eine Gruppe keinen Vorstand, so kann das Recht nur durch den Leiter der Gruppe, mangels eines solchen nur durch einen von der Gruppe zu wählenden Vertreter geltend gemacht werden. [4]Das Recht eines beteiligten ausübenden Künstlers auf persönliche Nennung bleibt bei einem besonderen Interesse unberührt.

(3) § 10 Abs. 1 gilt entsprechend.

§ 75 Beeinträchtigungen der Darbietung. [1]Der ausübende Künstler hat das Recht, eine Entstellung oder eine andere Beeinträchtigung seiner Darbietung zu verbieten, die geeignet ist, sein Ansehen oder seinen Ruf als ausübender Künstler zu gefährden. [2]Haben mehrere ausübende Künstler gemeinsam eine Darbietung erbracht, so haben sie bei der Ausübung des Rechts aufeinander angemessene Rücksicht zu nehmen.

§ 76 Dauer der Persönlichkeitsrechte. [1]Die in den §§ 74 und 75 bezeichneten Rechte erlöschen mit dem Tode des ausübenden Künstlers, jedoch erst 50 Jahre nach der Darbietung, wenn der ausübende Künstler vor Ablauf dieser Frist verstorben ist, sowie nicht vor Ablauf der für die Verwertungsrechte nach § 82 geltenden Frist. [2]Die Frist ist nach § 69 zu berechnen. [3]Haben mehrere ausübende Künstler gemeinsam eine Darbietung erbracht, so ist der Tod des letzten der beteiligten ausübenden Künstler maßgeblich. [4]Nach dem Tod des ausübenden Künstlers stehen die Rechte seinen Angehörigen (§ 60 Abs. 2) zu.

§ 77 Aufnahme, Vervielfältigung und Verbreitung. (1) Der ausübende Künstler hat das ausschließliche Recht, seine Darbietung auf Bild- oder Tonträger aufzunehmen.

(2) [1]Der ausübende Künstler hat das ausschließliche Recht, den Bild- oder Tonträger, auf den seine Darbietung aufgenommen worden ist, zu vervielfältigen und zu verbreiten. [2]§ 27 ist entsprechend anzuwenden.

§ 78 Öffentliche Wiedergabe. (1) Der ausübende Künstler hat das ausschließliche Recht, seine Darbietung
1. öffentlich zugänglich zu machen (§ 19a),
2. zu senden, es sei denn, dass die Darbietung erlaubterweise auf Bild- oder Tonträger aufgenommen worden ist, die erschienen oder erlaubterweise öffentlich zugänglich gemacht worden sind,
3. außerhalb des Raumes, in dem sie stattfindet, durch Bildschirm, Lautsprecher oder ähnliche technische Einrichtungen öffentlich wahrnehmbar zu machen.

(2) Dem ausübenden Künstler ist eine angemessene Vergütung zu zahlen, wenn
1. die Darbietung nach Absatz 1 Nr. 2 erlaubterweise gesendet,
2. die Darbietung mittels Bild- oder Tonträger öffentlich wahrnehmbar gemacht

oder

3. die Sendung oder die auf öffentlicher Zugänglichmachung beruhende Wiedergabe der Darbietung öffentlich wahrnehmbar gemacht wird.

(3) [1]Auf Vergütungsansprüche nach Absatz 2 kann der ausübende Künstler im Voraus nicht verzichten. [2]Sie können im Voraus nur an eine Verwertungsgesellschaft abgetreten werden.

(4) § 20b gilt entsprechend.

§ 79 Nutzungsrechte. (1) [1]Der ausübende Künstler kann seine Rechte und Ansprüche aus den §§ 77 und 78 übertragen.

(2) Der ausübende Künstler kann einem anderen das Recht einräumen, die Darbietung auf einzelne oder alle der ihm vorbehaltenen Nutzungsarten zu nutzen. [2]Die §§ 31, 32 bis 32b, 33 bis 42 und 43 sind entsprechend anzuwenden.

(2a) Auf Übertragungen nach Absatz 1 und Rechtseinräumungen nach Absatz 2 sind die §§ 31, 32 bis 32b, 32d bis 40, 41, 42 und 43 entsprechend anzuwenden.

(3) [1]Unterlässt es der Tonträgerhersteller, Kopien des Tonträgers in ausreichender Menge zum Verkauf anzubieten oder den Tonträger öffentlich zugänglich zu machen, so kann der ausübende Künstler den Vertrag, mit dem er dem Tonträgerhersteller seine Rechte an der Aufzeichnung der Darbietung eingeräumt oder übertragen hat (Übertragungsvertrag), kündigen. [2]Die Kündigung ist zulässig
1. nach Ablauf von 50 Jahren nach dem Erscheinen eines Tonträgers oder 50 Jahre nach der ersten erlaubten Benutzung des Tonträgers zur öffentlichen Wiedergabe, wenn der Tonträger nicht erschienen ist, und
2. wenn der Tonträgerhersteller innerhalb eines Jahres nach Mitteilung des ausübenden Künstlers, den Übertragungsvertrag kündigen zu wollen, nicht beide in Satz 1 genannten Nutzungshandlungen ausführt.

[3]Ist der Übertragungsvertrag gekündigt, so erlöschen die Rechte des Tonträgerherstellers am Tonträger. [4]Auf das Kündigungsrecht kann der ausübende Künstler nicht verzichten.

§ 79a Vergütungsanspruch des ausübenden Künstlers. (1) [1]Hat der ausübende Künstler einem Tonträgerhersteller gegen Zahlung einer einmaligen Vergütung Rechte an seiner Darbietung eingeräumt oder übertragen, so hat der Tonträgerhersteller dem ausübenden Künstler eine zusätzliche Vergütung in Höhe von 20 Prozent der Einnahmen zu zahlen, die der Tonträgerhersteller aus der Vervielfältigung, dem Vertrieb und der Zugänglichmachung des Tonträgers erzielt, der die Darbietung enthält. [2]Enthält ein Tonträger die Aufzeichnung der Darbietungen von mehreren ausübenden Künstlern, so beläuft sich die Höhe der Vergütung ebenfalls auf insgesamt 20 Prozent der Einnahmen. [3]Als Einnahmen sind die vom Tonträgerhersteller erzielten Einnahmen vor Abzug der Ausgaben anzusehen.

(2) Der Vergütungsanspruch besteht für jedes vollständige Jahr unmittelbar im Anschluss an das 50. Jahr nach Erscheinen des die Darbietung enthaltenen Tonträgers oder mangels Erscheinen an das 50. Jahr nach dessen erster erlaubter Benutzung zur öffentlichen Wiedergabe.

(3) [1]Auf den Vergütungsanspruch nach Absatz 1 kann der ausübende Künstler nicht verzichten. [2]Der Vergütungsanspruch kann nur durch eine Verwertungsgesellschaft geltend gemacht werden. [3]Er kann im Voraus nur an eine Verwertungsgesellschaft abgetreten werden.

(4) Der Tonträgerhersteller ist verpflichtet, dem ausübenden Künstler auf Verlangen Auskunft über die erzielten Einnahmen und sonstige, zur Bezifferung des Vergütungsanspruchs nach Absatz 1 erforderliche Informationen zu erteilen.

(5) Hat der ausübende Künstler einem Tonträgerhersteller gegen Zahlung einer wiederkehrenden Vergütung Rechte an seiner Darbietung eingeräumt oder übertragen, so darf der Tonträgerhersteller nach Ablauf folgender Fristen weder Vorschüsse noch vertraglich festgelegte Abzüge von der Vergütung abziehen:

1. 50 Jahre nach dem Erscheinen des Tonträgers, der die Darbietung enthält, oder
2. 50 Jahre nach der ersten erlaubten Benutzung des die Darbietung enthaltenden Tonträgers zur öffentlichen Wiedergabe, wenn der Tonträger nicht erschienen ist.

§ 79b Vergütung des ausübenden Künstlers für später bekannte Nutzungsarten. (1) Der ausübende Künstler hat Anspruch auf eine gesonderte angemessene Vergütung, wenn der Vertragspartner eine neue Art der Nutzung seiner Darbietung aufnimmt, die im Zeitpunkt des Vertragsschlusses vereinbart, aber noch unbekannt war.

(2) [1]Hat der Vertragspartner des ausübenden Künstlers das Nutzungsrecht einem Dritten übertragen, haftet der Dritte mit der Aufnahme der neuen Art der Nutzung für die Vergütung. [2]Die Haftung des Vertragspartners entfällt.

(3) Auf die Rechte nach den Absätzen 1 und 2 kann im Voraus nicht verzichtet werden.

§ 80 Gemeinsame Darbietung mehrerer ausübender Künstler. (1) [1]Erbringen mehrere ausübende Künstler gemeinsam eine Darbietung, ohne dass sich ihre Anteile gesondert verwerten lassen, so steht ihnen das Recht zur Verwertung zur gesamten Hand zu. [2]Keiner der beteiligten ausübenden Künstler darf seine Einwilligung zur Verwertung wider Treu und Glauben verweigern. [3]§ 8 Abs. 2 Satz 3, Abs. 3 und 4 ist entsprechend anzuwenden.

(2) Für die Geltendmachung der sich aus den §§ 77, 78 und 79 Absatz 3 ergebenden Rechte und Ansprüche gilt § 74 Abs. 2 Satz 2 und 3 entsprechend.

§ 81 Schutz des Veranstalters. [1]Wird die Darbietung des ausübenden Künstlers von einem Unternehmen veranstaltet, so stehen die Rechte nach § 77 Abs. 1 und 2 Satz 1 sowie § 78 Abs. 1 neben dem ausübenden Künstler auch dem Inhaber des Unternehmens zu. [2]§ 10 Abs. 1, § 31 sowie die §§ 33 und 38 gelten entsprechend.

§ 82 Dauer der Verwertungsrechte. (1) [1]Ist die Darbietung des ausübenden Künstlers auf einem Tonträger aufgezeichnet worden, so erlöschen die in den §§ 77 und 78 bezeichneten Rechte des ausübenden Künstlers 70 Jahre nach dem Erscheinen des Tonträgers, oder wenn dessen erste erlaubte Benutzung zur öffentlichen Wiedergabe früher erfolgt ist, 70 Jahre nach dieser. [2]Ist die Darbietung des ausübenden Künstlers nicht auf einem Tonträger aufgezeichnet worden, so erlöschen die in den §§ 77 und 78 bezeichneten Rechte des ausübenden Künstlers 50 Jahre nach dem Erscheinen der Aufzeichnung, oder wenn deren erste erlaubte Benutzung zur öffentlichen Wiedergabe früher erfolgt ist, 50 Jahre nach dieser. [3]Die Rechte des ausübenden Künstlers erlöschen jedoch bereits 50 Jahre nach der Darbietung, wenn eine Aufzeichnung innerhalb dieser Frist nicht erschienen oder nicht erlaubterweise zur öffentlichen Wiedergabe benutzt worden ist.

(2) [1]Die in § 81 bezeichneten Rechte des Veranstalters erlöschen 25 Jahre nach Erscheinen einer Aufzeichnung der Darbietung eines ausübenden Künstlers, oder wenn deren erste erlaubte Benutzung zur öffentlichen Wiedergabe früher erfolgt ist, 25 Jahre nach dieser. [2]Die Rechte erlöschen bereits 25 Jahre nach der Darbietung, wenn eine Aufzeichnung innerhalb dieser Frist nicht erschienen oder nicht erlaubterweise zur öffentlichen Wiedergabe benutzt worden ist.

(3) Die Fristen sind nach § 69 zu berechnen.

§ 83 Schranken der Verwertungsrechte. Auf die dem ausübenden Künstler nach den §§ 77 und 78 sowie die dem Veranstalter nach § 81 zustehenden Rechte sind die Vorschriften des Abschnitts 6 des Teils 1 entsprechend anzuwenden.

§ 84 *(weggefallen)*

Abschnitt 4

Schutz des Herstellers von Tonträgern

§ 85 Verwertungsrechte. (1) [1]Der Hersteller eines Tonträgers hat das ausschließliche Recht, den Tonträger zu vervielfältigen, zu verbreiten und öffentlich zugänglich zu machen. [2]Ist der Tonträger in einem Unternehmen hergestellt worden, so gilt der Inhaber des Unternehmens als Hersteller. [3]Das Recht entsteht nicht durch Vervielfältigung eines Tonträgers.

(2) [1]Das Recht ist übertragbar. [2]Der Tonträgerhersteller kann einem anderen das Recht einräumen, den Tonträger auf einzelne oder alle der ihm vorbehaltenen Nutzungsarten zu nutzen. [3]§ 31 und die §§ 33 und 38 gelten entsprechend.

(3) [1]Das Recht erlischt 70 Jahre nach dem Erscheinen des Tonträgers. [2]Ist der Tonträger innerhalb von 50 Jahren nach der Herstellung nicht erschienen, aber erlaubterweise zur öffentlichen Wiedergabe benutzt worden, so erlischt das Recht 70 Jahre nach dieser. [3]Ist der Tonträger innerhalb dieser Frist nicht erschienen oder erlaubterweise zur öffentlichen Wiedergabe benutzt worden, so erlischt das Recht 50 Jahre nach der Herstellung des Tonträgers. [4]Die Frist ist nach § 69 zu berechnen.

(4) § 10 Abs. 1 und § 27 Abs. 2 und 3 sowie die Vorschriften des Teils 1 Abschnitt 6 gelten entsprechend.

§ 86 Anspruch auf Beteiligung. Wird ein erschienener oder erlaubterweise öffentlich zugänglich gemachter Tonträger, auf den die Darbietung eines ausübenden Künstlers aufgenommen ist, zur öffentlichen Wiedergabe der Darbietung benutzt, so hat der Hersteller des Tonträgers gegen den ausübenden Künstler einen Anspruch auf angemessene Beteiligung an der Vergütung, die dieser nach § 78 Abs. 2 erhält.

Abschnitt 5

Schutz des Sendeunternehmens

§ 87 Sendeunternehmen. (1) Das Sendeunternehmen hat das ausschließliche Recht,

1. seine Funksendung weiterzusenden und öffentlich zugänglich zu machen,
2. seine Funksendung auf Bild- oder Tonträger aufzunehmen, Lichtbilder von seiner Funksendung herzustellen sowie die Bild- oder Tonträger oder Lichtbilder zu vervielfältigen und zu verbreiten, ausgenommen das Vermietrecht,
3. an Stellen, die der Öffentlichkeit nur gegen Zahlung eines Eintrittsgeldes zugänglich sind, seine Funksendung öffentlich wahrnehmbar zu machen.

(2) [1]Das Recht ist übertragbar. [2]Das Sendeunternehmen kann einem anderen das Recht einräumen, die Funksendung auf einzelne oder alle der ihm vorbehaltenen Nutzungsarten zu nutzen. [3]§ 31 und die §§ 33 und 38 gelten entsprechend.

(3) [1]Das Recht erlischt 50 Jahre nach der ersten Funksendung. [2]Die Frist ist nach § 69 zu berechnen.

(4) § 10 Abs. 1 sowie die Vorschriften des Teils 1 Abschnitts 6 mit Ausnahme des § 47 Abs. 2 Satz 2 und des § 54 Abs. 1 gelten entsprechend.

(5) [1]Sendeunternehmen und Kabelunternehmen sind gegenseitig verpflichtet, einen Vertrag über die Kabelweitersendung im Sinne des § 20b Abs. 1 Satz 1 zu angemessenen Bedingungen abzuschließen, sofern nicht ein die Ablehnung des Vertragsabschlusses sachlich rechtfertigender Grund besteht; die Verpflichtung des Sendeunternehmens gilt auch für die ihm in Bezug auf die eigene Sendung eingeräumten oder übertragenen Senderechte. [2]Auf Verlangen des Kabelunternehmens oder des Sendeunternehmens ist der Vertrag gemeinsam mit den in Bezug auf die Kabelweitersendung anspruchsberechtigten Verwertungsgesellschaften zu schließen, sofern nicht ein die Ablehnung eines gemeinsamen Vertragsschlusses sachlich rechtfertigender Grund besteht.

Abschnitt 6
Schutz des Datenbankherstellers

§ 87a Begriffsbestimmungen. (1) [1]Datenbank im Sinne dieses Gesetzes ist eine Sammlung von Werken, Daten oder anderen unabhängigen Elementen, die systematisch oder methodisch angeordnet und einzeln mit Hilfe elektronischer Mittel oder auf andere Weise zugänglich sind und deren Beschaffung, Überprüfung oder Darstellung eine nach Art oder Umfang wesentliche Investition erfordert. [2]Eine in ihrem Inhalt nach Art oder Umfang wesentlich geänderte Datenbank gilt als neue Datenbank, sofern die Änderung eine nach Art oder Umfang wesentliche Investition erfordert.

(2) Datenbankhersteller im Sinne dieses Gesetzes ist derjenige, der die Investition im Sinne des Absatzes 1 vorgenommen hat.

§ 87b Rechte des Datenbankherstellers. (1) [1]Der Datenbankhersteller hat das ausschließliche Recht, die Datenbank insgesamt oder einen nach Art oder Umfang wesentlichen Teil der Datenbank zu vervielfältigen, zu verbreiten und öffentlich wiederzugeben. [2]Der Vervielfältigung, Verbreitung oder öffentlichen Wiedergabe eines nach Art oder Umfang wesentlichen Teils der Datenbank steht die wiederholte und systematische Vervielfältigung, Verbreitung oder öffentliche Wiedergabe von nach Art und Umfang unwesentlichen Teilen der Datenbank gleich, sofern diese Handlungen einer normalen Auswertung der Datenbank zuwiderlaufen oder die berechtigten Interessen des Datenbankherstellers unzumutbar beeinträchtigen.

(2) § 10 Abs. 1, § 17 Abs. 2 und § 27 Abs. 2 und 3 gelten entsprechend.

§ 87c Schranken des Rechts des Datenbankherstellers. (1) [1]Die Vervielfältigung eines nach Art oder Umfang wesentlichen Teils einer Datenbank ist zulässig

1. zum privaten Gebrauch; dies gilt nicht für eine Datenbank, deren Elemente einzeln mit Hilfe elektronischer Mittel zugänglich sind,
2. zu Zwecken der wissenschaftlichen Forschung gemäß den §§ 60c und 60d,
3. zu Zwecken der Veranschaulichung des Unterrichts und der Lehre gemäß den §§ 60a und 60b."

[2]In den Fällen der Nummern 2 und 3 ist die Quelle deutlich anzugeben und gilt § 60g Absatz 1 entsprechend.

(2) Die Vervielfältigung, Verbreitung und öffentliche Wiedergabe eines nach Art oder Umfang wesentlichen Teils einer Datenbank ist zulässig zur Verwendung in Verfahren vor einem Gericht, einem Schiedsgericht oder einer Behörde sowie für Zwecke der öffentlichen Sicherheit.

§ 87d Dauer der Rechte. [1]Die Rechte des Datenbankherstellers erlöschen fünfzehn Jahre nach der Veröffentlichung der Datenbank, jedoch bereits fünfzehn Jahre nach der Herstellung, wenn die Datenbank innerhalb dieser Frist nicht veröffentlicht worden ist. [2]Die Frist ist nach § 69 zu berechnen.

§ 87e Verträge über die Benutzung einer Datenbank. Eine vertragliche Vereinbarung, durch die sich der Eigentümer eines mit Zustimmung des Datenbankherstellers durch Veräußerung in Verkehr gebrachten Vervielfältigungsstücks der Datenbank, der in sonstiger Weise zu dessen Gebrauch Berechtigte oder derjenige, dem eine Datenbank aufgrund eines mit dem Datenbankhersteller oder eines mit dessen Zustimmung mit einem Dritten geschlossenen Vertrags zugänglich gemacht wird, gegenüber dem Datenbankhersteller verpflichtet, die Vervielfältigung, Verbreitung oder öffentliche Wiedergabe von nach Art und Umfang unwesentlichen Teilen der Datenbank zu unterlassen, ist insoweit unwirksam, als diese Handlungen weder einer normalen Auswertung der Datenbank zuwiderlaufen noch die berechtigten Interessen des Datenbankherstellers unzumutbar beeinträchtigen.

Abschnitt 7

Schutz des Presseverlegers

§ 87f Presseverleger. (1) [1]Der Hersteller eines Presseerzeugnisses (Presseverleger) hat das ausschließliche Recht, das Presseerzeugnis oder Teile hiervon zu gewerblichen Zwecken öffentlich zugänglich zu machen, es sei denn, es handelt sich um einzelne Wörter oder kleinste Textausschnitte. [2]Ist das Presseerzeugnis in einem Unternehmen hergestellt worden, so gilt der Inhaber des Unternehmens als Hersteller.

(2) [1]Ein Presseerzeugnis ist die redaktionell-technische Festlegung journalistischer Beiträge im Rahmen einer unter einem Titel auf beliebigen Trägern periodisch veröffentlichten Sammlung, die bei Würdigung der Gesamtumstände als überwiegend verlagstypisch anzusehen ist und die nicht überwiegend der

Eigenwerbung dient. [2]Journalistische Beiträge sind insbesondere Artikel und Abbildungen, die der Informationsvermittlung, Meinungsbildung oder Unterhaltung dienen.

§ 87g Übertragbarkeit, Dauer und Schranken des Rechts. (1) [1]Das Recht des Presseverlegers nach § 87f Absatz 1 Satz 1 ist übertragbar. [2]Die §§ 31 und 33 gelten entsprechend.

(2) Das Recht erlischt ein Jahr nach der Veröffentlichung des Presseerzeugnisses.

(3) Das Recht des Presseverlegers kann nicht zum Nachteil des Urhebers oder eines Leistungsschutzberechtigten geltend gemacht werden, dessen Werk oder nach diesem Gesetz geschützter Schutzgegenstand im Presseerzeugnis enthalten ist.

(4) [1]Zulässig ist die öffentliche Zugänglichmachung von Presseerzeugnissen oder Teilen hiervon, soweit sie nicht durch gewerbliche Anbieter von Suchmaschinen oder gewerbliche Anbieter von Diensten erfolgt, die Inhalte entsprechend aufbereiten. [2]Im Übrigen gelten die Vorschriften des Teils 1 Abschnitt 6 entsprechend.

§ 87h Beteiligungsanspruch des Urhebers. Der Urheber ist an einer Vergütung angemessen zu beteiligen.

Teil 3
Besondere Bestimmungen für Filme

Abschnitt 1
Filmwerke

§ 88 Recht zur Verfilmung. (1) [1]Gestattet der Urheber einem anderen, sein Werk zu verfilmen, so liegt darin im Zweifel die Einräumung des ausschließlichen Rechts, das Werk unverändert oder unter Bearbeitung oder Umgestaltung zur Herstellung eines Filmwerkes zu benutzen und das Filmwerk sowie Übersetzungen und andere filmische Bearbeitungen auf alle Nutzungsarten zu nutzen. [2]§ 31a Abs. 1 Satz 3 und 4 und Abs. 2 bis 4 findet keine Anwendung.

(2) [1]Die in Absatz 1 bezeichneten Befugnisse berechtigen nicht zu einer Wiederverfilmung des Werkes. [2]Der Urheber ist im Zweifel berechtigt, sein Werk nach Ablauf von zehn Jahren nach Vertragsabschluss anderweit filmisch zu verwerten. [3]Von Satz 2 kann zum Nachteil des Urhebers nur durch eine Vereinbarung abgewichen werden, die auf einer gemeinsamen Vergütungsregel (§ 36) oder einem Tarifvertrag beruht.

(3) *(weggefallen)*

§ 89 Rechte am Filmwerk. (1) [1]Wer sich zur Mitwirkung bei der Herstellung eines Filmes verpflichtet, räumt damit für den Fall, dass er ein Urheberrecht am Filmwerk erwirbt, dem Filmhersteller im Zweifel das ausschließliche Recht ein, das Filmwerk sowie Übersetzungen und andere filmische Bearbeitungen oder Umgestaltungen des Filmwerkes auf alle Nutzungsarten zu nutzen. [2]§ 31a Abs. 1 Satz 3 und 4 und Abs. 2 bis 4 findet keine Anwendung.

(2) Hat der Urheber des Filmwerkes das in Absatz 1 bezeichnete Nutzungsrecht im Voraus einem Dritten eingeräumt, so behält er gleichwohl stets die Befugnis, dieses Recht beschränkt oder unbeschränkt dem Filmhersteller einzuräumen.

(3) Die Urheberrechte an den zur Herstellung des Filmwerkes benutzten Werken, wie Roman, Drehbuch und Filmmusik, bleiben unberührt.

(4) Für die Rechte zur filmischen Verwertung der bei der Herstellung eines Filmwerkes entstehenden Lichtbilder und Lichtbildwerke gelten die Absätze 1 und 2 entsprechend.

§ 90 Einschränkung der Rechte. (1) [1]Für die in § 88 Absatz 1 und § 89 Absatz 1 bezeichneten Rechte gelten nicht die Bestimmungen

1. über die Übertragung von Nutzungsrechten (§ 34),
2. über die Einräumung weiterer Nutzungsrechte (§ 35) und
3. über die Rückrufsrechte (§§ 41 und 42).

[2]Satz 1 findet bis zum Beginn der Dreharbeiten für das Recht zur Verfilmung keine Anwendung. [3]Ein Ausschluss der Ausübung des Rückrufsrechts wegen Nichtausübung (§ 41) bis zum Beginn der Dreharbeiten kann mit dem Urheber im Voraus für eine Dauer von bis zu fünf Jahren vereinbart werden.

(2) Für die in § 88 und § 89 Absatz 1 bezeichneten Rechte gilt nicht die Bestimmung über das Recht zur anderweitigen Verwertung nach zehn Jahren bei pauschaler Vergütung (§ 40a).

§ 91 *(weggefallen)*

§ 92 Ausübende Künstler. (1) Schließt ein ausübender Künstler mit dem Filmhersteller einen Vertrag über seine Mitwirkung bei der Herstellung eines Filmwerks, so liegt darin im Zweifel hinsichtlich der Verwertung des Filmwerks die Einräumung des Rechts, die Darbietung auf eine der dem ausübenden Künstler nach § 77 Abs. 1 und 2 Satz 1 und § 78 Abs. 1 Nr. 1 und 2 vorbehaltenen Nutzungsarten zu nutzen.

(2) Hat der ausübende Künstler im Voraus ein in Absatz 1 genanntes Recht übertragen oder einem Dritten hieran ein Nutzungsrecht eingeräumt, so behält er gleichwohl die Befugnis, dem Filmhersteller dieses Recht hinsichtlich der Verwertung des Filmwerkes zu übertragen oder einzuräumen.

(3) § 90 gilt entsprechend.

§ 93 Schutz gegen Entstellung; Namensnennung. (1) [1]Die Urheber des Filmwerkes und der zu seiner Herstellung benutzten Werke sowie die Inhaber verwandter Schutzrechte, die bei der Herstellung des Filmwerkes mitwirken oder deren Leistungen zur Herstellung des Filmwerkes benutzt werden, können nach den §§ 14 und 75 hinsichtlich der Herstellung und Verwertung des Filmwerkes nur gröbliche Entstellungen oder andere gröbliche Beeinträchtigungen ihrer Werke oder Leistungen verbieten. [2]Sie haben hierbei aufeinander und auf den Filmhersteller angemessene Rücksicht zu nehmen.

(2) Die Nennung jedes einzelnen an einem Film mitwirkenden ausübenden Künstlers ist nicht erforderlich, wenn sie einen unverhältnismäßigen Aufwand bedeutet.

§ 94 Schutz des Filmherstellers. (1) [1]Der Filmhersteller hat das ausschließliche Recht, den Bildträger oder Bild- und Tonträger, auf den das Filmwerk aufgenommen ist, zu vervielfältigen, zu verbreiten und zur öffentlichen Vorführung, Funksendung oder öffentlichen Zugänglichmachung zu benutzen. [2]Der Filmhersteller hat ferner das Recht, jede Entstellung oder Kürzung des Bildträgers oder Bild- und Tonträgers zu verbieten, die geeignet ist, seine berechtigten Interessen an diesem zu gefährden.

(2) [1]Das Recht ist übertragbar. [2]Der Filmhersteller kann einem anderen das Recht einräumen, den Bildträger oder Bild- und Tonträger auf einzelne oder alle der ihm vorbehaltenen Nutzungsarten zu nutzen. [3]§ 31 und die §§ 33 und 38 gelten entsprechend.

(3) Das Recht erlischt fünfzig Jahre nach dem Erscheinen des Bildträgers oder Bild- und Tonträgers oder, wenn seine erste erlaubte Benutzung zur öffentlichen Wiedergabe früher erfolgt ist, nach dieser, jedoch bereits fünfzig Jahre nach der Herstellung, wenn der Bildträger oder Bild- und Tonträger innerhalb dieser Frist nicht erschienen oder erlaubterweise zur öffentlichen Wiedergabe benutzt worden ist.

(4) § 10 Abs. 1 und die §§ 20b und 27 Abs. 2 und 3 sowie die Vorschriften des Abschnitts 6 des Teils 1 sind entsprechend anzuwenden.

Abschnitt 2
Laufbilder

§ 95 Laufbilder. Die §§ 88, 89 Abs. 4, 90, 93 und 94 sind auf Bildfolgen und Bild- und Tonfolgen, die nicht als Filmwerke geschützt sind, entsprechend anzuwenden.

Teil 4

Gemeinsame Bestimmungen für Urheberrecht und verwandte Schutzrechte

Abschnitt 1

Ergänzende Schutzbestimmungen

§ 95a Schutz technischer Maßnahmen. (1) Wirksame technische Maßnahmen zum Schutz eines nach diesem Gesetz geschützten Werkes oder eines anderen nach diesem Gesetz geschützten Schutzgegenstandes dürfen ohne Zustimmung des Rechtsinhabers nicht umgangen werden, soweit dem Handelnden bekannt ist oder den Umständen nach bekannt sein muss, dass die Umgehung erfolgt, um den Zugang zu einem solchen Werk oder Schutzgegenstand oder deren Nutzung zu ermöglichen.

(2) [1]Technische Maßnahmen im Sinne dieses Gesetzes sind Technologien, Vorrichtungen und Bestandteile, die im normalen Betrieb dazu bestimmt sind, geschützte Werke oder andere nach diesem Gesetz geschützte Schutzgegenstände betreffende Handlungen, die vom Rechtsinhaber nicht genehmigt sind, zu verhindern oder einzuschränken. [2]Technische Maßnahmen sind wirksam, soweit durch sie die Nutzung eines geschützten Werkes oder eines anderen nach diesem Gesetz geschützten Schutzgegenstandes von dem Rechtsinhaber durch eine Zugangskontrolle, einen Schutzmechanismus wie Verschlüsselung, Verzerrung oder sonstige Umwandlung oder einen Mechanismus zur Kontrolle der Vervielfältigung, die die Erreichung des Schutzziels sicherstellen, unter Kontrolle gehalten wird.

(3) Verboten sind die Herstellung, die Einfuhr, die Verbreitung, der Verkauf, die Vermietung, die Werbung im Hinblick auf Verkauf oder Vermietung und der gewerblichen Zwecken dienende Besitz von Vorrichtungen, Erzeugnissen oder Bestandteilen sowie die Erbringung von Dienstleistungen, die

1. Gegenstand einer Verkaufsförderung, Werbung oder Vermarktung mit dem Ziel der Umgehung wirksamer technischer Maßnahmen sind oder
2. abgesehen von der Umgehung wirksamer technischer Maßnahmen nur einen begrenzten wirtschaftlichen Zweck oder Nutzen haben oder
3. hauptsächlich entworfen, hergestellt, angepasst oder erbracht werden, um die Umgehung wirksamer technischer Maßnahmen zu ermöglichen oder zu erleichtern.

(4) Von den Verboten der Absätze 1 und 3 unberührt bleiben Aufgaben und Befugnisse öffentlicher Stellen zum Zwecke des Schutzes der öffentlichen Sicherheit oder der Strafrechtspflege.

§ 95b Durchsetzung von Schrankenbestimmungen. (1) [1]Soweit ein Rechtsinhaber technische Maßnahmen nach Maßgabe dieses Gesetzes anwendet, ist er verpflichtet, den durch eine der nachfolgend genannten Bestimmungen Begünstigten, soweit sie rechtmäßig Zugang zu dem Werk oder Schutzgegenstand haben, die notwendigen Mittel zur Verfügung zu stellen, um von diesen Bestimmungen in dem erforderlichen Maße Gebrauch machen zu können:

1. § 45 (Rechtspflege und öffentliche Sicherheit),
2. § 45a (Behinderte Menschen),
3. *(aufgehoben)*
4. § 47 (Schulfunksendungen),
5. *(aufgehoben)*
6. § 53 (Vervielfältigungen zum privaten und sonstigen eigenen Gebrauch)
   a) Absatz 1, soweit es sich um Vervielfältigungen auf Papier oder einen ähnlichen Träger mittels beliebiger photomechanischer Verfahren oder anderer Verfahren mit ähnlicher Wirkung handelt,
   b) *(aufgehoben)*
   c) Absatz 2 Satz 1 Nr. 2 in Verbindung mit Satz 2 Nr. 1,
   d) Absatz 2 Satz 1 Nr. 3 und 4 jeweils in Verbindung mit Satz 2 Nr. 1,
   e) *(aufgehoben)*
7. § 55 (Vervielfältigung durch Sendeunternehmen).
8. § 60a (Unterricht und Lehre),
9. § 60b (Unterrichts- und Lehrmedien),
10. § 60c (Wissenschaftliche Forschung),
11. § 60d (Text und Data Mining),
12. § 60e (Bibliotheken)
    a) Absatz 1,
    b) Absatz 2,
    c) Absatz 3,
    d) Absatz 5,
13. § 60f (Archive, Museen und Bildungseinrichtungen).

[2]Vereinbarungen zum Ausschluss der Verpflichtungen nach Satz 1 sind unwirksam.

(2) [1]Wer gegen das Gebot nach Absatz 1 verstößt, kann von dem Begünstigen einer der genannten Bestimmungen darauf in Anspruch genommen werden, die zur Verwirklichung der jeweiligen Befugnis benötigten Mittel zur Verfügung zu stellen. [2]Entspricht das angebotene Mittel einer Vereinbarung zwischen Vereinigungen der Rechtsinhaber und der durch die Schrankenregelung Begünstigten, so wird vermutet, dass das Mittel ausreicht.

(3) Die Absätze 1 und 2 gelten nicht, soweit Werke und sonstige Schutzgegenstände der Öffentlichkeit aufgrund einer vertraglichen Vereinbarung in einer Weise zugänglich gemacht werden, dass sie Mitgliedern der Öffentlichkeit von Orten und zu Zeiten ihrer Wahl zugänglich sind.

(4) Zur Erfüllung der Verpflichtungen aus Absatz 1 angewandte technische Maßnahmen, einschließlich der zur Umsetzung freiwilliger Vereinbarungen angewandten Maßnahmen, genießen Rechtsschutz nach § 95a.

§ 95c Schutz der zur Rechtewahrnehmung erforderlichen Informationen. (1) Von Rechtsinhabern stammende Informationen für die Rechtewahrnehmung dürfen nicht entfernt oder verändert werden, wenn irgendeine der betreffenden Informationen an einem Vervielfältigungsstück eines Werkes oder eines sonstigen Schutzgegenstandes angebracht ist oder im Zusammenhang mit der öffentlichen Wiedergabe eines solchen Werkes oder Schutzgegenstandes erscheint und wenn die Entfernung oder Veränderung wissentlich unbefugt erfolgt und dem Handelnden bekannt ist oder den Umständen nach bekannt sein muss, dass er dadurch die Verletzung von Urheberrechten oder verwandter Schutzrechte veranlasst, ermöglicht, erleichtert oder verschleiert.

(2) Informationen für die Rechtewahrnehmung im Sinne dieses Gesetzes sind elektronische Informationen, die Werke oder andere Schutzgegenstände, den Urheber oder jeden anderen Rechtsinhaber identifizieren, Informationen über die Modalitäten und Bedingungen für die Nutzung der Werke oder Schutzgegenstände sowie die Zahlen und Codes, durch die derartige Informationen ausgedrückt werden.

(3) Werke oder sonstige Schutzgegenstände, bei denen Informationen für die Rechtewahrnehmung unbefugt entfernt oder geändert wurden, dürfen nicht wissentlich unbefugt verbreitet, zur Verbreitung eingeführt, gesendet, öffentlich wiedergegeben oder öffentlich zugänglich gemacht werden, wenn dem Handelnden bekannt ist oder den Umständen nach bekannt sein muss, dass er dadurch die Verletzung von Urheberrechten oder verwandter Schutzrechte veranlasst, ermöglicht, erleichtert oder verschleiert.

§ 95d Kennzeichnungspflichten. (1) Werke und andere Schutzgegenstände, die mit technischen Maßnahmen geschützt werden, sind deutlich sichtbar mit Angaben über die Eigenschaften der technischen Maßnahmen zu kennzeichnen.

(2) [1]Wer Werke und andere Schutzgegenstände mit technischen Maßnahmen schützt, hat diese zur Ermöglichung der Geltendmachung von Ansprüchen nach § 95b Abs. 2 mit seinem Namen oder seiner Firma und der zustellungsfähigen Anschrift zu kennzeichnen. [2]Satz 1 findet in den Fällen des § 95b Abs. 3 keine Anwendung.

§ 96 Verwertungsverbot. (1) Rechtswidrig hergestellte Vervielfältigungsstücke dürfen weder verbreitet noch zu öffentlichen Wiedergaben benutzt werden.

(2) Rechtswidrig veranstaltete Funksendungen dürfen nicht auf Bild- oder Tonträger aufgenommen oder öffentlich wiedergegeben werden.

Abschnitt 2

Rechtsverletzungen

Unterabschnitt 1

Bürgerlich-rechtliche Vorschriften; Rechtsweg

§ 97 Anspruch auf Unterlassung und Schadensersatz. (1) [1]Wer das Urheberrecht oder ein anderes nach diesem Gesetz geschütztes Recht widerrechtlich verletzt, kann von dem Verletzten auf Beseitigung der Beeinträchtigung, bei Wiederholungsgefahr auf Unterlassung in Anspruch genommen werden. [2]Der Anspruch auf Unterlassung besteht auch dann, wenn eine Zuwiderhandlung erstmalig droht.

(2) [1]Wer die Handlung vorsätzlich oder fahrlässig vornimmt, ist dem Verletzten zum Ersatz des daraus entstehenden Schadens verpflichtet. [2]Bei der Bemessung des Schadensersatzes kann auch der Gewinn, den der Verletzer durch die Verletzung des Rechts erzielt hat, berücksichtigt werden. [3]Der Schadensersatzanspruch kann auch auf der Grundlage des Betrages berechnet werden, den der Verletzer als angemessene Vergütung hätte entrichten müssen, wenn er die Erlaubnis zur Nutzung des verletzten Rechts eingeholt hätte. [4]Urheber, Verfasser wissenschaftlicher Ausgaben (§ 70), Lichtbildner (§ 72) und ausübende Künstler (§ 73) können auch wegen des Schadens, der nicht Vermögensschaden ist, eine Entschädigung in Geld verlangen, wenn und soweit dies der Billigkeit entspricht.

§ 97a Abmahnung. (1) Der Verletzte soll den Verletzer vor Einleitung eines gerichtlichen Verfahrens auf Unterlassung abmahnen und ihm Gelegenheit geben, den Streit durch Abgabe einer mit einer angemessenen Vertragsstrafe bewehrten Unterlassungsverpflichtung beizulegen.

(2) [1]Die Abmahnung hat in klarer und verständlicher Weise
1. Name oder Firma des Verletzten anzugeben, wenn der Verletzte nicht selbst, sondern ein Vertreter abmahnt,
2. die Rechtsverletzung genau zu bezeichnen,
3. geltend gemachte Zahlungsansprüche als Schadensersatz- und Aufwendungsersatzansprüche aufzuschlüsseln und
4. wenn darin eine Aufforderung zur Abgabe einer Unterlassungsverpflichtung enthalten ist, anzugeben, inwieweit die vorgeschlagene Unterlassungsverpflichtung über die abgemahnte Rechtsverletzung hinausgeht.

[2]Eine Abmahnung, die nicht Satz 1 entspricht, ist unwirksam.

(3) [1]Soweit die Abmahnung berechtigt ist und Absatz 2 Satz 1 Nummer 1 bis 4 entspricht, kann der Ersatz der erforderlichen Aufwendungen verlangt werden. [2]Für die Inanspruchnahme anwaltlicher Dienstleistungen beschränkt sich der Ersatz der erforderlichen Aufwendungen hinsichtlich der gesetzlichen Gebühren auf Gebühren nach einem Gegenstandswert für den Unterlassungs- und Beseitigungsanspruch von 1 000 Euro, wenn der Abgemahnte

1. eine natürliche Person ist, die nach diesem Gesetz geschützte Werke oder andere nach diesem Gesetz geschützte Schutzgegenstände nicht für ihre gewerbliche oder selbstständige berufliche Tätigkeit verwendet, und
2. nicht bereits wegen eines Anspruchs des Abmahnenden durch Vertrag, aufgrund einer rechtskräftigen gerichtlichen Entscheidung oder einer einstweiligen Verfügung zur Unterlassung verpflichtet ist.

[3]Der in Satz 2 genannte Wert ist auch maßgeblich, wenn ein Unterlassungs- und ein Beseitigungsanspruch nebeneinander geltend gemacht werden. [4]Satz 2 gilt nicht, wenn der genannte Wert nach den besonderen Umständen des Einzelfalles unbillig ist.

(4) [1]Soweit die Abmahnung unberechtigt oder unwirksam ist, kann der Abgemahnte Ersatz der für die Rechtsverteidigung erforderlichen Aufwendungen verlangen, es sei denn, es war für den Abmahnenden zum Zeitpunkt der Abmahnung nicht erkennbar, dass die Abmahnung unberechtigt war. [2]Weiter gehende Ersatzansprüche bleiben unberührt.

§ 98 Anspruch auf Vernichtung, Rückruf und Überlassung. (1) [1]Wer das Urheberrecht oder ein anderes nach diesem Gesetz geschütztes Recht widerrechtlich verletzt, kann von dem Verletzten auf Vernichtung der im Besitz oder Eigentum des Verletzers befindlichen rechtswidrig hergestellten, verbreiteten oder zur rechtswidrigen Verbreitung bestimmten Vervielfältigungsstücke in Anspruch genommen werden. [2]Satz 1 ist entsprechend auf die im Eigentum des Verletzers stehenden Vorrichtungen anzuwenden, die vorwiegend zur Herstellung dieser Vervielfältigungsstücke gedient haben.

(2) Wer das Urheberrecht oder ein anderes nach diesem Gesetz geschütztes Recht widerrechtlich verletzt, kann von dem Verletzten auf Rückruf von rechtswidrig hergestellten, verbreiteten oder zur rechtswidrigen Verbreitung bestimmten Vervielfältigungsstücken oder auf deren endgültiges Entfernen aus den Vertriebswegen in Anspruch genommen werden.

(3) Statt der in Absatz 1 vorgesehenen Maßnahmen kann der Verletzte verlangen, dass ihm die Vervielfältigungsstücke, die im Eigentum des Verletzers stehen, gegen eine angemessene Vergütung, welche die Herstellungskosten nicht übersteigen darf, überlassen werden.

(4) [1]Die Ansprüche nach den Absätzen 1 bis 3 sind ausgeschlossen, wenn die Maßnahme im Einzelfall unverhältnismäßig ist. [2]Bei der Prüfung der Verhältnismäßigkeit sind auch die berechtigten Interessen Dritter zu berücksichtigen.

(5) Bauwerke sowie ausscheidbare Teile von Vervielfältigungsstücken und Vorrichtungen, deren Herstellung und Verbreitung nicht rechtswidrig ist, unterliegen nicht den in den Absätzen 1 bis 3 vorgesehenen Maßnahmen.

§ 99 Haftung des Inhabers eines Unternehmens. Ist in einem Unternehmen von einem Arbeitnehmer oder Beauftragten ein nach diesem Gesetz geschütztes Recht widerrechtlich verletzt worden, hat der Verletzte die Ansprüche aus § 97 Abs. 1 und § 98 auch gegen den Inhaber des Unternehmens.

§ 100 Entschädigung. [1]Handelt der Verletzer weder vorsätzlich noch fahrlässig, kann er zur Abwendung der Ansprüche nach den §§ 97 und 98 den Verletzten in Geld entschädigen, wenn ihm durch die Erfüllung der Ansprüche ein unverhältnismäßig großer Schaden entstehen würde und dem Verletzten die Abfindung in Geld zuzumuten ist. [2]Als Entschädigung ist der Betrag zu zahlen, der im Fall einer vertraglichen Einräumung des Rechts als Vergütung angemessen wäre. [3]Mit der Zahlung der Entschädigung gilt die Einwilligung des Verletzten zur Verwertung im üblichen Umfang als erteilt.

§ 101 Anspruch auf Auskunft. (1) [1]Wer in gewerblichem Ausmaß das Urheberrecht oder ein anderes nach diesem Gesetz geschütztes Recht widerrechtlich verletzt, kann von dem Verletzten auf unverzügliche Auskunft über die Herkunft und den Vertriebsweg der rechtsverletzenden Vervielfältigungsstücke oder sonstigen Erzeugnisse in Anspruch genommen werden. [2]Das gewerbliche Ausmaß kann sich sowohl aus der Anzahl der Rechtsverletzungen als auch aus der Schwere der Rechtsverletzung ergeben.

(2) [1]In Fällen offensichtlicher Rechtsverletzung oder in Fällen, in denen der Verletzte gegen den Verletzer Klage erhoben hat, besteht der Anspruch unbeschadet von Absatz 1 auch gegen eine Person, die in gewerblichem Ausmaß

1. rechtsverletzende Vervielfältigungsstücke in ihrem Besitz hatte,
2. rechtsverletzende Dienstleistungen in Anspruch nahm,
3. für rechtsverletzende Tätigkeiten genutzte Dienstleistungen erbrachte oder
4. nach den Angaben einer in Nummer 1, 2 oder Nummer 3 genannten Person an der Herstellung, Erzeugung oder am Vertrieb solcher Vervielfältigungsstücke, sonstigen Erzeugnisse oder Dienstleistungen beteiligt war,

es sei denn, die Person wäre nach den §§ 383 bis 385 der Zivilprozessordnung im Prozess gegen den Verletzer zur Zeugnisverweigerung berechtigt. [2]Im Fall der gerichtlichen Geltendmachung des Anspruchs nach Satz 1 kann das Gericht den gegen den Verletzer anhängigen Rechtsstreit auf Antrag bis zur Erledigung des wegen des Auskunftsanspruchs geführten Rechtsstreits aussetzen. [3]Der zur Auskunft Verpflichtete kann von dem Verletzten den Ersatz der für die Auskunftserteilung erforderlichen Aufwendungen verlangen.

(3) Der zur Auskunft Verpflichtete hat Angaben zu machen über

1. Namen und Anschrift der Hersteller, Lieferanten und anderer Vorbesitzer der Vervielfältigungsstücke oder sonstigen Erzeugnisse, der Nutzer der Dienstleistungen sowie der gewerblichen Abnehmer und Verkaufsstellen, für die sie bestimmt waren, und
2. die Menge der hergestellten, ausgelieferten, erhaltenen oder bestellten Vervielfältigungsstücke oder sonstigen Erzeugnisse sowie über die Preise, die für die betreffenden Vervielfältigungsstücke oder sonstigen Erzeugnisse bezahlt wurden.

(4) Die Ansprüche nach den Absätzen 1 und 2 sind ausgeschlossen, wenn die Inanspruchnahme im Einzelfall unverhältnismäßig ist.

(5) Erteilt der zur Auskunft Verpflichtete die Auskunft vorsätzlich oder grob fahrlässig falsch oder unvollständig, so ist er dem Verletzten zum Ersatz des daraus entstehenden Schadens verpflichtet.

(6) Wer eine wahre Auskunft erteilt hat, ohne dazu nach Absatz 1 oder Absatz 2 verpflichtet gewesen zu sein, haftet Dritten gegenüber nur, wenn er wusste, dass er zur Auskunftserteilung nicht verpflichtet war.

(7) In Fällen offensichtlicher Rechtsverletzung kann die Verpflichtung zur Erteilung der Auskunft im Wege der einstweiligen Verfügung nach den §§ 935 bis 945 der Zivilprozessordnung angeordnet werden.

(8) Die Erkenntnisse dürfen in einem Strafverfahren oder in einem Verfahren nach dem Gesetz über Ordnungswidrigkeiten wegen einer vor der Erteilung der Auskunft begangenen Tat gegen den Verpflichteten oder gegen einen in § 52 Abs. 1 der Strafprozessordnung bezeichneten Angehörigen nur mit Zustimmung des Verpflichteten verwertet werden.

(9) [1]Kann die Auskunft nur unter Verwendung von Verkehrsdaten (§ 3 Nr. 30 des Telekommunikationsgesetzes) erteilt werden, ist für ihre Erteilung eine vorherige richterliche Anordnung über die Zulässigkeit der Verwendung der Verkehrsdaten erforderlich, die von dem Verletzten zu beantragen ist. [2]Für den Erlass dieser Anordnung ist das Landgericht, in dessen Bezirk der zur Auskunft Verpflichtete seinen Wohnsitz, seinen Sitz oder eine Niederlassung hat, ohne Rücksicht auf den Streitwert ausschließlich zuständig. [3]Die Entscheidung trifft die Zivilkammer. [4]Für das Verfahren gelten die Vorschriften des Gesetzes über das Verfahren in Familiensachen und in den Angelegenheiten der freiwilligen Gerichtsbarkeit entsprechend. [5]Die Kosten der richterlichen Anordnung trägt der Verletzte. [6]Gegen die Entscheidung des Landgerichts ist die Beschwerde statthaft. [7]Die Beschwerde ist binnen einer Frist von zwei Wochen einzulegen. [8]Die Vorschriften zum Schutz personenbezogener Daten bleiben im Übrigen unberührt.

(10) Durch Absatz 2 in Verbindung mit Absatz 9 wird das Grundrecht des Fernmeldegeheimnisses (Artikel 10 des Grundgesetzes) eingeschränkt.

§ 101a Anspruch auf Vorlage und Besichtigung. (1) [1]Wer mit hinreichender Wahrscheinlichkeit das Urheberrecht oder ein anderes nach diesem Gesetz geschütztes Recht widerrechtlich verletzt, kann von dem Verletzten auf Vorlage einer Urkunde oder Besichtigung einer Sache in Anspruch genommen werden, die sich in seiner Verfügungsgewalt befindet, wenn dies zur Begründung von dessen Ansprüchen erforderlich ist. [2]Besteht die hinreichende Wahrscheinlichkeit einer in gewerblichem Ausmaß begangenen Rechtsverletzung, erstreckt sich der Anspruch auch auf die Vorlage von Bank-, Finanz- oder Handelsunterlagen. [3]Soweit der vermeintliche Verletzer geltend macht, dass es sich um vertrauliche Informationen handelt, trifft das Gericht die erforderlichen Maßnahmen, um den im Einzelfall gebotenen Schutz zu gewährleisten.

(2) Der Anspruch nach Absatz 1 ist ausgeschlossen, wenn die Inanspruchnahme im Einzelfall unverhältnismäßig ist.

(3) [1]Die Verpflichtung zur Vorlage einer Urkunde oder zur Duldung der Besichtigung einer Sache kann im Wege der einstweiligen Verfügung nach den §§ 935 bis 945 der Zivilprozessordnung angeordnet werden. [2]Das Gericht trifft die erforderlichen Maßnahmen, um den Schutz vertraulicher Informationen zu gewährleisten. [3]Dies gilt insbesondere in den Fällen, in denen die einstweilige Verfügung ohne vorherige Anhörung des Gegners erlassen wird.

(4) § 811 des Bürgerlichen Gesetzbuchs sowie § 101 Abs. 8 gelten entsprechend.

(5) Wenn keine Verletzung vorlag oder drohte, kann der vermeintliche Verletzer von demjenigen, der die Vorlage oder Besichtigung nach Absatz 1 begehrt hat, den Ersatz des ihm durch das Begehren entstandenen Schadens verlangen.

§ 101b Sicherung von Schadensersatzansprüchen. (1) [1]Der Verletzte kann den Verletzer bei einer in gewerblichem Ausmaß begangenen Rechtsverletzung in den Fällen des § 97 Abs. 2 auch auf Vorlage von Bank-, Finanz- oder Handelsunterlagen oder einen geeigneten Zugang zu den entsprechenden Unterlagen in Anspruch nehmen, die sich in der Verfügungsgewalt des Verletzers befinden und die für die Durchsetzung des Schadensersatzanspruchs erforderlich sind, wenn ohne die Vorlage die Erfüllung des Schadensersatzanspruchs fraglich ist. [2]Soweit der Verletzer geltend macht, dass es sich um vertrauliche Informationen handelt, trifft das Gericht die erforderlichen Maßnahmen, um den im Einzelfall gebotenen Schutz zu gewährleisten.

(2) Der Anspruch nach Absatz 1 ist ausgeschlossen, wenn die Inanspruchnahme im Einzelfall unverhältnismäßig ist.

(3) [1]Die Verpflichtung zur Vorlage der in Absatz 1 bezeichneten Urkunden kann im Wege der einstweiligen Verfügung nach den §§ 935 bis 945 der Zivilprozessordnung angeordnet werden, wenn der Schadensersatzanspruch offensichtlich besteht. [2]Das Gericht trifft die erforderlichen Maßnahmen, um den Schutz vertraulicher Informationen zu gewährleisten. [3]Dies gilt insbesondere in den Fällen, in denen die einstweilige Verfügung ohne vorherige Anhörung des Gegners erlassen wird.

(4) § 811 des Bürgerlichen Gesetzbuchs sowie § 101 Abs. 8 gelten entsprechend.

§ 102 Verjährung. [1]Auf die Verjährung der Ansprüche wegen Verletzung des Urheberrechts oder eines anderen nach diesem Gesetz geschützten Rechts finden die Vorschriften des Abschnitts 5 des Buches 1 des Bürgerlichen Gesetzbuchs entsprechende Anwendung. [2]Hat der Verpflichtete durch die Verletzung auf Kosten des Berechtigten etwas erlangt, findet § 852 des Bürgerlichen Gesetzbuchs entsprechende Anwendung.

§ 102a Ansprüche aus anderen gesetzlichen Vorschriften. Ansprüche aus anderen gesetzlichen Vorschriften bleiben unberührt.

§ 103 Bekanntmachung des Urteils. [1]Ist eine Klage aufgrund dieses Gesetzes erhoben worden, so kann der obsiegenden Partei im Urteil die Befugnis zugesprochen werden, das Urteil auf Kosten der unterliegenden Partei öffentlich bekannt zu machen, wenn sie ein berechtigtes Interesse darlegt. [2]Art und Umfang der Bekanntmachung werden im Urteil bestimmt. [3]Die Befugnis erlischt, wenn von ihr nicht innerhalb von drei Monaten nach Eintritt der Rechtskraft des Urteils Gebrauch gemacht wird. [4]Das Urteil darf erst nach Rechtskraft bekannt gemacht werden, wenn nicht das Gericht etwas anderes bestimmt.

§ 104 Rechtsweg. [1]Für alle Rechtsstreitigkeiten, durch die ein Anspruch aus einem der in diesem Gesetz geregelten Rechtsverhältnisse geltend gemacht wird, (Urheberrechtsstreitsachen) ist der ordentliche Rechtsweg gegeben. [2]Für Urheberrechtsstreitsachen aus Arbeits- oder Dienstverhältnissen, die ausschließlich Ansprüche auf Leistung einer vereinbarten Vergütung zum Gegenstand haben, bleiben der Rechtsweg zu den Gerichten für Arbeitssachen und der Verwaltungsrechtsweg unberührt.

§ 104a Gerichtsstand. (1) [1]Für Klagen wegen Urheberrechtsstreitsachen gegen eine natürliche Person, die nach diesem Gesetz geschützte Werke oder andere nach diesem Gesetz geschützte Schutzgegenstände nicht für ihre gewerbliche oder selbstständige berufliche Tätigkeit verwendet, ist das Gericht ausschließlich zuständig, in dessen Bezirk diese Person zur Zeit der Klageerhebung ihren Wohnsitz, in Ermangelung eines solchen ihren gewöhnlichen Aufenthalt hat. [2]Wenn die beklagte Person im Inland weder einen Wohnsitz noch ihren gewöhnlichen Aufenthalt hat, ist das Gericht zuständig, in dessen Bezirk die Handlung begangen ist.

(2) § 105 bleibt unberührt.

§ 105 Gerichte für Urheberrechtsstreitsachen. (1) Die Landesregierungen werden ermächtigt, durch Rechtsverordnung Urheberrechtsstreitsachen, für die das Landgericht in erster Instanz oder in der Berufungsinstanz zuständig ist, für die Bezirke mehrerer Landgerichte einem von ihnen zuzuweisen, wenn dies der Rechtspflege dienlich ist.

(2) Die Landesregierungen werden ferner ermächtigt, durch Rechtsverordnung die zur Zuständigkeit der Amtsgerichte gehörenden Urheberrechtsstreitsachen für die Bezirke mehrerer Amtsgerichte einem von ihnen zuzuweisen, wenn dies der Rechtspflege dienlich ist.

(3) Die Landesregierungen können die Ermächtigungen nach den Absätzen 1 und 2 auf die Landesjustizverwaltungen übertragen.

(4) und (5) *(weggefallen)*

Unterabschnitt 2

Straf- und Bußgeldvorschriften

§ 106 Unerlaubte Verwertung urheberrechtlich geschützter Werke.

(1) Wer in anderen als den gesetzlich zugelassenen Fällen ohne Einwilligung des Berechtigten ein Werk oder eine Bearbeitung oder Umgestaltung eines Werkes vervielfältigt, verbreitet oder öffentlich wiedergibt, wird mit Freiheitsstrafe bis zu drei Jahren oder mit Geldstrafe bestraft.

(2) Der Versuch ist strafbar.

§ 107 Unzulässiges Anbringen der Urheberbezeichnung. (1) Wer

1. auf dem Original eines Werkes der bildenden Künste die Urheberbezeichnung (§ 10 Abs. 1) ohne Einwilligung des Urhebers anbringt oder ein derart bezeichnetes Original verbreitet,
2. auf einem Vervielfältigungsstück, einer Bearbeitung oder Umgestaltung eines Werkes der bildenden Künste die Urheberbezeichnung (§ 10 Abs. 1) auf eine Art anbringt, die dem Vervielfältigungsstück, der Bearbeitung oder Umgestaltung den Anschein eines Originals gibt, oder ein derart bezeichnetes Vervielfältigungsstück, eine solche Bearbeitung oder Umgestaltung verbreitet,

wird mit Freiheitsstrafe bis zu drei Jahren oder mit Geldstrafe bestraft, wenn die Tat nicht in anderen Vorschriften mit schwererer Strafe bedroht ist.

(2) Der Versuch ist strafbar.

§ 108 Unerlaubte Eingriffe in verwandte Schutzrechte. (1) Wer in anderen als den gesetzlich zugelassenen Fällen ohne Einwilligung des Berechtigten

1. eine wissenschaftliche Ausgabe (§ 70) oder eine Bearbeitung oder Umgestaltung einer solchen Ausgabe vervielfältigt, verbreitet oder öffentlich wiedergibt,
2. ein nachgelassenes Werk oder eine Bearbeitung oder Umgestaltung eines solchen Werkes entgegen § 71 verwertet,
3. ein Lichtbild (§ 72) oder eine Bearbeitung oder Umgestaltung eines Lichtbildes vervielfältigt, verbreitet oder öffentlich wiedergibt,
4. die Darbietung eines ausübenden Künstlers entgegen den § 77 Abs. 1 oder Abs. 2 Satz 1, § 78 Abs. 1 verwertet,
5. einen Tonträger entgegen § 85 verwertet,
6. eine Funksendung entgegen § 87 verwertet,
7. einen Bildträger oder Bild- und Tonträger entgegen §§ 94 oder 95 in Verbindung mit § 94 verwertet,
8. eine Datenbank entgegen § 87b Abs. 1 verwertet,

wird mit Freiheitsstrafe bis zu drei Jahren oder mit Geldstrafe bestraft.

(2) Der Versuch ist strafbar.

§ 108a Gewerbsmäßige unerlaubte Verwertung. (1) Handelt der Täter in den Fällen der §§ 106 bis 108 gewerbsmäßig, so ist die Strafe Freiheitsstrafe bis zu fünf Jahren oder Geldstrafe.

(2) Der Versuch ist strafbar.

§ 108b Unerlaubte Eingriffe in technische Schutzmaßnahmen und zur Rechtewahrnehmung erforderliche Informationen. (1) Wer

1. in der Absicht, sich oder einem Dritten den Zugang zu einem nach diesem Gesetz geschützten Werk oder einem anderen nach diesem Gesetz geschützten Schutzgegenstand oder deren Nutzung zu ermöglichen, eine wirksame technische Maßnahme ohne Zustimmung des Rechtsinhabers umgeht oder
2. wissentlich unbefugt
   a) eine von Rechtsinhabern stammende Information für die Rechtewahrnehmung entfernt oder verändert, wenn irgendeine der betreffenden Informationen an einem Vervielfältigungsstück eines Werkes oder eines sonstigen Schutzgegenstandes angebracht ist oder im Zusammenhang mit der öffentlichen Wiedergabe eines solchen Werkes oder Schutzgegenstandes erscheint, oder
   b) ein Werk oder einen sonstigen Schutzgegenstand, bei dem eine Information für die Rechtewahrnehmung unbefugt entfernt oder geändert wurde, verbreitet, zur Verbreitung einführt, sendet, öffentlich wiedergibt oder öffentlich zugänglich macht

   und dadurch wenigstens leichtfertig die Verletzung von Urheberrechten oder verwandten Schutzrechten veranlasst, ermöglicht, erleichtert oder verschleiert,

wird, wenn die Tat nicht ausschließlich zum eigenen privaten Gebrauch des Täters oder mit dem Täter persönlich verbundener Personen erfolgt oder sich auf einen derartigen Gebrauch bezieht, mit Freiheitsstrafe bis zu einem Jahr oder mit Geldstrafe bestraft.

(2) Ebenso wird bestraft, wer entgegen § 95a Abs. 3 eine Vorrichtung, ein Erzeugnis oder einen Bestandteil zu gewerblichen Zwecken herstellt, einführt, verbreitet, verkauft oder vermietet.

(3) Handelt der Täter in den Fällen des Absatzes 1 gewerbsmäßig, so ist die Strafe Freiheitsstrafe bis zu drei Jahren oder Geldstrafe.

§ 109 Strafantrag. In den Fällen der §§ 106 bis 108 und des § 108b wird die Tat nur auf Antrag verfolgt, es sei denn, dass die Strafverfolgungsbehörde wegen des besonderen öffentlichen Interesses an der Strafverfolgung ein Einschreiten von Amts wegen für geboten hält.

§ 110 Einziehung. [1]Gegenstände, auf die sich eine Straftat nach den §§ 106, 107 Abs. 1 Nr. 2, §§ 108 bis 108b bezieht, können eingezogen werden. [2]§ 74a des Strafgesetzbuches ist anzuwenden. [3]Soweit den in den § 98 bezeichneten Ansprüchen im Verfahren nach den Vorschriften der Strafprozessordnung über die Entschädigung des Verletzten (§§ 403 bis 406c) stattgegeben wird, sind die Vorschriften über die Einziehung nicht anzuwenden.

§ 111 Bekanntgabe der Verurteilung. [1]Wird in den Fällen der §§ 106 bis 108b auf Strafe erkannt, so ist, wenn der Verletzte es beantragt und ein berechtigtes Interesse daran dartut, anzuordnen, dass die Verurteilung auf Verlangen öffentlich bekannt gemacht wird. [2]Die Art der Bekanntmachung ist im Urteil zu bestimmen.

§ 111a Bußgeldvorschriften. (1) Ordnungswidrig handelt, wer
1. entgegen § 95a Abs. 3
   a) eine Vorrichtung, ein Erzeugnis oder einen Bestandteil verkauft, vermietet oder über den Kreis der mit dem Täter persönlich verbundenen Personen hinaus verbreitet oder
   b) zu gewerblichen Zwecken eine Vorrichtung, ein Erzeugnis oder einen Bestandteil besitzt, für deren Verkauf oder Vermietung wirbt oder eine Dienstleistung erbringt,
2. entgegen § 95b Abs. 1 Satz 1 ein notwendiges Mittel nicht zur Verfügung stellt oder
3. entgegen § 95d Abs. 2 Satz 1 Werke oder andere Schutzgegenstände nicht oder nicht vollständig kennzeichnet.

(2) Die Ordnungswidrigkeit kann in den Fällen des Absatzes 1 Nr. 1 und 2 mit einer Geldbuße bis zu fünfzigtausend Euro und in den übrigen Fällen mit einer Geldbuße bis zu zehntausend Euro geahndet werden.

Unterabschnitt 3

Vorschriften über Maßnahmen der Zollbehörde

§ 111b Verfahren nach deutschem Recht. (1) [1]Verletzt die Herstellung oder Verbreitung von Vervielfältigungsstücken das Urheberrecht oder ein anderes nach diesem Gesetz geschütztes Recht, so unterliegen die Vervielfältigungsstücke, soweit nicht die Verordnung (EU) Nr. 608/2013 des Europäischen Parlaments und des Rates vom 12. Juni 2013 zur Durchsetzung der Rechte geistigen Eigentums durch die Zollbehörden und zur Aufhebung der Verordnung (EG) Nr. 1383/2003 des Rates (ABl. L 181 vom 29. 6. 2013, S. 15), in ihrer jeweils geltenden Fassung anzuwenden ist, auf Antrag und gegen Sicherheitsleistung des Rechtsinhabers bei ihrer Einfuhr oder Ausfuhr der Beschlagnahme durch die Zollbehörde, sofern die Rechtsverletzung offensichtlich ist. [2]Dies gilt für den Verkehr mit anderen Mitgliedstaaten der Europäischen Union sowie mit den anderen Vertragsstaaten des Abkommens über den Europäischen Wirtschaftsraum nur, soweit Kontrollen durch die Zollbehörden stattfinden.

(2) [1]Ordnet die Zollbehörde die Beschlagnahme an, so unterrichtet sie unverzüglich den Verfügungsberechtigten sowie den Antragsteller. [2]Dem Antragsteller sind Herkunft, Menge und Lagerort der Vervielfältigungsstücke sowie Name und Anschrift des Verfügungsberechtigten mitzuteilen; das Brief- und Postgeheimnis (Artikel 10 des Grundgesetzes) wird insoweit eingeschränkt.

[3]Dem Antragsteller wird Gelegenheit gegeben, die Vervielfältigungsstücke zu besichtigen, soweit hierdurch nicht in Geschäfts- oder Betriebsgeheimnisse eingegriffen wird.

(3) Wird der Beschlagnahme nicht spätestens nach Ablauf von zwei Wochen nach Zustellung der Mitteilung nach Absatz 2 Satz 1 widersprochen, so ordnet die Zollbehörde die Einziehung der beschlagnahmten Vervielfältigungsstücke an.

(4) [1]Widerspricht der Verfügungsberechtigte der Beschlagnahme, so unterrichtet die Zollbehörde hiervon unverzüglich den Antragsteller. [2]Dieser hat gegenüber der Zollbehörde unverzüglich zu erklären, ob er den Antrag nach Absatz 1 in Bezug auf die beschlagnahmten Vervielfältigungsstücke aufrechterhält.
1. Nimmt der Antragsteller den Antrag zurück, hebt die Zollbehörde die Beschlagnahme unverzüglich auf.
2. Hält der Antragsteller den Antrag aufrecht und legt er eine vollziehbare gerichtliche Entscheidung vor, die die Verwahrung der beschlagnahmten Vervielfältigungsstücke oder eine Verfügungsbeschränkung anordnet, trifft die Zollbehörde die erforderlichen Maßnahmen.

[3]Liegen die Fälle der Nummern 1 oder 2 nicht vor, hebt die Zollbehörde die Beschlagnahme nach Ablauf von zwei Wochen nach Zustellung der Mitteilung an den Antragsteller nach Satz 1 auf; weist der Antragsteller nach, dass die gerichtliche Entscheidung nach Nummer 2 beantragt, ihm aber noch nicht zugegangen ist, wird die Beschlagnahme für längstens zwei weitere Wochen aufrechterhalten.

(5) Erweist sich die Beschlagnahme als von Anfang an ungerechtfertigt und hat der Antragsteller den Antrag nach Absatz 1 in Bezug auf die beschlagnahmten Vervielfältigungsstücke aufrechterhalten oder sich nicht unverzüglich erklärt (Absatz 4 Satz 2), so ist er verpflichtet, den dem Verfügungsberechtigten durch die Beschlagnahme entstandenen Schaden zu ersetzen.

(6) [1]Der Antrag nach Absatz 1 ist bei der Generalzolldirektion zu stellen und hat Wirkung für ein Jahr, sofern keine kürzere Geltungsdauer beantragt wird; er kann wiederholt werden. [2]Für die mit dem Antrag verbundenen Amtshandlungen werden vom Antragsteller Kosten nach Maßgabe des § 178 der Abgabenordnung erhoben.

(7) [1]Die Beschlagnahme und die Einziehung können mit den Rechtsmitteln angefochten werden, die im Bußgeldverfahren nach dem Gesetz über Ordnungswidrigkeiten gegen die Beschlagnahme und Einziehung zulässig sind. [2]Im Rechtsmittelverfahren ist der Antragsteller zu hören. [3]Gegen die Entscheidung des Amtsgerichts ist die sofortige Beschwerde zulässig; über sie entscheidet das Oberlandesgericht.

(8) *(aufgehoben)*

§ 111c Verfahren nach der Verordnung (EG) Nr. 1383/2003. (1) Setzt die zuständige Zollbehörde nach Artikel 9 der Verordnung (EG) Nr. 1383/2003 die

Überlassung der Waren aus oder hält diese zurück, unterrichtet sie davon unverzüglich den Rechtsinhaber sowie den Anmelder oder den Besitzer oder den Eigentümer der Waren.

(2) Im Fall des Absatzes 1 kann der Rechtsinhaber beantragen, die Waren in dem nachstehend beschriebenen vereinfachten Verfahren im Sinn des Artikels 11 der Verordnung (EG) Nr. 1383/2003 vernichten zu lassen.

(3) [1]Der Antrag muss bei der Zollbehörde innerhalb von zehn Arbeitstagen nach Zugang der Unterrichtung nach Absatz 1 schriftlich gestellt werden. [2]Er muss die Mitteilung enthalten, dass die Waren, die Gegenstand des Verfahrens sind, ein nach diesem Gesetz geschütztes Recht verletzen. [3]Die schriftliche Zustimmung des Anmelders, des Besitzers oder des Eigentümers der Waren zu ihrer Vernichtung ist beizufügen. [4]Abweichend von Satz 3 kann der Anmelder, der Besitzer oder der Eigentümer die schriftliche Erklärung, ob er einer Vernichtung zustimmt oder nicht, unmittelbar gegenüber der Zollbehörde abgeben. [5]Die in Satz 1 genannte Frist kann vor Ablauf auf Antrag des Rechtsinhabers um zehn Arbeitstage verlängert werden.

(4) [1]Die Zustimmung zur Vernichtung gilt als erteilt, wenn der Anmelder, der Besitzer oder der Eigentümer der Waren einer Vernichtung nicht innerhalb von zehn Arbeitstagen nach Zugang der Unterrichtung nach Absatz 1 widerspricht. [2]Auf diesen Umstand ist in der Unterrichtung nach Absatz 1 hinzuweisen.

(5) Die Vernichtung der Waren erfolgt auf Kosten und Verantwortung des Rechtsinhabers.

(6) [1]Die Zollstelle kann die organisatorische Abwicklung der Vernichtung übernehmen. [2]Absatz 5 bleibt unberührt.

(7) Die Aufbewahrungsfrist nach Artikel 11 Abs. 1 zweiter Spiegelstrich der Verordnung (EG) Nr. 1383/2003 beträgt ein Jahr.

(8) Im Übrigen gilt § 111b entsprechend, soweit nicht die Verordnung (EG) Nr. 1383/2003 Bestimmungen enthält, die dem entgegenstehen.

Abschnitt 3
Zwangsvollstreckung

Unterabschnitt 1
Allgemeines

§ 112 Allgemeines. Die Zulässigkeit der Zwangsvollstreckung in ein nach diesem Gesetz geschütztes Recht richtet sich nach den allgemeinen Vorschriften, soweit sich aus den §§ 113 bis 119 nichts anderes ergibt.

Unterabschnitt 2

Zwangsvollstreckung wegen Geldforderungen gegen den Urheber

§ 113 Urheberrecht. [1]Gegen den Urheber ist die Zwangsvollstreckung wegen Geldforderungen in das Urheberrecht nur mit seiner Einwilligung und nur insoweit zulässig, als er Nutzungsrechte einräumen kann (§ 31). [2]Die Einwilligung kann nicht durch den gesetzlichen Vertreter erteilt werden.

§ 114 Originale von Werken. (1) [1]Gegen den Urheber ist die Zwangsvollstreckung wegen Geldforderungen in die ihm gehörenden Originale seiner Werke nur mit seiner Einwilligung zulässig. [2]Die Einwilligung kann nicht durch den gesetzlichen Vertreter erteilt werden.

(2) [1]Der Einwilligung bedarf es nicht,
1. soweit die Zwangsvollstreckung in das Original des Werkes zur Durchführung der Zwangsvollstreckung in ein Nutzungsrecht am Werk notwendig ist,
2. zur Zwangsvollstreckung in das Original eines Werkes der Baukunst,
3. zur Zwangsvollstreckung in das Original eines anderen Werkes der bildenden Künste, wenn das Werk veröffentlicht ist.

[2]In den Fällen der Nummern 2 und 3 darf das Original des Werkes ohne Zustimmung des Urhebers verbreitet werden.

Unterabschnitt 3

Zwangsvollstreckung wegen Geldforderungen gegen den Rechtsnachfolger des Urhebers

§ 115 Urheberrecht. [1]Gegen den Rechtsnachfolger des Urhebers (§ 30) ist die Zwangsvollstreckung wegen Geldforderungen in das Urheberrecht nur mit seiner Einwilligung und nur insoweit zulässig, als er Nutzungsrechte einräumen kann (§ 31). [2]Der Einwilligung bedarf es nicht, wenn das Werk erschienen ist.

§ 116 Originale von Werken. (1) Gegen den Rechtsnachfolger des Urhebers (§ 30) ist die Zwangsvollstreckung wegen Geldforderungen in die ihm gehörenden Originale von Werken des Urhebers nur mit seiner Einwilligung zulässig.

(2) [1]Der Einwilligung bedarf es nicht
1. in den Fällen des § 114 Abs. 2 Satz 1,
2. zur Zwangsvollstreckung in das Original eines Werkes, wenn das Werk erschienen ist.

[2]§ 114 Abs. 2 Satz 2 gilt entsprechend.

§ 117 Testamentsvollstrecker. Ist nach § 28 Abs. 2 angeordnet, dass das Urheberrecht durch einen Testamentsvollstrecker ausgeübt wird, so ist die nach den §§ 115 und 116 erforderliche Einwilligung durch den Testamentsvollstrecker zu erteilen.

Unterabschnitt 4

Zwangsvollstreckung wegen Geldforderungen gegen den Verfasser wissenschaftlicher Ausgaben und gegen den Lichtbildner

§ 118 Entsprechende Anwendung. Die §§ 113 bis 117 sind sinngemäß anzuwenden

1. auf die Zwangsvollstreckung wegen Geldforderungen gegen den Verfasser wissenschaftlicher Ausgaben (§ 70) und seinen Rechtsnachfolger,
2. auf die Zwangsvollstreckung wegen Geldforderungen gegen den Lichtbildner (§ 72) und seinen Rechtsnachfolger.

Unterabschnitt 5

Zwangsvollstreckung wegen Geldforderungen in bestimmte Vorrichtungen

§ 119 Zwangsvollstreckung in bestimmte Vorrichtungen. (1) Vorrichtungen, die ausschließlich zur Vervielfältigung oder Funksendung eines Werkes bestimmt sind, wie Formen, Platten, Steine, Druckstöcke, Matrizen und Negative, unterliegen der Zwangsvollstreckung wegen Geldforderungen nur, soweit der Gläubiger zur Nutzung des Werkes mittels dieser Vorrichtungen berechtigt ist.

(2) Das Gleiche gilt für Vorrichtungen, die ausschließlich zur Vorführung eines Filmwerkes bestimmt sind, wie Filmstreifen und dergleichen.

(3) Die Absätze 1 und 2 sind auf die nach den §§ 70 und 71 geschützten Ausgaben, die nach § 72 geschützten Lichtbilder, die nach § 77 Abs. 2 Satz 1, §§ 85, 87, 94 und 95 geschützten Bild- und Tonträger und die nach § 87b Abs. 1 geschützten Datenbanken entsprechend anzuwenden.

Teil 5
Anwendungsbereich, Übergangs- und Schlussbestimmungen

Abschnitt 1
Anwendungsbereich des Gesetzes

Unterabschnitt 1
Urheberrecht

§ 120 Deutsche Staatsangehörige und Staatsangehörige anderer EU-Staaten und EWR-Staaten. (1) [1]Deutsche Staatsangehörige genießen den urheberrechtlichen Schutz für alle ihre Werke, gleichviel, ob und wo die Werke erschienen sind. [2]Ist ein Werk von Miturhebern (§ 8) geschaffen, so genügt es, wenn ein Miturheber deutscher Staatsangehöriger ist.

(2) Deutschen Staatsangehörigen stehen gleich:
1. Deutsche im Sinne des Artikels 116 Abs. 1 des Grundgesetzes, die nicht die deutsche Staatsangehörigkeit besitzen, und
2. Staatsangehörige eines anderen Mitgliedstaates der Europäischen Union oder eines anderen Vertragsstaates des Abkommens über den Europäischen Wirtschaftsraum.

§ 121 Ausländische Staatsangehörige. (1) [1]Ausländische Staatsangehörige genießen den urheberrechtlichen Schutz für ihre im Geltungsbereich dieses Gesetzes erschienenen Werke, es sei denn, dass das Werk oder eine Übersetzung des Werkes früher als dreißig Tage vor dem Erscheinen im Geltungsbereich dieses Gesetzes außerhalb dieses Gebietes erschienen ist. [2]Mit der gleichen Einschränkung genießen ausländische Staatsangehörige den Schutz auch für solche Werke, die im Geltungsbereich dieses Gesetzes nur in Übersetzung erschienen sind.

(2) Den im Geltungsbereich dieses Gesetzes erschienenen Werken im Sinne des Absatzes 1 werden die Werke der bildenden Künste gleichgestellt, die mit einem Grundstück im Geltungsbereich dieses Gesetzes fest verbunden sind.

(3) Der Schutz nach Absatz 1 kann durch Rechtsverordnung des Bundesministers der Justiz und für Verbraucherschutz für ausländische Staatsangehörige beschränkt werden, die keinem Mitgliedstaat der Berner Übereinkunft zum Schutze von Werken der Literatur und der Kunst angehören und zur Zeit des Erscheinens des Werkes weder im Geltungsbereich dieses Gesetzes noch in einem anderen Mitgliedstaat ihren Wohnsitz haben, wenn der Staat, dem sie angehören, deutschen Staatsangehörigen für ihre Werke keinen genügenden Schutz gewährt.

(4) [1]Im Übrigen genießen ausländische Staatsangehörige den urheberrechtlichen Schutz nach Inhalt der Staatsverträge. [2]Bestehen keine Staatsverträge, so

besteht für solche Werke urheberrechtlicher Schutz, soweit in dem Staat, dem der Urheber angehört, nach einer Bekanntmachung des Bundesministers der Justiz und für Verbraucherschutz im Bundesgesetzblatt deutsche Staatsangehörige für ihre Werke einen entsprechenden Schutz genießen.

(5) Das Folgerecht (§ 26) steht ausländischen Staatsangehörigen nur zu, wenn der Staat, dem sie angehören, nach einer Bekanntmachung des Bundesministers der Justiz und für Verbraucherschutz im Bundesgesetzblatt deutschen Staatsangehörigen ein entsprechendes Recht gewährt.

(6) Den Schutz nach den §§ 12 bis 14 genießen ausländische Staatsangehörige für alle ihre Werke, auch wenn die Voraussetzungen der Absätze 1 bis 5 nicht vorliegen.

§ 122 Staatenlose. (1) Staatenlose mit gewöhnlichem Aufenthalt im Geltungsbereich dieses Gesetzes genießen für ihre Werke den gleichen urheberrechtlichen Schutz wie deutsche Staatsangehörige.

(2) Staatenlose ohne gewöhnlichen Aufenthalt im Geltungsbereich dieses Gesetzes genießen für ihre Werke den gleichen urheberrechtlichen Schutz wie die Angehörigen des ausländischen Staates, in dem sie ihren gewöhnlichen Aufenthalt haben.

§ 123 Ausländische Flüchtlinge. [1]Für Ausländer, die Flüchtlinge im Sinne von Staatsverträgen oder anderen Rechtsvorschriften sind, gelten die Bestimmungen des § 122 entsprechend. [2]Hierdurch wird ein Schutz nach § 121 nicht ausgeschlossen.

Unterabschnitt 2
Verwandte Schutzrechte

§ 124 Wissenschaftliche Ausgaben und Lichtbilder. Für den Schutz wissenschaftlicher Ausgaben (§ 70) und den Schutz von Lichtbildern (§ 72) sind die §§ 120 bis 123 sinngemäß anzuwenden.

§ 125 Schutz dßes ausübenden Künstlers. (1) [1]Den nach den §§ 73 bis 83 gewährten Schutz genießen deutsche Staatsangehörige für alle ihre Darbietungen, gleichviel, wo diese stattfinden. [2]§ 120 Abs. 2 ist anzuwenden.

(2) Ausländische Staatsangehörige genießen den Schutz für alle ihre Darbietungen, die im Geltungsbereich dieses Gesetzes stattfinden, soweit nicht in den Absätzen 3 und 4 etwas anderes bestimmt ist.

(3) Werden Darbietungen ausländischer Staatsangehöriger erlaubterweise auf Bild- oder Tonträger aufgenommen und sind diese erschienen, so genießen die ausländischen Staatsangehörigen hinsichtlich dieser Bild- oder Tonträger den Schutz nach § 77 Abs. 2 Satz 1, § 78 Abs. 1 Nr. 1 und Abs. 2, wenn die Bild- oder Tonträger im Geltungsbereich dieses Gesetzes erschienen sind, es sei

denn, dass die Bild- oder Tonträger früher als dreißig Tage vor dem Erscheinen im Geltungsbereich dieses Gesetzes außerhalb dieses Gebietes erschienen sind.

(4) Werden Darbietungen ausländischer Staatsangehöriger erlaubterweise durch Funk gesendet, so genießen die ausländischen Staatsangehörigen den Schutz gegen Aufnahme der Funksendung auf Bild- oder Tonträger (§ 77 Abs. 1) und Weitersendung der Funksendung (§ 78 Abs. 1 Nr. 2) sowie den Schutz nach § 78, wenn die Funksendung im Geltungsbereich dieses Gesetzes ausgestrahlt worden ist.

(5) [1]Im Übrigen genießen ausländische Staatsangehörige den Schutz nach Inhalt der Staatsverträge. [2]§ 121 Abs. 4 Satz 2 sowie die §§ 122 und 123 gelten entsprechend.

(6) [1]Den Schutz nach den §§ 74 und 75, § 77 Abs. 1 sowie § 78 Abs. 1 Nr. 3 genießen ausländische Staatsangehörige für alle ihre Darbietungen, auch wenn die Voraussetzungen der Absätze 2 bis 5 nicht vorliegen. [2]Das Gleiche gilt für den Schutz nach § 78 Abs. 1 Nr. 2, soweit es sich um die unmittelbare Sendung der Darbietung handelt.

(7) Wird Schutz nach den Absätzen 2 bis 4 oder 6 gewährt, so erlischt er spätestens mit dem Ablauf der Schutzdauer in dem Staat, dessen Staatsangehöriger der ausübende Künstler ist, ohne die Schutzfrist nach § 82 zu überschreiten.

§ 126 Schutz des Herstellers von Tonträgern. (1) [1]Den nach den §§ 85 und 86 gewährten Schutz genießen deutsche Staatsangehörige oder Unternehmen mit Sitz im Geltungsbereich dieses Gesetzes für alle ihre Tonträger, gleichviel, ob und wo diese erschienen sind. [2]§ 120 Abs. 2 ist anzuwenden. [3]Unternehmen mit Sitz in einem anderen Mitgliedstaat der Europäischen Union oder in einem anderen Vertragsstaat des Abkommens über den Europäischen Wirtschaftsraum stehen Unternehmen mit Sitz im Geltungsbereich dieses Gesetzes gleich.

(2) [1]Ausländische Staatsangehörige oder Unternehmen ohne Sitz im Geltungsbereich dieses Gesetzes genießen den Schutz für ihre im Geltungsbereich dieses Gesetzes erschienenen Tonträger, es sei denn, dass der Tonträger früher als dreißig Tage vor dem Erscheinen im Geltungsbereich dieses Gesetzes außerhalb dieses Gebietes erschienen ist. [2]Der Schutz erlischt jedoch spätestens mit dem Ablauf der Schutzdauer in dem Staat, dessen Staatsangehörigkeit der Hersteller des Tonträgers besitzt oder in welchem das Unternehmen seinen Sitz hat, ohne die Schutzfrist nach § 85 Abs. 3 zu überschreiten.

(3) [1]Im Übrigen genießen ausländische Staatsangehörige oder Unternehmen ohne Sitz im Geltungsbereich dieses Gesetzes den Schutz nach Inhalt der Staatsverträge. [2]§ 121 Abs. 4 Satz 2 sowie die §§ 122 und 123 gelten entsprechend.

§ 127 Schutz des Sendeunternehmens. (1) [1]Den nach § 87 gewährten Schutz genießen Sendeunternehmen mit Sitz im Geltungsbereich dieses Gesetzes für alle Funksendungen, gleichviel, wo sie diese ausstrahlen. [2]§ 126 Abs. 1 Satz 3 ist anzuwenden.

(2) [1]Sendeunternehmen ohne Sitz im Geltungsbereich dieses Gesetzes genießen den Schutz für alle Funksendungen, die sie im Geltungsbereich dieses Gesetzes ausstrahlen. [2]Der Schutz erlischt spätestens mit dem Ablauf der Schutzdauer in dem Staat, in dem das Sendeunternehmen seinen Sitz hat, ohne die Schutzfrist nach § 87 Abs. 3 zu überschreiten.

(3) [1]Im Übrigen genießen Sendeunternehmen ohne Sitz im Geltungsbereich dieses Gesetzes den Schutz nach Inhalt der Staatsverträge. [2]§ 121 Abs. 4 Satz 2 gilt entsprechend.

§ 127a Schutz des Datenbankherstellers. (1) [1]Den nach § 87b gewährten Schutz genießen deutsche Staatsangehörige sowie juristische Personen mit Sitz im Geltungsbereich dieses Gesetzes. [2]§ 120 Abs. 2 ist anzuwenden.

(2) Die nach deutschem Recht oder dem Recht eines der in § 120 Abs. 2 Nr. 2 bezeichneten Staaten gegründeten juristischen Personen ohne Sitz im Geltungsbereich dieses Gesetzes genießen den nach § 87b gewährten Schutz, wenn

1. ihre Hauptverwaltung oder Hauptniederlassung sich im Gebiet eines der in § 120 Abs. 2 Nr. 2 bezeichneten Staaten befindet oder
2. ihr satzungsmäßiger Sitz sich im Gebiet eines dieser Staaten befindet und ihre Tätigkeit eine tatsächliche Verbindung zur deutschen Wirtschaft oder zur Wirtschaft eines dieser Staaten aufweist.

(3) Im Übrigen genießen ausländische Staatsangehörige sowie juristische Personen den Schutz nach dem Inhalt von Staatsverträgen sowie von Vereinbarungen, die die Europäische Gemeinschaft mit dritten Staaten schließt; diese Vereinbarungen werden vom Bundesministerium der Justiz und für Verbraucherschutz im Bundesgesetzblatt bekanntgemacht.

§ 128 Schutz des Filmherstellers. (1) [1]Den nach den §§ 94 und 95 gewährten Schutz genießen deutsche Staatsangehörige oder Unternehmen mit Sitz im Geltungsbereich dieses Gesetzes für alle ihre Bildträger oder Bild- und Tonträger, gleichviel, ob und wo diese erschienen sind. [2]§ 120 Abs. 2 und § 126 Abs. 1 Satz 3 sind anzuwenden.

(2) Für ausländische Staatsangehörige oder Unternehmen ohne Sitz im Geltungsbereich dieses Gesetzes gelten die Bestimmungen in § 126 Abs. 2 und 3 entsprechend.

Abschnitt 2

Übergangsbestimmungen

§ 129 Werke. (1) [1]Die Vorschriften dieses Gesetzes sind auch auf die vor seinem Inkrafttreten geschaffenen Werke anzuwenden, es sei denn, dass sie zu diesem Zeitpunkt urheberrechtlich nicht geschützt sind oder dass in diesem Gesetz sonst etwas anderes bestimmt ist. [2]Dies gilt für verwandte Schutzrechte entsprechend.

(2) Die Dauer des Urheberrechts an einem Werk, das nach Ablauf von fünfzig Jahren nach dem Tode des Urhebers, aber vor dem Inkrafttreten dieses Gesetzes veröffentlicht worden ist, richtet sich nach den bisherigen Vorschriften.

§ 130 Übersetzungen. Unberührt bleiben die Rechte des Urhebers einer Übersetzung, die vor dem 1. Januar 1902 erlaubterweise ohne Zustimmung des Urhebers des übersetzten Werkes erschienen ist.

§ 131 Vertonte Sprachwerke. Vertonte Sprachwerke, die nach § 20 des Gesetzes betreffend das Urheberrecht an Werken der Literatur und der Tonkunst vom 19. Juni 1901 (Reichsgesetzbl. S. 227) in der Fassung des Gesetzes zur Ausführung der revidierten Berner Übereinkunft zum Schutze von Werken der Literatur und Kunst vom 22. Mai 1910 (Reichsgesetzbl. S. 793) ohne Zustimmung ihres Urhebers vervielfältigt, verbreitet und öffentlich wiedergegeben werden durften, dürfen auch weiterhin in gleichem Umfang vervielfältigt, verbreitet und öffentlich wiedergegeben werden, wenn die Vertonung des Werkes vor dem Inkrafttreten dieses Gesetzes erschienen ist.

§ 132 Verträge. (1) [1]Die Vorschriften dieses Gesetzes sind mit Ausnahme der §§ 42 und 43 auf Verträge, die vor dem 1. Januar 1966 abgeschlossen worden sind, nicht anzuwenden. [2]§ 43 gilt für ausübende Künstler entsprechend. [3]Die §§ 40 und 41 gelten für solche Verträge mit der Maßgabe, dass die in § 40 Abs. 1 Satz 2 und § 41 Abs. 2 genannten Fristen frühestens mit dem 1. Januar 1966 beginnen.

(2) Vor dem 1. Januar 1966 getroffene Verfügungen bleiben wirksam.

(3) [1]Auf Verträge oder sonstige Sachverhalte, die vor dem 1. Juli 2002 geschlossen worden oder entstanden sind, sind die Vorschriften dieses Gesetzes vorbehaltlich der Sätze 2 und 3 in der am 28. März 2002 geltenden Fassung weiter anzuwenden. [2]§ 32a findet auf Sachverhalte Anwendung, die nach dem 28. März 2002 entstanden sind. [3]Auf Verträge, die seit dem 1. Juni 2001 und bis zum 30. Juni 2002 geschlossen worden sind, findet auch § 32 Anwendung, sofern von dem eingeräumten Recht oder der Erlaubnis nach dem 30. Juni 2002 Gebrauch gemacht wird.

(3a) [1]Auf Verträge oder sonstige Sachverhalte, die vor dem 1. März 2017 geschlossen worden oder entstanden sind, sind die Vorschriften dieses Gesetzes in der bis zum 1. März 2017 geltenden Fassung weiter anzuwenden. [2]§ 41

(Rückrufsrecht wegen Nichtausübung) in der am 1. März 2017 geltenden Fassung findet auf Sachverhalte Anwendung, die seit dem 1. März 2018 entstanden sind.

(4) Die Absätze 3 und 3a gelten für ausübende Künstler entsprechend.

§ 133 *(weggefallen)*

§ 134 Urheber. [1]Wer zur Zeit des Inkrafttretens dieses Gesetzes nach den bisherigen Vorschriften, nicht aber nach diesem Gesetz als Urheber eines Werkes anzusehen ist, gilt, abgesehen von den Fällen des § 135, weiterhin als Urheber. [2]Ist nach den bisherigen Vorschriften eine juristische Person als Urheber eines Werkes anzusehen, so sind für die Berechnung der Dauer des Urheberrechts die bisherigen Vorschriften anzuwenden.

§ 135 Inhaber verwandter Schutzrechte. Wer zur Zeit des Inkrafttretens dieses Gesetzes nach den bisherigen Vorschriften als Urheber eines Lichtbildes oder der Übertragung eines Werkes auf Vorrichtungen zur mechanischen Wiedergabe für das Gehör anzusehen ist, ist Inhaber der entsprechenden verwandten Schutzrechte, die dieses Gesetz ihm gewährt.

§ 135a Berechnung der Schutzfrist. [1]Wird durch die Anwendung dieses Gesetzes auf ein vor seinem Inkrafttreten entstandenes Recht die Dauer des Schutzes verkürzt und liegt das für den Beginn der Schutzfrist nach diesem Gesetz maßgebende Ereignis vor dem Inkrafttreten dieses Gesetzes, so wird die Frist erst vom Inkrafttreten dieses Gesetzes an berechnet. [2]Der Schutz erlischt jedoch spätestens mit Ablauf der Schutzdauer nach den bisherigen Vorschriften.

§ 136 Vervielfältigung und Verbreitung. (1) War eine Vervielfältigung, die nach diesem Gesetz unzulässig ist, bisher erlaubt, so darf die vor Inkrafttreten dieses Gesetzes begonnene Herstellung von Vervielfältigungsstücken vollendet werden.

(2) Die nach Absatz 1 oder bereits vor dem Inkrafttreten dieses Gesetzes hergestellten Vervielfältigungsstücke dürfen verbreitet werden.

(3) Ist für eine Vervielfältigung, die nach den bisherigen Vorschriften frei zulässig war, nach diesem Gesetz eine angemessene Vergütung an den Berechtigten zu zahlen, so dürfen die in Absatz 2 bezeichneten Vervielfältigungsstücke ohne Zahlung einer Vergütung verbreitet werden.

§ 137 Übertragung von Rechten. (1) [1]Soweit das Urheberrecht vor Inkrafttreten dieses Gesetzes auf einen anderen übertragen worden ist, stehen dem Erwerber die entsprechenden Nutzungsrechte (§ 31) zu. [2]Jedoch erstreckt sich die Übertragung im Zweifel nicht auf Befugnisse, die erst durch dieses Gesetz begründet werden.

(2) [1]Ist vor dem Inkrafttreten dieses Gesetzes das Urheberrecht ganz oder teilweise einem anderen übertragen worden, so erstreckt sich die Übertragung

im Zweifel auch auf den Zeitraum, um den die Dauer des Urheberrechts nach den §§ 64 bis 66 verlängert worden ist. [2]Entsprechendes gilt, wenn vor dem Inkrafttreten dieses Gesetzes einem anderen die Ausübung einer dem Urheber vorbehaltenen Befugnis erlaubt worden ist.

(3) In den Fällen des Absatzes 2 hat der Erwerber oder Erlaubnisnehmer dem Veräußerer oder Erlaubnisgeber eine angemessene Vergütung zu zahlen, sofern anzunehmen ist, dass dieser für die Übertragung oder die Erlaubnis eine höhere Gegenleistung erzielt haben würde, wenn damals bereits die verlängerte Schutzdauer bestimmt gewesen wäre.

(4) [1]Der Anspruch auf die Vergütung entfällt, wenn alsbald nach seiner Geltendmachung der Erwerber dem Veräußerer das Recht für die Zeit nach Ablauf der bisher bestimmten Schutzdauer zur Verfügung stellt oder der Erlaubnisnehmer für diese Zeit auf die Erlaubnis verzichtet. [2]Hat der Erwerber das Urheberrecht vor dem Inkrafttreten dieses Gesetzes weiterveräußert, so ist die Vergütung insoweit nicht zu zahlen, als sie den Erwerber mit Rücksicht auf die Umstände der Weiterveräußerung unbillig belasten würde.

(5) Absatz 1 gilt für verwandte Schutzrechte entsprechend.

§ 137a Lichtbildwerke. (1) Die Vorschriften dieses Gesetzes über die Dauer des Urheberrechts sind auch auf Lichtbildwerke anzuwenden, deren Schutzfrist am 1. Juli 1985 nach dem bis dahin geltenden Recht noch nicht abgelaufen ist.

(2) Ist vorher einem anderen ein Nutzungsrecht an einem Lichtbildwerk eingeräumt oder übertragen worden, so erstreckt sich die Einräumung oder Übertragung im Zweifel nicht auf den Zeitraum, um den die Dauer des Urheberrechts an Lichtbildwerken verlängert worden ist.

§ 137b Bestimmte Ausgaben. (1) Die Vorschriften dieses Gesetzes über die Dauer des Schutzes nach den §§ 70 und 71 sind auch auf wissenschaftliche Ausgaben und Ausgaben nachgelassener Werke anzuwenden, deren Schutzfrist am 1. Juli 1990 nach dem bis dahin geltenden Recht noch nicht abgelaufen ist.

(2) Ist vor dem 1. Juli 1990 einem anderen ein Nutzungsrecht an einer wissenschaftlichen Ausgabe oder einer Ausgabe nachgelassener Werke eingeräumt oder übertragen worden, so erstreckt sich die Einräumung oder Übertragung im Zweifel auch auf den Zeitraum, um den die Dauer des verwandten Schutzrechtes verlängert worden ist.

(3) Die Bestimmungen in § 137 Abs. 3 und 4 gelten entsprechend.

§ 137c Ausübende Künstler. (1) [1]Die Vorschriften dieses Gesetzes über die Dauer des Schutzes nach § 82 sind auch auf Darbietungen anzuwenden, die vor dem 1. Juli 1990 auf Bild- oder Tonträger aufgenommen worden sind, wenn am 1. Januar 1991 seit dem Erscheinen des Bild- oder Tonträgers 50 Jahre noch nicht abgelaufen sind. [2]Ist der Bild- oder Tonträger innerhalb dieser Frist nicht erschienen, so ist die Frist von der Darbietung an zu berechnen. [3]Der Schutz nach diesem Gesetz dauert in keinem Fall länger als 50 Jahre nach dem Erscheinen des Bild- oder Tonträgers oder, falls der Bild- oder Tonträger nicht erschienen ist, 50 Jahre nach der Darbietung.

(2) Ist vor dem 1. Juli 1990 einem anderen ein Nutzungsrecht an der Darbietung eingeräumt oder übertragen worden, so erstreckt sich die Einräumung oder Übertragung im Zweifel auch auf den Zeitraum, um den die Dauer des Schutzes verlängert worden ist.

(3) Die Bestimmungen in § 137 Abs. 3 und 4 gelten entsprechend.

§ 137d Computerprogramme. (1) [1]Die Vorschriften des Abschnitts 8 des Teils 1 sind auch auf Computerprogramme anzuwenden, die vor dem 24. Juni 1993 geschaffen worden sind. [2]Jedoch erstreckt sich das ausschließliche Vermietrecht (§ 69c Nr. 3) nicht auf Vervielfältigungsstücke eines Programms, die ein Dritter vor dem 1. Januar 1993 zum Zweck der Vermietung erworben hat.

(2) § 69g Abs. 2 ist auch auf Verträge anzuwenden, die vor dem 24. Juni 1993 abgeschlossen worden sind.

§ 137e Übergangsregelung bei Umsetzung der Richtlinie 92/100/EWG.
(1) Die am 30. Juni 1995 in Kraft tretenden Vorschriften dieses Gesetzes finden auch auf vorher geschaffene Werke, Darbietungen, Tonträger, Funksendungen und Filme Anwendung, es sei denn, dass diese zu diesem Zeitpunkt nicht mehr geschützt sind.

(2) [1]Ist ein Original oder Vervielfältigungsstück eines Werkes oder ein Bild- oder Tonträger vor dem 30. Juni 1995 erworben oder zum Zweck der Vermietung einem Dritten überlassen worden, so gilt für die Vermietung nach diesem Zeitpunkt die Zustimmung der Inhaber des Vermietrechts (§§ 17, 77 Abs. 2 Satz 1, §§ 85 und 94) als erteilt. [2]Diesen Rechtsinhabern hat der Vermieter jeweils eine angemessene Vergütung zu zahlen; § 27 Abs. 1 Satz 2 und 3 hinsichtlich der Ansprüche der Urheber und ausübenden Künstler und § 27 Abs. 3 finden entsprechende Anwendung. [3]§ 137d bleibt unberührt.

(3) Wurde ein Bild- oder Tonträger, der vor dem 30. Juni 1995 erworben oder zum Zweck der Vermietung einem Dritten überlassen worden ist, zwischen dem 1. Juli 1994 und dem 30. Juni 1995 vermietet, besteht für diese Vermietung ein Vergütungsanspruch in entsprechender Anwendung des Absat-zes 2 Satz 2.

(4) [1]Hat ein Urheber vor dem 30. Juni 1995 ein ausschließliches Verbreitungsrecht eingeräumt, so gilt die Einräumung auch für das Vermietrecht. [2]Hat ein ausübender Künstler vor diesem Zeitpunkt bei der Herstellung eines Filmwerkes mitgewirkt oder in die Benutzung seiner Darbietung zur Herstellung eines Filmwerkes eingewilligt, so gelten seine ausschließlichen Rechte als auf den Filmhersteller übertragen. [3]Hat er vor diesem Zeitpunkt in die Aufnahme seiner Darbietung auf Tonträger und in die Vervielfältigung eingewilligt, so gilt die Einwilligung auch als Übertragung des Verbreitungsrechts, einschließlich der Vermietung.

§ 137f Übergangsregelung bei Umsetzung der Richtlinie 93/98/EWG.

(1) [1]Würde durch die Anwendung dieses Gesetzes in der ab dem 1. Juli 1995 geltenden Fassung die Dauer eines vorher entstandenen Rechts verkürzt, so erlischt der Schutz mit dem Ablauf der Schutzdauer nach den bis zum 30. Juni 1995 geltenden Vorschriften. [2]Im Übrigen sind die Vorschriften dieses Gesetzes über die Schutzdauer in der ab dem 1. Juli 1995 geltenden Fassung auch auf Werke und verwandte Schutzrechte anzuwenden, deren Schutz am 1. Juli 1995 noch nicht erloschen ist.

(2) [1]Die Vorschriften dieses Gesetzes in der ab dem 1. Juli 1995 geltenden Fassung sind auch auf Werke anzuwenden, deren Schutz nach diesem Gesetz vor dem 1. Juli 1995 abgelaufen ist, nach dem Gesetz eines anderen Mitgliedstaates der Europäischen Union oder eines Vertragsstaates des Abkommens über den Europäischen Wirtschaftsraum zu diesem Zeitpunkt aber noch besteht. [2]Satz 1 gilt entsprechend für die verwandten Schutzrechte des Herausgebers nachgelassener Werke (§ 71), der ausübenden Künstler (§ 73), der Hersteller von Tonträgern (§ 85), der Sendeunternehmen (§ 87) und der Filmhersteller (§§ 94 und 95).

(3) [1]Lebt nach Absatz 2 der Schutz eines Werkes im Geltungsbereich dieses Gesetzes wieder auf, so stehen die wieder auflebenden Rechte dem Urheber zu. [2]Eine vor dem 1. Juli 1995 begonnene Nutzungshandlung darf jedoch in dem vorgesehenen Rahmen fortgesetzt werden. [3]Für die Nutzung ab dem 1. Juli 1995 ist eine angemessene Vergütung zu zahlen. [4]Die Sätze 1 bis 3 gelten für verwandte Schutzrechte entsprechend.

(4) [1]Ist vor dem 1. Juli 1995 einem anderen ein Nutzungsrecht an einer nach diesem Gesetz noch geschützten Leistung eingeräumt oder übertragen worden, so erstreckt sich die Einräumung oder Übertragung im Zweifel auch auf den Zeitraum, um den die Schutzdauer verlängert worden ist. [2]Im Fall des Satzes 1 ist eine angemessene Vergütung zu zahlen.

§ 137g Übergangsregelung bei Umsetzung der Richtlinie 96/9/EG.

(1) § 23 Satz 2, § 53 Abs. 5, die §§ 55a, 60d Absatz 2 Satz 1 und § 63 Abs. 1 Satz 2 sind auch auf Datenbankwerke anzuwenden, die vor dem 1. Januar 1998 geschaffen wurden.

(2) [1]Die Vorschriften des Abschnitts 6 des Teils 2 sind auch auf Datenbanken anzuwenden, die zwischen dem 1. Januar 1983 und dem 31. Dezember 1997 hergestellt worden sind. [2]Die Schutzfrist beginnt in diesen Fällen am 1. Januar 1998.

(3) Die §§ 55a und 87e sind nicht auf Verträge anzuwenden, die vor dem 1. Januar 1998 abgeschlossen worden sind.

§ 137h Übergangsregelung bei Umsetzung der Richtlinie 93/83/EWG.

(1) Die Vorschrift des § 20a ist auf Verträge, die vor dem 1. Juni 1998 geschlossen worden sind, erst ab dem 1. Januar 2000 anzuwenden, sofern diese nach diesem Zeitpunkt ablaufen.

(2) Sieht ein Vertrag über die gemeinsame Herstellung eines Bild- oder Tonträgers, der vor dem 1. Juni 1998 zwischen mehreren Herstellern, von denen mindestens einer einem Mitgliedstaat der Europäischen Union oder Vertragsstaat des Europäischen Wirtschaftsraumes angehört, geschlossen worden ist, eine räumliche Aufteilung des Rechts der Sendung unter den Herstellern vor, ohne nach der Satellitensendung und anderen Arten der Sendung zu unterscheiden, und würde die Satellitensendung der gemeinsam hergestellten Produktion durch einen Hersteller die Auswertung der räumlich oder sprachlich beschränkten ausschließlichen Rechte eines anderen Herstellers beeinträchtigen, so ist die Satellitensendung nur zulässig, wenn ihr der Inhaber dieser ausschließlichen Rechte zugestimmt hat.

(3) Die Vorschrift des § 20b Abs. 2 ist nur anzuwenden, sofern der Vertrag über die Einräumung des Kabelweitersenderechts nach dem 1. Juni 1998 geschlossen wurde.

§ 137i Übergangsregelung zum Gesetz zur Modernisierung des Schuldrechts. Artikel 229 § 6 des Einführungsgesetzes zum Bürgerlichen Gesetzbuche findet mit der Maßgabe entsprechende Anwendung, dass § 26 Abs. 7, § 36 Abs. 2 und § 102 in der bis zum 1. Januar 2002 geltenden Fassung den Vorschriften des Bürgerlichen Gesetzbuchs über die Verjährung in der bis zum 1. Januar 2002 geltenden Fassung gleichgestellt sind.

§ 137j Übergangsregelung aus Anlass der Umsetzung der Richtlinie 2001/29/EG. (1) § 95d Abs. 1 ist auf alle ab dem 1. Dezember 2003 neu in den Verkehr gebrachten Werke und anderen Schutzgegenstände anzuwenden.

(2) Die Vorschrift dieses Gesetzes über die Schutzdauer für Hersteller von Tonträgern in der ab dem 13. September 2003 geltenden Fassung ist auch auf verwandte Schutzrechte anzuwenden, deren Schutz am 22. Dezember 2002 noch nicht erloschen ist.

(3) Lebt nach Absatz 2 der Schutz eines Tonträgers wieder auf, so stehen die wieder auflebenden Rechte dem Hersteller des Tonträgers zu.

(4) [1]Ist vor dem 13. September 2003 einem anderen ein Nutzungsrecht an einem nach diesem Gesetz noch geschützten Tonträger eingeräumt oder übertragen worden, so erstreckt sich, im Fall einer Verlängerung der Schutzdauer nach § 85 Abs. 3, die Einräumung oder Übertragung im Zweifel auch auf diesen Zeitraum. [2]Im Fall des Satzes 1 ist eine angemessene Vergütung zu zahlen.

§ 137k *(weggefallen)*

§ 137l Übergangsregelung für neue Nutzungsarten. (1) [1]Hat der Urheber zwischen dem 1. Januar 1966 und dem 1. Januar 2008 einem anderen alle wesentlichen Nutzungsrechte ausschließlich sowie räumlich und zeitlich unbegrenzt eingeräumt, gelten die zum Zeitpunkt des Vertragsschlusses unbekannten Nutzungsrechte als dem anderen ebenfalls eingeräumt, sofern der Urheber nicht dem anderen gegenüber der Nutzung widerspricht. [2]Der Widerspruch kann für Nutzungsarten, die am 1. Januar 2008 bereits bekannt sind, nur innerhalb eines Jahres erfolgen. [3]Im Übrigen erlischt das Widerspruchsrecht nach Ablauf von drei Monaten, nachdem der andere die Mitteilung über die beabsichtigte Aufnahme der neuen Art der Werknutzung an den Urheber unter der ihm zuletzt bekannten Anschrift abgesendet hat. [4]Die Sätze 1 bis 3 gelten nicht für zwischenzeitlich bekannt gewordene Nutzungsrechte, die der Urheber bereits einem Dritten eingeräumt hat.

(2) [1]Hat der andere sämtliche ihm ursprünglich eingeräumten Nutzungsrechte einem Dritten übertragen, so gilt Absatz 1 für den Dritten entsprechend. [2]Erklärt der Urheber den Widerspruch gegenüber seinem ursprünglichen Vertragspartner, hat ihm dieser unverzüglich alle erforderlichen Auskünfte über den Dritten zu erteilen.

(3) Das Widerspruchsrecht nach den Absätzen 1 und 2 entfällt, wenn die Parteien über eine zwischenzeitlich bekannt gewordene Nutzungsart eine ausdrückliche Vereinbarung geschlossen haben.

(4) Sind mehrere Werke oder Werkbeiträge zu einer Gesamtheit zusammengefasst, die sich in der neuen Nutzungsart in angemessener Weise nur unter Verwendung sämtlicher Werke oder Werkbeiträge verwerten lässt, so kann der Urheber das Widerspruchsrecht nicht wider Treu und Glauben ausüben.

(5) [1]Der Urheber hat Anspruch auf eine gesonderte angemessene Vergütung, wenn der andere eine neue Art der Werknutzung nach Absatz 1 aufnimmt, die im Zeitpunkt des Vertragsschlusses noch unbekannt war. [2]§ 32 Abs. 2 und 4 gilt entsprechend. [3]Der Anspruch kann nur durch eine Verwertungsgesellschaft geltend gemacht werden. [4]Hat der Vertragspartner das Nutzungsrecht einem Dritten übertragen, haftet der Dritte mit der Aufnahme der neuen Art der Werknutzung für die Vergütung. [5]Die Haftung des anderen entfällt.

§ 137m Übergangsregelung aus Anlass der Umsetzung der Richtlinie 2011/77/EU. (1) Die Vorschriften über die Schutzdauer nach den §§ 82 und 85 Absatz 3 sowie über die Rechte und Ansprüche des ausübenden Künstlers nach § 79 Absatz 3 sowie § 79a gelten für Aufzeichnungen von Darbietungen und für Tonträger, deren Schutzdauer für den ausübenden Künstler und den Tonträgerhersteller am 1. November 2013 nach den Vorschriften dieses Gesetzes in der bis 6. Juli 2013 geltenden Fassung noch nicht erloschen war, und für Aufzeichnungen von Darbietungen und für Tonträger, die nach dem 1. November 2013 entstehen.

(2) [1]§ 65 Absatz 3 gilt für Musikkompositionen mit Text, von denen die Musikkomposition oder der Text in mindestens einem Mitgliedstaat der Europäischen Union am 1. November 2013 geschützt sind, und für Musikkompositionen mit Text, die nach diesem Datum entstehen. [2]Lebt nach Satz 1 der Schutz der Musikkomposition oder des Textes wieder auf, so stehen die wiederauflebenden Rechte dem Urheber zu. [3]Eine vor dem 1. November 2013 begonnene Nutzungshandlung darf jedoch in dem vorgesehenen Rahmen fortgesetzt werden. [4]Für die Nutzung ab dem 1. November 2013 ist eine angemessene Vergütung zu zahlen.

(3) Ist vor dem 1. November 2013 ein Übertragungsvertrag zwischen einem ausübenden Künstler und einem Tonträgerhersteller abgeschlossen worden, so erstreckt sich im Fall der Verlängerung der Schutzdauer die Übertragung auch auf diesen Zeitraum, wenn keine eindeutigen vertraglichen Hinweise auf das Gegenteil vorliegen.

§ 137n Übergangsregelung aus Anlass der Umsetzung der Richtlinie 2012/28/EU. § 61 Absatz 4 ist nur anzuwenden auf Bestandsinhalte, die der nutzenden Institution vor dem 29. Oktober 2014 überlassen wurden.

§ 137o Übergangsregelung zum Urheberrechts-Wissensgesellschafts-Gesetz. § 60g gilt nicht für Verträge, die vor dem 1. März 2018 geschlossen wurden.

Abschnitt 3
Schlussbestimmungen

§ 138 Register anonymer und pseudonymer Werke. (1) [1]Das Register anonymer und pseudonymer Werke für die in § 66 Abs. 2 Satz 2 vorgesehenen Eintragungen wird beim Patentamt geführt. [2]Das Patentamt bewirkt die Eintragungen, ohne die Berechtigung des Antragstellers oder die Richtigkeit der zur Eintragung angemeldeten Tatsachen zu prüfen.

(2) [1]Wird die Eintragung abgelehnt, so kann der Antragsteller gerichtliche Entscheidung beantragen. [2]Über den Antrag entscheidet das für den Sitz des Patentamts zuständige Oberlandesgericht durch einen mit Gründen versehenen Beschluss. [3]Der Antrag ist schriftlich bei dem Oberlandesgericht einzureichen. [4]Die Entscheidung des Oberlandesgerichts ist endgültig. [5]Im Übrigen gelten für das gerichtliche Verfahren die Vorschriften des Gesetzes über das Verfahren in Familiensachen und in den Angelegenheiten der freiwilligen Gerichtsbarkeit entsprechend.

(3) [1]Die Eintragungen werden im Bundesanzeiger öffentlich bekannt gemacht. [2]Die Kosten für die Bekanntmachung hat der Antragsteller im Voraus zu entrichten.

(4) [1]Die Einsicht in das Register ist jedem gestattet. [2]Auf Antrag werden Auszüge aus dem Register erteilt.

(5) Der Bundesminister der Justiz und für den Verbraucherschutz wird ermächtigt, durch Rechtsverordnung

1. Bestimmungen über die Form des Antrags und die Führung des Registers zu erlassen,
2. zur Deckung der Verwaltungskosten die Erhebung von Kosten (Gebühren und Auslagen) für die Eintragung, für die Ausfertigung eines Eintragungsscheins und für die Erteilung sonstiger Auszüge und deren Beglaubigung anzuordnen sowie Bestimmungen über den Kostenschuldner, die Fälligkeit

von Kosten, die Kostenvorschusspflicht, Kostenbefreiungen, die Verjährung, das Kostenfestsetzungsverfahren und die Rechtsbehelfe gegen die Kostenfestsetzung zu treffen.

(6) Eintragungen, die nach § 56 des Gesetzes betreffend das Urheberrecht an Werken der Literatur und der Tonkunst vom 19. Juni 1901 beim Stadtrat in Leipzig vorgenommen worden sind, bleiben wirksam.

§ 139 Änderung der Strafprozessordnung. (hier nicht wiedergegeben)

§ 140 Änderung des Gesetzes über das am 6. September 1952 unterzeichnete Welturheberrechtsabkommen. *(hier nicht wiedergegeben)*

§ 141 Aufgehobene Vorschriften. *(hier nicht wiedergegeben)*

§ 142 Evaluierung, Befristung. (1) Die Bundesregierung erstattet vier Jahre nach Inkrafttreten des Urheberrechts-Wissensgesellschafts- Gesetzes dem Deutschen Bundestag Bericht über die Auswirkungen des Teils 1 Abschnitt 6 Unterabschnitt 4.

(2) Teil 1 Abschnitt 6 Unterabschnitt 4 ist ab dem 1. März 2023 nicht mehr anzuwenden.

§ 143 Inkrafttreten. (1) Die §§ 64 bis 67, 69, 105 Abs. 1 bis 3 und § 138 Abs. 5 treten am Tage nach der Verkündung[1] dieses Gesetzes in Kraft.

(2) Im Übrigen tritt dieses Gesetz am 1. Januar 1966 in Kraft.

---

1 *Anm. d. Verlages:* Verkündet am 16.9.1965.

Gesetz über die Wahrnehmung von Urheberrechten und verwandten Schutzrechten durch Verwertungsgesellschaften (Verwertungsgesellschaftengesetz – VGG)[1]

vom 24. Mai 2016 (BGBl. I S. 1190)
zuletzt geändert durch Gesetz vom 17. Juli 2017 (BGBl. I S. 2541)

INHALTSÜBERSICHT

---

1 Dieses Gesetz wurde verkündet als Art. 1 des VG-Richtlinie-Umsetzungsgesetzes und ist am 1. Juni 2016 in Kraft getreten. Durch dieses Gesetz wurde zugleich das Gesetz über die Wahrnehmung von Urheberrechten oder verwandten Schutzrechten (Urheberrechtswahrnehmungsgesetz) mit Ablauf des 31. Mai 2016 aufgehoben.

Teil 1

Gegenstand des Gesetzes; Begriffsbestimmungen

§ 1 Anwendungsbereich. Dieses Gesetz regelt die Wahrnehmung von Urheberrechten und verwandten Schutzrechten durch Verwertungsgesellschaften, abhängige und unabhängige Verwertungseinrichtungen.

§ 2 Verwertungsgesellschaft. (1) Eine Verwertungsgesellschaft ist eine Organisation, die gesetzlich oder auf Grundlage einer vertraglichen Vereinbarung berechtigt ist und deren ausschließlicher oder hauptsächlicher Zweck es ist, für Rechnung mehrerer Rechtsinhaber Urheberrechte oder verwandte Schutzrechte zu deren kollektiven Nutzen wahrzunehmen, gleichviel, ob in eigenem oder in fremdem Namen.

(2) Um eine Verwertungsgesellschaft zu sein, muss die Organisation darüber hinaus mindestens eine der folgenden Bedingungen erfüllen:
1. ihre Anteile werden von ihren Mitgliedern (§ 7) gehalten oder sie wird von ihren Mitgliedern beherrscht;
2. sie ist nicht auf Gewinnerzielung ausgerichtet.

§ 3 Abhängige Verwertungseinrichtung. (1) Eine abhängige Verwertungseinrichtung ist eine Organisation, deren Anteile zumindest indirekt oder teilweise von mindestens einer Verwertungsgesellschaft gehalten werden oder die zumindest indirekt oder teilweise von mindestens einer Verwertungsgesellschaft beherrscht wird.

(2) [1]Soweit die abhängige Verwertungseinrichtung Tätigkeiten einer Verwertungsgesellschaft ausübt, sind die für diese Tätigkeiten geltenden Bestimmungen dieses Gesetzes entsprechend anzuwenden. [2]Die Vorschriften über die Geschäftsführung in § 21 Absatz 1 und 2 gelten entsprechend, und zwar unabhängig davon, welche Tätigkeiten einer Verwertungsgesellschaft die abhängige Verwertungseinrichtung ausübt. [3]Für die Aufsicht ist § 90 maßgeblich.

§ 4 Unabhängige Verwertungseinrichtung. (1) Eine unabhängige Verwertungseinrichtung ist eine Organisation, die über die Voraussetzungen einer Verwertungsgesellschaft gemäß § 2 Absatz 1 hinaus auch noch die folgenden Merkmale aufweist:
1. ihre Anteile werden weder direkt noch indirekt, weder vollständig noch teilweise von ihren Berechtigten (§ 6) gehalten oder die Verwertungseinrichtung wird weder direkt noch indirekt, weder vollständig noch teilweise von ihren Berechtigten beherrscht und
2. die Verwertungseinrichtung ist auf Gewinnerzielung ausgerichtet.

(2) [1]Für die unabhängige Verwertungseinrichtung gelten die §§ 36, 54, 55 und 56 Absatz 1 Nummer 1 bis 4 und 7 bis 9 entsprechend. [2]Für die Aufsicht ist § 91 maßgeblich.

§ 5 Rechtsinhaber. (1) Rechtsinhaber im Sinne dieses Gesetzes ist jede natürliche oder juristische Person, die Inhaber eines Urheberrechts oder verwandten Schutzrechts ist oder die gesetzlich oder aufgrund eines Rechteverwertungsvertrags Anspruch auf einen Anteil an den Einnahmen aus diesen Rechten hat.

(2) Verwertungsgesellschaften sind keine Rechtsinhaber im Sinne dieses Gesetzes.

§ 6 Berechtigter. Berechtigter im Sinne dieses Gesetzes ist jeder Rechtsinhaber, der auf gesetzlicher oder vertraglicher Grundlage in einem unmittelbaren Wahrnehmungsverhältnis zu einer der in § 1 genannten Organisationen steht.

§ 7 Mitglieder. Mitglieder im Sinne dieses Gesetzes sind von der Verwertungsgesellschaft als Mitglied aufgenommene

1. Berechtigte und
2. Einrichtungen, die Rechtsinhaber vertreten.

§ 8 Nutzer. Nutzer im Sinne dieses Gesetzes ist jede natürliche oder juristische Person, die eine Handlung vornimmt, die der Erlaubnis des Rechtsinhabers bedarf, oder die zur Zahlung einer Vergütung an den Rechtsinhaber verpflichtet ist.

Teil 2

Rechte und Pflichten der Verwertungsgesellschaft

Abschnitt 1

Innenverhältnis

Unterabschnitt 1

Rechtsinhaber, Berechtigte und Mitglieder

§ 9 Wahrnehmungszwang. [1]Die Verwertungsgesellschaft ist verpflichtet, auf Verlangen des Rechtsinhabers Rechte seiner Wahl an Arten von Werken und sonstigen Schutzgegenständen seiner Wahl in Gebieten seiner Wahl wahrzunehmen, wenn

1. die Rechte, die Werke und sonstigen Schutzgegenstände sowie die Gebiete zum Tätigkeitsbereich der Verwertungsgesellschaft gehören und
2. der Wahrnehmung keine objektiven Gründe entgegenstehen.

[2]Die Bedingungen, zu denen die Verwertungsgesellschaft die Rechte des Berechtigten wahrnimmt (Wahrnehmungsbedingungen), müssen angemessen sein.

§ 10 Zustimmung zur Rechtswahrnehmung. [1]Nimmt eine Verwertungsgesellschaft auf Grundlage einer vertraglichen Vereinbarung mit dem Rechtsinhaber Urheberrechte oder verwandte Schutzrechte wahr, holt sie dessen Zustimmung zur Wahrnehmung für jedes einzelne Recht ein und dokumentiert diese. [2]Die Vereinbarung bedarf, auch soweit Rechte an künftigen Werken eingeräumt werden, der Textform.

§ 11 Nutzungen für nicht kommerzielle Zwecke. Die Verwertungsgesellschaft legt Bedingungen fest, zu denen der Berechtigte jedermann das Recht einräumen kann, seine Werke oder sonstigen Schutzgegenstände für nicht kommerzielle Zwecke zu nutzen, auch wenn er die entsprechenden Rechte daran der Verwertungsgesellschaft zur Wahrnehmung eingeräumt oder übertragen hat.

§ 12 Beendigung der Rechtswahrnehmung; Entzug von Rechten. (1) Die Verwertungsgesellschaft regelt in den Wahrnehmungsbedingungen, dass der

Berechtigte unter Einhaltung einer angemessenen Frist von höchstens sechs Monaten das Wahrnehmungsverhältnis insgesamt beenden oder der Verwertungsgesellschaft Rechte seiner Wahl an Arten von Werken und sonstigen Schutzgegenständen seiner Wahl entziehen kann, und zwar jeweils für Gebiete seiner Wahl.

(2) Die Wahrnehmungsbedingungen können bestimmen, dass die Beendigung des Wahrnehmungsverhältnisses oder der Rechteentzug erst zum Ende des Geschäftsjahres wirksam werden.

(3) Die Verwertungsgesellschaft hat die Einnahmen aus den Rechten auch dann weiterhin nach den allgemeinen Vorschriften einzuziehen, zu verwalten und zu verteilen, wenn dem Berechtigten Einnahmen aus den Rechten zustehen
1. für Nutzungen aus einem Zeitraum, bevor das Wahrnehmungsverhältnis wirksam beendet oder der Rechteentzug wirksam war, oder
2. aus einem Nutzungsrecht, das die Verwertungsgesellschaft vergeben hat, bevor das Wahrnehmungsverhältnis wirksam beendet oder der Rechteentzug wirksam war.

§ 13 Bedingungen für die Mitgliedschaft. (1) [1]Die Verwertungsgesellschaft regelt in der Satzung, im Gesellschaftsvertrag oder in sonstigen Gründungsbestimmungen (Statut), dass Berechtigte und Einrichtungen, die Rechtsinhaber vertreten, als Mitglieder aufzunehmen sind, wenn sie die Bedingungen für die Mitgliedschaft erfüllen. [2]Die Bedingungen müssen objektiv, transparent und nichtdiskriminierend sein und sind im Statut zu regeln.

(2) Lehnt eine Verwertungsgesellschaft einen Antrag auf Aufnahme als Mitglied ab, so sind dem Antragsteller die Gründe verständlich zu erläutern.

§ 14 Elektronische Kommunikation. Die Verwertungsgesellschaft eröffnet allen Mitgliedern und Berechtigten einen Zugang für die elektronische Kommunikation.

§ 15 Mitglieder- und Berechtigtenverzeichnis. Die Verwertungsgesellschaft führt ein aktuelles Mitglieder- und Berechtigtenverzeichnis.

§ 16 Grundsatz der Mitwirkung. [1]Die Verwertungsgesellschaft sieht in dem Statut angemessene und wirksame Verfahren der Mitwirkung von Mitgliedern und von Berechtigten an den Entscheidungen der Verwertungsgesellschaft vor. [2]Die verschiedenen Kategorien von Mitgliedern und Berechtigten, wie beispielsweise Urheber von Werken der Musik, Tonträgerhersteller oder ausübende Künstler, müssen dabei fair und ausgewogen vertreten sein.

§ 17 Allgemeine Befugnisse der Mitgliederhauptversammlung. (1) [1]Die Mitgliederhauptversammlung ist das Organ, in dem die Mitglieder mitwirken und ihr Stimmrecht ausüben. [2]Die Verwertungsgesellschaft regelt in dem Statut, dass die Mitgliederhauptversammlung mindestens beschließt über:
1. das Statut der Verwertungsgesellschaft (§ 13);

2. den jährlichen Transparenzbericht (§ 58);
3. die Bestellung und Abberufung des Abschlussprüfers oder die Mitgliedschaft in einem genossenschaftlichen Prüfungsverband;
4. Zusammenschlüsse und Bündnisse unter Beteiligung der Verwertungsgesellschaft, die Gründung von Tochtergesellschaften, die Übernahme anderer Organisationen und den Erwerb von Anteilen oder Rechten an anderen Organisationen durch die Verwertungsgesellschaft;
5. die Grundsätze des Risikomanagements;
6. den Verteilungsplan (§ 27);
7. die Verwendung der nicht verteilbaren Einnahmen aus den Rechten (§ 30);
8. die allgemeine Anlagepolitik in Bezug auf die Einnahmen aus den Rechten (§ 25);
9. die allgemeinen Grundsätze für die Abzüge von den Einnahmen aus den Rechten (§ 31 Absatz 1), einschließlich der allgemeinen Grundsätze für Abzüge zur Deckung der Verwaltungskosten (§ 31 Absatz 2) und gegebenenfalls der Abzüge für die Förderung kulturell bedeutender Werke und Leistungen und für die Einrichtung und den Betrieb von Vorsorge- und Unterstützungseinrichtungen (§ 32);
10. den Erwerb, den Verkauf und die Beleihung unbeweglicher Sachen;
11. die Aufnahme und die Vergabe von Darlehen sowie die Stellung von Darlehenssicherheiten;
12. den Abschluss, den Inhalt und die Beendigung von Repräsentationsvereinbarungen (§ 44);
13. die Wahrnehmungsbedingungen (§ 9 Satz 2);
14. die Tarife (§§ 38 bis 40);
15. die zum Tätigkeitsbereich gehörenden Rechte;
16. die Bedingungen, zu denen der Berechtigte jedermann das Recht einräumen kann, seine Werke oder sonstige Schutzgegenstände für nicht kommerzielle Zwecke zu nutzen (§ 11).

(2) Die Mitgliederhauptversammlung kann beschließen, dass die Befugnisse nach Absatz 1 Satz 2 Nummer 3 bis 5 und 10 bis 14 dem Aufsichtsgremium nach § 22 übertragen werden.

§ 18 Befugnisse der Mitgliederhauptversammlung in Bezug auf die Organe. (1) Die Verwertungsgesellschaft regelt in dem Statut, dass die Mitgliederhauptversammlung beschließt über die Ernennung und Entlassung sowie über die Vergütung und sonstigen Leistungen

1. der Personen, die kraft Gesetzes oder nach dem Statut zur Vertretung der Verwertungsgesellschaft berechtigt sind,
2. der Mitglieder des Aufsichtsrats,
3. der Mitglieder des Verwaltungsrats,
4. der Mitglieder des Aufsichtsgremiums (§ 22), sofern dessen Befugnisse nicht von dem Aufsichts- oder Verwaltungsrat wahrgenommen werden.

(2) Die Mitgliederhauptversammlung kann beschließen, dass die Befugnisse nach Absatz 1 hinsichtlich der Personen, die kraft Gesetzes oder nach dem Sta-

tut zur Vertretung berechtigt sind, dem Aufsichtsrat oder dem Aufsichtsgremium nach § 22 übertragen werden.

§ 19 Durchführung der Mitgliederhauptversammlung; Vertretung. (1) Die Mitgliederhauptversammlung ist mindestens einmal jährlich einzuberufen.

(2) Alle Mitglieder der Verwertungsgesellschaft sind sowohl zur Teilnahme an der Mitgliederhauptversammlung als auch zur Abstimmung berechtigt.

(3) [1]Die Verwertungsgesellschaft regelt in dem Statut die Voraussetzungen, unter denen die Mitglieder an der Mitgliederhauptversammlung zusätzlich auch ohne Anwesenheit vor Ort und ohne einen Vertreter teilnehmen können und ihr Stimmrecht im Wege elektronischer Kommunikation ausüben können. [2]Die Verwertungsgesellschaft kann die elektronische Ausübung weiterer Mitgliedschaftsrechte zulassen.

(4) [1]Jedes Mitglied muss nach Gesetz oder nach dem Statut berechtigt sein, seine Rechte in der Mitgliederhauptversammlung auch durch einen Vertreter ausüben zu lassen, sofern die Vertretung nicht zu einem Interessenkonflikt führt. [2]Ein Interessenkonflikt liegt insbesondere darin, dass derselbe Vertreter Mitglieder verschiedener im Statut festgelegter Kategorien vertritt. [3]Die Verwertungsgesellschaft kann in dem Statut die Anzahl der durch denselben Vertreter vertretenen Mitglieder beschränken, wobei diese Anzahl zehn nicht unterschreiten darf. [4]Eine Vollmacht zur Vertretung eines Mitglieds in einer Mitgliederhauptversammlung ist nur wirksam, wenn sie auf die Vertretung des Mitglieds in dieser Mitgliederhauptversammlung beschränkt ist. [5]Der Vertreter ist verpflichtet, entsprechend den Anweisungen des Mitglieds abzustimmen, das ihn bestellt hat.

§ 20 Mitwirkung der Berechtigten, die nicht Mitglied sind. (1) Die Berechtigten, die nicht Mitglied sind, wählen mindestens alle vier Jahre aus ihrer Mitte Delegierte.

(2) In dem Statut der Verwertungsgesellschaft ist mindestens zu regeln:
1. die Anzahl und Zusammensetzung der Delegierten;
2. das Verfahren zur Wahl der Delegierten;
3. dass die Delegierten zur Teilnahme an der Mitgliederhauptversammlung berechtigt sind;
4. dass die Delegierten stimmberechtigt mindestens an Entscheidungen über die in § 17 Absatz 1 Satz 2 Nummer 6 bis 9 und 12 bis 16, Absatz 2 sowie die in § 18 genannten Angelegenheiten, mit Ausnahme der Entscheidungen über die Ernennung und Entlassung der in § 18 Absatz 1 genannten Personen, mitwirken können und
5. dass die Delegierten an Entscheidungen der Mitgliederhauptversammlung, an denen sie nicht stimmberechtigt mitwirken, jedenfalls beratend mitwirken können.

(3) Für die Mitwirkung der Delegierten an der Mitgliederhauptversammlung gilt § 19 Absatz 3 entsprechend.

Unterabschnitt 2

Geschäftsführung und Aufsicht

§ 21 Geschäftsführung. (1) Die Verwertungsgesellschaft trifft Vorkehrungen dafür, dass die Personen, die kraft Gesetzes oder nach dem Statut zur Vertretung der Verwertungsgesellschaft berechtigt sind, ihre Aufgaben solide, umsichtig und angemessen erfüllen.

(2) [1]Damit Interessenkonflikte von Personen, die kraft Gesetzes oder nach dem Statut zur Vertretung der Verwertungsgesellschaft berechtigt sind, erkannt und vermieden werden, legt die Verwertungsgesellschaft Verfahren fest und wendet diese an, um Nachteile für Mitglieder und Berechtigte zu verhindern. [2]Dabei legt die Verwertungsgesellschaft auch fest, dass unvermeidbare Interessenkonflikte offenzulegen, zu überwachen und baldmöglichst zu beenden sind.

(3) Die Personen, die kraft Gesetzes oder nach dem Statut zur Vertretung der Verwertungsgesellschaft berechtigt sind, geben gegenüber der Mitgliederhauptversammlung mindestens einmal jährlich eine persönliche Erklärung mit folgendem Inhalt ab:

1. ihre Beteiligungen an der Verwertungsgesellschaft,
2. die Höhe ihrer Vergütung und sonstigen Leistungen, die von der Verwertungsgesellschaft im abgelaufenen Geschäftsjahr bezogen wurden,
3. die Höhe der Beträge, die sie in der Eigenschaft als Berechtigter (§ 6) von der Verwertungsgesellschaft im abgelaufenen Geschäftsjahr erhalten haben, und
4. Art und Umfang eines tatsächlichen oder möglichen Konflikts zwischen ihren persönlichen Interessen und den Interessen der Verwertungsgesellschaft oder zwischen ihren Pflichten gegenüber der Verwertungsgesellschaft und ihren Pflichten gegenüber einer anderen natürlichen oder juristischen Person.

(4) Für die Zwecke der persönlichen Erklärung über die Höhe der in Absatz 3 Nummer 3 genannten Beträge kann die Verwertungsgesellschaft angemessene Stufen festlegen.

§ 22 Aufsichtsgremium. (1) Die Verwertungsgesellschaft verfügt über ein Gremium, das mit der kontinuierlichen Überwachung derjenigen Personen betraut ist, die kraft Gesetzes oder nach dem Statut zur Vertretung der Verwertungsgesellschaft berechtigt sind (Aufsichtsgremium).

(2) In dem Aufsichtsgremium müssen die verschiedenen Kategorien von Mitgliedern fair und ausgewogen vertreten sein.

(3) Das Aufsichtsgremium hat mindestens folgende Befugnisse und Aufgaben:

1. die Befugnisse, die ihm von der Mitgliederhauptversammlung übertragen werden;
2. die Tätigkeit und die Aufgabenerfüllung derjenigen Personen zu überwachen, die kraft Gesetzes oder nach dem Statut zur Vertretung der Verwertungsgesellschaft berechtigt sind;

3. die Tätigkeit und die Aufgabenerfüllung derjenigen Personen zu überwachen, die kraft Gesetzes oder nach dem Statut zur Vertretung einer von der Verwertungsgesellschaft abhängigen Verwertungseinrichtung berechtigt sind, soweit die abhängige Verwertungseinrichtung Tätigkeiten einer Verwertungsgesellschaft ausübt.

(4) Das Aufsichtsgremium tritt regelmäßig zusammen und berichtet der Mitgliederhauptversammlung mindestens einmal im Jahr über seine Tätigkeit.

(5) [1]Die Mitglieder des Aufsichtsgremiums geben mindestens einmal jährlich gegenüber der Mitgliederhauptversammlung eine Erklärung nach § 21 Absatz 3 ab. [2]§ 21 Absatz 4 gilt entsprechend.

Unterabschnitt 3

Einnahmen aus den Rechten

§ 23 Einziehung, Verwaltung und Verteilung der Einnahmen aus den Rechten. [1]Die Verwertungsgesellschaft hat die Einnahmen aus den Rechten, einschließlich der Einnahmen aus den Rechten, die sie auf Grundlage einer Repräsentationsvereinbarung (§ 44) wahrnimmt, nach Maßgabe dieses Unterabschnitts mit der gebotenen Sorgfalt einzuziehen, zu verwalten und zu verteilen, soweit dieses Gesetz nichts anderes bestimmt. [2]Zu den Einnahmen aus den Rechten im Sinne dieses Gesetzes zählen auch die Erträge aus der Anlage dieser Einnahmen.

§ 24 Getrennte Konten. Die Verwertungsgesellschaft weist in der Buchführung getrennt aus:
1. die Einnahmen aus den Rechten,
2. ihr eigenes Vermögen, die Erträge aus dem eigenen Vermögen sowie die Einnahmen zur Deckung der Verwaltungskosten und aus sonstiger Tätigkeit.

§ 25 Anlage der Einnahmen aus den Rechten. (1) [1]Legt die Verwertungsgesellschaft Einnahmen aus den Rechten an, so erfolgt dies im ausschließlichen und besten Interesse der Berechtigten. [2]Die Verwertungsgesellschaft stellt für die Zwecke der Anlage der Einnahmen aus den Rechten eine Richtlinie auf (Anlagerichtlinie) und beachtet diese bei der Anlage.

(2) Die Anlagerichtlinie muss
1. der allgemeinen Anlagepolitik (§ 17 Absatz 1 Satz 2 Nummer 8) und den Grundsätzen des Risikomanagements (§ 17 Absatz 1 Satz 2 Nummer 5) entsprechen;
2. gewährleisten, dass die Anlage in den in § 1807 Absatz 1 des Bürgerlichen Gesetzbuchs genannten Anlageformen oder in anderen Anlageformen unter Beachtung der Grundsätze einer wirtschaftlichen Vermögensverwaltung gemäß § 1811 Satz 2 des Bürgerlichen Gesetzbuchs erfolgt;

3. gewährleisten, dass die Anlagen in angemessener Weise so gestreut werden, dass eine zu große Abhängigkeit von einem bestimmten Vermögenswert und eine Risikokonzentration im Portfolio insgesamt vermieden werden.

(3) Die Verwertungsgesellschaft lässt die Vereinbarkeit der Anlagerichtlinie und jeder Änderung der Anlagerichtlinie mit den Vorgaben nach Absatz 2 durch einen Wirtschaftsprüfer oder eine Wirtschaftsprüfungsgesellschaft unverzüglich prüfen und bestätigen.

§ 26 Verwendung der Einnahmen aus den Rechten. Die Verwertungsgesellschaft darf die Einnahmen aus den Rechten nur zu folgenden Zwecken verwenden:
1. zur Verteilung an die Berechtigten (§ 27) und an andere Verwertungsgesellschaften im Rahmen von Repräsentationsvereinbarungen (§ 46);
2. gemäß einem nach § 17 Absatz 1 Satz 2 Nummer 7 gefassten Beschluss, soweit die Einnahmen aus den Rechten nicht verteilbar sind;
3. gemäß einem nach § 17 Absatz 1 Satz 2 Nummer 9 gefassten Beschluss über Abzüge zur Deckung der Verwaltungskosten;
4. gemäß einem nach § 17 Absatz 1 Satz 2 Nummer 9 gefassten Beschluss über Abzüge zur Förderung kulturell bedeutender Werke und Leistungen und für die Einrichtung und den Betrieb von Vorsorge- und Unterstützungseinrichtungen (§ 32).

§ 27 Verteilungsplan. (1) Die Verwertungsgesellschaft stellt feste Regeln auf, die ein willkürliches Vorgehen bei der Verteilung der Einnahmen aus den Rechten ausschließen (Verteilungsplan).

(2) Nimmt die Verwertungsgesellschaft Rechte für mehrere Rechtsinhaber gemeinsam wahr, kann sie im Verteilungsplan regeln, dass die Einnahmen aus der Wahrnehmung dieser Rechte unabhängig davon, wer die Rechte eingebracht hat, nach festen Anteilen verteilt werden.

§ 27a Einnahmen aus gesetzlichen Vergütungsansprüchen des Urhebers. (1) Nach der Veröffentlichung eines verlegten Werks oder mit der Anmeldung des Werks bei der Verwertungsgesellschaft kann der Urheber gegenüber der Verwertungsgesellschaft zustimmen, dass der Verleger an den Einnahmen aus den in § 63a Satz 1 des Urheberrechtsgesetzes genannten gesetzlichen Vergütungsansprüchen beteiligt wird.

(2) Die Verwertungsgesellschaft legt die Höhe des Verlegeranteils nach Absatz 1 fest.

§ 28 Verteilungsfrist. (1) Die Verwertungsgesellschaft bestimmt im Verteilungsplan oder in den Wahrnehmungsbedingungen Fristen, binnen derer die Einnahmen aus den Rechten verteilt werden.

(2) Die Verwertungsgesellschaft bestimmt die Fristen so, dass die Einnahmen aus den Rechten spätestens neun Monate nach Ablauf des Geschäftsjahres, in dem sie eingezogen wurden, verteilt werden.

(3) Die Verwertungsgesellschaft kann vorsehen, dass eine Frist nicht abläuft, solange die Verwertungsgesellschaft aus sachlichen Gründen an der Durchführung der Verteilung gehindert ist.

(4) Einnahmen aus den Rechten, die nicht innerhalb der Fristen ausgeschüttet werden, weil der Berechtigte nicht festgestellt oder ausfindig gemacht werden kann, weist die Verwertungsgesellschaft in der Buchführung getrennt aus.

§ 29 Feststellung der Berechtigten. (1) Können Einnahmen aus den Rechten nicht innerhalb der Verteilungsfrist (§ 28) verteilt werden, weil ein Berechtigter nicht festgestellt oder ausfindig gemacht werden kann, trifft die Verwertungsgesellschaft angemessene Maßnahmen, um den Berechtigten festzustellen oder ausfindig zu machen.

(2) Insbesondere stellt die Verwertungsgesellschaft ihren Mitgliedern, ihren Berechtigten und allen Verwertungsgesellschaften, für die sie im Rahmen einer Repräsentationsvereinbarung Rechte wahrnimmt, spätestens drei Monate nach Ablauf der Verteilungsfrist (§ 28), soweit verfügbar, folgende Angaben über die Werke und sonstigen Schutzgegenstände, deren Berechtigte nicht festgestellt oder ausfindig gemacht werden konnten, zur Verfügung:
1. den Titel des Werks oder sonstigen Schutzgegenstands,
2. den Namen des Berechtigten, der nicht festgestellt oder ausfindig gemacht werden kann,
3. den Namen des betreffenden Verlegers oder Herstellers und
4. alle sonstigen erforderlichen Informationen, die zur Feststellung des Berechtigten beitragen könnten.

(3) Die Verwertungsgesellschaft veröffentlicht die Angaben nach Absatz 2 spätestens ein Jahr nach Ablauf der Dreimonatsfrist, wenn der Berechtigte nicht inzwischen festgestellt oder ausfindig gemacht werden konnte.

§ 30 Nicht verteilbare Einnahmen aus den Rechten. (1) Einnahmen aus den Rechten gelten als nicht verteilbar, wenn der Berechtigte nicht innerhalb von drei Jahren nach Ablauf des Geschäftsjahres, in dem die Einnahmen aus den Rechten eingezogen wurden, festgestellt oder ausfindig gemacht werden konnte und die Verwertungsgesellschaft die erforderlichen Maßnahmen nach § 29 ergriffen hat.

(2) Die Verwertungsgesellschaft stellt allgemeine Regeln über die Verwendung der nicht verteilbaren Einnahmen aus den Rechten auf.

(3) Die Ansprüche des Berechtigten aus dem Wahrnehmungsverhältnis bleiben unberührt.

§ 31 Abzüge von den Einnahmen aus den Rechten. (1) Abzüge von den Einnahmen aus den Rechten müssen im Verhältnis zu den Leistungen der Verwertungsgesellschaft an die Berechtigten angemessen sein und anhand von objektiven Kriterien festgelegt werden.

(2) Soweit die Verwertungsgesellschaft zur Deckung der Kosten, die ihr für die Wahrnehmung von Urheberrechten und verwandten Schutzrechten entstehen (Verwaltungskosten), Abzüge von den Einnahmen aus den Rechten vornimmt, dürfen die Abzüge die gerechtfertigten und belegten Verwaltungskosten nicht übersteigen.

§ 32 Kulturelle Förderung; Vorsorge- und Unterstützungseinrichtungen. (1) Die Verwertungsgesellschaft soll kulturell bedeutende Werke und Leistungen fördern.

(2) Die Verwertungsgesellschaft soll Vorsorge- und Unterstützungseinrichtungen für ihre Berechtigten einrichten.

(3) Werden kulturelle Förderungen und Vorsorge- und Unterstützungseinrichtungen durch Abzüge von den Einnahmen aus den Rechten finanziert, so hat die Verwertungsgesellschaft die kulturellen Förderungen und die Leistungen der Vorsorge- und Unterstützungseinrichtungen nach festen Regeln, die auf fairen Kriterien beruhen, zu erbringen.

Unterabschnitt 4

Beschwerdeverfahren

§ 33 Beschwerdeverfahren. (1) Die Verwertungsgesellschaft regelt wirksame und zügige Beschwerdeverfahren.

(2) Als Gegenstand einer Beschwerde sind dabei insbesondere zu benennen:

1. die Aufnahme und die Beendigung der Rechtewahrnehmung oder der Entzug von Rechten,
2. die Bedingungen für die Mitgliedschaft und die Wahrnehmungsbedingungen,
3. die Einziehung, Verwaltung und Verteilung der Einnahmen aus den Rechten,
4. die Abzüge von den Einnahmen aus den Rechten.

(3) [1]Die Verwertungsgesellschaft entscheidet über Beschwerden in Textform. [2]Soweit die Verwertungsgesellschaft der Beschwerde nicht abhilft, hat sie dies zu begründen.

Abschnitt 2
Außenverhältnis

Unterabschnitt 1
Verträge und Tarife

§ 34 Abschlusszwang. (1) [1]Die Verwertungsgesellschaft ist verpflichtet, aufgrund der von ihr wahrgenommenen Rechte jedermann auf Verlangen zu angemessenen Bedingungen Nutzungsrechte einzuräumen. [2]Die Bedingungen müssen insbesondere objektiv und nichtdiskriminierend sein und eine angemessene Vergütung vorsehen.

(2) [1]Die Verwertungsgesellschaft verstößt nicht bereits deshalb gegen ihre Verpflichtung zur Nichtdiskriminierung, weil sie die zwischen ihr und dem Anbieter eines neuartigen Online-Dienstes vereinbarten Bedingungen nicht auch einem anderen Anbieter eines gleichartigen neuartigen Online-Dienstes gewährt. [2]Neuartig ist ein Online-Dienst, der seit weniger als drei Jahren der Öffentlichkeit in der Europäischen Union oder einem anderen Vertragsstaat des Abkommens über den Europäischen Wirtschaftsraum zur Verfügung steht.

§ 35 Gesamtverträge. Die Verwertungsgesellschaft ist verpflichtet, über die von ihr wahrgenommenen Rechte mit Nutzervereinigungen einen Gesamtvertrag zu angemessenen Bedingungen abzuschließen, es sei denn, der Verwertungsgesellschaft ist der Abschluss des Gesamtvertrags nicht zuzumuten, insbesondere weil die Nutzervereinigung eine zu geringe Mitgliederzahl hat.

§ 36 Verhandlungen. (1) [1]Verwertungsgesellschaft und Nutzer oder Nutzervereinigung verhandeln nach Treu und Glauben über die von der Verwertungsgesellschaft wahrgenommenen Rechte. [2]Die Beteiligten stellen sich gegenseitig alle für die Verhandlungen notwendigen Informationen zur Verfügung.

(2) [1]Die Verwertungsgesellschaft antwortet unverzüglich auf Anfragen des Nutzers oder der Nutzervereinigung und teilt mit, welche Angaben sie für ein Vertragsangebot benötigt. [2]Sie unterbreitet dem Nutzer unverzüglich nach Eingang aller erforderlichen Informationen ein Angebot über die Einräumung der von ihr wahrgenommenen Rechte oder gibt eine begründete Erklärung ab, warum sie kein solches Angebot unterbreitet.

§ 37 Hinterlegung; Zahlung unter Vorbehalt. Kommt eine Einigung über die Höhe der Vergütung für die Einräumung von Nutzungsrechten nicht zustande, so gelten die Nutzungsrechte als eingeräumt, wenn die Vergütung

1. in Höhe des vom Nutzer anerkannten Betrages an die Verwertungsgesellschaft gezahlt worden ist und
2. in Höhe der darüber hinausgehenden Forderung der Verwertungsgesellschaft unter Vorbehalt an die Verwertungsgesellschaft gezahlt oder zu ihren Gunsten hinterlegt worden ist.

§ 38 Tarifaufstellung. [1]Die Verwertungsgesellschaft stellt Tarife auf über die Vergütung, die sie aufgrund der von ihr wahrgenommenen Rechte fordert. [2]Soweit Gesamtverträge abgeschlossen sind, gelten die dort vereinbarten Vergütungssätze als Tarife.

§ 39 Tarifgestaltung. (1) [1]Berechnungsgrundlage für die Tarife sollen in der Regel die geldwerten Vorteile sein, die durch die Verwertung erzielt werden. [2]Die Tarife können sich auch auf andere Berechnungsgrundlagen stützen, wenn diese ausreichende, mit einem wirtschaftlich vertretbaren Aufwand zu erfassende Anhaltspunkte für die durch die Verwertung erzielten Vorteile ergeben.

(2) Bei der Tarifgestaltung ist auf den Anteil der Werknutzung am Gesamtumfang des Verwertungsvorgangs und auf den wirtschaftlichen Wert der von der Verwertungsgesellschaft erbrachten Leistungen angemessen Rücksicht zu nehmen.

(3) Die Verwertungsgesellschaft soll bei der Tarifgestaltung und bei der Einziehung der tariflichen Vergütung auf religiöse, kulturelle und soziale Belange der Nutzer, einschließlich der Belange der Jugendhilfe, angemessen Rücksicht nehmen.

(4) Die Verwertungsgesellschaft informiert die betroffenen Nutzer über die Kriterien, die der Tarifaufstellung zugrunde liegen.

§ 40 Gestaltung der Tarife für Geräte und Speichermedien. (1) [1]Die Höhe der Vergütung für Geräte und Speichermedien bestimmt sich nach § 54a des Urheberrechtsgesetzes. [2]Die Verwertungsgesellschaften stellen hierfür Tarife auf Grundlage einer empirischen Untersuchung aus einem Verfahren gemäß § 93 auf. [3]§ 38 Satz 2 bleibt unberührt.

(2) Die Pflicht zur Tarifaufstellung entfällt, wenn zu erwarten ist, dass der dafür erforderliche wirtschaftliche Aufwand außer Verhältnis zu den zu erwartenden Einnahmen stehen würde.

Unterabschnitt 2

Mitteilungspflichten

§ 41 Auskunftspflicht der Nutzer. (1) [1]Die Verwertungsgesellschaft kann von dem Nutzer Auskunft über die Nutzung derjenigen Werke und sonstiger Schutzgegenstände verlangen, an denen sie dem Nutzer die Nutzungsrechte eingeräumt hat, soweit die Auskunft für die Einziehung der Einnahmen aus den Rechten oder für deren Verteilung erforderlich ist. [2]Dies gilt nicht, soweit dem Nutzer die Erteilung der Auskunft nur mit unangemessen hohem Aufwand möglich ist.

(2) Die Verwertungsgesellschaft vereinbart mit dem Nutzer in den Nutzungsverträgen angemessene Regelungen über die Erteilung der Auskunft.

(3) Hinsichtlich des Formats von Meldungen sollen die Verwertungsgesellschaft und der Nutzer branchenübliche Standards berücksichtigen.

§ 42 Meldepflicht der Nutzer. (1) Veranstalter von öffentlichen Wiedergaben urheberrechtlich geschützter Werke haben vor der Veranstaltung die Einwilligung der Verwertungsgesellschaft einzuholen, welche die Nutzungsrechte an diesen Werken wahrnimmt.

(2) [1]Nach der Veranstaltung hat der Veranstalter der Verwertungsgesellschaft eine Aufstellung über die bei der Veranstaltung genutzten Werke zu übersenden. [2]Dies gilt nicht für

1. die Wiedergabe eines Werkes mittels Tonträger,
2. die Wiedergabe von Funksendungen eines Werkes sowie
3. Veranstaltungen, auf denen in der Regel nicht geschützte oder nur unwesentlich bearbeitete nicht geschützte Werke der Musik aufgeführt werden.

(3) Soweit für die Verteilung von Einnahmen aus der Wahrnehmung von Rechten zur Wiedergabe von Funksendungen Auskünfte der Sendeunternehmen erforderlich sind, die die Funksendungen veranstaltet haben, erteilen diese Sendeunternehmen der Verwertungsgesellschaft die Auskünfte gegen Erstattung der Unkosten.

§ 43 Elektronische Kommunikation. Die Verwertungsgesellschaft eröffnet allen Nutzern einen Zugang für die elektronische Kommunikation, einschließlich zur Meldung über die Nutzung der Rechte.

Abschnitt 3
Besondere Vorschriften für die Wahrnehmung von Rechten auf Grundlage von Repräsentationsvereinbarungen

§ 44 Repräsentationsvereinbarung; Diskriminierungsverbot. Beauftragt eine Verwertungsgesellschaft eine andere Verwertungsgesellschaft, die von ihr wahrgenommenen Rechte wahrzunehmen (Repräsentationsvereinbarung), so darf die beauftragte Verwertungsgesellschaft die Rechtsinhaber, deren Rechte sie auf Grundlage der Repräsentationsvereinbarung wahrnimmt, nicht diskriminieren.

§ 45 Abzüge. Die beauftragte Verwertungsgesellschaft darf von den Einnahmen aus den Rechten, die sie auf Grundlage einer Repräsentationsvereinbarung wahrnimmt, andere Abzüge als zur Deckung der Verwaltungskosten nur vornehmen, soweit die beauftragende Verwertungsgesellschaft ausdrücklich zugestimmt hat.

§ 46 Verteilung. (1) [1]Für die Verteilung der Einnahmen aus den Rechten, die die beauftragte Verwertungsgesellschaft auf Grundlage einer Repräsentationsvereinbarung wahrnimmt, ist der Verteilungsplan der beauftragten Verwertungsgesellschaft maßgeblich, soweit die Verwertungsgesellschaften in der Repräsentationsvereinbarung keine abweichenden Vereinbarungen treffen. [2]Abweichende Vereinbarungen in der Repräsentationsvereinbarung müssen ein willkürliches Vorgehen bei der Verteilung ausschließen.

(2) Von den Vorschriften über die Verteilungsfrist (§ 28) kann in der Repräsentationsvereinbarung nicht zum Nachteil der beauftragenden Verwertungsgesellschaft abgewichen werden.

(3) Bezieht sich die Repräsentationsvereinbarung auf Rechte und Werke oder sonstige Schutzgegenstände, die zum Tätigkeitsbereich beider Verwertungsgesellschaften zählen, so hat die beauftragende Verwertungsgesellschaft die Verteilungsfrist (§ 28) so zu bestimmen, dass die Einnahmen aus den Rechten spätestens sechs Monate nach Erhalt an die von ihr vertretenen Berechtigten verteilt werden.

§ 47 Informationspflichten. Die beauftragte Verwertungsgesellschaft informiert spätestens zwölf Monate nach Ablauf eines jeden Geschäftsjahres die Verwertungsgesellschaften, für die sie in diesem Geschäftsjahr auf Grundlage einer Repräsentationsvereinbarung Rechte wahrgenommen hat, elektronisch mindestens über:

1. die in diesem Geschäftsjahr der beauftragenden Verwertungsgesellschaft zugewiesenen Einnahmen aus denjenigen Rechten, die von der Repräsentationsvereinbarung umfasst sind, aufgeschlüsselt nach Kategorie der Rechte und Art der Nutzung;
2. die in diesem Geschäftsjahr an die beauftragende Verwertungsgesellschaft ausgeschütteten Einnahmen aus denjenigen Rechten, die von der Repräsentationsvereinbarung umfasst sind, aufgeschlüsselt nach Kategorie der Rechte und Art der Nutzung;
3. sämtliche der beauftragenden Verwertungsgesellschaft zugewiesenen, aber noch nicht ausgeschütteten Einnahmen aus den Rechten;
4. die in diesem Geschäftsjahr zur Deckung der Verwaltungskosten vorgenommenen Abzüge von den Einnahmen aus den Rechten;
5. die in diesem Geschäftsjahr für andere Zwecke als zur Deckung der Verwaltungskosten vorgenommenen Abzüge aus den Einnahmen von den Rechten;
6. Informationen zu den mit Nutzern abgeschlossenen Verträgen sowie zu Vertragsanfragen von Nutzern, die abgelehnt wurden, soweit sich die Verträge und Vertragsanfragen auf Werke und andere Schutzgegenstände beziehen, die von der Repräsentationsvereinbarung umfasst sind, und
7. die Beschlüsse der Mitgliederhauptversammlung, sofern die Beschlüsse für die Wahrnehmung der unter die Repräsentationsvereinbarung fallenden Rechte maßgeblich sind.

Abschnitt 4

Vermutungen; Außenseiter bei Kabelweitersendung

§ 48 Vermutung bei Auskunftsansprüchen. Macht die Verwertungsgesellschaft einen Auskunftsanspruch geltend, der nur durch eine Verwertungsgesellschaft geltend gemacht werden kann, so wird vermutet, dass sie die Rechte aller Rechtsinhaber wahrnimmt.

§ 49 Vermutung bei gesetzlichen Vergütungsansprüchen. (1) Macht die Verwertungsgesellschaft einen Vergütungsanspruch nach § 27, § 54 Absatz 1, § 54c Absatz 1, § 77 Absatz 2, § 85 Absatz 4, § 94 Absatz 4 oder § 137l Absatz 5 des Urheberrechtsgesetzes geltend, so wird vermutet, dass sie die Rechte aller Rechtsinhaber wahrnimmt.

(2) Ist mehr als eine Verwertungsgesellschaft zur Geltendmachung des Anspruchs berechtigt, so gilt die Vermutung nur, wenn der Anspruch von allen berechtigten Verwertungsgesellschaften gemeinsam geltend gemacht wird.

(3) Soweit die Verwertungsgesellschaft Zahlungen auch für die Rechtsinhaber erhält, deren Rechte sie nicht wahrnimmt, hat sie den Nutzer von den Vergütungsansprüchen dieser Rechtsinhaber freizustellen.

§ 50 Außenseiter bei Kabelweitersendung. (1) [1]Hat ein Rechtsinhaber die Wahrnehmung seines Rechts der Kabelweitersendung im Sinne des § 20b Absatz 1 Satz 1 des Urheberrechtsgesetzes keiner Verwertungsgesellschaft übertragen, so gilt die Verwertungsgesellschaft, die Rechte dieser Art wahrnimmt und der eine Erlaubnis (§ 77) erteilt wurde, als berechtigt, seine Rechte wahrzunehmen. [2]Kommen dafür mehrere Verwertungsgesellschaften in Betracht, so gelten sie gemeinsam als berechtigt; wählt der Rechtsinhaber eine von ihnen aus, so gilt nur diese als berechtigt. [3]Die Sätze 1 und 2 gelten nicht für Rechte, die das Sendeunternehmen innehat, dessen Sendung weitergesendet wird.

(2) [1]Hat die Verwertungsgesellschaft, die nach Absatz 1 als berechtigt gilt, eine Vereinbarung über die Kabelweitersendung getroffen, so hat der Rechtsinhaber im Verhältnis zu dieser Verwertungsgesellschaft die gleichen Rechte und Pflichten, wie wenn er ihr seine Rechte zur Wahrnehmung übertragen hätte. [2]Seine Ansprüche verjähren in drei Jahren von dem Zeitpunkt an, in dem die Verwertungsgesellschaft nach dem Verteilungsplan oder den Wahrnehmungsbedingungen die Abrechnung der Kabelweitersendung vorzunehmen hat; die Verwertungsgesellschaft kann ihm eine Verkürzung durch Meldefristen oder auf ähnliche Weise nicht entgegenhalten.

Abschnitt 5

Vergriffene Werke

§ 51 Vergriffene Werke. (1) Es wird vermutet, dass eine Verwertungsgesellschaft, die Rechte der Vervielfältigung (§ 16 des Urheberrechtsgesetzes) und der öffentlichen Zugänglichmachung (§ 19a des Urheberrechtsgesetzes) an vergriffenen Werken wahrnimmt und der eine Erlaubnis (§ 77) erteilt wurde, berechtigt ist, für ihren Tätigkeitsbereich Nutzern diese Rechte auch an Werken derjenigen Rechtsinhaber einzuräumen, die die Verwertungsgesellschaft nicht mit der Wahrnehmung ihrer Rechte beauftragt haben, wenn

1. es sich um vergriffene Werke handelt, die vor dem 1. Januar 1966 in Büchern, Fachzeitschriften, Zeitungen, Zeitschriften oder in anderen Schriften veröffentlicht wurden,
2. sich die Werke im Bestand von öffentlich zugänglichen Bibliotheken, Bildungseinrichtungen, Museen, Archiven und von im Bereich des Film- oder Tonerbes tätigen Einrichtungen befinden,
3. die Vervielfältigung und die öffentliche Zugänglichmachung nicht gewerblichen Zwecken dient,
4. die Werke auf Antrag der Verwertungsgesellschaft in das Register vergriffener Werke (§ 52) eingetragen worden sind und
5. die Rechtsinhaber nicht innerhalb von sechs Wochen nach Bekanntmachung der Eintragung gegenüber dem Register ihren Widerspruch gegen die beabsichtigte Wahrnehmung ihrer Rechte durch die Verwertungsgesellschaft erklärt haben.

(2) Rechtsinhaber können der Wahrnehmung ihrer Rechte durch die Verwertungsgesellschaft jederzeit widersprechen.

(3) Ist mehr als eine Verwertungsgesellschaft zur Wahrnehmung der Rechte gemäß Absatz 1 berechtigt, so gilt die Vermutung nach Absatz 1 nur, wenn die Rechte von allen Verwertungsgesellschaften gemeinsam wahrgenommen werden.

(4) [1]Soweit die Verwertungsgesellschaft Zahlungen auch für Rechtsinhaber erhält, die die Verwertungsgesellschaft nicht mit der Wahrnehmung ihrer Rechte beauftragt haben, stellt sie den Nutzer von Ansprüchen dieser Rechtsinhaber frei. [2]Wird vermutet, dass eine Verwertungsgesellschaft nach den Absätzen 1 und 2 zur Rechtewahrnehmung berechtigt ist, so hat ein Rechtsinhaber im Verhältnis zur Verwertungsgesellschaft die gleichen Rechte und Pflichten wie bei einer Übertragung der Rechte zur Wahrnehmung.

§ 52 Register vergriffener Werke; Verordnungsermächtigung. (1) [1]Das Register vergriffener Werke wird beim Deutschen Patent- und Markenamt geführt. [2]Das Register enthält die folgenden Angaben:

1. Titel des Werkes,
2. Bezeichnung des Urhebers,
3. Verlag, von dem das Werk veröffentlicht worden ist,

4. Datum der Veröffentlichung des Werkes,
5. Bezeichnung der Verwertungsgesellschaft, die den Antrag nach § 51 Absatz 1 Nummer 4 gestellt hat, und
6. Angabe, ob der Rechtsinhaber der Wahrnehmung seiner Rechte durch die Verwertungsgesellschaft widersprochen hat.

(2) [1]Das Deutsche Patent- und Markenamt bewirkt die Eintragungen, ohne die Berechtigung des Antragstellers oder die Richtigkeit der zur Eintragung angemeldeten Tatsachen zu prüfen. [2]Die Gebühren und Auslagen für die Eintragung sind im Voraus zu entrichten.

(3) Die Eintragungen werden auf der Internetseite des Deutschen Patent- und Markenamtes (www.dpma.de) bekannt gemacht.

(4) Die Einsicht in das Register steht jeder Person über die Internetseite des Deutschen Patent- und Markenamtes (www.dpma.de) frei.

(5) Das Bundesministerium der Justiz und für Verbraucherschutz wird ermächtigt, durch Rechtsverordnung ohne Zustimmung des Bundesrates
1. Bestimmungen über die Form des Antrags auf Eintragung in das Register sowie über die Führung des Registers zu erlassen,
2. zur Deckung des Verwaltungsaufwands für die Eintragung die Erhebung von Gebühren und Auslagen anzuordnen sowie Bestimmungen über den Kostenschuldner, die Fälligkeit von Kosten, die Kostenvorschusspflicht, über Kostenbefreiungen, über die Verjährung, das Kostenfestsetzungsverfahren und die Rechtsbehelfe gegen die Kostenfestsetzung zu treffen.

Gilt erst ab dem 25. Mai 2018:

§ 52a Datenschutz. *[1]Soweit personenbezogene Daten im Register vergriffener Werke enthalten sind, bestehen nicht*
1. *das Recht auf Auskunft gemäß Artikel 15 Absatz 1 Buchstabe c der Verordnung (EU) 2016/679 des Europäischen Parlaments und des Rates vom 27. April 2016 zum Schutz natürlicher Personen bei der Verarbeitung personenbezogener Daten, zum freien Datenverkehr und zur Aufhebung der Richtlinie 95/46/EG (Datenschutz-Grundverordnung) (ABl. L 119 vom 4. Mai 2016, S. 1; L 314 vom 22. November 2016, S. 72),*
2. *die Mitteilungspflicht gemäß Artikel 19 Satz 2 der Verordnung (EU) 2016/679 und*
3. *das Recht auf Widerspruch gemäß Artikel 21 Absatz 1 der Verordnung (EU) 2016/679.*

[2]Das Recht auf Erhalt einer Kopie nach Artikel 15 Absatz 3 der Verordnung (EU) 2016/679 wird dadurch erfüllt, dass die betroffene Person Einsicht in das Register vergriffener Werke des Deutschen Patent- und Markenamtes nehmen kann.

Abschnitt 6

Informationspflichten; Rechnungslegung und Transparenzbericht

Unterabschnitt 1

Informationspflichten

§ 53 Information der Rechtsinhaber vor Zustimmung zur Wahrnehmung. (1) Bevor die Verwertungsgesellschaft die Zustimmung des Rechtsinhabers zur Wahrnehmung seiner Rechte einholt, informiert sie den Rechtsinhaber über:
1. die ihm nach den §§ 9 bis 12 zustehenden Rechte einschließlich der in § 11 genannten Bedingungen sowie
2. die Abzüge von den Einnahmen aus den Rechten, einschließlich der Abzüge zur Deckung der Verwaltungskosten.

(2) Die Verwertungsgesellschaft führt die Rechte nach den §§ 9 bis 12 in dem Statut oder in den Wahrnehmungsbedingungen auf.

§ 54 Informationen für Berechtigte. Die Verwertungsgesellschaft informiert spätestens zwölf Monate nach Ablauf eines jeden Geschäftsjahres alle Berechtigten, an die sie in diesem Geschäftsjahr Einnahmen aus den Rechten verteilt hat, mindestens über:
1. alle Kontaktdaten, die von der Verwertungsgesellschaft mit Zustimmung des Berechtigten dazu verwendet werden können, den Berechtigten festzustellen und ausfindig zu machen,
2. die in diesem Geschäftsjahr dem Berechtigten zugewiesenen Einnahmen aus den Rechten,
3. die in diesem Geschäftsjahr an den Berechtigten ausgeschütteten Einnahmen aus den Rechten nach Kategorien der wahrgenommenen Rechte und Art der Nutzungen,
4. den Zeitraum, in dem die Nutzungen, für die Einnahmen aus den Rechten an den Berechtigten verteilt wurden, stattgefunden haben, sofern nicht sachliche Gründe im Zusammenhang mit Meldungen von Nutzern die Verwertungsgesellschaft daran hindern, diese Angaben zur Verfügung zu stellen,
5. die in diesem Geschäftsjahr zur Deckung der Verwaltungskosten vorgenommenen Abzüge von den Einnahmen aus den Rechten,
6. die in diesem Geschäftsjahr für andere Zwecke als zur Deckung der Verwaltungskosten vorgenommenen Abzüge von den Einnahmen aus den Rechten, einschließlich gegebenenfalls vorgenommener Abzüge zur Förderung kulturell bedeutender Werke und Leistungen, und für die Einrichtung und den Betrieb von Vorsorge- und Unterstützungseinrichtungen und
7. sämtliche dem Berechtigten zugewiesenen, aber noch nicht ausgeschütteten Einnahmen aus den Rechten.

§ 55 Informationen zu Werken und sonstigen Schutzgegenständen.
(1) Die Verwertungsgesellschaft informiert die Rechtsinhaber, die Verwertungsgesellschaften, für die sie auf der Grundlage einer Repräsentationsvereinbarung Rechte wahrnimmt, und die Nutzer jeweils auf hinreichend begründete Anfrage unverzüglich und elektronisch mindestens über:
1. die Werke oder sonstigen Schutzgegenstände sowie die Rechte, die sie unmittelbar oder auf Grundlage von Repräsentationsvereinbarungen wahrnimmt, und die jeweils umfassten Gebiete oder
2. die Arten von Werken oder sonstigen Schutzgegenständen sowie die Rechte, die sie unmittelbar oder auf Grundlage einer Repräsentationsvereinbarung wahrnimmt, und die jeweils umfassten Gebiete, wenn aufgrund des Tätigkeitsbereichs der Verwertungsgesellschaft Werke und sonstige Schutzgegenstände nicht bestimmt werden können.

(2) Die Verwertungsgesellschaft darf, soweit dies erforderlich ist, angemessene Maßnahmen ergreifen, um die Richtigkeit und Integrität der Informationen zu schützen, um ihre Weiterverwendung zu kontrollieren und um wirtschaftlich sensible Informationen zu schützen.

(3) Die Verwertungsgesellschaft kann die Erteilung der Informationen von der Erstattung der damit verbundenen Kosten abhängig machen, soweit dies angemessen ist.

§ 56 Informationen für die Allgemeinheit. (1) Die Verwertungsgesellschaft veröffentlicht mindestens die folgenden Informationen auf ihrer Internetseite:
1. das Statut,
2. die Wahrnehmungsbedingungen, einschließlich der Bedingungen für die Beendigung des Wahrnehmungsverhältnisses und den Entzug von Rechten,
3. die Standardnutzungsverträge,
4. die Tarife und die Standardvergütungssätze, jeweils einschließlich Ermäßigungen,
5. die von ihr geschlossenen Gesamtverträge,
6. eine Liste der Personen, die kraft Gesetzes oder nach dem Statut zur Vertretung der Verwertungsgesellschaft berechtigt sind,
7. den Verteilungsplan,
8. die allgemeinen Grundsätze für die zur Deckung der Verwaltungskosten vorgenommenen Abzüge von den Einnahmen aus den Rechten,
9. die allgemeinen Grundsätze für die für andere Zwecke als zur Deckung der Verwaltungskosten vorgenommenen Abzüge von den Einnahmen aus den Rechten, einschließlich gegebenenfalls vorgenommener Abzüge zur Förderung kulturell bedeutender Werke und Leistungen, und für die Einrichtung und den Betrieb von Vorsorge- und Unterstützungseinrichtungen,
10. die allgemeinen Grundsätze für die Verwendung der nicht verteilbaren Einnahmen aus den Rechten,
11. eine Aufstellung der von ihr geschlossenen Repräsentationsvereinbarungen und die Namen der Verwertungsgesellschaften, mit denen die Verträge geschlossen wurden,

12. die Regelungen zum Beschwerdeverfahren nach § 33 sowie die Angabe, in welchen Streitfällen die Schiedsstelle nach den §§ 92 bis 94 angerufen werden kann,
13. die Regelungen gemäß § 63 zur Berichtigung der Daten, auf die in § 61 Absatz 2 Bezug genommen wird, und zur Berichtigung der Informationen nach § 62 Absatz 1.

(2) Die Verwertungsgesellschaft hält die Informationen auf dem aktuellen Stand.

Unterabschnitt 2

Rechnungslegung und Transparenzbericht

§ 57 Jahresabschluss und Lagebericht. (1) [1]Die Verwertungsgesellschaft hat, auch wenn sie nicht in der Rechtsform einer Kapitalgesellschaft betrieben wird, einen aus Bilanz, Gewinn- und Verlustrechnung, Kapitalflussrechnung und Anhang bestehenden Jahresabschluss und einen Lagebericht nach den für große Kapitalgesellschaften geltenden Bestimmungen des Handelsgesetzbuchs aufzustellen, prüfen zu lassen und offenzulegen. [2]Die Offenlegung ist spätestens zum Ablauf von acht Monaten nach dem Schluss des Geschäftsjahres zu bewirken. [3]Der Bestätigungsvermerk ist mit seinem vollen Wortlaut wiederzugeben.

(2) [1]Die Prüfung des Jahresabschlusses umfasst auch die Prüfung, ob die Pflichten nach den §§ 24 und 28 Absatz 4 erfüllt und die Wertansätze und die Zuordnung der Konten unter Beachtung des Grundsatzes der Stetigkeit sachgerecht und nachvollziehbar erfolgt sind, sowie die Prüfung, ob bei der Anlage der Einnahmen aus den Rechten die Anlagerichtlinie beachtet worden ist (§ 25 Absatz 1 Satz 2). [2]Das Ergebnis ist in den Prüfungsbericht aufzunehmen.

(3) Weiter gehende gesetzliche Vorschriften über die Rechnungslegung und Prüfung bleiben unberührt.

§ 58 Jährlicher Transparenzbericht. (1) Die Verwertungsgesellschaft erstellt spätestens acht Monate nach dem Schluss des Geschäftsjahres einen Transparenzbericht (jährlicher Transparenzbericht) für dieses Geschäftsjahr.

(2) Der jährliche Transparenzbericht muss mindestens die in der Anlage aufgeführten Angaben enthalten.

(3) [1]Die Finanzinformationen nach Nummer 1 Buchstabe g der Anlage sowie der Inhalt des gesonderten Berichts nach Nummer 1 Buchstabe h der Anlage sind einer prüferischen Durchsicht durch einen Abschlussprüfer zu unterziehen. [2]Die Vorschriften über die Bestellung des Abschlussprüfers sind auf die prüferische Durchsicht entsprechend anzuwenden. [3]Der Abschlussprüfer fasst das Ergebnis der prüferischen Durchsicht in einer Bescheinigung zum jährlichen Transparenzbericht zusammen.

(4) [1]Die Verwertungsgesellschaft veröffentlicht innerhalb der Frist nach Absatz 1 den jährlichen Transparenzbericht einschließlich des Bestätigungsvermerks über den Jahresabschluss und der Bescheinigung zum jährlichen Transparenzbericht nach Absatz 3 oder etwaiger Beanstandungen, jeweils im vollen Wortlaut, auf ihrer Internetseite. [2]Der jährliche Transparenzbericht muss dort mindestens fünf Jahre lang öffentlich zugänglich bleiben.

Teil 3

Besondere Vorschriften für die gebietsübergreifende Vergabe von Online-Rechten an Musikwerken

§ 59 Anwendungsbereich. (1) Die besonderen Vorschriften dieses Teils gelten für die gebietsübergreifende Vergabe von Online-Rechten an Musikwerken durch Verwertungsgesellschaften.

(2) Online-Rechte im Sinne dieses Gesetzes sind die Rechte, die für die Bereitstellung eines Online-Dienstes erforderlich sind und die dem Urheber nach den Artikeln 2 und 3 der Richtlinie 2001/29/EG des Europäischen Parlaments und des Rates vom 22. Mai 2001 zur Harmonisierung bestimmter Aspekte des Urheberrechts und der verwandten Schutzrechte in der Informationsgesellschaft (ABl. L 167 vom 22.6.2001, S. 10) zustehen.

(3) Gebietsübergreifend im Sinne dieses Gesetzes ist eine Vergabe, wenn sie das Gebiet von mehr als einem Mitgliedstaat der Europäischen Union oder anderen Vertragsstaat des Abkommens über den Europäischen Wirtschaftsraum umfasst.

§ 60 Nicht anwendbare Vorschriften. (1) Im Verhältnis zum Rechtsinhaber ist § 9 Satz 2 nicht anzuwenden.

(2) [1]Im Verhältnis zum Nutzer sind § 34 Absatz 1 Satz 1 sowie die §§ 35, 37 und 38 nicht anzuwenden. [2]Für die Vergütung, die die Verwertungsgesellschaft aufgrund der von ihr wahrgenommenen Rechte fordert, gilt § 39 entsprechend.

§ 61 Besondere Anforderungen an Verwertungsgesellschaften. (1) Die Verwertungsgesellschaft muss über ausreichende Kapazitäten verfügen, um die Daten, die für die Verwaltung von gebietsübergreifend vergebenen Online-Rechten an Musikwerken erforderlich sind, effizient und transparent elektronisch verarbeiten zu können.

(2) Die Verwertungsgesellschaft muss insbesondere

1. jedes Musikwerk, an dem sie Online-Rechte wahrnimmt, korrekt bestimmen können;
2. für jedes Musikwerk und jeden Teil eines Musikwerks, an dem sie Online-Rechte wahrnimmt, die Online-Rechte, und zwar vollständig oder teilweise

und in Bezug auf jedes umfasste Gebiet, sowie den zugehörigen Rechtsinhaber bestimmen können;
3. eindeutige Kennungen verwenden, um Rechtsinhaber und Musikwerke zu bestimmen, unter möglichst weitgehender Berücksichtigung der freiwilligen branchenüblichen Standards und Praktiken, die auf internationaler Ebene entwickelt wurden;
4. geeignete Mittel verwenden, um Unstimmigkeiten in den Daten anderer Verwertungsgesellschaften, die gebietsübergreifend Online-Rechte an Musikwerken vergeben, unverzüglich und wirksam erkennen und klären zu können.

§ 62 Informationen zu Musikwerken und Online-Rechten. (1) Die Verwertungsgesellschaft informiert auf hinreichend begründete Anfrage Anbieter von Online-Diensten, Berechtigte, Rechtsinhaber, deren Rechte sie auf Grundlage einer Repräsentationsvereinbarung wahrnimmt, und andere Verwertungsgesellschaften elektronisch über:
1. die Musikwerke, an denen sie aktuell Online-Rechte wahrnimmt,
2. die aktuell vollständig oder teilweise von ihr wahrgenommenen Online-Rechte und
3. die aktuell von der Wahrnehmung umfassten Gebiete.

(2) Die Verwertungsgesellschaft darf, soweit dies erforderlich ist, angemessene Maßnahmen ergreifen, um die Richtigkeit und Integrität der Daten zu schützen, um ihre Weiterverwendung zu kontrollieren und um wirtschaftlich sensible Informationen zu schützen.

§ 63 Berichtigung der Informationen. (1) Die Verwertungsgesellschaft verfügt über Regelungen, wonach Anbieter von Online-Diensten, Rechtsinhaber und andere Verwertungsgesellschaften die Berichtigung der Daten, auf die in § 61 Absatz 2 Bezug genommen wird, und die Berichtigung der Informationen nach § 62 Absatz 1 beantragen können.

(2) Ist ein Antrag begründet, berichtigt die Verwertungsgesellschaft die Daten oder die Informationen unverzüglich.

§ 64 Elektronische Übermittlung von Informationen. (1) [1]Die Verwertungsgesellschaft ermöglicht jedem Berechtigten, elektronisch Informationen zu seinen Musikwerken und zu Online-Rechten an diesen Werken sowie zu den Gebieten zu übermitteln, für die er die Verwertungsgesellschaft mit der Wahrnehmung beauftragt hat. [2]Dabei berücksichtigen die Verwertungsgesellschaft und die Berechtigten so weit wie möglich die freiwilligen branchenüblichen Standards und Praktiken für den Datenaustausch, die auf internationaler Ebene entwickelt wurden.

(2) Im Rahmen von Repräsentationsvereinbarungen gilt Absatz 1 auch für die Berechtigten der beauftragenden Verwertungsgesellschaft, soweit die Verwertungsgesellschaften keine abweichende Vereinbarung treffen.

§ 65 Überwachung von Nutzungen. Die Verwertungsgesellschaft überwacht die Nutzung von Musikwerken durch den Anbieter eines Online-Dienstes, soweit sie an diesen Online-Rechte für die Musikwerke gebietsübergreifend vergeben hat.

§ 66 Elektronische Nutzungsmeldung. (1) [1]Die Verwertungsgesellschaft ermöglicht dem Anbieter eines Online-Dienstes, elektronisch die Nutzung von Musikwerken zu melden. [2]Sie bietet dabei mindestens eine Meldemethode an, die freiwilligen branchenüblichen und auf internationaler Ebene entwickelten Standards und Praktiken für den elektronischen Datenaustausch entspricht.

(2) Die Verwertungsgesellschaft kann eine Meldung ablehnen, wenn sie nicht einer nach Absatz 1 Satz 2 angebotenen Meldemethode entspricht.

§ 67 Abrechnung gegenüber Anbietern von Online-Diensten. (1) Die Verwertungsgesellschaft rechnet gegenüber dem Anbieter eines Online-Dienstes nach dessen Meldung der tatsächlichen Nutzung der Musikwerke unverzüglich ab, es sei denn, dies ist aus Gründen, die dem Anbieter des Online-Dienstes zuzurechnen sind, nicht möglich.

(2) [1]Die Verwertungsgesellschaft rechnet elektronisch ab. [2]Sie bietet dabei mindestens ein Abrechnungsformat an, das freiwilligen branchenüblichen und auf internationaler Ebene entwickelten Standards und Praktiken entspricht.

(3) Der Anbieter eines Online-Dienstes kann die Annahme einer Abrechnung aufgrund ihres Formats nicht ablehnen, wenn die Abrechnung einem nach Absatz 2 Satz 2 angebotenen Abrechnungsformat entspricht.

(4) Bei der Abrechnung sind auf Grundlage der Daten nach § 61 Absatz 2 die Werke und Online-Rechte sowie deren tatsächliche Nutzung anzugeben, soweit dies auf der Grundlage der Meldung möglich ist.

(5) Die Verwertungsgesellschaft sieht geeignete Regelungen vor, nach denen der Anbieter eines Online-Dienstes die Abrechnung beanstanden kann.

§ 68 Verteilung der Einnahmen aus den Rechten; Informationen. (1) Die Verwertungsgesellschaft verteilt die Einnahmen aus der gebietsübergreifenden Vergabe von Online-Rechten an Musikwerken nach deren Einziehung unverzüglich nach Maßgabe des Verteilungsplans an die Berechtigten, es sei denn, dies ist aus Gründen, die dem Anbieter eines Online-Dienstes zuzurechnen sind, nicht möglich.

(2) Bei jeder Ausschüttung informiert die Verwertungsgesellschaft den Berechtigten mindestens über:

1. den Zeitraum der Nutzungen, für die dem Berechtigten eine Vergütung zusteht, sowie die Gebiete, in denen seine Musikwerke genutzt wurden;
2. die eingezogenen Beträge, die Abzüge sowie die von der Verwertungsgesellschaft verteilten Beträge für jedes Online-Recht an einem Musikwerk, mit dessen Wahrnehmung der Berechtigte die Verwertungsgesellschaft beauftragt hat;

3. die für den Berechtigten eingezogenen Beträge, die Abzüge sowie die von der Verwertungsgesellschaft verteilten Beträge, aufgeschlüsselt nach den einzelnen Anbietern eines Online-Dienstes.

(3) [1]Im Rahmen von Repräsentationsvereinbarungen gelten die Absätze 1 und 2 für die Verteilung an die beauftragende Verwertungsgesellschaft entsprechend. [2]Die beauftragende Verwertungsgesellschaft ist für die Verteilung der Beträge und die Weiterleitung der Informationen an ihre Berechtigten verantwortlich, soweit die Verwertungsgesellschaften keine abweichende Vereinbarung treffen.

§ 69 Repräsentationszwang. (1) [1]Eine Verwertungsgesellschaft, die bereits gebietsübergreifend Online-Rechte an Musikwerken für mindestens eine andere Verwertungsgesellschaft vergibt oder anbietet, ist verpflichtet, auf Verlangen einer Verwertungsgesellschaft, die selbst keine gebietsübergreifenden Online-Rechte an ihren Musikwerken vergibt oder anbietet, eine Repräsentationsvereinbarung abzuschließen. [2]Die Verpflichtung besteht nur hinsichtlich der Kategorie von Online-Rechten an Musikwerken, die die Verwertungsgesellschaft bereits gebietsübergreifend vergibt.

(2) Die Verwertungsgesellschaft antwortet auf ein Verlangen nach Absatz 1 schriftlich und unverzüglich und teilt dabei die zentralen Bedingungen mit, zu denen sie gebietsübergreifend Online-Rechte an Musikwerken vergibt oder anbietet.

(3) Repräsentationsvereinbarungen, in denen eine Verwertungsgesellschaft mit der exklusiven gebietsübergreifenden Vergabe von Online-Rechten an Musikwerken beauftragt wird, sind unzulässig.

§ 70 Informationen der beauftragenden Verwertungsgesellschaft. (1) Die beauftragende Verwertungsgesellschaft stellt der beauftragten Verwertungsgesellschaft diejenigen Informationen über ihre Musikwerke zur Verfügung, die für die gebietsübergreifende Vergabe von Online-Rechten erforderlich sind.

(2) Sind die Informationen nach Absatz 1 unzureichend oder stellt die beauftragende Verwertungsgesellschaft die Informationen in einer Weise zur Verfügung, dass die beauftragte Verwertungsgesellschaft die Anforderungen dieses Teils nicht erfüllen kann, so ist die beauftragte Verwertungsgesellschaft berechtigt,

1. der beauftragenden Verwertungsgesellschaft die Kosten in Rechnung zu stellen, die für die Erfüllung der Anforderungen vernünftigerweise entstanden sind, oder
2. diejenigen Werke von der Wahrnehmung auszuschließen, zu denen nur unzureichende oder nicht verwendbare Informationen vorliegen.

§ 71 Informationen der Mitglieder und Berechtigten bei Repräsentation. Die beauftragende Verwertungsgesellschaft informiert ihre Mitglieder und ihre Berechtigten über die zentralen Bedingungen der von ihr abgeschlossenen Repräsentationsvereinbarungen.

§ 72 Zugang zur gebietsübergreifenden Vergabe von Online-Rechten an Musikwerken. [1]Eine Verwertungsgesellschaft, die bis zum 10. April 2017 Online-Rechte an Musikwerken gebietsübergreifend weder vergibt noch anbietet und auch keine Repräsentationsvereinbarung nach § 69 abgeschlossen hat, ermöglicht es dem Berechtigten, seine Online-Rechte gebietsübergreifend anderweitig zu vergeben. [2]Die Verwertungsgesellschaft ist dabei verpflichtet, auf Verlangen des Berechtigten Online-Rechte an Musikwerken weiterhin zur Vergabe in einzelnen Gebieten wahrzunehmen.

§ 73 Wahrnehmung bei Repräsentation. (1) Die beauftragte Verwertungsgesellschaft nimmt die Online-Rechte an den Musikwerken der beauftragenden Verwertungsgesellschaft zu denselben Bedingungen wahr, wie die Online-Rechte ihrer Berechtigten.

(2) Die beauftragte Verwertungsgesellschaft nimmt die Musikwerke der beauftragenden Verwertungsgesellschaft in alle Angebote auf, die sie an den Anbieter eines Online-Dienstes richtet.

(3) Verwaltungskosten dürfen die Kosten nicht übersteigen, die der beauftragten Verwertungsgesellschaft vernünftigerweise entstanden sind.

§ 74 Ausnahme für Hörfunk- und Fernsehprogramme. Dieser Teil findet keine Anwendung, soweit die Verwertungsgesellschaft auf der Grundlage einer freiwilligen Bündelung der notwendigen Online-Rechte und unter Beachtung der Wettbewerbsregeln gemäß den Artikeln 101 und 102 des Vertrages über die Arbeitsweise der Europäischen Union gebietsübergreifend Online-Rechte an Musikwerken an Sendeunternehmen vergibt, die diese benötigen, um ihre Hörfunk- oder Fernsehprogramme zeitgleich mit der Sendung oder danach sowie sonstige Online-Inhalte, einschließlich Vorschauen, die ergänzend zur ersten Sendung von dem oder für das Sendeunternehmen produziert wurden, öffentlich wiederzugeben oder zugänglich zu machen.

Teil 4
Aufsicht

§ 75 Aufsichtsbehörde. (1) Aufsichtsbehörde ist das Deutsche Patent- und Markenamt.

(2) Die Aufsichtsbehörde nimmt ihre Aufgaben und Befugnisse nur im öffentlichen Interesse wahr.

§ 76 Inhalt der Aufsicht. (1) Die Aufsichtsbehörde achtet darauf, dass die Verwertungsgesellschaft den ihr nach diesem Gesetz obliegenden Verpflichtungen ordnungsgemäß nachkommt.

(2) Hat die Verwertungsgesellschaft ihren Sitz in einem anderen Mitgliedstaat der Europäischen Union oder anderen Vertragsstaat des Abkommens über

den Europäischen Wirtschaftsraum und ist sie im Inland tätig, so achtet die Aufsichtsbehörde darauf, dass die Verwertungsgesellschaft die Vorschriften dieses anderen Mitgliedstaates oder Vertragsstaates zur Umsetzung der Richtlinie 2014/26/EU des Europäischen Parlaments und des Rates vom 26. Februar 2014 über die kollektive Wahrnehmung von Urheber- und verwandten Schutzrechten und die Vergabe von Mehrgebietslizenzen für Rechte an Musikwerken für die Online-Nutzung im Binnenmarkt (ABl. L 84 vom 20.3.2014, S. 72) ordnungsgemäß einhält.

(3) [1]Soweit eine Aufsicht über die Verwertungsgesellschaft aufgrund anderer gesetzlicher Vorschriften ausgeübt wird, ist sie im Benehmen mit der Aufsichtsbehörde nach § 75 Absatz 1 auszuüben. [2]Die Unabhängigkeit der für den Datenschutz zuständigen Aufsichtsbehörden bleibt unberührt.

§ 77 Erlaubnis. (1) Eine Verwertungsgesellschaft bedarf der Erlaubnis, wenn sie Urheberrechte oder verwandte Schutzrechte wahrnimmt, die sich aus dem Urheberrechtsgesetz ergeben.

(2) Eine Verwertungsgesellschaft mit Sitz in einem anderen Mitgliedstaat der Europäischen Union oder anderen Vertragsstaat des Abkommens über den Europäischen Wirtschaftsraum bedarf abweichend von Absatz 1 einer Erlaubnis nur für die Wahrnehmung
1. der in § 49 Absatz 1 genannten Vergütungsansprüche,
2. des in § 50 genannten Rechts oder
3. der in § 51 genannten Rechte an vergriffenen Werken.

§ 78 Antrag auf Erlaubnis. [1]Die Erlaubnis wird auf schriftlichen Antrag der Verwertungsgesellschaft von der Aufsichtsbehörde erteilt. [2]Dem Antrag sind beizufügen:
1. das Statut der Verwertungsgesellschaft,
2. Namen und Anschrift der nach Gesetz oder Statut zur Vertretung der Verwertungsgesellschaft berechtigten Personen,
3. eine Erklärung über die Zahl der Berechtigten sowie über Zahl und wirtschaftliche Bedeutung der der Verwertungsgesellschaft zur Wahrnehmung anvertrauten Rechte und
4. ein tragfähiger Geschäftsplan für die ersten drei vollen Geschäftsjahre nach Aufnahme des Geschäftsbetriebs, aus dem insbesondere die erwarteten Einnahmen und Ausgaben sowie der organisatorische Aufbau der Verwertungsgesellschaft hervorgehen.

§ 79 Versagung der Erlaubnis. (1) Die Erlaubnis nach § 77 Absatz 1 darf nur versagt werden, wenn
1. das Statut der Verwertungsgesellschaft nicht den Vorschriften dieses Gesetzes entspricht,
2. Tatsachen die Annahme rechtfertigen, dass eine nach Gesetz oder Statut zur Vertretung der Verwertungsgesellschaft berechtigte Person die für die Ausübung ihrer Tätigkeit erforderliche Zuverlässigkeit nicht besitzt, oder

3. die wirtschaftliche Grundlage der Verwertungsgesellschaft eine wirksame Wahrnehmung der Rechte nicht erwarten lässt.

(2) Für die Erlaubnis nach § 77 Absatz 2 gilt Absatz 1 entsprechend; die Versagungsgründe nach Absatz 1 Nummer 1 und 2 sind nicht anzuwenden.

§ 80 Widerruf der Erlaubnis. (1) Die Aufsichtsbehörde kann die Erlaubnis nach § 77 Absatz 1 widerrufen, wenn
1. einer der Versagungsgründe des § 79 Absatz 1 bei Erteilung der Erlaubnis der Aufsichtsbehörde nicht bekannt war oder nachträglich eingetreten ist und dem Mangel nicht innerhalb einer von der Aufsichtsbehörde zu setzenden Frist abgeholfen wird oder
2. die Verwertungsgesellschaft einer der ihr nach diesem Gesetz obliegenden Verpflichtungen trotz Abmahnung durch die Aufsichtsbehörde wiederholt zuwiderhandelt.

(2) Die Erlaubnis nach § 77 Absatz 2 kann die Aufsichtsbehörde nicht nach Absatz 1 Nummer 2 widerrufen.

§ 81 Zusammenarbeit bei Erlaubnis und Widerruf der Erlaubnis. [1]Über Anträge auf Erteilung der Erlaubnis und über den Widerruf der Erlaubnis entscheidet die Aufsichtsbehörde im Einvernehmen mit dem Bundeskartellamt. [2]Gelingt es nicht, Einvernehmen herzustellen, so legt die Aufsichtsbehörde die Sache dem Bundesministerium der Justiz und für Verbraucherschutz vor; dessen Weisungen, die im Benehmen mit dem Bundesministerium für Wirtschaft und Energie erteilt werden, ersetzen das Einvernehmen.

§ 82 Anzeige. Bedarf die Verwertungsgesellschaft keiner Erlaubnis nach § 77, so zeigt sie der Aufsichtsbehörde die Aufnahme einer Wahrnehmungstätigkeit unverzüglich schriftlich an, wenn sie
1. ihren Sitz in einem anderen Mitgliedstaat der Europäischen Union oder anderen Vertragsstaat des Abkommens über den Europäischen Wirtschaftsraum hat und Urheberrechte oder verwandte Schutzrechte wahrnimmt, die sich aus dem Urheberrechtsgesetz ergeben, oder
2. ihren Sitz im Inland hat und in einem anderen Mitgliedstaat der Europäischen Union oder anderen Vertragsstaat des Abkommens über den Europäischen Wirtschaftsraum tätig ist.

§ 83 Bekanntmachung. Die Erteilung der Erlaubnis und ein unanfechtbar gewordener Widerruf der Erlaubnis sowie Anzeigen nach § 82 sind im Bundesanzeiger bekanntzumachen.

§ 84 Wahrnehmungstätigkeit ohne Erlaubnis oder Anzeige. [1]Wird eine Verwertungsgesellschaft ohne die erforderliche Erlaubnis oder Anzeige tätig, so kann sie die von ihr wahrgenommenen Urheberrechte und verwandten Schutzrechte, die sich aus dem Urheberrechtsgesetz ergeben, nicht geltend machen. [2]Das Strafantragsrecht (§ 109 des Urheberrechtsgesetzes) steht ihr nicht zu.

§ 85 Befugnisse der Aufsichtsbehörde. (1) Die Aufsichtsbehörde kann alle erforderlichen Maßnahmen ergreifen, um sicherzustellen, dass die Verwertungsgesellschaft die ihr nach diesem Gesetz obliegenden Verpflichtungen ordnungsgemäß erfüllt.

(2) Die Aufsichtsbehörde kann einer Verwertungsgesellschaft die Fortsetzung des Geschäftsbetriebs untersagen, wenn die Verwertungsgesellschaft
1. ohne Erlaubnis tätig wird oder
2. einer der ihr nach diesem Gesetz obliegenden Verpflichtungen trotz Abmahnung durch die Aufsichtsbehörde wiederholt zuwiderhandelt.

(3) Die Aufsichtsbehörde kann von der Verwertungsgesellschaft jederzeit Auskunft über alle die Geschäftsführung betreffenden Angelegenheiten sowie die Vorlage der Geschäftsbücher und anderer geschäftlicher Unterlagen verlangen.

(4) [1]Die Aufsichtsbehörde ist berechtigt, durch Beauftragte an der Mitgliederhauptversammlung sowie den Sitzungen des Aufsichtsrats, des Verwaltungsrats, des Aufsichtsgremiums, der Vertretung der Delegierten (§ 20) sowie aller Ausschüsse dieser Gremien teilzunehmen. [2]Die Verwertungsgesellschaft hat die Aufsichtsbehörde rechtzeitig über Termine nach Satz 1 zu informieren.

(5) [1]Rechtfertigen Tatsachen die Annahme, dass ein nach Gesetz oder Statut zur Vertretung der Verwertungsgesellschaft Berechtigter die für die Ausübung seiner Tätigkeit erforderliche Zuverlässigkeit nicht besitzt, so setzt die Aufsichtsbehörde der Verwertungsgesellschaft eine Frist zu seiner Abberufung. [2]Die Aufsichtsbehörde kann ihm bis zum Ablauf dieser Frist die weitere Ausübung seiner Tätigkeit untersagen, wenn dies zur Abwendung schwerer Nachteile erforderlich ist.

(6) Liegen Anhaltspunkte dafür vor, dass eine Organisation einer Erlaubnis nach § 77 bedarf, so kann die Aufsichtsbehörde von ihr die zur Prüfung der Erlaubnispflichtigkeit erforderlichen Auskünfte und Unterlagen verlangen.

§ 86 Befugnisse der Aufsichtsbehörde bei Verwertungsgesellschaften mit Sitz in einem anderen Mitgliedstaat der Europäischen Union oder anderen Vertragsstaat des Abkommens über den Europäischen Wirtschaftsraum. (1) [1]Verstößt eine Verwertungsgesellschaft, die ihren Sitz in einem anderen Mitgliedstaat der Europäischen Union oder anderen Vertragsstaat des Abkommens über den Europäischen Wirtschaftsraum hat, bei ihrer Tätigkeit im Inland gegen eine in Umsetzung der Richtlinie 2014/26/EU erlassene Vorschrift dieses anderen Mitgliedstaates oder anderen Vertragsstaates, kann die Aufsichtsbehörde alle einschlägigen Informationen an die Aufsichtsbehörde dieses Mitgliedstaates oder Vertragsstaates übermitteln. [2]Sie kann die Aufsichtsbehörde dieses Mitgliedstaates oder Vertragsstaates ersuchen, im Rahmen ihrer Befugnisse Maßnahmen zu ergreifen.

(2) Die Aufsichtsbehörde kann sich in den Fällen des Absatzes 1 auch an die gemäß Artikel 41 der Richtlinie 2014/26/EU eingerichtete Sachverständigengruppe wenden.

§ 87 Informationsaustausch mit Aufsichtsbehörden anderer Mitgliedstaaten der Europäischen Union oder anderer Vertragsstaaten des Abkommens über den Europäischen Wirtschaftsraum. (1) Die Aufsichtsbehörde beantwortet ein begründetes Auskunftsersuchen der Aufsichtsbehörde eines anderen Mitgliedstaates der Europäischen Union oder anderen Vertragsstaates des Abkommens über den Europäischen Wirtschaftsraum, das im Zusammenhang mit einer in Umsetzung der Richtlinie 2014/26/EU erlassenen Vorschrift dieses Gesetzes steht, unverzüglich.

(2) Die Aufsichtsbehörde reagiert auf ein Ersuchen der Aufsichtsbehörde eines anderen Mitgliedstaates der Europäischen Union oder anderen Vertragsstaates des Abkommens über den Europäischen Wirtschaftsraum, Maßnahmen gegen eine im Inland ansässige Verwertungsgesellschaft wegen ihrer Tätigkeit in diesem Mitgliedstaat oder Vertragsstaat zu ergreifen, binnen drei Monaten mit einer begründeten Antwort.

§ 88 Unterrichtungspflicht der Verwertungsgesellschaft. (1) Die Verwertungsgesellschaft, die Urheberrechte oder verwandte Schutzrechte wahrnimmt, die sich aus dem Urheberrechtsgesetz ergeben, zeigt der Aufsichtsbehörde unverzüglich jeden Wechsel der nach Gesetz oder Statut zu ihrer Vertretung berechtigten Personen an.

(2) Die Verwertungsgesellschaft, die Urheberrechte oder verwandte Schutzrechte wahrnimmt, die sich aus dem Urheberrechtsgesetz ergeben, übermittelt der Aufsichtsbehörde unverzüglich abschriftlich

1. das Statut und dessen Änderung,
2. die Tarife, die Standardvergütungssätze und die Standardnutzungsverträge sowie deren Änderung,
3. die Gesamtverträge und deren Änderung,
4. die Repräsentationsvereinbarungen und deren Änderung,
5. die Beschlüsse der Mitgliederhauptversammlung, des Aufsichtsrats, des Verwaltungsrats, des Aufsichtsgremiums sowie des Gremiums, in dem die Berechtigten, die nicht Mitglied sind, gemäß § 20 Absatz 2 Nummer 4 stimmberechtigt mitwirken, und aller Ausschüsse dieser Gremien,
6. die Anlagerichtlinie und deren Änderung sowie die Bestätigung des Wirtschaftsprüfers oder der Wirtschaftsprüfervereinigung gemäß § 25 Absatz 3,
7. den Jahresabschluss, den Lagebericht, den Prüfungsbericht und den jährlichen Transparenzbericht sowie
8. die Entscheidungen in gerichtlichen oder behördlichen Verfahren, in denen die Verwertungsgesellschaft Partei ist, soweit die Aufsichtsbehörde dies verlangt.

(3) Die Absätze 1 und 2 gelten nicht für eine Verwertungsgesellschaft mit Sitz in einem anderen Mitgliedstaat der Europäischen Union oder anderen Vertragsstaat des Abkommens über den Europäischen Wirtschaftsraum.

§ 89 Anzuwendendes Verfahrensrecht. (1) Für die Verwaltungstätigkeit der Aufsichtsbehörde gilt, soweit in diesem Gesetz nichts anderes bestimmt ist, das Verwaltungsverfahrensgesetz.

(2) Jedermann kann die Aufsichtsbehörde darüber informieren, dass die Verwertungsgesellschaft seiner Ansicht nach gegen eine ihr nach diesem Gesetz obliegende Verpflichtung verstößt.

(3) Auf die Vollstreckung von Verwaltungsakten, die aufgrund dieses Gesetzes erlassen werden, findet das Verwaltungs-Vollstreckungsgesetz mit der Maßgabe Anwendung, dass die Höhe des Zwangsgeldes bis zu einhunderttausend Euro betragen kann.

(4) Soweit ein berechtigtes Interesse besteht, kann die Aufsichtsbehörde einen Verstoß gegen dieses Gesetz auch feststellen, nachdem dieser beendet ist.

(5) [1]Die Aufsichtsbehörde kann Entscheidungen über Maßnahmen nach diesem Gesetz einschließlich Entscheidungen, denen gemäß im Einzelfall kein Anlass für Maßnahmen besteht, auf ihrer Internetseite veröffentlichen. [2]Dies gilt auch für die Begründung dieser Maßnahmen und Entscheidungen.

§ 90 Aufsicht über abhängige Verwertungseinrichtungen. (1) [1]Eine abhängige Verwertungseinrichtung (§ 3) bedarf der Erlaubnis nur, wenn sie die in § 77 Absatz 2 genannten Rechte wahrnimmt. [2]Das gilt nicht, wenn alle Verwertungsgesellschaften, die Anteile an dieser Einrichtung halten oder sie beherrschen, über eine Erlaubnis verfügen.

(2) Die abhängige Verwertungseinrichtung hat der Aufsichtsbehörde die Aufnahme einer Wahrnehmungstätigkeit unverzüglich schriftlich anzuzeigen, wenn sie keiner Erlaubnis bedarf und

1. Urheberrechte oder verwandte Schutzrechte wahrnimmt, die sich aus dem Urheberrechtsgesetz ergeben, oder
2. ihren Sitz im Inland hat und in einem anderen Mitgliedstaat der Europäischen Union oder anderen Vertragsstaat des Abkommens über den Europäischen Wirtschaftsraum tätig ist.

(3) Im Übrigen gelten für die abhängige Verwertungseinrichtung die Vorschriften dieses Teils entsprechend.

§ 91 Aufsicht über unabhängige Verwertungseinrichtungen. (1) Für unabhängige Verwertungseinrichtungen (§ 4) gelten die §§ 75, 76, 85 Absatz 1 bis 3 sowie die §§ 86 und 87 entsprechend.

(2) [1]Die unabhängige Verwertungseinrichtung, die ihren Sitz im Inland hat oder die solche Urheberrechte oder verwandten Schutzrechte wahrnimmt, die sich aus dem Urheberrechtsgesetz ergeben, zeigt der Aufsichtsbehörde die Aufnahme der Wahrnehmungstätigkeit unverzüglich schriftlich an. [2]§ 84 gilt entsprechend.

Teil 5
Schiedsstelle und gerichtliche Geltendmachung

Abschnitt 1
Schiedsstelle

Unterabschnitt 1
Allgemeine Verfahrensvorschriften

§ 92 Zuständigkeit für Streitfälle nach dem Urheberrechtsgesetz und für Gesamtverträge. (1) Die Schiedsstelle (§ 124) kann von jedem Beteiligten bei einem Streitfall angerufen werden, an dem eine Verwertungsgesellschaft beteiligt ist und der eine der folgenden Angelegenheiten betrifft:
1. die Nutzung von Werken oder Leistungen, die nach dem Urheberrechtsgesetz geschützt sind,
2. die Vergütungspflicht für Geräte und Speichermedien nach § 54 des Urheberrechtsgesetzes oder die Betreibervergütung nach § 54c des Urheberrechtsgesetzes,
3. den Abschluss oder die Änderung eines Gesamtvertrags.

(2) Die Schiedsstelle kann von jedem Beteiligten auch bei einem Streitfall angerufen werden, an dem ein Sendeunternehmen und ein Kabelunternehmen beteiligt sind, wenn der Streit die Verpflichtung zum Abschluss eines Vertrages über die Kabelweitersendung betrifft (§ 87 Absatz 5 des Urheberrechtsgesetzes).

§ 93 Zuständigkeit für empirische Untersuchungen. Verwertungsgesellschaften können die Schiedsstelle anrufen, um eine selbstständige empirische Untersuchung zur Ermittlung der nach § 54a Absatz 1 des Urheberrechtsgesetzes maßgeblichen Nutzung durchführen zu lassen.

§ 94 Zuständigkeit für Streitfälle über die gebietsübergreifende Vergabe von Online-Rechten an Musikwerken. Die Schiedsstelle kann von jedem Beteiligten angerufen werden in Streitfällen zwischen einer im Inland ansässigen Verwertungsgesellschaft, die gebietsübergreifend Online-Rechte an Musikwerken vergibt, und Anbietern von Online-Diensten, Rechtsinhabern oder anderen Verwertungsgesellschaften, soweit Rechte und Pflichten der Beteiligten nach Teil 3 oder nach § 34 Absatz 1 Satz 2, Absatz 2, § 36, § 39 oder § 43 betroffen sind.

§ 95 Allgemeine Verfahrensregeln. (1) [1]Soweit dieses Gesetz keine abweichenden Regelungen enthält, bestimmt die Schiedsstelle das Verfahren nach billigem Ermessen. [2]Sie wirkt jederzeit auf eine sachgerechte Beschleunigung des Verfahrens hin.

(2) [1]Die Beteiligten sind gleichzubehandeln. [2]Jedem Beteiligten ist rechtliches Gehör zu gewähren.

§ 96 Berechnung von Fristen. Auf die Berechnung der Fristen dieses Abschnitts ist § 222 Absatz 1 und 2 der Zivilprozessordnung entsprechend anzuwenden.

§ 97 Verfahrenseinleitender Antrag. (1) [1]Die Schiedsstelle wird durch schriftlichen Antrag angerufen. [2]Er muss zumindest den Namen und die Anschrift des Antragsgegners sowie eine Darstellung des Sachverhalts enthalten. [3]Er soll in zwei Exemplaren eingereicht werden.

(2) Die Schiedsstelle stellt dem Antragsgegner den Antrag mit der Aufforderung zu, sich innerhalb eines Monats schriftlich zu äußern.

§ 98 Zurücknahme des Antrags. (1) Der Antragsteller kann den Antrag zurücknehmen, ohne Einwilligung des Antragsgegners in Verfahren mit mündlicher Verhandlung jedoch nur bis zu deren Beginn.

(2) Wird der Antrag zurückgenommen, so trägt der Antragsteller die Kosten des Verfahrens und die notwendigen Auslagen des Antragsgegners.

§ 99 Schriftliches Verfahren und mündliche Verhandlung. (1) Das Verfahren wird vorbehaltlich des Absatzes 2 schriftlich durchgeführt.

(2) Die Schiedsstelle beraumt eine mündliche Verhandlung an, wenn einer der Beteiligten dies beantragt und die anderen Beteiligten zustimmen, oder wenn sie dies zur Aufklärung des Sachverhalts oder zur gütlichen Beilegung des Streitfalls für zweckmäßig hält.

§ 100 Verfahren bei mündlicher Verhandlung. (1) [1]Zu der mündlichen Verhandlung sind die Beteiligten zu laden. [2]Die Ladungsfrist beträgt mindestens zwei Wochen.

(2) [1]Die mündliche Verhandlung vor der Schiedsstelle ist nicht öffentlich. [2]Beauftragte des Bundesministeriums der Justiz und für Verbraucherschutz, der Aufsichtsbehörde und des Bundeskartellamts sind zur Teilnahme befugt.

(3) Die Schiedsstelle kann Bevollmächtigten oder Beiständen, die nicht Rechtsanwälte sind, den weiteren Vortrag untersagen, wenn sie nicht in der Lage sind, das Sach- und Streitverhältnis sachgerecht darzustellen.

(4) Über die Verhandlung ist eine Niederschrift zu fertigen, die vom Vorsitzenden und vom Schriftführer zu unterzeichnen ist.

§ 101 Nichterscheinen in der mündlichen Verhandlung. (1) [1]Erscheint der Antragsteller nicht zur mündlichen Verhandlung, so gilt der Antrag als zurückgenommen. [2]War der Antragsteller ohne sein Verschulden verhindert, zur mündlichen Verhandlung zu erscheinen, so ist ihm auf Antrag Wiedereinsetzung in den vorigen Stand zu gewähren. [3]Über den Antrag entscheidet die Schiedsstelle, ihre Entscheidung ist unanfechtbar. [4]Im Übrigen sind die Vorschriften der Zivilprozessordnung über die Wiedereinsetzung in den vorigen Stand entsprechend anzuwenden.

(2) Erscheint der Antragsgegner nicht zur mündlichen Verhandlung, so kann die Schiedsstelle einen Einigungsvorschlag nach Lage der Akten unterbreiten.

(3) Unentschuldigt nicht erschienene Beteiligte tragen die durch ihr Nichterscheinen verursachten Kosten.

(4) Die Beteiligten sind in der Ladung zur mündlichen Verhandlung auf die Folgen ihres Nichterscheinens hinzuweisen.

§ 102 Gütliche Streitbeilegung; Vergleich. (1) Die Schiedsstelle wirkt auf eine gütliche Beilegung des Streitfalls hin.

(2) [1]Kommt ein Vergleich zustande, so muss er in einem besonderen Schriftstück niedergelegt und unter Angabe des Tages seines Zustandekommens von dem Vorsitzenden und den Beteiligten unterschrieben werden. [2]Aus einem vor der Schiedsstelle geschlossenen Vergleich findet die Zwangsvollstreckung statt; § 797a der Zivilprozessordnung gilt entsprechend.

(3) [1]Der Vorsitzende kann die Beteiligten mit ihrem Einverständnis zu einem Vergleichsversuch ohne Zuziehung der Beisitzer laden. [2]Er ist dazu verpflichtet, wenn beide Beteiligte dies beantragen.

§ 103 Aussetzung des Verfahrens. (1) Die Schiedsstelle kann ein Verfahren aussetzen, wenn zu erwarten ist, dass ein anderes bei ihr anhängiges Verfahren von Bedeutung für den Ausgang des Verfahrens sein wird.

(2) Während der Aussetzung ist die Frist zur Unterbreitung eines Einigungsvorschlags nach § 105 Absatz 1 gehemmt.

§ 104 Aufklärung des Sachverhalts. (1) [1]Die Schiedsstelle kann erforderliche Beweise in geeigneter Form erheben. [2]Sie ist an Beweisanträge nicht gebunden.

(2) Sie kann die Ladung von Zeugen und den Beweis durch Sachverständige von der Zahlung eines hinreichenden Vorschusses zur Deckung der Auslagen abhängig machen.

(3) Den Beteiligten ist Gelegenheit zu geben, sich zu den Ermittlungs- und Beweisergebnissen zu äußern.

(4) Die §§ 1050 und 1062 Absatz 4 der Zivilprozessordnung sind entsprechend anzuwenden.

§ 105 Einigungsvorschlag der Schiedsstelle; Widerspruch. (1) [1]Die Schiedsstelle unterbreitet den Beteiligten innerhalb eines Jahres nach Zustellung des Antrags einen Einigungsvorschlag. [2]Die Frist kann mit Zustimmung aller Beteiligten um jeweils ein halbes Jahr verlängert werden.

(2) [1]Der Einigungsvorschlag ist zu begründen und von sämtlichen für den Streitfall zuständigen Mitgliedern der Schiedsstelle zu unterschreiben. [2]In dem Einigungsvorschlag ist auf die Möglichkeit des Widerspruchs und auf die Folgen bei Versäumung der Widerspruchsfrist hinzuweisen. [3]Der Einigungsvor-

schlag ist den Beteiligten zuzustellen. [4]Zugleich ist der Aufsichtsbehörde eine Abschrift des Einigungsvorschlags zu übermitteln.

(3) [1]Der Einigungsvorschlag gilt als angenommen und eine dem Inhalt des Vorschlags entsprechende Vereinbarung als zustande gekommen, wenn nicht innerhalb eines Monats nach Zustellung des Vorschlags ein schriftlicher Widerspruch bei der Schiedsstelle eingeht. [2]Betrifft der Streitfall die Einräumung oder Übertragung von Nutzungsrechten der Kabelweitersendung, so beträgt die Frist drei Monate.

(4) [1]War einer der Beteiligten ohne sein Verschulden gehindert, den Widerspruch rechtzeitig einzulegen, so ist ihm auf Antrag Wiedereinsetzung in den vorigen Stand zu gewähren. [2]Über den Wiedereinsetzungsantrag entscheidet die Schiedsstelle. [3]Gegen die ablehnende Entscheidung der Schiedsstelle ist die sofortige Beschwerde an das für den Sitz des Antragstellers zuständige Landgericht möglich. [4]Die Vorschriften der Zivilprozessordnung über die Wiedereinsetzung in den vorigen Stand und die sofortige Beschwerde sind entsprechend anzuwenden.

(5) [1]Aus dem angenommenen Einigungsvorschlag findet die Zwangsvollstreckung statt. [2]§ 797a der Zivilprozessordnung gilt entsprechend.

Unterabschnitt 2
Besondere Verfahrensvorschriften

§ 106 Einstweilige Regelungen. [1]Auf Antrag eines Beteiligten kann die Schiedsstelle eine einstweilige Regelung vorschlagen. [2]§ 105 Absatz 2 und 3 Satz 1 ist anzuwenden. [3]Die einstweilige Regelung gilt, wenn nichts anderes vereinbart wird, bis zum Abschluss des Verfahrens vor der Schiedsstelle.

§ 107 Sicherheitsleistung. (1) [1]In Verfahren nach § 92 Absatz 1 Nummer 2 über die Vergütungspflicht für Geräte und Speichermedien kann die Schiedsstelle auf Antrag der Verwertungsgesellschaft anordnen, dass der beteiligte Hersteller, Importeur oder Händler für die Erfüllung des Anspruchs aus § 54 Absatz 1 des Urheberrechtsgesetzes Sicherheit zu leisten hat. [2]Von der Anordnung nach Satz 1 hat sie abzusehen, wenn angemessene Teilleistungen erbracht sind.

(2) Der Antrag muss die Höhe der begehrten Sicherheit enthalten.

(3) [1]Über Art und Höhe der Sicherheitsleistung entscheidet die Schiedsstelle nach billigem Ermessen. [2]Bei der Höhe der Sicherheit kann sie nicht über den Antrag hinausgehen.

(4) [1]Das zuständige Oberlandesgericht (§ 129 Absatz 1) kann auf Antrag der Verwertungsgesellschaft durch Beschluss die Vollziehung einer Anordnung nach Absatz 1 zulassen, sofern nicht schon eine entsprechende Maßnahme des einstweiligen Rechtsschutzes bei einem Gericht beantragt worden ist. [2]Das zu-

ständige Oberlandesgericht kann die Anordnung abweichend fassen, wenn dies zur Vollziehung notwendig ist.

(5) Auf Antrag kann das zuständige Oberlandesgericht den Beschluss nach Absatz 4 aufheben oder ändern.

§ 108 Schadensersatz. Erweist sich die Anordnung einer Sicherheitsleistung nach § 107 Absatz 1 als von Anfang an ungerechtfertigt, so ist die Verwertungsgesellschaft, welche die Vollziehung der Anordnung erwirkt hat, verpflichtet, dem Antragsgegner den Schaden zu ersetzen, der ihm aus der Vollziehung entsteht.

§ 109 Beschränkung des Einigungsvorschlags; Absehen vom Einigungsvorschlag. (1) Sind bei Streitfällen nach § 92 Absatz 1 Nummer 1 und 2 die Anwendbarkeit oder die Angemessenheit eines Tarifs bestritten und ist der Sachverhalt auch im Übrigen streitig, so kann sich die Schiedsstelle in ihrem Einigungsvorschlag auf eine Stellungnahme zur Anwendbarkeit oder Angemessenheit des Tarifs beschränken.

(2) Sind bei Streitfällen nach § 92 Absatz 1 Nummer 1 und 2 die Anwendbarkeit und die Angemessenheit eines Tarifs nicht bestritten, so kann die Schiedsstelle von einem Einigungsvorschlag absehen.

§ 110 Streitfälle über Gesamtverträge. (1) [1]Bei Streitfällen nach § 92 Absatz 1 Nummer 3 enthält der Einigungsvorschlag den Inhalt des Gesamtvertrags. [2]Die Schiedsstelle kann einen Gesamtvertrag nur mit Wirkung vom 1. Januar des Jahres vorschlagen, in dem der Antrag bei der Schiedsstelle gestellt wird.

(2) [1]Die Schiedsstelle unterrichtet das Bundeskartellamt über das Verfahren. [2]§ 90 Absatz 1 Satz 4 und Absatz 2 des Gesetzes gegen Wettbewerbsbeschränkungen ist entsprechend anzuwenden.

§ 111 Streitfälle über Rechte der Kabelweitersendung. Bei Streitfällen nach § 92 Absatz 2 gilt § 110 entsprechend.

§ 112 Empirische Untersuchung zu Geräten und Speichermedien. (1) In Verfahren nach § 93 muss der Antrag, mit dem die Schiedsstelle angerufen wird, eine Auflistung der Verbände der betroffenen Hersteller, Importeure und Händler enthalten, soweit diese dem Antragsteller bekannt sind.

(2) [1]Die Schiedsstelle stellt den Antrag den darin benannten Verbänden mit der Aufforderung zu, binnen eines Monats schriftlich zu erklären, ob sie sich an dem Verfahren beteiligen wollen. [2]Gleichzeitig veröffentlicht die Schiedsstelle den Antrag in geeigneter Form, verbunden mit dem Hinweis, dass sich betroffene Verbände von Herstellern, Importeuren und Händlern, denen der Antrag nicht zugestellt worden ist, binnen eines Monats ab Veröffentlichung des Antrags durch schriftliche Erklärung gegenüber der Schiedsstelle an dem Verfahren beteiligen können.

§ 113 Durchführung der empirischen Untersuchung. [1]Für die Durchführung der empirischen Untersuchung gemäß § 93 gilt § 104 mit der Maßgabe, dass die Schiedsstelle die Durchführung der empirischen Untersuchung nicht ablehnen kann. [2]Die Schiedsstelle soll den Auftrag zur Durchführung dieser Untersuchung erst erteilen, wenn die Verwertungsgesellschaft einen Vorschuss gezahlt hat. [3]Sie soll darauf hinwirken, dass das Ergebnis der empirischen Untersuchung spätestens ein Jahr nach Eingang des Antrags nach § 112 Absatz 1 vorliegt.

§ 114 Ergebnis der empirischen Untersuchung. (1) [1]Die Schiedsstelle stellt fest, dass das Ergebnis der empirischen Untersuchung den Anforderungen entspricht, die im Hinblick auf die Aufstellung eines Tarifes gemäß § 40 zu stellen sind. [2]Andernfalls veranlasst sie seine Ergänzung oder Änderung.

(2) [1]Sie stellt das den Anforderungen entsprechende Ergebnis den Beteiligten zu und veröffentlicht es in geeigneter Form. [2]§ 105 ist nicht anzuwenden.

§ 115 Verwertung von Untersuchungsergebnissen. In Verfahren nach § 92 Absatz 1 Nummer 2 und 3 kann zur Sachverhaltsaufklärung (§ 104) das Ergebnis einer empirischen Untersuchung herangezogen werden, das aus einem Verfahren nach § 93 stammt.

§ 116 Beteiligung von Verbraucherverbänden. [1]In Verfahren nach § 92 Absatz 1 Nummer 2 und 3 und § 93 gibt die Schiedsstelle den bundesweiten Dachorganisationen der mit öffentlichen Mitteln geförderten Verbraucherverbände Gelegenheit zur schriftlichen Stellungnahme. [2]Im Fall einer Stellungnahme ist § 114 Absatz 2 Satz 1 entsprechend anwendbar.

Unterabschnitt 3

Kosten sowie Entschädigung und Vergütung Dritter

§ 117 Kosten des Verfahrens. (1) Für das Verfahren vor der Schiedsstelle erhebt die Aufsichtsbehörde Gebühren und Auslagen (Kosten).

(2) [1]Die Gebühren richten sich nach dem Streitwert. [2]Ihre Höhe bestimmt sich nach § 34 des Gerichtskostengesetzes. [3]Der Streitwert wird von der Schiedsstelle festgesetzt. [4]Er bemisst sich nach den Vorschriften, die für das Verfahren nach der Zivilprozessordnung vor den ordentlichen Gerichten gelten.

(3) [1]Für Verfahren nach § 92 Absatz 1 Nummer 2, 3 und Absatz 2 sowie nach § 94 wird eine Gebühr mit einem Gebührensatz von 3,0 erhoben. [2]Wird das Verfahren anders als durch einen Einigungsvorschlag der Schiedsstelle beendet, ermäßigt sich die Gebühr auf einen Gebührensatz von 1,0. [3]Dasselbe gilt, wenn die Beteiligten den Einigungsvorschlag der Schiedsstelle annehmen.

(4) Für Verfahren nach § 92 Absatz 1 Nummer 1 und § 93 wird eine Gebühr mit einem Gebührensatz von 1,0 erhoben.

(5) Auslagen werden in entsprechender Anwendung der Nummern 9000 bis 9009 und 9013 des Kostenverzeichnisses zum Gerichtskostengesetz erhoben.

§ 118 Fälligkeit und Vorschuss. (1) Die Gebühr wird mit der Beendigung des Verfahrens, Auslagen werden sofort nach ihrer Entstehung fällig.

(2) Die Zustellung des verfahrenseinleitenden Antrags soll von der Zahlung eines Vorschusses durch den Antragsteller in Höhe eines Drittels der Gebühr abhängig gemacht werden.

§ 119 Entsprechende Anwendung des Gerichtskostengesetzes. § 2 Absatz 1, 3 und 5 des Gerichtskostengesetzes, soweit diese Vorschriften für Verfahren vor den ordentlichen Gerichten anzuwenden sind, die §§ 5, 17 Absatz 1 bis 3, die §§ 20, 21, 22 Absatz 1, § 28 Absatz 1 und 2, die §§ 29, 31 Absatz 1 und 2 und § 32 des Gerichtskostengesetzes über die Kostenfreiheit, die Verjährung und die Verzinsung der Kosten, die Abhängigmachung der Tätigkeit der Schiedsstelle von der Zahlung eines Auslagenvorschusses, die Nachforderung und die Nichterhebung der Kosten sowie den Kostenschuldner sind entsprechend anzuwenden.

§ 120 Entscheidung über Einwendungen. [1]Über Einwendungen gegen Verwaltungsakte beim Vollzug der Kostenvorschriften entscheidet das Amtsgericht, in dessen Bezirk die Aufsichtsbehörde ihren Sitz hat. [2]Die Einwendungen sind bei der Schiedsstelle oder der Aufsichtsbehörde zu erheben. [3]§ 19 Absatz 5 und § 66 Absatz 5 Satz 1, 5 und Absatz 8 des Gerichtskostengesetzes sind entsprechend anzuwenden; über die Beschwerde entscheidet das im Rechtszug nächsthöhere Gericht. [4]Die Erhebung von Einwendungen und die Beschwerde haben keine aufschiebende Wirkung.

§ 121 Entscheidung über die Kostenpflicht. (1) [1]Die Schiedsstelle entscheidet über die Verteilung der Kosten des Verfahrens nach billigem Ermessen, soweit nichts anderes bestimmt ist. [2]Die Schiedsstelle kann anordnen, dass die einem Beteiligten erwachsenen notwendigen Auslagen ganz oder teilweise von einem gegnerischen Beteiligten zu erstatten sind, wenn dies der Billigkeit entspricht.

(2) [1]Die Entscheidung über die Kosten kann durch Antrag auf gerichtliche Entscheidung angefochten werden, auch wenn der Einigungsvorschlag der Schiedsstelle angenommen wird. [2]Über den Antrag entscheidet das Amtsgericht, in dessen Bezirk die Schiedsstelle ihren Sitz hat.

§ 122 Festsetzung der Kosten. (1) [1]Die Kosten des Verfahrens (§ 117) und die einem Beteiligten zu erstattenden notwendigen Auslagen (§ 121 Absatz 1 Satz 2) werden von der Aufsichtsbehörde festgesetzt. [2]Die Festsetzung ist dem Kostenschuldner und, wenn nach § 121 Absatz 1 Satz 2 zu erstattende notwendige Auslagen festgesetzt worden sind, auch dem Erstattungsberechtigten zuzustellen.

(2) [1]Jeder Beteiligte kann innerhalb einer Frist von zwei Wochen nach der Zustellung die gerichtliche Festsetzung der Kosten und der zu erstattenden notwendigen Auslagen beantragen. [2]Zuständig ist das Amtsgericht, in dessen Bezirk die Aufsichtsbehörde ihren Sitz hat. [3]Der Antrag ist bei der Aufsichtsbehörde einzureichen. [4]Die Aufsichtsbehörde kann dem Antrag abhelfen.

(3) Aus dem Kostenfestsetzungsbeschluss findet die Zwangsvollstreckung in entsprechender Anwendung der Zivilprozessordnung statt.

§ 123 Entschädigung von Zeugen und Vergütung der Sachverständigen. (1) Zeugen erhalten eine Entschädigung und Sachverständige eine Vergütung nach Maßgabe der §§ 3, 5 bis 10, 12 und 19 bis 22 des Justizvergütungs- und -entschädigungsgesetzes; die §§ 2 und 13 Absatz 1 und 2 Satz 1 bis 3 des Justizvergütungs- und -entschädigungsgesetzes sind entsprechend anzuwenden.

(2) Die Aufsichtsbehörde setzt die Entschädigung fest.

(3) [1]Zeugen und Sachverständige können die gerichtliche Festsetzung beantragen. [2]Über den Antrag entscheidet das Amtsgericht, in dessen Bezirk die Schiedsstelle ihren Sitz hat. [3]Der Antrag ist bei der Aufsichtsbehörde einzureichen oder zu Protokoll der Geschäftsstelle des Amtsgerichts zu erklären. [4]Die Aufsichtsbehörde kann dem Antrag abhelfen. [5]Kosten werden nicht erstattet.

Unterabschnitt 4

Organisation und Beschlussfassung der Schiedsstelle

§ 124 Aufbau und Besetzung der Schiedsstelle. (1) [1]Die Schiedsstelle wird bei der Aufsichtsbehörde (§ 75) gebildet. [2]Sie besteht aus dem Vorsitzenden oder seinem Vertreter und zwei Beisitzern.

(2) [1]Die Mitglieder der Schiedsstelle müssen die Befähigung zum Richteramt nach dem Deutschen Richtergesetz besitzen. [2]Sie werden vom Bundesministerium der Justiz und für Verbraucherschutz für einen bestimmten Zeitraum, der mindestens ein Jahr beträgt, berufen; Wiederberufung ist zulässig.

(3) [1]Bei der Schiedsstelle können mehrere Kammern gebildet werden. [2]Die Besetzung der Kammern bestimmt sich nach Absatz 1 Satz 2 und Absatz 2.

(4) Die Geschäftsverteilung zwischen den Kammern wird durch den Präsidenten oder die Präsidentin des Deutschen Patent- und Markenamtes geregelt.

§ 125 Aufsicht. (1) Die Mitglieder der Schiedsstelle sind nicht an Weisungen gebunden.

(2) Die Dienstaufsicht über die Schiedsstelle führt der Präsident oder die Präsidentin des Deutschen Patent- und Markenamtes.

§ 126 Beschlussfassung der Schiedsstelle. [1]Die Schiedsstelle fasst ihre Beschlüsse mit Stimmenmehrheit. [2]§ 196 Absatz 2 des Gerichtsverfassungsgesetzes ist anzuwenden.

§ 127 Ausschließung und Ablehnung von Mitgliedern der Schiedsstelle. [1]Über die Ausschließung und Ablehnung von Mitgliedern der Schiedsstelle entscheidet das Amtsgericht, in dessen Bezirk die Schiedsstelle ihren Sitz hat. [2]Das Ablehnungsgesuch ist bei der Schiedsstelle anzubringen. [3]Im Übrigen gelten die §§ 41 bis 48 der Zivilprozessordnung entsprechend.

Abschnitt 2

Gerichtliche Geltendmachung

§ 128 Gerichtliche Geltendmachung. (1) [1]Bei Streitfällen nach § 92 Absatz 1 und 2 ist die Erhebung der Klage erst zulässig, wenn ein Verfahren vor der Schiedsstelle vorausgegangen ist oder nicht innerhalb der Frist gemäß § 105 Absatz 1 abgeschlossen wurde. [2]Auf die Frist ist § 103 Absatz 2 anzuwenden.

(2) [1]Bei Streitfällen nach § 92 Absatz 1 Nummer 1 und 2 ist Absatz 1 nur anzuwenden, wenn die Anwendbarkeit oder die Angemessenheit des Tarifs bestritten ist. [2]Stellt sich erst nach Eintritt der Rechtshängigkeit heraus, dass die Anwendbarkeit oder die Angemessenheit des Tarifs bestritten ist, setzt das Gericht den Rechtsstreit durch Beschluss aus, um den Parteien die Anrufung der Schiedsstelle zu ermöglichen. [3]Weist die Partei, die die Anwendbarkeit oder die Angemessenheit des Tarifs bestreitet, nicht innerhalb von zwei Monaten ab Verkündung oder Zustellung des Beschlusses über die Aussetzung nach, dass ein Antrag bei der Schiedsstelle gestellt ist, so wird der Rechtsstreit fortgesetzt; in diesem Fall gelten die Anwendbarkeit und die Angemessenheit des streitigen Tarifs als zugestanden.

(3) [1]Absatz 1 ist nicht anzuwenden auf Anträge auf Anordnung eines Arrests oder einer einstweiligen Verfügung. [2]Nach Erlass eines Arrests oder einer einstweiligen Verfügung ist die Klage ohne die Beschränkung des Absatzes 1 zulässig, wenn der Partei nach den §§ 926 und 936 der Zivilprozessordnung eine Frist zur Erhebung der Klage bestimmt worden ist.

§ 129 Zuständigkeit des Oberlandesgerichts. (1) In Streitfällen nach § 92 Absatz 1 Nummer 2 und 3 sowie Absatz 2, nach § 94 sowie über Ansprüche nach § 108 entscheidet ausschließlich das für den Sitz der Schiedsstelle zuständige Oberlandesgericht im ersten Rechtszug.

(2) [1]Für das Verfahren gilt der Erste Abschnitt des Zweiten Buchs der Zivilprozessordnung entsprechend. [2]§ 411a der Zivilprozessordnung ist mit der Maßgabe anwendbar, dass die schriftliche Begutachtung auch durch das Ergebnis einer empirischen Untersuchung aus einem Verfahren nach § 93 ersetzt werden kann.

(3) Gegen die von dem Oberlandesgericht erlassenen Endurteile findet die Revision nach Maßgabe der Zivilprozessordnung statt.

(4) [1]In den Fällen des § 107 Absatz 4 und 5 entscheidet das für den Sitz der Schiedsstelle zuständige Oberlandesgericht durch unanfechtbaren Beschluss. [2]Vor der Entscheidung ist der Gegner zu hören.

§ 130 Entscheidung über Gesamtverträge. [1]Das Oberlandesgericht setzt den Inhalt der Gesamtverträge, insbesondere Art und Höhe der Vergütung, nach billigem Ermessen fest. [2]Die Festsetzung ersetzt die entsprechende Vereinbarung der Beteiligten. [3]Die Festsetzung eines Vertrags ist nur mit Wirkung vom 1. Januar des Jahres an möglich, in dem der Antrag bei der Schiedsstelle gestellt wird.

§ 131 Ausschließlicher Gerichtsstand. (1) [1]Für Rechtsstreitigkeiten über Ansprüche einer Verwertungsgesellschaft wegen Verletzung eines von ihr wahrgenommenen Nutzungsrechts oder Einwilligungsrechts ist das Gericht ausschließlich zuständig, in dessen Bezirk die Verletzungshandlung begangen worden ist oder der Verletzer seinen allgemeinen Gerichtsstand hat. [2]§ 105 des Urheberrechtsgesetzes bleibt unberührt.

(2) Sind nach Absatz 1 Satz 1 für mehrere Rechtsstreitigkeiten gegen denselben Verletzer verschiedene Gerichte zuständig, so kann die Verwertungsgesellschaft alle Ansprüche bei einem dieser Gerichte geltend machen.

Teil 6

Übergangs- und Schlussvorschriften

§ 132 Übergangsvorschrift für Erlaubnisse. (1) Verwertungsgesellschaften, denen bei Inkrafttreten dieses Gesetzes bereits eine Erlaubnis nach dem ersten Abschnitt des Urheberrechtswahrnehmungsgesetzes in der bis zum 31. Mai 2016 geltenden Fassung erteilt ist, gilt die Erlaubnis nach § 77 als erteilt.

(2) Organisationen, die bei Inkrafttreten dieses Gesetzes bereits Urheberrechte und verwandte Schutzrechte wahrnehmen und die nach § 77 erstmalig einer Erlaubnis bedürfen, sind berechtigt, ihre Wahrnehmungstätigkeit ohne die erforderliche Erlaubnis bis zur Rechtskraft der Entscheidung über den Antrag auf Erteilung der Erlaubnis fortzusetzen, wenn sie

1. der Aufsichtsbehörde die Wahrnehmungstätigkeit unverzüglich schriftlich anzeigen und
2. bis spätestens 31. Dezember 2016 einen Antrag auf Erteilung der Erlaubnis (§ 78) stellen.

§ 133 Anzeigefrist. Ist eine Organisation gemäß den §§ 82, 90 oder 91 verpflichtet, die Aufnahme einer Wahrnehmungstätigkeit anzuzeigen, so zeigt sie dies der Aufsichtsbehörde spätestens am 1. Dezember 2016 an.

§ 134 Übergangsvorschrift zur Anpassung des Statuts an die Vorgaben dieses Gesetzes. Die Verwertungsgesellschaft passt das Statut, die Wahrnehmungsbedingungen und den Verteilungsplan unverzüglich, spätestens am 31. Dezember 2016, an die Vorgaben dieses Gesetzes an.

§ 135 Informationspflichten der Verwertungsgesellschaft bei Inkrafttreten dieses Gesetzes. (1) Die Verwertungsgesellschaft informiert ihre Berechtigten spätestens am 1. Dezember 2016 über die Rechte, die ihnen nach den §§ 9 bis 12 zustehen, einschließlich der in § 11 genannten Bedingungen.

(2) Die §§ 47 und 54 sind erstmals auf Geschäftsjahre anzuwenden, die nach dem 31. Dezember 2015 beginnen.

§ 136 Übergangsvorschrift für Erklärungen der Geschäftsführung und des Aufsichtsgremiums. Erklärungen nach den §§ 21 und 22 sind erstmals für Geschäftsjahre abzugeben, die nach dem 31. Dezember 2015 beginnen.

§ 137 Übergangsvorschrift für Rechnungslegung und Transparenzbericht. (1) Die §§ 57 und 58 über die Rechnungslegung und den jährlichen Transparenzbericht sind erstmals auf Geschäftsjahre anzuwenden, die nach dem 31. Dezember 2015 beginnen.

(2) Für die Rechnungslegung und Prüfung für Geschäftsjahre, die vor dem 1. Januar 2016 enden, ist § 9 des Urheberrechtswahrnehmungsgesetzes in der bis zum 31. Mai 2016 geltenden Fassung weiterhin anzuwenden.

§ 138 Übergangsvorschrift für Verfahren der Aufsichtsbehörde. Verfahren der Aufsichtsbehörde, die bei Inkrafttreten dieses Gesetzes nicht abgeschlossen sind, sind nach den Bestimmungen dieses Gesetzes weiterzuführen.

§ 139 Übergangsvorschrift für Verfahren vor der Schiedsstelle und für die gerichtliche Geltendmachung. (1) Die §§ 92 bis 127 sind auf Verfahren, die am 1. Juni 2016 bei der Schiedsstelle anhängig sind, nicht anzuwenden; für diese Verfahren sind die §§ 14 bis 15 des Urheberrechtswahrnehmungsgesetzes und die Urheberrechtsschiedsstellenverordnung, jeweils in der bis zum 31. Mai 2016 geltenden Fassung, weiter anzuwenden.

(2) [1]Abweichend von § 40 Absatz 1 Satz 2 können die Verwertungsgesellschaften Tarife auch auf Grundlage einer empirischen Untersuchung aufstellen, die bereits vor dem 1. Juni 2016 in einem Verfahren vor der Schiedsstelle durchgeführt worden ist, sofern das Untersuchungsergebnis den Anforderungen des § 114 Absatz 1 Satz 1 entspricht. [2]Gleiches gilt für empirische Untersuchungen, die in einem Verfahren durchgeführt werden, das gemäß Absatz 1 noch auf Grundlage des bisherigen Rechts durchgeführt wird.

(3) Die §§ 128 bis 131 sind auf Verfahren, die am 1. Juni 2016 bei einem Gericht anhängig sind, nicht anzuwenden; für diese Verfahren sind die §§ 16, 17 und 27 Absatz 3 des Urheberrechtswahrnehmungsgesetzes in der bis zum 31. Mai 2016 geltenden Fassung weiter anzuwenden.

Anlage (zu § 58 Absatz 2)

Inhalt des jährlichen Transparenzberichts

1. Der jährliche Transparenzbericht gemäß § 58 Absatz 1 muss enthalten:
   a) den Jahresabschluss einschließlich der Kapitalflussrechnung;
   b) einen Bericht über die Tätigkeiten im abgelaufenen Geschäftsjahr;
   c) Angaben zu abgelehnten Anfragen von Nutzern betreffend die Einräumung von Nutzungsrechten;
   d) eine Beschreibung von Rechtsform und Organisationsstruktur;
   e) Angaben zu den von der Verwertungsgesellschaft abhängigen Verwertungseinrichtungen, einschließlich der diese Einrichtungen betreffenden Informationen nach Nummer 1 Buchstabe b bis d;
   f) Angaben zum Gesamtbetrag der im Vorjahr an die in § 18 Absatz 1 genannten Personen gezahlten Vergütungen und sonstigen Leistungen;
   g) die Finanzinformationen nach Nummer 2, jeweils aufgeschlüsselt nach Verwertungsgesellschaft und von der Verwertungsgesellschaft abhängigen Verwertungseinrichtungen (§ 3);
   h) einen gesonderten Bericht nach Nummer 3, jeweils aufgeschlüsselt nach Verwertungsgesellschaft und von der Verwertungsgesellschaft abhängige Verwertungseinrichtungen (§ 3).
2. Finanzinformationen im Sinne der Nummer 1 Buchstabe g sind:
   a) Informationen über die Einnahmen aus den Rechten nach Kategorien der wahrgenommenen Rechte und Art der Nutzung (beispielsweise Hörfunk und Fernsehen, Online-Nutzung, Aufführung) und die Verwendung dieser Einnahmen, d.h. ob diese an die Berechtigten oder andere Verwertungsgesellschaften verteilt oder anderweitig verwendet wurden;
   b) umfassende Informationen zu den Kosten der Rechtewahrnehmung und zu den Kosten für sonstige Leistungen, die die Verwertungsgesellschaft für die Berechtigten und Mitglieder erbringt, insbesondere:
      aa) sämtliche Betriebs- und Finanzkosten, aufgeschlüsselt nach Kategorien der wahrgenommenen Rechte und, wenn sich die Kosten nicht direkt einer oder mehreren Kategorien von Rechten zuordnen lassen, eine Erläuterung, wie diese Kosten auf die Rechtekategorien umgelegt wurden;
      bb) Betriebs- und Finanzkosten im Zusammenhang mit der Rechtewahrnehmung, einschließlich der von den Einnahmen aus den Rechten abgezogenen Verwaltungskosten, aufgeschlüsselt nach Kategorien der wahrgenommenen Rechte und, wenn sich die Kosten nicht direkt einer oder mehreren Kategorien von Rechten zuordnen lassen, eine Erläuterung, wie diese Kosten auf die Rechtekategorien umgelegt wurden;
      cc) Betriebs- und Finanzkosten, die nicht im Zusammenhang mit der Rechtewahrnehmung stehen, einschließlich solcher für soziale und kulturelle Leistungen;

dd) Mittel zur Deckung der Kosten, insbesondere Angaben dazu, inwieweit Kosten aus den Einnahmen aus den Rechten, aus dem eigenen Vermögen oder aus sonstigen Mitteln gedeckt wurden;
ee) Abzüge von den Einnahmen aus den Rechten, aufgeschlüsselt nach Kategorien der wahrgenommenen Rechte und Art der Nutzung, sowie den Zweck der Abzüge, beispielsweise Kosten für die Rechtewahrnehmung oder für soziale und kulturelle Leistungen;
ff) prozentualer Anteil sämtlicher Kosten für die Rechtewahrnehmung und für sonstige an Berechtigte und Mitglieder erbrachte Leistungen im Verhältnis zu den Einnahmen aus den Rechten im jeweiligen Geschäftsjahr, aufgeschlüsselt nach Kategorien der wahrgenommenen Rechte und, wenn sich die Kosten nicht direkt einer oder mehreren Kategorien von Rechten zuordnen lassen, eine Erläuterung, wie diese Kosten auf die Rechtekategorien umgelegt wurden;

c) umfassende Informationen zu den Beträgen, die den Berechtigten zustehen, insbesondere:
aa) Gesamtsumme der den Berechtigten zugewiesenen Beträge, aufgeschlüsselt nach Kategorien der wahrgenommenen Rechte und Art der Nutzung;
bb) Gesamtsumme der an die Berechtigten ausgeschütteten Beträge, aufgeschlüsselt nach Kategorien der wahrgenommenen Rechte und Art der Nutzung;
cc) Ausschüttungstermine, aufgeschlüsselt nach Kategorien der wahrgenommenen Rechte und Art der Nutzung;
dd) Gesamtsumme der Beträge, die noch nicht den Berechtigten zugewiesen wurden, aufgeschlüsselt nach Kategorien der wahrgenommenen Rechte und Art der Nutzung, unter Angabe des Geschäftsjahres, in dem die Beträge eingenommen wurden;
ee) Gesamtsumme der den Berechtigten zugewiesenen, aber noch nicht an sie ausgeschütteten Beträge, aufgeschlüsselt nach Kategorien der wahrgenommenen Rechte und Art der Nutzung, unter Angabe des Geschäftsjahres, in dem die Beträge eingenommen wurden;
ff) Gründe für Zahlungsverzögerungen, wenn die Verwertungsgesellschaft die Verteilung nicht innerhalb der Verteilungsfrist (§ 28) durchgeführt hat;
gg) Gesamtsumme der nicht verteilbaren Beträge mit einer Erläuterung zu ihrer Verwendung;

d) Informationen zu Beziehungen zu anderen Verwertungsgesellschaften, insbesondere:
aa) jeweils von anderen Verwertungsgesellschaften erhaltene oder an diese gezahlte Beträge, aufgeschlüsselt nach Kategorien der wahrgenommenen Rechte und Art der Nutzung;
bb) Verwaltungskosten und sonstige Abzüge von den jeweils anderen Verwertungsgesellschaften zustehenden Einnahmen aus den Rech-

ten, aufgeschlüsselt nach Kategorien der wahrgenommenen Rechte und Art der Nutzung;

cc) Verwaltungskosten und sonstige Abzüge von den jeweils von anderen Verwertungsgesellschaften empfangenen Beträgen, aufgeschlüsselt nach Kategorien der wahrgenommenen Rechte;

dd) Beträge, die die Verwertungsgesellschaft unmittelbar an die von der jeweils anderen Verwertungsgesellschaft vertretenen Rechtsinhaber verteilt hat, aufgeschlüsselt nach Kategorien der wahrgenommenen Rechte.

3. Der gesonderte Bericht gemäß Nummer 1 Buchstabe h muss folgende Informationen enthalten:
   a) die im Geschäftsjahr von den Einnahmen aus den Rechten für soziale und kulturelle Leistungen abgezogenen Beträge, aufgeschlüsselt nach Verwendungszweck, und für jeden einzelnen Verwendungszweck aufgeschlüsselt nach Kategorien der wahrgenommenen Rechte und Art der Nutzung;
   b) eine Erläuterung, wie diese Beträge verwendet wurden, aufgeschlüsselt nach dem Verwendungszweck, einschließlich
      aa) der Beträge, die zur Deckung der Kosten verwendet werden, die im Zusammenhang mit der Verwaltung sozialer und kultureller Leistungen entstehen, und
      bb) der tatsächlich für soziale oder kulturelle Leistungen verwendeten Beträge.

Gesetz betreffend das Urheberrecht an Werken der bildenden Künste und der Photographie

vom 9. Januar 1907 (RGBl. S. 7),
zuletzt geändert durch Gesetz vom 16. Februar 2001 (BGBl. I S. 266)[1]

– Auszug –

§ 22 [Recht am eigenen Bilde]. [1]Bildnisse dürfen nur mit Einwilligung des Abgebildeten verbreitet oder öffentlich zur Schau gestellt werden. [2]Die Einwilligung gilt im Zweifel als erteilt, wenn der Abgebildete dafür, dass er sich abbilden ließ, eine Entlohnung erhielt. [3]Nach dem Tode des Abgebildeten bedarf es bis zum Ablaufe von 10 Jahren der Einwilligung der Angehörigen des Abgebildeten. [4]Angehörige im Sinne dieses Gesetzes sind der überlebende Ehegatte oder Lebenspartner und die Kinder des Abgebildeten, und wenn weder ein Ehegatte oder Lebenspartner noch Kinder vorhanden sind, die Eltern des Abgebildeten.

§ 23 [Ausnahmen zu § 22]. (1) Ohne die nach § 22 erforderliche Einwilligung dürfen verbreitet und zur Schau gestellt werden:
1. Bildnisse aus dem Bereich der Zeitgeschichte;
2. Bilder, auf denen die Personen nur als Beiwerk neben einer Landschaft oder sonstigen Örtlichkeit erscheinen;
3. Bilder von Versammlungen, Aufzügen und ähnlichen Vorgängen, an denen die dargestellten Personen teilgenommen haben;
4. Bildnisse, die nicht auf Bestellung angefertigt sind, sofern die Verbreitung oder Schaustellung einem höheren Interesse der Kunst dient.

(2) Die Befugnis erstreckt sich jedoch nicht auf eine Verbreitung und Schaustellung, durch die ein berechtigtes Interesse des Abgebildeten oder, falls dieser verstorben ist, seiner Angehörigen verletzt wird.

§ 24 [Ausnahmen im öffentlichen Interesse]. Für Zwecke der Rechtspflege und der öffentlichen Sicherheit dürfen von den Behörden Bildnisse ohne Einwilligung des Berechtigten sowie des Abgebildeten oder seiner Angehörigen vervielfältigt, verbreitet und öffentlich zur Schau gestellt werden.

§ 33 [Strafvorschrift]. (1) Mit Freiheitsstrafe bis zu einem Jahr oder mit Geldstrafe wird bestraft, wer entgegen den §§ 22, 23 ein Bildnis verbreitet oder öffentlich zur Schau stellt.

(2) Die Tat wird nur auf Antrag verfolgt.

---

1 In diesem Zusammenhang können folgende Normen zu beachten sein: §§ 823 ff. BGB i.V.m. § 1004 BGB analog; §§ 812 ff. BGB (→ Nr. **5, 33**); §§ 185 ff. StGB (→ Nr. **14**); Art. 5 GG (→ Nr. **1**).

§ 37 [Vernichtung][2]**.** (1) [1]*Die widerrechtlich hergestellten, verbreiteten oder vorgeführten Exemplare und die zur widerrechtlichen Vervielfältigung oder Vorführung ausschließlich bestimmten Vorrichtungen, wie Formen, Platten, Steine, unterliegen der Vernichtung.* [2]Das gleiche gilt von den widerrechtlich verbreiteten oder öffentlich zur Schau gestellten Bildnissen und den zu deren Vervielfältigung ausschließlich bestimmten Vorrichtungen. [3]Ist nur ein Teil des Werkes widerrechtlich hergestellt, verbreitet oder vorgeführt, so ist auf Vernichtung dieses Teiles und der entsprechenden Vorrichtungen zu erkennen.

(2) Gegenstand der Vernichtung sind alle Exemplare und Vorrichtungen, welche sich im Eigentume der an *der Herstellung*, der Verbreitung, *der Vorführung* oder der Schaustellung Beteiligten sowie der Erben dieser Personen befinden.

(3) [1]Auf die Vernichtung ist auch dann zu erkennen, wenn *die Herstellung*, die Verbreitung, *die Vorführung* oder die Schaustellung weder vorsätzlich noch fahrlässig erfolgt. [2]*Das gleiche gilt, wenn die Herstellung noch nicht vollendet ist.*

(4) [1]Die Vernichtung hat zu erfolgen, nachdem dem Eigentümer gegenüber rechtskräftig darauf erkannt ist. [2]Soweit die Exemplare oder die Vorrichtungen in anderer Weise als durch Vernichtung unschädlich gemacht werden können, hat dies zu geschehen, falls der Eigentümer die Kosten übernimmt.

§ 48 [Verjährung]. (1) Der Anspruch auf Schadensersatz und die Strafverfolgung wegen widerrechtlicher Verbreitung oder Vorführung eines Werkes sowie die Strafverfolgung wegen widerrechtlicher Verbreitung oder Schaustellung eines Bildnisses verjähren in drei Jahren.

(2) Die Verjährung beginnt mit dem Tage, an welchem die widerrechtliche Handlung zuletzt stattgefunden hat.

---

2 Anm. der Hrsg.: Nach den amtlichen Informationen zum Stand des KunstUrhG wurde dasselbe in wesentlichen Teilen aufgehoben durch § 141 Nr. 5 Gesetz vom 9. September 1965 (BGBl. I 1273) mit Wirkung vom 1. Januar 1966, soweit es **nicht den Schutz von Bildnissen** betrifft. Die in diesem Paragrafen kursiv gestellten Textteile wurden aufgehoben.

Gesetz über den Schutz von Marken und sonstigen Kennzeichen

vom 25. Oktober 1994 (BGBl. I S. 3082, ber. BGBl. I 1995 S. 156), zuletzt geändert durch Gesetz vom 17. Juli 2017 (BGBl. I S. 2541)

– Auszug –

§ 1 Geschützte Marken und sonstige Kennzeichen. Nach diesem Gesetz werden geschützt:
1. Marken,
2. geschäftliche Bezeichnungen,
3. geografische Herkunftsangaben.

§ 2 Anwendung anderer Vorschriften. Der Schutz von Marken, geschäftlichen Bezeichnungen und geografischen Herkunftsangaben nach diesem Gesetz schließt die Anwendung anderer Vorschriften zum Schutz dieser Kennzeichen nicht aus.

§ 3 Als Marke schutzfähige Zeichen. (1) Als Marke können alle Zeichen, insbesondere Wörter einschließlich Personennamen, Abbildungen, Buchstaben, Zahlen, Hörzeichen, dreidimensionale Gestaltungen einschließlich der Form einer Ware oder ihrer Verpackung sowie sonstige Aufmachungen einschließlich Farben und Farbzusammenstellungen geschützt werden, die geeignet sind, Waren oder Dienstleistungen eines Unternehmens von denjenigen anderer Unternehmen zu unterscheiden.

(2) Dem Schutz als Marke nicht zugänglich sind Zeichen, die ausschließlich aus einer Form bestehen,
1. die durch die Art der Ware selbst bedingt ist,
2. die zur Erreichung einer technischen Wirkung erforderlich ist oder
3. die der Ware einen wesentlichen Wert verleiht.

§ 4 Entstehung des Markenschutzes. Der Markenschutz entsteht
1. durch die Eintragung eines Zeichens als Marke in das vom Patentamt geführte Register,
2. durch die Benutzung eines Zeichens im geschäftlichen Verkehr, soweit das Zeichen innerhalb beteiligter Verkehrskreise als Marke Verkehrsgeltung erworben hat, oder
3. durch die im Sinne des Artikels 6bis der Pariser Verbandsübereinkunft zum Schutz des gewerblichen Eigentums (Pariser Verbandsübereinkunft) notorische Bekanntheit einer Marke.

§ 5 Geschäftliche Bezeichnungen. (1) Als geschäftliche Bezeichnungen werden Unternehmenskennzeichen und Werktitel geschützt.

(2) [1]Unternehmenskennzeichen sind Zeichen, die im geschäftlichen Verkehr als Name, als Firma oder als besondere Bezeichnung eines Geschäftsbetriebs

oder eines Unternehmens benutzt werden. [2]Der besonderen Bezeichnung eines Geschäftsbetriebs stehen solche Geschäftsabzeichen und sonstige zur Unterscheidung des Geschäftsbetriebs von anderen Geschäftsbetrieben bestimmte Zeichen gleich, die innerhalb beteiligter Verkehrskreise als Kennzeichen des Geschäftsbetriebs gelten.

(3) Werktitel sind die Namen oder besonderen Bezeichnungen von Druckschriften, Filmwerken, Tonwerken, Bühnenwerken oder sonstigen vergleichbaren Werken.

§ 8 Absolute Schutzhindernisse. (1) Von der Eintragung sind als Marke schutzfähige Zeichen im Sinne des § 3 ausgeschlossen, die sich nicht graphisch darstellen lassen.

(2) Von der Eintragung ausgeschlossen sind Marken,

1. denen für die Waren oder Dienstleistungen jegliche Unterscheidungskraft fehlt,
2. die ausschließlich aus Zeichen oder Angaben bestehen, die im Verkehr zur Bezeichnung der Art, der Beschaffenheit, der Menge, der Bestimmung, des Wertes, der geographischen Herkunft, der Zeit der Herstellung der Waren oder der Erbringung der Dienstleistungen oder zur Bezeichnung sonstiger Merkmale der Waren oder Dienstleistungen dienen können,
3. die ausschließlich aus Zeichen oder Angaben bestehen, die im allgemeinen Sprachgebrauch oder in den redlichen und ständigen Verkehrsgepflogenheiten zur Bezeichnung der Waren oder Dienstleistungen üblich geworden sind,
4. die geeignet sind, das Publikum insbesondere über die Art, die Beschaffenheit oder die geographische Herkunft der Waren oder Dienstleistungen zu täuschen,
5. die gegen die öffentliche Ordnung oder die gegen die guten Sitten verstoßen,
6. die Staatswappen, Staatsflaggen oder andere staatliche Hoheitszeichen oder Wappen eines inländischen Ortes oder eines inländischen Gemeinde- oder weiteren Kommunalverbandes enthalten,
7. die amtliche Prüf- oder Gewährzeichen enthalten,
8. die Wappen, Flaggen oder andere Kennzeichen, Siegel oder Bezeichnungen internationaler zwischenstaatlicher Organisationen enthalten,
9. deren Benutzung ersichtlich nach sonstigen Vorschriften im öffentlichen Interesse untersagt werden kann, oder
10. die böswillig angemeldet worden sind.

(3) Absatz 2 Nr. 1, 2 und 3 findet keine Anwendung, wenn die Marke sich vor dem Zeitpunkt der Entscheidung über die Eintragung infolge ihrer Benutzung für die Waren oder Dienstleistungen, für die sie angemeldet worden ist, in den beteiligten Verkehrskreisen durchgesetzt hat.

(4) [1]Absatz 2 Nr. 6, 7 und 8 ist auch anzuwenden, wenn die Marke die Nachahmung eines dort aufgeführten Zeichens enthält. [2]Absatz 2 Nr. 6, 7 und 8 ist nicht anzuwenden, wenn der Anmelder befugt ist, in der Marke eines der dort

aufgeführten Zeichen zu führen, selbst wenn es mit einem anderen der dort aufgeführten Zeichen verwechselt werden kann. [3]Absatz 2 Nr. 7 ist ferner nicht anzuwenden, wenn die Waren oder Dienstleistungen, für die die Marke angemeldet worden ist, mit denen, für die das Prüf- oder Gewährzeichen eingeführt ist, weder identisch noch diesen ähnlich sind. [4]Absatz 2 Nr. 8 ist ferner nicht anzuwenden, wenn die angemeldete Marke nicht geeignet ist, beim Publikum den unzutreffenden Eindruck einer Verbindung mit der internationalen zwischenstaatlichen Organisation hervorzurufen.

§ 14 Ausschließliches Recht des Inhabers einer Marke; Unterlassungsanspruch; Schadensersatzanspruch. (1) Der Erwerb des Markenschutzes nach § 4 gewährt dem Inhaber der Marke ein ausschließliches Recht.

(2) Dritten ist es untersagt, ohne Zustimmung des Inhabers der Marke im geschäftlichen Verkehr
1. ein mit der Marke identisches Zeichen für Waren oder Dienstleistungen zu benutzen, die mit denjenigen identisch sind, für die sie Schutz genießt,
2. ein Zeichen zu benutzen, wenn wegen der Identität oder Ähnlichkeit des Zeichens mit der Marke und der Identität oder Ähnlichkeit der durch die Marke und das Zeichen erfassten Waren oder Dienstleistungen für das Publikum die Gefahr von Verwechslungen besteht, einschließlich der Gefahr, dass das Zeichen mit der Marke gedanklich in Verbindung gebracht wird, oder
3. ein mit der Marke identisches Zeichen oder ein ähnliches Zeichen für Waren oder Dienstleistungen zu benutzen, die nicht denen ähnlich sind, für die die Marke Schutz genießt, wenn es sich bei der Marke um eine im Inland bekannte Marke handelt und die Benutzung des Zeichens die Unterscheidungskraft oder die Wertschätzung der bekannten Marke ohne rechtfertigenden Grund in unlauterer Weise ausnutzt oder beeinträchtigt.

(3) Sind die Voraussetzungen des Absatzes 2 erfüllt, so ist es insbesondere untersagt,
1. das Zeichen auf Waren oder ihrer Aufmachung oder Verpackung anzubringen,
2. unter dem Zeichen Waren anzubieten, in den Verkehr zu bringen oder zu den genannten Zwecken zu besitzen,
3. unter dem Zeichen Dienstleistungen anzubieten oder zu erbringen,
4. unter dem Zeichen Waren einzuführen oder auszuführen,
5. das Zeichen in Geschäftspapieren oder in der Werbung zu benutzen.

(4) Dritten ist es ferner untersagt, ohne Zustimmung des Inhabers der Marke im geschäftlichen Verkehr
1. ein mit der Marke identisches Zeichen oder ein ähnliches Zeichen auf Aufmachungen oder Verpackungen oder auf Kennzeichnungsmitteln wie Etiketten, Anhängern, Aufnähern oder dergleichen anzubringen,
2. Aufmachungen, Verpackungen oder Kennzeichnungsmittel, die mit einem mit der Marke identischen Zeichen oder einem ähnlichen Zeichen versehen

sind, anzubieten, in den Verkehr zu bringen oder zu den genannten Zwecken zu besitzen oder
3. Aufmachungen, Verpackungen oder Kennzeichnungsmittel, die mit einem mit der Marke identischen Zeichen oder einem ähnlichen Zeichen versehen sind, einzuführen oder auszuführen,

wenn die Gefahr besteht, dass die Aufmachungen oder Verpackungen zur Aufmachung oder Verpackung oder die Kennzeichnungsmittel zur Kennzeichnung von Waren oder Dienstleistungen benutzt werden, hinsichtlich deren Dritten die Benutzung des Zeichens nach den Absätzen 2 und 3 untersagt wäre.

(5) [1]Wer ein Zeichen entgegen den Absätzen 2 bis 4 benutzt, kann von dem Inhaber der Marke bei Wiederholungsgefahr auf Unterlassung in Anspruch genommen werden. [2]Der Anspruch besteht auch dann, wenn eine Zuwiderhandlung erstmalig droht.

(6) [1]Wer die Verletzungshandlung vorsätzlich oder fahrlässig begeht, ist dem Inhaber der Marke zum Ersatz des durch die Verletzungshandlung entstandenen Schadens verpflichtet. [2]Bei der Bemessung des Schadensersatzes kann auch der Gewinn, den der Verletzer durch die Verletzung des Rechts erzielt hat, berücksichtigt werden. [3]Der Schadensersatzanspruch kann auch auf der Grundlage des Betrages berechnet werden, den der Verletzer als angemessene Vergütung hätte entrichten müssen, wenn er die Erlaubnis zur Nutzung der Marke eingeholt hätte.

(7) Wird die Verletzungshandlung in einem geschäftlichen Betrieb von einem Angestellten oder Beauftragten begangen, so kann der Unterlassungsanspruch und, soweit der Angestellte oder Beauftragte vorsätzlich oder fahrlässig gehandelt hat, der Schadensersatzanspruch auch gegen den Inhaber des Betriebs geltend gemacht werden.

§ 15 Ausschließliches Recht des Inhabers einer geschäftlichen Bezeichnung; Unterlassungsanspruch; Schadensersatzanspruch. (1) Der Erwerb des Schutzes einer geschäftlichen Bezeichnung gewährt ihrem Inhaber ein ausschließliches Recht.

(2) Dritten ist es untersagt, die geschäftliche Bezeichnung oder ein ähnliches Zeichen im geschäftlichen Verkehr unbefugt in einer Weise zu benutzen, die geeignet ist, Verwechslungen mit der geschützten Bezeichnung hervorzurufen.

(3) Handelt es sich bei der geschäftlichen Bezeichnung um eine im Inland bekannte geschäftliche Bezeichnung, so ist es Dritten ferner untersagt, die geschäftliche Bezeichnung oder ein ähnliches Zeichen im geschäftlichen Verkehr zu benutzen, wenn keine Gefahr von Verwechslungen im Sinne des Absatzes 2 besteht, soweit die Benutzung des Zeichens die Unterscheidungskraft oder die Wertschätzung der geschäftlichen Bezeichnung ohne rechtfertigenden Grund in unlauterer Weise ausnutzt oder beeinträchtigt.

(4) [1]Wer eine geschäftliche Bezeichnung oder ein ähnliches Zeichen entgegen Absatz 2 oder Absatz 3 benutzt, kann von dem Inhaber der geschäftlichen

Bezeichnung bei Wiederholungsgefahr auf Unterlassung in Anspruch genommen werden. [2]Der Anspruch besteht auch dann, wenn eine Zuwiderhandlung droht.

(5) [1]Wer die Verletzungshandlung vorsätzlich oder fahrlässig begeht, ist dem Inhaber der geschäftlichen Bezeichnung zum Ersatz des daraus entstandenen Schadens verpflichtet. [2]§ 14 Abs. 6 Satz 2 und 3 gilt entsprechend.

(6) § 14 Abs. 7 ist entsprechend anzuwenden.

§ 16 Wiedergabe einer eingetragenen Marke in Nachschlagewerken. (1) Erweckt die Wiedergabe einer eingetragenen Marke in einem Wörterbuch, einem Lexikon oder einem ähnlichen Nachschlagewerk den Eindruck, daß es sich bei der Marke um eine Gattungsbezeichnung für die Waren oder Dienstleistungen handelt, für die die Marke eingetragen ist, kann der Inhaber der Marke vom Verleger des Werkes verlangen, daß der Wiedergabe der Marke ein Hinweis beigefügt wird, daß es sich um eine eingetragene Marke handelt.

(2) Ist das Werk bereits erschienen, so beschränkt sich der Anspruch darauf, daß der Hinweis nach Absatz 1 bei einer neuen Auflage des Werkes aufgenommen wird.

(3) Die Absätze 1 und 2 sind entsprechend anzuwenden, wenn das Nachschlagewerk in der Form einer elektronischen Datenbank vertrieben wird oder wenn zu einer elektronischen Datenbank, die ein Nachschlagewerk enthält, Zugang gewährt wird.

§ 17 Ansprüche gegen Agenten oder Vertreter. (1) Ist eine Marke entgegen § 11 für den Agenten oder Vertreter des Inhabers der Marke ohne dessen Zustimmung angemeldet oder eingetragen worden, so ist der Inhaber der Marke berechtigt, von dem Agenten oder Vertreter die Übertragung des durch die Anmeldung oder Eintragung der Marke begründeten Rechts zu verlangen.

(2) [1]Ist eine Marke entgegen § 11 für einen Agenten oder Vertreter des Inhabers der Marke eingetragen worden, so kann der Inhaber die Benutzung der Marke im Sinne des § 14 durch den Agenten oder Vertreter untersagen, wenn er der Benutzung nicht zugestimmt hat. [2]Handelt der Agent oder Vertreter vorsätzlich oder fahrlässig, so ist er dem Inhaber der Marke zum Ersatz des durch die Verletzungshandlung entstandenen Schadens verpflichtet. [3]§ 14 Abs. 7 ist entsprechend anzuwenden

§ 18 Vernichtungs- und Rückrufansprüche. (1) [1]Der Inhaber einer Marke oder einer geschäftlichen Bezeichnung kann den Verletzer in den Fällen der §§ 14, 15 und 17 auf Vernichtung der im Besitz oder Eigentum des Verletzers befindlichen widerrechtlich gekennzeichneten Waren in Anspruch nehmen. [2]Satz 1 ist entsprechend auf die im Eigentum des Verletzers stehenden Materialien und Geräte anzuwenden, die vorwiegend zur widerrechtlichen Kennzeichnung der Waren gedient haben.

(2) Der Inhaber einer Marke oder einer geschäftlichen Bezeichnung kann den Verletzer in den Fällen der §§ 14, 15 und 17 auf Rückruf von widerrechtlich gekennzeichneten Waren oder auf deren endgültiges Entfernen aus den Vertriebswegen in Anspruch nehmen.

(3) [1]Die Ansprüche nach den Absätzen 1 und 2 sind ausgeschlossen, wenn die Inanspruchnahme im Einzelfall unverhältnismäßig ist. [2]Bei der Prüfung der Verhältnismäßigkeit sind auch die berechtigten Interessen Dritter zu berücksichtigen.

§ 19 Auskunftsanspruch. (1) Der Inhaber einer Marke oder einer geschäftlichen Bezeichnung kann den Verletzer in den Fällen der §§ 14, 15 und 17 auf unverzügliche Auskunft über die Herkunft und den Vertriebsweg von widerrechtlich gekennzeichneten Waren oder Dienstleistungen in Anspruch nehmen.

(2) [1]In Fällen offensichtlicher Rechtsverletzung oder in Fällen, in denen der Inhaber einer Marke oder einer geschäftlichen Bezeichnung gegen den Verletzer Klage erhoben hat, besteht der Anspruch unbeschadet von Absatz 1 auch gegen eine Person, die in gewerblichem Ausmaß
1. rechtsverletzende Ware in ihrem Besitz hatte,
2. rechtsverletzende Dienstleistungen in Anspruch nahm,
3. für rechtsverletzende Tätigkeiten genutzte Dienstleistungen erbrachte oder
4. nach den Angaben einer in Nummer 1, 2 oder Nummer 3 genannten Person an der Herstellung, Erzeugung oder am Vertrieb solcher Waren oder an der Erbringung solcher Dienstleistungen beteiligt war,

es sei denn, die Person wäre nach den §§ 383 bis 385 der Zivilprozessordnung im Prozess gegen den Verletzer zur Zeugnisverweigerung berechtigt. [2]Im Fall der gerichtlichen Geltendmachung des Anspruchs nach Satz 1 kann das Gericht den gegen den Verletzer anhängigen Rechtsstreit auf Antrag bis zur Erledigung des wegen des Auskunftsanspruchs geführten Rechtsstreits aussetzen. [3]Der zur Auskunft Verpflichtete kann von dem Verletzten den Ersatz der für die Auskunftserteilung erforderlichen Aufwendungen verlangen.

(3) Der zur Auskunft Verpflichtete hat Angaben zu machen über
1. Namen und Anschrift der Hersteller, Lieferanten und anderer Vorbesitzer der Waren oder Dienstleistungen sowie der gewerblichen Abnehmer und Verkaufsstellen, für die sie bestimmt waren, und
2. die Menge der hergestellten, ausgelieferten, erhaltenen oder bestellten Waren sowie über die Preise, die für die betreffenden Waren oder Dienstleistungen bezahlt wurden.

(4) Die Ansprüche nach den Absätzen 1 und 2 sind ausgeschlossen, wenn die Inanspruchnahme im Einzelfall unverhältnismäßig ist.

(5) Erteilt der zur Auskunft Verpflichtete die Auskunft vorsätzlich oder grob fahrlässig falsch oder unvollständig, ist er dem Inhaber einer Marke oder einer geschäftlichen Bezeichnung zum Ersatz des daraus entstehenden Schadens verpflichtet.

(6) Wer eine wahre Auskunft erteilt hat, ohne dazu nach Absatz 1 oder Absatz 2 verpflichtet gewesen zu sein, haftet Dritten gegenüber nur, wenn er wusste, dass er zur Auskunftserteilung nicht verpflichtet war.

(7) In Fällen offensichtlicher Rechtsverletzung kann die Verpflichtung zur Erteilung der Auskunft im Wege der einstweiligen Verfügung nach den §§ 935 bis 945 der Zivilprozessordnung angeordnet werden.

(8) Die Erkenntnisse dürfen in einem Strafverfahren oder in einem Verfahren nach dem Gesetz über Ordnungswidrigkeiten wegen einer vor der Erteilung der Auskunft begangenen Tat gegen den Verpflichteten oder gegen einen in § 52 Abs. 1 der Strafprozessordnung bezeichneten Angehörigen nur mit Zustimmung des Verpflichteten verwertet werden.

(9) [1]Kann die Auskunft nur unter Verwendung von Verkehrsdaten (§ 3 Nr. 30 des Telekommunikationsgesetzes) erteilt werden, ist für ihre Erteilung eine vorherige richterliche Anordnung über die Zulässigkeit der Verwendung der Verkehrsdaten erforderlich, die von dem Verletzten zu beantragen ist. [2]Für den Erlass dieser Anordnung ist das Landgericht, in dessen Bezirk der zur Auskunft Verpflichtete seinen Wohnsitz, seinen Sitz oder eine Niederlassung hat, ohne Rücksicht auf den Streitwert ausschließlich zuständig. [3]Die Entscheidung trifft die Zivilkammer. [4]Für das Verfahren gelten die Vorschriften des Gesetzes über die Angelegenheiten der freiwilligen Gerichtsbarkeit mit Ausnahme des § 28 Abs. 2 und 3 entsprechend. [5]Die Kosten der richterlichen Anordnung trägt der Verletzte. [6]Gegen die Entscheidung des Landgerichts ist die sofortige Beschwerde zum Oberlandesgericht statthaft. [7]Sie kann nur darauf gestützt werden, dass die Entscheidung auf einer Verletzung des Rechts beruht. [8]Die Entscheidung des Oberlandesgerichts ist unanfechtbar. [9]Die Vorschriften zum Schutz personenbezogener Daten bleiben im Übrigen unberührt.

(10) Durch Absatz 2 in Verbindung mit Absatz 9 wird das Grundrecht des Fernmeldegeheimnisses (Artikel 10 des Grundgesetzes) eingeschränkt.

§ 19a Vorlage- und Besichtigungsansprüche. (1) [1]Bei hinreichender Wahrscheinlichkeit einer Rechtsverletzung nach den §§ 14, 15 und 17 kann der Inhaber einer Marke oder einer geschäftlichen Bezeichnung den vermeintlichen Verletzer auf Vorlage einer Urkunde oder Besichtigung einer Sache in Anspruch nehmen, die sich in dessen Verfügungsgewalt befindet, wenn dies zur Begründung seiner Ansprüche erforderlich ist. [2]Besteht die hinreichende Wahrscheinlichkeit einer in gewerblichem Ausmaß begangenen Rechtsverletzung, erstreckt sich der Anspruch auch auf die Vorlage von Bank-, Finanz- oder Handelsunterlagen. [3]Soweit der vermeintliche Verletzer geltend macht, dass es sich um vertrauliche Informationen handelt, trifft das Gericht die erforderlichen Maßnahmen, um den im Einzelfall gebotenen Schutz zu gewährleisten.

(2) Der Anspruch nach Absatz 1 ist ausgeschlossen, wenn die Inanspruchnahme im Einzelfall unverhältnismäßig ist.

(3) [1]Die Verpflichtung zur Vorlage einer Urkunde oder zur Duldung der Besichtigung einer Sache kann im Wege der einstweiligen Verfügung nach den §§ 935 bis 945 der Zivilprozessordnung angeordnet werden. [2]Das Gericht trifft die erforderlichen Maßnahmen, um den Schutz vertraulicher Informationen zu gewährleisten. [3]Dies gilt insbesondere in den Fällen, in denen die einstweilige Verfügung ohne vorherige Anhörung des Gegners erlassen wird.

(4) § 811 des Bürgerlichen Gesetzbuchs sowie § 19 Abs. 8 gelten entsprechend.

(5) Wenn keine Verletzung vorlag oder drohte, kann der vermeintliche Verletzer von demjenigen, der die Vorlage oder Besichtigung nach Absatz 1 begehrt hat, den Ersatz des ihm durch das Begehren entstandenen Schadens verlangen.

§ 19b Sicherung von Schadensersatzansprüchen. (1) [1]Der Inhaber einer Marke oder einer geschäftlichen Bezeichnung kann den Verletzer bei einer in gewerblichem Ausmaß begangenen Rechtsverletzung in den Fällen des § 14 Abs. 6, § 15 Abs. 5 sowie § 17 Abs. 2 Satz 2 auch auf Vorlage von Bank-, Finanz- oder Handelsunterlagen oder einen geeigneten Zugang zu den entsprechenden Unterlagen in Anspruch nehmen, die sich in der Verfügungsgewalt des Verletzers befinden und die für die Durchsetzung des Schadensersatzanspruchs erforderlich sind, wenn ohne die Vorlage die Erfüllung des Schadensersatzanspruchs fraglich ist. [2]Soweit der Verletzer geltend macht, dass es sich um vertrauliche Informationen handelt, trifft das Gericht die erforderlichen Maßnahmen, um den im Einzelfall gebotenen Schutz zu gewährleisten.

(2) Der Anspruch nach Absatz 1 ist ausgeschlossen, wenn die Inanspruchnahme im Einzelfall unverhältnismäßig ist.

(3) [1]Die Verpflichtung zur Vorlage der in Absatz 1 bezeichneten Urkunden kann im Wege der einstweiligen Verfügung nach den §§ 935 bis 945 der Zivilprozessordnung angeordnet werden, wenn der Schadensersatzanspruch offensichtlich besteht. [2]Das Gericht trifft die erforderlichen Maßnahmen, um den Schutz vertraulicher Informationen zu gewährleisten. [2]Dies gilt insbesondere in den Fällen, in denen die einstweilige Verfügung ohne vorherige Anhörung des Gegners erlassen wird.

(4) § 811 des Bürgerlichen Gesetzbuchs sowie § 19 Abs. 8 gelten entsprechend.

§ 19c Urteilsbekanntmachung. [1]Ist eine Klage auf Grund dieses Gesetzes erhoben worden, kann der obsiegenden Partei im Urteil die Befugnis zugesprochen werden, das Urteil auf Kosten der unterliegenden Partei öffentlich bekannt zu machen, wenn sie ein berechtigtes Interesse darlegt. [2]Art und Umfang der Bekanntmachung werden im Urteil bestimmt. [3]Die Befugnis erlischt, wenn von ihr nicht innerhalb von drei Monaten nach Eintritt der

Rechtskraft des Urteils Gebrauch gemacht wird. [4]Der Ausspruch nach Satz 1 ist nicht vorläufig vollstreckbar.

§ 19d Ansprüche aus anderen gesetzlichen Vorschriften. Ansprüche aus anderen gesetzlichen Vorschriften bleiben unberührt.

Gesetz gegen den unlauteren Wettbewerb (UWG)

vom 3. Juli 2004 (BGBl. I S. 1414)
in der Fassung der Bekanntmachung vom 17. Februar 2016 (BGBl. I S. 233)

INHALTSÜBERSICHT

Kapitel 1
Allgemeine Bestimmungen

§ 1 Zweck des Gesetzes. [1]Dieses Gesetz dient dem Schutz der Mitbewerber, der Verbraucherinnen und Verbraucher sowie der sonstigen Marktteilnehmer vor unlauteren geschäftlichen Handlungen. [2]Es schützt zugleich das Interesse der Allgemeinheit an einem unverfälschten Wettbewerb.

§ 2 Definitionen. (1) Im Sinne dieses Gesetzes bedeutet

1. „geschäftliche Handlung" jedes Verhalten einer Person zugunsten des eigenen oder eines fremden Unternehmens vor, bei oder nach einem Geschäftsabschluss, das mit der Förderung des Absatzes oder des Bezugs von Waren oder Dienstleistungen oder mit dem Abschluss oder der Durchführung eines Vertrags über Waren oder Dienstleistungen objektiv zusammenhängt; als Waren gelten auch Grundstücke, als Dienstleistungen auch Rechte und Verpflichtungen;

2. „Marktteilnehmer" neben Mitbewerbern und Verbrauchern alle Personen, die als Anbieter oder Nachfrager von Waren oder Dienstleistungen tätig sind;
3. „Mitbewerber" jeder Unternehmer, der mit einem oder mehreren Unternehmern als Anbieter oder Nachfrager von Waren oder Dienstleistungen in einem konkreten Wettbewerbsverhältnis steht;
4. „Nachricht" jede Information, die zwischen einer endlichen Zahl von Beteiligten über einen öffentlich zugänglichen elektronischen Kommunikationsdienst ausgetauscht oder weitergeleitet wird; dies schließt nicht Informationen ein, die als Teil eines Rundfunkdienstes über ein elektronisches Kommunikationsnetz an die Öffentlichkeit weitergeleitet werden, soweit die Informationen nicht mit dem identifizierbaren Teilnehmer oder Nutzer, der sie erhält, in Verbindung gebracht werden können;
5. „Verhaltenskodex" Vereinbarungen oder Vorschriften über das Verhalten von Unternehmern, zu welchem diese sich in Bezug auf Wirtschaftszweige oder einzelne geschäftliche Handlungen verpflichtet haben, ohne dass sich solche Verpflichtungen aus Gesetzes- oder Verwaltungsvorschriften ergeben;
6. „Unternehmer" jede natürliche oder juristische Person, die geschäftliche Handlungen im Rahmen ihrer gewerblichen, handwerklichen oder beruflichen Tätigkeit vornimmt, und jede Person, die im Namen oder Auftrag einer solchen Person handelt;
7. „unternehmerische Sorgfalt" der Standard an Fachkenntnissen und Sorgfalt, von dem billigerweise angenommen werden kann, dass ein Unternehmer ihn in seinem Tätigkeitsbereich gegenüber Verbrauchern nach Treu und Glauben unter Berücksichtigung der anständigen Marktgepflogenheiten einhält;
8. „wesentliche Beeinflussung des wirtschaftlichen Verhaltens des Verbrauchers" die Vornahme einer geschäftlichen Handlung, um die Fähigkeit des Verbrauchers, eine informierte Entscheidung zu treffen, spürbar zu beeinträchtigen und damit den Verbraucher zu einer geschäftlichen Entscheidung zu veranlassen, die er andernfalls nicht getroffen hätte;
9. „geschäftliche Entscheidung" jede Entscheidung eines Verbrauchers oder sonstigen Marktteilnehmers darüber, ob, wie und unter welchen Bedingungen er ein Geschäft abschließen, eine Zahlung leisten, eine Ware oder Dienstleistung behalten oder abgeben oder ein vertragliches Recht im Zusammenhang mit einer Ware oder Dienstleistung ausüben will, unabhängig davon, ob der Verbraucher oder sonstige Marktteilnehmer sich entschließt, tätig zu werden.

(2) Für den Verbraucherbegriff gilt § 13 des Bürgerlichen Gesetzbuchs entsprechend.

§ 3 Verbot unlauterer geschäftlicher Handlungen. (1) Unlautere geschäftliche Handlungen sind unzulässig.

(2) Geschäftliche Handlungen, die sich an Verbraucher richten oder diese erreichen, sind unlauter, wenn sie nicht der unternehmerischen Sorgfalt entspre-

chen und dazu geeignet sind, das wirtschaftliche Verhalten des Verbrauchers wesentlich zu beeinflussen.

(3) Die im Anhang dieses Gesetzes aufgeführten geschäftlichen Handlungen gegenüber Verbrauchern sind stets unzulässig.

(4) [1]Bei der Beurteilung von geschäftlichen Handlungen gegenüber Verbrauchern ist auf den durchschnittlichen Verbraucher oder, wenn sich die geschäftliche Handlung an eine bestimmte Gruppe von Verbrauchern wendet, auf ein durchschnittliches Mitglied dieser Gruppe abzustellen. [2]Geschäftliche Handlungen, die für den Unternehmer vorhersehbar das wirtschaftliche Verhalten nur einer eindeutig identifizierbaren Gruppe von Verbrauchern wesentlich beeinflussen, die auf Grund von geistigen oder körperlichen Beeinträchtigungen, Alter oder Leichtgläubigkeit im Hinblick auf diese geschäftlichen Handlungen oder die diesen zugrunde liegenden Waren oder Dienstleistungen besonders schutzbedürftig sind, sind aus der Sicht eines durchschnittlichen Mitglieds dieser Gruppe zu beurteilen.

§ 3a Rechtsbruch. Unlauter handelt, wer einer gesetzlichen Vorschrift zuwiderhandelt, die auch dazu bestimmt ist, im Interesse der Marktteilnehmer das Marktverhalten zu regeln, und der Verstoß geeignet ist, die Interessen von Verbrauchern, sonstigen Marktteilnehmern oder Mitbewerbern spürbar zu beeinträchtigen.

§ 4 Mitbewerberschutz. Unlauter handelt, wer

1. die Kennzeichen, Waren, Dienstleistungen, Tätigkeiten oder persönlichen oder geschäftlichen Verhältnisse eines Mitbewerbers herabsetzt oder verunglimpft;
2. über die Waren, Dienstleistungen oder das Unternehmen eines Mitbewerbers oder über den Unternehmer oder ein Mitglied der Unternehmensleitung Tatsachen behauptet oder verbreitet, die geeignet sind, den Betrieb des Unternehmens oder den Kredit des Unternehmers zu schädigen, sofern die Tatsachen nicht erweislich wahr sind; handelt es sich um vertrauliche Mitteilungen und hat der Mitteilende oder der Empfänger der Mitteilung an ihr ein berechtigtes Interesse, so ist die Handlung nur dann unlauter, wenn die Tatsachen der Wahrheit zuwider behauptet oder verbreitet wurden;
3. Waren oder Dienstleistungen anbietet, die eine Nachahmung der Waren oder Dienstleistungen eines Mitbewerbers sind, wenn er
   a) eine vermeidbare Täuschung der Abnehmer über die betriebliche Herkunft herbeiführt,
   b) die Wertschätzung der nachgeahmten Ware oder Dienstleistung unangemessen ausnutzt oder beeinträchtigt oder
   c) die für die Nachahmung erforderlichen Kenntnisse oder Unterlagen unredlich erlangt hat;
4. Mitbewerber gezielt behindert.

§ 4a Aggressive geschäftliche Handlungen. (1) [1]Unlauter handelt, wer eine aggressive geschäftliche Handlung vornimmt, die geeignet ist, den Ver-

braucher oder sonstigen Marktteilnehmer zu einer geschäftlichen Entscheidung zu veranlassen, die dieser andernfalls nicht getroffen hätte. [2]Eine geschäftliche Handlung ist aggressiv, wenn sie im konkreten Fall unter Berücksichtigung aller Umstände geeignet ist, die Entscheidungsfreiheit des Verbrauchers oder sonstigen Marktteilnehmers erheblich zu beeinträchtigen durch
1. Belästigung,
2. Nötigung einschließlich der Anwendung körperlicher Gewalt oder
3. unzulässige Beeinflussung.

[3]Eine unzulässige Beeinflussung liegt vor, wenn der Unternehmer eine Machtposition gegenüber dem Verbraucher oder sonstigen Marktteilnehmer zur Ausübung von Druck, auch ohne Anwendung oder Androhung von körperlicher Gewalt, in einer Weise ausnutzt, die die Fähigkeit des Verbrauchers oder sonstigen Marktteilnehmers zu einer informierten Entscheidung wesentlich einschränkt.

(2) [1]Bei der Feststellung, ob eine geschäftliche Handlung aggressiv im Sinne des Absatzes 1 Satz 2 ist, ist abzustellen auf
1. Zeitpunkt, Ort, Art oder Dauer der Handlung;
2. die Verwendung drohender oder beleidigender Formulierungen oder Verhaltensweisen;
3. die bewusste Ausnutzung von konkreten Unglückssituationen oder Umständen von solcher Schwere, dass sie das Urteilsvermögen des Verbrauchers oder sonstigen Marktteilnehmers beeinträchtigen, um dessen Entscheidung zu beeinflussen;
4. belastende oder unverhältnismäßige Hindernisse nichtvertraglicher Art, mit denen der Unternehmer den Verbraucher oder sonstigen Marktteilnehmer an der Ausübung seiner vertraglichen Rechte zu hindern versucht, wozu auch das Recht gehört, den Vertrag zu kündigen oder zu einer anderen Ware oder Dienstleistung oder einem anderen Unternehmer zu wechseln;
5. Drohungen mit rechtlich unzulässigen Handlungen.

[2]Zu den Umständen, die nach Nummer 3 zu berücksichtigen sind, zählen insbesondere geistige und körperliche Beeinträchtigungen, das Alter, die geschäftliche Unerfahrenheit, die Leichtgläubigkeit, die Angst und die Zwangslage von Verbrauchern.

§ 5 Irreführende geschäftliche Handlungen. (1) [1]Unlauter handelt, wer eine irreführende geschäftliche Handlung vornimmt, die geeignet ist, den Verbraucher oder sonstigen Marktteilnehmer zu einer geschäftlichen Entscheidung zu veranlassen, die er andernfalls nicht getroffen hätte. [2]Eine geschäftliche Handlung ist irreführend, wenn sie unwahre Angaben enthält oder sonstige zur Täuschung geeignete Angaben über folgende Umstände enthält:
1. die wesentlichen Merkmale der Ware oder Dienstleistung wie Verfügbarkeit, Art, Ausführung, Vorteile, Risiken, Zusammensetzung, Zubehör, Verfahren oder Zeitpunkt der Herstellung, Lieferung oder Erbringung, Zwecktauglichkeit, Verwendungsmöglichkeit, Menge, Beschaffenheit, Kundendienst und

Beschwerdeverfahren, geografische oder betriebliche Herkunft, von der Verwendung zu erwartende Ergebnisse oder die Ergebnisse oder wesentlichen Bestandteile von Tests der Waren oder Dienstleistungen;
2. den Anlass des Verkaufs wie das Vorhandensein eines besonderen Preisvorteils, den Preis oder die Art und Weise, in der er berechnet wird, oder die Bedingungen, unter denen die Ware geliefert oder die Dienstleistung erbracht wird;
3. die Person, Eigenschaften oder Rechte des Unternehmers wie Identität, Vermögen einschließlich der Rechte des geistigen Eigentums, den Umfang von Verpflichtungen, Befähigung, Status, Zulassung, Mitgliedschaften oder Beziehungen, Auszeichnungen oder Ehrungen, Beweggründe für die geschäftliche Handlung oder die Art des Vertriebs;
4. Aussagen oder Symbole, die im Zusammenhang mit direktem oder indirektem Sponsoring stehen oder sich auf eine Zulassung des Unternehmers oder der Waren oder Dienstleistungen beziehen;
5. die Notwendigkeit einer Leistung, eines Ersatzteils, eines Austauschs oder einer Reparatur;
6. die Einhaltung eines Verhaltenskodexes, auf den sich der Unternehmer verbindlich verpflichtet hat, wenn er auf diese Bindung hinweist, oder
7. Rechte des Verbrauchers, insbesondere solche aufgrund von Garantieversprechen oder Gewährleistungsrechte bei Leistungsstörungen.

(2) Eine geschäftliche Handlung ist auch irreführend, wenn sie im Zusammenhang mit der Vermarktung von Waren oder Dienstleistungen einschließlich vergleichender Werbung eine Verwechslungsgefahr mit einer anderen Ware oder Dienstleistung oder mit der Marke oder einem anderen Kennzeichen eines Mitbewerbers hervorruft.

(3) Angaben im Sinne von Absatz 1 Satz 2 sind auch Angaben im Rahmen vergleichender Werbung sowie bildliche Darstellungen und sonstige Veranstaltungen, die darauf zielen und geeignet sind, solche Angaben zu ersetzen.

(4) [1]Es wird vermutet, dass es irreführend ist, mit der Herabsetzung eines Preises zu werben, sofern der Preis nur für eine unangemessen kurze Zeit gefordert worden ist. [2]Ist streitig, ob und in welchem Zeitraum der Preis gefordert worden ist, so trifft die Beweislast denjenigen, der mit der Preisherabsetzung geworben hat.

§ 5a Irreführung durch Unterlassen. (1) Bei der Beurteilung, ob das Verschweigen einer Tatsache irreführend ist, sind insbesondere deren Bedeutung für die geschäftliche Entscheidung nach der Verkehrsauffassung sowie die Eignung des Verschweigens zur Beeinflussung der Entscheidung zu berücksichtigen.

(2) [1]Unlauter handelt, wer im konkreten Fall unter Berücksichtigung aller Umstände dem Verbraucher eine wesentliche Information vorenthält,
1. die der Verbraucher je nach den Umständen benötigt, um eine informierte geschäftliche Entscheidung zu treffen, und

2. deren Vorenthalten geeignet ist, den Verbraucher zu einer geschäftlichen Entscheidung zu veranlassen, die er andernfalls nicht getroffen hätte.

[2]Als Vorenthalten gilt auch
1. das Verheimlichen wesentlicher Informationen,
2. die Bereitstellung wesentlicher Informationen in unklarer, unverständlicher oder zweideutiger Weise,
3. die nicht rechtzeitige Bereitstellung wesentlicher Informationen.

(3) Werden Waren oder Dienstleistungen unter Hinweis auf deren Merkmale und Preis in einer dem verwendeten Kommunikationsmittel angemessenen Weise so angeboten, dass ein durchschnittlicher Verbraucher das Geschäft abschließen kann, gelten folgende Informationen als wesentlich im Sinne des Absatzes 2, sofern sie sich nicht unmittelbar aus den Umständen ergeben:
1. alle wesentlichen Merkmale der Ware oder Dienstleistung in dem dieser und dem verwendeten Kommunikationsmittel angemessenen Umfang;
2. die Identität und Anschrift des Unternehmers, gegebenenfalls die Identität und Anschrift des Unternehmers, für den er handelt;
3. der Endpreis oder in Fällen, in denen ein solcher Preis auf Grund der Beschaffenheit der Ware oder Dienstleistung nicht im Voraus berechnet werden kann, die Art der Preisberechnung sowie gegebenenfalls alle zusätzlichen Fracht-, Liefer- und Zustellkosten oder in Fällen, in denen diese Kosten nicht im Voraus berechnet werden können, die Tatsache, dass solche zusätzlichen Kosten anfallen können;
4. Zahlungs-, Liefer- und Leistungsbedingungen sowie Verfahren zum Umgang mit Beschwerden, soweit sie von Erfordernissen der unternehmerischen Sorgfalt abweichen, und
5. das Bestehen eines Rechts zum Rücktritt oder Widerruf.

(4) Als wesentlich im Sinne des Absatzes 2 gelten auch Informationen, die dem Verbraucher auf Grund unionsrechtlicher Verordnungen oder nach Rechtsvorschriften zur Umsetzung unionsrechtlicher Richtlinien für kommerzielle Kommunikation einschließlich Werbung und Marketing nicht vorenthalten werden dürfen.

(5) Bei der Beurteilung, ob Informationen vorenthalten wurden, sind zu berücksichtigen:
1. räumliche oder zeitliche Beschränkungen durch das für die geschäftliche Handlung gewählte Kommunikationsmittel sowie
2. alle Maßnahmen des Unternehmers, um dem Verbraucher die Informationen auf andere Weise als durch das Kommunikationsmittel nach Nummer 1 zur Verfügung zu stellen.

(6) Unlauter handelt auch, wer den kommerziellen Zweck einer geschäftlichen Handlung nicht kenntlich macht, sofern sich dieser nicht unmittelbar aus den Umständen ergibt, und das Nichtkenntlichmachen geeignet ist, den Verbraucher zu einer geschäftlichen Entscheidung zu veranlassen, die er andernfalls nicht getroffen hätte.

§ 6 Vergleichende Werbung. (1) Vergleichende Werbung ist jede Werbung, die unmittelbar oder mittelbar einen Mitbewerber oder die von einem Mitbewerber angebotenen Waren oder Dienstleistungen erkennbar macht.

(2) Unlauter handelt, wer vergleichend wirbt, wenn der Vergleich

1. sich nicht auf Waren oder Dienstleistungen für den gleichen Bedarf oder dieselbe Zweckbestimmung bezieht,
2. nicht objektiv auf eine oder mehrere wesentliche, relevante, nachprüfbare und typische Eigenschaften oder den Preis dieser Waren oder Dienstleistungen bezogen ist,
3. im geschäftlichen Verkehr zu einer Gefahr von Verwechslungen zwischen dem Werbenden und einem Mitbewerber oder zwischen den von diesen angebotenen Waren oder Dienstleistungen oder den von ihnen verwendeten Kennzeichen führt,
4. den Ruf des von einem Mitbewerber verwendeten Kennzeichens in unlauterer Weise ausnutzt oder beeinträchtigt,
5. die Waren, Dienstleistungen, Tätigkeiten oder persönlichen oder geschäftlichen Verhältnisse eines Mitbewerbers herabsetzt oder verunglimpft oder
6. eine Ware oder Dienstleistung als Imitation oder Nachahmung einer unter einem geschützten Kennzeichen vertriebenen Ware oder Dienstleistung darstellt.

§ 7 Unzumutbare Belästigungen. (1) [1]Eine geschäftliche Handlung, durch die ein Marktteilnehmer in unzumutbarer Weise belästigt wird, ist unzulässig. [2]Dies gilt insbesondere für Werbung, obwohl erkennbar ist, dass der angesprochene Marktteilnehmer diese Werbung nicht wünscht.

(2) Eine unzumutbare Belästigung ist stets anzunehmen

1. bei Werbung unter Verwendung eines in den Nummern 2 und 3 nicht aufgeführten, für den Fernabsatz geeigneten Mittels der kommerziellen Kommunikation, durch die ein Verbraucher hartnäckig angesprochen wird, obwohl er dies erkennbar nicht wünscht;
2. bei Werbung mit einem Telefonanruf gegenüber einem Verbraucher ohne dessen vorherige ausdrückliche Einwilligung oder gegenüber einem sonstigen Marktteilnehmer ohne dessen zumindest mutmaßliche Einwilligung,
3. bei Werbung unter Verwendung einer automatischen Anrufmaschine, eines Faxgerätes oder elektronischer Post, ohne dass eine vorherige ausdrückliche Einwilligung des Adressaten vorliegt, oder
4. bei Werbung mit einer Nachricht,
   a) bei der die Identität des Absenders, in dessen Auftrag die Nachricht übermittelt wird, verschleiert oder verheimlicht wird oder
   b) bei der gegen § 6 Absatz 1 des Telemediengesetzes verstoßen wird oder in der der Empfänger aufgefordert wird, eine Website aufzurufen, die gegen diese Vorschrift verstößt, oder
   c) bei der keine gültige Adresse vorhanden ist, an die der Empfänger eine Aufforderung zur Einstellung solcher Nachrichten richten kann, ohne dass hierfür andere als die Übermittlungskosten nach den Basistarifen entstehen.

(3) Abweichend von Absatz 2 Nr. 3 ist eine unzumutbare Belästigung bei einer Werbung unter Verwendung elektronischer Post nicht anzunehmen, wenn
1. ein Unternehmer im Zusammenhang mit dem Verkauf einer Ware oder Dienstleistung von dem Kunden dessen elektronische Postadresse erhalten hat,
2. der Unternehmer die Adresse zur Direktwerbung für eigene ähnliche Waren oder Dienstleistungen verwendet,
3. der Kunde der Verwendung nicht widersprochen hat und
4. der Kunde bei Erhebung der Adresse und bei jeder Verwendung klar und deutlich darauf hingewiesen wird, dass er der Verwendung jederzeit widersprechen kann, ohne dass hierfür andere als die Übermittlungskosten nach den Basistarifen entstehen.

Kapitel 2
Rechtsfolgen

§ 8 Beseitigung und Unterlassung. (1) [1]Wer eine nach § 3 oder § 7 unzulässige geschäftliche Handlung vornimmt, kann auf Beseitigung und bei Wiederholungsgefahr auf Unterlassung in Anspruch genommen werden. [2]Der Anspruch auf Unterlassung besteht bereits dann, wenn eine derartige Zuwiderhandlung gegen § 3 oder § 7 droht.

(2) Werden die Zuwiderhandlungen in einem Unternehmen von einem Mitarbeiter oder Beauftragten begangen, so sind der Unterlassungsanspruch und der Beseitigungsanspruch auch gegen den Inhaber des Unternehmens begründet.

(3) Die Ansprüche aus Absatz 1 stehen zu:
1. jedem Mitbewerber;
2. rechtsfähigen Verbänden zur Förderung gewerblicher oder selbständiger beruflicher Interessen, soweit ihnen eine erhebliche Zahl von Unternehmern angehört, die Waren oder Dienstleistungen gleicher oder verwandter Art auf demselben Markt vertreiben, wenn sie insbesondere nach ihrer personellen, sachlichen und finanziellen Ausstattung imstande sind, ihre satzungsmäßigen Aufgaben der Verfolgung gewerblicher oder selbständiger beruflicher Interessen tatsächlich wahrzunehmen und soweit die Zuwiderhandlung die Interessen ihrer Mitglieder berührt;
3. qualifizierten Einrichtungen, die nachweisen, dass sie in der Liste der qualifizierten Einrichtungen nach § 4 des Unterlassungsklagengesetzes oder in dem Verzeichnis der Europäischen Kommission nach Artikel 4 Absatz 3 der Richtlinie 2009/22/EG des Europäischen Parlaments und des Rates vom 23. April 2009 über Unterlassungsklagen zum Schutz der Verbraucherinteressen (ABl. L 110 vom 1.5.2009, S. 30) eingetragen sind;
4. den Industrie- und Handelskammern oder den Handwerkskammern.

(4) [1]Die Geltendmachung der in Absatz 1 bezeichneten Ansprüche ist unzulässig, wenn sie unter Berücksichtigung der gesamten Umstände missbräuch-

lich ist, insbesondere wenn sie vorwiegend dazu dient, gegen den Zuwiderhandelnden einen Anspruch auf Ersatz von Aufwendungen oder Kosten der Rechtsverfolgung entstehen zu lassen. [2]In diesen Fällen kann der Anspruchsgegner Ersatz der für seine Rechtsverteidigung erforderlichen Aufwendungen verlangen. [3]Weiter gehende Ersatzansprüche bleiben unberührt.

(5) [1]§ 13 des Unterlassungsklagengesetzes ist entsprechend anzuwenden; in § 13 Abs. 1 und 3 Satz 2 des Unterlassungsklagengesetzes treten an die Stelle der dort aufgeführten Ansprüche nach dem Unterlassungsklagengesetz die Ansprüche nach dieser Vorschrift. [2]Im Übrigen findet das Unterlassungsklagengesetz keine Anwendung, es sei denn, es liegt ein Fall des § 4a des Unterlassungsklagengesetzes vor.

§ 9 Schadensersatz. [1]Wer vorsätzlich oder fahrlässig eine nach § 3 oder § 7 unzulässige geschäftliche Handlung vornimmt, ist den Mitbewerbern zum Ersatz des daraus entstehenden Schadens verpflichtet. [2]Gegen verantwortliche Personen von periodischen Druckschriften kann der Anspruch auf Schadensersatz nur bei einer vorsätzlichen Zuwiderhandlung geltend gemacht werden.

§ 10 Gewinnabschöpfung. (1) Wer vorsätzlich eine nach § 3 oder § 7 unzulässige geschäftliche Handlung vornimmt und hierdurch zulasten einer Vielzahl von Abnehmern einen Gewinn erzielt, kann von den gemäß § 8 Abs. 3 Nr. 2 bis 4 zur Geltendmachung eines Unterlassungsanspruchs Berechtigten auf Herausgabe dieses Gewinns an den Bundeshaushalt in Anspruch genommen werden.

(2) [1]Auf den Gewinn sind die Leistungen anzurechnen, die der Schuldner aufgrund der Zuwiderhandlung an Dritte oder an den Staat erbracht hat. [2]Soweit der Schuldner solche Leistungen erst nach Erfüllung des Anspruchs nach Absatz 1 erbracht hat, erstattet die zuständige Stelle des Bundes dem Schuldner den abgeführten Gewinn in Höhe der nachgewiesenen Zahlungen zurück.

(3) Beanspruchen mehrere Gläubiger den Gewinn, so gelten die §§ 428 bis 430 des Bürgerlichen Gesetzbuchs entsprechend.

(4) [1]Die Gläubiger haben der zuständigen Stelle des Bundes über die Geltendmachung von Ansprüchen nach Absatz 1 Auskunft zu erteilen. [2]Sie können von der zuständigen Stelle des Bundes Erstattung der für die Geltendmachung des Anspruchs erforderlichen Aufwendungen verlangen, soweit sie vom Schuldner keinen Ausgleich erlangen können. [3]Der Erstattungsanspruch ist auf die Höhe des an den Bundeshaushalt abgeführten Gewinns beschränkt.

(5) Zuständige Stelle im Sinn der Absätze 2 und 4 ist das Bundesamt für Justiz.

§ 11 Verjährung. (1) Die Ansprüche aus den §§ 8, 9 und 12 Abs. 1 Satz 2 verjähren in sechs Monaten.

(2) Die Verjährungsfrist beginnt, wenn

1. der Anspruch entstanden ist und
2. der Gläubiger von den den Anspruch begründenden Umständen und der Person des Schuldners Kenntnis erlangt oder ohne grobe Fahrlässigkeit erlangen müsste.

(3) Schadensersatzansprüche verjähren ohne Rücksicht auf die Kenntnis oder grob fahrlässige Unkenntnis in zehn Jahren von ihrer Entstehung, spätestens in 30 Jahren von der den Schaden auslösenden Handlung an.

(4) Andere Anspräche verjähren ohne Rücksicht auf die Kenntnis oder grob fahrlässige Unkenntnis in drei Jahren von der Entstehung an.

Kapitel 3

Verfahrensvorschriften

§ 12 Anspruchsdurchsetzung, Veröffentlichungsbefugnis, Streitwertminderung. (1) [1]Die zur Geltendmachung eines Unterlassungsanspruchs Berechtigten sollen den Schuldner vor der Einleitung eines gerichtlichen Verfahrens abmahnen und ihm Gelegenheit geben, den Streit durch Abgabe einer mit einer angemessenen Vertragsstrafe bewehrten Unterlassungsverpflichtung beizulegen. [2]§Soweit die Abmahnung berechtigt ist, kann der Ersatz der erforderlichen Aufwendungen verlangt werden.

(2) Zur Sicherung der in diesem Gesetz bezeichneten Ansprüche auf Unterlassung können einstweilige Verfügungen auch ohne die Darlegung und Glaubhaftmachung der in den §§ 935 und 940 der Zivilprozessordnung bezeichneten Voraussetzungen erlassen werden.

(3) [1]Ist auf Grund dieses Gesetzes Klage auf Unterlassung erhoben worden, so kann das Gericht der obsiegenden Partei die Befugnis zusprechen, das Urteil auf Kosten der unterliegenden Partei öffentlich bekannt zu machen, wenn sie ein berechtigtes Interesse dartut. [2]§Art und Umfang der Bekanntmachung werden im Urteil bestimmt. [3]§Die Befugnis erlischt, wenn von ihr nicht innerhalb von drei Monaten nach Eintritt der Rechtskraft Gebrauch gemacht worden ist. [4]§Der Ausspruch nach Satz 1 ist nicht vorläufig vollstreckbar.

(4) [1]Macht eine Partei in Rechtsstreitigkeiten, in denen durch Klage ein Anspruch aus einem der in diesem Gesetz geregelten Rechtsverhältnisse geltend gemacht wird, glaubhaft, dass die Belastung mit den Prozesskosten nach dem vollen Streitwert ihre wirtschaftliche Lage erheblich gefährden würde, so kann das Gericht auf ihren Antrag anordnen, dass die Verpflichtung dieser Partei zur Zahlung von Gerichtskosten sich nach einem ihrer Wirtschaftslage angepassten Teil des Streitwerts bemisst. [2]§Die Anordnung hat zur Folge, dass

1. die begünstigte Partei die Gebühren ihres Rechtsanwalts ebenfalls nur nach diesem Teil des Streitwerts zu entrichten hat,

2. die begünstigte Partei, soweit ihr Kosten des Rechtsstreits auferlegt werden oder soweit sie diese übernimmt, die von dem Gegner entrichteten Gerichtsgebühren und die Gebühren seines Rechtsanwalts nur nach dem Teil des Streitwerts zu erstatten hat und
3. der Rechtsanwalt der begünstigten Partei, soweit die außergerichtlichen Kosten dem Gegner auferlegt oder von ihm übernommen werden, seine Gebühren von dem Gegner nach dem für diesen geltenden Streitwert beitreiben kann.

(5) [1]Der Antrag nach Absatz 4 kann vor der Geschäftsstelle des Gerichts zur Niederschrift erklärt werden. [2]§Er ist vor der Verhandlung zur Hauptsache anzubringen. [3]§Danach ist er nur zulässig, wenn der angenommene oder festgesetzte Streitwert später durch das Gericht heraufgesetzt wird. [4]Vor der Entscheidung über den Antrag ist der Gegner zu hören.

§ 13 Sachliche Zuständigkeit. (1) [1]Für alle bürgerlichen Rechtsstreitigkeiten, mit denen ein Anspruch aufgrund dieses Gesetzes geltend gemacht wird, sind die Landgerichte ausschließlich zuständig. [2]Es gilt § 95 Abs. 1 Nr. 5 des Gerichtsverfassungsgesetzes.

(2) [1]Die Landesregierungen werden ermächtigt, durch Rechtsverordnungen für die Bezirke mehrere Landgerichte eines von ihnen als Gericht für Wettbewerbsstreitsachen zu bestimmen, wenn dies der Rechtspflege in Wettbewerbsstreitsachen, insbesondere der Sicherung einer einheitlichen Rechtsprechung, dienlich ist. [2]Die Landesregierungen können die Ermächtigung auf die Landesjustizverwaltungen übertragen.

§ 14 Örtliche Zuständigkeit. (1) [1]Für Klagen aufgrund dieses Gesetzes ist das Gericht zuständig, in dessen Bezirk der Beklagte seine gewerbliche oder selbstständige berufliche Niederlassung oder in Ermangelung einer solchen seinen Wohnsitz hat. [2]Hat der Beklagte auch keinen Wohnsitz, so ist sein inländischer Aufenthaltsort maßgeblich.

(2) [1]Für Klagen aufgrund dieses Gesetzes ist außerdem nur das Gericht zuständig, in dessen Bezirk die Handlung begangen ist. [2]Satz 1 gilt für Klagen, die von den nach § 8 Abs. 3 Nr. 2 bis 4 zur Geltendmachung eines Unterlassungsanspruchs Berechtigten erhoben werden, nur dann, wenn der Beklagte im Inland weder eine gewerbliche oder selbstständige berufliche Niederlassung noch einen Wohnsitz hat.

§ 15 Einigungsstellen. (1) Die Landesregierungen errichten bei Industrie- und Handelskammern Einigungsstellen zur Beilegung von bürgerlichen Rechtsstreitigkeiten, in denen ein Anspruch aufgrund dieses Gesetzes geltend gemacht wird (Einigungsstellen).

(2) [1]Die Einigungsstellen sind mit einer vorsitzenden Person, die die Befähigung zum Richteramt nach dem deutschen Richtergesetz hat, und beisitzenden Personen zu besetzen. [2]Als beisitzende Personen werden im Falle einer Anrufung durch eine nach § 8 Abs. 3 Nr. 3 zur Geltendmachung eines Unterlassungsanspruchs berechtigte qualifizierte Einrichtung Unternehmer und Ver-

braucher in gleicher Anzahl tätig, sonst mindestens zwei sachverständige Unternehmer. [3]Die vorsitzende Person soll auf dem Gebiet des Wettbewerbsrechts erfahren sein. [4]Die beisitzenden Personen werden von der vorsitzenden Person für den jeweiligen Streitfall aus einer alljährlich für das Kalenderjahr aufzustellenden Liste berufen. [5]Die Berufung soll im Einvernehmen mit den Parteien erfolgen. [6]Für die Ausschließung und Ablehnung von Mitgliedern der Einigungsstelle sind die § 41 bis 43 und § 44 Abs. 2 bis 4 der Zivilprozessordnung entsprechend anzuwenden. [7]Über das Ablehnungsgesuch entscheidet das für den Sitz der Einigungsstelle zuständige Landgericht (Kammer für Handelssachen oder, falls es an einer solchen fehlt, Zivilkammer).

(3) [1]Die Einigungsstellen können bei bürgerlichen Rechtsstreitigkeiten, in denen ein Anspruch aufgrund dieses Gesetzes geltend gemacht wird, angerufen werden, wenn der Gegner zustimmt. [2]Soweit die Wettbewerbshandlungen Verbraucher betreffen, können die Einigungsstellen von jeder Partei zu einer Aussprache mit dem Gegner über den Streitfall angerufen werden; einer Zustimmung des Gegners bedarf es nicht.

(4) Für die Zuständigkeit der Einigungsstellen ist § 14 entsprechend anzuwenden.

(5) [1]Die der Einigungsstelle vorsitzende Person kann das persönliche Erscheinen der Parteien anordnen. [2]Gegen eine unentschuldigt ausbleibende Partei kann die Einigungsstelle ein Ordnungsgeld festsetzen. [3]Gegen die Anordnung des persönlichen Erscheinens und gegen die Festsetzung des Ordnungsgeldes findet die sofortige Beschwerde nach den Vorschriften der Zivilprozessordnung an das für den Sitz der Einigungsstelle zuständige Landgericht (Kammer für Handelssachen oder, falls es an einer solchen fehlt, Zivilkammer) statt.

(6) [1]Die Einigungsstelle hat einen gütlichen Ausgleich anzustreben. [2]Sie kann den Parteien einen schriftlichen, mit Gründen versehenen Einigungsvorschlag machen. [3]Der Einigungsvorschlag und seine Begründung dürfen nur mit Zustimmung der Parteien veröffentlicht werden.

(7) [1]Kommt ein Vergleich zu Stande, so muss er in einem besonderen Schriftstück niedergelegt und unter Angabe des Tages seines Zustandekommens von den Mitgliedern der Einigungsstelle, welche in der Verhandlung mitgewirkt haben, sowie von den Parteien unterschrieben werden. [2]Aus einem vor der Einigungsstelle geschlossenen Vergleich findet die Zwangsvollstreckung statt; § 797a der Zivilprozessordnung ist entsprechend anzuwenden.

(8) Die Einigungsstelle kann, wenn sie den geltend gemachten Anspruch von vornherein für unbegründet oder sich selbst für unzuständig erachtet, die Einleitung von Einigungsverhandlungen ablehnen.

(9) [1]Durch die Anrufung der Einigungsstelle wird die Verjährung in gleicher Weise wie durch Klageerhebung gehemmt. [2]Kommt ein Vergleich nicht zu Stande, so ist der Zeitpunkt, zu dem das Verfahren beendet ist, von der Einigungsstelle festzustellen. [3]Die vorsitzende Person hat dies den Parteien mitzuteilen.

(10) [1]Ist ein Rechtsstreit der in Absatz 3 Satz 2 bezeichneten Art ohne vorherige Anrufung der Einigungsstelle anhängig gemacht worden, so kann das Gericht auf Antrag den Parteien unter Anberaumung eines neuen Termins aufgeben, vor diesem Termin die Einigungsstelle zur Herbeiführung eines gütlichen Ausgleichs anzurufen. [2]In dem Verfahren über den Antrag auf Erlass einer einstweiligen Verfügung ist diese Anordnung nur zulässig, wenn der Gegner zustimmt. [3]Absatz 8 ist nicht anzuwenden. [4]Ist ein Verfahren vor der Einigungsstelle anhängig, so ist eine erst nach Anrufung der Einigungsstelle erhobene Klage des Antragsgegners auf Feststellung, dass der geltend gemachte Anspruch nicht bestehe, nicht zulässig.

(11) [1]Die Landesregierungen werden ermächtigt, durch Rechtsverordnung die zur Durchführung der vorstehenden Bestimmungen und zur Regelung des Verfahrens vor den Einigungsstellen erforderlichen Vorschriften zu erlassen, insbesondere über die Aufsicht über die Einigungsstellen, über ihre Besetzung unter angemessener Beteiligung der nicht den Industrie- und Handelskammern angehörenden Unternehmern (§ 2 Abs. 2 bis 6 des Gesetzes zur vorläufigen Regelung des Rechts der Industrie- und Handelskammern in der im Bundesgesetzblatt Teil III, Gliederungsnummer 701-1, veröffentlichten bereinigten Fassung), und über die Vollstreckung von Ordnungsgeldern, sowie Bestimmungen über die Erhebung von Auslagen durch die Einigungsstelle zu treffen. [2]Bei der Besetzung der Einigungsstellen sind die Vorschläge der für ein Bundesland errichteten, mit öffentlichen Mitteln geförderten Verbraucherzentralen zur Bestimmung der in Absatz 2 Satz 2 genannten Verbraucher zu berücksichtigen.

(12) Abweichend von Absatz 2 Satz 1 kann in den Ländern Brandenburg, Mecklenburg-Vorpommern, Sachsen, Sachsen-Anhalt und Thüringen die Einigungsstelle auch mit einem Rechtskundigen als Vorsitzendem besetzt werden, der die Befähigung zum Berufsrichter nach dem Recht der Deutschen Demokratischen Republik erworben hat.

Kapitel 4

Straf- und Bußgeldvorschriften

§ 16 Strafbare Werbung. (1) Wer in der Absicht, den Anschein eines besonders günstigen Angebots hervorzurufen, in öffentlichen Bekanntmachungen oder in Mitteilungen, die für einen größeren Kreis von Personen bestimmt sind, durch unwahre Angaben irreführend wirbt, wird mit Freiheitsstrafe bis zu zwei Jahren oder mit Geldstrafe bestraft.

(2) Wer es im geschäftlichen Verkehr unternimmt, Verbraucher zur Abnahme von Waren, Dienstleistungen oder Rechten durch das Versprechen zu veranlassen, sie würden entweder vom Veranstalter selbst oder von einem Dritten besondere Vorteile erlangen, wenn sie andere zum Abschluss gleichartiger Geschäfte veranlassen, die ihrerseits nach der Art dieser Werbung derartige Vor-

teile für eine entsprechende Werbung weiterer Abnehmer erlangen sollen, wird mit Freiheitsstrafe bis zu zwei Jahren oder mit Geldstrafe bestraft.

§ 17 Verrat von Geschäfts- und Betriebsgeheimnissen. (1) Wer als eine bei einem Unternehmen beschäftigte Person ein Geschäfts- oder Betriebsgeheimnis, das ihr im Rahmen des Dienstverhältnisses anvertraut worden oder zugänglich geworden ist, während der Geltungsdauer des Dienstverhältnisses unbefugt an jemand zu Zwecken des Wettbewerbs, aus Eigennutz, zugunsten eines Dritten oder in der Absicht, dem Inhaber des Unternehmens Schaden zuzufügen, mitteilt, wird mit Freiheitsstrafe bis zu drei Jahren oder mit Geldstrafe bestraft.

(2) Ebenso wird bestraft, wer zu Zwecken des Wettbewerbs, aus Eigennutz, zugunsten eines Dritten oder in der Absicht, dem Inhaber des Unternehmens Schaden zuzufügen,

1. sich ein Geschäfts- oder Betriebsgeheimnis durch
   a) Anwendung technischer Mittel,
   b) Herstellung einer verkörperten Wiedergabe des Geheimnisses oder
   c) Wegnahme einer Sache, in der das Geheimnis verkörpert ist,
   unbefugt verschafft oder sichert oder
2. ein Geschäfts- oder Betriebsgeheimnis, das er durch eine der in Absatz 1 bezeichneten Mitteilungen oder durch eine eigene oder fremde Handlung nach Nummer 1 erlangt oder sich sonst unbefugt verschafft oder gesichert hat, unbefugt verwertet oder jemandem mitteilt.

(3) Der Versuch ist strafbar.

(4) [1]In besonders schweren Fällen ist die Strafe Freiheitsstrafe bis zu fünf Jahren oder Geldstrafe. [2]Ein besonders schwerer Fall liegt in der Regel vor, wenn der Täter

1. gewerbsmäßig handelt,
2. bei der Mitteilung weiß, dass das Geheimnis im Ausland verwertet werden soll, oder
3. eine Verwertung nach Absatz 2 Nr. 2 im Ausland selbst vornimmt.

(5) Die Tat wird nur auf Antrag verfolgt, es sei denn, dass die Strafverfolgungsbehörde wegen des besonderen öffentlichen Interesses an der Strafverfolgung ein Einschreiten von Amts wegen für geboten hält.

(6) § 5 Nr. 7 des Strafgesetzbuches gilt entsprechend.

§ 18 Verwertung von Vorlagen. (1) Wer die ihm im geschäftlichen Verkehr anvertrauten Vorlagen oder Vorschriften technischer Art, insbesondere Zeichnungen, Modelle, Schablonen, Schnitte, Rezepte, zu Zwecken des Wettbewerbs oder aus Eigennutz unbefugt verwertet oder jemandem mitteilt, wird mit Freiheitsstrafe bis zu zwei Jahren oder mit Geldstrafe bestraft.

(2) Der Versuch ist strafbar.

(3) Die Tat wird nur auf Antrag verfolgt, es sei denn, dass die Strafverfolgungsbehörde wegen des besonderen öffentlichen Interesses an der Strafverfolgung ein Einschreiten von Amts wegen für geboten hält.

(4) § 5 Nr. 7 des Strafgesetzbuches gilt entsprechend.

§ 19 Verleiten und Erbieten zum Verrat. (1) Wer zu Zwecken des Wettbewerbs oder aus Eigennutz jemanden zu bestimmen versucht, eine Straftat nach § 17 und § 18 zu begehen oder zu einer solchen Straftat anzustiften, wird mit Freiheitsstrafe bis zu zwei Jahren oder mit Geldstrafe bestraft.

(2) Ebenso wird bestraft, wer zu Zwecken des Wettbewerbes oder aus Eigennutz sich bereit erklärt oder das Erbieten eines anderen annimmt oder mit einem anderen verabredet, eine Straftat nach § 17 oder § 18 zu begehen oder zu ihr anzustiften.

(3) § 31 des Strafgesetzbuches gilt entsprechend.

(4) Die Tat wird nur auf Antrag verfolgt, es sei denn, dass die Strafverfolgungsbehörde wegen des besonderen öffentlichen Interesses an der Strafverfolgung ein Einschreiten von Amts wegen für geboten hält

(5) § 5 Nr. 7 des Strafgesetzbuches gilt entsprechend.

§ 20 Bußgeldvorschriften (1) Ordnungswidrig handelt, wer vorsätzlich oder fahrlässig entgegen § 7 Absatz 1

1. in Verbindung mit § 7 Absatz 2 Nummer 2 mit einem Telefonanruf oder
2. in Verbindung mit § 7 Absatz 2 Nummer 3 unter Verwendung einer automatischen Anrufmaschine

gegenüber einem Verbraucher ohne dessen vorherige ausdrückliche Einwilligung wirbt.

(2) Die Ordnungswidrigkeit kann mit einer Geldbuße bis zu dreihunderttausend Euro geahndet werden.

(3) Verwaltungsbehörde im Sinne des § 36 Absatz 1 Nummer 1 des Gesetzes über Ordnungswidrigkeiten ist die Bundesnetzagentur für Elektrizität, Gas, Telekommunikation, Post und Eisenbahnen.

Anhang

zu § 3 Abs. 3

Unzulässige geschäftliche Handlungen im Sinne des § 3 Abs. 3 sind

1. die unwahre Angabe eines Unternehmers, zu den Unterzeichnern eines Verhaltenskodexes zu gehören;
2. die Verwendung von Gütezeichen, Qualitätskennzeichen oder Ähnlichem ohne die erforderliche Genehmigung;
3. die unwahre Angabe, ein Verhaltenskodex sei von einer öffentlichen oder anderen Stelle gebilligt;
4. die unwahre Angabe, ein Unternehmer, eine von ihm vorgenommene geschäftliche Handlung oder eine Ware oder Dienstleistung sei von einer öffentlichen oder privaten Stelle bestätigt, gebilligt oder genehmigt worden, oder die unwahre Angabe, den Bedingungen für die Bestätigung, Billigung oder Genehmigung werde entsprochen;

5. Waren- oder Dienstleistungsangebote im Sinne des § 5a Abs. 3 zu einem bestimmten Preis, wenn der Unternehmer nicht darüber aufklärt, dass er hinreichende Gründe für die Annahme hat, er werde nicht in der Lage sein, diese oder gleichartige Waren oder Dienstleistungen für einen angemessenen Zeitraum in angemessener Menge zum genannten Preis bereitzustellen oder bereitstellen zu lassen (Lockangebote). Ist die Bevorratung kürzer als zwei Tage, obliegt es dem Unternehmer, die Angemessenheit nachzuweisen;
6. Waren- oder Dienstleistungsangebote im Sinne des § 5a Abs. 3 zu einem bestimmten Preis, wenn der Unternehmer sodann in der Absicht, stattdessen eine andere Ware oder Dienstleistung abzusetzen, eine fehlerhafte Ausführung der Ware oder Dienstleistung vorführt oder sich weigert zu zeigen, was er beworben hat, oder sich weigert, Bestellungen dafür anzunehmen oder die beworbene Leistung innerhalb einer vertretbaren Zeit zu erbringen;
7. die unwahre Angabe, bestimmte Waren oder Dienstleistungen seien allgemein oder zu bestimmten Bedingungen nur für einen sehr begrenzten Zeitraum verfügbar, um den Verbraucher zu einer sofortigen geschäftlichen Entscheidung zu veranlassen, ohne dass dieser Zeit und Gelegenheit hat, sich aufgrund von Informationen zu entscheiden;
8. Kundendienstleistungen in einer anderen Sprache als derjenigen, in der die Verhandlungen vor dem Abschluss des Geschäfts geführt worden sind, wenn die ursprünglich verwendete Sprache nicht Amtssprache des Mitgliedstaats ist, in dem der Unternehmer niedergelassen ist; dies gilt nicht, soweit Verbraucher vor dem Abschluss des Geschäfts darüber aufgeklärt werden, dass diese Leistungen in einer anderen als der ursprünglich verwendeten Sprache erbracht werden;
9. die unwahre Angabe oder das Erwecken des unzutreffenden Eindrucks, eine Ware oder Dienstleistung sei verkehrsfähig;
10. die unwahre Angabe oder das Erwecken des unzutreffenden Eindrucks, gesetzlich bestehende Rechte stellten eine Besonderheit des Angebots dar;
11. der vom Unternehmer finanzierte Einsatz redaktioneller Inhalte zu Zwecken der Verkaufsförderung, ohne dass sich dieser Zusammenhang aus dem Inhalt oder aus der Art der optischen oder akustischen Darstellung eindeutig ergibt (als Information getarnte Werbung);
12. unwahre Angaben über Art und Ausmaß einer Gefahr für die persönliche Sicherheit des Verbrauchers oder seiner Familie für den Fall, dass er die angebotene Ware nicht erwirbt oder die angebotene Dienstleistung nicht in Anspruch nimmt;
13. Werbung für eine Ware oder Dienstleistung, die der Ware oder Dienstleistung eines bestimmten Herstellers ähnlich ist, wenn dies in der Absicht geschieht, über die betriebliche Herkunft der beworbenen Ware oder Dienstleistung zu täuschen;
14. die Einführung, der Betrieb oder die Förderung eines Systems zur Verkaufsförderung, bei dem vom Verbraucher ein finanzieller Beitrag für die

Möglichkeit verlangt wird, allein oder hauptsächlich durch die Einführung weiterer Teilnehmer in das System eine Vergütung zu erlangen (Schneeball- oder Pyramidensystem);

15. die unwahre Angabe, der Unternehmer werde demnächst sein Geschäft aufgeben oder seine Geschäftsräume verlegen;
16. die Angabe, durch eine bestimmte Ware oder Dienstleistung ließen sich die Gewinnchancen bei einem Glücksspiel erhöhen;
17. die unwahre Angabe oder das Erwecken des unzutreffenden Eindrucks, der Verbraucher habe bereits einen Preis gewonnen oder werde ihn gewinnen oder werde durch eine bestimmte Handlung einen Preis gewinnen oder einen sonstigen Vorteil erlangen, wenn es einen solchen Preis oder Vorteil tatsächlich nicht gibt, oder wenn jedenfalls die Möglichkeit, einen Preis oder sonstigen Vorteil zu erlangen, von der Zahlung eines Geldbetrags oder der Übernahme von Kosten abhängig gemacht wird;
18. die unwahre Angabe, eine Ware oder Dienstleistung könne Krankheiten, Funktionsstörungen oder Missbildungen heilen;
19. eine unwahre Angabe über die Marktbedingungen oder Bezugsquellen, um den Verbraucher dazu zu bewegen, eine Ware oder Dienstleistung zu weniger günstigen Bedingungen als den allgemeinen Marktbedingungen abzunehmen oder in Anspruch zu nehmen;
20. das Angebot eines Wettbewerbs oder Preisausschreibens, wenn weder die in Aussicht gestellten Preise noch ein angemessenes Äquivalent vergeben werden;
21. das Angebot einer Ware oder Dienstleistung als „gratis", „umsonst", „kostenfrei" oder dergleichen, wenn hierfür gleichwohl Kosten zu tragen sind; dies gilt nicht für Kosten, die im Zusammenhang mit dem Eingehen auf das Waren- oder Dienstleistungsangebot oder für die Abholung oder Lieferung der Ware oder die Inanspruchnahme der Dienstleistung unvermeidbar sind;
22. die Übermittlung von Werbematerial unter Beifügung einer Zahlungsaufforderung, wenn damit der unzutreffende Eindruck vermittelt wird, die beworbene Ware oder Dienstleistung sei bereits bestellt;
23. die unwahre Angabe oder das Erwecken des unzutreffenden Eindrucks, der Unternehmer sei Verbraucher oder nicht für Zwecke seines Geschäfts, Handels, Gewerbes oder Berufs tätig;
24. die unwahre Angabe oder das Erwecken des unzutreffenden Eindrucks, es sei im Zusammenhang mit Waren oder Dienstleistungen in einem anderen Mitgliedstaat der Europäischen Union als dem des Warenverkaufs oder der Dienstleistung ein Kundendienst verfügbar;
25. das Erwecken des Eindrucks, der Verbraucher könne bestimmte Räumlichkeiten nicht ohne vorherigen Vertragsabschluss verlassen;
26. bei persönlichem Aufsuchen in der Wohnung die Nichtbeachtung einer Aufforderung des Besuchten, diese zu verlassen oder nicht zu ihr zurückzukehren, es sein denn, der Besuch ist zur rechtmäßigen Durchsetzung einer vertraglichen Verpflichtung gerechtfertigt;

27. Maßnahmen, durch die der Verbraucher von der Durchsetzung seiner vertraglichen Rechte aus einem Versicherungsverhältnis dadurch abgehalten werden soll, dass von ihm bei der Geltendmachung seines Anspruchs die Vorlage von Unterlagen verlangt wird, die zum Nachweis dieses Anspruchs nicht erforderlich sind, oder dass Schreiben zur Geltendmachung eines solchen Anspruchs systematisch nicht beantwortet werden;
28. die in eine Werbung einbezogene unmittelbare Aufforderung an Kinder, selbst die beworbene Ware zu erwerben oder die beworbene Dienstleistung in Anspruch zu nehmen oder ihre Eltern oder andere Erwachsene dazu zu veranlassen;
29. die Aufforderung zur Bezahlung nicht bestellter, aber gelieferter Waren oder erbrachter Dienstleistungen oder eine Aufforderung zur Rücksendung oder Aufbewahrung nicht bestellter Sachen und
30. die ausdrückliche Angabe, dass der Arbeitsplatz oder Lebensunterhalt des Unternehmers gefährdet sei, wenn der Verbraucher die Ware oder Dienstleistung nicht abnehme.

In Zusammenhang mit dem UWG sind die folgenden Werbeverbote aus dem Gesetz über Tabakerzeugnisse und verwandte (TabakG) bedeutsam[1]

§ 19 Verbot der Hörfunkwerbung, der Werbung in Druckerzeugnissen und in Diensten der Informationsgesellschaft, Verbot des Sponsorings. (1) Es ist verboten, für Tabakerzeugnisse, elektronische Zigaretten oder Nachfüllbehälter im Hörfunk zu werben.

(2) [1]Es ist verboten, für Tabakerzeugnisse, elektronische Zigaretten oder Nachfüllbehälter in der Presse oder in einer anderen gedruckten Veröffentlichung zu werben. [2]Abweichend von Satz 1 darf in einer gedruckten Veröffentlichung geworben werden,

1. die ausschließlich für im Handel mit Tabakerzeugnissen oder elektronischen Zigaretten oder Nachfüllbehältern tätige Personen bestimmt ist,
2. die in einem Staat, der kein Mitgliedstaat der Europäischen Union ist, gedruckt und herausgegeben wird, sofern diese Veröffentlichung nicht hauptsächlich für den Markt in der Europäischen Union bestimmt ist.

---

1 Das Tabakerzeugnisgesetz vom 4. April 2016 (BGBl. I S. 569) tritt an die Stelle des vorläufigen Tabakgesetz (in der Fassung der Bekanntmachung vom 9. September 1997, BGBl. I, S. 2296; zuletzt geändert durch Gesetz vom 3. Dezember 2015, BGBl. I, S. 2178), welches seit 2005 Werbeverbote im Bereich von Tabakerzeugnissen, die vorher in einem konsolidierten Lebensmittel-, Bedarfsgegenstände- und Futtermittelgesetzbuch (LFGB) enthalten waren, integrierte.

(3) Absatz 2 gilt für die Werbung in Diensten der Informationsgesellschaft entsprechend.

(4) Es ist verboten, Hörfunkprogramme zur Förderung des Verkaufs von Tabakerzeugnissen, elektronischen Zigaretten oder Nachfüllbehältern zu sponsern.

(5) Es ist verboten, eine Veranstaltung oder Aktivität mit dem Ziel oder der direkten oder indirekten Wirkung zu sponsern, den Verkauf von Tabakerzeugnissen, elektronischen Zigaretten oder Nachfüllbehältern zu fördern, wenn
1. an der Veranstaltung oder Aktivität mehrere Mitgliedstaaten der Europäischen Union beteiligt sind,
2. die Veranstaltung oder Aktivität in mehreren Mitgliedstaaten der Europäischen Union stattfindet oder
3. die Veranstaltung oder Aktivität eine sonstige grenzüberschreitende Wirkung hat.

§ 20 Verbot der Werbung in audiovisuellen Mediendiensten. Es ist verboten, audiovisuelle kommerzielle Kommunikation im Sinne des Artikels 1 Absatz 1 Buchstabe h der Richtlinie 2010/13/EU des Europäischen Parlaments und des Rates vom 10. März 2010 zur Koordinierung bestimmter Rechts- und Verwaltungsvorschriften der Mitgliedstaaten über die Bereitstellung audiovisueller Mediendienste (Richtlinie über audiovisuelle Mediendienste) (ABl. L 95 vom 15.4.2010, S. 1) für Tabakerzeugnisse, elektronische Zigaretten oder Nachfüllbehälter oder zugunsten von Unternehmen, deren Haupttätigkeit die Herstellung oder der Verkauf von Tabakerzeugnissen ist, zu betreiben.

Gesetz gegen Wettbewerbsbeschränkungen

in der Fassung der Bekanntmachung der Neufassung vom 15. Juli 2005 (BGBl. I 2005, S. 2114),
zuletzt geändert durch Gesetz vom 30. Oktober 2017 (BGBl. I S. 3618)

– Auszug –

§ 1 Verbot wettbewerbsbeschränkender Vereinbarungen. Vereinbarungen zwischen Unternehmen, Beschlüsse von Unternehmensvereinigungen und aufeinander abgestimmte Verhaltensweisen, die eine Verhinderung, Einschränkung oder Verfälschung des Wettbewerbs bezwecken oder bewirken, sind verboten.

§ 2 Freigestellte Vereinbarungen. (1) Vom Verbot des § 1 freigestellt sind Vereinbarungen zwischen Unternehmen, Beschlüsse von Unternehmensvereinigungen oder aufeinander abgestimmte Verhaltensweisen, die unter angemessener Beteiligung der Verbraucher an dem entstehenden Gewinn zur Verbesserung der Warenerzeugung oder -verteilung oder zur Förderung des technischen oder wirtschaftlichen Fortschritts beitragen, ohne dass den beteiligten Unternehmen

1. Beschränkungen auferlegt werden, die für die Verwirklichung dieser Ziele nicht unerlässlich sind, oder
2. Möglichkeiten eröffnet werden, für einen wesentlichen Teil der betreffenden Waren den Wettbewerb auszuschalten.

(2) [1]Bei der Anwendung von Absatz 1 gelten die Verordnungen des Rates oder der Kommission der Europäischen Gemeinschaft über die Anwendung von Artikel 81 Abs. 3 des Vertrages zur Gründung der Europäischen Gemeinschaft auf bestimmte Gruppen von Vereinbarungen, Beschlüsse von Unternehmensvereinigungen und aufeinander abgestimmte Verhaltensweisen (Gruppenfreistellungsverordnungen) entsprechend. [2]Dies gilt auch, soweit die dort genannten Vereinbarungen, Beschlüsse und Verhaltensweisen nicht geeignet sind, den Handel zwischen den Mitgliedstaaten der Europäischen Gemeinschaft zu beeinträchtigen.

§ 3 Mittelstandskartelle. (1) Vereinbarungen zwischen miteinander im Wettbewerb stehenden Unternehmen und Beschlüsse von Unternehmensvereinigungen, die die Rationalisierung wirtschaftlicher Vorgänge durch zwischenbetriebliche Zusammenarbeit zum Gegenstand haben, erfüllen die Voraussetzungen des § 2 Absatz 1, wenn

1. dadurch der Wettbewerb auf dem Markt nicht wesentlich beeinträchtigt wird und
2. die Vereinbarung oder der Beschluss dazu dient, die Wettbewerbsfähigkeit kleiner oder mittlerer Unternehmen zu verbessern.

§ 19 Verbotenes Verhalten von marktbeherrschenden Unternehmen.
(1) Die missbräuchliche Ausnutzung einer marktbeherrschenden Stellung durch ein oder mehrere Unternehmen ist verboten.

(2) Ein Missbrauch liegt insbesondere vor, wenn ein marktbeherrschendes Unternehmen als Anbieter oder Nachfrager einer bestimmten Art von Waren oder gewerblichen Leistungen

1. ein anderes Unternehmen unmittelbar oder mittelbar unbillig behindert oder ohne sachlich gerechtfertigten Grund unmittelbar oder mittelbar anders behandelt als gleichartige Unternehmen;
2. Entgelte oder sonstige Geschäftsbedingungen fordert, die von denjenigen abweichen, die sich bei wirksamem Wettbewerb mit hoher Wahrscheinlichkeit ergeben würden; hierbei sind insbesondere die Verhaltensweisen von Unternehmen auf vergleichbaren Märkten mit wirksamem Wettbewerb zu berücksichtigen;
3. ungünstigere Entgelte oder sonstige Geschäftsbedingungen fordert, als sie das marktbeherrschende Unternehmen selbst auf vergleichbaren Märkten von gleichartigen Abnehmern fordert, es sei denn, dass der Unterschied sachlich gerechtfertigt ist;
4. sich weigert, einem anderen Unternehmen gegen angemessenes Entgelt Zugang zu den eigenen Netzen oder anderen Infrastruktureinrichtungen zu gewähren, wenn es dem anderen Unternehmen aus rechtlichen oder tatsächlichen Gründen ohne die Mitbenutzung nicht möglich ist, auf dem vor- oder nachgelagerten Markt als Wettbewerber des marktbeherrschenden Unternehmens tätig zu werden; dies gilt nicht, wenn das marktbeherrschende Unternehmen nachweist, dass die Mitbenutzung aus betriebsbedingten oder sonstigen Gründen nicht möglich oder nicht zumutbar ist;
5. andere Unternehmen dazu auffordert, ihm ohne sachlich gerechtfertigten Grund Vorteile zu gewähren; hierbei ist insbesondere zu berücksichtigen, ob die Aufforderung für das andere Unternehmen nachvollziehbar begründet ist und ob der geforderte Vorteil in einem angemessenen Verhältnis zum Grund der Forderung steht.

(3) [1]Absatz 1 in Verbindung mit Absatz 2 Nummer 1 und Nummer 5 gilt auch für Vereinigungen von miteinander im Wettbewerb stehenden Unternehmen im Sinne der §§ 2, 3 und 28 Absatz 1, § 30 Absatz 2a, 2b und § 31 Absatz 1 Nummer 1, 2 und 4. [2]Absatz 1 in Verbindung mit Absatz 2 Nummer 1 gilt auch für Unternehmen, die Preise nach § 28 Absatz 2 oder § 30 Absatz 1 Satz 1 oder § 31 Absatz 1 Nummer 3 binden.

§ 20 Verbotenes Verhalten von Unternehmen mit relativer oder überlegener Marktmacht. (1) [1]§ 19 Absatz 1 in Verbindung mit Absatz 2 Nummer 1 gilt auch für Unternehmen und Vereinigungen von Unternehmen, soweit von ihnen kleine oder mittlere Unternehmen als Anbieter oder Nachfrager einer bestimmten Art von Waren oder gewerblichen Leistungen in der Weise abhängig sind, dass ausreichende und zumutbare Möglichkeiten, auf andere Unternehmen auszuweichen, nicht bestehen (relative Marktmacht). [2]Es wird vermutet, dass ein Anbieter einer bestimmten Art von Waren oder gewerblichen Leistungen von einem Nachfrager abhängig im Sinne des Satzes 1 ist, wenn dieser Nachfrager bei ihm zusätzlich zu den verkehrsüblichen Preisnachlässen oder sonstigen Leistungsentgelten regelmäßig besondere Vergünstigungen erlangt, die gleichartigen Nachfragern nicht gewährt werden.

(2) § 19 Absatz 1 in Verbindung mit Absatz 2 Nummer 5 gilt auch für Unternehmen und Vereinigungen von Unternehmen im Verhältnis zu den von ihnen abhängigen Unternehmen.

(3) [1]Unternehmen mit gegenüber kleinen und mittleren Wettbewerbern überlegener Marktmacht dürfen ihre Marktmacht nicht dazu ausnutzen, solche Wettbewerber unmittelbar oder mittelbar unbillig zu behindern. [2]Eine unbillige Behinderung im Sinne des Satzes 1 liegt insbesondere vor, wenn ein Unternehmen

1. Lebensmittel im Sinne des § 2 Absatz 2 des Lebensmittel- und Futtermittelgesetzbuches unter Einstandspreis oder
2. andere Waren oder gewerbliche Leistungen nicht nur gelegentlich unter Einstandspreis oder
3. von kleinen oder mittleren Unternehmen, mit denen es auf dem nachgelagerten Markt beim Vertrieb von Waren oder gewerblichen Leistungen im Wettbewerb steht, für deren Lieferung einen höheren Preis fordert, als es selbst auf diesem Markt

anbietet, es sei denn, dies ist jeweils sachlich gerechtfertigt. [3]Einstandspreis im Sinne des Satzes 2 ist der zwischen dem Unternehmen mit überlegener Marktmacht und seinem Lieferanten vereinbarte Preis für die Beschaffung der Ware oder Leistung, auf den allgemein gewährte und im Zeitpunkt des Angebots bereits mit hinreichender Sicherheit feststehende Bezugsvergünstigungen anteilig angerechnet werden, soweit nicht für bestimmte Waren oder Leistungen ausdrücklich etwas anderes vereinbart ist. [4]Das Anbieten von Lebensmitteln unter Einstandspreis ist sachlich gerechtfertigt, wenn es geeignet ist, den Verderb oder die drohende Unverkäuflichkeit der Waren beim Händler durch rechtzeitigen Verkauf zu verhindern sowie in vergleichbar schwerwiegenden Fällen. [5]Werden Lebensmittel an gemeinnützige Einrichtungen zur Verwendung im Rahmen ihrer Aufgaben abgegeben, liegt keine unbillige Behinderung vor.

(4) Ergibt sich auf Grund bestimmter Tatsachen nach allgemeiner Erfahrung der Anschein, dass ein Unternehmen seine Marktmacht im Sinne des Absatzes 3 ausgenutzt hat, so obliegt es diesem Unternehmen, den Anschein zu widerlegen und solche anspruchsbegründenden Umstände aus seinem Geschäftsbereich aufzuklären, deren Aufklärung dem betroffenen Wettbewerber oder einem Verband nach § 33 Absatz 2 nicht möglich, dem in Anspruch genommenen Unternehmen aber leicht möglich und zumutbar ist.

(5) Wirtschafts- und Berufsvereinigungen sowie Gütezeichengemeinschaften dürfen die Aufnahme eines Unternehmens nicht ablehnen, wenn die Ablehnung eine sachlich nicht gerechtfertigte ungleiche Behandlung darstellen und zu einer unbilligen Benachteiligung des Unternehmens im Wettbewerb führen würde.

§ 21 Boykottverbot, Verbot sonstigen wettbewerbsbeschränkenden Verhaltens. (1) Unternehmen und Vereinigungen von Unternehmen dürfen nicht ein anderes Unternehmen oder Vereinigungen von Unternehmen in der Absicht, bestimmte Unternehmen unbillig zu beeinträchtigen, zu Liefersperren oder Bezugssperren auffordern.

(2) Unternehmen und Vereinigungen von Unternehmen dürfen anderen Unternehmen keine Nachteile androhen oder zufügen und keine Vorteile versprechen oder gewähren, um sie zu einem Verhalten zu veranlassen, das nach folgenden Vorschriften nicht zum Gegenstand einer vertraglichen Bindung gemacht werden darf:
1. nach diesem Gesetz,
2. nach Artikel 101 oder 102 des Vertrages über die Arbeitsweise der Europäischen Union oder
3. nach einer Verfügung der Europäischen Kommission oder der Kartellbehörde, die auf Grund dieses Gesetzes oder auf Grund der Artikel 101 oder 102 des Vertrages über die Arbeitsweise der Europäischen Union ergangen ist.

(3) Unternehmen und Vereinigungen von Unternehmen dürfen andere Unternehmen nicht zwingen,
1. einer Vereinbarung oder einem Beschluss im Sinne der §§ 2, 3, 28 Absatz 1 oder § 30 Absatz 2a oder Absatz 2b beizutreten oder§
2. sich mit anderen Unternehmen im Sinne des § 37 zusammenzuschließen oder
3. in der Absicht, den Wettbewerb zu beschränken, sich im Markt gleichförmig zu verhalten.

(4) Es ist verboten, einem anderen wirtschaftlichen Nachteil zuzufügen, weil dieser ein Einschreiten der Kartellbehörde beantragt oder angeregt hat.

§ 22 Verhältnis dieses Gesetzes zu den Artikeln 81 und 82 des Vertrages zur Gründung der Europäischen Gemeinschaft. (1) [1]Auf Vereinbarungen zwischen Unternehmen, Beschlüsse von Unternehmensvereinigungen und aufeinander abgestimmte Verhaltensweisen im Sinne des Artikels 81 Abs. 1 des Vertrages zur Gründung der Europäischen Gemeinschaft, die den Handel zwischen den Mitgliedstaaten der Europäischen Gemeinschaft im Sinne dieser Bestimmung beeinträchtigen können, können auch die Vorschriften dieses Gesetzes angewandt werden. [2]Ist dies der Fall, ist daneben gemäß Artikel 3 Abs. 1 Satz 1 der Verordnung (EG) Nr. 1/2003 des Rates vom 16. Dezember 2002 zur Durchführung der in den Artikeln 81 und 82 des Vertrages niedergelegten Wettbewerbsregeln (ABl. EG 2003 Nr. L 1 S. 1) auch Artikel 81 des Vertrages zur Gründung der Europäischen Gemeinschaft anzuwenden.

(2) [1]Die Anwendung der Vorschriften dieses Gesetzes darf gemäß Artikel 3 Abs. 2 Satz 1 der Verordnung (EG) Nr. 1/2003 nicht zum Verbot von Vereinbarungen zwischen Unternehmen, Beschlüssen von Unternehmensvereinigungen und aufeinander abgestimmten Verhaltensweisen führen, welche den Handel zwischen den Mitgliedstaaten der Europäischen Gemeinschaft zu beeinträchtigen geeignet sind, aber den Wettbewerb im Sinne des Artikels 81 Abs. 1 des Vertrages zur Gründung der Europäischen Gemeinschaft nicht beschränken

oder die Bedingungen des Artikels 81 Abs. 3 des Vertrages zur Gründung der Europäischen Gemeinschaft erfüllen oder durch eine Verordnung zur Anwendung des Artikels 81 Abs. 3 des Vertrages zur Gründung der Europäischen Gemeinschaft erfasst sind. [2]Die Vorschriften des Kapitels 2 bleiben unberührt. [3]In anderen Fällen richtet sich der Vorrang von Artikel 81 des Vertrages zur Gründung der Europäischen Gemeinschaft nach dem insoweit maßgeblichen europäischen Gemeinschaftsrecht.

(3) [1]Auf Handlungen, die einen nach Artikel 82 des Vertrages zur Gründung der Europäischen Gemeinschaft verbotenen Missbrauch darstellen, können auch die Vorschriften dieses Gesetzes angewandt werden. [2]Ist dies der Fall, ist daneben gemäß Artikel 3 Abs. 1 Satz 2 der Verordnung (EG) Nr. 1/2003 auch Artikel 82 des Vertrages zur Gründung der Europäischen Gemeinschaft anzuwenden. [2]Die Anwendung weitergehender Vorschriften dieses Gesetzes bleibt unberührt.

(4) [1]Die Absätze 1 bis 3 gelten unbeschadet des europäischen Gemeinschaftsrechts nicht, soweit die Vorschriften über die Zusammenschlusskontrolle angewandt werden. [2]Vorschriften, die überwiegend ein von den Artikeln 81 und 82 des Vertrages zur Gründung der Europäischen Gemeinschaft abweichendes Ziel verfolgen, bleiben von den Vorschriften dieses Abschnitts unberührt.

§ 30 Presse. (1) [1]§ 1 gilt nicht für vertikale Preisbindungen, durch die ein Unternehmen, das Zeitungen oder Zeitschriften herstellt, die Abnehmer dieser Erzeugnisse rechtlich oder wirtschaftlich bindet, bei der Weiterveräußerung bestimmte Preise zu vereinbaren oder ihren Abnehmern die gleiche Bindung bis zur Weiterveräußerung an den letzten Verbraucher aufzuerlegen. [2]Zu Zeitungen und Zeitschriften zählen auch Produkte, die Zeitungen oder Zeitschriften reproduzieren oder substituieren und bei Würdigung der Gesamtumstände als überwiegend verlagstypisch anzusehen sind, sowie kombinierte Produkte, bei denen eine Zeitung oder eine Zeitschrift im Vordergrund steht.

(2) [1]Vereinbarungen der in Absatz 1 bezeichneten Art sind, soweit sie Preise und Preisbestandteile betreffen, schriftlich abzufassen. [2]Es genügt, wenn die Beteiligten Urkunden unterzeichnen, die auf eine Preisliste oder auf Preismitteilungen Bezug nehmen. [3]§ 126 Absatz 2 des Bürgerlichen Gesetzbuchs findet keine Anwendung.

(2a) [1]§ 1 gilt nicht für Branchenvereinbarungen zwischen Vereinigungen von Unternehmen, die nach Absatz 1 Preise für Zeitungen oder Zeitschriften binden (Presseverlage), einerseits und Vereinigungen von deren Abnehmern, die im Preis gebundene Zeitungen und Zeitschriften mit Remissionsrecht beziehen und mit Remissionsrecht an Letztveräußerer verkaufen (Presse-Grossisten), andererseits für die von diesen Vereinigungen jeweils vertretenen Unternehmen, soweit in diesen Branchenvereinbarungen der flächendeckende und diskriminierungsfreie Vertrieb von Zeitungs- und Zeitschriftensortimenten durch die Presse-Grossisten, insbesondere dessen Voraussetzungen und dessen Vergütungen sowie die dadurch abgegoltenen Leistungen geregelt sind. [2]Insoweit sind die in Satz 1 genannten Vereinigungen und die von ihnen jeweils vertretenen Presseverlage und Presse-Grossisten zur Sicherstellung eines flächendeckenden und diskriminierungsfreien Vertriebs von Zeitungen und Zeitschriften im stationären Einzelhandel im Sinne von Artikel 106 Absatz 2 des Vertrages über die Arbeitsweise der Europäischen Union mit Dienstleistungen von allgemeinem wirtschaftlichem Interesse betraut. [3]Die §§ 19 und 20 bleiben unberührt.

(2b) [1]§ 1 gilt nicht für Vereinbarungen zwischen Zeitungs- oder Zeitschriftenverlagen über eine verlagswirtschaftliche Zusammenarbeit, soweit die Vereinbarung den Beteiligten ermöglicht, ihre wirtschaftliche Basis für den intermedialen Wettbewerb zu stärken. [2]Satz 1 gilt nicht für eine Zusammenarbeit im redaktionellen Bereich. [3]Die Unternehmen haben auf Antrag einen Anspruch auf eine Entscheidung der Kartellbehörde nach § 32c, wenn

1. bei einer Vereinbarung nach Satz 1 die Voraussetzungen für ein Verbot nach Artikel 101 Absatz 1 des Vertrages über die Arbeitsweise der Europäischen Union nach den der Kartellbehörde vorliegenden Erkenntnissen nicht gegeben sind und
2. die Antragsteller ein erhebliches rechtliches und wirtschaftliches Interesse an dieser Entscheidung haben.

[4]Die §§ 19 und 20 bleiben unberührt.

(3) [1]Das Bundeskartellamt kann von Amts wegen oder auf Antrag eines gebundenen Abnehmers die Preisbindung für unwirksam erklären und die Anwendung einer neuen gleichartigen Preisbindung verbieten, wenn

1. die Preisbindung missbräuchlich gehandhabt wird oder
2. die Preisbindung oder ihre Verbindung mit anderen Wettbewerbsbeschränkungen geeignet ist, die gebundenen Waren zu verteuern oder ein Sinken ihrer Preise zu verhindern oder ihre Erzeugung oder ihren Absatz zu beschränken.

[2]Soweit eine Branchenvereinbarung nach Absatz 2a oder eine Vereinbarung nach Absatz 2b einen Missbrauch der Freistellung darstellt, kann das Bundeskartellamt diese ganz oder teilweise für unwirksam erklären.

(4) Das Bundesministerium für Wirtschaft und Energie berichtet den gesetzgebenden Körperschaften nach Ablauf von fünf Jahren nach Inkrafttreten der Regelung in den Absätzen 2b und 3 Satz 2 über die Erfahrungen mit der Vorschrift.

§ 32 Abstellung und nachträgliche Feststellung von Zuwiderhandlungen.

(1) Die Kartellbehörde kann Unternehmen oder Vereinigungen von Unternehmen verpflichten, eine Zuwiderhandlung gegen eine Vorschrift dieses Teils oder gegen Artikel 101 oder 102 des Vertrages über die Arbeitsweise der Europäischen Union abzustellen.

(2) [1]Sie kann ihnen hierzu alle erforderlichen Abhilfemaßnahmen verhaltensorientierter oder struktureller Art vorschreiben, die gegenüber der festgestellten Zuwiderhandlung verhältnismäßig und für eine wirksame Abstellung der Zuwiderhandlung erforderlich sind. [2]Abhilfemaßnahmen struktureller Art

können nur in Ermangelung einer verhaltensorientierten Abhilfemaßnahme von gleicher Wirksamkeit festgelegt werden, oder wenn letztere im Vergleich zu Abhilfemaßnahmen struktureller Art mit einer größeren Belastung für die beteiligten Unternehmen verbunden wäre.

(2a) [1]In der Abstellungsverfügung kann die Kartellbehörde eine Rückerstattung der aus dem kartellrechtswidrigen Verhalten erwirtschafteten Vorteile anordnen. [2]Die in den erwirtschafteten Vorteilen enthaltenen Zinsvorteile können geschätzt werden. [3]Nach Ablauf der in der Abstellungsverfügung bestimmten Frist für die Rückerstattung sind die bis zu diesem Zeitpunkt erwirtschafteten Vorteile entsprechend § 288 Absatz 1 Satz 2 und § 289 Satz 1 des Bürgerlichen Gesetzbuchs zu verzinsen.

(3) Soweit ein berechtigtes Interesse besteht, kann die Kartellbehörde auch eine Zuwiderhandlung feststellen, nachdem diese beendet ist.

§ 35 Geltungsbereich der Zusammenschlusskontrolle. (1) Die Vorschriften über die Zusammenschlusskontrolle finden Anwendung, wenn im letzten Geschäftsjahr vor dem Zusammenschluss

1. die beteiligten Unternehmen insgesamt weltweit Umsatzerlöse von mehr als 500 Millionen Euro und
2. im Inland mindestens ein beteiligtes Unternehmen Umsatzerlöse von mehr als 25 Millionen Euro und ein anderes beteiligtes Unternehmen Umsatzerlöse von mehr als 5 Millionen Euro

erzielt haben.

(2) [1]Absatz 1 gilt nicht, soweit sich ein Unternehmen, das nicht im Sinne des § 36 Absatz 2 abhängig ist und im letzten Geschäftsjahr weltweit Umsatzerlöse von weniger als 10 Millionen Euro erzielt hat, mit einem anderen Unternehmen zusammenschließt. [2]Absatz 1 gilt auch nicht für Zusammenschlüsse durch die Zusammenlegung öffentlicher Einrichtungen und Betriebe, die mit einer kommunalen Gebietsreform einhergehen.

(3) Die Vorschriften dieses Gesetzes finden keine Anwendung, soweit die Europäische Kommission nach der Verordnung (EG) Nr. 139/2004 des Rates vom 20. Januar 2004 über die Kontrolle von Unternehmenszusammenschlüssen in ihrer jeweils geltenden Fassung ausschließlich zuständig ist.

§ 36 Grundsätze für die Beurteilung von Zusammenschlüssen. (1) [1]Ein Zusammenschluss, durch den wirksamer Wettbewerb erheblich behindert würde, insbesondere von dem zu erwarten ist, dass er eine marktbeherrschende Stellung begründet oder verstärkt, ist vom Bundeskartellamt zu untersagen. [2]Dies gilt nicht, wenn

1. die beteiligten Unternehmen nachweisen, dass durch den Zusammenschluss auch Verbesserungen der Wettbewerbsbedingungen eintreten und diese Verbesserungen die Behinderung des Wettbewerbs überwiegen, oder
2. die Untersagungsvoraussetzungen des Satzes 1 auf einem Markt vorliegen, auf dem seit mindestens fünf Jahren Waren oder gewerbliche Leistungen an-

geboten werden und auf dem im letzten Kalenderjahr weniger als 15 Millionen Euro umgesetzt wurden, es sei denn, es handelt sich um einen Markt im Sinne von § 18 Absatz 2a oder einen Fall des § 35 Absatz 1a, oder

3. die marktbeherrschende Stellung eines Zeitungs- oder Zeitschriftenverlags verstärkt wird, der einen kleinen oder mittleren Zeitungs- oder Zeitschriftenverlag übernimmt, falls nachgewiesen wird, dass der übernommene Verlag in den letzten drei Jahren jeweils in der Gewinn- und Verlustrechnung nach § 275 des Handelsgesetzbuchs einen erheblichen Jahresfehlbetrag auszuweisen hatte und er ohne den Zusammenschluss in seiner Existenz gefährdet wäre. Ferner muss nachgewiesen werden, dass vor dem Zusammenschluss kein anderer Erwerber gefunden wurde, der eine wettbewerbskonformere Lösung sichergestellt hätte.

(2) [1]Ist ein beteiligtes Unternehmen ein abhängiges oder herrschendes Unternehmen im Sinne des § 17 des Aktiengesetzes oder ein Konzernunternehmen im Sinne des § 18 des Aktiengesetzes, sind die so verbundenen Unternehmen als einheitliches Unternehmen anzusehen. [2]Wirken mehrere Unternehmen derart zusammen, dass sie gemeinsam einen beherrschenden Einfluss auf ein anderes Unternehmen ausüben können, gilt jedes von ihnen als herrschendes.

(3) Steht einer Person oder Personenvereinigung, die nicht Unternehmen ist, die Mehrheitsbeteiligung an einem Unternehmen zu, gilt sie als Unternehmen.

§ 37 Zusammenschluss. (1) Ein Zusammenschluss liegt in folgenden Fällen vor:

1. Erwerb des Vermögens eines anderen Unternehmens ganz oder zu einem wesentlichen Teil; das gilt auch, wenn ein im Inland tätiges Unternehmen, dessen Vermögen erworben wird, noch keine Umsatzerlöse erzielt hat;
2. Erwerb der unmittelbaren oder mittelbaren Kontrolle durch ein oder mehrere Unternehmen über die Gesamtheit oder Teile eines oder mehrerer anderer Unternehmen. Die Kontrolle wird durch Rechte, Verträge oder andere Mittel begründet, die einzeln oder zusammen unter Berücksichtigung aller tatsächlichen und rechtlichen Umstände die Möglichkeit gewähren, einen bestimmenden Einfluss auf die Tätigkeit eines Unternehmens auszuüben, insbesondere durch
   a) Eigentums- oder Nutzungsrechte an einer Gesamtheit oder an Teilen des Vermögens des Unternehmens,
   b) Rechte oder Verträge, die einen bestimmenden Einfluss auf die Zusammensetzung, die Beratungen oder Beschlüsse der Organe des Unternehmens gewähren;

   das gilt auch, wenn ein im Inland tätiges Unternehmen noch keine Umsatzerlöse erzielt hat;
3. Erwerb von Anteilen an einem anderen Unternehmen, wenn die Anteile allein oder zusammen mit sonstigen, dem Unternehmen bereits gehörenden Anteilen
   a) 50 vom Hundert oder
   b) 25 vom Hundert

des Kapitals oder der Stimmrechte des anderen Unternehmens erreichen. Zu den Anteilen, die dem Unternehmen gehören, rechnen auch die Anteile, die einem anderen für Rechnung dieses Unternehmens gehören und, wenn der Inhaber des Unternehmens ein Einzelkaufmann ist, auch die Anteile, die sonstiges Vermögen des Inhabers sind. Erwerben mehrere Unternehmen gleichzeitig oder nacheinander Anteile im vorbezeichneten Umfang an einem anderen Unternehmen, gilt dies hinsichtlich der Märkte, auf denen das andere Unternehmen tätig ist, auch als Zusammenschluss der sich beteiligenden Unternehmen untereinander;

4. jede sonstige Verbindung von Unternehmen, aufgrund deren ein oder mehrere Unternehmen unmittelbar oder mittelbar einen wettbewerblich erheblichen Einfluss auf ein anderes Unternehmen ausüben können.

(2) Ein Zusammenschluss liegt auch dann vor, wenn die beteiligten Unternehmen bereits vorher zusammengeschlossen waren, es sei denn, der Zusammenschluss führt nicht zu einer wesentlichen Verstärkung der bestehenden Unternehmensverbindung.

(3) [1]Erwerben Kreditinstitute, Finanzinstitute oder Versicherungsunternehmen Anteile an einem anderen Unternehmen zum Zwecke der Veräußerung, gilt dies nicht als Zusammenschluss, solange sie das Stimmrecht aus den Anteilen nicht ausüben und sofern die Veräußerung innerhalb eines Jahres erfolgt. [2]Diese Frist kann vom Bundeskartellamt auf Antrag verlängert werden, wenn glaubhaft gemacht wird, dass die Veräußerung innerhalb der Frist unzumutbar war.

§ 38 Berechnung der Umsatzerlöse, der Marktanteile und des Wertes der Gegenleistung. (1) [1]Für die Ermittlung der Umsatzerlöse gilt § 277 Absatz 1 des Handelsgesetzbuchs. [2]Umsatzerlöse aus Lieferungen und Leistungen zwischen verbundenen Unternehmen (Innenumsatzerlöse) sowie Verbrauchsteuern bleiben außer Betracht.

(2) Für den Handel mit Waren sind nur drei Viertel der Umsatzerlöse in Ansatz zu bringen.

(3) Für den Verlag, die Herstellung und den Vertrieb von Zeitungen, Zeitschriften und deren Bestandteilen sowie für die Herstellung, den Vertrieb und die Veranstaltung von Rundfunkprogrammen und den Absatz von Rundfunkwerbezeiten ist das Achtfache der Umsatzerlöse in Ansatz zu bringen.

(4) [1]An die Stelle der Umsatzerlöse tritt bei Kreditinstituten, Finanzinstituten, Bausparkassen sowie bei externen Kapitalverwaltungsgesellschaften im Sinne des § 17 Absatz 2 Nummer 1 des Kapitalanlagegesetzbuchs der Gesamtbetrag der in § 34 Absatz 2 Satz 1 Nummer 1 Buchstabe a bis e der Kreditinstituts-Rechnungslegungsverordnung in der jeweils geltenden Fassung genannten Erträge abzüglich der Umsatzsteuer und sonstiger direkt auf diese Erträge erhobener Steuern. [2]Bei Versicherungsunternehmen sind die Prämieneinnahmen des letzten abgeschlossenen Geschäftsjahres maßgebend. [3]Prämieneinnahmen sind die Einnahmen aus dem Erst- und Rückversicherungsgeschäft einschließlich der in Rückdeckung gegebenen Anteile.

(4a) Die Gegenleistung nach § 35 Absatz 1a umfasst

1. alle Vermögensgegenstände und sonstigen geldwerten Leistungen, die der Veräußerer vom Erwerber im Zusammenhang mit dem Zusammenschluss nach § 37 Absatz 1 erhält, (Kaufpreis) und
2. den Wert etwaiger vom Erwerber übernommener Verbindlichkeiten.

(5) [1]Wird ein Zusammenschluss durch den Erwerb von Teilen eines oder mehrerer Unternehmen bewirkt, so ist unabhängig davon, ob diese Teile eigene Rechtspersönlichkeit besitzen, auf Seiten des Veräußerers nur der Umsatz oder der Marktanteil zu berücksichtigen, der auf die veräußerten Teile entfällt. [2]Dies gilt nicht, sofern beim Veräußerer die Kontrolle im Sinne des § 37 Absatz 1 Nummer 2 oder 25 Prozent oder mehr der Anteile verbleiben. [3]Zwei oder mehr Erwerbsvorgänge im Sinne von Satz 1, die innerhalb von zwei Jahren zwischen denselben Personen oder Unternehmen getätigt werden, werden als ein einziger Zusammenschluss behandelt, wenn dadurch erstmals die Umsatzschwellen des § 35 Absatz 1 erreicht oder die Voraussetzungen des § 35 Absatz 1a erfüllt werden; als Zeitpunkt des Zusammenschlusses gilt der letzte Erwerbsvorgang.

Strafgesetzbuch

in der Fassung der Bekanntmachung vom 13. November 1998
(BGBl. I S. 3322),
zuletzt geändert durch Gesetz vom 30. Oktober 2017
(BGBl. I S. 3618 ff.)

– Auszug –

§ 11 Personen- und Sachbegriffe. (1) Im Sinne dieses Gesetzes ist

1. Angehöriger:
   wer zu den folgenden Personen gehört:
   a) Verwandte und Verschwägerte gerader Linie, der Ehegatte, der Lebenspartner, der Verlobte, auch im Sinne des Lebenspartnerschaftsgesetzes, Geschwister, Ehegatten oder Lebenspartner der Geschwister, Geschwister der Ehegatten oder Lebenspartner, und zwar auch dann, wenn die Ehe oder die Lebenspartnerschaft, welche die Beziehung begründet hat, nicht mehr besteht oder wenn die Verwandtschaft oder Schwägerschaft erloschen ist,
   b) Pflegeeltern und Pflegekinder;
2. Amtsträger:
   wer nach deutschem Recht
   a) Beamter oder Richter ist,
   b) in einem sonstigen öffentlich-rechtlichen Amtsverhältnis steht oder
   c) sonst dazu bestellt ist, bei einer Behörde oder bei einer sonstigen Stelle oder in deren Auftrag Aufgaben der öffentlichen Verwaltung unbeschadet der zur Aufgabenerfüllung gewählten Organisationsform wahrzunehmen;

2a. Europäischer Amtsträger:
   wer
   a) Mitglied der Europäischen Kommission, der Europäischen Zentralbank, des Rechnungshofs oder eines Gerichts der Europäischen Union ist,
   b) Beamter oder sonstiger Bediensteter der Europäischen Union oder einer auf der Grundlage des Rechts der Europäischen Union geschaffenen Einrichtung ist oder
   c) mit der Wahrnehmung von Aufgaben der Europäischen Union oder von Aufgaben einer auf der Grundlage des Rechts der Europäischen Union geschaffenen Einrichtung beauftragt ist;

3. Richter:
   wer nach deutschem Recht Berufsrichter oder ehrenamtlicher Richter ist;
4. für den öffentlichen Dienst besonders Verpflichteter:
   wer, ohne Amtsträger zu sein,
   a) bei einer Behörde oder bei einer sonstigen Stelle, die Aufgaben der öffentlichen Verwaltung wahrnimmt, oder

b) bei einem Verband oder sonstigen Zusammenschluss, Betrieb oder Unternehmen, die für eine Behörde oder für eine sonstige Stelle Aufgaben der öffentlichen Verwaltung ausführen,

beschäftigt oder für sie tätig und auf die gewissenhafte Erfüllung seiner Obliegenheiten aufgrund eines Gesetzes förmlich verpflichtet ist;

5. rechtswidrige Tat:
nur eine solche, die den Tatbestand eines Strafgesetzes verwirklicht;
6. Unternehmen einer Tat:
deren Versuch und deren Vollendung;
7. Behörde:
auch ein Gericht;
8. Maßnahmen:
jede Maßregel der Besserung und Sicherung, die Einziehung und die Unbrauchbarmachung;
9. Entgelt:
jede in einem Vermögensvorteil bestehende Gegenleistung.

(2) Vorsätzlich im Sinne dieses Gesetzes ist eine Tat auch dann, wenn sie einen gesetzlichen Tatbestand verwirklicht, der hinsichtlich der Handlung Vorsatz voraussetzt, hinsichtlich einer dadurch verursachten besonderen Folge jedoch Fahrlässigkeit ausreichen lässt.

(3) Den Schriften stehen Ton- und Bildträger, Datenspeicher, Abbildungen und andere Darstellungen in denjenigen Vorschriften gleich, die auf diesen Absatz verweisen.[1]

§ 36 Parlamentarische Äußerungen. [1]Mitglieder des Bundestages, der Bundesversammlung oder eines Gesetzgebungsorgans eines Landes dürfen zu keiner Zeit wegen ihrer Abstimmung oder wegen einer Äußerung, die sie in der Körperschaft oder in einem ihrer Ausschüsse getan haben, außerhalb der Körperschaft zur Verantwortung gezogen werden. [2]Dies gilt nicht für verleumderische Beleidigungen.

§ 37 Parlamentarische Berichte. Wahrheitsgetreue Berichte über die öffentlichen Sitzungen der in § 36 bezeichneten Körperschaften oder ihrer Ausschüsse bleiben von jeder Verantwortlichkeit frei.

§ 74 Einziehung von Tatprodukten, Tatmitteln und Tatobjekten bei Tätern und Teilnehmern. (1) Gegenstände, die durch eine vorsätzliche Tat hervorgebracht (Tatprodukte) oder zu ihrer Begehung oder Vorbereitung gebraucht worden oder bestimmt gewesen sind (Tatmittel), können eingezogen werden.

(2) Gegenstände, auf die sich eine Straftat bezieht (Tatobjekte), unterliegen der Einziehung nach der Maßgabe besonderer Vorschriften.

---

1 Eine Ergänzung in zivilrechtlicher Sicht bietet das Gesetz zur Sicherung der zivilrechtlichen Ansprüche der Opfer von Straftaten – **Opferanspruchssicherungsgesetz** (OASG vom 8. Mai 1998, BGBl. I, S. 905).

(3) [1]Die Einziehung ist nur zulässig, wenn die Gegenstände zur Zeit der Entscheidung dem Täter oder Teilnehmer gehören oder zustehen. [2]Das gilt auch für die Einziehung, die durch eine besondere Vorschrift über Absatz 1 hinaus vorgeschrieben oder zugelassen ist.

§ 74a Einziehung von Tatprodukten, Tatmitteln und Tatobjekten bei anderen. Verweist ein Gesetz auf diese Vorschrift, können Gegenstände abweichend von § 74 Absatz 3 auch dann eingezogen werden, wenn derjenige, dem sie zur Zeit der Entscheidung gehören oder zustehen,
1. mindestens leichtfertig dazu beigetragen hat, dass sie als Tatmittel verwendet worden oder Tatobjekt gewesen sind, oder
2. sie in Kenntnis der Umstände, welche die Einziehung zugelassen hätten, in verwerflicher Weise erworben hat.

§ 74b Sicherungseinziehung. (1) Gefährden Gegenstände nach ihrer Art und nach den Umständen die Allgemeinheit oder besteht die Gefahr, dass sie der Begehung rechtswidriger Taten dienen werden, können sie auch dann eingezogen werden, wenn
1. der Täter oder Teilnehmer ohne Schuld gehandelt hat oder
2. die Gegenstände einem anderen als dem Täter oder Teilnehmer gehören oder zustehen.

(2) [1]In den Fällen des Absatzes 1 Nummer 2 wird der andere aus der Staatskasse unter Berücksichtigung des Verkehrswertes des eingezogenen Gegenstandes angemessen in Geld entschädigt. [2]Das Gleiche gilt, wenn der eingezogene Gegenstand mit dem Recht eines anderen belastet ist, das durch die Entscheidung erloschen oder beeinträchtigt ist.

(3) [1]Eine Entschädigung wird nicht gewährt, wenn
1. der nach Absatz 2 Entschädigungsberechtigte
   a) mindestens leichtfertig dazu beigetragen hat, dass der Gegenstand als Tatmittel verwendet worden oder Tatobjekt gewesen ist, oder
   b) den Gegenstand oder das Recht an dem Gegenstand in Kenntnis der Umstände, welche die Einziehung zulassen, in verwerflicher Weise erworben hat oder
2. es nach den Umständen, welche die Einziehung begründet haben, auf Grund von Rechtsvorschriften außerhalb des Strafrechts zulässig wäre, dem Entschädigungsberechtigten den Gegenstand oder das Recht an dem Gegenstand ohne Entschädigung dauerhaft zu entziehen.

[2]Abweichend von Satz 1 kann eine Entschädigung jedoch gewährt werden, wenn es eine unbillige Härte wäre, sie zu versagen.

§ 74c Einziehung des Wertes von Tatprodukten, Tatmitteln und Tatobjekten bei Tätern und Teilnehmern. (1) Ist die Einziehung eines bestimmten Gegenstandes nicht möglich, weil der Täter oder Teilnehmer diesen veräußert, verbraucht oder die Einziehung auf andere Weise vereitelt hat, so kann das Gericht gegen ihn die Einziehung eines Geldbetrages anordnen, der dem Wert des Gegenstandes entspricht.

(2) [1]Eine solche Anordnung kann das Gericht auch neben oder statt der Einziehung eines Gegenstandes treffen, wenn ihn der Täter oder Teilnehmer vor der Entscheidung über die Einziehung mit dem Recht eines Dritten belastet hat, dessen Erlöschen nicht oder ohne Entschädigung nicht angeordnet werden kann (§ 74b Absatz 2 und 3 und § 75 Absatz 2). [2]Trifft das Gericht die Anordnung neben der Einziehung, bemisst sich die Höhe des Wertersatzes nach dem Wert der Belastung des Gegenstandes.

(3) Der Wert des Gegenstandes und der Belastung kann geschätzt werden.

§ 74d Einziehung von Schriften und Unbrauchbarmachung. (1) [1]Schriften (§ 11 Absatz 3), die einen solchen Inhalt haben, dass jede vorsätzliche Verbreitung in Kenntnis ihres Inhalts den Tatbestand eines Strafgesetzes verwirklichen würde, werden eingezogen, wenn mindestens ein Stück durch eine rechtswidrige Tat verbreitet oder zur Verbreitung bestimmt worden ist. [2]Zugleich wird angeordnet, dass die zur Herstellung der Schriften gebrauchten oder bestimmten Vorrichtungen, die Vorlage für die Vervielfältigung waren oder sein sollten, unbrauchbar gemacht werden.

(2) Die Einziehung erstreckt sich nur auf die Stücke, die sich im Besitz der bei ihrer Verbreitung oder deren Vorbereitung mitwirkenden Personen befinden oder öffentlich ausgelegt oder beim Verbreiten durch Versenden noch nicht dem Empfänger ausgehändigt worden sind.

(3) [1]Absatz 1 gilt entsprechend für Schriften (§ 11 Absatz 3), die einen solchen Inhalt haben, dass die vorsätzliche Verbreitung in Kenntnis ihres Inhalts nur bei Hinzutreten weiterer Tatumstände den Tatbestand eines Strafgesetzes verwirklichen würde. [2]Die Einziehung und Unbrauchbarmachung werden jedoch nur angeordnet, soweit

1. die Stücke und die in Absatz 1 Satz 2 bezeichneten Vorrichtungen sich im Besitz des Täters, des Teilnehmers oder eines anderen befinden, für den der Täter oder Teilnehmer gehandelt hat, oder von diesen Personen zur Verbreitung bestimmt sind und
2. die Maßnahmen erforderlich sind, um ein gesetzwidriges Verbreiten durch die in Nummer 1 bezeichneten Personen zu verhindern.

(4) Dem Verbreiten im Sinne der Absätze 1 bis 3 steht es gleich, wenn eine Schrift (§ 11 Absatz 3) oder mindestens ein Stück der Schrift durch Ausstellen, Anschlagen, Vorführen oder in anderer Weise öffentlich zugänglich gemacht wird.

(5) [1]Stand das Eigentum an der Sache zur Zeit der Rechtskraft der Entscheidung über die Einziehung oder Unbrauchbarmachung einem anderen als dem Täter oder Teilnehmer zu oder war der Gegenstand mit dem Recht eines Dritten belastet, das durch die Entscheidung erloschen oder beeinträchtigt ist, wird dieser aus der Staatskasse unter Berücksichtigung des Verkehrswertes angemessen in Geld entschädigt. [2]§ 74b Absatz 3 gilt entsprechend.

§ 74e Sondervorschrift für Organe und Vertreter. [1]Hat jemand

1. als vertretungsberechtigtes Organ einer juristischen Person oder als Mitglied eines solchen Organs,
2. als Vorstand eines nicht rechtsfähigen Vereins oder als Mitglied eines solchen Vorstandes,
3. als vertretungsberechtigter Gesellschafter einer rechtsfähigen Personengesellschaft,
4. als Generalbevollmächtigter oder in leitender Stellung als Prokurist oder Handlungsbevollmächtigter einer juristischen Person oder einer in Nummer 2 oder 3 genannten Personenvereinigung oder
5. als sonstige Person, die für die Leitung des Betriebs oder Unternehmens einer juristischen Person oder einer in Nummer 2 oder 3 genannten Personenvereinigung verantwortlich handelt, wozu auch die Überwachung der Geschäftsführung oder die sonstige Ausübung von Kontrollbefugnissen in leitender Stellung gehört,

eine Handlung vorgenommen, die ihm gegenüber unter den übrigen Voraussetzungen der §§ 74 bis 74c die Einziehung eines Gegenstandes oder des Wertersatzes zulassen oder den Ausschluss der Entschädigung begründen würde, wird seine Handlung bei Anwendung dieser Vorschriften dem Vertretenen zugerechnet. [2]§ 14 Absatz 3 gilt entsprechend.

§ 77 Antragsberechtigte. (1) Ist die Tat nur auf Antrag verfolgbar, so kann, soweit das Gesetz nichts anderes bestimmt, der Verletzte den Antrag stellen.

(2) [1]Stirbt der Verletzte, so geht sein Antragsrecht in den Fällen, die das Gesetz bestimmt, auf den Ehegatten, den Lebenspartner und die Kinder über. [2]Hat der Verletzte weder einen Ehegatten, oder einen Lebenspartner noch Kinder hinterlassen oder sind sie vor Ablauf der Antragsfrist gestorben, so geht das Antragsrecht auf die Eltern und, wenn auch sie vor Ablauf der Antragsfrist gestorben sind, auf die Geschwister und die Enkel über. [3]Ist ein Angehöriger an der Tat beteiligt oder ist seine Verwandtschaft erloschen, so scheidet er bei dem Übergang des Antragsrechts aus. [4]Das Antragsrecht geht nicht über, wenn die Verfolgung dem erklärten Willen des Verletzten widerspricht.

(3) Ist der Antragsberechtigte geschäftsunfähig oder beschränkt geschäftsfähig, so können der gesetzliche Vertreter in den persönlichen Angelegenheiten und derjenige, dem die Sorge für die Person des Antragsberechtigten zusteht, den Antrag stellen.

(4) Sind mehrere antragsberechtigt, so kann jeder den Antrag selbstständig stellen.

§ 77a Antrag des Dienstvorgesetzten. (1) Ist die Tat von einem Amtsträger, einem für den öffentlichen Dienst besonders Verpflichteten oder einem Soldaten der Bundeswehr oder gegen ihn begangen und auf Antrag des Dienstvorgesetzten verfolgbar, so ist derjenige Dienstvorgesetzte antragsberechtigt, dem der Betreffende zur Zeit der Tat unterstellt war.

(2) [1]Bei Berufsrichtern ist anstelle des Dienstvorgesetzten antragsberechtigt, wer die Dienstaufsicht über den Richter führt. [2]Bei Soldaten ist Dienstvorgesetzter der Disziplinarvorgesetzte.

(3) [1]Bei einem Amtsträger oder einem für den öffentlichen Dienst besonders Verpflichteten, der keinen Dienstvorgesetzten hat oder gehabt hat, kann die Dienststelle, für die er tätig war, den Antrag stellen. [2]Leitet der Amtsträger oder der Verpflichtete selbst diese Dienststelle, so ist die staatliche Aufsichtsbehörde antragsberechtigt.

(4) Bei Mitgliedern der Bundesregierung ist die Bundesregierung, bei Mitgliedern einer Landesregierung die Landesregierung antragsberechtigt.

§ 77b Antragsfrist. (1) [1]Eine Tat, die nur auf Antrag verfolgbar ist, wird nicht verfolgt, wenn der Antragsberechtigte es unterlässt, den Antrag bis zum Ablauf einer Frist von drei Monaten zu stellen. [2]Fällt das Ende der Frist auf einen Sonntag, einen allgemeinen Feiertag oder einen Sonnabend, so endet die Frist mit Ablauf des nächsten Werktags.

(2) [1]Die Frist beginnt mit Ablauf des Tages, an dem der Berechtigte von der Tat und der Person des Täters Kenntnis erlangt. [2]Für den Antrag des gesetzlichen Vertreters und des Sorgeberechtigten kommt es auf dessen Kenntnis an.

(3) Sind mehrere antragsberechtigt oder mehrere an der Tat beteiligt, so läuft die Frist für und gegen jeden gesondert.

(4) Ist durch Tod des Verletzten das Antragsrecht auf Angehörige übergegangen, so endet die Frist frühestens drei Monate und spätestens sechs Monate nach dem Tod des Verletzten.

(5) Der Lauf der Frist ruht, wenn ein Antrag auf Durchführung eines Sühneversuchs gemäß § 380 der Strafprozessordnung bei der Vergleichsbehörde eingeht, bis zur Ausstellung der Bescheinigung nach § 380 Abs. 1 Satz 3 der Strafprozessordnung.

§ 77c Wechselseitig begangene Taten. [1]Hat bei wechselseitig begangenen Taten, die miteinander zusammenhängen und nur auf Antrag verfolgbar sind, ein Berechtigter die Strafverfolgung des anderen beantragt, so erlischt das Antragsrecht des anderen, wenn er es nicht bis zur Beendigung des letzten Wortes im ersten Rechtszug ausübt. [2]Er kann den Antrag auch dann noch stellen, wenn für ihn die Antragfrist schon verstrichen ist.

§ 77d Zurücknahme des Antrages. (1) [1]Der Antrag kann zurückgenommen werden. [2]Die Zurücknahme kann bis zum rechtskräftigen Abschluss des Strafverfahrens erklärt werden. [3]Ein zurückgenommener Antrag kann nicht nochmals gestellt werden.

(2) [1]Stirbt der Verletzte oder der im Falle seines Todes Berechtigte, nachdem er den Antrag gestellt hat, so können der Ehegatte, der Lebenspartner, die Kinder, die Eltern, die Geschwister und die Enkel des Verletzten in der Rangfolge

des § 77 Abs. 2 den Antrag zurücknehmen. [2]Mehrere Angehörige des gleichen Ranges können das Recht nur gemeinsam ausüben. [3]Wer an der Tat beteiligt ist, kann den Antrag nicht zurücknehmen.

§ 77e Ermächtigung und Strafverlangen. Ist eine Tat nur mit Ermächtigung oder auf Strafverlangen verfolgbar, so gelten die §§ 77 und 77d entsprechend.

§ 86 Verbreiten von Propagandamitteln verfassungswidriger Organisationen. (1) Wer Propagandamittel

1. einer vom Bundesverfassungsgericht für verfassungswidrig erklärten Partei oder einer Partei oder Vereinigung, von der unanfechtbar festgestellt ist, dass sie Ersatzorganisation einer solchen Partei ist,
2. einer Vereinigung, die unanfechtbar verboten ist, weil sie sich gegen die verfassungsmäßige Ordnung oder gegen den Gedanken der Völkerverständigung richtet, oder von der unanfechtbar festgestellt ist, dass sie Ersatzorganisation einer solchen verbotenen Vereinigung ist,
3. einer Regierung, Vereinigung oder Einrichtung außerhalb des räumlichen Geltungsbereichs dieses Gesetzes, die für die Zwecke einer der in den Nummern 1 und 2 bezeichneten Parteien oder Vereinigungen tätig ist, oder
4. Propagandamittel, die nach ihrem Inhalt dazu bestimmt sind, Bestrebungen einer ehemaligen nationalsozialistischen Organisation fortzusetzen,

im Inland verbreitet oder zur Verbreitung im Inland oder Ausland herstellt, vorrätig hält, einführt oder ausführt oder in Datenspeichern öffentlich zugänglich macht, wird mit Freiheitsstrafe bis zu drei Jahren oder mit Geldstrafe bestraft.

(2) Propagandamittel im Sinne des Absatzes 1 sind nur solche Schriften (§ 11 Abs. 3), deren Inhalt gegen die freiheitliche demokratische Grundordnung oder den Gedanken der Völkerverständigung gerichtet ist.

(3) Absatz 1 gilt nicht, wenn das Propagandamittel oder die Handlung der staatsbürgerlichen Aufklärung, der Abwehr verfassungswidriger Bestrebungen, der Kunst oder der Wissenschaft, der Forschung oder der Lehre, der Berichterstattung über Vorgänge des Zeitgeschehens oder der Geschichte oder ähnlichen Zwecken dient.

(4) Ist die Schuld gering, so kann das Gericht von einer Bestrafung nach dieser Vorschrift absehen.

§ 86a Verwenden von Kennzeichen verfassungswidriger Organisationen. (1) Mit Freiheitsstrafe bis zu drei Jahren oder mit Geldstrafe wird bestraft, wer

1. im Inland Kennzeichen einer der in § 86 Abs. 1 Nr. 1, 2 und 4 bezeichneten Parteien oder Vereinigungen verbreitet oder öffentlich, in einer Versammlung oder in von ihm verbreiteten Schriften (§ 11 Abs. 3) verwendet oder
2. Gegenstände, die derartige Kennzeichen darstellen oder enthalten, zur Verbreitung oder Verwendung im Inland oder Ausland in der in Nummer 1 bezeichneten Art und Weise herstellt, vorrätig hält, einführt oder ausführt.

(2) [1]Kennzeichen im Sinne des Absatzes 1 sind namentlich Fahnen, Abzeichen, Uniformstücke, Parolen und Grußformen. [2]Den in Satz 1 genannten Kennzeichen stehen solche gleich, die ihnen zum Verwechseln ähnlich sind.

(3) § 86 Abs. 3 und 4 gilt entsprechend.

§ 90 Verunglimpfung des Bundespräsidenten. (1) Wer öffentlich, in einer Versammlung oder durch Verbreiten von Schriften (§ 11 Abs. 3) den Bundespräsidenten verunglimpft, wird mit Freiheitsstrafe von drei Monaten bis zu fünf Jahren bestraft.

(2) In minder schweren Fällen kann das Gericht die Strafe nach seinem Ermessen mildern (§ 49 Abs. 2), wenn nicht die Voraussetzungen des § 188 erfüllt sind.

(3) Die Strafe ist Freiheitsstrafe von sechs Monaten bis zu fünf Jahren, wenn die Tat eine Verleumdung (§ 187) ist oder wenn der Täter sich durch die Tat absichtlich für Bestrebungen gegen den Bestand der Bundesrepublik Deutschland oder gegen Verfassungsgrundsätze einsetzt.

(4) Die Tat wird nur mit Ermächtigung des Bundespräsidenten verfolgt.

§ 90a Verunglimpfung des Staates und seiner Symbole. (1) Wer öffentlich, in einer Versammlung oder durch Verbreiten von Schriften (§ 11 Abs. 3)
1. die Bundesrepublik Deutschland oder eines ihrer Länder oder ihre verfassungsmäßige Ordnung beschimpft oder böswillig verächtlich macht oder
2. die Farben, die Flagge, das Wappen oder die Hymne der Bundesrepublik Deutschland oder eines ihrer Länder verunglimpft,

wird mit Freiheitsstrafe bis zu drei Jahren oder mit Geldstrafe bestraft.

(2) [1]Ebenso wird bestraft, wer eine öffentlich gezeigte Flagge der Bundesrepublik Deutschland oder eines ihrer Länder oder ein von einer Behörde öffentlich angebrachtes Hoheitszeichen der Bundesrepublik Deutschland oder eines ihrer Länder entfernt, zerstört, beschädigt, unbrauchbar oder unkenntlich macht oder beschimpfenden Unfug daran verübt. [2]Der Versuch ist strafbar.

(3) Die Strafe ist Freiheitsstrafe bis zu fünf Jahren oder Geldstrafe, wenn der Täter sich durch die Tat absichtlich für Bestrebungen gegen den Bestand der Bundesrepublik Deutschland oder gegen Verfassungsgrundsätze einsetzt.

§ 90b Verfassungsfeindliche Verunglimpfung von Verfassungsorganen.
(1) Wer öffentlich, in einer Versammlung oder durch Verbreiten von Schriften (§ 11 Abs. 3) ein Gesetzgebungsorgan, die Regierung oder das Verfassungsgericht des Bundes oder eines Landes oder eines ihrer Mitglieder in dieser Eigenschaft in einer das Ansehen des Staates gefährdenden Weise verunglimpft und sich dadurch absichtlich für Bestrebungen gegen den Bestand der Bundesrepublik Deutschland oder gegen Verfassungsgrundsätze einsetzt, wird mit Freiheitsstrafe von drei Monaten bis zu fünf Jahren bestraft.

(2) Die Tat wird nur mit Ermächtigung des betroffenen Verfassungsorgans oder Mitglieds verfolgt.

§ 93 Begriff des Staatsgeheimnisses. (1) Staatsgeheimnisse sind Tatsachen, Gegenstände oder Erkenntnisse, die nur einem begrenzten Personenkreis zugänglich sind und vor einer fremden Macht geheimgehalten werden müssen, um die Gefahr eines schweren Nachteils für die äußere Sicherheit der Bundesrepublik Deutschland abzuwenden.

(2) Tatsachen, die gegen die freiheitliche demokratische Grundordnung oder unter Geheimhaltung gegenüber den Vertragspartnern der Bundesrepublik Deutschland gegen zwischenstaatlich vereinbarte Rüstungsbeschränkungen verstoßen, sind keine Staatsgeheimnisse.

§ 94 Landesverrat. (1) Wer ein Staatsgeheimnis
1. einer fremden Macht oder einem ihrer Mittelsmänner mitteilt oder
2. sonst an einen Unbefugten gelangen lässt oder öffentlich bekannt macht, um die Bundesrepublik Deutschland zu benachteiligen oder eine fremde Macht zu begünstigen, und dadurch die Gefahr eines schweren Nachteils für die äußere Sicherheit der Bundesrepublik Deutschland herbeiführt, wird mit Freiheitsstrafe nicht unter einem Jahr bestraft.

(2) [1]In besonders schweren Fällen ist die Strafe lebenslange Freiheitsstrafe oder Freiheitsstrafe nicht unter fünf Jahren. [2]Ein besonders schwerer Fall liegt in der Regel vor, wenn der Täter
1. eine verantwortliche Stellung mißbraucht, die ihn zur Wahrung von Staatsgeheimnissen besonders verpflichtet, oder
2. durch die Tat die Gefahr eines besonders schweren Nachteils für die äußere Sicherheit der Bundesrepublik Deutschland herbeiführt.

§ 95 Offenbaren von Staatsgeheimnissen [Publizistischer Landesverrat]. (1) Wer ein Staatsgeheimnis, das von einer amtlichen Stelle oder auf deren Veranlassung geheim gehalten wird, an einen Unbefugten gelangen lässt oder öffentlich bekannt macht und dadurch die Gefahr eines schweren Nachteils für die äußere Sicherheit der Bundesrepublik Deutschland herbeiführt, wird mit Freiheitsstrafe von sechs Monaten bis zu fünf Jahren bestraft, wenn die Tat nicht in § 94 mit Strafe bedroht ist.

(2) Der Versuch ist strafbar.

(3) [1]In besonders schweren Fällen ist die Strafe Freiheitsstrafe von einem Jahr bis zu zehn Jahren. [2]§ 94 Abs. 2 Satz 2 ist anzuwenden.

§ 97 Preisgabe von Staatsgeheimnissen. (1) Wer ein Staatsgeheimnis, das von einer amtlichen Stelle oder auf deren Veranlassung geheim gehalten wird, an einen Unbefugten gelangen läßt oder öffentlich bekanntmacht und dadurch fahrlässig die Gefahr eines schweren Nachteils für die äußere Sicherheit der Bundesrepublik Deutschland verursacht, wird mit Freiheitsstrafe bis zu fünf Jahren oder mit Geldstrafe bestraft.

(2) Wer ein Staatsgeheimnis, das von einer amtlichen Stelle oder auf deren Veranlassung geheim gehalten wird und das ihm kraft seines Amtes, seiner

Dienststellung oder eines von einer amtlichen Stelle erteilten Auftrags zugänglich war, leichtfertig an einen Unbefugten gelangen läßt und dadurch fahrlässig die Gefahr eines schweren Nachteils für die äußere Sicherheit der Bundesrepublik Deutschland verursacht, wird mit Freiheitsstrafe bis zu drei Jahren oder mit Geldstrafe bestraft.

(3) Die Tat wird nur mit Ermächtigung der Bundesregierung verfolgt.

§ 97a Verrat illegaler Geheimnisse. [1]Wer ein Geheimnis, das wegen eines der in § 93 Abs. 2 bezeichneten Verstöße kein Staatsgeheimnis ist, einer fremden Macht oder einem ihrer Mittelsmänner mitteilt und dadurch die Gefahr eines schweren Nachteils für die äußere Sicherheit der Bundesrepublik Deutschland herbeiführt, wird wie ein Landesverräter (§ 94) bestraft. [2]§ 96 Abs. 1 in Verbindung mit § 94 Abs. 1 Nr. 1 ist auf Geheimnisse der in Satz 1 bezeichneten Art entsprechend anzuwenden.

§ 97b Verrat in irriger Annahme eines illegalen Geheimnisses. (1) [1]Handelt der Täter in den Fällen der §§ 94 bis 97 in der irrigen Annahme, das Staatsgeheimnis sei ein Geheimnis der in § 97a bezeichneten Art, so wird er, wenn

1. dieser Irrtum ihm vorzuwerfen ist,
2. er nicht in der Absicht handelt, dem vermeintlichen Verstoß entgegenzuwirken, oder
3. die Tat nach den Umständen kein angemessenes Mittel zu diesem Zweck ist,

nach den bezeichneten Vorschriften bestraft.

[2]Die Tat ist in der Regel kein angemessenes Mittel, wenn der Täter nicht zuvor ein Mitglied des Bundestages um Abhilfe angerufen hat.

(2) [1]War dem Täter als Amtsträger oder als Soldat der Bundeswehr das Staatsgeheimnis dienstlich anvertraut oder zugänglich, so wird er auch dann bestraft, wenn nicht zuvor der Amtsträger einen Dienstvorgesetzten, der Soldat einen Disziplinarvorgesetzten um Abhilfe angerufen hat. [2]Dies gilt für die für den öffentlichen Dienst besonders Verpflichteten und für Personen, die im Sinne des § 353b Abs. 2 verpflichtet worden sind, sinngemäß.

§ 123 Hausfriedensbruch. (1) Wer in die Wohnung, in die Geschäftsräume oder in das befriedete Besitztum eines anderen oder in abgeschlossene Räume, welche zum öffentlichen Dienst oder Verkehr bestimmt sind, widerrechtlich eindringt, oder wer, wenn er ohne Befugnis darin verweilt, auf die Aufforderung des Berechtigten sich nicht entfernt, wird mit Freiheitsstrafe bis zu einem Jahr oder mit Geldstrafe bestraft.

(2) Die Tat wird nur auf Antrag verfolgt.

§ 130 Volksverhetzung. (1) Wer in einer Weise, die geeignet ist, den öffentlichen Frieden zu stören

1. gegen eine nationale, rassische, religiöse oder durch ihre ethnische Herkunft bestimmte Gruppe, gegen Teile der Bevölkerung oder gegen einen Einzelnen wegen seiner Zugehörigkeit zu einer vorbezeichneten Gruppe oder zu

einem Teil der Bevölkerung zum Hass aufstachelt, zu Gewalt- oder Willkürmaßnahmen auffordert oder
2. die Menschenwürde anderer dadurch angreift, dass er eine vorbezeichnete Gruppe, Teile der Bevölkerung oder einen Einzelnen wegen seiner Zugehörigkeit zu einer vorbezeichneten Gruppe oder zu einem Teil der Bevölkerung beschimpft, böswillig verächtlich macht oder verleumdet,

wird mit Freiheitsstrafe von drei Monaten bis zu fünf Jahren bestraft.

(2) Mit Freiheitsstrafe bis zu drei Jahren oder mit Geldstrafe wird bestraft, wer

1. eine Schrift (§ 11 Absatz 3) verbreitet oder der Öffentlichkeit zugänglich macht oder einer Person unter achtzehn Jahren eine Schrift (§ 11 Absatz 3) anbietet, überlässt oder zugänglich macht, die
   a) zum Hass gegen eine in Absatz 1 Nummer 1 bezeichnete Gruppe, gegen Teile der Bevölkerung oder gegen einen Einzelnen wegen seiner Zugehörigkeit zu einer in Absatz 1 Nummer 1 bezeichneten Gruppe oder zu einem Teil der Bevölkerung aufstachelt,
   b) zu Gewalt- oder Willkürmaßnahmen gegen in Buchstabe a genannte Personen oder Personenmehrheiten auffordert oder
   c) die Menschenwürde von in Buchstabe a genannten Personen oder Personenmehrheiten dadurch angreift, dass diese beschimpft, böswillig verächtlich gemacht oder verleumdet werden,
2. einen in Nummer 1 Buchstabe a bis c bezeichneten Inhalt mittels Rundfunk oder Telemedien einer Person unter achtzehn Jahren oder der Öffentlichkeit zugänglich macht oder
3. eine Schrift (§ 11 Absatz 3) des in Nummer 1 Buchstabe a bis c bezeichneten Inhalts herstellt, bezieht, liefert, vorrätig hält, anbietet, bewirbt oder es unternimmt, diese Schrift ein- oder auszuführen, um sie oder aus ihr gewonnene Stücke im Sinne der Nummer 1 oder Nummer 2 zu verwenden oder einer anderen Person eine solche Verwendung zu ermöglichen.

(3) Mit Freiheitsstrafe bis zu fünf Jahren oder mit Geldstrafe wird bestraft, wer eine unter der Herrschaft des Nationalsozialismus begangene Handlung der in § 6 Abs. 1 des Völkerstrafgesetzbuches bezeichneten Art in einer Weise, die geeignet ist, den öffentlichen Frieden zu stören, öffentlich oder in einer Versammlung billigt, leugnet oder verharmlost.

(4) Mit Freiheitsstrafe bis zu drei Jahren oder mit Geldstrafe wird bestraft, wer öffentlich oder in einer Versammlung den öffentlichen Frieden in einer die Würde der Opfer verletzenden Weise dadurch stört, dass er die nationalsozialistische Gewalt- und Willkürherrschaft billigt, verherrlicht oder rechtfertigt.

(5) Absatz 2 Nummer 1 und 3 gilt auch für eine Schrift (§ 11 Absatz 3) des in den Absätzen 3 und 4 bezeichneten Inhalts. Nach Absatz 2 Nummer 2 wird auch bestraft, wer einen in den Absätzen 3 und 4 bezeichneten Inhalt mittels Rundfunk oder Telemedien einer Person unter achtzehn Jahren oder der Öffentlichkeit zugänglich macht.

(6) In den Fällen des Absatzes 2 Nummer 1 und 2, auch in Verbindung mit Absatz 5, ist der Versuch strafbar.

(7)In den Fällen des Absatzes 2, auch in Verbindung mit Absatz 5, und in den Fällen der Absätze 3 und 4 gilt § 86 Abs. 3 entsprechend.

§ 130a Anleitung zu Straftaten. (1) Wer eine Schrift (§ 11 Abs. 3), die geeignet ist, als Anleitung zu einer in § 126 Abs. 1 genannten rechtswidrigen Tat zu dienen, und nach ihrem Inhalt bestimmt ist, die Bereitschaft anderer zu fördern oder zu wecken, eine solche Tat zu begehen, verbreitet oder der Öffentlichkeit zugänglich macht, wird mit Freiheitsstrafe bis zu drei Jahren oder mit Geldstrafe bestraft.

(2) Ebenso wird bestraft, wer
1. eine Schrift (§ 11 Abs. 3), die geeignet ist, als Anleitung zu einer in § 126 Abs. 1 genannten rechtswidrigen Tat zu dienen, verbreitet oder der Öffentlichkeit zugänglich macht oder
2. öffentlich oder in einer Versammlung zu einer in § 126 Abs. 1 genannten rechtswidrigen Tat eine Anleitung gibt, um die Bereitschaft anderer zu fördern oder zu wecken, eine solche Tat zu begehen.

(3) Nach Absatz 1 wird auch bestraft, wer einen in Absatz 1 oder Absatz 2 Nummer 1 bezeichneten Inhalt mittels Rundfunk oder Telemedien der Öffentlichkeit zugänglich macht.

(4) § 86 Abs. 3 gilt entsprechend.

§ 131 Gewaltdarstellung. (1) [1]Mit Freiheitsstrafe bis zu einem Jahr oder mit Geldstrafe wird bestraft, wer
1. eine Schrift (§ 11 Absatz 3), die grausame oder sonst unmenschliche Gewalttätigkeiten gegen Menschen oder menschenähnliche Wesen in einer Art schildert, die eine Verherrlichung oder Verharmlosung solcher Gewalttätigkeiten ausdrückt oder die das Grausame oder Unmenschliche des Vorgangs in einer die Menschenwürde verletzenden Weise darstellt,
   a) verbreitet oder der Öffentlichkeit zugänglich macht,
   b) einer Person unter achtzehn Jahren anbietet, überlässt oder zugänglich macht oder
2. einen in Nummer 1 bezeichneten Inhalt mittels Rundfunk oder Telemedien
   a) einer Person unter achtzehn Jahren oder
   b) der Öffentlichkeit zugänglich macht oder
3. eine Schrift (§ 11 Absatz 3) des in Nummer 1 bezeichneten Inhalts herstellt, bezieht, liefert, vorrätig hält, anbietet, bewirbt oder es unternimmt, diese Schrift ein- oder auszuführen, um sie oder aus ihr gewonnene Stücke im Sinne der Nummer 1 Buchstabe a oder b oder der Nummer 2 zu verwenden oder einer anderen Person eine solche Verwendung zu ermöglichen.

[2]In den Fällen des Satzes 1 Nummer 1 und 2 ist der Versuch strafbar.

(2) Absatz 1 nicht, wenn die Handlung der Berichterstattung über Vorgänge des Zeitgeschehens oder der Geschichte dient.

(3) Absatz 1 Satz 1 Nummer 1 Buchstabe b, Nummer 2 Buchstabe a ist nicht anzuwenden, wenn der zur Sorge für die Person Berechtigte handelt; dies gilt nicht, wenn der Sorgeberechtigte durch das Anbieten, Überlassen oder Zugänglichmachen seine Erziehungspflicht gröblich verletzt.

§ 145 Mißbrauch von Notrufen und Beeinträchtigung von Unfallverhütungs- und Nothilfemitteln. (1) Wer absichtlich oder wissentlich
1. Notrufe oder Notzeichen mißbraucht oder
2. vortäuscht, daß wegen eines Unglücksfalles oder wegen gemeiner Gefahr oder Not die Hilfe anderer erforderlich sei,

wird mit Freiheitsstrafe bis zu einem Jahr oder mit Geldstrafe bestraft.

(2) Wer absichtlich oder wissentlich
1. die zur Verhütung von Unglücksfällen oder gemeiner Gefahr dienenden Warn- oder Verbotszeichen beseitigt, unkenntlich macht oder in ihrem Sinn entstellt oder
2. die zur Verhütung von Unglücksfällen oder gemeiner Gefahr dienenden Schutzvorrichtungen oder die zur Hilfeleistung bei Unglücksfällen oder gemeiner Gefahr bestimmten Rettungsgeräte oder anderen Sachen beseitigt, verändert oder unbrauchbar macht,

wird mit Freiheitsstrafe bis zu zwei Jahren oder mit Geldstrafe bestraft, wenn die Tat nicht in § 303 oder § 304 mit Strafe bedroht ist.

§ 166 Beschimpfung von Bekenntnissen, Religionsgesellschaften und Weltanschauungsvereinigungen. (1) Wer öffentlich oder durch Verbreiten von Schriften (§ 11 Abs. 3) den Inhalt des religiösen oder weltanschaulichen Bekenntnisses anderer in einer Weise beschimpft, die geeignet ist, den öffentlichen Frieden zu stören, wird mit Freiheitsstrafe bis zu drei Jahren oder mit Geldstrafe bestraft.

(2) Ebenso wird bestraft, wer öffentlich oder durch Verbreiten von Schriften (§ 11 Abs. 3) eine im Inland bestehende Kirche oder andere Religionsgesellschaft oder Weltanschauungsvereinigung, ihre Einrichtungen oder Gebräuche in einer Weise beschimpft, die geeignet ist, den öffentlichen Frieden zu stören.

§ 184 Verbreitung pornografischer Schriften. (1) Wer pornographische Schriften (§ 11 Abs. 3)
1. einer Person unter achtzehn Jahren anbietet, überlässt oder zugänglich macht,
2. an einem Ort, der Personen unter achtzehn Jahren zugänglich ist oder von ihnen eingesehen werden kann, ausstellt, anschlägt, vorführt oder sonst zugänglich macht,
3. im Einzelhandel außerhalb von Geschäftsräumen, in Kiosken oder anderen Verkaufsstellen, die der Kunde nicht zu betreten pflegt, im Versandhandel oder in gewerblichen Leihbüchereien oder Lesezirkeln einem anderen anbietet oder überlässt,

3a. im Wege gewerblicher Vermietung oder vergleichbarer gewerblicher Gewährung des Gebrauchs, ausgenommen in Ladengeschäften, die Personen unter achtzehn Jahren nicht zugänglich sind und von ihnen nicht eingesehen werden können, einem anderen anbietet oder überlässt,
4. im Wege des Versandhandels einzuführen unternimmt,
5. öffentlich an einem Ort, der Personen unter achtzehn Jahren zugänglich ist oder von ihnen eingesehen werden kann, oder durch Verbreiten von Schriften außerhalb des Geschäftsverkehrs mit dem einschlägigen Handel anbietet, ankündigt oder anpreist,
6. an einen anderen gelangen lässt, ohne von diesem hierzu aufgefordert zu sein,
7. in einer öffentlichen Filmvorführung gegen ein Entgelt zeigt, das ganz oder überwiegend für diese Vorführung verlangt wird,
8. herstellt, bezieht, liefert, vorrätig hält oder einzuführen unternimmt, um sie oder aus ihnen gewonnene Stücke im Sinne der Nummern 1 bis 7 zu verwenden oder einem anderen eine solche Verwendung zu ermöglichen, oder
9. auszuführen unternimmt, um sie oder aus ihnen gewonnene Stücke im Ausland unter Verstoß gegen die dort geltenden Strafvorschriften zu verbreiten oder öffentlich zugänglich zu machen oder eine solche Verwendung zu ermöglichen,

wird mit Freiheitsstrafe bis zu einem Jahr oder mit Geldstrafe bestraft.

(2) [1]Absatz 1 Nr. 1 ist nicht anzuwenden, wenn der zur Sorge für die Person Berechtigte handelt; dies gilt nicht, wenn der Sorgeberechtigte durch das Anbieten, Überlassen oder Zugänglichmachen seine Erziehungspflicht gröblich verletzt. [2]Absatz 1 Nr. 3a gilt nicht, wenn die Handlung im Geschäftsverkehr mit gewerblichen Entleihern erfolgt.

§ 184a Verbreitung gewalt- oder tierpornographischer Schriften. [1]Mit Freiheitsstrafe bis zu drei Jahren oder mit Geldstrafe wird bestraft, wer eine pornographische Schrift (§ 11 Absatz 3), die Gewalttätigkeiten oder sexuelle Handlungen von Menschen mit Tieren zum Gegenstand hat,
1. verbreitet oder der Öffentlichkeit zugänglich macht oder
2. herstellt, bezieht, liefert, vorrätig hält, anbietet, bewirbt oder es unternimmt, diese Schrift ein- oder auszuführen, um sie oder aus ihr gewonnene Stücke im Sinne der Nummer 1 oder des § 184d Absatz 1 Satz 1 zu verwenden oder einer anderen Person eine solche Verwendung zu ermöglichen.

[2]In den Fällen des Satzes 1 Nummer 1 ist der Versuch strafbar.

§ 184b Verbreitung, Erwerb und Besitz kinderpornographischer Schriften.
(1) Mit Freiheitsstrafe von drei Monaten bis zu fünf Jahren wird bestraft, wer
1. eine kinderpornographische Schrift verbreitet oder der Öffentlichkeit zugänglich macht; kinderpornographisch ist eine pornographische Schrift (§ 11 Absatz 3), wenn sie zum Gegenstand hat:
   a) sexuelle Handlungen von, an oder vor einer Person unter vierzehn Jahren (Kind),

b) die Wiedergabe eines ganz oder teilweise unbekleideten Kindes in unnatürlich geschlechtsbetonter Körperhaltung oder
c) die sexuell aufreizende Wiedergabe der unbekleideten Genitalien oder des unbekleideten Gesäßes eines Kindes,

2. es unternimmt, einer anderen Person den Besitz an einer kinderpornographischen Schrift, die ein tatsächliches oder wirklichkeitsnahes Geschehen wiedergibt, zu verschaffen,
3. eine kinderpornographische Schrift, die ein tatsächliches Geschehen wiedergibt, herstellt oder
4. eine kinderpornographische Schrift herstellt, bezieht, liefert, vorrätig hält, anbietet, bewirbt oder es unternimmt, diese Schrift ein- oder auszuführen, um sie oder aus ihr gewonnene Stücke im Sinne der Nummer 1 oder 2 oder des § 184d Absatz 1 Satz 1 zu verwenden oder einer anderen Person eine solche Verwendung zu ermöglichen, soweit die Tat nicht nach Nummer 3 mit Strafe bedroht ist.

(2) Handelt der Täter in den Fällen des Absatzes 1 gewerbsmäßig oder als Mitglied einer Bande, die sich zur fortgesetzten Begehung solcher Taten verbunden hat, und gibt die Schrift in den Fällen des Absatzes 1 Nummer 1, 2 und 4 ein tatsächliches oder wirklichkeitsnahes Geschehen wieder, so ist auf Freiheitsstrafe von sechs Monaten bis zu zehn Jahren zu erkennen.

(3) Wer es unternimmt, sich den Besitz an einer kinderpornographischen Schrift, die ein tatsächliches oder wirklichkeitsnahes Geschehen wiedergibt, zu verschaffen, oder wer eine solche Schrift besitzt, wird mit Freiheitsstrafe bis zu drei Jahren oder mit Geldstrafe bestraft.

(4) Der Versuch ist strafbar; dies gilt nicht für Taten nach Absatz 1 Nummer 2 und 4 sowie Absatz 3.

(5) Absatz 1 Nummer 2 und Absatz 3 gelten nicht für Handlungen, die ausschließlich der rechtmäßigen Erfüllung von Folgendem dienen:

1. staatliche Aufgaben,
2. Aufgaben, die sich aus Vereinbarungen mit einer zuständigen staatlichen Stelle ergeben, oder
3. dienstliche oder berufliche Pflichten.

(6) [1]Gegenstände, auf die sich eine Straftat nach Absatz 1 Nummer 2 oder 3 oder Absatz 3 bezieht, werden eingezogen. [2]§ 74a ist anzuwenden.

§ 184c Verbreitung, Erwerb und Besitz jugendpornographischer Schriften. (1) Mit Freiheitsstrafe bis zu drei Jahren oder mit Geldstrafe wird bestraft, wer

1. eine jugendpornographische Schrift verbreitet oder der Öffentlichkeit zugänglich macht; jugendpornographisch ist eine pornographische Schrift (§ 11 Absatz 3), wenn sie zum Gegenstand hat:
   a) sexuelle Handlungen von, an oder vor einer vierzehn, aber noch nicht achtzehn Jahre alten Person oder

b) die Wiedergabe einer ganz oder teilweise unbekleideten vierzehn, aber noch nicht achtzehn Jahre alten Person in unnatürlich geschlechtsbetonter Körperhaltung,

2. es unternimmt, einer anderen Person den Besitz an einer jugendpornographischen Schrift, die ein tatsächliches oder wirklichkeitsnahes Geschehen wiedergibt, zu verschaffen,
3. eine jugendpornographische Schrift, die ein tatsächliches Geschehen wiedergibt, herstellt oder
4. eine jugendpornographische Schrift herstellt, bezieht, liefert, vorrätig hält, anbietet, bewirbt oder es unternimmt, diese Schrift ein- oder auszuführen, um sie oder aus ihr gewonnene Stücke im Sinne der Nummer 1 oder 2 oder des § 184d Absatz 1 Satz 1 zu verwenden oder einer anderen Person eine solche Verwendung zu ermöglichen, soweit die Tat nicht nach Nummer 3 mit Strafe bedroht ist.

(2) Handelt der Täter in den Fällen des Absatzes 1 gewerbsmäßig oder als Mitglied einer Bande, die sich zur fortgesetzten Begehung solcher Taten verbunden hat, und gibt die Schrift in den Fällen des Absatzes 1 Nummer 1, 2 und 4 ein tatsächliches oder wirklichkeitsnahes Geschehen wieder, so ist auf Freiheitsstrafe von drei Monaten bis zu fünf Jahren zu erkennen.

(3) Wer es unternimmt, sich den Besitz an einer jugendpornographischen Schrift, die ein tatsächliches Geschehen wiedergibt, zu verschaffen, oder wer eine solche Schrift besitzt, wird mit Freiheitsstrafe bis zu zwei Jahren oder mit Geldstrafe bestraft.

(4) Absatz 1 Nummer 3, auch in Verbindung mit Absatz 5, und Absatz 3 sind nicht anzuwenden auf Handlungen von Personen in Bezug auf solche jugendpornographischen Schriften, die sie ausschließlich zum persönlichen Gebrauch mit Einwilligung der dargestellten Personen hergestellt haben.

(5) Der Versuch ist strafbar; dies gilt nicht für Taten nach Absatz 1 Nummer 2 und 4 sowie Absatz 3.

(6) § 184b Absatz 5 und 6 gilt entsprechend.

§ 184d Zugänglichmachen pornographischer Inhalte mittels Rundfunk oder Telemedien; Abruf kinder- und jugendpornographischer Inhalte mittels Telemedien. (1) Nach den §§ 184 bis 184c wird auch bestraft, wer einen pornographischen Inhalt mittels Rundfunk oder Telemedien einer anderen Person oder der Öffentlichkeit zugänglich macht. In den Fällen des § 184 Absatz 1 ist Satz 1 bei einer Verbreitung mittels Telemedien nicht anzuwenden, wenn durch technische oder sonstige Vorkehrungen sichergestellt ist, dass der pornographische Inhalt Personen unter achtzehn Jahren nicht zugänglich ist. § 184b Absatz 5 und 6 gilt entsprechend.

(2) Nach § 184b Absatz 3 wird auch bestraft, wer es unternimmt, einen kinderpornographischen Inhalt mittels Telemedien abzurufen. Nach § 184c Absatz 3 wird auch bestraft, wer es unternimmt, einen jugendpornographischen

Inhalt mittels Telemedien abzurufen; § 184c Absatz 4 gilt entsprechend. § 184b Absatz 5 und 6 Satz 2 gilt entsprechend. [3]§ 184b Absatz 5 und 6 Satz 1 gilt entsprechend.

§ 184e Veranstaltung und Besuch kinder- und jugendpornographischer Darbietungen. (1) Nach § 184b Absatz 1 wird auch bestraft, wer eine kinderpornographische Darbietung veranstaltet. Nach § 184c Absatz 1 wird auch bestraft, wer eine jugendpornographische Darbietung veranstaltet.

(2) Nach § 184b Absatz 3 wird auch bestraft, wer eine kinderpornographische Darbietung besucht. Nach § 184c Absatz 3 wird auch bestraft, wer eine jugendpornographische Darbietung besucht. § 184b Absatz 5 Nummer 1 und 3 gilt entsprechend.

§ 185 Beleidigung. Die Beleidigung wird mit Freiheitsstrafe bis zu einem Jahr oder mit Geldstrafe und, wenn die Beleidigung mittels einer Tätlichkeit begangen wird, mit Freiheitsstrafe bis zu zwei Jahren oder mit Geldstrafe bestraft.

§ 186 Üble Nachrede. Wer in Beziehung auf einen anderen eine Tatsache behauptet oder verbreitet, welche denselben verächtlich zu machen oder in der öffentlichen Meinung herabzuwürdigen geeignet ist, wird, wenn nicht diese Tatsache erweislich wahr ist, mit Freiheitsstrafe bis zu einem Jahr oder mit Geldstrafe und, wenn die Tat öffentlich oder durch Verbreiten von Schriften (§ 11 Abs. 3) begangen ist, mit Freiheitsstrafe bis zu zwei Jahren oder mit Geldstrafe bestraft.

§ 187 Verleumdung. Wer wider besseres Wissen in Beziehung auf einen anderen eine unwahre Tatsache behauptet oder verbreitet, welche denselben verächtlich zu machen oder in der öffentlichen Meinung herabzuwürdigen oder dessen Kredit zu gefährden geeignet ist, wird mit Freiheitsstrafe bis zu zwei Jahren oder mit Geldstrafe und, wenn die Tat öffentlich, in einer Versammlung oder durch Verbreiten von Schriften (§ 11 Abs. 3) begangen ist, mit Freiheitsstrafe bis zu fünf Jahren oder mit Geldstrafe bestraft.

§ 188 Üble Nachrede und Verleumdung gegen Personen des politischen Lebens. (1) Wird gegen eine im politischen Leben des Volkes stehende Person öffentlich, in einer Versammlung oder durch Verbreiten von Schriften (§ 11 Abs. 3) eine üble Nachrede (§ 186) aus Beweggründen begangen, die mit der Stellung des Beleidigten im öffentlichen Leben zusammenhängen, und ist die Tat geeignet, sein öffentliches Wirken erheblich zu erschweren, so ist die Strafe Freiheitsstrafe von drei Monaten bis zu fünf Jahren.

(2) Eine Verleumdung (§ 187) wird unter den gleichen Voraussetzungen mit Freiheitsstrafe von sechs Monaten bis zu fünf Jahren bestraft.

§ 189 Verunglimpfung des Andenkens Verstorbener. Wer das Andenken eines Verstorbenen verunglimpft, wird mit Freiheitsstrafe bis zu zwei Jahren oder mit Geldstrafe bestraft.

§ 190 Wahrheitsbeweis durch Strafurteil. [1]Ist die behauptete oder verbreitete Tatsache eine Straftat, so ist der Beweis der Wahrheit als erbracht anzusehen, wenn der Beleidigte wegen dieser Tat rechtskräftig verurteilt worden ist. [2]Der Beweis der Wahrheit ist dagegen ausgeschlossen, wenn der Beleidigte vor der Behauptung oder Verbreitung rechtskräftig freigesprochen worden ist.

§ 192 Beleidigung trotz Wahrheitsbeweises. Der Beweis der Wahrheit der behaupteten oder verbreiteten Tatsache schließt die Bestrafung nach § 185 nicht aus, wenn das Vorhandensein einer Beleidigung aus der Form der Behauptung oder Verbreitung oder aus den Umständen, unter welchen sie geschah, hervorgeht.

§ 193 Wahrnehmung berechtigter Interessen. Tadelnde Urteile über wissenschaftliche, künstlerische oder gewerbliche Leistungen, desgleichen Äußerungen, welche zur Ausführung oder Verteidigung von Rechten oder zur Wahrnehmung berechtigter Interessen gemacht werden, sowie Vorhaltungen und Rügen der Vorgesetzten gegen ihre Untergebenen, dienstliche Anzeigen oder Urteile von Seiten eines Beamten und ähnliche Fälle sind nur insofern strafbar, als das Vorhandensein einer Beleidigung aus der Form der Äußerung oder aus den Umständen, unter welchen sie geschah, hervorgeht.

§ 194 Strafantrag. (1) [1]Die Beleidigung wird nur auf Antrag verfolgt. [2]Ist die Tat durch Verbreiten oder öffentliches Zugänglichmachen einer Schrift (§ 11 Abs. 3), in einer Versammlung oder durch eine Darbietung im Rundfunk begangen, so ist ein Antrag nicht erforderlich, wenn der Verletzte als Angehöriger einer Gruppe unter der nationalsozialistischen oder einer anderen Gewalt- und Willkürherrschaft verfolgt wurde, diese Gruppe Teil der Bevölkerung ist und die Beleidigung mit dieser Verfolgung zusammenhängt. [3]Die Tat kann jedoch nicht von Amts wegen verfolgt werden, wenn der Verletzte widerspricht. [4]Der Widerspruch kann nicht zurückgenommen werden. [5]Stirbt der Verletzte, so gehen das Antragsrecht und das Widerspruchsrecht auf die in § 77 Abs. 2 bezeichneten Angehörigen über.

(2) [1]Ist das Andenken eines Verstorbenen verunglimpft, so steht das Antragsrecht den in § 77 Abs. 2 bezeichneten Angehörigen zu. [2]Ist die Tat durch Verbreiten oder öffentliches Zugänglichmachen einer Schrift (§ 11 Abs. 3), in einer Versammlung oder durch eine Darbietung im Rundfunk begangen, so ist ein Antrag nicht erforderlich, wenn der Verstorbene sein Leben als Opfer der nationalsozialistischen oder einer anderen Gewalt- und Willkürherrschaft verloren hat und die Verunglimpfung damit zusammenhängt. [3]Die Tat kann jedoch nicht von Amts wegen verfolgt werden, wenn ein Antragsberechtigter der Verfolgung widerspricht. [4]Der Widerspruch kann nicht zurückgenommen werden.

(3) [1]Ist die Beleidigung gegen einen Amtsträger, einen für den öffentlichen Dienst besonders Verpflichteten oder einen Soldaten der Bundeswehr während der Ausübung seines Dienstes oder in Beziehung auf seinen Dienst begangen, so wird sie auch auf Antrag des Dienstvorgesetzten verfolgt. [2]Richtet sich die

Tat gegen eine Behörde oder eine sonstige Stelle, die Aufgaben der öffentlichen Verwaltung wahrnimmt, so wird sie auf Antrag des Behördenleiters oder des Leiters der aufsichtführenden Behörde verfolgt. [3]Dasselbe gilt für Träger von Ämtern und für Behörden der Kirchen und anderen Religionsgesellschaften des öffentlichen Rechts.

(4) Richtet sich die Tat gegen ein Gesetzgebungsorgan des Bundes oder eines Landes oder eine andere politische Körperschaft im räumlichen Geltungsbereich dieses Gesetzes, so wird sie nur mit Ermächtigung der betroffenen Körperschaft verfolgt.

§ 201 Verletzung der Vertraulichkeit des Wortes. (1) Mit Freiheitsstrafe bis zu drei Jahren oder mit Geldstrafe wird bestraft, wer unbefugt
1. das nichtöffentlich gesprochene Wort eines anderen auf einen Tonträger aufnimmt oder
2. eine so hergestellte Aufnahme gebraucht oder einem Dritten zugänglich macht.

(2) [1]Ebenso wird bestraft, wer unbefugt
1. das nicht zu seiner Kenntnis bestimmte nichtöffentlich gesprochene Wort eines anderen mit einem Abhörgerät abhört oder
2. das nach Absatz 1 Nr. 1 aufgenommene oder nach Absatz 2 Nr. 1 abgehörte nichtöffentlich gesprochene Wort eines anderen im Wortlaut oder seinem wesentlichen Inhalt nach öffentlich mitteilt.

[2]Die Tat nach Satz 1 Nr. 2 ist nur strafbar, wenn die öffentliche Mitteilung geeignet ist, berechtigte Interessen eines anderen zu beeinträchtigen. [3]Sie ist nicht rechtswidrig, wenn die öffentliche Mitteilung zur Wahrnehmung überragender öffentlicher Interessen gemacht wird.

(3) Mit Freiheitsstrafe bis zu fünf Jahren oder mit Geldstrafe wird bestraft, wer als Amtsträger oder als für den öffentlichen Dienst besonders Verpflichteter die Vertraulichkeit des Wortes verletzt (Absätze 1 und 2).

(4) Der Versuch ist strafbar.

(5) [1]Die Tonträger und Abhörgeräte, die der Täter oder Teilnehmer verwendet hat, können eingezogen werden. [2]§ 74a ist anzuwenden.

§ 201a Verletzung des höchstpersönlichen Lebensbereichs durch Bildaufnahmen [„Spannerschutz“]. (1) Mit Freiheitsstrafe bis zu zwei Jahren oder mit Geldstrafe wird bestraft, wer
1. von einer anderen Person, die sich in einer Wohnung oder einem gegen Einblick besonders geschützten Raum befindet, unbefugt eine Bildaufnahme herstellt oder überträgt und dadurch den höchstpersönlichen Lebensbereich der abgebildeten Person verletzt,
2. eine Bildaufnahme, die die Hilflosigkeit einer anderen Person zur Schau stellt, unbefugt herstellt oder überträgt und dadurch den höchstpersönlichen Lebensbereich der abgebildeten Person verletzt,
3. eine durch eine Tat nach den Nummern 1 oder 2 hergestellte Bildaufnahme gebraucht oder einer dritten Person zugänglich macht oder

4. eine befugt hergestellte Bildaufnahme der in den Nummern 1 oder 2 bezeichneten Art wissentlich unbefugt einer dritten Person zugänglich macht und dadurch den höchstpersönlichen Lebensbereich der abgebildeten Person verletzt.

(2) Ebenso wird bestraft, wer unbefugt von einer anderen Person eine Bildaufnahme, die geeignet ist, dem Ansehen der abgebildeten Person erheblich zu schaden, einer dritten Person zugänglich macht.

(3) Mit Freiheitsstrafe bis zu zwei Jahren oder mit Geldstrafe wird bestraft, wer eine Bildaufnahme, die die Nacktheit einer anderen Person unter achtzehn Jahren zum Gegenstand hat,
1. herstellt oder anbietet, um sie einer dritten Person gegen Entgelt zu verschaffen, oder
2. sich oder einer dritten Person gegen Entgelt verschafft.

(4) Absatz 1 Nummer 2, auch in Verbindung mit Absatz 1 Nummer 3 oder Nummer 4, Absatz 2 und 3 gelten nicht für Handlungen, die in Wahrnehmung überwiegender berechtigter Interessen erfolgen, namentlich der Kunst oder der Wissenschaft, der Forschung oder der Lehre, der Berichterstattung über Vorgänge des Zeitgeschehens oder der Geschichte oder ähnlichen Zwecken dienen.

(5) Die Bildträger sowie Bildaufnahmegeräte oder andere technische Mittel, die der Täter oder Teilnehmer verwendet hat, können eingezogen werden. § 74a ist anzuwenden.

§ 202a Ausspähen von Daten [„Hacking“]. (1) Wer unbefugt sich oder einem anderen Zugang zu Daten, die nicht für ihn bestimmt und die gegen unberechtigten Zugang besonders gesichert sind, unter Überwindung der Zugangssicherung verschafft, wird mit Freiheitsstrafe bis zu drei Jahren oder mit Geldstrafe bestraft.

(2) Daten im Sinne des Absatzes 1 sind nur solche, die elektronisch, magnetisch oder sonst nicht unmittelbar wahrnehmbar gespeichert sind oder übermittelt werden.

§ 202b Abfangen von Daten. Wer unbefugt sich oder einem anderen unter Anwendung von technischen Mitteln nicht für ihn bestimmte Daten (§ 202a Abs. 2) aus einer nichtöffentlichen Datenübermittlung oder aus der elektromagnetischen Abstrahlung einer Datenverarbeitungsanlage verschafft, wird mit Freiheitsstrafe bis zu zwei Jahren oder mit Geldstrafe bestraft, wenn die Tat nicht in anderen Vorschriften mit schwererer Strafe bedroht ist.

§ 202c Vorbereiten des Ausspähens und Abfangens von Daten. (1) Wer eine Straftat nach § 202a oder § 202b vorbereitet, indem er
1. Passwörter oder sonstige Sicherungscodes, die den Zugang zu Daten (§ 202a Abs. 2) ermöglichen, oder
2. Computerprogramme, deren Zweck die Begehung einer solchen Tat ist,

herstellt, sich oder einem anderen verschafft, verkauft, einem anderen überlässt, verbreitet oder sonst zugänglich macht, wird mit Freiheitsstrafe bis zu zwei Jahren oder mit Geldstrafe bestraft.

(2) § 149 Abs. 2 und 3 gilt entsprechend.

§ 202d Datenhehlerei. (1) Wer Daten (§ 202a Absatz 2), die nicht allgemein zugänglich sind und die ein anderer durch eine rechtswidrige Tat erlangt hat, sich oder einem anderen verschafft, einem anderen überlässt, verbreitet oder sonst zugänglich macht, um sich oder einen Dritten zu bereichern oder einen anderen zu schädigen, wird mit Freiheitsstrafe bis zu drei Jahren oder mit Geldstrafe bestraft.

(2) Die Strafe darf nicht schwerer sein als die für die Vortat angedrohte Strafe.

(3) [1]Absatz 1 gilt nicht für Handlungen, die ausschließlich der Erfüllung rechtmäßiger dienstlicher oder beruflicher Pflichten dienen. [2]Dazu gehören insbesondere
1. solche Handlungen von Amtsträgern oder deren Beauftragten, mit denen Daten ausschließlich der Verwertung in einem Besteuerungsverfahren, einem Strafverfahren oder einem Ordnungswidrigkeitenverfahren zugeführt werden sollen, sowie
2. solche beruflichen Handlungen der in § 53 Absatz 1 Satz 1 Nummer 5 der Strafprozessordnung genannten Personen, mit denen Daten entgegengenommen, ausgewertet oder veröffentlicht werden.

§ 205 Strafantrag. (1) [1]In den Fällen des § 201 Abs. 1 und 2 und der §§ 202, 203 und 204 wird die Tat nur auf Antrag verfolgt. [2]Dies gilt auch in den Fällen der §§ 201a, 202a, 202b und 202d, es sei denn, dass die Strafverfolgungsbehörde wegen des besonderen öffentlichen Interesses an der Strafverfolgung ein Einschreiten von Amts wegen für geboten hält.

(2) [1]Stirbt der Verletzte, so geht das Antragsrecht nach § 77 Abs. 2 auf die Angehörigen über; dies gilt nicht in den Fällen der §§ 202a, 202b und 202d. [2]Gehört das Geheimnis nicht zum persönlichen Lebensbereich des Verletzten, so geht das Antragsrecht bei Straftaten nach den §§ 203 und 204 auf die Erben über. [3]Offenbart oder verwertet der Täter in den Fällen der §§ 203 und 204 das Geheimnis nach dem Tod des Betroffenen, so gelten die Sätze 1 und 2 sinngemäß.

§ 206 Verletzung des Post- oder Fernmeldegeheimnisses. (1) Wer unbefugt einer anderen Person eine Mitteilung über Tatsachen macht, die dem Post- oder Fernmeldegeheimnis unterliegen und die ihm als Inhaber oder Beschäftigtem eines Unternehmens bekanntgeworden sind, das geschäftsmäßig Post- oder Telekommunikationsdienste erbringt, wird mit Freiheitsstrafe bis zu fünf Jahren oder mit Geldstrafe bestraft.

(2) Ebenso wird bestraft, wer als Inhaber oder Beschäftigter eines in Absatz 1 bezeichneten Unternehmens unbefugt

1. eine Sendung, die einem solchen Unternehmen zur Übermittlung anvertraut worden und verschlossen ist, öffnet oder sich von ihrem Inhalt ohne Öffnung des Verschlusses unter Anwendung technischer Mittel Kenntnis verschafft,
2. eine einem solchen Unternehmen zur Übermittlung anvertraute Sendung unterdrückt oder
3. eine der in Absatz 1 oder in Nummer 1 oder 2 bezeichneten Handlungen gestattet oder fördert.

(3) Die Absätze 1 und 2 gelten auch für Personen, die
1. Aufgaben der Aufsicht über ein in Absatz 1 bezeichnetes Unternehmen wahrnehmen,
2. von einem solchen Unternehmen oder mit dessen Ermächtigung mit dem Erbringen von Post- oder Telekommunikationsdiensten betraut sind oder
3. mit der Herstellung einer dem Betrieb eines solchen Unternehmens dienenden Anlage oder mit Arbeiten daran betraut sind.

(4) Wer unbefugt einer anderen Person eine Mitteilung über Tatsachen macht, die ihm als außerhalb des Post- oder Telekommunikationsbereichs tätigem Amtsträger aufgrund eines befugten oder unbefugten Eingriffs in das Post- oder Fernmeldegeheimnis bekannt geworden sind, wird mit Freiheitsstrafe bis zu zwei Jahren oder mit Geldstrafe bestraft.

(5) [1]Dem Postgeheimnis unterliegen die näheren Umstände des Postverkehrs bestimmter Personen sowie der Inhalt von Postsendungen. [2]Dem Fernmeldegeheimnis unterliegen der Inhalt der Telekommunikation und ihre näheren Umstände, insbesondere die Tatsache, ob jemand an einem Telekommunikationsvorgang beteiligt ist oder war. [3]Das Fernmeldegeheimnis erstreckt sich auch auf die näheren Umstände erfolgloser Verbindungsversuche.

§ 238 Nachstellung [„Stalking“]. (1) Mit Freiheitsstrafe bis zu drei Jahren oder mit Geldstrafe wird bestraft, wer einer anderen Person in einer Weise unbefugt nachstellt, die geeignet ist, deren Lebensgestaltung schwerwiegend zu beeinträchtigen, indem er beharrlich
1. die räumliche Nähe dieser Person aufsucht,
2. unter Verwendung von Telekommunikationsmitteln oder sonstigen Mitteln der Kommunikation oder über Dritte Kontakt zu dieser Person herzustellen versucht,
3. unter missbräuchlicher Verwendung von personenbezogenen Daten dieser Person
   a) Bestellungen von Waren oder Dienstleistungen für sie aufgibt oder
   b) Dritte veranlasst, Kontakt mit ihr aufzunehmen, oder
4. diese Person mit der Verletzung von Leben, körperlicher Unversehrtheit, Gesundheit oder Freiheit ihrer selbst, eines ihrer Angehörigen oder einer anderen ihr nahestehenden Person bedroht oder
5. eine andere vergleichbare Handlung vornimmt.

(2) Auf Freiheitsstrafe von drei Monaten bis zu fünf Jahren ist zu erkennen, wenn der Täter das Opfer, einen Angehörigen des Opfers oder eine andere dem Opfer nahe stehende Person durch die Tat in die Gefahr des Todes oder einer schweren Gesundheitsschädigung bringt.

(3) Verursacht der Täter durch die Tat den Tod des Opfers, eines Angehörigen des Opfers oder einer anderen dem Opfer nahe stehenden Person, so ist die Strafe Freiheitsstrafe von einem Jahr bis zu zehn Jahren.

(4) In den Fällen des Absatzes 1 wird die Tat nur auf Antrag verfolgt, es sei denn, dass die Strafverfolgungsbehörde wegen des besonderen öffentlichen Interesses an der Strafverfolgung ein Einschreiten von Amts wegen für geboten hält.

§ 263 Betrug. (1) Wer in der Absicht, sich oder einem Dritten einen rechtswidrigen Vermögensvorteil zu verschaffen, das Vermögen eines anderen dadurch beschädigt, daß er durch Vorspiegelung falscher oder durch Entstellung oder Unterdrückung wahrer Tatsachen einen Irrtum erregt oder unterhält, wird mit Freiheitsstrafe bis zu fünf Jahren oder mit Geldstrafe bestraft.

(2) Der Versuch ist strafbar.

(3) [1]In besonders schweren Fällen ist die Strafe Freiheitsstrafe von sechs Monaten bis zu zehn Jahren. [2]Ein besonders schwerer Fall liegt in der Regel vor, wenn der Täter
1. gewerbsmäßig oder als Mitglied einer Bande handelt, die sich zur fortgesetzten Begehung von Urkundenfälschung oder Betrug verbunden hat,
2. einen Vermögensverlust großen Ausmaßes herbeiführt oder in der Absicht handelt, durch die fortgesetzte Begehung von Betrug eine große Zahl von Menschen in die Gefahr des Verlustes von Vermögenswerten zu bringen,
3. eine andere Person in wirtschaftliche Not bringt,
4. seine Befugnisse oder seine Stellung als Amtsträger oder Europäischer Amtsträger mißbraucht oder
5. einen Versicherungsfall vortäuscht, nachdem er oder ein anderer zu diesem Zweck eine Sache von bedeutendem Wert in Brand gesetzt oder durch eine Brandlegung ganz oder teilweise zerstört oder ein Schiff zum Sinken oder Stranden gebracht hat.

(4) § 243 Abs. 2 sowie die §§ 247 und 248a gelten entsprechend.

(5) Mit Freiheitsstrafe von einem Jahr bis zu zehn Jahren, in minder schweren Fällen mit Freiheitsstrafe von sechs Monaten bis zu fünf Jahren wird bestraft, wer den Betrug als Mitglied einer Bande, die sich zur fortgesetzten Begehung von Straftaten nach den §§ 263 bis 264 oder 267 bis 269 verbunden hat, gewerbsmäßig begeht.

(6) Das Gericht kann Führungsaufsicht anordnen (§ 68 Abs. 1).

§ 263a Computerbetrug. (1) Wer in der Absicht, sich oder einem Dritten einen rechtswidrigen Vermögensvorteil zu verschaffen, das Vermögen eines anderen dadurch beschädigt, dass er das Ergebnis eines Datenverarbeitungsvorgangs durch unrichtige Gestaltung des Programms, durch Verwendung unrichtiger oder unvollständiger Daten, durch unbefugte Verwendung von Daten oder sonst durch unbefugte Einwirkung auf den Ablauf beeinflusst, wird mit Freiheitsstrafe bis zu fünf Jahren oder mit Geldstrafe bestraft.

(2) § 263 Abs. 2 bis 6 gilt entsprechend.

(3) Wer eine Straftat nach Absatz 1 vorbereitet, indem er Computerprogramme, deren Zweck die Begehung einer solchen Tat ist, herstellt, sich oder einem anderen verschafft, feilhält, verwahrt oder einem anderen überlässt, wird mit Freiheitsstrafe bis zu drei Jahren oder mit Geldstrafe bestraft.

(4) In den Fällen des Absatzes 3 gilt § 149 Abs. 2 und 3 entsprechend.

§ 267 Urkundenfälschung. (1) Wer zur Täuschung im Rechtsverkehr eine unechte Urkunde herstellt, eine echte Urkunde verfälscht oder eine unechte oder verfälschte Urkunde gebraucht, wird mit Freiheitsstrafe bis zu fünf Jahren oder mit Geldstrafe bestraft.

(2) Der Versuch ist strafbar.

(3) [1]In besonders schweren Fällen ist die Strafe Freiheitsstrafe von sechs Monaten bis zu zehn Jahren. [2]Ein besonders schwerer Fall liegt in der Regel vor, wenn der Täter

1. gewerbsmäßig oder als Mitglied einer Bande handelt, die sich zur fortgesetzten Begehung von Betrug oder Urkundenfälschung verbunden hat,
2. ein Vermögensverlust großen Ausmaßes herbeiführt,
3. durch eine große Zahl von unechten oder verfälschten Urkunden die Sicherheit des Rechtsverkehrs erheblich gefährdet oder
4. seine Befugnisse oder seine Stellung als Amtsträger oder Europäischer Amtsträger mißbraucht.

(4) Mit Freiheitsstrafe von einem Jahr bis zu zehn Jahren, in minder schweren Fällen mit Freiheitsstrafe von sechs Monaten bis zu fünf Jahren wird bestraft, wer die Urkundenfälschung als Mitglied einer Bande, die sich zur fortgesetzten Begehung von Straftaten nach den §§ 263 bis 264 oder 267 bis 269 verbunden hat, gewerbsmäßig begeht.

§ 269 Fälschung beweiserheblicher Daten. (1) Wer zur Täuschung im Rechtsverkehr beweiserhebliche Daten so speichert oder verändert, dass bei ihrer Wahrnehmung eine unechte oder verfälschte Urkunde vorliegen würde, oder derart gespeicherte oder veränderte Daten gebraucht, wird mit Freiheitsstrafe bis zu fünf Jahren oder mit Geldstrafe bestraft.

(2) Der Versuch ist strafbar.

(3) § 267 Abs. 3 und 4 gilt entsprechend.

§ 270 Täuschung im Rechtsverkehr bei Datenverarbeitung. Der Täuschung im Rechtsverkehr steht die fälschliche Beeinflussung einer Datenverarbeitung im Rechtsverkehr gleich.

§ 284 Unerlaubte Veranstaltung eines Glücksspiels[2]**.** (1) Wer ohne behördliche Erlaubnis öffentlich ein Glücksspiel veranstaltet oder hält oder die Einrichtungen hierzu bereitstellt, wird mit Freiheitsstrafe bis zu zwei Jahren oder mit Geldstrafe bestraft.

(2) Als öffentlich veranstaltet gelten auch Glücksspiele in Vereinen oder geschlossenen Gesellschaften, in denen Glücksspiele gewohnheitsmäßig veranstaltet werden.

(3) Wer in den Fällen des Absatzes 1
1. gewerbsmäßig oder
2. als Mitglied einer Bande handelt, die sich zur fortgesetzten Begehung solcher Taten verbunden hat,

wird mit Freiheitsstrafe von drei Monaten bis zu fünf Jahren bestraft.

(4) Wer für ein öffentliches Glücksspiel (Absätze 1 und 2) wirbt, wird mit Freiheitsstrafe bis zu einem Jahr oder mit Geldstrafe bestraft.

§ 303a Datenveränderung. (1) Wer rechtswidrig Daten (§ 202a Abs. 2) löscht, unterdrückt, unbrauchbar macht oder verändert, wird mit Freiheitsstrafe bis zu zwei Jahren oder mit Geldstrafe bestraft.

(2) Der Versuch ist strafbar.

(3) Für die Vorbereitung einer Straftat nach Absatz 1 gilt § 202c entsprechend.

§ 303b Computersabotage. (1) Wer eine Datenverarbeitung, die für einen anderen von wesentlicher Bedeutung ist, dadurch erheblich stört, dass er
1. eine Tat nach § 303a Abs. 1 begeht,
2. Daten (§ 202a Abs. 2) in der Absicht, einem anderen Nachteil zuzufügen, eingibt oder übermittelt oder
3. eine Datenverarbeitungsanlage oder einen Datenträger zerstört, beschädigt, unbrauchbar macht, beseitigt oder verändert,

wird mit Freiheitsstrafe bis zu drei Jahren oder mit Geldstrafe bestraft.

(2) Handelt es sich um eine Datenverarbeitung, die für einen fremden Betrieb, ein fremdes Unternehmen oder eine Behörde von wesentlicher Bedeutung ist, ist die Strafe Freiheitsstrafe bis zu fünf Jahren oder Geldstrafe.

(3) Der Versuch ist strafbar.

(4) [1]In besonders schweren Fällen des Absatzes 2 ist die Strafe Freiheitsstrafe von sechs Monaten bis zu zehn Jahren. [2]Ein besonders schwerer Fall liegt in der Regel vor, wenn der Täter
1. einen Vermögensverlust großen Ausmaßes herbeiführt,
2. gewerbsmäßig oder als Mitglied einer Bande handelt, die sich zur fortgesetzten Begehung von Computersabotage verbunden hat,

---

2 Siehe auch Staatsvertrag zum Glücksspielwesen in der Fassung des Gesetzes vom 14. Dezember 2007 (HmbGVBl. 2007, S. 441 HmbGVBl. 2007, S. 441; Fundstelle im Internet: www.bmg.bund.de/_/Glücksspiel_Glücksspielvertrag.pdf.).

3. durch die Tat die Versorgung der Bevölkerung mit lebenswichtigen Gütern oder Dienstleistungen oder die Sicherheit der Bundesrepublik Deutschland beeinträchtigt.

(5) Für die Vorbereitung einer Straftat nach Absatz 1 gilt § 202c entsprechend.

§ 353b Verletzung des Dienstgeheimnisses und einer besonderen Geheimhaltungspflicht [„Amtsverschwiegenheit"]. (1) [1]Wer ein Geheimnis, das ihm als
1. Amtsträger,
2. für den öffentlichen Dienst besonders Verpflichteten oder
3. Person, die Aufgaben oder Befugnisse nach dem Personalvertretungsrecht wahrnimmt,

anvertraut worden oder sonst bekanntgeworden ist, unbefugt offenbart und dadurch wichtige öffentliche Interessen gefährdet, wird mit Freiheitsstrafe bis zu fünf Jahren oder mit Geldstrafe bestraft. [2]Hat der Täter durch die Tat fahrlässig wichtige öffentliche Interessen gefährdet, so wird er mit Freiheitsstrafe bis zu einem Jahr oder mit Geldstrafe bestraft.

(2) Wer, abgesehen von den Fällen des Absatzes 1, unbefugt einen Gegenstand oder eine Nachricht, zu deren Geheimhaltung er
1. auf Grund des Beschlusses eines Gesetzgebungsorgans des Bundes oder eines Landes oder eines seiner Ausschüsse verpflichtet ist oder
2. von einer anderen amtlichen Stelle unter Hinweis auf die Strafbarkeit der Verletzung der Geheimhaltungspflicht förmlich verpflichtet worden ist,

an einen anderen gelangen läßt oder öffentlich bekanntmacht und dadurch wichtige öffentliche Interessen gefährdet, wird mit Freiheitsstrafe bis zu drei Jahren oder mit Geldstrafe bestraft.

(3) Der Versuch ist strafbar.

(3a) Beihilfehandlungen einer in § 53 Absatz 1 Satz 1 Nummer 5 der Strafprozessordnung genannten Person sind nicht rechtswidrig, wenn sie sich auf die Entgegennahme, Auswertung oder Veröffentlichung des Geheimnisses oder des Gegenstandes oder der Nachricht, zu deren Geheimhaltung eine besondere Verpflichtung besteht, beschränken.

(4) [1]Die Tat wird nur mit Ermächtigung verfolgt. [2]Die Ermächtigung wird erteilt
1. von dem Präsidenten des Gesetzgebungsorgans
   a) in den Fällen des Absatzes 1, wenn dem Täter das Geheimnis während seiner Tätigkeit bei einem oder für ein Gesetzgebungsorgan des Bundes oder eines Landes bekanntgeworden ist,
   b) in den Fällen des Absatzes 2 Nr. 1;
2. von der obersten Bundesbehörde
   a) in den Fällen des Absatzes 1, wenn dem Täter das Geheimnis während seiner Tätigkeit sonst bei einer oder für eine Behörde oder bei einer anderen amtlichen Stelle des Bundes oder für eine solche Stelle bekanntgeworden ist,

b) in den Fällen des Absatzes 2 Nr. 2, wenn der Täter von einer amtlichen Stelle des Bundes verpflichtet worden ist;
3. von der obersten Landesbehörde in allen übrigen Fällen der Absätze 1 und 2 Nr. 2.

§ 353d Verbotene Mitteilungen über Gerichtsverhandlungen. Mit Freiheitsstrafe bis zu einem Jahr oder mit Geldstrafe wird bestraft, wer
1. entgegen einem gesetzlichen Verbot über eine Gerichtsverhandlung, bei der die Öffentlichkeit ausgeschlossen war, oder über den Inhalt eines die Sache betreffenden amtlichen Dokument öffentlich eine Mitteilung macht,
2. entgegen einer vom Gericht aufgrund eines Gesetzes auferlegten Schweigepflicht Tatsachen unbefugt offenbart, die durch eine nichtöffentliche Gerichtsverhandlung oder durch ein die Sache betreffendes amtliches Dokument zu seiner Kenntnis gelangt sind, oder
3. die Anklageschrift oder andere amtliche Dokumente eines Strafverfahrens, eines Bußgeldverfahrens oder eines Disziplinarverfahrens, ganz oder in wesentlichen Teilen, im Wortlaut öffentlich mitteilt, bevor sie in öffentlicher Verhandlung erörtert worden sind oder das Verfahren abgeschlossen ist.

Hinweis: In Zusammenhang mit Nr. 14 StGB wird auf die bisher in § 20a des **Gesetzes über den Wertpapierhandel** (WpHG in der Fassung der Bekanntmachung vom 9. September 1998, BGBl. I S. 2708, zuletzt geändert durch Gesetz vom 30. Juni 2016 (BGBl. I S. 1514) enthaltenen Regelungen zur Kursmanipulation („Scalping") verwiesen. § 20 a WpHG wurde aufgehoben und die Vorschriften zur Kursmanipulation ergeben sich nunmehr aus den Art. 12, 15 EU-Marktmissbrauchsverordnung (EU-Verordnung Nr. 596/2016 = MAR).[3]

Artikel 12 MAR Marktmanipulation. (1) Für die Zwecke dieser Verordnung umfasst der Begriff „Marktmanipulation" folgende Handlungen:
a) Abschluss eines Geschäfts, Erteilung eines Handelsauftrags sowie jede andere Handlung, die
   i) falsche oder irreführende Signale hinsichtlich des Angebots, der Nachfrage oder des Preises eines Finanzinstruments, eines damit verbundenen Waren-Spot- Kontrakts oder eines auf Emissionszertifikaten beruhenden Auktionsobjekts gibt oder bei der dies wahrscheinlich ist, oder
   ii) ein anormales oder künstliches Kursniveau eines oder mehrerer Finanzinstrumente, eines damit verbundenen Waren-Spot-Kontrakts oder eines auf Emissionszertifikaten beruhenden Auktionsobjekts sichert oder bei der dies wahrscheinlich ist; es sei denn, die Person, die ein Geschäft abschließt, einen Handelsauftrag erteilt oder eine andere Handlung vornimmt, nach, dass das Geschäft, der Auftrag oder die Handlung legitime Gründe hat und im Einklang mit der zulässigen Marktpraxis gemäß Artikel 13 steht.

3 Die Verordnung kann auf den Seiten der EU gefunden werden (EUR-lex).

b) Abschluss eines Geschäfts, Erteilung eines Handelsauftrags und jegliche sonstige Tätigkeit oder Handlung an Finanzmärkten, die unter Vorspiegelung falscher Tatsachen oder unter Verwendung sonstiger Kunstgriffe oder Formen der Täuschung den Kurs eines oder mehrerer Finanzinstrumente, eines damit verbundenen Waren-Spot-Kontrakts oder eines auf Emissionszertifikaten beruhenden Auktionsobjekts beeinflusst oder hierzu geeignet ist;

c) Verbreitung von Informationen über die Medien einschließlich des Internets oder auf anderem Wege, die falsche oder irreführende Signale hinsichtlich des Angebots oder des Kurses eines Finanzinstruments, eines damit verbundenen Waren-Spot-Kontrakts oder eines auf Emissionszertifikaten beruhenden Auktionsobjekts oder der Nachfrage danach geben oder bei denen dies wahrscheinlich ist oder ein anormales oder künstliches Kursniveau eines oder mehrerer Finanzinstrumente, eines damit verbundenen Waren-Spot-Kontrakts oder eines auf Emissionszertifikaten beruhenden Auktionsobjekts herbeiführen oder bei denen dies wahrscheinlich ist, einschließlich der Verbreitung von Gerüchten, wenn die Person, die diese Informationen verbreitet hat, wusste oder hätte wissen müssen, dass sie falsch oder irreführend waren;

d) Übermittlung falscher oder irreführender Angaben oder Bereitstellung falscher oder irreführender Ausgangsdaten bezüglich eines Referenzwerts, wenn die Person, die die Informationen übermittelt oder die Ausgangsdaten bereitgestellt hat, wusste oder hätte wissen müssen, dass sie falsch oder irreführend waren, oder sonstige Handlungen, durch die die Berechnung eines Referenzwerts manipuliert wird.

(2) Als Marktmanipulation gelten unter anderem die folgenden Handlungen:

a) Sicherung einer marktbeherrschenden Stellung in Bezug auf das Angebot eines Finanzinstruments. damit verbundener Waren-Spot-Kontrakte oder eines auf Emissionszertifikaten beruhenden Auktionsobjekts oder die Nachfrage danach durch eine Person oder mehrere in Absprache handelnde Personen mit der tatsächlichen oder wahrscheinlichen Folge einer unmittelbaren oder mittelbaren Festsetzung des Kaufs- oder Verkaufspreises oder anderen unlauteren Handelsbedingungen führt oder hierzu geeignet ist;

b) Kauf oder Verkauf von Finanzinstrumenten bei Handelsbeginn oder bei Handelsschluss an einem Handelsplatz mit der tatsächlichen oder wahrscheinlichen Folge, dass Anleger, die aufgrund der angezeigten Kurse, einschließlich der Eröffnungs- und Schlusskurse, tätig werden, irregeführt werden;

c) die Erteilung von Kauf- oder Verkaufsaufträgen an einen Handelsplatz, einschließlich deren Stornierung oder Änderung, mittels aller zur Verfügung stehenden Handelsmethoden, auch in elektronischer Form, beispielsweise durch algorithmische und Hochfrequenzhandelsstrategien, die eine der in Absatz 1 Buchstabe a oder b genannten Auswirkungen hat, indem sie

   i) das Funktionieren des Handelssystems des Handelsplatzes tatsächlich oder wahrscheinlich stört oder verzögert,

ii) Dritten die Ermittlung echter Kauf- oder Verkaufsaufträge im Handelssystem des Handelsplatzes tatsächlich oder wahrscheinlich erschwert, auch durch das Einstellen von Kauf- oder Verkaufsaufträgen, die zur Überfrachtung oder Beeinträchtigung des Orderbuchs führen, oder

iii) tatsächlich oder wahrscheinlich ein falsches oder irreführendes Signal hinsichtlich des Angebots eines Finanzinstruments oder der Nachfrage danach oder seines Preises setzt, insbesondere durch das Einstellen von Kauf- oder Verkaufsaufträgen zur Auslösung oder Verstärkung eines Trends;

d) Ausnutzung eines gelegentlichen oder regelmäßigen Zugangs zu den traditionellen oder elektronischen Medien durch Abgabe einer Stellungnahme zu einem Finanzinstrument, einem damit verbundenen Waren-Spot-Kontrakt oder einem auf Emissionszertifikaten beruhenden Auktionsobjekt (oder indirekt zu dessen Emittenten), wobei zuvor Positionen bei diesem Finanzinstrument, einem damit verbundenen Waren-Spot-Kontrakt oder einem auf Emissionszertifikaten beruhenden Auktionsobjekt eingegangen wurden und anschließend Nutzen aus den Auswirkungen der Stellungnahme auf den Kurs dieses Finanzinstruments, eines damit verbundenen Waren-Spot-Kontrakts oder eines auf Emissionszertifikaten beruhenden Auktionsobjekts gezogen wird, ohne dass der Öffentlichkeit gleichzeitig dieser Interessenkonflikt ordnungsgemäß und wirksam mitgeteilt wird;

e) Kauf oder Verkauf von Emissionszertifikaten oder deren Derivaten auf dem Sekundärmarkt vor der Versteigerung gemäß der Verordnung (EU) Nr. 1031/2010 mit der Folge, dass der Auktionsclearingpreis für die Auktionsobjekte auf anormaler oder künstlicher Höhe festgesetzt wird oder dass Bieter, die auf den Versteigerungen bieten, irregeführt werden.

(3) Für die Anwendung von Absatz 1 Buchstaben a und b und unbeschadet der in Absatz 2 aufgeführten Formen von Handlungen enthält Anhang I eine nicht erschöpfende Aufzählung von Indikatoren in Bezug auf die Vorspiegelung falscher Tatsachen oder sonstige Kunstgriffe oder Formen der Täuschung und eine nicht erschöpfende Aufzählung von Indikatoren in Bezug auf falsche oder irreführende Signale und die Sicherung des Herbeiführung bestimmter Kurse.

(4) Handelt es sich bei der in diesem Artikel genannten Person um eine juristische Person, so gilt dieser Artikel nach Maßgabe des nationalen Rechts auch für die natürlichen Personen, die an dem Beschluss, Tätigkeiten für Rechnung der betreffenden juristischen Person auszuführen, beteiligt sind.

(5) Der Kommission wird die Befugnis übertragen, gemäß Artikel 35 zur Präzisierung der in Anhang I festgelegten Indikatoren delegierte Rechtsakte zu erlassen, um deren Elemente zu klären und den technischen Entwicklungen auf den Finanzmärkten Rechnung zu tragen.

Artikel 15 MAR Verbot der Marktmanipulation Marktmanipulation und der Versuch hierzu sind verboten.

Strafprozessordnung

vom 12. September 1950 (BGBl. I S. 455, 512, 629),
zuletzt geändert durch Gesetz vom 30. Oktober 2017 (BGBl. I S. 3618)[1]

– Auszug –

§ 7 [Tatort]. (2) [1]Wird die Straftat durch den Inhalt einer im Geltungsbereich dieses Bundesgesetzes erschienenen Druckschrift verwirklicht, so ist als das nach Absatz 1 zuständige Gericht nur das Gericht anzusehen, in dessen Bezirk die Druckschrift erschienen ist. [2]Jedoch ist in den Fällen der Beleidigung, sofern die Verfolgung im Wege der Privatklage stattfindet, auch das Gericht, in dessen Bezirk die Druckschrift verbreitet worden ist, zuständig, wenn in diesem Bezirk die beleidigte Person ihren Wohnsitz oder gewöhnlichen Aufenthalt hat.

§ 53 [Zeugnisverweigerungsrecht der Berufshelfer]. (1) [1]Zur Verweigerung des Zeugnisses sind ferner berechtigt

1. Geistliche über das, was ihnen in ihrer Eigenschaft als Seelsorger anvertraut worden oder bekannt geworden ist;
2. Verteidiger des Beschuldigten über das, was ihnen in dieser Eigenschaft anvertraut worden oder bekannt geworden ist;
3. Rechtsanwälte und Kammerrechtsbeistände, Patentanwälte, Notare, Wirtschaftsprüfer, vereidigte Buchprüfer, Steuerberater und Steuerbevollmächtigte, Ärzte, Zahnärzte, Psychologische Psychotherapeuten, Kinder- und Jugendlichenpsychotherapeuten, Apotheker und Hebammen über das, was ihnen in dieser Eigenschaft anvertraut worden oder bekanntgeworden ist; für Syndikusrechtsanwälte (§ 46 Absatz 2 der Bundesrechtsanwaltsordnung) und Syndikuspatentanwälte (§ 41a Absatz 2 der Patentanwaltsordnung) gilt dies vorbehaltlich des § 53a nicht hinsichtlich dessen, was ihnen in dieser Eigenschaft anvertraut worden oder bekanntgeworden ist;

3a. Mitglieder oder Beauftragte einer anerkannten Beratungsstelle nach den §§ 3 und 8 des Schwangerschaftskonfliktgesetzes über das, was ihnen in dieser Eigenschaft anvertraut worden oder bekannt geworden ist;

3b. Berater für Fragen der Betäubungsmittelabhängigkeit in einer Beratungsstelle, die eine Behörde oder eine Körperschaft, Anstalt oder Stiftung des öffentlichen Rechts anerkannt oder bei sich eingerichtet hat, über das, was ihnen in dieser Eigenschaft anvertraut worden oder bekannt geworden ist;

---

1 Diese Neufassung beruht auf dem Urteil des Bundesverfassungsgerichts zur Verfassungswidrigkeit der Vorratsdatenspeicherung von Telekommunikationsverkehrsdaten vom 2. Oktober 2010 (1 BVR 256/08, 1 BVR 263/08, 1 BVR 586/08, vgl. NJW 2010, S. 833 ff.). Demnach verstößt § 100g StPO in der Fassung von Art. 1 Nr. 11 des Gesetzes zur Neuregelung der Telekommunikationsüberwachung und anderer verdeckter Ermittlungsmaßnahmen sowie zur Umsetzung der Richtlinie 2006/24/EG vom 21. Dezember 2007, soweit danach Verkehrsdaten nach § 113a TKG erhoben werden dürfen, gegen Art. 10 GG und ist insoweit nichtig.

4. Mitglieder des Deutschen Bundestages, der Bundesversammlung, des Europäischen Parlaments aus der Bundesrepublik Deutschland oder eines Landtages über Personen, die ihnen in ihrer Eigenschaft als Mitglieder dieser Organe oder denen sie in dieser Eigenschaft Tatsachen anvertraut haben, sowie über diese Tatsachen selbst;
5. Personen, die bei der Vorbereitung, Herstellung oder Verbreitung von Druckwerken, Rundfunksendungen, Filmberichten oder der Unterrichtung oder Meinungsbildung dienenden Informations- und Kommunikationsdiensten berufsmäßig mitwirken oder mitgewirkt haben.

[2]Die in Satz 1 Nr. 5 genannten Personen dürfen das Zeugnis verweigern über die Person des Verfassers oder Einsenders von Beiträgen und Unterlagen oder des sonstigen Informanten sowie über die ihnen im Hinblick auf ihre Tätigkeit gemachten Mitteilungen, über deren Inhalt sowie über den Inhalt selbst erarbeiteter Materialien und den Gegenstand berufsbezogener Wahrnehmungen. [3]Dies gilt nur, soweit es sich um Beiträge, Unterlagen, Mitteilungen und Materialien für den redaktionellen Teil oder redaktionell aufbereitete Informations- und Kommunikationsdienste handelt.

(2) [1]Die in Absatz 1 Satz 1 Nr. 2 bis 3b Genannten dürfen das Zeugnis nicht verweigern, wenn sie von der Verpflichtung zur Verschwiegenheit entbunden sind. [2]Die Berechtigung zur Zeugnisverweigerung der in Absatz 1 Satz 1 Nr. 5 Genannten über den Inhalt selbst erarbeiteter Materialien und den Gegenstand entsprechender Wahrnehmungen entfällt, wenn die Aussage zur Aufklärung eines Verbrechens beitragen soll oder wenn Gegenstand der Untersuchung

1. eine Straftat des Friedensverrats und der Gefährdung des demokratischen Rechtsstaats oder des Landesverrats und der Gefährdung der äußeren Sicherheit (§§ 80a, 85, 87, 88, 95, auch in Verbindung mit § 97b, §§ 97a, 98 bis 100a des Strafgesetzbuches),
2. eine Straftat gegen die sexuelle Selbstbestimmung nach den §§ 174 bis 176, 177 Absatz 2 Nummer 1 des Strafgesetzbuches oder
3. eine Geldwäsche, eine Verschleierung unrechtmäßig erlangter Vermögenswerte nach § 261 Abs. 1 bis 4 des Strafgesetzbuches

ist und die Erforschung des Sachverhalts oder die Ermittlung des Aufenthaltsortes des Beschuldigten auf andere Weise aussichtslos oder wesentlich erschwert wäre. [3]Der Zeuge kann jedoch auch in diesen Fällen die Aussage verweigern, soweit sie zur Offenbarung der Person des Verfassers oder Einsenders von Beiträgen und Unterlagen oder des sonstigen Informanten oder der ihm im Hinblick auf seine Tätigkeit nach Absatz 1 Satz 1 Nr. 5 gemachten Mitteilungen oder deren Inhalts führen würde.

§ 53a [Zeugnisverweigerungsrecht der Berufshelfer]. (1) [1]Den in § 53 Abs. 1 Satz 1 Nr. 1 bis 4 Genannten stehen ihre Gehilfen und die Personen gleich, die zur Vorbereitung auf den Beruf an der berufsmäßigen Tätigkeit teilnehmen. [2]Über die Ausübung des Rechtes dieser Hilfspersonen, das Zeugnis zu verweigern, entscheiden die in § 53 Abs. 1 Satz 1 Nr. 1 bis 4 Genannten, es sei denn, dass diese Entscheidung in absehbarer Zeit nicht herbeigeführt werden kann.

(2) Die Entbindung von der Verpflichtung zur Verschwiegenheit (§ 53 Abs. 2 Satz 1) gilt auch für die Hilfspersonen.

§ 94 [Gegenstand der Beschlagnahme]. (1) Gegenstände, die als Beweismittel für die Untersuchung von Bedeutung sein können, sind in Verwahrung zu nehmen oder in anderer Weise sicherzustellen.

(2) Befinden sich die Gegenstände in dem Gewahrsam einer Person und werden sie nicht freiwillig herausgegeben, so bedarf es der Beschlagnahme.

(3) Die Absätze 1 und 2 gelten auch für Führerscheine, die der Einziehung unterliegen.

(4) Die Herausgabe beweglicher Sachen richtet sich nach den §§ 111n und 111o.

§ 95 [Herausgabepflicht]. (1) Wer einen Gegenstand der vorbezeichneten Art in seinem Gewahrsam hat, ist verpflichtet, ihn auf Erfordern vorzulegen und auszuliefern.

(2) [1]Im Falle der Weigerung können gegen ihn die in § 70 bestimmten Ordnungs- und Zwangsmittel festgesetzt werden. [2]Das gilt nicht bei Personen, die zur Verweigerung des Zeugnisses berechtigt sind.

§ 97 [Der Beschlagnahme nicht unterliegende Gegenstände]. (1) Der Beschlagnahme unterliegen nicht

1. schriftliche Mitteilungen zwischen dem Beschuldigten und den Personen, die nach § 52 oder § 53 Abs. 1 Satz 1 Nr. 1 bis 3b das Zeugnis verweigern dürfen;
2. Aufzeichnungen, welche die in § 53 Abs. 1 Satz 1 Nr. 1 bis 3b Genannten über die ihnen vom Beschuldigten anvertrauten Mitteilungen oder über andere Umstände gemacht haben, auf die sich das Zeugnisverweigerungsrecht erstreckt;
3. andere Gegenstände einschließlich der ärztlichen Untersuchungsbefunde, auf die sich das Zeugnisverweigerungsrecht der in § 53 Abs. 1 Satz 1 Nr. 1 bis 3b Genannten erstreckt.

(2) [1]Diese Beschränkungen gelten nur, wenn die Gegenstände im Gewahrsam der zur Verweigerung des Zeugnisses Berechtigten sind, es sei denn, es handelt sich um eine elektronische Gesundheitskarte im Sinne des § 291a des Fünften Buches Sozialgesetzbuch. [2]Die Beschränkungen der Beschlagnahme gelten nicht, wenn bestimmte Tatsachen den Verdacht begründen, dass die zeugnisverweigerungsberechtigte Person an der Tat oder an einer Datenhehlerei, Begünstigung, Strafvereitelung oder Hehlerei beteiligt ist, oder wenn es sich um Gegenstände handelt, die durch eine Straftat hervorgebracht oder zur Begehung einer Straftat gebraucht oder bestimmt sind oder die aus einer Straftat herrühren.

(3) Die Absätze 1 und 2 sind entsprechend anzuwenden, soweit die Personen, die nach § 53a Absatz 1 Satz 1 an der beruflichen Tätigkeit der in § 53 Ab-

satz 1 Satz 1 Nummer 1 bis 3b genannten Personen mitwirken, das Zeugnis verweigern dürfen.

(4) [1]Soweit das Zeugnisverweigerungsrecht der in § 53 Abs. 1 Satz 1 Nr. 4 genannten Personen reicht, ist die Beschlagnahme von Gegenständen unzulässig. [2]Dieser Beschlagnahmeschutz erstreckt sich auch auf Gegenstände, die von den in § 53 Abs. 1 Satz 1 Nr. 4 genannten Personen den an ihrer Berufstätigkeit nach § 53a Absatz 1 Satz 1 mitwirkenden Personen anvertraut sind. [3]Satz 1 gilt entsprechend, soweit die Personen, die nach § 53a Absatz 1 Satz 1 an der beruflichen Tätigkeit der in § 53 Absatz 1 Satz 1 Nummer 4 genannten Personen mitwirken, das Zeugnis verweigern dürften.

(5) [1]Soweit das Zeugnisverweigerungsrecht der in § 53 Abs. 1 Satz 1 Nr. 5 genannten Personen reicht, ist die Beschlagnahme von Schriftstücken, Ton-, Bild- und Datenträgern, Abbildungen und anderen Darstellungen, die sich im Gewahrsam dieser Personen oder der Redaktion, des Verlages, der Druckerei oder der Rundfunkanstalt befinden, unzulässig. [2]Absatz 2 Satz 3 und § 160a Abs. 4 Satz 2 gelten entsprechend, die Beteiligungsregelung in Absatz 2 Satz 3 jedoch nur dann, wenn die bestimmten Tatsachen einen dringenden Verdacht der Beteiligung begründen; die Beschlagnahme ist jedoch auch in diesen Fällen nur zulässig, wenn sie unter Berücksichtigung der Grundrechte aus Artikel 5 Abs. 1 Satz 2 des Grundgesetzes nicht außer Verhältnis zur Bedeutung der Sache steht und die Erforschung des Sachverhaltes oder die Ermittlung des Aufenthaltsortes des Täters auf andere Weise aussichtslos oder wesentlich erschwert wäre.

§ 98 [Anordnung der Beschlagnahme]. (1) [1]Beschlagnahmen dürfen nur durch das Gericht, bei Gefahr im Verzug auch durch die Staatsanwaltschaft und ihre Ermittlungspersonen (§ 152 des Gerichtsverfassungsgesetzes) angeordnet werden. [2]Die Beschlagnahme nach § 97 Abs. 5 Satz 2 in den Räumen einer Redaktion, eines Verlages, einer Druckerei oder einer Rundfunkanstalt darf nur durch das Gericht angeordnet werden.

(2) [1]Der Beamte, der einen Gegenstand ohne gerichtliche Anordnung beschlagnahmt hat, soll binnen drei Tagen die gerichtliche Bestätigung beantragen, wenn bei der Beschlagnahme weder der davon Betroffene noch ein erwachsener Angehöriger anwesend war oder wenn der Betroffene und im Falle seiner Abwesenheit ein erwachsener Angehöriger des Betroffenen gegen die Beschlagnahme ausdrücklichen Widerspruch erhoben hat. [2]Der Betroffene kann jederzeit die gerichtliche Entscheidung beantragen. [3]Solange die öffentliche Klage noch nicht erhoben ist, entscheidet das nach § 162 Abs. 1 zuständige Gericht. [4]Ist die öffentliche Klage erhoben, entscheidet das damit befasste Gericht. [5]Der Betroffene kann den Antrag auch bei dem Amtsgericht einreichen, in dessen Bezirk die Beschlagnahme stattgefunden hat; dieses leitet den Antrag dem zuständigen Gericht zu. [6]Der Betroffene ist über seine Rechte zu belehren.

(3) Ist nach erhobener öffentlicher Klage die Beschlagnahme durch die Staatsanwaltschaft oder eine ihrer Ermittlungspersonen erfolgt, so ist binnen

drei Tagen dem Gericht von der Beschlagnahme Anzeige zu machen; die beschlagnahmten Gegenstände sind ihm zur Verfügung zu stellen.

(4) [1]Wird eine Beschlagnahme in einem Dienstgebäude oder einer nicht allgemein zugänglichen Einrichtung oder Anlage der Bundeswehr erforderlich, so wird die vorgesetzte Dienststelle der Bundeswehr um ihre Durchführung ersucht. [2]Die ersuchende Stelle ist zur Mitwirkung berechtigt. [3]Des Ersuchens bedarf es nicht, wenn die Beschlagnahme in Räumen vorzunehmen ist, die ausschließlich von anderen Personen als Soldaten bewohnt werden.

§ 99 [Beschlagnahme im Post- und Telekommunikationsbereich]. [1]Zulässig ist die Beschlagnahme der an den Beschuldigten gerichteten Postsendungen und Telegramme, die sich im Gewahrsam von Personen oder Unternehmen befinden, die geschäftsmäßig Post- oder Telekommunikationsdienste erbringen oder daran mitwirken. [2]Ebenso ist eine Beschlagnahme von Postsendungen und Telegrammen zulässig, bei denen aus vorliegenden Tatsachen zu schließen ist, dass sie von dem Beschuldigten herrühren oder für ihn bestimmt sind und dass ihr Inhalt für die Untersuchung Bedeutung hat.

§ 100a [Überwachung der Telekommunikation]. (1) [1]Auch ohne Wissen der Betroffenen darf die Telekommunikation überwacht und aufgezeichnet werden, wenn

1. bestimmte Tatsachen den Verdacht begründen, dass jemand als Täter oder Teilnehmer eine in Absatz 2 bezeichnete schwere Straftat begangen, in Fällen, in denen der Versuch strafbar ist, zu begehen versucht, oder durch eine Straftat vorbereitet hat,
2. die Tat auch im Einzelfall schwer wiegt und
3. die Erforschung des Sachverhalts oder die Ermittlung des Aufenthaltsortes des Beschuldigten auf andere Weise wesentlich erschwert oder aussichtslos wäre.

[2]Die Überwachung und Aufzeichnung der Telekommunikation darf auch in der Weise erfolgen, dass mit technischen Mitteln in von dem Betroffenen genutzte informationstechnische Systeme eingegriffen wird, wenn dies notwendig ist, um die Überwachung und Aufzeichnung insbesondere in unverschlüsselter Form zu ermöglichen. [3]Auf dem informationstechnischen System des Betroffenen gespeicherte Inhalte und Umstände der Kommunikation dürfen überwacht und aufgezeichnet werden, wenn sie auch während des laufenden Übertragungsvorgangs im öffentlichen Telekommunikationsnetz in verschlüsselter Form hätten überwacht und aufgezeichnet werden können.

(2) Schwere Straftaten im Sinne des Absatzes 1 Nr. 1 sind:

1. aus dem Strafgesetzbuch:
   a) Straftaten des Friedensverrats, des Hochverrats und der Gefährdung des demokratischen Rechtsstaates sowie des Landesverrats und der Gefährdung der äußeren Sicherheit nach den §§ 80a bis 82, 84 bis 86, 87 bis 89a, 89c Absatz 1 bis 4, 94 bis 100a,
   b) Bestechlichkeit und Bestechung von Mandatsträgern nach § 108e,

c) Straftaten gegen die Landesverteidigung nach den §§ 109d bis 109h,
d) Straftaten gegen die öffentliche Ordnung nach den §§ 129 bis 130,
e) Geld- und Wertzeichenfälschung nach den §§ 146 und 151, jeweils auch in Verbindung mit § 152, sowie nach § 152a Abs. 3 und § 152b Abs. 1 bis 4,
f) Straftaten gegen die sexuelle Selbstbestimmung in den Fällen der §§ 176a, 176b und, unter den in § 177 Absatz 6 Satz 2 Nummer 2 genannten Voraussetzungen, des § 177,
g) Verbreitung, Erwerb und Besitz kinder- und jugendpornographischer Schriften nach § 184b Absatz 1 und 2, § 184c Absatz 2
h) Mord und Totschlag nach den §§ 211 und 212,
i) Straftaten gegen die persönliche Freiheit nach den §§ 232, 232a Absatz 1 bis 5, den §§ 232b, 233 Absatz 2, den §§ 233a, 234, 234a, 239a und 239b,
j) Bandendiebstahl nach § 244 Abs. 1 Nr. 2 und schwerer Bandendiebstahl nach § 244a,
k) Straftaten des Raubes und der Erpressung nach den §§ 249 bis 255,
l) gewerbsmäßige Hehlerei, Bandenhehlerei und gewerbsmäßige Bandenhehlerei nach den §§ 260 und 260a,
m) Geldwäsche und Verschleierung unrechtmäßig erlangter Vermögenswerte nach § 261 Abs. 1, 2 und 4; beruht die Strafbarkeit darauf, dass die Straflosigkeit nach § 261 Absatz 9 Satz 2 gemäß § 261 Absatz 9 Satz 3 ausgeschlossen ist, jedoch nur dann, wenn der Gegenstand aus einer der in den Nummern 1 bis 11 genannten schweren Straftaten herrührt,
n) Betrug und Computerbetrug unter den in § 263 Abs. 3 Satz 2 genannten Voraussetzungen und im Falle des § 263 Abs. 5, jeweils auch in Verbindung mit § 263a Abs. 2,
o) Subventionsbetrug unter den in § 264 Abs. 2 Satz 2 genannten Voraussetzungen und im Falle des § 264 Abs. 3 in Verbindung mit § 263 Abs. 5,
p) Sportwettbetrug und Manipulation von berufssportlichen Wettbewerben unter den in § 265e Satz 2 genannten Voraussetzungen,
q) Straftaten der Urkundenfälschung unter den in § 267 Abs. 3 Satz 2 genannten Voraussetzungen und im Fall des § 267 Abs. 4, jeweils auch in Verbindung mit § 268 Abs. 5 oder § 269 Abs. 3, sowie nach § 275 Abs. 2 und § 276 Abs. 2,
r) Bankrott unter den in § 283a Satz 2 genannten Voraussetzungen,
s) Straftaten gegen den Wettbewerb nach § 298 und, unter den in § 300 Satz 2 genannten Voraussetzungen, nach § 299,
t) gemeingefährliche Straftaten in den Fällen der §§ 306 bis 306c, 307 Abs. 1 bis 3, des § 308 Abs. 1 bis 3, des § 309 Abs. 1 bis 4, des § 310 Abs. 1, der §§ 313, 314, 315 Abs. 3, des § 315b Abs. 3 sowie der §§ 316a und 316c,
u) Bestechlichkeit und Bestechung nach den §§ 332 und 334,

2. aus der Abgabenordnung:
   a) Steuerhinterziehung unter den in § 370 Abs. 3 Satz 2 Nr. 5 genannten Voraussetzungen,
   b) gewerbsmäßiger, gewaltsamer und bandenmäßiger Schmuggel nach § 373,
   c) Steuerhehlerei im Falle des § 374 Abs. 2,
3. aus dem Anti-Doping-Gesetz:Straftaten nach § 4 Absatz 4 Nummer 2 Buchstabe b,
4. aus dem Asylgesetz:
   a) Verleitung zur missbräuchlichen Asylantragstellung nach § 84 Abs. 3,
   b) gewerbs- und bandenmäßige Verleitung zur missbräuchlichen Asylantragstellung nach § 84a,
5. aus dem Aufenthaltsgesetz:
   a) Einschleusen von Ausländern nach § 96 Abs. 2,
   b) Einschleusen mit Todesfolge und gewerbs- und bandenmäßiges Einschleusen nach § 97,
6. aus dem Außenwirtschaftsgesetz:vorsätzliche Straftaten nach den §§ 17 und 18 des Außenwirtschaftsgesetzes,
7. aus dem Betäubungsmittelgesetz:
   a) Straftaten nach einer in § 29 Abs. 3 Satz 2 Nr. 1 in Bezug genommenen Vorschrift unter den dort genannten Voraussetzungen,
   b) Straftaten nach den §§ 29a, 30 Abs. 1 Nr. 1, 2 und 4 sowie den §§ 30a und 30b,
8. aus dem Grundstoffüberwachungsgesetz:Straftaten nach § 19 Abs. 1 unter den in § 19 Abs. 3 Satz 2 genannten Voraussetzungen,
9. aus dem Gesetz über die Kontrolle von Kriegswaffen:
   a) Straftaten nach § 19 Abs. 1 bis 3 und § 20 Abs. 1 und 2 sowie § 20a Abs. 1 bis 3, jeweils auch in Verbindung mit § 21,
   b) Straftaten nach § 22a Abs. 1 bis 3,

9a. aus dem Neue-psychoaktive-Stoffe-Gesetz:Straftaten nach § 4 Absatz 3 Nummer 1 Buchstabe a,

10. aus dem Völkerstrafgesetzbuch:
    a) Völkermord nach § 6,
    b) Verbrechen gegen die Menschlichkeit nach § 7,
    c) Kriegsverbrechen nach den §§ 8 bis 12,
    d) Verbrechen der Aggression nach § 13,
11. aus dem Waffengesetz:
    a) Straftaten nach § 51 Abs. 1 bis 3,
    b) Straftaten nach § 52 Abs. 1 Nr. 1 und 2 Buchstabe c und d sowie Abs. 5 und 6.

(3) Die Anordnung darf sich nur gegen den Beschuldigten oder gegen Personen richten, von denen auf Grund bestimmter Tatsachen anzunehmen ist, dass sie für den Beschuldigten bestimmte oder von ihm herrührende Mitteilun-

gen entgegennehmen oder weitergeben oder dass der Beschuldigte ihren Anschluss oder ihr informationstechnisches System benutzt.

(4) [1]Auf Grund der Anordnung einer Überwachung und Aufzeichnung der Telekommunikation hat jeder, der Telekommunikationsdienste erbringt oder daran mitwirkt, dem Gericht, der Staatsanwaltschaft und ihren im Polizeidienst tätigen Ermittlungspersonen (§ 152 des Gerichtsverfassungsgesetzes) diese Maßnahmen zu ermöglichen und die erforderlichen Auskünfte unverzüglich zu erteilen. [2]Ob und in welchem Umfang hierfür Vorkehrungen zu treffen sind, bestimmt sich nach dem Telekommunikationsgesetz und der Telekommunikations-Überwachungsverordnung. [3]§ 95 Absatz 2 gilt entsprechend.

(5) [1]Bei Maßnahmen nach Absatz 1 Satz 2 und 3 ist technisch sicherzustellen, dass
1. ausschließlich überwacht und aufgezeichnet werden können:
   a) die laufende Telekommunikation (Absatz 1 Satz 2), oder
   b) Inhalte und Umstände der Kommunikation, die ab dem Zeitpunkt der Anordnung nach § 100e Absatz 1 auch während des laufenden Übertragungsvorgangs im öffentlichen Telekommunikationsnetz hätten überwacht und aufgezeichnet werden können (Absatz 1 Satz 3),
2. an dem informationstechnischen System nur Veränderungen vorgenommen werden, die für die Datenerhebung unerlässlich sind, und
3. die vorgenommenen Veränderungen bei Beendigung der Maßnahme, soweit technisch möglich, automatisiert rückgängig gemacht werden.

[2]Das eingesetzte Mittel ist nach dem Stand der Technik gegen unbefugte Nutzung zu schützen. [3]Kopierte Daten sind nach dem Stand der Technik gegen Veränderung, unbefugte Löschung und unbefugte Kenntnisnahme zu schützen.

(6) Bei jedem Einsatz des technischen Mittels sind zu protokollieren
1. die Bezeichnung des technischen Mittels und der Zeitpunkt seines Einsatzes,
2. die Angaben zur Identifizierung des informationstechnischen Systems und die daran vorgenommenen nicht nur flüchtigen Veränderungen,
3. die Angaben, die die Feststellung der erhobenen Daten ermöglichen, und
4. die Organisationseinheit, die die Maßnahme durchführt.

§ 100b [Online- Durchsuchung]. (1) Auch ohne Wissen des Betroffenen darf mit technischen Mitteln in ein von dem Betroffenen genutztes informationstechnisches System eingegriffen und dürfen Daten daraus erhoben werden (Online-Durchsuchung), wenn
1. bestimmte Tatsachen den Verdacht begründen, dass jemand als Täter oder Teilnehmer eine in Absatz 2 bezeichnete besonders schwere Straftat begangen oder in Fällen, in denen der Versuch strafbar ist, zu begehen versucht hat,
2. die Tat auch im Einzelfall besonders schwer wiegt und
3. die Erforschung des Sachverhalts oder die Ermittlung des Aufenthaltsortes des Beschuldigten auf andere Weise wesentlich erschwert oder aussichtslos wäre.

(2) Besonders schwere Straftaten im Sinne des Absatzes 1 Nummer 1 sind:

1. aus dem Strafgesetzbuch:
   a) Straftaten des Hochverrats und der Gefährdung des demokratischen Rechtsstaates sowie des Landesverrats und der Gefährdung der äußeren Sicherheit nach den §§ 81, 82, 89a, 89c Absatz 1 bis 4, nach den §§ 94, 95 Absatz 3 und § 96 Absatz 1, jeweils auch in Verbindung mit § 97b, sowie nach den §§ 97a, 98 Absatz 1 Satz 2, § 99 Absatz 2 und den §§ 100, 100a Absatz 4,
   b) Bildung krimineller Vereinigungen nach § 129 Absatz 1 in Verbindung mit Absatz 5 Satz 3 und Bildung terroristischer Vereinigungen nach § 129a Absatz 1, 2, 4, 5 Satz 1 erste Alternative, jeweils auch in Verbindung mit § 129b Absatz 1,
   c) Geld- und Wertzeichenfälschung nach den §§ 146 und 151, jeweils auch in Verbindung mit § 152, sowie nach § 152a Absatz 3 und § 152b Absatz 1 bis 4,
   d) Straftaten gegen die sexuelle Selbstbestimmung in den Fällen des § 176a Absatz 2 Nummer 2 oder Absatz 3 und, unter den in § 177 Absatz 6 Satz 2 Nummer 2 genannten Voraussetzungen, des § 177,
   e) Verbreitung, Erwerb und Besitz kinderpornografischer Schriften in den Fällen des § 184b Absatz 2,
   f) Mord und Totschlag nach den §§ 211, 212,
   g) Straftaten gegen die persönliche Freiheit in den Fällen der §§ 234, 234a Absatz 1, 2, der §§ 239a, 239b und Menschenhandel nach § 232 Absatz 3, Zwangsprostitution und Zwangsarbeit nach § 232a Absatz 3, 4 oder 5 zweiter Halbsatz, § 232b Absatz 3 oder 4 in Verbindung mit § 232a Absatz 4 oder 5 zweiter Halbsatz und Ausbeutung unter Ausnutzung einer Freiheitsberaubung nach § 233a Absatz 3 oder 4 zweiter Halbsatz,
   h) Bandendiebstahl nach § 244 Absatz 1 Nummer 2 und schwerer Bandendiebstahl nach § 244a,
   i) schwerer Raub und Raub mit Todesfolge nach § 250 Absatz 1 oder Absatz 2, § 251,
   j) räuberische Erpressung nach § 255 und besonders schwerer Fall einer Erpressung nach § 253 unter den in § 253 Absatz 4 Satz 2 genannten Voraussetzungen,
   k) gewerbsmäßige Hehlerei, Bandenhehlerei und gewerbsmäßige Bandenhehlerei nach den §§ 260, 260a,
   l) besonders schwerer Fall der Geldwäsche, Verschleierung unrechtmäßig erlangter Vermögenswerte nach § 261 unter den in § 261 Absatz 4 Satz 2 genannten Voraussetzungen; beruht die Strafbarkeit darauf, dass die Straflosigkeit nach § 261 Absatz 9 Satz 2 gemäß § 261 Absatz 9 Satz 3 ausgeschlossen ist, jedoch nur dann, wenn der Gegenstand aus einer der in den Nummern 1 bis 7 genannten besonders schweren Straftaten herrührt,
   m) besonders schwerer Fall der Bestechlichkeit und Bestechung nach § 335 Absatz 1 unter den in § 335 Absatz 2 Nummer 1 bis 3 genannten Voraussetzungen,

2. aus dem Asylgesetz:
   a) Verleitung zur missbräuchlichen Asylantragstellung nach § 84 Absatz 3,
   b) gewerbs- und bandenmäßige Verleitung zur missbräuchlichen Asylantragstellung nach § 84a Absatz 1,
3. aus dem Aufenthaltsgesetz:
   a) Einschleusen von Ausländern nach § 96 Absatz 2,
   b) Einschleusen mit Todesfolge oder gewerbs- und bandenmäßiges Einschleusen nach § 97,
4. aus dem Betäubungsmittelgesetz:
   a) besonders schwerer Fall einer Straftat nach § 29 Absatz 1 Satz 1 Nummer 1, 5, 6, 10, 11 oder 13, Absatz 3 unter der in § 29 Absatz 3 Satz 2 Nummer 1 genannten Voraussetzung,
   b) eine Straftat nach den §§ 29a, 30 Absatz 1 Nummer 1, 2, 4, § 30a,
5. aus dem Gesetz über die Kontrolle von Kriegswaffen:
   a) eine Straftat nach § 19 Absatz 2 oder § 20 Absatz 1, jeweils auch in Verbindung mit § 21,
   b) besonders schwerer Fall einer Straftat nach § 22a Absatz 1 in Verbindung mit Absatz 2,
6. aus dem Völkerstrafgesetzbuch:
   a) Völkermord nach § 6,
   b) Verbrechen gegen die Menschlichkeit nach § 7,
   c) Kriegsverbrechen nach den §§ 8 bis 12,
   d) Verbrechen der Aggression nach § 13,
7. aus dem Waffengesetz:
   a) besonders schwerer Fall einer Straftat nach § 51 Absatz 1 in Verbindung mit Absatz 2,
   b) besonders schwerer Fall einer Straftat nach § 52 Absatz 1 Nummer 1 in Verbindung mit Absatz 5.

(3) [1]Die Maßnahme darf sich nur gegen den Beschuldigten richten. [2]Ein Eingriff in informationstechnische Systeme anderer Personen ist nur zulässig, wenn auf Grund bestimmter Tatsachen anzunehmen ist, dass
1. der in der Anordnung nach § 100e Absatz 3 bezeichnete Beschuldigte informationstechnische Systeme der anderen Person benutzt, und
2. die Durchführung des Eingriffs in informationstechnische Systeme des Beschuldigten allein nicht zur Erforschung des Sachverhalts oder zur Ermittlung des Aufenthaltsortes eines Mitbeschuldigten führen wird.

[3]Die Maßnahme darf auch durchgeführt werden, wenn andere Personen unvermeidbar betroffen werden.

(4) § 100a Absatz 5 und 6 gilt mit Ausnahme von Absatz 5 Satz 1 Nummer 1 entsprechend.

§ 100c Akustische Wohnraumüberwachung. (1) Auch ohne Wissen der Betroffenen darf das in einer Wohnung nichtöffentlich gesprochene Wort mit technischen Mitteln abgehört und aufgezeichnet werden, wenn

1. bestimmte Tatsachen den Verdacht begründen, dass jemand als Täter oder Teilnehmer eine in § 100b Absatz 2 bezeichnete besonders schwere Straftat begangen oder in Fällen, in denen der Versuch strafbar ist, zu begehen versucht hat,
2. die Tat auch im Einzelfall besonders schwer wiegt,
3. auf Grund tatsächlicher Anhaltspunkte anzunehmen ist, dass durch die Überwachung Äußerungen des Beschuldigten erfasst werden, die für die Erforschung des Sachverhalts oder die Ermittlung des Aufenthaltsortes eines Mitbeschuldigten von Bedeutung sind, und
4. die Erforschung des Sachverhalts oder die Ermittlung des Aufenthaltsortes eines Mitbeschuldigten auf andere Weise unverhältnismäßig erschwert oder aussichtslos wäre.

(2) [1]Die Maßnahme darf sich nur gegen den Beschuldigten richten und nur in Wohnungen des Beschuldigten durchgeführt werden. [2]In Wohnungen anderer Personen ist die Maßnahme nur zulässig, wenn auf Grund bestimmter Tatsachen anzunehmen ist, dass
1. der in der Anordnung nach § 100e Absatz 3 bezeichnete Beschuldigte sich dort aufhält und
2. die Maßnahme in Wohnungen des Beschuldigten allein nicht zur Erforschung des Sachverhalts oder zur Ermittlung des Aufenthaltsortes eines Mitbeschuldigten führen wird.

[3]Die Maßnahme darf auch durchgeführt werden, wenn andere Personen unvermeidbar betroffen werden.

§ 100g [Erhebung von Verkehrsdaten][2]. (1) [1]Begründen bestimmte Tatsachen den Verdacht, dass jemand als Täter oder Teilnehmer
1. eine Straftat von auch im Einzelfall erheblicher Bedeutung, insbesondere eine in § 100a Absatz 2 bezeichnete Straftat, begangen hat, in Fällen, in denen der Versuch strafbar ist, zu begehen versucht hat oder durch eine Straftat vorbereitet hat oder
2. eine Straftat mittels Telekommunikation begangen hat,

so dürfen Verkehrsdaten (§ 96 Absatz 1 des Telekommunikationsgesetzes) erhoben werden, soweit dies für die Erforschung des Sachverhalts erforderlich ist und die Erhebung der Daten in einem angemessenen Verhältnis zur Bedeutung der Sache steht. [2]Im Fall des Satzes 1 Nummer 2 ist die Maßnahme nur zulässig, wenn die Erforschung des Sachverhalts auf andere Weise aussichtslos wäre. [3]Die Erhebung von Standortdaten ist nach diesem Absatz nur für künftig anfallende Verkehrsdaten oder in Echtzeit und nur im Fall des Satzes 1 Nummer 1 zulässig, soweit sie für die Erforschung des Sachverhalts oder die Ermittlung des Aufenthaltsortes des Beschuldigten erforderlich ist.

---

2 § 100g wurde durch die Entscheidung des Bundesverfassungsgerichts zur Vorratsdatenspeicherung (siehe Fußnote 1) für verfassungswidrig und nichtig erklärt.

(2) [1]Begründen bestimmte Tatsachen den Verdacht, dass jemand als Täter oder Teilnehmer eine der in Satz 2 bezeichneten besonders schweren Straftaten begangen hat oder in Fällen, in denen der Versuch strafbar ist, eine solche Straftat zu begehen versucht hat, und wiegt die Tat auch im Einzelfall besonders schwer, dürfen die nach § 113b des Telekommunikationsgesetzes gespeicherten Verkehrsdaten erhoben werden, soweit die Erforschung des Sachverhalts oder die Ermittlung des Aufenthaltsortes des Beschuldigten auf andere Weise wesentlich erschwert oder aussichtslos wäre und die Erhebung der Daten in einem angemessenen Verhältnis zur Bedeutung der Sache steht. [2]Besonders schwere Straftaten im Sinne des Satzes 1 sind:

1. aus dem Strafgesetzbuch:
   a) Straftaten des Hochverrats und der Gefährdung des demokratischen Rechtsstaates sowie des Landesverrats und der Gefährdung der äußeren Sicherheit nach den §§ 81, 82, 89a, nach den §§ 94, 95 Absatz 3 und § 96 Absatz 1, jeweils auch in Verbindung mit § 97b, sowie nach den §§ 97a, 98 Absatz 1 Satz 2, § 99 Absatz 2 und den §§ 100, 100a Absatz 4,
   b) besonders schwerer Fall des Landfriedensbruchs nach § 125a, Bildung krimineller Vereinigungen nach § 129 Absatz 1 in Verbindung mit Absatz 5 Satz 3 und Bildung terroristischer Vereinigungen nach § 129a Absatz 1, 2, 4, 5 Satz 1 Alternative 1, jeweils auch in Verbindung mit § 129b Absatz 1,
   c) Straftaten gegen die sexuelle Selbstbestimmung in den Fällen der §§ 176a, 176b und, unter den in § 177 Absatz 6 Satz 2 Nummer 2 genannten Voraussetzungen, des § 177,
   d) Verbreitung, Erwerb und Besitz kinder- und jugendpornographischer Schriften in den Fällen des § 184b Absatz 2, § 184c Absatz 2,
   e) Mord und Totschlag nach den §§ 211 und 212,
   f) Straftaten gegen die persönliche Freiheit in den Fällen der §§ 234, 234a Absatz 1, 2, §§ 239a, 239b und Zwangsprostitution und Zwangsarbeit nach § 232a Absatz 3, 4 oder 5 zweiter Halbsatz, § 232b Absatz 3 oder 4 in Verbindung mit § 232a Absatz 4 oder 5 zweiter Halbsatz und Ausbeutung unter Ausnutzung einer Freiheitsberaubung nach § 233a Absatz 3 oder 4 zweiter Halbsatz,
   g) Einbruchdiebstahl in eine dauerhaft genutzte Privatwohnung nach § 244 Absatz 4, schwerer Bandendiebstahl nach § 244a Absatz 1, schwerer Raub nach § 250 Absatz 1 oder Absatz 2, Raub mit Todesfolge nach § 251, räuberische Erpressung nach § 255 und besonders schwerer Fall einer Erpressung nach § 253 unter den in § 253 Absatz 4 Satz 2 genannten Voraussetzungen, gewerbsmäßige Bandenhehlerei nach § 260a Absatz 1, besonders schwerer Fall der Geldwäsche und der Verschleierung unrechtmäßig erlangter Vermögenswerte nach § 261 unter den in § 261 Absatz 4 Satz 2 genannten Voraussetzungen,
   h) gemeingefährliche Straftaten in den Fällen der §§ 306 bis 306c, 307 Absatz 1 bis 3, des § 308 Absatz 1 bis 3, des § 309 Absatz 1 bis 4, des § 310 Absatz 1, der §§ 313, 314, 315 Absatz 3, des § 315b Absatz 3 sowie der §§ 316a und 316c,

2. aus dem Aufenthaltsgesetz:
   a) Einschleusen von Ausländern nach § 96 Absatz 2,
   b) Einschleusen mit Todesfolge oder gewerbs- und bandenmäßiges Einschleusen nach § 97,
3. aus dem Außenwirtschaftsgesetz:
   Straftaten nach § 17 Absatz 1 bis 3 und § 18 Absatz 7 und 8,
4. aus dem Betäubungsmittelgesetz:
   a) besonders schwerer Fall einer Straftat nach § 29 Absatz 1 Satz 1 Nummer 1, 5, 6, 10, 11 oder 13, Absatz 3 unter der in § 29 Absatz 3 Satz 2 Nummer 1 genannten Voraussetzung,
   b) eine Straftat nach den §§ 29a, 30 Absatz 1 Nummer 1, 2, 4, § 30a,
5. aus dem Grundstoffüberwachungsgesetz:
   eine Straftat nach § 19 Absatz 1 unter den in § 19 Absatz 3 Satz 2 genannten Voraussetzungen,
6. aus dem Gesetz über die Kontrolle von Kriegswaffen:
   a) eine Straftat nach § 19 Absatz 2 oder § 20 Absatz 1, jeweils auch in Verbindung mit § 21,
   b) besonders schwerer Fall einer Straftat nach § 22a Absatz 1 in Verbindung mit Absatz 2,
7. aus dem Völkerstrafgesetzbuch:
   a) Völkermord nach § 6,
   b) Verbrechen gegen die Menschlichkeit nach § 7,
   c) Kriegsverbrechen nach den §§ 8 bis 12,
   d) Verbrechen der Aggression nach § 13,
8. aus dem Waffengesetz:
   a) besonders schwerer Fall einer Straftat nach § 51 Absatz 1 in Verbindung mit Absatz 2,
   b) besonders schwerer Fall einer Straftat nach § 52 Absatz 1 Nummer 1 in Verbindung mit Absatz 5.

(3) [1]Die Erhebung aller in einer Funkzelle angefallenen Verkehrsdaten (Funkzellenabfrage) ist nur zulässig,
1. wenn die Voraussetzungen des Absatzes 1 Satz 1 Nummer 1 erfüllt sind,
2. soweit die Erhebung der Daten in einem angemessenen Verhältnis zur Bedeutung der Sache steht und
3. soweit die Erforschung des Sachverhalts oder die Ermittlung des Aufenthaltsortes des Beschuldigten auf andere Weise aussichtslos oder wesentlich erschwert wäre.

[2]Auf nach § 113b des Telekommunikationsgesetzes gespeicherte Verkehrsdaten darf für eine Funkzellenabfrage nur unter den Voraussetzungen des Absatzes 2 zurückgegriffen werden.

(4) [1]Die Erhebung von Verkehrsdaten nach Absatz 2, auch in Verbindung mit Absatz 3 Satz 2, die sich gegen eine der in § 53 Absatz 1 Satz 1 Nummer 1 bis 5 genannten Personen richtet und die voraussichtlich Erkenntnisse erbringen würde, über die diese das Zeugnis verweigern dürfte, ist unzulässig. [2]Den-

noch erlangte Erkenntnisse dürfen nicht verwendet werden. [3]Aufzeichnungen hierüber sind unverzüglich zu löschen. [4]Die Tatsache ihrer Erlangung und der Löschung der Aufzeichnungen ist aktenkundig zu machen. [5]Die Sätze 2 bis 4 gelten entsprechend, wenn durch eine Ermittlungsmaßnahme, die sich nicht gegen eine in § 53 Absatz 1 Satz 1 Nummer 1 bis 5 genannte Person richtet, von dieser Person Erkenntnisse erlangt werden, über die sie das Zeugnis verweigern dürfte. [6]§ 160a Absatz 3 und 4 gilt entsprechend.

(5) Erfolgt die Erhebung von Verkehrsdaten nicht beim Erbringer öffentlich zugänglicher Telekommunikationsdienste, bestimmt sie sich nach Abschluss des Kommunikationsvorgangs nach den allgemeinen Vorschriften.

§ 100h [Weitere Maßnahmen ohne Wissen des Betroffenen]. (1) [1]Auch ohne Wissen der Betroffenen dürfen außerhalb von Wohnungen
1. Bildaufnahmen hergestellt werden,
2. sonstige besondere für Observationszwecke bestimmte technische Mittel verwendet werden,

wenn die Erforschung des Sachverhalts oder die Ermittlung des Aufenthaltsortes eines Beschuldigten auf andere Weise weniger erfolgversprechend oder erschwert wäre. [2]Eine Maßnahme nach Satz 1 Nr. 2 ist nur zulässig, wenn Gegenstand der Untersuchung eine Straftat von erheblicher Bedeutung ist.

(2) [1]Die Maßnahmen dürfen sich nur gegen einen Beschuldigten richten. [2]Gegen andere Personen sind
1. Maßnahmen nach Absatz 1 Nr. 1 nur zulässig, wenn die Erforschung des Sachverhalts oder die Ermittlung des Aufenthaltsortes eines Beschuldigten auf andere Weise erheblich weniger erfolgversprechend oder wesentlich erschwert wäre,
2. Maßnahmen nach Absatz 1 Nr. 2 nur zulässig, wenn aufgrund bestimmter Tatsachen anzunehmen ist, dass sie mit einem Beschuldigten in Verbindung stehen oder eine solche Verbindung hergestellt wird, die Maßnahme zur Erforschung des Sachverhalts oder zur Ermittlung des Aufenthaltsortes eines Beschuldigten führen wird und dies auf andere Weise aussichtslos oder wesentlich erschwert wäre.

(3) Die Maßnahmen dürfen auch durchgeführt werden, wenn Dritte unvermeidbar mitbetroffen werden.

§ 100i Technische Ermittlungsmaßnahmen bei Mobilfunkendgeräten.

(1) Begründen bestimmte Tatsachen den Verdacht, dass jemand als Täter oder Teilnehmer eine Straftat von auch im Einzelfall erheblicher Bedeutung, insbesondere eine in § 100a Abs. 2 bezeichnete Straftat, begangen hat, in Fällen, in denen der Versuch strafbar ist, zu begehen versucht hat oder durch eine Straftat vorbereitet hat, so dürfen durch technische Mittel
1. die Gerätenummer eines Mobilfunkendgerätes und die Kartennummer der darin verwendeten Karte sowie
2. der Standort eines Mobilfunkendgerätes

ermittelt werden, soweit dies für die Erforschung des Sachverhalts oder die Ermittlung des Aufenthaltsortes des Beschuldigten erforderlich ist.

(2) [1]Personenbezogene Daten Dritter dürfen anlässlich solcher Maßnahmen nur erhoben werden, wenn dies aus technischen Gründen zur Erreichung des Zwecks nach Absatz 1 unvermeidbar ist. [2]Über den Datenabgleich zur Ermittlung der gesuchten Geräte- und Kartennummer hinaus dürfen sie nicht verwendet werden und sind nach Beendigung der Maßnahme unverzüglich zu löschen.

(3) [1]§ 100a Abs. 3 und § 100e Absatz 1 Satz 1 bis 3, Absatz 3 Satz 1 und Absatz 5 Satz 1 gelten entsprechend. [2]Die Anordnung ist auf höchstens sechs Monate zu befristen. [3]Eine Verlängerung um jeweils nicht mehr als sechs weitere Monate ist zulässig, soweit die in Absatz 1 bezeichneten Voraussetzungen fortbestehen.

§ 100j Bestandsdatenauskunft. (1) [1]Soweit dies für die Erforschung des Sachverhalts oder die Ermittlung des Aufenthaltsortes eines Beschuldigten erforderlich ist, darf von demjenigen, der geschäftsmäßig Telekommunikationsdienste erbringt oder daran mitwirkt, Auskunft über die nach den §§ 95 und 111 des Telekommunikationsgesetzes erhobenen Daten verlangt werden (§ 113 Absatz 1 Satz 1 des Telekommunikationsgesetzes). [2]Bezieht sich das Auskunftsverlangen nach Satz 1 auf Daten, mittels derer der Zugriff auf Endgeräte oder auf Speichereinrichtungen, die in diesen Endgeräten oder hiervon räumlich getrennt eingesetzt werden, geschützt wird (§ 113 Absatz 1 Satz 2 des Telekommunikationsgesetzes), darf die Auskunft nur verlangt werden, wenn die gesetzlichen Voraussetzungen für die Nutzung der Daten vorliegen.

(2) Die Auskunft nach Absatz 1 darf auch anhand einer zu einem bestimmten Zeitpunkt zugewiesenen Internetprotokoll-Adresse verlangt werden (§ 113 Absatz 1 Satz 3, § 113c Absatz 1 Nummer 3 des Telekommunikationsgesetzes).

(3) [1]Auskunftsverlangen nach Absatz 1 Satz 2 dürfen nur auf Antrag der Staatsanwaltschaft durch das Gericht angeordnet werden. [2]Bei Gefahr im Verzug kann die Anordnung auch durch die Staatsanwaltschaft oder ihre Ermittlungspersonen (§ 152 des Gerichtsverfassungsgesetzes) getroffen werden. [3]In diesem Fall ist die gerichtliche Entscheidung unverzüglich nachzuholen. [4]Die Sätze 1 bis 3 finden keine Anwendung, wenn der Betroffene vom Auskunftsverlangen bereits Kenntnis hat oder haben muss oder wenn die Nutzung der Daten bereits durch eine gerichtliche Entscheidung gestattet wird. [5]Das Vorliegen der Voraussetzungen nach Satz 4 ist aktenkundig zu machen.

(4) [1]Die betroffene Person ist in den Fällen des Absatzes 1 Satz 2 und des Absatzes 2 über die Beauskunftung zu benachrichtigen. [2]Die Benachrichtigung erfolgt, soweit und sobald hierdurch der Zweck der Auskunft nicht vereitelt wird. [3]Sie unterbleibt, wenn ihr überwiegende schutzwürdige Belange Dritter oder der betroffenen Person selbst entgegenstehen. [4]Wird die Benachrichtigung nach Satz 2 zurückgestellt oder nach Satz 3 von ihr abgesehen, sind die Gründe aktenkundig zu machen.

(5) [1]Aufgrund eines Auskunftsverlangens nach Absatz 1 oder 2 hat derjenige, der geschäftsmäßig Telekommunikationsdienste erbringt oder daran mitwirkt, die zur Auskunftserteilung erforderlichen Daten unverzüglich zu übermitteln. [2]§ 95 Absatz 2 gilt entsprechend.

§ 101a Gerichtliche Entscheidung; Datenkennzeichnung und -auswertung; Benachrichtigungspflichten bei der Erhebung von Verkehrsdaten.

(1) [1]Bei Erhebungen von Verkehrsdaten nach § 100g gelten § 100a Absatz 3 und 4 und § 100e entsprechend mit der Maßgabe, dass

1. in der Entscheidungsformel nach § 100e Absatz 3 Satz 2 auch die zu übermittelnden Daten und der Zeitraum, für den sie übermittelt werden sollen, eindeutig anzugeben sind,
2. der nach § 100a Absatz 4 Satz 1 zur Auskunft Verpflichtete auch mitzuteilen hat, welche der von ihm übermittelten Daten nach § 113b des Telekommunikationsgesetzes gespeichert wurden.

[2]In den Fällen des § 100g Absatz 2, auch in Verbindung mit § 100g Absatz 3 Satz 2, findet abweichend von Satz 1 § 100e Absatz 1 Satz 2 keine Anwendung. [3]Bei Funkzellenabfragen nach § 100g Absatz 3 genügt abweichend von § 100e Absatz 3 Satz 2 Nummer 5 eine räumlich und zeitlich eng begrenzte und hinreichend bestimmte Bezeichnung der Telekommunikation.

(2) Wird eine Maßnahme nach § 100g angeordnet oder verlängert, sind in der Begründung einzelfallbezogen insbesondere die wesentlichen Erwägungen zur Erforderlichkeit und Angemessenheit der Maßnahme, auch hinsichtlich des Umfangs der zu erhebenden Daten und des Zeitraums, für den sie erhoben werden sollen, darzulegen.

(3) [1]Personenbezogene Daten, die durch Maßnahmen nach § 100g erhoben wurden, sind entsprechend zu kennzeichnen und unverzüglich auszuwerten. [2]Bei der Kennzeichnung ist erkennbar zu machen, ob es sich um Daten handelt, die nach § 113b des Telekommunikationsgesetzes gespeichert waren. [3]Nach einer Übermittlung an eine andere Stelle ist die Kennzeichnung durch diese aufrechtzuerhalten. [4]Für die Löschung personenbezogener Daten gilt § 101 Absatz 8 entsprechend.

(4) [1]Verwertbare personenbezogene Daten, die durch Maßnahmen nach § 100g Absatz 2, auch in Verbindung mit § 100g Absatz 3 Satz 2, erhoben wurden, dürfen ohne Einwilligung der Beteiligten der betroffenen Telekommunikation nur für folgende andere Zwecke und nur nach folgenden Maßgaben verwendet werden:

1. in anderen Strafverfahren zur Aufklärung einer Straftat, auf Grund derer eine Maßnahme nach § 100g Absatz 2, auch in Verbindung mit § 100g Absatz 3 Satz 2, angeordnet werden könnte, oder zur Ermittlung des Aufenthalts der einer solchen Straftat beschuldigten Person,
2. Übermittlung zu Zwecken der Abwehr von konkreten Gefahren für Leib, Leben oder Freiheit einer Person oder für den Bestand des Bundes oder eines Landes (§ 113c Absatz 1 Nummer 2 des Telekommunikationsgesetzes).

[2]Die Stelle, die die Daten weiterleitet, macht die Weiterleitung und deren Zweck aktenkundig. [3]Sind die Daten nach Satz 1 Nummer 2 nicht mehr zur Abwehr der Gefahr oder nicht mehr für eine vorgerichtliche oder gerichtliche Überprüfung der zur Gefahrenabwehr getroffenen Maßnahmen erforderlich, so sind Aufzeichnungen über diese Daten von der für die Gefahrenabwehr zuständigen Stelle unverzüglich zu löschen. [4]Die Löschung ist aktenkundig zu machen. [5]Soweit die Löschung lediglich für eine etwaige vorgerichtliche oder gerichtliche Überprüfung zurückgestellt ist, dürfen die Daten nur für diesen Zweck verwendet werden; für eine Verwendung zu anderen Zwecken sind sie zu sperren.

(5) Sind verwertbare personenbezogene Daten, die nach § 113b des Telekommunikationsgesetzes gespeichert waren, durch eine entsprechende polizeirechtliche Maßnahme erlangt worden, dürfen sie in einem Strafverfahren ohne Einwilligung der Beteiligten der betroffenen Telekommunikation nur zur Aufklärung einer Straftat, auf Grund derer eine Maßnahme nach § 100g Absatz 2, auch in Verbindung mit Absatz 3 Satz 2, angeordnet werden könnte, oder zur Ermittlung des Aufenthalts der einer solchen Straftat beschuldigten Person verwendet werden.

(6) [1]Die Beteiligten der betroffenen Telekommunikation sind von der Erhebung der Verkehrsdaten nach § 100g zu benachrichtigen. [2]§ 101 Absatz 4 Satz 2 bis 5 und Absatz 5 bis 7 gilt entsprechend mit der Maßgabe, dass
1. das Unterbleiben der Benachrichtigung nach § 101 Absatz 4 Satz 3 der Anordnung des zuständigen Gerichts bedarf;
2. abweichend von § 101 Absatz 6 Satz 1 die Zurückstellung der Benachrichtigung nach § 101 Absatz 5 Satz 1 stets der Anordnung des zuständigen Gerichts bedarf und eine erstmalige Zurückstellung auf höchstens zwölf Monate zu befristen ist.

§ 101b Statistische Erfassung der Erhebung von Verkehrsdaten. (1) [1]Die Länder und der Generalbundesanwalt berichten dem Bundesamt für Justiz kalenderjährlich jeweils bis zum 30. Juni des dem Berichtsjahr folgenden Jahres über in ihrem Zuständigkeitsbereich angeordnete Maßnahmen nach den §§ 100a, 100b, 100c und 100g. [2]Das Bundesamt für Justiz erstellt eine Übersicht zu den im Berichtsjahr bundesweit angeordneten Maßnahmen und veröffentlicht diese im Internet. [3]Über die im jeweils vorangegangenen Kalenderjahr nach § 100c angeordneten Maßnahmen berichtet die Bundesregierung dem Deutschen Bundestag vor der Veröffentlichung im Internet.

(2) In den Übersichten über Maßnahmen nach § 100a sind anzugeben:
1. die Anzahl der Verfahren, in denen Maßnahmen nach § 100a Absatz 1 angeordnet worden sind;
2. die Anzahl der Überwachungsanordnungen nach § 100a Absatz 1, unterschieden nach Erst- und Verlängerungsanordnungen;
3. die jeweils zugrunde liegende Anlassstraftat nach der Unterteilung in § 100a Absatz 2;

4. die Anzahl der Verfahren, in denen ein Eingriff in ein von dem Betroffenen genutztes informationstechnisches System nach § 100a Absatz 1 Satz 2 und 3
   a) im richterlichen Beschluss angeordnet wurde und
   b) tatsächlich durchgeführt wurde.

(3) In den Übersichten über Maßnahmen nach § 100b sind anzugeben:

1. die Anzahl der Verfahren, in denen Maßnahmen nach § 100b Absatz 1 angeordnet worden sind;
2. die Anzahl der Überwachungsanordnungen nach § 100b Absatz 1, unterschieden nach Erst- und Verlängerungsanordnungen;
3. die jeweils zugrunde liegende Anlassstraftat nach Maßgabe der Unterteilung in § 100b Absatz 2;
4. die Anzahl der Verfahren, in denen ein Eingriff in ein vom Betroffenen genutztes informationstechnisches System tatsächlich durchgeführt wurde.

(4) In den Berichten über Maßnahmen nach § 100c sind anzugeben:

1. die Anzahl der Verfahren, in denen Maßnahmen nach § 100c Absatz 1 angeordnet worden sind;
2. die jeweils zugrunde liegende Anlassstraftat nach Maßgabe der Unterteilung in § 100b Absatz 2;
3. ob das Verfahren einen Bezug zur Verfolgung organisierter Kriminalität aufweist;
4. die Anzahl der überwachten Objekte je Verfahren nach Privatwohnungen und sonstigen Wohnungen sowie nach Wohnungen des Beschuldigten und Wohnungen dritter Personen;
5. die Anzahl der überwachten Personen je Verfahren nach Beschuldigten und nichtbeschuldigten Personen;
6. die Dauer der einzelnen Überwachung nach Dauer der Anordnung, Dauer der Verlängerung und Abhördauer;
7. wie häufig eine Maßnahme nach § 100d Absatz 4, § 100e Absatz 5 unterbrochen oder abgebrochen worden ist;
8. ob eine Benachrichtigung der Betroffenen (§ 101 Absatz 4 bis 6) erfolgt ist oder aus welchen Gründen von einer Benachrichtigung abgesehen worden ist;
9. ob die Überwachung Ergebnisse erbracht hat, die für das Verfahren relevant sind oder voraussichtlich relevant sein werden;
10. ob die Überwachung Ergebnisse erbracht hat, die für andere Strafverfahren relevant sind oder voraussichtlich relevant sein werden;
11. wenn die Überwachung keine relevanten Ergebnisse erbracht hat: die Gründe hierfür, differenziert nach technischen Gründen und sonstigen Gründen;
12. die Kosten der Maßnahme, differenziert nach Kosten für Übersetzungsdienste und sonstigen Kosten.

(5) In den Übersichten über Maßnahmen nach § 100g sind anzugeben:

1. unterschieden nach Maßnahmen nach § 100g Absatz 1, 2 und 3
   a) die Anzahl der Verfahren, in denen diese Maßnahmen durchgeführt wurden;

   b) die Anzahl der Erstanordnungen, mit denen diese Maßnahmen angeordnet wurden;
   c) die Anzahl der Verlängerungsanordnungen, mit denen diese Maßnahmen angeordnet wurden;
2. untergliedert nach der Anzahl der zurückliegenden Wochen, für die die Erhebung von Verkehrsdaten angeordnet wurde, jeweils bemessen ab dem Zeitpunkt der Anordnung
   a) die Anzahl der Anordnungen nach § 100g Absatz 1;
   b) die Anzahl der Anordnungen nach § 100g Absatz 2;
   c) die Anzahl der Anordnungen nach § 100g Absatz 3;
   d) die Anzahl der Anordnungen, die teilweise ergebnislos geblieben sind, weil die abgefragten Daten teilweise nicht verfügbar waren;
   e) die Anzahl der Anordnungen, die ergebnislos geblieben sind, weil keine Daten verfügbar waren.

§ 102 Durchsuchung bei Beschuldigten. Bei dem, welcher als Täter oder Teilnehmer einer Straftat oder der Datenhehlerei, Begünstigung, Strafvereitelung oder Hehlerei verdächtig ist, kann eine Durchsuchung der Wohnung und anderer Räume sowie seiner Person und der ihm gehörenden Sachen sowohl zum Zweck seiner Ergreifung als auch dann vorgenommen werden, wenn zu vermuten ist, dass die Durchsuchung zur Auffindung von Beweismitteln führen werde.

§ 111m [Beschlagnahme eines Druckwerks oder einer sonstigen Schrift].
(1) [1]Die Verwaltung von Gegenständen, die nach § 111c beschlagnahmt oder auf Grund eines Vermögensarrestes nach § 111f gepfändet worden sind, obliegt der Staatsanwaltschaft. [2]Sie kann ihre Ermittlungspersonen (§ 152 des Gerichtsverfassungsgesetzes) oder den Gerichtsvollzieher mit der Verwaltung beauftragen. [3]In geeigneten Fällen kann auch eine andere Person mit der Verwaltung beauftragt werden.

(2) Gegen Maßnahmen, die im Rahmen der Verwaltung nach Absatz 1 getroffen werden, kann der Betroffene die Entscheidung des nach § 162 zuständigen Gerichts beantragen.

§ 111n [Anordnung und Aufhebung der Beschlagnahme eines Druckwerks]. (1) Wird eine bewegliche Sache, die nach § 94 beschlagnahmt oder auf andere Weise sichergestellt oder nach § 111c Absatz 1 beschlagnahmt worden ist, für Zwecke des Strafverfahrens nicht mehr benötigt, so wird sie an den letzten Gewahrsamsinhaber herausgegeben.

(2) Abweichend von Absatz 1 wird die Sache an den Verletzten herausgegeben, dem sie durch die Straftat entzogen worden ist, wenn dieser bekannt ist.

(3) [1]Steht der Herausgabe an den letzten Gewahrsamsinhaber oder den Verletzten der Anspruch eines Dritten entgegen, wird die Sache an den Dritten herausgegeben, wenn dieser bekannt ist.
[2]Die Herausgabe erfolgt nur, wenn ihre Voraussetzungen offenkundig sind.

§ 131a [Ausschreibung zur Aufenthaltsermittlung]. (1) Die Ausschreibung zur Aufenthaltsermittlung eines Beschuldigten oder eines Zeugen darf angeordnet werden, wenn sein Aufenthalt nicht bekannt ist.

(2) Absatz 1 gilt auch für Ausschreibungen des Beschuldigten, soweit sie zur Sicherstellung eines Führerscheins, zur erkennungsdienstlichen Behandlung, zur Anfertigung einer DNA-Analyse oder zur Feststellung seiner Identität erforderlich sind.

(3) Auf Grund einer Ausschreibung zur Aufenthaltsermittlung eines Beschuldigten oder Zeugen darf bei einer Straftat von erheblicher Bedeutung auch eine Öffentlichkeitsfahndung angeordnet werden, wenn der Beschuldigte der Begehung der Straftat dringend verdächtig ist und die Aufenthaltsermittlung auf andere Weise erheblich weniger Erfolg versprechend oder wesentlich erschwert wäre.

(4) [1]§ 131 Abs. 4 gilt entsprechend. [2]Bei der Aufenthaltsermittlung eines Zeugen ist erkennbar zu machen, dass die gesuchte Person nicht Beschuldigter ist. [3]Die Öffentlichkeitsfahndung nach einem Zeugen unterbleibt, wenn überwiegende schutzwürdige Interessen des Zeugen entgegenstehen. [4]Abbildungen des Zeugen dürfen nur erfolgen, soweit die Aufenthaltsermittlung auf andere Weise aussichtslos oder wesentlich erschwert wäre.

(5) Ausschreibungen nach den Absätzen 1 und 2 dürfen in allen Fahndungshilfsmitteln der Strafverfolgungsbehörden vorgenommen werden.

§ 131b [Veröffentlichung von Abbildungen]. (1) Die Veröffentlichung von Abbildungen eines Beschuldigten, der einer Straftat von erheblicher Bedeutung verdächtig ist, ist auch zulässig, wenn die Aufklärung einer Straftat, insbesondere die Feststellung der Identität eines unbekannten Täters auf andere Weise erheblich weniger Erfolg versprechend oder wesentlich erschwert wäre.

(2) [1]Die Veröffentlichung von Abbildungen eines Zeugen und Hinweise auf das der Veröffentlichung zugrunde liegende Strafverfahren sind auch zulässig, wenn die Aufklärung einer Straftat von erheblicher Bedeutung, insbesondere die Feststellung der Identität des Zeugen, auf andere Weise aussichtslos oder wesentlich erschwert wäre. [2]Die Veröffentlichung muss erkennbar machen, dass die abgebildete Person nicht Beschuldigter ist.

(3) § 131 Abs. 4 Satz 1 erster Halbsatz und Satz 2 gilt entsprechend.

§ 131c [Anordnung und Bestätigung von Fahndungsmaßnahmen].
(1) [1]Fahndungen nach § 131a Abs. 3 und § 131b dürfen nur durch den Richter, bei Gefahr im Verzug auch durch die Staatsanwaltschaft und ihre Ermittlungspersonen (§ 152 des Gerichtsverfassungsgesetzes) angeordnet werden. [2]Fahndungen nach § 131a Abs. 1 und 2 bedürfen der Anordnung durch die Staatsanwaltschaft; bei Gefahr im Verzug dürfen sie auch durch ihre Ermittlungspersonen (§ 152 des Gerichtsverfassungsgesetzes) angeordnet werden.

(2) [1]In Fällen andauernder Veröffentlichung in elektronischen Medien sowie bei wiederholter Veröffentlichung im Fernsehen oder in periodischen Druck-

werken tritt die Anordnung der Staatsanwaltschaft und ihrer Ermittlungspersonen (§ 152 des Gerichtsverfassungsgesetzes) nach Absatz 1 Satz 1 außer Kraft, wenn sie nicht binnen einer Woche von dem Richter bestätigt wird. [2]Im Übrigen treten Fahndungsanordnungen der Ermittlungspersonen der Staatsanwaltschaft (§ 152 des Gerichtsverfassungsgesetzes) außer Kraft, wenn sie nicht binnen einer Woche von der Staatsanwaltschaft bestätigt werden.

§ 160a Maßnahmen bei zeugnisverweigerungsberechtigten Berufsgeheimnisträgern. (1) [1]Eine Ermittlungsmaßnahme, die sich gegen eine in § 53 Absatz 1 Satz 1 Nummer 1, 2 oder Nummer 4 genannte Person, einen Rechtsanwalt oder einen Kammerrechtsbeistand richtet und voraussichtlich Erkenntnisse erbringen würde, über die diese das Zeugnis verweigern dürfte, ist unzulässig. [2]Dennoch erlangte Erkenntnisse dürfen nicht verwendet werden. [3]Aufzeichnungen hierüber sind unverzüglich zu löschen. [4]Die Tatsache ihrer Erlangung und der Löschung der Aufzeichnungen ist aktenkundig zu machen. [5]Die Sätze 2 bis 4 gelten entsprechend, wenn durch eine Ermittlungsmaßnahme, die sich nicht gegen eine in Satz 1 in Bezug genommene Person richtet, von dieser Person Erkenntnisse erlangt werden, über die sie das Zeugnis verweigern dürfte.

(2) [1]Soweit durch eine Ermittlungsmaßnahme eine in § 53 Abs. 1 Satz 1 Nr. 3 bis 3b oder Nr. 5 genannte Person betroffen wäre und dadurch voraussichtlich Erkenntnisse erlangt würden, über die diese Person das Zeugnis verweigern dürfte, ist dies im Rahmen der Prüfung der Verhältnismäßigkeit besonders zu berücksichtigen; betrifft das Verfahren keine Straftat von erheblicher Bedeutung, ist in der Regel nicht von einem Überwiegen des Strafverfolgungsinteresses auszugehen. [2]Soweit geboten, ist die Maßnahme zu unterlassen oder, soweit dies nach der Art der Maßnahme möglich ist, zu beschränken. [3]Für die Verwertung von Erkenntnissen zu Beweiszwecken gilt Satz 1 entsprechend. [4]Die Sätze 1 bis 3 gelten nicht für Rechtsanwälte und Kammerrechtsbeistände.

(3) Die Absätze 1 und 2 sind entsprechend anzuwenden, soweit die in § 53a Genannten das Zeugnis verweigern dürften.

(4) [1]Die Absätze 1 bis 3 sind nicht anzuwenden, wenn bestimmte Tatsachen den Verdacht begründen, dass die zeugnisverweigerungsberechtigte Person an der Tat oder an einer Datenhehlerei, Begünstigung, Strafvereitelung oder Hehlerei beteiligt ist. [2]Ist die Tat nur auf Antrag oder nur mit Ermächtigung verfolgbar, ist Satz 1 in den Fällen des § 53 Abs. 1 Satz 1 Nr. 5 anzuwenden, sobald und soweit der Strafantrag gestellt oder die Ermächtigung erteilt ist.

(5) Die §§ 97, 100d Absatz 5 und § 100g Absatz 4 bleiben unberührt.

Gerichtsverfassungsgesetz

in der Fassung der Bekanntmachung vom 9. Mai 1975 (BGBl. I S. 1077), zuletzt geändert durch Gesetz vom 30. Oktober 2017 (BGBl. I S. 3618 ff.)

– Auszug –

§ 23 Zuständigkeit in Zivilsachen. Die Zuständigkeit der Amtsgerichte umfaßt in bürgerlichen Rechtsstreitigkeiten, soweit sie nicht ohne Rücksicht auf den Wert des Streitgegenstandes den Landgerichten zugewiesen sind:

1. Streitigkeiten über Ansprüche, deren Gegenstand an Geld oder Geldeswert die Summe von fünftausend Euro nicht übersteigt;
2. ohne Rücksicht auf den Wert des Streitgegenstandes:
   a) Streitigkeiten über Ansprüche aus einem Mietverhältnis über Wohnraum oder über den Bestand eines solchen Mietverhältnisses; diese Zuständigkeit ist ausschließlich; Streitigkeiten zwischen Reisenden und Wirten, Fuhrleuten, Schiffern oder Auswanderungsexpedienten in den Einschiffungshäfen, die über Wirtszechen,
   b) Fuhrlohn, Überfahrtsgelder, Beförderung der Reisenden und ihrer Habe und über Verlust und Beschädigung der letzteren, sowie Streitigkeiten zwischen Reisenden und Handwerkern, die aus Anlaß der Reise entstanden sind;
   c) Streitigkeiten nach § 43 Nr. 1 bis 4 und 6 des Wohnungseigentumsgesetzes; diese Zuständigkeit ist ausschließlich;
   d) Streitigkeiten wegen Wildschadens;
   e) *(weggefallen)*
   f) *(weggefallen)*
   g) Ansprüche aus einem mit der Überlassung eines Grundstücks in Verbindung stehenden Leibgedings-, Leibzuchts-, Altenteils- oder Auszugsvertrag.

§ 24 Zuständigkeit in Strafsachen. (1) In Strafsachen sind die Amtsgerichte zuständig, wenn nicht

1. die Zuständigkeit des Landgerichts nach § 74 Abs. 2 oder § 74a oder des Oberlandesgerichts nach § 120 begründet ist,
2. im Einzelfall eine höhere Strafe als vier Jahre Freiheitsstrafe oder die Unterbringung des Beschuldigten in einem psychiatrischen Krankenhaus, allein oder neben einer Strafe, oder in der Sicherungsverwahrung (§§ 66 bis 66b des Strafgesetzbuches) zu erwarten ist oder
3. die Staatsanwaltschaft wegen der besonderen Schutzbedürftigkeit von Verletzten der Straftat, die als Zeugen in Betracht kommen, des besonderen Umfangs oder der besonderen Bedeutung des Falles Anklage beim Landgericht erhebt.

[2]Eine besondere Schutzbedürftigkeit nach Satz 1 Nummer 3 liegt insbesondere vor, wenn zu erwarten ist, dass die Vernehmung für den Verletzten mit einer be-

sonderen Belastung verbunden sein wird, und deshalb mehrfache Vernehmungen vermieden werden sollten.

(2) Das Amtsgericht darf nicht auf eine höhere Strafe als vier Jahre Freiheitsstrafe und nicht auf die Unterbringung in einem psychiatrischen Krankenhaus, allein oder neben einer Strafe, oder in der Sicherungsverwahrung erkennen.

§ 25 Strafrichter bei Vergehen. Der Richter beim Amtsgericht entscheidet als Strafrichter bei Vergehen,
1. wenn sie im Wege der Privatklage verfolgt werden oder
2. wenn eine höhere Strafe als Freiheitsstrafe von zwei Jahren nicht zu erwarten ist.

§ 71 Zuständigkeit in Zivilsachen in 1. Instanz. (1) Vor die Zivilkammern, einschließlich der Kammern für Handelssachen, gehören alle bürgerlichen Rechtsstreitigkeiten, die nicht den Amtsgerichten zugewiesen sind.

(2) Die Landgerichte sind ohne Rücksicht auf den Wert des Streitgegenstandes ausschließlich zuständig
1. für die Ansprüche, die auf Grund der Beamtengesetze gegen den Fiskus erhoben werden;
2. für die Ansprüche gegen Richter und Beamte wegen Überschreitung ihrer amtlichen Befugnisse oder wegen pflichtwidriger Unterlassung von Amtshandlungen;
3. für Ansprüche, die auf eine falsche, irreführende oder unterlassene öffentliche Kapitalmarktinformation, auf die Verwendung einer falschen oder irreführenden öffentlichen Kapitalmarktinformation oder auf die Unterlassung der gebotenen Aufklärung darüber, dass eine öffentliche Kapitalmarktinformation falsch oder irreführend ist, gestützt werden;
4. für Verfahren nach
   a) *[aufgehoben]*,
   b) den §§ 98, 99, 132, 142, 145, 258, 260, 293c und 315 des Aktiengesetzes,
   c) § 26 des SE-Ausführungsgesetzes,
   d) § 10 des Umwandlungsgesetzes,
   e) dem Spruchverfahrensgesetz,
   f) den §§ 39a und 39b des Wertpapiererwerbs- und Übernahmegesetzes.

(3) Der Landesgesetzgebung bleibt überlassen, Ansprüche gegen den Staat oder eine Körperschaft des öffentlichen Rechts wegen Verfügungen der Verwaltungsbehörden sowie Ansprüche wegen öffentlicher Abgaben ohne Rücksicht auf den Wert des Streitgegenstandes den Landgerichten ausschließlich zuzuweisen.

(4) [1]Die Landesregierungen werden ermächtigt, durch Rechtsverordnung die Entscheidungen in Verfahren nach Absatz 2 Nr. 4 Buchstabe a bis e einem Landgericht für die Bezirke mehrerer Landgerichte zu übertragen, wenn dies der Sicherung einer einheitlichen Rechtsprechung dient. [2]Sie können die Ermächtigung auf die Landesjustizverwaltungen übertragen.

§ 169 Grundsatz der Öffentlichkeit. (1) Die Tonübertragung in einen Arbeitsraum für Personen, die für Presse, Hörfunk, Fernsehen oder für andere Medien berichten, kann von dem Gericht zugelassen werden Die Tonübertragung kann zur Wahrung schutzwürdiger Interessen der Beteiligten oder Dritter oder zur Wahrung eines ordnungsgemäßen Ablaufs des Verfahrens teilweise untersagt werden. Im Übrigen gilt für den in den Arbeitsraum übertragenen Ton Satz 2 entsprechend.

(2) [1]Tonaufnahmen der Verhandlung einschließlich der Verkündung der Urteile und Beschlüsse können zu wissenschaftlichen und historischen Zwecken von dem Gericht zugelassen werden, wenn es sich um ein Verfahren von herausragender zeitgeschichtlicher Bedeutung für die Bundesrepublik Deutschland handelt. [2]Zur Wahrung schutzwürdiger Interessen der Beteiligten oder Dritter oder zur Wahrung eines ordnungsgemäßen Ablaufs des Verfahrens können die Aufnahmen teilweise untersagt werden. [3]Die Aufnahmen sind nicht zu den Akten zu nehmen und dürfen weder herausgegeben noch für Zwecke des aufgenommenen oder eines anderen Verfahrens genutzt oder verwertet werden. [4]Sie sind vom Gericht nach Abschluss des Verfahrens demjenigen zuständigen Bundes- oder Landesarchiv zur Übernahme anzubieten, das nach dem Bundesarchivgesetz oder einem Landesarchivgesetz festzustellen hat, ob den Aufnahmen ein bleibender Wert zukommt. [5]Nimmt das Bundesarchiv oder das jeweilige Landesarchiv die Aufnahmen nicht an, sind die Aufnahmen durch das Gericht zu löschen.

(3) [1]Abweichend von Absatz 1 Satz 2 kann das Gericht für die Verkündung von Entscheidungen des Bundesgerichtshofs in besonderen Fällen Ton- und Fernseh-Rundfunkaufnahmen sowie Ton- und Filmaufnahmen zum Zwecke der öffentlichen Vorführung oder der Veröffentlichung ihres Inhalts zulassen. [2]Zur Wahrung schutzwürdiger Interessen der Beteiligten oder Dritter sowie eines ordnungsgemäßen Ablaufs des Verfahrens können die Aufnahmen oder deren Übertragung teilweise untersagt oder von der Einhaltung von Auflagen abhängig gemacht werden.

§ 170 [Nicht öffentliche Verhandlung in Familiensachen sowie in Angelegenheiten der freiwilligen Gerichtsbarkeit]. (1) [1]Verhandlungen, Erörterungen und Anhörungen in Familiensachen sowie in Angelegenheiten der freiwilligen Gerichtsbarkeit sind nicht öffentlich. [2]Das Gericht kann die Öffentlichkeit zulassen, jedoch nicht gegen den Willen eines Beteiligten. [3]In Betreuungs- und Unterbringungssachen ist auf Verlangen des Betroffenen einer Person seines Vertrauens die Anwesenheit zu gestatten.

(2) Das Rechtsbeschwerdegericht kann die Öffentlichkeit zulassen, soweit nicht das Interesse eines Beteiligten an der nicht öffentlichen Erörterung überwiegt.

§ 171a [Ausschluss der Öffentlichkeit in Unterbringungssachen]. Die Öffentlichkeit kann für die Hauptverhandlung oder für einen Teil davon ausgeschlossen werden, wenn das Verfahren die Unterbringung des Beschuldigten in einem psychiatrischen Krankenhaus oder einer Entziehungsanstalt, allein oder neben einer Strafe, zum Gegenstand hat.

§ 171b [Ausschluss der Öffentlichkeit zum Schutz der Privatsphäre].

(1) [1]Die Öffentlichkeit kann ausgeschlossen werden, soweit Umstände aus dem persönlichen Lebensbereich eines Prozessbeteiligten, eines Zeugen oder eines durch eine rechtswidrige Tat (§ 11 Absatz 1 Nummer 5 des Strafgesetzbuchs) Verletzten zur Sprache kommen, deren öffentliche Erörterung schutzwürdige Interessen verletzen würde. [2]Das gilt nicht, soweit das Interesse an der öffentlichen Erörterung dieser Umstände überwiegt. [3]Die besonderen Belastungen, die für Kinder und Jugendliche mit einer öffentlichen Hauptverhandlung verbunden sein können, sind dabei zu berücksichtigen. [4]Entsprechendes gilt bei volljährigen Personen, die als Kinder oder Jugendliche durch die Straftat verletzt worden sind.

(2) [1]Die Öffentlichkeit soll ausgeschlossen werden, soweit in Verfahren wegen Straftaten gegen die sexuelle Selbstbestimmung (§§ 174 bis 184j des Strafgesetzbuchs) oder gegen das Leben (§§ 211 bis 222 des Strafgesetzbuchs), wegen Misshandlung von Schutzbefohlenen (§ 225 des Strafgesetzbuchs) oder wegen Straftaten gegen die persönliche Freiheit nach den §§ 232 bis 233a des Strafgesetzbuchs ein Zeuge unter 18 Jahren vernommen wird . [2]Absatz 1 Satz 4 gilt entsprechend.

(3) [1]Die Öffentlichkeit ist auszuschließen, wenn die Voraussetzungen der Absätze 1 oder 2 vorliegen und der Ausschluss von der Person, deren Lebensbereich betroffen ist, beantragt wird. [2]Für die Schlussanträge in Verfahren wegen der in Absatz 2 genannten Straftaten ist die Öffentlichkeit auszuschließen, ohne dass es eines hierauf gerichteten Antrags bedarf, wenn die Verhandlung unter den Voraussetzungen der Absätze 1 oder 2 oder des § 172 Nummer 4 ganz oder zum Teil unter Ausschluss der Öffentlichkeit stattgefunden hat.

(4) Abweichend von den Absätzen 1 und 2 darf die Öffentlichkeit nicht ausgeschlossen werden, soweit die Personen, deren Lebensbereiche betroffen sind, dem Ausschluss der Öffentlichkeit widersprechen.

(5) Die Entscheidungen nach den Absätzen 1 bis 4 sind unanfechtbar.

§ 172 [Gründe für Ausschluss der Öffentlichkeit]. Das Gericht kann für die Verhandlung oder für einen Teil davon die Öffentlichkeit ausschließen, wenn

1. eine Gefährdung der Staatssicherheit, der öffentlichen Ordnung oder der Sittlichkeit zu besorgen ist,

1a. eine Gefährdung des Lebens, des Leibes oder der Freiheit eines Zeugen oder einer anderen Person zu besorgen ist,

2. ein wichtiges Geschäfts-, Betriebs-, Erfindungs- oder Steuergeheimnis zur Sprache kommt, durch dessen öffentliche Erörterung überwiegende schutzwürdige Interessen verletzt würden,

3. ein privates Geheimnis erörtert wird, dessen unbefugte Offenbarung durch den Zeugen oder Sachverständigen mit Strafe bedroht ist,

4. eine Person unter 18 Jahren vernommen wird.

§ 173 [Öffentliche Urteilsverkündung]. (1) Die Verkündung des Urteils sowie der Endentscheidung in Ehesachen und Familienstreitsachen erfolgt in jedem Falle öffentlich.

(2) Durch einen besonderen Beschluß des Gerichts kann unter den Voraussetzungen der §§ 171b und 172 auch für die Verkündung der Entscheidungsgründe oder eines Teiles davon die Öffentlichkeit ausgeschlossen werden.

§ 174 [Verhandlung über Ausschluss der Öffentlichkeit; Schweigepflicht].

(1) [1]Über die Ausschließung der Öffentlichkeit ist in nicht öffentlicher Sitzung zu verhandeln, wenn ein Beteiligter es beantragt oder das Gericht es für angemessen erachtet. [2]Der Beschluß, der die Öffentlichkeit ausschließt, muß öffentlich verkündet werden; er kann in nicht öffentlicher Sitzung verkündet werden, wenn zu befürchten ist, daß seine öffentliche Verkündung eine erhebliche Störung der Ordnung in der Sitzung zur Folge haben würde. [3]Bei der Verkündung ist in den Fällen der §§ 171b, 172 und 173 anzugeben, aus welchem Grund die Öffentlichkeit ausgeschlossen worden ist.

(2) Soweit die Öffentlichkeit wegen Gefährdung der Staatssicherheit ausgeschlossen wird, dürfen Presse, Rundfunk und Fernsehen keine Berichte über die Verhandlung und den Inhalt eines die Sache betreffenden amtlichen Schriftstücks veröffentlichen.

(3) [1]Ist die Öffentlichkeit wegen Gefährdung der Staatssicherheit oder aus den in §§ 171b und 172 Nr. 2 und 3 bezeichneten Gründen ausgeschlossen, so kann das Gericht den anwesenden Personen die Geheimhaltung von Tatsachen, die durch die Verhandlung oder durch ein die Sache betreffendes amtliches Schriftstück zu ihrer Kenntnis gelangen, zur Pflicht machen. [2]Der Beschluß ist in das Sitzungsprotokoll aufzunehmen. [3]Er ist anfechtbar. [4]Die Beschwerde hat keine aufschiebende Wirkung.

§ 176 Aufrechterhaltung der Ordnung. Die Aufrechterhaltung der Ordnung in der Sitzung obliegt dem Vorsitzenden.

Zivilprozessordnung

in der Fassung der Bekanntmachung vom 05. Dezember 2005 (BGBl. I S. 3202, ber. 2006 I S. 431, 2007 I S. 1781), zuletzt geändert durch Gesetz vom 18. Juli 2017 (BGBl. I S. 2745)

– Auszug –

§ 12 Allgemeiner Gerichtsstand; Begriff. Das Gericht, bei dem eine Person ihren allgemeinen Gerichtsstand hat, ist für alle gegen sie zu erhebenden Klagen zuständig, sofern nicht für eine Klage ein ausschließlicher Gerichtsstand begründet ist.

§ 13 Allgemeiner Gerichtsstand des Wohnsitzes. Der allgemeine Gerichtsstand einer Person wird durch den Wohnsitz bestimmt.

§ 32 Besonderer Gerichtsstand der unerlaubten Handlung. Für Klagen aus unerlaubten Handlungen ist das Gericht zuständig, in dessen Bezirk die Handlung begangen ist.

§ 128a Verhandlung im Wege der Bild- und Tonübertragung. (1) [1]Im Einverständnis mit den Parteien kann das Gericht den Parteien sowie ihren Bevollmächtigten und Beiständen auf Antrag gestatten, sich während einer Verhandlung an einem anderen Ort aufzuhalten und dort Verfahrenshandlungen vorzunehmen. [2]Die Verhandlung wird zeitgleich in Bild und Ton an den Ort, an dem sich die Parteien, Bevollmächtigten und Beistände aufhalten, und in das Sitzungszimmer übertragen.

(2) [1]Im Einverständnis mit den Parteien kann das Gericht gestatten, dass sich ein Zeuge, ein Sachverständiger oder eine Partei während der Vernehmung an einem anderen Ort aufhält. [2]Die Vernehmung wird zeitgleich in Bild und Ton an den Ort, an dem sich ein Zeuge oder ein Sachverständiger während der Vernehmung aufhalten, und in das Sitzungszimmer übertragen. [3]Ist Parteien, Bevollmächtigten und Beiständen nach Absatz 1 gestattet worden, sich an einem anderen Ort aufzuhalten, so wird die Vernehmung zeitgleich in Bild und Ton auch an diesen Ort übertragen.

(3) [1]Die Übertragung wird nicht aufgezeichnet. [2]Entscheidungen nach den Absätzen 1 und 2 sind nicht anfechtbar.

§ 130a Elektronisches Dokument. (1) [1]Soweit für vorbereitende Schriftsätze und deren Anlagen, für Anträge und Erklärungen der Parteien sowie für Auskünfte, Aussagen, Gutachten und Erklärungen Dritter die Schriftform vorgesehen ist, genügt dieser Form die Aufzeichnung als elektronisches Dokument, wenn dieses für die Bearbeitung durch das Gericht geeignet ist. [2]Die verantwortende Person soll das Dokument mit einer qualifizierten elektronischen Signatur versehen. 3Ist ein übermitteltes elektronisches Dokument für das Gericht zur Bearbeitung nicht geeignet, ist dies dem Absender unter Angabe der geltenden technischen Rahmenbedingungen unverzüglich mitzuteilen.

(2) [1]Die Bundesregierung und die Landesregierungen bestimmen für ihren Bereich durch Rechtsverordnung den Zeitpunkt, von dem an elektronische Dokumente bei den Gerichten eingereicht werden können, sowie die für die Bearbeitung der Dokumente geeignete Form. [2]Die Landesregierungen können die Ermächtigung durch Rechtsverordnung auf die Landesjustizverwaltungen übertragen. [3]Die Zulassung der elektronischen Form kann auf einzelne Gerichte oder Verfahren beschränkt werden.

(3) Ein elektronisches Dokument ist eingereicht, sobald die für den Empfang bestimmte Einrichtung des Gerichts es aufgezeichnet hat.

§ 130b Gerichtliches elektronisches Dokument. [1]Soweit dieses Gesetz dem Richter, dem Rechtspfleger, dem Urkundsbeamten der Geschäftsstelle oder dem Gerichtsvollzieher die handschriftliche Unterzeichnung vorschreibt, genügt dieser Form die Aufzeichnung als elektronisches Dokument, wenn die verantwortenden Personen am Ende des Dokuments ihren Namen hinzufügen und das Dokument mit einer qualifizierten elektronischen Signatur versehen. [2]Der in Satz 1 genannten Form genügt auch ein elektronisches Dokument, in welches das handschriftlich unterzeichnete Schriftstück gemäß § 298a Absatz 2 übertragen worden ist.

§ 130c Formulare; Verordnungsermächtigung. [1]Das Bundesministerium der Justiz und für Verbraucherschutz kann durch Rechtsverordnung mit Zustimmung des Bundesrates elektronische Formulare einführen. [2]Die Rechtsverordnung kann bestimmen, dass die in den Formularen enthaltenen Angaben ganz oder teilweise in strukturierter maschinenlesbarer Form zu übermitteln sind. [3]Die Formulare sind auf einer in der Rechtsverordnung zu bestimmenden Kommunikationsplattform im Internet zur Nutzung bereitzustellen. [4]Die Rechtsverordnung kann bestimmen, dass eine Identifikation des Formularverwenders abweichend von § 130a Absatz 3 auch durch Nutzung des elektronischen Identitätsnachweises nach § 18 des Personalausweisgesetzes oder § 78 Absatz 5 des Aufenthaltsgesetzes erfolgen kann.

§ 174 Zustellung gegen Empfangsbekenntnis. (1) Ein Schriftstück kann an einen Anwalt, einen Notar, einen Gerichtsvollzieher, einen Steuerberater oder an eine sonstige Person, bei der auf Grund ihres Berufes von einer erhöhten Zuverlässigkeit ausgegangen werden kann, eine Behörde, eine Körperschaft oder eine Anstalt des öffentlichen Rechts gegen Empfangsbekenntnis zugestellt werden.

(2) [1]An die in Absatz 1 Genannten kann das Schriftstück auch durch Telekopie zugestellt werden. [2]Die Übermittlung soll mit dem Hinweis „Zustellung gegen Empfangsbekenntnis“ eingeleitet werden und die absendende Stelle, den Namen und die Anschrift des Zustellungsadressaten sowie den Namen des Justizbediensteten erkennen lassen, der das Dokument zur Übermittlung aufgegeben hat.

(3) [1]An die in Absatz 1 Genannten kann auch ein elektronisches Dokument zugestellt werden. [2]Gleiches gilt für andere Verfahrensbeteiligte, wenn sie der

Übermittlung elektronischer Dokumente ausdrücklich zugestimmt haben. [3]Für die Übermittlung ist das Dokument mit einer elektronischen Signatur zu versehen und gegen unbefugte Kenntnisnahme Dritter zu schützen. [4]Die Übermittlung kann auch über De-Mail-Dienste im Sinne von § 1 des De-Mail-Gesetzes erfolgen.

(4) [1]Zum Nachweis der Zustellung genügt das mit Datum und Unterschrift des Adressaten versehene Empfangsbekenntnis, das an das Gericht zurückzusenden ist. [2]Das Empfangsbekenntnis kann schriftlich, durch Telekopie oder als elektronisches Dokument (§ 130a) zurückgesandt werden. [3]Wird es als elektronisches Dokument erteilt, soll es mit einer qualifizierten elektronischen Signatur versehen werden.

§ 294 Glaubhaftmachung. (1) Wer eine tatsächliche Behauptung glaubhaft zu machen hat, kann sich aller Beweismittel bedienen, auch zur Versicherung an Eides statt zugelassen werden.

(2) Eine Beweisaufnahme, die nicht sofort erfolgen kann, ist unstatthaft.

§ 298 Aktenausdruck. (1) Von einem elektronischen Dokument (§§ 130a, 130b) kann ein Ausdruck für die Akten gefertigt werden.

(2) Der Ausdruck muss den Vermerk enthalten,
1. welches Ergebnis die Integritätsprüfung des Dokumentes ausweist,
2. wen die Signaturprüfung als Inhaber der Signatur ausweist,
3. welchen Zeitpunkt die Signaturprüfung für die Anbringung der Signatur ausweist.

(3) Das elektronische Dokument ist mindestens bis zum rechtskräftigen Abschluss des Verfahrens zu speichern.

§ 298a Elektronische Akte; Verordnungsermächtigung. (1) [1]Die Prozessakten können elektronisch geführt werden. [2]Die Bundesregierung und die Landesregierungen bestimmen für ihren Bereich durch Rechtsverordnung den Zeitpunkt, von dem an elektronische Akten geführt werden sowie die hierfür geltenden organisatorisch-technischen Rahmenbedingungen für die Bildung, Führung und Aufbewahrung der elektronischen Akten. [3]Die Landesregierungen können die Ermächtigung durch Rechtsverordnung auf die Landesjustizverwaltungen übertragen. [4]Die Zulassung der elektronischen Akte kann auf einzelne Gerichte oder Verfahren beschränkt werden; wird von dieser Möglichkeit Gebrauch gemacht, kann in der Rechtsverordnung bestimmt werden, dass durch Verwaltungsvorschrift, die öffentlich bekanntzumachen ist, geregelt wird, in welchen Verfahren die Akten elektronisch zu führen sind.

(2) [1]In Papierform eingereichte Schriftstücke und sonstige Unterlagen sollen zur Ersetzung der Urschrift in ein elektronisches Dokument übertragen werden. [2]Die Unterlagen sind, sofern sie in Papierform weiter benötigt werden, mindestens bis zum rechtskräftigen Abschluss des Verfahrens aufzubewahren.

(3) Das elektronische Dokument muss den Vermerk enthalten, wann und durch wen die Unterlagen in ein elektronisches Dokument übertragen worden sind.

§ 371a Beweiskraft elektronischer Dokumente. (1) [1]Auf private elektronische Dokumente, die mit einer qualifizierten elektronischen Signatur versehen sind, finden die Vorschriften über die Beweiskraft privater Urkunden entsprechende Anwendung. [2]Der Anschein der Echtheit einer in elektronischer Form vorliegenden Erklärung, der sich auf Grund der Prüfung der qualifizierten elektronischen Signatur nach Artikel 32 der Verordnung (EU) Nr. 910/2014 des Europäischen Parlaments und des Rates vom 23. Juli 2014 über elektronische Identifizierung und Vertrauensdienste für elektronische Transaktionen im Binnenmarkt und zur Aufhebung der Richtlinie 1999/93/EG (ABl. L 257 vom 28.8.2014, S. 73) ergibt, kann nur durch Tatsachen erschüttert werden, die ernstliche Zweifel daran begründen, dass die Erklärung von der verantwortenden Person abgegeben worden ist.

(2) [1]Auf elektronische Dokumente, die von einer öffentlichen Behörde innerhalb der Grenzen ihrer Amtsbefugnisse oder von einer mit öffentlichem Glauben versehenen Person innerhalb des ihr zugewiesenen Geschäftskreises in der vorgeschriebenen Form erstellt worden sind (öffentliche elektronische Dokumente), finden die Vorschriften über die Beweiskraft öffentlicher Urkunden entsprechende Anwendung. [2]Ist das Dokument mit einer qualifizierten elektronischen Signatur versehen, gilt § 437 entsprechend.

§ 371b Beweiskraft gescannter öffentlicher Urkunden. [1]Wird eine öffentliche Urkunde nach dem Stand der Technik von einer öffentlichen Behörde oder von einer mit öffentlichem Glauben versehenen Person in ein elektronisches Dokument übertragen und liegt die Bestätigung vor, dass das elektronische Dokument mit der Urschrift bildlich und inhaltlich übereinstimmt, finden auf das elektronische Dokument die Vorschriften über die Beweiskraft öffentlicher Urkunden entsprechende Anwendung. [2]Sind das Dokument und die Bestätigung mit einer qualifizierten elektronischen Signatur versehen, gilt § 437 entsprechend.

§ 920 Arrestgesuch. (1) Das Gesuch soll die Bezeichnung des Anspruchs unter Angabe des Geldbetrages oder des Geldwertes sowie die Bezeichnung des Arrestgrundes enthalten.

(2) Der Anspruch und der Arrestgrund sind glaubhaft zu machen.

(3) Das Gesuch kann vor der Geschäftsstelle zu Protokoll erklärt werden.

§ 922 Arresturteil und Arrestbeschluss. (1) [1]Die Entscheidung über das Gesuch ergeht im Falle einer mündlichen Verhandlung durch Endurteil, andernfalls durch Beschluss. [2]Die Entscheidung, durch die der Arrest angeordnet wird, ist zu begründen, wenn sie im Ausland geltend gemacht werden soll.

(2) Den Beschluss, durch den ein Arrest angeordnet wird, hat die Partei, die den Arrest erwirkt hat, zustellen zu lassen.

(3) Der Beschluss, durch den das Arrestgesuch zurückgewiesen oder vorherige Sicherheitsleistung für erforderlich erklärt wird, ist dem Gegner nicht mitzuteilen.

§ 924 Widerspruch. (1) Gegen den Beschluss, durch den ein Arrest angeordnet wird, findet Widerspruch statt.

(2) [1]Die widersprechende Partei hat in dem Widerspruch die Gründe darzulegen, die sie für die Aufhebung des Arrestes geltend machen will. [2]Das Gericht hat Termin zur mündlichen Verhandlung von Amts wegen zu bestimmen. [3]Ist das Arrestgericht ein Amtsgericht, so ist der Widerspruch unter Angabe der Gründe, die für die Aufhebung des Arrestes geltend gemacht werden sollen, schriftlich oder zum Protokoll der Geschäftsstelle zu erheben.

(3) [1]Durch Erhebung des Widerspruchs wird die Vollziehung des Arrestes nicht gehemmt. [2]Das Gericht kann aber eine einstweilige Anordnung nach § 707 treffen; § 707 Abs. 1 Satz 2 ist nicht anzuwenden.

§ 925 Entscheidung nach Widerspruch. (1) Wird Widerspruch erhoben, so ist über die Rechtmäßigkeit des Arrestes durch Endurteil zu entscheiden.

(2) Das Gericht kann den Arrest ganz oder teilweise bestätigen, abändern oder aufheben, auch die Bestätigung, Abänderung oder Aufhebung von einer Sicherheitsleistung abhängig machen.

§ 935 Einstweilige Verfügung bezüglich Streitgegenstand. Einstweilige Verfügungen in Bezug auf den Streitgegenstand sind zulässig, wenn zu besorgen ist, dass durch eine Veränderung des bestehenden Zustandes die Verwirklichung des Rechts einer Partei vereitelt oder wesentlich erschwert werden könnte.

§ 936 Anwendung der Arrestvorschriften. Auf die Anordnung einstweiliger Verfügungen und das weitere Verfahren sind die Vorschriften über die Anordnung von Arresten und über das Arrestverfahren entsprechend anzuwenden, soweit nicht die nachfolgenden Paragraphen abweichende Vorschriften enthalten.

§ 937 Zuständiges Gericht. Für den Erlass einstweiliger Verfügungen ist das Gericht der Hauptsache zuständig.

(2) Die Entscheidung kann in dringenden Fällen sowie dann, wenn der Antrag auf Erlass einer einstweiligen Verfügung zurückzuweisen ist, ohne mündliche Verhandlung ergehen.

§ 938 Inhalt der einstweiligen Verfügung. (1) Das Gericht bestimmt nach freien Ermessen, welche Anordnungen zur Erreichung des Zweckes erforderlich sind.

(2) Die einstweilige Verfügung kann auch in einer Sequestration sowie darin bestehen, dass dem Gegner eine Handlung geboten oder verboten, insbesondere

die Veräußerung, Belastung oder Verpfändung eines Grundstücks oder eines eingetragenen Schiffes oder Schiffsbauwerks untersagt wird.

§ 939 Aufhebung gegen Sicherheitsleistung. Nur unter besonderen Umständen kann die Aufhebung einer einstweiligen Verfügung gegen Sicherheitsleistung gestattet werden.

§ 940 Einstweilige Verfügung zur Regelung eines einstweiligen Zustandes. Einstweilige Verfügungen sind auch zum Zwecke der Regelung eines einstweiligen Zustandes in Bezug auf ein streitiges Rechtsverhältnis zulässig, sofern diese Regelung, insbesondere bei dauernden Rechtsverhältnissen zur Abwendung wesentlicher Nachteile oder zur Verhinderung drohender Gewalt oder aus anderen Gründen nötig erscheint.

§ 943 Gericht der Hauptsache. (1) Als Gericht der Hauptsache im Sinne der Vorschriften dieses Abschnitts ist das Gericht des ersten Rechtszuges und, wenn die Hauptsache in der Berufungsinstanz anhängig ist, das Berufungsgericht anzusehen.

(2) Das Gericht der Hauptsache ist für die nach § 109 zu treffenden Anordnungen ausschließlich zuständig, wenn die Hauptsache anhängig ist oder anhängig gewesen ist.

§ 944 Entscheidung des Vorsitzenden bei Dringlichkeit. In dringenden Fällen kann der Vorsitzende über die in diesem Abschnitt erwähnten Gesuche, sofern deren Erledigung eine mündliche Verhandlung nicht erfordert, anstatt des Gerichts entscheiden.

§ 945 Schadensersatzpflicht. Erweist sich die Anordnung eines Arrestes oder einer einstweiligen Verfügung als von Anfang an ungerechtfertigt oder wird die angeordnete Maßregel auf Grund des § 926 Abs. 2 oder des § 942 Abs. 3 aufgehoben, so ist die Partei, welche die Anordnung erwirkt hat, verpflichtet, dem Gegner den Schaden zu ersetzen, der ihm aus der Vollziehung der angeordneten Maßregel oder dadurch entsteht, dass er Sicherheit leistet, um die Vollziehung abzuwenden oder die Aufhebung der Maßregel zu erwirken.

Staatsvertrag über den Schutz der Menschenwürde und den Jugendschutz in Rundfunk und Telemedien

vom 10. bis 27. September 2002,
zuletzt geändert durch Artikel 5 des Neunzehnten Staatsvertrages zur Änderung rundfunkrechtlicher Staatsverträge (GVBl. 2016 BY, S. 52)

INHALTSÜBERSICHT

I. Abschnitt

Allgemeine Vorschriften

§ 1 Zweck des Staatsvertrages. Zweck des Staatsvertrages ist der einheitliche Schutz der Kinder und Jugendlichen vor Angeboten in elektronischen Informations- und Kommunikationsmedien, die deren Entwicklung oder Erziehung beeinträchtigen oder gefährden, sowie der Schutz vor solchen Angeboten in elektronischen Informations- und Kommunikationsmedien, die die Menschenwürde oder sonstige durch das Strafgesetzbuch geschützte Rechtsgüter verletzen.

§ 2 Geltungsbereich. (1) Dieser Staatsvertrag gilt für Rundfunk und Telemedien im Sinne des Rundfunkstaatsvertrages.

(2) Das Telemediengesetz und die für Telemedien anwendbaren Bestimmungen des Rundfunkstaatsvertrages bleiben unberührt.

§ 3 Begriffsbestimmungen. (1) Im Sinne dieses Staatsvertrages sind
1. „Angebote" Sendungen oder Inhalte von Telemedien,
2. „Anbieter" Rundfunkveranstalter oder Anbieter von Telemedien.

§ 4 Unzulässige Angebote. (1) Unbeschadet strafrechtlicher Verantwortlichkeit sind Angebote unzulässig, wenn sie
1. Propagandamittel im Sinne des § 86 des Strafgesetzbuches darstellen, deren Inhalt gegen die freiheitliche demokratische Grundordnung oder den Gedanken der Völkerverständigung gerichtet ist,
2. Kennzeichen verfassungswidriger Organisationen im Sinne des § 86a des Strafgesetzbuches verwenden,
3. zum Hass gegen Teile der Bevölkerung oder gegen eine nationale, rassische, religiöse oder durch ihr Volkstum bestimmte Gruppe aufstacheln, zu Gewalt- oder Willkürmaßnahmen gegen sie auffordern oder die Menschenwürde anderer dadurch angreifen, dass Teile der Bevölkerung oder eine vorbezeichnete Gruppe beschimpft, böswillig verächtlich gemacht oder verleumdet werden,
4. eine unter der Herrschaft des Nationalsozialismus begangene Handlung der in § 6 Abs. 1 und § 7 Abs. 1 des Völkerstrafgesetzbuches bezeichneten Art in einer Weise, die geeignet ist, den öffentlichen Frieden zu stören, leugnen oder verharmlosen, oder den öffentlichen Frieden in einer die Würde der Opfer verletzenden Weise dadurch stören, dass die nationalsozialistische Gewalt- und Willkürherrschaft gebilligt, verherrlicht oder gerechtfertigt wird.
5. grausame oder sonst unmenschliche Gewalttätigkeiten gegen Menschen in einer Art schildern, die eine Verherrlichung oder Verharmlosung solcher Gewalttätigkeiten ausdrückt oder die das Grausame oder Unmenschliche des Vorgangs in einer die Menschenwürde verletzenden Weise darstellt; dies gilt auch bei virtuellen Darstellungen,

6. als Anleitung zu einer in § 126 Abs. 1 des Strafgesetzbuches genannten rechtswidrigen Tat dienen,
7. den Krieg verherrlichen,
8. gegen die Menschenwürde verstoßen, insbesondere durch die Darstellung von Menschen, die sterben oder schweren körperlichen oder seelischen Leiden ausgesetzt sind oder waren, wobei ein tatsächliches Geschehen wiedergegeben wird, ohne dass ein berechtigtes Interesse gerade für diese Form der Darstellung oder Berichterstattung vorliegt; eine Einwilligung ist unbeachtlich,
9. Kinder oder Jugendliche in unnatürlich geschlechtsbetonter Körperhaltung darstellen; dies gilt auch bei virtuellen Darstellungen,
10. kinderpornografisch im Sinne des § 184b Abs. 1 des Strafgesetzbuches oder jugendpornografisch im Sinne des § 184c Abs. 1 des Strafgesetzbuches sind oder pornografisch sind und Gewalttätigkeiten oder sexuelle Handlungen von Menschen mit Tieren zum Gegenstand haben; dies gilt auch bei virtuellen Darstellungen,
11. in den Teilen B und D der Liste nach § 18 des Jugendschutzgesetzes aufgenommen sind oder mit einem in dieser Liste aufgenommen Werk ganz oder im Wesentlichen inhaltsgleich sind.

In den Fällen der Nummern 1 bis 4 und 6 gilt § 86 Abs. 3 des Strafgesetzbuches, im Falle der Nummer 5 § 131 Abs. 2 des Strafgesetzbuches entsprechend.

(2) Unbeschadet strafrechtlicher Verantwortlichkeit sind Angebote ferner unzulässig, wenn sie

1. in sonstiger Weise pornografisch sind,
2. in den Teilen A und C der Liste nach § 18 des Jugendschutzgesetzes aufgenommen sind oder mit einem in dieser Liste aufgenommenen Werk ganz oder im Wesentlichen inhaltsgleich sind, oder
3. offensichtlich geeignet sind, die Entwicklung von Kindern und Jugendlichen oder ihre Erziehung zu einer eigenverantwortlichen und gemeinschaftsfähigen Persönlichkeit unter Berücksichtigung der besonderen Wirkungsform des Verbreitungsmediums schwer zu gefährden.

In Telemedien sind Angebote abweichend von Satz 1 zulässig, wenn von Seiten des Anbieters sichergestellt ist, dass sie nur Erwachsenen zugänglich gemacht werden (geschlossene Benutzergruppe).

(3) Nach Aufnahme eines Angebotes in die Liste nach § 18 des Jugendschutzgesetzes wirken die Verbote nach Absatz 1 und 2 auch nach wesentlichen inhaltlichen Veränderungen bis zu einer Entscheidung durch die Bundesprüfstelle für jugendgefährdende Medien.

§ 5 Entwicklungsbeeinträchtigende Angebote. (1) Sofern Anbieter Angebote, die geeignet sind, die Entwicklung von Kindern oder Jugendlichen zu einer eigenverantwortlichen und gemeinschaftsfähigen Persönlichkeit zu beeinträchtigen, verbreiten oder zugänglich machen, haben sie dafür Sorge zu tragen,

dass Kinder oder Jugendliche der betroffenen Altersstufen sie üblicherweise nicht wahrnehmen.
[2]Die Altersstufen sind:
1. ab 6 Jahren
2. ab 12 Jahren
3. ab 16 Jahren
4. ab 18 Jahren.)

(2) [1]Bei Angeboten wird die Eignung zur Beeinträchtigung der Entwicklung im Sinne von Absatz 1 vermutet, wenn sie nach dem Jugendschutzgesetz für Kinder oder Jugendliche der jeweiligen Altersstufe nicht freigegeben sind. [2]Satz 1 gilt entsprechend für Angebote, die mit dem bewerteten Angebot im Wesentlichen inhaltsgleich sind. [3]Die Kommission für Jugendmedienschutz (KJM) bestätigt auf Antrag die Altersbewertungen, die durch eine anerkannte Einrichtung der Freiwilligen Selbstkontrolle vorgenommen wurden. [4]Für die Prüfung durch die KJM gilt § 20 Abs. 3 Satz 1 und Abs. 5 Satz 2 entsprechend. [5]Von der KJM bestätigte Altersbewertungen von anerkannten Einrichtungen der Freiwilligen Selbstkontrolle sind von den obersten Landesjugendbehörden für die Freigabe und Kennzeichnung inhaltsgleicher oder im Wesentlichen inhaltsgleicher Angebote nach dem Jugendschutzgesetz zu übernehmen.

(3) Der Anbieter kann seiner Pflicht aus Absatz 1 dadurch entsprechen, dass er
1. durch technische oder sonstige Mittel die Wahrnehmung des Angebots durch Kinder oder Jugendliche der betroffenen Altersstufe unmöglich macht oder wesentlich erschwert, oder das Angebot mit einer Alterskennzeichnung versieht, die von geeigneten Jugendschutzprogrammen nach § 11 Abs. 1 und 2 ausgelesen werden kann oder)
2. die Zeit, in der die Angebote verbreitet oder zugänglich gemacht werden, so wählt, dass Kinder oder Jugendliche der betroffenen Altersstufe üblicherweise die Angebote nicht wahrnehmen.

[2]Nicht entwicklungsbeeinträchtigende Angebote können als „ohne Altersbeschränkung“ gekennzeichnet und ohne Einschränkungen verbreitet werden.

(4) [1]Ist eine entwicklungsbeeinträchtigende Wirkung im Sinne von Absatz 1 auf Kinder oder Jugendliche anzunehmen, erfüllt der Anbieter seine Verpflichtung nach Absatz 1, wenn das Angebot nur zwischen 23 Uhr und 6 Uhr verbreitet oder zugänglich gemacht wird. [2]Gleiches gilt, wenn eine entwicklungsbeeinträchtigende Wirkung auf Kinder oder Jugendliche unter 16 Jahren anzunehmen ist, wenn das Angebot nur zwischen 22 Uhr und 6 Uhr verbreitet oder zugänglich gemacht wird. [3]Ist eine entwicklungsbeeinträchtigende Wirkung im Sinne von Absatz 1 auf Kinder unter zwölf Jahren anzunehmen, ist bei der Wahl der Sendezeit dem Wohl jüngerer Kinder Rechnung zu tragen.

(5) Ist eine entwicklungsbeeinträchtigende Wirkung im Sinne von Absatz 1 nur auf Kinder unter 14 Jahren anzunehmen, erfüllt der Anbieter von Telemedien seine Verpflichtung nach Absatz 1, wenn das Angebot getrennt von für Kinder bestimmten Angeboten verbreitet wird oder abrufbar ist.

(6) Absatz 1 gilt nicht für Nachrichtensendungen, Sendungen zum politischen Zeitgeschehen im Rundfunk und vergleichbare Angebote bei Telemedien, es sei denn, es besteht kein berechtigtes Interesse an dieser Form der Darstellung oder Berichterstattung.

(7) Bei Angeboten, die Inhalte periodischer Druckerzeugnisse in Text und Bild wiedergeben, gelten die Beschränkungen des Absatzes 1 Satz 1 erst dann, wenn die KJM gegenüber dem Anbieter festgestellt hat, dass das Angebot entwicklungsbeeinträchtigend ist.

§ 6 Jugendschutz in der Werbung und im Teleshopping. (1) [1]Werbung für indizierte Angebote ist nur unter den Bedingungen zulässig, die auch für die Verbreitung des Angebotes selbst gelten. [2]Die Liste der jugendgefährdenden Medien (§ 18 des Jugendschutzgesetzes) darf nicht zum Zwecke der Werbung verbreitet oder zugänglich gemacht werden. [3]Bei Werbung darf nicht darauf hingewiesen werden, dass ein Verfahren zur Aufnahme eines Angebotes oder eines inhaltsgleichen Trägermediums in die Liste nach § 18 des Jugendschutzgesetzes anhängig ist oder gewesen ist.

(2) Werbung darf Kinder und Jugendliche weder körperlich noch seelisch beeinträchtigen, darüber hinaus darf sie nicht

1. direkte Aufrufe zum Kaufen oder Mieten von Waren oder Dienstleistungen an Kinder oder Jugendliche enthalten, die deren Unerfahrenheit und Leichtgläubigkeit ausnutzen,
2. Kinder oder Jugendliche unmittelbar auffordern, ihre Eltern oder Dritte zum Kauf der beworbenen Waren oder Dienstleistungen zu bewegen,
3. das besondere Vertrauen ausnutzen, das Kinder oder Jugendliche zu Eltern, Lehrern und anderen Vertrauenspersonen haben, oder
4. Kinder oder Jugendliche ohne berechtigten Grund in gefährlichen Situationen zeigen.

(3) Werbung, deren Inhalt geeignet ist, die Entwicklung von Kindern oder Jugendlichen zu einer eigenverantwortlichen und gemeinschaftsfähigen Persönlichkeit zu beeinträchtigen, muss getrennt von Angeboten erfolgen, die sich an Kinder oder Jugendliche richten.

(4) Werbung, die sich auch an Kinder oder Jugendliche richtet oder bei der Kinder oder Jugendliche als Darsteller eingesetzt werden, darf nicht den Interessen von Kindern oder Jugendlichen schaden oder deren Unerfahrenheit ausnutzen.

(5) Werbung für alkoholische Getränke darf sich weder an Kinder oder Jugendliche richten noch durch die Art der Darstellung Kinder und Jugendliche besonders ansprechen oder diese beim Alkoholgenuss darstellen.

(6) [1]Die Absätze 1 bis 5 gelten für Teleshopping entsprechend. [2]Teleshopping und Sponsoring darf darüber hinaus Kinder oder Jugendliche nicht dazu anhalten, Kauf- oder Miet- bzw. Pachtverträge für Waren oder Dienstleistungen zu schließen.

§ 7 Jugendschutzbeauftragte. (1) [1]Wer länderübergreifendes Fernsehen veranstaltet, hat einen Jugendschutzbeauftragten zu bestellen. [2]Gleiches gilt für geschäftsmäßige Anbieter von allgemein zugänglichen Telemedien, die entwicklungsbeeinträchtigende oder jugendgefährdende Inhalte enthalten, sowie für Anbieter von Suchmaschinen. [3]Der Anbieter hat wesentliche Informationen über den Jugendschutzbeauftragten leicht erkennbar, unmittelbar erreichbar und ständig verfügbar zu halten. [4]Sie müssen insbesondere Namen und Daten enthalten, die eine schnelle elektronische Kontaktaufnahme ermöglichen.

(2) Anbieter von Telemedien mit weniger als 50 Mitarbeitern oder nachweislich weniger als zehn Millionen Zugriffen im Monatsdurchschnitt eines Jahres sowie Veranstalter, die nicht bundesweit verbreitetes Fernsehen veranstalten, können auf die Bestellung verzichten, wenn sie sich einer Einrichtung der Freiwilligen Selbstkontrolle anschließen und diese zur Wahrnehmung der Aufgaben des Jugendschutzbeauftragten verpflichten sowie entsprechend Absatz 3 beteiligen und informieren.

(3) [1]Der Jugendschutzbeauftragte ist Ansprechpartner für die Nutzer und berät den Anbieter in Fragen des Jugendschutzes. [2]Er ist vom Anbieter bei Fragen der Herstellung, des Erwerbs, der Planung und der Gestaltung von Angeboten und bei allen Entscheidungen zur Wahrung des Jugendschutzes angemessen und rechtzeitig zu beteiligen und über das jeweilige Angebot vollständig zu informieren. [3]Er kann dem Anbieter eine Beschränkung oder Änderung von Angeboten vorschlagen.

(4) [1]Der Jugendschutzbeauftragte muss die zur Erfüllung seiner Aufgaben erforderliche Fachkunde besitzen. [2]Er ist in seiner Tätigkeit weisungsfrei. [3]Er darf wegen der Erfüllung seiner Aufgaben nicht benachteiligt werden. [4]Ihm sind die zur Erfüllung seiner Aufgaben notwendigen Sachmittel zur Verfügung zu stellen. [5]Er ist unter Fortzahlung seiner Bezüge soweit für seine Aufgaben erforderlich von der Arbeitsleistung freizustellen.

(5) Die Jugendschutzbeauftragten der Anbieter sollen in einen regelmäßigen Erfahrungsaustausch eintreten.

II. Abschnitt
Vorschriften für Rundfunk

§ 8 Festlegung der Sendezeit. (1) Die in der Arbeitsgemeinschaft der öffentlich-rechtlichen Rundfunkanstalten der Bundesrepublik Deutschland (ARD) zusammengeschlossenen Landesrundfunkanstalten, das Zweite Deutsche Fernsehen (ZDF), die KJM oder von dieser hierfür anerkannte Einrichtungen der Freiwilligen Selbstkontrolle können jeweils in Richtlinien oder für den Einzelfall für Filme, auf die das Jugendschutzgesetz keine Anwendung findet, zeitliche Beschränkungen vorsehen, um den Besonderheiten der Ausstrahlung von Filmen im Fernsehen, vor allem bei Fernsehserien, gerecht zu werden.

(2) Für sonstige Sendeformate können die in Absatz 1 genannten Stellen im Einzelfall zeitliche Beschränkungen vorsehen, wenn deren Ausgestaltung nach Thema, Themenbehandlung, Gestaltung oder Präsentation in einer Gesamtbewertung geeignet ist, Kinder oder Jugendliche in ihrer Entwicklung und Erziehung zu beeinträchtigen.

(3) Hat eine anerkannte Einrichtung der Freiwilligen Selbstkontrolle eine Richtlinie nach Absatz 1 in den rechtlichen Grenzen des Beurteilungsspielraums erlassen, ist diese vorrangig anzuwenden.

§ 9 Ausnahmeregelungen. (1) [1]Auf Antrag des Intendanten kann das jeweils zuständige Organ der in der ARD zusammengeschlossenen Landesrundfunkanstalten, des Deutschlandradios und des ZDF sowie auf Antrag eines privaten Rundfunkveranstalters die KJM oder eine von dieser hierfür anerkannte Einrichtung der Freiwilligen Selbstkontrolle jeweils in Richtlinien oder für den Einzelfall von der Vermutung nach § 5 Abs. 2 Satz 1 und 2 abweichen. [2]Dies gilt vor allem für Angebote, deren Bewertung länger als 10 Jahre zurückliegt. [3]Die obersten Landesjugendbehörden sind von der abweichenden Bewertung zu unterrichten. [4]§ 8 Abs. 1 gilt entsprechend.

(2) [1]Die Landesmedienanstalten können für digital verbreitete Programme des privaten Fernsehens durch übereinstimmende Satzungen festlegen, unter welchen Voraussetzungen ein Rundfunkveranstalter seine Verpflichtung nach § 5 erfüllt. [2]Der Rundfunkveranstalter hat sicherzustellen, dass die Freischaltung durch den Nutzer nur für die Dauer der jeweiligen Sendung oder des jeweiligen Films möglich ist. [3]Die Landesmedienanstalten bestimmen in den Satzungen nach Satz 1 insbesondere, welche Anforderungen an die Verschlüsselung und Vorsperrung von Sendungen zur Gewährleistung eines effektiven Jugendschutzes zu stellen sind.

§ 10 Programmankündigungen und Kenntlichmachung. (1) Werden Sendungen außerhalb der für sie geltenden Sendezeitbeschränkung angekündigt, dürfen die Inhalte der Programmankündigung nicht entwicklungsbeeinträchtigend sein.

(2) Sendungen, für die eine entwicklungsbeeinträchtigende Wirkung auf Kinder oder Jugendliche unter 16 Jahren anzunehmen ist, müssen durch akustische Zeichen angekündigt oder durch optische Mittel während der gesamten Sendung als ungeeignet für die entsprechende Altersstufe kenntlich gemacht werden.

III. Abschnitt

Vorschriften für Telemedien

§ 11 Jugendschutzprogramme. (1) [1]Jugendschutzprogramme sind Softwareprogramme, die Alterskennzeichnungen nach § 5 Abs. 3 Satz 1 Nr. 1 auslesen und Angebote erkennen, die geeignet sind, die Entwicklung von Kindern und Jugendlichen zu beeinträchtigen. [2]Sie müssen zur Beurteilung ihrer Eignung einer anerkannten Einrichtung der freiwilligen Selbstkontrolle vorgelegt werden. [3]Sie sind geeignet, wenn sie einen nach Altersstufendifferenzierten Zugang zu Telemedien ermöglichen und eine dem Stand der Technik entsprechende Erkennungsleistung aufweisen. [4]Zudem müssen sie benutzerfreundlich ausgestaltet und nutzerautonom verwendbar sein.

(2) Zur Beurteilung der Eignung können auch solche Programme vorgelegt werden, die lediglich auf einzelne Altersstufen ausgelegt sind oder den Zugang zu Telemedien innerhalb geschlossener Systeme ermöglichen.

(3) Die KJM kann die Kriterien für die Eignungsanforderungen nach den Absätzen 1 und 2 im Benehmen mit den anerkannten Einrichtungen der Freiwilligen Selbstkontrolle durch Richtlinien festlegen.

(4) [1]Hat eine anerkannte Einrichtung der Freiwilligen Selbstkontrolle ein Jugendschutzprogramm als nach Absatz 1 oder 2 geeignet beurteilt, hat sie die Beurteilung mindestens alle drei Jahre zu überprüfen. [2]Sie hat auf die Behebung von Fehlfunktionen hinzuwirken. [3]Die Beurteilungen nach den Absätzen 1 und 2 und die Ergebnisse ihrer Überprüfung nach Satz 1 sind unverzüglich in geeigneter Form zu veröffentlichen.

(5) Wer gewerbsmäßig oder in großem Umfang Telemedien verbreitet oder zugänglich macht, soll auch die für Kinder oder Jugendliche unbedenklichen Angebote für ein geeignetes Jugendschutzprogramm nach den Absätzen 1 und 2 programmieren, soweit dies zumutbar und ohne unverhältnismäßige Kosten möglich ist.

(6) [1]Die anerkannten Einrichtungen der Freiwilligen Selbstkontrolle können im Benehmen mit der KJM zur Förderung des technischen Jugendschutzes Modellversuche durchfuhren und Verfahren vereinbaren. [2]Gleiches gilt für Altersklassifizierungssysteme, die von anerkannten Einrichtungen der Freiwilligen Selbstkontrolle zur Verfügung gestellt werden.

§ 12 Kennzeichnungspflicht. [1]Anbieter von Telemedien, die ganz oder im Wesentlichen inhaltsgleich mit Filmen oder Spielen auf Bildträgern im Sinne des Jugendschutzgesetzes sind, müssen auf eine Kennzeichnung nach dem Jugendschutzgesetz in ihrem Angebot deutlich hinweisen. [2]Für Fassungen von Filmen und Spielen in Telemedien, die wie solche auf Trägermedien vorlagefähig sind, kann das Kennzeichnungsverfahren nach dem Jugendschutzgesetz durchgeführt werden.

IV. Abschnitt

Verfahren für Anbieter mit Ausnahmen des öffentlich-rechtlichen Rundfunks

§ 13 Anwendungsbereich. Die §§ 14 bis 21 sowie § 24 Abs. 4 Satz 6 gelten nur für länderübergreifende Angebote.

§ 14 Kommission für Jugendmedienschutz. (1) [1]Die zuständige Landesmedienanstalt überprüft die Einhaltung der für die Anbieter geltenden Bestimmungen nach diesem Staatsvertrag. [2]Sie trifft entsprechend den Bestimmungen dieses Staatsvertrages die jeweiligen Entscheidungen.

(2) [1]Zur Erfüllung der Aufgaben nach Absatz 1 wird die Kommission für Jugendmedienschutz (KJM) gebildet. [2]Diese dient der jeweils zuständigen Landesmedienanstalt als Organ bei der Erfüllung ihrer Aufgaben nach Absatz 1. [3]Auf Antrag der zuständigen Landesmedienanstalt kann die KJM auch mit nichtländerübergreifenden Angeboten gutachtlich befasst werden. [4]Absatz 5 bleibt unberührt.

(3) [1]Die KJM besteht aus 12 Sachverständigen. [2]Hiervon werden entsandt
1. sechs Mitglieder aus dem Kreis der Direktoren der Landesmedienanstalten, die von den Landesmedienanstalten im Einvernehmen benannt werden,
2. vier Mitglieder von den für den Jugendschutz zuständigen obersten Landesbehörden,
3. zwei Mitglieder von der für den Jugendschutz zuständigen obersten Bundesbehörde. Für jedes Mitglied ist entsprechend Satz 2 ein Vertreter für den Fall seiner Verhinderung zu bestimmen. Die Amtsdauer der Mitglieder oder stellvertretenden Mitglieder beträgt fünf Jahre. Wiederberufung ist zulässig. Mindestens vier Mitglieder und stellvertretende Mitglieder sollen die Befähigung zum Richteramt haben. Den Vorsitz führt ein Direktor einer Landesmedienanstalt.

(4) Der KJM können nicht angehören Mitglieder und Bedienstete der Institutionen der Europäischen Union, der Verfassungsorgane des Bundes und der Länder, Gremienmitglieder und Bedienstete von Landesrundfunkanstalten der ARD, des ZDF, des Deutschlandradios, des Europäischen Fernsehkulturkanals „ARTE“ und der privaten Rundfunkveranstalter oder Anbieter von Telemedien sowie Bedienstete von an ihnen unmittelbar oder mittelbar im Sinne von § 28 des Rundfunkstaatsvertrages beteiligten Unternehmen.

(5) [1]Es können Prüfausschüsse gebildet werden. [2]Jedem Prüfausschuss muss mindestens jeweils ein in Absatz 3 Satz 2 Nr. 1 bis 3 aufgeführtes Mitglied der KJM oder im Falle seiner Verhinderung dessen Vertreter angehören. [3]Die Prüfausschüsse entscheiden jeweils bei Einstimmigkeit anstelle der KJM. [4]Zu Beginn der Amtsperiode der KJM wird die Verteilung der Prüfverfahren von der KJM festgelegt. [5]Das Nähere ist in der Geschäftsordnung der KJM festzulegen.

(6) [1]Die Entscheidung über die Bestätigung der Altersbewertungen nach § 5 Abs. 2 Satz 3 ist innerhalb von 14 Tagen zu treffen und dem Antragsteller mitzuteilen. [2]Für das Bestätigungsverfahren kann ein Einzelprüfer bestellt werden.

(7) [1]Die Mitglieder der KJM sind bei der Erfüllung ihrer Aufgaben nach diesem Staatsvertrag an Weisungen nicht gebunden. [2]Die Regelung zur Vertraulichkeit nach § 24 des Rundfunkstaatsvertrages gilt auch im Verhältnis der Mitglieder der KJM zu anderen Organen der Landesmedienanstalten.

(8) [1]Die Mitglieder der KJM haben Anspruch auf Ersatz ihrer notwendigen Aufwendungen und Auslagen. [2]Näheres regeln die Landesmedienanstalten durch übereinstimmende Satzungen.

§ 15 Mitwirkung der Gremien der Landesmedienanstalten. (1) [1]Die KJM unterrichtet die Vorsitzenden der Gremien der Landesmedienanstalten fortlaufend über ihre Tätigkeit. [2]Sie bezieht die Gremienvorsitzenden in grundsätzlichen Angelegenheiten, insbesondere bei der Erstellung von Satzungs- und Richtlinienentwürfen, ein.

(2) [1]Die nach Landesrecht zuständigen Organe der Landesmedienanstalten erlassen übereinstimmende Satzungen und Richtlinien zur Durchführung dieses Staatsvertrages. [2]Sie stellen hierbei das Benehmen mit den nach § 19 anerkannten Einrichtungen der Freiwilligen Selbstkontrolle, den in der ARD zusammengeschlossenen Landesrundfunkanstalten und dem ZDF her und führen mit diesen und der KJM einen gemeinsamen Erfahrungsaustausch in der Anwendung des Jugendmedienschutzes durch.

§ 16 Zuständigkeit der KJM. [1]Die KJM ist zuständig für die abschließende Beurteilung von Angeboten nach diesem Staatsvertrag. [2]Sie ist unbeschadet der Befugnisse von anerkannten Einrichtungen der Freiwilligen Selbstkontrolle nach diesem Staatsvertrag im Rahmen des Satzes 1 insbesondere zuständig für

1. die Überwachung der Bestimmungen dieses Staatsvertrages,
2. die Anerkennung von Einrichtungen der Freiwilligen Selbstkontrolle und die Rücknahme oder den Widerruf der Anerkennung,
3. die Festlegung der Sendezeit nach § 8,
4. die Festlegung von Ausnahmen nach § 9,
5. die Prüfung und Genehmigung einer Verschlüsselungs- und Vorsperrungstechnik,
6. die Anerkennung von Jugendschutzprogrammen und für die Rücknahme oder den Widerruf der Anerkennung,
7. die Stellungnahme zu Indizierungsanträgen bei der Bundesprüfstelle für jugendgefährdende Medien und für Anträge bei der Bundesprüfstelle auf Indizierung und
8. die Entscheidung über Ordnungswidrigkeiten nach diesem Staatsvertrag.

[2]Sie ist unbeschadet der Befugnisse von anerkannten Einrichtungen der Freiwilligen Selbstkontrolle nach diesem Staatsvertrag im Rahmen des Satzes 1 insbesondere zuständig für

1. die Überwachung der Bestimmungen dieses Staatsvertrages,
2. die Anerkennung von Einrichtungen der Freiwilligen Selbstkontrolle und die Rücknahme oder den Widerruf der Anerkennung,

3. die Bestätigung der Altersbewertungen nach § 5 Abs. 2 Satz 3,
4. die Festlegung der Sendezeit nach § 8,
5. die Festlegung der Ausnahmen nach § 9,
6. die Prüfung und Genehmigung einer Verschlüsselungs- und Vorsperrtechnik,
7. die Aufsicht über Entscheidungen der Einrichtungen der Freiwilligen Selbst- kontrolle nach § 19b Abs. 1 und 2,
8. die Stellungnahme zu Indizierungsanträgen bei der Bundesprüfstelle für jugendgefährdende Medien und für Anträge bei der Bundesprüfstelle auf Indizierung und
9. die Entscheidung über Ordnungswidrigkeiten nach diesem Staatsvertrag.

§ 17 Verfahren der KJM. (1) [1]Die KJM wird von Amts wegen tätig; leitet ihr eine Landesmedienanstalt oder eine oberste Landesjugendbehörde einen Prüffall zu, hat sie ein Prüfverfahren einzuleiten. [2]Sie fasst ihre Beschlüsse mit der Mehrheit ihrer gesetzlichen Mitglieder, bei Stimmengleichheit entscheidet die Stimme des Vorsitzenden. [3]Die Beschlüsse sind zu begründen. [4]In der Begründung sind die wesentlichen tatsächlichen und rechtlichen Gründe mitzuteilen. [5]Die Beschlüsse der KJM sind gegenüber den anderen Organen der zuständigen Landesmedienanstalt bindend. [6]Sie sind deren Entscheidungen zu Grunde zu legen.

(2) Die KJM soll mit der Bundesprüfstelle für jugendgefährdende Medien und den obersten Landesjugendbehörden zusammenarbeiten und einen regelmäßigen Informationsaustausch pflegen.

(3) Die KJM erstattet den Gremien der Landesmedienanstalten, den für den Jugendschutz zuständigen obersten Landesjugendbehörden und der für den Jugendschutz zuständigen obersten Bundesbehörde erstmalig zwei Jahre nach ihrer Konstituierung und danach alle zwei Jahre einen Bericht über die Durchführung der Bestimmungen dieses Staatsvertrages.

§ 18 „jugendschutz.net“. (1) [1]Die durch die obersten Landesjugendbehörden eingerichtete gemeinsame Stelle Jugendschutz aller Länder („jugendschutz.net“) ist organisatorisch an die KJM angebunden. [2]Die Stelle „jugendschutz.net“ wird von den Landesmedienanstalten und den Ländern gemeinsam finanziert. [3]Die näheren Einzelheiten der Finanzierung dieser Stelle durch die Länder legen die für den Jugendschutz zuständigen Minister der Länder in einem Statut durch Beschluss fest. [4]Das Statut regelt auch die fachliche und haushaltsmäßige Unabhängigkeit der Stelle.

(2) „jugendschutz.net“ unterstützt die KJM und die obersten Landesjugendbehörden bei deren Aufgaben.

(3) [1]„jugendschutz.net“ überprüft die Angebote der Telemedien. [2]Daneben nimmt „jugendschutz.net“ auch Aufgaben der Beratung und Schulung bei Telemedien wahr.

(4) [1]Bei möglichen Verstößen gegen Bestimmungen dieses Staatsvertrages weist „jugendschutz.net" den Anbieter hierauf hin und informiert die KJM. [2]Bei möglichen Verstößen von Mitgliedern einer anerkannten Einrichtung der Freiwilligen Selbstkontrolle ergeht der Hinweis zunächst an diese Einrichtung. [3]Die anerkannten Einrichtungen der Freiwilligen Selbstkontrolle haben innerhalb einer Woche ein Verfahren einzuleiten und dies „jugendschutz.net" mitzuteilen. [4]Bei Untätigkeit der anerkannten Einrichtungen der Freiwilligen Selbstkontrolle informiert „jugendschutz.net" die KJM.

§ 19 Einrichtungen der Freiwilligen Selbstkontrolle. (1) Einrichtungen Freiwilliger Selbstkontrolle können für Rundfunk und Telemedien gebildet werden.

(2) Eine Einrichtung ist als Einrichtung der Freiwilligen Selbstkontrolle im Sinne dieses Staatsvertrages anzuerkennen, wenn

1. die Unabhängigkeit und Sachkunde ihrer benannten Prüfer gewährleistet ist und dabei auch Vertreter aus gesellschaftlichen Gruppen berücksichtigt sind, die sich in besonderer Weise mit Fragen des Jugendschutzes befassen,
2. eine sachgerechte Ausstattung durch eine Vielzahl von Anbietern sichergestellt ist,
3. Vorgaben für die Entscheidungen der Prüfer bestehen, die in der Spruchpraxis einen wirksamen Kinder- und Jugendschutz zu gewährleisten geeignet sind,
4. eine Verfahrensordnung besteht, die den Umfang der Überprüfung, bei Veranstaltern auch die Vorlagepflicht, sowie mögliche Sanktionen regelt und eine Möglichkeit der Überprüfung der Entscheidungen auch auf Antrag von landesrechtlich bestimmten Trägern der Jugendhilfe vorsieht,
5. gewährleistet ist, dass die betroffenen Anbieter vor einer Entscheidung gehört werden, die Entscheidung schriftlich begründet und den Beteiligten mitgeteilt wird und
6. eine Beschwerdestelle eingerichtet ist.

(3) [1]Die zuständige Landesmedienanstalt trifft die Entscheidung durch die KJM. [2]Zuständig ist die Landesmedienanstalt des Landes, in dem die Einrichtung der Freiwilligen Selbstkontrolle ihren Sitz hat. [3]Ergibt sich danach keine Zuständigkeit, so ist diejenige Landesmedienanstalt zuständig, bei der der Antrag auf Anerkennung gestellt wurde. [4]Die Einrichtung legt der KJM die für die Prüfung der Anerkennungsvoraussetzungen erforderlichen Unterlagen vor.

(4) [1]Die KJM kann die Anerkennung ganz oder teilweise widerrufen oder mit Nebenbestimmungen versehen, wenn Voraussetzungen für die Anerkennung nachträglich entfallen sind oder die Spruchpraxis der Einrichtung nicht mit den Bestimmungen dieses Staatsvertrages übereinstimmt. [2]Eine Entschädigung für Vermögensnachteile durch den Widerruf der Anerkennung wird nicht gewährt.

(5) Die anerkannten Einrichtungen der Freiwilligen Selbstkontrolle sollen sich über die Anwendung dieses Staatsvertrages abstimmen.

§ 19a Zuständigkeit und Verfahren der Einrichtungen der Freiwilligen Selbstkontrolle (1) [1]Anerkannte Einrichtungen der Freiwilligen Selbstkontrolle überprüfen im Rahmen ihres satzungsgemäßen Aufgabenbereichs die Einhaltung der Bestimmungen dieses Staatsvertrages sowie der hierzu erlassenen Satzungen und Richtlinien bei ihnen angeschlossenen Anbietern. [2]Sie sind verpflichtet, gemäß ihrer Verfahrensordnung nach § 19 Abs. 2 Nr. 4 Beschwerden über die ihr angeschlossenen Anbieter unverzüglich nachzugehen.

(2) [1]Die anerkannten Einrichtungen der Freiwilligen Selbstkontrolle beurteilen die Eignung der Jugendschutzprogramme nach § 11 Abs. 1 und 2 und überprüfen ihre Eignung nach § 11 Abs. 4. [2]Zuständig ist die anerkannte Einrichtung der Freiwilligen Selbstkontrolle, bei der das Jugendschutzprogramm zur Beurteilung eingereicht wurde. [3]Die anerkannte Einrichtung der Freiwilligen Selbstkontrolle teilt der KJM die Entscheidung und ihre Begründung schriftlich mit.

§ 19b Aufsicht über Einrichtungen der Freiwilligen Selbstkontrolle (1) [1]Die zuständige Landesmedienanstalt kann durch die KJM Entscheidungen einer anerkannten Einrichtung der Freiwilligen Selbstkontrolle, die die Grenzen des Beurteilungsspielraums überschreiten, beanstanden und ihre Aufhebung verlangen. [2]Kommt eine anerkannte Einrichtung der Freiwilligen Selbstkontrolle ihren Aufgaben und Pflichten nach diesem Staatsvertrag nicht nach, kann die zuständige Landesmedienanstalt durch die KJM verlangen, dass sie diese erfüllen. [3]Eine Entschädigung für hierdurch entstehende Vermögensnachteile wird nicht gewährt.

(2) [1]Hat eine anerkannte Einrichtung der Freiwilligen Selbstkontrolle ein Jugendschutzprogramm nach § 11 Abs. 1 und 2 als geeignet beurteilt und dabei die rechtlichen Grenzen des Beurteilungsspielraums überschritten, kann die zuständige Landesmedienanstalt durch die KJM innerhalb von drei Monaten nach Entscheidung der anerkannten Einrichtung der Freiwilligen Selbstkontrolle diese Beurteilung für unwirksam erklären oder dem Anbieter des Jugendschutzprogramms gegenüber Auflagen erteilen. [2]Absatz 1 Satz 3 gilt entsprechend.

(3) Zuständig ist die Landesmedienanstalt des Landes, in dem die anerkannte Einrichtung der Freiwilligen Selbstkontrolle ihren Sitz hat.

V. Abschnitt

Vollzug für Anbieter mit Ausnahmen des öffentlich-rechtlichen Rundfunks

§ 20 Aufsicht. (1) Stellt die zuständige Landesmedienanstalt fest, dass ein Anbieter gegen die Bestimmungen dieses Staatsvertrages verstoßen hat, trifft sie die erforderlichen Maßnahmen gegenüber dem Anbieter.

(2) Für Veranstalter von Rundfunk trifft die zuständige Landesmedienanstalt durch die KJM entsprechend den landesrechtlichen Regelungen die jeweilige Entscheidung.

(3) [1]Tritt die KJM an einen Rundfunkveranstalter mit dem Vorwurf heran, er habe gegen Bestimmungen dieses Staatsvertrages verstoßen, und weist der Veranstalter nach, dass die Sendung vor ihrer Ausstrahlung einer anerkannten Einrichtung der Freiwilligen Selbstkontrolle im Sinne dieses Staatsvertrages vorgelegen hat und deren Vorgaben beachtet wurden, so sind Maßnahmen durch die KJM nur dann zulässig, wenn die Entscheidung oder die Unterlassung einer Entscheidung der anerkannten Einrichtung der Freiwilligen Selbstkontrolle die rechtlichen Grenzen des Beurteilungsspielraums überschritten hat. [2]Die KJM teilt der anerkannten Einrichtung der Freiwilligen Selbstkontrolle ihre Entscheidung nebst Begründung mit. [3]Wird einem Anbieter einer nichtvorlagefähigen Sendung ein Verstoß gegen den Jugendschutz vorgeworfen, ist vor Maßnahmen durch die KJM die anerkannte Einrichtung der Freiwilligen Selbstkontrolle, der der Rundfunkveranstalter angeschlossen ist, zu befassen; Satz 1 gilt entsprechend. Für Entscheidungen nach den §§ 8 und 9 gilt Satz 1 entsprechend. Dieser Absatz gilt nicht bei Verstößen gegen § 4 Abs. 1.

(4) Für Anbieter von Telemedien trifft die zuständige Landesmedienanstalt durch die KJM entsprechend § 59 Abs. 2 bis 4 des Rundfunkstaatsvertrages unter Beachtung der Regelungen zur Verantwortlichkeit nach den §§ 7 bis 10 des Telemediengesetzes die jeweilige Entscheidung.

(5) [1]Gehört ein Anbieter von Telemedien einer anerkannten Einrichtung der Freiwilligen Selbstkontrolle im Sinne dieses Staatsvertrages an oder unterwirft er sich ihren Statuten, so ist bei behaupteten Verstößen gegen den Jugendschutz, mit Ausnahme von Verstößen gegen § 4 Abs. 1, durch die KJM zunächst diese Einrichtung mit den behaupteten Verstößen zu befassen. [2]Maßnahmen nach Absatz 1 gegen den Anbieter durch die KJM sind nur dann zulässig, wenn die Entscheidung oder die Unterlassung einer Entscheidung der anerkannten Einrichtung der Freiwilligen Selbstkontrolle die rechtlichen Grenzen des Beurteilungsspielraums überschreitet. [3]Bei Verstößen gegen § 4 haben Widerspruch und Anfechtungsklage des Anbieters von Telemedien keine aufschiebende Wirkung.

(6) [1]Zuständig ist die Landesmedienanstalt des Landes, in dem die Zulassung des Rundfunkveranstalters erteilt wurde oder der Anbieter von Telemedien seinen Sitz, Wohnsitz oder in Ermangelung dessen seinen ständigen Aufenthalt hat. [2]Ergibt sich danach keine Zuständigkeit, so ist diejenige Landesmedienanstalt zuständig, in deren Bezirk der Anlass für die Amtshandlung hervortritt.

(7) Treten die KJM, eine Landesmedienanstalt oder „jugendschutz.net" an einen Anbieter mit dem Vorwurf heran, er habe gegen Bestimmungen dieses Staatsvertrages verstoßen, so weisen sie ihn auf die Möglichkeit einer Mitgliedschaft in einer anerkannten Einrichtung der Freiwilligen Selbstkontrolle und die damit verbundenen Rechtsfolgen hin.

§ 21 Auskunftsansprüche. (1) Ein Anbieter von Telemedien ist verpflichtet, der KJM Auskunft über die Angebote und über die zur Wahrung des Jugendschutzes getroffenen Maßnahmen zu geben und ihr auf Anforderung den unentgeltlichen Zugang zu den Angeboten zu Kontrollzwecken zu ermöglichen.

(2) [1]Der Abruf oder die Nutzung von Angeboten im Rahmen der Aufsicht, der Ahndung von Verstößen oder der Kontrolle ist unentgeltlich. [2]Anbieter haben dies sicherzustellen. [3]Der Anbieter darf seine Angebote nicht gegen den Abruf oder die Kenntnisnahme durch die zuständige Stelle sperren oder den Abruf oder die Kenntnisnahme erschweren.

§ 22 Revision zum Bundesverwaltungsgericht. In einem gerichtlichen Verfahren kann die Revision zum Bundesverwaltungsgericht auch darauf gestützt werden, dass das angefochtene Urteil auf der Verletzung der Bestimmungen dieses Staatsvertrages beruhe.

VI. Abschnitt

Ahndung von Verstößen der Anbieter mit Ausnahme des öffentlich-rechtlichen Rundfunks

§ 23 Strafbestimmung. [1]Mit Freiheitsstrafe bis zu einem Jahr oder mit Geldstrafe wird bestraft, wer entgegen § 4 Abs. 2 Satz 1 Nr. 3 und Satz 2 Angebote verbreitet oder zugänglich macht, die offensichtlich geeignet sind, die Entwicklung von Kindern oder Jugendlichen oder ihre Erziehung zu einer eigenverantwortlichen und gemeinschaftsfähigen Persönlichkeit unter Berücksichtigung der besonderen Wirkungsform des Verbreitungsmediums schwer zu gefährden. [2]Handelt der Täter fahrlässig, so ist die Freiheitsstrafe bis zu 6 Monate oder die Geldstrafe bis zu 180 Tagessätze.

§ 24 Ordnungswidrigkeiten. (1) Ordnungswidrig handelt, wer als Anbieter vorsätzlich oder fahrlässig

1. Angebote verbreitet oder zugänglich macht, die
   a) entgegen § 4 Abs. 1 Satz 1 Nr. 1 Propagandamittel im Sinne des Strafgesetzbuches darstellen,
   b) entgegen § 4 Abs. 1 Satz 1 Nr. 2 Kennzeichen verfassungswidriger Organisationen verwenden,
   c) entgegen § 4 Abs. 1 Satz 1 Nr. 3 zum Hass gegen Teile der Bevölkerung oder gegen eine nationale, rassische, religiöse oder durch Volkstum bestimmte Gruppe aufstacheln, zu Gewalt- oder Willkürmaßnahmen gegen sie auffordern oder die Menschenwürde anderer dadurch angreifen, dass Teile der Bevölkerung oder eine vorbezeichnete Gruppe beschimpft, böswillig verächtlich gemacht oder verleumdet werden,
   d) entgegen § 4 Abs. 1 Satz 1 Nr. 4 1. Alternative eine unter der Herrschaft des Nationalsozialismus begangene Handlung der in § 6 Abs. 1 des Völ-

kerstrafgesetzbuches bezeichneten Art in einer Weise, die geeignet ist, den öffentlichen Frieden zu stören, leugnen oder verharmlosen,

e) entgegen § 4 Abs. 1 Satz 1 Nr. 4 2. Alternative den öffentlichen Frieden in einer die Würde der Opfer verletzenden Weise dadurch stören, dass die nationalsozialistische Gewalt- und Willkürherrschaft gebilligt, verherrlicht oder gerechtfertigt wird,

f) entgegen § 4 Abs. 1 Satz 1 Nr. 5 grausame oder sonst unmenschliche Gewalttätigkeiten gegen Menschen in einer Art schildern, die eine Verherrlichung oder Verharmlosung solcher Gewalttätigkeiten ausdrückt oder die das Grausame oder Unmenschliche des Vorgangs in einer die Menschenwürde verletzenden Weise darstellt; dies gilt auch bei virtuellen Darstellungen,

g) entgegen § 4 Abs. 1 Satz 1 Nr. 6 als Anleitung zu einer in § 126 Abs. 1 des Strafgesetzbuches genannten rechtswidrigen Tat dienen,

h) entgegen § 4 Abs. 1 Satz 1 Nr. 7 den Krieg verherrlichen,

i) entgegen § 4 Abs. 1 Satz 1 Nr. 8 gegen die Menschenwürde verstoßen, insbesondere durch die Darstellung von Menschen, die sterben oder schweren körperlichen oder seelischen Leiden ausgesetzt sind oder waren, wobei ein tatsächliches Geschehen wiedergegeben wird, ohne dass ein berechtigtes Interesse gerade für diese Form der Darstellung oder Berichterstattung vorliegt,

j) entgegen § 4 Abs. 1 Satz 1 Nr. 9 Kinder oder Jugendliche in unnatürlich geschlechtsbetonter Körperhaltung darstellen; dies gilt auch bei virtuellen Darstellungen,

k) entgegen § 4 Abs. 1 Satz 1 Nr. 10 kinderpornografisch im Sinne des § 184b Abs. 1 des Strafgesetzbuches oder jugendpornografisch im Sinne des § 184c Abs. 1 des Strafgesetzbuches oder pornografisch sind und Gewalttätigkeiten, den sexuellen Missbrauch von Kindern oder Jugendlichen oder sexuelle Handlungen von Menschen mit Tieren zum Gegenstand haben; dies gilt auch bei virtuellen Darstellungen, oder

l) entgegen § 4 Abs. 1 Satz 1 Nr. 11 in den Teilen B und D der Liste nach § 18 des Jugendschutzgesetzes aufgenommen sind oder mit einem in dieser Liste aufgenommenen Werk ganz oder im Wesentlichen inhaltsgleich sind,

2. entgegen § 4 Abs. 2 Satz 1 Nr. 1 und Satz 2 Angebote verbreitet oder zugänglich macht, die in sonstiger Weise pornografisch sind,
3. entgegen § 4 Abs. 2 Satz 1 Nr. 2 und Satz 2 Angebote verbreitet oder zugänglich macht, die in den Teilen A und C der Liste nach § 18 des Jugendschutzgesetzes aufgenommen sind oder mit einem in dieser Liste aufgenommenen Werk ganz oder im Wesentlichen inhaltsgleich sind,
4. entgegen § 5 Abs. 1 Angebote verbreitet oder zugänglich macht, die geeignet sind, die Entwicklung von Kindern oder Jugendlichen zu einer eigenverantwortlichen und gemeinschaftsfähigen Persönlichkeit zu beeinträchtigen, ohne dafür Sorge zu tragen, dass Kinder oder Jugendliche der betroffenen Altersstufen sie üblicherweise nicht wahrnehmen, es sei denn, er kennzeichnet

fahrlässig entgegen § 5 Abs. 3 Satz 1 Nr. 1 sein Angebot mit einer zu niedrigen Altersstufe,
5. entgegen § 6 Abs. 1 Satz 1 und Abs. 6 Werbung oder Teleshopping für indizierte Angebote verbreitet oder zugänglich macht,
6. entgegen § 6 Abs. 1 Satz 2 und Abs. 6 die Liste der jugendgefährdenden Medien verbreitet oder zugänglich macht,
7. entgegen § 6 Abs. 1 Satz 3 und Abs. 6 einen dort genannten Hinweis gibt,
8. entgegen § 7 keinen Jugendschutzbeauftragten bestellt,
9. Sendeformate entgegen Sendezeitbeschränkungen nach § 8 Abs. 2 verbreitet,
10. Sendungen, deren Eignung zur Beeinträchtigung der Entwicklung nach § 5 Abs. 2 vermutet wird, verbreitet, ohne dass die KJM oder eine von dieser hierfür anerkannte Einrichtung der Freiwilligen Selbstkontrolle von der Vermutung gemäß § 9 Abs. 1 Satz 1 abgewichen ist,
11. entgegen § 10 Abs. 1 Programmankündigungen mit Bewegtbildern außerhalb der geeigneten Sendezeit und unverschlüsselt verbreitet,
12. entgegen § 10 Abs. 2 Sendungen verbreitet, ohne ihre Ausstrahlung durch akustische Zeichen anzukündigen oder durch optische Mittel während der gesamten Sendung kenntlich zu machen,
13. Angebote ohne den nach § 12 erforderlichen Hinweis verbreitet,
14. entgegen einer vollziehbaren Anordnung durch die zuständige Aufsichtsbehörde nach § 20 Abs. 1 nicht tätig wird,
15. entgegen § 21 Abs. 1 seiner Auskunftspflicht nicht nachkommt oder
16. entgegen § 21 Abs. 2 Satz 3 Angebote gegen den Abruf durch die zuständige Aufsichtsbehörde sperrt.

(2) Ordnungswidrig handelt ferner, wer vorsätzlich
1. entgegen § 11 Abs. 5 Telemedien als für Kinder oder Jugendliche der betreffenden Altersstufe geeignet falsch kennzeichnet oder
2. im Rahmen eines Verfahrens zur Anerkennung einer Einrichtung der Freiwilligen Selbstkontrolle nach § 19 Abs. 3 falsche Angaben macht.

(3) Die Ordnungswidrigkeit kann mit einer Geldbuße bis zu 500 000 Euro geahndet werden.

(4) [1]Zuständige Verwaltungsbehörde im Sinne des § 36 Abs. 1 Nr. 1 des Gesetzes über Ordnungswidrigkeiten ist die zuständige Landesmedienanstalt. [2]Zuständig ist in den Fällen des Absatzes 1 und des Absatzes 2 Nr. 1 die Landesmedienanstalt des Landes, in dem die Zulassung des Rundfunkveranstalters erteilt wurde oder der Anbieter von Telemedien seinen Sitz, Wohnsitz oder in Ermangelung dessen seinen ständigen Aufenthalt hat. [3]Ergibt sich danach keine Zuständigkeit, so ist diejenige Landesmedienanstalt zuständig, in deren Bezirk der Anlass für die Amtshandlung hervortritt. [4]Zuständig ist im Falle des Absatzes 2 Nr. 2 die Landesmedienanstalt des Landes, in dem die Einrichtung der Freiwilligen Selbstkontrolle ihren Sitz hat. [5]Ergibt sich danach keine Zuständigkeit, so ist diejenige Landesmedienanstalt zuständig, bei der der Antrag auf Anerkennung gestellt wurde. [6]Die zuständige Landesmedienanstalt trifft die Entscheidungen durch die KJM.

(5) [1]Über die Einleitung eines Verfahrens hat die zuständige Landesmedienanstalt die übrigen Landesmedienanstalten unverzüglich zu unterrichten. [2]Soweit ein Verfahren nach dieser Bestimmung in mehreren Ländern eingeleitet wurde, stimmen sich die beteiligten Behörden über die Frage ab, welche Behörde das Verfahren fortführt.

(6) [1]Die zuständige Landesmedienanstalt kann bestimmen, dass Beanstandungen nach einem Rechtsverstoß gegen Regelungen dieses Staatsvertrages sowie rechtskräftige Entscheidungen in einem Ordnungswidrigkeitsverfahren nach Absatz 1 oder 2 von dem betroffenen Anbieter in seinem Angebot verbreitet oder in diesem zugänglich gemacht werden. [2]Inhalt und Zeitpunkt der Bekanntgabe sind durch die zuständige Landesmedienanstalt nach pflichtgemäßem Ermessen festzulegen.

(7) Die Verfolgung der in Absatz 1 und 2 genannten Ordnungswidrigkeiten verjährt in sechs Monaten.

VII. Abschnitt

Schlussbestimmungen

§ 25 Übergangsbestimmung. Anerkannte Jugendschutzprogramme nach § 11 Abs. 2 des Jugendmedienschutz-Staatsvertrages vom 10. bis 27. September 2002, in der Fassung des Dreizehnten Staatsvertrages zur Änderung rundfunkrechtlicher Staatsverträge, bleiben vom Inkrafttreten dieses Staatsvertrages bis zum Ablauf des 30. September 2018 unberührt.)

§ 26 Geltungsdauer, Kündigung [1]Dieser Staatsvertrag gilt für unbestimmte Zeit. [2]Er kann von jedem der vertragschließenden Länder zum Schluss des Kalenderjahres mit einer Frist von einem Jahr gekündigt werden. [3]Wird der Staatsvertrag zu diesem Zeitpunkt nicht gekündigt, kann die Kündigung mit gleicher Frist jeweils zu einem zwei Jahre späteren Zeitpunkt erfolgen. [4]Die Kündigung ist gegenüber dem Vorsitzenden der Ministerpräsidentenkonferenz schriftlich zu erklären. [5]Die Kündigung eines Landes lässt das Vertragsverhältnis unter den übrigen Ländern unberührt, jedoch kann jedes der übrigen Länder das Vertragsverhältnis binnen einer Frist von drei Monaten nach Eingang der Kündigungserklärung zum gleichen Zeitpunkt kündigen.

§ 27 Notifizierung Änderungen dieses Staatsvertrages unterliegen der Notifizierungspflicht gemäß der Richtlinie 2015/1535 des Europäischen Parlaments und des Rates vom 9. September 2015 über ein Informationsverfahren auf dem Gebiet der technischen Vorschriften und der Vorschriften für die Dienste der Informationsgesellschaft.

Jugendschutzgesetz

vom 23. Juli 2002 (BGBl. I S. 2730),
zuletzt geändert durch Gesetz vom 10. März 2017 (BGBl. I S. 420)

– Auszug –

INHALTSVERZEICHNIS[1]

Abschnitt 1
Allgemeines

§ 1 Begriffsbestimmungen. (1) Im Sinne dieses Gesetzes
1. sind Kinder Personen, die noch nicht 14 Jahre alt sind,
2. sind Jugendliche Personen, die 14, aber noch nicht 18 Jahre alt sind,
3. ist personensorgeberechtigte Person, wem allein oder gemeinsam mit einer anderen Person nach den Vorschriften des Bürgerlichen Gesetzbuchs die Personensorge zusteht,
4. ist erziehungsbeauftragte Person, jede Person über 18 Jahren, soweit sie auf Dauer oder zeitweise aufgrund einer Vereinbarung mit der personensorgeberechtigten Person Erziehungsaufgaben wahrnimmt oder soweit sie ein Kind oder eine jugendliche Person im Rahmen der Ausbildung oder der Jugendhilfe betreut.

(2) [1]Trägermedien im Sinne dieses Gesetzes sind Medien mit Texten, Bildern oder Tönen auf gegenständlichen Trägern, die zur Weitergabe geeignet, zur unmittelbaren Wahrnehmung bestimmt oder in einem Vorführ- oder Spielgerät eingebaut sind. [2]Dem gegenständlichen Verbreiten, Überlassen, Anbieten oder Zugänglichmachen von Trägermedien steht das elektronische Verbreiten, Überlassen, Anbieten oder Zugänglichmachen gleich, soweit es sich nicht um Rundfunk im Sinne des § 2 des Rundfunkstaatsvertrages handelt.

1 Das Inhaltsverzeichnis bezieht sich auf den vorliegenden Auszug aus dem Jugendschutzgesetz und die abgedruckten Teile/Paragrafen.

(3) [1]Telemedien im Sinne dieses Gesetzes sind Medien, die nach dem Telemediengesetz übermittelt oder zugänglich gemacht werden. [2]Als Übermitteln oder Zugänglichmachen im Sinne von Satz 1 gilt das Bereithalten eigener oder fremder Inhalte.

(4) Versandhandel im Sinne dieses Gesetzes ist jedes entgeltliche Geschäft, das im Wege der Bestellung und Übersendung einer Ware durch Postversand oder elektronischen Versand ohne persönlichen Kontakt zwischen Lieferant und Besteller oder ohne dass durch technische oder sonstige Vorkehrungen sichergestellt ist, dass kein Versand an Kinder und Jugendliche erfolgt, vollzogen wird.

(5) Die Vorschriften der §§ 2 bis 14 dieses Gesetzes gelten nicht für verheiratete Jugendliche.

§ 2 Prüfungs- und Nachweispflicht. (1) [1]Soweit es nach diesem Gesetz auf die Begleitung durch eine erziehungsbeauftragte Person ankommt, haben die in § 1 Abs. 1 Nr. 4 genannten Personen ihre Berechtigung auf Verlangen darzulegen. [2]Veranstalter und Gewerbetreibende haben in Zweifelsfällen die Berechtigung zu überprüfen.

(2) [1]Personen, bei denen nach diesem Gesetz Altersgrenzen zu beachten sind, haben ihr Lebensalter auf Verlangen in geeigneter Weise nachzuweisen. [2]Veranstalter und Gewerbetreibende haben in Zweifelsfällen das Lebensalter zu überprüfen.

§ 3 Bekanntmachung der Vorschriften. (1) Veranstalter und Gewerbetreibende haben die nach den §§ 4 bis 13 für ihre Betriebseinrichtungen und Veranstaltungen geltenden Vorschriften sowie bei öffentlichen Filmveranstaltungen die Alterseinstufung von Filmen oder die Anbieterkennzeichnung nach § 14 Abs. 7 durch deutlich sichtbaren und gut lesbaren Aushang bekannt zu machen.

(2) [1]Zur Bekanntmachung der Alterseinstufung von Filmen und von Film- und Spielprogrammen dürfen Veranstalter und Gewerbetreibende nur die in § 14 Abs. 2 genannten Kennzeichnungen verwenden. [2]Wer einen Film für öffentliche Filmveranstaltungen weitergibt, ist verpflichtet, den Veranstalter bei der Weitergabe auf die Alterseinstufung oder die Anbieterkennzeichnung nach § 14 Abs. 7 hinzuweisen. [3]Für Filme, Film- und Spielprogramme, die nach § 14 Abs. 2 von der obersten Landesbehörde oder einer Organisation der freiwilligen Selbstkontrolle im Rahmen des Verfahrens nach § 14 Abs. 6 gekennzeichnet sind, darf bei der Ankündigung oder Werbung weder auf jugendbeeinträchtigende Inhalte hingewiesen werden noch darf die Ankündigung oder Werbung in jugendbeeinträchtigender Weise erfolgen.

Abschnitt 3

Jugendschutz im Bereich der Medien

Unterabschnitt 1

Trägermedien

§ 11 Filmveranstaltungen. (1) Die Anwesenheit bei öffentlichen Filmveranstaltungen darf Kindern und Jugendlichen nur gestattet werden, wenn die Filme von der obersten Landesbehörde oder einer Organisation der freiwilligen Selbstkontrolle im Rahmen des Verfahrens nach § 14 Abs. 6 zur Vorführung vor ihnen freigegeben worden sind oder wenn es sich um Informations-, Instruktions- und Lehrfilme handelt, die vom Anbieter mit „Infoprogramm" oder „Lehrprogramm" gekennzeichnet sind.

(2) Abweichend von Absatz 1 darf die Anwesenheit bei öffentlichen Filmveranstaltungen mit Filmen, die für Kinder und Jugendliche ab zwölf Jahren freigegeben und gekennzeichnet sind, auch Kindern ab sechs Jahren gestattet werden, wenn sie von einer personensorgeberechtigten Person begleitet sind.

(3) Unbeschadet der Voraussetzungen des Absatzes 1 darf die Anwesenheit bei öffentlichen Filmveranstaltungen nur mit Begleitung einer personensorgeberechtigten oder erziehungsbeauftragten Person gestattet werden
1. Kindern unter sechs Jahren,
2. Kindern ab sechs Jahren, wenn die Vorführung nach 20 Uhr beendet ist,
3. Jugendlichen unter 16 Jahren, wenn die Vorführung nach 22 Uhr beendet ist,
4. Jugendlichen ab 16 Jahren, wenn die Vorführung nach 24 Uhr beendet ist.

(4) [1]Die Absätze 1 bis 3 gelten für die öffentliche Vorführung von Filmen unabhängig von der Art der Aufzeichnung und Wiedergabe. [2]Sie gelten auch für Werbevorspanne und Beiprogramme. [3]Sie gelten nicht für Filme, die zu nichtgewerblichen Zwecken hergestellt werden, solange die Filme nicht gewerblich genutzt werden.

(5) Werbefilme oder Werbeprogramme, die für Tabakwaren oder alkoholische Getränke werben, dürfen unbeschadet der Voraussetzungen der Absätze 1 bis 4 nur nach 18 Uhr vorgeführt werden.

§ 12 Bildträger mit Filmen oder Spielen. (1) Bespielte Videokassetten und andere zur Weitergabe geeignete, für die Wiedergabe auf oder das Spiel an Bildschirmgeräten mit Filmen oder Spielen programmierte Datenträger (Bildträger) dürfen einem Kind oder einer jugendlichen Person in der Öffentlichkeit nur zugänglich gemacht werden, wenn die Programme von der obersten Landesbehörde oder einer Organisation der freiwilligen Selbstkontrolle im Rahmen des Verfahrens nach § 14 Abs. 6 für ihre Altersstufe freigegeben und gekennzeichnet worden sind oder wenn es sich um Informations-, Instruktions- und Lehrprogramme handelt, die vom Anbieter mit „Infoprogramm" oder „Lehrprogramm" gekennzeichnet sind.

(2) [1]Auf die Kennzeichnungen nach Absatz 1 ist auf dem Bildträger und der Hülle mit einem deutlich sichtbaren Zeichen hinzuweisen. [2]Das Zeichen ist auf der Frontseite der Hülle links unten auf einer Fläche von mindestens 1200 Quadratmillimetern und dem Bildträger auf einer Fläche von mindestens 250 Quadratmillimetern anzubringen. [3]Die oberste Landesbehörde kann
1. Näheres über Inhalt, Größe, Form, Farbe und Anbringung der Zeichen anordnen und
2. Ausnahmen für die Anbringung auf dem Bildträger oder der Hülle genehmigen.

[4]Anbieter von Telemedien, die Filme, Film- und Spielprogramme verbreiten, müssen auf eine vorhandene Kennzeichnung in ihrem Angebot deutlich hinweisen.

(3) Bildträger, die nicht oder mit „Keine Jugendfreigabe" nach § 14 Abs. 2 von der obersten Landesbehörde oder einer Organisation der freiwilligen Selbstkontrolle im Rahmen des Verfahrens nach § 14 Abs. 6 oder nach § 14 Abs. 7 vom Anbieter gekennzeichnet sind, dürfen
1. einem Kind oder einer jugendlichen Person nicht angeboten, überlassen oder sonst zugänglich gemacht werden,
2. nicht im Einzelhandel außerhalb von Geschäftsräumen, in Kiosken oder anderen Verkaufsstellen, die Kunden nicht zu betreten pflegen, oder im Versandhandel angeboten oder überlassen werden.

(4) Automaten zur Abgabe bespielter Bildträger dürfen
1. auf Kindern oder Jugendlichen zugänglichen öffentlichen Verkehrsflächen,
2. außerhalb von gewerblich oder in sonstiger Weise beruflich oder geschäftlich genutzten Räumen oder
3. in deren unbeaufsichtigten Zugängen, Vorräumen oder Fluren

nur aufgestellt werden, wenn ausschließlich nach § 14 Abs. 2 Nr. 1 bis 4 gekennzeichnete Bildträger angeboten werden und durch technische Vorkehrungen gesichert ist, dass sie von Kindern und Jugendlichen, für deren Altersgruppe ihre Programme nicht nach § 14 Abs. 2 Nr. 1 bis 4 freigegeben sind, nicht bedient werden können.

(5) [1]Bildträger, die Auszüge von Film- und Spielprogrammen enthalten, dürfen abweichend von den Absätzen 1 und 3 im Verbund mit periodischen Druckschriften nur vertrieben werden, wenn sie mit einem Hinweis des Anbieters versehen sind, der deutlich macht, dass eine Organisation der freiwilligen Selbstkontrolle festgestellt hat, dass diese Auszüge keine Jugendbeeinträchtigungen enthalten. [2]Der Hinweis ist sowohl auf der periodischen Druckschrift als auch auf dem Bildträger vor dem Vertrieb mit einem deutlich sichtbaren Zeichen anzubringen. [3] Abs. 2 Satz 1 bis 3 gilt entsprechend. [4]Die Berechtigung nach Satz 1 kann die oberste Landesbehörde für einzelne Anbieter ausschließen.

§ 13 Bildschirmspielgeräte. (1) Das Spielen an elektronischen Bildschirmspielgeräten ohne Gewinnmöglichkeit, die öffentlich aufgestellt sind, darf Kindern und Jugendlichen ohne Begleitung einer personensorgeberechtigten oder erziehungsbeauftragten Person nur gestattet werden, wenn die Programme von der obersten Landesbehörde oder einer Organisation der freiwilligen Selbstkontrolle im Rahmen des Verfahrens nach § 14 Abs. 6 für ihre Altersstufe freigegeben und gekennzeichnet worden sind oder wenn es sich um Informations-, Instruktions- oder Lehrprogramme handelt, die vom Anbieter mit „Infoprogramm“ oder „Lehrprogramm“ gekennzeichnet sind.

(2) Elektronische Bildschirmspielgeräte dürfen

1. auf Kindern oder Jugendlichen zugänglichen öffentlichen Verkehrsflächen,
2. außerhalb von gewerblichen oder in sonstiger Weise berufliche oder geschäftlich genutzten Räumen oder
3. in deren unbeaufsichtigten Zugängen, Vorräumen oder Fluren

nur aufgestellt werden, wenn ihre Programme für Kinder ab sechs Jahren freigegeben und gekennzeichnet oder nach § 14 Abs. 7 mit „Infoprogramm“ oder „Lehrprogramm“ gekennzeichnet sind.

(3) Auf das Anbringen der Kennzeichnungen auf Bildschirmspielgeräten findet § 12 Abs. 2 Satz 1 bis 3 entsprechende Anwendung.

§ 14 Kennzeichnung von Filmen und Film- und Spielprogrammen.

(1) Filme sowie Film- und Spielprogramme, die geeignet sind, die Entwicklung von Kindern und Jugendlichen oder ihre Erziehung zu einer eigenverantwortlichen und gemeinschaftsfähigen Persönlichkeit zu beeinträchtigen, dürfen nicht für ihre Altersstufe freigegeben werden.

(2) Die oberste Landesbehörde oder eine Organisation der freiwilligen Selbstkontrolle im Rahmen des Verfahrens nach Absatz 6 kennzeichnet die Filme und die Film- und Spielprogramme mit

1. „Freigegeben ohne Altersbeschränkung“,
2. „Freigegeben ab sechs Jahren“,
3. „Freigegeben ab zwölf Jahren“,
4. „Freigegeben ab sechzehn Jahren“,
5. „Keine Jugendfreigabe“.

(3) [1]Hat ein Trägermedium nach Einschätzung der obersten Landesbehörde oder einer Organisation der freiwilligen Selbstkontrolle im Rahmen des Verfahrens nach Absatz 6 einen der in § 15 Abs. 2 Nr. 1 bis 5 bezeichneten Inhalte oder ist es in die Liste nach § 18 aufgenommen, wird es nicht gekennzeichnet. [2]Die oberste Landesbehörde hat Tatsachen, die auf einen Verstoß gegen § 15 Abs. 1 schließen lassen, der zuständigen Strafverfolgungsbehörde mitzuteilen.

(4) [1]Ist ein Programm für Bildträger oder Bildschirmspielgeräte mit einem in die Liste nach § 18 aufgenommenen Trägermedium ganz oder im Wesentlichen inhaltsgleich, wird es nicht gekennzeichnet. [2]Das Gleiche gilt, wenn die Voraussetzungen für eine Aufnahme in die Liste vorliegen. [3]In Zweifelsfällen führt die oberste Landesbehörde oder eine Organisation der freiwilligen Selbstkontrolle im Rahmen des Verfahrens nach Absatz 6 eine Entscheidung der Bundesprüfstelle für jugendgefährdende Medien herbei.

(5) [1]Die Kennzeichnungen von Filmprogrammen für Bildträger und Bildschirmspielgeräte gelten auch für die Vorführung in öffentlichen Filmveranstaltungen und für die dafür bestimmten, inhaltsgleichen Filme. [2]Die Kennzeichnungen von Filmen für öffentliche Filmveranstaltungen können auf inhaltsgleiche Filmprogramme für Bildträger und Bildschirmspielgeräte übertragen werden; Absatz 4 gilt entsprechend.

(6) [1]Die obersten Landesbehörden können ein gemeinsames Verfahren für die Freigabe und Kennzeichnung der Filme sowie Film- und Spielprogramme auf der Grundlage der Ergebnisse der Prüfung durch von Verbänden der Wirtschaft getragene oder unterstützte Organisationen freiwilliger Selbstkontrolle vereinbaren. [2]Im Rahmen dieser Vereinbarung kann bestimmt werden, dass die Freigaben und Kennzeichnungen durch eine Organisation der freiwilligen Selbstkontrolle Freigaben und Kennzeichnungen der obersten Landesbehörden aller Länder sind, soweit nicht eine oberste Landesbehörde für ihren Bereich eine abweichende Entscheidung trifft.

(7) [1]Filme, Film- und Spielprogramme zu Informations-, Instruktions- oder Lehrzwecken dürfen vom Anbieter mit „Infoprogramm" oder „Lehrprogramm" nur gekennzeichnet werden, wenn sie offensichtlich nicht die Entwicklung oder Erziehung von Kindern und Jugendlichen beeinträchtigen. [2]Die Absätze 1 bis 5 finden keine Anwendung. [3]Die oberste Landesbehörde kann das Recht zur Anbieterkennzeichnung für einzelne Anbieter oder für besondere Film- und Spielprogramme ausschließen und durch den Anbieter vorgenommene Kennzeichnungen aufheben.

(8) Enthalten Filme, Bildträger oder Bildschirmspielgeräte neben den zu kennzeichnenden Film- oder Spielprogrammen Titel, Zusätze oder weitere Darstellungen in Texten, Bildern oder Tönen, bei denen in Betracht kommt, dass sie die Entwicklung oder Erziehung von Kindern oder Jugendlichen beeinträchtigen, so sind diese bei der Entscheidung über die Kennzeichnung mit zu berücksichtigen.

§ 15 Jugendgefährdende Trägermedien. (1) Trägermedien, deren Aufnahme in die Liste jugendgefährdender Medien nach § 24 Abs. 3 Satz 1 bekannt gemacht ist, dürfen nicht

1. einem Kind oder einer jugendlichen Person angeboten, überlassen oder sonst zugänglich gemacht werden,
2. an einem Ort, der Kindern oder Jugendlichen zugänglich ist oder von ihnen eingesehen werden kann, ausgestellt, angeschlagen, vorgeführt oder sonst zugänglich gemacht werden,
3. im Einzelhandel außerhalb von Geschäftsräumen, in Kiosken oder anderen Verkaufsstellen, die Kunden nicht zu betreten pflegen, im Versandhandel oder in gewerblichen Leihbüchereien oder Lesezirkeln einer anderen Person angeboten oder überlassen werden,
4. im Wege gewerblicher Vermietung oder vergleichbarer gewerblicher Gewährung des Gebrauchs, ausgenommen in Ladengeschäften, die Kindern

und Jugendlichen nicht zugänglich sind und von ihnen nicht eingesehen werden können, einer anderen Person angeboten oder überlassen werden,
5. im Wege des Versandhandels eingeführt werden,
6. öffentlich an einem Ort, der Kindern oder Jugendlichen zugänglich ist oder von ihnen eingesehen werden kann, oder durch Verbreiten von Träger- oder Telemedien außerhalb des Geschäftsverkehrs mit dem einschlägigen Handel angeboten, angekündigt oder angepriesen werden,
7. hergestellt, bezogen, geliefert, vorrätig gehalten oder eingeführt werden, um sie oder aus ihnen gewonnene Stücke im Sinne der Nummern 1 bis 6 zu verwenden oder einer anderen Person eine solche Verwendung zu ermöglichen.

(2) Den Beschränkungen des Absatzes 1 unterliegen, ohne dass es einer Aufnahme in die Liste und einer Bekanntmachung bedarf, schwer jugendgefährdende Trägermedien, die
1. einen der in § 86, § 130, § 130a, § 131, § 184, § 184a, 184b oder § 184c des Strafgesetzbuches bezeichneten Inhalte haben,
2. den Krieg verherrlichen,
3. Menschen, die sterben oder schweren körperlichen oder seelischen Leiden ausgesetzt sind oder waren, in einer die Menschenwürde verletzenden Weise darstellen und ein tatsächliches Geschehen wiedergeben, ohne dass ein überwiegendes berechtigtes Interesse gerade an dieser Form der Berichterstattung vorliegt,

3a. besonders realistische, grausame und reißerische Darstellungen selbstzweckhafter Gewalt beinhalten, die das Geschehen beherrschen,
4. Kinder oder Jugendliche in unnatürlicher, geschlechtsbetonter Körperhaltung darstellen oder
5. offensichtlich geeignet sind, die Entwicklung von Kindern oder Jugendlichen oder ihre Erziehung zu einer eigenverantwortlichen und gemeinschaftsfähigen Persönlichkeit schwer zu gefährden.

(3) Den Beschränkungen des Absatzes 1 unterliegen auch, ohne dass es einer Aufnahme in die Liste und einer Bekanntmachung bedarf, Trägermedien, die mit einem Trägermedium, dessen Aufnahme in die Liste bekannt gemacht ist, ganz oder im Wesentlichen inhaltsgleich sind.

(4) Die Liste der jugendgefährdenden Medien darf nicht zum Zweck der geschäftlichen Werbung abgedruckt oder veröffentlicht werden.

(5) Bei geschäftlicher Werbung darf nicht darauf hingewiesen werden, dass ein Verfahren zur Aufnahme des Trägermediums oder eines inhaltsgleichen Telemediums in die Liste anhängig ist oder gewesen ist.

(6) Soweit die Lieferung erfolgen darf, haben Gewerbetreibende vor Abgabe an den Handel die Händler auf die Vertriebsbeschränkungen des Absatzes 1 Nr. 1 bis 6 hinzuweisen.

Unterabschnitt 2

Telemedien

§ 16 Sonderregelung für Telemedien. Regelungen zu Telemedien, die in die Liste jugendgefährdender Medien nach § 18 aufgenommen sind, bleiben Landesrecht vorbehalten.

Abschnitt 4

Bundesprüfstelle für jugendgefährdende Medien

§ 17 Name und Zuständigkeit. (1) [1]Die Bundesprüfstelle wird vom Bund errichtet. [2]Sie führt den Namen „Bundesprüfstelle für jugendgefährdende Medien".

(2) Über eine Aufnahme in die Liste jugendgefährdender Medien und über Streichungen aus dieser Liste entscheidet die Bundesprüfstelle für jugendgefährdende Medien.[2]

§ 18 Liste jugendgefährdender Medien. (1) [1]Träger- und Telemedien, die geeignet sind, die Entwicklung von Kindern oder Jugendlichen oder ihre Erziehung zu einer eigenverantwortlichen und gemeinschaftsfähigen Persönlichkeit zu gefährden, sind von der Bundesprüfstelle für jugendgefährdende Medien in eine Liste jugendgefährdender Medien aufzunehmen. [2]Dazu zählen vor allem unsittliche, verrohend wirkende, zu Gewalttätigkeit, Verbrechen oder Rassenhass anreizende Medien sowie Medien, in denen

1. Gewalthandlungen wie Mord- und Metzelszenen selbstzweckhaft und detailliert dargestellt werden oder
2. Selbstjustiz als einzig bewährtes Mittel zur Durchsetzung der vermeintlichen Gerechtigkeit nahe gelegt wird.

(2) Die Liste ist in vier Teilen zu führen.

1. In Teil A (Öffentliche Liste der Trägermedien) sind alle Trägermedien aufzunehmen, soweit sie nicht den Teilen B, C oder D zuzuordnen sind;
2. in Teil B (Öffentliche Liste der Trägermedien mit absolutem Verbreitungsverbot) sind, soweit sie nicht Teil D zuzuordnen sind, Trägermedien aufzunehmen, die nach Einschätzung der Bundesprüfstelle für jugendgefährdende Medien einen in § 86, § 130, § 130a, § 131, § 184a, 184b oder § 184c des Strafgesetzbuches bezeichneten Inhalt haben;
3. in Teil C (Nichtöffentliche Liste der Medien) sind diejenigen Trägermedien aufzunehmen, die nur deshalb nicht in Teil A aufzunehmen sind, weil bei ihnen von einer Bekanntmachung der Aufnahme in die Liste gemäß § 24 Abs. 3 Satz 2 abzusehen ist, sowie alle Telemedien, soweit sie nicht Teil D zuzuordnen sind;

---

2 „Indizierung".

4. in Teil D (Nichtöffentliche Liste der Medien mit absolutem Verbreitungsverbot) sind diejenigen Trägermedien, die nur deshalb nicht in Teil B aufzunehmen sind, weil bei ihnen von einer Bekanntmachung der Aufnahme in die Liste gemäß § 24 Abs. 3 Satz 2 abzusehen ist, sowie diejenigen Telemedien aufzunehmen, die nach Einschätzung der Bundesprüfstelle für jugendgefährdende Medien einen in § 86, § 130, § 130a, § 131, § 184a, 184b oder § 184c des Strafgesetzbuches bezeichneten Inhalt haben.

(3) Ein Medium darf nicht in die Liste aufgenommen werden
1. allein wegen seines politischen, sozialen, religiösen oder weltanschaulichen Inhalts,
2. wenn es der Kunst oder der Wissenschaft, der Forschung oder der Lehre dient,
3. wenn es im öffentlichen Interesse liegt, es sei denn, dass die Art der Darstellung zu beanstanden ist.

(4) In Fällen von geringer Bedeutung kann davon abgesehen werden, ein Medium in die Liste aufzunehmen.

(5) Medien sind in die Liste aufzunehmen, wenn ein Gericht in einer rechtskräftigen Entscheidung festgestellt hat, dass das Medium einen der in § 86, § 130, § 130a, § 131, § 184, § 184a, 184b oder § 184c des Strafgesetzbuches bezeichneten Inhalte hat.

(6) Telemedien sind in die Liste aufzunehmen, wenn die zentrale Aufsichtsstelle der Länder für den Jugendmedienschutz die Aufnahme in die Liste beantragt hat; es sei denn, der Antrag ist offensichtlich unbegründet oder im Hinblick auf die Spruchpraxis der Bundesprüfstelle für jugendgefährdende Medien unvertretbar.

(7) [1]Medien sind aus der Liste zu streichen, wenn die Voraussetzungen für eine Aufnahme nicht mehr vorliegen. [2]Nach Ablauf von 25 Jahren verliert eine Aufnahme in die Liste ihre Wirkung.

(8) [1]Auf Filme, Film- und Spielprogramme, die nach § 14 Abs. 2 Nr. 1 bis 5 gekennzeichnet sind, findet Absatz 1 keine Anwendung. [2]Absatz 1 ist außerdem nicht anzuwenden, wenn die zentrale Aufsichtsstelle der Länder für den Jugendmedienschutz über das Telemedium zuvor eine Entscheidung dahin gehend getroffen hat, dass die Voraussetzungen für die Aufnahme in die Liste jugendgefährdender Medien nach Absatz 1 nicht vorliegen. [3]Hat eine anerkannte Einrichtung der Selbstkontrolle das Telemedium zuvor bewertet, so findet Absatz 1 nur dann Anwendung, wenn die zentrale Aufsichtsstelle der Länder für den Jugendmedienschutz die Voraussetzungen für die Aufnahme in die Liste jugendgefährdender Medien nach Absatz 1 für gegeben hält.

§ 19 Personelle Besetzung. (1) [1]Die Bundesprüfstelle für jugendgefährdende Medien besteht aus einer oder einem von dem Bundesministerium für Familie, Senioren, Frauen und Jugend ernannten Vorsitzenden, je einer oder einem von jeder Landesregierung zu ernennenden Beisitzerin oder Beisitzer und weiteren von dem Bundesministerium für Familie, Senioren, Frauen und Jugend zu ernennenden Beisitzerinnen oder Beisitzern. [2]Für die Vorsitzende oder den Vorsitzenden und die Beisitzerinnen oder Beisitzer ist mindestens je eine Stellvertreterin oder ein Stellvertreter zu ernennen. [3]Die jeweilige Landesregierung kann ihr Ernennungsrecht nach Absatz 1 auf eine oberste Landesbehörde übertragen.

(2) Die von dem Bundesministerium für Familie, Senioren, Frauen und Jugend zu ernennenden Beisitzerinnen und Beisitzer sind den Kreisen

1. der Kunst,
2. der Literatur,
3. des Buchhandels und der Verlegerschaft,
4. der Anbieter von Bildträgern und von Telemedien,
5. der Träger der freien Jugendhilfe,
6. der Träger der öffentlichen Jugendhilfe,
7. der Lehrerschaft und
8. der Kirchen, der jüdischen Kultusgemeinden und anderer Religionsgemeinschaften, die Körperschaften des öffentlichen Rechts sind, auf Vorschlag der genannten Gruppen zu entnehmen. Dem Buchhandel und der Verlegerschaft sowie dem Anbieter von Bildträgern und von Telemedien stehen diejenigen Kreise gleich, die eine vergleichbare Tätigkeit bei der Auswertung und beim Vertrieb der Medien unabhängig von der Art der Aufzeichnung und der Wiedergabe ausüben.

(3) [1]Die oder der Vorsitzende und die Beisitzerinnen oder Beisitzer werden auf die Dauer von drei Jahren bestimmt. [2]Sie können von der Stelle, die sie bestimmt hat, vorzeitig abberufen werden, wenn sie der Verpflichtung zur Mitarbeit in der Bundesprüfstelle für jugendgefährdende Medien nicht nachkommen.

(4) Die Mitglieder der Bundesprüfstelle für jugendgefährdende Medien sind an Weisungen nicht gebunden.

(5) [1]Die Bundesprüfstelle für jugendgefährdende Medien entscheidet in der Besetzung von zwölf Mitgliedern, die aus der oder dem Vorsitzenden, drei Beisitzerinnen oder Beisitzern der Länder und je einer Beisitzerin oder einem Beisitzer aus den in Absatz 2 genannten Gruppen bestehen. [2]Erscheinen zur Sitzung einberufene Beisitzerinnen oder Beisitzer oder ihre Stellvertreterinnen oder Stellvertreter nicht, so ist die Bundesprüfstelle für jugendgefährdende Medien auch in einer Besetzung von mindestens neun Mitgliedern beschlussfähig, von denen mindestens zwei den in Absatz 2 Nr. 1 bis 4 genannten Gruppen angehören müssen.

(6) [1]Zur Anordnung der Aufnahme in die Liste bedarf es einer Mehrheit von zwei Dritteln der an der Entscheidung mitwirkenden Mitglieder der Bundesprüfstelle für jugendgefährdende Medien. [2]In der Besetzung des Absatzes 5 Satz 2 ist für die Listenaufnahme eine Mindestzahl von sieben Stimmen erforderlich.

§ 20 Vorschlagsberechtigte Verbände. (1) [1]Das Vorschlagsrecht nach § 19 Abs. 2 wird innerhalb der nachfolgenden Kreise durch folgende Organisationen für je eine Beisitzerin oder einen Beisitzer und eine Stellvertreterin oder einen Stellvertreter ausgeübt:

1. für die Kreise der Kunst durch
   Deutscher Kulturrat,
   Bund Deutscher Kunsterzieher e.V.,
   Künstlergilde e.V.,
   Bund Deutscher Grafik-Designer,
2. für die Kreise der Literatur durch
   Verband deutscher Schriftsteller,
   Freier Deutscher Autorenverband,
   Deutscher Autorenverband e.V.,
   PEN-Zentrum,
3. für die Kreise des Buchhandels und der Verlegerschaft durch
   Börsenverein des Deutschen Buchhandels e.V.,
   Verband Deutscher Bahnhofsbuchhändler,
   Bundesverband Deutscher Buch-, Zeitungs- und Zeitschriftengrossisten e.V.,
   Bundesverband Deutscher Zeitungsverleger e.V.,
   Verband Deutscher Zeitschriftenverleger e.V.,
   Börsenverein des Deutschen Buchhandels e.V. – Verlegerausschuss,
   Arbeitsgemeinschaft der Zeitschriftenverlage (AGZV) im Börsenverein des Deutschen Buchhandels,
4. für die Kreise der Anbieter von Bildträgern und von Telemedien durch
   Bundesverband Video,
   Verband der Unterhaltungssoftware Deutschland e.V.,
   Spitzenorganisation der Filmwirtschaft e.V.,
   Bundesverband Informationswirtschaft, Telekommunikation und neue Me- dien e.V.,
   Deutscher Multimedia Verband e.V.,
   Electronic Commerce Organisation e.V.,
   Verband der Deutschen Automatenindustrie e.V.,
   IVD Interessengemeinschaft der Videothekare Deutschlands e.V.,
5. für die Kreise der Träger der freien Jugendhilfe durch
   Bundesarbeitsgemeinschaft der Freien Wohlfahrtspflege,
   Deutscher Bundesjugendring,
   Deutsche Sportjugend,
   Bundesarbeitsgemeinschaft Kinder- und Jugendschutz (BAJ) e.V.,
6. für die Kreise der Träger der öffentlichen Jugendhilfe durch
   Deutscher Landkreistag,
   Deutscher Städtetag,
   Deutscher Städte- und Gemeindebund,
7. für die Kreise der Lehrerschaft durch
   Gewerkschaft Erziehung u. Wissenschaft im Deutschen Gewerkschaftsbund,
   Deutscher Lehrerverband,
   Verband Bildung und Erziehung,
   Verein Katholischer deutscher Lehrerinnen
   und

8. für die Kreise der in § 19 Abs. 2 Nr. 8 genannten Körperschaften des öffentlichen Rechts durch
   Bevollmächtigter des Rates der EKD am Sitz der Bundesrepublik Deutschland,
   Kommissariat der deutschen Bischöfe – Katholisches Büro in Berlin,
   Zentralrat der Juden in Deutschland.

[2]Für jede Organisation, die ihr Vorschlagsrecht ausübt, ist eine Beisitzerin oder ein Beisitzer und eine stellvertretende Beisitzerin oder ein stellvertretender Beisitzer zu ernennen. [3]Reicht eine der in Satz 1 genannten Organisationen mehrere Vorschläge ein, wählt das Bundesministerium für Familie, Senioren, Frauen und Jugend eine Beisitzerin oder einen Beisitzer aus.

(2) [1]Für die in § 19 Abs. 2 genannten Gruppen können Beisitzerinnen oder Beisitzer und stellvertretende Beisitzerinnen und Beisitzer auch durch namentlich nicht bestimmte Organisationen vorgeschlagen werden. [2]Das Bundesministerium für Familie, Senioren, Frauen und Jugend fordert im Januar jedes Jahres im Bundesanzeiger dazu auf, innerhalb von sechs Wochen derartige Vorschläge einzureichen. [3]Aus den fristgerecht eingegangenen Vorschlägen hat es je Gruppe je eine zusätzliche Beisitzerin oder einen zusätzlichen Beisitzer und eine stellvertretende Beisitzerin oder einen stellvertretenden Beisitzer zu ernennen. [4]Vorschläge von Organisationen, die kein eigenes verbandliches Gewicht besitzen oder eine dauerhafte Tätigkeit nicht erwarten lassen, sind nicht zu berücksichtigen. [5]Zwischen den Vorschlägen mehrerer Interessenten entscheidet das Los, sofern diese sich nicht auf einen Vorschlag einigen; Absatz 1 Satz 3 gilt entsprechend. [6]Sofern es unter Berücksichtigung der Geschäftsbelastung der Bundesprüfstelle für jugendgefährdende Medien erforderlich erscheint und sofern die Vorschläge der innerhalb einer Gruppe namentlich bestimmten Organisationen zahlenmäßig nicht ausreichen, kann das Bundesministerium für Familie, Senioren, Frauen und Jugend auch mehrere Beisitzerinnen oder Beisitzer und stellvertretende Beisitzerinnen oder Beisitzer ernennen; Satz 5 gilt entsprechend.

§ 21 Verfahren. (1) Die Bundesprüfstelle für jugendgefährdende Medien wird in der Regel auf Antrag tätig.

(2) Antragsberechtigt sind das Bundesministerium für Familie, Senioren, Frauen und Jugend, die obersten Landesjugendbehörden, die zentrale Aufsichtsstelle der Länder für den Jugendmedienschutz, die Landesjugendämter, die Jugendämter sowie für den Antrag auf Streichung aus der Liste und für den Antrag auf Feststellung, dass ein Medium nicht mit einem bereits in die Liste aufgenommenen Medium ganz oder im Wesentlichen inhaltsgleich ist, auch die in Absatz 7 genannten Personen.

(3) Kommt eine Listenaufnahme oder eine Streichung aus der Liste offensichtlich nicht in Betracht, so kann die oder der Vorsitzende das Verfahren einstellen.

(4) Die Bundesprüfstelle für jugendgefährdende Medien wird von Amts wegen tätig, wenn eine in Absatz 2 nicht genannte Behörde oder ein anerkannter

Träger der freien Jugendhilfe dies anregt und die oder der Vorsitzende der Bundesprüfstelle für jugendgefährdende Medien die Durchführung des Verfahrens im Interesse des Jugendschutzes für geboten hält.

(5) Die Bundesprüfstelle für jugendgefährdende Medien wird auf Veranlassung der oder des Vorsitzenden von Amts wegen tätig,
1. wenn zweifelhaft ist, ob ein Medium mit einem bereits in die Liste aufgenommenen Medium ganz oder im Wesentlichen inhaltsgleich ist,
2. wenn bekannt wird, dass die Voraussetzungen für die Aufnahme eines Mediums in die Liste nach § 18 Abs. 7 Satz 1 nicht mehr vorliegen, oder
3. wenn die Aufnahme in die Liste nach § 18 Abs. 7 Satz 2 wirkungslos wird und weiterhin die Voraussetzungen für die Aufnahme in die Liste vorliegen.

(6) [1]Vor der Entscheidung über die Aufnahme eines Telemediums in die Liste hat die Bundesprüfstelle für jugendgefährdende Medien der zentralen Aufsichtsstelle der Länder für den Jugendmedienschutz Gelegenheit zu geben, zu dem Telemedium unverzüglich Stellung zu nehmen. [2]Die Stellungnahme hat die Bundesprüfstelle für jugendgefährdende Medien bei ihrer Entscheidung maßgeblich zu berücksichtigen. [3]Soweit der Bundesprüfstelle für jugendgefährdende Medien eine Stellungnahme der zentralen Aufsichtsstelle der Länder für den Jugendmedienschutz innerhalb von fünf Werktagen nach Aufforderung nicht vorliegt, kann sie ohne diese Stellungnahme entscheiden.

(7) Der Urheberin oder dem Urheber, der Inhaberin oder dem Inhaber der Nutzungsrechte sowie bei Telemedien dem Anbieter ist Gelegenheit zur Stellungnahme zu geben.

(8) [1]Die Entscheidungen sind
1. bei Trägermedien der Urheberin oder dem Urheber sowie der Inhaberin oder dem Inhaber der Nutzungsrechte,
2. bei Telemedien der Urheberin oder dem Urheber sowie dem Anbieter,
3. der antragstellenden Behörde,
4. dem Bundesministerium für Familie, Senioren, Frauen und Jugend, den obersten Landesjugendbehörden und der zentralen Aufsichtsstelle der Länder für den Jugendmedienschutz

zuzustellen. [2]Sie hat die sich aus der Entscheidung ergebenden Verbreitungs- und Werbebeschränkungen im Einzelnen aufzuführen. [3]Die Begründung ist beizufügen oder innerhalb einer Woche durch Zustellung nachzureichen.

(9) Die Bundesprüfstelle für jugendgefährdende Medien soll mit der zentralen Aufsichtsstelle der Länder für den Jugendmedienschutz zusammenarbeiten und einen regelmäßigen Informationsaustausch pflegen.

(10) [1]Die Bundesprüfstelle für jugendgefährdende Medien kann ab dem 1. Januar 2004 für Verfahren, die auf Antrag der in Absatz 7 genannten Personen eingeleitet werden und die auf die Entscheidung gerichtet sind, dass ein Medium

1. nicht mit einem bereits in die Liste für jugendgefährdende Medien aufgenommenen Medium ganz oder im Wesentlichen inhaltsgleich ist oder
2. aus der Liste für jugendgefährdende Medien zu streichen ist,

Gebühren und Auslagen erheben. [2]Das Bundesministerium für Familie, Senioren, Frauen und Jugend wird ermächtigt, durch Rechtsverordnung mit Zustimmung des Bundesrates die gebührenpflichtigen Tatbestände und die Gebührensätze näher zu bestimmen.

§ 22 Aufnahme von periodischen Trägermedien und Telemedien.

(1) [1]Periodisch erscheinende Trägermedien können auf die Dauer von drei bis zwölf Monaten in die Liste jugendgefährdender Medien aufgenommen werden, wenn innerhalb von zwölf Monaten mehr als zwei ihrer Folgen in die Liste aufgenommen worden sind. [2]Dies gilt nicht für Tageszeitungen und politische Zeitschriften.

(2) [1]Telemedien können auf die Dauer von drei bis zwölf Monaten in die Liste jugendgefährdender Medien aufgenommen werden, wenn innerhalb von zwölf Monaten mehr als zwei ihrer Angebote in die Liste aufgenommen worden sind. [2]Absatz 1 Satz 2 gilt entsprechend.

§ 23 Vereinfachtes Verfahren. (1) [1]Die Bundesprüfstelle für jugendgefährdende Medien kann im vereinfachten Verfahren in der Besetzung durch die oder den Vorsitzenden und zwei weiteren Mitgliedern, von denen eines den in § 19 Abs. 2 Nr. 1 bis 4 genannten Gruppen angehören muss, einstimmig entscheiden, wenn das Medium offensichtlich geeignet ist, die Entwicklung von Kindern oder Jugendlichen oder ihre Erziehung zu einer eigenverantwortlichen und gemeinschaftsfähigen Persönlichkeit zu gefährden. [2]Kommt eine einstimmige Entscheidung nicht zustande, entscheidet die Bundesprüfstelle für jugendgefährdende Medien in voller Besetzung (§ 19 Abs. 5).

(2) Eine Aufnahme in die Liste nach § 22 ist im vereinfachten Verfahren nicht möglich.

(3) Gegen die Entscheidung können die Betroffenen (§ 21 Abs. 7) innerhalb eines Monats nach Zustellung Antrag auf Entscheidung durch die Bundesprüfstelle für jugendgefährdende Medien in voller Besetzung stellen.

(4) Nach Ablauf von zehn Jahren seit Aufnahme eines Mediums in die Liste kann die Bundesprüfstelle für jugendgefährdende Medien die Streichung aus der Liste unter der Voraussetzung des § 21 Abs. 5 Nr. 2 im vereinfachten Verfahren beschließen.

(5) [1]Wenn die Gefahr besteht, dass ein Träger- oder Telemedium kurzfristig in großem Umfange vertrieben, verbreitet oder zugänglich gemacht wird und die endgültige Listenaufnahme offensichtlich zu erwarten ist, kann die Aufnahme in die Liste im vereinfachten Verfahren vorläufig angeordnet werden. [2]Absatz 2 gilt entsprechend.

(6) [1]Die vorläufige Anordnung ist mit der abschließenden Entscheidung der Bundesprüfstelle für jugendgefährdende Medien, jedoch spätestens nach Ab-

lauf eines Monats, aus der Liste zu streichen. [2]Die Frist des Satzes 1 kann vor ihrem Ablauf um höchstens einen Monat verlängert werden. [3]Absatz 1 gilt entsprechend. [4]Soweit die vorläufige Anordnung im Bundesanzeiger bekannt zu machen ist, gilt dies auch für die Verlängerung

§ 24 Führung der Liste jugendgefährdender Medien. (1) Die Liste jugendgefährdender Medien wird von der oder dem Vorsitzenden der Bundesprüfstelle für jugendgefährdende Medien geführt.

(2) [1]Entscheidungen über die Aufnahme in die Liste oder über Streichungen aus der Liste sind unverzüglich auszuführen. [2]Die Liste ist unverzüglich zu korrigieren, wenn Entscheidungen der Bundesprüfstelle für jugendgefährdende Medien aufgehoben werden oder außer Kraft treten.

(3) [1]Wird ein Trägermedium in die Liste aufgenommen oder aus ihr gestrichen, so ist dies unter Hinweis auf die zu Grunde liegende Entscheidung im Bundesanzeiger bekannt zu machen. [2]Von der Bekanntmachung ist abzusehen, wenn das Trägermedium lediglich durch Telemedien verbreitet wird oder wenn anzunehmen ist, dass die Bekanntmachung der Wahrung des Jugendschutzes schaden würde.

(4) [1]Wird ein Medium in Teil B oder D der Liste jugendgefährdender Medien aufgenommen, so hat die oder der Vorsitzende dies der zuständigen Strafverfolgungsbehörde mitzuteilen. [2]Wird durch rechtskräftiges Urteil festgestellt, dass sein Inhalt den in Betracht kommenden Tatbestand des Strafgesetzbuches nicht verwirklicht, ist das Medium in Teil A oder C der Liste aufzunehmen. [3]Die oder der Vorsitzende führt eine erneute Entscheidung der Bundesprüfstelle für jugendgefährdende Medien herbei, wenn in Betracht kommt, dass das Medium aus der Liste zu streichen ist.

(5) [1]Wird ein Telemedium in die Liste jugendgefährdender Medien aufgenommen und ist die Tat im Ausland begangen worden, so soll die oder der Vorsitzende dies den im Bereich der Telemedien anerkannten Einrichtungen der Selbstkontrolle zum Zweck der Aufnahme in nutzerautonome Filterprogramme mitteilen. [2]Die Mitteilung darf nur zum Zweck der Aufnahme in nutzerautonome Filterprogramme verwandt werden.

§ 25 Rechtsweg. (1) Für Klagen gegen eine Entscheidung der Bundesprüfstelle für jugendgefährdende Medien, ein Medium in die Liste jugendgefährdender Medien aufzunehmen oder einen Antrag auf Streichung aus der Liste abzulehnen, ist der Verwaltungsrechtsweg gegeben.

(2) Gegen eine Entscheidung der Bundesprüfstelle für jugendgefährdende Medien, ein Medium nicht in die Liste jugendgefährdender Medien aufzunehmen, sowie gegen eine Einstellung des Verfahrens kann die antragstellende Behörde im Verwaltungsrechtsweg Klage erheben.

(3) Die Klage ist gegen den Bund, vertreten durch die Bundesprüfstelle für jugendgefährdende Medien, zu richten.

(4) [1]Die Klage hat keine aufschiebende Wirkung. [2]Vor Erhebung der Klage bedarf es keiner Nachprüfung in einem Vorverfahren, bei einer Entscheidung im vereinfachten Verfahren nach § 23 ist jedoch zunächst eine Entscheidung der Bundesprüfstelle für jugendgefährdende Medien in der Besetzung nach § 19 Abs. 5 herbeizuführen.

Abschnitt 5

Verordnungsermächtigung

§ 26 Verordnungsermächtigung. Die Bundesregierung wird ermächtigt, durch Rechtsverordnung mit Zustimmung des Bundesrates Näheres über den Sitz und das Verfahren der Bundesprüfstelle für jugendgefährdende Medien und die Führung der Liste jugendgefährdender Medien zu regeln.

Abschnitt 6

Ahndung von Verstößen

§ 27 Strafvorschriften. (1) Mit Freiheitsstrafe bis zu einem Jahr oder mit Geldstrafe wird bestraft, wer
1. entgegen § 15 Abs. 1 Nr. 1 bis 5 oder 6, jeweils auch in Verbindung mit Abs. 2, ein Trägermedium anbietet, überlässt, zugänglich macht, ausstellt, anschlägt, vorführt, einführt, ankündigt oder anpreist,
2. entgegen § 15 Abs. 1 Nr. 7, auch in Verbindung mit Abs. 2, ein Trägermedium herstellt, bezieht, liefert, vorrätig hält oder einführt,
3. entgegen § 15 Abs. 4 die Liste der jugendgefährdenden Medien abdruckt oder veröffentlicht,
4. entgegen § 15 Abs. 5 bei geschäftlicher Werbung einen dort genannten Hinweis gibt oder
5. einer vollziehbaren Entscheidung nach § 21 Abs. 8 Satz 1 Nr. 1 zuwiderhandelt.

(2) Ebenso wird bestraft, wer als Veranstalter oder Gewerbetreibender
1. eine in § 28 Abs. 1 Nr. 4 bis 18 oder 19 bezeichnete vorsätzliche Handlung begeht und dadurch wenigstens leichtfertig ein Kind oder eine jugendliche Person in der körperlichen, geistigen oder sittlichen Entwicklung schwer gefährdet oder
2. eine in § 28 Abs. 1 Nr. 4 bis 18 oder 19 bezeichnete vorsätzliche Handlung aus Gewinnsucht begeht oder beharrlich wiederholt.

(3) Wird die Tat in den Fällen
1. des Absatzes 1 Nr. 1 oder
2. des Absatzes 1 Nr. 3, 4 oder 5

fahrlässig begangen, so ist die Strafe Freiheitsstrafe bis zu sechs Monaten oder Geldstrafe bis zu hundertachtzig Tagessätzen.

(4) [1]Absatz 1 Nr. 1 und 2 und Absatz 3 Nr. 1 sind nicht anzuwenden, wenn eine personensorgeberechtigte Person das Medium einem Kind oder einer jugendlichen Person anbietet, überlässt oder zugänglich macht. [2]Dies gilt nicht, wenn die personensorgeberechtigte Person durch das Anbieten, Überlassen oder Zugänglichmachen ihre Erziehungspflicht gröblich verletzt.

§ 28 Bußgeldvorschriften. (1) Ordnungswidrig handelt, wer als Veranstalter oder Gewerbetreibender vorsätzlich oder fahrlässig

1. entgegen § 3 Abs. 1 die für seine Betriebseinrichtung oder Veranstaltung geltenden Vorschriften nicht, nicht richtig oder nicht in der vorgeschriebenen Weise bekannt macht,
2. entgegen § 3 Abs. 2 Satz 1 eine Kennzeichnung verwendet,
3. entgegen § 3 Abs. 2 Satz 2 einen Hinweis nicht, nicht richtig oder nicht rechtzeitig gibt,
4. entgegen § 3 Abs. 2 Satz 3 einen Hinweis gibt, einen Film oder ein Film- oder Spielprogramm ankündigt oder für einen Film oder ein Film- oder Spielprogramm wirbt,

5.-13. *(nicht abgedruckt)*

14. entgegen § 11 Abs. 1 oder 3, jeweils auch in Verbindung mit Abs. 4 Satz 2, einem Kind oder einer jugendlichen Person die Anwesenheit bei einer öffentlichen Filmveranstaltung, einem Werbevorspann oder einem Beiprogramm gestattet,

14a. entgegen § 11 Abs. 5 einen Werbefilm oder ein Werbeprogramm vorführt,

15. entgegen § 12 Abs. 1 einem Kind oder einer jugendlichen Person einen Bildträger zugänglich macht,
16. entgegen § 12 Abs. 3 Nr. 2 einen Bildträger anbietet oder überlässt,
17. entgegen § 12 Abs. 4 oder § 13 Abs. 2 einen Automaten oder ein Bildschirmspielgerät aufstellt,
18. entgegen § 12 Abs. 5 Satz 1 einen Bildträger vertreibt,
19. entgegen § 13 Abs. 1 einem Kind oder einer jugendlichen Person das Spielen an Bildschirmspielgeräten gestattet oder
20. entgegen § 15 Abs. 6 einen Hinweis nicht, nicht richtig oder nicht rechtzeitig gibt.

(2) Ordnungswidrig handelt, wer als Anbieter vorsätzlich oder fahrlässig

1. entgegen § 12 Abs. 2 Satz 1 und 2, auch in Verbindung mit Abs. 5 Satz 3 oder § 13 Abs. 3, einen Hinweis nicht, nicht richtig oder nicht in der vorgeschriebenen Weise gibt,
2. einer vollziehbaren Anordnung nach § 12 Abs. 2 Satz 3 Nr. 1, auch in Verbindung mit Abs. 5 Satz 3 oder § 13 Abs. 3, oder nach § 14 Abs. 7 Satz 3 zuwiderhandelt,
3. entgegen § 12 Abs. 5 Satz 2 einen Hinweis nicht, nicht richtig, nicht in der vorgeschriebenen Weise oder nicht rechtzeitig anbringt oder
4. entgegen § 14 Abs. 7 Satz 1 einen Film oder ein Film- oder Spielprogramm mit „Infoprogramm“ oder „Lehrprogramm“ kennzeichnet.

(3) Ordnungswidrig handelt, wer vorsätzlich oder fahrlässig

1. entgegen § 12 Abs. 2 Satz 3 einen Hinweis nicht, nicht richtig oder nicht in der vorgeschriebenen Weise gibt oder
2. entgegen § 24 Abs. 5 Satz 2 eine Mitteilung verwendet.

(4) [1]Ordnungswidrig handelt, wer als Person über 18 Jahren ein Verhalten eines Kindes oder einer jugendlichen Person herbeiführt oder fördert, das durch ein in Absatz 1 Nr. 5 bis 8, 10, 12, 14 bis 16 oder 19 oder in § 27 Abs. 1 Nr. 1 oder 2 bezeichnetes oder in § 12 Abs. 3 Nr. 1 enthaltenes Verbot oder durch eine vollziehbare Anordnung nach § 7 Satz 1 verhindert werden soll. [2]Hinsichtlich des Verbots in § 12 Abs. 3 Nr. 1 gilt dies nicht für die personensorgeberechtigte Person und für eine Person, die im Einverständnis mit der personensorgeberechtigten Person handelt.

(5) Die Ordnungswidrigkeit kann mit einer Geldbuße bis zu fünfzigtausend Euro geahndet werden.

Abschnitt 7

Schlussvorschriften

§ 29 Übergangsvorschriften. Auf die nach bisherigem Recht mit „Nicht freigegeben unter achtzehn Jahren“ gekennzeichneten Filmprogramme für Bildträger findet § 18 Abs. 8 Satz 1 mit der Maßgabe Anwendung, dass an die Stelle der Angabe „§ 14 Abs. 2 Nr. 1 bis 5“ die Angabe „§ 14 Abs. 2 Nr. 1 bis 4“ tritt.

§ 29a Weitere Übergangsregelung. Bildträger mit Kennzeichnungen nach § 12 Abs. 1, deren Zeichen den Anforderungen des § 12 Abs. 2 Satz 1, aber nicht den Anforderungen des § 12 Abs. 2 Satz 2 entsprechen, dürfen bis zum 31. August 2008 in den Verkehr gebracht werden.

§ 30 Inkrafttreten, Außerkrafttreten. (1) [1]Dieses Gesetz tritt an dem Tag in Kraft, an dem der Staatsvertrag der Länder über den Schutz der Menschenwürde und den Jugendschutz in Rundfunk und Telemedien in Kraft tritt. [2]Gleichzeitig treten das Gesetz zum Schutze der Jugend in der Öffentlichkeit vom 25. Februar 1985 (BGBl. I S. 425), zuletzt geändert durch Artikel 8a des Gesetzes vom 15. Dezember 2001 (BGBl. I S. 3762) und das Gesetz über die Verbreitung jugendgefährdender Schriften und Medieninhalte in der Fassung der Bekanntmachung vom 12. Juli 1985 (BGBl. I S. 1502), zuletzt geändert durch Artikel 8b des Gesetzes vom 15. Dezember 2001 (BGBl. I S. 3762) außer Kraft. [3]Das Bundesministerium für Familie, Senioren, Frauen und Jugend gibt das Datum des In-Kraft-Tretens dieses Gesetzes im Bundesgesetzblatt bekannt.

(2) Abweichend von Absatz 1 Satz 1 treten § 10 Abs. 2 und § 28 Abs. 1 Nr. 13 am 1. Januar 2007 in Kraft.

Gesetz zur Regelung des Zugangs zu Informationen des Bundes

vom 5. September 2005 (BGBl. I S. 2722),
zuletzt geändert durch Gesetz vom 7. August 2013 (BGBl. I S. 3154)

§ 1 Grundsatz. (1) [1]Jeder hat nach Maßgabe dieses Gesetzes gegenüber den Behörden des Bundes einen Anspruch auf Zugang zu amtlichen Informationen. [2]Für sonstige Bundesorgane und -einrichtungen gilt dieses Gesetz, soweit sie öffentlich-rechtliche Verwaltungsaufgaben wahrnehmen. [3]Einer Behörde im Sinne dieser Vorschrift steht eine natürliche Person oder juristische Person des Privatrechts gleich, soweit eine Behörde sich dieser Person zur Erfüllung ihrer öffentlich-rechtlichen Aufgaben bedient.

(2) [1]Die Behörde kann Auskunft erteilen, Akteneinsicht gewähren oder Informationen in sonstiger Weise zur Verfügung stellen. [2]Begehrt der Antragsteller eine bestimmte Art des Informationszugangs, so darf dieser nur aus wichtigem Grund auf andere Art gewährt werden. [3]Als wichtiger Grund gilt insbesondere ein deutlich höherer Verwaltungsaufwand.

(3) Regelungen in anderen Rechtsvorschriften über den Zugang zu amtlichen Informationen gehen mit Ausnahme des § 29 des Verwaltungsverfahrensgesetzes und des § 25 des Zehnten Buches des Sozialgesetzbuchs vor.

§ 2 Begriffsbestimmungen. Im Sinne dieses Gesetzes ist:

1. amtliche Information jede amtlichen Zwecken dienende Aufzeichnung, unabhängig von der Art ihrer Speicherung. Entwürfe und Notizen, die nicht Bestandteil eines Vorgangs werden sollen, gehören nicht dazu;
2. Dritter jeder, über den personenbezogene Daten oder sonstige Informationen vorliegen.

§ 3 Schutz von besonderen öffentlichen Belangen. Der Anspruch auf Informationszugang besteht nicht,

1. wenn das Bekanntwerden der Information nachteilige Auswirkungen haben kann auf
   a) internationale Beziehungen,
   b) militärische und sonstige sicherheitsempfindliche Belange der Bundeswehr,
   c) Belange der inneren oder äußeren Sicherheit,
   d) Kontroll- oder Aufsichtsaufgaben der Finanz-, Wettbewerbs- und Regulierungsbehörden,
   e) Angelegenheiten der externen Finanzkontrolle,
   f) Maßnahmen zum Schutz vor unerlaubtem Außenwirtschaftsverkehr,
   g) die Durchführung eines laufenden Gerichtsverfahrens, den Anspruch einer Person auf ein faires Verfahren oder die Durchführung strafrechtlicher, ordnungswidrigkeitsrechtlicher oder disziplinarischer Ermittlungen,

2. wenn das Bekanntwerden der Information die öffentliche Sicherheit gefährden kann,
3. wenn und solange
   a) die notwendige Vertraulichkeit internationaler Verhandlungen oder
   b) die Beratungen von Behörden beeinträchtigt werden,
4. wenn die Information einer durch Rechtsvorschrift oder durch die Allgemeine Verwaltungsvorschrift zum materiellen und organisatorischen Schutz von Verschlusssachen geregelten Geheimhaltungs- oder Vertraulichkeitspflicht oder einem Berufs- oder besonderen Amtsgeheimnis unterliegt,
5. hinsichtlich vorübergehend beigezogener Information einer anderen öffentlichen Stelle, die nicht Bestandteil der eigenen Vorgänge werden soll,
6. wenn das Bekanntwerden der Information geeignet wäre, fiskalische Interessen des Bundes im Wirtschaftsverkehr oder wirtschaftliche Interessen der Sozialversicherungen zu beeinträchtigen,
7. bei vertraulich erhobener oder übermittelter Information, soweit das Interesse des Dritten an einer vertraulichen Behandlung im Zeitpunkt des Antrags auf Informationszugang noch fortbesteht,
8. gegenüber den Nachrichtendiensten sowie den Behörden und sonstigen öffentlichen Stellen des Bundes, soweit sie Aufgaben im Sinne des § 10 Nr. 3 des Sicherheitsüberprüfungsgesetzes wahrnehmen.

§ 4 Schutz des behördlichen Entscheidungsprozesses. (1) [1]Der Antrag auf Informationszugang soll abgelehnt werden für Entwürfe zu Entscheidungen sowie Arbeiten und Beschlüsse zu ihrer unmittelbaren Vorbereitung, soweit und solange durch die vorzeitige Bekanntgabe der Informationen der Erfolg der Entscheidung oder bevorstehender behördlicher Maßnahmen vereitelt würde. [2]Nicht der unmittelbaren Entscheidungsvorbereitung nach Satz 1 dienen regelmäßig Ergebnisse der Beweiserhebung und Gutachten oder Stellungnahmen Dritter.

(2) Der Antragsteller soll über den Abschluss des jeweiligen Verfahrens informiert werden.

§ 5 Schutz personenbezogener Daten. (1) [1]Zugang zu personenbezogenen Daten darf nur gewährt werden, soweit das Informationsinteresse des Antragstellers das schutzwürdige Interesse des Dritten am Ausschluss des Informationszugangs überwiegt oder der Dritte eingewilligt hat. [2]Besondere Arten personenbezogener Daten im Sinne des § 3 Abs. 9 des Bundesdatenschutzgesetzes dürfen nur übermittelt werden, wenn der Dritte ausdrücklich eingewilligt hat.

(2) Das Informationsinteresse des Antragstellers überwiegt nicht bei Informationen aus Unterlagen, soweit sie mit dem Dienst- oder Amtsverhältnis oder Mandat des Dritten in Zusammenhang stehen und bei Informationen, die einem Berufs- oder besonderen Amtsgeheimnis unterliegen.

(3) Das Informationsinteresse des Antragstellers überwiegt das schutzwürdige Interesse des Dritten am Ausschluss des Informationszugangs in der Regel dann, wenn sich die Angabe auf Name, Titel, akademischen Grad, Berufs- und

Funktionsbezeichnung, Büroanschrift und -telekommunikationsnummer beschränkt und der Dritte als Gutachter, Sachverständiger oder in vergleichbarer Weise eine Stellungnahme in einem Verfahren abgegeben hat.

(4) Name, Titel, akademischer Grad, Berufs- und Funktionsbezeichnung, Büroanschrift und -telekommunikationsnummer von Bearbeitern sind vom Informationszugang nicht ausgeschlossen, soweit sie Ausdruck und Folge der amtlichen Tätigkeit sind und kein Ausnahmetatbestand erfüllt ist.

§ 6 Schutz des geistigen Eigentums und von Betriebs- oder Geschäftsgeheimnissen. [1]Der Anspruch auf Informationszugang besteht nicht, soweit der Schutz geistigen Eigentums entgegensteht. [2]Zugang zu Betriebs- oder Geschäftsgeheimnissen darf nur gewährt werden, soweit der Betroffene eingewilligt hat.

§ 7 Antrag und Verfahren. (1) [1]Über den Antrag auf Informationszugang entscheidet die Behörde, die zur Verfügung über die begehrten Informationen berechtigt ist. [2]Im Falle des § 1 Abs. 1 Satz 3 ist der Antrag an die Behörde zu richten, die sich der natürlichen oder juristischen Person des Privatrechts zur Erfüllung ihrer öffentlich-rechtlichen Aufgaben bedient. [3]Betrifft der Antrag Daten Dritter im Sinne von § 5 Abs. 1 und 2 oder § 6, muss er begründet werden. [4]Bei gleichförmigen Anträgen von mehr als 50 Personen gelten die §§ 17 bis 19 des Verwaltungsverfahrensgesetzes entsprechend.

(2) [1]Besteht ein Anspruch auf Informationszugang zum Teil, ist dem Antrag in dem Umfang statt zu geben, in dem der Informationszugang ohne Preisgabe der geheimhaltungsbedürftigen Informationen oder ohne unverhältnismäßigen Verwaltungsaufwand möglich ist. [2]Entsprechendes gilt, wenn sich der Antragsteller in den Fällen, in denen Belange Dritter berührt sind, mit einer Unkenntlichmachung der diesbezüglichen Informationen einverstanden erklärt.

(3) [1]Auskünfte können mündlich, schriftlich oder elektronisch erteilt werden. [2]Die Behörde ist nicht verpflichtet, die inhaltliche Richtigkeit der Information zu prüfen.

(4) [1]Im Fall der Einsichtnahme in amtliche Informationen kann sich der Antragsteller Notizen machen oder Ablichtungen und Ausdrucke fertigen lassen. [2]§ 6 Satz 1 bleibt unberührt.

(5) [1]Die Information ist dem Antragsteller unter Berücksichtigung seiner Belange unverzüglich zugänglich zu machen. [2]Der Informationszugang soll innerhalb eines Monats erfolgen. [3]§ 8 bleibt unberührt.

§ 8 Verfahren bei Beteiligung Dritter. (1) Die Behörde gibt einem Dritten, dessen Belange durch den Antrag auf Informationszugang berührt sind, schriftlich Gelegenheit zur Stellungnahme innerhalb eines Monats, sofern Anhaltspunkte dafür vorliegen, dass er ein schutzwürdiges Interesse am Ausschluss des Informationszugangs haben kann.

(2) [1]Die Entscheidung nach § 7 Abs. 1 Satz 1 ergeht schriftlich und ist auch dem Dritten bekannt zu geben. [2]Der Informationszugang darf erst erfolgen, wenn die Entscheidung dem Dritten gegenüber bestandskräftig ist oder die sofortige Vollziehung angeordnet worden ist und seit der Bekanntgabe der Anordnung an den Dritten zwei Wochen verstrichen sind. [3]§ 9 Abs. 4 gilt entsprechend.

§ 9 Ablehnung des Antrags; Rechtsweg. (1) Die Bekanntgabe einer Entscheidung, mit der der Antrag ganz oder teilweise abgelehnt wird, hat innerhalb der Frist nach § 7 Abs. 5 Satz 2 zu erfolgen.

(2) Soweit die Behörde den Antrag ganz oder teilweise ablehnt, hat sie mitzuteilen, ob und wann der Informationszugang ganz oder teilweise zu einem späteren Zeitpunkt voraussichtlich möglich ist.

(3) Der Antrag kann abgelehnt werden, wenn der Antragsteller bereits über die begehrten Informationen verfügt oder sich diese in zumutbarer Weise aus allgemein zugänglichen Quellen beschaffen kann.

(4) [1]Gegen die ablehnende Entscheidung sind Widerspruch und Verpflichtungsklage zulässig. [2]Ein Widerspruchsverfahren nach den Vorschriften des Achten Abschnitts der Verwaltungsgerichtsordnung ist auch dann durchzuführen, wenn die Entscheidung von einer obersten Bundesbehörde getroffen wurde.

§ 10 Gebühren und Auslagen. (1) [1]Für individuell zurechenbare öffentliche Leistungen nach diesem Gesetz werden Gebühren und Auslagen erhoben. [2]Dies gilt nicht für die Erteilung einfacher Auskünfte.

(2) Die Gebühren sind auch unter Berücksichtigung des Verwaltungsaufwandes so zu bemessen, dass der Informationszugang nach § 1 wirksam in Anspruch genommen werden kann.

(3) [1]Das Bundesministerium des Innern wird ermächtigt, für individuell zurechenbare öffentliche Leistungen nach diesem Gesetz die Gebührentatbestände und Gebührensätze durch Rechtsverordnung ohne Zustimmung des Bundesrates zu bestimmen. [2]§ 10 des Bundesgebührengesetzes findet keine Anwendung.

§ 11 Veröffentlichungspflichten. (1) Die Behörden sollen Verzeichnisse führen, aus denen sich die vorhandenen Informationssammlungen und -zwecke erkennen lassen.

(2) Organisations- und Aktenpläne ohne Angabe personenbezogener Daten sind nach Maßgabe dieses Gesetzes allgemein zugänglich zu machen.

(3) Die Behörden sollen die in Absatz 1 und 2 genannten Pläne und Verzeichnisse sowie weitere geeignete Informationen in elektronischer Form allgemein zugänglich machen.

§ 12 Bundesbeauftragter für die Informationsfreiheit. (1) Jeder kann den Bundesbeauftragten für die Informationsfreiheit anrufen, wenn er sein Recht auf Informationszugang nach diesem Gesetz als verletzt ansieht.

(2) Die Aufgabe des Bundesbeauftragten für die Informationsfreiheit wird von dem Bundesbeauftragten für den Datenschutz wahrgenommen.

(3) Die Bestimmungen des Bundesdatenschutzgesetzes über die Kontrollaufgaben des Bundesbeauftragten für den Datenschutz (§ 24 Abs. 1 und 3 bis 5), über Beanstandungen (§ 25 Abs. 1 Satz 1 Nr. 1 und 4, Satz 2 und Abs. 2 und 3) sowie über weitere Aufgaben gemäß § 26 Abs. 1 bis 3 gelten entsprechend.

§ 13 Änderung anderer Vorschriften. (1) Das Bundesdatenschutzgesetz in der Fassung der Bekanntmachung vom 14. Januar 2003 (BGBl. I S. 66) wird wie folgt geändert: In den Angaben der Inhaltsübersicht zur Überschrift des Dritten Unterabschnitts im Zweiten Abschnitt und zu den §§21 bis 26 sowie in § 4c Abs. 2 Satz 2, § 4d Abs. 1, 6 Satz 3, § 6 Abs. 2 Satz 4, § 10 Abs. 3 Satz 1, § 19 Abs. 5 Satz 2, Abs. 6 Satz 1, in der Überschrift des Dritten Unterabschnitts im Zweiten Abschnitt, in den §§ 21 bis 26, in § 42 Abs. 1 Satz 1 zweiter Halbsatz, Abs. 4 Satz 3 sowie § 44 Abs. 2 Satz 2 werden jeweils die Wörter „für den Datenschutz“ durch die Wörter „für den Datenschutz und die Informationsfreiheit“ ersetzt.

(2) Dem § 5 Abs. 4 des Bundesarchivgesetzes in der Fassung der Bekanntmachung vom 6. Januar 1988 (BGBl. I S. 62), das zuletzt durch Art. 1 des Gesetzes vom 5. Juni 2002 (BGBl. I S. 1782) geändert worden ist, wird folgender Satz angefügt: „Gleiches gilt für Archivgut, soweit es vor der Übergabe an das Bundesarchiv oder die Archive der gesetzgebenden Körperschaften bereits einem Informationszugang nach dem Informationsfreiheitsgesetz offen gestanden hat.“

§ 14 Bericht und Evaluierung. [1]Die Bundesregierung unterrichtet den Deutschen Bundestag nach zwei Jahren über die Anwendung dieses Gesetzes. [2]Der Deutsche Bundestag wird das Gesetz auf wissenschaftlicher Grundlage evaluieren.

§ 15 In-Kraft-Treten. Dieses Gesetz tritt am 1. Januar 2006 in Kraft.

Anhang

Übersicht über die dem Informationsfreiheitsgesetz entsprechenden Gesetze einzelner Bundesländer[1]

I. Baden- Württemberg
Gesetz zur Regelung des Zugangs zu Informationen in Baden-Württemberg (Landesinformationsfreiheitsgesetz – LIFG) vom 17. Dezember 2015 (GBl. S. 1201)

II. Berlin
Gesetz zur Förderung der Informationsfreiheit im Land Berlin vom 15. Oktober 1999 (Berliner Informationsfreiheitsgesetz – IFG; GVBl. 1999, Nr. 45, S. 561; zuletzt geändert durch Gesetz vom 7. Juli 2016, GVBl. 434).

III. Brandenburg
Akteneinsichts- und Informationszugangsgesetz für das Land Brandenburg vom 10. März 1998 (AIG) (GVBl. I S. 46; zuletzt geändert durch Gesetz vom 28. April 2015, GVBl. I/Nr. 274).

IV. Bremen
Gesetz über die Freiheit des Zugangs zu Information für das Land Bremen vom 16. Mai 2006 (Bremer Informationsfreiheitsgesetz – BremIFG; GBl. Bremen 2006, Nr. 32, S. 263), zuletzt geändert durch Gesetz vom 28. April 2015 Brem-GBl. S. 274).

V. Hamburg
Hamburgisches Transparenzgesetz vom 19. Juni 2012 (HmbGVBl. 2012, S. 271)

(Nach § 18 Abs. 3 S. 2 HmbTG tritt gleichzeitig das Hamburgische Informationsfreiheitsgesetz vom 17. Februar 2009 (HmbGVBl. S. 29) in der geltenden Fassung außer Kraft)

VI. Mecklenburg-Vorpommern
Gesetz zur Regelung des Zugangs zu Information für das Land Mecklenburg-Vorpommern vom 10. Juli 2006 (Informationsfreiheitsgesetz – IFG MV; GVO-Bl. M-V 2006, S. 556; zuletzt geändert durch Gesetz vom 20. Mai 2011, GVO-Bl. M-V., S. 277).

---

1 In den Bundesländern Bayern, Hessen, Sachsen und Niedersachsen sind die Bemühungen um ein Informationsfreiheitsgesetz über einen Entwurf oder entsprechende Initiativen nicht hinausgekommen. Eine gute Zusammenfassung zu der Thematik „Informationsfreiheitsgesetze“ inkl. entsprechender Gesetzgebungsvorhaben bietet die Homepage der überparteilichen Organisation „Transparency International Deutschland e.V.“ http://www.transparency. de/Informationsfreiheit.85.0.html.

VII. Nordrhein-Westfalen
Gesetz zur Freiheit des Zugangs zu Informationen für das Land Nordrhein-Westfalen vom 27. November 2001 (Informationsfreiheitsgesetz NRW – IFG NRW; GV. NRW, S. 806; zuletzt geändert durch Gesetz vom 2. Oktober 2014, GV. NRW, S. 622).

VIII. Rheinland-Pfalz
Landestransparenzgesetz (LTranspG) vom 27. September 2015 (GBl. I, S. 383).

Das Landestransparenzgesetz tritt an das bisherige Landesgesetz über die Freiheit des Zugangs zu Informationen im Sinne eines erweiterten Zugangsverständnises zu öffentlichen Informationen im Hinblick auf open data und open government.

IX. Saarland
Saarländisches Informationsfreiheitsgesetz (SFIG, Gesetz Nr. 1596; Amtsbl. I 2006, S. 1624 ff.; zuletzt geändert durch Gesetz vom 13.Oktober 2015, Amtsbl. I, S. 790).

X. Sachsen- Anhalt
Informationszugangsgesetz Sachsen-Anhalt vom 19. Juni 2008 (IZG LSA, GVBl. LSA, S.242-245).

XI. Schleswig-Holstein
Gesetz über die Freiheit des Zugangs zu Informationen für das Land Schleswig-Holstein vom 9. Februar 2000 (Informationsfreiheitsgesetz für das Land Schleswig-Holstein; GVOBl. Schl.-H. 4/2000, S. 166; zuletzt geändert durch Gesetz vom 5. Juli 2017, GVOBl. Schl.-H. 2015, S. 279.

XII. Thüringen
Thüringer Informationsfreiheitsgesetz (ThürIFG) vom 8. August 2014 (GVBl. S. 529).

Gesetz zur Verbesserung der gesundheitsbezogenen Verbraucherinformation (Verbraucherinformationsgesetz – VIG)

in der Fassung der Bekanntmachung vom 17. Oktober 2012
(BGBl. I S. 2166, ber. S. 2725),
geändert durch Gesetz vom 7. August 2013 (BGBl. I S. 3154)

§ 1 Anwendungsbereich. Durch dieses Gesetz erhalten Verbraucherinnen und Verbraucher freien Zugang zu den bei informationspflichtigen Stellen vorliegenden Informationen über
1. Erzeugnisse im Sinne des Lebensmittel- und Futtermittelgesetzbuches (Erzeugnisse) sowie
2. Verbraucherprodukte, die dem § 2 Nummer 26 des Produktsicherheitsgesetzes unterfallen (Verbraucherprodukte),

damit der Markt transparenter gestaltet und hierdurch der Schutz der Verbraucherinnen und Verbraucher vor gesundheitsschädlichen oder sonst unsicheren Erzeugnissen und Verbraucherprodukten sowie vor Täuschung beim Verkehr mit Erzeugnissen und Verbraucherprodukten verbessert wird.

§ 2 Anspruch auf Zugang zu Informationen. (1) [1]Jeder hat nach Maßgabe dieses Gesetzes Anspruch auf freien Zugang zu allen Daten über
1. von den nach Bundes- oder Landesrecht zuständigen Stellen festgestellte nicht zulässige Abweichungen von Anforderungen
   a) des Lebensmittel- und Futtermittelgesetzbuches und des Produktsicherheitsgesetzes,
   b) der aufgrund dieser Gesetze erlassenen Rechtsverordnungen,
   c) unmittelbar geltender Rechtsakte der Europäischen Gemeinschaft oder der Europäischen Union im Anwendungsbereich der genannten Gesetze

   sowie Maßnahmen und Entscheidungen, die im Zusammenhang mit den in den Buchstaben a bis c genannten Abweichungen getroffen worden sind,
2. von einem Erzeugnis oder einem Verbraucherprodukt ausgehende Gefahren oder Risiken für Gesundheit und Sicherheit von Verbraucherinnen und Verbrauchern,
3. die Zusammensetzung von Erzeugnissen und Verbraucherprodukten, ihre Beschaffenheit, die physikalischen, chemischen und biologischen Eigenschaften einschließlich ihres Zusammenwirkens und ihrer Einwirkung auf den Körper, auch unter Berücksichtigung der bestimmungsgemäßen Verwendung oder vorhersehbaren Fehlanwendung,
4. die Kennzeichnung, die Herkunft, die Verwendung, das Herstellen und das Behandeln von Erzeugnissen und Verbraucherprodukten,
5. zugelassene Abweichungen von den in Nummer 1 genannten Rechtsvorschriften über die in den Nummern 3 und 4 genannten Merkmale oder Tätigkeiten,

6. die Ausgangsstoffe und die bei der Gewinnung der Ausgangsstoffe angewendeten Verfahren,
7. Überwachungsmaßnahmen oder andere behördliche Tätigkeiten oder Maßnahmen zum Schutz von Verbraucherinnen und Verbrauchern einschließlich der Auswertung dieser Tätigkeiten und Maßnahmen sowie Statistiken über festgestellte Verstöße gegen in § 39 Absatz 1 Satz 1 des Lebensmittel- und Futtermittelgesetzbuches und § 26 Absatz 1 Satz 1 des Produktsicherheitsgesetzes genannte Rechtsvorschriften, soweit sich die Verstöße auf Erzeugnisse oder Verbraucherprodukte beziehen,

(Informationen), die bei einer Stelle im Sinne des Absatzes 2 unabhängig von der Art ihrer Speicherung vorhanden sind. [2]Der Anspruch nach Satz 1 besteht insoweit, als kein Ausschluss- oder Beschränkungsgrund nach § 3 vorliegt.

(2) [1]Stelle im Sinne des Absatzes 1 Satz 1 ist

1. jede Behörde im Sinne des § 1 Absatz 4 des Verwaltungsverfahrensgesetzes, die aufgrund
   a) anderer bundesrechtlicher oder
   b) landesrechtlicher

   Vorschriften öffentlich-rechtliche Aufgaben oder Tätigkeiten wahrnimmt, die der Erfüllung der in § 1 des Lebensmittel- und Futtermittelgesetzbuches oder bei Verbraucherprodukten der Gewährleistung von Sicherheit und Gesundheit nach den Vorschriften des Produktsicherheitsgesetzes sowie der aufgrund des Produktsicherheitsgesetzes erlassenen Rechtsverordnungen dienen,
2. jede natürliche oder juristische Person des Privatrechts, die aufgrund
   a) anderer bundesrechtlicher oder
   b) landesrechtlicher

   Vorschriften öffentlich-rechtliche Aufgaben oder Tätigkeiten wahrnimmt, die der Erfüllung der in § 1 des Lebensmittel- und Futtermittelgesetzbuches oder bei Verbraucherprodukten der Gewährleistung von Sicherheit und Gesundheit nach den Vorschriften des Produktsicherheitsgesetzes sowie der aufgrund des Produktsicherheitsgesetzes erlassenen Rechtsverordnungen dienen und der Aufsicht einer Behörde unterstellt ist.

[2]Satz 1 gilt im Fall einer Gemeinde oder eines Gemeindeverbandes nur, wenn der Gemeinde oder dem Gemeindeverband die Aufgaben nach diesem Gesetz durch Landesrecht übertragen worden sind.

(3) Zu den Stellen im Sinne des Absatzes 2 Satz 1 gehören nicht die obersten Bundes- und Landesbehörden, soweit sie im Rahmen der Gesetzgebung oder beim Erlass von Rechtsverordnungen tätig werden, unabhängige Organe der Finanzkontrolle sowie Gerichte, Justizvollzugsbehörden, Strafverfolgungs- und Disziplinarbehörden und diesen vorgesetzte Dienststellen.

(4) Die Vorschriften dieses Gesetzes gelten nicht, soweit in anderen Rechtsvorschriften entsprechende oder weitergehende Vorschriften vorgesehen sind.

§ 3 Ausschluss- und Beschränkungsgründe. [1]Der Anspruch nach § 2 besteht wegen

1. entgegenstehender öffentlicher Belange nicht,
   a) soweit das Bekanntwerden der Informationen
      aa) nachteilige Auswirkungen haben kann auf internationale Beziehungen oder militärische und sonstige sicherheitsempfindliche Belange der Bundeswehr oder
      bb) die Vertraulichkeit der Beratung von Behörden berührt oder eine erhebliche Gefahr für die öffentliche Sicherheit verursachen kann;
   b) während der Dauer eines Verwaltungsverfahrens, eines Gerichtsverfahrens, eines strafrechtlichen Ermittlungsverfahrens, eines Disziplinarverfahrens, eines Gnadenverfahrens oder eines ordnungswidrigkeitsrechtlichen Verfahrens hinsichtlich der Informationen, die Gegenstand des Verfahrens sind, es sei denn, es handelt sich um Informationen nach § 2 Absatz 1 Satz 1 Nummer 1 oder 2 oder das öffentliche Interesse an der Bekanntgabe überwiegt;
   c) soweit das Bekanntwerden der Information geeignet ist, fiskalische Interessen der um Auskunft ersuchten Stelle im Wirtschaftsverkehr zu beeinträchtigen, oder Dienstgeheimnisse verletzt werden könnten;
   d) soweit Informationen betroffen sind, die im Rahmen einer Dienstleistung entstanden sind, die die Stelle aufgrund einer privatrechtlichen Vereinbarung außerhalb des ihr gesetzlich zugewiesenen Aufgabenbereichs des Verbraucherschutzes erbracht hat;
   e) in der Regel bei Informationen nach § 2 Absatz 1 Satz 1 Nummer 1, die vor mehr als fünf Jahren seit der Antragstellung entstanden sind;
2. entgegenstehender privater Belange nicht, soweit
   a) Zugang zu personenbezogenen Daten beantragt wird,
   b) der Schutz des geistigen Eigentums, insbesondere Urheberrechte, dem Informationsanspruch entgegensteht,
   c) durch die begehrten Informationen Betriebs- oder Geschäftsgeheimnisse, insbesondere Rezepturen, Konstruktions- oder Produktionsunterlagen, Informationen über Fertigungsverfahren, Forschungs- und Entwicklungsvorhaben sowie sonstiges geheimnisgeschütztes technisches oder kaufmännisches Wissen, offenbart würden oder
   d) Zugang zu Informationen beantragt wird, die einer Stelle aufgrund einer durch Rechtsvorschrift angeordneten Pflicht zur Meldung oder Unterrichtung mitgeteilt worden sind; dies gilt auch, wenn das meldende oder unterrichtende Unternehmen irrig angenommen hat, zur Meldung oder Unterrichtung verpflichtet zu sein.

[2]Satz 1 Nummer 2 Buchstabe a bis c gilt nicht, wenn die Betroffenen dem Informationszugang zugestimmt haben oder das öffentliche Interesse an der Bekanntgabe überwiegt. [3]Im Falle des Satzes 1 Nummer 1 Buchstabe b zweiter Halbsatz dürfen Informationen nach § 2 Absatz 1 Satz 1 Nummer 1 während eines laufenden strafrechtlichen Ermittlungsverfahrens oder eines Verfahrens vor einem Strafgericht nur

1. soweit und solange hierdurch der mit dem Verfahren verfolgte Untersuchungszweck nicht gefährdet wird und
2. im Benehmen mit der zuständigen Staatsanwaltschaft oder dem zuständigen Gericht

herausgegeben werden. [4]Im Fall des Satzes 1 Nummer 2 Buchstabe a gilt § 5 Absatz 1 Satz 2 und Absatz 3 und 4 des Informationsfreiheitsgesetzes entsprechend. [5]Der Zugang zu folgenden Informationen kann nicht unter Berufung auf das Betriebs- und Geschäftsgeheimnis abgelehnt werden:
1. Informationen nach § 2 Absatz 1 Satz 1 Nummer 1 und 2,
2. Informationen nach § 2 Absatz 1 Satz 1 Nummer 3 und 4, soweit im Einzelfall hinreichende Anhaltspunkte dafür vorliegen, dass von dem jeweiligen Erzeugnis oder Verbraucherprodukt eine Gefährdung oder ein Risiko für Sicherheit und Gesundheit ausgeht und aufgrund unzureichender wissenschaftlicher Erkenntnis oder aus sonstigen Gründen die Ungewissheit nicht innerhalb der gebotenen Zeit behoben werden kann, und
3. Informationen nach § 2 Absatz 1 Satz 1 Nummer 3 bis 6, soweit sie im Rahmen der amtlichen Überwachungstätigkeit nach den in § 2 Absatz 1 Satz 1 Nummer 1 genannten Vorschriften gewonnen wurden und die Einhaltung der Grenzwerte, Höchstgehalte oder Höchstmengen betreffen, die in den in § 2 Absatz 1 Satz 1 Nummer 1 genannten Vorschriften enthalten sind.

[6]Gleiches gilt für den Namen des Händlers, der das Erzeugnis oder Verbraucherprodukt an Verbraucher abgibt, sowie für die Handelsbezeichnung, eine aussagekräftige Beschreibung und bildliche Darstellung des Erzeugnisses oder Verbraucherproduktes und in den Fällen des § 2 Absatz 1 Satz 1 Nummer 1 zusätzlich für den Namen und die Anschrift des Herstellers, Bevollmächtigten, Einführers, Händlers sowie jedes Gliedes der Liefer- und Vertriebskette; Satz 1 Nummer 2 Buchstabe a ist nicht anzuwenden.

§ 4 Antrag. (1) [1]Die Information wird auf Antrag erteilt. [2]Der Antrag muss hinreichend bestimmt sein und insbesondere erkennen lassen, auf welche Informationen er gerichtet ist. [3]Ferner soll der Antrag den Namen und die Anschrift des Antragstellers enthalten. [4]Zuständig ist
1. soweit Zugang zu Informationen bei einer Stelle des Bundes beantragt wird, diese Stelle,
2. im Übrigen die nach Landesrecht zuständige Stelle.

[5]Abweichend von Satz 4 Nummer 1 ist im Fall einer natürlichen oder juristischen Person des Privatrechts für die Bescheidung des Antrags die Aufsicht führende Behörde zuständig.

(2) [1]Informationspflichtig ist jeweils die nach Maßgabe des Absatzes 1 Satz 4 auch in Verbindung mit Satz 5 zuständige Stelle. [2]Diese ist nicht dazu verpflichtet, Informationen, die bei ihr nicht vorhanden sind oder aufgrund von Rechtsvorschriften nicht verfügbar gehalten werden müssen, zu beschaffen.

(3) Der Antrag soll abgelehnt werden,
1. soweit er sich auf Entwürfe zu Entscheidungen sowie Arbeiten und Beschlüsse zu ihrer unmittelbaren Vorbereitung bezieht, es sei denn, es handelt

sich um die Ergebnisse einer Beweiserhebung, ein Gutachten oder eine Stellungnahme von Dritten,
2. bei vertraulich übermittelten oder erhobenen Informationen oder
3. wenn durch das vorzeitige Bekanntwerden der Erfolg bevorstehender behördlicher Maßnahmen gefährdet würde,
4. soweit durch die Bearbeitung des Antrags die ordnungsgemäße Erfüllung der Aufgaben der Behörde beeinträchtigt würde,
5. bei wissenschaftlichen Forschungsvorhaben einschließlich der im Rahmen eines Forschungsvorhabens erhobenen und noch nicht abschließend ausgewerteten Daten, bis diese Vorhaben wissenschaftlich publiziert werden.

(4) [1]Ein missbräuchlich gestellter Antrag ist abzulehnen. [2]Dies ist insbesondere der Fall, wenn der Antragsteller über die begehrten Informationen bereits verfügt.

(5) [1]Wenn der Antragsteller sich die begehrten Informationen in zumutbarer Weise aus allgemein zugänglichen Quellen beschaffen kann, kann der Antrag abgelehnt und der Antragsteller auf diese Quellen hingewiesen werden. [2]Die Voraussetzungen nach Satz 1 sind insbesondere dann erfüllt, wenn die Stelle den Informationszugang bereits nach § 6 Absatz 1 Satz 3 gewährt. [3]Satz 1 gilt entsprechend, soweit sich in den Fällen des § 2 Absatz 1 Satz 1 Nummer 2 bis 6 eine der in § 3 Satz 6 genannten Personen im Rahmen einer nach den Vorschriften des Verwaltungsverfahrensgesetzes oder den entsprechenden Vorschriften der Verwaltungsverfahrensgesetze der Länder durchgeführten Anhörung verpflichtet, die begehrte Information selbst zu erteilen, es sei denn, der Antragsteller hat nach § 6 Absatz 1 Satz 2 ausdrücklich um eine behördliche Auskunftserteilung gebeten oder es bestehen Anhaltspunkte dafür, dass die Information durch die Person nicht, nicht rechtzeitig oder nicht vollständig erfolgen wird.

§ 5 Entscheidung über den Antrag. (1) [1]Das Verfahren einschließlich der Beteiligung Dritter, deren rechtliche Interessen durch den Ausgang des Verfahrens berührt werden können, richtet sich nach dem Verwaltungsverfahrensgesetz oder den Verwaltungsverfahrensgesetzen der Länder. [2]Für die Anhörung gelten § 28 des Verwaltungsverfahrensgesetzes oder die entsprechenden Vorschriften der Verwaltungsverfahrensgesetze der Länder mit der Maßgabe, dass von einer Anhörung auch abgesehen werden kann
1. bei der Weitergabe von Informationen im Sinne des § 2 Absatz 1 Satz 1 Nummer 1,
2. in Fällen, in denen dem oder der Dritten die Erhebung der Information durch die Stelle bekannt ist und er oder sie in der Vergangenheit bereits Gelegenheit hatte, zur Weitergabe derselben Information Stellung zu nehmen, insbesondere wenn bei gleichartigen Anträgen auf Informationszugang eine Anhörung zu derselben Information bereits durchgeführt worden ist.

[3]Bei gleichförmigen Anträgen von mehr als 20 Personen gelten die §§ 17 und 19 des Verwaltungsverfahrensgesetzes entsprechend.

(2) [1]Der Antrag ist in der Regel innerhalb von einem Monat zu bescheiden. [2]Im Fall einer Beteiligung Dritter verlängert sich die Frist auf zwei Monate; der Antragsteller ist hierüber zu unterrichten. [3]Die Entscheidung über den Antrag ist auch der oder dem Dritten bekannt zu geben. [4]Auf Nachfrage des Dritten legt die Stelle diesem Namen und Anschrift des Antragstellers offen.

(3) [1]Wird dem Antrag stattgegeben, sind Ort, Zeit und Art des Informationszugangs mitzuteilen. [2]Wird der Antrag vollständig oder teilweise abgelehnt, ist mitzuteilen, ob und gegebenenfalls wann die Informationen ganz oder teilweise zu einem späteren Zeitpunkt zugänglich sind.

(4) [1]Widerspruch und Anfechtungsklage haben in den in § 2 Absatz 1 Satz 1 Nummer 1 genannten Fällen keine aufschiebende Wirkung. [2]Auch wenn von der Anhörung Dritter nach Absatz 1 abgesehen wird, darf der Informationszugang erst erfolgen, wenn die Entscheidung dem oder der Dritten bekannt gegeben worden ist und diesem ein ausreichender Zeitraum zur Einlegung von Rechtsbehelfen eingeräumt worden ist. [3]Der Zeitraum nach Satz 2 soll 14 Tage nicht überschreiten.

(5) [1]Ein Vorverfahren findet abweichend von § 68 der Verwaltungsgerichtsordnung auch dann statt, wenn die Entscheidung von einer obersten Bundesbehörde erlassen worden ist. [2]Widerspruchsbehörde ist die oberste Bundesbehörde.

§ 6 Informationsgewährung. (1) [1]Die informationspflichtige Stelle kann den Informationszugang durch Auskunftserteilung, Gewährung von Akteneinsicht oder in sonstiger Weise eröffnen. [2]Wird eine bestimmte Art des Informationszugangs begehrt, so darf dieser nur aus wichtigem Grund auf andere Art gewährt werden. [3]Die informationspflichtige Stelle kann Informationen, zu denen Zugang zu gewähren ist, auch unabhängig von einem Antrag nach § 4 Absatz 1 über das Internet oder in sonstiger öffentlich zugänglicher Weise zugänglich machen; § 5 Absatz 1 gilt entsprechend. [4]Die Informationen sollen für die Verbraucherinnen und Verbraucher verständlich dargestellt werden.

(2) Soweit der informationspflichtigen Stelle keine Erkenntnisse über im Antrag nach § 4 Absatz 1 begehrte Informationen vorliegen, leitet sie den Antrag, soweit ihr dies bekannt und möglich ist, von Amts wegen an die Stelle weiter, der die Informationen vorliegen, und unterrichtet den Antragsteller über die Weiterleitung.

(3) [1]Die informationspflichtige Stelle ist nicht verpflichtet, die inhaltliche Richtigkeit der Informationen zu überprüfen, soweit es sich nicht um personenbezogene Daten handelt. [2]Der informationspflichtigen Stelle bekannte Hinweise auf Zweifel an der Richtigkeit sind mitzuteilen.

(4) [1]Stellen sich die von der informationspflichtigen Stelle zugänglich gemachten Informationen im Nachhinein als falsch oder die zugrunde liegenden Umstände als unrichtig wiedergegeben heraus, so ist dies unverzüglich richtig zu stellen, sofern der oder die Dritte dies beantragt oder dies zur Wahrung er-

heblicher Belange des Gemeinwohls erforderlich ist. [2]Die Richtigstellung soll in derselben Weise erfolgen, in der die Information zugänglich gemacht wurde.

§ 7 Gebühren und Auslagen. (1) [1]Für individuell zurechenbare öffentliche Leistungen der Behörden nach diesem Gesetz werden vorbehaltlich des Satzes 2 kostendeckende Gebühren und Auslagen erhoben. [2]Der Zugang zu Informationen nach § 2 Absatz 1 Satz 1 Nummer 1 ist bis zu einem Verwaltungsaufwand von 1 000 Euro gebühren- und auslagenfrei, der Zugang zu sonstigen Informationen bis zu einem Verwaltungsaufwand von 250 Euro. [3]Sofern der Antrag nicht gebühren- und auslagenfrei bearbeitet wird, ist der Antragsteller über die voraussichtliche Höhe der Gebühren und Auslagen vorab zu informieren. [4]Er ist auf die Möglichkeit hinzuweisen, seinen Antrag zurücknehmen oder einschränken zu können.

(2) [1]Die Bundesregierung wird ermächtigt, durch Rechtsverordnung ohne Zustimmung des Bundesrates die gebührenpflichtigen Tatbestände und die Gebührenhöhe zu bestimmen, soweit dieses Gesetz durch Stellen des Bundes ausgeführt wird. [2]§ 15 Abs. 2 des Verwaltungskostengesetzes vom 23. Juni 1970 (BGBl. I S. 821) in der am 14. August 2013 geltenden Fassung findet keine Anwendung.

Umweltinformationsgesetz (UIG)[1]

In der Fassung der Bekanntmachung vom 20. Juli 2017 (BGBl. I S. 2808)

INHALTSÜBERSICHT

Abschnitt 1

Allgemeine Vorschriften

§ 1 Zweck des Gesetzes; Anwendungsbereich. (1) Zweck dieses Gesetzes ist es, den rechtlichen Rahmen für den freien Zugang zu Umweltinformationen bei informationspflichtigen Stellen sowie für die Verbreitung dieser Umweltinformationen zu schaffen.

(2) Dieses Gesetz gilt für informationspflichtige Stellen des Bundes und der bundesunmittelbaren juristischen Personen des öffentlichen Rechts.

§ 2 Begriffsbestimmungen. (1) Informationspflichtige Stellen sind

1. die Regierung und andere Stellen der öffentlichen Verwaltung. Gremien, die diese Stellen beraten, gelten als Teil der Stelle, die deren Mitglieder beruft. Zu den informationspflichtigen Stellen gehören nicht
   a) die obersten Bundesbehörden, soweit und solange sie im Rahmen der Gesetzgebung tätig werden, und

1 Dieses Gesetz dient der Umsetzung der Richtlinie 2003/4/EG des Europäischen Parlaments und des Rates vom 28. Januar 2003 über den Zugang der Öffentlichkeit zu Umweltinformationen und zur Aufhebung der Richtlinie 90/313/EWG des Rates (ABl. L 41 vom 14. Februar 2003, S. 26).

b) Gerichte des Bundes, soweit sie nicht Aufgaben der öffentlichen Verwaltung wahrnehmen;

2. natürliche oder juristische Personen des Privatrechts, soweit sie öffentliche Aufgaben wahrnehmen oder öffentliche Dienstleistungen erbringen, die im Zusammenhang mit der Umwelt stehen, insbesondere solche der umweltbezogenen Daseinsvorsorge, und dabei der Kontrolle des Bundes oder einer unter der Aufsicht des Bundes stehenden juristischen Person des öffentlichen Rechts unterliegen.

(2) Kontrolle im Sinne des Absatzes 1 Nummer 2 liegt vor, wenn

1. die Person des Privatrechts bei der Wahrnehmung der öffentlichen Aufgabe oder bei der Erbringung der öffentlichen Dienstleistung gegenüber Dritten besonderen Pflichten unterliegt oder über besondere Rechte verfügt, insbesondere ein Kontrahierungszwang oder ein Anschluss- und Benutzungszwang besteht, oder
2. eine oder mehrere der in Absatz 1 Nummer 2 genannten juristischen Personen des öffentlichen Rechts allein oder zusammen, unmittelbar oder mittelbar
   a) die Mehrheit des gezeichneten Kapitals des Unternehmens besitzen,
   b) über die Mehrheit der mit den Anteilen des Unternehmens verbundenen Stimmrechte verfügen oder
   c) mehr als die Hälfte der Mitglieder des Verwaltungs-, Leitungs- oder Aufsichtsorgans des Unternehmens bestellen können, oder
3. mehrere juristische Personen des öffentlichen Rechts zusammen unmittelbar oder mittelbar über eine Mehrheit im Sinne der Nummer 2 Buchstabe a bis c verfügen und der überwiegende Anteil an dieser Mehrheit den in Absatz 1 Nummer 2 genannten juristischen Personen des öffentlichen Rechts zuzuordnen ist.

(3) Umweltinformationen sind unabhängig von der Art ihrer Speicherung alle Daten über

1. den Zustand von Umweltbestandteilen wie Luft und Atmosphäre, Wasser, Boden, Landschaft und natürliche Lebensräume einschließlich Feuchtgebiete, Küsten- und Meeresgebiete, die Artenvielfalt und ihre Bestandteile, einschließlich gentechnisch veränderter Organismen, sowie die Wechselwirkungen zwischen diesen Bestandteilen;
2. Faktoren wie Stoffe, Energie, Lärm und Strahlung, Abfälle aller Art sowie Emissionen, Ableitungen und sonstige Freisetzungen von Stoffen in die Umwelt, die sich auf die Umweltbestandteile im Sinne der Nummer 1 auswirken oder wahrscheinlich auswirken;
3. Maßnahmen oder Tätigkeiten, die
   a) sich auf die Umweltbestandteile im Sinne der Nummer 1 oder auf Faktoren im Sinne der Nummer 2 auswirken oder wahrscheinlich auswirken oder
   b) den Schutz von Umweltbestandteilen im Sinne der Nummer 1 bezwecken; zu den Maßnahmen gehören auch politische Konzepte, Rechts-

und Verwaltungsvorschriften, Abkommen, Umweltvereinbarungen, Pläne und Programme;
4. Berichte über die Umsetzung des Umweltrechts;
5. Kosten-Nutzen-Analysen oder sonstige wirtschaftliche Analysen und Annahmen, die zur Vorbereitung oder Durchführung von Maßnahmen oder Tätigkeiten im Sinne der Nummer 3 verwendet werden, und
6. den Zustand der menschlichen Gesundheit und Sicherheit, die Lebensbedingungen des Menschen sowie Kulturstätten und Bauwerke, soweit sie jeweils vom Zustand der Umweltbestandteile im Sinne der Nummer 1 oder von Faktoren, Maßnahmen oder Tätigkeiten im Sinne der Nummern 2 und 3 betroffen sind oder sein können; hierzu gehört auch die Kontamination der Lebensmittelkette.

(4) [1]Eine informationspflichtige Stelle verfügt über Umweltinformationen, wenn diese bei ihr vorhanden sind oder für sie bereitgehalten werden. [2]Ein Bereithalten liegt vor, wenn eine natürliche oder juristische Person, die selbst nicht informationspflichtige Stelle ist, Umweltinformationen für eine informationspflichtige Stelle im Sinne des Absatzes 1 aufbewahrt, auf die diese Stelle einen Übermittlungsanspruch hat.

Abschnitt 2
Informationszugang auf Antrag

§ 3 Anspruch auf Zugang zu Umweltinformationen. (1) [1]Jede Person hat nach Maßgabe dieses Gesetzes Anspruch auf freien Zugang zu Umweltinformationen, über die eine informationspflichtige Stelle im Sinne des § 2 Absatz 1 verfügt, ohne ein rechtliches Interesse darlegen zu müssen. [2]Daneben bleiben andere Ansprüche auf Zugang zu Informationen unberührt.

(2) [1]Der Zugang kann durch Auskunftserteilung, Gewährung von Akteneinsicht oder in sonstiger Weise eröffnet werden. [2]Wird eine bestimmte Art des Informationszugangs beantragt, so darf dieser nur aus gewichtigen Gründen auf andere Art eröffnet werden. [3]Als gewichtiger Grund gilt insbesondere ein deutlich höherer Verwaltungsaufwand. [4]Soweit Umweltinformationen der antragstellenden Person bereits auf andere, leicht zugängliche Art, insbesondere durch Verbreitung nach § 10, zur Verfügung stehen, kann die informationspflichtige Stelle die Person auf diese Art des Informationszugangs verweisen.

(3) [1]Soweit ein Anspruch nach Absatz 1 besteht, sind die Umweltinformationen der antragstellenden Person unter Berücksichtigung etwaiger von ihr angegebener Zeitpunkte, spätestens jedoch mit Ablauf der Frist nach Satz 2 Nummer 1 oder Nummer 2 zugänglich zu machen. [2]Die Frist beginnt mit Eingang des Antrags bei der informationspflichtigen Stelle, die über die Informationen verfügt, und endet

1. mit Ablauf eines Monats oder
2. soweit Umweltinformationen derart umfangreich und komplex sind, dass die in Nummer 1 genannte Frist nicht eingehalten werden kann, mit Ablauf von zwei Monaten.

§ 4 Antrag und Verfahren. (1) Umweltinformationen werden von einer informationspflichtigen Stelle auf Antrag zugänglich gemacht.

(2) [1]Der Antrag muss erkennen lassen, zu welchen Umweltinformationen der Zugang gewünscht wird. [2]Ist der Antrag zu unbestimmt, so ist der antragstellenden Person dies innerhalb eines Monats mitzuteilen und Gelegenheit zur Präzisierung des Antrags zu geben. [3]Kommt die antragstellende Person der Aufforderung zur Präzisierung nach, beginnt der Lauf der Frist zur Beantwortung von Anträgen erneut. [4]Die Informationssuchenden sind bei der Stellung und Präzisierung von Anträgen zu unterstützen.

(3) [1]Wird der Antrag bei einer informationspflichtigen Stelle gestellt, die nicht über die Umweltinformationen verfügt, leitet sie den Antrag an die über die begehrten Informationen verfügende Stelle weiter, wenn ihr diese bekannt ist, und unterrichtet die antragstellende Person hierüber. [2]Anstelle der Weiterleitung des Antrags kann sie die antragstellende Person auch auf andere ihr bekannte informationspflichtige Stellen hinweisen, die über die Informationen verfügen.

(4) Wird eine andere als die beantragte Art des Informationszugangs im Sinne von § 3 Absatz 2 eröffnet, ist dies innerhalb der Frist nach § 3 Absatz 3 Satz 2 Nummer 1 unter Angabe der Gründe mitzuteilen.

(5) Über die Geltung der längeren Frist nach § 3 Absatz 3 Satz 2 Nummer 2 ist die antragstellende Person spätestens mit Ablauf der Frist nach § 3 Absatz 3 Satz 2 Nummer 1 unter Angabe der Gründe zu unterrichten.

§ 5 Ablehnung des Antrags. (1) [1]Wird der Antrag ganz oder teilweise nach den §§ 8 und 9 abgelehnt, ist die antragstellende Person innerhalb der Fristen nach § 3 Absatz 3 Satz 2 hierüber zu unterrichten. [2]Eine Ablehnung liegt auch dann vor, wenn nach § 3 Absatz 2 der Informationszugang auf andere Art gewährt oder die antragstellende Person auf eine andere Art des Informationszugangs verwiesen wird. [3]Der antragstellenden Person sind die Gründe für die Ablehnung mitzuteilen; in den Fällen des § 8 Absatz 2 Nummer 4 ist darüber hinaus die Stelle, die das Material vorbereitet, sowie der voraussichtliche Zeitpunkt der Fertigstellung mitzuteilen. [4]§ 39 Absatz 2 des Verwaltungsverfahrensgesetzes findet keine Anwendung.

(2) [1]Wenn der Antrag schriftlich gestellt wurde oder die antragstellende Person dies begehrt, erfolgt die Ablehnung in schriftlicher Form. [2]Sie ist auf Verlangen der antragstellenden Person in elektronischer Form mitzuteilen, wenn der Zugang hierfür eröffnet ist.

(3) Liegt ein Ablehnungsgrund nach § 8 oder § 9 vor, sind die hiervon nicht betroffenen Informationen zugänglich zu machen, soweit es möglich ist, die betroffenen Informationen auszusondern.

(4) Die antragstellende Person ist im Falle der vollständigen oder teilweisen Ablehnung eines Antrags auch über die Rechtsschutzmöglichkeiten gegen die Entscheidung sowie darüber zu belehren, bei welcher Stelle und innerhalb welcher Frist um Rechtsschutz nachgesucht werden kann.

§ 6 Rechtsschutz. (1) Für Streitigkeiten nach diesem Gesetz ist der Verwaltungsrechtsweg gegeben.

(2) Gegen die Entscheidung durch eine Stelle der öffentlichen Verwaltung im Sinne des § 2 Absatz 1 Nummer 1 ist ein Widerspruchsverfahren nach den §§ 68 bis 73 der Verwaltungsgerichtsordnung auch dann durchzuführen, wenn die Entscheidung von einer obersten Bundesbehörde getroffen worden ist.

(3) [1]Ist die antragstellende Person der Auffassung, dass eine informationspflichtige Stelle im Sinne des § 2 Absatz 1 Nummer 2 den Antrag nicht vollständig erfüllt hat, kann sie die Entscheidung der informationspflichtigen Stelle nach Absatz 4 überprüfen lassen. [2]Die Überprüfung ist nicht Voraussetzung für die Erhebung der Klage nach Absatz 1. [3]Eine Klage gegen die zuständige Stelle nach § 13 Absatz 1 ist ausgeschlossen.

(4) [1]Der Anspruch auf nochmalige Prüfung ist gegenüber der informationspflichtigen Stelle im Sinne des § 2 Absatz 1 Nummer 2 innerhalb eines Monats, nachdem diese Stelle mitgeteilt hat, dass der Anspruch nicht oder nicht vollständig erfüllt werden kann, schriftlich geltend zu machen. [2]Die informationspflichtige Stelle hat der antragstellenden Person das Ergebnis ihrer nochmaligen Prüfung innerhalb eines Monats zu übermitteln.

(5) Durch Landesgesetz kann für Streitigkeiten um Ansprüche gegen private informationspflichtige Stellen auf Grund von landesrechtlichen Vorschriften über den Zugang zu Umweltinformationen der Verwaltungsrechtsweg vorgesehen werden.

§ 7 Unterstützung des Zugangs zu Umweltinformationen. (1) [1]Die informationspflichtigen Stellen ergreifen Maßnahmen, um den Zugang zu den bei ihnen verfügbaren Umweltinformationen zu erleichtern. [2]Zu diesem Zweck wirken sie darauf hin, dass Umweltinformationen, über die sie verfügen, zunehmend in elektronischen Datenbanken oder in sonstigen Formaten gespeichert werden, die über Mittel der elektronischen Kommunikation abrufbar sind.

(2) Die informationspflichtigen Stellen treffen praktische Vorkehrungen zur Erleichterung des Informationszugangs, beispielsweise durch
1. die Benennung von Auskunftspersonen oder Informationsstellen,
2. die Veröffentlichung von Verzeichnissen über verfügbare Umweltinformationen,
3. die Einrichtung öffentlich zugänglicher Informationsnetze und Datenbanken oder
4. die Veröffentlichung von Informationen über behördliche Zuständigkeiten.

(3) Soweit möglich, gewährleisten die informationspflichtigen Stellen, dass alle Umweltinformationen, die von ihnen oder für sie zusammengestellt werden, auf dem gegenwärtigen Stand, exakt und vergleichbar sind.

Abschnitt 3
Ablehnungsgründe

§ 8 Schutz öffentlicher Belange. (1) [1]Soweit das Bekanntgeben der Informationen nachteilige Auswirkungen hätte auf
1. die internationalen Beziehungen, die Verteidigung oder bedeutsame Schutzgüter der öffentlichen Sicherheit,
2. die Vertraulichkeit der Beratungen von informationspflichtigen Stellen im Sinne des § 2 Absatz 1,
3. die Durchführung eines laufenden Gerichtsverfahrens, den Anspruch einer Person auf ein faires Verfahren oder die Durchführung strafrechtlicher, ordnungswidrigkeitenrechtlicher oder disziplinarrechtlicher Ermittlungen oder
4. den Zustand der Umwelt und ihrer Bestandteile im Sinne des § 2 Absatz 3 Nummer 1 oder Schutzgüter im Sinne des § 2 Absatz 3 Nummer 6,

ist der Antrag abzulehnen, es sei denn, das öffentliche Interesse an der Bekanntgabe überwiegt. [2]Der Zugang zu Umweltinformationen über Emissionen kann nicht unter Berufung auf die in den Nummern 2 und 4 genannten Gründe abgelehnt werden.

(2) Soweit ein Antrag
1. offensichtlich missbräuchlich gestellt wurde,
2. sich auf interne Mitteilungen der informationspflichtigen Stellen im Sinne des § 2 Absatz 1 bezieht,
3. bei einer Stelle, die nicht über die Umweltinformationen verfügt, gestellt wird, sofern er nicht nach § 4 Absatz 3 weitergeleitet werden kann,
4. sich auf die Zugänglichmachung von Material, das gerade vervollständigt wird, noch nicht abgeschlossener Schriftstücke oder noch nicht aufbereiteter Daten bezieht oder
5. zu unbestimmt ist und auf Aufforderung der informationspflichtigen Stelle nach § 4 Absatz 2 nicht innerhalb einer angemessenen Frist präzisiert wird,

ist er abzulehnen, es sei denn, das öffentliche Interesse an der Bekanntgabe überwiegt.

§ 9 Schutz sonstiger Belange. (1) [1]Soweit
1. durch das Bekanntgeben der Informationen personenbezogene Daten offenbart und dadurch Interessen der Betroffenen erheblich beeinträchtigt würden,
2. Rechte am geistigen Eigentum, insbesondere Urheberrechte, durch das Zugänglichmachen von Umweltinformationen verletzt würden oder
3. durch das Bekanntgeben Betriebs- oder Geschäftsgeheimnisse zugänglich gemacht würden oder die Informationen dem Steuergeheimnis oder dem Statistikgeheimnis unterliegen,

ist der Antrag abzulehnen, es sei denn, die Betroffenen haben zugestimmt oder das öffentliche Interesse an der Bekanntgabe überwiegt. [2]Der Zugang zu Umweltinformationen über Emissionen kann nicht unter Berufung auf die in den Nummern 1 und 3 genannten Gründe abgelehnt werden. [3]Vor der Entscheidung über die Offenbarung der durch Satz 1 Nummer 1 bis 3 geschützten Informationen sind die Betroffenen anzuhören. [4]Die informationspflichtige Stelle hat in der Regel von einer Betroffenheit im Sinne des Satzes 1 Nummer 3 auszugehen, soweit übermittelte Informationen als Betriebs- und Geschäftsgeheimnisse gekennzeichnet sind. [5]Soweit die informationspflichtige Stelle dies verlangt, haben mögliche Betroffene im Einzelnen darzulegen, dass ein Betriebs- oder Geschäftsgeheimnis vorliegt.

(2) [1]Umweltinformationen, die private Dritte einer informationspflichtigen Stelle übermittelt haben, ohne rechtlich dazu verpflichtet zu sein oder rechtlich verpflichtet werden zu können, und deren Offenbarung nachteilige Auswirkungen auf die Interessen der Dritten hätte, dürfen ohne deren Einwilligung anderen nicht zugänglich gemacht werden, es sei denn, das öffentliche Interesse an der Bekanntgabe überwiegt. [2]Der Zugang zu Umweltinformationen über Emissionen kann nicht unter Berufung auf die in Satz 1 genannten Gründe abgelehnt werden.

Abschnitt 4
Verbreitung von Umweltinformationen

§ 10 Unterrichtung der Öffentlichkeit. (1) [1]Die informationspflichtigen Stellen unterrichten die Öffentlichkeit in angemessenem Umfang aktiv und systematisch über die Umwelt. [2]In diesem Rahmen verbreiten sie Umweltinformationen, die für ihre Aufgaben von Bedeutung sind und über die sie verfügen.

(2) [1]Zu den zu verbreitenden Umweltinformationen gehören zumindest:

1. der Wortlaut von völkerrechtlichen Verträgen, das von den Organen der Europäischen Gemeinschaften erlassene Gemeinschaftsrecht sowie Rechtsvorschriften von Bund, Ländern oder Kommunen über die Umwelt oder mit Bezug zur Umwelt;
2. politische Konzepte sowie Pläne und Programme mit Bezug zur Umwelt;
3. Berichte über den Stand der Umsetzung von Rechtsvorschriften sowie Konzepten, Plänen und Programmen nach den Nummern 1 und 2, sofern solche Berichte von den jeweiligen informationspflichtigen Stellen in elektronischer Form ausgearbeitet worden sind oder bereitgehalten werden;
4. Daten oder Zusammenfassungen von Daten aus der Überwachung von Tätigkeiten, die sich auf die Umwelt auswirken oder wahrscheinlich auswirken;
5. Zulassungsentscheidungen, die erhebliche Auswirkungen auf die Umwelt haben, und Umweltvereinbarungen sowie
6. zusammenfassende Darstellung und Bewertung der Umweltauswirkungen nach den §§ 24 und 25 des Gesetzes über die Umweltverträglichkeitsprüfung in der Fassung der Bekanntmachung vom 24. Februar 2010 (BGBl. I S. 94) in der jeweils geltenden Fassung und Risikobewertungen im Hinblick auf Umweltbestandteile nach § 2 Absatz 3 Nummer 1.

[2]In Fällen des Satzes 1 Nummer 5 und 6 genügt zur Verbreitung die Angabe, wo solche Informationen zugänglich sind oder gefunden werden können. [3]Die veröffentlichten Umweltinformationen werden in angemessenen Abständen aktualisiert.

(3) [1]Die Verbreitung von Umweltinformationen soll in für die Öffentlichkeit verständlicher Darstellung und leicht zugänglichen Formaten erfolgen. [2]Hierzu sollen, soweit vorhanden, elektronische Kommunikationsmittel verwendet werden. [3]Satz 2 gilt nicht für Umweltinformationen, die vor Inkrafttreten dieses Gesetzes angefallen sind, es sei denn, sie liegen bereits in elektronischer Form vor.

(4) Die Anforderungen an die Unterrichtung der Öffentlichkeit nach den Absätzen 1 und 2 können auch dadurch erfüllt werden, dass Verknüpfungen zu Internet-Seiten eingerichtet werden, auf denen die zu verbreitenden Umweltinformationen zu finden sind.

(5) [1]Im Falle einer unmittelbaren Bedrohung der menschlichen Gesundheit oder der Umwelt haben die informationspflichtigen Stellen sämtliche Informationen, über die sie verfügen und die es der eventuell betroffenen Öffentlichkeit ermöglichen könnten, Maßnahmen zur Abwendung oder Begrenzung von Schäden infolge dieser Bedrohung zu ergreifen, unmittelbar und unverzüglich zu verbreiten; dies gilt unabhängig davon, ob diese Folge menschlicher Tätigkeit oder einer natürlichen Ursache ist. [2]Verfügen mehrere informationspflichtige Stellen über solche Informationen, sollen sie sich bei deren Verbreitung abstimmen.

(6) § 7 Absatz 1 und 3 sowie die §§ 8 und 9 finden entsprechende Anwendung.

(7) Die Wahrnehmung der Aufgaben des § 10 kann auf bestimmte Stellen der öffentlichen Verwaltung oder private Stellen übertragen werden.

§ 11 Umweltzustandsbericht. [1]Die Bundesregierung veröffentlicht regelmäßig im Abstand von nicht mehr als vier Jahren einen Bericht über den Zustand der Umwelt im Bundesgebiet. [2]Hierbei berücksichtigt sie § 10 Absatz 1, 3 und 6. [3]Der Bericht enthält Informationen über die Umweltqualität und vorhandene Umweltbelastungen. [4]Der erste Bericht nach Inkrafttreten dieses Gesetzes ist spätestens am 31. Dezember 2006 zu veröffentlichen.

Abschnitt 5

Schlussvorschriften

§ 12 Gebühren und Auslagen. (1) [1]Für die Übermittlung von Informationen auf Grund dieses Gesetzes werden Gebühren und Auslagen erhoben. [2]Dies gilt nicht für die Erteilung mündlicher und einfacher schriftlicher Auskünfte, die Einsichtnahme in Umweltinformationen vor Ort, Maßnahmen und Vorkehrungen nach § 7 Absatz 1 und 2 sowie die Unterrichtung der Öffentlichkeit nach den §§ 10 und 11.

(2) Die Gebühren sind auch unter Berücksichtigung des Verwaltungsaufwandes so zu bemessen, dass der Informationsanspruch nach § 3 Absatz 1 wirksam in Anspruch genommen werden kann.

(3) [1]Die Bundesregierung wird ermächtigt, für individuell zurechenbare öffentliche Leistungen von informationspflichtigen Stellen die Höhe der Gebühren und Auslagen durch Rechtsverordnung, die nicht der Zustimmung des Bundesrates bedarf, zu bestimmen. [2]§ 9 Absatz 1 und 2 sowie die §§ 10 und 12 des Bundesgebührengesetzes finden keine Anwendung.

(4) [1]Private informationspflichtige Stellen im Sinne des § 2 Absatz 1 Nummer 2 können für die Übermittlung von Informationen nach diesem Gesetz von der antragstellenden Person Gebühren- und Auslagenerstattung entsprechend den Grundsätzen nach den Absätzen 1 und 2 verlangen. [2]Die Höhe der erstattungsfähigen Gebühren und Auslagen bemisst sich nach den in der Rechtsverordnung nach Absatz 3 festgelegten Sätzen für individuell zurechenbare öffentliche Leistungen von informationspflichtigen Stellen des Bundes und der bundesunmittelbaren juristischen Personen des öffentlichen Rechts.

§ 13 Überwachung. (1) Die zuständigen Stellen der öffentlichen Verwaltung, die die Kontrolle im Sinne des § 2 Absatz 2 für den Bund oder eine unter der Aufsicht des Bundes stehende juristische Person des öffentlichen Rechts ausüben, überwachen die Einhaltung dieses Gesetzes durch private informationspflichtige Stellen im Sinne des § 2 Absatz 1 Nummer 2.

(2) Die informationspflichtigen Stellen nach § 2 Absatz 1 Nummer 2 haben den zuständigen Stellen auf Verlangen alle Informationen herauszugeben, die die Stellen zur Wahrnehmung ihrer Aufgaben nach Absatz 1 benötigen.

(3) Die nach Absatz 1 zuständigen Stellen können gegenüber den informationspflichtigen Stellen nach § 2 Absatz 1 Nummer 2 die zur Einhaltung und Durchführung dieses Gesetzes erforderlichen Maßnahmen ergreifen oder Anordnungen treffen.

(4) Die Bundesregierung wird ermächtigt, durch Rechtsverordnung, die nicht der Zustimmung des Bundesrates bedarf, die Aufgaben nach den Absätzen 1 bis 3 abweichend von Absatz 1 auf andere Stellen der öffentlichen Verwaltung zu übertragen.

§ 14 Ordnungswidrigkeiten. (1) Ordnungswidrig handelt, wer vorsätzlich oder fahrlässig einer vollziehbaren Anordnung nach § 13 Absatz 3 zuwiderhandelt.

(2) Die Ordnungswidrigkeit nach Absatz 1 kann mit einer Geldbuße bis zu zehntausend Euro geahndet werden.

Gesetz über die Weiterverwendung von Informationen öffentlicher Stellen

vom 13. Dezember 2006 (BGBl. I S. 2913),
zuletzt geändert durch Gesetz vom 8. Juli 2015 (BGBl. I S. 1162)

§ 1 Gegenstand und Anwendungsbereich. (1) Dieses Gesetz gilt für die Weiterverwendung von bei öffentlichen Stellen vorhandenen Informationen, insbesondere zur Bereitstellung von Produkten und Dienstleistungen der digitalen Wirtschaft.

(2) Dieses Gesetz gilt nicht für Informationen,
1. an denen kein oder nur ein eingeschränktes Zugangsrecht besteht,
2. die nur bei Nachweis eines rechtlichen oder berechtigten Interesses zugänglich sind,
2a. die lediglich Logos, Wappen und Insignien enthalten,
3. deren Erstellung nicht unter die öffentlichen Aufgaben der betreffenden öffentlichen Stelle fällt,
4. die von Urheberrechten, verwandten Schutzrechten oder gewerblichen Schutzrechten Dritter erfasst werden,
5. die im Besitz öffentlich-rechtlicher Rundfunkanstalten oder deren Beauftragten sind und der Wahrnehmung eines öffentlichen Programm- oder Sendeauftrags dienen,
6. die im Besitz von Bildungs- und Forschungseinrichtungen sind, einschließlich solcher Einrichtungen, die zum Transfer von Forschungsergebnissen gegründet wurden, außer Hochschulbibliotheken,
7. die im Besitz kultureller Einrichtungen sind, außer öffentlichen Bibliotheken, Museen oder Archiven,
8. die nach den Vorschriften des Bundes oder der Länder über den Zugang der Öffentlichkeit zu Geodaten oder zu Umweltinformationen zugänglich sind und uneingeschränkt weiterverwendet werden dürfen.

(2a) Ein Anspruch auf Zugang zu Informationen wird durch dieses Gesetz nicht begründet.

(3) Die Bestimmungen zum Schutz personenbezogener Daten und weitergehende Ansprüche aus anderen Rechtsvorschriften auf Weiterverwendung von Informationen öffentlicher Stellen bleiben unberührt.

§ 2 Begriffsbestimmungen. Im Sinne dieses Gesetzes
1. sind öffentliche Stellen
   a) Gebietskörperschaften, einschließlich ihrer Sondervermögen,
   b) andere juristische Personen des öffentlichen und des privaten Rechts, die zu dem besonderen Zweck gegründet wurden, im Allgemeininteresse liegende Aufgaben nichtgewerblicher Art zu erfüllen, wenn Stellen, die unter Buchstabe a oder Buchstabe c fallen, sie einzeln oder gemeinsam durch Beteiligung oder auf sonstige Weise überwiegend finanzieren oder

über ihre Leitung die Aufsicht ausüben oder mehr als die Hälfte der Mitglieder eines ihrer zur Geschäftsführung oder zur Aufsicht berufenen Organe bestimmt haben. Das Gleiche gilt dann, wenn die Stelle, die einzeln oder gemeinsam mit anderen die überwiegende Finanzierung gewährt oder die Mehrheit der Mitglieder eines zur Geschäftsführung oder Aufsicht berufenen Organs bestimmt hat, unter Satz 1 fällt,

c) Verbände, deren Mitglieder unter Buchstabe a oder Buchstabe b fallen,

2. ist Information jede Aufzeichnung, unabhängig von der Art ihrer Speicherung,
3. ist Weiterverwendung jede Nutzung von Informationen für kommerzielle oder nichtkommerzielle Zwecke, die über die Erfüllung einer öffentlichen Aufgabe hinausgeht; die intellektuelle Wahrnehmung einer Information und die Verwertung des dadurch erlangten Wissens stellen regelmäßig keine Weiterverwendung dar,
4. sind Nutzungsbestimmungen Bestimmungen, die wesentliche Fragen der Weiterverwendung von Informationen regeln,
5. ist maschinenlesbares Format ein Dateiformat, das so strukturiert ist, dass Softwareanwendungen bestimmte Daten, einschließlich einzelner Sachverhaltsdarstellungen und deren interner Struktur, leicht identifizieren, erkennen und extrahieren können,
6. ist offenes Format ein Dateiformat, das plattformunabhängig ist und der Öffentlichkeit ohne Einschränkungen, die der Weiterverwendung von Informationen hinderlich wären, zugänglich gemacht wird,
7. ist anerkannter, offener Standard ein schriftlich niedergelegter Standard, in dem die Anforderungen für die Sicherstellung der Interoperabilität der Software niedergelegt sind.

§ 2a Grundsatz der Weiterverwendung. [1]Informationen, die in den Anwendungsbereich dieses Gesetzes fallen, dürfen weiterverwendet werden. [2]Für Informationen, an denen Bibliotheken, einschließlich Hochschulbibliotheken, Museen oder Archiven, Urheber- oder verwandte Schutzrechte oder gewerbliche Schutzrechte zustehen, gilt dies nur, soweit deren Nutzung nach den für diese Schutzrechte geltenden Vorschriften zulässig ist oder die Einrichtung die Nutzung zugelassen hat; die Bedingungen der Nutzung müssen den Vorschriften dieses Gesetzes entsprechen.

§ 3 Gleichbehandlungsanspruch. (1) Werden Informationen von öffentlichen Stellen als Ausgangsmaterial für eigene Geschäftstätigkeiten weiterverwendet, gelten hierfür die gleichen Entgelte und Bedingungen wie für andere Personen.

(2) [1]Informationen sind in allen angefragten Formaten und Sprachen, in denen sie bei der öffentlichen Stelle vorliegen, zur Weiterverwendung zur Verfügung zu stellen; soweit möglich und wenn damit für die öffentliche Stelle kein unverhältnismäßiger Aufwand verbunden ist, sind sie vollständig oder in Auszügen elektronisch sowie in einem offenen und maschinenlesbaren Format zu-

sammen mit den zugehörigen Metadaten zu übermitteln. [2]Sowohl die Formate als auch die Metadaten sollten so weit wie möglich anerkannten, offenen Standards entsprechen.

§ 3a Verbot von Ausschließlichkeitsvereinbarungen. (1) [1]Regelungen über die Weiterverwendung von Informationen öffentlicher Stellen dürfen keine ausschließlichen Rechte gewähren. [2]Dies gilt nicht, wenn zur Bereitstellung eines Dienstes im öffentlichen Interesse ein ausschließliches Recht über die Weiterverwendung von Informationen erforderlich ist. [3]Die Begründung eines solchen Rechts muss regelmäßig, mindestens alle drei Jahre, überprüft werden. [4]Nach dem 31. Dezember 2003 getroffene Regelungen über ausschließliche Rechte müssen klar und eindeutig sein sowie öffentlich bekannt gemacht werden. [5]Bestehende ausschließliche Rechte, die nicht unter Satz 2 fallen, erlöschen mit Ablauf der Regelung, spätestens jedoch am 31. Dezember 2008.

(2) [1]Am 17. Juli 2013 bestehende Ausschließlichkeitsvereinbarungen enden bei Vertragsablauf, spätestens jedoch am 18. Juli 2043. [2]Dies gilt nicht für Regelungen im öffentlichen Interesse oder zur Digitalisierung von Kulturbeständen.

(3) [1]Bezieht sich ein ausschließliches Recht auf die Digitalisierung von Kulturbeständen, soll es für höchstens zehn Jahre gewährt werden. [2]Wird es für mehr als zehn Jahre gewährt, ist die vereinbarte Gewährungsdauer im elften Jahr und danach alle sieben Jahre zu überprüfen. [3]Die Ausschließlichkeitsvereinbarungen müssen transparent sein und öffentlich bekannt gemacht werden. [4]Der betreffenden öffentlichen Stelle ist im Rahmen der Vereinbarung eine Kopie der digitalisierten Kulturbestände unentgeltlich zur Verfügung zu stellen. [5]Die öffentliche Stelle stellt diese Kopie am Ende des Ausschließlichkeitszeitraums zur Weiterverwendung zur Verfügung.

§ 4 Nutzungsbestimmungen. (1) [1]Die öffentliche Stelle kann für die Weiterverwendung Nutzungsbestimmungen vorsehen. [2]Die Nutzungsbestimmungen müssen verhältnismäßig sein, dürfen nicht zu einer Wettbewerbsverzerrung führen und die Möglichkeiten der Weiterverwendung nicht unnötig einschränken. [3]Die Gleichbehandlung der Nutzer ist zu gewährleisten.

(2) Nutzungsbestimmungen für die Weiterverwendung, die allgemein Anwendung finden sollen, sind im Voraus festzulegen und, soweit dies technisch möglich und sinnvoll ist, über öffentlich zugängliche Netze zu veröffentlichen.

(3) [1]Ist eine Weiterverwendung von Informationen beabsichtigt, auf die dieses Gesetz nach § 1 Absatz 2 Nummer 4 keine Anwendung findet, benennt die öffentliche Stelle den Rechtsinhaber, wenn er ihr bekannt und seine Nennung zulässig ist. [2]Satz 1 gilt nicht für Bibliotheken, einschließlich Hochschulbibliotheken, Museen und Archive.

(4) Die Verpflichtungen aus den Absätzen 1, 2 und 3 gelten nicht für die in § 1 Absatz 2 Nummer 5 bis 7 genannten öffentlichen Stellen.

§ 5 Grundsätze zur Entgeltberechnung. (1) Entgelte für die Weiterverwendung von Informationen sind auf die Kosten beschränkt, die durch die Reproduktion, Bereitstellung und Weiterverbreitung verursacht werden.

(2) Absatz 1 ist nicht anzuwenden auf

1. öffentliche Stellen, die ausreichende Einnahmen erzielen müssen, um einen wesentlichen Teil ihrer Kosten im Zusammenhang mit der Erfüllung ihrer öffentlichen Aufträge zu decken;
2. Informationen, für die die betreffende öffentliche Stelle aufgrund von Rechtsvorschriften ausreichende Einnahmen erzielen muss, um einen wesentlichen Teil der Kosten im Zusammenhang mit ihrer Erfassung, Erstellung, Reproduktion und Verbreitung zu decken;
3. Bibliotheken, einschließlich Hochschulbibliotheken, Museen und Archive.

(3) [1]In den in Absatz 2 Nummer 1 und 2 genannten Fällen berechnen die betreffenden öffentlichen Stellen die Gesamtentgelte nach von ihnen festzulegenden objektiven, transparenten und nachprüfbaren Kriterien. [2]Die Gesamteinnahmen dieser Stellen aus der Bereitstellung von Informationen und der Gestattung ihrer Weiterverwendung in dem entsprechenden Abrechnungszeitraum dürfen die Kosten ihrer Erfassung, Erstellung, Reproduktion und Verbreitung zuzüglich einer angemessenen Gewinnspanne nicht übersteigen. [3]Die Entgelte werden unter Beachtung der für die betreffenden öffentlichen Stellen geltenden Buchführungsgrundsätze berechnet.

(4) [1]Wenn die in Absatz 2 Nummer 3 genannten öffentlichen Stellen Entgelte verlangen, dürfen die Gesamteinnahmen aus der Bereitstellung von Informationen und der Gestattung ihrer Weiterverwendung in dem entsprechenden Abrechnungszeitraum die Kosten ihrer Erfassung, Erstellung, Reproduktion, Verbreitung, Bewahrung und der Rechteklärung zuzüglich einer angemessenen Gewinnspanne nicht übersteigen. [2]Die Entgelte werden unter Beachtung der für die betreffenden öffentlichen Stellen geltenden Buchführungsgrundsätze berechnet.

§ 6 Transparenz. (1) [1]Wurden für die Weiterverwendung Standardentgelte festgelegt, sind die entsprechenden Bedingungen und ist die tatsächliche Höhe dieser Entgelte einschließlich der Berechnungsgrundlage zu veröffentlichen. [2]Die Veröffentlichung soll über öffentlich zugängliche Netze erfolgen.

(2) [1]Wurden für die Weiterverwendung keine Standardentgelte festgelegt, geben die öffentlichen Stellen im Voraus an, welche Faktoren bei der Berechnung berücksichtigt werden. [2]Auf Anfrage gibt die betreffende öffentliche Stelle auch die Berechnungsweise dieser Entgelte in Bezug auf den spezifischen Antrag auf Weiterverwendung an.

(3) [1]Die in § 5 Absatz 2 Nummer 2 genannten Anforderungen werden im Voraus festgelegt. [2]Soweit möglich, werden sie über öffentlich zugängliche Netze veröffentlicht.

§ 7 Rechtsschutz. Für Streitigkeiten nach diesem Gesetz ist der Verwaltungsrechtsweg eröffnet.

§ 8 Praktische Vorkehrungen. Soweit Informationen mit Metadaten versehene Daten im Sinne des § 12 Absatz 1 des E-Government-Gesetzes sind und über öffentlich zugängliche Netze in maschinenlesbaren Formaten bereitgestellt wurden, sollen die Metadaten auf einem nationalen Datenportal zur Verfügung gestellt werden.

II. Presse

Pressegesetz (Mustergesetz)

Die divergierenden Pressegesetze der Länder sollen im Folgenden anhand eines Mustergesetzes dargestellt werden. Dieses fasst die grundlegenden Normen aller Gesetze im Sinne eines Kernbestandes des Presserechts zusammen.

Die vom Mustertext abweichenden Normen werden nach Bundesländern geordnet im Anschluss an den Gesamttext mit Bezug zu den jeweiligen Paragrafen des Mustergesetzes aufgeführt. Dieser Synopse sind die Fundstellen für Landespressegesetze vorangestellt, auf deren Grundlage das Pressegesetz (Mustergesetz) entworfen wurde.

Die in manchen Pressegesetzen enthaltenen Regelungen über die Beschlagnahme[1] von Druckwerken, über das Zeugnisverweigerungsrecht sowie über die strafrechtliche Verantwortlichkeit werden, da hier in jedem Fall das StGB, die StPO sowie die verfassungsrechtlichen Vorgaben vorgehen, nicht erwähnt.[2]

Hinweis: Dieser Teil II. „Presse" (→ Nr. 19) der Vorschriftensammlung enthält eine erläuternde Zusammenstellung zum Pflichtexemplarrecht **(IV. Anhang: Zusammenstellung zum Pflichtexemplarrecht)**

I. Gesetzestext

§ 1 Freiheit der Presse. (1) [1]Die Presse ist frei. [2]Sie dient der freiheitlichen demokratischen Grundordnung.

(2) Die Freiheit der Presse unterliegt nur den Beschränkungen, die durch das Grundgesetz unmittelbar und in seinem Rahmen durch dieses Gesetz zugelassen sind.

(3) Sondermaßnahmen jeder Art, die die Pressefreiheit beeinträchtigen, sind verboten.

---

1 **Bestimmungen über die Beschlagnahme** von Druckwerken sind in folgenden Normen der Pressegesetze enthalten: §§ 13-19 BW; Art. 15 f. BY; §§ 12-17 BE; §§ 13-19 HB; §§ 12-18 MV; § 15 RP u. § 13 SH (Verbreitungsverbot für beschlagnahmte Druckwerke). Im Übrigen gelten die §§ 94 ff. StPO. Siehe zu den für das Presserecht maßgeblichen Vorschriften auch die §§ 111m f. unter → **Nr. 15**.

2 Der **sog. Pressekodex** stellt im Sinne einer Selbstverpflichtung über die Landespressegesetze hinausgehende, rechtlich allerdings nicht verbindliche publizistische Grundsätze sowie die journalistische Berufsethik betreffende Regeln auf: www.presserat.de.

(4) Berufsorganisationen der Presse mit Zwangsmitgliedschaft und eine mit hoheitlicher Gewalt ausgestattete Standesgerichtsbarkeit der Presse sind unzulässig.

§ 2 Zulassungsfreiheit. Die Pressetätigkeit einschließlich der Errichtung eines Verlagsunternehmens oder eines sonstigen Betriebes des Pressegewerbes darf von keiner Zulassung abhängig gemacht werden.

§ 3 Öffentliche Aufgabe der Presse. Die Presse erfüllt eine öffentliche Aufgabe, indem sie insbesondere in Angelegenheiten von öffentlichem Interesse Nachrichten beschafft und verbreitet, Stellung nimmt, Kritik übt oder auf andere Weise an der Meinungsbildung mitwirkt.

§ 4 Informationsanspruch der Presse. (1) Die Behörden sind verpflichtet, den Vertretern der Presse die der Erfüllung ihrer öffentlichen Aufgabe dienenden Auskünfte zu erteilen.

(2) Auskünfte können verweigert werden, soweit
1. hierdurch die sachgemäße Durchführung eines schwebenden Verfahrens vereitelt, erschwert, verzögert oder gefährdet werden könnte oder
2. Vorschriften über die Geheimhaltung entgegenstehen oder
3. ein überwiegendes öffentliches oder schutzwürdiges privates Interesse verletzt würde.

(3) Anordnungen, die einer Behörde Auskünfte an die Presse allgemein verbieten, sind unzulässig.

(4) Der Verleger einer Zeitung oder Zeitschrift kann von den Behörden verlangen, dass ihm deren amtliche Bekanntmachungen nicht später als seinen Mitbewerbern zur Verwendung zugeleitet werden.

§ 5 Sorgfaltspflicht der Presse. [1]Die Presse hat alle Nachrichten vor ihrer Verbreitung mit der nach den Umständen gebotenen Sorgfalt auf Wahrheit, Inhalt und Herkunft zu prüfen. [2]Die Verpflichtung, Druckwerke von strafbarem Inhalt frei zu halten, bleibt unberührt.

§ 6 Begriffsbestimmungen. (1) Druckwerke im Sinne dieses Gesetzes sind alle mittels der Buchdruckerpresse oder eines sonstigen zur Massenherstellung geeigneten Vervielfältigungsverfahrens hergestellten und zur Verbreitung bestimmten Schriften, besprochenen Tonträger, bildlichen Darstellungen mit und ohne Schrift, Bildträger und Musikalien mit Text oder Erläuterungen.

(2) [1]Zu den Druckwerken gehören auch die vervielfältigten Mitteilungen, mit denen Nachrichtenagenturen, Pressekorrespondenzen, Materndienste und ähnliche Unternehmungen, die die Presse mit Beiträgen in Wort, Bild oder in ähnlicher Weise versorgen. [2]Als Druckwerke gelten ferner die von einem presseredaktionellen Hilfsunternehmen gelieferten Mitteilungen ohne Rücksicht auf die technische Form, in der sie geliefert werden.

(3) Den Bestimmungen dieses Gesetzes über Druckwerke unterliegen nicht

1. amtliche Druckwerke, soweit sie ausschließlich amtliche Mitteilungen enthalten,
2. die nur Zwecken des Gewerbes und Verkehrs, des häuslichen und geselligen Lebens dienenden Druckwerke, wie Formulare, Preislisten, Werbedrucksachen, Familienanzeigen, Geschäfts, Jahres- und Verwaltungsberichte und dergleichen, sowie Stimmzettel für Wahlen.

(4) Periodische Druckwerke sind Zeitungen, Zeitschriften und andere in ständiger, wenn auch unregelmäßiger Folge und im Abstand von nicht mehr als sechs Monaten erscheinende Druckwerke.

§ 7 Impressum. (1) Auf jedem im Geltungsbereich dieses Gesetzes erscheinenden Druckwerk müssen Name oder Firma und Anschrift des Druckers und des Verlegers, beim Selbstverlag des Verfassers oder des Herausgebers, genannt sein.

(2) [1]Auf den periodischen Druckwerken sind ferner Name und Anschrift des verantwortlichen Redakteurs anzugeben. [2]Sind mehrere Redakteure verantwortlich, so muss das Impressum die in Satz 1 geforderten Angaben für jeden von ihnen enthalten. [3]Hierbei ist kenntlich zu machen, für welchen Teil oder sachlichen Bereich des Druckwerks jeder Einzelne verantwortlich ist. [4]Für den Anzeigenteil ist ein Verantwortlicher zu benennen; für diesen gelten die Vorschriften über den verantwortlichen Redakteur entsprechend.

(3) [1]Zeitungen und Anschlusszeitungen, die regelmäßig ganze Seiten des redaktionellen Teils fertig übernehmen, haben im Impressum auch den für den übernommenen Teil verantwortlichen Redakteur und den Verleger zu benennen. [2]Kopfzeitungen müssen im Impressum auch den Titel der Hauptzeitung angeben.

§ 8 Persönliche Anforderungen an den verantwortlichen Redakteur. (1) Als verantwortlicher Redakteur darf nicht tätig sein und beschäftigt werden, wer

1. seinen ständigen Aufenthalt außerhalb des Geltungsbereiches des Grundgesetzes hat,
2. infolge Richterspruchs die Fähigkeit, öffentliche Ämter zu bekleiden, Rechte aus öffentlichen Wahlen zu erlangen oder in öffentlichen Angelegenheiten zu wählen oder zu stimmen, nicht besitzt,
3. das 21. Lebensjahr nicht vollendet hat,
4. nicht geschäftsfähig ist,
5. nicht unbeschränkt strafgerichtlich verfolgt werden kann.

(2) Die Vorschriften des Absatzes 1 Nr. 3 und 4 gelten nicht für Druckwerke, die von Jugendlichen für Jugendliche herausgegeben werden.

(3) Von der Voraussetzung des Absatzes 1 Nr. 1 kann das Wissenschaftsministerium im Einvernehmen mit dem Justizministerium in besonderen Fällen auf Antrag Befreiung erteilen.

§ 9 Kennzeichnung entgeltlicher Veröffentlichungen. Hat der Verleger eines periodischen Druckwerks oder der Verantwortliche (§ 8 Abs. 2 Satz 4) für eine Veröffentlichung ein Entgelt erhalten, gefordert oder sich versprechen lassen, so muss diese Veröffentlichung, soweit sie nicht schon durch Anordnung und Gestaltung allgemein als Anzeige zu erkennen ist, deutlich mit dem Wort „Anzeige" bezeichnet werden.

§ 10 Gegendarstellungsanspruch. (1) [1]Der verantwortliche Redakteur und der Verleger eines periodischen Druckwerks sind verpflichtet, eine Gegendarstellung der Person oder Stelle zum Abdruck zu bringen, die durch eine in dem Druckwerk aufgestellte Tatsachenbehauptung betroffen ist. [2]Die Verpflichtung erstreckt sich auf alle Nebenausgaben des Druckwerks, in denen die Tatsachenbehauptung erschienen ist.

(2) [1]Die Pflicht zum Abdruck einer Gegendarstellung besteht nicht, wenn

1. die betroffene Person oder Stelle kein berechtigtes Interesse an der Veröffentlichung hat oder
2. die Gegendarstellung ihrem Umfang nach nicht angemessen ist oder
3. es sich um eine Anzeige handelt, die ausschließlich dem geschäftlichen Verkehr dient.

[2]Überschreitet die Gegendarstellung nicht den Umfang des beanstandeten Textes, so gilt sie als angemessen. [3]Die Gegendarstellung muss sich auf tatsächliche Angaben beschränken und darf keinen strafbaren Inhalt haben. [4]Sie bedarf der Schriftform und muss von dem Betroffenen oder seinem gesetzlichen Vertreter unterzeichnet sein. [5]Der Betroffene oder sein Vertreter kann den Abdruck nur verlangen, wenn die Gegendarstellung dem verantwortlichen Redakteur oder dem Verleger unverzüglich, spätestens innerhalb von drei Monaten nach der Veröffentlichung, zugeht.

(3) [1]Die Gegendarstellung muss in der nach Empfang der Einsendung nächstfolgenden, für den Druck nicht abgeschlossenen Nummer in dem gleichen Teil des Druckwerks und mit gleicher Schrift wie der beanstandete Text ohne Einschaltungen und Weglassungen abgedruckt werden; sie darf nicht in der Form eines Leserbriefs erscheinen. [2]Der Abdruck ist kostenfrei. [3]Wer sich zu der Gegendarstellung in derselben Nummer äußert, muss sich auf tatsächliche Angaben beschränken.

(4) [1]Für die Durchsetzung des Gegendarstellungsanspruchs ist der ordentliche Rechtsweg gegeben. [2]Auf Antrag des Betroffenen kann das Gericht anordnen, dass der verantwortliche Redakteur und der Verleger in der Form des Absatzes 3 eine Gegendarstellung veröffentlichen. [3]Auf dieses Verfahren sind die Vorschriften der Zivilprozessordnung über das Verfahren auf Erlass einer einstweiligen Verfügung entsprechend anzuwenden. [4]Eine Gefährdung des Anspruchs braucht nicht glaubhaft gemacht zu werden. [5]Ein Hauptverfahren findet nicht statt.

(5) Die Absätze 1 bis 4 gelten nicht für wahrheitsgetreue Berichte über öffentliche Sitzungen von übernationalen parlamentarischen Organen, von ge-

setzgebenden oder beschließenden Organe des Bundes, der Länder, der Gemeinden und sonstigen kommunalen Körperschaften sowie der Gerichte.

§ 11 Offenlegungspflicht. (1) [1]Der Verleger eines periodischen Druckwerks muss in regelmäßigen Zeitabschnitten im Druckwerk die Inhaber- und Beteiligungsverhältnisse seines Verlags und seine Rechtsbeziehungen zu mit ihm verbundenen Presse- und Rundfunkunternehmen (§ 15 Aktiengesetz) offen legen. [2]Dies gilt insbesondere für die Überlassung der damit verbundenen Rechte. [3]Die Bekanntgabe erfolgt

1. bei täglich oder wöchentlich erscheinenden Druckwerken in dem Impressum der ersten Ausgabe jedes Kalenderhalbjahres,
2. bei anderen periodischen Druckwerken in dem Impressum der ersten Ausgabe jedes Kalenderjahres.

[4]Änderungen der Inhaber- und Beteiligungsverhältnisse sind unverzüglich bekannt zu machen.

(2) Bei der Offenlegung sind mindestens anzugeben:

1. Namen und Anschriften sowie Art und Höhe der Beteiligung der Inhaber, der persönlich haftenden Gesellschafter, der geschäftsführenden Gesellschafter, der Kommanditisten sowie der Anteilseigner mit einer Kapitalbeteiligung von mehr als zwanzig vom Hundert, der stillen Gesellschafter, sofern ihnen der Gesellschaftsvertrag Geschäftsführungsbefugnisse oder erweiterte Kontrollrechte einräumt; bei Genossenschaften: der Mitglieder des Vorstandes und des Vorsitzenden des Aufsichtsrats;
2. die Namen der weiteren Zeitungen, Zeitschriften und Rundfunkunternehmen, die der Verlag, seine Inhaber oder die nach Nummer 1 an ihm Beteiligten herausgeben beziehungsweise an denen sie beteiligt sind.

§ 12 Pflichtexemplar.[3] (1) [1]Von jedem Druckwerk, das im Geltungsbereich dieses Gesetzes verlegt wird, hat der Verleger mit Beginn der Verbreitung des Druckwerks ein Stück (Pflichtexemplar) der zentralen Landesbibliothek[4] anzubieten und ihr auf Verlangen unentgeltlich und auf eigene Kosten abzugeben. [2]Auf Antrag erstattet die Bibliothek dem Verleger die Herstellungskosten des abgegebenen Druckwerks, wenn ihm die unentgeltliche Abgabe wegen des großen finanziellen Aufwands und der kleinen Auflage nicht zugemutet werden kann.

(2) Absatz 1 gilt entsprechend für den Drucker, wenn das Druckwerk keinen Verleger hat oder außerhalb des Geltungsbereichs dieses Gesetzes verlegt wird.

(3) [1]Das zuständige Landesministerium Minister für Wissenschaft, Forschung und Kultur wird ermächtigt, das Nähere zur Ausführung der Absätze 1

---

3 Zum Pflichtexemplarrecht enthält dieser Teil II. Presse als Anhang eine erläuternde Zusammenstellung.

4 Die zuständigen Landesbibliotheken variieren zwischen Zentral- und Landesbibliotheken und zentral zuständigen Staats- und Universitätsbibliotheken.

und 2 durch Rechtsverordnung zu regeln. [2]Er kann für bestimmte Arten von Druckwerken Ausnahmen zulassen.

§ 13 Anwendbarkeit des Bundesdatenschutzgesetzes.[5] Soweit Unternehmen und Hilfsunternehmen der Presse personenbezogene Daten ausschließlich zu eigenen journalistisch-redaktionellen oder literarischen Zwecken erheben, verarbeiten und nutzen, gelten von den Vorschriften des Bundesdatenschutzgesetzes (BDSG) in seiner jeweils gültigen Fassung nur die §§ 5, 9 und 38a sowie § 7 mit der Maßgabe, dass nur für Schäden gehaftet wird, die durch eine Verletzung von § 5 oder § 9 BDSG eintreten.

§ 14 Strafbare Verletzung der Presseordnung. Mit Freiheitsstrafe bis zu einem Jahr oder mit Geldstrafe wird bestraft, wer
1. als Verleger eine Person zum verantwortlichen Redakteur bestellt, die nicht den Anforderungen des § 8 entspricht,
2. als verantwortlicher Redakteur zeichnet, obwohl er die Voraussetzungen des § 8 nicht erfüllt,
3. wer bei einem Druckwerk strafbaren Inhalts den Vorschriften über das Impressum (§ 7) zuwiderhandelt.

§ 15 Ordnungswidrigkeiten. (1) Ordnungswidrig handelt, wer vorsätzlich oder fahrlässig
1. als verantwortlicher Redakteur oder Verleger – beim Selbstverlag als Verfasser oder Herausgeber – den Vorschriften über das Impressum nach § 7 zuwiderhandelt oder als Unternehmer Druckwerke verbreitet, in denen die nach § 7 vorgeschriebenen Angaben (Impressum) ganz oder teilweise fehlen,
2. als Verleger oder als Verantwortlicher (§ 7 Abs. 2 Satz 4) eine Veröffentlichung gegen Entgelt nicht als Anzeige kenntlich macht oder kenntlich machen lässt (§ 9),
3. gegen die Verpflichtung aus § 10 Abs. 3 Satz 3 verstößt.

(2) Ordnungswidrig handelt auch, wer fahrlässig eine der in § 14 bezeichneten Handlungen begeht.

(3) Die Ordnungswidrigkeit kann mit einer Geldbuße bis zu 5000 Euro geahndet werden.

(4) Die zur Verfolgung der Ordnungswidrigkeiten zuständige Verwaltungsbehörde wird durch Landesrecht bestimmt.

5 Die wichtigsten Vorschriften des **Bundesdatenschutzgesetzes** sind unter → Nr. 7a zusammengefasst.

II. Fundstellen[6]

Gesetz über die Presse vom 14. Januar 1964 GBl. S. 11), zuletzt geändert durch Gesetz vom 29. Juli 2014 (GBl. S. 370) → BW

Bayerisches Pressegesetz (BayPrG) in der Fassung der Bekanntmachung vom 19. April 2000 (GVBl 2000, S. 340), zuletzt geändert am 22. Juli 2014 (GVBl. 2014, S. 286) → BY

Berliner Pressegesetz vom 15. Juni 1965 (GVBl. Berlin, S. 744), zuletzt geändert durch Gesetz vom 4. April 2016 (GVBl. Berlin 2003, S. 150) → BE

Pressegesetz des Landes Brandenburg (Brandenburgisches Landespressegesetz – BbgPG) vom 13. Mai 1993 (GVBl. I/93, S. 162), zuletzt geändert durch Gesetz vom 26. Juni 2012 (GVBl. I Nr. 27) → BB

Gesetz über die Presse (Pressegesetz Bremen) vom 16. März 1965 (GBl. 1965, S. 63), zuletzt geändert durch Gesetz vom 2. August 2016 (BremGBl. S. 43) → HB

Hessisches Gesetz über Freiheit und Recht der Presse- hessisches Pressegesetz vom 23. Juni 1949 (GBL., S. 75), zuletzt geändert durch Gesetz vom 13. Dezember 2012 (GVBl. S. 622) → HE

Hamburgisches Pressegesetz vom 29. Januar 1965 (HmbGVBl. 1965, S. 15), zuletzt geändert durch Gesetz vom 15. Dezember 2009 (HmbGVBl., S. 447) → HH

Landespressegesetz für das Land Mecklenburg-Vorpommern (LPrG M-V) vom 6. Juni 1993 (GVBl. 1993, S. 541), zuletzt geändert durch Gesetz vom 17. Dezember 2009 (GVBl. S. 729) → MV

Niedersächsisches Pressegesetz vom 22. März 1965 (GVBl., S. 9), zuletzt geändert durch Gesetz vom 11. Oktober 2010 (GVBl., S. 480 f.) → ND

Pressegesetz für das Land Nordrhein-Westfalen (Landespressegesetz NW) vom 24. Mai 1966 (GV. NW. 1966, S. 340), zuletzt geändert durch Gesetz vom 3. Dezember 2013 (GV NRW 2013, S. 723) → NW

Landesmediengesetz (LMG) Rheinland-Pfalz vom 4. Februar 2005 (GVBl. S. 23), zuletzt geändert durch Gesetz vom 3. Dezember 2014 (GVBl. I S. 245) → RP

Saarländisches Mediengesetz (SMG) vom 27. Februar 2002 (Amtsbl., S. 498 ff., S. 754), zuletzt geändert durch Gesetz vom 1. Dezember 2015 (Amtsbl. 2015, S. 913) → SL

Sächsisches Gesetz über die Presse (SächsPresseG) vom 3. April 1991 (GVBl., S. 125), zuletzt geändert durch Gesetz vom 17. Dezember 2013 (GVBl. 2009, S. 896) → SN

Pressegesetz für das Land Sachsen-Anhalt (Landespressegesetz) vom 14. August 1991 (GVBl. LSA, S. 261), zuletzt geändert durch Gesetz vom in der Fassung der Neubekanntmachung vom 26. April 2014 (GVBL. LSA S. 198) → ST

Gesetz über die Presse (Landespressegesetz Schleswig-Holstein) in der Fassung vom 19. Juni 1964 (GVOBl. SH, S. 71), zuletzt geändert durch Gesetz vom 30. August 2016 (GVOBl. SH, S. 79) → SH

Thüringer Pressegesetz (TPG) vom 31. Juli 1991, zuletzt geändert durch Gesetz vom 16. Juli 2008 (GVBl. 2008, S. 243) → TH

6 Eine hilfreiche Übersicht über die Landespressegesetze auf dem neuesten Stand bietet die Seite – www.presserecht.de (Rubrik Gesetzestexte).

III. Synopse der Vorschriften aus den Landespressegesetze

Zu § 1 Mustergesetz (Freiheit der Presse)

Wortgleich: § 1 MV, § 1 NW, § 1 SH; mit zusätzlichem Abs. 5: Gesetzen, die für jedermann gelten, ist auch die Presse unterworfen § 1 BW, § 1 HH.

Abweichender Wortlaut:

Art. 1 BY. (1) Das Recht der freien Meinungsäußerung und die Pressefreiheit werden durch die Art. 110, 111 und 112 der Verfassung gewährleistet.

(2) Sondermaßnahmen jeder Art, die die Pressefreiheit beeinträchtigen, sind unstatthaft.

(3) Berufsorganisationen der Presse mit Zwangsmitgliedschaft und staatlichen Machtbefugnissen sowie eine Standesgerichtsbarkeit der Presse sind nicht zulässig.

§ 1 BE. (Abs. 1, 3, 4 wie oben, ohne 5). (2) Die Freiheit der Presse unterliegt nur den Beschränkungen die durch das Grundgesetz unmittelbar und in diesem Rahmen durch die geltenden Gesetze zugelassen sind.

§ 1 BB. (in Abs. 2 obige Abs. 2, 3; in Abs. 3 obiger Abs. 4). (1) Eine freie, nicht von der öffentlichen Gewalt gelenkte, keiner Zensur unterworfene Presse ist ein Wesenselement des freiheitlichen und demokratischen Staates.

§ 1 HB. (ohne Abs. 5, Rest wie oben außer Abs. 2). (2) Die Freiheit der Presse unterliegt nur den Beschränkungen, die durch das Grundgesetz unmittelbar und in seinem Rahmen durch die Landesverfassung der Freien Hansestadt Bremen und durch dieses Gesetz zugelassen sind.

§ 1 HE. (1) [1]Die Presse ist frei. [2]Sie ist befugt, sich Nachrichten aus dem In- und Ausland zu beschaffen und sie zu veröffentlichen, Druckwerke herzustellen und zu verbreiten. [3]Eine Zensur findet nicht statt.

(2) Jedermann steht es frei, durch die Presse jede Ansicht zu äußern, zu verbreiten oder zu verteidigen.

(3) Niemand darf es verwehrt werden, sich durch die Presse des In- und Auslandes über alle Nachrichten und Meinungen zu unterrichten.

(4) Die Freiheit der Presse schließt jegliche Sonderbesteuerung der Presse oder einzelner Presseerzeugnisse aus.

§ 2 HE. (1) Diese Freiheit der Presse unterliegt nur den Beschränkungen, die durch die Verfassung unmittelbar und in ihrem Rahmen durch dieses Gesetz zugelassen sind.

(2) [1]Gesetzen, die für jedermann gelten, ist auch die Presse unterworfen. [2]Sondergesetze gegen die Presse sind unzulässig.

(3) [1]Die Pressetätigkeit darf von keinerlei Zulassung abhängig gemacht werden. [2]Eine berufsständische Gerichtsbarkeit ist unzulässig.

§ 1 ND. (1) [1]Die Presse ist frei. [2]Sie ist berufen, der freiheitlichen demokratischen Grundordnung zu dienen.

(2) Die Freiheit der Presse unterliegt nur den Beschränkungen, die durch das Grundgesetz zugelassen sind.

(3) wie Abs. 4 oben

§ 4 RP. (1) [1]Die Medien sind frei. [2]Sie dienen der freiheitlichen demokratischen Grundordnung.

(2) Die Tätigkeit der Medien, einschließlich der Errichtung eines Medienunternehmens, ist vorbehaltlich der nachfolgenden Bestimmungen und im Rahmen der Gesetze zulassungs- und anmeldefrei.

(3) [1]Die Medienfreiheit unterliegt nur den Beschränkungen, die durch das Grundgesetz für die Bundesrepublik Deutschland unmittelbar und in seinem Rahmen durch die Verfassung für Rheinland-Pfalz und durch dieses Gesetz zugelassen sind. [2]Sondermaßnahmen jeder Art, die die Medienfreiheit beeinträchtigen, sind unzulässig.

§ 3 SL. (1) [1]Die Medien sind frei. [2]Sie dienen der freiheitlich-demokratischen Grundordnung.

(2) Die Tätigkeit der Medien, einschließlich der Errichtung eines Medienunternehmens, ist vorbehaltlich der nachfolgenden Bestimmungen und im Rahmen der Gesetze zulassungs- und anmeldefrei.

(3) [1]Die Freiheit der Medien unterliegt nur den Beschränkungen, die durch das Grundgesetz unmittelbar und in seinem Rahmen durch dieses Gesetz zugelassen sind. [2]Sondermaßnahmen jeder Art, die die Freiheit der Medien beeinträchtigen, sind verboten.

(4) Berufsorganisationen der Medien mit Zwangsmitgliedschaft und eine mit hoheitlicher Gewalt ausgestattete Standesgerichtsbarkeit der Medien sind verboten.

§ 1 SN. (1) [1]Die Presse ist frei. [2]Sie unterliegt nur den durch das Grundgesetz zugelassenen Beschränkungen. [3]Gesetzen, die für jedermann gelten, ist auch die Presse unterworfen.

(2) [1]Eine Zensur findet nicht statt. [2]Sondermaßnahmen jeder Art, die die Pressefreiheit beeinträchtigen, sind unzulässig. [3]§§ 25 und 27 des Polizeigesetzes des Freistaates Sachsen (SächsPolG) vom 30. Juli 1991 (SächsGVBl. S. 291) finden keine Anwendung.

(3) wie Abs. 4 oben

§ 1 ST. (1) [1]Die Presse ist frei. [2]Sie ist der freiheitlich-demokratischen Grundordnung verpflichtet.

(2) Die Freiheit der Presse unterliegt nur den Beschränkungen, die durch das Grundgesetz zugelassen sind.

(3) wie oben Abs. 4

§ 1 TH. (1a) [1]Die Presse ist frei. [2]Sie ist der freiheitlichen und demokratischen Grundordnung verpflichtet.

(2) [1]Die Freiheit der Presse unterliegt nur den Beschränkungen, die durch das Grundgesetz zugelassen sind. [2]Sondermaßnahmen wie Zensur oder das vertragswidrige Verweigern von Druck und Vertrieb eines Presseerzeugnisses sind verboten.

(3) wie oben Abs. 4.

Zu § 2 Mustergesetz (Zulassung)

Nahezu wortgleich: Jeweils § 2 BW, BE, (Abs. 1) BB, HB, HH, MV, ND., NW, SN, ST, SH, TH; § 4 Abs. 2 RP.

Abweichender Wortlaut:

Art. 2 BY. (1) Die Errichtung eines Verlagsunternehmens oder eines sonstigen Betriebes des Pressegewerbes bedarf keiner gewerberechtlichen Zulassung.

(2) Die für alle Gewerbebetriebe geltenden Vorschriften bleiben unberührt.

§ 2 HE. (3) [1]Die Pressetätigkeit darf von keinerlei Zulassung abhängig gemacht werden. [2]Eine berufsständische Gerichtsbarkeit ist unzulässig.

§ 3 SL. (2) Die Tätigkeit der Medien, einschließlich der Errichtung eines Medienunternehmens, ist vorbehaltlich der nachfolgenden Bestimmungen und im Rahmen der Gesetze zulassungs- und anmeldefrei.

Zu § 3 Mustergesetz (Aufgabe der Presse)

Nahezu wortgleich (in einem § 3): BW, HH, MV jeweils mit Zusatz „oder der Bildung dient"; ND, NW; ohne letzte HS SH u. ST; TH.

Nicht enthalten: HE.

Abweichender Wortlaut:

Art. 3 BY. (1) Die Presse dient dem demokratischen Gedanken.

(2) Sie hat in Erfüllung dieser Aufgabe die Pflicht zu wahrheitsgemäßer Berichterstattung und das Recht, ungehindert Nachrichten und Informationen einzuholen, zu berichten und Kritik zu üben.

(3) Im Rahmen dieser Rechte und Pflichten nimmt sie in Angelegenheiten des öffentlichen Lebens berechtigte Interessen im Sinn des § 193 des Strafgesetzbuchs wahr.

§ 3 BE. (1) Die Presse erfüllt eine öffentliche Aufgabe.

(3) Die Presse nimmt berechtigte Interessen im Sinne des § 193 StGB wahr, wenn sie in Angelegenheiten von öffentlichem Interesse Nachrichten beschafft und verbreitet, Stellung nimmt, Kritik übt oder in anderer Weise an der Meinungsbildung mitwirkt.

§ 3 BB. [1]Die Presse erfüllt eine öffentliche Aufgabe insbesondere dadurch, dass sie Nachrichten beschafft und verbreitet, Stellung nimmt, Kritik übt oder auf andere Weise an der freien individuellen und öffentlichen Meinungsbildung mitwirkt. [2]Sie nimmt insoweit grundsätzlich berechtigte Interessen im Sinne von § 193 StGB wahr.

§ 3 HB. Die Presse erfüllt eine öffentliche Aufgabe.

§ 5 RP. Die Medien nehmen eine öffentliche Aufgabe wahr.

§ 4 SL. Öffentliche Aufgabe der Medien. Die Medien nehmen bei der umfassenden Teilnahme an der Meinungsbildung eine öffentliche Aufgabe wahr.

§ 3 SN. (wie oben in Abs. 2 mit folgendem Zusatz). (1) Die Presse dient dem demokratischen Gedanken im Sinn des Grundgesetzes.

(3) Die Presse ist gehalten, die Erfüllung ihrer öffentlichen Aufgabe nach den Absätzen 1 und 2 nicht durch Belastungen aus der Vergangenheit zu gefährden.

§ 4 ST. (1) [1]Die Behörden sind verpflichtet, den Vertretern der Presse die der Erfüllung ihrer Aufgabe dienenden Auskünfte zu erteilen. [2]Das Recht auf Auskunft kann gegenüber dem Behördenleiter oder dem von ihm Beauftragten geltend gemacht werden.

(2) Auskünfte können verweigert werden, soweit

1. durch sie die sachgemäße Durchführung eines schwebenden Verfahrens vereitelt, erschwert, verzögert oder gefährdet werden könnte oder
2. ihnen Vorschriften über die Geheimhaltung entgegenstehen oder
3. sie ein überwiegendes öffentliches oder ein schutzwürdiges privates Interesse verletzen würden oder
4. ihr Umfang das zumutbare Maß überschreitet.

(3) Der Verleger einer Zeitung oder Zeitschrift kann von den Behörden verlangen, dass ihm deren amtliche Bekanntmachungen nicht später als seinen Mitbewerbern zur Verwendung zugeleitet werden.

Zu § 4 Mustergesetz (Informationsanspruch)

Nahezu wortgleich (in einem § 4): BW, ND, SH (jeweils in Abs. 2 Nr. 4: ihr Umfang das zumutbare Maß überschreitet; SH mit geschlechtsneutraler Formulierung).

Abweichender Wortlaut

Art. 4 BY. (1) [1]Die Presse hat gegenüber Behörden ein Recht auf Auskunft. [2]Sie kann es nur durch Redakteure oder andere von ihnen genügend ausgewiesene Mitarbeiter von Zeitungen oder Zeitschriften ausüben.

(2) [1]Das Recht auf Auskunft kann nur gegenüber dem Behördenleiter und den von ihm Beauftragten geltend gemacht werden. [2]Die Auskunft darf nur verweigert werden, soweit aufgrund beamtenrechtlicher oder sonstiger gesetzlicher Vorschriften eine Verschwiegenheitspflicht besteht.

§ 4 BE. (Abs. 3 und 4 wie oben). (1) Die Behörden sind verpflichtet, den Vertretern der Presse, die sich als solche ausweisen, zur Erfüllung ihrer Öffentlichen Aufgabe Auskünfte zu erteilen.

(2) Auskünfte können nur verweigert werden, soweit
1. Vorschriften über die Geheimhaltung entgegenstehen oder
2. Maßnahmen ihrem Wesen nach dauernd oder zeitweise geheimgehalten werden müssen, weil ihre Bekanntgabe oder ihre vorzeitige Bekanntgabe die öffentlichen Interessen schädigen oder gefährden würde oder
3. hierdurch die sachgerechte Durchführung eines schwebenden Verfahrens vereitelt, erschwert, verzögert oder gefährdet werden könnte oder
4. ein schutzwürdiges privates Interesse verletzt würde.

(5) Die Vorschriften des Berliner Informationsfreiheitsgesetzes vom 15. Oktober 1999 (GVBl. S. 561) bleiben unberührt.

§ 5 BB. (Abs. 1, 2 und 4 wie oben). Abs. 2 Nr. 4: ihr Umfang das zumutbare Maß überschreitet.

(3) Allgemeine Anordnungen, die einer Behörde Auskünfte an die Presse überhaupt, an diejenige einer bestimmten Richtung oder an ein bestimmtes periodisches Druckwerk verbieten, sind unzulässig.

§ 4 HB. (wie oben, Abs. 1 modifiziert): (1) Die Behörden des Landes und der Gemeinden sowie die der Aufsicht des Landes unterliegenden Körperschaften des öffentlichen Rechts sind verpflichtet, den Vertretern der Presse in Angelegenheiten von öffentlichem Interesse Auskünfte zu erteilen, die dazu dienen, Nachrichten zu beschaffen und zu verbreiten, Stellung zu nehmen, Kritik zu üben oder in anderer Weise an der Meinungsbildung mitzuwirken.

§ 4 HH (Abs. 1: … Vertretern der Presse und des Rundfunks …, Abs. 3 f. wie oben).

(2) Auskünfte können verweigert werden, soweit
1. hierdurch die sachgemäße Durchführung eines schwebenden Gerichtsverfahrens, Bußgeldverfahrens oder Disziplinarverfahrens beeinträchtigt oder gefährdet werden könnte oder

2. Vorschriften über die Geheimhaltung oder die Amtsverschwiegenheit entgegenstehen oder
3. sonst ein überwiegendes öffentliches oder schutzwürdiges privates Interesse verletzt würde.

§ 3 HE. (1) [1]Die Behörden sind verpflichtet, der Presse die gewünschten Auskünfte zu erteilen. [2]Sie können eine Auskunft nur verweigern,

1. soweit durch sie die sachgemäße Durchführung eines straf- oder dienststrafgerichtlichen Verfahrens vereitelt, erschwert, verzögert oder gefährdet werden könnte,
2. soweit Auskünfte über persönliche Angelegenheiten Einzelner verlangt werden, an deren öffentlicher Bekanntgabe kein berechtigtes Interesse besteht, und
3. soweit Maßnahmen, die im öffentlichen Interesse liegen, durch ihre vorzeitige öffentliche Erörterung vereitelt, erschwert, verzögert oder gefährdet werden könnten.

(2) Anordnungen, die einer Behörde Auskünfte an die Tagespresse überhaupt, an diejenige einer bestimmten Richtung oder an ein bestimmtes periodisches Druckwerk allgemein verbieten, sind unzulässig.

(3) Der Verleger einer Zeitung oder Zeitschrift kann von den Behörden verlangen, dass ihm deren amtliche Bekanntmachungen gegen Vergütung der Übermittlungskosten nicht später als seinen Mitbewerbern zur Verwendung zugeleitet werden.

§ 4 MV. (1) Die Presse hat gegenüber Behörden ein Recht auf Auskunft.

(2) Die Behörden sind verpflichtet, den Vertretern der Presse die der Erfüllung ihrer öffentlichen Aufgabe dienen den Auskünfte zu erteilen.

(3) Auskünfte können verweigert werden, soweit

1. hierdurch die sachgemäße Durchführung von schwebenden Verfahren oder Verwaltungsvorgängen zu Lasten Dritter vereitelt, erschwert, verzögert oder gefährdet werden könnte,
2. ein überwiegendes öffentliches oder schutzwürdiges privates Interesse verletzt würde,
3. Vorschriften über die Geheimhaltung oder den Datenschutz entgegenstehen,
4. ihr Umfang das zumutbare Maß überschreitet.

(4) Anordnungen, die einer Behörde Auskünfte an die Presse überhaupt, an diejenige einer bestimmten Richtung oder an ein bestimmtes periodisches Druckwerk allgemein verbieten, sind unzulässig.

(5) Der Verleger einer Zeitung oder Zeitschrift kann von den Behörden verlangen, dass ihm deren amtliche Bekanntmachungen nicht später als seinen Mitbewerbern zur Verwendung zugeleitet werden.

§ 4 NW. (Abs. 1, 2 z.T. und 4 wie oben). (2) Ein Anspruch auf Auskunft besteht nicht, soweit … (Rest wie oben)

…

4. ihr Umfang das zumutbare Maß überschreitet.

(3) Anordnungen, die einer Behörde Auskünfte an die Presse überhaupt, an diejenige einer bestimmten Richtung oder an ein bestimmtes periodisches Druckwerk verbieten, sind unzulässig.

§ 6 RP. Abs. 1, 2 sinngemäß wie oben. (3) Allgemeine Anordnungen, die einer Behörde Auskünfte an Medien verbieten, sind unzulässig.

(4) Bei der Erteilung von Auskünften an Medien ist der Grundsatz der Gleichbehandlung zu beachten.

§ 5 SL. (Abs. 2 wie oben mit Nr. 4 ihr Umfang das zumutbare Maß überschreitet.). (1) [1]Die Behörden sind verpflichtet, Vertreterinnen und Vertretern der Medien die der Erfüllung ihrer öffentlichen Aufgabe dienenden Auskünfte zu erteilen. [2]Das gilt auch für juristische Personen des privaten Rechts, an denen die öffentliche Hand mehrheitlich beteiligt ist.

(3) Allgemeine Anordnungen, die einer Behörde Auskünfte an Medien überhaupt, an diejenigen einer bestimmten Richtung oder an bestimmte Medien verbieten, sind unzulässig.

(4) Bei der Erteilung von Auskünften an Medien, insbesondere der Übermittlung von amtlichen Bekanntmachungen, ist der Grundsatz der Gleichbehandlung zu beachten.

§ 4 SN (Abs. 3 wie oben). (1) [1]Alle Behörden sind verpflichtet, den Vertretern der Presse und des Rundfunks, die sich als solche ausweisen, die der Erfüllung ihrer öffentlichen Aufgabe dienenden Auskünfte zu erteilen, sofern nicht dieses Gesetz oder allgemeine Rechtsvorschriften dem entgegenstehen. [2]Das Recht auf Auskunft kann nur gegenüber dem Behördenleiter oder dem von ihm Beauftragten geltend gemacht werden.

(2) Die Auskunft darf verweigert werden, wenn und soweit
1. Vorschriften über die Geheimhaltung und über den Persönlichkeitsschutz entgegenstehen,
2. durch sie die sachgemäße Durchführung eines schwebenden Verfahrens vereitelt, erschwert, verzögert oder gefährdet werden könnte,
3. durch sie ein überwiegendes öffentliches oder ein schutzwürdiges privates Interesse verletzt würde oder
4. ihr Umfang das zumutbare Maß überschreitet.

(4) Der Verleger einer Zeitung oder Zeitschrift kann von den Behörden verlangen, dass ihm deren amtliche Verlautbarungen gleichzeitig mit seinen Mitbewerbern zugänglich gemacht werden.

(5) Die Rundfunkanstalten sind nicht nach den Absätzen 1 bis 4 auskunftspflichtig.

§ 4 ST. (Abs. 4 wie oben). (1) Die Behörden sowie die der Aufsicht des Landes unterliegenden Körperschaften des öffentlichen Rechts sind verpflichtet, den Vertretern der Presse, die der Erfüllung ihrer öffentlichen Aufgabe dienenden Auskünfte zu erteilen.

(2) [1]Auskünfte können verweigert werden, soweit:
1. dadurch die sachgemäße Durchführung eines straf, berufs- oder ehrengerichtlichen Verfahrens oder eines Disziplinarverfahrens vereitelt, erschwert, verzögert oder gefährdet werden könnte;
2. Auskünfte, die über persönliche Angelegenheiten Einzelner verlangt werden, an deren Bekanntgabe kein berechtigtes Interesse der Öffentlichkeit besteht;
3. Maßnahmen, die im öffentlichen Interesse liegen, durch ihre vorzeitige öffentliche Erörterung vereitelt, verzögert oder gefährdet werden könnten.

[2]Auskünfte sind zu verweigern, soweit die Vorschriften über die Geheimhaltung und den Datenschutz entgegenstehen.

(3) [1]Allgemeine Anordnungen, die einer Behörde Auskünfte an die Presse überhaupt, an diejenige einer bestimmten Richtung oder an ein bestimmtes periodisches Druckwerk verbieten, sind unzulässig. [2]Dasselbe gilt für die Anordnungen, die einer Behörde verbieten, ihre Akten der Presse zugänglich zu machen.

§ 4 TH. (1) Die Behörden sowie die der Aufsicht des Landes unterliegenden Körperschaften des öffentlichen Rechts sind verpflichtet, den Vertretern der Presse die der Erfüllung ihrer öffentlichen Aufgaben dienenden Auskünfte zu erteilen.

(2) [1]Auskünfte können verweigert werden, soweit:
1. dadurch die sachgemäße Durchführung eines straf, Berufs- oder ehrengerichtlichen Verfahrens oder eines Disziplinarverfahrens vereitelt, erschwert, verzögert oder gefährdet werden könnte;

2. Auskünfte, die über persönliche Angelegenheiten Einzelner verlangt werden, an deren Bekanntgabe kein berechtigtes Interesse der Öffentlichkeit besteht;
3. Maßnahmen, die im öffentlichen Interesse liegen, durch ihre vorzeitige öffentliche Erörterung vereitelt, erschwert, verzögert oder gefährdet werden könnten.

[2]Die Auskünfte sind zu verweigern, soweit Vorschriften über die Geheimhaltung und den Datenschutz entgegenstehen.

(3) [1]Allgemeine Anordnungen, die einer Behörde Auskünfte an die Presse überhaupt, an diejenige einer bestimmten Richtung oder an ein bestimmtes periodisches Druckwerk verbieten, sind unzulässig. [2]Dasselbe gilt für allgemeine Anordnungen, die einer Behörde verbieten, ihre Akten der Presse zugänglich zu machen.

(4) Der Verleger einer Zeitung oder Zeitschrift kann von den Behörden verlangen, dass ihm deren amtliche Bekanntmachungen nicht später als seinen Mitbewerbern zur Verwendung zugeleitet werden.

Zu § 5 Mustergesetz (Sorgfaltspflicht)

Nahezu wortgleich: § 5 ST; § 6 BW, § 6 HB, § 5 ST (jeweils mit Zusatz … *oder Druckwerke strafbaren Inhalts nicht zu verbreiten*); § 6 HH, § 6 ND, § 6 NW, § 6 SH, § 5 SN, § 5 ST, § 5 TH.

Nicht enthalten: BY, BE, HE.

Abweichender Wortlaut:

§ 6 BB. [1]Der Inhalt eines Presseerzeugnisses ist von den dafür Verantwortlichen vor der Verbreitung mit der nach den Umständen gebotenen Sorgfalt auf Herkunft und Wahrheitsgehalt sowie den Schutz überwiegender öffentlicher oder privater Interessen hin zu überprüfen. [2]Die Presse ist verpflichtet, Druckwerke von strafbarem Inhalt frei zu halten.

§ 5 MV. (Wortgleich mit zusätzlichem S. 3): … Darüber hinaus trägt die Presse im Rahmen ihrer Berichterstattung besondere Verantwortung für die Privatsphäre der Betroffenen.

§ 7 RP. (1) [1]Medieninhalte dürfen nicht gegen die verfassungsmäßige Ordnung verstoßen. [2]Die Vorschriften der allgemeinen Gesetze und die gesetzlichen Bestimmungen zum Schutz der Jugend und des Rechts der persönlichen Ehre sind einzuhalten.

(2) [1]Die Medien haben den anerkannten journalistischen Grundsätzen, auch beim Einsatz virtueller Elemente, zu entsprechen. [2]Nachrichten sind vor ihrer Verbreitung mit der nach den Umständen gebotenen Sorgfalt auf Herkunft und Wahrheit zu prüfen.

§ 6 SL. (1) [1]Medieninhalte dürfen nicht gegen die verfassungsmäßige Ordnung verstoßen. [2]Die Vorschriften der allgemeinen Gesetze und die gesetzlichen Bestimmungen zum Schutz der Jugend und des Rechts der persönlichen Ehre sind einzuhalten.

(2) [1]Die Medien haben den anerkannten journalistischen Grundsätzen, auch beim Einsatz virtueller Elemente, zu entsprechen. [2]Nachrichten über das aktuelle Tagesgeschehen sind vor ihrer Verbreitung mit der nach den Umständen gebotenen Sorgfalt auf Inhalt, Herkunft und Wahrheit zu prüfen.

§ 5 TH. [1]Die Presse hat alle Nachrichten vor ihrer Verbreitung mit der äußersten, nach den Umständen gebotenen Sorgfalt auf Inhalt, Herkunft und sachliche Richtigkeit zu prüfen. [2]Sie ist verpflichtet, Druckwerke von strafbarem Inhalt frei zu halten.

Zu § 6 Mustergesetz (Begriffsbestimmungen)

Nahezu wortgleich: § 7 BW, § 7 HB, § 7 NW, § 6 SH; § 7 BB, § 6 TH (ohne kursiv gedruckten Teil in Abs. 1); § 7 HH (mit Zusatz a.E. Abs. 2, sowie Wochenschauen); § 6 MV (in Abs. 1 ohne Begriff Bildträger und in Abs. 2 ohne Begriff Materndienste); § 2 SL Abs. 1-3.

Nicht enthalten: SN.

Abweichender Wortlaut:

Art. 6 BY. (1) Druckwerke im Sinn dieses Gesetzes sind alle mittels der Buchdruckerpresse oder eines sonstigen Vervielfältigungsverfahrens hergestellten und zur Verbreitung in der Öffentlichkeit bestimmten Schriften, bildlichen Darstellungen mit und ohne Schrift und Musikalien mit Text oder Erläuterungen.

(2) Periodische Druckwerke sind Druckwerke, die in Zwischenräumen von höchstens sechs Monaten erscheinen.

(3) [1]Zeitungen und Zeitschriften im Sinn dieses Gesetzes sind periodische Druckwerke, deren Auflage 500 Stück übersteigt. [2]Periodische Druckwerke, deren Auflage 500 Stück nicht übersteigt, gelten als Zeitungen und Zeitschriften nur dann, wenn ihr Bezug nicht an einen bestimmten Personenkreis gebunden ist.

§ 4 HE. (1) Druckwerke im Sinne dieses Gesetzes sind alle Druckerzeugnisse sowie alle anderen zur Verbreitung bestimmten Vervielfältigungen von Schriften, besprochenen Tonträgern und bildlichen Darstellungen mit oder ohne Schrift und von Musikalien mit oder ohne Text oder Erläuterungen.

(2) Ausgenommen sind:

1. amtliche Druckwerke, soweit sie ausschließlich amtliche Mitteilungen enthalten,
2. die nur den Zwecken des Gewerbes und Verkehrs, des häuslichen und geselligen Lebens dienenden Druckwerke wie Formulare, Preislisten, Werbedrucksachen, Familienanzeigen, Geschäfts, Jahres- und Verwaltungsberichte und dergleichen, sowie Stimmzettel für Wahlen.

(3) Periodische Druckwerke sind Zeitungen und Zeitschriften, die in Zwischenräumen von höchstens sechs Monaten in ständiger, wenn auch unregelmäßiger Folge erscheinen.

§ 5 HE. (1) Sofern für einen Verlag periodischer Druckwerke die Form der Aktiengesellschaft oder der Kommanditgesellschaft auf Aktien gewählt wird, müssen die Aktien auf den Namen lauten.

(2) Der Verleger eines periodischen Druckwerks muss in regelmäßigen Zeitabschnitten im Impressum des Druckwerks offen legen, wer an der Finanzierung des Unternehmens wirtschaftlich beteiligt ist, und zwar bei Tageszeitungen in der ersten Nummer jedes Kalendervierteljahres, bei anderen periodischen Druckschriften in der ersten Nummer jedes Kalenderjahres.

(3) [1]Gehören einer politischen Partei im Sinne des § 2 des Parteiengesetzes unmittelbar oder mittelbar mindestens 5 v.H. der Anteile an dem Unternehmen oder stehen ihr unmittelbar oder mittelbar mindestens 5 v.H. der Stimmrechte zu, so hat sie dies dem Unternehmen unverzüglich schriftlich unter Angabe von Art und Umfang der Beteiligung mitzuteilen. [2]Als Anteile, die der politischen Partei gehören, gelten auch Anteile, die einem Unternehmen, an dem die politische Partei unmittelbar oder mittelbar zu mindestens 15 v.H. beteiligt ist oder einem anderen für Rechnung der politischen Partei oder einem anderen für Rechnung eines Unternehmens, an dem die politische Partei unmittelbar oder mittelbar zu mindestens 15 v.H. beteiligt ist, gehören. [3]Als Stimmrechte, die der politi-

schen Partei zustehen, gelten auch Stimmrechte aus Anteilen nach Satz 2 sowie solche Stimmrechte Dritter, auf deren Ausübung die politische Partei kraft einer Vereinbarung oder aufgrund einer sonstigen Abstimmung Einfluss nehmen kann. [4]Der Verleger des periodischen Druckwerks hat zu den in Abs. 2 genannten Erscheinungszeitpunkten die Angaben nach Satz 1 im Impressum des Druckwerks offen zu legen.

§ 7 ND. (Rest wie oben)
Abs. 1 (ohne Begriff Bildträger)
Abs. 3 Nr. 2 (abweichend)
Nr. 2 die nur Zwecken des Gewerbes und Verkehrs, des häuslichen und geselligen Lebens dienenden Druckwerke – Formulare, Preislisten, Werbedrucksachen, Familienanzeigen, Geschäfts, Jahres- und Verwaltungsberichte und dergleichen – sowie Stimmzettel für Wahlen und Abstimmungen sowie Unterschriftenbögen für Volksinitiativen, Volksbegehren und Bürgerbegehren.

§ 3 RP. (1) Im Sinne dieses Gesetzes sind Medien Presse, Rundfunk und Telemedien.
(2) Im Sinne dieses Gesetzes sind
1. Druckwerke
   a) alle mittels eines zur Massenherstellung geeigneten Vervielfältigungsverfahrens hergestellten und zur Verbreitung bestimmten Texte, auch Texte in verfilmter oder elektronisch aufgezeichneter Form, besprochene Tonträger, Notendrucke und andere grafische Musikaufzeichnungen, Landkarten, Ortspläne und Atlanten sowie bildliche Darstellungen, wenn sie mit einem erläuternden Text verbunden sind,
   b) vervielfältigte Mitteilungen, mit denen Nachrichtenagenturen, Pressekorrespondenzen, Materndienste und ähnliche Unternehmungen die Presse mit Beiträgen in Wort, Bild oder ähnlicher Weise versorgen,
   c) von presseredaktionellen Hilfsunternehmen gelieferte Mitteilungen ohne Rücksicht auf die technische Form, in der sie geliefert sind,
2. periodische Druckwerke
   Zeitungen, Zeitschriften und andere in ständiger, wenn auch unregelmäßiger Folge und im Abstand von nicht mehr als sechs Monaten erscheinende Druckwerke, […]

§ 6 ST. (nur Abs. 1 abweichend): Druckwerke im Sinne des Gesetzes sind alle mittels eines zur Massenherstellung geeigneten Vervielfältigungsverfahrens hergestellten und zur Verbreitung bestimmten Schriften, Tonträger, bildliche Darstellungen, Musikalien und sonstigen Datenträger mit Informationen.

Zu § 7 Mustergesetz (Impressum)

Nahezu wortgleich: § 8 BW, § 8 BB; (ohne Kursivdruck); § 8 HB; § 7 Abs. 1 f. HE; § 8 HH (ohne Abs. 3 S. 2 und Abs. 3 S. 2 a.E.: und den Verleger des anderen Druckwerkes zu benennen), § 8 ND (wie oben, in Abs. 3 a.E. haben im Impressum auch Name und Anschrift des für den übernommenen Teils verantwortlichen Redakteurs anzugeben.), § 8 Abs. 1 SL (wie oben und alle männlichen Bezeichnungen auch in weiblicher Form; Inhalt von Abs. 3 S. 2 nicht enthalten).

Abweichender Wortlaut:

Art. 7 BY. (1) [1]Auf jedem in Bayern erscheinenden Druckwerk muss der Drucker und Verleger, beim Selbstverlag der Verfasser oder Herausgeber genannt sein. [2]Anzugeben sind Name oder Firma und Anschrift.

(2) Ausgenommen sind Druckwerke, die ausschließlich Zwecken des Gewerbes oder Verkehrs oder des häuslichen oder geselligen Lebens dienen, wie Formblätter, Preislisten, Gebrauchsanweisungen, Fahrkarten, Familienanzeigen und dergleichen.

(3) Ausgenommen sind weiter Stimmzettel für Wahlen, sofern sie lediglich Zweck, Zeit und Ort der Wahl und die Namen der Parteien und Wahlbewerber enthalten.

Art. 8 BY. (1) [1]Zeitungen und Zeitschriften müssen auf jeder Nummer außerdem den Namen und die Anschrift des oder der verantwortlichen Redakteure enthalten. [2]Das gilt nicht für Amtsblätter öffentlicher Behörden.

(2) [1]Sind mehrere verantwortliche Redakteure bestellt, so muss ersichtlich sein, für welches Sachgebiet ein jeder verantwortlich ist. [2]Auch für den Anzeigenteil muss eine verantwortliche Person benannt werden.

(3) [1]Die Inhaber- und Beteiligungsverhältnisse eines Verlags, der eine Zeitung oder eine Zeitschrift herausgibt, sind wie folgt bekannt zu geben:
1. bei Herausgabe einer Zeitung oder einer wöchentlich erscheinenden Zeitschrift in dem Impressum der ersten Ausgabe jedes Kalenderhalbjahres,
2. bei Herausgabe einer anderen Zeitschrift in dem Impressum der ersten Ausgabe jedes Kalenderjahres.

[2]Außerdem sind Änderungen der Inhaber- und Beteiligungsverhältnisse unverzüglich im Impressum zu veröffentlichen.

(4) Zeitungen und Anschlusszeitungen, die regelmäßig wesentliche Teile fertig übernehmen, haben im Impressum auch den für den übernommenen Teil verantwortlichen Redakteur und den Verleger des anderen Druckwerks zu benennen.

§ 7 BE. (Abs. 2 wie oben). (1) Auf jedem im Geltungsbereich dieses Gesetzes erscheinenden Druckwerk müssen Name oder Firma und Wohnort oder Geschäftssitz des Druckers und des Verlegers, beim Selbstverlag des Verfassers oder des Herausgebers, genannt sein.

(3) Zeitungen und Anschlusszeitungen, die regelmäßig Sachgebiete oder ganze Seiten des redaktionellen Teils fertig übernehmen, haben im Impressum auch den für den übernommenen Teil verantwortlichen Redakteur und den Verleger zu benennen.

§ 6 HE. [1]Auf jedem im Geltungsbereich dieses Gesetzes erscheinenden Druckwerk sind Name und Anschrift des Druckers und, wenn das Druckwerk zur Verbreitung bestimmt ist, des Verlegers oder – beim Selbstvertrieb – des Verfassers oder Herausgebers zu nennen. [2]Der Drucker kann statt mit seinem Namen auch mit seiner handelsgerichtlich eingetragenen Firma genannt werden. [3]Wird der Verleger unter einer handelsgerichtlich eingetragenen Firma tätig, so sind Namen und Wohnsitz der Vertretungsberechtigten zu nennen.

§ 7 HE. (1) [1]Auf jedem Stück eines im Geltungsbereich dieses Gesetzes erscheinenden periodischen Druckwerks sind Name und Anschrift des verantwortlichen Redakteurs zu nennen. [2]Sind mehrere Redakteure verantwortlich, so ist kenntlich zu machen, auf welchen Teil des Druckwerks sich die Verantwortlichkeit jedes Einzelnen bezieht. [3]Für den Anzeigenteil ist ein Verantwortlicher zu benennen; für diesen gelten die Vorschriften über den verantwortlichen Redakteur entsprechend.

(2) Zeitungen und Anschlusszeitungen, die regelmäßig ganze Seiten oder Sachgebiete des redaktionellen Teils fertig übernehmen, haben auch den für den übernommenen Teil verantwortlichen Redakteur und Verleger zu benennen.

(3) Als verantwortlicher Redakteur kann nur tätig sein und beschäftigt werden, wer
1. seinen ständigen Aufenthalt innerhalb eines Mitgliedstaates der Europäischen Union hat,

2. die Fähigkeit zur Bekleidung öffentlicher Ämter besitzt,
3. das 21. Lebensjahr vollendet hat,
4. unbeschränkt geschäftsfähig ist,
5. wegen durch die Presse begangener strafbarer Handlungen unbeschränkt gerichtlich verfolgt werden kann.

(4) Die Vorschriften des Abs. 3 Nr. 3 und 4 gelten nicht für Druckwerke, die von Jugendlichen für Jugendliche herausgegeben werden.

§ 7 MV. Abs. 1 (wie oben mit Modifikation: Auf jedem im Lande Mecklenburg-Vorpommern erscheinenden Druckwerk)

(3) [1]Zeitungen und Anschlusszeitungen, die regelmäßig ganze Seiten des redaktionellen Teils fertig übernehmen, haben im Impressum auch den für den übernommenen Teil verantwortlichen Redakteur und den Verleger des anderen Druckwerkes zu benennen. [2]Neben- und Unterausgaben einer Hauptzeitung, insbesondere Kopfzeitungen, Bezirks- oder Lokalausgaben, müssen im Impressum auch den Verleger und Titel der Hauptzeitung an geben.

(4) [1]Der Verleger eines periodischen Druckwerkes muss in regelmäßigen Zeitabschnitten im Druckwerk offen legen, wer an der Finanzierung des Unternehmens beteiligt ist, und zwar bei Tageszeitungen in der ersten Nummer jedes Kalendervierteljahres, bei anderen periodischen Druckschriften in der ersten Nummer jedes Kalenderjahres. [2]Hierfür ist die Wiedergabe der im Handelsregister eingetragenen Beteiligungsverhältnisse ausreichend.

§ 8 NW. (wie oben). Abs. 3 S. 2 wie folgt: Neben- oder Unterausgaben einer Hauptzeitung, insbesondere Kopfzeitungen, Bezirks- oder Lokalausgaben, müssen im Impressum auch den Verleger der Hauptzeitung angeben.

§ 8 RP. (Abs. 1 und 2 wie oben). (3) Zeitungen und Anschlusszeitungen, die den überwiegenden Teil fertig übernehmen, haben im Impressum auch die für den übernommenen Teil redaktionell verantwortliche Person und diejenige Person, die den übernommenen Teil ursprünglich verlegt, zu benennen.

(4) [1]Wer ein periodisches Druckwerk verlegt, muss in der ersten Nummer eines jeden Kalenderjahres im Druckwerk offen legen, wer an der Finanzierung des Unternehmens wirtschaftlich beteiligt ist; bei Tageszeitungen ist bei Veränderungen der wirtschaftlichen Beteiligung dies zusätzlich in der nachfolgenden ersten Nummer jedes Kalendervierteljahres offen zu legen. [2]Wirtschaftlich beteiligt im Sinne des Satzes 1 ist, wer mit mehr als 5 v.H. am Kapital beteiligt ist oder über mehr als 5 v.H. der Stimmrechte verfügt. [3]Für die nach Satz 1 offen zu legenden Angaben ist die Wiedergabe der aus dem Handelsregister und aus den zum Handelsregister eingereichten Schriftstücken zu entnehmenden Beteiligungsverhältnisse ausreichend.

(5) [1]Für die Aufnahme des Impressums sind diejenigen Personen verantwortlich, die das Werk gedruckt oder verlegt haben. [2]Für die Richtigkeit des Impressums sind die redaktionell verantwortlichen Personen, beim Selbstverlag die Personen, die das Werk verfasst haben oder herausgeben, verantwortlich.

§ 6 SN. (1) [1]Auf allen mittels eines zu Massenherstellung geeigneten Vervielfältigungsverfahren hergestellten und zur Verbreitung bestimmten Schriften, besprochenen Tonträgern, bildlichen Darstellungen mit oder ohne Schrift und Musikalien mit Text oder Erläuterungen (Druckwerke), die im Geltungsbereich dieses Gesetzes erscheinen, müssen deutlich sichtbar Name oder Firma und Anschrift des Druckers und des Verlegers genannt sein. [2]Beim Selbstverlag treten an die Stelle der Angaben über den Verleger Name oder Firma und Anschrift des Herausgebers oder des Verfassers.

(2) [1]Für Zeitungen, Zeitschriften und andere Druckwerke, die in ständiger, wenn auch unregelmäßiger Folge und im Abstand von nicht mehr als sechs Monaten erscheinen (periodische Druckwerke), ist mindestens ein verantwortlicher Redakteur zu bestellen. [2]Sein Name und seine Anschrift sind auf dem Druckwerk anzugeben. [3]Sind mehrere verantwortliche Redakteure bestellt, so gilt Satz 2 für jeden von ihnen. [4]Dabei ist auch anzugeben, für welchen räumlichen oder sachlichen Bereich ein jeder verantwortlich ist. [5]Für den Anzeigenteil ist ebenfalls ein Verantwortlicher zu bestellen; die Bestimmungen über den verantwortlichen Redakteur gelten für ihn entsprechend.

(3) Zeitungen und Anschlusszeitungen, die regelmäßig ganze Seiten des redaktionellen Teils fertig übernehmen, haben dies im Impressum unter zusätzlicher Angabe von Name oder Firma und Anschrift des für den übernommenen Teil verantwortlichen Verlegers und Redakteurs kenntlich zu machen.

(4) Für die Aufnahme des Impressums ist der Verleger, beim Selbstverlag der Herausgeber oder Verfasser verantwortlich.

§ 7 ST. (Abs. 2 wie oben statt „Anschrift“ Geschäftsanschrift). (1) Auf jedem im Geltungsbereich dieses Gesetzes erscheinenden Druckwerk müssen Name oder Firma und Geschäftsanschrift des Druckers und des Verlegers genannt sein, beim Selbstverlag Name und Geschäftsanschrift des Verfassers oder des Herausgebers.

(3) Zeitungen und Anschlusszeitungen, die regelmäßig ganze Seiten des redaktionellen Teils fertig übernehmen, haben im Impressum auch Name und Anschrift des für den übernommenen Teil verantwortlichen Redakteurs anzugeben

§ 8 SH. (Abs. 1 und 2 wie oben mit geschlechtsneutraler Formulierung). (3) Zeitungen und Anschlusszeitungen, die regelmäßig wesentliche Teile fertig übernehmen, haben im Impressum auch den für den übernommenen Teil die verantwortliche Redakteurin oder den verantwortlichen Redakteur und die Verlegerin oder den Verleger des anderen Druckwerkes zu benennen.

(4) [1]Die Verlegerin oder der Verleger eines periodischen Druckwerkes muss in regelmäßigen Zeitabschnitten im Druckwerk offen legen, wer an der Finanzierung des Unternehmens wirtschaftlich beteiligt ist, und zwar bei Tageszeitungen in der ersten Nummer jedes Kalendervierteljahres, bei anderen periodischen Druckschriften in der ersten Nummer jedes Kalenderjahres. [2]Hierfür ist die Wiedergabe der im Handelsregister eingetragenen Beteiligungsverhältnisse ausreichend.

§ 7 TH. (Abs. 2 wie oben). (1) Auf jedem im Geltungsbereich dieses Gesetzes erscheinenden Druckwerk müssen Name oder Firma und Anschrift der Druckerei und des Verlegers genannt sein, beim Selbstverlag Name und Anschrift des Verfassers oder des Herausgebers sowie die Eigentumsverhältnisse des Verlags.

(3) Zeitungen und Anschlusszeitungen, die regelmäßig ganze Seiten des redaktionellen Teils fertig übernehmen, haben im Impressum auch Name und Anschrift des für den übernommenen Teil verantwortlichen Redakteurs und des Verlegers anzugeben.

(4) Für die Aufnahme des Impressums sind die Druckerei und der Verleger, für die Richtigkeit des Impressums ist der verantwortliche Redakteur – beim Selbstverlag der Verfasser oder Herausgeber – verantwortlich.

Zu § 8 Mustergesetz (verantwortlicher Redakteur)

Wortgleich: BW (mit Ausnahme von § 9 Abs. 1 Nr. 1: seinen ständigen Aufenthalt außerhalb eines Mitgliedstaats der Europäischen Union oder eines anderen Vertragsstaates des Abkommens über den Europäischen Wirtschaftsraum hat …)

Abweichender Wortlaut:

(1) Als verantwortliche Redakteure können diejenigen nicht tätig sein und beschäftigt werden, die
1. ihren ständigen Aufenthalt außerhalb der Mitgliedstaaten der Europäischen Union und der Vertragsstaaten des Abkommens über den Europäischen Wirtschaftsraum haben,
2. infolge Richterspruchs die Fähigkeit, öffentliche Ämter zu bekleiden, Rechte aus öffentlichen Wahlen zu erlangen oder in öffentlichen Angelegenheiten zu wählen oder zu stimmen, nicht besitzen,
3. nicht unbeschränkt geschäftsfähig sind,
4. nicht unbeschränkt strafgerichtlich verfolgt werden können.

(2) Die Vorschrift des Absatzes 1 Nummer 3 gilt nicht für Druckwerke, die von Jugendlichen für Jugendliche herausgegeben werden.

(3) [1]Die Vorschriften des Absatzes 1 Nummer 1 und 4 gelten nicht für periodisch erscheinende Zeitschriften, die Zwecken der Wissenschaft oder der Kunst dienen. [2]Für diese Zeitschriften muss eine verantwortliche Person im Geltungsbereich des Grundgesetzes benannt werden; diese braucht nicht die verantwortliche Person für den redaktionellen Teil zu sein. [3]Auf diese Verantwortlichen finden im Übrigen die Vorschriften dieses Gesetzes über die verantwortlichen Redakteure Anwendung.

(4) Die Vorschrift des Absatzes 1 Nr. 2 gilt nicht für Druckwerke, die in Justizvollzugsanstalten im Rahmen der Gefangenenmitverantwortung für Gefangene herausgegeben werden.

Art. 5 BY. (1) Bei jeder Zeitung muß mindestens ein verantwortlicher Redakteur bestellt werden.

(2) Als verantwortlicher Redakteur darf nicht tätig sein und beschäftigt werden, wer
1. seinen gewöhnlichen Aufenthalt nicht in einem Mitgliedstaat der Europäischen Union oder in einem anderen Vertragsstaat des Abkommens über den Europäischen Wirtschaftsraum hat,
2. infolge Richterspruchs die Fähigkeit zur Bekleidung öffentlicher Ämter, die Fähigkeit, Rechte aus öffentlichen Wahlen zu erlangen, oder das Recht, in öffentlichen Angelegenheiten zu wählen oder zu stimmen, nicht besitzt,
3. nicht unbeschränkt geschäftsfähig ist.

(3) Wer nur mit besonderer Zustimmung oder Genehmigung strafrechtlich verfolgt werden kann, darf nicht verantwortlicher Redakteur für den politischen Teil einer Zeitung oder Zeitschrift sein.

(4) Absatz 2 Nr. 3 gilt nicht für Druckwerke, die von Jugendlichen für Jugendliche herausgegeben werden.

§ 10 BB. (1) Als verantwortliche Redakteurin oder verantwortlicher Redakteur darf nicht tätig sein und beschäftigt werden, wer
1. seinen ständigen Aufenthalt nicht in einem Mitgliedstaat der Europäischen Union, einem Vertragsstaat des Abkommens des Europäischen Wirtschaftsraumes oder der Schweiz hat,
2. infolge Richterspruchs die Fähigkeit, öffentliche Ämter zu bekleiden, nicht besitzt,
3. nicht oder nur beschränkt geschäftsfähig ist,

4. nicht unbeschränkt strafgerichtlich verfolgt werden kann,
5. aufgrund einer psychischen Krankheit oder einer geistigen oder seelischen Behinderung ihre oder seine Angelegenheiten ganz oder teilweise nicht besorgen kann und für die oder den deshalb das Betreuungsgericht gemäß § 1896 BGB eine Betreuerin oder einen Betreuer bestellt hat.

(2) [1]Die Vorschrift des Absatzes 1 Nr. 2 gilt nicht für Druckwerke, die in Justizvollzugsanstalten im Rahmen der Gefangenenmitverantwortung für Gefangene herausgegeben werden. [2]Die Vorschriften des Absatzes 1 Nr. 3 und 4 gelten nicht für Druckwerke, die von Jugendlichen für Jugendliche herausgegeben werden.

(3) [1]Von der Voraussetzung des Absatzes 1 Nr. 1 kann das für Inneres zuständige Mitglied der Landesregierung auf Antrag Befreiung erteilen, wenn ein Bestehen auf der Einhaltung dieser Anforderungen im Einzelfall eine besondere Härte bedeuten würde. [2]Die Befreiung kann widerrufen werden.

§ 9 HB. (Abs. 2 sinngemäß) Abs. 1 wie oben mit Modifikation:
3. Grundrechte verwirkt hat,
5. nicht oder nur beschränkt geschäftsfähig ist,

Abs. 3: Von der Voraussetzung des Absatzes 1 Nr. 1 kann der Senator für Inneres im Einvernehmen mit dem Senator für Rechtspflege und Strafvollzug in besonderen Fällen auf Antrag Befreiung erteilen.

§ 9 HH. Abs. 2 und 3 (Befreiung auf Antrag durch zuständige Behörde) wie oben
Abs. 1: Als verantwortlicher Redakteur kann nicht tätig sein und beschäftigt werden, wer
1. seinen ständigen Aufenthalt nicht innerhalb eines Mitgliedstaates der Europäischen Union oder eines anderen Vertragsstaates des Abkommens über den Europäischen Wirtschaftsraum hat,
2. infolge Richterspruchs die Fähigkeit zur Bekleidung öffentlicher Ämter, die Fähigkeit, Rechte aus öffentlichen Wahlen zu erlangen, oder das Recht, in öffentlichen Angelegenheiten zu wählen oder zu stimmen, nicht besitzt,
3. das 18. Lebensjahr nicht vollendet hat,
4. Nicht unbeschränkt geschäftsfähig ist.

§ 7 HE. (3) Als verantwortlicher Redakteur kann nur tätig sein und beschäftigt werden, wer
1. seinen ständigen Aufenthalt innerhalb eines Mitgliedstaates der Europäischen Union oder eines anderen Vertragsstaates des Abkommens über den Europäischen Wirtschaftsraum hat,
2. die Fähigkeit zur Bekleidung öffentlicher Ämter besitzt,
3. das 21. Lebensjahr vollendet hat,
4. unbeschränkt geschäftsfähig ist,
5. wegen durch die Presse begangener strafbarer Handlungen unbeschränkt gerichtlich verfolgt werden kann.

(4) Die Vorschriften des Abs. 3 Nr. 3 und 4 gelten nicht für Druckwerke, die von Jugendlichen für Jugendliche herausgegeben werden.

§ 8 MV. (1) Als verantwortlicher Redakteur kann nur tätig sein und beschäftigt werden, wer
1. innerhalb eines Mitgliedstaates der Europäischen Union seinen ständigen Aufenthalt hat,
2. die bürgerlichen Ehrenrechte besitzt und die Fähigkeit, ein öffentliches Amt zu bekleiden, nicht durch richterliche Entscheidung verloren hat,
3. unbeschränkt geschäftsfähig ist,

4. unbeschränkt strafrechtlich verfolgt werden kann.

(2) Die Vorschrift des Absatzes 1 Nr. 3 gilt nicht für Druckwerke, die von Jugendlichen für Jugendliche herausgegeben werden.

§ 9 ND. (1) Als verantwortlicher Redakteur darf nicht tätig sein und nicht beschäftigt werden, wer
1. seinen ständigen Aufenthalt außerhalb des Geltungsbereiches des Grundgesetzes hat,
2. infolge Richterspruchs die Fähigkeit, ein öffentliches Amt zu bekleiden oder Rechte aus öffentlichen Wahlen zu erlangen, oder das Recht, in öffentlichen Angelegenheiten zu wählen oder zu stimmen, nicht besitzt,
3. das 21. Lebensjahr nicht vollendet hat,
4. nicht unbeschränkt geschäftsfähig ist,
5. wegen einer Straftat, die er durch die Presse begangen hat, nicht unbeschränkt gerichtlich verfolgt werden kann.

(2) Die Vorschriften des Absatzes 1 Nrn. 3 und 4 gelten nicht für Druckwerke, die von Jugendlichen für Jugendliche herausgegeben werden.

(3) [1]Von der Voraussetzung des Absatzes 1 Nr. 1 kann der Minister des Innern in besonderen Fällen auf Antrag Befreiung erteilen. [2]Die Befreiung kann widerrufen werden.

§ 9 NW. (Abs. 2 entsprechend wie oben). (1) Als verantwortlicher Redakteur kann nicht tätig sein und beschäftigt werden, wer
2. infolge Richterspruchs die Fähigkeit zur Bekleidung öffentlicher Ämter nicht besitzt,
4. nicht geschäftsfähig ist oder aufgrund einer psychischen Krankheit oder einer geistigen oder seelischen Behinderung unter Betreuung steht,
5. nicht unbeschränkt strafrechtlich verfolgt werden kann.

(3) [1]Von der Voraussetzung des Absatzes 1 Nr. 1 kann der Innenminister in besonderen Fällen auf Antrag Befreiung erteilen. [2]Die Befreiung kann widerrufen werden.

§ 10 RP. (1) Als für den Inhalt eines Rundfunkprogramms verantwortliche Person, als redaktionell verantwortliche Person eines periodischen Druckwerks oder als verantwortliche Person bei entsprechenden Angeboten von Telemedien kann nur diejenige Person benannt werden oder tätig sein, die
1. unbeschränkt geschäftsfähig ist,
2. die Fähigkeit, öffentliche Ämter zu bekleiden, nicht durch Richterspruch verloren hat,
3. das Grundrecht der freien Meinungsäußerung nicht nach Artikel 18 des Grundgesetzes verwirkt hat,
4. ihren Wohnsitz in der Bundesrepublik Deutschland, einem sonstigen Mitgliedstaat der Europäischen Union oder einem anderen Vertragsstaat des Abkommens über den Europäischen Wirtschaftsraum hat und gerichtlich verfolgt werden kann,
5. alle ihre Angelegenheiten ohne rechtliche Betreuung im Sinne der §§ 1896 bis 1908i des Bürgerlichen Gesetzbuches besorgen kann und besorgt.

(2) Absatz 1 Nr. 1 gilt nicht für Jugendliche, die Druckwerke für Jugendliche herausgeben oder Rundfunksendungen oder Telemedien verantworten, die für Jugendliche bestimmt sind.

(3) Von den Voraussetzungen des Absatzes 1 Nr. 4 kann bei periodischen Druckwerken oder bei entsprechenden Angeboten von Telemedien das für Angelegenheiten des Rundfunks und der Medien zuständige Ministerium, bei wissenschaftlichen Druckwerken im Einvernehmen mit dem für die Förderung der Wissenschaft, Forschung und Lehre zuständigen Ministerium, auf Antrag Befreiung erteilen.

§ 9 SL. (Abs. 2 entsprechend wie oben, ohne Abs. 3). (1) Als … verantwortliche Redakteurin oder verantwortlicher Redakteur eines periodischen Druckwerks … kann nur benannt werden oder tätig sein, wer ihren oder seinen ständigen Aufenthalt in einem der Mitgliedstaaten der Europäischen Union hat, nicht infolge Richterspruchs die Fähigkeit zur Bekleidung öffentlicher Ämter verloren hat, voll geschäftsfähig ist und unbeschränkt strafrechtlich verfolgt werden kann.

§ 7 SN. (1) Als verantwortlicher Redakteur darf nicht tätig sein oder beschäftigt werden, wer
1. seinen ständigen Aufenthalt nicht innerhalb eines Mitgliedstaates der Europäischen Union oder eines anderen Vertragsstaates des Abkommens über den Europäischen Wirtschaftsraum vom 3. Januar 1994 (ABl. EG Nr. L 001 S. 3) in der jeweils geltenden Fassung hat,
2. infolge Richterspruchs die Fähigkeit, ein öffentliches Amt zu bekleiden oder Rechte aus öffentlichen Wahlen zu erlangen oder das Recht in öffentlichen Angelegenheiten zu wählen oder zu stimmen, nicht besitzt,
3. das 21. Lebensjahr nicht vollendet hat,
4. nicht unbeschränkt geschäftsfähig ist oder
5. wegen einer Straftat, die er durch die Presse begangen hat, nicht unbeschränkt gerichtlich verfolgt werden kann.

(2) Für die Herausgabe von Zeitschriften für Jugendliche und Heranwachsende gelten die Voraussetzung des Absatzes 1 Nr. 3 und 4 nicht.

§ 8 ST. (1) Als verantwortlicher Redakteur darf nicht tätig sein und beschäftigt werden, wer
1. seinen ständigen Aufenthalt außerhalb des Geltungsbereiches des Grundgesetzes hat,
2. infolge Richterspruchs die Fähigkeit, ein öffentliches Amt zu bekleiden oder Rechte aus öffentlichen Wahlen zu erlangen, oder das Recht, in öffentlichen Angelegenheiten zu wählen oder zu stimmen, nicht besitzt,
3. nicht volljährig ist,
4. wegen einer Straftat, die er durch die Presse begangen hat, nicht unbeschränkt gerichtlich verfolgt werden kann,
5. zur Besorgung aller seiner Angelegenheiten eines Betreuers bedarf, und dieser nicht nur durch einstweilige Anordnung bestellt ist; dies gilt auch, wenn der Aufgabenkreis des Betreuers die in § 1896 Abs. 4 und 5 des Bürgerlichen Gesetzbuches bezeichneten Angelegenheiten nicht erfasst.

(2) Die Vorschriften des Absatzes 1 Nr. 3 gelten nicht für Druckwerke, die von Jugendlichen für Jugendliche herausgegeben werden.

(3) Von der Voraussetzung des Absatzes 1 Nr. 1 kann der Minister des Innern in besonderen Fällen auf Antrag Befreiung erteilen. Die Befreiung kann widerrufen werden.

§ 9 SH. (Abs. 2 entsprechend wie oben). (1) (1) Als verantwortliche Redakteurin oder verantwortlicher Redakteur kann nicht tätig sein und beschäftigt werden, wer
1. seinen gewöhnlichen Aufenthalt außerhalb der Mitgliedstaaten der Europäischen Union oder der Vertragsstaaten des Abkommens über den Europäischen Wirtschaftsraum hat,
2. infolge Richterspruchs die Fähigkeit, öffentliche Ämter zu bekleiden, Rechte aus öffentlichen Wahlen zu erlangen oder in öffentlichen Angelegenheiten zu wählen oder zu stimmen, nicht besitzt,
3. das 21. Lebensjahr nicht vollendet hat,
4. nicht unbeschränkt geschäftsfähig ist,
5. nicht unbeschränkt wegen einer Straftat, die sie oder er durch die Presse begangen hat, strafgerichtlich verfolgt werden kann.

§ 9 TH. Abs. 1 (Rest wie oben)
3. nicht unbeschränkt geschäftsfähig ist;
4. wegen einer Straftat, die er durch die Presse begangen hat, nicht unbeschränkt gerichtlich verfolgt werden kann.

(2) Die Vorschrift des Absatzes 1 Nr. 3 gilt nicht für Druckwerke, die von Jugendlichen für Jugendliche herausgegeben werden.

(3) [1]Von der Voraussetzung des Absatzes 1 Nr. 1 kann das Landesverwaltungsamt in besonderen Fällen auf Antrag Befreiung erteilen. [2]Die Befreiung kann widerrufen werden.

Zu § 9 Mustergesetz (Kennzeichnungspflicht)

Nahezu wortgleich: § 10 BW, § 8 BE, § 8 HB, § 10 ND, § 10 NW, § 13 RP, § 13 SL (zusätzlich mit weiblicher Bezeichnung u. Verbot der Produkt- und Themenplatzierung), § 9 ST, § 10 TH; § 11 BB (mit Zusatz ein Entgelt *oder einen anderen geldwerten Vorteil*); § 10 HH, § 9 MV, § 10 SH (jeweils ohne „oder der Verantwortliche nach § 8 Abs. 2 Satz 4“).

Abweichender Wortlaut:

Art. 9 BY. Bei Zeitungen und Zeitschriften müssen Teile, insbesondere Anzeigen- und Reklametexte, deren Abdruck gegen Entgelt erfolgt, kenntlich gemacht werden.

§ 8 HE. Hat der Verleger eines periodischen Druckwerks für eine Veröffentlichung ein Entgelt gefordert, sich versprechen lassen oder erhalten, so hat er diese Veröffentlichung innerhalb des Druckwerks in der üblichen Weise als Anzeige kenntlich zu machen.

§ 9 SN. Hat der Verleger oder der Verantwortliche im Sinn des § 6 Abs. 2 Satz 5 eines periodischen Druckwerks aus Anlass oder im Zusammenhang mit einer Veröffentlichung zum Zweck der Werbung oder Mitteilung ein Entgelt erhalten, gefordert oder sich versprechen lassen, so hat er diese Veröffentlichung, sofern sie nicht schon durch Abordnung und Gestaltung eindeutig als Anzeige zu erkennen ist, mit dem Wort „Anzeige“ zu bezeichnen.

Zu § 10 Mustergesetz (Gegendarstellungsanspruch)

Nahezu wortgleich: Allgemein alle ohne Zusatz übernationale parlamentarische Organe (teilweise Organe der Europäischen Union) und sonstigen kommunalen Körperschaften.

§ 11 BW; § 12 BB (in Abs. 2: Ist der Gegendarstellungsanspruch vergeblich geltend gemacht worden, so ist für seine Durchsetzung der ordentliche Rechtsweg gegeben …); § 11 HH und § 11 MV (jeweils Abs. 2 ohne Nr. 1, 3); § 11 ND (ohne Abs. 2 Nr. 1 sowie Abs. 5); § 11 NW.

Abweichender Wortlaut:

Art. 10 BY. (1) [1]Der verantwortliche Redakteur und der Verleger einer Zeitung oder Zeitschrift sind verpflichtet, zu Tatsachen, die darin mitgeteilt wurden, auf Verlangen einer unmittelbar betroffenen Person oder Behörde deren Gegendarstellung abzudrucken. [2]Sie muss die beanstandeten Stellen bezeichnen, sich auf tatsächliche Angaben beschränken und vom Einsender unterzeichnet sein. [3]Ergeben sich begründete Zweifel an der Echtheit der Unterschrift einer Gegendarstellung, so kann die Beglaubigung der Unterschrift verlangt werden.

(2) [1]Der Abdruck muss unverzüglich, und zwar in demselben Teil des Druckwerks und mit derselben Schrift wie der Abdruck des beanstandeten Textes ohne Einschaltungen und

Weglassungen erfolgen. [2]Der Abdruck darf nur mit der Begründung verweigert werden, dass die Gegendarstellung einen strafbaren Inhalt habe. [3]Die Gegendarstellung soll den Umfang des beanstandeten Textes nicht wesentlich überschreiten. [4]Die Aufnahme erfolgt insoweit kostenfrei.

(3) Der Anspruch auf Aufnahme der Gegendarstellung kann auch im Zivilrechtsweg verfolgt werden.

§ 10 BE. Absätze 1-3 wie oben
Abs. 4: Für die Durchsetzung des *vergeblich geltendgemachten …*
Abs. 5: … gesetzgebenden oder beschließenden Organe des Bundes, der Länder, der Gemeinden (Gemeindeverbände), der Bezirke sowie der Gerichte.

(6) [1]Auf den Rundfunk (Hörfunk und Fernsehen) finden die Absätze 1 bis 5 entsprechende Anwendung. [2]Der Gegendarstellungsanspruch richtet sich gegen die Rundfunkanstalt, die für die redaktionelle Gestaltung der Sendung verantwortlich ist. [3]Die Gegendarstellung muss unverzüglich für den gleichen Bereich sowie zu einer gleichwertigen Sendezeit wie die beanstandete Sendung verbreitet werden.

§ 11 HB. Abs. 2 S. 4 nur: Sie bedarf der Schriftform

(3) [1]Die Gegendarstellung muss in der nach Empfang der Einsendung nächstfolgenden, für den Druck nicht abgeschlossenen Nummer, in dem gleichen Teil des Druckwerks und mit gleichwertiger Plazierung, gleicher Schriftgröße und Auszeichnung wie der beanstandete Text ohne Einschaltungen und Weglassungen abgedruckt werden. [2]Die Gegendarstellung darf nicht in Form eines Leserbriefes erscheinen. [3]Der Abdruck ist kostenfrei, es sei denn, dass es sich um eine Gegendarstellung zu einer im Anzeigenteil verbreiteten Tatsachenbehauptung handelt. [4]Wer sich zu der Gegendarstellung in derselben Nummer äußert, muss sich auf tatsächliche Angaben beschränken. [5]Druckt ein Unternehmen der in § 7 Abs. 2 genannten Art, eine Zeitung oder Zeitschrift, eine Gegendarstellung ab, so hat die Gegendarstellung gleichfalls unverzüglich zu veröffentlichen, wer die behaupteten Tatsachen übernommen hat.

Abs. 5: … gesetzgebenden oder beschließenden Organe des Bundes, der Länder, der Gemeinden (Gemeindeverbände) sowie der Gerichte.

§ 10 HE. (Abs. 1 und 5 entsprechend wie oben: ohne „EU-Ebene“). (2) [1]Die Pflicht zum Abdruck einer Gegendarstellung besteht nur, wenn und soweit die betroffene Person oder Stelle ein berechtigtes Interesse an der Veröffentlichung hat und wenn die Gegendarstellung ihrem Umfang nach angemessen ist. [2]Der Abdruck der Gegendarstellung muss von dem Betroffenen oder seinem Vertreter ohne schuldhaftes Zögern verlangt werden. [3]Die Gegendarstellung bedarf der Schriftform und muss von dem Betroffenen unterzeichnet sein. [4]Sie muss sich auf tatsächliche Angaben beschränken und darf keinen strafbaren Inhalt haben.

(3) [1]Der Abdruck muss in der nach Empfang der Einsendung nächstfolgenden, für den Druck nicht abgeschlossenen Nummer, in dem gleichen Teil des Druckwerks und mit gleicher Schrift wie der beanstandete Text ohne Einschaltungen und Weglassungen erfolgen. [2]Wer sich zu der Gegendarstellung in derselben Nummer äußert, muss sich auf tatsächliche Angaben beschränken. [3]Der Abdruck ist kostenfrei, soweit nicht der Umfang des beanstandeten Textes überschritten wird; im letzteren Fall sind die üblichen Einrückungsgebühren zu entrichten.

(4) [1]Auf Erfüllung kann geklagt werden. [2]Das Gericht kann im Wege der einstweiligen Verfügung, auch wenn die Gefahr der Wiederholung nicht begründet ist, anordnen, dass der verantwortliche Redakteur und der Verleger in der Form des Abs. 3 eine bestimmte Gegendarstellung veröffentlichen.

§ 11 RP. (1) [1]Die redaktionell verantwortliche Person und die Person, die ein periodisches Druckwerk verlegt, sowie Rundfunkveranstalter sind verpflichtet, unverzüglich eine Gegendarstellung der Person oder Stelle, die durch eine in dem Druckwerk oder der Rundfunksendung aufgestellte Tatsachenbehauptung betroffen ist, ohne Kosten für die Betroffenen zum Abdruck zu bringen, zu verbreiten oder in das Angebot ohne Abrufentgelt aufzunehmen. [2]Für die Wiedergabe einer Gegendarstellung zu einer im Anzeigen- oder Werbeteil verbreiteten Tatsachenbehauptung sind die üblichen Entgelte zu entrichten.

(2) [1]Die Gegendarstellung hat ohne Einschaltungen und Weglassungen in gleicher Aufmachung wie die Tatsachenbehauptung zu erfolgen. [2]Bei Druckwerken muss sie in der nach Empfang der Einsendung nächstfolgenden für den Druck nicht abgeschlossenen Nummer in dem gleichen Teil des Druckwerks und mit gleicher Schrift wie der beanstandete Text abgedruckt werden; sie darf nicht in der Form eines Leserbriefs erscheinen. [3]Eine Erwiderung muss sich auf tatsächliche Angaben beschränken; dies gilt bei periodischen Druckwerken nur, sofern die Erwiderung in derselben Folge oder Nummer erfolgt. [4]Verbreitet ein Unternehmen der in § 3 Abs. 2 Nr. 1 Buchst. b oder c genannten Art eine Gegendarstellung, so ist die Gegendarstellung gleichfalls unverzüglich so weit zu veröffentlichen, wie die behauptete Tatsache übernommen wurde. [5]Im Rundfunk muss die Gegendarstellung unverzüglich innerhalb des gleichen Programms und der gleichen Programmsparte wie die beanstandete Tatsachenbehauptung sowie zur gleichen Tageszeit oder, wenn dies nicht möglich ist, zu einer Sendezeit verbreitet werden, die der Zeit der beanstandeten Sendung gleichwertig ist.

(3) Eine Verpflichtung zur Aufnahme der Gegendarstellung gemäß Absatz 1 besteht nicht, wenn

1. die betroffene Person oder Stelle kein berechtigtes Interesse an der Gegendarstellung hat,
2. der Umfang der Gegendarstellung unangemessen über den der beanstandeten Tatsachenbehauptung hinausgeht,
3. die Gegendarstellung sich nicht auf tatsächliche Angaben beschränkt oder einen strafbaren Inhalt hat,
4. die Gegendarstellung nicht unverzüglich, spätestens innerhalb von drei Monaten nach der Aufstellung der Tatsachenbehauptung, der nach Absatz 1 Satz 1 verpflichteten Person schriftlich und von der betroffenen Person oder ihrer gesetzlichen Vertreterin oder ihrem gesetzlichen Vertreter unterzeichnet zugeht oder
5. es sich um eine Anzeige in einem periodischen Druckwerk handelt, die ausschließlich dem geschäftlichen Verkehr dient.

(4) [1]Für die Durchsetzung des vergeblich geltend gemachten Gegendarstellungsanspruchs ist der ordentliche Rechtsweg gegeben. [2]Auf dieses Verfahren sind die Vorschriften der Zivilprozessordnung über das Verfahren auf Erlass einer einstweiligen Verfügung entsprechend anzuwenden. [3]Eine Gefährdung des Anspruchs braucht nicht glaubhaft gemacht zu werden. [4]Ein Verfahren zur Hauptsache findet nicht statt.

(5) Eine Verpflichtung zur Gegendarstellung besteht nicht für wahrheitsgetreue Berichte über öffentliche Sitzungen der übernationalen parlamentarischen Organe, der gesetzgebenden oder beschließenden Organe des Bundes, der Länder und der kommunalen Gebietskörperschaften sowie der Gerichte.

§ 10 SL. (Abs. 5 wie oben). (1) Die verantwortliche Redakteurin oder der verantwortliche Redakteur und die Verlegerin oder der Verleger eines periodischen Druckwerks … sind verpflichtet, unverzüglich eine Gegendarstellung der Person oder Stelle, die durch eine in dem Druckwerk, der Rundfunksendung oder dem Angebot aufgestellte Tatsachenbehauptung betroffen ist, ohne Kosten für die oder den Betroffenen zum Abdruck zu bringen, zu verbreiten (oder in ihr oder sein Angebot ohne Abrufentgelt aufzunehmen.)

(2) [1]Die Gegendarstellung ist ohne Einschaltungen und Weglassungen in gleicher Aufmachung wie die Tatsachenbehauptung anzubieten; sie darf nicht in der Form eines Leserbriefs erscheinen. [2]Eine Erwiderung auf die Gegendarstellung darf keinen strafbaren Inhalt haben. [3]Sie muss sich auf tatsächliche Angaben beschränken. [4]Satz 3 gilt bei periodischen Druckwerken nur, sofern die Erwiderung in derselben Nummer erfolgt.

(3) Eine Verpflichtung zur Aufnahme der Gegendarstellung gemäß Absatz 1 besteht nicht, wenn
1. die oder der Betroffene kein berechtigtes Interesse an der Gegendarstellung hat,
2. der Umfang der Gegendarstellung unangemessen über den der beanstandeten Tatsachenbehauptung hinausgeht,
3. die Gegendarstellung sich nicht auf tatsächliche Angaben beschränkt oder einen strafbaren Inhalt hat,
4. die Gegendarstellung nicht unverzüglich, bei periodischen Druckwerken spätestens innerhalb von drei Monaten nach der Aufstellung der Tatsachenbehauptung der oder dem in Anspruch Genommenen schriftlich und von der oder dem Betroffenen oder ihrer oder seiner gesetzlichen Vertreterin oder ihrem oder seinem gesetzlichen Vertreter unterzeichnet, zugeht, oder Vertreter unterzeichnet, zugeht, oder
5. es sich um eine Anzeige in einem periodischen Druckwerk handelt, die ausschließlich dem geschäftlichen Verkehr dient.

(4) [1]Für die Durchsetzung des vergeblich geltend gemachten Gegendarstellungsanspruchs ist der ordentliche Rechtsweg gegeben. [2]Auf dieses Verfahren sind die Vorschriften der Zivilprozessordnung über das Verfahren auf Erlass einer einstweiligen Verfügung entsprechend anzuwenden. [3]Eine Gefährdung des Anspruchs braucht nicht glaubhaft gemacht zu werden. [4]Ein Verfahren zur Hauptsache findet nicht statt.

§ 10 SN. (1) Die verantwortliche Redakteurin oder der verantwortliche Redakteur und die Verlegerin oder der Verleger eines periodischen Druckwerks, die Rundfunkveranstalterin oder der Rundfunkveranstalter und die Anbieterin oder der Anbieter von Angeboten nach § 55 Abs. 2 des Rundfunkstaatsvertrages sind verpflichtet, unverzüglich eine Gegendarstellung der Person oder Stelle, die durch eine in dem Druckwerk, der Rundfunksendung oder dem Angebot aufgestellte Tatsachenbehauptung betroffen ist, ohne Kosten für die oder den Betroffenen zum Abdruck zu bringen, zu verbreiten oder in ihr oder sein Angebot ohne Abrufentgelt aufzunehmen.

(2) [1]Die Gegendarstellung ist ohne Einschaltungen und Weglassungen in gleicher Aufmachung wie die Tatsachenbehauptung anzubieten; sie darf nicht in der Form eines Leserbriefs erscheinen. [2]Eine Erwiderung auf die Gegendarstellung darf keinen strafbaren Inhalt haben. [3]Sie muss sich auf tatsächliche Angaben beschränken. [4]Satz 3 gilt bei periodischen Druckwerken nur, sofern die Erwiderung in derselben Nummer erfolgt.

(3) Eine Verpflichtung zur Aufnahme der Gegendarstellung gemäß Absatz 1 besteht nicht, wenn
1. die oder der Betroffene kein berechtigtes Interesse an der Gegendarstellung hat,
2. der Umfang der Gegendarstellung unangemessen über den der beanstandeten Tatsachenbehauptung hinausgeht,
3. die Gegendarstellung sich nicht auf tatsächliche Angaben beschränkt oder einen strafbaren Inhalt hat,
4. die Gegendarstellung nicht unverzüglich, bei periodischen Druckwerken spätestens innerhalb von drei Monaten nach der Aufstellung der Tatsachenbehauptung, bei Angeboten nach § 55 Abs. 2 des Rundfunkstaatsvertrages spätestens sechs Wochen nach dem

letzten Tage des Angebots des beanstandeten Textes, jedenfalls jedoch drei Monate nach der erstmaligen Einstellung des Angebots, beim Rundfunk spätestens innerhalb von sechs Wochen nach der Aufstellung der Tatsachenbehauptung der oder dem in Anspruch Genommenen schriftlich und von der oder dem Betroffenen oder ihrer oder seiner gesetzlichen Vertreterin oder ihrem oder seinem gesetzlichen Vertreter unterzeichnet, zugeht, oder

5. es sich um eine Anzeige in einem periodischen Druckwerk handelt, die ausschließlich dem geschäftlichen Verkehr dient.

(4) [1]Für die Durchsetzung des vergeblich geltend gemachten Gegendarstellungsanspruchs ist der ordentliche Rechtsweg gegeben. [2]Auf dieses Verfahren sind die Vorschriften der Zivilprozessordnung über das Verfahren auf Erlass einer einstweiligen Verfügung entsprechend anzuwenden. [3]Eine Gefährdung des Anspruchs braucht nicht glaubhaft gemacht werden. [4]Ein Verfahren zur Hauptsache findet nicht statt.

§ 10 ST. (Abs. 1 S. 1 und Abs. 5 wie oben). (2) [1]Die Pflicht zum Abdruck einer Gegendarstellung besteht nicht, wenn

1. die Gegendarstellung ihrem Umfang nach nicht angemessen ist oder
2. es sich um eine Anzeige handelt, die ausschließlich dem geschäftlichen Verkehr dient.

[2]Überschreitet die Gegendarstellung nicht den Umfang des beanstandeten Textes, so gilt sie als angemessen. [3]Die Gegendarstellung muss sich auf tatsächliche Angaben beschränken und darf keinen strafbaren Inhalt haben. [4]Sie bedarf der Schriftform. [5]Der Betroffene kann den Abdruck nur verlangen, wenn die Gegendarstellung unverzüglich, spätestens drei Monate nach der Veröffentlichung, dem verantwortlichen Redakteur oder dem Verleger zugeht.

(3) [1]Die Gegendarstellung muss in der dem Zugang der folgenden Einsendung, für den Druck nicht abgeschlossenen Nummer, in dem gleichen Teil des Druckwerks und mit gleicher Schrift wie der beanstandete Text ohne Einschaltungen und Weglassungen abgedruckt werden; sie darf nicht gegen den Willen des Betroffenen in der Form eines Leserbriefes erscheinen. [2]Der Abdruck ist kostenfrei, es sei denn, dass der beanstandete Text als Anzeige abgedruckt worden ist. [3]Wer sich zu der Gegendarstellung in derselben Nummer äußert, muss sich auf tatsächliche Angaben beschränken.

(4) [1]Ist der Gegendarstellungsanspruch vergeblich geltend gemacht worden, so ist für seine Durchsetzung der ordentliche Rechtsweg gegeben. [2]Auf Antrag des Betroffenen kann das Gericht anordnen, dass der verantwortliche Redakteur und der Verleger in der Form des Absatzes 3 eine Gegendarstellung veröffentlichen. [3]Auf dieses Verfahren sind die Vorschriften der Zivilprozessordnung über das Verfahren auf Erlass einer einstweiligen Verfügung entsprechend anzuwenden. [4]Eine Gefährdung des Anspruchs braucht nicht glaubhaft gemacht zu werden. [5]§ 926 der Zivilprozessordnung ist nicht anzuwenden.

§ 11 SH. (Abs. 1, 2, 5 wie oben):
Abs. 2 ohne Nr. 2
Abs. 3 … Der Abdruck ist kostenfrei, es sei denn, der beanstandete Text ist als Anzeige abgedruckt worden.

(4) [1]Wird der frist- und formgerechte Abdruck der Gegendarstellung verweigert, so entscheiden auf Antrag des Betroffenen die ordentlichen Gerichte. [2]Die Vorschriften der Zivilprozessordnung über das Verfahren auf Erlass einer einstweiligen Verfügung gelten entsprechend mit der Maßgabe, dass in diesem Verfahren über den Gegendarstellungsanspruch endgültig entschieden wird. [3]Eine Gefährdung des Anspruchs braucht nicht glaubhaft gemacht zu werden. [4]Ist der Anspruch auf Abdruck der beantragten Gegendarstellung begründet, so ordnet das Gericht an, dass der verantwortliche Redakteur und der Verleger diese in der in Abs. 3 genannten Form und Frist veröffentlichen.

§ 11 TH. Abs. 1, 2 wie oben

(3) [1]…; sie darf nicht gegen den Willen des Betroffenen in der Form eines Leserbriefs erscheinen. [2]Der Abdruck einer Gegendarstellung ist kostenfrei

(4) Zusätzlicher Satz: § 926 der Zivilprozessordnung ist nicht anzuwenden.

(5) … der gesetzgebenden oder beschließenden Organe der Europäischen Gemeinschaft, …, der Vertretungen der Gebietskörperschaften …

Zu § 11 Mustergesetz (Offenlegungspflicht)

Nahezu wortgleich: § 9 BB.

Abweichender Wortlaut:

Art. 8 BY. (3) [1]Die Inhaber- und Beteiligungsverhältnisse eines Verlags, der eine Zeitung oder eine Zeitschrift herausgibt, sind wie folgt bekannt zu geben:
1. bei Herausgabe einer Zeitung oder einer wöchentlich erscheinenden Zeitschrift in dem Impressum der ersten Ausgabe jedes Kalenderhalbjahres,
2. bei Herausgabe einer anderen Zeitschrift in dem Impressum der ersten Ausgabe jedes Kalenderjahres.

[2]Außerdem sind Änderungen der Inhaber- und Beteiligungsverhältnisse unverzüglich im Impressum zu veröffentlichen.

(4) Zeitungen und Anschlusszeitungen, die regelmäßig wesentliche Teile fertig übernehmen, haben im Impressum auch den für den übernommenen Teil verantwortlichen Redakteur und den Verleger des anderen Druckwerks zu benennen.

§ 7a BE. (1) [1]Die Verleger eines periodischen Druckwerks müssen in regelmäßigen Zeitabständen im Druckwerk die Inhaber- und Beteiligungsverhältnisse ihres Verlags und ihre Rechtsbeziehungen zu mit ihnen verbundenen Presse- und Rundfunkunternehmen (§ 15 des Aktiengesetzes) offen legen. [2]Die Bekanntgabe erfolgt
1. bei täglich oder wöchentlich erscheinenden Druckwerken in dem Impressum der ersten Ausgabe jedes Kalenderhalbjahres,
2. bei anderen periodischen Druckwerken in dem Impressum der ersten Ausgabe jedes Kalenderjahres.

[3]Änderungen der Inhaber- und Beteiligungsverhältnisse sind unverzüglich bekannt zu machen.

(2) Bei der Offenlegung sind mindestens anzugeben:
1. bei Einzelkaufleuten: Vorname, Name, Beruf und Wohnort der Inhaber;
2. bei offenen Handelsgesellschaften: Vorname, Name, Beruf und Wohnort jedes Gesellschafters;
3. bei Kommanditgesellschaften: Vorname, Name, Beruf und Wohnort der persönlich haftenden Gesellschafter und der Kommanditisten;
4. bei Aktiengesellschaften: Vorname, Name und Wohnort derjenigen Aktionäre, die mehr als 25 vom Hundert des Aktienkapitals besitzen, sowie der Mitglieder der Aufsichtsräte unter Benennung ihrer Vorsitzenden;
5. bei Kommanditgesellschaften auf Aktien: Vorname, Name, Beruf und Wohnort der persönlich haftenden Gesellschafter, der Aktionäre, die mehr als 25 vom Hundert des Aktienkapitals besitzen, sowie der Mitglieder der Aufsichtsräte unter Benennung ihrer Vorsitzenden;
6. bei Gesellschaften mit beschränkter Haftung: Vorname, Name, Beruf und Wohnort aller Gesellschafter mit einer Stammeinlage von mehr als 5 vom Hundert des Stammkapitals unter bruchteilsmäßiger Angabe der geleisteten Stammeinlage;

7. bei Genossenschaften: Vorname, Name, Beruf und Wohnort der Mitglieder der Vorstände und der Aufsichtsräte unter Benennung ihrer Vorsitzenden.

(3) [1]Außerdem sind alle stillen Beteiligungen und Anteilstreuhandschaften aufzuführen unter genauer Bezeichnung der stillen Gesellschafter und Treugeber. [2]Ferner haben die Gesellschafter auch gegenüber der Gesellschaft Anteilstreuhandschaften mit Dritten offen zu legen unter genauer Bezeichnung der Treugeber.

(4) Ist an einer Verlagsgesellschaft eine andere Gesellschaft zu mehr als einem Viertel beteiligt, so sind über diese Gesellschaft die gleichen Angaben zu machen wie sie in Absatz 2 für die Verleger vorgeschrieben sind.

(5) Die Bezeichnung des Berufs muss bei Bestehen eines Dienstverhältnisses die jeweiligen Dienstgeber erkennen lassen; bei Personen, die Inhaber oder Mitinhaber anderer wirtschaftlicher Unternehmungen sind, müssen die Unternehmungen mit den Angaben über den Beruf genannt werden.

§ 5 HE. (1) Sofern für einen Verlag periodischer Druckwerke die Form der Aktiengesellschaft oder der Kommanditgesellschaft auf Aktien gewählt wird, müssen die Aktien auf den Namen lauten.

(2) Der Verleger eines periodischen Druckwerks muss in regelmäßigen Zeitabschnitten im Impressum des Druckwerks offenlegen, wer an der Finanzierung des Unternehmens wirtschaftlich beteiligt ist, und zwar bei Tageszeitungen in der ersten Nummer jedes Kalendervierteljahres, bei anderen periodischen Druckschriften in der ersten Nummer jedes Kalenderjahres.

(3) [1]Gehören einer politischen Partei im Sinne des § 2 des Parteiengesetzes unmittelbar oder mittelbar mindestens 5 v.H. der Anteile an dem Unternehmen oder stehen ihr unmittelbar oder mittelbar mindestens 5 v.H. der Stimmrechte zu, so hat sie dies dem Unternehmen unverzüglich schriftlich unter Angabe von Art und Umfang der Beteiligung mitzuteilen. [2]Als Anteile, die der politischen Partei gehören, gelten auch Anteile, die einem Unternehmen, an dem die politische Partei unmittelbar oder mittelbar zu mindestens 15 v.H. beteiligt ist oder einem anderen für Rechnung der politischen Partei oder einem anderen für Rechnung eines Unternehmens, an dem die politische Partei unmittelbar oder mittelbar zu mindestens 15 v.H. beteiligt ist, gehören. [3]Als Stimmrechte, die der politischen Partei zustehen, gelten auch Stimmrechte aus Anteilen nach Satz 2 sowie solche Stimmrechte Dritter, auf deren Ausübung die politische Partei kraft einer Vereinbarung oder aufgrund einer sonstigen Abstimmung Einfluss nehmen kann. [4]Der Verleger des periodischen Druckwerks hat zu den in Abs. 2 genannten Erscheinungszeitpunkten die Angaben nach Satz 1 im Impressum des Druckwerks offen zu legen.

§ 7 MV. (4) [1]Der Verleger eines periodischen Druckwerkes muss in regelmäßigen Zeitabschnitten im Druckwerk offenlegen, wer an der Finanzierung des Unternehmens beteiligt ist, und zwar bei Tageszeitungen in der ersten Nummer jedes Kalendervierteljahres, bei anderen periodischen Druckschriften in der ersten Nummer jedes Kalenderjahres. [2]Hierfür ist die Wiedergabe der im Handelsregister eingetragenen Beteiligungsverhältnisse ausreichend.

§ 9 RP. Abs. 4. [1]Wer ein periodisches Druckwerk verlegt, muss in der ersten Nummer eines jeden Kalenderjahres im Druckwerk offen legen, wer an der Finanzierung des Unternehmens wirtschaftlich beteiligt ist; bei Tageszeitungen ist bei Veränderungen der wirtschaftlichen Beteiligung dies zusätzlich in der nachfolgenden ersten Nummer jedes Kalendervierteljahres offen zu legen. [2]Wirtschaftlich beteiligt im Sinne des Satzes 1 ist, wer mit mehr als 5 v.H. am Kapital beteiligt ist oder über mehr als 5 v.H. der Stimmrechte verfügt. [3]Für die nach Satz 1 offen zu legenden Angaben ist die Wiedergabe der aus dem Handelsregister und aus den zum Handelsregister eingereichten Schriftstücken zu entnehmenden Beteiligungsverhältnisse ausreichend.

§ 8 SN. [1]Der Verleger eines periodischen Druckwerks hat die Inhaber- und Beteiligungsverhältnisse sowie seine Rechtsbeziehungen zu mit ihm verbundenen Unternehmen im Impressum der ersten Ausgabe jedes Kalenderjahres, im Fall von Tageszeitungen im Impressum der ersten Ausgabe jedes Kalenderhalbjahres bekanntzugeben. [2]Änderungen sind unverzüglich im Impressum anzuzeigen.

§ 8 TH. (1) [1]Der Verleger eines periodischen Druckwerks muss in regelmäßigen Zeitabschnitten im Druckwerk seine Eigentumsverhältnisse und seine Rechtsbeziehungen zu mit ihm verbundenen Unternehmen (§ 15 Aktiengesetz) sowie seine Beteiligung an Unternehmen, die dabei Herstellung, Vertrieb und Anzeigenakquisition übernehmen, offenlegen. [2]Dies gilt insbesondere für die Überlassung der damit verbundenen Rechte. [3]Dies ist bei Tageszeitungen in der ersten Nummer jedes Kalendervierteljahres, bei anderen periodischen Druckschriften in der ersten Nummer jedes Kalenderjahres zu veröffentlichen. [4]Änderungen sind unverzüglich bekanntzumachen.

(2) Bei der Offenlegung sind mindestens anzugeben:
1. der Inhaber, alle persönlich haftenden Gesellschafter, alle geschäftsführenden Gesellschafter;
2. die weiteren Zeitungen und Zeitschriften, die der Verlag oder seine Inhaber oder seine Beteiligten herausgeben;
3. bei Genossenschaften: die Mitglieder des Vorstandes und der Vorsitzende des Aufsichtsrats.

Nicht enthalten: BW; HB; HH; ND; NW; SL; SN; SH; ST.

Zu § 12 Mustergesetz[7] (Pflichtexemplar)

Nahezu wortgleich:

§ 13 BB: Der Minister für Wissenschaft, Forschung und Kultur wird ermächtigt …

(3) Für digitale Ausgaben von Werken, die Druckwerken gemäß § 7 gleichstehen und die im Geltungsbereich dieses Gesetzes verlegt oder gedruckt werden, gilt Absatz 1 mit der Maßgabe entsprechend, dass zur Ablieferung verpflichtet ist, wer den entsprechenden Datensatz wie eine Verlegerin oder ein Verleger verbreitet oder berechtigt ist, die digitale Ausgabe öffentlich zugänglich zu machen.

Abweichender Wortlaut:

§ 12 HB Anbietungspflicht. (1) [1]Von jedem Druckwerk, das im Geltungsbereich dieses Gesetzes verlegt wird, hat der Verleger der Staatsbibliothek in Bremen je ein Stück anzubieten und auf Verlangen abzuliefern (Pflichtexemplare). [2]Das gleiche gilt für die Geschäfts-, Jahres- und Verwaltungsberichte, sofern sie nicht unter § 7 Absatz 3 Ziffer 1 fallen.

(2) Absatz 1 gilt entsprechend für den Drucker, wenn das Druckwerk keinen Verleger hat oder außerhalb des Geltungsbereichs dieses Gesetzes verlegt wird.

(3) Verleger und Drucker periodischer Druckwerke gegen ihrer Pflicht nach den Absätzen 1 und 2, wenn sie das von ihnen verlegte oder gedruckte periodische Druckwerk beim

7 Zu dem Pflichtexemplarrecht enthält dieser Teil II. Presse als Anhang eine erläuternde Zusammenstellung.

erstmaligen Erscheinen und am Beginn jedes Kalenderjahres zum laufenden Bezug anbieten.

(4) Die Senatorin für Kinder und Bildung wird ermächtigt, im Einvernehmen mit dem Senator für Inneres durch Rechtsverordnung Bestimmungen über die Ausstattung des anzubietenden Druckwerkes, die Meldepflicht der Drucker und die Ablieferungsfristen zu erlassen.

§ 9 HE. (1) [1]Von jedem Druckwerk nach § 4, das im Geltungsbereich dieses Gesetzes verlegt wird, hat der Verleger mit Beginn der Verbreitung des Druckwerks ein Stück (Pflichtexemplar) unentgeltlich und auf eigene Kosten an die nach dem Verlagsort zuständige wissenschaftliche Bibliothek im Lande Hessen abzugeben. [2]Auf Verlangen erstattet die Bibliothek dem Verleger die Herstellungskosten des abgegebenen Druckwerks, wenn ihm die unentgeltliche Abgabe wegen des großen finanziellen Aufwands und der kleinen Auflage nicht zugemutet werden kann. [3]Der zu begründende Erstattungsantrag ist, ungeachtet der Erfüllung der Abgabepflicht, innerhalb einer Ausschlussfrist von zwei Wochen nach Beginn der Verbreitung des Druckwerks bei der Bibliothek einzureichen.

(2) [1]Der Minister für Wissenschaft und Kunst bestimmt durch Rechtsverordnung das Nähere, insbesondere die zuständige wissenschaftliche Bibliothek. [2]Er kann für bestimmte Arten von Druckwerken Ausnahmen zulassen.

§ 11 MV. (1) [1]Von jedem Druckwerk, das in Mecklenburg-Vorpommern verlegt wird oder das als Verlagsort einen Ort innerhalb Mecklenburg-Vorpommerns neben einem anderen Ort nennt, hat der Verleger ein Stück binnen eines Monats nach dem Erscheinen kostenfrei an die von der Kultusministerin zu benennenden Stellen abzuliefern (Pflichtexemplare). [2]Satz 1 gilt entsprechend für den Drucker oder sonstigen Hersteller, wenn das Druckwerk keinen Verleger hat

(2) Die von der Kultusministerin zu benennenden Stellen können auf die Ablieferung solcher Druckwerke verzichten, an deren Sammlung, Inventarisierung und bibliographischer Aufzeichnung kein öffentliches Interesse besteht.

(3) [1]Ist die Auflage eines Druckwerkes nicht höher als 500 Stück und beträgt der Ladenpreis eines Stücks der Auflage mindestens 200 Deutsche Mark, so ist dem Ablieferungspflichtigen abweichend von Absatz 1 die Hälfte des Ladenpreises zu erstatten. [2]Bei Druckwerken, die aus zwei oder mehreren einzeln verkäuflichen Teilen bestehen, ist eine Vergütung für jeden dieser Teile zu leisten, dessen Ladenpreis den angegebenen Betrag übersteigt. [3]Hat das Druckwerk keinen Ladenpreis, so ist das übliche Entgelt für ein Druckwerk dieser Art maßgebend.

(4) [1]Der Anspruch auf Erstattung besteht nur, wenn er spätestens einen Monat nach Ablieferung der Pflichtexemplare schriftlich beiden jeweils von der Kultusministerin zu benennenden Stellen geltend gemacht wird. [2]Er verjährt in zwei Jahren, beginnend mit dem Schluss des Jahres, in dem das Pflichtexemplar abgeliefert worden ist.

(5) Ein Anspruch auf Erstattung besteht nicht, wenn der Ablieferungspflichtige zur Herstellung des Druckwerkes einen Zuschuss aus öffentlichen Mitteln erhalten hat.

(6) Die zur Ausführung der Absätze 1, 2 und 4 erforderlichen Rechts- und Verwaltungsvorschriften erlässt die Kultusministerin.

§ 12 ND. (1) [1]Von jedem Druckwerk, das im Geltungsbereich dieses Gesetzes verlegt wird oder das als Verlagsort einen Ort innerhalb des Geltungsbereiches neben einem anderen Ort nennt, hat der Verleger ein Stück binnen eines Monats nach seinem Erscheinen kostenfrei an die Niedersächsische Landesbibliothek in Hannover abzuliefern (Pflichtexemplar). [2]Satz 1 gilt entsprechend für den Drucker oder sonstigen Hersteller, wenn das Druckwerk keinen Verleger hat.

(2) Die Niedersächsische Landesbibliothek kann auf die Ablieferung solcher Druckwerke verzichten, an deren Sammlung, Inventarisierung und bibliographischer Aufzeichnung kein öffentliches Interesse besteht.

(3) [1]Ist die Auflage eines Druckwerkes nicht höher als 500 Stück und beträgt der Ladenpreis eines Stücks der Auflage mindestens 100 Euro, so ist dem Ablieferungspflichtigen abweichend von Absatz 1 die Hälfte des Ladenpreises zu erstatten. [2]Bei Druckwerken, die aus zwei oder mehreren einzeln verkäuflichen Teilen bestehen, ist eine Vergütung für jeden dieser Teile zu leisten, dessen Ladenpreis den angegebenen Betrag übersteigt. [3]Hat das Druckwerk keinen Ladenpreis, so ist das übliche Entgelt für ein Druckwerk dieser Art maßgebend.

(4) [1]Der Anspruch auf Erstattung besteht nur, wenn er spätestens einen Monat nach Ablieferung des Pflichtexemplars schriftlich bei der Niedersächsischen Landesbibliothek geltend gemacht wird. [2]Er verjährt in zwei Jahren, beginnend mit dem Schlusse des Jahres, in dem das Pflichtexemplar abgeliefert worden ist.

(5) Ein Anspruch auf Erstattung besteht nicht, wenn der Ablieferungspflichtige zur Herstellung des Druckwerkes einen Zuschuss aus öffentlichen Mitteln erhalten hat.

§ 14 RP. (1) [1]Von jedem Druckwerk, das in Rheinland-Pfalz verlegt wird, ist ohne Rücksicht auf die Art des Textträgers und das Vervielfältigungsverfahren von der Person, die das Druckwerk verlegt, unaufgefordert unmittelbar nach Beginn der Verbreitung unentgeltlich und auf eigene Kosten ein Stück (Pflichtexemplar) in marktüblicher Form an die von dem für das wissenschaftliche Bibliothekswesen zuständigen Ministerium bezeichnete Stelle abzuliefern. [2]Satz 1 gilt nicht für

1. Druckwerke, die in einer geringeren Auflage als zehn Exemplare erscheinen, sofern es sich nicht um Druckwerke handelt, die einzeln auf Anforderung verlegt werden,
2. Dissertationen und andere Hochschulprüfungsarbeiten, sofern sie nicht im Buchhandel erscheinen,
3. Referenten- und Schulungsmaterialien mit Manuskriptcharakter.

(2) Die Person, die ein Druckwerk durch Selbst-, Kommissions- oder Lizenzverlag verlegt, ist nach Absatz 1 ablieferungspflichtig, sofern sie im Druckwerk genannt ist.

(3) [1]Absatz 1 gilt entsprechend für diejenige Person, die ein Druckwerk druckt oder in sonstiger Weise herstellt, wenn das Druckwerk von keiner Person verlegt wird. [2]Bei Tonträgern gilt als verlegende Person auch die Person, die den Tonträger herstellt.

(4) [1]Die Ablieferungspflicht umfasst sämtliche erkennbar zum Hauptwerk gehörende Beilagen, auch wenn diese für sich allein nicht der Ablieferungspflicht unterliegen, sowie zu Zeitschriften, Lieferungswerken, Loseblattsammlungen und ähnlichen Veröffentlichungen gehörige Materialien, die der Vervollständigung des Hauptwerks dienen. [2]Bei einem periodischen Druckwerk wird der Ablieferungspflicht genügt, wenn es beim erstmaligen Erscheinen und am Beginn jeden Kalenderjahres der zuständigen Stelle zum laufenden Bezug angeboten wird.

(5) [1]Für das Pflichtexemplar gewährt die zuständige Stelle der oder dem Ablieferungspflichtigen auf Antrag einen Zuschuss zu dessen Herstellungskosten, wenn die entschädigungslose Abgabe eine unzumutbare Belastung darstellen würde. [2]Der begründete Antrag ist bei der Ablieferung zu stellen.

(6) Das für das wissenschaftliche Bibliothekswesen zuständige Ministerium wird ermächtigt, in Bezug auf die Absätze 1 bis 5 im Einvernehmen mit dem für die Angelegenheiten der Medien zuständigen Ministerium das Nähere zur Zuständigkeit der Bibliotheken, zur Durchführung des Verfahrens, zur Ablieferungspflicht und zu Ausnahmen von der Ablieferungspflicht sowie zu Ordnungswidrigkeiten durch Rechtsverordnung zu regeln und die erforderlichen Verwaltungsvorschriften hierzu zu erlassen.

§ 14 SL. (1) Von jedem Druckwerk, das im Saarland verlegt wird, hat die Verlegerin oder der Verleger den vom Ministerium für Bildung, Kultur und Wissenschaft bezeichneten Stellen ein Stück anzubieten und auf Verlangen gegen angemessene Entschädigung abzuliefern (Pflichtexemplar).

(2) Absatz 1 gilt entsprechend für die Druckerin oder den Drucker, wenn das Druckwerk keine Verlegerin oder keinen Verleger hat oder außerhalb des Saarlandes verlegt wird.

(3) Verlegerinnen oder Verleger und Druckerinnen oder Drucker periodischer Druckwerke genügen ihrer Verpflichtung nach den Absätzen 1 und 2, wenn sie das von ihnen verlegte oder gedruckte periodische Druckwerk beim erstmaligen Erscheinen zum laufenden Bezug anbieten.

(4) Die zur Ausführung der Absätze 1 und 2 erforderlichen Rechts- und Verwaltungsvorschriften erlässt das Ministerium für Bildung, Kultur und Wissenschaft im Einvernehmen mit dem Ministerpräsidenten.

§ 11 SN. (1) [1]Von jedem Druckwerk, das im Geltungsbereich dieses Gesetzes verlegt wird, hat der Verleger binnen eines Monats nach dem Erscheinen ein Stück unentgeltlich und frei von Versendungskosten an die Sächsische Landesbibliothek – Staats- und Universitätsbibliothek Dresden abzuliefern (Pflichtexemplar). [2]Satz 1 gilt entsprechend für den Drucker im Geltungsbereich dieses Gesetzes, wenn das Druckwerk keinen Verleger hat oder außerhalb des Geltungsbereiches dieses Gesetzes verlegt wird.

(2) [1]Auf Antrag erstattet die Sächsische Landesbibliothek – Staats- und Universitätsbibliothek Dresden dem Ablieferungspflichtigen einen Betrag bis zur Hälfte des Ladenpreises, wenn für ihn die unentgeltliche Abgabe, insbesondere wegen der hohen Herstellungskosten und der geringen Auflage, im Einzelfall unzumutbar ist. [2]Der zu begründende Antrag ist binnen einer Ausschlussfrist von vier Wochen nach Ablieferung des Pflichtexemplars bei der Sächsischen Landesbibliothek – Staats- und Universitätsbibliothek Dresden einzureichen. [3]Die Verjährung des Erstattungsanspruchs beginnt mit dem Ende des Jahres, in dem das Pflichtexemplar abgeliefert worden ist.

(3) Weitergehende Bestimmungen über die Ablieferungspflicht von Druckwerken bleiben unberührt.

(4) Das Staatsministerium für Wissenschaft und Kunst wird ermächtigt, durch Rechtsverordnung Bestimmungen über die Beschaffenheit der Pflichtexemplare sowie über Ausnahmen von der Ablieferungspflicht zu erlassen.

§ 12 SH. (1) Von jedem Druckwerk, das im Geltungsbereich dieses Gesetzes verlegt wird, hat der Verleger
1. der Universitätsbibliothek in Kiel,
2. der Schleswig-Holsteinischen Landesbibliothek in Kiel,
3. der Stadtbibliothek in Lübeck

je ein Stück anzubieten und auf Verlangen abzuliefern (Pflichtexemplare).

(2) Abs. 1 gilt entsprechend für den Drucker, wenn das Druckwerk keinen Verleger hat oder außerhalb des Geltungsbereichs dieses Gesetzes verlegt wird.

(3) Verleger und Drucker periodischer Druckwerke genügen ihrer Verpflichtung nach Abs. 1 und 2, wenn sie das von ihnen verlegte oder gedruckte periodische Druckwerk beim erstmaligen Erscheinen und am Beginn jedes Kalenderjahres zum laufenden Bezug anbieten.

§ 11 ST. (1) [1]Von jedem Druckwerk (§ 6), das im Geltungsbereich dieses Gesetzes verlegt wird oder das als Verlagsort einen Ort innerhalb des Geltungsbereiches neben einem anderen Ort nennt, hat der Verleger ein Stück binnen eines Monats nach dem Erscheinen kostenfrei an die Universitäts- und Landesbibliothek Sachsen-Anhalt in Halle abzuliefern (Pflichtexemplar). [2]Satz 1 gilt entsprechend für den Drucker oder sonstige Hersteller, wenn das Druckwerk keinen Verleger hat.

(2) Das für Bibliotheken zuständige Ministerium wird ermächtigt, durch Verordnung Bestimmungen zu treffen über

1. das Verfahren der Ablieferung,
2. die Ablieferungen in Fällen, in denen ein Druckwerk in verschiedenen Ausgaben hergestellt wird,
3. Einschränkungen der Ablieferungsfrist für solche Druckwerke, an deren Sammlung ein wissenschaftliches oder öffentliches Interesse nicht besteht.

(3) [1]Ist die Auflage eines Druckwerkes nicht höher als 500 Stück und beträgt der Ladenpreis eines Stücks der Auflage mindestens 100 Euro, so ist dem Ablieferungspflichtigen abweichend von Absatz 1 die Hälfte des Ladenpreises zu erstatten. [2]Bei Druckwerken, die aus zwei oder mehreren einzeln verkäuflichen Teilen bestehen, ist eine Vergütung für jeden dieser Teile zu leisten, deren Ladenpreis den angegebenen Betrag übersteigt. [3]Hat das Druckwerk keinen Ladenpreis, so ist das übliche Entgelt für ein Druckwerk dieser Art maßgebend.

(4) [1]Der Anspruch auf Erstattung besteht nur, wenn er spätestens einen Monat nach Ablieferung des Pflichtexemplars schriftlich bei der Universitäts- und Landesbibliothek Sachsen-Anhalt geltend gemacht wird. [2]Er verjährt in drei Jahren, beginnend mit dem Schluss des Jahres, in dem das Pflichtexemplar abgeliefert worden ist.

(5) Ein Anspruch auf Erstattung besteht nicht, wenn der Ablieferungspflichtige zur Herstellung des Druckwerkes einen Zuschuss aus öffentlichen Mitteln erhalten hat.

(6) [1]Für digitale Publikationen gilt Absatz 1 mit der Maßgabe entsprechend, dass zur Ablieferung verpflichtet ist, wer den betreffenden Datenträger wie ein Verleger oder gleichgestellter Drucker oder sonstiger Hersteller im Sinne von Absatz 1 verbreitet oder berechtigt ist, die betreffende digitale Publikation öffentlich zugänglich zu machen und den Sitz, eine Betriebsstätte oder den Hauptwohnsitz in Sachsen-Anhalt hat. [2]Die Ablieferung erfolgt nach Maßgabe der Verordnung nach Absatz 2. [3]Die Universitäts- und Landesbibliothek Sachsen-Anhalt legt in Abstimmung mit der Deutschen Nationalbibliothek die bei der Ablieferung zu beachtenden technischen Standards fest.

(7) Artikel 229 § 6 des Einführungsgesetzes zum Bürgerlichen Gesetzbuche ist mit der Maßgabe entsprechend anzuwenden, dass an die Stelle des 1. Januar 2002 der 1. Juni 2010 und an die Stelle des 31. Dezember 2001 der 31. Mai 2010 tritt.

§ 12 TH. (1) [1]Von jedem Druckwerk, das im Geltungsbereich dieses Gesetzes verlegt wird, hat der Verleger mit Beginn der Verbreitung des Druckwerks ein Stück (Pflichtexemplar) unentgeltlich und auf eigene Kosten an die Thüringer Universitäts- und Landesbibliothek Jena abzugeben. [2]Auf Verlangen erstattet die Bibliothek dem Verleger die Herstellungskosten des abgegebenen Druckwerks, wenn ihm die unentgeltliche Abgabe wegen des großen finanziellen Aufwands und der kleinen Auflage nicht zugemutet werden kann. [3]Der zu begründende Erstattungsantrag ist, ungeachtet der Erfüllung der Abgabepflicht, innerhalb einer Ausschlussfrist von zwei Wochen nach Beginn der Verbreitung des Druckwerks bei der Bibliothek einzureichen.

(2) Das für das Hochschulwesen zuständige Ministerium kann für bestimmte Arten von Druckwerken Ausnahmen zulassen.

(3) [1]Für digitale Publikationen gilt Absatz 1 entsprechend. [2]Digitale Publikationen sind Darstellungen in Schrift, Bild und Ton, die auf Datenträgern oder in unkörperlicher Form in öffentlichen Netzen verbreitet werden. [3]Zur Ablieferung verpflichtet ist, wer den Datenträger wie ein Verleger verbreitet oder berechtigt ist, die unkörperliche digitale Publi-

kation öffentlich zugänglich zu machen und den Sitz, eine Betriebsstätte oder den Hauptwohnsitz in Thüringen hat. [4]Die Ablieferung erfolgt nach Maßgabe einer von dem für das Hochschulwesen zuständigen Ministerium zu erlassenden Rechtsverordnung. [5]Die Landesbibliothek legt in Abstimmung mit der Deutschen Nationalbibliothek die bei der Ablieferung zu beachtenden technischen Standards fest.

Nicht enthalten: BW; BY; BE; HH; NW.

Zu § 13 Mustergesetz[8] (Bundesdatenschutzgesetz)

Nahezu wortgleich: § 12 BW, Art. 10a BY (zwischen den Worten „Zwecken" und „erheben" ist folgende Formulierung eingeschoben: *unter Einsatz von Datenverarbeitungsanlagen oder in oder aus nichtautomatisierten Dateien*), § 22a BE, § 16a BB, § 11 HE, § 18a MV, § 19 ND, § 12, § 11 Abs. 1 SL, § 10a SH, § 11 SN, § 10a ST, § 11a TH.

Abweichender Wortlaut:

§ 5 HB. (1) Für die Verarbeitung personenbezogener Daten durch Unternehmen und Hilfsunternehmen der Presse zu eigenen journalistisch-redaktionellen oder literarischen Zwecken gelten die §§ 5, 9 und 38a des Bundesdatenschutzgesetzes entsprechend.

(2) [1]Fügt ein Unternehmen nach Absatz 1 dem Betroffenen durch eine gegen § 5 des Bundesdatenschutzgesetzes verstoßende Verarbeitung oder Nutzung seiner personenbezogenen Daten einen Schaden zu, ist das Unternehmen dem Betroffenen zum Schadensersatz verpflichtet. [2]Die Ersatzpflicht entfällt, soweit das Unternehmen die nach den Umständen des Falles gebotene Sorgfalt beachtet hat.

§ 11a HH. (mit folgendem zusätzlichen Satz 2): Soweit Unternehmen nicht der Selbstregulierung durch den Pressekodex und die Beschwerdeordnung des Deutschen Presserates unterliegen, gelten für sie die Vorschriften von § 41 Absatz 3 und Absatz 4 Satz 1 entsprechend.

§ 12 RP. (1) Soweit Unternehmen oder Hilfsunternehmen der Presse oder vergleichbare Anbieter von Telemedien personenbezogene Daten ausschließlich zu eigenen journalistisch-redaktionellen oder literarischen Zwecken erheben, verarbeiten oder nutzen, gelten von den Vorschriften des Bundesdatenschutzgesetzes nur die Bestimmungen über das Datengeheimnis, die technischen und organisatorischen Maßnahmen, die Verhaltensregeln zur Förderung der Durchführung datenschutzrechtlicher Regelungen sowie den Schadensersatz mit der Maßgabe, dass nur für Schäden gehaftet wird, die durch eine Verletzung des Datengeheimnisses oder durch unzureichende technische oder organisatorische Maßnahmen eintreten.

---

8 Die wichtigsten Vorschriften des **Bundesdatenschutzgesetzes** sind unter → Nr. 7a zusammengefasst.

Zu § 14 Mustergesetz (Strafbarkeit)

Nahezu wortgleich: § 20 HH, § 20 MV, § 21 ND, § 22 NW.

Abweichender Wortlaut:

§ 19 BE Strafrechtliche Verantwortung (1) Die Verantwortlichkeit für Straftaten, die mittels eines Druckwerks begangen werden, bestimmt sich nach den allgemeinen Gesetzen.

(2) [1]Ist mittels eines Druckwerks eine rechtswidrige Tat begangen worden, die den Tatbestand eines Strafgesetzes verwirklicht, so werden, soweit sie nicht wegen dieser Handlung schon nach Absatz 1 als Täter oder Teilnehmer strafbar sind,
1. bei periodischen Druckwerken die verantwortlichen Redakteure, wenn sie ihre Verpflichtung verletzt haben, Druckwerke von strafbarem Inhalt freizuhalten,
2. bei sonstigen Druckwerken die Verleger, wenn sie ihre Aufsichtspflicht verletzt haben und die rechtswidrige Tat hierauf beruht,

mit Freiheitsstrafe bis zu einem Jahr oder mit Geldstrafe bestraft. [2]Wird die rechtswidrige Tat nur auf Antrag oder mit Ermächtigung verfolgt, so ist eine Strafverfolgung nach den Nummern 1 und 2 nur auf Antrag oder mit Ermächtigung zulässig.

§ 20 BE Strafbare Verletzung der Presseordnung Mit Freiheitsstrafe bis zu sechs Monaten oder mit Geldstrafe bis zu einhundertachtzig Tagessätzen werden diejenigen bestraft, die
1. als Verleger Personen zu verantwortlichen Redakteuren oder Verantwortlichen (§ 7 Absatz 2 und § 8 Absatz 3) bestellen, die nicht den Anforderungen des § 8 entsprechen,
2. als verantwortliche Redakteure zeichnen, obwohl sie die Voraussetzungen des § 8 nicht erfüllen,
3. als verantwortliche Redakteure oder Verleger – beim Selbstverlag als Verfasser oder Herausgeber – bei einem Druckwerk strafbaren Inhalts den Vorschriften über das Impressum (§ 7) zuwiderhandeln,
4. entgegen dem Verbot des § 14 ein beschlagnahmtes Druckwerk verbreiten oder wieder abdrucken.

§ 21 BW; ähnlich § 21 HB, § 21 SH.

…

3. als verantwortlicher Redakteur oder Verleger – beim Selbstverlag als Verfasser oder Herausgeber – bei einem Druckwerk strafbaren Inhalts den Vorschriften über das Impressum (§ 8) zuwiderhandelt,
4. entgegen dem Verbot des § 15 ein beschlagnahmtes Druckwerk verbreitet oder wieder abdruckt.

Art. 13 BY. Mit Freiheitsstrafe bis zu einem Jahr oder mit Geldstrafe wird bestraft,
3. wer ein beschlagnahmtes Druckwerk in Kenntnis der Beschlagnahme verbreitet;
5. wer über die Inhaber- und Beteiligungsverhältnisse (Art. 8 Abs. 3) wissentlich falsche Angaben macht.

§ 12 HE. (1) [1]Von dem verantwortlichen Redakteur eines periodischen Druckwerks wird vermutet, dass er die Veröffentlichung eines Druckwerks, dessen Inhalt eine mit Strafe bedrohte Handlung begründet, als eigene Äußerung gewollt hat. [2]Die Vermutung ist widerlegbar.

(2) Haben der Verleger oder der Drucker das Druckwerk gegen den schriftlichen Widerspruch des verantwortlichen Redakteurs veröffentlicht, so gilt ihnen gegenüber die gleiche Vermutung.

§ 14 HE. (1) Mit Freiheitsstrafe bis zu zwei Jahren oder mit Geldstrafe wird bestraft, wer bei Offenlegung nach § 5 Abs. 2 über die Inhaberverhältnisse wissentlich falsche Angaben macht.

(2) [1]Mit Freiheitsstrafe bis zu sechs Monaten oder Geldstrafe bis zu einhundertachtzig Tagessätzen wird bestraft, wer als verantwortlicher Redakteur oder Verleger – beim Selbstvertrieb als Verfasser oder Herausgeber – bei einem Druckwerk strafbaren Inhalts den Vorschriften über das Impressum (§ 6 und § 7 Abs. 1) zuwiderhandelt. [2]Auf die gleiche Strafe ist zu erkennen, wenn die Zuwiderhandlung durch falsche Angaben in Kenntnis ihrer Unrichtigkeit begangen oder geduldet worden ist.

§ 35 RP. (1) Mit Freiheitsstrafe bis zu einem Jahr oder mit Geldstrafe wird bestraft, wer

1. als Person, die Druckwerke verlegt, privaten Rundfunk veranstaltet oder entsprechende Mediendienste anbietet oder die die Geschäfte eines Rundfunkveranstalters oder eines Anbieters entsprechender Mediendienste führt, eine Person, die nicht den Anforderungen des § 10 entspricht, als verantwortliche Person im Sinne des § 10 benennt,
2. als verantwortliche Person im Sinne des § 10 zeichnet, obwohl sie die Voraussetzungen des § 10 nicht erfüllt,
3. als Person, die das Druckwerk verlegt, beim Selbstverlag das Werk verfasst oder herausgegeben hat, oder als redaktionell verantwortliche Person in Kenntnis eines strafbaren Inhalts des Druckwerks den Vorschriften über das Impressum nach § 9 Abs. 1 bis 5 zuwiderhandelt, oder
4. entgegen dem Verbot des § 15 ein beschlagnahmtes Druckwerk in Kenntnis seiner Beschlagnahme verbreitet oder wieder abdruckt.

(2) Unberührt bleiben die nach § 1 Abs. 2 Satz 1 geltenden Strafbestimmungen.

§ 63 SL. (1) Ist durch ein Druckwerk der Tatbestand eines Strafgesetzes verwirklicht worden, so wird, soweit sie oder er nicht wegen dieser Handlung schon nach § 12 Abs. 2 als Täterin oder Täter oder Teilnehmerin oder Teilnehmer strafbar ist, mit Freiheitsstrafe bis zu einem Jahr oder mit Geldstrafe bestraft

1. bei periodischen Druckwerken die verantwortliche Redakteurin oder der verantwortliche Redakteur, wenn sie oder er vorsätzlich oder fahrlässig ihre oder seine Verpflichtung verletzt hat, Druckwerke von strafbarem Inhalt freizuhalten,
2. bei sonstigen Druckwerken die Verlegerin oder der Verleger, wenn sie oder er vorsätzlich oder fahrlässig ihre oder seine Aufsichtspflicht verletzt hat und die Verwirklichung des Tatbestandes einer mit Strafe bedrohten Handlung hierauf beruht.

(2) Mit Freiheitsstrafe bis zu einem Jahr oder mit Geldstrafe wird bestraft, wer

1. als Verlegerin oder Verleger eine Person zur verantwortlichen Redakteurin oder zum verantwortlichen Redakteur bestellt, die nicht den Anforderungen des § 9 Abs. 1 entspricht,
2. als verantwortliche Redakteurin oder verantwortlicher Redakteur zeichnet, obwohl sie oder er die Voraussetzungen des § 9 Abs. 1 nicht erfüllt,
3. als verantwortliche Redakteurin oder verantwortlicher Redakteur oder Verlegerin oder Verleger – beim Selbstverlag als Verfasserin oder Verfasser oder Herausgeberin oder Herausgeber – bei einem Druckwerk strafbaren Inhalts den Vorschriften über das Impressum (§ 8 Abs. 1) zuwiderhandelt.

(3) Absatz 1 Nr. 1 und Absatz 2 gelten für den Rundfunk entsprechend.

§ 12 ST. Ist durch ein Druckwerk eine rechtswidrige Tat begangen worden, die den Tatbestand eines Strafgesetzes verwirklicht, und hat

1. bei periodischen Druckwerken der verantwortliche Redakteur oder
2. bei sonstigen Druckwerken der Verleger

vorsätzlich oder fahrlässig seine Verpflichtung verletzt, Druckwerke von strafbarem Inhalt freizuhalten, so wird er mit Freiheitsstrafe bis zu einem Jahr oder mit Geldstrafe bestraft, soweit er nicht wegen der Tat schon nach den allgemeinen Strafgesetzen als Täter oder Teilnehmer strafbar ist.

§ 13 ST. Mit Freiheitsstrafe bis zu einem Jahr oder mit Geldstrafe wird bestraft, wer
1. als Verleger eine Person zum verantwortlichen Redakteur bestellt, die nicht den Anforderungen des § 8 entspricht,
2. als verantwortlicher Redakteur zeichnet, obwohl er die Voraussetzungen des § 8 nicht erfüllt,
3. als verantwortlicher Redakteur oder Verleger – beim Selbstverlag als Verfasser oder Herausgeber – bei einem Druckwerk strafbaren Inhalts den Vorschriften über das Impressum (§ 7) zuwiderhandelt.

Nicht enthalten: BB, SL, SN, TH.

Zu § 15 Mustergesetz[9] (Ordnungswidrigkeiten)

Abweichender Wortlaut:

§ 22 BW. Abs. 4: Verwaltungsbehörde im Sinne des § 36 Abs. 1 Nr. 1 des Gesetzes über Ordnungswidrigkeiten ist das Regierungspräsidium Karlsruhe.

Art. 12 BY. (1) Mit Geldbuße kann belegt werden, soweit die Tat nicht nach anderen Vorschriften mit Strafe bedroht ist:
1. wer den in den Art. 7, 8 und 9 enthaltenen Vorschriften zuwiderhandelt;
2. wer als Unternehmer Druckwerke vertreibt, in denen die in Art. 7 vorgeschriebenen Angaben fehlen;
3. wer als verantwortlicher Redakteur oder Verleger einer Zeitung oder Zeitschrift den Abdruck einer Gegendarstellung (Art. 10) verweigert. Die Verfolgung tritt nur auf Antrag der betroffenen Person oder Behörde ein. Die Zurücknahme des Antrags ist zulässig. Bei der Ahndung ist der Abdruck der Gegendarstellung anzuordnen, wenn dies von dem Antragsberechtigten verlangt wird;
4. wer wider besseres Wissen den Abdruck einer in wesentlichen Punkten unwahren Darstellung oder Gegendarstellung erwirkt. Die Verfolgung tritt nur auf Antrag des Betroffenen, des Redakteurs oder des Verlegers ein. Die Zurücknahme des Antrags ist zulässig;
5. wer einer gerichtlichen Anordnung zum Abdruck der Gegendarstellung nicht unverzüglich nachkommt.

(2) [1]In den Fällen des Absatzes 1 Nrn. 1 und 2 kann auf Einziehung der Druckwerke und des zu ihrer Herstellung verwendeten Materials erkannt werden. [2]§ 23 des Gesetzes über Ordnungswidrigkeiten ist anzuwenden.

§ 21 BE. Abs. 4: Verwaltungsbehörde im Sinne des § 36 Abs. 1 Nr. 1 des Gesetzes über Ordnungswidrigkeiten ist der Polizeipräsident.

9 Eine Umrechnung der in manchen Landespressegesetzen in DM angegebenen Geldbußen kann über eine Umrechnungstabelle auf der Homepage der Bundesbank durchgeführt werden (vgl. www.bundesbank.de/download/bargeld/pdf/euro-umrechnungstabelle.pdf).

§ 15 BB. Ordnungswidrigkeiten. (1) Ordnungswidrig handelt, wer vorsätzlich oder fahrlässig
als Verleger eine Person zum verantwortlichen Redakteur bestellt, die nicht den Anforderungen des § 10 entspricht,
als verantwortlicher Redakteur zeichnet, obwohl er die Voraussetzungen des § 10 nicht erfüllt,
als verantwortlicher Redakteur oder Verleger – beim Selbstverlag als Verfasser oder Herausgeber – den Vorschriften über das Impressum (§ 8) oder über die Offenlegung der Beteiligungsverhältnisse (§ 9) zuwiderhandelt oder als Unternehmer Druckwerke verbreitet, in denen diese Angaben ganz oder teilweise fehlen,
als Verleger oder Verantwortlicher (§ 8 Abs. 2 Satz 4) eine Veröffentlichung gegen Entgelt nicht als Anzeige kenntlich macht oder kenntlich machen lässt (§ 11),
gegen die Verpflichtung aus § 12 Abs. 3 Satz 3 verstößt,
der Anbietungs- und/oder Ablieferungspflicht nach § 13 nicht rechtzeitig nachkommt.

(2) Die Ordnungswidrigkeit kann mit einer Geldbuße bis zu fünfzigtausend Deutsche Mark geahndet werden.

(3) Verwaltungsbehörde im Sinne des § 36 Abs. 1 Nr. 1 des Gesetzes über Ordnungswidrigkeiten sind die Landräte und die Oberbürgermeister der kreisfreien Städte als Kreisordnungsbehörden.

§ 22 HB. (ohne Abs. 1 Nr. 3). Abs. 4: Sachlich zuständige Verwaltungsbehörde für die Verfolgung und Ahndung der Ordnungswidrigkeit ist die Ortspolizeibehörde.

§ 21 HH. (wie oben, ohne Abs. 1 Nr. 3). (3) Die Ordnungswidrigkeit kann, wenn sie vorsätzlich begangen worden ist, mit einer Geldbuße bis zu 5000 Euro, wenn sie fahrlässig begangen worden ist, mit einer Geldbuße bis zu 2500 Euro geahndet werden.

§ 15 HE. (1) Ordnungswidrig handelt, wer vorsätzlich oder fahrlässig …
der Offenlegungspflicht des § 5 Abs. 2 zuwiderhandelt;
als verantwortlicher Redakteur oder Verleger – beim Selbstvertrieb als Verfasser oder Herausgeber – den Vorschriften über das Impressum (§ 6 und § 7 Abs. 1) zuwiderhandelt;
als Verleger entgegen § 8 eine Veröffentlichung gegen Entgelt nicht als Anzeige kenntlich macht oder kenntlich machen lässt;
jemanden zum verantwortlichen Redakteur oder Verantwortlichen für den Anzeigenteil bestellt, der nicht den Anforderungen des § 7 Abs. 3 entspricht;
als verantwortlicher Redakteur oder Verantwortlicher für den Anzeigenteil zeichnet, obwohl er die Voraussetzungen des § 7 Abs. 3 nicht erfüllt;
der Abgabepflicht nach § 9 Abs. 1 Satz 1 nicht rechtzeitig nachkommt.

(2) Ordnungswidrig handelt auch, wer eine der in § 14 bezeichneten Taten fahrlässig begeht.

(3) [1]Ordnungswidrigkeiten nach Abs. 1 Nr. 1 können mit einer Geldbuße bis zu fünfzigtausend Euro geahndet werden. [2]Ordnungswidrigkeiten nach Abs. 1 Nr. 2 bis 6 und Abs. 2 können mit einer Geldbuße bis zu fünftausend Euro geahndet werden.

(4) [1]Bei Ordnungswidrigkeiten nach Abs. 1 Nr. 1 und 3 kann auf Einziehung der Druckwerke und des zu ihrer Herstellung verwendeten Materials erkannt werden. [2]§ 23 des Gesetzes über Ordnungswidrigkeiten ist anzuwenden.

(5) Die Verfolgung der in Abs. 1 Nr. 2 bis 6 und Abs. 2 aufgeführten Ordnungswidrigkeiten verjährt in drei Monaten.

(6) Verwaltungsbehörde im Sinne des § 36 Abs. 1 Nr. 1 des Gesetzes über Ordnungswidrigkeiten ist der Regierungspräsident.

§ 21 MV. (1) Ordnungswidrig handelt, wer vorsätzlich oder fahrlässig
als verantwortlicher Redakteur oder Verleger – beim Selbstverlag als Verfasser oder Herausgeber – den Vorschriften über das Impressum (§ 7) zuwiderhandelt oder als Unternehmer Druckwerke verbreitet, in denen das Impressum ganz oder teilweise fehlt,
als Verleger oder als Verantwortlicher für den Anzeigenteil eine Veröffentlichung gegen Entgelt nicht als Anzeige kenntlich macht oder kenntlich machen lässt (§ 9),
gegen die Verpflichtung aus § 10 Abs. 3 Satz 3 verstößt,
gegen die Verpflichtungen aus § 11 Abs. 1 oder die aufgrund des § 11 Abs. 6 erlassenen Rechtsvorschriften, sofern auf § 21 dieses Gesetzes verwiesen ist, verstößt.

(3) Die Ordnungswidrigkeit kann mit einer Geldbuße bis zu 50 000 Euro geahndet werden.

(4) [1]Verwaltungsbehörde im Sinne des § 36 Abs. 1 Nr. 1 des Gesetzes über Ordnungswidrigkeiten ist in den Kreisen der Landrat, in den kreisfreien Städten der Oberbürgermeister als Ordnungsbehörde. [2]Sie entscheiden auch über die Abänderung und Aufhebung eines rechtskräftigen, gerichtlich nicht nachgeprüften Bußgeldbescheides (§ 66 Abs. 2 dieses Gesetzes).

(5) [1]Den Verwaltungsbehörden werden die Aufgaben zur Erfüllung nach Weisung übertragen. [2]Die Fachaufsicht wird vom Innenminister ausgeübt.

§ 22 ND. Wie oben mit Spezifizierung in Abs. 4

§ 23 NW. Abs. 4: Verwaltungsbehörde im Sinne des § 36 Abs. 1 Nr. 1 des Gesetzes über Ordnungswidrigkeiten ist die Kreisordnungsbehörde.

§ 36 RP. (3) Ordnungswidrig handelt, wer
1. vorsätzlich oder fahrlässig als Person, die das Druckwerk verlegt oder druckt – beim Selbstverlag das Werk verfasst hat oder herausgibt –, oder als redaktionell verantwortliche Person den Vorschriften über das Impressum nach § 9 Abs. 1 bis 5 zuwiderhandelt,
2. vorsätzlich oder fahrlässig als Unternehmerin oder Unternehmer Druckwerke verbreitet, in denen das Impressum ganz oder teilweise fehlt,
3. vorsätzlich oder fahrlässig als Person, die ein periodisches Druckwerk verlegt oder für den Anzeigenteil verantwortlich ist, entgegen § 13 eine Veröffentlichung gegen Entgelt nicht als Anzeige kenntlich macht oder kenntlich machen lässt,
4. vorsätzlich einer Rechtsverordnung nach § 14 Abs. 6 zuwiderhandelt, soweit die Rechtsverordnung für einen bestimmten Tatbestand auf diese Bußgeldvorschrift verweist, oder
5. fahrlässig einen der in § 35 Abs. 1 genannten Tatbestände verwirklicht.

(4) Die Ordnungswidrigkeit kann mit einer Geldbuße bis zu fünfhunderttausend Euro, in den Fällen des Absatzes 3 bis zu fünftausend Euro, geahndet werden.

(5) In den Fällen der Absätze 1 und 2 finden die Bestimmungen des Rundfunkstaatsvertrages über das Verfahren bei Ordnungswidrigkeiten Anwendung.

(6) [1]Verwaltungsbehörde im Sinne des § 36 Abs. 1 Nr. 1 des Gesetzes über Ordnungswidrigkeiten ist in den Fällen der Absätze 1, 2 und 8 die LMK, in Fällen des Absatzes 3 die Aufsichts- und Dienstleistungsdirektion. [2]Der LMK stehen die von ihr für Ordnungswidrigkeiten verhängten Bußgelder zur Förderung der privaten Medien und für Projekte zur Förderung der Medienkompetenz in Rheinland-Pfalz zu. [3]Über die Einleitung eines Verfahrens bei länderübergreifenden Angeboten hat die LMK die Landesmedienanstalten der übrigen Länder unverzüglich zu unterrichten.

(7) [1]Die LMK kann bei bundesweit verbreiteten Angeboten bestimmen, dass Beanstandungen nach einem Rechtsverstoß gegen Bestimmungen dieses Gesetzes sowie rechts-

kräftige Entscheidungen im Ordnungswidrigkeitsverfahren nach den Absätzen 1, 2 und 8 von dem betroffenen Anbieter in seinem Angebot verbreitet werden. [2]Inhalt und Zeitpunkt der Bekanntgabe sind durch die LMK nach pflichtgemäßem Ermessen festzulegen. [3]§ 27 Abs. 3 bleibt unberührt.

(8) Unberührt bleiben die nach § 1 Abs. 2 Satz 1 geltenden Ordnungswidrigkeiten.

§ 64 SL. (1) Ordnungswidrig handelt, wer vorsätzlich oder fahrlässig …

4. gegen die Verpflichtung aus § 14 Abs. 1 bis 3 oder die auf Grund des § 14 Abs. 4 erlassenen Rechtsvorschriften (Ablieferungspflicht), sofern auf § 64 dieses Gesetzes verwiesen ist, verstößt.

(4) [1]Verwaltungsbehörde im Sinne des § 36 Abs. 1 Nr. 1 des Gesetzes über Ordnungswidrigkeiten sind die Landkreise, der Stadtverband Saarbrücken, die Landeshauptstadt Saarbrücken und die kreisfreien Städte. [2]Die Fachaufsicht wird vom Ministerpräsidenten ausgeübt.

§ 13 SN. (1) Ordnungswidrig handelt, wer vorsätzlich oder fahrlässig

als Verleger eine Person zum verantwortlichen Redakteur bestellt, die nicht den Anforderungen des § 7 entspricht,

als verantwortlicher Redakteur zeichnet, obwohl er den Anforderungen des § 7 nicht entspricht,

als Verleger oder verantwortlicher Redakteur, beim Selbstverlag als Herausgeber oder Verfasser, den Vorschriften über das Impressum (§ 6) zuwiderhandelt oder als Unternehmer Druckwerke verbreitet, in denen die nach § 6 vorgeschriebenen Angaben ganz oder teilweise fehlen,

gegen die Offenlegungspflicht (§ 8) verstößt,

als Verleger oder als Verantwortlicher im Sinn des § 6 Abs. 2 Satz 5 eine Veröffentlichung gegen Entgelt nicht als Anzeige kenntlich macht oder kenntlich machen lässt (§ 9) oder gegen die Verpflichtung aus § 10 Abs. 4 Satz 3 verstößt.

§ 9 des Gesetzes über Ordnungswidrigkeiten (OWiG) in der Fassung der Bekanntmachung vom 19. Februar 1987 (BGBl. I S. 602), geändert durch das Gesetz vom 17. Mai 1988 (BGBl. I S. 606) sowie durch das Erste Gesetz zur Änderung des Jugendgerichtsgesetzes (1. JGGÄndG) vom 30. August 1990 (BGBl. I S. 1853) bleibt unberührt.

(2) Die Ordnungswidrigkeit kann mit einer Geldbuße bis zu DM 100 000,– geahndet werden.

(3) Verwaltungsbehörden im Sinne des § 36 Abs. 1 Nr. 1 OWiG sind die Landkreise und die Kreisfreien Städte.

§ 14 ST. Abs. 1 Nr. 1-3 wie oben

Nr. 4 gegen § 11 Abs. 1 verstößt.

Abs. 4: Verwaltungsbehörde im Sinne des § 36 Abs. 1 Nr. 1 des Gesetzes über Ordnungswidrigkeiten ist die Bezirksregierung.

§ 22 SH. (1) Ordnungswidrig handelt, wer vorsätzlich oder fahrlässig …

Nr. 1 und 2 wie oben

3. gegen die Verpflichtung aus § 12 (Anbietungsverpflichtung) verstößt

(4) Zuständige Verwaltungsbehörden nach § 36 Abs. 1 Nr. 1 des Gesetzes über Ordnungswidrigkeiten sind die Landräte und die Bürgermeister der kreisfreien Städte.

§ 13 TH. (1) Ordnungswidrig handelt, wer vorsätzlich oder fahrlässig:

1. als Verleger eine Person zum verantwortlichen Redakteur bestellt, die nicht den Anforderungen des § 9 entspricht;

2. als verantwortlicher Redakteur zeichnet, obwohl er die Voraussetzungen des § 9 nicht erfüllt;
3. als verantwortlicher Redakteur oder Verleger – beim Selbstverlag als Verfasser oder Herausgeber – den Vorschriften über das Impressum (§ 7) zuwiderhandelt oder als Unternehmer Druckwerke verbreitet, in denen das Impressum ganz oder teilweise fehlt;
4. als Verleger oder Verantwortlicher (§ 7 Abs. 2 Satz 4) eine Veröffentlichung gegen Entgelt nicht als Anzeige kenntlich macht oder kenntlich machen lässt (§ 10);
5. gegen die Verpflichtung aus § 11 Abs. 3 Satz 3 verstößt;
6. gegen die Offenlegungspflicht (§ 8) verstößt.

(2) Die Ordnungswidrigkeit kann mit einer Geldbuße bis fünfzigtausend Euro geahndet werden.

(3) Verwaltungsbehörde im Sinne des § 36 Abs. 1 Nr. 1 des Gesetzes über Ordnungswidrigkeiten ist das Landesverwaltungsamt.

IV. Anhang: Zusammenstellung zum Pflichtexemplarrecht

1. Im Allgemeinen

Das Pflichtexemplarrecht ist zum Teil in den Landespressegesetzen enthalten. Dies gilt für die Länder Brandenburg, Bremen, Hessen, Mecklenburg-Vorpommern, Niedersachsen, Rheinland-Pfalz, Saarland, Sachsen, Sachsen, Sachsen-Anhalt, Schleswig-Holstein und Thüringen. Hierzu wird auf **§ 12 des Pressegesetzes (Mustergesetz)** sowie auf **die Synopse der Vorschriften aus den Landespressegesetzen** verwiesen.

Dieses in den Landespressegesetzen und eigenen Pflichtexemplargesetzen ausgeformte Pflichtexemplarrecht wird durch weitere spezielle Richtlinien und Verordnungen im Einzelnen näher erläutert.[10]

2. Im Einzelnen:

a) Für die Regelung des **Pflichtexemplarrechts auf Bundesebene** sowie für besondere Aufgaben der Deutschen Nationalbibliothek ist das Gesetz über die Deutsche Nationalbibliothek (DNBG) unter IV. Buch **Nr. 27a** zu beachten. In **Nr. 27c** ist eine Mustergesetz für das Bibliothekswesen auf der Basis des Thüringer Bibliotheksgesetzes vom 16. Juli 2008 (ThürBibRG) enthalten. Die **Verordnung über die Pflichtablieferung von Druckwerken an die Deutsche Bibliothek (Pflichtstückverordnung – PflAV)** vom 17. Oktober 2008 (BGBl. I S. 2013) zuletzt geändert durch VO vom 29. April 2014 (BGBl. I, S. 450), ist in Ergänzung zum Gesetz über die Deutsche Nationalbibliothek (DNBG) unter IV. „Buch" **Nr. 27b** enthalten.

b) Das Pflichtexemplarrecht ist auf der Ebene der Bundesländer sehr vielfältig geregelt und z.T. als Annex zu den Presse- und Landesmediengesetzen oder in spezifischen Pflichtablieferungsverordnungen normiert. Folgende Pflichtexemplargesetze der Länder Baden-Württemberg, Bayern Berlin, Hessen, Hamburg und Nordrhein-Westfalen existieren:

---

10 Eine umfassende Darstellung der Bestimmungen des für die Bibliothekspraxis und das Verlagswesen wichtigen Pflichtexemplarrechts bieten *Lansky/Kesper, Bibliotheksrechtliche Vorschriften, Loseblattsammlung neuester Stand, Nr. 500-596.*

aa) Baden- Württemberg:
Gesetz über die Ablieferung von Pflichtexemplaren an die Badische Landesbibliothek in Karlsruhe und die Württembergische Landesbibliothek in Stuttgart
vom 3. März 1976 (GBl. BW S. 216), zuletzt geändert durch Gesetz vom 12. Februar 2007 (GBl. BW S. 107).

bb) Bayern:
Gesetz über die Ablieferung von Pflichtstücken (Pflichtstückegesetz – PflStG)
vom 22. Juli 2014 (GVBl 2014, S. 282).

cc) Berlin:
Gesetz über die Ablieferung von Pflichtexemplaren (Pflichtexemplargesetz- PflExG)
vom 29. November 1994 (GVBl. Berlin S. 488) in der Neufassung durch Bekanntmachung vom 29. Juli 2005 (GVBl. Berlin S. 414).

dd) Hamburg:
Gesetz über die Ablieferung von Pflichtexemplaren (Pflichtexemplargesetz – PEG)
vom 14. September 1988 (HmbGVBl. 1988, S. 180); zuletzt geändert durch Gesetz vom 8. September 2009 (HmbGVGl. 2009, S. 330)

ee) Hessen:
Verordnung über die Abgabe von Druckwerken (Pflichtexemplarverordnung)
vom 12. Dezember 1984 (GVBl. 1985 I S. 10), Zuletzt geändert durch Verordnung vom 14. August 2017 (GVBl. I S. 279)
Hessische Verordnung über die Ablieferung von Medienwerken vom 14. August 2017 (GVBl. I S. 279)

ff) Nordrhein-Westfalen:
Gesetz über die Ablieferung von Pflichtexemplaren (Pflichtexemplargesetz)
vom 29. Januar 2013 (GV.NRW, S. 31).

III. Rundfunk

Richtlinie 2010/13/EU des Europäischen Parlaments und des Rates vom 10. März 2010 zur Koordinierung bestimmter Rechts- und Verwaltungsvorschriften der Mitgliedstaaten über die Bereitstellung audiovisueller Mediendienste (Richtlinie über audiovisuelle Mediendienste)[1] [2]

Begriffsbestimmungen

Artikel 1. (1) Für die Zwecke dieser Richtlinie bezeichnet der Ausdruck

a) „audiovisueller Mediendienst“
   i) eine Dienstleistung im Sinne der Artikel 56 und 57 des Vertrags über die Arbeitsweise der Europäischen Union, für die ein Mediendiensteanbieter die redaktionelle Verantwortung trägt und deren Hauptzweck die Bereitstellung von Sendungen zur Information, Unterhaltung oder Bildung der allgemeinen Öffentlichkeit über elektronische Kommunikationsnetze im Sinne des Artikels 2 Buchstabe a der Richtlinie 2002/21/EG ist. Bei diesen audiovisuellen Mediendiensten handelt es sich entweder um Fernsehprogramme gemäß der Definition unter Buchstabe e des vorliegenden Absatzes oder um audiovisuelle Mediendienste auf Abruf gemäß der Definition unter Buchstabe g des vorliegenden Absatzes,
   ii) die audiovisuelle kommerzielle Kommunikation;

b) „Sendung“ eine Abfolge von bewegten Bildern mit oder ohne Ton, die Einzelbestandteil eines von einem Mediendiensteanbieter erstellten Sendeplans oder Katalogs ist und deren Form und Inhalt mit der Form und dem Inhalt von Fernsehprogrammen vergleichbar sind. Beispiele für Sendungen sind unter anderem Spielfilme, Sportberichte, Fernsehkomödien, Dokumentarfilme, Kindersendungen und Originalfernsehspiele;

---

1 Fundstelle: ABl. 2010 L 95/S. 1-24; berichtigt L 263/15. Vom Abdruck der Unterschriftsformel und des Unterzeichnungsdatums wurde abgesehen. Die Richtlinie über audiovisuelle Mediendienste tritt an die Stelle der „Fernsehrichtlinie“ 89/552/EWG. Im Jahr 2010 wurde die Richtlinie über audiovisuelle Mediendienste erneut kodifiziert und berichtigt.

2 Vom Abdruck der Erwägungsgründe wird aus Gründen der besseren Lesbarkeit und Textübersicht angesehen. Der Volltext kann auf den entsprechenden Seiten von EUR-Lex abgerufen werden.

c) „redaktionelle Verantwortung“ die Ausübung einer wirksamen Kontrolle sowohl hinsichtlich der Zusammenstellung der Sendungen als auch hinsichtlich ihrer Bereitstellung entweder anhand eines chronologischen Sendeplans im Falle von Fernsehsendungen oder mittels eines Katalogs im Falle von audiovisuellen Mediendiensten auf Abruf. Die redaktionelle Verantwortung begründet nicht zwangsläufig eine rechtliche Haftung nach innerstaatlichem Recht für die bereitgestellten Inhalte oder Dienste;
d) „Mediendiensteanbieter“ die natürliche oder juristische Person, die die redaktionelle Verantwortung für die Auswahl der audiovisuellen Inhalte des audiovisuellen Mediendienstes trägt und bestimmt, wie diese gestaltet werden;
e) „Fernsehprogramm“ (d.h. ein linearer audiovisueller Mediendienst) einen audiovisuellen Mediendienst, der von einem Mediendiensteanbieter für den zeitgleichen Empfang von Sendungen auf der Grundlage eines Sendeplans bereitgestellt wird;
f) „Fernsehveranstalter“ einen Mediendiensteanbieter, der Fernsehprogramme bereitstellt;
g) „audiovisueller Mediendienst auf Abruf“ (d.h. ein nichtlinearer audiovisueller Mediendienst) einen audiovisuellen Mediendienst, der von einem Mediendiensteanbieter für den Empfang zu dem vom Nutzer gewählten Zeitpunkt und auf dessen individuellen Abruf hin aus einem vom Mediendiensteanbieter festgelegten Programmkatalog bereitgestellt wird;
h) „audiovisuelle kommerzielle Kommunikation“ Bilder mit oder ohne Ton, die der unmittelbaren oder mittelbaren Förderung des Absatzes von Waren und Dienstleistungen oder des Erscheinungsbilds natürlicher oder juristischer Personen, die einer wirtschaftlichen Tätigkeit nachgehen, dienen. Diese Bilder sind einer Sendung gegen Entgelt oder eine ähnliche Gegenleistung oder als Eigenwerbung beigefügt oder darin enthalten. Zur audiovisuellen kommerziellen Kommunikation zählen unter anderem Fernsehwerbung, Sponsoring, Teleshopping und Produktplatzierung;
i) „Fernsehwerbung“ jede Äußerung bei der Ausübung eines Handels, Gewerbes, Handwerks oder freien Berufs, die im Fernsehen von einem öffentlich-rechtlichen oder privaten Veranstalter oder einer natürlichen Person entweder gegen Entgelt oder eine ähnliche Gegenleistung oder als Eigenwerbung gesendet wird mit dem Ziel, den Absatz von Waren oder die Erbringung von Dienstleistungen, einschließlich unbeweglicher Sachen, Rechte und Verpflichtungen, gegen Entgelt zu fördern;
j) „Schleichwerbung in der audiovisuellen kommerziellen Kommunikation“ die Erwähnung oder Darstellung von Waren, Dienstleistungen, dem Namen, der Marke oder den Tätigkeiten eines Herstellers von Waren oder eines Erbringers von Dienstleistungen in Sendungen, wenn sie vom Mediendiensteanbieter absichtlich zu Werbezwecken vorgesehen ist und die Allgemeinheit über ihren eigentlichen Zweck irreführen kann. Eine Erwähnung oder Darstellung gilt insbesondere dann als beabsichtigt, wenn sie gegen Entgelt oder eine ähnliche Gegenleistung erfolgt;

k) „Sponsoring" jeden Beitrag von nicht im Bereich der Bereitstellung von audiovisuellen Mediendiensten oder in der Produktion von audiovisuellen Werken tätigen öffentlichen oder privaten Unternehmen oder natürlichen Personen zur Finanzierung von audiovisuellen Mediendiensten oder Sendungen mit dem Ziel, ihren Namen, ihre Marke, ihr Erscheinungsbild, ihre Tätigkeiten oder ihre Leistungen zu fördern;
l) „Teleshopping" Sendungen direkter Angebote an die Öffentlichkeit für den Absatz von Waren oder die Erbringung von Dienstleistungen, einschließlich unbeweglicher Sachen, Rechte und Verpflichtungen, gegen Entgelt;
m) „Produktplatzierung" jede Form audiovisueller kommerzieller Kommunikation, die darin besteht, gegen Entgelt oder eine ähnliche Gegenleistung ein Produkt, eine Dienstleistung oder die entsprechende Marke einzubeziehen bzw. darauf Bezug zu nehmen, so dass diese innerhalb einer Sendung erscheinen;
n) „europäische Werke"
   i) Werke aus den Mitgliedstaaten,
   ii) Werke aus europäischen Drittländern, die Vertragsparteien des Europäischen Übereinkommens über grenzüberschreitendes Fernsehen des Europarates sind, sofern diese Werke die Voraussetzungen nach Absatz 3 erfüllen,
   iii) Werke, die im Rahmen der zwischen der Union und Drittländern im audiovisuellen Bereich geschlossenen Abkommen in Koproduktion hergestellt werden und die den in den einzelnen Abkommen jeweils festgelegten Voraussetzungen entsprechen.

(2) Die Anwendung des Absatzes 1 Buchstabe n Ziffern ii und iii setzt voraus, dass in dem betreffenden Drittland keine diskriminierenden Maßnahmen gegen Werke aus den Mitgliedstaaten bestehen.

(3) Werke im Sinne von Absatz 1 Buchstabe n Ziffern i und ii sind Werke, die im Wesentlichen in Zusammenarbeit mit in einem oder mehreren der in den genannten Bestimmungen genannten Staaten ansässigen Autoren und Arbeitnehmern geschaffen wurden und eine der drei folgenden Voraussetzungen erfüllen:
i) sie sind von einem oder mehreren in einem bzw. mehreren dieser Staaten ansässigen Hersteller(n) geschaffen worden;
ii) ihre Herstellung wird von einem oder mehreren in einem bzw. mehreren dieser Staaten ansässigen Hersteller(n) überwacht und tatsächlich kontrolliert;
iii) der Beitrag von Koproduzenten aus diesen Staaten zu den Gesamtproduktionskosten beträgt mehr als die Hälfte, und die Koproduktion wird nicht von einem bzw. mehreren außerhalb dieser Staaten niedergelassenen Hersteller(n) kontrolliert.

(4) Werke, die keine europäischen Werke im Sinne des Absatzes 1 Buchstabe n sind, jedoch im Rahmen von bilateralen Koproduktionsabkommen zwischen Mitgliedstaaten und Drittländern hergestellt werden, werden als europä-

ische Werke betrachtet, sofern die Koproduzenten aus der Union einen mehrheitlichen Anteil der Gesamtproduktionskosten tragen und die Herstellung nicht von einem oder mehreren außerhalb des Hoheitsgebiets der Mitgliedstaaten niedergelassenen Hersteller(n) kontrolliert wird.

Kapitel II
Allgemeine Bestimmungen

Artikel 2. (1) Jeder Mitgliedstaat sorgt dafür, dass alle audiovisuellen Mediendienste, die von seiner Rechtshoheit unterworfenen Mediendiensteanbietern übertragen werden, den Vorschriften des Rechtssystems entsprechen, die auf für die Allgemeinheit bestimmte audiovisuelle Mediendienste in diesem Mitgliedstaat anwendbar sind.

(2) Für die Zwecke dieser Richtlinie unterliegen diejenigen Mediendiensteanbieter der Rechtshoheit eines Mitgliedstaats,

a) die gemäß Absatz 3 in diesem Mitgliedstaat niedergelassen sind oder
b) auf die Absatz 4 anwendbar ist.

(3) Für die Zwecke dieser Richtlinie gilt ein Mediendiensteanbieter in folgenden Fällen als in einem Mitgliedstaat niedergelassen:

a) der Mediendiensteanbieter hat seine Hauptverwaltung in diesem Mitgliedstaat, und die redaktionellen Entscheidungen über den audiovisuellen Mediendienst werden in diesem Mitgliedstaat getroffen;
b) wenn ein Mediendiensteanbieter seine Hauptverwaltung in einem Mitgliedstaat hat, die Entscheidungen über den audiovisuellen Mediendienst jedoch in einem anderen Mitgliedstaat getroffen werden, gilt er als in dem Mitgliedstaat niedergelassen, in dem ein wesentlicher Teil des mit der Bereitstellung des audiovisuellen Mediendienstes betrauten Personals tätig ist. Ist ein wesentlicher Teil des mit der Bereitstellung des audiovisuellen Mediendienstes betrauten Personals in jedem dieser Mitgliedstaaten tätig, so gilt der Mediendiensteanbieter als in dem Mitgliedstaat niedergelassen, in dem er seine Hauptverwaltung hat. Ist ein wesentlicher Teil des erforderlichen mit der Bereitstellung des audiovisuellen Mediendienstes betrauten Personals in keinem dieser Mitgliedstaaten tätig, so gilt der Mediendiensteanbieter als in dem Mitgliedstaat niedergelassen, in dem er zuerst mit seiner Tätigkeit nach Maßgabe des Rechts dieses Mitgliedstaats begonnen hat, sofern eine dauerhafte und tatsächliche Verbindung mit der Wirtschaft dieses Mitgliedstaats weiter besteht;
c) wenn ein Mediendiensteanbieter seine Hauptverwaltung in einem Mitgliedstaat hat, die Entscheidungen über den audiovisuellen Mediendienst jedoch in einem Drittland getroffen werden, oder wenn der umgekehrte Fall vorliegt, gilt er als in dem betreffenden Mitgliedstaat niedergelassen, wenn ein wesentlicher Teil des mit der Bereitstellung des audiovisuellen Mediendienstes betrauten Personals in diesem Mitgliedstaat tätig ist.

(4) Mediendiensteanbieter, auf die Absatz 3 nicht anwendbar ist, gelten in folgenden Fällen als Anbieter, die der Rechtshoheit eines Mitgliedstaats unterliegen:
a) sie nutzen eine in diesem Mitgliedstaat gelegene Satelliten-Bodenstation für die Aufwärtsstrecke;
b) sie nutzen zwar keine in diesem Mitgliedstaat gelegene Satelliten-Bodenstation für die Aufwärtsstrecke, aber eine diesem Mitgliedstaat gehörende Übertragungskapazität eines Satelliten.

(5) Kann die Frage, welcher Mitgliedstaat die Rechtshoheit ausübt, nicht nach den Absätzen 3 und 4 entschieden werden, so liegt die Zuständigkeit bei dem Mitgliedstaat, in dem der Mediendiensteanbieter gemäß den Artikeln 49 bis 55 des Vertrags über die Arbeitsweise der Europäischen Union niedergelassen ist.

(6) Diese Richtlinie gilt nicht für audiovisuelle Mediendienste, die ausschließlich zum Empfang in Drittländern bestimmt sind und die nicht unmittelbar oder mittelbar von der Allgemeinheit mit handelsüblichen Verbraucherendgeräten in einem oder mehreren Mitgliedstaaten empfangen werden.

Artikel 3. (1) Die Mitgliedstaaten gewährleisten den freien Empfang und behindern nicht die Weiterverbreitung von audiovisuellen Mediendiensten aus anderen Mitgliedstaaten in ihrem Hoheitsgebiet aus Gründen, die Bereiche betreffen, die durch diese Richtlinie koordiniert sind.

(2) [1]Bei Fernsehprogrammen können die Mitgliedstaaten vorübergehend von Absatz 1 abweichen, wenn die folgenden Bedingungen erfüllt sind:
a) mit einem Fernsehprogramm aus einem anderen Mitgliedstaat wird in offensichtlicher, ernster und schwerwiegender Weise gegen Artikel 27 Absatz 1 oder Absatz 2 und/oder Artikel 6 verstoßen;
b) der Fernsehveranstalter hat während der vorangegangen zwölf Monate bereits mindestens zweimal gegen die in Buchstabe a genannten Vorschriften verstoßen;
c) der betreffende Mitgliedstaat hat dem Fernsehveranstalter und der Kommission schriftlich die behaupteten Verstöße sowie die für den Fall erneuter Verstöße beabsichtigten Maßnahmen mitgeteilt;
d) die Konsultationen mit dem Mitgliedstaat, der die Sendung verbreitet, und der Kommission haben innerhalb von 15 Tagen ab der unter Buchstabe c genannten Mitteilung zu keiner gütlichen Regelung geführt, und es kommt zu einem erneuten Verstoß.

[2]Die Kommission trifft innerhalb einer Frist von zwei Monaten ab dem Zeitpunkt der Mitteilung der Maßnahmen durch den Mitgliedstaat eine Entscheidung über die Vereinbarkeit der Maßnahmen mit dem Unionsrecht. [3]Im Fall einer negativen Entscheidung muss der betreffende Mitgliedstaat die beanstandeten Maßnahmen unverzüglich beenden.

(3) Absatz 2 lässt die Anwendung entsprechender Verfahren, rechtlicher Abhilfemaßnahmen oder Sanktionen bezüglich der betreffenden Verstöße in dem

Mitgliedstaat, dessen Rechtshoheit der Fernsehveranstalter unterworfen ist, unberührt.

(4) Bei audiovisuellen Mediendiensten auf Abruf können die Mitgliedstaaten Maßnahmen ergreifen, um bezüglich eines bestimmten Dienstes von Absatz 1 abzuweichen, wenn die folgenden Bedingungen erfüllt sind:

a) Die Maßnahmen
   i) sind aus einem der folgenden Gründe erforderlich:
      – Schutz der öffentlichen Ordnung, insbesondere Verhütung, Ermittlung, Aufklärung und Verfolgung von Straftaten, einschließlich des Jugendschutzes und der Bekämpfung der Hetze aus Gründen der Rasse, des Geschlechts, des Glaubens oder der Nationalität, sowie von Verletzungen der Menschenwürde einzelner Personen,
      – Schutz der öffentlichen Gesundheit,
      – Schutz der öffentlichen Sicherheit, einschließlich der Wahrung nationaler Sicherheits- und Verteidigungsinteressen,
      – Schutz der Verbraucher, einschließlich des Schutzes von Anlegern;
   ii) betreffen einen bestimmten audiovisuellen Mediendienst auf Abruf, der die unter Ziffer i genannten Schutzziele beeinträchtigt oder eine ernsthafte und schwerwiegende Gefahr einer Beeinträchtigung dieser Ziele darstellt;
   iii) stehen in einem angemessenen Verhältnis zu diesen Schutzzielen;
b) der Mitgliedstaat hat vor Ergreifen der betreffenden Maßnahmen unbeschadet etwaiger Gerichtsverfahren, einschließlich Vorverfahren und Schritten im Rahmen einer strafrechtlichen Ermittlung
   i) den Mitgliedstaat, dessen Rechtshoheit der Mediendiensteanbieter unterworfen ist, aufgefordert, Maßnahmen zu ergreifen, und dieser hat keine derartigen Maßnahmen ergriffen oder die von ihm getroffenen Maßnahmen sind unzulänglich,
   ii) die Kommission und den Mitgliedstaat, dessen Rechtshoheit der Mediendiensteanbieter unterworfen ist, über seine Absicht, derartige Maßnahmen zu ergreifen, unterrichtet.

(5) [1]Die Mitgliedstaaten können in dringenden Fällen von den in Absatz 4 Buchstabe b festgelegten Bedingungen abweichen. [2]In diesem Fall müssen die Maßnahmen unverzüglich und unter Angabe der Gründe, aus denen der Mitgliedstaat der Auffassung ist, dass es sich um einen dringenden Fall handelt, der Kommission und dem Mitgliedstaat, dessen Rechtshoheit der Mediendiensteanbieter unterworfen ist, mitgeteilt werden.

(6) [1]Unbeschadet der Möglichkeit des Mitgliedstaats, die betreffenden Maßnahmen durchzuführen, prüft die Kommission innerhalb kürzestmöglicher Zeit, ob die in den Absätzen 4 und 5 genannten Maßnahmen mit dem Unionsrecht vereinbar sind. [2]Gelangt sie zu dem Schluss, dass die Maßnahmen nicht mit dem Unionsrecht vereinbar sind, so fordert sie den betreffenden Mitgliedstaat auf, davon Abstand zu nehmen, die geplanten Maßnahmen zu ergreifen, bzw. bereits ergriffene Maßnahmen unverzüglich einzustellen.

Artikel 4. (1) Die Mitgliedstaaten können Mediendiensteanbieter, die ihrer Rechtshoheit unterworfen sind, verpflichten, strengeren oder ausführlicheren Bestimmungen in den von dieser Richtlinie koordinierten Bereichen nachzukommen, sofern diese Vorschriften im Einklang mit dem Unionsrecht stehen.

(2) [1]In Fällen, in denen ein Mitgliedstaat

a) sein Recht nach Absatz 1 in Anspruch genommen hat, um im Allgemeininteresse liegende ausführlichere oder strengere Bestimmungen zu erlassen, und
b) zu dem Schluss gelangt, dass ein der Rechtshoheit eines anderen Mitgliedstaats unterworfener Fernsehveranstalter Fernsehprogramme erbringt, die ganz oder vorwiegend auf sein Gebiet ausgerichtet sind,

kann er sich mit dem Mitgliedstaat, dessen Rechtshoheit der Fernsehveranstalter unterworfen ist, in Verbindung setzen, um für auftretende Schwierigkeiten eine beiderseits zufrieden stellende Lösung zu finden. [2]Auf begründetes Ersuchen des erstgenannten Mitgliedstaats fordert der Mitgliedstaat, dessen Rechtshoheit der Fernsehveranstalter unterworfen ist, diesen auf, die betreffenden im Allgemeininteresse liegenden Bestimmungen einzuhalten. [3]Der Mitgliedstaat, dessen Rechtshoheit der Fernsehveranstalter unterworfen ist, unterrichtet den erstgenannten Mitgliedstaat binnen zwei Monaten über die im Anschluss an das Ersuchen erzielten Ergebnisse. [4]Jeder der beiden Mitgliedstaaten kann den gemäß Artikel 29 eingesetzten Kontaktausschuss um Prüfung des Falles ersuchen.

(3) [1]Der erstgenannte Mitgliedstaat kann gegen den betreffenden Fernsehveranstalter angemessene Maßnahmen ergreifen, wenn er zu dem Schluss gelangt, dass

a) die aufgrund der Anwendung des Absatzes 2 erzielten Ergebnisse nicht zufrieden stellend sind und
b) der betreffende Fernsehveranstalter sich in dem Mitgliedstaat, dessen Rechtshoheit er unterworfen ist, niedergelassen hat, um die strengeren Bestimmungen in den von dieser Richtlinie erfassten Bereichen, denen er unterliegen würde, wenn er im erstgenannten Mitgliedstaat niedergelassen wäre, zu umgehen.

[2]Diese Maßnahmen müssen objektiv erforderlich sein, auf nichtdiskriminierende Weise angewandt werden sowie verhältnismäßig zur Erreichung der damit verfolgten Ziele sein.

(4) Ein Mitgliedstaat darf Maßnahmen gemäß Absatz 3 nur ergreifen, wenn die folgenden Voraussetzungen erfüllt sind:

a) der betreffende Mitgliedstaat hat der Kommission und dem Mitgliedstaat, in dem der Fernsehveranstalter niedergelassen ist, seine Absicht mitgeteilt, derartige Maßnahmen zu ergreifen, und die Gründe dargelegt, auf die er seine Beurteilung stützt;
b) die Kommission hat entschieden, dass die Maßnahmen mit dem Unionsrecht vereinbar sind und dass insbesondere die Beurteilungen des Mitgliedstaats, der die Maßnahmen nach den Absätzen 2 und 3 trifft, zutreffend begründet sind.

(5) [1]Die Kommission trifft ihre Entscheidung innerhalb von drei Monaten nach der Mitteilung gemäß Absatz 4 Buchstabe a. [2]Entscheidet die Kommission, dass die Maßnahmen mit dem Unionsrecht nicht vereinbar sind, so darf der betreffende Mitgliedstaat die geplanten Maßnahmen nicht ergreifen.

(6) Die Mitgliedstaaten sorgen mit geeigneten Mitteln im Rahmen ihrer Rechtsvorschriften dafür, dass die jeweils ihrer Rechtshoheit unterworfenen Mediendiensteanbieter die Bestimmungen dieser Richtlinie tatsächlich einhalten.

(7) [1]Die Mitgliedstaaten fördern Regelungen zur Koregulierung und/oder Selbstregulierung auf nationaler Ebene in den durch diese Richtlinie koordinierten Bereichen in dem nach ihrem jeweiligen Rechtssystem zulässigen Maße. [2]Diese Regelungen müssen derart gestaltet sein, dass sie von den Hauptbeteiligten in den betreffenden Mitgliedstaaten allgemein anerkannt werden und dass eine wirksame Durchsetzung gewährleistet ist.

(8) [1]Die Richtlinie 2000/31/EG findet Anwendung, soweit in der vorliegenden Richtlinie nichts anderes vorgesehen ist. [2]Im Falle einer Kollision zwischen einer Bestimmung der Richtlinie 2000/31/EG und einer Bestimmung der vorliegenden Richtlinie sind die Bestimmungen der vorliegenden Richtlinie maßgeblich, sofern in der vorliegenden Richtlinie nichts anderes vorgesehen ist.

Kapitel III
Bestimmungen für alle audiovisuellen Mediendienste

Artikel 5. Die Mitgliedstaaten stellen sicher, dass die ihrer Rechtshoheit unterworfenen Anbieter audiovisueller Mediendienste den Empfängern eines Dienstes mindestens die nachstehend aufgeführten Informationen leicht, unmittelbar und ständig zugänglich machen:
a) den Namen des Mediendiensteanbieters;
b) die geografische Anschrift, unter der der Mediendiensteanbieter niedergelassen ist;
c) Angaben, die es ermöglichen, mit dem Mediendiensteanbieter schnell Kontakt aufzunehmen und unmittelbar und wirksam mit ihm zu kommunizieren, einschließlich seiner E-Mail-Adresse oder seiner Internetseite;
d) gegebenenfalls die zuständigen Regulierungs- oder Aufsichtsstellen.

Artikel 6. Die Mitgliedstaaten sorgen mit angemessenen Mitteln dafür, dass die audiovisuellen Mediendienste, die von den ihrer Rechtshoheit unterworfenen Mediendiensteanbietern bereitgestellt werden, nicht zu Hass aufgrund von Rasse, Geschlecht, Religion oder Staatsangehörigkeit aufstacheln.

Artikel 7. Die Mitgliedstaaten bestärken die ihrer Rechtshoheit unterliegenden Mediendiensteanbieter darin, ihre Dienste schrittweise für Hörgeschädigte und Sehbehinderte zugänglich zu machen.

Artikel 8. Die Mitgliedstaaten sorgen dafür, dass die ihrer Rechtshoheit unterworfenen Mediendiensteanbieter Kinospielfilme nicht zu anderen als den mit den Rechteinhabern vereinbarten Zeiten übertragen.

Artikel 9. (1) Die Mitgliedstaaten sorgen dafür, dass die audiovisuelle kommerzielle Kommunikation, die von den ihrer Rechtshoheit unterworfenen Mediendiensteanbietern bereitgestellt wird, folgenden Anforderungen genügt:

a) audiovisuelle kommerzielle Kommunikation muss leicht als solche zu erkennen sein. Schleichwerbung in der audiovisuellen kommerziellen Kommunikation ist verboten;
b) in der audiovisuellen kommerziellen Kommunikation dürfen keine Techniken der unterschwelligen Beeinflussung eingesetzt werden;
c) audiovisuelle kommerzielle Kommunikation darf nicht
   i) die Menschenwürde verletzen;
   ii) Diskriminierungen aufgrund von Geschlecht, Rasse oder ethnischer Herkunft, Staatsangehörigkeit, Religion oder Glauben, Behinderung, Alter oder sexueller Ausrichtung beinhalten oder fördern;
   iii) Verhaltensweisen fördern, die die Gesundheit oder Sicherheit gefährden;
   iv) Verhaltensweisen fördern, die den Schutz der Umwelt in hohem Maße gefährden;
d) jede Form der audiovisuellen kommerziellen Kommunikation für Zigaretten und andere Tabakerzeugnisse ist untersagt;
e) audiovisuelle kommerzielle Kommunikation für alkoholische Getränke darf nicht speziell an Minderjährige gerichtet sein und darf nicht den übermäßigen Genuss solcher Getränke fördern;
f) audiovisuelle kommerzielle Kommunikation für Arzneimittel und medizinische Behandlungen, die in dem Mitgliedstaat, dessen Rechtshoheit der Mediendiensteanbieter unterworfen ist, nur auf ärztliche Verordnung erhältlich sind, ist untersagt;
g) audiovisuelle Kommunikation darf nicht zur körperlichen oder seelischen Beeinträchtigung Minderjähriger führen. Daher darf sie keine direkten Aufrufe zum Kaufen oder Mieten von Waren oder Dienstleistungen an Minderjährige richten, die deren Unerfahrenheit und Leichtgläubigkeit ausnutzen, Minderjährige nicht unmittelbar dazu auffordern, ihre Eltern oder Dritte zum Kauf der beworbenen Ware oder Dienstleistung zu bewegen, nicht das besondere Vertrauen ausnutzen, das Minderjährige zu Eltern, Lehrern und anderen Vertrauenspersonen haben, und Minderjährige nicht ohne berechtigten Grund in gefährlichen Situationen zeigen.

(2) Die Mitgliedstaaten und die Kommission bestärken die Anbieter von Mediendiensten darin, Verhaltenskodizes für unangebrachte audiovisuelle kommerzielle Kommunikation zu entwickeln, die Kindersendungen begleitet oder darin enthalten ist und Lebensmittel und Getränke betrifft, die Nährstoffe oder Substanzen mit ernährungsbezogener oder physiologischer Wirkung enthalten, insbesondere solche wie Fett, Transfettsäuren, Salz/Natrium und Zucker, deren übermäßige Aufnahme im Rahmen der Gesamternährung nicht empfohlen wird.

Artikel 10. (1) Gesponserte audiovisuelle Mediendienste oder Sendungen müssen folgenden Anforderungen genügen:

a) ihr Inhalt und – bei Fernsehsendungen – ihr Programmplatz dürfen keinesfalls so beeinflusst werden, dass die redaktionelle Verantwortung und Unabhängigkeit des Mediendiensteanbieters beeinträchtigt wird;
b) sie dürfen nicht unmittelbar zu Kauf, Miete oder Pacht von Waren oder Dienstleistungen anregen, insbesondere nicht durch spezielle verkaufsfördernde Hinweise auf diese Waren oder Dienstleistungen;
c) die Zuschauer müssen eindeutig auf das Bestehen einer Sponsoring-Vereinbarung hingewiesen werden. Gesponserte Sendungen sind – beispielsweise durch den Namen, das Firmenemblem und/oder ein anderes Symbol des Sponsors, etwa einen Hinweis auf seine Produkte oder Dienstleistungen oder ein entsprechendes unterscheidungskräftiges Zeichen – in angemessener Weise zum Beginn, während und/oder zum Ende der Sendung eindeutig zu kennzeichnen.

(2) Audiovisuelle Mediendienste oder Sendungen dürfen nicht von Unternehmen gesponsert werden, deren Haupttätigkeit die Herstellung oder der Verkauf von Zigaretten und anderen Tabakerzeugnissen ist.

(3) Beim Sponsoring von audiovisuellen Mediendiensten oder Sendungen durch Unternehmen, deren Tätigkeit die Herstellung oder den Verkauf von Arzneimitteln und medizinischen Behandlungen umfasst, darf für den Namen oder das Erscheinungsbild des Unternehmens geworben werden, nicht jedoch für bestimmte Arzneimittel oder medizinische Behandlungen, die in dem Mitgliedstaat, dessen Rechtshoheit der Mediendiensteanbieter unterworfen ist, nur auf ärztliche Verordnung erhältlich sind.

(4) [1]Nachrichtensendungen und Sendungen zur politischen Information dürfen nicht gesponsert werden. [2]Die Mitgliedstaaten können sich dafür entscheiden, das Zeigen von Sponsorenlogos in Kindersendungen, Dokumentarfilmen und Sendungen religiösen Inhalts zu untersagen.

Artikel 11. (1) Die Absätze 2, 3 und 4 gelten nur für Sendungen, die nach dem 19. Dezember 2009 produziert werden.

(2) Produktplatzierung ist untersagt.

(3) [1]Sofern die Mitgliedstaaten nichts anderes beschließen, ist Produktplatzierung abweichend von Absatz 2 in folgenden Fällen zulässig:

a) in Kinofilmen, Filmen und Serien für audiovisuelle Mediendienste, Sportsendungen und Sendungen der leichten Unterhaltung;
b) wenn kein Entgelt geleistet wird, sondern lediglich bestimmte Waren oder Dienstleistungen wie Produktionshilfen und Preise im Hinblick auf ihre Einbeziehung in eine Sendung kostenlos bereitgestellt werden.

[2]Die Abweichung nach Buchstabe a gilt nicht für Kindersendungen.

[3]Sendungen, die Produktplatzierung enthalten, müssen mindestens alle folgenden Anforderungen erfüllen:

a) ihr Inhalt und – bei Fernsehsendungen – ihr Programmplatz dürfen keinesfalls so beeinflusst werden, dass die redaktionelle Verantwortung und Unabhängigkeit des Mediendiensteanbieters beeinträchtigt wird;
b) sie dürfen nicht unmittelbar zu Kauf, Miete bzw. Pacht von Waren oder Dienstleistungen auffordern, insbesondere nicht durch spezielle verkaufsfördernde Hinweise auf diese Waren oder Dienstleistungen;
c) sie dürfen das betreffende Produkt nicht zu stark herausstellen;
d) die Zuschauer müssen eindeutig auf das Bestehen einer Produktplatzierung hingewiesen werden. Sendungen mit Produktplatzierung sind zu Sendungsbeginn und -ende sowie bei Fortsetzung einer Sendung nach einer Werbeunterbrechung angemessen zu kennzeichnen, um jede Irreführung des Zuschauers zu verhindern.

[4]In Ausnahmefällen können die Mitgliedstaaten von den Anforderungen des Buchstabens d absehen, sofern die betreffende Sendung weder vom Mediendiensteanbieter selbst noch von einem mit dem Mediendiensteanbieter verbundenen Unternehmen produziert oder in Auftrag gegeben wurde.

(4) Sendungen dürfen unter keinen Umständen die folgenden Produktplatzierungen enthalten:
a) Produktplatzierung zugunsten von Zigaretten oder Tabakerzeugnissen oder zugunsten von Unternehmen, deren Haupttätigkeit die Herstellung oder der Verkauf von Zigaretten und anderen Tabakerzeugnissen ist;
b) Produktplatzierung zugunsten bestimmter Arzneimittel oder medizinischer Behandlungen, die in dem Mitgliedstaat, dessen Rechtshoheit der Mediendiensteanbieter unterworfen ist, nur auf ärztliche Verordnung erhältlich sind.

Kapitel IV

Sonderbestimmungen für audiovisuelle Mediendienste auf Abruf

Artikel 12. Die Mitgliedstaaten ergreifen angemessene Maßnahmen, um zu gewährleisten, dass audiovisuelle Mediendienste auf Abruf, die von ihrer Rechtshoheit unterworfenen Mediendiensteanbietern bereitgestellt werden und die die körperliche, geistige oder sittliche Entwicklung von Minderjährigen ernsthaft beeinträchtigen könnten, nur so bereitgestellt werden, dass sichergestellt ist, dass sie von Minderjährigen üblicherweise nicht gehört oder gesehen werden können.

Artikel 13. (1) [1]Die Mitgliedstaaten sorgen im Rahmen des praktisch Durchführbaren und mit angemessenen Mitteln dafür, dass audiovisuelle Mediendienste auf Abruf, die von ihrer Rechtshoheit unterworfenen Mediendiensteanbietern bereitgestellt werden, die Produktion europäischer Werke und den Zugang hierzu fördern. [2]Diese Förderung könnte sich unter anderem auf den finanziellen Beitrag solcher Dienste zu der Produktion europäischer Werke und zum Erwerb von Rechten an europäischen Werken oder auf den Anteil und/oder die Herausstellung europäischer Werke in dem von diesem audiovisuellen Mediendienst auf Abruf angebotenen Programmkatalog beziehen.

(2) Die Mitgliedstaaten berichten der Kommission spätestens am 19. Dezember 2011 und anschließend alle vier Jahre über die Durchführung des Absatzes 1.

(3) Auf der Grundlage der von den Mitgliedstaaten übermittelten Informationen und einer unabhängigen Studie erstattet die Kommission dem Europäischen Parlament und dem Rat über die Anwendung des Absatzes 1 Bericht und trägt dabei der Marktlage und den technischen Entwicklungen sowie dem Ziel der kulturellen Vielfalt Rechnung.

Kapitel V

Bestimmungen über ausschließliche Rechte an und Kurzberichterstattung in Fernsehsendungen

Artikel 14. (1) [1]Jeder Mitgliedstaat kann im Einklang mit dem Unionsrecht Maßnahmen ergreifen, mit denen sichergestellt werden soll, dass die seiner Rechtshoheit unterworfenen Fernsehveranstalter nicht Ereignisse, denen der betreffende Mitgliedstaat eine erhebliche gesellschaftliche Bedeutung beimisst, auf Ausschließlichkeitsbasis in der Weise übertragen, dass einem bedeutenden Teil der Öffentlichkeit in dem Mitgliedstaat die Möglichkeit vorenthalten wird, das Ereignis im Wege direkter oder zeitversetzter Berichterstattung in einer frei zugänglichen Fernsehsendung zu verfolgen. [2]Falls ein Mitgliedstaat entsprechende Maßnahmen ergreift, so erstellt er dabei eine Liste der nationalen und nichtnationalen Ereignisse, denen er eine erhebliche gesellschaftliche Bedeutung beimisst. [3]Er trägt dafür auf eindeutige und transparente Weise rechtzeitig Sorge. [4]Dabei legt der betreffende Mitgliedstaat auch fest, ob diese Ereignisse im Wege direkter Gesamt- oder Teilberichterstattung oder, sofern im öffentlichen Interesse aus objektiven Gründen erforderlich oder angemessen, im Wege zeitversetzter Gesamt- oder Teilberichterstattung verfügbar sein sollen.

(2) [1]Die Mitgliedstaaten teilen der Kommission unverzüglich alle Maßnahmen mit, die sie gemäß Absatz 1 getroffen haben oder in Zukunft treffen werden. [2]Die Kommission prüft binnen drei Monaten nach der Mitteilung, ob die Maßnahmen mit dem Unionsrecht vereinbar sind, und teilt sie den anderen Mitgliedstaaten mit. [3]Sie holt die Stellungnahme des mit Artikel 29 eingesetzten Kontaktausschusses ein. [4]Sie veröffentlicht die getroffenen Maßnahmen unverzüglich im Amtsblatt der Europäischen Union; mindestens einmal jährlich veröffentlicht sie eine konsolidierte Liste der von den Mitgliedstaaten getroffenen Maßnahmen.

(3) Die Mitgliedstaaten stellen im Rahmen des innerstaatlichen Rechts durch geeignete Maßnahmen sicher, dass die ihrer Rechtshoheit unterworfenen Fernsehveranstalter die von ihnen nach dem 18. Dezember 2007 erworbenen ausschließlichen Rechte nicht in der Weise ausüben, dass einem bedeutenden Teil der Öffentlichkeit in einem anderen Mitgliedstaat die Möglichkeit vorenthalten wird, die von diesem anderen Mitgliedstaat gemäß den Absätzen 1 und 2 bezeichneten Ereignisse als direkte Gesamt- oder Teilberichterstattung oder, sofern im öffentlichen Interesse aus objektiven Gründen erforderlich oder angemessen, als zeitversetzte Gesamt- oder Teilberichterstattung in einer frei zugänglichen Fernsehsendung zu verfolgen, wie dies von dem anderen Mitgliedstaat gemäß Absatz 1 festgelegt worden ist.

Artikel 15. (1) Die Mitgliedstaaten sorgen dafür, dass jeder Fernsehveranstalter, der in der Union niedergelassen ist, zum Zwecke der Kurzberichterstattung einen fairen, angemessenen und diskriminierungsfreien Zugang zu Ereignissen hat, die von großem öffentlichen Interesse sind und die von einem der Rechtshoheit der Mitgliedstaaten unterworfenen Fernsehveranstalter exklusiv übertragen werden.

(2) Wenn ein anderer Fernsehveranstalter, der in demselben Mitgliedstaat niedergelassen ist wie der um Zugang ersuchende Fernsehveranstalter, ausschließliche Rechte für das Ereignis von großem Interesse für die Öffentlichkeit erworben hat, muss der Zugang bei diesem Fernsehveranstalter beantragt werden.

(3) Die Mitgliedstaaten sorgen dafür, dass dieser Zugang garantiert ist, indem sie es den Fernsehveranstaltern erlauben, frei kurze Ausschnitte aus dem Sendesignal des übertragenden Fernsehveranstalters auszuwählen, wobei die Fernsehveranstalter dabei aber zumindest ihre Quelle angeben müssen, sofern dies nicht aus praktischen Gründen unmöglich ist.

(4) Als Alternative zu Absatz 3 kann ein Mitgliedstaat ein gleichwertiges System einrichten, das den Zugang mit anderen Mitteln unter fairen, angemessenen und diskriminierungsfreien Bedingungen ermöglicht.

(5) Kurze Ausschnitte werden ausschließlich für allgemeine Nachrichtensendungen verwendet und dürfen in audiovisuellen Mediendiensten auf Abruf nur verwendet werden, wenn die gleiche Sendung von demselben Mediendiensteanbieter zeitversetzt angeboten wird.

(6) [1]Unbeschadet der Absätze 1 bis 5 sorgen die Mitgliedstaaten nach Maßgabe ihres Rechtssystems und im Einklang mit ihren Gepflogenheiten dafür, dass die Modalitäten und Bedingungen für die Bereitstellung solcher kurzen Ausschnitte näher festgelegt werden, insbesondere hinsichtlich etwaiger Kostenerstattungsregelungen, der Höchstlänge der kurzen Ausschnitte und der Fristen für ihre Übertragung. [2]Wird eine Kostenerstattung vorgesehen, so darf sie die unmittelbar mit der Gewährung des Zugangs verbundenen zusätzlichen Kosten nicht übersteigen.

Kapitel VI

Förderung der Verbreitung und Herstellung von Fernsehprogrammen

Artikel 16. (1) [1]Die Mitgliedstaaten tragen im Rahmen des praktisch Durchführbaren und mit angemessenen Mitteln dafür Sorge, dass die Fernsehveranstalter den Hauptanteil ihrer Sendezeit, die nicht auf Nachrichten, Sportberichten, Spielshows, Werbeleistungen, Videotextleistungen und Teleshopping entfallen, der Sendung von europäischen Werken vorbehalten. [2]Dieser Anteil soll unter Berücksichtigung der Verantwortung der Rundfunkveranstalter gegenüber ihrem Publikum in den Bereichen Information, Bildung, Kultur und Unterhaltung schrittweise anhand geeigneter Kriterien erreicht werden.

(2) [1]Kann der Anteil gemäß Absatz 1 nicht erreicht werden, so darf dieser nicht niedriger als der Anteil sein, der 1988 in dem betreffenden Mitgliedstaat im Durchschnitt festgestellt wurde.

[2]Im Falle Griechenlands und Portugals wird das Jahr 1988 jedoch durch das Jahr 1990 ersetzt.

(3) [1]Die Mitgliedstaaten übermitteln der Kommission alle zwei Jahre ab 3. Oktober 1991 einen Bericht über die Durchführung des vorliegenden Artikels und des Artikels 17.

[2]Dieser Bericht enthält insbesondere eine statistische Übersicht, aus der hervorgeht, inwieweit jedes der Rechtshoheit des betreffenden Mitgliedstaats unterworfene Fernsehprogramm den im vorliegenden Artikel und in Artikel 17 genannten Anteil erreicht hat, aus welchen Gründen dieser Anteil in jedem einzelnen Fall nicht erzielt werden konnte und welche Maßnahmen zur Erreichung dieses Anteils getroffen oder vorgesehen sind.

[3]Die Kommission bringt diese Berichte – gegebenenfalls zusammen mit einer Stellungnahme – den übrigen Mitgliedstaaten und dem Europäischen Parlament zur Kenntnis. [4]Sie trägt dafür Sorge, dass der vorliegende Artikel und Artikel 17 gemäß den Bestimmungen des Vertrags über die Arbeitsweise der Europäischen Union durchgeführt werden. [5]In ihrer Stellungnahme kann die Kommission insbesondere den gegenüber den Vorjahren erzielten Fortschritten, dem Anteil von Erstausstrahlungen bei der Programmgestaltung, den besonderen Gegebenheiten bei den neuen Fernsehveranstaltern sowie der besonderen Lage der Länder mit niedriger audiovisueller Produktionskapazität oder begrenztem Sprachraum Rechnung tragen.

Artikel 17. [1]Die Mitgliedstaaten tragen im Rahmen des praktisch Durchführbaren und mit angemessenen Mitteln dafür Sorge, dass Fernsehveranstalter mindestens 10% ihrer Sendezeit, die nicht auf Nachrichten, Sportberichten, Spielshows oder Werbeleistungen, Videotextleistungen und Teleshopping entfallen, oder alternativ nach Wahl des Mitgliedstaats mindestens 10% ihrer Haushaltsmittel für die Programmgestaltung der Sendung europäischer Werke von Herstellern vorbehalten, die von den Fernsehveranstaltern unabhängig sind. [2]Dieser Anteil ist unter Berücksichtigung der Verantwortung der Fernsehveranstalter gegenüber ihrem Publikum in den Bereichen Information, Bildung, Kultur und Unterhaltung schrittweise anhand geeigneter Kriterien zu erreichen. [3]Dazu muss ein angemessener Anteil neueren Werken vorbehalten bleiben, d.h. Werken, die innerhalb eines Zeitraums von fünf Jahren nach ihrer Herstellung ausgestrahlt werden.

Artikel 18. Dieses Kapitel gilt nicht für Fernsehsendungen, die sich an ein lokales Publikum richten und die nicht an ein nationales Fernsehnetz angeschlossen sind.

Kapitel VII

Fernsehwerbung und Teleshopping

Artikel 19. (1) [1]Fernsehwerbung und Teleshopping müssen als solche leicht erkennbar und vom redaktionellen Inhalt unterscheidbar sein. [2]Unbeschadet des Einsatzes neuer Werbetechniken müssen Fernsehwerbung und Teleshopping durch optische und/oder akustische und/oder räumliche Mittel eindeutig von anderen Sendungsteilen abgesetzt sein.

(2) Einzeln gesendete Werbespots und Teleshopping-Spots müssen, außer bei der Übertragung von Sportveranstaltungen, die Ausnahme bilden.

Artikel 20. (1) Die Mitgliedstaaten sorgen dafür, dass durch in laufende Sendungen eingefügte Fernsehwerbung oder Teleshopping-Spots der Zusammenhang der Sendungen unter Berücksichtigung der natürlichen Sendungsunterbrechungen sowie der Dauer und Art der betreffenden Sendung nicht beeinträchtigt wird und die Rechte von Rechteinhabern nicht verletzt werden.

(2) [1]Die Übertragung von Fernsehfilmen (mit Ausnahme von Serien, Reihen und Dokumentarfilmen), Kinospielfilmen und Nachrichtensendungen darf für jeden programmierten Zeitraum von mindestens 30 Minuten einmal für Fernsehwerbung und/oder Teleshopping unterbrochen werden. [2]Die Übertragung von Kindersendungen darf für jeden programmierten Zeitraum von mindestens 30 Minuten höchstens einmal für Fernsehwerbung und/oder Teleshopping unterbrochen werden, jedoch nur, wenn die Gesamtdauer der Sendung nach dem Sendeplan mehr als 30 Minuten beträgt. [3]Die Übertragung von Gottesdiensten darf nicht durch Fernsehwerbung oder Teleshopping unterbrochen werden.

Artikel 21. Teleshopping für Arzneimittel, die einer Genehmigung für das Inverkehrbringen im Sinne der Richtlinie 2001/83/EG unterliegen, sowie Teleshopping für ärztliche Behandlungen ist untersagt.

Artikel 22. Fernsehwerbung und Teleshopping für alkoholische Getränke müssen folgenden Kriterien entsprechen:

a) sie dürfen nicht speziell an Minderjährige gerichtet sein und insbesondere nicht Minderjährige beim Alkoholgenuss darstellen;
b) es darf keinerlei Verbindung zwischen einer Verbesserung der physischen Leistung und Alkoholgenuss oder dem Führen von Kraftfahrzeugen und Alkoholgenuss hergestellt werden;
c) es darf nicht der Eindruck erweckt werden, Alkoholgenuss fördere sozialen oder sexuellen Erfolg;
d) sie dürfen nicht eine therapeutische, stimulierende, beruhigende oder konfliktlösende Wirkung von Alkohol suggerieren;
e) Unmäßigkeit im Genuss alkoholischer Getränke darf nicht gefördert oder Enthaltsamkeit oder Mäßigung nicht negativ dargestellt werden;
f) die Höhe des Alkoholgehalts von Getränken darf nicht als positive Eigenschaft hervorgehoben werden.

Artikel 23. (1) Der Anteil von Fernsehwerbespots und Teleshopping-Spots an der Sendezeit darf innerhalb einer vollen Stunde 20% nicht überschreiten.

(2) Absatz 1 gilt nicht für Hinweise des Fernsehveranstalters auf eigene Sendungen und auf Begleitmaterialien, die direkt von diesen Sendungen abgeleitet sind, Sponsorenhinweise und die Produktplatzierung.

Artikel 24. Teleshopping-Fenster müssen optisch und akustisch klar als solche gekennzeichnet sein und eine Mindestdauer von 15 Minuten ohne Unterbrechung haben.

Artikel 25. [1]Die Bestimmungen dieser Richtlinie gelten entsprechend für reine Werbe- und Teleshopping-Fernsehkanäle sowie für Fernsehkanäle, die ausschließlich der Eigenwerbung dienen.

[2]Kapitel IV sowie die Artikel 20 und 23 gelten jedoch nicht für solche Kanäle.

Artikel 26. Unbeschadet des Artikels 4 können die Mitgliedstaaten für Fernsehprogramme, die ausschließlich für ihr eigenes Hoheitsgebiet bestimmt sind und weder unmittelbar noch mittelbar in einem oder mehreren anderen Mitgliedstaaten öffentlich empfangen werden können, unter Einhaltung des Unionsrechts andere als die in Artikel 20 Absatz 2 und in Artikel 23 festgelegten Bedingungen vorsehen.

Kapitel VIII

Schutz Minderjähriger bei Fernsehprogrammen

Artikel 27. (1) Die Mitgliedstaaten ergreifen angemessene Maßnahmen, um zu gewährleisten, dass Sendungen von Fernsehveranstaltern, die ihrer Rechtshoheit unterworfen sind, keinerlei Programme enthalten, die die körperliche, geistige und sittliche Entwicklung von Minderjährigen ernsthaft beeinträchtigen können, insbesondere solche, die Pornographie oder grundlose Gewalttätigkeiten zeigen.

(2) Die Maßnahmen gemäß Absatz 1 gelten auch für andere Programme, die die körperliche, geistige und sittliche Entwicklung von Minderjährigen beeinträchtigen können, es sei denn, es wird durch die Wahl der Sendezeit oder durch sonstige technische Maßnahmen dafür gesorgt, dass diese Sendungen von Minderjährigen im Sendebereich üblicherweise nicht gesehen oder gehört werden.

(3) Werden derartige Programme in unverschlüsselter Form gesendet, so sorgen die Mitgliedstaaten dafür, dass ihre Ausstrahlung durch akustische Zeichen angekündigt oder durch optische Mittel während der gesamten Sendung kenntlich gemacht wird.

Kapitel IX
Recht auf Gegendarstellung bei Fernsehprogrammen

Artikel 28. (1) [1]Unbeschadet der übrigen von den Mitgliedstaaten erlassenen zivil-, verwaltungs- oder strafrechtlichen Bestimmungen muss jede natürliche oder juristische Person, deren berechtigte Interessen – insbesondere Ehre und Ansehen – aufgrund der Behauptung falscher Tatsachen in einem Fernsehprogramm beeinträchtigt worden sind, unabhängig von ihrer Nationalität ein Recht auf Gegendarstellung oder gleichwertige Maßnahmen beanspruchen können. [2]Die Mitgliedstaaten sorgen dafür, dass die tatsächliche Ausübung des Rechts auf Gegendarstellung oder gleichwertige Maßnahmen nicht durch Auferlegung unbilliger Bestimmungen oder Bedingungen behindert wird. [3]Die Gegendarstellung muss innerhalb einer angemessenen Frist nach Eingang des begründeten Antrags zu einer Zeit und in einer Weise gesendet werden, die der Sendung, auf die sich der Antrag bezieht, angemessen sind.

(2) Das Recht auf Gegendarstellung oder gleichwertige Maßnahmen gelten in Bezug auf alle Fernsehveranstalter, die der Rechtshoheit eines Mitgliedstaats unterworfen sind.

(3) [1]Die Mitgliedstaaten treffen die erforderlichen Maßnahmen zur Ausgestaltung dieses Rechts oder dieser Maßnahmen und legen das Verfahren zu deren Wahrnehmung fest. [2]Sie sorgen insbesondere dafür, dass die Frist für die Wahrnehmung des Rechts auf Gegendarstellung oder gleichwertiger Maßnahmen ausreicht und dass die Vorschriften so festgelegt werden, dass dieses Recht oder diese Maßnahmen von den natürlichen oder juristischen Personen, deren Wohnsitz oder Niederlassung sich in einem anderen Mitgliedstaat befindet, in angemessener Weise wahrgenommen werden können.

(4) Der Antrag auf Gegendarstellung oder gleichwertige Maßnahmen kann abgelehnt werden, wenn die in Absatz 1 genannten Voraussetzungen für eine solche Gegendarstellung nicht vorliegen, die Gegendarstellung eine strafbare

Handlung beinhaltet, ihre Sendung den Fernsehveranstalter zivilrechtlich haftbar machen würde oder wenn sie gegen die guten Sitten verstößt.

(5) Bei Streitigkeiten über die Wahrnehmung des Rechts auf Gegendarstellung oder gleichwertiger Maßnahmen ist eine gerichtliche Nachprüfung zu ermöglichen.

Kapitel X

Kontaktausschuss

Artikel 29. (1) [1]Es wird ein Kontaktausschuss bei der Kommission eingesetzt. [2]Dieser Ausschuss setzt sich aus Vertretern der zuständigen Behörden der Mitgliedstaaten zusammen. [3]Den Vorsitz führt ein Vertreter der Kommission; der Ausschuss tagt auf Initiative des Vorsitzenden oder auf Antrag der Delegation eines Mitgliedstaats.

(2) Der Kontaktausschuss hat folgende Aufgaben:

a) er erleichtert die tatsächliche Umsetzung dieser Richtlinie durch regelmäßige Konsultationen über praktische Probleme im Zusammenhang mit der Anwendung der Richtlinie, insbesondere von deren Artikel 2, sowie über alle anderen Fragen, die einen Gedankenaustausch zweckdienlich erscheinen lassen;

b) er gibt von sich aus oder auf Antrag der Kommission Stellungnahmen zur Anwendung dieser Richtlinie durch die Mitgliedstaaten ab;

c) er ist das Forum für einen Gedankenaustausch über die Themen, die in den von den Mitgliedstaaten gemäß Artikel 16 Absatz 3 vorzulegenden Berichten behandelt werden sollen und über die Methodologie dieser Berichte;

d) er erörtert das Ergebnis der regelmäßigen Konsultationen, die zwischen der Kommission und Vertretern der Fernsehveranstalter, der Produzenten, der Verbraucher, der Hersteller, der Diensteanbieter, der Gewerkschaften und der Kunstschaffenden stattfinden;

e) er erleichtert den Informationsaustausch zwischen den Mitgliedstaaten und der Kommission über die Lage und die Entwicklung bei den Ordnungstätigkeiten in Bezug auf die audiovisuellen Mediendienste, wobei die Politik der Union im audiovisuellen Bereich sowie relevante Entwicklungen im technischen Bereich berücksichtigt werden;

f) er prüft die Entwicklungen auf dem betreffenden Sektor, die einen Gedankenaustausch zweckdienlich erscheinen lassen.

Kapitel XI

Zusammenarbeit zwischen den Regulierungsstellen der Mitgliedstaaten

Artikel 30. Die Mitgliedstaaten ergreifen geeignete Maßnahmen, um sich gegenseitig und der Kommission, insbesondere über ihre zuständigen unabhängigen Regulierungsstellen, die Informationen zu übermitteln, die für die Anwendung dieser Richtlinie und insbesondere der Artikel 2, 3 und 4 notwendig sind.

Kapitel XII

Schlussbestimmungen

Artikel 31. In Bereichen, die nicht durch diese Richtlinie koordiniert werden, bleiben die Rechte und Verpflichtungen der Mitgliedstaaten, die sich aus den in den Bereichen Telekommunikation und Fernsehen bestehenden Übereinkommen ergeben, von dieser Richtlinie unberührt.

Artikel 32. Die Mitgliedstaaten teilen der Kommission den Wortlaut der wichtigsten innerstaatlichen Rechtsvorschriften mit, die sie auf dem unter diese Richtlinie fallenden Gebiet erlassen.

Artikel 33. [1]Spätestens am 19. Dezember 2011 und anschließend alle drei Jahre übermittelt die Kommission dem Europäischen Parlament, dem Rat und dem Europäischen Wirtschafts- und Sozialausschuss einen Bericht über die Anwendung dieser Richtlinie und macht erforderlichenfalls Vorschläge zu ihrer Anpassung an die Entwicklungen im Bereich der audiovisuellen Mediendienste, und zwar insbesondere im Lichte neuerer technologischer Entwicklungen, der Wettbewerbsfähigkeit dieses Sektors und des Niveaus der Medienkompetenz in allen Mitgliedstaaten. [2]In diesem Bericht ist ferner die Frage der Fernsehwerbung bei oder in Kindersendungen zu untersuchen und insbesondere daraufhin zu bewerten, ob die quantitativen und qualitativen Bestimmungen dieser Richtlinie das geforderte Maß an Schutz gewährleistet haben.

Artikel 34. [1]Die Richtlinie 89/552/EWG, in der Fassung der in Anhang I Teil A aufgeführten Richtlinien, wird unbeschadet der Verpflichtungen der Mitgliedstaaten hinsichtlich der in Anhang I Teil B genannten Fristen für die Umsetzung der dort genannten Richtlinien in innerstaatliches Recht aufgehoben.

[2]Verweisungen auf die aufgehobene Richtlinie gelten als Verweisungen auf die vorliegende Richtlinie und sind nach Maßgabe der Entsprechungstabelle in Anhang II zu lesen.

Artikel 35. Diese Richtlinie tritt am zwanzigsten Tag nach ihrer Veröffentlichung im Amtsblatt der Europäischen Union in Kraft.

Artikel 36. Diese Richtlinie ist an die Mitgliedstaaten gerichtet.

EU-Protokoll über den öffentlich-rechtlichen Rundfunk in den Mitgliedstaaten

vom 2. Oktober 1997 (ABl. 1997/C 340/109 ff.)
zuletzt geändert durch den Vertrag von Lissabon (ABl. 2007/C 306/165)

DIE HOHEN VERTRAGSPARTEIEN[1] –

IN DER ERWÄGUNG, daß der öffentlich-rechtliche Rundfunk in den Mitgliedstaaten unmittelbar mit den demokratischen, sozialen und kulturellen Bedürfnissen jeder Gesellschaft sowie mit dem Erfordernis verknüpft ist, den Pluralismus in den Medien zu wahren –

SIND über folgende auslegende Bestimmung ÜBEREINGEKOMMEN, die dem Vertrag über die Europäische Union und dem Vertrag über die Arbeitsweise der Europäischen Union beigefügt ist:

Die Bestimmungen der Verträge berühren nicht die Befugnis der Mitgliedstaaten, den öffentlich-rechtlichen Rundfunk zu finanzieren, sofern die Finanzierung der Rundfunkanstalten dem öffentlich-rechtlichen Auftrag, wie er von den Mitgliedstaaten den Anstalten übertragen, festgelegt und ausgestaltet wird, dient und die Handels- und Wettbewerbsbedingungen in der Union nicht in einem Ausmaß beeinträchtigt, das dem gemeinsamen Interesse zuwiderläuft, wobei den Erfordernissen der Erfüllung des öffentlich-rechtlichen Auftrags Rechnung zu tragen ist.

Vorbemerkung zum Rundfunkstaatsvertrag

Im Anschluss an den Text des Rundfunkstaatsvertrages sind ein Anhang I zum Rundfunkstaatsvertrag (Zulassung privater Hör- und Rundfunkveranstalter) sowie ein Anhang II zu den Organen des öffentlichrechtlichen Rundfunks angefügt. Grundlage für die ausgewählten Bestimmungen in den Anhängen sind jeweils exemplarische Regelungen aus den Landesmedien- bzw. Landesrundfunkgesetzen.[1]

Die aktuelle Fassung enthält die umfangreichen Normierungen durch den 15. Rundfunkänderungsstaatsvertrag (gültig seit dem 1. Januar 2013).

Der Schwerpunkt dieses Rundfunkänderungsstaatsvertrages liegt in der Aufhebung des Rundfunkgebührenstaatsvertrages (→ Nr. 22a) und dessen Ersetzung durch einen neuartigen Rundfunkbeitragsstaatsvertrag (→ Nr. 22). Wegen der Geltung des Rundfunkbeitragsstaatsvertrages ab 1. Januar 2013 sowie einzelner Normen bereits ab 1. Januar 2012 wurde dieser nicht wie in den beiden Vorauflagen aufgenommen. Kleinere redaktionelle Anpassungen betreffen den Rundfunkstaatsvertrag (→ Nr. 21), den Rundfunkfinanzierungsstaatsvertrag (→ Nr. 23) sowie den ZDF-Staatsvertrag (→Nr. 25) und wurden dort direkt umgesetzt.

Nach Abschluss der Vorauflage wurden mit Relevanz zum Rundfunkstaatsvertrag der 17. und 18. Rundfunkänderungsvertrag umgesetzt, die beide bereits zum 1. Januar 2016 in Kraft getreten sind. Der 17. Rundfunkänderungsstaatsvertrag setzt Vorgaben des Bundesverfassungsgerichts zur Staatsferne des ZDF in den ZDF-Gremien um. Der 18. Rundfunkänderungsstaatsvertrag hat seinen Schwerpunkt auf der Regulierung von regionaler Werbung in der Kompetenz der Länder. Der 19. Rundfunkänderungsstaatsvertrag ist mittlerweile zum 1. Januar 2017 in Kraft getreten. Der 20. Rundfunkänderungsstaatsvertrag hat seinen Schwerpunkt in der Gremienbesetzung des Deutschland-Radios und sieht im Rundfunkstaatsvertrag nur redaktionelle Änderungen vor. Das Inkrafttreten der Änderungen im Rundfunkstaatsvertrag ist zum 1. September 2017 vorgesehen.

Am 20. Oktober haben die Regierungschefinnen und Regierungschefs der Länder einen ersten inhaltlich abschließenden Vor-Entwurf des 21. Rundfunkänderungsstaatsvertrag angenommen. Weitere Beratungen sollen im Frühjahr unter Berücksichtigung von möglichen Detailänderungen den Vertrag zur Unterzeichnung vorbereiten. Die Ratifizierung durch die Landesparlamente steht

---

1 Wichtige Regelungen des Rundfunkstaatsvertrages gehen auf die Richtlinie 89/552/EWG des Rates zur Koordinierung bestimmter Rechts- und Verwaltungsvorschriften der Mitgliedstaaten über die Fernsehtätigkeit zurück, **Fernsehrichtlinie** (Abl. 1989/L 298 in konsolidierter Fassung Nr. 20). Daneben ist das **Europäische Übereinkommen über das grenzüberschreitende Fernsehen** (BGBl. II 1994 S. 639-657) zu beachten. Die Landesmedien- bzw. Landesrundfunkgesetze sind auf der Homepage der **14 Landesmedienanstalten (die medienanstalten)** unter der Rubrik „Rechtsgrundlagen“ zusammengestellt (vgl. www.die-medienanstalten.de). Ebenso werden die Gesetze z.T. auf den Seiten der einzelnen Landesmedienanstalten (die über die Homepage von ALM zu finden sind) bereitgehalten.

noch aus. Ein Inkrafttreten des 21. Rundfunkänderungsstaatsvertrages ist für den 25. Mai 2018 vorgesehen. Daher sind die durch diesen Vertrag vorgesehenen Änderungen des Rundfunkstaatsvertrages bereits kursiv im Text vermerkt („Neu 21. RÄndStV“). Ebenso werden Änderungen des Rundfunkbeitragsstaatsvertrages (→ Nr. 22) und des ZDF- Staatsvertrages (→ Nr. 25) bei den dort angepassten Bestimmungen hervorgehoben. Der 21. Rundfunkänderungsstaatsvertrag dient neben einigen redaktionellen Umsetzungen im Kern der Umsetzung der Datenschutz-Grundverordnung (→ Nr. 7). Zudem wird ein spezifischer Rundfunkdatenschutzbeauftragter eingeführt.

Sämtliche vorausgegangenen Rundfunkänderungsstaatsverträge werden auf der folgenden Seite von „media perspektiven“ zusammengefasst: http://www.ard-werbung.de/media-perspektiven/ (dort unter: Dokumentation). Einen ebenfalls guten Überblick zu den letzten Novellierungen durch die maßgeblichen Rundfunkänderungsstaatsverträge (u.a. 15., 17., 19., 20. Rundfunkänderungsstaatsverträge) bietet die Seite der Staatskanzlei Rheinland- Pfalz zum Thema „Medienpolitik“: https://www.rlp.de/de/landesregierung/staatskanzlei/medienpolitik/.

Staatsvertrag für Rundfunk und Telemedien (Rundfunkstaatsvertrag – RStV)

vom 31. August 1991 (GBl. BW, S. 747),
zuletzt geändert durch Art. 1 des Zwanzigsten Staatsvertrages
zur Änderung rundfunkrechtlicher Staatsverträge[2]

INHALTSÜBERSICHT

2 Fundstelle: https://www.rlp.de/de/landesregierung/staatskanzlei/medienpolitik/.

Präambel

Dieser Staatsvertrag enthält grundlegende Regelungen für den öffentlich-rechtlichen und den privaten Rundfunk in einem dualen Rundfunksystem der Länder des vereinten Deutschlands. Er trägt der europäischen Entwicklung des Rundfunks Rechnung.

Öffentlich-rechtlicher Rundfunk und privater Rundfunk sind der freien individuellen und öffentlichen Meinungsbildung sowie der Meinungsvielfalt verpflichtet. Beide Rundfunksysteme müssen in der Lage sein, den Anforderungen des nationalen und des internationalen Wettbewerbs zu entsprechen.

Im Zuge der Vermehrung der Rundfunkprogramme in Europa durch die neuen Techniken sollen Informationsvielfalt und kulturelles Angebot im deutschsprachigen Raum verstärkt werden. Durch diesen Staatsvertrag, vor allem aber durch weitere Regelungen und Förderungsvorhaben in der Bundesrepublik Deutschland, soll die Herstellung neuer europäischer Fernsehproduktionen nachhaltig unterstützt werden.

Für den öffentlich-rechtlichen Rundfunk sind Bestand und Entwicklung zu gewährleisten. Dazu gehört seine Teilhabe an allen neuen technischen Möglichkeiten in der Herstellung und zur Verbreitung sowie die Möglichkeit der Veranstaltung neuer Formen von Rundfunk. Seine finanziellen Grundlagen einschließlich des dazugehörigen Finanzausgleichs sind zu erhalten und zu sichern.

Den privaten Veranstaltern werden Ausbau und Fortentwicklung eines privaten Rundfunksystems, vor allem in technischer und programmlicher Hinsicht, ermöglicht. Dazu sollen ihnen ausreichende Sendekapazitäten zur Verfügung gestellt und angemessene Einnahmequellen erschlossen werden. Sie sollen dabei ihre über Satelliten ausgestrahlten Fernsehprogramme unter Berücksichtigung lokaler und regionaler Beiträge nach Maßgabe des jeweiligen Landesrechts zusätzlich über verfügbare terrestrische Fernsehfrequenzen verbreiten können, die bundesweit, auch im Hinblick auf neue Fernsehveranstalter, möglichst gleichgewichtig aufgeteilt werden sollen.

Die Vereinigung Deutschlands und die fortschreitende Entwicklung des dualen Rundfunksystems machen es erforderlich, die bisherige Frequenzaufteilung und -nutzung umfassend zu überprüfen. Alle Länder erklären ihre Absicht, festgestellte Doppel- oder Mehrfachversorgungen abzubauen, um zusätzliche Übertragungsmöglichkeiten für private Veranstalter, auch für den Westschienenveranstalter, zu gewinnen.

Den Landesmedienanstalten obliegt es, unter dem Gesichtspunkt der Gleichbehandlung privater Veranstalter und der besseren Durchsetzbarkeit von Entscheidungen verstärkt zusammenzuarbeiten.

Erster Abschnitt
Allgemeine Vorschriften

§ 1 Anwendungsbereich. (1) Dieser Staatsvertrag gilt für die Veranstaltung und Verbreitung von Rundfunk in Deutschland in einem dualen Rundfunksystem; für Telemedien gelten nur der IV. bis VI. Abschnitt sowie § 20 Abs. 2.

(2) Soweit dieser Staatsvertrag keine anderweitigen Regelungen für die Veranstaltung und Verbreitung von Rundfunk enthält oder solche Regelungen zulässt, sind die für die jeweilige Rundfunkanstalt oder den jeweiligen privaten Veranstalter geltenden landesrechtlichen Vorschriften anzuwenden.

(3) [1]Für Fernsehveranstalter gelten dieser Staatsvertrag und die landesrechtlichen Vorschriften, wenn sie in der Bundesrepublik Deutschland niedergelassen sind. [2]Ein Fernsehveranstalter gilt als in der Bundesrepublik Deutschland niedergelassen, wenn

1. die Hauptverwaltung in Deutschland liegt und die redaktionellen Entscheidungen über das Programm dort getroffen werden,
2. die Hauptverwaltung in Deutschland liegt und die Entscheidungen über das Programm in einem anderen Mitgliedstaat der Europäischen Union getroffen werden, jedoch
   a) ein wesentlicher Teil des mit der Bereitstellung des Programms betrauten Personals in Deutschland tätig ist oder
   b) ein wesentlicher Teil des mit der Bereitstellung des Programms betrauten Personals sowohl in Deutschland als auch dem anderen Mitgliedstaat der Europäischen Union tätig ist oder
   c) ein wesentlicher Teil des mit der Bereitstellung des Programms betrauten Personals weder in Deutschland noch dem anderen Mitgliedstaat der Europäischen Union tätig ist, aber der Fernsehveranstalter in Deutschland zuerst seine Tätigkeit begann und eine dauerhafte und tatsächliche Verbindung mit der Wirtschaft Deutschlands fortbesteht, oder
3. die Hauptverwaltung in Deutschland liegt und die redaktionellen Entscheidungen über das Programm in einem Drittstaat getroffen werden oder umgekehrt und vorausgesetzt, ein wesentlicher Teil des mit der Bereitstellung des Programms betrauten Personals ist in Deutschland tätig.

(4) [1]Für Fernsehveranstalter, sofern sie nicht bereits aufgrund der Niederlassung der Rechtshoheit Deutschlands oder eines anderen Mitgliedstaats der Europäischen Union unterliegen, gelten dieser Staatsvertrag und die landesrechtlichen Vorschriften auch, wenn sie

1. eine in der Bundesrepublik Deutschland gelegene Satelliten-Bodenstation für die Aufwärtsstrecke nutzen oder
2. zwar keine in einem Mitgliedstaat der Europäischen Union gelegene Satelliten-Bodenstation für die Aufwärtsstrecke nutzen, aber eine der Bundesrepublik Deutschland zugewiesene Übertragungskapazität eines Satelliten nutzen.

[2]Liegt keines dieser beiden Kriterien vor, gelten dieser Staatsvertrag und die landesrechtlichen Vorschriften auch für Fernsehveranstalter, wenn sie in Deutschland gemäß den Artikeln 49 bis 55 des Vertrags über die Arbeitsweise der Europäischen Union, ABl. Nr. C 115 vom 9. 5. 2008 S. 47, niedergelassen sind.

(5) Dieser Staatsvertrag und die landesrechtlichen Vorschriften gelten nicht für Programme von Fernsehveranstaltern, die

1. ausschließlich zum Empfang in Drittländern bestimmt sind und
2. nicht unmittelbar oder mittelbar von der Allgemeinheit mit handelsüblichen Verbraucherendgeräten in einem Staat innerhalb des Geltungsbereichs der Richtlinie 2010/13/EU des Europäischen Parlaments und des Rates vom

10. März 2010 zur Koordinierung bestimmter Rechts- und Verwaltungsvorschriften der Mitgliedstaaten über die Bereitstellung audiovisueller Mediendienste (ABl. L 95 vom 15. April 2010, S. 1) empfangen werden.

(6) Die Bestimmungen des I. und III. Abschnitts dieses Staatsvertrages gelten für Teleshoppingkanäle nur, sofern dies ausdrücklich bestimmt ist.

§ 2 Begriffsbestimmungen. (1) [1]Rundfunk ist ein linearer Informations- und Kommunikationsdienst; er ist die für die Allgemeinheit und zum zeitgleichen Empfang bestimmte Veranstaltung und Verbreitung von Angeboten in Bewegtbild oder Ton entlang eines Sendeplans unter Benutzung elektromagnetischer Schwingungen. [2]Der Begriff schließt Angebote ein, die verschlüsselt verbreitet werden oder gegen besonderes Entgelt empfangbar sind. [3]Telemedien sind alle elektronischen Informations- und Kommunikationsdienste, soweit sie nicht Telekommunikationsdienste nach § 3 Nr. 24 des Telekommunikationsgesetzes sind, die ganz in der Übertragung von Signalen über Telekommunikationsnetze bestehen oder telekommunikationsgestützte Dienste nach § 3 Nr. 25 des Telekommunikationsgesetzes oder Rundfunk nach Satz 1 und 2 sind.

(2) Im Sinne dieses Staatsvertrages ist

1. Rundfunkprogramm eine nach einem Sendeplan zeitlich geordnete Folge von Inhalten,
2. Sendung ein inhaltlich zusammenhängender, geschlossener, zeitlich begrenzter Teil eines Rundfunkprogramms,
3. Vollprogramm ein Rundfunkprogramm mit vielfältigen Inhalten, in welchem Information, Bildung, Beratung und Unterhaltung einen wesentlichen Teil des Gesamtprogramms bilden,
4. Spartenprogramm ein Rundfunkprogramm mit im Wesentlichen gleichartigen Inhalten,
5. Satellitenfensterprogramm ein zeitlich begrenztes Rundfunkprogramm mit bundesweiter Verbreitung im Rahmen eines weiterreichenden Programms (Hauptprogramm),
6. Regionalfensterprogramm ein zeitlich und räumlich begrenztes Rundfunkprogramm mit im Wesentlichen regionalen Inhalten im Rahmen eines Hauptprogramms,
7. Werbung jede Äußerung bei der Ausübung eines Handels, Gewerbes, Handwerks oder freien Berufs, die im Rundfunk von einem öffentlich-rechtlichen oder einem privaten Veranstalter oder einer natürlichen Person entweder gegen Entgelt oder eine ähnliche Gegenleistung oder als Eigenwerbung gesendet wird, mit dem Ziel, den Absatz von Waren oder die Erbringung von Dienstleistungen, einschließlich unbeweglicher Sachen, Rechte und Verpflichtungen, gegen Entgelt zu fördern. § 7 Abs. 9 bleibt unberührt,
8. Schleichwerbung die Erwähnung oder Darstellung von Waren, Dienstleistungen, Namen, Marken oder Tätigkeiten eines Herstellers von Waren oder eines Erbringers von Dienstleistungen in Sendungen, wenn sie vom Veran-

staltter absichtlich zu Werbezwecken vorgesehen ist und mangels Kennzeichnung die Allgemeinheit hinsichtlich des eigentlichen Zweckes dieser Erwähnung oder Darstellung irreführen kann. Eine Erwähnung oder Darstellung gilt insbesondere dann als zu Werbezwecken beabsichtigt, wenn sie gegen Entgelt oder eine ähnliche Gegenleistung erfolgt,

9. Sponsoring jeder Beitrag einer natürlichen oder juristischen Person oder einer Personenvereinigung, die an Rundfunktätigkeiten oder an der Produktion audiovisueller Werke nicht beteiligt ist, zur direkten oder indirekten Finanzierung einer Sendung, um den Namen, die Marke, das Erscheinungsbild der Person oder Personenvereinigung, ihre Tätigkeit oder ihre Leistungen zu fördern,
10. Teleshopping die Sendung direkter Angebote an die Öffentlichkeit für den Absatz von Waren oder die Erbringung von Dienstleistungen einschließlich unbeweglicher Sachen, Rechte und Verpflichtungen gegen Entgelt in Form von Teleshoppingkanälen, -fenstern und -spots,
11. Produktplatzierung die gekennzeichnete Erwähnung oder Darstellung von Waren, Dienstleistungen, Namen, Marken, Tätigkeiten eines Herstellers von Waren oder eines Erbringers von Dienstleistungen in Sendungen gegen Entgelt oder eine ähnliche Gegenleistung mit dem Ziel der Absatzförderung. Die kostenlose Bereitstellung von Waren oder Dienstleistungen ist Produktplatzierung, sofern die betreffende Ware oder Dienstleistung von bedeutendem Wert ist,
12. Programmbouquet die Bündelung von Programmen und Diensten, die in digitaler Technik unter einem elektronischen Programmführer verbreitet werden,
13. Anbieter einer Plattform, wer auf digitalen Übertragungskapazitäten oder digitalen Datenströmen Rundfunk und vergleichbare Telemedien (Telemedien, die an die Allgemeinheit gerichtet sind) auch von Dritten mit dem Ziel zusammenfasst, diese Angebote als Gesamtangebot zugänglich zu machen oder wer über die Auswahl für die Zusammenfassung entscheidet; Plattformanbieter ist nicht, wer Rundfunk oder vergleichbare Telemedien ausschließlich vermarktet,
14. Rundfunkveranstalter, wer ein Rundfunkprogramm unter eigener inhaltlicher Verantwortung anbietet,
15. unter Information insbesondere Folgendes zu verstehen: Nachrichten und Zeitgeschehen, politische Information, Wirtschaft, Auslandsberichte, Religiöses, Sport, Regionales, Gesellschaftliches, Service und Zeitgeschichtliches,
16. unter Bildung insbesondere Folgendes zu verstehen: Wissenschaft und Technik, Alltag und Ratgeber, Theologie und Ethik, Tiere und Natur, Gesellschaft, Kinder und Jugend, Erziehung, Geschichte und andere Länder,
17. unter Kultur insbesondere Folgendes zu verstehen: Bühnenstücke, Musik, Fernsehspiele, Fernsehfilme und Hörspiele, bildende Kunst, Architektur, Philosophie und Religion, Literatur und Kino,
18. unter Unterhaltung insbesondere Folgendes zu verstehen: Kabarett und Comedy, Filme, Serien, Shows, Talk-Shows, Spiele, Musik,

19. unter sendungsbezogenen Telemedien zu verstehen: Angebote, die der Aufbereitung von Inhalten aus einer konkreten Sendung einschließlich Hintergrundinformationen dienen soweit auf für die jeweilige Sendung genutzte Materialien und Quellen zurückgegriffen wird und diese Angebote thematisch und inhaltlich die Sendung unterstützend vertiefen und begleiten, ohne jedoch bereits ein eigenständiges neues oder verändertes Angebot nach § 11f Abs. 3 darzustellen,
20. ein presseähnliches Angebot nicht nur elektronische Ausgaben von Printmedien, sondern alle journalistisch-redaktionell gestalteten Angebote, die nach Gestaltung und Inhalt Zeitungen oder Zeitschriften entsprechen.

(3) Kein Rundfunk sind Angebote, die
1. jedenfalls weniger als 500 potenziellen Nutzern zum zeitgleichen Empfang angeboten werden,
2. zur unmittelbaren Wiedergabe aus Speichern von Empfangsgeräten bestimmt sind,
3. ausschließlich persönlichen oder familiären Zwecken dienen,
4. nicht journalistisch-redaktionell gestaltet sind oder
5. aus Sendungen bestehen, die jeweils gegen Einzelentgelt freigeschaltet werden.

§ 3 Allgemeine Grundsätze. (1) [1]Die in der Arbeitsgemeinschaft der öffentlich-rechtlichen Rundfunkanstalten der Bundesrepublik Deutschland (ARD) zusammengeschlossenen Landesrundfunkanstalten, das Zweite Deutsche Fernsehen (ZDF), das Deutschlandradio und alle Veranstalter bundesweit verbreiteter Rundfunkprogramme haben in ihren Angeboten die Würde des Menschen zu achten und zu schützen; die sittlichen und religiösen Überzeugungen der Bevölkerung sind zu achten. [2]Die Angebote sollen dazu beitragen, die Achtung vor Leben, Freiheit und körperlicher Unversehrtheit, vor Glauben und Meinungen anderer zu stärken. [3]Weitergehende landesrechtliche Anforderungen an die Gestaltung der Angebote sowie § 41 dieses Staatsvertrages bleiben unberührt.

(2) Die Veranstalter nach Abs. 1 Satz 1 sollen über ihr bereits bestehendes Engagement hinaus im Rahmen ihrer technischen und finanziellen Möglichkeiten barrierefreie Angebote vermehrt aufnehmen.

§ 4 Übertragung von Großereignissen. (1) [1]Die Ausstrahlung im Fernsehen von Ereignissen von erheblicher gesellschaftlicher Bedeutung (Großereignisse) in der Bundesrepublik Deutschland verschlüsselt und gegen besonderes Entgelt ist nur zulässig, wenn der Fernsehveranstalter selbst oder ein Dritter zu angemessenen Bedingungen ermöglicht, dass das Ereignis zumindest in einem frei empfangbaren und allgemein zugänglichen Fernsehprogramm in der Bundesrepublik Deutschland zeitgleich oder, sofern wegen parallel laufender Einzelereignisse nicht möglich, geringfügig zeitversetzt ausgestrahlt werden kann. [2]Besteht keine Einigkeit über die Angemessenheit der Bedingungen, sollen die Parteien rechtzeitig vor dem Ereignis ein schiedsrichterliches Verfahren nach §§ 1025 ff. der Zivilprozessordnung vereinbaren; kommt die Vereinbarung eines schiedsrichterlichen Verfahrens aus Gründen, die der Fernsehveranstalter oder der Dritte zu vertreten haben, nicht zustande, gilt die Übertragung nach Satz 1 als nicht zu angemessenen Bedingungen ermöglicht. [3]Als allgemein zugängliches Fernsehprogramm gilt nur ein Programm, das in mehr als zwei Drittel der Haushalte tatsächlich empfangbar ist.

(2) [1]Großereignisse im Sinne dieser Bestimmung sind:

1. Olympische Sommer- und Winterspiele,
2. bei Fußball-Europa- und -Weltmeisterschaften alle Spiele mit deutscher Beteiligung sowie unabhängig von einer deutschen Beteiligung das Eröffnungsspiel, die Halbfinalspiele und das Endspiel,
3. die Halbfinalspiele und das Endspiel um den Vereinspokal des Deutschen Fußball-Bundes,
4. Heim- und Auswärtsspiele der deutschen Fußballnationalmannschaft,
5. Endspiele der europäischen Vereinsmeisterschaften im Fußball (Champions League, UEFA-Cup = *Europa League* durch 21. RändStV neu) bei deutscher Beteiligung.

[2]Bei Großereignissen, die aus mehreren Einzelereignissen bestehen, gilt jedes Einzelereignis als Großereignis. [3]Die Aufnahme oder Herausnahme von Ereignissen in diese Bestimmung ist nur durch Staatsvertrag aller Länder zulässig.

(3) [1]Teilt ein Mitgliedstaat der Europäischen Union seine Bestimmungen über die Ausstrahlung von Großereignissen nach Art. 3a der Richtlinie 89/552/EWG des Rates zur Koordinierung bestimmter Rechts- und Verwaltungsvorschriften der Mitgliedstaaten über die Ausübung der Fernsehtätigkeit in der Fassung der Richtlinie 97/36/EG des Europäischen Parlaments und des Rates der Europäischen Kommission mit und erhebt die Kommission nicht binnen drei Monaten seit der Mitteilung Einwände und werden die Bestimmungen des betreffenden Mitgliedstaates im Amtsblatt der Europäischen Gemeinschaften veröffentlicht, ist die Ausstrahlung von Großereignissen verschlüsselt und gegen Entgelt für diesen Mitgliedstaat nur zulässig, wenn der Fernsehveranstalter nach den im Amtsblatt veröffentlichten Bestimmungen des betreffenden Mitgliedstaates eine Übertragung in einem frei zugänglichen Programm ermöglicht. [2]Satz 1 gilt nicht für die Übertragung von Großereignissen für andere Mitgliedstaaten, an denen Fernsehveranstalter vor dem 30. Juli 1997 Rechte zur ausschließlichen verschlüsselten Übertragung gegen Entgelt für diesen Mitgliedstaat erworben haben.

(4) [1]Sind Bestimmungen eines Staates, der das Europäische Übereinkommen über das grenzüberschreitende Fernsehen in der Fassung des Änderungsprotokolls vom 9. September 1998 ratifiziert hat, nach dem Verfahren nach Art. 9a Abs. 3 des Übereinkommens veröffentlicht, so gilt diese Regelung für Veranstalter in der Bundesrepublik Deutschland nach Maßgabe des Satz 4, es sei denn, die Ministerpräsidenten der Länder versagen der Regelung innerhalb einer Frist von sechs Monaten durch einstimmigen Beschluss die Anerkennung. [2]Die Anerkennung kann nur versagt werden, wenn die Bestimmungen des be-

treffenden Staates gegen das Grundgesetz oder die Europäische Konvention zum Schutze der Menschenrechte und Grundfreiheiten verstoßen. [3]Die für Veranstalter in der Bundesrepublik Deutschland nach dem vorbezeichneten Verfahren geltenden Bestimmungen sind in den amtlichen Veröffentlichungsblättern der Länder bekannt zu machen. [4]Mit dem Tag der letzten Bekanntmachung in den Veröffentlichungsblättern der Länder ist die Ausstrahlung von Großereignissen verschlüsselt und gegen Entgelt für diesen betreffenden Staat nur zulässig, wenn der Fernsehveranstalter nach den veröffentlichten Bestimmungen des betreffenden Staates eine Übertragung dort in einem frei zugänglichen Programm ermöglicht.

(5) [1]Verstößt ein Veranstalter gegen die Bestimmungen der Absätze 3 und 4, so kann die Zulassung widerrufen werden. [2]Statt des Widerrufs kann die Zulassung mit Nebenbestimmungen versehen werden, soweit dies ausreicht, den Verstoß zu beseitigen.

§ 5 Kurzberichterstattung. (1) [1]Das Recht auf unentgeltliche Kurzberichterstattung über Veranstaltungen und Ereignisse, die öffentlich zugänglich und von allgemeinem Informationsinteresse sind, steht jedem in Europa zugelassenen Fernsehveranstalter zu eigenen Sendezwecken zu. [2]Dieses Recht schließt die Befugnis zum Zugang, zur kurzzeitigen Direktübertragung, zur Aufzeichnung, zu deren Auswertung zu einem einzigen Beitrag und zur Weitergabe unter den Voraussetzungen der Absätze 2 bis 12 ein.

(2) Anderweitige gesetzliche Bestimmungen, insbesondere solche des Urheberrechts und des Persönlichkeitsschutzes, bleiben unberührt.

(3) Auf die Kirchen und auf andere Religionsgemeinschaften sowie deren Einrichtungen mit entsprechender Aufgabenstellung findet Abs. 1 keine Anwendung.

(4) [1]Die unentgeltliche Kurzberichterstattung ist auf eine dem Anlass entsprechende nachrichtenmäßige Kurzberichterstattung beschränkt. [2]Die zulässige Dauer bemisst sich nach der Länge der Zeit, die notwendig ist, um den nachrichtenmäßigen Informationsgehalt der Veranstaltung oder des Ereignisses zu vermitteln. [3]Bei kurzfristig und regelmäßig wiederkehrenden Veranstaltungen vergleichbarer Art beträgt die Obergrenze der Dauer in der Regel eineinhalb Minuten. [4]Werden Kurzberichte über Veranstaltungen vergleichbarer Art zusammengefasst, muss auch in dieser Zusammenfassung der nachrichtenmäßige Charakter gewahrt bleiben.

(5) [1]Das Recht auf Kurzberichterstattung muss so ausgeübt werden, dass vermeidbare Störungen der Veranstaltung oder des Ereignisses unterbleiben. [2]Der Veranstalter kann die Übertragung oder die Aufzeichnung einschränken oder ausschließen, wenn anzunehmen ist, dass sonst die Durchführung der Veranstaltung in Frage gestellt oder das sittliche Empfinden der Veranstaltungsteilnehmer gröblich verletzt würden. [3]Das Recht auf Kurzberichterstattung ist ausgeschlossen, wenn Gründe der öffentlichen Sicherheit und Ordnung entgegenstehen und diese das öffentliche Interesse an der Information überwiegen. [4]Unberührt

bleibt im Übrigen das Recht des Veranstalters, die Übertragung oder die Aufzeichnung der Veranstaltung insgesamt auszuschließen.

(6) Für die Ausübung des Rechts auf Kurzberichterstattung kann der Veranstalter das allgemein vorgesehene Eintrittsgeld verlangen; im Übrigen ist ihm Ersatz seiner notwendigen Aufwendungen zu leisten, die durch die Ausübung des Rechts entstehen.

(7) [1]Für die Ausübung des Rechts auf Kurzberichterstattung über berufsmäßig durchgeführte Veranstaltungen kann der Veranstalter ein dem Charakter der Kurzberichterstattung entsprechendes billiges Entgelt verlangen. [2]Wird über die Höhe des Entgelts keine Einigkeit erzielt, soll ein schiedsrichterliches Verfahren nach §§ 1025 ff der Zivilprozessordnung vereinbart werden. [3]Das Fehlen einer Vereinbarung über die Höhe des Entgelts oder über die Durchführung eines schiedsrichterlichen Verfahrens steht der Ausübung des Rechts auf Kurzberichterstattung nicht entgegen; dasselbe gilt für einen bereits anhängigen Rechtsstreit über die Höhe des Entgelts.

(8) [1]Die Ausübung des Rechts auf Kurzberichterstattung setzt eine Anmeldung des Fernsehveranstalters bis spätestens zehn Tage vor Beginn der Veranstaltung beim Veranstalter voraus. [2]Dieser hat spätestens fünf Tage vor Beginn der Veranstaltung den anmeldenden Fernsehveranstaltern mitzuteilen, ob genügend räumliche und technische Möglichkeiten für eine Übertragung oder Aufzeichnung bestehen. [3]Bei kurzfristigen Veranstaltungen und bei Ereignissen haben die Anmeldungen zum frühestmöglichen Zeitpunkt zu erfolgen.

(9) [1]Reichen die räumlichen und technischen Gegebenheiten für eine Berücksichtigung aller Anmeldungen nicht aus, haben zunächst die Fernsehveranstalter Vorrang, die vertragliche Vereinbarungen mit dem Veranstalter oder dem Träger des Ereignisses geschlossen haben. [2]Darüber hinaus steht dem Veranstalter oder dem Träger des Ereignisses ein Auswahlrecht zu. [3]Dabei sind zunächst solche Fernsehveranstalter zu berücksichtigen, die eine umfassende Versorgung des Landes sicherstellen, in dem die Veranstaltung oder das Ereignis stattfindet.

(10) Fernsehveranstalter, die die Kurzberichterstattung wahrnehmen, sind verpflichtet, das Signal und die Aufzeichnung unmittelbar denjenigen Fernsehveranstaltern gegen Ersatz der angemessenen Aufwendungen zur Verfügung zu stellen, die nicht zugelassen werden konnten.

(11) Trifft der Veranstalter oder der Träger eines Ereignisses eine vertragliche Vereinbarung mit einem Fernsehveranstalter über eine Berichterstattung, hat er dafür Sorge zu tragen, dass mindestens ein anderer Fernsehveranstalter eine Kurzberichterstattung wahrnehmen kann.

(12) [1]Die für die Kurzberichterstattung nicht verwerteten Teile sind spätestens drei Monate nach Beendigung der Veranstaltung oder des Ereignisses zu vernichten; die Vernichtung ist dem betreffenden Veranstalter oder Träger des Ereignisses schriftlich mitzuteilen. [2]Die Frist wird durch die Ausübung berechtigter Interessen Dritter unterbrochen.

§ 6 Europäische Produktionen, Eigen-, Auftrags- und Gemeinschaftsproduktionen. (1) Die Fernsehveranstalter tragen zur Sicherung von deutschen und europäischen Film- und Fernsehproduktionen als Kulturgut sowie als Teil des audiovisuellen Erbes bei.

(2) Zur Darstellung der Vielfalt im deutschsprachigen und europäischen Raum und zur Förderung von europäischen Film- und Fernsehproduktionen sollen die Fernsehveranstalter den Hauptteil ihrer insgesamt für Spielfilme, Fernsehspiele, Serien, Dokumentarsendungen und vergleichbare Produktionen vorgesehenen Sendezeit europäischen Werken entsprechend dem europäischen Recht vorbehalten.

(3) [1]Fernsehvollprogramme sollen einen wesentlichen Anteil an Eigenproduktionen sowie Auftrags- und Gemeinschaftsproduktionen aus dem deutschsprachigen und europäischen Raum enthalten. [2]Das gleiche gilt für Fernsehspartenprogramme, soweit dies nach ihren inhaltlichen Schwerpunkten möglich ist.

(4) [1]Im Rahmen seines Programmauftrages und unter Berücksichtigung der Grundsätze von Wirtschaftlichkeit und Sparsamkeit ist der öffentlich-rechtliche Rundfunk zur qualitativen und quantitativen Sicherung seiner Programmbeschaffung berechtigt, sich an Filmförderungen zu beteiligen, ohne dass unmittelbar eine Gegenleistung erfolgen muss. [2]Weitere landesrechtliche Regelungen bleiben unberührt.

§ 7 Werbegrundsätze und Kennzeichnungspflichten. (1) Werbung und Teleshopping dürfen nicht
1. die Menschenwürde verletzen,
2. Diskriminierungen aufgrund von Geschlecht, Rasse oder ethnischer Herkunft, Staatsangehörigkeit, Religion oder Glauben, Behinderung, Alter oder sexueller Orientierung beinhalten oder fördern,
3. irreführen oder den Interessen der Verbraucher schaden oder
4. Verhaltensweisen fördern, die die Gesundheit oder Sicherheit sowie in hohem Maße den Schutz der Umwelt gefährden.

(2) [1]Werbung ist Teil des Programms. [2]Werbung oder Werbetreibende dürfen das übrige Programm inhaltlich und redaktionell nicht beeinflussen. [3]Satz 1 und 2 gelten für Teleshopping-Spots, Teleshopping-Fenster und deren Anbieter entsprechend.

(3) [1]Werbung und Teleshopping müssen als solche leicht erkennbar und vom redaktionellen Inhalt unterscheidbar sein. [2]In der Werbung und im Teleshopping dürfen keine Techniken der unterschwelligen Beeinflussung eingesetzt werden. [3]Auch bei Einsatz neuer Werbetechniken müssen Werbung und Teleshopping dem Medium angemessen durch optische oder akustische Mittel oder räumlich eindeutig von anderen Sendungsteilen abgesetzt sein.

(4) [1]Eine Teilbelegung des ausgestrahlten Bildes mit Werbung ist zulässig, wenn die Werbung vom übrigen Programm eindeutig optisch getrennt und als solche gekennzeichnet ist. [2]Diese Werbung wird auf die Dauer der Spotwerbung nach §§ 16 und 45 angerechnet. [3]§ 7a Abs. 1 gilt entsprechend.

(5) [1]Dauerwerbesendungen sind zulässig, wenn der Werbecharakter erkennbar im Vordergrund steht und die Werbung einen wesentlichen Bestandteil der Sendung darstellt. [2]Sie müssen zu Beginn als Dauerwerbesendung angekündigt und während ihres gesamten Verlaufs als solche gekennzeichnet werden. [3]Die Sätze 1 und 2 gelten auch für Teleshopping.

(6) [1]Die Einfügung virtueller Werbung in Sendungen ist zulässig, wenn
1. am Anfang und am Ende der betreffenden Sendung darauf hingewiesen wird und
2. durch sie eine am Ort der Übertragung ohnehin bestehende Werbung ersetzt wird.

[2]Andere Rechte bleiben unberührt. [3]Satz 1 gilt auch für Teleshopping.

(7) [1]Schleichwerbung, Produkt- und Themenplatzierung sowie entsprechende Praktiken sind unzulässig. [2]Soweit in den §§ 15 und 44 Ausnahmen zugelassen sind, muss Produktplatzierung folgende Voraussetzungen erfüllen:
1. Die redaktionelle Verantwortung und Unabhängigkeit hinsichtlich Inhalt und Sendeplatz müssen unbeeinträchtigt bleiben,
2. die Produktplatzierung darf nicht unmittelbar zu Kauf, Miete oder Pacht von Waren oder Dienstleistungen auf fordern, insbesondere nicht durch spezielle verkaufsfördernde Hinweise auf diese Waren oder Dienstleistungen, und
3. das Produkt darf nicht zu stark herausgestellt werden; dies gilt auch für kostenlos zur Verfügung gestellte geringwertige Güter.

[3]Auf eine Produktplatzierung ist eindeutig hinzuweisen. [4]Sie ist zu Beginn und zum Ende einer Sendung sowie bei deren Fortsetzung nach einer Werbeunterbrechung oder im Hörfunk durch einen gleichwertigen Hinweis angemessen zu kennzeichnen. [5]Die Kennzeichnungspflicht entfällt für Sendungen, die nicht vom Veranstalter selbst oder von einem mit dem Veranstalter verbundenen Unternehmen produziert oder in Auftrag gegeben worden sind, wenn nicht mit zumutbarem Aufwand ermittelbar ist, ob Produktplatzierung enthalten ist; hierauf ist hinzuweisen. [6]Die in der ARD zusammengeschlossenen Landesrundfunkanstalten, das ZDF und die Landesmedienanstalten legen eine einheitliche Kennzeichnung fest.

(8) In der Fernsehwerbung und beim Teleshopping im Fernsehen dürfen keine Personen auftreten, die regelmäßig Nachrichtensendungen oder Sendungen zum politischen Zeitgeschehen vorstellen.

(9) [1]Werbung politischer, weltanschaulicher oder religiöser Art ist unzulässig. [2]Satz 1 gilt für Teleshopping entsprechend. [3]Unentgeltliche Beiträge im Dienst der Öffentlichkeit einschließlich von Spendenaufrufen zu Wohlfahrtszwecken gelten nicht als Werbung im Sinne von Satz1. [4]§ 42 bleibt unberührt.

(10) Werbung und Teleshopping für alkoholische Getränke dürfen den übermäßigen Genuss solcher Getränke nicht fördern.

(11) [1]Die nichtbundesweite Verbreitung von Werbung oder anderen Inhalten in einem zur bundesweiten Verbreitung beauftragten oder zugelassenen Programm ist nur zulässig, wenn und soweit das Recht des Landes, in dem die

nichtbundesweite Verbreitung erfolgt, dies gestattet. [2]Die nichtbundesweit verbreitete Werbung oder andere Inhalte privater Veranstalter bedürfen einer gesonderten landesrechtlichen Zulassung; diese kann von gesetzlich zu bestimmenden inhaltlichen Voraussetzungen abhängig gemacht werden.

(12) Die Absätze 1 bis 11 gelten auch für Teleshoppingkanäle.

§ 7a Einfügung von Werbung und Teleshopping. (1) Übertragungen von Gottesdiensten sowie Sendungen für Kinder dürfen nicht durch Werbung oder Teleshopping-Spots unterbrochen werden.

(2) [1]Einzeln gesendete Werbe- und Teleshopping-Spots im Fernsehen müssen die Ausnahme bleiben; dies gilt nicht bei der Übertragung von Sportveranstaltungen. [2]Die Einfügung von Werbe- oder Teleshopping-Spots im Fernsehen darf den Zusammenhang von Sendungen unter Berücksichtigung der natürlichen Sendeunterbrechungen sowie der Dauer und der Art der Sendung nicht beeinträchtigen noch die Rechte von Rechteinhabern verletzen.

(3) Filme mit Ausnahme von Serien, Reihen und Dokumentarfilmen sowie Kinofilme und Nachrichtensendungen dürfen für jeden programmierten Zeitraum von mindestens 30 Minuten einmal für Fernsehwerbung oder Teleshopping unterbrochen werden.

(4) [1]Richten sich Werbung oder Teleshopping-Spots in einem Fernsehprogramm eigens und häufig an Zuschauer eines anderen Staates, der das Europäische Übereinkommen über das grenzüberschreitende Fernsehen ratifiziert hat und nicht Mitglied der Europäischen Union ist, so dürfen die für die Fernsehwerbung oder das Teleshopping dort geltenden Vorschriften nicht umgangen werden. [2]Satz 1 gilt nicht, wenn die Vorschriften dieses Staatsvertrages über die Werbung oder das Teleshopping strenger sind als jene Vorschriften, die in dem betreffenden Staat gelten, ferner nicht, wenn mit dem betroffenen Staat Übereinkünfte auf diesem Gebiet geschlossen wurden.

§ 8 Sponsoring. (1) [1]Bei Sendungen, die ganz oder teilweise gesponsert werden, muss zu Beginn oder am Ende auf die Finanzierung durch den Sponsor in vertretbarer Kürze und in angemessener Weise deutlich hingewiesen werden; der Hinweis ist in diesem Rahmen auch durch Bewegtbild möglich. [2]Neben oder anstelle des Namens des Sponsors kann auch dessen Firmenemblem oder eine Marke, ein anderes Symbol des Sponsors, ein Hinweis auf seine Produkte oder Dienstleistungen oder ein entsprechendes unterscheidungskräftiges Zeichen eingeblendet werden.

(2) Inhalt und Programmplatz einer gesponserten Sendung dürfen vom Sponsor nicht in der Weise beeinflusst werden, dass die redaktionelle Verantwortung und Unabhängigkeit des Rundfunkveranstalters beeinträchtigt werden.

(3) Gesponserte Sendungen dürfen nicht zum Verkauf, zum Kauf oder zur Miete oder Pacht von Erzeugnissen oder Dienstleistungen des Sponsors oder eines Dritten, vor allem durch entsprechende besondere Hinweise, anregen.

(4) Sendungen dürfen nicht von Unternehmen gesponsert werden, deren Hauptttätigkeit die Herstellung oder der Verkauf von Zigaretten und anderen Tabakerzeugnissen ist.

(5) Beim Sponsoring von Sendungen durch Unternehmen, deren Tätigkeit die Herstellung oder den Verkauf von Arzneimitteln und medizinischen Behandlungen umfasst, darf für den Namen oder das Image des Unternehmens gesponsert werden, nicht jedoch für bestimmte Arzneimittel oder medizinische Behandlungen, die nur auf ärztliche Verordnung erhältlich sind.

(6) [1]Nachrichtensendungen und Sendungen zur politischen Information dürfen nicht gesponsert werden. [2]In Kindersendungen und Sendungen religiösen Inhalts ist das Zeigen von Sponsorenlogos untersagt.

(8) § 7 Abs. 1, 3 und Abs. 8 bis 10 gelten entsprechend.

§ 8a Gewinnspiele. (1) [1]Gewinnspielsendungen und Gewinnspiele sind zulässig. [2]Sie unterliegen dem Gebot der Transparenz und des Teilnehmerschutzes. [3]Sie dürfen nicht irreführen und den Interessen der Teilnehmer nicht schaden. [4]Insbesondere ist im Programm über die Kosten der Teilnahme, die Teilnahmeberechtigung, die Spielgestaltung sowie über die Auflösung der gestellten Aufgabe zu informieren. [5]Die Belange des Jugendschutzes sind zu wahren. [6]Für die Teilnahme darf nur ein Entgelt bis zu 0,50 Euro verlangt werden; § 13 Abs. 1 Satz 3 bleibt unberührt.

(2) Der Veranstalter hat der für die Aufsicht zuständigen Stelle auf Verlangen alle Unterlagen vorzulegen und Auskünfte zu erteilen, die zur Überprüfung der ordnungsgemäßen Durchführung der Gewinnspielsendungen und Gewinnspiele erforderlich sind.

(3) Die Absätze 1 und 2 gelten auch für Teleshoppingkanäle.

§ 9 Informationspflicht, zuständige Behörden. (1) [1]Die Rundfunkanstalten des Landesrechts sind verpflichtet, der nach Landesrecht zuständigen Behörde gemäß Art. 6 Abs. 2 des Europäischen Übereinkommens über das grenzüberschreitende Fernsehen die dort aufgeführten Informationen auf Verlangen zur Verfügung zu stellen. [2]Gleiches gilt für private Fernsehveranstalter, die auf Verlangen die Informationen der Landesmedienanstalt des Landes zur Verfügung zu stellen haben, in dem die Zulassung erteilt wurde. [3]Diese leitet die Informationen an ihre rechtsaufsichtsführende Behörde weiter.

(2) [1]Die Ministerpräsidenten der Länder bestimmen durch Beschluss eine oder mehrere der in Abs. 1 genannten Behörden, welche die Aufgaben nach Art. 19 Abs. 2 und 3 des Europäischen Übereinkommens über das grenzüberschreitende Fernsehen wahrnehmen. [2]Diesen Behörden sind zur Durchführung ihrer Aufgaben alle erforderlichen Informationen durch die zuständigen Behörden der einzelnen Länder zu übermitteln.

(3) [1]Absätze 1 und 2 gelten entsprechend, soweit rechtsverbindliche Berichtspflichten der Länder zum Rundfunk gegenüber zwischenstaatlichen Ein-

richtungen oder internationalen Organisationen bestehen. [2]Satz 1 gilt auch für Teleshoppingkanäle.

§ 9a Informationsrechte[3]**.** (1) [1]Rundfunkveranstalter haben gegenüber Behörden ein Recht auf Auskunft. [2]Auskünfte können verweigert werden, soweit
1. hierdurch die sachgemäße Durchführung eines schwebenden Verfahrens vereitelt, erschwert, verzögert oder gefährdet werden könnte oder
2. Vorschriften über die Geheimhaltung entgegenstehen oder
3. ein überwiegendes öffentliches oder schutzwürdiges privates Interesse verletzt würde oder
4. ihr Umfang das zumutbare Maß überschreitet.

(2) Allgemeine Anordnungen, die einer Behörde Auskünfte an Rundfunkveranstalter verbieten, sind unzulässig.

(3) Rundfunkveranstalter können von Behörden verlangen, dass sie bei der Weitergabe von amtlichen Bekanntmachungen im Verhältnis zu anderen Bewerbern gleichbehandelt werden.

§ 9b Verbraucherschutz. (1)[1]Mit Ausnahme der §§ 2, 9 und 12 gelten die Regelungen des EG-Verbraucherschutzdurchsetzungsgesetzes hinsichtlich der Bestimmungen dieses Staatsvertrages zur Umsetzung der Art. 10 bis 21 der Richtlinie 89/552/EWG des Rates vom 3. Oktober 1989 zur Koordinierung bestimmter Rechts- und Verwaltungsvorschriften der Mitgliedstaaten über die Ausübung der Fernsehtätigkeit (ABl. L 298 vom 17. Oktober 1989, S. 23), in der Fassung der Richtlinie 97/36/EG des Europäischen Parlaments und des Rates (ABl. L 202 vom 30. Juli 1997, S. 60), bei innergemeinschaftlichen Verstößen entsprechend. [2]Satz 1 gilt auch für Teleshoppingkanäle.

(2) Rundfunkveranstalter haben folgende Informationen im Rahmen ihres Gesamtangebots leicht, unmittelbar und ständig zugänglich zu machen:
1. Name und geografische Anschrift,
2. Angaben, die eine schnelle und unmittelbare Kontaktaufnahme und eine effiziente Kommunikation ermöglichen und
3. zuständige Aufsicht.

Neu 21. RÄndStV:

§ 9c Datenverarbeitung zu journalistischen Zwecken, Medienprivileg.

(1) [1]Soweit die in der ARD zusammengeschlossenen Landesrundfunkanstalten, das ZDF, das Deutschlandradio oder private Rundfunkveranstalter personenbezogene Daten zu journalistischen Zwecken verarbeiten, ist es den hiermit befassten Personen untersagt, diese personenbezogenen Daten zu anderen Zwecken zu verarbeiten (Datengeheimnis). [2]Diese Personen sind bei der Aufnahme ihrer Tätigkeit auf das Datengeheimnis zu verpflichten. Das Datenge-

---

3 Hinsichtlich der Zulässigkeit von Aufnahmen in Gerichtsverhandlungen vgl. §§ 169, 176 GVG (Nr. 15a).

heimnis besteht auch nach Beendigung ihrer Tätigkeit fort. [3]Im Übrigen finden für die Datenverarbeitung zu journalistischen Zwecken von der Verordnung (EU) 2016/679 des Europäischen Parlaments und des Rates vom 27. April 2016 zum Schutz natürlicher Personen bei der Verarbeitung personenbezogener Daten, zum freien Datenverkehr und zur Aufhebung der Richtlinie 95/46/EG (Datenschutz-Grundverordnung) (ABl. L 119 vom 4. Mai 2016, S. 1; L 314 vom 22. November 2016, S. 72) außer den Kapiteln I, VIII, X und XI nur die Artikel 5 Abs. 1 Buchst. f in Verbindung mit Abs. 2, Artikel 24 und Artikel 32 Anwendung. [4]Artikel 82 und 83 der Verordnung (EU) 2016/679 gelten mit der Maßgabe, dass nur für eine Verletzung des Datengeheimnisses gemäß den Sätzen 1 bis 3 sowie für unzureichende Maßnahmen nach Artikel 5 Abs. 1 Buchst. f, Artikel 24 und 32 der Verordnung (EU) 2016/679 gehaftet wird. [5]Die Sätze 1 bis 5 gelten entsprechend für die zu den in Satz 1 genannten Stellen gehörenden Hilfs- und Beteiligungsunternehmen. [6]Die in der ARD zusammengeschlossenen Landesrundfunkanstalten, das ZDF, das Deutschland-radio und andere Rundfunkveranstalter sowie ihre Verbände und Vereinigungen können sich Verhaltenskodizes geben, die in einem transparenten Verfahren erlassen und veröffentlicht werden. Den betroffenen Personen stehen nur die in den Absätzen 2 und 3 genannten Rechte zu.

(2) Führt die journalistische Verarbeitung personenbezogener Daten zur Verbreitung von Gegendarstellungen der betroffenen Person oder zu Verpflichtungserklärungen, Beschlüssen oder Urteilen über die Unterlassung der Verbreitung oder über den Widerruf des Inhalts der Daten, so sind diese Gegendarstellungen, Verpflichtungserklärungen und Widerrufe zu den gespeicherten Daten zu nehmen und dort für dieselbe Zeitdauer aufzubewahren wie die Daten selbst sowie bei einer Übermittlung der Daten gemeinsam mit diesen zu übermitteln.

(3) [1]Wird jemand durch eine Berichterstattung in seinem Persönlichkeitsrecht beeinträchtigt, kann die betroffene Person Auskunft über die der Berichterstattung zugrunde liegenden, zu ihrer Person gespeicherten Daten verlangen. [2]Die Auskunft kann nach Abwägung der schutzwürdigen Interessen der Beteiligten verweigert werden, soweit

1. *aus den Daten auf Personen, die bei der Vorbereitung, Herstellung oder Verbreitung von Rundfunksendungen mitwirken oder mitgewirkt haben, geschlossen werden kann,*
2. *aus den Daten auf die Person des Einsenders oder des Gewährsträgers von Beiträgen, Unterlagen und Mitteilungen für den redaktionellen Teil geschlossen werden kann oder*
3. *durch die Mitteilung der recherchierten oder sonst erlangten Daten die journalistische Aufgabe durch Ausforschung des Informationsbestandes beeinträchtigt würde.*

[3]Die betroffene Person kann die unverzügliche Berichtigung unrichtiger personenbezogener Daten im Datensatz oder die Hinzufügung einer eigenen Darstellung von angemessenem Umfang verlangen. [4]Die weitere Speicherung der

personenbezogenen Daten ist rechtmäßig, wenn dies für die Ausübung des Rechts auf freie Meinungsäußerung und Information oder zur Wahrnehmung berechtigter Interessen erforderlich ist.

(4) Für die in der ARD zusammengeschlossenen Landesrundfunkanstalten, das ZDF, das Deutschlandradio und private Rundfunkveranstalter sowie zu diesen gehörende Beteiligungs- und Hilfsunternehmen wird die Aufsicht über die Einhaltung der geltenden datenschutzrechtlichen Bestimmungen durch Landesrecht bestimmt. Regelungen des Rundfunkstaatsvertrags bleiben unberührt.

(5) Die Absätze 1 bis 4 gelten auch für Teleshoppingkanäle.

§ 10 Berichterstattung, Informationssendungen, Meinungsumfragen. (1) [1]Berichterstattung und Informationssendungen haben den anerkannten journalistischen Grundsätzen, auch beim Einsatz virtueller Elemente, zu entsprechen. [2]Sie müssen unabhängig und sachlich sein. [3]Nachrichten sind vor ihrer Verbreitung mit der nach den Umständen gebotenen Sorgfalt auf Wahrheit und Herkunft zu prüfen. [4]Kommentare sind von der Berichterstattung deutlich zu trennen und unter Nennung des Verfassers als solche zu kennzeichnen.

(2) Bei der Wiedergabe von Meinungsumfragen, die von Rundfunkveranstaltern durchgeführt werden, ist ausdrücklich anzugeben, ob sie repräsentativ sind.

Zweiter Abschnitt

Vorschriften über den öffentlich-rechtlichen Rundfunk

§ 11 Auftrag. (1) [1]Auftrag der öffentlich-rechtlichen Rundfunkanstalten ist es, durch die Herstellung und Verbreitung ihrer Angebote als Medium und Faktor des Prozesses freier individueller und öffentlicher Meinungsbildung zu wirken und dadurch die demokratischen, sozialen und kulturellen Bedürfnisse der Gesellschaft zu erfüllen. [2]Die öffentlich-rechtlichen Rundfunkanstalten haben in ihren Angeboten einen umfassenden Überblick über das internationale, europäische, nationale und regionale Geschehen in allen wesentlichen Lebensbereichen zu geben. [3]Sie sollen hierdurch die internationale Verständigung, die europäische Integration und den gesellschaftlichen Zusammenhalt in Bund und Ländern fördern. [4]Ihre Angebote haben der Bildung, Information, Beratung und Unterhaltung zu dienen. [5]Sie haben Beiträge insbesondere zur Kultur anzubieten. [6]Auch Unterhaltung soll einem öffentlich-rechtlichen Angebotsprofil entsprechen.

(2) Die öffentlich-rechtlichen Rundfunkanstalten haben bei Erfüllung ihres Auftrags die Grundsätze der Objektivität und Unparteilichkeit der Berichterstattung, die Meinungsvielfalt sowie die Ausgewogenheit der Angebote zu berücksichtigen.

(3) Die öffentlich-rechtlichen Rundfunkanstalten können zur Erfüllung ihres Auf trages zusammenarbeiten; die Zusammenarbeit regeln sie in öffentlich-rechtlichen Verträgen.

Neufassung § 11 Absätze 3, 4 durch 21. RÄndStV

(3) Die öffentlich-rechtlichen Rundfunkanstalten arbeiten zur Erfüllung ihres Auftrages zusammen; die Zusammenarbeit regeln sie in öffentlich-rechtlichen Verträgen.

(4) Die öffentlich-rechtlichen Rundfunkanstalten sind mit der Erbringung von Dienstleistungen von allgemeinem wirtschaftlichem Interesse im Sinne des Artikels 106 Abs. 2 des Vertrages über die Arbeitsweise der Europäischen Union (ABl. C 202 vom 7. Juni 2016, S. 47) auch betraut, soweit sie zur Erfüllung ihres Auftrags gemäß Absatz 1 bei der Herstellung und Verbreitung von Angeboten im Sinne des § 11 a zusammenarbeiten. Die Betrauung gilt insbesondere für die Bereiche Produktion, Produktionsstandards, Programmrechteerwerb, Programmaustausch, Verbreitung und Weiterverbreitung von Angeboten, Beschaffungswesen, Sendernetzbetrieb, informationstechnische und sonstige Infrastrukturen, Vereinheitlichung von Geschäftsprozessen, Beitragsservice und allgemeine Verwaltung. Von der Betrauung nicht umfasst sind kommerzielle Tätigkeiten nach § 16 a Abs. 1 Satz 2.

§ 11a Angebote. (1) [1]Angebote des öffentlich-rechtlichen Rundfunks sind Rundfunkprogramme (Hörfunk- und Fernsehprogramme) und Telemedien nach Maßgabe dieses Staatsvertrages und der jeweiligen landesrechtlichen Regelungen. [2]Der öffentlich-rechtliche Rundfunk kann programmbegleitende Druckwerke mit programmbezogenem Inhalt anbieten.

(2) Rundfunkprogramme, die über unterschiedliche Übertragungswege zeitgleich verbreitet werden, gelten zahlenmäßig als ein Angebot.

§ 11b Fernsehprogramme. (1) Die in der ARD zusammengeschlossenen Landesrundfunkanstalten veranstalten gemeinsam folgende Fernsehprogramme:

1. das Vollprogramm „Erstes Deutsches Fernsehen (Das Erste)",
2. zwei Programme als Zusatzangebote nach Maßgabe der als Anlage beigefügten Konzepte, und zwar die Programme
   a) „tagesschau 24",
   b) „EinsFestival".

(2) Folgende Fernsehprogramme von einzelnen oder mehreren in der ARD zusammengeschlossenen Landesrundfunkanstalten werden nach Maßgabe ihres jeweiligen Landesrechts veranstaltet:

1. die Dritten Fernsehprogramme einschließlich regionaler Auseinanderschaltungen, und zwar jeweils
   a) des Bayerischen Rundfunks (BR),
   b) des Hessischen Rundfunks (HR),
   c) des Mitteldeutschen Rundfunks (MDR),

   d) des Norddeutschen Rundfunks (NDR),
   e) von Radio Bremen (RB),
   f) vom Rundfunk Berlin-Brandenburg (RBB),
   g) des Südwestrundfunks (SWR),
   h) des Saarländischen Rundfunks (SR) und
   i) des Westdeutschen Rundfunks (WDR),
2. das Spartenprogramm „ARD-alpha" mit dem Schwerpunkt Bildung vom BR.

(3) Das ZDF veranstaltet folgende Fernsehprogramme:
1. das Vollprogramm „Zweites Deutsches Fernsehen (ZDF)",
2. zwei Programme als Zusatzangebote nach Maßgabe der als Anlage beigefügten Konzepte, und zwar die Programme
   a) „ZDFinfo",
   b) „ZDFneo"

(4) Die in der ARD zusammengeschlossenen Landesrundfunkanstalten und das ZDF veranstalten gemeinsam folgende Fernsehprogramme:
1. das Vollprogramm „3sat" mit kulturellem Schwerpunkt unter Beteiligung öffentlich-rechtlicher europäischer Veranstalter,
2. das Vollprogramm „arte – Der Europäische Kulturkanal" unter Beteiligung öffentlich-rechtlicher europäischer Veranstalter,
3. das Spartenprogramm „PHOENIX – Der Ereignis- und Dokumentationskanal" und
4. das Spartenprogramm „KI.KA – Der Kinderkanal".

(5) Die analoge Verbreitung eines bislang ausschließlich digital verbreiteten Programms ist unzulässig.

§ 11c Hörfunkprogramme. (1) [1]Die in der ARD zusammengeschlossenen Landesrundfunkanstalten veranstalten Hörfunkprogramme einzeln oder zu mehreren für ihr jeweiliges Versorgungsgebiet auf Grundlage des jeweiligen Landesrechts; bundesweit ausgerichtete Hörfunkprogramme finden nicht statt. [2]Ausschließlich im Internet verbreitete Hörfunkprogramme sind nur nach Maßgabe eines nach § 11f durchgeführten Verfahrens zulässig.

(2) [1]Die Gesamtzahl der terrestrisch verbreiteten Hörfunkprogramme der in der ARD zusammengeschlossenen Rundfunkanstalten darf die Zahl der zum 1. April 2004 terrestrisch verbreiteten Hörfunkprogramme nicht übersteigen. [2]Das Landesrecht kann vorsehen, dass die jeweilige Landesrundfunkanstalt zusätzlich so viele digitale terrestrische Hörfunkprogramme veranstaltet wie sie Länder versorgt. [3]Das jeweilige Landesrecht kann vorsehen, dass terrestrisch verbreitete Hörfunkprogramme gegen andere terrestrisch verbreitete Hörfunkprogramme, auch gegen ein Kooperationsprogramm, ausgetauscht werden, wenn dadurch insgesamt keine Mehrkosten entstehen und sich die Gesamtzahl der Programme nicht erhöht. [4]Kooperationsprogramme werden jeweils als ein Programm der beteiligten Anstalten gerechnet. [5]Regionale Auseinanderschaltungen von Programmen bleiben unberührt. [6]Der Austausch ei-

nes in digitaler Technik verbreiteten Programms gegen ein in analoger Technik verbreitetes Programm ist nicht zulässig.

(3) Das Deutschlandradio veranstaltet folgende Hörfunkprogramme mit den Schwerpunkten in den Bereichen Information, Bildung und Kultur:

1. das Programm „Deutschlandfunk",
2. das Programm „Deutschlandfunk Kultur",
3. das in digitaler Technik verbreitete Programm „Deutschlandfunk Nova", insbesondere unter Rückgriff auf die Möglichkeiten nach § 5 Abs. 2 des Deutschlandradio-Staatsvertrages; die in der ARD zusammengeschlossenen Landesrundfunkanstalten kooperieren hierzu mit dem Deutschlandradio,
4. ausschließlich im Internet verbreitete Hörfunkprogramme mit Inhalten der in Nr. 1 bis 3 aufgeführten Programme nach Maßgabe eines nach § 11f durchgeführten Verfahrens.

(4) Die in der ARD zusammengeschlossenen Landesrundfunkanstalten und das Deutschlandradio veröffentlichen in den amtlichen Verkündungsblättern der Länder jährlich erstmals zum 1. Januar 2010 eine Auflistung der von allen Anstalten insgesamt veranstalteten Hörfunkprogramme.

§ 11d Telemedien[4]. (1) Die in der ARD zusammengeschlossenen Landesrundfunkanstalten, das ZDF und das Deutschlandradio bieten Telemedien an, die journalistisch-redaktionell veranlasst und journalistisch-redaktionell gestaltet sind.

(2) [1]Der Auftrag nach Abs. 1 umfasst das Angebot von

1. Sendungen ihrer Programme auf Abruf bis zu sieben Tage nach deren Ausstrahlung, Sendungen auf Abruf von Großereignissen gemäß § 4 Abs. 2 sowie von Spielen der 1. und 2. Fußball-Bundesliga bis zu 24 Stunden danach,
2. inhaltlich und zeitlich bis zu sieben Tage danach auf eine konkrete Sendung bezogenen Telemedien soweit auf für die jeweilige Sendung genutzte Materialien und Quellen zurückgegriffen wird und diese Telemedien thematisch und inhaltlich die Sendung unterstützend vertiefen und begleiten, ohne jedoch bereits ein eigenständiges Telemedienangebot nach § 11f Abs. 3 darzustellen; diese sendungsbezogenen Telemedien sind in Telemedienkonzepten entsprechend § 11f Abs. 1 zu beschreiben; Vorankündigungen sind zulässig,
3. Sendungen und sendungsbezogenen Telemedien nach Ablauf der Fristen nach Nr. 1 1. Halbsatz und Nr. 2 sowie von nichtsendungsbezogenen Telemedien nach Maßgabe eines nach § 11f durchgeführten Verfahrens; in den Telemedienkonzepten ist angebotsabhängig eine Befristung für die Verweildauer vorzunehmen; nichtsendungsbezogene presseähnliche Angebote sind nicht zulässig und

4 **Negativliste öffentlich-rechtlicher Telemedien Anlage** (zu § 11d Abs. 5 Satz 4 des Rundfunkstaatsvertrages).

4. zeitlich unbefristeten Archiven mit zeit- und kulturgeschichtlichen Inhalten nach Maßgabe der gemäß § 11f zu erstellenden Telemedienkonzepte.

[2]Im Übrigen bleiben Angebote nach Maßgabe der §§ 16a bis 16e unberührt.

(3) [1]Durch die Telemedienangebote soll allen Bevölkerungsgruppen die Teilhabe an der Informationsgesellschaft ermöglicht, Orientierungshilfe geboten sowie die technische und inhaltliche Medienkompetenz aller Generationen und von Minderheiten gefördert werden. [2]Bei sendungsbezogenen Telemedien muss der zeitliche und inhaltliche Bezug zu einer bestimmten Sendung im jeweiligen Telemedienangebot ausgewiesen werden.

(4) Die in der ARD zusammengeschlossenen Landesrundfunkanstalten, das ZDF und das Deutschlandradio bieten ihre Angebote in elektronischen Portalen an und fassen ihre Programme unter elektronischen Programmführern zusammen.

(5) [1]Werbung und Sponsoring sind in Telemedien nicht zulässig. [2]Das Angebot auf Abruf von angekauften Spielfilmen und angekauften Folgen von Fernsehserien, die keine Auftragsproduktionen sind, ist unzulässig. [3]Eine flächendeckende lokale Berichterstattung in Telemedien ist nicht zulässig. [4]Die in der Anlage zu diesem Staatsvertrag aufgeführten Angebotsformen sind in Telemedien nicht zulässig.

§ 11e Satzungen, Richtlinien, Berichtspflichten. (1) [1]Die in der ARD zusammengeschlossenen Landesrundfunkanstalten, das ZDF und das Deutschlandradio erlassen jeweils Satzungen oder Richtlinien zur näheren Durchführung ihres jeweiligen Auftrags sowie über das Verfahren zur Erstellung von Angebotskonzepten und das Verfahren für neue oder veränderte Telemedien. [2]Die Satzungen oder Richtlinien enthalten auch Regelungen zur Sicherstellung der Unabhängigkeit der Gremienentscheidungen. [3]Die Satzungen oder Richtlinien sind in den amtlichen Verkündungsblättern der Länder zu veröffentlichen.

(2) Die in der ARD zusammengeschlossenen Landesrundfunkanstalten, das ZDF und das Deutschlandradio veröffentlichen alle zwei Jahre, erstmals am 1. Oktober 2004, einen Bericht über die Erfüllung ihres jeweiligen Auftrages, über die Qualität und Quantität der bestehenden Angebote sowie die Schwerpunkte der jeweils geplanten Angebote.

(3) In den Geschäftsberichten der in der ARD zusammengeschlossenen Landesrundfunkanstalten, des ZDF und des Deutschlandradios ist auch der Umfang der Produktionen mit von diesen gesellschaftsrechtlich abhängigen und unabhängigen Produktionsunternehmen darzustellen.

§ 11f Telemedienkonzepte sowie neue oder veränderte Telemedien. (1) Die in der ARD zusammengeschlossenen Landesrundfunkanstalten, das ZDF und das Deutschlandradio konkretisieren die inhaltliche Ausrichtung ihrer Telemedien nach § 11d Abs. 2 Nr. 3 und 4 jeweils in Telemedienkonzepten, die Zielgruppe, Inhalt, Ausrichtung und Verweildauer der geplanten Angebote näher beschreiben.

(2) Die Beschreibung aller Telemedien muss einer Nachprüfung des Finanzbedarfs durch die KEF ermöglichen.

(3) [1]Die in der ARD zusammengeschlossenen Landesrundfunkanstalten, das ZDF und das Deutschlandradio legen in den Satzungen oder Richtlinien übereinstimmende Kriterien fest, die sie in jedem Einzelfall bei der Entscheidung der Frage anzuwenden haben, in welchen Fällen ein neues oder verändertes Telemedienangebot vorliegt, das nach dem nachstehenden Verfahren zu prüfen ist. [2]Ein verändertes Angebot liegt insbesondere vor, wenn die inhaltliche Gesamtausrichtung des Angebots oder die angestrebte Zielgruppe verändert wird.

(4) [1]Ist ein neues Angebot oder die Veränderung eines bestehenden Angebots nach Abs. 1 geplant, hat die Rundfunkanstalt gegenüber ihrem zuständigen Gremium darzulegen, dass das geplante, neue oder veränderte, Angebot vom Auftrag umfasst ist. [2]Es sind Aussagen darüber zu treffen,

1. inwieweit das Angebot den demokratischen, sozialen und kulturellen Bedürfnissen der Gesellschaft entspricht,
2. in welchem Umfang durch das Angebot in qualitativer Hinsicht zum publizistischen Wettbewerb beitragen wird und
3. welcher finanzielle Aufwand für das Angebot erforderlich ist.

[3]Dabei sind Quantität und Qualität der vorhandenen frei zugänglichen Angebote, marktliche Auswirkungen des geplanten Angebots sowie dessen meinungsbildende Funktion angesichts bereits vorhandener vergleichbarer Angebote auch des öffentlich-rechtlichen Rundfunks zu berücksichtigen. [4]Darzulegen ist der voraussichtliche Zeitraum, innerhalb dessen das Angebot stattfinden soll.

(5) [1]Zu den Anforderungen des Abs. 4 ist vor Aufnahme eines neuen oder veränderten Angebots durch das zuständige Gremium Dritten in geeigneter Weise, insbesondere im Internet, Gelegenheit zur Stellungnahme zu geben. [2]Die Gelegenheit zur Stellungnahme besteht innerhalb einer Frist von mindestens sechs Wochen nach Veröffentlichung des Vorhabens. [3]Das zuständige Gremium der Rundfunkanstalt hat die eingegangenen Stellungnahmen zu prüfen. [4]Das zuständige Gremium kann zur Entscheidungsbildung gutachterliche Beratung durch unabhängige Sachverständige auf Kosten der jeweiligen Rundfunkanstalt in Auftrag geben; zu den marktlichen Auswirkungen ist gutachterliche Beratung hinzuzuziehen. [5]Der Name des Gutachters ist bekanntzugeben. [6]Der Gutachter kann weitere Auskünfte und Stellungnahmen einholen; ihm können Stellungnahmen unmittelbar übersandt werden.

(6) [1]Die Entscheidung, ob die Aufnahme eines neuen oder veränderten Angebots den Voraussetzungen des Abs. 4 entspricht, bedarf der Mehrheit von zwei Dritteln der anwesenden Mitglieder, mindestens der Mehrheit der gesetzlichen Mitglieder des zuständigen Gremiums. [2]Die Entscheidung ist zu begründen. [3]In den Entscheidungsgründen muss unter Berücksichtigung der eingegangenen Stellungnahmen und eingeholten Gutachten dargelegt werden, ob das neue oder veränderte Angebot vom Auftrag umfasst ist. [4]Die jeweilige Rundfunkanstalt hat das Ergebnis ihrer Prüfung einschließlich der eingeholten Gut-

achten unter Wahrung von Geschäftsgeheimnissen in gleicher Weise wie die Veröffentlichung des Vorhabens bekannt zu machen.

(7) [1]Der für die Rechtsaufsicht zuständigen Behörde sind vor der Veröffentlichung alle für eine rechtsaufsichtliche Prüfung notwendigen Auskünfte zu erteilen und Unterlagen zu übermitteln. [2]Nach Abschluss des Verfahrens nach Abs. 5 und 6 und nach Prüfung durch die für die Rechtsaufsicht zuständige Behörde ist die Beschreibung des neuen oder veränderten Angebots in den amtlichen Verkündungsblättern der betroffenen Länder zu veröffentlichen.

§ 11g Jugendangebot (1) [1]Die in der ARD zusammengeschlossenen Landesrundfunkanstalten und das ZDF bieten gemeinsam ein Jugendangebot an, das Rundfunk und Telemedien umfasst. [2]Das Jugendangebot soll inhaltlich die Lebenswirklichkeit und die Interessen junger Menschen als Zielgruppe in den Mittelpunkt stellen und dadurch einen besonderen Beitrag zur Erfüllung des öffentlich-rechtlichen Auftrags nach § 11 leisten. [3]Zu diesem Zweck sollen die in der ARD zusammengeschlossenen Landesrundfunkanstalten und das ZDF insbesondere eigenständige audiovisuelle Inhalte für das Jugendangebot herstellen oder herstellen lassen und Nutzungsrechte an Inhalten für das Jugendangebot erwerben. [4]Das Jugendangebot soll journalistisch-redaktionell veranlasste und journalistisch-redaktionell gestaltete interaktive Angebotsformen aufweisen und Inhalte anbieten, die die Nutzer selbst zur Verfügung stellen.

(2) [1]Zur Erfüllung der demokratischen, sozialen und kulturellen Bedürfnisse der Zielgruppe ist das Jugendangebot inhaltlich und technisch dynamisch und entwicklungsoffen zu gestalten und zu verbreiten. [2]Dazu soll auch durch eine zielgruppengerechte interaktive Kommunikation mit den Nutzern sowie durch verstetigte Möglichkeiten ihrer Partizipation beigetragen werden.

(3) [1]Andere Angebote der in der ARD zusammengeschlossenen Landesrundfunkanstalten und des ZDF nach Maßgabe dieses Staatsvertrages sollen mit dem Jugendangebot inhaltlich und technisch vernetzt werden. [2]Wird ein eigenständiger Inhalt des Jugendangebots auch in einem anderen Angebot der in der ARD zusammengeschlossenen Landesrundfunkanstalten oder des ZDF genutzt, sind die für das andere Angebot geltenden Maßgaben dieses Staatsvertrages einschließlich eines eventuellen Telemedienkonzepts zu beachten.

(4) [1]Die Verweildauer der Inhalte des Jugendangebots ist von den in der ARD zusammengeschlossenen Landesrundfunkanstalten und dem ZDF so zu bemessen, dass sie die Lebenswirklichkeit und die Interessen junger Menschen abbilden und die demokratischen, sozialen und kulturellen Bedürfnisse der jeweils zur Zielgruppe gehörenden Generationen erfüllen. [2]Die Grundsätze der Bemessung der Verweildauer sind von den in der ARD zusammengeschlossenen Landesrundfunkanstalten und dem ZDF regelmäßig zu prüfen. [3]Die Verweildauer von angekauften Spielfilmen und angekauften Folgen von Fernsehserien, die keine Auftragsproduktionen sind, ist zeitlich angemessen zu begrenzen.

(5) [1]Werbung, Sponsoring, flächendeckende lokale Berichterstattung, nicht auf das Jugendangebot bezogene presseähnliche Angebote, ein eigenständiges Hörfunkprogramm und die für das Jugendangebot in der Anlage zu diesem Staatsvertrag genannten Angebotsformen sind im Jugendangebot nicht zulässig. [2]Ist zur Erreichung der Zielgruppe aus journalistisch-redaktionellen Gründen die Verbreitung des Jugendangebots außerhalb des von den in der ARD zusammengeschlossenen Landesrundfunkanstalten und dem ZDF für das Jugendangebot eingerichteten eigenen Portals geboten, sollen die in der ARD zusammengeschlossenen Landesrundfunkanstalten und das ZDF für die Einhaltung der Bedingungen des Satzes 1 Sorge tragen. [3]Sie haben für diesen Verbreitungsweg übereinstimmende Richtlinien, insbesondere zur Konkretisierung des Jugendmedienschutzes und des Datenschutzes, zu erlassen. [4]Das Jugendangebot darf nicht über Rundfunkfrequenzen (Kabel, Satellit, Terrestrik) verbreitet werden.

(6) Die in der ARD zusammengeschlossenen Landesrundfunkanstalten und das ZDF haben gemeinsam in Bezug auf das Jugendangebot in dem nach § 11e Absatz 2 zu veröffentlichenden Bericht insbesondere darzustellen:
1. den besonderen Beitrag des Jugendangebots zur Erfüllung des öffentlich-rechtlichen Auftrags,
2. das Erreichen der Zielgruppe, die zielgruppengerechte Kommunikation sowie die verstetigten Möglichkeiten der Partizipation der Zielgruppe,
3. das Ergebnis der Prüfung der Verweildauer nach Absatz 4,
4. die Nutzung des Verbreitungswegs außerhalb des für das Jugendangebot eingerichteten eigenen Portals nach Absatz 5 Satz 2 und 3,
5. den jeweiligen Anteil der in Deutschland und in Europa für das Jugendangebot hergestellten Inhalte und
6. den jeweiligen Anteil an Eigenproduktionen, Auftragsproduktionen und erworbenen Nutzungsrechten für angekaufte Spielfilme und angekaufte Folgen von Fernsehserien für das Jugendangebot.

§ 12 Funktionsgerechte Finanzausstattung, Grundsatz des Finanzausgleichs. (1) Die Finanzausstattung hat den öffentlich-rechtlichen Rundfunk in die Lage zu versetzen, seine verfassungsmäßigen und gesetzlichen Aufgaben zu erfüllen; sie hat insbesondere den Bestand und die Entwicklung des öffentlich-rechtlichen Rundfunks zu gewährleisten.

(2) [1]Der Finanzausgleich unter den Landesrundfunkanstalten ist Bestandteil des Finanzierungssystems der ARD; er stellt insbesondere eine funktionsgerechte Aufgabenerfüllung der Anstalten Saarländischer Rundfunk und Radio Bremen sicher. [2]Der Umfang der Finanzausgleichsmasse und ihre Anpassung an den Rundfunkbeitrag bestimmen sich nach dem Rundfunkfinanzierungsstaatsvertrag.

§ 13 Finanzierung. [1]Der öffentlich-rechtliche Rundfunk finanziert sich durch Rundfunkbeiträge, Einnahmen aus Rundfunkwerbung und sonstigen Einnahmen; vorrangige Finanzierungsquelle ist der Rundfunkbeitrag. [2]Programme und Angebote im Rahmen seines Auftrags gegen besonderes Entgelt sind unzulässig; ausgenommen hiervon sind Begleitmaterialien. [3]Einnahmen aus dem Angebot von Telefonmehrwertdiensten dürfen nicht erzielt werden.

§ 14 Finanzbedarf des öffentlich-rechtlichen Rundfunks. (1) Der Finanzbedarf des öffentlich-rechtlichen Rundfunks wird regelmäßig entsprechend den Grundsätzen von Wirtschaftlichkeit und Sparsamkeit, einschließlich der damit verbundenen Rationalisierungspotentiale, auf der Grundlage von Bedarfsanmeldungen der in der Arbeitsgemeinschaft öffentlich-rechtlicher Rundfunkanstalten der Bundesrepublik Deutschland (ARD) zusammengeschlossenen Rundfunkanstalten des Landesrechts, der Anstalt des öffentlichen Rechts „Zweites Deutsches Fernsehen" (ZDF) und der Körperschaft des öffentlichen Rechts „Deutschlandradio" durch die unabhängige Kommission zur Überprüfung und Ermittlung des Finanzbedarfs der Rundfunkanstalten (KEF) geprüft und ermittelt.

(2) Bei der Überprüfung und Ermittlung des Finanzbedarfs sind insbesondere zugrunde zu legen

1. die wettbewerbsfähige Fortführung der bestehenden Rundfunkprogramme sowie die durch Staatsvertrag aller Länder zugelassenen Fernsehprogramme (bestandsbezogener Bedarf),
2. nach Landesrecht zulässige neue Rundfunkprogramme, die Teilhabe an den neuen rundfunktechnischen Möglichkeiten in der Herstellung und zur Verbreitung von Rundfunkprogrammen sowie die Möglichkeit der Veranstaltung neuer Formen von Rundfunk (Entwicklungsbedarf),
3. die allgemeine Kostenentwicklung und die besondere Kostenentwicklung im Medienbereich,
4. die Entwicklung der Beitragserträge, der Werbeerträge und der sonstigen Erträge,
5. die Anlage, Verzinsung und zweckbestimmte Verwendung der Überschüsse, die dadurch entstehen, dass die jährlichen Gesamterträge der in der ARD zusammengeschlossenen Landesrundfunkanstalten, des ZDF oder des Deutschlandradios die Gesamtaufwendungen für die Erfüllung ihres Auftrags übersteigen.

(3) Bei der Überprüfung und Ermittlung des Finanzbedarfs soll ein hoher Grad der Objektivierbarkeit erreicht werden.

(4) Die Beitragsfestsetzung erfolgt durch Staatsvertrag.

§ 14a Berichterstattung der Rechnungshöfe. Der für die Durchführung der Prüfung zuständige Rechnungshof teilt das Ergebnis der Prüfung einer Landesrundfunkanstalt, des ZDF oder des Deutschlandradios einschließlich deren Beteiligungsunternehmen dem jeweils zuständigen Intendanten, den jeweils zuständigen Aufsichtsgremien der Rundfunkanstalt und der Geschäftsführung des geprüften Beteiligungsunternehmens sowie der KEF mit. Er gibt dem Intendanten der jeweiligen Rundfunkanstalt und der Geschäftsführung des Beteiligungsunternehmens Gelegenheit zur Stellungnahme zu dem Ergebnis der Prüfung und berücksichtigt die Stellungnahmen. Den auf dieser Grundlage erstellten abschließenden Bericht über das Ergebnis der Prüfung teilt der zuständige Rechnungshof den Landtagen und den Landesregierungen der die Rundfunkanstalt tragenden Länder sowie der KEF mit und veröffentlicht ihn anschließend. Dabei hat der Rechnungshof darauf zu achten, dass die Wettbewerbsfähigkeit des geprüften Beteiligungsunternehmens nicht beeinträchtigt wird und insbesondere Betriebs- und Geschäftsgeheimnisse gewahrt werden.)

§ 15 Zulässige Produktplatzierung. Abweichend von § 7 Abs. 7 Satz 1 ist Produktplatzierung im Rundfunk zulässig

1. in Kinofilmen, Filmen und Serien, Sportsendungen und Sendungen der leichten Unterhaltung, die nicht vom Veranstalter selbst oder von einem mit dem Veranstalter verbundenen Unternehmen produziert oder in Auftrag gegeben wurden, sofern es sich nicht um Sendungen für Kinder handelt, oder
2. wenn kein Entgelt geleistet wird, sondern lediglich bestimmte Waren oder Dienstleistungen, wie Produktionshilfen und Preise, im Hinblick auf ihre Einbeziehung in eine Sendung kostenlos bereitgestellt werden, sofern es sich nicht um Nachrichten, Sendungen zum politischen Zeitgeschehen, Ratgeber- und Verbrauchersendungen, Sendungen für Kinder oder Übertragungen von Gottesdiensten handelt.

[2]Keine Sendungen der leichten Unterhaltung sind insbesondere Sendungen, die neben unterhaltenden Elementen im Wesentlichen informierenden Charakter haben, Verbrauchersendungen und Ratgebersendungen mit Unterhaltungselementen.

§ 16 Dauer der Werbung, Sponsoring. (1) [1]Die Gesamtdauer der Werbung beträgt im Ersten Fernsehprogramm der ARD und im Programm „Zweites Deutsches Fernsehen" jeweils höchstens 20 Minuten werktäglich im Jahresdurchschnitt. [2]Nicht angerechnet werden auf die zulässigen Werbezeiten Sendezeiten mit Produktplatzierungen und Sponsorhinweise. [3]Nicht vollständig genutzte Werbezeit darf höchstens bis zu 5 Minuten werktäglich nachgeholt werden. [4]Nach 20.00 Uhr sowie an Sonntagen und im ganzen Bundesgebiet anerkannten Feiertagen dürfen Werbesendungen nicht ausgestrahlt werden. [5]§ 17 bleibt unberührt.

(2) In weiteren bundesweit verbreiteten Fernsehprogrammen von ARD und ZDF sowie in den Dritten Fernsehprogrammen findet Werbung nicht statt.

(3) Im Fernsehen darf die Dauer der Spotwerbung innerhalb eines Zeitraums von einer Stunde 20 vom Hundert nicht überschreiten.

(4) Hinweise der Rundfunkanstalten auf eigene Programme und Sendungen und auf Begleitmaterialien, die direkt von diesen Programmen und Sendungen abgeleitet sind, unentgeltliche Beiträge im Dienst der Öffentlichkeit einschließlich von Spendenaufrufen zu Wohlfahrtszwecken sowie gesetzliche Pflichthinweise gelten nicht als Werbung.

(5) Die Länder sind berechtigt, den Landesrundfunkanstalten bis zu 90 Minuten werktäglich im Jahresdurchschnitt Werbung im Hörfunk einzuräumen; ein am 1. Januar 1987 in den Ländern abweichender zeitlicher Umfang der Werbung und ihre tageszeitliche Begrenzung kann beibehalten werden.

(6) Sponsoring findet nach 20.00 Uhr sowie an Sonntagen und im ganzen Bundesgebiet anerkannten Feiertagen im Fernsehen nicht statt; dies gilt nicht für das Sponsoring der Übertragung von Großereignissen nach § 4 Abs. 2.

§ 16a Kommerzielle Tätigkeiten. (1) [1]Die in der ARD zusammengeschlossenen Landesrundfunkanstalten, das ZDF und das Deutschlandradio sind berechtigt, kommerzielle Tätigkeiten auszuüben. [2]Kommerzielle Tätigkeiten sind Betätigungen, bei denen Leistungen auch für Dritte im Wettbewerb angeboten werden, insbesondere Werbung und Sponsoring, Verwertungsaktivitäten, Merchandising, Produktion für Dritte und die Vermietung von Senderstandorten an Dritte. [3]Diese Tätigkeiten dürfen nur unter Marktbedingungen erbracht werden. [4]Die kommerziellen Tätigkeiten sind durch rechtlich selbständige Tochtergesellschaften zu erbringen. [5]Bei geringer Marktrelevanz kann eine kommerzielle Tätigkeit durch die Rundfunkanstalt selbst erbracht werden; in diesem Fall ist eine getrennte Buchführung vorzusehen. [6]Die in der ARD zusammengeschlossenen Landesrundfunkanstalten, das ZDF und das Deutschlandradio haben sich bei den Beziehungen zu ihren kommerziell tätigen Tochterunternehmen marktkonform zu verhalten und die entsprechenden Bedingungen, wie bei einer kommerziellen Tätigkeit, auch ihnen gegenüber einzuhalten.

(2) [1]Die Tätigkeitsbereiche sind von den zuständigen Gremien der Rundfunkanstalten vor Aufnahme der Tätigkeit zu genehmigen. [2]Die Prüfung umfasst folgende Punkte:

1. die Beschreibung der Tätigkeit nach Art und Umfang, die die Einhaltung der marktkonformen Bedingungen begründet (Marktkonformität) einschließlich eines Fremdvergleichs,
2. der Vergleich mit Angeboten privater Konkurrenten,
3. Vorgaben für eine getrennte Buchführung und
4. Vorgaben für eine effiziente Kontrolle.

§ 16b Beteiligung an Unternehmen. (1) [1]An einem Unternehmen, das einen gewerblichen oder sonstigen wirtschaftlichen Zweck zum Gegenstand hat, dürfen sich die in der ARD zusammengeschlossen Landesrundfunkanstalten, das ZDF und das Deutschlandradio unmittelbar oder mittelbar beteiligen, wenn

1. dies im sachlichen Zusammenhang mit ihren gesetzlichen Aufgaben steht,
2. das Unternehmen die Rechtsform einer juristischen Person besitzt und
3. die Satzung oder der Gesellschaftsvertrag des Unternehmens einen Aufsichtsrat oder ein entsprechendes Organ vorsieht.

[2]Die Voraussetzungen nach Satz 1 müssen nicht erfüllt sein, wenn die Beteiligung nur vorübergehend eingegangen wird und unmittelbaren Programmzwecken dient.

(2) [1]Bei Beteiligungsunternehmen haben sich die Rundfunkanstalten in geeigneter Weise den nötigen Einfluss auf die Geschäftsleitung des Unternehmens, insbesondere eine angemessene Vertretung im Aufsichtsgremium, zu sichern. [2]Eine Prüfung der Betätigung der Anstalten bei dem Unternehmen unter Beachtung kaufmännischer Grundsätze durch einen Wirtschaftsprüfer ist auszubedingen.

(3) Die Absätze 1 und 2 gelten entsprechend für juristische Personen des Privatrechts, die von den Rundfunkanstalten gegründet werden und deren Geschäftsanteile sich ausschließlich in ihrer Hand befinden.

(4) Die Absätze 1 und 2 gelten entsprechend für Beteiligungen der Rundfunkanstalten an gemeinnützigen Rundfunkunternehmen und Pensionskassen.

§ 16c Kontrolle der Beteiligung an Unternehmen. (1) [1]Die in der ARD zusammengeschlossenen Landesrundfunkanstalten, das ZDF und das Deutschlandradio haben ein effektives Controlling über ihre Beteiligungen nach § 16b einzurichten. [2]Der Intendant hat das jeweils zuständige Aufsichtsgremium der Rundfunkanstalt regelmäßig über die wesentlichen Vorgänge in den Beteiligungsunternehmen, insbesondere über deren finanzielle Entwicklung, zu unterrichten.

(2) [1]Der Intendant hat dem jeweils zuständigen Aufsichtsgremium jährlich einen Beteiligungsbericht vorzulegen. [2]Dieser Bericht schließt folgende Bereiche ein:

1. die Darstellung sämtlicher unmittelbarer und mittelbarer Beteiligungen und ihrer wirtschaftlichen Bedeutung für die Rundfunkanstalt,
2. die gesonderte Darstellung der Beteiligungen mit kommerziellen Tätigkeiten und Nachweis der Erfüllung der staatsvertraglichen Vorgaben für kommerzielle Tätigkeiten und
3. die Darstellung der Kontrolle der Beteiligungen einschließlich von Vorgängen mit besonderer Bedeutung.

[3]Der Bericht ist den jeweils zuständigen Rechnungshöfen und der rechtsaufsichtsführenden Landesregierung zu übermitteln.

(3) [1]Die für die in der ARD zusammengeschlossenen Landesrundfunkanstalten, das ZDF und das Deutschlandradio zuständigen Rechnungshöfe prüfen die Wirtschaftsführung bei solchen Unternehmen des Privatrechts, an denen die Anstalten unmittelbar, mittelbar, auch zusammen mit anderen Anstalten oder Körperschaften des öffentlichen Rechts, mit Mehrheit beteiligt sind und deren Gesellschaftsvertrag oder Satzung diese Prüfungen durch die Rechnungshöfe vorsieht. [2]Die Anstalten sind verpflichtet, für die Aufnahme der erforderlichen Regelungen in den Gesellschaftsvertrag oder die Satzung des Unternehmens zu sorgen.

(4) Sind mehrere Rechnungshöfe für die Prüfung zuständig, können sie die Prüfung einem zuständigen Rechnungshof übertragen.

§ 16d Kontrolle der kommerziellen Tätigkeiten. (1) [1]Bei Mehrheitsbeteiligungen im Sinne von § 16c Abs. 3 der in der ARD zusammengeschlossenen

Landesrundfunkanstalten, des ZDF und des Deutschlandradios oder bei Gesellschaften, bei denen ein Prüfungsrecht der zuständigen Rechnungshöfe besteht, sind die Rundfunkanstalten zusätzlich zu den allgemein bestehenden Prüfungsrechten der Rechnungshöfe verpflichtet, darauf hinzuwirken, dass die Beteiligungsunternehmen den jährlichen Abschlussprüfer nur im Einvernehmen mit den zuständigen Rechnungshöfen bestellen. [2]Die Rundfunkanstalten haben dafür Sorge zu tragen, dass das Beteiligungsunternehmen vom Abschlussprüfer im Rahmen der Prüfung des Jahresabschlusses auch die Marktkonformität seiner kommerziellen Tätigkeiten auf der Grundlage zusätzlicher von den jeweils zuständigen Rechnungshöfen festzulegender Fragestellungen prüfen lässt und den Abschlussprüfer ermächtigt, das Ergebnis der Prüfung zusammen mit dem Abschlussbericht den zuständigen Rechnungshöfen mitzuteilen. [3]Diese Fragestellungen werden von dem für die Prüfung zuständigen Rechnungshof festgelegt und umfassen insbesondere den Nachweis der Einhaltung der staatsvertraglichen Vorgaben für kommerzielle Aktivitäten. [4]Die Rundfunkanstalten sind verpflichtet, für die Aufnahme der erforderlichen Regelungen in den Gesellschaftsvertrag oder die Satzung des Beteiligungsunternehmens zu sorgen. [5]Die Wirtschaftsprüfer testieren den Jahresabschluss der Beteiligungsunternehmen und berichten den zuständigen Rechnungshöfen auch hinsichtlich der in Satz 2 und 3 genannten Fragestellungen. [6]Sie teilen das Ergebnis und den Abschlussbericht den zuständigen Rechnungshöfen mit. [7]Die zuständigen Rechnungshöfe werten die Prüfung aus und können in jedem Einzelfall selbst Prüfmaßnahmen bei den betreffenden Beteiligungsunternehmen ergreifen. [8]Die durch die ergänzenden Prüfungen zusätzlich entstehenden Kosten tragen die jeweiligen Beteiligungsunternehmen.

(2) [1]Bei kommerziellen Tätigkeiten mit geringer Marktrelevanz nach § 16a Abs. 1 Satz 5 sind die Rundfunkanstalten auf Anforderung des zuständigen Rechnungshofes verpflichtet, für ein dem Absatz 1 Satz 2, 3 und 5 bis 8 entsprechendes Verfahren Sorge zu tragen. [2]Werden Verstöße gegen die Bestimmungen zur Marktkonformität bei Prüfungen von Beteiligungsunternehmen oder der Rundfunkanstalten selbst festgestellt, findet auf die Mitteilung des Ergebnisses § 14a Anwendung.

§ 16e Haftung für kommerziell tätige Beteiligungsunternehmen. Für kommerziell tätige Beteiligungsunternehmen dürfen die in der ARD zusammengeschlossenen Landesrundfunkanstalten, das ZDF und das Deutschlandradio keine Haftung übernehmen.

§ 16f Richtlinien. [1]Die in der ARD zusammengeschlossenen Landesrundfunkanstalten und das ZDF erlassen Richtlinien zur Durchführung der §§ 7, 7a, 8, 8a, 15 und 16. [2]In der Richtlinie zu § 8a sind insbesondere die Bedingungen zur Teilnahme Minderjähriger näher zu bestimmen. [3]Die in der ARD zusammengeschlossenen Landesrundfunkanstalten und das ZDF stellen hierzu das Benehmen mit den Landesmedienanstalten her und führen einen gemeinsamen Erfahrungsaustausch in der Anwendung dieser Richtlinien durch. [4]In der Richtlinie zu § 7 Abs. 7 und § 15 ist näher zu bestimmen, unter welchen Voraussetzungen, in welchen Formaten und in welchem Umfang unentgeltliche Produktplatzierung stattfinden kann, wie die Unabhängigkeit der Produzenten und Redaktionen gesichert und eine ungebührliche Herausstellung des Produkts vermieden wird. [5]Die Sätze 1 bis 4 gelten für die Richtlinien des Deutschlandradios zur Durchführung der §§ 7, 8a und 15 entsprechend.

§ 17 Änderung der Werbung. Die Länder können Änderungen der Gesamtdauer der Werbung, der tageszeitlichen Begrenzung der Werbung und ihrer Beschränkung auf Werktage im öffentlich-rechtlichen Rundfunk vereinbaren.

§ 18 Ausschluss von Teleshopping. Teleshopping findet mit Ausnahme von Teleshopping-Spots im öffentlich-rechtlichen Rundfunk nicht statt.

§ 19 Versorgungsauftrag. [1]Die in der ARD zusammengeschlossenen Landesrundfunkanstalten, das ZDF und das Deutschlandradio können ihrem gesetzlichen Auftrag durch Nutzung geeigneter Übertragungswege nachkommen. [2]Bei der Auswahl des Übertragungswegs sind die Grundsätze der Wirtschaftlichkeit und Sparsamkeit zu beachten. [3]Die analoge Verbreitung bisher ausschließlich digital verbreiteter Programme ist unzulässig.

§ 19a Veröffentlichung von Beanstandungen. Die zuständigen Aufsichtsgremien der in der ARD zusammengeschlossenen Landesrundfunkanstalten, des ZDF und des Deutschlandradios können vom Intendanten verlangen, dass er bei Rechtsverstößen Beanstandungen der Gremien im Programm veröffentlicht.

Dritter Abschnitt

Vorschriften für den privaten Rundfunk

1. Unterabschnitt

Grundsätze

§ 20 Zulassung[5]. (1) [1]Private Veranstalter bedürfen zur Veranstaltung von Rundfunk einer Zulassung. [2]Unbeschadet der Bestimmungen der §§ 21 bis 39a richtet sich die Zulassung eines Veranstalters von bundesweit verbreitetem

5 Die Landesmediengesetze bzw. Landesrundfunkgesetze formen das Zulassungsverfahren für Hör- und Rundfunkprogramme im jeweiligen Landesgebiet aus. Als Musterbeispiel werden die Bestimmungen des Landesmediengesetzes für Baden-Württemberg in Anhang 1 zu Nr. 21 abgedruckt. Folgende **landesrechtliche Normen** enthalten ein Zulassungsverfahren: §§ 12-15 BW, Art. 23-29 BY, §§ 14-32 BB/BE, §§ 17-21 HH, §§ 4-11 HE, §§ 8-16 MV, §§ 4-13 ND, §§ 4-9 NW, §§ 24-27 RP, §§ 43a-51 SL, §§ 5-11 SN, §§ 12-19 ST, §§ 9-18a SH, §§ 7-15 TH. Die landesrechtlichen Bestimmungen können über die Seite – www.die-medienanstalten.de – abgerufen werden.

Rundfunk nach § 20a; im Übrigen richtet sich die Zulassung nach Landesrecht. [3]In der Zulassung für Veranstalter bundesweit verbreiteter Programme ist die Programmkategorie (Voll- oder Spartenprogramm) festzulegen.

(2) [1]Wenn und soweit ein elektronischer Informations- und Kommunikationsdienst dem Rundfunk zuzuordnen ist, bedarf der Anbieter eines solchen Dienstes einer Zulassung. [2]Stellt die zuständige Landesmedienanstalt fest, dass diese Voraussetzung vorliegt, muss der Anbieter, nachdem die Feststellung ihm bekannt gegeben ist, nach seiner Wahl unverzüglich einen Zulassungsantrag stellen oder innerhalb von drei Monaten den elektronischen Informations- und Kommunikationsdienst so anbieten, dass der Dienst nicht dem Rundfunk zuzuordnen ist. [3]Anbieter von elektronischen Informations- und Kommunikationsdiensten sind berechtigt, bei der zuständigen Landesmedienanstalt einen Antrag auf rundfunkrechtliche Unbedenklichkeit zu stellen.

(3) [1]Das Landesrecht kann ein vereinfachtes Zulassungsverfahren vorsehen, wenn Sendungen
1. im örtlichen Bereich einer öffentlichen Veranstaltung und im zeitlichen Zusammenhang damit veranstaltet und verbreitet werden oder
2. für Einrichtungen angeboten werden, wenn diese für gleiche Zwecke genutzt und die Sendungen nur dort empfangen werden können und im funktionellen Zusammenhang mit den in diesen Einrichtungen zu erfüllenden Aufgaben stehen.

[2]Unberührt bleiben landesrechtliche Bestimmungen, nach denen Sendungen für eine beschränkte Anzahl von Wohneinheiten oder Sendungen in Einrichtungen, die sich auf ein Gebäude oder einen zusammengehörenden Gebäudekomplex beschränken, keiner Zulassung bedürfen.

(4) [1]Die Zulassung eines Fernsehveranstalters kann versagt oder widerrufen werden, wenn
1. sich das Programm des Veranstalters ganz oder in wesentlichen Teilen an die Bevölkerung eines anderen Staates richtet, der das Europäische Übereinkommen über das grenzüberschreitende Fernsehen ratifiziert hat und
2. der Veranstalter sich zu dem Zweck in der Bundesrepublik Deutschland niedergelassen hat, die Bestimmungen des anderen Staates zu umgehen und
3. die Bestimmungen des anderen Staates, die der Veranstalter zu umgehen bezweckt, Gegenstand des Europäischen Übereinkommens über das grenzüberschreitende Fernsehen sind.

[2]Statt der Versagung oder des Widerrufs der Zulassung kann diese auch mit Nebenbestimmungen versehen werden, soweit dies ausreicht, die Umgehung nach Satz 1 auszuschließen.

§ 20a Erteilung einer Zulassung für Veranstalter von bundesweit verbreitetem Rundfunk. (1) Eine Zulassung darf nur an eine natürliche oder juristische Person erteilt werden, die
1. unbeschränkt geschäftsfähig ist,
2. die Fähigkeit, öffentliche Ämter zu bekleiden, nicht durch Richterspruch verloren hat,

3. das Grundrecht der freien Meinungsäußerung nicht nach Art. 18 des Grundgesetzes verwirkt hat,
4. als Vereinigung nicht verboten ist,
5. ihren Wohnsitz oder Sitz in der Bundesrepublik Deutschland, einem sonstigen Mitgliedstaat der Europäischen Union oder einem anderen Vertragsstaat des Abkommens über den Europäischen Wirtschaftsraum hat und gerichtlich verfolgt werden kann,
6. die Gewähr dafür bietet, dass sie unter Beachtung der gesetzlichen Vorschriften und der auf dieser Grundlage erlassenen Verwaltungsakte Rundfunk veranstaltet.

(2) [1]Die Voraussetzungen nach Abs. 1 Nr. 1 bis 3 und 6 müssen bei juristischen Personen von den gesetzlichen oder satzungsmäßigen Vertretern erfüllt sein. [2]Einem Veranstalter in der Rechtsform einer Aktiengesellschaft darf nur dann eine Zulassung erteilt werden, wenn in der Satzung der Aktiengesellschaft bestimmt ist, dass die Aktien nur als Namensaktien oder als Namensaktien und stimmrechtslose Vorzugsaktien ausgegeben werden dürfen.

(3) [1]Eine Zulassung darf nicht erteilt werden an juristische Personen des öffentlichen Rechts mit Ausnahme von Kirchen und Hochschulen, an deren gesetzliche Vertreter und leitende Bedienstete sowie an politische Parteien und Wählervereinigungen. [2]Gleiches gilt für Unternehmen, die im Verhältnis eines verbundenen Unternehmens im Sinne des § 15 des Aktiengesetzes zu den in Satz 1 Genannten stehen. [3]Die Sätze 1 und 2 gelten für ausländische öffentliche oder staatliche Stellen entsprechend.

§ 20b Hörfunk im Internet. [1]Wer Hörfunkprogramme ausschließlich im Internet verbreitet, bedarf keiner Zulassung. [2]Er hat das Angebot der zuständigen Landesmedienanstalt anzuzeigen. [3]Im Übrigen gilt § 20a entsprechend.

2. Unterabschnitt

Verfahrensrechtliche Vorschriften

§ 21 Grundsätze für das Zulassungsverfahren. (1) Der Antragsteller hat alle Angaben zu machen, alle Auskünfte zu erteilen und alle Unterlagen vorzulegen, die zur Prüfung des Zulassungsantrags erforderlich sind.

(2) Die Auskunftspflicht und die Verpflichtung zur Vorlage von Unterlagen erstrecken sich insbesondere auf

1. eine Darstellung der unmittelbaren und mittelbaren Beteiligungen im Sinne des § 28 an dem Antragsteller sowie der Kapital- und Stimmrechtsverhältnisse bei dem Antragsteller und den mit ihm im Sinne des Aktiengesetzes verbundenen Unternehmen,
2. die Angabe über Angehörige im Sinne des § 15 Abgabenordnung unter den Beteiligten nach Nr. 1, gleiches gilt für Vertreter der Person oder Personengesellschaft oder des Mitglieds eines Organs einer juristischen Person,

3. den Gesellschaftsvertrag und die satzungsrechtlichen Bestimmungen des Antragstellers,
4. Vereinbarungen, die zwischen an dem Antragsteller unmittelbar oder mittelbar im Sinne von § 28 Beteiligten bestehen und sich auf die gemeinsame Veranstaltung von Rundfunk sowie auf Treuhandverhältnisse und nach den §§ 26 und 28 erhebliche Beziehungen beziehen,
5. eine schriftliche Erklärung des Antragstellers, dass die nach den Nr. 1 bis 4 vorgelegten Unterlagen und Angaben vollständig sind.

(3) [1]Ist für die Prüfung im Rahmen des Zulassungsverfahrens ein Sachverhalt bedeutsam, der sich auf Vorgänge außerhalb des Geltungsbereichs dieses Staatsvertrages bezieht, so hat der Antragsteller diesen Sachverhalt aufzuklären und die erforderlichen Beweismittel zu beschaffen. [2]Er hat dabei alle für ihn bestehenden rechtlichen und tatsächlichen Möglichkeiten auszuschöpfen. [3]Der Antragsteller kann sich nicht darauf berufen, dass er Sachverhalte nicht aufklären oder Beweismittel nicht beschaffen kann, wenn er sich nach Lage des Falles bei der Gestaltung seiner Verhältnisse die Möglichkeit dazu hätte beschaffen oder einräumen lassen können.

(4) Die Verpflichtungen nach den Abs. 1 bis 3 gelten für natürliche und juristische Personen oder Personengesellschaften, die an dem Antragsteller unmittelbar oder mittelbar im Sinne von § 28 beteiligt sind oder zu ihm im Verhältnis eines verbundenen Unternehmens stehen oder sonstige Einflüsse im Sinne der §§ 26 und 28 auf ihn ausüben können, entsprechend.

(5) Kommt ein Auskunfts- oder Vorlagepflichtiger seinen Mitwirkungspflichten nach den Absätzen 1 bis 4 innerhalb einer von der zuständigen Landesmedienanstalt bestimmten Frist nicht nach, kann der Zulassungsantrag abgelehnt werden.

(6) [1]Die im Rahmen des Zulassungsverfahrens Auskunfts- und Vorlagepflichtigen sind verpflichtet, jede Änderung der maßgeblichen Umstände nach Antragstellung oder nach Erteilung der Zulassung unverzüglich der zuständigen Landesmedienanstalt mitzuteilen. [2]Die Absätze 1 bis 5 finden entsprechende Anwendung. [3]§ 29 bleibt unberührt.

(7) Unbeschadet anderweitiger Anzeigepflichten sind der Veranstalter und die an ihm unmittelbar oder mittelbar im Sinne von § 28 Beteiligten jeweils nach Ablauf eines Kalenderjahres verpflichtet, unverzüglich der zuständigen Landesmedienanstalt gegenüber eine Erklärung darüber abzugeben, ob und inwieweit innerhalb des abgelaufenen Kalenderjahres bei den nach § 28 maßgeblichen Beteiligungs- und Zurechnungstatbeständen eine Veränderung eingetreten ist.

§ 22 Auskunftsrechte und Ermittlungsbefugnisse. (1) [1]Die zuständige Landesmedienanstalt kann alle Ermittlungen durchführen und alle Beweise erheben, die zur Erfüllung ihrer sich aus den §§ 26 bis 34 ergebenden Aufgaben erforderlich sind. [2]Sie bedient sich der Beweismittel, die sie nach pflichtgemäßem Ermessen zur Ermittlung des Sachverhalts für erforderlich hält. [3]Sie kann insbesondere

1. Auskünfte einholen,
2. Beteiligte im Sinne des § 13 Verwaltungsverfahrensgesetz anhören, Zeugen und Sachverständige vernehmen oder die schriftliche Äußerung von Beteiligten, Sachverständigen und Zeugen einholen,
3. Urkunden und Akten beiziehen,
4. den Augenschein einnehmen.

4Andere Personen als die Beteiligten sollen erst dann zur Auskunft herangezogen werden, wenn die Sachverhaltsaufklärung durch diese nicht zum Ziel führt oder keinen Erfolg verspricht.

(2) 1Für Zeugen und Sachverständige besteht eine Pflicht zur Aussage oder zur Erstattung von Gutachten. 2Die Vorschriften der Zivilprozessordnung über die Pflicht, als Zeuge auszusagen oder als Sachverständiger ein Gutachten zu erstatten, über die Ablehnung von Sachverständigen sowie über die Vernehmung von Angehörigen des öffentlichen Dienstes als Zeugen oder Sachverständige gelten entsprechend. 3Die Entschädigung der Zeugen und Sachverständigen erfolgt in entsprechender Anwendung des Justizvergütungs- und -entschädigungsgesetzes.

(3) 1Zur Glaubhaftmachung der Vollständigkeit und Richtigkeit der Angaben darf die zuständige Landesmedienanstalt die Vorlage einer eidesstattlichen Versicherung von denjenigen verlangen, die nach § 21 Abs. 1 und 4 auskunfts- und vorlagepflichtig sind. 2Eine Versicherung an Eides Statt soll nur gefordert werden, wenn andere Mittel zur Erforschung der Wahrheit nicht vorhanden sind, zu keinem Ergebnis geführt haben oder einen unverhältnismäßigen Aufwand erfordern.

(4) 1Die von der zuständigen Landesmedienanstalt mit der Durchführung der sich aus den §§ 26 bis 34 ergebenden Aufgaben betrauten Personen dürfen während der üblichen Geschäfts- und Arbeitszeiten die Geschäftsräume und -grundstücke der in § 21 Abs. 1, 3 und 4 genannten Personen und Personengesellschaften betreten und die nachfolgend in Abs. 5 genannten Unterlagen einsehen und prüfen. 2Das Grundrecht des Art. 13 Grundgesetz wird insoweit eingeschränkt.

(5) 1Die in § 21 Abs. 1, 3 und 4 genannten Personen oder Personengesellschaften haben auf Verlangen Aufzeichnungen, Bücher, Geschäftspapiere und andere Urkunden, die für die Anwendung der §§ 26 bis 34 erheblich sein können, vorzulegen, Auskünfte zu erteilen und die sonst zur Durchführung der Maßnahmen nach Abs. 4 erforderlichen Hilfsdienste zu leisten. 2Vorkehrungen, die die Maßnahmen hindern oder erschweren, sind unzulässig.

(6) Der zur Erteilung einer Auskunft Verpflichtete kann die Auskunft auf solche Fragen verweigern, deren Beantwortung ihn selbst oder einen der in § 383 Abs. 1 Nrn. 1 bis 3 Zivilprozessordnung bezeichneten Angehörigen der Gefahr strafrechtlicher Verfolgung oder eines Verfahrens nach dem Gesetz über Ordnungswidrigkeiten aussetzen würde.

(7) 1Durchsuchungen dürfen nur aufgrund einer Anordnung des Amtsrichters, in dessen Bezirk die Durchsuchung erfolgen soll, vorgenommen werden.

[2]Bei Gefahr im Verzug können die in Abs. 4 bezeichneten Personen während der Geschäftszeit die erforderlichen Durchsuchungen ohne richterliche Anordnung vornehmen. [3]An Ort und Stelle ist eine Niederschrift über Grund, Zeit und Ort der Durchsuchung und ihr wesentliches Ergebnis aufzunehmen, aus der sich, falls keine richterliche Anordnung ergangen ist, auch die Tatsachen ergeben, die zur Annahme einer Gefahr im Verzug geführt haben.

(8) [1]Der Inhaber der tatsächlichen Gewalt über die zu durchsuchenden Räume darf der Durchsuchung beiwohnen. [2]Ist er abwesend, soll sein Vertreter oder ein anderer Zeuge hinzugezogen werden. [3]Dem Inhaber der tatsächlichen Gewalt über die durchsuchten Räume oder seinem Vertreter ist auf Verlangen eine Durchschrift der in Abs. 7 Satz 3 genannten Niederschrift zu erteilen.

§ 23 Publizitätspflicht und sonstige Vorlagepflichten. (1) [1]Jeder Veranstalter hat unabhängig von seiner Rechtsform jährlich nach Maßgabe der Vorschriften des Handelsgesetzbuches, die für große Kapitalgesellschaften gelten, einen Jahresabschluss samt Anhang und einen Lagebericht spätestens bis zum Ende des neunten auf das Ende des Geschäftsjahres folgenden Monats zu erstellen und bekannt zu machen. [2]Satz 1 findet auf an dem Veranstalter unmittelbar Beteiligte, denen das Programm des Veranstalters nach § 28 Abs. 1 Satz 1, und mittelbar Beteiligte, denen das Programm nach § 28 Abs. 1 Satz 2 zuzurechnen ist, entsprechende Anwendung.

(2) Innerhalb derselben Frist hat der Veranstalter eine Aufstellung der Programmbezugsquellen für den Berichtszeitraum der zuständigen Landesmedienanstalt vorzulegen.

§ 24 Vertraulichkeit. [1]Angaben über persönliche und sachliche Verhältnisse einer natürlichen oder juristischen Person oder einer Personengesellschaft sowie Betriebs- oder Geschäftsgeheimnisse, die den Landesmedienanstalten, ihren Organen, ihren Bediensteten oder von ihnen beauftragten Dritten im Rahmen der Durchführung ihrer Aufgaben anvertraut oder sonst bekannt geworden sind, dürfen nicht unbefugt offenbart werden. [2]Soweit personenbezogene Daten verarbeitet werden, finden die Datenschutzbestimmungen nach Landesrecht Anwendung.

Neufassung von § 24 Vertraulichkeit durch den 21. RÄndStV:

Jenseits des Anwendungsbereichs der Verordnung (EU) 2016/679 dürfen Angaben über persönliche und sachliche Verhältnisse einer natürlichen oder juristischen Person oder einer Personengesellschaft sowie Betriebs- oder Geschäftsgeheimnisse, die den Landesmedienanstalten, ihren Organen, ihren Bediensteten oder von ihnen beauftragten Dritten im Rahmen der Durchführung ihrer Aufgaben anvertraut oder sonst bekannt geworden sind, nicht unbefugt offenbart werden.

3. Unterabschnitt

Sicherung der Meinungsvielfalt

§ 25 Meinungsvielfalt, regionale Fenster. (1) [1]Im privaten Rundfunk ist inhaltlich die Vielfalt der Meinungen im Wesentlichen zum Ausdruck zu bringen. [2]Die bedeutsamen politischen, weltanschaulichen und gesellschaftlichen Kräfte und Gruppen müssen in den Vollprogrammen angemessen zu Wort kommen; Auffassungen von Minderheiten sind zu berücksichtigen. [3]Die Möglichkeit, Spartenprogramme anzubieten, bleibt hiervon unberührt.

(2) Ein einzelnes Programm darf die Bildung der öffentlichen Meinung nicht in hohem Maße ungleichgewichtig beeinflussen.

(3) [1]Im Rahmen des Zulassungsverfahrens soll die Landesmedienanstalt darauf hinwirken, dass an dem Veranstalter auch Interessenten mit kulturellen Programmbeiträgen beteiligt werden. [2]Ein Rechtsanspruch auf Beteiligung besteht nicht.

(4) [1]In den beiden bundesweit verbreiteten reichweitenstärksten Fernsehvollprogrammen sind mindestens im zeitlichen und regional differenzierten Umfang der Programmaktivitäten zum 1. Juli 2002 nach Maßgabe des jeweiligen Landesrechts Fensterprogramme zur aktuellen und authentischen Darstellung der Ereignisse des politischen, wirtschaftlichen, sozialen und kulturellen Lebens in dem jeweiligen Land aufzunehmen. [2]Der Hauptprogrammveranstalter hat organisatorisch sicherzustellen, dass die redaktionelle Unabhängigkeit des Fensterprogrammveranstalters gewährleistet ist. [3]Dem Fensterprogrammveranstalter ist eine gesonderte Zulassung zu erteilen. [4]Fensterprogrammveranstalter und Hauptprogrammveranstalter sollen zueinander nicht im Verhältnis eines verbundenen Unternehmens nach § 28 stehen, es sei denn, zum 31. Dezember 2009 bestehende landesrechtliche Regelungen stellen die Unabhängigkeit in anderer Weise sicher. [5]Zum 31. Dezember 2009 bestehende Zulassungen bleiben unberührt. [6]Eine Verlängerung ist zulässig. [7]Mit der Organisation der Fensterprogramme ist zugleich deren Finanzierung durch den Hauptprogrammveranstalter sicherzustellen. [8]Die Landesmedienanstalten stimmen die Organisation der Fensterprogramme in zeitlicher und technischer Hinsicht unter Berücksichtigung der Interessen der betroffenen Veranstalter ab.

§ 26 Sicherung der Meinungsvielfalt im Fernsehen. (1) Ein Unternehmen (natürliche oder juristische Person oder Personenvereinigung) darf in der Bundesrepublik Deutschland selbst oder durch ihm zurechenbare Unternehmen bundesweit im Fernsehen eine unbegrenzte Anzahl von Programmen veranstalten, es sei denn, es erlangt dadurch vorherrschende Meinungsmacht nach Maßgabe der nachfolgenden Bestimmungen.

(2) [1]Erreichen die einem Unternehmen zurechenbaren Programme im Durchschnitt eines Jahres einen Zuschaueranteil von 30 vom Hundert, so wird vermutet, dass vorherrschende Meinungsmacht gegeben ist. [2]Gleiches gilt bei Erreichen eines Zuschaueranteils von 25 vom Hundert, sofern das Unternehmen auf

einem medienrelevanten verwandten Markt eine marktbeherrschende Stellung hat oder eine Gesamtbeurteilung seiner Aktivitäten im Fernsehen und auf medienrelevanten verwandten Märkten ergibt, dass der dadurch erzielte Meinungseinfluss dem eines Unternehmens mit einem Zuschaueranteil von 30 vom Hundert im Fernsehen entspricht. [3]Bei der Berechnung des nach Satz 2 maßgeblichen Zuschaueranteils kommen vom tatsächlichen Zuschaueranteil zwei Prozentpunkte in Abzug, wenn in dem dem Unternehmen zurechenbaren Vollprogramm mit dem höchsten Zuschaueranteil Fensterprogramme gemäß § 25 Abs. 4 aufgenommen sind; bei gleichzeitiger Aufnahme von Sendezeit für Dritte nach Maßgabe des Abs. 5 kommen vom tatsächlichen Zuschaueranteil weitere drei Prozentpunkte in Abzug.

(3) Hat ein Unternehmen mit den ihm zurechenbaren Programmen vorherrschende Meinungsmacht erlangt, so darf für weitere diesem Unternehmen zurechenbare Programme keine Zulassung erteilt oder der Erwerb weiterer zurechenbarer Beteiligungen an Veranstaltern nicht als unbedenklich bestätigt werden.

(4) [1]Hat ein Unternehmen mit den ihm zurechenbaren Programmen vorherrschende Meinungsmacht erlangt, schlägt die zuständige Landesmedienanstalt durch die Kommission zur Ermittlung der Konzentration im Medienbereich (KEK, § 35 Abs. 2 Satz 1 Nr. 3) dem Unternehmen folgende Maßnahmen vor:

1. Das Unternehmen kann ihm zurechenbare Beteiligungen an Veranstaltern aufgeben, bis der zurechenbare Zuschaueranteil des Unternehmens hierdurch unter die Grenze nach Abs. 2 Satz 1 fällt, oder
2. es kann im Falle des Abs. 2 Satz 2 seine Marktstellung auf medienrelevanten verwandten Märkten vermindern oder ihm zurechenbare Beteiligungen an Veranstaltern aufgeben, bis keine vorherrschende Meinungsmacht nach Abs. 2 Satz 2 mehr gegeben ist, oder
3. es kann bei ihm zurechenbaren Veranstaltern vielfaltssichernde Maßnahmen im Sinne der §§ 30 bis 32 ergreifen.

[2]Die KEK erörtert mit dem Unternehmen die in Betracht kommenden Maßnahmen mit dem Ziel, eine einvernehmliche Regelung herbeizuführen. [3]Kommt keine Einigung zustande oder werden die einvernehmlich zwischen dem Unternehmen und der KEK vereinbarten Maßnahmen nicht in angemessener Frist durchgeführt, so sind von der zuständigen Landesmedienanstalt nach Feststellung durch die KEK die Zulassungen von so vielen dem Unternehmen zurechenbaren Programmen zu widerrufen, bis keine vorherrschende Meinungsmacht durch das Unternehmen mehr gegeben ist. [4]Die Auswahl trifft die KEK unter Berücksichtigung der Besonderheiten des Einzelfalls. [5]Eine Entschädigung für Vermögensnachteile durch den Widerruf der Zulassung wird nicht gewährt.

(5) [1]Erreicht ein Veranstalter mit einem Vollprogramm oder einem Spartenprogramm mit Schwerpunkt Information im Durchschnitt eines Jahres einen Zuschaueranteil von 10 vom Hundert, hat er binnen sechs Monaten nach Feststellung und Mitteilung durch die zuständige Landesmedienanstalt Sendezeit für unabhängige Dritte nach Maßgabe von § 31 einzuräumen. [2]Erreicht ein Un-

ternehmen mit ihm zurechenbaren Programmen im Durchschnitt eines Jahres einen Zuschaueranteil von 20 vom Hundert, ohne dass eines der Vollprogramme oder Spartenprogramme mit Schwerpunkt Information einen Zuschaueranteil von zehn vom Hundert erreicht, trifft die Verpflichtung nach Satz 1 den Veranstalter des dem Unternehmen zurechenbaren Programms mit dem höchsten Zuschaueranteil. [3]Trifft der Veranstalter die danach erforderlichen Maßnahmen nicht, ist von der zuständigen Landesmedienanstalt nach Feststellung durch die KEK die Zulassung zu widerrufen. [4]Abs. 4 Satz 5 gilt entsprechend.

(6) [1]Die Landesmedienanstalten veröffentlichen gemeinsam alle drei Jahre oder auf Anforderung der Länder einen Bericht der KEK über die Entwicklung der Konzentration und über Maßnahmen zur Sicherung der Meinungsvielfalt im privaten Rundfunk unter Berücksichtigung von
1. Verflechtungen zwischen Fernsehen und medienrelevanten verwandten Märkten,
2. horizontalen Verflechtungen zwischen Rundfunkveranstaltern in verschiedenen Verbreitungsgebieten und
3. internationalen Verflechtungen im Medienbereich.

[2]Der Bericht soll auch zur Anwendung der §§ 26 bis 32 und zu erforderlichen Änderungen dieser Bestimmungen Stellung nehmen.

(7) [1]Die Landesmedienanstalten veröffentlichen jährlich eine von der KEK zu erstellende Programmliste. [2]In die Programmliste sind alle Programme, ihre Veranstalter und deren Beteiligte aufzunehmen.

§ 27 Bestimmung der Zuschaueranteile. (1) [1]Die Landesmedienanstalten ermitteln durch die KEK den Zuschaueranteil der jeweiligen Programme unter Einbeziehung aller deutschsprachigen Programme des öffentlich-rechtlichen Rundfunks und des bundesweit empfangbaren privaten Rundfunks. [2]Für Entscheidungen maßgeblich ist der bei Einleitung des Verfahrens im Durchschnitt der letzten zwölf Monate erreichte Zuschaueranteil der einzubeziehenden Programme.

(2) [1]Die Landesmedienanstalten beauftragen nach Maßgabe einer Entscheidung der KEK ein Unternehmen zur Ermittlung der Zuschaueranteile; die Vergabe des Auftrags erfolgt nach den Grundsätzen von Wirtschaftlichkeit und Sparsamkeit. [2]Die Ermittlung muss aufgrund repräsentativer Erhebungen bei Zuschauern ab Vollendung des dritten Lebensjahres nach allgemein anerkannten wissenschaftlichen Methoden durchgeführt werden. [3]Die Landesmedienanstalten sollen mit dem Unternehmen vereinbaren, dass die anlässlich der Ermittlung der Zuschaueranteile nach Abs. 1 Satz 1 erhobenen Daten vertraglich auch von Dritten genutzt werden können. [4]In diesem Fall sind die auf die Landesmedienanstalten entfallenden Kosten entsprechend zu mindern.

(3) [1]Die Veranstalter sind bei der Ermittlung der Zuschaueranteile zur Mitwirkung verpflichtet. [2]Kommt ein Veranstalter seiner Mitwirkungspflicht nicht nach, kann die Zulassung widerrufen werden.

§ 28 Zurechnung von Programmen. (1) [1]Einem Unternehmen sind sämtliche Programme zuzurechnen, die es selbst veranstaltet oder die von einem anderen Unternehmen veranstaltet werden, an dem es unmittelbar mit 25 vom Hundert oder mehr an dem Kapital oder an den Stimmrechten beteiligt ist. [2]Ihm sind ferner alle Programme von Unternehmen zuzurechnen, an denen es mittelbar beteiligt ist, sofern diese Unternehmen zu ihm im Verhältnis eines verbundenen Unternehmens im Sinne von § 15 Aktiengesetz stehen und diese Unternehmen am Kapital oder an den Stimmrechten eines Veranstalters mit 25 vom Hundert oder mehr beteiligt sind. [3]Die im Sinne der Sätze 1 und 2 verbundenen Unternehmen sind als einheitliche Unternehmen anzusehen und deren Anteile am Kapital oder an den Stimmrechten sind zusammenzufassen. [4]Wirken mehrere Unternehmen aufgrund einer Vereinbarung oder in sonstiger Weise derart zusammen, dass sie gemeinsam einen beherrschenden Einfluss auf ein beteiligtes Unternehmen ausüben können, so gilt jedes von ihnen als herrschendes Unternehmen.

(2) [1]Einer Beteiligung nach Abs. 1 steht gleich, wenn ein Unternehmen allein oder gemeinsam mit anderen auf einen Veranstalter einen vergleichbaren Einfluss ausüben kann. [2]Als vergleichbarer Einfluss gilt auch, wenn ein Unternehmen oder ein ihm bereits aus anderen Gründen nach Abs. 1 oder Abs. 2 Satz 1 zurechenbares Unternehmen

1. regelmäßig einen wesentlichen Teil der Sendezeit eines Veranstalters mit von ihm zugelieferten Programmteilen gestaltet oder
2. aufgrund vertraglicher Vereinbarungen, satzungsrechtlicher Bestimmungen oder in sonstiger Weise eine Stellung innehat, die wesentliche Entscheidungen eines Veranstalters über die Programmgestaltung, den Programmeinkauf oder die Programmproduktion von seiner Zustimmung abhängig macht.

(3) Bei der Zurechnung nach den Abs. 1 und 2 sind auch Unternehmen einzubeziehen, die ihren Sitz außerhalb des Geltungsbereichs dieses Staatsvertrages haben.

(4) [1]Bei der Prüfung und Bewertung vergleichbarer Einflüsse auf einen Veranstalter sind auch bestehende Angehörigenverhältnisse einzubeziehen. [2]Hierbei finden die Grundsätze des Wirtschafts- und Steuerrechts Anwendung.

§ 29 Veränderung von Beteiligungsverhältnissen. [1]Jede geplante Veränderung von Beteiligungsverhältnissen oder sonstigen Einflüssen ist bei der zuständigen Landesmedienanstalt vor ihrem Vollzug schriftlich anzumelden. [2]Anmeldepflichtig sind der Veranstalter und die an dem Veranstalter unmittelbar oder mittelbar im Sinne von § 28 Beteiligten. [3]Die Veränderungen dürfen nur dann von der zuständigen Landesmedienanstalt als unbedenklich bestätigt werden, wenn unter den veränderten Voraussetzungen eine Zulassung erteilt werden könnte. [4]Wird eine geplante Veränderung vollzogen, die nicht nach Satz 3 als unbedenklich bestätigt werden kann, ist die Zulassung zu widerrufen; das Nähere des Widerrufs richtet sich nach Landesrecht. [5]Für geringfügige Beteiligungen an Aktiengesellschaften kann die KEK durch Richtlinien Ausnahmen für die Anmeldepflicht vorsehen.

§ 30 Vielfaltsichernde Maßnahmen. Stellen die vorgenannten Vorschriften auf vielfaltsichernde Maßnahmen bei einem Veranstalter oder Unternehmen ab, so gelten als solche Maßnahmen:
1. Die Einräumung von Sendezeit für unabhängige Dritte (§ 31),
2. die Einrichtung eines Programmbeirats (§ 32).

§ 31 Sendezeit für unabhängige Dritte. (1) [1]Ein Fensterprogramm, das aufgrund der Verpflichtung zur Einräumung von Sendezeit nach den vorstehenden Bestimmungen ausgestrahlt wird, muss unter Wahrung der Programmautonomie des Hauptveranstalters einen zusätzlichen Beitrag zur Vielfalt in dessen Programm, insbesondere in den Bereichen Kultur, Bildung und Information, leisten. [2]Die Gestaltung des Fensterprogramms hat in redaktioneller Unabhängigkeit vom Hauptprogramm zu erfolgen.

(2) [1]Die Dauer des Fensterprogramms muss wöchentlich mindestens 260 Minuten, davon mindestens 75 Minuten in der Sendezeit von 19.00 Uhr bis 23.30 Uhr betragen. [2]Auf die wöchentliche Sendezeit werden Regionalfensterprogramme bis höchstens 150 Minuten pro Woche mit höchstens 80 Minuten pro Woche auf die Drittsendezeit außerhalb der in Satz 1 genannten Sendezeit angerechnet; bei einer geringeren wöchentlichen Sendezeit für das Regionalfenster vermindert sich die anrechenbare Sendezeit von 80 Minuten entsprechend. [3]Die Anrechnung ist nur zulässig, wenn die Regionalfensterprogramme in redaktioneller Unabhängigkeit veranstaltet werden und insgesamt bundesweit mindestens 50 vom Hundert der Fernsehhaushalte erreichen. [4]Eine Unterschreitung dieser Reichweite ist im Zuge der Digitalisierung der Übertragungswege zulässig.

(3) [1]Der Fensterprogrammanbieter nach Abs. 1 darf nicht in einem rechtlichen Abhängigkeitsverhältnis zum Hauptprogrammveranstalter stehen. [2]Rechtliche Abhängigkeit im Sinne von Satz 1 liegt vor, wenn das Hauptprogramm und das Fensterprogramm nach § 28 demselben Unternehmen zugerechnet werden können.

(4) [1]Ist ein Hauptprogrammveranstalter zur Einräumung von Sendezeit für unabhängige Dritte verpflichtet, so schreibt die zuständige Landesmedienanstalt nach Erörterung mit dem Hauptprogrammveranstalter das Fensterprogramm zur Erteilung einer Zulassung aus. [2]Die zuständige Landesmedienanstalt überprüft die eingehenden Anträge auf ihre Vereinbarkeit mit den Bestimmungen dieses Staatsvertrages sowie der sonstigen landesrechtlichen Bestimmungen und teilt dem Hauptprogrammveranstalter die zulassungsfähigen Anträge mit. [3]Sie erörtert mit dem Hauptprogrammveranstalter die Anträge mit dem Ziel, eine einvernehmliche Auswahl zu treffen. [4]Kommt eine Einigung nicht zu Stande und liegen der zuständigen Landesmedienanstalt mehr als drei zulassungsfähige Anträge vor, unterbreitet der Hauptprogrammveranstalter der zuständigen Landesmedienanstalt einen Dreiervorschlag. [5]Die zuständige Landesmedienanstalt kann unter Vielfaltsgesichtspunkten bis zu zwei weitere Vorschläge hinzufügen, die sie erneut mit dem Hauptprogrammveranstalter mit

dem Ziel, eine einvernehmliche Auswahl zu treffen, erörtert. [6]Kommt eine Einigung nicht zu Stande, wählt sie aus den Vorschlägen denjenigen Bewerber aus, dessen Programm den größtmöglichen Beitrag zur Vielfalt im Programm des Hauptprogrammveranstalters erwarten lässt und erteilt ihm die Zulassung. [7]Bei drei oder weniger Anträgen trifft die zuständige Landesmedienanstalt die Entscheidung unmittelbar.

(5) [1]Ist ein Bewerber für das Fensterprogramm nach Abs. 4 ausgewählt, schließen der Hauptprogrammveranstalter und der Bewerber eine Vereinbarung über die Ausstrahlung des Fensterprogramms im Rahmen des Hauptprogramms. [2]In diese Vereinbarung ist insbesondere die Verpflichtung des Hauptprogrammveranstalters aufzunehmen, dem Fensterprogrammveranstalter eine ausreichende Finanzierung seines Programms zu ermöglichen. [3]Die Vereinbarung muss ferner vorsehen, dass eine Kündigung während der Dauer der Zulassung nach Abs. 6 nur wegen schwerwiegender Vertragsverletzungen oder aus einem wichtigen Grund mit einer Frist von sechs Monaten zulässig ist.

(6) [1]Auf der Grundlage einer Vereinbarung zu angemessenen Bedingungen nach Abs. 5 ist dem Fensterprogrammveranstalter durch die zuständige Landesmedienanstalt die Zulassung zur Veranstaltung des Fensterprogramms zu erteilen. [2]In die Zulassung des Haupt- und des Fensterprogrammveranstalters sind die wesentlichen Verpflichtungen aus der Vereinbarung nach Abs. 5 als Bestandteil der Zulassungen aufzunehmen. [3]Eine Entschädigung für Vermögensnachteile durch den teilweisen Widerruf der Zulassung des Hauptprogrammveranstalters wird nicht gewährt. [4]Die Zulassung für den Fensterprogrammveranstalter ist auf die Dauer von fünf Jahren zu erteilen; sie erlischt, wenn die Zulassung des Hauptprogrammveranstalters endet, nicht verlängert oder nicht neu erteilt werden.

§ 32 Programmbeirat. (1) [1]Der Programmbeirat hat die Programmverantwortlichen, die Geschäftsführung des Programmveranstalters und die Gesellschafter bei der Gestaltung des Programms zu beraten. [2]Der Programmbeirat soll durch Vorschläge und Anregungen zur Sicherung der Meinungsvielfalt und Pluralität des Programms (§ 25) beitragen. [3]Mit der Einrichtung eines Programmbeirats durch den Veranstalter ist dessen wirksamer Einfluss auf das Fernsehprogramm durch Vertrag oder Satzung zu gewährleisten.

(2) [1]Die Mitglieder des Programmbeirats werden vom Veranstalter berufen. [2]Sie müssen aufgrund ihrer Zugehörigkeit zu gesellschaftlichen Gruppen in ihrer Gesamtheit die Gewähr dafür bieten, dass die wesentlichen Meinungen in der Gesellschaft vertreten sind.

(3) [1]Der Programmbeirat ist über alle Fragen, die das veranstaltete Programm betreffen, durch die Geschäftsführung zu unterrichten. [2]Er ist bei wesentlichen Änderungen der Programmstruktur, der Programminhalte, des Programmschemas sowie bei programmbezogenen Anhörungen durch die zuständige Landesmedienanstalt und bei Programmbeschwerden zu hören.

(4) [1]Der Programmbeirat kann zur Erfüllung seiner Aufgaben Auskünfte von der Geschäftsführung verlangen und hinsichtlich des Programms oder einzelner Beiträge Beanstandungen gegenüber der Geschäftsführung aussprechen. [2]Zu Anfragen und Beanstandungen hat die Geschäftsführung innerhalb angemessener Frist Stellung zu nehmen. [3]Trägt sie den Anfragen und Beanstandungen zum Programm nach Auffassung des Programmbeirats nicht ausreichend Rechnung, kann er in dieser Angelegenheit einen Beschluss des Kontrollorgans über die Geschäftsführung, sofern ein solches nicht vorhanden ist, der Gesellschafterversammlung, verlangen. [4]Eine Ablehnung der Vorlage des Programmbeirats durch die Gesellschafterversammlung oder durch das Kontrollorgan über die Geschäftsführung bedarf einer Mehrheit von 75 vom Hundert der abgegebenen Stimmen.

(5) [1]Bei Änderungen der Programmstruktur, der Programminhalte oder des Programmschemas oder bei der Entscheidung über Programmbeschwerden ist vor der Entscheidung der Geschäftsführung die Zustimmung des Programmbeirats einzuholen. [2]Wird diese verweigert oder kommt eine Stellungnahme binnen angemessener Frist nicht zustande, kann die Geschäftsführung die betreffende Maßnahme nur mit Zustimmung des Kontrollorgans über die Geschäftsführung, sofern ein solches nicht vorhanden ist, der Gesellschafterversammlung, für die eine Mehrheit von 75 vom Hundert der abgegebenen Stimmen erforderlich ist, treffen. [3]Der Veranstalter hat das Ergebnis der Befassung des Programmbeirats oder der Entscheidung nach Satz 2 der zuständigen Landesmedienanstalt mitzuteilen.

(6) Handelt es sich bei dem Veranstalter, bei dem ein Programmbeirat eingerichtet werden soll, um ein einzelkaufmännisch betriebenes Unternehmen, so gelten die Absätze 4 und 5 mit der Maßgabe, dass der Programmbeirat statt der Gesellschafterversammlung oder des Kontrollorgans über die Geschäftsführung die zuständige Landesmedienanstalt anrufen kann, die über die Maßnahme entscheidet.

§ 33 Richtlinien. [1]Die Landesmedienanstalten erlassen gemeinsame Richtlinien zur näheren Ausgestaltung der §§ 25, 31 und 32. [2]In den Richtlinien zu § 32 sind insbesondere Vorgaben über Berufung und Zusammensetzung des Programmbeirats zu machen.

§ 34 Übergangsbestimmung. [1]Bis zur ersten Bestimmung der Zuschaueranteile nach § 27 sind für die Beurteilung von Fragestellungen der Sicherung der Meinungsvielfalt in Zusammenhang mit der bundesweiten Veranstaltung von Fernsehprogrammen die vorhandenen Daten über Zuschaueranteile zugrunde zu legen. [2]Die Veranstalter sind verpflichtet, bei ihnen vorhandene Daten über Zuschaueranteile auf Anforderung der KEK zur Verfügung zu stellen. [3]Die Landesmedienanstalten haben durch Anwendung verwaltungsverfahrensrechtlicher Regelungen unter Beachtung der Interessen der Beteiligten sicherzustellen, dass Maßnahmen nach diesem Staatsvertrag, die aufgrund von Daten nach Satz 1 ergehen, unverzüglich an die sich aufgrund der ersten Bestimmung der Zuschaueranteile nach § 27 ergebende Sach- und Rechtslage angepasst werden können.

4. Unterabschnitt

Organisation der Medienaufsicht, Finanzierung

§ 35 Organisation. (1) [1]Die Aufgaben nach § 36 obliegen der zuständigen Landesmedienanstalt. [2]Sie trifft entsprechend den Bestimmungen dieses Staatsvertrages die jeweiligen Entscheidungen.

(2) [1]Zur Erfüllung der Aufgaben nach Abs. 1 und nach den Bestimmungen des Jugendmedienschutz-Staatsvertrages bestehen:
1. Die Kommission für Zulassung und Aufsicht (ZAK),
2. die Gremienvorsitzendenkonferenz (GVK),
3. die Kommission zur Ermittlung der Konzentration im Medienbereich (KEK) und
4. die Kommission für Jugendmedienschutz (KJM).

[2]Diese dienen der jeweils zuständigen Landesmedienanstalt als Organe bei der Erfüllung ihrer Aufgaben nach § 36.

(3) [1]Die Landesmedienanstalten entsenden jeweils den nach Landesrecht bestimmten gesetzlichen Vertreter in die ZAK; eine Vertretung im Fall der Verhinderung ist durch den ständigen Vertreter zulässig. [2]Die Tätigkeit der Mitglieder der ZAK ist unentgeltlich.

(4) [1]Die GVK setzt sich zusammen aus dem jeweiligen Vorsitzenden des plural besetzten Beschlussgremiums der Landesmedienanstalten; eine Vertretung im Fall der Verhinderung durch den stellvertretenden Vorsitzenden ist zulässig. [2]Die Tätigkeit der Mitglieder der GVK ist unentgeltlich.

(5) [1]Die KEK besteht aus
1. sechs Sachverständigen des Rundfunk- und des Wirtschaftsrechts, von denen drei die Befähigung zum Richteramt haben müssen, und
2. sechs nach Landesrecht bestimmten gesetzlichen Vertretern der Landesmedienanstalten.

[2]Die Mitglieder nach Satz 1 Nr. 1 der KEK und zwei Ersatzmitglieder für den Fall der Verhinderung eines dieser Mitglieder werden von den Ministerpräsidenten der Länder für die Dauer von fünf Jahren einvernehmlich berufen. [3]Von der Mitgliedschaft nach Satz 2 ausgeschlossen sind Mitglieder und Bedienstete der Institutionen der Europäischen Union, der Verfassungsorgane des Bundes und der Länder, Gremienmitglieder und Bedienstete von Landesrundfunkanstalten der ARD, des ZDF, des Deutschlandradios, des Europäischen Fernsehkulturkanals „Arte“, der Landesmedienanstalten, der privaten Rundfunkveranstalter und Plattformanbieter sowie Bedienstete von an ihnen unmittelbar oder mittelbar im Sinne von § 28 beteiligten Unternehmen. [4]Scheidet ein Mitglied nach Satz 2 aus, berufen die Ministerpräsidenten der Länder einvernehmlich ein Ersatzmitglied oder einen anderen Sachverständigen für den Rest der Amtsdauer als Mitglied; Entsprechendes gilt, wenn ein Ersatzmitglied ausscheidet. [5]Die Mitglieder nach Satz 2 erhalten für ihre Tätigkeit eine angemessene Vergütung und Ersatz ihrer notwendigen Auslagen. [6]Das Vorsitzland der Rundfunkkommission schließt die Verträge mit diesen Mitgliedern. [7]Der Vorsitzende der

KEK und sein Stellvertreter sind aus der Gruppe der Mitglieder nach Satz 1 Nr. 1 zu wählen. [8]Die sechs Vertreter der Landesmedienanstalten und zwei Ersatzmitglieder für den Fall der Verhinderung eines dieser Vertreter werden durch die Landesmedienanstalten für die Amtszeit der KEK gewählt.

(6) Ein Vertreter der Landesmedienanstalten darf nicht zugleich der KEK und der KJM angehören; Ersatzmitgliedschaft oder stellvertretende Mitgliedschaft sind zulässig.

(7) Die Landesmedienanstalten bilden für die Organe nach Abs. 2 eine gemeinsame Geschäftsstelle; unbeschadet dessen verbleiben bis zum 31. August 2013 die Geschäftsstelle der KJM in Erfurt und der KEK in Potsdam.

(8) [1]Die Mitglieder der ZAK, der GVK und der KEK sind bei der Erfüllung ihrer Aufgaben nach diesem Staatsvertrag an Weisungen nicht gebunden. [2]§ 24 gilt für die Mitglieder der ZAK und GVK entsprechend. [3]Die Verschwiegenheitspflicht nach § 24 gilt auch im Verhältnis der Mitglieder der Organe nach Abs. 2 zu anderen Organen der Landesmedienanstalten.

(9) [1]Die Organe nach Abs. 2 fassen ihre Beschlüsse mit der Mehrheit ihrer gesetzlichen Mitglieder. [2]Bei Beschlüssen der KEK entscheidet im Fall der Stimmengleichheit die Stimme des Vorsitzenden, bei seiner Verhinderung die Stimme des stellvertretenden Vorsitzenden. [3]Die Beschlüsse sind zu begründen. [4]In der Begründung sind die wesentlichen tatsächlichen und rechtlichen Gründe mitzuteilen. [5]Die Beschlüsse sind gegenüber den anderen Organen der zuständigen Landesmedienanstalt bindend. [6]Die zuständige Landesmedienanstalt hat die Beschlüsse im Rahmen der von den Organen nach Abs. 2 Satz 1 gesetzten Fristen zu vollziehen.

(10) [1]Die Landesmedienanstalten stellen den Organen nach Abs. 2 die notwendigen personellen und sachlichen Mittel zur Verfügung. [2]Die Organe erstellen jeweils einen Wirtschaftsplan nach den Grundsätzen der Wirtschaftlichkeit und Sparsamkeit. [3]Die Kosten für die Organe nach Abs. 2 werden aus dem Anteil der Landesmedienanstalten nach § 10 des Rundfunkfinanzierungsstaatsvertrages gedeckt. [4]Näheres regeln die Landesmedienanstalten durch übereinstimmende Satzungen.

(11) [1]Von den Verfahrensbeteiligten sind durch die zuständigen Landesmedienanstalten Kosten in angemessenem Umfang zu erheben. [2]Näheres regeln die Landesmedienanstalten durch übereinstimmende Satzungen.

§ 36 Zuständigkeiten, Aufgaben. (1) [1]Zuständig ist in den Fällen des Abs. 2 Satz 1 Nr. 1, 3, 4 und 8 die Landesmedienanstalt, bei der der entsprechende Antrag oder die Anzeige eingeht. [2]Sind nach Satz 1 mehrere Landesmedienanstalten zuständig, entscheidet die Landesmedienanstalt, die zuerst mit der Sache befasst worden ist. [3]Zuständig in den Fällen des Absatzes 2 Satz 1 Nr. 5 bis 7 und 9 sowie in den Fällen der Rücknahme oder des Widerrufs der Zulassung oder der Zuweisung ist die Landesmedienanstalt, die dem Veranstalter die Zulassung erteilt, die Zuweisung vorgenommen oder die Anzeige entgegengenommen hat.

(2) [1]Die ZAK ist für folgende Aufgaben zuständig:

1. Zulassung, Rücknahme oder Widerruf der Zulassung bundesweiter Veranstalter nach §§ 20a, 38 Abs. 3 Nr. 1 und Abs. 4 Nr. 1 sowie Anzeige der Veranstaltung von Hörfunk im Internet nach § 20b Satz 2,
2. Wahrnehmung der Aufgaben nach § 51 Abs. 3 Satz 1 Nr. 1 und 3,
3. Zuweisung von Übertragungskapazitäten für bundesweite Versorgungsbedarfe und deren Rücknahme oder Widerruf nach §§ 51a und 38 Abs. 3 Nr. 2 und Abs. 4 Nr. 2, soweit die GVK nicht nach Abs. 3 zuständig ist,
4. Anzeige des Plattformbetriebs nach § 52,
5. Aufsicht über Plattformen nach § 51b Abs. 1 und 2 sowie §§ 52a bis f, soweit nicht die GVK nach Abs. 3 zuständig ist,
6. Feststellung des Vorliegens der Voraussetzungen für Regionalfensterprogramme nach § 25 Abs. 4 Satz 1 und für Sendezeit für Dritte nach § 31 Abs. 2 Satz 4,
7. Aufsichtsmaßnahmen gegenüber privaten bundesweiten Veranstaltern, soweit nicht die KEK nach Abs. 4 zuständig ist,
8. Entscheidungen über die Zulassungspflicht nach § 20 Abs. 2; diese Entscheidungen trifft sie einvernehmlich,
9. Befassung mit Anzeigen nach § 38 Abs. 1.

[2]Die ZAK kann Prüfausschüsse für die Aufgaben nach Satz 1 Nr. 7 einrichten. [3]Die Prüfausschüsse entscheiden jeweils bei Einstimmigkeit anstelle der ZAK. [4]Zu Beginn der Amtsperiode der ZAK wird die Verteilung der Verfahren von der ZAK festgelegt. [5]Das Nähere ist in der Geschäftsordnung der ZAK festzulegen.

(3) [1]Die GVK ist zuständig für Auswahlentscheidungen bei den Zuweisungen von Übertragungskapazitäten nach § 51a Abs. 4 und für die Entscheidung über die Belegung von Plattformen nach § 52b Abs. 4 Satz 4 und 6. [2]Die ZAK unterrichtet die GVK fortlaufend über ihre Tätigkeit. [3]Sie bezieht die GVK in grundsätzlichen Angelegenheiten, insbesondere bei der Erstellung von Satzungen und Richtlinienentwürfen, ein.

(4) [1]Die KEK ist zuständig für die abschließende Beurteilung von Fragestellungen der Sicherung von Meinungsvielfalt im Zusammenhang mit der bundesweiten Veranstaltung von Fernsehprogrammen. [2]Sie ist im Rahmen des Satzes 1 insbesondere zuständig für die Prüfung solcher Fragen bei der Entscheidung über eine Zulassung oder Änderung einer Zulassung, bei der Bestätigung von Veränderungen von Beteiligungsverhältnissen als unbedenklich und bei Maßnahmen nach § 26 Abs. 4. [3]Die KEK ermittelt die den Unternehmen jeweils zurechenbaren Zuschaueranteile.

(5) [1]Die Auswahl und Zulassung von Regionalfensterprogrammveranstaltern nach § 25 Abs. 4 und Fensterprogrammveranstaltern nach § 31 Abs. 4 sowie die Aufsicht über diese Programme obliegen dem für die Zulassung nicht bundesweiter Angebote zuständigen Organ der zuständigen Landesmedienanstalt. [2]Bei Auswahl und Zulassung der Veranstalter nach Satz 1 ist zuvor das Benehmen mit der KEK herzustellen.

(6) § 47 Abs. 3 Satz 1 bleibt unberührt.

§ 37 Verfahren bei Zulassung, Zuweisung. (1) Geht ein Antrag nach § 36 Abs. 2 Nr. 1, 3, 4, 8 oder 9 bei der zuständigen Landesmedienanstalt ein, legt der nach Landesrecht bestimmte gesetzliche Vertreter unverzüglich den Antrag sowie die vorhandenen Unterlagen der ZAK und in den Fällen des § 36 Abs. 2 Nr. 1 zusätzlich der KEK vor.

(2) Kann nicht allen Anträgen nach § 36 Abs. 2 Nr. 3 entsprochen werden, entscheidet die GVK.

(3) Abs. 1 gilt entsprechend für die Beurteilung von Fragestellungen der Sicherung von Meinungsvielfalt durch die KEK im Rahmen ihrer Zuständigkeit in anderen Fällen als dem der Zulassung eines bundesweiten privaten Veranstalters.

(4) Den Kommissionen nach § 35 Abs. 2 stehen die Verfahrensrechte nach den §§ 21 und 22 zu.

(5) Bei Rechtsmitteln gegen Entscheidungen nach den §§ 35 und 36 findet ein Vorverfahren nach § 68 Abs. 1 der Verwaltungsgerichtsordnung (VwGO) nicht statt.

§ 38 Anzeige, Aufsicht, Rücknahme, Widerruf. (1) [1]Jede Landesmedienanstalt kann gegenüber der zuständigen Landesmedienanstalt anzeigen, dass ein bundesweit verbreitetes Programm gegen die sonstigen Bestimmungen dieses Staatsvertrages verstößt. [2]Die zuständige Landesmedienanstalt ist verpflichtet, sich durch die ZAK mit der Anzeige zu befassen.

(2) [1]Stellt die zuständige Landesmedienanstalt fest, dass ein Anbieter gegen die Bestimmungen dieses Staatsvertrages verstoßen hat, trifft sie die erforderlichen Maßnahmen. [2]Maßnahmen sind insbesondere Beanstandung, Untersagung, Rücknahme und Widerruf. [3]Die Bestimmungen des Jugendmedienschutz-Staatsvertrages bleiben unberührt.

(3) Die Zulassung nach § 20a oder die Zuweisung nach § 51a werden jeweils zurückgenommen, wenn

1. bei der Zulassung eine Zulassungsvoraussetzung gemäß § 20a Abs. 1 oder 2 nicht gegeben war oder eine Zulassungsbeschränkung gemäß § 20a Abs. 3 nicht berücksichtigt wurde oder
2. bei der Zuweisung die Vorgaben gemäß § 51a Abs. 4 nicht berücksichtigt wurden

und innerhalb eines von der zuständigen Landesmedienanstalt bestimmten Zeitraums keine Abhilfe erfolgt.

(4) Zulassung und Zuweisung werden jeweils widerrufen, wenn

1. im Fall der Zulassung
   a) nachträglich eine Zulassungsvoraussetzung gemäß § 20a Abs. 1 oder 2 entfällt oder eine Zulassungsbeschränkung gemäß § 20a Abs. 3 eintritt und innerhalb des von der zuständigen Landesmedienanstalt bestimmten angemessenen Zeitraums keine Abhilfe erfolgt oder
   b) der Rundfunkveranstalter gegen seine Verpflichtungen aufgrund dieses Staatsvertrages oder des Jugendmedienschutz-Staatsvertrages wieder-

holt schwerwiegend verstoßen und die Anweisungen der zuständigen Landesmedienanstalt innerhalb des von ihr bestimmten Zeitraums nicht befolgt hat;
2. im Fall der Zuweisung
   a) nachträglich wesentliche Veränderungen des Angebots eingetreten und vom Anbieter zu vertreten sind, nach denen das Angebot den Anforderungen des § 51a Abs. 4 nicht mehr genügt und innerhalb des von der zuständigen Landesmedienanstalt bestimmten Zeitraums keine Abhilfe erfolgt oder
   b) das Angebot aus Gründen, die vom Anbieter zu vertreten sind, innerhalb des dafür vorgesehenen Zeitraums nicht oder nicht mit der festgesetzten Dauer begonnen oder fortgesetzt wird.

(5) [1]Der Anbieter wird für einen Vermögensnachteil, der durch die Rücknahme oder den Widerruf nach den Absätzen 3 oder 4 eintritt, nicht entschädigt. [2]Im Übrigen gilt für die Rücknahme und den Widerruf das Verwaltungsverfahrensgesetz des Sitzlandes der jeweils zuständigen Landesmedienanstalt.

§ 39 Anwendungsbereich. [1]Die §§ 20a bis 38 gelten nur für bundesweite Angebote. [2]Die §§ 20, 20a, § 21 Abs. 1, § 24 und die §§ 35 bis 38 und § 39a gelten auch für Teleshoppingkanäle. [3]Eine abweichende Regelung durch Landesrecht ist nicht zulässig. [4]Die Entscheidungen der KEK sind den Zuweisungen von Übertragungskapazitäten nach diesem Staatsvertrag und durch die zuständige Landesmedienanstalt auch bei der Entscheidung über die Zuweisung von Übertragungskapazitäten nach Landesrecht zugrunde zu legen.

§ 39a Zusammenarbeit. (1) [1]Die Landesmedienanstalten arbeiten im Rahmen der Erfüllung ihrer Aufgaben mit der Regulierungsbehörde für Telekommunikation und mit dem Bundeskartellamt zusammen. [2]Die Landesmedienanstalten haben auf Anfrage der Regulierungsbehörde für Telekommunikation oder des Bundeskartellamtes Erkenntnisse zu übermitteln, die für die Erfüllung von deren Aufgaben erforderlich sind.

(2) Abs. 1 gilt für Landeskartellbehörden entsprechend.

§ 40 Finanzierung besonderer Aufgaben. (1) [1]Der in § 10 des Rundfunkfinanzierungsstaatsvertrages bestimmte Anteil kann für die Finanzierung folgender Aufgaben verwendet werden:
1. Zulassungs- und Aufsichtsfunktionen der Landesmedienanstalten einschließlich hierfür notwendiger planerischer, insbesondere technischer Vorarbeiten,
2. die Förderung offener Kanäle.

[2]Mittel aus dem Anteil nach Satz 1 können bis zum 31. Dezember 2020 aufgrund besonderer Ermächtigung durch den Landesgesetzgeber auch für die Förderung von landesrechtlich gebotener technischer Infrastruktur zur Versorgung des Landes und zur Förderung von Projekten für neuartige Rundfunkübertragungstechniken verwendet werden. [3]Die Förderung von Projekten für neuar-

tige Rundfunkübertragungstechniken soll zeitlich befristet werden. [4]Formen der nichtkommerziellen Veranstaltung von lokalem und regionalem Rundfunk und Projekte zur Förderung der Medienkompetenz können aus dem Anteil nach Satz 1 aufgrund besonderer Ermächtigung durch den Landesgesetzgeber gefördert werden.

(2) Das Recht des Landesgesetzgebers, der Landesmedienanstalt nur einen Teil des Anteils nach Abs. 1 zuzuweisen, bleibt unberührt.

(3) [1]Soweit der Anteil nach Abs. 1 nicht in Anspruch genommen wird, steht er den jeweiligen Landesrundfunkanstalten zu. [2]Eine landesgesetzliche Zweckbestimmung ist zulässig.

5. Unterabschnitt

Programmgrundsätze, Sendezeit für Dritte

§ 41 Programmgrundsätze. (1) [1]Für die Rundfunkprogramme gilt die verfassungsmäßige Ordnung. [2]Die Rundfunkprogramme haben die Würde des Menschen sowie die sittlichen, religiösen und weltanschaulichen Überzeugungen Anderer zu achten. [3]Sie sollen die Zusammengehörigkeit im vereinten Deutschland sowie die internationale Verständigung fördern und auf ein diskriminierungsfreies Miteinander hinwirken. [4]Die Vorschriften der allgemeinen Gesetze und die gesetzlichen Bestimmungen zum Schutz der persönlichen Ehre sind einzuhalten.

(2) Die Rundfunkvollprogramme sollen zur Darstellung der Vielfalt im deutschsprachigen und europäischen Raum mit einem angemessenen Anteil an Information, Kultur und Bildung beitragen; die Möglichkeit, Spartenprogramme anzubieten, bleibt hiervon unberührt.

(3) Die Absätze 1 und 2 gelten nur für bundesweit verbreiteten Rundfunk.

§ 42 Sendezeit für Dritte. (1) Den Evangelischen Kirchen, der Katholischen Kirche und den Jüdischen Gemeinden sind auf Wunsch angemessene Sendezeiten zur Übertragung religiöser Sendungen einzuräumen; die Veranstalter können die Erstattung ihrer Selbstkosten verlangen.

(2) [1]Parteien ist während ihrer Beteiligung an den Wahlen zum Deutschen Bundestag gegen Erstattung der Selbstkosten angemessene Sendezeit einzuräumen, wenn mindestens eine Landesliste für sie zugelassen wurde. [2]Ferner haben Parteien und sonstige politische Vereinigungen während ihrer Beteiligung an den Wahlen der Abgeordneten aus der Bundesrepublik Deutschland für das Europäische Parlament gegen Erstattung der Selbstkosten Anspruch auf angemessene Sendezeit, wenn mindestens ein Wahlvorschlag für sie zugelassen wurde.

(3) Die Absätze 1 und 2 gelten nur für bundesweit verbreiteten privaten Rundfunk.

6. Unterabschnitt

Finanzierung, Werbung, Teleshopping

§ 43 Finanzierung. [1]Private Veranstalter können ihre Rundfunkprogramme durch Einnahmen aus Werbung und Teleshopping, durch sonstige Einnahmen, insbesondere durch Entgelte der Teilnehmer (Abonnements oder Einzelentgelte), sowie aus eigenen Mitteln finanzieren. [2]Eine Finanzierung privater Veranstalter aus dem Rundfunkbeitrag ist unzulässig. [3]§ 40 bleibt unberührt.

§ 44 Zulässige Produktplatzierung. [1]Abweichend von § 7 Abs. 7 Satz 1 ist Produktplatzierung im Rundfunk zulässig
1. in Kinofilmen, Filmen und Serien, Sportsendungen und Sendungen der leichten Unterhaltung, sofern es sich nicht um Sendungen für Kinder handelt, oder
2. wenn kein Entgelt geleistet wird, sondern lediglich bestimmte Waren oder Dienstleistungen, wie Produktionshilfen und Preise, im Hinblick auf ihre Einbeziehung in eine Sendung kostenlos bereitgestellt werden, sofern es sich nicht um Nachrichten, Sendungen zum politischen Zeitgeschehen, Ratgeber- und Verbrauchersendungen, Sendungen für Kinder oder Übertragungen von Gottesdiensten handelt.

[2]Keine Sendungen der leichten Unterhaltung sind insbesondere Sendungen, die neben unterhaltenden Elementen im Wesentlichen informierenden Charakter haben, Verbrauchersendungen und Ratgebersendungen mit Unterhaltungselementen sowie Sendungen in Regionalfensterprogrammen und Fensterprogrammen nach § 31.

§ 45 Dauer der Fernsehwerbung. (1) [1]Der Anteil an Sendezeit für Fernsehwerbespots und Teleshopping-Spots innerhalb einer Stunde darf 20 vom Hundert nicht überschreiten. [2]Satz 1 gilt nicht für Produktplatzierungen und Sponsorhinweise.

(2) Hinweise des Rundfunkveranstalters auf eigene Programme und Sendungen und auf Begleitmaterialien, die direkt von diesen Programmen und Sendungen abgeleitet sind, unentgeltliche Beiträge im Dienst der Öffentlichkeit einschließlich von Spendenaufrufen zu Wohlfahrtszwecken sowie gesetzliche Pflichthinweise gelten nicht als Werbung im Sinne der Abs. 1 und 2.

(3) Die Absätze 1 und 2 sowie § 7a gelten nicht für reine Werbekanäle.

§ 45a Teleshopping-Fenster und Eigenwerbekanäle. (1) [1]Teleshopping-Fenster, die in einem Programm gesendet werden, das nicht ausschließlich für Teleshopping bestimmt ist, müssen eine Mindestdauer von 15 Minuten ohne Unterbrechung haben. [2]Sie müssen optisch und akustisch klar als Teleshopping-Fenster gekennzeichnet sein.

(2) [1]Für Eigenwerbekanäle gelten die §§ 7 und 8 entsprechend. [2]Die §§ 7a und 45 gelten nicht für Eigenwerbekanäle.

§ 46 Richtlinien. [1]Die Landesmedienanstalten erlassen gemeinsame Satzungen oder Richtlinien zur Durchführung der „§§ 7, 7a, 8, 8a, 44, 45 und 45a; in der Satzung oder Richtlinie zu § 8a sind insbesondere die Ahndung von Verstößen und die Bedingungen zur Teilnahme Minderjähriger näher zu bestimmen. [2]Sie stellen hierbei das Benehmen mit den in der ARD zusammengeschlossenen Landesrundfunkanstalten und dem ZDF her und führen einen gemeinsamen Erfahrungsaustausch in der Anwendung dieser Richtlinien durch.[6]

§ 46a Ausnahmen für regionale und lokale Fernsehveranstalter. Für regionale und lokale Fernsehprogramme können von § 7 Absatz 4 Satz 2, § 7a Absatz 3 und § 45 Absatz 1 nach Landesrecht abweichende Regelungen getroffen werden.

7. Unterabschnitt

Datenschutz

§ 47 Datenschutz. (1) Soweit bei der Veranstaltung und Verbreitung von Rundfunk nach diesem Staatsvertrag personenbezogene Daten erhoben, verarbeitet oder genutzt werden, gelten die Vorschriften des Abschnittes Datenschutz des Telemediengesetzes in der jeweils geltenden Fassung entsprechend.

(2) [1]Soweit ein Veranstalter personenbezogene Daten ausschließlich zu eigenen journalistisch-redaktionellen Zwecken verarbeitet und der Betroffene dadurch in seinen schutzwürdigen Interessen beeinträchtigt wird, kann dieser Auskunft über die zugrunde liegenden, zu seiner Person gespeicherten Daten verlangen. [2]Die Auskunft kann nach Abwägung der schutzwürdigen Interessen der Beteiligten verweigert werden, soweit durch die Mitteilung die journalistische Aufgabe des Veranstalters durch Ausforschung des Informationsbestandes beeinträchtigt würde oder aus den Daten

1. auf Personen, die bei der Vorbereitung, Herstellung oder Verbreitung mitgewirkt haben, oder
2. auf die Person des Einsenders oder des Gewährträgers von Beiträgen, Unterlagen und Mitteilungen für den redaktionellen Teil

geschlossen werden kann. [3]Der Betroffene kann die Berichtigung unrichtiger Daten oder die Hinzufügung einer eigenen Darstellung von angemessenem Umfang verlangen.

---

6 Die ARD-Werberichtlinie findet sich auf der Homepage des Bayerischen Rundfunks (Stichwort Unternehmen/Service/Rechtsgrundlagen ARD; ZDF-Werberichtlinien: www.zdf.de (Stichwort: Unternehmen/Grundlagen/Rechtsgrundlagen/Richtlinien für Werbung und Sponsoring). Auf der Homepage „die medienanstalten" sind unter der Rubrik Rechtsgrundlagen/Richtlinien und Leitfäden entsprechende gemeinsame Werberichtlinien der Rundfunkanstalten im Bereich Werbung, die Produktplatzierung, das Sponsoring und das Teleshopping zusammengefasst.

(3) [1]Die Zuständigkeit für die Aufsicht über die Einhaltung der Absätze 1 und 2 richtet sich nach Landesrecht. [2]Der Abruf von Angeboten oder der Zugriff auf Angebote im Rahmen der Aufsicht ist unentgeltlich. [3]Veranstalter haben dies sicherzustellen. [4]Der Veranstalter darf seine Angebote nicht gegen den Abruf oder den Zugriff durch die zuständige Aufsichtsbehörde sperren.

(4) Die Absätze 1 bis 3 gelten auch für Teleshoppingkanäle.

Vierter Abschnitt

Revision, Ordnungswidrigkeiten

§ 48 Revision zum Bundesverwaltungsgericht. In einem gerichtlichen Verfahren kann die Revision zum Bundesverwaltungsgericht auch darauf gestützt werden, dass das angefochtene Urteil auf der Verletzung der Bestimmungen dieses Staatsvertrages beruhe.

§ 49 Ordnungswidrigkeiten. (1) Ordnungswidrig handelt, wer als Veranstalter von bundesweit verbreitetem privatem Rundfunk vorsätzlich oder fahrlässig

1. Großereignisse entgegen § 4 Abs. 1 oder 3 verschlüsselt und gegen besonderes Entgelt ausstrahlt,
2. entgegen § 7 Abs. 3 Satz 2 in der Werbung oder im Teleshopping Techniken zur unterschwelligen Beeinflussung einsetzt,
3. entgegen § 7 Abs. 3 Satz 3 Werbung oder Teleshopping nicht dem Medium angemessen durch optische oder akustische Mittel oder räumlich eindeutig von anderen Sendungsteilen absetzt,
4. entgegen § 7 Abs. 4 eine Teilbelegung des ausgestrahlten Bildes mit Werbung vornimmt, ohne die Werbung vom übrigen Programm eindeutig optisch zu trennen und als solche zu kennzeichnen,
5. entgegen § 7 Abs. 5 Satz 2 eine Dauerwerbesendung nicht kennzeichnet,
6. entgegen § 7 Abs. 6 Satz 1 virtuelle Werbung in Sendungen oder beim Teleshopping einfügt,
7. entgegen § 7 Abs. 7 Satz 1 Schleichwerbung, Themenplatzierung oder entsprechende Praktiken betreibt,
8. entgegen § 7 Abs. 7 Satz 1 Produktplatzierung betreibt, soweit diese nicht nach § 44 zulässig ist,
9. entgegen § 7 Abs. 7 Satz 3 oder 4 auf eine Produktplatzierung nicht eindeutig hinweist,
10. entgegen § 7 Abs. 9 Werbung oder Teleshopping politischer, weltanschaulicher oder religiöser Art verbreitet,
11. entgegen § 7a Abs. 1 Übertragungen von Gottesdiensten oder Sendungen für Kinder durch Werbung oder Teleshopping-Spots unterbricht,
12. entgegen den in § 7a Abs. 3 genannten Voraussetzungen Sendungen durch Werbung oder Teleshopping unterbricht,

13. entgegen § 8 Abs. 1 Satz 1 nicht zu Beginn oder am Ende der gesponserten Sendung auf den Sponsor hinweist,
14. gemäß § 8 Abs. 3 bis 6 unzulässig gesponserte Sendungen verbreitet,
15. entgegen § 9 Abs. 1 Satz 2 der Informationspflicht nicht nachkommt,
16. entgegen § 9b Abs. 2 die dort genannten Informationen im Rahmen des Gesamtangebots nicht leicht, unmittelbar und ständig zugänglich macht,
17. entgegen § 20 Abs. 1 Satz 1 oder Abs. 2 Satz 1 ohne Zulassung Rundfunkprogramme veranstaltet,
18. entgegen § 20b Satz 1 und 2 Hörfunkprogramme ausschließlich im Internet verbreitet und dies der zuständigen Landesmedienanstalt nicht oder nicht vollständig anzeigt,
19. entgegen § 23 Abs. 2 nicht fristgemäß die Aufstellung der Programmbezugsquellen der zuständigen Landesmedienanstalt vorlegt,
20. entgegen § 34 Satz 2 die bei ihm vorhandenen Daten über Zuschaueranteile auf Anforderung der KEK nicht zur Verfügung stellt,
21. entgegen § 45 Abs. 1 die zulässige Dauer der Werbung überschreitet,
22. entgegen § 45a Abs. 1 Satz 1 Teleshopping-Fenster verbreitet, die keine Mindestdauer von 15 Minuten ohne Unterbrechung haben oder entgegen § 45a Abs. 1 Satz 2 Teleshopping-Fenster verbreitet, die nicht optisch und akustisch klar als solche gekennzeichnet sind, (neugefasst durch 21. RÄndStV: *Punkt am Ende*)

Durch 21. RÄndStV neu werden *Nr. 23-28 aufgehoben*,

23. entgegen § 47 Abs. 1 in Verbindung mit § 12 Abs. 3 des Telemediengesetzes die Nutzung von Rundfunk von einer Einwilligung des Nutzers in eine Verarbeitung seiner Daten für andere Zwecke abhängig macht,
24. entgegen § 47 Abs. 1 in Verbindung mit § 13 Abs. 1 Satz 1 oder 2 des Telemediengesetzes den Nutzer nicht, nicht richtig, nicht vollständig oder nicht rechtzeitig unterrichtet,
25. entgegen § 47 Abs. 1 in Verbindung mit § 13 Abs. 2 oder 4 Satz 1 Nr. 1 bis 5 des Telemediengesetzes einer dort genannten Pflicht zur Sicherstellung nicht oder nicht richtig nachkommt,
26. entgegen § 47 Abs. 1 in Verbindung mit § 14 Abs. 1 oder § 15 Abs. 1 oder 8 Satz 1 oder 2 des Telemediengesetzes personenbezogene Daten verarbeitet,
27. entgegen § 47 Abs. 1 in Verbindung mit § 15 Abs. 3 Satz 3 des Telemediengesetzes ein Nutzungsprofil mit Daten über den Träger des Pseudonyms zusammenführt,
28. entgegen § 47 Abs. 3 Satz 4 Angebote gegen den Abruf oder Zugriff durch die zuständige Aufsichtsbehörde sperrt.

[2]Ordnungswidrig handelt auch, wer

1. entgegen § 21 Abs. 6 eine Änderung der maßgeblichen Umstände nach Antragstellung oder nach Erteilung der Zulassung nicht unverzüglich der zuständigen Landesmedienanstalt mitteilt,

2. entgegen § 21 Abs. 7 nicht unverzüglich nach Ablauf eines Kalenderjahres der zuständigen Landesmedienanstalt gegenüber eine Erklärung darüber abgibt, ob und inwieweit innerhalb des abgelaufenen Kalenderjahres bei den nach § 28 maßgeblichen Beteiligungs- und Zurechnungstatbeständen eine Veränderung eingetreten ist,
3. entgegen § 23 Abs. 1 seinen Jahresabschluss samt Anhang und Lagebericht nicht fristgemäß erstellt und bekannt macht,
4. entgegen § 29 Satz 1 es unterlässt, geplante Veränderungen anzumelden,
5. einer Satzung nach § 46 Satz 1 in Verbindung mit § 8a zuwiderhandelt, soweit die Satzung für einen bestimmten Tatbestand auf diese Bußgeldvorschrift verweist,
6. entgegen § 51b Abs. 2 Satz 1 oder 3 die Weiterverbreitung von Fernsehprogrammen nicht, nicht rechtzeitig oder nicht vollständig anzeigt und die Anzeige nicht durch den Plattformanbieter vorgenommen wurde,
7. entgegen § 52 Abs. 3 Satz 1 oder 2 den Betrieb einer Plattform mit Rundfunk und vergleichbaren Telemedien nicht, nicht rechtzeitig oder nicht vollständig anzeigt,
8. entgegen § 52a Abs. 3 Satz 1 und 2 ohne Zustimmung des jeweiligen Rundfunkveranstalters dessen Programm oder vergleichbare Telemedien inhaltlich und technisch verändert oder einzelne Rundfunkprogramme oder Inhalte in Programmpakete aufnimmt oder in anderer Weise entgeltlich oder unentgeltlich vermarktet,
9. entgegen § 52b Abs. 1 oder § 52b Abs. 2 Satz 2, 3 oder 4 die erforderlichen Übertragungskapazitäten für die zu verbreitenden Programme nicht oder in nicht ausreichendem Umfang oder nicht zu den vorgesehenen Bedingungen zur Verfügung stellt oder entgegen § 52b Abs. 4 Satz 3 oder Satz 6 die Belegung oder die Änderung der Belegung von Plattformen nicht, nicht rechtzeitig oder nicht vollständig anzeigt,
10. entgegen § 52c Abs. 1 Satz 2 durch die Verwendung eines Zugangsberechtigungssystems oder eines Systems nach § 52c Abs. 1 Satz 2 Nr. 3 oder durch Schnittstellen für Anwendungsprogramme oder durch sonstige technische Vorgaben zu § 52c Abs. 1 Satz 2 Nr. 1 bis 3 gegenüber Herstellern digitaler Rundfunkempfangsgeräte Anbieter von Rundfunk oder vergleichbarer Telemedien einschließlich elektronischer Programmführer bei der Verbreitung ihrer Angebote unbillig behindert oder gegenüber gleichartigen Anbietern ohne sachlich gerechtfertigten Grund unterschiedlich behandelt, entgegen § 52c Abs. 2 Satz 1 oder 2 die Verwendung oder Änderung eines Zugangsberechtigungssystems oder eines Systems nach § 52c Abs. 1 Satz 2 Nr. 3 oder einer Schnittstelle für Anwendungsprogramme oder die Entgelte hierfür nicht unverzüglich anzeigt oder entgegen § 52c Abs. 2 Satz 3 der zuständigen Landesmedienanstalt auf Verlangen die erforderlichen Auskünfte nicht erteilt,
11. entgegen § 52d Satz 1 Anbieter von Programmen und vergleichbaren Telemedien durch die Ausgestaltung der Entgelte oder Tarife unbillig behindert

oder gegenüber gleichartigen Anbietern ohne sachlich gerechtfertigten Grund unterschiedlich behandelt oder
entgegen § 52d Satz 3 Entgelte oder Tarife für Angebote nach § 52b Abs. 1 Satz 1 oder Abs. 2 Satz 2 nicht oder nicht vollständig offenlegt,
12. entgegen § 52e Abs. 1 Satz 1 der zuständigen Landesmedienanstalt auf Verlangen die erforderlichen Unterlagen nicht vorlegt,
13. entgegen § 55 Abs. 1 bei Telemedien den Namen oder die Anschrift oder bei juristischen Personen den Namen oder die Anschrift des Vertretungsberechtigten nicht oder nicht richtig verfügbar hält,
14. entgegen § 55 Abs. 2 bei Telemedien mit journalistisch-redaktionell gestalteten Angeboten einen Verantwortlichen nicht oder nicht richtig angibt,
15. entgegen § 58 Abs. 3 in Verbindung mit § 7 Abs. 3 Satz 2 in der Werbung oder im Teleshopping Techniken zur unterschwelligen Beeinflussung einsetzt,
16. entgegen § 58 Abs. 3 in Verbindung mit § 7 Abs. 3 Satz 3 Werbung oder Teleshopping nicht dem Medium angemessen durch optische oder akustische Mittel oder räumlich eindeutig von anderen Angebotsteilen absetzt,
17. entgegen § 58 Abs. 3 in Verbindung mit § 7 Abs. 6 Satz 1 virtuelle Werbung in seine Angebote einfügt,
18. entgegen § 58 Abs. 3 in Verbindung mit § 7 Abs. 4 das verbreitete Bewegtbildangebot durch die Einblendung von Werbung ergänzt, ohne die Werbung eindeutig optisch zu trennen und als solche zu kennzeichnen,
19. entgegen § 58 Abs. 3 in Verbindung mit § 7 Abs. 5 Satz 2 ein Bewegtbildangebot nicht als Dauerwerbung kennzeichnet,
20. entgegen § 58 Abs. 3 in Verbindung mit § 7 Abs. 7 Satz 1 Schleichwerbung, Themenplatzierung oder entsprechende Praktiken betreibt,
21. entgegen § 58 Abs. 3 in Verbindung mit § 7 Abs. 7 Satz 1 Produktplatzierung betreibt, soweit diese nicht nach den §§ 15 oder 44 zulässig ist,
22. entgegen § 58 Abs. 3 in Verbindung mit § 7 Abs. 7 Satz 3 oder 4 auf eine Produktplatzierung nicht eindeutig hinweist,
23. entgegen § 58 Abs. 3 in Verbindung mit § 7 Abs. 9 Werbung oder Teleshopping politischer, weltanschaulicher oder religiöser Art verbreitet,
24. entgegen § 58 Abs. 3 in Verbindung mit § 7a Abs. 1 in das Bewegtbildangebot eines Gottesdienstes oder in die Bewegtbildangebote für Kinder Werbung oder Teleshopping-Spots integriert,
25. entgegen den in § 58 Abs. 3 in Verbindung mit § 7a Abs. 3 genannten Voraussetzungen in Bewegtbildangebote Werbung oder Teleshopping integriert,
26. entgegen § 58 Abs. 3 in Verbindung mit § 8 Abs. 1 Satz 1 bei einem gesponserten Bewegtbildangebot nicht auf den Sponsor hinweist,
27. gemäß § 58 Abs. 3 in Verbindung mit § 8 Abs. 3 bis 6 unzulässig gesponserte Bewegtbildangebote verbreitet,“
28. entgegen einer vollziehbaren Anordnung durch die zuständige Aufsichtsbehörde nach § 59 Abs. 3 Satz 2, auch in Verbindung mit Abs. 4 Satz 1 ein Angebot nicht sperrt, oder

29. entgegen § 59 Abs. 7 Satz 3 Angebote gegen den Abruf durch die zuständige Aufsichtsbehörde sperrt.

[3]Weitere landesrechtliche Bestimmungen über Ordnungswidrigkeiten bleiben unberührt.

(2) Die Ordnungswidrigkeit kann mit einer Geldbuße von bis zu 500 000 Euro im Falle des Abs. 1 Satz 2 Nr. 13 und 14 mit einer Geldbuße bis zu 50 000 Euro und im Falle des Abs. 1 Satz 2 Nr. 15 und 16 mit einer Geldbuße bis zu 250 000 Euro geahndet werden.

(3) [1]Zuständige Verwaltungsbehörde im Sinne des § 36 Abs. 1 Nr. 1 des Gesetzes über Ordnungswidrigkeiten ist die Landesmedienanstalt des Landes, in dem die Zulassung erteilt oder beantragt wurde, soweit nicht nach Landesrecht für die Ahndung von Ordnungswidrigkeiten nach Satz 1 Nr. 23 bis 28 und (unterstrichener Satzteil wird durch RÄndStV gelöscht) Satz 2 Nr. 13 bis 29 eine andere Behörde als zuständige Verwaltungsbehörde bestimmt ist. [2]Über die Einleitung eines Verfahrens hat die zuständige Verwaltungsbehörde die übrigen Landesmedienanstalten unverzüglich zu unterrichten. [3]Soweit ein Verfahren nach dieser Vorschrift in mehreren Ländern eingeleitet wurde, stimmen sich die beteiligten Behörden über die Frage ab, welche Behörde das Verfahren fortführt.

(4) [1]Die Landesmedienanstalt des Landes, die einem Veranstalter eines bundesweit verbreiteten Rundfunkprogramms die Zulassung erteilt hat, kann bestimmen, dass Beanstandungen nach einem Rechtsverstoß gegen Regelungen dieses Staatsvertrages sowie rechtskräftige Entscheidungen in einem Ordnungswidrigkeitsverfahren nach Abs. 1 von dem betroffenen Veranstalter in seinem Rundfunkprogramm verbreitet werden. [2]Inhalt und Zeitpunkt der Bekanntgabe sind durch diese Landesmedienanstalt nach pflichtgemäßem Ermessen festzulegen. [3]Abs. 3 Sätze 2 und 3 gilt entsprechend.

(5) Die Verfolgung der in Abs. 1 genannten Ordnungswidrigkeiten verjährt in sechs Monaten.

Fünfter Abschnitt

Plattformen, Übertragungskapazitäten

§ 50 Grundsatz. Die Entscheidung über die Zuordnung, Zuweisung und Nutzung der Übertragungskapazitäten, die zur Verbreitung von Rundfunk und vergleichbaren Telemedien (Telemedien, die an die Allgemeinheit gerichtet sind) dienen, erfolgt nach Maßgabe dieses Staatsvertrages und des jeweiligen Landesrechts.

§ 51 Zuordnung von drahtlosen Übertragungskapazitäten. (1) [1]Über die Anmeldung bei der für Telekommunikation zuständigen Regulierungsbehörde für bundesweite Versorgungsbedarfe an nicht leitungsgebundenen (drahtlosen) Übertragungskapazitäten entscheiden die Länder einstimmig. [2]Für länderübergreifende Bedarfsanmeldungen gilt Satz 1 hinsichtlich der betroffenen Länder entsprechend.

(2) Über die Zuordnung von Übertragungskapazitäten für bundesweite Versorgungsbedarfe an die in der ARD zusammengeschlossenen Landesrundfunkanstalten, das ZDF, das Deutschlandradio oder die Landesmedienanstalten entscheiden die Ministerpräsidenten der Länder durch einstimmigen Beschluss.

(3) [1]Für die Zuordnung gelten insbesondere die folgenden Grundsätze:
1. Zur Verfügung stehende freie Übertragungskapazitäten sind den in der ARD zusammengeschlossenen Landesrundfunkanstalten, dem ZDF oder dem Deutschlandradio und den Landesmedienanstalten bekannt zu machen;
2. reichen die Übertragungskapazitäten für den geltend gemachten Bedarf aus, sind diese entsprechend zuzuordnen;
3. reichen die Übertragungskapazitäten für den geltend gemachten Bedarf nicht aus, wirken die Ministerpräsidenten auf eine Verständigung zwischen den Beteiligten hin; Beteiligte sind für private Anbieter die Landesmedienanstalten;
4. kommt eine Verständigung zwischen den Beteiligten nicht zu Stande, entscheiden die Ministerpräsidenten, welche Zuordnung unter Berücksichtigung der Besonderheiten der Übertragungskapazität sowie unter Berücksichtigung des Gesamtangebots die größtmögliche Vielfalt des Angebotes sichert; dabei sind insbesondere folgende Kriterien zu berücksichtigen:
   a) Sicherung der Grundversorgung mit Rundfunk und Teilhabe des öffentlich-rechtlichen Rundfunks an neuen Techniken und Programmformen,
   b) Belange des privaten Rundfunks und der Anbieter von Telemedien.

[2]Die Zuordnung der Übertragungskapazität erfolgt für die Dauer von längstens 20 Jahren.

(4) Der Vorsitzende der Ministerpräsidentenkonferenz ordnet die Übertragungskapazität gemäß der Entscheidung der Ministerpräsidenten nach Abs. 2 zu.

(5) [1]Wird eine zugeordnete Übertragungskapazität nach Ablauf von 18 Monaten nach Zugang der Zuordnungsentscheidung nicht für die Realisierung des Versorgungsbedarfs genutzt, kann die Zuordnungsentscheidung durch Beschluss der Ministerpräsidenten widerrufen werden; eine Entschädigung wird nicht gewährt. [2]Auf Antrag des Zuordnungsempfängers kann die Frist durch Entscheidung der Ministerpräsidenten verlängert werden.

(6) Die Ministerpräsidenten vereinbaren zur Durchführung der Absätze 2 bis 5 Verfahrensregelungen.

§ 51a Zuweisung von drahtlosen Übertragungskapazitäten an private Anbieter durch die zuständige Landesmedienanstalt. (1) Übertragungskapazitäten für drahtlose bundesweite Versorgungsbedarfe privater Anbieter können Rundfunkveranstaltern, Anbietern von vergleichbaren Telemedien oder Plattformanbietern durch die zuständige Landesmedienanstalt zugewiesen werden.

(2) [1]Werden den Landesmedienanstalten Übertragungskapazitäten zugeordnet, bestimmen sie unverzüglich Beginn und Ende einer Ausschlussfrist, innerhalb der schriftliche Anträge auf Zuweisung von Übertragungskapazitäten gestellt werden können. [2]Beginn und Ende der Antragsfrist, das Verfahren und die wesentlichen Anforderungen an die Antragstellung, insbesondere wie den Anforderungen dieses Staatsvertrages zur Sicherung der Meinungsvielfalt und Angebotsvielfalt genügt werden kann, sind von den Landesmedienanstalten zu bestimmen und in geeigneter Weise zu veröffentlichen (Ausschreibung).

(3) [1]Kann nicht allen Anträgen auf Zuweisung von Übertragungskapazitäten entsprochen werden, wirkt die zuständige Landesmedienanstalt auf eine Verständigung zwischen den Antragstellern hin. [2]Kommt eine Verständigung zustande, legt sie diese ihrer Entscheidung über die Aufteilung der Übertragungskapazitäten zu Grunde, wenn nach den vorgelegten Unterlagen erwartet werden kann, dass in der Gesamtheit der Angebote die Vielfalt der Meinungen und Angebotsvielfalt zum Ausdruck kommt.

(4) [1]Lässt sich innerhalb der von der zuständigen Landesmedienanstalt zu bestimmenden angemessenen Frist keine Einigung erzielen oder entspricht die vorgesehene Aufteilung voraussichtlich nicht dem Gebot der Meinungsvielfalt und Angebotsvielfalt, weist die zuständige Landesmedienanstalt dem Antragsteller die Übertragungskapazität zu, der am ehesten erwarten lässt, dass sein Angebot

1. die Meinungsvielfalt und Angebotsvielfalt fördert,
2. auch das öffentliche Geschehen, die politischen Ereignisse sowie das kulturelle Leben darstellt und
3. bedeutsame politische, weltanschauliche und gesellschaftliche Gruppen zu Wort kommen lässt.

[2]In die Auswahlentscheidung ist ferner einzubeziehen, ob das Angebot wirtschaftlich tragfähig erscheint sowie Nutzerinteressen und -akzeptanz hinreichend berücksichtigt. [3]Für den Fall, dass die Übertragungskapazität einem Anbieter einer Plattform zugewiesen werden soll, ist des Weiteren zu berücksichtigen, ob das betreffende Angebot den Zugang von Fernseh- und Hörfunkveranstaltern sowie Anbietern von vergleichbaren Telemedien einschließlich elektronischer Programmführer zu angemessenen Bedingungen ermöglicht und den Zugang chancengleich und diskriminierungsfrei gewährt.

(5) [1]Die Zuweisung von Übertragungskapazitäten erfolgt für die Dauer von zehn Jahren. [2]Eine einmalige Verlängerung um zehn Jahre ist zulässig. [3]Die Zuweisung ist sofort vollziehbar. [4]Wird eine zugewiesene Übertragungskapazität nach Ablauf von zwölf Monaten nach Zugang der Zuweisungsentscheidung nicht genutzt, kann die zuständige Landesmedienanstalt die Zuweisungsentscheidung nach § 38 Abs. 4 Nr. 2b widerrufen. [5]Auf Antrag des Zuweisungsempfängers kann die Frist verlängert werden.

§ 51b Weiterverbreitung. (1) [1]Die zeitgleiche und unveränderte Weiterverbreitung von bundesweit empfangbaren Fernsehprogrammen, die in Europa in rechtlich zulässiger Weise und entsprechend den Bestimmungen des Europäischen Übereinkommens über das grenzüberschreitende Fernsehen veranstaltet werden, ist zulässig. [2]Die Weiterverbreitung von Fernsehprogrammen kann unter Beachtung europäischer rundfunkrechtlicher Regelungen ausgesetzt werden.

(2) [1]Veranstalter anderer als der in Abs. 1 genannten Fernsehprogramme haben die Weiterverbreitung mindestens einen Monat vor Beginn bei der Landesmedienanstalt anzuzeigen, in deren Geltungsbereich die Programme verbreitet werden sollen. [2]Die Anzeige kann auch der Plattformbetreiber vornehmen. [3]Die Anzeige muss die Nennung eines Programmverantwortlichen, eine Beschreibung des Programms und die Vorlage einer Zulassung oder eines vergleichbaren Dokuments beinhalten. [4]Die Weiterverbreitung ist dem Betreiber der Plattform zu untersagen, wenn das Rundfunkprogramm nicht den Anforderungen des § 3 oder des Jugendmedienschutz-Staatsvertrages entspricht oder wenn der Veranstalter nach dem geltenden Recht des Ursprungslandes zur Veranstaltung von Rundfunk nicht befugt ist oder wenn das Programm nicht inhaltlich unverändert verbreitet wird.

(3) [1]Landesrechtliche Regelungen zur analogen Kanalbelegung für Rundfunk sind zulässig, soweit sie zur Erreichung klar umrissener Ziele von allgemeinem Interesse erforderlich sind. [2]Sie können insbesondere zur Sicherung einer pluralistischen, am Gebot der Meinungsvielfalt und Angebotsvielfalt orientierten, Medienordnung getroffen werden. [3]Einzelheiten, insbesondere die Rangfolge bei der Belegung der Kabelkanäle, regelt das Landesrecht.

§ 52 Plattformen. (1) [1]Die nachstehenden Regelungen gelten für Plattformen auf allen technischen Übertragungskapazitäten. [2]Mit Ausnahme der §§ 52a und f gelten sie nicht für Anbieter von

1. Plattformen in offenen Netzen (Internet, UMTS oder vergleichbare Netze), soweit sie dort über keine marktbeherrschende Stellung verfügen,
2. Plattformen, die sich auf die unveränderte Weiterleitung eines Gesamtangebotes beschränken, das den Vorgaben dieses Abschnitts entspricht,
3. drahtgebundenen Plattformen mit in der Regel weniger als 10 000 angeschlossenen Wohneinheiten oder
4. drahtlosen Plattformen mit in der Regel weniger als 20 000 Nutzern.

[3]Die Landesmedienanstalten legen in den Satzungen und Richtlinien nach § 53 fest, welche Anbieter unter Berücksichtigung der regionalen und lokalen Verhältnisse den Regelungen nach Satz 2 unterfallen.

(2) Eine Plattform darf nur betreiben, wer den Anforderungen des § 20a Abs. 1 und 2 genügt.

(3) [1]Private Anbieter, die eine Plattform mit Rundfunk und vergleichbaren Telemedien anbieten wollen, müssen dies mindestens einen Monat vor Inbetriebnahme der zuständigen Landesmedienanstalt anzeigen. [2]Die Anzeige hat zu enthalten

1. Angaben entsprechend § 20a Abs. 1 und 2 und
2. die Darlegung, wie den Anforderungen der §§ 52a bis 52d entsprochen werden soll.

§ 52a Regelungen für Plattformen. (1) [1]Für die Angebote in Plattformen gilt die verfassungsmäßige Ordnung. [2]Die Vorschriften der allgemeinen Gesetze und die gesetzlichen Bestimmungen zum Schutz der persönlichen Ehre sind einzuhalten.

(2) [1]Plattformanbieter sind für eigene Programme und Dienste verantwortlich. [2]Bei Verfügungen der Aufsichtsbehörden gegen Programme und Dienste Dritter, die über die Plattform verbreitet werden, sind diese zur Umsetzung dieser Verfügung verpflichtet. [3]Sind Maßnahmen gegenüber dem Verantwortlichen von Programmen und Diensten nach Satz 2 nicht durchführbar oder nicht Erfolg versprechend, können Maßnahmen zur Verhinderung des Zugangs von Programmen und Diensten auch gegen den Plattformanbieter gerichtet werden, sofern eine Verhinderung technisch möglich und zumutbar ist.

(3) [1]Der Anbieter einer Plattform darf ohne Zustimmung des jeweiligen Rundfunkveranstalters dessen Programme und vergleichbare Telemedien inhaltlich und technisch nicht verändern sowie einzelne Rundfunkprogramme oder Inhalte nicht in Programmpakete aufnehmen oder in anderer Weise entgeltlich oder unentgeltlich vermarkten. [2]Technische Veränderungen, die ausschließlich einer effizienten Kapazitätsnutzung dienen und die Einhaltung des vereinbarten Qualitätsstandards nicht beeinträchtigen, sind zulässig.

§ 52b Belegung von Plattformen. (1) [1]Für Plattformen privater Anbieter mit Fernsehprogrammen gelten die nachfolgenden Bestimmungen:

1. Der Plattformanbieter hat innerhalb einer technischen Kapazität im Umfang von höchstens einem Drittel der für die digitale Verbreitung von Rundfunk zur Verfügung stehenden Gesamtkapazität sicherzustellen, dass
   a) die erforderlichen Kapazitäten für die für die bundesweite Verbreitung gesetzlich bestimmten beitragsfinanzierten Programme sowie für die Dritten Programme des öffentlich-rechtlichen Rundfunks einschließlich programmbegleitender Dienste, zur Verfügung stehen; die im Rahmen der Dritten Programme verbreiteten Landesfenster sind nur innerhalb der Länder zu verbreiten, für die sie gesetzlich bestimmt sind,
   b) die Kapazitäten für die privaten Fernsehprogramme, die Regionalfenster gemäß § 25 enthalten, zur Verfügung stehen,
   c) die Kapazitäten für die im jeweiligen Land zugelassenen regionalen und lokalen Fernsehprogramme sowie die Offenen Kanäle zur Verfügung stehen; die landesrechtlichen Sondervorschriften für Offene Kanäle und vergleichbare Angebote bleiben unberührt,
   d) die technischen Kapazitäten nach Buchstabe a bis c im Verhältnis zu anderen digitalen Kapazitäten technisch gleichwertig sind,
2. innerhalb einer weiteren technischen Kapazität im Umfang der Kapazität nach Nr. 1 trifft der Plattformanbieter die Entscheidung über die Belegung mit in digitaler Technik verbreiteten Fernsehprogrammen und Telemedien, soweit er darin unter Einbeziehung der Interessen der angeschlossenen Teilnehmer eine Vielzahl von Programmveranstaltern sowie ein vielfältiges Programmangebot an Vollprogrammen, nicht entgeltfinanzierten Program-

men, Spartenprogrammen und Fremdsprachenprogrammen einbezieht sowie vergleichbare Telemedien und Teleshoppingkanäle angemessen berücksichtigt,
3. innerhalb der darüber hinausgehenden technischen Kapazitäten trifft er die Entscheidung über die Belegung allein nach Maßgabe der allgemeinen Gesetze.

[2]Reicht die Kapazität zur Belegung nach Satz 1 nicht aus, sind die Grundsätze des Satzes 1 entsprechend der zur Verfügung stehenden Gesamtkapazität anzuwenden; dabei haben die für das jeweilige Verbreitungsgebiet gesetzlich bestimmten beitragsfinanzierten Programme und programmbegleitende Dienste des öffentlich-rechtlichen Rundfunks Vorrang unbeschadet der angemessenen Berücksichtigung der Angebote nach Satz 1 Nr. 1 Buchst. b und c.

(2) [1]Für Plattformen privater Anbieter mit Hörfunkprogrammen gelten die nachfolgenden Bestimmungen. [2]Der Plattformanbieter hat sicherzustellen, dass
1. innerhalb einer technischen Kapazität im Umfang von höchstens einem Drittel der für die digitale Verbreitung von Hörfunk zur Verfügung stehenden Gesamtkapazität die technischen Kapazitäten für die in dem jeweiligen Verbreitungsgebiet gesetzlich bestimmten beitragsfinanzierten Programme und programmbegleitenden Dienste des öffentlich-rechtlichen Rundfunks zur Verfügung stehen,
2. innerhalb einer weiteren technischen Übertragungskapazität im Umfang nach Nr. 1 trifft der Plattformanbieter die Entscheidung über die Belegung mit in digitaler Technik verbreiteten Hörfunkprogrammen und Telemedien, soweit er darin unter Einbeziehung der Interessen der angeschlossenen Teilnehmer ein vielfältiges Angebot und eine Vielfalt der Anbieter im jeweiligen Verbreitungsgebiet angemessen berücksichtigt,
3. innerhalb der darüber hinausgehenden technischen Kapazität trifft er die Entscheidung über die Belegung allein nach Maßgabe der allgemeinen Gesetze.

[3]Abs. 1 Satz 2 gilt entsprechend. [4]Werden Hörfunk- und Fernsehprogramme auf einer Plattform verbreitet, sind die Programme nach Satz 2 Nr. 1 im Rahmen der Kapazität nach Abs. 1 Satz 1 Nr. 1 Buchst. a zu berücksichtigen.

(3) Der Plattformanbieter ist von den Anforderungen nach Abs. 1 und 2 befreit, soweit
1. der Anbieter der zuständigen Landesmedienanstalt nachweist, dass er selbst oder ein Dritter den Empfang der entsprechenden Angebote auf einem gleichartigen Übertragungsweg und demselben Endgerät unmittelbar und ohne zusätzlichen Aufwand ermöglicht, oder
2. das Gebot der Meinungsvielfalt und Angebotsvielfalt bereits im Rahmen der Zuordnungs- oder Zuweisungsentscheidung nach den § 51 oder 51a berücksichtigt wurde.

(4) [1]Die Entscheidung über die Belegung von Plattformen trifft der Anbieter der Plattform. [2]Programme, die dem Plattformanbieter gemäß § 28 zugerechnet werden können oder von ihm exklusiv vermarktet werden, bleiben bei der Er-

füllung der Anforderungen nach Abs. 1 Nr. 1 und 2 außer Betracht. [3]Der Anbieter einer Plattform hat die Belegung von Rundfunkprogrammen oder Telemedien der zuständigen Landesmedienanstalt spätestens einen Monat vor ihrem Beginn anzuzeigen. [4]Werden die Voraussetzungen der Absätze 1 bis 3 nicht erfüllt, erfolgt die Auswahl der zu verbreitenden Rundfunkprogramme nach Maßgabe dieses Staatsvertrages und des Landesrechts durch die zuständige Landesmedienanstalt. [5]Zuvor ist dem Anbieter einer Plattform eine angemessene Frist zur Erfüllung der gesetzlichen Voraussetzungen zu setzen. [6]Bei Änderung der Belegungen gelten die Sätze 1 bis 5 entsprechend.

§ 52c Technische Zugangsfreiheit. (1) [1]Anbieter von Plattformen, die Rundfunk und vergleichbare Telemedien verbreiten, haben zu gewährleisten, dass die eingesetzte Technik ein vielfältiges Angebot ermöglicht. [2]Zur Sicherung der Meinungsvielfalt und Angebotsvielfalt dürfen Anbieter von Rundfunk und vergleichbaren Telemedien einschließlich elektronischer Programmführer weder unmittelbar noch mittelbar

1. durch Zugangsberechtigungssysteme,
2. durch Schnittstellen für Anwendungsprogramme,
3. durch Benutzeroberflächen, die den ersten Zugriff auf die Angebote herstellen, oder
4. durch sonstige technische Vorgaben zu den Nr. 1 bis 3 auch gegenüber Herstellern digitaler Rundfunkempfangsgeräte

bei der Verbreitung ihrer Angebote unbillig behindert oder gegenüber gleichartigen Anbietern ohne sachlich gerechtfertigten Grund unterschiedlich behandelt werden.

(2) [1]Die Verwendung eines Zugangsberechtigungssystems oder eines Systems nach Abs. 1 Satz 2 Nr. 3 oder einer Schnittstelle für Anwendungsprogramme und die Entgelte hierfür sind der zuständigen Landesmedienanstalt unverzüglich anzuzeigen. [2]Satz 1 gilt für Änderungen entsprechend. [3]Der zuständigen Landesmedienanstalt sind auf Verlangen die erforderlichen Auskünfte zu erteilen.

§ 52d Entgelte, Tarife. [1]Anbieter von Programmen und vergleichbaren Telemedien dürfen durch die Ausgestaltung der Entgelte und Tarife nicht unbillig behindert oder gegenüber gleichartigen Anbietern ohne sachlich gerechtfertigten Grund unterschiedlich behandelt werden. [2]Die Verbreitung von Angeboten nach § 52b Abs. 1 Nr. 1 und 2 oder § 52b Abs. 2 in Verbindung mit Abs. 1 Satz 1 hat zu angemessenen Bedingungen zu erfolgen. [3]Entgelte und Tarife für Angebote nach § 52b Abs. 1 Satz 1 oder Abs. 2 Satz 2 sind offenzulegen. [4]Entgelte und Tarife sind im Rahmen des Telekommunikationsgesetzes so zu gestalten, dass auch regionale und lokale Angebote zu angemessenen und chancengleichen Bedingungen verbreitet werden können. [5]Die landesrechtlichen Sondervorschriften für Offene Kanäle und vergleichbare Angebote bleiben unberührt.

§ 52e Vorlage von Unterlagen, Zusammenarbeit mit der Regulierungsbehörde für Telekommunikation. (1) [1]Anbieter von Plattformen sind verpflichtet, die erforderlichen Unterlagen der zuständigen Landesmedienanstalt auf Verlangen vorzulegen. [2]§§ 21 bis 24 gelten entsprechend.

(2) Ob ein Verstoß gegen § 52c Abs. 1 Nr. 1 oder 2 oder § 52d vorliegt, entscheidet bei Plattformanbietern, die zugleich Anbieter der Telekommunikationsdienstleistung sind, die zuständige Landesmedienanstalt im Benehmen mit der Regulierungsbehörde für Telekommunikation.

§ 52f Maßnahmen durch die zuständige Landesmedienanstalt. Verstößt ein Plattformanbieter gegen die Bestimmungen dieses Staatsvertrages oder des Jugendmedienschutz-Staatsvertrages, gilt § 38 Abs. 2 entsprechend.

§ 53 Satzungen, Richtlinien. [1]Die Landesmedienanstalten regeln durch Satzungen und Richtlinien Einzelheiten zur Konkretisierung der sie betreffenden Bestimmungen dieses Abschnitts mit Ausnahme des § 51. [2]Dabei ist die Bedeutung für die öffentliche Meinungsbildung für den Empfängerkreis in Bezug auf den jeweiligen Übertragungsweg zu berücksichtigen.

§ 53a Überprüfungsklausel. Dieser Abschnitt sowie die ergänzenden landesrechtlichen Regelungen werden regelmäßig alle drei Jahre, erstmals zum 31. August 2011 entsprechend Art. 31 Abs. 1 der Richtlinie 2002/22/EG des Europäischen Parlaments und des Rates vom 7. März 2002 über den Universaldienst und Nutzerrechte bei elektronischen Kommunikationsnetzen und -diensten (Universaldienstrichtlinie) überprüft.

§ 53b Bestehende Zulassungen, Zuordnungen, Zuweisungen, Anzeige von bestehenden Plattformen. (1) [1]Bestehende Zulassungen, Zuordnungen und Zuweisungen für bundesweite Anbieter gelten bis zu deren Ablauf fort. [2]Bestehende Zulassungen und Zuweisungen für Fensterprogrammveranstalter sollen bis zum 31. Dezember 2009 unbeschadet von Vorgaben des § 25 Abs. 4 Satz 4 verlängert werden.

(2) Anbieter von Plattformen, die bei Inkrafttreten dieses Staatsvertrages bereits in Betrieb sind, müssen die Anzeige nach § 52 Abs. 3 spätestens sechs Monate nach Inkrafttreten dieses Staatsvertrages stellen.

Sechster Abschnitt
Telemedien

§ 54 Allgemeine Bestimmungen. (1) [1]Telemedien sind im Rahmen der Gesetze zulassungs- und anmeldefrei. [2]Für die Angebote gilt die verfassungsmäßige Ordnung. [3]Die Vorschriften der allgemeinen Gesetze und die gesetzlichen Bestimmungen zum Schutz der persönlichen Ehre sind einzuhalten.

(2) [1]Telemedien mit journalistisch-redaktionell gestalteten Angeboten, in denen insbesondere vollständig oder teilweise Inhalte periodischer Drucker-

zeugnisse in Text oder Bild wiedergegeben werden, haben den anerkannten journalistischen Grundsätzen zu entsprechen. [2]Nachrichten sind vom Anbieter vor ihrer Verbreitung mit der nach den Umständen gebotenen Sorgfalt auf Inhalt, Herkunft und Wahrheit zu prüfen.

(3) Bei der Wiedergabe von Meinungsumfragen, die von Anbietern von Telemedien durchgeführt werden, ist ausdrücklich anzugeben, ob sie repräsentativ sind.

§ 55 Informationspflichten und Informationsrechte. (1) Anbieter von Telemedien, die nicht ausschließlich persönlichen oder familiären Zwecken dienen, haben folgende Informationen leicht erkennbar, unmittelbar erreichbar und ständig verfügbar zu halten:
1. Namen und Anschrift sowie
2. bei juristischen Personen auch Namen und Anschrift des Vertretungsberechtigten.

(2) [1]Anbieter von Telemedien mit journalistisch-redaktionell gestalteten Angeboten, in denen insbesondere vollständig oder teilweise Inhalte periodischer Druckerzeugnisse in Text oder Bild wiedergegeben werden, haben zusätzlich zu den Angaben nach den §§ 5 und 6 des Telemediengesetzes einen Verantwortlichen mit Angabe des Namens und der Anschrift zu benennen. [2]Werden mehrere Verantwortliche benannt, so ist kenntlich zu machen, für welchen Teil des Dienstes der jeweils Benannte verantwortlich ist. [3]Als Verantwortlicher darf nur benannt werden, wer
1. seinen ständigen Aufenthalt im Inland hat,
2. nicht infolge Richterspruchs die Fähigkeit zur Bekleidung öffentlicher Ämter verloren hat,
3. voll geschäftsfähig ist und
4. unbeschränkt strafrechtlich verfolgt werden kann.

(3) Für Anbieter von Telemedien nach Abs. 2 Satz 1 gilt § 9a entsprechend.

§ 56 Gegendarstellung. (1) [1]Anbieter von Telemedien mit journalistisch-redaktionell gestalteten Angeboten, in denen insbesondere vollständig oder teilweise Inhalte periodischer Druckerzeugnisse in Text oder Bild wiedergegeben werden, sind verpflichtet, unverzüglich eine Gegendarstellung der Person oder Stelle, die durch eine in ihrem Angebot aufgestellte Tatsachenbehauptung betroffen ist, ohne Kosten für den Betroffenen in ihr Angebot ohne zusätzliches Abrufentgelt aufzunehmen. [2]Die Gegendarstellung ist ohne Einschaltungen und Weglassungen in gleicher Aufmachung wie die Tatsachenbehauptung anzubieten. [3]Die Gegendarstellung ist so lange wie die Tatsachenbehauptung in unmittelbarer Verknüpfung mit ihr anzubieten. [4]Wird die Tatsachenbehauptung nicht mehr angeboten oder endet das Angebot vor Aufnahme der Gegendarstellung, so ist die Gegendarstellung an vergleichbarer Stelle so lange anzubieten, wie die ursprünglich angebotene Tatsachenbehauptung. [5]Eine Erwiderung auf die Gegendarstellung muss sich auf tatsächliche Angaben beschränken und darf nicht unmittelbar mit der Gegendarstellung verknüpft werden.

(2) Eine Verpflichtung zur Aufnahme der Gegendarstellung gemäß Abs. 1 besteht nicht, wenn

1. der Betroffene kein berechtigtes Interesse an der Gegendarstellung hat,
2. der Umfang der Gegendarstellung unangemessen über den der beanstandeten Tatsachenbehauptung hinausgeht,
3. die Gegendarstellung sich nicht auf tatsächliche Angaben beschränkt oder einen strafbaren Inhalt hat oder
4. die Gegendarstellung nicht unverzüglich, spätestens sechs Wochen nach dem letzten Tage des Angebots des beanstandeten Textes, jedenfalls jedoch drei Monate nach der erstmaligen Einstellung des Angebots, dem in Anspruch genommenen Anbieter schriftlich und von dem Betroffenen oder seinem gesetzlichen Vertreter unterzeichnet, zugeht.

(3) [1]Für die Durchsetzung des vergeblich geltend gemachten Gegendarstellungsanspruchs ist der ordentliche Rechtsweg gegeben. [2]Auf dieses Verfahren sind die Vorschriften der Zivilprozessordnung über das Verfahren auf Erlass einer einstweiligen Verfügung entsprechend anzuwenden. [3]Eine Gefährdung des Anspruchs braucht nicht glaubhaft gemacht zu werden. [4]Ein Verfahren zur Hauptsache findet nicht statt.

(4) Eine Verpflichtung zur Gegendarstellung besteht nicht für wahrheitsgetreue Berichte über öffentliche Sitzungen der übernationalen parlamentarischen Organe, der gesetzgebenden Organe des Bundes und der Länder sowie derjenigen Organe und Stellen, bei denen das jeweilige Landespressegesetz eine presserechtliche Gegendarstellung ausschließt.

§ 57 Datenschutz bei journalistisch-redaktionellen Zwecken. (1) [1]Soweit Unternehmen und Hilfsunternehmen der Presse als Anbieter von Telemedien personenbezogene Daten ausschließlich zu eigenen journalistisch-redaktionellen oder literarischen Zwecken erheben, verarbeiten oder nutzen, gelten nur die §§ 5, 7, 9 und 38a des Bundesdatenschutzgesetzes mit der Maßgabe, dass nur für Schäden gehaftet wird, die durch die Verletzung des Datengeheimnisses nach § 5 des Bundesdatenschutzgesetzes oder durch unzureichende technische oder organisatorische Maßnahmen im Sinne des § 9 des Bundesdatenschutzgesetzes eintreten. [2]Besondere staatsvertragliche oder landesrechtliche Bestimmungen für den Rundfunk bleiben unberührt.

(2) [1]Werden über Angebote personenbezogene Daten von einem Anbieter von Telemedien ausschließlich zu eigenen journalistisch-redaktionellen Zwecken verarbeitet und wird der Betroffene dadurch in seinen schutzwürdigen Interessen beeinträchtigt, kann er Auskunft über die zugrunde liegenden, zu seiner Person gespeicherten Daten verlangen. [2]Die Auskunft kann nach Abwägung der schutzwürdigen Interessen der Beteiligten verweigert werden, soweit durch die Mitteilung die journalistische Aufgabe des Veranstalters durch Ausforschung des Informationsbestandes beeinträchtigt würde oder aus den Daten

1. auf Personen, die bei der Vorbereitung, Herstellung oder Verbreitung mitgewirkt haben oder

2. auf die Person des Einsenders oder des Gewährträgers von Beiträgen, Unterlagen oder Mitteilungen für den redaktionellen Teil geschlossen werden kann. [3]Der Betroffene kann die Berichtigung unrichtiger Daten oder die Hinzufügung einer eigenen Darstellung von angemessenem Umfang verlangen.

[4]Die Sätze 1 bis 3 gelten nicht für Angebote von Unternehmen und Hilfsunternehmen der Presse, soweit diese der Selbstregulierung durch den Pressekodex und der Beschwerdeordnung des Deutschen Presserates unterliegen.

(3) Führt die journalistisch-redaktionelle Verwendung personenbezogener Daten zur Verbreitung von Gegendarstellungen des Betroffenen oder zu Verpflichtungserklärungen, Verfügungen oder Urteilen über die Unterlassung der Verbreitung oder über den Widerruf des Inhalts der Daten, sind diese Gegendarstellungen, Unterlassungserklärungen oder Widerrufe zu den gespeicherten Daten zu nehmen und dort für dieselbe Zeitdauer aufzubewahren wie die Daten selbst sowie bei einer Übermittlung der Daten gemeinsam mit diesen zu übermitteln.

Neufassung durch 21. RÄndStV:

§ 57 Datenverarbeitung zu journalistischen Zwecken, Medienprivileg.

(1) [1]Soweit die in der ARD zusammengeschlossenen Landesrundfunkanstalten, das ZDF, das Deutschlandradio, private Rundfunkveranstalter oder Unternehmen und Hilfsunternehmen der Presse als Anbieter von Telemedien personenbezogene Daten zu journalistischen Zwecken verarbeiten, ist es den hiermit befassten Personen untersagt, diese personenbezogenen Daten zu anderen Zwecken zu verarbeiten (Datengeheimnis). [2]Diese Personen sind bei der Aufnahme ihrer Tätigkeit auf das Datengeheimnis zu verpflichten. [3]Das Datengeheimnis besteht auch nach Beendigung ihrer Tätigkeit fort. [4]Im Übrigen finden für die Datenverarbeitung zu journalistischen Zwecken außer den Kapiteln I, VIII, X und XI der Verordnung (EU) 2016/679 nur die Artikel 5 Abs. 1 Buchst. f in Verbindung mit Abs. 2, Artikel 24 und Artikel 32 der Verordnung (EU) 2016/679 Anwendung. [5]Artikel 82 und 83 der Verordnung (EU) 2016/679 gelten mit der Maßgabe, dass nur für eine Verletzung des Datengeheimnisses gemäß den Sätzen 1 bis 3 sowie für unzureichende Maßnahmen nach Artikel 5 Abs. 1 Buchst. f, Artikel 24 und 32 der Verordnung (EU) 2016/679 gehaftet wird. [6]Kapitel VIII der Verordnung (EU) 2016/679 findet keine Anwendung, soweit Unternehmen, Hilfs- und Beteiligungs-unternehmen der Presse der Selbstregulierung durch den Pressekodex und der Beschwerdeordnung des Deutschen Presserates unterliegen. [7]Die Sätze 1 bis 6 gelten entsprechend für die zu den in Satz 1 genannten Stellen gehörenden Hilfs- und Beteiligungsunternehmen. Den betroffenen Personen stehen nur die in den Absätzen 2 und 3 genannten Rechte zu.

(2) [1]Werden personenbezogene Daten von einem Anbieter von Telemedien zu journalistischen Zwecken gespeichert, verändert, übermittelt, gesperrt oder gelöscht und wird die betroffene Person dadurch in ihrem Persönlichkeitsrecht beeinträchtigt, kann sie Auskunft über die zugrunde liegenden, zu ihrer Person ge-

speicherten Daten verlangen. ²Die Auskunft kann nach Abwägung der schutzwürdigen Interessen der Beteiligten verweigert werden, soweit

1. *aus den Daten auf Personen, die bei der Vorbereitung, Herstellung oder Verbreitung mitgewirkt haben, geschlossen werden kann,*
2. *aus den Daten auf die Person des Einsenders oder des Gewährsträgers von Beiträgen, Unterlagen und Mitteilungen für den redaktionellen Teil geschlossen werden kann oder*
3. *durch die Mitteilung der recherchierten oder sonst erlangten Daten die journalistische Aufgabe des Anbieters durch Ausforschung des Informationsbestandes beeinträchtigt würde.*

³Die betroffene Person kann die unverzügliche Berichtigung unrichtiger personenbezogener Daten im Datensatz oder die Hinzufügung einer eigenen Darstellung von angemessenem Umfang verlangen. ⁴Die weitere Speicherung der personenbezogenen Daten ist rechtmäßig, wenn dies für die Ausübung des Rechts auf freie Meinungsäußerung und Information oder zur Wahrnehmung berechtigter Interessen erforderlich ist. ⁵Die Sätze 1 bis 3 gelten nicht für Angebote von Unter-nehmen, Hilfs- und Beteiligungsunternehmen der Presse, soweit diese der Selbstregulierung durch den Pressekodex und der Beschwerdeordnung des Deutschen Presserates unterliegen.

(3) Führt die journalistische Verarbeitung personenbezogener Daten zur Verbreitung von Gegendarstellungen der betroffenen Person oder zu Verpflichtungserklärungen, Beschlüssen oder Urteilen über die Unterlassung der Verbreitung oder über den Widerruf des Inhalts der Daten, sind diese Gegendarstellungen, Verpflichtungserklärungen und Widerrufe zu den gespeicherten Daten zu nehmen und dort für dieselbe Zeitdauer aufzubewahren wie die Daten selbst sowie bei einer Übermittlung der Daten gemeinsam mit diesen zu übermitteln.

§ 58 Werbung, Sponsoring, fernsehähnliche Telemedien, Gewinnspiele.

(1) [1]Werbung muss als solche klar erkennbar und vom übrigen Inhalt der Angebote eindeutig getrennt sein. [2]In der Werbung dürfen keine unterschwelligen Techniken eingesetzt werden.

(2) Für Sponsoring bei Fernsehtext gilt § 8 entsprechend.

(3) [1]Für Telemedien mit Inhalten, die nach Form und Inhalt fernsehähnlich sind und die von einem Anbieter zum individuellen Abruf zu einem vom Nutzer gewählten Zeitpunkt und aus einem vom Anbieter festgelegten Inhaltekatalog bereitgestellt werden (audiovisuelle Mediendienste auf Abruf), gelten die §§ 7 und 8 entsprechend. [2]Für Angebote nach § 2 Abs. 3 Nummer 5 gelten zusätzlich die §§ 4 bis 6, 7a und 45 entsprechend.

(4) Für Gewinnspiele in vergleichbaren Telemedien (Telemedien, die an die Allgemeinheit gerichtet sind) gilt § 8a entsprechend.

§ 59 Aufsicht. (1) [1]Die nach den allgemeinen Datenschutzgesetzen des Bundes und der Länder zuständigen Kontrollbehörden überwachen für ihren Bereich die Einhaltung der Datenschutzbestimmungen des Telemediengesetzes sowie des § 57. [2]Die für den Datenschutz im journalistisch-redaktionellen Bereich beim öffentlich-rechtlichen Rundfunk zuständigen Stellen überwachen für ihren Bereich auch die Einhaltung der Datenschutzbestimmungen für journalistisch-redaktionelle Angebote bei Telemedien. [3]Satz 1 gilt nicht, soweit Unternehmen und Hilfsunternehmen der Presse der Selbstregulierung durch den Pressekodex und der Beschwerdeordnung des Deutschen Presserates unterliegen.

(2) Die Einhaltung der Bestimmungen für Telemedien einschließlich der allgemeinen Gesetze und der gesetzlichen Bestimmungen zum Schutz der persönlichen Ehre mit Ausnahme des Datenschutzes wird durch nach Landesrecht bestimmte Aufsichtsbehörden überwacht.

(3) [1]Stellt die jeweils zuständige Aufsichtsbehörde einen Verstoß gegen die Bestimmungen mit Ausnahme der § 54, § 55 Abs. 2 und 3, § 56, § 57 Abs. 2 oder der Datenschutzbestimmungen des Telemediengesetzes fest, trifft sie die zur Beseitigung des Verstoßes erforderlichen Maßnahmen gegenüber dem Anbieter. [2]Sie kann insbesondere Angebote untersagen und deren Sperrung anordnen. [3]Die Untersagung darf nicht erfolgen, wenn die Maßnahme außer Verhältnis zur Bedeutung des Angebots für den Anbieter und die Allgemeinheit steht. [4]Eine Untersagung darf nur erfolgen, wenn ihr Zweck nicht in anderer Weise erreicht werden kann. [5]Die Untersagung ist, soweit ihr Zweck dadurch erreicht werden kann, auf bestimmte Arten und Teile von Angeboten oder zeitlich zu beschränken. [6]Bei journalistisch-redaktionell gestalteten Angeboten, in denen ausschließlich vollständig oder teilweise Inhalte periodischer Druckerzeugnisse in Text oder Bild wiedergegeben werden, ist eine Sperrung nur unter den Voraussetzungen des § 97 Abs. 5 Satz 2 und des § 98 der Strafprozessordnung zulässig. [7]Die Befugnisse der Aufsichtsbehörden zur Durchsetzung der Vorschriften der allgemeinen Gesetze und der gesetzlichen Bestimmungen zum Schutz der persönlichen Ehre bleiben unberührt.

(4) [1]Erweisen sich Maßnahmen gegenüber dem Verantwortlichen nach § 7 des Telemediengesetzes als nicht durchführbar oder nicht Erfolgversprechend, können Maßnahmen zur Sperrung von Angeboten nach Abs. 3 auch gegen den Diensteanbieter von fremden Inhalten nach den §§ 8 bis 10 des Telemediengesetzes gerichtet werden, sofern eine Sperrung technisch möglich und zumutbar ist. [2]§ 7 Abs. 2 des Telemediengesetzes bleibt unberührt.

(5) Wird durch ein Angebot in Rechte Dritter eingegriffen und ist für den Dritten hiergegen der Rechtsweg eröffnet, sollen Anordnungen der Aufsichtsbehörde im Sinne von Abs. 3 nur erfolgen, wenn dies aus Gründen des Gemeinwohls geboten ist.

(6) [1]Für den Vollzug dieses Abschnitts ist die Aufsichtsbehörde des Landes zuständig, in dem der betroffene Anbieter seinen Sitz, Wohnsitz oder in Ermangelung dessen seinen ständigen Aufenthalt hat. [2]Ergibt sich danach keine Zuständigkeit, so ist diejenige Aufsichtsbehörde zuständig, in deren Bezirk der Anlass für die Amtshandlung hervortritt.

(7) [1]Der Abruf von Angeboten im Rahmen der Aufsicht ist unentgeltlich. [2]Diensteanbieter haben dies sicherzustellen. [3]Der Anbieter darf seine Angebote nicht gegen den Abruf durch die zuständige Aufsichtsbehörde sperren.

Neufassungen der Absätze 3, 4 des § 59 durch 21. RÄndStV:

(1) Die nach den allgemeinen Datenschutzgesetzen des Bundes und der Länder zuständigen Aufsichtsbehörden überwachen für ihren Bereich die Einhaltung der allgemeinen Datenschutzbestimmungen und des § 57. Die für den Datenschutz im journalistischen Bereich beim öffentlich-rechtlichen Rundfunk und bei den privaten Rundfunkveranstaltern zuständigen Stellen überwachen für ihren Bereich auch die Einhaltung der Datenschutzbestimmungen für journalistisch-redaktionell gestaltete Angebote bei Telemedien. Eine Aufsicht er-folgt, soweit Unternehmen, Hilfs- und Beteiligungsunternehmen der Presse nicht der Selbstregulierung durch den Pressekodex und der Beschwerdeordnung des Deutschen Presserates unterliegen.

(3) [1]Stellt die jeweils zuständige Aufsichtsbehörde einen Verstoß gegen die Bestimmungen im Sinne des Absatzes 2 mit Ausnahme der § 54, § 55 Abs. 2 und 3, § 56, § 57 Abs. 2 fest, trifft sie die zur Beseitigung des Verstoßes erforderlichen Maßnahmen gegenüber dem Anbieter. [2]Sie kann insbesondere Angebote untersagen und deren Sperrung anordnen. [3]Die Untersagung darf nicht erfolgen, wenn die Maßnahme außer Verhältnis zur Bedeutung des Angebots für den Anbieter und die Allgemeinheit steht. [4]Eine Untersagung darf nur erfolgen, wenn ihr Zweck nicht in anderer Weise erreicht werden kann. [5]Die Untersagung ist, soweit ihr Zweck dadurch erreicht werden kann, auf bestimmte Arten und Teile von Angeboten oder zeitlich zu beschränken. [6]Bei journalistisch-redaktionell gestalteten Angeboten, in denen ausschließlich vollständig oder teilweise Inhalte periodischer Druckerzeugnisse in Text oder Bild wiedergegeben werden, ist eine Sperrung nur unter den Voraussetzungen des § 97 Abs. 5 Satz 2 und des § 98 der Strafprozessordnung zulässig. [7]Die Befugnisse der Aufsichtsbehörden zur Durchsetzung der Vorschriften der allgemeinen Gesetze und der gesetzlichen Bestimmungen zum Schutz der persönlichen Ehre bleiben unberührt.

§ 60 Telemediengesetz, Öffentliche Stellen. (1) [1]Für Telemedien, die den Bestimmungen dieses Staatsvertrages oder den Bestimmungen der übrigen rundfunkrechtlichen Staatsverträge der Länder unterfallen, gelten im Übrigen die Bestimmungen des Telemediengesetzes des Bundes in seiner jeweils geltenden Fassung. [2]Abs. 2 bleibt unberührt.

(2) Für die öffentlichen Stellen der Länder gelten neben den vorstehenden Bestimmungen die Bestimmungen des Telemediengesetzes des Bundes in seiner jeweils geltenden Fassung entsprechend.

§ 61 Notifizierung. Änderungen dieses Abschnittes unterliegen der Notifizierungspflicht gemäß der Richtlinie 98/48/EG des Europäischen Parlaments und des Rates vom 20. Juli 1998 zur Änderung der Richtlinie 98/34/EG über ein Informationsverfahren auf dem Gebiet der Normen und technischen Vorschriften.

Siebter Abschnitt

Übergangs- und Schlussvorschriften

§ 62 Kündigung. (1) [1]Dieser Staatsvertrag gilt für unbestimmte Zeit. [2]Der Staatsvertrag kann von jedem der vertragschließenden Länder zum Schluss des Kalenderjahres mit einer Frist von einem Jahr gekündigt werden. [3]Die Kündigung kann erstmals zum 31. Dezember 2008 erfolgen. [4]Wird der Staatsvertrag zu diesem Termin nicht gekündigt, kann die Kündigung mit gleicher Frist jeweils zu einem zwei Jahre späteren Termin erfolgen. [5]Die Kündigung ist gegenüber dem Vorsitzenden der Ministerpräsidentenkonferenz schriftlich zu erklären. [6]Kündigt ein Land diesen Staatsvertrag, kann es zugleich den Rundfunkgebührenstaatsvertrag und den Rundfunkbeitragsstaatsvertrag zum gleichen Zeitpunkt kündigen; jedes andere Land kann daraufhin innerhalb von sechs Monaten nach Eingang der Kündigungserklärung dementsprechend ebenfalls zum gleichen Zeitpunkt kündigen. [7]Zwischen den übrigen Ländern bleiben diese Staatsverträge in Kraft.

(2) [1]Im Falle der Kündigung verbleibt es bei der vorgenommenen Zuordnung der Satellitenkanäle, solange für diese Kanäle noch Berechtigungen bestehen. [2]Die §§ 11a bis d bleiben im Falle der Kündigung einzelner Länder unberührt.

(3) [1]§ 4 Abs. 1 und 2 kann von jedem der vertragschließenden Länder auch gesondert zum Schluss des Kalenderjahres mit einer Frist von einem Jahr gekündigt werden. [2]Die Kündigung kann erstmals zum 31. Dezember 2008 erfolgen. [3]Wird § 4 Abs. 1 und 2 zu diesem Zeitpunkt nicht gekündigt, kann die Kündigung mit gleicher Frist jeweils zu einem zwei Jahre späteren Zeitpunkt erfolgen. [4]Die Kündigung ist gegenüber dem Vorsitzenden der Ministerpräsidentenkonferenz schriftlich zu erklären. [5]Kündigt ein Land, kann jedes Land innerhalb von drei Monaten nach Eingang der Kündigungserklärung § 4 Abs. 1 und 2 zum gleichen Zeitpunkt kündigen. [6]Die Kündigung eines Landes lässt die gekündigten Bestimmungen dieses Staatsvertrages im Verhältnis der übrigen Länder zueinander unberührt.

(4) [1]§ 12 Abs. 2 kann von jedem der vertragsschließenden Länder auch gesondert zum Schluss des Kalenderjahres mit einer Frist von einem Jahr gekündigt werden. [2]Die Kündigung kann erstmals zum 31. Dezember 2009 erfolgen. [3]Wird § 12 Abs. 2 zu diesem Zeitpunkt nicht gekündigt, kann die Kündigung mit gleicher Frist jeweils zu einem zwei Jahre späteren Zeitpunkt erfolgen. [4]Die Kündigung ist gegenüber dem Vorsitzenden der Ministerpräsidentenkonferenz schriftlich zu erklären. [5]Kündigt ein Land, kann jedes Land innerhalb von drei Monaten nach Eingang der Kündigungserklärung den Rundfunkstaatsvertrag, den ARD-Staatsvertrag, den ZDF-Staatsvertrag, den Staatsvertrag über die Körperschaft des öffentlichen Rechts „Deutschlandradio", den Rundfunkfinanzierungsstaatsvertrag und den Rundfunkbeitragsstaatsvertrag zum gleichen Zeitpunkt kündigen. [6]Die Kündigung eines Landes lässt die gekündigten Bestimmungen dieses Staatsvertrages und die in Satz 5 aufgeführten Staatsverträge im Verhältnis der übrigen Länder zueinander unberührt.

(5) [1]§ 16 Abs. 1, 2 und 5 kann von jedem der vertragschließenden Länder auch gesondert zum Schluss des Kalenderjahres, das auf die Ermittlung des Finanzbedarfs des öffentlich-rechtlichen Rundfunks gemäß § 14 folgt, mit einer Frist von sechs Monaten gekündigt werden, wenn der Rundfunkfinanzierungsstaatsvertrag nicht nach der Ermittlung des Finanzbedarfs gemäß § 14 auf Grund einer Rundfunkbeitragserhöhung geändert wird. [2]Die Kündigung kann erstmals zum 31. Dezember 2008 erfolgen. [3]Wird § 16 Abs. 1, 2 und 5 zu einem dieser Termine nicht gekündigt, kann die Kündigung mit gleicher Frist jeweils zu einem zwei Jahre späteren Termin erfolgen. [4]Die Kündigung ist gegenüber dem Vorsitzenden der Ministerpräsidentenkonferenz schriftlich zu erklären. [5]Kündigt ein Land, kann jedes Land innerhalb von drei Monaten nach Eingang der Kündigungserklärung den Rundfunkbeitragsstaatsvertrag und den Rundfunkfinanzierungsstaatsvertrag zum gleichen Zeitpunkt kündigen. [6]In diesem Fall kann jedes Land außerdem innerhalb weiterer drei Monate nach Eingang der Kündigungserklärung nach Satz 5 und §§ 14 und 17 hinsichtlich einzelner oder sämtlicher Bestimmungen zum gleichen Zeitpunkt kündigen. [7]Zwischen den übrigen Ländern bleiben die gekündigten Bestimmungen dieses Staatsvertrages und die in Satz 5 angegebenen Staatsverträge in Kraft.

§ 63 Übergangsbestimmung für Produktplatzierungen. § 7 Abs. 7 und die §§ 15 und 44 gelten nicht für Sendungen, die vor dem 19. Dezember 2009 produziert wurden.

§ 64 Regelung für Bayern. [1]Der Freistaat Bayern ist berechtigt, eine Verwendung des Anteils am Rundfunkbeitrag nach § 40 zur Finanzierung der landesgesetzlich bestimmten Aufgaben der Bayerischen Landeszentrale für Neue Medien im Rahmen der öffentlich-rechtlichen Trägerschaft vorzusehen. [2]Im übrigen finden die für private Veranstalter geltenden Bestimmungen dieses Staatsvertrages auf Anbieter nach bayerischem Recht entsprechende Anwendung. [3]Abweichende Regelungen zu § 7 Abs. 9 Satz 1 1. Variante zur Umsetzung von Vorgaben der Landesverfassung sind zulässig.

Anlage zu § 11d Abs. 5 Satz 4 des Rundfunkstaatsvertrages

Negativliste öffentlich-rechtlicher Telemedien

1. Anzeigenportale, Anzeigen oder Kleinanzeigen,
2. Branchenregister und -verzeichnisse,
3. Preisvergleichsportale sowie Berechnungsprogramme (z.B. Preisrechner, Versicherungsrechner),
4. Bewertungsportale für Dienstleistungen, Einrichtungen und Produkte,
5. Partner-, Kontakt-, Stellen-, Tauschbörsen,
6. Ratgeberportale ohne Sendungsbezug,
7. Business-Networks,

8. Telekommunikationsdienstleistungen im Sinne von § 3 Nr. 24 des Telekommunikationsgesetzes,
9. Wetten im Sinne von § 762 des Bürgerlichen Gesetzbuches,
10. Softwareangebote, soweit nicht zur Wahrnehmung des eigenen Angebots erforderlich,
11. Routenplaner,
12. Verlinkung ohne redaktionelle Prüfung; Verlinkungen sollen ausschließlich der unmittelbaren Ergänzung, Vertiefung oder Erläuterung eines Eigeninhalts (auch von Beteiligungsunternehmen) dienen und nicht unmittelbar zu Kaufaufforderungen führen,
13. Musikdownload von kommerziellen Fremdproduktionen,
14. Spieleangebote ohne Sendungsbezug,
15. Fotodownload ohne Sendungsbezug,
16. Veranstaltungskalender (sendungsbezogene Hinweise auf Veranstaltungen sind zulässig),
17. Foren, Chats ohne Sendungsbezug und redaktionelle Begleitung; Foren, Chats unter Programm- oder Sendermarken sind zulässig. Foren und Chats dürfen nicht inhaltlich auf Angebote ausgerichtet sein, die nach den Nummern 1 bis 16 unzulässig sind.

Anlage (zu § 11g Abs. 5 Satz 1 des Rundfunkstaatsvertrages)[7]

Negativliste Jugendangebot

1. Anzeigenrubriken, Anzeigen oder Kleinanzeigen,
2. Branchenregister und -verzeichnisse,
3. Preisvergleichsrubriken sowie Berechnungsprogramme (zum Beispiel Preisrechner, Versicherungsrechner),
4. Rubriken für die Bewertung von Dienstleistungen, Einrichtungen und Produkten,
5. Partner-, Kontakt-, Stellen-, Tauschbörsen,
6. Ratgeberrubriken ohne journalistisch-redaktionellen Bezug zum Jugendangebot,
7. Business-Networks,
8. Telekommunikationsdienste im Sinne von § 3 Nr. 24 des Telekommunikationsgesetzes,
9. Wetten im Sinne von § 762 des Bürgerlichen Gesetzbuches,

---

7 Von den weiteren Anlagen zum Programmkonzept- Digitale Fernsehprogramme der ARD, zu den Konzepten für die Zusatzangebote des ZDF und zum Programmkonzept DRadio Wissen wird aus Platzgründen abgesehen. Diese Anlagen finden sich im Volltext des Rundfunkstaatsvertrages (siehe Fundstellen für Volltext in der Vorbemerkung zu Nr. 21).

10. Softwareangebote, soweit nicht zur Wahrnehmung des eigenen Angebots erforderlich,
11. Routenplaner,
12. Verlinkungen ohne redaktionelle Prüfung und Verlinkungen, die unmittelbar zu Kaufaufforderungen führen,
13. Musikdownload von kommerziellen Fremdproduktionen, soweit es sich um ein zeitlich unbefristetes nicht-aktionsbezogenes Angebot zum Download von Musiktiteln handelt,
14. Spieleangebote ohne journalistisch-redaktionellen Bezug zum Jugendangebot,
15. Fotodownload ohne journalistisch-redaktionellen Bezug zum Jugendangebot,
16. Veranstaltungskalender ohne journalistisch-redaktionellen Bezug zum Jugendangebot,
17. Foren und Chats ohne redaktionelle Begleitung. Im Übrigen dürfen Foren und Chats nicht inhaltlich auf Angebote ausgerichtet sein, die nach den Nummern 1 bis 16 unzulässig sind.

Anhang I zum Rundfunkstaatsvertrag (Zulassung privater Hör- und Rundfunkveranstalter)

Als Muster dienen hier die §§ 12-15
des Landesmediengesetzes für Baden-Württemberg
vom 19. Juli 1999 (GBl. BW, S. 273, ber. S. 387;
zuletzt geändert durch Gesetz vom 17. Dezember 2015, GBl. BW, S. 1201)

§ 12 Zulassungserfordernis. (1) [1]Private Veranstalter von Hörfunk- oder Fernsehprogrammen bedürfen einer Zulassung. [2]Sie soll für zehn Jahre erteilt werden, auf Antrag ausnahmsweise auch für eine kürzere Zeitdauer. [3]Die Zulassung darf mit einer Nebenbestimmung nur versehen werden, wenn sie sicherstellen soll, dass die gesetzlichen Voraussetzungen der Zulassung erfüllt werden. [4]Eine Zulassung wird nicht erteilt, wenn der Antragsteller gemäß Art. 2 der Richtlinie 89/552/EWG des Rates zur Koordinierung bestimmter Rechts- und Verwaltungsvorschriften der Mitgliedstaaten über die Ausübung der Fernsehtätigkeit vom 3. Oktober 1989 (ABl. EG Nr. L 298 S. 23), geändert durch die Richtlinie 97/36/EG des Europäischen Parlaments und des Rates vom 30. Juni 1997 (ABl. EG Nr. L 202 S. 60), der Rechtshoheit eines anderen Mitgliedstaates der Europäischen Union oder eines Vertragsstaates des Abkommens über den europäischen Wirtschaftsraum unterliegt.

(2) [1]Die Zulassung wird ausgesprochen für die Programmart (Hörfunk oder Fernsehen) und die Programmkategorie (Vollprogramm oder Spartenprogramm). [2]Sie soll für acht Jahre erteilt werden, auf Antrag ausnahmsweise auch für eine kürzere Zeitdauer. [3]Die Zulassung erlischt, wenn der Veranstalter nicht

binnen drei Jahren nach Erteilung von ihr Gebrauch macht. [4]§ 18 Absatz 1 Satz 3 gilt entsprechend.

(3) Unberührt bleiben
1. telekommunikationsrechtliche Erfordernisse,
2. das Erfordernis einer Zuteilung von Übertragungskapazitäten,
3. das Erfordernis einer Einigung mit dem Betreiber einer Anlage nach § 19 Satz 1 über deren Nutzung,
4. die sonstigen Vorschriften des Rundfunkstaatsvertrages über die Zulassung und das Zulassungsverfahren in ihrer jeweils geltenden Fassung.

(4) [1]Die Zulassung ist nicht übertragbar. [2]Eine Übertragung der Zulassung ist anzunehmen, wenn innerhalb eines Zeitraums von drei Jahren seit der Zulassung mehr als 50 vom Hundert der Kapital- oder Stimmrechtsanteile auf andere Gesellschafter oder Dritte übertragen werden und dies nach den gesamten Umständen, insbesondere bei einer wesentlichen Änderung des Programmkonzeptes oder einer Änderung des Programmnamens, einem Wechsel des Veranstalters gleichkommt. [3]Dies gilt nicht für Übertragungen, die durch Umwandlungen nach dem Umwandlungsgesetz vorgenommen werden.

(5) [1]Geplante Veränderungen der Beteiligungsverhältnisse oder sonstiger Einflüsse sind der Landesanstalt von den Veranstaltern vor ihrem Vollzug schriftlich anzuzeigen. [2]Die Landesanstalt bestätigt die Unbedenklichkeit der Veränderungen, wenn sie weder einer Übertragung der Zulassung gleichkommen noch eine Voraussetzung für die vorrangige Berücksichtigung des Veranstalters bei der Auswahl nach §§ 21 und 22 weggefallen ist und dem Veranstalter im Übrigen auch unter den veränderten Voraussetzungen eine Zulassung erteilt werden könnte.

(6) Keiner Zulassung bedarf die Veranstaltung und Verbreitung von Sendungen ausschließlich in Kabelanlagen, an die weniger als 250 Teilnehmer angeschlossen sind, oder in Einrichtungen, insbesondere Beherbergungsbetrieben, Krankenhäusern, Heimen oder Anstalten, wenn die Sendungen in einem funktionellen Zusammenhang mit den dort zu erfüllenden Aufgaben stehen und sich deren Verbreitung auf ein Gebäude oder einen zusammengehörigen Gebäudekomplex beschränkt oder wenn unselbstständige Wohneinheiten mit den Sendungen versorgt werden sollen.

§ 13 Persönliche Zulassungsvoraussetzungen. (1) [1]Die Zulassung kann erteilt werden
1. juristischen Personen des Privatrechts,
2. Personengesellschaften und nicht rechtsfähigen Personenvereinigungen des Privatrechts, die auf Dauer angelegt sind,
3. natürlichen Personen,
4. Kirchen und anderen öffentlich-rechtlichen Religionsgemeinschaften im Sinne von Art. 140 des Grundgesetzes,
5. Hochschulen in Baden-Württemberg, sofern die Veranstaltung ihren gesetzlichen Aufgaben entspricht.

(2) [1]Die Zulassung setzt voraus, dass der Antragsteller
1. unbeschränkt geschäftsfähig ist,
2. die Fähigkeit, öffentliche Ämter zu bekleiden, nicht durch Richterspruch verloren hat,
3. das Grundrecht der freien Meinungsäußerung nicht nach Art. 18 des Grundgesetzes verwirkt hat,
4. als Vereinigung nicht verboten ist,
5. seinen Wohnsitz oder Sitz in der Bundesrepublik Deutschland oder einem Mitgliedstaat der Europäischen Union oder einem anderen Vertragsstaat des Abkommens über den Europäischen Wirtschaftsraum hat und gerichtlich verfolgt werden kann,
6. die Gewähr dafür bietet, dass er das Programm entsprechend der Zulassung und unter Beachtung der gesetzlichen Vorschriften veranstalten und verbreiten wird.

[2]Die Voraussetzungen nach Satz 1 Nr. 1 bis 3 und 6 müssen bei juristischen Personen oder nicht rechtsfähigen Personenvereinigungen von den gesetzlichen oder satzungsmäßigen Vertretern erfüllt sein. [3]Eine Aktiengesellschaft kann nur dann als Rundfunkveranstalter zugelassen werden, wenn in der Satzung bestimmt ist, dass die Aktien nur als Namensaktien oder als Namensaktien und stimmrechtslose Vorzugsaktien ausgegeben werden dürfen.

(3) Die Zulassung darf nicht erteilt werden an
1. Gebietskörperschaften, deren allgemeinem Weisungsrecht unterliegende juristische Personen des öffentlichen Rechts sowie Personen, die für sie kraft eines Amts- oder Dienstverhältnisses in leitender Stellung tätig sind,
2. Unternehmen oder Vereinigungen, an denen Gebietskörperschaften zu mehr als 10 vom Hundert beteiligt sind, sowie Personen, die für diese Unternehmen oder Vereinigungen kraft eines Arbeits- oder Dienstverhältnisses in leitender Stellung tätig oder Mitglied eines ihrer Organe sind,
3. Mitglieder gesetzgebender Körperschaften sowie Mitglieder der Bundes- oder Landesregierung,
4. öffentlich-rechtliche Rundfunkanstalten sowie Personen, die in einem Arbeits- oder Dienstverhältnis zu einer öffentlich-rechtlichen Rundfunkanstalt stehen oder Mitglied eines ihrer Organe sind,
5. Unternehmen oder Vereinigungen, an denen öffentlich-rechtliche Rundfunkanstalten zu mehr als 33 vom Hundert beteiligt sind oder auf deren Willensbildung sie auf andere rechtliche Weise überwiegend Einfluss nehmen können.

(4) [1]Die Zulassung darf nicht erteilt werden an politische Parteien und Wählervereinigungen sowie Unternehmen und Vereinigungen, an denen politische Parteien oder Wählervereinigungen mittelbar oder unmittelbar beteiligt sind und dadurch bestimmenden Einfluss auf die Programmgestaltung oder die Programminhalte nehmen können. [2]Ein bestimmender Einfluss im Sinne von Satz 1 ist insbesondere dann gegeben, wenn

1. das Unternehmen oder die Vereinigung im Verhältnis eines verbundenen Unternehmens im Sinne von § 15 des Aktiengesetzes zu einer politischen Partei oder Wählervereinigung steht oder
2. politische Parteien oder Wählervereinigungen innerhalb des Unternehmens oder der Vereinigung auf Grund vertraglicher Vereinbarungen, satzungsrechtlicher Bestimmungen oder in sonstiger Weise eine Stellung innehaben, die Entscheidungen über die Programmgestaltung und die Programminhalte von ihrer Zustimmung abhängig macht.

[3]Bei mittelbaren oder unmittelbaren Beteiligungen einer politischen Partei oder Wählervereinigung an einem Unternehmen oder einer Vereinigung von insgesamt nicht mehr als 2,5 Prozent wird vermutet, dass ein bestimmender Einfluss im Sinne von Satz 1 nicht vorliegt. [4]Die Sätze 1 bis 3 gelten entsprechend für Treuhandverhältnisse. [5]Die besonderen Bestimmungen über Wahlwerbung bleiben hiervon unberührt.

(5) [1]Der Antragsteller hat seine Eigentums- und Treuhandverhältnisse sowie alle Rechtsbeziehungen zu Gebietskörperschaften, Rundfunkveranstaltern und Unternehmen auf medienrelevanten Märkten offen zu legen, die für Absatz 3 und für § 25 von Bedeutung sein können. [2]Jede geplante Veränderung von Beteiligungsverhältnissen oder sonstigen Einflüssen ist bei der Landesanstalt vor ihrem Vollzug schriftlich anzuzeigen.

(6) Die Bestimmungen des Absatzes 3 Nr. 1, 2 und 3 sowie des Absatzes 4 gelten entsprechend für ausländische öffentliche oder staatliche Stellen.

§ 14 Sachliche Zulassungsvoraussetzungen. Für die Zulassung muss unter Vorlage eines Programmschemas, das auch über Art und Umfang der vorgesehenen Übernahme von Programmteilen öffentlich-rechtlicher Rundfunkanstalten, privater Rundfunkveranstalter und Dritter sowie über Art und Umfang der vorgesehenen redaktionell selbst gestalteten Beiträge, einschließlich derjenigen zum Geschehen in dem geplanten Verbreitungsgebiet, Aufschluss gibt, und unter Vorlage eines Finanzplans glaubhaft gemacht werden, dass
1. finanziell und organisatorisch die Voraussetzungen für eine regelmäßige Veranstaltung und Verbreitung eines Programms der beantragten Programmart und Programmkategorie erfüllt sind,
2. das Programm, sofern es sich nicht nur um ein Spartenprogramm handelt,
   a) den in § 10 bestimmten Anteil redaktionell selbst gestalteter Sendungen und solcher Sendungen enthalten wird, die sich auf das geplante Verbreitungsgebiet beziehen, soweit dies nach der Art des Programms erwartet werden kann, und
   b) zu einem angemessenen Anteil im Geltungsbereich des Grundgesetzes oder in einem Mitgliedstaat der Europäischen Union oder einem anderen Vertragsstaat des Übereinkommens über den Europäischen Wirtschaftsraum hergestellt wird; § 15 Abs. 2 und § 16 Abs. 1 und 2 des Filmförderungsgesetzes in der Fassung vom 6. August 1998 (BGBl. I S. 2054) gelten entsprechend.

§ 15 Unveränderte Weiterverbreitung anderer Rundfunkprogramme. [1]Die zeitgleiche und unveränderte Weiterverbreitung von Rundfunkprogrammen, die in anderen Ländern der Bundesrepublik veranstaltet werden, sowie von Fernsehprogrammen, die in Europa in rechtlich zulässigerweise und entsprechend den Bestimmungen des Europäischen Übereinkommens über das grenzüberschreitende Fernsehen veranstaltet werden, ist im Rahmen der vorhandenen technischen Möglichkeiten und nach Maßgabe der §§ 20 bis 22 zulässig. [2]Die Weiterverbreitung von Fernsehprogrammen kann unter Beachtung europäischer rundfunkrechtlicher Regelungen ausgesetzt werden.

Anhang II
Organe des öffentlich-rechtlichen-Rundfunks

Auszug
aus dem Gesetz über die Errichtung und die Aufgaben einer
Anstalt des öffentlichen Rechts „Der Bayerische Rundfunk" (BayRG)
in der Fassung der Bekanntmachung vom 22. Oktober 2003,
zuletzt geändert durch Gesetz vom 20. Dezember 2016,
GVBl. S. 427

Art. 5 Organe. Die Organe des Bayerischen Rundfunks sind:
1. der Rundfunkrat
2. der Verwaltungsrat
3. der Intendant

Art. 6 Kontrollrecht und Zusammensetzung des Rundfunkrats. (1) [1]Der Rundfunkrat vertritt die Interessen der Allgemeinheit auf dem Gebiet des Rundfunks. [2]Er wacht darüber, dass der Bayerische Rundfunk seine Aufgaben gemäß dem Gesetz erfüllt und übt das hierzu nötige Kontrollrecht aus. [3]Seine Mitglieder sind verpflichtet, sich in ihrer Tätigkeit für die Gesamtinteressen des Rundfunks und der Rundfunkteilnehmer einzusetzen. [4]Sie sind an Aufträge nicht gebunden.

(2) [1]An der Kontrolle des Rundfunks sind die in Betracht kommenden bedeutsamen politischen, weltanschaulichen und gesellschaftlichen Gruppen nach Maßgabe dieses Gesetzes angemessen zu beteiligen. [2]Die weltanschaulichen und gesellschaftlichen Gruppen wählen oder berufen ihre Vertreter selbst. [3]Die Staatsregierung kann durch Rechtsverordnung das Auswahl- und Entsendungsverfahren in den Fällen regeln, in denen die Entsendung eines Mitglieds des Rundfunkrats mehreren Organisationen oder Stellen obliegt.

(3) [1]Der Rundfunkrat setzt sich zusammen aus:
1. zwölf Vertretern des Landtags, die dieser entsprechend dem Stärkeverhältnis der in ihm vertretenen Parteien und sonstigen organisierten Wählergruppen nach dem Verfahren Sainte-Laguë/Schepers bestimmt; jede Partei und sonstige Wählergruppe stellt mindestens einen Vertreter;

2. einem Vertreter der Staatsregierung;
3. je zwei Vertretern der katholischen und evangelischen Kirche, wobei jeweils die kirchlichen Frauenorganisationen zu berücksichtigen sind, sowie einem Vertreter der Israelitischen Kultusgemeinden;
4. je zwei Vertretern der Gewerkschaften und des Bayerischen Bauernverbands sowie je einem Vertreter der Industrie- und Handelskammern und der Handwerkskammern;
5. je einem Vertreter des Bayerischen Städtetags, des Bayerischen Landkreistags und des Bayerischen Gemeindetags;
6. einem Vertreter des Bundes der Vertriebenen Landesverband Bayern;
7. einem Verbandsvertreter aus dem Bereich Freizeit, Tourismus, Gastronomie und Hotel;
8. einem Vertreter des Bayerischen Jugendrings;
9. zwei Vertretern des Bayerischen Landessportverbands;
10. je einem Vertreter der Schriftsteller-, der Komponisten- und der Musikorganisationen;
11. einem Vertreter der Intendanzen der Bayerischen Staatstheater und einem Vertreter der Leiter der Bayerischen Schauspielbühnen;
12. je einem Vertreter des Bayerischen Journalistenverbands und des Bayerischen Zeitungsverlegerverbands;
13. einem Vertreter der Bayerischen Hochschulen;
14. je einem Vertreter der Lehrerverbände, der Elternvereinigungen und der Organisationen der Erwachsenenbildung;
15. einem Vertreter des Bayerischen Heimattags;
16. einem Vertreter der Familienverbände;
17. einem Vertreter der Vereinigung der Bayerischen Wirtschaft;
18. einem Vertreter des Bundes Naturschutz in Bayern;
19. einem Vertreter des Verbands der freien Berufe;
20. einem Vertreter der Landesarbeitsgemeinschaft Selbsthilfe von Menschen mit Behinderung und chronischer Erkrankung und ihrer Angehörigen in Bayern;
21. einem Vertreter der Arbeitsgemeinschaft der Ausländer-, Migranten- und Integrationsbeiräte Bayerns.

[2]Sofern eine Organisation oder Stelle mehrere Vertreter entsendet, sollen zu gleichen Teilen Frauen und Männer entsandt werden. [3]Im Übrigen soll, sofern ein neuer Vertreter entsandt wird, einem männlichen Vertreter eine Frau und einem weiblichen Vertreter ein Mann nachfolgen. [4]Ist dies auf Grund der Zusammensetzung der entsendungsberechtigten Organisation oder Stelle nicht möglich oder aus sonstigen Gründen nicht sachdienlich, ist gegenüber dem Vorsitzenden des Rundfunkrats bei der Benennung des Mitglieds eine schriftliche Begründung abzugeben. [5]Die Begründung ist dem Rundfunkrat bekannt zu geben und auf der Internetseite des Bayerischen Rundfunks zu veröffentlichen, solange eine Abweichung von der Gleichstellungsregel gegeben ist.

(4) [1]Die Mitglieder des Rundfunkrats werden jeweils für fünf Jahre entsandt. [2]Ihre Amtszeit beginnt am 1. Mai. [3]Die entsendende Organisation oder Stelle kann das von ihr benannte Mitglied bei seinem Ausscheiden aus dieser Organisation oder Stelle abberufen. [4]Scheidet ein Mitglied während der Amtszeit aus, so wird der Nachfolger für den Rest der Amtszeit entsandt.

(5) [1]Die Amtszeit der vom Landtag entsandten Mitglieder beginnt mit dem Zeitpunkt der Entsendung; sie endet mit der Entsendung der neuen Vertreter zu Beginn der nächsten Legislaturperiode. [2]Der Landtag kann ein von ihm entsandtes Mitglied des Rundfunkrats auf Vorschlag der Vertreter der Partei im Landtag, welche das Mitglied nominiert hat, abberufen, wenn das Mitglied nicht mehr dieser Partei angehört und einen neuen Vertreter entsenden.

(6) Die Staatsregierung überprüft die Regelungen zur Zusammensetzung des Rundfunkrats und berichtet dem Landtag über das Ergebnis jeweils nach zehn Jahren, erstmals zum Ende des Jahres 2024.

Art. 7 Arbeitsweise und Aufgaben des Rundfunkrates. (1) [1]Der Rundfunkrat wählt aus seiner Mitte einen Vorsitzenden und dessen Stellvertreter und gibt sich eine Geschäftsordnung. [2]Er beschließt mit Zustimmung des Verwaltungsrats und im Benehmen mit dem Intendanten über die Satzung.

(2) Der Vorsitzende des Rundfunkrats beruft die ordentlichen und außerordentlichen Sitzungen ein.

(3) Zu den Aufgaben des Rundfunkrats gehören insbesondere:
1. die Wahl von Mitgliedern und deren Stellvertreter für überregional errichtete Beratungs- und Kontrollorgane;
2. die Beratung des Intendanten in allen Rundfunkfragen, insbesondere bei der Gestaltung des Programms;
3. die Überwachung der Einhaltung der Grundsätze sowie der von ihm aufgestellten Richtlinien gemäß Art. 4;
4. die Beschlussfassung über die Verwendung der aus dem Betrieb des Bayerischen Rundfunks sich ergebenden Überschüsse (Art. 14).

(4) [1]Der Rundfunkrat soll mindestens alle drei Monate zu einer ordentlichen Sitzung zusammentreten. [2]Auf Antrag wenigstens eines Drittels der Mitglieder, der die zur Beratung vorgeschlagenen Punkte der Tagesordnung enthält, muss der Rundfunkrat zu einer außerordentlichen Sitzung einberufen werden. [3]Der Intendant ist berechtigt und auf Verlangen wenigstens eines Drittels der Mitglieder des Rundfunkrats verpflichtet, an den Sitzungen teilzunehmen.

(5) [1]Die Sitzungen des Rundfunkrats sind öffentlich. [2]Personalangelegenheiten, die aus Gründen des Persönlichkeitsschutzes vertraulich sind, und Angelegenheiten, in denen die Offenlegung von Betriebs- und Geschäftsgeheimnissen Dritter unvermeidlich ist, werden unter Ausschluss der Öffentlichkeit behandelt. [3]Im Übrigen kann der Rundfunkrat im Einzelfall mit der Mehrheit der Stimmen der Anwesenden den Ausschluss der Öffentlichkeit beschließen.

(6) Der Rundfunkrat ist beschlussfähig, wenn die Mehrheit seiner Mitglieder anwesend ist.

(7) Stellt der Rundfunkrat in einer bereits verbreiteten Rundfunksendung einen Verstoß gegen die Grundsätze des Art. 4 fest, soll ein Beitrag verbreitet werden, der geeignet ist, den Verstoß auszugleichen.

(8) [1]Zur Erfüllung seiner Aufgaben kann der Rundfunkrat vom Intendanten und vom Verwaltungsrat die erforderlichen Auskünfte verlangen und Einsicht in die Unterlagen der Anstalt nehmen. [2]Hiermit kann er auch einzelne seiner Mitglieder beauftragen oder im Einzelfall beschließen, auch Sachverständige und Gutachten zu beauftragen.

Art. 8 Ausschüsse des Rundfunkrates. (1) [1]Sitzungen des Rundfunkrats, insbesondere Beschlüsse, können durch Ausschüsse vorbereitet werden. [2]Die Ausschüsse sowie die Zusammensetzung des Ältestenrats des Rundfunkrats sind in der Geschäftsordnung des Rundfunkrats festzulegen. [3]Die Sitzungen der Ausschüsse finden grundsätzlich nichtöffentlich statt.

(2) Der Anteil der vom Landtag, von der Staatsregierung und von den kommunalen Spitzenverbänden entsandten Vertreter darf in den Ausschüssen und im Ältestenrat jeweils insgesamt ein Drittel der Mitglieder nicht übersteigen.

Art. 9 Zusammensetzung des Verwaltungsrates. (1) [1]Der Verwaltungsrat besteht aus

1. dem Präsidenten des Landtags,
2. dem Präsidenten des Verwaltungsgerichtshofs und
3. fünf weiteren Mitgliedern, die vom Rundfunkrat gewählt werden.

[2]Maßgeblich für die Auswahl der Mitglieder nach Satz 1 Nr. 3 soll die Sachkunde sein. [3]Von ihnen soll jeweils mindestens eines verfügen über

1. ein Wirtschaftsprüferexamen,
2. einen Abschluss oder über Kenntnisse und berufliche Erfahrungen auf dem Gebiet der Medienwirtschaft,
3. die Befähigung zum Richteramt.

[4]Die Geschlechter sollen ausgewogen vertreten sein. [5]Wählbar sind auch Mitglieder des Rundfunkrats.

(2) [1]Vorsitzender des Verwaltungsrats ist der Präsident des Bayerischen Landtags. [2]Der stellvertretende Vorsitzende wird in geheimer Wahl von den Mitgliedern des Verwaltungsrats aus ihrer Mitte gewählt. [3]Der Verwaltungsrat gibt sich eine Geschäftsordnung.

(3) [1]Die Amtszeit der Mitglieder nach Abs. 1 Satz 1 Nr. 3 beträgt fünf Jahre. [2]Im Übrigen endet das Amt der Verwaltungsratsmitglieder durch Tod, Niederlegung des Amts, Verlust der Geschäftsfähigkeit, Beendigung der Ämter nach Abs. 1 Satz 1 Nr. 1 und 2 und Abberufung eines gewählten Mitglieds durch den Rundfunkrat aus wichtigem Grund. [3]Über die Abberufung eines gewählten Mitglieds entscheidet der Rundfunkrat mit einer Mehrheit von mindestens zwei Dritteln seiner gesetzlichen Mitgliederzahl.

Art. 10 Aufgaben des Verwaltungsrates. (1) [1]Die Mitglieder des Verwaltungsrates haben die wirtschaftliche und technische Entwicklung des Rundfunks zu fördern. [2]Sie dürfen dabei keine Sonderinteressen vertreten.

(2) Dem Verwaltungsrat obliegt es:
1. den Dienstvertrag mit dem Intendanten abzuschließen;
2. den Bayerischen Rundfunk bei Rechtsgeschäften und Rechtsstreitigkeiten zwischen dem Bayerischen Rundfunk und dem Intendanten zu vertreten;
3. die Geschäftsführung des Intendanten zu überwachen;
4. den vom Intendanten aufgestellten Haushaltsplan und Jahresabschluss zu überprüfen;
5. jährlich die genehmigte Abrechnung sowie den vom Intendanten erstellten Betriebsbericht zu veröffentlichen;
6. die Zustimmung zum Abschluss, zur Abänderung oder zur Aufhebung von Dienstverträgen zu erteilen, soweit nicht der Intendant selbst zuständig ist. Das Nähere bestimmt die Satzung.

Art. 11 Arbeitsweise des Verwaltungsrates. (1) [1]Der Verwaltungsrat wird durch seinen Vorsitzenden einberufen und ist beschlussfähig, wenn mindestens vier seiner Mitglieder anwesend sind. [2]Die Beschlüsse werden mit einfacher Mehrheit gefasst. [3]Die Sitzungen des Verwaltungsrats finden grundsätzlich nichtöffentlich statt.

(2) Der Verwaltungsrat bestellt für seinen Aufgabenbereich einen Geschäftsführer.

(3) [1]Der Verwaltungsrat kann durch eine Regelung in seiner Geschäftsordnung Ausschüsse bilden und diesen auch beschließende Funktionen übertragen. [2]Art. 8 Abs. 1 Satz 1 und 3 und Abs. 2 gilt entsprechend.

Art. 12 Intendant. (1) [1]Der Intendant wird vom Rundfunkrat auf fünf Jahre gewählt. [2]Die Wahl erfolgt mit einfacher Mehrheit der abgegebenen Stimmen. [3]Wiederwahl ist zulässig.

(2) [1]Der Intendant führt die Geschäfte des Bayerischen Rundfunks. [2]Er trägt die Verantwortung für den gesamten Betrieb und die Programmgestaltung. [3]Zum Abschluss eines Rechtsgeschäfts, durch das eine Verbindlichkeit im Wert von 3 000 000 € oder mehr begründet wird, bedarf er der Zustimmung
1. des Ältestenrats im Zusammenhang mit der Herstellung oder dem Erwerb von Programmteilen,
2. des Verwaltungsrats im Übrigen.

(3) [1]Der Intendant vertritt den Bayerischen Rundfunk gerichtlich und außergerichtlich. [2]Das Nähere bestimmt die Satzung.

(4) [1]Der Intendant beruft mit Zustimmung des Rundfunkrats
1. die Programmdirektoren, einen Verwaltungsdirektor, einen technischen und einen juristischen Direktor – Justiziar – sowie aus ihrer Mitte seinen Stellvertreter,

2. die leitenden Angestellten – Hauptabteilungsleiter – und
3. den Jugendschutzbeauftragten.

[2]Die Berufung erfolgt längstens auf fünf Jahre und kann wiederholt werden.

(5) Der Bayerische Rundfunk veröffentlicht sämtliche erbrachten und zugesagten geldwerten Leistungen an den Intendanten und die in Abs. 4 Satz 1 genannten zustimmungspflichtigen Mitarbeiter sowie die Tarifstrukturen und außertariflichen Vereinbarungen, die vom Verwaltungsrat beschlossen wurden.

(6) [1]Die Abberufung erfolgt in Fällen grober Pflichtverletzung oder aus sonstigen wichtigen Gründen. [2]Als grobe Pflichtverletzung gilt insbesondere der Missbrauch des Rundfunks zur Verletzung der verfassungsmäßig festgelegten Grundrechte und der demokratischen Freiheiten. [3]Zur Abberufung ist eine Zwei-Drittel-Mehrheit der gesetzlichen Mitglieder des Rundfunkrats erforderlich.

(7) [1]Der Intendant kann gegen seine Abberufung das Schiedsgericht anrufen. [2]Seine Tätigkeit ruht bis zum Erlass eines Schiedsspruchs. [3]Das Schiedsgericht setzt sich aus fünf Schiedsrichtern zusammen, von denen drei, darunter der Vorsitzende, die Befähigung zum Richteramt haben müssen. [4]Der Vorsitzende wird vom Präsidenten des Oberlandesgerichts München ernannt, je ein weiterer richterlicher Beisitzer von den Präsidenten der Oberlandesgerichte Nürnberg und Bamberg. [5]Je ein Schiedsrichter wird von den streitenden Teilen ernannt.

Art. 13 Haushaltsplanung und Rechnungslegungs. (1) [1]Der Intendant muss alle Einnahmen und Ausgaben des Bayerischen Rundfunks für das kommende Haushaltsjahr veranschlagen und in den Haushaltsplan einstellen. [2]Der Haushaltsplan bedarf nach Überprüfung durch den Verwaltungsrat der Genehmigung des Rundfunkrats. [3]Der Rundfunkrat nimmt den Prüfungsbericht des Obersten Rechnungshofs entgegen.

(2) [1]Nach Ablauf des Haushaltsjahres legt der Intendant über die Einnahmen und Ausgaben Rechnung. [2]Der Jahresabschluss wird vom Verwaltungsrat überprüft. [3]Der Rundfunkrat stellt den Jahresabschluss fest und beschließt über die Entlastung des Intendanten. [4]Die Rechnungsprüfung erfolgt durch den Obersten Rechnungshof.

(3) [1]Der Oberste Rechnungshof prüft entsprechend Art. 111 Abs. 1 der Bayerischen Haushaltsordnung die Haushalts- und Wirtschaftsführung bei solchen Unternehmen des privaten Rechts, an denen der Bayerische Rundfunk unmittelbar, mittelbar oder zusammen mit anderen Anstalten oder Körperschaften des öffentlichen Rechts mit der Mehrheit beteiligt ist und deren Gesellschaftsvertrag oder Satzung diese Prüfungen durch den Obersten Rechnungshof vorsieht. [2]Der Bayerische Rundfunk ist verpflichtet, für die Aufnahme der erforderlichen Regelungen in den Gesellschaftsvertrag oder die Satzung der Unternehmen zu sorgen.

(4) [1]Der Oberste Rechnungshof unterrichtet die Rechtsaufsichtsbehörde und den Bayerischen Landtag über die wesentlichen Ergebnisse seiner Prüfung und die finanzielle Entwicklung des Bayerischen Rundfunks. [2]Bei der Unterrich-

tung über die Ergebnisse von Prüfungen nach Abs. 3 achtet der Oberste Rechnungshof darauf, dass die Wettbewerbsfähigkeit der geprüften Unternehmen nicht beeinträchtigt wird und insbesondere Betriebs- oder Geschäftsgeheimnisse gewahrt werden.

Ähnliche Bestimmungen zu den Organen enthalten:[8]

§§ **13-30** des Staatsvertrages über den Südwestrundfunk vom 31. Mai 1997 (GVBl. für das Land Rheinland-Pfalz 1997, S. 260; zuletzt geändert durch Gesetz vom 3. Dezember 2013, GVBl. für das Land Rheinland-Pfalz, S. 557) BW, RP

§§ **12-23** des Staatsvertrages über die Errichtung einer gemeinsamen Rundfunkanstalt der Länder Berlin und Brandenburg vom 25. Juni 2002 (GVBl. Bbg I, S. 138; zuletzt geändert durch Art. 1 Erster RBB-ÄnderungsStV vom 30. August 2013, GVBl. S. 635) BE, BB

§§ **7-18a** Radio Bremen Gesetz – (RBG) – in der Fassung vom 22. März 2016 (Brem. GBl. S. 158)

§§ **16-30** Staatsvertrag über den Norddeutschen Rundfunk (NDR) vom 10. März 1992 (HmbGVBl. 1992, S. 39; zuletzt geändert durch Gesetz vom 1. Mai 2005, HmbGVBl. 2005, S. 52) HH, MV, ND, SH

§§ **13-26** Gesetz über den Westdeutschen Rundfunk Köln (WDR-Gesetz) vom 23. März 1985 in der Fassung vom 2. Februar 2016 (GV. NRW 2013, S. 79) NRW

§§ **4-16** des Gesetzes über den Hessischen Rundfunk vom 2. Oktober 1948 in der Fassung des Gesetzes vom 23. Oktober 2016 (GVBl. I Hessen 2010, S. 178)

§§ **18-31** des Staatsvertrages über den Mitteldeutschen Rundfunk (MDR) vom 30. Mai 1991 (zuletzt geändert durch Gesetz vom 30. November 2011, GVBl. Thür. S. 479) SN, ST, TH

§§ **27 ff.** des Saarländischen Mediengesetzes vom 27. Februar 2002, zuletzt geändert durch Gesetz vom 1. Dezember 2015 (Amtsbl. I, S. 913)

Organe von ARD und ZDF (vgl. Nr. 23, 24 im Anschluss)

§§ **5-7** des ARD-Staatsvertrages vom 31. August 1991 (Programmdirektor für die Gestaltung des gemeinsamen Programms der in der ARD zusammengeschlossenen Landesrundfunkanstalten; Programmbeirat)

§§ **19-28** des ZDF-Staatsvertrages vom 31. August 1991

8 Die Staatsverträge bzw. Gesetze finden sich über **Juris** oder über die **Internetseiten** der einzelnen Sender.

Rundfunkbeitragsstaatsvertrag

Gem. Artikel 1 f. des 15. Rundfunkänderungsstaatsvertrages[1]
zuletzt geändert durch Art. 4
des 19. Rundfunkänderungsstaatsvertrages (GBl. BW 2016, S. 477)[2]

INHALTSVERZEICHNIS

§ 1 Zweck des Rundfunkbeitrags. Der Rundfunkbeitrag dient der funktionsgerechten Finanzausstattung des öffentlich- rechtlichen Rundfunks im Sinne von § 12 Abs. 1 des Rundfunkstaatsvertrages sowie der Finanzierung der Aufgaben nach § 40 des Rundfunkstaatsvertrages.

§ 2 Rundfunkbeitrag im privaten Bereich. (1) Im privaten Bereich ist für jede Wohnung von deren Inhaber (Beitragsschuldner) ein Rundfunkbeitrag zu entrichten.

(2) [1]Inhaber einer Wohnung ist jede volljährige Person, die die Wohnung selbst bewohnt. [2]Als Inhaber wird jede Person vermutet, die

---

1 Art. 1 f. des 15. Rundfunkänderungsstaatsvertrages sehen die Einführung des hier abgedruckten Rundfunkbeitragsstaatsvertrages und die Ablösung des Rundfunkgebührenstaatsvertrages vor. Der Rundfunkbeitragsstaatsvertrag trat nach Ratifizierung durch alle 16 Bundesländer zum 1. Januar 2013 in Kraft. Die Vorschriften nach § 14 Abs. 1, 2 und 6 des Rundfunkbeitragsstaatsvertrages gelten bereits seit 1. Januar 2012. Von dem Abdruck des bisherigen Rundfunkgebührenstaatsvertrages in der Fassung des Zwölften Staatsvertrags zur Änderung rundfunkrechtlicher Staatsverträge wird daher abgesehen. Die relevanten Rundfunkänderungsstaatsverträge können auf der Homepage der Staatskanzlei des Landes Rheinland-Pfalz unter der Rubrik Medienpolitik (https://www.rlp.de/fr/landesregierung/staatskanzlei/medienpolitik/) eingesehen werden. Zu den Änderungen durch den 19. Rundfunkänderungsstaatsvertrag siehe Vorbemerkungen zu → Nr. **21**.

2 Der 21. RÄndStV sieht in Art. 2 auch Änderung des Rundfunkbeitragsstaatsvertrages vor. Diese sind bei den entsprechenden Normen vermerkt.

1. dort nach dem Melderecht gemeldet ist oder
2. im Mietvertrag für die Wohnung als Mieter genannt ist.

(3) [1]Mehrere Beitragsschuldner haften als Gesamtschuldner entsprechend § 44 der Abgabenordnung. [2]Die Landesrundfunkanstalt kann von einem anderen als dem bisher in Anspruch genommenen Beitragsschuldner für eine Wohnung für zurückliegende Zeiträume keinen oder nur einen ermäßigten Beitrag erheben, wenn dieser das Vorliegen der Voraussetzungen für eine Befreiung oder Ermäßigung gemäß § 4 Absatz 7 Satz 2 im Zeitpunkt der Inanspruchnahme nachweist.

(4) Ein Rundfunkbeitrag ist nicht zu entrichten von Beitragsschuldnern, die aufgrund Artikel 2 des Gesetzes vom 6. August 1964 zu dem Wiener Übereinkommen vom 18. April 1961 über diplomatische Beziehungen (BGBl. 1964 II S. 957) oder entsprechender Rechtsvorschriften Vorrechte genießen.

§ 3 Wohnung. (1) Wohnung im Sinne dieses Staatsvertrages ist unabhängig von der Zahl der darin enthaltenen Räume jede ortsfeste, baulich abgeschlossene Raumeinheit, die
1. zum Wohnen oder Schlafen geeignet ist oder genutzt wird und
2. durch einen eigenen Eingang unmittelbar von einem Treppenhaus, einem Vorraum oder von außen, nicht ausschließlich über eine andere Wohnung, betreten werden kann. Nicht ortsfeste Raumeinheiten gelten als Wohnung, wenn sie Wohnungen im Sinne des Melderechts sind.

(2) Nicht als Wohnung gelten Raumeinheiten in folgenden Betriebsstätten:
1. Raumeinheiten in Gemeinschaftsunterkünften, insbesondere Kasernen, Unterkünfte für Asylbewerber, Internate,
2. Raumeinheiten, die der nicht dauerhaften heim- oder anstaltsmäßigen Unterbringung dienen, insbesondere in Behinderten- und Pflegeheimen,
3. Raumeinheiten mit vollstationärer Pflege in Alten- und Pflegewohnheimen, die durch Versorgungsvertrag nach § 72 des Elften Buches des Sozialgesetzbuches zur vollstationären Pflege zugelassen sind,
4. Raumeinheiten in Wohneinrichtungen, die Leistungen im Sinne des § 75 Abs. 3 Satz 1 des Zwölften Buches des Sozialgesetzbuches für Menschen mit Behinderungen erbringen und hierzu mit dem Träger der Sozialhilfe eine Vereinbarung geschlossen haben,
5. Patientenzimmer in Krankenhäusern und Hospizen,
6. Hafträume in Justizvollzugsanstalten und
7. Raumeinheiten, die der vorübergehenden Unterbringung in Beherbergungsstätten dienen, insbesondere Hotel- und Gästezimmer, Ferienwohnungen, Unterkünfte in Seminar- und Schulungszentren.

§ 4 Befreiungen von der Beitragspflicht, Ermäßigung (1) Von der Beitragspflicht nach § 2 Absatz 1 werden auf Antrag folgende natürliche Personen befreit:
1. Empfänger von Hilfe zum Lebensunterhalt nach dem Dritten Kapitel des Zwölften Buches des Sozialgesetzbuches (Sozialhilfe) oder nach den §§ 27a oder 27d des Bundesversorgungsgesetzes,

2. Empfänger von Grundsicherung im Alter und bei Erwerbsminderung (Viertes Kapitel des Zwölften Buches des Sozialgesetzbuches),
3. Empfänger von Sozialgeld oder Arbeitslosengeld II einschließlich von Leistungen nach § 22 des Zweiten Buches des Sozialgesetzbuches,
4. Empfänger von Leistungen nach dem Asylbewerberleistungsgesetz,
5. nicht bei den Eltern wohnende Empfänger von
   a) Ausbildungsförderung nach dem Bundesausbildungsförderungsgesetz,
   b) Berufsausbildungsbeihilfe nach den §§ 114, 115 Nr. 2 des Dritten Buches des Sozialgesetzbuches oder nach dem Dritten Kapitel, Dritter Abschnitt, Dritter Unterabschnitt des Dritten Buches des Sozialgesetzbuches oder
   c) Ausbildungsgeld nach den §§ 122 ff. des Dritten Buches des Sozialgesetzbuches,
   6.Sonderfürsorgeberechtigte im Sinne des § 27e des Bundesversorgungsgesetzes,
7. Empfänger von Hilfe zur Pflege nach dem Siebten Kapitel des Zwölften Buches des Sozialgesetzbuches oder von Hilfe zur Pflege als Leistung der Kriegsopferfürsorge nach dem Bundesversorgungsgesetz oder von Pflegegeld nach landesgesetzlichen Vorschriften,
8. Empfänger von Pflegezulagen nach § 267 Absatz 1 des Lastenausgleichsgesetzes oder Personen, denen wegen Pflegebedürftigkeit nach § 267 Absatz 2 Satz 1 Nr. 2 Buchstabe c des Lastenausgleichsgesetzes ein Freibetrag zuerkannt wird,
9. Volljährige, die im Rahmen einer Leistungsgewährung nach dem Achten Buch des Sozialgesetzbuches in einer stationären Einrichtung nach § 45 des Achten Buches des Sozialgesetzbuches leben, und
10. taubblinde Menschen und Empfänger von Blindenhilfe nach § 72 des Zwölften Buches des Sozialgesetzbuches oder nach § 27d des Bundesversorgungsgesetzes.

(2) [1]Der Rundfunkbeitrag nach § 2 Absatz 1 wird auf Antrag für folgende natürliche Personen auf ein Drittel ermäßigt:

1. blinde oder nicht nur vorübergehend wesentlich sehbehinderte Menschen mit einem Grad der Behinderung von wenigstens 60 allein wegen der Sehbehinderung,
2. hörgeschädigte Menschen, die gehörlos sind oder denen eine ausreichende Verständigung über das Gehör auch mit Hörhilfen nicht möglich ist, und
3. behinderte Menschen, deren Grad der Behinderung nicht nur vorübergehend wenigstens 80 beträgt und die wegen ihres Leidens an öffentlichen Veranstaltungen ständig nicht teilnehmen können.

[2]Absatz 1 bleibt unberührt.

(3) Die dem Antragsteller gewährte Befreiung oder Ermäßigung erstreckt sich innerhalb der Wohnung

1. auf dessen Ehegatten,
2. auf den eingetragenen Lebenspartner,

3. auf Kinder des Antragstellers und der unter den Nummern 1 und 2 genannten Personen bis zur Vollendung des 25. Lebensjahres und
4. auf die Wohnungsinhaber, deren Einkommen und Vermögen bei der Gewährung einer Sozialleistung nach Absatz 1 berücksichtigt worden sind.

(4) [1]Die Dauer der Befreiung oder Ermäßigung richtet sich nach dem Gültigkeitszeitraum des Nachweises nach Absatz 7 Satz 2. [2]Sie beginnt mit dem Ersten des Monats, in dem der Gültigkeitszeitraum beginnt, frühestens jedoch drei Jahre vor dem Ersten des Monats, in dem die Befreiung oder Ermäßigung beantragt wird. [3]War der Antragsteller aus demselben Befreiungsgrund nach Absatz 1 über einen zusammenhängenden Zeitraum von mindestens zwei Jahren von der Beitragspflicht befreit, so wird bei einem unmittelbar anschließenden, auf denselben Befreiungsgrund gestützten Folgeantrag vermutet, dass die Befreiungsvoraussetzungen über die Gültigkeitsdauer des diesem Antrag zugrunde liegenden Nachweises nach Absatz 7 Satz 2 hinaus für ein weiteres Jahr vorliegen. [4]Ist der Nachweis nach Absatz 7 Satz 2 unbefristet, so kann die Befreiung auf drei Jahre befristet werden, wenn eine Änderung der Umstände möglich ist, die dem Tatbestand zugrunde liegen.

(5) [1]Wird der Bescheid nach Absatz 7 Satz 2 unwirksam, zurückgenommen oder widerrufen, so endet die Befreiung oder Ermäßigung zum selben Zeitpunkt. [2]Die Befreiung endet auch dann, wenn die nach Absatz 4 Satz 3 vermuteten Befreiungsvoraussetzungen nicht oder nicht mehr vorliegen oder wenn die Voraussetzungen für die Befreiung nach Absatz 6 Satz 2 entfallen. [3]Derartige Umstände sind vom Beitragsschuldner unverzüglich der zuständigen Landesrundfunkanstalt mitzuteilen.

(6) [1]Unbeschadet der Beitragsbefreiung nach Absatz 1 hat die Landesrundfunkanstalt in besonderen Härtefällen auf gesonderten Antrag von der Beitragspflicht zu befreien. [2]Ein Härtefall liegt insbesondere vor, wenn eine Sozialleistung nach Absatz 1 Nr. 1 bis 10 in einem durch die zuständige Behörde erlassenen Bescheid mit der Begründung versagt wurde, dass die Einkünfte die jeweilige Bedarfsgrenze um weniger als die Höhe des Rundfunkbeitrags überschreiten. [3]In den Fällen von Satz 1 gilt Absatz 4 entsprechend. [4]In den Fällen von Satz 2 beginnt die Befreiung mit dem Ersten des Monats, in dem der ablehnende Bescheid ergangen ist, frühestens jedoch drei Jahre vor dem Ersten des Monats, in dem die Befreiung beantragt wird; die Befreiung wird für die Dauer eines Jahres gewährt.

(7) [1]Der Antrag auf Befreiung oder Ermäßigung ist vom Beitragsschuldner schriftlich bei der zuständigen Landesrundfunkanstalt zu stellen. [2]Die Voraussetzungen für die Befreiung oder Ermäßigung sind durch die entsprechende Bestätigung der Behörde oder des Leistungsträgers in Kopie oder durch den entsprechenden Bescheid in Kopie nachzuweisen; auf Verlangen ist die Bestätigung der Behörde oder des Leistungsträgers im Original oder der Bescheid im Original oder in beglaubigter Kopie vorzulegen. [3]Im Falle des Absatzes 1 Nr. 10 1. Alternative genügt eine ärztliche Bescheinigung. [4]Dabei sind auch die Namen der weiteren volljährigen Bewohner der Wohnung mitzuteilen.

§ 5 Rundfunkbeitrag im nicht privaten Bereich. (1) [1]Im nicht privaten Bereich ist für jede Betriebsstätte von deren Inhaber (Beitragsschuldner) ein Rundfunkbeitrag nach Maßgabe der folgenden Staffelung zu entrichten. [2]Die Höhe des zu leistenden Rundfunkbeitrags bemisst sich nach der Zahl der neben dem Inhaber Beschäftigten und beträgt für eine Betriebsstätte

1. mit keinem oder bis acht Beschäftigten ein Drittel des Rundfunkbeitrags,
2. mit neun bis 19 Beschäftigten einen Rundfunkbeitrag,
3. mit 20 bis 49 Beschäftigten zwei Rundfunkbeiträge,
4. mit 50 bis 249 Beschäftigten fünf Rundfunkbeiträge,
5. mit 250 bis 499 Beschäftigten zehn Rundfunkbeiträge,
6. mit 500 bis 999 Beschäftigten 20 Rundfunkbeiträge,
7. mit 1.000 bis 4.999 Beschäftigten 40 Rundfunkbeiträge,
8. mit 5.000 bis 9.999 Beschäftigten 80 Rundfunkbeiträge,
9. mit 10.000 bis 19.999 Beschäftigten 120 Rundfunkbeiträge und
10. mit 20.000 oder mehr Beschäftigten 180 Rundfunkbeiträge.

(2) [1]Unbeschadet der Beitragspflicht für Betriebsstätten nach Absatz 1 ist jeweils ein Drittel des Rundfunkbeitrags zu entrichten vom

1. Inhaber einer Betriebsstätte für jedes darin befindliche Hotel- und Gästezimmer und für jede Ferienwohnung zur vorübergehenden entgeltlichen Beherbergung Dritter ab der zweiten Raumeinheit und
2. Inhaber eines Kraftfahrzeugs (Beitragsschuldner) für jedes zugelassene Kraftfahrzeug, das zu gewerblichen Zwecken oder einer anderen selbständigen Erwerbstätigkeit oder zu gemeinnützigen oder öffentlichen Zwecken des Inhabers genutzt wird; auf den Umfang der Nutzung zu diesen Zwecken kommt es nicht an; Kraftfahrzeuge sind Personenkraftwagen, Lastkraftwagen und Omnibusse; ausgenommen sind Omnibusse, die für den öffentlichen Personennahverkehr nach § 2 des Gesetzes zur Regionalisierung des öffentlichen Personennahverkehrs eingesetzt werden.

[2]Ein Rundfunkbeitrag nach Satz 1 Nr. 2 ist nicht zu entrichten für jeweils ein Kraftfahrzeug für jede beitragspflichtige Betriebsstätte des Inhabers.

(3) [1]Für jede Betriebsstätte folgender Einrichtungen gilt Absatz 1 mit der Maßgabe, dass höchstens ein Drittel des Rundfunkbeitrags zu entrichten ist:

1. gemeinnützige Einrichtungen für behinderte Menschen, insbesondere Heime, Ausbildungsstätten oder Werkstätten für behinderte Menschen,
2. gemeinnützige Einrichtungen der Jugendhilfe im Sinne des Kinder- und Jugendhilfegesetzes (Achtes Buch des Sozialgesetzbuches),
3. gemeinnützige Einrichtungen für Suchtkranke, der Altenhilfe, für Nichtsesshafte und Durchwandererheime,
4. eingetragene gemeinnützige Vereine und Stiftungen,
5. öffentliche allgemeinbildende oder berufsbildende Schulen, staatlich genehmigte oder anerkannte Ersatzschulen oder Ergänzungsschulen, soweit sie auf gemeinnütziger Grundlage arbeiten, sowie Hochschulen nach dem Hochschulrahmengesetz und
6. Feuerwehr, Polizei, Bundeswehr, Zivil- und Katastrophenschutz.

[2]Abgegolten ist damit auch die Beitragspflicht für auf die Einrichtung oder deren Rechtsträger zugelassene Kraftfahrzeuge, wenn sie ausschließlich für Zwecke der Einrichtung genutzt werden. [3]Die Gemeinnützigkeit im Sinne der Abgabenordnung ist der zuständigen Landesrundfunkanstalt auf Verlangen nachzuweisen.

(4) [1]Auf Antrag ist ein Rundfunkbeitrag nach Absatz 1 und 2 insoweit nicht zu entrichten, als der Inhaber glaubhaft macht und auf Verlangen nachweist, dass die Betriebsstätte mindestens drei zusammenhängende volle Kalendermonate vorübergehend stillgelegt ist. [2]Das Nähere regelt die Satzung nach § 9 Absatz 2.

(5) Ein Rundfunkbeitrag nach Absatz 1 ist nicht zu entrichten für Betriebsstätten

1. die gottesdienstlichen Zwecken gewidmet sind,
2. in denen kein Arbeitsplatz eingerichtet ist oder
3. die sich innerhalb einer beitragspflichtigen Wohnung befinden, für die bereits ein Rundfunkbeitrag entrichtet wird.

(6) Ein Rundfunkbeitrag nach Absatz 1 und 2 ist nicht zu entrichten von

1. den öffentlich-rechtlichen Rundfunkanstalten, den Landesmedienanstalten oder den nach Landesrecht zugelassenen privaten Rundfunkveranstaltern oder -anbietern oder
2. diplomatischen Vertretungen (Botschaft, Konsulat) eines ausländischen Staates.

§ 6 Betriebsstätte, Beschäftigte. (1) [1]Betriebsstätte ist jede zu einem eigenständigen, nicht ausschließlich privaten Zweck bestimmte oder genutzte ortsfeste Raumeinheit oder Fläche innerhalb einer Raumeinheit. [2]Dabei gelten mehrere Raumeinheiten auf einem Grundstück oder auf zusammenhängenden Grundstücken, die demselben Inhaber zuzurechnen sind, als eine Betriebsstätte. [3]Auf den Umfang der Nutzung zu den jeweiligen nicht-privaten Zwecken sowie auf eine Gewinnerzielungsabsicht oder eine steuerliche Veranlagung des Beitragsschuldners kommt es nicht an.

(2) [1]Inhaber der Betriebsstätte ist die natürliche oder juristische Person, die die Betriebsstätte im eigenen Namen nutzt oder in deren Namen die Betriebsstätte genutzt wird. [2]Als Inhaber wird vermutet, wer für diese Betriebsstätte in einem Register, insbesondere Handels-, Gewerbe-, Vereins- oder Partnerschaftsregister eingetragen ist. [3]Inhaber eines Kraftfahrzeugs ist derjenige, auf den das Kraftfahrzeug zugelassen ist.

(3) Als Betriebsstätte gilt auch jedes zu gewerblichen Zwecken genutzte Motorschiff.

(4) [1]Beschäftigte sind alle im Jahresdurchschnitt sozialversicherungspflichtig Beschäftigten sowie Bediensteten in einem öffentlich-rechtlichen Dienstverhältnis mit Ausnahme der Auszubildenden. [2]Die Berechnung der Beschäftigtenanzahl erfolgt ohne Differenzierung zwischen Voll- und Teilzeitbeschäftigten, es sei denn, der Betriebsstätteninhaber teilt gegenüber der zuständigen Landes-

rundfunkanstalt schriftlich mit, eine Berechnung unter Berücksichtigung der vorhandenen Teilzeitbeschäftigten zu wählen. [3]In diesem Fall werden Teilzeitbeschäftigte mit einer regelmäßigen wöchentlichen Arbeitszeit von nicht mehr als 20 Stunden mit 0,5, von nicht mehr als 30 Stunden mit 0,75 und von mehr als 30 Stunden mit 1,0 veranschlagt. [4]Ergibt sich im Jahresdurchschnitt eine Beschäftigtenzahl mit Dezimalstellen, so ist abzurunden. [5]Die Mitteilung der gewählten Berechnungsmethode hat bei der Anzeige nach § 8 Abs. 1 Satz 1, im Übrigen zusammen mit der Mitteilung der Beschäftigtenanzahl nach § 8 Abs. 1 Satz 2 zu erfolgen. [6]Die Berechnungsmethode kann nur einmal jährlich innerhalb der Frist und mit der Wirkung des § 8 Abs. 1 Satz 2 geändert werden. [7]Eine Kombination der Berechnungsmethoden innerhalb des jeweils vorangegangenen Kalenderjahres nach § 8 Abs. 1 Satz 2 ist unzulässig.

§ 7 Beginn und Ende der Beitragspflicht, Zahlungsweise, Verjährung.

(1) [1]Die Pflicht zur Entrichtung des Rundfunkbeitrags beginnt mit dem Ersten des Monats, in dem der Beitragsschuldner erstmals die Wohnung, die Betriebsstätte oder das Kraftfahrzeug innehat. [2]Das Innehaben eines Kraftfahrzeugs beginnt mit dem Ersten des Monats, in dem es auf den Beitragsschuldner zugelassen wird.

(2) [1]Die Beitragspflicht endet mit dem Ablauf des Monats, in dem das Innehaben einer Wohnung oder einer Betriebsstätte durch den Beitragsschuldner endet, jedoch nicht vor dem Ablauf des Monats, in dem dies der zuständigen Landesrundfunkanstalt an- gezeigt worden ist. [2]Das Innehaben eines Kraftfahrzeuges endet mit dem Ablauf des Monats, in dem die Zulassung auf den Beitragsschuldner endet und dies der zuständigen Landesrundfunkanstalt angezeigt worden ist.

(3) [1]Der Rundfunkbeitrag ist monatlich geschuldet. [2]Er ist in der Mitte eines Dreimonatszeitraums für jeweils drei Monate zu leisten.

(4) Die Verjährung der Beitragsforderung richtet sich nach den Vorschriften des Bürgerlichen Gesetzbuches über die regelmäßige Verjährung.

§ 8 Anzeigepflicht. (1) [1]Das Innehaben einer Wohnung, einer Betriebsstätte oder die Zulassung eines beitragspflichtigen Kraftfahrzeugs ist unverzüglich schriftlich der zuständigen Landesrundfunkanstalt anzuzeigen (Anmeldung); entsprechendes gilt für jede Änderung der Daten nach Absatz 4. [2]Eine Änderung der Anzahl der im Jahresdurchschnitt des vorangegangenen Kalenderjahres sozialversicherungspflichtig Beschäftigten nach Absatz 4 Nr. 7 ist jeweils bis zum 31. März eines Jahres anzuzeigen; diese Änderung wirkt ab dem 1. April des jeweiligen Jahres.

(2) Das Ende des Innehabens einer Wohnung, einer Betriebsstätte oder der Zulassung eines beitragspflichtigen Kraftfahrzeugs ist der zuständigen Landesrundfunkanstalt unverzüglich schriftlich anzuzeigen (Abmeldung).

(3) Die Anzeige eines Beitragsschuldners für eine Wohnung, Betriebsstätte oder ein Kraftfahrzeug wirkt auch für weitere anzeigepflichtige Beitrags-

schuldner, sofern sich für die Wohnung, Betriebsstätte oder das Kraftfahrzeug keine Änderung der Beitragspflicht ergibt.

(4) Bei der Anmeldung hat der Beitragsschuldner der zuständigen Landesrundfunkanstalt folgende Daten mitzuteilen und auf Verlangen nachzuweisen:

1. Vor- und Familienname sowie früherer Name, unter dem eine Anmeldung bestand,
2. Geburtsdatum,
3. Vor- und Familienname oder Firma und Anschrift des Beitragsschuldners und seines gesetzlichen Vertreters,
4. gegenwärtige Anschrift jeder Wohnung und jeder Betriebsstätte,
5. letzte der Landesrundfunkanstalt gemeldete Anschrift des Beitragsschuldners,
6. vollständige Bezeichnung des Inhabers einer Betriebsstätte,
7. Anzahl der Beschäftigten der Betriebsstätte,
8. Beitragsnummer,
9. Datum des Beginns des Innehabens der Wohnung und der Betriebsstätte,
10. Datum der Zulassung und Kennzeichen des Kraftfahrzeugs nach § 5 Abs. 2 Satz 2,
11. Zugehörigkeit zu den Branchen nach § 5 Abs. 2 und 4 und
12. Anzahl der Hotel- und Gästezimmer und der Ferienwohnungen nach § 5 Abs. 2.

(5) Bei der Abmeldung sind zusätzlich folgende Daten mitzuteilen und auf Verlangen nachzuweisen:

1. Datum des Endes des Innehabens der Wohnung oder der Betriebsstätte,
2. Datum der Abmeldung des beitragspflichtigen Kraftfahrzeugs und 3. der die Abmeldung begründende Lebenssachverhalt und die Beitragsnummer des für die neue Wohnung in Anspruch genommenen Beitragsschuldners.

§ 9 Auskunftsrecht, Satzungsermächtigung. (1) [1]Die zuständige Landesrundfunkanstalt kann von jedem Beitragsschuldner oder von Personen oder Rechtsträgern, bei denen tatsächliche Anhaltspunkte vorliegen, dass sie Beitragsschuldner sind und dies nicht oder nicht umfassend angezeigt haben, Auskunft über diejenigen Tatsachen verlangen, die Grund, Höhe und Zeitraum ihrer Beitragspflicht betreffen. [2]Kann die zuständige Landesrundfunkanstalt den Inhaber einer Wohnung oder einer Betriebsstätte nicht feststellen, ist der Eigentümer oder der vergleichbar dinglich Berechtigte der Wohnung oder des Grundstücks, auf dem sich die Betriebsstätte befindet, verpflichtet, der Landesrundfunkanstalt Auskunft über den tatsächlichen Inhaber der Wohnung oder der Betriebsstätte zu erteilen. [3]Bei Wohnungseigentumsgemeinschaften kann die Auskunft auch vom Verwalter verlangt werden. [4]Die Landesrundfunkanstalt kann mit ihrem Auskunftsverlangen neben den in § 8 Abs. 4 und 5 genannten Daten im Einzelfall weitere Daten erheben, soweit dies nach Satz 1 erforderlich ist; § 11 Abs. 6 gilt entsprechend. [5]Die Landesrundfunkanstalt kann für die Tatsachen nach Satz 1 und die Daten nach Satz 4 Nachweise fordern. [6]Der Anspruch auf Auskunft und Nachweise kann im Verwaltungszwangsverfahren durchgesetzt werden.

(2) Die zuständige Landesrundfunkanstalt wird ermächtigt, Einzelheiten des Verfahrens

1. der Anzeigepflicht,
2. zur Leistung des Rundfunkbeitrags, zur Befreiung von der Rundfunkbeitragspflicht oder zu deren Ermäßigung,
3. der Erfüllung von Auskunfts- und Nachweispflichten,
4. der Kontrolle der Beitragspflicht,
5. der Erhebung von Zinsen, Kosten und Säumniszuschlägen und
6. in den übrigen in diesem Staatsvertrag genannten Fällen durch Satzung zu regeln. Die Satzung bedarf der Genehmigung der für die Rechtsaufsicht zuständigen Behörde und ist in den amtlichen Verkündungsblättern der die Rundfunkanstalt tragenden Länder zu veröffentlichen. Die Satzungen der Landesrundfunkanstalten sollen übereinstimmen.

§ 10 Beitragsgläubiger, Schickschuld, Erstattung, Vollstreckung. (1) Das Aufkommen aus dem Rundfunkbeitrag steht der Landesrundfunkanstalt und in dem im Rundfunkfinanzierungsstaatsvertrag bestimmten Umfang dem Zweiten Deutschen Fernsehen (ZDF), dem Deutschlandradio sowie der Landesmedienanstalt zu, in deren Bereich sich die Wohnung oder die Betriebsstätte des Beitragsschuldners befindet oder das Kraftfahrzeug zugelassen ist.

(2) [1]Der Rundfunkbeitrag ist an die zuständige Landesrundfunkanstalt als Schickschuld zu entrichten. [2]Die Landesrundfunkanstalt führt die Anteile, die dem ZDF, dem Deutschlandradio und der Landesmedienanstalt zustehen, an diese ab.

(3) [1]Soweit ein Rundfunkbeitrag ohne rechtlichen Grund entrichtet wurde, kann derjenige, auf dessen Rechnung die Zahlung bewirkt worden ist, von der durch die Zahlung bereicherten Landesrundfunkanstalt die Erstattung des entrichteten Betrages fordern. [2]Er trägt insoweit die Darlegungs- und Beweislast. [3]Der Erstattungsanspruch verjährt nach den Vorschriften des Bürgerlichen Gesetzbuches über die regelmäßige Verjährung.

(4) Das ZDF, das Deutschlandradio und die Landesmedienanstalten tragen die auf sie entfallenden Anteile der Kosten des Beitragseinzugs und der nach Absatz 3 erstatteten Beträge.

(5) [1]Rückständige Rundfunkbeiträge werden durch die zuständige Landesrundfunkanstalt festgesetzt. [2]Festsetzungsbescheide können stattdessen auch von der Landesrundfunkanstalt im eigenen Namen erlassen werden, in deren Anstaltsbereich sich zur Zeit des Erlasses des Bescheides die Wohnung, die Betriebsstätte oder der Sitz (§ 17 der Zivilprozessordnung) des Beitragsschuldners befindet.

(6) [1]Festsetzungsbescheide werden im Verwaltungszwangsverfahren vollstreckt. [2]Ersuchen um Vollstreckungshilfe gegen Beitragsschuldner, deren Wohnsitz oder Sitz in anderen Ländern liegt, können von der nach Absatz 5 zu-

ständigen Landesrundfunkanstalt oder von der Landesrundfunkanstalt, in deren Bereich sich die Wohnung, die Betriebsstätte oder der Sitz des Beitragsschuldners befindet, unmittelbar an die dort zuständige Vollstreckungsbehörde gerichtet werden.

(7) [1]Jede Landesrundfunkanstalt nimmt die ihr nach diesem Staatsvertrag zugewiesenen Aufgaben und die damit verbundenen Rechte und Pflichten ganz oder teilweise durch die im Rahmen einer nichtrechtsfähigen öffentlich-rechtlichen Verwaltungsgemeinschaft betriebenen Stelle der öffentlich-rechtlichen Landesrundfunkanstalten selbst wahr. [2]Die Landesrundfunkanstalt ist ermächtigt, einzelne Tätigkeiten bei der Durchführung des Beitragseinzugs und der Ermittlung von Beitragsschuldnern ganz oder teilweise auf Dritte zu übertragen und das Nähere durch die Satzung nach § 9 Abs. 2 zu regeln.

§ 11 Verwendung (neu 21. RÄndStV: *Verbreitung*) personenbezogener Daten. (1) Beauftragt die Landesrundfunkanstalt Dritte mit Tätigkeiten bei der Durchführung des Beitragseinzugs oder der Ermittlung von Beitragsschuldnern, die der Anzeigepflicht nach § 8 Abs. 1 nicht oder nicht vollständig nachgekommen sind, so gelten für die Erhebung, Verarbeitung und Nutzung der dafür erforderlichen Daten die für die Datenverarbeitung im Auftrag anwendbaren Bestimmungen.

Neufassung Abs. 1 durch 21. RÄndStV:

(1) Beauftragt die Landesrundfunkanstalt Dritte mit Tätigkeiten bei der Durchführung des Beitragseinzugs oder der Ermittlung von Beitragsschuldnern, die der Anzeigepflicht nach § 8 Abs. 1 nicht oder nicht vollständig nachgekommen sind, so gelten für die Verarbeitung der dafür erforderlichen Daten die zur Auftragsverarbeitung geltenden Vorschriften der Verordnung (EU) 2016/679 des Europäischen Parlaments und des Rates vom 27. April 2016 zum Schutz natürlicher Personen bei der Verarbeitung personenbezogener Daten, zum freien Datenverkehr und zur Aufhebung der Richtlinie 95/46/EG (Datenschutz-Grundverordnung) (ABl. L 119 vom 4. Mai 2016, S. 1; L 314 vom 22. November 2016, S. 72).

(2) [1]Beauftragen die Landesrundfunkanstalten eine andere Stelle mit Tätigkeiten bei der Durchführung des Beitragseinzugs und der Ermittlung von Beitragsschuldnern, ist dort unbeschadet der Zuständigkeit des nach Landesrecht für die Landesrundfunkanstalt zuständigen Datenschutzbeauftragten ein behördlicher Datenschutzbeauftragter zu bestellen. [2]Er arbeitet zur Gewährleistung des Datenschutzes mit dem nach Landesrecht für die Rundfunkanstalt zuständigen Datenschutzbeauftragten zusammen und unterrichtet diesen über Verstöße gegen Datenschutzvorschriften sowie die dagegen getroffenen Maßnahmen. [3]Im Übrigen gelten die für den behördlichen Datenschutzbeauftragten anwendbaren Bestimmungen des Bundesdatenschutzgesetzes (unterstrichener Satzteil neu durch 21. RÄndStV: *der Verordnung (EU) 2016/679*) entsprechend.

(3) [1]Die zuständige Landesrundfunkanstalt darf von ihr gespeicherte personenbezogene Daten der Beitragsschuldner an andere Landesrundfunkanstalten auch im Rahmen eines automatisierten Abrufverfahrens übermitteln, soweit dies zur recht- mäßigen Erfüllung der Aufgaben der übermittelnden oder der empfangenden Landesrundfunkanstalt beim Beitragseinzug erforderlich ist. [2]Es ist aufzuzeichnen, an welche Stellen, wann und aus welchem Grund welche personenbezogenen Daten übermittelt worden sind.

Nach 21. RÄndStV neu wird Abs. 3 Satz 1 wie folgt gefasst:

[1]Die zuständige Landesrundfunkanstalt übermittelt von ihr gespeicherte personenbezogene Daten der Beitragsschuldner an andere Landesrundfunkanstalten auch im Rahmen eines automatisierten Abrufverfahrens, soweit dies zur recht- mäßigen Erfüllung der Aufgaben der übermittelnden oder der empfangenden Landesrundfunkanstalt beim Beitragseinzug erforderlich ist.

(4) [1]Die zuständige Landesrundfunkanstalt kann für Zwecke der Beitragserhebung sowie zur Feststellung, ob eine Beitragspflicht nach diesem Staatsvertrag besteht, personenbezogene Daten bei öffentlichen und nichtöffentlichen Stellen ohne Kenntnis des Betroffenen erheben, verarbeiten oder nutzen. [2]Öffentliche Stellen im Sinne von Satz 1 sind solche, die zur Übermittlung der Daten einzelner Inhaber von Wohnungen oder Betriebsstätten befugt sind. [3]Dies sind insbesondere Meldebehörden, Handelsregister, Gewerberegister und Grundbuchämter. [4]Nichtöffentliche Stellen im Sinne von Satz 1 sind Unternehmen des Adresshandels und der Adressverifizierung. [5]Voraussetzung für die Erhebung der Daten nach Satz 1 ist, dass

1. eine vorherige Datenerhebung unmittelbar beim Betroffenen erfolglos war oder nicht möglich ist,
2. die Datenbestände dazu geeignet sind, Rückschlüsse auf die Beitragspflicht zuzulassen, insbesondere durch Abgleich mit dem Bestand der bei den Landesrundfunkanstalten gemeldeten Beitragsschuldner, und
3. sich die Daten auf Angaben beschränken, die der Anzeigepflicht nach § 8 unterliegen und kein erkennbarer Grund zu der Annahme besteht, dass der Betroffene ein schutzwürdiges Interesse an dem Ausschluss der Erhebung, Verarbeitung oder Nutzung hat.

[6]Die Erhebung, Verarbeitung oder Nutzung bei den Meldebehörden beschränkt sich auf die in § 14 Absatz 9 Nr. 1 bis 8 genannten Daten. [7]Daten, die Rückschlüsse auf tatsächliche oder persönliche Verhältnisse liefern könnten, dürfen nicht an die übermittelnde Stelle rückübermittelt werden. [8]Das Verfahren der regelmäßigen Datenübermittlung durch die Meldebehörden nach dem Bundesmeldegesetz oder den Meldedatenübermittlungsverordnungen der Länder bleibt unberührt. [9]Die Daten Betroffener, für die eine Auskunftssperre gemäß § 51 des Bundesmeldegesetzes gespeichert ist, dürfen nicht übermittelt werden.

Gem. 21 RÄndStV wird Abs. 4 angepasst:

(4) [1]Die zuständige Landesrundfunkanstalt verarbeitet für Zwecke der Beitragserhebung sowie zur Feststellung, ob eine Beitragspflicht nach diesem Staatsvertrag besteht, personenbezogene Daten bei öffentlichen und nichtöffentlichen Stellen ohne Kenntnis der betroffenen Person. [2]Öffentliche Stellen im Sinne von Satz 1 sind solche, die zur Übermittlung der Daten einzelner Inhaber von Wohnungen oder Betriebsstätten befugt sind. [3]Dies sind insbesondere Meldebehörden, Handelsregister, Gewerberegister und Grundbuchämter. [4]Nichtöffentliche Stellen im Sinne von Satz 1 sind Unternehmen des Adresshandels und der Adressverifizierung. [5]Voraussetzung für die Erhebung der Daten nach Satz 1 ist, dass

1. *eine vorherige Datenerhebung unmittelbar bei der betroffenen Person erfolglos war oder nicht möglich ist,*
2. *die Datenbestände dazu geeignet sind, Rückschlüsse auf die Beitragspflicht zuzulassen, insbesondere durch Abgleich mit dem Bestand der bei den Landesrundfunkanstalten gemeldeten Beitragsschuldner, und*
3. *sich die Daten auf Angaben beschränken, die der Anzeigepflicht nach § 8 unterliegen und kein erkennbarer Grund zu der Annahme besteht, dass die betroffene Person ein schutzwürdiges Interesse an dem Ausschluss der Verarbeitung hat.*

[6]Die Verarbeitung bei den Meldebehörden beschränkt sich auf die in § 14 Absatz 9 Nr. 1 bis 8 genannten Daten. [7]Daten, die Rückschlüsse auf tatsächliche oder persönliche Verhältnisse liefern könnten, dürfen nicht an die übermittelnde Stelle rückübermittelt werden. [8]Das Verfahren der regelmäßigen Datenübermittlung durch die Meldebehörden nach dem Bundesmeldegesetz oder den Meldedatenübermittlungsverordnungen der Länder bleibt unberührt. [9]Die Daten der betroffenen Person, für die eine Auskunftssperre gemäß § 51 des Bundesmeldegesetzes gespeichert ist, dürfen nicht übermittelt werden.

(5) Im nicht privaten Bereich darf die zuständige Landesrundfunkanstalt Telefonnummern und E-Mail-Adressen bei den in Absatz 4 Satz 1 genannten Stellen und aus öffentlich zugänglichen Quellen ohne Kenntnis des Betroffenen erheben, verarbeiten und nutzen, um Grund und Höhe der Beitragspflicht festzustellen.

Gem. 21 RÄndStV wird Abs. 5 angepasst:

(5) Im nicht privaten Bereich verarbeitet die zuständige Landesrundfunkanstalt Telefonnummern und E-Mail-Adressen bei den in Absatz 4 Satz 1 genannten Stellen und aus öffentlich zugänglichen Quellen ohne Kenntnis der betroffenen Person, um Grund und Höhe der Beitragspflicht festzustellen.

(6) [1]Die Landesrundfunkanstalt darf die in den Absätzen 4 und 5 und in § 4 Absatz 7, § 8 Absatz 4 und 5 und § 9 Absatz 1 genannten Daten und sonstige freiwillig übermittelte Daten nur für die Erfüllung der ihr nach diesem Staatsvertrag obliegenden Aufgaben erheben, verarbeiten oder nutzen. [2]Die erhobe-

nen Daten sind unverzüglich zu löschen, wenn feststeht, dass sie nicht mehr benötigt werden oder eine Beitragspflicht dem Grunde nach nicht besteht. [3]Nicht überprüfte Daten sind spätestens nach zwölf Monaten zu löschen. [4]Jeder Beitragsschuldner erhält eine Anmeldebestätigung mit den für die Beitragserhebung erforderlichen Daten.

Gem. 21 RÄndStV wird Abs. 6 angepasst:

(6) [1]Die Landesrundfunkanstalt darf die in den Absätzen 4 und 5 und in § 4 Absatz 7, § 8 Absatz 4 und 5 und § 9 Absatz 1 genannten Daten und sonstige freiwillig übermittelte Daten nur für die Erfüllung der ihr nach diesem Staatsvertrag obliegenden Aufgaben verarbeiten. [2]Die erhobenen Daten sind unverzüglich zu löschen, wenn feststeht, dass sie nicht mehr zur Erfüllung einer rechtlichen Verpflichtung erforderlich sind oder eine Beitragspflicht dem Grunde nach nicht besteht. [3]Nicht überprüfte Daten sind spätestens nach zwölf Monaten zu löschen. [4]Jeder Beitragsschuldner erhält eine Anmeldebestätigung mit den für die Beitragserhebung erforderlichen Daten.(7) Auf das datenschutzrechtliche Auskunftsersuchen eines Beitragsschuldners hat die zuständige Landesrundfunkanstalt dem Beitragsschuldner die Stelle mitzuteilen, die ihr die jeweiligen Daten des Beitragsschuldners übermittelt hat.

(7) Auf das datenschutzrechtliche Auskunftsersuchen eines Beitragsschuldners hat die zuständige Landesrundfunkanstalt dem Beitragsschuldner die Stelle mitzuteilen, die ihr die jeweiligen Daten des Beitragsschuldners übermittelt hat.

§ 12 Ordnungswidrigkeiten. (1) Ordnungswidrig handelt, wer vorsätzlich oder fahrlässig

1. den Beginn der Beitragspflicht entgegen § 8 Abs. 1 und 3 nicht innerhalb eines Monats anzeigt,
2. der Anzeigepflicht nach § 14 Abs. 2 nicht nachgekommen ist oder
3. den fälligen Rundfunkbeitrag länger als sechs Monate ganz oder teilweise nicht leistet.

(2) Die Ordnungswidrigkeit kann mit einer Geldbuße geahndet werden.

(3) Die Ordnungswidrigkeit wird nur auf Antrag der Landesrundfunkanstalt verfolgt; sie ist vom Ausgang des Verfahrens zu benachrichtigen.

(4) Daten über Ordnungswidrigkeiten sind von der Landesrundfunkanstalt zwölf Monate nach Abschluss des jeweiligen Verfahrens zu löschen.

§ 12 Ordnungswidrigkeiten. (1) Ordnungswidrig handelt, wer vorsätzlich oder fahrlässig

1. den Beginn der Beitragspflicht entgegen § 8 Abs. 1 und 3 nicht innerhalb eines Monats anzeigt,
2. der Anzeigepflicht nach § 14 Abs. 2 nicht nachgekommen ist oder
3. den fälligen Rundfunkbeitrag länger als sechs Monate ganz oder teilweise nicht leistet.

(2) Die Ordnungswidrigkeit kann mit einer Geldbuße geahndet werden.

(3) Die Ordnungswidrigkeit wird nur auf Antrag der Landesrundfunkanstalt verfolgt; sie ist vom Ausgang des Verfahrens zu benachrichtigen.

(4) Daten über Ordnungswidrigkeiten sind von der Landesrundfunkanstalt zwölf Monate nach Abschluss des jeweiligen Verfahrens zu löschen.

§ 13 Revision zum Bundesverwaltungsgericht. In einem gerichtlichen Verfahren kann die Revision zum Bundesverwaltungsgericht auch darauf gestützt werden, dass das angefochtene Urteil auf der Verletzung der Bestimmungen dieses Staatsvertrages beruht.

§ 14 Übergangsbestimmungen. (1) Jeder nach den Bestimmungen des Rundfunkgebührenstaatsvertrages als privater Rundfunkteilnehmer gemeldeten natürlichen Person obliegt es, ab dem 1. Januar 2012 der zuständigen Landesrundfunkanstalt schriftlich alle Tatsachen anzuzeigen, die Grund und Höhe der Beitragspflicht nach diesem Staatsvertrag ab dem 1. Januar 2013 betreffen, soweit die Tatsachen zur Begründung oder zum Wegfall der Beitragspflicht oder zu einer Erhöhung oder Verringerung der Beitragsschuld führen.

(2) Jede nach den Bestimmungen des Rundfunkgebührenstaatsvertrags als nicht- privater Rundfunkteilnehmer gemeldete natürliche oder juristische Person ist ab dem 1. Januar 2012 auf Verlangen der zuständigen Landesrundfunkanstalt verpflichtet, ihr schriftlich alle Tatsachen anzuzeigen, die Grund und Höhe der Beitragspflicht nach diesem Staatsvertrag ab dem 1. Januar 2013 betreffen.

(3) [1]Soweit der Beitragsschuldner den Anforderungen von Absatz 1 oder 2 nicht nachgekommen ist, wird vermutet, dass jede nach den Bestimmungen des bis zum 31. Dezember 2012 geltenden Rundfunkgebührenstaatsvertrags als

1. privater Rundfunkteilnehmer gemeldete Person nach Maßgabe von § 2 dieses Staatsvertrages oder
2. nicht-privater Rundfunkteilnehmer gemeldete natürliche oder juristische Person nach Maßgabe von § 6 dieses Staatsvertrages, unter der bei der zuständigen Landesrundfunkanstalt geführten Anschrift ab Inkrafttreten dieses Staatsvertrages Beitragsschuldner nach den Bestimmungen dieses Staatsvertrages ist.

[2]Eine Abmeldung mit Wirkung für die Zukunft bleibt hiervon unberührt.

(4) Soweit der Beitragsschuldner den Anforderungen von Absatz 1 oder 2 nicht nachgekommen ist, wird vermutet, dass sich die Höhe des ab 1. Januar 2013 zu entrichtenden Rundfunkbeitrags nach der Höhe der bis zum 31. Dezember 2012 zu entrichtenden Rundfunkgebühr bemisst; mindestens ist ein Beitrag in Höhe eines Rundfunkbeitrages zu entrichten.

(5) [1]Die Vermutung nach Absatz 3 oder 4 kann widerlegt werden. [2]Auf Verlangen der Landesrundfunkanstalt sind die behaupteten Tatsachen nachzuweisen. [3]Eine Erstattung bereits geleisteter Rundfunkbeiträge kann vom Beitragsschuld-

ner nur bis zum 31. Dezember 2014 verlangt werden. [4]Die Landesrundfunkanstalt kann Nachforderungen nicht geltend machen.

(6) [1]Die bei der zuständigen Landesrundfunkanstalt für den Rundfunkgebühreneinzug gespeicherten Daten dürfen von den Landesrundfunkanstalten in dem nach diesem Staatsvertrag erforderlichen und zulässigen Umfang verarbeitet und genutzt werden. [2]Die erteilten Lastschrift- oder Einzugsermächtigungen sowie Mandate bleiben für den Einzug der Rundfunkbeiträge bestehen.

(7) [1]Bestandskräftige Rundfunkgebührenbefreiungsbescheide nach § 6 Abs. 1 Satz 1 Nr. 7 und 8 des Rundfunkgebührenstaatsvertrages gelten ab dem 1. Januar 2013 mit der Maßgabe fort, dass nur noch eine Ermäßigung auf ein Drittel des Rundfunkbeitrags gewährt wird. [2]Alle anderen bestandskräftigen Rundfunkgebührenbefreiungsbescheide nach § 6 des Rundfunkgebührenstaatsvertrages gelten bis zum Ablauf ihrer Gültigkeit fort.

(8) [1]Eine Befreiung von der Rundfunkgebührenpflicht nach § 5 Abs. 7 des Rundfunkgebührenstaatsvertrages endet zum 31. Dezember 2012. [2]Soweit Einrichtungen nach § 5 Abs. 4 bei Inkrafttreten dieses Staatsvertrages nach § 15 Abs. 2 Satz 1 von der Rundfunkgebührenpflicht nach § 5 Abs. 7 des Rundfunkgebührenstaatsvertrages befreit waren, gilt für deren Betriebsstätten der Nachweis nach § 5 Abs. 4 Satz 3 als erbracht.

(9) [1]Um einen einmaligen Abgleich zum Zwecke der Bestands- und Ersterfassung zu ermöglichen, übermittelt jede Meldebehörde innerhalb von zwei Jahren ab dem In- krafttreten dieses Staatsvertrages gegen Kostenerstattung einmalig die nachfolgen- den Daten aller volljährigen Personen an die jeweils zuständige Landesrundfunkanstalt:

1. Familienname,
2. Vornamen unter Bezeichnung des Rufnamens,
3. frühere Namen,
4. Doktorgrad,
5. Familienstand,
6. Tag der Geburt,
7. gegenwärtige und letzte Anschriften von Haupt- und Nebenwohnungen einschließlich aller vorhandenen Angaben zur Lage der Wohnung und
8. Tag des Einzugs in die Wohnung.

[2]Hat die zuständige Landesrundfunkanstalt nach dem Abgleich für eine Wohnung einen Beitragsschuldner festgestellt, hat sie die Daten der übrigen dort wohnenden Personen unverzüglich zu löschen, sobald das Beitragskonto ausgeglichen ist. [3]Im Übrigen darf sie die Daten zur Feststellung eines Beitragsschuldners für eine Wohnung nutzen, für die bislang kein Beitragsschuldner festgestellt wurde; Satz 2 gilt entsprechend. [4]Die Landesrundfunkanstalt darf die Daten auch zur Aktualisierung oder Ergänzung von bereits vorhandenen Teilnehmerdaten nutzen. [5]Die für den Beitragseinzug nicht mehr erforderlichen Daten sind spätestens zwölf Monate nach Übermittlung zu löschen.

(9a) [1]Zur Sicherstellung der Aktualität des Datenbestandes wird zum 1. Januar 2018 ein weiterer Abgleich entsprechend Absatz 9 durchgeführt. Die Meldebehörden übermitteln die Daten bis längstens 31. Dezember 2018. [2]Im Übrigen gelten Absatz 9 Satz 1 bis 4 und § 11 Abs. 6 Satz 2 und 3 entsprechend. [3]Der Abgleich wird nach seiner Durchführung evaluiert. [4]Die Landesrundfunkanstalten stellen den Ländern hierfür die erforderlichen Informationen zur Verfügung.

(10) Die Vorschriften des Rundfunkgebührenstaatsvertrages bleiben auf Sachverhalte anwendbar, nach denen bis zum 31. Dezember 2012 noch keine Rundfunkgebühren entrichtet oder erstattet wurden.

§ 15 Vertragsdauer, Kündigung. [1]Dieser Staatsvertrag gilt für unbestimmte Zeit. [2]Er kann von jedem der vertragsschließenden Länder zum Schluss des Kalenderjahres mit einer Frist von einem Jahr gekündigt werden. [3]Die Kündigung kann erstmals zum 31. Dezember 2020 erfolgen. [4]Wird der Staatsvertrag zu diesem Zeitpunkt nicht gekündigt, kann die Kündigung mit gleicher Frist jeweils zu einem zwei Jahre späteren Zeitpunkt erfolgen. [5]Die Kündigung ist gegenüber dem Vorsitzenden der Ministerpräsidentenkonferenz schriftlich zu erklären. [6]Die Kündigung eines Landes lässt das Vertragsverhältnis der übrigen Länder zueinander unberührt, jedoch kann jedes der übrigen Länder den Vertrag binnen einer Frist von drei Monaten nach Eingang der Kündigungserklärung zum gleichen Zeitpunkt kündigen.

Rundfunkfinanzierungsstaatsvertrag

in der Fassung der Bekanntmachung vom 28. Juli 2009,
zuletzt geändert durch Art. 3 des 20. Staatsvertrages zur Änderung rundfunkrechtlicher Verträge (GVBl. Bayern 2017 S. 86)

INHALTSVERZEICHNIS

I. Abschnitt
Verfahren zum Rundfunkbeitrag

§ 1 Bedarfsanmeldung. (1) Die in der Arbeitsgemeinschaft der öffentlich-rechtlichen Rundfunkanstalten der Bundesrepublik Deutschland (ARD) zusammengeschlossenen Rundfunkanstalten des Landesrechts auf der Grundlage von Einzelanmeldungen ihrer Mitglieder, die Anstalt des öffentlichen Rechts „Zweites Deutsches Fernsehen“ (ZDF) und die Körperschaft des öffentlichen Rechts „Deutschlandradio“ melden im Abstand von zwei Jahren ihren Finanzbedarf zur Erfüllung des öffentlichen Auftrags der unabhängigen Kommission zur Überprüfung und Ermittlung des Finanzbedarfs der Rundfunkanstalten (KEF).

(2) [1]Die Rundfunkanstalten haben die für die Beitragsfestsetzung erforderlichen und zur Bewertung geeigneten, vergleichbaren Zahlenwerke und Erläuterungen über ihren mittelfristigen Finanzbedarf in der von der KEF vorgegebenen Form vorzulegen. [2]Diese Unterlagen sind, aufgeteilt nach dem Hörfunk- und Fernsehbereich, insbesondere nach Bestand, Entwicklung sowie Darlegung von Wirtschaftlichkeits- und Sparsamkeitsmaßnahmen aufzubereiten und

umfassen auch die wirtschaftlichen Auswirkungen eingegangener Selbstverpflichtungen. [3]Die Bedarfsanmeldungen von ARD und ZDF stellen den Finanzbedarf für den deutschen Anteil an der Finanzierung des Europäischen Fernsehkulturkanals „ARTE“ gesondert dar. [4]Erträge und Aufwendungen sind jeweils nach Ertrags- und Kostenarten gesondert auszuweisen. [5]Die KEF kann weitere Anforderungen an die vorzulegenden Unterlagen stellen, insbesondere im Hinblick auf die Vergleichbarkeit der Zahlenwerke und die Strukturierung von Kostenarten sowie hinsichtlich der Zuordnung der Kosten zu bestimmten Ausgabenfeldern (insbesondere Programmen, Online-Angeboten und Marketing). [6]Entsprechen die Unterlagen nicht den in den Sätzen 1 bis 5 genannten Voraussetzungen, kann sie die KEF zurückweisen. [7]Angeforderte Unterlagen zur fachlichen Überprüfung der Bedarfsanmeldungen sowie für erforderlich gehaltene ergänzende Auskünfte, Erläuterungen und Zahlenangaben sind der KEF fristgerecht vorzulegen.

(3) [1]Kredite sollen nur zum Erwerb, zur Erweiterung und zur Verbesserung der Betriebsanlagen aufgenommen werden. [2]Die Aufnahme muss betriebswirtschaftlich begründet sein. [3]Ihre Verzinsung und Tilgung aus Mitteln der Betriebseinnahmen, insbesondere des Rundfunkbeitrags, muss auf Dauer gewährleistet sein.

(4) Übersteigen die Gesamterträge der in der ARD zusammengeschlossenen Landesrundfunkanstalten, des ZDF oder des Deutschlandradios die Gesamtaufwendungen für die Erfüllung ihres Auftrages, sind diese Beträge verzinslich anzulegen und bei zehn vom Hundert der jährlichen Beitragseinnahmen übersteigende Beträge als Rücklage zu bilden.

§ 2 Einsetzung der KEF. [1]Zur Überprüfung und Ermittlung des Finanzbedarfs wird eine unabhängige Kommission (KEF) eingesetzt. [2]Die Mitglieder sind in ihrer Aufgabenerfüllung an Aufträge oder Weisungen nicht gebunden.

§ 3 Aufgaben und Befugnisse der KEF. (1) [1]Die KEF hat die Aufgabe, unter Beachtung der Programmautonomie der Rundfunkanstalten den von den Rundfunkanstalten angemeldeten Finanzbedarf fachlich zu überprüfen und zu ermitteln. [2]Dies bezieht sich darauf, ob sich die Programmentscheidungen im Rahmen des rechtlich umgrenzten Rundfunkauftrages halten und ob der aus ihnen abgeleitete Finanzbedarf zutreffend und im Einklang mit den Grundsätzen von Wirtschaftlichkeit und Sparsamkeit sowie unter Berücksichtigung der gesamtwirtschaftlichen Entwicklung und der Entwicklung der Haushalte der öffentlichen Hand ermittelt worden ist.

(2) [1]Bei der Prüfung und Ermittlung des Finanzbedarfs berücksichtigt die KEF sämtliche Erträge der Rundfunkanstalten. [2]Die Gesamterträge der Rundfunkanstalten aus Beiträgen und weiteren direkten oder indirekten Einnahmen sollen die zur Erfüllung des öffentlichen Auftrags notwendigen Ausgaben und Aufwendungen decken. [3]Überschüsse am Ende der Beitragsperiode werden vom Finanzbedarf für die folgende Beitragsperiode abgezogen. [4]Die Übertragung von Defiziten ist nicht zulässig.

(3) [1]Die Prüfung, ob der Finanzbedarf im Einklang mit den Grundsätzen von Wirtschaftlichkeit und Sparsamkeit ermittelt worden ist, umfasst auch, in welchem Umfang Rationalisierungs- einschließlich Kooperationsmöglichkeiten genutzt werden, ob bei Beteiligungen ein marktangemessener Rückfluss der Investitionen stattfindet und inwieweit die Rundfunkanstalten zunächst nicht verwendete Mittel für im Voraus festgelegte Zwecke verwendet haben. [2]Sie erstreckt sich auch auf entgegen dem Grundsatz wirtschaftlichen Handelns nicht erzielte Einnahmen. [3]Soweit die in der ARD zusammengeschlossenen Landesrundfunkanstalten, das ZDF oder das Deutschlandradio finanzwirksame Selbstverpflichtungen erklärt haben, sind diese Bestandteil des Ermittlungsverfahrens und zu beachten. [4]Bedarfsanmeldungen, die sich auf technische oder programmliche Innovationen im Sinne von § 14 Abs. 2 Nr. 2 des Rundfunkstaatsvertrages beziehen, dürfen von der KEF nur anerkannt werden, wenn sie Beschlüssen der zuständigen Gremien der Rundfunkanstalten, soweit das jeweils geltende Landesrecht solche Beschlussfassungen vorsieht, entsprechen.

(4) [1]Im Rahmen ihrer Aufgabe ist die KEF berechtigt, von den Rundfunkanstalten Auskünfte über deren Unternehmen, Beteiligungen und Gemeinschaftseinrichtungen einzuholen. [2]Erfolgt die Vorlage von Unterlagen nach Satz 1 oder nach § 1 nicht, ist die KEF berechtigt, notwendige Zahlenangaben durch näher zu begründende Schätzwerte zu ersetzen.

(5) [1]Die Prüfung und Ermittlung des Finanzbedarfs soll von der KEF grundsätzlich auf der Basis von Ist-Zahlen vorgenommen werden. [2]Soweit der Ermittlung des Finanzbedarfs Planzahlen oder Schätzwerte zugrunde liegen, werden diese nachträglich zur Vermeidung einer Überfinanzierung mit den Ist-Zahlen abgeglichen.

(6) Die Rundfunkanstalten wirken an der Fortentwicklung von Methoden und Verfahren zur Überprüfung und Ermittlung des Finanzbedarfs mit.

(7) [1]Die KEF kann zur Unterstützung ihrer Aufgaben ergänzend zu Einzelfragen Aufträge für gutachterliche Stellungnahmen an Dritte vergeben. [2]Für diese gutachterlichen Stellungnahmen stellen die Rundfunkanstalten dem beauftragten Dritten die Informationen über die bedeutsamen Sachverhalte zur Verfügung.

(8) [1]Die KEF erstattet den Landesregierungen mindestens alle zwei Jahre einen Bericht. [2]Sie leitet den Bericht den Rundfunkanstalten zur Unterrichtung zu und veröffentlicht diesen. [3]Die Landesregierungen leiten diesen Bericht den Landesparlamenten zur Unterrichtung zu. [4]In diesem Bericht legt die KEF unter Beachtung von Absatz 1 und § 13 Rundfunkstaatsvertrag die Finanzlage der Rundfunkanstalten dar und nimmt insbesondere zu der Frage Stellung, ob und in welcher Höhe und zu welchem Zeitpunkt eine Änderung des Rundfunkbeitrags notwendig ist, die betragsmäßig beziffert wird oder bei unterschiedlichen Entwicklungsmöglichkeiten aus einer Spanne bestehen kann. [5]Sie weist zugleich auf die Notwendigkeit und Möglichkeit für eine Änderung des Finanzausgleichs der Rundfunkanstalten hin. [6]Weiterhin beziffert sie prozentual und

betragsmäßig die Aufteilung der Beiträge im Verhältnis von ARD und ZDF und den Betrag des Deutschlandradios.

(9) [1]Die Vorschriften der Absätze 1 bis 3 und 8 gelten nicht für Sonderberichte, die die KEF auf Anforderung der Länder zu einzelnen Teilfragen erstellt. [2]Die Beteiligungsrechte der Rundfunkanstalten bleiben unberührt.

(10) Abweichende Meinungen von Mitgliedern der KEF werden auf deren Verlangen in den Bericht aufgenommen.

§ 4 Zusammensetzung der KEF. (1) [1]Die KEF besteht aus 16 unabhängigen Sachverständigen. [2]Sie wählt aus ihrer Mitte einen Vorsitzenden und einen oder zwei Stellvertreter.

(2) Die KEF beschließt ihre Berichte nach § 3 mit einer Mehrheit von mindestens zehn Stimmen ihrer gesetzlichen Mitglieder.

(3) [1]Von der Mitgliedschaft ausgeschlossen sind Mitglieder und Bedienstete der Institutionen der Europäischen Union oder der Verfassungsorgane des Bundes und der Länder, Gremienmitglieder und Bedienstete von Landesrundfunkanstalten der ARD, des ZDF, des Deutschlandradios, des Europäischen Fernsehkulturkanals „ARTE", der Landesmedienanstalten und der privaten Rundfunkveranstalter sowie Bedienstete von an ihnen unmittelbar oder mittelbar im Sinne von § 28 Rundfunkstaatsvertrag beteiligten Unternehmen. [2]Gleiches gilt für Personen, bei denen aufgrund ihrer ständigen oder regelmäßigen Tätigkeit für die in Satz 1 genannten Institutionen die Gefahr einer Interessenkollision besteht.

(4) [1]Jedes Land benennt ein Mitglied. [2]Die Sachverständigen sollen aus folgenden Bereichen berufen werden:

1. Drei Sachverständige aus den Bereichen Wirtschaftsprüfung und Unternehmensberatung,
2. zwei Sachverständige aus dem Bereich der Betriebswirtschaft; sie sollen fachkundig in Personalfragen oder für Investitionen und Rationalisierung sein,
3. zwei Sachverständige, die über besondere Erfahrungen auf dem Gebiet des Rundfunkrechts verfügen und die die Befähigung zum Richteramt haben,
4. drei Sachverständige aus den Bereichen der Medienwirtschaft und Medienwissenschaft,
5. ein Sachverständiger aus dem Bereich der Rundfunktechnik,
6. fünf Sachverständige aus den Landesrechnungshöfen.

(5) [1]Die Mitglieder der KEF werden von den Ministerpräsidenten jeweils für die Dauer von fünf Jahren berufen; Wiederberufung ist zulässig. [2]Die Berufung kann aus wichtigem Grund seitens der Länder widerrufen werden. [3]Scheidet ein Mitglied aus, so ist nach den für die Berufung des ausgeschiedenen Mitglieds geltenden Vorschriften ein Nachfolger für den Rest der Amtszeit zu berufen.

(6) Die Mitglieder der KEF und die zur Erfüllung ihrer Aufgaben herangezogenen Dritten sind auch nach Beendigung ihrer Tätigkeit zur Verschwiegen-

heit über alle ihnen im Rahmen der Tätigkeit bekannt gewordenen Tatsachen verpflichtet, es sei denn, diese sind offenkundig oder bedürfen ihrer Bedeutung nach keiner Geheimhaltung.

§ 5 Verfahren bei der KEF. (1) [1]Die Rundfunkanstalten sind bei der Überprüfung und Ermittlung des Finanzbedarfs durch die KEF angemessen zu beteiligen. [2]Vertreter der Rundfunkanstalten sind nach Bedarf zu den Beratungen der KEF hinzuzuziehen.

(2) [1]Vor der abschließenden Meinungsbildung in der KEF ist den Rundfunkanstalten Gelegenheit zu einer Stellungnahme und Erörterung zu geben. [2]Zu diesem Zweck wird der ARD, dem ZDF und dem Deutschlandradio der Berichtsentwurf durch die KEF übersandt. [3]Gleiches gilt für die Rundfunkkommission der Länder. [4]Die Stellungnahmen der Rundfunkanstalten sind von der KEF in den endgültigen Bericht einzubeziehen.

§ 5a Information der Landesparlamente. (1) Die in der ARD zusammengeschlossenen Landesrundfunkanstalten, das ZDF und das Deutschlandradio erstatten jeweils zeitnah nach Vorliegen des Berichts der KEF nach § 3 Abs. 8 allen Landesparlamenten einen schriftlichen Bericht zur Information über ihre wirtschaftliche und finanzielle Lage.

(2) [1]Der Bericht der in der ARD zusammengeschlossenen Landesrundfunkanstalten erfasst die Gemeinschaftsprogramme nach § 1 des ARD-Staatsvertrages und nach § 11b des Rundfunkstaatsvertrages sowie gemeinsame Aktivitäten. [2]Landesrechtliche Berichtspflichten der Landesrundfunkanstalten gegenüber dem jeweiligen Landesparlament bleiben unberührt.

(3) [1]Die Berichte über die wirtschaftliche und finanzielle Lage nach den Absätzen 1 und 2 Satz 1 enthalten insbesondere auch eine Darstellung der Geschäftsfelder von Tochter- und Beteiligungsgesellschaften, einschließlich von Eckdaten dieser Gesellschaften, sofern sie publizitätspflichtig sind, sowie der strukturellen Veränderungen und Entwicklungsperspektiven von ARD, ZDF und Deutschlandradio. [2]Die Berichterstattung erstreckt sich jeweils auf einen Zeitraum von vier Jahren.

(4) Vertreter der in der ARD zusammengeschlossenen Landesrundfunkanstalten, des ZDF und des Deutschlandradios stehen jeweils dem Landesparlament für Anhörungen zu den Berichten nach Absatz 1 zur Verfügung.

§ 6 Finanzierung und Organisation der KEF. (1) [1]Die Kosten der KEF und ihrer Geschäftsstelle werden vorab aus dem Rundfunkbeitrag gedeckt. [2]Das Deutschlandradio trägt die Kosten entsprechend seinem Anteil am Aufkommen des Rundfunkbeitrags, die übrigen Kosten tragen die in der ARD zusammengeschlossenen Landesrundfunkanstalten und das ZDF jeweils zur Hälfte.

(2) [1]Die KEF erstellt einen Wirtschaftsplan. [2]Er bedarf der Genehmigung des Sitzlandes der Einrichtung, an die die KEF-Geschäftsstelle organisatorisch angebunden ist. [3]Die Genehmigung erfolgt nach Abstimmung mit den Staats-

und Senatskanzleien der übrigen Länder. [4]Sie ist zu erteilen, wenn die Grundsätze einer geordneten und sparsamen Haushaltswirtschaft gewahrt sind.

(3) [1]Die Einrichtung, an die die KEF-Geschäftsstelle organisatorisch angebunden ist, kann die ihr zustehenden Mittel vierteljährlich, jeweils in der Mitte des Kalendervierteljahres, abrufen. [2]Erster Abruftermin ist der 15. Februar 1997.

(4) [1]Die näheren Einzelheiten der Finanzierung und der organisatorischen Anbindung der KEF legen die Ministerpräsidenten in einem Statut durch Beschluss fest. [2]Das Statut regelt auch die fachliche und haushaltsmäßige Unabhängigkeit der Geschäftsstelle.

§ 7 Verfahren bei den Ländern. (1) Die Rundfunkkommission der Länder erhält von den Rundfunkanstalten zeitgleich die der KEF zugeleiteten Bedarfsanmeldungen und diese erläuternd sowie ergänzende weitere Unterlagen der Rundfunkanstalten.

(2) [1]Der Beitragsvorschlag der KEF ist Grundlage für eine Entscheidung der Landesregierungen und der Landesparlamente. [2]Davon beabsichtigte Abweichungen soll die Rundfunkkommission der Länder mit den Rundfunkanstalten unter Einbeziehung der KEF erörtern. [3]Die Abweichungen sind zu begründen.

II. Abschnitt
Höhe des Rundfunkbeitrags

§ 8 Höhe des Rundfunkbeitrags. Die Höhe des Rundfunkbeitrags wird auf monatlich 17,50 Euro festgesetzt.

§ 9 Aufteilung der Mittel. (1) Von dem Aufkommen aus dem Rundfunkbeitrag erhalten die in der ARD zusammengeschlossenen Landesrundfunkanstalten einen Anteil von 71,7068 vom Hundert, das ZDF einen Anteil von 25,3792 vom Hundert und die Körperschaft des öffentlichen Rechts „Deutschlandradio“ einen Anteil von 2,9140 vom Hundert.

(2) [1]Soweit die in der ARD zusammengeschlossenen Landesrundfunkanstalten oder das ZDF sich nicht an der nationalen Stelle des Europäischen Fernsehkulturkanals „ARTE“ beteiligen, stehen der nationalen Stelle von ARTE für die Finanzierung dieses Programmvorhabens die auf diese Anstalten entfallenden Anteile an der Finanzierung unmittelbar aus dem Rundfunkbeitragsaufkommen zu. [2]Der Anteil dieser Anstalten bemisst sich nach dem für sie in Ziffer 6.2 des Gesellschaftsvertrages der nationalen Stelle von ARTE in der Fassung vom 1. Dezember 1994 vorgesehenen Pflichtanteil für die Programmzulieferung. [3]Dabei ist ein Finanzierungsbetrag von insgesamt 180,84 Mio. Euro jährlich zugrunde zu legen. [4]Die Mittel können in zwölf gleichen Teilbeträgen vierteljährlich, jeweils in der Mitte des Kalendervierteljahres abgerufen oder Teilbeträge auf einen der späteren Abruftermine übertragen werden.

III. Abschnitt

Anteil der Landesmedienanstalten

§ 10 Höhe des Anteils. (1) [1]Die Höhe des Anteils der Landesmedienanstalten beträgt 1,8989 vom Hundert des Rundfunkbeitragsaufkommens. [2]Aus dem jährlichen Gesamtbetrag des Anteils aller Landesmedienanstalten erhält jede Landesmedienanstalt vorab einen Sockelbetrag von 511 290,– Euro. [3]Der verbleibende Betrag steht den einzelnen Landesmedienanstalten im Verhältnis des Aufkommens aus dem Rundfunkbeitrag in ihren Ländern zu.

(2) [1]Wird aus zwei oder mehreren Landesmedienanstalten eine gemeinsame Landesmedienanstalt gebildet, so steht dieser für einen Zeitraum von drei Kalenderjahren ein Sockelbetrag in der Höhe der Summe der bisher den einzelnen Landesmedienanstalten zugewiesenen Sockelbeträge zu. [2]Für Landesmedienanstalten, die bis zum 29. Februar 2012 fusionieren, gilt unbeschadet des Satzes 1, dass im vierten Jahr nach der Zusammenlegung der zweite und jeder weitere Sockelbetrag ebenfalls 100 vom Hundert betragen. [3]Der zweite und jeder weitere Sockelbetrag betragen im fünften Jahr 75 vom Hundert, im sechsten Jahr 50 vom Hundert und im siebten Jahr 25 vom Hundert des ursprünglichen zweiten oder weiteren Sockelbetrages und entfallen mit Beginn des achten Jahres.

§ 11 Zuweisung des Anteils. [1]Die Landesmedienanstalten erhalten nach Anforderung von ihrer zuständigen Landesrundfunkanstalt jeweils zur Mitte eines Kalendervierteljahres angemessene Abschlagszahlungen. [2]Die Schlusszahlung für ein Kalenderjahr ist spätestens sechs Monate nach Ablauf des Kalenderjahres zu leisten.

IV. Abschnitt

Finanzausgleich

§ 12 Ermächtigung und Verpflichtung zum Finanzausgleich. [1]Die in der ARD zusammengeschlossenen Landesrundfunkanstalten werden ermächtigt und verpflichtet, einen angemessenen Finanzausgleich durchzuführen. [2]Der Finanzausgleich muss gewährleisten, dass

1. die übergeordneten Aufgaben des öffentlich-rechtlichen Rundfunks und solche Aufgaben einzelner Rundfunkanstalten, die wegen ihrer Bedeutung für den gesamten Rundfunk als Gemeinschaftsaufgaben wahrgenommen werden müssen, erfüllt werden können,
2. jede Rundfunkanstalt in der Lage ist, ein ausreichendes Programm zu gestalten und zu senden.

§ 13 Aufbringung der Finanzausgleichsmasse. Die Finanzausgleichsmasse wird von den in der ARD zusammengeschlossenen Landesrundfunkanstalten nach Maßgabe ihrer Finanzkraft gemäß der nach § 15 zwischen diesen Rundfunkanstalten abzuschießenden Vereinbarung aufgebracht.

§ 14 Umfang der Finanzausgleichsmasse. [1]Die Finanzausgleichsmasse beträgt 1,6 vom Hundert des ARD-Nettobeitragsaufkommens. [2]Die Finanzausgleichsmasse wird im Verhältnis 50,92 vom Hundert zu 49,08 vom Hundert auf den Saarländischen Rundfunk und Radio Bremen aufgeteilt.

§ 15 Vereinbarung der Rundfunkanstalten. Im Rahmen der vorstehenden Grundsätze wird der Finanzausgleich von den in § 13 genannten Rundfunkanstalten im Einzelnen vereinbart. Rundfunkanstalten, die nicht in die Finanzausgleichsmasse gemäß § 14 Abs. 1 einzahlen, sind dabei lediglich an der Aufbringung der Finanzierungsbeträge für die Gemeinschaftsaufgaben zu beteiligen; diese Beteiligungen sind bei der Vereinbarung der Zuwendungsbeträge zu berücksichtigen.

§ 16 Beschluss der Landesregierungen. (1) [1]Kommt bis zum Beginn eines Rechnungsjahres eine Vereinbarung nicht zustande, so werden Ausgleichsmasse, Ausgleichspflicht und Ausgleichsberechtigung durch Beschluss der Landesregierungen mit einer Mehrheit von zwei Dritteln festgelegt. [2]Für den Beschluss hat jede Landesregierung so viele Stimmen, wie das Land Stimmen im Bundesrat hat (Artikel 51 Abs. 2 Grundgesetz).

(2) Bis zum Zustandekommen des Beschlusses richten sich Ausgleichsmasse, Ausgleichspflicht und Ausgleichsberechtigung nach der Vereinbarung oder dem Beschluss des Vorjahres.

V. Abschnitt

Übergangs- und Schlussvorschriften

§ 17 Vertragsdauer, Kündigung. [1]Dieser Staatsvertrag gilt für unbestimmte Zeit. [2]Er kann von jedem der vertragsschließenden Länder zum Schluss des Kalenderjahres mit einer Frist von einem Jahr gekündigt werden. [3]Die Kündigung kann erstmals zum 31. Dezember 2012 erfolgen. [4]Das Vertragsverhältnis nach dem IV. Abschnitt kann erstmals zum 31. Dezember 2012 mit einer halbjährlichen Frist zum Jahresende gesondert gekündigt werden. [5]Wird der Staatsvertrag oder das Vertragsverhältnis nach dem IV. Abschnitt zu diesen Zeitpunkten nicht gekündigt, kann die Kündigung mit gleicher Frist jeweils zu einem zwei Jahre späteren Zeitpunkt erfolgen. [6]Die Kündigung ist gegenüber dem Vorsitzenden der Ministerpräsidentenkonferenz schriftlich zu erklären. [7]Die Kündigung eines Landes lässt das Vertragsverhältnis der übrigen Länder zueinander unberührt, jedoch kann jedes der übrigen Länder den Vertrag binnen einer Frist von drei Monaten nach Eingang der Kündigungserklärung zum gleichen Zeitpunkt kündigen.

ARD-Staatsvertrag

vom 31. August 1991 (GBl. BW S. 745)
in der Fassung des Zwölften Staatsvertrages zur Änderung rundfunkrechtlicher Staatsverträge vom 22. Oktober 2008
(GVBl. Bayern 2009 S. 193, 253; 2012 S. 61)

INHALTSÜBERSICHT

§ 1 Fernsehprogramme.[1] (1) Die in der Arbeitsgemeinschaft der öffentlich-rechtlichen Rundfunkanstalten der Bundesrepublik Deutschland (ARD) zusammengeschlossenen Landesrundfunkanstalten veranstalten gemeinsam Fernsehprogramme nach Maßgabe dieses Staatsvertrages und des Rundfunkstaatsvertrages.

(2) Die in der ARD zusammengeschlossenen Landesrundfunkanstalten veranstalten gemeinsam das Fernsehvollprogramm „Das Erste".

(3) Das Recht jeder Rundfunkanstalt, daneben Fernsehprogramme auch zusammen mit einzelnen anderen Rundfunkanstalten zu gestalten und auszustrahlen, bleibt unberührt.

§ 2 Vereinbarung. Die in der ARD zusammengeschlossenen Landesrundfunkanstalten vereinbaren die tägliche Dauer des gemeinsamen Programms sowie Art und Umfang ihrer Beteiligung.

§ 3 Abstimmung mit dem Zweiten Deutschen Fernsehen. Vor Veränderungen des Programmschemas im Ersten Fernsehprogramm sollen die für das Erste Fernsehprogramm in der ARD Verantwortlichen auf ein Einvernehmen mit dem Intendanten des Zweiten Deutschen Fernsehens hinwirken; dabei ist auf die Nachrichtensendungen besondere Rücksicht zu nehmen.

§ 5 Programmdirektor. [1]Für die Gestaltung des gemeinsamen Programms berufen die in der ARD zusammengeschlossenen Landesrundfunkanstalten einen Programmdirektor auf die Dauer von mindestens zwei Jahren. [2]Der Beschluss bedarf einer Mehrheit von zwei Dritteln der in der ARD zusammengeschlossenen Landesrundfunkanstalten.

§ 6 Aufgaben des Programmdirektors. [1]Der Programmdirektor erarbeitet das Programm in regelmäßigen Konferenzen mit den Intendanten der in der ARD zusammengeschlossenen Landesrundfunkanstalten oder ihren Beauftragten. [2]Soweit eine Einigung nicht zu Stande kommt, kann der Programmdirektor den Landesrundfunkanstalten im Rahmen der Vereinbarung nach § 2 Auflagen machen. [3]Kommt eine Landesrundfunkanstalt den Auflagen nicht nach, so hat sie die Kosten einer angemessenen Ersatzleistung zu tragen.

§ 7 Programmbeirat. Nach näherer Vereinbarung der in der ARD zusammengeschlossenen Landesrundfunkanstalten kann ein Programmbeirat gebildet werden, der den Programmdirektor berät.

§ 8 Gegendarstellung. (1) [1]Soweit Gegendarstellungsansprüche zu Sendungen in Fernseh-Gemeinschaftsprogrammen, die allein von den in der ARD zusammengeschlossenen Landesrundfunkanstalten gestaltet werden, geltend gemacht werden, ist die Sendung ausschließlich von derjenigen Landesrundfunkanstalt zu verantworten, die die Sendung in das Gemeinschaftsprogramm eingebracht hat. [2]Maßgeblich ist das für diese Landesrundfunkanstalt geltende Gegendarstellungsrecht.

(2) Eine gegen eine einbringende Landesrundfunkanstalt erwirkte Gegendarstellung ist von allen beteiligten Landesrundfunkanstalten in dem jeweiligen Fernseh-Gemeinschaftsprogramm zu verbreiten.

(3) [1]Wer eine Gegendarstellung gegen eine Sendung eines Fernseh-Gemeinschaftsprogramms der in der ARD zusammengeschlossenen Landesrundfunkanstalten geltend machen will, kann von jeder Landesrundfunkanstalt Auskunft verlangen, welche Landesrundfunkanstalt die Sendung in das Fernseh-Gemeinschaftsprogramm eingebracht hat. [2]Die Auskunft ist unverzüglich zu erteilen.

§ 9 Kündigung. [1]Dieser Staatsvertrag gilt für unbestimmte Zeit. [2]Er kann von jedem der vertragsschließenden Länder zum Schluss des Kalenderjahres mit einer Frist von einem Jahr gekündigt werden. [3]Die Kündigung kann erstmals zum 31. Dezember 2008 erfolgen. [4]Wird der Staatsvertrag zu diesem Zeitpunkt nicht gekündigt, kann die Kündigung mit gleicher Frist jeweils zu einem zwei Jahre späteren Zeitpunkt erfolgen. [5]Die Kündigung ist gegenüber dem Vorsitzenden der Ministerpräsidentenkonferenz schriftlich zu erklären. [6]Die Kündigung eines Landes lässt das Vertragsverhältnis der übrigen Länder zueinander unberührt, jedoch kann jedes der übrigen Länder den Vertrag binnen einer Frist von drei Monaten nach Eingang der Kündigungserklärung zum gleichen Zeitpunkt kündigen.

ZDF-Staatsvertrag

vom 31. August 1991 (GBl. BW S. 745), zuletzt geändert durch Art. 1 des 17. Rundfunkänderungsstaatsvertrages vom 18. Juni 2015 (GVBl. Bayern 2016 S. 52)[1]

§ 1 Trägerschaft, Name, Sitz. (1) [1]Die Länder sind Träger der gemeinnützigen Anstalt des öffentlichen Rechts mit dem Namen „Zweites Deutsches Fernsehen (ZDF)". [2]Das ZDF veranstaltet Fernsehen nach Maßgabe dieses Staatsvertrages und des Rundfunkstaatsvertrages.

(2) [1]Bestand und Entwicklung des ZDF werden gewährleistet. [2]Dazu gehört seine Teilhabe an den neuen technischen Möglichkeiten in der Herstellung und zur Verbreitung sowie die Möglichkeit der Veranstaltung neuer Formen von Fernsehen. [3]Die finanziellen Grundlagen des ZDF sind zu sichern.

(3) Das ZDF hat das Recht der Selbstverwaltung im Rahmen der nachfolgenden Bestimmungen.

(4) [1]Das ZDF hat seinen Sitz in Mainz. [2]Es unterhält in jedem Land ein Landesstudio.

§ 2 Angebote des „Zweiten Deutschen Fernsehens (ZDF)". (1) Das ZDF veranstaltet Fernsehprogramme und bietet Telemedien nach Maßgabe dieses Staatsvertrages und des Rundfunkstaatsvertrages an.

(2) Vor Veränderung des Programmschemas im Fernsehvollprogramm „Zweites Deutsches Fernsehen (ZDF)" soll der Intendant auf ein Einvernehmen mit den für das Erste Fernsehprogramm der Arbeitsgemeinschaft der öffentlich-rechtlichen Rundfunkanstalten der Bundesrepublik Deutschland (ARD) Verantwortlichen hinwirken; dabei ist auf die Nachrichtensendungen besondere Rücksicht zu nehmen.

§ 3 Programmerstellung, Verwertung. (1) [1]Das ZDF kann in Erfüllung seiner Aufgaben zum Erwerb, zur Herstellung und zur wirtschaftlichen Verwertung von Fernsehproduktionen und der damit zusammenhängenden Rechte mit Dritten zusammenarbeiten. [2]Es kann sich zu diesem Zweck an Unternehmen beteiligen. [3]Es darf jedoch Fernsehproduktionen nicht in erster Linie zum Zwecke der wirtschaftlichen Verwertung erwerben, herstellen oder herstellen lassen. [4]Die Produktionen sollen möglichst angemessen auf Produktionsstandorte in den Ländern verteilt werden.

§ 5 Gestaltung der Angebote. (1) [1]In den Angeboten des ZDF soll ein objektiver Überblick über das Weltgeschehen, insbesondere ein umfassendes Bild

1 Der 21. RÄndStV sieht in Art. 3 auch Änderungen des ZDF-Staatsvertages vor. Diese sind bei den entsprechenden Normen vermerkt.

der deutschen Wirklichkeit vermittelt werden. [2]Die Angebote sollen eine freie individuelle und öffentliche Meinungsbildung fördern.

(2) [1]Das ZDF hat in seinen Angeboten die Würde des Menschen zu achten und zu schützen. [2]Es soll dazu beitragen, die Achtung vor Leben, Freiheit und körperlicher Unversehrtheit, vor Glauben und Meinung anderer zu stärken. [3]Die sittlichen und religiösen Überzeugungen der Bevölkerung sind zu achten.

(3) [1]Das Geschehen in den einzelnen Ländern und die kulturelle Vielfalt Deutschlands sind angemessen in den Angeboten des ZDF darzustellen. [2]Die Angebote sollen dabei auch die Zusammengehörigkeit im vereinten Deutschland fördern sowie der gesamtgesellschaftlichen Integration in Frieden und Freiheit und der Verständigung unter den Völkern dienen und auf ein diskriminierungsfreies Miteinander hinwirken.

§ 6 Berichterstattung. Die Bestimmungen des Rundfunkstaatsvertrages zu Berichterstattung, Informationssendungen und Meinungsumfragen finden Anwendung.

§ 7 Kurzberichterstattung. Die Bestimmungen des Rundfunkstaatsvertrages zur Kurzberichterstattung im Fernsehen finden Anwendung.

§ 8 Unzulässige Angebote, Jugendschutz. Die für das ZDF geltenden Bestimmungen des Jugendmedienschutz-Staatsvertrages finden Anwendung.

§ 9 Gegendarstellung. (1) Das ZDF ist verpflichtet, die Gegendarstellung der Person oder Stelle zu verbreiten, die durch eine im Angebot des ZDF verbreitete Tatsachenbehauptung betroffen ist.

(2) Die Pflicht zur Verbreitung der Gegendarstellung besteht nicht, wenn
1. der Betroffene kein berechtigtes Interesse an der Verbreitung hat oder
2. die Gegendarstellung ihrem Umfang nach nicht angemessen ist, insbesondere den Umfang des beanstandeten Teils der Sendung wesentlich überschreitet.

(3) [1]Die Gegendarstellung muss sich auf tatsächliche Angaben beschränken und darf keinen strafbaren Inhalt haben. [2]Sie bedarf der Schriftform und muss von dem Betroffenen oder seinem gesetzlichen Vertreter unterzeichnet sein. [3]Der Betroffene oder sein Vertreter kann die Verbreitung nur verlangen, wenn die Gegendarstellung unverzüglich, spätestens innerhalb von zwei Monaten, dem ZDF zugeht. [4]Die Gegendarstellung muss das beanstandete Angebot und die Tatsachenbehauptung bezeichnen.

(4) [1]Die Gegendarstellung muss unverzüglich innerhalb des gleichen Angebotes verbreitet werden, in welchem die beanstandete Tatsachenbehauptung erfolgt ist. [2]Die Verbreitung erfolgt ohne Einschaltungen und Weglassungen. [3]Eine Erwiderung auf die verbreitete Gegendarstellung muss sich auf tatsächliche Angaben beschränken. [4]Im Fernsehen muss die Gegendarstellung innerhalb des gleichen Programms und der gleichen Programmsparte wie die beanstandete Tatsachenbehauptung sowie zur gleichen Tageszeit oder, wenn dies nicht

möglich ist, zu einer Sendezeit verbreitet werden, die der Zeit der beanstandeten Sendung gleichwertig ist.

(5) [1]Die Verbreitung der Gegendarstellung erfolgt unentgeltlich. [2]Dies gilt nicht, wenn sich die Gegendarstellung gegen eine Tatsachenbehauptung richtet, die in einer Werbesendung verbreitet worden ist.

(6) [1]Für die Durchsetzung des Anspruchs ist der ordentliche Rechtsweg gegeben. [2]Auf Antrag des Betroffenen kann das Gericht anordnen, dass das ZDF in der Form des Absatzes 4 eine Gegendarstellung verbreitet. [3]Auf das Verfahren sind die Vorschriften der Zivilprozessordnung über das Verfahren auf Erlass einer einstweiligen Verfügung entsprechend anzuwenden. [4]Eine Gefährdung des Anspruchs braucht nicht glaubhaft gemacht zu werden. [5]Ein Verfahren zur Hauptsache findet nicht statt.

(7) [1]Die Absätze 1 bis 6 gelten nicht für wahrheitsgetreue Berichte über öffentliche Sitzungen des Europäischen Parlaments, der gesetzgebenden Organe des Bundes, der Länder und der Vertretungen der Gemeinden und Gemeindeverbände, der Gerichte sowie für Sendungen nach den §§ 10 und 11 dieses Staatsvertrages. [2]Zu einer Gegendarstellung kann eine Gegendarstellung nicht verlangt werden.

§ 10 Verlautbarungsrecht. Der Bundesregierung und den Landesregierungen ist in Katastrophenfällen oder bei anderen vergleichbaren erheblichen Gefahren für die öffentliche Sicherheit oder Ordnung unverzüglich angemessene Sendezeit im Fernsehvollprogramm „Zweites Deutsches Fernsehen (ZDF)" für amtliche Verlautbarungen unentgeltlich einzuräumen.

§ 11 Anspruch auf Sendezeit. (1) [1]Parteien ist während ihrer Beteiligung an den Wahlen zum Deutschen Bundestag angemessene Sendezeit im Fernsehvollprogramm „Zweites Deutsches Fernsehen (ZDF)" einzuräumen, wenn mindestens eine Landesliste für sie zugelassen wurde. [2]Ferner haben Parteien und sonstige politische Vereinigungen während ihrer Beteiligung an den Wahlen der Abgeordneten aus der Bundesrepublik Deutschland für das Europäische Parlament Anspruch auf angemessene Sendezeit im Fernsehvollprogramm „Zweites Deutsches Fernsehen (ZDF)", wenn mindestens ein Wahlvorschlag für sie zugelassen wurde.

(2) Der Intendant lehnt die Ausstrahlung ab, wenn es sich inhaltlich nicht um Wahlwerbung handelt oder der Inhalt offenkundig und schwerwiegend gegen die allgemeinen Gesetze verstößt.

(3) [1]Den Evangelischen Kirchen, der Katholischen Kirche und den Jüdischen Gemeinden sind auf Wunsch angemessene Sendezeiten im Fernsehvollprogramm „Zweites Deutsches Fernsehen (ZDF)" für die Übertragung gottes-dienstlicher Handlungen und Feierlichkeiten sowie sonstiger religiöser Sendungen, auch solcher über Fragen ihrer öffentlichen Verantwortung, zu gewähren. [2]Andere über das gesamte Bundesgebiet verbreitete Religionsgemeinschaften des öffentlichen Rechts können angemessen berücksichtigt werden.

(4) Wenn Vertretern der politischen Parteien, der Kirchen, der verschiedenen religiösen und weltanschaulichen Richtungen und den Vertretern der Organisationen der Arbeitgeber und Arbeitnehmer Gelegenheit zur Aussprache gegeben wird, so ist ihnen die Möglichkeit der Rede und Gegenrede unter jeweils gleichen Bedingungen zu gewähren.

§ 12 Verantwortung. (1) [1]Wer die Sendung eines Beitrages veranlasst oder zugelassen hat oder Angebote in Telemedien zur Nutzung bereitstellt, trägt für den jeweiligen Inhalt und die jeweilige Gestaltung nach Maßgabe der Vorschriften des Grundgesetzes, der allgemeinen Gesetze und der besonderen Vorschriften dieses Staatsvertrages die Verantwortung. [2]Verantwortlich ist auch, wer es unterlassen hat, in seinem Aufgabenkreis pflichtgemäß tätig zu werden.

(2) Für Inhalt und Gestaltung der Sendungen nach §§ 10 und 11 dieses Staatsvertrags ist derjenige verantwortlich, dem die Sendezeit zugebilligt worden ist.

(3) Die Verantwortlichkeit anderer Personen, insbesondere des Verfassers, Herstellers oder Gestalters eines Beitrages oder Angebotsteiles, bleibt unberührt.

§ 13 Auskunftspflicht. Die Anstalt hat auf Verlangen Namen und Dienstanschrift des Intendanten oder der sonstigen für Angebote Verantwortlichen mitzuteilen.

§ 14 Beweissicherung. (1) [1]Von allen Fernsehsendungen, die das ZDF verbreitet, sind vollständige Ton- und Bildaufzeichnungen herzustellen und aufzubewahren. [2]Bei der Sendung einer Aufzeichnung oder eines Films kann abweichend von Satz 1 die Aufzeichnung oder der Film aufbewahrt werden. [3]Die Aufbewahrungsfrist beträgt drei Monate. [4]Wird innerhalb dieser Frist eine Sendung beanstandet, so ist die Aufzeichnung oder der Film aufzubewahren, bis die Beanstandung durch rechtskräftige gerichtliche Entscheidung, durch gerichtlichen Vergleich oder auf andere Weise erledigt ist.

(2) Soweit das ZDF Telemedien anbietet, stellt es in geeigneter Weise sicher, dass berechtigten Interessen Dritter auf Beweissicherung angemessen Rechnung getragen wird.

(3) [1]Wer glaubhaft macht, in seinen Rechten betroffen zu sein, kann von dem ZDF Einsicht in die Aufzeichnungen nach den Absätzen 1 und 2 verlangen und hiervon auf eigene Kosten vom ZDF Mehrfertigungen herstellen lassen. [2]Die Glaubhaftmachung in Textform ist ausreichend.

§ 15 Eingaben, Beschwerden. (1) Jedermann hat das Recht, sich mit Eingaben und Anregungen zu den Angeboten an das ZDF zu wenden.

(2) [1]Das ZDF stellt sicher, dass Programmbeschwerden, in denen die Verletzung von Programmgrundsätzen behauptet wird, innerhalb angemessener Frist schriftlich beschieden werden. [2]Wird die Programmbeschwerde in Textform eingelegt, so genügt auch für deren Bescheidung Textform. [3]Das Nähere regelt die Satzung.

§ 16 Geltung von Datenschutzvorschriften. Soweit nachfolgend nichts anderes bestimmt ist, sind für den Datenschutz beim ZDF die jeweils geltenden Vorschriften des Landesgesetzes zum Schutze des Bürgers bei der Verarbeitung personenbezogener Daten des Landes Rheinland-Pfalz anzuwenden.

§ 17 Datenverarbeitung für journalistisch-redaktionelle Zwecke. (1) Soweit personenbezogene Daten durch das ZDF ausschließlich zu eigenen journalistisch-redaktionellen Zwecken verarbeitet werden, gelten nur die für das Datengeheimnis und für die Datensicherung maßgeblichen Vorschriften des Landesgesetzes zum Schutze des Bürgers bei der Verarbeitung personenbezogener Daten des Landes Rheinland-Pfalz in der jeweils geltenden Fassung.

(2) Führt die journalistisch-redaktionelle Verwendung personenbezogener Daten zur Verbreitung von Gegendarstellungen des Betroffenen oder zu Verpflichtungserklärungen, Verfügungen oder Urteilen über die Unterlassung der Verbreitung oder über den Widerruf des Inhalts der Daten, so sind diese Gegendarstellungen, Unterlassungserklärungen oder Widerrufe zu den gespeicherten Daten zu nehmen und dort für dieselbe Zeitdauer aufzubewahren wie die Daten selbst sowie bei einer Übermittlung der Daten gemeinsam mit diesen zu übermitteln.

(3) [1]Wird jemand durch eine Berichterstattung in seinem Persönlichkeitsrecht beeinträchtigt, kann der Betroffene Auskunft über die der Berichterstattung zu Grunde liegenden zu seiner Person gespeicherten Daten verlangen. [2]Die Auskunft kann nach Abwägung der schutzwürdigen Interessen der Beteiligten verweigert werden, soweit

1. aus den Daten auf Personen, die bei der Vorbereitung, Herstellung oder Verbreitung von Rundfunksendungen berufsmäßig journalistisch mitwirken oder mitgewirkt haben, geschlossen werden kann,
2. aus den Daten auf die Person des Einsenders oder des Gewährträgers von Beiträgen, Unterlagen und Mitteilungen für den redaktionellen Teil geschlossen werden kann,
3. durch die Mitteilung der recherchierten oder sonst erlangten Daten die journalistische Aufgabe des ZDF durch Ausforschung des Informationsbestandes beeinträchtigt würde.

[3]Der Betroffene kann die Berichtigung unrichtiger Daten oder die Hinzufügung einer eigenen Darstellung von angemessenem Umfang verlangen.

§ 18 Datenschutzbeauftragter. (1) [1]Das ZDF bestellt einen Beauftragten für den Datenschutz, der an die Stelle des Landesbeauftragten für den Datenschutz tritt. [2]Die Bestellung erfolgt auf Vorschlag des Intendanten durch den Verwaltungsrat für die Dauer von vier Jahren. [3]Eine Wiederbestellung ist zulässig. [4]Das Amt des Beauftragten für den Datenschutz kann neben anderen Aufgaben innerhalb des ZDF wahrgenommen werden.

(2) [1]Der Beauftragte für den Datenschutz ist in Ausübung seines Amtes unabhängig und nur dem Gesetz unterworfen. [2]Er untersteht der Dienstaufsicht des Verwaltungsrates.

(3) [1]Der Beauftragte für den Datenschutz überwacht die Einhaltung der Datenschutzvorschriften dieses Staatsvertrages, des Landesgesetzes zum Schutze des Bürgers bei der Verarbeitung personenbezogener Daten des Landes Rheinland-Pfalz und anderer Vorschriften über den Datenschutz bei der gesamten Tätigkeit des ZDF. [2]Dem Beauftragten für den Datenschutz ist dabei

1. insbesondere Auskunft zu Fragen sowie Einsicht in alle Unterlagen und Akten zu gewähren, die im Zusammenhang mit der Verarbeitung personenbezogener Daten stehen, namentlich in die gespeicherten Daten und die Datenverarbeitungsprogramme,
2. jederzeit Zutritt zu allen Diensträumen zu gewähren.

[3]Gesetzliche Geheimhaltungsvorschriften können einem Auskunfts- oder Einsichtsverlangen nicht entgegengehalten werden.

(4) [1]Über das Ergebnis der Überwachung unterrichtet der Beauftragte für den Datenschutz den Intendanten. [2]Damit kann er Vorschläge zur Verbesserung des Datenschutzes, insbesondere zur Beseitigung von festgestellten Mängeln bei der Verarbeitung personenbezogener Daten, verbinden. [3]Absatz 5 bleibt unberührt.

(5) [1]Stellt der Beauftragte für den Datenschutz Verstöße gegen Vorschriften über den Datenschutz oder sonstige Mängel bei der Verarbeitung personenbezogener Daten fest, so beanstandet er dies gegenüber dem Intendanten und fordert ihn zur Stellungnahme innerhalb einer angemessenen Frist auf. [2]Gleichzeitig unterrichtet er den Verwaltungsrat. [3]Von einer Beanstandung kann abgesehen werden, wenn es sich um unerhebliche Mängel handelt oder wenn ihre unverzügliche Behebung sichergestellt ist.

(6) [1]Die vom Intendanten nach Absatz 5 Satz 1 abzugebende Stellungnahme soll auch eine Darstellung der Maßnahmen enthalten, die aufgrund der Beanstandung des Beauftragten für den Datenschutz getroffen worden sind. [2]Der Intendant leitet dem Verwaltungsrat gleichzeitig eine Abschrift der Stellungnahme gegenüber dem Beauftragten für den Datenschutz zu.

(7) [1]Der Beauftragte für den Datenschutz erstattet dem Verwaltungsrat alle zwei Jahre, erstmals zum 1. Oktober 1992, einen Bericht über seine Tätigkeit, der auch dem Landesbeauftragten für den Datenschutz für Rheinland-Pfalz zu übersenden ist. [2]Weitere Berichte im Einzelfall erstattet der Beauftragte für den Datenschutz auf Anforderung des Verwaltungsrates.

(8) Jedermann hat das Recht, sich unmittelbar an den Beauftragten für den Datenschutz zu wenden, wenn er der Ansicht ist, bei der Verarbeitung seiner personenbezogenen Daten durch das ZDF in seinen schutzwürdigen Belangen verletzt zu sein.

Nach 21. RÄndStV werden die §§ 16-18 wie folgt neu gefasst:

§ 16 Ernennung des Rundfunkdatenschutzbeauftragten und des Datenschutzbeauftragten. *(1) [1]Das ZDF ernennt einen Rundfunkdatenschutzbeauftragten, der zuständige Aufsichtsbehörde im Sinne des Artikels 51 der Verord-*

nung (EU) 2016/679 des Europäischen Parlaments und des Rates vom 27. April 2016 zum Schutz natürlicher Personen bei der Verarbeitung personenbezogener Daten, zum freien Datenverkehr und zur Aufhebung der Richtlinie 95/46/EG (Datenschutz-Grundverordnung) (ABl. L 119 vom 4. Mai 2016, S. 1; L 314 vom 22. November 2016, S. 72) ist. [2]Die Ernennung erfolgt durch den Fernsehrat mit Zustimmung des Verwaltungsrates für die Dauer von vier Jahren. Eine dreimalige Wiederernennung ist zulässig. [3]Der Rundfunkdatenschutzbeauftragte muss über die für die Erfüllung seiner Aufgaben und Ausübung seiner Befugnisse erforderliche Qualifikation, nachgewiesen durch ein abgeschlossenes Hochschulstudium, sowie über Erfahrung und Sachkunde insbesondere im Bereich des Schutzes personenbezogener Daten verfügen. [4]Das Amt des Rundfunkdatenschutzbeauftragten kann nicht neben anderen Aufgaben innerhalb des ZDF und seiner Beteiligungs- und Hilfsunternehmen wahrgenommen werden. [5]Sonstige Aufgaben müssen mit dem Amt des Rundfunkdatenschutzbeauftragten zu vereinbaren sein und dürfen seine Unabhängigkeit nicht gefährden.

(2) [1]Das Amt endet mit Ablauf der Amtszeit, mit Rücktritt vom Amt oder mit Erreichen des gesetzlichen Renteneintrittsalters. [2]Tarifvertragliche Regelungen bleiben unberührt. [3]Der Rundfunkdatenschutzbeauftragte kann seines Amtes nur enthoben werden, wenn er eine schwere Verfehlung begangen hat oder die Voraussetzungen für die Wahrnehmung seiner Aufgaben nicht mehr erfüllt. [4]Dies geschieht durch Beschluss des Fernsehrates auf Vorschlag des Verwaltungsrates. Der Rundfunkdatenschutzbeauftragte ist vor der Entscheidung zu hören.

(3) Das Nähere, insbesondere die Grundsätze der Vergütung, beschließt der Fernsehrat mit Zustimmung des Verwaltungsrates in einer Satzung.

(4) Der Datenschutzbeauftragte gemäß Artikel 37 der Verordnung (EU) 2016/679 wird vom Intendanten mit Zustimmung des Verwaltungsrates benannt.

§ 17 Unabhängigkeit des Rundfunkdatenschutzbeauftragten. *(1) [1]Der Rundfunkdatenschutzbeauftragte ist in Ausübung seines Amtes unabhängig und nur dem Gesetz unterworfen. Er unterliegt keiner Rechts- oder Fachaufsicht. [2]Der Dienstaufsicht des Verwaltungsrates untersteht er nur insoweit, als seine Unabhängigkeit bei der Ausübung seines Amtes dadurch nicht beeinträchtigt wird.*

(2) [1]Die Dienststelle des Rundfunkdatenschutzbeauftragten wird bei der Geschäftsstelle von Fernsehrat und Verwaltungsrat eingerichtet. [2]Dem Rundfunkdatenschutzbeauftragten ist die für die Erfüllung seiner Aufgaben und Befugnisse notwendige Personal-, Finanz- und Sachausstattung zur Verfügung zu stellen. [3]Die erforderlichen Mittel sind jährlich, öffentlich und gesondert im Haushaltsplan des ZDF auszuweisen und dem Rundfunkdatenschutzbeauftragten im Haushaltsvollzug zuzuweisen. [4]Einer Finanzkontrolle durch den Verwaltungsrat unter-liegt der Rundfunkdatenschutzbeauftragte nur insoweit,

als seine Unabhängigkeit bei der Ausübung seines Amtes dadurch nicht beeinträchtigt wird.

(3) Der Rundfunkdatenschutzbeauftragte ist in der Wahl seiner Mitarbeiter frei. Sie unterstehen allein seiner Leitung.

§ 18 Aufgaben und Befugnisse des Rundfunkdatenschutzbeauftragten.

(1) [1]Der Rundfunkdatenschutzbeauftragte überwacht die Einhaltung der Datenschutzvorschriften dieses Staatsvertrages, des Rundfunkstaatsvertrages, der Verordnung (EU) 2016/679 und anderer Vorschriften über den Datenschutz bei der gesamten Tätigkeit des ZDF und seiner Beteiligungsunternehmen im Sinne des § 16 c Abs. 3 Satz 1 des Rundfunkstaatsvertrages. [2]Er hat die Aufgaben und Befugnisse entsprechend den Artikeln 57 und 58 Abs. 1 bis 5 der Verordnung (EU) 2016/679. [3]Bei der Zusammenarbeit mit anderen Aufsichtsbehörden hat er, soweit die Datenverarbeitung zu journalistischen Zwecken betroffen ist, den Informantenschutz zu wahren. [4]Er kann gegenüber dem ZDF keine Geldbußen verhängen.

(2) [1]Stellt der Rundfunkdatenschutzbeauftragte Verstöße gegen Vorschriften über den Datenschutz oder sonstige Mängel bei der Verarbeitung personenbezogener Daten fest, so beanstandet er dies gegenüber dem Intendanten und fordert ihn zur Stellungnahme innerhalb einer angemessenen Frist auf. [2]Gleichzeitig unterrichtet er den Verwaltungsrat. [3]Von einer Beanstandung und Unterrichtung kann abgesehen werden, wenn es sich um unerhebliche Mängel handelt oder wenn ihre unverzügliche Behebung sichergestellt ist.

(3) [1]Die vom Intendanten nach Absatz 2 Satz 1 abzugebende Stellungnahme soll auch eine Darstellung der Maßnahmen enthalten, die aufgrund der Beanstandung des Rundfunkdatenschutzbeauftragten getroffen worden sind. [2]Der Intendant leitet dem Verwaltungsrat gleichzeitig eine Abschrift der Stellungnahme gegenüber dem Rundfunkdatenschutzbeauftragten zu.

(4) [1]Der Rundfunkdatenschutzbeauftragte erstattet jährlich auch den Organen des ZDF den schriftlichen Bericht im Sinne des Artikels 59 der Verordnung (EU) 2016/679 über seine Tätigkeit. [2]Der Bericht wird veröffentlicht, wobei eine Veröffentlichung im Online-Angebot des ZDF ausreichend ist.

(5) Jedermann hat das Recht, sich unmittelbar an den Rundfunkdatenschutzbeauftragten zu wenden, wenn er der Ansicht ist, bei der Verarbeitung seiner personenbezogenen Daten durch das ZDF oder seiner Beteiligungsunternehmen im Sinne des § 16 c Abs. 3 Satz 1 des Rundfunkstaatsvertrages in seinen schutzwürdigen Belangen verletzt zu sein.

(6) Der Rundfunkdatenschutzbeauftragte ist sowohl während als auch nach Beendigung seiner Tätigkeit verpflichtet, über die ihm während seiner Dienstzeit bekannt gewordenen Angelegenheiten und vertraulichen Informationen Verschwiegenheit zu bewahren.

§ 19 Organe. Die Organe[2] des ZDF sind
1. der Fernsehrat,
2. der Verwaltungsrat,
3. der Intendant.

§ 19a Allgemeine Bestimmungen. (1) [1]Die Mitglieder des Fernsehrates und des Verwaltungsrates sind Sachwalter der Interessen der Allgemeinheit. [2]Sie sind an Weisungen nicht gebunden. [3]Sie dürfen keine wirtschaftlichen oder sonstigen Interessen haben, die geeignet sind, die Erfüllung ihrer Aufgaben als Mitglieder des Fernsehrates oder des Verwaltungsrates zu gefährden (Interessenkollision).

(2) [1]Eine gleichzeitige Mitgliedschaft im Fernsehrat und im Verwaltungsrat ist ausgeschlossen. [2]Ein Mitglied kann dem Fernsehrat und dem Verwaltungsrat zusammen insgesamt in höchstens drei Amtsperioden angehören.

(3) [1]Dem Fernsehrat und dem Verwaltungsrat dürfen nicht angehören
1. Mitglieder des Europäischen Parlamentes, des Deutschen Bundestages oder eines Landesparlamentes,
2. Mitglieder der Europäischen Kommission, der Bundesregierung oder der Regierung eines deutschen Landes,
3. hauptamtliche kommunale Wahlbeamte,
4. Beamte, die jederzeit in den einstweiligen Ruhestand versetzt werden können,
5. Vertreter der kommunalen Spitzenverbände auf Leitungsebene,
6. Mitglieder im Vorstand einer Partei nach § 2 Abs. 1 Satz 1 des Parteiengesetzes auf Bundes- oder Landesebene; die alleinige Mitgliedschaft in einem Parteischiedsgericht gemäß § 14 des Parteiengesetzes steht einer Mitgliedschaft im Fernsehrat und Verwaltungsrat nicht entgegen.

[2]Ausgenommen von Satz 1 sind die Mitglieder des Fernsehrates nach § 21 Abs. 1 Satz 1 Buchst. a), b) und c) sowie die Mitglieder des Verwaltungsrates nach § 24 Abs. 1 Buchst. a).

(4) Dem Fernsehrat und dem Verwaltungsrat dürfen ferner nicht angehören
1. Angestellte oder arbeitnehmerähnliche Personen des ZDF,
2. Personen, die in einem Arbeits- oder Dienstverhältnis zu einem Unternehmen nach § 3 Satz 2 oder zu einem mit diesem verbundenen Unternehmen (§ 15 des Aktiengesetzes) stehen,
3. Personen, die den Aufsichtsorganen oder Gremien eines anderen öffentlich-rechtlichen Rundfunkveranstalters angehören oder in einem Arbeits- oder Dienstverhältnis oder in einem arbeitnehmerähnlichen Verhältnis zu diesem

2 An die Zusammensetzung des Fernseh- und Verwaltungsrates stellt das Bundesverfassungsgericht (BVerfG, Urt. v. 25.3.2014 – 1 BvF 1/11, 1 BvF 4/11, JZ 2014, 560) bezüglich der Vielfaltsicherung enge Voraussetzungen, die eine rechtliche Prüfung der genannten Normen über die Zusammensetzung mit sich gebracht haben. Diese Anforderungen wurden in der Neufassung umgesetzt.

oder zu einem mit diesem verbundenen Unternehmen (§ 15 des Aktiengesetzes) stehen,
4. Personen, die privaten Rundfunk veranstalten oder den Aufsichtsorganen oder Gremien eines privaten Rundfunkveranstalters oder einem mit diesem verbundenen Unternehmen (§ 15 des Aktiengesetzes) angehören oder in einem Arbeits- oder Dienstverhältnis zu diesen stehen,
5. Personen, die den Aufsichtsorganen oder Gremien einer Landesmedienanstalt angehören oder Organen, derer sich eine Landesmedienanstalt zur Erfüllung ihrer Aufgaben bedient, oder die zu diesen Organen oder einer Landesmedienanstalt in einem Arbeits- oder Dienstverhältnis stehen.

(5) [1]Der in Absatz 3 Satz 1 und Absatz 4 genannte Personenkreis kann frühestens 18 Monate nach dem Ausscheiden aus der dort genannten Funktion als Mitglied in den Fernsehrat oder Verwaltungsrat entsandt oder gewählt werden. [2]Für den in Absatz 3 Satz 1 genannten Personenkreis gilt Absatz 3 Satz 2 entsprechend.

(6) [1]Die Mitglieder des Fernsehrates und des Verwaltungsrates haben Anspruch auf eine Aufwandsentschädigung, Sitzungsgelder und Ersatz von Reisekosten mit Ausnahme des Tagegeldes. [2]Das Nähere regelt die Satzung. [3]Aufwandsentschädigungen und Sitzungsgelder sind der Höhe nach zu veröffentlichen.

§ 20 Aufgaben des Fernsehrates. (1) [1]Der Fernsehrat hat die Aufgabe, für die Sendung

en des ZDF Richtlinien aufzustellen und den Intendanten in Programmfragen zu beraten. [2]Er überwacht die Einhaltung der Richtlinien und der in §§ 5, 6, 8 bis 11 und 15 dieses Staatsvertrages aufgestellten Grundsätze.

(2) [1]Der Fernsehrat beschließt über den vom Verwaltungsrat vorzulegenden Entwurf der Satzung; das Gleiche gilt für Satzungsänderungen. [2]Sofern der Fernsehrat Satzungsänderungen beabsichtigt, ist der Verwaltungsrat vorher zu hören.

(3) [1]Der Fernsehrat genehmigt den Haushaltsplan. [2]Das Gleiche gilt für den Jahresabschluss und die Entlastung des Intendanten auf Vorschlag des Verwaltungsrates. [3]Die Beteiligung an Programmvorhaben nach § 19 Rundfunkstaatsvertrag bedarf der Zustimmung des Fernsehrates.

§ 21 Zusammensetzung des Fernsehrates. (1) [1]Der Fernsehrat besteht aus sechzig Mitgliedern, nämlich
a) je einem Vertreter der vertragsschließenden Länder, der von der zuständigen Landesregierung entsandt wird,
b) zwei Vertretern des Bundes, die von der Bundesregierung entsandt werden,
c) einem Vertreter des Deutschen Landkreistages und im Wechsel nach jeder Amtsperiode einem Vertreter des Deutschen Städtetages oder des Deutschen Städte- und Gemeindebundes,
d) zwei Vertretern der Evangelischen Kirche in Deutschland,

e) zwei Vertretern der Katholischen Kirche in Deutschland,
f) einem Vertreter des Zentralrates der Juden in Deutschland,
g) je einem Vertreter des Deutschen Gewerkschaftsbundes, von ver.di – Vereinte Dienstleistungsgewerkschaft – und des dbb Beamtenbundes und Tarifunion,
h) je einem Vertreter der Bundesvereinigung der Deutschen Arbeitgeberverbände, des Deutschen Industrie- und Handelskammertages e.V., des Zentralausschusses der Deutschen Landwirtschaft und des Zentralverbandes des Deutschen Handwerks e.V.,
i) einem Vertreter des Bundesverbandes Deutscher Zeitungsverleger e.V.,
j) einem Vertreter des Deutschen Journalisten-Verbandes e.V.,
k) vier Vertretern der Freien Wohlfahrtsverbände, und zwar je einem der Diakonie Deutschland, Evangelischer Bundesverband des Evangelischen Werkes für Diakonie und Entwicklung e. V., des Deutschen Caritasverbandes e.V., des Deutschen Roten Kreuzes e.V. und des Hauptausschusses der Deutschen Arbeiterwohlfahrt e.V.,
l) einem Vertreter des Deutschen Olympischen Sportbundes,
m) einem Vertreter der Europaunion Deutschland e.V.,
n) je einem Vertreter des Bundes für Umwelt und Naturschutz Deutschland e.V. und des Naturschutzbundes Deutschland e.V.,
o) einem Vertreter des Bundes der Vertriebenen – Vereinigte Landsmannschaften und Landesverbände e.V.,
p) einem Vertreter der Vereinigung der Opfer des Stalinismus e.V.,
q) 16 Vertretern aus folgenden den Ländern zugeordneten Bereichen:
   aa) einem Vertreter aus dem Bereich „Verbraucherschutz" aus dem Land Baden-Württemberg,
   bb) einem Vertreter aus dem Bereich „Digitales" aus dem Freistaat Bayern,
   cc) einem Vertreter aus dem Bereich „Internet" aus dem Land Berlin,
   dd) einem Vertreter aus dem Bereich „Senioren, Familie, Frauen und Jugend" aus dem Land Brandenburg,
   ee) einem Vertreter aus dem Bereich „Wissenschaft und Forschung" aus der Freien Hansestadt Bremen,
   ff) einem Vertreter aus dem Bereich „Musik" aus der Freien und Hansestadt Hamburg,
   gg) einem Vertreter aus dem Bereich „Migranten" aus dem Land Hessen,
   hh) einem Vertreter aus dem Bereich „Bürgerschaftliches Engagement" aus dem Land Mecklenburg-Vorpommern,
   ii) einem Vertreter aus dem Bereich „Muslime" aus dem Land Niedersachsen,
   jj) einem Vertreter aus dem Bereich „Medienwirtschaft und Film" aus dem Land Nordrhein-Westfalen,
   kk) einem Vertreter aus dem Bereich „Inklusive Gesellschaft" aus dem Land Rheinland-Pfalz,
   ll) einem Vertreter aus dem Bereich „Kunst und Kultur" aus dem Saarland,

mm) einem Vertreter aus dem Bereich „Ehrenamtlicher Zivil- und Katastrophenschutz" aus dem Freistaat Sachsen,

nn)[2] einem Vertreter aus dem Bereich „Heimat und Brauchtum" aus dem Land Sachsen-Anhalt,

oo) einem Vertreter aus dem Bereich „Regional- und Minderheitensprachen" aus dem Land Schleswig-Holstein und

pp) einem Vertreter aus dem Bereich „LSBTTIQ (Lesbische, Schwule, Bisexuelle, Transsexuelle, Transgender, Intersexuelle und Queere Menschen)" aus dem Freistaat Thüringen.

[2]Die näheren Einzelheiten zur Entsendung der Vertreter nach Satz 1 Buchst. q) werden durch Landesgesetz geregelt.

(2) Bis zu drei Mitglieder des Personalrates nehmen an den Sitzungen des Fernsehrates teil und können zu Fragen, die nicht den Programmbereich betreffen, gehört werden.

(3) [1]Die Verbände und Organisationen nach Absatz 1 Satz 1 Buchst. c) bis p) entsenden die Vertreter. [2]Die Vertreter nach Absatz 1 Satz 1 Buchst. q) werden von den aufgrund von Landesgesetz zu bestimmenden Verbänden und Organisationen entsandt. [3]Solange und soweit von dem Entsendungsrecht kein Gebrauch gemacht wird, verringert sich die Zahl der Mitglieder entsprechend.

(4) [1]Bei der Entsendung der Mitglieder sind Frauen und Männer angemessen zu berücksichtigen. [2]Sofern ein neues Mitglied entsandt wird, muss einem männlichen Mitglied eine Frau und einem weiblichen Mitglied ein Mann nachfolgen. [3]Sofern eine Organisation oder ein Verband zwei Vertreter entsendet, sind je eine Frau und ein Mann zu entsenden.

(5) [1]Der amtierende Vorsitzende des Fernsehrates stellt zu Beginn der Amtsperiode die nach diesem Staatsvertrag ordnungsgemäße Entsendung fest und gibt die Feststellungen dem Fernsehrat bekannt. [2]Die entsendenden Stellen haben alle Angaben zu machen, die zur Nachprüfung der Voraussetzungen von Absatz 4, 6 und § 19a Abs. 3 bis 5 erforderlich sind. [3]Weitere Einzelheiten des Verfahrens über die Entsendung und Abberufung regelt die Satzung. [4]Die Satzung bedarf insofern der Genehmigung durch die rechtsaufsichtsführende Landesregierung.

(6) [1]Die Amtszeit der Mitglieder des Fernsehrates beträgt vier Jahre. [2]Scheidet ein Mitglied aus, so ist nach den für die Entsendung des ausgeschiedenen Mitglieds geltenden Vorschriften ein Nachfolger für den Rest der Amtszeit zu berufen. [3]Die Mitgliedschaft im Fernsehrat erlischt durch

1. Niederlegung des Amtes,
2. Verlust der Fähigkeit, Rechte aus öffentlichen Wahlen zu erlangen oder öffentliche Ämter zu bekleiden,
3. Eintritt der Geschäftsunfähigkeit oder der Voraussetzungen der rechtlichen Betreuung nach § 1896 des Bürgerlichen Gesetzbuchs,
4. Eintritt des Todes,
5. Eintritt eines der in § 19a Abs. 3 und 4 genannten Ausschlussgründe,
6. Eintritt einer Interessenkollision nach § 19a Abs. 1 Satz 3 oder

7. Abberufung aus wichtigem Grund durch die entsendungsberechtigte Stelle; ein wichtiger Grund liegt insbesondere vor, wenn ein Mitglied aus der entsendungsberechtigten Stelle ausgeschieden ist.

[4]Das Vorliegen der Erlöschensgründe nach Satz 3 Nr. 1 bis 5 gibt der Vorsitzende des Fernsehrates dem Fernsehrat bekannt. [5]Über das Erlöschen der Mitgliedschaft in den Fällen von Satz 3 Nr. 6 und 7 entscheidet der Fernsehrat. [6]Bis zur Entscheidung nach Satz 5 behält das betroffene Mitglied seine Rechte und Pflichten, es sei denn, der Fernsehrat beschließt mit einer Mehrheit von sieben Zwölfteln seiner gesetzlichen Mitglieder, dass der Betroffene bis zur Entscheidung nicht an den Arbeiten des Fernsehrates teilnehmen kann. [7]Von der Beratung und Beschlussfassung im Verfahren nach Satz 5 ist das betroffene Mitglied ausgeschlossen.

(7) Die Regelungen zur Zusammensetzung des Fernsehrates gemäß Absatz 1 sollen jeweils nach Ablauf von zwei Amtsperioden durch die Länder überprüft werden.

§ 22 Verfahren des Fernsehrates. (1) [1]Der Fernsehrat ist beschlussfähig, wenn mindestens die Hälfte seiner Mitglieder anwesend ist. [2]Er fasst seine Beschlüsse mit einfacher Mehrheit der abgegebenen Stimmen, soweit nicht dieser Staatsvertrag anderes bestimmt.

(2) [1]Der Fernsehrat wählt aus seiner Mitte den Vorsitzenden und dessen Stellvertreter in geheimer Wahl. [2]Er gibt sich eine Geschäftsordnung, in der auch die Bildung von Ausschüssen vorgesehen werden kann. [3]Der Anteil der Mitglieder nach § 21 Abs. 1 Satz 1 Buchst. a) bis c) darf in den Ausschüssen des Fernsehrates ein Drittel der Mitglieder nicht übersteigen. [4]Entsprechendes gilt bei der Wahl der Vorsitzenden und Stellvertreter des Fernsehrates und seiner Ausschüsse.

(3) [1]Der Fernsehrat tritt mindestens alle drei Monate zu einer ordentlichen Sitzung zusammen. [2]Auf Antrag von einem Fünftel seiner Mitglieder oder des Intendanten muss er zu einer außerordentlichen Sitzung zusammentreten. [3]Die Einladungen ergehen durch den Vorsitzenden.

(4) [1]Der Intendant nimmt an den Sitzungen des Fernsehrates teil. [2]Ihm soll von dem Termin einer Sitzung rechtzeitig Kenntnis gegeben werden. [3]Er ist auf seinen Wunsch zu hören.

(5) [1]Die Sitzungen des Fernsehrates sind öffentlich. [2]In begründeten Ausnahmefällen kann der Fernsehrat den Ausschluss der Öffentlichkeit beschließen. [3]Personalangelegenheiten, die aus Gründen des Persönlichkeitsschutzes vertraulich sind, und Angelegenheiten, in welchen die Offenlegung von Betriebs- und Geschäftsgeheimnissen Dritter unvermeidlich ist, sind stets unter Ausschluss der Öffentlichkeit zu behandeln. [4]Die Sitzungen der nach Absatz 2 Satz 2 gebildeten Ausschüsse finden grundsätzlich nichtöffentlich statt.

(6) [1]Die Zusammensetzung des Fernsehrates sowie seiner Ausschüsse nach Absatz 2 Satz 2 sind zu veröffentlichen. [2]Die Tagesordnungen der Sitzungen des Fernsehrates und seiner Ausschüsse sind spätestens eine Woche vor den Sit-

zungen, die Anwesenheitslisten im Anschluss an die Sitzungen zu veröffentlichen. [3]Im Anschluss an die Sitzungen des Fernsehrates sind Zusammenfassungen der wesentlichen Ergebnisse der Sitzungen des Fernsehrates sowie seiner vorberatenden Ausschüsse zu veröffentlichen. [4]Die Veröffentlichung hat unter Wahrung von Betriebs- und Geschäftsgeheimnissen sowie personenbezogener Daten der Beschäftigten des ZDF zu erfolgen. [5]Berechtigte Interessen Dritter an einer Geheimhaltung sind zu wahren. [6]Eine Veröffentlichung in elektronischer Form im Internetauftritt des ZDF ist ausreichend. [7]Das Nähere regelt die Satzung.

§ 23 Aufgaben des Verwaltungsrates. (1) [1]Der Verwaltungsrat beschließt über den Dienstvertrag mit dem Intendanten. [2]Der Vorsitzende des Verwaltungsrates vertritt das ZDF beim Abschluss des Dienstvertrages und zum Abschluss sonstiger Rechtsgeschäfte mit dem Intendanten sowie bei Rechtsstreitigkeiten zwischen dem ZDF und dem Intendanten.

(2) Der Verwaltungsrat überwacht die Tätigkeit des Intendanten.

(3) [1]Der Verwaltungsrat legt dem Fernsehrat den Entwurf der Satzung des ZDF vor. [2]Er hat das Recht, Änderungen der Satzung vorzuschlagen.

(4) [1]Der Verwaltungsrat beschließt über den vom Intendanten entworfenen Haushaltsplan, der dem Fernsehrat gemäß § 20 zur Genehmigung zuzuleiten ist. [2]Das Gleiche gilt für den Jahresabschluss.

§ 24 Zusammensetzung des Verwaltungsrates. (1) Der Verwaltungsrat besteht aus zwölf Mitgliedern, nämlich

a) vier Vertretern der Länder, die von den Ministerpräsidenten gemeinsam berufen werden; die Ministerpräsidenten werden sich bemühen, die Berufungen einmütig vorzunehmen;
b) acht weiteren Mitgliedern, die vom Fernsehrat mit einer Mehrheit von drei Fünfteln seiner gesetzlichen Mitglieder gewählt werden; nicht wählbar sind die Mitglieder des Fernsehrates nach § 21 Abs. 1 Satz 1 Buchst. a) bis c);

(2) Bis zu drei Mitglieder des Personalrates nehmen an den Sitzungen des Verwaltungsrates teil und können zu Personalangelegenheiten gehört werden.

(3) [1]Die Amtszeit der Mitglieder beträgt fünf Jahre. [2]§ 21 Absatz 6 Satz 2 bis 7 gilt entsprechend.

(4) § 21 Abs. 3 Satz 3 gilt entsprechend.

(5) Von den nach Absatz 1 berufenen und gewählten Mitgliedern sollen auf Frauen und Männer jeweils fünfzig vom Hundert entfallen.

§ 25 Verfahren des Verwaltungsrates. (1) [1]Der Verwaltungsrat wählt in geheimer Wahl aus seiner Mitte den Vorsitzenden und dessen Stellvertreter mit der Mehrheit der Stimmen der gesetzlichen Mitglieder. [2]Er gibt sich eine Geschäftsordnung, in der auch die Bildung von Ausschüssen vorgesehen werden kann [3]Der Anteil der Mitglieder nach § 24 Abs. 1 Buchst. a) darf in den Ausschüssen des Verwaltungsrates ein Drittel der Mitglieder nicht übersteigen.

[4]Entsprechendes gilt bei der Wahl der Vorsitzenden und Stellvertreter des Verwaltungsrates und seiner Ausschüsse.

(2) [1]Der Verwaltungsrat ist beschlussfähig, wenn mehr als die Hälfte seiner gesetzlichen Mitglieder anwesend ist. [2]Er fasst seine Beschlüsse mit einfacher Mehrheit der abgegebenen Stimmen. [3]Beschlüsse gemäß §§ 23 Abs. 1 Satz 1, Abs. 4, 26 Abs. 3 und § 27 Abs. 2 bedürfen der Mehrheit von sieben Zwölfteln der Stimmen der gesetzlichen Mitglieder.

(3) [1]Der Vorsitzende beruft den Verwaltungsrat ein. [2]Auf Antrag von drei Mitgliedern muss er ihn einberufen.

(4) [1]Die Mitglieder des Verwaltungsrates können an den Sitzungen des Fernsehrates teilnehmen. [2]Sie haben das Recht, sich zu den Punkten der Tagesordnung zu äußern.

(5) Die Sitzungen des Verwaltungsrates und seiner Ausschüsse finden grundsätzlich nichtöffentlich statt.

(6) [1]§ 22 Abs. 6 gilt entsprechend. [2]Im Falle einer Zustimmung des Verwaltungsrates zum Abschluss von Anstellungsverträgen mit außertariflichen Angestellten nach § 28 Nr. 6 enthält die Veröffentlichung der Zusammenfassung der wesentlichen Ergebnisse der Sitzungen des Verwaltungsrates auch die Darstellung der jährlichen Vergütungen sowie etwaiger vertraglich vereinbarter Zusatzleistungen unter Namensnennung. [3]Entsprechendes gilt für Verträge mit freien Mitarbeitern, die der Zustimmung des Verwaltungsrates bedürfen.

§ 26 Wahl und Amtszeit des Intendanten. (1) [1]Der Intendant wird vom Fernsehrat auf die Dauer von fünf Jahren in geheimer Wahl gewählt. [2]Für die Wahl sind mindestens drei Fünftel der Stimmen der gesetzlichen Mitglieder erforderlich. [3]Wiederwahl ist zulässig.

(2) Aufgaben des Intendanten darf nur wahrnehmen, wer a) seinen ständigen Wohnsitz oder gewöhnlichen Aufenthalt in der Bundesrepublik Deutschland hat, b) unbeschränkt geschäftsfähig ist, c) unbeschränkt strafrechtlich verfolgt werden kann, d) die Fähigkeit besitzt, öffentliche Ämter zu bekleiden und die Rechte aus öffentlichen Wahlen zu erlangen sowie e) Grundrechte nicht verwirkt hat.

(3) [1]Der Verwaltungsrat kann den Intendanten mit Zustimmung des Fernsehrates entlassen; der Beschluss des Fernsehrates bedarf der Mehrheit von drei Fünfteln der Stimmen der gesetzlichen Mitglieder. [2]Der Intendant ist vor der Beschlussfassung zu hören. [3]Mit der Entlassung scheidet der Intendant aus seiner Stellung aus; die Bezüge sind ihm für die Dauer der Wahlzeit weiter zu gewähren.

§ 27 Der Intendant. (1) [1]Der Intendant vertritt das ZDF gerichtlich und außergerichtlich. [2]Er ist für die gesamten Geschäfte des ZDF einschließlich der Gestaltung der Programme verantwortlich.

(2) Der Intendant beruft im Einvernehmen mit dem Verwaltungsrat

a) den Programmdirektor,

b) den Chefredakteur,
c) den Verwaltungsdirektor
und aus deren Mitte einen Vertreter für den Fall seiner Abwesenheit.

§ 28 Zustimmungspflichtige Rechtsgeschäfte des Intendanten. Der Intendant bedarf der Zustimmung des Verwaltungsrates zu folgenden Rechtsgeschäften:

1. Erwerb, Veräußerung und Belastung von Grundstücken,
2. Erwerb und Veräußerung von Unternehmungen und Beteiligungen an ihnen,
3. Aufnahme von Anleihen und Inanspruchnahme von Krediten,
4. Übernahme einer fremden Verbindlichkeit, einer Bürgschaft oder einer Garantie,
5. Abschluss von Tarifverträgen,
6. Abschluss von Anstellungsverträgen mit außertariflichen Angestellten nach näherer Bestimmung der Satzung mit Ausnahme der Bestimmung derjenigen außertariflichen Angestellten, die ausschließlich mit künstlerischen Aufgaben betraut sind,
7. Übernahme einer sonstigen Verpflichtung im Wert von mehr als 250 000 Euro außer bei Verträgen über Herstellung oder Lieferung von Programmteilen.

§ 29 Finanzierung. Das ZDF deckt seine Ausgaben durch Erträge aus dem Rundfunkbeitrag nach Maßgabe des Rundfunkfinanzierungsstaatsvertrages, durch Erträge aus der Werbung und sonstige Erträge.

§ 30 Haushaltswirtschaft. (1) Das ZDF ist in seiner Haushaltswirtschaft selbstständig, soweit dieser Staatsvertrag nichts anderes bestimmt oder zulässt.

(2) [1]Die Haushaltswirtschaft richtet sich nach der Finanzordnung, die der Verwaltungsrat erlässt. [2]Der Haushalt ist nach den Grundsätzen der Sparsamkeit und der Wirtschaftlichkeit aufzustellen.

(3) [1]Die Haushalts- und Wirtschaftsführung unterliegt der Prüfung durch den Rechnungshof des Sitzlandes. [2]Er prüft die Wirtschaftsführung bei solchen Unternehmen des privaten Rechts, an denen das ZDF unmittelbar, mittelbar oder zusammen mit anderen Rundfunkanstalten oder -körperschaften des öffentlichen Rechts mit Mehrheit beteiligt ist und deren Gesellschaftsvertrag oder Satzung diese Prüfungen durch den Rechnungshof des Sitzlandes vorsieht. [3]Das ZDF ist verpflichtet, für die Aufnahme der erforderlichen Regelungen in den Gesellschaftsvertrag oder die Satzung der Unternehmen zu sorgen.

§ 30a Jahresabschluss und Lagebericht. (1) [1]Der Intendant hat nach Abschluss des Geschäftsjahres den Jahresabschluss, den Lagebericht, den Konzernabschluss und den Konzernlagebericht zu erstellen. [2]Der Konzernlagebericht hat einen umfassenden Einblick in die Vermögens- und Ertragsverhältnisse des ZDF einschließlich seiner Beziehungen zu Unternehmen, an denen es unmittelbar oder mittelbar beteiligt ist, zu vermitteln.

(2) [1]Der Jahresabschluss und der Konzernabschluss sind nach den Vorschriften des Handelsgesetzbuches für große Kapitalgesellschaften aufzustellen und vor der Feststellung zu prüfen. [2]Der Abschlussprüfer ist auch mit den Feststellungen und Berichten nach § 53 des Haushaltsgrundsätzegesetzes zu beauftragen.

(3) Jahresabschluss, Lagebericht, Konzernabschluss, Konzernlagebericht und Prüfungsbericht werden vom Intendanten den Regierungen und dem Rechnungshof des Sitzlandes des ZDF übermittelt.

(4) Nach Genehmigung des Jahresabschlusses veröffentlicht der Intendant eine Gesamtübersicht über den Jahresabschluss und eine Zusammenfassung der wesentlichen Teile des Konzernlageberichts.

(5) [1]Das ZDF veröffentlicht die für die Tätigkeit im Geschäftsjahr gewährten Bezüge des Intendanten und der Direktoren unter Namensnennung im Geschäftsbericht. [2]Satz 1 gilt insbesondere auch für:

1. Leistungen, die den genannten Personen für den Fall einer vorzeitigen Beendigung ihrer Tätigkeit zugesagt worden sind,
2. Leistungen, die den genannten Personen für den Fall der regulären Beendigung ihrer Tätigkeit zugesagt worden sind, mit ihrem Barwert sowie den vom ZDF während des Geschäftsjahres hierfür aufgewandten oder zurückgestellten Betrag,
3. während des Geschäftsjahres vereinbarte Änderungen dieser Zusagen,
4. Leistungen, die einer der betroffenen Personen, die ihre Tätigkeit im Laufe des Geschäftsjahres beendet hat, in diesem Zusammenhang zugesagt und im Laufe des Geschäftsjahres gewährt worden sind,
5. Leistungen, die den genannten Personen für Tätigkeiten bei Tochter- und Beteiligungsgesellschaften des ZDF gewährt worden sind, und
6. Leistungen, die den genannten Personen für entgeltliche Nebentätigkeiten gewährt worden sind; dies gilt nicht, wenn die Höhe der jeweils vereinbarten Einkünfte den Betrag von 1.000 Euro monatlich nicht übersteigt.

(6) Die Tarifstrukturen und eine strukturierte Darstellung der außer- und übertariflichen Vereinbarungen sind zu veröffentlichen.

§ 31 Rechtsaufsicht. (1) [1]Die Landesregierungen wachen über die ordnungsgemäße Durchführung der Bestimmungen des Staatsvertrages, des Rundfunkstaatsvertrages und über die Beachtung der allgemeinen Rechtsvorschriften. [2]Sie üben diese Befugnis durch eine Landesregierung in zweijährigem Wechsel aus; der Wechsel richtet sich nach der alphabetischen Reihenfolge der Länder. [3]Die rechtsaufsichtsführende Landesregierung ist jeweils zugleich zuständige Behörde nach § 9 Abs. 1 Satz 1 Rundfunkstaatsvertrag.

(2) [1]Rechtsaufsichtliche Maßnahmen sind erst zulässig, wenn die zuständigen Organe des ZDF die ihnen obliegenden Pflichten in angemessener Frist nicht oder nicht hinreichend erfüllen. [2]Die rechtsaufsichtsführende Landesregierung ist berechtigt, dem ZDF im Einzelfall eine angemessene Frist zur Wahrnehmung seiner Pflichten zu setzen.

§ 32 Unzulässigkeit eines Insolvenzverfahrens. Ein Insolvenzverfahren über das Vermögen des ZDF ist unzulässig.

§ 33 Kündigung. (1) [1]Dieser Staatsvertrag gilt für unbestimmte Zeit. [2]Er kann von jedem der vertragsschließenden Länder zum Schluss des Kalenderjahres mit einer Frist von einem Jahr gekündigt werden. [3]Die Kündigung kann erstmals zum 31. Dezember 2017 erfolgen. [4]Wird der Staatsvertrag zu diesem Zeitpunkt nicht gekündigt, kann die Kündigung mit gleicher Frist jeweils zu einem zwei Jahre späteren Zeitpunkt erfolgen. [5]Die Kündigung ist gegenüber dem Vorsitzenden der Ministerpräsidentenkonferenz schriftlich zu erklären. [6]Die Kündigung eines Landes lässt das Vertragsverhältnis der übrigen Länder zueinander unberührt, jedoch kann jedes der übrigen Länder den Vertrag binnen einer Frist von drei Monaten nach Eingang der Kündigungserklärung zum gleichen Zeitpunkt kündigen.

(2) [1]Wird der Rundfunkstaatsvertrag nach seinem § 54 Abs. 1 gekündigt, gelten die auf das ZDF anwendbaren Vorschriften des Rundfunkstaatsvertrages für das ZDF fort, mit Ausnahme des § 15 Abs. 1 und 2. [2]Im Falle einer Kündigung einzelner Vorschriften des Rundfunkstaatsvertrages nach seinem § 54 Abs. 5 finden die gekündigten Vorschriften auf das ZDF keine Anwendung.

§ 34 Übergangsbestimmungen. (1) Die Zusammensetzung sowie die Rechte und Pflichten der Mitglieder des Fernsehrates, des Verwaltungsrates und ihrer Ausschüsse bleiben vom Inkrafttreten des 17. Rundfunkänderungsstaatsvertrages bis zum Ablauf der am 1. Januar 2016 laufenden Amtsperioden von Fernsehrat, Verwaltungsrat und ihren Ausschüssen unberührt.

(2) Die am 1. Januar 2016 laufenden Amtsperioden des Fernsehrates und des Verwaltungsrates gelten als erste im Sinne von § 19a Abs. 2 Satz 2.

(3) Der Vertreter nach § 21 Abs. 1 Satz 1 Buchst. c) 2. Halbsatz wird in der ersten Amtsperiode nach Inkrafttreten des 17. Rundfunkänderungsstaatsvertrages vom Deutschen Städtetag entsandt.

IV. Buch

Gesetz über das Verlagsrecht (Verlagsgesetz)

vom 19. Juni 1901 (RGBl. S. 217; BGBl. III/FNA 441-1),
zuletzt geändert durch Gesetz vom 22. März 2002 (BGBl. I 2002, S. 1155)

§ 1 [Verlagsvertrag]. [1]Durch den Verlagsvertrag über ein Werk der Literatur oder der Tonkunst wird der Verfasser verpflichtet, dem Verleger das Werk zur Vervielfältigung und Verbreitung für eigene Rechnung zu überlassen. [2]Der Verleger ist verpflichtet, das Werk zu vervielfältigen und zu verbreiten.

§ 2 [Vervielfältigungsrechte]. (1) Der Verfasser hat sich während der Dauer des Vertragsverhältnisses jeder Vervielfältigung und Verbreitung des Werkes zu enthalten, die einem Dritten während der Dauer des Urheberrechts untersagt ist.

(2) Dem Verfasser verbleibt jedoch die Befugnis zur Vervielfältigung und Verbreitung:
1. für die Übersetzung in eine andere Sprache oder in eine andere Mundart;
2. für die Wiedergabe einer Erzählung in dramatischer Form oder eines Bühnenwerkes in der Form einer Erzählung;
3. für die Bearbeitung eines Werkes der Tonkunst, soweit sie nicht bloß ein Auszug oder eine Übertragung in eine andere Tonart oder Stimmlage ist;
4. für die Benutzung des Werkes zum Zwecke der mechanischen Wiedergabe für das Gehör;
5. für die Benutzung eines Schriftwerkes oder einer Abbildung zu einer bildlichen Darstellung, welche das Originalwerk seinem Inhalt nach im Wege der Kinematographie oder eines ihr ähnlichen Verfahrens wiedergibt.

(3) Auch ist der Verfasser zur Vervielfältigung und Verbreitung in einer Gesamtausgabe befugt, wenn seit dem Ablaufe des Kalenderjahrs, in welchem das Werk erschienen ist, zwanzig Jahre verstrichen sind.

§ 4 [Sonderausgaben]. [1]Der Verleger ist nicht berechtigt, ein Einzelwerk für eine Gesamtausgabe oder ein Sammelwerk sowie Teile einer Gesamtausgabe oder eines Sammelwerkes für eine Sonderausgabe zu verwerten. [2]Soweit jedoch eine solche Verwertung auch während der Dauer des Urheberrechts einem jeden freisteht, bleibt sie dem Verleger gleichfalls gestattet.

§ 5 [Auflage]. (1) [1]Der Verleger ist nur zu einer Auflage berechtigt. [2]Ist ihm das Recht zur Veranstaltung mehrerer Auflagen eingeräumt, so gelten im Zweifel für jede neue Auflage die gleichen Abreden wie für die vorhergehende.

(2) [1]Ist die Zahl der Abzüge nicht bestimmt, so ist der Verleger berechtigt, tausend Abzüge herzustellen. [2]Hat der Verleger durch eine vor dem Beginne der Vervielfältigung dem Verfasser gegenüber abgegebene Erklärung die Zahl der

Abzüge niedriger bestimmt, so ist er nur berechtigt, die Auflage in der angegebenen Höhe herzustellen.

§ 6 [Zuschuss- und Freiexemplare]. (1) [1]Die üblichen Zuschussexemplare werden in die Zahl der zulässigen Abzüge nicht eingerechnet. [2]Das Gleiche gilt von Freiexemplaren, soweit ihre Zahl den zwanzigsten Teil der zulässigen Abzüge nicht übersteigt.

(2) Zuschussexemplare, die nicht zum Ersatz oder zur Ergänzung beschädigter Abzüge verwendet worden sind, dürfen von dem Verleger nicht verbreitet werden.

§ 7 [Verlust von Abzügen]. Gehen Abzüge unter, die der Verleger auf Lager hat, so darf er sie durch andere ersetzen; er hat vorher dem Verfasser Anzeige zu machen.

§ 8 [Verlagsrecht]. In dem Umfang, in welchem der Verfasser nach den §§ 2 bis 7 verpflichtet ist, sich der Vervielfältigung und Verbreitung zu enthalten und sie dem Verleger zu gestatten, hat er, soweit nicht aus dem Vertrage sich ein anderes ergibt, dem Verleger das ausschließliche Recht zur Vervielfältigung und Verbreitung (Verlagsrecht) zu verschaffen.

§ 9 [Dauer und Schutz des Verlagsrechts]. (1) Das Verlagsrecht entsteht mit der Ablieferung des Werkes an den Verleger und erlischt mit der Beendigung des Vertragsverhältnisses.

(2) Soweit der Schutz des Verlagsrechts es erfordert, kann der Verleger gegen den Verfasser sowie gegen Dritte die Befugnisse ausüben, die zum Schutze des Urheberrechts durch das Gesetz vorgesehen sind.

§ 10 [Ablieferung des Werkes]. Der Verfasser ist verpflichtet, dem Verleger das Werk in einem für die Vervielfältigung geeigneten Zustand abzuliefern.

§ 11 [Frist für Ablieferung]. (1) Ist der Verlagsvertrag über ein bereits vollendetes Werk geschlossen, so ist das Werk sofort abzuliefern.

(2) [1]Soll das Werk erst nach dem Abschlusse des Verlagsvertrags hergestellt werden, so richtet sich die Frist der Ablieferung nach dem Zwecke, welchem das Werk dienen soll. [2]Soweit sich hieraus nichts ergibt, richtet sich die Frist nach dem Zeitraum, innerhalb dessen der Verfasser das Werk bei einer seinen Verhältnissen entsprechenden Arbeitsleistung herstellen kann; eine anderweitige Tätigkeit des Verfassers bleibt bei der Bemessung der Frist nur dann außer Betracht, wenn der Verleger die Tätigkeit bei dem Abschlusse des Vertrags weder kannte noch kennen musste.

§ 12 [Änderungsrecht des Verfassers]. (1) [1]Bis zur Beendigung der Vervielfältigung darf der Verfasser Änderungen an dem Werke vornehmen. [2]Vor der Veranstaltung einer neuen Auflage hat der Verleger dem Verfasser zur Vornahme von Änderungen Gelegenheit zu geben. [3]Änderungen sind nur insoweit zulässig, als nicht durch sie ein berechtigtes Interesse des Verlegers verletzt wird.

(2) Der Verfasser darf die Änderungen durch einen Dritten vornehmen lassen.

(3) Nimmt der Verfasser nach dem Beginne der Vervielfältigung Änderungen vor, welche das übliche Maß übersteigen, so ist er verpflichtet, die hieraus entstehenden Kosten zu ersetzen; die Ersatzpflicht liegt ihm nicht ob, wenn Umstände, die inzwischen eingetreten sind, die Änderung rechtfertigen.

§ 14 [Vervielfältigung und Verbreitung]. [1]Der Verleger ist verpflichtet, das Werk in der zweckentsprechenden und üblichen Weise zu vervielfältigen und zu verbreiten. [2]Die Form und Ausstattung der Abzüge wird unter Beobachtung der im Verlagshandel herrschenden Übung sowie mit Rücksicht auf Zweck und Inhalt des Werkes von dem Verleger bestimmt.

§ 15 [Beginn der Vervielfältigung]. [1]Der Verleger hat mit der Vervielfältigung zu beginnen, sobald ihm das vollständige Werk zugegangen ist. [2]Erscheint das Werk in Abteilungen, so ist mit der Vervielfältigung zu beginnen, sobald der Verfasser eine Abteilung abgeliefert hat, die nach ordnungsmäßiger Folge zur Herausgabe bestimmt ist.

§ 16 [Zahl von Abzüge]. [1]Der Verleger ist verpflichtet, diejenige Zahl von Abzügen herzustellen, welche er nach dem Vertrag oder gemäß dem § 5 herzustellen berechtigt ist. [2]Er hat rechtzeitig dafür zu sorgen, dass der Bestand nicht vergriffen wird.

§ 17 [Neuauflage]. [1]Ein Verleger, der das Recht hat, eine neue Auflage zu veranstalten, ist nicht verpflichtet, von diesem Rechte Gebrauch zu machen. [2]Zur Ausübung des Rechtes kann ihm der Verfasser eine angemessene Frist bestimmen. [3]Nach dem Ablaufe der Frist ist der Verfasser berechtigt, von dem Vertrage zurückzutreten, wenn nicht die Veranstaltung rechtzeitig erfolgt ist. [4]Der Bestimmung einer Frist bedarf es nicht, wenn die Veranstaltung von dem Verleger verweigert wird.

§ 18 [Kündigungsrecht des Verlegers]. (1) Fällt der Zweck, welchem das Werk dienen sollte, nach dem Abschlusse des Vertrags weg, so kann der Verleger das Vertragsverhältnis kündigen; der Anspruch des Verfassers auf die Vergütung bleibt unberührt.

(2) Das Gleiche gilt, wenn Gegenstand des Verlagsvertrags ein Beitrag zu einem Sammelwerk ist und die Vervielfältigung des Sammelwerkes unterbleibt.

§ 19 [Beiträge zu Sammelwerken]. Werden von einem Sammelwerke neue Abzüge hergestellt, so ist der Verleger im Einverständnisse mit dem Herausgeber berechtigt, einzelne Beiträge wegzulassen.

§ 20 [Korrektur]. (1) [1]Der Verleger hat für die Korrektur zu sorgen. [2]Einen Abzug hat er rechtzeitig dem Verfasser zur Durchsicht vorzulegen.

(2) Der Abzug gilt als genehmigt, wenn der Verfasser ihn nicht binnen einer angemessenen Frist dem Verleger gegenüber beanstandet.

§ 21 [Ladenpreis]. [1]Die Bestimmung des Ladenpreises, zu welchem das Werk verbreitet wird, steht für jede Auflage dem Verleger zu. [2]Er darf den Ladenpreis ermäßigen, soweit nicht berechtigte Interessen des Verfassers verletzt werden. [3]Zur Erhöhung dieses Preises bedarf es stets der Zustimmung des Verfassers.

§ 22 [Honorar]. (1) [1]Der Verleger ist verpflichtet, dem Verfasser die vereinbarte Vergütung zu zahlen. [2]Eine Vergütung gilt als stillschweigend vereinbart, wenn die Überlassung des Werkes den Umständen nach nur gegen eine Vergütung zu erwarten ist.

(2) Ist die Höhe der Vergütung nicht bestimmt, so ist eine angemessene Vergütung in Geld als vereinbart anzusehen.

§ 23 [Fälligkeit des Honorars]. [1]Die Vergütung ist bei der Ablieferung des Werkes zu entrichten. [2]Ist die Höhe der Vergütung unbestimmt oder hängt sie von dem Umfange der Vervielfältigung, insbesondere von der Zahl der Druckbogen, ab, so wird die Vergütung fällig, sobald das Werk vervielfältigt ist.

§ 24 [Absatzhonorar]. Bestimmt sich die Vergütung nach dem Absatze, so hat der Verleger jährlich dem Verfasser für das vorangegangene Geschäftsjahr Rechnung zu legen und ihm, soweit es für die Prüfung erforderlich ist, die Einsicht seiner Geschäftsbücher zu gestatten.

§ 25 [Freiexemplare]. (1) [1]Der Verleger eines Werkes der Literatur ist verpflichtet, dem Verfasser auf je hundert Abzüge ein Freiexemplar, jedoch im Ganzen nicht weniger als fünf und nicht mehr als fünfzehn zu liefern. [2]Auch hat er dem Verfasser auf dessen Verlangen ein Exemplar in Aushängebogen zu überlassen.

(2) Der Verleger eines Werkes der Tonkunst ist verpflichtet, dem Verfasser die übliche Zahl von Freiexemplaren zu liefern.

(3) Von Beiträgen, die in Sammelwerken erscheinen, dürfen Sonderabzüge als Freiexemplare geliefert werden.

§ 26 [Überlassung von Abzügen zum Vorzugspreis]. Der Verleger hat die zu seiner Verfügung stehenden Abzüge des Werkes zu dem niedrigsten Preise, für welchen er das Werk im Betriebe seines Verlagsgeschäfts abgibt, dem Verfasser, soweit dieser es verlangt, zu überlassen.

§ 27 [Rückgabe des Manuskripts]. Der Verleger ist verpflichtet, das Werk, nachdem es vervielfältigt worden ist, zurückzugeben, sofern der Verfasser sich vor dem Beginne der Vervielfältigung die Rückgabe vorbehalten hat.

§ 29 [Beendigung des Vertragsverhältnisses]. (1) Ist der Verlagsvertrag auf eine bestimmte Zahl von Auflagen oder von Abzügen beschränkt, so endigt das Vertragsverhältnis, wenn die Auflagen oder Abzüge vergriffen sind.

(2) Der Verleger ist verpflichtet, dem Verfasser auf Verlangen Auskunft darüber zu erteilen, ob die einzelne Auflage oder die bestimmte Zahl von Abzügen vergriffen ist.

(3) Wird der Verlagsvertrag für eine bestimmte Zeit geschlossen, so ist nach dem Ablaufe der Zeit der Verleger nicht mehr zur Verbreitung der noch vorhandenen Abzüge berechtigt.

§ 30 [Rücktrittsrecht des Verlegers wegen nicht rechtzeitiger Ablieferung des Werkes]. (1) [1]Wird das Werk ganz oder zum Teil nicht rechtzeitig abgeliefert, so kann der Verleger, statt den Anspruch auf Erfüllung geltend zu machen, dem Verfasser eine angemessene Frist zur Ablieferung mit der Erklärung bestimmen, dass er die Annahme der Leistung nach dem Ablaufe der Frist ablehne. [2]Zeigt sich schon vor dem Zeitpunkt, in welchem das Werk nach dem Vertrag abzuliefern ist, dass das Werk nicht rechtzeitig abgeliefert werden wird, so kann der Verleger die Frist sofort bestimmen; die Frist muss so bemessen werden, dass sie nicht vor dem bezeichneten Zeitpunkt abläuft. [3]Nach dem Ablaufe der Frist ist der Verleger berechtigt, von dem Vertrage zurückzutreten, wenn nicht das Werk rechtzeitig abgeliefert worden ist; der Anspruch auf Ablieferung des Werkes ist ausgeschlossen.

(2) Der Bestimmung einer Frist bedarf es nicht, wenn die rechtzeitige Herstellung des Werkes unmöglich ist oder von dem Verfasser verweigert wird oder wenn der sofortige Rücktritt von dem Vertrage durch ein besonderes Interesse des Verlegers gerechtfertigt wird.

(3) Der Rücktritt ist ausgeschlossen, wenn die nicht rechtzeitige Ablieferung des Werkes für den Verleger nur einen unerheblichen Nachteil mit sich bringt.

(4) Durch diese Vorschriften werden die im Falle des Verzugs des Verfassers dem Verleger zustehenden Rechte nicht berührt.

§ 31 [Rücktrittsrecht wegen nicht vertragsmäßiger Beschaffenheit des Werkes]. (1) Die Vorschriften des § 30 finden entsprechende Anwendung, wenn das Werk nicht von vertragsmäßiger Beschaffenheit ist.

(2) Beruht der Mangel auf einem Umstande, den der Verfasser zu vertreten hat, so kann der Verleger statt des in § 30 vorgesehenen Rücktrittsrechts den Anspruch auf Schadensersatz wegen Nichterfüllung geltend machen.

§ 32 [Rücktrittsrecht des Verfassers]. Wird das Werk nicht vertragsmäßig vervielfältigt oder verbreitet, so finden zugunsten des Verfassers die Vorschriften des § 30 entsprechende Anwendung.

§ 33 [Zufälliger Untergang des Werkes]. (1) [1]Geht das Werk nach der Ablieferung an den Verleger durch Zufall unter, so behält der Verfasser den Anspruch auf die Vergütung. [2]Im Übrigen werden beide Teile von der Verpflichtung zur Leistung frei.

(2) [1]Auf Verlangen des Verlegers hat jedoch der Verfasser gegen eine angemessene Vergütung ein anderes im Wesentlichen übereinstimmendes Werk zu liefern, sofern dies auf Grund vorhandener Vorarbeiten oder sonstiger Unterlagen mit geringer Mühe geschehen kann; erbietet sich der Verfasser, ein solches Werk innerhalb einer angemessenen Frist kostenfrei zu liefern, so ist der Verleger verpflichtet, das Werk an Stelle des untergegangenen zu vervielfältigen und zu verbreiten. [2]Jeder Teil kann diese Rechte auch geltend machen, wenn das Werk nach der Ablieferung infolge eines Umstandes untergegangen ist, den der andere Teil zu vertreten hat.

(3) Der Ablieferung steht es gleich, wenn der Verleger in Verzug der Annahme kommt.

§ 34 [Vorzeitiger Tod des Verfassers]. (1) Stirbt der Verfasser vor der Vollendung des Werkes, so ist, wenn ein Teil des Werkes dem Verleger bereits abgeliefert worden war, der Verleger berechtigt, in Ansehung des gelieferten Teiles den Vertrag durch eine dem Erben des Verfassers gegenüber abzugebende Erklärung aufrechtzuerhalten.

(2) [1]Der Erbe kann dem Verleger zur Ausübung des in Absatz 1 bezeichneten Rechtes eine angemessene Frist bestimmen. [2]Das Recht erlischt, wenn sich der Verleger nicht vor dem Ablaufe der Frist für die Aufrechterhaltung des Vertrags erklärt.

(3) Diese Vorschriften finden entsprechende Anwendung, wenn die Vollendung des Werkes infolge eines sonstigen nicht von dem Verfasser zu vertretenden Umstandes unmöglich wird.

§ 35 [Rücktrittsrecht des Verfassers wegen veränderter Umstände]. (1) [1]Bis zum Beginne der Vervielfältigung ist der Verfasser berechtigt, von dem Verlagsvertrage zurückzutreten, wenn sich Umstände ergeben, die bei dem Abschlusse des Vertrags nicht vorauszusehen waren und den Verfasser bei Kenntnis der Sachlage und verständiger Würdigung des Falles von der Herausgabe des Werkes zurückgehalten haben würden. [2]Ist der Verleger befugt, eine neue Auflage zu veranstalten, so findet für die Auflage diese Vorschrift entsprechende Anwendung.

(2) [1]Erklärt der Verfasser auf Grund der Vorschrift des Absatzes 1 den Rücktritt, so ist er dem Verleger zum Ersatze der von diesem gemachten Aufwendungen verpflichtet. [2]Gibt er innerhalb eines Jahres seit dem Rücktritte das Werk anderweit heraus, so ist er zum Schadensersatze wegen Nichterfüllung verpflichtet; diese Ersatzpflicht tritt nicht ein, wenn der Verfasser dem Verleger den Antrag, den Vertrag nachträglich zur Ausführung zu bringen, gemacht und der Verleger den Antrag nicht angenommen hat.

§ 36 [Insolvenzverfahren des Verlegers]. (1) Wird über das Vermögen des Verlegers das Insolvenzverfahren eröffnet, so finden die Vorschriften des § 103 der Insolvenzordnung auch dann Anwendung, wenn das Werk bereits vor der Eröffnung des Verfahrens abgeliefert worden war.

(2) [1]Besteht der Insolvenzverwalter auf der Erfüllung des Vertrags, so tritt, wenn er die Rechte des Verlegers auf einen anderen überträgt, dieser an Stelle der Insolvenzmasse in die sich aus dem Vertragsverhältnis ergebenden Verpflichtungen ein. [2]Die Insolvenzmasse haftet jedoch, wenn der Erwerber die Verpflichtungen nicht erfüllt, für den von dem Erwerber zu ersetzenden Schaden wie ein Bürge, der auf die Einrede der Vorausklage verzichtet hat. [3]Wird das Insolvenzverfahren aufgehoben, so sind die aus dieser Haftung sich ergebenden Ansprüche des Verfassers gegen die Masse sicherzustellen.

(3) War zur Zeit der Eröffnung des Verfahrens mit der Vervielfältigung noch nicht begonnen, so kann der Verfasser von dem Vertrage zurücktreten.

§ 37 [Auf Rücktrittsrecht anzuwendende Vorschriften]. Auf das in den §§ 17, 30, 35, 36 bestimmte Rücktrittsrecht finden die für das Rücktrittsrecht geltenden Vorschriften der §§ 346 bis 351 des Bürgerlichen Gesetzbuchs entsprechende Anwendung.

§ 38 [Teilweise Aufrechterhaltung des Vertrages]. (1) [1]Wird der Rücktritt von dem Verlagsvertrag erklärt, nachdem das Werk ganz oder zum Teil abgeliefert worden ist, so hängt es von den Umständen ab, ob der Vertrag teilweise aufrechterhalten bleibt. [2]Es begründet keinen Unterschied, ob der Rücktritt auf Grund des Gesetzes oder eines Vorbehalts im Vertrag erfolgt.

(2) Im Zweifel bleibt der Vertrag insoweit aufrechterhalten, als er sich auf die nicht mehr zur Verfügung des Verlegers stehenden Abzüge, auf frühere Abteilungen des Werkes oder auf ältere Auflagen erstreckt.

(3) Soweit der Vertrag aufrechterhalten bleibt, kann der Verfasser einen entsprechenden Teil der Vergütung verlangen.

(4) Diese Vorschriften finden auch Anwendung, wenn der Vertrag in anderer Weise rückgängig wird.

§ 39 [Gemeinfreie Werke]. (1) Soll Gegenstand des Vertrags ein Werk sein, an dem ein Urheberrecht nicht besteht, so ist der Verfasser zur Verschaffung des Verlagsrechts nicht verpflichtet.

(2) Verschweigt der Verfasser arglistig, dass das Werk bereits anderweit in Verlag gegeben oder veröffentlicht worden ist, so finden die Vorschriften des bürgerlichen Rechtes, welche für die dem Verkäufer wegen eines Mangels im Rechte obliegende Gewährleistungspflicht gelten, entsprechende Anwendung.

(3) [1]Der Verfasser hat sich der Vervielfältigung und Verbreitung des Werkes gemäß den Vorschriften des § 2 in gleicher Weise zu enthalten, wie wenn an dem Werke ein Urheberrecht bestände. [2]Diese Beschränkung fällt weg, wenn seit der Veröffentlichung des Werkes durch den Verleger sechs Monate abgelaufen sind.

§ 40 [Befugnisse des Verlegers bei gemeinfreien Werken]. [1]Im Falle des § 39 verbleibt dem Verleger die Befugnis, das von ihm veröffentlichte Werk gleich jedem Dritten von neuem unverändert oder mit Änderungen zu vervielfältigen. [2]Diese Vorschrift findet keine Anwendung, wenn nach dem Vertrage die Herstellung neuer Auflagen oder weiterer Abzüge von der Zahlung einer besonderen Vergütung abhängig ist.

§ 41 [Beiträge zu periodischen Sammelwerken]. Werden für eine Zeitung, eine Zeitschrift oder ein sonstiges periodisches Sammelwerk Beiträge zur Veröffentlichung angenommen, so finden die Vorschriften dieses Gesetzes Anwendung, soweit sich nicht aus den §§ 42 bis 46 ein anderes ergibt.

§ 43 [Abzüge bei Sammelwerken]. [1]Der Verleger ist in der Zahl der von dem Sammelwerke herzustellenden Abzüge, die den Beitrag enthalten, nicht beschränkt. [2]Die Vorschrift des § 20 Abs. 1 Satz 2 findet keine Anwendung.

§ 44 [Änderungen bei Sammelwerken]. Soll der Beitrag ohne den Namen des Verfassers erscheinen, so ist der Verleger befugt, an der Fassung solche Änderungen vorzunehmen, welche bei Sammelwerken derselben Art üblich sind.

§ 45 [Kündigungsrecht des Verfassers bei Sammelwerken]. (1) [1]Wird der Beitrag nicht innerhalb eines Jahres nach der Ablieferung an den Verleger veröffentlicht, so kann der Verfasser das Vertragsverhältnis kündigen. [2]Der Anspruch auf die Vergütung bleibt unberührt.

(2) Ein Anspruch auf Vervielfältigung und Verbreitung des Beitrags oder auf Schadensersatz wegen Nichterfüllung steht dem Verfasser nur zu, wenn ihm der Zeitpunkt, in welchem der Beitrag erscheinen soll, von dem Verleger bezeichnet worden ist.

§ 46 [Keine Freiexemplare bei Zeitungen]. (1) Erscheint der Beitrag in einer Zeitung, so kann der Verfasser Freiexemplare nicht verlangen.

(2) Der Verleger ist nicht verpflichtet, dem Verfasser Abzüge zum Buchhändlerpreise zu überlassen.

§ 47 [Bestellvertrag]. (1) Übernimmt jemand die Herstellung eines Werkes nach einem Plane, in welchem ihm der Besteller den Inhalt des Werkes sowie die Art und Weise der Behandlung genau vorschreibt, so ist der Besteller im Zweifel zur Vervielfältigung und Verbreitung nicht verpflichtet.

(2) Das Gleiche gilt, wenn sich die Tätigkeit auf die Mitarbeit an enzyklopädischen Unternehmungen oder auf Hilfs- oder Nebenarbeiten für das Werk eines anderen oder für ein Sammelwerk beschränkt.

§ 48 [Verlaggeber]. Die Vorschriften dieses Gesetzes finden auch dann Anwendung, wenn derjenige, welcher mit dem Verleger den Vertrag abschließt, nicht der Verfasser ist.

Gesetz über die Preisbindung von Büchern

vom 2. September 2002 (BGBl. I S. 3448)[1],
zuletzt geändert durch Gesetz vom 31. Juli 2016 (BGBl. I S. 1937)

§ 1 Zweck des Gesetzes. [1]Das Gesetz dient dem Schutz des Kulturgutes Buch. [2]Die Festsetzung verbindlicher Preise beim Verkauf an Letztabnehmer sichert den Erhalt eines breiten Buchangebots. [3]Das Gesetz gewährleistet zugleich, dass dieses Angebot für eine breite Öffentlichkeit zugänglich ist, indem es die Existenz einer großen Zahl von Verkaufsstellen fördert.

§ 2 Anwendungsbereich. (1) Bücher im Sinne dieses Gesetzes sind auch
1. Musiknoten,
2. kartographische Produkte,
3. Produkte, die Bücher, Musiknoten oder kartographische Produkte reproduzieren wie zum Beispiel zum dauerhaften Zugriff angebotene elektronische Bücher, und bei Würdigung der Gesamtumstände als überwiegend verlags- oder buchhandelstypisch anzusehen sind sowie
4. kombinierte Objekte, bei denen eines der genannten Erzeugnisse die Hauptsache bildet.

(2) Fremdsprachige Bücher fallen nur dann unter dieses Gesetz, wenn sie überwiegend für den Absatz in Deutschland bestimmt sind.

(3) Letztabnehmer im Sinne dieses Gesetzes ist, wer Bücher zu anderen Zwecken als dem Weiterverkauf erwirbt.

§ 3 Preisbindung. [1]Wer gewerbs- oder geschäftsmäßig Bücher an Letztabnehmer in Deutschland verkauft, muss den nach § 5 festgesetzten Preis einhalten. [2]Dies gilt nicht für den Verkauf gebrauchter Bücher.

§ 4 Grenzüberschreitende Verkäufe. (weggefallen)

§ 5 Preisfestsetzung. (1) [1]Wer Bücher für den Verkauf an Letztabnehmer in Deutschland verlegt oder importiert, ist verpflichtet, einen Preis einschließlich Umsatzsteuer (Endpreis) für die Ausgabe eines Buches für den Verkauf an Letztabnehmer in Deutschland festzusetzen und in geeigneter Weise zu veröffentlichen.) [2]Entsprechendes gilt für Änderungen des Endpreises.

(2) [1]Wer Bücher importiert, darf zur Festsetzung des Endpreises den vom Verleger des Verlagsstaates für Deutschland empfohlenen Letztabnehmerpreis einschließlich der in Deutschland jeweils geltenden Mehrwertsteuer nicht unterschreiten. [2]Hat der Verleger keinen Preis für Deutschland empfohlen, so darf der Importeur zur Festsetzung des Endpreises den für den Verlagsstaat festgesetzten oder empfohlenen Nettopreis des Verlegers für Endabnehmer zuzüglich der in Deutschland jeweils geltenden Mehrwertsteuer nicht unterschreiten.

---

1 Das Buchpreisbindungsgesetz trat nach Art. 3 des Gesetzes zur Regelung der Preisbindung bei Verlagserzeugnissen am 1. Oktober 2002 in Kraft.

(3) Wer als Importeur Bücher in einem Vertragsstaat des Abkommens über den Europäischen Wirtschaftsraum zu einem von den üblichen Einkaufspreisen im Einkaufsstaat abweichenden niedrigeren Einkaufspreis kauft, kann den gemäß Absatz 2 festzulegenden Endpreis in dem Verhältnis herabsetzen, wie es dem Verhältnis des erzielten Handelsvorteils zu den üblichen Einkaufspreisen im Einkaufsstaat entspricht; dabei gelten branchentypische Mengennachlässe und entsprechende Verkaufskonditionen als Bestandteile der üblichen Einkaufspreise.

(4) Verleger oder Importeure können folgende Endpreise festsetzen:
1. Serienpreise,
2. Mengenpreise,
3. Subskriptionspreise,
4. Sonderpreise für Institutionen, die bei der Herausgabe einzelner bestimmter Verlagswerke vertraglich in einer für das Zustandekommen des Werkes ausschlaggebenden Weise mitgewirkt haben,
5. Sonderpreise für Abonnenten einer Zeitschrift beim Bezug eines Buches, das die Redaktion dieser Zeitschrift verfasst oder herausgegeben hat, und
6. Teilzahlungszuschläge.

(5) Die Festsetzung unterschiedlicher Endpreise für einen bestimmten Titel durch einen Verleger oder Importeur oder deren Lizenznehmer ist zulässig, wenn dies sachlich gerechtfertigt ist.

§ 6 Vertrieb. (1) [1]Verlage müssen bei der Festsetzung ihrer Verkaufspreise und sonstigen Verkaufskonditionen gegenüber Händlern den von kleineren Buchhandlungen erbrachten Beitrag zur flächendeckenden Versorgung mit Büchern sowie ihren buchhändlerischen Service angemessen berücksichtigen. [2]Sie dürfen ihre Rabatte nicht allein an dem mit einem Händler erzielten Umsatz ausrichten.

(2) Verlage dürfen branchenfremde Händler nicht zu niedrigeren Preisen oder günstigeren Konditionen beliefern als den Buchhandel.

(3) Verlage dürfen für Zwischenbuchhändler keine höheren Preise oder schlechteren Konditionen festsetzen als für Letztverkäufer, die sie direkt beliefern.

§ 7 Ausnahmen. (1) § 3 gilt nicht beim Verkauf von Büchern
1. an Verleger oder Importeure von Büchern, Buchhändler oder deren Angestellte und feste Mitarbeiter für deren Eigenbedarf,
2. an Autoren selbstständiger Publikationen eines Verlages für deren Eigenbedarf,
3. an Lehrer zum Zwecke der Prüfung einer Verwendung im Unterricht,
4. die auf Grund einer Beschädigung oder eines sonstigen Fehlers als Mängelexemplare gekennzeichnet sind,
5. im Rahmen eines auf einen Zeitraum von 30 Tagen begrenzten Räumungsverkaufs anlässlich der endgültigen Schließung einer Buchhandlung, sofern die Bücher aus den gewöhnlichen Beständen des schließenden Unternehmens stammen und den Lieferanten zuvor mit angemessener Frist zur Rücknahme angeboten wurden.

(2) Beim Verkauf von Büchern können wissenschaftlichen Bibliotheken, die jedem auf ihrem Gebiet wissenschaftlich Arbeitenden zugänglich sind, bis zu 5 Prozent, jedermann zugänglichen kommunalen Büchereien, Landesbüchereien und Schülerbüchereien sowie konfessionellen Büchereien und Truppenbüchereien der Bundeswehr und des Bundesgrenzschutzes bis zu 10 Prozent Nachlass gewährt werden.

(3) [1]Sammelbestellungen von Büchern für den Schulunterricht, die zu Eigentum der öffentlichen Hand, eines Beliehenen oder allgemein bildender Privatschulen, die den Status staatlicher Ersatzschulen besitzen, angeschafft werden, gewähren die Verkäufer folgende Nachlässe:
1. bei einem Auftrag im Gesamtwert bis zu 25 000 Euro für Titel mit
   mehr als 10 Stück 8 Prozent Nachlass,
   mehr als 25 Stück 10 Prozent Nachlass,
   mehr als 100 Stück 12 Prozent Nachlass,
   mehr als 500 Stück 13 Prozent Nachlass,
2. bei einem Auftrag im Gesamtwert von mehr als
   25 000 Euro 13 Prozent Nachlass,
   38 000 Euro 14 Prozent Nachlass,
   50 000 Euro 15 Prozent Nachlass.

[2]Soweit Schulbücher von den Schulen im Rahmen eigener Budgets angeschafft werden, ist stattdessen ein genereller Nachlass von 12 Prozent für alle Sammelbestellungen zu gewähren.

(4) Der Letztverkäufer verletzt seine Pflicht nach § 3 nicht, wenn er anlässlich des Verkaufs eines Buches
1. Waren von geringem Wert oder Waren, die im Hinblick auf den Wert des gekauften Buches wirtschaftlich nicht ins Gewicht fallen, abgibt,
2. geringwertige Kosten der Letztabnehmer für den Besuch der Verkaufsstelle übernimmt,
3. Versand- oder besondere Beschaffungskosten übernimmt oder
4. andere handelsübliche Nebenleistungen erbringt.

§ 8 Dauer der Preisbindung. (1) Verleger und Importeure sind berechtigt, durch Veröffentlichung in geeigneter Weise die Preisbindung für Buchausgaben aufzuheben, deren erstes Erscheinen länger als 18 Monate zurückliegt.

(2) Bei Büchern, die in einem Abstand von weniger als 18 Monaten wiederkehrend erscheinen oder deren Inhalt mit dem Erreichen eines bestimmten Datums oder Ereignisses erheblich an Wert verliert, ist eine Beendigung der Preisbindung durch den Verleger oder Importeur ohne Beachtung der Frist gemäß Absatz 1 nach Ablauf eines angemessenen Zeitraums seit Erscheinen möglich.

§ 9 Schadensersatz- und Unterlassungsansprüche. (1) [1]Wer den Vorschriften dieses Gesetzes zuwiderhandelt, kann auf Unterlassung in Anspruch genommen werden. [2]Wer vorsätzlich oder fahrlässig handelt, ist zum Ersatz des durch die Zuwiderhandlung entstandenen Schadens verpflichtet.

(2) [1]Der Anspruch auf Unterlassung kann nur geltend gemacht werden

1. von Gewerbebetreibern, die Bücher vertreiben,
2. von rechtsfähigen Verbänden zur Förderung gewerblicher Interessen, soweit ihnen eine erhebliche Zahl von Gewerbebetreibenden angehört, die Waren oder gewerbliche Leistungen gleicher oder verwandter Art auf demselben Markt vertreiben, soweit sie insbesondere nach ihrer personellen, sachlichen und finanziellen Ausstattung imstande sind, ihre satzungsgemäßen Aufgaben der Verfolgung gewerblicher Interessen tatsächlich wahrnehmen, und die Handlung geeignet ist, den Wettbewerb auf dem relevanten Markt wesentlich zu beeinträchtigen,
3. von einem Rechtsanwalt, der von Verlegern, Importeuren oder Unternehmen, die Verkäufe an Letztabnehmer tätigen, gemeinsam als Treuhänder damit beauftragt worden ist, ihre Preisbindung zu betreuen (Preisbindungstreuhänder),
4. von qualifizierten Einrichtungen, die nachweisen, dass sie in die Liste qualifizierter Einrichtungen nach § 4 des Unterlassungsklagengesetzes oder in dem Verzeichnis der Kommission der Europäischen Gemeinschaften nach Art. 4 der Richtlinie 98/27/EG des Europäischen Parlaments und des Rates vom 19. Mai 1998 über Unterlassungsklagen zum Schutz der Verbraucherinteressen (ABl. EG Nr. L 166 S. 51) in der jeweils geltenden Fassung eingetragen sind.

[2]Die Einrichtungen nach Satz 1 Nr. 4 können den Anspruch auf Unterlassung nur geltend machen, soweit der Anspruch eine Handlung betrifft, durch die wesentliche Belange der Letztabnehmer berührt werden.

(3) Für das Verfahren gelten bei den Anspruchsberechtigten nach Absatz 2 Nr. 1 bis 3 die Vorschriften des Gesetzes gegen den unlauteren Wettbewerb und bei Einrichtungen nach Absatz 2 Nr. 4 die Vorschriften des Unterlassungsklagengesetzes.

§ 10 Bucheinsicht. (1) [1]Sofern der begründete Verdacht vorliegt, dass ein Unternehmen gegen § 3 verstoßen hat, kann ein Gewerbetreibender, der ebenfalls Bücher vertreibt, verlangen, dass dieses Unternehmen einem von Berufs wegen zur Verschwiegenheit verpflichteten Angehörigen der wirtschafts- oder steuerberatenden Berufe Einblick in seine Bücher und Geschäftsunterlagen gewährt. [2]Der Bericht des Buchprüfers darf sich ausschließlich auf die ihm bekannt gewordenen Verstöße gegen die Vorschriften dieses Gesetzes beziehen.

(2) Liegt eine Zuwiderhandlung vor, kann der Gewerbetreibende von dem zuwiderhandelnden Unternehmen die Erstattung der notwendigen Kosten der Buchprüfung verlangen.

Gesetz über die Deutsche Nationalbibliothek

vom 22. Juni 2006 (BGBl. I S. 1318),
zuletzt geändert durch Gesetz vom 1. September 2017 (BGBl. I S. 3346)

INHALTSÜBERSICHT

§ 1 Rechtsstellung, Sitz. (1) Die Deutsche Nationalbibliothek (Bibliothek) ist die zentrale Archivbibliothek und das nationalbibliografische Zentrum der Bundesrepublik Deutschland.

(2) [1]Die Bibliothek ist eine rechtsfähige bundesunmittelbare Anstalt des öffentlichen Rechts mit der Deutschen Bücherei in Leipzig, der Deutschen Bibliothek in Frankfurt am Main und dem Deutschen Musikarchiv. [2]Sie hat ihren Sitz in Frankfurt am Main.

§ 2 Aufgaben, Befugnisse. Die Bibliothek hat die Aufgabe,

1. a) die ab 1913 in Deutschland veröffentlichten Medienwerke und
   b) die ab 1913 im Ausland veröffentlichten deutschsprachigen Medienwerke, Übersetzungen deutschsprachiger Medienwerke in andere Sprachen und fremdsprachigen Medienwerke über Deutschland im Original zu sammeln, zu inventarisieren, zu erschließen und bibliografisch zu verzeichnen, auf Dauer zu sichern und für die Allgemeinheit nutzbar zu machen sowie zentrale bibliothekarische und nationalbibliografische Dienste zu leisten,
2. das Deutsche Exilarchiv 1933-1945, die Anne-Frank-Shoah-Bibliothek sowie das Deutsche Buch- und Schriftmuseum zu betreiben,
3. mit den Facheinrichtungen Deutschlands und des Auslands zusammenzuarbeiten sowie in nationalen und internationalen Fachorganisationen mitzuwirken.

§ 3 Medienwerke. (1) Medienwerke sind alle Darstellungen in Schrift, Bild und Ton, die in körperlicher Form verbreitet oder in unkörperlicher Form der Öffentlichkeit zugänglich gemacht werden.

(2) Medienwerke in körperlicher Form sind alle Darstellungen auf Papier, elektronischen Datenträgern und anderen Trägern.

(3) Medienwerke in unkörperlicher Form sind alle Darstellungen in öffentlichen Netzen.

(4) Filmwerke, bei denen nicht die Musik im Vordergrund steht, sowie ausschließlich im Rundfunk gesendete Werke unterliegen nicht den Bestimmungen dieses Gesetzes.

§ 4 Satzung, Benutzung, Kostenpflicht. (1) [1]Die Bibliothek gibt sich eine Satzung, die der Verwaltungsrat mit der Mehrheit von drei Vierteln seiner Mitglieder erlässt. [2]Sie bedarf der Genehmigung der für Kultur und Medien zuständigen obersten Bundesbehörde und ist im Bundesanzeiger zu veröffentlichen.

(2) Die Bestände der Bibliothek stehen der Allgemeinheit gemäß einer Benutzungsordnung zur Verfügung, die der Verwaltungsrat erlässt.

(3) [1]Die Benutzung der Bestände und die Inanspruchnahme der Dienstleistungen der Bibliothek sind grundsätzlich kostenpflichtig. [2]Das Nähere regelt eine Kostenordnung, die der Verwaltungsrat erlässt. [3]Sie bedarf der Genehmigung der für Kultur und Medien zuständigen obersten Bundesbehörde.

§ 5 Organe. Organe der Bibliothek sind
1. der Verwaltungsrat,
2. die Generaldirektorin oder der Generaldirektor,
3. die Beiräte.

§ 6 Verwaltungsrat. (1) [1]Der Verwaltungsrat hat 13 Mitglieder. [2]Diese werden nach Maßgabe der Nummern 1 bis 4 bestimmt.
1. Der Deutsche Bundestag entsendet zwei Personen;
2. die Bundesregierung entsendet drei Personen, davon mindestens zwei aus der für Kultur und Medien zuständigen obersten Bundesbehörde;
3. der Börsenverein des Deutschen Buchhandels entsendet drei Personen;
4. die Deutsche Forschungsgemeinschaft, der Deutsche Musikverlegerverband, der Bundesverband der Fonografischen Wirtschaft, die Stadt Frankfurt am Main sowie die Stadt Leipzig entsenden jeweils eine Person.

[2]Für jedes Mitglied soll eine Stellvertreterin oder ein Stellvertreter bestellt werden.

(2) Den Vorsitz führt ein von der Bundesregierung entsandtes und der für Kultur und Medien zuständigen obersten Bundesbehörde angehörendes Mitglied.

(3) [1]Der Verwaltungsrat ist beschlussfähig, wenn mehr als sieben Mitglieder anwesend sind. [2]Er entscheidet durch einfachen Mehrheitsbeschluss, soweit dieses Gesetz keine anderen Anforderungen stellt. [3]Bei Stimmengleichheit entscheidet die Stimme der oder des Vorsitzenden.

(4) [1]Der Verwaltungsrat entscheidet in allen Angelegenheiten, die für die Bibliothek und ihre Entwicklung von grundsätzlicher oder erheblicher wirtschaft-

licher Bedeutung sind. [2]Er stellt insbesondere den Haushaltsplan fest, entlastet die Generaldirektorin oder den Generaldirektor nach Abschluss der Rechnungsprüfung und nimmt zu geplanten Rechtsverordnungen nach § 20 Stellung. [3]Er überwacht die Erfüllung der Aufgaben der Bibliothek. [4]Der Verwaltungsrat kann im Einzelfall Befugnisse in den in Satz 1 genannten Angelegenheiten der Generaldirektorin oder dem Generaldirektor der Bibliothek übertragen.

(5) Das Nähere regelt die Satzung.

(6) Die oder der Vorsitzende des Verwaltungsrates ist oberste Dienstbehörde. [2]Einzelne Befugnisse, die hieraus folgen, kann sie oder er der Generaldirektorin oder dem Generaldirektor der Bibliothek übertragen.

§ 7 Generaldirektorin, Generaldirektor. (1) [1]Die Generaldirektorin oder der Generaldirektor führt die Geschäfte der Bibliothek. [2]Sie oder er entscheidet in allen Angelegenheiten der Bibliothek, soweit nicht der Verwaltungsrat oder als oberste Dienstbehörde dessen Vorsitzende oder Vorsitzender zuständig ist.

(2) [1]Die Generaldirektorin oder der Generaldirektor vertritt die Bibliothek gerichtlich und außergerichtlich. [2]Sie oder er ist Vorgesetzte oder Vorgesetzter sowie Dienstvorgesetzte oder Dienstvorgesetzter der Bediensteten der Bibliothek.

§ 8 Beiräte. (1) [1]Der Beirat berät den Verwaltungsrat und die Generaldirektorin oder den Generaldirektor in allen die Bibliothek betreffenden Angelegenheiten. [2]In den besonderen Angelegenheiten des Deutschen Musikarchivs werden sie von dem Beirat für das Deutsche Musikarchiv beraten.

(2) [1]Als Mitglieder des Beirates beruft der Verwaltungsrat bis zu zwölf Sachverständige; die Hälfte der Beiratsmitglieder wird auf Vorschlag des Börsenvereins des Deutschen Buchhandels berufen. [2]Dem Beirat gehört auch die Vorsitzende oder der Vorsitzende des Beirates für das Deutsche Musikarchiv an.

(3) [1]Als Mitglieder des Beirates für das Deutsche Musikarchiv beruft der Verwaltungsrat bis zu zwölf Sachverständige; je ein Viertel der Beiratsmitglieder wird auf Vorschlag des Deutschen Musikverlegerverbandes und des Bundesverbandes der Fonografischen Wirtschaft berufen. [2]Dem Beirat für das Deutsche Musikarchiv gehört auch die Vorsitzende oder der Vorsitzende des Beirates an.

(4) Das Nähere regelt die Satzung.

§ 9 Rechtsaufsicht. Die für Kultur und Medien zuständige oberste Bundesbehörde führt die Rechtsaufsicht über die Bibliothek.

§ 10 Beamtinnen, Beamte. (1) Die Bibliothek besitzt Dienstherrenfähigkeit im Sinne des § 2 des Bundesbeamtengesetzes.

(2) [1]Die Generaldirektorin oder der Generaldirektor sowie die ständige Vertreterin oder der ständige Vertreter in Leipzig und in Frankfurt am Main werden

auf Vorschlag des Verwaltungsrates von der Bundespräsidentin oder dem Bundespräsidenten ernannt. [2]Der Vorschlag bedarf einer Mehrheit von zwei Dritteln der Mitglieder des Verwaltungsrates.

(3) Die oder der Vorsitzende des Verwaltungsrates ernennt die übrigen Beamtinnen und Beamten, soweit nicht diese Befugnis durch die Satzung der Generaldirektorin oder dem Generaldirektor übertragen ist.

§ 11 Arbeitnehmerinnen, Arbeitnehmer. [1]Auf das Arbeitsverhältnis der Angestellten, Arbeiterinnen und Arbeiter sind die für Arbeitnehmerinnen und Arbeitnehmer des Bundes jeweils geltenden Tarifverträge und sonstigen Bestimmungen anzuwenden. [2]Bei einem Insolvenzereignis leistet der Bund ihnen Zahlungen im gleichen Umfang wie Anspruch auf Insolvenzgeld bestünde.

§ 12 Wohnungsfürsorge. Die Vorschriften des Bundes über Bau-, Wohnungs- und Mietangelegenheiten gelten für die Bibliothek und ihre Bediensteten entsprechend.

§ 13 Haushalt, Rechnungsprüfung. (1) Für das Haushalts-, Kassen- und Rechnungswesen sowie für die Rechnungslegung und -prüfung der Bibliothek finden die für den Bund geltenden Bestimmungen Anwendung.

(2) [1]Zu Beschlüssen über die Feststellung des Haushaltsplanes und über die Entlastung der Generaldirektorin oder des Generaldirektors nach Abschluss der Rechnungsprüfung bedarf es einer Mehrheit von zwei Dritteln der Mitglieder des Verwaltungsrates. [2]Entscheidungen über Haushaltsangelegenheiten bedürfen der Zustimmung der Vertreter der Bundesregierung, wobei in diesen Angelegenheiten deren Stimmen nur einheitlich abgegeben werden können.

(3) Der Haushaltsplan bedarf der Genehmigung der für Kultur und Medien zuständigen obersten Bundesbehörde.

(4) Die Haushaltsmittel werden vom Bund nach Maßgabe des Bundeshaushaltes zur Verfügung gestellt.

§ 14 Ablieferungspflicht. (1) [1]Die Ablieferungspflichtigen haben Medienwerke in körperlicher Form nach § 2 Nr. 1 Buchstabe a in zweifacher Ausfertigung gemäß § 16 Satz 1 abzuliefern. [2]Musiknoten, die lediglich verliehen oder vermietet werden (Miet- oder Leihmateriale), haben die Ablieferungspflichtigen in einfacher Ausfertigung gemäß § 16 Satz 1 abzuliefern.

(2) Die Ablieferungspflichtigen haben Medienwerke nach § 2 Nr. 1 Buchstabe b in einfacher Ausfertigung gemäß § 16 Satz 1 abzuliefern, wenn eine Inhaberin oder ein Inhaber des ursprünglichen Verbreitungsrechts den Sitz, eine Betriebsstätte oder den Hauptwohnsitz in Deutschland hat.

(3) Die Ablieferungspflichtigen haben Medienwerke in unkörperlicher Form nach § 2 Nr. 1 Buchstabe a in einfacher Ausfertigung gemäß § 16 Satz 1 abzuliefern.

(4) Wird die Ablieferungspflicht nicht binnen einer Woche seit Beginn der Verbreitung oder der öffentlichen Zugänglichmachung des Medienwerkes erfüllt, ist die Bibliothek nach Mahnung und fruchtlosem Ablauf von weiteren drei Wochen berechtigt, die Medienwerke auf Kosten der Ablieferungspflichtigen anderweitig zu beschaffen.

§ 15 Ablieferungspflichtige. Ablieferungspflichtig ist, wer berechtigt ist, das Medienwerk zu verbreiten oder öffentlich zugänglich zu machen und den Sitz, eine Betriebsstätte oder den Hauptwohnsitz in Deutschland hat.

§ 16 Ablieferungsverfahren. [1]Die Ablieferungspflichtigen haben die Medienwerke vollständig, in einwandfreiem, nicht befristet benutzbarem Zustand und zur dauerhaften Archivierung durch die Bibliothek geeignet unentgeltlich und auf eigene Kosten binnen einer Woche seit Beginn der Verbreitung oder der öffentlichen Zugänglichmachung an die Bibliothek oder der von dieser benannten Stelle abzuliefern. [2]Medienwerke in unkörperlicher Form können nach den Maßgaben der Bibliothek auch zur Abholung bereitgestellt werden.

§ 16a Urheberrechtlich erlaubte Nutzungen. (1) [1]Die Bibliothek darf Medienwerke in unkörperlicher Form für eigene und fremde Pflichtexemplarbestände vergütungsfrei vervielfältigen und übermitteln, auch automatisiert und systematisch. [2]Dies gilt nur, soweit die Medienwerke entweder ohne Beschränkungen, insbesondere für jedermann und unentgeltlich, öffentlich zugänglich oder zur Abholung durch die Bibliothek bereitgestellt sind. [3]Die nach den Sätzen 1 und 2 erstellten Vervielfältigungen dürfen anschließend wie andere Bestandswerke weitergenutzt werden.

(2) [1]Die Bibliothek darf im Auftrag eines Nutzers Werke oder andere nach dem Urheberrechtsgesetz geschützte Schutzgegenstände für die nicht kommerzielle wissenschaftliche Forschung zur Erleichterung von Zitaten vergütungsfrei vervielfältigen und unter einer dauerhaft gleichbleibenden Internetadresse öffentlich zugänglich machen. [2]Dies gilt nur, wenn die Werke und sonstigen Schutzgegenstände ohne Beschränkungen, insbesondere für jedermann und unentgeltlich, öffentlich zugänglich sind und zudem ihre dauerhafte Erreichbarkeit nicht durch die Bibliothek selbst oder durch Dritte gesichert ist, etwa dadurch, dass die Werke und sonstigen Schutzgegenstände über andere, entgeltliche oder unentgeltliche Dienste erreichbar sind.

§ 17 Auskunftspflicht. [1]Die Ablieferungspflichtigen haben der Bibliothek bei Ablieferung der Medienwerke unentgeltlich die zu ihrer Aufgabenerfüllung notwendigen Auskünfte auf Verlangen zu erteilen. [2]Kommen sie dieser Pflicht nicht nach, ist die Bibliothek nach Ablauf eines Monats seit Beginn der Verbreitung oder öffentlichen Zugänglichmachung berechtigt, die Informationen auf Kosten der Auskunftspflichtigen anderweitig zu beschaffen.

§ 18 Zuschuss. [1]Für Medienwerke in körperlicher Form gewährt die Bibliothek den Ablieferungspflichtigen auf Antrag einen Zuschuss zu den Herstellungskosten der abzuliefernden Ausfertigungen, wenn die unentgeltliche Abgabe eine unzumutbare Belastung darstellt. [2]Das Nähere regelt eine Rechtsverordnung.

§ 19 Bußgeldvorschriften. (1) Ordnungswidrig handelt, wer
1. entgegen § 14 Abs. 1, 2 oder 3 ein Medienwerk nicht, nicht richtig, nicht vollständig, nicht in der vorgeschriebenen Weise oder nicht rechtzeitig abliefert oder
2. entgegen § 17 Satz 1 eine Auskunft nicht, nicht richtig, nicht vollständig oder nicht rechtzeitig erteilt.

(2) Ordnungswidrig handelt, wer als gewerblich tätige Ablieferungspflichtige oder als gewerblich tätiger Ablieferungspflichtiger eine in Absatz 1 bezeichnete Handlung fahrlässig begeht.

(3) Die Ordnungswidrigkeit kann mit einer Geldbuße bis zu zehntausend Euro geahndet werden.

(4) Verwaltungsbehörde im Sinne des § 36 Abs. 1 Nr. 1 des Gesetzes über Ordnungswidrigkeiten ist die Bibliothek.

§ 20 Verordnungsermächtigung. Zur geordneten Durchführung der Pflichtablieferung und um einen nicht vertretbaren Aufwand der Bibliothek sowie um Unbilligkeiten zu vermeiden, wird das für Kultur und Medien zuständige Mitglied der Bundesregierung ermächtigt, durch Rechtsverordnung zu regeln:
1. die Einschränkung der Ablieferungs- oder der Sammelpflicht für bestimmte Gattungen von Medienwerken, wenn für deren Sammlung, Inventarisierung, Erschließung, Sicherung und Nutzbarmachung kein öffentliches Interesse besteht,
2. die Beschaffenheit der ablieferungspflichtigen Medienwerke und die Ablieferung in Fällen, in denen ein Medienwerk in verschiedenen Ausgaben oder Fassungen verbreitet oder öffentlich zugänglich gemacht wird,
3. das Verfahren der Ablieferung der Medienwerke sowie
4. die Voraussetzungen und das Verfahren bei der Gewährung von Zuschüssen.

§ 21 Landesrechtliche Regelungen. [1]Die landesrechtlichen Regelungen über die Ablieferung von Medienwerken bleiben unberührt. [2]Für die nach Landesrecht bestimmten Einrichtungen für die Ablieferung von Medienwerken gilt § 16a entsprechend.

§ 22 Inkrafttreten, Außerkrafttreten. [1]Dieses Gesetz tritt am Tage nach der Verkündung in Kraft. [2]Gleichzeitig tritt das Gesetz über die Deutsche Bibliothek vom 31. März 1969 (BGBl. I S. 265), zuletzt geändert durch Artikel 73 der Verordnung vom 29. Oktober 2001, außer Kraft.

Verordnung über die Pflichtablieferung von Medienwerken an die Deutsche Nationalbibliothek (Pflichtablieferungsverordnung – PflAV)

vom 17. Oktober 2008 (BGBl. I S. 2013),
zuletzt geändert durch VO vom 29. April 2014 (BGBl. S. 450)

§ 1 Einschränkung der Ablieferungspflicht. (1) [1]Zur Erfüllung der Aufgaben der Deutschen Nationalbibliothek (Bibliothek) sind Medienwerke von den Ablieferungspflichtigen nach den Maßgaben der §§ 14 bis 16 des Gesetzes über die Deutsche Nationalbibliothek an die Bibliothek abzuliefern, soweit sich aus dieser Verordnung nichts anderes ergibt. [2]Unbeschadet der §§ 3, 4, 8 und 9 kann die Bibliothek auf die Ablieferung verzichten, wenn an der Sammlung kein öffentliches Interesse besteht.

(2) Ein Anspruch auf Aufnahme eines Medienwerkes in die Sammlung der Bibliothek besteht nicht.

§ 2 Beschaffenheit körperlicher Medienwerke und Umfang der Ablieferungspflicht. (1) Die Medienwerke sind in unbenutztem Zustand und in marktüblicher Ausführung abzuliefern.

(2) Sind mehrere Ausführungen marktüblich, sind die Medienwerke in der dauerhaftesten abzuliefern; dies gilt nicht für besonders aufwändige Ausfertigungen, wenn eine andere genügend dauerhaft ist.

(3) [1]Medienwerke auf elektronischen Datenträgern sind nach Maßgabe der Bibliothek in einer zur Anfertigung von Archivkopien geeigneten Form abzuliefern. [2]Auf Verlangen der Bibliothek sind technische Schutzmaßnahmen und Zugangsbeschränkungen an der abzuliefernden Ausfertigung aufzuheben oder Mittel zu ihrer Aufhebung zugänglich zu machen.

(4) Die Ablieferungspflicht umfasst auch

1. Sammelordner und dergleichen,
2. Jahrgangstitelblätter, Inhaltsverzeichnisse und Register zu Medienwerken, die fortlaufend erscheinen,
3. alle Teile und Gegenstände, die erkennbar zu einem ablieferungspflichtigen Hauptwerk gehören, auch wenn sie für sich allein nicht der Ablieferungspflicht unterliegen. Dies gilt insbesondere für nicht marktübliche Hilfsmittel und Werkzeuge, die eine Benutzung des Medienwerkes oder die Herstellung einer archivfähigen Version erst ermöglichen und die bei den Ablieferungspflichtigen erschienen sind. Sie sind zusammen mit dem Hauptwerk abzuliefern.

§ 3 Einschränkung der Ablieferungspflicht für körperliche Medienwerke in verschiedenen Ausgaben. (1) Von inhaltlich oder bibliografisch unveränderten Neuauflagen einschließlich höherer Tausender sind keine Ausfertigungen abzuliefern, wenn Ausfertigungen der ursprünglichen Ausgabe abgeliefert worden sind.

(2) Erscheinen Medienwerke gleichzeitig oder nacheinander in mehreren Ausgaben auf verschiedenen Trägermaterialien oder in unterschiedlichen technischen Ausführungen, so kann die Bibliothek auf die Ablieferung einzelner Ausgaben verzichten.

§ 4 Einschränkung der Ablieferungspflicht für bestimmte Gattungen von körperlichen Medienwerken. Nicht abzuliefern sind

1. Medienwerke, die in einer geringeren Auflage als 25 Exemplare erscheinen; diese Einschränkung gilt nicht für Dissertationen und Habilitationsschriften sowie für Medienwerke, die einzeln auf Anforderung verbreitet werden,
2. Dissertationen, Habilitationsschriften und einzeln auf Anforderung hergestellte Medienwerke, die mit weniger als 25 Exemplaren in körperlicher Form verbreitet werden, wenn diese nach Maßgabe der Bibliothek in einer zur Archivierung und Bereitstellung geeigneten unkörperlichen Form abgeliefert wurden,
3. Medienwerke mit bis zu vier Druckseiten Umfang; diese Einschränkung gilt nicht für mehrere durch eine Kennzeichnung als zusammengehörig anzusehende Medienwerke, für kartografische Werke, Anschauungstafeln, Musikalien, Dissertationen und Habilitationsschriften,
4. Sonderdrucke und Vorabdrucke ohne eigene Paginierung und ohne eigenes Titelblatt,
5. Werke der bildenden Kunst und Originalkunst-Mappen ohne Titelblatt oder mit Titelblatt und mit bis zu vier Seiten Text,
6. Offenlegungs-, Auslege- und Patentschriften des Deutschen Patent- und Markenamtes und des Europäischen Patentamtes,
7. Vorab- und Demonstrationsversionen von Medienwerken auf elektronischen Datenträgern,
8. Medienwerke, die nur unter Personen oder Institutionen verteilt werden, für die sie gemäß Gesetz oder Satzung bestimmt sind,
9. Medienwerke, die Verschlusssachen sind,
10. Medienwerke mit ausschließlich amtlichem Inhalt, die von Kreisen, Gemeinden und Gemeindeverbänden veröffentlicht werden,
11. Filmwerke auf fotochemisch beschichteten Trägermaterialien, Tonbildschauen und Einzellichtbilder,
12. Medienwerke, die vorwiegend als Werkzeuge eingesetzt werden, wie Betriebssysteme und nicht sachbezogene Verarbeitungsprogramme,
13. Akzidenzen, die lediglich gewerblichen, geschäftlichen oder innerbetrieblichen Zwecken, der Verkehrsabwicklung oder dem privaten, häuslichen oder geselligen Leben dienen,
14. Spiele,

15. Zeitungen, wenn diese nach Maßgabe der Bibliothek in einer zur Archivierung und Bereitstellung geeigneten unkörperlichen Form abgeliefert wurden.

§ 5 Ablieferungsverfahren für körperliche Medienwerke. (1) [1]Die Ablieferungspflichtigen haben die Medienwerke einschließlich der in § 2 Abs. 4 bezeichneten Teile und Gegenstände unaufgefordert an die Bibliothek abzuliefern. [2]Dies gilt auch für die einzelnen Hefte und Lieferungen von fortlaufend erscheinenden Medienwerken. [3]Unbeschadet des § 4 Nummer 15 sind Tageszeitungen nur auf Anforderung abzuliefern.

(2) Soweit die Benutzung und die dauerhafte Sicherung von Medienwerken auf elektronischen Datenträgern weitere Informationen erfordern, die nicht unmittelbar den Ausfertigungen selbst zu entnehmen sind, insbesondere Angaben über besondere technische Installationsanforderungen, sind diese Informationen von den Ablieferungspflichtigen in einem von der Bibliothek festzulegenden Verfahren zugänglich zu machen.

§ 6 Zuschuss für körperliche Medienwerke. (1) [1]Ein Zuschuss nach § 18 Satz 1 des Gesetzes über die Deutsche Nationalbibliothek wird gewährt, wenn die Gesamtauflage des Medienwerkes höchstens 300 Exemplare und die Herstellungskosten für die abzuliefernden Ausfertigungen mindestens je 80 Euro betragen. [2]Bei Musikalien gilt Satz 1 mit der Maßgabe, dass die Gesamtauflage des Medienwerkes höchstens 50 Exemplare beträgt. [3]Natürlichen Personen, die nicht gewerbsmäßig oder freiberuflich Medienwerke veröffentlichen, wird ein Zuschuss gewährt, wenn die Herstellungskosten für die abzuliefernden Ausfertigungen mindestens je 20 Euro betragen. [4]Satz 3 gilt auch für Körperschaften, die ausschließlich und unmittelbar gemeinnützige, mildtätige oder kirchliche Zwecke im Sinne des § 51 der Abgabenordnung verfolgen; die Gemeinnützigkeit oder Mildtätigkeit der verfolgten Zwecke muss durch Anerkennungsbescheid des Finanzamtes belegt werden.

(2) [1]Herstellungskosten sind die durch die Herstellung der abzuliefernden Ausfertigungen verursachten Einzelkosten. [2]Dies sind in der Regel die Kosten der Vervielfältigung einschließlich der Kosten für Trägermaterialien, Einband und Behältnisse. [3]Nicht zu den Herstellungskosten gehören die auf der Gesamtauflage ruhenden Kosten wie Satzkosten, Autorenhonorare, Lizenzkosten und Gemeinkosten sowie die Mehrwertsteuer bei Unternehmerinnen und Unternehmern, die zum Vorsteuerabzug berechtigt sind. [4]Bei mehrteiligen Werken, Lieferungswerken und Zeitschriften ist von den Herstellungskosten für den einzelnen Band, für das Teil, für die Lieferung oder für das Heft auszugehen. [5]Zur Herstellung der Auflage eingesetzte öffentliche Mittel sind anteilig von den Herstellungskosten abzusetzen.

(3) Für Dissertationen und Habilitationsschriften wird kein Zuschuss gewährt.

(4) Der Zuschuss wird in Höhe der Herstellungskosten der abzuliefernden Ausfertigungen, höchstens jedoch in Höhe des niedrigsten Abgabepreises der entsprechenden Anzahl von Exemplaren der Gesamtauflage gewährt.

(5) [1]Der Zuschussantrag ist innerhalb eines Monats nach Beginn der Verbreitung des Medienwerkes unter Verwendung des Formulars der Bibliothek bei der Bibliothek zu stellen. [2]Auf Verlangen der Bibliothek sind die Angaben im Antrag nachzuweisen. [3]Die Ablieferungspflicht bleibt unberührt.

§ 7 Beschaffenheit von Netzpublikationen und Umfang der Ablieferungspflicht. (1) [1]Unkörperliche Medienwerke (Netzpublikationen) sind in marktüblicher Ausführung und in mit marktüblichen Hilfsmitteln benutzbarem Zustand abzuliefern. [2]Eine Pflicht zur Ablieferung besteht nicht, wenn die Ablieferungspflichtigen im Rahmen des § 16 Satz 2 des Gesetzes über die Deutsche Nationalbibliothek mit der Bibliothek vereinbaren, die Netzpublikationen zur elektronischen Abholung bereitzustellen. [3]Für die Ablieferung von Netzpublikationen gilt § 2 Abs. 3 entsprechend; für die Bereitstellung zur elektronischen Abholung gilt § 2 Abs. 3 Satz 1 entsprechend.

(2) [1]Die Ablieferungspflicht umfasst auch alle Elemente, Software und Werkzeuge, die in physischer oder in elektronischer Form erkennbar zu den ablieferungspflichtigen Netzpublikationen gehören, auch wenn sie für sich allein nicht der Ablieferungspflicht unterliegen. [2]Dies gilt insbesondere für nicht marktübliche Hilfsmittel, die eine Bereitstellung und Benutzung der Netzpublikationen erst ermöglichen und bei den Ablieferungspflichtigen erschienen sind. [3]Sie sind zusammen mit den Netzpublikationen abzuliefern oder zur elektronischen Abholung bereitzustellen.

§ 8 Einschränkung der Ablieferungspflicht für Netzpublikationen in verschiedenen Ausgaben und aufgrund technischer Verfahren. (1) Die Bibliothek kann auf die Ablieferung oder elektronische Abholung einzelner Ausgaben von Netzpublikationen verzichten, wenn diese gleichzeitig oder nacheinander in unterschiedlichen technischen Ausführungen erscheinen.

(2) [1]Die Bibliothek kann auf die Ablieferung verzichten, wenn technische Verfahren die Sammlung und Archivierung nicht oder nur mit beträchtlichem Aufwand erlauben. [2]Sie kann nicht sammelpflichtige Netzpublikationen archivieren, wenn zur Sammlung eingesetzte automatisierte Verfahren eine Aussonderung solcher Netzpublikationen nicht oder nur mit beträchtlichem Aufwand erlauben.

(3) Umfang und Häufigkeit der Ablieferung von regelmäßig aktualisierten Netzpublikationen können durch die Bibliothek eingeschränkt werden.

§ 9 Weitere Einschränkungen der Ablieferungspflicht für Netzpublikationen. Nicht abzuliefern sind

1. Netzpublikationen, die den in § 4 Nr. 8, 10, 13 und 14 bezeichneten Medienwerken entsprechen, sowie lediglich privaten Zwecken dienende Websites,
2. zeitlich befristete unkörperliche Vorab- und Demonstrationsversionen zu körperlichen oder unkörperlichen Medienwerken, sofern sie nach Erscheinen der endgültigen Publikation wieder aus dem Netz genommen werden,

3. selbstständig veröffentlichte Betriebssysteme, nicht sachbezogene Anwenderprogramme, die nicht unter § 7 Abs. 2 fallen, sachbezogene Anwendungswerkzeuge zur Nutzung bestimmter Internetdienste, Arbeits- und Verfahrensbeschreibungen,
4. Bestandsverzeichnisse, soweit sie nicht von einem Dritten veröffentlicht werden,
5. Netzpublikationen, die aus Fernseh- und Hörfunkproduktionen abgeleitet werden, soweit sie nicht von einem Dritten veröffentlicht werden,
6. inhaltlich unveränderte Spiegelungen von Netzpublikationen, soweit die ursprüngliche Veröffentlichung abgeliefert wurde,
7. netzbasierte Kommunikations-, Diskussions- oder Informationsinstrumente ohne sachliche oder personenbezogene Zusammenhänge,
8. E-Mail-Newsletter ohne Webarchiv,
9. Netzpublikationen, die nur einer privaten Nutzergruppe zugänglich gemacht sind,
10. selbstständig veröffentlichte Primär-, Forschungs- und Rohdaten.

§ 10 Inkrafttreten, Außerkrafttreten. Diese Verordnung tritt am Tag nach der Verkündung in Kraft.

Landesbibliotheksgesetz (Mustergesetz)*

§ 1 Informationsfreiheit. [1]Die geordneten und erschlossenen Sammlungen von Büchern und anderen Medienwerken in körperlicher und unkörperlicher Form (Bibliotheken) des Landes *XY* und der unter der Rechtsaufsicht des Landes stehenden juristischen Personen sind nach Maßgabe ihrer Benutzungsbestimmungen und mit Rücksicht auf ihren konkreten Zweck für jedermann zugänglich. [2]Sie gewährleisten damit in besonderer Weise das Grundrecht, sich aus allgemein zugänglichen Quellen ungehindert unterrichten zu können. [3]Das Gleiche gilt für die im Rahmen freiwilliger Aufgabenerfüllung im eigenen Wirkungskreis von den Gemeinden und Landkreisen unterhaltenen Bibliotheken.

§ 2 Bibliotheken. (1) [1]Als Zentrale Landesbibliothek fungiert (*Name der Bibliothek bzw. Zentrale Universitätsbibliothek eines Bundeslandes*). [2]Als Zentrum für Angelegenheiten des wissenschaftlichen Bibliothekswesens nimmt sie in Absprache mit den betroffenen Einrichtungen planerische und koordinierende Aufgaben wahr.

(2) [1]Bibliotheken mit umfangreichen Beständen für wissenschaftliche Forschung und Lehre (wissenschaftliche Bibliotheken) bestehen an den Hochschulen und der Berufsakademie des Landes oder als eigenständige Forschungsbibliotheken. [2]Sie stehen unbeschadet ihrer besonderen Aufgaben für Forschung und Lehre jedermann entsprechend § 1 für die private und berufliche wissenschaftliche Bildung zur Verfügung. [3]Im Übrigen gelten die Regelungen des Hochschulgesetzes.

(3) [1]Die von den Gemeinden und Landkreisen unterhaltenen allgemein zugänglichen Bibliotheken (öffentliche Bibliotheken) dienen der schulischen, beruflichen und allgemeinen Bildung und Information. [2]Die Landesfachstelle für öffentliche Bibliotheken berät und unterstützt die öffentlichen Bibliotheken

* Das Muster eines Landesbibliotheksgesetz basiert auf dem Thüringer Bibliotheksgesetz (ThürBibG) vom 16. Juli 2008 (GVBl. Thüringen 2008, S. 243 ff.). Als erstes Landesbibliotheksgesetz fungiert das Thüringer Bibliotheksgesetz damit als Vorläufer und Modell. Weitere Gesetze wurden danach in **Sachsen-Anhalt (Bibliotheksgesetz für das Land Sachsen-Anhalt** vom 16. Juli 2010, GVBl. LSA, S. 434; zuletzt geändert durch Gesetz vom 3. Juli 2015, GVBl. LSA, S. 314) mit stärkerer Auffächerung der Bibliothekstypen sowie in **Hessen (Hessisches Bibliotheksgesetz** vom 20. September 2010, GVBl. I., S. 295; zuletzt geändert durch Gesetz vom 30. November 2015, GVBl., S. 523) mit zusätzlicher Betonung der Digitalisierung erlassen. Hinzu kamen das Gesetz für die Bibliotheken in Schleswig-Holstein vom 3. August 2016 (GVOBl. Sch.-H. S. 791) und das Landesbibliotheksgesetz für das Land Rheinland-Pfalz vom 3. Dezember 2014 (GVBl. S. 245).
Einen guten Überblick über den Stand der Entwicklung von Gesetzgebungsvorhaben und Initiativen zu Bibliotheksgesetzen in anderen Bundesländern enthält die folgende Seite des Deutschen Bibliotheksverbandes e.V.: http://www.bibliotheksverband.de/dbv/themen/bibliotheksgesetze/bundeslaender/stand-der-entwicklung.html.

und ihre Träger in allen Fragen bibliotheksfachlicher und bibliotheksplanerischer Art.

(4) Bibliotheken für den Dienstgebrauch der Verwaltung und der Gerichte (Behördenbibliotheken) sowie die Bibliothek des Landtags sind, sofern die gewünschten Bücher und Medienwerke in anderen Bibliotheken des Landes *XY* nicht zur Verfügung stehen und dienstliche Belange nicht beeinträchtigt werden, entsprechend § 1 für jedermann zugänglich.

(5) Die an den Schulen des Landes bestehenden Schulbibliotheken dienen in Zusammenarbeit mit öffentlichen und wissenschaftlichen Bibliotheken im besonderen Maße der Lese- und Lernförderung sowie der Vermittlung von Medienkompetenz.

(6) Öffentlich zugängliche Bibliotheken in privater oder kirchlicher Trägerschaft (nicht staatliche Bibliotheken) ergänzen und bereichern das bibliothekarische Angebot im Land *XY*.

§ 3 Bildung und Medienkompetenz. [1]Bibliotheken sind Bildungseinrichtungen und als solche Partner für lebenslanges Lernen. [2]Sie sind Orte der Wissenschaft, der Begegnung und der Kommunikation. [3]Sie fördern Wissen und gesellschaftliche Integration und stärken die Lese-, Informations- und Medienkompetenz ihrer Nutzer durch geeignete Maßnahmen sowie durch die Zusammenarbeit mit Schulen und anderen Bildungseinrichtungen.

§ 4 Kulturelles Erbe. (1) [1]Die wertvollen Altbestände und spezialisierten Sammlungen in den Bibliotheken sind Teil des kulturellen Erbes des Landes *XY* von europäischem Rang. [2]Dies gilt insbesondere für die folgenden Bibliotheken und Sondersammlungen unter Einschluss der zentralen Landesbibliothek: … Das kulturelle Erbe in den Bibliotheken ist durch sachgerechte Aufbewahrung und Erschließung sowie durch geeignete Maßnahmen der Konservierung, Restaurierung und Digitalisierung zu schützen, zu bewahren und für den öffentlichen Gebrauch zu erhalten.

(2) [1]Von einem Werk, das unter wesentlicher Verwendung von historischem Buchbestand, Handschriften oder Nachlässen entstanden ist, ist unaufgefordert nach der Veröffentlichung ein Beleg bei der Bibliothek, die den bearbeiteten Bestand besitzt, in der veröffentlichten Form unentgeltlich abzuliefern. [2]Ist die unentgeltliche Ablieferung, insbesondere wegen einer niedrigen Auflage oder hoher Herstellungskosten, nicht zumutbar, kann der Bibliothek entweder ein Exemplar des Werkes zur Herstellung einer Vervielfältigung für einen angemessenen Zeitraum überlassen werden oder eine Entschädigung bis zur Höhe des halben Ladenpreises beantragt werden. [3]Wenn ein Ladenpreis nicht besteht, kann eine Entschädigung bis zur Höhe der halben Herstellungskosten des Belegexemplares verlangt werden.

(3) Für die Verarbeitung von personenbezogenen Daten lebender Personen bei der Übernahme, Erschließung und Nutzbarmachung von Nachlässen durch Bibliotheken gelten die Vorschriften des Archivgesetzes des Landes *XY* entsprechend.

§ 5 Finanzierung. (1) [1]Die Bibliotheken werden von ihren Trägern finanziert. [2]Die Aufwendungen für den Unterhalt kommunaler Bibliotheken sind durch die Zuweisungen für freiwillige Leistungen im Rahmen des Kommunalen Finanzausgleichs abgegolten. [3]Im Rahmen der verfügbaren Haushaltsmittel fördert das Land die Landesfachstelle für öffentliche Bibliotheken sowie nach den vom zuständigen Ministerium erlassenen Richtlinien und unter Berücksichtigung einer Bibliotheksentwicklungsplanung vor allem innovative Projekte, besondere Dienstleistungen und Maßnahmen der Qualitätssicherung in den Bibliotheken.

(2) [1]Bibliotheken nach § 2 Abs. 1 bis 4 können sozial ausgewogene Benutzungsentgelte oder Gebühren erheben. [2]Die allgemeine Benutzung des Bestandes ohne Ausleihe ist frei. [3]Die Sätze 1 und 2 gelten auch für nicht staatliche Bibliotheken, sofern sie zur Sicherung der bibliothekarischen Grundversorgung aus öffentlichen Mitteln gefördert werden.

V. Film

Gesetz über Maßnahmen zur Förderung des deutschen Films (Filmförderungsgesetz – FFG)[1]

vom 23. Dezember 2016 (BGBl. I S. 3413)

INHALTSÜBERSICHT

1 Notifiziert gemäß der Richtlinie (EU) 2015/1535 des Europäischen Parlaments und des Rates vom 9. September 2015 über ein Informationsverfahren auf dem Gebiet der technischen Vorschriften und der Vorschriften für die Dienste der Informationsgesellschaft (ABl. L 241 vom 17. September 2015, S. 1).

Kapitel 1

Rechtsform und Aufgaben der Filmförderungsanstalt

§ 1 Filmförderungsanstalt. (1) [1]Die Filmförderungsanstalt fördert als bundesweit tätige Filmförderungseinrichtung die Struktur der deutschen Filmwirtschaft und die kreativ-künstlerische Qualität des deutschen Films als Voraussetzung für seinen Erfolg im Inland und im Ausland. [2]Sie ist eine bundesunmittelbare rechtsfähige Anstalt des öffentlichen Rechts.

(2) Die Filmförderungsanstalt hat ihren Sitz in Berlin.

§ 2 Aufgaben der Filmförderungsanstalt. [1]Die Filmförderungsanstalt hat die Aufgabe,

1. Maßnahmen zur Förderung des deutschen Films und zur Verbesserung der Struktur der deutschen Filmwirtschaft einschließlich der Kinos durchzuführen;
2. die gesamtwirtschaftlichen Belange der Filmwirtschaft in Deutschland unter Berücksichtigung ökologischer Belange zu unterstützen, insbesondere durch Maßnahmen zur Marktforschung, zur Bekämpfung der Verletzung von Urheber- und Leistungsschutzrechten und zur Filmbildung junger Menschen;
3. die Digitalisierung zum Zweck des Erhalts und der Zugänglichmachung des deutschen Filmerbes zu unterstützen;
4. die internationale Orientierung des deutschen Filmschaffens und die Grundlagen für die Verbreitung und marktgerechte Auswertung des deutschen Films im Inland und seine wirtschaftliche und kulturelle Ausstrahlung im Ausland zu verbessern;
5. deutsch-ausländische Gemeinschaftsproduktionen zu unterstützen;
6. die Zusammenarbeit zwischen der Filmwirtschaft und den Fernsehveranstaltern zur Stärkung des deutschen Kinofilms zu unterstützen;
7. die Bundesregierung in zentralen Fragen der Belange des deutschen Films zu beraten, insbesondere im Hinblick auf die Unterstützung der Filmwirtschaft und auf die Harmonisierung der Maßnahmen auf dem Gebiet des Filmwesens innerhalb der Europäischen Union;
8. auf eine Abstimmung und Koordinierung der Filmförderung des Bundes und der Länder hinzuwirken und

9. darauf hinzuwirken, dass in der Filmwirtschaft eingesetztes Personal zu sozialverträglichen Bedingungen beschäftigt wird.

[2]Die Filmförderungsanstalt wirkt bei der Wahrnehmung ihrer Aufgaben auf die Belange der Geschlechtergerechtigkeit hin.

§ 3 Aufgabenerfüllung. (1) Die Filmförderungsanstalt gewährt Förderhilfen nach Maßgabe der Kapitel 4 bis 9.

(2) Die Filmförderungsanstalt kann zudem für die Erfüllung ihrer allgemeinen Aufgaben nach § 2 sowie nach Maßgabe des Kapitels 10 insbesondere auch Förderhilfen gewähren, soweit diese nicht die Gewährung von Förderhilfen nach Maßgabe der Kapitel 4 bis 9 betreffen.

(3) [1]Die Filmförderungsanstalt darf sich zur Erfüllung ihrer Aufgaben an anderen Einrichtungen beteiligen, wenn die für Kultur und Medien zuständige oberste Bundesbehörde dem zustimmt. [2]Sie beteiligt sich insbesondere an der zentralen Dienstleistungsorganisation der deutschen Filmwirtschaft für die Außenvertretung des deutschen Films sowie an dem Netzwerk für Film- und Medienkompetenz.

(4) Die Filmförderungsanstalt darf zur Erfüllung ihrer Aufgaben zwei- und mehrseitige Kooperationsvereinbarungen mit den für die Filmförderung zuständigen Stellen anderer Staaten und mit den Filmfördereinrichtungen der Länder abschließen, um deutsch-ausländische Filmprojektentwicklungen zu unterstützen.

§ 4 Dienstleistungen für andere Einrichtungen. [1]Die Filmförderungsanstalt darf gegen Erstattung der Kosten Maßnahmen der Film- und Medienförderung für Behörden und öffentlich-rechtliche Einrichtungen, für andere Filmfördereinrichtungen sowie für sonstige branchennahe Einrichtungen durchführen. [2]Dies gilt auch für Maßnahmen auf dem Gebiet des Filmwesens, die sich aus der Mitgliedschaft der Bundesrepublik Deutschland in internationalen und supranationalen Organisationen ergeben.

Kapitel 2
Organe, Förderkommissionen

Abschnitt 1
Organe

§ 5 Organe der Filmförderungsanstalt. Organe der Filmförderungsanstalt sind

1. der Verwaltungsrat,
2. das Präsidium und
3. der Vorstand.

Abschnitt 2

Verwaltungsrat

§ 6 Zusammensetzung. (1) [1]Der Verwaltungsrat besteht aus 36 Mitgliedern. [2]Die Mitglieder werden wie folgt benannt:

1. drei Mitglieder durch den Deutschen Bundestag,
2. zwei Mitglieder durch den Bundesrat,
3. zwei Mitglieder durch die für Kultur und Medien zuständige oberste Bundesbehörde,
4. drei Mitglieder durch den HDF Kino e.V.,
5. je ein Mitglied durch
   a) die Arbeitsgemeinschaft Kino – Gilde Deutscher Filmkunsttheater e.V. und
   b) den Bundesverband kommunale Filmarbeit e.V.,
6. zwei Mitglieder durch den Verband der Filmverleiher e.V.,
7. zwei Mitglieder durch den Bundesverband audiovisuelle Medien e.V.,
8. ein Mitglied durch den Interessenverband des Video- und Medienfachhandels in Deutschland e.V.,
9. ein Mitglied, gemeinsam durch den ANGA Verband Deutscher Kabelnetzbetreiber e.V., den eco – Verband der Internetwirtschaft e.V. sowie den Bundesverband Informationswirtschaft, Telekommunikation und neue Medien e.V.,
10. je ein Mitglied durch
    a) die Arbeitsgemeinschaft der öffentlich-rechtlichen Rundfunkanstalten der Bundesrepublik Deutschland und
    b) die Anstalt des öffentlichen Rechts „Zweites Deutsches Fernsehen“,
11. zwei Mitglieder durch den Verband Privater Rundfunk und Telemedien e.V.,
12. drei Mitglieder durch die Allianz Deutscher Produzenten – Film & Fernsehen e.V.,
13. je ein Mitglied durch
    a) die Arbeitsgemeinschaft Dokumentarfilm e.V. und
    b) die AG Kurzfilm,
14. je ein Mitglied durch
    a) den Bundesverband Regie e.V. und
    b) den Verband Deutscher Drehbuchautoren e.V.,
15. ein Mitglied durch den Verband Deutscher Filmproduzenten e.V.,
16. ein Mitglied durch den Verband Technischer Betriebe für Film und Fernsehen e.V.,
17. ein Mitglied, gemeinsam durch die Vereinte Dienstleistungsgewerkschaft ver.di und den Deutschen Journalistenverband e.V.,
18. ein Mitglied durch die Deutsche Filmakademie e.V.,
19. ein Mitglied durch den Verband Deutscher Filmexporteure e.V.,
20. je ein Mitglied durch
    a) die evangelische Kirche und
    b) die katholische Kirche.

[3]Löst sich eine entsendende Organisation auf, geht das Recht der Benennung auf die rechtsnachfolgende Organisation über.

(2) [1]In den Fällen des Absatzes 1 Satz 2 Nummer 1, 3 bis 7 sowie 10 bis 14 muss jeweils mindestens eine Frau und jeweils mindestens ein Mann benannt werden. [2]Für die Besetzung des Verwaltungsrats gilt § 5 Absatz 2 in Verbindung mit § 4 Absatz 1 Satz 1 bis 3 und Absatz 2 des Bundesgremienbesetzungsgesetzes entsprechend, soweit das Bundesgremienbesetzungsgesetz nicht unmittelbar anzuwenden ist.

(3) Für jedes Mitglied wird ein stellvertretendes Mitglied benannt.

(4) [1]Die benennungsberechtigten Organisationen und Verfassungsorgane können bei Vorliegen eines wichtigen Grundes die Benennung widerrufen und eine andere Person benennen. [2]Die Benennung eines von mehreren Organisationen gemeinsam benannten Mitglieds kann nur von den zuständigen Organisationen gemeinsam widerrufen werden. [3]Scheidet ein Mitglied oder ein stellvertretendes Mitglied vorzeitig aus, so wird für den Rest der Amtszeit eine Nachfolge benannt.

§ 7 Berufung, Amtszeit. (1) Die für Kultur und Medien zuständige oberste Bundesbehörde beruft die Mitglieder des Verwaltungsrats und die stellvertretenden Mitglieder des Verwaltungsrats für fünf Jahre.

(2) Die Mitglieder und stellvertretenden Mitglieder des Verwaltungsrats sind an Aufträge und Weisungen nicht gebunden.

§ 8 Aufgaben, Satzung, Richtlinien. (1) Der Verwaltungsrat beschließt über alle grundsätzlichen Fragen, die zum Aufgabenbereich der Filmförderungsanstalt gehören, verabschiedet den Haushalt der Filmförderungsanstalt und beschließt Richtlinien nach diesem Gesetz sowie die Satzung der Filmförderungsanstalt nach Maßgabe des Absatzes 4.

(2) [1]Der Verwaltungsrat beschließt in den ersten sechs Monaten jedes Wirtschaftsjahres über die Entlastung des Vorstands und des Präsidiums. [2]§ 109 Absatz 3 der Bundeshaushaltsordnung findet keine Anwendung. [3]Die Mitglieder des Präsidiums sind bei der Abstimmung über die Entlastung des Präsidiums nicht stimmberechtigt. [4]Die Entlastung enthält keinen Verzicht auf Ersatzansprüche.

(3) [1]Der Verwaltungsrat kann, soweit dies nicht in diesem Gesetz geregelt ist, insbesondere die folgenden Anforderungen durch Richtlinien regeln:
1. an die Anträge nach diesem Gesetz und die ihnen beizufügenden Unterlagen,
2. an die Antragsfristen,
3. an die Auszahlung von Förderhilfen,
4. an Zeitpunkt, Art und Form der Verwendungsnachweise sowie
5. an die jeweils in der Förderung anerkennungsfähigen Kosten und die Tilgungsbestimmungen.

[2]Dabei ist sicherzustellen, dass den Grundsätzen sparsamer Wirtschaftsführung Rechnung getragen wird.

(4) [1]Der Verwaltungsrat beschließt Richtlinien nach diesem Gesetz und die Satzung der Filmförderungsanstalt gemäß § 32 mit einer Mehrheit von zwei Dritteln der Stimmen, mindestens aber der Mehrheit seiner Mitglieder. [2]Die Richtlinien und die Satzung bedürfen der Genehmigung der für Kultur und Medien zuständigen obersten Bundesbehörde. [3]Für Änderungen der Richtlinien und der Satzung gelten die Sätze 1 und 2 entsprechend.

(5) [1]Über Widersprüche gegen Entscheidungen des Verwaltungsrats entscheidet der Verwaltungsrat. [2]Entscheidungen über Widersprüche, mit denen die angegriffene Entscheidung ganz oder teilweise geändert wird, ergehen mit derselben Mehrheit, mit der die angegriffene Entscheidung zu treffen ist. [3]Wird diese Mehrheit nicht erreicht, ist der Widerspruch zurückzuweisen.

§ 9 Vorsitz, Beschlussfähigkeit, Einberufung, Rechte, Geschäftsordnung. (1) Der Verwaltungsrat wählt aus seiner Mitte eine Vorsitzende oder einen Vorsitzenden und eine stellvertretende Vorsitzende oder einen stellvertretenden Vorsitzenden.

(2) Der Verwaltungsrat ist beschlussfähig, wenn mindestens 19 Mitglieder anwesend sind.

(3) [1]Der Verwaltungsrat beschließt, soweit in diesem Gesetz nichts Abweichendes geregelt ist, mit einfacher Mehrheit. [2]Bei Stimmengleichheit entscheidet die Stimme der oder des Vorsitzenden.

(4) Der Verwaltungsrat ist auf Verlangen von sieben seiner Mitglieder oder des Präsidiums unverzüglich einzuberufen.

(5) [1]Der Verwaltungsrat gibt sich eine Geschäftsordnung, in der auch die Arbeit der Ausschüsse gemäß § 10 geregelt wird. [2]Die Geschäftsordnung bedarf der Genehmigung der für Kultur und Medien zuständigen obersten Bundesbehörde.

§ 10 Ausschüsse. (1) [1]Der Verwaltungsrat kann Ausschüsse bilden, wenn dem eine Mehrheit von zwei Dritteln seiner Mitglieder zustimmt. [2]Jeder Ausschuss besteht aus fünf bis 15 Mitgliedern oder stellvertretenden Mitgliedern des Verwaltungsrats.

(2) [1]Die Ausschüsse bereiten die Beschlüsse des Verwaltungsrats im jeweiligen Aufgabenbereich vor. [2]Sie berichten dem Verwaltungsrat regelmäßig.

§ 11 Befangenheit. (1) [1]Steht ein Mitglied des Verwaltungsrats zu einem Dritten in einem persönlichen Näheverhältnis oder in vertraglichen oder organschaftlichen Beziehungen, die geeignet sind, Misstrauen gegen eine unparteiische Amtsausübung zu rechtfertigen (Befangenheit), so darf dieses Mitglied nicht an Beschlüssen mitwirken, insbesondere nicht an Beschlüssen über die Gewährung von Förderhilfen, die den Dritten begünstigen können. [2]§ 20 des Verwaltungsverfahrensgesetzes bleibt unberührt.

(2) Beschlüsse, an denen Mitglieder entgegen Absatz 1 mitgewirkt haben, sind unwirksam, wenn nicht ausgeschlossen werden kann, dass die Stimme dieses Mitglieds den Ausschlag gegeben hat.

Abschnitt 3

Präsidium

§ 12 Vorsitz, Zusammensetzung, Amtszeit, Geschäftsordnung. (1) Das Präsidium besteht aus zehn Mitgliedern.

(2) [1]Den Vorsitz führt die oder der Vorsitzende des Verwaltungsrats. [2]Das Präsidium besteht weiter aus den folgenden Mitgliedern:
1. je einem vom Deutschen Bundestag und von der für Kultur und Medien zuständigen obersten Bundesbehörde benannten Mitglied des Verwaltungsrats,
2. je einem vom Verwaltungsrat mit der Mehrheit der Stimmen gewählten Mitglied oder stellvertretenden Mitglied des Verwaltungsrats, das benannt worden ist
   a) von den Verbänden der Filmhersteller,
   b) von den Verbänden der Filmverleiher,
   c) von den Verbänden der Kinos,
   d) von den Verbänden der Videowirtschaft,
   e) von den Verbänden der privaten Fernsehveranstalter und
   f) von den Verbänden der öffentlich-rechtlichen Fernsehveranstalter,
3. einem vom Verwaltungsrat mit der Mehrheit der Stimmen gewählten Mitglied aus dem Kreis der von der Arbeitsgemeinschaft Dokumentarfilm e.V., dem Bundesverband Regie e.V., der AG Kurzfilm e.V. und dem Verband Deutscher Drehbuchautoren e.V. für den Verwaltungsrat benannten Vertreterinnen und Vertreter auf gemeinsamen Vorschlag dieser Organisationen.

[3]Für die Besetzung des Präsidiums gilt § 5 Absatz 2 in Verbindung mit § 4 Absatz 1 Satz 1 bis 3 und Absatz 2 des Bundesgremienbesetzungsgesetzes entsprechend, soweit das Bundesgremienbesetzungsgesetz nicht unmittelbar anzuwenden ist.

(3) Die Präsidiumsmitglieder werden jeweils für die Dauer ihrer Mitgliedschaft im Verwaltungsrat benannt oder gewählt.

(4) Das Präsidium wählt aus seiner Mitte eine stellvertretende Vorsitzende oder einen stellvertretenden Vorsitzenden.

(5) [1]Das Präsidium gibt sich eine Geschäftsordnung. [2]Die Geschäftsordnung bedarf der Genehmigung durch die für Kultur und Medien zuständige oberste Bundesbehörde.

§ 13 Aufgaben, Rechte. (1) [1]Das Präsidium überwacht die Tätigkeit des Vorstands. [2]Dies gilt auch für das Handeln des Vorstands bei den Einrichtungen nach § 3 Absatz 3 Satz 2.

(2) [1]Das Präsidium trifft Beschlüsse über die Dienstverträge mit der zum Vorstand bestellten Person und mit den zu seinen Stellvertretungen bestellten Personen. [2]Die oder der Vorsitzende des Präsidiums vertritt die Filmförderungsanstalt beim Abschluss und bei der Beendigung der Dienstverträge, bei sonstigen Rechtsgeschäften mit dem Vorstand und bei Rechtsstreitigkeiten zwischen der Filmförderungsanstalt und dem Vorstand.

(3) Das Präsidium setzt die Frist für die Vorlage der Jahresrechnung.

(4) Das Präsidium entscheidet auf Vorschlag des Vorstands über Förderhilfen gemäß § 3 Absatz 2, soweit nicht der Vorstand hierfür zuständig ist.

(5) [1]Über Widersprüche gegen Entscheidungen des Präsidiums entscheidet das Präsidium. [2]Für Entscheidungen über Widersprüche gilt § 8 Absatz 5 Satz 2 und 3 entsprechend.

§ 14 Beschlussfähigkeit, Verfahren, Befangenheit. (1) Das Präsidium ist beschlussfähig, wenn mindestens sechs Mitglieder anwesend sind.

(2) [1]Das Präsidium beschließt mit einfacher Mehrheit, mindestens aber mit vier Stimmen, soweit in diesem Gesetz nichts anderes bestimmt ist. [2]Bei Stimmengleichheit entscheidet die Stimme der oder des Vorsitzenden.

(3) [1]Ein Mitglied des Präsidiums, das verhindert ist, an einer Sitzung teilzunehmen, kann ein anderes Mitglied des Präsidiums schriftlich oder elektronisch zur Stimmabgabe bevollmächtigen. [2]Jedes Mitglied kann nur ein abwesendes Mitglied vertreten.

(4) [1]Entscheidungen des Präsidiums können auch im schriftlichen Umlaufverfahren getroffen werden. [2]Dies gilt nicht, wenn ein Mitglied des Präsidiums vor Ablauf der hierfür bestimmten Frist durch schriftliche oder elektronische Mitteilung an die Vorsitzende oder den Vorsitzenden des Präsidiums mitteilt, dass es mit der Herbeiführung der Entscheidung im schriftlichen Umlaufverfahren nicht einverstanden ist.

(5) Die Vorschriften zur Befangenheit nach § 11 gelten für die Mitglieder des Präsidiums entsprechend.

Abschnitt 4

Vorstand

§ 15 Bestellung, Amtsdauer, Geschäftsordnung. (1) [1]Der Vorstand besteht aus einer Person. [2]Er hat eine erste und eine zweite Stellvertretung.

(2) [1]Der Vorstand und seine Stellvertretungen werden auf Vorschlag des Präsidiums vom Verwaltungsrat für fünf Jahre bestellt. [2]Wiederholte Bestellungen sind zulässig.

(3) [1]Der Vorstand und seine Stellvertretungen können vor Ablauf ihrer Amtszeit nur aus wichtigem Grund abberufen werden. [2]Für die Abberufung ist ein Beschluss des Verwaltungsrats erforderlich, dem zwei Drittel seiner Mitglieder zugestimmt haben müssen. [3]Die betroffene Person ist vor der Entscheidung des Verwaltungsrats anzuhören.

(4) [1]Der Vorstand, seine Stellvertretungen und die Beschäftigten der Filmförderungsanstalt dürfen in der Film- und Medienwirtschaft kein Handelsgewerbe betreiben und keine Geschäfte für eigene oder fremde Rechnung tätigen.

[2]Sie dürfen sich nicht als Gesellschafterin oder Gesellschafter an einer Handelsgesellschaft beteiligen, die auf dem Gebiet der Film- und Medienwirtschaft tätig ist.

(5) [1]Das Präsidium beschließt eine Geschäftsordnung für den Vorstand und seine Stellvertretungen. [2]In der Geschäftsordnung kann vorgesehen werden, dass die Filmförderungsanstalt auch durch zwei vom Vorstand Bevollmächtigte gemeinsam vertreten werden kann. [3]Die Geschäftsordnung bedarf der Genehmigung durch die für Kultur und Medien zuständige oberste Bundesbehörde.

§ 16 Aufgaben, Rechte. (1) Der Vorstand führt die Geschäfte der Filmförderungsanstalt in eigener Verantwortung nach Maßgabe der Beschlüsse des Präsidiums und des Verwaltungsrats.

(2) [1]Der Vorstand vertritt die Filmförderungsanstalt gerichtlich und außergerichtlich. [2]Erklärungen sind für die Filmförderungsanstalt verbindlich, wenn sie vom Vorstand, von seinen Stellvertretungen gemeinschaftlich oder durch eine Stellvertretung mit einer vom Vorstand bevollmächtigten Vertretung abgegeben werden. [3]Der Vorstand darf Bevollmächtigte nur mit Zustimmung des Präsidiums bestellen.

(3) [1]Der Vorstand kann Entscheidungsbefugnisse für abgegrenzte Bereiche an die stellvertretenden Vorstände sowie abschließende Zeichnungsbefugnisse für abgegrenzte Bereiche an die stellvertretenden Vorstände oder weitere Mitarbeiter übertragen. [2]Das Nähere regelt die Geschäftsordnung.

(4) Der Vorstand ist mit der Zustimmung des Verwaltungsrats berechtigt, Kooperationsvereinbarungen im Sinne des § 3 Absatz 4 für die Filmförderungsanstalt zu schließen.

(5) [1]Der Vorstand und seine Stellvertretungen sind berechtigt, ohne Stimmrecht an den Sitzungen des Verwaltungsrats und seiner Ausschüsse sowie an den Sitzungen des Präsidiums teilzunehmen. [2]Sie müssen auf ihr Verlangen jederzeit angehört werden. [3]Die Sätze 1 und 2 gelten nicht, wenn persönliche Angelegenheiten des Vorstands oder von dessen jeweiliger Stellvertretung betroffen sind.

§ 17 Förderentscheidungen. (1) [1]Der Vorstand entscheidet, soweit in diesem Gesetz nichts Abweichendes geregelt ist, über Förderhilfen für die Erfüllung der allgemeinen Aufgaben der Filmförderungsanstalt gemäß § 3 Absatz 2 bis zu einem Betrag von 50 000 Euro. [2]Das Präsidium kann den Betrag durch einstimmigen Beschluss erhöhen.

(2) Der Vorstand entscheidet, soweit in diesem Gesetz nichts Abweichendes geregelt ist,

1. über das Vorliegen der allgemeinen Fördervoraussetzungen nach den §§ 41 bis 50,
2. soweit es sich nicht um bewertende Entscheidungen handelt, im Rahmen
   a) der Förderung nach Kooperationsvereinbarungen im Sinne des § 3 Absatz 4,

b) der Projektfilmförderung nach den §§ 59 bis 72,
c) der Drehbuch- und Treatmentförderung nach den §§ 100 bis 106,
d) der Förderung der Drehbuchfortentwicklung nach den §§ 107 bis 114,
e) der Projektförderung für Verleih- und Vertriebsunternehmen sowie Unternehmen der Videowirtschaft nach den §§ 115 bis 126 sowie
f) der Kinoprojektförderung nach den §§ 134 bis 137 und den §§ 140 bis 144, soweit es sich nicht um bewertende Entscheidungen handelt,

3. im Rahmen der Referenzfilmförderung nach den §§ 73 bis 90,
4. im Rahmen der Referenzförderung für Kurzfilme und nicht programmfüllende Kinderfilme nach den §§ 91 bis 99,
5. im Rahmen der Referenzförderung für Verleihunternehmen nach den §§ 127 bis 133,
6. im Rahmen der Kinoreferenzförderung nach den §§ 138 bis 144,
7. im Rahmen der Förderung der Digitalisierung des deutschen Filmerbes gemäß § 145, soweit eine aufgrund des § 145 Absatz 1 Satz 1 erlassene Richtlinie des Verwaltungsrats nichts Abweichendes vorsieht, und
8. über Projektfördermaßnahmen bis zur Höhe von 25 000 Euro, soweit es sich nicht um Drehbücher oder Treatments nach den §§ 100 bis 106 oder um Vorhaben der Drehbuchfortentwicklung nach den §§ 107 bis 114 handelt.

(3) [1]Vor einer Entscheidung auf Zuerkennung von Förderhilfen nach § 73 oder § 76, jeweils in Verbindung mit § 83 Absatz 2, hat der Vorstand das Präsidium zu unterrichten. [2]Verlangen wenigstens vier Mitglieder des Präsidiums innerhalb von zwei Wochen nach Zugang der Mitteilung des Vorstands schriftlich oder elektronisch bei der oder dem Vorsitzenden des Verwaltungsrats die Entscheidung des Verwaltungsrats, entscheidet der Verwaltungsrat anstelle des Vorstands.

§ 18 Widersprüche gegen Entscheidungen des Vorstands. (1) Über Widersprüche gegen Entscheidungen des Vorstands im Rahmen der Referenzförderung nach den §§ 73 bis 99 und nach den §§ 127 bis 133 entscheidet der Verwaltungsrat mit einfacher Mehrheit, wenn die Entscheidungen auf den Regelungen zur Nichtförderbarkeit von Filmen nach § 46 beruhen.

(2) Über Widersprüche gegen Entscheidungen des Vorstands im Rahmen der Referenzförderung nach den §§ 73 bis 99, nach den §§ 127 bis 133 und nach den §§ 138 bis 144, die auf einer Einstufung als Kinderfilm beruhen, entscheidet die Kommission für Produktions- und Drehbuchförderung mit einfacher Mehrheit.

(3) Über Widersprüche gegen Förderentscheidungen des Vorstands gemäß § 17 Absatz 1 sowie gegen Entscheidungen des Vorstands zu Sperrfristen gemäß § 19 Absatz 1 Satz 1 entscheidet das Präsidium.

(4) Über Widersprüche gegen sonstige Entscheidungen des Vorstands entscheidet der Vorstand.

§ 19 Entscheidungen zu Sperrfristen. (1) [1]Der Vorstand entscheidet über Anträge auf Verkürzung der Sperrfristen nach § 54 Absatz 1 oder § 55 Absatz 2 oder auf Nichtanwendung der Sperrfristen nach § 56 Absatz 1. [2]Der Vorstand hat bei grundsätzlichen Fragen zur Anwendung der Sperrfristenregelungen vor seiner Entscheidung das Präsidium zu befassen.

(2) [1]Das Präsidium entscheidet über Anträge auf außerordentliche Verkürzung der Sperrfristen nach § 55 Absatz 1 und 3 und die Folgen einer Sperrfristverletzung nach § 57. [2]Dem Antrag auf außerordentliche Verkürzung der Sperrfrist nach § 55 Absatz 1 und 3 kann nur mit Zustimmung der Vertreterin oder des Vertreters der Kinos stattgegeben werden. [3]Satz 2 gilt auch für Entscheidungen im Widerspruchsverfahren.

Abschnitt 5

Förderkommissionen

§ 20 Ständige Förderkommissionen. Folgende ständige Förderkommissionen werden eingerichtet:

1. die Kommission für Produktions- und Drehbuchförderung,
2. die Kommission für Verleih-, Vertriebs- und Videoförderung und
3. die Kommission für Kinoförderung.

§ 21 Vorschläge für die Besetzung der Kommission für Produktions- und Drehbuchförderung und der Kommission für Verleih-, Vertriebs- und Videoförderung. (1) [1]Die im Verwaltungsrat vertretenen Verfassungsorgane und Organisationen können für die Besetzung der Kommission für Produktions- und Drehbuchförderung je Verwaltungsratsmitglied jeweils bis zu zwei Personen und für die Besetzung der Kommission für Verleih-, Vertriebs- und Videoförderung je Verwaltungsratsmitglied jeweils eine Person vorschlagen. [2]Satz 1 gilt hinsichtlich der nach § 6 Absatz 1 Satz 2 Nummer 5, 9 und 17 gemeinsam benennungsberechtigten Organisationen mit der Maßgabe, dass diese jeweils nur gemeinsam Personen vorschlagen können. [3]Hinsichtlich des Verbands der Filmverleiher e.V. gilt Satz 1 mit der Maßgabe, dass dieser nur gemeinsam mit der Arbeitsgemeinschaft Verleih e.V. Personen vorschlagen kann.

(2) Schlägt ein Verfassungsorgan oder eine Organisation oder eine Gruppe von Organisationen im Sinne von Absatz 1 Satz 2 und 3 mehr als eine Person für die Besetzung der Förderkommissionen vor, muss mindestens eine Frau und mindestens ein Mann vorgeschlagen werden.

(3) [1]Die nach Absatz 1 vorgeschlagenen Personen müssen auf dem Gebiet des Filmwesens sachkundig sein sowie über maßgebliche und aktuelle Praxiserfahrung in der Film- und Kinowirtschaft verfügen. [2]Mit Ausnahme der Betreiber von Kinos müssen sie jeweils die Mitwirkung an mindestens drei oder die Verwertung von mindestens zwölf verfilmten programmfüllenden Kinoprojekten nachweisen können. [3]Näheres zur erforderlichen Expertise der vorgeschlagenen Personen regelt die Satzung.

§ 22 Bestellung der Mitglieder der Kommission für Produktions- und Drehbuchförderung und der Kommission für Verleih-, Vertriebs- und Videoförderung. (1) Aus den nach § 21 Absatz 1 vorgeschlagenen Personen wählt und bestellt der Verwaltungsrat mit der Mehrheit seiner Mitglieder für den Zeitraum von drei Jahren (Amtszeit) 42 Personen zu Mitgliedern der Kommission für Produktions- und Drehbuchförderung und 20 Personen zu Mitgliedern der Kommission für Verleih-, Vertriebs- und Videoförderung.

(2) [1]Im Fall der Kommission für Produktions- und Drehbuchförderung müssen 24 Personen aus dem Bereich der Filmverwertung, mindestens sechs Personen Hersteller und mindestens drei Personen entweder Drehbuchautorin oder Drehbuchautor oder hauptberufliche Dramaturgin oder hauptberuflicher Dramaturg sein. [2]Von den Personen aus dem Bereich der Filmverwertung müssen jeweils sechs Personen aus den Bereichen der Kinowirtschaft, der Verleih- und Vertriebswirtschaft, der Videowirtschaft und der Fernsehwirtschaft sein. [3]Mindestens einer der Hersteller muss bei der Herstellung eines Kinderfilms mitgewirkt haben.

(3) [1]Im Fall der Kommission für Verleih-, Vertriebs- und Videoförderung müssen 16 Personen aus dem Bereich der Filmverwertung sowie vier Personen Hersteller sein. [2]Von den Personen aus dem Bereich der Filmverwertung müssen jeweils mindestens vier Personen aus den Bereichen der Verleih- und Vertriebswirtschaft und der Videowirtschaft sein.

(4) Die nach Absatz 1 gewählten Personen müssen jeweils zu gleichen Teilen Frauen und Männer sein.

(5) Näheres zum Verfahren regelt die Satzung.

§ 23 Bestellung der Mitglieder der Kommission für Kinoförderung.
(1) [1]Die im Verwaltungsrat vertretenen Verbände der Kinowirtschaft schlagen insgesamt mindestens zehn Personen für die Besetzung der Kommission für Kinoförderung vor. [2]Ein Verband muss jeweils genauso viele Frauen wie Männer vorschlagen. [3]Ist die Anzahl der vorgeschlagenen Personen ungerade, darf das Ungleichgewicht zwischen Frauen und Männern jeweils nur eine Person betragen.

(2) [1]Die nach Absatz 1 vorgeschlagenen Personen müssen über maßgebliche und aktuelle Praxiserfahrung in der Kinowirtschaft mit kaufmännischer Verantwortung verfügen und auf dem Gebiet des Filmwesens sachkundig sein. [2]Näheres zur erforderlichen Expertise der vorgeschlagenen Personen regelt die Satzung.

(3) Aus den nach Absatz 1 vorgeschlagenen Personen wählt und bestellt der Verwaltungsrat mit der Mehrheit seiner Mitglieder für den Zeitraum von drei Jahren (Amtszeit) drei Personen zu ordentlichen Mitgliedern der Kommission für Kinoförderung und drei Personen zu deren Stellvertreterinnen oder Stellvertretern.

(4) Unter den nach Absatz 3 gewählten ordentlichen Mitgliedern und den stellvertretenden Mitgliedern müssen jeweils mindestens eine Frau und mindestens ein Mann sein.

§ 24 Verbot der Personenidentität, Abberufung, Neubestellung. (1) Ein und dieselbe Person darf nur in einer einzigen Förderkommission Mitglied sein.

(2) [1]Aus wichtigem Grund kann der Verwaltungsrat Mitglieder der Förderkommissionen mit einer Mehrheit von zwei Dritteln der Stimmen, aber mindestens der Mehrheit seiner Mitglieder, jederzeit abberufen. [2]Satz 1gilt auch für die stellvertretenden Mitglieder der Kommission für Kinoförderung.

(3) [1]Scheidet ein Mitglied der Kommission für Produktions- und Drehbuchförderung oder der Kommission für Verleih-, Vertriebs- und Videoförderung vorzeitig aus, so wählt und bestellt der Verwaltungsrat nach den Vorgaben des § 22 Absatz 2 und 3 für den Rest der Amtszeit eine Nachfolge aus dem nach § 21 vorgeschlagenen und verbliebenen Personenkreis. [2]Der zur Wahl stehende Personenkreis kann in diesem Fall nach den Vorgaben in § 21 um weitere Personen ergänzt werden.

(4) [1]Scheidet ein Mitglied der Kommission für Kinoförderung vorzeitig aus, so wählt und bestellt der Verwaltungsrat nach den Vorgaben des § 23 Absatz 3 für den Rest der Amtszeit eine Nachfolge aus dem nach § 23 Absatz 1 vorgeschlagenen und verbliebenen Personenkreis. [2]Bei Bedarf schlagen die im Verwaltungsrat vertretenen Verbände der Kinowirtschaft weitere Personen nach Maßgabe des § 23 Absatz 1 vor.

(5) [1]Die Mitglieder der Förderkommissionen können einmal wiederbestellt werden. [2]Eine Person kann später erneut als Mitglied bestellt werden, wenn seit Beendigung ihrer Mitgliedschaft fünf Jahre vergangen sind. [3]Die Sätze 1 und 2 gelten entsprechend für die stellvertretenden Mitglieder der Kommission für Kinoförderung.

§ 25 Geschäftsordnung, Befangenheit. (1) [1]Der Verwaltungsrat beschließt eine Geschäftsordnung, die für alle Förderkommissionen gilt. [2]Die Geschäftsordnung bedarf der Genehmigung der für Kultur und Medien zuständigen obersten Bundesbehörde.

(2) § 11 gilt für die Mitglieder der Förderkommissionen entsprechend.

§ 26 Kommission für Produktions- und Drehbuchförderung. (1) Die Kommission für Produktions- und Drehbuchförderung entscheidet über Förderhilfen im Rahmen der Projektfilmförderung nach den §§ 59 bis 72, über Förderhilfen im Rahmen der Drehbuch- und Treatmentförderung nach den §§ 100 bis 106 sowie über Förderhilfen im Rahmen der Förderung der Drehbuchfortentwicklung nach den §§ 107 bis 114, soweit dies nicht nach § 17 in die Zuständigkeit des Vorstands fällt.

(2) [1]Die Kommission für Produktions- und Drehbuchförderung tagt in unterschiedlicher Besetzung mit einer Zahl von jeweils sieben Mitgliedern. [2]Jedes vom Verwaltungsrat nach § 22 Absatz 2 bestellte Mitglied darf maximal an drei Sitzungen im Kalenderjahr teilnehmen. [3]Die Mitglieder sind an Weisungen nicht gebunden.

(3) [1]Die Kommission für Produktions- und Drehbuchförderung ist bei Anwesenheit von vier Mitgliedern beschlussfähig. [2]Sie fasst ihre Beschlüsse mit der Mehrheit der anwesenden Mitglieder.

(4) Den Vorsitz führt der Vorstand oder eine seiner Stellvertretungen ohne Stimmrecht.

§ 27 Kommission für Verleih-, Vertriebs- und Videoförderung. (1) Die Kommission für Verleih-, Vertriebs- und Videoförderung entscheidet über Förderhilfen im Rahmen der Projektabsatzförderung nach den §§ 115 bis 126, soweit dies nicht nach § 17 in die Zuständigkeit des Vorstands fällt.

(2) [1]Die Kommission für Verleih-, Vertriebs- und Videoförderung tagt in unterschiedlicher Besetzung mit einer Zahl von jeweils fünf Mitgliedern. [2]Jedes vom Verwaltungsrat nach § 22 Absatz 3 bestellte Mitglied darf maximal an drei Sitzungen im Kalenderjahr teilnehmen. [3]Die Mitglieder sind an Weisungen nicht gebunden.

(3) [1]Die Kommission für Verleih-, Vertriebs- und Videoförderung ist bei Anwesenheit von drei Mitgliedern beschlussfähig. [2]Sie fasst ihre Beschlüsse mit der Mehrheit der anwesenden Mitglieder. [3]§ 26 Absatz 4 gilt entsprechend.

§ 28 Verfahren zur Besetzung der Kommission für Produktions- und Drehbuchförderung und der Kommission für Verleih-, Vertriebs- und Videoförderung. (1) [1]Der Vorstand bestimmt für jede Sitzung der Kommission für Produktions- und Drehbuchförderung je eine Vertreterin oder einen Vertreter aus den Bereichen der Kinowirtschaft, der Verleih- und Vertriebswirtschaft, der Videowirtschaft und der Fernsehwirtschaft sowie mindestens einen Hersteller und mindestens eine Drehbuchautorin oder einen Drehbuchautoren oder eine Dramaturgin oder einen Dramaturgen. [2]Hierbei bestimmt der Vorstand für jede Sitzung jeweils mindestens drei Frauen und mindestens drei Männer. [3]Er stellt auch sicher, dass ein in Finanzierungsfragen sachkundiges Mitglied an jeder Sitzung der Kommission teilnimmt.

(2) [1]Für jede Sitzung der Kommission für Verleih-, Vertriebs- und Videoförderung wählt der Vorstand je mindestens eine Vertreterin oder einen Vertreter aus den Bereichen der Verleih- und Vertriebswirtschaft und der Videowirtschaft sowie einen Hersteller aus. [2]Hierbei bestimmt der Vorstand für jede Sitzung jeweils mindestens zwei Frauen und mindestens zwei Männer. [3]Er stellt auch sicher, dass ein in Finanzierungsfragen sachkundiges Mitglied an jeder Sitzung der Kommission teilnimmt.

(3) [1]Die Besetzung der Kommissionen erfolgt in Abstimmung mit dem Präsidium. [2]Näheres zum Verfahren regelt die Satzung.

§ 29 Kommission für Kinoförderung. (1) Die Kommission für Kinoförderung entscheidet über Förderhilfen im Rahmen der Kinoprojektförderung nach den §§ 134 bis 137 und 140 bis 144, soweit dies nicht nach § 17 in die Zuständigkeit des Vorstands fällt.

(2) [1]Die Kommission für Kinoförderung ist bei Anwesenheit von zwei Mitgliedern beschlussfähig. [2]Sie fasst ihre Beschlüsse mit der Mehrheit der anwesenden Mitglieder. [3]Die Mitglieder und stellvertretenden Mitglieder sind an Weisungen nicht gebunden.

(3) Den Vorsitz führt der Vorstand oder eine seiner Stellvertretungen ohne Stimmrecht.

§ 30 Weitere Förderkommissionen. Das Präsidium kann im Einvernehmen mit der für Kultur und Medien zuständigen obersten Bundesbehörde für die Umsetzung von zwei- oder mehrseitigen zwischenstaatlichen Abkommen der Bundesrepublik Deutschland über die Gemeinschaftsproduktion von Filmen weitere Förderkommissionen einsetzen.

§ 31 Widersprüche gegen Entscheidungen der Förderkommissionen. [1]Über Widersprüche gegen Entscheidungen der Förderkommissionen entscheidet die jeweilige Förderkommission. [2]§ 8 Absatz 5 Satz 2 und 3 gilt entsprechend.

Kapitel 3

Satzung, Haushalt, Aufsicht

§ 32 Satzung. (1) Die Satzung der Filmförderungsanstalt regelt, soweit dieses Gesetz keine Bestimmung trifft und die haushaltsrechtlichen Vorschriften des Bundes nicht entgegenstehen, das Nähere über

1. die Aufstellung und Ausführung des Wirtschaftsplans,
2. das Rechnungswesen,
3. die Rechnungslegung und
4. die Prüfung der Rechnung der Filmförderungsanstalt.

(2) [1]Die Satzung kann bestimmen, dass den Mitgliedern des Verwaltungsrats, den Mitgliedern des Präsidiums oder den jeweils an ihrer Stelle erschienenen stellvertretenden Mitgliedern Tagegelder, Übernachtungsgelder und Fahrtkostenerstattung sowie eine monatliche Aufwandsentschädigung gewährt werden. [2]Die Satzung kann ferner bestimmen, dass

1. den Mitgliedern der Förderkommissionen und den stellvertretenden Mitgliedern der Kommission für Kinoförderung, die nicht Mitglieder des Verwaltungsrats sind, Tagegelder, Übernachtungsgelder und Fahrtkostenerstattung gewährt werden und
2. die Mitglieder der Förderkommissionen und die stellvertretenden Mitglieder der Kommission für Kinoförderung für die Prüfung von Anträgen eine Vergütung erhalten.

§ 33 Wirtschaftsplan. (1) [1]Der Verwaltungsrat stellt jährlich vor Beginn des Wirtschaftsjahres einen Wirtschaftsplan nach den Grundsätzen einer sparsamen Wirtschaftsführung fest. [2]Darin sind, getrennt nach Zweckbestimmung und Ansatz, alle voraussichtlichen Einnahmen und Ausgaben der Filmförderungsanstalt im kommenden Wirtschaftsjahr zu veranschlagen. [3]Der Wirtschaftsplan muss in Einnahmen und Ausgaben ausgeglichen sein. [4]Der Wirtschaftsplan bedarf der Genehmigung der für Kultur und Medien zuständigen obersten Bundesbehörde.

(2) Der Vorstand hat dem Verwaltungsrat den Entwurf des Wirtschaftsplanes rechtzeitig vor Beginn des Wirtschaftsjahres vorzulegen.

(3) [1]Bei Bedarf kann ein Nachtragshaushalt aufgestellt werden. [2]Absatz 1 gilt entsprechend.

(4) [1]Das Wirtschaftsjahr ist das Kalenderjahr. [2]Ist bis zum Schluss eines Wirtschaftsjahres der Wirtschaftsplan für das folgende Jahr noch nicht festgestellt, so bedürfen Ausgaben der Zustimmung des Verwaltungsrats.

§ 34 Haushalts- und Wirtschaftsführung. (1) Der Wirtschaftsplan ist sparsam und wirtschaftlich auszuführen.

(2) [1]Im Wirtschaftsplan nicht veranschlagte Ausgaben bedürfen der Zustimmung des Verwaltungsrats. [2]Die Zustimmung darf nur dann erteilt werden, wenn

1. die Filmförderungsanstalt zu den Ausgaben unmittelbar kraft Gesetzes verpflichtet ist oder die Ausgaben der Erfüllung der gesetzlichen Aufgaben der Filmförderungsanstalt dienen und
2. für die Ausgabe ein unvorhergesehenes und unabweisbares Bedürfnis vorliegt.

§ 35 Rücklagen. (1) [1]Zur Sicherung ihrer Haushaltswirtschaft und zur Erfüllung ihrer Aufgaben kann die Filmförderungsanstalt Rücklagen bilden. [2]Von den bei der Erstellung des Wirtschaftsplans zu erwartenden Einnahmen aus der Filmabgabe dürfen nicht mehr als 10 Prozent der Rücklage zugeführt werden. [3]Die Beschränkung nach Satz 2 gilt nicht für Rücklagen, die aufgrund von gegen die Abgabebescheide eingelegten Rechtsmitteln gebildet werden.

(2) Zuführungen und Entnahmen bei den Rücklagen sind im Wirtschaftsplan zu veranschlagen.

(3) Über die Bildung sowie Auflösung und Verwendung von Rücklagen beschließt der Verwaltungsrat mit einer Mehrheit von zwei Dritteln der Stimmen, mindestens aber der Mehrheit seiner Mitglieder.

§ 36 Stundung, Niederschlagung und Erlass von Ansprüchen. (1) [1]Für die Stundung, die Niederschlagung und den Erlass von Ansprüchen der Filmförderungsanstalt gilt, soweit in diesem Gesetz nichts Abweichendes geregelt ist, § 59 Absatz 1 der Bundeshaushaltsordnung entsprechend. [2]§ 59 Absatz 2 der Bundeshaushaltsordnung findet keine Anwendung.

(2) [1]Die Niederschlagung und der Erlass von Ansprüchen bedürfen der Zustimmung des Verwaltungsrats. [2]Abweichend von Satz 1 kann der Vorstand die Zahlungsverpflichtung eines Schuldners bis zur Höhe von jährlich 250 Euro niederschlagen.

§ 37 Rechnungslegung und Prüfung der Jahresrechnung. (1) [1]Der Vorstand hat über alle Einnahmen und Ausgaben sowie über das Vermögen und die Schulden der Filmförderungsanstalt und deren Veränderungen im abgelaufenen Wirtschaftsjahr Rechnung zu legen. [2]Die Jahresrechnung ist der für Kultur und Medien zuständigen obersten Bundesbehörde vorzulegen.

(2) [1]Das Rechnungswesen der Filmförderungsanstalt hat den Grundsätzen ordnungsgemäßer Buchführung zu entsprechen. [2]Die Jahresrechnung umfasst eine Bilanz, eine Gewinn-und-Verlust-Rechnung, einen Anhang und einen Lagebericht und ist entsprechend den Regelungen des Handelsgesetzbuches für große Kapitalgesellschaften aufzustellen.

(3) [1]Die Jahresrechnung wird auf Kosten der Filmförderungsanstalt durch Wirtschaftsprüfer oder Wirtschaftsprüfungsgesellschaften geprüft. [2]Die Wirtschaftsprüfer oder Wirtschaftsprüfungsgesellschaften werden vom Verwaltungsrat auf Vorschlag des Vorstands bestellt.

(4) [1]Die Prüfung der Jahresrechnung ist nach den vom Institut der Wirtschaftsprüfer entwickelten Prüfungsstandards durchzuführen. [2]Der Prüfbericht ist dem Verwaltungsrat, der für Kultur und Medien zuständigen obersten Bundesbehörde und dem Bundesrechnungshof vorzulegen. [3]§ 109 Absatz 2 der Bundeshaushaltsordnung findet keine Anwendung.

§ 38 Aufsicht. (1) [1]Die Filmförderungsanstalt untersteht der Rechtsaufsicht der für Kultur und Medien zuständigen obersten Bundesbehörde. [2]Die Aufsichtsbehörde ist befugt, Anordnungen zu treffen, um den Geschäftsbetrieb der Filmförderungsanstalt mit dem geltenden Recht in Einklang zu halten.

(2) Die Filmförderungsanstalt ist verpflichtet, der Aufsichtsbehörde jederzeit Auskunft über ihre Tätigkeit zu erteilen.

(3) Kommt die Filmförderungsanstalt ihren Verpflichtungen nicht nach, so ist die Aufsichtsbehörde befugt, die Aufgaben durch einen besonderen Beauftragten durchführen zu lassen oder sie selbst durchzuführen.

Kapitel 4

Förderung – Allgemeine Bestimmungen

Abschnitt 1

Zweckbindung der Fördermittel, Begriffsbestimmungen

§ 39 Zweckbindung der Fördermittel. [1]Die Fördermittel sind ausschließlich für den bestimmten Förderzweck zu verwenden. [2]Ansprüche auf Gewährung oder Auszahlung von Fördermitteln sind nur zur Zwischenfinanzierung der jeweils geförderten Maßnahme an Banken oder sonstige Kreditinstitute abtretbar oder verpfändbar.

§ 40 Begriffsbestimmungen. (1) [1]Ein Film ist programmfüllend, wenn er eine Vorführdauer von mindestens 79 Minuten, bei Kinderfilmen von mindestens 59 Minuten hat. [2]Maßgeblich ist die Vorführdauer des Films einschließlich des Vor- und Abspanns.

(2) Ein Kinderfilm ist ein Film, der eine Freigabe und Kennzeichnung nach § 14 Absatz 2 Nummer 1 oder 2 des Jugendschutzgesetzes erhalten hat und sich insbesondere durch sein Thema, seine Handlung und seine Gestaltung an Kinder richtet und für Kinder geeignet ist.

(3) Ein Erstlingsfilm ist ein Film, bei dem die Regisseurin oder der Regisseur erstmals die alleinige Regieverantwortung für einen programmfüllenden Film trägt, der nicht im Rahmen einer Ausbildung hergestellt wird.

(4) [1]Ein Kurzfilm ist ein Film mit einer Vorführdauer von höchstens 30 Minuten. [2]Maßgeblich ist die Vorführdauer des Films einschließlich des Vor- und Abspanns. [3]Werbe- und Imagefilme sowie Musikvideos sind keine Kurzfilme im Sinne dieses Gesetzes.

(5) Ein Referenzfilm ist ein Film, für dessen Erfolg Referenzpunkte nach Maßgabe dieses Gesetzes vergeben werden.

(6) Hersteller im Sinne dieses Gesetzes ist, wer die Verantwortung für die Durchführung des Filmvorhabens trägt.

(7) Eine reguläre Erstaufführung im Sinne dieses Gesetzes ist gegeben, wenn ein Film erstmalig an mindestens sieben aufeinanderfolgenden Tagen in einem kinogeeigneten technischen Format in einem Kino mit regelmäßigem Spielbetrieb im Inland gegen ein marktübliches Entgelt vorgeführt wurde.

(8) Eine barrierefreie Fassung eines Films ist eine Endfassung des Films in jeweils einer Version mit deutschen Untertiteln für Menschen mit Hörbehinderungen und mit deutscher Audiodeskription für Menschen mit Sehbehinderungen in marktgerechter und kinogeeigneter Qualität.

(9) [1]Ein Videoabrufdienst ist ein elektronischer Informations- oder Kommunikationsdienst, bei dem einzelne Filme für den Empfang zu einem vom Nutzer oder von der Nutzerin gewählten Zeitpunkt auf dessen oder deren individuellen Abruf hin bereitgestellt werden. [2]Unerheblich ist, ob ein etwaiges Entgelt für die Nutzung des einzelnen Films oder die Nutzbarkeit des gesamten Dienstes zu zahlen ist.

(10) Bezahlfernsehen gegen individuelles Entgelt ist ein linearer Dienst, bei dem Filme innerhalb eines festgelegten Programmangebots gegen ein für den einzelnen Film zu entrichtendes Entgelt angeboten werden.

(11) Bezahlfernsehen gegen pauschales Entgelt ist ein linearer Dienst, bei dem Filme innerhalb eines festgelegten Programmangebots gegen ein unabhängig von der Nutzung des einzelnen Films zu zahlendes Entgelt angeboten werden.

Abschnitt 2

Allgemeine Fördervoraussetzungen

§ 41 Filmbezogene allgemeine Fördervoraussetzungen. (1) Förderhilfen werden nach Maßgabe dieses Gesetzes für die Herstellung, den Absatz, das Abspiel und die Digitalisierung von Filmen gewährt, wenn

1. der Hersteller seinen Wohnsitz oder Sitz im Inland hat oder, sofern der Hersteller seinen Wohnsitz oder Sitz in einem anderen Mitgliedstaat der Europäischen Union oder in einem anderen Vertragsstaat des Abkommens über den Europäischen Wirtschaftsraum oder in der Schweiz hat, eine Niederlassung im Inland zum Zeitpunkt der Auszahlung hat,
2. bei programmfüllenden Filmen jedenfalls eine Endfassung des Films, abgesehen von Dialogstellen, für die nach dem Drehbuch eine andere Sprache vorgesehen ist, in deutscher Sprache gedreht oder synchronisiert hergestellt ist und bei Kurzfilmen jedenfalls eine Endfassung des Films mit einer kinotauglichen, deutschen Untertitelung versehen ist,
3. für Studioaufnahmen Studios und für die Produktionstechnik sowie die Postproduktion technische Dienstleistungsfirmen benutzt worden sind, die ihren Sitz im Inland oder in einem anderen Mitgliedstaat der Europäischen Union oder in einem anderen Vertragsstaat des Abkommens über den Europäischen Wirtschaftsraum oder in der Schweiz haben,
4. die Regisseurin oder der Regisseur Deutsche oder Deutscher im Sinne des Artikels 116 des Grundgesetzes ist oder dem deutschen Kulturbereich angehört oder die Staatsangehörigkeit eines anderen Mitgliedstaates der Europäischen Union oder eines anderen Vertragsstaates des Abkommens über den Europäischen Wirtschaftsraum oder der Schweiz besitzt,
5. der Film kulturelle, historische oder gesellschaftliche Fragen zum Thema hat,
6. der Film in deutscher Sprache im Inland oder als deutscher Beitrag im Hauptwettbewerb oder in einer Nebenreihe auf einem Festival welturaufgeführt wird und
7. mindestens zwei der folgenden Voraussetzungen erfüllt sind:
   a) das Originaldrehbuch, auf dem der Film basiert, verwendet überwiegend deutsche Drehorte oder Drehorte in einem anderen Mitgliedstaat der Europäischen Union, in einem anderen Vertragsstaat des Abkommens über den Europäischen Wirtschaftsraum oder in der Schweiz;
   b) die Handlung oder die Stoffvorlage ist aus dem Inland, aus einem anderen Mitgliedstaat der Europäischen Union, aus einem anderen Vertragsstaat des Abkommens über den Europäischen Wirtschaftsraum oder aus der Schweiz;
   c) der Film verwendet deutsche Motive oder solche aus einem anderen Mitgliedstaat der Europäischen Union, aus einem anderen Vertragsstaat des Abkommens über den Europäischen Wirtschaftsraum oder aus der Schweiz;

d) die Handlung oder die Stoffvorlage beruht auf einer literarischen Vorlage oder entstammt traditionellen Märchen oder Sagen;
e) die Handlung oder die Stoffvorlage befasst sich mit Lebensformen von Minderheiten, wissenschaftlichen Themen oder natürlichen Phänomenen;
f) die Handlung oder die Stoffvorlage setzt sich mit sozialen, politischen oder religiösen Fragen des gesellschaftlichen Zusammenlebens oder der Lebenswirklichkeit von Kindern auseinander;
g) die Handlung oder die Stoffvorlage befasst sich mit Künstlerinnen oder Künstlern oder Kunstgattungen.

(2) [1]Sind aus thematischen Gründen Außenaufnahmen in einem anderen als den in Absatz 1 Nummer 3 genannten Ländern erforderlich, so dürfen höchstens 30 Prozent der Studioaufnahmen im Gebiet dieses Landes gedreht werden. [2]Wird der größere Teil eines Films an Originalschauplätzen in einem anderen Land gedreht, so können auch für mehr als 30 Prozent der Studioaufnahmen Studios dieses Landes benutzt werden, wenn und soweit der Vorstand dies aus Kostengründen für erforderlich hält. [3]Die Grundlage für die Bemessung des Anteils der Studioaufnahmen nach den Sätzen 1 und 2 ist die Drehzeit.

(3) [1]Die Bundesregierung wird ermächtigt, durch Rechtsverordnung zu bestimmen, dass Förderhilfen für die Filmproduktion unter der Auflage gewährt werden, dass bis zu 160 Prozent des im Rahmen dieses Gesetzes für die Filmproduktion gewährten Förderbetrags im Inland ausgegeben werden. [2]Hierbei darf die territoriale Bindung 80 Prozent des gesamten Produktionsbudgets nicht übersteigen.

(4) Ist die Regisseurin oder der Regisseur entgegen Absatz 1 Nummer 4 nicht Deutsche oder Deutscher oder kommt sie oder er nicht aus dem deutschen Kulturbereich oder aus einem anderen Mitgliedstaat der Europäischen Union oder einem anderen Vertragsstaat des Abkommens über den Europäischen Wirtschaftsraum oder der Schweiz, so können Förderhilfen gewährt werden, wenn, abgesehen von der Drehbuchautorin oder dem Drehbuchautor oder von bis zu zwei Personen in einer Hauptrolle, alle übrigen Filmschaffenden Deutsche sind oder dem deutschen Kulturbereich oder einem anderen Mitgliedstaat der Europäischen Union oder einem anderen Vertragsstaat des Abkommens über den Europäischen Wirtschaftsraum oder der Schweiz angehören.

(5) [1]Der Vorstand kann Ausnahmen von den Voraussetzungen des Absatzes 1 Nummer 1 und 6 sowie des Absatzes 2 zulassen, wenn die Gesamtwürdigung des Films dies rechtfertigt. [2]Bei programmfüllenden Filmen kann er auch Ausnahmen von der Voraussetzung des Absatzes 1 Nummer 2 zulassen.

§ 42 Internationale Koproduktionen. (1) Förderhilfen werden nach Maßgabe dieses Gesetzes auch für die Herstellung, den Absatz, das Abspiel und die Digitalisierung von Filmen gewährt, die unter der Voraussetzung des § 41 Absatz 1 Nummer 1 und 2 gemeinsam mit mindestens einem Hersteller mit

Sitz oder Wohnsitz außerhalb des Geltungsbereichs dieses Gesetzes hergestellt werden oder worden sind und

1. als Gemeinschaftsproduktion im Sinne des Europäischen Übereinkommens vom 2. Oktober 1992 über die Gemeinschaftsproduktion von Kinofilmen (BGBl. 1994 II S. 3566) anerkannt sind,
2. den Vorschriften über die Gemeinschaftsproduktion von Filmen eines auf den jeweiligen Film anwendbaren, von der Bundesrepublik Deutschland abgeschlossenen zwei- oder mehrseitigen zwischenstaatlichen Abkommens entsprechen oder
3. wenn ein Abkommen im Sinne der Nummer 2 nicht vorliegt oder auf die Gemeinschaftsproduktion nicht anwendbar ist, eine im Verhältnis zu der ausländischen Beteiligung erhebliche finanzielle Beteiligung des Herstellers im Sinne des § 41 Absatz 1 Nummer 1 sowie eine dieser angemessene künstlerische und technische Beteiligung von jeweils 30 Prozent von Mitwirkenden aufweisen, die Deutsche im Sinne des Artikels 116 des Grundgesetzes sind oder dem deutschen Kulturbereich angehören oder Staatsangehörige eines anderen Mitgliedstaates der Europäischen Union oder eines anderen Vertragsstaates des Abkommens über den Europäischen Wirtschaftsraum oder der Schweiz sind, und ferner bei majoritären deutschen Beteiligungen der Film in deutscher Sprache im Inland oder auf einem Festival als deutscher Beitrag uraufgeführt wird.

(2) Bei der künstlerischen und technischen Beteiligung sollen mindestens folgende Personen Deutsche im Sinne des Artikels 116 des Grundgesetzes sein oder dem deutschen Kulturbereich angehören oder Staatsangehörige eines anderen Mitgliedstaates der Europäischen Union oder eines anderen Vertragsstaates des Abkommens über den Europäischen Wirtschaftsraum oder der Schweiz sein:

1. eine Person in einer Hauptrolle und eine Person in einer Nebenrolle oder, wenn dies nicht möglich ist, zwei Personen in wichtigen Rollen,
2. eine Regieassistenz oder eine andere künstlerische oder technische Stabskraft und
3. entweder eine Drehbuchautorin oder ein Drehbuchautor oder eine Dialogbearbeiterin oder ein Dialogbearbeiter.

(3) Förderhilfen für Filme nach Absatz 1 Nummer 2 und 3 werden nur gewährt, wenn die Voraussetzung des § 41 Absatz 1 Nummer 5 vorliegt und der Film

1. den Anforderungen des § 41 Absatz 1 Nummer 7 entspricht oder
2. mindestens zwei der folgenden Voraussetzungen erfüllt:
   a) die Handlung oder die Stoffvorlage vermittelt Eindrücke von anderen Kulturen;
   b) die Handlung oder die Stoffvorlage bezieht sich auf Künstler oder Künstlerinnen oder auf eine Kunstgattung;
   c) an dem Film wirkt ein zeitgenössischer Künstler oder eine zeitgenössische Künstlerin aus anderen Bereichen als dem der Filmkunst maßgeblich mit;

d) die Handlung oder die Stoffvorlage bezieht sich auf eine Persönlichkeit der Zeit- oder Weltgeschichte oder eine fiktionale Figur der Kulturgeschichte;
e) die Handlung oder die Stoffvorlage bezieht sich auf ein historisches Ereignis der Weltgeschichte oder ein vergleichbares fiktionales Ereignis;
f) die Handlung oder die Stoffvorlage befasst sich mit Fragen religiöser oder philosophischer Weltanschauung;
g) die Handlung oder die Stoffvorlage befasst sich mit wissenschaftlichen Themen oder natürlichen Phänomenen.

§ 43 Internationale Kofinanzierungen. Förderhilfen werden nach Maßgabe dieses Gesetzes auch für die Herstellung, den Absatz und das Abspiel von Filmen gewährt, die mit mindestens einem Hersteller mit Wohnsitz oder Sitz außerhalb des Geltungsbereichs dieses Gesetzes hergestellt werden oder worden sind und zu deren Herstellung der Hersteller im Sinne des § 41 Absatz 1 Nummer 1 nur einen finanziellen Beitrag geleistet hat, wenn
1. die Voraussetzungen des § 41 Absatz 1 Nummer 1 und 2, des § 42 Absatz 1 Nummer 1 oder Nummer 2 und 3, jeweils in Verbindung mit Absatz 3, erfüllt sind,
2. ein auf den jeweiligen Film anwendbares, von der Bundesrepublik Deutschland abgeschlossenes zwei- oder mehrseitiges zwischenstaatliches Abkommen eine solche Beteiligung vorsieht und
3. der Beitrag des Herstellers im Sinne des § 41 Absatz 1 Nummer 1 dem in dem Abkommen festgelegten Mindestanteil entspricht.

§ 44 Förderfähigkeit von internationalen Koproduktionen und Kofinanzierungen. (1) Für internationale Koproduktionen im Sinne des § 42 oder internationale Kofinanzierungen im Sinne des § 43 werden Förderhilfen nur gewährt, wenn der Hersteller im Sinne des § 41 Absatz 1 Nummer 1
1. bei einer internationalen Koproduktion mit einer Beteiligung eines Herstellers aus einem außereuropäischen Land innerhalb von fünf Jahren vor Antragstellung allein oder als Koproduzent mit Mehrheitsbeteiligung einen programmfüllenden Spielfilm im Inland, in einem anderen Mitgliedstaat der Europäischen Union, in einem anderen Vertragsstaat des Abkommens über den Europäischen Wirtschaftsraum oder in der Schweiz hergestellt hat,
2. zu den gesamten Herstellungskosten des Films die nachfolgenden Anteile beiträgt:
   a) in Fällen des § 42 Absatz 1 Nummer 1 und 2 und des § 43 mindestens 20 Prozent,
   b) in Fällen des § 42 Absatz 1 Nummer 3 mindestens 30 Prozent.

(2) Der Vorstand kann in Ausnahmefällen von der Voraussetzung des Absatzes 1 Nummer 1 absehen, wenn die fachliche Eignung der antragstellenden Person als Hersteller außer Zweifel steht und wenn die Gesamtwürdigung des Films die Ausnahme rechtfertigt.

(3) [1]Abweichend von Absatz 1 Nummer 2 Buchstabe a kann die Filmförderungsanstalt in Ausnahmefällen Förderhilfen für internationale Koproduktionen im Sinne des § 42 Absatz 1 Nummer 1 oder 2 oder internationale Kofinanzierungen im Sinne des § 43 gewähren, wenn

1. der Hersteller im Sinne des § 41 Absatz 1 Nummer 1 zu den gesamten Herstellungskosten des Films mindestens 10 Prozent beiträgt und
2. ein zwei- oder mehrseitiges Abkommen zwischen der Bundesrepublik Deutschland und einem anderen Mitgliedstaat der Europäischen Union, einem anderen Vertragsstaat des Abkommens über den Europäischen Wirtschaftsraum oder der Schweiz die Möglichkeit der Förderung von internationalen Koproduktionen oder internationalen Kofinanzierungen eröffnet und sicherstellt, dass die finanziellen, künstlerischen und technischen Beiträge in einem gegenseitigen und ausgewogenen Verhältnis zueinander stehen.

[2]Artikel 10 des Europäischen Übereinkommens über die Gemeinschaftsproduktion von Kinofilmen vom 2. Oktober 1992 (BGBl. 1994 II S. 3566) gilt entsprechend. [3]Eine Referenzförderung nach den §§ 73 bis 90, 91 bis 99 und 127 bis 133 ist für Filme nach Satz 1 ausgeschlossen.

(4) Die Förderhilfen dürfen in keinem Fall den finanziellen Beitrag des Herstellers im Sinne des § 41 Absatz 1 Nummer 1 überschreiten.

§ 45 Fördervoraussetzungen bei internationalen Kofinanzierungen.
(1) Internationale Kofinanzierungen im Sinne des § 43 nehmen an der Förderung nach diesem Gesetz nur teil, wenn ein von der Bundesrepublik Deutschland abgeschlossenes zwei- oder mehrseitiges zwischenstaatliches Abkommen die Förderung internationaler Kofinanzierungen ausdrücklich vorsieht und soweit und solange die Gegenseitigkeit mit den Staaten, in denen die anderen Beteiligten ihren Wohnsitz oder Sitz haben, verbürgt ist.

(2) Eine Referenzförderung nach den §§ 73 bis 90, 91 bis 99 und 127 bis 133 ist ausgeschlossen, wenn es sich bei dem Referenzfilm oder bei dem neuen Film um eine internationale Kofinanzierung handelt.

(3) Soweit im Fall einer internationalen Kofinanzierung der finanzielle Beitrag des Herstellers im Sinne des § 41 Absatz 1 Nummer 1 25 Prozent der gesamten Herstellungskosten übersteigt, bleibt der übersteigende Teil bei der Bemessung der Förderung unberücksichtigt.

§ 46 Nicht förderfähige Filme. [1]Förderhilfen dürfen nicht gewährt werden, wenn der Referenzfilm, der neue Film oder das Filmvorhaben verfassungsfeindliche oder gesetzwidrige Inhalte enthalten. [2]Gleiches gilt für Referenzfilme, neue Filme oder Filmvorhaben, die unter Berücksichtigung des dramaturgischen Aufbaus, des Drehbuchs, der Gestaltung, der schauspielerischen Leistungen, der Animation, der Kameraführung oder des Schnitts nach dem Gesamteindruck von geringer Qualität sind. [3]Nicht zu fördern sind ferner Referenzfilme, neue Filme und Filmvorhaben, die einen pornographischen oder gewaltverherrlichenden Schwerpunkt haben oder offenkundig religiöse Gefühle tiefgreifend und unangemessen verletzen.

§ 47 Barrierefreie Fassung. (1) [1]Förderhilfen für die Herstellung und die Digitalisierung von Filmen dürfen nur gewährt werden, wenn bis zur Erstaufführung in einem Kino wenigstens eine Endfassung des Films als barrierefreie Fassung hergestellt wird. [2]Förderhilfen für Kinos und den Absatz von Filmen dürfen nur gewährt werden, wenn barrierefreie Fassungen in geeigneter Weise und in angemessenem Maße zugänglich gemacht werden.

(2) Der Vorstand kann Ausnahmen von den in Absatz 1 genannten Voraussetzungen zulassen, wenn die Gesamtwürdigung des Vorhabens dies rechtfertigt.

§ 48 Herstellung der Kopien. Förderhilfen dürfen nur gewährt werden, wenn die Kopien, die für die Auswertung im Inland oder in einem anderen Mitgliedstaat der Europäischen Union oder in einem anderen Vertragsstaat des Abkommens über den Europäischen Wirtschaftsraum oder in der Schweiz bestimmt sind, in einem dieser Staaten hergestellt werden, es sei denn, dass hierfür die technischen Voraussetzungen nicht gegeben sind.

§ 49 Archivierung. (1) [1]Der Hersteller oder Verleiher eines nach diesem Gesetz geförderten Films ist verpflichtet, der Bundesrepublik Deutschland eine technisch einwandfreie analoge oder unkomprimierte digitale Kopie des Films in einem archivfähigen Format unentgeltlich zu übereignen, sofern diese Verpflichtung nicht schon anderweitig begründet oder erfüllt ist. [2]Soweit der Hersteller oder Verleiher nach Maßgabe dieses Gesetzes zur Herstellung einer barrierefreien Fassung des Films verpflichtet ist, gilt Satz 1 auch für die barrierefreie Fassung. [3]Näheres regeln Bestimmungen des Bundesarchivs.

(2) [1]Die Kopien werden vom Bundesarchiv für Zwecke der Filmförderung im Sinne dieses Gesetzes verwahrt. [2]Sie können für die filmkundliche Auswertung zur Verfügung gestellt werden.

§ 50 Ausschluss von Personen von der Förderung. (1) [1]Folgende natürliche oder juristische Personen können für bis zu fünf Jahre nach Begehung des Verstoßes von der Förderung ausgeschlossen werden:

1. Personen, die bei einer Förderung nach diesem Gesetz die Grundsätze sparsamer Wirtschaftsführung verletzt haben,
2. Personen, die bei einer Förderung nach diesem Gesetz vorsätzlich oder grob fahrlässig unrichtige Angaben über wesentliche Förder- oder Auszahlungsvoraussetzungen gemacht haben, und
3. Personen, die bei der Erteilung von Auskünften nach § 164 vorsätzlich oder grob fahrlässig unrichtige Angaben über für die Höhe der Filmabgabe relevante Informationen gemacht haben.

[2]Gleiches gilt für eine juristische Person, die mit einer juristischen Person nach Satz 1 gesellschaftsrechtlich verbunden ist.

(2) Von der Förderung ausgeschlossen sind juristische Personen, die einer Rückforderungsanordnung aufgrund eines früheren Beschlusses der Europäischen Kommission zur Feststellung der Unzulässigkeit einer Beihilfe und ihrer Unvereinbarkeit mit dem Binnenmarkt nicht nachgekommen sind.

Abschnitt 3

Bescheinigung des Bundesamtes für Wirtschaft und Ausfuhrkontrolle

§ 51 Bescheinigung des Bundesamtes für Wirtschaft und Ausfuhrkontrolle. (1) [1]Auf Antrag des Herstellers im Sinne des § 41 Absatz 1 Nummer 1 stellt das Bundesamt für Wirtschaft und Ausfuhrkontrolle eine Bescheinigung darüber aus, dass ein Film den Vorschriften des § 41, der §§ 42 und 44 oder der §§ 43 bis 45 entspricht. [2]Zur Prüfung der Voraussetzungen nach § 41 Absatz 1 Nummer 5 und 7 oder nach § 42 Absatz 3 in Verbindung mit § 41 Absatz 1 Nummer 5 und 7 hat die Filmförderungsanstalt für das Bundesamt für Wirtschaft und Ausfuhrkontrolle auf dessen Anforderung eine gutachterliche Stellungnahme zu erstellen. [3]In dem Antrag ist nachzuweisen, dass der Film entsprechend § 41 Absatz 1 Nummer 6 in deutscher Sprache im Inland oder als deutscher Beitrag im Hauptwettbewerb oder in einer Nebenreihe auf einem Festival welturaufgeführt worden ist.

(2) Der Antrag ist rechtzeitig, bei internationalen Koproduktionen oder bei internationalen Kofinanzierungen spätestens zwei Monate vor Drehbeginn zu stellen.

(3) [1]Legt die antragstellende Person Widerspruch gegen den Bescheid ein, so hat das Bundesamt für Wirtschaft und Ausfuhrkontrolle vor Erlass des Widerspruchbescheids hierzu die Zustimmung des Vorstands einzuholen. [2]Wird die Zustimmung verweigert, so ist die abschließende Entscheidung der für Kultur und Medien zuständigen obersten Bundesbehörde einzuholen.

(4) Die Bescheinigung enthält keine Aussage über die Förderfähigkeit des Films.

§ 52 Vorläufige Projektbescheinigung des Bundesamtes für Wirtschaft und Ausfuhrkontrolle. (1) Das Bundesamt für Wirtschaft und Ausfuhrkontrolle kann auf Antrag des Herstellers im Sinne des § 41 Absatz 1 Nummer 1 durch eine vorläufige Projektbescheinigung bestätigen, dass ein Film den Vorschriften des § 41, der §§ 42 und 44 oder der §§ 43 bis 45 voraussichtlich entsprechen wird, wenn die bei Antragstellung eingereichten Unterlagen dies erkennen lassen.

(2) Der Antrag ist rechtzeitig, bei internationalen Koproduktionen oder bei internationalen Kofinanzierungen spätestens zwei Monate vor Drehbeginn zu stellen.

(3) Die vorläufige Bescheinigung enthält keine Aussage über die Förderfähigkeit des Films.

Abschnitt 4

Sperrfristen

§ 53 Regelmäßige Sperrfristen. (1) [1]Wer Projektfilm-, Referenzfilm-, Kurzfilm- oder Absatzfördermittel nach diesem Gesetz in Anspruch nimmt, darf den mit diesen Mitteln hergestellten oder ausgewerteten Film oder Teile desselben zum Schutz der einzelnen Verwertungsstufen vor Ablauf der in Absatz 2 genannten Sperrfristen weder durch Bildträger im Inland oder in deutscher Sprachfassung im Ausland noch im Fernsehen oder in sonstiger Weise auswerten oder auswerten lassen. [2]Satz 1 gilt nur für programmfüllende Filme.

(2) Die regelmäßigen Sperrfristen enden jeweils
1. für die Bildträgerauswertung und die Auswertung durch entgeltliche Videoabrufdienste und durch Bezahlfernsehen gegen individuelles Entgelt sechs Monate nach Beginn der regulären Erstaufführung;
2. für die Auswertung durch Bezahlfernsehen gegen pauschales Entgelt zwölf Monate nach Beginn der regulären Erstaufführung;
3. für die Auswertung durch frei empfangbares Fernsehen und durch unentgeltliche Videoabrufdienste 18 Monate nach Beginn der regulären Erstaufführung.

(3) Eine geringfügige ausschnittsweise Nutzung, insbesondere zu Werbezwecken, stellt keine Sperrfristverletzung dar.

§ 54 Ordentliche Verkürzung der Sperrfristen. (1) Sofern filmwirtschaftliche Belange dem nicht entgegenstehen, können die regelmäßigen Sperrfristen auf Antrag nach folgenden Maßgaben verkürzt werden:
1. für die Bildträgerauswertung und für die Auswertung durch entgeltliche Videoabrufdienste und durch Bezahlfernsehen gegen individuelles Entgelt jeweils bis auf fünf Monate, in Ausnahmefällen bis auf vier Monate nach Beginn der regulären Erstaufführung;
2. für die Auswertung durch Bezahlfernsehen gegen pauschales Entgelt bis auf neun Monate, in Ausnahmefällen bis auf sechs Monate nach Beginn der regulären Erstaufführung;
3. für die Auswertung durch frei empfangbares Fernsehen und durch unentgeltliche Videoabrufdienste jeweils bis auf zwölf Monate, in Ausnahmefällen bis auf sechs Monate nach Beginn der regulären Erstaufführung.

(2) [1]Der Antrag auf Verkürzung der Sperrfrist kann erst nach Beginn der regulären Kinoauswertung gestellt werden. [2]Die Sperrfristen dürfen nicht mehr verkürzt werden, wenn bereits vor der Entscheidung über die Sperrfristverkürzung mit der Auswertung des Films in der beantragten Verwertungsstufe begonnen wurde.

(3) [1]Der Antrag auf Verkürzung der Sperrfrist für frei empfangbares Fernsehen kann bei Filmen mit einer überdurchschnittlichen Finanzierungsbeteiligung eines Fernsehveranstalters, deren Herstellungskosten das Zweifache des Durchschnitts der Herstellungskosten aller im Vorjahr nach § 59 geför-

derten Filmvorhaben übersteigen, abweichend von Absatz 2 bereits vor Drehbeginn gestellt werden. [2]Die Verkürzung der Sperrfrist vor Beginn der regulären Erstaufführung setzt voraus, dass die Kinoauswertung durch eine im Verhältnis zu den Herstellungskosten angemessene Kopienzahl sichergestellt ist und die Herstellung des Films im besonderen filmwirtschaftlichen Interesse liegt.

§ 55 Außerordentliche Verkürzung der Sperrfristen. (1) Für einzelne Projekte, für deren wirtschaftlichen Erfolg eine abweichende Verwertungsfolge erforderlich ist, können die regelmäßigen Sperrfristen auf Antrag in begründeten Ausnahmefällen über die in § 54 Absatz 1 genannten Fristen hinaus verkürzt werden oder entfallen, wenn

1. aufgrund der Konzeption dieser Projekte, insbesondere aufgrund ihres innovativen multimedialen Ansatzes, eine gleichzeitige Auswertung in mehreren oder allen in § 53 Absatz 2 genannten Verwertungsstufen erforderlich ist oder
2. hierdurch neue Geschäftsmodelle ermöglicht werden, bei denen die Kinowirtschaft an der Herstellung oder der Verwertung des Films auf einer der Kinoauswertung nachgelagerten Verwertungsstufe maßgeblich beteiligt ist.

(2) Für Filme, die unter Mitwirkung eines Fernsehveranstalters hergestellt worden sind, können auf Antrag des Herstellers im Sinne des § 41 Absatz 1 Nummer 1 in besonders begründeten Ausnahmefällen die regelmäßigen Sperrfristen nach § 53 Absatz 2 Nummer 1 bis 3 bis auf sechs Monate nach Abnahme durch den Fernsehveranstalter verkürzt werden.

(3) Für Dokumentarfilme, für deren wirtschaftlichen Erfolg eine abweichende Verwertungsfolge erforderlich ist, können auf Antrag des Herstellers im Sinne des § 41 Absatz 1 Nummer 1 in begründeten Ausnahmefällen die regelmäßigen Sperrfristen nach § 53 Absatz 2 Nummer 1 für die Bildträgerauswertung und die Auswertung durch entgeltliche Videoabrufdienste, bei denen ein Entgelt für die Nutzung des einzelnen Films zu zahlen ist, über die in § 54 Absatz 1 Nummer 1 genannten Fristen hinaus verkürzt werden oder entfallen.

(4) Die Filmförderungsanstalt legt spätestens zum 30. Juni 2019 einen Evaluierungsbericht vor, wie sich Verkürzungen nach Absatz 1 oder Absatz 3 auf den Zuschauererfolg dieser Filme im Kino ausgewirkt haben.

§ 56 Nichtanwendung der Sperrfristenregelungen. (1) § 53 findet auf Antrag des Herstellers im Sinne des § 41 Absatz 1 Nummer 1 keine Anwendung, wenn

1. sich nach Fertigstellung des Films herausstellt, dass die Kinoauswertung keinen hinreichenden Erfolg verspricht, und
2. der Hersteller im Sinne des § 41 Absatz 1 Nummer 1 gemeinsam mit dem Inhaber der Vorführungsrechte für das Inland gegenüber der Filmförderungsanstalt erklärt, dass keine Kinoauswertung des Films erfolgen soll.

(2) Der Antrag ist vor dem Beginn der Auswertung zu stellen.

(3) Der Antrag ist unzulässig, wenn der Hersteller im Sinne des § 41 Absatz 1 Nummer 1 als natürliche oder juristische Person oder eine mit dieser gesellschaftsrechtlich verbundene juristische Person innerhalb der letzten vier Jahre vor Antragstellung einen entsprechenden Antrag für einen anderen Film gestellt hat.

§ 57 Verletzung der Sperrfristen. (1) Werden die Sperrfristen verletzt, so hat die Filmförderungsanstalt den Förderbescheid ganz oder teilweise zu widerrufen.

(2) [1]Ein Film, bei dessen Auswertung die Sperrfristen verletzt wurden, ist von der Referenzfilmförderung nach den §§ 73 und 76 ausgeschlossen, wenn sich hieraus nicht aus den Gesamtumständen eine für den Hersteller unzumutbare Härte ergibt. [2]Wurden bereits Referenzmittel zuerkannt oder ausgezahlt, ist der entsprechende Förderbescheid zu widerrufen.

(3) Bereits ausgezahlte Fördermittel sind zurückzufordern.

§ 58 Ermächtigung des Verwaltungsrats. Der Verwaltungsrat kann Einzelheiten zu den Bestimmungen des § 54 Absatz 3, des § 55 Absatz 1 und 3, der §§ 56 und 57 durch Richtlinie bestimmen.

Kapitel 5

Förderung der Filmproduktion

Abschnitt 1

Projektfilmförderung

§ 59 Förderhilfen. (1) [1]Projektfilmförderung kann gewährt werden, wenn ein Filmvorhaben einen programmfüllenden Film erwarten lässt, der besonders geeignet erscheint, die Qualität und die Wirtschaftlichkeit des deutschen Films zu verbessern. [2]Es sollen Filmvorhaben aller Art gefördert werden, darunter in angemessenem Umfang auch Projekte von talentierten Nachwuchskräften, Kinderfilmprojekte, die auf Originalstoffen beruhen, und Projekte, die auch zur Ausstrahlung im Fernsehen geeignet sind.

(2) Bei Filmvorhaben, die einen nicht programmfüllenden Film mit einer Vorführzeit von mehr als 30 Minuten erwarten lassen, kann der Vorstand auf Antrag Ausnahmen von der Voraussetzung zulassen, dass der Film programmfüllend sein muss, wenn die Gesamtwürdigung des Films dies rechtfertigt.

§ 60 Art und Höhe, Mindestförderquote. (1) [1]Als Förderhilfen für die Herstellung eines Films werden bedingt rückzahlbare zinslose Darlehen bis zu 1 Million Euro gewährt. [2]Die Mindestförderhöhe beträgt grundsätzlich 200 000 Euro und bei Dokumentarfilmen 100 000 Euro. [3]Wenn die antragstellende Person eine geringere Fördersumme beantragt, können auch Darlehen in geringerer Höhe gewährt werden. [4]Auf Antrag kann die Kommission für Produktions- und Drehbuchförderung in besonders begründeten Fällen Ausnahmen von den Sätzen 1 und 2 zulassen.

(2) [1]Die Höhe der Förderhilfe soll in angemessenem Verhältnis zur Höhe der voraussichtlichen Herstellungskosten stehen und im Rahmen einer Gesamtwürdigung als gerechtfertigt erscheinen. [2]Über die Höhe der Förderhilfen ist für jeden Einzelfall zu entscheiden.

(3) [1]Der Verwaltungsrat legt durch Richtlinie fest, wie hoch die Förderhilfe im Verhältnis zur Höhe der voraussichtlichen Herstellungskosten pro Filmvorhaben mindestens sein muss (Mindestförderquote). [2]Bei der Festlegung der Mindestförderquote hat der Verwaltungsrat das Ziel einer Auswahl qualitativ besonders hochwertiger Projekte zu berücksichtigen. [3]§ 44 Absatz 4 bleibt unberührt.

(4) [1]Für dasselbe Filmvorhaben gewährte Förderhilfen für die Drehbuchfortentwicklung nach § 107 sind auf die Projektfilmförderung anzurechnen. [2]Dies gilt auch für den Fall, dass nach § 85 Absatz 1 Förderhilfen nach § 73 oder § 76 für die Vorbereitung desselben Filmvorhabens verwendet werden.

§ 61 Auswahl von Vorhaben. (1) Können nicht alle geeigneten Filmvorhaben angemessen gefördert werden, so wählt die Kommission für Produktions- und Drehbuchförderung die ihr am besten erscheinenden Vorhaben im Rahmen einer Gesamtwürdigung aus.

(2) [1]Bei der Entscheidung über die Auswahl der zu fördernden Vorhaben sollen insbesondere die Qualität des Drehbuchs, die zu erwartenden Besucherzahlen, die relative Wirtschaftlichkeit des Vorhabens sowie die Zugangsmöglichkeiten zu anderen Förderhilfen nach diesem Gesetz berücksichtigt werden. [2]Im Übrigen kann die Höhe der bei anderen nach diesem Gesetz geförderten Vorhaben geleisteten Tilgungen der antragstellenden Person berücksichtigt werden.

§ 62 Einbeziehung von Gemeinschaftsproduktionen. (1) Filmvorhaben, die als Gemeinschaftsproduktion mit Herstellern verwirklicht werden sollen, die ihren Wohnsitz oder Sitz in einem Staat haben, mit dem ein zwischenstaatliches Abkommen im Sinne des § 42 Absatz 1 Nummer 2 besteht oder die ihren Sitz in einem Staat haben, mit dessen für die Filmförderung zuständigen Stellen eine Kooperationsvereinbarung im Sinne des § 3 Absatz 4 besteht, können bei Verbürgung der Gegenseitigkeit im Rahmen der hierfür zur Verfügung stehenden Mittel gesondert eine Förderhilfe erhalten.

(2) Förderhilfen nach Absatz 1 können zusätzlich zu anderen Förderhilfen nach diesem Gesetz gewährt und auch für Maßnahmen der Projektentwicklung verwendet werden.

(3) Förderhilfen nach Absatz 1 können auch als Zuschuss gewährt werden.

§ 63 Eigenanteil des Herstellers. (1) [1]Projektfilmförderung nach § 59 wird nur gewährt, wenn der Hersteller an den im Kostenplan angegebenen und von der Filmförderungsanstalt anerkannten Kosten einen nach dem Produktionsumfang, der Kapitalausstattung und bisherigen Produktionstätigkeit des Herstellers angemessenen Eigenanteil trägt. [2]Der Eigenanteil muss mindestens 5 Prozent der von der Filmförderungsanstalt anerkannten Kosten betragen. [3]Bei internationalen Koproduktionen nach § 42 ist bei der Berechnung des Eigenanteils der Finanzierungsanteil des deutschen Herstellers zugrunde zu legen. [4]Satz 3 gilt entsprechend für Filme, die unter Mitwirkung eines öffentlich-rechtlichen Fernsehveranstalters hergestellt werden.

(2) Der Eigenanteil kann finanziert werden

1. durch Eigenmittel,
2. durch Fremdmittel, die dem Hersteller darlehensweise mit unbedingter Verpflichtung zur Rückzahlung überlassen worden sind, oder
3. durch Eigenleistungen des Herstellers.

(3) Soweit eine Richtlinie des Verwaltungsrats es bestimmt, kann der Eigenanteil zudem finanziert werden durch Gegenleistungen für Lizenzvorabverteilungen, die während der Herstellung des Films schriftlich zugesichert werden.

(4) [1]Eigenleistungen sind Leistungen, die der Hersteller als kreative Produzentin oder kreativer Produzent, als Herstellungsleitung, als Regisseurin oder Regisseur, als Person in einer Hauptrolle oder als Kamerafrau oder Kameramann zur Herstellung des Films erbringt. [2]Als Eigenleistung gelten auch Rechte des Herstellers an eigenen Werken wie Roman, Drehbuch oder Filmmusik, die er zur Herstellung des Films benutzt.

(5) [1]Der Eigenanteil kann nicht finanziert werden

1. durch Förderhilfen nach diesem Gesetz,
2. durch Förderhilfen aufgrund anderer öffentlicher Förderprogramme sowie
3. durch sonstige Mittel, die von einer juristischen Person des öffentlichen Rechts oder einer juristischen Person des privaten Rechts, an der eine oder mehrere juristische Personen des öffentlichen Rechts direkt oder indirekt beteiligt sind, gewährt werden. [2]Dies gilt nicht, wenn diese Mittel marktübliches Entgelt für eine vom Hersteller erbrachte Leistung sind oder als Fremdmittel im Sinne des Absatzes 2 gewährt werden.

§ 64 Ausnahmen beim Eigenanteil. (1) Der Vorstand kann auf Antrag des Herstellers im Sinne des § 41 Absatz 1 Nummer 1 für dessen zwei erste programmfüllende Filme Ausnahmen von § 63 Absatz 1 Satz 1 zulassen.

(2) Der Vorstand kann auf Antrag des Herstellers im Sinne des § 41 Absatz 1 Nummer 1 Ausnahmen von § 63 Absatz 1 Satz 1 zulassen, wenn die Höhe der Herstellungskosten das Zweifache des Durchschnitts der Herstellungskosten aller im Vorjahr nach § 59 geförderten Filmvorhaben übersteigt.

§ 65 Bürgschaften. (1) Auf Antrag des Herstellers im Sinne des § 41 Absatz 1 Nummer 1 kann der Vorstand Bürgschaften zur Besicherung der vertraglich vereinbarten Rückzahlungsverpflichtung des Herstellers wegen Nichtfertigstellung des Films gegenüber einem Fernsehveranstalter übernehmen.

(2) Die Bürgschaftsübernahme setzt voraus, dass eine Beteiligungsvereinbarung zwischen dem Hersteller und dem Fernsehveranstalter nachgewiesen wird.

(3) Eine Bürgschaft darf nicht übernommen werden, wenn Anhaltspunkte dafür vorliegen, dass ein überdurchschnittlich hohes Risiko für die Inanspruchnahme der Filmförderungsanstalt aus der Bürgschaft gegeben wäre.

(4) Die Rückstellungen für die Bürgschaften sind im Wirtschaftsplan der Filmförderungsanstalt einzuplanen.

(5) Die Einzelheiten der Rückerstattungspflicht des Herstellers an die Filmförderungsanstalt regelt der Verwaltungsrat durch Richtlinie.

§ 66 Antrag. (1) [1]Projektfilmförderung wird auf Antrag gewährt. [2]Antragsberechtigt ist der Hersteller im Sinne des § 41 Absatz 1 Nummer 1.

(2) Nicht antragsberechtigt ist ein Hersteller im Sinne des Absatzes 1,

1. wenn es sich bei ihm um eine Kapitalgesellschaft oder eine Personenhandelsgesellschaft, deren einzige persönlich haftende Gesellschafterin eine Kapitalgesellschaft ist, handelt und das eingezahlte Stammkapital weniger als 25 000 Euro beträgt oder
2. solange er bei einem anderen nach diesem Gesetz geförderten Filmvorhaben nicht die Auflage nach § 67 Absatz 10 erfüllt hat.

§ 67 Bewilligung. (1) [1]Der Bescheid über die Bewilligung der Förderhilfen nach § 59 ist mit Auflagen zu verbinden, um sicherzustellen, dass die in den folgenden Absätzen genannten Voraussetzungen erfüllt werden. [2]Die antragstellende Person kann die Erfüllung dieser Voraussetzungen bis zur Auszahlung der Förderhilfe nachholen.

(2) [1]Die von einzelstaatlichen, mit öffentlichen Mitteln finanzierten Einrichtungen gewährten Förderhilfen für die Herstellung des Films dürfen insgesamt 50 Prozent der Herstellungskosten des Films nicht übersteigen. [2]Bei Gemeinschaftsproduktionen dürfen sie 60 Prozent des Finanzierungsanteils des deutschen Herstellers (Förderintensität) nicht übersteigen. [3]Auf Antrag des Herstellers kann der Vorstand bei Vereinbarkeit mit Regelungen der Europäischen Union abweichend von den Sätzen 1 und 2 bei schwierigen Filmen eine höhere Förderintensität zulassen.

(3) Der Film muss zu der Filmmiete vermietet werden, die bei Inkrafttreten dieses Gesetzes für deutsche Filme üblich ist.

(4) Die Vermietung des Films an ein Kino darf nicht abhängig gemacht werden von der Miete eines oder mehrerer ausländischer Filme oder Reprisen, die nicht aus einem Mitgliedstaat der Europäischen Union, aus einem anderen Vertragsstaat des Abkommens über den Europäischen Wirtschaftsraum oder aus der Schweiz stammen.

(5) Bei der Aufbringung der Herstellungskosten des Films muss das Risiko des erheblich mitfinanzierenden Verleihers angemessen vermindert werden.

(6) Der Hersteller muss bei der Durchführung des Filmvorhabens in angemessenem Umfang technische und kaufmännische Nachwuchskräfte beschäftigen.

(7) [1]Der Hersteller des Films muss nachweisen, dass in dem Auswertungsvertrag mit einem öffentlich-rechtlichen Fernsehveranstalter oder einem privaten Fernsehveranstalter ein Rückfall der Fernsehnutzungsrechte an ihn spätestens nach fünf Jahren vereinbart ist. [2]Im Einzelfall kann im Auswertungsvertrag für den Rückfall der Fernsehnutzungsrechte eine Frist von bis zu sieben Jahren vereinbart werden, insbesondere, wenn der Hersteller für den Film eine überdurchschnittlich hohe Finanzierungsbeteiligung des öffentlich-rechtlichen Fernsehveranstalters oder des privaten Fernsehveranstalters erhalten hat.

(8) [1]Der Hersteller muss für den Film nachweisen, dass die Fernsehnutzungsrechte für das deutschsprachige Lizenzgebiet, sofern sie einem Verleih oder Vertrieb eingeräumt wurden, spätestens nach fünf Jahren an den Hersteller zurückfallen. [2]Der Verwaltungsrat kann durch Richtlinie abweichende Bestimmungen von Satz 1 zulassen.

(9) Der Hersteller muss für den Film nachweisen, dass in dem Auswertungsvertrag mit einem Fernsehveranstalter nicht zu Ungunsten des Herstellers von den Bedingungen der Zusammenarbeit, die zwischen Herstellern und Fernsehveranstaltern vereinbart worden sind, abgewichen wird; dies gilt insbesondere für eine angemessene Aufteilung der Rechte.

(10) [1]Der Hersteller des Films muss entweder versichern, dass keine Auslandsrechteerteilung an dem Film stattfindet, oder nachweisen, dass er bei einer solchen Auslandsrechteerteilung einen Beitrag an die zentrale Dienstleistungsorganisation der deutschen Filmwirtschaft für die Außenvertretung des deutschen Films leistet. [2]Der Beitrag beträgt 1,5 Prozent der Nettoerlöse des Films, maximal jedoch 50 000 Euro pro Film.

(11) Der Hersteller des Films muss die Filmförderungsanstalt darüber informieren, ob auf das für die Produktionsdauer des Films beschäftigte Personal ein Branchentarifvertrag anwendbar ist oder auf anderem Weg die Einhaltung entsprechender sozialer Standards vereinbart wurde.

§ 68 Förderzusage, Form. (1) Der Vorstand kann auf Antrag aufgrund des Drehbuchs, der Stab- und Besetzungsliste sowie des Kosten- und Finanzierungsplans die Gewährung von Förderhilfen nach § 59 auch für solche Filmvorhaben zusagen, deren Finanzierung noch nicht gesichert ist (Förderzusage).

(2) [1]Die Förderzusage erlischt, wenn der Nachweis, dass die Finanzierung gesichert ist, nicht innerhalb von neun Monaten nach Erteilung der Förderzusage erbracht worden ist, oder die Voraussetzungen, unter denen die Förderzusage erteilt worden ist, nicht oder nicht mehr gegeben sind. [2]Der Vorstand kann auf Antrag des Herstellers im Sinne des § 41 Absatz 1 Nummer 1 die Frist zur Erbringung des Finanzierungsnachweises um jeweils sechs Monate verlängern.

(3) [1]Der Vorstand kann auf Antrag des Herstellers für ein Filmvorhaben, für das Projektfilmförderung beantragt wird, bereits zum Zeitpunkt der Entschei-

dung über die Projektfilmförderung eine Zusage über die Förderung des Absatzes nach § 115 bis zu 150 000 Euro geben, wenn für das Filmvorhaben zum Zeitpunkt der Antragstellung eine angemessene Beteiligung des Verleihers nachgewiesen wird. [2]Hierbei sind Kinderfilmprojekte, die auf Originalstoffen beruhen, vorrangig zu berücksichtigen.

(4) Die Förderzusage bedarf der Schriftform.

§ 69 Auszahlung. (1) [1]Die Auszahlung der Förderhilfen erfolgt in bis zu vier Raten. [2]Die Auszahlung der Schlussrate erfolgt nach Vorlage des Verwendungsnachweises und Prüfung der Schlusskosten. [3]Der Förderempfänger hat der Filmförderungsanstalt die Auslagen für die Schlusskostenprüfung zu erstatten.

(2) [1]Die Filmförderungsanstalt hat die Auszahlung der Förderhilfe zu versagen, wenn der Hersteller zum jeweiligen Auszahlungszeitpunkt nicht das Vorliegen sämtlicher Antrags- und Fördervoraussetzungen sowie die Erfüllung der Auflagen nach § 67 nachweist. [2]Die Auszahlung ist insbesondere zu versagen, wenn die ordnungsgemäße Finanzierung des Filmvorhabens nicht gewährleistet ist.

§ 70 Schlussprüfung. (1) Die Filmförderungsanstalt prüft, ob die gewährten Förderhilfen zweckentsprechend verwendet wurden, insbesondere, ob

1. der Film seinem Inhalt nach dem vorgelegten Drehbuch im Wesentlichen entspricht,
2. der Stab und die Besetzung des Films mit der vorgelegten Liste im Wesentlichen übereinstimmen,
3. der Film den Regelungen zur Nichtförderbarkeit von Filmen nach § 46 widerspricht,
4. der Film den jeweils geltenden Anforderungen der §§ 41 bis 48 entspricht.

(2) [1]Der Hersteller eines Films, der nach diesem Gesetz gefördert worden ist, ist verpflichtet, innerhalb von zwei Jahren nach Auszahlung des Darlehens oder eines Teilbetrags davon der Filmförderungsanstalt elf Kopien des Films auf digitalen Bildträgern zur Prüfung vorzulegen. [2]Die Filmförderungsanstalt kann die Frist um höchstens ein Jahr verlängern, wenn der Hersteller nachweist, dass er die Frist aus von ihm nicht zu vertretenden Gründen nicht einhalten kann. [3]Die Filmförderungsanstalt kann ganz oder teilweise auf die Vorlage der Kopien verzichten und bestimmen, dass der Film auf anderem Wege zugänglich gemacht wird.

§ 71 Tilgung des Darlehens. (1) [1]Das Darlehen ist zu tilgen, sobald und soweit die Erlöse des Herstellers aus der Verwertung des Films mehr als 5 Prozent der im Kostenplan angegebenen und von der Filmförderungsanstalt anerkannten Kosten betragen. [2]Der Vorstand kann bei einem Eigenanteil des Herstellers, der 5 Prozent übersteigt, günstigere Tilgungsbedingungen festlegen.

(2) [1]Für die Tilgung der Darlehen sind 50 Prozent der dem Hersteller nach Abzug der erlösabhängigen urheberrechtlichen Vergütungen aus der Verwer-

tung des Films zufließenden Erlöse zu verwenden. [2]Durch Vereinbarung zwischen der Filmförderungsanstalt, der für Kultur und Medien zuständigen obersten Bundesbehörde und den Filmfördereinrichtungen der Länder kann etwas anderes geregelt werden.

(3) [1]Wurde der Film von mehreren Fördereinrichtungen gefördert, erfolgt die Tilgung entsprechend den jeweiligen Förderanteilen. [2]In diesem Fall kann die Filmförderungsanstalt die Anerkennung von Kosten an die Bedingungen der beteiligten Fördereinrichtungen anpassen.

(4) Zehn Jahre nach der Erstaufführung des Films erlischt die Verpflichtung zur Tilgung des Darlehens.

§ 72 Sonstige Rückzahlungspflicht. (1) Der Hersteller hat das Darlehen ferner zurückzuzahlen, wenn
1. der Film nicht den Anforderungen des § 70 Absatz 1 entspricht,
2. er seiner Verpflichtung nach § 70 Absatz 2 nicht nachgekommen ist,
3. er den Nachweis der zweckentsprechenden Verwendung der Förderhilfe nicht erbracht hat,
4. die Bewilligung oder Auszahlung aufgrund unrichtiger Angaben über wesentliche Voraussetzungen erfolgt ist,
5. die Auflagen nach § 67 Absatz 1 in Verbindung mit Absatz 2 bis 10 nicht erfüllt wurden oder
6. Auszahlungshindernisse nach § 69 Absatz 2 nachträglich eingetreten oder bekannt geworden sind.

(2) Wurde die nach § 67 Absatz 2 zulässige Förderintensität überschritten und der Film sowohl von der Filmförderungsanstalt als auch von anderen mit öffentlichen Mitteln finanzierten Fördereinrichtungen gefördert, erfolgt die Rückzahlung entsprechend dem Verhältnis der einzelnen Förderbeträge.

Abschnitt 2

Referenzfilmförderung

Unterabschnitt 1

Referenzfilmförderung für programmfüllende Filme

§ 73 Förderhilfen, Referenzpunkte. (1) [1]Referenzfilmförderung wird dem Hersteller eines programmfüllenden Films mit Herstellungskosten bis zu 8 Millionen Euro gewährt, wenn der Film mindestens 150 000 Referenzpunkte erreicht hat. [2]Für Filme mit Herstellungskosten von mehr als 8 Millionen Euro und weniger als 20 Millionen Euro beträgt die maßgebliche Referenzpunktzahl 300 000, für Filme mit Herstellungskosten von mehr als 20 Millionen Euro 500 000. [3]Hat der Referenzfilm das Prädikat „besonders wertvoll“ der Deutschen Film- und Medienbewertung erreicht, reduziert sich die zu erreichende Referenzpunktzahl jeweils um 50 000 Referenzpunkte.

(2) Die Referenzpunkte werden aus dem Zuschauererfolg sowie dem Erfolg bei international bedeutsamen Festivals und Preisen ermittelt.

(3) Der Vorstand kann auf Antrag abweichend von Absatz 1 nicht programmfüllende Filme mit einer Vorführzeit von mehr als 30 Minuten im Rahmen der Referenzfilmförderung zulassen, wenn die Gesamtwürdigung des jeweiligen Films dies rechtfertigt.

§ 74 Zuschauererfolg. (1) [1]Die Referenzpunktzahl aus dem Zuschauererfolg entspricht bei programmfüllenden Filmen der Besucherzahl im Zeitraum eines Jahres nach der Erstaufführung in einem Kino im Inland gegen Entgelt. [2]Es sind nur solche Besucherinnen und Besucher zu berücksichtigen, die den marktüblichen Eintrittspreis bezahlt haben. [3]Besucherinnen und Besucher von Veranstaltungen, bei denen die Eintrittskarte für die Filmaufführung nur gemeinsam mit einer Eintrittskarte für eine andere Veranstaltung erworben werden kann, werden nur dann berücksichtigt, wenn die Filmaufführung den Schwerpunkt der Aufführung darstellt.

(2) Übersteigt der aus dem Verkauf von Eintrittskarten im Kino im Inland erreichte Nettoumsatz bei einem programmfüllenden Film die anerkannten Herstellungskosten, erhöhen sich die nach Maßgabe dieses Gesetzes erreichten Referenzpunkte um 25 Prozent.

§ 75 Erfolge bei Festivals und Preise. (1) Die Berücksichtigung des Erfolgs bei Festivals und Preisen setzt bei programmfüllenden Filmen voraus, dass der Film im Inland eine Besucherzahl von mindestens 50 000 erreicht hat.

(2) Preise und Erfolge bei Festivals werden wie folgt berücksichtigt:

1. Auszeichnung eines Films mit dem Deutschen Filmpreis, dem Academy Award („Oscar") oder dem Wettbewerbshauptpreis auf den internationalen Festivals in Berlin, Cannes oder Venedig mit jeweils 200 000 Referenzpunkten,
2. Auszeichnung eines Films mit dem Europäischen Filmpreis, Wettbewerbshauptpreis auf sonstigen international bedeutsamen Festivals, Nominierung eines Films für den Deutschen Filmpreis oder den Academy Award („Oscar") sowie eine Teilnahme am Hauptwettbewerb der internationalen Festivals in Berlin, Cannes oder Venedig mit jeweils 100 000 Referenzpunkten,
3. Teilnahme am Hauptwettbewerb von sonstigen international bedeutsamen Festivals oder die Nominierung für den Europäischen Filmpreis mit jeweils 50 000 Referenzpunkten.

(3) [1]Bei der Berechnung der Referenzpunktzahl nach Absatz 2 werden die Nominierungen für den mit einem Preis auf demselben Festival ausgezeichneten Film nicht berücksichtigt. [2]Die nach Absatz 2 Nummer 2 und 3 zu berücksichtigenden Festivalteilnahmen werden durch Richtlinie des Verwaltungsrats festgelegt. [3]Bei der Festlegung ist neben der kulturellen Bedeutung des Festi-

vals auch seiner Werbewirkung für den Zuschauererfolg im Inland und für den Auslandsabsatz angemessen Rechnung zu tragen.

(4) [1]Es werden nur Auszeichnungen oder Teilnahmen an Festivals und sonstige Preise berücksichtigt, die innerhalb eines Jahres vor der regulären Erstaufführung und innerhalb von zwei Jahren nach der regulären Erstaufführung des Films in einem Kino im Inland erreicht wurden. [2]Hat der Film nach regulärer Erstaufführung in einem Kino im Inland an einem Festival teilgenommen oder einen Erfolg bei Festivals oder Preisen erhalten, so wird ergänzend zu § 74 Absatz 1 auch die Besucherzahl innerhalb von zwei Jahren ab Teilnahme oder Eintritt des Erfolgs berücksichtigt.

Unterabschnitt 2

Referenzfilmförderung für Dokumentar-, Kinder-, Erstlingsfilme und Filme mit niedrigen Herstellungskosten

§ 76 Förderhilfen, Referenzpunkte. (1) [1]Referenzfilmförderung wird dem Hersteller eines programmfüllenden Kinder- oder Erstlingsfilms sowie dem Hersteller eines programmfüllenden Films mit Herstellungskosten bis zu 1 Million Euro (Filme mit niedrigen Herstellungskosten) gewährt, wenn der Film nach Maßgabe des § 73 Absatz 2 mindestens 50 000 Referenzpunkte erreicht hat. [2]Hat der Referenzfilm das Prädikat „besonders wertvoll“ der Deutschen Film- und Medienbewertung erreicht, reduziert sich die zu erreichende Referenzpunktzahl auf 25 000 Referenzpunkte.

(2) Referenzfilmförderung wird dem Hersteller eines programmfüllenden Dokumentarfilms gewährt, wenn der Film mindestens 25 000 Referenzpunkte erreicht hat.

(3) Der Vorstand kann auf Antrag abweichend von den Absätzen 1 und 2 nicht programmfüllende Filme mit einer Vorführzeit von mehr als 30 Minuten im Rahmen der Referenzfilmförderung zulassen, wenn die Gesamtwürdigung des jeweiligen Films dies rechtfertigt.

§ 77 Zuschauererfolg. (1) [1]Bei Erstlingsfilmen und Filmen mit niedrigen Herstellungskosten entspricht die Referenzpunktzahl aus dem Zuschauererfolg der Besucherzahl im Zeitraum eines Jahres nach der Erstaufführung in einem Kino im Inland gegen Entgelt. [2]Es sind nur solche Besucherinnen und Besucher zu berücksichtigen, die den marktüblichen Eintrittspreis bezahlt haben. [3]Besucherinnen und Besucher von Veranstaltungen, bei denen die Eintrittskarte für die Filmaufführung nur gemeinsam mit einer Eintrittskarte für eine andere Veranstaltung erworben werden kann, werden nur dann berücksichtigt, wenn die Filmaufführung den Schwerpunkt der Aufführung darstellt.

(2) [1]Bei Dokumentar- und Kinderfilmen entspricht die Referenzpunktzahl für den Zuschauererfolg im Inland der Besucherzahl im Zeitraum der ersten

drei Jahre nach Erstaufführung in einem Kino im Inland. [2]Außer im Fall einer Festpreisvermietung für die Vorführung in nichtgewerblichen Abspielstätten sind nur solche Besucherinnen und Besucher zu berücksichtigen, die den marktüblichen Eintrittspreis bezahlt haben. [3]Im Fall einer Festpreisvermietung für die Vorführung in nichtgewerblichen Abspielstätten werden Besucherinnen und Besucher mit der Maßgabe berücksichtigt, dass die Besucherzahl zwei Dritteln der Bruttoverleiheinnahmen in Euro entspricht. [4]Besucherinnen und Besucher von Veranstaltungen, bei denen die Eintrittskarte für die Filmaufführung nur gemeinsam mit einer Eintrittskarte für eine andere Veranstaltung erworben werden kann, werden nur dann berücksichtigt, wenn die Filmaufführung den Schwerpunkt der Aufführung darstellt.

(3) Sofern ein Dokumentarfilm, ein Kinderfilm, ein Erstlingsfilm oder ein Film mit niedrigen Herstellungskosten die jeweilige nach § 76 für die Teilnahme an der Referenzfilmförderung maßgebliche Referenzpunktzahl überschreitet, aber insgesamt weniger als 150 000 Referenzpunkte erreicht, wird er mit 150 000 Referenzpunkten gewertet.

(4) Übersteigt der aus dem Verkauf von Eintrittskarten im Kino im Inland erreichte Nettoumsatz die anerkannten Herstellungskosten, erhöhen sich die nach Maßgabe dieses Gesetzes erreichten Referenzpunkte um 25 Prozent.

§ 78 Erfolge bei Festivals und Preise. (1) Die Berücksichtigung des Erfolgs bei Festivals und Preisen setzt voraus, dass der Dokumentar-, Kinder- oder Erstlingsfilm oder Film mit niedrigen Herstellungskosten im Inland eine Besucherzahl von mindestens 25 000 erreicht hat.

(2) [1]Der Verwaltungsrat kann durch Richtlinie bestimmen, welche weiteren Festivalteilnahmen auf international und überregional bedeutsamen Festivals ergänzend zu den nach § 75 Absatz 2 festgelegten Erfolgen zu berücksichtigen sind. [2]Dabei ist der Festivalpraxis bei Kinder- und Dokumentarfilmen ausreichend Rechnung zu tragen.

Unterabschnitt 3

Filme aus Mitgliedstaaten der Europäischen Union oder aus einem anderen Vertragsstaat des Abkommens über den Europäischen Wirtschaftsraum oder aus der Schweiz

§ 79 Einbeziehung von Filmen aus Mitgliedstaaten der Europäischen Union oder aus einem anderen Vertragsstaat des Abkommens über den Europäischen Wirtschaftsraum oder aus der Schweiz. [1]Ist die Gegenseitigkeit verbürgt, so können in die Referenzfilmförderung nach § 73 Absatz 1 und § 76 Absatz 1 jährlich bis zu drei Filme aus anderen Mitgliedstaaten der Europäischen Union oder aus einem anderen Vertragsstaat des Abkommens über den Europäischen Wirtschaftsraum oder aus der Schweiz einbezogen werden. [2]Dabei ist jeweils nur die im Inland erreichte Besucherzahl maßgebend. [3]Die Erfolge bei Festivals und Preisen werden nicht berücksichtigt.

Unterabschnitt 4

Verfahren, Art und Höhe der Förderung

§ 80 Verteilung der Referenzpunkte. (1) Die für die Referenzfilmförderung zur Verfügung stehenden Mittel werden auf die berechtigten Hersteller nach dem Verhältnis verteilt, in dem die Referenzpunkte der einzelnen Filme zueinander stehen.

(2) Erreicht ein Film in einem Kalenderjahr weniger als 10 000 Referenzpunkte, werden diese nur dann berücksichtigt, wenn sie zusammen mit noch nicht berücksichtigten Referenzpunkten aus anderen Kalenderjahren mindestens 10 000 Referenzpunkte ergeben.

§ 81 Art und Höhe. Referenzfilmförderung wird als Zuschuss gewährt. Die Höchstfördersumme beträgt 2 Millionen Euro.

§ 82 Antrag. (1) [1]Referenzfilmförderung wird auf Antrag gewährt. [2]Antragsberechtigt ist der Hersteller im Sinne des § 41 Absatz 1 Nummer 1. [3]§ 66 Absatz 2 gilt entsprechend.

(2) [1]Der Antrag ist spätestens drei Monate nach Verstreichen der Zeiträume nach § 74 Absatz 1 Satz 1, § 75 Absatz 4 und § 77 Absatz 2 Satz 1 zu stellen. [2]Er wird bei der Zuerkennung nach § 83 nur dann im Kalenderjahr der Antragstellung berücksichtigt, wenn er bis zum 31. Januar des Jahres der Antragstellung gestellt wurde. [3]Die Frist nach Satz 2 ist eine Ausschlussfrist.

(3) [1]Mit Antragstellung ist nachzuweisen, dass der Referenzfilm die jeweils geltenden Voraussetzungen der §§ 41 bis 48 erfüllt. [2]Sofern Mittel zur Kapitalaufstockung verwendet werden sollen, muss die antragstellende Person dem Antrag nachprüfbare Unterlagen über den wirtschaftlichen Zustand ihres Unternehmens beifügen.

§ 83 Zuerkennung. (1) [1]Die Förderhilfen werden in den ersten drei Monaten nach dem Schluss eines Kalenderjahres den Herstellern der Referenzfilme durch Bescheid zuerkannt, die im abgelaufenen Kalenderjahr die Voraussetzungen für die Zuerkennung nachgewiesen haben. [2]Dem Grunde nach kann die Zuerkennung schon vorher erfolgen.

(2) Steht dem Grunde nach fest, dass ein Film eine hinreichende Referenzpunktzahl erreicht hat, kann der Vorstand nach Maßgabe der Haushaltslage der Filmförderungsanstalt bis zu 70 Prozent des Referenzwertes des Vorjahres vorab zuerkennen.

(3) [1]Für den Bescheid über die Zuerkennung der Förderhilfen gilt § 67 Absatz 1 in Verbindung mit Absatz 10 für den Referenzfilm entsprechend. [2]Der Bescheid ist zudem mit Auflagen zu verbinden, um sicherzustellen, dass für den Fall, dass die Förderhilfe zur Herstellung eines neuen programmfüllenden Films verwendet wird, der neue Film den jeweils geltenden Voraussetzungen der §§ 41 bis 48 sowie den Voraussetzungen des § 67 Absatz 2 bis 11 entspricht. [3]Die antragstellende Person kann die Erfüllung der Voraussetzungen nach § 67 Absatz 2 bis 11 bis zur Auszahlung der Förderhilfe nachholen.

§ 84 Verwendung. (1) [1]Der Hersteller hat die Förderhilfen spätestens bis zum Ablauf von drei Jahren nach Erlass des jeweiligen Zuerkennungsbescheids vorrangig für die Herstellung neuer programmfüllender Filme im Sinne der §§ 41 bis 48 zu verwenden. [2]Die §§ 63 und 64 gelten entsprechend.

(2) Ist der Betrag für eine internationale Koproduktion zuerkannt worden, bei der die Beteiligung des Herstellers nach § 41 Absatz 1 Nummer 1 nach § 42 weniger als 50 Prozent betragen hat, so darf der Betrag nur für die Finanzierung eines Films verwendet werden, an dem die Beteiligung des Herstellers nach § 41 Absatz 1 Nummer 1 nach § 42 mindestens 50 Prozent beträgt oder größer ist als die Beteiligung jedes anderen Koproduzenten.

§ 85 Besondere Verwendungsmöglichkeiten. (1) Der Vorstand kann auf Antrag des Herstellers im Sinne des § 41 Absatz 1 Nummer 1 gestatten, dass die nach § 73 oder § 76 zuerkannten Förderhilfen bis zu 75 Prozent, in jedem Fall aber bis zu 100 000 Euro, für besonders aufwendige Maßnahmen der Stoffbeschaffung, der Drehbuchbeschaffung oder -entwicklung oder in sonstiger Weise für die Vorbereitung eines neuen programmfüllenden Films im Sinne der §§ 41 bis 48 verwendet werden.

(2) Der Vorstand kann auf Antrag des Herstellers im Sinne des § 41 Absatz 1 Nummer 1 auch gestatten, dass bis zu 75 Prozent der nach § 73 oder § 76 zuerkannten Förderhilfen, insgesamt jedoch für dasselbe Unternehmen in einem Zeitraum von fünf Jahren nicht mehr als 500 000 Euro, im Interesse der Strukturverbesserung des Unternehmens des Herstellers für eine nicht nur kurzfristige Aufstockung des Eigenkapitals verwendet werden.

§ 86 Bürgschaften. § 65 gilt im Rahmen der Referenzfilmförderung entsprechend.

§ 87 Begonnene Maßnahmen. [1]Werden die Förderhilfen für die Herstellung neuer Filme nach § 84 verwendet, können sie auch für bereits begonnene Maßnahmen verwendet werden. [2]Dies gilt nicht, wenn die Maßnahme vor dem Antrag auf Zuerkennung nach § 82 Absatz 2 begonnen wurde. [3]Eine Verwendung der Förderhilfen für bereits abgeschlossene Maßnahmen ist nicht möglich.

§ 88 Auszahlung. (1) [1]Die Filmförderungsanstalt zahlt die Förderhilfen nach den §§ 73 und 76 bedarfsgerecht in bis zu drei Raten an die antragstellende Person aus, sobald nachgewiesen ist, dass die Förderhilfen eine den Bestimmungen dieses Gesetzes entsprechende Verwendung finden. [2]Die Auszahlung der Schlussrate erfolgt nach Vorlage des Verwendungsnachweises und Prüfung der Schlusskosten. [3]Der Förderempfänger hat der Filmförderungsanstalt die Auslagen für die Schlusskostenprüfung zu erstatten.

(2) [1]Die Filmförderungsanstalt hat die Auszahlung der Förderhilfen zu versagen, wenn die antragstellende Person zum jeweiligen Auszahlungszeitpunkt nicht das Vorliegen sämtlicher Antrags- und Fördervoraussetzungen sowie die Erfüllung der Auflagen nach § 83 Absatz 3 und, soweit dieser auf § 67 verweist, § 83 Absatz 3 in Verbindung mit § 67 nachweist. [2]Die Auszahlung ist insbesondere zu versagen, wenn die ordnungsgemäße Finanzierung des Filmvorhabens nicht gewährleistet ist.

§ 89 Schlussprüfung. (1) Die Filmförderungsanstalt prüft, ob die Förderhilfen zweckgemäß verwendet wurden, bei der Herstellung eines neuen Films insbesondere, ob
1. der neue Film den Regelungen zur Nichtförderbarkeit von Filmen nach § 46 widerspricht und
2. der neue Film den jeweils geltenden Anforderungen der §§ 41 bis 48 entspricht.

(2) [1]Werden die Förderhilfen für die Herstellung neuer Filme nach § 84 verwendet, ist der Hersteller verpflichtet, innerhalb von zwei Jahren nach Auszahlung der Förderhilfen oder eines Teilbetrags davon der Filmförderungsanstalt eine Kopie des neuen Films auf digitalem Bildträger zur Prüfung vorzulegen. [2]Die Filmförderungsanstalt kann die Frist um höchstens ein Jahr verlängern, wenn der Hersteller nachweist, dass er die Frist aus von ihm nicht zu vertretenden Gründen nicht einhalten kann. [3]Die Filmförderungsanstalt kann ganz oder teilweise auf die Vorlage der Kopien verzichten und bestimmen, dass der Film auf anderem Wege zugänglich gemacht wird.

§ 90 Rückzahlungspflicht. [1]Der Hersteller ist zur Rückzahlung der nach § 73 oder § 76 zuerkannten Förderhilfen verpflichtet, wenn
1. diese zur Finanzierung eines Films verwendet worden sind, der § 84 Absatz 1 nicht entspricht,
2. er seiner Verpflichtung nach § 89 Absatz 2 nicht nachgekommen ist,
3. er den Nachweis der zweckentsprechenden Verwendung der Förderhilfe nicht erbracht hat,
4. die Zuerkennung oder Auszahlung aufgrund unrichtiger Angaben über wesentliche Voraussetzungen erfolgt ist,
5. die nach § 83 Absatz 3 und, soweit dieser auf § 67 verweist, § 83 Absatz 3 in Verbindung mit § 67 erteilten Auflagen nicht erfüllt worden sind oder
6. Auszahlungshindernisse nach § 88 Absatz 2 nachträglich eingetreten oder bekannt geworden sind.

[2]Wurde die nach § 83 Absatz 3 Satz 2 in Verbindung mit § 67 Absatz 2 zulässige Förderintensität überschritten und der Film sowohl von der Filmförde-

rungsanstalt als auch von anderen mit öffentlichen Mitteln finanzierten Fördereinrichtungen gefördert, erfolgt die Rückzahlung entsprechend dem Verhältnis der einzelnen Förderbeträge.

Kapitel 6

Referenzförderung für Kurzfilme und nicht programmfüllende Kinderfilme

§ 91 Referenzförderung. (1) [1]Referenzförderung wird dem Hersteller eines Kurzfilms sowie eines nicht programmfüllenden Kinderfilms gewährt, wenn der Film nach Maßgabe des Absatzes 2 mindestens 15 Referenzpunkte erreicht. [2]Bei Filmen mit mindestens 40 Referenzpunkten werden die Referenzpunkte mit dem Faktor 1,5 multipliziert.

(2) [1]Die Referenzpunkte werden aus dem Erfolg bei international und national bedeutsamen Festivals und Preisen ermittelt. [2]Für die Auszeichnung mit dem Prädikat „besonders wertvoll" der Deutschen Film- und Medienbewertung erhält ein Film zehn Referenzpunkte.

§ 92 Erfolge bei Festivals und Preise. (1) Der Erfolg bei international und national bedeutsamen Festivals und Preisen wird wie folgt berücksichtigt:
1. Auszeichnung eines Films mit dem Deutschen Kurzfilmpreis, mit einem anderen national oder einem international bedeutsamen Preis oder im Wettbewerb bei einem national oder international bedeutsamen Festival mit jeweils zehn Referenzpunkten,
2. Nominierung beim Deutschen Kurzfilmpreis, bei einem anderen national oder einem international bedeutsamen Preis oder Wettbewerbsteilnahme bei einem national oder international bedeutsamen Festival sowie Auszeichnung mit dem Deutschen Wirtschaftsfilmpreis, dem Friedrich-Wilhelm-Murnau-Kurzfilmpreis oder dem Kurzfilmpreis der Filmförderungsanstalt mit jeweils fünf Referenzpunkten.

(2) [1]Bei der Berechnung der Referenzpunktzahl nach Absatz 1 werden nur solche Erfolge berücksichtigt, die innerhalb von zwei Jahren nach Fertigstellung des Films erreicht wurden. [2]Wird ein Film auf einem Festival mit einem Preis ausgezeichnet, bleiben Teilnahme und Nominierung unberücksichtigt. [3]Die nach Absatz 1 zu berücksichtigenden Preise und Festivals legt der Verwaltungsrat durch Richtlinie fest.

§ 93 Förderart, Verteilung der Referenzpunkte. (1) Referenzförderung für Kurzfilme und nicht programmfüllende Kinderfilme wird als Zuschuss gewährt.

(2) Die für die Förderung zur Verfügung stehenden Mittel werden auf die berechtigten Hersteller nach dem Verhältnis verteilt, in dem die Referenzpunkte der einzelnen Filme zueinander stehen.

§ 94 Antrag. (1) [1]Referenzförderung für Kurzfilme und nicht programmfüllende Kinderfilme wird auf Antrag gewährt. [2]Antragsberechtigt ist der Hersteller im Sinne des § 41 Absatz 1 Nummer 1. [3]Ist dieser eine juristische Person des öffentlichen Rechts oder eine juristische Person des privaten Rechts, an der eine oder mehrere juristische Personen des öffentlichen Rechts direkt oder indirekt beteiligt sind, so ist er nicht antragsberechtigt. [4]§ 66 Absatz 2 gilt entsprechend.

(2) [1]Der Antrag des Herstellers auf Förderhilfen ist bis zum 31. Dezember des Kalenderjahres zu stellen, in dem die zweijährige Frist nach § 92 Absatz 2 Satz 1 abläuft. [2]Anträge, die nach dem 31. Januar des der Auszeichnung folgenden Kalenderjahres gestellt werden, können erst in dem darauf folgenden Kalenderjahr berücksichtigt werden. [3]Die Frist nach Satz 2 ist eine Ausschlussfrist.

(3) Die antragstellende Person hat nachzuweisen, dass der Referenzfilm die jeweils geltenden Voraussetzungen der §§ 41 bis 48 erfüllt.

§ 95 Zuerkennung. (1) Die Förderhilfen werden in den ersten drei Monaten nach dem Schluss eines Kalenderjahres den Herstellern der Referenzfilme durch Bescheid zuerkannt, die im abgelaufenen Kalenderjahr die Voraussetzungen für die Zuerkennung nachgewiesen haben.

(2) [1]Der Bescheid über die Zuerkennung der Förderhilfen ist mit Auflagen, deren Erfüllung bis zur Auszahlung nachgeholt werden kann, zu verbinden, um sicherzustellen, dass der neue Film den jeweils geltenden Voraussetzungen der §§ 41 bis 48 entspricht. [2]Der Bescheid ist zudem für den Fall der Verwendung der Förderhilfen für einen programmfüllenden Film mit den in § 67 vorgesehenen Auflagen zu verbinden.

§ 96 Verwendung. (1) Der Hersteller hat die Förderhilfe bis spätestens zum Ablauf von zwei Jahren nach dem Erlass des Zuerkennungsbescheids in vollem Umfang zur Herstellung neuer Kurzfilme oder neuer programmfüllender Filme im Sinne der §§ 41 bis 48 zu verwenden.

(2) Der Vorstand kann auf Antrag gestatten, dass Förderhilfen für Maßnahmen der Stoffbeschaffung, der Drehbuchbeschaffung oder -entwicklung oder in sonstiger Weise für die Vorbereitung eines neuen Films im Sinne des Absatzes 1 verwendet werden.

(3) [1]Werden die Förderhilfen für die Herstellung neuer Filme nach § 84 verwendet, können sie auch für bereits begonnene Maßnahmen verwendet werden. [2]Dies gilt nicht, wenn die Maßnahme vor dem Antrag auf Zuerkennung nach § 82 Absatz 2 begonnen wurde. [3]Eine Verwendung der Förderhilfen für bereits abgeschlossene Maßnahmen ist nicht möglich.

§ 97 Auszahlung. (1) Für die Auszahlung der Förderhilfen gilt § 88 Absatz 1 entsprechend.

(2) [1]Die Filmförderungsanstalt hat die Auszahlung der Förderhilfen zu versagen, wenn die antragstellende Person zum jeweiligen Auszahlungszeitpunkt

nicht das Vorliegen sämtlicher Antrags- und Fördervoraussetzungen sowie die Einhaltung der nach § 95 Absatz 2 erteilten Auflagen nachweist. [2]Die Auszahlung ist insbesondere zu versagen, wenn die ordnungsgemäße Finanzierung des Filmvorhabens nicht gewährleistet ist.

§ 98 Schlussprüfung. (1) Die Filmförderungsanstalt prüft, ob die Förderhilfen zweckgemäß verwendet wurden, bei der Herstellung eines neuen Films insbesondere, ob
1. der neue Film den Regelungen zur Nichtförderbarkeit von Filmen nach § 46 widerspricht und
2. der neue Film den jeweils geltenden Anforderungen der §§ 41 bis 48 entspricht.

(2) [1]Werden die Förderhilfen für die Herstellung neuer Filme nach § 84 verwendet, ist der Hersteller verpflichtet, innerhalb von zwei Jahren nach Auszahlung der Förderhilfen oder eines Teilbetrags davon der Filmförderungsanstalt eine Kopie des neuen Films auf digitalem Bildträger zur Prüfung vorzulegen. [2]Die Filmförderungsanstalt kann die Frist um höchstens ein Jahr verlängern, wenn der Hersteller nachweist, dass er die Frist aus von ihm nicht zu vertretenden Gründen nicht einhalten kann. [3]Die Filmförderungsanstalt kann ganz oder teilweise auf die Vorlage der Kopien verzichten und bestimmen, dass der Film auf anderem Wege zugänglich gemacht wird.

§ 99 Rückzahlung. Der Hersteller ist zur Rückzahlung der nach den § 91 zuerkannten Förderhilfen verpflichtet, wenn
1. diese zur Finanzierung eines Films verwendet worden sind, der § 96 Absatz 1 nicht entspricht,
2. er seiner Verpflichtung nach § 98 Absatz 2 nicht nachgekommen ist,
3. er den Nachweis der zweckentsprechenden Verwendung der Förderhilfe nicht erbracht hat,
4. die Zuerkennung oder Auszahlung aufgrund unrichtiger Angaben über wesentliche Voraussetzungen erfolgt ist,
5. die nach § 95 Absatz 2 erteilten Auflagen nicht erfüllt worden sind oder
6. Auszahlungshindernisse nach § 97 Absatz 2 nachträglich eingetreten oder bekannt geworden sind.

Kapitel 7
Förderung von Drehbüchern und der Drehbuchfortentwicklung

Abschnitt 1
Drehbuch- und Treatmentförderung

§ 100 Förderhilfen. (1) [1]Die Filmförderungsanstalt kann für die Herstellung von Drehbüchern für programmfüllende Filme Förderhilfen bis zu 25 000 Euro an die Drehbuchautorin oder den Drehbuchautor gewähren, wenn ein Film zu erwarten ist, der geeignet erscheint, die Qualität und Wirtschaftlichkeit des deutschen Films zu verbessern. [2]In besonderen Fällen können Förderhilfen bis zu 35 000 Euro gewährt werden.

(2) [1]Für die Herstellung eines Konzepts, das die Geschichte eines Films umfassend und dramaturgisch schlüssig beschreibt (Treatment), einer vergleichbaren Darstellung oder einer ersten Drehbuchfassung kann die Filmförderungsanstalt für einen programmfüllenden Film Förderhilfen bis zu 10 000 Euro gewähren, wenn ein Film zu erwarten ist, der geeignet erscheint, die Qualität und die Wirtschaftlichkeit des deutschen Films zu verbessern. [2]Eine zusätzliche Förderung nach Absatz 1 ist zulässig.

(3) [1]Drehbücher sowie Treatments, vergleichbare Darstellungen und erste Drehbuchfassungen müssen in deutscher Sprache verfasst werden. [2]Hiervon ausgenommen sind Dialogstellen, für die aus dramaturgischen Gründen eine andere Sprache vorgesehen ist. [3]Der Vorstand kann Ausnahmen von den Voraussetzungen in den Sätzen 1 und 2 zulassen, wenn die Gesamtwürdigung des jeweiligen Vorhabens einen hinreichenden besonderen Grund dafür erkennen lässt.

(4) [1]Die Förderhilfen werden nicht gewährt, wenn das Vorhaben in der betreffenden Entwicklungsstufe bereits von anderer Stelle gefördert wird. [2]Förderungen der Projektentwicklung oder Produktionsvorbereitung von anderer Stelle sind unbeachtlich, soweit sie nicht ausschließlich ein Vorhaben nach Absatz 1 oder 2 betreffen.

§ 101 Förderart, Auswahl von Vorhaben. (1) Die Förderhilfen werden als Zuschuss gewährt.

(2) Können nicht alle geeigneten Vorhaben angemessen gefördert werden, so wählt die Kommission für Produktions- und Drehbuchförderung die ihr am besten erscheinenden Projekte im Rahmen einer Gesamtwürdigung aus.

§ 102 Antrag. (1) Die Drehbuch- und Treatmentförderung wird auf Antrag gewährt.

(2) [1]Antragsberechtigt für eine Förderung sind Drehbuchautorinnen und Drehbuchautoren, wenn sie ihre Autorenschaft an mindestens zwei verfilmten

Drehbüchern zu programmfüllenden Filmen nachweisen können, die in europäischen Kinos ausgewertet worden sind. [2]Drehbuchautorinnen oder Drehbuchautoren, die nicht die Voraussetzungen von Satz 1 erfüllen, sind nur gemeinsam mit einem Hersteller im Sinne von § 41 Absatz 1 Satz 1 Nummer 1 antragsberechtigt, wenn der Hersteller mindestens einen programmfüllenden Film hergestellt hat und dieser Film in europäischen Kinos ausgewertet wurde.

§ 103 Verwendung. [1]Die Inanspruchnahme der Förderhilfe verpflichtet die antragstellende Person, das Drehbuch, das Treatment, die vergleichbare Darstellung oder die erste Drehbuchfassung im Fall der Verfilmung nur zur Herstellung eines programmfüllenden Films im Sinne der §§ 41 bis 48 zu verwerten. [2]Das Recht der antragstellenden Person, das Drehbuch, das Treatment, die vergleichbare Darstellung oder die erste Drehbuchfassung zu anderen Zwecken als dem der Verfilmung zu verwerten, bleibt unberührt.

§ 104 Auszahlung. (1) Die Auszahlung der Förderhilfen erfolgt in bis zu vier Raten ab ihrer Zuerkennung entsprechend dem Fortschritt der jeweiligen Vorhabenentwicklung an die antragstellende Drehbuchautorin oder den antragstellenden Drehbuchautor.

(2) Die Filmförderungsanstalt hat die Auszahlung der Förderhilfen zu versagen, wenn die antragstellende Person zum jeweiligen Auszahlungszeitpunkt nicht das Vorliegen sämtlicher Antrags- und Fördervoraussetzungen nachweist.

§ 105 Schlussprüfung. (1) Die Filmförderungsanstalt prüft, ob die gewährten Förderhilfen zweckgemäß verwendet worden sind, insbesondere, ob das Drehbuch, das Treatment, die vergleichbare Darstellung oder die erste Drehbuchfassung im Wesentlichen dem im Antrag beschriebenen Vorhaben entspricht.

(2) [1]Die antragstellende Person ist verpflichtet, das Treatment oder die vergleichbare Darstellung nach Ablauf von einem Jahr, das Drehbuch oder die Drehbuchfassung nach Ablauf von zwei Jahren nach Erlass des Bewilligungsbescheids zur Prüfung vorzulegen. [2]Der Vorstand kann die Fristen nach Satz 1 auf Antrag verlängern.

§ 106 Rückzahlung. Die Förderhilfen nach § 100 sind zurückzuzahlen, wenn

1. das Drehbuch, das Treatment, die vergleichbare Darstellung oder die erste Drehbuchfassung von dem im Antrag beschriebenen Vorhaben wesentlich abweicht,
2. die antragstellende Person der Verpflichtung nach § 105 Absatz 2 nicht nachgekommen ist,
3. die Bewilligung oder Auszahlung der Förderhilfe aufgrund unrichtiger Angaben über wesentliche Voraussetzungen erfolgt ist oder
4. das Drehbuch entgegen § 103 verwertet worden ist.

Abschnitt 2
Förderung der Drehbuchfortentwicklung

§ 107 Förderhilfen. (1) [1]Die Filmförderungsanstalt kann im Rahmen einer Spitzenförderung für die Fortentwicklung eines Drehbuchs für programmfüllende Filme bis zur Drehreife Förderhilfen bis zu 75 000 Euro gewähren, wenn ein Film zu erwarten ist, der besonders geeignet erscheint, die Qualität und Wirtschaftlichkeit des deutschen Films zu verbessern. [2]Auf Antrag können weitere Förderhilfen bis zu einer Höhe von 25 000 Euro gewährt werden. [3]Insgesamt kann pro Kalenderjahr die Fortentwicklung von bis zu zehn Drehbüchern gefördert werden.

(2) [1]Drehbücher müssen in deutscher Sprache verfasst werden. [2]Hiervon ausgenommen sind Dialogstellen, für die aus dramaturgischen Gründen eine andere Sprache vorgesehen ist. [3]Der Vorstand kann Ausnahmen von den Voraussetzungen in den Sätzen 1 und 2 zulassen, wenn die Gesamtwürdigung des jeweiligen Vorhabens einen hinreichenden besonderen Grund dafür erkennen lässt.

(3) Die Förderhilfen werden nicht gewährt, wenn die Fortentwicklung des Drehbuchs bereits von anderer Stelle gefördert wird.

§ 108 Förderart, Auswahl von Vorhaben. (1) Die Förderhilfen werden als Zuschuss gewährt.

(2) Können nicht alle geeigneten Vorhaben angemessen gefördert werden, so wählt die Kommission für Produktions- und Drehbuchförderung die ihr am besten erscheinenden Projekte im Rahmen einer Gesamtwürdigung aus.

§ 109 Antrag. (1) Die Drehbuchfortentwicklungsförderung wird auf Antrag gewährt.

(2) [1]Antragsberechtigt sind Hersteller im Sinne von § 41 Absatz 1 Satz 1 Nummer 1 gemeinsam mit einer Drehbuchautorin oder einem Drehbuchautoren. [2]Der Hersteller muss nachweisen, dass er mindestens einen programmfüllenden Film hergestellt hat und dieser Film in europäischen Kinos ausgewertet worden ist. [3]Für den Hersteller gilt § 66 Absatz 2 entsprechend. [4]Die Drehbuchautorin oder der Drehbuchautor muss die eigene Autorenschaft an mindestens einem verfilmten Drehbuch zu einem programmfüllenden Film nachweisen, der in europäischen Kinos ausgewertet worden ist.

§ 110 Sachverständige Begleitung. Die Filmförderungsanstalt gewährleistet die sachverständige Begleitung der Fortentwicklung eines Drehbuchs durch mindestens ein Mitglied der Kommission für Produktions- und Drehbuchförderung.

§ 111 Verwendung. [1]Die Inanspruchnahme der Förderhilfe verpflichtet die antragstellenden Personen, das fortentwickelte Drehbuch im Fall der Verfilmung nur zur Herstellung eines programmfüllenden Films im Sinne der §§ 41 bis 48 zu verwerten. ²Das Recht der antragstellenden Personen, das fortentwickelte Drehbuch zu anderen Zwecken als dem der Verfilmung zu verwerten, bleibt unberührt.

§ 112 Auszahlung. (1) ¹Die Auszahlung der Förderhilfen erfolgt in mehreren Raten ab ihrer Bewilligung nach den zwischen der Filmförderungsanstalt und den antragstellenden Personen im Rahmen eines Entwicklungskonzepts vereinbarten Auszahlungszeitpunkten. ²Die Auszahlung erfolgt an den antragstellenden Hersteller im Sinne des § 109 Absatz 2 Satz 1.

(2) ¹Vor Auszahlung jeder Rate haben die antragstellenden Personen den jeweiligen Stand des Drehbuchs der Kommission für Produktions- und Drehbuchförderung vorzulegen. ²Diese entscheidet über die Auszahlung der ausstehenden Raten und die Fortführung der Förderung. ³Der Bewilligungsbescheid kann teilweise widerrufen werden, wenn nach Ansicht der Kommission für Produktions- und Drehbuchförderung auf Grundlage des Drehbuchs kein Film im Sinne des § 107 Absatz 1 Satz 1 zu erwarten ist.

(3) Die Auszahlung der Schlussrate erfolgt nach Vorlage des Verwendungsnachweises.

(4) Die Filmförderungsanstalt hat die Auszahlung der Förderhilfen zu versagen, wenn die antragstellenden Personen zum jeweiligen Auszahlungszeitpunkt nicht das Vorliegen sämtlicher Antrags- und Fördervoraussetzungen nachweisen.

§ 113 Schlussprüfung, Rückzahlung. (1) Die Filmförderungsanstalt prüft, ob die gewährten Förderhilfen zweckgemäß verwendet wurden, insbesondere, ob das Drehbuch im Wesentlichen mit dem vereinbarten Entwicklungskonzept übereinstimmt.

(2) ¹Die antragstellenden Personen sind verpflichtet, das fortentwickelte Drehbuch spätestens nach Ablauf von zwei Jahren nach Erlass des Bewilligungsbescheids zur Prüfung vorzulegen. ²Der Vorstand kann die Frist auf Antrag verlängern.

(3) Die Förderhilfen nach § 107 sind zurückzuzahlen, wenn

1. die Voraussetzungen des Absatzes 1 nicht gegeben sind,
2. die antragstellenden Personen der Verpflichtung nach Absatz 2 nicht nachgekommen sind,
3. die Bewilligung oder Auszahlung der Förderhilfe aufgrund unrichtiger Angaben über wesentliche Voraussetzungen erfolgt ist oder
4. das Drehbuch entgegen § 111 verwertet worden ist.

§ 114 Ermächtigung des Verwaltungsrats. Die Einzelheiten der Drehbuchfortentwicklungsförderung werden durch eine Richtlinie des Verwaltungsrats geregelt.

Kapitel 8
Förderung des Absatzes

Abschnitt 1
Projektförderung für Verleih- und Vertriebsunternehmen sowie Unternehmen der Videowirtschaft

§ 115 Förderhilfen. Die Filmförderungsanstalt kann Förderhilfen gewähren für

1. den Verleih im Inland (Verleih) oder den Vertrieb im Ausland (Vertrieb) von programmfüllenden Filmen im Sinne der §§ 41 bis 48,
2. den Absatz von mit Filmen im Sinne der §§ 41 bis 48 bespielten Bildträgern und
3. den Absatz von Filmen im Sinne der §§ 41 bis 48 mittels entgeltlicher Videoabrufdienste.

§ 116 Verwendung für den Verleih und Vertrieb. (1) Die Förderhilfen nach § 115 Nummer 1 für den Verleih und Vertrieb können verwendet werden

1. zur Deckung von Vorkosten,
2. zur Herstellung von barrierefreien Fassungen,
3. für außergewöhnliche oder beispielhafte Werbemaßnahmen,
4. für besonderen Aufwand beim Absatz von Kinderfilmen,
5. für Maßnahmen zur Erweiterung bestehender und Erschließung neuer Absatzmärkte für Filme und
6. für Maßnahmen der vertraglich vereinbarten Zusammenarbeit, die darauf gerichtet sind, den Absatz zu verbessern.

(2) Abweichend von § 115 Nummer 1 kann die Filmförderungsanstalt Förderhilfen nach Absatz 1 Nummer 1 und 2 in begrenztem Umfang auch für den Verleih und Vertrieb deutscher Filmklassiker gewähren.

(3) Abweichend von § 115 Nummer 1 kann die Filmförderungsanstalt Förderhilfen gemäß Absatz 1 Nummer 5 auch für den Verleih und Vertrieb von Kurzfilmen gewähren.

§ 117 Verwendung für den Videoabsatz. Die Förderhilfen nach § 115 Nummer 2 und 3 für den Videoabsatz können verwendet werden

1. zur Deckung von Herausbringungskosten, wobei diese bei den Förderhilfen für den Absatz von Filmen mittels entgeltlicher Videoabrufdienste nach § 115 Nummer 3 nur die konkreten Kosten für die Herausbringung einzelner Filme oder Filmpakete, nicht aber die Kosten für die technische Infrastruktur zur Bereitstellung der Filme zum Abruf umfassen,
2. zur Herstellung von Fremdsprachenfassungen und
3. für Maßnahmen nach § 116 Absatz 1 Nummer 2 bis 6, wobei für Maßnahmen nach § 116 Absatz 1 Nummer 5 und 6 im Rahmen der Videoabsatzförderung auch deutsche Filmklassiker und in begrenztem Umfang auch aus-

ländische Filme berücksichtigt werden können, soweit dabei jeweils die Werbung mit aktuellen deutschen Filmen im Mittelpunkt der Maßnahmen steht.

§ 118 Art und Höhe. (1) [1]Die Förderhilfen werden als bedingt rückzahlbare, zinslose Darlehen mit einer Laufzeit von bis zu zehn Jahren gewährt. [2]Die Auswertung des Films kann als Gesamtmaßnahme mit Förderhilfen nach § 115 Nummer 1 bis 3 gefördert werden. [3]Dabei kann die antragstellende Person die nach § 116 Absatz 1 Nummer 1 oder § 117 Nummer 1 gewährten Förderhilfen wahlweise zur Deckung von Vorkosten nach § 116 Absatz 1 Nummer 1 oder zur Deckung von Herausbringungskosten nach § 117 Nummer 1 bis zur Höhe der jeweils geltenden Höchstbeträge nach Absatz 2 Satz 1 verwenden.

(2) [1]Die Höchstbeträge der Darlehen betragen 600 000 Euro bei der Verwendung der Förderhilfen nach § 116 Absatz 1 Nummer 1 und § 117 Nummer 1 und 2 sowie 150 000 Euro bei der Verwendung nach § 116 Absatz 1 Nummer 2 bis 4 und § 117 Nummer 3 in Verbindung mit § 116 Absatz 1 Nummer 2 bis 4. [2]Für Maßnahmen nach § 116 Absatz 1 Nummer 5 und 6 und § 117 Nummer 3 in Verbindung mit § 116 Nummer 5 und 6 betragen die Höchstbeträge der Darlehen 300 000 Euro. [3]Bei Förderhilfen für Gesamtmaßnahmen nach Absatz 1 Satz 2 betragen die Höchstbeträge der Darlehen 1 200 000 Euro. [4]Absatz 1 Satz 3 bleibt unberührt.

(3) [1]Die Kommission für Verleih-, Vertriebs- und Videoförderung kann für Maßnahmen nach § 116 Absatz 1 Nummer 5 und 6 auf Antrag statt eines Darlehens durch Beschluss mit einfacher Mehrheit einen Zuschuss von bis zu 100 000 Euro und durch einstimmigen Beschluss einen Zuschuss von bis zu 300 000 Euro zulassen. [2]Soweit gemäß § 121 Absatz 1 Nummer 2 Videotheken für Maßnahmen nach § 117 Nummer 3 in Verbindung mit § 116 Absatz 1 Nummer 6 förderberechtigt sind, gilt Satz 1 mit der Maßgabe, dass Zuschüsse stets nur in Höhe von bis zu 100 000 Euro gewährt werden können.

(4) Förderhilfen nach § 116 Absatz 3 in Verbindung mit § 116 Absatz 1 Nummer 5 werden abweichend von den Absätzen 1 und 2 als Zuschuss bis zu 100 000 Euro gewährt.

§ 119 Auswahl von Vorhaben. [1]Können nicht alle geeigneten Vorhaben angemessen gefördert werden, so wählt die Kommission für Verleih-, Vertriebs- und Videoförderung die ihr am besten erscheinenden Vorhaben im Rahmen einer Gesamtwürdigung aus. [2]Bei der Entscheidung über die Auswahl der zu fördernden Vorhaben können insbesondere die Höhe der bei anderen nach diesem Gesetz geförderten Vorhaben geleisteten Tilgungen der antragstellenden Person sowie die relative Wirtschaftlichkeit des Vorhabens berücksichtigt werden.

§ 120 Einbeziehung von Gemeinschaftsproduktionen und ausländischen Filmen. Förderhilfen nach § 115 Nummer 1 können im Rahmen der hierfür zur Verfügung stehenden Mittel auch solche Filme erhalten, deren Herstellung nach § 62 Absatz 1 gefördert worden ist, sowie nach Maßgabe von zwischenstaatlichen Verleih-Abkommen auch andere Filme, die in einem anderen Mitgliedstaat der Europäischen Union oder in einem anderen Staat hergestellt worden sind, sofern die Gegenseitigkeit verbürgt ist.

§ 121 Antrag. (1) [1]Die Förderhilfen werden auf Antrag gewährt. [2]Förderhilfen nach § 115 Nummer 1 bis 3 können für denselben Film gleichzeitig beantragt werden.

(2) Antragsberechtigt sind

1. für Förderhilfen nach § 115 Nummer 1 und § 116 Verleih- oder Vertriebsunternehmen sowie für Förderhilfen nach § 115 Nummer 1 und § 116 Absatz 1 Nummer 3 bis 6 und Absatz 2 zudem die zentrale Dienstleistungsorganisation der deutschen Filmwirtschaft zur Bewerbung des Films und der deutschen Kinos im Inland sowie andere branchennahe Einrichtungen mit Sitz oder Niederlassung im Inland zum Zeitpunkt der Auszahlung;
2. für Förderhilfen nach § 115 Nummer 2 und § 117 Videovertriebsunternehmen von mit Filmen im Sinne des § 152 Absatz 1 Satz 1 bespielten Bildträgern sowie für Förderhilfen nach § 115 Nummer 2 und § 117 Nummer 3 in Verbindung mit § 116 Absatz 1 Nummer 6 auch Betreiber von Videotheken in Deutschland sowie für Förderhilfen nach § 115 Nummer 2 und § 117 Nummer 3 in Verbindung mit § 116 Absatz 1 Nummer 3 bis 6 und Absatz 2 zudem branchennahe Einrichtungen mit Sitz oder Niederlassung im Inland zum Zeitpunkt der Auszahlung;
3. für Förderhilfen nach § 115 Nummer 3 und § 117 Videovertriebsunternehmen im Sinne der Nummer 2 sowie Anbieter von Videoabrufdiensten mit Sitz oder Niederlassung im Inland sowie für Förderhilfen nach § 115 Nummer 3 und § 117 Nummer 3 in Verbindung mit § 116 Absatz 1 Nummer 3 bis 6 und Absatz 2 zudem branchennahe Einrichtungen mit Sitz oder Niederlassung im Inland;
4. für Förderhilfen nach § 115 Nummer 3 und § 117 Videovertriebsunternehmen im Sinne der Nummer 2 sowie Anbieter von Videoabrufdiensten, die weder einen Sitz noch eine Niederlassung im Inland haben, sowie für Förderhilfen nach § 115 Nummer 3 und § 117 Nummer 3 in Verbindung mit § 116 Absatz 1 Nummer 3 bis 6 und Absatz 2 zudem branchennahe Einrichtungen ohne Sitz oder Niederlassung im Inland jeweils für Angebote, die der Abgabepflicht nach § 153 unterfallen.

(3) Nicht antragsberechtigt sind Unternehmen im Sinne des Absatzes 2 Nummer 2 und 3, wenn sie die gesetzliche Verpflichtung zur Zahlung einer Abgabe nach § 152 oder § 153 nicht erfüllt haben.

§ 122 Bewilligung. [1]Der Bescheid über die Bewilligung der Förderhilfen ist mit Auflagen zu versehen, deren Erfüllung bis zur Auszahlung nachgeholt werden kann, um sicherzustellen, dass

1. die von einzelstaatlichen, mit öffentlichen Mitteln finanzierten Einrichtungen für das jeweilige Vorhaben gewährten Förderhilfen insgesamt 70 Prozent der anerkennungsfähigen Kosten nicht übersteigen,

2. beim Verleih von Filmen im Sinne des § 115 Nummer 1 eine angemessene Anzahl von Filmkopien in Orten oder räumlich selbstständigen Ortsteilen mit in der Regel bis zu 20 000 Einwohnern eingesetzt wird.

[2]Der Verwaltungsrat bestimmt durch Richtlinie, wann eine angemessene Anzahl von Filmkopien im Sinne von Satz 1 Nummer 2 vorliegt.

§ 123 Auszahlung. (1) Die Auszahlung der Förderhilfen erfolgt in bis zu zwei Raten an die antragstellende Person.

(2) [1]Die Filmförderungsanstalt hat die Auszahlung der Förderhilfen zu versagen, wenn die antragstellende Person zum jeweiligen Auszahlungszeitpunkt nicht das Vorliegen sämtlicher Antrags- und Fördervoraussetzungen sowie der Auflagen nach § 122 nachweist. [2]Die Auszahlung ist insbesondere zu versagen, wenn die ordnungsgemäße Finanzierung der Maßnahme nicht gesichert ist.

§ 124 Schlussprüfung. Die Filmförderungsanstalt prüft, ob die gewährten Förderhilfen zweckentsprechend verwendet worden sind, insbesondere, ob die im Wege des Verleihs, Vertriebs oder Videoabsatzes verwerteten Filme den Anforderungen der §§ 41 bis 48 entsprechen.

§ 125 Tilgung des Darlehens. (1) Die für den Verleih und Vertrieb gewährten Darlehen sind aus tatsächlich bei der antragstellenden Person eingehenden Erlösen aus der Verwertung des Films nach Deckung der von der antragstellenden Person in Form von Vorkosten oder Minimumgarantien aufgebrachten Eigenmittel sowie gegebenenfalls eines dem Hersteller eingeräumten Erlöskorridors zu Lasten des Produzentenanteils zu tilgen.

(2) Die für den Absatz von mit Filmen bespielten Bildträgern und den Absatz von Filmen mittels Videoabrufdiensten gewährten Darlehen sind aus den tatsächlich bei der antragstellenden Person eingehenden Erlösen aus der jeweils geförderten Verwertungsart nach Deckung der von der antragstellenden Person aufgebrachten Eigenmittel zu Lasten des Lizenzgeberanteils zu tilgen.

(3) [1]Für die Tilgung der Darlehen sind 50 Prozent der der antragstellenden Person zufließenden Erlöse zu verwenden. [2]Wurde das Vorhaben von mehreren Fördereinrichtungen gefördert, erfolgt die Tilgung entsprechend den jeweiligen Förderanteilen. [3]In diesem Fall kann die Filmförderungsanstalt die Anerkennung von Kosten an die Bedingungen der beteiligten Fördereinrichtungen anpassen.

(4) Vorkosten und Minimumgarantien für die Herausbringung eines neuen Films sind nicht vorabzugsfähig, sofern sie durch Förderhilfen im Rahmen der Referenzförderung für Verleihunternehmen nach § 127 finanziert werden.

(5) Zehn Jahre nach der Erstaufführung des Films erlischt die Verpflichtung zur Tilgung des Darlehens.

§ 126 Sonstige Rückzahlungspflicht. (1) Die Förderhilfen sind zurückzuzahlen, wenn

1. die antragstellende Person den Nachweis der zweckentsprechenden Verwendung der Förderhilfe nicht erbracht hat,
2. die Zuerkennung oder Auszahlung der Förderhilfe aufgrund unrichtiger Angaben über wesentliche Voraussetzungen erfolgt ist,
3. die Auflagen nach § 122 nicht erfüllt wurden oder
4. Auszahlungshindernisse nach § 123 Absatz 2 nachträglich eingetreten oder bekannt geworden sind.

(2) Wurde die nach § 122 Satz 1 Nummer 1 zulässige Förderintensität überschritten und das Vorhaben sowohl von der Filmförderungsanstalt als auch von anderen mit öffentlichen Mitteln finanzierten Fördereinrichtungen gefördert, erfolgt die Rückzahlung entsprechend dem Verhältnis der einzelnen Förderbeträge.

Abschnitt 2

Referenzförderung für Verleihunternehmen

§ 127 Förderhilfen, Referenzpunkte. (1) Referenzförderung wird für den Verleih eines programmfüllenden Films im Sinne der §§ 41 bis 48 gewährt, wenn der Film innerhalb eines Zeitraumes von einem Jahr nach Erstaufführung in einem deutschen Kino 100 000 Referenzpunkte erreicht hat.

(2) [1]Die Referenzpunkte werden aus dem Zuschauererfolg sowie dem Erfolg bei international bedeutsamen Festivals und Preisen ermittelt. [2]Bei der Berücksichtigung des Zuschauererfolgs gelten die §§ 74 und 77 und bei der Berücksichtigung des Erfolgs bei Festivals und von Preisen die §§ 75 und 78 entsprechend.

(3) Bei der Berechnung der Förderhilfe werden für den Zuschauererfolg höchstens 750 000 Besucherinnen und Besucher nach Maßgabe des § 74 Absatz 1 sowie höchstens 1 200 000 Referenzpunkte für Erfolge bei Festivals und Preisen berücksichtigt.

(4) Die für die Referenzförderung zur Verfügung stehenden Mittel werden auf die berechtigten Verleihunternehmen nach dem Verhältnis verteilt, in dem die Referenzpunkte der einzelnen Filme zueinander stehen.

§ 128 Art der Förderhilfe, Antrag. (1) [1]Die Förderhilfen werden auf Antrag als Zuschuss gewährt. [2]Antragsberechtigt sind Verleihunternehmen.

(2) [1]Der Antrag ist spätestens drei Monate nach Verstreichen der Zeiträume nach § 74 Absatz 1 Satz 1, § 75 Absatz 4 und § 77 Absatz 2 Satz 1 zu stellen. [2]Er wird bei der Zuerkennung nach § 129 nur dann im Kalenderjahr der Antragstellung berücksichtigt, wenn er bis zum 31. Januar des Jahres der Antragstellung gestellt wurde. [3]Die Frist nach Satz 2 ist eine Ausschlussfrist.

§ 129 Zuerkennung. Für die Zuerkennung der Förderhilfen gelten § 83 Absatz 1 und 2 und § 129 in Verbindung mit § 122 entsprechend.

§ 130 Verwendung. (1) Die Förderhilfen sind vorrangig für den Verleih eines neuen Films im Sinne der §§ 41 bis 48 zu verwenden.

(2) Die Förderhilfen dürfen verwendet werden
1. zur Finanzierung von Garantiezahlungen für den Erwerb von Auswertungsrechten an nach diesem Gesetz geförderten Filmen,
2. zur Deckung von Vorkosten,
3. zur Herstellung von barrierefreien Fassungen oder Fremdsprachenfassungen von Filmen,
4. für außergewöhnliche oder beispielhafte filmwirtschaftliche Werbemaßnahmen,
5. für besonderen Aufwand beim Absatz von Kinderfilmen,
6. für Maßnahmen zur Erweiterung bestehender und Erschließung neuer Absatzmärkte für Filme oder
7. für Maßnahmen der vertraglich vereinbarten Zusammenarbeit, die darauf gerichtet sind, den Absatz zu verbessern.

(3) [1]Der Vorstand kann auf Antrag gestatten, dass bis zu 75 Prozent der Förderhilfen, in jedem Fall aber bis zu 100 000 Euro, im Interesse der Strukturverbesserung des Unternehmens für eine nicht nur kurzfristige Aufstockung des Eigenkapitals verwendet werden können. [2]In einem Zeitraum von fünf Jahren darf ein Unternehmen jedoch insgesamt nicht mehr als 500 000 Euro für diesen Zweck erhalten.

§ 131 Auszahlung. (1) Die Filmförderungsanstalt zahlt die Förderhilfen bedarfsgerecht in bis zu zwei Raten aus, sobald nachgewiesen ist, dass diese eine den Bestimmungen dieses Gesetzes entsprechende Verwendung finden.

(2) [1]Die Auszahlung der Förderhilfen ist zu versagen, wenn die antragstellende Person zum jeweiligen Auszahlungszeitpunkt nicht das Vorliegen sämtlicher Antrags- und Fördervoraussetzungen sowie die Erfüllung der Auflage nach § 129 in Verbindung mit § 122 nachweist. [2]Die Auszahlung ist insbesondere zu versagen, wenn die ordnungsgemäße Finanzierung der Maßnahme nicht gesichert ist.

§ 132 Begonnene Maßnahmen. [1]Werden die Förderhilfen für den Verleih eines neuen Films nach § 130 Absatz 1 und 2 verwendet, können sie auch für bereits begonnene Maßnahmen verwendet werden. [2]Dies gilt nicht, wenn die Maßnahme vor dem Antrag auf Zuerkennung nach § 128 Absatz 2 begonnen wurde. [3]Eine Verwendung der Förderhilfen für bereits abgeschlossene Maßnahmen ist nicht möglich.

§ 133 Schlussprüfung, Rückzahlung. (1) Die Filmförderungsanstalt prüft, ob die gewährten Förderhilfen zweckentsprechend verwendet worden sind, insbesondere, ob die im Wege des Verleihs, Vertriebs oder Videoabsatzes verwerteten Filme den Anforderungen der §§ 41 bis 48 entsprechen.

(2) [1]Die Förderhilfen sind zurückzuzahlen, wenn
1. die antragstellende Person den Nachweis der zweckentsprechenden Verwendung der Förderhilfe nicht erbracht hat,
2. die Zuerkennung oder Auszahlung der Förderhilfe aufgrund unrichtiger Angaben über wesentliche Voraussetzungen erfolgt ist,
3. die Auflagen nach § 122 nicht erfüllt wurden oder
4. Auszahlungshindernisse nach § 123 Absatz 2 nachträglich eingetreten oder bekannt geworden sind.

[2]Wurde die nach § 122 Satz 1 Nummer 1 zulässige Förderintensität überschritten und das Vorhaben sowohl von der Filmförderungsanstalt als auch von anderen mit öffentlichen Mitteln finanzierten Fördereinrichtungen gefördert, erfolgt die Rückzahlung entsprechend dem Verhältnis der einzelnen Förderbeträge.

Kapitel 9
Kinoförderung

Abschnitt 1
Kinoprojektförderung

§ 134 Förderhilfen. Die Filmförderungsanstalt kann Förderhilfen gewähren
1. zur Modernisierung und Verbesserung von Kinos sowie zur Neuerrichtung, wenn sie der Strukturverbesserung dient;
2. zur Verwirklichung beispielhafter und Erprobung neuartiger Maßnahmen im Bereich der Kinos;
3. für Maßnahmen der vertraglich vereinbarten Zusammenarbeit von Kinos;
4. für außergewöhnliche oder beispielhafte Werbe- oder Marketingmaßnahmen sowie für sonstige Maßnahmen, wenn sie im Rahmen einer Gesamtwürdigung geeignet erscheinen, die Wettbewerbsfähigkeit der Kinos insgesamt zu stärken und ihre flächendeckende Erhaltung zu sichern;
5. zur Beratung von Kinos;
6. zur Aufführung von Kurzfilmen als Vorfilm im Kino und von originären Kurzfilmprogrammen für Kinos;
7. für die medienpädagogische Begleitung von Kindern und Jugendlichen bei zur Aufführung für das Kino bestimmten Filmprogrammen im Kino.

§ 135 Art und Höhe. (1) [1]Die Filmförderungsanstalt kann für Maßnahmen nach § 134 Nummer 1 und 2 Förderhilfen zu mindestens 70 Prozent als unbedingt rückzahlbares zinsloses Darlehen mit einer Laufzeit von bis zu zehn Jahren und zu höchstens 30 Prozent als Zuschuss gewähren. [2]Förderhilfen für Maßnahmen zur Modernisierung und Verbesserung von Kinos nach § 134 Nummer 1, die der Herstellung von Barrierefreiheit im Sinne des § 4 des

Behindertengleichstellungsgesetzes dienen, werden abweichend von Satz 1 insgesamt als Zuschuss gewährt.

(2) [1]Die Förderhilfen nach Absatz 1 können bis zu 200 000 Euro und, sofern eine Gesamtwürdigung des Vorhabens und die Höhe der voraussichtlichen Kosten dies rechtfertigen, bis zu 350 000 Euro betragen. [2]Förderhilfen nach Absatz 1 Satz 2 können über die in Satz 1 genannten Beträge hinausgehen.

(3) [1]Förderhilfen für Maßnahmen nach § 134 Nummer 3 bis 7 werden als Zuschuss gewährt. [2]Die Zuschüsse für Maßnahmen nach § 134 Nummer 3 und 4 dürfen höchstens 200 000 Euro, nach § 134 Nummer 5 und 7 höchstens 5000 Euro und nach § 134 Nummer 6 höchstens 2000 Euro betragen.

§ 136 Erlass von Restschulden. (1) [1]Statt einer Förderhilfe nach § 134 Nummer 1 kann die Filmförderungsanstalt einem Kino für Maßnahmen zur Modernisierung und Verbesserung sowie zur Neuerrichtung auf Antrag einmalig bis zu 50 Prozent einer zum 1. Januar 2017 bei der Filmförderungsanstalt bestehenden Restschuld aus einem laufenden Darlehen für eine frühere Förderung erlassen, wenn der Kinobetreiber

1. bis zur Antragstellung das laufende Darlehen bisher regelmäßig getilgt hat,
2. bei Antragstellung bereits 50 Prozent der laufenden Darlehensforderung bei der Filmförderungsanstalt getilgt hat,
3. mit der Zahlung seiner Abgabe nach § 151 nicht im Rückstand ist und
4. spätestens zwölf Monate nach Zustellung des Vorbescheids nach Absatz 2 die geförderte Maßnahme nach § 134 Nummer 1 durchführt.

[2]Die Höhe des Forderungserlasses nach Satz 1 darf die anerkennungsfähigen Kosten der Maßnahme nach § 134 Nummer 1 nicht übersteigen.

(2) [1]Die Filmförderungsanstalt entscheidet durch Vorbescheid über den Forderungserlass nach Absatz 1 dem Grunde nach und kann dabei festlegen, dass der Kinobetreiber bis zum Nachweis der Maßnahme nach Absatz 1 Satz 1 Nummer 4 das laufende Darlehen mit reduzierter Rate tilgt. [2]Der Vorbescheid nach Satz 1 wird unwirksam, wenn das Kino die Durchführung der Maßnahmen nach Absatz 1 Satz 1 Nummer 4 nicht spätestens zwölf Monate nach Zustellung des Vorbescheids nachweist.

§ 137 Auswahl von Projekten. [1]Können nicht alle geeigneten Vorhaben angemessen gefördert werden, so wählt die Kommission für Kinoförderung die ihr am besten erscheinenden Vorhaben aus. [2]Der Verwaltungsrat legt durch Richtlinie fest, welche Kriterien bei der Auswahl der Vorhaben zu berücksichtigen sind.

Abschnitt 2

Kinoreferenzförderung

§ 138 Förderhilfen. [1]Die Filmförderungsanstalt gewährt Förderhilfen an Kinos, die mindestens 5000 Referenzpunkte erreichen. [2]Die Referenzpunkte für die Förderung nach Satz 1 setzen sich folgendermaßen zusammen:

1. Einen Referenzpunkt pro Besucherin oder Besucher erhalten Kinos, die mit dem Kinoprogrammpreis der für Kultur und Medien zuständigen obersten Bundesbehörde ausgezeichnet wurden oder bei denen das entgeltliche Abspiel von Filmen nach § 41 oder den §§ 42, 44 und sonstigen Filmen aus Mitgliedstaaten der Europäischen Union oder aus einem anderen Vertragsstaat des Abkommens über den Europäischen Wirtschaftsraum oder aus der Schweiz den 1,5-fachen Wert des Zuschauermarktanteils für den deutschen Film und für Filme aus Mitgliedstaaten der Europäischen Union oder aus einem anderen Vertragsstaat des Abkommens über den Europäischen Wirtschaftsraum oder aus der Schweiz erreicht hat.
2. Zwei Referenzpunkte pro Besucherin oder Besucher erhalten Kinos, in denen das entgeltliche Abspiel von Filmen nach § 41 oder den §§ 42, 44 den 1,75-fachen Wert des Zuschauermarktanteils des deutschen Films im vergangenen Kalenderjahr erreicht hat.

§ 139 Art und Höhe, Verteilung der Referenzpunkte. (1) Die Förderhilfen werden als Zuschuss gewährt.

(2) Die für die Referenzkinoförderung zur Verfügung stehenden Mittel werden nach dem Verhältnis verteilt, in dem die Referenzpunkte der einzelnen Kinos zueinander stehen.

Abschnitt 3

Verfahren

§ 140 Antrag. (1) [1]Kinoförderung nach den §§ 134 und 138 wird auf Antrag gewährt. [2]Antragsberechtigt ist, wer in der Bundesrepublik Deutschland ein Kino betreibt.

(2) [1]Im Fall des § 134 Nummer 3 sind die beteiligten Kinobetreiber gemeinsam sowie branchennahe Einrichtungen mit Sitz oder Niederlassung im Inland antragsberechtigt. [2]Antragsberechtigt für Maßnahmen nach § 134 Nummer 4 sind außerdem die zentrale Dienstleistungsorganisation der deutschen Filmwirtschaft zur Bewerbung des Films und der deutschen Kinos im Inland sowie andere branchennahe Einrichtungen mit Sitz oder Niederlassung im Inland zum Zeitpunkt der Auszahlung. [3]Antragsberechtigt für Maßnahmen nach § 134 Nummer 7 sind außerdem branchennahe Einrichtungen mit Sitz oder Niederlassung im Inland zum Zeitpunkt der Auszahlung.

(3) Nicht antragsberechtigt sind Kinobetreiber, wenn sie die gesetzliche Verpflichtung zur Zahlung einer Abgabe nach § 151 nicht erfüllt haben.

(4) [1]Der Antrag auf Kinoreferenzförderung nach § 138 ist spätestens bis zum 15. März des Kalenderjahres zu stellen, das auf das Kalenderjahr folgt, auf welches sich der Förderantrag bezieht. [2]Die Frist nach Satz 1 ist eine Ausschlussfrist.

§ 141 Zuerkennung der Kinoreferenzförderung. (1) [1]Die Förderhilfen werden in den ersten drei Monaten nach dem Schluss eines Kalenderjahres den antragstellenden Personen durch Bescheid zuerkannt, die im abgelaufenen Kalenderjahr die Voraussetzungen für die Zuerkennung nachgewiesen haben. [2]Dem Grunde nach kann die Zuerkennung schon vorher erfolgen.

(2) Steht dem Grunde nach fest, dass ein Kino eine hinreichende Referenzpunktzahl erreicht hat, kann der Vorstand nach Maßgabe der Haushaltslage der Filmförderungsanstalt bis zu 70 Prozent des Referenzwertes des Vorjahres vorab zuerkennen.

§ 142 Auszahlung. (1) Die Auszahlung der Förderhilfen im Rahmen der Kinoprojektförderung erfolgt in bis zu vier Raten an die antragstellende Person.

(2) Die Auszahlung der Förderhilfen im Rahmen der Kinoreferenzförderung erfolgt bedarfsgerecht in bis zu zwei Raten, sobald nachgewiesen ist, dass diese eine den Bestimmungen dieses Gesetzes entsprechende Verwendung finden.

(3) [1]Die Filmförderungsanstalt hat die Auszahlung der Förderhilfen nach den §§ 134 und 138 zu versagen, wenn die antragstellende Person zum jeweils maßgeblichen Auszahlungszeitpunkt nicht das Vorliegen sämtlicher Antrags- und Fördervoraussetzungen nachweist. [2]Die Auszahlung ist insbesondere zu versagen, wenn die ordnungsgemäße Finanzierung der Maßnahme nicht gesichert ist.

§ 143 Verwendung der Kinoreferenzförderung. [1]Förderhilfen nach § 138 sollen vorrangig für neue Maßnahmen im Sinne des § 134 verwendet werden. [2]Sie können auch für Werbemaßnahmen für deutsche Filme und Filme aus Mitgliedstaaten der Europäischen Union oder aus einem anderen Vertragsstaat des Abkommens über den Europäischen Wirtschaftsraum oder aus der Schweiz gewährt werden. [3]Die Förderhilfen können jeweils für Maßnahmen verwendet werden, die nach Antragstellung begonnen wurden, auch wenn die betreffende Maßnahme zum Zeitpunkt der Zuerkennung bereits abgeschlossen ist.

§ 144 Schlussprüfung, Rückzahlung. (1) Die Filmförderungsanstalt prüft, ob die gemäß den §§ 134 und 138 gewährten Förderhilfen zweckentsprechend verwendet worden sind.

(2) Die Förderhilfen sind zurückzuzahlen, wenn

1. die antragstellende Person den Nachweis der zweckentsprechenden Verwendung der Förderhilfe nicht erbracht hat,

2. die Zuerkennung oder Auszahlung der Förderhilfe aufgrund unrichtiger Angaben über wesentliche Voraussetzungen erfolgt ist oder
3. Auszahlungshindernisse nach § 142 Absatz 3 nachträglich eingetreten oder bekannt geworden sind.

Kapitel 10

Unterstützung der Digitalisierung des deutschen Filmerbes

§ 145 Vorgaben für Richtlinie. (1) Einzelheiten zur Unterstützung der Digitalisierung des deutschen Filmerbes im Sinne des § 2 Satz 1 Nummer 3 kann der Verwaltungsrat durch Richtlinie regeln.

(2) [1]Förderhilfen dürfen nur gewährt werden für die Digitalisierung von Filmen im Sinne der §§ 41 bis 48, sofern es sich nicht um internationale Kofinanzierungen handelt, und nur zum Zweck der weiteren Auswertung dieser Filme. [2]Hierbei können auch zur Aufführung im Kino geeignete Kurzfilme berücksichtigt werden.

(3) [1]Die Förderhilfen können nur auf Antrag gewährt werden. [2]Antragsberechtigt ist die Inhaberin oder der Inhaber der für die beabsichtigte Auswertung erforderlichen Rechte an dem zu digitalisierenden Film für das Inland.

Kapitel 11

Finanzierung, Verwendung der Mittel

Abschnitt 1

Finanzierung

Unterabschnitt 1

Allgemeine Vorschriften

§ 146 Filmabgabe. (1) Die Filmförderungsanstalt finanziert sich im Wesentlichen durch die Erhebung einer nach Untergruppen von Abgabeschuldnern differenziert ausgestalteten Filmabgabe.

(2) [1]Die Filmförderungsanstalt kann darüber hinaus Zuwendungen von dritter Seite entgegennehmen, sofern der Zuwendungszweck mit der Erfüllung der Aufgaben nach § 3 Absatz 2 in Einklang steht. [2]Die Zuwendungen sind den Einnahmen der Filmförderungsanstalt zuzuführen und nach Maßgabe des § 159 zu verwenden, es sei denn, dass der Zuwendungsgeber etwas anderes bestimmt.

§ 147 Verhältnis der Abgabevorschriften zueinander. Erfüllt ein Abgabeschuldner mehrere Abgabetatbestände, so bestehen die Abgabepflichten nebeneinander.

§ 148 Erhebung der Filmabgabe. [1]Die Filmabgabe wird durch Bescheid erhoben. [2]Widerspruch und Anfechtungsklage gegen den Bescheid über die Erhebung der Filmabgabe haben keine aufschiebende Wirkung.

§ 149 Fälligkeit. (1) Die Filmabgabe der Kinos, der Videoprogrammanbieter und der Anbieter von Videoabrufdiensten nach den §§ 151 bis 153 ist monatlich jeweils bis zum Zehnten des folgenden Monats an die Filmförderungsanstalt zu zahlen.

(2) Die Filmabgabe der Fernsehveranstalter und Programmvermarkter nach den §§ 154 bis 156 ist halbjährlich jeweils zum 1. Januar und zum 1. Juli eines Jahres an die Filmförderungsanstalt zu zahlen.

§ 150 Begriffsbestimmung Kinofilm. Ein Kinofilm im Sinne der §§ 152 bis 156 ist ein Film, der in Deutschland oder in seinem Ursprungsland gegen Entgelt im Kino aufgeführt wurde.

Unterabschnitt 2

Filmabgabe der Kinos und der Videowirtschaft

§ 151 Filmabgabe der Kinos. (1) Wer entgeltliche Vorführungen von Filmen mit einer Laufzeit von mehr als 58 Minuten veranstaltet, hat für jede Spielstelle vom Nettoumsatz aus dem Verkauf von Eintrittskarten eine Filmabgabe zu entrichten, wenn dieser durch den Veranstalter erzielte Umsatz je Spielstelle im Jahr 100 000 Euro übersteigt.

(2) Die Filmabgabe beträgt

1. bei einem Jahresumsatz von bis zu 200 000 Euro 1,8 Prozent,
2. bei einem Jahresumsatz von bis zu 300 000 Euro 2,4 Prozent und
3. bei einem Jahresumsatz von über 300 000 Euro 3 Prozent.

(3) [1]Für die Bestimmung der Umsatzgrenzen ist der Umsatz des Vorjahres zugrunde zu legen. [2]Ist der Umsatz nur während eines Teils des Vorjahres erzielt worden, wird der Jahresumsatz errechnet, indem der durchschnittliche monatliche Umsatz des Vorjahres mit der Zahl zwölf multipliziert wird. [3]Liegen keine Vorjahresumsätze vor, können die Umsatzgrenzen nach Satz 2 anhand der Monatsumsätze im Abgabejahr errechnet werden.

(4) [1]Für die Berechnung der Filmmieten ist die Berechnungsgrundlage um die Filmabgabe zu vermindern. [2]Hierbei können die Vertragsparteien vereinbaren, dass bei der Berechnung der Filmabgabe an Stelle der konkreten Abgabesätze der einzelnen Leinwände der durchschnittliche Abgabesatz der Betriebsstätte zugrunde gelegt wird. [3]Falls der Veranstalter Mieter oder Pächter eines Kinos ist und die Höhe seines Umsatzes Grundlage für die Berechnung der Miete oder Pacht ist, gilt Satz 1 auch für die Berechnung der Miete oder Pacht. [4]Der Veranstalter hat gegenüber seinem Vertragspartner die Höhe der Filmabgabe nachzuweisen.

§ 152 Filmabgabe der Videoprogrammanbieter. (1) [1]Wer als Inhaber der Lizenzrechte Bildträger, die mit Filmen mit einer Laufzeit von mehr als 58 Minuten bespielt sind, in der Bundesrepublik Deutschland zur Vermietung oder zum Weiterverkauf in den Verkehr bringt oder unmittelbar an Letztverbraucher verkauft (Videoprogrammanbieter), hat vom Nettoumsatz mit abgabepflichtigen Bildträgern eine Filmabgabe zu entrichten. [2]Dies gilt nur für Videoprogrammanbieter, deren Nettoumsatz mit abgabepflichtigen Bildträgern 500 000 Euro im Jahr übersteigt und bei denen ein Anteil von mindestens 2 Prozent dieses Nettoumsatzes auf Kinofilme entfällt.

(2) Die Filmabgabe beträgt
1. bei einem Jahresumsatz von bis zu 20 Millionen Euro 1,8 Prozent und
2. bei einem Jahresumsatz von über 20 Millionen Euro 2,5 Prozent.

(3) [1]Für die Bestimmung der Umsatzgrenzen ist der Umsatz des Vorjahres zugrunde zu legen. [2]Ist der Umsatz nur während eines Teils des Vorjahres erzielt worden, wird der Jahresumsatz errechnet, indem der durchschnittliche monatliche Umsatz des Vorjahres mit der Zahl zwölf multipliziert wird. [3]Liegen keine Vorjahresumsätze vor, können die Umsatzgrenzen anhand der Monatsumsätze im Abgabejahr errechnet werden.

§ 153 Filmabgabe der Anbieter von Videoabrufdiensten. (1) Inhaber von Lizenzrechten mit Sitz oder Niederlassung im Inland, die zu gewerblichen Zwecken hergestellte Kinofilme mittels entgeltlicher oder werbefinanzierter Videoabrufdienste verwerten, haben vom in Deutschland erzielten Nettoumsatz mit der Verwertung von Kinofilmen eine Filmabgabe zu entrichten, wenn dieser 500 000 Euro im Jahr übersteigt.

(2) [1]Für Inhaber von Lizenzrechten ohne Sitz oder Niederlassung im Inland gilt Absatz 1 entsprechend für Angebote von deutschsprachigen Videoabrufdiensten in Bezug auf in Deutschland erzielte Umsätze. [2]Die Abgabepflicht nach Satz 1 besteht nicht, wenn die entsprechenden Umsätze am Ort des Unternehmenssitzes zu einem vergleichbaren finanziellen Beitrag zur Förderung von Kinofilmen durch eine Filmfördereinrichtung herangezogen werden.

(3) Die Filmabgabe beträgt
1. bei einem Jahresumsatz von bis zu 20 Millionen Euro 1,8 Prozent und
2. bei einem Jahresumsatz von über 20 Millionen Euro 2,5 Prozent.

(4) [1]Für die Bestimmung der Umsatzgrenzen ist der Umsatz des Vorjahres zugrunde zu legen. [2]Ist der Umsatz nur während eines Teils des Vorjahres erzielt worden, wird der Jahresumsatz errechnet, indem der durchschnittliche monatliche Umsatz des Vorjahres mit der Zahl zwölf multipliziert wird. [3]Liegen keine Vorjahresumsätze vor, können die Umsatzgrenzen anhand der Monatsumsätze im Abgabejahr errechnet werden.

Unterabschnitt 3

Filmabgabe der Fernsehveranstalter und Programmvermarkter

§ 154 Filmabgabe der öffentlich-rechtlichen Fernsehveranstalter. (1) [1]Die öffentlich-rechtlichen Fernsehveranstalter haben eine Filmabgabe in Höhe von 3 Prozent ihrer Kosten für die Ausstrahlung von Kinofilmen des vorletzten Jahres zu zahlen. [2]Zu den Kosten zählen die Lizenzkosten, anteilige Programmverbreitungs- und Verwaltungskosten sowie Koproduktionsbeiträge zu Kinofilmen.

(2) [1]Bemessungsgrundlage der Abgabe der in der Arbeitsgemeinschaft der öffentlich-rechtlichen Rundfunkanstalten der Bundesrepublik Deutschland zusammengeschlossenen Fernsehveranstalter sind die Kosten aller dieser Fernsehveranstalter für die Ausstrahlung von Kinofilmen insgesamt. [2]Die Höhe der Abgaben der einzelnen in der Arbeitsgemeinschaft der öffentlichrechtlichen Rundfunkanstalten der Bundesrepublik Deutschland zusammengeschlossenen Fernsehveranstalter bemisst sich nach der Zulieferverpflichtung der jeweiligen Fernsehveranstalter zum Ersten Fernsehprogramm.

§ 155 Filmabgabe der Veranstalter frei empfangbarer Fernsehprogramme privaten Rechts. (1) Die Veranstalter frei empfangbarer Fernsehprogramme privaten Rechts haben für Fernsehprogramme mit einem Kinofilmanteil von mindestens 2 Prozent eine Filmabgabe zu leisten, wenn ihr Nettowerbeumsatz 750 000 Euro übersteigt.

(2) [1]Die Filmabgabe bemisst sich nach den Nettowerbeumsätzen des vorletzten Jahres. [2]Sie beträgt bei einem Anteil von Kinofilmen an der Gesamtsendezeit

1. von weniger als 10 Prozent 0,15 Prozent,
2. von mindestens 10, aber weniger als 18 Prozent 0,35 Prozent,
3. von mindestens 18, aber weniger als 26 Prozent 0,55 Prozent,
4. von mindestens 26, aber weniger als 34 Prozent 0,75 Prozent und
5. von mindestens 34 Prozent 0,95 Prozent.

(3) [1]Für die Bestimmung der Umsatzgrenzen ist der Umsatz des Vorjahres zugrunde zu legen. [2]Ist der Umsatz nur während eines Teils des Vorjahres erzielt worden, wird der Jahresumsatz errechnet, indem der durchschnittliche monatliche Umsatz des Vorjahres mit der Zahl zwölf multipliziert wird. [3]Liegen keine Vorjahresumsätze vor, können die Umsatzgrenzen anhand der Monatsumsätze im Abgabejahr errechnet werden.

§ 156 Filmabgabe der Veranstalter von Bezahlfernsehen und der Programmvermarkter. (1) Die Veranstalter von Bezahlfernsehen gegen pauschales Entgelt haben eine Filmabgabe in Höhe von 0,25 Prozent ihrer Nettoumsätze mit Abonnementverträgen mit Letztverbraucherinnen und Letztverbrauchern in Deutschland im vorletzten Jahr zu leisten, soweit diese Umsätze nicht auf die

Erbringung technischer Leistungen entfallen und 750 000 Euro im Jahr übersteigen.

(2) Absatz 1 gilt entsprechend für Veranstalter von Bezahlfernsehen gegen individuelles Entgelt.

(3) Absatz 1 gilt entsprechend für Programmvermarkter, die Bündel von Programmangeboten nach Absatz 1 oder Absatz 2 an Endverbraucher vermarkten.

(4) [1]Bei der Berechnung der Abgabenhöhe sind nur solche Programmangebote einzubeziehen, die in Deutschland veranstaltet und verbreitet werden. [2]Nicht einzubeziehen sind Programmangebote, bei denen der Anteil von Kinofilmen an der Gesamtsendezeit weniger als 2 Prozent beträgt.

(5) [1]Für die Bestimmung der Umsatzgrenzen ist der Umsatz des Vorjahres zugrunde zu legen. [2]Ist der Umsatz nur während eines Teils des Vorjahres erzielt worden, wird der Jahresumsatz errechnet, indem der durchschnittliche monatliche Umsatz des Vorjahres mit der Zahl zwölf multipliziert wird. [3]Liegen keine Vorjahresumsätze vor, können die Umsatzgrenzen anhand der Monatsumsätze im Abgabejahr errechnet werden.

§ 157 Medialeistungen. [1]Die Fernsehveranstalter können bis zu 40 Prozent ihrer Abgaben nach den §§ 154, 155 und 156 Absatz 1 und 2 in Form von Werbezeiten für Kinofilme (Medialeistungen) erbringen. [2]Hierbei muss der Wert der Medialeistungen nach dem Bruttolistenpreis den Wert der ersetzten Barleistungen um die Hälfte überschreiten.

§ 158 Zusätzliche Leistungen der Fernsehveranstalter und Programmvermarkter. Über die sich aus den §§ 154 bis 156 ergebenden Beträge hinausgehende Zahlungen oder sonstige Leistungen der Fernsehveranstalter und Programmvermarkter werden in Verträgen mit der Filmförderungsanstalt vereinbart.

Abschnitt 2

Verwendung der Einnahmen

§ 159 Aufteilung der Einnahmen auf die Förderarten. (1) [1]Von den Einnahmen der Filmförderungsanstalt sind bis zu 10 Prozent für die Erfüllung der Aufgaben nach § 3 Absatz 2 zu verwenden. [2]Über die konkrete Aufteilung der Mittel entscheidet das Präsidium auf Vorschlag des Vorstands.

(2) [1]Die Einnahmen der Filmförderungsanstalt sind vorbehaltlich des Absatzes 6 und des § 160 nach Abzug der Verwaltungskosten und der Aufwendungen nach Absatz 1 wie folgt zu verwenden:

1. 30 Prozent für die Projektfilmförderung (§ 59),
2. 28,5 Prozent für die Referenzfilmförderung (§§ 73 und 76),

3. 1,5 Prozent für die Referenzförderung für Kurzfilme und nicht programmfüllende Kinderfilme (§ 91),
4. 4 Prozent für die Förderung von Drehbüchern und der Drehbuchfortentwicklung (§§ 100 und 107),
5. 14 Prozent für die Projektförderung für Verleih- und Vertriebsunternehmen sowie Unternehmen der Videowirtschaft (§ 115),
6. 7 Prozent für die Referenzförderung für Verleihunternehmen (§ 127),
7. 10 Prozent für die Kinoprojektförderung (§ 134) und
8. 5 Prozent für die Kinoreferenzförderung (§ 138).

[2]Die prozentualen Anteile beziehen sich auf die Einnahmen der Filmförderungsanstalt einschließlich der Einnahmen aus der Filmabgabe der Fernsehveranstalter und Programmvermarkter.

(3) [1]Für die Förderung nach § 62 dürfen nicht mehr als 25 Prozent der Mittel nach Absatz 2 Satz 1 Nummer 1 verwendet werden. [2]Nicht in Anspruch genommene Mittel sind den sonstigen Mitteln nach Absatz 2 Satz 1 Nummer 1 zuzuführen.

(4) [1]Für die Förderung nach § 115 Nummer 1, § 116 Absatz 1 Nummer 5 und 6 sowie nach § 115 Nummer 2 und 3, § 117 Nummer 3 in Verbindung mit § 116 Absatz 1 Nummer 5 und 6 dürfen nicht mehr als 25 Prozent und für die Förderung nach § 120 nicht mehr als 10 Prozent der Mittel nach Absatz 2 Satz 1 Nummer 5 verwendet werden. [2]Nicht in Anspruch genommene Mittel sind den sonstigen Mitteln nach Absatz 2 Satz 1 Nummer 5 zuzuführen.

(5) [1]Für die Förderung nach § 134 Nummer 6 dürfen nicht mehr als 12,5 Prozent der nach Absatz 2 Satz 1 Nummer 7 zur Verfügung stehenden Mittel verwendet werden. [2]Nicht in Anspruch genommene Mittel sind den sonstigen Mitteln nach Absatz 2 Satz 1 Nummer 7 zuzuführen.

(6) Für die in Absatz 1, die in Absatz 2 Nummer 1bis 4, die in Absatz 2 Nummer 5 und 6 sowie die in Absatz 2 Nummer 7 und 8 genannten Förderbereiche dürfen jeweils nicht mehr als 50 Millionen Euro im Kalenderjahr bewilligt werden.

§ 160 Verwendung der Filmabgabe der Fernsehveranstalter und Programmvermarkter. [1]Die Einnahmen der Filmförderungsanstalt aus der Filmabgabe der Fernsehveranstalter und Programmvermarkter nach den §§ 154 bis 156 und 158 sind nach anteiligem Abzug der Verwaltungskosten und der Aufwendungen nach § 159 Absatz 1 für die Projektfilmförderung zu verwenden. [2]Für den Fall, dass diese Mittel die nach Maßgabe des § 159 Absatz 2 Nummer 1 für die Projektfilmförderung zur Verfügung stehenden Mittel übersteigen, sind diese Einnahmen abweichend von § 159 Absatz 2 Satz 1 dennoch in voller Höhe für die Projektfilmförderung zu verwenden. [3]Der Anteil der für die anderen Förderarten zu verwendenden Einnahmen reduziert sich entsprechend.

§ 161 Ermächtigung des Verwaltungsrats. (1) Soweit dieses Gesetz keine Bestimmung trifft, obliegt die Entscheidung über die Verteilung der Mittel auf die einzelnen Förderarten dem Verwaltungsrat.

(2) [1]Im Rahmen der insgesamt zur Verfügung stehenden Mittel kann der Verwaltungsrat bei der Beschlussfassung über den Wirtschaftsplan die Prozentsätze des § 159 Absatz 2 um bis zu 25 Prozent über- oder unterschreiten (Abweichungsspielraum). [2]Stehen der Filmförderungsanstalt für denselben Förderzweck Mittel aus dem Bundeshaushalt zur Verfügung, können die Prozentsätze des § 159 Absatz 2 um bis zu 20 Prozent unterschritten werden. [3]Jede Abweichung ist im Rahmen des Abweichungsspielraums anderer Ansätze auszugleichen.

§ 162 Verwendung von Tilgungen. [1]Die Einnahmen aus der Tilgung von Darlehen und aus sonstigen Rückzahlungen von Förderungen sind grundsätzlich dem gleichen Verwendungszweck zuzuführen. [2]Über Ausnahmen von Satz 1 entscheidet der Verwaltungsrat im Rahmen des Abweichungsspielraums nach § 161 Absatz 2. [3]Der Verwaltungsrat kann nach Satz 2 insbesondere entscheiden, dass ein Teil der Einnahmen aus der Tilgung von Darlehen nach § 71 den Mitteln für die Referenzfilmförderung zugeführt werden soll.

§ 163 Verwendung von Rücklagen, Überschüssen und nicht verbrauchten Haushaltsmitteln. (1) Alle nicht im Wirtschaftsplan vorgesehenen Einnahmen (Überschüsse), nicht verbrauchte Haushaltsmittel sowie aufgelöste Rücklagen sind entsprechend der prozentualen Aufteilung für die Verwendung der Einnahmen aus der Filmabgabe nach § 159 zu verwenden.

(2) [1]Nicht verbrauchte Haushaltsmittel kann der Verwaltungsrat für denselben Förderzweck auf das nächste Wirtschaftsjahr übertragen. [2]Die Übertragung ist nur zulässig, soweit dadurch die nach § 159 Absatz 1 und 2 für den jeweiligen Förderzweck zur Verfügung stehenden Mittel um nicht mehr als 30 Prozent erhöht werden. [3]Im Übrigen sind nicht verbrauchte Haushaltsmittel den Einnahmen der Filmförderungsanstalt zuzuführen und nach Maßgabe des § 159 zu verwenden.

(3) [1]Abweichend von Absatz 1 kann der Verwaltungsrat Überschüsse, nicht verbrauchte Haushaltsmittel und aufgelöste Rücklagen den Mitteln für einen anderen Förderzweck zuführen, wenn dies zur Erfüllung der Aufgaben der Filmförderungsanstalt geboten ist. [2]Auf die in Satz 1 genannten Fälle findet die Beschränkung nach Absatz 2 Satz 2 keine Anwendung.

(4) Die Beschlüsse des Verwaltungsrats nach den Absätzen 2 und 3 ergehen mit einer Mehrheit von zwei Dritteln der Stimmen, mindestens aber der Mehrheit seiner Mitglieder.

Kapitel 12

Auskunftspflichten und Datenverwendung

§ 164 Auskünfte. (1) [1]Wer nach diesem Gesetz eine Filmabgabe zu leisten hat, muss der Filmförderungsanstalt die für die Durchführung dieses Gesetzes erforderlichen Auskünfte erteilen und entsprechende Unterlagen vorlegen. [2]Dies gilt auch für Personen, die eine Filmabgabe nur deshalb nicht zu leisten haben, weil die in § 151 Absatz 1, § 152 Absatz 1 Satz 2, § 153, § 155 Absatz 1 Satz 1 oder § 156 Absatz 1 genannten Umsatzgrenzen nicht erreicht werden oder der Kinofilmanteil unter den in § 152 Absatz 1 Satz 2, § 155 Absatz 1 Satz 1 oder § 156 Absatz 4 Satz 2 genannten Umsatzgrenzen liegt, oder bei denen das Vorliegen der sonstigen Voraussetzungen für eine Abgabepflicht nur bei Erteilung entsprechender Auskünfte geprüft werden kann. [3]Die Auskunftspflicht erstreckt sich auf

1. die Firmierung und Konzernzugehörigkeit sowie den Geschäfts- oder Wohnsitz des Abgabepflichtigen,
2. die Errichtung, die Verlegung und die Aufgabe des Geschäfts- oder Wohnsitzes,
3. Namen und Geschäfts- oder Wohnsitz der im Hinblick auf die Abgabeerhebung zu kontaktierenden Personen sowie Namen und Geschäfts- oder Wohnsitz der in § 166 Absatz 3 bezeichneten Personen,
4. das Geburtsdatum, wenn es sich bei dem Abgabepflichtigen um eine natürliche Person handelt,
5. den Umsatz der abgabepflichtigen Tätigkeiten, wobei die Umsätze hieraus gesondert von anderen Umsätzen und nach Auswertungsarten getrennt auszuweisen sind,
6. den Namen des betriebenen Kinos, die Bezeichnung der einzelnen Leinwände und die Zahl der Sitzplätze,
7. die Zahl der Besucher jedes einzelnen im Inland entgeltlich vorgeführten Films, die den marktüblichen Eintrittspreis gezahlt haben einschließlich der für die Bestimmung des marktüblichen Eintrittspreises notwendigen Angaben zum technischen Format der Vorführung oder zu Sonderveranstaltungen oder Rabattierungen,
8. die Zahl der Besucher jedes einzelnen im Inland entgeltlich vorgeführten Films, die keinen Eintrittspreis gezahlt haben,
9. die Anzahl der Kinovorführungen sowie den minimalen und den maximalen Eintrittspreis,
10. Daten zur Inhaberschaft der Lizenzrechte für Auswertungen über Bildträger oder Videoabrufdienste,
11. die Gesamtsendezeit und den für die Höhe der Abgabe maßgeblichen Kinofilmanteil,
12. die für die Höhe der Abgabe nach § 154 maßgeblichen Kosten für die Ausstrahlung von Kinofilmen und den Verteilungsschlüssel nach § 154 Absatz 2.

(2) [1]Wer nach diesem Gesetz Förderhilfen beantragt oder erhalten hat, muss der Filmförderungsanstalt die für die Durchführung dieses Gesetzes erforderlichen Auskünfte erteilen und entsprechende Unterlagen vorlegen. [2]Die Auskunftspflicht erstreckt sich auf

1. die bei einer Auslandsrechteerteilung an einem nach diesem Gesetz geförderten Film oder dem Referenzfilm erzielten Nettoerlöse sowie die an die zentrale Dienstleistungsorganisation der deutschen Filmwirtschaft für die Außenvertretung des deutschen Films gezahlten Beiträge und
2. die Kosten und Erlöse der nach diesem Gesetz geförderten Filme.

(3) [1]Wer eine Bescheinigung des Bundesamtes für Wirtschaft und Ausfuhrkontrolle beantragt, muss dem Bundesamt für Wirtschaft und Ausfuhrkontrolle die zur Prüfung der Voraussetzungen der §§ 41 bis 45 erforderlichen Auskünfte erteilen und entsprechende Unterlagen sowie den Nachweis nach § 51 Absatz 1 Satz 2 vorlegen. [2]Das Bundesamt für Wirtschaft und Ausfuhrkontrolle ist berechtigt, der Filmförderungsanstalt und der für Kultur und Medien zuständigen obersten Bundesbehörde die entsprechenden Daten zu übermitteln.

§ 165 Zeitpunkt und Form der Meldepflicht. (1) [1]Die Auskünfte der Kinos und der Videowirtschaft nach § 164 Absatz 1 Nummer 5 bis 10 sind monatlich, jeweils bis zum Zehnten des darauf folgenden Monats, nach Auswertungsart getrennt kostenfrei zu erteilen. [2]Die Auskünfte der Fernsehveranstalter und Programmvermarkter nach § 164 Absatz 1 Nummer 2, 11 und 12 sind jährlich bis zum 31. Juli des Folgejahres zu erteilen. [3]Die Auskünfte über die Erlöse nach § 164 Absatz 2 Satz 2 Nummer 2 sind halbjährlich, jeweils für die erste Hälfte des Kalenderjahres bis zum Ablauf des Monats August desselben Kalenderjahres und für die zweite Hälfte des Kalenderjahres bis zum Ablauf des Monats Februar des folgenden Kalenderjahres, zu erteilen.

(2) [1]Die Auskünfte nach Absatz 1 sind schriftlich oder elektronisch zu erteilen. [2]Die Auskünfte der Kinos, die über elektronische Kassensysteme verfügen, sind abweichend von Satz 1 elektronisch zu erteilen.

(3) Im Übrigen erfolgt die Auskunftserteilung aufgrund und nach Maßgabe der Anforderung der Filmförderungsanstalt oder des Bundesamtes für Wirtschaft und Ausfuhrkontrolle.

§ 166 Kontrolle der gemeldeten Daten. (1) [1]Die Filmförderungsanstalt ist berechtigt, die nach § 164 erteilten Auskünfte zu überprüfen. [2]Sie darf Dritte, bei denen es sich auch um natürliche Personen oder juristische Personen privaten Rechts handeln kann, mit der Überprüfung beauftragen. [3]Die Auskunftspflichtigen sind verpflichtet, der Filmförderungsanstalt Unterlagen zum Nachweis der Richtigkeit der Auskünfte nach § 164 zur Verfügung zu stellen.

(2) [1]Die von der Filmförderungsanstalt mit der Überwachung des Betriebs beauftragten Personen sind zur Überprüfung der nach § 164 gemachten Angaben befugt, während der Betriebs- oder Geschäftszeit Grundstücke, Betriebsan-

lagen und Geschäftsräume der zur Auskunft verpflichteten Person zu betreten, dort Besichtigungen und Prüfungen vorzunehmen und die geschäftlichen Unterlagen der zur Auskunft verpflichteten Person einzusehen. [2]Das Grundrecht auf Unverletzlichkeit der Wohnung (Artikel 13 des Grundgesetzes) wird insoweit eingeschränkt.

(3) Bei juristischen Personen und Personenhandelsgesellschaften haben die nach Gesetz, Gesellschaftsvertrag oder Satzung zur Vertretung berechtigten Personen oder deren Beauftragte die Pflichten nach Absatz 1 Satz 2 zu erfüllen und Maßnahmen nach Absatz 1 zu dulden.

(4) Die zur Auskunft verpflichtete Person kann die Auskunft auf solche Fragen verweigern, deren Beantwortung sie selbst oder einen der in § 383 Absatz 1 Nummer 1 bis 3 der Zivilprozessordnung bezeichneten Angehörigen der Gefahr strafgerichtlicher Verfolgung oder eines Verfahrens nach dem Gesetz über Ordnungswidrigkeiten aussetzen würde.

§ 167 Schätzung. Weigert sich eine zur Auskunft verpflichtete Person, eine Auskunft nach § 164 bis zu dem in § 165 Absatz 1 bestimmten Zeitpunkt zu erteilen oder entsprechende Unterlagen vorzulegen, kann die Filmförderungsanstalt die für die Festsetzung der Filmabgabe erforderlichen Feststellungen auch im Wege der Schätzung treffen oder gewährte Förderhilfen zurückverlangen.

§ 168 Übermittlung und Veröffentlichung von Daten. (1) [1]Auf Anforderung hat die Filmförderungsanstalt der für Kultur und Medien zuständigen obersten Bundesbehörde Daten, die für die Förderung oder die Erhebung der Filmabgabe erforderlich sind, zu übermitteln. [2]Daten im Sinne des Satzes 1 sind

1. die in § 164 aufgeführten Daten sowie
2. die nachfolgenden Daten:
   a) der Name der antragstellenden natürlichen oder juristischen Person, der Name der geförderten natürlichen oder juristischen Person oder der Name der zur Filmabgabe verpflichteten natürlichen oder juristischen Person,
   b) die Art der geförderten Maßnahme,
   c) das Datum des Förderbescheids,
   d) der Titel des geförderten Treatments, Drehbuchs oder Filmvorhabens,
   e) die Höhe der Herstellungskosten des geförderten Filmvorhabens oder die Höhe der Kosten der geförderten Maßnahme,
   f) die Höhe des nach diesem Gesetz gewährten Förderbetrages sowie der insgesamt für das jeweilige Vorhaben oder die jeweilige Maßnahme erhaltenen staatlichen Fördermittel,
   g) der prozentuale Anteil des insgesamt durch staatliche Beihilfen finanzierten Teils an den beihilfefähigen Gesamtkosten einer geförderten Maßnahme vor Abzug von Steuern und sonstigen Abgaben,
   h) die Höhe der vorrangig rückzahlbaren Finanzierungsbestandteile,

i) die Höhe der Erlöse, die nach Maßgabe dieses Gesetzes zur Tilgung des Darlehens herangezogen werden und
j) die Höhe der seitens einer natürlichen oder juristischen Person zu leistenden Filmabgabe.

(2) [1]Die Filmförderungsanstalt veröffentlicht den Namen sowie die in Absatz 1 Satz 2 Nummer 2 Buchstabe b bis i aufgeführten Daten geförderter natürlicher oder juristischer Personen in ihrem Geschäfts- und Förderbericht sowie auf ihrer Internetseite. [2]Darüber hinaus darf die Filmförderungsanstalt Angaben über die Besucherzahlen von Filmen im In- und Ausland projektbezogen oder kumuliert in ihrem Geschäfts- und Förderbericht sowie auf ihrer Internetseite veröffentlichen.

(3) Die Filmförderungsanstalt ist berechtigt, die nach § 164 Absatz 2 Satz 2 Nummer 1 erhobenen Daten an die zentrale Dienstleistungsorganisation der deutschen Filmwirtschaft für die Außenvertretung des deutschen Films zu übermitteln.

(4) Die Filmförderungsanstalt ist berechtigt, der Europäischen Kommission alle zur Prüfung der beihilferechtlichen Zulässigkeit der gewährten Förderhilfen notwendigen Daten zu übermitteln.

§ 169 Förderbericht. [1]Die Filmförderungsanstalt erstellt anhand der Angaben nach § 164 jährlich einen Förderbericht und leitet diesen der für Kultur und Medien zuständigen obersten Bundesbehörde zu und veröffentlicht diesen. [2]Der Förderbericht enthält eine statistische Auswertung der Informationen zur Anwendbarkeit von Branchentarifverträgen oder vergleichbaren sozialen Standards nach § 67 Absatz 11.

Kapitel 13

Übergangs- und Schlussvorschriften

§ 170 Übergangsregelungen. (1) [1]Ansprüche nach diesem Gesetz, die vor dem 1. Januar 2017 entstanden sind, werden nach den bis zum 31. Dezember 2016 geltenden Vorschriften abgewickelt. [2]Im Rahmen der Darlehenstilgung zurückgezahlte Fördermittel, die nach dem Filmförderungsgesetz in der bis zum 31. Dezember 2016 geltenden Fassung als Zuschuss für neue Vorhaben rückgewährt werden konnten, können nur bis zum 31. Dezember 2018 abgerufen werden.

(2) Soweit Verwaltungsverfahren bei Inkrafttreten dieses Gesetzes liefen, werden diese nach den bis zum 31. Dezember 2016 geltenden Vorschriften fortgesetzt.

(3) [1]Der am 31. Dezember 2016 im Amt befindliche Verwaltungsrat bleibt bis zum ersten Zusammentreten des nach den Vorschriften dieses Gesetzes nach dem 1. Januar 2017 berufenen Verwaltungsrats im Amt. [2]Die am 31. Dezember

2016 im Amt befindliche Vergabekommission und die Unterkommission für die Drehbuchförderung bleiben bis zum ersten Zusammentreten der Kommission für Produktions- und Drehbuchförderung, die Unterkommission für die Förderung des Filmabsatzes im In- und Ausland und die Unterkommission für die Förderung des Absatzes von mit Filmen bespielten Bildträgern und des Absatzes von Filmen mittels Videoabrufdiensten bleiben bis zum ersten Zusammentreten der Kommission für Verleih-, Vertriebs- und Videoförderung und die Unterkommission für die Förderung des Filmabspiels bleibt bis zum ersten Zusammentreten der Kommission für Kinoförderung im Amt.

(4) [1]Anträge auf Referenzfilmförderung können auch gestellt werden, wenn der Referenzfilm zwischen dem 1. Januar 2016 und dem 1. Januar 2017 erstaufgeführt wurde oder eine Kennzeichnung nach § 14 des Jugendschutzgesetzes erhalten hat. [2]Anträge auf Referenzförderung für Kurzfilme und nicht programmfüllende Kinderfilme können auch gestellt werden, wenn der Film zwischen dem 1. Januar 2015 und dem 1. Januar 2017 fertiggestellt wurde oder eine Kennzeichnung nach § 14 des Jugendschutzgesetzes erhalten hat.

(5) Eine am 31. Dezember 2016 bestehende Mitgliedschaft in der Unterkommission für die Förderung des Filmabspiels wird bei Bestellung für die Kommission für Kinoförderung im Rahmen der Prüfung nach § 24 Absatz 5 berücksichtigt.

§ 171 Beendigung der Filmförderung. (1) [1]Die Erhebung der Filmabgabe endet am 31. Dezember 2021. [2]Die Filmförderungsanstalt legt der für Kultur und Medien zuständigen obersten Bundesbehörde spätestens zum 31. Dezember 2019 einen Evaluierungsbericht zur Entwicklung des Abgabeaufkommens vor dem Hintergrund der wirtschaftlichen Situation des Filmmarktes in Deutschland vor und veröffentlicht den Bericht.

(2) [1]Förderhilfen nach den §§ 73, 76, 91 und 127 werden nur gewährt, wenn der Referenzfilm bis zum 31. Dezember 2020 erstaufgeführt worden ist. [2]Förderhilfen nach den §§ 59, 100, 107, 115, 134 und 138 werden letztmalig für das Wirtschaftsjahr 2021 gewährt.

(3) [1]Anträge auf Förderhilfen nach den §§ 73, 76, 91, 127 und 138 müssen bis zum 31. März 2022 gestellt werden. [2]Für programmfüllende Dokumentar- und Kinderfilme müssen die Anträge bis zum 31. März 2024 gestellt werden. [3]Anträge auf Gewährung von Förderhilfen gemäß den §§ 59, 100, 107, 115 und 134 müssen bis zum 30. September 2021 gestellt werden.

(4) [1]Ist über den letzten Antrag auf Gewährung von Förderhilfen für programmfüllende Dokumentar- und Kinderfilme entschieden worden, so gehen das Vermögen und die Verbindlichkeiten der Filmförderungsanstalt auf die Bundesrepublik Deutschland über. [2]Der Zeitpunkt wird von der für Kultur und Medien zuständigen obersten Bundesbehörde im Bundesanzeiger bekannt gemacht. [3]Das Bundesamt für Wirtschaft und Ausfuhrkontrolle nimmt die verbleibenden Aufgaben der Filmförderungsanstalt wahr. [4]Das verbleibende Vermögen ist nach Maßgabe der von der für Kultur und Medien zuständigen

obersten Bundesbehörde zu erlassenden Bestimmungen für die Förderung der Filmwirtschaft zu verwenden.

§ 172 Inkrafttreten, Außerkrafttreten. [1]Dieses Gesetz tritt am 1. Januar 2017 in Kraft. [2]Gleichzeitig tritt das Filmförderungsgesetz in der Fassung der Bekanntmachung vom 24. August 2004 (BGBl. I S. 2277), das zuletzt durch Artikel 1 des Gesetzes vom 7. August 2013 (BGBl. I S. 3082) geändert worden ist, außer Kraft.

VI. Multimediarecht

Vorbemerkung

Grundlage für telekommunikationsrechtliche Regelungen ist das TKG in der Fassung des Gesetzes vom 30. Oktober 2017.

Die Entwicklung der europäischen Rechtsvorgaben für die Telekommunikation/elektronische Kommunikation beruht auf der zentralen Richtlinie 2002/21/EG des Europäischen Parlaments und des Rates vom 7. März 2002 über einen gemeinsamen Rechtsrahmen für elektronische Kommunikationsnetze und -dienste (Rahmenrichtlinie, ABl. 2002 L 108/33) sowie auf der Genehmigungsrichtlinie, der Zugangsrichtlinie, der Universaldiensterichtlinie, der Datenschutzrichtlinie für elektronische Kommunikation sowie auf der Entscheidung über einen Rechtsrahmen für die Frequenzpolitik (Diese Rechtsvorschriften können über das Rechtsinformationssystem „EUR-Lex" abgerufen werden).

Bei der früheren Version aus dem Jahr 2011 war das Urteil des Bundesverfassungsgerichts zur Verfassungswidrigkeit der Vorratsdatenspeicherung von Telekommunikationsverkehrsdaten vom 2. Oktober 2010 (1 BVR 256/08, 1 BVR 263/08, 1 BVR 586/08, vgl. NJW 2010, S. 833 ff.) zu beachten. Demnach verstießen die „alten" §§ 113a und 113b TKG in der Fassung des Art. 2 Nr. 6 des Gesetzes zur Neuregelung der Telekommunikationsüberwachung und anderer verdeckter Ermittlungsmaßnahmen sowie zur Umsetzung der Richtlinie 2006/24/EG vom 21.12.2007 gegen Art. 10 I GG und sind nichtig. Mittlerweile hat Art. 2 des Gesetzes zur Einführung einer Speicherpflicht und einer Höchstspeicherpflicht für Verkehrsdaten den Regelungsbereich der Vorratsdatenspeicherung umfassend (u.a. in den §§ 113a ff. TGK) normiert.

Für den Bereich der Nummerierung existiert eine Telekommunikations-Nummerierungsverordnung vom 5. Februar 2008 (BGBl. I S. 141; zuletzt geändert durch Gesetz vom 18. Juli 2016, BGBl. I 3154). Ferner hat der Gesetzgeber in §§ 43a ff., 66a ff. TKG Kundenschutzvorschriften kodifiziert. Ebenso gilt die Verordnung über die technische und organisatorische Umsetzung von Maßnahmen zur Überwachung der Telekommunikation (Telekommunikations-Überwachungsverordnung = TKÜV) neugefasst durch die Bekanntmachung vom 11. Juli 2017 (BGBl. I, S. 2316; zuletzt geändert durch Gesetz vom 17. August 2017, BGBl. I S. 3202) weiter. Diese Dokumente sind auf den jeweiligen Seiten des Bundesjustizministeriums abrufbar (dort unter der Rubrik Gesetze/Verordnungen).

Wertvolle Hinweise zur Entwicklung des TKG 2004 sowie eine Zusammenfassung telekommunikationsrechtlicher Vorschriften bietet die Seite www.tkrecht.de/index.php4.

Telekommunikationsgesetz (TKG)[1]

vom 22. Juni 2004 (BGBl. I S. 1190),
zuletzt geändert durch Gesetz vom 30. Oktober 2017 (BGBl. I S. 3618)

INHALTSÜBERSICHT

---

1 Das Gesetz dient der Umsetzung folgender Richtlinien:
Richtlinie 2002/21/EG des Europäischen Parlaments und des Rates vom 7. März 2002 über einen gemeinsamen Rechtsrahmen für elektronische Kommunikationsnetze und -dienste (Rahmenrichtlinie) (ABl. EG Nr. L 108 S. 33); Richtlinie 2002/20/EG des Europäischen Parlaments und des Rates vom 7. März 2002 über die Genehmigung elektronischer Kommunikationsnetze und -dienste (Genehmigungsrichtlinie) (ABl. EG Nr. L 108 S. 21); Richtlinie 2002/19/EG des Europäischen Parlaments und des Rates vom 7. März 2002 über den Zugang zu elektronischen Kommunikationsnetzen und zugehörigen Einrichtungen sowie deren Zusammenschaltung (Zugangsrichtlinie) (ABl. EG Nr. L 108 S. 7); Richtlinie 2002/22/EG des Europäischen Parlaments und des Rates vom 7. März 2002 über den Universaldienst und Nutzerrechte bei elektronischen Kommunikationsnetzen und -diensten (Universaldienstrichtlinie) (ABl. EG Nr. L 108 S. 51) sowie Richtlinie 2002/58/EG des Europäischen Parlaments und des Rates vom 12. Juli 2002 über die Verarbeitung personenbezogener Daten und den Schutz der Privatsphäre in der elektronischen Kommunikation (Datenschutzrichtlinie) (ABl. EG Nr. L 201 S. 37).

Teil 5

Vergabe von Frequenzen, Nummern und Wegerechten

Abschnitt 1

Frequenzordnung

Abschnitt 2

Nummerierung

Abschnitt 3

Wegerechte und Mitnutzung

Unterabschnitt 1

Wegerechte

Unterabschnitt 2

Mitnutzung öffentlicher Versorgungsnetze

Teil 1

Allgemeine Vorschriften

§ 1 Zweck des Gesetzes. Zweck dieses Gesetzes ist es, durch technologieneutrale Regulierung den Wettbewerb im Bereich der Telekommunikation und leistungsfähige Telekommunikationsinfrastrukturen zu fördern und flächendeckend angemessene und ausreichende Dienstleistungen zu gewährleisten.

§ 2 Regulierung, Ziele und Grundsätze. (1) Die Regulierung der Telekommunikation ist eine hoheitliche Aufgabe des Bundes.

(2) Ziele der Regulierung sind:

1. die Wahrung der Nutzer-, insbesondere der Verbraucherinteressen auf dem Gebiet der Telekommunikation und die Wahrung des Fernmeldegeheimnisses. [2]Die Bundesnetzagentur fördert die Möglichkeit der Endnutzer, Informationen abzurufen und zu verbreiten oder Anwendungen und Dienste ihrer Wahl zu nutzen. [3]Die Bundesnetzagentur berücksichtigt die Bedürfnisse bestimmter gesellschaftlicher Gruppen, insbesondere von behinderten Nutzern, älteren Menschen und Personen mit besonderen sozialen Bedürfnissen,
2. die Sicherstellung eines chancengleichen Wettbewerbs und die Förderung nachhaltig wettbewerbsorientierter Märkte der Telekommunikation im Bereich der Telekommunikationsdienste und -netze sowie der zugehörigen Einrichtungen und Dienste, auch in der Fläche. [2]Die Bundesnetzagentur stellt insoweit auch sicher, dass für die Nutzer, einschließlich behinderter Nutzer, älterer Menschen und Personen mit besonderen sozialen Bedürfnissen, der größtmögliche Nutzen in Bezug auf Auswahl, Preise und Qualität erbracht wird. [3]Sie gewährleistet, dass es im Bereich der Telekommunikation, einschließlich der Bereitstellung von Inhalten, keine Wettbewerbsverzerrungen oder -beschränkungen gibt,
3. die Entwicklung des Binnenmarktes der Europäischen Union zu fördern,
4. die Sicherstellung einer flächendeckenden gleichartigen Grundversorgung in städtischen und ländlichen Räumen mit Telekommunikationsdiensten (Universaldienstleistungen) zu erschwinglichen Preisen,
5. die Beschleunigung des Ausbaus von hochleistungsfähigen öffentlichen Telekommunikationsnetzen der nächsten Generation,
6. die Förderung von Telekommunikationsdiensten bei öffentlichen Einrichtungen,
7. die Sicherstellung einer effizienten und störungsfreien Nutzung von Frequenzen, auch unter Berücksichtigung der Belange des Rundfunks,
8. eine effiziente Nutzung von Nummerierungsressourcen zu gewährleisten,
9. die Wahrung der Interessen der öffentlichen Sicherheit.

(3) Die Bundesnetzagentur wendet bei der Verfolgung der in Absatz 2 festgelegten Ziele objektive, transparente, nicht diskriminierende und verhältnismäßige Regulierungsgrundsätze an, indem sie unter anderem

1. die Vorhersehbarkeit der Regulierung dadurch fördert, dass sie über angemessene Überprüfungszeiträume ein einheitliches Regulierungskonzept beibehält,
2. gewährleistet, dass Betreiber von Telekommunikationsnetzen und Anbieter von Telekommunikationsdiensten unter vergleichbaren Umständen nicht diskriminiert werden,
3. den Wettbewerb zum Nutzen der Verbraucher schützt und, soweit sachgerecht, den infrastrukturbasierten Wettbewerb fördert,
4. effiziente Investitionen und Innovationen im Bereich neuer und verbesserter Infrastrukturen auch dadurch fördert, dass sie dafür sorgt, dass bei jeglicher Zugangsverpflichtung dem Risiko der investierenden Unternehmen gebührend Rechnung getragen wird, und dass sie verschiedene Kooperationsvereinbarungen zur Aufteilung des Investitionsrisikos zwischen Investoren und Zugangsbegehrenden zulässt, während sie gleichzeitig gewährleistet, dass der Wettbewerb auf dem Markt und der Grundsatz der Nichtdiskriminierung gewahrt werden,
5. die vielfältigen Bedingungen im Zusammenhang mit Wettbewerb und Verbrauchern, die in den verschiedenen geografischen Gebieten innerhalb der Bundesrepublik Deutschland herrschen, gebührend berücksichtigt und
6. regulatorische Vorabverpflichtungen nur dann auferlegt, wenn es keinen wirksamen und nachhaltigen Wettbewerb gibt, und diese Verpflichtungen lockert oder aufhebt, sobald es einen solchen Wettbewerb gibt.

(4) [1]Die Vorschriften des Gesetzes gegen Wettbewerbsbeschränkungen bleiben, soweit nicht durch dieses Gesetz ausdrücklich abschließende Regelungen getroffen werden, anwendbar. [2]Die Aufgaben und Zuständigkeiten der Kartellbehörden bleiben unberührt.

(5) Die hoheitlichen Rechte des Bundesministeriums der Verteidigung bleiben unberührt.

(6) [1]Die Belange des Rundfunks und vergleichbarer Telemedien sind unabhängig von der Art der Übertragung zu berücksichtigen. [2]Die medienrechtlichen Bestimmungen der Länder bleiben unberührt.

§ 3 Begriffsbestimmungen. Im Sinne dieses Gesetzes ist oder sind

1. „Anruf" eine über einen öffentlich zugänglichen Telekommunikationsdienst aufgebaute Verbindung, die eine zweiseitige Sprachkommunikation ermöglicht;
2. „Anwendungs-Programmierschnittstelle" die Software-Schnittstelle zwischen Anwendungen, die von Sendeanstalten oder Diensteanbietern zur Verfügung gestellt werden, und den Anschlüssen in den erweiterten digitalen Fernsehempfangsgeräten für digitale Fernseh- und Rundfunkdienste;

2a. „Auskunftsdienste" bundesweit jederzeit telefonisch erreichbare Dienste, insbesondere des Rufnummernbereichs 118, die ausschließlich der neutralen Weitergabe von Rufnummer, Name, Anschrift sowie zusätzlichen Angaben von Telekommunikationsnutzern dienen. Die Weitervermittlung zu einem erfragten Teilnehmer oder Dienst kann Bestandteil des Auskunftsdienstes sein;

2b. „Baudenkmäler" nach Landesrecht geschützte Gebäude oder Gebäudemehrheiten;

3. „Bestandsdaten" Daten eines Teilnehmers, die für die Begründung, inhaltliche Ausgestaltung, Änderung oder Beendigung eines Vertragsverhältnisses über Telekommunikationsdienste erhoben werden;

4. „beträchtliche Marktmacht" eines oder mehrerer Unternehmen gegeben, wenn die Voraussetzungen nach § 11 Absatz 1 Satz 3 und 4 vorliegen;

4a. „Betreiberauswahl" der Zugang eines Teilnehmers zu den Diensten aller unmittelbar zusammengeschalteten Anbieter von öffentlich zugänglichen Telekommunikationsdiensten im Einzelwahlverfahren durch Wählen einer Kennzahl;

4b. „Betreibervorauswahl" der Zugang eines Teilnehmers zu den Diensten aller unmittelbar zusammengeschalteten Anbieter von öffentlich zugänglichen Telekommunikationsdiensten durch festgelegte Vorauswahl, wobei der Teilnehmer unterschiedliche Voreinstellungen für Orts- und Fernverbindungen vornehmen kann und bei jedem Anruf die festgelegte Vorauswahl durch Wählen einer Betreiberkennzahl übergehen kann;

5. „Dienst mit Zusatznutzen" jeder Dienst, der die Erhebung und Verwendung von Verkehrsdaten oder Standortdaten in einem Maße erfordert, das über das für die Übermittlung einer Nachricht oder die Entgeltabrechnung dieses Vorganges erforderliche Maß hinausgeht;

6. „Diensteanbieter" jeder, der ganz oder teilweise geschäftsmäßig
   a) Telekommunikationsdienste erbringt oder
   b) an der Erbringung solcher Dienste mitwirkt;

7. „digitales Fernsehempfangsgerät" ein Fernsehgerät mit integriertem digitalem Decoder oder ein an ein Fernsehgerät anschließbarer digitaler Decoder zur Nutzung digital übertragener Fernsehsignale, die mit Zusatzsignalen, einschließlich einer Zugangsberechtigung, angereichert sein können;

7a. „digitales Hochgeschwindigkeitsnetz" ein Telekommunikationsnetz, das die Möglichkeit bietet, Datendienste mit Geschwindigkeiten von mindestens 50 Megabit pro Sekunde bereitzustellen;

7b. „Einzelrichtlinien"
   a) die Richtlinie 2002/20/EG des Europäischen Parlaments und des Rates vom 7. März 2002 über die Genehmigung elektronischer Kommunikationsnetze und -dienste (Genehmigungsrichtlinie) (ABl. L 108 vom 24. 4. 2002, S. 21), die zuletzt durch die Richtlinie 2009/140/EG (ABl. L 337 vom 18.12.2009, S. 37) geändert worden ist;
   b) die Richtlinie 2002/19/EG des Europäischen Parlaments und des Rates vom 7. März 2002 über den Zugang zu elektronischen Kommunikationsnetzen und zugehörigen Einrichtungen sowie deren Zusammenschaltung (Zugangsrichtlinie) (ABl. L 108 vom 24.4.2002, S. 7), die zuletzt durch die Richtlinie 2009/140/EG (ABl. L 337 vom 18. 12. 2009, S. 37) geändert worden ist;

c) die Richtlinie 2002/22/EG des Europäischen Parlaments und des Rates vom 7. März 2002 über den Universaldienst und Nutzerrechte bei elektronischen Kommunikationsnetzen und -diensten (Universaldienstrichtlinie) (ABl. L 108 vom 24. 4. 2002, S. 51), die zuletzt durch die Richtlinie 2009/136/EG (ABl. L 337 vom 18. 12. 2009, S. 11) geändert worden ist;

d) die Richtlinie 2002/58/EG des Europäischen Parlaments und des Rates vom 12. Juli 2002 über die Verarbeitung personenbezogener Daten und den Schutz der Privatsphäre in der elektronischen Kommunikation (Datenschutzrichtlinie für elektronische Kommunikation) (ABl. L 201 vom 31.7.2002, S. 37), die zuletzt durch die Richtlinie 2009/136/EG (ABl. L 337 vom 18. 12. 2009, S. 11) geändert worden ist, und

e) die Richtlinie 2014/61/EU des Europäischen Parlaments und des Rates vom 15. Mai 2014 über Maßnahmen zur Reduzierung der Kosten des Ausbaus von Hochgeschwindigkeitsnetzen für die elektronische Kommunikation (Kostensenkungsrichtlinie) (ABl. L 155 vom 23. 5. 2014, S. 1);

8. „Endnutzer" ein Nutzer, der weder öffentliche Telekommunikationsnetze betreibt noch öffentlich zugängliche Telekommunikationsdienste erbringt;

8a. „entgeltfreie Telefondienste" Dienste, insbesondere des Rufnummernbereichs (0)800, bei deren Inanspruchnahme der Anrufende kein Entgelt zu entrichten hat;

8b. „Service-Dienste" Dienste, insbesondere des Rufnummernbereichs (0)180, die bundesweit zu einem einheitlichen Entgelt zu erreichen sind;

9. „Frequenznutzung" jede gewollte Aussendung oder Abstrahlung elektromagnetischer Wellen zwischen 9 kHz und 3 000 GHz zur Nutzung durch Funkdienste und andere Anwendungen elektromagnetischer Wellen;

9a. „Frequenzzuweisung" die Benennung eines bestimmten Frequenzbereichs für die Nutzung durch einen oder mehrere Funkdienste oder durch andere Anwendungen elektromagnetischer Wellen, falls erforderlich mit weiteren Festlegungen;

9b. „gemeinsamer Zugang zum Teilnehmeranschluss" die Bereitstellung des Zugangs zum Teilnehmeranschluss oder zum Teilabschnitt in der Weise, dass die Nutzung eines bestimmten Teils der Kapazität der Netzinfrastruktur, wie etwa eines Teils der Frequenz oder Gleichwertiges, ermöglicht wird;

9c. „GEREK" das Gremium Europäischer Regulierungsstellen für elektronische Kommunikation;

9d. „Gerät" eine Funkanlage, eine Telekomminikationsendeinrichtung oder eine Kombination von beiden;

10. „geschäftsmäßiges Erbringen von Telekommunikationsdiensten" das nachhaltige Angebot von Telekommunikation für Dritte mit oder ohne Gewinnerzielungsabsicht;

10a. *[aufgehoben]*

11. „Kundenkarten" Karten, mit deren Hilfe Telekommunikationsverbindungen hergestellt und personenbezogene Daten erhoben werden können;
11a. „Kurzwahl-Datendienste" Kurzwahldienste, die der Übermittlung von nichtsprachgestützten Inhalten mittels Telekommunikation dienen und die keine Telemedien sind;
11b. „Kurzwahldienste" Dienste, die die Merkmale eines Premium-Dienstes haben, jedoch eine spezielle Nummernart mit kurzen Nummern nutzen;
11c. „Kurzwahl-Sprachdienste" Kurzwahldienste, bei denen die Kommunikation sprachgestützt erfolgt;
11d. „Massenverkehrs-Dienste" Dienste, insbesondere des Rufnummernbereichs (0)137, die charakterisiert sind durch ein hohes Verkehrsaufkommen in einem oder mehreren kurzen Zeitintervallen mit kurzer Belegungsdauer zu einem Ziel mit begrenzter Abfragekapazität;
12. „nachhaltig wettbewerbsorientierter Markt" ein Markt, auf dem der Wettbewerb so abgesichert ist, dass er ohne sektorspezifische Regulierung besteht;
12a. „Netzabschlusspunkt" der physische Punkt, an dem einem Teilnehmer der Zugang zu einem Telekommunikationsnetz bereitgestellt wird; in Netzen, in denen eine Vermittlung oder Leitwegebestimmung erfolgt, wird der Netzabschlusspunkt anhand einer bestimmten Netzadresse bezeichnet, die mit der Nummer oder dem Namen eines Teilnehmers verknüpft sein kann;
12b. „Neuartige Dienste" Dienste, insbesondere des Rufnummernbereichs (0)12, bei denen Nummern für einen Zweck verwendet werden, für den kein anderer Rufnummernraum zur Verfügung steht;
13. „Nummern" Zeichenfolgen, die in Telekommunikationsnetzen Zwecken der Adressierung dienen;
13a. „Nummernart" die Gesamtheit aller Nummern eines Nummernraums für einen bestimmten Dienst oder eine bestimmte technische Adressierung;
13b. „Nummernbereich" eine für eine Nummernart bereitgestellte Teilmenge des Nummernraums;
13c. „Nummernraum" die Gesamtheit aller Nummern, die für eine bestimmte Art der Adressierung verwendet werden;
13d. „Nummernteilbereich" eine Teilmenge eines Nummernbereichs;
14. „Nutzer" jede natürliche oder juristische Person, die einen öffentlich zugänglichen Telekommunikationsdienst für private oder geschäftliche Zwecke in Anspruch nimmt oder beantragt, ohne notwendigerweise Teilnehmer zu sein;
15. „öffentliches Münz- und Kartentelefon" ein der Allgemeinheit zur Verfügung stehendes Telefon, für dessen Nutzung als Zahlungsmittel unter anderem Münzen, Kredit- und Abbuchungskarten oder Guthabenkarten, auch solche mit Einwahlcode, verwendet werden können;
16. „öffentliches Telefonnetz" ein Telekommunikationsnetz, das zur Bereitstellung des öffentlich zugänglichen Telefondienstes genutzt wird und darüber hinaus weitere Dienste wie Telefax- oder Datenfernübertragung und einen funktionalen Internetzugang ermöglicht;

16a. „öffentliches Telekommunikationsnetz" ein Telekommunikationsnetz, das ganz oder überwiegend der Bereitstellung öffentlich zugänglicher Telekommunikationsdienste dient, die die Übertragung von Informationen zwischen Netzabschlusspunkten ermöglichen;
16b. „öffentliche Versorgungsnetze" entstehende, betriebene oder stillgelegte physische Infrastrukturen für die öffentliche Bereitstellung von
 a) Erzeugungs-, Leitungs- oder Verteilungsdiensten für
  aa) Telekommunikation,
  bb) Gas,
  cc) Elektrizität, einschließlich der Elektrizität für die öffentliche Straßenbeleuchtung,
  dd) Fernwärme oder
  ee) Wasser, ausgenommen Trinkwasser im Sinne des § 3 Nummer 1 der Trinkwasserverordnung in der Fassung der Bekanntmachung vom 10. März 2016 (BGBl. I S. 459), die durch Artikel 4 Absatz 21 des Gesetzes vom 18. Juli 2016 (BGBl. I S. 1666) geändert worden ist; zu den öffentlichen Versorgungsnetzen zählen auch physische Infrastrukturen zur Abwasserbehandlung und -entsorgung sowie die Kanalisationssysteme;
 b) Verkehrsdiensten; zu diesen Infrastrukturen gehören insbesondere Schienenwege, Straßen, Wasserstraßen, Brücken, Häfen und Flugplätze;
17. „öffentlich zugänglicher Telefondienst" ein der Öffentlichkeit zur Verfügung stehender Dienst, der direkt oder indirekt über eine oder mehrere Nummern eines nationalen oder internationalen Telefonnummernplans oder eines anderen Adressierungsschemas das Führen folgender Gespräche ermöglicht:
 a) aus- und eingehende Inlandsgespräche oder
 b) aus- und eingehende Inlands- und Auslandsgespräche;
17a. „öffentlich zugängliche Telekommunikationsdienste" der Öffentlichkeit zur Verfügung stehende Telekommunikationsdienste;
17b. „passive Netzinfrastrukturen" Komponenten eines Netzes, die andere Netzkomponenten aufnehmen sollen, selbst jedoch nicht zu aktiven Netzkomponenten werden; hierzu zählen zum Beispiel Fernleitungen, Leer- und Leitungsrohre, Kabelkanäle, Kontrollkammern, Einstiegsschächte, Verteilerkästen, Gebäude und Gebäudeeingänge, Antennenanlagen und Trägerstrukturen wie Türme, Ampeln und Straßenlaternen, Masten und Pfähle; Kabel, einschließlich unbeschalteter Glasfaserkabel, sind keine passiven Netzinfrastrukturen;
17c. „Premium-Dienste" Dienste, insbesondere der Rufnummernbereiche (0)190 und (0)900, bei denen über die Telekommunikationsdienstleistung hinaus eine weitere Dienstleistung erbracht wird, die gegenüber dem Anrufer gemeinsam mit der Telekommunikationsdienstleistung abgerechnet wird und die nicht einer anderen Nummernart zuzurechnen ist;

18. „Rufnummer" eine Nummer, durch deren Wahl im öffentlich zugänglichen Telefondienst eine Verbindung zu einem bestimmten Ziel aufgebaut werden kann;
18a. „Rufnummernbereich" eine für eine Nummernart bereitgestellte Teilmenge des Nummernraums für das öffentliche Telefonnetz;
18b. „Schnittstelle" ein Netzabschlusspunkt, das heißt, der physische Anschlusspunkt, über den der Benutzer Zugang zu öffentlichen Telekommunikationsnetzen erhält;
19. „Standortdaten" Daten, die in einem Telekommunikationsnetz oder von einem Telekommunikationsdienst erhoben oder verwendet werden und die den Standort des Endgeräts eines Endnutzers eines öffentlich zugänglichen Telekommunikationsdienstes angeben;
19a. „Teilabschnitt" eine Teilkomponente des Teilnehmeranschlusses, die den Netzabschlusspunkt am Standort des Teilnehmers mit einem Konzentrationspunkt oder einem festgelegten zwischengeschalteten Zugangspunkt des öffentlichen Festnetzes verbindet;
20. „Teilnehmer" jede natürliche oder juristische Person, die mit einem Anbieter von öffentlich zugänglichen Telekommunikationsdiensten einen Vertrag über die Erbringung derartiger Dienste geschlossen hat;
21. „Teilnehmeranschluss" die physische Verbindung, mit dem der Netzabschlusspunkt in den Räumlichkeiten des Teilnehmers mit den Hauptverteilerknoten oder mit einer gleichwertigen Einrichtung in festen öffentlichen Telefonnetzen verbunden wird;
22. „Telekommunikation" der technische Vorgang des Aussendens, Übermittelns und Empfangens von Signalen mittels Telekommunikationsanlagen;
23. „Telekommunikationsanlagen" technische Einrichtungen oder Systeme, die als Nachrichten identifizierbare elektromagnetische oder optische Signale senden, übertragen, vermitteln, empfangen, steuern oder kontrollieren können;
24. „Telekommunikationsdienste" in der Regel gegen Entgelt erbrachte Dienste, die ganz oder überwiegend in der Übertragung von Signalen über Telekommunikationsnetze bestehen, einschließlich Übertragungsdienste in Rundfunknetzen;
24a. „Telekommunikationsendeinrichtung" eine direkt oder indirekt an die Schnittstelle eines öffentlichen Telekommunikationsnetzes angeschlossene Einrichtung zum Aussenden, Verarbeiten oder Empfangen von Nachrichten; sowohl bei direkten als auch bei indirekten Anschlüssen kann die Verbindung über elektrisch leitenden Draht, über optische Faser oder elektromagnetisch hergestellt werden; bei einem indirekten Anschluss ist zwischen der Telekommunikationsendeinrichtung und der Schnittstelle des öffentlichen Netzes ein Gerät geschaltet;
25. „telekommunikationsgestützte Dienste" Dienste, die keinen räumlich und zeitlich trennbaren Leistungsfluss auslösen, sondern bei denen die Inhaltsleistung noch während der Telekommunikationsverbindung erfüllt wird;

26. „Telekommunikationslinien" unter- oder oberirdisch geführte Telekommunikationskabelanlagen, einschließlich ihrer zugehörigen Schalt- und Verzweigungseinrichtungen, Masten und Unterstützungen, Kabelschächte und Kabelkanalrohre, sowie weitere technische Einrichtungen, die für das Erbringen von öffentlich zugänglichen Telekommunikationsdiensten erforderlich sind;
27. „Telekommunikationsnetz" die Gesamtheit von Übertragungssystemen und gegebenenfalls Vermittlungs- und Leitwegeinrichtungen sowie anderweitigen Ressourcen, einschließlich der nicht aktiven Netzbestandteile, die die Übertragung von Signalen über Kabel, Funk, optische und andere elektromagnetische Einrichtungen ermöglichen, einschließlich Satellitennetzen, festen, leitungs- und paketvermittelten Netzen, einschließlich des Internets, und mobilen terrestrischen Netzen, Stromleitungssystemen, soweit sie zur Signalübertragung genutzt werden, Netzen für Hör- und Fernsehfunk sowie Kabelfernsehnetzen, unabhängig von der Art der übertragenen Information;

27a. „Überbau" die nachträgliche Dopplung von Telekommunikationsinfrastrukturen durch parallele Errichtung, soweit damit dasselbe Versorgungsgebiet erschlossen werden soll;

28. „Übertragungsweg" Telekommunikationsanlagen in Form von Kabel- oder Funkverbindungen mit ihren übertragungstechnischen Einrichtungen als Punkt-zu-Punkt- oder Punkt-zu-Mehrpunktverbindungen mit einem bestimmten Informationsdurchsatzvermögen (Bandbreite oder Bitrate) einschließlich ihrer Abschlusseinrichtungen;

28a. „umfangreiche Renovierungen" Tief- oder Hochbauarbeiten am Standort des Endnutzers, die strukturelle Veränderungen an den gesamten gebäudeinternen passiven Netzinfrastrukturen oder einem wesentlichen Teil davon umfassen;

29. „Unternehmen" das Unternehmen selbst oder mit ihm im Sinne des § 36 Abs. 2 und § 37 Abs. 1 und 2 des Gesetzes gegen Wettbewerbsbeschränkungen verbundene Unternehmen;
30. „Verkehrsdaten" Daten, die bei der Erbringung eines Telekommunikationsdienstes erhoben, verarbeitet oder genutzt werden;

30a. „Verletzung des Schutzes personenbezogener Daten" eine Verletzung der Datensicherheit, die zum Verlust, zur unrechtmäßigen Löschung, Veränderung, Speicherung, Weitergabe oder sonstigen unrechtmäßigen Verwendung personenbezogener Daten führt, die übertragen, gespeichert oder auf andere Weise im Zusammenhang mit der Bereitstellung öffentlich zugänglicher Telekommunikationsdienste verarbeitet werden sowie der unrechtmäßige Zugang zu diesen;

30b. „vollständig entbündelter Zugang zum Teilnehmeranschluss" die Bereitstellung des Zugangs zum Teilnehmeranschluss oder zum Teilabschnitt in der Weise, dass die Nutzung der gesamten Kapazität der Netzinfrastruktur ermöglicht wird;

30c. „Warteschleife" jede vom Nutzer eines Telekommunikationsdienstes eingesetzte Vorrichtung oder Geschäftspraxis, über die Anrufe entgegengenommen oder aufrechterhalten werden, ohne dass das Anliegen des Anrufers bearbeitet wird. Dies umfasst die Zeitspanne ab Rufaufbau vom Anschluss des Anrufers bis zu dem Zeitpunkt, an dem mit der Bearbeitung des Anliegens des Anrufers begonnen wird, gleichgültig ob dies über einen automatisierten Dialog oder durch eine persönliche Bearbeitung erfolgt. Ein automatisierter Dialog beginnt, sobald automatisiert Informationen abgefragt werden, die für die Bearbeitung des Anliegens erforderlich sind. Eine persönliche Bearbeitung des Anliegens beginnt, sobald eine natürliche Person den Anruf entgegennimmt und bearbeitet. Hierzu zählt auch die Abfrage von Informationen, die für die Bearbeitung des Anliegens erforderlich sind. Als Warteschleife ist ferner die Zeitspanne anzusehen, die anlässlich einer Weiterleitung zwischen Beendigung der vorhergehenden Bearbeitung des Anliegens und der weiteren Bearbeitung vergeht, ohne dass der Anruf technisch unterbrochen wird. Keine Warteschleife sind automatische Bandansagen, wenn die Dienstleistung für den Anrufer vor Herstellung der Verbindung erkennbar ausschließlich in einer Bandansage besteht;

31. „wirksamer Wettbewerb" die Abwesenheit von beträchtlicher Marktmacht im Sinne des § 11 Absatz 1 Satz 3 und 4;

32. „Zugang" die Bereitstellung von Einrichtungen oder Diensten für ein anderes Unternehmen unter bestimmten Bedingungen zum Zwecke der Erbringung von Telekommunikationsdiensten, auch bei deren Verwendung zur Erbringung von Diensten der Informationsgesellschaft oder Rundfunkinhaltediensten. Dies umfasst unter anderem Folgendes:
    a) Zugang zu Netzkomponenten, einschließlich nicht aktiver Netzkomponenten, und zugehörigen Einrichtungen, wozu auch der feste oder nicht feste Anschluss von Geräten gehören kann. Dies beinhaltet insbesondere den Zugang zum Teilnehmeranschluss sowie zu Einrichtungen und Diensten, die erforderlich sind, um Dienste über den Teilnehmeranschluss zu erbringen, einschließlich des Zugangs zur Anschaltung und Ermöglichung des Anbieterwechsels des Teilnehmers und zu hierfür notwendigen Informationen und Daten und zur Entstörung;
    b) Zugang zu physischen Infrastrukturen wie Gebäuden, Leitungsrohren und Masten;
    c) Zugang zu einschlägigen Softwaresystemen, einschließlich Systemen für die Betriebsunterstützung;
    d) Zugang zu informationstechnischen Systemen oder Datenbanken für Vorbestellung, Bereitstellung, Auftragserteilung, Anforderung von Wartungs- und Instandsetzungsarbeiten sowie Abrechnung;
    e) Zugang zur Nummernumsetzung oder zu Systemen, die eine gleichwertige Funktion bieten;
    f) Zugang zu Fest- und Mobilfunknetzen, insbesondere, um Roaming zu ermöglichen;

g) Zugang zu Zugangsberechtigungssystemen für Digitalfernsehdienste und

h) Zugang zu Diensten für virtuelle Netze;

33. „Zugangsberechtigungssysteme" technische Verfahren oder Vorrichtungen, welche die erlaubte Nutzung geschützter Rundfunkprogramme von einem Abonnement oder einer individuellen Erlaubnis abhängig machen;

33a. „Zugangspunkt zu passiven gebäudeinternen Netzkomponenten" ein physischer Punkt innerhalb oder außerhalb des Gebäudes, der für Eigentümer und Betreiber öffentlicher Telekommunikationsnetze zugänglich ist und den Anschluss an die hochgeschwindigkeitsfähigen gebäudeinternen passiven Netzinfrastrukturen ermöglicht;

33b. „zugehörige Dienste" diejenigen mit einem Telekommunikationsnetz oder einem Telekommunikationsdienst verbundenen Dienste, welche die Bereitstellung von Diensten über dieses Netz oder diesen Dienst ermöglichen, unterstützen oder dazu in der Lage sind. Darunter fallen unter anderem Systeme zur Nummernumsetzung oder Systeme, die eine gleichwertige Funktion bieten, Zugangsberechtigungssysteme und elektronische Programmführer sowie andere Dienste wie Dienste im Zusammenhang mit Identität, Standort und Präsenz des Nutzers;

33c. „zugehörige Einrichtungen" diejenigen mit einem Telekommunikationsnetz oder einem Telekommunikationsdienst verbundenen zugehörigen Dienste, physischen Infrastrukturen und sonstigen Einrichtungen und Komponenten, welche die Bereitstellung von Diensten über dieses Netz oder diesen Dienst ermöglichen, unterstützen oder dazu in der Lage sind. Darunter fallen unter anderem Gebäude, Gebäudezugänge, Verkabelungen in Gebäuden, Antennen, Türme und andere Trägerstrukturen, Leitungsrohre, Leerrohre, Masten, Einstiegsschächte und Verteilerkästen;

34. „Zusammenschaltung" derjenige Zugang, der die physische und logische Verbindung öffentlicher Telekommunikationsnetze herstellt, um Nutzern eines Unternehmens die Kommunikation mit Nutzern desselben oder eines anderen Unternehmens oder die Inanspruchnahme von Diensten eines anderen Unternehmens zu ermöglichen; Dienste können von den beteiligten Parteien erbracht werden oder von anderen Parteien, die Zugang zum Netz haben. Zusammenschaltung ist ein Sonderfall des Zugangs und wird zwischen Betreibern öffentlicher Telekommunikationsnetze hergestellt.

§ 4 Internationale Berichtspflichten. Die Betreiber von öffentlichen Telekommunikationsnetzen und die Anbieter von öffentlich zugänglichen Telekommunikationsdiensten müssen der Bundesnetzagentur auf Verlangen die Informationen zur Verfügung stellen, die diese benötigt, um Berichtspflichten gegenüber der Kommission und anderen internationalen Gremien erfüllen zu können.

§ 5 Medien der Veröffentlichung. [1]Veröffentlichungen und Bekanntmachungen, zu denen die Bundesnetzagentur durch dieses Gesetz verpflichtet ist, erfolgen in deren Amtsblatt und auf deren Internetseite, soweit keine abweichende Regelung getroffen ist. [2]Im Amtsblatt der Bundesnetzagentur sind auch technische Richtlinien bekannt zu machen.

§ 6 Meldepflicht. (1) [1]Wer gewerblich öffentliche Telekommunikationsnetze betreibt oder gewerblich öffentlich zugängliche Telekommunikationsdienste erbringt, muss die Aufnahme, Änderung und Beendigung seiner Tätigkeit sowie Änderungen seiner Firma bei der Bundesnetzagentur unverzüglich melden. [2]Die Erklärung bedarf der Schriftform.

(2) [1]Die Meldung muss die Angaben enthalten, die für die Identifizierung des Betreibers oder Anbieters nach Absatz 1 erforderlich sind, insbesondere die Handelsregisternummer, die Anschrift, die Kurzbeschreibung des Netzes oder Dienstes sowie den voraussichtlichen Termin für die Aufnahme der Tätigkeit. [2]Die Meldung hat nach einem von der Bundesnetzagentur vorgeschriebenen und veröffentlichten Formular zu erfolgen.

(3) Auf Antrag bestätigt die Bundesnetzagentur innerhalb von einer Woche die Vollständigkeit der Meldung nach Absatz 2 und bescheinigt, dass dem Unternehmen die durch dieses Gesetz oder aufgrund dieses Gesetzes eingeräumten Rechte zustehen.

(4) Die Bundesnetzagentur veröffentlicht regelmäßig ein Verzeichnis der gemeldeten Unternehmen.

(5) Steht die Einstellung der Geschäftstätigkeit eindeutig fest und ist die Beendigung der Tätigkeit der Bundesnetzagentur nicht innerhalb eines Zeitraums von sechs Monaten schriftlich gemeldet worden, kann die Bundesnetzagentur die Beendigung der Tätigkeit von Amts wegen feststellen.

§ 7 Strukturelle Separierung. Unternehmen, die öffentliche Telekommunikationsnetze betreiben oder öffentliche zugängliche Telekommunikationsdienste anbieten und innerhalb der Europäischen Union besondere oder ausschließliche Rechte für die Erbringung von Diensten in anderen Sektoren besitzen, sind verpflichtet,

1. die Tätigkeiten im Zusammenhang mit der Bereitstellung von öffentlichen Telekommunikationsnetzen und der Erbringung von öffentlich zugänglichen Telekommunikationsdiensten für die Öffentlichkeit strukturell auszugliedern oder
2. über die Tätigkeiten im Zusammenhang mit der Bereitstellung von öffentlichen Telekommunikationsnetzen oder der Erbringung von öffentlich zugänglichen Telekommunikationsdiensten in dem Umfang getrennt Buch zu führen, der erforderlich wäre, wenn sie von rechtlich unabhängigen Unternehmen ausgeführt würden, so dass alle Kosten und Einnahmebestandteile dieser Tätigkeiten mit den entsprechenden Berechnungsgrundlagen und detaillierten Zurechnungsmethoden einschließlich einer detaillierten Aufschlüsselung des Anlagevermögens und der strukturbedingten Kosten offen gelegt werden.

§ 8 Internationaler Status. (1) [1]Unternehmen, die internationale Telekommunikationsdienste erbringen oder die im Rahmen ihres Angebots Funkanlagen betreiben, die schädliche Störungen bei Funkdiensten anderer Länder verursachen können, sind anerkannte Betriebsunternehmen im Sinne der Konstitution und der Konvention der Internationalen Fernmeldeunion. [2]Diese Unternehmen unterliegen den sich aus der Konstitution der Internationalen Fernmeldeunion ergebenden Verpflichtungen.

(2) Unternehmen, die internationale Telekommunikationsdienste erbringen, müssen nach den Regelungen der Konstitution der Internationalen Fernmeldeunion

1. allen Nachrichten, welche die Sicherheit des menschlichen Lebens auf See, zu Lande, in der Luft und im Weltraum betreffen, sowie den außerordentlichen dringenden Seuchennachrichten der Weltgesundheitsorganisation unbedingten Vorrang einräumen,
2. den Staatstelekommunikationsverbindungen im Rahmen des Möglichen Vorrang vor dem übrigen Telekommunikationsverkehr einräumen, wenn dies von der Person, die die Verbindung anmeldet, ausdrücklich verlangt wird.

Teil 2

Marktregulierung

Abschnitt 1

Verfahren der Marktregulierung

§ 9 Grundsatz. (1) Der Marktregulierung nach den Vorschriften dieses Teils unterliegen Märkte, auf denen die Voraussetzungen des § 10 vorliegen und für die eine Marktanalyse nach § 11 ergeben hat, dass kein wirksamer Wettbewerb vorliegt.

(2) Unternehmen, die auf Märkten im Sinne des § 11 über beträchtliche Marktmacht verfügen, werden durch die Bundesnetzagentur Maßnahmen nach diesem Teil auferlegt.

(3) § 18 bleibt unberührt.

§ 9a *(aufgehoben)*

§ 10 Marktdefinition. (1) Die Bundesnetzagentur legt unter Berücksichtigung der Ziele des § 2 die sachlich und räumlich relevanten Telekommunikationsmärkte fest, die für eine Regulierung nach den Vorschriften dieses Teils in Betracht kommen.

(2) [1]Für eine Regulierung nach diesem Teil kommen Märkte in Betracht, die durch beträchtliche und anhaltende strukturell oder rechtlich bedingte Markt-

zutrittsschranken gekennzeichnet sind, längerfristig nicht zu wirksamem Wettbewerb tendieren und auf denen die Anwendung des allgemeinen Wettbewerbsrechts allein nicht ausreicht, um dem betreffenden Marktversagen entgegenzuwirken. [2]Diese Märkte werden von der Bundesnetzagentur im Rahmen des ihr zustehenden Beurteilungsspielraums bestimmt. [3]Sie berücksichtigt dabei weitestgehend die Empfehlung in Bezug auf relevante Produkt- und Dienstmärkte, die die Kommission nach Artikel 15 Abs. 1 der Richtlinie 2002/21/EG des Europäischen Parlaments und des Rates vom 7. März 2002 über einen gemeinsamen Rechtsrahmen für elektronische Kommunikationsnetze und -dienste (Rahmenrichtlinie) (ABl. L 108 vom 24.4.2002, S. 33), die zuletzt durch die Richtlinie 2009/140/EG (ABl. L 337 vom 18.12.2009, S. 37) geändert worden ist, veröffentlicht, in ihrer jeweils geltenden Fassung sowie die Leitlinien zur Marktanalyse und zur Bewertung beträchtlicher Marktmacht, die die Kommission nach Artikel 15 Absatz 2 der Richtlinie 2002/21/EG veröffentlicht, in ihrer jeweils geltenden Fassung.

(3) Das Ergebnis der Marktdefinition hat die Bundesnetzagentur der Kommission im Verfahren nach § 12 in den Fällen vorzulegen, in denen die Marktdefinition Auswirkungen auf den Handel zwischen den Mitgliedstaaten hat.

§ 11 Marktanalyse. (1) [1]Bei den nach § 10 festgelegten, für eine Regulierung nach diesem Teil in Betracht kommenden Märkten prüft die Bundesnetzagentur, ob auf dem untersuchten Markt wirksamer Wettbewerb besteht. [2]Wirksamer Wettbewerb besteht nicht, wenn ein oder mehrere Unternehmen auf diesem Markt über beträchtliche Marktmacht verfügen. [3]Ein Unternehmen gilt als Unternehmen mit beträchtlicher Marktmacht, wenn es entweder allein oder gemeinsam mit anderen eine der Beherrschung gleichkommende Stellung einnimmt, das heißt eine wirtschaftlich starke Stellung, die es ihm gestattet, sich in beträchtlichem Umfang unabhängig von Wettbewerbern und Endnutzern zu verhalten. [4]Verfügt ein Unternehmen auf einem relevanten Markt, dem ersten Markt, über beträchtliche Marktmacht, so kann es auch auf einem benachbarten, nach § 10 Absatz 2 bestimmten relevanten Markt, dem zweiten Markt, als Unternehmen mit beträchtlicher Marktmacht benannt werden, wenn die Verbindungen zwischen beiden Märkten es gestatten, die Marktmacht von dem ersten auf den zweiten Markt zu übertragen und damit die gesamte Marktmacht des Unternehmens zu verstärken. [5]Verfügt ein Unternehmen auf einem relevanten Markt über beträchtliche Marktmacht, so kann es auch auf einem benachbarten, nach § 10 Abs. 2 bestimmten relevanten Markt als Unternehmen mit beträchtlicher Marktmacht angesehen werden, wenn die Verbindungen zwischen beiden Märkten es gestatten, diese von dem einen auf den anderen Markt zu übertragen und damit die gesamte Marktmacht des Unternehmens zu verstärken.

(2) Im Falle länderübergreifender Märkte im Geltungsbereich der Richtlinie 2002/21/EG untersucht die Bundesnetzagentur die Frage, ob beträchtliche Marktmacht im Sinne von Absatz 1 vorliegt, gemeinsam mit den nationalen Regulierungsbehörden der Mitgliedstaaten, welche diese Märkte umfassen.

(3) [1]Die Bundesnetzagentur berücksichtigt bei der Marktanalyse nach den Absätzen 1 und 2 weitestgehend die von der Kommission aufgestellten Kriterien, die niedergelegt sind in den Leitlinien der Kommission zur Marktanalyse und zur Bewertung beträchtlicher Marktmacht nach Artikel 15 Absatz 2 der Richtlinie 2002/21/EG in der jeweils geltenden Fassung. [2]Die Bundesnetzagentur trägt im Rahmen der Marktanalyse nach Absatz 1 zudem den Märkten Rechnung, die die Kommission in der jeweils geltenden Fassung der Empfehlung in Bezug auf relevante Produkt- und Dienstmärkte nach Artikel 15 Absatz 1 der Richtlinie 2002/21/EG festlegt.

(4) Die Ergebnisse der Untersuchungen nach den Absätzen 1 bis 2 einschließlich der Feststellung, welche Unternehmen über beträchtliche Marktmacht verfügen, sind der Kommission im Verfahren nach § 12 vorzulegen, sofern sie Auswirkungen auf den Handel zwischen den Mitgliedstaaten haben.

§ 12 Konsultations- und Konsolidierungsverfahren. (1) [1]Die Bundesnetzagentur gibt den interessierten Parteien Gelegenheit, innerhalb einer festgesetzten Frist zu dem Entwurf der Ergebnisse nach den §§ 10 und 11 Stellung zu nehmen. [2]Die Konsultationsverfahren sowie deren Ergebnisse werden von der Bundesnetzagentur veröffentlicht. [3]Hiervon unberührt ist die Wahrung von Betriebs- oder Geschäftsgeheimnissen der Beteiligten. [4]Die Bundesnetzagentur richtet zu diesem Zweck eine einheitliche Informationsstelle ein, bei der eine Liste aller laufenden Konsultationen vorgehalten wird.

(2) Wenn § 10 Abs. 3 und § 11 Absatz 4 eine Vorlage nach dieser Norm vorsehen und keine Ausnahme nach einer Empfehlung oder Leitlinien vorliegt, die die Kommission nach Artikel 7b der Richtlinie 2002/21/EG erlässt, gilt folgendes Verfahren:

1. [1]Nach Durchführung des Verfahrens nach Absatz 1 stellt die Bundesnetzagentur den Entwurf der Ergebnisse nach den §§ 10 und 11 zusammen mit einer Begründung gleichzeitig der Kommission, dem GEREK und den nationalen Regulierungsbehörden der anderen Mitgliedstaaten zur Verfügung und unterrichtet die Kommission, das GEREK und die übrigen nationalen Regulierungsbehörden hiervon. [2]§ 123b Absatz 3 und 4 gilt entsprechend. [3]Vor Ablauf eines Monats darf die Bundesnetzagentur Ergebnisse nach den §§ 10 und 11 nicht festlegen.
2. [1]Die Bundesnetzagentur hat den Stellungnahmen der Kommission, des GEREK und der anderen nationalen Regulierungsbehörden nach Nummer 1 weitestgehend Rechnung zu tragen. [2]Den sich daraus ergebenden Entwurf übermittelt sie der Kommission.
3. [1]Beinhaltet ein Entwurf nach den §§ 10 und 11
   a) die Festlegung eines relevanten Marktes, der sich von jenen Märkten unterscheidet, die definiert sind in der jeweils geltenden Fassung der Empfehlung in Bezug auf relevante Produkt- und Dienstmärkte, die die Kommission nach Artikel 15 Absatz 1 der Richtlinie 2002/21/EG veröffentlicht, oder

b) die Festlegung, inwieweit ein oder mehrere Unternehmen auf diesem Markt über beträchtliche Marktmacht verfügen,

und erklärt die Kommission innerhalb der Frist nach Nummer 1 Satz 3, der Entwurf schaffe ein Hemmnis für den Binnenmarkt oder sie habe ernsthafte Zweifel an der Vereinbarkeit mit dem Recht der Europäischen Union und insbesondere den Zielen des Artikels 8 der Richtlinie 2002/21/EG, hat die Bundesnetzagentur die Festlegung der entsprechenden Ergebnisse um zwei weitere Monate aufzuschieben. [2]Beschließt die Kommission innerhalb dieses Zeitraums, die Bundesnetzagentur aufzufordern, den Entwurf zurückzuziehen, so ändert die Bundesnetzagentur den Entwurf innerhalb von sechs Monaten ab dem Datum des Erlasses der Entscheidung der Kommission oder zieht ihn zurück. [3]Ändert die Bundesnetzagentur den Entwurf, so führt sie hierzu das Konsultationsverfahren nach Absatz 1 durch und legt der Kommission den geänderten Entwurf nach Nummer 1 vor. [4]Zieht die Bundesnetzagentur den Entwurf zurück, so unterrichtet sie das Bundesministerium für Wirtschaft und Energie und die weiteren betroffenen Ressorts über die Entscheidung der Kommission.

4. Die Bundesnetzagentur übermittelt der Kommission und dem GEREK alle angenommenen endgültigen Maßnahmen, die unter § 10 Absatz 3 und § 11 Absatz 4 fallen.

(3) [1]Ist die Bundesnetzagentur bei Vorliegen außergewöhnlicher Umstände der Ansicht, dass dringend – ohne das Verfahren nach den Absätzen 1 und 2 einzuhalten – gehandelt werden muss, um den Wettbewerb zu gewährleisten und die Nutzerinteressen zu schützen, so kann sie umgehend angemessene vorläufige Maßnahmen erlassen. [2]Sie teilt diese der Kommission, dem GEREK und den übrigen nationalen Regulierungsbehörden unverzüglich mit einer vollständigen Begründung mit. [3]Ein Beschluss der Bundesnetzagentur, diese Maßnahmen dauerhaft zu machen oder ihre Geltungsdauer zu verlängern, unterliegt den Bestimmungen der Absätze 1 und 2.

§ 13 Rechtsfolgen der Marktanalyse. (1) [1]Soweit die Bundesnetzagentur aufgrund einer Marktanalyse nach § 11 Verpflichtungen nach den §§ 19, 20, 21, 23, 24, 30, 39 oder § 42 Absatz 4 Satz 3 auferlegt, ändert, beibehält oder widerruft (Regulierungsverfügung), gilt das Verfahren nach § 12 Absatz 1 und Absatz 3 entsprechend, sofern die Maßnahme beträchtliche Auswirkungen auf den betreffenden Markt hat. [2]Das Verfahren nach § 12 Absatz 2 Nummer 1, 2 und 4 sowie Absatz 3 gilt entsprechend, sofern die Maßnahme Auswirkungen auf den Handel zwischen den Mitgliedstaaten hat und keine Ausnahme nach einer Empfehlung oder Leitlinien vorliegt, die die Kommission nach Artikel 7b der Richtlinie 2002/21/EG erlässt. [3]Der Widerruf von Verpflichtungen ist den betroffenen Unternehmen innerhalb einer angemessenen Frist vorher anzukündigen. [4]Das Verfahren nach den Sätzen 1 und 2 kann die Bundesnetzagentur zusammen mit dem oder im Anschluss an das Verfahren nach § 12 durchführen. [5]Die Sätze 1 bis 3 gelten auch für Verpflichtungen nach § 18.

(2) Im Fall des § 11 Absatz 1 Satz 4 können Abhilfemaßnahmen nach den §§ 19, 20, 21, 23, 24, 30, 39 und § 42 Absatz 4 Satz 3 auf dem zweiten Markt nur getroffen werden, um die Übertragung der Marktmacht zu unterbinden.

(3) [1]Im Falle des § 11 Abs. 2 legt die Bundesnetzagentur einvernehmlich mit den betroffenen nationalen Regulierungsbehörden fest, welche Verpflichtungen das oder die Unternehmen mit beträchtlicher Marktmacht zu erfüllen haben. [2]Das Verfahren nach § 12 Absatz 1 und 3 gilt entsprechend. [3]Das Verfahren nach § 12 Absatz 2 Nummer 1, 2 und 4 sowie Absatz 3 gilt entsprechend, sofern keine Ausnahme nach einer Empfehlung oder Leitlinien vorliegt, die die Kommission nach Artikel 7b der Richtlinie 2002/21/EG erlässt.

(4) Teilt die Kommission innerhalb der Frist nach § 12 Absatz 2 Nummer 1 Satz 3 der Bundesnetzagentur und dem GEREK mit, warum sie der Auffassung ist, dass der Entwurf einer Maßnahme nach den Absätzen 1 bis 3, der nicht lediglich die Beibehaltung einer Verpflichtung beinhaltet, ein Hemmnis für den Binnenmarkt darstelle oder warum sie erhebliche Zweifel an dessen Vereinbarkeit mit dem Recht der Europäischen Union hat, so gilt folgendes Verfahren:

1. [1]Vor Ablauf von drei weiteren Monaten nach der Mitteilung der Kommission darf die Bundesnetzagentur den Entwurf der Maßnahme nicht annehmen. [2]Die Bundesnetzagentur kann den Entwurf jedoch in jeder Phase des Verfahrens nach diesem Absatz zurückziehen.
2. [1]Innerhalb der Dreimonatsfrist nach Nummer 1 arbeitet die Bundesnetzagentur eng mit der Kommission und dem GEREK zusammen, um die am besten geeignete und wirksamste Maßnahme im Hinblick auf die Ziele des § 2 zu ermitteln. [2]Dabei berücksichtigt sie die Ansichten der Marktteilnehmer und die Notwendigkeit, eine einheitliche Regulierungspraxis zu entwickeln.
3. Gibt das GEREK innerhalb von sechs Wochen nach Beginn der Dreimonatsfrist nach Nummer 1 eine von der Mehrheit der ihm angehörenden Mitglieder angenommene Stellungnahme zu der Mitteilung der Kommission ab, in der es die ernsten Bedenken der Kommission teilt, so kann die Bundesnetzagentur den Entwurf der Maßnahme vor Ablauf der Dreimonatsfrist nach Nummer 1 unter Berücksichtigung der Mitteilung der Kommission und der Stellungnahme des GEREK ändern und dadurch den geänderten Maßnahmenentwurf zum Gegenstand der weiteren Prüfung durch die Kommission machen.
4. Nach Ablauf der Dreimonatsfrist nach Nummer 1 gibt die Bundesnetzagentur der Kommission die Gelegenheit, innerhalb eines weiteren Monats eine Empfehlung abzugeben.
5. [1]Innerhalb eines Monats, nachdem die Kommission gegenüber der Bundesnetzagentur eine Empfehlung nach Nummer 4 ausgesprochen oder ihre Vorbehalte zurückgezogen hat, teilt die Bundesnetzagentur der Kommission und dem GEREK mit, mit welchem Inhalt sie die Maßnahme erlassen hat oder ob sie den Entwurf der Maßnahme zurückgezogen hat. [2]Beschließt die Bundesnetzagentur, der Empfehlung der Kommission nicht zu folgen, so begründet sie dies. [3]Ist nach den Absätzen 1 und 3 oder nach § 15 erneut ein

Konsultationsverfahren nach § 12 Absatz 1 durchzuführen, so verlängert sich die Frist nach Satz 1 entsprechend.
6. Ist die Einmonatsfrist nach Nummer 4 verstrichen, ohne dass die Kommission gegenüber der Bundesnetzagentur eine Empfehlung nach Nummer 4 ausgesprochen oder ihre Vorbehalte zurückgezogen hat, gilt das in Nummer 5 geregelte Verfahren entsprechend.

(5) Die Entscheidungen nach den §§ 19, 20, 21, 23, 24, 30, 39 oder § 42 Abs. 4 Satz 3 ergehen mit den Ergebnissen der Verfahren nach den §§ 10 und 11 als einheitlicher Verwaltungsakt.

§ 14 Überprüfung von Marktdefinition, Marktanalyse und Regulierungsverfügung. (1) [1]Werden der Bundesnetzagentur Tatsachen bekannt, die die Annahme rechtfertigen, dass die Ergebnisse aufgrund der §§ 10 bis 12 nicht mehr den tatsächlichen Marktgegebenheiten entsprechen, finden die Regelungen der §§ 10 bis 13 entsprechende Anwendung. [2]Hat sich die Empfehlung nach Artikel 15 Absatz 1 der Richtlinie 2002/21/EG geändert, sind bei Märkten, zu denen die Kommission keine vorherige Vorlage nach § 12 Absatz 2 Nummer 1 erhalten hat, die Entwürfe der Marktdefinition nach § 10, der Marktanalyse nach § 11 und der Regulierungsverfügung innerhalb von zwei Jahren nach Verabschiedung der Änderung der Empfehlung im Konsolidierungsverfahren nach § 12 Absatz 2 Nummer 1 vorzulegen.

(2) [1]Außer in den Fällen des Absatzes 1 legt die Bundesnetzagentur alle drei Jahre nach Erlass einer vorherigen Regulierungsverfügung im Zusammenhang mit diesem Markt die Entwürfe der Marktdefinition nach § 10, der Marktanalyse nach § 11 und der Regulierungsverfügung im Konsolidierungsverfahren nach § 12 Absatz 2 Nummer 1 vor. [2]Die Bundesnetzagentur kann diese Frist ausnahmsweise um bis zu drei weitere Jahre verlängern. [3]Hierzu meldet sie der Kommission einen mit Gründen versehenen Vorschlag zur Verlängerung. [4]Wenn die Kommission innerhalb eines Monats nach der Meldung des Verlängerungsvorschlags durch die Bundesnetzagentur keine Einwände erhoben hat, gilt die beantragte verlängerte Überprüfungsfrist.

(3) [1]Hat die Bundesnetzagentur die Marktanalyse im Hinblick auf einen relevanten Markt, der in der jeweils geltenden Fassung der Empfehlung in Bezug auf relevante Produkt- und Dienstmärkte, die die Kommission nach Artikel 15 Absatz 1 der Richtlinie 2002/21/EG veröffentlicht, festgelegt ist, nicht innerhalb der vorgeschriebenen Frist abgeschlossen, so kann die Bundesnetzagentur das GEREK um Unterstützung bei der Fertigstellung der Marktdefinition, der Marktanalyse und der Regulierungsverfügung ersuchen. [2]Im Fall eines solchen Ersuchens legt die Bundesnetzagentur der Kommission die Entwürfe der Marktdefinition, der Marktanalyse und der Regulierungsverfügung im Konsolidierungsverfahren nach § 12 Absatz 2 Nummer 1 innerhalb von sechs Monaten vor, nachdem das GEREK mit seiner Unterstützung begonnen hat.

§ 15 Verfahren bei sonstigen marktrelevanten Maßnahmen. [1]Außer in den Fällen der §§ 10, 11 und 13 hat die Bundesnetzagentur bei allen Maßnahmen, die beträchtliche Auswirkungen auf den betreffenden Markt haben, vor einer Entscheidung das Verfahren nach § 12 Abs. 1 durchzuführen, soweit dies gesetzlich nicht anders geregelt ist. [2]§ 12 Absatz 3 gilt entsprechend.

§ 15a Regulierungskonzepte und Antrag auf Auskunft über den Regulierungsrahmen für Netze der nächsten Generation. (1) Zur Verfolgung einheitlicher Regulierungskonzepte im Sinne von § 2 Absatz 3 Nummer 1 kann die Bundesnetzagentur in Form von Verwaltungsvorschriften ihre grundsätzlichen Herangehensweisen und Methoden für die Marktdefinition nach § 10, die Marktanalyse nach § 11 und die Regulierungsverfügungen für einen bestimmten, mehrere Marktregulierungszyklen nach § 14 Absatz 2 umfassenden Zeitraum beschreiben.

(2) [1]Zur Förderung effizienter Investitionen und Innovationen im Bereich neuer und verbesserter Infrastrukturen im Sinne des § 2 Absatz 3 Nummer 4 kann die Bundesnetzagentur regelmäßig in Form von Verwaltungsvorschriften die grundsätzlichen regulatorischen Anforderungen an die Berücksichtigung von Investitionsrisiken sowie an Vereinbarungen zur Aufteilung des Investitionsrisikos zwischen Investoren untereinander und zwischen Investoren und Zugangsbegehrenden bei Projekten zur Errichtung von Netzen der nächsten Generation (Risikobeteiligungsmodelle) beschreiben. [2]Dies umfasst insbesondere Anforderungen an die Methodik zur Bestimmung der Risiken und Anforderungen an die Ausgestaltung der Zugangs- und Entgeltkonditionen von Risikobeteiligungsmodellen sowie Beispiele für Risikobeteiligungsmodelle.

(3) Für den Erlass der Verwaltungsvorschriften nach den Absätzen 1 und 2 gilt das Konsultations- und Konsolidierungsverfahren nach § 12 Absatz 1 und 2 entsprechend.

(4) [1]Auf Antrag eines Betreibers öffentlicher Telekommunikationsnetze erteilt die Bundesnetzagentur beim Auf- und Ausbau von Netzen der nächsten Generation für die in dem Antrag konkret bezeichnete Region des Bundesgebiets Auskunft über die zu erwartenden regulatorischen Rahmenbedingungen oder Maßnahmen nach diesem Teil. [2]Für Festlegungen nach diesem Teil gilt das Konsultations- und Konsolidierungsverfahren nach § 12 Absatz 1 und Absatz 2 entsprechend.

Abschnitt 2

Zugangsregulierung

§ 16 Verträge über Zusammenschaltung. Jeder Betreiber eines öffentlichen Telekommunikationsnetzes ist verpflichtet, anderen Betreibern öffentlicher Telekommunikationsnetze auf Verlangen ein Angebot auf Zusammenschaltung zu unterbreiten, um die Kommunikation der Nutzer, die Bereitstellung von Telekommunikationsdiensten sowie deren Interoperabilität im gesamten Gebiet der Europäischen Union zu gewährleisten.

§ 17 Vertraulichkeit von Informationen. [1]Informationen, die von Betreibern öffentlicher Netze vor, bei oder nach Verhandlungen oder Vereinbarungen über Zugänge oder Zusammenschaltungen gewonnen werden, dürfen nur für die Zwecke verwendet werden, für die sie bereitgestellt werden. [2]Die Informationen dürfen nicht an Dritte, die aus solchen Informationen Wettbewerbsvorteile ziehen könnten, weitergegeben werden, insbesondere nicht an andere Abteilungen, Tochtergesellschaften oder Geschäftspartner der an den Verhandlungen Beteiligten.

§ 18 Kontrolle über Zugang zu Endnutzern. (1) [1]Die Bundesnetzagentur kann Betreiber öffentlicher Telekommunikationsnetze, die den Zugang zu Endnutzern kontrollieren, in begründeten Fällen verpflichten, auf entsprechende Nachfrage ihre Netze mit denen von Betreibern anderer öffentlicher Telekommunikationsnetze zusammenzuschalten, soweit dies erforderlich ist, um die Kommunikation der Nutzer und die Bereitstellung von Diensten sowie deren Interoperabilität zu gewährleisten. [2]Darüber hinaus kann die Bundesnetzagentur Betreibern öffentlicher Telekommunikationsnetze, die den Zugang zu Endnutzern kontrollieren, weitere Zugangsverpflichtungen auferlegen, soweit dies zur Gewährleistung des End-zu-End-Verbunds von Diensten erforderlich ist.

(2) [1]Die Bundesnetzagentur kann Betreibern öffentlicher Telekommunikationsnetze, die den Zugang zu Endnutzern kontrollieren, im Hinblick auf die Entwicklung eines nachhaltig wettbewerbsorientierten Endkundenmarktes auferlegen, einzelne nachfragende Betreiber öffentlicher Telekommunikationsnetze gegenüber anderen nachfragenden Betreibern öffentlicher Telekommunikationsnetze hinsichtlich der Erreichbarkeit und Abrechnung von Telekommunikationsdiensten, von Leistungen nach § 78 Absatz 2 Nummer 4 und 5 und von telekommunikationsgestützten Diensten nicht ohne sachlich gerechtfertigten Grund unmittelbar oder mittelbar unterschiedlich zu behandeln. [2]Sofern die Bundesnetzagentur Verpflichtungen nach Satz 1 auferlegt hat, gilt § 42 Abs. 4 entsprechend.

(3) [1]Die Maßnahmen nach Absatz 1 müssen objektiv, transparent und nichtdiskriminierend sein. [2]§ 21 Abs. 1 Satz 2 und Abs. 4 gilt entsprechend.

§ 19 Diskriminierungsverbot. (1) Die Bundesnetzagentur kann einen Betreiber eines öffentlichen Telekommunikationsnetzes mit beträchtlicher Marktmacht dazu verpflichten, dass Vereinbarungen über Zugänge auf objektiven Maßstäben beruhen, nachvollziehbar sein, einen gleichwertigen Zugang gewähren und den Geboten der Chancengleichheit und Billigkeit genügen müssen.

(2) Die Gleichbehandlungsverpflichtungen stellen insbesondere sicher, dass der betreffende Betreiber anderen Unternehmen, die gleichartige Dienste erbringen, unter den gleichen Umständen gleichwertige Bedingungen anbietet und Dienste und Informationen für Dritte zu den gleichen Bedingungen und mit der gleichen Qualität bereitstellt wie für seine eigenen Produkte oder die seiner Tochter- oder Partnerunternehmen.

§ 20 Transparenzverpflichtung. (1) Die Bundesnetzagentur kann einen Betreiber eines öffentlichen Telekommunikationsnetzes, der über beträchtliche Marktmacht verfügt, verpflichten, für die zum Zugang berechtigten Unternehmen alle für die Inanspruchnahme der entsprechenden Zugangsleistungen benötigten Informationen zu veröffentlichen, insbesondere Informationen zur Buchführung, zu technischen Spezifikationen, Netzmerkmalen, Bereitstellungs- und Nutzungsbedingungen, einschließlich aller Bedingungen, die den Zugang zu und die Nutzung von Diensten und Anwendungen beschränken, sowie über die zu zahlenden Entgelte.

(2) Die Bundesnetzagentur ist befugt, einem Betreiber mit beträchtlicher Marktmacht vorzuschreiben, welche Informationen in welcher Form zur Verfügung zu stellen sind, soweit dies verhältnismäßig ist.

(3) [1]Die Bundesnetzagentur kann den Betreiber eines öffentlichen Telekommunikationsnetzes, der über beträchtliche Marktmacht verfügt, insbesondere verpflichten, ihr Vereinbarungen über von ihm gewährte Zugangsleistungen ohne gesonderte Aufforderung in einer öffentlichen und einer vertraulichen Fassung vorzulegen. [2]Die Bundesnetzagentur veröffentlicht, wann und wo Nachfrager nach Zugangsleistungen eine öffentliche Vereinbarung nach Satz 1 einsehen können.

§ 21 Zugangsverpflichtungen. (1) [1]Die Bundesnetzagentur kann auf Antrag oder von Amts wegen Betreiber öffentlicher Telekommunikationsnetze, die über beträchtliche Marktmacht verfügen, verpflichten, anderen Unternehmen Zugang nach Maßgabe dieser Vorschrift zu gewähren einschließlich einer nachfragegerechten Entbündelung, insbesondere wenn anderenfalls die Entwicklung eines nachhaltig wettbewerbsorientierten nachgelagerten Endnutzermarktes behindert oder diese Entwicklung den Interessen der Endnutzer zuwiderlaufen würde. [2]Bei der Prüfung, ob und welche Zugangsverpflichtungen gerechtfertigt sind und ob diese in einem angemessenen Verhältnis zu den Regulierungszielen nach § 2 stehen, hat die Bundesnetzagentur insbesondere zu berücksichtigen:

1. die technische und wirtschaftliche Tragfähigkeit der Nutzung oder Installation konkurrierender Einrichtungen angesichts des Tempos der Marktentwicklung, wobei die Art und der Typ der Zusammenschaltung und des Zugangs berücksichtigt werden einschließlich der Tragfähigkeit anderer vorgelagerter Zugangsprodukte, wie etwa der Zugang zu Leitungsrohren,
2. die Möglichkeit der Gewährung des vorgeschlagenen Zugangs angesichts der verfügbaren Kapazität,
3. die Anfangsinvestitionen des Eigentümers der Einrichtung unter Berücksichtigung etwaiger getätigter öffentlicher Investitionen und der Investitionsrisiken,
4. die Notwendigkeit zur langfristigen Sicherung des Wettbewerbs, unter besonderer Berücksichtigung eines wirtschaftlich effizienten Wettbewerbs im Bereich der Infrastruktur, unter anderem durch Anreize zu effizienten Investitionen in Infrastruktureinrichtungen, die langfristig einen stärkeren Wettbewerb sichern,

5. gewerbliche Schutzrechte oder Rechte an geistigem Eigentum,
6. die Bereitstellung europaweiter Dienste und
7. ob bereits auferlegte Verpflichtungen nach diesem Teil oder freiwillige Angebote am Markt, die von einem großen Teil des Marktes angenommen werden, zur Sicherstellung der in § 2 genannten Regulierungsziele ausreichen.

(2) Die Bundesnetzagentur kann Betreiber öffentlicher Telekommunikationsnetze, die über beträchtliche Marktmacht verfügen, unter Beachtung von Absatz 1 unter anderem verpflichten,

1. Zugang zu bestimmten Netzkomponenten oder -einrichtungen einschließlich des entbündelten Breitbandzugangs zu gewähren,
2. bereits gewährten Zugang zu Einrichtungen nicht nachträglich zu verweigern,
3. Zugang zu bestimmten vom Betreiber angebotenen Diensten, wie sie Endnutzern angeboten werden, zu Großhandelsbedingungen zu gewähren, um Dritten den Weitervertrieb im eigenen Namen und auf eigene Rechnung zu ermöglichen. [2]Hierbei sind die getätigten und zukünftigen Investitionen für innovative Dienste zu berücksichtigen,
4. bestimmte für die Interoperabilität der Ende-zu-Ende-Kommunikation notwendige Voraussetzungen, einschließlich der Bereitstellung von Einrichtungen für intelligente Netzdienste oder Roaming (die Ermöglichung der Nutzung von Mobilfunknetzen anderer Betreiber auch außerhalb des Versorgungsbereichs des nachfragenden Mobilfunknetzbetreibers für dessen Endnutzer) zu schaffen,
5. Zugang zu Systemen für die Betriebsunterstützung oder ähnlichen Softwaresystemen, die zur Gewährleistung eines chancengleichen Wettbewerbs bei der Bereitstellung von Diensten notwendig sind, unter Sicherstellung der Effizienz bestehender Einrichtungen zu gewähren,
6. im Rahmen der Erfüllung der Zugangsverpflichtungen nach diesem Absatz oder Absatz 3 Nutzungsmöglichkeiten von Zugangsleistungen sowie Kooperationsmöglichkeiten zwischen den zum Zugang berechtigten Unternehmen zuzulassen, es sei denn, ein Betreiber mit beträchtlicher Marktmacht weist im Einzelfall nach, dass eine Nutzungsmöglichkeit oder eine Kooperation aus technischen Gründen nicht oder nur eingeschränkt möglich ist,
7. Zugang zu Dienstleistungen im Bereich der einheitlichen Rechnungsstellung sowie zur Entgegennahme oder dem ersten Einzug von Zahlungen nach den nachfolgenden Maßgaben zu gewähren, soweit die Rechnungsersteller nicht eine Vereinbarung mit dem überwiegenden Teil des insoweit relevanten Marktes der von ihren Anschlusskunden auswählbaren Anbietern von öffentlich zugänglichen Telekommunikationsdiensten abgeschlossen haben und auch anderen Anbietern, die nicht an einer solchen Vereinbarung beteiligt sind, diskriminierungsfreien Zugang zu diesen Dienstleistungen nach den in der Vereinbarung niedergelegten Bedingungen gewähren:
   a) [1]Soweit der Endnutzer mit anderen Anbietern von öffentlich zugänglichen Telekommunikationsdiensten nicht etwas anderes vereinbart, ist

ihm eine Rechnung vom Rechnungsersteller zu erstellen, die unabhängig von der Tarifgestaltung auch die Entgelte für Telekommunikationsdienstleistungen, Leistungen nach § 78 Absatz 2 Nummer 4 und telekommunikationsgestützte Dienste anderer Anbieter ausweist, die über den Netzzugang des Endnutzers in Anspruch genommen werden. [2]Dies gilt auch für Entgelte für während der Telefonverbindung übertragene Berechtigungscodes, wenn diese ausschließlich Dienstleistungen zum Gegenstand haben. [3]Die Zahlung an den Rechnungsersteller für diese Entgelte erfolgt einheitlich für die gesamte in Anspruch genommene Leistung wie für dessen Forderungen.

b) [1]Eine Verpflichtung zur Rechnungserstellung kann nicht auferlegt werden für zeitunabhängig tarifierte Leistungen im Sinne von Buchstabe a Satz 1 und 2 mit Entgelten über 30 Euro (ab dem 1. Januar 2008 über 10 Euro), zeitabhängig tarifierte telekommunikationsgestützte Dienste und Leistungen nach Buchstabe a Satz 2 jeweils mit Entgelten über 2 Euro pro Minute sowie für alle Dienste, für die ein Legitimationsverfahren erforderlich ist. [2]Eine Verpflichtung zur Reklamationsbearbeitung der für Dritte abgerechneten Leistungen, zur Mahnung und zur Durchsetzung der Forderungen Dritter kann ebenfalls nicht auferlegt werden.

c) [1]Zu Zwecken der Reklamationsbearbeitung, der Mahnung sowie der Durchsetzung von Forderungen für Leistungen im Sinne von Buchstabe a Satz 1 und 2 sind den Anbietern von öffentlich zugänglichen Telekommunikationsdiensten vom Rechnungsersteller die erforderlichen Bestandsdaten zu übermitteln. [2]Soweit der Anbieter Leistungen im Sinne von Buchstabe a Satz 2 dem Kunden selbst in Rechnung stellt, sind ihm ab dem 1. April 2005 die erforderlichen Bestandsdaten vom Rechnungsersteller zu übermitteln.

d) [1]Anbieter von öffentlich zugänglichen Telekommunikationsdiensten haben dem Rechnungsersteller gegenüber sicherzustellen, dass ihm keine Datensätze für Leistungen zur Abrechnung übermittelt werden, die nicht den gesetzlichen oder den verbraucherschutzrechtlichen Regelungen entsprechen. [2]Der Rechnungsersteller trägt weder die Verantwortung noch haftet er für die für Dritte abgerechneten Leistungen.

e) Der Rechnungsersteller hat in seinen Mahnungen einen drucktechnisch deutlich hervorgehobenen Hinweis aufzunehmen, dass der Kunde nicht nur den Mahnbetrag, sondern auch den gegebenenfalls höheren, ursprünglichen Rechnungsbetrag mit befreiender Wirkung an den Rechnungsersteller zahlen kann.

8. Zugang zu zugehörigen Diensten wie einem Identitäts-, Standort- und Präsenzdienst zu gewähren.

(3) Die Bundesnetzagentur soll Betreibern öffentlicher Telekommunikationsnetze, die über beträchtliche Marktmacht verfügen, folgende Verpflichtungen nach Absatz 1 auferlegen:

1. Zugang zu nicht aktiven Netzkomponenten zu gewähren,

2. vollständig entbündelten Zugang zum Teilnehmeranschluss sowie gemeinsamen Zugang zum Teilnehmeranschluss zu gewähren,
3. Zusammenschaltung von Telekommunikationsnetzen zu ermöglichen,
4. offenen Zugang zu technischen Schnittstellen, Protokollen oder anderen Schlüsseltechnologien, die für die Interoperabilität von Diensten oder Dienste für virtuelle Netze unentbehrlich sind, zu gewähren,
5. Kollokation oder andere Formen der gemeinsamen Nutzung von Einrichtungen wie Gebäuden, Leitungen und Masten zu ermöglichen sowie den Nachfragern oder deren Beauftragten jederzeit Zutritt zu diesen Einrichtungen zu gewähren.
6. Zugang zu bestimmten Netzkomponenten, -einrichtungen und Diensten zu gewähren, um unter anderem die Betreiberauswahl oder die Betreibervorauswahl zu ermöglichen.

(4) [1]Weist ein Betreiber nach, dass durch die Inanspruchnahme der Leistung die Aufrechterhaltung der Netzintegrität oder die Sicherheit des Netzbetriebs gefährdet würde, erlegt die Bundesnetzagentur die betreffende Zugangsverpflichtung nicht oder in anderer Form auf. [2]Die Aufrechterhaltung der Netzintegrität und die Sicherheit des Netzbetriebs sind nach objektiven Maßstäben zu beurteilen.

(5) [1]Wenn die Bundesnetzagentur einem Betreiber die Verpflichtung auferlegt, den Zugang bereitzustellen, kann sie technische oder betriebliche Bedingungen festlegen, die vom Betreiber oder von den Nutzern dieses Zugangs erfüllt werden müssen, soweit dies erforderlich ist, um den normalen Betrieb des Netzes sicherzustellen. [2]Verpflichtungen, bestimmte technische Normen oder Spezifikationen zugrunde zu legen, müssen mit den nach Artikel 17 der Richtlinie 2002/21/EG festgelegten Normen und Spezifikationen übereinstimmen.

§ 22 Zugangsvereinbarungen. (1) Ein Betreiber eines öffentlichen Telekommunikationsnetzes, der über beträchtliche Marktmacht verfügt und dem eine Zugangsverpflichtung nach § 21 auferlegt worden ist, hat gegenüber anderen Unternehmen, die diese Leistung nachfragen, um Telekommunikationsdienste anbieten zu können, unverzüglich, spätestens aber drei Monate nach Auferlegung der Zugangsverpflichtung, ein Angebot auf einen entsprechenden Zugang abzugeben.

(2) Zugangsvereinbarungen, die ein Betreiber eines öffentlichen Telekommunikationsnetzes, der über beträchtliche Marktmacht verfügt, abschließt, bedürfen der Schriftform.

(3) *(aufgehoben)*

§ 23 Standardangebot. (1) Die Bundesnetzagentur kann einen Betreiber eines öffentlichen Telekommunikationsnetzes, der über beträchtliche Marktmacht verfügt, verpflichten, in der Regel innerhalb von drei Monaten ein Standardangebot für die Zugangsleistung zu veröffentlichen, für die eine allgemeine Nachfrage besteht.

(2) [1]Soweit ein Betreiber eines öffentlichen Telekommunikationsnetzes mit beträchtlicher Marktmacht kein oder ein nach Absatz 1 unzureichendes Standardangebot vorlegt, ermittelt die Bundesnetzagentur, für welche Zugangsleistungen eine allgemeine Nachfrage besteht. [2]Zu diesem Zweck gibt die Bundesnetzagentur tatsächlichen oder potentiellen Nachfragern nach solchen Leistungen Gelegenheit zur Stellungnahme. [3]Im Anschluss daran gibt sie dem Betreiber mit beträchtlicher Marktmacht Gelegenheit zur Stellungnahme dazu, welche der ermittelten Leistungen nach seiner Ansicht Bestandteil eines Standardangebots werden sollen.

(3) [1]Die Bundesnetzagentur soll innerhalb einer Frist von vier Monaten unter Berücksichtigung der Stellungnahmen nach Absatz 2 die Zugangsleistungen festlegen, die der Betreiber mit beträchtlicher Marktmacht als Standardangebot anbieten muss. [2]Die Bundesnetzagentur fordert den Betreiber auf, innerhalb einer bestimmten Frist ein entsprechendes Standardangebot mit Bereitstellungs- und Nutzungsbedingungen einschließlich der Entgelte vorzulegen. [3]Sie kann diese Aufforderung verbinden mit bestimmten Vorgaben für einzelne Bedingungen, einschließlich Vertragsstrafen, insbesondere in Bezug auf Chancengleichheit, Billigkeit und Rechtzeitigkeit. [4]Dieses Standardangebot muss so umfassend sein, dass es von den einzelnen Nachfragern ohne weitere Verhandlungen angenommen werden kann. [5]Die vorgenannten Sätze gelten auch für den Fall, dass der Betreiber mit beträchtlicher Marktmacht ein unzureichendes Standardangebot vorgelegt hat.

(4) [1]Die Bundesnetzagentur prüft die vorgelegten Standardangebote und nimmt Veränderungen vor, soweit Vorgaben für einzelne Bedingungen, einschließlich Vertragsstrafen, insbesondere in Bezug auf Chancengleichheit, Billigkeit und Rechtzeitigkeit nicht umgesetzt wurden. [2]Die Bundesnetzagentur versieht Standardangebote in der Regel mit einer Mindestlaufzeit. [3]Der Betreiber mit beträchtlicher Marktmacht muss beabsichtigte Änderungen oder eine Einstellung des Standardangebots drei Monate vor Ablauf der Mindestlaufzeit gegenüber der Bundesnetzagentur anzeigen. [4]Die Entscheidungen nach Absatz 3 und 4 Satz 1 und 2 können nur insgesamt angegriffen werden. [5]Für die Regulierung der Entgelte gelten die §§ 27 bis 37.

(5) [1]Sofern eine Zugangsleistung bereits Gegenstand einer Zugangsvereinbarung nach § 22 ist, kann die Bundesnetzagentur den Betreiber eines öffentlichen Telekommunikationsnetzes, der über beträchtliche Marktmacht verfügt, verpflichten, diese Zugangsleistung als Standardangebot auch anderen Nachfragern diskriminierungsfrei anzubieten, wenn zu erwarten ist, dass für diese Zugangsleistung eine allgemeine Nachfrage entstehen wird. [2]Dies gilt auch für Zugangsleistungen, zu deren Erbringung ein Betreiber eines öffentlichen Telekommunikationsnetzes, der über beträchtliche Marktmacht verfügt, im Rahmen einer Anordnung nach § 25 verpflichtet worden ist.

(6) [1]Die Bundesnetzagentur kann einen Betreiber eines öffentlichen Telekommunikationsnetzes, der über beträchtliche Marktmacht verfügt, verpflichten, eine Änderung des Standardangebots vorzunehmen, wenn sich die allge-

meine Nachfrage wesentlich geändert hat. [2]Dies kann sich sowohl auf die Leistungen selbst als auch auf wesentliche Bedingungen für deren Erbringung beziehen. [3]Für die Änderung des Standardangebots gelten die Absätze 2 bis 5 entsprechend.

(7) [1]Hat die Bundesnetzagentur einem Betreiber eines öffentlichen Telekommunikationsnetzes, der über beträchtliche Marktmacht verfügt, Verpflichtungen nach § 21 hinsichtlich des Zugangs zur Netzinfrastruktur auf Vorleistungsebene auferlegt, so stellt sie sicher, dass der Betreiber ein Standardangebot veröffentlicht, das mindestens die in Anhang II der Richtlinie 2002/19/EG genannten Komponenten umfasst. [2]§ 20 bleibt unberührt.

(8) Der Betreiber ist verpflichtet, das Standardangebot in seine Allgemeinen Geschäftsbedingungen aufzunehmen.

§ 24 Getrennte Rechnungsführung. (1) [1]Die Bundesnetzagentur kann einem Betreiber eines öffentlichen Telekommunikationsnetzes, der über beträchtliche Marktmacht verfügt, für bestimmte Tätigkeiten im Zusammenhang mit Zugangsleistungen eine getrennte Rechnungsführung vorschreiben. [2]Die Bundesnetzagentur verlangt insbesondere von einem vertikal integrierten Unternehmen in der Regel, seine Vorleistungspreise und seine internen Verrechnungspreise transparent zu gestalten. [3]Damit sollen unter anderem Verstöße gegen das Diskriminierungsverbot und unzulässige Quersubventionen verhindert werden. [4]Die Bundesnetzagentur kann dabei konkrete Vorgaben zu dem zu verwendenden Format sowie zu der zu verwendenden Rechnungsführungsmethode machen.

(2) [1]Die Bundesnetzagentur kann verlangen, dass ihr die Kostenrechnungs- und Buchungsunterlagen nach Absatz 1 einschließlich sämtlicher damit zusammenhängender Informationen und Dokumente auf Anforderung in vorgeschriebener Form vorgelegt werden. [2]Die Bundesnetzagentur kann diese Informationen in geeigneter Form veröffentlichen, soweit dies zur Erreichung der in § 2 genannten Ziele beiträgt. [3]Dabei sind die Bestimmungen zur Wahrung von Geschäfts- oder Betriebsgeheimnissen zu beachten.

§ 25 Anordnungen durch die Bundesnetzagentur. (1) [1]Kommt eine Zugangsvereinbarung nach § 22 oder eine Vereinbarung über Zugangsleistungen nach § 18 ganz oder teilweise nicht zustande und liegen die nach diesem Gesetz erforderlichen Voraussetzungen für eine Verpflichtung zur Zugangsgewährung vor, ordnet die Bundesnetzagentur nach Anhörung der Beteiligten innerhalb einer Frist von zehn Wochen ab Anrufung durch einen der an der zu schließenden Zugangsvereinbarung Beteiligten den Zugang an. [2]In besonders zu begründenden Fällen kann die Bundesnetzagentur innerhalb der in Satz 1 genannten Frist das Verfahren auf höchstens vier Monate verlängern.

(2) Eine Anordnung ist nur zulässig, soweit und solange die Beteiligten keine Zugangs- oder Zusammenschaltungsvereinbarung treffen.

(3) [1]Die Anrufung nach Absatz 1 muss in Schriftform erfolgen; sie muss begründet werden. [2]Insbesondere muss dargelegt werden,

1. welchen genauen Inhalt die Anordnung der Bundesnetzagentur haben soll,
2. wann der Zugang und welche konkreten Leistungen dabei nachgefragt worden sind,
3. dass ernsthafte Verhandlungen stattgefunden haben oder Verhandlungen vom Anrufungsgegner verweigert worden sind,
4. bei welchen Punkten keine Einigung erzielt worden ist und
5. im Falle des Begehrens bestimmter technischer Maßnahmen Erläuterungen zu deren technischer Ausführbarkeit.

[3]Die Anrufung kann bis zum Erlass der Anordnung widerrufen werden.

(4) Zur Erreichung der in § 2 genannten Ziele kann die Bundesnetzagentur auch von Amts wegen ein Verfahren einleiten.

(5) [1]Gegenstand einer Anordnung können alle Bedingungen, einschließlich Vertragsstrafen, einer Zugangsvereinbarung sowie die Entgelte sein. [2]Die Bundesnetzagentur darf die Anordnung mit Bedingungen in Bezug auf Chancengleichheit, Billigkeit und Rechtzeitigkeit verknüpfen. [3]Hinsichtlich der festzulegenden Entgelte gelten die §§ 27 bis 38.

(6) [1]Sind sowohl Bedingungen einer Zugangsvereinbarung streitig als auch die zu entrichtenden Entgelte für nachgefragte Leistungen, soll die Bundesnetzagentur hinsichtlich der Bedingungen und der Entgelte jeweils Teilentscheidungen treffen. [2]Sofern die Bundesnetzagentur Teilentscheidungen trifft, gelten für diese jeweils die in Absatz 1 genannten Fristen. [3]Die Anordnung der Bundesnetzagentur kann nur insgesamt angegriffen werden.

(7) Im Laufe des Verfahrens vorgelegte Unterlagen werden nur berücksichtigt, wenn dadurch die Einhaltung der nach Absatz 1 bestimmten Frist nicht gefährdet wird.

(8) [1]Die betroffenen Betreiber müssen eine Anordnung der Bundesnetzagentur unverzüglich befolgen, es sei denn, die Bundesnetzagentur hat in der Anordnung eine Umsetzungsfrist bestimmt. [2]Zur Durchsetzung der Anordnung kann die Bundesnetzagentur nach Maßgabe des Verwaltungsvollstreckungsgesetzes ein Zwangsgeld bis zu einer Million Euro festsetzen.

§ 26 Veröffentlichung. Die Bundesnetzagentur veröffentlicht die nach diesem Abschnitt getroffenen Maßnahmen unter Wahrung von Betriebs- oder Geschäftsgeheimnissen der betroffenen Unternehmen.

Abschnitt 3

Entgeltregulierung

Unterabschnitt 1

Allgemeine Vorschriften

§ 27 Ziel der Entgeltregulierung. (1) Ziel der Entgeltregulierung ist es, eine missbräuchliche Ausbeutung, Behinderung oder Diskriminierung von Endnutzern oder von Wettbewerbern durch preispolitische Maßnahmen von Unternehmen mit beträchtlicher Marktmacht zu verhindern.

(2) [1]Die Bundesnetzagentur hat darauf zu achten, dass Entgeltregulierungsmaßnahmen in ihrer Gesamtheit aufeinander abgestimmt sind (Konsistenzgebot). [2]Die Bundesnetzagentur nimmt insbesondere eine zeitliche und inhaltliche Abstimmung ihrer Entgeltregulierungsmaßnahmen vor, und sie prüft bei den jeweiligen Entgeltregulierungsmaßnahmen, ob diese in einem angemessenen Verhältnis zu den Zielen nach § 2 stehen.

(3) [1]Die Bundesnetzagentur hat, soweit Belange von Rundfunk und vergleichbaren Telemedien nach § 2 Absatz 6 Satz 1 betroffen sind, die zuständige Landesmedienanstalt hierüber zu informieren und an eingeleiteten Verfahren zu beteiligen. [2]Auf Antrag der zuständigen Landesmedienanstalt prüft die Bundesnetzagentur auf der Grundlage dieses Gesetzes die Einleitung eines Verfahrens und die Anordnung von Maßnahmen nach den folgenden Bestimmungen.

§ 28 Missbräuchliches Verhalten eines Unternehmens mit beträchtlicher Marktmacht bei der Forderung und Vereinbarung von Entgelten. (1) [1]Ein Anbieter von Telekommunikationsdiensten, der über beträchtliche Marktmacht verfügt, oder ein Betreiber eines öffentlichen Telekommunikationsnetzes, der über beträchtliche Marktmacht verfügt, darf diese Stellung bei der Forderung und Vereinbarung von Entgelten nicht missbräuchlich ausnutzen. [2]Ein Missbrauch liegt insbesondere vor, wenn das Unternehmen Entgelte fordert, die

1. nur aufgrund seiner beträchtlichen Marktmacht auf dem jeweiligen Markt der Telekommunikation durchsetzbar sind,
2. die Wettbewerbsmöglichkeiten anderer Unternehmen auf einem Telekommunikationsmarkt auf erhebliche Weise beeinträchtigen oder
3. einzelnen Nachfragern Vorteile gegenüber anderen Nachfragern gleichartiger oder ähnlicher Telekommunikationsdienste einräumen,

es sei denn, dass für die Verhaltensweisen nach den Nummern 2 und 3 eine sachliche Rechtfertigung nachgewiesen wird. [3]Die Differenzierung von Entgelten im Rahmen von Risikobeteiligungsmodellen bei Projekten zur Errichtung von Netzen der nächsten Generation stellt in der Regel keine Verhaltensweise im Sinne von Satz 2 Nummer 3 dar, wenn sie der Aufteilung des Investitionsrisikos zwischen Investoren sowie zwischen Investoren und Zugangsbegehrenden dient und alle tatsächlichen und potenziellen Nachfrager bei Berücksichtigung des Risikos gleich behandelt werden.

(2) Ein Missbrauch im Sinne von Absatz 1 Satz 2 Nummer 2 wird vermutet, wenn
1. das Entgelt der betreffenden Leistung deren langfristige zusätzliche Kosten einschließlich einer angemessenen Verzinsung des eingesetzten Kapitals nicht deckt,
2. die Spanne zwischen dem Entgelt, das der Betreiber eines öffentlichen Telekommunikationsnetzes, der über beträchtliche Marktmacht verfügt, Wettbewerbern für eine Zugangsleistung in Rechnung stellt, und dem entsprechenden Endnutzerentgelt nicht ausreicht, um einem effizienten Unternehmen die Erzielung einer angemessenen Verzinsung des eingesetzten Kapitals auf dem Endnutzermarkt zu ermöglichen (Preis-Kosten-Schere) oder
3. ein Unternehmen bei seinem Produktangebot eine sachlich ungerechtfertigte Bündelung vornimmt. [2]Bei der Frage, ob dies der Fall ist, hat die Bundesnetzagentur insbesondere zu prüfen, ob es effizienten Wettbewerbern des Unternehmens mit beträchtlicher Marktmacht möglich ist, das Bündelprodukt zu vergleichbaren Konditionen anzubieten.

§ 29 Anordnungen im Rahmen der Entgeltregulierung. (1) [1]Die Bundesnetzagentur kann im Rahmen oder zur Vorbereitung von Verfahren der Entgeltregulierung anordnen, dass
1. ihr von einem Unternehmen mit beträchtlicher Marktmacht detaillierte Angaben zum Leistungsangebot, zum aktuellen und erwarteten Umsatz für Dienstleistungen, zu den aktuellen und erwarteten Absatzmengen und Kosten, zu den voraussehbaren Auswirkungen auf die Endnutzer sowie auf die Wettbewerber und sonstige Unterlagen und Angaben zur Verfügung gestellt werden, die sie zur sachgerechten Ausübung ihres Entgeltregulierungsrechts aufgrund dieses Gesetzes für erforderlich hält und
2. ein Unternehmen mit beträchtlicher Marktmacht die Kostenrechnung in einer Form ausgestaltet, die es der Bundesnetzagentur ermöglicht, die für die Entgeltregulierung aufgrund dieses Gesetzes notwendigen Daten zu erlangen.

[2]Die Bundesnetzagentur kann zusätzlich die Übermittlung der Unterlagen nach den Nummern 1 und 2 auf Datenträgern anordnen. [3]Das Unternehmen hat die Übereinstimmung mit den schriftlichen Unterlagen zu versichern.

(2) [1]Die Bundesnetzagentur kann einem Unternehmen mit beträchtlicher Marktmacht Verpflichtungen in Bezug auf Kostenrechnungsmethoden erteilen. [2]In diesem Fall kann sie das Unternehmen mit beträchtlicher Marktmacht verpflichten, eine Beschreibung der den Auflagen entsprechenden Kostenrechnungsmethode öffentlich verfügbar zu machen, in der mindestens die wichtigsten Kostenarten und die Regeln der Kostenzuweisung aufgeführt werden, sofern sie nicht selbst eine entsprechende Veröffentlichung vornimmt. [3]Die Anwendung der Kostenrechnungsmethode wird von der Bundesnetzagentur überprüft; diese kann auch eine unabhängige Stelle mit der Überprüfung beauftragen. [4]Das Prüfergebnis wird einmal jährlich veröffentlicht.

(3) [1]Die Bundesnetzagentur kann ein Unternehmen mit beträchtlicher Marktmacht durch gesonderte Entscheidung verpflichten, Zugang unter bestimmten Tarifsystemen anzubieten und bestimmte Kostendeckungsmechanismen anzuwenden, soweit dies erforderlich ist, um die Regulierungsziele nach § 2 zu erreichen. [2]Die Bundesnetzagentur hat bei Auferlegung dieser Verpflichtungen sicherzustellen, dass die wirtschaftliche Effizienz und ein nachhaltiger Wettbewerb gefördert wird und die Verpflichtungen möglichst vorteilhaft für den Endnutzer sind. [3]Trifft die Bundesnetzagentur eine Entscheidung nach Satz 1, hat der Anbieter mit beträchtlicher Marktmacht innerhalb von zwei Wochen einen entsprechenden Entgeltantrag vorzulegen. [4]Die Bundesnetzagentur entscheidet nach Vorlage des Antrags oder nach Ablauf der Frist innerhalb von vier Wochen.

(4) Zur Durchsetzung der Anordnungen nach den Absätzen 1 und 2 kann nach Maßgabe des Verwaltungsvollstreckungsgesetzes ein Zwangsgeld bis zu einer Million Euro festgesetzt werden.

(5) Die Bundesnetzagentur kann vorschreiben, in welcher Form ein Entgelt oder eine Entgeltänderung einschließlich der Leistungsbeschreibung und sonstiger entgeltrelevanter Bestandteile zu veröffentlichen ist.

(6) Die Bundesnetzagentur kann auch von Unternehmen, die nicht über beträchtliche Marktmacht verfügen, Angaben nach Absatz 1 Nr. 1 verlangen sowie nach Absatz 4 vorgehen, wenn dies zur sachgerechten Ausübung der Entgeltregulierung nach diesem Teil erforderlich ist.

Unterabschnitt 2
Regulierung von Entgelten für Zugangsleistungen

§ 30 Entgeltregulierung. (1) [1]Einer Genehmigung durch die Bundesnetzagentur nach Maßgabe des § 31 unterliegen Entgelte für nach § 21 auferlegte Zugangsleistungen von Betreibern öffentlicher Telekommunikationsnetze, die über beträchtliche Marktmacht verfügen. [2]Abweichend von Satz 1 kann die Bundesnetzagentur solche Entgelte einer nachträglichen Regulierung nach § 38 oder nach § 38 Absatz 2 bis 4 unterwerfen, wenn dies ausreicht, um die Regulierungsziele nach § 2 zu erreichen.

(2) [1]Einer nachträglichen Regulierung nach § 38 Absatz 2 bis 4 unterliegen:
1. Entgelte, die ein Betreiber im Rahmen von Verpflichtungen nach § 18 verlangt, sowie
2. Entgelte eines Betreibers, der über beträchtliche Marktmacht verfügt, für andere als in Absatz 1 Satz 1 genannte Zugangsleistungen.

[2]Abweichend von Satz 1 kann die Bundesnetzagentur solche Entgelte einer nachträglichen Regulierung nach § 38 oder einer Genehmigung nach Maßgabe des § 31 unterwerfen, wenn dies erforderlich ist, um die Regulierungsziele nach § 2 zu erreichen oder im Fall von Satz 1 Nummer 1 den End-zu-End-Verbund von Diensten zu gewährleisten.

(3) [1]Die Bundesnetzagentur stellt bei der Regulierung von Entgelten sicher, dass alle Entgelte die wirtschaftliche Effizienz und einen nachhaltigen Wettbewerb fördern und für die Verbraucher nicht nur kurzfristig, sondern auch mittel- und langfristig möglichst vorteilhaft sind. [2]Sie berücksichtigt bei der Regulierung von Entgelten die zugrunde liegenden Investitionen und ermöglicht eine angemessene Verzinsung des eingesetzten Kapitals. [3]Bei Netzen der nächsten Generation trägt sie dabei den etwaigen spezifischen Investitionsrisiken unter weitestgehender Beachtung vereinbarter Risikobeteiligungsmodelle Rechnung.

(4) *(aufgehoben)*

(5) *(aufgehoben)*

§ 31 Entgeltgenehmigung. (1) [1]Die Bundesnetzagentur genehmigt Entgelte nach § 30 Absatz 1 Satz 1 oder Absatz 2 Satz 2

1. auf der Grundlage der auf die einzelnen Dienste entfallenden Kosten der effizienten Leistungsbereitstellung nach § 32 oder
2. auf der Grundlage der von ihr vorgegebenen Maßgrößen für die durchschnittlichen Änderungsraten der Entgelte für einen Korb zusammengefasster Dienste (Price-Cap-Verfahren) nach Maßgabe des § 33.

[2]Genehmigte Entgelte dürfen die Summe der Kosten der effizienten Leistungsbereitstellung und der Aufwendungen nach § 32 Absatz 2 nicht überschreiten.

(2) [1]Abweichend von Absatz 1 genehmigt die Bundesnetzagentur Entgelte

1. für Zugangsleistungen zu bestimmten, von einem Betreiber eines öffentlichen Telekommunikationsnetzes, der über beträchtliche Marktmacht verfügt, angebotenen Diensten zu Großhandelsbedingungen, die Dritten den Weitervertrieb im eigenen Namen und auf eigene Rechnung ermöglichen sollen, durch Gewährung eines Abschlags auf den Endnutzerpreis, der es einem effizienten Anbieter von Telekommunikationsdiensten ermöglicht, eine angemessene Verzinsung des eingesetzten Kapitals auf dem Endnutzermarkt zu erzielen; das Entgelt entspricht dabei mindestens den Kosten der effizienten Leistungsbereitstellung; oder
2. auf der Grundlage anderer Vorgehensweisen, sofern die Vorgehensweisen nach den Nummern 1 oder 2 besser als die in Absatz 1 genannten Vorgehensweisen geeignet sind, die Regulierungsziele nach § 2 zu erreichen. [2]Im Fall von Satz 1 Nummer 2 gilt bei der Anwendung kostenorientierter Vorgehensweisen § 32 Absatz 2 und 3 entsprechend. [3]Ein Vorgehen nach Satz 1 Nummer 2 ist besonders zu begründen.

(3) [1]Genehmigungsbedürftige Entgelte für Zugangsleistungen des Betreibers eines öffentlichen Telekommunikationsnetzes, der über beträchtliche Marktmacht verfügt, sind der Bundesnetzagentur einschließlich aller für die Genehmigungserteilung erforderlichen Unterlagen vor dem beabsichtigten Inkrafttreten vorzulegen. [2]Bei befristet erteilten Genehmigungen hat die Vorlage mindestens zehn Wochen vor Fristablauf zu erfolgen.

(4) [1]Die Bundesnetzagentur kann dazu auffordern, Entgeltgenehmigungsanträge zu stellen. [2]Wird der Aufforderung nicht innerhalb eines Monats nach Zu-

gang Folge geleistet, leitet die Bundesnetzagentur ein Verfahren von Amts wegen ein. [3]Die Bundesnetzagentur soll über Entgeltanträge in der Regel innerhalb von zehn Wochen nach Eingang der Entgeltvorlage oder nach Einleitung des Verfahrens von Amts wegen entscheiden. [4]Abweichend von Satz 3 soll die Bundesnetzagentur über Entgeltanträge, die im Rahmen des Verfahrens nach § 33 vorgelegt worden sind, innerhalb von zwei Wochen entscheiden.

§ 32 Kosten der effizienten Leistungsbereitstellung. (1) [1]Die Kosten der effizienten Leistungsbereitstellung ergeben sich aus den langfristigen zusätzlichen Kosten der Leistungsbereitstellung und einem angemessenen Zuschlag für leistungsmengenneutrale Gemeinkosten, einschließlich einer angemessenen Verzinsung des eingesetzten Kapitals, soweit diese Kosten jeweils für die Leistungsbereitstellung notwendig sind. [2]§ 79 bleibt unberührt.

(2) [1]Aufwendungen, die nicht in den Kosten der effizienten Leistungsbereitstellung enthalten sind, werden zusätzlich zu Absatz 1 nur berücksichtigt, soweit und solange hierfür eine rechtliche Verpflichtung besteht oder das die Genehmigung beantragende Unternehmen eine sonstige sachliche Rechtfertigung nachweist. [2]Hält die Bundesnetzagentur bei der Prüfung der Kostennachweise wesentliche Bestandteile der nachgewiesenen Kosten für nicht effizient, fordert sie den Betreiber unverzüglich auf, darzulegen, ob und inwieweit es sich bei diesen Kostenbestandteilen um Aufwendungen im Sinne des Satzes 1 handelt.

(3) Bei der Festlegung der angemessenen Verzinsung des eingesetzten Kapitals berücksichtigt die Bundesnetzagentur insbesondere
1. die Kapitalstruktur des regulierten Unternehmens,
2. die Verhältnisse auf den nationalen und internationalen Kapitalmärkten und die Bewertung des regulierten Unternehmens auf diesen Märkten,
3. die Erfordernisse hinsichtlich der Rendite für das eingesetzte Kapital, wobei auch die leistungsspezifischen Risiken des eingesetzten Kapitals gewürdigt werden sollen. Das kann auch etwaige spezifische Risiken im Zusammenhang mit der Errichtung von Netzen der nächsten Generation im Sinne des § 30 Absatz 3 umfassen,
4. die langfristige Stabilität der wirtschaftlichen Rahmenbedingungen, auch im Hinblick auf die Wettbewerbssituation auf den Telekommunikationsmärkten.

§ 33 Price-Cap-Verfahren. (1) [1]Die Bundesnetzagentur bestimmt den Inhalt der Körbe. [2]Dabei dürfen Zugangsdienste nur insoweit in einem Korb zusammengefasst werden, als sich die erwartete Stärke des Wettbewerbs bei diesen Diensten nicht wesentlich unterscheidet.

(2) [1]Die Bundesnetzagentur stellt das Ausgangsentgeltniveau der in einem Korb zusammengefassten Zugangsleistungen fest. [2]Sofern bereits genehmigte Entgelte vorliegen, ist von diesen auszugehen.

(3) Die Maßgrößen für die Genehmigung nach § 31 Absatz 1 Satz 1 Nummer 2 umfassen

1. eine gesamtwirtschaftliche Preissteigerungsrate,
2. die zu erwartende Produktivitätsfortschrittsrate des Betreibers mit beträchtlicher Marktmacht und
3. Nebenbedingungen, die geeignet sind, einen Missbrauch nach § 28 zu verhindern.

(4) Bei der Vorgabe der Maßgrößen, insbesondere bei der Festlegung der Produktivitätsfortschrittsrate, ist das Verhältnis des Ausgangsentgeltniveaus zu den Kosten der effizienten Leistungsbereitstellung nach § 32 Absatz 1 zu berücksichtigen.

(5) Bei der Vorgabe der Maßgrößen sind die Produktivitätsfortschrittsraten von Unternehmen auf vergleichbaren, dem Wettbewerb geöffneten Märkten zu berücksichtigen.

(6) Die Bundesnetzagentur bestimmt, für welchen Zeitraum die Maßgrößen unverändert bleiben, anhand welcher Referenzzeiträume der Vergangenheit die Einhaltung der Maßgrößen geprüft wird und unter welchen Voraussetzungen der Inhalt von Körben geändert oder Preisdifferenzierungen innerhalb eines Korbes durchgeführt werden können.

§ 34 Kostenunterlagen. (1) Mit einem Entgeltantrag nach § 31 Absatz 3 und 4 hat das beantragende Unternehmen die zur Prüfung des Antrags erforderlichen Unterlagen vorzulegen, insbesondere:
1. aktuelle Kostennachweise, die auch auf Datenträgern zur Verfügung zu stellen sind,
2. eine detaillierte Leistungsbeschreibung einschließlich Angaben zur Qualität der Leistung und einen Entwurf der Allgemeinen Geschäftsbedingungen sowie die Angabe, ob die Leistung Gegenstand einer Zugangsvereinbarung nach § 22, eines überprüften Standardangebots nach § 23 oder einer Zugangsanordnung nach § 25 ist,
3. Angaben über den Umsatz, Absatzmengen, die Höhe der einzelnen Kosten nach Absatz 2 und der Deckungsbeiträge sowie die Entwicklung der Nachfragerstrukturen bei der beantragten Dienstleistung für die zwei zurückliegenden Jahre sowie das Antragsjahr und die darauf folgenden zwei Jahre und
4. soweit für bestimmte Leistungen oder Leistungsbestandteile keine Pauschaltarife beantragt werden, eine Begründung dafür, weshalb eine solche Beantragung ausnahmsweise nicht möglich ist.

(2) [1]Die Kostennachweise nach Absatz 1 Nr. 1 umfassen die Kosten, die sich unmittelbar zuordnen lassen (Einzelkosten) und die Kosten, die sich nicht unmittelbar zuordnen lassen (Gemeinkosten). [2]Im Rahmen der Kostennachweise nach Satz 1 sind insbesondere darzulegen:
1. die der Kostenrechnung zugrunde liegenden Einsatzmengen, die dazu gehörenden Preise, jeweils einzeln und als Durchschnittswert, sowie die im Nachweiszeitraum erzielte und erwartete Kapazitätsauslastung und

2. die Ermittlungsmethode der Kosten und der Investitionswerte sowie die Angabe plausibler Mengenschlüssel für die Kostenzuordnung zu den einzelnen Diensten des Unternehmens.

(3) [1]Darüber hinaus hat das beantragende Unternehmen regelmäßig zu Beginn eines jeden Geschäftsjahres die Gesamtkosten des Unternehmens sowie deren Aufteilung auf die Kostenstellen und auf die einzelnen Leistungen (Kostenträger) nach Einzel- und Gemeinkosten vorzulegen. [2]Die Angaben für nicht regulierte Dienstleistungen können dabei zusammengefasst werden.

(4) Die Kostennachweise müssen im Hinblick auf ihre Transparenz und die Aufbereitung der Daten eine Prüfung durch die Bundesnetzagentur sowie eine Quantifizierung der Kosten der effizienten Leistungsbereitstellung und eine Entscheidung innerhalb der Frist nach § 31 Absatz 4 ermöglichen.

(5) [1]Nicht mit dem Antrag vorgelegte Unterlagen werden nur berücksichtigt, wenn dadurch die Einhaltung der Verfahrensfristen nicht gefährdet wird. [2]Sofern von der Bundesnetzagentur während des Verfahrens zusätzliche Unterlagen und Auskünfte angefordert werden, müssen diese nur dann berücksichtigt werden, wenn sie innerhalb einer von der Bundesnetzagentur gesetzten Frist vom beantragenden Unternehmen vorgelegt werden.

(6) Kostenrechnungsmethoden sind von dem beantragenden Unternehmen grundsätzlich antragsübergreifend einheitlich anzuwenden.

(7) Die Befugnisse nach § 29 bleiben unberührt.

§ 35 Verfahren der Entgeltgenehmigung.[2] (1) [1]Neben den der Bundesnetzagentur vorliegenden Kosteninformationen kann sie zusätzlich

1. Preise solcher Unternehmen als Vergleich heranziehen, die entsprechende Leistungen auf vergleichbaren, dem Wettbewerb geöffneten Märkten anbieten; dabei sind die Besonderheiten der Vergleichsmärkte zu berücksichtigen und
2. zur Ermittlung der Kosten der effizienten Leistungsbereitstellung auch eine von der Kostenberechnung des Unternehmens unabhängige Kostenrechnung anstellen und hierfür Kostenmodelle heranziehen.

[2]Soweit die der Bundesnetzagentur vorliegenden Kosteninformationen für eine Prüfung der genehmigungspflichtigen Entgelte nach § 31 Absatz 1 Satz 1 Nummer 1 in Verbindung mit § 34 nicht ausreichen, kann die Entscheidung der Bundesnetzagentur auf einer Prüfung nach Satz 1 Nr. 1 oder 2 beruhen.

(2) [1]Im Falle einer Genehmigung nach § 31 Absatz 1 Satz 1 Nummer 1 prüft die Bundesnetzagentur für jedes einzelne Entgelt die Einhaltung der Maßgaben nach den §§ 28 und 31 Absatz 1 Satz 2. [2]Im Falle einer Genehmigung nach § 31

---

2 Nach einer Entscheidung des Bundesverfassungsgerichts (Beschluss vom 22. November 2016 1 BvL 6/14, 1 BvL 6/15, 1 BvL 4/15, 1 BvL 3/15) verstößt Art. 35 Abs. 5 S. 2 f. TKG in der geltenden Fassung gegen Art. 19 Abs. 4 GG und ist somit verfassungswidrig. Der Gesetzgeber hat daher diese Regelung bis zum 31. Juli 2018 zu korrigieren.

Absatz 1 Satz 1 Nummer 2 gelten bei Einhaltung der vorgegebenen Maßgrößen die Maßgaben nach § 28 und für den jeweiligen Korb nach § 31 Absatz 1 Satz 2 als erfüllt.

(3) [1]Die Genehmigung ist ganz oder teilweise zu erteilen, soweit die Entgelte den Anforderungen des § 28 und im Fall einer Genehmigung nach § 31 Absatz 1 Satz 1 Nummer 1 und 2 den Anforderungen der §§ 28 und 31 Absatz 1 Satz 2 nach Maßgabe des Absatzes 2 entsprechen und keine Versagungsgründe nach Satz 2 oder 3 vorliegen. [2]Die Genehmigung der Entgelte ist zu versagen, soweit die Entgelte mit diesem Gesetz, insbesondere mit § 28, oder anderen Rechtsvorschriften nicht in Einklang stehen. [3]Die Bundesnetzagentur kann eine Genehmigung der Entgelte auch versagen, wenn das Unternehmen die in § 34 genannten Unterlagen nicht vollständig vorgelegt hat.

(4) Die Bundesnetzagentur soll die Genehmigung mit einer Befristung versehen.

(5) [1]Beinhalten Entgeltgenehmigungen die vollständige oder teilweise Genehmigung eines vertraglich bereits vereinbarten Entgelts, so wirken sie zurück auf den Zeitpunkt der erstmaligen Leistungsbereitstellung durch das Unternehmen mit beträchtlicher Marktmacht. [2]Das Gericht kann im Verfahren nach § 123 der Verwaltungsgerichtsordnung die vorläufige Zahlung eines beantragten höheren Entgelts anordnen, wenn überwiegend wahrscheinlich ist, dass der Anspruch auf die Genehmigung des höheren Entgelts besteht; der Darlegung eines Anordnungsgrundes bedarf es nicht. [3]Verpflichtet das Gericht die Bundesnetzagentur zur Erteilung einer Genehmigung für ein höheres Entgelt, so entfaltet diese Genehmigung die Rückwirkung nach Satz 1 nur, wenn eine Anordnung nach Satz 2 ergangen ist. [4]Der Antrag auf Erlass einer einstweiligen Anordnung nach § 123 Abs. 1 der Verwaltungsgerichtsordnung kann nur bis zum Ablauf von zwei Monaten nach Klageerhebung gestellt und begründet werden.

(6) [1]In dem Verfahren nach Absatz 5 in Verbindung mit § 123 der Verwaltungsgerichtsordnung kann das Gericht durch Beschluss anordnen, dass nur solche Personen beigeladen werden, die dies innerhalb einer bestimmten Frist beantragen. [2]Der Beschluss ist unanfechtbar. [3]Er ist im elektronischen Bundesanzeiger bekannt zu machen. [4]Er muss außerdem auf der Internetseite der Bundesnetzagentur veröffentlicht werden. [5]Die Bekanntmachung kann zusätzlich in einem von dem Gericht für Bekanntmachungen bestimmten Informations- und Kommunikationssystem erfolgen. [6]Die Frist muss mindestens einen Monat ab der Veröffentlichung im elektronischen Bundesanzeiger betragen. [7]In der Veröffentlichung auf der Internetseite der Bundesnetzagentur ist mitzuteilen, an welchem Tag die Frist abläuft. [8]Für die Wiedereinsetzung in den vorigen Stand bei Versäumung der Frist gilt § 60 der Verwaltungsgerichtsordnung entsprechend. [9]Das Gericht soll Personen, die von der Entscheidung erkennbar in besonderem Maße betroffen werden, auch ohne Antrag beiladen.

(7) Die Bundesnetzagentur veröffentlicht genehmigte Entgelte.

§ 36 Veröffentlichung. (1) [1]Die Bundesnetzagentur veröffentlicht beabsichtigte Entscheidungen zur Zusammenfassung von Dienstleistungen sowie zur Vorgabe der jeweiligen Maßgrößen nach § 31 Absatz 1 Satz 1 Nummer 2 und § 33. [2]Vor der Veröffentlichung gibt sie dem Unternehmen, an das sich die Entscheidung richtet, Gelegenheit zur Stellungnahme.

(2) Bei Anträgen auf Genehmigung von Entgelten nach § 31 Absatz 1 Satz 1 Nummer 1 sowie im Falle eines Vorgehens nach § 31 Absatz 4 Satz 1 und 2 veröffentlicht die Bundesnetzagentur die beantragten oder vorgesehenen Entgeltmaßnahmen.

§ 37 Abweichung von genehmigten Entgelten. (1) Ein Betreiber eines öffentlichen Telekommunikationsnetzes, der über beträchtliche Marktmacht verfügt, darf keine anderen als die von der Bundesnetzagentur genehmigten Entgelte verlangen.

(2) Verträge über Dienstleistungen, die andere als die genehmigten Entgelte enthalten, werden mit der Maßgabe wirksam, dass das genehmigte Entgelt an die Stelle des vereinbarten Entgelts tritt.

(3) [1]Eine vertragliche oder gesetzliche Verpflichtung zur Erbringung der Leistung bleibt unabhängig vom Vorliegen einer Entgeltgenehmigung bestehen. [2]Die Bundesnetzagentur kann die Werbung für ein Rechtsgeschäft, den Abschluss, die Vorbereitung und die Anbahnung eines Rechtsgeschäfts untersagen, das ein anderes als das genehmigte oder ein nicht genehmigtes, aber genehmigungsbedürftiges Entgelt enthält.

§ 38 Nachträgliche Regulierung von Entgelten. (1) [1]Unterliegen Entgelte einer nachträglichen Entgeltregulierung, sind sie der Bundesnetzagentur zwei Monate vor dem geplanten Inkrafttreten vorzulegen. [2]Die Bundesnetzagentur untersagt innerhalb von zwei Wochen nach Zugang der Anzeige der Entgeltmaßnahme die Einführung des Entgelts bis zum Abschluss ihrer Prüfung, wenn die geplante Entgeltmaßnahme offenkundig nicht mit § 28 vereinbar wäre. [3]Entgeltmaßnahmen bezüglich individuell vereinbarter Leistungen, die nicht ohne Weiteres auf eine Vielzahl anderer Nachfrager übertragbar sind, sind der Bundesnetzagentur unmittelbar nach Vertragsabschluss zur Kenntnis zu geben.

(2) [1]Wenn der Bundesnetzagentur Tatsachen bekannt werden, die die Annahme rechtfertigen, dass Entgelte für Zugangsleistungen von Unternehmen mit beträchtlicher Marktmacht nicht den Maßstäben des § 28 genügen, leitet die Bundesnetzagentur unverzüglich eine Überprüfung der Entgelte ein. [2]Sie teilt die Einleitung der Überprüfung dem betroffenen Unternehmen schriftlich mit. [3]Sollte der Bundesnetzagentur eine Überprüfung nach dem Vergleichsmarktprinzip entsprechend § 35 Abs. 1 Nr. 1 nicht möglich sein, kann sie auch nach § 34 vorgehen.

(3) Die Bundesnetzagentur entscheidet innerhalb von zwei Monaten nach Einleitung der Überprüfung.

(4) [1]Sofern die Bundesnetzagentur feststellt, dass Entgelte nicht den Maßstäben des § 28 genügen, untersagt sie das nach diesem Gesetz verbotene Verhalten und erklärt die beanstandeten Entgelte ab dem Zeitpunkt der Feststellung für unwirksam. [2]Gleichzeitig kann die Bundesnetzagentur Entgelte anordnen, die den Maßstäben des § 28 genügen. [3]Sofern der Anbieter mit beträchtlicher Marktmacht danach eigene Entgeltvorschläge vorlegt, prüft die Bundesnetzagentur binnen eines Monats, ob diese Entgelte die festgestellten Verstöße gegen die Maßstäbe des § 28 abstellen. [4]§ 37 gilt entsprechend. [5]Die Bundesnetzagentur ordnet im Falle eines festgestellten Missbrauchs einer Stellung mit beträchtlicher Marktmacht im Sinne des § 28 Abs. 2 Nr. 3 auch an, in welcher Weise das Unternehmen mit beträchtlicher Marktmacht eine Entbündelung vorzunehmen hat.

Unterabschnitt 3

Regulierung von Entgelten für Endnutzerleistungen

§ 39 Entgeltregulierung bei Endnutzerleistungen. (1) [1]Rechtfertigen Tatsachen die Annahme, dass die Verpflichtungen im Zugangsbereich nicht zur Erreichung der Regulierungsziele nach § 2 führen würden, kann die Bundesnetzagentur Entgelte von Unternehmen mit beträchtlicher Marktmacht bezüglich des Angebots von Telekommunikationsdiensten für Endnutzer einer Entgeltgenehmigung unterwerfen. [2]Die Bundesnetzagentur soll die Genehmigungspflicht auf solche Märkte beschränken, auf denen in absehbarer Zeit nicht mit der Entstehung eines nachhaltig wettbewerbsorientierten Marktes zu rechnen ist. [3]Im Falle einer Genehmigungspflicht gelten die §§ 31 bis 37 entsprechend. [4]Dabei dürfen Entgelte für Endnutzerleistungen nicht nach § 31 Absatz 1 Satz 1 Nummer 2 mit Entgelten für Zugangsleistungen in einem Korb zusammengefasst werden.

(2) Leistungen nach § 78 Absatz 2 Nummer 4 und 5 unterliegen der nachträglichen Regulierung; § 38 Abs. 2 bis 4 gilt entsprechend.

(3) [1]Sofern Entgelte für Endnutzerleistungen von Anbietern von Telekommunikationsdiensten, die über beträchtliche Marktmacht verfügen, keiner Entgeltgenehmigung unterworfen worden sind, unterliegen sie der nachträglichen Regulierung; § 38 Abs. 2 bis 4 gilt entsprechend. [2]Darüber hinaus kann die Bundesnetzagentur unter Beachtung von Absatz 1 Satz 1 Unternehmen mit beträchtlicher Marktmacht verpflichten, ihr Entgeltmaßnahmen zwei Monate vor dem geplanten Inkrafttreten zur Kenntnis zu geben. [3]Die Bundesnetzagentur untersagt innerhalb von zwei Wochen nach Anzeige der Entgeltmaßnahme die Einführung des Entgelts bis zum Abschluss ihrer Prüfung, wenn die geplante Entgeltmaßnahme offenkundig nicht mit § 28 vereinbar wäre. [4]Die Bundesnetzagentur kann Anbieter von Telekommunikationsdiensten, die über beträchtliche Marktmacht verfügen, verpflichten, ihr Entgeltmaßnahmen bezüglich individuell vereinbarter Leistungen, die nicht ohne Weiteres auf eine Vielzahl von

anderen Endnutzern übertragbar sind, unmittelbar nach Vertragsabschluss zur Kenntnis zu geben.

(4) [1]Sofern ein Unternehmen, das auf einem Endkundenmarkt über beträchtliche Marktmacht verfügt, verpflichtet ist, Zugang zu einer entsprechenden Zugangsleistung nach § 21 zu gewähren, die Bestandteile enthält, die gleichermaßen für ein Angebot auf dem Endkundenmarkt wesentlich sind, ist das Unternehmen verpflichtet, gleichzeitig mit einer geplanten Entgeltmaßnahme im Endnutzerbereich ein Angebot für die Vorleistung vorzulegen, das insbesondere den Vorgaben des § 28 genügt. [2]Sofern das Unternehmen mit beträchtlicher Marktmacht kein solches Vorleistungsangebot vorlegt, kann die Bundesnetzagentur die Forderung des Endkundenentgelts ohne weitere Prüfung untersagen.

Abschnitt 4

Sonstige Verpflichtungen

§ 40 Funktionelle Trennung. (1) [1]Gelangt die Bundesnetzagentur zu dem Schluss, dass die nach den Abschnitten 2 und 3 auferlegten angemessenen Verpflichtungen nicht zu einem wirksamen Wettbewerb geführt haben und wichtige und andauernde Wettbewerbsprobleme oder Marktversagen auf den Märkten für bestimmte Zugangsprodukte auf Vorleistungsebene bestehen, so kann sie als außerordentliche Maßnahme vertikal integrierten Unternehmen die Verpflichtung auferlegen, ihre Tätigkeiten im Zusammenhang mit der Bereitstellung der betreffenden Zugangsprodukte auf Vorleistungsebene in einem unabhängig arbeitenden Geschäftsbereich unterzubringen. [2]Dieser Geschäftsbereich stellt Zugangsprodukte und -dienste allen Unternehmen, einschließlich der anderen Geschäftsbereiche des eigenen Mutterunternehmens, mit den gleichen Fristen und zu den gleichen Bedingungen, auch im Hinblick auf Preise und Dienstumfang, sowie mittels der gleichen Systeme und Verfahren zur Verfügung.

(2) Beabsichtigt die Bundesnetzagentur, eine Verpflichtung nach Absatz 1 aufzuerlegen, so unterbreitet sie der Kommission einen entsprechenden Antrag, der Folgendes umfasst:

1. den Nachweis, dass die in Absatz 1 genannte Schlussfolgerung der Bundesnetzagentur begründet ist;
2. eine mit Gründen versehene Einschätzung, dass keine oder nur geringe Aussichten dafür bestehen, dass es innerhalb eines angemessenen Zeitrahmens einen wirksamen und nachhaltigen Wettbewerb im Bereich Infrastruktur gibt;
3. eine Analyse der erwarteten Auswirkungen auf die Bundesnetzagentur, auf das Unternehmen, insbesondere auf das Personal des getrennten Unternehmens und auf den Telekommunikationssektor insgesamt, auf die Anreize, in den Sektor insgesamt zu investieren, insbesondere im Hinblick auf die notwendige Wahrung des sozialen und territorialen Zusammenhalts, sowie auf

sonstige Interessengruppen, insbesondere auch eine Analyse der erwarteten Auswirkungen auf den Wettbewerb und möglicher Folgen für die Verbraucher;
4. eine Analyse der Gründe, die dafür sprechen, dass diese Verpflichtung das effizienteste Mittel zur Durchsetzung von Abhilfemaßnahmen wäre, mit denen auf festgestellte Wettbewerbsprobleme oder Fälle von Marktversagen reagiert werden soll.

(3) Der der Kommission mit dem Antrag nach Absatz 2 vorzulegende Maßnahmenentwurf umfasst Folgendes:
1. die genaue Angabe von Art und Ausmaß der Trennung, insbesondere die Angabe des rechtlichen Status des getrennten Geschäftsbereichs;
2. die Angabe der Vermögenswerte des getrennten Geschäftsbereichs sowie der von diesem bereitzustellenden Produkte und Dienstleistungen;
3. die organisatorischen Modalitäten zur Gewährleistung der Unabhängigkeit des Personals des getrennten Geschäftsbereichs sowie die entsprechenden Anreize;
4. die Vorschriften zur Gewährleistung der Einhaltung der Verpflichtungen;
5. die Vorschriften zur Gewährleistung der Transparenz der betrieblichen Verfahren, insbesondere gegenüber den anderen Interessengruppen;
6. ein Überwachungsprogramm, mit dem die Einhaltung der Verpflichtung sichergestellt wird und das unter anderem die Veröffentlichung eines jährlichen Berichts beinhaltet.

(4) [1]Im Anschluss an die Entscheidung der Kommission über den Antrag führt die Bundesnetzagentur nach den §§ 10 und 11 eine koordinierte Analyse der Märkte durch, bei denen eine Verbindung zum Anschlussnetz besteht. [2]Auf der Grundlage ihrer Bewertung erlegt die Bundesnetzagentur nach § 13 Verpflichtungen auf, behält Verpflichtungen bei, ändert sie oder hebt sie auf.

(5) Einem Unternehmen, dem die funktionelle Trennung auferlegt wurde, kann auf jedem Einzelmarkt, auf dem es als Unternehmen mit beträchtlicher Marktmacht nach § 11 eingestuft wurde, jede der Verpflichtungen nach den §§ 19, 20, 21, 23, 24, 30, 39 oder § 42 Absatz 4 Satz 3 auferlegt werden.

§ 41 Freiwillige Trennung durch ein vertikal integriertes Unternehmen. (1) [1]Unternehmen, die nach § 11 auf einem oder mehreren relevanten Märkten als Unternehmen mit beträchtlicher Marktmacht eingestuft wurden, unterrichten die Bundesnetzagentur im Voraus und so rechtzeitig, dass sie die Wirkung der geplanten Transaktion einschätzen kann, von ihrer Absicht, die Anlagen ihres Ortsanschlussnetzes ganz oder zu einem großen Teil auf eine eigene Rechtsperson mit einem anderen Eigentümer zu übertragen oder einen getrennten Geschäftsbereich einzurichten, um allen Anbietern auf der Endkundenebene, einschließlich der eigenen im Endkundenbereich tätigen Unternehmensbereiche, völlig gleichwertige Zugangsprodukte zu liefern. [2]Die Unternehmen unterrichten die Bundesnetzagentur auch über alle Änderungen dieser Absicht sowie über das Ergebnis des Trennungsprozesses.

(2) [1]Die Bundesnetzagentur prüft die möglichen Folgen der beabsichtigten Transaktion auf die bestehenden Verpflichtungen nach den Abschnitten 2 und 3. [2]Hierzu führt sie entsprechend dem Verfahren des § 11 eine koordinierte Analyse der Märkte durch, bei denen eine Verbindung zum Anschlussnetz besteht. [3]Auf der Grundlage ihrer Bewertung erlegt die Bundesnetzagentur nach § 13 Verpflichtungen auf, behält Verpflichtungen bei, ändert sie oder hebt sie auf.

(3) Dem rechtlich oder betrieblich getrennten Geschäftsbereich kann auf jedem Einzelmarkt, auf dem er als Unternehmen mit beträchtlicher Marktmacht nach § 11 eingestuft wurde, jede der Verpflichtungen nach den §§ 19, 20, 21, 23, 24, 30, 39 oder § 42 Absatz 4 Satz 3 auferlegt werden.

§ 41a Netzneutralität. *(aufgehoben)*

§ 41b Anschluss von Telekommunikationsendeinrichtungen. (1) [1]Die Betreiber öffentlicher Telekommunikationsnetze und die Anbieter von öffentlich zugänglichen Telekommunikationsdiensten dürfen den Anschluss von Telekommunikationsendeinrichtungen an das öffentliche Telekommunikationsnetz nicht verweigern, wenn die Telekommunikationsendeinrichtungen die grundlegenden Anforderungen nach der Richtlinie 2014/30/EU des Europäischen Parlaments und des Rates vom 26. Februar 2014 zur Harmonisierung der Rechtsvorschriften der Mitgliedstaaten über die elektromagnetische Verträglichkeit (ABl. L 96 vom 29.3.2014, S. 79) erfüllen. [2]Sie können dem Teilnehmer Telekommunikationsendeinrichtungen überlassen, dürfen aber deren Anschluss und Nutzung nicht zwingend vorschreiben. [3]Notwendige Zugangsdaten und Informationen für den Anschluss von Telekommunikationsendeinrichtungen und die Nutzung der Telekommunikationsdienste haben sie dem Teilnehmer in Textform unaufgefordert und kostenfrei bei Vertragsschluss zur Verfügung zu stellen.

(2) Wer Telekommunikationsendeinrichtungen an öffentlichen Telekommunikationsnetzen betreiben will, hat für deren fachgerechten Anschluss Sorge zu tragen.

(3) [1]Verursacht ein Gerät, dessen Konformität mit den Anforderungen des § 4 des Gesetzes über die elektromagnetische Verträglichkeit von Betriebsmitteln bescheinigt wurde, ernsthafte Schäden an einem Netz oder schädliche Störungen beim Netzbetrieb oder funktechnische Störungen, so kann die Bundesnetzagentur dem Betreiber öffentlicher Telekommunikationsnetze gestatten, für dieses Gerät den Anschluss zu verweigern, die Verbindung aufzuheben oder den Dienst einzustellen. [2]Die Bundesnetzagentur teilt dem Bundesministerium für Wirtschaft und Energie die von ihr getroffenen Maßnahmen mit.

(4) Der Betreiber öffentlicher Telekommunikationsnetze kann eine Telekommunikationsendeinrichtung im Notfall ohne vorherige Erlaubnis nur dann vom Netz abtrennen, wenn

1. der Schutz des Netzes die unverzügliche Abschaltung des Geräts erfordert und

2. dem Benutzer unverzüglich und für ihn kostenfrei eine alternative Lösung angeboten werden kann.

(5) Der Betreiber öffentlicher Telekommunikationsnetze unterrichtet unverzüglich die Bundesnetzagentur über die Trennung einer Telekommunikationsendeinrichtung vom Netz.

(6) Die Bundesnetzagentur ergreift gegenüber Betreibern öffentlicher Telekommunikationsnetze, die

1. eine Anschaltung von Telekommunikationsendeinrichtungen an ihre Netze verweigern oder
2. angeschaltete Telekommunikationsendeinrichtungen vom Netz genommen haben, ohne dass die Voraussetzungen des Absatzes 3 oder 4 vorgelegen haben,

die erforderlichen Maßnahmen, um den Anschluss dieser Telekommunikationsendeinrichtungen zu gewährleisten.

§ 41c Schnittstellenbeschreibungen der Betreiber öffentlicher Telekommunikationsnetze. (1) [1]Betreiber öffentlicher Telekommunikationsnetze sind verpflichtet,

1. angemessene und genaue technische Beschreibungen ihrer Netzzugangsschnittstellen bereitzustellen und zu veröffentlichen sowie der Bundesnetzagentur unmittelbar mitzuteilen und
2. regelmäßig alle aktualisierten Beschreibungen dieser Netzzugangsschnittstellen zu veröffentlichen und der Bundesnetzagentur unmittelbar mitzuteilen.

[2]Die Verpflichtung des Satzes 1 Nummer 1 gilt auch für jede technische Änderung einer vorhandenen Schnittstelle.

(2) [1]Die Schnittstellenbeschreibungen müssen hinreichend detailliert sein, um den Entwurf von Telekommunikationsendeinrichtungen zu ermöglichen, die zur Nutzung aller über die entsprechende Schnittstelle erbrachten Dienste in der Lage sind. [2]Der Verwendungszweck der Schnittstellen muss angegeben werden. [3]Die Schnittstellenbeschreibungen müssen alle Informationen enthalten, damit die Hersteller die jeweiligen Prüfungen in Bezug auf die schnittstellenrelevanten grundlegenden Anforderungen, die für die jeweilige Telekommunikationsendeinrichtung gelten, nach eigener Wahl durchführen können.

(3) [1]Die Pflicht zur Veröffentlichung nach Absatz 1 ist erfüllt, wenn die Angaben im Amtsblatt der Bundesnetzagentur veröffentlicht werden. [2]Erfolgt die Veröffentlichung an anderer Stelle, hat der Betreiber öffentlicher Telekommunikationsnetze die Fundstelle umgehend der Bundesnetzagentur mitzuteilen. [3]In diesem Fall veröffentlicht die Bundesnetzagentur die Fundstelle in ihrem Amtsblatt.

(4) [1]Ist die Veröffentlichung der gesamten Schnittstellenspezifikationen auf Grund des Umfangs nicht zumutbar, so ist es ausreichend, eine Mitteilung zu veröffentlichen, die zumindest über Art und Verwendungszweck der Schnittstelle Auskunft gibt und einen Hinweis auf Bezugsmöglichkeiten der umfassenden Schnittstellenspezifikationen enthält. [2]Der Betreiber öffentlicher Tele-

kommunikationsnetze stellt sicher, dass die Schnittstellenspezifikationen nach Anforderung unverzüglich an den Interessenten abgegeben werden und die Interessenten weder zeitlich noch inhaltlich noch hinsichtlich der Kosten für den Bezug der Schnittstellenspezifikation ungleich behandelt werden. [3]Ein für den Bezug von Schnittstellenspezifikationen erhobenes Entgelt darf nur in Höhe der hierdurch verursachten besonderen Kosten erhoben werden.

(5) Der Betreiber öffentlicher Telekommunikationsnetze darf Leistungen, die über die nach Absatz 1 veröffentlichten Schnittstellen bereitgestellt werden sollen, nur anbieten, wenn zuvor die Schnittstellenbeschreibung oder die Fundstelle der Schnittstellenbeschreibung im Amtsblatt der Bundesnetzagentur veröffentlicht worden ist.

Abschnitt 5

Besondere Missbrauchsaufsicht

§ 42 Missbräuchliches Verhalten eines Unternehmens mit beträchtlicher Marktmacht. (1) [1]Ein Anbieter von Telekommunikationsdiensten, von Leistungen nach § 78 Absatz 2 Nummer 4 und 5 oder von telekommunikationsgestützten Diensten, der über beträchtliche Marktmacht verfügt, oder ein Betreiber eines öffentlichen Telekommunikationsnetzes, der über beträchtliche Marktmacht verfügt, darf seine Stellung nicht missbräuchlich ausnutzen. [2]Ein Missbrauch liegt insbesondere vor, wenn andere Unternehmen unmittelbar oder mittelbar unbillig behindert oder deren Wettbewerbsmöglichkeiten ohne sachlich gerechtfertigten Grund erheblich beeinträchtigt werden.

(2) Ein Missbrauch im Sinne des Absatzes 1 wird vermutet, wenn ein Unternehmen mit beträchtlicher Marktmacht sich selbst, seinen Tochter- oder Partnerunternehmen den Zugang zu seinen intern genutzten oder zu seinen am Markt angebotenen Leistungen zu günstigeren Bedingungen oder zu einer besseren Qualität ermöglicht, als es sie anderen Unternehmen bei der Nutzung der Leistung für deren Telekommunikationsdienste oder mit diesen in Zusammenhang stehenden Diensten einräumt, es sei denn, das Unternehmen weist Tatsachen nach, die die Einräumung ungünstigerer Bedingungen sachlich rechtfertigen.

(3) Ein Missbrauch im Sinne des Absatzes 1 wird auch dann vermutet, wenn ein Betreiber eines öffentlichen Telekommunikationsnetzes mit beträchtlicher Marktmacht seiner Verpflichtung aus § 22 Abs. 1 nicht nachkommt, indem die Bearbeitung von Zugangsanträgen ohne sachlichen Grund verzögert wird.

(4) [1]Auf Antrag oder von Amts wegen trifft die Bundesnetzagentur eine Entscheidung, um die missbräuchliche Ausnutzung einer marktmächtigen Stellung zu beenden. [2]Dazu kann sie dem Unternehmen, das seine marktmächtige Stellung missbräuchlich ausnutzt, ein Verhalten auferlegen oder untersagen oder Verträge ganz oder teilweise für unwirksam erklären. [3]Die Sätze 1 und 2 gelten entsprechend, wenn Tatsachen vorliegen, die die Annahme rechtferti-

gen, dass ein Unternehmen seine marktmächtige Stellung auf Endkundenmärkten missbräuchlich auszunutzen droht. [4]Eine solche Entscheidung soll in der Regel innerhalb einer Frist von vier Monaten nach Einleitung des Verfahrens getroffen werden. [5]Bei einer Antragstellung nach Satz 1 ist der Eingang des Antrags der Fristbeginn. [6]Den Antrag nach Satz 1 kann jeder Anbieter von Telekommunikationsdiensten stellen, der geltend macht, in eigenen Rechten verletzt zu sein.

§ 43 Vorteilsabschöpfung durch die Bundesnetzagentur. (1) Hat ein Unternehmen gegen eine Verfügung der Bundesnetzagentur nach § 42 Abs. 4 oder vorsätzlich oder fahrlässig gegen eine Vorschrift dieses Gesetzes verstoßen und dadurch einen wirtschaftlichen Vorteil erlangt, soll die Bundesnetzagentur die Abschöpfung des wirtschaftlichen Vorteils anordnen und dem Unternehmen die Zahlung eines entsprechenden Geldbetrags auferlegen.

(2) [1]Absatz 1 gilt nicht, sofern der wirtschaftliche Vorteil durch Schadensersatzleistungen oder durch die Verhängung oder die Anordnung der Einziehung von Taterträgen ausgeglichen ist. [2]Soweit das Unternehmen Leistungen nach Satz 1 erst nach der Vorteilsabschöpfung erbringt, ist der abgeführte Geldbetrag in Höhe der nachgewiesenen Zahlungen an das Unternehmen zurückzuerstatten.

(3) [1]Wäre die Durchführung einer Vorteilsabschöpfung eine unbillige Härte, soll die Anordnung auf einen angemessenen Geldbetrag beschränkt werden oder ganz unterbleiben. [2]Sie soll auch unterbleiben, wenn der wirtschaftliche Vorteil gering ist.

(4) [1]Die Höhe des wirtschaftlichen Vorteils kann geschätzt werden. [2]Der abzuführende Geldbetrag ist zahlenmäßig zu bestimmen.

(5) Die Vorteilsabschöpfung kann nur innerhalb einer Frist von fünf Jahren seit Beendigung der Zuwiderhandlung und längstens für einen Zeitraum von fünf Jahren angeordnet werden.

Teil 3

Kundenschutz

§ 43a Verträge. (1) [1]Anbieter von öffentlich zugänglichen Telekommunikationsdiensten müssen dem Verbraucher und auf Verlangen anderen Endnutzern im Vertrag in klarer, umfassender und leicht zugänglicher Form folgende Informationen zur Verfügung stellen:

1. den Namen und die ladungsfähige Anschrift; ist der Anbieter eine juristische Person auch die Rechtsform, den Sitz und das zuständige Registergericht,
2. die Art und die wichtigsten technischen Leistungsdaten der angebotenen Telekommunikationsdienste, insbesondere diejenigen gemäß Absatz 2 und Absatz 3 Satz 1,

3. die voraussichtliche Dauer bis zur Bereitstellung eines Anschlusses,
4. die angebotenen Wartungs- und Kundendienste sowie die Möglichkeiten zur Kontaktaufnahme mit diesen Diensten,
5. Einzelheiten zu den Preisen der angebotenen Telekommunikationsdienste,
6. die Fundstelle eines allgemein zugänglichen, vollständigen und gültigen Preisverzeichnisses des Anbieters von öffentlich zugänglichen Telekommunikationsdiensten,
7. die Vertragslaufzeit, einschließlich des Mindestumfangs und der Mindestdauer der Nutzung, die gegebenenfalls erforderlich sind, um Angebote im Rahmen von Werbemaßnahmen nutzen zu können,
8. die Voraussetzungen für die Verlängerung und Beendigung des Bezuges einzelner Dienste und des gesamten Vertragsverhältnisses, einschließlich der Voraussetzungen für einen Anbieterwechsel nach § 46, die Entgelte für die Übertragung von Nummern und anderen Teilnehmerkennungen sowie die bei Beendigung des Vertragsverhältnisses fälligen Entgelte einschließlich einer Kostenanlastung für Endeinrichtungen,
9. etwaige Entschädigungs- und Erstattungsregelungen für den Fall, dass der Anbieter die wichtigsten technischen Leistungsdaten der zu erbringenden Dienste nicht eingehalten hat,
10. die erforderlichen Schritte zur Einleitung eines außergerichtlichen Streitbeilegungsverfahrens nach § 47a,
11. den Anspruch des Teilnehmers auf Aufnahme seiner Daten in ein öffentliches Teilnehmerverzeichnis nach § 45m,
12. die Arten von Maßnahmen, mit denen das Unternehmen auf Sicherheits- oder Integritätsverletzungen oder auf Bedrohungen und Schwachstellen reagieren kann,
13. den Anspruch auf Sperrung bestimmter Rufnummernbereiche nach § 45d Absatz 2 Satz 1 und
14. den Anspruch auf Sperrung der Inanspruchnahme und Abrechnung von neben der Verbindung erbrachten Leistungen über den Mobilfunkanschluss nach § 45d Absatz 3.

[2]Anbieter öffentlicher Telekommunikationsnetze sind dazu verpflichtet, Anbietern öffentlich zugänglicher Telekommunikationsdienste die für die Sicherstellung der in Satz 1 genannten Informationspflichten benötigten Informationen zur Verfügung zu stellen, wenn ausschließlich die Anbieter von öffentlichen Telekommunikationsnetzen darüber verfügen.

(2) Zu den Informationen nach Absatz 1 Nummer 2 gehören

1. Informationen darüber, ob der Zugang zu Notdiensten mit Angaben zum Anruferstandort besteht oder nicht, und über alle Beschränkungen von Notdiensten,
2. Informationen über alle Einschränkungen im Hinblick auf den Zugang zu und die Nutzung von Diensten und Anwendungen,
3. das angebotene Mindestniveau der Dienstqualität und gegebenenfalls anderer nach § 41a festgelegter Parameter für die Dienstqualität,

4. Informationen über alle vom Unternehmen zur Messung und Kontrolle des Datenverkehrs eingerichteten Verfahren, um eine Kapazitätsauslastung oder Überlastung einer Netzverbindung zu vermeiden, und Informationen über die möglichen Auswirkungen dieser Verfahren auf die Dienstqualität und
5. alle vom Anbieter auferlegten Beschränkungen für die Nutzung der von ihm zur Verfügung gestellten Endeinrichtungen.

(3) [1]Die Einzelheiten darüber, welche Angaben in der Regel mindestens nach Absatz 2 erforderlich sind, kann die Bundesnetzagentur nach Beteiligung der betroffenen Verbände und der Unternehmen durch Verfügung im Amtsblatt festlegen. [2]Hierzu kann die Bundesnetzagentur die Anbieter öffentlich zugänglicher Telekommunikationsdienste oder die Anbieter öffentlicher Telekommunikationsnetze verpflichten, Erhebungen zum tatsächlichen Mindestniveau der Dienstqualität anzustellen, eigene Messungen anstellen oder Hilfsmittel entwickeln, die es dem Teilnehmer ermöglichen, eigenständige Messungen anzustellen. [3]Die Bundesnetzagentur veröffentlicht jährlich einen Bericht über ihre Erhebungen und Erkenntnisse, in dem insbesondere dargestellt wird,
1. inwiefern die Anbieter von öffentlich zugänglichen Telekommunikationsdiensten die Informationen zur Verfügung stellen, die nach Absatz 2 und nach Artikel 4 Absatz 1 der Verordnung (EU) 2015/2120 des Europäischen Parlaments und des Rates vom 25. November 2015 über Maßnahmen zum Zugang zum offenen Internet und zur Änderung der Richtlinie 2002/22/EG über den Universaldienst und Nutzerrechte bei elektronischen Kommunikationsnetzen und -diensten sowie der Verordnung (EU) Nr. 531/2012 über das Roaming in öffentlichen Mobilfunknetzen in der Union (ABl. L 310 vom 26.11.2015, S. 1) erforderlich sind,
2. inwiefern erhebliche, kontinuierliche oder regelmäßig wiederkehrende Abweichungen zwischen der nach Satz 2 gemessenen Dienstqualität und den nach Artikel 4 Absatz 1 Unterabsatz 1 Buchstabe d der Verordnung (EU) 2015/2120 im Vertrag enthaltenen Angaben festgestellt wurden und
3. inwiefern Anforderungen und Maßnahmen nach Artikel 5 Absatz 1 Unterabsatz 1 Satz 2 der Verordnung (EU) 2015/2120 notwendig und wirksam sind.

[4]Ferner kann die Bundesnetzagentur das Format der Mitteilung über Vertragsänderungen und die anzugebende Information über das Widerrufsrecht festlegen, soweit nicht bereits vergleichbare Regelungen bestehen.

§ 43b Vertragslaufzeit. [1]Die anfängliche Mindestlaufzeit eines Vertrages zwischen einem Verbraucher und einem Anbieter von öffentlich zugänglichen Telekommunikationsdiensten darf 24 Monate nicht überschreiten. [2]Anbieter von öffentlich zugänglichen Telekommunikationsdiensten sind verpflichtet, einem Teilnehmer zu ermöglichen, einen Vertrag mit einer Höchstlaufzeit von zwölf Monaten abzuschließen.

§ 44 Anspruch auf Schadensersatz und Unterlassung. (1) [1]Ein Unternehmen, das gegen dieses Gesetz, eine aufgrund dieses Gesetzes erlassene Rechtsverordnung, eine aufgrund dieses Gesetzes in einer Zuteilung auferlegte Verpflichtung oder eine Verfügung der Bundesnetzagentur verstößt, ist dem Betroffenen zur Beseitigung und bei Wiederholungsgefahr zur Unterlassung verpflichtet. [2]Der Anspruch besteht bereits dann, wenn eine Zuwiderhandlung droht. [3]Betroffen ist, wer als Endverbraucher oder Wettbewerber durch den Verstoß beeinträchtigt ist. [4]Fällt dem Unternehmen Vorsatz oder Fahrlässigkeit zur Last, ist es einem Endverbraucher oder einem Wettbewerber auch zum Ersatz des Schadens verpflichtet, der ihm aus dem Verstoß entstanden ist. [5]Geldschulden nach Satz 4 hat das Unternehmen ab Eintritt des Schadens zu verzinsen. [6]Die §§ 288 und 289 Satz 1 des Bürgerlichen Gesetzbuchs finden entsprechende Anwendung.

(2) [1]Wer in anderer Weise als durch Verwendung oder Empfehlung von Allgemeinen Geschäftsbedingungen gegen Vorschriften dieses Gesetzes oder Vorschriften einer aufgrund dieses Gesetzes erlassenen Rechtsverordnung verstößt, die dem Schutz der Verbraucher dienen, kann im Interesse des Verbraucherschutzes von den in § 3 des Unterlassungsklagengesetzes genannten Stellen in Anspruch genommen werden. [2]Werden die Zuwiderhandlungen in einem geschäftlichen Betrieb von einem Angestellten oder einem Beauftragten begangen, so ist der Unterlassungsanspruch auch gegen den Inhaber des Betriebes begründet. [3]Im Übrigen bleibt das Unterlassungsklagengesetz unberührt.

§ 44a Haftung. [1]Soweit eine Verpflichtung des Anbieters von öffentlich zugänglichen Telekommunikationsdiensten zum Ersatz eines Vermögensschadens gegenüber einem Endnutzer besteht und nicht auf Vorsatz beruht, ist die Haftung auf höchstens 12 500 Euro je Endnutzer begrenzt. [2]Entsteht die Schadenersatzpflicht durch eine einheitliche Handlung oder ein einheitliches Schaden verursachendes Ereignis gegenüber mehreren Endnutzern und beruht dies nicht auf Vorsatz, so ist die Schadenersatzpflicht unbeschadet der Begrenzung in Satz 1 in der Summe auf höchstens 10 Millionen Euro begrenzt. [3]Übersteigen die Entschädigungen, die mehreren Geschädigten aufgrund desselben Ereignisses zu leisten sind, die Höchstgrenze, so wird der Schadenersatz in dem Verhältnis gekürzt, in dem die Summe aller Schadenersatzansprüche zur Höchstgrenze steht. [4]Die Haftungsbegrenzung nach den Sätzen 1 bis 3 gilt nicht für Ansprüche auf Ersatz des Schadens, der durch den Verzug der Zahlung von Schadenersatz entsteht. [5]Abweichend von den Sätzen 1 bis 3 kann die Höhe der Haftung gegenüber Endnutzern, die keine Verbraucher sind, durch einzelvertragliche Vereinbarung geregelt werden.

§ 45 Berücksichtigung der Interessen behinderter Endnutzer. (1) [1]Die Interessen behinderter Endnutzer sind von den Anbietern öffentlich zugänglicher Telekommunikationsdienste bei der Planung und Erbringung der Dienste zu berücksichtigen. [2]Es ist ein Zugang zu ermöglichen, der dem Zugang gleichwertig ist, über den die Mehrheit der Endnutzer verfügt. [3]Der Zugang zu den Telekommunikationsdiensten muss behinderten Endnutzern jederzeit zur Verfügung stehen. [4]Gleiches gilt für die Auswahl an Unternehmen und Diensten.

(2) [1]Nach Anhörung der betroffenen Verbände und der Unternehmen kann die Bundesnetzagentur den allgemeinen Bedarf nach Absatz 1 feststellen, der sich aus den Bedürfnissen der behinderten Endnutzer ergibt. [2]Zur Sicherstellung des Dienstes sowie der Dienstemerkmale ist die Bundesnetzagentur befugt, den Unternehmen Verpflichtungen aufzuerlegen. [3]Die Bundesnetzagentur kann von solchen Verpflichtungen absehen, wenn eine Anhörung der betroffenen Kreise ergibt, dass diese Dienstemerkmale oder vergleichbare Dienste als weithin verfügbar erachtet werden.

(3) [1]Die Anbieter öffentlich zugänglicher Telefondienste stellen jederzeit verfügbare Vermittlungsdienste für gehörlose und hörgeschädigte Endnutzer zu einem erschwinglichen Preis unter Berücksichtigung ihrer besonderen Bedürfnisse bereit. [2]Die Bundesnetzagentur ermittelt den Bedarf für diese Vermittlungsdienste unter Beteiligung der betroffenen Verbände und der Unternehmen. [3]Soweit Unternehmen keinen bedarfsgerechten Vermittlungsdienst bereitstellen, beauftragt die Bundesnetzagentur einen Leistungserbringer mit der Bereitstellung eines Vermittlungsdienstes zu einem erschwinglichen Preis. [4]Die mit dieser Bereitstellung nicht durch die vom Nutzer zu zahlenden Entgelte gedeckten Kosten tragen die Unternehmen, die keinen bedarfsgerechten Vermittlungsdienst bereitstellen. [5]Der jeweils von einem Unternehmen zu tragende Anteil an diesen Kosten bemisst sich nach dem Verhältnis des Anteils der vom jeweiligen Unternehmen erbrachten abgehenden Verbindungen zum Gesamtvolumen der von allen zahlungspflichtigen Unternehmen erbrachten abgehenden Verbindungen und wird von der Bundesnetzagentur festgesetzt. [6]Die Zahlungspflicht entfällt für Unternehmen, die weniger als 0,5 Prozent des Gesamtvolumens der abgehenden Verbindungen erbracht haben; der auf diese Unternehmen entfallende Teil der Kosten wird von den übrigen Unternehmen nach Maßgabe des Satzes 5 getragen. [7]Die Bundesnetzagentur legt die Einzelheiten des Verfahrens durch Verfügung fest.

§ 45a Nutzung von Grundstücken. (1) Ein Anbieter von öffentlich zugänglichen Telekommunikationsdiensten, der einen Zugang zu einem öffentlichen Telekommunikationsnetz anbietet, darf den Vertrag mit dem Teilnehmer ohne Einhaltung einer Frist kündigen, wenn der Teilnehmer auf Verlangen des Anbieters nicht innerhalb eines Monats den Antrag des dinglich Berechtigten auf Abschluss eines Vertrags zu einer Nutzung des Grundstücks nach der Anlage zu diesem Gesetz (Nutzungsvertrag) vorlegt oder der dinglich Berechtigte den Nutzungsvertrag kündigt.

(2) Sind der Antrag fristgerecht vorgelegt und ein früherer Nutzungsvertrag nicht gekündigt worden, darf der Teilnehmer den Vertrag ohne Einhaltung einer Frist kündigen, wenn der Anbieter von öffentlich zugänglichen Telekommunikationsdiensten den Antrag des Eigentümers auf Abschluss eines Nutzungsvertrags diesem gegenüber nicht innerhalb eines Monats durch Übersendung des von ihm unterschriebenen Vertrags annimmt.

(3) [1]Sofern der Eigentümer keinen weiteren Nutzungsvertrag geschlossen hat und eine Mitbenutzung vorhandener Leitungen und Vorrichtungen des Anbieters von öffentlich zugänglichen Telekommunikationsdiensten durch einen weiteren Anbieter nicht die vertragsgemäße Erfüllung der Verpflichtungen des Anbieters gefährdet oder beeinträchtigt, hat der aus dem Nutzungsvertrag berechtigte Anbieter einem anderen Anbieter auf Verlangen die Mitbenutzung der auf dem Grundstück und in den darauf befindlichen Gebäuden verlegten Leitungen und angebrachten Vorrichtungen des Anbieters zu gewähren. [2]Der Anbieter darf für die Mitbenutzung ein Entgelt erheben, das sich an den Kosten der effizienten Leistungsbereitstellung orientiert.

(4) Geht das Eigentum des Grundstücks auf einen Dritten über, gilt § 566 des Bürgerlichen Gesetzbuchs entsprechend.

§ 45b Entstörungsdienst. Der Teilnehmer kann von einem Anbieter eines öffentlich zugänglichen Telefondienstes verlangen, dass dieser einer Störung unverzüglich, auch nachts und an Sonn- und Feiertagen, nachgeht, wenn der Anbieter von öffentlich zugänglichen Telekommunikationsdiensten über beträchtliche Marktmacht verfügt.

§ 45c Normgerechte technische Dienstleistung. (1) Der Anbieter von öffentlich zugänglichen Telekommunikationsdiensten ist gegenüber dem Teilnehmer verpflichtet, die nach Artikel 17 Absatz 4 der Richtlinie 2002/21/EG verbindlich geltenden Normen für und die technischen Anforderungen an die Bereitstellung von Telekommunikation für Endnutzer einzuhalten.

(2) Die Bundesnetzagentur soll auf die verbindlichen Normen und technischen Anforderungen in Veröffentlichungen hinweisen.

§ 45d[3] Netzzugang. (1) Der Zugang zu öffentlichen Telekommunikationsnetzen an festen Standorten ist an einer mit dem Teilnehmer zu vereinbarenden, geeigneten Stelle zu installieren.

(2) [1]Der Teilnehmer kann von dem Anbieter öffentlich zugänglicher Telefondienste und von dem Anbieter des Anschlusses an das öffentliche Telekommunikationsnetz verlangen, dass die Nutzung seines Netzzugangs für bestimmte Rufnummernbereiche im Sinne von § 3 Nummer 18a unentgeltlich netzseitig gesperrt wird, soweit dies technisch möglich ist. [2]Die Freischaltung der gesperrten Rufnummernbereiche kann kostenpflichtig sein.

(3) Der Teilnehmer kann von dem Anbieter öffentlich zugänglicher Mobilfunkdienste und von dem Anbieter des Anschlusses an das öffentliche Mobilfunknetz verlangen, dass die Identifizierung seines Mobilfunkanschlusses zur

3 Gemäß Art. 5 Abs. 2 Satz 2 G vom 3.5.2012 (BGBl. I S. 958, ber. S. 1717) ist § 45d Absatz 2 mit Inkrafttreten einer Rechtsverordnung nach § 45n Absatz 1 in Verbindung mit Absatz 6 Nummer 1 und § 45d Absatz 3 mit Inkrafttreten einer Rechtsverordnung nach § 45n Absatz 1 in Verbindung mit Absatz 6 Nummer 2 nicht mehr anzuwenden.

Inanspruchnahme und Abrechnung einer neben der Verbindung erbrachten Leistung unentgeltlich netzseitig gesperrt wird.

(4) [1]Die Bundesnetzagentur legt nach Anhörung der betroffenen Unternehmen, Fachkreise und Verbraucherverbände Verfahren fest, die die Anbieter öffentlich zugänglicher Mobilfunkdienste und die Anbieter des Anschlusses an das öffentliche Mobilfunknetz anwenden müssen, um die Identifizierung eines Mobilfunkanschlusses zur Inanspruchnahme und Abrechnung einer neben der Verbindung erbrachten Leistung zu nutzen. [2]Diese Verfahren sollen den Teilnehmer wirksam davor schützen, dass eine neben der Verbindung erbrachte Leistung gegen seinen Willen in Anspruch genommen und abgerechnet wird. [3]Die Bundesnetzagentur veröffentlicht die Verfahren und überprüft sie in regelmäßigen Abständen auf ihre Wirksamkeit.

§ 45e Anspruch auf Einzelverbindungsnachweis. (1) [1]Der Teilnehmer kann von dem Anbieter von öffentlich zugänglichen Telekommunikationsdiensten jederzeit mit Wirkung für die Zukunft eine nach Einzelverbindungen aufgeschlüsselte Rechnung (Einzelverbindungsnachweis) verlangen, die zumindest die Angaben enthält, die für eine Nachprüfung der Teilbeträge der Rechnung erforderlich sind. [2]Dies gilt nicht, soweit technische Hindernisse der Erteilung von Einzelverbindungsnachweisen entgegenstehen oder wegen der Art der Leistung eine Rechnung grundsätzlich nicht erteilt wird. [3]Die Rechtsvorschriften zum Schutz personenbezogener Daten bleiben unberührt.

(2) [1]Die Einzelheiten darüber, welche Angaben in der Regel mindestens für einen Einzelverbindungsnachweis nach Absatz 1 Satz 1 erforderlich und in welcher Form diese Angaben jeweils mindestens zu erteilen sind, kann die Bundesnetzagentur durch Verfügung im Amtsblatt festlegen. [2]Der Teilnehmer kann einen auf diese Festlegungen beschränkten Einzelverbindungsnachweis verlangen, für den kein Entgelt erhoben werden darf.

§ 45f Vorausbezahlte Leistung. [1]Der Teilnehmer muss die Möglichkeit haben, auf Vorauszahlungsbasis Zugang zum öffentlichen Telekommunikationsnetz zu erhalten oder öffentlich zugängliche Telefondienste in Anspruch nehmen zu können. [2]Die Einzelheiten kann die Bundesnetzagentur durch Verfügung im Amtsblatt festlegen. [3]Für den Fall, dass eine entsprechende Leistung nicht angeboten wird, schreibt die Bundesnetzagentur die Leistung aus. [4]Für das Verfahren gilt § 81 Abs. 2, 4 und 5 entsprechend.

§ 45g Verbindungspreisberechnung. (1) Bei der Abrechnung ist der Anbieter von öffentlich zugänglichen Telekommunikationsdiensten verpflichtet,

1. die Dauer und den Zeitpunkt zeitabhängig tarifierter Verbindungen von öffentlich zugänglichen Telekommunikationsdiensten unter regelmäßiger Abgleichung mit einem amtlichen Zeitnormal zu ermitteln,
2. die für die Tarifierung relevanten Entfernungszonen zu ermitteln,
3. die übertragene Datenmenge bei volumenabhängig tarifierten Verbindungen von öffentlich zugänglichen Telekommunikationsdiensten nach einem nach Absatz 3 vorgegebenen Verfahren zu ermitteln und

4. die Systeme, Verfahren und technischen Einrichtungen, mit denen auf der Grundlage der ermittelten Verbindungsdaten die Entgeltforderungen berechnet werden, einer regelmäßigen Kontrolle auf Abrechnungsgenauigkeit und Übereinstimmung mit den vertraglich vereinbarten Entgelten zu unterziehen.

(2) [1]Die Voraussetzungen nach Absatz 1 Nr. 1, 2 und 3 sowie Abrechnungsgenauigkeit und Entgeltrichtigkeit der Datenverarbeitungseinrichtungen nach Absatz 1 Nr. 4 sind durch ein Qualitätssicherungssystem sicherzustellen oder einmal jährlich durch öffentlich bestellte und vereidigte Sachverständige oder vergleichbare Stellen überprüfen zu lassen. [2]Zum Nachweis der Einhaltung dieser Bestimmung ist der Bundesnetzagentur die Prüfbescheinigung einer akkreditierten Zertifizierungsstelle für Qualitätssicherungssysteme oder das Prüfergebnis eines öffentlich bestellten und vereidigten Sachverständigen vorzulegen.

(3) Die Bundesnetzagentur legt im Benehmen mit dem Bundesamt für Sicherheit in der Informationstechnik Anforderungen an die Systeme und Verfahren zur Ermittlung des Entgelts volumenabhängig tarifierter Verbindungen nach Absatz 1 Nr. 2, 3 und 4 nach Anhörung der betroffenen Unternehmen, Fachkreise und Verbraucherverbände durch Verfügung im Amtsblatt fest.

§ 45h Rechnungsinhalt, Teilzahlungen. (1) [1]Soweit ein Anbieter von öffentlich zugänglichen Telekommunikationsdiensten dem Teilnehmer eine Rechnung stellt, die auch Entgelte für Leistungen Dritter ausweist, muss die Rechnung des Anbieters in einer hervorgehobenen und deutlich gestalteten Form Folgendes enthalten:

1. die konkrete Bezeichnung der in Rechnung gestellten Leistungen,
2. die Namen und ladungsfähigen Anschriften beteiligter Anbieter von Netzdienstleistungen,
3. einen Hinweis auf den Informationsanspruch des Teilnehmers nach § 45p,
4. die kostenfreien Kundendiensttelefonnummern der Anbieter von Netzdienstleistungen und des rechnungsstellenden Anbieters, unter denen der Teilnehmer die Informationen nach § 45p erlangen kann,
5. die Gesamthöhe der auf jeden Anbieter entfallenden Entgelte.

[2]§ 45e bleibt unberührt. [3]Zahlt der Teilnehmer den Gesamtbetrag der Rechnung an den rechnungsstellenden Anbieter, so befreit ihn diese Zahlung von der Zahlungsverpflichtung auch gegenüber den anderen auf der Rechnung aufgeführten Anbietern.

(2) Hat der Teilnehmer vor oder bei der Zahlung nichts Anderes bestimmt, so sind Teilzahlungen des Teilnehmers an den rechnungsstellenden Anbieter auf die in der Rechnung ausgewiesenen Forderungen nach ihrem Anteil an der Gesamtforderung der Rechnung zu verrechnen.

(3) Das rechnungsstellende Unternehmen muss den Rechnungsempfänger in der Rechnung darauf hinweisen, dass dieser berechtigt ist, begründete Einwendungen gegen einzelne in der Rechnung gestellte Forderungen zu erheben.

(4) (aufgehoben)[4]

(5) Leistungen anderer beteiligter Anbieter von Netzdienstleistungen oder Diensteanbieter, die über den Anschluss eines Teilnehmernetzbetreibers von einem Endnutzer in Anspruch genommen werden, gelten für Zwecke der Umsatzsteuer als vom Teilnehmernetzbetreiber in eigenem Namen und für Rechnung des beteiligten Anbieters von Netzdienstleistungen oder Diensteanbieters an den Endnutzer erbracht; dies gilt entsprechend für Leistungen anderer beteiligter Anbieter von Netzdienstleistungen oder Diensteanbieter gegenüber einem beteiligten Anbieter von Netzdienstleistungen, der über diese Leistungen in eigenem Namen und für fremde Rechnung gegenüber dem Teilnehmernetzbetreiber oder einem weiteren beteiligten Anbieter von Netzdienstleistungen abrechnet.

(6) Die Einzelheiten darüber, welche Angaben nach Absatz 1 Satz 1 Nummer 3 auf der Rechnung mindestens für einen transparenten und nachvollziehbaren Hinweis auf den Informationsanspruch des Teilnehmers nach § 45p erforderlich sind, kann die Bundesnetzagentur durch Verfügung im Amtsblatt festlegen.

§ 45i Beanstandungen. (1) [1]Der Teilnehmer kann eine ihm von dem Anbieter von Telekommunikationsdiensten erteilte Abrechnung innerhalb einer Frist von mindestens acht Wochen nach Zugang der Rechnung beanstanden. [2]Im Falle der Beanstandung hat der Anbieter das in Rechnung gestellte Verbindungsaufkommen unter Wahrung der datenschutzrechtlichen Belange etwaiger weiterer Nutzer des Anschlusses als Entgeltnachweis nach den einzelnen Verbindungsdaten aufzuschlüsseln und eine technische Prüfung durchzuführen, es sei denn, die Beanstandung ist nachweislich nicht auf einen technischen Mangel zurückzuführen. [3]Der Teilnehmer kann innerhalb der Beanstandungsfrist verlangen, dass ihm der Entgeltnachweis und die Ergebnisse der technischen Prüfung vorgelegt werden. [4]Erfolgt eine nach Satz 3 verlangte Vorlage nicht binnen acht Wochen nach einer Beanstandung, erlöschen bis dahin entstandene Ansprüche aus Verzug; die mit der Abrechnung geltend gemachte Forderung wird mit der nach Satz 3 verlangten Vorlage fällig. [5]Die Bundesnetzagentur veröffentlicht, welche Verfahren zur Durchführung der technischen Prüfung geeignet sind.

4 Die frühere Fassung (bis zum 31.12.2014 gültig) sah folgenden Wortlaut vor: *(4) Leistungen anderer beteiligter Anbieter von Netzdienstleistungen oder Diensteanbieter, die über den Anschluss eines Teilnehmernetzbetreibers von einem Endnutzer in Anspruch genommen werden, gelten für Zwecke der Umsatzsteuer als vom Teilnehmernetzbetreiber in eigenem Namen und für Rechnung des beteiligten Anbieters von Netzdienstleistungen oder Diensteanbieters an den Endnutzer erbracht; dies gilt entsprechend für Leistungen anderer beteiligter Anbieter von Netzdienstleistungen oder Diensteanbieter gegenüber einem beteiligten Anbieter von Netzdienstleistungen, der über diese Leistungen in eigenem Namen und für fremde Rechnung gegenüber dem Teilnehmernetzbetreiber oder einem weiteren beteiligten Anbieter von Netzdienstleistungen abrechnet.*

(2) [1]Soweit aus technischen Gründen keine Verkehrsdaten gespeichert oder für den Fall, dass keine Beanstandungen erhoben wurden, gespeicherte Daten nach Verstreichen der in Absatz 1 Satz 1 geregelten oder mit dem Anbieter vereinbarten Frist oder aufgrund rechtlicher Verpflichtungen gelöscht worden sind, trifft den Anbieter weder eine Nachweispflicht für die erbrachten Verbindungsleistungen noch die Auskunftspflicht nach Absatz 1 für die Einzelverbindungen. [2]Satz 1 gilt entsprechend, soweit der Teilnehmer nach einem deutlich erkennbaren Hinweis auf die Folgen nach Satz 1 verlangt hat, dass Verkehrsdaten gelöscht oder nicht gespeichert werden.

(3) [1]Dem Anbieter von öffentlich zugänglichen Telekommunikationsdiensten obliegt der Nachweis, dass er den Telekommunikationsdienst oder den Zugang zum Telekommunikationsnetz bis zu dem Übergabepunkt, an dem dem Teilnehmer der Netzzugang bereitgestellt wird, technisch fehlerfrei erbracht hat. [2]Ergibt die technische Prüfung nach Absatz 1 Mängel, die sich auf die Berechnung des beanstandeten Entgelts zu Lasten des Teilnehmers ausgewirkt haben können, oder wird die technische Prüfung später als zwei Monate nach der Beanstandung durch den Teilnehmer abgeschlossen, wird widerleglich vermutet, dass das in Rechnung gestellte Verbindungsaufkommen des jeweiligen Anbieters von öffentlich zugänglichen Telekommunikationsdiensten unrichtig ermittelt ist.

(4) [1]Soweit der Teilnehmer nachweist, dass ihm die Inanspruchnahme von Leistungen des Anbieters nicht zugerechnet werden kann, hat der Anbieter keinen Anspruch auf Entgelt gegen den Teilnehmer. [2]Der Anspruch entfällt auch, soweit Tatsachen die Annahme rechtfertigen, dass Dritte durch unbefugte Veränderungen an öffentlichen Telekommunikationsnetzen das in Rechnung gestellte Verbindungsentgelt beeinflusst haben.

§ 45j Entgeltpflicht bei unrichtiger Ermittlung des Verbindungsaufkommens. (1) [1]Kann im Falle des § 45i Abs. 3 Satz 2 das tatsächliche Verbindungsaufkommen nicht festgestellt werden, hat der Anbieter von öffentlich zugänglichen Telekommunikationsdiensten gegen den Teilnehmer Anspruch auf den Betrag, den der Teilnehmer in den vorangegangenen sechs Abrechnungszeiträumen durchschnittlich als Entgelt für einen entsprechenden Zeitraum zu entrichten hatte. [2]Dies gilt nicht, wenn der Teilnehmer nachweist, dass er in dem Abrechnungszeitraum den Netzzugang nicht oder in geringerem Umfang als nach der Durchschnittsberechnung genutzt hat. [3]Die Sätze 1 und 2 gelten entsprechend, wenn nach den Umständen erhebliche Zweifel bleiben, ob dem Teilnehmer die Inanspruchnahme von Leistungen des Anbieters zugerechnet werden kann.

(2) [1]Soweit in der Geschäftsbeziehung zwischen Anbieter und Teilnehmer weniger als sechs Abrechnungszeiträume unbeanstandet geblieben sind, wird die Durchschnittsberechnung nach Absatz 1 auf die verbleibenden Abrechnungszeiträume gestützt. [2]Bestand in den entsprechenden Abrechnungszeiträumen eines Vorjahres bei vergleichbaren Umständen durchschnittlich eine nied-

rigere Entgeltforderung, tritt dieser Betrag an die Stelle des nach Satz 1 berechneten Durchschnittsbetrags.

(3) Fordert der Anbieter ein Entgelt auf der Grundlage einer Durchschnittsberechnung, so gilt das von dem Teilnehmer auf die beanstandete Forderung zu viel gezahlte Entgelt spätestens zwei Monate nach der Beanstandung als fällig.

§ 45k Sperre. (1) [1]Der Anbieter öffentlich zugänglicher Telefondienste darf zu erbringende Leistungen an einen Teilnehmer unbeschadet anderer gesetzlicher Vorschriften nur nach Maßgabe der Absätze 2 bis 5 und nach § 45o Satz 3 ganz oder teilweise verweigern (Sperre). [2]§ 108 Abs. 1 bleibt unberührt.

(2) [1]Wegen Zahlungsverzugs darf der Anbieter eine Sperre durchführen, wenn der Teilnehmer nach Abzug etwaiger Anzahlungen mit Zahlungsverpflichtungen von mindestens 75 Euro in Verzug ist und der Anbieter die Sperre mindestens zwei Wochen zuvor schriftlich angedroht und dabei auf die Möglichkeit des Teilnehmers, Rechtsschutz vor den Gerichten zu suchen, hingewiesen hat. [2]Bei der Berechnung der Höhe des Betrags nach Satz 1 bleiben nicht titulierte Forderungen, die der Teilnehmer form- und fristgerecht und schlüssig begründet beanstandet hat, außer Betracht. [3]Ebenso bleiben nicht titulierte bestrittene Forderungen Dritter im Sinne des § 45h Absatz 1 Satz 1 außer Betracht. [4]Dies gilt auch dann, wenn diese Forderungen abgetreten worden sind. [5]Die Bestimmungen der Sätze 2 bis 4 gelten nicht, wenn der Anbieter den Teilnehmer zuvor zur vorläufigen Zahlung eines Durchschnittsbetrags nach § 45j aufgefordert und der Teilnehmer diesen nicht binnen zwei Wochen gezahlt hat.

(3) Der Anbieter darf seine Leistung einstellen, sobald die Kündigung des Vertragsverhältnisses wirksam wird.

(4) Der Anbieter darf eine Sperre durchführen, wenn wegen einer im Vergleich zu den vorangegangenen sechs Abrechnungszeiträumen besonderen Steigerung des Verbindungsaufkommens auch die Höhe der Entgeltforderung des Anbieters in besonderem Maße ansteigt und Tatsachen die Annahme rechtfertigen, dass der Teilnehmer diese Entgeltforderung beanstanden wird.

(5) [1]Die Sperre ist, soweit technisch möglich und dem Anlass nach sinnvoll, auf bestimmte Leistungen zu beschränken. [2]Sie darf nur aufrechterhalten werden, solange der Grund für die Sperre fortbesteht. [3]Eine auch ankommende Telekommunikationsverbindung erfassende Vollsperrung des Netzzugangs darf frühestens eine Woche nach Sperrung abgehender Telekommunikationsverbindungen erfolgen.

§ 45l Dauerschuldverhältnisse bei Kurzwahldiensten. (1) [1]Der Teilnehmer kann von dem Anbieter einer Dienstleistung, die zusätzlich zu einem öffentlich zugänglichen Telekommunikationsdienst erbracht wird, einen kostenlosen Hinweis verlangen, sobald dessen Entgeltansprüche aus Dauerschuldverhältnissen für Kurzwahldienste im jeweiligen Kalendermonat eine Summe von 20 Euro überschreiten. [2]Der Anbieter ist nur zur unverzüglichen Absendung des Hinweises verpflichtet. [3]Für Kalendermonate, vor deren Beginn der Teilnehmer einen Hinweis nach Satz 1 verlangt hat und in denen der Hinweis unterblieben ist, kann der Anbieter nach Satz 1 den 20 Euro überschreitenden Betrag nicht verlangen.

(2) [1]Der Teilnehmer kann ein Dauerschuldverhältnis für Kurzwahldienste zum Ende eines Abrechnungszeitraumes mit einer Frist von einer Woche gegenüber dem Anbieter kündigen. [2]Der Abrechnungszeitraum darf die Dauer eines Monats nicht überschreiten. [3]Abweichend von Satz 1 kann der Teilnehmer ein Dauerschuldverhältnis für Kurzwahldienste, das ereignisbasiert ist, jederzeit und ohne Einhaltung einer Frist gegenüber dem Anbieter kündigen.

(3) [1]Vor dem Abschluss von Dauerschuldverhältnissen für Kurzwahldienste, bei denen für die Entgeltansprüche des Anbieters jeweils der Eingang elektronischer Nachrichten beim Teilnehmer maßgeblich ist, hat der Anbieter dem Teilnehmer eine deutliche Information über die wesentlichen Vertragsbestandteile anzubieten. [2]Zu den wesentlichen Vertragsbestandteilen gehören insbesondere der zu zahlende Preis einschließlich Steuern und Abgaben je eingehender Kurzwahlsendung, der Abrechnungszeitraum, die Höchstzahl der eingehenden Kurzwahlsendungen im Abrechnungszeitraum, sofern diese Angaben nach Art der Leistung möglich sind, das jederzeitige Kündigungsrecht sowie die notwendigen praktischen Schritte für eine Kündigung. [3]Ein Dauerschuldverhältnis für Kurzwahldienste entsteht nicht, wenn der Teilnehmer den Erhalt der Informationen nach Satz 1 nicht bestätigt; dennoch geleistete Zahlungen des Teilnehmers an den Anbieter sind zurückzuzahlen.

§ 45m Aufnahme in öffentliche Teilnehmerverzeichnisse. (1) [1]Der Teilnehmer kann von seinem Anbieter eines öffentlichen Telefondienstes jederzeit verlangen, mit seiner Rufnummer, seinem Namen, seinem Vornamen und seiner Anschrift in ein allgemein zugängliches, nicht notwendig anbietereigenes Teilnehmerverzeichnis unentgeltlich eingetragen zu werden oder seinen Eintrag wieder löschen zu lassen. [2]Einen unrichtigen Eintrag hat der Anbieter zu berichtigen. [3]Der Teilnehmer kann weiterhin jederzeit verlangen, dass Mitbenutzer seines Zugangs mit Namen und Vornamen eingetragen werden, soweit Rechtsvorschriften zum Schutz personenbezogener Daten nicht entgegenstehen; für diesen Eintrag darf ein Entgelt erhoben werden.

(2) Die Ansprüche nach Absatz 1 stehen auch Wiederverkäufern von Sprachkommunikationsdienstleistungen für deren Teilnehmer zu.

(3) Die Absätze 1 und 2 gelten entsprechend für die Aufnahme in Verzeichnisse für Auskunftsdienste.

§ 45n Transparenz, Veröffentlichung von Informationen und zusätzliche Dienstemerkmale zur Kostenkontrolle. (1) Das Bundesministerium für Wirtschaft und Energie wird ermächtigt, im Einvernehmen mit dem Bundesministerium des Innern, dem Bundesministerium der Justiz und für Verbraucherschutz sowie dem Bundesministerium für Verkehr und digitale Infrastruktur durch Rechtsverordnung mit Zustimmung des Bundestages Rahmenvorschriften zur Förderung der Transparenz sowie zur Veröffentlichung von Informationen und zusätzlichen Dienstemerkmalen zur Kostenkontrolle auf dem Telekommunikationsmarkt zu erlassen.

(2) In der Rechtsverordnung nach Absatz 1 können Anbieter von öffentlichen Telekommunikationsnetzen und Anbieter öffentlich zugänglicher Telekommunikationsdienste verpflichtet werden, dem Verbraucher und auf Verlangen anderen Endnutzern transparente, vergleichbare, ausreichende und aktuelle Informationen bereitzustellen:

1. über geltende Preise und Tarife,
2. über den Vertragsbeginn, die noch verbleibende Vertragslaufzeit und die bei Vertragskündigung anfallenden Gebühren,
3. über Standardbedingungen für den Zugang zu den von ihnen für Endnutzer und Verbraucher bereitgestellten Diensten und deren Nutzung,
4. über die Dienstqualität einschließlich eines Angebotes zur Überprüfbarkeit der Datenübertragungsrate und
5. über die Maßnahmen, die zur Gewährleistung der Gleichwertigkeit beim Zugang für behinderte Endnutzer getroffen worden sind.

(3) Im Rahmen des Absatzes 2 Nummer 3 können Anbieter von öffentlichen Telekommunikationsnetzen und Anbieter öffentlich zugänglicher Telekommunikationsdienste verpflichtet werden, dem Verbraucher und auf Verlangen anderen Endnutzern Folgendes bereitzustellen:

1. den Namen und die ladungsfähige Anschrift, bei juristischen Personen auch die Rechtsform, den Sitz und das zuständige Registergericht,
2. den Umfang der angebotenen Dienste einschließlich der Bedingungen für Datenvolumenbeschränkungen,
3. Einzelheiten zu den Preisen der angebotenen Dienste, Dienstemerkmalen und Wartungsdiensten einschließlich etwaiger besonderer Preise für bestimmte Endnutzergruppen sowie Kosten für Endeinrichtungen,
4. Einzelheiten zu ihren Entschädigungs- und Erstattungsregelungen und deren Handhabung,
5. ihre Allgemeinen Geschäftsbedingungen und die von ihnen angebotenen Mindestvertragslaufzeiten, die Voraussetzungen für einen Anbieterwechsel nach § 46, Kündigungsbedingungen sowie Verfahren und direkte Entgelte im Zusammenhang mit der Übertragung von Rufnummern oder anderen Kennungen,
6. allgemeine und anbieterbezogene Informationen über die Verfahren zur Streitbeilegung und
7. Informationen über grundlegende Rechte der Endnutzer von Telekommunikationsdiensten, insbesondere
   a) zu Einzelverbindungsnachweisen,
   b) zu beschränkten und für den Endnutzer kostenlosen Sperren abgehender Verbindungen oder von Kurzwahl-Datendiensten oder, soweit technisch möglich, anderer Arten ähnlicher Anwendungen,
   c) zur Nutzung öffentlicher Telekommunikationsnetze gegen Vorauszahlung,

d) zur Verteilung der Kosten für einen Netzanschluss auf einen längeren Zeitraum,
e) zu den Folgen von Zahlungsverzug für mögliche Sperren und
f) zu den Dienstemerkmalen Tonwahl- und Mehrfrequenzwahlverfahren und Anzeige der Rufnummer des Anrufers.

(4) [1]In der Rechtsverordnung nach Absatz 1 können Anbieter von öffentlichen Telekommunikationsnetzen und Anbieter öffentlich zugänglicher Telekommunikationsdienste unter anderem verpflichtet werden,
1. bei Nummern oder Diensten, für die eine besondere Preisgestaltung gilt, den Teilnehmern die dafür geltenden Tarife anzugeben; für einzelne Kategorien von Diensten kann verlangt werden, diese Informationen unmittelbar vor Herstellung der Verbindung bereitzustellen,
2. die Teilnehmer über jede Änderung des Zugangs zu Notdiensten oder der Angaben zum Anruferstandort bei dem Dienst, bei dem sie angemeldet sind, zu informieren,
3. die Teilnehmer über jede Änderung der Einschränkungen im Hinblick auf den Zugang zu und die Nutzung von Diensten und Anwendungen zu informieren,
4. Informationen bereitzustellen über alle vom Betreiber zur Messung und Kontrolle des Datenverkehrs eingerichteten Verfahren, um eine Kapazitätsauslastung oder Überlastung einer Netzverbindung zu vermeiden, und über die möglichen Auswirkungen dieser Verfahren auf die Dienstqualität,
5. nach Artikel 12 der Richtlinie 2002/58/EG die Teilnehmer über ihr Recht auf eine Entscheidung über Aufnahme oder Nichtaufnahme ihrer personenbezogenen Daten in ein Teilnehmerverzeichnis und über die Art der betreffenden Daten zu informieren sowie
6. behinderte Teilnehmer regelmäßig über Einzelheiten der für sie bestimmten Produkte und Dienste zu informieren.

[2]Falls dies als zweckdienlich erachtet wird, können in der Verordnung auch Verfahren zur Selbst- oder Koregulierung vorgesehen werden.

(5) [1]Die Informationen sind in klarer, verständlicher und leicht zugänglicher Form dem Verbraucher und auf Verlangen anderen Endnutzern bereitzustellen. [2]In der Rechtsverordnung nach Absatz 1 können hinsichtlich Ort und Form der Bereitstellung weitere Anforderungen festgelegt werden.

(6) [1]In der Rechtsverordnung nach Absatz 1 können Anbieter öffentlich zugänglicher Telefondienste und Anbieter öffentlicher Telekommunikationsnetze verpflichtet werden,
1. eine Einrichtung anzubieten, mit der der Teilnehmer auf Antrag bei den Anbietern abgehende Verbindungen oder Kurzwahl-Datendienste oder andere Arten ähnlicher Anwendungen oder bestimmte Arten von Nummern kostenlos sperren lassen kann,
2. eine Einrichtung anzubieten, mit der der Teilnehmer bei seinem Anbieter die Identifizierung eines Mobilfunkanschlusses zur Inanspruchnahme und Abrechnung einer neben der Verbindung erbrachten Leistung unentgeltlich netzseitig sperren lassen kann,

3. Verbrauchern einen Anschluss an das öffentliche Telekommunikationsnetz auf der Grundlage zeitlich gestreckter Zahlungen zu gewähren,
4. eine Einrichtung anzubieten, mit der der Teilnehmer vom Anbieter Informationen über etwaige preisgünstigere alternative Tarife des jeweiligen Unternehmens anfordern kann, oder
5. eine geeignete Einrichtung anzubieten, um die Kosten öffentlich zugänglicher Telekommunikationsdienste zu kontrollieren, einschließlich unentgeltlicher Warnhinweise für die Verbraucher bei anormalem oder übermäßigem Verbraucherverhalten, die sich an Artikel 6a Absatz 1 bis 3 der Verordnung (EG) Nr. 717/2007 des Europäischen Parlaments und des Rates vom 27. Juni 2007 über das Roaming in öffentlichen Mobilfunknetzen in der Gemeinschaft und zur Änderung der Richtlinie 2002/21/EG (ABl. L 171 vom 29. 6. 2007, S. 32), die zuletzt durch die Verordnung (EG) Nr. 544/2009 (ABl. L 167 vom 29. 6. 2009, S. 12) geändert worden ist, orientiert.

[2]Eine Verpflichtung zum Angebot der zusätzlichen Dienstemerkmale nach Satz 1 kommt nach Berücksichtigung der Ansichten der Betroffenen nicht in Betracht, wenn bereits in ausreichendem Umfang Zugang zu diesen Dienstemerkmalen besteht.

(7) [1]Das Bundesministerium für Wirtschaft und Energie kann im Einvernehmen mit dem Bundesministerium für Verkehr und digitale Infrastruktur die Ermächtigung nach Absatz 1 durch Rechtsverordnung an die Bundesnetzagentur übertragen. [2]Eine Rechtsverordnung der Bundesnetzagentur bedarf des Einvernehmens mit dem Bundesministerium für Wirtschaft und Energie, dem Bundesministerium des Innern, dem Bundesministerium der Justiz und für Verbraucherschutz, dem Bundesministerium für Verkehr und digitale Infrastruktur und dem Bundestag.

(8) [1]Die Bundesnetzagentur kann in ihrem Amtsblatt oder auf ihrer Internetseite jegliche Information veröffentlichen, die für Endnutzer Bedeutung haben kann. [2]Sonstige Rechtsvorschriften, namentlich zum Schutz personenbezogener Daten und zum Presserecht, bleiben unberührt. [3]Die Bundesnetzagentur kann zur Bereitstellung von vergleichbaren Informationen nach Absatz 1 interaktive Führer oder ähnliche Techniken selbst oder über Dritte bereitstellen, wenn diese auf dem Markt nicht kostenlos oder zu einem angemessenen Preis zur Verfügung stehen. [4]Zur Bereitstellung nach Satz 3 ist die Nutzung der von Anbietern von Telekommunikationsnetzen und von Anbietern öffentlich zugänglicher Telekommunikationsdienste veröffentlichten Informationen für die Bundesnetzagentur oder für Dritte kostenlos.

§ 45o Rufnummernmissbrauch. [1]Wer Rufnummern in seinem Telekommunikationsnetz einrichtet, hat den Zuteilungsnehmer schriftlich darauf hinzuweisen, dass die Übersendung und Übermittlung von Informationen, Sachen oder sonstige Leistungen unter bestimmten Umständen gesetzlich verboten ist. [2]Hat er gesicherte Kenntnis davon, dass eine in seinem Telekommunikationsnetz eingerichtete Rufnummer unter Verstoß gegen Satz 1 genutzt wird, ist er verpflichtet, unverzüglich Maßnahmen zu ergreifen, die geeignet sind, eine Wiederholung zu verhindern. [3]Bei wiederholten oder schwerwiegenden Verstößen gegen gesetzliche Verbote ist der Anbieter nach erfolgloser Abmahnung unter kurzer Fristsetzung verpflichtet, die Rufnummer zu sperren.

§ 45p Auskunftsanspruch über zusätzliche Leistungen. (1) [1]Stellt der Anbieter von öffentlich zugänglichen Telekommunikationsdiensten dem Teilnehmer eine Rechnung, die auch Entgelte für Leistungen Dritter ausweist, so muss er dem Teilnehmer auf Verlangen unverzüglich kostenfrei folgende Informationen zur Verfügung stellen:
1. die Namen und ladungsfähigen Anschriften der Dritten,
2. bei Diensteanbietern mit Sitz im Ausland zusätzlich die ladungsfähige Anschrift eines allgemeinen Zustellungsbevollmächtigten im Inland.

[2]Die gleiche Verpflichtung trifft auch den beteiligten Anbieter von Netzdienstleistungen.

(2) Der verantwortliche Anbieter einer neben der Verbindung erbrachten Leistung muss auf Verlangen des Teilnehmers diesen über den Grund und Gegenstand des Entgeltanspruchs, der nicht ausschließlich Gegenleistung einer Verbindungsleistung ist, insbesondere über die Art der erbrachten Leistung, unterrichten.

§ 46 Anbieterwechsel und Umzug. (1) [1]Die Anbieter von öffentlich zugänglichen Telekommunikationsdiensten und die Betreiber öffentlicher Telekommunikationsnetze müssen bei einem Anbieterwechsel sicherstellen, dass die Leistung des abgebenden Unternehmens gegenüber dem Teilnehmer nicht unterbrochen wird, bevor die vertraglichen und technischen Voraussetzungen für einen Anbieterwechsel vorliegen, es sei denn, der Teilnehmer verlangt dieses. [2]Bei einem Anbieterwechsel darf der Dienst des Teilnehmers nicht länger als einen Kalendertag unterbrochen werden. [3]Schlägt der Wechsel innerhalb dieser Frist fehl, gilt Satz 1 entsprechend.

(2) [1]Das abgebende Unternehmen hat ab Beendigung der vertraglich vereinbarten Leistung bis zum Ende der Leistungspflicht nach Absatz 1 Satz 1 gegenüber dem Teilnehmer einen Anspruch auf Entgeltzahlung. [2]Die Höhe des Entgelts richtet sich nach den ursprünglich vereinbarten Vertragsbedingungen mit der Maßgabe, dass sich die vereinbarten Anschlussentgelte um 50 Prozent reduzieren, es sei denn, das abgebende Unternehmen weist nach, dass der Teilnehmer das Scheitern des Anbieterwechsels zu vertreten hat. [3]Das abgebende Unternehmen hat im Fall des Absatzes 1 Satz 1 gegenüber dem Teilnehmer eine taggenaue Abrechnung vorzunehmen. [4]Der Anspruch des aufnehmenden Unternehmens auf Entgeltzahlung gegenüber dem Teilnehmer entsteht nicht vor erfolgreichem Abschluss des Anbieterwechsels.

(3) [1]Um den Anbieterwechsel nach Absatz 1 zu gewährleisten, müssen Betreiber öffentlicher Telekommunikationsnetze in ihren Netzen insbesondere sicherstellen, dass Teilnehmer ihre Rufnummer unabhängig von dem Unternehmen, das den Telefondienst erbringt, wie folgt beibehalten können:

1. im Fall geografisch gebundener Rufnummern an einem bestimmten Standort und
2. im Fall nicht geografisch gebundener Rufnummern an jedem Standort.

[2]Die Regelung in Satz 1 gilt nur innerhalb der Nummernräume oder Nummerteilräume, die für einen Telefondienst festgelegt wurden. [3]Insbesondere ist die Übertragung von Rufnummern für Telefondienste an festen Standorten zu solchen ohne festen Standort und umgekehrt unzulässig.

(4) [1]Um den Anbieterwechsel nach Absatz 1 zu gewährleisten, müssen Anbieter von öffentlich zugänglichen Telekommunikationsdiensten insbesondere sicherstellen, dass ihre Endnutzer ihnen zugeteilte Rufnummern bei einem Wechsel des Anbieters von öffentlich zugänglichen Telekommunikationsdiensten entsprechend Absatz 3 beibehalten können. [2]Die technische Aktivierung der Rufnummer hat in jedem Fall innerhalb eines Kalendertages zu erfolgen. [3]Für die Anbieter öffentlich zugänglicher Mobilfunkdienste gilt Satz 1 mit der Maßgabe, dass der Endnutzer jederzeit die Übertragung der zugeteilten Rufnummer verlangen kann. [4]Der bestehende Vertrag zwischen Endnutzer und abgebendem Anbieter öffentlich zugänglicher Mobilfunkdienste bleibt davon unberührt; hierauf hat der aufnehmende Anbieter den Endnutzer vor Vertragsschluss in Textform hinzuweisen. [5]Der abgebende Anbieter ist in diesem Fall verpflichtet, den Endnutzer zuvor über alle anfallenden Kosten zu informieren. [6]Auf Verlangen hat der abgebende Anbieter dem Endnutzer eine neue Rufnummer zuzuteilen.

(5) [1]Dem Teilnehmer können nur die Kosten in Rechnung gestellt werden, die einmalig beim Wechsel entstehen. [2]Das Gleiche gilt für die Kosten, die ein Netzbetreiber einem Anbieter von öffentlich zugänglichen Telekommunikationsdiensten in Rechnung stellt. [3]Etwaige Entgelte unterliegen einer nachträglichen Regulierung nach Maßgabe des § 38 Absatz 2 bis 4.

(6) Betreiber öffentlicher Telekommunikationsnetze haben in ihren Netzen sicherzustellen, dass alle Anrufe in den europäischen Telefonnummernraum ausgeführt werden.

(7) Die Erklärung des Teilnehmers zur Einrichtung oder Änderung der Betreibervorauswahl oder die von ihm erteilte Vollmacht zur Abgabe dieser Erklärung bedarf der Textform.

(8) [1]Der Anbieter von öffentlich zugänglichen Telekommunikationsdiensten, der mit einem Verbraucher einen Vertrag über öffentlich zugängliche Telekommunikationsdienste geschlossen hat, ist verpflichtet, wenn der Verbraucher seinen Wohnsitz wechselt, die vertraglich geschuldete Leistung an dem neuen Wohnsitz des Verbrauchers ohne Änderung der vereinbarten Vertragslaufzeit und der sonstigen Vertragsinhalte zu erbringen, soweit diese dort angeboten wird. [2]Der Anbieter kann ein angemessenes Entgelt für den durch den Umzug entstandenen Aufwand verlangen, das jedoch nicht höher sein darf als das für die Schaltung eines Neuanschlusses vorgesehene Entgelt. [3]Wird die Leistung am neuen Wohnsitz nicht angeboten, ist der Verbraucher zur Kündigung des Vertrages unter Einhaltung einer Kündigungsfrist von drei Monaten zum Ende

eines Kalendermonats berechtigt. [4]In jedem Fall ist der Anbieter des öffentlich zugänglichen Telekommunikationsdienstes verpflichtet, den Anbieter des öffentlichen Telekommunikationsnetzes über den Auszug des Verbrauchers unverzüglich zu informieren, wenn der Anbieter des öffentlich zugänglichen Telekommunikationsdienstes Kenntnis vom Umzug des Verbrauchers erlangt hat.

(9) [1]Die Bundesnetzagentur kann die Einzelheiten des Verfahrens für den Anbieterwechsel und die Informationsverpflichtung nach Absatz 8 Satz 4 festlegen. [2]Dabei ist insbesondere Folgendes zu berücksichtigen:
1. das Vertragsrecht,
2. die technische Entwicklung,
3. die Notwendigkeit, dem Teilnehmer die Kontinuität der Dienstleistung zu gewährleisten, und
4. erforderlichenfalls Maßnahmen, die sicherstellen, dass Teilnehmer während des gesamten Übertragungsverfahrens geschützt sind und nicht gegen ihren Willen auf einen anderen Anbieter umgestellt werden.

[3]Für Teilnehmer, die keine Verbraucher sind und mit denen der Anbieter von öffentlich zugänglichen Telekommunikationsdiensten eine Individualvereinbarung getroffen hat, kann die Bundesnetzagentur von Absatz 1 und 2 abweichende Regelungen treffen. [4]Die Befugnisse nach Teil 2 dieses Gesetzes und nach § 77a Absatz 1 und Absatz 2 bleiben unberührt.

§ 47 Bereitstellen von Teilnehmerdaten. (1) [1]Jedes Unternehmen, das öffentlich zugängliche Telekommunikationsdienste erbringt und Rufnummern an Endnutzer vergibt, ist verpflichtet, unter Beachtung der anzuwendenden datenschutzrechtlichen Regelungen, jedem Unternehmen auf Antrag Teilnehmerdaten nach Absatz 2 Satz 4 zum Zwecke der Bereitstellung von öffentlich zugänglichen Auskunftsdiensten, Diensten zur Unterrichtung über einen individuellen Gesprächswunsch eines anderen Nutzers nach § 95 Absatz 2 Satz 1 und Teilnehmerverzeichnissen zur Verfügung zu stellen. [2]Die Überlassung der Daten hat unverzüglich und in nichtdiskriminierender Weise zu erfolgen.

(2) [1]Teilnehmerdaten sind die nach Maßgabe des § 104 in Teilnehmerverzeichnissen veröffentlichten Daten. [2]Hierzu gehören neben der Nummer sowohl die zu veröffentlichenden Daten selbst wie Name, Anschrift und zusätzliche Angaben wie Beruf, Branche, Art des Anschlusses und Mitbenutzer, soweit sie dem Unternehmen vorliegen. [3]Dazu gehören auch alle nach dem jeweiligen Stand der Technik unter Beachtung der anzuwendenden datenschutzrechtlichen Regelungen in kundengerechter Form aufbereiteten Informationen, Verknüpfungen, Zuordnungen und Klassifizierungen, die zur Veröffentlichung dieser Daten in öffentlich zugänglichen Auskunftsdiensten und Teilnehmerverzeichnissen nach Satz 1 notwendig sind. [4]Die Daten müssen vollständig und inhaltlich sowie technisch so aufbereitet sein, dass sie nach dem jeweiligen Stand der Technik ohne Schwierigkeiten in ein kundenfreundlich gestaltetes Teilnehmerverzeichnis oder eine entsprechende Auskunftsdienstedatenbank aufgenommen werden können.

(3) Ergeben sich Streitigkeiten zwischen Unternehmen über die Rechte und Verpflichtungen aus den Absätzen 1 und 2, gilt § 133 entsprechend.

(4) [1]Für die Überlassung der Teilnehmerdaten kann ein Entgelt erhoben werden; dieses unterliegt in der Regel einer nachträglichen Regulierung nach Maßgabe des § 38 Abs. 2 bis 4. [2]Ein solches Entgelt soll nur dann einer Genehmigungspflicht nach § 31 unterworfen werden, wenn das Unternehmen auf dem Markt für Endnutzerleistungen über eine beträchtliche Marktmacht verfügt.

§ 47a Schlichtung. (1) Kommt es zwischen dem Teilnehmer und einem Betreiber von öffentlichen Telekommunikationsnetzen oder einem Anbieter von öffentlich zugänglichen Telekommunikationsdiensten zum Streit darüber, ob der Betreiber oder Anbieter dem Teilnehmer gegenüber eine Verpflichtung erfüllt hat, die sich auf die Bedingungen oder die Ausführung der Verträge über die Bereitstellung dieser Netze oder Dienste bezieht und mit folgenden Regelungen zusammenhängt:
1. §§ 43a, 43b, 45 bis 46 oder den aufgrund dieser Regelungen erlassenen Rechtsverordnungen und § 84 oder
2. der Verordnung (EU) Nr. 531/2012 des Europäischen Parlaments und des Rates vom 13. Juni 2012 über das Roaming in öffentlichen Mobilfunknetzen in der Union (ABl. L 172 vom 30.6.2012, S. 10), die zuletzt durch die Verordnung (EU) 2015/2120 (ABl. L 310 vom 26.11.2015, S. 1) geändert worden ist,
3. Artikel 4 Absatz 1, 2 und 4 der Verordnung (EU) 2015/2120 des Europäischen Parlaments und des Rates vom 25. November 2015 über Maßnahmen zum Zugang zum offenen Internet und zur Änderung der Richtlinie 2002/22/EG über den Universaldienst und Nutzerrechte bei elektronischen Kommunikationsnetzen und -diensten sowie der Verordnung (EU) Nr. 531/2012 über das Roaming in öffentlichen Mobilfunknetzen in der Union,

kann der Teilnehmer bei der Verbraucherschlichtungsstelle der Bundesnetzagentur durch einen Antrag ein Schlichtungsverfahren einleiten.

(2) [1]Zur Durchführung der Schlichtung hört die Bundesnetzagentur den Teilnehmer und den Anbieter an. [2]Sie soll auf eine gütliche Einigung zwischen dem Teilnehmer und dem Anbieter hinwirken.

(3) Das Schlichtungsverfahren endet, wenn
1. der Schlichtungsantrag zurückgenommen wird,
2. der Teilnehmer und der Anbieter sich geeinigt und dies der Bundesnetzagentur mitgeteilt haben,
3. der Teilnehmer und der Anbieter übereinstimmend erklären, dass sich der Streit erledigt hat,
4. die Bundesnetzagentur dem Teilnehmer und dem Anbieter schriftlich mitteilt, dass eine Einigung im Schlichtungsverfahren nicht erreicht werden konnte, oder
5. die Bundesnetzagentur feststellt, dass Belange nach Absatz 1 nicht mehr berührt sind.

(4) Die Bundesnetzagentur regelt die weiteren Einzelheiten über das Schlichtungsverfahren in einer Schlichtungsordnung, die sie veröffentlicht.

§ 47b Abweichende Vereinbarungen. Von den Vorschriften dieses Teils oder der aufgrund dieses Teils erlassenen Rechtsverordnungen darf, soweit nicht ein Anderes bestimmt ist, nicht zum Nachteil des Teilnehmers abgewichen werden.

Teil 4
Rundfunkübertragung

§ 48 Interoperabilität von Fernsehgeräten. (1) Jedes zum Verkauf, zur Miete oder anderweitig angebotene analoge Fernsehgerät mit integriertem Bildschirm, dessen sichtbare Diagonale 42 Zentimeter überschreitet, muss mit mindestens einer von einer anerkannten europäischen Normenorganisation angenommenen Schnittstellenbuchse ausgestattet sein, die den Anschluss digitaler Fernsehempfangsgeräte ermöglicht.

(2) Jedes zum Verkauf, zur Miete oder anderweitig angebotene digitale Fernsehempfangsgerät muss,
1. soweit es einen integrierten Bildschirm enthält, dessen sichtbare Diagonale 30 Zentimeter überschreitet, mit mindestens einer Schnittstellenbuchse ausgestattet sein, die von einer anerkannten europäischen Normenorganisation angenommen wurde oder einer gemeinsamen, branchenweiten, offenen Spezifikation entspricht und den Anschluss digitaler Fernsehempfangsgeräte sowie die Möglichkeit einer Zugangsberechtigung erlaubt,
2. soweit es eine Anwendungs-Programmierschnittstelle enthält, die Mindestanforderungen einer solchen Schnittstelle erfüllen, die von einer anerkannten europäischen Normenorganisation angenommen wurde oder einer gemeinsamen, branchenweiten, offenen Schnittstellenspezifikation entspricht und die Dritten unabhängig vom Übertragungsverfahren Herstellung und Betrieb eigener Anwendungen erlaubt.

(3) Jedes zum Verkauf, zur Miete oder anderweitig angebotene digitale Fernsehempfangsgerät, das für den Empfang von konventionellen Fernsehsignalen und für eine Zugangsberechtigung vorgesehen ist, muss Signale darstellen können,
1. die einem einheitlichen europäischen Verschlüsselungsalgorithmus entsprechen, wie er von einer anerkannten europäischen Normenorganisation verwaltet wird,
2. die keine Zugangsberechtigung erfordern; bei Mietgeräten gilt dies nur, sofern die mietvertraglichen Bestimmungen vom Mieter eingehalten werden.

§ 49 Interoperabilität der Übertragung digitaler Fernsehsignale. (1) Betreiber öffentlicher Telekommunikationsnetze, die digitale Fernsehsignale übertragen, müssen solche Signale, die ganz oder teilweise zur Darstellung im 16:9-Bildschirmformat gesendet werden, auch in diesem Format weiterverbreiten.

(2) [1]Rechteinhaber von Anwendungs-Programmierschnittstellen sind verpflichtet, Herstellern digitaler Fernsehempfangsgeräte sowie Dritten, die ein berechtigtes Interesse geltend machen, auf angemessene, chancengleiche und nichtdiskriminierende Weise und gegen angemessene Vergütung alle Informationen zur Verfügung zu stellen, die es ermöglichen, sämtliche durch die Anwendungs-Programmierschnittstellen unterstützten Dienste voll funktionsfähig anzubieten. [2]Es gelten die Kriterien der §§ 28 und 42.

(3) [1]Entsteht zwischen den Beteiligten Streit über die Einhaltung der Vorschriften der Absätze 1 und 2, kann jeder der Beteiligten die Bundesnetzagentur anrufen. [2]Die Bundesnetzagentur trifft nach Anhörung der Beteiligten innerhalb von zwei Monaten eine Entscheidung. [3]Im Rahmen dieses Verfahrens gibt die Bundesnetzagentur der zuständigen Stelle nach Landesrecht Gelegenheit zur Stellungnahme. [4]Sofern die zuständige Stelle nach Landesrecht medienrechtliche Einwendungen erhebt, trifft sie innerhalb des vorgegebenen Zeitrahmens eine entsprechende Entscheidung. [5]Die beiden Entscheidungen können in einem zusammengefassten Verfahren erfolgen.

(4) [1]Die Beteiligten müssen eine Anordnung der Bundesnetzagentur nach Absatz 3 unverzüglich befolgen, es sei denn, die Bundesnetzagentur hat eine andere Umsetzungsfrist bestimmt. [2]Zur Durchsetzung der Anordnung kann die Bundesnetzagentur nach Maßgabe des Verwaltungsvollstreckungsgesetzes ein Zwangsgeld bis zu 500 000 Euro festsetzen.

§ 50 Zugangsberechtigungssysteme. (1) Anbieter von Zugangsberechtigungssystemen müssen diese technisch so auslegen, dass sie die kostengünstige Übergabe der Kontrollfunktionen gestatten und damit Betreibern öffentlicher Telekommunikationsnetze auf lokaler oder regionaler Ebene die vollständige Kontrolle der Dienste ermöglichen, die solche Zugangsberechtigungssysteme nutzen.

(2) [1]Entschließen sich Inhaber gewerblicher Schutzrechte an Zugangsberechtigungssystemen, Lizenzen an Hersteller digitaler Fernsehempfangsgeräte zu vergeben oder an Dritte, die ein berechtigtes Interesse nachweisen, so muss dies zu chancengleichen, angemessenen und nichtdiskriminierenden Bedingungen geschehen. [2]Es gelten die Kriterien der §§ 28 und 42. [3]Die Inhaber dürfen dabei technische und wirtschaftliche Faktoren in angemessener Weise berücksichtigen. [4]Die Lizenzvergabe darf jedoch nicht von Bedingungen abhängig gemacht werden, die den Einbau

1. einer gemeinsamen Schnittstelle zum Anschluss anderer Zugangsberechtigungssysteme oder
2. spezifischer Komponenten eines anderen Zugangsberechtigungssystems aus Gründen der Transaktionssicherheit der zu schützenden Inhalte

beeinträchtigen.

(3) Anbieter und Verwender von Zugangsberechtigungssystemen müssen
1. allen Rundfunkveranstaltern die Nutzung ihrer benötigten technischen Dienste zur Nutzung ihrer Systeme sowie die dafür erforderlichen Auskünfte zu chancengleichen, angemessenen und nichtdiskriminierenden Bedingungen ermöglichen,
2. soweit sie auch für das Abrechnungssystem mit den Endnutzern verantwortlich sind, vor Abschluss eines entgeltpflichtigen Vertrages mit einem Endnutzer diesem eine Entgeltliste aushändigen,
3. über ihre Tätigkeit als Anbieter dieser Systeme eine getrennte Rechnungsführung haben,
4. vor Aufnahme sowie einer Änderung ihres Angebots die Angaben zu den Nummern 1 bis 3 sowie die einzelnen angebotenen Dienstleistungen für Endnutzer und die dafür geforderten Entgelte der Bundesnetzagentur anzeigen.

(4) [1]Die Bundesnetzagentur unterrichtet die zuständige Stelle nach Landesrecht unverzüglich über die Anzeige nach Absatz 3 Nr. 4. [2]Kommen Bundesnetzagentur oder zuständige Stelle nach Landesrecht jeweils für ihren Zuständigkeitsbereich aufgrund der Anzeige innerhalb einer Frist von zwei Monaten zu dem Ergebnis, dass das Angebot den Anforderungen nach Absatz 3 Nr. 1 bis 4 nicht entspricht, verlangen sie Änderungen des Angebots. [3]Können die Vorgaben trotz Änderungen nicht erreicht werden oder werden die Änderungen trotz Aufforderung nicht erfüllt, untersagen sie das Angebot.

(5) [1]Verfügen ein oder mehrere Anbieter oder Verwender von Zugangsberechtigungssystemen nicht über beträchtliche Marktmacht, so kann die Bundesnetzagentur die Bedingungen nach den Absätzen 1 bis 3 in Bezug auf die oder den Betroffenen ändern oder aufheben, wenn
1. die Aussichten für einen wirksamen Wettbewerb auf den Endnutzermärkten für die Übertragung von Rundfunksignalen sowie für Zugangsberechtigungssysteme und andere zugehörige Einrichtungen dadurch nicht negativ beeinflusst werden und
2. die zuständige Stelle nach Landesrecht festgestellt hat, dass die Kapazitätsfestlegungen und Übertragungspflichten nach Landesrecht dadurch nicht negativ beeinflusst werden.

[2]Für das Verfahren nach Satz 1 gelten die §§ 11 bis 14 Abs. 1 entsprechend. [3]Die Entscheidung nach Satz 1 überprüft die Bundesnetzagentur alle zwei Jahre.

§ 51 Streitschlichtung. (1) [1]Die durch die Bestimmungen dieses Teils Berechtigten oder Verpflichteten können zur Beilegung ungelöster Streitfragen in Bezug auf die Anwendung dieser Vorschriften die Schlichtungsstelle gemeinsam anrufen. [2]Die Anrufung erfolgt in Schriftform. [3]Die Bundesnetzagentur entscheidet innerhalb einer Frist von höchstens zwei Monaten.

(2) [1]Die Schlichtungsstelle wird bei der Bundesnetzagentur errichtet. [2]Sie besteht aus einem vorsitzenden Mitglied und zwei beisitzenden Mitgliedern. [3]Die Bundesnetzagentur regelt Errichtung und Besetzung der Schlichtungsstel-

le und erlässt eine Verfahrensordnung. [4]Errichtung und Besetzung der Schlichtungsstelle sowie die Verfahrensordnung sind von der Bundesnetzagentur zu veröffentlichen.

(3) [1]Die Schlichtungsstelle gibt der zuständigen Stelle nach Landesrecht im Rahmen dieses Verfahrens Gelegenheit zur Stellungnahme. [2]Sofern die zuständige Stelle nach Landesrecht medienrechtliche Einwendungen erhebt, trifft sie innerhalb des vorgegebenen Zeitrahmens eine entsprechende Entscheidung. [3]Die beiden Entscheidungen können in einem zusammengefassten Verfahren erfolgen.

Teil 5

Vergabe von Frequenzen, Nummern und Wegerechten

Abschnitt 1

Frequenzordnung

§ 52 Aufgaben. (1) Zur Sicherstellung einer effizienten und störungsfreien Nutzung von Frequenzen und unter Berücksichtigung der in § 2 genannten weiteren Regulierungsziele werden Frequenzbereiche zugewiesen und in Frequenznutzungen aufgeteilt, Frequenzen zugeteilt und Frequenznutzungen überwacht.

(2) Die Bundesnetzagentur trifft Anordnungen bei Frequenznutzungen im Rahmen des Betriebs von Funkanlagen auf fremden Land-, Wasser- und Luftfahrzeugen, die sich im Geltungsbereich dieses Gesetzes aufhalten.

(3) Für Frequenznutzungen, die in den Aufgabenbereich des Bundesministeriums der Verteidigung fallen, stellt das Bundesministerium für Vekehr und digitale Infrastruktur das Einvernehmen mit dem Bundesministerium der Verteidigung her.

§ 53 Frequenzzuweisung. (1) [1]Die Bundesregierung wird ermächtigt, die Frequenzzuweisungen für die Bundesrepublik Deutschland sowie darauf bezogene weitere Festlegungen in einer Frequenzverordnung festzulegen. [2]Die Frequenzverordnung bedarf der Zustimmung des Bundesrates. [3]In die Vorbereitung sind die von Frequenzzuweisungen betroffenen Kreise einzubeziehen.

(2) [1]Bei der Frequenzzuweisung sind die einschlägigen internationalen Übereinkünfte, einschließlich der Vollzugsordnung für den Funkdienst (VO Funk), die europäische Harmonisierung und die technische Entwicklung zu berücksichtigen. [2]Sind im Rahmen der Frequenzzuweisung auch Bestimmungen über Frequenznutzungen und darauf bezogene nähere Festlegungen betroffen, so sind Beschränkungen nur aus den in Artikel 9 Absatz 3 und 4 der Richtlinie 2002/21/EG genannten Gründen zulässig.

§ 54 Frequenznutzung. (1) [1]Auf der Grundlage der Frequenzzuweisungen und Festlegungen in der Verordnung nach § 53 teilt die Bundesnetzagentur die Frequenzbereiche in Frequenznutzungen sowie darauf bezogene Nutzungsbestimmungen auf (Frequenzplan). [2]Dabei beteiligt sie die betroffenen Bundes- und Landesbehörden, die betroffenen Kreise und die Öffentlichkeit und berücksichtigt die in § 2 genannten Regulierungsziele. [3]Soweit Belange der öffentlichen Sicherheit und die dem Rundfunk auf der Grundlage der rundfunkrechtlichen Festlegungen zustehenden Kapazitäten für die Übertragung von Rundfunk im Zuständigkeitsbereich der Länder betroffen sind, stellt die Bundesnetzagentur das Einvernehmen mit den zuständigen Landesbehörden her. [4]Die Frequenznutzung und die Nutzungsbestimmungen werden durch technische, betriebliche oder regulatorische Parameter beschrieben. [5]Zu diesen Parametern können auch Angaben zu Nutzungsbeschränkungen und zu geplanten Nutzungen gehören. [6]Der Frequenzplan sowie dessen Änderungen sind zu veröffentlichen.

(2) Frequenzen für den drahtlosen Netzzugang zu Telekommunikationsdiensten sind unbeschadet von Absatz 3 so auszuweisen, dass alle hierfür vorgesehenen Technologien verwendet werden dürfen und alle Arten von Telekommunikationsdiensten zulässig sind.

(3) § 53 Absatz 2 gilt entsprechend.

§ 55 Frequenzzuteilung. (1) [1]Jede Frequenznutzung bedarf einer vorherigen Frequenzzuteilung, soweit in diesem Gesetz nichts anderes geregelt ist. [2]Eine Frequenzzuteilung ist die behördliche oder durch Rechtsvorschriften erteilte Erlaubnis zur Nutzung bestimmter Frequenzen unter festgelegten Bedingungen. [3]Die Frequenzzuteilung erfolgt zweckgebunden nach Maßgabe des Frequenzplanes und diskriminierungsfrei auf der Grundlage nachvollziehbarer und objektiver Verfahren. [4]Eine Frequenzzuteilung ist nicht erforderlich, wenn die Frequenznutzungsrechte aufgrund einer sonstigen gesetzlichen Regelung ausgeübt werden können. [5]Sofern für Behörden zur Ausübung gesetzlicher Befugnisse die Nutzung bereits anderen zugeteilter Frequenzen erforderlich ist und durch diese Nutzung keine erheblichen Nutzungsbeeinträchtigungen zu erwarten sind, ist die Nutzung unter Einhaltung der von der Bundesnetzagentur im Benehmen mit den Bedarfsträgern und Rechteinhabern festgelegten Rahmenbedingungen gestattet, ohne dass dies einer Frequenzzuteilung bedarf.

(2) [1]Frequenzen werden in der Regel von Amts wegen als Allgemeinzuteilungen durch die Bundesnetzagentur für die Nutzung durch die Allgemeinheit oder einen nach allgemeinen Merkmalen bestimmten oder bestimmbaren Personenkreis zugeteilt. [2]Die Allgemeinzuteilung wird veröffentlicht.

(3) [1]Ist eine Allgemeinzuteilung nicht möglich, werden durch die Bundesnetzagentur Frequenzen für einzelne Frequenznutzungen natürlichen Personen, juristischen Personen oder Personenvereinigungen, soweit ihnen ein Recht zustehen kann, auf Antrag einzeln zugeteilt. [2]Frequenzen werden insbesondere dann einzeln zugeteilt, wenn eine Gefahr von funktechnischen Störungen nicht anders ausgeschlossen werden kann oder wenn dies zur Sicherstellung einer ef-

fizienten Frequenznutzung notwendig ist. [3]Die Entscheidung über die Gewährung von Nutzungsrechten, die für das Angebot von Telekommunikationsdiensten bestimmt sind, wird veröffentlicht.

(4) [1]Der Antrag auf Einzelzuteilung nach Absatz 3 ist in Textform zu stellen. [2]In dem Antrag ist das Gebiet zu bezeichnen, in dem die Frequenz genutzt werden soll. [3]Die Erfüllung der subjektiven Voraussetzungen für die Frequenzzuteilung ist im Hinblick auf eine effiziente und störungsfreie Frequenznutzung und weitere Bedingungen nach Anhang B der Richtlinie 2002/20/EG darzulegen. [4]Die Bundesnetzagentur entscheidet über vollständige Anträge innerhalb von sechs Wochen. [5]Von dieser Frist unberührt bleiben geltende internationale Vereinbarungen über die Nutzung von Funkfrequenzen und Erdumlaufpositionen.

(5) [1]Frequenzen werden zugeteilt, wenn
1. sie für die vorgesehene Nutzung im Frequenzplan ausgewiesen sind,
2. sie verfügbar sind,
3. die Verträglichkeit mit anderen Frequenznutzungen gegeben ist und
4. eine effiziente und störungsfreie Frequenznutzung durch den Antragsteller sichergestellt ist.

[2]Eine Frequenzzuteilung kann ganz oder teilweise versagt werden, wenn die vom Antragsteller beabsichtigte Nutzung mit den Regulierungszielen nach § 2 nicht vereinbar ist. [3]Sind Belange der Länder bei der Übertragung von Rundfunk im Zuständigkeitsbereich der Länder betroffen, ist auf der Grundlage der rundfunkrechtlichen Festlegungen das Benehmen mit der zuständigen Landesbehörde herzustellen.

(6) Der Antragsteller hat keinen Anspruch auf eine bestimmte Einzelfrequenz.

(7) [1]Der Bundesnetzagentur ist Beginn und Beendigung der Frequenznutzung unverzüglich anzuzeigen. [2]Bei der Bundesnetzagentur anzuzeigen sind Namensänderungen, Anschriftenänderungen, unmittelbare und mittelbare Änderungen in den Eigentumsverhältnissen, auch bei verbundenen Unternehmen, und identitätswahrende Umwandlungen.

(8) [1]Eine Änderung der Frequenzzuteilung ist unverzüglich bei der Bundesnetzagentur unter Vorlage entsprechender Nachweise in Textform zu beantragen, wenn
1. Frequenznutzungsrechte durch Einzel- oder Gesamtrechtsnachfolge übergehen sollen,
2. Frequenzen auf ein verbundenes Unternehmen im Sinne des § 15 des Aktiengesetzes übertragen werden sollen,
3. Frequenzen von einer natürlichen Person auf eine juristische Person, an der die natürliche Person beteiligt ist, übertragen werden sollen oder
4. ein Erbe Frequenzen weiter nutzen will.

[2]In diesen Fällen können Frequenzen bis zur Entscheidung über den Änderungsantrag weiter genutzt werden. [3]Dem Änderungsantrag ist zuzustimmen, wenn die Voraussetzungen für eine Frequenzzuteilung nach Absatz 5 vorliegen,

eine Wettbewerbsverzerrung auf dem sachlich und räumlich relevanten Markt nicht zu besorgen ist und eine effiziente und störungsfreie Frequenznutzung gewährleistet ist. [4]Werden Frequenzzuteilungen nicht mehr genutzt, ist der Verzicht auf sie unverzüglich schriftlich zu erklären. [5]Wird eine juristische Person, der Frequenzen zugeteilt waren, aufgelöst, ohne dass es einen Rechtsnachfolger gibt, muss derjenige, der die Auflösung durchführt, die Frequenzen zurückgeben. [6]Verstirbt eine natürliche Person, ohne dass ein Erbe die Frequenzen weiter nutzen will, müssen diese vom Erben oder vom Nachlassverwalter zurückgegeben werden.

(9) [1]Frequenzen werden in der Regel befristet zugeteilt. [2]Die Befristung muss für die betreffende Nutzung angemessen sein und die Amortisation der dafür notwendigen Investitionen angemessen berücksichtigen. [3]Eine befristete Zuteilung ist zu verlängern, wenn die Voraussetzungen für eine Frequenzzuteilung nach Absatz 5 vorliegen.

(10) [1]Sind für Frequenzzuteilungen nicht in ausreichendem Umfang verfügbare Frequenzen vorhanden oder sind für bestimmte Frequenzen mehrere Anträge gestellt, kann die Bundesnetzagentur unbeschadet des Absatzes 5 anordnen, dass der Zuteilung der Frequenzen ein Vergabeverfahren nach § 61 voranzugehen hat. [2]Vor der Entscheidung sind die betroffenen Kreise anzuhören. [3]Die Entscheidung der Bundesnetzagentur ist zu veröffentlichen.

§ 56 Orbitpositionen und Frequenznutzungen durch Satelliten.

(1) Natürliche oder juristische Personen mit Wohnsitz beziehungsweise Sitz in der Bundesrepublik Deutschland, die Orbitpositionen und Frequenzen durch Satelliten nutzen, unterliegen den Verpflichtungen, die sich aus der Konstitution und Konvention der Internationalen Telekommunikationsunion ergeben.

(2) [1]Jede Ausübung deutscher Orbit- und Frequenznutzungsrechte bedarf neben der Frequenzzuteilung nach § 55 Abs. 1 der Übertragung durch die Bundesnetzagentur. [2]Die Bundesnetzagentur führt auf Antrag Anmeldung, Koordinierung und Notifizierung von Satellitensystemen bei der Internationalen Fernmeldeunion durch und überträgt dem Antragsteller die daraus hervorgegangenen Orbit- und Frequenznutzungsrechte. [3]Voraussetzung dafür ist, dass

1. Frequenzen und Orbitpositionen verfügbar sind,
2. die Verträglichkeit mit anderen Frequenznutzungen sowie anderen Anmeldungen von Satellitensystemen gegeben ist,
3. öffentliche Interessen nicht beeinträchtigt werden.

(3) Für vorhandene deutsche Planeinträge und sonstige ungenutzte Orbit- und Frequenznutzungsrechte bei der Internationalen Fernmeldeunion kann ein Vergabeverfahren aufgrund der von der Bundesnetzagentur festzulegenden Bedingungen durchgeführt werden.

(4) Die Übertragung kann widerrufen werden, wenn diese Rechte länger als ein Jahr nicht ausgeübt wurden oder die Voraussetzungen des Absatzes 2 Satz 3 nicht mehr erfüllt sind.

§ 57 Frequenzzuteilung für Rundfunk, Luftfahrt, Seeschifffahrt, Binnenschifffahrt und sicherheitsrelevante Funkanwendungen. (1) [1]Für die Zuteilung von Frequenzen zur Übertragung von Rundfunk im Zuständigkeitsbereich der Länder ist neben den Voraussetzungen des § 55 auf der Grundlage der rundfunkrechtlichen Festlegungen das Benehmen mit der zuständigen Landesbehörde herzustellen. [2]Die jeweilige Landesbehörde teilt den Versorgungsbedarf für Rundfunk im Zuständigkeitsbereich der Länder der Bundesnetzagentur mit. [3]Die Bundesnetzagentur setzt diese Bedarfsanmeldungen bei der Frequenzzuteilung nach § 55 um. [4]Näheres zum Verfahren legt die Bundesnetzagentur auf der Grundlage rundfunkrechtlicher Festlegungen der zuständigen Landesbehörden fest. [5]Die dem Rundfunkdienst im Frequenzplan zugewiesenen Frequenzen können für andere Zwecke als der Übertragung von Rundfunk im Zuständigkeitsbereich der Länder genutzt werden, wenn dem Rundfunk die auf der Grundlage der rundfunkrechtlichen Festlegungen zustehende Kapazität zur Verfügung steht. [6]Die Bundesnetzagentur stellt hierzu das Benehmen mit den zuständigen Landesbehörden her. [7]Hat die zuständige Landesbehörde die inhaltliche Belegung einer analogen oder digitalen Frequenznutzung zur Übertragung von Rundfunk im Zuständigkeitsbereich der Länder einem Inhalteanbieter zur alleinigen Nutzung zugewiesen, so kann dieser einen Vertrag mit einem Sendernetzbetreiber seiner Wahl abschließen, soweit dabei gewährleistet ist, dass den rundfunkrechtlichen Festlegungen entsprochen wurde. [8]Sofern der Sendernetzbetreiber die Zuteilungsvoraussetzungen erfüllt, teilt ihm die Bundesnetzagentur die Frequenz auf Antrag zu. [9]Die Frequenzzuteilung ist auf die Dauer der rundfunkrechtlichen Zuweisung der zuständigen Landesbehörde zu befristen und kann bei Fortdauern dieser Zuweisung verlängert werden.

(2) Frequenznutzungen des Bundesministeriums der Verteidigung bedürfen in den ausschließlich für militärische Nutzungen im Frequenzplan ausgewiesenen Frequenzbereichen keiner Frequenzzuteilung.

(3) [1]Als zugeteilt gelten Frequenzen, die für die Seefahrt und die Binnenschifffahrt sowie die Luftfahrt ausgewiesen sind und die auf fremden Wasser- oder Luftfahrzeugen, die sich im Geltungsbereich dieses Gesetzes aufhalten, zu den entsprechenden Zwecken genutzt werden. [2]Dies gilt nur für Frequenzen, die aufgrund einer gültigen nationalen Erlaubnis des jeweiligen Landes, in dem das Fahrzeug registriert ist, genutzt werden.

(4) [1]Für Frequenzen, die für den Funk der Behörden und Organisationen mit Sicherheitsaufgaben (BOS-Funk) ausgewiesen sind, legt das Bundesministerium des Innern im Benehmen mit den zuständigen obersten Landesbehörden in einer Richtlinie fest

1. die Zuständigkeiten der beteiligten Behörden,
2. das Verfahren zur Anerkennung als Berechtigter zur Teilnahme am BOS-Funk,
3. das Verfahren und die Zuständigkeiten bei der Bearbeitung von Anträgen auf Frequenzzuteilung innerhalb der BOS,

4. die Grundsätze zur Frequenzplanung und die Verfahren zur Frequenzkoordinierung innerhalb der BOS sowie
5. die Regelungen für den Funkbetrieb und für die Zusammenarbeit der Frequenznutzer im BOS-Funk.

[2]Die Richtlinie ist, insbesondere die Nummern 4 und 5 betreffend, mit der Bundesnetzagentur abzustimmen. [3]Das Bundesministerium des Innern bestätigt im Einzelfall nach Anhörung der jeweils sachlich zuständigen obersten Bundes- oder Landesbehörden die Zugehörigkeit eines Antragstellers zum Kreis der nach Satz 1 anerkannten Berechtigten.

(5) [1]Die Bundesnetzagentur teilt Frequenzen für die Nutzung des Flugfunkdienstes zu, wenn die nach dem Luftverkehrsrecht erforderlichen Entscheidungen des Bundesaufsichtsamtes für Flugsicherung vorliegen. [2]Die nach § 55 festgelegte Zuständigkeit der Bundesnetzagentur und deren Eingriffsmöglichkeiten bleiben unberührt.

(6) Frequenzen für die Nutzung durch Küstenfunkstellen des Revier- und Hafenfunkdienstes werden nur dann zugeteilt, wenn die Zustimmung der Wasser- und Schifffahrtsverwaltung vorliegt.

§ 58 Gemeinsame Frequenznutzung, Erprobung innovativer Technologien, kurzfristig auftretender Frequenzbedarf. (1) [1]Frequenzen, bei denen eine effiziente Nutzung durch einen Einzelnen allein nicht zu erwarten ist, können auch mehreren zur gemeinschaftlichen Nutzung zugeteilt werden. [2]Die Inhaber dieser Frequenzzuteilungen haben Beeinträchtigungen hinzunehmen, die sich aus einer bestimmungsgemäßen gemeinsamen Nutzung der Frequenz ergeben.

(2) [1]In begründeten Einzelfällen, insbesondere zur Erprobung innovativer Technologien in der Telekommunikation oder bei kurzfristig auftretendem Frequenzbedarf, kann von den im Frequenzplan enthaltenen Festlegungen bei der Zuteilung von Frequenzen befristet abgewichen werden. [2]Voraussetzung hierfür ist, dass keine Frequenznutzung beeinträchtigt wird. [3]Sind Belange der Länder bei der Übertragung von Rundfunk im Zuständigkeitsbereich der Länder betroffen, ist auf der Grundlage der rundfunkrechtlichen Festlegungen das Benehmen mit der zuständigen Landesbehörde herzustellen.

§ 59 *(aufgehoben)*

§ 60 Bestandteile der Frequenzzuteilung. (1) [1]Im Rahmen der Frequenzzuteilung sind insbesondere die Art und der Umfang der Frequenznutzung festzulegen, soweit dies zur Sicherung einer effizienten und störungsfreien Nutzung der Frequenzen erforderlich ist. [2]Bei der Festlegung von Art und Umfang der Frequenzzuteilung sind internationale Vereinbarungen zur Frequenzkoordinierung zu beachten. [3]Eine Nutzung zugeteilter Frequenzen darf nur mit Funkanlagen erfolgen, die für den Betrieb in der Bundesrepublik Deutschland vorgesehen bzw. gekennzeichnet sind.

(2) [1]Zur Sicherung einer effizienten und störungsfreien Nutzung der Frequenzen sowie der weiteren in § 2 genannten Regulierungsziele kann die Fre-

quenzzuteilung mit Nebenbestimmungen versehen werden. [2]Wird nach der Frequenzzuteilung festgestellt, dass aufgrund einer erhöhten Nutzung des Frequenzspektrums erhebliche Einschränkungen der Frequenznutzung auftreten oder dass aufgrund einer Weiterentwicklung der Technologien erhebliche Effizienzsteigerungen möglich sind, so können Art und Umfang der Frequenznutzung nach Absatz 1 nachträglich geändert werden. [3]Sind Belange der Länder bei der Übertragung von Rundfunk im Zuständigkeitsbereich der Länder betroffen, ist auf der Grundlage der rundfunkrechtlichen Festlegungen das Benehmen mit der zuständigen Landesbehörde herzustellen.

(3) [1]Die Frequenzzuteilung kann Hinweise darauf enthalten, welche Parameter die Bundesnetzagentur den Festlegungen zu Art und Umfang der Frequenznutzung bezüglich der Empfangsanlagen zugrunde gelegt hat. [2]Bei Nichteinhaltung der mitgeteilten Parameter wird die Bundesnetzagentur keinerlei Maßnahmen ergreifen, um Nachteilen zu begegnen.

(4) Frequenzen, die der Übertragung von Rundfunk im Zuständigkeitsbereich der Länder dienen, werden im Benehmen mit der zuständigen Landesbehörde mit Auflagen zugeteilt, die sicherstellen, dass die rundfunkrechtlichen Belange der Länder berücksichtigt werden.

§ 61 Vergabeverfahren. (1) [1]Wurde nach § 55 Absatz 10 angeordnet, dass der Zuteilung von Frequenzen ein Vergabeverfahren voranzugehen hat, kann die Bundesnetzagentur nach Anhörung der betroffenen Kreise das Versteigerungsverfahren nach Absatz 5 oder das Ausschreibungsverfahren nach Absatz 6 durchführen. [2]Die Entscheidung über die Wahl des Verfahrens sowie die Festlegungen und Regeln für die Durchführung der Verfahren sind von der Bundesnetzagentur zu veröffentlichen. [3]Die Zuteilung der Frequenzen erfolgt nach § 55, nachdem das Vergabeverfahren nach Satz 1 durchgeführt worden ist.

(2) [1]Grundsätzlich ist das in Absatz 4 geregelte Versteigerungsverfahren durchzuführen, es sei denn, dieses Verfahren ist nicht geeignet, die Regulierungsziele nach § 2 sicherzustellen. [2]Dies kann insbesondere der Fall sein, wenn für die Frequenznutzung, für die die Funkfrequenzen unter Beachtung des Frequenzplanes verwendet werden dürfen, bereits Frequenzen ohne Versteigerungsverfahren zugeteilt wurden, oder wenn ein Antragsteller für die zuzuteilenden Frequenzen eine gesetzlich begründete Präferenz geltend machen kann. [3]Für Frequenzen, die für die Übertragung von Rundfunk im Zuständigkeitsbereich der Länder vorgesehen sind, findet das in Absatz 4 geregelte Verfahren keine Anwendung.

(3) [1]Mit dem Vergabeverfahren soll festgestellt werden, welcher oder welche der Antragsteller am besten geeignet sind, die zu vergebenden Frequenzen effizient zu nutzen. [2]Die Bundesnetzagentur bestimmt vor Durchführung eines Vergabeverfahrens

1. die von einem Antragsteller zu erfüllenden subjektiven, fachlichen und sachlichen Mindestvoraussetzungen für die Zulassung zum Vergabeverfahren,

2. die Frequenznutzung, für die die zu vergebenden Frequenzen unter Beachtung des Frequenzplanes verwendet werden dürfen,
3. die für die Aufnahme des Telekommunikationsdienstes notwendige Grundausstattung an Frequenzen, sofern dies erforderlich ist,
4. die Frequenznutzungsbestimmungen einschließlich des Versorgungsgrades bei der Frequenznutzung und seiner zeitlichen Umsetzung.

(4) [1]Im Falle der Versteigerung legt die Bundesnetzagentur vor der Durchführung des Vergabeverfahrens die Regeln für die Durchführung des Versteigerungsverfahrens im Einzelnen fest; diese müssen objektiv, nachvollziehbar und diskriminierungsfrei sein und die Belange kleiner und mittlerer Unternehmen berücksichtigen. [2]Die Bundesnetzagentur kann ein Mindestgebot für die Teilnahme am Versteigerungsverfahren festsetzen. [3]Der Versteigerung geht ein Verfahren voraus, in dem die Zulassung zur Versteigerung schriftlich zu beantragen ist. [4]Die Bundesnetzagentur entscheidet über die Zulassung durch schriftlichen Bescheid. [5]Der Antrag auf Zulassung ist abzulehnen, wenn der Antragsteller nicht darlegt und nachweist, dass er die nach Absatz 3 Satz 2 festgelegten und die nach § 55 Absatz 5 bestehenden Voraussetzungen erfüllt.

(5) [1]Im Fall der Ausschreibung bestimmt die Bundesnetzagentur vor Durchführung des Vergabeverfahrens die Kriterien, nach denen die Eignung der Bewerber bewertet wird. [2]Kriterien sind die Zuverlässigkeit, Fachkunde und Leistungsfähigkeit der Bewerber, die Eignung von vorzulegenden Planungen für die Nutzung der ausgeschriebenen Frequenzen, die Förderung eines nachhaltig wettbewerbsorientierten Marktes und der räumliche Versorgungsgrad. [3]Bei ansonsten gleicher Eignung ist derjenige Bewerber auszuwählen, der einen höheren räumlichen Versorgungsgrad mit den entsprechenden Telekommunikationsdiensten gewährleistet.

(6) Verpflichtungen, die Antragsteller im Laufe eines Versteigerungs- oder Ausschreibungsverfahrens eingegangen sind, werden Bestandteile der Frequenzzuteilung.

(7) [1]Bei einem Versteigerungsverfahren nach Absatz 4 oder einem Ausschreibungsverfahren nach Absatz 5 kann die in § 55 Abs. 4 genannte Höchstfrist von sechs Wochen so lange wie nötig, längstens jedoch um acht Monate verlängert werden, um für alle Beteiligten ein chancengleiches, angemessenes, offenes und transparentes Verfahren sicherzustellen. [2]Diese Fristen lassen geltende internationale Vereinbarungen über die Nutzung von Frequenzen und die Satellitenkoordinierung unberührt.

§ 62 Flexibilisierung. (1) [1]Die Bundesnetzagentur kann nach Anhörung der betroffenen Kreise Frequenzbereiche zum Handel, zur Vermietung oder zur kooperativen, gemeinschaftlichen Nutzung (Frequenzpooling) freigeben, um flexible Frequenznutzungen zu ermöglichen. [2]Sie legt die Rahmenbedingungen und das Verfahren fest.

(2) [1]Die Rahmenbedingungen und das Verfahren haben insbesondere sicherzustellen, dass

1. die Effizienz der Frequenznutzung gesteigert oder gewahrt wird,
2. das ursprüngliche Vergabeverfahren einer Frequenzzuteilung nicht entgegensteht,
3. keine Verzerrung des Wettbewerbs zu besorgen ist,
4. die sonstigen rechtlichen Rahmenbedingungen, insbesondere die Nutzungsbestimmungen und internationale Vereinbarungen zur Frequenznutzung, eingehalten werden und
5. die Regulierungsziele nach § 2 sichergestellt sind.

[2]Die Entscheidung über die Rahmenbedingungen und das Verfahren sind zu veröffentlichen. [3]Bei Frequenzen, die für Rundfunkdienste vorgesehen sind, erfolgt die Entscheidung im Einvernehmen mit der nach Landesrecht zuständigen Stelle.

(3) Erlöse, die aus Maßnahmen nach Absatz 1 erzielt werden, stehen abzüglich der Verwaltungskosten demjenigen zu, der seine Frequenznutzungsrechte Dritten überträgt oder zur Nutzung oder Mitbenutzung überlässt.

§ 63 Widerruf der Frequenzzuteilung, Verzicht. (1) [1]Eine Frequenzzuteilung kann widerrufen werden, wenn nicht innerhalb eines Jahres nach der Zuteilung mit der Nutzung der Frequenz im Sinne des mit der Zuteilung verfolgten Zwecks begonnen wurde oder wenn die Frequenz länger als ein Jahr nicht im Sinne des mit der Zuteilung verfolgten Zwecks genutzt worden ist. [2]Die Frequenzzuteilung kann neben den Fällen des § 49 Absatz 2 des Verwaltungsverfahrensgesetzes auch widerrufen werden, wenn

1. eine der Voraussetzungen nach § 55 Absatz 5 und § 57 Absatz 4 bis 6 nicht mehr gegeben ist,
2. einer Verpflichtung, die sich aus der Frequenzzuteilung ergibt, schwer oder wiederholt zuwidergehandelt oder trotz Aufforderung nicht nachgekommen wird,
3. nach der Frequenzzuteilung Wettbewerbsverzerrungen wahrscheinlich sind oder
4. durch eine Änderung der Eigentumsverhältnisse in der Person des Inhabers der Frequenzzuteilung eine Wettbewerbsverzerrung zu besorgen ist.

[3]Die Frist bis zum Wirksamwerden des Widerrufs muss angemessen sein. [4]Sofern Frequenzen für die Übertragung von Rundfunk im Zuständigkeitsbereich der Länder betroffen sind, stellt die Bundesnetzagentur auf der Grundlage der rundfunkrechtlichen Festlegungen das Benehmen mit der zuständigen Landesbehörde her.

(2) [1]Die Frequenzzuteilung soll widerrufen werden, wenn bei einer Frequenz, die zur Übertragung von Rundfunk im Zuständigkeitsbereich der Länder zugeteilt ist, alle rundfunkrechtlichen Festlegungen der zuständigen Landesbehörde für Rundfunk, der auf dieser Frequenz übertragen wird, entfallen sind. [2]Wenn bei einer Frequenz nach Satz 1 eine oder alle rundfunkrechtlichen Festlegungen nach Satz 1 entfallen sind und innerhalb von sechs Monaten keine neue rundfunkrechtliche Festlegung erteilt wird, kann die Bundesnetzagentur im Benehmen mit der zuständigen Landesbehörde dem bisherigen Inhaber die-

se Frequenz zuteilen mit eingeschränkter Verpflichtung oder ohne Verpflichtung zur Übertragung von Rundfunk im Zuständigkeitsbereich der Länder nach Maßgabe des Frequenzplanes, auch wenn dies nicht dem vorherigen Vergabeverfahren entspricht.

(3) § 49 Abs. 6 des Verwaltungsverfahrensgesetzes ist auf den Widerruf nach den Absätzen 1 und 2 nicht anzuwenden.

(4) [1]Frequenzzuteilungen für den analogen Hörfunk auf Ultrakurzwelle, die zum 31. Dezember 2015 befristet sind, sollen entsprechend § 57 Absatz 1 Satz 8 von der Bundesnetzagentur bis zum Ende der Zuweisung von Übertragungskapazitäten nach Landesrecht, längstens jedoch um zehn Jahre verlängert werden, sofern der Inhalteanbieter dem zustimmt. [2]Nicht zu diesem Zeitpunkt befristete Zuteilungen sollen widerrufen werden, wenn ein nach § 57 Absatz 1 Satz 8 vom Inhalteanbieter ausgewählter Sendernetzbetreiber auf Antrag die Zuteilung an ihn verlangen kann. [3]Für die Widerrufsentscheidung gilt § 63 Absatz 1 Satz 4 entsprechend. [4]Für das Wirksamwerden des Widerrufs ist eine angemessene Frist von mindestens drei Monaten, frühestens jedoch der 31. Dezember 2015 vorzusehen.

(5) [1]Die Frequenzzuteilung erlischt durch Verzicht. [2]Der Verzicht ist gegenüber der Bundesnetzagentur schriftlich unter genauer Bezeichnung der Frequenzzuteilung zu erklären.

§ 64 Überwachung, Anordnung der Außerbetriebnahme. (1) [1]Zur Sicherstellung der Frequenzordnung überwacht die Bundesnetzagentur die Frequenznutzung. [2]Soweit es dazu, insbesondere zur Identifizierung eines Frequenznutzers, erforderlich und angemessen ist, sind die Bediensteten der Bundesnetzagentur befugt, sich Kenntnis von den näheren Umständen eines Telekommunikationsvorgangs zu verschaffen und in besonderen Fällen auch in Aussendungen hineinzuhören. [3]Die durch Maßnahmen nach Satz 2 erlangten Informationen dürfen nur zur Sicherstellung der Frequenzordnung verwendet werden. [4]Abweichend hiervon dürfen Informationen an die zuständigen Behörden übermittelt werden, soweit dies für die Verfolgung einer in § 100a der Strafprozessordnung genannten Straftat erforderlich ist. [5]Das Grundrecht des Fernmeldegeheimnisses nach Artikel 10 des Grundgesetzes wird nach Maßgabe der Sätze 2 bis 4 eingeschränkt.

(2) [1]Zur Sicherstellung der Frequenzordnung kann die Bundesnetzagentur eine Einschränkung des Betriebes oder die Außerbetriebnahme von Geräten anordnen. [2]Zur Durchsetzung dieser Anordnungen kann nach Maßgabe des Verwaltungsvollstreckungsgesetzes ein Zwangsgeld bis zu 500 000 Euro festgesetzt werden.

§ 65 Einschränkung der Frequenzzuteilung. Die Nutzung der zugeteilten Frequenzen kann vorübergehend eingeschränkt werden, wenn diese Frequenzen von den zuständigen Behörden zur Bewältigung ihrer Aufgaben im Spannungs- und im Verteidigungsfall, im Rahmen von Bündnisverpflichtungen, im

Rahmen der Zusammenarbeit mit den Vereinten Nationen, im Rahmen internationaler Vereinbarungen zur Notfallbewältigung oder bei Naturkatastrophen und besonders schweren Unglücksfällen benötigt werden.

Abschnitt 2[5]
Nummerierung

§ 66 Nummerierung. (1) [1]Die Bundesnetzagentur nimmt die Aufgaben der Nummerierung wahr. [2]Ihr obliegt insbesondere die Strukturierung und Ausgestaltung des Nummernraumes mit dem Ziel, den Anforderungen von Endnutzern, Betreibern von Telekommunikationsnetzen und Anbietern von Telekommunikationsdiensten zu genügen. [3]Die Bundesnetzagentur teilt ferner Nummern an Betreiber von Telekommunikationsnetzen, Anbieter von Telekommunikationsdiensten und Endnutzer zu. [4]Ausgenommen ist die Verwaltung von Domänennamen oberster und nachgeordneter Stufen.

(2) [1]Die Bundesnetzagentur kann zur Umsetzung internationaler Verpflichtungen oder Empfehlungen sowie zur Sicherstellung der ausreichenden Verfügbarkeit von Nummern Änderungen der Struktur und Ausgestaltung des Nummernraumes und des nationalen Nummernplanes vornehmen. [2]Dabei sind die Belange der Betroffenen, insbesondere die den Betreibern, Anbietern von Telekommunikationsdiensten und Nutzern entstehenden Umstellungskosten, angemessen zu berücksichtigen. [3]Beabsichtigte Änderungen sind rechtzeitig vor ihrem Wirksamwerden bekannt zu geben. [4]Die von diesen Änderungen betroffenen Betreiber von Telekommunikationsnetzen und Anbieter von Telekommunikationsdiensten sind verpflichtet, die zur Umsetzung erforderlichen Maßnahmen zu treffen.

(3) [1]Die Bundesnetzagentur kann zur Durchsetzung der Verpflichtungen nach Absatz 2 Anordnungen erlassen. [2]Zur Durchsetzung der Anordnungen können nach Maßgabe des Verwaltungsvollstreckungsgesetzes Zwangsgelder bis zu 500 000 Euro festgesetzt werden.

(4) [1]Die Bundesregierung wird ermächtigt, durch Rechtsverordnung die Maßstäbe und Leitlinien für die Strukturierung, Ausgestaltung und Verwaltung der Nummernräume sowie für den Erwerb, Umfang und Verlust von Nutzungsrechten an Nummern festzulegen. [2]Dies schließt auch die Umsetzung darauf bezogener internationaler Empfehlungen und Verpflichtungen in nationales Recht ein. [3]Dabei sind insbesondere die effiziente Nummernnutzung, die Belange der Marktbeteiligten einschließlich der Planungssicherheit, die wirtschaftlichen Auswirkungen auf die Marktteilnehmer, die Anforderungen

---

5 Gemäß Art. 5 Abs. 2 Satz 2 G vom 3.5.2012 (BGBl. I S. 958, ber. S. 1717) sind die §§ 66a, 66b und 66c mit dem Inkrafttreten einer Rechtsverordnung nach § 45n Absatz 1 in Verbindung mit Absatz 4 Nummer 1 nicht mehr anzuwenden.

an die Nummernnutzung und die langfristige Bedarfsdeckung sowie die Interessen der Endnutzer zu berücksichtigen. [4]In der Verordnung sind die Befugnisse der Bundesnetzagentur sowie die Rechte und Pflichten der Marktteilnehmer und der Endnutzer im Einzelnen festzulegen. [5]Absatz 1 Satz 4 gilt entsprechend.

(5) [1]Ist im Vergabeverfahren für generische Domänen oberster Stufe für die Zuteilung oder Verwendung einer geografischen Bezeichnung, die mit dem Namen einer Gebietskörperschaft identisch ist, eine Einverständniserklärung oder Unbedenklichkeitsbescheinigung durch eine deutsche Regierungs- oder Verwaltungsstelle erforderlich, obliegt die Entscheidung über die Erteilung des Einverständnisses oder die Ausstellung einer Unbedenklichkeitsbescheinigung der nach dem jeweiligen Landesrecht zuständigen Stelle. [2]Weisen mehrere Gebietskörperschaften identische Namen auf, liegt die Entscheidungsbefugnis bei der Gebietskörperschaft, die nach der Verkehrsauffassung die größte Bedeutung hat.

§ 66a Preisangabe. [1]Wer gegenüber Endnutzern Premium-Dienste, Auskunftsdienste, Massenverkehrsdienste, Service-Dienste, Neuartige Dienste oder Kurzwahldienste anbietet oder dafür wirbt, hat dabei den für die Inanspruchnahme des Dienstes zu zahlenden Preis zeitabhängig je Minute oder zeitunabhängig je Inanspruchnahme einschließlich der Umsatzsteuer und sonstiger Preisbestandteile anzugeben. [2]Bei Angabe des Preises ist der Preis gut lesbar, deutlich sichtbar und in unmittelbarem Zusammenhang mit der Rufnummer anzugeben. [3]Bei Anzeige der Rufnummer darf die Preisangabe nicht zeitlich kürzer als die Rufnummer angezeigt werden. [4]Auf den Abschluss eines Dauerschuldverhältnisses ist hinzuweisen. [5]Soweit für die Inanspruchnahme eines Dienstes nach Satz 1 für Anrufe aus den Mobilfunknetzen Preise gelten, die von den Preisen für Anrufe aus den Festnetzen abweichen, ist der Festnetzpreis mit dem Hinweis auf die Möglichkeit abweichender Preise für Anrufe aus den Mobilfunknetzen anzugeben. [6]Abweichend hiervon ist bei Service-Diensten neben dem Festnetzpreis der Mobilfunkhöchstpreis anzugeben, soweit für die Inanspruchnahme des Dienstes für Anrufe aus den Mobilfunknetzen Preise gelten, die von den Preisen für Anrufe aus den Festnetzen abweichen. [7]Bei Telefax-Diensten ist zusätzlich die Zahl der zu übermittelnden Seiten anzugeben. [8]Bei Datendiensten ist zusätzlich, soweit möglich, der Umfang der zu übermittelnden Daten anzugeben, es sei denn, die Menge der zu übermittelnden Daten hat keine Auswirkung auf die Höhe des Preises für den Endnutzer.

§ 66b Preisansage. (1) [1]Für sprachgestützte Premium-Dienste und für sprachgestützte Betreiberauswahl hat derjenige, der den vom Endnutzer zu zahlenden Preis für die Inanspruchnahme dieses Dienstes festlegt, vor Beginn der Entgeltpflichtigkeit dem Endnutzer den für die Inanspruchnahme dieses Dienstes zu zahlenden Preis zeitabhängig je Minute oder zeitunabhängig je Datenvolumen oder sonstiger Inanspruchnahme einschließlich der Umsatzsteuer und sonstiger Preisbestandteile anzusagen. [2]Die Preisansage ist spätestens drei Sekunden vor

Beginn der Entgeltpflichtigkeit unter Hinweis auf den Zeitpunkt des Beginns derselben abzuschließen. [3]Ändert sich dieser Preis während der Inanspruchnahme des Dienstes, so ist vor Beginn des neuen Tarifabschnitts der nach der Änderung zu zahlende Preis entsprechend der Sätze 1 und 2 anzusagen mit der Maßgabe, dass die Ansage auch während der Inanspruchnahme des Dienstes erfolgen kann. [4]Beim Einsatz von Warteschleifen nach § 66g Absatz 1 Nummer 5 stellt weder der Beginn noch das Ende der Warteschleife eine Änderung des Preises im Sinne des Satzes 3 dar, wenn der vom Endnutzer im Sinne des Satzes 1 zu zahlende Preis für den Tarifabschnitt nach der Warteschleife unverändert gegenüber dem Preis für den Tarifabschnitt vor der Warteschleife ist. [5]Die Sätze 1 bis 4 gelten auch für sprachgestützte Auskunftsdienste und für Kurzwahl-Sprachdienste ab einem Preis von 2 Euro pro Minute oder pro Inanspruchnahme bei zeitunabhängiger Tarifierung. [6]Die Sätze 1 bis 4 gelten auch für sprachgestützte Neuartige Dienste ab einem Preis von 2 Euro pro Minute oder pro Inanspruchnahme bei zeitunabhängiger Tarifierung, soweit nach Absatz 4 nicht etwas Anderes bestimmt ist.

(2) Bei Inanspruchnahme von Rufnummern für sprachgestützte Massenverkehrs-Dienste hat der Diensteanbieter dem Endnutzer den für die Inanspruchnahme dieser Rufnummer zu zahlenden Preis für Anrufe aus den Festnetzen einschließlich der Umsatzsteuer und sonstiger Preisbestandteile unmittelbar im Anschluss an die Inanspruchnahme des Dienstes anzusagen.

(3) [1]Im Falle der Weitervermittlung durch einen sprachgestützten Auskunftsdienst besteht die Preisansageverpflichtung für das weiterzuvermittelnde Gespräch für den Auskunftsdiensteanbieter. [2]Die Ansage kann während der Inanspruchnahme des sprachgestützten Auskunftsdienstes erfolgen, ist jedoch vor der Weitervermittlung vorzunehmen; Absatz 1 Satz 4 gilt entsprechend. [3]Diese Ansage umfasst den Preis für Anrufe aus den Festnetzen zeitabhängig je Minute oder zeitunabhängig je Datenvolumen oder sonstiger Inanspruchnahme einschließlich der Umsatzsteuer und sonstiger Preisbestandteile sowie einen Hinweis auf die Möglichkeit abweichender Preise aus dem Mobilfunk.

(4) [1]Bei sprachgestützten Neuartigen Diensten kann die Bundesnetzagentur nach Anhörung der Fachkreise und Verbraucherverbände Anforderungen für eine Preisansage festlegen, die von denen des Absatzes 1 Satz 6 abweichen, sofern technische Entwicklungen, die diesen Nummernbereich betreffen, ein solches Verfahren erforderlich machen. [2]Die Festlegungen sind von der Bundesnetzagentur zu veröffentlichen.

§ 66c Preisanzeige. (1) [1]Für Kurzwahl-Datendienste hat außer im Falle des § 45l derjenige, der den vom Endnutzer zu zahlenden Preis für die Inanspruchnahme dieses Dienstes festlegt, vor Beginn der Entgeltpflichtigkeit den für die Inanspruchnahme dieses Dienstes zu zahlenden Preis einschließlich der Umsatzsteuer und sonstiger Preisbestandteile ab einem Preis von 2 Euro pro Inanspruchnahme deutlich sichtbar und gut lesbar anzuzeigen und sich vom Endnutzer den Erhalt der Information bestätigen zu lassen. [2]Satz 1 gilt auch für nichtsprachgestützte Neuartige Dienste ab einem Preis von 2 Euro pro Inanspruchnahme.

(2) [1]Von den Verpflichtungen nach Absatz 1 kann abgewichen werden, wenn der Dienst im öffentlichen Interesse erbracht wird oder sich der Endkunde vor Inanspruchnahme der Dienstleistung gegenüber dem Verpflichteten nach Absatz 1 durch ein geeignetes Verfahren legitimiert. [2]Die Einzelheiten regelt und veröffentlicht die Bundesnetzagentur.

§ 66d Preishöchstgrenzen. (1) [1]Der Preis für zeitabhängig über Rufnummern für Premium-Dienste abgerechnete Dienstleistungen darf höchstens 3 Euro pro Minute betragen, soweit nach Absatz 4 keine abweichenden Preise erhoben werden können. [2]Dies gilt auch im Falle der Weitervermittlung durch einen Auskunftsdienst. [3]Die Abrechnung darf höchstens im 60-Sekunden-Takt erfolgen.

(2) [1]Der Preis für zeitunabhängig über Rufnummern für Premium-Dienste abgerechnete Dienstleistungen darf höchstens 30 Euro pro Verbindung betragen, soweit nach Absatz 4 keine abweichenden Preise erhoben werden können. [2]Wird der Preis von Dienstleistungen aus zeitabhängigen und zeitunabhängigen Leistungsanteilen gebildet, so müssen diese Preisanteile entweder im Einzelverbindungsnachweis, soweit dieser erteilt wird, getrennt ausgewiesen werden oder Verfahren nach Absatz 4 Satz 3 zur Anwendung kommen. [3]Der Preis nach Satz 2 darf höchstens 30 Euro je Verbindung betragen, soweit nach Absatz 4 keine abweichenden Preise erhoben werden können.

(3) [1]Der Preis für Anrufe bei Service-Diensten darf aus den Festnetzen höchstens 0,14 Euro pro Minute oder 0,20 Euro pro Anruf und aus den Mobilfunknetzen höchstens 0,42 Euro pro Minute oder 0,60 Euro pro Anruf betragen, soweit nach Absatz 4 Satz 4 keine abweichenden Preise erhoben werden können. [2]Die Abrechnung darf höchstens im 60-Sekunden-Takt erfolgen.

(4) [1]Über die Preisgrenzen der Absätze 1 und 2 hinausgehende Preise dürfen nur erhoben werden, wenn sich der Kunde vor Inanspruchnahme der Dienstleistung gegenüber dem Diensteanbieter durch ein geeignetes Verfahren legitimiert. [2]Die Einzelheiten regelt die Bundesnetzagentur. [3]Sie kann durch Verfügung im Amtsblatt Einzelheiten zu zulässigen Verfahren in Bezug auf Tarifierungen nach den Absätzen 1 und 2 und zu den Ausnahmen nach Absatz 2 Satz 2 und 3 festlegen. [4]Darüber hinaus kann die Bundesnetzagentur entsprechend dem Verfahren nach § 67 Abs. 2 von den Absätzen 1 bis 3 abweichende Preishöchstgrenzen festsetzen, wenn die allgemeine Entwicklung der Preise oder des Marktes dies erforderlich macht.

(5) [1]Der Preis für Anrufe in den und aus dem Europäischen Telefonnummerierungsraum (ETNS) muss mit dem jeweils geltenden Höchstpreis für Auslandsanrufe in andere oder aus anderen Mitgliedstaaten vergleichbar sein. [2]Die Einzelheiten regelt die Bundesnetzagentur durch Verfügung im Amtsblatt.

§ 66e Verbindungstrennung. (1) [1]Der Diensteanbieter, bei dem die Rufnummer für Premium-Dienste oder Kurzwahl-Sprachdienste eingerichtet ist, hat jede zeitabhängig abgerechnete Verbindung zu dieser nach 60 Minuten zu trennen. [2]Dies gilt auch, wenn zu einer Rufnummer für Premium-Dienste oder für Kurzwahl-Sprachdienste weitervermittelt wurde.

(2) [1]Von der Verpflichtung nach Absatz 1 kann abgewichen werden, wenn sich der Endnutzer vor der Inanspruchnahme der Dienstleistung gegenüber dem Diensteanbieter durch ein geeignetes Verfahren legitimiert. [2]Die Einzelheiten regelt die Bundesnetzagentur. [3]Sie kann durch Verfügung die Einzelheiten der zulässigen Verfahren zur Verbindungstrennung festlegen.

§ 66f Anwählprogramme (Dialer). (1) [1]Anwählprogramme, die Verbindungen zu einer Nummer herstellen, bei denen neben der Telekommunikationsdienstleistung Inhalte abgerechnet werden (Dialer), dürfen nur eingesetzt werden, wenn sie vor Inbetriebnahme bei der Bundesnetzagentur registriert wurden, von ihr vorgegebene Mindestvoraussetzungen erfüllen und ihr gegenüber schriftlich versichert wurde, dass eine rechtswidrige Nutzung ausgeschlossen ist. [2]Dialer dürfen nur über Rufnummern aus einem von der Bundesnetzagentur hierzu zur Verfügung gestellten Nummernbereich angeboten werden. [3]Das Betreiben eines nicht registrierten Dialers neben einem registrierten Dialer unter einer Nummer ist unzulässig.

(2) [1]Unter einer Zielrufnummer registriert die Bundesnetzagentur jeweils nur einen Dialer. [2]Änderungen des Dialers führen zu einer neuen Registrierungspflicht. [3]Die Bundesnetzagentur regelt die Einzelheiten des Registrierungsverfahrens und den Inhalt der abzugebenden schriftlichen Versicherung. [4]Sie kann Einzelheiten zur Verwendung des Tarifs für zeitunabhängig abgerechnete Dienstleistungen sowie zur Registrierung von Dialern nach Satz 1 festlegen, soweit diese Verfahren in gleicher Weise geeignet sind, die Belange des Verbraucherschutzes zu gewährleisten, und durch Verfügung veröffentlichen.

(3) [1]Die Bundesnetzagentur kann die Registrierung von Dialern ablehnen, wenn Tatsachen die Annahme rechtfertigen, dass der Antragsteller nicht die erforderliche Zuverlässigkeit besitzt. [2]Dies ist insbesondere der Fall, wenn der Antragsteller schwerwiegend gegen die Vorschriften dieses Gesetzes verstoßen oder wiederholt eine Registrierung durch falsche Angaben erwirkt hat. [3]Im Falle von Satz 1 teilt die Bundesnetzagentur ihre Erkenntnisse den für den Vollzug der Gewerbeordnung zuständigen Stellen mit.

§ 66g Warteschleifen. (1) Warteschleifen dürfen nur eingesetzt werden, wenn eine der folgenden Voraussetzungen erfüllt ist:
1. der Anruf erfolgt zu einer entgeltfreien Rufnummer,
2. der Anruf erfolgt zu einer ortsgebundenen Rufnummer oder einer Rufnummer, die die Bundesnetzagentur den ortsgebundenen Rufnummern nach Absatz 3 gleichgestellt hat,
3. der Anruf erfolgt zu einer Rufnummer für mobile Dienste (015, 016 oder 017),
4. für den Anruf gilt ein Festpreis pro Verbindung oder

5. der Anruf ist für die Dauer der Warteschleife für den Anrufer kostenfrei, soweit es sich nicht um Kosten handelt, die bei Anrufen aus dem Ausland für die Herstellung der Verbindung im Ausland entstehen.

(2) [1]Beim ersten Einsatz einer Warteschleife im Rahmen des Anrufs, die nicht unter Absatz 1 Nummer 1 bis 3 fällt, hat der Angerufene sicherzustellen, dass der Anrufende mit Beginn der Warteschleife über ihre voraussichtliche Dauer und, unbeschadet der §§ 66a bis 66c, darüber informiert wird, ob für den Anruf ein Festpreis gilt oder der Angerufene gemäß Absatz 1 Nummer 5 für die Dauer des Einsatzes dieser Warteschleife für den Anrufer kostenfrei ist. [2]Die Ansage kann mit Beginn der Bearbeitung vorzeitig beendet werden.

(3) Die Bundesnetzagentur stellt auf Antrag des Zuteilungsnehmers Rufnummern den ortsgebundenen Rufnummern nach Absatz 1 Nummer 2 in Bezug auf den Einsatz von Warteschleifen gleich, wenn
1. der Angerufene vom Anrufer weder unmittelbar noch mittelbar über den Anbieter von Telekommunikationsdiensten ein Entgelt für den Anruf zu dieser Nummer erhält und Anrufe zu dieser Nummer in der Regel von den am Markt verfügbaren Pauschaltarifen erfasst sind und
2. die Tarifierung dieser Rufnummer auch im Übrigen keine abweichende Behandlung gegenüber den ortsgebundenen Rufnummern rechtfertigt.

§ 66h Wegfall des Entgeltanspruchs. Der Endnutzer ist zur Zahlung eines Entgelts nicht verpflichtet, wenn und soweit
1. nach Maßgabe des § 66b Abs. 1 nicht vor Beginn der Inanspruchnahme oder nach Maßgabe des § 66b Abs. 2, 3 und 4 nicht während der Inanspruchnahme des Dienstes über den erhobenen Preis informiert oder eine aufgrund des § 45n Absatz 4 Nummer 1 im Rahmen einer Rechtsverordnung erlassene Regelung nicht erfüllt wurde,
2. nach Maßgabe des § 66c nicht vor Beginn der Inanspruchnahme über den erhobenen Preis informiert wurde und keine Bestätigung des Endnutzers erfolgt oder eine aufgrund des § 45n Absatz 4 Nummer 1 im Rahmen einer Rechtsverordnung erlassene Regelung nicht erfüllt wurde,
3. nach Maßgabe des § 66d die Preishöchstgrenzen nicht eingehalten wurden oder gegen die Verfahren zu Tarifierungen nach § 66d Abs. 2 Satz 2 und 3 verstoßen wurde,
4. nach Maßgabe des § 66e die zeitliche Obergrenze nicht eingehalten wurde,
5. Dialer entgegen § 66f Abs. 1 und 2 betrieben wurden,
6. nach Maßgabe des § 66i Abs. 1 Satz 2 R-Gesprächsdienste mit Zahlungen an den Anrufer angeboten werden,
7. nach Maßgabe des § 66i Abs. 2 ein Tag nach Eintrag in die Sperr-Liste ein R-Gespräch zum gesperrten Anschluss erfolgt oder
8. der Angerufene entgegen § 66g Absatz 1 während des Anrufs eine oder mehrere Warteschleifen einsetzt oder die Angaben nach § 66g Absatz 2 nicht, nicht vollständig oder nicht rechtzeitig gemacht werden. [2]In diesen Fällen entfällt die Entgeltzahlungspflicht des Anrufers für den gesamten Anruf.

§ 66i Auskunftsanspruch, Datenbank für (0)900er-Rufnummern.

(1) [1]Jeder, der ein berechtigtes Interesse daran hat, kann in Textform von der Bundesnetzagentur Auskunft über den Namen und die ladungsfähige Anschrift desjenigen verlangen, der eine Nummer von der Bundesnetzagentur zugeteilt bekommen hat. [2]Die Auskunft soll unverzüglich nach Eingang der Anfrage nach Satz 1 erteilt werden.

(2) [1]Alle zugeteilten (0)900er-Rufnummern werden in einer Datenbank bei der Bundesnetzagentur erfasst. [2]Diese Datenbank ist mit Angabe des Namens und mit der ladungsfähigen Anschrift des Diensteanbieters, bei Diensteanbietern mit Sitz im Ausland zusätzlich der ladungsfähigen Anschrift eines allgemeinen Zustellungsbevollmächtigten im Inland, im Internet zu veröffentlichen. [3]Jedermann kann in Textform von der Bundesnetzagentur Auskunft über die in der Datenbank gespeicherten Daten verlangen.

(3) [1]Jeder, der ein berechtigtes Interesse daran hat, kann von demjenigen, dem von der Bundesnetzagentur Rufnummern für Massenverkehrsdienste, Neuartige Dienste oder Kurzwahldienste zugeteilt sind, unentgeltlich Auskunft über den Namen und die ladungsfähige Anschrift desjenigen verlangen, der über eine dieser Rufnummern Dienstleistungen anbietet, oder die Mitteilung verlangen, an wen die Rufnummer gemäß § 46 übertragen wurde. [2]Bei Kurzwahlnummern, die nicht von der Bundesnetzagentur zugeteilt wurden, besteht der Anspruch gegenüber demjenigen, in dessen Netz die Kurzwahlnummer geschaltet ist. [3]Bei gemäß § 46 übertragenen Rufnummern besteht der Anspruch auf Auskunft über den Namen und die ladungsfähige Anschrift desjenigen, der über eine Rufnummer Dienstleistungen anbietet, gegenüber dem Anbieter, zu dem die Rufnummer übertragen wurde. [4]Die Auskünfte nach den Sätzen 1 bis 3 sollen innerhalb von zehn Werktagen nach Eingang der in Textform gestellten Anfrage erteilt werden. [5]Die Auskunftsverpflichteten haben die Angabe bei ihren Kunden zu erheben und aktuell zu halten.

§ 66j R-Gespräche. (1) [1]Aufgrund von Telefonverbindungen, bei denen dem Angerufenen das Verbindungsentgelt in Rechnung gestellt wird (R-Gespräche), dürfen keine Zahlungen an den Anrufer erfolgen. [2]Das Angebot von R-Gesprächsdiensten mit einer Zahlung an den Anrufer nach Satz 1 ist unzulässig.

(2) [1]Die Bundesnetzagentur führt eine Sperr-Liste mit Rufnummern, die von R-Gesprächsdiensten für eingehende R-Gespräche zu sperren sind. [2]Endkunden können ihren Anbieter von Telekommunikationsdiensten beauftragen, die Aufnahme ihrer Nummern in die Sperr-Liste unentgeltlich zu veranlassen. [3]Eine Löschung von der Liste kann kostenpflichtig sein. [4]Der Anbieter übermittelt den Endkundenwunsch sowie etwaig erforderliche Streichungen wegen Wegfalls der abgeleiteten Zuteilung. [5]Die Bundesnetzagentur stellt die Sperr-Liste Anbietern von R-Gesprächsdiensten zum Abruf bereit.

§ 66k Rufnummernübermittlung. (1) [1]Anbieter von Telekommunikationsdiensten, die Teilnehmern den Aufbau von abgehenden Verbindungen ermöglichen, müssen sicherstellen, dass beim Verbindungsaufbau als Rufnummer des Anrufers eine vollständige national signifikante Rufnummer übermittelt und als solche gekennzeichnet wird. [2]Die Rufnummer muss dem Teilnehmer für den Dienst zugeteilt sein, im Rahmen dessen die Verbindung aufgebaut wird. [3]Deutsche Rufnummern für Auskunftsdienste, Massenverkehrsdienste, Neuartige Dienste oder Premium-Dienste sowie Nummern für Kurzwahl-Sprachdienste dürfen nicht als Rufnummer des Anrufers übermittelt werden. [4]Andere an der Verbindung beteiligte Anbieter dürfen übermittelte Rufnummern nicht verändern.

(2) [1]Teilnehmer dürfen weitere Rufnummern nur aufsetzen und in das öffentliche Telekommunikationsnetz übermitteln, wenn sie ein Nutzungsrecht an der entsprechenden Rufnummer haben. [2]Deutsche Rufnummern für Auskunftsdienste, Massenverkehrsdienste, Neuartige Dienste oder Premium-Dienste sowie Nummern für Kurzwahl-Sprachdienste dürfen von Teilnehmern nicht als zusätzliche Rufnummer aufgesetzt und in das öffentliche Telekommunikationsnetz übermittelt werden.

§ 66l Internationaler entgeltfreier Telefondienst. [1]Anrufe bei (00)800er-Rufnummern müssen für den Anrufer unentgeltlich sein. [2]Die Erhebung eines Entgelts für die Inanspruchnahme eines Endgerätes bleibt unbenommen.

§ 66m Umgehungsverbot. Die Vorschriften der §§ 66a bis 66l oder die aufgrund des § 45n Absatz 4 Nummer 1 im Rahmen einer Rechtsverordnung erlassenen Regelungen sind auch dann anzuwenden, wenn versucht wird, sie durch anderweitige Gestaltungen zu umgehen.

§ 67 Befugnisse der Bundesnetzagentur. (1) [1]Die Bundesnetzagentur kann im Rahmen der Nummernverwaltung Anordnungen und andere geeignete Maßnahmen treffen, um die Einhaltung gesetzlicher Vorschriften und der von ihr erteilten Bedingungen über die Zuteilung von Nummern sicherzustellen. [2]Die Bundesnetzagentur kann die Betreiber von öffentlichen Telekommunikationsnetzen und die Anbieter von öffentlich zugänglichen Telekommunikationsdiensten verpflichten, Auskünfte zu personenbezogenen Daten wie Name und ladungsfähige Anschrift von Nummerninhabern und Nummernnutzern zu erteilen, die für den Vollzug dieses Gesetzes, aufgrund dieses Gesetzes ergangener Verordnungen sowie der erteilten Bedingungen erforderlich sind, soweit die Daten den Unternehmen bekannt sind; die Bundesnetzagentur kann insbesondere Auskünfte zu personenbezogenen Daten verlangen, die erforderlich sind für die einzelfallbezogene Überprüfung von Verpflichtungen, wenn der Bundesnetzagentur eine Beschwerde vorliegt oder sie aus anderen Gründen eine Verletzung von Pflichten annimmt oder sie von sich aus Ermittlungen durchführt. [3]Andere Regelungen bleiben von der Auskunftspflicht nach Satz 2 unberührt. [4]Insbesondere kann die Bundesnetzagentur bei Nichterfüllung von gesetzlichen oder behördlich auferlegten Verpflichtungen die rechtswidrig genutzte Nummer entziehen. [5]Sie soll ferner im Falle der gesicherten Kenntnis von der rechtswidrigen Nutzung einer Rufnummer gegenüber dem Netzbetreiber, in dessen Netz die Nummer geschaltet ist, die Abschaltung der Rufnummer anordnen. [6]Die Bundesnetzagentur kann den Rechnungsersteller bei gesicherter Kenntnis einer rechtswidrigen Nutzung auffordern, für diese Nummer keine Rechnungslegung vorzunehmen. [7]Die Bundesnetzagentur kann in begründeten Ausnahmefällen Kategorien von Dialern verbieten; Einzelheiten des Verbotsverfahrens regelt die Bundesnetzagentur.

(2) [1]Soweit für Premium-Dienste, Massenverkehrsdienste, Service-Dienste oder Neuartige Dienste die Tarifhoheit bei dem Anbieter liegt, der den Teilnehmeranschluss bereitstellt, und deshalb unterschiedliche Entgelte für Anrufe aus den Festnetzen gelten würden, legt die Bundesnetzagentur nach Anhörung der betroffenen Unternehmen, Fachkreise und Verbraucherverbände zum Zwecke der Preisangabe und Preisansage nach den §§ 66a und 66b oder der aufgrund des § 45n Absatz 4 Nummer 1 im Rahmen einer Rechtsverordnung erlassenen Regelungen jeweils bezogen auf bestimmte Nummernbereiche oder Nummernteilbereiche den Preis für Anrufe aus den Festnetzen fest. [2]Für Anrufe aus den Mobilfunknetzen bei Service-Diensten legt die Bundesnetzagentur nach Anhörung der in Satz 1 genannten Stellen fest, ob der Anruf bezogen auf einen bestimmten Nummernteilbereich pro Minute oder pro Anruf abgerechnet wird; dies gilt nur, soweit die Tarifhoheit bei dem Anbieter liegt, der den Zugang zum Mobilfunknetz bereitstellt. [3]Im Übrigen hat sie sicherzustellen, dass ausreichend frei tarifierbare Nummernbereiche oder Nummernteilbereiche verbleiben. [4]Die festzulegenden Preise haben sich an den im Markt angebotenen Preisen für Anrufe aus den Festnetzen zu orientieren und sind in regelmäßigen Abständen zu überprüfen. [5]Die festzulegenden Preise sind von der Bundesnetzagentur zu veröffentlichen. [6]Die Bestimmungen der §§ 16 bis 26 bleiben unberührt.

(3) Die Rechte der Länder sowie die Befugnisse anderer Behörden bleiben unberührt.

(4) Die Bundesnetzagentur teilt Tatsachen, die den Verdacht einer Straftat oder einer Ordnungswidrigkeit begründen, der Staatsanwaltschaft oder der Verwaltungsbehörde mit.

Abschnitt 3
Wegerechte

§ 68 Grundsatz der Benutzung öffentlicher Wege. (1) [1]Der Bund ist befugt, Verkehrswege für die öffentlichen Zwecken dienenden Telekommunikationslinien unentgeltlich zu benutzen, soweit dadurch nicht der Widmungszweck der Verkehrswege dauernd beschränkt wird (Nutzungsberechtigung). [2]Als Verkehrswege gelten öffentliche Wege, Plätze, Brücken und Tunnel sowie die öffentlichen Gewässer.

(2) [1]Telekommunikationslinien sind so zu errichten und zu unterhalten, dass sie den Anforderungen der öffentlichen Sicherheit und Ordnung sowie den an-

erkannten Regeln der Technik genügen. [2]Beim Träger der Straßenbaulast kann beantragt werden, Glasfaserleitungen oder Leerrohrsysteme, die der Aufnahme von Glasfaserleitungen dienen, in Abweichung der Allgemeinen Technischen Bestimmungen für die Benutzung von Straßen durch Leitungen und Telekommunikationslinien (ATB) in geringerer Verlegetiefe, wie im Wege des Micro- oder Minitrenching, zu verlegen. [3]Dem Antrag ist stattzugeben, wenn

1. die Verringerung der Verlegetiefe nicht zu einer wesentlichen Beeinträchtigung des Schutzniveaus und
2. nicht zu einer wesentlichen Erhöhung des Erhaltungsaufwandes führt oder
3. der Antragsteller die durch eine mögliche wesentliche Beeinträchtigung entstehenden Kosten beziehungsweise den höheren Verwaltungsaufwand übernimmt.

[4]Die Sätze 2 und 3 finden keine Anwendung auf die Verlegung von Glasfaserleitungen oder Leerrohrsystemen in Bundesautobahnen und autobahnähnlich ausgebauten Bundesfernstraßen.

(3) [1]Für die Verlegung oder die Änderung von Telekommunikationslinien ist die schriftliche oder elektronische Zustimmung des Trägers der Wegebaulast erforderlich. [2]Die Zustimmung gilt nach Ablauf einer Frist von drei Monaten nach Eingang des vollständigen Antrags als erteilt. [3]Die Frist kann um einen Monat verlängert werden, wenn dies wegen der Schwierigkeit der Angelegenheit gerechtfertigt ist. [4]Die Fristverlängerung ist zu begründen und rechtzeitig mitzuteilen. [5]Bei der Verlegung oberirdischer Leitungen sind die Interessen der Wegebaulastträger, der Betreiber öffentlicher Telekommunikationsnetze und die städtebaulichen Belange abzuwägen. [6]In die Abwägung kann zugunsten einer Verlegung oberirdischer Leitungen insbesondere einfließen, dass vereinzelt stehende Gebäude oder Gebäudeansammlungen erschlossen werden sollen. [7]Soweit die Verlegung im Rahmen einer Gesamtbaumaßnahme koordiniert werden kann, die in engem zeitlichen Zusammenhang nach der Antragstellung auf Zustimmung durchgeführt wird, soll die Verlegung in der Regel unterirdisch erfolgen. [8]Die Zustimmung kann mit Nebenbestimmungen versehen werden, die diskriminierungsfrei zu gestalten sind; die Zustimmung kann außerdem von der Leistung einer angemessenen Sicherheit abhängig gemacht werden. [9]Die Nebenbestimmungen dürfen nur die Art und Weise der Errichtung der Telekommunikationslinie sowie die dabei zu beachtenden Regeln der Technik, die Sicherheit und Leichtigkeit des Verkehrs, die im Bereich des jeweiligen Wegebaulastträgers übliche Dokumentation der Lage der Telekommunikationslinie nach geographischen Koordinaten und die Verkehrssicherungspflichten regeln.

(4) Ist der Wegebaulastträger selbst Betreiber einer Telekommunikationslinie oder mit einem Betreiber im Sinne des § 37 Abs. 1 oder 2 des Gesetzes gegen Wettbewerbsbeschränkungen zusammengeschlossen, so ist die Zustimmung nach Absatz 3 von einer Verwaltungseinheit zu erteilen, die unabhängig von der für den Betrieb der Telekommunikationslinie bzw. der für die Wahrnehmung der Gesellschaftsrechte zuständigen Verwaltungseinheit ist.

§ 69 Übertragung des Wegerechts. (1) Der Bund überträgt die Nutzungsberechtigung nach § 68 Abs. 1 durch die Bundesnetzagentur auf Antrag an die Eigentümer oder Betreiber öffentlicher Telekommunikationsnetze oder öffentlichen Zwecken dienender Telekommunikationslinien.

(2) [1]In dem Antrag nach Absatz 1 ist das Gebiet zu bezeichnen, für das die Nutzungsberechtigung übertragen werden soll. [2]Die Bundesnetzagentur erteilt die Nutzungsberechtigung, wenn der Antragsteller nachweislich fachkundig, zuverlässig und leistungsfähig ist, Telekommunikationslinien zu errichten und die Nutzungsberechtigung mit den Regulierungszielen nach § 2 vereinbar ist. [3]Die Bundesnetzagentur erteilt die Nutzungsberechtigung für die Dauer der öffentlichen Tätigkeit. [4]Die Bundesnetzagentur entscheidet über vollständige Anträge innerhalb von sechs Wochen.

(3) [1]Beginn und Beendigung der Nutzung sowie Namensänderungen, Anschriftenänderungen und identitätswahrende Umwandlungen des Unternehmens sind der Bundesnetzagentur unverzüglich mitzuteilen. [2]Die Bundesnetzagentur stellt diese Informationen den Wegebaulastträgern zur Verfügung. [3]Für Schäden, die daraus entstehen, dass Änderungen nicht rechtzeitig mitgeteilt wurden, haftet der Nutzungsberechtigte.

§ 70 Mitbenutzung. [1]Eigentümer oder Betreiber öffentlicher Versorgungsnetze dürfen ihre passiven Netzinfrastrukturen Eigentümern oder Betreibern öffentlicher Telekommunikationsnetze für den Ausbau digitaler Hochgeschwindigkeitsnetze zur Mitnutzung anbieten. [2]Eigentümer oder Betreiber öffentlicher Telekommunikationsnetze dürfen ihre passiven Netzinfrastrukturen Eigentümern oder Betreibern anderer öffentlicher Versorgungsnetze für deren Netzausbau zur Mitnutzung anbieten.

(2) [1]Soweit die Ausübung der Nutzungsberechtigung nach § 68 für die Verlegung weiterer Telekommunikationslinien nicht oder nur mit einem unverhältnismäßig hohen Aufwand möglich ist, können andere passive Netzinfrastrukturen öffentlicher Versorgungsnetzbetreiber unter den Voraussetzungen der §§ 77d, 77e und 77g mitgenutzt werden. [2]Dies gilt unabhängig davon, ob die Telekommunikationslinie zum Aufbau eines digitalen Hochgeschwindigkeitsnetzes genutzt werden kann.

(3) [1]Soweit die Nutzungsberechtigung nach § 68 für die Verlegung weiterer Telekommunikationslinien auf die Eisenbahninfrastruktur nicht anwendbar ist und es sich bei der Eisenbahninfrastruktur nicht um eine passive Netzinfrastruktur handelt, können Teile der Eisenbahninfrastruktur nach den §§ 77d, 77e und 77g mitgenutzt werden, soweit sie zum Ausbau von digitalen Hochgeschwindigkeitsnetzen geeignet sind. [2]Die §§ 77a bis 77c gelten entsprechend.

§ 71 Rücksichtnahme auf Wegeunterhaltung und Widmungszweck. (1) Bei der Benutzung der Verkehrswege ist eine Erschwerung ihrer Unterhaltung und eine vorübergehende Beschränkung ihres Widmungszwecks nach Möglichkeit zu vermeiden.

(2) Wird die Unterhaltung erschwert, so hat der Nutzungsberechtigte dem Unterhaltungspflichtigen die aus der Erschwerung erwachsenden Kosten zu ersetzen.

(3) [1]Nach Beendigung der Arbeiten an den Telekommunikationslinien hat der Nutzungsberechtigte den Verkehrsweg unverzüglich wieder instand zu setzen, sofern nicht der Unterhaltungspflichtige erklärt hat, die Instandsetzung selbst vornehmen zu wollen. [2]Der Nutzungsberechtigte hat dem Unterhaltungspflichtigen die Auslagen für die von ihm vorgenommene Instandsetzung zu vergüten und den durch die Arbeiten an den Telekommunikationslinien entstandenen Schaden zu ersetzen.

§ 72 Gebotene Änderung. (1) Ergibt sich nach Errichtung einer Telekommunikationslinie, dass sie den Widmungszweck eines Verkehrsweges nicht nur vorübergehend beschränkt oder die Vornahme der zu seiner Unterhaltung erforderlichen Arbeiten verhindert oder die Ausführung einer von dem Unterhaltungspflichtigen beabsichtigten Änderung des Verkehrsweges entgegensteht, so ist die Telekommunikationslinie, soweit erforderlich, abzuändern oder zu beseitigen.

(2) Soweit ein Verkehrsweg eingezogen wird, erlischt die Befugnis des Nutzungsberechtigten zu seiner Benutzung.

(3) In allen diesen Fällen hat der Nutzungsberechtigte die gebotenen Maßnahmen an der Telekommunikationslinie auf seine Kosten zu bewirken.

§ 73 Schonung der Baumpflanzungen. (1) [1]Die Baumpflanzungen auf und an den Verkehrswegen sind nach Möglichkeit zu schonen, auf das Wachstum der Bäume ist Rücksicht zu nehmen. [2]Ausästungen können nur insoweit verlangt werden, als sie zur Herstellung der Telekommunikationslinie oder zur Verhütung von Betriebsstörungen erforderlich sind; sie sind auf das unbedingt notwendige Maß zu beschränken.

(2) [1]Der Nutzungsberechtigte hat dem Besitzer der Baumpflanzungen eine angemessene Frist zu setzen, innerhalb welcher er die Ausästungen selbst vornehmen kann. [2]Sind die Ausästungen innerhalb der Frist nicht oder nicht genügend vorgenommen, so bewirkt der Nutzungsberechtigte die Ausästungen. [3]Dazu ist er auch berechtigt, wenn es sich um die dringliche Verhütung oder Beseitigung einer Störung handelt.

(3) Der Nutzungsberechtigte ersetzt den an den Baumpflanzungen verursachten Schaden und die Kosten der auf sein Verlangen vorgenommenen Ausästungen.

§ 74 Besondere Anlagen. (1) [1]Die Telekommunikationslinien sind so auszuführen, dass sie vorhandene besondere Anlagen (der Wegeunterhaltung dienende Einrichtungen, Kanalisations-, Wasser-, Gasleitungen, Schienenbahnen, elektrische Anlagen und dergleichen) nicht störend beeinflussen. [2]Die aus der Herstellung erforderlicher Schutzvorkehrungen erwachsenden Kosten hat der Nutzungsberechtigte zu tragen.

(2) Die Verlegung oder Veränderung vorhandener besonderer Anlagen kann nur gegen Entschädigung und nur dann verlangt werden, wenn die Benutzung des Verkehrsweges für die Telekommunikationslinie sonst unterbleiben müsste und die besondere Anlage anderweitig ihrem Zweck entsprechend untergebracht werden kann.

(3) Auch beim Vorliegen dieser Voraussetzungen hat die Benutzung des Verkehrsweges für die Telekommunikationslinie zu unterbleiben, wenn der aus der Verlegung oder Veränderung der besonderen Anlage entstehende Schaden gegenüber den Kosten, welche dem Nutzungsberechtigten aus der Benutzung eines anderen ihm zur Verfügung stehenden Verkehrsweges erwachsen, unverhältnismäßig groß ist.

(4) [1]Die Absätze 1 bis 3 finden auf solche in der Vorbereitung befindliche besondere Anlagen, deren Herstellung im öffentlichen Interesse liegt, entsprechende Anwendung. [2]Eine Entschädigung aufgrund des Absatzes 2 wird nur bis zu dem Betrag der Aufwendungen gewährt, die durch die Vorbereitung entstanden sind. [3]Als in der Vorbereitung begriffen gelten Anlagen, sobald sie aufgrund eines im Einzelnen ausgearbeiteten Planes die Genehmigung des Auftraggebers und, soweit erforderlich, die Genehmigung der zuständigen Behörden und des Eigentümers oder des sonstigen zur Nutzung Berechtigten des in Anspruch genommenen Weges erhalten haben.

§ 75 Spätere besondere Anlagen. (1) Spätere besondere Anlagen sind nach Möglichkeit so auszuführen, dass sie die vorhandenen Telekommunikationslinien nicht störend beeinflussen.

(2) [1]Der Inhaber oder Betreiber einer späteren besonderen Anlage kann vom Nutzungsberechtigten verlangen, dass eine Telekommunikationslinie auf dessen Kosten verlegt oder verändert wird, wenn

1. ohne die Verlegung oder Veränderung die Errichtung der späteren besonderen Anlage unterbleiben müsste oder wesentlich erschwert würde,
2. die Errichtung der späteren besonderen Anlage aus Gründen des öffentlichen Interesses, insbesondere aus volkswirtschaftlichen Gründen oder wegen Verkehrsrücksichten, von den Wegeunterhaltspflichtigen oder unter ihrer überwiegenden Beteiligung vollständig oder überwiegend ausgeführt werden soll und
3. die Kosten des Nutzungsberechtigten nicht unverhältnismäßig sind.

[2]Liegen nur die Voraussetzungen nach Satz 1 Nummer 1 und Nummer 2 vor, so kann eine Verlegung oder Veränderung auch dann verlangt werden, wenn der Inhaber oder Betreiber der späteren besonderen Anlage die Kosten teilweise erstattet, so dass die vom Nutzungsberechtigten zu tragenden Kosten verhältnismäßig ausfallen.

(3) Muss wegen einer solchen späteren besonderen Anlage die schon vorhandene Telekommunikationslinie mit Schutzvorkehrungen versehen werden, so sind die dadurch entstehenden Kosten von dem Nutzungsberechtigten zu tragen.

(4) Überlässt ein Wegeunterhaltspflichtiger seinen Anteil einem nicht unterhaltspflichtigen Dritten, so sind dem Nutzungsberechtigten die durch die Verlegung oder Veränderung oder durch die Herstellung der Schutzvorkehrungen erwachsenden Kosten, soweit sie auf dessen Anteil fallen, zu erstatten.

(5) Die Unternehmer anderer als der in Absatz 2 bezeichneten besonderen Anlagen haben die aus der Verlegung oder Veränderung der vorhandenen Telekommunikationslinien oder aus der Herstellung der erforderlichen Schutzvorkehrungen erwachsenden Kosten zu tragen.

(6) Auf spätere Änderungen vorhandener besonderer Anlagen finden die Absätze 1 bis 5 entsprechende Anwendung.

§ 76 Beeinträchtigung von Grundstücken und Gebäuden. (1) Der Eigentümer eines Grundstücks, das kein Verkehrsweg im Sinne des § 68 Absatz 1 Satz 2 ist, kann die Errichtung, den Betrieb und die Erneuerung von Telekommunikationslinien auf seinem Grundstück sowie den Anschluss der auf dem Grundstück befindlichen Gebäude an öffentliche digitale Hochgeschwindigkeitsnetze und öffentliche Telekommunikationsnetze der nächsten Generation insoweit nicht verbieten, als

1. auf dem Grundstück einschließlich der Gebäudeanschlüsse eine durch ein Recht gesicherte Leitung oder Anlage auch die Errichtung, den Betrieb und die Erneuerung einer Telekommunikationslinie genutzt und hierdurch die Nutzbarkeit des Grundstücks nicht dauerhaft zusätzlich eingeschränkt wird oder
2. das Grundstück einschließlich der Gebäude durch die Benutzung nicht unzumutbar beeinträchtigt wird.

(2) [1]Hat der Grundstückseigentümer eine Einwirkung nach Absatz 1 zu dulden, so kann er von dem Betreiber der Telekommunikationslinie oder dem Eigentümer des Leitungsnetzes einen angemessenen Ausgleich in Geld verlangen, wenn durch die Errichtung, die Erneuerung oder durch Wartungs-, Reparatur- oder vergleichbare, mit dem Betrieb der Telekommunikationslinie unmittelbar zusammenhängende Maßnahmen eine Benutzung seines Grundstücks oder dessen Ertrag über das zumutbare Maß hinaus beeinträchtigt wird. [2]Für eine erweiterte Nutzung zu Zwecken der Telekommunikation kann darüber hinaus ein einmaliger Ausgleich in Geld verlangt werden, sofern bisher keine Leitungswege vorhanden waren, die zu Zwecken der Telekommunikation genutzt werden konnten. [3]Wird das Grundstück oder sein Zubehör durch die Ausübung der aus dieser Vorschrift folgenden Rechte beschädigt, hat der Betreiber oder der Eigentümer des Leitungsnetzes auf seine Kosten den Schaden zu beseitigen. [4]§ 840 Abs. 1 des Bürgerlichen Gesetzbuchs findet Anwendung.

(3) Soweit die Durchführung von nach Absatz 1 zu duldenden Maßnahmen nicht oder nur mit einem unverhältnismäßig hohen Aufwand möglich ist, können bestehende passive Netzinfrastrukturen Dritter unter den Voraussetzungen der §§ 77d, 77e und 77g mitgenutzt werden.

§ 77 Ersatzansprüche. Die Verjährung der auf den §§ 70 bis 76 beruhenden Ansprüche richtet sich nach den Regelungen über die regelmäßige Verjährung nach dem Bürgerlichen Gesetzbuch.

§ 77a Infrastrukturatlas der zentralen Informationsstelle des Bundes. (1) Die Bundesnetzagentur führt als zentrale Informationsstelle des Bundes einen Infrastrukturatlas, der Folgendes bereitstellt:

1. eine gebietsbezogene, Planungszwecken dienende Übersicht über Einrichtungen, die zu Telekommunikationszwecken genutzt werden können, nach den Absätzen 2 bis 4,
2. detaillierte Informationen nach § 77b Absatz 3 für die Mitnutzung passiver Netzinfrastrukturen öffentlicher Versorgungsnetze gemäß den §§ 77d bis 77g, soweit sie der Bundesnetzagentur gemäß § 77b Absatz 5 für diese Zwecke zur Verfügung gestellt wurden,
3. Informationen nach § 77h Absatz 3 für die Koordination von Bauarbeiten an öffentlichen Versorgungsnetzen gemäß § 77i, soweit sie der Bundesnetzagentur nach § 77h Absatz 5 und 6 für diese Zwecke zur Verfügung gestellt wurden.

(2) [1]Die Bundesnetzagentur kann von Eigentümern oder Betreibern öffentlicher Versorgungsnetze, die über Einrichtungen verfügen, die zu Telekommunikationszwecken genutzt werden können, diejenigen Informationen verlangen, die für die Erstellung einer detaillierten Übersicht nach Absatz 1 Nummer 1 über Art, gegenwärtige Nutzung und geografische Lage des Standortes und der Leitungswege dieser Einrichtungen erforderlich sind. [2]§ 127 Absatz 2 bis 10 gilt entsprechend. [3]Zu den Einrichtungen gemäß Satz 1 zählen insbesondere alle passiven Netzinfrastrukturen.

(3) [1]Die Bundesnetzagentur kann den am Ausbau von öffentlichen Versorgungsnetzen Beteiligten Einsicht in die Übersicht nach Absatz 1 Nummer 1 gewähren, soweit mit dem Ausbauvorhaben Einrichtungen geschaffen werden sollen, die zu Telekommunikationszwecken genutzt werden können. [2]Zu den am Ausbau von öffentlichen Versorgungsnetzen Beteiligten gehören insbesondere Gebietskörperschaften, Eigentümer und Betreiber öffentlicher Versorgungsnetze sowie deren Auftragnehmer. [3]Gebietskörperschaften haben für allgemeine Planungs- und Förderzwecke einen Anspruch auf Einsichtnahme in den Infrastrukturatlas nach Absatz 1. [4]Näheres regelt die Bundesnetzagentur in Einsichtnahmebedingungen, die der vorherigen Zustimmung des Bundesministeriums für Verkehr und digitale Infrastruktur bedürfen. [5]Die Einsichtnahmebedingungen haben insbesondere der Sensitivität der erfassten Daten und dem zu erwartenden Verwaltungsaufwand Rechnung zu tragen. [6]Die Einsichtnahmeberechtigten haben die Vertraulichkeit nach § 77m zu wahren.

(4) [1]Von einer Aufnahme der nach Absatz 2 erhaltenen Informationen in die Übersicht nach Absatz 1 Nummer 1 ist abzusehen, soweit konkrete Anhaltspunkte dafür vorliegen, dass

1. die Einsichtnahme nach Absatz 3 die Sicherheit und Integrität der Einrichtung oder die öffentliche Sicherheit oder die öffentliche Gesundheit gefährdet,
2. die Einsichtnahme nach Absatz 3 die Vertraulichkeit gemäß § 77m verletzt,
3. Teile einer Infrastruktur betroffen sind, die durch Gesetz oder aufgrund eines Gesetzes als kritische Infrastrukturen bestimmt worden und nachweislich besonders schutzbedürftig und für die Funktionsfähigkeit der kritischen Infrastruktur maßgeblich sind, oder
4. Teile öffentlicher Versorgungsnetze betroffen sind, die durch den Bund zur Verwirklichung einer sicheren Behördenkommunikation genutzt werden.

[2]In diesen Fällen sind für die jeweiligen Gebiete, in denen sich die Einrichtungen befinden, Informationen im Sinne des § 77b Absatz 3 Nummer 3 aufzunehmen.

§ 77b Informationen über passive Netzinfrastrukturen. (1) [1]Eigentümer oder Betreiber öffentlicher Telekommunikationsnetze können bei Eigentümern oder Betreibern öffentlicher Versorgungsnetze für Zwecke des Ausbaus digitaler Hochgeschwindigkeitsnetze die Erteilung von Informationen über die passive Netzinfrastruktur ihrer öffentlichen Versorgungsnetze beantragen. [2]Im Antrag ist das Gebiet anzugeben, das mit digitalen Hochgeschwindigkeitsnetzen erschlossen werden soll.

(2) [1]Eigentümer oder Betreiber öffentlicher Versorgungsnetze erteilen Antragstellern nach Absatz 1 innerhalb von zwei Monaten nach dem Tag des Antragseingangs die beantragten Informationen. [2]Die Erteilung erfolgt unter verhältnismäßigen, diskriminierungsfreien und transparenten Bedingungen.

(3) Die Informationen über passive Netzinfrastrukturen öffentlicher Versorgungsnetze nach Absatz 2 müssen mindestens folgende Angaben enthalten:

1. die geografische Lage des Standortes und der Leitungswege der passiven Netzinfrastrukturen,
2. die Art und gegenwärtige Nutzung der passiven Netzinfrastrukturen und
3. die Kontaktdaten eines oder mehrerer Ansprechpartner beim Eigentümer oder Betreiber des öffentlichen Versorgungsnetzes.

(4) Der Antrag nach Absatz 1 kann ganz oder teilweise abgelehnt werden, soweit konkrete Anhaltspunkte dafür vorliegen, dass

1. eine Erteilung der Informationen die Sicherheit oder Integrität der Versorgungsnetze, die öffentliche Sicherheit oder die öffentliche Gesundheit gefährdet,
2. durch die Erteilung der Informationen die Vertraulichkeit gemäß § 77m verletzt wird,
3. von dem Antrag Teile einer kritischen Infrastruktur, insbesondere deren Informationstechnik, betroffen sind, die nachweislich besonders schutzbedürftig und für die Funktionsfähigkeit der kritischen Infrastruktur maßgeblich sind, und der Betreiber des öffentlichen Versorgungsnetzes bei Erteilung der

Informationen unverhältnismäßige Maßnahmen ergreifen müsste, um die ihm durch Gesetz oder aufgrund eines Gesetzes auferlegten Schutzpflichten zu erfüllen, oder

4. ein Ablehnungsgrund für eine Mitnutzung nach § 77g Absatz 2 vorliegt.

(5) [1]Werden nach Absatz 1 beantragte Informationen bereits von der Bundesnetzagentur als zentraler Informationsstelle gemäß § 77a Absatz 1 bereitgestellt, genügt anstelle einer Erteilung der Informationen durch den Eigentümer oder Betreiber des öffentlichen Versorgungsnetzes ein Hinweis an den Antragsteller, dass die Informationen nach Absatz 6 einsehbar sind. [2]Der Eigentümer oder Betreiber des öffentlichen Versorgungsnetzes kann der Bundesnetzagentur die Informationen über die passiven Netzinfrastrukturen seines Versorgungsnetzes zur Bereitstellung gemäß § 77a Absatz 1 im Rahmen der hierfür von der Bundesnetzagentur vorgegebenen Bedingungen zur Verfügung stellen.

(6) [1]Die Bundesnetzagentur macht die nach Absatz 5 erhaltenen Informationen den Eigentümern oder Betreibern öffentlicher Telekommunikationsnetze, dem Bund, den Gebietskörperschaften der Länder und der Kommunen sowie dem Bundesministerium für Verkehr und digitale Infrastruktur unverzüglich zugänglich. [2]Dies erfolgt elektronisch unter verhältnismäßigen, diskriminierungsfreien und transparenten Bedingungen. [3]Näheres regelt die Bundesnetzagentur in Einsichtnahmebedingungen, die der vorherigen Zustimmung des Bundesministeriums für Verkehr und digitale Infrastruktur bedürfen. [4]Die Einsichtnahmebedingungen haben insbesondere der Sensitivität der erfassten Daten und dem zu erwartenden Verwaltungsaufwand Rechnung zu tragen.

(7) Die Bundesnetzagentur kann die nach Absatz 5 erhaltenen Informationen auch für die Bereitstellung einer gebietsbezogenen Übersicht gemäß § 77a Absatz 1 Nummer 1 verwenden.

§ 77c Vor-Ort-Untersuchung passiver Netzinfrastrukturen. (1) [1]Eigentümer oder Betreiber öffentlicher Telekommunikationsnetze können bei den Eigentümern oder Betreibern öffentlicher Versorgungsnetze eine Vor-Ort-Untersuchung der passiven Netzinfrastrukturen beantragen. [2]Aus dem Antrag muss hervorgehen, welche Netzkomponenten von dem Ausbau digitaler Hochgeschwindigkeitsnetze betroffen sind.

(2) [1]Eigentümer oder Betreiber öffentlicher Versorgungsnetze müssen zumutbaren Anträgen nach Absatz 1 innerhalb eines Monats ab dem Tag des Antragseingangs entsprechen. [2]Ein Antrag ist insbesondere dann zumutbar, wenn die Untersuchung für eine gemeinsame Nutzung passiver Netzinfrastrukturen oder die Koordinierung von Bauarbeiten erforderlich ist. [3]Die Gewährung hat unter verhältnismäßigen, diskriminierungsfreien und transparenten Bedingungen zu erfolgen. [4]Dabei sind die jeweiligen besonderen Sicherheitserfordernisse des öffentlichen Versorgungsnetzes zu beachten.

(3) Der Antrag nach Absatz 1 kann ganz oder teilweise abgelehnt werden, soweit konkrete Anhaltspunkte dafür vorliegen, dass

1. eine Vor-Ort-Untersuchung die Sicherheit oder Integrität der öffentlichen Versorgungsnetze oder die öffentliche Sicherheit oder die öffentliche Gesundheit gefährdet,
2. durch die Vor-Ort-Untersuchung die Vertraulichkeit gemäß § 77m verletzt wird,
3. von dem Antrag Teile einer kritischen Infrastruktur, insbesondere deren Informationstechnik, betroffen sind, die nachweislich besonders schutzbedürftig und für die Funktionsfähigkeit der kritischen Infrastruktur maßgeblich sind, und der Betreiber des öffentlichen Versorgungsnetzes zur Durchführung der Vor-Ort-Untersuchung unverhältnismäßige Maßnahmen ergreifen müsste, um die ihm durch Gesetz oder aufgrund eines Gesetzes auferlegten Schutzpflichten zu erfüllen, oder
4. ein Versagungsgrund für eine Mitnutzung nach § 77g Absatz 2 oder eine Koordinierung von Bauarbeiten nach § 77i Absatz 5 vorliegt oder die Koordinierung von Bauarbeiten unzumutbar ist.

(4) [1]Die für die Vor-Ort-Untersuchung erforderlichen und angemessenen Kosten trägt der Antragsteller. [2]Dazu zählen insbesondere die Kosten der Vorbereitung, der Absicherung und der Durchführung der Vor-Ort-Untersuchung.

§ 77d Mitnutzung öffentlicher Versorgungsnetze. (1) [1]Eigentümer oder Betreiber öffentlicher Telekommunikationsnetze können bei den Eigentümern oder Betreibern öffentlicher Versorgungsnetze die Mitnutzung der passiven Netzinfrastrukturen der öffentlichen Versorgungsnetze für den Einbau von Komponenten digitaler Hochgeschwindigkeitsnetze beantragen. [2]Der Antrag muss folgende Angaben enthalten:
1. eine detaillierte Beschreibung des Projekts und der Komponenten des öffentlichen Versorgungsnetzes, für die die Mitnutzung beantragt wird,
2. einen genauen Zeitplan für die Umsetzung der beantragten Mitnutzung und
3. die Angabe des Gebiets, das mit digitalen Hochgeschwindigkeitsnetzen erschlossen werden soll.

(2) [1]Eigentümer oder Betreiber öffentlicher Versorgungsnetze müssen Antragstellern nach Absatz 1 innerhalb von zwei Monaten nach Antragseingang ein Angebot über die Mitnutzung ihrer passiven Netzinfrastrukturen für den Einbau von Komponenten digitaler Hochgeschwindigkeitsnetze unterbreiten. [2]Das Angebot über die Mitnutzung hat insbesondere Folgendes zu enthalten:
1. faire und angemessene Bedingungen für die Mitnutzung, insbesondere in Bezug auf den Preis für die Bereitstellung und Nutzung des Versorgungsnetzes sowie in Bezug auf die zu leistenden Sicherheiten und Vertragsstrafen,
2. ie operative und organisatorische Umsetzung der Mitnutzung; die Umsetzung umfasst die Art und Weise des Einbaus der Komponenten digitaler Hochgeschwindigkeitsnetze, die Dokumentationspflichten und den Zeitpunkt oder den Zeitraum der Bauarbeiten,
3. die Verantwortlichkeiten einschließlich der Möglichkeit, Dritte zu beauftragen.

[3]Das Angebot kann besondere Vereinbarungen zur Haftung beim Einbau der Netzkomponenten und zu Instandhaltungen, Änderungen, Erweiterungen, Verlegungen und Störungen enthalten.

(3) Die Mitnutzung ist so auszugestalten, dass sie den Anforderungen der öffentlichen Sicherheit und der öffentlichen Gesundheit sowie den anerkannten Regeln der Technik genügt.

(4) Eigentümer oder Betreiber öffentlicher Versorgungsnetze haben geschlossene Verträge über Mitnutzungen innerhalb von zwei Monaten nach deren Abschluss der Bundesnetzagentur zur Kenntnis zu geben.

(5) Eigentümer oder Betreiber öffentlicher Versorgungsnetze können Standardangebote für Mitnutzungen über die Bundesnetzagentur als zentrale Informationsstelle veröffentlichen.

§ 77e Umfang des Mitnutzungsanspruchs. (1) Die Mitnutzung eines Elektrizitätsversorgungsnetzes umfasst auch Dachständer, Giebelanschlüsse und die Hauseinführung.

(2) Soweit es für den Betrieb des öffentlich zugänglichen Telekommunikationsnetzes notwendig ist, muss der Betreiber des Elektrizitätsversorgungsnetzes entgeltlich einen Anschluss zum Bezug des Betriebsstroms für die eingebauten Komponenten des digitalen Hochgeschwindigkeitsnetzes zur Verfügung stellen.

§ 77f Einnahmen aus Mitnutzungen. Eigentümer oder Betreiber öffentlicher Versorgungsnetze können Einnahmen aus Mitnutzungen, die über die Kosten im Sinne des § 77n Absatz 2 Satz 2 hinausgehen und sich für den Eigentümer oder Betreiber des öffentlichen Versorgungsnetzes durch die Ermöglichung der Mitnutzung seiner passiven Netzinfrastrukturen ergeben, von der Berechnungsgrundlage für Endnutzertarife ihrer Haupttätigkeit ausnehmen.

§ 77g Ablehnung der Mitnutzung, Versagungsgründe. (1) Gibt der Eigentümer oder Betreiber des öffentlichen Versorgungsnetzes kein Angebot über die Mitnutzung ab, so hat er innerhalb der in § 77d Absatz 2 Satz 1 genannten Frist dem Antragsteller nachzuweisen, dass einer Mitnutzung objektive, transparente und verhältnismäßige Gründe entgegenstehen.

(2) Der Antrag auf Mitnutzung darf nur abgelehnt werden, wenn einer der folgenden Gründe vorliegt:

1. die fehlende technische Eignung der passiven Netzinfrastrukturen für die beabsichtigte Unterbringung der Komponenten digitaler Hochgeschwindigkeitsnetze,
2. der zum Zeitpunkt des Antragseingangs fehlende oder der zukünftig fehlende Platz für die beabsichtigte Unterbringung der Komponenten digitaler Hochgeschwindigkeitsnetze im öffentlichen Versorgungsnetz; den zukünftig fehlenden Platz hat der Eigentümer oder Betreiber des öffentlichen Versorgungsnetzes anhand der Investitionsplanung für die nächsten fünf Jahre ab Antragstellung konkret darzulegen,

3. konkrete Anhaltspunkte dafür, dass die beantragte Mitnutzung die öffentliche Sicherheit oder die öffentliche Gesundheit gefährdet, wobei von konkreten Anhaltspunkten für die Gefährdung der öffentlichen Sicherheit auszugehen ist, soweit es sich bei den mitzunutzenden Teilen eines öffentlichen Versorgungsnetzes um solche handelt, die durch den Bund zur Verwirklichung einer sicheren Behördenkommunikation genutzt werden,
4. konkrete Anhaltspunkte dafür, dass die beantragte Mitnutzung die Integrität oder Sicherheit bereits bestehender öffentlicher Versorgungsnetze, insbesondere nationaler kritischer Infrastrukturen, gefährdet; bei kritischen Infrastrukturen liegen konkrete Anhaltspunkte für eine solche Gefährdung vor, soweit von dem Antrag Teile einer kritischen Infrastruktur, insbesondere die Informationstechnik kritischer Infrastrukturen, betroffen sind, die nachweislich besonders schutzbedürftig und für die Funktionsfähigkeit der kritischen Infrastruktur maßgeblich sind, und der Betreiber die Mitnutzung im Rahmen der ihm durch Gesetz oder aufgrund eines Gesetzes auferlegten Schutzpflichten nicht durch verhältnismäßige Maßnahmen ermöglichen kann,
5. Anhaltspunkte für eine zu erwartende erhebliche Störung des Versorgungsdienstes durch die geplanten Telekommunikationsdienste,
6. die Verfügbarkeit tragfähiger Alternativen zur beantragten Mitnutzung passiver Netzinfrastrukturen, soweit der Eigentümer oder Betreiber des öffentlichen Versorgungsnetzes diese Alternativen anbietet, sie sich für die Bereitstellung digitaler Hochgeschwindigkeitsnetze eignen und die Mitnutzung zu fairen und angemessenen Bedingungen gewährt wird; als Alternativen können geeignete Vorleistungsprodukte für Telekommunikationsdienste, der Zugang zu bestehenden Telekommunikationsnetzen oder die Mitnutzung anderer als der beantragten passiven Netzinfrastrukturen angeboten werden,
7. der Überbau von bestehenden Glasfasernetzen, die einen diskriminierungsfreien, offenen Netzzugang zur Verfügung stellen.

§ 77h Informationen über Bauarbeiten an öffentlichen Versorgungsnetzen.

(1) [1]Eigentümer oder Betreiber öffentlicher Telekommunikationsnetze können bei den Eigentümern oder Betreibern öffentlicher Versorgungsnetze die Erteilung von Informationen über geplante oder laufende Bauarbeiten an öffentlichen Versorgungsnetzen beantragen, um eine Koordinierung dieser Bauarbeiten mit Bauarbeiten zum Ausbau digitaler Hochgeschwindigkeitsnetze zu prüfen. [2]Der Antrag muss erkennen lassen, in welchem Gebiet der Einbau von Komponenten digitaler Hochgeschwindigkeitsnetze vorgesehen ist.

(2) [1]Eigentümer oder Betreiber öffentlicher Versorgungsnetze erteilen Antragstellern nach Absatz 1 innerhalb von zwei Wochen ab dem Tag des Antragseingangs die beantragten Informationen. [2]Die Erteilung erfolgt unter verhältnismäßigen, diskriminierungsfreien und transparenten Bedingungen.

(3) [1]Die Informationen müssen folgende Angaben zu laufenden und geplanten Bauarbeiten an passiven Netzinfrastrukturen öffentlicher Versorgungsnetze enthalten, für die bereits eine Genehmigung erteilt wurde oder ein Genehmigungsverfahren anhängig ist:

1. die geografische Lage des Standortes und die Art der Bauarbeiten,
2. die betroffenen Netzkomponenten,
3. den geschätzten Beginn und die geplante Dauer der Bauarbeiten und
4. Kontaktdaten eines oder mehrerer Ansprechpartner des Eigentümers oder Betreibers des öffentlichen Versorgungsnetzes.

[2]Ist innerhalb von sechs Monaten nach Eingang des Antrages auf Erteilung der Informationen ein Antrag auf Genehmigung der Bauarbeiten vorgesehen, so müssen auch zu diesen Bauarbeiten die Informationen nach den Absätzen 2 und 3 erteilt werden.

(4) Der Antrag nach Absatz 1 kann ganz oder teilweise abgelehnt werden, soweit konkrete Anhaltspunkte dafür vorliegen, dass
1. die Sicherheit oder Integrität der Versorgungsnetze oder die öffentliche Sicherheit oder die öffentliche Gesundheit durch Erteilung der Informationen gefährdet wird,
2. durch die Erteilung die Vertraulichkeit gemäß § 77m verletzt wird,
3. Bauarbeiten betroffen sind, deren anfänglich geplante Dauer acht Wochen nicht überschreitet,
4. von dem Antrag Teile einer kritischen Infrastruktur, insbesondere deren Informationstechnik, betroffen sind, die nachweislich besonders schutzbedürftig und für die Funktionsfähigkeit der kritischen Infrastruktur maßgeblich sind, und der Betreiber des öffentlichen Versorgungsnetzes bei Erteilung der Informationen unverhältnismäßige Maßnahmen ergreifen müsste, um die ihm durch Gesetz oder aufgrund eines Gesetzes auferlegten Schutzpflichten zu erfüllen,
5. die Koordinierung von Bauarbeiten unzumutbar ist oder
6. ein Versagungsgrund für eine Koordinierung von Bauarbeiten nach § 77i Absatz 5 vorliegt.

(5) Anstelle einer Erteilung der Informationen genügt ein Verweis auf eine bereits erfolgte Veröffentlichung, wenn
1. der Bauherr die beantragten Informationen bereits selbst elektronisch öffentlich zugänglich gemacht hat oder
2. der Zugang zu diesen Informationen bereits über die Bundesnetzagentur als zentrale Informationsstelle nach § 77a Absatz 1 Nummer 3 gewährleistet ist.

(6) [1]Innerhalb der in Absatz 2 genannten Frist sind die Informationen auch der Bundesnetzagentur als zentraler Informationsstelle zu übermitteln. [2]Die Bundesnetzagentur macht diese Informationen anderen Interessenten, die ein berechtigtes Interesse an der Einsichtnahme haben, in geeigneter Form zugänglich. [3]Näheres regeln die Einsichtnahmebedingungen der Bundesnetzagentur.

§ 77i Koordinierung von Bauarbeiten und Mitverlegung. (1) Eigentümer oder Betreiber öffentlicher Versorgungsnetze können mit Eigentümern oder Betreibern öffentlicher Telekommunikationsnetze im Hinblick auf den Ausbau der Komponenten von digitalen Hochgeschwindigkeitsnetzen Vereinbarungen über die Koordinierung von Bauarbeiten schließen.

(2) [1]Eigentümer oder Betreiber öffentlicher Telekommunikationsnetze können bei den Eigentümern oder Betreibern öffentlicher Versorgungsnetze die Koordinierung von Bauarbeiten beantragen. [2]Im Antrag sind Art und Umfang der zu koordinierenden Bauarbeiten und die zu errichtenden Komponenten digitaler Hochgeschwindigkeitsnetze zu benennen.

(3) [1]Eigentümer oder Betreiber öffentlicher Versorgungsnetze, die ganz oder teilweise aus öffentlichen Mitteln finanzierte Bauarbeiten direkt oder indirekt ausführen, haben zumutbaren Anträgen nach Absatz 2 zu transparenten und diskriminierungsfreien Bedingungen stattzugeben. [2]Anträge sind insbesondere zumutbar, sofern

1. dadurch keine zusätzlichen Kosten für die ursprünglich geplanten Bauarbeiten verursacht werden; eine geringfügige zeitliche Verzögerung der Planung und geringfügige Mehraufwendungen für die Bearbeitung des Koordinierungsantrags gelten nicht als zusätzliche Kosten der ursprünglich geplanten Bauarbeiten,
2. die Kontrolle über die Koordinierung der Arbeiten nicht behindert wird,
3. der Koordinierungsantrag so früh wie möglich, spätestens aber einen Monat vor Einreichung des endgültigen Projektantrags bei der zuständigen Genehmigungsbehörde gestellt wird und Bauarbeiten betrifft, deren anfänglich geplante Dauer acht Wochen überschreitet.

(4) [1]Die Bundesnetzagentur veröffentlicht Grundsätze dafür, wie die Kosten, die mit der Koordinierung von Bauarbeiten verbunden sind, auf den Eigentümer oder Betreiber des öffentlichen Telekommunikationsnetzes umgelegt werden sollen. [2]Die Bundesnetzagentur ist im Rahmen der Streitbeilegung nach § 77n an die veröffentlichten Grundsätze gebunden.

(5) Der Antrag nach Absatz 2 kann ganz oder teilweise abgelehnt werden, soweit

1. von dem Antrag Teile einer kritischen Infrastruktur, insbesondere deren Informationstechnik, betroffen sind, die nachweislich besonders schutzbedürftig und für die Funktionsfähigkeit der kritischen Infrastruktur maßgeblich sind, und
2. der Betreiber des öffentlichen Versorgungsnetzes zur Koordinierung der Bauarbeiten unverhältnismäßige Maßnahmen ergreifen müsste, um die ihm durch Gesetz oder aufgrund eines Gesetzes auferlegten Schutzpflichten zu erfüllen.

(6) Eigentümer oder Betreiber öffentlicher Versorgungsnetze können im Rahmen von Bauarbeiten passive Netzinfrastrukturen sowie Glasfaserkabel mitverlegen, um eine Mitnutzung im Sinne dieses Abschnitts oder den Betrieb eines digitalen Hochgeschwindigkeitsnetzes zu ermöglichen.

(7) [1]Im Rahmen von ganz oder teilweise aus öffentlichen Mitteln finanzierten Bauarbeiten für die Bereitstellung von Verkehrsdiensten, deren anfänglich geplante Dauer acht Wochen überschreitet, ist sicherzustellen, dass geeignete passive Netzinfrastrukturen, ausgestattet mit Glasfaserkabeln, bedarfsgerecht mitverlegt werden, um den Betrieb eines digitalen Hochgeschwindigkeitsnetzes

durch private Betreiber öffentlicher Telekommunikationsnetze zu ermöglichen. [2]Im Rahmen der Erschließung von Neubaugebieten ist stets sicherzustellen, dass geeignete passive Netzinfrastrukturen, ausgestattet mit Glasfaserkabeln, mitverlegt werden.

§ 77j Allgemeine Informationen über Verfahrensbedingungen bei Bauarbeiten. [1]Die Bundesnetzagentur als zentrale Informationsstelle macht die relevanten Informationen zugänglich, welche die allgemeinen Bedingungen und Verfahren für die Erteilung von Genehmigungen für Bauarbeiten betreffen, die zum Zweck des Aufbaus der Komponenten digitaler Hochgeschwindigkeitsnetze notwendig sind. [2]Diese Informationen schließen Angaben über Ausnahmen von Genehmigungspflichten ein.

§ 77k Netzinfrastruktur von Gebäuden. (1) [1]Betreiber öffentlicher Kommunikationsnetze dürfen ihr öffentliches Telekommunikationsnetz in den Räumen des Teilnehmers abschließen. [2]Der Abschluss ist nur statthaft, wenn der Teilnehmer zustimmt und Eingriffe in Eigentumsrechte Dritter so geringfügig wie möglich erfolgen. [3]Die Verlegung neuer Netzinfrastruktur ist nur statthaft, soweit keine Nutzung bestehender Netzinfrastruktur nach den Absätzen 2 und 3 möglich ist, mit der der Betreiber seinen Telekommunikationsdienst ohne spürbare Qualitätseinbußen bis zum Teilnehmer bereitstellen kann. [4]Soweit dies zum Netzabschluss erforderlich ist, ist der Gebäudeeigentümer dazu verpflichtet, dem Telekommunikationsnetzbetreiber auf Antrag den Anschluss aktiver Netzbestandteile an das Stromnetz zu ermöglichen. [5]Die durch den Anschluss aktiver Netzbestandteile an das Stromnetz entstehenden Kosten hat der Telekommunikationsnetzbetreiber zu tragen.

(2) [1]Eigentümer oder Betreiber öffentlicher Telekommunikationsnetze können, um ihr Netz in den Räumlichkeiten des Teilnehmers abzuschließen, bei den Eigentümern oder Betreibern von gebäudeinternen Komponenten öffentlicher Telekommunikationsnetze oder von gebäudeinternen passiven Netzinfrastrukturen am Standort des Teilnehmers die Mitnutzung der gebäudeinternen Netzinfrastruktur beantragen. [2]Liegt der erste Konzentrations- oder Verteilerpunkt eines öffentlichen Telekommunikationsnetzes außerhalb des Gebäudes, so gilt Absatz 1 ab diesem Punkt entsprechend.

(3) Wer über Netzinfrastrukturen in Gebäuden oder bis zum ersten Konzentrations- oder Verteilerpunkt eines öffentlichen Telekommunikationsnetzes verfügt, hat allen zumutbaren Mitnutzungsanträgen nach Absatz 2 zu fairen und diskriminierungsfreien Bedingungen, einschließlich der Mitnutzungsentgelte, stattzugeben, wenn eine Dopplung der Netzinfrastrukturen technisch unmöglich oder wirtschaftlich ineffizient ist.

(4) Neu errichtete Gebäude, die über Anschlüsse für Endnutzer von Telekommunikationsdienstleistungen verfügen sollen, sind gebäudeintern bis zu den Netzabschlusspunkten mit hochgeschwindigkeitsfähigen passiven Netzinfrastrukturen sowie einem Zugangspunkt zu diesen passiven gebäudeinternen Netzkomponenten auszustatten.

(5) Gebäude, die umfangreich renoviert werden und über Anschlüsse für Endnutzer von Telekommunikationsdienstleistungen verfügen sollen, sind gebäudeintern bis zu den Netzabschlusspunkten mit hochgeschwindigkeitsfähigen passiven Netzinfrastrukturen sowie einem Zugangspunkt zu diesen passiven gebäudeinternen Netzkomponenten auszustatten.

(6) Einfamilienhäuser, Baudenkmäler, Ferienhäuser, Militärgebäude und Gebäude, die für Zwecke der nationalen Sicherheit genutzt werden, fallen nicht unter die Absätze 4 und 5.

(7) [1]Die zuständigen Behörden haben darüber zu wachen, dass die nach Absatz 4 bis 6 festgesetzten Anforderungen erfüllt werden. [2]Soweit von der Verordnungsermächtigung des § 77o Absatz 4 Gebrauch gemacht wurde, berücksichtigen sie dabei die in der Rechtsverordnung festgesetzten Ausnahmen.

§ 77l Antragsform und Reihenfolge der Verfahren. (1) Anträge der Eigentümer oder Betreiber öffentlicher Telekommunikationsnetze nach den §§ 77a bis 77d, 77h und 77i können schriftlich oder elektronisch gestellt werden.

(2) [1]Über vollständige Anträge hat der Verpflichtete in der Reihenfolge zu entscheiden, in der die Anträge bei ihm eingehen. [2]Ein vollständiger Antrag liegt vor, wenn der Antragsteller alle entscheidungsrelevanten Informationen dargelegt hat.

§ 77m Vertraulichkeit der Verfahren. [1]Die Informationen, die im Rahmen der Verfahren dieses Unterabschnittes oder bei oder nach Verhandlungen oder Vereinbarungen gewonnen werden, dürfen nur für die Zwecke verwendet werden, für die sie bereitgestellt werden. [2]Die Informationen dürfen nicht an Dritte weitergegeben werden, insbesondere nicht an andere Abteilungen, Tochtergesellschaften oder Geschäftspartner der an den Verhandlungen Beteiligten. [3]Die Verfahrensbeteiligten haben die aus den Verhandlungen oder Vereinbarungen gewonnenen Betriebs- und Geschäftsgeheimnisse zu wahren.

§ 77n Fristen, Entgeltmaßstäbe und Regulierungsziele der nationalen Streitbeilegung. (1) [1]Gibt der Eigentümer oder Betreiber eines öffentlichen Versorgungsnetzes innerhalb der in § 77d Absatz 2 genannten Frist kein Angebot zur Mitnutzung ab oder kommt keine Einigung über die Bedingungen der Mitnutzung zustande, so kann jede Partei eine Entscheidung durch die Bundesnetzagentur als nationale Streitbeilegungsstelle nach § 132 in Verbindung mit § 134a beantragen. [2]Die Bundesnetzagentur entscheidet verbindlich über die Rechte, Pflichten oder Versagungsgründe aus den §§ 77d, 77e und 77g innerhalb von vier Monaten nach Eingang des vollständigen Antrags.

(2) [1]Setzt die Bundesnetzagentur im Rahmen der Streitbeilegung nach Absatz 1 ein Mitnutzungsentgelt fest, so hat sie dieses fair und angemessen zu bestimmen. [2]Grundlage für die Höhe des Mitnutzungsentgelts sind die zusätzlichen Kosten, die sich für den Eigentümer oder Betreiber des öffentlichen Versorgungsnetzes durch die Ermöglichung der Mitnutzung seiner passiven

Netzinfrastrukturen ergeben. [3]Auf diese Kosten gewährt die Bundesnetzagentur einen angemessenen Aufschlag als Anreiz für Eigentümer oder Betreiber öffentlicher Versorgungsnetze zur Gewährung der Mitnutzung.

(3) [1]Betrifft die Streitigkeit nach Absatz 1 die Mitnutzung eines öffentlichen Telekommunikationsnetzes, so berücksichtigt die Bundesnetzagentur neben Absatz 2 auch die in § 2 Absatz 2 genannten Regulierungsziele. [2]Dabei stellt die Bundesnetzagentur sicher, dass Eigentümer und Betreiber des mitzunutzenden öffentlichen Telekommunikationsnetzes die Möglichkeit haben, ihre Kosten zu decken; sie berücksichtigt hierfür über die zusätzlichen Kosten und eine angemessene Verzinsung gemäß Absatz 2 hinaus auch die Folgen der beantragten Mitnutzung auf deren Geschäftsplan einschließlich der Investitionen in das mitgenutzte öffentliche Telekommunikationsnetz.

(4) [1]Sind Rechte, Pflichten oder Versagungsgründe streitig, die in den §§ 77b, 77c oder § 77h festgelegt sind, so kann jede Partei eine Entscheidung durch die Bundesnetzagentur als nationale Streitbeilegungsstelle nach § 132 in Verbindung mit § 134a beantragen. [2]Die Bundesnetzagentur entscheidet verbindlich innerhalb von zwei Monaten.

(5) [1]Kommt in den Fällen des § 77i Absatz 2 und 3 innerhalb eines Monats ab dem Tag des Eingangs des Antrages bei dem Eigentümer oder Betreiber des öffentlichen Versorgungsnetzes keine Vereinbarung über die Koordinierung der Bauarbeiten zustande, so kann jede Partei die Bundesnetzagentur als nationale Streitbeilegungsstelle anrufen. [2]Die Bundesnetzagentur legt in ihrer Entscheidung verbindlich faire und diskriminierungsfreie Bedingungen einschließlich der Entgelte der Koordinierungsvereinbarung fest. [3]Sie entscheidet unverzüglich, spätestens aber innerhalb von zwei Monaten.

(6) [1]Kommt innerhalb von zwei Monaten keine Vereinbarung über die Mitnutzung nach § 77k Absatz 2 und 3 zustande, kann jede Partei eine Entscheidung durch die Bundesnetzagentur als nationale Streitbeilegungsstelle nach § 132 in Verbindung mit § 134a beantragen. [2]Grundlage für die Bestimmung der Höhe eines Entgelts sind dabei die zusätzlichen Kosten, die sich für den Gebäudeeigentümer durch die Ermöglichung der Mitnutzung der Netzinfrastruktur des Gebäudes ergeben. [3]Soweit der die Mitnutzung begehrende Telekommunikationsnetzbetreiber Investitionen zur Herstellung dieser Infrastruktur getätigt hat, kann er die Mitnutzung entgeltfrei beanspruchen, es sei denn, dass die Mitnutzung aufgrund besonderer technischer oder baulicher Gegebenheiten einen außergewöhnlichen Aufwand verursacht. [4]Der Maßstab nach Satz 3 gilt nur für solche Investitionen, die erstmalig ab Inkrafttreten dieses Gesetzes getätigt werden. [5]Die Bundesnetzagentur entscheidet verbindlich und unverzüglich, spätestens aber innerhalb von zwei Monaten.

(7) Die Bundesnetzagentur kann die ihr in Absatz 1 Satz 2, Absatz 4 Satz 2, Absatz 5 Satz 3 und Absatz 6 Satz 2 gesetzten Fristen für die Streitbeilegung bei außergewöhnlichen Umständen um höchstens zwei Monate verlängern; diese Umstände sind besonders und hinreichend zu begründen.

§ 77o Verordnungsermächtigungen. (1) [1]Das Bundesministerium für Verkehr und digitale Infrastruktur wird ermächtigt, durch Rechtsverordnung ohne Zustimmung des Bundesrates im Benehmen mit dem Bundesministerium für Wirtschaft und Energie passive Netzinfrastrukturen zu benennen, die von den in den §§ 77a bis 77c genannten Rechten und Pflichten ausgenommen sind. [2]Die Ausnahmen sind hinreichend zu begründen. [3]Sie dürfen nur darauf gestützt werden, dass der Schutz von Teilen kritischer Infrastrukturen betroffen ist oder dass die passiven Netzinfrastrukturen für die elektronische Kommunikation technisch ungeeignet sind. [4]Soweit die Ausnahmen auf den Schutz von Teilen kritischer Infrastrukturen gestützt werden, bedarf die Rechtsverordnung des Einvernehmens mit dem Bundesministerium des Innern. [5]Das Bundesministerium für Verkehr und digitale Infrastruktur kann die Ermächtigung nach Satz 1 durch Rechtsverordnung auf die Bundesnetzagentur übertragen. [6]Für eine Rechtsverordnung der Bundesnetzagentur gelten die Sätze 1 bis 4 entsprechend.

(2) [1]Das Bundesministerium für Verkehr und digitale Infrastruktur wird ermächtigt, durch Rechtsverordnung, die der Zustimmung des Bundesrates bedarf, über die in § 77h Absatz 4 vorgesehenen Ausnahmen von den in § 77h festgelegten Rechten und Pflichten hinausgehende Ausnahmen vorzusehen und Kategorien von Bauarbeiten zu benennen, die der Bundesnetzagentur zu melden sind. [2]Solche Kategorien dürfen nur Bauarbeiten enthalten, deren anfänglich geplante Dauer acht Wochen überschreitet. [3]Die Rechtsverordnung ist hinreichend zu begründen und kann im Umfang oder Wert geringfügige Bauarbeiten oder kritische Infrastrukturen ausnehmen. [4]Soweit die Ausnahmen auf den Schutz von Teilen kritischer Infrastrukturen gestützt werden, bedarf die Rechtsverordnung des Einvernehmens mit dem Bundesministerium des Innern.

(3) [1]Das Bundesministerium für Verkehr und digitale Infrastruktur wird ermächtigt, durch Rechtsverordnung, die der Zustimmung des Bundesrates bedarf, Ausnahmen von den in § 77i festgelegten Rechten und Pflichten vorzusehen. [2]Die Ausnahmen können auf dem geringen Umfang und Wert der Bauarbeiten oder auf dem Schutz von Teilen kritischer Infrastrukturen beruhen. [3]Soweit die Ausnahmen auf den Schutz von Teilen kritischer Infrastrukturen gestützt werden, bedarf die Rechtsverordnung des Einvernehmens mit dem Bundesministerium des Innern.

(4) [1]Das Bundesministerium für Verkehr und digitale Infrastruktur wird ermächtigt, im Einvernehmen mit dem Bundesministerium für Umwelt, Naturschutz, Bau und Reaktorsicherheit durch Rechtsverordnung, die der Zustimmung des Bundesrates bedarf, Ausnahmen vom § 77k Absatz 4 und Absatz 5 vorzusehen. [2]Die Rechtsverordnung ist hinreichend zu begründen und kann bestimmte Gebäudekategorien und umfangreiche Renovierungen ausnehmen, falls die Erfüllung der Pflichten unverhältnismäßig wäre. [3]Die Unverhältnismäßigkeit kann insbesondere auf den voraussichtlichen Kosten für einzelne Eigentümer oder auf der spezifischen Art des Gebäudes beruhen.

(5) Eigentümern und Betreibern öffentlicher Versorgungsnetze und interessierten Parteien ist die Gelegenheit zu geben, innerhalb eines Monats zum Entwurf einer Rechtsverordnung nach den Absätzen 1 bis 4 Stellung zu nehmen.

(6) Die Rechtsverordnungen der Absätze 1 bis 4 sind der Europäischen Kommission mitzuteilen.

§ 77p Genehmigungsfristen für Bauarbeiten. [1]Genehmigungen für Bauarbeiten, die zum Zwecke des Aufbaus der Komponenten von digitalen Hochgeschwindigkeitsnetzen notwendig sind, sind innerhalb von drei Monaten nach Eingang eines vollständigen Antrags zu erteilen oder abzulehnen. [2]Die Frist kann um einen Monat verlängert werden, wenn dies wegen der Schwierigkeit der Angelegenheit gerechtfertigt ist. [3]Die Fristverlängerung ist zu begründen und rechtzeitig mitzuteilen.

Teil 6
Universaldienst

§ 78 Universaldienstleistungen. (1) Universaldienstleistungen sind ein Mindestangebot an Diensten für die Öffentlichkeit, für die eine bestimmte Qualität festgelegt ist und zu denen alle Endnutzer unabhängig von ihrem Wohn- oder Geschäftsort zu einem erschwinglichen Preis Zugang haben müssen und deren Erbringung für die Öffentlichkeit als Grundversorgung unabdingbar geworden ist.

(2) Als Universaldienstleistungen werden bestimmt:

1. der Anschluss an ein öffentliches Telekommunikationsnetz an einem festen Standort, der Gespräche, Telefaxübertragungen und die Datenkommunikation mit Übertragungsraten ermöglicht, die für einen funktionalen Internetzugang ausreichen,
2. der Zugang zu öffentlich zugänglichen Telefondiensten über den in Nummer 1 genannten Netzanschluss,
3. die Verfügbarkeit mindestens eines von der Bundesnetzagentur gebilligten gedruckten öffentlichen Teilnehmerverzeichnisses (§ 104), das dem allgemeinen Bedarf entspricht und regelmäßig mindestens einmal jährlich aktualisiert wird,
4. die Verfügbarkeit mindestens eines umfassenden, öffentlichen Telefonauskunftsdienstes, auch für Nutzer öffentlicher Münz- und Kartentelefone, einschließlich der Netzkennzahlen von Teilnehmern und ausländischer Anschlussinhaber, soweit die Teilnehmerdaten zur Verfügung stehen und unter Berücksichtigung datenschutzrechtlicher Vorschriften,
5. die flächendeckende Bereitstellung von öffentlichen Münz- oder Kartentelefonen oder anderer Zugangspunkte für den öffentlichen Sprachtelefondienst an allgemeinen und jederzeit für jedermann zugänglichen Standorten entsprechend dem allgemeinen Bedarf; die öffentlichen Telefonstellen sind in betriebsbereitem Zustand zu halten, und

6. die Möglichkeit, von allen öffentlichen Münz- oder Kartentelefonen unentgeltlich und ohne Verwendung eines Zahlungsmittels Notrufe durch einfache Handhabung mit den Notrufnummern 110 und 112 durchzuführen.

(3) Unternehmen, die Universaldienstleistungen nach Absatz 2 Nr. 2 und 3 erbringen, haben bei der Verarbeitung der ihnen von anderen Unternehmen bereitgestellten Informationen den Grundsatz der Nichtdiskriminierung zu beachten.

(4) [1]Nach Anhörung des Universaldienstverpflichteten kann die Bundesnetzagentur den allgemeinen Bedarf der Universaldienstleistungen nach Absatz 2 hinsichtlich der Bedürfnisse der Endnutzer feststellen, insbesondere hinsichtlich der geographischen Versorgung, der Zahl der Telefone, der Zugänglichkeit und der Dienstequalität. [2]Zur Sicherstellung des Dienstes sowie der Dienstemerkmale ist die Bundesnetzagentur befugt, den Unternehmen Verpflichtungen aufzuerlegen. [3]Die Bundesnetzagentur kann von solchen Verpflichtungen für Teile oder das gesamte Hoheitsgebiet absehen, wenn eine Anhörung der betroffenen Kreise ergibt, dass diese Dienstemerkmale oder vergleichbare Dienste als weithin verfügbar erachtet werden.

§ 79 Erschwinglichkeit der Entgelte. (1) [1]Der Preis für die Universaldienstleistung nach § 78 Absatz 2 Nummer 1 und 2 gilt als erschwinglich, wenn er den realen Preis der Telefondienstleistungen nicht übersteigt, die von einem Privathaushalt außerhalb von Städten mit mehr als 100 000 Einwohnern zum 1. Januar 1998 durchschnittlich nachgefragt wurden. [2]Dabei werden die zu diesem Zeitpunkt erzielten Leistungsqualitäten einschließlich der Lieferfristen und die bis zum 31. Dezember des jeweiligen Vor-Vorjahres festgestellte Produktivitätsfortschrittsrate berücksichtigt.

(2) Universaldienstleistungen nach § 78 Absatz 2 Nummer 3 bis 5 gelten als erschwinglich, wenn die Entgelte den Maßstäben des § 28 entsprechen.

§ 80 Verpflichtung zur Erbringung des Universaldienstes. [1]Wird eine Universaldienstleistung nach § 78 durch den Markt nicht ausreichend und angemessen erbracht oder ist zu besorgen, dass eine solche Versorgung nicht gewährleistet sein wird, ist jeder Anbieter, der auf dem jeweiligen sachlich relevanten Markt tätig ist und einen Anteil von mindestens 4 Prozent des Gesamtumsatzes dieses Marktes im Geltungsbereich dieses Gesetzes auf sich vereint oder auf dem räumlich relevanten Markt über eine beträchtliche Marktmacht verfügt, verpflichtet, dazu beizutragen, dass der Universaldienst erbracht werden kann. [2]Die Verpflichtung nach Satz 1 ist nach Maßgabe der Bestimmungen dieses Abschnitts zu erfüllen.

§ 81 Auferlegung von Universaldienstverpflichtungen. (1) [1]Die Bundesnetzagentur veröffentlicht die Feststellung, auf welchem sachlich und räumlich relevanten Markt oder an welchem Ort eine Universaldienstleistung nach § 78 Abs. 2 nicht angemessen oder ausreichend erbracht wird oder zu besorgen ist, dass eine solche Versorgung nicht gewährleistet sein wird. [2]Sie kündigt an, nach den Vorschriften der §§ 81 bis 87 vorzugehen, sofern sich kein Unternehmen innerhalb von einem Monat nach Bekanntgabe dieser Veröffentlichung bereit erklärt, diese Universaldienstleistung ohne Ausgleich nach § 82 zu erbringen.

(2) [1]Die Bundesnetzagentur kann nach Anhörung der in Betracht kommenden Unternehmen entscheiden, ob und inwieweit sie eines oder mehrere dieser Unternehmen verpflichten will, die Universaldienstleistung zu erbringen. [2]Eine solche Verpflichtung darf die verpflichteten Unternehmen im Verhältnis zu den anderen Unternehmen nicht unbillig benachteiligen.

(3) [1]Macht ein Unternehmen, das nach Absatz 2 zur Erbringung einer Universaldienstleistung verpflichtet werden soll, glaubhaft, dass es im Falle der Verpflichtung einen Ausgleich nach § 82 verlangen kann, schreibt die Bundesnetzagentur anstelle der Entscheidung, einen oder mehrere Unternehmen zu verpflichten, die Universaldienstleistung aus und vergibt sie an denjenigen Bewerber, der sich als geeignet erweist und den geringsten finanziellen Ausgleich dafür verlangt, die Universaldienstleistung nach Maßgabe der in den Vorschriften dieses Gesetzes festgelegten Bedingungen zu erbringen. [2]Die Bundesnetzagentur kann unter Berücksichtigung der Kriterien des Satzes 1 verschiedene Unternehmen oder Unternehmensgruppen für die Erbringung verschiedener Bestandteile des Universaldienstes sowie zur Versorgung verschiedener Teile des Bundesgebietes verpflichten.

(4) [1]Vor der Ausschreibung der Universaldienstleistung hat die Bundesnetzagentur festzulegen, nach welchen Kriterien die erforderliche Eignung des Universaldienstleisters bewertet wird. [2]Sie hat ferner die Regeln für die Durchführung des Ausschreibungsverfahrens im Einzelnen festzulegen; diese müssen objektiv, nachvollziehbar und diskriminierungsfrei sein.

(5) Wird durch das Ausschreibungsverfahren kein geeigneter Bewerber ermittelt, verpflichtet die Bundesnetzagentur das nach Absatz 2 ermittelte Unternehmen, die Universaldienstleistung nach Maßgabe dieses Gesetzes zu erbringen.

§ 82 Ausgleich für Universaldienstleistungen. (1) Wird ein Unternehmen nach § 81 Abs. 3 verpflichtet, eine Universaldienstleistung zu erbringen, gewährt die Bundesnetzagentur den im Ausschreibungsverfahren anerkannten finanziellen Ausgleich für die Erbringung der Universaldienstleistung.

(2) [1]Wird ein Unternehmen nach § 81 Abs. 5 verpflichtet, eine Universaldienstleistung zu erbringen, ermittelt die Bundesnetzagentur den zu leistenden Ausgleich für die Bereitstellung des Universaldienstes aus der Differenz der Kosten eines verpflichteten Unternehmens für den Betrieb ohne Universaldienstverpflichtung und den Kosten für den Betrieb unter Einhaltung der Universaldienstverpflichtung. [2]Außerdem sind Vorteile und Erträge des Universaldienstbetreibers, einschließlich immaterieller Vorteile, zu berücksichtigen.

(3) [1]Die Bundesnetzagentur stellt fest, ob die ermittelten Kosten eine unzumutbare Belastung darstellen. [2]In diesem Fall gewährt die Bundesnetzagentur dem Unternehmen auf Antrag den berechneten finanziellen Ausgleich.

(4) [1]Zur Berechnung des Ausgleichs kann die Bundesnetzagentur die erforderlichen Unterlagen von dem universaldienstverpflichteten Unternehmen fordern. [2]Die eingereichten Unterlagen sind von der Bundesnetzagentur insbesondere auf die Notwendigkeit zur Leistungsbereitstellung zu prüfen. [3]Die Ergebnisse der Kostenberechnung wie auch der Prüfung sind, unter Berücksichtigung der Wahrung von Betriebs- oder Geschäftsgeheimnissen der betroffenen Unternehmen, zu veröffentlichen.

(5) Der Ausgleich wird nach Ablauf des Kalenderjahres, in dem ein Defizit bei der Erbringung der Universaldienstleistung entsteht, gewährt.

§ 83 Universaldienstleistungsabgabe. (1) [1]Gewährt die Bundesnetzagentur einen Ausgleich nach § 82 für die Erbringung einer Universaldienstleistung, trägt jedes Unternehmen, das zur Erbringung des Universaldienstes nach § 80 verpflichtet ist, zu diesem Ausgleich durch eine Universaldienstleistungsabgabe bei. [2]Der Anteil bemisst sich nach dem Verhältnis des Umsatzes des jeweiligen Unternehmens zu der Summe des Umsatzes aller auf dem sachlich relevanten Markt nach Satz 1 Verpflichteten. [3]Kann von einem abgabenpflichtigen Unternehmen die auf ihn entfallende Abgabe nicht erlangt werden, so ist der Ausfall von den übrigen Verpflichteten nach dem Verhältnis ihrer Anteile zueinander zu leisten.

(2) [1]Nach Ablauf des Kalenderjahres, für das ein Ausgleich nach § 82 Abs. 1 oder 3 gewährt wird, setzt die Bundesnetzagentur die Höhe des Ausgleichs sowie die Anteile der zu diesem Ausgleich beitragenden Unternehmen fest und teilt dies den betroffenen Unternehmen mit. [2]Die Höhe des Ausgleichs ergibt sich aus dem von der Bundesnetzagentur errechneten Ausgleichsbetrag zuzüglich einer marktüblichen Verzinsung. [3]Die Verzinsung beginnt mit dem Tag, der dem Ablauf des in Satz 1 genannten Kalenderjahres folgt.

(3) Die zum Ausgleich nach Absatz 1 beitragenden Unternehmen sind verpflichtet, die von der Bundesnetzagentur festgesetzten auf sie entfallenden Anteile innerhalb eines Monats ab Zugang des Festsetzungsbescheides an die Bundesnetzagentur zu entrichten.

(4) Ist ein zum Ausgleich verpflichtetes Unternehmen mit der Zahlung der Abgabe mehr als drei Monate im Rückstand, erlässt die Bundesnetzagentur einen Feststellungsbescheid über die rückständigen Beträge der Abgabe und betreibt die Einziehung.

§ 84 Verfügbarkeit, Entbündelung und Qualität von Universaldienstleistungen. (1) Soweit Unternehmen Universaldienstleistungen erbringen, haben Endnutzer im Rahmen der Gesetze und der Allgemeinen Geschäftsbedingungen einen Anspruch darauf, dass diese Leistungen erbracht werden.

(2) Soweit Unternehmen Universaldienstleistungen erbringen, haben sie Leistungen so anzubieten, dass Endnutzer nicht für Einrichtungen oder Dienste zu zahlen haben, die nicht notwendig oder für den beantragten Dienst nicht erforderlich sind.

(3) [1]Soweit Unternehmen Universaldienstleistungen erbringen, haben sie der Bundesnetzagentur auf Anfrage angemessene und aktuelle Informationen über ihre Leistungen bei der Bereitstellung des Universaldienstes mitzuteilen und zu veröffentlichen. [2]Dabei werden die Parameter, Definitionen und Messverfahren für die Dienstqualität zugrunde gelegt, die in Anhang III der Richtlinie 2002/22/EG dargelegt sind.

§ 85 Leistungseinstellungen. (1) [1]Ein Unternehmen, das nach § 81 zur Erbringung von Universaldienstleistungen verpflichtet ist oder das Leistungen nach § 150 Abs. 9 erbringt, darf diese Leistungen nur vorübergehend aufgrund grundlegender, in Übereinstimmung mit dem Recht der Europäischen Union stehender Anforderungen einstellen und beschränken. [2]Es hat auf die Belange der Endnutzer Rücksicht zu nehmen und die Leistungseinstellungen oder -beschränkungen im Rahmen der technischen Möglichkeiten auf den betroffenen Dienst zu beschränken.

(2) Grundlegende Anforderungen, die eine Beschränkung von Universaldienstleistungen rechtfertigen, sind
1. die Sicherheit des Netzbetriebes,
2. die Aufrechterhaltung der Netzintegrität, insbesondere die Vermeidung schwerwiegender Störungen des Netzes, der Software oder gespeicherter Daten,
3. die Interoperabilität der Dienste und
4. der Datenschutz.

§ 86 Sicherheitsleistungen. (1) [1]Anbieter von öffentlich zugänglichen Telekommunikationsdiensten, die nach § 81 zur Erbringung von Universaldienstleistungen verpflichtet sind oder das Unternehmen, das Leistungen nach § 150 Abs. 9 erbringt, sind berechtigt, Universaldienstleistungen an den Endnutzer von einer Sicherheitsleistung in angemessener Höhe abhängig zu machen, wenn Tatsachen die Annahme rechtfertigen, dass der Endnutzer seinen vertraglichen Verpflichtungen nicht oder nicht rechtzeitig nachkommt. [2]Die Sicherheitsleistung kann durch Bürgschaftserklärung eines im Europäischen Wirtschaftsraum zugelassenen Kreditinstituts erfolgen. [3]Der Anbieter ist berechtigt, die Sicherheitsleistung auf eine solche Bürgschaftserklärung und die Hinterlegung von Geld zu beschränken. [4]Die Sicherheitsleistung ist unverzüglich zurückzugeben oder zu verrechnen, sobald die Voraussetzungen für die Erbringung weggefallen sind.

(2) [1]Als angemessen im Sinne des Absatzes 1 Satz 1 ist in der Regel ein Betrag in Höhe des Bereitstellungspreises zuzüglich des sechsfachen Grundpreises anzusehen. [2]Eine Anforderung höherer Beiträge ist gegenüber dem Endnutzer anhand der Umstände seines Einzelfalles zu begründen.

§ 87 Umsatzmeldungen. (1) [1]Ist eine Universaldienstleistung nach § 81 Abs. 3 oder 5 auferlegt, haben alle Unternehmen, die in dem jeweiligen sachlich relevanten Markt der betreffenden Telekommunikationsdienste tätig sind, der Bundesnetzagentur ihre Umsätze auf diesem Markt jeweils auf Verlangen jährlich mitzuteilen. [2]Anderenfalls kann die Bundesnetzagentur eine Schätzung vornehmen.

(2) Bei der Ermittlung der Umsätze nach Absatz 1 gelten § 36 Abs. 2 und § 38 des Gesetzes gegen Wettbewerbsbeschränkungen entsprechend.

(3) Die Bundesnetzagentur veröffentlicht unter Berücksichtigung von Betriebs- oder Geschäftsgeheimnissen der betroffenen Unternehmen jährlich einen Bericht, in dem die berechneten Kosten der Universaldienstverpflichtung und die Beiträge aller Unternehmen aufgeführt sind und in dem die etwaigen Marktvorteile des benannten Unternehmens dargelegt werden.

Teil 7

Fernmeldegeheimnis, Datenschutz, Öffentliche Sicherheit

Abschnitt 1

Fernmeldegeheimnis

§ 88 Fernmeldegeheimnis. (1) [1]Dem Fernmeldegeheimnis unterliegen der Inhalt der Telekommunikation und ihre näheren Umstände, insbesondere die Tatsache, ob jemand an einem Telekommunikationsvorgang beteiligt ist oder war. [2]Das Fernmeldegeheimnis erstreckt sich auch auf die näheren Umstände erfolgloser Verbindungsversuche.

(2) [1]Zur Wahrung des Fernmeldegeheimnisses ist jeder Diensteanbieter verpflichtet. [2]Die Pflicht zur Geheimhaltung besteht auch nach dem Ende der Tätigkeit fort, durch die sie begründet worden ist.

(3) [1]Den nach Absatz 2 Verpflichteten ist es untersagt, sich oder anderen über das für die geschäftsmäßige Erbringung der Telekommunikationsdienste einschließlich des Schutzes ihrer technischen Systeme erforderliche Maß hinaus Kenntnis vom Inhalt oder den näheren Umständen der Telekommunikation zu verschaffen. [2]Sie dürfen Kenntnisse über Tatsachen, die dem Fernmeldegeheimnis unterliegen, nur für den in Satz 1 genannten Zweck verwenden. [3]Eine Verwendung dieser Kenntnisse für andere Zwecke, insbesondere die Weitergabe an andere, ist nur zulässig, soweit dieses Gesetz oder eine andere gesetzliche Vorschrift dies vorsieht und sich dabei ausdrücklich auf Telekommunikationsvorgänge bezieht. [4]Die Anzeigepflicht nach § 138 des Strafgesetzbuches hat Vorrang.

(4) Befindet sich die Telekommunikationsanlage an Bord eines Wasser- oder Luftfahrzeugs, so besteht die Pflicht zur Wahrung des Geheimnisses nicht gegenüber der Person, die das Fahrzeug führt oder gegenüber ihrer Stellvertretung.

§ 89 Abhörverbot, Geheimhaltungspflicht der Betreiber von Empfangsanlagen. [1]Mit einer Funkanlage dürfen nur Nachrichten, die für den Betreiber der Funkanlage, Funkamateure im Sinne des Gesetzes über den Amateurfunk vom 23. Juni 1997 (BGBl. I S. 1494), die Allgemeinheit oder einen unbestimmten Personenkreis bestimmt sind, abgehört oder in vergleichbarer Weise zur Kenntnis genommen werden. [2]Der Inhalt anderer als in Satz 1 genannter Nachrichten sowie die Tatsache ihres Empfangs dürfen, auch wenn der Empfang unbeabsichtigt geschieht, auch von Personen, für die eine Pflicht zur Geheimhaltung nicht schon nach § 88 besteht, anderen nicht mitgeteilt werden. [3]§ 88 Abs. 4 gilt entsprechend. [4]Das Abhören oder die in vergleichbarer Weise erfolgende Kenntnisnahme und die Weitergabe von Nachrichten auf Grund besonderer gesetzlicher Ermächtigung bleiben unberührt.

§ 90 Missbrauch von Sende- oder sonstigen Telekommunikationsanlagen. (1) [1]Es ist verboten, Sendeanlagen oder sonstige Telekommunikationsanlagen zu besitzen, herzustellen, zu vertreiben, einzuführen oder sonst in den Geltungsbereich dieses Gesetzes zu verbringen, die ihrer Form nach einen anderen Gegenstand vortäuschen oder die mit Gegenständen des täglichen Gebrauchs verkleidet sind und aufgrund dieser Umstände oder aufgrund ihrer Funktionsweise in besonderer Weise geeignet und dazu bestimmt sind, das nicht öffentlich gesprochene Wort eines anderen von diesem unbemerkt abzuhören oder das Bild eines anderen von diesem unbemerkt aufzunehmen. [2]Das Verbot, solche Anlagen zu besitzen, gilt nicht für denjenigen, der die tatsächliche Gewalt über eine solche Anlage

1. als Organ, als Mitglied eines Organs, als gesetzlicher Vertreter oder als vertretungsberechtigter Gesellschafter eines Berechtigten nach Absatz 2 erlangt,
2. von einem anderen oder für einen anderen Berechtigten nach Absatz 2 erlangt, sofern und solange er die Weisungen des anderen über die Ausübung der tatsächlichen Gewalt über die Anlage aufgrund eines Dienst- oder Arbeitsverhältnisses zu befolgen hat oder die tatsächliche Gewalt aufgrund gerichtlichen oder behördlichen Auftrags ausübt,
3. als Gerichtsvollzieher oder Vollzugsbeamter in einem Vollstreckungsverfahren erwirbt,
4. von einem Berechtigten nach Absatz 2 vorübergehend zum Zwecke der sicheren Verwahrung oder der nicht gewerbsmäßigen Beförderung zu einem Berechtigten erlangt,
5. lediglich zur gewerbsmäßigen Beförderung oder gewerbsmäßigen Lagerung erlangt,
6. durch Fund erlangt, sofern er die Anlage unverzüglich dem Verlierer, dem Eigentümer, einem sonstigen Erwerbsberechtigten oder der für die Entgegennahme der Fundanzeige zuständigen Stelle abliefert,
7. von Todes wegen erwirbt, sofern er die Anlage unverzüglich einem Berechtigten überlässt oder sie für dauernd unbrauchbar macht,
8. erlangt, die durch Entfernen eines wesentlichen Bauteils dauernd unbrauchbar gemacht worden ist, sofern er den Erwerb unverzüglich der Bundesnet-

zagentur schriftlich anzeigt, dabei seine Personalien, die Art der Anlage, deren Hersteller- oder Warenzeichen und, wenn die Anlage eine Herstellungsnummer hat, auch diese angibt sowie glaubhaft macht, dass er die Anlage ausschließlich zu Sammlerzwecken erworben hat.

(2) [1]Die zuständigen obersten Bundes- oder Landesbehörden lassen Ausnahmen zu, wenn es im öffentlichen Interesse, insbesondere aus Gründen der öffentlichen Sicherheit, erforderlich ist. [2]Absatz 1 Satz 1 gilt nicht, soweit das Bundesamt für Wirtschaft und Ausfuhrkontrolle (BAFA) die Ausfuhr der Sendeanlagen oder sonstigen Telekommunikationsanlagen genehmigt hat.

(3) Es ist verboten, öffentlich oder in Mitteilungen, die für einen größeren Personenkreis bestimmt sind, für Sendeanlagen oder sonstige Telekommunikationsanlagen mit dem Hinweis zu werben, dass sie geeignet sind, das nicht öffentlich gesprochene Wort eines anderen von diesem unbemerkt abzuhören oder dessen Bild von diesem unbemerkt aufzunehmen.

Abschnitt 2
Datenschutz

§ 91 Anwendungsbereich. (1) [1]Dieser Abschnitt regelt den Schutz personenbezogener Daten der Teilnehmer und Nutzer von Telekommunikation bei der Erhebung und Verwendung dieser Daten durch Unternehmen und Personen, die geschäftsmäßig Telekommunikationsdienste in Telekommunikationsnetzen, einschließlich Telekommunikationsnetzen, die Datenerfassungs- und Identifizierungsgeräte unterstützen, erbringen oder an deren Erbringung mitwirken. [2]Dem Fernmeldegeheimnis unterliegende Einzelangaben über Verhältnisse einer bestimmten oder bestimmbaren juristischen Person oder Personengesellschaft, sofern sie mit der Fähigkeit ausgestattet ist, Rechte zu erwerben oder Verbindlichkeiten einzugehen, stehen den personenbezogenen Daten gleich.

(2) Für geschlossene Benutzergruppen öffentlicher Stellen der Länder gilt dieser Abschnitt mit der Maßgabe, dass an die Stelle des Bundesdatenschutzgesetzes die jeweiligen Landesdatenschutzgesetze treten.

§ 92 *(aufgehoben)*

§ 93 Informationspflichten. (1) [1]Diensteanbieter haben ihre Teilnehmer bei Vertragsabschluss über Art, Umfang, Ort und Zweck der Erhebung und Verwendung personenbezogener Daten so zu unterrichten, dass die Teilnehmer in allgemein verständlicher Form Kenntnis von den grundlegenden Verarbeitungstatbeständen der Daten erhalten. [2]Dabei sind die Teilnehmer auch auf die zulässigen Wahl- und Gestaltungsmöglichkeiten hinzuweisen. [3]Die Nutzer sind vom Diensteanbieter durch allgemein zugängliche Informationen über die Erhebung und Verwendung personenbezogener Daten zu unterrichten. [4]Das Auskunftsrecht nach dem Bundesdatenschutzgesetz bleibt davon unberührt.

(2) Unbeschadet des Absatzes 1 hat der Diensteanbieter in den Fällen, in denen ein besonderes Risiko der Verletzung der Netzsicherheit besteht, die Teilnehmer über dieses Risiko und, wenn das Risiko außerhalb des Anwendungsbereichs der vom Diensteanbieter zu treffenden Maßnahme liegt, über mögliche Abhilfen, einschließlich der für sie voraussichtlich entstehenden Kosten, zu unterrichten.

(3) Im Fall einer Verletzung des Schutzes personenbezogener Daten haben die betroffenen Teilnehmer oder Personen die Rechte aus § 109a Absatz 1 Satz 2 in Verbindung mit Absatz 2.

§ 94 Einwilligung im elektronischen Verfahren. Die Einwilligung kann auch elektronisch erklärt werden, wenn der Diensteanbieter sicherstellt, dass

1. der Teilnehmer oder Nutzer seine Einwilligung bewusst und eindeutig erteilt hat,
2. die Einwilligung protokolliert wird,
3. der Teilnehmer oder Nutzer den Inhalt der Einwilligung jederzeit abrufen kann und
4. der Teilnehmer oder Nutzer die Einwilligung jederzeit mit Wirkung für die Zukunft widerrufen kann.

§ 95 Vertragsverhältnisse. (1) [1]Der Diensteanbieter darf Bestandsdaten erheben und verwenden, soweit dieses zur Erreichung des in § 3 Nr. 3 genannten Zweckes erforderlich ist. [2]Im Rahmen eines Vertragsverhältnisses mit einem anderen Diensteanbieter darf der Diensteanbieter Bestandsdaten seiner Teilnehmer und der Teilnehmer des anderen Diensteanbieters erheben und verwenden, soweit dies zur Erfüllung des Vertrages zwischen den Diensteanbietern erforderlich ist. [3]Eine Übermittlung der Bestandsdaten an Dritte erfolgt, soweit nicht dieser Teil oder ein anderes Gesetz sie zulässt, nur mit Einwilligung des Teilnehmers.

(2) [1]Der Diensteanbieter darf die Bestandsdaten der in Absatz 1 Satz 2 genannten Teilnehmer zur Beratung der Teilnehmer, zur Werbung für eigene Angebote, zur Marktforschung und zur Unterrichtung über einen individuellen Gesprächswunsch eines anderen Nutzers nur verwenden, soweit dies für diese Zwecke erforderlich ist und der Teilnehmer eingewilligt hat. [2]Ein Diensteanbieter, der im Rahmen einer bestehenden Kundenbeziehung rechtmäßig Kenntnis von der Rufnummer oder der Postadresse, auch der elektronischen, eines Teilnehmers erhalten hat, darf diese für die Versendung von Text- oder Bildmitteilungen an ein Telefon oder an eine Postadresse zu den in Satz 1 genannten Zwecken verwenden, es sei denn, dass der Teilnehmer einer solchen Verwendung widersprochen hat. [3]Die Verwendung der Rufnummer oder Adresse nach Satz 2 ist nur zulässig, wenn der Teilnehmer bei der Erhebung oder der erstmaligen Speicherung der Rufnummer oder Adresse und bei jeder Versendung einer Nachricht an diese Rufnummer oder Adresse zu einem der in Satz 1 genannten Zwecke deutlich sichtbar und gut lesbar darauf hingewiesen wird, dass er der

Versendung weiterer Nachrichten jederzeit schriftlich oder elektronisch widersprechen kann.

(3) [1]Endet das Vertragsverhältnis, sind die Bestandsdaten vom Diensteanbieter mit Ablauf des auf die Beendigung folgenden Kalenderjahres zu löschen. [2]§ 35 Abs. 3 des Bundesdatenschutzgesetzes gilt entsprechend.

(4) [1]Der Diensteanbieter kann im Zusammenhang mit dem Begründen und dem Ändern des Vertragsverhältnisses sowie dem Erbringen von Telekommunikationsdiensten die Vorlage eines amtlichen Ausweises verlangen, wenn dies zur Überprüfung der Angaben des Teilnehmers erforderlich ist. [2]Die Pflicht nach § 111 Absatz 1 Satz 3 bleibt unberührt. [3]Er kann von dem Ausweis eine Kopie erstellen. [4]Die Kopie ist vom Diensteanbieter unverzüglich nach Feststellung der für den Vertragsabschluss erforderlichen Angaben des Teilnehmers zu vernichten. [5]Andere als die nach Absatz 1 zulässigen Daten darf der Diensteanbieter dabei nicht verwenden.

(5) [1]Die Erbringung von Telekommunikationsdiensten darf nicht von einer Einwilligung des Teilnehmers in eine Verwendung seiner Daten für andere Zwecke abhängig gemacht werden, wenn dem Teilnehmer ein anderer Zugang zu diesen Telekommunikationsdiensten ohne die Einwilligung nicht oder in nicht zumutbarer Weise möglich ist. [2]Eine unter solchen Umständen erteilte Einwilligung ist unwirksam.

§ 96 Verkehrsdaten. (1) [1]Der Diensteanbieter darf folgende Verkehrsdaten erheben, soweit dies für die in diesem Abschnitt genannten Zwecke erforderlich ist:
1. die Nummer oder Kennung der beteiligten Anschlüsse oder der Endeinrichtung, personenbezogene Berechtigungskennungen, bei Verwendung von Kundenkarten auch die Kartennummer, bei mobilen Anschlüssen auch die Standortdaten,
2. den Beginn und das Ende der jeweiligen Verbindung nach Datum und Uhrzeit und, soweit die Entgelte davon abhängen, die übermittelten Datenmengen,
3. den vom Nutzer in Anspruch genommenen Telekommunikationsdienst,
4. die Endpunkte von festgeschalteten Verbindungen, ihren Beginn und ihr Ende nach Datum und Uhrzeit und, soweit die Entgelte davon abhängen, die übermittelten Datenmengen,
5. sonstige zum Aufbau und zur Aufrechterhaltung der Telekommunikation sowie zur Entgeltabrechnung notwendige Verkehrsdaten.

[2]Diese Verkehrsdaten dürfen nur verwendet werden, soweit dies für die in Satz 1 genannten oder durch andere gesetzliche Vorschriften begründeten Zwecke oder zum Aufbau weiterer Verbindungen erforderlich ist. [3]Im Übrigen sind Verkehrsdaten vom Diensteanbieter nach Beendigung der Verbindung unverzüglich zu löschen.

(2) Eine über Absatz 1 hinausgehende Erhebung oder Verwendung der Verkehrsdaten ist unzulässig.

(3) [1]Der Diensteanbieter darf teilnehmerbezogene Verkehrsdaten, die vom Anbieter eines öffentlich zugänglichen Telekommunikationsdienstes verwendet werden, zum Zwecke der Vermarktung von Telekommunikationsdiensten, zur bedarfsgerechten Gestaltung von Telekommunikationsdiensten oder zur Bereitstellung von Diensten mit Zusatznutzen im dazu erforderlichen Maß und im dazu erforderlichen Zeitraum nur verwenden, sofern der Betroffene in diese Verwendung eingewilligt hat. [2]Die Daten der Angerufenen sind unverzüglich zu anonymisieren. [3]Eine zielnummernbezogene Verwendung der Verkehrsdaten durch den Diensteanbieter zu den in Satz 1 genannten Zwecken ist nur mit Einwilligung der Angerufenen zulässig. [4]Hierbei sind die Daten der Anrufenden unverzüglich zu anonymisieren.

(4) [1]Bei der Einholung der Einwilligung ist dem Teilnehmer mitzuteilen, welche Datenarten für die in Absatz 3 Satz 1 genannten Zwecke verarbeitet werden sollen und wie lange sie gespeichert werden sollen. [2]Außerdem ist der Teilnehmer darauf hinzuweisen, dass er die Einwilligung jederzeit widerrufen kann.

§ 97 Entgeltermittlung und Entgeltabrechnung. (1) [1]Diensteanbieter dürfen die in § 96 Abs. 1 aufgeführten Verkehrsdaten verwenden, soweit die Daten zur Ermittlung des Entgelts und zur Abrechnung mit ihren Teilnehmern benötigt werden. [2]Erbringt ein Diensteanbieter seine Dienste über ein öffentliches Telekommunikationsnetz eines fremden Betreibers, darf der Betreiber des öffentlichen Telekommunikationsnetzes dem Diensteanbieter die für die Erbringung von dessen Diensten erhobenen Verkehrsdaten übermitteln. [3]Hat der Diensteanbieter mit einem Dritten einen Vertrag über den Einzug des Entgelts geschlossen, so darf er dem Dritten die in Absatz 2 genannten Daten übermitteln, soweit es zum Einzug des Entgelts und der Erstellung einer detaillierten Rechnung erforderlich ist. [4]Der Dritte ist vertraglich zur Wahrung des Fernmeldegeheimnisses nach § 88 und des Datenschutzes nach den §§ 93 und 95 bis 97, 99 und 100 zu verpflichten. [5]§ 11 des Bundesdatenschutzgesetzes bleibt unberührt.

(2) Der Diensteanbieter darf zur ordnungsgemäßen Ermittlung und Abrechnung der Entgelte für Telekommunikationsdienste und zum Nachweis der Richtigkeit derselben folgende personenbezogene Daten nach Maßgabe der Absätze 3 bis 6 erheben und verwenden:

1. die Verkehrsdaten nach § 96 Abs. 1,
2. die Anschrift des Teilnehmers oder Rechnungsempfängers, die Art des Anschlusses, die Zahl der im Abrechnungszeitraum einer planmäßigen Entgeltabrechnung insgesamt aufgekommenen Entgelteinheiten, die übermittelten Datenmengen, das insgesamt zu entrichtende Entgelt,
3. sonstige für die Entgeltabrechnung erhebliche Umstände wie Vorschusszahlungen, Zahlungen mit Buchungsdatum, Zahlungsrückstände, Mahnungen, durchgeführte und aufgehobene Anschlusssperren, eingereichte und bearbeitete Reklamationen, beantragte und genehmigte Stundungen, Ratenzahlungen und Sicherheitsleistungen.

(3) [1]Der Diensteanbieter hat nach Beendigung der Verbindung aus den Verkehrsdaten nach § 96 Abs. 1 Nr. 1 bis 3 und 5 unverzüglich die für die Berechnung des Entgelts erforderlichen Daten zu ermitteln. [2]Diese Daten dürfen bis zu sechs Monate nach Versendung der Rechnung gespeichert werden. [3]Für die Abrechnung nicht erforderliche Daten sind unverzüglich zu löschen. [4]Hat der Teilnehmer gegen die Höhe der in Rechnung gestellten Verbindungsentgelte vor Ablauf der Frist nach Satz 2 Einwendungen erhoben, dürfen die Daten gespeichert werden, bis die Einwendungen abschließend geklärt sind.

(4) Soweit es für die Abrechnung des Diensteanbieters mit anderen Diensteanbietern oder mit deren Teilnehmern sowie anderer Diensteanbieter mit ihren Teilnehmern erforderlich ist, darf der Diensteanbieter Verkehrsdaten verwenden.

(5) Zieht der Diensteanbieter mit der Rechnung Entgelte für Leistungen eines Dritten ein, die dieser im Zusammenhang mit der Erbringung von Telekommunikationsdiensten erbracht hat, so darf er dem Dritten Bestands- und Verkehrsdaten übermitteln, soweit diese im Einzelfall für die Durchsetzung der Forderungen des Dritten gegenüber seinem Teilnehmer erforderlich sind.

§ 98 Standortdaten [„Location-based Services"]. (1) [1]Standortdaten, die in Bezug auf die Nutzer von öffentlichen Telekommunikationsnetzen oder öffentlich zugänglichen Telekommunikationsdiensten verwendet werden, dürfen nur im zur Bereitstellung von Diensten mit Zusatznutzen erforderlichen Umfang und innerhalb des dafür erforderlichen Zeitraums verarbeitet werden, wenn sie anonymisiert wurden oder wenn der Teilnehmer dem Anbieter des Dienstes mit Zusatznutzen seine Einwilligung erteilt hat. [2]In diesen Fällen hat der Anbieter des Dienstes mit Zusatznutzen bei jeder Feststellung des Standortes des Mobilfunkendgerätes den Nutzer durch eine Textmitteilung an das Endgerät, dessen Standortdaten ermittelt wurden, zu informieren. [3]Dies gilt nicht, wenn der Standort nur auf dem Endgerät angezeigt wird, dessen Standortdaten ermittelt wurden. [4]Werden die Standortdaten für einen Dienst mit Zusatznutzen verarbeitet, der die Übermittlung von Standortdaten eines Mobilfunkendgerätes an einen anderen Teilnehmer oder Dritte, die nicht Anbieter des Dienstes mit Zusatznutzen sind, zum Gegenstand hat, muss der Teilnehmer abweichend von § 94 seine Einwilligung ausdrücklich, gesondert und schriftlich gegenüber dem Anbieter des Dienstes mit Zusatznutzen erteilen. [5]In diesem Fall gilt die Verpflichtung nach Satz 2 entsprechend für den Anbieter des Dienstes mit Zusatznutzen. [6]Der Anbieter des Dienstes mit Zusatznutzen darf die erforderlichen Bestandsdaten zur Erfüllung seiner Verpflichtung aus Satz 2 nutzen. [7]Der Teilnehmer muss Mitbenutzer über eine erteilte Einwilligung unterrichten. [8]Eine Einwilligung kann jederzeit widerrufen werden.

(2) Haben die Teilnehmer ihre Einwilligung zur Verarbeitung von Standortdaten gegeben, müssen sie auch weiterhin die Möglichkeit haben, die Verarbeitung solcher Daten für jede Verbindung zum Netz oder für jede Übertragung einer Nachricht auf einfache Weise und unentgeltlich zeitweise zu untersagen.

(3) Bei Verbindungen zu Anschlüssen, die unter den Notrufnummern 112 oder 110 oder der Rufnummer 124 124 oder 116 117 erreicht werden, hat der Diensteanbieter sicherzustellen, dass nicht im Einzelfall oder dauernd die Übermittlung von Standortdaten ausgeschlossen wird.

(4) Die Verarbeitung von Standortdaten nach den Absätzen 1 und 2 muss auf das für die Bereitstellung des Dienstes mit Zusatznutzen erforderliche Maß sowie auf Personen beschränkt werden, die im Auftrag des Betreibers des öffentlichen Telekommunikationsnetzes oder öffentlich zugänglichen Telekommunikationsdienstes oder des Dritten, der den Dienst mit Zusatznutzen anbietet, handeln.

§ 99 Einzelverbindungsnachweis. (1) [1]Dem Teilnehmer sind die gespeicherten Daten derjenigen Verbindungen, für die er entgeltpflichtig ist, nur dann mitzuteilen, wenn er vor dem maßgeblichen Abrechnungszeitraum in Textform einen Einzelverbindungsnachweis verlangt hat; auf Wunsch dürfen ihm auch die Daten pauschal abgegoltener Verbindungen mitgeteilt werden. [2]Dabei entscheidet der Teilnehmer, ob ihm die von ihm gewählten Rufnummern ungekürzt oder unter Kürzung um die letzten drei Ziffern mitgeteilt werden. [3]Bei Anschlüssen im Haushalt ist die Mitteilung nur zulässig, wenn der Teilnehmer in Textform erklärt hat, dass er alle zum Haushalt gehörenden Mitbenutzer des Anschlusses darüber informiert hat und künftige Mitbenutzer unverzüglich darüber informieren wird, dass ihm die Verkehrsdaten zur Erteilung des Nachweises bekannt gegeben werden. [4]Bei Anschlüssen in Betrieben und Behörden ist die Mitteilung nur zulässig, wenn der Teilnehmer in Textform erklärt hat, dass die Mitarbeiter informiert worden sind und künftige Mitarbeiter unverzüglich informiert werden und dass der Betriebsrat oder die Personalvertretung entsprechend den gesetzlichen Vorschriften beteiligt worden ist oder eine solche Beteiligung nicht erforderlich ist. [5]Soweit die öffentlich-rechtlichen Religionsgesellschaften für ihren Bereich eigene Mitarbeitervertreterregelungen erlassen haben, findet Satz 4 mit der Maßgabe Anwendung, dass an die Stelle des Betriebsrates oder der Personalvertretung die jeweilige Mitarbeitervertretung tritt. [6]Dem Teilnehmer dürfen darüber hinaus die gespeicherten Daten mitgeteilt werden, wenn er Einwendungen gegen die Höhe der Verbindungsentgelte erhoben hat. [7]Soweit ein Teilnehmer zur vollständigen oder teilweisen Übernahme der Entgelte für Verbindungen verpflichtet ist, die bei seinem Anschluss ankommen, dürfen ihm in dem für ihn bestimmten Einzelverbindungsnachweis die Nummern der Anschlüsse, von denen die Anrufe ausgehen, nur unter Kürzung um die letzten drei Ziffern mitgeteilt werden. [8]Die Sätze 2 und 7 gelten nicht für Diensteanbieter, die als Anbieter für geschlossene Benutzergruppen ihre Dienste nur ihren Teilnehmern anbieten.

(2) [1]Der Einzelverbindungsnachweis nach Absatz 1 Satz 1 darf nicht Verbindungen zu Anschlüssen von Personen, Behörden und Organisationen in sozialen oder kirchlichen Bereichen erkennen lassen, die grundsätzlich anonym bleibenden Anrufern ganz oder überwiegend telefonische Beratung in seelischen oder sozialen Notlagen anbieten und die selbst oder deren Mitarbeiter in-

soweit besonderen Verschwiegenheitsverpflichtungen unterliegen. [2]Dies gilt nur, soweit die Bundesnetzagentur die angerufenen Anschlüsse in eine Liste aufgenommen hat. [3]Der Beratung im Sinne des Satzes 1 dienen neben den in § 203 Absatz 1 Nummer 4 und 5 des Strafgesetzbuches genannten Personengruppen insbesondere die Telefonseelsorge und die Gesundheitsberatung. [4]Die Bundesnetzagentur nimmt die Inhaber der Anschlüsse auf Antrag in die Liste auf, wenn sie ihre Aufgabenbestimmung nach Satz 1 durch Bescheinigung einer Behörde oder Körperschaft, Anstalt oder Stiftung des öffentlichen Rechts nachgewiesen haben. [5]Die Liste wird zum Abruf im automatisierten Verfahren bereitgestellt. [6]Der Diensteanbieter hat die Liste quartalsweise abzufragen und Änderungen unverzüglich in seinen Abrechnungsverfahren anzuwenden. [7]Die Sätze 1 bis 6 gelten nicht für Diensteanbieter, die als Anbieter für geschlossene Benutzergruppen ihre Dienste nur ihren Teilnehmern anbieten.

(3) [1]Bei Verwendung einer Kundenkarte muss auch auf der Karte ein deutlicher Hinweis auf die mögliche Mitteilung der gespeicherten Verkehrsdaten ersichtlich sein. [2]Sofern ein solcher Hinweis auf der Karte aus technischen Gründen nicht möglich oder für den Kartenemittenten unzumutbar ist, muss der Teilnehmer eine Erklärung nach Absatz 1 Satz 3 oder Satz 4 abgegeben haben.

§ 100 Störungen von Telekommunikationsanlagen und Missbrauch von Telekommunikationsdiensten. (1) [1]Soweit erforderlich, darf der Diensteanbieter die Bestandsdaten und Verkehrsdaten der Teilnehmer und Nutzer sowie die Steuerdaten eines informationstechnischen Protokolls zur Datenübertragung, die unabhängig vom Inhalt eines Kommunikationsvorgangs übertragen oder auf den am Kommunikationsvorgang beteiligten Servern gespeichert werden und zur Gewährleistung der Kommunikation zwischen Empfänger und Sender notwendig sind, erheben und verwenden, um Störungen oder Fehler an Telekommunikationsanlagen zu erkennen, einzugrenzen oder zu beseitigen. [2]Die Kommunikationsinhalte sind nicht Bestandteil der Steuerdaten eines informationstechnischen Protokolls zur Datenübertragung. [3]Dies gilt auch für Störungen, die zu einer Einschränkung der Verfügbarkeit von Informations- und Kommunikationsdiensten oder zu einem unerlaubten Zugriff auf Telekommunikations- und Datenverarbeitungssysteme der Nutzer führen können. [4]Die Daten sind unverzüglich zu löschen, sobald sie für die Beseitigung der Störung nicht mehr erforderlich sind. [5]Eine Nutzung der Daten zu anderen Zwecken ist unzulässig. [6]Soweit die Daten nicht automatisiert erhoben und verwendet werden, muss der betriebliche Datenschutzbeauftragte unverzüglich über die Verfahren und Umstände der Maßnahme informiert werden. [7]Der Diensteanbieter muss dem betrieblichen Datenschutzbeauftragten, der Bundesnetzagentur und der Bundesbeauftragten für den Datenschutz und die Informationsfreiheit am Ende eines Quartals detailliert über die Verfahren und Umstände von Maßnahmen nach Satz 6 in diesem Zeitraum schriftlich berichten. [8]Die Bundesnetzagentur leitet diese Informationen unverzüglich an das Bundesamt für Sicherheit in der Informationstechnik weiter. [9]Der Betroffene ist von dem Diensteanbieter zu benachrichtigen, sofern dieser ermittelt werden kann. [10]Wurden im Rahmen einer Maßnahme nach Satz 1 auch Steuerdaten eines informationstechnischen Protokolls zur Datenübertragung erhoben und verwendet, müssen die Berichte mindestens auch Angaben zum Umfang und zur Erforderlichkeit der Erhebung und Verwendung der Steuerdaten eines informationstechnischen Protokolls zur Datenübertragung enthalten.

(2) [1]Zur Durchführung von Umschaltungen sowie zum Erkennen und Eingrenzen von Störungen im Netz ist dem Betreiber der Telekommunikationsanlage oder seinem Beauftragten das Aufschalten auf bestehende Verbindungen erlaubt, soweit dies betrieblich erforderlich ist. [2]Eventuelle bei der Aufschaltung erstellte Aufzeichnungen sind unverzüglich zu löschen. [3]Das Aufschalten muss den betroffenen Kommunikationsteilnehmern durch ein akustisches oder sonstiges Signal zeitgleich angezeigt und ausdrücklich mitgeteilt werden. [4]Sofern dies technisch nicht möglich ist, muss der betriebliche Datenschutzbeauftragte unverzüglich detailliert über die Verfahren und Umstände jeder einzelnen Maßnahme informiert werden. [5]Diese Informationen sind beim betrieblichen Datenschutzbeauftragten für zwei Jahre aufzubewahren.

(3) [1]Wenn zu dokumentierende tatsächliche Anhaltspunkte für die rechtswidrige Inanspruchnahme eines Telekommunikationsnetzes oder -dienstes vorliegen, insbesondere für eine Leistungserschleichung oder einen Betrug, darf der Diensteanbieter zur Sicherung seines Entgeltanspruchs die Bestandsdaten und Verkehrsdaten verwenden, die erforderlich sind, um die rechtswidrige Inanspruchnahme des Telekommunikationsnetzes oder -dienstes aufzudecken und zu unterbinden. [2]Der Diensteanbieter darf die nach § 96 erhobenen Verkehrsdaten in der Weise verwenden, dass aus dem Gesamtbestand aller Verkehrsdaten, die nicht älter als sechs Monate sind, die Daten derjenigen Verbindungen des Netzes ermittelt werden, für die tatsächliche Anhaltspunkte den Verdacht der rechtswidrigen Inanspruchnahme von Telekommunikationsnetzen und -diensten begründen. [3]Der Diensteanbieter darf aus den Verkehrsdaten und Bestandsdaten nach Satz 1 einen pseudonymisierten Gesamtdatenbestand bilden, der Aufschluss über die von einzelnen Teilnehmern erzielten Umsätze gibt und unter Zugrundelegung geeigneter Kriterien das Auffinden solcher Verbindungen des Netzes ermöglicht, bei denen der Verdacht einer rechtswidrigen Inanspruchnahme besteht. [4]Die Daten anderer Verbindungen sind unverzüglich zu löschen. [5]Die Bundesnetzagentur und der Bundesbeauftragte für den Datenschutz sind über Einführung und Änderung eines Verfahrens nach Satz 1 unverzüglich in Kenntnis zu setzen.

(4) [1]Unter den Voraussetzungen des Absatzes 3 Satz 1 darf der Diensteanbieter im Einzelfall Steuersignale, erheben und verwenden, soweit dies zum Aufklären und Unterbinden der dort genannten Handlungen unerlässlich ist. [2]Die Erhebung und Verwendung von anderen Nachrichteninhalten ist unzulässig. [3]Über Einzelmaßnahmen nach Satz 1 ist die Bundesnetzagentur in Kenntnis zu setzen. [4]Die Betroffenen sind zu benachrichtigen, sobald dies ohne Gefährdung des Zwecks der Maßnahmen möglich ist.

§ 101 Mitteilen ankommender Verbindungen. (1) [1]Trägt ein Teilnehmer in einem zu dokumentierenden Verfahren schlüssig vor, dass bei seinem Anschluss bedrohende oder belästigende Anrufe ankommen, hat der Diensteanbieter auf schriftlichen Antrag auch netzübergreifend Auskunft über die Inhaber der Anschlüsse zu erteilen, von denen die Anrufe ausgehen. [2]Die Auskunft darf sich nur auf Anrufe beziehen, die nach Stellung des Antrags durchgeführt werden. [3]Der Diensteanbieter darf die Rufnummern, Namen und Anschriften der Inhaber dieser Anschlüsse sowie Datum und Uhrzeit des Beginns der Verbindungen und der Verbindungsversuche erheben und verwenden sowie diese Daten seinem Teilnehmer mitteilen. [4]Die Sätze 1 und 2 gelten nicht für Diensteanbieter, die ihre Dienste nur den Teilnehmern geschlossener Benutzergruppen anbieten.

(2) Die Bekanntgabe nach Absatz 1 Satz 3 darf nur erfolgen, wenn der Teilnehmer zuvor die Verbindungen nach Datum, Uhrzeit oder anderen geeigneten Kriterien eingrenzt, soweit ein Missbrauch dieses Verfahrens nicht auf andere Weise ausgeschlossen werden kann.

(3) Im Falle einer netzübergreifenden Auskunft sind die an der Verbindung mitwirkenden anderen Diensteanbieter verpflichtet, dem Diensteanbieter des bedrohten oder belästigten Teilnehmers die erforderlichen Auskünfte zu erteilen, sofern sie über diese Daten verfügen.

(4) [1]Der Inhaber des Anschlusses, von dem die festgestellten Verbindungen ausgegangen sind, ist zu unterrichten, dass über diese Auskunft erteilt wurde. [2]Davon kann abgesehen werden, wenn der Antragsteller schriftlich schlüssig vorgetragen hat, dass ihm aus dieser Mitteilung wesentliche Nachteile entstehen können, und diese Nachteile bei Abwägung mit den schutzwürdigen Interessen der Anrufenden als wesentlich schwerwiegender erscheinen. [3]Erhält der Teilnehmer, von dessen Anschluss die als bedrohend oder belästigend bezeichneten Anrufe ausgegangen sind, auf andere Weise Kenntnis von der Auskunftserteilung, so ist er auf Verlangen über die Auskunftserteilung zu unterrichten.

(5) Die Bundesnetzagentur sowie der oder die Bundesbeauftragte für den Datenschutz sind über die Einführung und Änderung des Verfahrens zur Sicherstellung der Absätze 1 bis 4 unverzüglich in Kenntnis zu setzen.

§ 102 Rufnummernanzeige und -unterdrückung. (1) [1]Bietet der Diensteanbieter die Anzeige der Rufnummer der Anrufenden an, so müssen Anrufende und Angerufene die Möglichkeit haben, die Rufnummernanzeige dauernd oder für jeden Anruf einzeln auf einfache Weise und unentgeltlich zu unterdrücken. [2]Angerufene müssen die Möglichkeit haben, eingehende Anrufe, bei denen die Rufnummernanzeige durch den Anrufenden unterdrückt wurde, auf einfache Weise und unentgeltlich abzuweisen.

(2) Abweichend von Absatz 1 Satz 1 dürfen Anrufende bei Werbung mit einem Telefonanruf ihre Rufnummernanzeige nicht unterdrücken oder bei dem Diensteanbieter veranlassen, dass diese unterdrückt wird; der Anrufer hat si-

cherzustellen, dass dem Angerufenen die dem Anrufer zugeteilte Rufnummer übermittelt wird.

(3) Die Absätze 1 und 2 gelten nicht für Diensteanbieter, die ihre Dienste nur den Teilnehmern geschlossener Benutzergruppen anbieten.

(4) [1]Auf Antrag des Teilnehmers muss der Diensteanbieter Anschlüsse bereitstellen, bei denen die Übermittlung der Rufnummer des Anschlusses, von dem der Anruf ausgeht, an den angerufenen Anschluss unentgeltlich ausgeschlossen ist. [2]Die Anschlüsse sind auf Antrag des Teilnehmers in dem öffentlichen Teilnehmerverzeichnis (§ 104) seines Diensteanbieters zu kennzeichnen. [3]Ist eine Kennzeichnung nach Satz 2 erfolgt, so darf an den so gekennzeichneten Anschluss eine Übermittlung der Rufnummer des Anschlusses, von dem der Anruf ausgeht, erst dann erfolgen, wenn zuvor die Kennzeichnung in der aktualisierten Fassung des Teilnehmerverzeichnisses nicht mehr enthalten ist.

(5) Hat der Teilnehmer die Eintragung in das Teilnehmerverzeichnis nicht nach § 104 beantragt, unterbleibt die Anzeige seiner Rufnummer bei dem angerufenen Anschluss, es sei denn, dass der Teilnehmer die Übermittlung seiner Rufnummer ausdrücklich wünscht.

(6) [1]Wird die Anzeige der Rufnummer von Angerufenen angeboten, so müssen Angerufene die Möglichkeit haben, die Anzeige ihrer Rufnummer beim Anrufenden auf einfache Weise und unentgeltlich zu unterdrücken. [2]Absatz 3 gilt entsprechend.

(7) Die Absätze 1 bis 3 und 6 gelten auch für Anrufe in das Ausland und für aus dem Ausland kommende Anrufe, soweit sie Anrufende oder Angerufene im Inland betreffen.

(8) Bei Verbindungen zu Anschlüssen, die unter den Notrufnummern 112 oder 110 oder der Rufnummer 124 124 oder 116 117 erreicht werden, hat der Diensteanbieter sicherzustellen, dass nicht im Einzelfall oder dauernd die Anzeige von Nummern der Anrufenden ausgeschlossen wird.

§ 103 Automatische Anrufweiterschaltung. [1]Der Diensteanbieter ist verpflichtet, seinen Teilnehmern die Möglichkeit einzuräumen, eine von einem Dritten veranlasste automatische Weiterschaltung auf sein Endgerät auf einfache Weise und unentgeltlich abzustellen, soweit dies technisch möglich ist. [2]Satz 1 gilt nicht für Diensteanbieter, die als Anbieter für geschlossene Benutzergruppen ihre Dienste nur ihren Teilnehmern anbieten.

§ 104 Teilnehmerverzeichnisse. [1]Teilnehmer können mit ihrem Namen, ihrer Anschrift und zusätzlichen Angaben wie Beruf, Branche und Art des Anschlusses in öffentliche gedruckte oder elektronische Verzeichnisse eingetragen werden, soweit sie dies beantragen. [2]Dabei können die Teilnehmer bestimmen, welche Angaben in den Verzeichnissen veröffentlicht werden sollen. [3]Auf Verlangen des Teilnehmers dürfen Mitbenutzer eingetragen werden, soweit diese damit einverstanden sind.

§ 105 Auskunftserteilung. (1) Über die in Teilnehmerverzeichnissen enthaltenen Rufnummern dürfen Auskünfte unter Beachtung der Beschränkungen des § 104 und der Absätze 2 und 3 erteilt werden.

(2) [1]Die Telefonauskunft über Rufnummern von Teilnehmern darf nur erteilt werden, wenn diese in angemessener Weise darüber informiert worden sind, dass sie der Weitergabe ihrer Rufnummer widersprechen können und von ihrem Widerspruchsrecht keinen Gebrauch gemacht haben. [2]Über Rufnummern hinausgehende Auskünfte über nach § 104 veröffentlichte Daten dürfen nur erteilt werden, wenn der Teilnehmer in eine weitergehende Auskunftserteilung eingewilligt hat.

(3) Die Telefonauskunft von Namen oder Namen und Anschrift eines Teilnehmers, von dem nur die Rufnummer bekannt ist, ist zulässig, wenn der Teilnehmer, der in ein Teilnehmerverzeichnis eingetragen ist, nach einem Hinweis seines Diensteanbieters auf seine Widerspruchsmöglichkeit nicht widersprochen hat.

(4) [1]Ein Widerspruch nach Absatz 2 Satz 1 oder Absatz 3 oder eine Einwilligung nach Absatz 2 Satz 2 sind in den Kundendateien des Diensteanbieters und des Anbieters nach Absatz 1, die den Verzeichnissen zugrunde liegen, unverzüglich zu vermerken. [2]Sie sind auch von den anderen Diensteanbietern zu beachten, sobald diese in zumutbarer Weise Kenntnis darüber erlangen konnten, dass der Widerspruch oder die Einwilligung in den Verzeichnissen des Diensteanbieters und des Anbieters nach Absatz 1 vermerkt ist.

§ 106 Telegrammdienst. (1) [1]Daten und Belege über die betriebliche Bearbeitung und Zustellung von Telegrammen dürfen gespeichert werden, soweit es zum Nachweis einer ordnungsgemäßen Erbringung der Telegrammdienstleistung nach Maßgabe des mit dem Teilnehmer geschlossenen Vertrags erforderlich ist. [2]Die Daten und Belege sind spätestens nach sechs Monaten vom Diensteanbieter zu löschen.

(2) [1]Daten und Belege über den Inhalt von Telegrammen dürfen über den Zeitpunkt der Zustellung hinaus nur gespeichert werden, soweit der Diensteanbieter nach Maßgabe des mit dem Teilnehmer geschlossenen Vertrags für Übermittlungsfehler einzustehen hat. [2]Bei Inlandstelegrammen sind die Daten und Belege spätestens nach drei Monaten, bei Auslandstelegrammen spätestens nach sechs Monaten vom Diensteanbieter zu löschen.

(3) [1]Die Löschungsfristen beginnen mit dem ersten Tag des Monats, der auf den Monat der Telegrammaufgabe folgt. [2]Die Löschung darf unterbleiben, solange die Verfolgung von Ansprüchen oder eine internationale Vereinbarung eine längere Speicherung erfordert.

§ 107 Nachrichtenübermittlungssysteme mit Zwischenspeicherung.
(1) Der Diensteanbieter darf bei Diensten, für deren Durchführung eine Zwischenspeicherung erforderlich ist, Nachrichteninhalte, insbesondere Sprach-,

Ton-, Text- und Grafikmitteilungen von Teilnehmern, im Rahmen eines hierauf gerichteten Diensteangebots unter folgenden Voraussetzungen verarbeiten:

1. Die Verarbeitung erfolgt ausschließlich in Telekommunikationsanlagen des zwischenspeichernden Diensteanbieters, es sei denn, die Nachrichteninhalte werden im Auftrag des Teilnehmers oder durch Eingabe des Teilnehmers in Telekommunikationsanlagen anderer Diensteanbieter weitergeleitet.
2. Ausschließlich der Teilnehmer bestimmt durch seine Eingabe Inhalt, Umfang und Art der Verarbeitung.
3. Ausschließlich der Teilnehmer bestimmt, wer Nachrichteninhalte eingeben und darauf zugreifen darf (Zugriffsberechtigter).
4. Der Diensteanbieter darf dem Teilnehmer mitteilen, dass der Empfänger auf die Nachricht zugegriffen hat.
5. Der Diensteanbieter darf Nachrichteninhalte nur entsprechend dem mit dem Teilnehmer geschlossenen Vertrag löschen.

(2) [1]Der Diensteanbieter hat die erforderlichen technischen und organisatorischen Maßnahmen zu treffen, um Fehlübermittlungen und das unbefugte Offenbaren von Nachrichteninhalten innerhalb seines Unternehmens oder an Dritte auszuschließen. [2]Erforderlich sind Maßnahmen nur, wenn ihr Aufwand in einem angemessenen Verhältnis zu dem angestrebten Schutzzweck steht. [3]Soweit es im Hinblick auf den angestrebten Schutzzweck erforderlich ist, sind die Maßnahmen dem jeweiligen Stand der Technik anzupassen.

Abschnitt 3
Öffentliche Sicherheit

§ 108 Notruf. (1) [1]Wer öffentlich zugängliche Telekommunikationsdienste für das Führen von ausgehenden Inlandsgesprächen zu einer oder mehreren Nummern des nationalen Telefonnummernplanes bereitstellt, hat Vorkehrungen zu treffen, damit Endnutzern unentgeltliche Verbindungen möglich sind, die entweder durch die Wahl der europaeinheitlichen Notrufnummer 112 oder der zusätzlichen nationalen Notrufnummer 110 oder durch das Aussenden entsprechender Signalisierungen eingeleitet werden (Notrufverbindungen). [2]Wer derartige öffentlich zugängliche Telekommunikationsdienste erbringt, den Zugang zu solchen Diensten ermöglicht oder Telekommunikationsnetze betreibt, die für diese Dienste einschließlich der Durchleitung von Anrufen genutzt werden, hat gemäß Satz 4 sicherzustellen oder im notwendigen Umfang daran mitzuwirken, dass Notrufverbindungen unverzüglich zu der örtlich zuständigen Notrufabfragestelle hergestellt werden, und er hat alle erforderlichen Maßnahmen zu treffen, damit Notrufverbindungen jederzeit möglich sind. [3]Die Diensteanbieter nach den Sätzen 1 und 2 haben gemäß Satz 6 sicherzustellen, dass der Notrufabfragestelle auch Folgendes mit der Notrufverbindung übermittelt wird:

1. die Rufnummer des Anschlusses, von dem die Notrufverbindung ausgeht, und
2. die Daten, die zur Ermittlung des Standortes erforderlich sind, von dem die Notrufverbindung ausgeht.

[4]Notrufverbindungen sind vorrangig vor anderen Verbindungen herzustellen, sie stehen vorrangigen Verbindungen nach dem Post- und Telekommunikationssicherstellungsgesetz gleich. [5]Daten, die nach Maßgabe der Rechtsverordnung nach Absatz 3 zur Verfolgung von Missbrauch des Notrufs erforderlich sind, dürfen auch verzögert an die Notrufabfragestelle übermittelt werden. [6]Die Übermittlung der Daten nach den Sätzen 3 und 5 erfolgt unentgeltlich. [7]Die für Notrufverbindungen entstehenden Kosten trägt jeder Diensteanbieter selbst; die Entgeltlichkeit von Vorleistungen bleibt unberührt.

(2) Im Hinblick auf Notrufverbindungen, die durch sprach- oder hörbehinderte Endnutzer unter Verwendung eines Telefaxgerätes eingeleitet werden, gilt Absatz 1 entsprechend.

(3) [1]Das Bundesministerium für Wirtschaft und Energie wird ermächtigt, im Einvernehmen mit dem Bundesministerium des Innern, dem Bundesministerium für Verkehr und digitale Infrastruktur und dem Bundesministerium für Arbeit und Soziales durch Rechtsverordnung mit Zustimmung des Bundesrates Regelungen zu treffen

1. zu den Grundsätzen der Festlegung von Einzugsgebieten von Notrufabfragestellen und deren Unterteilungen durch die für den Notruf zuständigen Landes- und Kommunalbehörden sowie zu den Grundsätzen des Abstimmungsverfahrens zwischen diesen Behörden und den betroffenen Teilnehmernetzbetreibern und Mobilfunknetzbetreibern, soweit diese Grundsätze für die Herstellung von Notrufverbindungen erforderlich sind,
2. zur Herstellung von Notrufverbindungen zur jeweils örtlich zuständigen Notrufabfragestelle oder Ersatznotrufabfragestelle,
3. zum Umfang der für Notrufverbindungen zu erbringenden Leistungsmerkmale, einschließlich
   a) der Übermittlung der Daten nach Absatz 1 Satz 3 und
   b) zulässiger Abweichungen hinsichtlich der nach Absatz 1 Satz 3 Nummer 1 zu übermittelnden Daten in unausweichlichen technisch bedingten Sonderfällen,
4. zur Bereitstellung und Übermittlung von Daten, die geeignet sind, der Notrufabfragestelle die Verfolgung von Missbrauch des Notrufs zu ermöglichen,
5. zum Herstellen von Notrufverbindungen mittels automatischer Wählgeräte und
6. zu den Aufgaben der Bundesnetzagentur auf den in den Nummern 1 bis 5 aufgeführten Gebieten, insbesondere im Hinblick auf die Festlegung von Kriterien für die Genauigkeit und Zuverlässigkeit der Daten, die zur Ermittlung des Standortes erforderlich sind, von dem die Notrufverbindung ausgeht.

[2]Landesrechtliche Regelungen über Notrufabfragestellen bleiben von den Vorschriften dieses Absatzes insofern unberührt, als sie nicht Verpflichtungen im Sinne von Absatz 1 betreffen.

(4) [1]Die technischen Einzelheiten zu den in Absatz 3 Satz 1 Nummer 1 bis 5 aufgeführten Gegenständen, insbesondere die Kriterien für die Genauigkeit und Zuverlässigkeit der Angaben zu dem Standort, von dem die Notrufverbindung ausgeht, legt die Bundesnetzagentur in einer Technischen Richtlinie fest; dabei berücksichtigt sie die Vorschriften der Verordnung nach Absatz 3. [2]Die Bundesnetzagentur erstellt die Richtlinie unter Beteiligung
1. der Verbände der durch Absatz 1 Satz 1 und 2 und Absatz 2 betroffenen Diensteanbieter und Betreiber von Telekommunikationsnetzen,
2. der vom Bundesministerium des Innern benannten Vertreter der Betreiber von Notrufabfragestellen und
3. der Hersteller der in den Telekommunikationsnetzen und Notrufabfragestellen eingesetzten technischen Einrichtungen.

[3]Bei den Festlegungen in der Technischen Richtlinie sind internationale Standards zu berücksichtigen; Abweichungen von den Standards sind zu begründen. [4]Die Technische Richtlinie ist von der Bundesnetzagentur auf ihrer Internetseite zu veröffentlichen; die Veröffentlichung hat die Bundesnetzagentur in ihrem Amtsblatt bekannt zu machen. [5]Die Verpflichteten nach Absatz 1 Satz 1 bis 3 und Absatz 2 haben die Anforderungen der Technischen Richtlinie spätestens ein Jahr nach deren Bekanntmachung zu erfüllen, sofern dort für bestimmte Verpflichtungen kein längerer Übergangszeitraum festgelegt ist. [6]Nach dieser Richtlinie gestaltete mängelfreie technische Einrichtungen müssen im Falle einer Änderung der Richtlinie spätestens drei Jahre nach deren Inkrafttreten die geänderten Anforderungen erfüllen.

§ 109 Technische Schutzmaßnahmen. (1) [1]Jeder Diensteanbieter hat erforderliche technische Vorkehrungen und sonstige Maßnahmen zu treffen
1. zum Schutz des Fernmeldegeheimnisses und
2. gegen die Verletzung des Schutzes personenbezogener Daten.

[2]Dabei ist der Stand der Technik zu berücksichtigen.

(2) [1]Wer ein öffentliches Telekommunikationsnetz betreibt oder öffentlich zugängliche Telekommunikationsdienste erbringt, hat bei den hierfür betriebenen Telekommunikations- und Datenverarbeitungssystemen angemessene technische Vorkehrungen und sonstige Maßnahmen zu treffen
1. zum Schutz gegen Störungen, die zu erheblichen Beeinträchtigungen von Telekommunikationsnetzen und -diensten führen, auch soweit sie durch äußere Angriffe und Einwirkungen von Katastrophen bedingt sein können, und
2. zur Beherrschung der Risiken für die Sicherheit von Telekommunikationsnetzen und -diensten.

[2]Insbesondere sind Maßnahmen zu treffen, um Telekommunikations- und Datenverarbeitungssysteme gegen unerlaubte Zugriffe zu sichern und Auswirkungen von Sicherheitsverletzungen für Nutzer oder für zusammengeschaltete Net-

ze so gering wie möglich zu halten. [3]Bei Maßnahmen nach Satz 2 ist der Stand der Technik zu berücksichtigen. [4]Wer ein öffentliches Telekommunikationsnetz betreibt, hat Maßnahmen zu treffen, um den ordnungsgemäßen Betrieb seiner Netze zu gewährleisten und dadurch die fortlaufende Verfügbarkeit der über diese Netze erbrachten Dienste sicherzustellen. [5]Technische Vorkehrungen und sonstige Schutzmaßnahmen sind angemessen, wenn der dafür erforderliche technische und wirtschaftliche Aufwand nicht außer Verhältnis zur Bedeutung der zu schützenden Telekommunikationsnetze oder -dienste steht. [6]§ 11 Absatz 1 des Bundesdatenschutzgesetzes gilt entsprechend.

(3) Bei gemeinsamer Nutzung eines Standortes oder technischer Einrichtungen hat jeder Beteiligte die Verpflichtungen nach den Absätzen 1 und 2 zu erfüllen, soweit bestimmte Verpflichtungen nicht einem bestimmten Beteiligten zugeordnet werden können.

(4) [1]Wer ein öffentliches Telekommunikationsnetz betreibt oder öffentlich zugängliche Telekommunikationsdienste erbringt, hat einen Sicherheitsbeauftragten zu benennen und ein Sicherheitskonzept zu erstellen, aus dem hervorgeht,

1. welches öffentliche Telekommunikationsnetz betrieben und welche öffentlich zugänglichen Telekommunikationsdienste erbracht werden,
2. von welchen Gefährdungen auszugehen ist und
3. welche technischen Vorkehrungen oder sonstigen Schutzmaßnahmen zur Erfüllung der Verpflichtungen aus den Absätzen 1 und 2 getroffen oder geplant sind.

[2]Wer ein öffentliches Telekommunikationsnetz betreibt, hat der Bundesnetzagentur das Sicherheitskonzept unverzüglich nach der Aufnahme des Netzbetriebs vorzulegen. [3]Wer öffentlich zugängliche Telekommunikationsdienste erbringt, kann nach der Bereitstellung des Telekommunikationsdienstes von der Bundesnetzagentur verpflichtet werden, das Sicherheitskonzept vorzulegen. [4]Mit dem Sicherheitskonzept ist eine Erklärung vorzulegen, dass die darin aufgezeigten technischen Vorkehrungen und sonstigen Schutzmaßnahmen umgesetzt sind oder unverzüglich umgesetzt werden. [5]Stellt die Bundesnetzagentur im Sicherheitskonzept oder bei dessen Umsetzung Sicherheitsmängel fest, so kann sie deren unverzügliche Beseitigung verlangen. [6]Sofern sich die dem Sicherheitskonzept zugrunde liegenden Gegebenheiten ändern, hat der nach Satz 2 oder 3 Verpflichtete das Konzept anzupassen und der Bundesnetzagentur unter Hinweis auf die Änderungen erneut vorzulegen. [7]Die Bundesnetzagentur überprüft regelmäßig die Umsetzung des Sicherheitskonzepts. [8]Die Überprüfung soll mindestens alle zwei Jahre erfolgen.

(5) [1]Wer ein öffentliches Telekommunikationsnetz betreibt oder öffentlich zugängliche Telekommunikationsdienste erbringt, hat der Bundesnetzagentur und dem Bundesamt für Sicherheit in der Informationstechnik unverzüglich Beeinträchtigungen von Telekommunikationsnetzen und -diensten mitzuteilen, die

1. zu beträchtlichen Sicherheitsverletzungen führen oder
2. zu beträchtlichen Sicherheitsverletzungen führen können.

[2]Dies schließt Störungen ein, die zu einer Einschränkung der Verfügbarkeit der über diese Netze erbrachten Dienste oder einem unerlaubten Zugriff auf Telekommunikations- und Datenverarbeitungssysteme der Nutzer führen können. [3]Die Meldung muss Angaben zu der Störung sowie zu den technischen Rahmenbedingungen, insbesondere der vermuteten oder tatsächlichen Ursache und zu der betroffenen Informationstechnik enthalten. [4]Kommt es zu einer beträchtlichen Sicherheitsverletzung, kann die Bundesnetzagentur einen detaillierten Bericht über die Sicherheitsverletzung und die ergriffenen Abhilfemaßnahmen verlangen. [5]Erforderlichenfalls unterrichtet die Bundesnetzagentur die nationalen Regulierungsbehörden der anderen Mitgliedstaaten der Europäischen Union und die Europäische Agentur für Netz- und Informationssicherheit über die Sicherheitsverletzungen. [6]Die Bundesnetzagentur kann die Öffentlichkeit unterrichten oder die nach Satz 1 Verpflichteten zu dieser Unterrichtung auffordern, wenn sie zu dem Schluss gelangt, dass die Bekanntgabe der Sicherheitsverletzung im öffentlichen Interesse liegt. [7]§ 8e des BSI-Gesetzes gilt entsprechend. [8]Die Bundesnetzagentur legt der Europäischen Kommission, der Europäischen Agentur für Netz- und Informationssicherheit und dem Bundesamt für Sicherheit in der Informationstechnik einmal pro Jahr einen zusammenfassenden Bericht über die eingegangenen Meldungen und die ergriffenen Abhilfemaßnahmen vor.

(6) [1]Die Bundesnetzagentur erstellt im Einvernehmen mit dem Bundesamt für Sicherheit in der Informationstechnik und dem Bundesbeauftragten für den Datenschutz und die Informationsfreiheit einen Katalog von Sicherheitsanforderungen für das Betreiben von Telekommunikations- und Datenverarbeitungssystemen sowie für die Verarbeitung personenbezogener Daten als Grundlage für das Sicherheitskonzept nach Absatz 4 und für die zu treffenden technischen Vorkehrungen und sonstigen Maßnahmen nach den Absätzen 1 und 2. [2]Sie gibt den Herstellern, den Verbänden der Betreiber öffentlicher Telekommunikationsnetze und den Verbänden der Anbieter öffentlich zugänglicher Telekommunikationsdienste Gelegenheit zur Stellungnahme. [3]Der Katalog wird von der Bundesnetzagentur veröffentlicht.

(7) [1]Die Bundesnetzagentur kann anordnen, dass sich die Betreiber öffentlicher Telekommunikationsnetze oder die Anbieter öffentlich zugänglicher Telekommunikationsdienste einer Überprüfung durch eine qualifizierte unabhängige Stelle oder eine zuständige nationale Behörde unterziehen, in der festgestellt wird, ob die Anforderungen nach den Absätzen 1 bis 3 erfüllt sind. [2]Der nach Satz 1 Verpflichtete hat eine Kopie des Überprüfungsberichts unverzüglich an die Bundesnetzagentur zu übermitteln. [3]Er trägt die Kosten dieser Überprüfung.

(8) Über aufgedeckte Mängel bei der Erfüllung der Sicherheitsanforderungen in der Informationstechnik sowie die in diesem Zusammenhang von der Bundesnetzagentur geforderten Abhilfemaßnahmen unterrichtet die Bundesnetzagentur unverzüglich das Bundesamt für Sicherheit in der Informationstechnik.

§ 109a Daten- und Informationssicherheit. (1) [1]Wer öffentlich zugängliche Telekommunikationsdienste erbringt, hat im Fall einer Verletzung des Schutzes personenbezogener Daten unverzüglich die Bundesnetzagentur und den Bundesbeauftragten für den Datenschutz und die Informationsfreiheit von der Verletzung zu benachrichtigen. [2]Ist anzunehmen, dass durch die Verletzung des Schutzes personenbezogener Daten Teilnehmer oder andere Personen schwerwiegend in ihren Rechten oder schutzwürdigen Interessen beeinträchtigt werden, hat der Anbieter des Telekommunikationsdienstes zusätzlich die Betroffenen unverzüglich von dieser Verletzung zu benachrichtigen. [3]In Fällen, in denen in dem Sicherheitskonzept nachgewiesen wurde, dass die von der Verletzung betroffenen personenbezogenen Daten durch geeignete technische Vorkehrungen gesichert, insbesondere unter Anwendung eines als sicher anerkannten Verschlüsselungsverfahrens gespeichert wurden, ist eine Benachrichtigung nicht erforderlich. [4]Unabhängig von Satz 3 kann die Bundesnetzagentur den Anbieter des Telekommunikationsdienstes unter Berücksichtigung der wahrscheinlichen nachteiligen Auswirkungen der Verletzung des Schutzes personenbezogener Daten zu einer Benachrichtigung der Betroffenen verpflichten. [5]Im Übrigen gilt § 42a Satz 6 des Bundesdatenschutzgesetzes entsprechend.

(2) [1]Die Benachrichtigung an die Betroffenen muss mindestens enthalten:
1. die Art der Verletzung des Schutzes personenbezogener Daten,
2. Angaben zu den Kontaktstellen, bei denen weitere Informationen erhältlich sind, und
3. Empfehlungen zu Maßnahmen, die mögliche nachteilige Auswirkungen der Verletzung des Schutzes personenbezogener Daten begrenzen.

[2]In der Benachrichtigung an die Bundesnetzagentur und den Bundesbeauftragten für den Datenschutz und die Informationsfreiheit hat der Anbieter des Telekommunikationsdienstes zusätzlich zu den Angaben nach Satz 1 die Folgen der Verletzung des Schutzes personenbezogener Daten und die beabsichtigten oder ergriffenen Maßnahmen darzulegen.

(3) [1]Die Anbieter der Telekommunikationsdienste haben ein Verzeichnis der Verletzungen des Schutzes personenbezogener Daten zu führen, das Angaben zu Folgendem enthält:
1. zu den Umständen der Verletzungen,
2. zu den Auswirkungen der Verletzungen und
3. zu den ergriffenen Abhilfemaßnahmen.

[2]Diese Angaben müssen ausreichend sein, um der Bundesnetzagentur und dem Bundesbeauftragten für den Datenschutz und die Informationsfreiheit die Prüfung zu ermöglichen, ob die Bestimmungen der Absätze 1 und 2 eingehalten wurden. [3]Das Verzeichnis enthält nur die zu diesem Zweck erforderlichen Informationen und muss nicht Verletzungen berücksichtigen, die mehr als fünf Jahre zurückliegen.

(4) [1]Werden dem Diensteanbieter nach Absatz 1 Störungen bekannt, die von Datenverarbeitungssystemen der Nutzer ausgehen, so hat er die Nutzer, soweit

ihm diese bereits bekannt sind, unverzüglich darüber zu benachrichtigen. [2]Soweit technisch möglich und zumutbar, hat er die Nutzer auf angemessene, wirksame und zugängliche technische Mittel hinzuweisen, mit denen sie diese Störungen erkennen und beseitigen können. [3]Der Diensteanbieter darf die Teile des Datenverkehrs von und zu einem Nutzer, von denen eine Störung ausgeht, umleiten, soweit dies erforderlich ist, um den Nutzer über die Störungen benachrichtigen zu können.

(5) Der Diensteanbieter darf im Falle einer Störung die Nutzung des Telekommunikationsdienstes bis zur Beendigung der Störung einschränken, umleiten oder unterbinden, soweit dies erforderlich ist, um die Beeinträchtigung der Telekommunikations- und Datenverarbeitungssysteme des Diensteanbieters, eines Nutzers im Sinne des Absatzes 4 oder anderer Nutzer zu beseitigen oder zu verhindern und der Nutzer die Störung nicht unverzüglich selbst beseitigt oder zu erwarten ist, dass der Nutzer die Störung selbst nicht unverzüglich beseitigt.

(6) Der Diensteanbieter darf den Datenverkehr zu Störungsquellen einschränken oder unterbinden, soweit dies zur Vermeidung von Störungen in den Telekommunikations- und Datenverarbeitungssystemen der Nutzer erforderlich ist.

(7) Vorbehaltlich technischer Durchführungsmaßnahmen der Europäischen Kommission nach Artikel 4 Absatz 5 der Richtlinie 2002/58/EG kann die Bundesnetzagentur Leitlinien vorgeben bezüglich des Formats, der Verfahrensweise und der Umstände, unter denen eine Benachrichtigung über eine Verletzung des Schutzes personenbezogener Daten erforderlich ist.

§ 110 Umsetzung von Überwachungsmaßnahmen, Erteilung von Auskünften. (1) [1]Wer eine Telekommunikationsanlage betreibt, mit der öffentlich zugängliche Telekommunikationsdienste erbracht werden, hat

1. ab dem Zeitpunkt der Betriebsaufnahme auf eigene Kosten technische Einrichtungen zur Umsetzung gesetzlich vorgesehener Maßnahmen zur Überwachung der Telekommunikation vorzuhalten und organisatorische Vorkehrungen für deren unverzügliche Umsetzung zu treffen,

1a. in Fällen, in denen die Überwachbarkeit nur durch das Zusammenwirken von zwei oder mehreren Telekommunikationsanlagen sichergestellt werden kann, die dazu erforderlichen automatischen Steuerungsmöglichkeiten zur Erfassung und Ausleitung der zu überwachenden Telekommunikation in seiner Telekommunikationsanlage bereitzustellen sowie eine derartige Steuerung zu ermöglichen,

2. der Bundesnetzagentur unverzüglich nach der Betriebsaufnahme
   a) zu erklären, dass er die Vorkehrungen nach Nummer 1 getroffen hat sowie
   b) eine im Inland gelegene Stelle zu benennen, die für ihn bestimmte Anordnungen zur Überwachung der Telekommunikation entgegennimmt,

3. der Bundesnetzagentur den unentgeltlichen Nachweis zu erbringen, dass seine technischen Einrichtungen und organisatorischen Vorkehrungen nach Nummer 1 mit den Vorschriften der Rechtsverordnung nach Absatz 2 und der Technischen Richtlinie nach Absatz 3 übereinstimmen; dazu hat er unverzüglich, spätestens nach einem Monat nach Betriebsaufnahme,
   a) der Bundesnetzagentur die Unterlagen zu übersenden, die dort für die Vorbereitung der im Rahmen des Nachweises von der Bundesnetzagentur durchzuführenden Prüfungen erforderlich sind, und
   b) mit der Bundesnetzagentur einen Prüftermin für die Erbringung dieses Nachweises zu vereinbaren;

   bei den für den Nachweis erforderlichen Prüfungen hat er die Bundesnetzagentur zu unterstützen,
4. der Bundesnetzagentur auf deren besondere Aufforderung im begründeten Einzelfall eine erneute unentgeltliche Prüfung seiner technischen und organisatorischen Vorkehrungen zu gestatten sowie
5. die Aufstellung und den Betrieb von Geräten für die Durchführung von Maßnahmen nach den §§ 5 und 8 des Artikel 10-Gesetzes oder nach den §§ 6, 12 und 14 des BND-Gesetzes in seinen Räumen zu dulden und Bediensteten der für diese Maßnahmen zuständigen Stelle sowie bei Maßnahmen nach den §§ 5 und 8 des Artikel 10-Gesetzes den Mitgliedern und Mitarbeitern der G 10-Kommission (§ 1 Abs. 2 des Artikel 10-Gesetzes) Zugang zu diesen Geräten zur Erfüllung ihrer gesetzlichen Aufgaben zu gewähren.

[2]Wer öffentlich zugängliche Telekommunikationsdienste erbringt, ohne hierfür eine Telekommunikationsanlage zu betreiben, hat sich bei der Auswahl des Betreibers der dafür genutzten Telekommunikationsanlage zu vergewissern, dass dieser Anordnungen zur Überwachung der Telekommunikation unverzüglich nach Maßgabe der Rechtsverordnung nach Absatz 2 und der Technischen Richtlinie nach Absatz 3 umsetzen kann und der Bundesnetzagentur unverzüglich nach Aufnahme seines Dienstes mitzuteilen, welche Telekommunikationsdienste er erbringt, durch wen Überwachungsanordnungen, die seine Teilnehmer betreffen, umgesetzt werden und an welche im Inland gelegene Stelle Anordnungen zur Überwachung der Telekommunikation zu richten sind. [3]Änderungen der den Mitteilungen nach Satz 1 Nr. 2 Buchstabe b und Satz 2 zugrunde liegenden Daten sind der Bundesnetzagentur unverzüglich mitzuteilen. [4]In Fällen, in denen noch keine Vorschriften nach Absatz 3 vorhanden sind, hat der Verpflichtete die technischen Einrichtungen nach Satz 1 Nr. 1 und 1a in Absprache mit der Bundesnetzagentur zu gestalten, die entsprechende Festlegungen im Benehmen mit den berechtigten Stellen trifft. [5]Die Sätze 1 bis 4 gelten nicht, soweit die Rechtsverordnung nach Absatz 2 Ausnahmen für die Telekommunikationsanlage vorsieht. [6]§ 100b Abs. 3 Satz 1 der Strafprozessordnung, § 2 Abs. 1 Satz 3 des Artikel 10-Gesetzes, § 20l Abs. 5 Satz 1 des Bundeskriminalamtgesetzes, § 8 Absatz 1 Satz 1 des BND-Gesetzes sowie entsprechende landesgesetzliche Regelungen zur polizeilich-präventiven Telekommunikationsüberwachung bleiben unberührt.

(2) Die Bundesregierung wird ermächtigt, durch Rechtsverordnung mit Zustimmung des Bundesrates

1. Regelungen zu treffen
   a) über die grundlegenden technischen Anforderungen und die organisatorischen Eckpunkte für die Umsetzung von Überwachungsmaßnahmen und die Erteilung von Auskünften einschließlich der Umsetzung von Überwachungsmaßnahmen und der Erteilung von Auskünften durch einen von dem Verpflichteten beauftragten Erfüllungsgehilfen,
   b) über den Regelungsrahmen für die Technische Richtlinie nach Absatz 3,
   c) für den Nachweis nach Absatz 1 Satz 1 Nr. 3 und 4 und
   d) für die nähere Ausgestaltung der Duldungsverpflichtung nach Absatz 1 Satz 1 Nr. 5 sowie
2. zu bestimmen,
   a) in welchen Fällen und unter welchen Bedingungen vorübergehend auf die Einhaltung bestimmter technischer Vorgaben verzichtet werden kann,
   b) dass die Bundesnetzagentur aus technischen Gründen Ausnahmen von der Erfüllung einzelner technischer Anforderungen zulassen kann und
   c) bei welchen Telekommunikationsanlagen und damit erbrachten Diensteangeboten aus grundlegenden technischen Erwägungen oder aus Gründen der Verhältnismäßigkeit abweichend von Absatz 1 Satz 1 Nr. 1 keine technischen Einrichtungen vorgehalten und keine organisatorischen Vorkehrungen getroffen werden müssen.

(3) [1]Die Bundesnetzagentur legt technische Einzelheiten, die zur Sicherstellung einer vollständigen Erfassung der zu überwachenden Telekommunikation und zur Auskunftserteilung sowie zur Gestaltung des Übergabepunktes zu den berechtigten Stellen erforderlich sind, in einer im Benehmen mit den berechtigten Stellen und unter Beteiligung der Verbände und der Hersteller zu erstellenden Technischen Richtlinie fest. [2]Dabei sind internationale technische Standards zu berücksichtigen; Abweichungen von den Standards sind zu begründen. [3]Die Technische Richtlinie ist von der Bundesnetzagentur auf ihrer Internetseite zu veröffentlichen; die Veröffentlichung hat die Bundesnetzagentur in ihrem Amtsblatt bekannt zu machen.

(4) [1]Wer technische Einrichtungen zur Umsetzung von Überwachungsmaßnahmen herstellt oder vertreibt, kann von der Bundesnetzagentur verlangen, dass sie diese Einrichtungen im Rahmen einer Typmusterprüfung im Zusammenwirken mit bestimmten Telekommunikationsanlagen daraufhin prüft, ob die rechtlichen und technischen Vorschriften der Rechtsverordnung nach Absatz 2 und der Technischen Richtlinie nach Absatz 3 erfüllt werden. [2]Die Bundesnetzagentur kann nach pflichtgemäßem Ermessen vorübergehend Abweichungen von den technischen Vorgaben zulassen, sofern die Umsetzung von Überwachungsmaßnahmen grundsätzlich sichergestellt ist und sich ein nur unwesentlicher Anpassungsbedarf bei den Einrichtungen der berechtigten Stellen ergibt. [3]Die Bundesnetzagentur hat dem Hersteller oder Vertreiber das Prüfergebnis schriftlich mitzuteilen. [4]Die Prüfergebnisse werden von der Bundesnet-

zagentur bei dem Nachweis der Übereinstimmung der technischen Einrichtungen mit den anzuwendenden technischen Vorschriften beachtet, den der Verpflichtete nach Absatz 1 Satz 1 Nr. 3 oder 4 zu erbringen hat. [5]Die vom Bundesministerium für Wirtschaft und Technologie vor Inkrafttreten dieser Vorschrift ausgesprochenen Zustimmungen zu den von Herstellern vorgestellten Rahmenkonzepten gelten als Mitteilungen im Sinne des Satzes 3.

(5) [1]Wer nach Absatz 1 in Verbindung mit der Rechtsverordnung nach Absatz 2 verpflichtet ist, Vorkehrungen zu treffen, hat die Anforderungen der Rechtsverordnung und der Technischen Richtlinie nach Absatz 3 spätestens ein Jahr nach deren Bekanntmachung zu erfüllen, sofern dort für bestimmte Verpflichtungen kein längerer Zeitraum festgelegt ist. [2]Nach dieser Richtlinie gestaltete mängelfreie technische Einrichtungen für bereits vom Verpflichteten angebotene Telekommunikationsdienste müssen im Falle einer Änderung der Richtlinie spätestens drei Jahre nach deren Inkrafttreten die geänderten Anforderungen erfüllen. [3]Stellt sich bei dem Nachweis nach Absatz 1 Satz 1 Nr. 3 oder einer erneuten Prüfung nach Absatz 1 Satz 1 Nr. 4 ein Mangel bei den von dem Verpflichteten getroffenen technischen oder organisatorischen Vorkehrungen heraus, hat er diesen Mangel nach Vorgaben der Bundesnetzagentur in angemessener Frist zu beseitigen; stellt sich im Betrieb, insbesondere anlässlich durchzuführender Überwachungsmaßnahmen, ein Mangel heraus, hat er diesen unverzüglich zu beseitigen. [4]Sofern für die technische Einrichtung eine Typmusterprüfung nach Absatz 4 durchgeführt worden ist und dabei Fristen für die Beseitigung von Mängeln festgelegt worden sind, hat die Bundesnetzagentur diese Fristen bei ihren Vorgaben zur Mängelbeseitigung nach Satz 3 zu berücksichtigen.

(6) [1]Jeder Betreiber einer Telekommunikationsanlage, der anderen im Rahmen seines Angebotes für die Öffentlichkeit Netzabschlusspunkte seiner Telekommunikationsanlage überlässt, ist verpflichtet, den gesetzlich zur Überwachung der Telekommunikation berechtigten Stellen auf deren Anforderung Netzabschlusspunkte für die Übertragung der im Rahmen einer Überwachungsmaßnahme anfallenden Informationen unverzüglich und vorrangig bereitzustellen. [2]Die technische Ausgestaltung derartiger Netzabschlusspunkte kann in einer Rechtsverordnung nach Absatz 2 geregelt werden. [3]Für die Bereitstellung und Nutzung gelten mit Ausnahme besonderer Tarife oder Zuschläge für vorrangige oder vorzeitige Bereitstellung oder Entstörung die jeweils für die Allgemeinheit anzuwendenden Tarife. [4]Besondere vertraglich vereinbarte Rabatte bleiben von Satz 3 unberührt.

(7) [1]Telekommunikationsanlagen, die von den gesetzlich berechtigten Stellen betrieben werden und mittels derer in das Fernmeldegeheimnis oder in den Netzbetrieb eingegriffen werden soll, sind im Einvernehmen mit der Bundesnetzagentur technisch zu gestalten. [2]Die Bundesnetzagentur hat sich zu der technischen Gestaltung innerhalb angemessener Frist zu äußern.

§ 111 Daten für Auskunftsersuchen der Sicherheitsbehörden. (1) [1]Wer geschäftsmäßig Telekommunikationsdienste erbringt oder daran mitwirkt und dabei Rufnummern oder andere Anschlusskennungen vergibt oder Telekommunikationsanschlüsse für von anderen vergebene Rufnummern oder andere Anschlusskennungen bereitstellt, hat für die Auskunftsverfahren nach den §§ 112 und 113

1. die Rufnummern und anderen Anschlusskennungen,
2. den Namen und die Anschrift des Anschlussinhabers,
3. bei natürlichen Personen deren Geburtsdatum,
4. bei Festnetzanschlüssen auch die Anschrift des Anschlusses,
5. in Fällen, in denen neben einem Mobilfunkanschluss auch ein Mobilfunkendgerät überlassen wird, die Gerätenummer dieses Gerätes sowie
6. das Datum des Vertragsbeginns

vor der Freischaltung zu erheben und unverzüglich zu speichern, auch soweit diese Daten für betriebliche Zwecke nicht erforderlich sind; das Datum des Vertragsendes ist bei Bekanntwerden ebenfalls zu speichern. [2]Satz 1 gilt auch, soweit die Daten nicht in Teilnehmerverzeichnisse (§ 104) eingetragen werden. [3]Bei im Voraus bezahlten Mobilfunkdiensten ist die Richtigkeit der nach Satz 1 erhobenen Daten vor der Freischaltung zu überprüfen durch

1. Vorlage eines Ausweises im Sinne des § 2 Absatz 1 des Personalausweisgesetzes,
2. Vorlage eines Passes im Sinne des § 1 Absatz 2 des Passgesetzes,
3. Vorlage eines sonstigen gültigen amtlichen Ausweises, der ein Lichtbild des Inhabers enthält und mit dem die Pass- und Ausweispflicht im Inland erfüllt wird, wozu insbesondere auch ein nach ausländerrechtlichen Bestimmungen anerkannter oder zugelassener Pass, Personalausweis oder Pass- oder Ausweisersatz zählt,
4. Vorlage eines Aufenthaltstitels,
5. Vorlage eines Ankunftsnachweises nach § 63a Absatz 1 des Asylgesetzes oder einer Bescheinigung über die Aufenthaltsgestattung nach § 63 Absatz 1 des Asylgesetzes,
6. Vorlage einer Bescheinigung über die Aussetzung der Abschiebung nach § 60a Absatz 4 des Aufenthaltsgesetzes oder
7. Vorlage eines Auszugs aus dem Handels- oder Genossenschaftsregister oder einem vergleichbaren amtlichen Register oder Verzeichnis, der Gründungsdokumente oder gleichwertiger beweiskräftiger Dokumente oder durch Einsichtnahme in diese Register oder Verzeichnisse und Abgleich mit den darin enthaltenen Daten, sofern es sich bei dem Anschlussinhaber um eine juristische Person oder Personengesellschaft handelt,

soweit die Daten in den vorgelegten Dokumenten oder eingesehenen Registern oder Verzeichnissen enthalten sind. [4]Die Überprüfung kann auch durch andere geeignete Verfahren erfolgen; die Bundesnetzagentur legt nach Anhörung der betroffenen Kreise durch Verfügung im Amtsblatt fest, welche anderen Verfahren zur Überprüfung geeignet sind, wobei jeweils zum Zwecke der Identifikation vor Freischaltung der vertraglich vereinbarten Mobilfunkdienstleistung ein Dokument im Sinne des Satzes 3 genutzt werden muss. [5]Bei der Überprüfung ist die Art des eingesetzten Verfahrens zu speichern; bei Überprüfung mittels eines

Dokumentes im Sinne des Satzes 3 Nummer 1 bis 6 sind ferner Angaben zu Art, Nummer und ausstellender Stelle zu speichern. [6]Für die Identifizierung anhand eines elektronischen Identitätsnachweises nach § 18 des Personalausweisgesetzes oder nach § 78 Absatz 5 des Aufenthaltsgesetzes gilt § 8 Absatz 2 Satz 4 des Geldwäschegesetzes entsprechend. [7]Für das Auskunftsverfahren nach § 113 ist die Form der Datenspeicherung freigestellt.

(2) Die Verpflichtung zur unverzüglichen Speicherung nach Absatz 1 Satz 1 gilt hinsichtlich der Daten nach Absatz 1 Satz 1 Nummer 1 und 2 entsprechend für denjenigen, der geschäftsmäßig einen öffentlich zugänglichen Dienst der elektronischen Post erbringt und dabei Daten nach Absatz 1 Satz 1 Nummer 1 und 2 erhebt, wobei an die Stelle der Daten nach Absatz 1 Satz 1 Nummer 1 die Kennungen der elektronischen Postfächer und an die Stelle des Anschlussinhabers nach Absatz 1 Satz 1 Nummer 2 der Inhaber des elektronischen Postfachs tritt.

(3) [1]Wird dem Verpflichteten nach Absatz 1 Satz 1 oder Absatz 2 eine Änderung bekannt, hat er die Daten unverzüglich zu berichtigen. [2]In diesem Zusammenhang hat der nach Absatz 1 Satz 1 Verpflichtete bisher noch nicht erhobene Daten zu erheben und zu speichern, sofern ihm eine Erhebung der Daten ohne besonderen Aufwand möglich ist.

(4) [1]Bedient sich ein Diensteanbieter zur Erhebung der Daten nach Absatz 1 Satz 1 und Absatz 2 eines Dritten, bleibt er für die Erfüllung der Pflichten nach Absatz 1 Satz 1 und Absatz 2 verantwortlich. [2]Werden dem Dritten im Rahmen des üblichen Geschäftsablaufes Änderungen der Daten nach Absatz 1 Satz 1 und Absatz 2 bekannt, hat er diese dem Diensteanbieter unverzüglich zu übermitteln.

(5) Die Daten nach den Absätzen 1 und 2 sind mit Ablauf des auf die Beendigung des Vertragsverhältnisses folgenden Kalenderjahres zu löschen.

(6) Eine Entschädigung für die Datenerhebung und -speicherung wird nicht gewährt.

§ 112 Automatisiertes Auskunftsverfahren. (1) [1]Wer öffentlich zugängliche Telekommunikationsdienste erbringt, hat die nach § 111 Absatz 1 Satz 1, Absatz 2, 3 und 4 erhobenen Daten unverzüglich in Kundendateien zu speichern, in die auch Rufnummern und Rufnummernkontingente, die zur weiteren Vermarktung oder sonstigen Nutzung an andere Anbieter von Telekommunikationsdiensten vergeben werden, sowie bei portierten Rufnummern die aktuelle Portierungskennung aufzunehmen sind. [2]Der Verpflichtete kann auch eine andere Stelle nach Maßgabe des § 11 des Bundesdatenschutzgesetzes beauftragen, die Kundendateien zu führen. [3]Für die Berichtigung und Löschung der in den Kundendateien gespeicherten Daten gilt § 111 Absatz 3 und 5 entsprechend. [4]In Fällen portierter Rufnummern sind die Rufnummer und die zugehörige Portierungskennung erst nach Ablauf des Jahres zu löschen, das dem Zeitpunkt folgt, zu dem die Rufnummer wieder an den Netzbetreiber zurückgegeben wurde, dem sie ursprünglich zugeteilt worden war. [5]Der Verpflichtete hat zu gewährleisten, dass

1. die Bundesnetzagentur jederzeit Daten aus den Kundendateien automatisiert im Inland abrufen kann,
2. der Abruf von Daten unter Verwendung unvollständiger Abfragedaten oder die Suche mittels einer Ähnlichenfunktion erfolgen kann.

[6]Der Verpflichtete und sein Beauftragter haben durch technische und organisatorische Maßnahmen sicherzustellen, dass ihnen Abrufe nicht zur Kenntnis gelangen können. [7]Die Bundesnetzagentur darf Daten aus den Kundendateien nur abrufen, soweit die Kenntnis der Daten erforderlich ist

1. für die Verfolgung von Ordnungswidrigkeiten nach diesem Gesetz oder nach dem Gesetz gegen den unlauteren Wettbewerb,
2. für die Erledigung von Auskunftsersuchen der in Absatz 2 genannten Stellen.

[8]Die ersuchende Stelle prüft unverzüglich, inwieweit sie die als Antwort übermittelten Daten benötigt, nicht benötigte Daten löscht sie unverzüglich; dies gilt auch für die Bundesnetzagentur für den Abruf von Daten nach Satz 7 Nummer 1.

(2) Auskünfte aus den Kundendateien nach Absatz 1 werden

1. den Gerichten und Strafverfolgungsbehörden,
2. den Polizeivollzugsbehörden des Bundes und der Länder für Zwecke der Gefahrenabwehr,
3. dem Zollkriminalamt und den Zollfahndungsämtern für Zwecke eines Strafverfahrens sowie dem Zollkriminalamt zur Vorbereitung und Durchführung von Maßnahmen nach § 23a des Zollfahndungsdienstgesetzes,
4. den Verfassungsschutzbehörden des Bundes und der Länder, dem Militärischen Abschirmdienst, dem Bundesnachrichtendienst,
5. den Notrufabfragestellen nach § 108 sowie der Abfragestelle für die Rufnummer 124 124,
6. der Bundesanstalt für Finanzdienstleistungsaufsicht sowie
7. den Behörden der Zollverwaltung für die in § 2 Abs. 1 des Schwarzarbeitsbekämpfungsgesetzes genannten Zwecke über zentrale Abfragestellen

nach Absatz 4 jederzeit erteilt, soweit die Auskünfte zur Erfüllung ihrer gesetzlichen Aufgaben erforderlich sind und die Ersuchen an die Bundesnetzagentur im automatisierten Verfahren vorgelegt werden.

(3) [1]Das Bundesministerium für Wirtschaft und Energie wird ermächtigt, im Einvernehmen mit dem Bundeskanzleramt, dem Bundesministerium des Innern, dem Bundesministerium der Justiz und für Verbraucherschutz, dem Bundesministerium der Finanzen, dem Bundesministerium für Verkehr und digitale Infrastruktur sowie dem Bundesministerium der Verteidigung eine Rechtsverordnung mit Zustimmung des Bundesrates zu erlassen, in der geregelt werden

1. die wesentlichen Anforderungen an die technischen Verfahren
   a) zur Übermittlung der Ersuchen an die Bundesnetzagentur,
   b) zum Abruf der Daten durch die Bundesnetzagentur von den Verpflichteten einschließlich der für die Abfrage zu verwendenden Datenarten und
   c) zur Übermittlung der Ergebnisse des Abrufs von der Bundesnetzagentur an die ersuchenden Stellen,

2. die zu beachtenden Sicherheitsanforderungen,
3. für Abrufe mit unvollständigen Abfragedaten und für die Suche mittels einer Ähnlichenfunktion
   a) die Mindestanforderungen an den Umfang der einzugebenden Daten zur möglichst genauen Bestimmung der gesuchten Person,
   b) die Zeichen, die in der Abfrage verwendet werden dürfen,
   c) Anforderungen an den Einsatz sprachwissenschaftlicher Verfahren, die gewährleisten, dass unterschiedliche Schreibweisen eines Personen-, Straßen- oder Ortsnamens sowie Abweichungen, die sich aus der Vertauschung, Auslassung oder Hinzufügung von Namensbestandteilen ergeben, in die Suche und das Suchergebnis einbezogen werden,
   d) die zulässige Menge der an die Bundesnetzagentur zu übermittelnden Antwortdatensätze sowie
4. wer abweichend von Absatz 1 Satz 1 aus Gründen der Verhältnismäßigkeit keine Kundendateien für das automatisierte Auskunftsverfahren vorhalten muss; in diesen Fällen gilt § 111 Absatz 1 Satz 7 entsprechend.

[2]Im Übrigen können in der Verordnung auch Einschränkungen der Abfragemöglichkeit für die in Absatz 2 Nr. 5 bis 7 genannten Stellen auf den für diese Stellen erforderlichen Umfang geregelt werden. [3]Die technischen Einzelheiten des automatisierten Abrufverfahrens gibt die Bundesnetzagentur in einer unter Beteiligung der betroffenen Verbände und der berechtigten Stellen zu erarbeitenden Technischen Richtlinie vor, die bei Bedarf an den Stand der Technik anzupassen und von der Bundesnetzagentur in ihrem Amtsblatt bekannt zu machen ist. [4]Der Verpflichtete nach Absatz 1 und die berechtigten Stellen haben die Anforderungen der Technischen Richtlinie spätestens ein Jahr nach deren Bekanntmachung zu erfüllen. [5]Nach dieser Richtlinie gestaltete mängelfreie technische Einrichtungen müssen im Falle einer Änderung der Richtlinie spätestens drei Jahre nach deren Inkrafttreten die geänderten Anforderungen erfüllen.

(4) [1]Auf Ersuchen der in Absatz 2 genannten Stellen hat die Bundesnetzagentur die entsprechenden Datensätze aus den Kundendateien nach Absatz 1 abzurufen und an die ersuchende Stelle zu übermitteln. [2]Sie prüft die Zulässigkeit der Übermittlung nur, soweit hierzu ein besonderer Anlass besteht. [3]Die Verantwortung für die Zulässigkeit der Übermittlung tragen

1. in den Fällen des Absatzes 1 Satz 7 Nummer 1 die Bundesnetzagentur und
2. in den Fällen des Absatzes 1 Satz 7 Nummer 2 die in Absatz 2 genannten Stellen.

[4]Die Bundesnetzagentur protokolliert für Zwecke der Datenschutzkontrolle durch die jeweils zuständige Stelle bei jedem Abruf den Zeitpunkt, die bei der Durchführung des Abrufs verwendeten Daten, die abgerufenen Daten, ein die abrufende Person eindeutig bezeichnendes Datum sowie die ersuchende Stelle, deren Aktenzeichen und ein die ersuchende Person eindeutig bezeichnendes Datum. [5]Eine Verwendung der Protokolldaten für andere Zwecke ist unzulässig. [6]Die Protokolldaten sind nach einem Jahr zu löschen.

(5) [1]Der Verpflichtete nach Absatz 1 hat alle technischen Vorkehrungen in seinem Verantwortungsbereich auf seine Kosten zu treffen, die für die Erteilung der Auskünfte nach dieser Vorschrift erforderlich sind. [2]Dazu gehören auch die Anschaffung der zur Sicherstellung der Vertraulichkeit und des Schutzes vor unberechtigten Zugriffen erforderlichen Geräte, die Einrichtung eines geeigneten Telekommunikationsanschlusses und die Teilnahme an dem geschlossenen Benutzersystem sowie die laufende Bereitstellung dieser Vorkehrungen nach Maßgaben der Rechtsverordnung und der Technischen Richtlinie nach Absatz 3. [3]Eine Entschädigung für im automatisierten Verfahren erteilte Auskünfte wird den Verpflichteten nicht gewährt.

§ 113 Manuelles Auskunftsverfahren. (1) [1]Wer geschäftsmäßig Telekommunikationsdienste erbringt oder daran mitwirkt, darf nach Maßgabe des Absatzes 2 die nach den §§ 95 und 111 erhobenen Daten nach Maßgabe dieser Vorschrift zur Erfüllung von Auskunftspflichten gegenüber den in Absatz 3 genannten Stellen verwenden. [2]Dies gilt auch für Daten, mittels derer der Zugriff auf Endgeräte oder auf Speichereinrichtungen, die in diesen Endgeräten oder hiervon räumlich getrennt eingesetzt werden, geschützt wird. [3]Die in eine Auskunft aufzunehmenden Daten dürfen auch anhand einer zu einem bestimmten Zeitpunkt zugewiesenen Internetprotokoll-Adresse bestimmt werden; hierfür dürfen Verkehrsdaten auch automatisiert ausgewertet werden. [4]Für die Auskunftserteilung nach Satz 3 sind sämtliche unternehmensinternen Datenquellen zu berücksichtigen.

(2) [1]Die Auskunft darf nur erteilt werden, soweit eine in Absatz 3 genannte Stelle dies in Textform im Einzelfall zum Zweck der Verfolgung von Straftaten oder Ordnungswidrigkeiten, zur Abwehr von Gefahren für die öffentliche Sicherheit oder Ordnung oder für die Erfüllung der gesetzlichen Aufgaben der in Absatz 3 Nummer 3 genannten Stellen unter Angabe einer gesetzlichen Bestimmung verlangt, die ihr eine Erhebung der in Absatz 1 in Bezug genommenen Daten erlaubt; an andere öffentliche und nichtöffentliche Stellen dürfen Daten nach Absatz 1 nicht übermittelt werden. [2]Bei Gefahr im Verzug darf die Auskunft auch erteilt werden, wenn das Verlangen in anderer Form gestellt wird. [3]In diesem Fall ist das Verlangen unverzüglich nachträglich in Textform zu bestätigen. [4]Die Verantwortung für die Zulässigkeit des Auskunftsverlangens tragen die in Absatz 3 genannten Stellen.

(3) Stellen im Sinne des Absatzes 1 sind

1. die für die Verfolgung von Straftaten oder Ordnungswidrigkeiten zuständigen Behörden;
2. die für die Abwehr von Gefahren für die öffentliche Sicherheit oder Ordnung zuständigen Behörden;
3. die Verfassungsschutzbehörden des Bundes und der Länder, der Militärische Abschirmdienst und der Bundesnachrichtendienst.

(4) [1]Derjenige, der geschäftsmäßig Telekommunikationsdienste erbringt oder daran mitwirkt, hat die zu beauskunftenden Daten unverzüglich und voll-

ständig zu übermitteln. [2]Über das Auskunftsersuchen und die Auskunftserteilung haben die Verpflichteten gegenüber den Betroffenen sowie Dritten Stillschweigen zu wahren.

(5) [1]Wer geschäftsmäßig Telekommunikationsdienste erbringt oder daran mitwirkt, hat die in seinem Verantwortungsbereich für die Auskunftserteilung erforderlichen Vorkehrungen auf seine Kosten zu treffen. [2]Wer mehr als 100 000 Kunden hat, hat für die Entgegennahme der Auskunftsverlangen sowie für die Erteilung der zugehörigen Auskünfte eine gesicherte elektronische Schnittstelle nach Maßgabe der Technischen Richtlinie nach § 110 Absatz 3 bereitzuhalten, durch die auch die gegen die Kenntnisnahme der Daten durch Unbefugte gesicherte Übertragung gewährleistet ist. [3]Dabei ist dafür Sorge zu tragen, dass jedes Auskunftsverlangen durch eine verantwortliche Fachkraft auf Einhaltung der in Absatz 2 genannten formalen Voraussetzungen geprüft und die weitere Bearbeitung des Verlangens erst nach einem positiven Prüfergebnis freigegeben wird.

§ 113a Verpflichtete; Entschädigung[6]. (1) [1]Die Verpflichtungen zur Speicherung von Verkehrsdaten, zur Verwendung der Daten und zur Datensicher-

---

6 *Anm. der Herausgeber:* Zum früheren Verstoß dieses Normenkomplexes in der Vorauflage gegen Art. 10 Abs. 1 GG nach BVerfG v. 2. März 2010 I 272 – 1 BvR 256/08 – 1 BvR 263/08, 1 BvR 586/08 – aus dem Urteil des Bundesverfassungsgerichts wurde von der Bundesministerin der Justiz am 10. März 2010 (BGBl. I S. 272) folgende Entscheidungsformel veröffentlicht:

„1. Die §§ 113a und 113b des Telekommunikationsgesetzes in der Fassung des Artikel 2 Nummer 6 des Gesetzes zur Neuregelung der Telekommunikationsüberwachung und anderer verdeckter Ermittlungsmaßnahmen sowie zur Umsetzung der Richtlinie 2006/24/EG vom 21. Dezember 2007 (Bundesgesetzblatt Teil I Seite 3198) verstoßen gegen Artikel 10 Absatz 1 des Grundgesetzes und sind nichtig.

2. § 100g Absatz 1 Satz 1 der Strafprozessordnung in der Fassung des Artikel 1 Nummer 11 des Gesetzes zur Neuregelung der Telekommunikationsüberwachung und anderer verdeckter Ermittlungsmaßnahmen sowie zur Umsetzung der Richtlinie 2006/24/EG vom 21. Dezember 2007 (Bundesgesetzblatt Teil I Seite 3198) verstößt, soweit danach Verkehrsdaten nach § 113a des Telekommunikationsgesetzes erhoben werden dürfen, gegen Artikel 10 Absatz 1 des Grundgesetzes und ist insoweit nichtig.

3. Die aufgrund der einstweiligen Anordnung vom 11. März 2008 im Verfahren 1 BvR 256/08 (Bundesgesetzblatt Teil I Seite 659), wiederholt und erweitert mit Beschluss vom 28. Oktober 2008 (Bundesgesetzblatt Teil I Seite 2239), zuletzt wiederholt mit Beschluss vom 15. Oktober 2009 (Bundesgesetzblatt Teil I Seite 3704), von Anbietern öffentlich zugänglicher Telekommunikationsdienste im Rahmen von behördlichen Auskunftsersuchen erhobenen, aber einstweilen nicht nach § 113b Satz 1 Halbsatz 1 des Telekommunikationsgesetzes an die ersuchenden Behörden übermittelten, sondern gespeicherten Telekommunikationsverkehrsdaten sind unverzüglich zu löschen. Sie dürfen nicht an die ersuchenden Stellen übermittelt werden.

Die vorstehende Entscheidungsformel hat gemäß § 31 Absatz 2 des BVerfGG Gesetzeskraft."

heit nach den §§ 113b bis 113g beziehen sich auf Erbringer öffentlich zugänglicher Telekommunikationsdienste für Endnutzer. [2]Wer öffentlich zugängliche Telekommunikationsdienste für Endnutzer erbringt, aber nicht alle der nach Maßgabe der §§ 113b bis 113g zu speichernden Daten selbst erzeugt oder verarbeitet, hat

1. sicherzustellen, dass die nicht von ihm selbst bei der Erbringung seines Dienstes erzeugten oder verarbeiteten Daten gemäß § 113b Absatz 1 gespeichert werden, und
2. der Bundesnetzagentur auf deren Verlangen unverzüglich mitzuteilen, wer diese Daten speichert.

(2) [1]Für notwendige Aufwendungen, die den Verpflichteten durch die Umsetzung der Vorgaben aus den §§ 113b, 113d bis 113g entstehen, ist eine angemessene Entschädigung zu zahlen, soweit dies zur Abwendung oder zum Ausgleich unbilliger Härten geboten erscheint. [2]Für die Bemessung der Entschädigung sind die tatsächlich entstandenen Kosten maßgebend. [3]Über Anträge auf Entschädigung entscheidet die Bundesnetzagentur.

§ 113b Pflichten zur Speicherung von Verkehrsdaten. (1) Die in § 113a Absatz 1 Genannten sind verpflichtet, Daten wie folgt im Inland zu speichern:

1. Daten nach den Absätzen 2 und 3 für zehn Wochen,
2. Standortdaten nach Absatz 4 für vier Wochen.

(2) [1]Die Erbringer öffentlich zugänglicher Telefondienste speichern

1. die Rufnummer oder eine andere Kennung des anrufenden und des angerufenen Anschlusses sowie bei Um- oder Weiterschaltungen jedes weiteren beteiligten Anschlusses,
2. Datum und Uhrzeit von Beginn und Ende der Verbindung unter Angabe der zugrunde liegenden Zeitzone,
3. Angaben zu dem genutzten Dienst, wenn im Rahmen des Telefondienstes unterschiedliche Dienste genutzt werden können,
4. im Fall mobiler Telefondienste ferner
   a) die internationale Kennung mobiler Teilnehmer für den anrufenden und den angerufenen Anschluss,
   b) die internationale Kennung des anrufenden und des angerufenen Endgerätes,
   c) Datum und Uhrzeit der ersten Aktivierung des Dienstes unter Angabe der zugrunde liegenden Zeitzone, wenn Dienste im Voraus bezahlt wurden,
5. im Fall von Internet-Telefondiensten auch die Internetprotokoll-Adressen des anrufenden und des angerufenen Anschlusses und zugewiesene Benutzerkennungen.

[2]Satz 1 gilt entsprechend

1. bei der Übermittlung einer Kurz-, Multimedia- oder ähnlichen Nachricht; hierbei treten an die Stelle der Angaben nach Satz 1 Nummer 2 die Zeitpunkte der Versendung und des Empfangs der Nachricht;

2. für unbeantwortete oder wegen eines Eingriffs des Netzwerkmanagements erfolglose Anrufe, soweit der Erbringer öffentlich zugänglicher Telefondienste die in Satz 1 genannten Verkehrsdaten für die in § 96 Absatz 1 Satz 2 genannten Zwecke speichert oder protokolliert.

(3) Die Erbringer öffentlich zugänglicher Internetzugangsdienste speichern

1. die dem Teilnehmer für eine Internetnutzung zugewiesene Internetprotokoll-Adresse,
2. eine eindeutige Kennung des Anschlusses, über den die Internetnutzung erfolgt, sowie eine zugewiesene Benutzerkennung,
3. Datum und Uhrzeit von Beginn und Ende der Internetnutzung unter der zugewiesenen Internetprotokoll-Adresse unter Angabe der zugrunde liegenden Zeitzone.

(4) [1]Im Fall der Nutzung mobiler Telefondienste sind die Bezeichnungen der Funkzellen zu speichern, die durch den anrufenden und den angerufenen Anschluss bei Beginn der Verbindung genutzt wurden. [2]Bei öffentlich zugänglichen Internetzugangsdiensten ist im Fall der mobilen Nutzung die Bezeichnung der bei Beginn der Internetverbindung genutzten Funkzelle zu speichern. [3]Zusätzlich sind die Daten vorzuhalten, aus denen sich die geografische Lage und die Hauptstrahlrichtungen der die jeweilige Funkzelle versorgenden Funkantennen ergeben.

(5) Der Inhalt der Kommunikation, Daten über aufgerufene Internetseiten und Daten von Diensten der elektronischen Post dürfen auf Grund dieser Vorschrift nicht gespeichert werden.

(6) [1] Daten, die den in § 99 Absatz 2 genannten Verbindungen zugrunde liegen, dürfen auf Grund dieser Vorschrift nicht gespeichert werden. [2]Dies gilt entsprechend für Telefonverbindungen, die von den in § 99 Absatz 2 genannten Stellen ausgehen. [3]§ 99 Absatz 2 Satz 2 bis 7 gilt entsprechend.

(7) Die Speicherung der Daten hat so zu erfolgen, dass Auskunftsersuchen der berechtigten Stellen unverzüglich beantwortet werden können.

(8) Der nach § 113a Absatz 1 Verpflichtete hat die auf Grund des Absatzes 1 gespeicherten Daten unverzüglich, spätestens jedoch binnen einer Woche nach Ablauf der Speicherfristen nach Absatz 1, irreversibel zu löschen oder die irreversible Löschung sicherzustellen.

§ 113c Verwendung der Daten. (1) Die auf Grund des § 113b gespeicherten Daten dürfen

1. an eine Strafverfolgungsbehörde übermittelt werden, soweit diese die Übermittlung unter Berufung auf eine gesetzliche Bestimmung, die ihr eine Erhebung der in § 113b genannten Daten zur Verfolgung besonders schwerer Straftaten erlaubt, verlangt;
2. an eine Gefahrenabwehrbehörde der Länder übermittelt werden, soweit diese die Übermittlung unter Berufung auf eine gesetzliche Bestimmung, die ihr eine Erhebung der in § 113b genannten Daten zur Abwehr einer konkre-

ten Gefahr für Leib, Leben oder Freiheit einer Person oder für den Bestand des Bundes oder eines Landes erlaubt, verlangt;
3. durch den Erbringer öffentlich zugänglicher Telekommunikationsdienste für eine Auskunft nach § 113 Absatz 1 Satz 3 verwendet werden.

(2) Für andere Zwecke als die in Absatz 1 genannten dürfen die auf Grund des § 113b gespeicherten Daten von den nach § 113a Absatz 1 Verpflichteten nicht verwendet werden.

(3) [1]Die Übermittlung der Daten erfolgt nach Maßgabe der Rechtsverordnung nach § 110 Absatz 2 und der Technischen Richtlinie nach § 110 Absatz 3. [2]Die Daten sind so zu kennzeichnen, dass erkennbar ist, dass es sich um Daten handelt, die nach § 113b gespeichert waren. [3]Nach Übermittlung an eine andere Stelle ist die Kennzeichnung durch diese aufrechtzuerhalten.

§ 113d Gewährleistung der Sicherheit der Daten. [1]Der nach § 113a Absatz 1 Verpflichtete hat sicherzustellen, dass die auf Grund der Speicherpflicht nach § 113b Absatz 1 gespeicherten Daten durch technische und organisatorische Maßnahmen nach dem Stand der Technik gegen unbefugte Kenntnisnahme und Verwendung geschützt werden. [2]Die Maßnahmen umfassen insbesondere
1. den Einsatz eines besonders sicheren Verschlüsselungsverfahrens,
2. die Speicherung in gesonderten, von den für die üblichen betrieblichen Aufgaben getrennten Speichereinrichtungen,
3. die Speicherung mit einem hohen Schutz vor dem Zugriff aus dem Internet auf vom Internet entkoppelten Datenverarbeitungssystemen,
4. die Beschränkung des Zutritts zu den Datenverarbeitungsanlagen auf Personen, die durch den Verpflichteten besonders ermächtigt sind, und
5. die notwendige Mitwirkung von mindestens zwei Personen beim Zugriff auf die Daten, die dazu durch den Verpflichteten besonders ermächtigt worden sind.

§ 113e Protokollierung. (1) [1]Der nach § 113a Absatz 1 Verpflichtete hat sicherzustellen, dass für Zwecke der Datenschutzkontrolle jeder Zugriff, insbesondere das Lesen, Kopieren, Ändern, Löschen und Sperren der auf Grund der Speicherpflicht nach § 113b Absatz 1 gespeicherten Daten protokolliert wird. [2]Zu protokollieren sind
1. der Zeitpunkt des Zugriffs,
2. die auf die Daten zugreifenden Personen,
3. Zweck und Art des Zugriffs.

(2) Für andere Zwecke als die der Datenschutzkontrolle dürfen die Protokolldaten nicht verwendet werden.

(3) Der nach § 113a Absatz 1 Verpflichtete hat sicherzustellen, dass die Protokolldaten nach einem Jahr gelöscht werden.

§ 113f Anforderungskatalog. (1) [1]Bei der Umsetzung der Verpflichtungen gemäß den §§ 113b bis 113e ist ein besonders hoher Standard der Datensicherheit und Datenqualität zu gewährleisten. [2]Die Einhaltung dieses Standards wird vermutet, wenn alle Anforderungen des Katalogs der technischen Vorkehrungen und sonstigen Maßnahmen erfüllt werden, den die Bundesnetzagentur im Benehmen mit dem Bundesamt für Sicherheit in der Informationstechnik und der oder dem Bundesbeauftragten für den Datenschutz und die Informationsfreiheit erstellt.

(2) [1]Die Bundesnetzagentur überprüft fortlaufend die im Katalog nach Absatz 1 Satz 2 enthaltenen Anforderungen; hierbei berücksichtigt sie den Stand der Technik und der Fachdiskussion. [2]Stellt die Bundesnetzagentur Änderungsbedarf fest, ist der Katalog im Benehmen mit dem Bundesamt für Sicherheit in der Informationstechnik und der oder dem Bundesbeauftragten für den Datenschutz und die Informationsfreiheit unverzüglich anzupassen.

(3) [1]§ 109 Absatz 6 Satz 2 und 3 gilt entsprechend. [2]§ 109 Absatz 7 gilt mit der Maßgabe, dass an die Stelle der Anforderungen nach § 109 Absatz 1 bis 3 die Anforderungen nach Absatz 1 Satz 1, § 113b Absatz 7 und 8, § 113d und nach § 113e Absatz 1 und 3 treten.

§ 113g Sicherheitskonzept. [1]Der nach § 113a Absatz 1 Verpflichtete hat in das Sicherheitskonzept nach § 109 Absatz 4 zusätzlich aufzunehmen,
1. welche Systeme zur Erfüllung der Verpflichtungen aus den §§ 113b bis 113e betrieben werden,
2. von welchen Gefährdungen für diese Systeme auszugehen ist und
3. welche technischen Vorkehrungen oder sonstigen Maßnahmen getroffen oder geplant sind, um diesen Gefährdungen entgegenzuwirken und die Verpflichtungen aus den §§ 113b bis 113e zu erfüllen.

[2]Der nach § 113a Absatz 1 Verpflichtete hat der Bundesnetzagentur das Sicherheitskonzept unverzüglich nach dem Beginn der Speicherung nach § 113b und unverzüglich bei jeder Änderung des Konzepts vorzulegen. [3]Bleibt das Sicherheitskonzept unverändert, hat der nach § 113a Absatz 1 Verpflichtete dies gegenüber der Bundesnetzagentur im Abstand von jeweils zwei Jahren schriftlich zu erklären.

§ 114 Auskunftsersuchen des Bundesnachrichtendienstes. (1) [1]Wer öffentlich zugängliche Telekommunikationsdienste erbringt oder Übertragungswege betreibt, die für Telekommunikationsdienste für die Öffentlichkeit genutzt werden, hat dem Bundesministerium für Wirtschaft und Technologie auf Anfrage entgeltfrei Auskünfte über die Strukturen der Telekommunikationsdienste und -netze sowie bevorstehende Änderungen zu erteilen. [2]Einzelne Telekommunikationsvorgänge und Bestandsdaten von Teilnehmern dürfen nicht Gegenstand einer Auskunft nach dieser Vorschrift sein.

(2) [1]Anfragen nach Absatz 1 sind nur zulässig, wenn ein entsprechendes Ersuchen des Bundesnachrichtendienstes vorliegt und soweit die Auskunft zur Erfüllung der Aufgaben nach den §§ 5 und 8 des Artikel 10-Gesetzes oder den §§ 6, 12 und 14 des BND-Gesetzes erforderlich ist. [2]Die Verwendung einer nach dieser Vorschrift erlangten Auskunft zu anderen Zwecken ist ausgeschlossen.

§ 115 Kontrolle und Durchsetzung von Verpflichtungen. (1) [1]Die Bundesnetzagentur kann Anordnungen und andere Maßnahmen treffen, um die Einhaltung der Vorschriften des Teils 7 und der aufgrund dieses Teils ergangenen Rechtsverordnungen sowie der jeweils anzuwendenden Technischen Richtlinien sicherzustellen. [2]Der Verpflichtete muss auf Anforderung der Bundesnetzagentur die hierzu erforderlichen Auskünfte erteilen. [3]Die Bundesnetzagentur ist zur Überprüfung der Einhaltung der Verpflichtungen befugt, die Geschäfts- und Betriebsräume während der üblichen Betriebs- oder Geschäftszeiten zu betreten und zu besichtigen.

(2) [1]Die Bundesnetzagentur kann nach Maßgabe des Verwaltungsvollstreckungsgesetzes Zwangsgelder wie folgt festsetzen:

1. bis zu 500 000 Euro zur Durchsetzung der Verpflichtungen nach § 108 Abs. 1, § 110 Abs. 1, 5 oder Abs. 6, einer Rechtsverordnung nach § 108 Absatz 3, einer Rechtsverordnung nach § 110 Abs. 2, einer Rechtsverordnung nach § 112 Abs. 3 Satz 1, der Technischen Richtlinie nach § 108 Absatz 4, der Technischen Richtlinie nach § 110 Abs. 3 oder der Technischen Richtlinie nach § 112 Abs. 3 Satz 3,
2. bis zu 100 000 Euro zur Durchsetzung der Verpflichtungen nach den §§ 109, 109a, 112 Absatz 1, 3 Satz 4, Absatz 5 Satz 1 und 2, § 113 Absatz 5 Satz 2 und 3 oder § 114 Absatz 1 und
3. bis zu 20 000 Euro zur Durchsetzung der Verpflichtungen nach § 111 Abs. 1, 4 und 5 oder § 113 Absatz 4 und 5 Satz 1.

[2]Bei wiederholten Verstößen gegen § 111 Absatz 1 bis 5, § 112 Abs. 1, 3 Satz 4, Abs. 5 Satz 1 und 2 oder § 113 Absatz 4 und 5 Satz 1 kann die Tätigkeit des Verpflichteten durch Anordnung der Bundesnetzagentur dahin gehend eingeschränkt werden, dass der Kundenstamm bis zur Erfüllung der sich aus diesen Vorschriften ergebenden Verpflichtungen außer durch Vertragsablauf oder Kündigung nicht verändert werden darf.

(3) Darüber hinaus kann die Bundesnetzagentur bei Nichterfüllung von Verpflichtungen des Teils 7 den Betrieb der betreffenden Telekommunikationsanlage oder das geschäftsmäßige Erbringen des betreffenden Telekommunikationsdienstes ganz oder teilweise untersagen, wenn mildere Eingriffe zur Durchsetzung rechtmäßigen Verhaltens nicht ausreichen.

(4) [1]Soweit für die geschäftsmäßige Erbringung von Telekommunikationsdiensten Daten von natürlichen oder juristischen Personen erhoben, verarbeitet oder genutzt werden, tritt bei den Unternehmen an die Stelle der Kontrolle nach § 38 des Bundesdatenschutzgesetzes eine Kontrolle durch den Bundesbeauftragten für den Datenschutz entsprechend den §§ 21 und 24 bis 26 Abs. 1 bis 4 des Bundesdatenschutzgesetzes. [2]Der Bundesbeauftragte für den Datenschutz richtet seine Beanstandungen an die Bundesnetzagentur und übermittelt dieser nach pflichtgemäßem Ermessen weitere Ergebnisse seiner Kontrolle.

(5) Das Fernmeldegeheimnis des Artikels 10 des Grundgesetzes wird eingeschränkt, soweit dies die Kontrollen nach Absatz 1 oder 4 erfordern.

Teil 8
Bundesnetzagentur

Abschnitt 1
Organisation

§ 116 Aufgaben und Befugnisse. Die Bundesnetzagentur für Elektrizität, Gas, Telekommunikation, Post und Eisenbahnen nimmt die ihr nach diesem Gesetz sowie nach Artikel 5 der Verordnung (EU) 2015/2120 zugewiesenen Aufgaben und Befugnisse wahr.

§ 117 Veröffentlichung von Weisungen. [1]Soweit das Bundesministerium für Wirtschaft und Energie oder das Bundesministerium für Verkehr und digitale Infrastruktur Weisungen erteilt, sind diese Weisungen im Bundesanzeiger zu veröffentlichen. [2]Dies gilt nicht für Aufgaben, die von diesen Bundesministerien aufgrund dieses Gesetzes oder anderer Gesetze in eigener Zuständigkeit wahrzunehmen sind und mit deren Erfüllung sie die Bundesnetzagentur beauftragt haben.

§ 118 *(aufgehoben)*

§ 119 *(aufgehoben)*

§ 120 Aufgaben des Beirates. Der Beirat nach § 5 des Gesetzes über die Bundesnetzagentur für Elektrizität, Gas, Telekommunikation, Post und Eisenbahnen hat folgende Aufgaben:

(aufgehoben)
2. Der Beirat wirkt mit bei den Entscheidungen der Bundesnetzagentur in den Fällen des § 61 Absatz 3 Nummer 2 und 4 und des § 81.
3. Der Beirat ist berechtigt, Maßnahmen zur Umsetzung der Regulierungsziele und zur Sicherstellung des Universaldienstes zu beantragen. [2]Die Bundesnetzagentur ist verpflichtet, den Antrag innerhalb von sechs Wochen zu bescheiden.
4. Der Beirat ist gegenüber der Bundesnetzagentur berechtigt, Auskünfte und Stellungnahmen einzuholen. [2]Die Bundesnetzagentur ist gegenüber dem Beirat auskunftspflichtig.
5. Der Beirat berät die Bundesnetzagentur bei der Erstellung des Vorhabenplanes nach § 122 Abs. 2, insbesondere auch bei den grundsätzlichen marktrelevanten Entscheidungen.
6. Der Beirat ist bei der Aufstellung des Frequenzplanes nach § 54 anzuhören.

§ 121 Tätigkeitsbericht. (1) [1]Die Bundesnetzagentur legt den gesetzgebenden Körperschaften des Bundes gemeinsam mit dem Bericht nach Absatz 2 einen Bericht über ihre Tätigkeit sowie über die Lage und die Entwicklung auf dem Gebiet der Telekommunikation vor. [2]In diesem Bericht ist auch zu der

Frage Stellung zu nehmen, ob sich eine Änderung der Festlegung, welche Telekommunikationsdienste als Universaldienstleistungen im Sinne des § 78 gelten, empfiehlt. [3]Ferner teilt die Bundesnetzagentur in dem Bericht mit,

1. in welchem Umfang und mit welchen Ergebnissen sie Sicherheitskonzepte nach § 113g und deren Einhaltung überprüft hat und
2. ob und welche Beanstandungen und weiteren Ergebnisse die oder der Bundesbeauftragte für den Datenschutz und die Informationsfreiheit an die Bundesnetzagentur übermittelt hat (§ 115 Absatz 4 Satz 2).

(2) [1]Die Monopolkommission erstellt alle zwei Jahre ein Gutachten, in dem sie den Stand und die absehbare Entwicklung des Wettbewerbs und die Frage, ob nachhaltig wettbewerbsorientierte Telekommunikationsmärkte in der Bundesrepublik Deutschland bestehen, beurteilt, die Anwendung der Vorschriften dieses Gesetzes über die Regulierung und Wettbewerbsaufsicht würdigt und zu sonstigen aktuellen wettbewerbspolitischen Fragen Stellung nimmt, insbesondere zu der Frage, ob die Regelung in § 21 Abs. 2 Nr. 3 im Hinblick auf die Wettbewerbsentwicklung anzupassen ist. [2]Das Gutachten soll bis zum 30. November eines Jahres abgeschlossen sein, in dem kein Hauptgutachten nach § 44 des Gesetzes gegen Wettbewerbsbeschränkungen vorgelegt wird. [3]Die Monopolkommission kann Einsicht nehmen in die bei der Bundesnetzagentur geführten Akten einschließlich der Betriebs- und Geschäftsgeheimnisse, soweit dies zur ordnungsgemäßen Erfüllung ihrer Aufgaben erforderlich ist. [4]Für den vertraulichen Umgang mit den Akten gilt § 46 Abs. 3 des Gesetzes gegen Wettbewerbsbeschränkungen entsprechend.

(3) Die Bundesregierung nimmt zu dem Bericht gegenüber den gesetzgebenden Körperschaften des Bundes in angemessener Frist Stellung.

§ 122 Jahresbericht. (1) Die Bundesnetzagentur veröffentlicht einmal jährlich einen Bericht über die Entwicklung des Telekommunikationsmarktes, der wesentliche Marktdaten einschließlich der Entwicklung und Höhe der Endnutzertarife der Dienste nach § 78 Absatz 2, die entweder von nach den §§ 81 bis 87 verpflichteten Unternehmen oder auf dem Markt erbracht werden, und deren Verhältnis zu den nationalen Verbraucherpreisen und Einkommen, sowie Fragen des Verbraucherschutzes enthält.

(2) [1]In den Jahresbericht ist nach öffentlicher Anhörung auch ein Vorhabenplan aufzunehmen, in dem die im laufenden Jahr von der Bundesnetzagentur zu begutachtenden grundsätzlichen rechtlichen und ökonomischen Fragestellungen enthalten sind. [2]Das Ergebnis ist in dem darauf folgenden Jahresbericht zu veröffentlichen.

(3) Die Bundesnetzagentur veröffentlicht fortlaufend ihre Verwaltungsgrundsätze.

§ 123 Zusammenarbeit mit anderen Behörden auf nationaler Ebene. (1) [1]In den Fällen der §§ 10, 11, 40, 41 und § 62 Absatz 2 Nummer 3 entscheidet die Bundesnetzagentur im Einvernehmen mit dem Bundeskartellamt. [2]Trifft die Bundesnetzagentur Entscheidungen nach Teil 2 Abschnitt 2 bis 5 oder § 77a Absatz 1 und 2, gibt sie dem Bundeskartellamt rechtzeitig vor Abschluss des Verfahrens Gelegenheit zur Stellungnahme. [3]Führt das Bundeskartellamt im Bereich der Telekommunikation Verfahren nach den §§ 19 und 20 Abs. 1 und 2 des Gesetzes gegen Wettbewerbsbeschränkungen, Artikel 102 des Vertrages über die Arbeitsweise der Europäischen Union oder nach § 40 Abs. 2 des Gesetzes gegen Wettbewerbsbeschränkungen durch, gibt es der Bundesnetzagentur rechtzeitig vor Abschluss des Verfahrens Gelegenheit zur Stellungnahme. [4]Beide Behörden wirken auf eine einheitliche und den Zusammenhang mit dem Gesetz gegen Wettbewerbsbeschränkungen wahrende Auslegung dieses Gesetzes, auch beim Erlass von Verwaltungsvorschriften, hin. [5]Sie haben einander Beobachtungen und Feststellungen mitzuteilen, die für die Erfüllung der beiderseitigen Aufgaben von Bedeutung sein können.

(2) [1]Die Bundesnetzagentur arbeitet mit den Landesmedienanstalten zusammen. [2]Auf Anfrage übermittelt sie den Landesmedienanstalten Erkenntnisse, die für die Erfüllung von deren Aufgaben erforderlich sind. [3]Bei der Wahrnehmung ihrer Aufgaben und Befugnisse nach Artikel 5 der Verordnung (EU) 2015/2120 arbeitet die Bundesnetzagentur, soweit Belange des Rundfunks und vergleichbarer Telemedien nach § 2 Absatz 6 Satz 1 betroffen sind, mit der nach dem jeweiligen Landesrecht zuständigen Stelle zusammen.

§ 123a Zusammenarbeit mit anderen Behörden auf der Ebene der Europäischen Union. (1) [1]Die Bundesnetzagentur arbeitet mit den nationalen Regulierungsbehörden anderer Mitgliedstaaten, der Kommission und dem GEREK auf transparente Weise zusammen, um eine einheitliche Anwendung der Bestimmungen der Richtlinie 2002/21/EG und der Einzelrichtlinien zu gewährleisten. [2]Sie arbeitet insbesondere mit der Kommission und dem GEREK bei der Ermittlung der Maßnahmen zusammen, die zur Bewältigung bestimmter Situationen auf dem Markt am besten geeignet sind.

(2) Die Bundesnetzagentur unterstützt die Ziele des GEREK in Bezug auf bessere regulatorische Koordinierung und mehr Kohärenz.

(3) [1]Die Bundesnetzagentur trägt bei der Wahrnehmung ihrer Aufgaben weitestgehend den Empfehlungen Rechnung, die die Kommission nach Artikel 19 Absatz 1 und 2 der Richtlinie 2002/21/EG erlässt. [2]Beschließt die Bundesnetzagentur, sich nicht an eine solche Empfehlung zu halten, so teilt sie dies der Kommission unter Angabe ihrer Gründe mit.

§ 123b Bereitstellung von Informationen. (1) [1]Die Bundesnetzagentur stellt der Kommission auf deren begründeten Antrag nach Artikel 5 Absatz 2 der Richtlinie 2002/21/EG hin die Informationen zur Verfügung, die die Kommission benötigt, um ihre Aufgaben aufgrund des Vertrags über die Arbeitsweise der Europäischen Union wahrzunehmen. [2]Beziehen sich die bereitgestellten Informationen auf Informationen, die zuvor von Unternehmen auf Anforderung der Bundesnetzagentur bereitgestellt wurden, so werden die Unternehmen hiervon unterrichtet.

(2) Die Bundesnetzagentur kann ihr übermittelte Informationen der nationalen Regulierungsbehörde eines anderen Mitgliedstaats auf deren begründeten Antrag hin zur Verfügung stellen, soweit dies erforderlich ist, damit diese nationale Regulierungsbehörde ihre Verpflichtungen aus dem Recht der Europäischen Union erfüllen kann.

(3) Im Rahmen des Informationsaustausches nach den Absätzen 1 und 2 stellt die Bundesnetzagentur eine vertrauliche Behandlung aller Informationen sicher, die von der nationalen Regulierungsbehörde eines anderen Mitgliedstaats oder von dem Unternehmen, das die Informationen an die Bundesnetzagentur übermittelt hat, nach den Vorschriften des Rechts der Europäischen Union und den einzelstaatlichen Vorschriften über das Geschäftsgeheimnis als vertraulich angesehen werden.

(4) [1]Die Bundesnetzagentur kennzeichnet im Rahmen der Bereitstellung von Informationen an die Kommission, an nationale Regulierungsbehörden anderer Mitgliedstaaten, an das GEREK und an das Büro des GEREK vertrauliche Informationen. [2]Sie kann bei der Kommission beantragen, dass die Informationen, die sie der Kommission bereitstellt, Behörden anderer Mitgliedstaaten nicht zur Verfügung gestellt werden. [3]Der Antrag ist zu begründen.

§ 124 Mediation. Die Bundesnetzagentur kann in geeigneten Fällen zur Beilegung telekommunikationsrechtlicher Streitigkeiten den Parteien einen einvernehmlichen Einigungsversuch vor einer Gütestelle (Mediationsverfahren) vorschlagen.

§ 125 Wissenschaftliche Beratung. (1) [1]Die Bundesnetzagentur kann zur Vorbereitung ihrer Entscheidungen oder zur Begutachtung von Fragen der Regulierung wissenschaftliche Kommissionen einsetzen. [2]Ihre Mitglieder müssen auf dem Gebiet von Telekommunikation oder Post über besondere volkswirtschaftliche, betriebswirtschaftliche, sozialpolitische, technologische oder rechtliche Erfahrungen und über ausgewiesene wissenschaftliche Kenntnisse verfügen.

(2) [1]Die Bundesnetzagentur erhält bei der Erfüllung ihrer Aufgaben fortlaufend wissenschaftliche Unterstützung. [2]Diese betrifft insbesondere

1. die regelmäßige Begutachtung der volkswirtschaftlichen, betriebswirtschaftlichen, rechtlichen und sozialen Entwicklung der Telekommunikation und des Postwesens im Inland und Ausland,
2. die Aufbereitung und Weiterentwicklung der wissenschaftlichen Grundlagen für die Gestaltung des Universaldienstes, die Regulierung von Anbietern mit beträchtlicher Marktmacht, die Regeln über den offenen Netzzugang und die Zusammenschaltung sowie die Nummerierung und den Kundenschutz.

Abschnitt 2

Befugnisse

§ 126 Untersagung. (1) [1]Stellt die Bundesnetzagentur fest, dass ein Unternehmen seine Verpflichtungen nach diesem Gesetz, auf Grund dieses Gesetzes, nach der Verordnung (EU) Nr. 531/2012 oder nach der Verordnung (EU) 2015/2120 nicht erfüllt, fordert sie das Unternehmen zur Stellungnahme und Abhilfe auf. [2]Sie setzt dem Unternehmen für die Abhilfe eine Frist.

(2) [1]Kommt das Unternehmen innerhalb der gesetzten Frist seinen Verpflichtungen nicht nach, kann die Bundesnetzagentur die zur Einhaltung der Verpflichtung erforderlichen Maßnahmen anordnen. [2]Hierbei ist dem Unternehmen eine angemessene Frist zu setzen, um den Maßnahmen entsprechen zu können.

(3) Verletzt das Unternehmen seine Verpflichtungen in schwerer oder wiederholter Weise oder kommt es den von der Bundesnetzagentur zur Abhilfe angeordneten Maßnahmen nach Absatz 2 nicht nach, so kann die Bundesnetzagentur ihm die Tätigkeit als Betreiber von Telekommunikationsnetzen oder Anbieter von Telekommunikationsdiensten untersagen.

(4) [1]Wird durch die Verletzung von Verpflichtungen die öffentliche Sicherheit und Ordnung unmittelbar und erheblich gefährdet oder führt die Pflichtverletzung bei anderen Anbietern oder Nutzern von Telekommunikationsnetzen und -diensten zu erheblichen wirtschaftlichen oder betrieblichen Problemen, kann die Bundesnetzagentur in Abweichung von den Verfahren nach den Absätzen 1 bis 3 vorläufige Maßnahmen ergreifen. [2]Die Bundesnetzagentur entscheidet, nachdem sie dem betreffenden Unternehmen Gelegenheit zur Stellungnahme innerhalb einer angemessenen Frist eingeräumt hat, ob die vorläufige Maßnahme bestätigt, aufgehoben oder abgeändert wird.

(5) Zur Durchsetzung der Anordnungen nach Absatz 2 kann nach Maßgabe des Verwaltungsvollstreckungsgesetzes ein Zwangsgeld bis zu 500 000 Euro festgesetzt werden.

(6) Die Absätze 1, 2, 4 und 5 gelten für die Durchsetzung von Verpflichtungen von Eigentümern und Betreibern öffentlicher Versorgungsnetze, die keine Unternehmen sind, entsprechend.

§ 127 Auskunftsverlangen. (1) [1]Unbeschadet anderer nationaler oder auf unmittelbar vollziehbarem Recht der Europäischen Union beruhender Berichts- und Informationspflichten sind die Betreiber von öffentlichen Telekommunikationsnetzen und die Anbieter von öffentlich zugänglichen Telekommunikationsdiensten verpflichtet, im Rahmen der Rechte und Pflichten aus diesem Gesetz und aus der Verordnung (EU) 2015/2120 der Bundesnetzagentur auf Verlangen Auskünfte zu erteilen, die für den Vollzug dieses Gesetzes erforderlich sind. [2]Die Bundesnetzagentur kann insbesondere Auskünfte verlangen, die erforderlich sind für

1. die systematische oder einzelfallbezogene Überprüfung der Verpflichtungen, die sich aus diesem Gesetz oder auf Grund dieses Gesetzes ergeben,

2. die einzelfallbezogene Überprüfung von Verpflichtungen, wenn der Bundesnetzagentur eine Beschwerde vorliegt oder sie aus anderen Gründen eine Verletzung von Pflichten annimmt oder sie von sich aus Ermittlungen durchführt,
3. die Veröffentlichung von Qualitäts- und Preisvergleichen für Dienste zum Nutzen der Endnutzer,
4. genau angegebene statistische Zwecke,
5. ein Marktdefinitions- und Marktanalyseverfahren nach den §§ 10 und 11,
6. Verfahren auf Erteilung von Nutzungsrechten und zur Überprüfung der entsprechenden Anträge sowie
7. die Nutzung von Nummern.

[3]Auskünfte nach *Satz 3*[2] Nr. 1 bis 5 dürfen nicht vor dem Zugang zum Markt oder als Bedingung für den Zugang verlangt werden.

(2) [1]Soweit es zur Erfüllung der in diesem Gesetz der Bundesnetzagentur übertragenen Aufgaben erforderlich ist, kann die Bundesnetzagentur von den nach Absatz 1 in der Telekommunikation tätigen Unternehmen

1. Auskunft über ihre wirtschaftlichen Verhältnisse, insbesondere über Umsatzzahlen, verlangen,
2. innerhalb der üblichen Betriebs- oder Geschäftszeiten die geschäftlichen Unterlagen einsehen und prüfen.

[2]Die Bundesnetzagentur kann von den nach Absatz 1 in der Telekommunikation tätigen Unternehmen insbesondere Auskünfte über künftige Netz- und Diensteentwicklungen verlangen, wenn diese Entwicklungen sich auf Dienste auf Vorleistungsebene auswirken können, die die Unternehmen Wettbewerbern zugänglich machen. [3]Die Bundesnetzagentur kann ferner von Unternehmen mit beträchtlicher Marktmacht auf Vorleistungsmärkten verlangen, Rechnungslegungsdaten zu den mit diesen Vorleistungsmärkten verbundenen Endnutzermärkten vorzulegen.

(2a) Soweit es zur Erfüllung der Aufgaben erforderlich ist, die der Bundesnetzagentur in diesem Gesetz übertragen werden, kann die Bundesnetzagentur im Streitfall

1. passive Netzinfrastrukturen öffentlicher Versorgungsnetze vor Ort untersuchen,
2. von den Eigentümern und Betreibern öffentlicher Versorgungsnetze Auskünfte über künftige Entwicklungen der Netze und Dienste verlangen, soweit sich diese Entwicklungen auf die Mitnutzung der passiven Netzinfrastrukturen der Eigentümer und Betreiber öffentlicher Versorgungsnetze auswirken können, und
3. in den Fällen von § 77a Absatz 4, § 77b Absatz 4, § 77c Absatz 3, § 77g Absatz 2, § 77h Absatz 4 und § 77i Absatz 5 Einsicht nehmen in die von den Betreibern öffentlicher Versorgungsnetze erstellten Sicherheitskonzepte, sonstigen Konzepte, Nachweisdokumente oder in Teile davon.

(3) [1]Die Bundesnetzagentur fordert die Auskünfte nach den Absätzen 1, 2 und 2a und ordnet die Prüfung nach Absatz 2 Nummer 2 und 2a durch schrift-

liche Verfügung an. [2]In der Verfügung sind die Rechtsgrundlagen, der Gegenstand und der Zweck des Auskunftsverlangens anzugeben. [3]Bei einem Auskunftsverlangen ist eine angemessene Frist zur Erteilung der Auskunft zu bestimmen.

(4) Die Inhaber der Unternehmen oder die diese vertretenden Personen, bei juristischen Personen, Gesellschaften oder nichtrechtsfähigen Vereinen die nach Gesetz oder Satzung zur Vertretung berufenen Personen, sind verpflichtet, die verlangten Auskünfte nach den Absätzen 1, 2 und 2a zu erteilen, die geschäftlichen Unterlagen vorzulegen und die Prüfung dieser geschäftlichen Unterlagen sowie das Betreten von Geschäftsräumen und -grundstücken während der üblichen Betriebs- oder Geschäftszeiten zu dulden.

(5) Personen, die von der Bundesnetzagentur mit der Vornahme von Prüfungen beauftragt werden, dürfen die Büro- und Geschäftsräume der Unternehmen und Vereinigungen von Unternehmen während der üblichen Betriebs- oder Geschäftszeiten betreten.

(6) [1]Durchsuchungen können nur auf Anordnung des Amtsgerichts, in dessen Bezirk die Durchsuchung erfolgen soll, vorgenommen werden. [2]Auf die Anfechtung dieser Anordnung finden die §§ 306 bis 310 und 311a der Strafprozessordnung entsprechende Anwendung. [3]Bei Gefahr im Verzug können die in Absatz 5 bezeichneten Personen während der Geschäftszeit die erforderlichen Durchsuchungen ohne richterliche Anordnung vornehmen. [4]An Ort und Stelle ist eine Niederschrift über die Durchsuchung und ihr wesentliches Ergebnis aufzunehmen, aus der sich, falls keine richterliche Anordnung ergangen ist, auch die Tatsachen ergeben, die zur Annahme einer Gefahr im Verzug geführt haben.

(7) [1]Gegenstände oder geschäftliche Unterlagen können im erforderlichen Umfang in Verwahrung genommen werden oder, wenn sie nicht freiwillig herausgegeben werden, beschlagnahmt werden. [2]Auf die Beschlagnahme findet Absatz 6 entsprechende Anwendung.

(8) [1]Zur Auskunft nach Absatz 4 Verpflichtete können die Auskunft auf solche Fragen verweigern, deren Beantwortung sie selbst oder in § 383 Abs. 1 Nr. 1 bis 3 der Zivilprozessordnung bezeichnete Angehörige der Gefahr strafgerichtlicher Verfolgung oder eines Verfahrens nach dem Gesetz über Ordnungswidrigkeiten aussetzen würde. [2]Die durch Auskünfte oder Maßnahmen nach den Absätzen 1 und 2 erlangten Kenntnisse und Unterlagen dürfen für ein Besteuerungsverfahren oder ein Bußgeldverfahren wegen einer Steuerordnungswidrigkeit oder einer Devisenzuwiderhandlung sowie für ein Verfahren wegen einer Steuerstraftat oder einer Devisenstraftat nicht verwendet werden; die §§ 93, 97, 105 Abs. 1, § 111 Abs. 5 in Verbindung mit § 105 Abs. 1 sowie § 116 Abs. 1 der Abgabenordnung sind insoweit nicht anzuwenden. [3]Satz 1 gilt nicht für Verfahren wegen einer Steuerstraftat sowie eines damit zusammenhängenden Besteuerungsverfahrens, wenn an deren Durchführung ein zwingendes öffentliches Interesse besteht, oder bei vorsätzlich falschen Angaben der Auskunftspflichtigen oder der für sie tätigen Personen.

(9) Soweit Prüfungen einen Verstoß gegen Auflagen, Anordnungen oder Verfügungen der Bundesnetzagentur ergeben haben, hat das Unternehmen der Bundesnetzagentur die Aufwendungen für diese Prüfungen einschließlich ihrer Auslagen für Sachverständige zu erstatten.

(10) Zur Durchsetzung dieser Anordnungen kann nach Maßgabe des Verwaltungsvollstreckungsgesetzes ein Zwangsgeld bis zu 500 000 Euro festgesetzt werden.

§ 128 Ermittlungen. (1) Die Bundesnetzagentur kann alle Ermittlungen führen und alle Beweise erheben, die erforderlich sind.

(2) [1]Für den Beweis durch Augenschein, Zeugen und Sachverständige sind § 372 Abs. 1, die §§ 376, 377, 380 bis 387, 390, 395 bis 397, 398 Abs. 1 und die §§ 401, 402, 404, 406 bis 409, 411 bis 414 der Zivilprozessordnung entsprechend anzuwenden; Haft darf nicht verhängt werden. [2]Für die Entscheidung über die Beschwerde ist das Oberlandesgericht zuständig.

(3) [1]Über die Aussagen der Zeuginnen oder Zeugen soll eine Niederschrift aufgenommen werden, die von dem ermittelnden Mitglied der Bundesnetzagentur und, wenn ein Urkundsbeamter zugezogen ist, auch von diesem zu unterschreiben ist. [2]Die Niederschrift soll Ort und Tag der Verhandlung sowie die Namen der Mitwirkenden und Beteiligten ersehen lassen.

(4) [1]Die Niederschrift ist den Zeuginnen oder Zeugen zur Genehmigung vorzulesen oder zur eigenen Durchsicht vorzulegen. [2]Die erteilte Genehmigung ist zu vermerken und von den Betreffenden zu unterschreiben. [3]Unterbleibt die Unterschrift, so ist der Grund hierfür anzugeben.

(5) Bei der Vernehmung von Sachverständigen sind die Absätze 3 und 4 entsprechend anzuwenden.

(6) [1]Die Bundesnetzagentur kann das Amtsgericht um die Beeidigung von Zeugen ersuchen, wenn sie die Beeidigung zur Herbeiführung einer wahrheitsgemäßen Aussage für notwendig erachtet. [2]Über die Beeidigung entscheidet das Gericht.

§ 129 Beschlagnahme. (1) [1]Die Bundesnetzagentur kann Gegenstände, die als Beweismittel für die Ermittlung von Bedeutung sein können, beschlagnahmen. [2]Die Beschlagnahme ist den davon Betroffenen unverzüglich bekannt zu geben.

(2) Die Bundesnetzagentur hat binnen drei Tagen um die richterliche Bestätigung des Amtsgerichts, in dessen Bezirk die Beschlagnahme vorgenommen ist, nachzusuchen, wenn bei der Beschlagnahme weder die davon Betroffenen noch erwachsene Angehörige anwesend waren oder wenn die Betroffenen und im Falle ihrer Abwesenheit erwachsene Angehörige der Betroffenen gegen die Beschlagnahme ausdrücklich Widerspruch erhoben haben.

(3) [1]Die Betroffenen können gegen die Beschlagnahme jederzeit um die richterliche Entscheidung nachsuchen. [2]Hierüber sind sie zu belehren. [3]Über den Antrag entscheidet das nach Absatz 2 zuständige Gericht.

(4) [1]Gegen die richterliche Entscheidung ist die Beschwerde zulässig. [2]Die §§ 306 bis 310 und 311a der Strafprozessordnung gelten entsprechend.

§ 130 Vorläufige Anordnungen. Die Bundesnetzagentur kann bis zur endgültigen Entscheidung vorläufige Anordnungen treffen.

§ 131 Abschluss des Verfahrens. (1) [1]Entscheidungen der Bundesnetzagentur sind zu begründen. [2]Sie sind mit der Begründung und einer Belehrung über das zulässige Rechtsmittel den Beteiligten nach den Vorschriften des Verwaltungszustellungsgesetzes zuzustellen. [3]Entscheidungen, die gegenüber einem Unternehmen mit Sitz außerhalb des Geltungsbereiches dieses Gesetzes ergehen, stellt die Bundesnetzagentur denjenigen zu, die das Unternehmen der Bundesnetzagentur als Zustellungsbevollmächtigte benannt hat. [4]Hat das Unternehmen keine Zustellungsbeauftragten benannt, so stellt die Bundesnetzagentur die Entscheidung durch Bekanntmachung im Bundesanzeiger zu.

(2) Soweit ein Verfahren nicht mit einer Entscheidung abgeschlossen wird, die den Beteiligten nach Absatz 1 Satz 2 bis 4 zugestellt wird, ist seine Beendigung den Beteiligten schriftlich mitzuteilen.

(3) Die Bundesnetzagentur kann die Kosten einer Beweiserhebung den Beteiligten nach billigem Ermessen auferlegen.

Abschnitt 3

Verfahren

Unterabschnitt 1

Beschlusskammern

§ 132 Beschlusskammerentscheidungen. (1) [1]Die Bundesnetzagentur entscheidet durch Beschlusskammern in den Fällen des Teils 2, des § 55 Absatz 10, der §§ 61 und 62 sowie des § 81. [2]Absatz 4 Satz 1 bleibt unberührt. [3]Die Entscheidung ergeht durch Verwaltungsakt. [4]Die Beschlusskammern werden mit Ausnahme der Absätze 2 und 4 nach Bestimmung des Bundesministeriums für Wirtschaft und Energie im Benehmen mit dem Bundesministerium für Verkehr und digitale Infrastruktur gebildet.

(2) [1]Die Bundesnetzagentur entscheidet durch Beschlusskammern als nationale Streitbeilegungsstelle in den Fällen des § 77n. [2]Die Entscheidung ergeht durch Verwaltungsakt. [3]Nationale Streitbeilegungsstellen werden nach Bestimmung des Bundesministeriums für Verkehr und digitale Infrastruktur gebildet.

(3) [1]Die Beschlusskammern entscheiden in der Besetzung mit einem Vorsitzenden oder einer Vorsitzenden und zwei beisitzenden Mitgliedern. [2]Der oder die Vorsitzende und die beisitzenden Mitglieder müssen die Befähigung für

eine Laufbahn des höheren Dienstes erworben haben. [3]Mindestens ein Mitglied der Beschlusskammer muss die Befähigung zum Richteramt haben.

(4) [1]In den Fällen des § 55 Absatz 10, der §§ 61, 62 und 81 entscheidet die Beschlusskammer in der Besetzung mit dem Präsidenten als Vorsitzendem oder der Präsidentin als Vorsitzender und den beiden Vizepräsidenten oder Vizepräsidentinnen als beisitzende Mitglieder; Absatz 2 Satz 2 und 3 findet insoweit keine Anwendung. [2]Die Vertretung in Verhinderungsfällen wird in der Geschäftsordnung nach § 3 Abs. 1 des Gesetzes über die Bundesnetzagentur für Elektrizität, Gas, Telekommunikation, Post und Eisenbahnen geregelt. [3]Die Entscheidung in den Fällen des § 61 Absatz 3 Nummer 2 und 4 und des § 81 erfolgt im Benehmen mit dem Beirat.

(5) [1]Zur Wahrung einer einheitlichen Spruchpraxis in Fällen vergleichbarer oder zusammenhängender Sachverhalte und zur Sicherstellung des Konsistenzgebotes nach § 27 Abs. 2 sind in der Geschäftsordnung der Bundesnetzagentur Verfahren vorzusehen, die vor Erlass von Entscheidungen umfassende Abstimmungs-, Auskunfts- und Informationspflichten der jeweiligen Beschlusskammern und der Abteilungen vorsehen. [2]Soweit Entscheidungen der Beschlusskammern nach den §§ 19, 20, 21, 23, 24, 30, 39, 40, 41 Absatz 2 oder § 42 Abs. 4 Satz 3 betroffen sind, ist in der Geschäftsordnung sicherzustellen, dass Festlegungen nach den §§ 10 und 11 durch die Präsidentenkammer erfolgen.

§ 133 Sonstige Streitigkeiten zwischen Unternehmen. (1) [1]Ergeben sich im Zusammenhang mit Verpflichtungen aus diesem Gesetz oder aufgrund dieses Gesetzes Streitigkeiten zwischen Unternehmen, die öffentliche Telekommunikationsnetze betreiben oder öffentlich zugängliche Telekommunikationsdienste anbieten, oder zwischen diesen und anderen Unternehmen, denen Zugangs- oder Zusammenschaltungsverpflichtungen aus diesem Gesetz oder aufgrund dieses Gesetzes zugute kommen, trifft die Beschlusskammer, soweit dies gesetzlich nicht anders geregelt ist, auf Antrag einer Partei nach Anhörung der Beteiligten eine verbindliche Entscheidung. [2]Sie hat innerhalb einer Frist von höchstens vier Monaten, beginnend mit der Anrufung durch einen der an dem Streitfall Beteiligten, über die Streitigkeit zu entscheiden.

(2) [1]Bei einer Streitigkeit in einem unter dieses Gesetz fallenden Bereich zwischen Unternehmen in verschiedenen Mitgliedstaaten, die in die Zuständigkeit der nationalen Regulierungsbehörden von mehr als einem Mitgliedstaat fällt, kann jede Partei die Streitigkeit der betreffenden nationalen Regulierungsbehörde vorlegen. [2]Fällt die Streitigkeit in den Zuständigkeitsbereich der Bundesnetzagentur, so koordiniert sie ihre Maßnahmen mit den zuständigen nationalen Regulierungsbehörden der anderen betroffenen Mitgliedstaaten. [3]Die Beschlusskammer trifft ihre Entscheidung im Benehmen mit der betreffenden nationalen Regulierungsbehörde innerhalb der in Absatz 1 genannten Fristen.

(3) [1]Bei Streitigkeiten nach Absatz 2 kann die Bundesnetzagentur das GEREK beratend hinzuziehen, um die Streitigkeit im Einklang mit den in § 2 ge-

nannten Zielen dauerhaft beizulegen. [2]Sie kann das GEREK um eine Stellungnahme zu der Frage ersuchen, welche Maßnahmen zur Streitbeilegung zu ergreifen sind. [3]Hat die Bundesnetzagentur oder die zuständige nationale Regulierungsbehörde eines anderen betroffenen Mitgliedstaats das GEREK um eine Stellungnahme ersucht, so trifft die Beschlusskammer ihre Entscheidung nicht, bevor das GEREK seine Stellungnahme abgegeben hat. [4]§ 130 bleibt hiervon unberührt.

(4) Die §§ 126 bis 132 und 134 bis 137 gelten entsprechend.

§ 134 Einleitung, Beteiligte. (1) Die Beschlusskammer leitet ein Verfahren von Amts wegen oder auf Antrag ein.

(2) An dem Verfahren vor der Beschlusskammer sind beteiligt
1. der Antragsteller,
2. die Betreiber von öffentlichen Telekommunikationsnetzen und die Anbieter von öffentlich zugänglichen Telekommunikationsdiensten, gegen die sich das Verfahren richtet,
3. die Personen und Personenvereinigungen, deren Interessen durch die Entscheidung berührt werden und die die Bundesnetzagentur auf ihren Antrag zu dem Verfahren beigeladen hat.

§ 134a Verfahren der nationalen Streitbeilegung. (1) Die nationale Streitbeilegungsstelle leitet ein Verfahren auf Antrag ein.

(2) An Verfahren vor der nationalen Streitbeilegungsstelle sind beteiligt:
1. bei einem Verfahren nach § 77n Absatz 1 bis 5 der Antragsteller und die Eigentümer oder Betreiber öffentlicher Versorgungsnetze, gegen die sich das Verfahren richtet,
2. bei einem Verfahren nach § 77n Absatz 6 der Antragsteller und der Verfügungsberechtigte über Netzinfrastrukturen in Gebäuden oder bis zum ersten Konzentrations- oder Verteilerpunkt eines öffentlichen Telekommunikationsnetzes, gegen den sich das Verfahren richtet,
3. die Personen und Personenvereinigungen, deren Interessen durch die Entscheidung berührt werden und die die Bundesnetzagentur auf ihren Antrag zu dem Verfahren beigeladen hat,
4. bei einer Inanspruchnahme von Eisenbahninfrastrukturunternehmen die zuständige Eisenbahnaufsichtsbehörde.

(3) Sind bei Streitigkeiten über das Vorliegen eines Ablehnungsgrundes nach § 77b Absatz 4 Nummer 3, § 77c Absatz 3 Nummer 3, § 77g Absatz 2 Nummer 4, § 77h Absatz 4 Nummer 4 oder § 77i Absatz 5 kritische Infrastrukturen im Sinne des § 2 Absatz 10 des Gesetzes über das Bundesamt für Sicherheit in der Informationstechnik betroffen, so entscheidet die Bundesnetzagentur im Benehmen mit dem Bundesamt für Sicherheit in der Informationstechnik.

§ 135 Anhörung, mündliche Verhandlung. (1) Die Beschlusskammer hat den Beteiligten Gelegenheit zur Stellungnahme zu geben.

(2) Den Personen, die von dem Verfahren berührte Wirtschaftskreise vertreten, kann die Beschlusskammer in geeigneten Fällen Gelegenheit zur Stellungnahme geben.

(3) [1]Die Beschlusskammer entscheidet aufgrund öffentlicher mündlicher Verhandlung; mit Einverständnis der Beteiligten kann ohne mündliche Verhandlung entschieden werden. [2]Auf Antrag eines Beteiligten oder von Amts wegen ist für die Verhandlung oder für einen Teil davon die Öffentlichkeit auszuschließen, wenn sie eine Gefährdung der öffentlichen Ordnung, insbesondere der Staatssicherheit, oder die Gefährdung eines wichtigen Betriebs- oder Geschäftsgeheimnisses besorgen lässt.

§ 136 Betriebs- oder Geschäftsgeheimnisse. [1]Unverzüglich nach der Vorlage von Unterlagen im Rahmen des Beschlusskammerverfahrens haben alle Beteiligten diejenigen Teile zu kennzeichnen, die Betriebs- oder Geschäftsgeheimnisse enthalten. [2]In diesem Fall müssen sie zusätzlich eine Fassung vorlegen, die aus ihrer Sicht ohne Preisgabe von Betriebs- oder Geschäftsgeheimnissen eingesehen werden kann. [3]Erfolgt dies nicht, kann die Beschlusskammer von ihrer Zustimmung zur Einsicht ausgehen, es sei denn, ihr sind besondere Umstände bekannt, die eine solche Vermutung nicht rechtfertigen. [4]Hält die Beschlusskammer die Kennzeichnung der Unterlagen als Betriebs- oder Geschäftsgeheimnisse für unberechtigt, so muss sie vor der Entscheidung über die Gewährung von Einsichtnahme an Dritte die vorlegenden Personen hören.

Unterabschnitt 2

Gerichtsverfahren

§ 137 Rechtsmittel. (1) Widerspruch und Klage gegen Entscheidungen der Bundesnetzagentur haben keine aufschiebende Wirkung.

(2) Im Falle des § 132 findet ein Vorverfahren nicht statt.

(3) [1]Im Falle des § 132 sind die Berufung gegen ein Urteil und die Beschwerde nach der Verwaltungsgerichtsordnung oder nach dem Gerichtsverfassungsgesetz gegen eine andere Entscheidung des Verwaltungsgerichts ausgeschlossen. [2]Das gilt nicht für die Beschwerde gegen den Beschluss nach § 138 Absatz 4, die Beschwerde gegen die Nichtzulassung der Revision nach § 135 in Verbindung mit § 133 der Verwaltungsgerichtsordnung und die Beschwerde gegen Beschlüsse über den Rechtsweg nach § 17a Abs. 2 und 3 des Gerichtsverfassungsgesetzes. [3]Auf die Beschwerde gegen die Beschlüsse über den Rechtsweg findet § 17a Abs. 4 Satz 4 bis 6 des Gerichtsverfassungsgesetzes entsprechende Anwendung.

§ 138 Vorlage- und Auskunftspflicht der Bundesnetzagentur. (1) [1]Für die Vorlage von Urkunden oder Akten, die Übermittlung elektronischer Dokumente oder die Erteilung von Auskünften (Vorlage von Unterlagen) durch die

Bundesnetzagentur ist § 99 Absatz 1 der Verwaltungsgerichtsordnung mit der Maßgabe anzuwenden, dass anstelle des Rechts der obersten Aufsichtsbehörde nach § 99 Absatz 1 Satz 2 der Verwaltungsgerichtsordnung, die Vorlage zu verweigern, das Recht der Bundesnetzagentur tritt, die Unterlagen als geheimhaltungsbedürftig zu kennzeichnen. [2]Das Gericht der Hauptsache unterrichtet die Beteiligten, deren Geheimhaltungsinteresse durch die Offenlegung der Unterlagen im Hauptsacheverfahren berührt werden könnte, darüber, dass die Unterlagen vorgelegt worden sind.

(2) [1]Das Gericht der Hauptsache entscheidet auf Antrag eines Beteiligten, der ein Geheimhaltungsinteresse an den vorgelegten Unterlagen geltend macht, durch Beschluss, inwieweit die §§ 100 und 108 Absatz 1 Satz 2 sowie Absatz 2 der Verwaltungsgerichtsordnung auf die Entscheidung in der Hauptsache anzuwenden sind. [2]Die Beteiligtenrechte nach den §§ 100 und 108 Absatz 1 Satz 2 sowie Absatz 2 der Verwaltungsgerichtsordnung sind auszuschließen, soweit nach Abwägung aller Umstände das Geheimhaltungsinteresse das Interesse der Beteiligten auf rechtliches Gehör auch unter Beachtung des Rechts auf effektiven Rechtsschutz überwiegt. [3]Insoweit dürfen die Entscheidungsgründe im Hauptsacheverfahren die Art und den Inhalt der geheim gehaltenen Unterlagen nicht erkennen lassen. [4]Die Mitglieder des Gerichts sind zur Geheimhaltung verpflichtet.

(3) [1]Der Antrag nach Absatz 2 Satz 1 ist innerhalb eines Monats zu stellen, nachdem das Gericht die Beteiligten, deren Geheimhaltungsinteressen durch die Offenlegung der Unterlagen berührt werden könnten, über die Vorlage der Unterlagen durch die Bundesnetzagentur unterrichtet hat. [2]In diesem Verfahren ist § 100 der Verwaltungsgerichtsordnung nicht anzuwenden. [3]Absatz 2 Satz 3 und 4 gilt sinngemäß.

(4) [1]Gegen die Entscheidung nach Absatz 2 Satz 1 ist die Beschwerde zum Bundesverwaltungsgericht gegeben. [2]Über die Beschwerde entscheidet der für die Hauptsache zuständige Revisionssenat. [3]Absatz 2 Satz 3 und 4 und Absatz 3 Satz 2 gelten sinngemäß.

§ 138a Informationssystem zu eingelegten Rechtsbehelfen. [1]Die Bundesnetzagentur erhebt zu den gegen ihre Entscheidungen eingelegten Rechtsbehelfen die folgenden Informationen:
1. die Anzahl und den allgemeinen Inhalt der eingelegten Rechtsbehelfe,
2. die Dauer der Verfahren und
3. die Anzahl der Entscheidungen im vorläufigen Rechtsschutz.

[2]Sie stellt diese Informationen der Kommission und dem GEREK auf deren begründete Anfrage zur Verfügung.

§ 139 Beteiligung der Bundesnetzagentur bei bürgerlichen Rechtsstreitigkeiten. [1]Für bürgerliche Rechtsstreitigkeiten, die sich aus diesem Gesetz ergeben, gilt § 90 Abs. 1 und 2 des Gesetzes gegen Wettbewerbsbeschränkungen entsprechend. [2]In diesen Fällen treten an die Stelle des Bundeskartellamtes und seines Präsidenten oder seiner Präsidentin die Bundesnetzagentur und ihr Präsident oder ihre Präsidentin.

Unterabschnitt 3

Internationale Aufgaben

§ 140 Internationale Aufgaben. (1) [1]Im Bereich der europäischen und internationalen Telekommunikationspolitik, insbesondere bei der Mitarbeit in europäischen und internationalen Institutionen und Organisationen, wird die Bundesnetzagentur im Auftrag des Bundesministeriums für Wirtschaft und Energie oder des Bundesministeriums für Verkehr und digitale Infrastruktur tätig. [2]Dies gilt nicht für Aufgaben, die die Bundesnetzagentur auf Grund dieses Gesetzes oder anderer Gesetze sowie auf Grund von Verordnungen der Europäischen Union in eigener Zuständigkeit wahrnimmt.

(2) [1]Die Bundesnetzagentur unterrichtet das Bundesministerium für Wirtschaft und Energie oder das Bundesministerium für Verkehr und digitale Infrastruktur vorab über die wesentlichen Inhalte geplanter Sitzungen in europäischen und internationalen Gremien. [2]Sie fasst die wesentlichen Ergebnisse und Schlussfolgerungen der Sitzungen zusammen und übermittelt sie unverzüglich an das Bundesministerium für Wirtschaft und Energie oder das Bundesministerium für Verkehr und digitale Infrastruktur. [3]Bei Aufgaben, die die Bundesnetzagentur nach Absatz 1 Satz 2 in eigener Zuständigkeit wahrnimmt, finden die Sätze 1 und 2 keine Anwendung, soweit zwingende Vorschriften die vertrauliche Behandlung von Informationen fordern.

§ 141 Anerkannte Abrechnungsstelle für den Seefunkverkehr. Zuständige Behörde für die Anerkennung von Abrechnungsstellen für den internationalen Seefunkverkehr nach den Anforderungen der Internationalen Fernmeldeunion im Geltungsbereich dieses Gesetzes ist die Bundesnetzagentur.

Teil 9

Abgaben

§ 142 Gebühren und Auslagen. (1) [1]Die Bundesnetzagentur erhebt für die folgenden individuell zurechenbaren öffentlichen Leistungen Gebühren und Auslagen:

1. Entscheidungen über die Zuteilung eines Nutzungsrechts an Frequenzen nach § 55,
2. Entscheidungen über die Zuteilung eines Nutzungsrechts an Nummern aufgrund einer Rechtsverordnung nach § 66 Abs. 4,
3. Bearbeitung von Anträgen auf Registrierung von Anwählprogrammen über Mehrwertdienste-Rufnummern,
4. einzelfallbezogene Koordinierung, Anmeldung, Übertragung und Notifizierung von Satellitensystemen nach § 56,
5. sonstige individuell zurechenbare öffentliche Leistungen, die in einem engen Zusammenhang mit einer Entscheidung nach den Nummern 1 bis 4 stehen,

6. Maßnahmen aufgrund von Verstößen gegen dieses Gesetz oder die darauf beruhenden Rechtsverordnungen,
7. Entscheidungen über die Übertragung von Wegerechten nach § 69,
8. Entscheidungen der Zugangsregulierung nach § 18 Abs. 1 und 2, den §§ 19, 20, 21 Abs. 2 und 3, § 23 und den §§ 24 und 25,
9. Entscheidungen der Entgeltregulierung nach den §§ 29, 35 Abs. 3, §§ 38 und 39,
10. Entscheidungen im Rahmen der Missbrauchsaufsicht nach § 42 Abs. 4,
11. Entscheidungen über sonstige Streitigkeiten zwischen Unternehmen nach § 133,
12. Entscheidungen der Streitbeilegung nach § 77n.

[2]Gebühren und Auslagen werden auch erhoben, wenn ein Antrag auf Vornahme einer in Satz 1 bezeichneten individuell zurechenbaren öffentlichen Leistung
1. aus anderen Gründen als wegen Unzuständigkeit der Behörde abgelehnt oder
2. nach Beginn der sachlichen Bearbeitung, jedoch vor deren Beendigung, zurückgenommen wird.

(2) Die Gebühren nach Absatz 1 werden vorbehaltlich der Regelung in Absatz 4 zur Deckung des Verwaltungsaufwands erhoben.

(3) [1]Das Bundesministerium für Wirtschaft und Energie wird ermächtigt, im Einvernehmen mit dem Bundesministerium der Finanzen und dem Bundesministerium für Verkehr und digitale Infrastruktur durch Rechtsverordnung, die nicht der Zustimmung des Bundesrates bedarf,
1. die gebührenpflichtigen Tatbestände nach Absatz 1 sowie die Höhe der hierfür zu erhebenden Gebühren näher zu bestimmen und dabei feste Sätze, auch in Form von Gebühren nach Zeitaufwand, oder Rahmensätze vorzusehen,
2. eine bestimmte Zahlungsweise der Gebühren anzuordnen und
3. das Nähere zur Ermittlung des Verwaltungsaufwands nach Absatz 2 zu bestimmen.

[2]Das Bundesministerium für Wirtschaft und Energie kann die Ermächtigung nach Satz 1 durch Rechtsverordnung unter Sicherstellung der Einvernehmensregelung auf die Bundesnetzagentur übertragen. [3]Eine Rechtsverordnung der Bundesnetzagentur, ihre Änderung und ihre Aufhebung bedürfen des Einvernehmens mit dem Bundesministerium für Wirtschaft und Energie, dem Bundesministerium der Finanzen und dem Bundesministerium für Verkehr und digitale Infrastruktur.

(4) [1]Abweichend von Absatz 2 Satz 1 kann die Gebühr für Entscheidungen über die Zuteilungen nach Absatz 1 Nummer 1 und 2 so festgesetzt werden, dass sie als Lenkungszweck die optimale Nutzung und eine den Zielen dieses Gesetzes verpflichtete effiziente Verwendung dieser Güter sicherstellt. [2]Absatz 2 Satz 1 und 2 findet keine Anwendung, wenn Nummern oder Frequenzen von außerordentlichem wirtschaftlichem Wert durch wettbewerbsorientierte oder vergleichende Auswahlverfahren vergeben werden.

(5) In Rechtsverordnungen nach Absatz 2 Satz 1 kann abweichend von den Vorschriften des Bundesgebührengesetzes geregelt werden:
1. der Umfang der zu erstattenden Auslagen und
2. die Gebühr in den Fällen des Widerrufs oder der Rücknahme einer Zuteilung nach Absatz 1 Nr. 1 und 2 oder einer Übertragung von Wegerechten nach Absatz 1 Nr. 7, sofern die Betroffenen dies zu vertreten haben.

(6) [1]Eine Festsetzung von Gebühren und Auslagen ist bis zum Ablauf des vierten Kalenderjahres nach Entstehung der Schuld zulässig (Festsetzungsverjährung). [2]Wird vor Ablauf der Frist ein Antrag auf Aufhebung oder Änderung der Festsetzung gestellt, ist die Festsetzungsfrist so lange gehemmt, bis über den Antrag unanfechtbar entschieden wurde. [3]Der Anspruch auf Zahlung von Gebühren und Auslagen verjährt mit Ablauf des fünften Kalenderjahres nach der Festsetzung (Zahlungsverjährung). [4]Im Übrigen gelten § 13 Absatz 3 und die §§ 18 und 19 des Bundesgebührengesetzes.

(7) Im Falle des Versteigerungsverfahrens nach § 61 Absatz 4 wird eine Zuteilungsgebühr nach Absatz 1 Nr. 1 nur erhoben, soweit sie den Erlös des Versteigerungsverfahrens übersteigt.

(8) [1]Die Wegebaulastträger können in ihrem Zuständigkeitsbereich Regelungen erlassen, nach denen lediglich die Verwaltungskosten abdeckende Gebühren und Auslagen für die Erteilung von Zustimmungsbescheiden nach § 68 Abs. 3 zur Nutzung öffentlicher Wege erhoben werden können. [2]Eine Pauschalierung ist zulässig.

§ 143 Frequenznutzungsbeitrag. (1) [1]Die Bundesnetzagentur erhebt jährliche Beiträge zur Deckung ihrer Kosten für die Verwaltung, Kontrolle und Durchsetzung von Allgemeinzuteilungen und Nutzungsrechten im Bereich der Frequenz- und Orbitnutzungen nach diesem Gesetz oder den darauf beruhenden Rechtsverordnungen. [2]Dies umfasst insbesondere auch die Kosten der Bundesnetzagentur für:
1. die Planung und Fortschreibung von Frequenznutzungen einschließlich der notwendigen Messungen, Prüfungen und Verträglichkeitsuntersuchungen zur Gewährleistung einer effizienten und störungsfreien Frequenznutzung,
2. internationale Zusammenarbeit, Harmonisierung und Normung.

(2) [1]Beitragspflichtig sind diejenigen, denen Frequenzen zugeteilt sind. [2]Die Anteile an den Kosten werden den einzelnen Nutzergruppen, die sich aus der Frequenzzuweisung ergeben, so weit wie möglich aufwandsbezogen zugeordnet. [3]Eine Beitragspflicht ist auch dann gegeben, wenn eine Frequenz aufgrund sonstiger Verwaltungsakte oder dauerhaft ohne Zuteilung genutzt wird. [4]Dies gilt insbesondere für die bis zum 1. August 1996 erteilten Rechte, soweit sie Festlegungen über die Nutzung von Frequenzen enthalten.

(3) In die nach Absatz 1 abzugeltenden Kosten sind solche nicht einzubeziehen, für die bereits eine Gebühr nach § 142 oder eine Gebühr nach § 16 des Gesetzes über Funkanlagen und Telekommunikationsendeinrichtungen vom 31. Januar 2001 (BGBl. I S. 170) oder Gebühren nach der Besonderen Gebüh-

renverordnung des Bundesministeriums für Wirtschaft und Energie nach § 22 Absatz 4 des Bundesgebührengesetzes oder Beiträge nach § 31 des Elektromagnetische-Verträglichkeit-Gesetzes in der jeweils gültigen Fassung und den auf diesen Vorschriften beruhenden Rechtsverordnungen erhoben wird.

(4) [1]Das Bundesministerium für Wirtschaft und Energie wird ermächtigt, im Einvernehmen mit dem Bundesministerium der Finanzen und dem Bundesministerium für Verkehr und digitale Infrastruktur durch Rechtsverordnung, die nicht der Zustimmung des Bundesrates bedarf, nach Maßgabe der vorstehenden Absätze das Nähere über den Kreis der Beitragspflichtigen, die Beitragssätze, die Beitragskalkulation und das Verfahren der Beitragserhebung einschließlich der Zahlungsweise festzulegen. [2]Der auf das Allgemeininteresse entfallende Kostenanteil ist beitragsmindernd zu berücksichtigen. [3]Das Bundesministerium für Wirtschaft und Energie kann die Ermächtigung nach Satz 1 durch Rechtsverordnung unter Sicherstellung der Einvernehmensregelung auf die Bundesnetzagentur übertragen. [4]Eine Rechtsverordnung der Bundesnetzagentur, ihre Änderung und ihre Aufhebung bedürfen des Einvernehmens mit dem Bundesministerium für Wirtschaft und Energie, dem Bundesministerium der Finanzen und dem Bundesministerium für Verkehr und digitale Infrastruktur.

§ 144 *(aufgehoben)*

§ 145 Kosten von außergerichtlichen Streitbeilegungsverfahren. [1]Für die außergerichtlichen Streitbeilegungsverfahren nach § 47a werden Gebühren und Auslagen erhoben. [2]Die Höhe der Gebühr für das Verfahren bestimmt sich nach Maßgabe des § 34 Abs. 1 des Gerichtskostengesetzes. [3]Auf die Bestimmung des Wertes der Streifrage finden die §§ 3 bis 9 der Zivilprozessordnung entsprechende Anwendung. [4]Unterbreitet die Streitbeilegungsstelle einen Streitbeilegungsvorschlag, entscheidet sie über die Kosten unter Berücksichtigung des Sach- und Streitstandes nach billigem Ermessen. [5]Die Entscheidung über die Kosten soll zusammen mit dem Streitbeilegungsvorschlag ergehen. [6]Jede Partei trägt die ihr durch die Teilnahme am Verfahren entstandenen Kosten selbst. [7]Im Übrigen finden die §§ 4 bis 6, 8, 13 bis 19, 21 und 23 Absatz 5 Satz 1 und 2 sowie Absatz 6 des Bundesgebührengesetzes sowie § 9 Absatz 2 des Verwaltungskostengesetzes in der bis zum 14. August 2013 geltenden Fassung entsprechende Anwendung.

§ 146 Kosten des Vorverfahrens. § § [1]Für ein Vorverfahren werden Gebühren und Auslagen erhoben. [2]Für die vollständige oder teilweise Zurückweisung eines Widerspruchs wird eine Gebühr bis zur Höhe der für die angefochtene Amtshandlung festgesetzten Gebühr erhoben. [3]In den Fällen, in denen für die angefochtene Amtshandlung der Bundesnetzagentur keine Gebühr anfällt, bestimmt sich die Gebühr nach Maßgabe des § 34 Abs. 1 des Gerichtskostengesetzes; auf die Bestimmung des Wertes der Streitfrage finden die §§ 3 bis 9 der Zivilprozessordnung entsprechende Anwendung. [4]Wird ein Widerspruch nach Beginn seiner sachlichen Bearbeitung, jedoch vor deren Beendigung zurückgenommen, beträgt die Gebühr höchstens 75 Prozent der Widerspruchsgebühr.

[5]Über die Kosten nach den Sätzen 2 und 4 entscheidet die Widerspruchsstelle nach billigem Ermessen.

§ 147 Mitteilung der Bundesnetzagentur. [1]Die Bundesnetzagentur veröffentlicht einen jährlichen Überblick über ihre Verwaltungskosten und die insgesamt eingenommenen Abgaben. [2]Soweit erforderlich werden Gebühren und Beitragssätze in den betroffenen Verordnungen für die Zukunft angepasst.

Teil 10

Straf- und Bußgeldvorschriften

§ 148 Strafvorschriften. (1) Mit Freiheitsstrafe bis zu zwei Jahren oder mit Geldstrafe wird bestraft, wer

1. entgegen § 89 Satz 1 oder 2 eine Nachricht abhört oder in vergleichbarer Weise zur Kenntnis nimmt oder den Inhalt einer Nachricht oder die Tatsache ihres Empfangs einem anderen mitteilt oder
2. entgegen § 90 Abs. 1 Satz 1 eine dort genannte Sendeanlage oder eine sonstige Telekommunikationsanlage
   a) besitzt oder
   b) herstellt, vertreibt, einführt oder sonst in den Geltungsbereich dieses Gesetzes verbringt.

(2) Handelt der Täter in den Fällen des Absatzes 1 Nr. 2 Buchstabe b fahrlässig, so ist die Strafe Freiheitsstrafe bis zu einem Jahr oder Geldstrafe.

§ 149 Bußgeldvorschriften. (1) Ordnungswidrig handelt, wer vorsätzlich oder fahrlässig

1. entgegen § 4 eine Information nicht, nicht richtig, nicht vollständig oder nicht rechtzeitig zur Verfügung stellt,
2. entgegen § 6 Abs. 1 eine Meldung nicht, nicht richtig, nicht vollständig, nicht in der vorgeschriebenen Weise oder nicht rechtzeitig macht,
3. entgegen § 17 Satz 2 eine Information weitergibt,
4. einer vollziehbaren Anordnung nach
   a) § 20Absatz 1, 2 oder Absatz 3 Satz 1, § 23 Abs. 3 Satz 2, § 29 Abs. 1 Satz 1 Nr. 1 oder Abs. 2 Satz 1 oder 2, § 37 Abs. 3Satz 2, auch in Verbindung mit § 38 Abs. 4 Satz 4, § 38 Abs. 4 Satz 2, auch in Verbindung mit § 39 Abs. 3 Satz 1 oder § 42Abs. 4 Satz 1, auch in Verbindung mit § 18 Abs. 2 Satz 2,
   b) § 46 Absatz 9 Satz 1, § 67 Absatz 1 Satz 1, 2, 6 oder 7, § 77n Absatz 1 Satz 2, Absatz 4 Satz 2, Absatz 5 Satz 2 oder Absatz 6 Satz 2 oder § 109 Absatz 4 Satz 3 oder Satz 5,
   c) § 29 Abs. 1 Satz 2, § 39 Abs. 3 Satz 2, § 65 oder § 127 Absatz 2 Satz 1 Nummer 1, Satz 2 und 3

   zuwiderhandelt,

5. [aufgehoben]
6. ohne Genehmigung nach § 30 Absatz 1 Satz 1, Absatz 2 Satz 2 zweiter Fall oder § 39 Abs. 1 Satz 1 ein Entgelt erhebt,
7. entgegen § 38 Abs. 1 Satz 1 oder 3 oder § 39 Abs. 3 Satz 4 ein Entgelt oder eine Entgeltmaßnahme nicht, nicht richtig, nicht vollständig oder nicht rechtzeitig zur Kenntnis gibt,

7a. einer Rechtsverordnung nach § 41a Absatz 1 oder einer vollziehbaren Anordnung auf Grund einer solchen Rechtsverordnung zuwiderhandelt, soweit die Rechtsverordnung für einen bestimmten Tatbestand auf diese Bußgeldvorschrift verweist,

7b. entgegen § 41b Absatz 1 Satz 1 den Anschluss einer Telekommunikationsendeinrichtung verweigert,

7c. entgegen § 41b Absatz 1 Satz 3 die notwendigen Zugangsdaten und Informationen nicht, nicht richtig, nicht in der vorgeschriebenen Weise oder nicht rechtzeitig zur Verfügung stellt,

7d. entgegen § 41c Absatz 5 eine Leistung anbietet,

7e. entgegen § 43a Absatz 1 Satz 1 eine Information nicht, nicht richtig oder nicht vollständig zur Verfügung stellt,

7f. entgegen § 45k Absatz 1 Satz 1 eine Leistung ganz oder teilweise verweigert,

7g. einer Rechtsverordnung nach § 45n Absatz 1 oder einer vollziehbaren Anordnung auf Grund einer solchen Rechtsverordnung zuwiderhandelt, soweit die Rechtsverordnung für einen bestimmten Tatbestand auf diese Bußgeldvorschrift verweist,

7h. entgegen § 45p Absatz 1 Satz 1, auch in Verbindung mit Satz 2, eine Information nicht, nicht richtig, nicht vollständig oder nicht rechtzeitig zur Verfügung stellt,

7i. entgegen § 45p Absatz 2 den Teilnehmer nicht, nicht richtig oder nicht vollständig unterrichtet,

7j. entgegen § 46 Absatz 1 Satz 1, auch in Verbindung mit Satz 3, nicht sicherstellt, dass die Leistung beim Anbieterwechsel gegenüber dem Teilnehmer nicht unterbrochen wird,

7k. entgegen § 46 Absatz 1 Satz 2 den Telekommunikationsdienst unterbricht,

8. entgegen § 47 Abs. 1 Teilnehmerdaten nicht, nicht richtig, nicht vollständig oder nicht rechtzeitig zur Verfügung stellt,
9. entgegen § 50 Abs. 3 Nr. 4 eine Anzeige nicht, nicht richtig, nicht vollständig oder nicht rechtzeitig erstattet,
10. ohne Frequenzzuteilung nach § 55 Abs. 1 Satz 1 eine Frequenz nutzt,
11. ohne Übertragung nach § 56 Absatz 2 Satz 1 ein deutsches Orbit- oder Frequenznutzungsrecht ausübt,
12. einer vollziehbaren Auflage nach § 60 Abs. 2 Satz 1 zuwiderhandelt,
13. einer Rechtsverordnung nach § 66 Abs. 4 Satz 1 oder einer vollziehbaren Anordnung auf Grund einer solchen Rechtsverordnung zuwiderhandelt, soweit die Rechtsverordnung für einen bestimmten Tatbestand auf diese Bußgeldvorschrift verweist,

13a. entgegen § 66a Satz 1, 2, 5, 6, 7 oder 8 eine Angabe nicht, nicht richtig oder nicht vollständig macht,

13b. entgegen § 66a Satz 3 die Preisangabe zeitlich kürzer anzeigt,

13c. entgegen § 66a Satz 4 einen Hinweis nicht, nicht richtig, nicht vollständig oder nicht rechtzeitig gibt,

13d. entgegen § 66b Abs. 1 Satz 1, auch in Verbindung mit Abs. 1 Satz 4 oder 5 oder Abs. 3 Satz 1, § 66b Abs. 1 Satz 3, auch in Verbindung mit Abs. 1 Satz 4 oder 5 oder § 66b Abs. 2 oder 3 Satz 2 einen dort genannten Preis nicht, nicht richtig, nicht vollständig oder nicht rechtzeitig ansagt,

13e. entgegen § 66c Abs. 1 Satz 1, auch in Verbindung mit Satz 2, den dort genannten Preis nicht, nicht richtig, nicht vollständig oder nicht rechtzeitig anzeigt,

13f. entgegen § 66d Abs. 1 oder 2 die dort genannte Preishöchstgrenze nicht einhält,

13g. entgegen § 66e Abs. 1 Satz 1, auch in Verbindung mit Satz 2, eine Verbindung nicht oder nicht rechtzeitig trennt,

13h. entgegen § 66f Abs. 1 Satz 1 einen Dialer einsetzt,

13i. entgegen § 66g Absatz 1 eine Warteschleife einsetzt,

13j. entgegen § 66g Absatz 2 nicht sicherstellt, dass der Anrufende informiert wird,

13k. entgegen § 66j Absatz 1 Satz 2 R-Gesprächsdienste anbietet,

13l. entgegen § 66k Absatz 1 Satz 1 nicht sicherstellt, dass eine vollständige Rufnummer übermittelt und gekennzeichnet wird,

13m. entgegen § 66k Absatz 1 Satz 3 eine Rufnummer oder eine Nummer für Kurzwahl-Sprachdienste übermittelt,

13n. entgegen § 66k Absatz 1 Satz 4 eine übermittelte Rufnummer verändert,

13o. entgegen § 66k Absatz 2 eine Rufnummer oder eine Nummer für Kurzwahl-Sprachdienste aufsetzt oder übermittelt,

14. entgegen § 87 Abs. 1 Satz 1 oder § 110 Abs. 1 Satz 2 oder 3 eine Mitteilung nicht, nicht richtig, nicht vollständig oder nicht rechtzeitig macht,

15. entgegen § 90 Abs. 3 für eine Sendeanlage oder eine sonstige Telekommunikationsanlage wirbt,

16. entgegen § 95 Abs. 2 oder § 96 Abs. 2 oder Abs. 3 Satz 1 Daten erhebt oder verwendet,

17. entgegen § 96 Abs. 1 Satz 3 oder § 97 Abs. 3 Satz 2 Daten nicht oder nicht rechtzeitig löscht,

17a. ohne Einwilligung nach § 98 Abs. 1 Satz 2 in Verbindung mit Satz 1 Daten verarbeitet,

17b. entgegen § 98 Absatz 1 Satz 2, auch in Verbindung mit Satz 5, eine Information nicht, nicht richtig, nicht vollständig oder nicht rechtzeitig gibt,

17c. entgegen § 100 Absatz 1 Satz 3 die Daten nicht oder nicht rechtzeitig löscht,

17d. entgegen § 100 Absatz 1 Satz 4 die Daten zu anderen Zwecken genutzt werden,

17e. entgegen § 102 Abs. 2 die Rufnummernanzeige unterdrückt oder veranlasst, dass diese unterdrückt wird,
18. entgegen § 106 Abs. 2 Satz 2 Daten oder Belege nicht oder nicht rechtzeitig löscht,
19. entgegen § 108 Absatz 1 Satz 1, auch in Verbindung mit Absatz 2, nicht sicherstellt, dass eine unentgeltliche Notrufverbindung möglich ist,
19a. entgegen § 108 Absatz 1 Satz 2, auch in Verbindung mit Absatz 2, oder einer Rechtsverordnung nach Absatz 3 Satz 1 Nummer 2, nicht sicherstellt, dass eine Notrufverbindung hergestellt wird,
20. entgegen § 108 Absatz 1 Satz 3, auch in Verbindung mit Absatz 2, oder einer Rechtsverordnung nach Absatz 3 Satz 1 Nummer 3, nicht sicherstellt, dass die Rufnummer des Anschlusses übermittelt wird, oder die dort genannten Daten übermittelt oder bereitgestellt werden,
21. entgegen § 109 Absatz 4 Satz 2 oder Satz 6 ein Sicherheitskonzept nicht oder nicht rechtzeitig vorlegt,
21a. entgegen § 109 Absatz 5 Satz 1 Nummer 1 eine Mitteilung nicht, nicht richtig, nicht vollständig oder nicht rechtzeitig macht,
21b. entgegen § 109a Absatz 1 Satz 1 oder Satz 2 die Bundesnetzagentur, den Bundesbeauftragten für den Datenschutz und die Informationsfreiheit oder einen Betroffenen nicht, nicht richtig, nicht vollständig oder nicht rechtzeitig benachrichtigt,
21c. entgegen § 109a Absatz 3 Satz 1 das dort genannte Verzeichnis nicht, nicht richtig oder nicht vollständig führt,
22. entgegen § 110 Abs. 1 Satz 1 Nr. 1 oder 1a in Verbindung mit einer Rechtsverordnung nach § 110 Abs. 2 Nr. 1 Buchstabe a eine technische Einrichtung nicht vorhält oder eine organisatorische Maßnahme nicht trifft,
23. entgegen § 110 Abs. 1 Satz 1 Nr. 2 Buchstabe b eine dort genannte Stelle nicht oder nicht rechtzeitig benennt,
24. entgegen § 110 Abs. 1 Satz 1 Nr. 3 einen Nachweis nicht oder nicht rechtzeitig erbringt,
25. entgegen § 110 Abs. 1 Satz 1 Nr. 4 eine Prüfung nicht gestattet,
26. entgegen § 110 Abs. 1 Satz 1 Nr. 5 die Aufstellung oder den Betrieb eines dort genannten Gerätes nicht duldet oder den Zugang zu einem solchen Gerät nicht gewährt,
27. entgegen § 110 Abs. 5 Satz 3 einen Mangel nicht oder nicht rechtzeitig beseitigt,
28. entgegen § 110 Abs. 6 Satz 1 einen Netzabschlusspunkt nicht, nicht in der vorgeschriebenen Weise oder nicht rechtzeitig bereitstellt,
29. entgegen § 111 Absatz 1 Satz 1, auch in Verbindung mit Absatz 1 Satz 2 oder Absatz 2, oder entgegen § 111 Absatz 1 Satz 3 oder 5 oder Absatz 3 dort genannte Daten nicht, nicht richtig, nicht vollständig oder nicht rechtzeitig erhebt, nicht, nicht richtig, nicht vollständig oder nicht rechtzeitig speichert oder nicht, nicht richtig, nicht vollständig oder nicht rechtzeitig berichtigt oder die Richtigkeit dort genannter Daten nicht, nicht richtig, nicht vollständig oder nicht rechtzeitig überprüft,

30. entgegen § 111 Absatz 4 Satz 2 eine Änderung nicht, nicht richtig, nicht vollständig oder nicht rechtzeitig übermittelt,
30a. entgegen § 111 Absatz 5 Daten nicht oder nicht rechtzeitig löscht,
31. entgegen § 112 Abs. 1 Satz 5 nicht gewährleistet, dass die Bundesnetzagentur Daten aus den Kundendateien abrufen kann,
32. entgegen § 112 Abs. 1 Satz 6 nicht sicherstellt, dass ihm Abrufe nicht zur Kenntnis gelangen können,
33. entgegen § 113 Absatz 2 Satz 1 zweiter Halbsatz Daten nach § 113 Absatz 1 Satz 2 übermittelt,
34. entgegen § 113 Absatz 4 Satz 1 dort genannte Daten nicht, nicht richtig, nicht vollständig oder nicht rechtzeitig übermittelt,
35. entgegen § 113 Absatz 4 Satz 2 Stillschweigen nicht wahrt,
36. entgegen § 113b Absatz 1, auch in Verbindung mit § 113b Absatz 7, Daten nicht, nicht richtig, nicht vollständig, nicht in der vorgeschriebenen Weise, nicht für die vorgeschriebene Dauer oder nicht rechtzeitig speichert,
37. entgegen § 113b Absatz 1 in Verbindung mit § 113a Absatz 1 Satz 2 nicht sicherstellt, dass die dort genannten Daten gespeichert werden, oder eine Mitteilung nicht, nicht richtig, nicht vollständig oder nicht rechtzeitig macht,
38. entgegen § 113b Absatz 8 Daten nicht oder nicht rechtzeitig löscht oder nicht sicherstellt, dass die Daten rechtzeitig gelöscht werden,
39. entgegen § 113c Absatz 2 Daten für andere als die genannten Zwecke verwendet,
40. entgegen § 113d Satz 1 nicht sicherstellt, dass Daten gegen unbefugte Kenntnisnahme und Verwendung geschützt werden,
41. entgegen § 113e Absatz 1 nicht sicherstellt, dass jeder Zugriff protokolliert wird,
42. entgegen § 113e Absatz 2 Protokolldaten für andere als die genannten Zwecke verwendet,
43. entgegen § 113e Absatz 3 nicht sicherstellt, dass Protokolldaten rechtzeitig gelöscht werden,
44. entgegen § 113g Satz 2 das Sicherheitskonzept nicht oder nicht rechtzeitig vorlegt oder
45. entgegen § 114 Abs. 1 Satz 1 oder § 127 Abs. 1 Satz 1 eine Auskunft nicht, nicht richtig, nicht vollständig oder nicht rechtzeitig erteilt.

(1a) Ordnungswidrig handelt, wer gegen die Verordnung (EU) Nr. 531/2012 des Europäischen Parlaments und des Rates vom 13. Juni 2012 über das Roaming in öffentlichen Mobilfunknetzen in der Union (ABl. L 172 vom 30.6.2012, S. 10), die zuletzt durch die Verordnung (EU) 2015/2120 (ABl. L 310 vom 26.11.2015, S. 1) geändert worden ist, verstößt, indem er vorsätzlich oder fahrlässig

1. entgegen Artikel 3 Absatz 5 Satz 2 einen Vertrag nicht oder nicht rechtzeitig vorlegt,

2. entgegen Artikel 5 Absatz 1 Satz 2 einem dort genannten Antrag nicht oder nicht unverzüglich nachkommt,
3. entgegen Artikel 6a ein dort genanntes Entgelt berechnet,
4. entgegen Artikel 6e Absatz 1 Unterabsatz 2 Satz 1 einen Aufschlag erhebt,
5. entgegen Artikel 6e Absatz 1 Unterabsatz 3 Satz 1 oder 3 ein Entgelt nicht richtig abrechnet,
6. entgegen Artikel 6e Absatz 1 Unterabsatz 3 Satz 2 eine andere Mindestabrechnungsdauer zugrunde legt,
7. entgegen Artikel 11 ein technisches Merkmal verändert,
8. entgegen Artikel 15 Absatz 2a Satz 1 in Verbindung mit Satz 2 eine Mitteilung nicht oder nicht rechtzeitig versendet,
9. entgegen Artikel 15 Absatz 3 Unterabsatz 6 Satz 1 nicht sicherstellt, dass eine dort genannte Meldung übermittelt wird,
10. entgegen Artikel 15 Absatz 3 Unterabsatz 7 Satz 3 die Erbringung oder Inrechnungstellung eines dort genannten Dienstes nicht oder nicht rechtzeitig einstellt,
11. entgegen Artikel 15 Absatz 3 Unterabsatz 8 eine dort genannte Änderung nicht oder nicht rechtzeitig vornimmt oder
12. entgegen Artikel 16 Absatz 4 Satz 2 eine Information nicht, nicht richtig, nicht vollständig oder nicht rechtzeitig übermittelt.

(1b) Ordnungswidrig handelt, wer gegen die Verordnung (EU) 2015/2120 des Europäischen Parlaments und des Rates vom 25. November 2015 über Maßnahmen zum Zugang zum offenen Internet und zur Änderung der Richtlinie 2002/22/EG über den Universaldienst und Nutzerrechte bei elektronischen Kommunikationsnetzen und -diensten sowie der Verordnung (EU) Nr. 531/2012 über das Roaming in öffentlichen Mobilfunknetzen in der Union (ABl. L 310 vom 26.11.2015, S. 1) verstößt, indem er vorsätzlich oder fahrlässig
1. entgegen Artikel 3 Absatz 3 Unterabsatz 3 erster Halbsatz eine dort genannte Verkehrsmanagementmaßnahme anwendet,
2. entgegen Artikel 4 Absatz 1 Unterabsatz 1 Satz 1 nicht sicherstellt, dass ein dort genannter Vertrag die dort genannten Angaben enthält,
3. einer vollziehbaren Anordnung nach Artikel 5 Absatz 1 Unterabsatz 1 Satz 2 zuwiderhandelt oder
4. entgegen Artikel 5 Absatz 2 eine dort genannte Information nicht, nicht richtig, nicht vollständig oder nicht rechtzeitig vorlegt oder nicht, nicht richtig, nicht vollständig oder nicht rechtzeitig übermittelt.

(2) [1]Die Ordnungswidrigkeit kann wie folgt geahndet werden:
1. in den Fällen des Absatzes 1 Nummer 4 Buchstabe a, Nummer 6, 10, 22, 27, 31 und 36 bis 40 und des Absatzes 1b Nummer 1 und 3 mit einer Geldbuße bis zu fünfhunderttausend Euro,
2. in den Fällen des Absatzes 1 Nummer 7a, 16 bis 17a, 18, 26, 29, 30a, 33 und 41 bis 43 mit einer Geldbuße bis zu dreihunderttausend Euro,
3. in den Fällen des Absatzes 1 Nummer 4 Buchstabe b, Nummer 7b bis 7d, 7g, 7h, 12 bis 13b, 13d bis 13o, 15, 17c, 19 bis 21, 21b, 30 und 44, des Ab-

satzes 1a Nummer 1 bis 4 und des Absatzes 1b Nummer 2 mit einer Geldbuße bis zu hunderttausend Euro,
4. in den Fällen des Absatzes 1 Nummer 7, 8, 9, 11, 17b, 21a, 21c, 23 und 24 mit einer Geldbuße bis zu fünfzigtausend Euro und
5. in den übrigen Fällen der Absätze 1 bis 1b mit einer Geldbuße bis zu zehntausend Euro.

[2]Die Geldbuße soll den wirtschaftlichen Vorteil, den der Täter aus der Ordnungswidrigkeit gezogen hat, übersteigen. [3]Reichen die in Satz 1 genannten Beträge hierfür nicht aus, so können sie überschritten werden.

(3) Verwaltungsbehörde im Sinne des § 36 Abs. 1 Nr. 1 des Gesetzes über Ordnungswidrigkeiten ist die Bundesnetzagentur.

Teil 11
Übergangs- und Schlussvorschriften

§ 150 Übergangsvorschriften. (1) [1]Die von der Bundesnetzagentur vor Inkrafttreten dieses Gesetzes getroffenen Feststellungen marktbeherrschender Stellungen sowie die daran anknüpfenden Verpflichtungen bleiben wirksam, bis sie durch neue Entscheidungen nach Teil 2 ersetzt werden. [2]Dies gilt auch dann, wenn die Feststellungen marktbeherrschender Stellungen lediglich Bestandteil der Begründung eines Verwaltungsaktes sind. [3]Satz 1 gilt entsprechend für Verpflichtungen nach den §§ 36, 37 und 39 Alternative 2 des Telekommunikationsgesetzes vom 25. Juli 1996 (BGBl. I S. 1120).

(2) Unternehmen, die aufgrund des Telekommunikationsgesetzes vom 25. Juli 1996 (BGBl. I S. 1120) angezeigt haben, dass sie Telekommunikationsdienstleistungen erbringen oder Lizenznehmer sind, sind unbeschadet der Verpflichtung nach § 144 Abs. 1 Satz 1 nicht meldepflichtig nach § 6.

(3) [1]Bestehende Frequenz- und Nummernzuteilungen sowie Wegerechte, die im Rahmen des § 8 des Telekommunikationsgesetzes vom 25. Juli 1996 (BGBl. I S. 1120) erteilt wurden, bleiben wirksam. [2]Das Gleiche gilt auch für vorher erworbene Rechte, die eine Frequenznutzung gewähren.

(4) [1]Soweit Frequenznutzungs- und Lizenzrechte auf Märkten vergeben sind, für die auf Wettbewerb oder Vergleich beruhende Auswahlverfahren durchgeführt wurden, gelten die damit erteilten Rechte und eingegangenen Verpflichtungen fort. [2]Dies gilt insbesondere auch für die im Zeitpunkt der Erteilung der Mobilfunklizenzen geltende Verpflichtung, Diensteanbieter zuzulassen.

(5) Soweit nach den Bestimmungen in den Absätzen 1 bis 4 Rechte und Verpflichtungen wirksam bleiben oder fortgelten, gelten diese als Rechte und Verpflichtungen nach diesem Gesetz im Sinne der §§ 126 und 133.

(6) § 48 Abs. 2 Nr. 2 gilt für Geräte, die ab dem 1. Januar 2005 in Verkehr gebracht werden.

(7) [1]Warteschleifen dürfen bis zum Inkrafttreten von § 66g nur eingesetzt werden, wenn eine der folgenden Voraussetzungen erfüllt ist:

1. der Anruf erfolgt zu einer entgeltfreien Rufnummer,
2. der Anruf erfolgt zu einer ortsgebundenen Rufnummer oder einer Rufnummer, die die Bundesnetzagentur den ortsgebundenen Rufnummern nach § 66g Absatz 3 gleichgestellt hat,
3. der Anruf erfolgt zu einer Rufnummer für mobile Dienste (015, 016 oder 017),
4. für den Anruf gilt ein Festpreis pro Verbindung,
5. der Anruf ist für die Dauer der Warteschleife für den Anrufer kostenfrei, soweit es sich nicht um Kosten handelt, die, bei Anrufen aus dem Ausland, für die Herstellung der Verbindung im Ausland entstehen, oder
6. unabhängig von der vom Angerufenen verwendeten Rufnummer oder der grundsätzlichen Tarifierung des Anrufs sind mindestens zwei Minuten der Verbindung ab Rufaufbau für den Anrufer kostenfrei; wird die Warteschleife innerhalb dieser Zeit durch Bearbeitung beendet, endet die Kostenfreiheit ab dem Zeitpunkt der Bearbeitung.

[2]Ordnungswidrig handelt, wer vorsätzlich oder fahrlässig entgegen Satz 1 Warteschleifen einsetzt. [3]Die Ordnungswidrigkeit kann mit einer Geldbuße bis zu hunderttausend Euro geahndet werden. [4]Die Geldbuße soll den wirtschaftlichen Vorteil, den der Täter aus der Ordnungswidrigkeit gezogen hat, übersteigen. Reicht der in Satz 3 genannte Betrag hierfür nicht aus, so kann er überschritten werden.

(8) [1]Auf Verleihungen nach § 2 Abs. 1 des Gesetzes über Fernmeldeanlagen in der Fassung der Bekanntmachung vom 3. Juli 1989 (BGBl. I S. 1455) und auf Lizenzen oder Frequenzen, die nach den §§ 10, 11 und 47 Abs. 5 des Telekommunikationsgesetzes vom 25. Juli 1996 (BGBl. I S. 1120) zugeteilt wurden, findet § 62 Abs. 1 bis 3 für den in diesen Lizenzen und Frequenzen festgelegten Geltungszeitraum keine Anwendung. [2]Die Bundesnetzagentur überprüft auf Antrag der Inhaber von Frequenznutzungsrechten, die vor dem 26. Mai 2011 zugeteilt und für einen Zeitraum von mindestens fünf Jahren ab diesem Zeitpunkt ihre Gültigkeit behalten, ob Beschränkungen der Nutzungsrechte, die über die in § 53 Absatz 2 Satz 2 genannten Beschränkungen hinausgehen, aufrechterhalten oder aufgehoben werden. [3]Dem Antragsteller ist vor der Entscheidung Gelegenheit zu geben, den Antrag zurückzuziehen.

(9) Beabsichtigt die Deutsche Telekom AG die in § 78 Abs. 2 genannten Universaldienstleistungen nicht in vollem Umfang oder zu schlechteren als in dem Telekommunikationsgesetz vom 22. Juni 2004 (BGBl. I S. 1190) genannten Bedingungen anzubieten, hat sie dieses der Bundesnetzagentur ein Jahr vor Wirksamwerden anzuzeigen.

(10) [1]Für Vertragsverhältnisse, die am Tag des Inkrafttretens dieser Vorschrift bereits bestehen, hat der nach § 112 Abs. 1 Verpflichtete Daten, über die er aufgrund zurückliegender Datenerhebungen verfügt, unverzüglich in die Kundendatei nach § 112 Abs. 1 zu übernehmen. [2]Für Verträge, die nach Inkrafttreten des § 112 geschlossen werden, sind die Daten, soweit sie infolge der bisherigen Dateistruktur noch nicht in die Kundendatei eingestellt werden können,

unverzüglich nach Anpassung der Kundendatei einzustellen. [3]An die Stelle der Technischen Richtlinie nach § 112 Abs. 3 Satz 3 tritt bis zur Herausgabe einer entsprechenden Richtlinie die von der Bundesnetzagentur auf der Grundlage des § 90 Abs. 2 und 6 des Telekommunikationsgesetzes vom 25. Juli 1996 (BGBl. I S. 1120) bekannt gegebene Schnittstellenbeschreibung in der zum Zeitpunkt des Inkrafttretens des § 112 gültigen Fassung.

(11) Die Zulässigkeit des Rechtsmittels gegen eine gerichtliche Entscheidung richtet sich nach den bisher geltenden Vorschriften, wenn die gerichtliche Entscheidung vor dem Inkrafttreten dieses Gesetzes verkündet oder von Amts wegen anstelle einer Verkündung zugestellt worden ist.

(12) Auf vor dem Inkrafttreten dieses Gesetzes gestellte Anträge nach § 99 Abs. 2 der Verwaltungsgerichtsordnung sind die bisherigen Vorschriften anwendbar.

(13) [1]Die Speicherverpflichtung und die damit verbundenen Verpflichtungen nach den §§ 113b bis 113e und 113g sind spätestens ab dem 1. Juli 2017 zu erfüllen. [2]Die Bundesnetzagentur veröffentlicht den nach § 113f Absatz 1 Satz 2 zu erstellenden Anforderungskatalog spätestens am 1. Januar 2017.

§ 151 Änderung anderer Rechtsvorschriften. (1) Die Strafprozessordnung in der Fassung der Bekanntmachung vom 7. April 1987 (BGBl. I S. 1047, 1319), zuletzt geändert durch Artikel 4 Abs. 22 des Gesetzes vom 5. Mai 2004 (BGBl. I S. 718), wird wie folgt geändert:

In § 100b Abs. 3 Satz 2 wird die Angabe „§ 88 des Telekommunikationsgesetzes" durch die Angabe „§ 110 des Telekommunikationsgesetzes" ersetzt.

(2) Das Artikel 10-Gesetz vom 26. Juni 2001 (BGBl. I S. 1254, 2298), zuletzt geändert durch Artikel 4 Abs. 6 des Gesetzes vom 5. Mai 2004 (BGBl. I S. 718), wird wie folgt geändert:

1. In § 2 Abs. 1 Satz 4 wird die Angabe „§ 88 des Telekommunikationsgesetzes" durch die Angabe „§ 110 des Telekommunikationsgesetzes" ersetzt.
2. § 20 wird wie folgt gefasst:

   „**§ 20 Entschädigung.** Die nach § 1 Abs. 1 berechtigten Stellen haben für die Leistungen nach § 2 Abs. 1 eine Entschädigung zu gewähren, deren Umfang sich bei Maßnahmen zur

   a) Überwachung der Post nach § 17a des Gesetzes über die Entschädigung von Zeugen und Sachverständigen und
   b) Überwachung der Telekommunikation nach der Rechtsverordnung nach § 110 Abs. 9

   bemisst."

(3) § 17a Abs. 1 Nr. 3, Abs. 1 zweiter und dritter Halbsatz sowie Abs. 6 des Gesetzes über die Entschädigung von Zeugen und Sachverständigen in der Fassung der Bekanntmachung vom 1. Oktober 1969 (BGBl. I S. 1756), das zuletzt durch Artikel 1 Abs. 5 des Gesetzes vom 22. Februar 2002 (BGBl. I S. 981) geändert worden ist, tritt zum Zeitpunkt des Inkrafttretens der Rechtsverordnung nach § 110 Abs. 9 außer Kraft.

§ 152 Inkrafttreten, Außerkrafttreten. (1) [1]Dieses Gesetz tritt vorbehaltlich des Satzes 2 am Tag nach der Verkündung in Kraft. [2]§§ 43a und 43b, 96 Abs. 1 Nr. 9a bis 9f in Verbindung mit Abs. 2 Satz 1 und § 97 Abs. 6 und 7 des Telekommunikationsgesetzes vom 25. Juli 1996 (BGBl. I S. 1120), das zuletzt durch Artikel 4 Abs. 73 des Gesetzes vom 5. Mai 2004 (BGBl. I S. 718) geändert worden ist, in der bis zum Inkrafttreten dieses Gesetzes geltenden Fassung finden bis zum Inkrafttreten der in Artikel 3 Nr. 3 des Gesetzes zur Änderung telekommunikationsrechtlicher Vorschriften vom 18. Februar 2007 (BGBl. I S. 106) genannten Regelungen der §§ 66a bis 66l weiter Anwendung. [3]Für § 43b Abs. 2 gilt dies mit der Maßgabe, dass ab dem 1. August 2004 die Preisansagepflicht nicht mehr auf Anrufe aus dem Festnetz beschränkt ist.

(2) Das Telekommunikationsgesetz vom 25. Juli 1996 (BGBl. I S. 1120), zuletzt geändert durch Artikel 4 Abs. 73 des Gesetzes vom 5. Mai 2004 (BGBl. I S. 718), das Fernsehsignalübertragungs-Gesetz vom 14. November 1997 (BGBl. I S. 2710), zuletzt geändert durch Artikel 222 der Verordnung vom 25. November 2003 (BGBl. I S. 2304), die Telekommunikations-Entgeltregulierungsverordnung vom 1. Oktober 1996 (BGBl. I S. 1492), die Netzzugangsverordnung vom 23. Oktober 1996 (BGBl. I S. 1568), die Telekommunikations-Universaldienstleistungsverordnung vom 30. Januar 1997 (BGBl. I S. 141), § 4 der Telekommunikations-Kundenschutzverordnung vom 11. Dezember 1997 (BGBl. I S. 2910), die zuletzt durch die Verordnung vom 20. August 2002 (BGBl. I S. 3365) geändert worden ist, die Telekommunikations-Datenschutzverordnung vom 18. Dezember 2000 (BGBl. I S. 1740), geändert durch Artikel 2 des Gesetzes vom 9. August 2003 (BGBl. I S. 1590), die Frequenzzuteilungsverordnung vom 26. April 2001 (BGBl. I S. 829) und die Telekommunikations-Lizenzgebührenverordnung 2002 vom 9. September 2002 (BGBl. I S. 3542) treten am Tag nach der Verkündung dieses Gesetzes außer Kraft.

Anlage
(zu § 45a)

Nutzungsvertrag

des/der

(Eigentümer/Eigentümerin)

mit
der

(Netzbetreiber)

Der Eigentümer/die Eigentümerin ist damit einverstanden, dass der Netzbetreiber auf seinem/ihrem Grundstück ....
....

Straße (Platz) Nr. ....

in ....

sowie an und in den darauf befindlichen Gebäuden alle die Vorrichtungen anbringt, die erforderlich sind, um Zugänge zu seinem öffentlichen Telekommunikationsnetz auf dem betreffenden oder einem benachbarten Grundstück und in den darauf befindlichen Gebäuden einzurichten, zu prüfen und instand zu halten. Dieses Recht erstreckt sich auch auf vorinstallierte Hausverkabelungen. Die Inanspruchnahme des Grundstücks durch Vorrichtungen darf nur zu einer notwendigen und zumutbaren Belastung führen.

Der Netzbetreiber verpflichtet sich, unbeschadet bestehender gesetzlicher oder vertraglicher Ansprüche, das Grundstück des Eigentümers/der Eigentümerin und die darauf befindlichen Gebäude wieder ordnungsgemäß instand zu setzen, soweit das Grundstück und/oder die Gebäude durch die Vorrichtungen zur Einrichtung, Instandhaltung oder Erweiterung von Zugängen zu seinem öffentlichen Telekommunikationsnetz auf dem betreffenden oder einem benachbarten Grundstück und/oder in den darauf befindlichen Gebäuden infolge der Inanspruchnahme durch den Netzbetreiber beschädigt worden sind. Im Rahmen der technischen Möglichkeiten und der bestehenden Sicherheitsanforderungen wird der Netzbetreiber vorinstallierte Hausverkabelungen nutzen. Der Netzbetreiber wird die von ihm errichteten Vorrichtungen verlegen oder – soweit sie nicht das Grundstück versorgen und eine Verlegung nicht ausreicht – entfernen, wenn sie einer veränderten Nutzung des Grundstücks entgegenstehen und ihr Verbleib an der bisherigen Stelle nicht mehr zumutbar ist. Die Kosten für die Entfernung oder Verlegung trägt der Netzbetreiber. Dies gilt nicht für Vorrichtungen, die ausschließlich das Grundstück versorgen, wenn nicht gleichzeitig Änderungen am öffentlichen Telekommunikationsnetz erforderlich sind.

Der Netzbetreiber wird ferner binnen Jahresfrist nach der Kündigung die von ihm angebrachten Vorrichtungen auf eigene Kosten wieder beseitigen, soweit dies dem Eigentümer/der Eigentümerin zumutbar ist. Auf Verlangen des Eigentümers/der Eigentümerin wird der Netzbetreiber die Vorrichtungen unverzüglich entfernen, soweit dem nicht schutzwürdige Interessen Dritter entgegenstehen.

Der Nutzungsvertrag gilt auf unbestimmte Zeit. Er kann mit einer Frist von sechs Wochen von jeder Vertragspartei gekündigt werden.

.................................., den ....

Gesetz zur Verbesserung der Rechtsdurchsetzung in sozialen Netzwerken (NetzDG)

Vom 1. September 2017 (BGBl. I, S. 3352)

§ 1 Anwendungsbereich. (1) [1]Dieses Gesetz gilt für Telemediendiensteanbieter, die mit Gewinnerzielungsabsicht Plattformen im Internet betreiben, die dazu bestimmt sind, dass Nutzer beliebige Inhalte mit anderen Nutzern teilen oder der Öffentlichkeit zugänglich machen (soziale Netzwerke). [2]Plattformen mit journalistisch-redaktionell gestalteten Angeboten, die vom Diensteanbieter selbst verantwortet werden, gelten nicht als soziale Netzwerke im Sinne dieses Gesetzes. [3]Das Gleiche gilt für Plattformen, die zur Individualkommunikation oder zur Verbreitung spezifischer Inhalte bestimmt sind.

(2) Der Anbieter eines sozialen Netzwerks ist von den Pflichten nach den §§ 2 und 3 befreit, wenn das soziale Netzwerk im Inland weniger als zwei Millionen registrierte Nutzer hat.

(3) Rechtswidrige Inhalte sind Inhalte im Sinne des Absatzes 1, die den Tatbestand der §§ 86, 86a, 89a, 91, 100a, 111, 126, 129 bis 129b, 130, 131, 140, 166, 184b in Verbindung mit 184d, 185 bis 187, 201a, 241 oder 269 des Strafgesetzbuchs erfüllen und nicht gerechtfertigt sind.

§ 2 Berichtspflicht. (1) [1]Anbieter sozialer Netzwerke, die im Kalenderjahr mehr als 100 Beschwerden über rechtswidrige Inhalte erhalten, sind verpflichtet, einen deutschsprachigen Bericht über den Umgang mit Beschwerden über rechtswidrige Inhalte auf ihren Plattformen mit den Angaben nach Absatz 2 halbjährlich zu erstellen und im Bundesanzeiger sowie auf der eigenen Homepage spätestens einen Monat nach Ende eines Halbjahres zu veröffentlichen. [2]Der auf der eigenen Homepage veröffentlichte Bericht muss leicht erkennbar, unmittelbar erreichbar und ständig verfügbar sein.

(2) Der Bericht hat mindestens auf folgende Aspekte einzugehen:

1. Allgemeine Ausführungen, welche Anstrengungen der Anbieter des sozialen Netzwerks unternimmt, um strafbare Handlungen auf den Plattformen zu unterbinden,
2. Darstellung der Mechanismen zur Übermittlung von Beschwerden über rechtswidrige Inhalte und der Entscheidungskriterien für Löschung und Sperrung von rechtswidrigen Inhalten,
3. Anzahl der im Berichtszeitraum eingegangenen Beschwerden über rechtswidrige Inhalte, aufgeschlüsselt nach Beschwerden von Beschwerdestellen und Beschwerden von Nutzern und nach dem Beschwerdegrund,
4. Organisation, personelle Ausstattung, fachliche und sprachliche Kompetenz der für die Bearbeitung von Beschwerden zuständigen Arbeitseinheiten und Schulung und Betreuung der für die Bearbeitung von Beschwerden zuständigen Personen,

5. Mitgliedschaft in Branchenverbänden mit Hinweis darauf, ob in diesen Branchenverbänden eine Beschwerdestelle existiert,
6. Anzahl der Beschwerden, bei denen eine externe Stelle konsultiert wurde, um die Entscheidung vorzubereiten,
7. Anzahl der Beschwerden, die im Berichtszeitraum zur Löschung oder Sperrung des beanstandeten Inhalts führten, aufgeschlüsselt nach Beschwerden von Beschwerdestellen und von Nutzern, nach dem Beschwerdegrund, ob ein Fall des § 3 Absatz 2 Nummer 3 Buchstabe a vorlag, ob in diesem Fall eine Weiterleitung an den Nutzer erfolgte sowie ob eine Übertragung an eine anerkannte Einrichtung der Regulierten Selbstregulierung nach § 3 Absatz 2 Nummer 3 Buchstabe b erfolgte,
8. Zeit zwischen Beschwerdeeingang beim sozialen Netzwerk und Löschung oder Sperrung des rechtswidrigen Inhalts, aufgeschlüsselt nach Beschwerden von Beschwerdestellen und von Nutzern, nach dem Beschwerdegrund sowie nach den Zeiträumen „innerhalb von 24 Stunden"/„innerhalb von 48 Stunden"/„innerhalb einer Woche"/„zu einem späteren Zeitpunkt",
9. Maßnahmen zur Unterrichtung des Beschwerdeführers sowie des Nutzers, für den der beanstandete Inhalt gespeichert wurde, über die Entscheidung über die Beschwerde.

§ 3 Umgang mit Beschwerden über rechtswidrige Inhalte. (1) [1]Der Anbieter eines sozialen Netzwerks muss ein wirksames und transparentes Verfahren nach Absatz 2 und 3 für den Umgang mit Beschwerden über rechtswidrige Inhalte vorhalten. [2]Der Anbieter muss Nutzern ein leicht erkennbares, unmittelbar erreichbares und ständig verfügbares Verfahren zur Übermittlung von Beschwerden über rechtswidrige Inhalte zur Verfügung stellen.

(2) Das Verfahren muss gewährleisten, dass der Anbieter des sozialen Netzwerks

1. unverzüglich von der Beschwerde Kenntnis nimmt und prüft, ob der in der Beschwerde gemeldete Inhalt rechtswidrig und zu entfernen oder der Zugang zu ihm zu sperren ist,
2. einen offensichtlich rechtswidrigen Inhalt innerhalb von 24 Stunden nach Eingang der Beschwerde entfernt oder den Zugang zu ihm sperrt; dies gilt nicht, wenn das soziale Netzwerk mit der zuständigen Strafverfolgungsbehörde einen längeren Zeitraum für die Löschung oder Sperrung des offensichtlich rechtswidrigen Inhalts vereinbart hat,
3. jeden rechtswidrigen Inhalt unverzüglich, in der Regel innerhalb von sieben Tagen nach Eingang der Beschwerde entfernt oder den Zugang zu ihm sperrt; die Frist von sieben Tagen kann überschritten werden, wenn
   a) die Entscheidung über die Rechtswidrigkeit des Inhalts von der Unwahrheit einer Tatsachenbehauptung oder erkennbar von anderen tatsächlichen Umständen abhängt; das soziale Netzwerk kann in diesen Fällen dem Nutzer vor der Entscheidung Gelegenheit zur Stellungnahme zu der Beschwerde geben,

b) das soziale Netzwerk die Entscheidung über die Rechtswidrigkeit innerhalb von sieben Tagen nach Eingang der Beschwerde einer nach den Absätzen 6 bis 8 anerkannten Einrichtung der Regulierten Selbstregulierung überträgt und sich deren Entscheidung unterwirft,

4. im Falle der Entfernung den Inhalt zu Beweiszwecken sichert und zu diesem Zweck für die Dauer von zehn Wochen innerhalb des Geltungsbereichs der Richtlinien 2000/31/EG und 2010/13/EU speichert,
5. den Beschwerdeführer und den Nutzer über jede Entscheidung unverzüglich informiert und seine Entscheidung ihnen gegenüber begründet.

(3) Das Verfahren muss vorsehen, dass jede Beschwerde und die zu ihrer Abhilfe getroffene Maßnahme innerhalb des Geltungsbereichs der Richtlinien 2000/31/EG und 2010/13/EU dokumentiert wird.

(4) [1]Der Umgang mit Beschwerden muss von der Leitung des sozialen Netzwerks durch monatliche Kontrollen überwacht werden. [2]Organisatorische Unzulänglichkeiten im Umgang mit eingegangenen Beschwerden müssen unverzüglich beseitigt werden. [3]Den mit der Bearbeitung von Beschwerden beauftragten Personen müssen von der Leitung des sozialen Netzwerks regelmäßig, mindestens aber halbjährlich deutschsprachige Schulungs- und Betreuungsangebote gemacht werden.

(5) Die Verfahren nach Absatz 1 können durch eine von der in § 4 genannten Verwaltungsbehörde beauftragten Stelle überwacht werden.

(6) Eine Einrichtung ist als Einrichtung der Regulierten Selbstregulierung im Sinne dieses Gesetzes anzuerkennen, wenn

1. die Unabhängigkeit und Sachkunde ihrer Prüfer gewährleistet ist,
2. eine sachgerechte Ausstattung und zügige Prüfung innerhalb von sieben Tagen sichergestellt sind,
3. eine Verfahrensordnung besteht, die den Umfang und Ablauf der Prüfung sowie Vorlagepflichten der angeschlossenen sozialen Netzwerke regelt und die Möglichkeit der Überprüfung von Entscheidungen vorsieht,
4. eine Beschwerdestelle eingerichtet ist und
5. die Einrichtung von mehreren Anbietern sozialer Netzwerke oder Institutionen getragen wird, die eine sachgerechte Ausstattung sicherstellen. Außerdem muss sie für den Beitritt weiterer Anbieter insbesondere sozialer Netzwerke offenstehen.

(7) Die Entscheidung über die Anerkennung einer Einrichtung der Regulierten Selbstregulierung trifft die in § 4 genannte Verwaltungsbehörde.

(8) Die Anerkennung kann ganz oder teilweise widerrufen oder mit Nebenbestimmungen versehen werden, wenn Voraussetzungen für die Anerkennung nachträglich entfallen sind.

(9) Die Verwaltungsbehörde nach § 4 kann auch bestimmen, dass für einen Anbieter von sozialen Netzwerken die Möglichkeit zur Übertragung von Entscheidungen nach Absatz 2 Nummer 3 Buchstabe b für einen zeitlich befristeten Zeitraum entfällt, wenn zu erwarten ist, dass bei diesem Anbieter die Erfül-

lung der Pflichten des Absatzes 2 Nummer 3 durch einen Anschluss an die Regulierte Selbstregulierung nicht gewährleistet wird.

§ 4 Bußgeldvorschriften. (1) Ordnungswidrig handelt, wer vorsätzlich oder fahrlässig

1. entgegen § 2 Absatz 1 Satz 1 einen Bericht nicht, nicht richtig, nicht vollständig oder nicht rechtzeitig erstellt oder nicht, nicht richtig, nicht vollständig, nicht in der vorgeschriebenen Weise oder nicht rechtzeitig veröffentlicht,
2. entgegen § 3 Absatz 1 Satz 1 ein dort genanntes Verfahren für den Umgang mit Beschwerden von Beschwerdestellen oder Nutzern, die im Inland wohnhaft sind oder ihren Sitz haben, nicht, nicht richtig oder nicht vollständig vorhält,
3. entgegen § 3 Absatz 1 Satz 2 ein dort genanntes Verfahren nicht oder nicht richtig zur Verfügung stellt,
4. entgegen § 3 Absatz 4 Satz 1 den Umgang mit Beschwerden nicht oder nicht richtig überwacht,
5. entgegen § 3 Absatz 4 Satz 2 eine organisatorische Unzulänglichkeit nicht oder nicht rechtzeitig beseitigt,
6. entgegen § 3 Absatz 4 Satz 3 eine Schulung oder eine Betreuung nicht oder nicht rechtzeitig anbietet,
7. entgegen § 5 einen inländischen Zustellungsbevollmächtigten oder einen inländischen Empfangsberechtigten nicht benennt, oder
8. entgegen § 5 Absatz 2 Satz 2 als Empfangsberechtigter auf Auskunftsersuchen nicht reagiert.

(2) [1]Die Ordnungswidrigkeit kann in den Fällen des Absatzes 1 Nummer 7 und 8 mit einer Geldbuße bis zu fünfhunderttausend Euro, in den übrigen Fällen des Absatzes 1 mit einer Geldbuße bis zu fünf Millionen Euro geahndet werden. [2]§ 30 Absatz 2 Satz 3 des Gesetzes über Ordnungswidrigkeiten ist anzuwenden.

(3) Die Ordnungswidrigkeit kann auch dann geahndet werden, wenn sie nicht im Inland begangen wird.

(4) [1]Verwaltungsbehörde im Sinne des § 36 Absatz 1 Nummer 1 des Gesetzes über Ordnungswidrigkeiten ist das Bundesamt für Justiz. [2]Das Bundesministerium der Justiz und für Verbraucherschutz erlässt im Einvernehmen mit dem Bundesministerium des Innern, dem Bundesministerium für Wirtschaft und Energie und dem Bundesministerium für Verkehr und digitale Infrastruktur allgemeine Verwaltungsgrundsätze über die Ausübung des Ermessens der Bußgeldbehörde bei der Einleitung eines Bußgeldverfahrens und bei der Bemessung der Geldbuße.

(5) [1]Will die Verwaltungsbehörde ihre Entscheidung darauf stützen, dass nicht entfernte oder nicht gesperrte Inhalte rechtswidrig im Sinne des § 1 Absatz 3 sind, so soll sie über die Rechtswidrigkeit vorab eine gerichtliche Entscheidung herbeiführen. [2]Zuständig ist das Gericht, das über den Einspruch ge-

gen den Bußgeldbescheid entscheidet. [3]Der Antrag auf Vorabentscheidung ist dem Gericht zusammen mit der Stellungnahme des sozialen Netzwerks zuzuleiten. [4]Über den Antrag kann ohne mündliche Verhandlung entschieden werden. [5]Die Entscheidung ist nicht anfechtbar und für die Verwaltungsbehörde bindend.

§ 5 Inländischer Zustellungsbevollmächtigter. (1) [1]Anbieter sozialer Netzwerke haben im Inland einen Zustellungsbevollmächtigten zu benennen und auf ihrer Plattform in leicht erkennbarer und unmittelbar erreichbarer Weise auf ihn aufmerksam zu machen. [2]An diese Person können Zustellungen in Verfahren nach § 4 oder in Gerichtsverfahren vor deutschen Gerichten wegen der Verbreitung rechtswidriger Inhalte bewirkt werden. [3]Das gilt auch für die Zustellung von Schriftstücken, die solche Verfahren einleiten.

(2) [1]Für Auskunftsersuchen einer inländischen Strafverfolgungsbehörde ist eine empfangsberechtigte Person im Inland zu benennen. [2]Die empfangsberechtigte Person ist verpflichtet, auf Auskunftsersuchen nach Satz 1 48 Stunden nach Zugang zu antworten. [3]Soweit das Auskunftsersuchen nicht mit einer das Ersuchen erschöpfenden Auskunft beantwortet wird, ist dies in der Antwort zu begründen.

§ 6 Übergangsvorschriften. (1) Der Bericht nach § 2 wird erstmals für das erste Halbjahr 2018 fällig.

(2) [1]Die Verfahren nach § 3 müssen innerhalb von drei Monaten nach Inkrafttreten dieses Gesetzes eingeführt sein. [2]Erfüllt der Anbieter eines sozialen Netzwerkes die Voraussetzungen des § 1 erst zu einem späteren Zeitpunkt, so müssen die Verfahren nach § 3 drei Monate nach diesem Zeitpunkt eingeführt sein.

Telemediengesetz

vom 26. Februar 2007 (BGBl. I S. 179),
zuletzt geändert durch Gesetz vom 28. August 2017 (BGBl. I S. 3530)

Abschnitt 1
Allgemeine Bestimmungen

§ 1 Anwendungsbereich. (1) [1]Dieses Gesetz gilt für alle elektronischen Informations- und Kommunikationsdienste, soweit sie nicht Telekommunikationsdienste nach § 3 Nr. 24 des Telekommunikationsgesetzes, die ganz in der Übertragung von Signalen über Telekommunikationsnetze bestehen, telekommunikationsgestützte Dienste nach § 3 Nr. 25 des Telekommunikationsgesetzes oder Rundfunk nach § 2 des Rundfunkstaatsvertrages sind (Telemedien). [2]Dieses Gesetz gilt für alle Anbieter einschließlich der öffentlichen Stellen unabhängig davon, ob für die Nutzung ein Entgelt erhoben wird.

(2) Dieses Gesetz gilt nicht für den Bereich der Besteuerung.

(3) Das Telekommunikationsgesetz und die Pressegesetze bleiben unberührt.

(4) Die an die Inhalte von Telemedien zu richtenden besonderen Anforderungen ergeben sich aus dem Staatsvertrag für Rundfunk und Telemedien (Rundfunkstaatsvertrag).

(5) Dieses Gesetz trifft weder Regelungen im Bereich des internationalen Privatrechts noch regelt es die Zuständigkeit der Gerichte.

(6) Die besonderen Bestimmungen dieses Gesetzes für audiovisuelle Mediendienste auf Abruf gelten nicht für Dienste, die
1. ausschließlich zum Empfang in Drittländern bestimmt sind und
2. nicht unmittelbar oder mittelbar von der Allgemeinheit mit handelsüblichen Verbraucherendgeräten in einem Staat innerhalb des Geltungsbereichs der Richtlinie 89/552/EWG des Rates vom 3. Oktober 1989 zur Koordinierung bestimmter Rechts- und Verwaltungsvorschriften der Mitgliedstaaten über die Ausübung der Fernsehtätigkeit (ABl. L 298 vom 17.10.1989, S. 23), die zuletzt durch die Richtlinie 2007/65/EG (ABl. L 332 vom 18.12.2007, S. 27) geändert worden ist, empfangen werden.

§ 2 Begriffsbestimmungen.[1] [1]Im Sinne dieses Gesetzes
1. ist Diensteanbieter jede natürliche oder juristische Person, die eigene oder fremde Telemedien zur Nutzung bereithält oder den Zugang zur Nutzung

---

1 Beachte zu der aktuellen Neufassung des §§ 2, 8 TMG das EuGH-Urteil im Fall „McFadden" (EuGH, 15. September 2016 – C-484/14). Die Tragweite dieses Urteils ist nicht ganz klar. Zum Einen werden private WLAN-Anbieter bezüglich der Störerhaftung gestärkt. Zum Anderen kann aber der Staat auch in Deutschland nach wie vor Sicherungsmaßnahmen der Netze verlangen.

vermittelt; bei audiovisuellen Mediendiensten auf Abruf ist Diensteanbieter jede natürliche oder juristische Person, die die Auswahl und Gestaltung der angebotenen Inhalte wirksam kontrolliert,

2. ist niedergelassener Diensteanbieter jeder Anbieter, der mittels einer festen Einrichtung auf unbestimmte Zeit Telemedien geschäftsmäßig anbietet oder erbringt; der Standort der technischen Einrichtung allein begründet keine Niederlassung des Anbieters,

2a. ist drahtloses lokales Netzwerk ein Drahtloszugangssystem mit geringer Leistung und geringer Reichweite sowie mit geringem Störungsrisiko für weitere, von anderen Nutzern in unmittelbarer Nähe installierte Systeme dieser Art, welches nicht exklusive Grundfrequenzen nutzt,

3. ist Nutzer jede natürliche oder juristische Person, die Telemedien nutzt, insbesondere um Informationen zu erlangen oder zugänglich zu machen,

4. sind Verteildienste Telemedien, die im Wege einer Übertragung von Daten ohne individuelle Anforderung gleichzeitig für eine unbegrenzte Anzahl von Nutzern erbracht werden,

5. ist kommerzielle Kommunikation jede Form der Kommunikation, die der unmittelbaren oder mittelbaren Förderung des Absatzes von Waren, Dienstleistungen oder des Erscheinungsbilds eines Unternehmens, einer sonstigen Organisation oder einer natürlichen Person dient, die eine Tätigkeit im Handel, Gewerbe oder Handwerk oder einen freien Beruf ausübt; die Übermittlung der folgenden Angaben stellt als solche keine Form der kommerziellen Kommunikation dar:
   a) Angaben, die unmittelbaren Zugang zur Tätigkeit des Unternehmens oder der Organisation oder Person ermöglichen, wie insbesondere ein Domain-Name oder eine Adresse der elektronischen Post,
   b) Angaben in Bezug auf Waren und Dienstleistungen oder das Erscheinungsbild eines Unternehmens, einer Organisation oder Person, die unabhängig und insbesondere ohne finanzielle Gegenleistung gemacht werden.

6. sind „audiovisuelle Mediendienste auf Abruf" Telemedien mit Inhalten, die nach Form und Inhalt fernsehähnlich sind und die von einem Diensteanbieter zum individuellen Abruf zu einem vom Nutzer gewählten Zeitpunkt und aus einem vom Diensteanbieter festgelegten Inhaltekatalog bereitgestellt werden.

[2]Einer juristischen Person steht eine Personengesellschaft gleich, die mit der Fähigkeit ausgestattet ist, Rechte zu erwerben und Verbindlichkeiten einzugehen.

§ 2a Europäisches Sitzland. (1) [1]Innerhalb des Geltungsbereichs der Richtlinie 2000/31/EG des Europäischen Parlaments und des Rates vom 8. Juni 2000 über bestimmte rechtliche Aspekte der Dienste der Informationsgesellschaft, insbesondere des elektronischen Geschäftsverkehrs, im Binnenmarkt („Richtlinie über den elektronischen Geschäftsverkehr") (ABl. L 178 vom 17. 7. 2000, S. 1) bestimmt sich das Sitzland des Diensteanbieters danach, wo dieser seine

Geschäftstätigkeit tatsächlich ausübt. [2]Dies ist der Ort, an dem sich der Mittelpunkt der Tätigkeiten des Diensteanbieters im Hinblick auf ein bestimmtes Telemedienangebot befindet.

(2) Abweichend von Absatz 1 gilt innerhalb des Geltungsbereichs der Richtlinie 2010/13/EU des Europäischen Parlaments und des Rates vom 10. März 2010 zur Koordinierung bestimmter Rechts- und Verwaltungsvorschriften der Mitgliedstaaten über die Bereitstellung audiovisueller Mediendienste (Richtlinie über audiovisuelle Mediendienste) (ABl. L 95 vom 15. 4. 2010, S. 1) bei audiovisuellen Mediendiensten auf Abruf Deutschland als Sitzland des Diensteanbieters, wenn

1. die Hauptverwaltung in Deutschland liegt und die redaktionellen Entscheidungen über den audiovisuellen Mediendienst dort getroffen werden,
2. die Hauptverwaltung in Deutschland liegt und die redaktionellen Entscheidungen über den audiovisuellen Mediendienst in einem anderen Mitgliedstaat der Europäischen Union getroffen werden, jedoch
   a) ein wesentlicher Teil des mit der Bereitstellung des audiovisuellen Mediendienstes betrauten Personals in Deutschland tätig ist,
   b) ein wesentlicher Teil des mit der Bereitstellung des audiovisuellen Mediendienstes betrauten Personals sowohl in Deutschland als auch in dem anderen Mitgliedstaat tätig ist oder
   c) ein wesentlicher Teil des mit der Bereitstellung des audiovisuellen Mediendienstes betrauten Personals weder in Deutschland noch in dem anderen Mitgliedstaat tätig ist, aber der Diensteanbieter zuerst in Deutschland seine Tätigkeit aufgenommen hat und eine dauerhafte und tatsächliche Verbindung mit der Wirtschaft Deutschlands fortbesteht, oder
3. die Hauptverwaltung in Deutschland liegt und die redaktionellen Entscheidungen über den audiovisuellen Mediendienst in einem Drittstaat getroffen werden oder umgekehrt, aber ein wesentlicher Teil des mit der Bereitstellung des audiovisuellen Mediendienstes betrauten Personals in Deutschland tätig ist.

(3) [1]Für audiovisuelle Mediendiensteanbieter, die nicht bereits aufgrund ihrer Niederlassung der Rechtshoheit Deutschlands oder eines anderen Mitgliedstaats der Europäischen Union unterliegen, gilt Deutschland als Sitzland, wenn sie

1. eine in Deutschland gelegene Satelliten-Bodenstation für die Aufwärtsstrecke nutzen oder
2. zwar keine in einem Mitgliedstaat der Europäischen Union gelegene Satelliten-Bodenstation für die Aufwärtsstrecke nutzen, aber eine Deutschland zugewiesene Übertragungskapazität eines Satelliten nutzen.

[2]Liegt keines dieser beiden Kriterien vor, gilt Deutschland auch als Sitzland für Diensteanbieter, die in Deutschland gemäß den Artikeln 49 bis 55 des Vertrages über die Arbeitsweise der Europäischen Union niedergelassen sind.

§ 3 Herkunftslandprinzip. (1) In der Bundesrepublik Deutschland nach § 2a niedergelassene Diensteanbieter und ihre Telemedien unterliegen den Anforderungen des deutschen Rechts auch dann, wenn die Telemedien in einem anderen Staat innerhalb des Geltungsbereichs der Richtlinien 2000/31/EG und 89/552/EWG geschäftsmäßig angeboten oder erbracht werden.

(2) [1]Der freie Dienstleistungsverkehr von Telemedien, die in der Bundesrepublik Deutschland von Diensteanbietern geschäftsmäßig angeboten oder erbracht werden, die in einem anderen Staat innerhalb des Geltungsbereichs der Richtlinien 2000/31/EG und 89/552/EWG niedergelassen sind, wird nicht eingeschränkt. [2]Absatz 5 bleibt unberührt.

(3) Von den Absätzen 1 und 2 bleiben unberührt

1. die Freiheit der Rechtswahl,
2. die Vorschriften für vertragliche Schuldverhältnisse in Bezug auf Verbraucherverträge,
3. gesetzliche Vorschriften über die Form des Erwerbs von Grundstücken und grundstücksgleichen Rechten sowie der Begründung, Übertragung, Änderung oder Aufhebung von dinglichen Rechten an Grundstücken und grundstücksgleichen Rechten,
4. das für den Schutz personenbezogener Daten geltende Recht.

(4) Die Absätze 1 und 2 gelten nicht für

1. die Tätigkeit von Notaren sowie von Angehörigen anderer Berufe, soweit diese ebenfalls hoheitlich tätig sind,
2. die Vertretung von Mandanten und die Wahrnehmung ihrer Interessen vor Gericht,
3. die Zulässigkeit nicht angeforderter kommerzieller Kommunikationen durch elektronische Post,
4. Gewinnspiele mit einem einen Geldwert darstellenden Einsatz bei Glücksspielen, einschließlich Lotterien und Wetten,
5. die Anforderungen an Verteildienste,
6. das Urheberrecht, verwandte Schutzrechte, Rechte im Sinne der Richtlinie 87/54/EWG des Rates vom 16. Dezember 1986 über den Rechtsschutz der Topographien von Halbleitererzeugnissen (ABl. EG Nr. L 24 S. 36) und der Richtlinie 96/9/EG des Europäischen Parlaments und des Rates vom 11. März 1996 über den rechtlichen Schutz von Datenbanken (ABl. EG Nr. L 77 S. 20) sowie für gewerbliche Schutzrechte,
7. die Ausgabe elektronischen Geldes durch Institute, die gemäß Artikel 8 Abs. 1 der Richtlinie 2000/46/EG des Europäischen Parlaments und des Rates vom 18. September 2000 über die Aufnahme, Ausübung und Beaufsichtigung der Tätigkeit von E-Geld-Instituten (ABl. EG Nr. L 275 S. 39) von der Anwendung einiger oder aller Vorschriften dieser Richtlinie und von der Anwendung der Richtlinie 2000/12/EG des Europäischen Parlaments und des Rates vom 20. März 2000 über die Aufnahme und Ausübung der Tätigkeit der Kreditinstitute (ABl. EG Nr. L 126 S. 1) freigestellt sind,
8. Vereinbarungen oder Verhaltensweisen, die dem Kartellrecht unterliegen,
9. die von den §§ 12, 13a bis 13c, 55a, 83, 110a bis 110d, 111b und 111c des Versicherungsaufsichtsgesetzes in der Fassung der Bekanntmachung vom

17. Dezember 1992 (BGBl. 1993 I S. 2), das zuletzt durch Artikel 2 des Gesetzes vom 29. Juli 2009 (BGBl. I S. 2305) geändert worden ist, in der am 31. Dezember 2015 geltenden Fassung und der Versicherungsberichterstattungs-Verordnung erfassten Bereiche, die Regelungen über das auf Versicherungsverträge anwendbare Recht sowie für Pflichtversicherungen.

(5) [1]Das Angebot und die Erbringung von Telemedien durch einen Diensteanbieter, der in einem anderen Staat im Geltungsbereich der Richtlinien 2000/31/EG oder 89/552/EWG niedergelassen ist, unterliegen abweichend von Absatz 2 den Einschränkungen des innerstaatlichen Rechts, soweit dieses dem Schutz

1. der öffentlichen Sicherheit und Ordnung, insbesondere im Hinblick auf die Verhütung, Ermittlung, Aufklärung, Verfolgung und Vollstreckung von Straftaten und Ordnungswidrigkeiten, einschließlich des Jugendschutzes und der Bekämpfung der Hetze aus Gründen der Rasse, des Geschlechts, des Glaubens oder der Nationalität sowie von Verletzungen der Menschenwürde einzelner Personen sowie die Wahrung nationaler Sicherheits- und Verteidigungsinteressen,
2. der öffentlichen Gesundheit,
3. der Interessen der Verbraucher, einschließlich des Schutzes von Anlegern,

vor Beeinträchtigungen oder ernsthaften und schwerwiegenden Gefahren dient und die auf der Grundlage des innerstaatlichen Rechts in Betracht kommenden Maßnahmen in einem angemessenen Verhältnis zu diesen Schutzzielen stehen. [2]Für das Verfahren zur Einleitung von Maßnahmen nach Satz 1 – mit Ausnahme von gerichtlichen Verfahren einschließlich etwaiger Vorverfahren und der Verfolgung von Straftaten einschließlich der Strafvollstreckung und von Ordnungswidrigkeiten – sehen Artikel 3 Abs. 4 und 5 der Richtlinie 2000/31/EG sowie Artikel 2a Absatz 4 und 5 der Richtlinie 89/552/EWG Konsultations- und Informationspflichten vor.

Abschnitt 2

Zulassungsfreiheit und Informationspflicht

§ 4 Zulassungsfreiheit. Telemedien sind im Rahmen der Gesetze zulassungs- und anmeldefrei.

§ 5 Allgemeine Informationspflichten. (1) Diensteanbieter haben für geschäftsmäßige, in der Regel gegen Entgelt angebotene Telemedien folgende Informationen leicht erkennbar, unmittelbar erreichbar und ständig verfügbar zu halten:

1. den Namen und die Anschrift, unter der sie niedergelassen sind, bei juristischen Personen zusätzlich die Rechtsform, den Vertretungsberechtigten und, sofern Angaben über das Kapital der Gesellschaft gemacht werden, das Stamm- oder Grundkapital sowie, wenn nicht alle in Geld zu leistenden Einlagen eingezahlt sind, der Gesamtbetrag der ausstehenden Einlagen,

2. Angaben, die eine schnelle elektronische Kontaktaufnahme und unmittelbare Kommunikation mit ihnen ermöglichen, einschließlich der Adresse der elektronischen Post,
3. soweit der Dienst im Rahmen einer Tätigkeit angeboten oder erbracht wird, die der behördlichen Zulassung bedarf, Angaben zur zuständigen Aufsichtsbehörde,
4. das Handelsregister, Vereinsregister, Partnerschaftsregister oder Genossenschaftsregister, in das sie eingetragen sind, und die entsprechende Registernummer,
5. soweit der Dienst in Ausübung eines Berufs im Sinne von Art. 1 Buchstabe d der Richtlinie 89/48/EWG des Rates vom 21. Dezember 1988 über eine allgemeine Regelung zur Anerkennung der Hochschuldiplome, die eine mindestens dreijährige Berufsausbildung abschließen (ABl. EG Nr. L 19 S. 16), oder im Sinne von Art. 1 Buchstabe f der Richtlinie 92/51/EWG des Rates vom 18. Juni 1992 über eine zweite allgemeine Regelung zur Anerkennung beruflicher Befähigungsnachweise in Ergänzung zur Richtlinie 89/48/EWG (ABl. EG Nr. L 209 S. 25, 1995 Nr. L 17 S. 20), zuletzt geändert durch die Richtlinie 97/38/EG der Kommission vom 20. Juni 1997 (ABl. EG Nr. L 184 S. 31), angeboten oder erbracht wird, Angaben über
   a) die Kammer, welcher die Diensteanbieter angehören,
   b) die gesetzliche Berufsbezeichnung und den Staat, in dem die Berufsbezeichnung verliehen worden ist,
   c) die Bezeichnung der berufsrechtlichen Regelungen und dazu, wie diese zugänglich sind,
6. in Fällen, in denen sie eine Umsatzsteueridentifikationsnummer nach § 27a des Umsatzsteuergesetzes oder eine Wirtschafts-Identifikationsnummer nach § 139c der Abgabenordnung besitzen, die Angabe dieser Nummer,
7. bei Aktiengesellschaften, Kommanditgesellschaften auf Aktien und Gesellschaften mit beschränkter Haftung, die sich in Abwicklung oder Liquidation befinden, die Angabe hierüber.

(2) Weitergehende Informationspflichten nach anderen Rechtsvorschriften bleiben unberührt.

§ 6 Besondere Informationspflichten bei kommerziellen Kommunikationen. (1) Diensteanbieter haben bei kommerziellen Kommunikationen, die Telemedien oder Bestandteile von Telemedien sind, mindestens die folgenden Voraussetzungen zu beachten:
1. Kommerzielle Kommunikationen müssen klar als solche zu erkennen sein.
2. Die natürliche oder juristische Person, in deren Auftrag kommerzielle Kommunikationen erfolgen, muss klar identifizierbar sein.
3. Angebote zur Verkaufsförderung wie Preisnachlässe, Zugaben und Geschenke müssen klar als solche erkennbar sein, und die Bedingungen für ihre Inanspruchnahme müssen leicht zugänglich sein sowie klar und unzweideutig angegeben werden.

4. Preisausschreiben oder Gewinnspiele mit Werbecharakter müssen klar als solche erkennbar und die Teilnahmebedingungen leicht zugänglich sein sowie klar und unzweideutig angegeben werden.

(2) [1]Werden kommerzielle Kommunikationen per elektronischer Post versandt, darf in der Kopf- und Betreffzeile weder der Absender noch der kommerzielle Charakter der Nachricht verschleiert oder verheimlicht werden. [2]Ein Verschleiern oder Verheimlichen liegt dann vor, wenn die Kopf- und Betreffzeile absichtlich so gestaltet sind, dass der Empfänger vor Einsichtnahme in den Inhalt der Kommunikation keine oder irreführende Informationen über die tatsächliche Identität des Absenders oder den kommerziellen Charakter der Nachricht erhält.

(3) Die Vorschriften des Gesetzes gegen den unlauteren Wettbewerb bleiben unberührt.

Abschnitt 3

Verantwortlichkeit

§ 7 Allgemeine Grundsätze. (1) Diensteanbieter sind für eigene Informationen, die sie zur Nutzung bereithalten, nach den allgemeinen Gesetzen verantwortlich.

(2) Diensteanbieter im Sinne der §§ 8 bis 10 sind nicht verpflichtet, die von ihnen übermittelten oder gespeicherten Informationen zu überwachen oder nach Umständen zu forschen, die auf eine rechtswidrige Tätigkeit hinweisen.

(3) Verpflichtungen zur Entfernung von Informationen oder zur Sperrung der Nutzung von Informationen nach den allgemeinen Gesetzen aufgrund von gerichtlichen oder behördlichen Anordnungen bleiben auch im Falle der Nichtverantwortlichkeit des Diensteanbieters nach den §§ 8 bis 10 unberührt. [2]Das Fernmeldegeheimnis nach § 88 des Telekommunikationsgesetzes ist zu wahren.

(4) [1]Wurde ein Telemediendienst von einem Nutzer in Anspruch genommen, um das Recht am geistigen Eigentum eines anderen zu verletzen und besteht für den Inhaber dieses Rechts keine andere Möglichkeit, der Verletzung seines Rechts abzuhelfen, so kann der Inhaber des Rechts von dem betroffenen Diensteanbieter nach § 8 Absatz 3 die Sperrung der Nutzung von Informationen verlangen, um die Wiederholung der Rechtsverletzung zu verhindern. [2]Die Sperrung muss zumutbar und verhältnismäßig sein. [3]Ein Anspruch gegen den Diensteanbieter auf Erstattung der vor- und außergerichtlichen Kosten für die Geltendmachung und Durchsetzung des Anspruchs nach Satz 1 besteht außer in den Fällen des § 8 Absatz 1 Satz 3 nicht.

§ 8 Durchleitung von Informationen. (1) [1]Diensteanbieter sind für fremde Informationen, die sie in einem Kommunikationsnetz übermitteln oder zu denen sie den Zugang zur Nutzung vermitteln, nicht verantwortlich, sofern sie

1. die Übermittlung nicht veranlasst,
2. den Adressaten der übermittelten Informationen nicht ausgewählt und
3. die übermittelten Informationen nicht ausgewählt oder verändert haben.

[2]Sofern diese Diensteanbieter nicht verantwortlich sind, können sie insbesondere nicht wegen einer rechtswidrigen Handlung eines Nutzers auf Schadensersatz oder Beseitigung oder Unterlassung einer Rechtsverletzung in Anspruch genommen werden; dasselbe gilt hinsichtlich aller Kosten für die Geltendmachung und Durchsetzung dieser Ansprüche. [3]Die Sätze 1 und 2 finden keine Anwendung, wenn der Diensteanbieter absichtlich mit einem Nutzer seines Dienstes zusammenarbeitet, um rechtswidrige Handlungen zu begehen.

(2) Die Übermittlung von Informationen nach Absatz 1 und die Vermittlung des Zugangs zu ihnen umfasst auch die automatische kurzzeitige Zwischenspeicherung dieser Informationen, soweit dies nur zur Durchführung der Übermittlung im Kommunikationsnetz geschieht und die Informationen nicht länger gespeichert werden, als für die Übermittlung üblicherweise erforderlich ist.

(3) Die Absätze 1 und 2 gelten auch für Diensteanbieter nach Absatz 1, die Nutzern einen Internetzugang über ein drahtloses lokales Netzwerk zur Verfügung stellen.

(4) [1]Diensteanbieter nach § 8 Absatz 3 dürfen von einer Behörde nicht verpflichtet werden,

1. vor Gewährung des Zugangs
   a) die persönlichen Daten von Nutzern zu erheben und zu speichern (Registrierung)
   oder
   b) die Eingabe eines Passworts zu verlangen

oder

2. das Anbieten des Dienstes dauerhaft einzustellen.

[2]Davon unberührt bleibt, wenn ein Diensteanbieter auf freiwilliger Basis die Nutzer identifiziert, eine Passworteingabe verlangt oder andere freiwillige Maßnahmen ergreift.

§ 9 Zwischenspeicherung zur beschleunigten Übermittlung von Informationen. [1]Diensteanbieter sind für eine automatische, zeitlich begrenzte Zwischenspeicherung, die allein dem Zweck dient, die Übermittlung fremder Informationen an andere Nutzer auf deren Anfrage effizienter zu gestalten, nicht verantwortlich, sofern sie

1. die Informationen nicht verändern,
2. die Bedingungen für den Zugang zu den Informationen beachten,
3. die Regeln für die Aktualisierung der Informationen, die in weithin anerkannten und verwendeten Industriestandards festgelegt sind, beachten,
4. die erlaubte Anwendung von Technologien zur Sammlung von Daten über die Nutzung der Informationen, die in weithin anerkannten und verwendeten Industriestandards festgelegt sind, nicht beeinträchtigen und
5. unverzüglich handeln, um im Sinne dieser Vorschrift gespeicherte Informationen zu entfernen oder den Zugang zu ihnen zu sperren, sobald sie Kennt-

nis davon erhalten haben, dass die Informationen am ursprünglichen Ausgangsort der Übertragung aus dem Netz entfernt wurden oder der Zugang zu ihnen gesperrt wurde oder ein Gericht oder eine Verwaltungsbehörde die Entfernung oder Sperrung angeordnet hat.

[2]§ 8 Abs. 1 Satz 2 gilt entsprechend.

§ 10 Speicherung von Informationen. Diensteanbieter sind für fremde Informationen, die sie für einen Nutzer speichern, nicht verantwortlich, sofern

1. sie keine Kenntnis von der rechtswidrigen Handlung oder der Information haben und ihnen im Falle von Schadensersatzansprüchen auch keine Tatsachen oder Umstände bekannt sind, aus denen die rechtswidrige Handlung oder die Information offensichtlich wird, oder
2. sie unverzüglich tätig geworden sind, um die Information zu entfernen oder den Zugang zu ihr zu sperren, sobald sie diese Kenntnis erlangt haben.

[2]Satz 1 findet keine Anwendung, wenn der Nutzer dem Diensteanbieter untersteht oder von ihm beaufsichtigt wird.

Abschnitt 4

Datenschutz

§ 11 Anbieter-Nutzer-Verhältnis. (1) Die Vorschriften dieses Abschnitts gelten nicht für die Erhebung und Verwendung personenbezogener Daten der Nutzer von Telemedien, soweit die Bereitstellung solcher Dienste

1. im Dienst- und Arbeitsverhältnis zu ausschließlich beruflichen oder dienstlichen Zwecken oder
2. innerhalb von oder zwischen nicht öffentlichen Stellen oder öffentlichen Stellen ausschließlich zur Steuerung von Arbeits- oder Geschäftsprozessen erfolgt.

(2) Nutzer im Sinne dieses Abschnitts ist jede natürliche Person, die Telemedien nutzt, insbesondere um Informationen zu erlangen oder zugänglich zu machen.

(3) Bei Telemedien, die überwiegend in der Übertragung von Signalen über Telekommunikationsnetze bestehen, gelten für die Erhebung und Verwendung personenbezogener Daten der Nutzer nur § 15 Absatz 8 und § 16 Absatz 2 Nummer 4.

§ 12 Grundsätze. (1) Der Diensteanbieter darf personenbezogene Daten zur Bereitstellung von Telemedien nur erheben und verwenden, soweit dieses Gesetz oder eine andere Rechtsvorschrift, die sich ausdrücklich auf Telemedien bezieht, es erlaubt oder der Nutzer eingewilligt hat.

(2) Der Diensteanbieter darf für die Bereitstellung von Telemedien erhobene personenbezogene Daten für andere Zwecke nur verwenden, soweit dieses Ge-

setz oder eine andere Rechtsvorschrift, die sich ausdrücklich auf Telemedien bezieht, es erlaubt oder der Nutzer eingewilligt hat.

(3) Soweit nichts anderes bestimmt ist, sind die jeweils geltenden Vorschriften für den Schutz personenbezogener Daten anzuwenden, auch wenn die Daten nicht automatisiert verarbeitet werden.

§ 13 Pflichten des Diensteanbieters. (1) [1]Der Diensteanbieter hat den Nutzer zu Beginn des Nutzungsvorgangs über Art, Umfang und Zwecke der Erhebung und Verwendung personenbezogener Daten sowie über die Verarbeitung seiner Daten in Staaten außerhalb des Anwendungsbereichs der Richtlinie 95/46/EG des Europäischen Parlaments und des Rates vom 24. Oktober 1995 zum Schutz natürlicher Personen bei der Verarbeitung personenbezogener Daten und zum freien Datenverkehr (ABl. EG Nr. L 281 S. 31) in allgemein verständlicher Form zu unterrichten, sofern eine solche Unterrichtung nicht bereits erfolgt ist. [2]Bei einem automatisierten Verfahren, das eine spätere Identifizierung des Nutzers ermöglicht und eine Erhebung oder Verwendung personenbezogener Daten vorbereitet, ist der Nutzer zu Beginn dieses Verfahrens zu unterrichten. [3]Der Inhalt der Unterrichtung muss für den Nutzer jederzeit abrufbar sein.

(2) Die Einwilligung kann elektronisch erklärt werden, wenn der Diensteanbieter sicherstellt, dass
1. der Nutzer seine Einwilligung bewusst und eindeutig erteilt hat,
2. die Einwilligung protokolliert wird,
3. der Nutzer den Inhalt der Einwilligung jederzeit abrufen kann und
4. der Nutzer die Einwilligung jederzeit mit Wirkung für die Zukunft widerrufen kann.

(3) [1]Der Diensteanbieter hat den Nutzer vor Erklärung der Einwilligung auf das Recht nach Absatz 2 Nr. 4 hinzuweisen. [2]Absatz 1 Satz 3 gilt entsprechend.

(4) [1]Der Diensteanbieter hat durch technische und organisatorische Vorkehrungen sicherzustellen, dass
1. der Nutzer die Nutzung des Dienstes jederzeit beenden kann,
2. die anfallenden personenbezogenen Daten über den Ablauf des Zugriffs oder der sonstigen Nutzung unmittelbar nach deren Beendigung gelöscht oder in den Fällen des Satzes 2 gesperrt werden,
3. der Nutzer Telemedien gegen Kenntnisnahme Dritter geschützt in Anspruch nehmen kann,
4. die personenbezogenen Daten über die Nutzung verschiedener Telemedien durch denselben Nutzer getrennt verwendet werden können,
5. Daten nach § 15 Abs. 2 nur für Abrechnungszwecke zusammengeführt werden können und
6. Nutzungsprofile nach § 15 Abs. 3 nicht mit Angaben zur Identifikation des Trägers des Pseudonyms zusammengeführt werden können.

[2]An die Stelle der Löschung nach Satz 1 Nr. 2 tritt eine Sperrung, soweit einer Löschung gesetzliche, satzungsmäßige oder vertragliche Aufbewahrungsfristen entgegenstehen.

(5) Die Weitervermittlung zu einem anderen Diensteanbieter ist dem Nutzer anzuzeigen.

(6) [1]Der Diensteanbieter hat die Nutzung von Telemedien und ihre Bezahlung anonym oder unter Pseudonym zu ermöglichen, soweit dies technisch möglich und zumutbar ist. [2]Der Nutzer ist über diese Möglichkeit zu informieren.

(7) [1]Diensteanbieter haben, soweit dies technisch möglich und wirtschaftlich zumutbar ist, im Rahmen ihrer jeweiligen Verantwortlichkeit für geschäftsmäßig angebotene Telemedien durch technische und organisatorische Vorkehrungen sicherzustellen, dass

1. kein unerlaubter Zugriff auf die für ihre Telemedienangebote genutzten technischen Einrichtungen möglich ist und
2. diese
   a) gegen Verletzungen des Schutzes personenbezogener Daten und
   b) gegen Störungen, auch soweit sie durch äußere Angriffe bedingt sind,

   gesichert sind. [2]Vorkehrungen nach Satz 1 müssen den Stand der Technik berücksichtigen. [3]Eine Maßnahme nach Satz 1 ist insbesondere die Anwendung eines als sicher anerkannten Verschlüsselungsverfahrens.

(8) [1]Der Diensteanbieter hat dem Nutzer nach Maßgabe von § 34 des Bundesdatenschutzgesetzes auf Verlangen Auskunft über die zu seiner Person oder zu seinem Pseudonym gespeicherten Daten zu erteilen. [2]Die Auskunft kann auf Verlangen des Nutzers auch elektronisch erteilt werden.

§ 14 Bestandsdaten. (1) Der Diensteanbieter darf personenbezogene Daten eines Nutzers nur erheben und verwenden, soweit sie für die Begründung, inhaltliche Ausgestaltung oder Änderung eines Vertragsverhältnisses zwischen dem Diensteanbieter und dem Nutzer über die Nutzung von Telemedien erforderlich sind (Bestandsdaten).

(2) Auf Anordnung der zuständigen Stellen darf der Diensteanbieter im Einzelfall Auskunft über Bestandsdaten erteilen, soweit dies für Zwecke der Strafverfolgung, zur Gefahrenabwehr durch die Polizeibehörden der Länder, zur Erfüllung der gesetzlichen Aufgaben der Verfassungsschutzbehörden des Bundes und der Länder, des Bundesnachrichtendienstes oder des Militärischen Abschirmdienstes oder des Bundeskriminalamtes im Rahmen seiner Aufgabe zur Abwehr von Gefahren des internationalen Terrorismus oder zur Durchsetzung der Rechte am geistigen Eigentum erforderlich ist.

(3) Der Diensteanbieter darf darüber hinaus im Einzelfall Auskunft über bei ihm vorhandene Bestandsdaten erteilen, soweit dies zur Durchsetzung zivilrechtlicher Ansprüche wegen der Verletzung absolut geschützter Rechte aufgrund rechtswidriger Inhalte, die von § 1Absatz 3 des Netzwerkdurchsetzungsgesetzes erfasst werden, erforderlich ist.

(4) [1]Für die Erteilung der Auskunft nach Absatz 3 ist eine vorherige gerichtliche Anordnung über die Zulässigkeit der Auskunftserteilung erforderlich, die vom Verletzten zu beantragen ist. [2]Für den Erlass dieser Anordnung ist das Landgericht ohne Rücksicht auf den Streitwert zuständig. [3]Örtlich zuständig ist

das Gericht, in dessen Bezirk der Verletzte seinen Wohnsitz, seinen Sitz oder eine Niederlassung hat. [4]Die Entscheidung trifft die Zivilkammer. [5]Für das Verfahren gelten die Vorschriften des Gesetzes über das Verfahren in Familiensachen und in den Angelegenheiten der freiwilligen Gerichtsbarkeit entsprechend. [6]Die Kosten der richterlichen Anordnung trägt der Verletzte. [7]Gegen die Entscheidung des Landgerichts ist die Beschwerde statthaft.

(5) [1]Der Diensteanbieter ist als Beteiligter zu dem Verfahren nach Absatz 4 hinzuzuziehen. [2]Er darf den Nutzer über die Einleitung des Verfahrens unterrichten.

§ 15 Nutzungsdaten. (1) [1]Der Diensteanbieter darf personenbezogene Daten eines Nutzers nur erheben und verwenden, soweit dies erforderlich ist, um die Inanspruchnahme von Telemedien zu ermöglichen und abzurechnen (Nutzungsdaten). [2]Nutzungsdaten sind insbesondere

1. Merkmale zur Identifikation des Nutzers,
2. Angaben über Beginn und Ende sowie des Umfangs der jeweiligen Nutzung und
3. Angaben über die vom Nutzer in Anspruch genommenen Telemedien.

(2) Der Diensteanbieter darf Nutzungsdaten eines Nutzers über die Inanspruchnahme verschiedener Telemedien zusammenführen, soweit dies für Abrechnungszwecke mit dem Nutzer erforderlich ist.

(3) [1]Der Diensteanbieter darf für Zwecke der Werbung, der Marktforschung oder zur bedarfsgerechten Gestaltung der Telemedien Nutzungsprofile bei Verwendung von Pseudonymen erstellen, sofern der Nutzer dem nicht widerspricht. [2]Der Diensteanbieter hat den Nutzer auf sein Widerspruchsrecht im Rahmen der Unterrichtung nach § 13 Abs. 1 hinzuweisen. [3]Diese Nutzungsprofile dürfen nicht mit Daten über den Träger des Pseudonyms zusammengeführt werden.

(4) [1]Der Diensteanbieter darf Nutzungsdaten über das Ende des Nutzungsvorgangs hinaus verwenden, soweit sie für Zwecke der Abrechnung mit dem Nutzer erforderlich sind (Abrechnungsdaten). [2]Zur Erfüllung bestehender gesetzlicher, satzungsmäßiger oder vertraglicher Aufbewahrungsfristen darf der Diensteanbieter die Daten sperren.

(5) [1]Der Diensteanbieter darf an andere Diensteanbieter oder Dritte Abrechnungsdaten übermitteln, soweit dies zur Ermittlung des Entgelts und zur Abrechnung mit dem Nutzer erforderlich ist. [2]Hat der Diensteanbieter mit einem Dritten einen Vertrag über den Einzug des Entgelts geschlossen, so darf er diesem Dritten Abrechnungsdaten übermitteln, soweit es für diesen Zweck erforderlich ist. [3]Zum Zwecke der Marktforschung anderer Diensteanbieter dürfen anonymisierte Nutzungsdaten übermittelt werden. [4]§ 14 Abs. 2 bis 5 findet entsprechende Anwendung.

(6) Die Abrechnung über die Inanspruchnahme von Telemedien darf Anbieter, Zeitpunkt, Dauer, Art, Inhalt und Häufigkeit bestimmter von einem Nutzer

in Anspruch genommener Telemedien nicht erkennen lassen, es sei denn, der Nutzer verlangt einen Einzelnachweis.

(7) [1]Der Diensteanbieter darf Abrechnungsdaten, die für die Erstellung von Einzelnachweisen über die Inanspruchnahme bestimmter Angebote auf Verlangen des Nutzers verarbeitet werden, höchstens bis zum Ablauf des sechsten Monats nach Versendung der Rechnung speichern. [2]Werden gegen die Entgeltforderung innerhalb dieser Frist Einwendungen erhoben oder diese trotz Zahlungsaufforderung nicht beglichen, dürfen die Abrechnungsdaten weiter gespeichert werden, bis die Einwendungen abschließend geklärt sind oder die Entgeltforderung beglichen ist.

(8) [1]Liegen dem Diensteanbieter zu dokumentierende tatsächliche Anhaltspunkte vor, dass seine Dienste von bestimmten Nutzern in der Absicht in Anspruch genommen werden, das Entgelt nicht oder nicht vollständig zu entrichten, darf er die personenbezogenen Daten dieser Nutzer über das Ende des Nutzungsvorgangs sowie die in Absatz 7 genannte Speicherfrist hinaus nur verwenden, soweit dies für Zwecke der Rechtsverfolgung erforderlich ist. [2]Der Diensteanbieter hat die Daten unverzüglich zu löschen, wenn die Voraussetzungen nach Satz 1 nicht mehr vorliegen oder die Daten für die Rechtsverfolgung nicht mehr benötigt werden. [3]Der betroffene Nutzer ist zu unterrichten, sobald dies ohne Gefährdung des mit der Maßnahme verfolgten Zweckes möglich ist.

§ 15a Informationspflicht bei unrechtmäßiger Kenntniserlangung von Daten. Stellt der Diensteanbieter fest, dass bei ihm gespeicherte Bestands- oder Nutzungsdaten unrechtmäßig übermittelt worden oder auf sonstige Weise Dritten unrechtmäßig zur Kenntnis gelangt sind, und drohen schwerwiegende Beeinträchtigungen für die Rechte oder schutzwürdigen Interessen des betroffenen Nutzers, gilt § 42a des Bundesdatenschutzgesetzes entsprechend.

Abschnitt 5

Bußgeldvorschriften

§ 16 Bußgeldvorschriften. (1) Ordnungswidrig handelt, wer absichtlich entgegen § 6 Abs. 2 Satz 1 den Absender oder den kommerziellen Charakter der Nachricht verschleiert oder verheimlicht.

(2) Ordnungswidrig handelt, wer vorsätzlich oder fahrlässig

1. entgegen § 5 Abs. 1 eine Information nicht, nicht richtig oder nicht vollständig verfügbar hält,
2. entgegen § 13 Abs. 1 Satz 1 oder 2 den Nutzer nicht, nicht richtig, nicht vollständig oder nicht rechtzeitig unterrichtet,

3. einer Vorschrift des § 13 Abs. 4 Satz 1 Nr. 1 bis 4 oder 5 oder Absatz 7 Satz 1 Nummer 1 oder Nummer 2 Buchstabe a über eine dort genannte Pflicht zur Sicherstellung zuwiderhandelt,
4. entgegen § 14 Abs. 1 oder § 15 Abs. 1 Satz 1 oder Abs. 8 Satz 1 oder 2 personenbezogene Daten erhebt oder verwendet oder nicht oder nicht rechtzeitig löscht oder
5. entgegen § 15 Abs. 3 Satz 3 ein Nutzungsprofil mit Daten über den Träger des Pseudonyms zusammenführt.

(3) Die Ordnungswidrigkeit kann mit einer Geldbuße bis zu fünfzigtausend Euro geahndet werden.

Gesetz über das Bundeskriminalamt und die Zusammenarbeit des Bundes und der Länder in kriminalpolizeilichen Angelegenheiten (Bundeskriminalamtgesetz; in der Fassung des BKAG 2018)[1]

vom 7. Juli 1997 (BGBl. I, S. 1650),
zuletzt geändert durch Gesetz zur Novellierung BundeskriminalamtG (BKAG 2018) vom 1. Juni 2017 (BGBl. I S. 1354).

– Auszug –

§ 7 Führung kriminalpolizeilicher personenbezogener Sammlungen der Zentralstelle. (1) Das Bundeskriminalamt kann personenbezogene Daten speichern, verändern und nutzen, soweit dies zur Erfüllung seiner jeweiligen Aufgabe als Zentralstelle erforderlich ist.

(2) [1]Das Bundeskriminalamt kann, soweit dies zur Erfüllung seiner Aufgabe als Zentralstelle nach § 2 Abs. 2 Nr. 1 erforderlich ist, Daten zur Ergänzung vorhandener Sachverhalte oder sonst zu Zwecken der Auswertung mittels Auskünften oder Anfragen bei öffentlichen oder nichtöffentlichen Stellen erheben. [2]Auch bei den in § 14 Abs. 1 genannten Behörden und Stellen anderer Staaten sowie bei internationalen Organisationen, die mit der Verfolgung und Verhütung von Straftaten befasst sind, kann das Bundeskriminalamt unter den Voraussetzungen des Satzes 1 Daten erheben. [3]In anhängigen Strafverfahren steht dem Bundeskriminalamt diese Befugnis nur im Einvernehmen mit der zuständigen Strafverfolgungsbehörde zu.

§ 9 Allgemeine Datenerhebung durch und Datenübermittlung an das Bundeskriminalamt. (1) [1]Das Bundeskriminalamt kann, soweit dies zur Erfül-

---

1 Das BKAG 2018 novelliert den bisher in der Vorauflage vorgesehenen Gesetzestext umfassend und gilt ab dem 25. Mai 2018. Wegen des erwarteten Erscheinens dieser Auflage Mitte April 2018 wird nur der neue Text abgedruckt. Bezüglich der alten Rechtslage finden sich Information in den Vorauflagen. Der bis zum 25. Mai 2018 gültige Text kann unter www.juris.de abgerufen werden.

Das BKAG wurde durch Gesetz zur Neustrukturierung des Bundeskriminalamtsgesetzes vom 01. Juni 2017 wird mit Wirkung zum 25. Mai 2018 komplett neugefasst. Wegen der Aktualität dieser Neufassung wurde der Stand bis zum 25. Mai 2018 nicht abgedruckt. Die alte Fassung des BKAG finden Sie in der Zwischenzeit in der 13. Auflage oder auf den Seiten von Juris im Internet. Die Neufassung dient der Umsetzung der Richtlinie (EU) 2016/680 des Europäischen Parlaments und des Rates vom 27. April 2016 zum Schutz natürlicher Personen bei der Verarbeitung personenbezogener Daten durch die zuständigen Behörden zum Zwecke der Verhütung, Ermittlung, Aufdeckung oder Verfolgung von Straftaten oder der Strafvollstreckung sowie zum freien Datenverkehr und zur Aufhebung des Rahmenbeschlusses 2008/977/JI des Rates (ABl. L 2017/119 S. 89).

lung seiner Aufgabe als Zentralstelle nach § 2 Absatz 2 Nummer 1 und Absatz 6 erforderlich ist, personenbezogene Daten zur Ergänzung vorhandener Sachverhalte oder sonst zu Zwecken der Auswertung mittels Auskünften oder Anfragen bei öffentlichen oder nichtöffentlichen Stellen erheben. [2]Das Bundeskriminalamt kann unter den Voraussetzungen des Satzes 1 auch Daten erheben

1. bei den in den §§ 26 und 27 genannten Behörden und Stellen anderer Staaten,
2. bei zwischen- und überstaatlichen Stellen, die mit der Verfolgung und Verhütung von Straftaten befasst sind, sowie
3. unter den Voraussetzungen des § 81 des Bundesdatenschutzgesetzes auch bei sonstigen öffentlichen und nichtöffentlichen Stellen im Ausland.

[3]In anhängigen Strafverfahren steht dem Bundeskriminalamt diese Befugnis nur im Einvernehmen mit der zuständigen Strafverfolgungsbehörde zu.

(2) [1]Das Bundeskriminalamt kann, soweit dies zur Erfüllung seiner Aufgaben nach den §§ 6 bis 8 erforderlich ist, personenbezogene Daten erheben. [2]Die personenbezogenen Daten sind offen und bei der betroffenen Person zu erheben. [3]Sie können bei anderen öffentlichen oder bei nichtöffentlichen Stellen erhoben werden, wenn die Erhebung bei der betroffenen Person nicht möglich ist oder durch sie die Erfüllung der dem Bundeskriminalamt obliegenden Aufgaben nach Satz 1 gefährdet oder erheblich erschwert würde. [4]Eine Datenerhebung, die nicht als Maßnahme des Bundeskriminalamtes erkennbar sein soll, ist nur zulässig, wenn auf andere Weise die Erfüllung der dem Bundeskriminalamt obliegenden Aufgaben nach Satz 1 erheblich gefährdet wird oder wenn anzunehmen ist, dass dies dem überwiegenden Interesse der betroffenen Person entspricht.

(3) [1]Soweit das Bundeskriminalamt für seine Aufgaben nach den §§ 6 bis 8 personenbezogene Daten bei der betroffenen Person oder bei nichtöffentlichen Stellen erhebt, sind diese auf Verlangen auf den Umfang ihrer Auskunftspflicht und auf die Rechtsgrundlage der Datenerhebung hinzuweisen. [2]Der Hinweis kann unterbleiben, wenn durch ihn die Erfüllung der jeweiligen Aufgabe des Bundeskriminalamtes nach Absatz 2 gefährdet oder erheblich erschwert würde. [3]Sofern eine Auskunftspflicht nicht besteht, ist auf die Freiwilligkeit der Auskunft hinzuweisen.

(4) [1]Öffentliche Stellen können von sich aus dem Bundeskriminalamt Informationen einschließlich personenbezogener Daten übermitteln, wenn tatsächliche Anhaltspunkte dafür bestehen, dass die Übermittlung für die Erfüllung der Aufgaben des Bundeskriminalamtes erforderlich ist. [2]Die Vorschriften der Strafprozessordnung, des Artikel 10-Gesetzes, des Bundesverfassungsschutzgesetzes, des BND-Gesetzes und des MAD-Gesetzes bleiben unberührt. [3]Die Verantwortung für die Zulässigkeit der Übermittlung trägt die übermittelnde Stelle. [4]Erfolgt die Übermittlung auf Ersuchen des Bundeskriminalamtes, trägt dieses die Verantwortung.

(5) Eine Übermittlungspflicht besteht, wenn die Informationen zur Abwehr einer Gefahr für den Bestand oder die Sicherheit des Bundes oder eines Landes

oder Leib, Leben oder Freiheit einer Person oder einer Sache von bedeutendem Wert, deren Erhaltung im öffentlichen Interesse liegt, erforderlich sind.

§ 10 Bestandsdatenauskunft. (1) [1]Soweit dies zur Erfüllung der Aufgabe des Bundeskriminalamtes

1. als Zentralstelle nach § 2 Absatz 2 Nummer 1 und Absatz 6 zur Ergänzung vorhandener Sachverhalte oder sonst zu Zwecken der Auswertung,
2. zum Schutz von Mitgliedern der Verfassungsorgane und der Leitung des Bundeskriminalamtes nach § 6 sowie
3. zum Zeugenschutz nach § 7

erforderlich ist, darf von demjenigen, der geschäftsmäßig Telekommunikationsdienste erbringt oder daran mitwirkt, Auskunft über die nach den §§ 95 und 111 des Telekommunikationsgesetzes erhobenen Daten verlangt werden (§ 113 Absatz 1 Satz 1 des Telekommunikationsgesetzes). [2]Bezieht sich das Auskunftsverlangen nach Satz 1 auf Daten, mittels derer der Zugriff auf Endgeräte oder auf Speichereinrichtungen, die in diesen Endgeräten oder hiervon räumlich getrennt eingesetzt werden, geschützt wird (§ 113 Absatz 1 Satz 2 des Telekommunikationsgesetzes), darf die Auskunft nur verlangt werden, wenn die gesetzlichen Voraussetzungen für die Nutzung der Daten vorliegen.

(2) Die Auskunft nach Absatz 1 darf auch anhand einer zu einem bestimmten Zeitpunkt zugewiesenen Internetprotokoll-Adresse verlangt werden (§ 113 Absatz 1 Satz 3 des Telekommunikationsgesetzes).

(3) [1]Auskunftsverlangen nach Absatz 1 Satz 2 dürfen nur auf Antrag der Präsidentin oder des Präsidenten des Bundeskriminalamtes oder ihrer oder seiner Vertretung durch das Gericht angeordnet werden. [2]Bei Gefahr im Verzug kann die Anordnung durch die Präsidentin oder den Präsidenten des Bundeskriminalamtes oder ihre oder seine Vertretung getroffen werden. [3]In diesem Fall ist die gerichtliche Entscheidung unverzüglich nachzuholen. [4]Die Sätze 1 bis 3 finden keine Anwendung, wenn die betroffene Person vom Auskunftsverlangen bereits Kenntnis hat oder haben muss oder wenn die Nutzung der Daten bereits durch eine gerichtliche Entscheidung gestattet wird. [5]Das Vorliegen der Voraussetzungen nach Satz 4 ist aktenkundig zu machen.

(4) [1]Die betroffene Person ist in den Fällen des Absatzes 1 Satz 2 und des Absatzes 2 über die Beauskunftung zu benachrichtigen. [2]Die Benachrichtigung erfolgt, soweit und sobald hierdurch der Zweck der Auskunft nicht vereitelt wird. [3]Sie unterbleibt, wenn ihr überwiegende schutzwürdige Belange Dritter oder der betroffenen Person selbst entgegenstehen. [4]Wird die Benachrichtigung nach Satz 2 zurückgestellt oder nach Satz 3 von ihr abgesehen, sind die Gründe aktenkundig zu machen.

(5) [1]Aufgrund eines Auskunftsverlangens nach Absatz 1 oder Absatz 2 hat derjenige, der geschäftsmäßig Telekommunikationsdienste erbringt oder daran mitwirkt, die zur Auskunftserteilung erforderlichen Daten unverzüglich zu übermitteln. [2]Für die Entschädigung der Diensteanbieter ist § 23 des Justizvergütungs- und -entschädigungsgesetzes entsprechend anzuwenden.

§ 11 Aufzeichnung eingehender Telefonanrufe. [1]Das Bundeskriminalamt kann Telefonanrufe aufzeichnen, die über Rufnummern eingehen, die der Öffentlichkeit bekannt gegeben wurden
1. für die Entgegennahme sachdienlicher Hinweise im Zusammenhang mit der Erfüllung der Aufgaben nach den §§ 4 bis 8 oder
2. im Hinblick auf ein bestimmtes Ereignis,

soweit dies zur Erfüllung seiner Aufgaben erforderlich ist. 2Die Aufzeichnungen sind sofort und spurenlos zu löschen, sobald sie nicht mehr zur Aufgabenerfüllung erforderlich sind, spätestens jedoch nach 30 Tagen, es sei denn, sie werden im Einzelfall zur Erfüllung der Aufgaben nach den §§ 4 bis 6 benötigt.

§ 12 Zweckbindung, Grundsatz der hypothetischen Datenneuerhebung.

(1) [1]Das Bundeskriminalamt kann personenbezogene Daten, die es selbst erhoben hat, weiterverarbeiten
1. zur Erfüllung derselben Aufgabe und
2. zum Schutz derselben Rechtsgüter oder zur Verfolgung oder Verhütung derselben Straftaten.

[2]Für die Weiterverarbeitung von personenbezogenen Daten, die aus Maßnahmen nach § 46 erlangt wurden, muss im Einzelfall eine dringende Gefahr im Sinne des § 46 Absatz 1 vorliegen, und für die Weiterverarbeitung von personenbezogenen Daten, die aus Maßnahmen nach § 49 erlangt wurden, muss im Einzelfall eine Gefahrenlage im Sinne des § 49 Absatz 1 vorliegen.

(2) [1]Das Bundeskriminalamt kann zur Erfüllung seiner Aufgaben personenbezogene Daten zu anderen Zwecken, als denjenigen, zu denen sie erhoben worden sind, weiterverarbeiten, wenn
1. mindestens
   a) vergleichbar schwerwiegende Straftaten verhütet, aufgedeckt oder verfolgt oder
   b) vergleichbar bedeutsame Rechtsgüter geschützt

   werden sollen und
2. sich im Einzelfall konkrete Ermittlungsansätze
   a) zur Verhütung, Aufdeckung oder Verfolgung solcher Straftaten ergeben oder
   b) zur Abwehr von in einem übersehbaren Zeitraum drohenden Gefahren für mindestens vergleichbar bedeutsame Rechtsgüter erkennen lassen.

[2]Die §§ 21 und 22 bleiben unberührt.

(3) [1]Für die Weiterverarbeitung von personenbezogenen Daten, die durch einen verdeckten Einsatz technischer Mittel in oder aus Wohnungen oder verdeckten Eingriff in informationstechnische Systeme erlangt wurden, gilt Absatz 2 Satz 1 Nummer 2 Buchstabe b mit der Maßgabe entsprechend, dass
1. bei personenbezogenen Daten, die durch einen verdeckten Einsatz technischer Mittel in oder aus Wohnungen erlangt wurden, im Einzelfall eine dringende Gefahr im Sinne des § 46 Absatz 1 vorliegen muss und

2. bei personenbezogenen Daten, die durch einen verdeckten Eingriff in informationstechnische Systeme erlangt wurden, im Einzelfall eine Gefahrenlage im Sinne des § 49 Absatz 1 vorliegen muss.

[2]Personenbezogene Daten, die durch Herstellung von Lichtbildern oder Bildaufzeichnungen über eine Person im Wege eines verdeckten Einsatzes technischer Mittel in oder aus Wohnungen erlangt wurden, dürfen nicht zu Strafverfolgungszwecken weiterverarbeitet werden.

(4) Abweichend von Absatz 2 kann das Bundeskriminalamt die vorhandenen Grunddaten (§ 18 Absatz 2 Nummer 1 Buchstabe a) einer Person auch weiterverarbeiten, um diese Person zu identifizieren.

(5) Bei der Weiterverarbeitung von personenbezogenen Daten stellt das Bundeskriminalamt durch organisatorische und technische Vorkehrungen sicher, dass die Absätze 1 bis 4 beachtet werden.

§ 13 Informationssystem des Bundeskriminalamtes. (1) Das Bundeskriminalamt betreibt ein Informationssystem zur Erfüllung seiner Aufgaben nach den §§ 2 bis 8.

(2) Im Zusammenhang mit den Aufgaben des Bundeskriminalamtes als Zentralstelle, bei der Strafverfolgung und bei der Gefahrenabwehr erfüllt das Informationssystem insbesondere folgende Grundfunktionen:

1. Unterstützung bei polizeilichen Ermittlungen,
2. Unterstützung bei Ausschreibungen von sowie Fahndungen nach Personen und Sachen,
3. Unterstützung bei der polizeilichen Informationsverdichtung durch Abklärung von Hinweisen und Spurenansätzen,
4. Durchführung von Abgleichen von personenbezogenen Daten,
5. Unterstützung bei der Erstellung von strategischen Analysen und Statistiken.

(3) Mit seinem Informationssystem nimmt das Bundeskriminalamt nach Maßgabe der §§ 29 und 30 am polizeilichen Informationsverbund nach § 29 teil.

§ 14 Kennzeichnung. (1) [1]Bei der Speicherung im Informationssystem sind personenbezogene Daten wie folgt zu kennzeichnen:

1. Angabe des Mittels der Erhebung der Daten einschließlich der Angabe, ob die Daten offen oder verdeckt erhoben wurden,
2. Angabe der Kategorie nach den §§ 18 und 19 bei Personen, zu denen Grunddaten angelegt wurden,
3. Angabe der
   a) Rechtsgüter, deren Schutz die Erhebung dient oder
   b) Straftaten, deren Verfolgung oder Verhütung die Erhebung dient,
4. Angabe der Stelle, die sie erhoben hat, sofern nicht das Bundeskriminalamt die Daten erhoben hat.

[2]Die Kennzeichnung nach Satz 1 Nummer 1 kann auch durch Angabe der Rechtsgrundlage der jeweiligen Mittel der Datenerhebung ergänzt werden.

(2) Personenbezogene Daten, die nicht entsprechend den Anforderungen des Absatzes 1 gekennzeichnet sind, dürfen so lange nicht weiterverarbeitet oder übermittelt werden, bis eine Kennzeichnung entsprechend den Anforderungen des Absatzes 1 erfolgt ist.

(3) Nach einer Übermittlung an eine andere Stelle ist die Kennzeichnung nach Absatz 1 durch diese Stelle aufrechtzuerhalten.

§ 15 Regelung von Zugriffsberechtigungen. (1) Das Bundeskriminalamt hat bei der Erteilung von Zugriffsberechtigungen der Nutzer des Informationssystems sicherzustellen, dass

1. auf Grundlage der nach § 14 Absatz 1 vorzunehmenden Kennzeichnungen die Vorgaben des § 12 bei der Nutzung des Informationssystems beachtet werden und
2. der Zugriff nur auf diejenigen personenbezogenen Daten und Erkenntnisse möglich ist, deren Kenntnis für die Erfüllung der jeweiligen dienstlichen Pflichten erforderlich ist.

(2) Das Bundeskriminalamt hat darüber hinaus sicherzustellen, dass Änderungen, Berichtigungen und Löschungen von personenbezogenen Daten im Informationssystem nur durch eine hierzu befugte Person erfolgen können.

(3) [1]Das Bundeskriminalamt trifft hierzu alle erforderlichen organisatorischen und technischen Vorkehrungen und Maßnahmen, die dem Stand der Technik entsprechen. [2]Die Vergabe von Zugriffsberechtigungen auf die im Informationssystem gespeicherten Daten erfolgt auf der Grundlage eines abgestuften Rechte- und Rollenkonzeptes, das die Umsetzung der Maßgaben der Absätze 1 und 2 technisch und organisatorisch sicherstellt. [3]Die Erstellung und Fortschreibung des abgestuften Rechte- und Rollenkonzeptes erfolgt im Benehmen mit der oder dem Bundesbeauftragten für den Datenschutz und die Informationsfreiheit.

(4) Das Informationssystem ist so zu gestalten, dass eine weitgehende Standardisierung der nach § 76 Absatz 1 des Bundesdatenschutzgesetzes zu protokollierenden Abfragegründe im Rahmen der Aufgaben des Bundeskriminalamtes erfolgt.

§ 16 Datenweiterverarbeitung im Informationssystem. (1) Das Bundeskriminalamt kann personenbezogene Daten nach Maßgabe des § 12 im Informationssystem weiterverarbeiten, soweit dies zur Erfüllung seiner Aufgaben erforderlich ist und soweit dieses Gesetz keine zusätzlichen besonderen Voraussetzungen vorsieht.

(2) [1]Das Bundeskriminalamt kann personenbezogene Daten im Informationssystem weiterverarbeiten, soweit dies erforderlich ist zur Fahndung und polizeilichen Beobachtung oder gezielten Kontrolle, wenn das Bundeskriminalamt oder die die Ausschreibung veranlassende Stelle nach dem für sie geltenden Recht befugt ist, die mit der Ausschreibung für Zwecke der Strafverfolgung, des Strafvollzugs, der Strafvollstreckung oder der Abwehr erheblicher

Gefahren vorgesehene Maßnahme vorzunehmen oder durch eine Polizeibehörde vornehmen zu lassen. [2]Satz 1 gilt entsprechend für Ausschreibungen zur Durchführung aufenthaltsbeendender oder einreiseverhindernder Maßnahmen. [3]Die veranlassende Stelle trägt die Verantwortung für die Zulässigkeit der Maßnahme. [4]Sie hat in ihrem Ersuchen die bezweckte Maßnahme sowie Umfang und Dauer der Ausschreibung zu bezeichnen. [5]Nach Beendigung einer Ausschreibung nach Satz 1 oder Satz 2 sind die zu diesem Zweck gespeicherten Daten unverzüglich zu löschen.

(3) Das Bundeskriminalamt kann personenbezogene Daten, die es bei der Wahrnehmung seiner Aufgaben auf dem Gebiet der Strafverfolgung erlangt hat, unter den Voraussetzungen der §§ 18 und 19 im Informationssystem für Zwecke künftiger Strafverfahren weiterverarbeiten.

(4) [1]Das Bundeskriminalamt kann im Informationssystem personenbezogene Daten mit Daten, auf die es zur Erfüllung seiner Aufgaben zugreifen darf, abgleichen, wenn Grund zu der Annahme besteht, dass dies zur Erfüllung einer Aufgabe erforderlich ist. [2]Rechtsvorschriften über den Datenabgleich in anderen Fällen bleiben unberührt.

(5) [1]Das Bundeskriminalamt kann zur Erfüllung seiner Aufgaben nach § 2 Absatz 4 im Informationssystem personenbezogene Daten, die bei der Durchführung erkennungsdienstlicher Maßnahmen erhoben worden sind, weiterverarbeiten,
1. wenn eine andere Rechtsvorschrift dies erlaubt oder
2. wenn dies erforderlich ist,
   a) weil bei Beschuldigten und Personen, die einer Straftat verdächtig sind, wegen der Art oder Ausführung der Tat, der Persönlichkeit der betroffenen Person oder sonstiger Erkenntnisse Grund zu der Annahme besteht, dass gegen sie Strafverfahren zu führen sind, oder
   b) um eine erhebliche Gefahr abzuwehren.

[2]§ 18 Absatz 5 gilt entsprechend.

(6) Das Bundeskriminalamt kann in den Fällen, in denen bereits Daten zu einer Person vorhanden sind, zu dieser Person auch weiterverarbeiten:
1. personengebundene Hinweise, die zum Schutz dieser Person oder zur Eigensicherung von Beamten erforderlich sind, oder
2. weitere Hinweise, die geeignet sind, dem Schutz Dritter oder der Gewinnung von Ermittlungsansätzen zu dienen.

§ 17 Projektbezogene gemeinsame Dateien. (1) [1]Das Bundeskriminalamt kann für die Dauer einer befristeten projektbezogenen Zusammenarbeit mit den Verfassungsschutzbehörden des Bundes und der Länder, dem Militärischen Abschirmdienst, dem Bundesnachrichtendienst, Polizeibehörden des Bundes und der Länder und dem Zollkriminalamt eine gemeinsame Datei errichten. [2]Die projektbezogene Zusammenarbeit bezweckt nach Maßgabe der Aufgaben und Befugnisse der in Satz 1 genannten Behörden den Austausch und die gemeinsame Auswertung von polizeilichen oder nachrichtendienstlichen Erkenntnissen zu

1. Straftaten nach den §§ 94 bis 96 und den §§ 97a bis 100a des Strafgesetzbuchs,
2. Straftaten nach § 129a, auch in Verbindung mit § 129b Absatz 1, den §§ 89a bis 89c und 91 des Strafgesetzbuchs,
3. vorsätzlichen Straftaten nach den §§ 17 und 18 des Außenwirtschaftsgesetzes, soweit es sich um einen Fall von besonderer Bedeutung handelt, oder
4. Straftaten, die mit Straftaten nach den Nummern 1 bis 3 in einem unmittelbaren Zusammenhang stehen.

[3]Personenbezogene Daten zu Straftaten nach Satz 2 dürfen unter Einsatz der gemeinsamen Datei durch die an der projektbezogenen Zusammenarbeit beteiligten Behörden im Rahmen ihrer Befugnisse weiterverarbeitet werden, soweit dies in diesem Zusammenhang zur Erfüllung ihrer Aufgaben erforderlich ist. [4]Bei der Weiterverarbeitung der personenbezogenen Daten finden für die beteiligten Behörden die jeweils für sie geltenden Vorschriften über die Weiterverarbeitung von Daten Anwendung.

(2) [1]Für die Eingabe personenbezogener Daten in die gemeinsame Datei gelten die jeweiligen Übermittlungsvorschriften zugunsten der an der Zusammenarbeit beteiligten Behörden entsprechend mit der Maßgabe, dass die Eingabe nur zulässig ist, wenn die Daten allen an der projektbezogenen Zusammenarbeit teilnehmenden Behörden übermittelt werden dürfen. [2]Eine Eingabe ist ferner nur zulässig, wenn die Behörde, die die Daten eingegeben hat, die Daten auch in eigenen Dateien weiterverarbeiten darf. [3]Die Daten sind zu kennzeichnen.

(3) [1]Für die Führung einer projektbezogenen gemeinsamen Datei gelten § 29 Absatz 5, die §§ 31 und 86 entsprechend. [2]§ 81 Absatz 2 findet mit der Maßgabe Anwendung, dass die Protokollierung bei jedem Datenabruf erfolgt. [3]§ 84 Absatz 1 Satz 1 und 2 ist mit der Maßgabe anzuwenden, dass das Bundeskriminalamt die Auskunft im Einvernehmen mit der nach § 84 Absatz 1 Satz 1 zu beteiligenden Behörde erteilt und diese die Zulässigkeit der Auskunftserteilung nach den für sie geltenden Bestimmungen prüft.

(4) [1]Eine gemeinsame Datei nach Absatz 1 ist auf höchstens zwei Jahre zu befristen. [2]Die Frist kann um zwei Jahre und danach um ein weiteres Jahr verlängert werden, wenn das Ziel der projektbezogenen Zusammenarbeit bei Projektende noch nicht erreicht worden ist und die Datei weiterhin für die Erreichung des Ziels erforderlich ist.

(5) [1]Für die Berichtigung, Verarbeitungseinschränkung und Löschung personenbezogener Daten durch die Behörde, die die Daten eingegeben hat, gelten die jeweiligen für sie anwendbaren Vorschriften über die Berichtigung, Verarbeitungseinschränkung und Löschung von Daten entsprechend. [2]Für Daten, die das Bundeskriminalamt eingegeben hat, finden § 75 Absatz 1, 2 und 4 des Bundesdatenschutzgesetzes sowie § 77 mit Ausnahme von § 77 Absatz 2 Satz 5 und Absatz 3 Anwendung.

(6) [1]Das Bundeskriminalamt hat mit Zustimmung des Bundesministeriums des Innern sowie der für die Fachaufsicht der zusammenarbeitenden Behörden

zuständigen obersten Bundes- und Landesbehörden für die projektbezogene gemeinsame Datei folgende Festlegungen zu treffen:
1. Bezeichnung der Datei,
2. Rechtsgrundlage und Zweck der Datei,
3. Personenkreis, über den Daten gespeichert werden,
4. Art der zu speichernden personenbezogenen Daten,
5. Arten der personenbezogenen Daten, die der Erschließung der Datei dienen,
6. Anlieferung oder Eingabe der zu speichernden Daten,
7. Voraussetzungen, unter denen in der Datei gespeicherte personenbezogene Daten an welche Empfänger und in welchem Verfahren übermittelt werden,
8. Prüffristen und Speicherungsdauer,
9. Protokollierung.

[2]Das Bundeskriminalamt hat im Einvernehmen mit den an der projektbezogenen Zusammenarbeit teilnehmenden Behörden deren jeweilige Organisationseinheiten zu bestimmen, die zur Eingabe und zum Abruf befugt sind. [3]Die oder der Bundesbeauftragte für den Datenschutz und die Informationsfreiheit ist vor den Festlegungen anzuhören. [4]Ist im Hinblick auf die Dringlichkeit der Aufgabenerfüllung eine Mitwirkung der in den Sätzen 1 und 3 genannten Stellen nicht möglich, so kann das Bundeskriminalamt eine Sofortanordnung treffen. [5]Das Bundeskriminalamt unterrichtet gleichzeitig unter Vorlage der Sofortanordnung das Bundesministerium des Innern. [6]Das Verfahren nach den Sätzen 1 und 3 ist unverzüglich nachzuholen.

§ 18 Daten zu Verurteilten, Beschuldigten, Tatverdächtigen und sonstigen Anlasspersonen. (1) Das Bundeskriminalamt kann zur Erfüllung seiner Aufgaben nach § 2 Absatz 1 bis 3 personenbezogene Daten weiterverarbeiten von
1. Verurteilten,
2. Beschuldigten,
3. Personen, die einer Straftat verdächtig sind, sofern die Weiterverarbeitung der Daten erforderlich ist, weil wegen der Art oder Ausführung der Tat, der Persönlichkeit der betroffenen Person oder sonstiger Erkenntnisse Grund zu der Annahme besteht, dass zukünftig Strafverfahren gegen sie zu führen sind, und
4. Personen, bei denen Anlass zur Weiterverarbeitung der Daten besteht, weil tatsächliche Anhaltspunkte dafür vorliegen, dass die betroffenen Personen in naher Zukunft Straftaten von erheblicher Bedeutung begehen werden (Anlasspersonen).

(2) Das Bundeskriminalamt kann weiterverarbeiten:
1. von Personen nach Absatz 1 Nummer 1 bis 4
   a) die Grunddaten und
   b) soweit erforderlich, andere zur Identifizierung geeignete Merkmale,
   c) die kriminalaktenführende Polizeidienststelle und die Kriminalaktennummer,
   d) die Tatzeiten und Tatorte,
   e) die Tatvorwürfe durch Angabe der gesetzlichen Vorschriften und die nähere Bezeichnung der Straftaten;

2. von Personen nach Absatz 1 Nummer 1 und 2 weitere personenbezogene Daten, soweit die Weiterverarbeitung der Daten erforderlich ist, weil wegen der Art oder Ausführung der Tat, der Persönlichkeit der betroffenen Person oder sonstiger Erkenntnisse Grund zu der Annahme besteht, dass zukünftig Strafverfahren gegen sie zu führen sind;
3. von Personen nach Absatz 1 Nummer 3 und 4 weitere personenbezogene Daten.

(3) [1]Das Bundeskriminalamt kann personenbezogene Daten weiterverarbeiten, um festzustellen, ob die betreffenden Personen die Voraussetzungen nach Absatz 1 erfüllen. [2]Die Daten dürfen ausschließlich zu diesem Zweck weiterverarbeitet werden und sind im Informationssystem gesondert zu speichern. [3]Die Daten sind nach Abschluss der Prüfung, spätestens jedoch nach zwölf Monaten zu löschen, soweit nicht festgestellt wurde, dass die betreffende Person die Voraussetzungen nach Absatz 1 erfüllt.

(4) [1]Das Bundeskriminalamt kann personenbezogene Daten weiterverarbeiten, soweit dies erforderlich ist zum Zweck des Nachweises von Personen, die wegen des Verdachts oder des Nachweises einer rechtswidrigen Tat einer richterlich angeordneten Freiheitsentziehung unterliegen. [2]Die Löschung von Daten, die allein zu diesem Zweck weiterverarbeitet werden, erfolgt nach zwei Jahren.

(5) Wird der Beschuldigte rechtskräftig freigesprochen, die Eröffnung des Hauptverfahrens gegen ihn unanfechtbar abgelehnt oder das Verfahren nicht nur vorläufig eingestellt, so ist die Weiterverarbeitung unzulässig, wenn sich aus den Gründen der Entscheidung ergibt, dass die betroffene Person die Tat nicht oder nicht rechtswidrig begangen hat.

§ 19 Daten zu anderen Personen. (1) [1]Soweit dies zur Verhütung oder zur Vorsorge für die künftige Verfolgung einer Straftat mit erheblicher Bedeutung erforderlich ist, kann das Bundeskriminalamt zur Erfüllung seiner Aufgaben nach § 2 Absatz 1 bis 3 personenbezogene Daten von Personen weiterverarbeiten, bei denen tatsächliche Anhaltspunkte dafür vorliegen, dass

1. sie bei einer künftigen Strafverfolgung als Zeugen in Betracht kommen,
2. sie als Opfer einer künftigen Straftat in Betracht kommen,
3. sie mit in § 18 Absatz 1 Nummer 1 bis 3 bezeichneten Personen nicht nur flüchtig oder in zufälligem Kontakt und in einer Weise in Verbindung stehen, die erwarten lässt, dass Hinweise für die Verfolgung oder vorbeugende Bekämpfung dieser Straftaten gewonnen werden können, weil Tatsachen die Annahme rechtfertigen, dass die Personen von der Planung oder der Vorbereitung der Straftaten oder der Verwertung der Tatvorteile Kenntnis haben oder daran mitwirken, oder
4. es sich um Hinweisgeber und sonstige Auskunftspersonen handelt.

[2]Die Weiterverarbeitung nach Satz 1 ist zu beschränken auf die in § 18 Absatz 2 Nummer 1 Buchstabe a bis c bezeichneten Daten sowie auf die Angabe, in welcher Eigenschaft der Person und in Bezug auf welchen Sachverhalt die Spei-

cherung der Daten erfolgt. [3]Personenbezogene Daten über Personen nach Satz 1 Nummer 1, 2 und 4 dürfen nur mit Einwilligung der betroffenen Person gespeichert werden. [4]Die Einwilligung ist nicht erforderlich, wenn das Bekanntwerden der Speicherungsabsicht den mit der Speicherung verfolgten Zweck gefährden würde.

(2) [1]Das Bundeskriminalamt kann personenbezogene Daten weiterverarbeiten von Vermissten, unbekannten Personen und unbekannten Toten

1. zu Zwecken der Identifizierung,
2. zur Abwehr einer erheblichen Gefahr für die genannten Personen.

[2]Entsprechendes gilt, soweit es sonst zur Erfüllung seiner Aufgaben erforderlich ist, weil tatsächliche Anhaltspunkte dafür vorliegen, dass es sich um Täter, Opfer oder Zeugen im Zusammenhang mit einer Straftat handelt.

(3) [1]Das Bundeskriminalamt kann personenbezogene Daten weiterverarbeiten, um festzustellen, ob die betreffenden Personen die Voraussetzungen nach Absatz 1 oder Absatz 2 erfüllen. [2]Die Daten dürfen ausschließlich zu diesem Zweck weiterverarbeitet werden und sind im Informationssystem gesondert zu speichern. [3]Die Daten sind nach Abschluss der Prüfung, spätestens jedoch nach zwölf Monaten zu löschen, soweit nicht festgestellt wurde, dass die betreffende Person die Voraussetzungen nach Absatz 1 oder Absatz 2 erfüllt.

§ 23 Elektronische Aktenführung. (1) Die Akten des Bundeskriminalamtes sollen elektronisch geführt werden.

(2) Das Bundesministerium des Innern regelt die für die elektronische Aktenführung geltenden organisatorischen und technischen Rahmenbedingungen einschließlich der einzuhaltenden Anforderungen des Datenschutzes, der Datensicherheit und der Barrierefreiheit, die die Grundsätze ordnungsgemäßer Aktenführung und den Stand der Technik beachten, in Verwaltungsvorschriften.

(3) Die Vorschriften über die elektronische Aktenführung im Strafverfahren bleiben unberührt.

§ 24 Speicherung von DNA-Identifizierungsmustern zur Erkennung von DNA-Trugspuren. (1) [1]Das Bundeskriminalamt kann von seinen Mitarbeiterinnen und Mitarbeitern, die Umgang mit Spurenmaterial haben oder die Bereiche in seinen Liegenschaften und Einrichtungen betreten müssen, in denen mit Spurenmaterial umgegangen oder dieses gelagert wird,

1. mittels eines Mundschleimhautabstrichs oder einer hinsichtlich ihrer Eingriffsintensität vergleichbaren Methode Körperzellen entnehmen,
2. diese zur Feststellung des DNA-Identifizierungsmusters molekulargenetisch untersuchen und
3. die festgestellten DNA-Identifizierungsmuster mit den an Spurenmaterial festgestellten DNA-Identifizierungsmustern automatisiert abgleichen,

um zur Erkennung von DNA-Trugspuren festzustellen, ob an Spurenmaterial festgestellte DNA-Identifizierungsmuster von diesen Personen stammen. [2]Die

Entnahme der Körperzellen darf nicht erzwungen werden. [3]Die entnommenen Körperzellen dürfen nur für die in Satz 1 genannte molekulargenetische Untersuchung verwendet werden; sie sind unverzüglich zu vernichten, sobald sie hierfür nicht mehr erforderlich sind. [4]Bei der Untersuchung dürfen andere Feststellungen als diejenigen, die zur Ermittlung des DNA-Identifizierungsmusters erforderlich sind, nicht getroffen werden; hierauf gerichtete Untersuchungen sind unzulässig.

(2) Untersuchungen und Abgleiche nach Absatz 1 bei Personen, die nicht Mitarbeiterinnen und Mitarbeiter des Bundeskriminalamtes sind, dürfen nur mit deren schriftlicher Einwilligung erfolgen.

(3) [1]Die nach den Absätzen 1 und 2 erhobenen Daten sind zu pseudonymisieren und darüber hinaus im Informationssystem des Bundeskriminalamtes gesondert zu speichern. [2]Eine Verwendung dieser Daten zu anderen als den in den Absätzen 1 und 2 genannten Zwecken ist unzulässig. [3]Die DNA-Identifizierungsmuster sind zu löschen, wenn sie für die genannten Zwecke nicht mehr erforderlich sind. [4]Die Löschung hat spätestens drei Jahre nach dem letzten Umgang der betreffenden Person mit Spurenmaterial oder dem letzten Zutritt zu einem in Absatz 1 Satz 1 genannten Bereich zu erfolgen. [5]Betroffene Personen sind schriftlich über den Zweck und die Weiterverarbeitung sowie die Löschung der erhobenen Daten zu informieren.

§ 25 Datenübermittlung im innerstaatlichen Bereich. (1) Das Bundeskriminalamt kann unter Beachtung des § 12 Absatz 2 bis 4 an andere Polizeien des Bundes und an Polizeien der Länder personenbezogene Daten übermitteln, soweit dies zur Erfüllung seiner Aufgaben oder der des Empfängers erforderlich ist.

(2) Das Bundeskriminalamt kann an andere als die in Absatz 1 genannten Behörden und sonstige öffentliche Stellen personenbezogene Daten übermitteln, soweit dies

1. in anderen Rechtsvorschriften vorgesehen ist oder
2. unter Beachtung des § 12 Absatz 2 bis 4 zulässig und erforderlich ist
   a) zur Erfüllung seiner Aufgaben nach diesem Gesetz,
   b) für Zwecke der Strafverfolgung, der Strafvollstreckung, des Strafvollzugs und der Gnadenverfahren,
   c) für Zwecke der Gefahrenabwehr oder
   d) zur Abwehr einer schwerwiegenden Beeinträchtigung der Rechte Einzelner

und Zwecke des Strafverfahrens nicht entgegenstehen.

(3) [1]Unter den Voraussetzungen des Absatzes 2 kann das Bundeskriminalamt personenbezogene Daten auch an nichtöffentliche Stellen übermitteln. [2]Das Bundeskriminalamt hat einen Nachweis zu führen, aus dem Anlass, Inhalt, Empfänger und Tag der Übermittlung sowie die Aktenfundstelle ersichtlich sind; die Nachweise sind gesondert aufzubewahren, gegen unberechtigten Zugriff zu sichern und am Ende des Kalenderjahres, das dem Jahr ihrer Erstel-

lung folgt, zu löschen. [3]Die Löschung unterbleibt, solange der Nachweis für Zwecke eines bereits eingeleiteten Datenschutzkontrollverfahrens oder zur Verhinderung oder Verfolgung einer schwerwiegenden Straftat gegen Leib, Leben oder Freiheit einer Person benötigt wird oder Grund zu der Annahme besteht, dass im Falle einer Löschung schutzwürdige Interessen der betroffenen Person beeinträchtigt würden.

(4) [1]Besteht Grund zu der Annahme, dass durch die Übermittlung von Daten nach Absatz 3 der der Erhebung dieser Daten zugrunde liegende Zweck gefährdet würde, holt das Bundeskriminalamt vor der Übermittlung die Zustimmung der Stelle ein, von der die Daten dem Bundeskriminalamt übermittelt wurden. [2]Unter den Voraussetzungen des Satzes 1 kann die übermittelnde Stelle bestimmte von ihr übermittelte Daten so kennzeichnen oder mit einem Hinweis versehen, dass vor einer Übermittlung nach Absatz 3 ihre Zustimmung einzuholen ist.

(5) [1]Daten, die den §§ 41 und 61 des Bundeszentralregistergesetzes unterfallen würden, können nach den Absätzen 2 und 3 nur den in den §§ 41 und 61 des Bundeszentralregistergesetzes genannten Stellen zu den dort genannten Zwecken übermittelt werden. [2]Die Verwertungsverbote nach den §§ 51, 52 und 63 des Bundeszentralregistergesetzes sind zu beachten.

(6) [1]Der Empfänger darf die übermittelten personenbezogenen Daten nur zu dem Zweck verarbeiten, für den sie ihm übermittelt worden sind. [2]Eine Verarbeitung für andere Zwecke ist unter Beachtung des § 12 Absatz 2 bis 4 zulässig; im Falle des Absatzes 3 gilt dies nur, soweit zusätzlich das Bundeskriminalamt zustimmt. [3]Bei Übermittlungen an nichtöffentliche Stellen hat das Bundeskriminalamt die empfangende Stelle darauf hinzuweisen.

(7) [1]Die Einrichtung eines automatisierten Verfahrens für die Übermittlung von personenbezogenen Daten durch Abruf aus dem Informationssystem ist unter Beachtung des § 12 Absatz 2 bis 4 nur zur Erfüllung vollzugspolizeilicher Aufgaben mit Zustimmung des Bundesministeriums des Innern und der Innenministerien und Senatsinnenverwaltungen der Länder zulässig, soweit diese Form der Datenübermittlung unter Berücksichtigung der schutzwürdigen Interessen der betroffenen Personen wegen der Vielzahl der Übermittlungen oder wegen ihrer besonderen Eilbedürftigkeit angemessen ist. [2]§ 81 Absatz 2 gilt entsprechend.

(8) [1]Die Verantwortung für die Zulässigkeit der Übermittlung trägt das Bundeskriminalamt. [2]Erfolgt die Übermittlung in den Fällen der Absätze 1 und 2 Nummer 2 auf Ersuchen der empfangenden Stelle, trägt diese die Verantwortung. [3]In diesen Fällen prüft das Bundeskriminalamt nur, ob das Übermittlungsersuchen im Rahmen der Aufgaben des Empfängers liegt, es sei denn, dass besonderer Anlass zur Prüfung der Zulässigkeit der Übermittlung besteht.

(9) Sind mit personenbezogenen Daten, die nach den Absätzen 1 und 2 übermittelt werden dürfen, weitere personenbezogene Daten der betroffenen Person oder eines Dritten in Akten so verbunden, dass eine Trennung nicht oder nur mit unvertretbarem Aufwand möglich ist, so ist die Übermittlung auch dieser Daten

zulässig, soweit nicht berechtigte Interessen der betroffenen Person oder eines Dritten an der Geheimhaltung offensichtlich überwiegen; eine Verwendung dieser Daten ist unzulässig.

§ 26 Datenübermittlung an Mitgliedstaaten der Europäischen Union.

(1) [1]§ 25 gilt entsprechend für die Übermittlung von personenbezogenen Daten an
1. öffentliche und nichtöffentliche Stellen in Mitgliedstaaten der Europäischen Union und
2. zwischen- und überstaatliche Stellen der Europäischen Union oder deren Mitgliedstaaten, die mit Aufgaben der Verhütung und Verfolgung von Straftaten befasst sind.

[2]Die Verantwortung für die Zulässigkeit der Datenübermittlung trägt das Bundeskriminalamt. [3]Für die Übermittlung an Polizei- und Justizbehörden sowie an sonstige für die Verhütung oder Verfolgung von Straftaten zuständige öffentliche Stellen zum Zwecke der Verfolgung von Straftaten und zur Strafvollstreckung bleiben die Vorschriften über die internationale Rechtshilfe in strafrechtlichen Angelegenheiten unberührt. [4]Die Zulässigkeit der Übermittlung personenbezogener Daten durch das Bundeskriminalamt an eine Polizeibehörde oder eine sonstige für die Verhütung und Verfolgung von Straftaten zuständige öffentliche Stelle eines Mitgliedstaates der Europäischen Union auf der Grundlage besonderer völkerrechtlicher Vereinbarungen bleibt unberührt.

(2) Absatz 1 findet auch Anwendung auf die Übermittlung von personenbezogenen Daten an Polizeibehörden oder sonstige für die Verhütung und Verfolgung von Straftaten zuständige öffentliche Stellen von Staaten, welche die Bestimmungen des Schengen-Besitzstandes aufgrund eines Assoziierungsübereinkommens mit der Europäischen Union über die Umsetzung, Anwendung und Entwicklung des Schengen-Besitzstandes anwenden.

§ 27 Datenübermittlung im internationalen Bereich. (1) [1]Das Bundeskriminalamt kann unter Beachtung des § 12 Absatz 2 bis 4 und unter Beachtung der §§ 78 bis 80 des Bundesdatenschutzgesetzes an Polizei- und Justizbehörden sowie an sonstige für die Verhütung oder Verfolgung von Straftaten zuständige öffentliche Stellen in anderen als den in § 26 Absatz 1 genannten Staaten (Drittstaaten) und an andere als die in § 26 Absatz 1 genannten zwischen- und überstaatlichen Stellen, die mit Aufgaben der Verhütung oder Verfolgung von Straftaten befasst sind, personenbezogene Daten übermitteln, soweit dies erforderlich ist
1. zur Erfüllung einer ihm obliegenden Aufgabe,
2. zur Verfolgung von Straftaten und zur Strafvollstreckung nach Maßgabe der Vorschriften über die internationale Rechtshilfe in strafrechtlichen Angelegenheiten oder der Vorschriften über die Zusammenarbeit mit dem Internationalen Strafgerichtshof oder
3. zur Abwehr einer im Einzelfall bestehenden erheblichen Gefahr für die öffentliche Sicherheit.

[2]Entsprechendes gilt, wenn Anhaltspunkte dafür vorliegen, dass Straftaten von erheblicher Bedeutung begangen werden sollen.

(2) Mit Zustimmung des Bundesministeriums des Innern kann das Bundeskriminalamt gespeicherte nicht personenbezogene Daten, die der Suche nach Sachen dienen (Sachfahndung), für zentrale Polizeibehörden anderer Staaten nach Maßgabe zwischenstaatlicher Vereinbarungen zum Abruf im automatisierten Verfahren zur Sicherstellung von gestohlenen, unterschlagenen oder sonst abhanden gekommenen Sachen bereithalten.

(3) [1]Für Daten, die zu Zwecken der Fahndung nach Personen oder der polizeilichen Beobachtung oder gezielten Kontrolle gespeichert sind, ist die Einrichtung eines automatisierten Abrufverfahrens nach Absatz 2 mit Zustimmung des Bundesministeriums des Innern im Benehmen mit den Innenministerien und Senatsinnenverwaltungen der Länder unter Beachtung des § 12 Absatz 2 bis 4 zulässig, soweit

1. tatsächliche Anhaltspunkte dafür vorliegen, dass die Abrufe zur Verhinderung und Verfolgung von Straftaten von erheblicher Bedeutung sowie zur Abwehr von Gefahren für die öffentliche Sicherheit erforderlich sind,
2. diese Form der Datenübermittlung unter Berücksichtigung der schutzwürdigen Interessen der betroffenen Personen wegen der Vielzahl der Übermittlungen oder wegen ihrer besonderen Eilbedürftigkeit angemessen ist und
3. der Empfängerstaat das Übereinkommen des Europarates über den Schutz des Menschen bei der automatisierten Verarbeitung personenbezogener Daten vom 28. Januar 1981 (BGBl. 1985 II S. 538) ratifiziert hat oder ein gleichwertiger Schutz gewährleistet ist und eine Kontrollinstanz besteht, die die Gewährleistung des Datenschutzes unabhängig überwacht.

[2]Wird das Abrufverfahren für einen längeren Zeitraum als drei Monate eingerichtet, bedarf die Vereinbarung der Mitwirkung der gesetzgebenden Körperschaften nach Artikel 59 Absatz 2 des Grundgesetzes. [3]Die empfangende Stelle ist darauf hinzuweisen, dass sie die Daten für Ausschreibungen zur Fahndung nur nach Vorliegen eines Rechtshilfeersuchens nutzen darf.

(4) [1]Die regelmäßige, im Rahmen einer systematischen Zusammenarbeit erfolgende Übermittlung personenbezogener Daten an internationale Datenbestände ist zulässig nach Maßgabe von Rechtsakten der Europäischen Union und völkerrechtlicher Verträge, die der Mitwirkung der gesetzgebenden Körperschaften nach Artikel 59 Absatz 2 des Grundgesetzes bedürfen. [2]Entsprechendes gilt, wenn durch das Bundesministerium des Innern im Einzelfall im Benehmen mit der oder dem Bundesbeauftragten für den Datenschutz und die Informationsfreiheit festgestellt wird, dass durch die Nutzung datenschutzfreundlicher und datenminimierender Vorkehrungen die schutzwürdigen Belange der betroffenen Personen nicht überwiegen.

(5) Das Bundeskriminalamt kann als Nationales Zentralbüro der Bundesrepublik Deutschland für die Internationale Kriminalpolizeiliche Organisation personenbezogene Daten an das Generalsekretariat der Organisation unter den Voraussetzungen des Absatzes 1 übermitteln, soweit dies zur weiteren Über-

mittlung der Daten an andere Nationale Zentralbüros oder an die in Absatz 1 genannten Stellen geboten oder zu Zwecken der Informationssammlung und Auswertung durch das Generalsekretariat erforderlich ist.

(6) [1]Das Bundeskriminalamt kann unter Beachtung des § 12 Absatz 2 bis 4 personenbezogene Daten an Dienststellen der Stationierungsstreitkräfte im Rahmen des Artikels 3 des Zusatzabkommens zu dem Abkommen zwischen den Parteien des Nordatlantikvertrages über die Rechtsstellung ihrer Truppen hinsichtlich der in der Bundesrepublik Deutschland stationierten ausländischen Streitkräfte vom 3. August 1959 (BGBl. 1961 II S. 1183) übermitteln, wenn dies zur rechtmäßigen Erfüllung der in deren Zuständigkeit liegenden Aufgaben erforderlich ist. [2]§ 78 Absatz 2 des Bundesdatenschutzgesetzes gilt entsprechend.

(7) [1]Die Verantwortung für die Zulässigkeit der Übermittlung trägt das Bundeskriminalamt. [2]§ 25 Absatz 4 Satz 2 gilt entsprechend. [3]Das Bundeskriminalamt hat die Übermittlung und ihren Anlass aufzuzeichnen. [4]Die empfangende Stelle personenbezogener Daten ist darauf hinzuweisen, dass sie nur zu dem Zweck genutzt werden dürfen, zu dem sie übermittelt worden sind. [5]Ferner ist ihr der beim Bundeskriminalamt vorgesehene Löschungszeitpunkt mitzuteilen.

(8) [1]Das Bundeskriminalamt kann unter den Voraussetzungen des § 81 des Bundesdatenschutzgesetzes und unter Beachtung des § 12 Absatz 2 bis 4 Daten an die in § 81 des Bundesdatenschutzgesetzes genannten Stellen übermitteln. [2]Zusätzlich kann es unter den Voraussetzungen des Satzes 1 an andere als die in Absatz 1 genannten zwischen- und überstaatlichen Stellen personenbezogene Daten übermitteln, soweit dies erforderlich ist

1. zur Erfüllung einer ihm obliegenden Aufgabe oder
2. zur Abwehr einer im Einzelfall bestehenden erheblichen Gefahr für die öffentliche Sicherheit.

[3]Entsprechendes gilt, wenn tatsächliche Anhaltspunkte dafür vorliegen, dass Straftaten von erheblicher Bedeutung begangen werden sollen.

§ 28 Übermittlungsverbote und Verweigerungsgründe. (1) [1]Die Übermittlung nach den Vorschriften dieses Gesetzes unterbleibt, wenn

1. für die übermittelnde Stelle erkennbar ist, dass unter Berücksichtigung der Art der Daten und ihrer Erhebung die schutzwürdigen Interessen der betroffenen Person das Allgemeininteresse an der Übermittlung überwiegen, oder
2. besondere bundesgesetzliche Verwendungsregelungen entgegenstehen; die Verpflichtung zur Wahrung gesetzlicher Geheimhaltungspflichten oder von Berufs- oder besonderen Amtsgeheimnissen, die nicht auf gesetzlichen Vorschriften beruhen, bleibt unberührt.

[2]Satz 1 Nummer 1 gilt nicht für Übermittlungen an die Staatsanwaltschaften.

(2) Die Datenübermittlung nach den §§ 26 und 27 unterbleibt darüber hinaus,

1. wenn hierdurch wesentliche Sicherheitsinteressen des Bundes oder der Länder beeinträchtigt würden,

2. wenn hierdurch der Erfolg laufender Ermittlungen oder Leib, Leben oder Freiheit einer Person gefährdet würde,
3. soweit Grund zu der Annahme besteht, dass durch sie gegen den Zweck eines deutschen Gesetzes verstoßen würde, oder
4. wenn tatsächliche Anhaltspunkte dafür vorliegen, dass die Übermittlung der Daten zu den in der Charta der Grundrechte der Europäischen Union enthaltenen Grundsätzen, insbesondere dadurch, dass durch die Nutzung der übermittelten Daten im Empfängerstaat Verletzungen von elementaren rechtsstaatlichen Grundsätzen oder Menschenrechtsverletzungen drohen, in Widerspruch stünde.

(3) [1]Das Bundeskriminalamt führt für den polizeilichen Informationsaustausch und Rechtshilfeverkehr eine fortlaufend aktualisierte Aufstellung über die Einhaltung der elementaren rechtsstaatlichen Grundsätze und Menschenrechtsstandards sowie das Datenschutzniveau in den jeweiligen Drittstaaten, die die speziellen Erfordernisse des polizeilichen Informationsaustauschs berücksichtigt. [2]Hierbei berücksichtigt es insbesondere die jeweils aktuellen Erkenntnisse der Bundesregierung und maßgeblich, ob ein Angemessenheitsbeschluss der Europäischen Kommission nach Artikel 36 der Richtlinie (EU) 2016/680 des Europäischen Parlaments und des Rates vom 27. April 2016 zum Schutz natürlicher Personen bei der Verarbeitung personenbezogener Daten durch die zuständigen Behörden zum Zwecke der Verhütung, Ermittlung, Aufdeckung oder Verfolgung von Straftaten oder der Strafvollstreckung sowie zum freien Datenverkehr und zur Aufhebung des Rahmenbeschlusses 2008/977/JI des Rates (ABl. L 119 vom 4.5.2016, S. 89) vorliegt.

§ 29 Polizeilicher Informationsverbund, Verordnungsermächtigung.
(1) [1]Das Bundeskriminalamt ist im Rahmen seiner Aufgabe nach § 2 Absatz 3 Zentralstelle für den polizeilichen Informationsverbund zwischen Bund und Ländern. [2]Es stellt zu diesem Zweck ein einheitliches Verbundsystem zur Verfügung.

(2) [1]Das Verbundsystem erfüllt die Grundfunktionen nach § 13 Absatz 2. [2]Innerhalb des Verbundsystems stellen die daran teilnehmenden Behörden einander Daten zum Abruf und zur Verarbeitung zur Verfügung. [3]Ausschreibungen im Schengener Informationssystem erfolgen im polizeilichen Informationsverbund. [4]Das Bundesministerium des Innern bestimmt im Einvernehmen mit den Innenministerien und Senatsinnenverwaltungen der Länder sowie im Benehmen mit der oder dem Bundesbeauftragten für den Datenschutz und die Informationsfreiheit die in den polizeilichen Informationsverbund einzubeziehenden Daten.

(3) [1]Außer dem Bundeskriminalamt und den Landeskriminalämtern sind zur Teilnahme am polizeilichen Informationsverbund berechtigt:
1. sonstige Polizeibehörden der Länder,
2. die Bundespolizei,
3. die Polizei beim Deutschen Bundestag,

4. mit der Wahrnehmung grenzpolizeilicher Aufgaben betraute Behörden der Zollverwaltung,
5. die Zollfahndungsämter und
6. das Zollkriminalamt.

[2]Die am polizeilichen Informationsverbund teilnehmenden Stellen haben das Recht, Daten zur Erfüllung der Verpflichtung nach § 32 im automatisierten Verfahren einzugeben und, soweit dies zur jeweiligen Aufgabenerfüllung erforderlich ist, abzurufen.

(4) [1]Durch organisatorische und technische Maßnahmen hat das Bundeskriminalamt sicherzustellen, dass Eingaben von und Zugriffe auf Daten im polizeilichen Informationsverbund nur möglich sind, soweit die jeweiligen Behörden hierzu berechtigt sind. [2]§ 12 Absatz 2 bis 5, die §§ 14, 15 und 16 Absatz 1, 2, 5 und 6, § 18 Absatz 1, 2, 4 und 5, § 19 Absatz 1 und 2 sowie die §§ 20 und 91 gelten entsprechend.

(5) [1]Nur die Behörde, die Daten zu einer Person eingegeben hat, ist befugt, diese zu ändern, zu berichtigen oder zu löschen. [2]Hat eine teilnehmende Stelle des polizeilichen Informationsverbundes Anhaltspunkte dafür, dass Daten unrichtig oder zu löschen sind, teilt sie dies umgehend der eingebenden Behörde mit, die verpflichtet ist, diese Mitteilung unverzüglich zu prüfen und erforderlichenfalls die Daten unverzüglich zu berichtigen oder zu löschen oder in ihrer Verarbeitung einzuschränken. [3]Sind Daten zu einer Person gespeichert, kann jede teilnehmende Stelle des polizeilichen Informationsverbundes weitere Daten ergänzend eingeben.

(6) [1]Das Auswärtige Amt ist zum Abruf im automatisierten Verfahren der Fahndungsausschreibungen zur Festnahme und Aufenthaltsermittlung berechtigt, soweit dies für die Auslandsvertretungen in ihrer Eigenschaft als Pass- und Personalausweisbehörden erforderlich ist. [2]Die Staatsanwaltschaften sind befugt, für Zwecke der Strafrechtspflege im automatisierten Verfahren abzurufen:

1. Fahndungsausschreibungen zur Festnahme und Aufenthaltsermittlung und, nach Maßgabe des Beschlusses 2007/533/JI des Rates vom 12. Juni 2007 über die Einrichtung, den Betrieb und die Nutzung des Schengener Informationssystems der zweiten Generation (SIS II) (ABl. L 205 vom 7.8.2007, S. 63) sowie der Verordnung (EG) Nr. 1987/2006 des Europäischen Parlaments und des Rates vom 20. Dezember 2006 über die Einrichtung, den Betrieb und die Nutzung des Schengener Informationssystems der zweiten Generation (SIS II) (ABl. L 381 vom 28.12.2006, S. 4), auch die Ausschreibungen, die im Schengener Informationssystem gespeichert sind,
2. Daten über Freiheitsentziehungen und
3. Daten aus dem DNA-Analyse-System.

(7) Das Bundesministerium des Innern wird ermächtigt, im Einvernehmen mit dem Bundesministerium der Justiz und für Verbraucherschutz durch Rechtsverordnung, die der Zustimmung des Bundesrates bedarf, weitere im polizeilichen Informationsverbund gespeicherte Daten, die von den Staatsanwalt-

schaften zur Erfüllung ihrer Aufgaben benötigt werden, zum automatisierten Abruf freizugeben, soweit diese Form der Datenübermittlung unter Berücksichtigung der schutzwürdigen Interessen der betroffenen Personen wegen der Vielzahl der Übermittlungen oder wegen ihrer besonderen Eilbedürftigkeit angemessen ist.

(8) Die Einrichtung eines automatisierten Abrufverfahrens ist für andere Behörden zur Erfüllung vollzugspolizeilicher Aufgaben mit Zustimmung des Bundesministeriums des Innern und der Innenministerien und Senatsinnenverwaltungen der Länder zulässig, soweit diese Form der Datenübermittlung unter Berücksichtigung der schutzwürdigen Interessen der betroffenen Personen wegen der Vielzahl der Übermittlungen oder wegen ihrer besonderen Eilbedürftigkeit angemessen ist.

§ 30 Verbundrelevanz. (1) Die am polizeilichen Informationsverbund teilnehmenden Stellen verarbeiten im polizeilichen Informationsverbund ausschließlich

1. personenbezogene Daten, deren Verarbeitung für die Verhütung und Verfolgung von Straftaten mit länderübergreifender, internationaler oder erheblicher Bedeutung erforderlich ist;
2. personenbezogene Daten, deren Verarbeitung im Informationsverbund erforderlich ist
   a) zu erkennungsdienstlichen Zwecken, soweit das Bundeskriminalamt diese Daten nach § 16 Absatz 5 auch im Informationssystem weiterverarbeiten dürfte oder
   b) zu Zwecken der Fahndung nach Personen und Sachen, soweit das Bundeskriminalamt diese Daten nach § 16 Absatz 2 auch im Informationssystem weiterverarbeiten dürfte (Verbundrelevanz).

(2) [1]Die am polizeilichen Informationsverbund teilnehmenden Stellen legen unter Beteiligung der jeweils zuständigen obersten Bundes- oder Landesbehörden Kriterien fest, die bestimmen, welche Straftaten nach allgemeiner kriminalistischer Erfahrung die Voraussetzungen nach Absatz 1 Nummer 1 erfüllen. [2]Die Kriterien können sich an den unterschiedlichen kriminalistischen Phänomenbereichen orientieren. [3]Die Kriterien sind in angemessenen Abständen und, soweit erforderlich, zu aktualisieren. [4]Die Festlegung und Aktualisierung dieser Kriterien erfolgen im Benehmen mit der oder dem Bundesbeauftragten für den Datenschutz und die Informationsfreiheit.

§ 31 Datenschutzrechtliche Verantwortung im polizeilichen Informationsverbund. (1) Das Bundeskriminalamt hat als Zentralstelle für den polizeilichen Informationsverbund die Einhaltung der Regelungen zur Zusammenarbeit und zur Führung des Verbundsystems zu überwachen.

(2) [1]Im Rahmen des polizeilichen Informationsverbundes obliegt die datenschutzrechtliche Verantwortung für die bei der Zentralstelle gespeicherten Daten, namentlich für die Rechtmäßigkeit der Erhebung, die Zulässigkeit der Eingabe sowie die Richtigkeit oder Aktualität der Daten, den Stellen, die die Daten

unmittelbar eingeben. [2]Die verantwortliche Stelle muss feststellbar sein. [3]Die Verantwortung für die Zulässigkeit des Abrufs im automatisierten Verfahren trägt die empfangende Stelle.

(3) [1]Die Datenschutzkontrolle obliegt der oder dem Bundesbeauftragten für den Datenschutz und die Informationsfreiheit. [2]Die von den Ländern in den polizeilichen Informationsverbund eingegebenen Datensätze können auch von den jeweiligen im Landesrecht bestimmten öffentlichen Stellen, die für die Kontrolle der Einhaltung der Vorschriften über den Datenschutz zuständig sind, im Zusammenhang mit der Wahrnehmung ihrer Prüfungsaufgaben in den Ländern kontrolliert werden, soweit die Länder nach Absatz 2 verantwortlich sind. [3]Die oder der Bundesbeauftragte für den Datenschutz und die Informationsfreiheit arbeitet insoweit mit den im Landesrecht bestimmten öffentlichen Stellen, die für die Kontrolle der Einhaltung der Vorschriften über den Datenschutz zuständig sind, zusammen.

§ 32 Unterrichtung der Zentralstelle. (1) [1]Die Landeskriminalämter übermitteln dem Bundeskriminalamt nach Maßgabe der Rechtsverordnung nach § 20 die zur Erfüllung seiner Aufgaben als Zentralstelle erforderlichen Informationen. [2]Die Verpflichtung der Landeskriminalämter nach Satz 1 kann im Benehmen mit dem Bundeskriminalamt auch von anderen Polizeibehörden des Landes erfüllt werden. [3]Das Bundeskriminalamt legt im Benehmen mit den Landeskriminalämtern Einzelheiten der Informationsübermittlung fest.

(2) [1]Die Justiz- und Verwaltungsbehörden der Länder teilen dem jeweils zuständigen Landeskriminalamt unverzüglich den Beginn, die Unterbrechung und die Beendigung von Freiheitsentziehungen mit, die wegen des Verdachts oder des Nachweises einer rechtswidrigen Tat von einem Gericht angeordnet worden sind. [2]Die Justizbehörden des Bundes und der Länder teilen dem jeweils zuständigen Landeskriminalamt unverzüglich und, soweit technisch möglich, automatisiert mit:
1. die Entscheidung, dass
   a) die beschuldigte Person rechtskräftig freigesprochen wurde,
   b) die Eröffnung des Hauptverfahrens gegen die beschuldigte Person unanfechtbar abgelehnt wurde oder
   c) das Verfahren nicht nur vorläufig eingestellt wurde

   sowie
2. die tragenden Gründe der Entscheidung nach Nummer 1.

(3) [1]Absatz 1 Satz 1 gilt entsprechend für die Polizeien des Bundes, soweit die Informationen Vorgänge betreffen, die sie in eigener Zuständigkeit bearbeiten. [2]Satz 1 gilt im Bereich der Zollverwaltung nur für den Grenzzolldienst, soweit dieser aufgrund einer Rechtsverordnung nach § 68 des Bundespolizeigesetzes grenzpolizeiliche Aufgaben wahrnimmt. [3]Im Übrigen richtet sich die Informationsübermittlung der Zollbehörden an das Bundeskriminalamt nach den Vorschriften der Abgabenordnung, des Zollverwaltungsgesetzes und des Zollfahndungsdienstgesetzes.

(4) Für die im Rahmen seiner Aufgaben nach den §§ 3 bis 8 gewonnenen Informationen gelten für das Bundeskriminalamt die Unterrichtungspflichten nach Absatz 1 Satz 1 entsprechend.

(5) Die Verantwortlichkeit für die Zulässigkeit der Übermittlung nach den Absätzen 1 bis 3 trägt die übermittelnde Stelle.

§ 46 Besondere Bestimmungen über den Einsatz technischer Mittel in oder aus Wohnungen. (1) Das Bundeskriminalamt kann zur Abwehr einer dringenden Gefahr für den Bestand oder die Sicherheit des Bundes oder eines Landes oder für Leib, Leben oder Freiheit einer Person oder Sachen von bedeutendem Wert, deren Erhaltung im öffentlichen Interesse geboten ist, durch den verdeckten Einsatz technischer Mittel in oder aus Wohnungen

1. das nichtöffentlich gesprochene Wort einer Person abhören und aufzeichnen,
   a) die entsprechend § 17 oder § 18 des Bundespolizeigesetzes verantwortlich ist oder
   b) bei der konkrete Vorbereitungshandlungen für sich oder zusammen mit weiteren bestimmten Tatsachen die begründete Annahme rechtfertigen, dass sie Straftaten nach § 5 Absatz 1 Satz 2 begehen wird, und
2. Lichtbilder und Bildaufzeichnungen über diese Person herstellen,

wenn die Abwehr der Gefahr auf andere Weise aussichtslos oder wesentlich erschwert wäre.

(2) [1]Die Maßnahme darf sich nur gegen die in Absatz 1 genannte Person richten und nur in deren Wohnung durchgeführt werden. [2]In Wohnungen anderer Personen ist die Maßnahme nur zulässig, wenn aufgrund bestimmter Tatsachen anzunehmen ist, dass

1. sich eine in Absatz 1 Nummer 1 Buchstabe a oder b genannte Person dort aufhält und
2. die Maßnahme in der Wohnung dieser Person allein nicht zur Abwehr der Gefahr nach Absatz 1 führen wird.

[3]Die Maßnahme darf auch durchgeführt werden, wenn andere Personen unvermeidbar betroffen werden.

(3) [1]Maßnahmen nach Absatz 1 dürfen nur auf Antrag der Präsidentin oder des Präsidenten des Bundeskriminalamtes oder ihrer oder seiner Vertretung durch das Gericht angeordnet werden. [2]Bei Gefahr im Verzug kann die Anordnung auch durch die Präsidentin oder den Präsidenten des Bundeskriminalamtes oder ihre oder seine Vertretung getroffen werden. [3]In diesem Fall ist die gerichtliche Entscheidung unverzüglich nachzuholen. [4]Soweit die Anordnung der Präsidentin oder des Präsidenten des Bundeskriminalamtes oder ihrer oder seiner Vertretung nicht binnen drei Tagen durch das Gericht bestätigt wird, tritt sie außer Kraft.

(4) Im Antrag sind anzugeben:

1. die Person, gegen die sich die Maßnahme richtet, soweit möglich, mit Name und Anschrift,
2. die zu überwachende Wohnung oder die zu überwachenden Wohnräume,

3. Art, Umfang und Dauer der Maßnahme,
4. der Sachverhalt sowie
5. eine Begründung.

(5) [1]Die Anordnung ergeht schriftlich. [2]In ihr sind anzugeben:
1. der Name und die Anschrift der Person, gegen die sich die Maßnahme richtet, soweit möglich,
2. die zu überwachende Wohnung oder die zu überwachenden Wohnräume,
3. Art, Umfang und Dauer der Maßnahme sowie
4. die wesentlichen Gründe.

[3]Die Anordnung ist auf höchstens einen Monat zu befristen. [4]Eine Verlängerung um jeweils nicht mehr als einen Monat ist zulässig, soweit die in den Absätzen 1, 6 und 7 bezeichneten Voraussetzungen unter Berücksichtigung der gewonnenen Erkenntnisse fortbestehen. [5]Liegen die Voraussetzungen der Anordnung nicht mehr vor, so sind die aufgrund der Anordnung ergriffenen Maßnahmen unverzüglich zu beenden.

(6) [1]Die Maßnahme nach Absatz 1 darf nur angeordnet und durchgeführt werden, soweit aufgrund tatsächlicher Anhaltspunkte, insbesondere zu der Art der zu überwachenden Räumlichkeiten und dem Verhältnis der zu überwachenden Personen zueinander, anzunehmen ist, dass durch die Überwachung Äußerungen, die dem Kernbereich privater Lebensgestaltung zuzurechnen sind, nicht erfasst werden. [2]Das Abhören und Beobachten nach Satz 1 ist unverzüglich zu unterbrechen, soweit sich während der Überwachung tatsächliche Anhaltspunkte dafür ergeben, dass Inhalte, die dem Kernbereich privater Lebensgestaltung zuzurechnen sind, erfasst werden. [3]Sind das Abhören und Beobachten nach Satz 2 unterbrochen worden, so darf es unter den in Satz 1 genannten Voraussetzungen fortgeführt werden.

(7) [1]Erkenntnisse, die durch Maßnahmen nach Absatz 1 erlangt worden sind, sind dem anordnenden Gericht unverzüglich vorzulegen. [2]Das Gericht entscheidet unverzüglich über die Verwertbarkeit oder Löschung. [3]Erkenntnisse aus dem Kernbereich privater Lebensgestaltung, die durch eine Maßnahme nach Absatz 1 erlangt worden sind, dürfen nicht verwertet werden. [4]Aufzeichnungen hierüber sind unverzüglich zu löschen. [5]Die Tatsachen der Erfassung der Daten und der Löschung sind zu dokumentieren. [6]Die Dokumentation darf ausschließlich für Zwecke der Datenschutzkontrolle verwendet werden. [7]Sie ist sechs Monate nach der Benachrichtigung nach § 74 oder sechs Monate nach Erteilung der gerichtlichen Zustimmung über das endgültige Absehen von der Benachrichtigung zu löschen. [8]Ist die Datenschutzkontrolle nach § 69 Absatz 1 noch nicht beendet, ist die Dokumentation bis zu ihrem Abschluss aufzubewahren.

(8) [1]Bei Gefahr im Verzug kann die Präsidentin oder der Präsident des Bundeskriminalamtes oder ihre oder seine Vertretung im Benehmen mit der oder dem Datenschutzbeauftragten des Bundeskriminalamtes über die Verwertung der Erkenntnisse entscheiden. [2]Bei der Sichtung der erhobenen Daten kann sie oder er sich der technischen Unterstützung von zwei weiteren Bediensteten des Bundeskriminalamtes bedienen, von denen einer die Befähigung zum Richter-

amt haben muss. [3]Die Bediensteten des Bundeskriminalamtes sind zur Verschwiegenheit über die ihnen bekannt werdenden Erkenntnisse, die nicht verwertet werden dürfen, verpflichtet. [4]Die gerichtliche Entscheidung nach Absatz 7 ist unverzüglich nachzuholen.

§ 48 Rasterfahndung. (1) [1]Das Bundeskriminalamt kann von öffentlichen oder nichtöffentlichen Stellen die Übermittlung von personenbezogenen Daten von bestimmten Personengruppen zum Zwecke des automatisierten Abgleichs mit anderen Datenbeständen verlangen, soweit dies zur Abwehr einer Gefahr für den Bestand oder die Sicherheit des Bundes oder eines Landes oder für Leib, Leben oder Freiheit einer Person oder Sachen von bedeutendem Wert, deren Erhalt im öffentlichen Interesse geboten ist, erforderlich ist; eine solche Gefahr liegt in der Regel auch dann vor, wenn konkrete Vorbereitungshandlungen die Annahme rechtfertigen, dass eine Straftat nach § 5 Absatz 1 Satz 2 begangen werden soll. [2]Vom Bundesamt für Verfassungsschutz und von den Verfassungsschutzbehörden der Länder, dem Militärischen Abschirmdienst sowie dem Bundesnachrichtendienst kann die Übermittlung nach Satz 1 nicht verlangt werden.

(2) [1]Das Übermittlungsersuchen ist auf Namen, Anschrift, Tag und Ort der Geburt sowie auf andere im Einzelfall festzulegende Merkmale zu beschränken; es darf sich nicht auf personenbezogene Daten erstrecken, die einem Berufs- oder besonderen Amtsgeheimnis unterliegen. [2]Von Übermittlungsersuchen nicht erfasste personenbezogene Daten dürfen übermittelt werden, wenn wegen erheblicher technischer Schwierigkeiten oder wegen eines unangemessenen Zeit- oder Kostenaufwands eine Beschränkung auf die angeforderten Daten nicht möglich ist; diese Daten dürfen vom Bundeskriminalamt nicht verwendet werden.

(3) [1]Ist der Zweck der Maßnahme erreicht oder zeigt sich, dass er nicht erreicht werden kann, sind die übermittelten und im Zusammenhang mit der Maßnahme zusätzlich angefallenen Daten zu löschen und die Akten zu vernichten, soweit sie nicht für ein mit dem Sachverhalt zusammenhängendes Verfahren erforderlich sind. [2]Die getroffene Maßnahme ist zu dokumentieren. [3]Diese Dokumentation ist gesondert aufzubewahren und durch organisatorische und technische Maßnahmen zu sichern. [4]Sie ist sechs Monate nach der Benachrichtigung nach § 74 oder sechs Monate nach Erteilung der gerichtlichen Zustimmung über das endgültige Absehen von der Benachrichtigung zu löschen. [5]Ist die Datenschutzkontrolle nach § 69 Absatz 1 noch nicht beendet, ist die Dokumentation bis zu ihrem Abschluss aufzubewahren.

(4) Die Maßnahme darf nur auf Antrag der Präsidentin oder des Präsidenten des Bundeskriminalamtes oder ihrer oder seiner Vertretung durch das Gericht angeordnet werden.

§ 49 Verdeckter Eingriff in informationstechnische Systeme. (1) [1]Das Bundeskriminalamt darf ohne Wissen der betroffenen Person mit technischen Mitteln in von der betroffenen Person genutzte informationstechnische Systeme eingreifen und aus ihnen Daten erheben, wenn bestimmte Tatsachen die Annahme rechtfertigen, dass eine Gefahr vorliegt für

1. Leib, Leben oder Freiheit einer Person oder
2. solche Güter der Allgemeinheit, deren Bedrohung die Grundlagen oder den Bestand des Bundes oder eines Landes oder die Grundlagen der Existenz der Menschen berührt.

[2]Eine Maßnahme nach Satz 1 ist auch zulässig, wenn

1. bestimmte Tatsachen die Annahme rechtfertigen, dass innerhalb eines übersehbaren Zeitraums auf eine zumindest ihrer Art nach konkretisierte Weise eine Schädigung der in Satz 1 genannten Rechtsgüter eintritt oder
2. das individuelle Verhalten einer Person die konkrete Wahrscheinlichkeit begründet, dass sie innerhalb eines übersehbaren Zeitraums die in Satz 1 genannten Rechtsgüter schädigen wird.

[3]Die Maßnahme darf nur durchgeführt werden, wenn sie für die Aufgabenerfüllung nach § 5 erforderlich ist und diese ansonsten aussichtslos oder wesentlich erschwert wäre.

(2) [1]Es ist technisch sicherzustellen, dass

1. an dem informationstechnischen System nur Veränderungen vorgenommen werden, die für die Datenerhebung unerlässlich sind, und
2. die vorgenommenen Veränderungen bei Beendigung der Maßnahme soweit technisch möglich automatisiert rückgängig gemacht werden.

[2]Das eingesetzte Mittel ist nach dem Stand der Technik gegen unbefugte Nutzung zu schützen. [3]Kopierte Daten sind nach dem Stand der Technik gegen Veränderung, unbefugte Löschung und unbefugte Kenntnisnahme zu schützen.

(3) [1]Die Maßnahme darf sich nur gegen eine Person richten, die entsprechend § 17 oder § 18 des Bundespolizeigesetzes verantwortlich ist. [2]Die Maßnahme darf auch durchgeführt werden, wenn andere Personen unvermeidbar betroffen werden.

(4) Die Maßnahme nach Absatz 1 darf nur auf Antrag der Präsidentin oder des Präsidenten des Bundeskriminalamtes oder ihrer oder seiner Vertretung durch das Gericht angeordnet werden.

(5) Im Antrag sind anzugeben:

1. die Person, gegen die sich die Maßnahme richtet, soweit möglich, mit Name und Anschrift,
2. eine möglichst genaue Bezeichnung des informationstechnischen Systems, in das zur Datenerhebung eingegriffen werden soll,
3. Art, Umfang und Dauer der Maßnahme,
4. der Sachverhalt sowie
5. eine Begründung.

(6) [1]Die Anordnung ergeht schriftlich. [2]In ihr sind anzugeben:

1. die Person, gegen die sich die Maßnahme richtet, soweit möglich, mit Name und Anschrift,
2. eine möglichst genaue Bezeichnung des informationstechnischen Systems, in das zur Datenerhebung eingegriffen werden soll,

3. Art, Umfang und Dauer der Maßnahme unter Benennung des Endzeitpunktes sowie
4. die wesentlichen Gründe.

[3]Die Anordnung ist auf höchstens drei Monate zu befristen. [4]Eine Verlängerung um jeweils nicht mehr als drei weitere Monate ist zulässig, soweit die Anordnungsvoraussetzungen unter Berücksichtigung der gewonnenen Erkenntnisse fortbestehen. [5]Liegen die Voraussetzungen der Anordnung nicht mehr vor, sind die aufgrund der Anordnung ergriffenen Maßnahmen unverzüglich zu beenden.

(7) [1]Liegen tatsächliche Anhaltspunkte für die Annahme vor, dass durch die Maßnahme allein Erkenntnisse aus dem Kernbereich privater Lebensgestaltung erlangt würden, ist die Maßnahme unzulässig. [2]Soweit möglich, ist technisch sicherzustellen, dass Daten, die den Kernbereich privater Lebensgestaltung betreffen, nicht erhoben werden. [3]Erkenntnisse, die durch Maßnahmen nach Absatz 1 erlangt worden sind, sind dem anordnenden Gericht unverzüglich vorzulegen. [4]Das Gericht entscheidet unverzüglich über die Verwertbarkeit oder Löschung. [5]Daten, die den Kernbereich privater Lebensgestaltung betreffen, dürfen nicht verwertet werden und sind unverzüglich zu löschen. [6]Die Tatsachen der Erfassung der Daten und der Löschung sind zu dokumentieren. [7]Die Dokumentation darf ausschließlich für Zwecke der Datenschutzkontrolle verwendet werden. [8]Sie ist sechs Monate nach der Benachrichtigung nach § 74 oder sechs Monate nach Erteilung der gerichtlichen Zustimmung über das endgültige Absehen von der Benachrichtigung zu löschen. [9]Ist die Datenschutzkontrolle nach § 69 Absatz 1 noch nicht beendet, ist die Dokumentation bis zu ihrem Abschluss aufzubewahren.

(8) [1]Bei Gefahr im Verzug kann die Präsidentin oder der Präsident des Bundeskriminalamtes oder ihre oder seine Vertretung im Benehmen mit der oder dem Datenschutzbeauftragten des Bundeskriminalamtes über die Verwertung der Erkenntnisse entscheiden. [2]Bei der Sichtung der erhobenen Daten kann sie oder er sich der technischen Unterstützung von zwei weiteren Bediensteten des Bundeskriminalamtes bedienen, von denen einer die Befähigung zum Richteramt haben muss. [3]Die Bediensteten des Bundeskriminalamtes sind zur Verschwiegenheit über die ihnen bekannt werdenden Erkenntnisse, die nicht verwertet werden dürfen, verpflichtet. [4]Die gerichtliche Entscheidung nach Absatz 7 ist unverzüglich nachzuholen.

§ 51 Überwachung der Telekommunikation. (1) [1]Das Bundeskriminalamt kann ohne Wissen der betroffenen Person die Telekommunikation einer Person überwachen und aufzeichnen,

1. die entsprechend § 17 oder § 18 des Bundespolizeigesetzes verantwortlich ist und dies zur Abwehr einer dringenden Gefahr für den Bestand oder die Sicherheit des Bundes oder eines Landes oder für Leib, Leben oder Freiheit einer Person oder Sachen von bedeutendem Wert, deren Erhaltung im öffentlichen Interesse liegt, geboten ist,

2. bei der bestimmte Tatsachen die Annahme rechtfertigen, dass sie innerhalb eines übersehbaren Zeitraums auf eine zumindest ihrer Art nach konkretisierte Weise eine Straftat nach § 5 Absatz 1 Satz 2 begehen wird,
3. deren individuelles Verhalten die konkrete Wahrscheinlichkeit begründet, dass sie innerhalb eines übersehbaren Zeitraums eine Straftat nach § 5 Absatz 1 Satz 2 begehen wird,
4. bei der bestimmte Tatsachen die Annahme rechtfertigen, dass sie für eine Person nach Nummer 1 bestimmte oder von dieser herrührende Mitteilungen entgegennimmt oder weitergibt oder
5. bei der bestimmte Tatsachen die Annahme rechtfertigen, dass eine Person nach Nummer 1 deren Telekommunikationsanschluss oder Endgerät benutzen wird

und die Abwehr der Gefahr oder Verhütung der Straftaten auf andere Weise aussichtslos oder wesentlich erschwert wäre. [2]Die Maßnahme darf auch durchgeführt werden, wenn andere Personen unvermeidbar betroffen werden.

(2) [1]Die Überwachung und Aufzeichnung der Telekommunikation darf ohne Wissen der betroffenen Person in der Weise erfolgen, dass mit technischen Mitteln in von der betroffenen Person genutzte informationstechnische Systeme eingegriffen wird, wenn

1. durch technische Maßnahmen sichergestellt ist, dass ausschließlich laufende Telekommunikation überwacht und aufgezeichnet wird und
2. der Eingriff in das informationstechnische System notwendig ist, um die Überwachung und Aufzeichnung der Telekommunikation insbesondere auch in unverschlüsselter Form zu ermöglichen.

[2]§ 49 Absatz 2 gilt entsprechend. [3]§ 49 bleibt im Übrigen unberührt.

(3) [1]Maßnahmen nach den Absätzen 1 und 2 dürfen nur auf Antrag der Präsidentin oder des Präsidenten des Bundeskriminalamtes oder ihrer oder seiner Vertretung durch das Gericht angeordnet werden. [2]Bei Gefahr im Verzug kann die Anordnung durch die Präsidentin oder den Präsidenten des Bundeskriminalamtes oder ihre oder seine Vertretung getroffen werden. [3]In diesem Fall ist die gerichtliche Entscheidung unverzüglich nachzuholen. [4]Soweit diese Anordnung nicht binnen drei Tagen durch das Gericht bestätigt wird, tritt sie außer Kraft.

(4) Im Antrag sind anzugeben:

1. die Person, gegen die sich die Maßnahme richtet, soweit möglich, mit Name und Anschrift,
2. die Rufnummer oder eine andere Kennung des zu überwachenden Anschlusses oder des Endgeräts, sofern sich nicht aus bestimmten Tatsachen ergibt, dass diese zugleich einem anderen Endgerät zugeordnet ist,
3. Art, Umfang und Dauer der Maßnahme,
4. im Falle des Absatzes 2 auch eine möglichst genaue Bezeichnung des informationstechnischen Systems, in das zur Datenerhebung eingegriffen werden soll,
5. der Sachverhalt sowie
6. eine Begründung.

(5) [1]Die Anordnung ergeht schriftlich. [2]In ihr sind anzugeben:
1. die Person, gegen die sich die Maßnahme richtet, soweit möglich, mit Name und Anschrift,
2. die Rufnummer oder eine andere Kennung des zu überwachenden Anschlusses oder des Endgeräts, sofern sich nicht aus bestimmten Tatsachen ergibt, dass diese zugleich einem anderen Endgerät zugeordnet ist,
3. Art, Umfang und Dauer der Maßnahme unter Benennung des Endzeitpunktes,
4. im Falle des Absatzes 2 auch eine möglichst genaue Bezeichnung des informationstechnischen Systems, in das zur Datenerhebung eingegriffen werden soll, sowie
5. die wesentlichen Gründe.

[3]Die Anordnung ist auf höchstens drei Monate zu befristen. [4]Eine Verlängerung um jeweils nicht mehr als drei weitere Monate ist zulässig, soweit die Voraussetzungen der Anordnung unter Berücksichtigung der gewonnenen Erkenntnisse fortbestehen. [5]Liegen die Voraussetzungen der Anordnung nicht mehr vor, sind die aufgrund der Anordnung ergriffenen Maßnahmen unverzüglich zu beenden.

(6) [1]Aufgrund der Anordnung hat jeder, der Telekommunikationsdienste erbringt oder daran mitwirkt (Diensteanbieter), dem Bundeskriminalamt die Maßnahmen nach Absatz 1 zu ermöglichen und die erforderlichen Auskünfte unverzüglich zu erteilen. [2]Ob und in welchem Umfang hierfür Vorkehrungen zu treffen sind, bestimmt sich nach dem Telekommunikationsgesetz und der Telekommunikations-Überwachungsverordnung. [3]Für die Entschädigung der Diensteanbieter ist § 23 des Justizvergütungs- und -entschädigungsgesetzes entsprechend anzuwenden.

(7) [1]Liegen tatsächliche Anhaltspunkte für die Annahme vor, dass durch eine Maßnahme nach den Absätzen 1 und 2 allein Erkenntnisse aus dem Kernbereich privater Lebensgestaltung erlangt würden, ist die Maßnahme unzulässig. [2]Soweit im Rahmen von Maßnahmen nach den Absätzen 1 und 2 neben einer automatischen Aufzeichnung eine unmittelbare Kenntnisnahme erfolgt, ist die Maßnahme unverzüglich zu unterbrechen, soweit sich während der Überwachung tatsächliche Anhaltspunkte dafür ergeben, dass Inhalte, die dem Kernbereich privater Lebensgestaltung zuzurechnen sind, erfasst werden. [3]Bestehen insoweit Zweifel, darf nur eine automatische Aufzeichnung fortgesetzt werden. [4]Automatische Aufzeichnungen sind unverzüglich dem anordnenden Gericht vorzulegen. [5]Das Gericht entscheidet unverzüglich über die Verwertbarkeit oder Löschung der Daten. [6]Ist die Maßnahme nach Satz 2 unterbrochen worden, so darf sie für den Fall, dass sie nicht nach Satz 1 unzulässig ist, fortgeführt werden. [7]Erkenntnisse aus dem Kernbereich privater Lebensgestaltung, die durch eine Maßnahme nach den Absätzen 1 und 2 erlangt worden sind, dürfen nicht verwertet werden. [8]Aufzeichnungen hierüber sind unverzüglich zu löschen. [9]Die Tatsachen der Erfassung der Daten und der Löschung sind zu dokumentieren. [10]Die Dokumentation darf ausschließlich für Zwecke der Datenschutzkontrolle verwendet werden. [11]Sie ist sechs Monate nach der Benachrichtigung

nach § 74 oder sechs Monate nach Erteilung der gerichtlichen Zustimmung über das endgültige Absehen von der Benachrichtigung zu löschen. [12]Ist die Datenschutzkontrolle nach § 69 Absatz 1 noch nicht beendet, ist die Dokumentation bis zu ihrem Abschluss aufzubewahren.

(8) [1]Bei Gefahr im Verzug kann die Präsidentin oder der Präsident des Bundeskriminalamtes oder ihre oder seine Vertretung im Benehmen mit der oder dem Datenschutzbeauftragten des Bundeskriminalamtes über die Verwertung der Erkenntnisse entscheiden. [2]Bei der Sichtung der erhobenen Daten kann sie oder er sich der technischen Unterstützung von zwei weiteren Bediensteten des Bundeskriminalamtes bedienen, von denen einer die Befähigung zum Richteramt haben muss. [3]Die Bediensteten des Bundeskriminalamtes sind zur Verschwiegenheit über die ihnen bekannt werdenden Erkenntnisse, die nicht verwertet werden dürfen, verpflichtet. [4]Die gerichtliche Entscheidung nach Absatz 7 ist unverzüglich nachzuholen.

§ 52 Erhebung von Telekommunikationsverkehrsdaten und Nutzungsdaten. (1) Das Bundeskriminalamt kann ohne Wissen der betroffenen Person Verkehrsdaten (§ 96 Absatz 1 des Telekommunikationsgesetzes) erheben zu

1. den entsprechend § 17 oder § 18 des Bundespolizeigesetzes Verantwortlichen zur Abwehr einer dringenden Gefahr für den Bestand oder die Sicherheit des Bundes oder eines Landes oder für Leib, Leben oder Freiheit einer Person oder Sachen von bedeutendem Wert, deren Erhaltung im öffentlichen Interesse geboten ist,
2. der Person, bei der bestimmte Tatsachen die Annahme rechtfertigen, dass sie innerhalb eines übersehbaren Zeitraums auf eine zumindest ihrer Art nach konkretisierte Weise eine Straftat nach § 5 Absatz 1 Satz 2 begehen wird,
3. der Person, deren individuelles Verhalten die konkrete Wahrscheinlichkeit begründet, dass sie innerhalb eines übersehbaren Zeitraums eine Straftat nach § 5 Absatz 1 Satz 2 begehen wird,
4. der Person, bei der bestimmte Tatsachen die Annahme rechtfertigen, dass sie für eine Person nach Nummer 1 bestimmte oder von dieser herrührende Mitteilungen entgegennimmt oder weitergibt, oder
5. der Person, bei der bestimmte Tatsachen die Annahme rechtfertigen, dass eine Person nach Nummer 1 deren Telekommunikationsanschluss oder Endgerät benutzen wird,

wenn die Abwehr der Gefahr oder Verhütung der Straftaten auf andere Weise aussichtslos oder wesentlich erschwert wäre.

(2) [1]Unter den Voraussetzungen des Absatzes 1 kann das Bundeskriminalamt von denjenigen, die geschäftsmäßig eigene oder fremde Telemedien zur Nutzung bereithalten oder den Zugang zur Nutzung vermitteln, Auskunft über Nutzungsdaten (§ 15 Absatz 1 des Telemediengesetzes) verlangen. [2]Die Auskunft kann auch über zukünftige Nutzungsdaten angeordnet werden. [3]Der Diensteanbieter hat die Daten dem Bundeskriminalamt unverzüglich auf dem vom Bundeskriminalamt bestimmten Weg zu übermitteln.

(3) [1]§ 51 Absatz 3 bis 6 gilt entsprechend mit der Maßgabe, dass an die Stelle der Präsidentin oder des Präsidenten des Bundeskriminalamtes oder ihrer oder seiner Vertretung die zuständige Abteilungsleitung oder deren Vertretung tritt. [2]Abweichend von § 51 Absatz 4 Nummer 2 und Absatz 5 Satz 1 Nummer 2 genügt eine räumlich und zeitlich hinreichende Bezeichnung der Telekommunikation, sofern anderenfalls die Erreichung des Zwecks der Maßnahme aussichtslos oder wesentlich erschwert wäre.

§ 53 Identifizierung und Lokalisierung von Mobilfunkkarten und -endgeräten. (1) Das Bundeskriminalamt kann unter den Voraussetzungen des § 51 Absatz 1 durch technische Mittel ermitteln:
1. die Gerätenummer eines Mobilfunkendgeräts und die Kartennummer der darin verwendeten Karte sowie
2. den Standort eines Mobilfunkendgeräts.

(2) [1]Personenbezogene Daten Dritter dürfen anlässlich einer Maßnahme nach Absatz 1 nur erhoben werden, wenn dies aus technischen Gründen zur Erreichung des Zwecks nach Absatz 1 unvermeidbar ist. [2]Über den Datenabgleich zur Ermittlung der gesuchten Geräte- und Kartennummer hinaus dürfen sie nicht verwendet werden und sind nach Beendigung der Maßnahme unverzüglich zu löschen.

(3) [1]§ 51 Absatz 3 und 5 Satz 1 und 5 gilt entsprechend. [2]Die Anordnung ist auf höchstens sechs Monate zu befristen. [3]Eine Verlängerung um jeweils nicht mehr als sechs Monate ist zulässig, soweit die in Absatz 1 bezeichneten Voraussetzungen fortbestehen.

(4) Aufgrund der Anordnung einer Maßnahme nach Absatz 1 Nummer 2 hat jeder, der Telekommunikationsdienste erbringt oder daran mitwirkt, dem Bundeskriminalamt die für die Ermittlung des Standortes des Mobilfunkendgeräts erforderliche Geräte- und Kartennummer unverzüglich mitzuteilen.

§ 56 Elektronische Aufenthaltsüberwachung. (1) Das Bundeskriminalamt kann eine Person dazu verpflichten, ein technisches Mittel, mit dem der Aufenthaltsort dieser Person elektronisch überwacht werden kann, ständig in betriebsbereitem Zustand am Körper bei sich zu führen und dessen Funktionsfähigkeit nicht zu beeinträchtigen, wenn
1. bestimmte Tatsachen die Annahme rechtfertigen, dass diese Person innerhalb eines übersehbaren Zeitraums auf eine zumindest ihrer Art nach konkretisierte Weise eine Straftat nach § 5 Absatz 1 Satz 2 begehen wird oder
2. deren individuelles Verhalten eine konkrete Wahrscheinlichkeit dafür begründet, dass sie innerhalb eines übersehbaren Zeitraums eine Straftat nach § 5 Absatz 1 Satz 2 begehen wird,

um diese Person durch die Überwachung und die Datenverwendung von der Begehung dieser Straftat abzuhalten.

(2) [1]Das Bundeskriminalamt verarbeitet mit Hilfe der von der betroffenen Person mitgeführten technischen Mittel automatisiert Daten über deren Aufenthaltsort sowie über etwaige Beeinträchtigungen der Datenerhebung. [2]Soweit es tech-

nisch möglich ist, ist sicherzustellen, dass innerhalb der Wohnung der betroffenen Person keine über den Umstand ihrer Anwesenheit hinausgehenden Aufenthaltsdaten erhoben werden. [3]Die Daten dürfen ohne Einwilligung der betroffenen Person nur verwendet werden, soweit dies erforderlich ist für die folgenden Zwecke:

1. zur Verhütung oder zur Verfolgung von Straftaten nach § 5 Absatz 1 Satz 2,
2. zur Feststellung von Verstößen gegen Aufenthaltsvorgaben nach § 55 Absatz 1 und Kontaktverbote nach § 55 Absatz 2,
3. zur Verfolgung einer Straftat nach § 87,
4. zur Abwehr einer erheblichen gegenwärtigen Gefahr für Leib, Leben oder Freiheit einer dritten Person,
5. zur Aufrechterhaltung der Funktionsfähigkeit der technischen Mittel.

[4]Zur Einhaltung der Zweckbindung nach Satz 3 hat die Verarbeitung der Daten automatisiert zu erfolgen, und es sind die Daten gegen unbefugte Kenntnisnahme besonders zu sichern. [5]Die in Satz 1 genannten Daten sind spätestens zwei Monate nach ihrer Erhebung zu löschen, soweit sie nicht für die in Satz 3 genannten Zwecke verwendet werden. [6]Werden innerhalb der Wohnung der betroffenen Person über den Umstand ihrer Anwesenheit hinausgehende Aufenthaltsdaten erhoben, dürfen diese nicht verwendet werden und sind unverzüglich nach Kenntnisnahme zu löschen. [7]Die Tatsache ihrer Kenntnisnahme und Löschung ist zu dokumentieren. [8]Die Dokumentation darf ausschließlich für Zwecke der Datenschutzkontrolle verwendet werden. [9]Sie ist nach Abschluss der Datenschutzkontrolle nach § 69 Absatz 1 zu löschen.

(3) [1]Die zuständigen Polizeibehörden des Bundes und der Länder sowie sonstige öffentliche Stellen übermitteln dem Bundeskriminalamt personenbezogene Daten über die betroffene Person, soweit dies zur Durchführung der Maßnahme nach den Absätzen 1 und 2 erforderlich ist. [2]Das Bundeskriminalamt kann zu diesem Zweck auch bei anderen Stellen personenbezogene Daten über die betroffene Person erheben.

(4) Zur Durchführung der Maßnahme nach Absatz 1 hat das Bundeskriminalamt

1. Daten des Aufenthaltsortes der betroffenen Person an die zuständigen Polizei- und Strafverfolgungsbehörden weiterzugeben, wenn dies zur Verhütung oder zur Verfolgung einer Straftat nach § 5 Absatz 1 Satz 2 erforderlich ist,
2. Daten des Aufenthaltsortes der betroffenen Person an die zuständigen Polizeibehörden weiterzugeben, sofern dies zur Durchsetzung von Maßnahmen nach Absatz 2 Satz 3 Nummer 2 erforderlich ist,
3. Daten des Aufenthaltsortes der betroffenen Person an die zuständige Strafverfolgungsbehörde zur Verfolgung einer Straftat nach § 87 weiterzugeben,
4. Daten des Aufenthaltsortes der betroffenen Person an zuständige Polizeibehörden weiterzugeben, sofern dies zur Abwehr einer erheblichen gegenwärtigen Gefahr im Sinne von Absatz 2 Satz 3 Nummer 4 erforderlich ist,
5. eingehende Systemmeldungen über Verstöße nach Absatz 2 Satz 3 Nummer 2 entgegenzunehmen und zu bewerten,

6. die Ursache einer Meldung zu ermitteln; hierzu kann das Bundeskriminalamt Kontakt mit der betroffenen Person aufnehmen, sie befragen, sie auf den Verstoß hinweisen und ihr mitteilen, wie sie dessen Beendigung bewirken kann,
7. eine Überprüfung der bei der betroffenen Person vorhandenen technischen Geräte auf ihre Funktionsfähigkeit oder Manipulation und die zu der Behebung einer Funktionsbeeinträchtigung erforderlichen Maßnahmen, insbesondere den Austausch der technischen Mittel oder von Teilen davon, einzuleiten,
8. Anfragen der betroffenen Person zum Umgang mit den technischen Mitteln zu beantworten.

(5) [1]Maßnahmen nach Absatz 1 dürfen nur auf Antrag der zuständigen Abteilungsleitung oder deren Vertretung durch das Gericht angeordnet werden. [2]Bei Gefahr im Verzug kann die Anordnung durch die zuständige Abteilungsleitung oder deren Vertretung getroffen werden. [3]In diesem Fall ist die gerichtliche Entscheidung unverzüglich nachzuholen. [4]Soweit die Anordnung nicht binnen drei Tagen durch das Gericht bestätigt wird, tritt sie außer Kraft.

(6) Im Antrag sind anzugeben:
1. die Person, gegen die sich die Maßnahme richtet, mit Name und Anschrift,
2. Art, Umfang und Dauer der Maßnahme,
3. die Angabe, ob gegenüber der Person, gegen die sich die Maßnahme richtet, eine Aufenthaltsvorgabe oder ein Kontaktverbot besteht,
4. der Sachverhalt sowie
5. eine Begründung.

(7) [1]Die Anordnung ergeht schriftlich. [2]In ihr sind anzugeben:
1. die Person, gegen die sich die Maßnahme richtet, mit Name und Anschrift,
2. Art, Umfang und Dauer der Maßnahme sowie
3. die wesentlichen Gründe.

(8) [1]Die Anordnung ist auf höchstens drei Monate zu befristen. [2]Eine Verlängerung um jeweils nicht mehr als drei Monate ist möglich, soweit die Anordnungsvoraussetzungen fortbestehen. [3]Liegen die Voraussetzungen der Anordnung nicht mehr vor, ist die Maßnahme unverzüglich zu beenden.

Vertrauensdienstegesetz

vom 18. Juli 2017 (BGBl. I, S. 2745)[1,2]

INHALTSÜBERSICHT

---

1 Das Vertrauensdienstegesetz ersetzt das bisherige Gesetz über die Rahmenbedingungen der elektronischen Signatur und dient der Umsetzung der Elektronische- Transaktionen- Verordnung oder eIDAS (=electronic IDentification, Authentication and trust Services)- Verordnung (VO (EU) 910/2014; ABl. Nr. L 257 S. 73, ber. ABl. 2015 Nr. L 23 S. 19 und ABl. 2016 Nr. L 155 S. 44). Dort finden sich auch weitergehende technische Details und Begriffsbestimmungen. Näher ausgeformt wird die weitergehende technische Umsetzung durch die Verordnung zur elektronischen Signatur (Signaturverordnung – SigV) vom 16. November 2001 (BGBl. I 2001, 3074), zuletzt geändert durch Gesetz vom 18. Juli 2017 (BGBl. I S. 2745).

2 In folgenden grundlegenden Bestimmungen wird auf die **qualifizierte elektronische Signatur nach dem Signaturgesetz** zur Gleichstellung mit der **Schriftform** bzw. zu dem Zwecke der **Einreichung von Schriftsätzen/Erklärungen bzw. Anträgen/Anmeldungen** verwiesen: §§ 126a BGB; 130a ZPO, 174 ZPO; 87a AO; 46c ArbGG; 125a PatG, 95a MarkenG, 25 GeschmMG.

Das Gesetz über elektronische Kommunikationsformen in der Justiz (**Justizkommunikationsgesetz**) vom 22. März 2005 (BGBl. I S. 837) sowie in noch weitergehender Weise das Gesetz zur Förderung des elektronischen Rechtsverkehrs mit den Gerichten vom 10. Oktober 2013 führt eine erhebliche Erweiterung im Bereich der **elektronische Dokumentation und Aktenführung** sowie im Bereich **Einreichung von Schriftsätzen** in den verschiedensten Gerichtszweigen und Verfahrensordnungen ein.

Hervorzuheben sind beispielhaft im Bereich der Zivilprozessordnung die §§ 130a, 130b, 130c, 130d, 174, 253, 298, 298a, 299, 317, 340a zu elektronischen Dokumenten und Aktenführung sowie § 371a (Beweiskraft elektronischer Dokumente) mit § 371b Beweiskraft gescannter öffentlicher Urkunden und § 416a Beweiskraft des Ausdrucks eines öffentlichen elektronischen Dokuments. Im Bereich der **Verwaltungsgerichtsordnung** sind die §§ 55a, 55b, 55c einschlägig.

Die **elektronische Form** kann bei folgenden Verträgen (BGB) **nicht** verwendet werden: § 484 (Teilzeit- Wohnrechteverträge); § 492 (Verbraucherdarlehensverträge), § 623 (Kündigung eines Arbeitsverhältnisses), § 630 (Zeugnis bei Beendigung eines Dienstverhältnisses), § 761 (Versprechen einer Leibrente), § 766 (Bürgschaftserklärung), § 780 (Schuldversprechen), § 781 (Schuldanerkenntnis).

Teil 1

Allgemeine Bestimmungen

§ 1 Anwendungsbereich. (1) Dieses Gesetz regelt die wirksame Durchführung der Vorschriften über Vertrauensdienste in der Verordnung (EU) Nr. 910/2014 des Europäischen Parlaments und des Rates vom 23. Juli 2014 über elektronische Identifizierung und Vertrauensdienste für elektronische Transaktionen im Binnenmarkt und zur Aufhebung der Richtlinie 1999/93/EG (ABl. L 257 vom 28.8.2014, S. 73) in der jeweils geltenden Fassung.

(2) Unberührt bleiben Rechtsvorschriften, die die Nutzung bestimmter Vertrauensdienste und die hierfür zu verwendenden Produkte regeln.

§ 2 Aufsichtsstelle; zuständige Stelle für die Informationssicherheit. (1) Die Aufgaben der Aufsichtsstelle nach Artikel 17 der Verordnung (EU) Nr. 910/2014 und nach diesem Gesetz sowie nach der Rechtsverordnung nach § 20 obliegen

1. der Bundesnetzagentur für Elektrizität, Gas, Telekommunikation, Post und Eisenbahnen (Bundesnetzagentur) für die Bereiche
   a) Erstellung, Überprüfung und Validierung elektronischer Signaturen, elektronischer Siegel oder elektronischer Zeitstempel und Dienste für

---

Im Bereich des **Verwaltungsrechts** existieren weitere Vorschriften für die elektronische Übermittlung von Dokumenten, Schriftsätzen und Erklärungen sowie den **„elektronischen VA"**, siehe §§ 3a, 37, 69 VwVfG; 36a SGB I, 2b AtG.

Das Gesetz zur Einführung der elektronischen Akte in der Justiz und zur weiteren Förderung des elektronischen Rechtsverkehrs vom 5. Juli 2017 (BGBl. I, S. 2208) sieht umfangreiche Änderungen zur Förderung des Verfahrens und zur Einführung der elektronischen Akten in diversen Gerichtszweigen vor (siehe u.a. §§ 298a ZPO; 32 ff. StPO; 111a OWiG 46e ArbGG; 65 a ff. SGG.

die Zustellung elektronischer Einschreiben sowie von diese Dienste betreffenden Zertifikaten nach Artikel 3 Nummer 16 Buchstabe a der Verordnung (EU) Nr. 910/2014 und

b) Bewahrung von diese Dienste betreffenden elektronischen Signaturen, Siegeln oder Zertifikaten nach Artikel 3 Nummer 16 Buchstabe c der Verordnung (EU) Nr. 910/2014 und

2. dem Bundesamt für Sicherheit in der Informationstechnik für den Bereich Erstellung, Überprüfung und Validierung von Zertifikaten für die Website-Authentifizierung nach Artikel 3 Nummer 16 Buchstabe b der Verordnung (EU) Nr. 910/2014.

(2) Von der Aufgabenzuweisung an die Bundesnetzagentur unberührt bleiben die Aufgaben des Bundesamtes für Sicherheit in der Informationstechnik nach dem BSI-Gesetz und nach weiteren Fachgesetzen, insbesondere

1. bei der Erstellung technischer Standards in nationalen, europäischen und internationalen Gremien in Abstimmung mit der Bundesnetzagentur,
2. die Bewertung von Algorithmen und zugehörigen Parametern sowie
3. die Erstellung technischer Vorgaben und die Bewertung technischer Standards für den Einsatz von Vertrauensdiensten in Digitalisierungsvorhaben nach Maßgabe der entsprechenden Fachgesetze.

(3) Das Bundesamt für Sicherheit in der Informationstechnik ist die für die Informationssicherheit zuständige nationale Stelle im Sinne von Artikel 19 Absatz 2 der Verordnung (EU) Nr. 910/2014.

§ 3 Verfahren über eine einheitliche Stelle. Verwaltungsverfahren nach diesem Gesetz oder nach der Rechtsverordnung nach § 20 können über eine einheitliche Stelle im Sinne des Verwaltungsverfahrensgesetzes abgewickelt werden.

§ 4 Aufsichtsmaßnahmen; Untersagung des Betriebs. (1) Ergänzend zu den Aufgaben aus der Verordnung (EU) Nr. 910/2014 obliegt der Aufsichtsstelle auch die Aufsicht über die Einhaltung dieses Gesetzes sowie der Rechtsverordnung nach § 20.

(2) [1]Die Aufsichtsstelle kann gegenüber Vertrauensdiensteanbietern die erforderlichen Maßnahmen zur Einhaltung dieses Gesetzes sowie der Rechtsverordnung nach § 20 treffen. [2]Zur Einhaltung dieses Gesetzes sowie der Rechtsverordnung nach § 20 kann sie von Vertrauensdiensteanbietern Nachweise anfordern und selbst Überprüfungen vornehmen. [3]Im Übrigen stehen der Aufsichtsstelle die Maßnahmen nach der Verordnung (EU) Nr. 910/2014, insbesondere nach Artikel 17 Absatz 4, auch zur Durchsetzung dieses Gesetzes sowie der Rechtsverordnung nach § 20 zur Verfügung.

(3) Die Aufsichtsstelle kann einem Vertrauensdiensteanbieter den Betrieb vorübergehend, teilweise oder ganz untersagen, wenn

1. Maßnahmen nach Artikel 17 Absatz 4 Buchstabe j der Verordnung (EU) Nr. 910/2014 keinen Erfolg versprechen und

2. Tatsachen die Annahme rechtfertigen, dass der Anbieter die Voraussetzungen für den Betrieb eines Vertrauensdienstes nach der Verordnung (EU) Nr. 910/2014 sowie nach diesem Gesetz und nach der Rechtsverordnung nach § 20 nicht erfüllt.

§ 5 Mitwirkungspflichten der Vertrauensdiensteanbieter. (1) Zur Prüfung der Einhaltung ihrer Verpflichtungen haben der Vertrauensdiensteanbieter und die für ihn tätigen Dritten den Bediensteten und Beauftragten

1. der Aufsichtsstelle das Betreten der Geschäfts- und Betriebsräume während der üblichen Betriebszeiten zu gestatten,
2. der Aufsichtsstelle auf Verlangen die in Betracht kommenden Bücher, Aufzeichnungen, Belege, Schriftstücke und sonstigen Unterlagen zur Einsicht vorzulegen, auch soweit sie in elektronischer Form geführt werden,
3. der Aufsichtsstelle Auskunft zu erteilen und
4. der Aufsichtsstelle die erforderliche Unterstützung zu gewähren.

(2) [1]Die zur Erteilung einer Auskunft verpflichtete natürliche Person kann die Auskunft auf solche Fragen verweigern, deren Beantwortung sie selbst oder einen der in § 52 Absatz 1 der Strafprozessordnung bezeichneten Angehörigen der Gefahr der Verfolgung wegen einer Straftat oder eines Verfahrens nach dem Gesetz über Ordnungswidrigkeiten aussetzen würde. [2]Hierüber ist die Person zu belehren. [3]Die Vorschriften über die Glaubhaftmachung des Verweigerungsgrundes nach § 56 der Strafprozessordnung sind entsprechend anzuwenden. [4]Die Sätze 1 und 2 gelten für die Vorlage von Unterlagen entsprechend.

§ 6 Haftung. [1]Ein Vertrauensdiensteanbieter haftet für Dritte, die er mit Aufgaben nach der Verordnung (EU) Nr. 910/2014, nach diesem Gesetz und nach der Rechtsverordnung nach § 20 beauftragt hat, wie für eigenes Handeln. [2]Die Vorschrift zum Nichteintritt der Ersatzpflicht nach § 831 Absatz 1 Satz 2 des Bürgerlichen Gesetzbuchs ist nicht anzuwenden.

§ 7 Barrierefreie Dienste. (1) [1]Soweit möglich, haben Vertrauensdiensteanbieter die von ihnen angebotenen Vertrauensdienste für Menschen mit Behinderungen zugänglich und nutzbar zu machen. [2]Soweit sie für die Nutzung der Vertrauensdienste erforderliche Endnutzerprodukte von Drittanbietern anbieten, haben sie, soweit möglich, auch mindestens ein marktübliches Endnutzerprodukt für Menschen mit Behinderungen anzubieten. [3]Bei der Bewertung der Durchführbarkeit von Maßnahmen nach den Sätzen 1 und 2 sind auch technische und wirtschaftliche Belange zu berücksichtigen.

(2) [1]Die Vertrauensdiensteanbieter haben auf ihrer Internetseite über die von ihnen vorgenommenen Maßnahmen zur Barrierefreiheit der Vertrauensdienste und der zur Erbringung solcher Dienste verwendeten Endnutzerprodukte zu informieren. [2]Außerdem haben sie dort Hinweise zu geben, die die Nutzung der von ihnen angebotenen Vertrauensdienste und der hierbei verwendeten Endnutzerprodukte durch Menschen mit Behinderungen erleichtern. [3]Diese Informationen und Hinweise sowie die Informationen, die sich an alle Verbraucher rich-

ten, müssen nach Maßgabe der Rechtsverordnung nach § 20 barrierefrei zugänglich und nutzbar sein.

(3) Barrieren können von jedermann der Aufsichtsstelle gemeldet werden.

§ 8[3] Datenschutz. (1) Unbeschadet anderer Rechtsgrundlagen dürfen Vertrauensdiensteanbieter auch bei Dritten personenbezogene Daten erheben und verarbeiten, soweit dies für die Erbringung, einschließlich der Prüfung und Sicherstellung der rechtlichen Gültigkeit, des jeweiligen Vertrauensdienstes erforderlich ist.

(2) [1]Der Vertrauensdiensteanbieter darf personenbezogene Daten einer Person, die Vertrauensdienste nutzt, den zuständigen Stellen übermitteln,

1. soweit die zuständigen Stellen die Übermittlung nach Maßgabe der hierfür geltenden Bestimmungen verlangen, da die Übermittlung erforderlich ist
   a) für die Verfolgung von Straftaten oder Ordnungswidrigkeiten,
   b) zur Abwehr von Gefahren für die öffentliche Sicherheit oder Ordnung oder
   c) für die Erfüllung der gesetzlichen Aufgaben der Verfassungsschutzbehörden des Bundes und der Länder, des Bundesnachrichtendienstes, des Militärischen Abschirmdienstes oder der Finanzbehörden, oder
2. soweit Gerichte die Übermittlung im Rahmen anhängiger Verfahren nach Maßgabe der hierfür geltenden Bestimmungen anordnen.

[2]Die Berechtigung zur Datenübermittlung nach Satz 1 Nummer 1 gilt nicht, soweit sie durch andere Gesetze ausdrücklich ausgeschlossen ist.

(3) [1]Die Vertrauensdiensteanbieter haben die Übermittlung zu dokumentieren. [2]Die Dokumentation ist zwölf Monate aufzubewahren.

(4) [1]Hat die zuständige Stelle ein Verlangen nach Datenübermittlung nach Absatz 2 Nummer 1 gestellt, so unterrichtet sie die betroffene Person über die erfolgte Übermittlung der Daten. [2]Von der Unterrichtung kann abgesehen werden, solange die Wahrnehmung der gesetzlichen Aufgaben gefährdet würde und solange das Interesse der betroffenen Person an der Unterrichtung nicht überwiegt. [3]Fünf Jahre nach der Übermittlung kann endgültig von der Benachrichtigung abgesehen werden, wenn die Voraussetzungen für die Benachrichtigung mit an Sicherheit grenzender Wahrscheinlichkeit auch in Zukunft nicht eintreten werden.

(5) Die allgemeinen Datenschutzanforderungen bleiben unberührt.

---

3 Hinweis der Herausgeber: Gemäß Art. 2 G vom 18. Juli 2017 (BGBl. I S. 2745) werden in § 8 Abs. 1 mit Wirkung vom 25. Mai 2018 die Wörter „erheben und" gestrichen.

Teil 2

Allgemeine Vorschriften für qualifizierte Vertrauensdienste

§ 9 Vertrauenslisten. Die Bundesnetzagentur ist für die Aufstellung, Führung und Veröffentlichung von Vertrauenslisten nach Artikel 22 Absatz 1 der Verordnung (EU) Nr. 910/2014 zuständig.

§ 10 Deckungsvorsorge. Die Mindestsumme für die gemäß Artikel 24 Absatz 2 Buchstabe c der Verordnung (EU) Nr. 910/2014 erforderliche angemessene Deckungsvorsorge beträgt jeweils 250 000 Euro für einen Schaden, der durch ein haftungsauslösendes Ereignis gemäß Artikel 13 der Verordnung (EU) Nr. 910/2014 verursacht worden ist.

§ 11 Identitätsprüfung. (1) Die Bundesnetzagentur legt nach Anhörung der betroffenen Kreise und im Einvernehmen mit dem Bundesamt für Sicherheit in der Informationstechnik durch Verfügung im Amtsblatt fest, welche sonstigen Identifizierungsmethoden im Sinne des Artikels 24 Absatz 1 Unterabsatz 2 Buchstabe d Satz 1 der Verordnung (EU) Nr. 910/2014 anerkannt sind und welche Mindestanforderungen dafür jeweils gelten.

(2) Die Bundesnetzagentur überprüft die Verfügung nach Absatz 1 regelmäßig im Abstand von vier Jahren sowie

1. bei der begründeten Annahme, dass Methoden nicht mehr hinreichend sicher sind, oder
2. auf Ersuchen des Bundesamtes für Sicherheit in der Informationstechnik.

(3) [1]Innovative Identifizierungsmethoden, die noch nicht durch Verfügung im Amtsblatt anerkannt sind, können von der Bundesnetzagentur im Einvernehmen mit dem Bundesamt für Sicherheit in der Informationstechnik und nach Anhörung der Bundesbeauftragten für den Datenschutz und die Informationsfreiheit für einen Zeitraum von bis zu zwei Jahren vorläufig anerkannt werden, sofern eine Konformitätsbewertungsstelle die gleichwertige Sicherheit der Identifizierungsmethode im Sinne des Artikels 24 Absatz 1 Unterabsatz 2 Buchstabe d der Verordnung (EU) Nr. 910/2014 bestätigt hat. [2]Die Bundesnetzagentur veröffentlicht die vorläufig anerkannten Identifizierungsmethoden auf ihrer Internetseite. [3]Die Bundesnetzagentur und das Bundesamt für Sicherheit in der Informationstechnik überwachen die Eignung der vorläufig anerkannten Identifizierungsmethoden über den gesamten Zeitraum der vorläufigen Anerkennung. [4]Werden durch die Überwachung sicherheitsrelevante Risiken bei der vorläufig anerkannten Identifizierungsmethode erkannt, so kann die Aufsichtsstelle im Einvernehmen mit dem Bundesamt für Sicherheit in der Informationstechnik dem qualifizierten Vertrauensdiensteanbieter die Behebung dieser Risiken durch ergänzende Maßnahmen auferlegen, sofern dies sicherheitstechnisch sinnvoll ist. [5]Lässt sich durch ergänzende Maßnahmen keine hinreichende Sicherheit der vorläufig anerkannten Identifizierungsmethode gewährleisten,

so soll die Aufsichtsstelle dem qualifizierten Vertrauensdiensteanbieter die Nutzung dieser Identifizierungsmethode untersagen.

(4) Der qualifizierte Vertrauensdiensteanbieter darf nach Maßgabe der datenschutzrechtlichen Bestimmungen personenbezogene Daten nutzen, die zu einem früheren Zeitpunkt im Rahmen einer ordnungsgemäßen Identitätsprüfung erhoben wurden, sofern und soweit diese Daten zum Zeitpunkt der Antragstellung die zuverlässige Identitätsfeststellung des Antragstellers gewährleisten.

§ 12 Attribute in qualifizierten Zertifikaten für elektronische Signaturen und Siegel. (1) [1]Ein qualifiziertes Zertifikat für elektronische Signaturen kann auf Verlangen eines Antragstellers folgende Attribute enthalten:
1. Angaben über die Vertretungsmacht des Antragstellers für eine dritte Person,
2. amts- und berufsbezogene oder sonstige Angaben zur Person des Antragstellers und
3. weitere personenbezogene Angaben.

[2]Angaben über die Vertretungsmacht dürfen nur dann in das qualifizierte Zertifikat aufgenommen werden, wenn dem qualifizierten Vertrauensdiensteanbieter die Einwilligung der dritten Person nachgewiesen wird. [3]Amts- und berufsbezogene oder sonstige Angaben zur Person des Antragstellers dürfen nur dann in das qualifizierte Zertifikat aufgenommen werden, wenn die jeweils zuständige Stelle die Angaben bestätigt hat. [4]Weitere personenbezogene Angaben dürfen in ein qualifiziertes Zertifikat nur mit Einwilligung des Betroffenen aufgenommen werden.

(2) Soll in das qualifizierte Zertifikat anstelle des Namens ein Pseudonym eingetragen werden, so sind Angaben über eine Vertretungsmacht für eine dritte Person oder amts- und berufsbezogene oder sonstige Angaben zur Person nur zulässig, wenn eine Einwilligung der dritten Person oder der jeweils zuständigen Stelle zur Verwendung des Pseudonyms vorliegt.

(3) [1]Die Absätze 1 und 2 gelten entsprechend für qualifizierte Zertifikate für elektronische Siegel. [2]Attribute in qualifizierten Zertifikaten für elektronische Siegel können auch die Vertretungsverhältnisse innerhalb der antragstellenden juristischen Person enthalten, sofern diese Vertretungsverhältnisse dem qualifizierten Vertrauensdiensteanbieter nachgewiesen werden.

§ 13 Unterrichtung über Sicherheitsmaßnahmen und Rechtswirkungen. (1) Der qualifizierte Vertrauensdiensteanbieter hat die Personen, die er nach Artikel 24 Absatz 2 Buchstabe d der Verordnung (EU) Nr. 910/2014 über die Nutzungsbedingungen zu unterrichten hat, weil sie einen qualifizierten Vertrauensdienst nutzen wollen, auch
1. über die Maßnahmen zu unterrichten, die erforderlich sind, um zur Sicherheit der angebotenen qualifizierten Vertrauensdienste und deren zuverlässiger Nutzung beizutragen, und dabei auf entsprechende Informationsmöglichkeiten hinzuweisen, insbesondere auf Informationsangebote der Hersteller von

Produkten für qualifizierte Vertrauensdienste und auf Informationsangebote der Aufsichtsstellen,
2. darauf hinzuweisen, dass entsprechend § 15 qualifiziert elektronisch signierte, gesiegelte oder zeitgestempelte Daten bei Bedarf durch geeignete Maßnahmen neu zu schützen sind, bevor der Sicherheitswert der vorhandenen Signaturen, Siegel oder Zeitstempel durch Zeitablauf geringer wird, und
3. über die Rechtswirkungen der angebotenen qualifizierten Vertrauensdienste zu unterrichten.

(2) Soweit eine Person, die einen qualifizierten Vertrauensdienst nutzen will, bereits zu einem früheren Zeitpunkt nach Artikel 24 Absatz 2 Buchstabe d der Verordnung (EU) Nr. 910/2014 sowie nach Absatz 1 unterrichtet worden ist und sich keine Änderungen ergeben haben, kann eine erneute Unterrichtung unterbleiben.

§ 14 Widerruf qualifizierter Zertifikate. (1) [1]Der qualifizierte Vertrauensdiensteanbieter hat ein noch gültiges qualifiziertes Zertifikat insbesondere dann unverzüglich zu widerrufen, wenn
1. die Person, der das qualifizierte Zertifikat ausgestellt wurde, es verlangt,
2. das qualifizierte Zertifikat aufgrund falscher Angaben zu den Anhängen I, III und IV der Verordnung (EU) Nr. 910/2014 ausgestellt wurde,
3. er seine Tätigkeit beendet und diese nicht von einem anderen qualifizierten Vertrauensdiensteanbieter fortgeführt wird oder
4. Tatsachen die Annahme rechtfertigen, dass
   a) das qualifizierte Zertifikat gefälscht oder nicht hinreichend fälschungssicher ist oder
   b) die verwendeten qualifizierten elektronischen Signaturerstellungseinheiten oder qualifizierten elektronischen Siegelerstellungseinheiten Sicherheitsmängel aufweisen.

[2]Weitere Widerrufsgründe können vertraglich vereinbart werden. [3]Wurde ein qualifiziertes Zertifikat mit falschen Angaben ausgestellt, so kann der qualifizierte Vertrauensdiensteanbieter dies zusätzlich kenntlich machen.

(2) Enthält ein qualifiziertes Zertifikat Attribute nach § 12 Absatz 1 oder § 12 Absatz 3 Satz 2, so kann auch die dritte Person oder die für die amts- und berufsbezogenen oder sonstigen Angaben zur Person zuständige Stelle einen Widerruf des Zertifikats verlangen, wenn
1. die Vertretungsmacht entfällt oder
2. die Voraussetzungen für die amts- und berufsbezogenen oder sonstigen Angaben zur Person nach Aufnahme in das qualifizierte Zertifikat entfallen.

(3) Liegen die in Absatz 1 Satz 1 Nummer 3 oder eine der in Absatz 1 Satz 1 Nummer 4 genannten Voraussetzungen vor, so kann die Aufsichtsstelle den Widerruf eines qualifizierten Zertifikats anordnen.

§ 15 Langfristige Beweiserhaltung. [1]Sofern hierfür Bedarf besteht, sind qualifiziert elektronisch signierte, gesiegelte oder zeitgestempelte Daten durch geeignete Maßnahmen neu zu schützen, bevor der Sicherheitswert der vorhandenen Signaturen, Siegel oder Zeitstempel durch Zeitablauf geringer wird. [2]Die neue Sicherung muss nach dem Stand der Technik erfolgen.

§ 16 Beendigungsplan; auf Dauer prüfbare Vertrauensdienste. (1) [1]In dem Beendigungsplan nach Artikel 24 Absatz 2 Buchstabe i der Verordnung (EU) Nr. 910/2014 hat ein qualifizierter Vertrauensdiensteanbieter alle erforderlichen Maßnahmen vorzusehen, damit bei Einstellung der Tätigkeit, bei Entzug des Qualifikationsstatus oder wenn die Eröffnung eines Insolvenzverfahrens beantragt und die Tätigkeit nicht fortgesetzt wird, alle von ihm ausgegebenen qualifizierten Zertifikate im Zusammenhang mit elektronischen Signaturen und Siegeln sowie Zertifikate im Zusammenhang mit Anhang I Buchstabe g, Anhang III Buchstabe g und Artikel 42 Absatz 1 Buchstabe c der Verordnung (EU) Nr. 910/2014 einschließlich der Widerrufsinformationen

1. von einem anderen qualifizierten Vertrauensdiensteanbieter übernommen werden können oder
2. von der Bundesnetzagentur in die Vertrauensinfrastruktur nach Absatz 5 übernommen werden können.

[2]Im Falle von Satz 1 Nummer 2 hat der qualifizierte Vertrauensdiensteanbieter die noch gültigen Zertifikate vor der Übermittlung an die Bundesnetzagentur zu widerrufen. [3]Er hat in jedem Fall sicherzustellen, dass die dazugehörigen Aufzeichnungen nach Artikel 24 Absatz 2 Buchstabe h der Verordnung (EU) Nr. 910/2014 an den Übernehmenden übermittelt werden.

(2) Im Beendigungsplan hat der qualifizierte Vertrauensdiensteanbieter auch Vorkehrungen zu treffen, um die Inhaber der in Absatz 1 Satz 1 genannten Zertifikate, soweit möglich, mindestens zwei Monate im Voraus über die Einstellung seiner Tätigkeit und über die Übernahme seiner Zertifikate zu benachrichtigen.

(3) [1]In den Fällen des Absatzes 1 Satz 1 Nummer 2 erteilt die Bundesnetzagentur bei Vorliegen eines berechtigten Interesses Auskunft zu den Aufzeichnungen, soweit dies technisch und ohne unverhältnismäßig großen Aufwand möglich ist. [2]Ein darüber hinausgehendes Auskunftsrecht gemäß § 19 des Bundesdatenschutzgesetzes und nach Artikel 15 der Verordnung (EU) 2016/679 bleibt hiervon unberührt.

(4) Qualifizierte Vertrauensdiensteanbieter haben für die gesamte Zeit ihres Betriebs

1. die in Absatz 1 Satz 1 genannten Zertifikate auch über den Zeitraum ihrer Gültigkeit hinaus zusammen mit den dazugehörigen Widerrufsinformationen in einer Zertifikatsdatenbank nach Artikel 24 Absatz 2 Buchstabe k und Absatz 4 der Verordnung (EU) Nr. 910/2014 zu führen und
2. die dazugehörigen Aufzeichnungen nach Artikel 24 Absatz 2 Buchstabe h der Verordnung (EU) Nr. 910/2014 aufzubewahren.

(5) [1]Die Bundesnetzagentur hat eine Vertrauensinfrastruktur zur dauerhaften Prüfbarkeit qualifizierter elektronischer Zertifikate und qualifizierter elektronischer Zeitstempel einzurichten, zu unterhalten und laufend zu aktualisieren. [2]Näheres regelt die Rechtsverordnung nach § 20 Absatz 2 Nummer 5.

Teil 3

Qualifizierte elektronische Signaturen und Siegel

§ 17 Benannte Stellen nach Artikel 30 Absatz 1 der Verordnung (EU) Nr. 910/2014. (1) [1]Die Bundesnetzagentur benennt auf Antrag eine Organisation als private Stelle gemäß Artikel 30 Absatz 1 der Verordnung (EU) Nr. 910/2014 sowie gemäß Artikel 39 Absatz 2 in Verbindung mit Artikel 30 Absatz 1 der Verordnung (EU) Nr. 910/2014, sofern die Akkreditierungsstelle nach § 1 Absatz 1 des Akkreditierungsstellengesetzes durch Akkreditierung festgestellt hat, dass die private Stelle die erforderlichen Anforderungen erfüllt. [2]Die Benennung kann

1. inhaltlich beschränkt werden, vorläufig erteilt werden oder mit einer Befristung versehen erteilt werden und
2. mit Auflagen verbunden sein.

(2) [1]Solange die Europäische Kommission keine delegierten Rechtsakte nach Artikel 30 Absatz 4 der Verordnung (EU) Nr. 910/2014 erlassen hat, erstellt und veröffentlicht

1. die Akkreditierungsstelle die fachlichen Kriterien, die für die Akkreditierung zu erfüllen sind, und
2. die Bundesnetzagentur die fachlichen Kriterien, die für die Benennung als private Stelle nach Artikel 30 Absatz 1 der Verordnung (EU) Nr. 910/2014 zu erfüllen sind.

[2]Die Erstellung der fachlichen Kriterien erfolgt unter maßgeblicher Berücksichtigung der Entscheidung der Kommission vom 6. November 2000 über die Mindestkriterien, die von den Mitgliedstaaten bei der Benennung der Stellen gemäß Artikel 3 Absatz 4 der Richtlinie 1999/93/EG des Europäischen Parlaments und des Rates über gemeinschaftliche Rahmenbedingungen für elektronische Signaturen zu berücksichtigen sind (ABl. L 289 vom 16.11.2000, S. 42).

(3) Eine Stelle, die nach § 17 Absatz 4 Satz 1 des Signaturgesetzes in Verbindung mit § 18 des Signaturgesetzes anerkannt wurde, nimmt hinsichtlich der von ihr auf Grundlage des Signaturgesetzes bestätigten Produkte ihre hiermit zusammenhängenden Aufgaben bis zum Auslaufen der entsprechenden Produktbestätigungen wahr.

(4) Das Bundesamt für Sicherheit in der Informationstechnik ist die öffentliche Stelle gemäß Artikel 30 Absatz 1 der Verordnung (EU) Nr. 910/2014 sowie gemäß Artikel 39 Absatz 2 in Verbindung mit Artikel 30 Absatz 1 der Verordnung (EU) Nr. 910/2014.

Teil 4

Qualifizierte Dienste für die Zustellung elektronischer Einschreiben

§ 18 Dienste für die Zustellung elektronischer Einschreiben. Liegt der Konformitätsbewertungsstelle für einen qualifizierten Dienst für die Zustellung elektronischer Einschreiben eine Akkreditierung nach Abschnitt 4 des De-Mail-Gesetzes vor, so soll die Konformitätsbewertungsstelle die Konformitätsbewertung dieses qualifizierten Dienstes nach Möglichkeit auf die Prüfung der Nachweise beschränken, die im Rahmen der Akkreditierung nach § 18 Absatz 3 des De-Mail-Gesetzes erbracht worden sind.

Teil 5

Schlussvorschriften

§ 19 Bußgeldvorschriften. (1) Ordnungswidrig handelt, wer vorsätzlich oder fahrlässig

1. entgegen § 12 Absatz 1 Satz 2, 3 oder 4 oder Absatz 2, jeweils auch in Verbindung mit Absatz 3 Satz 1 oder einer Rechtsverordnung nach § 20 Absatz 2 Nummer 1, eine Angabe in ein qualifiziertes Zertifikat aufnimmt,
2. entgegen § 14 Absatz 1 Satz 1 Nummer 1 bis 4 oder § 16 Absatz 1 Satz 2 ein Zertifikat nicht oder nicht rechtzeitig widerruft,
3. entgegen § 16 Absatz 1 Satz 3, auch in Verbindung mit der Rechtsverordnung nach § 20 Absatz 2 Nummer 1, nicht sicherstellt, dass eine Aufzeichnung übermittelt wird, oder
4. entgegen § 16 Absatz 2 in Verbindung mit der Rechtsverordnung nach § 20 Absatz 2 Nummer 1 eine dort genannte Vorkehrung nicht oder nicht rechtzeitig trifft.

(2) Ordnungswidrig handelt, wer gegen die Verordnung (EU) Nr. 910/2014 des Europäischen Parlaments und des Rates vom 23. Juli 2014 über elektronische Identifizierung und Vertrauensdienste für elektronische Transaktionen im Binnenmarkt und zur Aufhebung der Richtlinie 1999/93/EG (ABl. L 257 vom 28.8.2014, S. 73; L 23 vom 29.1.2015, S. 19) verstößt, indem er vorsätzlich oder fahrlässig

1. entgegen Artikel 19 Absatz 2 Unterabsatz 1 eine Meldung nicht, nicht richtig oder nicht rechtzeitig macht,
2. entgegen Artikel 19 Absatz 2 Unterabsatz 2 eine Person nicht, nicht richtig oder nicht rechtzeitig unterrichtet,
3. entgegen Artikel 21 Absatz 1 eine Mitteilung nicht, nicht richtig oder nicht rechtzeitig vorlegt,
4. entgegen Artikel 24 Absatz 1 Unterabsatz 1 die Identität einer Person nicht oder nicht rechtzeitig überprüft,

5. entgegen Artikel 24 Absatz 2 Buchstabe c in Verbindung mit § 10 in Verbindung mit einer Rechtsverordnung nach § 20 Absatz 2 Nummer 3 eine Haftpflichtversicherung nicht oder nicht rechtzeitig abschließt,
6. entgegen Artikel 24 Absatz 2 Buchstabe e oder f, jeweils in Verbindung mit einer Rechtsverordnung nach § 20 Absatz 2 Nummer 1, ein vertrauenswürdiges System oder Produkt nicht verwendet,
7. entgegen Artikel 24 Absatz 2 Buchstabe g in Verbindung mit einer Rechtsverordnung nach § 20 Absatz 2 Nummer 1 eine dort genannte Maßnahme nicht oder nicht rechtzeitig trifft,
8. entgegen Artikel 24 Absatz 2 Buchstabe h Satz 1 eine Information nicht richtig aufzeichnet oder
9. entgegen Artikel 24 Absatz 3 Satz 1 einen Widerruf nicht oder nicht rechtzeitig veröffentlicht.

(3) Die Ordnungswidrigkeit kann in den Fällen des Absatzes 2 Nummer 5 bis 8 mit einer Geldbuße bis zu einhunderttausend Euro, in den übrigen Fällen mit einer Geldbuße bis zu zwanzigtausend Euro geahndet werden.

(4) Verwaltungsbehörden im Sinne des § 36 Absatz 1 Nummer 1 des Gesetzes über Ordnungswidrigkeiten sind die Bundesnetzagentur und das Bundesamt für Sicherheit in der Informationstechnik jeweils im Rahmen ihrer Zuständigkeit nach § 2 Absatz 1.

§ 20 Verordnungsermächtigung. (1) [1]Die Bundesregierung legt durch Rechtsverordnung nähere Anforderungen an die Zugänglich- und Nutzbarmachung von Vertrauensdiensten nach Artikel 15 der Verordnung (EU) Nr. 910/2014 und nach § 7 fest. [2]Sie hat dabei technische und wirtschaftliche Belange zu berücksichtigen. [3]Die Rechtsverordnung kann auch Nachweis-, Mitwirkungs- und Informationspflichten der Vertrauensdiensteanbieter enthalten.

(2) Die Bundesregierung wird ermächtigt, in der Rechtsverordnung nach Absatz 1 auch die zur Durchführung der Verordnung (EU) Nr. 910/2014 und dieses Gesetzes erforderlichen Rechtsvorschriften zu erlassen über

1. die Ausgestaltung der Pflichten der Vertrauensdiensteanbieter bei der Betriebsaufnahme, während des Betriebs und bei der Einstellung des Betriebs nach den Artikeln 17 bis 24 der Verordnung (EU) Nr. 910/2014 und nach den §§ 4 und 5, 9 bis 18,
2. die Durchführung gemeinsamer Untersuchungen nach Artikel 18 Absatz 3 der Verordnung (EU) Nr. 910/2014,
3. die zur Erfüllung der Verpflichtung zur Deckungsvorsorge nach § 10 zulässigen Sicherheitsleistungen sowie über deren Umfang, Höhe und inhaltliche Ausgestaltung,
4. die Anforderungen im Zusammenhang mit einer Zertifikatsdatenbank nach § 16 Absatz 4 Nummer 1,
5. die Einrichtung einer Vertrauensinfrastruktur zur dauerhaften Prüfbarkeit qualifizierter elektronischer Zertifikate und qualifizierter elektronischer Zeitstempel nach § 16 Absatz 5 und

6. die Einzelheiten des Verfahrens der Anerkennung und der Tätigkeit von Zertifizierungsstellen nach § 17.

§ 21 Übergangsvorschrift. [1]Zertifizierungsdiensteanbieter, die qualifizierte Zertifikate im Sinne von § 2 Nummer 3 des Signaturgesetzes ausgestellt haben, dürfen diese qualifizierten Zertifikate als qualifizierte Vertrauensdiensteanbieter für qualifizierte Zertifikate nach der Verordnung (EU) Nr. 910/2014 weiterhin in ihrem Zertifikatsverzeichnis führen. [2]Sie dürfen weiter alle in diesem Zusammenhang mit ihren Kunden vereinbarten Dienste anbieten, insbesondere einen Widerrufsdienst. [3]§ 16 Absatz 1 gilt entsprechend. [4]Die von der Bundesnetzagentur gemäß § 16 Absatz 1 des Signaturgesetzes ausgestellten Zertifikate werden mit Ablauf des 14. November 2018 gesperrt.

Vorbemerkung zum De-Mail-Gesetz

Das De-Mail-Gesetz eröffnet eine schnelle und rechtssichere Kommunikation vor allem zwischen Bürger und Verwaltung, aber auch im sonstigen Rechtsverkehr. Es ist daher mit vielfältigen, z.T. indirekten Auswirkungen auf das Prozess- und Verfahrensrecht verbunden.

Das Gesetz zur Regelung von De-Mail-Diensten und zur Änderung weiterer Vorschriften vom 28. April 2011 (BGBl. I S. 666 ff.) führte die De-Mail ein. Zudem sieht es Änderungen mit direktem Bezug zum De-Mail-Gesetz in § 174 Abs. 3 ZPO und §§ 2, 5a Verwaltungszustellungsgesetz (VwZG) vor. Diese Vorschriften werden als Anhang zum De-Mail-Gesetz abgedruckt.

De-Mail-Gesetz

vom 28. April 2011 (BGBl. I S. 666),
zuletzt geändert durch Gesetz vom 18. Juli 2017 (BGBl. I S. 2745)

INHALTSVERZEICHNIS

Abschnitt 1

Allgemeine Bestimmungen

§ 1 De-Mail-Dienste. (1) De-Mail-Dienste sind Dienste auf einer elektronischen Kommunikationsplattform, die einen sicheren, vertraulichen und nachweisbaren Geschäftsverkehr für jedermann im Internet sicherstellen sollen.

(2) [1]Ein De-Mail-Dienst muss eine sichere Anmeldung, die Nutzung eines Postfach- und Versanddienstes für sichere elektronische Post sowie die Nutzung eines Verzeichnisdienstes und kann zusätzlich auch Identitätsbestätigungs- und Dokumentenablagedienste ermöglichen. [2]Ein De-Mail-Dienst wird von einem nach diesem Gesetz akkreditierten Diensteanbieter betrieben.

(3) Elektronische Kommunikationsinfrastrukturen und sonstige Anwendungen, die der sicheren Übermittlung von Nachrichten und Daten dienen, bleiben unberührt.

§ 2 Zuständige Behörde. Zuständige Behörde nach diesem Gesetz ist das Bundesamt für Sicherheit in der Informationstechnik.

Abschnitt 2

Pflichtangebote und optionale Angebote des Diensteanbieters

§ 3 Eröffnung eines De-Mail-Kontos. (1) [1]Durch einen De-Mail-Konto-Vertrag verpflichtet sich ein akkreditierter Diensteanbieter, einem Nutzer ein De-Mail-Konto zur Verfügung zu stellen. [2]Ein De-Mail-Konto ist ein Bereich in einem De-Mail-Dienst, der einem Nutzer so zugeordnet ist, dass er nur von ihm genutzt werden kann. [3]Der akkreditierte Diensteanbieter hat durch technische Mittel sicherzustellen, dass nur der diesem De-Mail-Konto zuge-ordnete Nutzer Zugang zu dem ihm zugeordneten De-Mail-Konto erlangen kann.

(2) [1]Der akkreditierte Diensteanbieter hat die Identität des Nutzers und bei juristischen Personen, Personengesellschaften oder öffentlichen Stellen zusätzlich die Identität ihrer gesetzlichen Vertreter oder Organmitglieder zuverlässig festzustellen. [2]Dazu erhebt und speichert er folgende Angaben:

1. bei einer natürlichen Person Name, Geburtsort, Geburtsdatum und Anschrift;
2. bei einer juristischen Person oder Personengesellschaft oder öffentlichen Stelle Firma, Name oder Bezeichnung, Rechtsform, Registernummer, soweit vorhanden, Anschrift des Sitzes oder der Hauptniederlassung und Namen der Mitglieder des Vertretungsorgans oder der gesetzlichen Vertreter; ist ein Mitglied des Vertretungsorgans oder der gesetzliche Vertreter eine juristische Person, so wird deren Firma, Name oder Bezeichnung, Rechtsform, Registernummer, soweit vorhanden, und Anschrift des Sitzes oder der Hauptniederlassung erhoben.

(3) Der akkreditierte Diensteanbieter hat die Angaben nach Absatz 2 vor Freischaltung des De-Mail-Kontos des Nutzers zu überprüfen:

1. bei natürlichen Personen
   a) anhand eines gültigen amtlichen Ausweises, der ein Lichtbild des Inhabers enthält und mit dem die Pass- und Ausweispflicht im Inland erfüllt wird, insbesondere anhand eines inländischen oder nach ausländerrechtlichen Bestimmungen anerkannten oder zugelassenen Passes, Personalausweises oder Pass- oder Ausweisersatzes,
   b) anhand von Dokumenten, die bezüglich ihrer Sicherheit einem Dokument nach Buchstabe a gleichwertig sind,
   c) anhand eines elektronischen Identitätsnachweises nach § 18 des Personalausweisgesetzes oder nach § 78 Absatz 5 des Aufenthaltsgesetzes,
   d) anhand einer qualifizierten elektronischen Signatur oder
   e) anhand sonstiger geeigneter technischer Verfahren mit gleichwertiger Sicherheit zu einer Identifizierung anhand der Dokumente nach Buchstabe a;
2. bei juristischen Personen oder Personengesellschaften oder bei öffentlichen Stellen
   a) anhand eines Auszugs aus dem Handels- oder Genossenschaftsregister oder aus einem vergleichbaren amtlichen Register oder Verzeichnis,
   b) anhand der Gründungsdokumente,
   c) anhand von Dokumenten, die bezüglich ihrer Beweiskraft den Dokumenten nach den Buchstaben a oder b gleichwertig sind, oder
   d) durch Einsichtnahme in die Register- oder Verzeichnisdaten.

[2]Der akkreditierte Diensteanbieter kann von dem amtlichen Ausweis eine Kopie erstellen. [3]Er hat die Kopie unverzüglich nach Feststellung der für die Identität erforderlichen Angaben des Teilnehmers zu vernichten. [4]Der akkreditierte Diensteanbieter darf zur Identitätsfeststellung und -überprüfung mit Einwilligung des Nutzers auch personenbezogene Daten verarbeiten oder nutzen, die er zu einem früheren Zeitpunkt erhoben hat, sofern diese Daten die zuverlässige Identitätsfeststellung des Nutzers gewährleisten.

(4) [1]Eine Nutzung der De-Mail-Dienste ist erst möglich, nachdem der akkreditierte Diensteanbieter das De-Mail- Konto des Nutzers freigeschaltet hat. [2]Die Freischaltung erfolgt, sobald

1. der akkreditierte Diensteanbieter den Nutzer eindeutig identifiziert hat und die Identitätsdaten des Nutzers und bei Absatz 2 Nummer 2 auch dessen gesetzlichen Vertreters oder der Organmitglieder erhoben und erfolgreich überprüft worden sind,
2. der akkreditierte Diensteanbieter dem Nutzer dessen für die Erstanmeldung notwendigen Anmeldedaten auf geeignetem Wege übermittelt hat,
3. der Nutzer die Bestätigung nach § 9 Absatz 2 vorgenommen hat,
4. der Nutzer in die Prüfung seiner Nachrichten auf Schadsoftware durch den akkreditierten Diensteanbieter eingewilligt hat und
5. der Nutzer im Rahmen einer Erstanmeldung nachgewiesen hat, dass er die Anmeldedaten erfolgreich nutzen konnte.

(5) [1]Der akkreditierte Diensteanbieter hat nach der Freischaltung des De-Mail-Kontos eines Nutzers die Richtigkeit der zu dem Nutzer gespeicherten Identitätsdaten sicherzustellen. [2]Er hat die gespeicherten Identitätsdaten in angemessenen zeitlichen Abständen auf ihre Richtigkeit zu prüfen und soweit erforderlich zu berichtigen.

§ 4 Anmeldung zu einem De-Mail-Konto. (1) [1]Der akkreditierte Diensteanbieter muss dem Nutzer den Zugang zu seinem De-Mail-Konto und den einzelnen Diensten mit einer sicheren Anmeldung oder auf Verlangen des Nutzers auch ohne eine solche sichere Anmeldung ermöglichen. [2]Für die sichere Anmeldung hat der akkreditierte Diensteanbieter sicherzustellen, dass zum Schutz gegen eine unberechtigte Nutzung der Zugang zum De-Mail-Konto nur möglich ist, wenn zwei geeignete und voneinander unabhängige Sicherungsmittel eingesetzt werden; soweit bei den Sicherungsmitteln Geheimnisse verwendet werden, ist deren Einmaligkeit und Geheimhaltung sicherzustellen. [3]Der Zugang zum De- Mail-Konto erfolgt ohne eine sichere Anmeldung, wenn nur ein Sicherungsmittel, in der Regel Benutzername und Passwort, verwendet wird. [4]Der Nutzer kann verlangen, dass der Zugang zu seinem De-Mail-Konto ausschließlich mit einer sicheren Anmeldung möglich sein soll.

(2) [1]Der akkreditierte Diensteanbieter hat zu gewährleisten, dass der Nutzer zwischen mindestens zwei Verfahren zur sicheren Anmeldung nach Absatz 1 Satz 2 wählen kann. [2]Als ein Verfahren zur sicheren Anmeldung muss durch den Nutzer, soweit er eine natürliche Person ist, der elektronische Identitätsnachweis nach § 18 des Personalausweisgesetzes genutzt werden können.

(3) Der akkreditierte Diensteanbieter hat sicherzustellen, dass die Kommunikationsverbindung zwischen dem Nutzer und seinem De-Mail-Konto verschlüsselt erfolgt.

§ 5 Postfach- und Versanddienst. (1) [1]Die Bereitstellung eines De-Mail-Kontos umfasst die Nutzung eines sicheren elektronischen Postfach- und Versanddienstes für elektronische Nachrichten. [2]Hierzu wird dem Nutzer eine De-Mail-Adresse für elektronische Post zugewiesen, welche folgende Angaben enthalten muss:

1. im Domänenteil der De-Mail-Adresse eine Kennzeichnung, die ausschließlich für De-Mail-Dienste genutzt werden darf;
2. bei natürlichen Personen im lokalen Teil deren Nachnamen und einen oder mehrere Vornamen oder einen Teil des oder der Vornamen (Hauptadresse);
3. bei juristischen Personen, Personengesellschaften oder öffentlichen Stellen im Domänenteil eine Bezeichnung, welche in direktem Bezug zu ihrer Firma, Namen oder sonstiger Bezeichnung steht.

(2) [1]Der akkreditierte Diensteanbieter kann Nutzern auf Verlangen auch pseudonyme De-Mail-Adressen zur Verfügung stellen, soweit es sich bei dem Nutzer um eine natürliche Person handelt. [2]Die Inanspruchnahme eines Dienstes durch den Nutzer unter Pseudonym ist für Dritte erkennbar zu kennzeichnen.

(3) [1]Der Postfach- und Versanddienst hat die Vertraulichkeit, die Integrität und die Authentizität der Nachrichten zu gewährleisten. [2]Hierzu gewährleistet der akkreditierte Diensteanbieter, dass

1. die Kommunikation von einem akkreditierten Diensteanbieter zu jedem anderen akkreditierten Diensteanbieter über einen verschlüsselten gegenseitig authentisierten Kanal erfolgt (Transportverschlüsselung) und
2. der Inhalt einer De-Mail-Nachricht vom akkreditierten Diensteanbieter des Senders zum akkreditierten Diensteanbieter des Empfängers verschlüsselt übertragen wird.

[3]Der Einsatz einer durchgängigen Verschlüsselung zwischen Sender und Empfänger (Ende-zu-Ende- Verschlüsselung) bleibt hiervon unberührt.

(4) Der Sender kann eine sichere Anmeldung nach § 4 für den Abruf der Nachricht durch den Empfänger bestimmen.

(5) [1]Der akkreditierte Diensteanbieter muss dem Nutzer ermöglichen, seine sichere Anmeldung im Sinne von § 4 in der Nachricht so bestätigen zu lassen, dass die Unverfälschtheit der Bestätigung jederzeit nachprüfbar ist. [2]Um dieses dem Empfänger der Nachricht kenntlich zu machen, bestätigt der akkreditierte Diensteanbieter des Senders die Verwendung der sicheren Anmeldung nach § 4. [3]Hierzu versieht er im Auftrag des Senders die Nachricht mit einer dauerhaft überprüfbaren qualifizierten elektronischen Signatur; sind der Nachricht eine oder mehrere Dateien beigefügt, bezieht sich die qualifizierte elektronische Signatur auch auf diese. [4]Die Bestätigung enthält bei natürlichen Personen den Namen und die Vornamen, bei juristischen Personen, Personengesellschaften oder öffentlichen Stellen die Firma, den Namen oder die Bezeichnung des Senders in der Form, in der diese nach § 3 Absatz 2 hinterlegt sind. [5]Die Tatsache, dass der Absender diese Versandart genutzt hat, muss sich aus der Nachricht in der Form, wie sie beim Empfänger ankommt, ergeben. [6]Die Bestätigung nach Satz 1 ist nicht zulässig bei Verwendung einer pseudonymen De-Mail-Adresse nach Absatz 2.

(6) [1]Der akkreditierte Diensteanbieter mit Ausnahme der Diensteanbieter nach § 19 ist verpflichtet, elektronische Nachrichten nach den Vorschriften der Prozessordnungen und der Gesetze, die die Verwaltungszustellung regeln, förmlich zuzustellen. [2]Im Umfang dieser Verpflichtung ist der akkreditierte Diensteanbieter mit Hoheitsbefugnissen ausgestattet (beliehener Unternehmer).

(7) [1]Der akkreditierte Diensteanbieter bestätigt auf Antrag des Senders den Versand einer Nachricht. [2]Die Versandbestätigung muss folgende Angaben enthalten:

1. die De-Mail-Adresse des Absenders und des Empfängers;
2. das Datum und die Uhrzeit des Versands der Nachricht vom De-Mail-Postfach des Senders;
3. den Namen und Vornamen oder die Firma des akkreditierten Diensteanbieters, der die Versandbestätigung erzeugt und
4. die Prüfsumme der zu bestätigenden Nachricht.

[3]Der akkreditierte Diensteanbieter des Senders hat die Versandbestätigung mit einer qualifizierten elektronischen Signatur zu versehen.

(8) [1]Auf Antrag des Senders wird der Eingang einer Nachricht im De-Mail-Postfach des Empfängers bestätigt. [2]Hierbei wirken der akkreditierte Diensteanbieter des Senders und der akkreditierte Diensteanbieter des Empfängers zusammen. [3]Der akkreditierte Diensteanbieter des Empfängers erstellt eine Eingangsbestätigung. [4]Die Eingangsbestätigung enthält folgende Angaben:
1. die De-Mail-Adresse des Absenders und des Empfängers;
2. das Datum und die Uhrzeit des Eingangs der Nachricht im De-Mail-Postfach des Empfängers;
3. den Namen und Vornamen oder die Firma des akkreditierten Diensteanbieters, der die Eingangsbestätigung erzeugt und
4. die Prüfsumme der zu bestätigenden Nachricht.

[5]Der akkreditierte Diensteanbieter des Empfängers hat die Eingangsbestätigung mit einer qualifizierten elektronischen Signatur zu versehen. [6]Der akkreditierte Diensteanbieter des Empfängers sendet diesem ebenfalls die Eingangsbestätigung zu.

(9) [1]Eine öffentliche Stelle, welche zur förmlichen Zustellung nach den Vorschriften der Prozessordnungen und der Gesetze, die die Verwaltungszustellung regeln, berechtigt ist, kann eine Abholbestätigung verlangen. [2]Aus der Abholbestätigung ergibt sich, dass sich der Empfänger nach dem Eingang der Nachricht im Postfach an seinem De-Mail-Konto sicher im Sinne des § 4 angemeldet hat. [3]Hierbei wirken der akkreditierte Diensteanbieter der öffentlichen Stelle als Senderin und der akkreditierte Diensteanbieter des Empfängers zusammen. [4]Der akkreditierte Diensteanbieter des Empfängers erzeugt die Abholbestätigung. [5]Die Abholbestätigung muss folgende Angaben enthalten:
1. die De-Mail-Adresse des Absenders und des Empfängers;
2. das Datum und die Uhrzeit des Eingangs der Nachricht im De-Mail-Postfach des Empfängers;
3. das Datum und die Uhrzeit der sicheren Anmeldung des Empfängers an seinem De-Mail-Konto im Sinne des § 4;
4. den Namen und Vornamen oder die Firma des akkreditierten Diensteanbieters, der die Abholbestätigung erzeugt und
5. die Prüfsumme der zu bestätigenden Nachricht.

[6]Der akkreditierte Diensteanbieter des Empfängers hat die Abholbestätigung mit einer qualifizierten elektronischen Signatur zu versehen. [7]Der akkreditierte Diensteanbieter des Empfängers sendet diesem ebenfalls die Abholbestätigung zu. [8]Die in Satz 5 genannten Daten dürfen ausschließlich zum Nachweis der förmlichen Zustellung im Sinne von § 5 Absatz 6 verarbeitet und genutzt werden.

(10) Der akkreditierte Diensteanbieter stellt sicher, dass Nachrichten, für die eine Eingangsbestätigung nach Absatz 8 oder eine Abholbestätigung nach Absatz 9 erteilt worden ist, durch den Empfänger ohne eine sichere Anmeldung an seinem De-Mail-Konto erst 90 Tage nach ihrem Eingang gelöscht werden können.

(11) [1]Nutzern, die natürliche Personen sind, bietet der akkreditierte Diensteanbieter an, von allen an ihre De- Mail-Adresse adressierten Nachrichten eine Kopie an eine zuvor vom Nutzer angegebene De-Mail-Adresse (Weiterleitungsadresse) weiterzuleiten, ohne dass der Nutzer an seinem De-Mail-Konto angemeldet sein muss (automatische Weiterleitung). [2]Der Nutzer kann ausschließen, dass im Sinne des Absatzes 4 an ihn gesendete Nachrichten weitergeleitet werden. [3]Der Nutzer kann den Dienst der automatischen Weiterleitung jederzeit zurücknehmen. [4]Um den Dienst der automatischen Weiterleitung nutzen zu können, muss der Nutzer sicher an seinem De-Mail-Konto angemeldet sein.

§ 6 Identitätsbestätigungsdienst. (1) [1]Der akkreditierte Diensteanbieter kann einen Identitätsbestätigungsdienst anbieten. [2]Ein solcher liegt vor, wenn sich der Nutzer der nach § 3 hinterlegten Identitätsdaten bedienen kann, um seine Identität gegenüber einem Dritten, der ebenfalls Nutzer eines De-Mail-Kontos ist, sicher elektronisch bestätigen zu lassen. [3]Die Übermittlung der Identitätsdaten erfolgt mittels einer De-Mail-Nachricht, die der akkreditierte Diensteanbieter im Auftrag des Nutzers an den Dritten, welchem gegenüber er seine Identitätsdaten mitteilen möchte, sendet. [4]Die De-Mail-Nachricht wird durch den akkreditierten Diensteanbieter mit einer qualifizierten elektronischen Signatur versehen.

(2) Der akkreditierte Diensteanbieter hat Vorkehrungen dafür zu treffen, dass Identitätsdaten nicht unbemerkt gefälscht oder verfälscht werden können.

(3) Die zuständige Behörde kann die Sperrung eines Identitätsdatums anordnen, wenn Tatsachen die Annahme rechtfertigen, dass das Identitätsdatum auf Grund falscher Angaben ausgestellt wurde oder nicht ausreichend fälschungssicher ist.

§ 7 Verzeichnisdienst. (1) [1]Der akkreditierte Diensteanbieter hat auf ausdrückliches Verlangen des Nutzers die De-Mail-Adressen, die nach § 3 hinterlegten Identitätsdaten Name und Anschrift, die für die Verschlüsselung von Nachrichten an den Nutzer notwendigen Informationen und die Information über die Möglichkeit der sicheren Anmeldung nach § 4 des Nutzers in einem Verzeichnisdienst zu veröffentlichen. [2]Der akkreditierte Diensteanbieter darf die Eröffnung eines De-Mail-Kontos für den Nutzer nicht von dem Verlangen des Nutzers nach Satz 1 abhängig machen.

(2) [1]Der akkreditierte Diensteanbieter hat eine De-Mail-Adresse, ein Identitätsdatum oder die für die Verschlüsselung von Nachrichten an den Nutzer notwendigen Informationen aus dem Verzeichnisdienst unverzüglich zu löschen, wenn der Nutzer dies verlangt, die Daten auf Grund falscher Angaben ausgestellt wurden, der Diensteanbieter seine Tätigkeit beendet und diese nicht von einem anderen akkreditierten Diensteanbieter fortgeführt wird oder die zuständige Behörde die Löschung aus dem Verzeichnisdienst anordnet. [2]Weitere Gründe für eine Löschung können vertraglich vereinbart werden.

(3) [1]Die Veröffentlichung der De-Mail-Adresse im Verzeichnisdienst auf ein Verlangen des Nutzers als Verbraucher nach Absatz 1 allein gilt nicht als Eröff-

nung des Zugangs im Sinne von § 3a Absatz 1 des Verwaltungsverfahrensgesetzes, § 36a Absatz 1 des Ersten Buches Sozialgesetzbuch oder des § 87a Absatz 1 Satz 1 der Abgabenordnung. [2]Auf Verlangen des Nutzers muss der akkreditierte Diensteanbieter durch einen geeigneten Zusatz die Erklärung des Nutzers im Verzeichnisdienst veröffentlichen, den Zugang im Sinne von § 3a des Verwaltungsverfahrensgesetzes, § 36a Absatz 1 des Ersten Buches Sozialgesetzbuch und des § 87a Absatz 1 Satz 1 der Abgabenordnung eröffnen zu wollen. [3]Die Veröffentlichung der De-Mail-Adresse des Nutzers als Verbraucher mit diesem Zusatz im Verzeichnisdienst gilt als Zugangseröffnung. [4]Satz 2 gilt entsprechend für die Entscheidung des Nutzers, die Zugangseröffnung zurückzunehmen.

(4) § 47 des Telekommunikationsgesetzes gilt entsprechend.

§ 8 Dokumentenablage. [1]Der akkreditierte Diensteanbieter kann dem Nutzer eine Dokumentenablage zur sicheren Ablage von Dokumenten anbieten. [2]Bietet er die Dokumentenablage an, so hat er dafür Sorge zu tragen, dass die Dokumente sicher abgelegt werden; Vertraulichkeit, Integrität und ständige Verfügbarkeit der abgelegten Dokumente sind zu gewährleisten. [3]Der akkreditierte Diensteanbieter ist verpflichtet, alle Dokumente verschlüsselt abzulegen. [4]Der Nutzer kann für jede einzelne Datei eine für den Zugriff erforderliche sichere Anmeldung nach § 4 festlegen. [5]Auf Verlangen des Nutzers hat der akkreditierte Diensteanbieter ein Protokoll über die Einstellung und Herausnahme von Dokumenten bereitzustellen, das mit einer qualifizierten elektronischen Signatur gesichert ist.

Abschnitt 3

De-Mail-Dienste-Nutzung

§ 9 Aufklärungs- und Informationspflichten. (1) [1]Der akkreditierte Diensteanbieter hat den Nutzer vor der erstmaligen Nutzung des De-Mail-Kontos über die Rechtsfolgen und Kosten der Nutzung von De-Mail-Diensten, insbesondere des Postfach- und Versanddienstes nach § 5, des Verzeichnisdienstes nach § 7, der Nutzung der Dokumentenablage nach § 8, der Sperrung und Auflösung des De-Mail-Kontos nach § 10, der Einstellung der Tätigkeit nach § 11, der Vertragsbeendigung nach § 12 und der Einsichtnahme nach § 13 Absatz 3 sowie über die Maßnahmen zu informieren, die notwendig sind, um einen unbefugten Zugang zum De-Mail-Konto zu verhindern. [2]Dies umfasst insbesondere auch Informationen

1. über die Möglichkeit und Bedeutung einer sicheren Anmeldung nach § 4 Absatz 1 Satz 2 sowie einen Hinweis dazu, dass ein Zugang zum De-Mail-Konto ohne sichere Anmeldung nicht den gleichen Schutz bietet wie mit einer sicheren Anmeldung und

2. über den Inhalt und die Bedeutung der Transportverschlüsselung nach § 5 Absatz 3 Satz 2 sowie der Verschlüsselung nach § 4 Absatz 3 sowie über die Unterschiede dieser Verschlüsselungen zu einer Ende-zu- Ende-Verschlüsselung nach § 5 Absatz 3 Satz 3.

[3]Der akkreditierte Diensteanbieter muss den Nutzer außerdem darüber informieren, wie mit schadsoftwarebehafteten De-Mail-Nachrichten umgegangen wird.

(2) Der akkreditierte Diensteanbieter darf die erstmalige Nutzung des De-Mail-Kontos nur zulassen, wenn der Nutzer die erforderlichen Informationen in Textform erhalten und in Textform bestätigt hat, dass er die Informationen nach Absatz 1 erhalten und zur Kenntnis genommen hat.

(3) Informationspflichten nach anderen Gesetzen bleiben unberührt.

§ 10 Sperrung und Auflösung des De-Mail-Kontos. (1) [1]Der akkreditierte Diensteanbieter hat den Zugang zu einem De-Mail-Konto unverzüglich zu sperren, wenn – Seite 5 von 12 –

1. der Nutzer es verlangt,
2. Tatsachen die Annahme rechtfertigen, dass die zur eindeutigen Identifizierung des Nutzers beim akkreditierten Diensteanbieter gespeicherten Daten nicht ausreichend fälschungssicher sind oder dass die sichere Anmeldung gemäß § 4 Mängel aufweist, die eine unbemerkte Fälschung oder Kompromittierung des Anmeldevorgangs zulassen,
3. die zuständige Behörde die Sperrung gemäß Absatz 2 anordnet oder
4. die Voraussetzungen eines vertraglich zwischen dem akkreditierten Diensteanbieter und dem Nutzer vereinbarten Sperrgrundes vorliegen.

[2]Im Fall des Satzes 1 Nummer 4 hat der akkreditierte Diensteanbieter die Sperrung so vorzunehmen, dass der Abruf von Nachrichten möglich bleibt; dies gilt nicht, soweit der vertraglich vereinbarte Sperrgrund den Abruf von Nachrichten ausschließt. [3]Der akkreditierte Diensteanbieter hat den zur Sperrung berechtigten Nutzern eine Rufnummer bekannt zu geben, unter der diese unverzüglich eine Sperrung des Zugangs veranlassen können.

(2) Die zuständige Behörde kann die Sperrung eines De-Mail-Kontos anordnen, wenn Tatsachen die Annahme rechtfertigen, dass das De-Mail-Konto auf Grund falscher Angaben eröffnet wurde oder die zur eindeutigen Identifizierung des Nutzers beim akkreditierten Diensteanbieter vorgehaltenen Daten nicht ausreichend fälschungssicher sind oder die sichere Anmeldung gemäß § 4 Absatz 1 Mängel aufweist, die eine unbemerkte Fälschung oder Kompromittierung des Anmeldevorgangs zulassen.

(3) Der akkreditierte Diensteanbieter hat dem Nutzer nach Wegfall des Sperrgrundes den Zugang zum De-Mail- Konto erneut zu gewähren.

(4) [1]Der akkreditierte Diensteanbieter hat ein De-Mail-Konto unverzüglich aufzulösen, wenn der Nutzer es verlangt oder die zuständige Behörde die Auflösung anordnet. [2]Die zuständige Behörde kann die Auflösung anordnen, wenn die Voraussetzungen des Absatzes 2 vorliegen und eine Sperrung nicht ausreichend ist. [3]Eine Vereinbarung über weitere Auflösungsgründe ist unwirksam.

(5) Der akkreditierte Diensteanbieter hat sich vor einer Sperrung nach Absatz 1 oder einer Auflösung nach Absatz 4 auf geeignete Weise von der Identität des zur Sperrung oder Auflösung berechtigten Nutzers zu überzeugen.

(6) Im Fall einer Sperrung nach Absatz 1 Satz 1 Nummer 1 bis 3 oder Absatz 1 Satz 1 Nummer 4 in Verbindung mit Absatz 1 Satz 2 zweiter Halbsatz sowie einer Auflösung nach Absatz 4 hat der akkreditierte Diensteanbieter den Eingang von Nachrichten in das Postfach eines gesperrten oder aufgelösten De-Mail-Kontos zu unterbinden und den Absender unverzüglich davon zu informieren.

(7) [1]Sofern die Sperrung oder Auflösung des De-Mail-Kontos auf Veranlassung des akkreditierten Diensteanbieters oder der zuständigen Behörde erfolgt, ist der Nutzer über die Sperrung oder Auflösung zu informieren. [2]In den Fällen des Absatzes 1 Satz 2 erster Halbsatz ist der akkreditierte Diensteanbieter verpflichtet, den Nutzer darüber zu informieren, dass er trotz Sperrung Nachrichten empfangen und abrufen kann.

§ 11 Einstellung der Tätigkeit. (1) [1]Der akkreditierte Diensteanbieter hat die Einstellung seiner Tätigkeit unverzüglich der zuständigen Behörde anzuzeigen. [2]Er hat dafür zu sorgen, dass das De-Mail-Konto von einem anderen akkreditierten Diensteanbieter übernommen werden kann. [3]Er hat die betroffenen Nutzer unverzüglich über die Einstellung seiner Tätigkeit zu benachrichtigen und deren Zustimmung zur Übernahme des De-Mail-Kontos durch einen anderen akkreditierten Diensteanbieter einzuholen.

(2) Übernimmt kein anderer akkreditierter Diensteanbieter das De-Mail-Konto, muss der akkreditierte Diensteanbieter sicherstellen, dass die im Postfach und in der Dokumentenablage gespeicherten Daten für wenigstens drei Monate ab dem Zeitpunkt der Benachrichtigung des Nutzers abrufbar bleiben.

(3) [1]Der akkreditierte Diensteanbieter hat die Dokumentation nach § 13 an den akkreditierten Diensteanbieter, der das De-Mail-Konto nach Absatz 1 übernimmt, zu übergeben. [2]Übernimmt kein anderer akkreditierter Diensteanbieter das De-Mail-Konto, übernimmt die zuständige Behörde die Dokumentation. [3]In diesem Fall erteilt die zuständige Behörde bei Vorliegen eines berechtigten Interesses Auskunft daraus, soweit dies ohne unverhältnismäßigen Aufwand möglich ist.

(4) Der akkreditierte Diensteanbieter hat einen Antrag auf Eröffnung eines Insolvenzverfahrens der zuständigen Behörde unverzüglich anzuzeigen.

§ 12 Vertragsbeendigung. Der akkreditierte Diensteanbieter ist verpflichtet, dem Nutzer für einen Zeitraum von drei Monaten nach Vertragsende den Zugriff auf die im Postfach und in der Dokumentenablage abgelegten Daten zu ermöglichen und ihn auf ihre Löschung mindestens einen Monat vor dieser in Textform hinzuweisen.

§ 13 Dokumentation. (1) [1]Der akkreditierte Diensteanbieter hat alle Maßnahmen zur Sicherstellung der Voraussetzungen der Akkreditierung und zur

Erfüllung der in §§ 3 bis 12 genannten Pflichten so zu dokumentieren, dass die Daten und ihre Unverfälschtheit jederzeit nachprüfbar sind. [2]Die Dokumentationspflicht umfasst den Vorgang der Eröffnung eines De-Mail-Kontos, jede Änderung von Daten, die hinsichtlich der Führung eines De-Mail-Kontos relevant sind, sowie jede Änderung hinsichtlich des Status eines De-Mail-Kontos. [3]Für angefertigte Kopien von amtlichen Ausweisen gilt § 3 Absatz 3 Satz 3.

(2) Der akkreditierte Diensteanbieter hat die Dokumentation nach Absatz 1 während der Dauer des zwischen ihm und dem Nutzer bestehenden Vertragsverhältnisses sowie zehn weitere Jahre ab dem Schluss des Jahres aufzubewahren, in dem das Vertragsverhältnis endet.

(3) Dem Nutzer ist auf Verlangen Einsicht in die ihn betreffenden Daten zu gewähren.

§ 14 Jugend- und Verbraucherschutz. Der akkreditierte Diensteanbieter hat bei Gestaltung und Betrieb der De-Mail-Dienste die Belange des Jugendschutzes und des Verbraucherschutzes zu beachten.

§ 15 Datenschutz. Der akkreditierte Diensteanbieter darf personenbezogene Daten beim Nutzer eines De-Mail-Kontos nur erheben, verarbeiten und nutzen, soweit dies zur Bereitstellung der De-Mail-Dienste und deren Durchführung erforderlich ist; im Übrigen gelten die Regelungen des Telemediengesetzes, des Telekommunikationsgesetzes und des Bundesdatenschutzgesetzes.

§ 16 Auskunftsanspruch. (1) Ein akkreditierter Diensteanbieter erteilt Dritten Auskunft über Namen und Anschrift eines Nutzers, wenn

1. der Dritte glaubhaft macht, die Auskunft zur Verfolgung eines Rechtsanspruches gegen den Nutzer zu benötigen,
2. sich die Auskunft auf ein Rechtsverhältnis zwischen dem Dritten und dem Nutzer bezieht, das unter Nutzung von De-Mail zustande gekommen ist,
3. der Dritte die zur Feststellung seiner Identität notwendigen Angaben im Sinne von § 3 Absatz 2 macht,
4. der akkreditierte Diensteanbieter die Richtigkeit der Angaben nach § 3 Absatz 3 überprüft hat,
5. das Verlangen nicht rechtsmissbräuchlich ist, insbesondere nicht allein dem Zweck dient, ein Pseudonym aufzudecken, und
6. die schutzwürdigen Interessen des Nutzers im Einzelfall nicht überwiegen.

(2) [1]Der Dritte hat dem akkreditierten Diensteanbieter zur Glaubhaftmachung nach Absatz 1 Nummer 1 elektronische Nachrichten oder Schriftstücke zu übermitteln, aus denen sich das Rechtsverhältnis zum Nutzer ergibt, sofern diese angefallen sind. [2]Der akkreditierte Diensteanbieter hat den Nutzer von dem Auskunftsersuchen unverzüglich und unter Benennung des Dritten zu informieren und ihm Gelegenheit zur Stellungnahme zum Auskunftsersuchen zu gewähren, soweit dies die Verfolgung des Rechtsanspruchs des Dritten nicht im Einzelfall gefährdet.

(3) Der akkreditierte Diensteanbieter kann den Ersatz der für die Auskunftserteilung erforderlichen Aufwendungen verlangen.

(4) § 7 des Bundesdatenschutzgesetzes gilt entsprechend.

(5) Die durch die Auskunftserteilung erlangten Daten dürfen nur zu dem bei dem Ersuchen angegebenen Zweck verwendet werden.

(6) [1]Der akkreditierte Diensteanbieter hat die Auskunftserteilung nach Absatz 1 zu dokumentieren und den Nutzer von der Erteilung der Auskunft zu informieren. [2]Die Dokumentationspflicht nach Satz 1 umfasst den Antrag zur Auskunftserteilung samt Angabe des Dritten nach Absatz 1, die Entscheidung des akkreditierten Diensteanbieters, die Identifizierungsdaten des bearbeitenden Mitarbeiters des akkreditierten Diensteanbieters, die Mitteilung des Ergebnisses an den auskunftsersuchenden Dritten, die Mitteilung über die Auskunftserteilung an den Nutzer und die jeweilige gesetzliche Zeit bei einzelnen Prozessen innerhalb der Auskunftserteilung. [3]Die Dokumentation ist drei Jahre aufzubewahren.

(7) Die §§ 13 und 13a des Gesetzes über Unterlassungsklagen bei Verbraucherrechts- und anderen Verstößen bleiben unberührt.

(8) Die nach anderen Rechtsvorschriften bestehenden Regelungen zu Auskünften gegenüber öffentlichen Stellen bleiben unberührt.

Abschnitt 4
Akkreditierung

§ 17 Akkreditierung von Diensteanbietern. (1) [1]Diensteanbieter, die De-Mail-Dienste anbieten wollen, müssen sich auf schriftlichen Antrag von der zuständigen Behörde akkreditieren lassen. [2]Die Akkreditierung ist zu erteilen, wenn der Diensteanbieter nachweist, dass er die Voraussetzungen nach § 18 erfüllt und wenn die Ausübung der Aufsicht über den Diensteanbieter durch die zuständige Behörde gewährleistet ist. [3]Akkreditierte Diensteanbieter erhalten ein Gütezeichen der zuständigen Behörde. [4]Das Gütezeichen dient als Nachweis für die umfassend geprüfte technische und administrative Sicherheit der De-Mail-Dienste. [5]Sie dürfen sich als akkreditierte Diensteanbieter bezeichnen. [6]Nur akkreditierte Diensteanbieter dürfen sich im Geschäftsverkehr auf die nachgewiesene Sicherheit berufen und das Gütezeichen führen. [7]Weitere Kennzeichnungen können akkreditierten Diensteanbietern vorbehalten sein.

(2) Über den Antrag nach § 17 Absatz 1 Satz 1 ist innerhalb einer Frist von drei Monaten zu entscheiden; § 42a Absatz 2 Satz 2 bis 4 des Verwaltungsverfahrensgesetzes findet Anwendung.

(3) Die Akkreditierung ist nach wesentlichen Veränderungen, spätestens jedoch nach drei Jahren zu erneuern.

§ 18 Voraussetzungen der Akkreditierung; Nachweis. (1) Als Diensteanbieter kann nur akkreditiert werden, wer

1. die für den Betrieb von De-Mail-Diensten erforderliche Zuverlässigkeit und Fachkunde besitzt,
2. eine geeignete Deckungsvorsorge trifft, um seinen gesetzlichen Verpflichtungen zum Ersatz von Schäden nachzukommen,
3. die technischen und organisatorischen Anforderungen an die Pflichten nach den §§ 3 bis 13 sowie nach § 16 in der Weise erfüllt, dass er die Dienste zuverlässig und sicher erbringt, er mit den anderen akkreditierten Diensteanbietern zusammenwirkt und für die Erbringung der Dienste ausschließlich technische Geräte verwendet, die sich im Gebiet der Mitgliedstaaten der Europäischen Union oder eines anderen Vertragsstaates des Abkommens über den Europäischen Wirtschaftsraum befinden,
4. bei der Gestaltung und dem Betrieb der De-Mail-Dienste die datenschutzrechtlichen Anforderungen erfüllt.

(2) [1]Die Diensteanbieter haben die technischen und organisatorischen Anforderungen nach den §§ 3 bis 13 sowie nach § 16 nach dem Stand der Technik zu erfüllen. [2]Die Einhaltung des Standes der Technik wird vermutet, wenn die Technische Richtlinie 01201 De-Mail des Bundesamtes für Sicherheit in der Informationstechnik vom 23. März 2011 (eBAnz AT40 2011 B1) in der jeweils im Bundesanzeiger veröffentlichten Fassung eingehalten wird. [3]Bevor das Bundesamt für Sicherheit in der Informationstechnik wesentliche Änderungen an der Technischen Richtlinie vornimmt, hört es den Ausschuss De-Mail-Standardisierung im Sinne des § 22 an, und dem Bundesbeauftragten für den Datenschutz und die Informationsfreiheit wird hierbei Gelegenheit zur Stellungnahme gegeben, sofern Fragen des Datenschutzes berührt sind.

(3) Die Voraussetzungen nach Absatz 1 werden wie folgt nachgewiesen:

1. die erforderliche Zuverlässigkeit und Fachkunde durch Nachweise über die persönlichen Eigenschaften, das Verhalten und die entsprechenden Fähigkeiten seiner oder der in seinem Betrieb tätigen Personen; als Nachweis der erforderlichen Fachkunde ist es in der Regel ausreichend, wenn für die jeweilige Aufgabe im Betrieb entsprechende Zeugnisse oder Nachweise über die dafür notwendigen Kenntnisse, Erfahrungen und Fertigkeiten vorgelegt werden;
2. eine ausreichende Deckungsvorsorge durch den Abschluss einer Versicherung oder die Freistellungs- oder Gewährleistungsverpflichtung eines Kreditunternehmens mit einer Mindestdeckungssumme von jeweils 250 000 Euro für einen verursachten Schaden. Die Deckungsvorsorge kann erbracht werden durch
   a) eine Haftpflichtversicherung bei einem innerhalb der Mitgliedstaaten der Europäischen Union oder in einem anderen Vertragsstaat des Abkommens über den Europäischen Wirtschaftsraum zum Geschäftsbetrieb befugten Versicherungsunternehmen oder
   b) eine Freistellungs- oder Gewährleistungsverpflichtung eines in einem der Mitgliedstaaten der Europäischen Union oder in einem anderen Ver-

tragsstaat des Abkommens über den Europäischen Wirtschaftsraum zum Geschäftsbetrieb befugten Kreditinstituts, wenn gewährleistet ist, dass sie einer Haftpflichtversicherung vergleichbare Sicherheit bietet.

Soweit die Deckungsvorsorge durch eine Versicherung erbracht wird, gilt Folgendes:

a) Auf diese Versicherung finden § 113 Absatz 2 und 3 und die §§ 114 bis 124 des Versicherungsvertragsgesetzes Anwendung.
b) Die Mindestversicherungssumme muss 2,5 Millionen Euro für den einzelnen Versicherungsfall betragen. Versicherungsfall ist jede Pflichtverletzung des Diensteanbieters, unabhängig von der Anzahl der dadurch ausgelösten Schadensfälle. Wird eine Jahreshöchstleistung für alle in einem Versicherungsjahr verursachten Schäden vereinbart, muss sie mindestens das Vierfache der Mindestversicherungssumme betragen.
c) Von der Versicherung kann die Leistung nur ausgeschlossen werden für Ersatzansprüche aus vorsätzlich begangener Pflichtverletzung des akkreditierten Diensteanbieters oder der Personen, für die er einzustehen hat.
d) Die Vereinbarung eines Selbstbehaltes bis zu 1 Prozent der Mindestversicherungssumme ist zulässig;

3. die Erfüllung der technischen und organisatorischen Anforderungen an die Pflichten im Sinne des Absatzes 1 Nummer 3 durch vom Bundesamt für Sicherheit in der Informationstechnik nach § 9 Absatz 2 Satz 1 des Gesetzes über das Bundesamt für Sicherheit in der Informationstechnik zertifizierten IT-Sicherheitsdienstleistern erteilte Testate; das Zusammenwirken mit den anderen akkreditierten Diensteanbietern kann nur nach ausreichenden Prüfungen bestätigt werden; die Sicherheit der Dienste kann nur nach einer umfassenden im Rahmen der Vergabe der Testate stattfindenden Prüfung des Sicherheitskonzepts und der eingesetzten IT-Infrastrukturen bestätigt werden; zum Zeitpunkt des Inkrafttretens des Gesetzes erteilte Zertifikate können berücksichtigt werden;
4. die Erfüllung der datenschutzrechtlichen Anforderungen an das Datenschutzkonzept für die eingesetzten Verfahren und die eingesetzten informationstechnischen Einrichtungen durch Vorlage geeigneter Nachweise; der Nachweis wird dadurch geführt, dass der antragstellende Diensteanbieter ein Zertifikat des Bundesbeauftragten für den Datenschutz und die Informationsfreiheit vorlegt; der Bundesbeauftragte für den Datenschutz und die Informationsfreiheit erteilt auf schriftlichen Antrag des Diensteanbieters ein Zertifikat, wenn die datenschutzrechtlichen Kriterien erfüllt sind; die Erfüllung der datenschutzrechtlichen Kriterien wird nachgewiesen durch ein Gutachten, welches von einer vom Bund oder einem Land anerkannten oder öffentlich bestellten oder beliehenen sachverständigen Stelle für Datenschutz erstellt wurde; der Bundesbeauftragte für den Datenschutz und die Informationsfreiheit kann ergänzende Angaben anfordern; die datenschutzrechtlichen Kriterien sind in einem Kriterienkatalog definiert, der in der Verantwortung des Bundesbeauftragten für den Daten-

schutz und die Informationsfreiheit liegt und durch ihn im Bundesanzeiger und zusätzlich im Internet oder in sonstiger geeigneter Weise veröffentlicht wird; dem Bundesamt für Sicherheit in der Informationstechnik wird Gelegenheit zur Stellungnahme gegeben, sofern Fragen der IT-Sicherheit berührt sind.

(4) Der Diensteanbieter kann, unter Einbeziehung in seine Konzepte zur Umsetzung der Anforderungen des Absatzes 1, zur Erfüllung von Pflichten nach diesem Gesetz Dritte beauftragen.

§ 19 Gleichstellung ausländischer Dienste. (1) Vergleichbare Dienste aus einem anderen Mitgliedstaat der Europäischen Union oder aus einem anderen Vertragsstaat des Abkommens über den Europäischen Wirtschaftsraum sind den Diensten eines akkreditierten Diensteanbieters, mit Ausnahme solcher Dienste, die mit der Ausübung hoheitlicher Tätigkeit verbunden sind, gleichgestellt, wenn ihre Anbieter dem § 18 gleichwertige Voraussetzungen erfüllen, diese gegenüber einer zuständige Stelle nachgewiesen sind und das Fortbestehen der Erfüllung dieser Voraussetzungen durch eine in diesem Mitglied- oder Vertragsstaat bestehende Kontrolle gewährleistet wird.

(2) [1]Die Prüfung der Gleichwertigkeit des ausländischen Diensteanbieters nach Absatz 1 obliegt der zuständigen Behörde. [2]Die Gleichwertigkeit ausländischer Diensteanbieter ist gegeben, wenn die zuständige Behörde festgestellt hat, dass im Herkunftsland des jeweiligen Diensteanbieters

1. die Sicherheitsanforderungen an Diensteanbieter,
2. die Prüfungsmodalitäten für Diensteanbieter sowie die Anforderungen an die für die Prüfung der Dienste zuständigen Stellen und
3. das Kontrollsystem

eine gleichwertige Sicherheit bieten.

Abschnitt 5

Aufsicht

§ 20 Aufsichtsmaßnahmen. (1) [1]Die Aufsicht über die Einhaltung dieses Gesetzes obliegt der zuständigen Behörde. [2]Mit der Akkreditierung unterliegen Diensteanbieter der Aufsicht der zuständigen Behörde.

(2) Die zuständige Behörde kann gegenüber Diensteanbietern Maßnahmen treffen, um die Einhaltung dieses Gesetzes sicherzustellen.

(3) Ungeachtet des Vorliegens von Testaten im Sinne des § 18 Absatz 3 Nummer 3 kann die zuständige Behörde einem akkreditierten Diensteanbieter den Betrieb vorübergehend ganz oder teilweise untersagen, wenn Tatsachen die Annahme rechtfertigen, dass

1. eine Voraussetzung für die Akkreditierung nach § 17 Absatz 1 weggefallen ist,

2. ungültige Einzelnachweise für das Angebot von De-Mail-Diensten verwendet oder bestätigt werden,
3. nachhaltig, erheblich oder dauerhaft gegen Pflichten verstoßen wird oder
4. sonstige Voraussetzungen für die Akkreditierung oder für die Anerkennung nach diesem Gesetz nicht erfüllt werden.

(4) Die Gültigkeit der von einem akkreditierten Diensteanbieter im Rahmen des Postfach- und Versanddienstes ausgestellten Eingangsbestätigungen und Abholbestätigungen bleibt von der Untersagung des Betriebs, der Einstellung der Tätigkeit, der Rücknahme oder dem Widerruf einer Akkreditierung unberührt.

(5) [1]Soweit es zur Erfüllung der der zuständigen Behörde als Aufsichtsbehörde übertragenen Aufgaben erforderlich ist, haben die akkreditierten Diensteanbieter und die für diese nach § 18 Absatz 4 tätigen Dritten der zuständigen Behörde und den in ihrem Auftrag handelnden Personen das Betreten der Geschäftsräume während der üblichen Betriebszeiten zu gestatten, auf Verlangen die in Betracht kommenden Bücher, Aufzeichnungen, Belege, Schriftstücke und sonstigen Unterlagen in geeigneter Weise zur Einsicht vorzulegen, auch soweit sie elektronisch geführt werden, Auskunft zu erteilen und die erforderliche Unterstützung zu gewähren. [2]Ein Zugriff auf De-Mail-Nachrichten von Nutzern durch die zuständige Behörde als Aufsichtsbehörde findet nicht statt. [3]Der zur Erteilung einer Auskunft Verpflichtete kann die Auskunft verweigern, wenn er sich damit selbst oder einen der in § 383 Absatz 1 Nummer 1 bis 3 der Zivilprozessordnung bezeichneten Angehörigen der Gefahr der Verfolgung wegen einer Straftat oder eines Verfahrens nach dem Gesetz über Ordnungswidrigkeiten aussetzen würde. [4]Er ist auf dieses Recht hinzuweisen.

§ 21 Informationspflicht. Die zuständige Behörde hat die Namen der akkreditierten Diensteanbieter sowie der ausländischen Diensteanbieter nach § 19 jeweils unter Angabe der ausschließlich für die De-Mail-Dienste verwendeten Kennzeichnungen gemäß § 5 Absatz 1 Satz 2 Nummer 1 für jeden über öffentlich erreichbare Kommunikationsverbindungen abrufbar zu halten.

Abschnitt 6
Schlussbestimmungen

§ 22 Ausschuss De-Mail-Standardisierung. [1]Die technischen und organisatorischen Anforderungen an die Pflichten nach den §§ 3 bis 13 sowie nach § 16 werden unter Beteiligung der akkreditierten Diensteanbieter weiterentwickelt; dies gilt nicht für Anforderungen, die das Zusammenwirken zwischen den akkreditierten Diensteanbietern als solches oder die Sicherheit betreffen. [2]Zu diesem Zweck wird ein Ausschuss De-Mail-Standardisierung gegründet, dem mindestens alle akkreditierten Diensteanbieter, je ein Vertreter von zwei auf Bundesebene bestehenden Gesamtverbänden, deren Belange berührt sind, das

Bundesamt für Sicherheit in der Informationstechnik, der Bundesbeauftragte für den Datenschutz und die Informationsfreiheit, ein vom IT-Planungsrat beauftragter Vertreter der Länder sowie ein Vertreter des Rates der IT-Beauftragten der Bundesregierung angehören. [3]Die Entscheidung, welche beiden Verbände dem Ausschuss angehören sollen, liegt im Ermessen der zuständigen Behörde. [4]Wird der Rat der IT- Beauftragten der Bundesregierung aufgelöst, tritt an dessen Stelle die von der Bundesregierung bestimmte Nachfolgeorganisation. [5]Der Ausschuss tagt mindestens einmal im Jahr.

§ 23 Bußgeldvorschriften. (1) Ordnungswidrig handelt, wer vorsätzlich oder fahrlässig

1. entgegen § 3 Absatz 1 Satz 3 nicht sicherstellt, dass nur der Nutzer Zugang erlangen kann,
2. entgegen § 3 Absatz 3 Satz 1 Nummer 1 erster Halbsatz oder Nummer 2 eine dort genannte Angabe nicht oder nicht rechtzeitig überprüft,
3. entgegen § 4 Absatz 1 Satz 2 nicht sicherstellt, dass eine sichere Anmeldung nur in den dort genannten Fällen erfolgt,
4. entgegen § 4 Absatz 3 nicht sicherstellt, dass eine Kommunikationsverbindung verschlüsselt erfolgt,
5. entgegen § 7 Absatz 2 Satz 1 dort genannte Daten nicht oder nicht rechtzeitig löscht,
6. entgegen § 10 Absatz 1 Satz 1 oder Absatz 4 Satz 1 den Zugang zu einem De-Mail-Konto nicht oder nicht rechtzeitig sperrt oder das De-Mail-Konto nicht oder nicht rechtzeitig auflöst,
7. entgegen § 11 Absatz 1 Satz 1 eine Anzeige nicht, nicht richtig oder nicht rechtzeitig erstattet,
8. entgegen § 11 Absatz 1 Satz 3 einen Nutzer nicht, nicht richtig oder nicht rechtzeitig benachrichtigt,
9. entgegen § 11 Absatz 2 nicht sicherstellt, dass die dort genannten Daten abrufbar bleiben,
10. entgegen § 12 den Zugriff auf dort genannte Daten nicht ermöglicht oder einen Hinweis nicht, nicht richtig oder nicht rechtzeitig gibt,
11. entgegen § 13 Absatz 1 eine Dokumentation nicht oder nicht richtig erstellt,
12. entgegen § 13 Absatz 2 eine Dokumentation nicht oder nicht mindestens zehn Jahre aufbewahrt,
13. entgegen § 15 die dort genannten Daten zu einem anderen Zweck erhebt oder verarbeitet,
14. entgegen § 16 Absatz 5 dort genannte Daten zu einem anderen Zweck verwendet oder
15. entgegen § 17 Absatz 1 Satz 6 sich auf die nachgewiesene Sicherheit beruft oder das Gütezeichen führt.

(2) Die Ordnungswidrigkeit kann in den Fällen des Absatzes 1 Nummer 5, 6, 13 und 14 mit einer Geldbuße bis zu dreihunderttausend Euro und in den übrigen Fällen mit einer Geldbuße bis zu fünfzigtausend Euro geahndet werden.

(3) Verwaltungsbehörde im Sinne des § 36 Absatz 1 Nummer 1 des Gesetzes über Ordnungswidrigkeiten ist das Bundesamt für Sicherheit in der Informationstechnik.

§ 24 Gebühren und Auslagen. (1) Gebühren und Auslagen erheben zur Deckung des Verwaltungsaufwands

1. die zuständige Behörde für individuell zurechenbare öffentliche Leistungen nach den §§ 17, 19 Absatz 2 und § 20 Absatz 3 sowie
2. der Bundesbeauftragte für den Datenschutz und die Informationsfreiheit für die Erteilung des Zertifikats nach § 18 Absatz 3 Nummer 4.

(2) [1]Das Bundesministerium des Innern wird ermächtigt, durch Rechtsverordnung ohne Zustimmung des Bundesrates die gebührenpflichtigen Tatbestände nach Absatz 1 und die Gebührensätze näher zu bestimmen und dabei Fest- oder Zeitgebühren vorzusehen. [2]In der Rechtsverordnung kann die Erstattung von Auslagen abweichend von § 23 Absatz 6 des Bundesgebührengesetzes geregelt werden. [3]Ermäßigungen und Befreiungen von Gebühren und Auslagen können zugelassen werden.

§ 25 Verfahren über eine einheitliche Stelle. Verwaltungsverfahren nach diesem Gesetz können über eine einheitliche Stelle abgewickelt werden.

Anhang

Änderungen Zivilprozessordnung

§ 174 Zustellung gegen Empfangsbekenntnis.

…

(3) [1]An die in Absatz 1 Genannten kann auch ein elektronisches Dokument zugestellt werden. [2]Gleiches gilt für andere Verfahrensbeteiligte, wenn sie der Übermittlung elektronischer Dokumente ausdrücklich zugestimmt haben. [3]Für die Übermittlung ist das Dokument mit einer elektronischen Signatur zu versehen und gegen unbefugte Kenntnisnahme Dritter zu schützen. [4]Die Übermittlung kann auch über *De-Mail-Dienste im Sinne von § 1 des De-Mail-Gesetzes* erfolgen.

Änderungen im Verwaltungszustellungsgesetz

§ 2 Allgemeines. (1) Zustellung ist die Bekanntgabe eines schriftlichen oder elektronischen Dokuments in der in diesem Gesetz bestimmten Form.

(2) [1]Die Zustellung wird durch einen Erbringer von Postdienstleistungen (Post), einen *nach § 17 des De-Mail-Gesetzes akkreditierten Diensteanbieter* oder durch die Behörde ausgeführt. [2]Daneben gelten die in den §§ 9 und 10 geregelten Sonderarten der Zustellung.

(3) [1]Die Behörde hat die Wahl zwischen den einzelnen Zustellungsarten. [2]§ 5 Absatz 5 Satz 2 bleibt unberührt.

§ 5a Elektronische Zustellung gegen Abholbestätigung über De-Mail-Dienste. (1) [1]Die elektronische Zustellung kann unbeschadet des § 5 Absatz 4 und 5 Satz 1 und 2 durch Übermittlung der *nach § 17 des De-Mail-Gesetzes akkreditierten Diensteanbieter* gegen *Abholbestätigung nach § 5 Absatz 9 des De-Mail-Gesetzes* an das De-Mail-Postfach des Empfängers erfolgen. [2]Für die Zustellung nach Satz 1 ist § 5 Absatz 4 und 6 mit der Maßgabe anzuwenden, dass an die Stelle des Empfangsbekenntnisses die Abholbestätigung tritt.

(2) [1]Der nach *§ 17 des De-Mail-Gesetzes akkreditierte Diensteanbieter* hat eine Versandbestätigung *nach § 5 Absatz 7 des De-Mail-Gesetzes* und *eine Abholbestätigung nach § 5 Absatz 9 des De-Mail-Gesetzes* zu erzeugen. [2]Er hat diese Bestätigungen unverzüglich der absendenden Behörde zu übermitteln.

(3) [1]Zum Nachweis der elektronischen Zustellung genügt die *Abholbestätigung nach § 5 Absatz 9 des De-Mail-Gesetzes*. [2]Für diese gelten § 371 Absatz 1 Satz 2 und § 371a Absatz 2 der Zivilprozessordnung.

(4) [1]Ein elektronisches Dokument gilt in den Fällen des § 5 Absatz 5 Satz 2 am dritten Tag nach der Absendung an das De-Mail-Postfach des Empfängers als zugestellt, wenn er dieses Postfach als Zugang eröffnet hat und der Behörde nicht spätestens an diesem Tag eine elektronische Abholbestätigung nach § 5 Absatz 9 des De-Mail-Gesetzes zugeht. [2]Satz 1 gilt nicht, wenn der Empfänger nachweist, dass das Dokument nicht oder zu einem späteren Zeitpunkt zugegangen ist. [3]Der Empfänger ist in den Fällen des § 5 Absatz 5 Satz 2 vor der Übermittlung über die Rechtsfolgen nach den Sätzen 1 und 2 zu belehren. [4]Als Nachweis der Zustellung nach Satz 1 dient die Versandbestätigung nach § 5 Absatz 7 des De-Mail-Gesetzes oder ein Vermerk der absendenden Behörde in den Akten, zu welchem Zeitpunkt und an welches De-Mail-Postfach das Dokument gesendet wurde. [5]Der Empfänger ist über den Eintritt der Zustellungsfiktion nach Satz 1 elektronisch zu benachrichtigen.

Vertragsschluss im Internet

In diesem Abschnitt werden die wichtigsten Vorschriften aus dem BGB, die für den Vertragsschluss im Internet, insbesondere per Internetauktion, maßgeblich sind, zusammengefasst. Weitere medienrechtlich relevante Normen des BGB und des Internationalen Privatrechts (EGBGB) werden in den Nummern **5** und **6** zusammengefasst.

Vorschriften, die auf die elektronische Form bzw. auf die qualifizierte elektronische Signatur verweisen, werden im Rahmen des Vertrauensdienstegesetzes (Nr. **31**) aufgeführt.

§ 119 BGB Anfechtbarkeit wegen Irrtums. (1) Wer bei der Abgabe einer Willenserklärung über deren Inhalt im Irrtum war oder eine Erklärung dieses Inhalts überhaupt nicht abgeben wollte, kann die Erklärung anfechten, wenn anzunehmen ist, dass er sie bei Kenntnis der Sachlage und bei verständiger Würdigung des Falles nicht abgegeben haben würde.

(2) Als Irrtum über den Inhalt der Erklärung gilt auch der Irrtum über solche Eigenschaften der Person oder der Sache, die im Verkehr als wesentlich angesehen werden.

§ 120 BGB Anfechtbarkeit wegen falscher Übermittlung. Eine Willenserklärung, welche durch die zur Übermittelung verwendete Person oder Einrichtung unrichtig übermittelt worden ist, kann unter der gleichen Voraussetzung angefochten werden wie nach § 119 eine irrtümlich abgegebene Willenserklärung.

§ 126 BGB Schriftform. (1) Ist durch Gesetz schriftliche Form vorgeschrieben, so muss die Urkunde von dem Aussteller eigenhändig durch Namensunterschrift oder mittels notariell beglaubigten Handzeichens unterzeichnet werden.

(2) [1]Bei einem Vertrag muss die Unterzeichnung der Parteien auf derselben Urkunde erfolgen. [2]Werden über den Vertrag mehrere gleichlautende Urkunden aufgenommen, so genügt es, wenn jede Partei die für die andere Partei bestimmte Urkunde unterzeichnet.

(3) Die schriftliche Form kann durch die elektronische Form ersetzt werden, wenn sich nicht aus dem Gesetz ein anderes ergibt.

(4) Die schriftliche Form wird durch die notarielle Beurkundung ersetzt.

§ 126a BGB Elektronische Form. (1) Soll die gesetzlich vorgeschriebene schriftliche Form durch die elektronische Form ersetzt werden, so muss der Aussteller der Erklärung dieser seinen Namen hinzufügen und das elektronische Dokument mit einer qualifizierten elektronischen Signatur versehen.

(2) Bei einem Vertrag müssen die Parteien jeweils ein gleichlautendes Dokument in der in Absatz 1 bezeichneten Weise elektronisch signieren.

§ 126b BGB Textform. Ist durch Gesetz Textform vorgeschrieben, so muss die Erklärung in einer Urkunde oder auf andere zur dauerhaften Wiedergabe in Schriftzeichen geeignete Weise abgegeben, die Person des Erklärenden genannt und der Abschluss der Erklärung durch Nachbildung der Namensunterschrift oder anders erkennbar gemacht werden.

§ 127 BGB Vereinbarte Form. (1) Die Vorschriften des § 126, des § 126a oder des § 126b gelten im Zweifel auch für die durch Rechtsgeschäft bestimmte Form.

(2) [1]Zur Wahrung der durch Rechtsgeschäft bestimmten schriftlichen Form genügt, soweit nicht ein anderer Wille anzunehmen ist, die telekommunikative Übermittlung und bei einem Vertrag der Briefwechsel. [2]Wird eine solche Form gewählt, so kann nachträglich eine dem § 126 entsprechende Beurkundung verlangt werden.

(3) [1]Zur Wahrung der durch Rechtsgeschäft bestimmten elektronischen Form genügt, soweit nicht ein anderer Wille anzunehmen ist, auch eine andere als in § 126a bestimmte elektronische Signatur und bei einem Vertrag der Austausch von Angebots- und Annahmeerklärung, die jeweils mit einer elektronischen Signatur versehen sind. [2]Wird eine solche Form gewählt, so kann nachträglich eine dem § 126a entsprechende elektronische Signierung oder, wenn diese einer der Parteien nicht möglich ist, eine dem § 126 entsprechende Beurkundung verlangt werden.

§ 130 BGB Wirksamwerden der Willenserklärung gegenüber Abwesenden. (1) [1]Eine Willenserklärung, die einem anderen gegenüber abzugeben ist, wird, wenn sie in dessen Abwesenheit abgegeben wird, in dem Zeitpunkt wirksam, in welchem sie ihm zugeht. [2]Sie wird nicht wirksam, wenn dem anderen vorher oder gleichzeitig ein Widerruf zugeht.

(2) Auf die Wirksamkeit der Willenserklärung ist es ohne Einfluss, wenn der Erklärende nach der Abgabe stirbt oder geschäftsunfähig wird.

(3) Diese Vorschriften finden auch dann Anwendung, wenn die Willenserklärung einer Behörde gegenüber abzugeben ist.

§ 147 BGB Annahmefrist. (1) [1]Der einem Anwesenden gemachte Antrag kann nur sofort angenommen werden. [2]Dies gilt auch von einem mittels Fernsprechers oder einer sonstigen technischen Einrichtung von Person zu Person gemachten Antrag.

(2) Der einem Abwesenden gemachte Antrag kann nur bis zu dem Zeitpunkt angenommen werden, in welchem der Antragende den Eingang der Antwort unter regelmäßigen Umständen erwarten darf.

§ 156 BGB Vertragsschluss bei Versteigerung. [1]Bei einer Versteigerung kommt der Vertrag erst durch den Zuschlag zustande. [2]Ein Gebot erlischt, wenn ein Übergebot abgegeben oder die Versteigerung ohne Erteilung des Zuschlags geschlossen wird.

§ 312b Außerhalb von Geschäftsräumen geschlossene Verträge.

(1) [1]Außerhalb von Geschäftsräumen geschlossene Verträge sind Verträge,

1. die bei gleichzeitiger körperlicher Anwesenheit des Verbrauchers und des Unternehmers an einem Ort geschlossen werden, der kein Geschäftsraum des Unternehmers ist,
2. für die der Verbraucher unter den in Nummer 1 genannten Umständen ein Angebot abgegeben hat,
3. die in den Geschäftsräumen des Unternehmers oder durch Fernkommunikationsmittel geschlossen werden, bei denen der Verbraucher jedoch unmittelbar zuvor außerhalb der Geschäftsräume des Unternehmers bei gleichzeitiger körperlicher Anwesenheit des Verbrauchers und des Unternehmers persönlich und individuell angesprochen wurde, oder
4. die auf einem Ausflug geschlossen werden, der von dem Unternehmer oder mit seiner Hilfe organisiert wurde, um beim Verbraucher für den Verkauf von Waren oder die Erbringung von Dienstleistungen zu werben und mit ihm entsprechende Verträge abzuschließen.

[2]Dem Unternehmer stehen Personen gleich, die in seinem Namen oder Auftrag handeln.

(2) [1]Geschäftsräume im Sinne des Absatzes 1 sind unbewegliche Gewerberäume, in denen der Unternehmer seine Tätigkeit dauerhaft ausübt, und bewegliche Gewerberäume, in denen der Unternehmer seine Tätigkeit für gewöhnlich ausübt. [2]Gewerberäume, in denen die Person, die im Namen oder Auftrag des Unternehmers handelt, ihre Tätigkeit dauerhaft oder für gewöhnlich ausübt, stehen Räumen des Unternehmers gleich.

§ 312c Fernabsatzverträge[1]. (1) Fernabsatzverträge sind Verträge, bei denen der Unternehmer oder eine in seinem Namen oder Auftrag handelnde Person und der Verbraucher für die Vertragsverhandlungen und den Vertragsschluss ausschließlich Fernkommunikationsmittel verwenden, es sei denn, dass der Vertragsschluss nicht im Rahmen eines für den Fernabsatz organisierten Vertriebs- oder Dienstleistungssystems erfolgt.

(2) Fernkommunikationsmittel im Sinne dieses Gesetzes sind alle Kommunikationsmittel, die zur Anbahnung oder zum Abschluss eines Vertrags eingesetzt werden können, ohne dass die Vertragsparteien gleichzeitig körperlich anwesend sind, wie Briefe, Kataloge, Telefonanrufe, Telekopien, E-Mails, über den Mobilfunkdienst versendete Nachrichten (SMS) sowie Rundfunk und Telemedien.

§ 312d Informationspflichten. (1) [1]Bei außerhalb von Geschäftsräumen geschlossenen Verträgen und bei Fernabsatzverträgen ist der Unternehmer verpflichtet, den Verbraucher nach Maßgabe des Artikels 246a des Einführungs-

---

1 Für die im Rahmen dieser Vertragstypen bedeutsamen Informationspflichten vgl. auch §§ 312 b ff. und Art. 246 f. EGBGB (→ **Nr. 6**) mit den dort aufgeführten Anlagen.

gesetzes zum Bürgerlichen Gesetzbuche zu informieren. [2]Die in Erfüllung dieser Pflicht gemachten Angaben des Unternehmers werden Inhalt des Vertrags, es sei denn, die Vertragsparteien haben ausdrücklich etwas anderes vereinbart.

(2) Bei außerhalb von Geschäftsräumen geschlossenen Verträgen und bei Fernabsatzverträgen über Finanzdienstleistungen ist der Unternehmer abweichend von Absatz 1 verpflichtet, den Verbraucher nach Maßgabe des Artikels 246b des Einführungsgesetzes zum Bürgerlichen Gesetzbuche zu informieren.

§ 312f Abschriften und Bestätigungen. (1) [1]Bei außerhalb von Geschäftsräumen geschlossenen Verträgen ist der Unternehmer verpflichtet, dem Verbraucher alsbald auf Papier zur Verfügung zu stellen

1. eine Abschrift eines Vertragsdokuments, das von den Vertragsschließenden so unterzeichnet wurde, dass ihre Identität erkennbar ist, oder
2. eine Bestätigung des Vertrags, in der der Vertragsinhalt wiedergegeben ist.

[2]Wenn der Verbraucher zustimmt, kann für die Abschrift oder die Bestätigung des Vertrags auch ein anderer dauerhafter Datenträger verwendet werden. [3]Die Bestätigung nach Satz 1 muss die in Artikel 246a des Einführungsgesetzes zum Bürgerlichen Gesetzbuche genannten Angaben nur enthalten, wenn der Unternehmer dem Verbraucher diese Informationen nicht bereits vor Vertragsschluss in Erfüllung seiner Informationspflichten nach § 312d Absatz 1 auf einem dauerhaften Datenträger zur Verfügung gestellt hat.

(2) [1]Bei Fernabsatzverträgen ist der Unternehmer verpflichtet, dem Verbraucher eine Bestätigung des Vertrags, in der der Vertragsinhalt wiedergegeben ist, innerhalb einer angemessenen Frist nach Vertragsschluss, spätestens jedoch bei der Lieferung der Ware oder bevor mit der Ausführung der Dienstleistung begonnen wird, auf einem dauerhaften Datenträger zur Verfügung zu stellen. [2]Die Bestätigung nach Satz 1 muss die in Artikel 246a des Einführungsgesetzes zum Bürgerlichen Gesetzbuche genannten Angaben enthalten, es sei denn, der Unternehmer hat dem Verbraucher diese Informationen bereits vor Vertragsschluss in Erfüllung seiner Informationspflichten nach § 312d Absatz 1 auf einem dauerhaften Datenträger zur Verfügung gestellt.

(3) Bei Verträgen über die Lieferung von nicht auf einem körperlichen Datenträger befindlichen Daten, die in digitaler Form hergestellt und bereitgestellt werden (digitale Inhalte), ist auf der Abschrift oder in der Bestätigung des Vertrags nach den Absätzen 1 und 2 gegebenenfalls auch festzuhalten, dass der Verbraucher vor Ausführung des Vertrags

1. ausdrücklich zugestimmt hat, dass der Unternehmer mit der Ausführung des Vertrags vor Ablauf der Widerrufsfrist beginnt, und
2. seine Kenntnis davon bestätigt hat, dass er durch seine Zustimmung mit Beginn der Ausführung des Vertrags sein Widerrufsrecht verliert.

(4) Diese Vorschrift ist nicht anwendbar auf Verträge über Finanzdienstleistungen.

§ 312g Widerrufsrecht. (1) Dem Verbraucher steht bei außerhalb von Geschäftsräumen geschlossenen Verträgen und bei Fernabsatzverträgen ein Widerrufsrecht gemäß § 355 zu.

(2) Das Widerrufsrecht besteht, soweit die Parteien nichts anderes vereinbart haben, nicht bei folgenden Verträgen:

1. Verträge zur Lieferung von Waren, die nicht vorgefertigt sind und für deren Herstellung eine individuelle Auswahl oder Bestimmung durch den Verbraucher maßgeblich ist oder die eindeutig auf die persönlichen Bedürfnisse des Verbrauchers zugeschnitten sind,
2. Verträge zur Lieferung von Waren, die schnell verderben können oder deren Verfallsdatum schnell überschritten würde,
3. Verträge zur Lieferung versiegelter Waren, die aus Gründen des Gesundheitsschutzes oder der Hygiene nicht zur Rückgabe geeignet sind, wenn ihre Versiegelung nach der Lieferung entfernt wurde,
4. Verträge zur Lieferung von Waren, wenn diese nach der Lieferung auf Grund ihrer Beschaffenheit untrennbar mit anderen Gütern vermischt wurden,
5. Verträge zur Lieferung alkoholischer Getränke, deren Preis bei Vertragsschluss vereinbart wurde, die aber frühestens 30 Tage nach Vertragsschluss geliefert werden können und deren aktueller Wert von Schwankungen auf dem Markt abhängt, auf die der Unternehmer keinen Einfluss hat,
6. Verträge zur Lieferung von Ton- oder Videoaufnahmen oder Computersoftware in einer versiegelten Packung, wenn die Versiegelung nach der Lieferung entfernt wurde,
7. Verträge zur Lieferung von Zeitungen, Zeitschriften oder Illustrierten mit Ausnahme von Abonnement-Verträgen,
8. Verträge zur Lieferung von Waren oder zur Erbringung von Dienstleistungen, einschließlich Finanzdienstleistungen, deren Preis von Schwankungen auf dem Finanzmarkt abhängt, auf die der Unternehmer keinen Einfluss hat und die innerhalb der Widerrufsfrist auftreten können, insbesondere Dienstleistungen im Zusammenhang mit Aktien, mit Anteilen an offenen Investmentvermögen im Sinne von § 1 Absatz 4 des Kapitalanlagegesetzbuchs und mit anderen handelbaren Wertpapieren, Devisen, Derivaten oder Geldmarktinstrumenten,
9. Verträge zur Erbringung von Dienstleistungen in den Bereichen Beherbergung zu anderen Zwecken als zu Wohnzwecken, Beförderung von Waren, Kraftfahrzeugvermietung, Lieferung von Speisen und Getränken sowie zur Erbringung weiterer Dienstleistungen im Zusammenhang mit Freizeitbetätigungen, wenn der Vertrag für die Erbringung einen spezifischen Termin oder Zeitraum vorsieht,
10. Verträge, die im Rahmen einer Vermarktungsform geschlossen werden, bei der der Unternehmer Verbrauchern, die persönlich anwesend sind oder denen diese Möglichkeit gewährt wird, Waren oder Dienstleistungen anbietet, und zwar in einem vom Versteigerer durchgeführten, auf konkurrierenden Geboten basierenden transparenten Verfahren, bei dem der Bieter, der den

Zuschlag erhalten hat, zum Erwerb der Waren oder Dienstleistungen verpflichtet ist (öffentlich zugängliche Versteigerung),

11. Verträge, bei denen der Verbraucher den Unternehmer ausdrücklich aufgefordert hat, ihn aufzusuchen, um dringende Reparatur- oder Instandhaltungsarbeiten vorzunehmen; dies gilt nicht hinsichtlich weiterer bei dem Besuch erbrachter Dienstleistungen, die der Verbraucher nicht ausdrücklich verlangt hat, oder hinsichtlich solcher bei dem Besuch gelieferter Waren, die bei der Instandhaltung oder Reparatur nicht unbedingt als Ersatzteile benötigt werden,
12. Verträge zur Erbringung von Wett- und Lotteriedienstleistungen, es sei denn, dass der Verbraucher seine Vertragserklärung telefonisch abgegeben hat oder der Vertrag außerhalb von Geschäftsräumen geschlossen wurde, und
13. notariell beurkundete Verträge; dies gilt für Fernabsatzverträge über Finanzdienstleistungen nur, wenn der Notar bestätigt, dass die Rechte des Verbrauchers aus § 312d Absatz 2 gewahrt sind.

(3) Das Widerrufsrecht besteht ferner nicht bei Verträgen, bei denen dem Verbraucher bereits auf Grund der §§ 495, 506 bis 512 ein Widerrufsrecht nach § 355 zusteht, und nicht bei außerhalb von Geschäftsräumen geschlossenen Verträgen, bei denen dem Verbraucher bereits nach § 305 Absatz 1 bis 6 des Kapitalanlagegesetzbuchs ein Widerrufsrecht zusteht.

§ 312h Kündigung und Vollmacht zur Kündigung. Wird zwischen einem Unternehmer und einem Verbraucher nach diesem Untertitel ein Dauerschuldverhältnis begründet, das ein zwischen dem Verbraucher und einem anderen Unternehmer bestehendes Dauerschuldverhältnis ersetzen soll, und wird anlässlich der Begründung des Dauerschuldverhältnisses von dem Verbraucher

1. die Kündigung des bestehenden Dauerschuldverhältnisses erklärt und der Unternehmer oder ein von ihm beauftragter Dritter zur Übermittlung der Kündigung an den bisherigen Vertragspartner des Verbrauchers beauftragt oder
2. der Unternehmer oder ein von ihm beauftragter Dritter zur Erklärung der Kündigung gegenüber dem bisherigen Vertragspartner des Verbrauchers bevollmächtigt,

bedarf die Kündigung des Verbrauchers oder die Vollmacht zur Kündigung der Textform.

§ 312i Allgemeine Pflichten im elektronischen Geschäftsverkehr.

(1) [1]Bedient sich ein Unternehmer zum Zwecke des Abschlusses eines Vertrags über die Lieferung von Waren oder über die Erbringung von Dienstleistungen der Telemedien (Vertrag im elektronischen Geschäftsverkehr), hat er dem Kunden

1. angemessene, wirksame und zugängliche technische Mittel zur Verfügung zu stellen, mit deren Hilfe der Kunde Eingabefehler vor Abgabe seiner Bestellung erkennen und berichtigen kann,

2. die in Artikel 246c des Einführungsgesetzes zum Bürgerlichen Gesetzbuche bestimmten Informationen rechtzeitig vor Abgabe von dessen Bestellung klar und verständlich mitzuteilen,
3. den Zugang von dessen Bestellung unverzüglich auf elektronischem Wege zu bestätigen und
4. die Möglichkeit zu verschaffen, die Vertragsbestimmungen einschließlich der Allgemeinen Geschäftsbedingungen bei Vertragsschluss abzurufen und in wiedergabefähiger Form zu speichern.

[2]Bestellung und Empfangsbestätigung im Sinne von Satz 1 Nummer 3 gelten als zugegangen, wenn die Parteien, für die sie bestimmt sind, sie unter gewöhnlichen Umständen abrufen können.

(2) Absatz 1 Satz 1 Nummer 1 bis 3 ist nicht anzuwenden, wenn der Vertrag ausschließlich durch individuelle Kommunikation geschlossen wird. Absatz 1 Satz 1 Nummer 1 bis 3 und Satz 2 ist nicht anzuwenden, wenn zwischen Vertragsparteien, die nicht Verbraucher sind, etwas anderes vereinbart wird.

(3) Weitergehende Informationspflichten auf Grund anderer Vorschriften bleiben unberührt.

§ 312j Besondere Pflichten im elektronischen Geschäftsverkehr gegenüber Verbrauchern. (1) Auf Webseiten für den elektronischen Geschäftsverkehr mit Verbrauchern hat der Unternehmer zusätzlich zu den Angaben nach § 312i Absatz 1 spätestens bei Beginn des Bestellvorgangs klar und deutlich anzugeben, ob Lieferbeschränkungen bestehen und welche Zahlungsmittel akzeptiert werden.

(2) Bei einem Verbrauchervertrag im elektronischen Geschäftsverkehr, der eine entgeltliche Leistung des Unternehmers zum Gegenstand hat, muss der Unternehmer dem Verbraucher die Informationen gemäß Artikel 246a § 1 Absatz 1 Satz 1 Nummer 1, 4, 5, 11 und 12 des Einführungsgesetzes zum Bürgerlichen Gesetzbuche, unmittelbar bevor der Verbraucher seine Bestellung abgibt, klar und verständlich in hervorgehobener Weise zur Verfügung stellen.

(3) [1]Der Unternehmer hat die Bestellsituation bei einem Vertrag nach Absatz 2 so zu gestalten, dass der Verbraucher mit seiner Bestellung ausdrücklich bestätigt, dass er sich zu einer Zahlung verpflichtet. [2]Erfolgt die Bestellung über eine Schaltfläche, ist die Pflicht des Unternehmers aus Satz 1 nur erfüllt, wenn diese Schaltfläche gut lesbar mit nichts anderem als den Wörtern „zahlungspflichtig bestellen" oder mit einer entsprechenden eindeutigen Formulierung beschriftet ist.

(4) Ein Vertrag nach Absatz 2 kommt nur zustande, wenn der Unternehmer seine Pflicht aus Absatz 3 erfüllt.

(5) [1]Die Absätze 2 bis 4 sind nicht anzuwenden, wenn der Vertrag ausschließlich durch individuelle Kommunikation geschlossen wird. [2]Die Pflichten aus den Absätzen 1 und 2 gelten weder für Webseiten, die Finanzdienstleistungen betreffen, noch für Verträge über Finanzdienstleistungen.

Gegenansprüche und Domainrecht[1]

Für Gegenansprüche gegen die Medien sind neben Vorschriften aus dem Privatrecht (siehe → Nr. **5 BGB** und → Nr. **6 EGBG** dieser Vorschriftensammlung) Bestimmungen des Markenrechts (→ Nr. **10 MarkenG**) und des Rechts des Unlauteren Wettbewerbs (→ Nr. **12 UWG**) zu beachten. Im Internetrecht hat das Domainrecht eine herausragende wirtschaftliche Bedeutung. Die Ansprüche die Benutzung einer Domain betreffend sind daher sehr praxisrelevant. Für wettbewerbsrechtliche Ansprüche bei spezifischen Wettbewerbsaspekten (Behinderungswettbewerb, Irreführung) gelten die §§ 3 ff. UWG. Bei den allgemeinen/ grundsätzlichen medienrechtlichen Ansprüchen können u.a. auch Normen aus dem Grundgesetz (→ Nr. **1**), aus dem Strafgesetzbuch (→ Nr. **14**) sowie aus dem Kunsturhebergesetz (→ Nr. **10**) zur Anwendung kommen. Spezifische Gegendarstellungsansprüche sind auch im Rundfunkrecht (→ Nr. **21**) und in den Pressegesetzen (→ Nr. **19**) zu finden.

Überblick über das System der Anspruchsgrundlagen

Allgemeine/ grundsätzliche Ansprüche

1. Unterlassungsanspruch aus §§ 1004 BGB analog; 823 Abs. 2 BGB i.V.m. einem Schutzgesetz (z.B. §§ 185 ff. StGB, §§ 22, 23 KUG)
2. Berichtigungsanspruch aus §§ 1004 BGB analog i.V.m. §§ 823 ff. BGB
3. Schadensersatzanspruch aus § 823 Abs. 1 i.V.m. Art. 2 Abs. 1, Art. 1 Abs. 1 GG (allgemeines Persönlichkeitsrecht als „sonstiges Recht" i.S.d. § 823 Abs. 1 BGB) oder § 823 Abs. 2 BGB i.V.m. einem Schutzgesetz, z.B. §§ 185 ff. StGB, §§ 22, 23 KUG
4. Anspruch auf Geldentschädigung aus § 823 Abs. 1 BGB i.V.m. Art. 2 Abs. 1, Art. 1 GG (richterliches Gewohnheitsrecht)
5. Ungerechtfertigte Bereicherung aus § 812 Abs. 1 Satz 1, 2. Alt. BGB (Eingriffskondiktion)
6. Gegendarstellungsanspruch (exemplarisch): § 10 PresseG (Mustergesetz), § 56 RStV, § 9 Landesmediengesetz Baden-Württemberg (= LMG BW)[2], Art. 17 Bayerisches Rundfunkgesetz (= BayRG)[3]

Gegenansprüche und Domainrecht

1. Allgemeine Ansprüche aus §§ 812 ff.; 823, 826; 1004 BGB
2. Ansprüche aus Kennzeichenrechten: §§ 14, 15 MarkenG

---

1 Die Vergabe und Registrierung von Domains erfolgt über folgende Organisationen: **ICANN** (Top level domains allgemein u. international, www.icann.org); **Inter-NIC** (Generische Top level domains wie org, info etc; www.internic.net); **DENIC** (Vergabe von Second level domains (SLDs) → www./SLDs bzw. subdomains./.de; www.denic.de/de).

2 Fundstelle: vgl. Anhang I zum Rundfunkstaatsvertrag → Nr. 21.

3 Fundstelle: vgl. Anhang II zum Rundfunkstaatsvertrag → Nr. 21.

3. Ansprüche wegen Namensrechtsverletzungen nach § 12 BGB i.V.m. 1004 BGB analog
4. Wettbewerbsrechtliche Ansprüche bei spezifischen Wettbewerbsaspekten (Behinderungswettbewerb; Irreführung) §§ 3 ff. UWG

(Im Domainrecht sind die speziellen Anspruchsgrundlagen Nr. 2-4 zunächst zu prüfen.)

I. Allgemeine/Grundsätzliche Ansprüche

1. Unterlassungsanspruch aus §§ 1004 BGB analog; evtl. 823 Abs. 2 BGB i.V.m. einem Schutzgesetz (bspw. §§ 185 ff. StGB, §§ 22, 23 KUG)

§ 1004 BGB Beseitigungs- und Unterlassungsanspruch. (1) [1]Wird das Eigentum in anderer Weise als durch Entziehung oder Vorenthaltung des Besitzes beeinträchtigt, so kann der Eigentümer von dem Störer die Beseitigung der Beeinträchtigung verlangen. [2]Sind weitere Beeinträchtigungen zu besorgen, so kann der Eigentümer auf Unterlassung klagen.

(2) Der Anspruch ist ausgeschlossen, wenn der Eigentümer zur Duldung verpflichtet ist.

§ 823 BGB Schadensersatzpflicht. (1) Wer vorsätzlich oder fahrlässig das Leben, den Körper, die Gesundheit, die Freiheit, das Eigentum oder ein sonstiges Recht eines anderen[4] widerrechtlich verletzt, ist dem anderen zum Ersatz des daraus entstehenden Schadens verpflichtet.

(2) [1]Die gleiche Verpflichtung trifft denjenigen, welcher gegen ein den Schutz eines anderen bezweckendes Gesetz verstößt. [2]Ist nach dem Inhalt des Gesetzes ein Verstoß gegen dieses auch ohne Verschulden möglich, so tritt die Ersatzpflicht nur im Falle des Verschuldens ein.

Beispiel 1 für ein Schutzgesetz: §§ 185 ff. StGB

§ 185 Beleidigung. Die Beleidigung wird mit Freiheitsstrafe bis zu einem Jahr oder mit Geldstrafe und, wenn die Beleidigung mittels einer Tätlichkeit begangen wird, mit Freiheitsstrafe bis zu zwei Jahren oder mit Geldstrafe bestraft.

§ 186 Üble Nachrede. Wer in Beziehung auf einen anderen eine Tatsache behauptet oder verbreitet, welche denselben verächtlich zu machen oder in der öffentlichen Meinung herabzuwürdigen geeignet ist, wird, wenn nicht diese Tatsache erweislich wahr ist, mit Freiheitsstrafe bis zu einem Jahr oder mit Geldstrafe und, wenn die Tat öffentlich oder durch Verbreiten von Schriften

4 Ein „sonstiges Recht eines anderen" i.S.d. § 823 Abs. 1 BGB ist im Medienrecht vor allem das allgemeine Persönlichkeitsrecht des Art. 2 Abs. 1 i.V.m. Art. 1 Abs. 1 GG.

(§ 11 Abs. 3) begangen ist, mit Freiheitsstrafe bis zu zwei Jahren oder mit Geldstrafe bestraft.

§ 187 Verleumdung. Wer wider besseres Wissen in Beziehung auf einen anderen eine unwahre Tatsache behauptet oder verbreitet, welche denselben verächtlich zu machen oder in der öffentlichen Meinung herabzuwürdigen oder dessen Kredit zu gefährden geeignet ist, wird mit Freiheitsstrafe bis zu zwei Jahren oder mit Geldstrafe und, wenn die Tat öffentlich, in einer Versammlung oder durch Verbreiten von Schriften (§ 11 Abs. 3) begangen ist, mit Freiheitsstrafe bis zu fünf Jahren oder mit Geldstrafe bestraft.

§ 188 Üble Nachrede und Verleumdung gegen Personen des politischen Lebens. (1) Wird gegen eine im politischen Leben des Volkes stehende Person öffentlich, in einer Versammlung oder durch Verbreiten von Schriften (§ 11 Abs. 3) eine üble Nachrede (§ 186) aus Beweggründen begangen, die mit der Stellung des Beleidigten im öffentlichen Leben zusammenhängen, und ist die Tat geeignet, sein öffentliches Wirken erheblich zu erschweren, so ist die Strafe Freiheitsstrafe von drei Monaten bis zu fünf Jahren.

(2) Eine Verleumdung (§ 187) wird unter den gleichen Voraussetzungen mit Freiheitsstrafe von sechs Monaten bis zu fünf Jahren bestraft.

§ 189 Verunglimpfung des Andenkens Verstorbener. Wer das Andenken eines Verstorbenen verunglimpft, wird mit Freiheitsstrafe bis zu zwei Jahren oder mit Geldstrafe bestraft.

§ 190 Wahrheitsbeweis durch Strafurteil. [1]Ist die behauptete oder verbreitete Tatsache eine Straftat, so ist der Beweis der Wahrheit als erbracht anzusehen, wenn der Beleidigte wegen dieser Tat rechtskräftig verurteilt worden ist. [2]Der Beweis der Wahrheit ist dagegen ausgeschlossen, wenn der Beleidigte vor der Behauptung oder Verbreitung rechtskräftig freigesprochen worden ist.

§ 192 Beleidigung trotz Wahrheitsbeweises. Der Beweis der Wahrheit der behaupteten oder verbreiteten Tatsache schließt die Bestrafung nach § 185 nicht aus, wenn das Vorhandensein einer Beleidigung aus der Form der Behauptung oder Verbreitung oder aus den Umständen, unter welchen sie geschah, hervorgeht.

§ 193 Wahrnehmung berechtigter Interessen. Tadelnde Urteile über wissenschaftliche, künstlerische oder gewerbliche Leistungen, desgleichen Äußerungen, welche zur Ausführung oder Verteidigung von Rechten oder zur Wahrnehmung berechtigter Interessen gemacht werden, sowie Vorhaltungen und Rügen der Vorgesetzten gegen ihre Untergebenen, dienstliche Anzeigen oder Urteile von Seiten eines Beamten und ähnliche Fälle sind nur insofern strafbar, als das Vorhandensein einer Beleidigung aus der Form der Äußerung oder aus den Umständen, unter welchen sie geschah, hervorgeht.

Beispiel 2 für ein Schutzgesetz: §§ 22, 23 KUG

§ 22 [Recht am eigenen Bilde]. [1]Bildnisse dürfen nur mit Einwilligung des Abgebildeten verbreitet oder öffentlich zur Schau gestellt werden. [2]Die Einwilligung gilt im Zweifel als erteilt, wenn der Abgebildete dafür, dass er sich abbilden ließ, eine Entlohnung erhielt. [3]Nach dem Tode des Abgebildeten bedarf es bis zum Ablaufe von 10 Jahren der Einwilligung der Angehörigen des Abgebildeten. [4]Angehörige im Sinne dieses Gesetzes sind der überlebende Ehegatte oder Lebenspartner und die Kinder des Abgebildeten, und wenn weder ein Ehegatte oder Lebenspartner noch Kinder vorhanden sind, die Eltern des Abgebildeten.

§ 23 [Ausnahmen zu § 22]. (1) Ohne die nach § 22 erforderliche Einwilligung dürfen verbreitet und zur Schau gestellt werden:
1. Bildnisse aus dem Bereich der Zeitgeschichte;
2. Bilder, auf denen die Personen nur als Beiwerk neben einer Landschaft oder sonstigen Örtlichkeit erscheinen;
3. Bilder von Versammlungen, Aufzügen und ähnlichen Vorgängen, an denen die dargestellten Personen teilgenommen haben;
4. Bildnisse, die nicht auf Bestellung angefertigt sind, sofern die Verbreitung oder Schaustellung einem höheren Interesse der Kunst dient.

(2) Die Befugnis erstreckt sich jedoch nicht auf eine Verbreitung und Schaustellung, durch die ein berechtigtes Interesse des Abgebildeten oder, falls dieser verstorben ist, seiner Angehörigen verletzt wird.

2. Berichtigungsanspruch aus §§ 1004 BGB analog i.V.m. §§ 823 ff. BGB

§ 1004 Beseitigungs- und Unterlassungsanspruch. (1) [1]Wird das Eigentum in anderer Weise als durch Entziehung oder Vorenthaltung des Besitzes beeinträchtigt, so kann der Eigentümer von dem Störer die Beseitigung der Beeinträchtigung verlangen. [2]Sind weitere Beeinträchtigungen zu besorgen, so kann der Eigentümer auf Unterlassung klagen.

(2) Der Anspruch ist ausgeschlossen, wenn der Eigentümer zur Duldung verpflichtet ist.

§ 823 Schadensersatzpflicht. (1) Wer vorsätzlich oder fahrlässig das Leben, den Körper, die Gesundheit, die Freiheit, das Eigentum oder ein sonstiges Recht eines anderen[5] widerrechtlich verletzt, ist dem Anderen zum Ersatz des daraus entstehenden Schadens verpflichtet.

5 Ein „sonstiges Recht eines anderen" i.S.d. § 823 Abs. 1 BGB ist im Medienrecht vor allem das allgemeine Persönlichkeitsrecht des Art. 2 Abs. 1 i.V.m. Art. 1 Abs. 1 GG.

(2) [1]Die gleiche Verpflichtung trifft denjenigen, welcher gegen ein den Schutz eines anderen bezweckendes Gesetz verstößt. [2]Ist nach dem Inhalt des Gesetzes ein Verstoß gegen dieses auch ohne Verschulden möglich, so tritt die Ersatzpflicht nur im Falle des Verschuldens ein.

§ 824 Kreditgefährdung. (1) Wer der Wahrheit zuwider eine Tatsache behauptet oder verbreitet, die geeignet ist, den Kredit eines anderen zu gefährden oder sonstige Nachteile für dessen Erwerb oder Fortkommen herbeizuführen, hat dem Anderen den daraus entstehenden Schaden auch dann zu ersetzen, wenn er die Unwahrheit zwar nicht kennt, aber kennen muss.

(2) Durch eine Mitteilung, deren Unwahrheit dem Mitteilenden unbekannt ist, wird dieser nicht zum Schadensersatz verpflichtet, wenn er oder der Empfänger der Mitteilung an ihr ein berechtigtes Interesse hat.

§ 826 Sittenwidrige vorsätzliche Schädigung. Wer in einer gegen die guten Sitten verstoßenden Weise einem anderen vorsätzlich Schaden zufügt, ist dem Anderen zum Ersatz des Schadens verpflichtet.

§ 827 Ausschluss und Minderung der Verantwortlichkeit. [1]Wer im Zustand der Bewusstlosigkeit oder in einem die freie Willensbestimmung ausschließenden Zustand krankhafter Störung der Geistestätigkeit einem anderen Schaden zufügt, ist für den Schaden nicht verantwortlich. [2]Hat er sich durch geistige Getränke oder ähnliche Mittel in einen vorübergehenden Zustand dieser Art versetzt, so ist er für einen Schaden, den er in diesem Zustand widerrechtlich verursacht, in gleicher Weise verantwortlich, wie wenn ihm Fahrlässigkeit zur Last fiele; die Verantwortlichkeit tritt nicht ein, wenn er ohne Verschulden in den Zustand geraten ist.

§ 828 Minderjährige. (1) Wer nicht das siebente Lebensjahr vollendet hat, ist für einen Schaden, den er einem anderen zufügt, nicht verantwortlich.

(2) [1]Wer das siebente, aber nicht das zehnte Lebensjahr vollendet hat, ist für den Schaden, den er bei einem Unfall mit einem Kraftfahrzeug, einer Schienenbahn oder einer Schwebebahn einem anderen zufügt, nicht verantwortlich. [2]Dies gilt nicht, wenn er die Verletzung vorsätzlich herbeigeführt hat.

(3) Wer das 18. Lebensjahr noch nicht vollendet hat, ist, sofern seine Verantwortlichkeit nicht nach Absatz 1 oder 2 ausgeschlossen ist, für den Schaden, den er einem anderen zufügt, nicht verantwortlich, wenn er bei der Begehung der schädigenden Handlung nicht die zur Erkenntnis der Verantwortlichkeit erforderliche Einsicht hat.

§ 829 Ersatzpflicht aus Billigkeitsgründen. Wer in einem der in den §§ 823 bis 826 bezeichneten Fälle für einen von ihm verursachten Schaden aufgrund der §§ 827, 828 nicht verantwortlich ist, hat gleichwohl, sofern der Ersatz des Schadens nicht von einem aufsichtspflichtigen Dritten erlangt werden kann, den Schaden insoweit zu ersetzen, als die Billigkeit nach den Umständen, insbesondere nach den Verhältnissen der Beteiligten, eine Schadloshaltung erfordert und ihm nicht die Mittel entzogen werden, deren er zum angemessenen Unterhalt sowie zur Erfüllung seiner gesetzlichen Unterhaltspflichten bedarf.

§ 830 Mittäter und Beteiligte. (1) [1]Haben mehrere durch eine gemeinschaftlich begangene unerlaubte Handlung einen Schaden verursacht, so ist jeder für den Schaden verantwortlich. [2]Das Gleiche gilt, wenn sich nicht ermitteln lässt, wer von mehreren Beteiligten den Schaden durch seine Handlung verursacht hat.

(2) Anstifter und Gehilfen stehen Mittätern gleich.

3. Schadensersatzanspruch aus § 823 Abs. 1 BGB i.V.m. Art. 2 Abs. 1, Art. 1 Abs. 1 GG (allgemeines Persönlichkeitsrecht als „sonstiges Recht" i.S.d. § 823 Abs. 1 BGB) oder § 823 Abs. 2 BGB i.V.m. einem Schutzgesetz, z.B. §§ 185 ff. StGB, §§ 22, 23 KUG

§ 823 BGB Schadensersatzpflicht. (1) Wer vorsätzlich oder fahrlässig das Leben, den Körper, die Gesundheit, die Freiheit, das Eigentum oder ein sonstiges Recht eines anderen widerrechtlich verletzt, ist dem anderen zum Ersatz des daraus entstehenden Schadens verpflichtet.

(2) [1]Die gleiche Verpflichtung trifft denjenigen, welcher gegen ein den Schutz eines anderen bezweckendes Gesetz verstößt. [2]Ist nach dem Inhalt des Gesetzes ein Verstoß gegen dieses auch ohne Verschulden möglich, so tritt die Ersatzpflicht nur im Falle des Verschuldens ein.

Art. 1 GG [Menschenwürde]. (1) [1]Die Würde des Menschen ist unantastbar. [2]Sie zu achten und zu schützen ist Verpflichtung aller staatlichen Gewalt.

(2) Das Deutsche Volk bekennt sich darum zu unverletzlichen und unveräußerlichen Menschenrechten als Grundlage jeder menschlichen Gemeinschaft, des Friedens und der Gerechtigkeit in der Welt.

(3) Die nachfolgenden Grundrechte binden Gesetzgebung, vollziehende Gewalt und Rechtsprechung als unmittelbar geltendes Recht.

[Allgemeines Persönlichkeitsrecht gemäß Art. 2 Abs. 1 i.V.m. Art. 1 Abs. 1 GG[6]]

Art. 2 GG [Freie Entfaltung der Persönlichkeit, Recht auf Leben und körperliche Unversehrtheit, Freiheit der Person]. (1) Jeder hat das Recht auf die freie Entfaltung seiner Persönlichkeit, soweit er nicht die Rechte anderer

6 Dieses Grundrecht und seine Ausprägungen wurden durch das Bundesverfassungsgericht entwickelt und ist nicht explizit im Grundgesetz genannt. Es spielt eine wichtige Rolle bei den zivilrechtlichen Abwehransprüchen (insbesondere in Verbindung mit den §§ 823 ff., 1004 analog sowie §§ 812 ff. BGB; → **Nr. 5, Nr. 32**).

verletzt und nicht gegen die verfassungsmäßige Ordnung oder das Sittengesetz verstößt.

(2) [1]Jeder hat das Recht auf Leben und körperliche Unversehrtheit. [2]Die Freiheit der Person ist unverletzlich. [3]In diese Rechte darf nur aufgrund eines Gesetzes eingegriffen werden.

Beispiel 1 für ein Schutzgesetz: §§ 185 ff. StGB (→ Nr. **14**)

§ 185 Beleidigung. Die Beleidigung wird mit Freiheitsstrafe bis zu einem Jahr oder mit Geldstrafe und, wenn die Beleidigung mittels einer Tätlichkeit begangen wird, mit Freiheitsstrafe bis zu zwei Jahren oder mit Geldstrafe bestraft.

§ 186 Üble Nachrede. Wer in Beziehung auf einen anderen eine Tatsache behauptet oder verbreitet, welche denselben verächtlich zu machen oder in der öffentlichen Meinung herabzuwürdigen geeignet ist, wird, wenn nicht diese Tatsache erweislich wahr ist, mit Freiheitsstrafe bis zu einem Jahr oder mit Geldstrafe und, wenn die Tat öffentlich oder durch Verbreiten von Schriften (§ 11 Abs. 3) begangen ist, mit Freiheitsstrafe bis zu zwei Jahren oder mit Geldstrafe bestraft.

§ 187 Verleumdung. Wer wider besseres Wissen in Beziehung auf einen anderen eine unwahre Tatsache behauptet oder verbreitet, welche denselben verächtlich zu machen oder in der öffentlichen Meinung herabzuwürdigen oder dessen Kredit zu gefährden geeignet ist, wird mit Freiheitsstrafe bis zu zwei Jahren oder mit Geldstrafe und, wenn die Tat öffentlich, in einer Versammlung oder durch Verbreiten von Schriften (§ 11 Abs. 3) begangen ist, mit Freiheitsstrafe bis zu fünf Jahren oder mit Geldstrafe bestraft.

§ 188 Üble Nachrede und Verleumdung gegen Personen des politischen Lebens. (1) Wird gegen eine im politischen Leben des Volkes stehende Person öffentlich, in einer Versammlung oder durch Verbreiten von Schriften (§ 11 Abs. 3) eine üble Nachrede (§ 186) aus Beweggründen begangen, die mit der Stellung des Beleidigten im öffentlichen Leben zusammenhängen, und ist die Tat geeignet, sein öffentliches Wirken erheblich zu erschweren, so ist die Strafe Freiheitsstrafe von drei Monaten bis zu fünf Jahren.

(2) Eine Verleumdung (§ 187) wird unter den gleichen Voraussetzungen mit Freiheitsstrafe von sechs Monaten bis zu fünf Jahren bestraft.

§ 189 Verunglimpfung des Andenkens Verstorbener. Wer das Andenken eines Verstorbenen verunglimpft, wird mit Freiheitsstrafe bis zu zwei Jahren oder mit Geldstrafe bestraft.

§ 190 Wahrheitsbeweis durch Strafurteil. [1]Ist die behauptete oder verbreitete Tatsache eine Straftat, so ist der Beweis der Wahrheit als erbracht anzusehen, wenn der Beleidigte wegen dieser Tat rechtskräftig verurteilt worden ist. [2]Der Beweis der Wahrheit ist dagegen ausgeschlossen, wenn der Beleidigte vor der Behauptung oder Verbreitung rechtskräftig freigesprochen worden ist.

§ 192 Beleidigung trotz Wahrheitsbeweises. Der Beweis der Wahrheit der behaupteten oder verbreiteten Tatsache schließt die Bestrafung nach § 185 nicht aus, wenn das Vorhandensein einer Beleidigung aus der Form der Behauptung oder Verbreitung oder aus den Umständen, unter welchen sie geschah, hervorgeht.

§ 193 Wahrnehmung berechtigter Interessen. Tadelnde Urteile über wissenschaftliche, künstlerische oder gewerbliche Leistungen, desgleichen Äußerungen, welche zur Ausführung oder Verteidigung von Rechten oder zur Wahrnehmung berechtigter Interessen gemacht werden, sowie Vorhaltungen und Rügen der Vorgesetzten gegen ihre Untergebenen, dienstliche Anzeigen oder Urteile von Seiten eines Beamten und ähnliche Fälle sind nur insofern strafbar, als das Vorhandensein einer Beleidigung aus der Form der Äußerung oder aus den Umständen, unter welchen sie geschah, hervorgeht.

Beispiel 2 für ein Schutzgesetz: §§ 22, 23 KUG (→ Nr. **10**)

§ 22 [Recht am eigenen Bilde]. [1]Bildnisse dürfen nur mit Einwilligung des Abgebildeten verbreitet oder öffentlich zur Schau gestellt werden. [2]Die Einwilligung gilt im Zweifel als erteilt, wenn der Abgebildete dafür, dass er sich abbilden ließ, eine Entlohnung erhielt. [3]Nach dem Tode des Abgebildeten bedarf es bis zum Ablaufe von 10 Jahren der Einwilligung der Angehörigen des Abgebildeten. [4]Angehörige im Sinne dieses Gesetzes sind der überlebende Ehegatte oder Lebenspartner und die Kinder des Abgebildeten, und wenn weder ein Ehegatte oder Lebenspartner noch Kinder vorhanden sind, die Eltern des Abgebildeten.

§ 23 [Ausnahmen zu § 22]. (1) Ohne die nach § 22 erforderliche Einwilligung dürfen verbreitet und zur Schau gestellt werden:
1. Bildnisse aus dem Bereich der Zeitgeschichte;
2. Bilder, auf denen die Personen nur als Beiwerk neben einer Landschaft oder sonstigen Örtlichkeit erscheinen;
3. Bilder von Versammlungen, Aufzügen und ähnlichen Vorgängen, an denen die dargestellten Personen teilgenommen haben;
4. Bildnisse, die nicht auf Bestellung angefertigt sind, sofern die Verbreitung oder Schaustellung einem höheren Interesse der Kunst dient.

(2) Die Befugnis erstreckt sich jedoch nicht auf eine Verbreitung und Schaustellung, durch die ein berechtigtes Interesse des Abgebildeten oder, falls dieser verstorben ist, seiner Angehörigen verletzt wird.

4. Anspruch auf Geldentschädigung aus § 823 Abs. 1 BGB i.V.m. Art. 2 Abs. 1, Art. 1 GG (richterliches Gewohnheitsrecht)

§ 823 BGB Schadensersatzpflicht. (1) Wer vorsätzlich oder fahrlässig das Leben, den Körper, die Gesundheit, die Freiheit, das Eigentum oder ein sonstiges Recht eines anderen[7] widerrechtlich verletzt, ist dem anderen zum Ersatz des daraus entstehenden Schadens verpflichtet.

Art. 1 GG [Menschenwürde]. (1) [1]Die Würde des Menschen ist unantastbar. [2]Sie zu achten und zu schützen ist Verpflichtung aller staatlichen Gewalt.

(2) Das Deutsche Volk bekennt sich darum zu unverletzlichen und unveräußerlichen Menschenrechten als Grundlage jeder menschlichen Gemeinschaft, des Friedens und der Gerechtigkeit in der Welt.

(3) Die nachfolgenden Grundrechte binden Gesetzgebung, vollziehende Gewalt und Rechtsprechung als unmittelbar geltendes Recht.

[Allgemeines Persönlichkeitsrecht gemäß Art. 2 Abs. 1 i.V.m. Art. 1 Abs. 1 GG[8]]

Art. 2 GG [Freie Entfaltung der Persönlichkeit, Recht auf Leben und körperliche Unversehrtheit, Freiheit der Person]. (1) Jeder hat das Recht auf die freie Entfaltung seiner Persönlichkeit, soweit er nicht die Rechte anderer verletzt und nicht gegen die verfassungsmäßige Ordnung oder das Sittengesetz verstößt.

(2) [1]Jeder hat das Recht auf Leben und körperliche Unversehrtheit. [2]Die Freiheit der Person ist unverletzlich. [3]In diese Rechte darf nur aufgrund eines Gesetzes eingegriffen werden.

5. Ungerechtfertigte Bereicherung aus § 812 Abs. 1 Satz 1, 2. Alt. BGB (Eingriffskondiktion)

§ 812 BGB Herausgabeanspruch. (1) [1]Wer durch die Leistung eines anderen oder in sonstiger Weise auf dessen Kosten etwas ohne rechtlichen Grund erlangt, ist ihm zur Herausgabe verpflichtet. [2]Diese Verpflichtung besteht auch dann, wenn der rechtliche Grund später wegfällt oder der mit einer Leistung nach dem Inhalt des Rechtsgeschäfts bezweckte Erfolg nicht eintritt.

---

7 Ein „sonstiges Recht eines anderen“ i.S.d. § 823 Abs. 1 BGB ist im Medienrecht vor allem das allgemeine Persönlichkeitsrecht des Art. 2 Abs. 1 i.V.m. Art. 1 Abs. 1 GG.

8 Dieses Grundrecht und seine Ausprägungen wurden durch das Bundesverfassungsgericht entwickelt und sind nicht explizit im Grundgesetz genannt. Es spielt eine wichtige Rolle bei den zivilrechtlichen Abwehransprüchen (insbesondere in Verbindung mit den §§ 823 ff., 1004 analog sowie §§ 812 ff. BGB → **Nr. 5, Nr. 32**).

(2) Als Leistung gilt auch die durch Vertrag erfolgte Anerkennung des Bestehens oder des Nichtbestehens eines Schuldverhältnisses.

6. Gegendarstellungsanspruch (exemplarisch): § 10 PresseG, § 56 RStV, § 9 LMG BW, Art. 17 BayRG

§ 10 PresseG (Mustergesetz) Gegendarstellungsanspruch. (1) [1]Der verantwortliche Redakteur und der Verleger eines periodischen Druckwerks sind verpflichtet, eine Gegendarstellung der Person oder Stelle zum Abdruck zu bringen, die durch eine in dem Druckwerk aufgestellte Tatsachenbehauptung betroffen ist. [2]Die Verpflichtung erstreckt sich auf alle Nebenausgaben des Druckwerks, in denen die Tatsachenbehauptung erschienen ist.

(2) [1]Die Pflicht zum Abdruck einer Gegendarstellung besteht nicht, wenn
1. die betroffene Person oder Stelle kein berechtigtes Interesse an der Veröffentlichung hat oder
2. die Gegendarstellung ihrem Umfang nach nicht angemessen ist oder
3. es sich um eine Anzeige handelt, die ausschließlich dem geschäftlichen Verkehr dient.

[2]Überschreitet die Gegendarstellung nicht den Umfang des beanstandeten Textes, so gilt sie als angemessen. [3]Die Gegendarstellung muss sich auf tatsächliche Angaben beschränken und darf keinen strafbaren Inhalt haben. [4]Sie bedarf der Schriftform und muss von dem Betroffenen oder seinem gesetzlichen Vertreter unterzeichnet sein. [5]Der Betroffene oder sein Vertreter kann den Abdruck nur verlangen, wenn die Gegendarstellung dem verantwortlichen Redakteur oder dem Verleger unverzüglich, spätestens innerhalb von drei Monaten nach der Veröffentlichung, zugeht.

(3) [1]Die Gegendarstellung muss in der nach Empfang der Einsendung nächstfolgenden, für den Druck nicht abgeschlossenen Nummer in dem gleichen Teil des Druckwerks und mit gleicher Schrift wie der beanstandete Text ohne Einschaltungen und Weglassungen abgedruckt werden; sie darf nicht in der Form eines Leserbriefs erscheinen. [2]Der Abdruck ist kostenfrei. [3]Wer sich zu der Gegendarstellung in derselben Nummer äußert, muss sich auf tatsächliche Angaben beschränken.

(4) [1]Für die Durchsetzung des Gegendarstellungsanspruchs ist der ordentliche Rechtsweg gegeben. [2]Auf Antrag des Betroffenen kann das Gericht anordnen, dass der verantwortliche Redakteur und der Verleger in der Form des Absatzes 3 eine Gegendarstellung veröffentlichen. [3]Auf dieses Verfahren sind die Vorschriften der Zivilprozessordnung über das Verfahren auf Erlass einer einstweiligen Verfügung entsprechend anzuwenden. [4]Eine Gefährdung des Anspruchs braucht nicht glaubhaft gemacht zu werden. [5]Ein Hauptverfahren findet nicht statt.

(5) Die Absätze 1 bis 4 gelten nicht für wahrheitsgetreue Berichte über öffentliche Sitzungen von übernationalen parlamentarischen Organen, von ge-

setzgebenden oder beschließenden Organe des Bundes, der Länder, der Gemeinden und sonstigen kommunalen Körperschaften sowie der Gerichte.

§ 56 RStV Gegendarstellung. (1) [1]Anbieter von Telemedien mit journalistisch-redaktionell gestalteten Angeboten, in denen insbesondere vollständig oder teilweise Inhalte periodischer Druckerzeugnisse in Text oder Bild wiedergegeben werden, sind verpflichtet, unverzüglich eine Gegendarstellung der Person oder Stelle, die durch eine in ihrem Angebot aufgestellte Tatsachenbehauptung betroffen ist, ohne Kosten für den Betroffenen in ihr Angebot ohne zusätzliches Abrufentgelt aufzunehmen. [2]Die Gegendarstellung ist ohne Einschaltungen und Weglassungen in gleicher Aufmachung wie die Tatsachenbehauptung anzubieten. [3]Die Gegendarstellung ist so lange wie die Tatsachenbehauptung in unmittelbarer Verknüpfung mit ihr anzubieten. [4]Wird die Tatsachenbehauptung nicht mehr angeboten oder endet das Angebot vor Aufnahme der Gegendarstellung, so ist die Gegendarstellung an vergleichbarer Stelle so lange anzubieten, wie die ursprünglich angebotene Tatsachenbehauptung. [5]Eine Erwiderung auf die Gegendarstellung muss sich auf tatsächliche Angaben beschränken und darf nicht unmittelbar mit der Gegendarstellung verknüpft werden.

(2) Eine Verpflichtung zur Aufnahme der Gegendarstellung gemäß Abs. 1 besteht nicht, wenn

1. der Betroffene kein berechtigtes Interesse an der Gegendarstellung hat,
2. der Umfang der Gegendarstellung unangemessen über den der beanstandeten Tatsachenbehauptung hinausgeht,
3. die Gegendarstellung sich nicht auf tatsächliche Angaben beschränkt oder einen strafbaren Inhalt hat oder
4. die Gegendarstellung nicht unverzüglich, spätestens sechs Wochen nach dem letzten Tage des Angebots des beanstandeten Textes, jedenfalls jedoch drei Monate nach der erstmaligen Einstellung des Angebots, dem in Anspruch genommenen Anbieter schriftlich und von dem Betroffenen oder seinem gesetzlichen Vertreter unterzeichnet, zugeht.

(3) [1]Für die Durchsetzung des vergeblich geltend gemachten Gegendarstellungsanspruchs ist der ordentliche Rechtsweg gegeben. [2]Auf dieses Verfahren sind die Vorschriften der Zivilprozessordnung über das Verfahren auf Erlass einer einstweiligen Verfügung entsprechend anzuwenden. [3]Eine Gefährdung des Anspruchs braucht nicht glaubhaft gemacht zu werden. [4]Ein Verfahren zur Hauptsache findet nicht statt.

(4) Eine Verpflichtung zur Gegendarstellung besteht nicht für wahrheitsgetreue Berichte über öffentliche Sitzungen der übernationalen parlamentarischen Organe, der gesetzgebenden Organe des Bundes und der Länder sowie derjenigen Organe und Stellen, bei denen das jeweilige Landespressegesetz eine presserechtliche Gegendarstellung ausschließt.

§ 9 LMG BW Gegendarstellung. (1) Der Veranstalter ist verpflichtet, durch Rundfunk die Gegendarstellung der Person oder Stelle zu verbreiten, die durch eine vom Veranstalter verbreitete Tatsachenbehauptung betroffen ist.

(2) Die Pflicht zur Verbreitung der Gegendarstellung besteht nicht, wenn
1. die betroffene Person oder Stelle kein berechtigtes Interesse an der Verbreitung hat oder
2. die Gegendarstellung ihrem Umfang nach nicht angemessen ist, insbesondere den Umfang des beanstandeten Teils der Sendung erheblich überschreitet.

(3) [1]Die Gegendarstellung muss sich auf tatsächliche Angaben beschränken und darf keinen strafbaren Inhalt haben. [2]Sie bedarf der Schriftform und muss von dem Betroffenen oder seinem gesetzlichen Vertreter unterzeichnet sein. [3]Der Betroffene oder sein Vertreter kann die Verbreitung der Gegendarstellung nur verlangen, wenn die Gegendarstellung unverzüglich, spätestens innerhalb von zwei Monaten, dem Veranstalter zugeht. [4]Die Gegendarstellung muss die beanstandete Sendung und Tatsachenbehauptung bezeichnen.

(4) [1]Die Gegendarstellung muss unverzüglich innerhalb des gleichen Programms und der gleichen Programmsparte wie die beanstandete Tatsachenbehauptung sowie zur gleichen Tageszeit oder, soweit dies nicht möglich ist, zu einer Sendezeit verbreitet werden, die der Zeit der beanstandeten Sendung gleichwertig ist. [2]Die Verbreitung erfolgt ohne Einschaltungen und Weglassungen. 3Eine Erwiderung auf die verbreitete Gegendarstellung muss sich auf tatsächliche Angaben beschränken.

(5) [1]Die Verbreitung der Gegendarstellung erfolgt unentgeltlich. [2]Dies gilt nicht, wenn sich die Gegendarstellung gegen eine Tatsachenbehauptung richtet, die in einer Werbesendung verbreitet worden ist.

(6) [1]Für die Durchsetzung des Anspruchs ist der ordentliche Rechtsweg gegeben. [2]Auf Antrag des Betroffenen kann das Gericht anordnen, dass der Veranstalter in der Form des Absatzes 4 eine Gegendarstellung verbreitet. [3]Auf das Verfahren sind die Vorschriften der Zivilprozessordnung über das Verfahren auf Erlass einer einstweiligen Verfügung entsprechend anzuwenden. [4]Eine Gefährdung des Anspruchs braucht nicht glaubhaft gemacht zu werden. [5]Ein Verfahren zur Hauptsache findet nicht statt.

(7) [1]Die Absätze 1 bis 6 gelten nicht für wahrheitsgetreue Berichte über öffentliche Sitzungen des Europäischen Parlaments, der gesetzgebenden Organe des Bundes, der deutschen Länder und der Vertretungen der Gemeinden und Gemeindeverbände, der Gerichte sowie für Sendungen nach § 5 Abs. 1 bis 3. [2]Zu einer Gegendarstellung kann eine Gegendarstellung nicht verlangt werden.

Art. 17 BayRG [Gegendarstellung]. (1) [1]Der Bayerische Rundfunk ist verpflichtet, die Gegendarstellung einer Person oder Stelle, die durch eine in einer Rundfunksendung aufgestellte Tatsachenbehauptung betroffen ist, zu verbreiten. [2]Die Gegendarstellung muss die beanstandete Sendung bezeichnen, sich auf tatsächliche Angaben beschränken, vom Betroffenen unterzeichnet sein und dem Bayerischen Rundfunk unverzüglich, spätestens innerhalb von zwei Monaten zugehen.

(2) [1]Die Gegendarstellung muss unverzüglich zu einer gleichwertigen Sendezeit und innerhalb des gleichen Programms und der gleichen Programmsparte wie die beanstandete Tatsachenbehauptung ohne Einschaltungen und Weglassungen verbreitet werden. [2]Die Verbreitung erfolgt kostenfrei. [3]Eine Erwiderung auf die Gegendarstellung muss sich auf tatsächliche Angaben beschränken.

(3) Eine Verpflichtung zur Verbreitung der Gegendarstellung besteht nicht, wenn
1. Betroffene kein berechtigtes Interesse an der Gegendarstellung haben,
2. ihr Umfang unangemessen über den der beanstandeten Sendung hinausgeht oder
3. die Gegendarstellung einen strafbaren Inhalt hat.

(4) [1]Eine ablehnende Entscheidung des Bayerischen Rundfunks ist unter Angabe der Gründe unverzüglich schriftlich zu verbescheiden und dem Betroffenen zuzustellen. [2]Ein zweites Verlangen ist zulässig, wenn es den Gründen der Ablehnung Rechnung trägt und dem Bayerischen Rundfunk spätestens innerhalb eines Monats nach Zustellung der ablehnenden Entscheidung zugeht. [3]Wird das zweite Verlangen abgelehnt, hat der Intendant über den Vorgang dem zuständigen Ausschuss binnen einer Woche zu berichten.

(5) [1]Der Anspruch auf Verbreitung der Gegendarstellung kann auch im Zivilrechtsweg verfolgt werden. [2]Auf dieses Verfahren sind die Vorschriften der Zivilprozessordnung über das Verfahren auf Erlass einer einstweiligen Verfügung entsprechend anzuwenden.[3]Eine Gefährdung des Anspruchs braucht nicht glaubhaft gemacht zu werden. [4]Ein Hauptsacheverfahren findet nicht statt.

II. Gegenansprüche und Domainrecht

Allgemeine Ansprüche aus §§ 812 ff., 823, 826, 1004 BGB

Teilweise Anspruchsgrundlage im Fall von Domain-Grabbing allg. Gegenansprüche gegen Medien[9]

§ 812 BGB Herausgabeanspruch. (1) [1]Wer durch die Leistung eines anderen oder in sonstiger Weise auf dessen Kosten etwas ohne rechtlichen Grund erlangt, ist ihm zur Herausgabe verpflichtet. [2]Diese Verpflichtung besteht auch dann, wenn der rechtliche Grund später wegfällt oder der mit einer Leistung nach dem Inhalt des Rechtsgeschäfts bezweckte Erfolg nicht eintritt.

(2) Als Leistung gilt auch die durch Vertrag erfolgte Anerkennung des Bestehens oder des Nichtbestehens eines Schuldverhältnisses.

---

9 Spezifische Gegendarstellung: Ansprüche ergeben sich u.a. aus Spezialgesetzen wie dem Pressegesetz (→ **Nr. 19**).

§ 813 BGB Erfüllung trotz Einrede. (1) [1]Das zum Zwecke der Erfüllung einer Verbindlichkeit Geleistete kann auch dann zurückgefordert werden, wenn dem Anspruch eine Einrede entgegenstand, durch welche die Geltendmachung des Anspruchs dauernd ausgeschlossen wurde. [2]Die Vorschrift des § 214 Abs. 2 bleibt unberührt.

(2) Wird eine betagte Verbindlichkeit vorzeitig erfüllt, so ist die Rückforderung ausgeschlossen; die Erstattung von Zwischenzinsen kann nicht verlangt werden.

§ 814 BGB Kenntnis der Nichtschuld. Das zum Zwecke der Erfüllung einer Verbindlichkeit Geleistete kann nicht zurückgefordert werden, wenn der Leistende gewusst hat, dass er zur Leistung nicht verpflichtet war, oder wenn die Leistung einer sittlichen Pflicht oder einer auf den Anstand zu nehmenden Rücksicht entsprach.

§ 818 BGB Umfang des Bereicherungsanspruchs. (1) Die Verpflichtung zur Herausgabe erstreckt sich auf die gezogenen Nutzungen sowie auf dasjenige, was der Empfänger auf Grund eines erlangten Rechts oder als Ersatz für die Zerstörung, Beschädigung oder Entziehung des erlangten Gegenstands erwirbt.

(2) Ist die Herausgabe wegen der Beschaffenheit des Erlangten nicht möglich oder ist der Empfänger aus einem anderen Grunde zur Herausgabe außerstande, so hat er den Wert zu ersetzen.

(3) Die Verpflichtung zur Herausgabe oder zum Ersatz des Wertes ist ausgeschlossen, soweit der Empfänger nicht mehr bereichert ist.

(4) Von dem Eintritt der Rechtshängigkeit an haftet der Empfänger nach den allgemeinen Vorschriften.

§ 819 BGB Verschärfte Haftung bei Kenntnis und bei Gesetzes- oder Sittenverstoß. (1) Kennt der Empfänger den Mangel des rechtlichen Grundes bei dem Empfang oder erfährt er ihn später, so ist er von dem Empfang oder der Erlangung der Kenntnis an zur Herausgabe verpflichtet, wie wenn der Anspruch auf Herausgabe zu dieser Zeit rechtshängig geworden wäre.

(2) Verstößt der Empfänger durch die Annahme der Leistung gegen ein gesetzliches Verbot oder gegen die guten Sitten, so ist er von dem Empfang der Leistung an in der gleichen Weise verpflichtet.

§ 822 BGB Herausgabepflicht Dritter. Wendet der Empfänger das Erlangte unentgeltlich einem Dritten zu, so ist, soweit infolgedessen die Verpflichtung des Empfängers zur Herausgabe der Bereicherung ausgeschlossen ist, der Dritte zur Herausgabe verpflichtet, wie wenn er die Zuwendung von dem Gläubiger ohne rechtlichen Grund erhalten hätte.

§ 823 BGB Schadensersatzpflicht. (1) Wer vorsätzlich oder fahrlässig das Leben, den Körper, die Gesundheit, die Freiheit, das Eigentum oder ein sonstiges Recht eines anderen widerrechtlich verletzt, ist dem anderen zum Ersatz des daraus entstehenden Schadens verpflichtet.

(2) [1]Die gleiche Verpflichtung trifft denjenigen, welcher gegen ein den Schutz eines anderen bezweckendes Gesetz verstößt. [2]Ist nach dem Inhalt des Gesetzes ein Verstoß gegen dieses auch ohne Verschulden möglich, so tritt die Ersatzpflicht nur im Falle des Verschuldens ein.

§ 826 BGB Sittenwidrige vorsätzliche Schädigung. Wer in einer gegen die guten Sitten verstoßenden Weise einem anderen vorsätzlich Schaden zufügt, ist dem anderen zum Ersatz des Schadens verpflichtet.

§ 1004 BGB Beseitigungs- und Unterlassungsanspruch. (1) [1]Wird das Eigentum in anderer Weise als durch Entziehung oder Vorenthaltung des Besitzes beeinträchtigt, so kann der Eigentümer von dem Störer die Beseitigung der Beeinträchtigung verlangen. [2]Sind weitere Beeinträchtigungen zu besorgen, so kann der Eigentümer auf Unterlassung klagen.

(2) Der Anspruch ist ausgeschlossen, wenn der Eigentümer zur Duldung verpflichtet ist.

2. Ansprüche aus Kennzeichenrechten (Marke, Unternehmenskennzeichen, Werktitel) nach §§ 14, 15 Markengesetz (MarkenG)

Teilweise Anspruchsgrundlage bei Domain-Grabbing

§ 3 MarkenG Als Marke schutzfähige Zeichen. (1) Als Marke können alle Zeichen, insbesondere Wörter einschließlich Personennamen, Abbildungen, Buchstaben, Zahlen, Hörzeichen, dreidimensionale Gestaltungen einschließlich der Form einer Ware oder ihrer Verpackung sowie sonstige Aufmachungen einschließlich Farben und Farbzusammenstellungen geschützt werden, die geeignet sind, Waren oder Dienstleistungen eines Unternehmens von denjenigen anderer Unternehmen zu unterscheiden.

(2) Dem Schutz als Marke nicht zugänglich sind Zeichen, die ausschließlich aus einer Form bestehen,
1. die durch die Art der Ware selbst bedingt ist,
2. die zur Erreichung einer technischen Wirkung erforderlich ist oder
3. die der Ware einen wesentlichen Wert verleiht.

§ 4 MarkenG Entstehung des Markenschutzes. Der Markenschutz entsteht
1. durch die Eintragung eines Zeichens als Marke in das vom Patentamt geführte Register,
2. durch die Benutzung eines Zeichens im geschäftlichen Verkehr, soweit das Zeichen innerhalb beteiligter Verkehrskreise als Marke Verkehrsgeltung erworben hat, oder
3. durch die im Sinne des Artikels 6bis der Pariser Verbandsübereinkunft zum Schutz des gewerblichen Eigentums (Pariser Verbandsübereinkunft) notorische Bekanntheit einer Marke.

§ 5 MarkenG Geschäftliche Bezeichnungen. (1) Als geschäftliche Bezeichnungen werden Unternehmenskennzeichen und Werktitel geschützt.

(2) [1]Unternehmenskennzeichen sind Zeichen, die im geschäftlichen Verkehr als Name, als Firma oder als besondere Bezeichnung eines Geschäftsbetriebs oder eines Unternehmens benutzt werden. [2]Der besonderen Bezeichnung eines Geschäftsbetriebs stehen solche Geschäftsabzeichen und sonstige zur Unterscheidung des Geschäftsbetriebs von anderen Geschäftsbetrieben bestimmte Zeichen gleich, die innerhalb beteiligter Verkehrskreise als Kennzeichen des Geschäftsbetriebs gelten.

(3) Werktitel sind die Namen oder besonderen Bezeichnungen von Druckschriften, Filmwerken, Tonwerken, Bühnenwerken oder sonstigen vergleichbaren Werken.

§ 14 MarkenG Ausschließliches Recht des Inhabers einer Marke; Unterlassungsanspruch; Schadensersatzanspruch. (1) Der Erwerb des Markenschutzes nach § 4 gewährt dem Inhaber der Marke ein ausschließliches Recht.

(2) Dritten ist es untersagt, ohne Zustimmung des Inhabers der Marke im geschäftlichen Verkehr
1. ein mit der Marke identisches Zeichen für Waren oder Dienstleistungen zu benutzen, die mit denjenigen identisch sind, für die sie Schutz genießt,
2. ein Zeichen zu benutzen, wenn wegen der Identität oder Ähnlichkeit des Zeichens mit der Marke und der Identität oder Ähnlichkeit der durch die Marke und das Zeichen erfassten Waren oder Dienstleistungen für das Publikum die Gefahr von Verwechslungen besteht, einschließlich der Gefahr, dass das Zeichen mit der Marke gedanklich in Verbindung gebracht wird, oder
3. ein mit der Marke identisches Zeichen oder ein ähnliches Zeichen für Waren oder Dienstleistungen zu benutzen, die nicht denen ähnlich sind, für die die Marke Schutz genießt, wenn es sich bei der Marke um eine im Inland bekannte Marke handelt und die Benutzung des Zeichens die Unterscheidungskraft oder die Wertschätzung der bekannten Marke ohne rechtfertigenden Grund in unlauterer Weise ausnutzt oder beeinträchtigt.

(3) Sind die Voraussetzungen des Absatzes 2 erfüllt, so ist es insbesondere untersagt,
1. das Zeichen auf Waren oder ihrer Aufmachung oder Verpackung anzubringen,
2. unter dem Zeichen Waren anzubieten, in den Verkehr zu bringen oder zu den genannten Zwecken zu besitzen,
3. unter dem Zeichen Dienstleistungen anzubieten oder zu erbringen,
4. unter dem Zeichen Waren einzuführen oder auszuführen,
5. das Zeichen in Geschäftspapieren oder in der Werbung zu benutzen.

(4) Dritten ist es ferner untersagt, ohne Zustimmung des Inhabers der Marke im geschäftlichen Verkehr
1. ein mit der Marke identisches Zeichen oder ein ähnliches Zeichen auf Aufmachungen oder Verpackungen oder auf Kennzeichnungsmitteln wie Etiketten, Anhängern, Aufnähern oder dergleichen anzubringen,

2. Aufmachungen, Verpackungen oder Kennzeichnungsmittel, die mit einem mit der Marke identischen Zeichen oder einem ähnlichen Zeichen versehen sind, anzubieten, in den Verkehr zu bringen oder zu den genannten Zwecken zu besitzen oder
3. Aufmachungen, Verpackungen oder Kennzeichnungsmittel, die mit einem mit der Marke identischen Zeichen oder einem ähnlichen Zeichen versehen sind, einzuführen oder auszuführen,

wenn die Gefahr besteht, dass die Aufmachungen oder Verpackungen zur Aufmachung oder Verpackung oder die Kennzeichnungsmittel zur Kennzeichnung von Waren oder Dienstleistungen benutzt werden, hinsichtlich deren Dritten die Benutzung des Zeichens nach den Absätzen 2 und 3 untersagt wäre.

(5) Wer ein Zeichen entgegen den Absätzen 2 bis 4 benutzt, kann von dem Inhaber der Marke auf Unterlassung in Anspruch genommen werden.

(6) Wer die Verletzungshandlung vorsätzlich oder fahrlässig begeht, ist dem Inhaber der Marke zum Ersatz des durch die Verletzungshandlung entstandenen Schadens verpflichtet.

(7) Wird die Verletzungshandlung in einem geschäftlichen Betrieb von einem Angestellten oder Beauftragten begangen, so kann der Unterlassungsanspruch und, soweit der Angestellte oder Beauftragte vorsätzlich oder fahrlässig gehandelt hat, der Schadensersatzanspruch auch gegen den Inhaber des Betriebs geltend gemacht werden.

§ 15 MarkenG Ausschließliches Recht des Inhabers einer geschäftlichen Bezeichnung; Unterlassungsanspruch; Schadensersatzanspruch. (1) Der Erwerb des Schutzes einer geschäftlichen Bezeichnung gewährt ihrem Inhaber ein ausschließliches Recht.

(2) Dritten ist es untersagt, die geschäftliche Bezeichnung oder ein ähnliches Zeichen im geschäftlichen Verkehr unbefugt in einer Weise zu benutzen, die geeignet ist, Verwechslungen mit der geschützten Bezeichnung hervorzurufen.

(3) Handelt es sich bei der geschäftlichen Bezeichnung um eine im Inland bekannte geschäftliche Bezeichnung, so ist es Dritten ferner untersagt, die geschäftliche Bezeichnung oder ein ähnliches Zeichen im geschäftlichen Verkehr zu benutzen, wenn keine Gefahr von Verwechslungen im Sinne des Absatzes 2 besteht, soweit die Benutzung des Zeichens die Unterscheidungskraft oder die Wertschätzung der geschäftlichen Bezeichnung ohne rechtfertigenden Grund in unlauterer Weise ausnutzt oder beeinträchtigt.

(4) Wer eine geschäftliche Bezeichnung oder ein ähnliches Zeichen entgegen Absatz 2 oder 3 benutzt, kann von dem Inhaber der geschäftlichen Bezeichnung auf Unterlassung in Anspruch genommen werden.

(5) Wer die Verletzungshandlung vorsätzlich oder fahrlässig begeht, ist dem Inhaber der geschäftlichen Bezeichnung zum Ersatz des daraus entstandenen Schadens verpflichtet.

(6) § 14 Abs. 7 ist entsprechend anzuwenden.

3. Ansprüche wegen Namensrechtsverletzungen nach § 12 BGB i.V.m. § 1004 BGB analog

§ 12 BGB Namensrecht. [1]Wird das Recht zum Gebrauch eines Namens dem Berechtigten von einem anderen bestritten oder wird das Interesse des Berechtigten dadurch verletzt, dass ein anderer unbefugt den gleichen Namen gebraucht, so kann der Berechtigte von dem anderen Beseitigung der Beeinträchtigung verlangen. [2]Sind weitere Beeinträchtigungen zu besorgen, so kann er auf Unterlassung klagen.

4. Wettbewerbsrechtliche Ansprüche bei spezifischen Wettbewerbsaspekten (Behinderungswettbewerb; Irreführung) §§ 3 ff. UWG (→ Nr. 12)

Auf diese Normen werden üblicherweise auch Ansprüche wegen des sog. Domain-Grabbing (Behinderungswettbewerb) gestützt. Daneben kommen die kennzeichenrechtlichen Ansprüche nach MarkenG in Betracht, wenn eine Benutzung im geschäftlichen Verkehr bejaht werden kann.

Gerichtsberichterstattung

Für die Gerichtsberichterstattung sind im Wesentlichen § 169 aus dem Gerichtsverfassungsgesetz und § 17a aus dem Gesetz über das Bundesverfassungsgericht bedeutsam.

§ 169 GVG[1] [Öffentlichkeit]. (1) [1]Die Tonübertragung in einen Arbeitsraum für Personen, die für Presse, Hörfunk, Fernsehen oder für andere Medien berichten, kann von dem Gericht zugelassen werden. [2]Die Tonübertragung kann zur Wahrung schutzwürdiger Interessen der Beteiligten oder Dritter oder zur Wahrung eines ordnungsgemäßen Ablaufs des Verfahrens teilweise untersagt werden. [3]Im Übrigen gilt für den in den Arbeitsraum übertragenen Ton Satz 2 entsprechend.

(2) [1]Tonaufnahmen der Verhandlung einschließlich der Verkündung der Urteile und Beschlüsse können zu wissenschaftlichen und historischen Zwecken von dem Gericht zugelassen werden, wenn es sich um ein Verfahren von herausragender zeitgeschichtlicher Bedeutung für die Bundesrepublik Deutschland handelt. [2]Zur Wahrung schutzwürdiger Interessen der Beteiligten oder Dritter oder zur Wahrung eines ordnungsgemäßen Ablaufs des Verfahrens können die Aufnahmen teilweise untersagt werden. [3]Die Aufnahmen sind nicht zu den Akten zu nehmen und dürfen weder herausgegeben noch für Zwecke des aufgenommenen oder eines anderen Verfahrens genutzt oder verwertet werden. [4]Sie sind vom Gericht nach Abschluss des Verfahrens demjenigen zuständigen Bundes- oder Landesarchiv zur Übernahme anzubieten, das nach dem Bundesarchivgesetz oder einem Landesarchivgesetz festzustellen hat, ob den Aufnahmen ein bleibender Wert zukommt. [5]Nimmt das Bundesarchiv oder das jeweilige Landesarchiv die Aufnahmen nicht an, sind die Aufnahmen durch das Gericht zu löschen.

(3) [1]Abweichend von Absatz 1 Satz 2 kann das Gericht für die Verkündung von Entscheidungen des Bundesgerichtshofs in besonderen Fällen Ton- und Fernseh-Rundfunkaufnahmen sowie Ton- und Filmaufnahmen zum Zwecke der öffentlichen Vorführung oder der Veröffentlichung ihres Inhalts zulassen. [2]Zur Wahrung schutzwürdiger Interessen der Beteiligten oder Dritter sowie eines ordnungsgemäßen Ablaufs des Verfahrens können die Aufnahmen oder deren Übertragung teilweise untersagt oder von der Einhaltung von Auflagen abhängig gemacht werden.

(4) Die Beschlüsse des Gerichts nach den Absätzen 1 bis 3 sind unanfechtbar.

---

1 Auszug aus dem **Gerichtsverfassungsgesetz (GVG)** in der Bekanntmachung vom 21. Dezember 2015 (BGBl. I S. 2525), zuletzt geändert durch Gesetz vom 30. Oktober 2017 (BGBl. I S. 3618).

§ 17a BVerfGG[1] (1) [1]Die Verhandlung vor dem Bundesverfassungsgericht einschließlich der Verkündung von Entscheidungen ist öffentlich. [2]Ton- und Fernseh-Rundfunkaufnahmen sowie Ton- und Filmaufnahmen zum Zwecke der öffentlichen Vorführung oder der Veröffentlichung ihres Inhalts sind nur zulässig

1. in der mündlichen Verhandlung, bis das Gericht die Anwesenheit der Beteiligten festgestellt hat,
2. bei der öffentlichen Verkündung von Entscheidungen.

[3]Die Tonübertragung in einen Arbeitsraum für Personen, die für Presse, Hörfunk, Fernsehen oder für andere Medien berichten, kann durch Anordnung des oder der Vorsitzenden zugelassen werden.

(2) Zur Wahrung schutzwürdiger Interessen der Beteiligten oder Dritter sowie eines ordnungsgemäßen Ablaufs des Verfahrens kann der oder die Vorsitzende die Aufnahmen nach Absatz 1 Satz 2 oder deren Übertragung sowie die Übertragung nach Absatz 1 Satz 3 ganz oder teilweise untersagen oder von der Einhaltung von Auflagen abhängig machen.

(3) [1]Tonaufnahmen der Verhandlung vor dem Bundesverfassungsgericht einschließlich der Verkündung von Entscheidungen können zu wissenschaftlichen und historischen Zwecken durch Senatsbeschluss zugelassen werden, wenn es sich um ein Verfahren von herausragender zeitgeschichtlicher Bedeutung für die Bundesrepublik Deutschland handelt. [2]Zur Wahrung schutzwürdiger Interessen der Beteiligten oder Dritter oder zur Wahrung eines ordnungsgemäßen Ablaufs des Verfahrens können die Aufnahmen durch den Vorsitzenden oder die Vorsitzende teilweise untersagt werden. [3]Die Aufnahmen sind nicht zu den Akten zu nehmen und dürfen weder herausgegeben noch für Zwecke des aufgenommenen oder eines anderen Verfahrens genutzt oder verwertet werden. [4]Die Aufnahmen sind vom Gericht nach Abschluss des Verfahrens dem Bundesarchiv zur Übernahme anzubieten, das nach dem Bundesarchivgesetz festzustellen hat, ob den Aufnahmen ein bleibender Wert zukommt. [5]Nimmt das Bundesarchiv die Aufnahmen nicht an, sind die Aufnahmen durch das Gericht zu löschen. [6]§ 25a Satz 2 bleibt unberührt.

(4) Gegen die Anordnungen des oder der Vorsitzenden kann der Senat angerufen werden.

1 Auszug aus dem Gesetz über das **Bundesverfassungsgericht (BVerfGG)** in der Fassung der Bekanntmachung vom 11. August 1993 (BGBl. I S. 1473), zuletzt geändert durch Gesetz vom 8. Oktober 2017 (BGBl. I S. 3546).

Stichwortverzeichnis

Fette Zahl = Gesetzesnummer; magere Zahl = § oder Artikel